DIE BIBEL

Die Heilige Schrift des Alten und Neuen Bundes

Vollständige deutsche Ausgabe

HERDER

FREIBURG · BASEL · WIEN

Dieser Ausgabe liegt die deutsche Übersetzung aus Herders Bibelkommentar und aus dem „Psalmenbuch", herausgegeben von den Benediktinern der Erzabtei Beuron, zugrunde. Deren Texte wurden für die Ausgabe 1966 in Abstimmung mit der Jerusalemer Bibel (La Sainte Bible, traduite en français sous la direction de l'Ecole Biblique de Jérusalem) revidiert.

Die Übersetzung wurde für die vorliegende Ausgabe von Dr. Johannes Franzkowiak revidiert; die Schreibweise der biblischen Namen folgt den „Loccumer Richtlinien"; den Anhang redigierte Dr. Bruno Steimer.

www.herder.de
Imprimatur – Freiburg im Breisgau, den 24. August 1965
Der Generalvikar: Dr. Föhr
Satz: SatzWeise, Föhren
Gesetzt in Minion
Umschlaggestaltung: Finken & Bumiller, Stuttgart
Herstellung: Jongbloed bv, Heerenveen
Gedruckt auf umweltfreundlichem, chlorfrei gebleichtem Papier
Printed in the Netherlands
ISBN 978-3-451-32600-4

Inhalt

Das Alte Testament

Pentateuch

Geschichtsbücher

Lehrweisheit und die Psalmen

Prophetenbücher

Das Neue Testament

Die Evangelien

Die Paulinischen Briefe

Die Katholischen Briefe

Anhang

Altes Testament

Das Buch Genesis

Die Anfänge der Welt und der Menschheit

Die Schöpfung und der Sündenfall

Der erste Schöpfungsbericht

1 Im Anfang schuf Gott den Himmel
und die Erde. 2 Die Erde aber war wüst
und leer. Finsternis lag über dem Abgrund
und der Geist Gottes schwebte über den
Wassern.

3 Da sprach Gott: Es werde Licht! Und es
wurde Licht. 4 Gott sah, dass das Licht gut
war, und Gott schied zwischen dem Licht
und der Finsternis. 5 Gott nannte das Licht
Tag und die Finsternis nannte er Nacht. Es
wurde Abend und es wurde Morgen: erster
Tag.

6 Nun sprach Gott: Es werde ein Gewölbe inmitten der Wasser und scheide zwischen Wasser und Wasser! Und es geschah so. 7 Gott machte das Gewölbe und
es schied zwischen den Wassern unterhalb
des Gewölbes und den Wassern oberhalb
des Gewölbes. 8 Gott nannte das Gewölbe
Himmel. Es wurde Abend und es wurde
Morgen: zweiter Tag.

9 Nun sprach Gott: Es sammle sich das
Wasser, das unter dem Himmel ist, zu
einer Ansammlung und es erscheine das
trockene Land! Und es geschah so. 10 Gott
nannte das trockene Land Erde und die
Ansammlung des Wassers nannte er Meer.
Und Gott sah, dass es gut war. 11 Dann
sprach Gott: Es lasse die Erde Grünes hervorsprießen, Pflanzen, die Samen bringen,
und Bäume, die Früchte auf der Erde tragen, in denen ihr Same ist! Und es geschah
so. 12 Die Erde brachte Grünes hervor,
Pflanzen, die Samen bringen nach ihrer
Art, und Bäume, die Früchte tragen nach
ihrer Art, in denen ihr Same ist. Und Gott
sah, dass es gut war. 13 Es wurde Abend und
es wurde Morgen: dritter Tag.

14 Nun sprach Gott: Es sollen Leuchten
werden am Gewölbe des Himmels, damit
sie scheiden zwischen dem Tag und der
Nacht; sie sollen als Zeichen dienen für
Festzeiten, Tage und Jahre. 15 Sie sollen
Leuchten sein am Gewölbe des Himmels,
um über die Erde zu leuchten. Und es geschah so. 16 Gott machte die beiden großen
Leuchten, die größere Leuchte zur Herrschaft über den Tag, die kleinere Leuchte
zur Herrschaft über die Nacht, dazu die
Sterne. 17 Gott setzte sie an das Gewölbe
des Himmels, damit sie über die Erde
leuchten, 18 damit sie über den Tag und
über die Nacht herrschen und zwischen
dem Licht und der Finsternis scheiden.
Und Gott sah, dass es gut war. 19 Es wurde
Abend und es wurde Morgen: vierter Tag.

20 Nun sprach Gott: Es sollen die Wasser
wimmeln vom Gewimmel lebendiger Wesen und Vögel sollen über die Erde am Gewölbe des Himmels hinfliegen! Und es geschah so. 21 Gott schuf die großen Seetiere
und alle lebendigen Wesen, die sich regen
und von denen das Wasser wimmelt, nach
ihren Arten, und alle geflügelten Vögel
nach ihren Arten. Und Gott sah, dass es
gut war. 22 Gott segnete sie und sprach:
Seid fruchtbar und vermehrt euch und erfüllt das Wasser in den Meeren mit Leben
und die Vögel sollen sich vermehren auf
der Erde. 23 Es wurde Abend und es wurde
Morgen: fünfter Tag.

24 Nun sprach Gott: Die Erde bringe lebendige Wesen hervor nach ihren Arten:
Vieh, Kriechtiere und Wild des Feldes
nach ihren Arten! Und es geschah so.
25 Gott machte das Wild des Feldes nach
seinen Arten, das Vieh nach seinen Arten
und alle Kriechtiere auf dem Erdboden
nach seinen Arten. Und Gott sah, dass es
gut war. 26 Nun sprach Gott: Lasst uns den
Menschen machen nach unserem Bild,
uns ähnlich. Sie sollen herrschen über die
Fische des Meeres und über die Vögel des
Himmels, über das Vieh und über alles
Wild des Feldes und über alle Kriechtiere
auf dem Erdboden! 27 Und Gott schuf den
Menschen nach seinem Bild, nach dem
Bild Gottes schuf er ihn, als Mann und
Frau schuf er sie. 28 Gott segnete sie und
Gott sprach zu ihnen: Seid fruchtbar und
vermehrt euch und bevölkert die Erde und

macht sie euch untertan! Herrscht über
die Fische des Meeres und über die Vögel
des Himmels und über alle Tiere, die sich
auf der Erde regen! 29 Dann sprach Gott:
Seht, ich übergebe euch alle Pflanzen, die
Samen bringen auf der ganzen Erde, und
alle Bäume mit Früchten, die Samen brin-
gen: das sei euere Nahrung. 30 Allen Tieren
des Feldes, allen Vögeln des Himmels und
allem, was sich auf der Erde regt und Le-
ben in sich hat, gebe ich alle grünen Pflan-
zen zur Nahrung! 31 Und es geschah so.
Und Gott sah alles, was er gemacht hatte,
und siehe, es war sehr gut. Es wurde
Abend und es wurde Morgen: sechster
Tag.

2 So wurden Himmel und Erde mit
ihrem ganzen Heer vollendet. 2 Gott
vollendete am siebten Tag sein Werk, das
er gemacht hatte, und ruhte am siebten
Tag von seinem ganzen Werk, das er ge-
macht hatte. 3 Und Gott segnete den sieb-
ten Tag und heiligte ihn, denn an ihm ruh-
te er von seinem ganzen Schöpfungswerk.

4a Dies ist die Entstehungsgeschichte des
Himmels und der Erde, als sie erschaffen
wurden.

Der zweite Schöpfungsbericht. Das Paradies

4b Am Tag, da Gott, der Herr, Himmel und
Erde schuf, 5 gab es auf der Erde noch kei-
ne Feldsträucher und es wuchsen noch
keine Feldpflanzen. Denn Gott, der Herr,
hatte es noch nicht auf die Erde regnen
lassen und der Mensch war noch nicht
da, um den Erdboden zu bebauen. 6 Da
stieg eine Flut von der Erde auf und tränk-
te das ganze Land. 7 Dann bildete Gott, der
Herr, den Menschen aus Staub von dem
Erdboden und blies in seine Nase einen
Lebenshauch. So wurde der Mensch ein
lebendes Wesen.

8 Gott, der Herr, pflanzte einen Garten
in Eden, im Osten, und setzte den Men-
schen hinein, den er gebildet hatte. 9 Und
Gott, der Herr, ließ aus der Erde allerlei
Bäume wachsen, verlockend anzusehen
und gut davon zu essen, den Baum des Le-
bens mitten im Garten und den Baum der
Erkenntnis des Guten und Bösen. 10 Ein
Strom ging von Eden aus, um den Garten
zu bewässern, und von dort teilte er sich in
vier Arme. 11 Der Name des einen ist Pi-
schon: Er umfließt das ganze Land Hawila,
wo Gold vorkommt. 12 Das Gold dieses
Landes ist vorzüglich; dort gibt es auch
Bdelliumharz und den Schoham-Edel-
stein. 13 Der Name des zweiten Flusses ist
Gihon: Er umfließt das ganze Land Kusch.
14 Der Name des dritten Flusses ist Tigris:
Er fließt östlich von Assur. Der vierte Fluss
ist der Eufrat. 15 Gott, der Herr, nahm den
Menschen und setzte ihn in den Garten
Eden, damit er ihn bebaue und bewache.
16 Und Gott, der Herr, gab dem Menschen
dieses Gebot: Von allen Bäumen des Gar-
tens darfst du essen. 17 Von dem Baum der
Erkenntnis des Guten und Bösen aber
darfst du nicht essen. Denn am Tag, da du
davon isst, musst du sicher sterben.

18 Dann sprach Gott, der Herr: Es ist
nicht gut, dass der Mensch allein sei. Ich
will ihm eine Hilfe machen, die ihm ent-
spricht. 19 Gott, der Herr, bildete noch aus
dem Erdboden alle Tiere des Feldes und
alle Vögel des Himmels und er führte sie
zum Menschen, um zu sehen, wie er sie
benennen würde: so, wie der Mensch sie
benennen würde, sollte ihr Name sein.
20 Da gab der Mensch allem Vieh und den
Vögeln des Himmels und allem Wild des
Feldes Namen. Aber die Hilfe, die dem
Menschen entsprochen hätte, fand er
nicht. 21 Nun ließ Gott, der Herr, einen tie-
fen Schlaf über den Menschen fallen und
dieser schlief ein; er nahm eine von seinen
Rippen und schloss das Fleisch an ihrer
Stelle zu. 22 Dann baute Gott, der Herr, die
Rippe, die er vom Menschen genommen
hatte, zu einer Frau und führte sie zum
Menschen. 23 Da sprach der Mensch: Das
ist endlich Bein von meinem Bein und
Fleisch von meinem Fleisch! Diese soll
Frau heißen, weil sie vom Mann genom-
men ist. 24 Darum wird der Mann seinen
Vater und seine Mutter verlassen und sich
an seine Frau binden und sie werden zu
einem Fleisch. 25 Beide waren nackt, der
Mensch und seine Frau. Aber sie schämten
sich nicht voreinander.

Der Sündenfall

3 Die Schlange war listiger als alle Tiere
des Feldes, die Gott, der Herr, ge-
macht hatte. Sie sprach zu der Frau: Hat
Gott wirklich gesagt: Ihr dürft nicht von
allen Bäumen des Gartens essen? 2 Die
Frau antwortete der Schlange: Von den
Früchten der Bäume des Gartens dürfen
wir essen. 3 Nur von den Früchten des Bau-

mes, der mitten im Garten steht, hat Gott
gesagt: Ihr sollt nicht davon essen und
nicht daran rühren, damit ihr nicht sterbt.
[4] Darauf sprach die Schlange zu der Frau:
Keineswegs, ihr werdet nicht sterben.
[5] Vielmehr weiß Gott, dass an dem Tag, da
ihr davon esst, euch die Augen aufgehen
und ihr sein werdet wie Götter, die Gutes
und Böses erkennen. [6] Die Frau sah, dass
von dem Baum gut zu essen wäre, er lieb-
lich anzusehen war und es begehrenswert
wäre, Einsicht zu gewinnen. Und sie nahm
von seiner Frucht und aß und gab davon
auch ihrem Mann, der bei ihr war, und er
aß. [7] Nun gingen beiden die Augen auf und
sie erkannten, dass sie nackt waren. Des-
halb flochten sie Feigenblätter zusammen
und machten sich Schurze.

[8] Da vernahmen sie den Schritt Gottes,
des Herrn, der sich beim Tageswind im
Garten erging, und Adam und seine Frau
verbargen sich vor Gott, dem Herrn, unter
den Bäumen des Gartens. [9] Gott, der Herr,
aber rief Adam und sprach zu ihm: Wo
bist du? [10] Er antwortete: Ich hörte deinen
Schritt im Garten; da fürchtete ich mich,
weil ich nackt bin, und verbarg mich.
[11] Darauf sprach er: Wer hat dir gesagt,
dass du nackt bist? Hast du von dem Baum
gegessen, von dem zu essen ich dir ver-
boten habe? [12] Adam erwiderte: Die Frau,
die du mir beigesellt hast, gab mir von
dem Baum und ich aß. [13] Da sprach Gott,
der Herr, zu der Frau: Was hast du da ge-
tan? Die Frau antwortete: Die Schlange hat
mich verführt und ich aß.

[14] Nun sprach Gott, der Herr, zur
Schlange:

Weil du das getan hast, verflucht seist
du / unter allem Vieh und unter allen Tie-
ren des Feldes. / Auf deinem Bauch sollst
du kriechen und Staub fressen alle Tage
deines Lebens.

[15] Feindschaft will ich setzen zwischen
dir und der Frau, / zwischen deinem
Spross und ihrem Spross. / Er wird dir den
Kopf zermalmen / und du wirst ihn an der
Ferse treffen.

[16] Zur Frau aber sprach er:

Überaus zahlreich werde ich die
Beschwerden deiner Schwangerschaft
machen. / Unter Schmerzen sollst du Kin-
der gebären. / Nach deinem Mann wird
dein Verlangen sein, / er aber wird über
dich herrschen.

[17] Zu dem Menschen aber sagte er: Weil
du auf die Stimme deiner Frau gehört und
von dem Baum gegessen hast, obwohl ich
dir geboten hatte: Du sollst nicht von ihm
essen.

Verflucht sei der Erdboden deinetwe-
gen. / Unter Mühsal sollst du dich von ihm
ernähren alle Tage deines Lebens.

[18] Dornen und Disteln soll er dir wach-
sen lassen. / Die Pflanzen des Feldes musst
du essen.

[19] Im Schweiße deines Angesichts / sollst
du dein Brot essen, / bis du zum Erdboden
zurückkehrst, / von dem du genommen
bist. / Denn Staub bist du / und zum Staub
musst du zurückkehren.

[20] Adam gab seiner Frau den Namen Eva
(Leben); denn sie wurde die Mutter aller
Lebendigen. [21] Gott, der Herr, aber machte
Adam und seiner Frau Kleider aus Fellen
und bekleidete sie damit. [22] Dann sprach
Gott, der Herr: Siehe, der Mensch ist ge-
worden wie einer von uns, sodass er Gutes
und Böses erkennt. Dass er nun aber nicht
seine Hand ausstreckt und auch von dem
Baum des Lebens nimmt und davon isst
und ewig lebt! [23] Darum entfernte Gott,
der Herr, den Menschen aus dem Garten
Eden, damit er den Erdboden bebaue, von
dem er genommen ist. [24] Und nachdem er
den Menschen vertrieben hatte, stellte er
östlich vom Garten Eden die Kerubim auf
und das lodernde Flammenschwert, damit
sie den Weg zum Baum des Lebens bewa-
chen.

Kain und Abel

4 Adam erkannte seine Frau Eva. Sie
wurde schwanger und gebar Kain. Da
sprach sie: Einen Mann habe ich durch
den Herrn erhalten. [2] Und sie gebar noch-
mals, seinen Bruder Abel. Abel wurde ein
Schafhirt, Kain aber wurde ein Ackerbau-
er. [3] Nach geraumer Zeit geschah es nun,
dass Kain von den Früchten des Feldes
dem Herrn ein Opfer darbrachte. [4] Auch
Abel brachte ein Opfer dar von den Erst-
lingen seiner Herde, und zwar von den
Fettstücken. Der Herr schaute gnädig auf
Abel und sein Opfer. [5] Auf Kain und sein
Opfer aber schaute er nicht. Deshalb wur-
de Kain sehr zornig und senkte seinen
Blick. [6] Da sprach der Herr zu Kain: Wa-
rum bist du zornig und senkst deinen
Blick? [7] Wenn du recht handelst, erhebst

du dann nicht das Haupt? Wenn du aber
nicht recht handelst, steht dann nicht die
Sünde an der Tür, ein lauerndes Tier, das
nach dir verlangt und das du beherrschen
sollst? 8 Hierauf sprach Kain zu Abel, sei-
nem Bruder: Lass uns aufs Feld gehen! Als
sie aber auf dem Feld waren, erhob sich
Kain gegen seinen Bruder Abel und schlug
ihn tot.

9 Da sagte der Herr zu Kain: Wo ist dein
Bruder Abel? Er antwortete: Ich weiß es
nicht. Bin ich denn der Hüter meines Bru-
ders? 10 Darauf sprach er: Was hast du ge-
tan? Höre, das Blut deines Bruders schreit
zu mir von der Erde. 11 Und nun sollst du
verflucht sein, verbannt von dem Acker-
boden, der seinen Mund aufgetan hat, um
das Blut deines Bruders von deiner Hand
aufzunehmen. 12 Wenn du den Boden be-
stellst, soll er dir künftig keinen Ertrag
mehr geben. Unstet und flüchtig sollst du
auf der Erde sein. 13 Da erwiderte Kain dem
Herrn: Zu groß ist meine Strafe, als dass
ich sie tragen könnte. 14 Siehe, du treibst
mich heute vom Ackerboden weg und vor
deinem Angesicht muss ich mich verber-
gen. Ich muss unstet und flüchtig auf der
Erde sein und wer mich gerade findet,
wird mich töten. 15 Darauf entgegnete ihm
der Herr: Keineswegs! Jeder, der Kain tö-
tet, an dem soll man es siebenfach rächen.
Und der Herr machte an Kain ein Zeichen,
damit ihn niemand töte, der ihn gerade
fände. 16 Kain aber ging von dem Angesicht
des Herrn hinweg und ließ sich im Land
Nod östlich von Eden nieder.

Die Nachkommen Kains

17 Kain erkannte seine Frau; sie wurde
schwanger und gebar Henoch. Er wurde
der Erbauer einer Stadt und gab der Stadt
den Namen seines Sohnes Henoch. 18 Dem
Henoch aber wurde Irad geboren. Irad
zeugte Mehujaël, Mehujaël zeugte Metu-
schaël und Metuschaël zeugte Lamech.
19 Lamech nahm sich zwei Frauen; die eine
hieß Ada, die andere Zilla. 20 Ada gebar
den Jabal; dieser wurde der Stammvater
derer, die in Zelten und mit den Herden
leben. 21 Sein Bruder hieß Jubal; dieser
wurde der Stammvater aller Zither- und
Flötenspieler. 22 Zilla aber gebar den Tubal-
Kajin; dieser wurde der Stammvater aller
Bronze- und Eisenschmiede. Die Schwes-
ter Tubal-Kajins war Naama.

23 Lamech sagte zu seinen Frauen: Ada
und Zilla, hört meine Rede, ihr Frauen La-
mechs, hört auf meinen Spruch! Einen
Mann erschlug ich für eine Wunde, einen
Jüngling für eine Strieme. 24 Wird Kain sie-
benmal gerächt, dann Lamech siebenund-
siebzigmal.

Set und seine Nachkommen

25 Adam erkannte seine Frau und sie gebar
ihm einen Sohn und nannte ihn Set (Setz-
ling); denn, sagte sie, Gott hat mir einen
anderen Spross gegeben anstelle Abels, da
Kain ihn erschlagen hat. 26 Auch Set wurde
ein Sohn geboren und er nannte ihn
Enosch. Dieser war der Erste, der den Na-
men des Herrn anrief.

Die Patriarchen vor der Sintflut

5 Dies ist das Buch der Nachkommen
Adams: Als Gott den Menschen
schuf, machte er ihn Gott ähnlich. 2 Als
Mann und Frau schuf er sie, segnete sie
und gab ihnen am Tag, als er sie schuf,
den Namen Mensch.

3 Adam war einhundertdreißig Jahre alt,
da zeugte er einen Sohn, ihm ähnlich,
nach seinem Bild und nannte ihn Set.
4 Adam lebte nach der Geburt Sets noch
achthundert Jahre und zeugte Söhne und
Töchter. 5 Die ganze Lebensdauer Adams
betrug neunhundertdreißig Jahre, dann
starb er.

6 Set war einhundertfünf Jahre alt, da
zeugte er Enosch. 7 Set lebte nach der Ge-
burt des Enosch noch achthundertsieben
Jahre und zeugte Söhne und Töchter. 8 Die
ganze Lebensdauer Sets betrug neunhun-
dertzwölf Jahre, dann starb er.

9 Enosch war neunzig Jahre alt, da zeugte
er Kenan. 10 Enosch lebte nach der Geburt
Kenans noch achthundertfünfzehn Jahre
und zeugte Söhne und Töchter. 11 Die gan-
ze Lebensdauer des Enosch betrug neun-
hundertfünf Jahre, dann starb er.

12 Kenan war siebzig Jahre alt, da zeugte
er Mahalalel. 13 Kenan lebte nach der Ge-
burt Mahalalels noch achthundertvierzig
Jahre und zeugte Söhne und Töchter.
14 Die ganze Lebensdauer Kenans betrug
neunhundertzehn Jahre, dann starb er.

15 Mahalalel war fünfundsechzig Jahre
alt, da zeugte er Jared. 16 Mahalalel lebte
nach der Geburt Jareds noch achthundert-
dreißig Jahre und zeugte Söhne und Töch-

ter. 17 Die ganze Lebensdauer Mahalalels betrug achthundertfünfundneunzig Jahre, dann starb er.

18 Jared war einhundertzweiundsechzig Jahre alt, da zeugte er Henoch. 19 Jared lebte nach der Geburt Henochs noch achthundert Jahre und zeugte Söhne und Töchter. 20 Die ganze Lebensdauer Jareds betrug neunhundertzweiundsechzig Jahre, dann starb er.

21 Henoch war fünfundsechzig Jahre alt, da zeugte er Metuschelach. 22 Henoch wandelte mit Gott. Henoch lebte nach der Geburt Metuschelachs noch dreihundert Jahre und zeugte Söhne und Töchter. 23 Die ganze Lebensdauer Henochs betrug dreihundertfünfundsechzig Jahre. 24 Henoch wandelte mit Gott, dann war er nicht mehr; denn Gott hatte ihn aufgenommen.

25 Metuschelach war einhundertsiebenundachtzig Jahre alt, da zeugte er Lamech. 26 Metuschelach lebte nach der Geburt Lamechs noch siebenhundertzweiundachtzig Jahre und zeugte Söhne und Töchter. 27 Die ganze Lebensdauer Metuschelachs betrug neunhundertneunundsechzig Jahre, dann starb er.

28 Lamech war einhundertzweiundachtzig Jahre alt, da zeugte er einen Sohn. 29 Er gab ihm den Namen Noach; denn, sagte er, dieser wird uns Trost verschaffen in unserer Arbeit und der Mühsal unserer Hände um den Ackerboden, den der Herr verflucht hat. 30 Lamech lebte nach der Geburt Noachs noch fünfhundertfünfundneunzig Jahre und zeugte Söhne und Töchter. 31 Die ganze Lebensdauer Lamechs betrug siebenhundertsiebenundsiebzig Jahre, dann starb er.

32 Noach war fünfhundert Jahre alt, da zeugte er Sem, Ham und Jafet.

Gottessöhne und Menschentöchter

6 Als die Menschen anfingen, sich auf der Erde zu vermehren und ihnen Töchter geboren wurden, 2 sahen die Gottessöhne, dass die Menschentöchter zu ihnen passten, und sie nahmen sich Frauen aus allen, die ihnen gefielen. 3 Da sprach der Herr: Mein Geist soll im Menschen nicht ewig mächtig sein, weil er Fleisch ist. Seine Lebenszeit soll nur einhundertzwanzig Jahre betragen. 4 Damals lebten die Riesen auf der Erde und auch später noch, als die Gottessöhne mit den Menschentöchtern verkehrten und diese ihnen Kinder gebaren, jene berühmten Helden der Vorzeit.

Die Sintflut

Die Bosheit der Menschen

5 Als der Herr sah, dass die Bosheit der Menschen auf der Erde groß war und die Gedanken ihres Herzens immer nur auf das Böse gerichtet waren, 5 da bereute es der Herr, dass er den Menschen auf der Erde gemacht hatte, und er war tief betrübt. 7 So sprach denn der Herr: Ich will die Menschen, die ich auf der Erde geschaffen habe, vom Erdboden weg vertilgen, die Menschen samt dem Vieh, den Kriechtieren und den Vögeln des Himmels. Denn es reut mich, sie geschaffen zu haben. 8 Noach aber hatte in den Augen des Herrn Gnade gefunden.

9 Dies ist die Geschichte Noachs: Noach war ein gerechter Mann, untadelig unter seinen Zeitgenossen. Er ging seinen Weg mit Gott. 10 Noach hatte drei Söhne: Sem, Ham und Jafet. 11 Die Erde aber war in Gottes Augen verdorben und die Erde war voller Gewalttat. 12 Gott sah die Erde: Sie war verdorben, denn der Weg alles Fleisches auf der Erde war verdorben.

Vorbereitungen auf die Sintflut

13 Da sprach Gott zu Noach: Das Ende alles Fleisches ist bei mir beschlossen; denn die Erde ist voller Gewalttat wegen der Menschen. Daher will ich sie von der Erde vertilgen. 14 Bau dir eine Arche aus Zypressenholz, mache sie aus Rohrgeflecht und überzieh sie innen und außen mit Pech. 15 So sollst du sie bauen: Dreihundert Ellen soll die Länge der Arche sein, fünfzig Ellen ihre Breite und dreißig Ellen ihre Höhe. 16 Mache für die Arche oben ein Dach, bringe die Tür der Arche an der Seite an und lege ein unteres, mittleres und oberes Stockwerk an. 17 Denn ich will eine Flut, Wasser, über die Erde kommen lassen, um alles Fleisch, in dem Leben ist, unter dem Himmel zu vertilgen. Alles, was auf der Erde ist, soll umkommen. 18 Mit dir aber will ich einen Bund schließen. Du sollst in die Arche gehen, du und mit dir deine Söhne, deine Frau und die Frauen deiner Söhne. 19 Von allen lebenden Wesen, von allem Fleisch, sollst du zwei von

allen in die Arche aufnehmen, damit sie
dir am Leben bleiben, ein Männchen und
ein Weibchen soll es sein. 20 Von jeder Art
der Vögel, von jeder Art des Viehs und
von jeder Art der Kriechtiere am Boden
sollen je zwei von allen mit dir hinein-
gehen, damit sie am Leben bleiben. 21 Du
selbst aber sollst dir alles besorgen, was
an Speise zur Ernährung dient, und es bei
dir aufspeichern, damit es dir und ihnen
zur Nahrung diene. 22 Noach tat so; ganz,
wie es ihm Gott befohlen hatte, tat er.

7 Der Herr sprach zu Noach: Geh du
mit deiner ganzen Familie in die Ar-
che; denn ich habe dich allein unter die-
sem Geschlecht als gerecht vor mir befun-
den. 2 Von allen reinen Tieren nimm dir je
sieben, Männchen und Weibchen, und
von den unreinen Tieren zwei, ein Männ-
chen und ein Weibchen, 3 auch von den
Vögeln je sieben, Männchen und Weib-
chen, damit sie sich später auf der Erde
fortpflanzen können. 4 Denn noch sieben
Tage, dann lasse ich auf die Erde vierzig
Tage und vierzig Nächte regnen und ver-
tilge vom Erdboden alles Bestehende, das
ich geschaffen habe. 5 Noach tat ganz so,
wie es ihm der Herr befohlen hatte. 6 No-
ach war sechshundert Jahre alt, als die Flut
über die Erde hereinbrach.

7 Und Noach ging, bevor die Flut kam,
in die Arche und mit ihm seine Söhne, sei-
ne Frau und die Frauen seiner Söhne.
8 Von den reinen und unreinen Tieren,
von den Vögeln und von allem, was auf
dem Boden kriecht, 9 gingen zwei und
zwei, immer ein Männchen und Weib-
chen, zu Noach in die Arche, wie Gott es
Noach befohlen hatte. 10 Nach Ablauf von
sieben Tagen brach die Flut über die Erde
herein. 11 Im sechshundertsten Lebensjahr
Noachs, am siebzehnten Tag des zweiten
Monats, an diesem Tag brachen alle Quel-
len der großen Tiefe auf und die Schleusen
des Himmels öffneten sich. 12 Der Regen
strömte auf die Erde vierzig Tage und vier-
zig Nächte lang.

13 An diesem Tag gingen Noach und
Sem, Ham und Jafet, die Söhne Noachs,
mit der Frau Noachs und den drei Frauen
seiner Söhne in die Arche 14 und mit ihnen
alles Wild nach seiner Art und alles Vieh
nach seiner Art und alles, was auf dem Bo-
den kriecht, nach seiner Art, und alle Vö-
gel nach ihrer Art, alles, was Flügel und
Schwingen hat. 15 Paarweise waren sie zu
Noach in die Arche gekommen aus allen
Wesen, in denen Leben ist. 16 Von allen
Wesen waren immer ein Männchen und
ein Weibchen gekommen, wie Gott es
ihm befohlen hatte. Und der Herr schloss
hinter ihm zu.

Die Flut

17 Nun ergoss sich die Flut vierzig Tage lang
über die Erde. Das Wasser schwoll an und
hob die Arche empor, sodass sie über der
Erde schwamm. 18 Es wuchs das Wasser
immer weiter und stieg hoch über die Er-
de. Die Arche aber fuhr auf dem Wasser
dahin. 19 Bis zu einer gewaltigen Höhe stieg
das Wasser über die Erde, sodass alle ho-
hen Berge unter dem ganzen Himmel be-
deckt wurden. 20 Fünfzehn Ellen hoch
stand über ihnen das Wasser, so hoch wa-
ren die Berge bedeckt. 21 Da kam alles
Fleisch um, das sich auf der Erde regt, Vö-
gel, Vieh, Wild, alles, was auf der Erde
wimmelt, und alle Menschen. 22 Alles, was
Leben in sich hatte, alles, was auf dem
Festland lebte, starb. 23 So vertilgte er alles
Bestehende, das auf der Erde war, vom
Menschen bis zum Vieh, bis zu den
Kriechtieren und bis zu den Vögeln des
Himmels. Sie wurden von der Erde ver-
tilgt. Nur Noach blieb übrig und was mit
ihm in der Arche war. 24 Das Wasser stieg
auf der Erde einhundertfünfzig Tage an.

Der Rückgang der Flut

8 Da dachte Gott an Noach und an alles
Wild und alles Vieh, das mit ihm in
der Arche war. Und Gott ließ einen Wind
über die Erde wehen und das Wasser sank.
2 Die Quellen der Tiefe und die Schleusen
des Himmels hatten sich geschlossen; der
Regen vom Himmel wurde zurückgehal-
ten 3 und das Wasser verlief sich allmäh-
lich von der Erde. Nach Ablauf der ein-
hundertfünfzig Tage ging das Wasser
zurück 4 und im siebten Monat, am sieb-
zehnten Tag des Monats, ruhte die Arche
auf den Bergen von Ararat. 5 Das Wasser
ging immer weiter zurück bis zum zehnten
Monat. Im zehnten Monat, am ersten Tag
des Monats, kamen die Gipfel der Berge
zum Vorschein.

6 Nach Ablauf von vierzig Tagen öffnete
Noach das Fenster der Arche, das er ange-
bracht hatte, 7 und schickte einen Raben

aus. Dieser flog hin und her, bis das Was-
ser von der Erde vertrocknet war. 8 Dann
ließ er eine Taube fliegen, um zu sehen,
ob das Wasser sich von der Oberfläche
der Erde verlaufen hatte. 9 Die Taube aber
fand keinen Ort, wo ihre Füße hätten ru-
hen können. Darum kam sie zur Arche zu-
rück, denn das Wasser stand noch auf der
ganzen Erde. Er streckte seine Hand aus,
ergriff sie und holte sie zu sich in die Ar-
che. 10 Nun wartete er noch weitere sieben
Tage und ließ abermals eine Taube aus der
Arche ausfliegen. 11 Die Taube kam am
Abend zu ihm zurück und siehe, sie trug
ein frisches Blatt von einem Ölbaum in
ihrem Schnabel. Da erkannte Noach, dass
sich das Wasser von der Erde verlaufen
hatte. 12 Er wartete nochmals sieben Tage
und ließ wiederum eine Taube ausfliegen.
Diese kehrte nicht mehr zu ihm zurück.

13 Im sechshundertundersten Lebensjahr
Noachs, im ersten Monat, am ersten Tag
des Monats, war das Wasser auf der Erde
vertrocknet. Nun entfernte Noach das
Dach der Arche und hielt Ausschau und
siehe, die Oberfläche des Erdbodens war
trocken. 14 Im zweiten Monat, am sieben-
undzwanzigsten Tag des Monats, war die
Erde trocken.

Der Auszug aus der Arche

15 Nun sprach Gott zu Noach: 16 Gehe aus
der Arche, du und mit dir deine Frau, dei-
ne Söhne und die Frauen deiner Söhne.
17 Alles Lebende von allen Wesen, die bei
dir sind, Vögel, Vieh und alle Kriechtiere,
die sich auf dem Boden regen, lass mit dir
herausgehen. Sie sollen auf der Erde wim-
meln, fruchtbar sein und sich vermehren.
18 Da ging Noach hinaus und mit ihm seine
Söhne, seine Frau und die Frauen seiner
Söhne, 19 alles Wild, alles Vieh, alle Vögel,
alle Kriechtiere, die sich auf dem Boden
regen, verließen Art um Art die Arche.

20 Noach baute dem Herrn einen Altar.
Dann nahm er von allen reinen Tieren
und von allen reinen Vögeln und brachte
auf dem Altar Brandopfer dar. 21 Als der
Herr den lieblichen Duft roch, sprach er
bei sich selbst: Ich will die Erde nicht wie-
der wegen des Menschen verfluchen, denn
das Trachten des menschlichen Herzens
ist böse von Jugend an. Nicht noch einmal
will ich alle Lebewesen vertilgen, wie ich es
getan habe. 22 Künftig, solange die Erde be-
steht, soll nicht mehr aufhören Saat und
Ernte, Kälte und Hitze, Sommer und Win-
ter, Tag und Nacht.

Die neue Ordnung der Welt

9 Gott segnete Noach und seine Söhne
und sprach zu ihnen: Seid fruchtbar
und vermehrt euch und bevölkert die Erde!
2 Furcht und Schrecken vor euch lege sich
auf alle Tiere der Erde, auf alle Vögel des
Himmels und auf alle Kriechtiere auf dem
Boden und auf alle Fische des Meeres: In
euere Hand sind sie gegeben. 3 Alles, was
sich regt und lebt, diene euch zur Nahrung;
wie die grünen Pflanzen überlasse ich euch
alles. 4 Nur Fleisch mit seiner Seele, näm-
lich dem Blut, sollt ihr nicht essen. 5 Auch
euer Blut, das Blut eueres Lebens, werde
ich fordern; ich werde es fordern von je-
dem Tier und von dem Menschen. Von
einem jeden, selbst von seinem Bruder
werde ich das Leben des Menschen for-
dern. 6 Wer Menschenblut vergießt, durch
Menschen soll sein Blut vergossen werden.
Denn nach dem Bild Gottes hat er den
Menschen gemacht. 7 So werdet fruchtbar
und vermehrt euch, bevölkert die Erde
und herrscht über sie!

8 Dann sprach Gott zu Noach und zu
seinen Söhnen, die bei ihm waren: 9 Seht,
ich schließe einen Bund mit euch und mit
eueren Nachkommen 10 und mit allen Le-
bewesen, die bei euch sind: mit den Vö-
geln, dem Vieh und allem Wild des Feldes
bei euch, mit allem, was aus der Arche he-
rausgegangen ist, mit allen Tieren der Er-
de. 11 Ich schließe meinen Bund mit euch:
Nie mehr soll alles Fleisch durch das Was-
ser der Flut vertilgt werden und es soll kei-
ne Flut mehr kommen, um die Erde zu
verwüsten.

12 Und Gott sprach: Dies sei das Zeichen
des Bundes, den ich zwischen mir und
euch und allen Lebewesen, die bei euch
sind, für künftige Geschlechter schließe:
13 Ich stelle meinen Bogen in die Wolken,
er soll ein Zeichen des Bundes zwischen
mir und der Erde sein. 14 Wenn ich die
Wolken über der Erde zusammenballe
und der Bogen in den Wolken erscheint,
15 dann will ich meines Bundes zwischen
mir und euch und allen Lebewesen, allem
Fleisch, gedenken: Nie mehr soll das Was-
ser zur Flut werden, um alles Fleisch zu
vernichten. 16 Wenn der Bogen in den

Wolken erscheint, werde ich ihn ansehen, um des ewigen Bundes zwischen Gott und allen Lebewesen, allem Fleisch auf der Erde, zu gedenken. 17 Und Gott sprach zu Noach: Dies ist das Zeichen des Bundes, den ich zwischen mir und allem Fleisch auf der Erde geschlossen habe.

Von der Sintflut bis Abraham

Noach und seine Söhne

18 Noachs Söhne, die aus der Arche gingen, waren Sem, Ham und Jafet. Ham ist der Vater Kanaans. 19 Diese drei waren die Söhne Noachs und von ihnen stammt die Bevölkerung der ganzen Erde ab.

20 Noach, der Landmann, begann die Weinrebe zu pflanzen. 21 Als er vom Wein trank, wurde er betrunken und lag entblößt im Inneren seines Zeltes. 22 Ham, der Vater Kanaans, betrachtete die Blöße seines Vaters und erzählte es draußen seinen beiden Brüdern. 23 Da nahmen Sem und Jafet den Mantel, legten ihn beide auf ihre Schultern, gingen rückwärts hinein und bedeckten die Blöße ihres Vaters. Ihr Gesicht war abgewandt, sodass sie die Blöße ihres Vaters nicht sahen. 24 Als Noach von seinem Rausch erwachte und erfuhr, was ihm sein jüngster Sohn angetan hatte, 25 sprach er:

Verflucht sei Kanaan, / der niedrigste
Knecht sei er seinen Brüdern!

26 Weiter sprach er:

Gepriesen sei der Herr, der Gott Sems, /
und Kanaan sei sein Knecht!

27 Weiteren Raum gebe Gott Jafet; / er
wohne in den Zelten Sems, / und Kanaan
sei sein Knecht!

28 Noach lebte nach der Flut noch dreihundertfünfzig Jahre. 29 Die ganze Lebenszeit Noachs betrug neunhundertfünfzig Jahre, dann starb er.

Die Bevölkerung der Erde

10 Die sind die Nachkommen der Söhne Noachs, des Sem, Ham und Jafet. Es wurden ihnen nach der Flut Söhne geboren.

2 Die Söhne Jafets: Gomer, Magog, Madai, Jawan, Tubal, Meschech und Tiras. 3 Die Söhne Gomers: Aschkenas, Rifat und Togarma. 4 Die Söhne Jawans: Elischa und Tarschisch, die Kittäer und die Rodaniter. 5 Von diesen zweigen sich die Inselvölker ab. Das sind die Söhne Jafets nach ihren Ländern und jeder nach seiner Sprache, nach ihren Stämmen und Völkerschaften.

6 Die Söhne Hams: Kusch, Ägypten, Put und Kanaan. 7 Die Söhne des Kusch: Seba, Hawila, Sabta, Ragma und Sabtecha. Die Söhne Ragmas: Saba und Dedan. 8 Kusch zeugte Nimrod. Dieser war der erste Held auf der Erde. 9 Er war ein gewaltiger Jäger vor dem Herrn. Darum sagt man: Ein gewaltiger Jäger vor dem Herrn wie Nimrod. 10 Seine Herrschaft erstreckte sich anfangs über Babel, Erech und Akkad, Städte, die alle im Land Schinar liegen. 11 Von diesem Land zog Assur aus und erbaute Ninive, Rehobot-Ir, Kelach 12 und Resen zwischen Ninive und Kelach, das ist die große Stadt. 13 Ägypten zeugte die Luditer, die Anamiter, die Lehabiter, die Naftuhiter, 14 die Patrositer, die Kasluhiter und die Kaftoriter, von denen die Philister abstammen. 15 Kanaan zeugte Sidon, seinen Erstgeborenen, und Het, 16 ferner die Jebusiter, die Amoriter und die Girgaschiter, 17 die Hiwiter, die Arkiter und die Siniter, 18 die Arwaditer, die Zemariter und die Hamatiter. Später zerstreuten sich die Geschlechter der Kanaaniter. 19 Die Grenze der Kanaaniter aber ging von Sidon in der Richtung auf Gerar bis Gaza, in der Richtung auf Sodom und Gomorra, Adma und Zebojim bis Lescha. 20 Das sind die Söhne Hams nach ihren Stämmen und ihren Sprachen in ihren Ländern und Völkerschaften.

21 Auch Sem, dem Stammvater aller Söhne Ebers, dem älteren Bruder Jafets, wurden Söhne geboren. 22 Die Söhne Sems: Elam, Assur, Arpachschad, Lud und Aram. 23 Die Söhne Arams: Uz, Hul, Geter und Masch. 24 Arpachschad zeugte Schelach und Schelach zeugte Eber. 25 Dem Eber wurden zwei Söhne geboren: Der Name des einen war Peleg (Teilung), denn in seinen Tagen wurde das Land geteilt; der Name seines Bruders war Joktan. 26 Joktan zeugte Almodad, Schelef, Hazarmawet und Jerach, 27 Hadoram, Usal und Dikla, 28 Obal, Abimaël, Scheba, 29 Ofir, Hawila und Jobab. Alle diese sind Söhne Joktans. 30 Ihre Wohnsitze erstreckten sich von Mescha bis nach Sefar zum Ostgebirge. 31 Dies sind die Söhne Sems nach ihren Stämmen und ihren Sprachen in ihren Ländern und Völkerschaften.

32 Dies sind die Stämme der Söhne No-
achs nach ihrer Geschlechterfolge und
nach ihren Völkerschaften. Von ihnen
zweigen sich die Völker auf der Erde nach
der Sintflut ab.

Der Turm von Babel

11 Die ganze Erde aber hatte die gleiche
Sprache und die gleichen Worte. 2 Als sie
von Osten aufbrachen, fanden sie eine
Ebene im Land Schinar und ließen sich
dort nieder. 3 Sie sprachen zueinander:
Auf, wir wollen Ziegel formen und sie
brennen! Die Ziegel dienten ihnen als
Steine und das Erdpech diente ihnen als
Mörtel. 4 Dann sagten sie: Auf, wir wollen
uns eine Stadt bauen und einen Turm,
dessen Spitze bis zum Himmel reicht!
Wir wollen uns einen Namen machen, da-
mit wir uns nicht über die ganze Erde zer-
streuen!

5 Da stieg der Herr herab, um die Stadt
und den Turm anzusehen, den die Men-
schen gebaut hatten. 6 Und der Herr
sprach: Siehe, sie sind *ein* Volk und spre-
chen alle *eine* Sprache. Das ist erst der An-
fang ihres Tuns. Künftig wird für sie
nichts mehr unerreichbar sein, was immer
sie sich zu tun vornehmen. 7 Wir wollen
also hinabsteigen und dort ihre Sprache
verwirren, sodass keiner mehr die Sprache
des anderen versteht! 8 Da zerstreute der
Herr sie von dort über die ganze Erde
und sie mussten aufhören, die Stadt zu
bauen. 9 Darum nennt man sie Babel
(Wirrsal). Denn dort hat der Herr die
Sprache der ganzen Erde verwirrt und
von dort hat sie der Herr über die ganze
Erde zerstreut.

Die Patriarchen nach der Sintflut

10 Dies sind die Nachkommen Sems: Als
Sem einhundert Jahre alt war, zeugte er
Arpachschad im zweiten Jahr nach der
Flut. 11 Nach der Geburt Arpachschads leb-
te er noch fünfhundert Jahre und zeugte
Söhne und Töchter.

12 Als Arpachschad fünfunddreißig Jahre
alt war, zeugte er Schelach. 13 Nach der Ge-
burt Schelachs lebte er noch vierhundert-
drei Jahre und zeugte Söhne und Töchter.

14 Als Schelach dreißig Jahre alt war,
zeugte er Heber. 15 Nach der Geburt Hebers
lebte Schelach noch vierhundertdrei Jahre
und zeugte Söhne und Töchter.

16 Als Heber vierunddreißig Jahre alt
war, zeugte er Peleg. 17 Nach der Geburt Pe-
legs lebte Heber noch vierhundertdreißig
Jahre und zeugte Söhne und Töchter.

18 Als Peleg dreißig Jahre alt war, zeugte
er Regu. 19 Nach der Geburt Regus lebte Pe-
leg noch zweihundertneun Jahre und
zeugte Söhne und Töchter.

20 Als Regu zweiunddreißig Jahre alt war,
zeugte er Serug. 21 Nach der Geburt Serugs
lebte Regu noch zweihundertsieben Jahre
und zeugte Söhne und Töchter.

22 Als Serug dreißig Jahre alt war, zeugte
er Nahor. 23 Nach der Geburt Nahors lebte
Serug noch zweihundert Jahre und zeugte
Söhne und Töchter.

24 Als Nahor neunundzwanzig Jahre alt
war, zeugte er Terach. 25 Nach der Geburt
Terachs lebte Nahor noch einhundert-
neunzehn Jahre und zeugte Söhne und
Töchter.

26 Als Terach siebzig Jahre alt war, zeugte
er Abram, Nahor und Haran.

Die Nachkommenschaft Terachs

27 Dies sind die Nachkommen Terachs:
Terach zeugte Abram, Nahor und Haran;
Haran zeugte Lot. 28 Haran starb schon zu
Lebzeiten seines Vaters Terach in seiner
Heimat Ur in Chaldäa. 29 Abram und Nah-
or verheirateten sich. Die Frau Abrams
hieß Sarai, die Frau Nahors Milka; sie war
eine Tochter Harans, des Vaters der Milka
und Jiska. 30 Sarai aber war unfruchtbar, sie
hatte keine Kinder. 31 Terach nahm seinen
Sohn Abram, seinen Enkel Lot, den Sohn
Harans, und seine Schwiegertochter Sarai,
die Frau seines Sohnes Abram, und sie zo-
gen von Ur in Chaldäa weg, um nach Ka-
naan auszuwandern. Als sie nach Haran
gekommen waren, ließen sie sich dort nie-
der. 32 Terach wurde zweihundertfünf Jah-
re alt, dann starb Terach in Haran.

Die Geschichte Abrahams

Abrahams Berufung

12 Der Herr sprach zu Abram: Ziehe
fort aus deinem Land, von deiner
Verwandtschaft und aus deinem Vater-
haus in das Land, das ich dir zeigen werde!
2 Ich will dich zu einem großen Volk ma-
chen. Ich will dich segnen und deinen Na-
men groß machen; du sollst ein Segen sein.
3 Ich werde segnen, die dich segnen, und
die dich verwünschen, werde ich verflu-
chen! Durch dich sollen gesegnet sein alle
Generationen der Erde.
4 Da zog Abram fort, wie ihm der Herr
befohlen hatte, und mit ihm zog Lot. Ab-
ram war fünfundsiebzig Jahre alt, als er
von Haran wegzog. 5 Und Abram nahm
seine Frau Sarai, seinen Neffen Lot und
alle ihre Habe, die sie besaßen, sowie alles
Gesinde, das sie in Haran erworben hat-
ten. Dann brachen sie auf, um in das Land
Kanaan zu ziehen, und sie kamen in das
Land Kanaan.
6 Abram durchzog das Land bis zur Stät-
te von Sichem, bis zur Orakelterebinthe.
Die Kanaaniter waren damals im Land.
7 Da erschien der Herr dem Abram und
sprach: Deinen Nachkommen will ich die-
ses Land geben. Da baute er dort dem
Herrn, der ihm erschienen war, einen Al-
tar. 8 Von da zog er weiter in das Gebirge
östlich von Bet-El und schlug sein Zelt auf
zwischen Bet-El im Westen und Ai im Os-
ten. Da baute er dem Herrn einen Altar
und rief den Namen des Herrn an. 9 Dann
wanderte Abram immer weiter dem Negeb
zu.

Abraham in Ägypten

10 Als eine Hungersnot im Land ausbrach,
zog Abram nach Ägypten hinab, um dort
zu bleiben, denn die Hungersnot lastete
schwer auf dem Land. 11 Als er sich Ägyp-
ten näherte, sprach er zu seiner Frau Sarai:
Ich weiß wohl, dass du eine schöne Frau
bist. 12 Wenn dich nun die Ägypter sehen,
werden sie denken: Das ist seine Frau. Sie
werden mich töten, dich aber am Leben
lassen. 13 Sag doch, du seist meine Schwes-
ter, damit es mir deinetwegen gut gehe
und ich deinetwegen am Leben bleibe.
14 Als nun Abram nach Ägypten kam, sa-
hen die Ägypter, dass die Frau sehr schön
war. 15 Es sahen sie auch hohe Hofbeamte
des Pharao und rühmten sie vor dem Pha-
rao. Da wurde die Frau in den Palast des
Pharao gebracht. 16 Abram aber tat er ih-
retwegen Gutes. Es wurden ihm Schafe
und Rinder, Esel, Knechte und Mägde,
Eselinnen und Kamele geschenkt. 17 Der
Herr aber schlug den Pharao und auch
sein Haus wegen Sarai, der Frau Abrams,
mit schweren Plagen. 18 Da ließ der Pharao
Abram rufen und sprach: Was hast du mir
angetan? Warum hast du mir nicht mit-
geteilt, dass sie deine Frau ist? 19 Warum
hast du gesagt: Sie ist meine Schwester, so-
dass ich sie mir zur Frau nahm? Nun, da
hast du deine Frau, nimm sie und geh!
20 Darauf beauftragte der Pharao Männer,
die ihn und seine Frau und alle seine Habe
zurückbrachten.

Abrahams Trennung von Lot

13 Abram zog nun mit seiner Frau
und mit seiner ganzen Habe – auch
Lot war bei ihm – aus Ägypten zum Negeb
zurück. 2 Abram war sehr reich geworden
an Herden, an Silber und Gold. 3 Vom Ne-
geb zog er stationsweise bis nach Bet-El,
an den Ort, wo er zuerst sein Zelt auf-
geschlagen hatte, zwischen Bet-El und Ai,
4 an die Stätte des Altars, den er früher dort
errichtet hatte. Hier rief Abram den Na-
men des Herrn an.
5 Auch Lot, der mit Abram zog, besaß
Schafe, Rinder und Zelte. 6 Das Land war
aber zu klein, als dass sie beisammen blie-
ben; denn ihr Besitz war zu groß gewor-
den. Sie konnten nicht mehr beisammen
bleiben. 7 Es entstand Streit zwischen den
Hirten der Herden Abrams und den Hir-
ten der Herden Lots; auch die Kanaaniter
und Perisiter siedelten damals im Land.
8 Da sprach Abram zu Lot: Es soll kein
Streit sein zwischen mir und dir, zwischen
meinen Hirten und deinen Hirten; wir
sind doch Brüder. 9 Liegt nicht das ganze
Land offen vor dir? Trenne dich also von
mir. Willst du nach links, so gehe ich nach
rechts; willst du nach rechts, so gehe ich
nach links. 10 Da blickte Lot auf und sah,
dass die ganze Ebene des Jordan bewässert
war. Bevor der Herr Sodom und Gomorra
zerstörte, war sie wie der Garten des
Herrn, wie das Land Ägypten, bis nach
Zoar hin. 11 Lot wählte die ganze Ebene

des Jordan. Lot zog weg nach Osten und
sie trennten sich voneinander. 12 Abram
wohnte im Land Kanaan; Lot aber wohnte
in den Orten der Ebene und schlug seine
Zelte bis nach Sodom hin auf. 13 Die Leute
von Sodom aber waren sehr böse und sün-
digten gegen den Herrn.

14 Der Herr aber sprach zu Abram, nach-
dem Lot sich von ihm getrennt hatte: Bli-
cke auf und sieh von dem Ort, wo du bist,
nach Norden und Süden, nach Osten und
Westen. 15 Das ganze Land, das du siehst,
gebe ich dir und deinen Nachkommen für
alle Zeit. 16 Ich will deine Nachkommen
zahlreich machen wie den Staub der Erde.
Könnte man den Staub der Erde zählen,
nur dann könnte man auch deine Nach-
kommen zählen. 17 Auf, durchziehe das
Land in seiner Länge und Breite! Denn
dir will ich es geben. 18 Da zog Abram mit
seinen Zelten weiter und ließ sich bei der
Terebinthe von Mamre bei Hebron nieder
und baute dort einen Altar für den Herrn.

Der Feldzug der vier großen Könige

14 Zur Zeit Amrafels, des Königs von
Schinar, Arjochs, des Königs von
Ellasar, Kedor-Laomers, des Königs von
Elam, und Tidals, des Königs von Gojim,
2 führten diese Krieg mit Bera, dem König
von Sodom, mit Birscha, dem König von
Gomorra, mit Schinab, dem König von
Adma, mit Schemeber, dem König von Ze-
bojim, und mit dem König von Bela, das
ist Zoar.

3 Alle diese kamen im Tal Siddim zusam-
men, das ist das Salzmeer. 4 Zwölf Jahre
waren sie Kedor-Laomer untertan, im
dreizehnten Jahr aber fielen sie von ihm
ab. 5 Im vierzehnten Jahr kamen Kedor-
Laomer und die mit ihm verbündeten Kö-
nige und schlugen die Rafaïter bei Aschte-
rot-Karnajim, die Susiter bei Ham, die
Emiter in der Ebene von Kirjatajim, 6 die
Horiter in den Bergen von Seïr bis nach
El-Paran, das am Rand der Wüste liegt.
7 Hierauf kehrten sie um und kamen nach
En-Mischpat, das ist Kadesch, und schlu-
gen das ganze Gebiet der Amalekiter und
die Amoriter, die in Hazezon-Tamar
wohnten. 8 Nun zogen der König von So-
dom, der König von Gomorra, der König
von Adma, der König von Zebojim und
der Körig von Bela, das ist Zoar, aus und
stellten sich im Tal Siddim zum Kampf ge-
gen sie auf, 9 gegen Kedor-Laomer, den Kö-
nig von Elam, gegen Tidal, den König von
Gojim, gegen Amrafel, den König von
Schinar, und gegen Arjoch, den König
von Ellasar, vier Könige gegen fünf. 10 Das
Tal Siddim aber war voll von Erdpechgru-
ben. Als nun der König von Sodom und
der König von Gomorra fliehen mussten,
fielen sie da hinein; die Übrigen flohen in
das Gebirge. 11 Da nahmen jene die ganze
Habe von Sodom und Gomorra und alle
ihre Vorräte und zogen ab. 12 Auch Lot,
den Neffen Abrams, nahmen sie samt sei-
ner Habe mit und zogen ab. Er wohnte
nämlich in Sodom.

13 Einer der Flüchtlinge berichtete davon
Abram, dem Hebräer. Dieser wohnte da-
mals bei den Terebinthen des Amoriters
Mamre, des Bruders des Eschkol und des
Aner, die mit Abram verbündet waren.
14 Als Abram hörte, dass sein Verwandter
gefangen sei, ließ er seine bewährten, im
Haus geborenen Knechte, dreihundert-
achtzehn Mann, ausrücken und verfolgte
sie bis nach Dan. 15 Er und seine Knechte
griffen sie nachts an, in Gruppen auf-
geteilt, schlugen sie und verfolgten sie bis
Hoba nördlich von Damaskus. 16 Er brach-
te alle Habe zurück, auch seinen Verwand-
ten Lot und dessen Habe brachte er zu-
rück, ebenso die Frauen und die übrigen
Leute.

Melchisedek

17 Als er nach dem Sieg über Kedor-Lao-
mer und die Könige, die mit ihm waren,
zurückkehrte, zog ihm der König von So-
dom in das Tal Schawe entgegen, das ist
das Königstal. 18 Melchisedek aber, der Kö-
nig von Salem, brachte Brot und Wein he-
raus, er war nämlich ein Priester des
Höchsten Gottes. 19 Er segnete ihn und
sprach:

Gesegnet sei Abram vom Höchsten
Gott, / der Himmel und Erde erschaffen
hat.

20 Und gesegnet sei der Höchste Gott, /
der deine Feinde in deine Hände geliefert
hat!

Darauf gab er Abram den Zehnten von
allem. 21 Darauf sprach der König von So-
dom zu Abram: Gib mir die Leute zurück,
die Habe behalte für dich! 22 Abram aber
erwiderte dem König von Sodom: Ich er-
hebe meine Hand zum Höchsten Gott, der

Himmel und Erde erschaffen hat. 23 Ich
nehme keinen Faden und keinen Schuh-
riemen an, nichts von allem, was dir ge-
hört! Du sollst nicht sagen können: Ich ha-
be Abram reich gemacht. 24 Ich nehme
nichts! Nur was die Knechte verzehrt ha-
ben und den Anteil der Männer, die mit
mir gezogen sind, Aner, Eschkol und
Mamre, diese mögen ihren Anteil neh-
men.

Die Verheißungen und Gottes Bund mit Abraham

15 Nach diesen Ereignissen erging in
einer Vision das Wort des Herrn
an Abram: Fürchte dich nicht, Abram!
Ich bin dein Schild und dein Lohn soll
sehr groß sein. 2 Da sprach Abram: Herr,
mein Herr, was kannst du mir geben, da
ich kinderlos dahingehe und Eliëser aus
Damaskus Erbe meines Hauses ist? 3 Und
Abram fuhr fort: Siehe, du hast mir keinen
Nachkommen gegeben; so wird nun mein
leibeigener Knecht mein Erbe sein. 4 Da er-
ging das Wort des Herrn an ihn: Nicht
dieser wird dein Erbe sein, sondern dein
leiblicher Spross wird dich beerben. 5 Und
er führte ihn hinaus ins Freie und sprach:
Sieh hinauf zum Himmel und zähl die
Sterne, wenn du sie zählen kannst! Dann
sagte er zu ihm: So wird deine Nachkom-
menschaft sein. 6 Er glaubte dem Herrn
und der rechnete es ihm zur Gerechtigkeit
an.

7 Weiter sprach er zu ihm: Ich bin der
Herr, der dich aus Ur in Chaldäa heraus-
geführt hat, um dir dieses Land zum Besitz
zu geben. 8 Er antwortete: Herr, mein Herr,
woran soll ich erkennen, dass ich es besit-
zen werde? 9 Da befahl er ihm: Bring mir
eine dreijährige Kuh, eine dreijährige Zie-
ge und einen dreijährigen Widder, eine
Turteltaube und eine junge Taube! 10 Als
er ihm alle diese Tiere gebracht hatte,
schnitt er sie mitten durch und legte die
Hälften einander gegenüber; die Vögel
aber zerschnitt er nicht. 11 Da stießen
Raubvögel auf die Tierleichen herab. Ab-
ram aber verscheuchte sie.

12 Als die Sonne unterging, überkam Ab-
ram ein tiefer Schlaf; ein großer Schrecken
überfiel ihn. 13 Da sprach Gott zu Abram:
Du sollst wissen, dass deine Nachkommen
Fremde sein werden in einem Land, das
ihnen nicht gehört. Sie werden ihnen die-
nen und jene werden sie vierhundert Jahre
lang bedrücken. 14 Aber auch das Volk,
dem sie dienen müssen, werde ich richten.
Dann werden sie mit reicher Habe auszie-
hen. 15 Du aber wirst in Frieden zu deinen
Vätern heimgehen und in hohem Alter be-
graben werden. 16 Im vierten Geschlecht
werden sie hierher zurückkehren, denn
die Schuld der Amoriter ist noch nicht
voll.

17 Als die Sonne untergegangen und
dichte Finsternis eingetreten war, ging et-
was wie ein rauchender Ofen und eine
brennende Fackel zwischen den Tierlei-
chen hindurch. 18 An jenem Tage schloss
der Herr mit Abram einen Bund, indem
er sprach:

Deinen Nachkommen gebe ich dieses
Land / vom Bach Ägyptens bis zu dem
großen Strom, dem Eufratfluss,
19 (das Land) der Keniter und Kenasiter
und Kadmoniter, / 20 der Hetiter, Perisiter
und Rafaïter, / 21 der Amoriter, Kanaaniter,
Girgaschiter und Jebusiter.

Ismaels Geburt

16 Sarai, die Frau Abrams, hatte ihm
kein Kind geschenkt; sie besaß
aber eine ägyptische Magd mit Namen Ha-
gar. 2 Da sprach Sarai zu Abram: Siehe, der
Herr hat mir Kinder versagt. Schlafe mit
meiner Magd! Vielleicht werde ich durch
sie zu Kindern kommen. Abram hörte auf
den Vorschlag Sarais. 3 So nahm denn Sa-
rai, die Frau Abrams, ihre ägyptische
Magd Hagar, nachdem Abram schon zehn
Jahre in Kanaan gewohnt hatte, und gab
sie ihrem Mann Abram zur Frau. 4 Er
schlief mit Hagar und sie wurde schwan-
ger. Als diese aber merkte, dass sie
schwanger war, sah sie ihre Herrin mit Ge-
ringschätzung an. 5 Da sagte Sarai zu Ab-
ram: Das mir zugefügte Unrecht fällt auf
dich zurück. Ich habe dir meine Magd
übergeben. Nun aber, da sie merkt, dass
sie schwanger ist, sieht sie mich mit Ge-
ringschätzung an. Der Herr möge Richter
sein zwischen dir und mir. 6 Darauf sagte
Abram zu Sarai: Deine Magd steht unter
deiner Gewalt. Tu mit ihr, was dir gefällt!
Nun behandelte Sarai sie hart, sodass sie
entfloh.

7 Der Engel des Herrn fand sie an einer
Wasserquelle in der Wüste, an einer Quel-
le auf dem Weg nach Schur. 8 Er sprach:

Hagar, Magd Sarais, woher kommst du
und wohin gehst du? Sie antwortete: Vor
Sarai, meiner Herrin, bin ich auf der
Flucht. 9 Darauf erwiderte der Engel des
Herrn: Kehr wieder zu deiner Herrin zu-
rück und beuge dich unter ihre Gewalt.
10 Und weiter sagte der Engel des Herrn:
Ich will deine Nachkommen so zahlreich
machen, dass man sie vor Menge nicht
zählen kann. 11 Ferner sprach der Engel
des Herrn zu ihr: Siehe, du bist schwanger
und wirst einen Sohn gebären; ihn sollst
du Ismael (Gott hört) nennen, denn der
Herr hat auf deine Not gehört.

12 Er wird ein Mensch sein wie ein Wild-
esel. / Seine Hand wird gegen alle sein, /
und die Hand aller gegen ihn; / und er
wird unabhängig vor seinen Brüdern
wohnen.

13 Da nannte sie den Namen des Herrn,
der mit ihr geredet hatte: Du bist El-Roï
(Gott, der nach mir schaut); denn sie sag-
te: Habe ich hier nicht nach dem geschaut,
der nach mir schaut? 14 Darum nannte
man diesen Brunnen den Beer-Lahai-Roï
(Brunnen des Lebendigen, der nach mir
schaut). Er liegt zwischen Kadesch und
Bered.

15 Hagar gebar Abram einen Sohn und
Abram nannte seinen Sohn, den ihm Ha-
gar geboren hatte, Ismael. 16 Abram war
sechsundachtzig Jahre alt, als Hagar dem
Abram Ismael gebar.

Der Bund und die Beschneidung

17 Als Abram neunundneunzig Jahre
alt war, erschien der Herr dem Ab-
ram und sagte zu ihm:

Ich bin Gott El-Schaddai (Gott, der All-
mächtige). Wandle vor mir und sei voll-
kommen. 2 Ich werde meinen Bund zwi-
schen mir und dir aufrichten und dir eine
überaus zahlreiche Nachkommenschaft
geben. 3 Da warf sich Abram auf sein An-
gesicht nieder und Gott sprach zu ihm:
4 Siehe, ich errichte meinen Bund mit dir:
Du sollst Stammvater einer Menge von
Völkern werden. 5 Darum sollst du nicht
mehr Abram heißen, sondern Abraham
(Vater der Menge) soll dein Name sein.
Denn ich mache dich zum Vater einer
Menge von Völkern. 6 Ich mache dich
überaus fruchtbar und lasse aus dir Völker
entstehen und Könige werden aus dir her-
vorgehen. 7 Ich richte einen Bund auf zwi-
schen mir und dir und deinen Nachkom-
men nach dir durch alle Geschlechter als
ewigen Bund, auf dass ich dir und deinen
Nachkommen nach dir Gott sein werde.
8 Ich gebe dir und deinen Nachkommen
das Land, in dem du jetzt als Fremder
weilst, das ganze Land Kanaan, zum ewi-
gen Besitz und ich werde ihnen Gott sein.
9 Weiter sprach Gott zu Abraham: Du aber
wahre meinen Bund, du und deine Nach-
kommen in allen ihren Geschlechtern.
10 Dies aber ist mein Bund, den ihr wahren
sollt zwischen mir und euch und deinen
Nachkommen nach dir: Alles Männliche
unter euch soll beschnitten werden, 11 und
zwar sollt ihr an dem Fleisch euerer Vor-
haut beschnitten werden. Dies sei zum
Zeichen des Bundes zwischen mir und
euch. 12 Mit acht Tagen soll alles Männliche
unter euch beschnitten werden durch alle
Geschlechter, auch der im Haus geborene
Sklave sowie der mit Geld von einem
Fremden gekaufte Sklave, auch wenn er
nicht zu deiner Nachkommenschaft ge-
hört. 13 Es soll also auch der im Haus gebo-
rene und der mit Geld gekaufte Sklave be-
schnitten werden. Mein Bund an euerem
Fleisch sei ein ewiger Bund. 14 Was aber
männlich und trotzdem unbeschnitten,
wer am Fleisch seiner Vorhaut nicht be-
schnitten ist, soll aus seinem Volk aus-
gerottet werden. Er hat meinen Bund ge-
brochen.

15 Weiter sprach Gott zu Abraham: Dei-
ne Frau Sarai sollst du nicht mehr Sarai
nennen, sondern Sara (Herrin) soll ihr Na-
me sein. 16 Ich will sie segnen und dir aus
ihr einen Sohn schenken. Segnen will ich
sie, sodass Völker aus ihr hervorgehen;
Könige von Völkern werden von ihr ab-
stammen. 17 Da fiel Abraham auf sein An-
gesicht und lachte. Denn er dachte bei
sich: Einem Hundertjährigen soll noch ge-
boren werden? Und Sara, die Neunzigjäh-
rige, soll noch gebären? 18 Darum sagte
Abraham zu Gott: Möchte doch Ismael
vor dir leben! 19 Gott aber sprach: Nicht
so! Sara, deine Frau, schenkt dir einen
Sohn und du sollst ihm den Namen Isaak
geben! Ich werde meinen Bund mit ihm
aufrichten als einen ewigen Bund, auf dass
ich ihm und seinen Nachkommen nach
ihm Gott sein werde. 20 Aber auch wegen
Ismael erhöre ich dich. Fürwahr, ich segne
ihn und lasse ihn fruchtbar werden und

gebe ihm eine zahlreiche Nachkommen-
schaft. Zwölf Fürsten wird er erzeugen
und ich mache ihn zu einem großen Volk.
21 Meinen Bund aber richte ich mit Isaak
auf, den dir Sara nächstes Jahr um diese
Zeit gebären wird. 22 Als Gott aufgehört
hatte, mit Abraham zu reden, fuhr er vor
ihm auf.

23 Nun nahm Abraham seinen Sohn Is-
mael und alle im Haus geborenen und
mit Geld gekauften Sklaven, alles Männ-
liche im Haus Abrahams, und beschnitt
noch am gleichen Tage das Fleisch ihrer
Vorhaut, wie Gott ihm befohlen hatte.
24 Abraham war neunundneunzig Jahre alt,
als das Fleisch seiner Vorhaut beschnitten
wurde. 25 Ismael war dreizehn Jahre alt, als
das Fleisch seiner Vorhaut beschnitten
wurde. 26 An dem gleichen Tag wurden
Abraham und sein Sohn Ismael beschnit-
ten; 28 ebenso wurden alle männlichen Per-
sonen seines Hauses, die im Haus gebore-
nen und die von einem Fremden
gekauften Sklaven beschnitten.

Die Erscheinung in Mamre

18 Der Herr erschien Abraham bei
der Terebinthe von Mamre, als er
um die heiße Tageszeit am Eingang seines
Zeltes saß. 2 Er erhob seine Augen und sie-
he, da standen drei Männer vor ihm. So-
wie er sie sah, eilte er ihnen vom Eingang
des Zeltes aus entgegen, verneigte sich bis
zur Erde 3 und sagte: Mein Herr, wenn ich
in deinen Augen Gnade gefunden habe,
dann gehe an deinem Knecht nicht vorü-
ber. 4 Man bringe etwas Wasser, dann
wascht euere Füße, legt euch unter den
Baum. 5 Ich hole unterdessen einen Bissen
Brot, damit ihr euch stärkt; dann mögt ihr
weitergehen. Denn dazu seid ihr doch bei
euerem Knecht vorübergekommen. Sie
sprachen: Tu, wie du gesagt hast! 6 Nun eil-
te Abraham in das Zelt zu Sara und
sprach: Nimm rasch drei Maß feines Mehl,
knete und backe Kuchen! 7 Darauf lief
Abraham zu den Rindern, nahm ein zar-
tes, kräftiges Kalb und übergab es dem
Knecht, damit er es rasch zubereite.
8 Dann holte er Butter und Milch und das
zubereitete Kalb und setzte es ihnen vor.
Während sie aßen, stand er vor ihnen un-
ter dem Baum. 9 Dann fragten sie ihn: Wo
ist deine Frau Sara? Er antwortete: Hier im
Zelt. 10 Da sprach er: Ich werde im nächs-
ten Jahr um diese Zeit wiederkommen,
dann hat deine Frau Sara einen Sohn. Sara
horchte hinter ihm am Eingang des Zeltes.
11 Abraham und Sara aber waren alt und
hochbetagt und es erging Sara nicht mehr
nach Frauenart. 12 Darum lachte Sara in
sich hinein. Denn sie dachte: Nachdem
ich alt geworden bin, soll ich noch Liebes-
lust empfinden? Mein Mann ist doch auch
schon alt. 13 Da sprach der Herr zu Abra-
ham: Warum lacht Sara und denkt: Soll
ich wirklich noch gebären, obwohl ich alt
bin? 14 Ist denn für den Herrn etwas zu
wunderbar? Ich werde im nächsten Jahr
um diese Zeit wieder zu dir kommen,
dann hat Sara einen Sohn. 15 Da leugnete
Sara und sagte: Ich habe nicht gelacht.
Denn sie fürchtete sich. Er aber erwiderte:
Doch, du hast gelacht.

Die Fürsprache Abrahams

16 Nun brachen die Männer von dort auf
und wandten sich Sodom zu. Abraham
ging mit ihnen, um sie zu geleiten. 17 Da
sprach der Herr: Kann ich vor Abraham
geheim halten, was ich zu tun gedenke?
18 Soll doch Abraham zu einem großen
und starken Volk werden und durch ihn
sollen alle Völker der Erde gesegnet sein.
19 Ich habe ihn ja dazu ausersehen, dass er
seinen Söhnen und seinem Haus nach ihm
aufträgt, den Weg des Herrn durch Übung
von Recht und Gerechtigkeit einzuhalten,
auf dass der Herr an Abraham in Erfül-
lung gehen lassen kann, was er ihm verhei-
ßen hat. 20 Nun sprach der Herr: Die Klage
über Sodom und Gomorra, sie hat sich ge-
häuft, und ihre Sünde, sie ist sehr schwer.
21 Darum will ich hinabgehen und sehen,
ob alle wirklich so gehandelt haben, wie
die Klage über sie zu mir gedrungen ist,
oder nicht. Ich will es wissen.

22 Da wandten sich die Männer von dort
gegen Sodom; Abraham aber blieb vor
dem Herrn stehen. 23 Nun trat Abraham
näher und sprach: Willst du wirklich den
Gerechten mit dem Frevler verderben?
24 Vielleicht gibt es fünfzig Gerechte in der
Stadt. Willst du sie wirklich verderben und
nicht lieber dem Ort wegen der fünfzig
Gerechten, die dort wohnen, vergeben?
25 Ferne sei es von dir, so zu tun, den Ge-
rechten mit dem Frevler zu töten, sodass
es dem Gerechten wie dem Frevler ergin-
ge! Das sei ferne von dir! Sollte der Richter

der ganzen Erde nicht Gerechtigkeit üben?
26 Da sprach der Herr: Wenn ich in Sodom
fünfzig Gerechte in der Stadt finde, so will
ich ihretwegen dem ganzen Ort vergeben.
27 Abraham antwortete und sprach: Ich ha-
be mich nun einmal unterfangen, zu mei-
nem Herrn zu reden, obwohl ich Staub
und Asche bin. 28 Vielleicht fehlen an den
fünfzig Gerechten noch fünf. Wirst du we-
gen der fünf die ganze Stadt verderben? Er
sprach: Ich werde sie nicht verderben,
wenn ich dort nur fünfundvierzig Gerech-
te finde. 29 Darauf fuhr er fort, zu ihm zu
reden, und sprach: Vielleicht finden sich
dort nur vierzig. Und er sprach: Ich werde
es auch wegen der vierzig nicht tun. 30 Da
sagte er: Zürne nicht, Herr, wenn ich
nochmals rede! Vielleicht finden sich dort
nur dreißig. Er antwortete: Ich werde es
nicht tun, wenn ich dort dreißig finde.
31 Da sagte er: Siehe, ich habe mich nun
einmal unterfangen, zu meinem Herrn zu
reden. Vielleicht finden sich dort nur
zwanzig. Er sprach: Ich werde sie wegen
der zwanzig nicht verderben. 32 Darauf sag-
te er: Zürne mir nicht, Herr, wenn ich nur
noch dieses eine Mal rede. Vielleicht fin-
den sich dort nur zehn. Und er sprach:
Ich werde sie auch wegen der zehn nicht
verderben. 33 Darauf ging der Herr weg,
nachdem er das Gespräch mit Abraham
beendet hatte. Abraham aber kehrte nach
Hause zurück.

Die Zerstörung von Sodom

19 Die beiden Engel kamen am
Abend nach Sodom, als Lot gerade
am Tor von Sodom saß. Sobald Lot sie er-
blickte, stand er auf, ging ihnen entgegen,
verneigte sich vor ihnen bis zur Erde 2 und
sprach: Ich bitte euch, meine Herren,
kehrt doch im Haus eueres Knechtes ein,
um zu übernachten, und wascht euch die
Füße. Morgen früh mögt ihr dann aufbre-
chen und eueres Weges ziehen. Sie aber
sagten: Nein, wir wollen im Freien über-
nachten. 3 Er aber drang sehr in sie. So
kehrten sie bei ihm ein und kamen in sein
Haus. Er bereitete ihnen nun ein Mahl,
ließ ungesäuerte Brote backen und sie
aßen. 4 Sie hatten sich noch nicht zur Ruhe
begeben, als schon die Männer der Stadt,
Jung und Alt, das ganze Volk bis auf den
letzten Mann, das Haus umringten. 5 Sie
riefen Lot und sagten zu ihm: Wo sind die
Männer, die heute Abend zu dir gekom-
men sind? Bringe sie zu uns heraus, damit
wir mit ihnen verkehren! 6 Da ging Lot zu
ihnen hinaus vor den Eingang, während er
die Tür hinter sich schloss, 7 und sprach:
Meine Brüder, begeht doch nicht einen
solchen Frevel! 8 Da habe ich zwei Töchter,
die noch keinen Mann erkannt haben.
Diese will ich zu euch herausbringen und
tut mit ihnen, was euch beliebt. Diesen
Männern aber dürft ihr nichts tun; denn
sie haben sich unter den Schutz meines
Daches begeben. 9 Sie aber schrien: Fort
mit dir! Ist da einer als Fremder hierher
gekommen und will schon den Richter
spielen! Dir wollen wir noch Schlimmeres
antun als jenen. Und sie drangen unge-
stüm auf den Mann, auf Lot, ein und
waren schon nahe daran, die Tür auf-
zubrechen. 10 Da streckten die Männer ihre
Hand aus und zogen Lot zu sich in das
Haus und schlossen die Tür ab. 11 Die Leu-
te vor der Haustür aber schlugen sie mit
Blindheit, klein und groß, dass sie sich ver-
geblich bemühten, den Eingang zu finden.

12 Hierauf sprachen die Männer zu Lot:
Hast du noch jemand hier, Söhne und
Töchter, und wer sonst noch in der Stadt
zu dir gehört, so führe sie aus dem Ort
weg. 13 Denn wir werden diesen Ort zerstö-
ren, weil die Klage über sie vor dem Herrn
groß geworden ist und der Herr uns ent-
sandt hat, sie zu verderben. 14 Da ging Lot
hinaus und redete mit seinen Schwieger-
söhnen, die seine Töchter heiraten woll-
ten, und sprach: Auf, zieht weg aus diesem
Ort, denn der Herr wird die Stadt zerstö-
ren! Seine Schwiegersöhne aber glaubten,
dass er scherze.

15 Als die Morgenröte aufstieg, trieben
die Engel Lot zur Eile an und sagten: Auf,
nimm deine Frau und deine beiden Töch-
ter, die hier sind, damit du nicht selbst we-
gen der Frevel der Stadt hinweggerafft
wirst! 16 Als er noch zögerte, fassten die
Männer ihn, seine Frau und seine beiden
Töchter bei der Hand, weil der Herr sie
verschonen wollte, führten sie hinaus und
ließen sie erst draußen vor der Stadt los.

17 Als sie diese hinausgeführt hatten,
sagte er: Rette dich, es geht um dein Le-
ben! Schau nicht hinter dich, bleib nir-
gends in der Gegend stehen, rette dich ins
Gebirge, damit du nicht hinweggerafft
wirst! 18 Da sprach Lot zu ihnen: Nicht so,

mein Herr! 19 Dein Knecht hat ja in deinen
Augen Gnade gefunden und du hast mir
große Barmherzigkeit dadurch erwiesen,
dass du mich am Leben erhieltest. Aber
ich kann mich nicht in das Gebirge retten.
Es könnte mich doch das Unheil packen,
sodass ich sterben müsste. 20 Siehe, die Stadt
dort ist nahe genug, dass ich dorthin flie-
hen kann. Sie ist ja klein. Dorthin möchte
ich mich retten – sie ist ja klein –, dass ich
am Leben bleibe. 21 Er antwortete ihm:
Auch hierin will ich auf dich Rücksicht
nehmen, indem ich die Stadt, von der du
geredet hast, nicht zerstöre. 22 Schnell, rette
dich dorthin! Denn ich kann nichts tun,
bevor du dort angekommen bist! Darum
nennt man die Stadt Zoar (Kleine).

23 Die Sonne war gerade über der Erde
aufgegangen, als Lot nach Zoar kam.
24 Nun ließ der Herr über Sodom und Go-
morra Schwefel und Feuer vom Herrn reg-
nen. 25 So vernichtete er diese Städte und
die ganze Gegend und alle Bewohner der
Städte und alle Feldfrüchte. 26 Lots Frau
aber schaute zurück und wurde zu einer
Salzsäule.

27 Früh am Morgen begab sich Abraham
an den Ort, wo er vor dem Herrn gestan-
den hatte, 28 und schaute in der Richtung
nach Sodom und Gomorra und über das
ganze Gebiet der Ebene hin. Da sah er,
wie ein Qualm von der Erde aufstieg gleich
dem Qualm eines Schmelzofens. 29 So hatte
Gott, als er die Städte der Ebene zerstörte,
Abrahams gedacht, dass er Lot mitten aus
der Zerstörung herausführte und die
Städte, in denen Lot gewohnt hatte, der
Vernichtung preisgab.

Ursprung der Moabiter und der Ammoniter

30 Dann zog Lot von Zoar weiter hinauf
und ließ sich mit seinen beiden Töchtern
im Gebirge nieder. Denn er fürchtete sich,
in Zoar zu bleiben. Er wohnte mit seinen
beiden Töchtern in einer Höhle. 31 Da sagte
die Ältere zu der Jüngeren: Unser Vater
wird alt und kein Mann ist im Land, der
mit uns verkehren könnte, wie es auf der
ganzen Erde üblich ist. 32 Komm, wir wol-
len unseren Vater mit Wein betrunken
machen und uns dann zu ihm legen, damit
wir von unserem Vater Kinder bekom-
men! 33 Da gaben sie ihrem Vater in jener
Nacht Wein zu trinken. Dann ging die Äl-
tere hin und legte sich zu ihrem Vater. Der
merkte es nicht, wie sie sich hinlegte,
noch, wie sie aufstand. 34 Am folgenden
Tag sagte die Ältere zu der Jüngeren: Siehe,
ich habe vergangene Nacht bei meinem
Vater gelegen. Wir wollen ihn auch diese
Nacht mit Wein betrunken machen. Dann
geh hinein und leg dich zu ihm, damit wir
von unserem Vater Kinder bekommen.
35 So machten sie ihren Vater auch diese
Nacht mit Wein betrunken. Dann stand
die Jüngere auf und legte sich zu ihm. Er
merkte es nicht, wie sie sich hinlegte,
noch, wie sie aufstand. 36 So wurden beide
Töchter Lots von ihrem Vater schwanger.
37 Die Ältere gebar einen Sohn und nannte
ihn Moab. Er ist der Stammvater der Moa-
biter. 38 Auch die Jüngere gebar einen Sohn
und nannte ihn Ben-Ammi. Er ist der
Stammvater der Ammoniter bis heute.

Abraham in Gerar

20 Von da zog Abraham in das Süd-
land und nahm seinen Aufenthalt
zwischen Kadesch und Schur und weilte
als Fremder in Gerar. 2 Abraham sagte
von seiner Frau: Sie ist meine Schwester.
Da sandte Abimelech, der König von Ge-
rar, und ließ Sara holen. 3 Doch Gott kam
in der Nacht im Traum zu Abimelech und
sprach zu ihm: Siehe, du musst wegen der
Frau, die du geholt hast, sterben; denn sie
ist eine Ehefrau. 4 Abimelech aber hatte
sich ihr noch nicht genaht. Darum sagte
er: Herr, tötest du auch Schuldlose? 5 Er
hat mir doch selbst gesagt: Sie ist meine
Schwester und auch sie hat erklärt: Er ist
mein Bruder. In der Einfalt meines Her-
zens und mit reinen Händen hatte ich so
gehandelt. 6 Da sprach Gott zu ihm im
Traum: Auch ich weiß, dass du dies in
der Einfalt deines Herzens getan hast. Ich
selbst habe dich davor bewahrt, dass du
dich gegen mich versündigst. Darum ließ
ich nicht zu, dass du sie berührst. 7 Gib
nun die Frau dem Mann zurück! Da er
ein Prophet ist, soll er Fürsprache für dich
einlegen, damit du am Leben bleibst. Gibst
du sie aber nicht zurück, so wisse, dass du
sterben musst, du und alles, was dein ist.

8 Als Abimelech sich am Morgen erho-
ben hatte, rief er alle seine Diener zusam-
men und teilte ihnen den ganzen Vorgang
mit. Die Männer erschraken sehr. 9 Dann
ließ Abimelech Abraham rufen und
sprach zu ihm: Was hast du uns angetan?

Womit habe ich gegen dich gefehlt, dass
du über mich und mein Reich so große
Schuld gebracht hast? Was nie geschehen
durfte, hast du mir angetan. [10] Und weiter
sprach Abimelech zu Abraham: Was hast
du denn beabsichtigt, dass du so gehan-
delt hast? [11] Darauf antwortete Abraham:
Ich dachte, an diesem Ort gibt es keine
Gottesfurcht; man wird mich wegen mei-
ner Frau töten. [12] Auch ist sie wirklich
meine Schwester, eine Tochter meines Va-
ters, nur nicht die Tochter meiner Mutter.
So konnte sie meine Frau werden. [13] Als
mich Gott aus meinem Vaterhaus ins Un-
gewisse hinausschickte, sagte ich zu ihr:
Erweise mir diesen Gefallen: Sag überall,
wohin wir kommen, von mir: Er ist mein
Bruder.

[14] Darauf nahm Abimelech Schafe und
Rinder, Knechte und Mägde und gab sie
Abraham; auch gab er ihm seine Frau Sara
zurück. [15] Dabei sagte Abimelech: Schau,
mein Land steht dir offen; wohne, wo es
dir gefällt. [16] Zu Sara aber sagte er: Hiermit
übergebe ich deinem Bruder eintausend
Silberschekel. Sie sollen allen, die bei dir
sind, die Augen zudecken. So stehst du in
allem gerechtfertigt da. [17] Da legte Abra-
ham Fürsprache bei Gott ein und Gott
heilte Abimelech, auch seine Frau und sei-
ne Mägde, dass sie wieder Kinder gebären
konnten. [18] Denn der Herr hatte wegen Sa-
ra, der Frau Abrahams, jeden Mutterschoß
im Haus Abimelechs verschlossen.

Isaaks Geburt

21 Der Herr suchte Sara heim, wie er
es verheißen hatte, und der Herr
tat an Sara, wie er es vorausgesagt hatte.
[2] Sara wurde schwanger und gebar dem
Abraham in seinem Alter einen Sohn zu
der Zeit, von der Gott geredet hatte.
[3] Abraham gab seinem Sohn, den ihm Sara
geboren hatte, den Namen Isaak. [4] Abra-
ham beschnitt seinen Sohn Isaak am ach-
ten Tag, wie ihm Gott befohlen hatte.
[5] Abraham war einhundert Jahre alt, als
ihm sein Sohn Isaak geboren wurde. [6] Da
sprach Sara: Ein Lachen hat mir Gott be-
reitet. Jeder, der es hört, wird mit mir la-
chen. [7] Und weiter sprach sie:

Wer hätte Abraham vorausgesagt: /
Sara wird noch Kinder stillen? / Denn ich
habe ihm in seinem Alter einen Sohn
geboren.

Die Verstoßung Hagars und Ismaels

[8] Der Knabe wuchs heran und wurde ent-
wöhnt; und Abraham veranstaltete am Tag
der Entwöhnung Isaaks ein großes Mahl.
[9] Da bemerkte Sara, wie der Sohn, den die
Ägypterin Hagar Abraham geboren hatte,
mit ihrem Sohn Isaak spielte. [10] Darum
sagte sie zu Abraham: Jag die Magd da
und ihren Sohn fort! Denn der Sohn dieser
Magd soll nicht mit meinem Sohn Isaak
erben. [11] Dieses Wort missfiel dem Abra-
ham sehr wegen seines Sohnes, [12] aber Gott
sprach zu Abraham: Lass es dir wegen des
Knaben und deiner Magd nicht leid sein,
sondern hör auf Sara in allem, was sie dir
sagt. Denn nach Isaak wird deine Nach-
kommenschaft benannt werden. [13] Doch
auch den Sohn der Magd werde ich zu
einem großen Volk machen, weil er dein
Nachkomme ist. [14] Abraham erhob sich
früh am anderen Morgen, nahm Brot und
einen Schlauch Wasser und gab es Hagar;
er legte den Knaben auf ihre Schultern
und dann verstieß er sie.

Sie ging, verirrte sich aber in der Wüste
von Beerscheba. [15] Als das Wasser im
Schlauch zu Ende war, warf sie den Kna-
ben unter einen Strauch. [16] Sie selbst ging
weiter und setzte sich einen Bogenschuss
weit entfernt ihm gegenüber. Denn sie
sagte: Ich kann das Sterben des Knaben
nicht mitansehen. So saß sie in der Nähe
und er begann laut zu weinen. [17] Gott aber
hörte das Schreien des Knaben und der
Engel Gottes rief Hagar vom Himmel her
zu und sprach zu ihr: Was ist dir, Hagar?
Fürchte dich nicht! Denn Gott hat auf die
Stimme des Knaben, der dort liegt, gehört.
[18] Steh auf, nimm den Knaben und halt ihn
fest an deiner Hand; denn ich will ihn zu
einem großen Volk machen. [19] Dann öff-
nete Gott ihre Augen und sie sah einen
Wasserbrunnen. Sie ging hin, füllte den
Schlauch und gab dem Knaben zu trinken.

[20] Gott war mit dem Knaben. Er wuchs
heran und wohnte in der Wüste und wur-
de ein Bogenschütze. [21] Er ließ sich in der
Wüste Paran nieder; seine Mutter nahm
ihm eine Frau aus Ägypten.

Abraham und Abimelech in Beerscheba

[22] Um die gleiche Zeit redeten Abimelech
und sein Heerführer Pichol mit Abraham:
Gott ist mit dir in allem, was du tust.
[23] Darum schwöre mir nun hier bei Gott,

dass du weder an mir noch an meiner ganzen Nachkommenschaft treulos handeln wirst. Wie ich dir Liebe erwiesen habe, so sollst du sie auch mir erweisen und dem Land, in dem du dich als Fremder aufhältst. 24 Darauf erwiderte Abraham: Ich leiste den Schwur.

25 Doch stellte Abraham den Abimelech zur Rede wegen des Wasserbrunnens, den die Knechte des Abimelech mit Gewalt weggenommen hatten. 26 Abimelech entgegnete: Ich weiß nicht, wer dies getan hat. Auch du hast mir nichts davon mitgeteilt. Ich habe bis heute nichts davon gehört. 27 Darauf nahm Abraham Schafe und Rinder und gab sie Abimelech; und sie schlossen miteinander einen Bund. 28 Abraham aber stellte sieben Lämmer der Herde beiseite. 29 Da sagte Abimelech zu Abraham: Was sollen diese sieben Lämmer, die du beiseite gestellt hast, bedeuten? 30 Er antwortete: Du sollst sieben Lämmer von meiner Hand annehmen. Dies soll mir ein Zeugnis sein dafür, dass ich diesen Brunnen gegraben habe. 31 Darum heißt jener Ort Beerscheba (Eidbrunnen), weil beide einander geschworen hatten.

32 Nachdem sie in Beerscheba einen Bund geschlossen hatten, machten Abimelech und sein Heerführer Pichol sich auf und kehrten in das Land der Philister zurück. 33 Abraham aber pflanzte eine Tamariske in Beerscheba und rief dort den Namen des Herrn, des Gottes der Ewigkeit, an. Abraham wohnte lange Zeit als Fremder im Land der Philister.

Das Opfer Abrahams

22 Nach diesen Ereignissen stellte Gott Abraham auf die Probe und sagte zu ihm: Abraham, Abraham! Er antwortete: Hier bin ich! 2 Da sprach er: Nimm deinen Sohn, deinen einzigen, den du lieb hast, den Isaak, und gehe in das Land Morija und bringe ihn dort auf einem der Berge, den ich dir bezeichnen werde, als Brandopfer dar!

3 Abraham stand früh am Morgen auf, sattelte seinen Esel, nahm zwei Knechte mit sich und seinen Sohn Isaak. Nachdem er Holz für das Brandopfer gespalten hatte, brach er auf und begab sich zu dem Ort, den ihm Gott genannt hatte. 4 Am dritten Tag erhob Abraham seine Augen und sah den Ort von ferne. 5 Da sagte Abraham zu den Knechten: Bleibt mit dem Esel hier! Ich und der Junge wollen dorthin gehen, um anzubeten, dann kehren wir zu euch zurück.

6 Darauf nahm Abraham das Holz für das Brandopfer und lud es seinem Sohn Isaak auf; er aber nahm das Feuer und das Messer in seine Hand. So gingen sie beide miteinander. 7 Da sprach Isaak zu Abraham, seinem Vater: Mein Vater! Er antwortete: Ja, mein Sohn! Isaak sagte: Siehe, da ist das Feuer und das Holz, wo ist aber das Lamm zum Brandopfer? 8 Abraham erwiderte: Gott wird sich das Lamm zum Brandopfer schon aussuchen, mein Sohn. So schritten sie beide zusammen weiter.

9 Als sie an den Ort kamen, den Gott ihnen genannt hatte, baute Abraham den Altar, schichtete das Holz auf, band seinen Sohn und legte ihn auf den Altar, oben auf das Holz. 10 Dann streckte Abraham seine Hand aus, nahm das Messer, um seinen Sohn zu schlachten. 11 Da rief ihm der Engel des Herrn vom Himmel her zu und sprach: Abraham, Abraham! Er antwortete: Hier bin ich! 12 Da sprach er: Streck deine Hand nicht nach dem Jungen aus und tu ihm nichts zuleide. Denn nun weiß ich, dass du Gott fürchtest und mir deinen einzigen Sohn nicht vorenthalten hast. 13 Als Abraham seine Augen erhob, sah er einen Widder, der sich mit seinen Hörnern im Dickicht verfangen hatte. Abraham ging hin, nahm den Widder und brachte ihn anstelle seines Sohnes zum Brandopfer dar. 14 Abraham nannte diesen Ort Jahwe-Jire (Der Herr sieht), sodass man noch heute sagt: Auf dem Berg, wo der Herr sieht.

15 Darauf rief der Engel des Herrn Abraham zum zweiten Male vom Himmel her zu 16 und sprach: Ich schwöre bei mir selbst – Spruch des Herrn –, weil du dies getan und mir deinen einzigen Sohn nicht vorenthalten hast, 17 will ich dich reichlich segnen. Ich werde deine Nachkommenschaft zahlreich machen wie die Sterne des Himmels und wie den Sand am Meeresstrand; deine Nachkommen sollen das Tor ihrer Feinde besetzen. 18 Durch deine Nachkommen sollen alle Völker der Erde gesegnet werden, weil du auf meine Stimme gehört hast.

19 Abraham kehrte zu seinen Knechten zurück. Sie brachen auf und gingen zu-

sammen nach Beerscheba. Und Abraham
blieb in Beerscheba.

Die Nachkommenschaft Nahors

20 Nach diesen Ereignissen wurde Abraham
gemeldet: Auch Milka hat deinem Bruder
Nahor Söhne geboren: 21 Uz, seinen Erst-
geborenen, und dessen Brüder Bus, Ke-
muël, den Vater Arams, 22 Kesed, Haso, Pil-
dasch, Jidlaf und Betuël. 23 Betuël aber hat
Rebekka gezeugt. Diese acht hat Milka
Nahor, dem Bruder Abrahams, geboren.
24 Auch seine Nebenfrau mit Namen
Rëuma gebar, nämlich Tebach, Gaham,
Tahasch und Maacha.

Das Grab der Patriarchen

23 Die Lebenszeit Saras betrug ein-
hundertsiebenundzwanzig Jahre.
2 Da starb Sara zu Kirjat-Arba, das ist He-
bron, im Land Kanaan, und Abraham
kam, für Sara die Totenklage zu halten
und sie zu beweinen. 3 Dann erhob sich
Abraham, ging von der Toten weg und re-
dete mit den Hetitern. Er sagte: 4 Ich bin
bei euch nur ein Fremder und Halbbürger.
Gebt mir darum bei euch eine Grabstätte,
damit ich meine Tote hinausbringen und
begraben kann. 5 Da gaben die Hetiter
Abraham diesen Bescheid: 6 Höre uns,
Herr! Als ein Fürst Gottes lebst du unter
uns. In den besten unserer Gräber bestatte
deine Tote. Keiner von uns wird dir sein
Grab verweigern, dass du deine Tote be-
stattest. 7 Darauf erhob sich Abraham, ver-
neigte sich vor den Bewohnern des Lan-
des, den Hetitern, 8 und sprach zu ihnen:
Wenn ihr damit einverstanden seid, dass
ich meine Tote hinausbringe und begrabe,
so hört mich an: Verwendet euch für mich
bei Efron, dem Sohne Zohars, 9 dass er mir
die Höhle von Machpela, die ihm gehört
und die am Rand seines Grundstückes
liegt, überlässt. Er soll sie mir zum vollen
Kaufpreis in euerer Gegenwart als Grab-
besitz überlassen. 10 Efron aber saß mitten
unter den Hetitern. Der Hetiter Efron ant-
wortete Abraham in Gegenwart aller Heti-
ter, die zum Stadttor gekommen waren:
11 Nicht so, mein Herr, höre mich an! Das
Grundstück schenke ich dir, auch die
Höhle, die sich darauf befindet, schenke
ich dir. In Gegenwart der Söhne meines
Volkes schenke ich sie dir. Begrabe nur
deine Tote! 12 Da verneigte sich Abraham
vor den Bewohnern des Landes 13 und
sprach zu Efron in Gegenwart der Bewoh-
ner des Landes: Nein, so nicht! Höre mich
an! Ich zahle dir den vollen Preis des
Grundstücks. Nimm ihn von mir an, da-
mit ich meine Tote dort begraben kann.
14 Nun erwiderte Efron dem Abraham:
15 Mein Herr, höre mich an! Vierhundert
Silberschekel für ein Grundstück, was be-
deutet das zwischen mir und dir? Begrabe
nur deine Tote! 16 Abraham nahm die For-
derung Efrons an. Und Abraham wog
Efron den Preis ab, den dieser in Gegen-
wart der Hetiter genannt hatte: vierhun-
dert Silberschekel, zum üblichen Handels-
wert.

17 So ging das Grundstück des Efron, das
in der Machpela östlich von Mamre lag,
das Grundstück mit der Höhle darauf
samt allen Bäumen auf dem Grundstück
ringsum in seinem ganzen Gebiet, 18 in
den Besitz Abrahams über in Gegenwart
aller Hetiter, die zum Stadttor gekommen
waren. 19 Darauf begrub Abraham seine
Frau Sara in der Höhle auf dem Grund-
stück von Machpela östlich von Mamre
im Land Kanaan. 20 So war das Grundstück
mit der Höhle darauf rechtskräftig von
den Hetitern als Grabstätte in den Besitz
Abrahams übergegangen.

Isaaks Heirat

24 Abraham war alt und hochbetagt
und der Herr hatte Abraham in al-
lem gesegnet. 2 Da sprach Abraham zu sei-
nem Knecht, dem Ältesten seines Hauses,
der seinen ganzen Besitz verwaltete: Lege
deine Hand unter meine Hüfte! 3 Ich will
dich bei dem Herrn, dem Gott des Him-
mels und dem Gott der Erde, schwören
lassen, dass du für meinen Sohn keine
Frau aus den Töchtern der Kanaaniter
nimmst, in deren Mitte ich wohne. 4 Begib
dich vielmehr in mein Heimatland und zu
meinen Verwandten und hole eine Frau
für meinen Sohn Isaak! 5 Darauf erwiderte
ihm der Knecht: Vielleicht aber will die
Frau mir nicht in dieses Land folgen. Soll
ich deinen Sohn wieder in die Heimat zu-
rückbringen, aus der du ausgezogen bist?
6 Abraham antwortete: Hüte dich, meinen
Sohn dorthin zurückzubringen! 7 Der
Herr, der Gott des Himmels, der mich aus
dem Land meines Vaters und aus dem
Land meiner Verwandtschaft hinwegge-

führt, der zu mir geredet und mir eidlich versprochen hat: Ich will dieses Land deiner Nachkommenschaft geben, er wird seinen Engel vor dir hersenden, dass du eine Frau für meinen Sohn dort holen kannst. 8 Sollte aber die Frau dir nicht folgen wollen, so bist du frei von diesem Schwur. Nur darfst du meinen Sohn nicht dorthin zurückführen. 9 Da legte der Knecht seine Hand unter die Hüfte seines Herrn Abraham und leistete ihm den Schwur, wie es besprochen war.

10 Hierauf nahm der Knecht zehn von den Kamelen seines Herrn und führte allerlei Kostbarkeiten seines Herrn mit. Dann brach er auf und zog nach Aram Naharajim in die Stadt Nahors. 11 Er ließ die Kamele außerhalb der Stadt an einem Brunnen lagern. Es war gegen Abend um die Zeit, da die Frauen zum Wasserschöpfen herauskommen. 12 Dann betete er: Herr, Gott meines Herrn Abraham! Füge es heute glücklich und erweise dich gnädig gegen meinen Herrn Abraham. 13 Siehe, ich stehe an der Quelle und die Töchter der Leute aus der Stadt kommen heraus, um Wasser zu schöpfen. 14 Wenn das Mädchen, zu dem ich sage: Neige deinen Krug, damit ich trinke!, spricht: Trinke, auch deine Kamele will ich tränken!, so hast du es für deinen Knecht Isaak bestimmt; und daran will ich erkennen, dass du dich gnädig gegen meinen Herrn erweist.

15 Er hatte sein Gebet noch nicht beendet, da kam Rebekka heraus, die Betuël, dem Sohn der Milka, der Frau Nahors, des Bruders Abrahams, geboren worden war, mit einem Wasserkrug auf der Schulter. 16 Das Mädchen war sehr anmutig anzusehen, eine Jungfrau, die noch kein Mann erkannt hatte. Sie stieg zur Quelle hinab, füllte ihren Krug und kam wieder herauf. 17 Da lief der Knecht auf sie zu und sprach: Lass mich ein wenig Wasser aus deinem Krug trinken! 18 Sie erwiderte: Trinke, mein Herr! Und rasch nahm sie ihren Krug herab auf ihre Hand und ließ ihn trinken. 19 Nachdem sie ihn seinen Durst hatte stillen lassen, sprach sie: Auch für deine Kamele will ich schöpfen, bis sie sich satt getrunken haben. 20 Und eilends goss sie den Krug in die Tränke und lief wieder zum Brunnen, um zu schöpfen. So schöpfte sie für alle seine Kamele. 21 Der Mann beobachtete sie schweigend, um zu erkennen, ob der Herr seine Reise gelingen ließ oder nicht.

22 Als alle Kamele sich satt getrunken hatten, nahm der Mann einen goldenen Nasenring, einen halben Schekel schwer, sowie zwei Spangen für ihre Arme, zehn Goldschekel schwer. 23 Dann fragte er: Wessen Tochter bist du? Sage es mir doch! Ist im Haus deines Vaters Raum für uns zum Übernachten? 24 Sie antwortete ihm: Ich bin die Tochter Betuëls, des Sohnes der Milka, den sie Nahor geboren hat. 25 Ferner sagte sie: Stroh und Futter haben wir in Menge, auch Raum zum Übernachten. 26 Da verneigte sich der Mann, warf sich vor dem Herrn nieder 27 und sprach: Gepriesen sei der Herr, der Gott meines Herrn Abraham, der seine Liebe und Treue meinem Herrn nicht entzogen hat! Mich hat der Herr geradewegs zum Haus des Bruders meines Herrn geführt.

28 Das Mädchen aber lief weg und berichtete zu Hause seiner Mutter, was sich zugetragen hatte. 29 Rebekka hatte einen Bruder namens Laban. Laban eilte zu dem Mann hinaus an die Quelle. 30 Als er nämlich den Nasenring und die Spangen am Arm seiner Schwester gesehen und gehört hatte, wie seine Schwester Rebekka berichtete: So hat der Mann zu mir geredet, begab er sich zu dem Mann, der noch bei den Kamelen an der Quelle stand, 31 und sagte zu ihm: Komm, Gesegneter des Herrn! Warum stehst du draußen? Ich habe bereits das Haus aufgeräumt und auch Platz geschaffen für die Kamele. 32 So kam der Mann in das Haus. Jener aber sattelte die Kamele ab, gab ihnen Stroh und Futter und brachte Wasser, damit er und die Männer, die mit ihm gekommen waren, sich die Füße waschen konnten.

33 Als man ihm dann zu essen vorsetzte, sagte er: Ich esse nicht, bevor ich mein Anliegen vorgebracht habe. Sie sprachen: So rede. 34 Da berichtete er: Ich bin der Knecht Abrahams. 35 Der Herr hat meinen Herrn reich gesegnet, sodass er zu großem Wohlstand gelangt ist. Er gab ihm Schafe und Rinder, Silber und Gold, Knechte und Mägde, Kamele und Esel. 36 Sara, die Frau meines Herrn, hat meinem Herrn in ihrem hohen Alter einen Sohn geboren, dem er seinen ganzen Besitz übergeben hat. 37 Nun ließ mein Herr mich schwören: Du darfst für meinen Sohn keine Frau

nehmen aus den Töchtern der Kanaaniter,
in deren Land ich wohne. 38 Zieh vielmehr
in das Haus meines Vaters und zu meiner
Verwandtschaft und hol eine Frau für
meinen Sohn! 39 Als ich meinem Herrn er-
widerte: Vielleicht wird aber die Frau mir
nicht folgen, 40 sagte er zu mir: Der Herr,
vor dessen Angesicht ich gewandelt bin,
wird dir seinen Engel senden und deine
Reise gelingen lassen. Du wirst für meinen
Sohn eine Frau aus meiner Verwandt-
schaft und aus dem Haus meines Vaters
holen. 41 Von deinem Eid bist du entbun-
den, wenn du zu meiner Verwandtschaft
kommst und man gibt sie dir nicht. Nur
in diesem Fall bist du von deinem Eid ent-
bunden. 42 Als ich nun heute an die Quelle
kam, da betete ich: Herr, Gott meines
Herrn Abraham! Gib meinem Weg, auf
dem ich ziehe, einen glücklichen Ausgang!
43 Siehe, ich stehe an der Quelle. Das Mäd-
chen, das herauskommt, um zu schöpfen,
und zu dem ich sage: Lass mich ein wenig
Wasser aus deinem Krug trinken! 44 und
die zu mir spricht Trink, auch für deine
Kamelen will ich schöpfen!, sie soll die
Frau sein, die der Herr dem Sohn meines
Herrn bestimmt hat. 45 Ich hatte noch
nicht ausgeredet, da kam Rebekka heraus,
ihren Krug auf der Schulter. Sie stieg zur
Quelle hinab und schöpfte. Da sagte ich zu
ihr: Lass mich trinken! 46 Rasch nahm sie
ihren Krug herab und sprach: Trink! Auch
deine Kamele will ich tränken! Ich trank.
Auch die Kamele tränkte sie. 47 Darauf
fragte ich sie und sprach: Wessen Tochter
bist du? Sie antwortete: Die Tochter Betuë
ls, des Sohnes Nahors, den ihm Milka ge-
boren hat. Da legte ich ihr den Ring an die
Nase und die Spangen an die Arme.
48 Dann verneigte ich mich, warf mich vor
dem Herrn nieder und pries den Herrn,
den Gott meines Herrn Abraham, der
mich auf den rechten Weg geführt hat,
um die Tochter der Verwandten meines
Herrn für seinen Sohn zu holen. 49 Nun
denn, wollt ihr meinem Herrn Liebe und
Treue erweisen, so sagt es mir; wenn nicht,
so sagt mir auch dies, damit ich mich zur
Rechten oder zur Linken wende.

50 Da antworteten Laban und Betuël
und sprachen: Vom Herrn ist dies aus-
gegangen! Da dürfen wir weder etwas da-
gegen noch etwas dafür sagen. 51 Siehe, Re-
bekka steht dir zur Verfügung. Nimm sie
und ziehe hin! Sie soll die Frau des Sohnes
deines Herrn werden, wie der Herr gere-
det hat. 52 Als nun der Knecht Abrahams
ihre Worte hörte, warf er sich vor dem
Herrn anbetend nieder zur Erde. 53 Dann
holte der Knecht silbernes und goldenes
Geschmeide und Kleider herbei und gab
sie Rebekka. Auch ihrem Bruder und
ihrer Mutter machte er kostbare Ge-
schenke.

54 Hierauf aßen und tranken sie, er und
die Männer, die ihn begleiteten, und blie-
ben über Nacht. Als er sich am anderen
Morgen erhoben hatte, sprach er: Entlasst
mich zu meinem Herrn! 55 Da antworteten
ihr Bruder und ihre Mutter: Das Mädchen
soll einige Zeit oder wenigstens zehn Tage
noch bei uns bleiben, dann mag sie ziehen.
56 Er aber entgegnete ihnen: Haltet mich
nicht zurück! Der Herr hat meine Reise
gelingen lassen. Entlasst mich darum, dass
ich zu meinem Herrn ziehe! 57 Da sagten
sie: Wir wollen das Mädchen rufen und es
selbst befragen. 58 Sie riefen Rebekka herbei
und sagten zu ihr: Willst du mit diesem
Mann ziehen? Sie antwortete: Ich will!
59 Nun entließen sie ihre Schwester Rebek-
ka mit ihrer Amme und den Knecht Abra-
hams mit seinen Leuten.

60 Sie segneten Rebekka und sprachen zu
ihr: / Unsere Schwester werde Mutter von
tausendmal Zehntausend, / und deine
Nachkommen sollen das Tor ihrer Feinde
besetzen.

61 Alsdann brach Rebekka mit ihren Die-
nerinnen auf. Sie bestiegen die Kamele
und folgten dem Mann; der Knecht nahm
Rebekka und sie reisten ab.

62 Isaak kam aus der Wüste vom Brunnen
Lahai-Roï: Er wohnte nämlich im Negeb.
63 Isaak war um die Abendzeit in Gedanken
versunken auf das freie Feld hinausgegan-
gen. Als er seine Augen erhob, sah er Ka-
mele daherkommen. 64 Auch Rebekka er-
hob ihre Augen und erblickte Isaak. Da
stieg sie rasch vom Kamel herunter 65 und
sprach zu dem Knecht: Wer ist dieser
Mann dort, der uns auf dem Feld entgegen-
kommt? Der Knecht antwortete: Das ist
unser Herr! Darauf nahm sie den Schleier
und verhüllte sich.

66 Der Knecht erzählte Isaak alles, was
sich zugetragen hatte. 67 Isaak brachte sie
in sein Zelt. Er nahm Rebekka und sie
wurde seine Frau. Isaak gewann sie lieb,

sodass er über den Verlust seiner Mutter
getröstet war.

Die Nachkommenschaft der Ketura

25 Abraham hatte noch eine andere
Frau mit Namen Ketura genom-
men. 2 Sie gebar ihm Simran, Jokschan,
Medan, Midian, Jischbak und Schuach.
3 Jokschan zeugte Scheba und Dedan. Die
Söhne Dedans waren die Aschuriter, die
Letuschiter und die Lëummiter. 4 Die Söh-
ne Midians waren Efa, Efer, Hanoch, Abi-
da und Eldaa. Alle diese sind Söhne der
Ketura.
5 Abraham aber übergab Isaak seinen
ganzen Besitz. 6 Den Söhnen der Neben-
frauen, die Abraham hatte, gab Abraham
nur Geschenke und schickte sie noch bei
seinen Lebzeiten von seinem Sohn Isaak
weg nach Osten, ins Ostland.

Abrahams Tod

7 Dies ist die Lebensdauer Abrahams: ein-
hundertfünfundsiebzig Jahre. 8 Abraham
starb in gesegnetem Alter, betagt und le-
benssatt, und wurde zu seinen Vätern ver-
sammelt. 9 Seine Söhne Isaak und Ismael
begruben ihn in der Höhle von Machpela
auf dem Grundstück des Hetiters Efron,
des Sohnes Zohars, östlich von Mamre,
10 auf dem Grundstück, das Abraham von
den Hetitern käuflich erworben hatte.
Dort wurden Abraham und seine Frau Sa-
ra begraben. 11 Nach dem Tod Abrahams
segnete Gott dessen Sohn Isaak. Isaak
wohnte bei dem Brunnen Lahai-Roï.

Die Nachkommenschaft Ismaels

12 Dies ist die Geschichte des Geschlechts
Ismaels, des Sohnes Abrahams, den Hagar,
die ägyptische Magd Saras, Abraham ge-
boren hatte. 13 Dies sind die Namen der
Söhne Ismaels, deren Namen für ihre Ge-
schlechter stehen: der Erstgeborene Isma-
els Nebajot, ferner Kedar, Adbeël und
Mibsam, 14 Mischma, Duma und Massa,
15 Hadad, Tema, Jetur, Nafisch und Kedma.
16 Dies sind die Söhne Ismaels und dies ihre
Namen nach ihren Siedlungen und Zelt-
lagern, zwölf Fürsten nach ihren Stäm-
men. 17 Die Lebensjahre Ismaels betrugen
einhundertsiebenunddreißig Jahre; dann
verschied er. Er starb und wurde zu seinen
Vätern versammelt. 18 Er wohnte von Ha-
wila bis Schur, das östlich von Ägypten
nach Assur hin liegt. Im Angesicht seiner
Brüder ließ er sich nieder.

Die Geschichte Isaaks und Jakobs

Die Geburt Esaus und Jakobs

19 Dies ist die Familiengeschichte Isaaks,
des Sohnes Abrahams. Abraham hatte
Isaak gezeugt. 20 Isaak war vierzig Jahre alt,
als er Rebekka, die Tochter des Aramäers
Betuël aus Paddan-Aram, die Schwester
des Aramäers Laban, sich zur Frau nahm.
21 Isaak betete zum Herrn für seine Frau,
weil sie kinderlos blieb. Der Herr erhörte
ihn und seine Frau Rebekka wurde
schwanger. 22 Als aber die Kinder sich in
ihrem Schoß stießen, sagte sie: Wenn es
so steht, warum lebe ich noch? Und sie
ging hin, den Herrn zu befragen. 23 Der
Herr sprach zu ihr:

Zwei Völker trägst du in deinem
Schoß, / zwei Stämme werden sich aus
deinem Schoß scheiden. / Der eine Stamm
wird den anderen überwältigen / und der
Ältere wird dem Jüngeren dienen.

24 Als nun die Zeit gekommen war, da sie
gebären sollte, waren Zwillinge in ihrem
Schoß. 25 Der erste kam hervor, rötlich,
ganz mit Haaren bedeckt wie mit einem
Fell. Man nannte ihn Esau. 26 Darauf kam
sein Bruder hervor. Seine Hand fasste die
Ferse Esaus; darum nannte man ihn Jakob
(Fersenhalter). Isaak war bei ihrer Geburt
sechzig Jahre alt.
27 Die Knaben wuchsen auf. Esau wurde
ein tüchtiger Jäger, ein Mann der Steppe;
Jakob aber war ein zurückgezogener
Mann, der bei den Zelten blieb. 28 Isaak
hatte Esau lieb, weil er gern Wildbret aß;
Rebekka aber liebte Jakob.

Esau verkauft sein Erstgeburtsrecht

29 Einst kochte Jakob ein Gericht. Da kam
Esau ganz erschöpft von der Steppe heim.
30 Esau sagte zu Jakob: Gib mir doch
schnell von dem Roten, dem roten (Essen)
da; denn ich bin ganz erschöpft! Deshalb

nannte man ihn Edom (Roter). [31]Jakob antwortete: Verkaufe mir zuvor dein Erstgeburtsrecht! [32]Esau erwiderte: Nun, ich muss ja doch sterben, was nützt mir da das Recht der Erstgeburt? [33]Jakob aber sagte: Schwöre mir zuvor! Da schwor er ihm und verkaufte so sein Erstgeburtsrecht an Jakob. [34]Darauf gab Jakob dem Esau die Speise; es war ein Linsengericht. Der aß und trank, stand auf und ging weg. So gering achtete Esau das Recht der Erstgeburt.

Isaak in Gerar

26 Es war im Land eine Hungersnot ausgebrochen; es war eine andere Hungersnot als die frühere, die zur Zeit Abrahams geherrscht hatte. Damals begab sich Isaak zum Philisterkönig Abimelech nach Gerar. [2]Da erschien ihm der Herr und sprach: Ziehe nicht hinunter nach Ägypten, sondern bleibe in dem Land, das ich dir bezeichne. [3]Bleibe als Fremder in diesem Land und ich will mit dir sein und dich segnen. Denn dir und deinen Nachkommen will ich alle diese Länder geben und ich will den Eid halten, den ich deinem Vater Abraham geschworen habe. [4]Ich mache deine Nachkommen zahlreich wie die Sterne des Himmels und ich gebe deiner Nachkommenschaft alle diese Länder und durch deine Nachkommenschaft sollen alle Völker der Erde gesegnet werden [5]dafür, dass Abraham auf meine Stimme gehört und mein Gebot, meine Befehle und Satzungen beachtet hat. [6]So blieb Isaak in Gerar.

[7]Wenn sich die Bewohner des Ortes nach seiner Frau erkundigten, sagte er: Sie ist meine Schwester. Denn er fürchtete sich zu sagen: Sie ist meine Frau. Er dachte: Es könnten mich sonst die Männer des Ortes Rebekkas wegen töten, weil sie eine anmutige Erscheinung ist. [8]Als er schon längere Zeit dort zugebracht hatte, schaute der Philisterkönig durch das Fenster und sah, wie Isaak seine Frau liebkoste. [9]Da ließ Abimelech Isaak kommen und sagte: Ganz gewiss ist sie deine Frau! Wie konntest du nur sagen: Sie ist meine Schwester? Isaak erwiderte: Ich dachte, ich müsste ihretwegen sterben. [10]Darauf entgegnete Abimelech: Warum hast du uns dies angetan? Wie leicht hätte einer aus dem Volk mit deiner Frau schlafen können! Dann hättest du eine Schuld über uns gebracht. [11]Darauf befahl Abimelech allem Volk: Wer sich an diesem Mann oder an dieser Frau vergreift, wird mit dem Tod bestraft.

[12]Isaak säte nun in jenem Land und erntete im gleichen Jahr hundertfältig; denn der Herr segnete ihn. [13]Der Mann wurde reich und immer reicher, bis er zu großem Wohlstand gelangt war. [14]Er besaß Schafe und Rinderherden und zahlreiches Gesinde. Da wurden die Philister auf ihn neidisch.

Die Brunnen zwischen Gerar und Beerscheba

[15]Deshalb schütteten die Philister alle Brunnen zu, die die Knechte seines Vaters Abraham noch zu Lebzeiten seines Vaters gegraben hatten, und füllten sie mit Erde. [16]Abimelech aber sagte zu Isaak: Zieh weg von uns, denn du bist uns zu mächtig geworden! [17]So zog Isaak von dort weg, schlug sein Zeltlager im Tal von Gerar auf und ließ sich dort nieder. [18]Dann grub Isaak die Wasserbrunnen wieder auf, die die Knechte seines Vaters gegraben, die aber die Philister nach dem Tod Abrahams verschüttet hatten, und gab ihnen die gleichen Namen, die ihnen sein Vater gegeben hatte. [19]Die Knechte Isaaks aber gruben im Tal nach und fanden dort einen Brunnen mit fließendem Wasser. [20]Da gerieten die Hirten von Gerar in Streit mit den Hirten Isaaks, indem sie sagten: Uns gehört das Wasser! Er nannte den Brunnen Esek (Zank), weil sie sich mit ihm gezankt hatten. [21]Darauf gruben sie einen anderen Brunnen. Sie gerieten auch um diesen Brunnen in Streit; deshalb nannte er ihn Sitna (Streit). [22]Nun zog er weiter und grub einen anderen Brunnen. Um diesen gerieten sie nicht mehr in Streit. So gab er ihm den Namen Rehobot (Weite) und sagte: Nun hat uns der Herr weiten Raum gegeben, dass wir uns im Land ausbreiten können.

[23]Von da ging er nach Beerscheba hinauf. [24]In jener Nacht erschien ihm der Herr und sprach:

Ich bin der Gott deines Vaters Abraham. Fürchte dich nicht, denn ich bin mit dir. Ich will dich segnen und deine Nachkommen zahlreich machen wegen meines Knechtes Abraham. [25]Da baute er an dieser Stelle einen Altar und rief den Namen

des Herrn an. Er schlug dort sein Zelt auf
und die Knechte gruben einen Brunnen.

Der Bund mit Abimelech

26 Abimelech kam aus Gerar mit seinem
Vertrauten Ahusat und seinem Heerfüh-
rer Pichol zu ihm. 27 Isaak sprach zu ihnen:
Warum kommt ihr zu mir? Ihr hasst mich
doch und habt mich von euch weg-
geschickt. 28 Sie antworteten: Wir haben
mit eigenen Augen gesehen, dass der Herr
mit dir ist. Darum sagten wir: Es sollte
eine eidliche Verpflichtung zwischen uns
und dir sein. Wir wollen einen Vertrag
mit dir schließen. 29 Du sollst uns nichts
Böses zufügen, so wie wir dich auch nicht
angetastet, sondern dir nur Gutes getan
haben und dich in Frieden haben ziehen
lassen. Du bist nun einmal der Gesegnete
des Herrn. 30 Da bereitete er ihnen ein
Gastmahl und sie aßen und tranken.

31 In der Frühe des anderen Morgens
leisteten sie sich gegenseitig den Schwur.
Darauf entließ sie Isaak und sie gingen in
Frieden von ihm. 32 Am gleichen Tag ka-
men die Knechte Isaaks und meldeten
ihm von dem Brunnen, den sie wieder ge-
graben hatten, und sagten zu ihm: Wir ha-
ben Wasser gefunden! 33 Er nannte ihn
Schiba (Eid). Daher heißt der Ort bis auf
den heutigen Tag Beerscheba (Eidbrun-
nen).

Die hetitischen Frauen Esaus

34 Als Esau vierzig Jahre alt war, heiratete er
Jehudit, die Tochter des Hetiters Beëri,
und Basemat, die Tochter des Hetiters
Elon. 35 Diese bereiteten Isaak und Rebek-
ka Kummer.

Jakob erlangt den Segen Isaaks durch List

27 Als Isaak alt geworden war und
seine Augen erloschen, sodass er
nicht mehr sah, rief er seinen älteren Sohn
Esau und sprach zu ihm: Mein Sohn! Die-
ser antwortete: Hier bin ich! 2 Da sagte er:
Du siehst, ich bin alt geworden, den Tag
meines Todes aber weiß ich nicht. 3 So
nimm jetzt dein Jagdgerät, deinen Köcher
und deinen Bogen, geh hinaus auf das Feld
und erjag mir ein Wild. 4 Bereite es mir
schmackhaft zu, wie ich es liebe. Bring es
mir und ich will essen, damit ich dich seg-
ne, ehe ich sterbe. 5 Rebekka hatte ge-
horcht, als Isaak mit seinem Sohn Esau re-
dete. Esau ging auf das Feld, um ein Wild
für seinen Vater zu erjagen.
6 Da sagte Rebekka zu ihrem Sohn Ja-
kob: Soeben habe ich gehört, wie dein Va-
ter zu deinem Bruder Esau sagte: 7 Bring
mir ein Wild und bereite es schmackhaft
zu; dann will ich essen und dich vor dem
Herrn segnen, ehe ich sterbe. 8 Und nun,
mein Sohn, hör auf das, was ich dir auftra-
ge. 9 Geh sofort zur Herde und hol mir von
dort zwei schöne Ziegenböckchen! Ich will
sie für deinen Vater schmackhaft zuberei-
ten, wie er es liebt. 10 Du bringst sie deinem
Vater zum Essen, damit er dich segnet, be-
vor er stirbt. 11 Darauf entgegnete Jakob
seiner Mutter Rebekka: Aber mein Bruder
Esau ist doch ein haariger Mann, ich aber
bin glatt. 12 Mein Vater könnte mich betas-
ten. Dann wäre ich in seinen Augen wie
einer, der Spott treibt, und es käme Fluch
statt Segen über mich. 13 Seine Mutter aber
sprach zu ihm: Der Fluch, der dir gilt, soll
mich treffen! Höre nur auf mich, geh und
hol sie mir! 14 Nun ging er hin, holte und
brachte sie seiner Mutter. Seine Mutter
aber bereitete sie schmackhaft zu, wie sein
Vater es liebte. 15 Hierauf nahm Rebekka
die besten Kleider ihres älteren Sohnes
Esau, die bei ihr im Haus waren, und zog
sie ihrem jüngeren Sohn Jakob an. 16 Die
Felle der Ziegenböckchen aber legte sie
ihm um die Arme und um den glatten
Hals. 17 Dann gab sie das schmackhafte Ge-
richt, das sie bereitet hatte, ihrem Sohn Ja-
kob in die Hand.

18 So ging Jakob zu seinem Vater hinein
und sprach: Mein Vater! Dieser antworte-
te: Wer bist du, mein Sohn? 19 Jakob erwi-
derte seinem Vater: Ich bin Esau, dein
Erstgeborener. Ich habe getan, wie du mir
aufgetragen hast. Setze dich nun auf und
iss von meinem Wildbret und segne mich.
20 Da sprach Isaak zu seinem Sohn: Wie
hast du so rasch etwas finden können,
mein Sohn? Er antwortete: Der Herr, dein
Gott, ließ es mir über den Weg laufen.
21 Darauf sagte Isaak zu Jakob: Tritt näher,
damit ich dich betaste, mein Sohn, ob du
wirklich mein Sohn Esau bist oder nicht.
22 Jakob trat zu seinem Vater Isaak heran
und dieser betastete ihn und sagte: Die
Stimme ist Jakobs Stimme, die Arme aber
sind Esaus Arme. 23 Doch er erkannte ihn
nicht, weil seine Arme behaart waren wie
die Arme seines Bruders Esau. Darum seg-

nete er ihn. 24 Er fragte ihn: Du bist also
wirklich mein Sohn Esau? Er erwiderte:
Ich bin es. 25 Da sagte er: So reiche es mir!
Ich will von dem Wildbret meines Sohnes
essen und ihn segnen. Jakob reichte es ihm
und er aß; dann brachte er ihm Wein und
er trank. 26 Hierauf sprach sein Vater Isaak
zu ihm: Tritt noch näher heran und küsse
mich, mein Sohn! 27 Er trat heran und
küsste ihn. Als er den Duft seiner Kleider
roch, segnete er ihn und sprach:

Siehe, der Duft meines Sohnes ist wie
der Duft eines fruchtbaren Feldes, / das
der Herr gesegnet hat.

28 Gott gebe dir vom Tau des Himmels /
und von der Fruchtbarkeit der Erde Korn
und Most im Überfluss.

29 Völker sollen dir dienen und Nationen
sich vor dir beugen. / Du sollst der Gebieter über deine Brüder sein / und die Söhne
deiner Mutter sollen sich vor dir neigen. /
Verflucht sei, wer dich verflucht, / und
gesegnet, wer dich segnet!

30 Als Isaak den Segen über Jakob vollendet hatte und Jakob eben erst von seinem Vater hinausgegangen war, kam sein
Bruder Esau von der Jagd zurück. 31 Auch
er bereitete ein schmackhaftes Gericht,
brachte es seinem Vater und sprach: Setze
dich auf, mein Vater, und iss von dem
Wildbret deines Sohnes und segne ihn!
32 Da sprach sein Vater Isaak zu ihm: Wer
bist du? Er antwortete: Ich bin dein erstgeborener Sohn Esau. 33 Da erschrak Isaak
über alle Maßen und sagte: Wer war denn
der, der ein Wild erjagt und es mir gebracht hat? Und ich habe in gutem Glauben gegessen, ehe du kamst, und habe ihn
gesegnet. Er wird auch gesegnet bleiben.
34 Als Esau die Worte seines Vaters hörte,
schrie er furchtbar laut und erbittert und
sprach zu seinem Vater: Segne doch auch
mich, mein Vater! 35 Er antwortete: Dein
Bruder ist mit List gekommen und hat deinen Segen weggenommen. 36 Darauf sagte
Esau: Mit Recht hat man ihn Jakob (Betrüger) genannt. Schon zweimal hat er mich
betrogen. Er hat mir mein Erstgeburtsrecht genommen und nun hat er mir den
Segen weggenommen. Und weiter sagte er:
Hast du denn keinen Segen für mich zurückbehalten? 37 Isaak antwortete und
sprach zu Esau: Siehe, ich habe ihn zum
Herrn über dich gesetzt und alle seine Brüder habe ich ihm zu Knechten gegeben.
Mit Korn und Most habe ich ihn versorgt.
Was könnte ich für dich noch tun, mein
Sohn? 38 Da erwiderte Esau seinem Vater:
Hast du nur einen Segen, mein Vater? Segne doch auch mich, mein Vater! Und Esau
begann laut zu weinen. 39 Da hob sein Vater Isaak an und sprach zu ihm:

Siehe, fern vom fruchtbaren Land wird
dein Wohnsitz sein / und fern vom Tau
des Himmels oben.

40 Von deinem Schwert musst du leben /
und deinem Bruder musst du dienen.

Doch wenn du rüttelst, / wirst du sein
Joch von deinem Nacken schütteln.

41 Esau hasste fortan Jakob wegen des Segens, mit dem sein Vater ihn gesegnet hatte, und sprach bei sich: Bald nahen die Tage der Trauer um meinen Vater; dann
werde ich meinen Bruder Jakob erschlagen. 42 Rebekka wurden diese Worte ihres
älteren Sohnes hinterbracht. Sie sandte
deshalb hin und ließ ihren jüngeren Sohn
Jakob rufen und sagte zu ihm: Dein Bruder
Esau sinnt auf Rache gegen dich und will
dich töten. 43 Höre nun, mein Sohn, auf
meinen Rat! Mach dich auf und flieh zu
meinem Bruder Laban nach Haran.
44 Bleib einige Zeit bei ihm, bis sich der
Zorn deines Bruders gelegt hat. 45 Sobald
der Zorn deines Bruders von dir ablässt
und er vergisst, was du ihm angetan hast,
schick ich hin und lass dich von da holen.
Warum soll ich euch beide an einem Tag
verlieren?

Isaak schickt Jakob zu Laban

46 Hierauf sagte Rebekka zu Isaak: Ich bin
meines Lebens überdrüssig wegen der Hetiterinnen. Nimmt sich auch Jakob eine
Hetiterin zur Frau wie Esau, eine von den
Töchtern des Landes, was habe ich da
noch vom Leben?

28 Da rief Isaak den Jakob und segnete ihn. Er gab ihm seine Weisung und sprach: Du sollst dir keine Frau
von den Töchtern Kanaans nehmen!
2 Mach dich auf und begib dich nach Paddan-Aram in das Haus Betuëls, des Vaters
deiner Mutter, und nimm dir von dort
eine Frau von den Töchtern Labans, des
Bruders deiner Mutter! 3 Gott der Allmächtige segne dich und mache dich
fruchtbar und gebe dir Nachkommen, auf
dass du zu einer Menge von Völkern werdest! 4 Er gebe dir den Segen Abrahams, dir

und deinen Nachkommen, dass du das
Land, das Gott Abraham gegeben hat und
in dem du als Fremder lebst, zu Eigen be-
kommst. 5 So entließ Isaak Jakob nach Pad-
dan-Aram zu Laban, dem Sohn des Ara-
mäers Betuël, dem Bruder Rebekkas, der
Mutter Jakobs und Esaus.

Die weitere Heirat Esaus

6 Esau erfuhr, dass Isaak Jakob gesegnet
und nach Paddan-Aram gesandt hatte,
um sich von dort eine Frau zu holen, und
ihm mit dem Segen auch die Weisung ge-
geben hatte: Du sollst dir keine Frau aus
den Töchtern der Kanaaniter nehmen,
7 und dass Jakob auf Vater und Mutter hör-
te und nach Paddan-Aram gezogen war.
8 Da merkte Esau, dass die Töchter der Ka-
naaniter seinem Vater missfielen. 9 Darum
ging er zu Ismael und nahm sich zu seinen
Frauen noch Machalat, die Tochter Isma-
els, des Sohnes Abrahams, die Schwester
Nebajots, als Frau hinzu.

Jakobs Traum

10 Jakob verließ Beerscheba und zog nach
Haran. 11 Er gelangte zu einer Stätte und
blieb dort über Nacht, weil die Sonne
schon untergegangen war. Er nahm einen
von den Steinen der Stätte, legte ihn unter
seinen Kopf und schlief an jener Stätte ein.
12 Da träumte ihm: Er sah eine Leiter auf
die Erde gestellt, deren Spitze den Himmel
berührte. Engel Gottes stiegen an ihr auf
und nieder. 13 Der Herr aber stand über
ihr und sprach: Ich bin der Herr, der Gott
deines Vaters Abraham und der Gott
Isaaks. Das Land, auf dem du ruhst, will
ich dir und deinen Nachkommen geben.
14 Deine Nachkommenschaft soll wie der
Staub der Erde werden und du sollst dich
nach West und Ost, nach Nord und Süd
ausbreiten und durch dich und deine
Nachkommen sollen alle Stämme der Erde
gesegnet werden. 15 Siehe, ich bin mit dir.
Ich will dich überall behüten, wohin du
gehst, und dich in dieses Land zurückfüh-
ren. Denn ich werde dich nicht verlassen,
bis ich vollbracht, was ich dir verheißen
habe. 16 Jakob erwachte aus seinem Schlaf
und sprach: Wahrlich, der Herr ist an die-
ser Stätte, und ich wusste es nicht! 17 Er
fürchtete sich und sprach: Wie furchtbar
ist diese Stätte! Hier ist nichts anderes als
das Haus Gottes und die Pforte des Him-
mels! 18 Als Jakob früh am anderen Morgen
aufgestanden war, nahm er den Stein, den
er zum Lager für seinen Kopf gemacht
hatte, richtete ihn als Denkstein auf und
goss Öl darüber. 19 Er gab jener Stätte den
Namen Bet-El (Haus Gottes); früher hieß
die Stadt Lus.

20 Jakob machte dieses Gelübde: Wenn
Gott mit mir ist und mich auf diesem Weg,
den ich nun gehe, behütet und mir Brot
zum Essen und Kleider zum Anziehen gibt,
21 und wenn ich wohlbehalten in das Haus
meines Vaters zurückkehre, dann soll der
Herr mein Gott sein. 22 Dieser Stein, den
ich als Denkstein aufgerichtet habe, soll
ein Gotteshaus werden, und alles, was du
mir gibst, will ich dir treu verzehnten.

Jakob kommt zu Laban

29 Nun ging Jakob leichten Schrittes
weiter und zog in das Land der
Söhne des Ostens. 2 Als er Ausschau hielt,
erblickte er in der Steppe einen Brunnen,
an dem gerade drei Schafherden lagerten.
Denn aus diesem Brunnen pflegte man die
Herden zu tränken. Der Stein auf der Öff-
nung des Brunnens aber war sehr groß.
3 Erst wenn alle Herden beisammen waren,
wälzten sie den Stein von der Brunnenöff-
nung weg, tränkten die Schafe und scho-
ben den Stein wieder an seinen Platz über
der Öffnung des Brunnens. 4 Jakob sprach
zu ihnen: Meine Brüder, wo seid ihr her?
Sie antworteten: Wir sind aus Haran. 5 Da
sagte er zu ihnen: Kennt ihr Laban, den
Sohn Nahors? Sie erwiderten: Wir kennen
ihn. 6 Darauf fragte er sie: Geht es ihm gut?
Sie antworteten: Es geht ihm gut. Da
kommt gerade seine Tochter Rahel mit
den Schafen. 7 Darauf sagte er: Seht, der
Tag ist noch lange; es ist noch nicht Zeit,
das Vieh zusammenzutreiben. Tränkt die
Schafe und lasst sie dann wieder weiden.
8 Sie antworteten: Wir können das nicht,
bis alle Herden beisammen sind. Erst dann
wälzt man den Stein von der Brunnenöff-
nung weg und tränkt die Schafe.

9 Während er noch mit ihnen redete, war
Rahel mit den Schafen ihres Vaters ange-
kommen; sie war nämlich Hirtin. 10 Als
nun Jakob Rahel, die Tochter Labans, des
Bruders seiner Mutter, und die Schafe La-
bans, des Bruders seiner Mutter, sah, trat
Jakob hinzu, wälzte den Stein von der
Brunnenöffnung und tränkte die Schafe

Labans, des Bruders seiner Mutter. 11 Da-
rauf küsste Jakob Rahel und begann laut
zu weinen. 12 Und nun erzählte Jakob Ra-
hel, dass er ein Verwandter ihres Vaters,
und zwar der Sohn Rebekkas sei. Sie eilte
davon und berichtete es ihrem Vater. 13 Als
Laban die Kunde von Jakob, dem Sohn sei-
ner Schwester, vernahm, eilte er ihm ent-
gegen, umarmte und küsste ihn und führte
ihn in sein Haus. Er erzählte Laban alles,
was sich zugetragen hatte. 14 Da sagte La-
ban zu Jakob: Ja, du bist mein Bein und
mein Fleisch. Und Jakob blieb einen Mo-
nat lang bei ihm.

Die beiden Heiraten Jakobs

15 Dann sprach Laban zu Jakob: Solltest du
mir umsonst dienen, weil du mein Ver-
wandter bist? Sag mir, was soll dein Lohn
sein? 16 Laban hatte zwei Töchter; die ältere
hieß Lea, die jüngere Rahel. 17 Die Augen
Leas waren ohne Glanz; Rahel aber war
schön und von anmutiger Erscheinung.
18 Jakob liebte Rahel. Darum sagte er: Ich
will dir sieben Jahre um deine jüngere
Tochter Rahel dienen. 19 Laban erwiderte:
Es ist besser, ich gebe sie dir als einem
fremden Mann. Bleib also bei mir!

20 So diente Jakob um Rahel sieben Jahre.
Sie kamen ihm vor wie ein Tag, so lieb hat-
te er sie. 21 Danach sprach Jakob zu Laban:
Gib mir meine Frau, meine Zeit ist erfüllt,
damit ich sie heirate! 22 Nun lud Laban alle
Leute des Ortes ein und veranstaltete ein
Festmahl. 23 Am Abend aber nahm er seine
Tochter Lea und brachte sie ihm und er
schlief mit ihr. 24 Und Laban gab seine
Sklavin Silpa seiner Tochter zur Magd.
25 Am Morgen zeigte es sich, dass es Lea
war. Da sprach Jakob zu Laban: Warum
hast du mir das angetan? Habe ich nicht
um Rahel bei dir gedient? Warum hast du
mich betrogen? 26 Laban sagte: Es ist hier-
zulande nicht Sitte, die Jüngere vor der Äl-
teren zu geben. 27 Führe mit dieser die
Brautwoche zu Ende, dann werde ich dir
auch jene geben für den Dienst, den du
mir noch weitere sieben Jahre leistest. 28 Ja-
kob tat so. Er führte mit dieser die Woche
zu Ende. Dann gab er ihm seine Tochter
Rahel zur Frau. 29 Und Laban gab seiner
Tochter Rahel seine Sklavin Bilha zur
Magd. 30 Er schlief nun auch mit Rahel; er
liebte sie mehr als Lea. So diente er bei ihm
noch weitere sieben Jahre.

Die Kinder Jakobs

31 Als der Herr sah, dass Lea zurückgesetzt
wurde, öffnete er ihren Mutterschoß, wäh-
rend Rahel unfruchtbar blieb. 32 Lea wurde
schwanger und gebar einen Sohn, den sie
Ruben (Seht, ein Sohn) nannte: denn, sag-
te sie, Der Herr hat mein Elend angesehen,
nun wird mein Mann mich lieben. 33 Dann
empfing sie wiederum und gebar einen
Sohn. Sie sagte: Der Herr hat gehört, dass
ich zurückgesetzt wurde, darum gab er mir
auch diesen. Sie nannte ihn Simeon (Hö-
rer). 34 Sie empfing abermals und gebar
einen Sohn. Sie sagte: Nun endlich wird
mein Mann mir zugetan sein, da ich ihm
drei Söhne geboren habe. Deshalb nannte
man ihn Levi (Anhang). 35 Darauf empfing
sie noch einmal und gebar einen Sohn und
sagte: Diesmal will ich den Herrn preisen!
Darum nannte man ihn Juda (Dank). Da-
nach gebar sie keine Kinder mehr.

30 Als Rahel sah, dass sie Jakob keine
Kinder gebar, wurde sie eifersüch-
tig auf ihre Schwester und sprach zu Ja-
kob: Gib mir Kinder! Wenn nicht, so ster-
be ich! 2 Da wurde Jakob zornig über Rahel
und sagte: Bin ich denn an der Stelle Got-
tes, der dir den Kindersegen versagt hat?
3 Sie antwortete: Da hast du meine Magd
Bilha. Gehe zu ihr, damit sie auf meinen
Knien gebäre und auch ich durch sie zu
Kindern komme. 4 So gab sie ihm ihre
Magd Bilha zur Frau und Jakob schlief
mit ihr. 5 Bilha wurde schwanger und ge-
bar Jakob einen Sohn. 6 Da sprach Rahel:
Gott hat mir Recht verschafft, indem er
auf meine Stimme gehört und mir einen
Sohn geschenkt hat. Darum nannte sie
ihn Dan (Richter). 7 Bilha, die Magd Ra-
hels, wurde abermals schwanger und ge-
bar Jakob einen zweiten Sohn. 8 Da sagte
Rahel: Gotteskämpfe hatte ich mit meiner
Schwester auszufechten und habe gesiegt.
Und sie nannte ihn Naftali (Kämpfer).

9 Als Lea sah, dass sie keine Kinder mehr
gebar, nahm sie ihre Magd Silpa und gab
sie Jakob zur Frau. 10 Silpa, die Magd Leas,
gebar einen Sohn. 11 Da sprach Lea: Glück
auf! Und sie nannte ihn Gad (Glück).
12 Dann gebar Silpa, die Magd Leas, Jakob
einen zweiten Sohn. 13 Da sagte Lea: Ich
Glückliche! Denn mich werden die Frauen
glücklich preisen! Darum nannte sie ihn
Ascher (Glückskind).

14 Als Ruben einmal zur Zeit der Wei-

zenernte hinausging, fand er auf dem Feld Liebesäpfel und gab sie seiner Mutter Lea. Da sagte Rahel: Gib mir doch von den Liebesäpfeln deines Sohnes! 15 Lea antwortete ihr: Ist es nicht genug, dass du mir meinen Mann genommen hast? Willst du mir auch noch die Liebesäpfel meines Sohnes nehmen? Rahel erwiderte: So soll er diese Nacht bei dir liegen für die Liebesäpfel deines Sohnes. 16 Als nun Jakob am Abend vom Feld kam, ging ihm Lea entgegen und sprach: Du musst zu mir kommen; denn ich habe dich als Lohn für die Liebesäpfel meines Sohnes erworben. So schlief er jene Nacht bei ihr. 17 Gott erhörte Lea; sie empfing und gebar Jakob einen fünften Sohn. 18 Da sprach Lea: Gott hat mir Lohn dafür gegeben, dass ich meine Magd meinem Mann hingab. Darum nannte sie ihn Issachar (Lohn). 19 Lea empfing nochmals und gebar einen sechsten Sohn. 20 Da sprach Lea: Gott hat mich mit einem guten Geschenk bedacht. Nunmehr wird mein Mann bei mir bleiben, weil ich ihm sechs Söhne geboren habe. Und sie nannte ihn Sebulon (Bleibe). 21 Dann gebar sie eine Tochter und nannte sie Dina.

22 Nun gedachte Gott Rahels. Gott erhörte sie und öffnete ihren Mutterschoß. 23 Sie wurde schwanger und gebar einen Sohn und sprach: Gott hat meine Schmach hinweggenommen. 24 Und sie nannte ihn Josef (Hinzufüger) und sagte: Der Herr gebe mir noch einen Sohn hinzu.

Wie Jakob reich wird

25 Nachdem Rahel Josef geboren hatte, sprach Jakob zu Laban: Entlass mich, dass ich in meine Heimat, in mein Land ziehe. 26 Gib mir meine Frauen und meine Kinder, um die ich bei dir gedient habe, damit ich gehen kann. Du weißt ja, welchen Dienst ich dir geleistet habe. 27 Da sprach Laban zu ihm: Möchte ich doch Gnade in deinen Augen finden! Ich habe durch Weissagung erfahren, dass der Herr mich deinetwegen gesegnet hat. 28 Und er fuhr fort: Bestimme mir den Lohn, den du von mir forderst; ich will ihn geben. 29 Jakob erwiderte ihm: Du weißt selbst, wie ich dir gedient habe und was aus deinem Vieh bei mir geworden ist. 30 Denn nur wenig war es, was du besaßest, ehe ich zu dir kam; es nahm gewaltig zu. So hat der Herr dich bei jedem meiner Schritte gesegnet. Aber wann soll ich denn für mein eigenes Haus sorgen? 31 Er sprach: Was soll ich dir geben? Jakob antwortete: Du sollst mir gar nichts geben. Stimme nur folgendem Vorschlag zu, dann will ich wieder dein Vieh weiden. 32 Ich will heute durch alle deine Herden gehen und jedes dunkle Lamm und jede gefleckte und gesprenkelte Ziege aussondern; das sei mein Lohn. 33 Und daran soll sich in Zukunft meine Redlichkeit erweisen: Wenn du kommst, um nach meinem Lohn zu sehen, sollen alle nicht gefleckten und gesprenkelten Ziegen und alle nicht dunkelfarbigen Lämmer als von mir gestohlen gelten. 34 Da sagte Laban: Gut, es geschehe, wie du gesagt hast. 35 Er sonderte noch am gleichen Tag die gestreiften und gefleckten Böcke und alle gesprenkelten und gefleckten Ziegen ab. Alle Ziegen, an denen etwas Weißes war, und alle schwarzen Lämmer übergab er seinen Söhnen. 36 Sodann legte er einen Zwischenraum von drei Tagesreisen zwischen sich und Jakob. Jakob aber weidete das übrige Kleinvieh Labans. 37 Nun holte sich Jakob frische Zweige von Storaxstauden, Mandelbäumen und Platanen und schälte an ihnen weiße Streifen aus, indem er das Weiße an den Ruten bloßlegte. 38 Dann stellte er die geschälten Ruten in die Tränke, in die Wasserbehälter, zu denen die Tiere zum Trinken kamen, gerade vor die Tiere hin. Sie begatteten sich nämlich, wenn sie zur Tränke kamen. 39 So begatteten sich die Tiere vor den Ruten. Deshalb warfen die Tiere gestreifte, gesprenkelte und gefleckte Jungen. 40 Die Lämmer sonderte Jakob ab und richtete das Gesicht der Tiere auf das Gestreifte und das Schwarze. Er legte sich besondere Herden an und stellte sie nicht zu den Herden Labans. 41 Sooft die kräftigen Tiere brünstig wurden, stellte Jakob die Ruten vor die Tiere in die Tränke hin, damit sie sich vor den Ruten begatteten. 42 Wenn es aber schwächliche Tiere waren, stellte er sie nicht hin. So fielen die schwächlichen Laban zu, die kräftigen Jakob. 43 So wurde der Mann außerordentlich reich. Er besaß eine Menge Schafe und Ziegen, Mägde und Knechte, Kamele und Esel.

Jakobs Flucht

31 Er erfuhr aber die Reden der Söhne Labans, die sagten: Jakob hat alles

an sich gebracht, was unserem Vater gehörte, und aus dem, was unserem Vater war, hat er diesen ganzen Reichtum erworben. 2 Jakob erkannte auch an der Miene Labans, dass er gegen ihn nicht mehr so gut wie früher gesinnt war. 3 Darum sprach der Herr zu Jakob: Kehr in das Land deiner Väter und zu deiner Verwandtschaft zurück! Ich werde mit dir sein. 4 Da sandte Jakob hin und ließ Rahel und Lea auf das Feld zu seiner Herde rufen. 5 Er sprach zu ihnen: Ich sehe an der Miene eueres Vaters, dass er gegen mich nicht mehr so gut wie früher gesinnt ist, obwohl der Gott meiner Väter mit mir war. 6 Ihr wisst selbst, dass ich euerem Vater mit meiner ganzen Kraft gedient habe. 7 Euer Vater aber hat mich betrogen und mir zehnmal den Lohn geändert. Doch Gott hat ihm nicht gestattet, dass er mir Schaden zufügte. 8 Wenn er sagte: Die gesprenkelten Tiere sollen dir gehören, dann warf die ganze Herde gesprenkelte Jungen. Wenn er sagte: Die gestreiften sollen dein Lohn sein, dann warf die ganze Herde gestreifte Jungen. 9 So nahm Gott euerem Vater das Vieh und gab es mir. 10 Es war zur Brunstzeit der Tiere, da erhob ich im Traum meine Augen und sah vor mir, wie die Böcke, welche die Schafe besprangen, gestreift, gesprenkelt und gescheckt waren. 11 Und der Engel Gottes rief mir im Traum zu: Jakob! Ich antwortete: Da bin ich! 12 Er sagte: Erheb deine Augen und schau, wie alle Böcke, die deine Schafe bespringen, gestreift, gesprenkelt und gescheckt sind. Denn ich habe alles gesehen, was Laban dir angetan hat. 13 Ich bin der Gott von Bet-El, wo du das Steinmal gesalbt und mir ein Gelübde gemacht hast. Mach dich nun auf, verlass dieses Land und kehr in das Land deiner Verwandtschaft zurück! 14 Da antworteten Rahel und Lea und sagten zu ihm: Haben wir noch Anteil und Erbe im Haus unseres Vaters? 15 Galten wir ihm nicht wie Fremde, als er uns verkaufte und das Geld, das er für uns bekam, aufzehrte? 16 Ja, der ganze Reichtum, den Gott unserem Vater entzogen hat, gehört uns und unseren Söhnen. Und nun tu alles, was Gott zu dir gesagt hat!

17 So machte sich Jakob auf und setzte seine Kinder und seine Frauen auf die Kamele. 18 Er führte all sein Vieh mit sich fort und seine ganze Habe, die er sich erworben hatte, seinen eigenen Viehbesitz, den er sich in Paddan-Aram zugelegt hatte, um zu seinem Vater Isaak in das Land Kanaan zurückzukehren.

19 Laban war weggegangen, um seine Schafe zu scheren. Da stahl Rahel die Hausgötter ihres Vaters. 20 Jakob täuschte den Aramäer Laban, indem er ihm verheimlichte, dass er fliehen wolle. 21 So floh er mit allem, was ihm gehörte. Er brach auf und setzte über den Strom und schlug die Richtung zum Gebirge Gilead ein.

Laban verfolgt Jakob

22 Am dritten Tag erhielt Laban die Nachricht, dass Jakob geflohen sei. 23 Er nahm seine Verwandten mit sich, jagte ihm sieben Tagesreisen nach und holte ihn am Gebirge Gilead ein. 24 Gott aber kam nachts im Traum zu Laban, dem Aramäer, und sprach zu ihm: Hüte dich, Jakob irgendetwas vorzuwerfen! 25 Laban holte Jakob ein, als Jakob sein Zelt im Gebirge aufgeschlagen hatte. Auch Laban zeltete im Gebirge Gilead.

26 Laban sprach zu Jakob: Was hast du getan? Du hast mich getäuscht und meine Töchter wie Kriegsgefangene weggeführt. 27 Warum bist du heimlich geflohen und hast unaufrichtig gegen mich gehandelt? Du hast es mir nicht mitgeteilt. Ich hätte dich mit Freude, mit Liedern, mit Pauken und Harfen geleitet. 28 Du hast mich nicht meine Enkel und meine Töchter küssen lassen. In der Tat, du hast töricht gehandelt. 29 Es stünde nun in meiner Macht, dir Übles anzutun. Doch der Gott deines Vaters sprach gestern zu mir: Hüte dich, Jakob irgendetwas vorzuwerfen! 30 Nun, du bist weggegangen, weil du dich so sehr nach dem Haus deines Vaters sehntest; warum aber hast du meine Götter gestohlen? 31 Jakob antwortete und sprach zu Laban: Ja, ich fürchtete mich. Denn ich dachte, du könntest mir deine Töchter wegreißen. 32 Bei wem du aber deine Götter findest, der soll nicht am Leben bleiben. Durchsuch nur in Gegenwart unserer Verwandten, was ich von dir bei mir habe, und nimm sie an dich! Jakob wusste nämlich nicht, dass Rahel sie gestohlen hatte. 33 Da suchte Laban im Zelt Jakobs und im Zelt Leas und im Zelt der beiden Mägde, fand aber nichts. Dann ging er aus dem Zelt Leas und betrat das Zelt Rahels.

34 Rahel aber hatte die Hausgötter genommen, sie in die Kamelsänfte gelegt und
sich darauf gesetzt. 35 Sie sprach zu ihrem Vater: Zürn mir nicht, mein Herr, dass ich vor dir nicht aufstehen kann; denn es geht mir, wie es Frauen ergeht. So suchte er, fand aber die Hausgötter nicht.

36 Nun wurde Jakob zornig und schalt Laban. Und Jakob ergriff das Wort und sagte zu Laban: Was ist mein Vergehen? Was ist meine Schuld, dass du mich so hitzig verfolgst,
37 dass du meinen ganzen Hausrat durchstöberst? Was hast du von deinem Hausrat gefunden? Leg es doch vor meinen und deinen Verwandten hin, damit sie zwischen uns beiden entscheiden.
38 Zwanzig Jahre lang war ich bei dir. Deine Schafe und deine Ziegen haben nicht fehlgeworfen; die Widder deiner Herde habe ich nicht verzehrt.
39 Zerrissenes habe ich dir nicht gebracht: Ich habe es dir selbst ersetzt. Ob etwas bei Tag gestohlen worden war oder bei Nacht, du hast es von mir gefordert.
40 Und so war es bei mir: Am Tag verzehrte mich die Hitze und der Frost bei Nacht, der Schlaf floh meine Augen.
41 Zwanzig Jahre blieb ich in deinem Haus, diente dir vierzehn Jahre um deine beiden Töchter, sechs Jahre um dein Vieh, und zehnmal hast du meinen Lohn geändert.
42 Wäre nicht der Gott meines Vaters, der Gott Abrahams, den auch Isaak fürchtet, mit mir gewesen, wahrlich, du hättest mich mit leeren Händen ziehen lassen. Doch mein Elend und das Mühen meiner Hände hat Gott gesehen und in der vergangenen Nacht das Urteil gesprochen.

Der Vertrag zwischen Jakob und Laban

43 Laban antwortete und sprach zu Jakob: Die Töchter sind meine Töchter und die Kinder sind meine Kinder und das Vieh ist mein Vieh und alles, was du hier siehst, das gehört mir. Doch was kann ich heute noch für meine Töchter tun oder für meine Kinder, die sie geboren haben?
44 So komm denn, wir wollen einen Bund schließen, ich und du, und dies sei Zeuge zwischen mir und dir.
45 Da nahm Jakob einen Stein und stellte ihn als Steinmal auf.
46 Und Jakob sprach zu seinen Verwandten: Lest Steine auf! Sie lasen Steine auf, machten einen Steinhaufen und hielten dort auf dem Steinhaufen ein Mahl.
47 Laban nannte ihn Jegar-Sahaduta. Jakob aber nannte ihn Gal-Ed (Zeugenhügel).
48 Und Laban sprach: Dieser Steinhaufen ist heute Zeuge zwischen mir und dir! Darum nannte er ihn Gal-Ed
49 und Mizpa (Spähturm), weil er sagte: Der Herr sei Wächter zwischen mir und zwischen dir, wenn wir uns voneinander trennen.
50 Behandelst du meine Töchter schlecht oder nimmst du zu meinen Töchtern noch andere Frauen – wenn auch niemand bei uns ist, siehe, Gott ist Zeuge zwischen mir und dir!
51 Und weiter sprach Laban zu Jakob: Hier dieser Steinhaufen und dieses Steinmal, das ich zwischen mir und dir aufgerichtet habe,
52 Zeuge sei dieser Steinhaufen und Zeuge sei das Steinmal: Weder darf ich zu dir hin über diesen Steinhaufen hinausgehen, noch darfst du zu mir hin über diesen Steinhaufen und dieses Steinmal in böser Absicht hinausgehen.
53 Der Gott Abrahams und der Gott Nahors soll zwischen uns Richter sein! Da schwor Jakob bei dem, den sein Vater Isaak verehrte.
54 Dann brachte Jakob auf dem Gebirge ein Schlachtopfer dar und lud seine Verwandten zum Mahl ein. Sie verzehrten das Mahl und blieben die Nacht auf dem Gebirge.

32 In der Frühe des anderen Morgens küsste Laban seine Enkel und seine Töchter und segnete sie. Dann zog Laban ab und kehrte in seinen Wohnort zurück.
2 Auch Jakob zog seines Weges. Da begegneten ihm Engel Gottes.
3 Als Jakob sie sah, sprach er: Das ist Gottes Heerlager! Und er nannte jenen Ort Mahanajim (Doppellager).

Jakobs Vorbereitungen auf seine Begegnung mit Esau

4 Darauf sandte Jakob Boten zu seinem Bruder Esau in das Land Seïr, das Gebiet von Edom, voraus.
5 Er trug ihnen auf: So sprecht zu meinem Bruder Esau: Dein Knecht Jakob lässt dir sagen: Ich habe mich als Gast bei Laban aufgehalten und bin bis jetzt (dort) gewesen.
6 Ich habe mir Rinder, Esel und Vieh, Knechte und Mägde erworben. Nun sende ich meinem Herrn Nachricht, damit ich Gnade in deinen Augen finde.

7 Die Boten aber kehrten mit der Meldung zu Jakob zurück: Wir kamen zu deinem Bruder Esau. Schon eilt er dir entgegen, vierhundert Mann sind bei ihm.
8 Da fürchtete sich Jakob sehr und es wur-

de ihm bange. Er verteilte die Leute, die
bei ihm waren, ebenso das Kleinvieh und
die Rinder auf zwei Lager. 9 Er dachte:
Wenn Esau zu dem einen Lager kommt
und es überwältigt, wird das andere Lager
entrinnen. 10 Dann betete Jakob: Gott meines Vaters Abraham und Gott meines Va-
ters Isaak, Herr, der du zu mir gesagt
hast: Kehr zurück in dein Land, zu deiner
Verwandtschaft! Ich will es dir wohlerge-
hen lassen. 11 Ich bin nicht wert aller Gna-
den und aller Treue, die du deinem
Knecht erwiesen hast. Denn nur mit mei-
nem Stab hatte ich den Jordan überschrit-
ten und nun besitze ich zwei Lager.
12 Rette mich doch aus der Hand meines
Bruders, aus der Hand Esaus. Denn ich
fürchte mich vor ihm, dass er kommt
und mich, Mutter und Kinder überwäl-
tigt. 13 Du hast gesagt: Ich werde es dir ge-
wiss wohlergehen lassen und deine Nach-
kommen zahlreich machen wie den Sand
am Meer, der seiner Menge wegen nicht
gezählt werden kann. 14 Und er brachte
die Nacht dort zu.

Dann nahm er aus seinem Besitz eine
Gabe für seinen Bruder Esau: 15 Zweihun-
dert Ziegen und zwanzig Böcke, zweihun-
dert Schafe und zwanzig Widder, 16 dreißig
säugende Kamele mit ihren Füllen, vierzig
junge Kühe und zehn junge Stiere, zwan-
zig Eselinnen und zehn Eselsfüllen, 17 und
übergab sie seinen Knechten, Herde für
Herde gesondert, und sagte seinen Knech-
ten: Zieht vor mir her und lasst einen Ab-
stand zwischen den einzelnen Herden!
18 Und er befahl dem Ersten: Wenn mein
Bruder Esau dir begegnet und dich fragt:
Wem gehörst du an, wohin gehst du und
wem gehören die Tiere da vor dir?, 19 dann
sollst du sagen: Deinem Knecht Jakob. Es
ist ein Geschenk, das für meinen Herrn
Esau gesandt ist. Er selbst kommt hinter
uns! 20 Ebenso befahl er dem Zweiten, dem
Dritten und allen, die hinter den Herden
hergingen: So sollt auch ihr zu Esau spre-
chen, wenn ihr ihn trefft. 21 Ihr sollt auch
sagen: Jakob, dein Knecht, kommt gleich
hinter uns her. Denn er dachte: Ich will
ihn durch das Geschenk, das mir voraus-
geht, günstig stimmen und ihm erst dann
vor die Augen treten. Vielleicht nimmt er
mich freundlich auf. 22 So ging ihm das Ge-
schenk voraus; er selbst brachte jene Nacht
im Lager zu.

Der Kampf mit Gott

23 Doch noch in der gleichen Nacht stand
er auf, nahm seine beiden Frauen, seine
beiden Mägde und seine elf Söhne und
durchschritt die Furt des Jabbok. 24 Er
nahm sie, führte sie über den Fluss und
brachte auch alle seine Habe hinüber. 25 Ja-
kob blieb allein zurück.

Da rang ein Mann mit ihm bis zum An-
bruch der Morgenröte. 26 Als dieser sah,
dass er ihn nicht überwinden konnte,
schlug er ihn auf die Hüfte, sodass das
Hüftgelenk Jakobs ausgerenkt wurde, wäh-
rend er mit ihm rang. 27 Darauf sprach der
Mann: Lass mich los, denn die Morgenröte
bricht an! Jakob aber sagte: Ich lasse dich
nicht, bis du mich gesegnet hast. 28 Der
Mann sprach zu ihm: Wie heißt du? Er ant-
wortete: Jakob. 29 Da sagte jener: Du sollst
nicht mehr Jakob heißen, sondern Israel
(Gottesstreiter); denn du hast mit Gott ge-
stritten und über Menschen wirst du sie-
gen. 30 Da fragte Jakob und sprach: Nenne
mir doch deinen Namen! Er aber antwor-
tete: Warum fragst du mich nach meinem
Namen? Darauf segnete er ihn dort.

31 Jakob nannte den Ort Penuël (Gottes-
gesicht) und sagte: Ich habe Gott von An-
gesicht zu Angesicht geschaut und habe
mein Leben gerettet. 32 Die Sonne ging vor
ihm auf, als er an Penuël vorüber war. Er
hinkte aber wegen seiner Hüfte. 33 Deshalb
essen die Israeliten bis auf den heutigen
Tag nicht die Sehne des Hüftmuskels, die
über dem Hüftgelenk liegt, weil er Jakob
auf das Hüftgelenk, auf die Sehne des
Hüftmuskels geschlagen hatte.

Die Begegnung mit Esau

33 Jakob blickt auf und hielt Aus-
schau. Da kam Esau mit den vier-
hundert Mann. Nun verteilte er die Kinder
auf Lea, auf Rahel und auf die beiden Mäg-
de. 2 Die Mägde mit ihren Kindern stellte
er an die Spitze, dahinter Lea mit ihren
Kindern und zuletzt Rahel mit Josef. 3 Er
selbst ging ihnen voran und verneigte sich
siebenmal zur Erde, bis er nahe an seinen
Bruder herangekommen war. 4 Esau aber
eilte ihm entgegen, umarmte ihn, fiel ihm
um den Hals und weinte. 5 Dann erhob er
seine Augen und sah die Frauen und die
Kinder und sprach: Wer sind die dort bei
dir? Er antwortete: Das sind die Kinder,
die Gott deinem Knecht geschenkt hat.

6 Nun traten die Mägde mit ihren Kindern
heran und verneigten sich. 7 Dann trat Lea
mit ihren Kindern dazu und sie verneigten
sich und darauf traten Rahel und Josef da-
zu und verneigten sich. 8 Esau aber fragte:
Was wolltest du denn mit dem ganzen
Zug, auf den ich gestoßen bin? Er antwor-
tete: Ich wollte Gnade finden in den Au-
gen meines Herrn. 9 Esau aber sprach: Ich
habe übergenug, mein Bruder; es bleibe
dein, was dir gehört. 10 Jakob aber erwider-
te: Nicht doch! Wenn ich Gnade in deinen
Augen gefunden habe, wirst du mein Ge-
schenk aus meiner Hand annehmen. Denn
ich habe dein Angesicht gesehen, wie man
das Angesicht Gottes sieht. Hast du mich
doch gut aufgenommen. 11 Nimm also
mein Begrüßungsgeschenk an, das dir
überbracht wurde. Denn Gott hat mich
reich gemacht und ich habe vollauf genug.
So drängte er ihn und er nahm es an.

Jakob trennt sich von Esau

12 Dann sagte Esau: Lasst uns aufbrechen
und weiterziehen und ich will an deiner
Seite ziehen. 13 Er aber sagte zu ihm: Mein
Herr weiß, dass die Kinder noch klein
sind, und die säugenden Tiere unter dem
Kleinvieh und den Rindern brauchen mei-
ne Sorge. Würde man sie auch nur einen
Tag übermäßig anstrengen, dann ginge al-
les Kleinvieh zugrunde. 14 Mein Herr möge
doch seinem Knecht vorausgehen; und ich
will dann langsam weiterwandern im
Schritt der Herde vor mir und im Schritt
der Kinder, bis ich zu meinem Herrn nach
Seïr komme. 15 Da sagte Esau: So will ich
dir einige von den Leuten, die bei mir sind,
als Begleitung geben. Er aber erwiderte:
Wozu dies? Möchte ich nur Gnade finden
in den Augen meines Herrn! 16 So kehrte
Esau an jenem Tag auf einem Weg nach
Seïr zurück. 17 Jakob aber brach nach Suk-
kot auf und baute sich ein Haus; für das
Vieh aber errichtete er Hütten. Darum
nannte er den Ort Sukkot (Hütten).

Ankunft in Sichem

18 Jakob kam nach seiner Rückkehr aus
Paddan-Aram wohlbehalten zur Stadt Si-
chem, die im Land Kanaan liegt, und
schlug vor der Stadt ein Zeltlager auf. 19 Er
kaufte das Stück Land, auf dem er sein
Zeltlager aufgeschlagen hatte, von den
Söhnen Hamors, des Vaters Sichems, um
einhundert Kesita. 20 Dort errichtete er
einen Altar und nannte ihn El, Gott Isra-
els.

Gewalttat an Dina

34 Eines Tages war Dina, die Tochter
Leas, die sie Jakob geboren hatte,
ausgegangen, um die Töchter des Landes
zu besuchen. 2 Als Sichem, der Sohn des
Hiwiters Hamor, des Landesfürsten, sie er-
blickte, entführte er sie und und schlief
mit ihr, indem er sie vergewaltigte. 3 Sein
Herz hing an Dina, der Tochter Jakobs.
Er liebte das Mädchen und redete ihm
freundlich zu. 4 Und Sichem sprach zu sei-
nem Vater Hamor: Wirb für mich um die-
ses Mädchen, damit es meine Frau wird!
5 Jakob hatte erfahren, dass man seine
Tochter Dina entehrt hatte. Da aber seine
Söhne bei seinem Vieh auf dem Feld wa-
ren, schwieg Jakob bis zu ihrer Rückkehr.

Heiratsvertrag mit den Sichemitern

6 Hamor, der Vater Sichems, ging zu Jakob
hinaus, um mit ihm zu reden. 7 Als die
Söhne Jakobs vom Feld heimkamen und
es hörten, erbosten sich die Männer und
entbrannten in gewaltigem Zorn. Denn
dadurch, dass Sichem mit der Tochter Ja-
kobs geschlafen hatte, hatte er eine
Schandtat in Israel begangen. Solches hät-
te nicht geschehen dürfen. 8 Hamor sprach
zu ihnen: Sichem, mein Sohn, hat sein
Herz an euere Tochter gehängt. Gebt sie
ihm doch zur Frau! 9 Verschwägert euch
mit uns! Gebt uns euere Tochter und
nehmt euch unsere Töchter 10 und bleibt
bei uns wohnen! Das Land steht euch of-
fen. Bleibt, durchzieht es und siedelt euch
darin an! 11 Und Sichem sagte zu ihrem Va-
ter und zu ihren Brüdern: Möchte ich
doch in eueren Augen Gnade finden! Was
ihr von mir fordert, werde ich geben.
12 Verlangt von mir eine große Brautgabe
und viele Geschenke, ich will euch geben,
was immer ihr von uns verlangt. Nur gebt
mir das Mädchen zur Frau!

13 Da antworteten die Söhne Jakobs Si-
chem und dessen Vater arglistig, weil er
ihre Schwester entehrt hatte. 14 Sie sagten
zu ihnen: Wir können uns nicht darauf
einlassen, dass wir unsere Schwester
einem unbeschnittenen Mann geben.
Denn das gilt bei uns als Schande. 15 Nur
unter der Bedingung können wir uns da-

mit einverstanden erklären, dass ihr wer-
det wie wir und sich alles Männliche bei
euch beschneiden lässt. [16] Dann wollen wir
euch unsere Töchter geben und euere
Töchter nehmen. Wir wollen bei euch
wohnen bleiben und ein Volk mit euch
werden. [17] Wollt ihr aber auf unseren Vor-
schlag, dass ihr euch beschneiden lasst,
nicht eingehen, dann holen wir unsere
Tochter und gehen. [18] Ihre Worte gefielen
Hamor und Sichem, dem Sohn Hamors.
[19] Der junge Mann zögerte nicht, so zu
handeln. Denn er liebte die Tochter Jakobs
und er besaß in seinem ganzen Haus sehr
hohes Ansehen.

[20] So gingen Hamor und sein Sohn Si-
chem zum Tor der Stadt und sprachen zu
den Männern der Stadt: [21] Diese Männer
sind friedlich gesinnt; sie möchten bei uns
im Land wohnen bleiben und es durchzie-
hen. Das Land hat ja nach allen Seiten hin
Raum genug für sie. Ihre Töchter wollen
wir uns zu Frauen nehmen und unsere
Töchter ihnen geben. [22] Doch nur unter
der Bedingung sind die Männer bereit,
bei uns zu bleiben und ein Volk mit uns
zu werden, dass bei uns alles Männliche
beschnitten wird, wie sie beschnitten sind.
[23] Ihr Herdenbesitz, ihre Habe und all ihr
Vieh, wird es uns nicht von Nutzen sein?
So wollen wir denn ihrer Forderung ent-
sprechen, damit sie bei uns wohnen blei-
ben. [24] Da stimmten alle, die zum Tor sei-
ner Stadt hingingen, Hamor und seinem
Sohn Sichem zu. Und alle Männer ließen
sich beschneiden.

Heimtückische Rache von Simeon und Levi

[25] Am dritten Tag aber, als sie im Wundfie-
ber lagen, nahmen zwei Söhne Jakobs, Si-
meon und Levi, die Brüder Dinas, jeder
ein Schwert und überfielen dreist die Stadt
und erschlugen alle Männer. [26] Auch Ha-
mor und seinen Sohn Sichem erschlugen
sie mit dem Schwert, holten Dina aus
dem Haus Sichems und zogen ab. [27] Dann
fielen die Söhne Jakobs über die Erschlage-
nen her und plünderten die Stadt, weil sie
ihre Schwester entehrt hatten. [28] Sie nah-
men auch ihr Kleinvieh, ihre Rinder und
alles, was in der Stadt und auf dem Feld
war, weg. [29] Alle ihre Habe, alle ihre Kinder
und Frauen führten sie fort und raubten
alles, was in den Häusern war. [30] Da sprach
Jakob zu Simeon und Levi: Ihr bringt mich
ins Unglück dadurch, dass ihr mich bei
den Bewohnern des Landes, den Kanaa-
nitern und Perisitern, verhasst macht. Ich
habe ja nur wenige Leute. Wenn sie sich
gegen mich zusammentun, werden sie
mich schlagen und ich gehe mit meinem
Haus zugrunde. [31] Sie aber sagten: Durfte
er unsere Schwester wie eine Dirne be-
handeln?

Jakob in Bet-El

35 Gott sprach zu Jakob: Mach dich
auf, zieh hinauf nach Bet-El und
bleib dort! Erbau dort dem Gott, der dir
erschien, als du vor deinem Bruder Esau
flohst, einen Altar! [2] Da befahl Jakob sei-
nem Haus und allen, die bei ihm waren:
Schafft die fremden Götter weg, die ihr
bei euch habt! Reinigt euch und wechselt
euere Kleider! [3] Wir wollen uns aufmachen
und nach Bet-El ziehen und dort dem Gott
einen Altar bauen, der mich am Tag mei-
ner Bedrängnis erhört hat und mit mir
war auf dem Weg, den ich gegangen bin.
[4] Sie übergaben Jakob alle fremden Götter,
die in ihrem Besitz waren, auch die Ringe,
die sie an ihren Ohren trugen, und Jakob
vergrub sie unter der Terebinthe, die bei
Sichem steht. [5] Dann brachen sie auf. Ein
Schrecken Gottes aber lag auf den Städten
ringsum, sodass man die Söhne Jakobs
nicht verfolgte.

[6] So kam Jakob nach Lus, das im Land
Kanaan liegt, das ist Bet-El, er und alle
Leute, die bei ihm waren. [7] Er baute dort
einen Altar und nannte die Stätte Bet-El,
weil sich Gott ihm dort offenbart hatte,
als er vor seinem Bruder floh. [8] Da starb
Debora, die Amme Rebekkas, und wurde
unterhalb von Bet-El unter der Eiche be-
graben. Man nannte sie seitdem Klage-
eiche.

[9] Gott erschien Jakob zum zweiten Mal
seit seiner Rückkehr aus Paddan-Aram
und segnete ihn. [10] Gott sprach zu ihm:
Dein Name ist Jakob; du sollst nicht mehr
Jakob heißen, sondern Israel soll dein Na-
me sein. So gab er ihm den Namen Israel.
[11] Und weiter sprach Gott zu ihm: Ich bin
Gott, der Allmächtige. Sei fruchtbar und
vermehre dich. Ein Volk, ja eine Menge
von Völkern soll aus dir hervorgehen und
Könige sollen von dir abstammen. [12] Das
Land, das ich Abraham und Isaak gegeben
habe, dir gebe ich es und deinen Nach-

kommen gebe ich dieses Land. 13 Und Gott fuhr von ihm auf.

14 Jakob richtete ein Steinmal auf an der Stätte, an der er mit ihm geredet hatte, einen Gedenkstein, goss ein Trankopfer darüber aus und schüttete Öl darauf. 15 Jakob nannte die Stätte, an der Gott mit ihm geredet hatte, Bet-El.

Benjamins Geburt und Rahels Tod

16 Dann zogen sie von Bet-El weiter. Als sie nur noch eine kurze Wegstrecke von Efrata entfernt waren, kamen Geburtswehen über Rahel und sie hatte eine schwere Geburt. 17 Als sie bei ihrer Niederkunft so schwer zu leiden hatte, sprach die Hebamme zu ihr: Ängstige dich nicht, auch diesmal hast du einen Sohn. 18 Als nun ihr Leben ausging – denn sie musste sterben –, nannte sie ihn Ben-Oni (Unheilskind), sein Vater aber gab ihm den Namen Benjamin (Erfolgskind). 19 Rahel starb und wurde am Weg nach Efrata, das ist Betlehem, begraben. 20 Jakob errichtete ein Steinmal über ihrem Grab. Dies ist Rahels Grab bis auf den heutigen Tag.

Die Blutschande Rubens

21 Israel zog weiter und schlug sein Zelt jenseits von Migdal-Eder auf. 22 Während Israel in dieser Gegend lagerte, ging Ruben hin und schlief mit Bilha, der Nebenfrau seines Vaters. Israel erfuhr es.

Die zwölf Söhne Jakobs

Die Söhne Jakobs waren nun zwölf: 23 Die Söhne Leas: Ruben, der Erstgeborene Jakobs, Simeon, Levi, Juda, Issachar und Sebulon; 24 die Söhne Rahels: Josef und Benjamin; 25 die Söhne Bilhas, der Magd Rahels: Dan und Naftali; 26 die Söhne Silpas, der Magd Leas: Gad und Ascher. Das sind die Söhne Jakobs, die ihm in Paddan-Aram geboren wurden.

Isaaks Tod

27 Jakob kam zu seinem Vater Isaak nach Mamre, nach Kirjat-Arba, das ist Hebron, wo sich Abraham und Isaak als Fremde aufgehalten hatten. 28 Die Lebensjahre Isaaks betrugen einhundertachtzig Jahre. 29 Isaak verschied und wurde, alt und lebenssatt, zu seinen Vätern versammelt. Seine Söhne Esau und Jakob begruben ihn.

Esaus Frauen und Kinder in Kanaan

36 Dies sind die Nachkommen Esaus, der auch Edom hieß: 2 Esau hatte Frauen von den Töchtern Kanaans genommen: Ada, die Tochter des Hetiters Elon, und Oholibama, die Tochter Anas, eines Sohnes des Horiters Zibon, 3 und Basemat, die Tochter Ismaels, die Schwester Nebajots. 4 Ada gebar Esau den Elifas, und Basemat gebar Reguël. 5 Oholibama gebar Jëusch, Jalam und Korach. Diese sind die Söhne Esaus, die im Land Kanaan geboren wurden.

6 Esau nahm seine Frauen, seine Söhne und Töchter und alle Leute seines Hauses und all sein Weidevieh und all sein Zugvieh und alle seine Habe, die er sich im Land Kanaan erworben hatte, und zog von seinem Bruder Jakob weg in das Land Seïr. 7 Denn ihr Besitz war zu groß, um zusammen bleiben zu können, und das Land, in dem sie als Fremde wohnten, konnte sie wegen ihrer großen Viehherden nicht ernähren. 8 So ließ sich Esau im Gebirge Seïr nieder; Esau ist Edom.

Esaus Nachkommenschaft in Seïr

9 Das sind die Nachkommen Esaus, des Stammvaters der Edomiter im Land Seïr. 0 Die Nachkommen der Söhne Esaus sind: Elifas, der Sohn Adas, der Frau Esaus; Reguël, der Sohn Basemats, der Frau Esaus. 11 Die Söhne des Elifas sind: Teman, Omar, Zefo, Gatam und Kenas. 12 Timna war eine Nebenfrau des Elifas, des Sohnes Esaus. Sie gebar dem Elifas den Amalek. Das sind die Nachkommen Adas, der Frau Esaus. 13 Die Söhne Reguëls sind diese: Nahat, Serach, Schamma und Misa. Diese sind die Nachkommen Basemats, der Frau Esaus. 14 Und diese sind die Söhne Oholibamas, der Tochter Anas, Sohn des Zibon, der Frau Esaus. Sie gebar Esau Jëusch, Jalam und Korach.

Die Fürsten von Edom

15 Das sind die Gaufürsten der Söhne Esaus:

Die Söhne des Elifas, des Erstgeborenen Esaus, waren: der Gaufürst Teman, der Gaufürst Omar, der Gaufürst Zefo, der Gaufürst Kenas, 16 der Gaufürst Gatam, der Gaufürst Amalek. Dies sind die Gaufürsten, die von Elifas im Land Edom abstammen. Dies sind die Söhne Adas.

17 Das sind die Söhne Reguëls, des Soh-
nes Esaus: der Gaufürst Nahat, der Gau-
fürst Serach, der Gaufürst Schamma, der
Gaufürst Misa. Dies sind die Gaufürsten,
die von Reguël im Land Edom abstam-
men. Dies sind die Söhne Basemats, der
Frau Esaus.
18 Das sind die Söhne Oholibamas, der
Frau Esaus: der Gaufürst Jëusch, der Gau-
fürst Jalam, der Gaufürst Korach. Dies
sind die Gaufürsten, die von Oholibama,
der Tochter Anas, der Frau Esaus, abstam-
men.
19 Das sind die Söhne Esaus und dies
sind die Gaufürsten. Das ist Edom.

Die Nachkommenschaft Seïrs, des Horiters

20 Das sind die Söhne Seïrs, des Horiters,
die Ureinwohner des Landes: Lotan, Scho-
bal, Zibon, Ana, 21 Dischon, Ezer und Di-
schan. Das sind die Gaufürsten der Hori-
ter, die Söhne Seïrs, im Land Edom. 22 Die
Söhne Lotans sind: Hori und Hemam; Lo-
tans Schwester ist Timna. 23 Das sind die
Söhne Schobals: Alwan, Manahat, Ebal,
Schefi und Onam. 24 Folgende sind die
Söhne Zibons: Aja und Ana. Es ist jener
Ana, der die heißen Quellen in der Wüste
fand, als er die Esel seines Vaters Zibon
weidete. 25 Das sind die Kinder Anas:
Dischon und Oholibama, die Tochter
Anas. 26 Das sind die Söhne Dischons:
Hemdan, Eschban, Jitran und Keran.
27 Das sind die Söhne Ezers: Bilhan, Saa-
wan und Akan. 28 Das sind die Söhne Di-
schans: Uz und Aran.
29 Das sind die Gaufürsten der Horiter:
der Gaufürst Lotan, der Gaufürst Schobal,
der Gaufürst Zibon, der Gaufürst Ana,
30 der Gaufürst Dischon, der Gaufürst Ezer,
der Gaufürst Dischan. Das sind die Gau-
fürsten der Horiter nach ihren Sippen im
Land Seïr.

Die Könige von Edom

31 Dies sind die Könige, die im Land Edom
regierten, bevor ein König der Israeliten
regierte: 32 König von Edom war Bela, der
Sohn Beors, und seine Stadt hieß Dinhaba.
33 Bela starb und an seiner Stelle regierte
Jobab, der Sohn Serachs aus Bozra, als Kö-
nig. 34 Jobab starb und an seiner Stelle re-
gierte Huscham aus dem Land der Tema-
niter als König. 35 Huscham starb und an
seiner Stelle regierte als König Hadad, der
Sohn Bedads, der die Midianiter im Grün-
land von Moab schlug und seine Stadt
hieß Awit. 36 Hadad starb und an seiner
Stelle regierte Samla aus Masreka als Kö-
nig. 37 Samla starb und an seiner Stelle re-
gierte Schaul aus Rehobot-Nahar als Kö-
nig. 38 Schaul starb und an seiner Stelle
regierte Baal-Hanan, der Sohn Achbors,
als König. 39 Baal-Hanan, der Sohn Ach-
bors, starb und an seiner Stelle regierte
Hadar als König und seine Stadt hieß Pa-
gu. Der Name seiner Frau war Mehetabel,
die Tochter Matreds aus Me-Sahab.

Erneut: Die Fürsten von Edom

40 Das sind die Namen der Gaufürsten
Esaus nach ihren Geschlechtern, nach
ihren Wohnsitzen und mit ihren Namen:
der Gaufürst Timna, der Gaufürst Alwa,
der Gaufürst Jetet, 41 der Gaufürst Oholiba-
ma, der Gaufürst Ela, der Gaufürst Pinon,
42 der Gaufürst Kenas, der Gaufürst Te-
man, der Gaufürst Mibzar, 43 der Gaufürst
Magdiël, der Gaufürst Iram. Das sind die
Gaufürsten von Edom nach ihren Wohn-
sitzen in dem Land, das sie in Besitz ge-
nommen hatten. Das ist der Stammbaum
Esaus, des Stammvaters der Edomiter.

Die Geschichte Josefs

Josef und seine Brüder

37 Jakob wohnte in dem Land, in dem
sich sein Vater als Fremder auf-
gehalten hatte, im Land Kanaan. 2 Das ist
die Familiengeschichte Jakobs: Als Josef
siebzehn Jahre alt war, hütete er mit seinen
Brüdern die Schafe. Er war, weil noch zu
jung, den Söhnen Bilhas und Silpas, der
Frauen seines Vaters, beigegeben. Und Jo-
sef hinterbrachte ihrem Vater, was man
jenen Übles nachsagte. 3 Israel aber liebte
Josef mehr als alle seine Söhne, weil er
ihm im hohen Alter geboren worden war.
Darum ließ er ihm ein langes Gewand mit
Ärmeln machen. 4 Als seine Brüder sahen,
dass ihn der Vater mehr als alle seine an-

deren Söhne liebte, hassten sie ihn und
konnten kein freundliches Wort mit ihm
reden.
5 Einmal hatte Josef einen Traum und er
erzählte ihn seinen Brüdern. 6 Er sprach zu
ihnen: Hört doch, was für einen Traum ich
gehabt habe! 7 Seht, wir waren beim Gar-
benbinden auf dem Feld; und siehe da,
meine Garbe richtete sich auf und blieb
stehen; euere Garben aber stellten sich
ringsum und verneigten sich vor meiner
Garbe. 8 Da sprachen seine Brüder zu ihm:
Willst du gar noch König sein über uns
und über uns herrschen? Und sie hassten
ihn noch mehr wegen seines Traumes
und seiner Reden. 9 Ein andermal hatte er
wieder einen Traum und er erzählte ihn
seinen Brüdern. Er sagte: Seht, ich hatte
wieder einen Traum. Die Sonne, der
Mond und die Sterne verneigten sich vor
mir. 10 Als er ihn seinem Vater und seinen
Brüdern erzählt hatte, schalt ihn sein Va-
ter und sprach zu ihm: Was soll dieser
Traum bedeuten, den du geträumt hast?
Sollen wir, ich und deine Mutter und dei-
ne Brüder, uns vor dir bis zur Erde vernei-
gen? 11 Seine Brüder wurden eifersüchtig
auf ihn; sein Vater aber merkte sich die
Sache.

Josef wird von seinen Brüdern verkauft

12 Als seine Brüder einmal weggegangen
waren, um die Schafe ihres Vaters in Si-
chem zu weiden, 13 sprach Israel zu Josef:
Deine Brüder hüten bei Sichem. Komm,
ich will dich zu ihnen schicken. Er antwor-
tete: Ich bin bereit! 14 Nun sagte er zu ihm:
Geh und sieh nach, ob es deinen Brüdern
und den Herden noch gut geht, und bring
mir Bescheid! So sandte er ihn aus dem Tal
Hebron weg und er kam nach Sichem.
15 Ein Mann traf ihn, als er auf dem Feld
umherirrte. Dieser fragte ihn: Was suchst
du? 16 Er sprach: Ich suche meine Brüder.
Sage mir doch, wo sie hüten. 17 Da antwor-
tete der Mann: Sie sind von hier fortgezo-
gen. Denn ich habe sie sagen hören: Wir
wollen nach Dotan gehen! So ging Josef
seinen Brüdern nach und fand sie in Do-
tan.
18 Als sie ihn von weitem sahen, und be-
vor er noch in ihre Nähe gekommen war,
schmiedeten sie einen Plan gegen ihn, um
ihn zu töten. 19 Sie sprachen zueinander:
Seht, da kommt der Träumer! 20 Nun aber
auf, wir wollen ihn töten und in eine der
Zisternen werfen und sagen: Ein wildes
Tier hat ihn gefressen. Dann werden wir
ja sehen, was aus seinen Träumen wird.
21 Ruben hörte dies und suchte ihn aus
ihrer Hand zu retten und sagte: Wir wol-
len ihn nicht ums Leben bringen! 22 Und
weiter sprach Ruben zu ihnen: Vergießt
kein Blut! Werft ihn in die Zisterne dort
in der Steppe; aber legt nicht Hand an ihn!
Dies sagte er, weil er ihn aus ihrer Hand
retten und zu seinem Vater zurückschi-
cken wollte. 23 Sobald Josef bei seinen Brü-
dern angekommen war, zogen sie ihm den
Rock aus, das Ärmelkleid, das er anhatte,
24 packten ihn und warfen ihn in die Zister-
ne. Die Zisterne war leer, es war kein Was-
ser darin. 25 Dann setzten sie sich nieder,
um zu essen. Als sie ihre Augen erhoben
und ausschauten, sahen sie eine Karawane
von Ismaelitern aus Gilead daherkommen.
Ihre Kamele waren mit Gummi, Balsam
und Ladanum beladen. Sie waren damit
auf dem Weg nach Ägypten. 26 Da sprach
Juda zu seinen Brüdern: Welchen Vorteil
haben wir davon, wenn wir unseren Bru-
der töten und sein Blut zudecken?
27 Kommt, wir wollen ihn an die Ismaeliter
verkaufen und nicht Hand an ihn legen. Er
ist doch unser Bruder, unser eigenes
Fleisch. 28 Die midianitischen Kaufleute
kamen vorbei; da zogen sie Josef aus der
Zisterne und verkauften ihn an die Ismae-
liter für zwanzig Silberstücke. Diese brach-
ten Josef nach Ägypten. 29 Als Ruben wie-
der an die Zisterne kam, war Josef nicht
mehr in der Zisterne. Da zerriss er seine
Kleider, 30 kehrte zu seinen Brüdern zurück
und sprach: Der Junge ist nicht mehr da!
Wohin soll ich nun gehen?
31 Sie aber nahmen den Rock Josefs,
schlachteten einen Ziegenbock und tauch-
ten den Rock in das Blut. 32 Dann schickten
sie den Rock zu ihrem Vater und ließen
ihm ausrichten: Das haben wir gefunden.
Siehe nach, ob es der Rock deines Sohnes
ist oder nicht. 33 Als er ihn sah, rief er aus:
Das ist der Rock meines Sohnes! Ein wil-
des Tier hat ihn gefressen! Zerfleischt, zer-
fleischt ist Josef! 34 Und er zerriss seine
Kleider, legte Trauerkleider an und trauer-
te lange Zeit um seinen Sohn. 35 Zwar be-
mühten sich alle seine Söhne und alle sei-
ne Töchter, ihn zu trösten. Doch er wollte
sich nicht trösten lassen, sondern sprach:

Ich will zu meinem Sohn trauernd in die Unterwelt hinabsteigen.

36 Die Midianiter aber verkauften Josef nach Ägypten an Potifar, einen Kämmerer des Pharao, den Obersten der Leibwache.

Die Geschichte von Juda und Tamar

38 Um jene Zeit zog Juda von seinen Brüdern weg und schlug sein Zelt bei einem Adullamiter namens Hira auf. 2 Dort sah Juda die Tochter eines Kanaaniters mit Namen Schua. Er nahm sie zur Frau und schlief mit ihr. 3 Sie wurde schwanger, gebar einen Sohn und gab ihm den Namen Er. 4 Sie wurde abermals schwanger, gebar einen Sohn und nannte ihn Onan. 5 Hierauf gebar sie nochmals einen Sohn; diesen nannte sie Schela. Sie befand sich in Kesib, als sie ihn gebar.

6 Juda nahm für seinen Erstgeborenen Er eine Frau mit Namen Tamar. 7 Aber Er, der Erstgeborene Judas, missfiel dem Herrn; deshalb ließ der Herr ihn sterben. 8 Da sprach Juda zu Onan: Schlafe mit der Frau deines Bruders, leiste ihr die Schwagerpflicht und verschaffe so deinem Bruder Nachkommen! 9 Da Onan aber wusste, dass die Nachkommen nicht ihm gehören würden, ließ er, so oft er mit der Frau seines Bruders schlief, den Samen zur Erde fallen, um seinem Bruder keine Nachkommen zu verschaffen. 10 Doch dem Herrn missfiel, was er tat; darum ließ er auch ihn sterben. 11 Da sprach Juda zu seiner Schwiegertochter Tamar: Kehre als Witwe ins Haus deines Vaters zurück, bis mein Sohn Schela herangewachsen ist. Er dachte nämlich, es könnte auch dieser sterben wie seine Brüder. Tamar ging und kehrte ins Haus ihres Vaters zurück.

12 Als längere Zeit verstrichen war, starb die Tochter Schuas, die Frau Judas. Nachdem Juda die Trauerzeit gehalten hatte, begab er sich mit seinem Freund Hira aus Adullam nach Timna, um seine Schafe scheren zu lassen. 13 Als aber Tamar gemeldet wurde: Siehe, es kommt dein Schwiegervater nach Timna, um seine Schafe zu scheren, 14 legte sie ihre Witwenkleider ab, hüllte sich in einen Schleier, vermummte sich und setzte sich an den Eingang von Enajim, das am Weg nach Timna liegt. Denn sie sah, dass Schela herangewachsen war, ohne dass sie ihm zur Frau gegeben wurde.

15 Als Juda sie bemerkte, hielt er sie für eine Dirne; denn sie hatte ihr Gesicht verhüllt. 16 Er bog zu ihr an den Wegrand ab und sprach: Komm, ich will mit dir schlafen! Er wusste nämlich nicht, dass es seine Schwiegertochter war. Sie antwortete: Was gibst du mir, wenn du mit mir schlafen darfst? 17 Er sagte: Ich schicke dir ein Ziegenböcklein von der Herde. Sie erwiderte: Du musst mir aber ein Pfand geben, bis du es schickst. 18 Er sagte: Welches Pfand soll ich dir geben? Sie sprach: Deinen Siegelring, deine Schnur und deinen Stab, den du in der Hand trägst. Er gab es ihr, schlief mit ihr und sie wurde schwanger. 19 Dann erhob sie sich und ging weg; sie legte ihren Schleier ab und zog wieder ihre Witwenkleider an.

20 Als Juda das Ziegenböcklein durch seinen Freund aus Adullam schickte, um das Pfand von der Frau zurückzuerhalten, fand er sie nicht. 21 Er fragte die Leute des Ortes: Wo ist die Dirne, die in Enajim am Weg zu sitzen pflegt? Sie sagten: Hier war keine Dirne. 22 Da kehrte er zu Juda zurück und sagte: Ich habe sie nicht gefunden und die Leute des Ortes sagten: Hier ist keine Dirne gewesen. 23 Da sprach Juda: So soll sie es für sich behalten. Wenn wir nur nicht zum Gespött werden. Ich habe ja dieses Böcklein geschickt; du aber hast sie nicht gefunden.

24 Etwa drei Monate später wurde Juda gemeldet: Deine Schwiegertochter Tamar hat sich vergangen und ist infolge ihrer Unzucht schwanger geworden. Da sagte Juda: Führt sie hinaus! Sie soll verbrannt werden! 25 Als man sie hinausführen wollte, sandte sie zu ihrem Schwiegervater und ließ ihm sagen: Von dem Mann, dem diese Dinge gehören, bin ich schwanger. Und sie ließ weiter sagen: Siehe doch nach, wem dieser Siegelring, diese Schnur und dieser Stab gehören. 26 Als Juda die Sachen sah, sprach er: Sie ist im Recht gegen mich. Warum habe ich sie nicht meinem Sohn Schela zur Frau gegeben! Danach hatte er keinen Umgang mehr mit ihr.

27 Als die Zeit kam, da sie gebären sollte, waren Zwillinge in ihrem Schoß. 28 Während sie gebar, streckte der eine die Hand vor. Da nahm die Hebamme einen roten Faden, band ihn um seine Hand und sagte: Dieser ist zuerst herausgekommen. 29 Er zog aber seine Hand wieder zurück und es

kam sein Bruder zum Vorschein. Da sagte sie: Warum hast du dir den Durchbruch erzwungen? Und sie nannte ihn Perez (Durchbruch). 30 Hierauf kam sein Bruder, an dessen Hand der rote Faden war, und sie nannte ihn Serach (Rotglanz).

Die Anfänge Josefs in Ägypten

39 Als Josef nach Ägypten gebracht worden war, kaufte ihn Potifar, ein Kämmerer des Pharao, der Oberste der Leibwache, ein Ägypter, von den Ismaelitern, die ihn dorthin gebracht hatten. 2 Der Herr aber war mit Josef, sodass ihm alles gelang. So blieb er im Haus seines Herrn, des Ägypters. 3 Da dieser sah, dass der Herr mit ihm war und der Herr alles, was er unternahm, durch seine Hand gelingen ließ, 4 fand Josef seine Gunst; er durfte ihn bedienen. Dann bestellte er ihn zum Verwalter über sein Haus und vertraute ihm seinen ganzen Besitz an. 5 Von der Zeit an, da er ihn zum Verwalter seines ganzen Besitzes bestellt hatte, segnete der Herr das Haus des Ägypters wegen Josef und der Segen des Herrn ruhte auf allem, was ihm gehörte, im Haus und auf dem Feld. 6 So überließ er Josef seinen ganzen Besitz und kümmerte sich neben ihm um nichts als um die Speise, die er aß. Josef aber war schön von Gestalt und Aussehen.

Josef und die Verführerin

7 Nach diesen Ereignissen warf die Frau seines Herrn ihr Auge auf Josef und sprach: Schlaf mit mir! 8 Er aber weigerte sich und sagte zur Frau seines Herrn: Siehe, mein Herr kümmert sich neben mir um nichts im Haus und seinen ganzen Besitz hat er mir anvertraut. 9 Er hat in diesem Haus keine größere Macht als ich; er hat mir nichts vorenthalten als dich allein, weil du seine Frau bist. Wie sollte ich nun ein so schweres Unrecht begehen und mich gegen Gott versündigen? 10 Obwohl sie Josef jeden Tag zuredete, mit ihr zu schlafen und sich mit ihr abzugeben, hörte er nicht auf sie. 11 Als er eines Tages ins Haus kam, um seine Geschäfte zu besorgen, und niemand vom Hausgesinde anwesend war, 12 ergriff sie sein Gewand und sagte: Schlaf mit mir! Er aber ließ sein Gewand in ihrer Hand und lief davon. 13 Als sie sah, dass er sein Gewand in ihrer Hand zurückgelassen hatte und geflohen war, 14 rief sie die Leute ihres Hauses herbei und sprach zu ihnen: Da seht! Er hat uns einen Hebräer gebracht, damit der mit uns seinen Mutwillen treibe. Er kam zu mir, um mit mir zu schlafen; ich aber schrie laut. 15 Als er nun hörte, dass ich laut schrie, ließ er sein Gewand neben mir liegen, ergriff die Flucht und lief hinaus. 16 Und sie legte sein Gewand neben sich, bis sein Herr nach Hause kam. 17 Da erzählte sie ihm den Vorgang und sprach: Der hebräische Sklave, den du uns ins Haus gebracht hast, kam zu mir, um mit mir seinen Mutwillen zu treiben. 18 Als ich aber laut schrie, ließ er sein Gewand neben mir zurück und floh hinaus. 19 Sein Herr hörte die Worte seiner Frau, die sie zu ihm sprach: Dies hat der Sklave mir angetan!, und es entbrannte sein Zorn. 20 Er ließ Josef ergreifen und in das Gefängnis werfen, wo die Gefangenen des Königs in Gewahrsam gehalten wurden.

Josef im Gefängnis

Und er blieb dort im Gefängnis. 21 Doch der Herr war mit Josef und ließ ihn Gnade finden. Er wandte ihm die Gunst des Gefängnisaufsehers zu. 22 So vertraute der Gefängnisaufseher Josef alle Gefangenen an, die sich im Gefängnis befanden. Alles, was dort geschah, musste nach seiner Anordnung geschehen. 23 Der Gefängnisaufseher kümmerte sich um nichts mehr, was Josef anvertraut war, weil der Herr mit ihm war und der Herr ihm alles gelingen ließ, was er unternahm.

Josef deutet die Träume der Beamten des Pharao

40 Einige Zeit darauf vergingen sich der Mundschenk und der Bäcker des Königs von Ägypten gegen ihren Herrn, den König von Ägypten. 2 Da zürnte der Pharao über die beiden Kämmerer, über den Obermundschenk und den Oberbäcker, 3 und ließ sie ins Gefängnis bringen, in das Haus des Obersten der Leibwache, an den Ort, wo auch Josef gefangen saß. 4 Der Oberste der Leibwache aber betraute Josef mit ihrer Bedienung. So waren sie einige Zeit in Haft. 5 Nun hatten beide in der gleichen Nacht einen Traum, und zwar einen Traum, der für jeden von besonderer Bedeutung war, der Mundschenk und der Bäcker des Königs

von Ägypten, die im Kerker gefangen sa-
ßen. 6 Als Josef am anderen Morgen zu
ihnen kam, sah er, dass sie niedergeschla-
gen waren. 7 Er fragte die Kämmerer des
Pharao, die mit ihm im Hause seines
Herrn gefangen saßen, und sagte: Warum
macht ihr heute so verdrießliche Gesich-
ter? 8 Sie antworteten ihm: Wir hatten
einen Traum; aber es ist niemand da, der
ihn deuten könnte. Josef sagte zu ihnen: Ist
die Traumdeutung nicht Sache Gottes?
Doch erzählt mir!

9 Der Obermundschenk erzählte Josef
seinen Traum und sprach zu ihm: Ich sah
in meinem Traum vor mir einen Wein-
stock. 10 An dem Weinstock waren drei
Ranken. Als er ausschlug, brachen auch
schon seine Blüten hervor, und er trug rei-
fe Trauben. 11 Ich hatte den Becher des
Pharao in meiner Hand und nahm die
Beeren; ich presste sie in den Becher des
Pharao und reichte dem Pharao den Be-
cher. 12 Da sprach Josef zu ihm: Dies ist
die Deutung: Die drei Ranken bedeuten
drei Tage. 13 Nach drei Tagen wird der Pha-
rao dein Haupt erheben und dich wieder
in dein Amt einsetzen. Du wirst dem Pha-
rao seinen Becher reichen so wie früher,
als du sein Mundschenk warst. 14 Denk
dann auch an mich, wenn es dir gut geht.
Erweis mir die Gunst und denk an mich
beim Pharao und befrei mich aus diesem
Haus. 15 Denn ich wurde aus dem Land der
Hebräer entführt und auch hier habe ich
nichts getan, weswegen man mich ins Ge-
fängnis hätte werfen müssen.

16 Als der Oberbäcker sah, dass er eine
günstige Deutung gegeben hatte, sprach
er zu Josef: In meinem Traum war es mir,
als trüge ich drei Körbe mit Feingebäck
auf meinem Kopf. 17 Im obersten Korb be-
fanden sich allerlei vom Bäcker hergestell-
te Esswaren für den Pharao. Da kamen
Vögel und fraßen es aus dem Korb von
meinem Kopf weg. 18 Josef antwortete und
sprach: Dies ist die Deutung: Die drei Kör-
be bedeuten drei Tage. 19 Nach drei Tagen
wird der Pharao dein Haupt erheben. Er
wird dich an einem Pfahl aufhängen lassen
und die Vögel des Himmels werden dein
Fleisch von dir wegfressen.

20 Am dritten Tag, dem Geburtstag des
Pharao, veranstaltete dieser ein Gastmahl
für alle seine Hofbeamten. Da erhob er das
Haupt des Obermundschenks und das
Haupt des Oberbäckers in Gegenwart sei-
ner Hofbeamten. 21 Den Obermundschenk
setzte er wieder in sein Amt ein und er
durfte wieder dem Pharao den Becher rei-
chen. 22 Den Oberbäcker aber ließ er hän-
gen, so wie Josef den Traum gedeutet hat-
te. 23 Der Obermundschenk aber dachte
nicht mehr an Josef, sondern vergaß ihn.

Die Träume des Pharao

41 Zwei Jahre darauf hatte der Pharao
einen Traum. Es war ihm, als stün-
de er am Nil. 2 Da stiegen aus dem Nil sie-
ben schöne, fette Kühe herauf und weide-
ten im Riedgras. 3 Nach ihnen aber stiegen
sieben andere Kühe aus dem Nil herauf,
hässlich und mager, und traten neben die
anderen Kühe am Ufer des Nils. 4 Dann
fraßen die hässlichen und mageren Kühe
die sieben schönen und fetten Kühe auf.
Da erwachte der Pharao. 5 Als er wieder
eingeschlafen war, hatte er einen zweiten
Traum. Es wuchsen sieben Ähren auf
einem Halm, voll und schön. 6 Nach ihnen
aber schossen Ähren auf, dürr und vom
Ostwind versengt. 7 Die dürren Ähren ver-
schlangen die sieben fetten und vollen Äh-
ren. Da erwachte der Pharao und merkte,
dass er geträumt hatte.

8 Am anderen Morgen fühlte er sich
beunruhigt. Er sandte hin und ließ alle
Schriftkundigen und Weisen Ägyptens ru-
fen und der Pharao erzählte ihnen seinen
Traum. Aber es fand sich keiner, der dem
Pharao den Traum deuten konnte. 9 Da
sprach der Obermundschenk zum Pharao:
Ich muss heute meine Verfehlung in Erin-
nerung bringen. 10 Der Pharao zürnte sei-
nen Dienern und ließ sie im Haus des
Obersten der Leibwache in Haft halten,
mich und den Oberbäcker. 11 Wir hatten
in der gleichen Nacht einen Traum, ich
und er, und zwar hatte jeder einen Traum,
der für ihn von Bedeutung war. 12 Nun war
dort bei uns ein junger hebräischer Mann,
ein Sklave des Obersten der Leibwache.
Diesem erzählten wir unsere Träume und
er deutete sie uns. Er gab dem Traum eines
jeden die entsprechende Deutung. 13 Und
so wie er uns die Deutung gegeben hat, ist
es eingetroffen. Mich hat man wieder in
mein Amt eingesetzt, ihn aber hängen las-
sen.

14 Da sandte der Pharao hin und ließ
Josef rufen. Schnell holte man ihn aus

dem Gefängnis. Nachdem man ihm die Haare geschoren und er seine Kleider gewechselt hatte, begab er sich zu dem Pharao. 15 Der Pharao sagte zu Josef: Ich hatte einen Traum und niemand vermag ihn zu deuten. Nun habe ich von dir gehört, du brauchtest einen Traum nur zu hören, um ihn sofort deuten zu können. 16 Josef erwiderte dem Pharao: Ich vermag nichts. Aber Gott wird dem Pharao kundtun, was ihm zum Heil ist.

17 Darauf sprach der Pharao zu Josef: In meinem Traum stand ich am Ufer des Nils. 18 Da stiegen aus dem Nil sieben schöne, fette Kühe herauf und weideten im Riedgras. 19 Dann sah ich nach ihnen sieben andere Kühe heraufsteigen, elend, ganz hässlich und mager. Ich habe in ganz Ägypten keine gesehen, die so hässlich waren wie diese. 20 Die mageren und hässlichen Kühe fraßen die sieben ersten, die fetten Kühe auf. 21 Aber als sie die fetten Kühe gefressen hatten, sah man ihnen nicht an, dass sie in den Magen gekommen waren; sie sahen genau so hässlich aus wie zuvor. Da erwachte ich. 22 Dann sah ich in meinem Traum: Da wuchsen sieben Ähren an einem Halm empor, voll und schön. 23 Doch nach ihnen schossen sieben Ähren auf, taub, dürr und vom Ostwind versengt. 24 Die dürren Ähren verschlangen die sieben guten Ähren. Ich habe es den Schriftkundigen erzählt; aber sie konnten mir keinen Bescheid geben.

25 Da sprach Josef zum Pharao: Die Träume des Pharao sind nur einer. Gott hat dem Pharao kundgetan, was er zu tun gedenkt. 26 Die sieben schönen Kühe bedeuten sieben Jahre, ebenso bedeuten die sieben guten Ähren sieben Jahre. Der Traum ist nur einer. 27 Auch die sieben mageren und hässlichen Kühe, die nach ihnen heraufstiegen, bedeuten sieben Jahre und die sieben dürren und vom Ostwind versengten Ähren bedeuten sieben Hungerjahre. 28 Dies meinte ich, als ich zu dem Pharao sprach: Gott hat den Pharao schauen lassen, was er zu tun gedenkt. 29 Siehe, es kommen sieben Jahre, da wird großer Überfluss im ganzen Land Ägypten herrschen. 30 Nach ihnen aber kommen sieben Hungerjahre. Da wird der ganze Überfluss im Land Ägypten verschwunden sein und die Hungersnot wird das ganze Land Ägypten verzehren. 31 Man wird infolge der Hungersnot, die nachher kommt, vom Überfluss im Land nichts mehr merken. Denn sie wird sehr drückend sein. 32 Dass sich aber der Traum des Pharao zweimal wiederholt hat, bedeutet, dass die Sache von Gott fest beschlossen ist und Gott sie ohne Verzug ausführen wird. 33 Nun aber sehe sich der Pharao nach einem klugen und weisen Mann um und setze ihn über das Land Ägypten. 34 Der Pharao wolle sofort Aufseher über das Land bestellen und durch sie in den sieben Jahren des Überflusses vom Land Ägypten den Fünften erheben lassen. 35 Sie sollen den ganzen Ernteertrag der jetzt kommenden sieben guten Jahre einsammeln und das Getreide zur Verfügung des Pharao aufspeichern, in die Städte bringen und verwahren. 36 Das Getreide soll als Rücklage für das Land dienen in den sieben Hungerjahren, die über das Land Ägypten kommen werden. So wird das Land nicht durch die Hungersnot zugrunde gehen.

Josefs Erhöhung

37 Diese Rede fand den Beifall des Pharao und aller seiner Diener. 38 Der Pharao sagte zu seinen Dienern: Könnten wir wohl einen Mann finden wie diesen, in dem der Geist Gottes wohnt? 39 Dann sprach der Pharao zu Josef: Da Gott dich alles dies hat erkennen lassen, gibt es keinen, der so klug und weise wäre wie du. 40 Du sollst meinem Haus vorstehen. Mein ganzes Volk soll deinen Weisungen gehorchen und ich will nur um den Thron höher sein als du. 41 Dann sagte der Pharao zu Josef: Hiermit setze ich dich über das ganze Land Ägypten. 42 Darauf zog der Pharao den Siegelring von seiner Hand und steckte ihn an die Hand Josefs, ließ ihn mit Leinengewändern bekleiden und legte ihm die goldene Kette um den Hals. 43 Er ließ ihn auf seinem zweiten Wagen fahren und vor ihm ausrufen: Achtung! So setzte er ihn über ganz Ägypten. 44 Dann sagte der Pharao zu Josef: Ich bin der Pharao. Gegen deinen Willen soll niemand seine Hand und seinen Fuß rühren im ganzen Land Ägypten. 45 Der Pharao legte Josef den Namen Zafenat-Paneach bei und gab ihm Asenat, die Tochter Potiferas, des Priesters von On, zur Frau. Dann bereiste Josef Ägypten.

46 Josef war dreißig Jahre alt, als er vor
dem Pharao, dem König von Ägypten,
stand. Und Josef ging vom Pharao weg
und reiste im ganzen Land umher. 47 Das
Land brachte in den sieben Jahren reichli-
chen Überfluss. 48 Er ließ alle Vorräte, die
es in den sieben Jahren im Land Ägypten
in Überfluss gab, sammeln und das Getrei-
de in die Städte bringen. In jede Stadt ließ
er den Ertrag der ringsum liegenden Fel-
der bringen. 49 So häufte Josef Getreide auf
gleich dem Sand am Meer in solchen Men-
gen, dass er davon Abstand nahm, es zu
messen. Denn es war nicht zu messen.

Die Söhne Josefs

50 Bevor die Hungersnot hereinbrach, wur-
den Josef zwei Söhne geboren. Asenat, die
Tochter Potiferas, des Priesters von On,
hatte sie ihm geboren. 51 Josef nannte den
Erstgeborenen Manasse (Vergessling);
denn, sagte er, Gott hat mich all mein Un-
glück und das ganze Haus meines Vaters
vergessen lassen. 52 Den Zweiten nannte er
Efraim (Fruchtbringer), denn, sagte er,
Gott hat mich fruchtbar werden lassen im
Land meines Elends.

53 Als die sieben Jahre des Überflusses,
der in Ägypten herrschte, vorüber waren,
54 brachen die sieben Hungerjahre an, wie
Josef verkündet hatte. Es entstand eine
Hungersnot in allen Ländern. Nur im gan-
zen Land Ägypten gab es Brot. 55 Als aber
auch das ganze Land Ägypten zu hungern
begann, schrie das Volk zum Pharao um
Brot. Da sprach der Pharao zu allen Ägyp-
tern: Geht zu Josef! Was er euch sagen
wird, das tut! 56 Als nun die Hungersnot
im ganzen Land herrschte, ließ Josef alle
Getreidespeicher öffnen und den Ägyp-
tern Getreide verkaufen. Dennoch wurde
die Hungersnot im Land Ägypten immer
drückender. 57 Alle Welt kam nach Ägyp-
ten, um Getreide bei Josef zu kaufen. Denn
auf der ganzen Welt herrschte drückende
Hungersnot.

Die erste Begegnung zwischen Josef und seinen Brüdern

42 Als Jakob vernahm, dass es in
Ägypten Getreide gab, sagte Jakob
zu seinen Söhnen: Warum zögert ihr
noch? 2 Seht, ich habe gehört, dass es in
Ägypten Getreide gibt. Zieht dorthin und
kauft für uns von dort Getreide, damit wir
am Leben bleiben und nicht sterben. 3 Da
zogen zehn von den Brüdern Josefs hinab
nach Ägypten, um Getreide zu kaufen.
4 Benjamin aber, den Bruder Josefs, schick-
te Jakob nicht mit seinen Brüdern. Denn
er sagte: Es könnte ihm ein Unglück zusto-
ßen. 5 So kamen unter denen, die nach
Ägypten zogen, auch die Söhne Israels,
um Getreide zu kaufen; denn auch in Ka-
naan herrschte Hungersnot. 6 Josef aber
war der Gebieter über das Land; er war es,
der allem Volk im Land Getreide verkauf-
te.

Als die Brüder Josefs kamen, verneigten
sie sich vor ihm bis zur Erde. 7 Als Josef
seine Brüder sah, erkannte er sie, doch
stellte er sich fremd gegen sie, fuhr sie hart
an und sprach zu ihnen: Woher kommt
ihr? Sie antworteten: Aus dem Land Ka-
naan, um Getreide zu kaufen.

8 Während Josef seine Brüder erkannt
hatte, erkannten sie ihn nicht. 9 Da musste
Josef an die Träume denken, die er von
ihnen geträumt hatte. Er sprach weiter zu
ihnen: Ihr seid Spione! Ihr seid nur ge-
kommen, um die schwachen Stellen des
Landes auszuforschen! 10 Sie antworteten
ihm: Nein, Herr, sondern deine Knechte
sind gekommen, Getreide zu kaufen.
11 Wir alle sind Söhne desselben Mannes,
ehrliche Leute sind wir; deine Knechte
sind keine Spione. 12 Er entgegnete ihnen:
Nichts da! Ihr seid nur gekommen, die
schwachen Stellen des Landes auszufor-
schen. 13 Sie erwiderten: Deine Knechte
sind zwölf an der Zahl, Brüder desselben
Mannes im Land Kanaan. Doch der Jüngs-
te ist jetzt bei seinem Vater und einer lebt
nicht mehr. 14 Josef entgegnete ihnen: Es ist
doch so, wie ich euch gesagt habe: Spione
seid ihr! Deshalb sollt ihr auf die Probe
gestellt werden, beim Leben des Pharao!
15 Ihr dürft von hier nicht fortgehen, bis eu-
er jüngster Bruder hierher gekommen ist.
16 Schickt einen von euch, damit er eueren
Bruder hole. Ihr anderen bleibt gefangen.
So sollen euere Aussagen geprüft werden,
ob ihr es mit der Wahrheit ernst nehmt.
Wenn nicht – beim Leben des Pharao! –
dann seid ihr Spione. 17 Hierauf ließ er sie
zusammen drei Tage in Gewahrsam hal-
ten.

18 Am dritten Tag sprach Josef zu ihnen:
Wenn ihr am Leben bleiben wollt, müsst
ihr Folgendes tun – ich bin ein gottes-

fürchtiger Mann. 19 Seid ihr wirklich ehrliche Leute, dann mag einer von euch Brüdern im Gefängnis bleiben. Ihr aber könnt gehen und Getreide für euere hungernden Familien mitnehmen. 20 Aber ihr müsst mir eueren jüngsten Bruder bringen. So werden euere Aussagen für wahr befunden und ihr braucht nicht zu sterben. Sie taten so. 21 Dann sagten sie zueinander: Wahrlich, wir sind an unserem Bruder schuldig geworden. Wir haben seine Seelenangst gesehen, als er uns anflehte, und nicht auf ihn gehört. Darum kommt dieses Unglück über uns. 22 Ruben sagte darauf zu ihnen: Hatte ich euch nicht gesagt: Versündigt euch nicht an dem Jungen! Aber ihr habt nicht hören wollen. So wird nun Rechenschaft für sein Blut gefordert. 23 Sie wussten nicht, dass Josef sie verstand, weil ein Dolmetscher zwischen ihnen vermittelte. 24 Er wandte sich von ihnen ab und weinte. Dann kehrte er sich ihnen wieder zu und redete mit ihnen. Darauf ließ er aus ihrer Mitte Simeon ergreifen und ihn vor ihren Augen fesseln.

Die Rückkehr der Söhne Jakobs nach Kanaan

25 Danach gab Josef den Befehl, ihre Säcke mit Getreide zu füllen und jedem das Geld in seinen Futtersack zu legen und ihnen noch Zehrung auf den Weg mitzugeben. So geschah es. 26 Sie luden ihr Getreide auf ihre Esel und zogen davon. 27 Als einer in der Herberge seinen Futtersack öffnete, um seinem Esel Futter zu geben, bemerkte er sein Geld; es lag oben in seinem Sack. 28 Er sprach zu seinen Brüdern: Mein Geld ist wieder da! Seht, da liegt es in meinem Sack! Da verloren sie den Mut. Zitternd sahen sie sich an und sagten: Warum hat Gott uns das angetan?

29 Als sie zu ihrem Vater Jakob in das Land Kanaan gekommen waren, erzählten sie ihm alles, was ihnen begegnet war: 30 Der Mann, der über das Land gebietet, fuhr uns hart an und stellte uns als Leute hin, die das Land auskundschaften wollten. 31 Da sagten wir zu ihm: Ehrliche Leute sind wir; wir sind keine Spione. 32 Wir sind zwölf Brüder, (alle) Söhne desselben Vaters. Der eine lebt nicht mehr, der Jüngste ist zurzeit bei unserem Vater im Land Kanaan. 33 Aber der Mann, der im Land gebietet, entgegnete uns: Daran will ich erkennen, dass ihr ehrliche Leute seid: Einer von euch Brüdern soll bei mir zurückbleiben; ihr aber nehmt das Getreide, das ihr für euere hungrigen Familien nötig habt, und zieht fort! 34 Doch müsst ihr eueren jüngsten Bruder zu mir herbringen. Daran will ich erkennen, dass ihr keine Spione, sondern ehrliche Leute seid. Dann will ich eueren Bruder freilassen und ihr dürft im Land umherziehen. 35 Nun leerten sie ihre Säcke aus; der Geldbeutel eines jeden lag oben im Sack. Als sie ihre Geldbeutel sahen, erschraken sie und ihr Vater. 36 Ihr Vater Jakob sprach zu ihnen: Ihr macht mich kinderlos. Josef ist nicht mehr, Simeon ist nicht mehr; und nun wollt ihr auch Benjamin nehmen. Dies alles bricht über mich herein. 37 Da sprach Ruben zu seinem Vater: Meine beiden Söhne magst du töten, wenn ich ihn dir nicht zurückbringe. Vertraue ihn mir an; ich will ihn zu dir zurückbringen. 38 Er aber sagte: Mein Sohn darf nicht mit euch hinabziehen. Denn sein Bruder ist tot und er ist allein übrig. Würde ihm ein Unglück auf dem Wege, den ihr gehen müsst, zustoßen, ihr würdet mein graues Haupt vor Kummer unter die Erde bringen.

Die Zweite Reise der Söhne Jakobs mit Benjamin

43 Die Hungersnot lastete schwer auf dem Land. 2 Als das Getreide, das sie aus Ägypten mitbrachten, ganz aufgezehrt war, sprach der Vater zu ihnen: Zieht noch einmal hin und kauft für uns wieder etwas Getreide! 3 Da entgegnete ihm Juda: Der Mann hat uns nachdrücklich eingeschärft: Ihr dürft mir nicht mehr unter die Augen kommen, wenn euer Bruder nicht bei euch ist. 4 Willst du uns also unseren Bruder mitgeben, dann wollen wir hinabziehen und für dich Getreide kaufen. 5 Wenn du ihn aber nicht mitgeben willst, dann ziehen wir nicht hinab. Denn der Mann hat uns gesagt: Ihr dürft mir nicht unter die Augen kommen, wenn euer Bruder nicht bei euch ist. 6 Da sagte Israel: Warum habt ihr mir dieses Leid angetan, dem Mann zu verraten, dass ihr noch einen Bruder habt? 7 Sie erwiderten: Der Mann hat sich doch eingehend nach uns und unserer Familie erkundigt und gefragt: Lebt euer Vater noch, habt ihr noch einen Bruder? Wir haben ihm auf die Fragen Auskunft gegeben. Konnten wir denn

wissen, dass er sagen werde: Bringt mir eueren Bruder hierher! 8 Dann sprach Juda zu Israel, seinem Vater: Gib mir den Jungen mit! Dann wollen wir uns auf den Weg machen und hinziehen, damit wir am Leben bleiben und nicht sterben, du und unsere Kinder. 9 Ich selbst will mich für ihn verbürgen. Von meiner Hand sollst du ihn fordern. Wenn ich ihn nicht zu dir zurückbringe und ihn vor dich hinstelle, will ich mein ganzes Leben lang vor dir die Schuld tragen. 10 Hätten wir nicht gezögert, so wären wir schon zweimal zurückgekehrt.

11 Da sprach ihr Vater Israel zu ihnen: Wenn es nun so sein muss, so tut Folgendes: Nehmt von den besten Erzeugnissen des Landes etwas in eueren Säcken mit und bringt es dem Mann als Geschenk, etwas Balsam, etwas Honig, Gummi, Ladanum, Pistazien und Mandeln. 12 Sodann nehmt doppelt so viel Geld mit euch. Denn das Geld, das oben in eueren Säcken war, müsst ihr wieder mitnehmen. Vielleicht liegt ein Versehen vor. 13 Nehmt auch eueren Bruder mit; macht euch auf und kehrt zu dem Mann zurück. 14 Gott, der Allmächtige, gewähre, dass ihr vor dem Mann Erbarmen findet und er euch und eueren Bruder wieder mit euch ziehen lässt, ebenso Benjamin. Ich aber bin wieder kinderlos, wie ich einst ohne Kinder war.

Die Begegnung mit Josef

15 Hierauf nahmen die Männer das Geschenk, auch die doppelte Geldsumme nahmen sie mit und Benjamin und brachen auf, zogen nach Ägypten hinab und traten vor Josef. 16 Als nun Josef den Benjamin bei ihnen sah, befahl er seinem Hausverwalter: Führe die Männer in mein Haus, lass ein Stück Vieh schlachten und zubereiten; denn die Männer sollen am Mittag bei mir speisen. 17 Der Mann tat, wie Josef befohlen hatte. Der Mann führte die Männer in das Haus Josefs.

18 Da fürchteten sich die Männer, weil sie in das Haus Josefs geführt wurden, und dachten: Wegen des Geldes, das wir beim vorigen Mal in unseren Säcken gefunden haben, führt man uns hinein, damit man sich auf uns stürze, über uns herfalle und uns als Sklaven zurückhalte samt unseren Eseln. 19 Deshalb traten sie an den Hausverwalter Josefs heran, redeten ihn (noch) am Eingang des Hauses an 20 und sagten: Bitte, Herr! Wir sind schon einmal hierher gekommen, um Getreide zu kaufen. 21 Als wir in die Herberge kamen und unsere Futtersäcke öffneten, da war das Geld eines jeden oben im Sack, unser Geld nach seinem vollen Gewicht. Dies bringen wir hiermit zurück. 22 Wir haben auch noch anderes Geld mitgebracht, um Getreide zu kaufen. Wir wissen nicht, wer unser Geld in unsere Säcke gelegt hat. 23 Er antwortete: Beruhigt euch! Seid ohne Furcht! Euer Gott und der Gott eueres Vaters hat euch da heimlich einen Schatz in euere Säcke gelegt. Euer Geld ist richtig bei mir eingegangen. Dann brachte er Simeon zu ihnen heraus. 24 Hierauf führte er die Männer in das Haus Josefs und reichte ihnen Wasser, damit sie die Füße wuschen, und gab ihren Eseln Futter. 25 Dann legten sie das Geschenk zurecht, bis Josef am Mittag käme. Denn sie hatten gehört, dass sie dort speisen sollten.

26 Als Josef in das Haus kam, überreichten sie ihm das Geschenk, das sie mitgebracht hatten, und verneigten sich vor ihm bis zur Erde. 27 Er erkundigte sich nach ihrem Befinden und sagte: Geht es euerem greisen Vater gut, von dem ihr mir erzählt habt? Ist er noch am Leben? 28 Sie antworteten: Es geht deinem Knecht, unserem Vater, noch gut; er ist noch am Leben. 29 Als er aufschaute und seinen Bruder Benjamin, den Sohn seiner Mutter, erblickte, sagte er: Das ist wohl euer jüngster Bruder, von dem ihr mir erzählt habt? Und er sprach: Gott sei dir gnädig, mein Sohn! 30 Dann brach Josef das Gespräch rasch ab, denn tiefe Rührung hatte ihn beim Anblick seines Bruders ergriffen und er war dem Weinen nahe. Darum ging er in das innere Gemach und weinte sich dort aus. 31 Nachdem er sich das Gesicht gewaschen hatte, ging er wieder hinaus, nahm sich zusammen und befahl: Tragt die Speisen auf! 32 Da trug man auf, ihm und ihnen gesondert, ebenso den Ägyptern, die mit ihm speisten, gesondert. Denn die Ägypter dürfen nicht mit den Hebräern zusammen speisen, weil dies den Ägyptern als unschicklich gilt. 33 Sie saßen vor ihm vom Ältesten bis zum Jüngsten, nach ihrem Alter. Da sahen sich die Männer erstaunt an. 34 Er ließ ihnen von den Gerichten, die vor ihm standen, vorsetzen. Der Teil, den man

Benjamin vorsetzte, war fünfmal so groß
wie der aller anderen. Sie tranken mit ihm
und waren fröhlich.

Josefs Becher im Sack Benjamins

44 Hierauf befahl Josef seinem Haus-
verwalter: Fülle die Säcke der Män-
ner mit so viel Getreide wie sie fassen kön-
nen und lege jedem sein Geld oben in den
Sack. 2 Meinen silbernen Becher aber lege
oben in den Sack des Jüngsten samt dem
Geld für sein Getreide. Er tat so, wie Josef
befohlen hatte. 3 Sobald der Morgen an-
brach, ließ man die Männer mit ihren
Eseln ziehen. 4 Sie hatten kaum die Stadt
verlassen und waren noch nicht weit ge-
kommen, da sagte Josef zu seinem Haus-
verwalter: Auf! Jage den Männern nach!
Wenn du sie eingeholt hast, sprich zu ih-
nen: Warum habt ihr Gutes mit Bösem
vergolten? Warum habt ihr mir den silber-
nen Becher gestohlen? 5 Ist es nicht der, aus
dem mein Herr trinkt und aus dem er
wahrsagt? Ihr habt übel daran getan, so
zu handeln! 6 Als er sie eingeholt hatte,
sagte er dies zu ihnen. 7 Sie antworteten
ihm: Wie kann mein Herr solches sagen?
Deinen Knechten liegt es fern, so etwas zu
tun! 8 Siehe, wir haben das Geld, das wir
obenauf in unseren Säcken fanden, aus
dem Land Kanaan zu dir zurückgebracht.
Wie sollten wir da aus dem Haus deines
Herrn Silber oder Gold gestohlen haben?
9 Dein Knecht, bei dem er sich findet, soll
sterben! Wir anderen wollen dem Herrn
leibeigen sein. 10 Er erwiderte: Wenn es
auch so sein müsste, wie ihr sagt, so soll
doch nur der Sklave sein, bei dem er ge-
funden wird. Ihr anderen aber sollt frei
ausgehen. 11 Sofort setzte jeder seinen Sack
auf den Boden nieder und es öffnete jeder
seinen Sack. 12 Er begann zu durchsuchen.
Bei dem Ältesten fing er an und hörte bei
dem Jüngsten auf. Der Becher wurde im
Sack Benjamins gefunden. 13 Da zerrissen
sie ihre Kleider. Nachdem jeder seinen
Esel wieder beladen hatte, kehrten sie in
die Stadt zurück.

14 Als nun Juda und seine Brüder in das
Haus Josefs gekommen waren – dieser war
noch dort anwesend –, warfen sie sich vor
ihm auf die Erde nieder. 15 Josef sprach zu
ihnen: Was habt ihr da angestellt? Habt
ihr denn nicht gemerkt, dass ein Mann
wie ich auch wahrsagen kann? 16 Juda ent-
gegnete: Was sollen wir meinem Herrn sa-
gen? Was sollen wir reden und zu unserer
Rechtfertigung vorbringen? Gott bringt
die Sünde deiner Knechte ans Licht. Siehe,
wir gehören nun meinem Herrn als Skla-
ven an, wir und der, bei dem der Becher
gefunden wurde. 17 Er erwiderte: So werde
ich keinesfalls handeln! Nur der Mann, bei
dem der Becher gefunden wurde, der soll
mein Sklave sein. Ihr aber mögt in Frieden
zu euerem Vater zurückkehren.

Judas Vermittlung

18 Da trat Juda zu ihm heran um sagte: Bit-
te, mein Herr, dein Knecht möchte ein
Wort an meinen Herrn richten dürfen.
Zürne deinem Knecht nicht! Du bist ja
dem Pharao gleich! 19 Mein Herr fragte sei-
ne Knecht: Habt ihr noch einen Vater oder
einen Bruder? 20 Wir antworteten meinen
Herrn: Wir haben noch einen alten Vater
und einen jüngeren Bruder. Dessen Bru-
der ist tot und so ist er allein von seiner
Mutter noch übrig. Darum ist er der Lieb-
ling seines Vaters. 21 Du befahlst deinen
Knechten: Bringt ihn zu mir her! Ich
möchte ihn mit eigenen Augen sehen!
22 Wir entgegneten dem Herrn: Der Junge
kann seinen Vater nicht verlassen; verließe
er seinen Vater, so würde dieser sterben.
23 Du sagtest deinen Knechten: Wenn euer
jüngster Bruder nicht mit euch hierher
kommt, so dürft ihr mir nicht mehr unter
die Augen treten. 24 Als wir dann zu dei-
nem Knecht, meinem Vater, hinaufgezo-
gen waren, teilten wir ihm die Worte mei-
nes Herrn mit. 25 Als unser Vater sagte:
Zieht noch einmal hin, um etwas Getreide
einzukaufen!, 26 da sagten wir: Wir können
nicht hinabziehen. Nur wenn unser jüngs-
ter Bruder bei uns ist, ziehen wir hinab.
Denn wir dürfen dem Mann nicht mehr
unter die Augen treten, wenn nicht unser
jüngster Bruder bei uns ist. 27 Darauf sagte
dein Knecht, mein Vater, zu uns: Ihr wisst,
dass meine Frau nur zwei Söhne geboren
hat. 28 Der eine ist von mir gegangen. Ich
muss annehmen, dass er zerrissen wurde;
ich habe ihn bis heute nicht mehr gesehen.
29 Nehmt ihr mir auch noch diesen weg
und stößt ihm ein Unglück zu, dann
bringt ihr mein graues Haar vor Kummer
unter die Erde. 30 Käme ich nun zu deinen
Knecht, meinem Vater, zurück und der
Junge, an dem er mit ganzer Seele hängt,

wäre nicht bei uns, 31 so würde er sterben, sähe er, dass der Junge nicht bei uns ist; deine Knechte hätten das graue Haar deines Knechtes, unseres Vaters, vor Kummer unter die Erde gebracht. 32 Weil nun dein Knecht sich dem Vater gegenüber für den Jungen verbürgt hat mit den Worten: Bringe ich ihn dir nicht wieder, dann will ich mein ganzes Leben lang vor meinem Vater die Schuld tragen, 33 so möchte nun dein Knecht anstelle des Jungen als Leibeigener meines Herrn zurückbleiben, der Junge aber soll mit seinen Brüdern heimziehen dürfen. 34 Denn wie könnte ich zu meinem Vater heimkehren, ohne dass der Junge bei mir wäre! Ich könnte den Jammer, der über meinen Vater käme, nicht mit ansehen.

Josef gibt sich zu erkennen

45 Nun konnte sich Josef nicht länger mehr vor allen Umstehenden zurückhalten. Er rief: Geht alle hinaus! So war niemand bei ihm, als Josef sich seinen Brüdern zu erkennen gab. 2 Er weinte so laut, dass alle Ägypter es hörten und die Kunde davon in das Haus des Pharao drang. 3 Josef sagte zu seinen Brüdern: Ich bin Josef! So lebt also mein Vater noch! Seine Brüder aber waren nicht imstande, ihm zu antworten, so bestürzt waren sie vor ihm. 4 Da sprach Josef zu seinen Brüdern: Kommt doch herbei! Als sie näher gekommen waren, sagte er: Ich bin Josef, euer Bruder, den ihr nach Ägypten verkauft habt. 5 Beunruhigt euch jetzt aber nicht und macht euch keine Vorwürfe darüber, dass ihr mich hierher verkauft habt. Denn um euch das Leben zu erhalten, hat Gott mich vorausgesandt. 6 Schon zwei Jahre herrscht die Hungersnot im Land und es werden noch fünf Jahre sein, in denen es kein Pflügen und kein Ernten gibt. 7 Doch Gott hat mich euch vorausgesandt, um euer Geschlecht auf der Erde zu erhalten und euch das Leben durch ein großes Wunder zu bewahren. 8 Somit habt nicht ihr mich hierher gebracht, sondern Gott. Er hat mich zum Vater für den Pharao gemacht und zum Herrn über sein ganzes Haus und zum Gebieter über das ganze Land Ägypten. 9 Zieht nun rasch zu meinem Vater und sagt ihm: So spricht dein Sohn Josef: Gott hat mich zum Gebieter über das ganze Land Ägypten gemacht. Komm zu mir und warte nicht! 10 Du sollst im Land Goschen wohnen und nahe bei mir sein, du und deine Söhne und deine Enkel, samt deinem Kleinvieh und deinen Rindern und deiner ganzen Habe. 11 Ich will hier für deinen Unterhalt sorgen; denn noch dauert die Hungersnot fünf Jahre. Du sollst nicht mit deiner Familie und deiner ganzen Habe verarmen. 12 Ihr seht es ja mit eueren eigenen Augen und auch mein Bruder Benjamin sieht es, ich bin es wirklich, der zu euch spricht. 13 So berichtet meinem Vater von meiner hohen Stellung in Ägypten und von allem, was ihr gesehen habt. Beeilt euch und bringt meinen Vater hierher. 14 Dann fiel er seinem Bruder Benjamin um den Hals und weinte, auch Benjamin weinte an seinem Hals. 15 Dann küsste er auch seine Brüder und weinte an ihrer Brust. Hierauf unterhielten sich seine Brüder mit ihm.

Die Einladung des Pharao

16 Die Kunde drang auch in den Palast des Pharao: Die Brüder Josefs sind gekommen! Darüber freuten sich der Pharao und seine Diener. 17 Der Pharao sagte zu Josef: Befiehl deinen Brüdern: Beladet euere Tiere und zieht in das Land Kanaan. 18 Holt eueren Vater und euere Familie und kommt zu mir! Ich will euch geben, was das Land Ägypten Gutes bietet; ihr sollt vom Besten des Landes genießen. 19 Du aber gib ihnen diesen Befehl: Dies sollt ihr tun! Nehmt euch aus Ägypten Wagen mit für euere Kinder und euere Frauen, lasst eueren Vater aufsteigen und kommt her! 20 Um eueren Hausrat tue es euch nicht Leid; denn was das ganze Land Ägypten Gutes bietet, soll euer sein!

Die Rückkehr nach Kanaan

21 Die Söhne Israels taten so und Josef gab ihnen auf Befehl den Wagen des Pharao mit; auch gab er ihnen Verpflegung mit auf den Weg. 22 Ferner schenkte er jedem Einzelnen ein Festgewand, dem Benjamin aber gab er dreihundert Silberstücke und fünf Festgewänder. 23 Ebenso sandte er seinem Vater zehn Esel, beladen mit den besten Erzeugnissen Ägyptens, und zehn Eselinnen, beladen mit Getreide, Brot und Reiseverpflegung für seinen Vater. 24 Dann entließ er seine Brüder und sie zogen weg,

nachdem er sie ermahnt hatte: Macht euch unterwegs keine Vorwürfe!

[25] Sie zogen von Ägypten fort und kamen in das Land Kanaan zu ihrem Vater Jakob. [26] Sie berichteten ihm: Josef lebt noch; er ist Gebieter über das ganze Land Ägypten! Sein Herz aber blieb teilnahmslos; denn er glaubte ihnen nicht. [27] Als sie aber alles erzählten, was Josef gesagt hatte, und er die Wagen sah, die Josef gesandt hatte, um ihn abzuholen, da kam wieder Leben in ihren Vater. [28] Und Israel rief aus: Genug! Mein Sohn lebt noch! Ich will hingehen und ihn sehen, ehe ich sterbe.

Der Aufbruch Jakobs nach Ägypten

46 So brach Israel mit seiner ganzen Habe auf. Als er nach Beerscheba kam, brachte er dem Gott seines Vaters Isaak ein Opfer dar. [2] Da redete Gott in einer Nachtvision zu Israel: Jakob, Jakob! Er antwortete: Hier bin ich! [3] Er sprach: Ich bin Gott, der Gott deines Vaters. Fürchte dich nicht, nach Ägypten hinabzuziehen; denn ich will dich dort zu einem großen Volk machen. [4] Ich selbst ziehe mit dir nach Ägypten hinab und werde dich auch wieder heraufführen. Josef wird dir die Augen zudrücken. [5] Da brach Jakob von Beerscheba auf. Die Söhne Israels hoben ihren Vater sowie ihre Kinder und ihre Frauen auf die Wagen, die der Pharao gesandt hatte, um sie abzuholen. [6] Sie nahmen auch ihre Herden und ihre Habe mit, die sie in Kanaan erworben hatten. So kamen sie nach Ägypten, Jakob und seine Nachkommen mit ihm. [7] Seine Söhne und seine Enkel, seine Töchter, seine Enkelinnen und alle seine Nachkommen brachte er mit sich nach Ägypten.

Die Familie Jakobs

[8] Dies sind die Namen der Söhne Israels, die nach Ägypten kamen, Jakob und seine Söhne: Der Erstgeborene war Ruben. [9] Die Söhne Rubens waren Henoch, Pallu, Hezron und Karmi. [10] Die Söhne Simeons waren Jemuel, Jamin, Ohad, Jachin, Zohar und Schaul, der Sohn der Kanaaniterin. [11] Die Söhne Levis waren Gerschon, Kehat und Merari. [12] Die Söhne Judas waren Er, Onan, Schela, Perez und Serach. Er und Onan starben im Land Kanaan. Die Söhne des Perez waren Hezron und Hamul. [13] Die Söhne Issachars waren Tola, Puwa, Jaschub und Schimron. [14] Die Söhne Sebulons waren Sered, Elon und Jachleël. [15] Dies sind die Söhne Leas, die sie Jakob in Paddan-Aram geboren hatte, und seine Tochter Dina, insgesamt dreiunddreißig Söhne und Töchter.

[16] Die Söhne Gads waren Zifjon, Haggi, Schuni, Ezbon, Eri, Arodi und Areli. [17] Die Söhne Aschers waren Jimna, Jischwa, Jischwi und Beria und ihre Schwester Serach. Die Söhne Berias waren Heber und Malkiël. [18] Dies sind die Söhne Silpas, die Laban seiner Tochter Lea gegeben hatte. Sie gebar diese dem Jakob, insgesamt sechzehn Personen.

[19] Die Söhne Rahels, der Frau Jakobs, waren Josef und Benjamin. [20] Dem Josef wurden im Land Ägypten Manasse und Efraim geboren; Asenat, die Tochter Potiferas, des Priesters von On, hatte sie ihm geboren. [21] Die Söhne Benjamins waren Bela, Becher, Aschbel, Gera, Naaman, Ehi, Rosch, Muppim, Huppim und Ard. [22] Dies sind die Söhne Rahels, die sie Jakob gebar, insgesamt vierzehn Personen.

[23] Der Sohn Dans war Schuham. [24] Die Söhne Naftalis waren Jachzeël, Guni, Jezer und Schillem. [25] Dies sind die Söhne Bilhas, die Laban seiner Tochter Rahel gab. Sie gebar diese Jakob, insgesamt sieben Personen.

[26] Die Gesamtzahl der leiblichen Nachkommen Jakobs, die mit ihm nach Ägypten übersiedelten, betrug ohne die Frauen der Söhne Jakobs sechsundsechzig Personen. [27] Die Söhne Josefs, die ihm in Ägypten geboren wurden, waren zwei. Die Gesamtzahl der Personen aus dem Hause Jakobs, die nach Ägypten kamen, betrug siebzig.

Josef empfängt seinen Vater

[28] Er sandte Juda an Josef voraus, damit dieser ihm bis nach Goschen entgegenkomme. Als sie im Land Goschen angekommen waren, [29] ließ Josef seinen Wagen anspannen und fuhr seinem Vater Israel nach Goschen entgegen. Als er ihn sah, fiel er ihm um den Hals und weinte lange. [30] Dann sagte Israel zu Josef: Nun will ich gern sterben, nachdem ich dein Angesicht gesehen habe und weiß, dass du noch am Leben bist. [31] Darauf sprach Josef zu seinen Brüdern und zur Familie seines Vaters: Ich gehe hinauf und erstatte dem Pharao Be-

richt und melde ihm: Meine Brüder und
die Familie meines Vaters, die im Land
Kanaan waren, sind bei mir angekommen.
32 Die Leute sind Schafhirten; sie treiben
nämlich Viehzucht und haben ihre Schafe,
ihre Rinder und ihre ganze Habe mit-
gebracht. 33 Wenn nun der Pharao euch ru-
fen lässt und euch fragt: Was ist euer Be-
ruf?, 34 dann antwortet: Deine Knechte
sind Viehzüchter gewesen von ihrer Ju-
gend an bis jetzt, sowohl wir wie unsere
Väter, damit ihr im Land Goschen bleiben
dürft. Denn die Ägypter hegen gegen die
Viehhirten eine große Abneigung.

Die Audienz beim Pharao

47 Josef ging hin und meldete dem
Pharao: Mein Vater und meine
Brüder sind mit ihren Schafen und Rin-
dern und mit all ihrer Habe aus dem Land
Kanaan angekommen und befinden sich
im Land Goschen. 2 Fünf von seinen Brü-
dern nahm er mit und stellte sie dem Pha-
rao vor. 3 Als nun der Pharao seine Brüder
fragte: Was ist euere Beschäftigung?, ant-
worteten sie dem Pharao: Schafhirten sind
deine Knechte, wir und schon unsere Vä-
ter. 4 Dann sagten sie zu dem Pharao: Wir
sind gekommen, um uns im Land als
Fremde aufzuhalten. Denn deine Knechte
finden keine Weide mehr für ihre Schafe,
da die Hungersnot schwer auf dem Land
Kanaan lastet. Und nun erlaube, dass dei-
ne Knechte im Land Goschen bleiben dür-
fen. 5 Darauf sagte der Pharao zu Josef:
Dein Vater und deine Brüder sind zu dir
gekommen. 6 Ägypten steht dir offen. Im
besten Teil des Landes siedle deinen Vater
und deine Brüder an! Sie mögen im Land
Goschen bleiben. Und wenn du weißt,
dass unter ihnen tüchtige Männer sind, so
mache sie zu Aufsehern über meine eige-
nen Herden. 7 Nun führte Josef seinen Va-
ter Jakob herein und stellte ihn dem Pha-
rao vor. Jakob begrüßte den Pharao. 8 Der
Pharao sagte zu Jakob: Wie viele Lebens-
jahre zählst du? 9 Jakob antwortete dem
Pharao: Die Jahre meiner Wanderschaft
betragen einhundertdreißig, gering an
Zahl und voll Leid waren meine Lebens-
jahre. Sie reichen nicht an die Lebensjahre
meiner Väter in der Zeit ihrer Pilgerschaft.
10 Jakob verabschiedete sich vom Pharao
und ging von ihm weg. 11 Josef aber siedelte
seinen Vater und seine Brüder an und gab
ihnen Grundbesitz im Land Ägypten, und
zwar im besten Teil des Landes, in der
Landschaft Ramses, wie der Pharao befoh-
len hatte. 12 Und Josef versorgte seinen Va-
ter und seine Brüder und die ganze Fami-
lie seines Vaters mit Brot nach der Zahl
ihrer Kinder.

Josefs Verwaltung

13 Es gab im ganzen Land kein Brot mehr,
denn die Hungersnot war sehr drückend.
Wie das Land Ägypten war auch das Land
Kanaan durch die Hungersnot erschöpft.
14 Josef hatte alles Geld, das im Land Ägyp-
ten und im Land Kanaan im Umlauf war,
durch den Verkauf des Getreides einge-
nommen und an das Haus des Pharao ab-
geliefert. 15 Als nun das Geld in Ägypten
und in Kanaan aufgezehrt war, kam ganz
Ägypten zu Josef und sagte: Gib uns Brot!
Warum sollen wir vor deinen Augen ster-
ben, weil das Geld zu Ende ist? 16 Josef er-
widerte: Gebt euer Vieh her, dann will ich,
wenn kein Geld mehr da ist, euch für euer
Vieh Brot liefern. 17 Darauf brachten sie ihr
Vieh zu Josef und Josef lieferte ihnen Brot
für die Pferde, Schafe, die Rinderherden
und die Esel. So versorgte er sie in einem
Jahr mit Brot für den Preis ihres ganzen
Viehbestandes. 18 Als aber das Jahr zu Ende
war, kamen sie im folgenden Jahr wieder
zu ihm und sagten zu ihm: Herr, wir kön-
nen es dir nicht mehr verhehlen: Das Geld
ist zu Ende und der Viehbestand ist an
dich, Herr, übergegangen. Es steht nichts
mehr zu deiner Verfügung, Herr, als unser
Leib und unsere Äcker. 19 Warum sollen
wir vor deinen Augen zugrunde gehen,
wir und unsere Äcker? Kauf uns und un-
sere Äcker für Brot, so wollen wir mit un-
seren Äckern dem Pharao dienstbar sein.
Aber gib Saatkorn heraus, damit wir am
Leben bleiben und nicht sterben und die
Äcker nicht zur Wüste werden. 20 Josef
kaufte das ganze Ackerland der Ägypter
für den Pharao. Denn die Ägypter ver-
kauften alle ihre Felder, weil die Hungers-
not sie schwer drückte. So kam das ganze
Land in den Besitz des Pharao. 21 Die Be-
völkerung aber machte er leibeigen vom
einen Ende Ägyptens bis zum anderen.
22 Nur das Ackerland der Priester erwarb
er nicht. Denn die Priester bezogen vom
Pharao ein festes Einkommen und sie leb-
ten von ihrem festen Einkommen, das der

Pharao ihnen angewiesen hatte. Darum
brauchten sie ihre Äcker nicht zu verkau-
fen.
23 Josef sagte zu dem Volk: Seht, ich habe
heute euch und euere Äcker für den Pha-
rao erworben. Da habt ihr Saatkorn, damit
ihr das Ackerland besäen könnt. 24 Aber
von dem Ertrag müsst ihr ein Fünftel an
den Pharao abliefern. Die Übrigen vier
Fünftel gehören euch zur Aussaat für die
Felder und zur Ernährung euerer Kinder.
25 Da riefen sie: Du hast uns das Leben er-
halten. Wir wollen deine Zufriedenheit er-
werben, Herr, und dem Pharao leibeigen
sein. 26 So machte es Josef zu einer Ver-
pflichtung, die bis zum heutigen Tag auf
dem Grundbesitz in Ägypten ruht, dass
sie dem Pharao ein Fünftel abliefern müs-
sen. Nur das Ackerland der Priester fiel
dem Pharao nicht zu. 27 Israel blieb im
Land Ägypten, im Land Goschen; sie er-
warben Eigentum, mehrten sich und wur-
den sehr zahlreich. 28 Jakob lebte im Land
Ägypten noch siebzehn Jahre. Jakobs Le-
bensjahre betrugen einhundertsiebenund-
vierzig Jahre.

Jakobs letzter Wille

29 Als Israel sterben sollte, ließ er seinen
Sohn Josef rufen und sprach zu ihm:
Wenn ich deine Liebe besitze, so lege deine
Hand unter meine Hüfte, dass du mir die
Güte und Treue erweisen wirst, mich nicht
in Ägypten zu begraben. 30 Wenn ich mich
zu meinen Vätern lege, bringe mich aus
Ägypten weg und bestatte mich in ihrem
Grab. Er antwortete: Ich werde nach dei-
nen Worten handeln. 31 Er aber sagte:
Schwöre mir! Und er schwor ihm. Da
neigte sich Jakob gegen das Kopfende des
Bettes hin.

Jakob adoptiert und segnet die beiden Söhne Josefs

48 Einige Zeit später sagte man zu Jo-
sef: Siehe, dein Vater ist krank. Da
nahm er seine beiden Söhne mit, Manasse
und Efraim. 2 Als man Jakob meldete: Sie-
he, dein Sohn Josef kommt zu dir! nahm er
seine Kräfte zusammen und setzte sich im
Bett auf. 3 Jakob sprach zu Josef: Gott, der
Allmächtige, war mir zu Lus im Land Ka-
naan erschienen. 4 Er hat mich gesegnet
und zu mir gesprochen: Ich will dich
fruchtbar machen und dich mehren und
dich zu einer Menge von Völkern machen.
Ich will dieses Land deinen Nachkommen
für ewige Zeiten zum Besitz geben. 5 Und
nun sollen deine beiden Söhne, die dir im
Land Ägypten geboren wurden, ehe ich zu
dir nach Ägypten kam, mir gehören,
Efraim und Manasse; sie sollen mir gehö-
ren wie Ruben und Simeon. 6 Die Kinder
aber, die dir später geboren wurden, sollen
dir gehören. Sie sollen nach dem Namen
eines ihrer (beiden) Brüder in ihrem Erb-
teil genannt werden. 7 Als ich aus Paddan-
Aram kam, starb mir Rahel, deine Mutter,
unterwegs im Land Kanaan, als es nur
noch eine kurze Strecke bis nach Efrata
war. Dort habe ich sie am Weg nach Efra-
ta, das ist Betlehem, begraben.
8 Als Israel die beiden Söhne Josefs sah,
sprach er: Wer sind diese? 9 Josef antworte-
te seinem Vater: Das sind meine Söhne, die
mir Gott geschenkt hat. Dann sagte er:
Bring sie zu mir her; ich will sie segnen.
10 Die Augen Israels waren infolge des Al-
ters schwach geworden und er konnte
nicht mehr gut sehen. Als Josef sie zu ihm
hingeführt hatte, küsste und umarmte er
sie. 11 Dann sagte Israel zu Josef: Ich hätte
nicht geglaubt, dich wieder zu sehen, und
nun hat Gott mich sogar deine Nachkom-
men sehen lassen. 12 Josef ließ sie von sei-
nen Knien wieder zurücktreten und sie
verneigten sich vor ihm bis zur Erde.
13 Dann nahm Josef die beiden, Efraim an
seiner Rechten, sodass er links von Israel
stand, und Manasse an seiner Linken, so-
dass er rechts von Israel zu stehen kam,
und führte sie zu ihm. 14 Israel aber streckte
seine Rechte aus und legte sie auf das
Haupt Efraims, obgleich er der Jüngere
war, und seine Linke auf das Haupt Ma-
nasses, indem er seine Hände kreuzweise
legte, obwohl Manasse der Erstgeborene
war. 15 Dann segnete er Josef und sprach:

Der Gott, vor dessen Angesicht meine
Väter Abraham und Isaak gewandelt
sind, / der Gott, der mein Hirte war von
meiner Jugend an bis zum heutigen Tag,
16 der Engel, der mich erlöst hat aus aller
Not, / er segne diese Knaben. / In ihnen
soll mein Name und der meiner Väter /
Abraham und Isaak fortleben. / Sie sollen
zahlreich werden und sich im Land ver-
mehren.

17 Als Josef sah, dass sein Vater seine
Rechte auf das Haupt Efraims legte, miss-

fiel ihm dies und er ergriff die Hand seines
Vaters, um sie vom Haupt Efraims weg auf
das Haupt Manasses zu legen. [18] Dabei sag-
te Josef zu seinem Vater: Nicht so, mein
Vater; denn dieser ist der Erstgeborene!
Lege deine Rechte auf sein Haupt! [19] Sein
Vater aber weigerte sich und sprach: Ich
weiß es, mein Sohn, ich weiß es. Auch die-
ser soll zu einem Volk werden, auch er soll
mächtig werden. Sein jüngerer Bruder
aber wird mächtiger werden als er und sei-
ne Nachkommen werden zu einer Vielzahl
von Völkern werden. [20] So segnete er sie an
jenem Tag und sprach:

In euch wird Israel sich Segen wün-
schen, indem man sprechen wird: Gott
mache euch gleich Efraim und Manasse!

So zog er Efraim dem Manasse vor.
[21] Dann sagte Israel zu Josef: Siehe, ich
muss sterben. Gott aber wird mit euch sein
und euch in das Land euerer Väter zurück-
kehren lassen. [22] Ich aber gebe dir einen
Landstrich vor deinen Brüdern voraus,
den ich den Amoritern mit Schwert und
Bogen abgenommen habe.

Jakobs Segen

49 Dann rief Jakob seine Söhne und
sprach: Versammelt euch! Ich will
euch verkünden, was euch in künftigen Ta-
gen begegnen wird.

[2] Kommt zusammen! Hört, ihr Söhne
Jakobs, / hört auf Israel, eueren Vater!

[3] Ruben, mein Erstgeborener, du meine
Stärke, / der Erstling meiner Manneskraft!
Erster an Hoheit und erster an Macht.

[4] Du schäumtest über wie Wasser. Nicht
du sollst künftig der Erste sein, / weil du
das Lager deines Vaters bestiegen hast. Du
hast mein Lager entweiht, gegen mich.

[5] Simeon und Levi, leibliche Brüder, /
Werkzeuge der Gewalt sind ihre Waffen.

[6] In ihrem Rat weile ich nicht, ihrem
Kreis will ich nicht angehören. / Denn in
ihrem Zorn haben sie Männer ermordet
und in ihrem Übermut Stiere gelähmt.

[7] Verflucht sei ihr Zorn, denn er war
heftig, / und ihr Grimm, denn er war
grausam. / Verteilen will ich sie in Jakob, /
sie zerstreuen in Israel.

[8] Juda, dich werden deine Brüder
loben, / deine Hand wird auf dem Nacken
deiner Feinde ruhen. / Vor dir werden sich
die Söhne deines Vaters neigen.

[9] Ein junger Löwe ist Juda, / von der
Beute erhebst du dich, mein Sohn. / Dann
streckt er sich hin, liegt wie ein Löwe da,
wie eine Löwin. / Wer darf ihn reizen?

[10] Nicht wird das Zepter von Juda wei-
chen, / noch der Herrscherstab von seinen
Füßen, / bis der kommt, dem er zusteht
und die Völker ihm gehorchen.

[11] An den Weinstock bindet er seinen
Esel / und an die Rebe das Junge seiner
Eselin. / Er wäscht im Wein sein
Gewand, / sein Kleid im Blut der Reben.

[12] Seine Augen sind dunkel wie Wein, /
seine Zähne weiß wie Milch.

[13] Sebulon wohnt am Gestade des Mee-
res, / Steuermann ist er auf den Schiffen, /
seinen Rücken wendet er Sidon zu.

[14] Issachar ist wie ein knochiger Esel, /
der im Pferch lagert.

[15] Als er sah, dass die Ruhe schön ist /
und lieblich das Land, / beugte er seinen
Rücken zum Lasttragen / und wurde ein
Fronknecht.

[16] Dan schafft seinem Volk Recht / wie
nur einer der Stämme Israels.

[17] Dan sei wie eine Schlange am Weg, /
wie eine Viper am Pfad, / die dem Pferd in
die Fesseln beißt, / sodass sein Reiter
rücklings fällt.

[18] Auf deine Hilfe harre ich, o Herr!

[19] Gad, Räuberscharen bedrängen ihn; /
doch er bedrängt ihre Ferse.

[20] Ascher besitzt Brot in Fülle / und lie-
fert königliche Leckerbissen.

[21] Naftali ist wie eine flüchtige Hirsch-
kuh, / die liebliche Hirschkälber gibt.

[22] Josef ist ein junger Fruchtbaum an der
Quelle; / seine Zweige ranken sich über die
Mauer.

[23] Bitterkeiten bereiteten ihm Pfeilschüt-
zen, / sie zielten auf ihn und befehdeten
ihn.

[24] Aber ihr Bogen wurde zerbrochen von
einem Starken, / die Sehnen ihrer Arme
wurden zerrissen / von den Händen des
Starken Jakobs, / vom Namen des Felsens
Israels,

[25] von dem Gott deines Vaters, der dir
Hilfe sendet, / von Gott, dem Allmächti-
gen, der dich segnet / mit der Segensfülle
des Himmels oben / und mit der Segens-
fülle der Tiefe, die unten lagert, / mit der
Segensfülle aus Brust und Mutterschoß,

[26] mit der Segensfülle der Ähren und
Blüten, / mit der Segensfülle der ewigen
Berge, / der Pracht der uralten Hügel. / Sie

mögen kommen auf Josefs Haupt, / auf
den Scheitel des Auserwählten unter sei-
nen Brüdern.
27 Benjamin ist ein reißender Wolf. /
Raub verzehrt er am Morgen, / Beute ver-
teilt er am Abend.
28 Sie alle sind die zwölf Stämme Israels
und dies ist es, was ihnen ihr Vater sagte,
als er sie segnete. Jedem von ihnen gab er
seinen entsprechenden Segen.

Die letzten Weisungen und der Tod Jakobs

29 Dann gebot er ihnen und sprach: Wenn
ich mit den Meinen vereint bin, so begrabt
mich bei meinen Vätern in der Höhle auf
dem Grundstück des Hetiters Efron, 30 in
der Höhle auf dem Grundstück von Mach-
pela östlich von Mamre im Land Kanaan,
das Abraham von dem Hetiter Efron als
Erbbegräbnis gekauft hat. 31 Dort hat man
Abraham und seine Frau Sara begraben,
dort hat man Isaak und seine Frau Rebek-
ka beigesetzt und dort habe ich Lea bestat-
tet. 32 Das Grundstück und die Höhle da-
rauf wurde von den Hetitern gekauft.
33 Als Jakob seinen Söhnen den letzten
Auftrag gegeben hatte, zog er seine Füße
auf das Lager zurück. Dann starb er und
wurde zu den Seinen versammelt.

Jakobs Begräbnis

50 Josef warf sich über seinen Vater,
weinte um ihn und küsste ihn.
2 Dann befahl Josef den Ärzten, die in sei-
nem Dienst standen, seinen Vater ein-
zubalsamieren. So balsamierten die Ärzte
Israel ein. 3 Darüber vergingen vierzig Ta-
ge. Denn so viel Zeit nahm das Einbal-
samieren in Anspruch. Die Ägypter hiel-
ten siebzig Tage lang die Totenklage. 4 Als
die Trauerzeit vorüber war, sprach Josef zu
den Hofleuten des Pharao: Wenn ich Gna-
de in eueren Augen gefunden habe, so legt
ein Wort für mich beim Pharao ein. 5 Mein
Vater hat mir einen Eid abgenommen und
zu mir gesagt: Siehe, ich muss sterben. In
meinem Grab, das ich mir im Land Ka-
naan angelegt habe, dort sollt ihr mich be-
graben. Und nun möchte ich hinaufziehen
und meinen Vater begraben. Dann kehre
ich wieder zurück. 6 Der Pharao sagte: Zieh
hinauf und begrab deinen Vater, wie er
dich schwören ließ.
7 Da zog Josef hinauf, um seinen Vater
zu begraben, und mit ihm zogen alle Die-
ner des Pharao, die Beamten seines Hauses
und alle Würdenträger des Landes Ägyp-
ten, 8 ferner alle Angehörigen Josefs, seine
Brüder und das Hausgesinde seines Vaters.
Nur ihre Kinder, Schafe und Rinder ließen
sie im Land Goschen zurück. 9 Mit ihm zo-
gen auch Wagen und Reiter, sodass es ein
sehr großer Zug war. 10 Als sie nach Goren-
Atad jenseits des Jordan gekommen wa-
ren, hielten sie eine große und sehr würdi-
ge Totenklage. Er veranstaltete für seinen
Vater eine siebentägige Trauerfeier. 11 Als
die Bewohner des Landes, die Kanaaniter,
die Trauerfeier zu Goren-Atad sahen, sag-
ten sie: Da findet eine große Trauerfeier
der Ägypter statt. Darum nannte man
den Ort Abel-Mizrajim (Ägyptertrauer);
er liegt jenseits des Jordan.
12 Seine Söhne taten nun an Jakob, wie er
befohlen hatte. 13 Seine Söhne brachten ihn
nämlich in das Land Kanaan und begru-
ben ihn in der Höhle des Grundstücks
von Machpela, östlich von Mamre, das
Abraham als Erbbegräbnis vom Hetiter
Efron erworben hatte. 14 Nachdem Josef
seinen Vater begraben hatte, kehrte er
nach Ägypten zurück, er und seine Brüder
und alle, die zur Bestattung des Vaters mit
ihm hinaufgezogen waren.

Vom Tod Jakobs bis zum Tod Josefs

15 Die Brüder Josefs aber fürchteten sich,
als ihr Vater gestorben war, und sagten:
Wie nun, wenn Josef sich gegen uns feind-
selig verhält und alles Böse, das wir ihm
angetan haben, vergelten will? 16 Darum
sandten sie zu Josef und ließen ihm sagen:
Dein Vater hat vor seinem Tod angeord-
net: 17 So sollt ihr zu Josef reden: Ach, ver-
zeih doch deinen Brüdern ihr Versagen
und ihre Sünde, weil sie dir Böses angetan
haben! Verzeih uns doch das Vergehen!
Wir verehren ja den Gott deines Vaters!
Als sie ihm dies sagen ließen, weinte Josef.
18 Dann gingen seine Brüder selbst zu ihm,
fielen vor ihm nieder und sagten: Siehe,
wir sind deine Sklaven! 19 Doch Josef
sprach zu ihnen: Seid ohne Furcht! Stehe
ich nicht an Gottes Stelle? 20 Ihr hattet zwar
Böses gegen mich im Sinn, Gott aber
wandte es zum Guten, um das zu voll-
enden, was heute offenbar ist: ein großes
Volk am Leben zu erhalten. 21 Seid nun
ohne Furcht! Ich werde für euch und euere

Kinder sorgen! So tröstete er sie und rede-
te ihnen freundlich zu.
22 Josef blieb in Ägypten, er und seines
Vaters Haus. Josef wurde einhundertzehn
Jahre alt. 23 Von Efraim sah Josef Urenkel.
Auch die Söhne Machirs, des Sohnes Ma-
nasses, wurden noch zu Lebzeiten Josefs
geboren. 24 Josef sprach zu seinen Brüdern:
Ich muss sterben. Aber Gott wird für euch
sorgen und ihr werdet aus diesem Land
hinaufziehen nach dem Land, das er Abra-
ham, Isaak und Jakob verheißen hat.
25 Dann ließ Josef die Söhne Israels schwö-
ren: Wenn Gott sich einst euer erbarmt, so
nehmt meine Gebeine von hier mit hinauf!
26 Dann starb Josef, einhundertzehn Jahre
alt. Man balsamierte ihn ein und legte ihn
in Ägypten in einen Sarg.

Das Buch Exodus

Die Befreiung aus Ägypten

Israel in Ägypten

Wohlstand der Hebräer in Ägypten

1 Dies sind die Namen der Israeliten, die nach Ägypten gekommen waren; mit Jakob waren sie gekommen, jeder mit seiner Familie: 2 Ruben, Simeon, Levi und Juda, 3 Issachar, Sebulon und Benjamin, 4 Dan, Naftali, Gad und Ascher. 5 Die Gesamtzahl der Nachkommen Jakobs betrug siebzig Personen. Josef aber war schon in Ägypten. 6 Nach dem Tod Josefs, seiner Brüder und jener ganzen Generation 7 waren die Israeliten fruchtbar und vermehrten sich; sie wurden überaus zahlreich und stark, sodass das ganze Land von ihnen voll war.

Unterdrückung der Hebräer

8 Da kam ein neuer König in Ägypten zur Herrschaft, der von Josef nichts wusste. 9 Dieser sprach zu seinem Volk: Seht, das Volk der Israeliten wird für uns zu zahlreich und zu stark. 10 Wir wollen klug gegen es vorgehen, damit es nicht noch zahlreicher wird und im Fall eines Krieges zu unseren Feinden übergeht, gegen uns kämpft und aus dem Land wegzieht. 11 Sie setzten darum über das Volk Fronvögte, die es mit schwerer Fronarbeit unterdrückten. Es musste Vorratsstädte für den Pharao bauen, nämlich Pitom und Ramses. 12 Aber je mehr sie das Volk unterdrückten, desto zahlreicher wurde es und desto mehr breitete es sich aus, sodass sie vor den Israeliten ein Grauen erfasste. 13 Deshalb zwangen die Ägypter die Israeliten zur Arbeit 14 und machten ihnen das Leben schwer durch harte Fronarbeit in Lehmgruben und Ziegeleien und durch Feldarbeit, zu denen man sie mit Gewalt heranholte.

15 Darauf befahl der König von Ägypten den Hebammen der Hebräerinnen, von denen eine Schifra, eine andere Pua hieß, 16 und sprach: Wenn ihr den Hebräerinnen Geburtshilfe leistet, dann achtet auf die beiden Steine. Ist es ein Knabe, so tötet ihn; ist es ein Mädchen, so mag es am Leben bleiben. 17 Doch die Hebammen fürchteten Gott und taten nicht, was ihnen der König von Ägypten befohlen hatte, sondern ließen die Knaben am Leben. 18 Da ließ der König die Hebammen kommen und sagte zu ihnen: Warum tut ihr so und lasst die Knaben am Leben? 19 Die Hebammen antworteten dem Pharao: Die Hebräerinnen sind nicht wie die ägyptischen Frauen; sie sind so lebenskräftig, dass sie schon geboren haben, ehe die Hebammen kommen. 20 Und Gott ließ es den Hebammen gut gehen. So vermehrte sich das Volk und wurde sehr stark. 21 Weil die Hebammen Gott fürchteten, schenkte er ihnen Nachkommen. 22 Da gab der Pharao seinem ganzen Volk den Befehl: Werft alle Knaben, die den Hebräern geboren werden, in den Fluss; die Mädchen aber lasst am Leben!

Jugend und Berufung des Mose

Geburt des Mose

2 Ein Mann aus dem Hause Levi ging hin und nahm eine Levitin zur Frau. 2 Die Frau wurde schwanger und gebar einen Sohn. Da sie sah, dass er schön war, verbarg sie ihn drei Monate lang. 3 Als sie ihn nicht länger verbergen konnte, verschaffte sie sich für ihn ein Kästchen aus Papyrusschilf und dichtete es mit Asphalt und Pech ab. Dann legte sie das Kind hinein und setzte es in das Schilf am Ufer des Nil. 4 Seine Schwester aber stellte sich in einiger Entfernung hin, um zu sehen, was mit ihm geschehen werde.

5 Da kam eine Tochter des Pharao an den Nil herab, um zu baden, während die Dienerinnen am Nilufer auf und ab gingen. Sie sah das Kästchen im Schilf und schickte ihre Magd hin und diese holte es. 6 Sie öffnete es und sah ein Kind, das weinte. Da empfand sie Mitleid mit ihm; sie dachte: Das ist eines von den Kindern der Hebräer. 7 Da sagte seine Schwester zu der Tochter des Pharao: Soll ich gehen, dir

eine Amme von den Hebräern holen, damit sie dir das Kind stillt? 8 Die Tochter des Pharao antwortete ihr: Ja, geh! Das Mädchen ging und holte die Mutter des Kindes. 9 Die Tochter des Pharao sprach zu ihr: Nimm dieses Kind mit und still es mir; ich will dir dafür den Lohn geben. Die Frau nahm das Kind und stillte es. 10 Als der Knabe größer geworden war, brachte sie ihn der Tochter des Pharao. Diese nahm ihn als Sohn an und nannte ihn Mose; denn, sagte sie, aus dem Wasser habe ich ihn gezogen.

Flucht des Mose nach Midian

11 In jener Zeit, als Mose herangewachsen war, ging er einmal zu seinen Brüdern hinaus und schaute sich ihre Fronarbeiten an. Da sah er, wie ein Ägypter einen Hebräer, einen von seinen Brüdern, schlug. 12 Er blickte sich nach allen Seiten um, und als er sah, dass niemand in der Nähe war, erschlug er den Ägypter und verscharrte ihn im Sand. 13 Am folgenden Tag ging er wieder hinaus. Da stritten gerade zwei Hebräer miteinander. Als er zu dem, der im Unrecht war, sagte: Warum schlägst du deinen Stammesgenossen? 14 antwortete dieser: Wer hat dich zum Aufseher und zum Richter über uns bestellt? Willst du auch mich totschlagen, wie du den Ägypter getötet hast? Da erschrak Mose. Er sagte sich: So ist die Sache doch bekannt geworden. 15 Auch der Pharao hörte davon und wollte Mose umbringen lassen. Mose ergriff jedoch vor dem Pharao die Flucht und begab sich in das Land Midian. Er hielt an einem Brunnen Rast.

16 Der Priester von Midian hatte sieben Töchter. Diese kamen und wollten Wasser schöpfen und die Tränken füllen, um die Schafe ihres Vaters zu tränken. 17 Da kamen Hirten und vertrieben sie. Nun erhob sich Mose, nahm sich ihrer an und tränkte ihre Schafe. 18 Als sie zu Raguël, ihrem Vater, kamen, fragte er sie: Warum kommt ihr heute so früh? 19 Sie antworteten: Ein Ägypter hat uns aus der Gewalt der Hirten befreit. Er hat uns sogar eifrig geschöpft und die Schafe getränkt. 20 Da sprach er zu seinen Töchtern: Wo ist er? Warum habt ihr den Mann dort gelassen? Ladet ihn doch zum Essen ein! 21 Mose willigte ein, bei dem Mann zu bleiben. Dieser gab ihm seine Tochter Zippora zur Frau. 22 Sie gebar einen Sohn und er nannte ihn Gerschom (Ödgast); denn, sagte er, ein Gast bin ich im fremden Land geworden.

Gott gedenkt Israels

23 Lange Zeit war darüber hingegangen; unterdessen starb der König von Ägypten. Die Israeliten aber seufzten unter ihrer Fron und riefen laut um Hilfe. Ihr Notschrei stieg von der Fronarbeit zu Gott empor. 24 Gott hörte ihre Klage und Gott gedachte seines Bundes mit Abraham, Isaak und Jakob. 25 Gott sah auf die Israeliten und gab sich ihnen zu erkennen.

Der brennende Dornbusch

3 Mose hütete die Schafe seines Schwiegervaters Jitro, des Priesters von Midian. Einmal trieb er die Schafe über die Steppe hinaus und kam zum Berg Gottes, zum Horeb. 2 Da erschien ihm der Engel des Herrn in einer Feuerflamme, mitten aus einem Dornbusch heraus. Als er hinsah, nahm er wahr, dass der Dornbusch wohl brannte, aber vom Feuer nicht verzehrt wurde. 3 Da dachte Mose: Ich will doch hingehen und dieses seltsame Schauspiel betrachten, warum der Dornbusch nicht verbrennt. 4 Als der Herr sah, dass er herantrat, um nachzusehen, rief Gott ihm aus dem Dornbusch zu: Mose, Mose! Dieser antwortete: Hier bin ich! 5 Da sprach er: Tritt nicht näher heran! Zieh deine Schuhe von deinen Füßen, denn der Ort, auf dem du stehst, ist heiliger Boden! 6 Und er fuhr fort: Ich bin der Gott deines Vaters, der Gott Abrahams, der Gott Isaaks und der Gott Jakobs. Da verhüllte Mose sein Angesicht; denn er fürchtete sich, Gott anzuschauen.

Sendung des Mose

7 Der Herr sprach: Ich habe das Elend meines Volkes, das in Ägypten ist, wohl gesehen und sein Schreien über ihre Peiniger gehört. Ja, ich kenne seine Leiden. 8 Darum bin ich herabgestiegen, um es aus der Gewalt der Ägypter zu befreien und aus diesem Land herauszuführen in ein schönes und weites Land, in ein Land, das von Milch und Honig fließt, in das Gebiet der Kanaaniter, Hetiter, Amoriter, Perisiter, Hiwiter und Jebusiter. 9 Jetzt aber ist das Schreien der Israeliten zu mir gedrungen und ich habe auch gesehen, wie die Ägyp-

ter sie quälen. 10 So geh nun! Ich will dich
zum Pharao senden. Führe mein Volk, die
Israeliten, aus Ägypten heraus! 11 Mose
aber sprach zu Gott: Wer bin ich, dass ich
zum Pharao gehe und die Israeliten aus
Ägypten herausführe? 12 Gott erwiderte:
Ich werde mit dir sein. Und dies soll dir
als Zeichen dienen, dass ich es bin, der
dich sendet: Wenn du das Volk aus Ägyp-
ten herausgeführt hast, werdet ihr Gott auf
diesem Berg verehren.

Offenbarung des Gottesnamens

13 Da sprach Mose zu Gott: Wenn ich zu
den Israeliten komme und ihnen sage:
Der Gott euerer Väter hat mich zu euch
gesandt, und sie mich dann fragen: Wie
lautet sein Name?, was soll ich ihnen ant-
worten? 14 Da sprach Gott zu Mose: Ich bin
der Ich-bin! Und er fuhr fort: So sollst du
zu den Israeliten sprechen: Der Ich-bin
hat mich zu euch gesandt. 15 Und weiter
sagte Gott zu Mose: So sollst du zu den
Israeliten sprechen: Der Herr, der Gott
euerer Väter, der Gott Abrahams, der Gott
Isaaks und der Gott Jakobs, hat mich zu
euch gesandt. Dies ist mein Name für alle
künftigen Zeiten und dies mein Gedächt-
nis für alle Generationen.

Anweisungen für die Sendung des Mose

16 Geh, ruf die Ältesten Israels zusammen
und sprich zu ihnen: Der Herr, der Gott
euerer Väter, der Gott Abrahams, der Gott
Isaaks und der Gott Jakobs, ist mir er-
schienen und hat gesagt: Ich habe auf euch
geachtet und auf alles, was euch in Ägyp-
ten angetan worden ist. 17 Darum habe ich
beschlossen: Ich will euch aus dem Elend
in Ägypten herausführen in das Land der
Kanaaniter, Hetiter, Amoriter, Perisiter,
Hiwiter und Jebusiter, in ein Land, das
von Milch und Honig fließt. 18 Sie werden
auf dich hören. Dann geh du mit den Äl-
testen Israels zum König von Ägypten und
sprich zu ihm: Der Herr, der Gott der He-
bräer, ist uns begegnet und jetzt möchten
wir drei Tagesreisen weit in die Wüste zie-
hen, um dem Herrn, unserem Gott, dort
zu opfern. 19 Ich weiß aber, dass der König
von Ägypten euch nicht entlässt, wenn er
nicht durch eine starke Hand gezwungen
wird. 20 Darum werde ich meine Hand aus-
strecken und die Ägypter schlagen mit al-
len meinen Wundern, die ich in ihrer Mit-
te wirken werde. Daraufhin wird er euch
entlassen.

Plünderung der Ägypter

21 Ich will diesem Volk eine günstige Stim-
mung bei den Ägyptern verschaffen, so-
dass ihr bei euerem Auszug nicht mit lee-
ren Händen weggeht. 22 Die Frauen sollen
von ihrer Nachbarin und Hausgenossin
silbernen und goldenen Schmuck sowie
Kleider verlangen. Diese sollt ihr eueren
Söhnen und Töchtern anlegen; so werdet
ihr die Ägypter ausplündern.

Mose erhält Zeichenmacht

4 Mose erwiderte: Wenn sie mir aber
nicht glauben und nicht auf mich hö-
ren und sagen: Der Herr ist dir nicht er-
schienen? 2 Darauf entgegnete der Herr:
Was hast du da in deiner Hand? Er ant-
wortete: Einen Stab. 3 Da befahl er: Wirf
ihn auf den Boden! Als er ihn auf den Bo-
den geworfen hatte, wurde er zu einer
Schlange. Mose ergriff vor ihr die Flucht.
4 Hierauf sprach der Herr zu Mose: Streck
deine Hand aus und fasse sie am Schwanz!
Er streckte seine Hand aus und packte sie;
da wurde sie in seiner Hand wieder zum
Stab. 5 So sollen sie dir glauben, dass dir
der Herr, der Gott ihrer Väter, der Gott
Abrahams, der Gott Isaaks und der Gott
Jakobs, erschienen ist.
6 Weiter befahl der Herr: Steck deine
Hand in den Bausch deines Gewands! Da
steckte er seine Hand in den Bausch seines
Gewands. Als er seine Hand herauszog,
war sie vom Aussatz weiß wie Schnee.
7 Dann sprach er: Steck deine Hand noch
einmal in dein Gewand! Er steckte seine
Hand noch einmal in sein Gewand, und
als er sie herauszog, war sie wieder wie sei-
ne übrige Haut. 8 Wenn sie dir also nicht
glauben und nicht auf das erste Zeichen
achten, so werden sie auf das zweite Zei-
chen hin glauben. 9 Sollten sie jedoch auch
auf diese beiden Zeichen hin nicht glauben
und nicht auf dich hören, dann nimm et-
was Nilwasser und gieß es auf den trocke-
nen Boden aus. Das Wasser, das du aus
dem Nil genommen hast, wird auf dem
Boden zu Blut werden.

Aaron als Sprecher des Mose

10 Mose aber sprach zum Herrn: Ach, Herr,
ich bin kein Mann des Wortes. Ich war es

früher nicht und bin es auch jetzt nicht,
seitdem du mit deinem Knecht redest.
Denn unbeholfen sind mein Mund und
meine Zunge. 11 Da erwiderte ihm der
Herr: Wer hat dem Menschen einen
Mund gegeben? Wer macht stumm oder
taub, wer sehend oder blind? Bin nicht
ich es, der Herr? 12 Geh nun, ich werde
mit deinem Mund sein und dich lehren,
was du reden sollst. 13 Mose aber entgegne-
te: Ach, Herr, sende, wen du willst! 14 Da
wurde der Herr zornig über Mose und
sprach: Hast du nicht deinen Bruder
Aaron, den Leviten? Ich weiß, dass dieser
sehr gut reden kann. Siehe, er ist schon
auf dem Weg, um mit dir zusammen-
zutreffen. Wenn er dich sieht, wird er sich
herzlich freuen. 15 Rede mit ihm und leg
ihm die Worte in seinen Mund. Ich aber
will mit deinem und mit seinem Mund
sein und will euch anweisen, was ihr tun
sollt. 16 Er soll für dich zum Volk reden; er
soll Sprecher für dich sein und du wirst
für ihn Gott sein. 17 Nimm diesen Stab in
deine Hand und tu mit ihm die Wunder-
zeichen.

Rückkehr des Mose nach Ägypten. Aufbruch von Midian

18 Mose machte sich auf, kehrte zu seinem
Schwiegervater Jitro zurück und sprach zu
ihm: Ich möchte wieder zu meinen Ver-
wandten nach Ägypten zurückkehren und
sehen, ob sie noch am Leben sind. Jitro
sprach zu Mose: Geh in Frieden!

19 Und der Herr sprach zu Mose in Mi-
dian: Geh, kehr nach Ägypten zurück.
Denn alle Männer, die dir nach dem Leben
trachteten, sind gestorben. 20 Mose nahm
seine Frau und seinen Sohn, setzte sie auf
einen Esel und kehrte in das Land Ägyp-
ten zurück. Den Stab Gottes nahm Mose
in seine Hand. 21 Da sprach der Herr zu
Mose: Wenn du nach Ägypten zurück-
kehrst, so achte darauf, dass du alle Wun-
derzeichen, die ich in deine Hand gelegt
habe, vor dem Pharao tust. Ich aber werde
sein Herz verhärten, dass er das Volk nicht
entlässt. 22 Dann sollst du zum Pharao re-
den: So spricht der Herr: Israel ist mein
erstgeborener Sohn. 23 Ich befehle dir: Ent-
lasse meinen Sohn, dass er mir diene!
Wenn du dich weigerst, ihn zu entlassen,
dann werde ich deinen erstgeborenen
Sohn töten.

Beschneidung des Sohnes Moses

24 Unterwegs in einer Herberge trat der
Herr Mose entgegen und wollte ihn töten.
25 Da nahm Zippora einen scharfen Stein,
schnitt die Vorhaut ihres Sohnes ab, be-
rührte damit seine Scham und sagte: Ein
Blutbräutigam bist du mir! 26 Darauf ließ
er von ihm ab. Damals sagte sie Blutbräu-
tigam wegen der Beschneidung.

Begegnung mit Aaron

27 Und der Herr sprach zu Aaron: Geh Mo-
se in die Wüste entgegen! Da machte er
sich auf und traf ihn am Berg Gottes und
küsste ihn. 28 Mose teilte Aaron alle Worte
des Herrn mit, mit denen er ihn gesandt
und alle Wunderzeichen, die er ihm be-
fohlen hatte. 29 Mose und Aaron gingen
hin und versammelten alle Ältesten der Is-
raeliten. 30 Aaron berichtete alles, was der
Herr zu Mose geredet hatte. Dieser aber
wirkte die Wunderzeichen vor den Augen
des Volkes. 31 Das Volk glaubte ihm und
freute sich, dass sich der Herr der Israeli-
ten angenommen und ihr Elend gesehen
hatte; sie verneigten sich und warfen sich
vor ihm nieder.

Erste Unterredung mit dem Pharao

5 Darauf gingen Mose und Aaron zum
Pharao und sagten: So spricht der
Herr, der Gott Israels: Gib mein Volk frei,
dass es mir in der Wüste ein Fest feiert!
2 Der Pharao erwiderte: Wer ist der Herr,
dessen Befehl, Israel freizugeben, ich ge-
horchen soll? Ich kenne den Herrn nicht
und werde Israel nicht freigeben. 3 Sie ent-
gegneten: Der Gott der Hebräer ist uns be-
gegnet. Wir sollen drei Tagesreisen weit in
die Wüste gehen und dem Herrn, unserem
Gott, ein Opfer darbringen, sonst sucht er
uns mit der Pest oder mit dem Schwert
heim. 4 Darauf erwiderte ihnen der König
von Ägypten: Warum wollt ihr, Mose und
Aaron, das Volk von seiner Arbeit abhal-
ten? Geht an eueren Frondienst! 5 Und
weiter sagte der Pharao: Das Volk im Land
ist schon zahlreich genug. Da wollt ihr es
von seinem Frondienst ausruhen lassen?

Anweisungen an die Fronvögte

6 Am gleichen Tag befahl der Pharao den
über das Volk gesetzten Fronvögten und
Aufsehern: 7 Künftig sollt ihr den Leuten
kein Stroh mehr zur Anfertigung von Zie-

geln liefern wie bisher. Sie sollen selbst
hingehen und Stroh sammeln. 8 Aber die
festgesetzte Menge an Ziegeln, die sie bis-
her angefertigt haben, müsst ihr von ihnen
einfordern! Lasst ihnen davon nichts
nach! Denn sie sind faul. Darum schreien
sie: Wir wollen fortziehen, um unserem
Gott zu opfern! 9 Den Leuten muss die Ar-
beit erschwert werden, damit sie daran zu
tun haben und nicht auf lügenhafte Re-
den achten. 10 Da gingen die Fronvögte
des Volkes und die Aufseher hinaus und
sagten zum Volk: So spricht der Pharao:
Ich lasse euch kein Stroh mehr liefern.
11 Ihr müsst selbst gehen und euch Stroh
holen, wo ihr es findet. Doch von euerer
Arbeit wird euch nichts gekürzt. 12 Da zer-
streute sich das Volk im ganzen Land
Ägypten, um Stoppeln zur Bereitung der
Spreu zu sammeln. 13 Die Fronvögte aber
drängten: Ihr müsst jeden Tag die gleiche
Leistung vollbringen wie früher, als euch
noch das Stroh geliefert wurde! 14 Die
Fronvögte des Pharao schlugen die Auf-
seher der Israeliten, die sie eingesetzt hat-
ten, und sagten: Warum habt ihr die bis-
herige Menge Ziegel heute nicht wie
neulich fertiggebracht?

Klage der hebräischen Aufseher

15 Da kamen die Aufseher der Israeliten
zum Pharao und klagten: Warum lässt du
so mit deinen Knechten verfahren? 16 Es
wird deinen Knechten kein Stroh mehr ge-
liefert, doch Ziegel, sagt man uns, schafft
herbei! Nun werden deine Knechte sogar
geschlagen; die Schuld aber liegt bei dei-
nen Leuten. 17 Er aber antwortete: Ihr seid
faul, ja faul! Darum sagt ihr: Wir wollen
gehen, wir wollen dem Herrn ein Opfer
darbringen! 18 Jetzt marsch an euere Ar-
beit! Stroh wird euch nicht geliefert; aber
die festgelegte Menge an Ziegeln habt ihr
abzuliefern!

Vorwürfe des Volkes. Gebet des Mose

19 Da sahen sich die Aufseher der Israeliten
durch den Befehl: Ihr dürft von der Tages-
leistung an Ziegeln nichts abstreichen! in
eine schwierige Lage versetzt. 20 Als sie
vom Pharao weggingen, trafen sie Mose
und Aaron, die sie erwarteten. 21 Sie sagten
zu ihnen: Der Herr möge es euch fühlen
lassen und er möge richten, weil ihr uns
vor dem Pharao und vor seinen Dienern
verhasst gemacht habt. Ihr habt ihnen da-
durch ein Schwert in die Hand gedrückt,
uns zu töten. 22 Da wandte sich Mose an
den Herrn und sprach: Herr, warum lässt
du diesem Volk solches Leid widerfahren?
Wozu hast du mich denn gesandt? 23 Seit-
dem ich zum Pharao gegangen bin, um in
deinem Namen zu reden, behandelt er die-
ses Volk nur noch übler. Du aber hast dein
Volk nicht gerettet.

6 Der Herr erwiderte Mose: Nun, du
sollst sehen, was ich dem Pharao an-
tun werde. Von einer starken Hand be-
zwungen, wird er sie entlassen; ja durch
eine starke Hand bezwungen, wird er sie
selbst aus seinem Land hinausjagen.

Neuer Bericht über die Berufung des Mose

2 Gott redete mit Mose und sprach zu ihm:
Ich bin der Herr! 3 Ich bin Abraham, Isaak
und Jakob unter dem Namen El-Schaddai
(Gott, der Allmächtige) erschienen; doch
mit meinem Namen Jahwe habe ich mich
ihnen nicht offenbart. 4 Weil ich meinen
Bund mit ihnen geschlossen habe, ihnen
das Land Kanaan, das Land ihrer Wander-
schaft, in dem sie als Fremde lebten, zum
Besitz zu geben, 5 so habe ich das Schreien
der Israeliten, die man in Ägypten knech-
tet, gehört und meines Bundes gedacht.
6 Deshalb verkünde den Israeliten: Ich bin
der Herr! Ich werde euch vom Druck der
ägyptischen Fron befreien und aus der
Knechtschaft erretten und euch mit aus-
gestrecktem Arm und mit gewaltigen
Strafgerichten erlösen. 7 Ich will euch zu
meinem Volk annehmen. Ich will euer
Gott sein und ihr sollt erfahren, dass ich
der Herr, euer Gott, bin, der euch von der
ägyptischen Fron befreit. 8 Ich bringe euch
in ein Land, das ich Abraham, Isaak und
Jakob zu geben geschworen habe. Euch
will ich es zum Besitz geben, ich, der Herr.
9 Mose richtete dies den Israeliten aus.
Aber aus Ungeduld und wegen der harten
Fron hörten sie nicht auf Mose.

10 Da sprach der Herr zu Mose: 11 Geh,
sprich zum Pharao, dem König von Ägyp-
ten, er soll die Israeliten aus seinem Land
entlassen. 12 Mose aber redete vor dem
Herrn: Siehe, nicht einmal die Israeliten
haben auf mich gehört. Wie wird der Pha-
rao mich anhören, zumal ich im Reden
unbeholfen bin? 13 Doch der Herr redete
zu Mose und Aaron und sandte sie zum

Pharao mit dem Befehl, die Israeliten aus
Ägypten herauszuführen.

Stammbaum des Mose und Aaron

14 Dies sind die Häupter ihrer Familien:
Die Söhne Rubens, des Erstgeborenen Israels: Henoch, Pallu, Hezron und Karmi.
Dies sind die Geschlechter Rubens.

15 Die Söhne Simeons: Jemuel, Jamin,
Ohad, Jachin, Zohar und Schaul, der Sohn
der Kanaaniterin. Dies sind die Geschlechter Simeons.

16 Die Namen der Söhne Levis nach
ihren Geschlechtern: Gerschon, Kehat
und Merari. Levi wurde einhundertsiebenunddreißig Jahre alt.
17 Die Söhne Gerschons: Libni und Schimi nach ihren Geschlechtern.
18 Die Söhne Kehats: Amram,
Jizhar, Hebron und Usiël. Kehat wurde
einhundertdreiunddreißig Jahre alt.
19 Die Söhne Meraris: Machli und Muschi. Dies
sind die Familien Levis nach ihren Geschlechtern.

20 Amram nahm seine Tante Jochebed
zur Frau. Sie gebar ihrem Mann Aaron
und Mose. Amram wurde einhundertsiebenunddreißig Jahre alt.
21 Die Söhne Jizhars: Korach, Nefeg und Sichri.
22 Die Söhne Usiëls: Mischaël, Elizafan und Sitri.
23 Aaron heiratete Elischeba, die Tochter
Amminadabs, die Schwester Nachschons.
Sie gebar ihm Nadab, Abihu, Eleasar und
Itamar.
24 Die Söhne Korachs: Assir, Elkana
und Abiasaf. Dies sind die Familien der
Korachiter.
25 Eleasar, der Sohn Aarons,
heiratete eine von den Töchtern Putiëls.
Diese gebar ihm Pinhas. Das sind die Familienhäupter der Leviten nach ihren Geschlechtern.

26 Das sind Aaron und Mose, denen der
Herr gebot: Führt die Israeliten aus dem
Land Ägypten und übernehmt dabei die
Leitung der Scharen!
27 Sie waren es, die
mit dem Pharao, dem König von Ägypten,
redeten, um die Israeliten aus Ägypten herauszuführen, Mose und Aaron.

Fortsetzung des Berufungsberichts

28 So war es damals, als der Herr mit Mose
in Ägypten redete.
29 Der Herr sagte zu
Mose: Ich bin der Herr! Sag dem Pharao,
dem König von Ägypten, alles, was ich dir
auftrage!
30 Mose aber erwiderte dem
Herrn: Siehe, ich bin im Reden unbeholfen. Wie sollte der Pharao auf mich hören?

7 Der Herr aber sagte zu Mose: Siehe,
ich mache dich dem Pharao gegenüber zum Gott, und Aaron, dein Bruder,
soll dein Prophet sein.
2 Du sollst ihm alles
sagen, was ich dir auftrage. Und dein Bruder Aaron soll es dem Pharao vortragen,
damit er die Israeliten aus seinem Land
entlässt.
3 Ich aber werde das Herz des
Pharao verhärten und viele Zeichen und
Wunder im Land Ägypten wirken.
4 Da
der Pharao nicht auf euch hören wird,
werde ich die Ägypter meine Macht fühlen
lassen und unter großen Strafgerichten
meine Heerscharen, mein Volk, die Israeliten, aus Ägypten herausführen.
5 Alle
Ägypter, so viele sie auch seien, sollen erfahren, dass ich der Herr bin, wenn ich
meine Hand gegen die Ägypter ausstrecke
und die Israeliten aus ihrer Mitte herausführe.
6 Mose und Aaron führten es aus; sie
taten, wie der Herr ihnen aufgetragen hatte.
7 Mose war achtzig Jahre alt und Aaron
dreiundachtzig Jahre, als sie mit dem Pharao verhandelten.

Die ägyptischen Plagen. Das Pesach

Der zur Schlange verwandelte Stab

8 Der Herr sprach zu Mose und Aaron:
9 Wenn der Pharao euch auffordert: Wirkt
doch ein Wunder!, dann sprich zu Aaron:
Nimm deinen Stab und wirf ihn vor den
Pharao hin. Er wird zu einer Schlange werden.
10 Mose und Aaron kamen zum Pharao und taten, wie der Herr befohlen hatte.
Aaron warf seinen Stab vor den Pharao
und seine Diener hin und er wurde zu
einer Schlange.
11 Da ließ der Pharao die
Weisen und Zauberer rufen und die ägyptischen Zauberer taten dasselbe mit ihren
Zauberkünsten.
12 Alle warfen ihre Stäbe
hin und diese wurden zu Schlangen. Aber
der Stab Aarons verschlang ihre Stäbe.
13 Doch das Herz des Pharao blieb verstockt und er hörte nicht auf sie, wie es
der Herr vorausgesagt hatte.

1. Plage: Das in Blut verwandelte Wasser

14 Darauf sagte der Herr zu Mose: Das Herz
des Pharao ist verhärtet; er weigert sich,
das Volk zu entlassen.
15 Geh morgen in
der Frühe zum Pharao, wenn er zum Fluss
hinabsteigt, und tritt ihm am Nilufer entgegen. Nimm den Stab, der sich in eine
Schlange verwandelt hatte, in deine Hand

[16] und sprich zu ihm: Der Herr, der Gott
der Hebräer, hat mich zu dir gesandt mit
dem Befehl: Gib mein Volk frei, dass es
mir in der Wüste diene! Aber du hast bis
jetzt nicht hören wollen. [17] So spricht der
Herr: Daran sollst du erkennen, dass ich
der Herr bin: Siehe, ich werde jetzt mit
dem Stab, der in meiner Hand ist, auf das
Wasser des Nils schlagen und es wird sich
in Blut verwandeln. [18] Die Fische im Nil
werden sterben, der Nil wird stinken, so-
dass die Ägypter sich ekeln, Wasser aus
dem Nil zu trinken.

[19] Der Herr sagte zu Mose: Sprich zu Aa-
ron: Nimm deinen Stab und streck deine
Hand über die Gewässer der Ägypter aus,
über ihre Flussarme und ihre Kanäle, ihre
Tümpel und über alle ihre Wasserstellen,
damit sie zu Blut werden. Blut soll im gan-
zen Land Ägypten sein, selbst in den höl-
zernen und steinernen Gefäßen. [20] Mose
und Aaron taten, wie der Herr befohlen
hatte. Er erhob den Stab und schlug das
Wasser des Nils vor den Augen des Pharao
und seiner Diener und es wurde alles Was-
ser im Nil in Blut verwandelt. [21] Die Fische
im Nil starben und der Nil stank, sodass
die Ägypter kein Wasser aus dem Nil trin-
ken konnten; überall in Ägypten war Blut.
[22] Doch die ägyptischen Zauberer taten mit
ihren Zauberkünsten dasselbe. Deshalb
blieb das Herz des Pharao verstockt und
er hörte nicht auf sie, wie es der Herr vo-
rausgesagt hatte. [23] Der Pharao wandte sich
ab, ging in sein Haus und er nahm sich
dies nicht zu Herzen. [24] Alle Ägypter gru-
ben rings um den Nil nach Trinkwasser;
denn sie konnten das Nilwasser nicht trin-
ken. [25] So vergingen volle sieben Tage,
nachdem der Herr den Nil geschlagen hat-
te.

2. Plage: Die Frösche

[26] Darauf sagte der Herr zu Mose: Geh zum
Pharao und sprich zu ihm: So spricht der
Herr: Gib mein Volk frei, damit es mir
diene! [27] Wenn du dich weigerst, es zu ent-
lassen, dann werde ich das ganze Land
Ägypten mit Fröschen heimsuchen. [28] Der
Nil soll von Fröschen wimmeln. Sie sollen
herauskommen und in dein Haus eindrin-
gen, in dein Schlafgemach und auf dein
Bett, in die Häuser deiner Diener und dei-
ner Untertanen, in deine Backöfen und
Teigmulden. [29] Ja an dir selbst, an deinen
Dienern und allen deinen Untertanen
werden die Frösche hinaufhüpfen.

8 Weiter sprach der Herr zu Mose: Be-
fiehl Aaron: Streck deine Hand mit
deinem Stab über die Flussarme, über die
Kanäle und Tümpel aus und lass die Frö-
sche über Ägypten kommen! [2] Aaron
streckte seine Hand über die Gewässer
Ägyptens aus. Da kamen Frösche und be-
deckten das Land Ägypten. [3] Aber die Zau-
berer taten dasselbe mit ihren Zauber-
künsten und ließen Frösche über Ägypten
kommen.

[4] Da ließ der Pharao Mose und Aaron
rufen und sagte: Legt beim Herrn Fürspra-
che ein, dass er die Frösche von mir und
meinem Volk wegnehme! Ich will dann
das Volk entlassen, damit es dem Herrn
opfere. [5] Mose antwortete dem Pharao:
Verfüg über mich! Wann soll ich für dich,
für deine Diener und für dein Volk darum
bitten, welchen Zeitpunkt soll ich festset-
zen, an dem die Frösche von dir, von dei-
nen Untertanen und aus eueren Häusern
beseitigt werden und nur noch im Nil üb-
rig bleiben? [6] Er sprach: Morgen! Da sagte
jener: Es soll nach deinem Wunsch ge-
schehen, damit du erkennst, dass niemand
dem Herrn, unserem Gott, gleicht. [7] Die
Frösche werden von dir, von deinem Hau-
se, von deinen Dienern und von deinem
Volk weichen; nur noch im Nil werden
sie übrig bleiben.

[8] Da gingen Mose und Aaron vom Pha-
rao weg und Mose betete inständig zum
Herrn um Beseitigung der Frösche, mit
denen er den Pharao heimgesucht hatte.
[9] Und der Herr erhörte die Bitte des Mose.
Die Frösche in den Häusern, den Gehöften
und auf den Feldern starben. [10] Man schüt-
tete sie zu Haufen zusammen, sodass das
Land davon stank. [11] Als der Pharao sah,
dass man wieder atmen konnte, verhärtete
er sein Herz und hörte nicht auf sie, wie
der Herr vorausgesagt hatte.

3. Plage: Die Stechmücken

[12] Nun sagte der Herr zu Mose: Sprich zu
Aaron: Streck deinen Stab aus und schlag
damit in den Staub der Erde; aus ihm wer-
den in ganz Ägypten Stechmücken aus-
schlüpfen. [13] Aaron streckte seine Hand
mit dem Stab aus und schlug damit in
den Staub der Erde. Da kamen Stechmü-
cken über Menschen und Vieh. Aus dem

Staub der Erde schlüpften in ganz Ägypten
Stechmücken. 14 Die ägyptischen Zauberer
suchten mit ihren Zauberkünsten eben-
falls Stechmücken hervorzubringen; aber
sie konnten es nicht. Die Stechmücken ka-
men über Menschen und Vieh. 15 Da sag-
ten die Zauberer zum Pharao: Das ist der
Finger Gottes! Das Herz des Pharao aber
blieb hart und er hörte nicht auf sie, wie es
der Herr vorausgesagt hatte.

4. Plage: Die Bremsen

16 Darauf sprach der Herr zu Mose: Tritt
morgen in der Frühe vor den Pharao,
wenn er zum Nil hinabgeht, und sag zu
ihm: So spricht der Herr: Gib mein Volk
frei, damit es mir diene! 17 Wenn du dich
weigerst, mein Volk zu entlassen, dann
lasse ich über dich und deine Diener, über
dein Volk und deine Häuser Bremsen
kommen, dass die Häuser Ägyptens, selbst
der Boden, auf dem sie stehen, voll von
Bremsen sein werden. 18 Doch werde ich
an jenem Tag mit dem Land Goschen, in
dem mein Volk wohnt, eine Ausnahme
machen, sodass es dort keine Bremsen
gibt, damit du erkennst, dass ich, der Herr,
inmitten des Landes bin. 19 Ich werde
scheiden zwischen meinem Volk und zwi-
schen deinem Volk. Morgen soll dieses
Wunderzeichen geschehen. 20 Und der
Herr tat so. Es kamen Bremsen in großer
Menge in das Haus des Pharao, in die
Wohnungen seiner Diener, über ganz
Ägypten. Das Land hatte unter den Brem-
sen schwer zu leiden.

21 Da ließ der Pharao Mose und Aaron
rufen und sprach: Wohlan, so bringt eue-
rem Gott ein Opfer dar, aber im Land!
22 Mose entgegnete: Es geht nicht an, dies
zu tun. Wir opfern dem Herrn, unserem
Gott, gerade die Tiere, die zu opfern den
Ägyptern eine Gotteslästerung ist. Wenn
wir Opfer darbrächten, die in den Augen
der Ägypter ein Gräuel sind, würden sie
uns da nicht steinigen? 23 Wir wollen drei
Tagesreisen weit in die Wüste ziehen und
dort dem Herrn, unserem Gott, das Opfer
darbringen, das er uns aufgetragen hat.
24 Darauf erwiderte der Pharao: Ich will
euch ziehen lassen; ihr sollt dem Herrn,
euerem Gott, ein Opfer darbringen, nur
dürft ihr euch nicht zu weit entfernen.
Legt für mich Fürsprache ein! 24 Mose ant-
wortete: Sobald ich von dir weggegangen
bin, werde ich beim Herrn Fürsprache ein-
legen. Morgen sollen die Bremsen vom
Pharao, von seinen Dienern und von sei-
nen Untertanen weichen. Nur möge der
Pharao das Volk nicht nochmals täuschen,
indem er es nicht entlässt, damit es dem
Herrn opfern kann. 26 Als Mose vom Pha-
rao weggegangen war, legte er Fürsprache
beim Herrn ein. 27 Und der Herr erfüllte
die Bitte des Mose und ließ die Bremsen
vom Pharao, von seinen Dienern und von
seinen Untertanen weichen. Nicht eine
blieb übrig. 28 Der Pharao aber verhärtete
auch diesmal sein Herz und ließ das Volk
nicht ziehen.

5. Plage: Die Viehseuche

9 Nun sprach der Herr zu Mose: Geh
zum Pharao und sag zu ihm: So
spricht der Herr, der Gott der Hebräer:
Gib mein Volk frei, damit es mir diene!
2 Wenn du dich weigerst, es zu entlassen,
und es noch weiter festhältst, 3 dann bringt
die Hand des Herrn über dein Vieh, das
auf dem Feld ist, über die Pferde, die Esel,
die Kamele, die Rinder und die Schafe,
eine schlimme Seuche. 4 Doch wird der
Herr einen Unterschied machen zwischen
dem Vieh der Israeliten und dem Vieh der
Ägypter. Es wird kein Stück, das den Israe-
liten gehört, verenden. 5 Der Herr be-
stimmte auch die Zeit, indem er sagte:
Morgen wird der Herr dies über das Land
kommen lassen. 6 Und der Herr ließ es am
folgenden Tag eintreten. Es starb alles Vieh
der Ägypter; vom Vieh der Israeliten aber
starb nicht ein einziges Stück. 7 Als der
Pharao nachforschen ließ, da war vom
Vieh der Israeliten nicht ein einziges Stück
gefallen. Dennoch blieb das Herz des Pha-
rao verstockt und er entließ das Volk
nicht.

6. Plage: Die Geschwüre

8 Da sprach der Herr zu Mose und Aaron:
Nehmt euere Hände voll Ofenruß! Mose
soll ihn vor den Augen des Pharao gegen
den Himmel streuen. Er wird zu feinem
Staub über ganz Ägypten werden und zu
Beulen, die an Mensch und Vieh in ganz
Ägypten als Geschwüre aufbrechen. 10 Da
nahmen sie Ofenruß, traten vor den Pha-
rao und Mose streute ihn gegen den Him-
mel. Es entstanden Beulen, die an Mensch
und Vieh als Geschwüre aufbrachen. 11 Die

Zauberer konnten wegen der Geschwüre
Mose nicht entgegentreten; denn die Beu-
len waren an den Zauberern und an allen
Ägyptern ausgebrochen. 12 Der Herr aber
verhärtete das Herz des Pharao und er
hörte nicht auf sie, wie es der Herr voraus-
gesagt hatte.

7. Plage: Der Hagel

13 Nun sprach der Herr zu Mose: Tritt mor-
gen früh vor den Pharao hin und sag ihm:
So spricht der Herr, der Gott der Hebräer:
Gib mein Volk frei, damit es mir diene!
14 Denn diesmal will ich alle meine Plagen
über dich, über deine Diener und über dei-
ne Untertanen kommen lassen, damit du
erfährst, dass auf der ganzen Erde keiner
ist wie ich. 15 Ich hätte jetzt schon meine
Hand ausstrecken und dich und dein Volk
durch die Pest schlagen können, dass du
von der Erde verschwunden wärst. 16 Aber
ich ließ dich trotzdem am Leben, um dir
meine Macht zu zeigen und damit mein
Name auf der ganzen Erde verkündet wer-
de. 17 Wenn du mein Volk noch weiter zu-
rückhältst und es nicht freigibst, 18 dann
lasse ich morgen um diese Zeit einen sehr
schweren Hagel niedergehen, wie es in
Ägypten noch keinen von den Tagen sei-
ner Gründung an bis jetzt gegeben hat.
19 Schicke also hin und lass dein Vieh und
alles, was du auf dem Feld hast, in Sicher-
heit bringen. Alle Menschen und alles
Vieh, das auf dem Feld ist und nicht unter
Dach gebracht wird, werden umkommen,
wenn der Hagel auf sie niedergeht. 20 Wer
von den Dienern des Pharao das Wort des
Herrn fürchtete, brachte seine Knechte
und sein Vieh in die Häuser in Sicherheit.
21 Wer sich aber das Wort des Herrn nicht
zu Herzen nahm, der ließ seine Knechte
und sein Vieh auf dem Feld.

22 Der Herr sprach zu Mose: Streck deine
Hand gegen den Himmel aus, damit der
Hagel über ganz Ägypten falle, über Men-
schen und Tiere und über die Pflanzen des
Feldes im Land Ägypten. 23 Mose streckte
den Stab gegen den Himmel aus. Da ließ
es der Herr donnern und hageln und Blit-
ze fuhren zur Erde nieder; und der Herr
ließ Hagel über Ägypten niedergehen.
24 Es war ein Hagel, darin es unaufhörlich
blitzte, so furchtbar, wie man ihn in ganz
Ägypten noch nie erlebt hatte, seitdem es
von einem Volk bewohnt ist. 25 Der Hagel
erschlug in ganz Ägypten alles, was auf
dem Feld war, Menschen und Tiere, auch
alle Pflanzen des Feldes vernichtete der
Hagel und zerschmetterte alle Bäume auf
dem Feld. 26 Nur im Land Goschen, in dem
die Israeliten wohnten, fiel kein Hagel.

27 Nun sandte der Pharao hin und ließ
Mose und Aaron rufen und sagte zu ihnen:
Diesmal bekenne ich mich schuldig. Der
Herr ist im Recht, ich und mein Volk, wir
sind im Unrecht. 28 Bittet den Herrn, dass
der Gottesdonner und der Hagel ein Ende
nehme; und ich will euch entlassen, ihr
braucht nicht länger zu bleiben. 29 Mose er-
widerte: Sobald ich zur Stadt hinausgehe,
will ich meine Hände vor dem Herrn aus-
breiten. Der Donner wird aufhören und
der Hagel wird nicht mehr fallen, damit
du erkennst, dass dem Herrn die Erde ge-
hört. 30 Aber ich weiß, dass ihr, du und dei-
ne Diener, euch nicht vor Gott dem Herrn
fürchtet. 31 Der Flachs und die Gerste wur-
den zerschlagen, denn die Gerste stand
schon in den Ähren und der Flachs war
in Blüte. 32 Weizen und Spelt aber wurden
nicht zerschlagen, weil sie viel später kom-
men. 33 Mose ging vom Pharao weg aus der
Stadt hinaus und breitete seine Hände vor
dem Herrn aus. Der Donner und der Ha-
gel hörten auf; auch der Regen strömte
nicht mehr auf die Erde. 34 Als der Pharao
sah, dass Regen, Donner und Hagel auf-
gehört hatten, verharrte er in seiner Sünde
und verhärtete sein Herz, er und seine
Diener. 35 Das Herz des Pharao blieb ver-
stockt und er entließ die Israeliten nicht,
wie es der Herr durch Mose vorausgesagt
hatte.

8. Plage: Die Heuschrecken

10 Darauf sprach der Herr zu Mose:
Geh zum Pharao! Ich selbst habe
sein Herz und das Herz seiner Diener ver-
härtet, um diese meine Wunderzeichen
unter ihnen zu wirken, 2 damit du deinen
Kindern und Kindeskindern erzählen
kannst, was ich den Ägyptern angetan
und welche Wunderzeichen ich unter
ihnen gewirkt habe, und ihr erkennt, dass
ich der Herr bin. 3 Da gingen Mose und
Aaron zum Pharao und sagten zu ihm: So
spricht der Herr, der Gott der Hebräer:
Wie lange weigerst du dich noch, dich vor
mir zu beugen? Gib mein Volk frei, damit
es mir diene! 4 Wenn du dich weigerst,

mein Volk zu entlassen, dann schick ich
morgen Heuschrecken über dein Gebiet.
5 Sie werden die Oberfläche des Landes so
bedecken, dass man den Boden nicht
mehr sehen kann; und sie werden verzeh-
ren, was euch als letzter Rest vom Hagel
noch übrig geblieben ist, und alle Bäume
abfressen, die auf den Feldern wachsen.
6 Sie werden in Massen sogar in deine Häu-
ser und in die Häuser aller deiner Diener
und in die Häuser aller Ägypter kommen,
wie es weder deine Väter noch die Väter
deiner Väter, seit sie auf der Erde sind, bis
auf diesen Tag erlebt haben. Dann wandte
er sich um und ging vom Pharao weg. 7 Da
sprachen die Diener des Pharao zu ihm:
Wie lange noch soll dieser Mensch uns
zum Verderben sein? Gib die Männer frei,
damit sie dem Herrn, ihrem Gott, dienen.
Siehst du denn nicht, dass Ägypten zu-
grunde geht?

8 Man holte Mose und Aaron zum Pha-
rao zurück und er sprach zu ihnen: Geht
und dient dem Herrn, euerem Gott. Wer
von euch will denn mitziehen? 9 Mose ant-
wortete: Mit unseren Kindern und unse-
ren Alten, mit unseren Söhnen und Töch-
tern, mit unseren Schafen und Rindern
wollen wir ziehen; denn wir haben ein Fest
des Herrn zu feiern. 10 Da entgegnete er ih-
nen: Möge der Herr ebenso wenig mit
euch sein, wie ich euch mit eueren Kin-
dern entlasse! Seht doch, ihr habt Böses
vor! 11 Daraus wird nichts! Ihr Männer
könnt gehen und dem Herrn dienen; dies
war ja euer Wunsch. Hierauf jagte man sie
vom Pharao weg.

12 Nun sprach der Herr zu Mose: Streck
deine Hand über Ägypten aus, damit die
Heuschrecken über Ägypten kommen
und alle Pflanzen auf dem Feld fressen
und alles, was der Hagel noch übrig gelas-
sen hat. 13 Mose streckte seinen Stab über
Ägypten aus. Da ließ der Herr den ganzen
Tag und die ganze Nacht einen Ostwind
über das Land wehen. Als der Morgen
kam, hatte der Ostwind die Heuschrecken
herbeigetragen. 14 Die Heuschrecken fielen
über ganz Ägypten her und ließen sich in
Schwärmen im ganzen Gebiet Ägyptens
nieder. Nie zuvor gab es so viele Heuschre-
cken, noch wird es künftig so viele geben.
15 Sie bedeckten die Oberfläche des ganzen
Landes, das davon verdunkelt wurde, und
fraßen alle Gewächse des Feldes und alle
Früchte der Bäume, die der Hagel übrig
gelassen hatte, sodass in ganz Ägypten
nichts Grünes an den Bäumen und keine
Pflanze auf dem Feld übrig blieb.

16 Da ließ der Pharao eiligst Mose und
Aaron herbeirufen und sagte: Ich habe ge-
sündigt gegen den Herrn, eueren Gott,
und gegen euch. 17 Vergebt mir noch dies-
mal meine Schuld und legt beim Herrn,
euerem Gott, Fürsprache ein, dass er von
mir wenigstens diese mörderische Plage
abwende. 18 Da ging er vom Pharao weg
und legte beim Herrn Fürsprache ein.
19 Der Herr ließ einen starken Westwind
wehen. Der nahm die Heuschrecken mit
und trieb sie in das Schilfmeer. Es blieb
keine einzige Heuschrecke im ganzen Ge-
biet Ägyptens übrig. 20 Der Herr aber ver-
härtete das Herz des Pharao, sodass er die
Israeliten nicht entließ.

9. Plage: Die Finsternis

21 Nun sprach der Herr zu Mose: Streck
deine Hand gegen den Himmel aus und
es wird eine Finsternis über das ganze
Land kommen, dass man die Finsternis
wird greifen können. 22 Da streckte Mose
seine Hand gegen den Himmel aus und es
entstand in ganz Ägypten eine dichte Fins-
ternis, drei Tage lang. 23 Keiner konnte den
andern sehen und niemand sich von sei-
nem Platz rühren, drei Tage lang. Die
Wohnplätze der Israeliten aber waren tag-
hell erleuchtet.

24 Da ließ der Pharao Mose rufen und
sprach: Geht und dient dem Herrn! Nur
euere Schafe und Rinder müssen hier blei-
ben; aber euere Frauen und Kinder dürfen
mit euch ziehen. 25 Mose aber entgegnete:
Selbst wenn du uns Tiere zu Schlacht-
und Brandopfern mitgibst, damit wir sie
dem Herrn, unserem Gott, darbringen,
26 muss unser Vieh doch mit uns ziehen;
nicht eine Klaue darf zurückbleiben. Denn
wir müssen davon nehmen, um dem
Herrn, unserem Gott, zu dienen. Wir wis-
sen ja nicht, womit wir dem Herrn dienen
sollen, bis wir dorthin gekommen sind.

27 Der Herr aber verstockte das Herz des
Pharao und dieser wollte sie nicht entlas-
sen. 28 Vielmehr sagte der Pharao zu ihm:
Geh weg von mir! Wag es nicht, mir noch
einmal unter die Augen zu kommen! So-
bald du mir unter die Augen kommst,
wirst du sterben. 29 Mose entgegnete: Du

hast gesprochen. Ich werde nicht wieder vor dir erscheinen.

Ankündigung des Todes der Erstgeburt

11 Der Herr sagte zu Mose: Noch eine einzige Plage bringe ich über den Pharao und die Ägypter, dann wird er euch entlassen. Ja, er wird euch von hier wegjagen. 2 Fordere nun das Volk eindringlich auf: Männer und Frauen sollen von ihren Nachbarn und Nachbarinnen Silber- und Goldsachen verlangen. 3 Der Herr hatte die Ägypter gegen das Volk günstig gestimmt. Auch stand Mose in Ägypten bei den Dienern des Pharao und beim Volk in hohem Ansehen.

4 Mose sagte: So spricht der Herr: Um Mitternacht gehe ich durch Ägypten. 5 Dann wird jede Erstgeburt im Land Ägypten sterben, vom Erstgeborenen des Pharao, der auf dem Thron sitzt, bis zum Erstgeborenen der Magd an der Handmühle und jede Erstgeburt des Viehs. 6 Dann wird sich ein großes Wehklagen in ganz Ägypten erheben, wie es noch nie war und nie mehr sein wird. 7 Aber gegen die Israeliten wird kein Hund knurren, weder gegen Mensch noch gegen Vieh, damit ihr erkennt, dass der Herr einen Unterschied macht zwischen Ägypten und Israel. 8 Dann werden alle diese deine Diener zu mir kommen und sich vor mir niederwerfen und bitten: Zieh weg, du und das ganze Volk, das dir untersteht! Dann werde ich wegziehen. Hierauf ging er in großem Zorn vom Pharao weg.

9 Der Herr aber sagte zu Mose: Der Pharao hört nicht auf euch, damit meine Wunder in Ägypten zahlreich werden. 10 Mose und Aaron wirkten all diese Wunder vor dem Pharao. Der Herr aber verhärtete das Herz des Pharao und er entließ die Israeliten nicht aus seinem Land.

Das Pesach

12 Darauf sprach der Herr zu Mose und Aaron in Ägypten: 2 Dieser Monat soll für euch der Anfangsmonat sein; der erste Monat des Jahres. 3 Verkündet der ganzen Gemeinde Israels: Am Zehnten dieses Monats besorge sich jeder ein Lamm für seine Familie, ein Lamm für jedes Haus. 4 Wenn aber eine Familie zu klein ist für ein ganzes Tier, so nehme er eins zusammen mit seinem nächsten Nachbarn nach der Zahl der Personen. Nach dem, was jeder isst, sollt ihr auf ein Lamm rechnen. 5 Ein fehlerloses, männliches und einjähriges Lamm müsst ihr auswählen. Von den Schafen oder den Ziegen sollt ihr es nehmen. 6 Bis zum vierzehnten Tag dieses Monats sollt ihr es aufbewahren. Dann soll es die ganze Gemeinde Israels gegen Abend schlachten. 7 Von dem Blut aber sollen sie etwas nehmen und es an die beiden Türpfosten und an die Oberschwelle der Häuser streichen, in denen sie es verzehren. 8 Das Fleisch sollen sie in der gleichen Nacht verzehren, am Feuer gebraten; mit ungesäuertem Brot und bitteren Kräutern sollen sie es essen. 9 Ihr dürft nichts davon roh oder in Wasser gekocht, sondern nur am Feuer gebraten verzehren; sein Kopf muss noch mit den Schenkeln und dem Rumpf zusammenhängen. 10 Ihr dürft nichts davon bis zum nächsten Morgen übrig lassen. Was davon bis zum Morgen übrig bleibt, sollt ihr im Feuer verbrennen. 11 So sollt ihr es essen: euere Hüften gegürtet, euere Schuhe an eueren Füßen und eueren Stab in eueren Händen. Ihr sollt es in Eile essen: Ein Pesach ist es für den Herrn. 12 Ich werde in dieser Nacht durch Ägypten ziehen und alle Erstgeburt in Ägypten töten, Menschen und Tiere, und über alle Götter Ägyptens will ich Gericht halten, ich, der Herr. 13 Das Blut an den Häusern, in denen ihr weilt, soll ein Schutzzeichen für euch sein. Wenn ich das Blut sehe, dann gehe ich an euch vorüber und schone euch. Es soll euch kein vernichtender Schlag treffen, wenn ich Ägypten schlage. 14 Dieser Tag soll euch ein Gedenktag sein und ihr sollt ihn zu Ehren des Herrn festlich begehen. Von Generation zu Generation sollt ihr ihn als eine immer währende Einrichtung feiern.

Das Fest der Ungesäuerten Brote

15 Sieben Tage sollt ihr ungesäuertes Brot essen. Gleich am ersten Tag sollt ihr den Sauerteig aus eueren Häusern entfernen; denn jeder, der vom ersten bis zum siebten Tag Gesäuertes isst, soll aus Israel ausgerottet werden. 16 Ferner soll bei euch am ersten Tag eine heilige Festversammlung sein; ebenso sollt ihr am siebten Tag eine heilige Festversammlung abhalten. Ihr dürft an beiden Tagen keine Arbeit ver-

richten. Nur was jeder zur Nahrung
braucht, dies allein darf für euch zuberei-
tet werden. 17 Begeht das Fest der Ungesäu-
erten Brote. Denn an eben diesem Tag
habe ich euere Scharen aus Ägypten hi-
nausgeführt. Begeht also diesen Tag von
Generation zu Generation als immer wäh-
rende Einrichtung. 18 Am vierzehnten Tag
des ersten Monats gegen Abend sollt ihr
ungesäuertes Brot essen bis zum Abend
des einundzwanzigsten Tages des Monats.
19 Sieben Tage darf kein Sauerteig in eueren
Häusern sein, denn jeder, der Gesäuertes
isst, soll aus der Gemeinde Israels aus-
gerottet werden, sei er nun ein Fremder
oder ein im Land Geborener. 20 Nichts Ge-
säuertes dürft ihr essen. Überall, wo ihr
wohnt, sollt ihr ungesäuertes Brot essen.

Vorschriften für das Pesach

21 Mose berief nun alle Ältesten Israels und
sprach zu ihnen: Geht und besorgt euch
Schafe für euere Familien und schlachtet
das Pesach. 22 Nehmt einen Ysopzweig,
taucht ihn in die Schale mit Blut und
streicht von dem Blut in der Schale an die
Oberschwelle und an die beiden Türpfos-
ten. Niemand von euch darf bis zum Mor-
gen zur Tür seines Hauses hinausgehen.
23 Wenn der Herr vorübergeht, um Ägyp-
ten zu schlagen, und das Blut an der Ober-
schwelle und an den beiden Türpfosten
sieht, wird der Herr an der Tür vorüber-
gehen und euch schonen und den Verder-
ber nicht in euere Häuser eintreten lassen,
um euch zu schlagen. 24 Ihr sollt diese An-
ordnungen als ein Gesetz beobachten, das
für euch und euere Kinder für alle Zeiten
gilt. 25 Auch wenn ihr in das Land kommt,
das der Herr euch geben wird, wie er ver-
heißen hat, sollt ihr diesen Brauch beob-
achten. 26 Fragen euch dann euere Kinder:
Was habt ihr da für einen Brauch?, 27 dann
sollt ihr sagen: Das ist das Pesach-Opfer
für den Herrn, der in Ägypten an den Häu-
sern der Israeliten vorüberging, als er die
Ägypter schlug, unsere Häuser aber ver-
schonte. Da verneigte sich das Volk und
warf sich nieder. 28 Die Israeliten gingen
und taten, was der Herr dem Mose und
Aaron befohlen hatte. So machten sie es.

10. Plage: Der Tod der Erstgeburt

29 Um Mitternacht aber geschah es, dass der
Herr alle Erstgeburt in Ägypten schlug,
vom Erstgeborenen des Pharao, der auf
dem Thron saß, bis zum Erstgeborenen
des Gefangenen, der im Kerker lag, und
jede Erstgeburt des Viehs. 30 Da erhob sich
der Pharao noch in der Nacht, er und alle
seine Diener und alle Ägypter. Es war ein
großes Wehklagen in Ägypten. Denn es
gab kein Haus, in dem nicht ein Toter lag.
31 Er ließ noch in der Nacht Mose und Aa-
ron rufen und sprach: Macht euch auf!
Zieht weg aus meinem Volk, ihr und die
Israeliten! Geht und dient dem Herrn nach
euerem Verlangen! 32 Auch euere Schafe
und euere Rinder nehmt mit, wie ihr gefor-
dert habt, nur geht. Doch bittet auch für
mich um Segen! 33 Auch die Ägypter dräng-
ten das Volk, dass es unverzüglich aus dem
Land wegziehe. Denn sie sagten: Wir sind
sonst alle des Todes! 34 So nahm das Volk
seinen Teig, bevor er durchsäuert war; sie
trugen ihre Backschüsseln in ihre Mäntel
eingewickelt auf den Schultern.

Plünderung der Ägypter

35 Die Israeliten hatten nach der Weisung
des Herrn gehandelt und von den Ägyp-
tern Silber- und Goldsachen und Kleider
gefordert. 36 Der Herr stimmte die Ägypter
günstig gegen das Volk, sodass sie ihre
Forderungen erfüllten. So nahmen sie
Beute von den Ägyptern.

Aufbruch Israels

37 Die Israeliten brachen nun von Ramses
nach Sukkot auf, an sechshunderttausend
Mann zu Fuß, Frauen und Kinder nicht
gerechnet. 38 Auch viele andere Leute zo-
gen mit ihnen sowie Schafe und Rinder,
eine große Menge Vieh. 39 Aus dem Teig,
den sie aus Ägypten mitgenommen hat-
ten, backten sie ungesäuerte Brotfladen,
denn er war nicht gesäuert, da sie von den
Ägyptern hinausgejagt worden waren. Sie
hatten deshalb keine Zeit, sich mit Ver-
pflegung zu versorgen. 40 Die Zeit, in der
die Israeliten in Ägypten ansässig waren,
betrug vierhundertdreißig Jahre. 41 Nach
Ablauf der vierhundertdreißig Jahre, an
eben diesem Tag zogen alle Scharen des
Herrn aus Ägypten fort. 42 Es war eine
Nacht der Wache für den Herrn, als er sie
aus Ägypten herausführte. Das ist die
Nacht, die zu Ehren des Herrn von den
Israeliten als Nacht der Wache durch alle
Generationen gefeiert werden muss.

Vorschriften für das Pesach

43 Der Herr sprach zu Mose und Aaron:
Dies ist das Gesetz für das Pesach: Kein
Fremder darf davon essen. 44 Aber jeder
um Geld gekaufte Sklave darf davon essen,
wenn du ihn beschnitten hast. 45 Ein Halb-
bürger und Tagelöhner darf davon nicht
essen. 46 Es muss in ein und demselben
Haus gegessen werden. Von dem Fleisch
darfst du nichts aus dem Haus hinaustra-
gen; keinen Knochen dürft ihr an ihm zer-
brechen. 47 Die ganze Gemeinde der Israe-
liten soll es so halten. 48 Wenn ein Fremder
bei dir weilt und das Pesach zu Ehren des
Herrn feiern will, so muss bei ihm alles
Männliche beschnitten werden. Dann darf
er zur Feier kommen und soll wie ein Ein-
heimischer gelten. Ein Unbeschnittener
aber darf nicht davon essen. 49 Das gleiche
Gesetz gilt für den Einheimischen wie für
den Fremden, der sich bei euch aufhält.
50 Alle Israeliten taten, was der Herr Mose
und Aaron befohlen hatte. So machten sie
es. 51 An eben diesem Tag führte der Herr
die Israeliten, geordnet nach ihren Scha-
ren, aus Ägypten heraus.

Die Erstgeburt

13 Der Herr sprach weiter zu Mose:
2 Weihe mir jede Erstgeburt! Alles,
was in Israel bei Menschen und Vieh zu-
erst den Mutterschoß öffnet, gehört mir.

Die ungesäuerten Brote

3 Mose sagte nun zum Volk: Denkt an die-
sen Tag, an dem ihr aus Ägypten, aus dem
Haus der Knechtschaft, weggezogen seid!
Denn mit starker Hand hat euch der Herr
von dort herausgeführt. Darum darf
nichts Gesäuertes gegessen werden. 4 Heu-
te, im Monat Abib, seid ihr ausgezogen.
5 Wenn dich dann der Herr in das Land
der Kanaaniter und Hetiter, der Amoriter,
Hiwiter und Jebusiter führt, das dir zu ge-
ben er den Vätern eidlich zugesichert hat,
ein Land, das von Milch und Honig fließt,
sollst du diesen Brauch in diesem Monat
beibehalten: 6 Sieben Tage lang sollst du
Ungesäuertes essen. Am siebten Tag soll
eine Festversammlung zu Ehren des Herrn
stattfinden. 7 Nur Ungesäuertes darf man
an diesen sieben Tagen essen und man darf
nichts Gesäuertes bei dir finden. Auch in
deinem ganzen Gebiet darf man bei dir
keinen Sauerteig auffinden. 8 Du sollst dei-
nem Sohn an diesem Tag erzählen: Es ge-
schieht für das, was der Herr bei meinem
Auszug aus Ägypten an mir getan hat. 9 Es
soll dir sein wie ein Zeichen auf deiner
Hand und wie ein Erinnerungszeichen
auf deiner Stirn, damit das Gesetz des
Herrn in deinem Mund ist. Denn mit star-
ker Hand hat dich der Herr aus Ägypten
herausgeführt. 10 Darum sollst du diese Re-
gel Jahr für Jahr zur festgesetzten Zeit be-
achten.

Die Erstgeburt

11 Wenn dich dann der Herr in das Land
der Kanaaniter geführt und es dir gegeben
hat, wie er es dir und deinen Vätern eidlich
zugesichert hat, 12 dann sollst du alles, was
den Mutterschoß öffnet, dem Herrn wei-
hen. Auch jeder Erstlingswurf des Viehs,
der dir zuteil wird, gehört, soweit er
männlich ist, dem Herrn. 13 Jeden Erst-
lingswurf vom Esel sollst du mit einem
Schaf auslösen. Wenn du es aber nicht
auslösen willst, sollst du ihm das Genick
brechen. Jede menschliche Erstgeburt un-
ter deinen Söhnen musst du auslösen.
14 Wenn dich dein Sohn künftig fragt: Was
bedeutet dies?, so sollst du ihm sagen: Mit
starker Hand hat uns der Herr aus Ägyp-
ten, aus dem Haus der Knechtschaft, he-
rausgeführt. 15 Denn als der Pharao sich
hartnäckig weigerte, uns ziehen zu lassen,
hat der Herr alle Erstgeburt in Ägypten
getötet, die Erstgeburt bei den Menschen
wie die Erstgeburt des Viehs. Darum opfe-
re ich dem Herrn alles, was den Mutter-
schoß durchbricht, soweit es männlich ist,
und jede Erstgeburt unter meinen Söhnen
löse ich aus. 16 Es soll dir wie ein Zeichen
sein auf deiner Hand und ein Erinne-
rungszeichen auf deiner Stirn, dass uns
der Herr mit starker Hand aus Ägypten
herausgeführt hat.

Der Durchzug durch das Schilfmeer

Aufbruch der Israeliten

17 Als der Pharao das Volk hatte ziehen las-
sen, führte Gott sie nicht den Weg durch
das Land der Philister, obwohl dies der
nächste war. Denn Gott dachte, das Volk
könnte es bereuen, wenn es Kämpfe beste-
hen müsse, und deshalb nach Ägypten zu-
rückkehren wollen. 18 Darum ließ Gott das
Volk auf dem Weg zur Wüste das Schilf-

meer umgehen. Gerüstet zogen die Israeli-
ten aus Ägypten. 19 Mose nahm die Gebei-
ne Josefs mit sich. Denn dieser hatte die
Israeliten schwören lassen: Wenn Gott
euch einst gnädig heimsucht, dann nehmt
meine Gebeine von hier mit euch! 20 So
brachen sie von Sukkot auf und lagerten
in Etam am Rand der Wüste. 21 Der Herr
zog vor ihnen her, bei Tag in einer Wol-
kensäule, um ihnen den Weg zu zeigen,
bei Nacht in einer Feuersäule, um ihnen
zu leuchten, damit sie bei Tag und Nacht
wandern konnten. 22 Nicht wich die Wol-
kensäule bei Tag und die Feuersäule bei
Nacht von der Spitze des Volkes.

Von Etam zum Schilfmeer

14 Der Herr sprach zu Mose: 2 Befiehl
den Israeliten, umzukehren und
sich vor Pi-Hahirot zwischen Migdol und
dem Meer zu lagern. Baal-Zefon gegen-
über sollt ihr euch am Meer lagern. 3 Der
Pharao wird von den Israeliten denken: Sie
haben sich im Land verirrt, die Wüste hat
sie umschlossen. 4 Ich werde das Herz des
Pharao verhärten, sodass er ihnen nach-
setzt. Dann will ich am Pharao und an sei-
nem ganzen Heer meine Macht beweisen.
Die Ägypter sollen erfahren, dass ich der
Herr bin. Und so machten sie es.

Die Ägypter verfolgen Israel

5 Als dem König von Ägypten gemeldet
wurde, dass das Volk entwichen sei, än-
derte sich die Stimmung des Pharao und
seiner Diener gegen das Volk. Sie sagten:
Was haben wir da gemacht, dass wir die
Israeliten aus unserem Dienst entließen!
6 Er ließ seinen Streitwagen anspannen
und nahm sein Kriegsvolk mit sich. 7 Er
nahm sechshundert auserlesene Streitwa-
gen und alle anderen Wagen der Ägypter,
besetzt mit seinen Kriegern. 8 Der Herr
verhärtete das Herz des Pharao, des Kö-
nigs von Ägypten, sodass er den Israeliten
nachsetzte, während sie mit freudig erho-
bener Hand auszogen. 9 So setzten die
Ägypter ihnen nach und erreichten sie,
als sie am Meer bei Pi-Hahirot gegenüber
von Baal-Zefon lagerten, alle Pferde des
Pharao, alle seine Wagen und Reiter und
sein Heer. 10 Als der Pharao herankam,
schauten die Israeliten auf und sahen, dass
die Ägypter ihnen nachgezogen waren. Da
erschraken die Israeliten sehr und schrien
laut zum Herrn. 11 Und sie sagten zu Mose:
Gab es in Ägypten keine Gräber, dass du
uns fortgenommen hast, damit wir in der
Wüste sterben? Was hast du uns angetan,
dass du uns aus Ägypten herausgeführt
hast? 12 Haben wir dir dies nicht schon in
Ägypten gesagt: Lass uns in Ruhe! Wir
wollen den Ägyptern dienen! Denn es wä-
re besser für uns, den Ägyptern zu dienen,
als in der Wüste zu sterben. 13 Mose aber
sprach zum Volk: Fürchtet euch nicht! Ge-
duldet euch, ihr werdet die Hilfe des
Herrn erleben, die er euch heute bringen
wird. Denn so wie ihr heute die Ägypter
seht, sollt ihr sie in Ewigkeit nicht wieder-
sehen. 14 Der Herr wird für euch streiten,
ihr aber werdet euch still verhalten.

Durchzug durch das Meer

15 Der Herr sprach zu Mose: Warum
schreist du zu mir? Befiehl den Israeliten
aufzubrechen. 16 Du aber erheb deinen Stab
und streck deine Hand über das Meer aus
und spalte es! Die Israeliten sollen mitten
durch das Meer auf trockenem Boden ge-
hen können. 17 Ich aber werde das Herz des
Pharao verhärten, sodass er ihnen nach-
rücken wird. Ich will dann meine Macht
am Pharao und an seinem ganzen Heer,
an seinen Wagen und Reitern beweisen.
18 Die Ägypter sollen erfahren, dass ich
der Herr bin, wenn ich meine Macht am
Pharao, an seinen Wagen und Reitern be-
weise. 19 Da veränderte der Engel Gottes,
der dem Heer der Israeliten vorauszog,
seinen Platz und trat hinter sie. Auch die
Wolkensäule vor ihnen wechselte ihren
Platz und trat hinter sie, 20 sodass sie zwi-
schen dem Heer der Ägypter und dem La-
ger der Israeliten zu stehen kam. Die Wol-
ke blieb dunkel und die Nacht verstrich,
ohne dass sich die Heere während der gan-
zen Nacht einander nähern konnten.
21 Nun streckte Mose seine Hand über das
Meer aus. Der Herr ließ die ganze Nacht
das Meer vor einem starken Ostwind zu-
rückweichen und legte das Meer trocken.
Die Wasser spalteten sich 22 und die Israe-
liten zogen auf trockenem Boden mitten
durch das Meer, während die Wasser
rechts und links wie eine Mauer standen.
23 Die Ägypter aber setzten ihnen nach und
alle Pferde des Pharao, seine Wagen und
Reiter zogen hinter ihnen her mitten in
das Meer hinein. 24 Zur Zeit der Morgen-

wache schaute der Herr in der Feuer- und Wolkensäule auf das Heer der Ägypter und brachte das Heer der Ägypter in Verwirrung. 25 Er hemmte die Räder ihrer Wagen, sodass sie nur mühsam vorwärts kamen. Da riefen die Ägypter: Lasst uns vor den Israeliten fliehen, denn der Herr kämpft für sie gegen die Ägypter! 26 Nun sprach der Herr zu Mose Streck deine Hand über das Meer aus, damit die Wasser auf die Ägypter, auf ihre Wagen und Reiter zurückfluten! 27 Mose streckte seine Hand über das Meer aus. Da fluteten die Wasser bei Tagesanbruch an ihren alten Ort zurück, während die Ägypter ihnen entgegenflohen. So schüttelte der Herr die Ägypter mitten in das Meer hinein. 28 Die Wasser fluteten zurück und bedeckten die Wagen und Reiter des ganzen Heeres des Pharao, die hinter ihnen in das Meer gezogen waren. Nicht einer von ihnen blieb am Leben. 29 Die Israeliten dagegen waren auf trockenem Boden durch das Meer hindurchgegangen, während die Wasser wie eine Mauer zu ihrer Rechten und Linken standen. 30 So rettete der Herr an jenem Tag die Israeliten aus der Gewalt der Ägypter. Die Israeliten sahen die Ägypter tot am Meeresufer liegen. 31 Als die Israeliten die große Wundertat sahen, die der Herr an den Ägyptern gewirkt hatte, fürchtete das Volk den Herrn und vertraute auf den Herrn und auf Mose, seinen Diener.

Siegeslied des Mose

15 Damals sang Mose mit den Israeliten zu Ehren des Herrn dieses Lied. Sie sangen:

Singen will ich dem Herrn, denn er ist hocherhaben, / Ross und Reiter warf er ins Meer.

2 Meine Stärke ist der Herr und mein Lied, / er ward mir zum Retter. / Er ist mein Gott, ihn will ich preisen, / der Gott meines Vaters, ihn will ich rühmen.

3 Der Herr ist ein Kriegsheld, / Herr ist sein Name!

4 Die Wagen des Pharao und seine Streitmacht warf er ins Meer, / seine besten Streiter versanken im Schilfmeer.

5 Die Wogen bedeckten sie; / sie fuhren zur Tiefe wie ein Stein.

6 Deine Rechte, Herr, verherrlicht sich durch Kraft, / deine Rechte, Herr, zerschmettert den Feind.

7 Mit deiner Hoheit Fülle zerschlugst du deine Gegner. / Du entfesseltest deines Zornes Glut, er fraß sie wie Stoppeln.

8 Vor dem Schnauben deiner Nase türmten sich die Wasser, / stellten die Wogen sich auf wie ein Wall, / erstarrten die Fluten mitten im Meer.

9 Es sprach der Feind: Ich jage nach, / einholen will ich, Beute verteilen! / Meine Gier will ich stillen, zücken mein Schwert, / vertilgen soll sie meine Hand!

10 Du bliesest mit deinem Atem drein, / da bedeckte sie das Meer; sie versanken wie Blei in den gewaltigen Fluten.

11 Wer ist wie du unter den Göttern, Herr? / Wer ist wie du, in Heiligkeit strahlend, / furchtbar an Ruhmestaten, Wunder vollbringend!

12 Deine Rechte hast du ausgestreckt, / da verschlang sie die Erde.

13 Du führtest in deiner Güte das Volk, das du befreit, / du hast es machtvoll geführt zu deiner heiligen Wohnung.

14 Die Völker hörten es und zitterten, / Schmerzen befielen die Bewohner des Philisterlandes.

15 Damals erschraken die Fürsten von Edom, / Angst erfasste die Helden von Moab. / Es zagten alle Bewohner von Kanaan.

16 Furcht und Schrecken kam über sie, / vor der Kraft deines Armes erstarrten sie wie Stein. / So zog dein Volk hindurch, Herr, / so zog hindurch das Volk, das du erworben hast.

17 Du brachtest sie hinein und pflanztest sie ein / auf den Berg, der dein Erbbesitz, / an die Stätte, die du, Herr, zur Wohnung dir bereitet, / das Heiligtum, Herr, das deine Hände gebaut.

18 Der Herr ist König auf immer und ewig!

19 Als die Pferde des Pharao, seine Wagen und Reiter in das Meer hineinkamen und der Herr die Wasser des Meeres auf sie zurückfluten ließ, nachdem die Israeliten auf trockenem Boden mitten durch das Meer gezogen waren, 20 da nahm die Prophetin Mirjam, die Schwester Aarons, die Pauke zur Hand und alle Frauen zogen mit Pauken und im Reigen hinter ihr her. 21 Mirjam sang ihnen vor: Singt dem Herrn, denn er ist hocherhaben, Ross und Reiter warf er ins Meer!

Die Wüstenwanderung

Mara

22 Hierauf ließ Mose die Israeliten vom
Schilfmeer aufbrechen. Sie zogen weiter
in die Wüste Schur. Drei Tage wanderten
sie in der Wüste, ohne Wasser zu finden.
23 Als sie nach Mara kamen, konnten sie
das Wasser nicht trinken, weil es bitter
war. Darum hieß der Ort Mara (Bitterer
Brunnen). 24 Das Volk murrte gegen Mose
und sagte: Was sollen wir trinken? 25 Er
aber rief zum Herrn und der Herr zeigte
ihm ein Holz. Als er es in das Wasser warf,
wurde das Wasser süß. Dort gab er ihm
Gesetz und Recht und dort stellte er es
auf die Probe.

26 Er sprach: Wenn du auf die Stimme
des Herrn, deines Gottes, hörst und tust,
was recht ist in seinen Augen, wenn du
seinen Geboten gehorchst und alle seine
Satzungen beachtest, dann will ich keine
der Krankheiten, die ich über Ägypten
kommen ließ, über dich verhängen. Vielmehr will ich, der Herr, dein Arzt sein.

27 Hierauf kamen sie nach Elim. Dort
waren zwölf Quellen und siebzig Palmen.
Dort lagerten sie am Wasser.

Das Manna und die Wachteln

16 Sodann brach die ganze Gemeinde
der Israeliten von Elim auf und
kam am fünfzehnten Tag des zweiten Monats nach dem Auszug aus Ägypten in die
Wüste Sin, die zwischen Elim und dem Sinai liegt.
2 Da murrte die ganze Gemeinde
der Israeliten gegen Mose und Aaron in
der Wüste.
3 Die Israeliten sagten zu ihnen:
Wären wir doch durch die Hand des
Herrn in Ägypten gestorben, als wir bei
unseren Fleischtöpfen saßen und satt zu
essen hatten! Doch ihr habt uns in diese
Wüste geführt, um diese ganze Gemeinde
an Hunger sterben zu lassen.
4 Da sprach
der Herr zu Mose: Seht, ich will euch Brot
vom Himmel regnen lassen. Das Volk soll
dann hinausgehen, aber nur für den täglichen Bedarf sammeln. Damit will ich es
prüfen, ob es nach meiner Weisung leben
will oder nicht.
5 Wenn sie aber am sechsten Tag das Heimgebrachte zubereiten,
wird es doppelt so viel sein, wie sie sonst
täglich sammeln.

6 Mose und Aaron sprachen zur ganzen
Gemeinde der Israeliten: Heute Abend
sollt ihr erfahren, dass der Herr es ist, der
euch aus Ägypten herausgeführt hat.
7 Und
morgen früh werdet ihr die Herrlichkeit
des Herrn schauen. Denn er hat euer Murren gegen ihn gehört. Wer sind wir, dass
ihr gegen uns murrt?
8 Mose sprach weiter:
Daran, dass der Herr euch heute Abend
Fleisch zu essen gibt und am Morgen Brot
zur Sättigung, werdet ihr erkennen, dass
der Herr euer Murren gegen ihn gehört
hat. Doch wer sind wir? Nicht gegen uns
richtet sich euer Murren, sondern gegen
den Herrn.

9 Darauf sprach Mose zu Aaron: Sag der
ganzen Gemeinde der Israeliten: Tretet
vor den Herrn, denn er hat euer Murren
gehört!
10 Als Aaron der ganzen Gemeinde
der Israeliten dies mitgeteilt hatte und sie
sich zur Wüste hinwandten, da erschien
die Herrlichkeit des Herrn in einer Wolke.
11 Der Herr sprach zu Mose: Ich habe
das Murren der Israeliten gehört.
12 Sag ihnen: Heute Abend sollt ihr Fleisch essen
und morgen früh euch mit Brot sättigen.
So sollt ihr erkennen, dass ich, der Herr,
euer Gott bin.
13 Und wirklich: am Abend
kam ein Wachtelschwarm heran und bedeckte das Lager. Am Morgen aber war
tauender Nebel rings um das Lager.
14 Als
der tauende Nebel aufstieg, da lag auf
dem Boden der Wüste etwas Feines, Körnerartiges, fein wie Reif auf der Erde.
15 Da
die Israeliten dies sahen, fragten sie: Was
ist das? Denn sie wussten nicht, was es
war. Da sprach Mose zu ihnen: Das ist
das Brot, das der Herr euch zu essen gibt.
16 Folgendes gebietet euch der Herr: Jeder
von euch lese davon nach seinem Bedarf
auf, ein Gomer je Kopf, nach der Zahl
euerer Personen! Jeder hole davon nur
für seine Zeltgenossen.
17 Die Israeliten
machten es so und lasen auf, der eine viel,
der andere wenig.
18 Als sie aber mit dem
Gomer maßen, hatte der eine, der viel gesammelt hatte, keinen Überfluss, und der
wenig gesammelt hatte, keinen Mangel.
Jeder hatte nach seinem Bedarf aufgelesen.
19 Weiter sprach Mose zu ihnen: Niemand soll etwas davon bis zum anderen
Morgen aufheben.
20 Sie hörten jedoch
nicht auf Mose, sondern einige hoben etwas bis zum anderen Morgen auf. Es war
aber voll Würmer und faulte. Da wurde

Mose zornig. 21 So lasen sie es Morgen für
Morgen auf, jeder nach seinem Bedarf.
Sobald aber die Sonne zu glühen begann,
zerschmolz es.
22 Am sechsten Tag aber hatten sie dop-
pelt so viel Speise gesammelt, zwei Gomer
für jeden. Da kamen die Vorsteher der Ge-
meinde und meldeten dies Mose. 23 Er sag-
te zu ihnen: So gebietet der Herr: Der Ru-
hetag, der heilige Sabbat des Herrn, ist
morgen. Was ihr backen wollt, das backt,
und was ihr kochen wollt, das kocht. Alles,
was übrig bleibt, legt euch zurück, um es
für morgen aufzubewahren. 24 Sie legten es
bis zum folgenden Morgen zurück, wie
Mose befohlen hatte. Es faulte nicht, noch
bildeten sich Würmer darin. 25 Mose
sprach: Esst dies heute, denn heute ist der
Sabbat des Herrn; heute werdet ihr drau-
ßen nichts finden. 26 Sechs Tage sollt ihr
auflesen, am siebten Tag ist Sabbat; an
ihm gibt es nichts. 27 Als dennoch am sieb-
ten Tag einige aus dem Volk hinausgingen,
um aufzulesen, fanden sie nichts. 28 Da sag-
te der Herr zu Mose: Wie lange wollt ihr
euch weigern, meine Befehle und Weisun-
gen zu befolgen? 29 Seht doch, der Herr hat
euch den Sabbat gegeben. Darum gibt er
euch am sechsten Tag Speise für zwei Tage.
Jeder bleibe daheim; niemand verlasse am
siebten Tag seine Wohnung. 30 Also ent-
hielt sich das Volk am siebten Tag jeder
Arbeit. 31 Das Haus Israel aber nannte es
Manna. Es war weiß wie Koriandersamen
und schmeckte wie Honigkuchen.
32 Mose verkündete: Dies befiehlt der
Herr: Füllt ein Gomer mit Manna und be-
wahrt es für euere künftigen Generationen
auf, damit sie die Speise sehen, mit der ich
euch in der Wüste ernährt habe, als ich
euch aus Ägypten herausführte. 33 Und
Mose befahl Aaron: Nimm einen Krug,
schütte ein Gomer Manna hinein und
stelle ihn vor den Herrn, damit es für die
künftigen Generationen aufbewahrt wer-
de. 34 Also nahm Aaron einen Krug, gefüllt
mit einem Gomer Manna, wie der Herr
Mose befohlen hatte, und stellte das Man-
na zur Aufbewahrung hin vor die Bundes-
urkunde. 35 Die Israeliten aßen das Manna
vierzig Jahre lang, bis sie in bewohntes
Gebiet kamen. Sie aßen das Manna, bis
sie die Grenze des Landes Kanaan erreich-
ten. 36 Ein Gomer ist der zehnte Teil eines
Efa.

Das Wasser aus dem Felsen

17 Hierauf zog die ganze Gemeinde
der Israeliten von der Wüste Sin
gemäß der Weisung des Herrn von Lager-
platz zu Lagerplatz weiter und lagerte
schließlich in Refidim. Hier gab es kein
Trinkwasser für das Volk. 2 Da haderte
das Volk mit Mose und sie sprachen: Gib
uns Wasser zum Trinken! Mose entgegne-
te ihnen: Was hadert ihr mit mir? Was ver-
sucht ihr den Herrn? 3 Aber das Volk dürs-
tete nach Wasser. Darum murrte es weiter
gegen Mose und sprach: Wozu hast du uns
aus Ägypten herausgeführt? Etwa, um uns
und unsere Kinder und unser Vieh vor
Durst umkommen zu lassen? 4 Da schrie
Mose zum Herrn: Was soll ich mit diesem
Volk machen? Es fehlt nur wenig und es
steinigt mich. 5 Der Herr antwortete Mose:
Geh dem Volk voraus! Nimm einige von
den Ältesten Israels mit dir; nimm deinen
Stab, mit dem du den Nil geschlagen hast,
in deine Hand und geh! 6 Ich werde mich
dort vor dir auf den Felsen am Horeb stel-
len. Schlage dann auf den Felsen, es wird
Wasser aus ihm fließen und das Volk kann
trinken. Das tat Mose in Gegenwart der
Ältesten Israels. 7 Er nannte den Ort Massa
und Meriba (Probe und Streit), weil die Is-
raeliten dort gehadert und den Herrn ver-
sucht hatten, indem sie sagten: Ist der
Herr unter uns oder nicht?

Kampf mit Amalek

8 Hierauf rückten die Amalekiter heran,
um mit den Israeliten in Refidim zu kämp-
fen. 9 Da sprach Mose zu Josua: Wähl dir
Männer aus und zieh morgen aus zum
Kampf mit den Amalekitern! Ich will mich
mit dem Gottesstab in der Hand auf den
Gipfel des Hügels stellen. 10 Josua tat, wie
ihm Mose befohlen hatte, und zog aus
zum Kampf mit den Amalekitern. Mose
aber stieg mit Aaron und Hur auf den Gip-
fel des Hügels. 11 Solange Mose seine Arme
erhob, behielten die Israeliten die Ober-
hand; wenn er aber die Arme sinken ließ,
gewannen die Amalekiter die Oberhand.
12 Schließlich aber wurden dem Mose die
Arme zu schwer. Da nahmen sie einen
Stein und legten ihn unter Mose und er
setzte sich darauf. Aaron und Hur stützten
seine Arme, der eine auf dieser, der andere
auf der anderen Seite. So hielten es seine
Arme bis zum Sonnenuntergang aus. 13 So

besiegte Josua die Amalekiter und ihr
Kriegsvolk mit der Schärfe des Schwertes.
14 Danach sprach der Herr zu Mose:
Schreib dies zum Gedächtnis in ein Buch
und verkünde Josua, dass ich die Erinne-
rung an die Amalekiter völlig unter dem
Himmel austilgen werde. 15 Mose aber bau-
te einen Altar und nannte ihn Jahwe, mein
Feldzeichen; 16 Er sagte: Die Hand an das
Feldzeichen des Herrn! Krieg führt der
Herr mit Amalek von Generation zu Ge-
neration.

Begegnung zwischen Jitro und Mose

18 Jitro, der Priester der Midianiter,
der Schwiegervater des Mose, ver-
nahm alles, was Gott an Mose und an sei-
nem Volk Israel getan und wie der Herr
die Israeliten aus Ägypten herausgeführt
hatte. 2 Da nahm Jitro, der Schwiegervater
des Mose, Zippora, die Frau des Mose, die
dieser zurückgeschickt hatte, 3 und ihre
beiden Söhne. Von diesen hieß der eine
Gerschom (Ödgast); denn, hatte er gesagt,
ich bin ein Gast in fremdem Land gewor-
den, 4 der andere hieß Eliëser (Gotthilf);
denn, hatte er gesagt, der Gott meines Va-
ters war meine Hilfe, er hat mich vor dem
Schwert des Pharao errettet. 5 Es kamen al-
so Jitro, der Schwiegervater des Mose, des-
sen beide Söhne und dessen Frau zu Mose
in die Wüste, wo jener sich zum Berg Got-
tes hin gelagert hatte. 6 Man sagte Mose:
Siehe, dein Schwiegervater Jitro kommt
zu dir mit deiner Frau und ihren beiden
Söhnen, die bei ihr sind. 7 Da ging Mose
seinem Schwiegervater entgegen, verneig-
te sich vor ihm und küsste ihn. Dann er-
kundigten sie sich gegenseitig nach ihrem
Befinden und traten in das Zelt. 8 Nun er-
zählte Mose seinem Schwiegervater alles,
was der Herr dem Pharao und den Ägyp-
tern wegen der Israeliten angetan hatte, al-
le Mühsale, die ihnen auf dem Weg zuge-
stoßen waren, und wie der Herr sie errettet
hatte. 9 Da freute sich Jitro über all das Gu-
te, das der Herr Israel erwiesen hatte, in-
dem er sie aus der Gewalt der Ägypter be-
freite. 10 Dann sagte Jitro: Gepriesen sei der
Herr, der euch aus der Gewalt der Ägypter
und aus der Gewalt des Pharao befreit und
das Volk aus der Gewalt der Ägypter erlöst
hat! 11 Nun weiß ich, dass der Herr größer
ist als alle Götter. Denn die Ägypter haben
Israel hochmütig behandelt, doch der
Herr hat das Volk aus ihrer Hand gerettet.
12 Dann brachte Jitro, der Schwiegervater
des Mose, Gott ein Brandopfer und
Schlachtopfer dar und Aaron kam mit al-
len Ältesten Israels, um mit dem Schwie-
gervater des Mose vor Gott ein Mahl zu
halten.

Einsetzung von Richtern

13 Am anderen Morgen setzte sich Mose
nieder, um dem Volk Recht zu sprechen.
Die Leute standen vor Mose vom Morgen
bis zum Abend. 14 Als der Schwiegervater
des Mose alles sah, was dieser mit dem
Volk zu tun hatte, sagte er: Was machst
du dir mit dem Volk so viel zu schaffen?
Warum sitzt du allein, während das ganze
Volk vom Morgen bis zum Abend vor dir
steht? 15 Mose antwortete seinem Schwie-
gervater: Die Leute kommen zu mir, um
Gottes Entscheidungen einzuholen. 16 So-
oft sie eine Rechtssache haben, kommen
sie zu mir, damit ich Schiedsrichter zwi-
schen ihnen sei und ihnen die Rechtssprü-
che und Weisungen Gottes verkünde.
17 Darauf entgegnete der Schwiegervater
des Mose: Das ist nicht gut, wie du es
machst. 18 Du reibst dich und die Leute da
bei dir auf. Die Sache ist zu schwer für
dich, du kannst sie nicht allein bewältigen.
19 Nun höre auf meine Stimme, ich will dir
einen guten Rat geben und Gott wird mit
dir sein. Vertritt du das Volk vor Gott und
bring du ihre Angelegenheiten vor Gott.
20 Belehre sie ferner über die Gebote und
Weisungen und zeig ihnen den Weg, den
sie gehen, und die Werke, die sie tun sol-
len. 21 Such dir aber aus dem ganzen Volk
tüchtige, gottesfürchtige und vertrauens-
würdige Männer aus, die Bestechung ver-
abscheuen, und bestelle sie zu Vorstehern
über eintausend, über einhundert, über
fünfzig und über zehn. 22 Sie sollen dem
Volk jederzeit Recht sprechen. Nur die
wichtigen Fälle sollen dir vorgelegt wer-
den; alle minder wichtigen Fälle aber sol-
len sie selbst entscheiden. Entlaste dich auf
diese Weise! Lass sie mit dir die Last tra-
gen! 23 Wenn du es so anpackst und Gott es
dir gestattet, so kannst du dabei bestehen
und auch diese Leute werden an Ort und
Stelle zufrieden gestellt.

24 Mose befolgte den Rat seines Schwie-
gervaters und machte es ganz so, wie er es
vorgeschlagen hatte. 25 Mose wählte aus

ganz Israel tüchtige Männer aus und machte sie zu Vorstehern über das Volk, über eintausend, über einhundert, über fünfzig und über zehn, [26] damit sie jederzeit dem Volk Recht sprechen sollen. Nur die schwierigen Fälle sollten sie Mose vorlegen, die leichteren aber selbst entscheiden. [27] Hierauf ließ Mose seinen Schwiegervater ziehen und dieser kehrte in seine Heimat zurück.

Der Bund am Sinai

Der Bund und die Zehn Gebote

Ankunft am Sinai

19 Am dritten Neumondstag nach dem Auszug der Israeliten aus Ägypten, genau am heutigen Tag, gelangten sie in die Wüste Sinai. [2] Sie waren nach ihrem Aufbruch von Refidim in die Wüste Sinai gekommen und lagerten in der Wüste. Die Israeliten lagerten dort dem Berg gegenüber.

Verheißung des Bundes

[3] Als Mose zu Gott hinaufstieg, rief ihm der Herr vom Berg herab zu: So rede zum Haus Jakob und verkünde den Söhnen Israels: [4] Ihr habt gesehen, was ich den Ägyptern angetan, wie ich euch auf Adlerflügeln getragen und euch zu mir hierhergebracht habe. [5] Wenn ihr nun auf mein Wort hört und meinen Bund haltet, dann werdet ihr unter allen Völkern mein besonderes Eigentum sein, denn mir gehört die ganze Erde. [6] Ihr sollt mir ein Königreich von Priestern und ein heiliges Volk sein. Das sind die Worte, die du den Israeliten verkünden sollst. [7] Mose ging hin, rief die Ältesten des Volkes zusammen und trug ihnen alle diese Worte vor, die ihm der Herr aufgetragen hatte. [8] Das ganze Volk antwortete einmütig: Alles, was der Herr befohlen hat, wollen wir tun! Und Mose überbrachte dem Herrn diese Worte des Volkes.

Vorbereitung des Bundes

[9] Hierauf sprach der Herr zu Mose: Siehe, ich werde in dichter Wolke zu dir kommen, damit das Volk es hört, wenn ich mit dir rede, und dir für immer glaubt. Mose teilte dem Herrn die Antwort des Volkes mit. [10] Da sprach der Herr zu Mose: Geh zu dem Volk! Sie sollen sich heute und morgen zurüsten, ihre Kleider waschen [11] und sich für den dritten Tag bereit halten. Denn übermorgen wird der Herr vor den Augen des ganzen Volkes auf den Berg Sinai herabkommen. [12] Du aber zieh um den Berg eine Grenze und gebiete: Hütet euch, auf den Berg zu steigen oder auch nur seinen Fuß zu berühren! Jeder, der den Berg berührt, muss sterben. [13] Keine Hand darf ihn berühren; er soll gesteinigt oder durch Pfeilschuss getötet werden. Weder Mensch noch Tier darf am Leben bleiben. Erst wenn das Widderhorn geblasen wird, dürfen sie den Berg hinaufsteigen. [14] Mose ging vom Berg zum Volk herab, ließ das Volk sich zurüsten und seine Kleider waschen. [15] Und Mose gebot dem Volk: Haltet euch für übermorgen bereit! Naht euch keiner Frau!

Die Gotteserscheinung

[16] Am dritten Tag, als es Morgen wurde, brachen Donner und Blitze los, eine schwere Wolke lagerte sich über dem Berg und es ertönte mächtiger Posaunenschall. Das ganze Volk, das im Lager war, erbebte vor Furcht. [17] Mose führte das Volk aus dem Lager heraus Gott entgegen und es stellte sich am Fuß des Berges auf. [18] Der Berg Sinai war ganz in Rauch gehüllt, weil der Herr im Feuer auf ihn herabgekommen war. Der Rauch stieg auf wie der Rauch eines Schmelzofens. Der ganze Berg erbebte heftig. [19] Der Posaunenschall wurde immer stärker. Mose redete und Gott antwortete ihm im Donner. [20] Der Herr stieg herab auf den Berg Sinai, auf den Gipfel des Berges und rief Mose auf den Gipfel des Berges und Mose stieg hinauf. [21] Der Herr sprach zu Mose: Steig hinab und ermahne das Volk, dass es nicht zum Herrn vordringe, um ihn zu sehen, denn viele von ihnen würden umkommen. [22] Auch die Priester, die sonst dem Herrn nahen dürfen, sollen sich heiligen, damit der Herr nicht gegen sie losbricht. [23] Da sprach Mose zum Herrn: Das Volk kann

nicht auf den Berg Sinai hinaufsteigen, denn du selbst hast uns ermahnt: Grenze den Berg ein und erklär ihn für heilig. 24 Da entgegnete ihm der Herr: Steig hinab und komm in Begleitung Aarons wieder herauf! Die Priester aber und das Volk sollen die Grenzen nicht durchbrechen, um zum Herrn hinaufzusteigen. Er würde sie sonst vernichten. Mose stieg zum Volk hinab und sagte es ihnen.

Die Zehn Gebote

20 Da sprach Gott alle diese Worte: 2 Ich bin der Herr, dein Gott, der dich aus Ägypten, dem Sklavenhaus, herausgeführt hat.

3 Du sollst keine anderen Götter haben als mich.

4 Du sollst dir kein geschnitztes Bild machen, kein Abbild von dem, was im Himmel oben oder unten auf der Erde oder im Wasser unter der Erde ist.

5 Du sollst dich nicht vor diesen Bildern niederwerfen und sie nicht verehren. Denn ich, der Herr, dein Gott, bin ein eifersüchtiger Gott, der die Schuld der Väter verfolgt an den Kindern, Enkeln und Urenkeln derer, die mich hassen, 6 der aber Huld erweist bis ins tausendste Glied denen, die mich lieben und meine Gebote halten.

7 Du sollst den Namen des Herrn, deines Gottes, nicht missbrauchen; denn der Herr lässt den nicht ungestraft, der seinen Namen missbraucht.

8 Gedenke des Sabbattags, dass du ihn heiligst. 9 Sechs Tage sollst du arbeiten und all dein Werk tun. 10 Der siebte Tag aber ist Sabbat für den Herrn, deinen Gott. Da darfst du kein Werk tun, weder du selbst noch dein Sohn, noch deine Tochter, noch dein Knecht, noch deine Magd, noch dein Vieh, noch der Fremde, der sich in deinen Toren aufhält. 11 Denn in sechs Tagen hat der Herr den Himmel, die Erde und das Meer und alles, was in ihnen ist, erschaffen; aber am siebten Tag ruhte er. Deshalb hat der Herr den Sabbattag gesegnet und ihn geheiligt.

12 Ehre deinen Vater und deine Mutter, damit du lange lebst in dem Land, das der Herr, dein Gott, dir geben will.

13 Du sollst nicht morden.

14 Du sollst nicht ehebrechen.

15 Du sollst nicht stehlen.

16 Du sollst nicht als falscher Zeuge gegen deinen Nächsten auftreten.

17 Du sollst nicht das Haus deines Nächsten begehren. Du sollst nicht die Frau deines Nächsten begehren, noch seinen Knecht, noch seine Magd, noch sein Rind, noch seinen Esel, noch irgendetwas, was deinem Nächsten gehört.

18 Als das Volk den Donner und die Blitze, den Posaunenschall und den rauchenden Berg wahrnahm, fürchtete sich das Volk und zitterte und blieb in der Ferne stehen. 19 Sie sprachen zu Mose: Rede du mit uns, so wollen wir hören! Gott aber soll nicht mit uns reden, sonst müssen wir sterben. 20 Mose antwortete dem Volk: Fürchtet euch nicht! Denn Gott ist gekommen, um euch auf die Probe zu stellen und die Furcht vor ihm in euch wachzurufen, damit ihr nicht sündigt. 21 So blieb das Volk in der Ferne stehen; Mose aber trat an die dunkle Wolke heran, in der Gott war.

Das Bundesbuch

Altargesetz

22 Nun sagte der Herr zu Mose: So sprich zu den Israeliten: Ihr selbst habt gesehen, dass ich vom Himmel her mit euch redete. 23 Ihr sollt euch neben mir keine silbernen Götter machen, auch goldene Götter sollt ihr euch nicht anfertigen!

24 Du sollst mir einen Altar aus Erde bauen und darauf deine Brandopfer und deine Gemeinschaftsopfer darbringen, die du aus deinen Schafen und Rindern nimmst. An jeder Stätte, an der ich meines Namens gedenken lasse, will ich zu dir kommen und dich segnen. 25 Wenn du mir aber einen Altar aus Steinen errichten willst, so darfst du ihn nicht aus behauenen Steinen bauen. Denn wenn du sie mit dem Meißel bearbeitest, hast du sie entweiht. 26 Auch darfst du nicht auf Stufen zu meinem Altar hinaufsteigen, damit deine Scham nicht dabei entblößt werde.

Gesetze über die Sklaven

21 Folgendes sind die Rechtssatzungen, die du ihnen vorlegen sollst: 2 Wenn du einen hebräischen Sklaven kaufst, soll er sechs Jahre lang dienen. Im siebten Jahr soll er ohne Entgelt entlassen werden. 3 Ist er allein gekommen, soll er allein entlassen werden. War er verheiratet, dann soll seine Frau mit ihm entlassen werden. 4 Hat aber sein Herr ihm eine Frau gegeben und diese ihm Söhne und Töchter geboren, dann soll die Frau mit ihren Kindern ihrem Herrn gehören; er wird allein entlassen. 5 Erklärt jedoch der Sklave: Ich habe meinen Herrn, meine Frau und meine Kinder lieb, ich will nicht freigelassen werden, 6 so soll ihn sein Herr zu Gott bringen und ihn an die Tür oder an den Türpfosten stellen. Da soll ihm sein Herr das Ohr mit einem Pfriemen durchbohren und er soll nun für immer sein Sklave sein. 7 Wenn jemand seine Tochter als Sklavin verkauft, so darf sie nicht wie die Sklaven entlassen werden. 8 Missfällt sie ihrem Herrn, der sie für sich bestimmt hatte, dann lasse er sie loskaufen. Sie an fremde Leute zu verkaufen, steht ihm nicht zu, da er seine Zusage nicht eingehalten hat. 9 Bestimmt er sie für seinen Sohn, dann soll er sie nach dem Recht der Töchter behandeln. 10 Nimmt er sich noch eine andere, so darf er sie in Nahrung, Kleidung und Beischlaf nicht benachteiligen. 11 Wenn er ihr aber diese drei Dinge nicht gewährt, darf sie ohne Entschädigung frei weggehen.

Mord und Totschlag

12 Wer einen anderen schlägt, sodass er stirbt, soll mit dem Tod bestraft werden. 13 Hat er es nicht vorsätzlich getan, sondern hat dies Gott seiner Hand zustoßen lassen, so will ich dir einen Ort bestimmen, wohin er fliehen kann. 14 Hat aber jemand einen anderen ermordet, so sollst du ihn von meinem Altar wegholen, damit er getötet werde.

15 Wer seinen Vater oder seine Mutter schlägt, soll mit dem Tod bestraft werden. 16 Wer einen Menschen raubt, ob er ihn verkauft hat oder ob er sich noch in seiner Gewalt befindet, soll mit dem Tod bestraft werden. 17 Wer seinen Vater oder seine Mutter verflucht, soll mit dem Tod bestraft werden.

Körperverletzung

18 Wenn Männer in Streit geraten und es schlägt einer den anderen mit einem Stein oder mit der Faust, sodass dieser zwar nicht stirbt, aber bettlägerig wird, 19 so soll, wenn dieser wieder aufstehen und an seinem Stock im Freien umhergehen kann, der andere, der ihn geschlagen hat, straflos bleiben. Aber er muss ihn für seine Arbeitsunfähigkeit entschädigen und die Heilkosten bezahlen.

20 Wenn jemand seinen Sklaven oder seine Sklavin mit einem Stock schlägt, dass sie unter seiner Hand sterben, so muss dies gesühnt werden. 21 Bleibt der Betreffende aber noch einen oder zwei Tage am Leben, so soll ihn keine Strafe treffen, weil es sich um sein eigenes Vermögen handelt.

22 Wenn Männer miteinander raufen und dabei eine schwangere Frau stoßen, dass eine Fehlgeburt eintritt, sie aber nicht stirbt, dann soll der Schuldige eine Geldbuße in der Höhe leisten, die ihm der Ehemann der Frau nach dem Spruch von Schiedsrichtern auferlegt. 23 Stirbt sie aber daran, dann gilt: Leben um Leben, 24 Auge um Auge, Zahn um Zahn, Hand um Hand, Fuß um Fuß, 25 Brandmal um Brandmal, Wunde um Wunde, Strieme um Strieme.

26 Wenn jemand seinem Sklaven oder seiner Sklavin ins Auge schlägt und es zerstört, so soll er sie zur Entschädigung für das Auge freilassen. 27 Wenn er seinem Sklaven oder seiner Sklavin einen Zahn ausschlägt, soll er sie zur Entschädigung für den Zahn freilassen.

28 Wenn ein Rind einen Mann oder eine Frau so stößt, dass der Tod eintritt, ist das Rind zu steinigen; sein Fleisch darf nicht gegessen werden. Der Eigentümer des Rindes bleibt jedoch straffrei. 29 War aber das Rind schon früher stößig und hat es sein Besitzer trotz Verwarnung nicht gehütet, so soll das Rind, das einen Mann oder eine Frau getötet hat, gesteinigt werden; auch sein Besitzer soll mit dem Tod bestraft werden. 30 Wird ihm eine Geldbuße auferlegt, so soll er als Lösegeld für sein Leben so viel zahlen, als ihm auferlegt wird. 31 Stößt das Rind einen Knaben oder ein Mädchen, dann soll nach dem gleichen Recht verfahren werden. 32 Stößt das Rind einen Sklaven oder eine Sklavin, so soll man ihrem Herrn dreißig Schekel Silber bezahlen; das Rind soll gesteinigt werden.

33 Wenn jemand eine Zisterne offenlässt oder wenn jemand eine Zisterne gräbt und sie nicht zudeckt und es fällt ein Rind oder ein Esel hinein, 34 so muss der Besitzer der Zisterne Ersatz leisten; er muss deren Eigentümer mit Geld abfinden, das verende-

te Tier aber gehört ihm. 35 Wenn das Rind
eines Mannes das Rind eines anderen
stößt, sodass es verendet, so sollen sie das
lebende Rind verkaufen und den Erlös un-
ter sich teilen; auch das verendete Tier sol-
len sie unter sich teilen. 36 War es jedoch
bekannt, dass das Rind schon früher stö-
ßig war, und hat sein Eigentümer es nicht
gehütet, so soll er für das Rind ein anderes
Rind als Ersatz geben, das verendete Tier
aber gehört ihm.

Viehdiebstahl

37 Wenn jemand ein Rind oder ein Schaf
stiehlt und es schlachtet oder verkauft, soll
er fünf Rinder für ein Rind und vier Schafe
für ein Schaf als Ersatz geben.

22 Wird der Dieb beim Einbruch er-
tappt und geschlagen, dass er
stirbt, so entsteht seinetwegen keine Blut-
schuld. 2 War aber die Sonne dabei bereits
aufgegangen, so entsteht seinetwegen eine
Blutschuld. Er muss Ersatz leisten. Ist ihm
dies nicht möglich, so soll er zur Deckung
des Gestohlenen verkauft werden. 3 Wird
das Gestohlene, sei es ein Rind, ein Esel
oder ein Schaf, noch lebend bei ihm vor-
gefunden, muss er doppelten Ersatz leis-
ten.

Vergehen, für die Entschädigung zu leisten ist

4 Wenn jemand ein Feld oder einen Wein-
berg abweiden lässt und er lässt sein Vieh
das Feld eines anderen abweiden, muss er
den abgeweideten Teil jenes Feldes erset-
zen nach dem Ertrag, den er gibt. Aber
wenn er das ganze Feld hat abweiden las-
sen, so muss er den Höchstertrag des Fel-
des oder Weinberges des geschädigten Ei-
gentümers ersetzen.

5 Wenn ein Feuer übergreift, das Ge-
strüpp erfasst und es Getreidegarben oder
das noch stehende Getreide oder das Feld
verbrennt, dann muss der, der den Brand
verursacht hat, Ersatz leisten.

6 Vertraut jemand einem anderen Geld
oder Gegenstände zur Aufbewahrung an
und es wird aus dem Haus des Betreffen-
den gestohlen, so muss der Dieb, wenn er
entdeckt wird, doppelten Ersatz leisten.
7 Wird der Dieb nicht gefunden, dann soll
der Besitzer des Hauses vor Gott erschei-
nen, um zu bezeugen, dass er sich nicht an
dem Eigentum des anderen vergriffen hat.

8 Bei jedem Fall von Veruntreuung, mag
es sich um ein Rind oder um einen Esel
oder ein Schaf, um ein Kleidungsstück
oder um sonst etwas handeln, das abhan-
den gekommen ist, von dem man sagt: Es
gehört ihm!, soll die Angelegenheit der
beiden vor Gott gebracht werden. Wen
Gott für schuldig erklärt, soll dem anderen
doppelten Ersatz leisten.

9 Wenn jemand einem anderen einen
Esel oder ein Rind oder ein Schaf oder
sonst ein Stück Vieh zur Obhut übergibt
und es kommt um oder bricht sich etwas
oder wird geraubt, ohne dass jemand es
gesehen hat, 10 so soll ein Eid vor dem
Herrn zwischen beiden entscheiden, ob
der Betreffende sich nicht am Eigentum
des anderen vergriffen hat. Der Eigentü-
mer soll nehmen, was übrig bleibt, und je-
ner braucht keinen Ersatz zu leisten.
11 Fand sich aber das gestohlene Tier bei
ihm, muss er dem Eigentümer Ersatz leis-
ten. 12 Wurde es von einem wilden Tier zer-
rissen, so braucht er das Zerrissene nicht
zu ersetzen, wenn er es zum Beweis bei-
bringen kann.

13 Wenn einer es vom anderen entlehnt
hat und es bricht sich etwas oder kommt
um, so muss er, wenn der Eigentümer
nicht anwesend war, vollen Ersatz leisten.
14 War der Eigentümer zugegen, braucht er
keinen Ersatz zu leisten. War es gemietet,
so geht es auf das Mietgeld.

Vergewaltigung einer Jungfrau

15 Wenn jemand eine Jungfrau, die nicht
verlobt war, verführt und mit ihr schläft,
so soll er den Brautpreis entrichten und
sie zur Frau nehmen. 16 Weigert sich aber
ihr Vater, sie ihm zu geben, so soll er einen
Betrag zahlen entsprechend dem üblichen
Preis für die Jungfrauen.

Gesetze des sittlichen und religiösen Lebens

17 Eine Zauberin darfst du nicht am Leben
lassen.

18 Wer mit einem Tier verkehrt, soll mit
dem Tod bestraft werden.

19 Wer anderen Göttern opfert, soll dem
Untergang geweiht sein.

20 Einen Fremden darfst du nicht über-
vorteilen und nicht ausbeuten; ihr wart ja
selbst Fremde in Ägypten. 21 Eine Witwe
oder Waise sollt ihr nie ausnützen.
22 Wenn du sie ausnützt und sie ruft zu mir,

dann werde ich ihr Rufen erhören 23 und
mein Zorn wird entbrennen. Ich werde
euch durch das Schwert umkommen las-
sen, sodass euere Frauen zu Witwen und
euere Kinder zu Waisen werden.
24 Wenn du einem Armen aus meinem
Volk, der neben dir wohnt, Geld leihst,
dann sei gegen ihn nicht wie ein Wuche-
rer! Leg ihm keinen Zins auf!
25 Nimmst du den Mantel deines Mit-
bürgers als Pfand, so gib ihn bis zum Son-
nenuntergang wieder zurück. 26 Denn es ist
seine einzige Decke, die Hülle für seinen
Leib. Worin soll er schlafen? Wenn er zu
mir ruft, werde ich auf ihn hören, denn ich
bin barmherzig.
27 Gott darfst du nicht lästern und einen
Fürsten deines Volkes nicht verfluchen.

Erstlingsfrüchte und Erstlingsgeburt

28 Vom Überfluss deiner Tenne und deines
neuen Weines abzuliefern, zögere nicht.
Den Erstgeborenen deiner Söhne sollst du
mir geben. 29 So sollst du es auch mit dei-
nem Rind und mit deinem Schaf halten.
Doch soll es (das Erstgeborene) sieben Ta-
ge bei seiner Mutter bleiben, erst am ach-
ten Tag sollst du es mir darbringen.
30 Heilige Menschen sollt ihr mir sein.
Darum dürft ihr das Fleisch eines von
einem Raubtier gerissenen Tieres nicht ge-
nießen, sondern müsst es den Hunden
vorwerfen.

Die Gerechtigkeit. Die Pflichten gegen die Feinde

23 Du sollst keine falschen Aussagen
machen. Du sollst dem, der im Un-
recht ist, nicht die Hand bieten, indem du
falsches Zeugnis ablegst. 2 Du sollst dich
nicht der Mehrheit anschließen zum Bö-
sen und bei einem Rechtsstreit nicht so
aussagen, dass du dich nach der Mehrheit
richtest und das Recht beugst. 3 Den Ar-
men darfst du in seinem Prozess nicht be-
günstigen.
4 Wenn du dem Rind oder Esel deines
Gegners, die sich verlaufen haben, begeg-
nest, sollst du sie ihm wieder zuführen.
5 Wenn du siehst, dass der Esel deines Wi-
dersachers unter der Last zusammen-
gebrochen ist, so halte dich nicht fern von
deinem Feind; du sollst ihm zusammen
mit jenem aufhelfen.
6 Beuge nicht das Recht des Armen in
seiner Streitsache. 7 Von einem ungerech-
ten Prozess halte dich fern. Den Schuldlo-
sen und den, der Recht hat, sollst du nicht
töten, und den Schuldigen sollst du nie-
mals freisprechen. 8 Nimm keine Beste-
chungsgeschenke an, denn Geschenke
machen Sehende blind und verdrehen die
Sache derer, die im Recht sind.
9 Auch einen Fremden darfst du nicht
ausbeuten. Ihr wisst ja, wie es einem Frem-
den zumute ist, da ihr selbst Fremde in
Ägypten gewesen seid.

Sabbatjahr und Sabbat

10 Sechs Jahre sollst du in deinem Land sä-
en und seinen Ertrag ernten. 11 Im siebten
Jahr aber sollst du es brachliegen lassen
und den Ertrag nicht anrühren, damit die
Armen deines Volkes sich davon ernähren
können. Was diese übrig lassen, mag das
Wild des Feldes fressen. Ebenso sollst du
mit deinem Weinberg und mit deinen Öl-
bäumen verfahren.
12 Sechs Tage sollst du deine Arbeit ver-
richten, am siebten Tag aber sollst du fei-
ern, damit auch dein Rind und dein Esel
ausruhen und der Sohn deiner Magd und
der Fremde aufatmen.
13 An alles, was ich euch gesagt habe,
sollt ihr euch halten. Den Namen fremder
Götter sollt ihr nicht anrufen; er soll aus
euerem Mund gar nicht gehört werden.

Israels Feste

14 Dreimal im Jahr sollst du mir ein Fest
feiern. 15 Das Fest der Ungesäuerten Brote
sollst du halten. Sieben Tage lang sollst du
ungesäuerte Brote essen, wie ich dir zur
Zeit des Monats Abib befohlen habe; denn
in ihm bist du aus Ägypten ausgezogen.
Man soll aber nicht mit leeren Händen
vor meinem Angesicht erscheinen. 16 Fer-
ner das Fest der Ernte, der Erstlinge des
Ertrags deiner Aussaat, mit der du das
Feld bestellt hast, und das Fest der Lese
am Ende des Jahres, wenn du deine Früch-
te vom Feld eingeholt hast. 17 Dreimal im
Jahr sollen alle Männer vor dem Herrn er-
scheinen.
18 Du darfst das Blut meiner Schlacht-
opfer nicht zusammen mit Gesäuertem
opfern und das Fett von meinen Fest-
opfern soll nicht bis zum anderen Morgen
liegen bleiben.
19 Das Beste von den Erstlingsfrüchten

deines Ackers sollst du zum Haus des
Herrn, deines Gottes, bringen.
Ein Böcklein darfst du nicht in der
Milch seiner Mutter kochen.

Verheißungen und Anweisungen für den Einzug in Kanaan

[20] Siehe, ich sende einen Engel vor dir her,
damit er dich auf deinen Wegen behüte
und dich an den Ort führe, den ich be-
stimmt habe. [21] Hab Acht auf ihn und ge-
horche seinen Weisungen; sei nicht wider-
spenstig gegen ihn. Denn er würde euere
Übertretungen nicht verzeihen, weil mein
Name in ihm ist. [22] Wenn du aber seinen
Weisungen folgst und alles tust, was ich
euch befehle, dann will ich der Feind dei-
ner Feinde sein und deine Bedränger be-
drängen. [23] Dann wird mein Engel vor dir
hergehen und dich zu den Amoritern, He-
titern, Perisitern, Kanaanitern, Hiwitern
und Jebusitern führen; und ich werde sie
ausrotten. [24] Bete ihre Götter nicht an und
diene ihnen nicht und ahme ihre Werke
nicht nach. Vielmehr zerstöre ihre Götter
und zertrümmere ihre Steinmale. [25] Ihr
sollt dem Herrn, euerem Gott, die schuldi-
ge Verehrung erweisen. Dann werde ich
dein Brot und dein Wasser segnen und
ich werde die Krankheiten von dir fern
halten. [26] Keine Frau in deinem Land soll
eine Fehlgeburt haben oder kinderlos sein
und die Zahl deiner Lebenstage will ich
voll machen.
[27] Panik will ich vor dir her senden und
alle Völker, zu denen du kommst, in Ver-
wirrung bringen. Ich will bewirken, dass
alle Feinde vor dir die Flucht ergreifen.
[28] Und Hornissen will ich vor dir her sen-
den, dass sie die Hiwiter, Kanaaniter und
Hetiter vor dir vertreiben. [29] Ich will sie
aber nicht in einem einzigen Jahr vertrei-
ben, sonst würde das Land zur Wüste wer-
den und die wilden Tiere könnten zu dei-
nem Schaden überhand nehmen. [30] Nur
nach und nach will ich sie vor dir vertrei-
ben, bis du zahlreich genug geworden bist,
um das Land in Besitz zu nehmen. [31] Ich
will dein Gebiet reichen lassen vom Schilf-
meer bis zum Meer der Philister, von der
Wüste bis zum Strom. Denn ich werde die
Bewohner des Landes in deine Gewalt ge-
ben und du wirst sie vor dir vertreiben.
[32] Du darfst mit ihnen und mit ihren Göt-
tern keinen Bund schließen. [33] Sie sollen in
deinem Land nicht wohnen bleiben, damit
sie dich nicht zur Sünde gegen mich ver-
leiten. Würdest du ihren Göttern dienen,
so würde dir dies zum Fallstrick werden.

Der Bundesschluss

24 Er hatte zu Mose gesagt: Steig zum
Herrn hinauf, du und Aaron, auch
Nadab und Abihu und siebzig von den Äl-
testen Israels. Doch sollt ihr von fern euch
niederwerfen. [2] Nur Mose soll zum Herrn
herantreten; jene dürfen nicht näher kom-
men. Das Volk soll nicht mit ihm hinauf-
steigen.
[3] Darauf kam Mose und verkündete dem
Volk alle Worte des Herrn und alle Sat-
zungen. Das ganze Volk antwortete ein-
mütig und sprach: Alle Worte, die der
Herr geredet hat, wollen wir halten! [4] Nun
schrieb Mose alle Worte des Herrn nieder.
In der Frühe des anderen Morgens errich-
tete er einen Altar am Fuß des Berges und
zwölf Steinmale, entsprechend den zwölf
Stämmen Israels. [5] Dann beauftragte er
junge Männer Israels, Brandopfer dar-
zubringen und junge Stiere als Gemein-
schaftsopfer für den Herrn zu schlachten.
[6] Darauf nahm Mose die Hälfte des Blutes
und goss es in Opferschalen, die andere
Hälfte des Blutes sprengte er an den Altar.
[7] Dann nahm er das Bundesbuch und las es
dem Volk vor. Sie aber erklärten: Alles,
was der Herr gesprochen hat, wollen wir
tun und befolgen! [8] Hierauf nahm Mose
das Blut und sprengte es gegen das Volk
und sprach: Das ist das Blut des Bundes,
den der Herr mit euch auf Grund all dieser
Bedingungen geschlossen hat. [9] Dann stie-
gen Mose und Aaron, Nadab und Abihu
und siebzig von den Ältesten Israels hi-
nauf. [10] Sie schauten den Gott Israels und
unter seinen Füßen ein Gebilde wie aus
Saphirplatten und glänzend wie der Him-
mel selbst in seiner Reinheit. [11] Er streckte
aber seine Hand nicht gegen die Edlen Is-
raels aus, vielmehr durften sie Gott schau-
en. Und sie aßen und tranken.

Mose auf dem Berg

[12] Nun sprach der Herr zu Mose: Steig zu
mir herauf auf den Berg und bleib dort!
Ich will dir die Steintafeln mit dem Gesetz
und den Geboten geben, die ich zu ihrer
Unterweisung aufgeschrieben habe. [13] Da

machte Mose sich mit seinem Diener Jo-
sua auf und sie stiegen auf den Gottesberg.
14 Zu den Ältesten sprach er: Wartet hier
auf uns, bis wir zu euch zurückkehren! Aa-
ron und Hur sind ja bei euch. Wer einen
Rechtsstreit hat, mag sich an sie wenden.
15 Dann stieg Mose auf den Berg hinauf.
Die Wolke verhüllte den Berg 16 und die
Herrlichkeit des Herrn ließ sich auf dem
Berg Sinai nieder; die Wolke hüllte ihn
sechs Tage lang ein. Am siebten Tag rief er
Mose mitten aus der Wolke heraus zu.
17 Den Augen der Israeliten stellte sich die
Herrlichkeit des Herrn dar wie ein verzeh-
rendes Feuer auf dem Gipfel des Berges.
18 Da ging Mose in die Wolke hinein und
stieg auf den Berg. Mose blieb vierzig Tage
und vierzig Nächte auf dem Berg.

Vorschriften für den Bau des Heiligtums und für seine Diener

Die Steuer für das Heiligtum

25 Der Herr sprach zu Mose: Befiehl
den Israeliten, dass sie eine Abgabe
für mich erheben! 2 Von jedem, der freiwil-
lig geben will, sollt ihr die Abgabe erheben.
3 Die Abgabe, die ihr von ihnen erhebt, soll
in Folgendem bestehen: in Gold, Silber
und Kupfer, 4 in blauem und rotem Purpur,
Karmesin, Feinleinen, Ziegenhaaren, 5 rot
gefärbten Widderfellen und feinem Leder,
in Akazienholz, 6 in Öl für den Leuchter,
Balsam für das Salböl und das wohlrie-
chende Räucherwerk, 7 in Karneolsteinen
und anderen Edelsteinen zum Besetzen
für das Efod und das Brustschild. 8 Errich-
te mir ein Heiligtum, damit ich in ihrer
Mitte wohnen kann. 9 Errichte es genau
nach dem Modell der Wohnung und nach
dem Modell aller ihrer Geräte, das ich dir
zeigen werde.

Das Zelt und seine Ausstattung. Die Lade

10 Fertige eine Lade aus Akazienholz an,
zwei und eine halbe Elle lang, anderthalb
Ellen breit und anderthalb Ellen hoch.
11 Überzieh sie mit reinem Gold – innen
und außen sollst du sie überziehen – und
bring einen ringsum laufenden Kranz an
ihr an. 12 Dazu gieß vier goldene Ringe
und befestige sie an ihren vier Füßen, und
zwar zwei Ringe auf ihrer einen und zwei
Ringe auf ihrer anderen Seite. 13 Ferner
sollst du Stangen aus Akazienholz anfer-
tigen und sie mit Gold überziehen. 14 Die-
se Stangen steck in die Ringe an den Seiten
der Lade, damit man mit ihnen die Lade
tragen kann. 15 Die Stangen sollen in den
Ringen der Lade bleiben; sie dürfen nicht
daraus entfernt werden. 16 In die Lade
sollst du die Bundesurkunde legen, die ich
dir geben werde.
17 Sodann fertige eine Versöhnungsplat-
te aus reinstem Gold an, zwei und eine
halbe Elle lang und anderthalb Ellen breit.
18 Du sollst ferner zwei goldene Kerubim
anfertigen; in getriebener Arbeit sollst du
sie an den beiden Enden der Versöh-
nungsplatte herstellen. 19 Mache den einen
Kerub an dem einen, den anderen an dem
anderen Ende. An den beiden Enden der
Versöhnungsplatte sollst du die Kerubim
anbringen. 20 Die Kerubim sollen die Flügel
nach oben hin ausgebreitet halten, sodass
sie die Versöhnungsplatte mit ihren Flü-
geln überdecken, während ihre Gesichter
einander zugekehrt sind; gegen die Ver-
söhnungsplatte sollen die Gesichter der
Kerubim gerichtet sein. 21 Die Versöh-
nungsplatte sollst du oben auf die Lade le-
gen; in die Lade aber lege die Bundes-
urkunde, die ich dir übergeben werde.
22 Dort will ich dir begegnen und mit dir
von der Versöhnungsplatte herab zwi-
schen den beiden Kerubim, die auf der Ge-
setzeslade sind, alles reden, was ich dir an
die Israeliten auftragen werde.

Der Tisch für die Schaubrote

23 Fertige auch einen Tisch aus Akazien-
holz an, zwei Ellen lang, eine Elle breit
und anderthalb Ellen hoch. 24 Überzieh
ihn mit reinem Gold und bring an ihm
ringsum einen goldenen Kranz an. 25 Ma-
che auch eine handbreite Leiste rings-
herum und bring an dieser Leiste einen
ringsum laufenden goldenen Kranz an.
26 Fertige vier goldene Ringe für ihn an
und befestige die Ringe an den vier Ecken
seiner vier Füße. 27 Dicht an der Leiste sol-
len sich die Ringe zur Aufnahme der Stan-
gen befinden, damit man den Tisch tragen
kann. 28 Die Stangen mache aus Akazien-
holz und überzieh sie mit Gold; mit ihnen
soll der Tisch getragen werden. 29 Fertige
auch die dazu gehörigen Schüsseln, Scha-
len, Kannen und Becher an, mit denen die
Trankopfer gespendet werden; aus reinem
Gold stell sie her. 30 Auf dem Tisch sollst du

ständig Schaubrote vor mir aufliegen ha-
ben.

Der Leuchter

31 Mache auch einen Leuchter aus reinem
Gold; in getriebener Arbeit sollst du den
Leuchter, seinen Fuß und seinen Schaft
anfertigen. Seine Kelche, Knäufe und Blü-
ten sollen aus einem Stück sein. 32 Von sei-
nen beiden Seiten sollen sechs Röhren
ausgehen, drei Röhren des Leuchters auf
der einen Seite und drei Röhren des
Leuchters auf der anderen Seite. 33 An jeder
Röhre sollen sich drei mandelförmige Kel-
che, aus Knauf und Blüten bestehend, be-
finden. So an allen sechs Röhren, die vom
Leuchter ausgehen. 34 Am Leuchter selbst
sollen sich vier mandelblütenförmige Kel-
che, aus Knauf und Blüte bestehend, befin-
den, 35 und zwar je ein Knauf unter jedem
Paar der von ihm ausgehenden Röhren,
entsprechend den sechs Röhren, die vom
Leuchter ausgehen. 36 Ihre Knäufe und
Röhren sollen ein Ganzes mit dem Schaft
sein, alles getriebene Arbeit aus einem
Stück, von reinem Gold. 37 Fertige dazu sie-
ben Lampen an. Man setze diese Lampen
so darauf, dass sie den Raum vor ihm be-
leuchten. 38 Auch die dazu gehörigen
Dochtscheren und Pfannen sollen aus rei-
nem Gold sein. 39 Ein Talent reines Gold
soll man auf ihn und alle diese Geräte ver-
wenden. 40 Sieh zu, dass du sie genau nach
dem Modell machst, das dir auf dem Berg
gezeigt worden ist.

Die Wohnung. Die Teppiche und die Decken

26 Die Wohnung sollst du aus zehn
Teppichen anfertigen, und zwar
sollst du sie aus gezwirntem Feinleinen,
blauem und rotem Purpur und Karmesin
mit Kerubfiguren anfertigen, wie sie der
Kunstwirker herstellt. 2 Jeder Teppich soll
achtundzwanzig Ellen lang und vier Ellen
breit sein. Alle Teppiche müssen das glei-
che Maß haben. 3 Je fünf Teppiche sollen
miteinander verbunden werden. 4 Am
Saum des äußersten Teppichs des einen zu-
sammengesetzten Stückes bring Schleifen
aus blauem Purpur an, ebenso am Saum
des äußersten Teppichs des anderen zu-
sammengesetzten Stückes. 5 Fünfzig Schlei-
fen sollst du an dem einen Teppich und
fünfzig Schleifen am Saum des anderen
Teppichs anbringen, der zu dem anderen
zusammengesetzten Stück gehört, sodass
die Schleifen einander gegenüberstehen.
6 Dazu mache fünfzig goldene Haken und
füg die Teppiche mit den Haken zusam-
men, sodass die Wohnung ein Ganzes bil-
det.

7 Dann stell Teppiche aus Ziegenhaar zu
einem Zelt über der Wohnung her. Elf
Teppiche sollst du dazu anfertigen. 8 Jeder
Teppich soll dreißig Ellen lang und vier
Ellen breit sein; alle elf Teppiche sollen
das gleiche Maß haben. 9 Fünf von diesen
Teppichen sollst du zu einem Stück zu-
sammensetzen, ebenso die sechs anderen
Teppiche. Die sechste Zeltbahn an der
Vorderseite des Zeltes leg doppelt. 10 Bring
ferner fünfzig Schleifen am Saum des äu-
ßersten Teppichs des einen zusammenge-
setzten Stückes an, ebenso fünfzig Schlei-
fen am Saum des äußersten Teppichs des
anderen zusammengesetzten Stückes.
11 Mache fünfzig kupferne Haken und steck
die Haken in die Schleifen und füg die
Zeltbahnen so zusammen, dass sie ein
Ganzes bilden.

12 Von dem, was von den Teppichen
überschüssig ist, soll die Hälfte auf der
Rückseite der Wohnung herabhängen.
13 Von dem, was an der Länge des Teppichs
überschüssig ist, soll je eine Elle auf den
beiden Längsseiten herabhängen, um sie
zu bedecken.

14 Außerdem sollst du eine Überdecke
für die Zeltdecke aus rot gefärbten Wid-
derfellen und darüber noch eine Decke
aus feinem Leder anfertigen.

Die Holzarbeit

15 Ferner sollst du für die Wohnung auf-
stellbare Bretter aus Akazienholz herstel-
len. 16 Jedes Brett soll zehn Ellen lang und
anderthalb Eilen breit sein. 17 Jedes Brett
soll zwei Zapfen haben, die miteinander
verbunden sind. So sollst du alle Bretter
der Wohnung machen. 18 An Brettern für
die Wohnung sollst du herstellen: zwan-
zig Bretter für die Mittagseite, die Seite
nach Süden. 19 Unter diesen zwanzig Bret-
tern bring vierzig silberne Füße an, je
zwei Füße unter einem Brett für seine
zwei Zapfen. 20 Ebenso zwanzig Bretter
für die andere Seite der Wohnung, die
Seite nach Norden, 21 mit ihren vierzig Fü-
ßen, je zwei Füße unter einem Brett. 22 Für
die Rückseite de Wohnung, die Seite nach

Westen, aber sollst du sechs Bretter her-
stellen. 23 Außerdem sollst du noch zwei
Bretter für die Ecken der Wohnung auf
der Rückseite anfertigen. 24 Sie sollen von
unten her doppelt sein und bis oben, zur
Höhe des ersten Ringes, doppelt bleiben.
So sollen beide beschaffen sein; sie sollen
die beiden Ecken bilden. 25 Es sollen also
acht Bretter mit ihren silbernen Füßen
sein, sechzehn Füße, je zwei Füße unter
jedem Brett.
26 Weiter sollst du fünf Riegel aus Aka-
zienholz für die Bretter auf der einen Seite
der Wohnung anfertigen, 27 ebenso fünf
Riegel für die Bretter der anderen Seite
der Wohnung und fünf Riegel für die
Rückseite der Wohnung nach Westen.
28 Der mittlere Riegel soll in der Mitte der
Bretter durchlaufen von einem Ende bis
zum anderen. 29 Die Bretter überzieh mit
Gold. Die Ringe zur Aufnahme der Riegel
mache aus Gold. 30 So sollst du die Woh-
nung errichten, wie es dir auf dem Berg
gezeigt worden ist.

Der Vorhang

31 Ferner sollst du einen Vorhang aus blau-
em und rotem Purpur, Karmesin und ge-
zwirntem Feinleinen anfertigen. Kunstvoll
sollst du ihm Kerubim einweben. 32 Befes-
tige ihn an vier mit Gold überzogenen
Säulen aus Akazienholz, deren Haken
von Gold sind und die auf vier silbernen
Füßen ruhen. 33 Häng den Vorhang unter
den Haken auf und bring dorthin hinter
den Vorhang die Lade der Bundesurkun-
de. Der Vorhang soll euch als Scheide-
wand zwischen dem Heiligen und dem
Allerheiligsten dienen. 34 Die Versöh-
nungsplatte leg auf die Lade der Bundes-
urkunde im Allerheiligsten. 35 Den Tisch
aber stell außerhalb des Vorhangs auf
und den Leuchter dem Tisch gegenüber
auf der Südseite der Wohnung, während
du den Tisch auf die Nordseite stellst.
36 Fertige auch einen Vorhang für den Ein-
gang des Zeltes aus blauem und rotem
Purpur, Karmesin und gezwirntem Fein-
leinen in Buntwirkerarbeit an. 37 Für die-
sen Vorhang mache fünf Säulen aus Aka-
zienholz und überzieh sie mit Gold, ihre
Haken sollen von Gold sein; gieß für sie
fünf kupferne Füße.

Der Brandopferaltar

27 Dann mache einen Altar aus Aka-
zienholz, fünf Ellen lang und fünf
Ellen breit. Der Altar soll viereckig sein,
drei Ellen betrage seine Höhe. 2 Bring die
dazu gehörigen Hörner an seinen vier
Ecken an, sodass die Hörner ein Ganzes
mit ihm bilden. Du sollst ihn mit Kupfer
überziehen. 3 Weiter fertige die dazu gehö-
rigen Töpfe zur Entfernung der Fettasche
an sowie die dazu gehörigen Schaufeln,
Schalen, Gabeln und Pfannen. Alle zu
ihm gehörigen Geräte mache aus Kupfer.
4 Mache für ihn ferner ein netzförmiges
Gitter aus Kupfer und bring an seinen
Ecken vier kupferne Ringe an. 5 Befestige
es unter der den Altar umgebenden Stufe
von unten her, sodass das Gitter bis zur
halben Höhe des Altars reicht. 6 Mache für
den Altar Tragstangen aus Akazienholz
und überzieh sie mit Kupfer. 7 Diese seine
Stangen sollen durch die Ringe gesteckt
werden, sodass die Stangen sich zu beiden
Seiten des Altars befinden, wenn man ihn
trägt. 8 Stell ihn aus Brettern her, dass er
hohl ist. Wie das Modell, das dir auf dem
Berg gezeigt wurde, so sollst du es ausfüh-
ren.

Der Vorhof

9 Den Vorhof der Wohnung stell so her:
Für die Südseite mache Behänge aus ge-
zwirntem Feinleinen, einhundert Ellen
lang, für die eine Seite; 10 dazu zwanzig
Säulen mit ihren zwanzig kupfernen Fü-
ßen und die Haken und ihre Ringe aus Sil-
ber. 11 Ebenso für die nördliche Längsseite
Behänge von einhundert Ellen Länge, dazu
zwanzig Säulen mit zwanzig kupfernen
Füßen und die Haken der Säulen und ihre
Ringe aus Silber. 12 Für die westliche Breit-
seite des Hofes mache Behänge von fünf-
zig Ellen, dazu zehn Säulen und zehn Fü-
ße. 13 Die östliche Breitseite des Vorhofes
soll fünfzig Ellen betragen, 14 und zwar sol-
len fünfzehn Ellen der Behänge auf die
eine Seite kommen, dazu drei Säulen mit
ihren drei Füßen, 15 und fünfzehn Ellen der
Behänge für die andere Seite, dazu drei
Säulen und drei Füße. 16 Das Tor des Vor-
hofes soll einen zwanzig Ellen breiten Vor-
hang aus blauem und rotem Purpur,
Karmesin und gezwirntem Feinleinen er-
halten, eine Arbeit des Buntwirkers, dazu
vier Säulen mit ihren vier Füßen. 17 Alle

Säulen des Vorhofs ringsum sollen silber-
ne Ringe haben, auch ihre Haken sollen
von Silber sein, ihre Füße aber von Kupfer.
18 Die Länge des Vorhofs betrage einhun-
dert Ellen, die Breite fünfzig Ellen und die
Höhe fünf Ellen. Alle Vorhänge seien aus
gezwirntem Feinleinen und die Füße aus
Kupfer. 19 Alle Geräte der Wohnung, die
zu irgendwelchem Dienst an ihr verwen-
det werden, und alle ihre Pflöcke, auch alle
Pflöcke des Vorhofs, sollen aus Kupfer
sein.

Das Öl für den Leuchter

20 Befiehl den Israeliten, dass sie dir reines
Öl aus gestoßenen Oliven für den Leuch-
ter bringen, damit man beständig Lampen
aufstellen kann. 21 Im Offenbarungszelt au-
ßerhalb des Vorhangs, der die Bundes-
urkunde verhüllt, soll ihn Aaron mit sei-
nen Söhnen herrichten, damit er vom
Abend bis zum Morgen vor dem Herrn
brenne. Das soll den Israeliten eine ewige
Verpflichtung sein für alle ihre Generatio-
nen.

Die Kleidung der Priester

28 Du aber lass aus der Mitte der Is-
raeliten deinen Bruder Aaron und
seine Söhne zu dir kommen, damit sie mir
als Priester dienen: Aaron und Nadab,
Abihu, Eleasar und Itamar, die Söhne Aa-
rons. 2 Du sollst für deinen Bruder Aaron
heilige Gewänder anfertigen, ihm zur Ehre
und zum Schmuck. 3 Rede mit allen Kunst-
verständigen, die ich mit Kunstsinn erfüllt
habe. Sie sollen die Gewänder Aarons an-
fertigen, damit man ihn weihen und er mir
als Priester dienen kann. 4 Das sind die Ge-
wänder, die sie anfertigen sollen: Brust-
schild, Schulterkleid, Obergewand, Leib-
rock aus gewürfeltem Stoff, Kopfbund
und Gürtel. Sie sollen also für deinen Bru-
der Aaron und für seine Söhne heilige Ge-
wänder anfertigen, damit er mir als Pries-
ter diene, 5 und dazu Gold, blauen und
roten Purpur, Karmesin und Feinleinen
verwenden.

Das Efod

6 Das Efod sollen sie aus Gold, blauem und
rotem Purpur, Karmesin und gezwirntem
Feinleinen kunstvoll wirken. 7 Es soll aus
zwei zusammengefügten Schulterstücken
bestehen und an seinen beiden Enden ver-
bunden werden. 8 Die Binde, die sich daran
zum Anlegen befindet, sei von gleicher Ar-
beit und aus einem Stück mit ihm, aus
Gold, blauem und rotem Purpur, Karme-
sin und gezwirntem Feinleinen. 9 Nimm
zwei Karneolsteine und schneide in sie
die Namen der Söhne Israels ein, 10 und
zwar sechs von ihren Namen auf den einen
Stein und die übrigen sechs Namen auf
den anderen Stein nach der Reihenfolge
ihrer Geburt. 11 Mit Steinschneiderarbeit
nach Art der Siegelstecher sollst du in die
beiden Steine die Namen der Söhne Israels
einschneiden und sie in goldene Fassun-
gen einsetzen. 12 Dann setz die beiden Stei-
ne auf die Schulterstücke des Schulterklei-
des als Steine des Gedenkens an die Söhne
Israels. So soll Aaron ihre Namen vor dem
Herrn auf seinen Schultern zur Erinne-
rung tragen. 13 Mache ferner eine goldene
Fassung 14 und zwei Kettchen aus reinem
Gold. Gib ihnen die Form von gedrehten
Schnüren und befestige diese aus Schnü-
ren gefertigten Kettchen an der Fassung.

Das Brustschild

15 Weiter sollst du ein Brustschild für den
Losentscheid anfertigen, kunstvoll ge-
wirkt, und zwar so, wie das Efod gearbeitet
ist; aus Gold, blauem und rotem Purpur,
Karmesin und gezwirntem Feinleinen
sollst du es fertigen. 16 Es soll viereckig sein,
doppelt gelegt, je eine Spanne lang und
breit. 17 Besetz es in vier Reihen mit Edel-
steinen. Die erste Reihe enthalte der Reihe
nach einen Karneol, einen Topas und
einen Smaragd; 18 die zweite Reihe einen
Rubin, einen Saphir und einen Jaspis;
19 die dritte Reihe einen Hyazinth, einen
Achat und einen Amethyst; 20 die vierte
Reihe einen Chrysolith, einen Karneol
und einen Onyx. In einem Geflecht von
Gold sollen sie eingesetzt werden. 21 Ent-
sprechend den Namen der Söhne Israels
müssen es zwölf Steine sein. In der Rei-
henfolge ihrer Namen sollen sie in Siegel-
gravur je einen Namen der zwölf Stämme
enthalten. 22 Befestige an dem Brustschild
die schnurartig gedrehten Kettchen aus
reinem Gold. 23 Bring ferner am Brust-
schild zwei goldene Ringe an und befestige
die beiden Ringe an den beiden oberen
Enden des Brustschildes. 24 Darauf befesti-
ge die beiden goldenen Schnüre in den
beiden Ringen an den Enden des Brust-

schildes. 25 Die beiden anderen Enden der beiden Schnüre befestige an den beiden Fassungen und diese bring auf den Schulterstücken des Schulterkleides auf seiner Vorderseite an. 26 Mache auch zwei (andere) goldene Ringe und befestige diese an den beiden (unteren) Enden des Brustschildes an seinem inneren, dem Brustschild zugewandten Rand. 27 Ferner mache zwei goldene Ringe und befestige sie an den beiden Schulterstücken des Efod unten an seiner Vorderseite dicht bei der Verbindungsstelle, oberhalb der Binde des Efod. 28 Man soll das Brustschild mit seinen Ringen mittels Schnüren aus blauem Purpur an den Ringen des Efod befestigen, sodass das Brustschild oberhalb der Binde des Efod anliegt und sich nicht vom Efod verschiebt. 29 Aaron soll die Namen der Söhne Israels auf dem Brustschild des Losentscheids auf seinem Herzen tragen, sooft er in das Heiligtum hineingeht, zum beständigen Gedenken vor dem Herrn. 30 In das Brustschild des Losentscheids leg die Urim und Tummim. Sie sollen auf dem Herzen Aarons liegen, wenn er vor den Herrn tritt, und so soll Aaron das Orakel für die Israeliten ständig auf seinem Herzen tragen.

Das Obergewand

31 Dann mache das Obergewand zum Efod ganz aus blauem Purpur. 32 In seiner Mitte soll eine Öffnung für den Kopf sein und rings um diese Öffnung ein gewebter Saum laufen. Eine Öffnung wie die eines Panzerhemdes soll es haben, damit es nicht zerreißt. 33 An seinem unteren Saum bring Granatäpfel aus blauem und rotem Purpur, Karmesin und Feinleinen, und zwar an seinem Saum ringsherum und dazwischen ringsherum goldene Glöckchen an, 34 sodass immer ein goldenes Glöckchen und ein Granatapfel rings um den Saum des Obergewandes miteinander abwechseln. 35 Aaron soll es tragen, um darin den Dienst zu verrichten, und seinen Klang soll man hören, wenn er in das Heiligtum vor den Herrn hineingeht und wenn er herauskommt. Sonst muss er sterben.

Das Diadem

36 Mache ferner ein Stirnblatt von reinem Gold und graviere darauf in Siegelstecherarbeit ein: Heilig dem Herrn! 37 Befestige es an einer Schnur von blauem Purpur; am Kopfbund, auf der Vorderseite des Kopfbundes, soll es sein. 38 Es sei auf der Stirn Aarons, damit Aaron die Verfehlungen an den heiligen Opfern, die die Israeliten darbringen, bei allen ihren heiligen Gaben trage. Es sei ständig auf seiner Stirn, um sie vor dem Herrn wohlgefällig zu machen. 39 Den Leibrock webe aus Leinen, auch fertige einen Kopfbund aus Feinleinen an und wirk einen bunten Gürtel.

Kleider der Priester

40 Für die Söhne Aarons sollst du Leibröcke anfertigen und Gürtel für sie machen und Turbane zur Ehre und zum Schmuck. 41 Damit bekleide deinen Bruder Aaron samt seinen Söhnen, salbe sie und setze sie ein und weihe sie, damit sie mir als Priester dienen. 42 Fertige ihnen auch Beinkleider aus Leinen zur Bedeckung ihrer Blöße an; von den Hüften bis zu den Schenkeln sollen sie reichen. 43 Aaron und seine Söhne sollen sie tragen, sooft sie in das Offenbarungszelt hineingehen oder an den Altar treten, um den Dienst am Heiligtum zu verrichten, damit sie keine Schuld auf sich laden und nicht sterben. Diese Anordnung hat für ihn und seine Nachkommen ewige Geltung.

Weihe Aarons und seiner Söhne. Vorbereitung

29 In folgender Weise sollst du mit Aaron und seinen Söhnen verfahren, um sie zu weihen, damit sie mir als Priester dienen. Nimm einen jungen Stier und zwei fehlerlose Widder, 2 ungesäuertes Brot und ungesäuerte, mit Öl vermengte Kuchen, sowie ungesäuerte, mit Öl bestrichene Fladen; aus feinstem Mehl sollst du sie herstellen. 3 Leg sie in einen Korb und bring sie in dem Korb heran, ebenso den Stier und die beiden Widder.

Reinigung, Einkleidung und Salbung

4 Aaron aber und seine beiden Söhne lass an den Eingang des Offenbarungszeltes treten und sich mit Wasser waschen. 5 Nimm sodann die Kleider, bekleide Aaron mit dem Leibrock, dem Obergewand, dem Efod und dem Brustschild und gürte ihm die Binde des Efod um, 6 setz ihm den

Kopfbund auf das Haupt und befestige das
heilige Diadem am Kopfbund. 7 Dann
nimm Salböl, gieß es über sein Haupt und
salb ihn. 8 Hierauf lass seine Söhne heran-
treten und bekleide sie mit dem Leibrock,
9 umgürte sie mit dem Gürtel und setz
ihnen den Turban auf. So wird ihnen kraft
einer ewig geltenden Satzung das Priester-
tum übertragen.

Opfer

10 Lass darauf den Stier vor das Offen-
barungszelt bringen, damit Aaron und
seine Söhne ihre Hände auf den Kopf des
Stieres legen. 11 Dann schlachte den Stier
vor dem Herrn am Eingang des Offen-
barungszeltes, 12 nimm von dem Blut des
Stieres und streich es mit dem Finger an
die Hörner des Altars. Alles übrige Blut
gieß am Fuß des Altares aus. 13 Hierauf
nimm alles Fett, das die Eingeweide be-
deckt, die Leber und die beiden Nieren
samt allem Fett an ihnen und lass es auf
dem Altar in Rauch aufgehen. 14 Das
Fleisch des Stieres, sein Fell und den In-
halt seines Magens verbrenne außerhalb
des Lagers. Es ist ein Sündopfer. 15 Dann
nimm den einen Widder, damit Aaron
und seine Söhne ihre Hände auf den Wid-
der legen. 16 Schlachte den Widder, nimm
sein Blut und spreng es rings um den Al-
tar. 17 Zerleg hierauf den Widder in seine
Teile, wasch seine Eingeweide und seine
Beine und leg sie zu den übrigen Teilen
und zu seinem Kopf. 18 Dann lass den gan-
zen Widder auf dem Altar in Rauch auf-
gehen; es ist ein Brandopfer für den
Herrn, ein lieblicher Geruch, ein Feuer-
opfer für den Herrn ist es. 19 Nimm darauf
den zweiten Widder, damit Aaron und
seine Söhne ihre Hände auf dessen Kopf
legen. 20 Dann schlachte den Widder,
nimm von seinem Blut und bestreich da-
mit das rechte Ohrläppchen Aarons und
das rechte Ohrläppchen seiner Söhne,
den Daumen ihrer rechten Hand und die
große Zehe ihres rechten Fußes. Das übri-
ge Blut spreng rings um den Altar.
21 Nimm darauf von dem Blut, das sich
auf dem Altar befindet, und von dem
Salböl und bespreng damit Aaron und sei-
ne Söhne, seine Kleider und die Kleider
seiner Söhne, damit er und seine Söhne
und seine Kleider und die Kleider seiner
Söhne geheiligt sind.

Einsetzung der Priester

22 Nimm dann vom Widder das Fett: den
Fettschwanz, das Fett, das die Eingeweide
bedeckt, das Fett über der Leber, die bei-
den Nieren mit ihrem Fett und die rechte
Keule – denn es ist der Einsetzungswid-
der –, 23 ferner einen Laib Brot, einen in
Öl zubereiteten Kuchen und einen Fladen
aus dem Korb mit dem Ungesäuerten, der
vor dem Herrn steht, 24 und leg alles in die
Hände Aarons und in die Hände seiner
Söhne und lass sie es hin und her schwin-
gen als Weihegabe vor dem Herrn. 25 Da-
rauf nimm es wieder aus ihren Händen
und lass es auf dem Altar über dem Brand-
opfer in Rauch aufgehen zum lieblichen
Wohlgeruch vor dem Herrn; ein Feuer-
opfer für den Herrn soll es sein. 26 Dann
nimm die Brust vom Einsetzungswidder
Aarons und lass sie es hin und her schwin-
gen als Weihegabe vor dem Herrn. Es soll
dir als Anteil zufallen. 27 Erkläre die Wei-
hebrust und die Hebekeule vom Einset-
zungswidder Aarons und seiner Söhne,
wenn sie geschwungen und gehoben wor-
den sind, als heilig. 28 Sie sollen Aaron und
seinen Söhnen als ewig geltendes Anrecht
vonseiten der Israeliten gehören. Denn es
ist ein Hebeopfer und als Hebeopfer soll es
von den Israeliten von ihren Gemein-
schaftsopfern abgegeben werden als ihr
Hebeopfer an den Herrn.

29 Die heilige Kleidung Aarons soll auf
seine nachfolgenden Söhne übergehen, da-
mit man sie darin salbe und einsetze.
30 Sieben Tage soll sie derjenige von seinen
Söhnen tragen, der an seiner Stelle Priester
wird, wenn er in das Offenbarungszelt hi-
neingeht, um den Dienst im Heiligtum zu
verrichten.

Heiliges Mahl

31 Nimm den Einsetzungswidder und koch
sein Fleisch an heiliger Stätte. 32 Aaron und
seine Söhne sollen das Fleisch des Widders
samt dem Brot, das im Korb ist, am Ein-
gang des Offenbarungszeltes essen. 33 Es
dürfen nur die essen, für die die Sühne
vollzogen wurde, als sie eingesetzt und ge-
weiht wurden. Ein Laie darf nicht davon
essen, denn es ist heilig. 34 Wenn aber vom
Fleisch des Einsetzungsopfers und vom
Brot etwas bis zum anderen Morgen übrig
bleibt, so verbrenn das Übriggebliebene; es
darf nichts mehr davon gegessen werden,

denn es ist heilig. 35 Genau wie ich dir befohlen habe, sollst du mit Aaron und seinen Söhnen verfahren. Die Weihe soll sieben Tage dauern.

Weihe des Brandopferaltars

36 Jeden Tag sollst du einen Stier als Sündopfer zur Sühne herrichten und den Altar entsündigen, indem du an ihm die Sühnung vornimmst, und salb ihn, um ihn zu weihen. 37 Sieben Tage lang sollst du die Sühnehandlung am Altar vornehmen, um ihn zu weihen. So wird der Altar hochheilig werden. Jeder, der den Altar berührt, wird heilig.

Tägliches Brandopfer

38 Folgendes sollst du auf dem Altar darbringen: zwei einjährige Lämmer Tag für Tag ohne Unterbrechung. 39 Das eine Lamm sollst du am Morgen opfern, das andere gegen Abend, 40 dazu ein Zehntel Feinmehl, das mit einem Viertel Hin Öl aus zerstoßenen Oliven vermengt ist, sowie ein Trankopfer von einem Viertel Hin Wein zu dem einen Lamm. 41 Das andere Lamm sollst du gegen Abend opfern; mit dem Speiseopfer und Trankopfer verfahre dabei wie am Morgen. Es soll zum lieblichen Wohlgeruch sein, ein Feueropfer für den Herrn. 42 Als ständiges Brandopfer soll es von Generation zu Generation vor dem Herrn dargebracht werden am Eingang des Offenbarungszeltes, wo ich dir begegne, um dort mit dir zu reden. 43 Dort werde ich den Israeliten begegnen, durch meine Herrlichkeit soll es geheiligt werden. 44 Das Offenbarungszelt und den Altar will ich heiligen; auch Aaron und seine Söhne will ich heiligen, damit sie mir als Priester dienen. 45 Ich will mitten unter den Israeliten wohnen und ihr Gott sein. 46 Sie sollen erkennen, dass ich, der Herr, ihr Gott bin, der sie aus Ägypten herausgeführt hat, um in ihrer Mitte zu wohnen, ich, der Herr, ihr Gott.

Räucheraltar

30 Mache auch einen Altar für das Räucherwerk; du sollst ihn aus Akazienholz herstellen. 2 Er soll eine Elle lang und eine Elle breit, viereckig und zwei Ellen hoch sein. Seine Hörner sollen ein Stück mit ihm bilden. 3 Überzieh ihn mit reinem Gold, seine Platte und seine Wände ringsum sowie seine Hörner. Führ rings um ihn herum einen goldenen Kranz. 4 Bring unterhalb des Kranzes an seinen beiden Seiten auch zwei goldene Ringe an und befestige sie an beiden Seiten. Sie sollen zur Aufnahme der Tragstangen dienen, damit man ihn daran tragen kann. 5 Die Stangen mache aus Akazienholz und überzieh sie mit Gold. 6 Stell ihn vor dem Vorhang auf, der vor der Lade der Bundesurkunde hängt, vor der Versöhnungsplatte, die auf der Bundesurkunde liegt, wo ich dir begegnen werde. 7 Aaron soll darauf wohlriechendes Räucherwerk verbrennen. Jeden Morgen, wenn er die Lampen zurechtmacht, soll er es verbrennen. 8 Und wenn Aaron gegen Abend die Lampen aufsetzt, soll er es verbrennen. Es sei euer beständiges Räucheropfer vor dem Herrn von Generation zu Generation. 9 Ihr dürft auf ihm weder fremdes Räucherwerk noch Brandopfer oder Speiseopfer darbringen, auch Trankopfer dürft ihr auf ihm nicht ausgießen. 10 Aaron soll einmal im Jahr an dessen Hörnern die Sühnehandlung vornehmen. Mit dem Blut des Sühnopfers, das zur Sühnung dargebracht wurde, vollziehe er einmal im Jahr die Sühnehandlung von Generation zu Generation. Hochheilig ist er für den Herrn.

Erhebung der Kopfsteuer

11 Weiter sprach der Herr zu Mose: 12 Wenn du die Gesamtzahl der Israeliten für ihre Veranlagung aufnimmst, so soll jeder dem Herrn ein Lösegeld für sein Leben geben, damit bei ihrer Veranlagung kein Unheil über sie kommt. 13 Und dies soll jeder, welcher der Veranlagung unterliegt, entrichten: einen halben Schekel nach dem Münzgewicht des Heiligtums, den Schekel zu zwanzig Gera, einen halben Schekel als Abgabe an den Herrn. 14 Jeder, welcher der Veranlagung unterliegt, von zwanzig Jahren an und darüber, soll die Abgabe für den Herrn entrichten. 15 Der Reiche soll nicht mehr und der Arme nicht weniger geben als einen halben Schekel, wenn ihr die Abgabe an den Herrn zur Lösung eueres Lebens entrichtet. 16 Erhebe das Lösegeld von den Israeliten und verwende es für den Dienst am Offenbarungszelt. Es soll den Israeliten zum gnädigen Gedenken beim Herrn dienen und euerem Leben Sühnung erwirken.

Das Becken

17 Weiter sprach der Herr zu Mose: 18 Fer-
tige ein kupfernes Becken mit einem kup-
fernen Gestell zum Waschen an, stell es
zwischen dem Offenbarungszelt und
dem Altar auf und gieß Wasser hinein,
19 damit Aaron und seine Söhne darin
ihre Hände und Füße waschen. 20 Wenn
sie in das Offenbarungszelt hineingehen,
sollen sie sich mit Wasser waschen, da-
mit sie nicht sterben, ebenso, sooft sie
zum Altar hinzutreten, um den Dienst
zu verrichten, indem sie Feueropfer für
den Herrn in Rauch aufgehen lassen.
21 Sie sollen sich ihre Hände und Füße
waschen, damit sie nicht sterben. Dies
soll für Aaron und seine Nachkommen
eine ewige Vorschrift sein von Genera-
tion zu Generation.

Das Salböl

22 Ferner sprach der Herr zu Mose:
23 Nimm Balsam von bester Sorte, fünf-
hundert Schekel feinste Myrrhe und halb
so viel, also zweihundertfünfzig Schekel,
wohlriechenden Zimt, ferner zweihun-
dertfünfzig Schekel wohlriechenden Ge-
würzrohr 24 und fünfhundert Schekel
Zimtnelken nach dem Münzgewicht des
Heiligtums, dazu ein Hin Olivenöl, 25 und
stell daraus ein heiliges Salböl her, eine
würzige Salbe, wie sie der Salbenmischer
macht. Ein heiliges Salböl soll es sein.
26 Damit sollst du das Offenbarungszelt
und die Lade der Bundesurkunde, 27 fer-
ner den Tisch mit allen seinen Geräten,
den Leuchter mit seinen Geräten und den
Räucheraltar, 28 ferner den Brandopferaltar
mit allen seinen Geräten und das Becken
mit seinem Gestell salben. 29 So sollst du
sie weihen, damit sie hochheilig seien; je-
der, der sie berührt, wird heilig. 30 Auch
Aaron und seine Söhne sollst du damit
salben und sie weihen, damit sie mir als
Priester dienen. 31 Den Israeliten aber be-
fiehl: Als ein heiliges Salböl soll euch dies
gelten von Generation zu Generation.
32 Auf den Leib eines Menschen darf es
nicht gegossen werden, noch dürft ihr ein
anderes Salböl in gleicher Mischung berei-
ten. Denn es ist heilig und soll euch als
heilig gelten. 33 Wer eine solche Mischung
wie diese herstellt oder damit einen Laien
salbt, soll aus seinem Volk ausgerottet
werden.

Das Räucherwerk

34 Weiter sprach der Herr zu Mose: Nimm
dir Duftstoffe, nämlich Stakte, Räucher-
klaue, Galbanum, Gewürzkräuter und rei-
nen Weihrauch, alles zu gleichen Teilen,
35 und bereite daraus Räucherwerk, eine
würzige Mischung, wie sie der Salben-
mischer herstellt, mit Salz vermengt, rein,
zu heiligem Gebrauch. 36 Zerstoß einen Teil
davon ganz fein und leg davon etwas vor
die Bundesurkunde im Offenbarungszelt,
wo ich dir begegnen werde, als hochheilig
soll es euch gelten. 37 Das Räucherwerk, das
du bereiten sollst – in gleicher Mischung
dürft ihr euch kein anderes herstellen –,
soll dir als heilig für den Herrn gelten.
38 Wer solches bereitet, um sich an seinem
Wohlgeruch zu ergötzen, der soll aus sei-
nem Volk ausgerottet werden.

Die Hersteller des Heiligtums

31 Weiter sprach der Herr zu Mose:
2 Siehe, ich habe Bezalel, den Sohn
Uris, den Enkel Hurs, vom Stamm Juda,
namentlich berufen 3 und ihn mit gött-
lichem Geist erfüllt, mit Kunstsinn und
Einsicht, Wissen und Geschick für jede Ar-
beit, 4 um Entwürfe zu machen und in Gold
und Silber und Kupfer auszuführen, 5 um
sich mit Schneiden und Fassen von Stei-
nen, mit Schnitzen von Holz, kurz in jedem
Handwerk zu betätigen. 6 Zugleich habe ich
ihm Oholiab, den Sohn Ahisamachs, vom
Stamm Dan, beigegeben und allen Kunst-
verständigen Weisheit geschenkt, damit sie
alles ausführen, was ich dir befohlen habe:
7 das Offenbarungszelt, die Lade der Bun-
desurkunde, die Versöhnungsplatte auf
ihr und alle anderen Geräte des Zeltes,
8 nämlich den Tisch mit seinen Geräten,
den Leuchter aus reinem Gold mit allen
seinen Geräten und den Räucheraltar, 9 fer-
ner den Brandopferaltar mit allen seinen
Geräten und das Waschbecken mit seinem
Gestell, 10 die Prachtgewänder, nämlich die
heiligen Gewänder für Aaron, den Hohen-
priester, und die Gewänder seiner Söhne
für den Priesterdienst, 11 das Salböl und
das wohlriechende Räucherwerk für das
Heiligtum. Sie sollen alles so ausführen,
wie ich es dir befohlen habe.

Sabbatruhe

12 Weiter sprach der Herr zu Mose: 13 Du
aber befiehl den Israeliten: Haltet ja meine

Sabbate. Denn sie sind ein Zeichen zwi-
schen mir und euch von Generation zu
Generation, damit man erkenne, dass ich,
der Herr, es bin, der euch heiligt. 14 Darum
sollt ihr den Sabbat halten, denn er soll
euch heilig sein. Wer ihn entweiht, soll
mit dem Tod bestraft werden. Denn wer
an ihm eine Arbeit verrichtet, der soll aus
der Mitte seines Volkes ausgetilgt werden.
15 Sechs Tage darf gearbeitet werden, der
siebte Tag ist Sabbat, der Ruhetag, heilig
für den Herrn. Jeder, der am Sabbat arbei-
tet, soll mit dem Tod bestraft werden. 16 So
sollen die Israeliten den Sabbat halten und
von Generation zu Generation den Sabbat
als eine ewig geltende Verpflichtung fei-
ern. 17 Für ewige Zeiten sei er ein Zeichen
zwischen mir und den Israeliten. Denn in
sechs Tagen hat Gott den Himmel und die
Erde geschaffen und am siebten Tag ruhte
er und holte Atem.

Übergabe der Gesetzestafeln an Mose

18 Nachdem der Herr zu Mose auf dem
Berg Sinai alles gesagt hatte, übergab er
ihm die beiden Tafeln der Bundesurkunde,
steinerne Tafeln, die von Gottes Finger be-
schrieben waren.

Israels Abfall und die Erneuerung des Bundes

Das Goldene Kalb

32 Als das Volk sah, dass Mose zöger-
te, vom Berg herabzukommen,
rottete es sich um Aaron zusammen und
verlangte von ihm: Auf, mache uns einen
Gott, der vor uns herzieht! Denn wir wis-
sen nicht, was aus diesem Mose geworden
ist, aus dem Mann, der uns aus Ägypten
herausgeführt hat. 2 Da sprach Aaron zu
ihnen: Nehmt die goldenen Ringe, die
euere Frauen, euere Söhne und euere
Töchter an den Ohren tragen, und bringt
sie zu mir! 3 Das ganze Volk nahm die gol-
denen Ringe ab, die sie an ihren Ohren
trugen, und brachte sie zu Aaron. 4 Er
nahm sie aus ihren Händen in Empfang,
schmolz sie in einer Form ein und goss
daraus ein goldenes Kalb. Da riefen sie:
Das ist dein Gott, Israel, der dich aus
Ägypten herausgeführt hat! 5 Als Aaron
dies sah, baute er vor ihm einen Altar
und Aaron ließ ausrufen: Morgen ist ein
Fest für den Herrn!
6 Am anderen Morgen standen sie früh
auf, opferten Brandopfer und brachten
Gemeinschaftsopfer dar. Und das Volk
ließ sich nieder, um zu essen und zu trin-
ken; dann erhoben sie sich, um sich zu ver-
gnügen.

Der Herr unterrichtet Mose

7 Der Herr aber sprach zu Mose: Auf, geh
hinab! denn dein Volk, das du aus Ägypten
herausgeführt hast, tut Böses. 8 Schnell sind
sie von dem Weg abgewichen, den ich
ihnen vorgeschrieben habe. Sie haben sich
ein Kalb gegossen, haben es angebetet, ihm
Opfer dargebracht und gesagt: Das ist dein
Gott, Israel, der dich aus Ägypten heraus-
geführt hat. 9 Und weiter sagte der Herr zu
Mose: Ich habe dieses Volk beobachtet und
gesehen, dass es ein halsstarriges Volk ist.
10 Nun lass mich, damit mein Zorn gegen
sie entbrennt und ich sie vertilge. Dich aber
will ich zu einem großen Volk machen.

Gebet des Mose

11 Mose suchte den Herrn, seinen Gott, zu
besänftigen und sprach: Warum, Herr, soll
dein Zorn gegen dein Volk entbrennen,
das du mit großer Kraft und mit starkem
Arm aus Ägypten herausgeführt hast?
12 Sollen denn die Ägypter sagen dürfen:
In böser Absicht hat er sie herausgeführt,
um sie im Gebirge umzubringen und sie
vom Erdboden zu vertilgen? Lass ab von
deinem glühenden Zorn und lass dich das
Unheil gereuen, das du über dein Volk ver-
hängen willst. 13 Denk an Abraham, Isaak
und Israel, deine Knechte, denen du bei
dir selbst geschworen und denen du ver-
heißen hast: Ich will euere Nachkommen
so zahlreich machen wie die Sterne des
Himmels und dieses ganze Land, von dem
ich gesprochen habe, will ich eueren Nach-
kommen geben, damit sie es für immer be-
sitzen. 14 Da reute den Herrn das Unheil,
das er seinem Volk angedroht hatte.

Mose zerbricht die Gesetzestafeln

15 Hierauf machte sich Mose auf den Rück-
weg und stieg vom Berg herab, die beiden
Tafeln der Bundesurkunde in seiner Hand.
Die Tafeln waren auf beiden Seiten be-
schrieben; vorn und hinten waren sie be-
schrieben. 16 Die Tafeln waren von Gott
selbst gemacht und die Schrift war Gottes
Schrift, in die Tafeln eingegraben.

17 Als Josua den Lärm des Volkes hörte,
sagte er zu Mose: Im Lager ist Kriegslärm.
18 Der aber erwiderte: Das ist weder Sie-
gesjubel noch das Schreien der Unterlege-
nen; ich höre lautes Singen. 19 Als Mose
nun in die Nähe des Lagers kam und das
Kalb und die Reigentänze sah, da ent-
brannte sein Zorn und er schleuderte die
Tafeln weg und zerschmetterte sie am Fuß
des Berges. 20 Dann nahm er das Kalb, das
sie gemacht hatten, verbrannte es, zerstieß
es zu Staub, den er ins Wasser streute, und
gab den Israeliten davon zu trinken. 21 Da-
rauf sprach Mose zu Aaron: Was hat dir
dieses Volk getan, dass du ihm eine so gro-
ße Schuld aufgeladen hast? 22 Aaron ant-
wortete: Zürne nicht, mein Herr! Du weißt
ja selbst, wie böse dieses Volk ist. 23 Sie sag-
ten zu mir: Mache uns einen Gott, der vor
uns herzieht; denn dieser Mose da, der
Mann, der uns aus Ägypten herausgeführt
hat – wir wissen nicht, was ihm zugesto-
ßen ist. 24 Da sagte ich zu ihnen: Wer Gold
trägt, der nehme es ab. Sie brachten es mir
und ich warf es in das Feuer. Da kam die-
ses Stierbild heraus.

Eifer der Leviten

25 Als Mose sah, dass das Volk ganz aus-
gelassen war – denn Aaron hatte ihnen
zur Schadenfreude ihrer Feinde die Zügel
schießen lassen –, 26 trat Mose in das Tor
des Lagers und rief: Wer für den Herrn ist,
der komme zu mir! Da versammelten sich
bei ihm alle Leviten. 27 Er sprach zu ihnen:
So spricht der Herr, der Gott Israels: Jeder
gürte sein Schwert um die Hüfte! Geht im
Lager von einem Tor zum anderen und
tötet auch den eigenen Bruder, Freund
und Verwandten! 28 Die Leviten taten nach
dem Befehl des Mose und es fielen vom
Volk an jenem Tag gegen dreitausend
Mann. 29 Dann sagte Mose: Ihr habt euch
heute als Priester für den Herrn eingesetzt.
Jeder von euch ist heute gegen seinen
Sohn und seinen Bruder vorgegangen und
der Herr hat Segen auf euch gelegt.

Erneutes Gebet des Mose

30 Am anderen Morgen sprach Mose zum
Volk: Ihr habt euch schwer versündigt.
Nun will ich zum Herrn hinaufsteigen.
Vielleicht kann ich Vergebung für euere
Sünden erwirken. 31 So ging Mose wieder
zum Herrn und sprach: Ach, dieses Volk
hat eine große Sünde begangen und sich
einen Gott aus Gold gemacht. 32 Doch nun
vergib ihm seine Sünde. Wenn nicht, dann
lösch mich aus deinem Buch, das du ge-
schrieben hast. 33 Der Herr aber entgegnete
Mose: Wer gegen mich gesündigt hat, nur
den tilge ich aus meinem Buch. 34 Aber geh
nun und führ das Volk dorthin, wohin ich
dir geboten habe. Siehe, mein Engel soll
vor dir hergehen. Aber wenn der Tag der
Vergeltung gekommen ist, werde ich sie
wegen ihrer Sünde zur Rechenschaft zie-
hen. 35 Und der Herr schlug das Volk dafür,
dass es das Kalb gemacht hatte, das Aaron
angefertigt hatte.

Der Befehl zum Aufbruch

33 Dann sprach der Herr zu Mose:
Geh und zieh von hier weg, du
und das Volk, das du aus Ägypten heraus-
geführt hast, in das Land, das ich Abra-
ham, Isaak und Jakob eidlich versprochen
habe mit den Worten: Ich will es deinen
Nachkommen geben. 2 Ich will einen Engel
vor dir hersenden und die Kanaaniter,
Amoriter, Hetiter, Perisiter, Hiwiter und
Jebusiter vertreiben. 3 Er wird dich in ein
Land bringen, das von Milch und Honig
fließt. Denn ich selbst werde nicht in dei-
ner Mitte hinaufziehen, weil du ein hals-
starriges Volk bist, damit ich dich nicht
auf dem Weg vernichte. 4 Als das Volk die-
se schlimmen Worte hörte, wurde es trau-
rig und niemand wollte seinen Schmuck
anlegen. 5 Da sprach der Herr zu Mose:
Sag den Israeliten: Ihr seid ein halsstar-
riges Volk. Wenn ich auch nur einen Au-
genblick mit dir zöge, müsste ich dich ver-
nichten. So leg nun deinen Schmuck ab,
dann will ich sehen, was ich mit dir tun
kann. 6 Da trugen die Israeliten keinen
Schmuck mehr, vom Berg Horeb an.

Das Zelt

7 Mose nahm nun das Zelt und schlug es
für sich außerhalb des Lagers in einiger
Entfernung vom Lager auf. Er nannte es
Zelt der Offenbarung. Wenn jemand den
Herrn befragen wollte, ging er hinaus zum
Zelt der Offenbarung, das außerhalb des
Lagers war. 8 Sooft Mose zum Zelt hinaus-
ging, stand das ganze Volk auf und jeder
stellte sich an den Eingang seines Zeltes;
sie schauten Mose nach, bis er in das Zelt
eingetreten war. 9 War Mose in das Zelt

eingetreten, senkte sich die Wolkensäule herab und blieb am Eingang des Zeltes stehen, während der Herr mit Mose redete. 10 Wenn das ganze Volk die Wolkensäule am Eingang des Zeltes stehen sah, erhoben sich alle und jeder warf sich am Eingang seines Zeltes nieder. 11 Der Herr aber redete mit Mose von Angesicht zu Angesicht, wie jemand mit seinem Freund spricht. Dann kehrte er in das Lager zurück, während sein Diener, der junge Josua, der Sohn des Nun, nicht vom Zelt wich.

Gebet des Mose

12 Mose sprach zum Herrn: Siehe, du hast mir befohlen: Führ dieses Volk hinauf! Du hast mir aber nicht kundgetan, wen du mit mir senden willst. Und doch hast du gesagt: Ich kenne dich mit Namen und du hast Gnade in meinen Augen gefunden. 13 Wenn ich nun wirklich Gnade in deinen Augen gefunden habe, so lass mich deine Wege wissen, damit ich an dir erkenne, dass ich in deinen Augen Gnade gefunden habe. Bedenk doch, dass dieses Volk dein Volk ist. 14 Da antwortete er: Ich selbst werde mitgehen und ich werde dir Ruhe geben. 15 Er entgegnete ihm: Wenn du nicht selbst mitziehst, dann führ uns lieber nicht von hier hinweg. 16 Woran soll man denn erkennen, dass ich und dein Volk Gnade in deinen Augen gefunden haben, wenn nicht daran, dass du mit uns ziehst und wir, ich und dein Volk, vor allen Völkern, die auf der Erde sind, dadurch ausgezeichnet werden? 17 Der Herr erwiderte Mose: Auch das, was du erbeten hast, will ich tun. Denn du hast Gnade in meinen Augen gefunden und ich kenne dich mit Namen.

Mose auf dem Berg

18 Da bat Mose: Lass mich doch deine Herrlichkeit schauen! 19 Der Herr antwortete: Ich will alle meine Schönheit an dir vorüberziehen lassen und den Namen des Herrn vor dir ausrufen. Ich werde gnädig sein, wem ich gnädig sein will, und werde mich erbarmen, wessen ich mich erbarmen will. 20 Weiter sprach er: Mein Angesicht kannst du nicht schauen, denn kein Mensch sieht mich und bleibt am Leben. 21 Der Herr sprach: Siehe, bei mir ist ein Platz, da magst du dich auf den Felsen stellen. 22 Wenn dann meine Herrlichkeit vorübergeht, will ich dich in die Felsenhöhle stellen und meine Hand über dich decken, bis ich vorübergegangen bin. 23 Wenn ich meine Hand zurückziehe, wirst du mich von hinten sehen. Aber mein Angesicht kann niemand schauen.

Erneuerung des Bundes. Die Gesetzestafeln

34 Der Herr sprach zu Mose: Hau dir zwei steinerne Tafeln zurecht, wie die Ersten waren. Steig zu mir auf den Berg hinauf und ich will auf die Tafeln die Worte schreiben, die auf den ersten Tafeln standen, die du zerbrochen hast. 2 Halte dich für morgen bereit, in der Frühe auf den Berg hinaufzusteigen und dort auf dem Gipfel des Berges vor mich hinzutreten. 3 Niemand darf mit dir hinaufsteigen und niemand darf sich auf dem ganzen Berg sehen lassen. Auch Schafe und Rinder dürfen nicht am Hang des Berges weiden. 4 Er hieb zwei steinerne Tafeln zurecht, wie die Ersten waren. Am anderen Morgen in der Frühe machte sich Mose auf und stieg auf den Berg Sinai hinauf, wie ihm der Herr befohlen hatte, und nahm die beiden steinernen Tafeln mit sich. 5 Der Herr kam herab in der Wolke und er stellte sich dort bei ihm auf.

Gotteserscheinung

Er rief den Namen des Herrn an. 6 Der Herr zog an ihm vorüber und er rief aus: Jahwe ist ein gnädiger und barmherziger Gott, langmütig und reich an Gnade und Treue, 7 der Gnade bewahrt den Tausenden, Schuld, Frevel und Sünde vergibt, aber nicht ganz ungestraft lässt, sondern die Schuld der Väter an den Söhnen und Enkeln bis in das dritte und vierte Geschlecht verfolgt. 8 Mose verneigte sich sofort zur Erde, warf sich nieder 9 und sagte: Wenn ich Gnade in deinen Augen gefunden habe, o Herr, dann ziehe doch mein Herr in unserer Mitte mit. Es ist zwar ein halsstarriges Volk, aber verzeih uns unsere Schuld und unsere Sünden und lass uns dein Eigentum sein.

Der Bund

10 Er antwortete: Wohlan, ich will einen Bund schließen: Vor deinem ganzen Volk will ich Wunder vollbringen, wie sie auf der ganzen Erde und unter allen Völkern nicht geschehen sind, und das ganze Volk, in dessen Mitte du lebst, soll das Wirken

des Herrn sehen. Denn wunderbar ist, was
ich an dir tun werde. [11] Beachte wohl, was
ich dir heute befehle: Siehe, ich werde vor
dir die Amoriter, Kanaaniter, Hetiter, Peri-
siter, Hiwiter und Jebusiter vertreiben.
[12] Hüte dich, mit den Bewohnern des Lan-
des, in das du kommen wirst, ein Bündnis
zu schließen; sie könnten dir sonst, wenn
sie in deiner Mitte bleiben, zum Fallstrick
werden. [13] Ihr sollt vielmehr ihre Altäre
niederreißen, ihre Steinmale zertrümmern
und ihre Kultpfähle umhauen.

[14] Denn du darfst keinen anderen Gott
anbeten; Eifersüchtiger ist ja der Name
des Herrn und ein eifersüchtiger Gott ist
er. [15] Darum schließ kein Bündnis mit den
Bewohnern des Landes. Sonst werden sie
dich einladen, mit ihren Göttern Unzucht
zu treiben und ihren Göttern Schlacht-
opfer darzubringen, und du wirst von
ihren Schlachtopfern essen. [16] Du wirst
von ihren Töchtern Frauen für deine Söh-
ne nehmen. Wenn dann ihre Töchter mit
ihren Göttern Unzucht treiben, werden sie
auch deine Söhne zur Unzucht mit ihren
Göttern verführen.

[17] Du darfst dir kein Götterbild aus Me-
tall gießen.

[18] Das Fest der Ungesäuerten Brote sollst
du halten. Im Monat Abib sollst du sieben
Tage lang ungesäuerte Brote essen, wie ich
dir geboten habe. Denn im Monat Abib
bist du aus Ägypten ausgezogen.

[19] Jede Erstgeburt gehört mir: alles
Männliche, jeder Erstlingswurf von Rind
und Schaf. [20] Den Erstlingswurf vom Esel
sollst du mit einem Schaf auslösen; wenn
du ihn nicht auslösen willst, sollst du ihm
das Genick brechen. Jeden Erstgeborenen
von deinen Söhnen sollst du auslösen. Vor
mir sollst du nicht mit leeren Händen er-
scheinen.

[21] Sechs Tage sollst du arbeiten, am sieb-
ten Tag aber sollst du ruhen, selbst in der
Zeit des Pflügens und Erntens sollst du
den Sabbat halten.

[22] Auch das Wochenfest sollst du feiern
zur Zeit der Erstlingsfrüchte der Weizen-
ernte und das Fest der Lese an der Wende
des Jahres.

[23] Dreimal im Jahr sollen alle Männer
unter euch vor dem Herrn, dem Gott Isra-
els, erscheinen.

[24] Denn ich werde die Völker vor dir ver-
treiben und deine Grenzen weit machen;
niemand soll in dein Land einfallen, wenn
du heraufsteigst, um dreimal im Jahr vor
dem Herrn, deinem Gott, zu erscheinen.

[25] Du sollst das Blut deiner Schlacht-
opfer nicht mit Gesäuertem darbringen
und vom Opfer des Pesachfestes darf
nichts bis zum Morgen übrig bleiben.

[26] Das Beste von den Erstlingsfrüchten
deines Ackers sollst du zum Haus des
Herrn, deines Gottes, bringen. Ein Böck-
lein darfst du nicht in der Milch seiner
Mutter kochen.

[27] Nun sprach der Herr zu Mose: Schreib
dir diese Worte auf! Denn aufgrund dieser
Worte schließe ich mit dir und mit Israel
einen Bund.

[28] Vierzig Tage und vierzig Nächte war er
dort beim Herrn. Er aß kein Brot und
trank kein Wasser. Und der Herr schrieb
auf die Tafeln die Worte des Bundes, die
zehn Worte.

Mose steigt wieder vom Berg herab

[29] Als Mose vom Berg Sinai herabstieg – die
Tafeln der Bundesurkunde waren in der
Hand des Mose, als er herabstieg –, da
wusste Mose nicht, dass die Haut seines
Gesichts von der Unterredung mit dem
Herrn strahlte. [30] Als Aaron und alle Israe-
liten Mose erblickten und sahen, dass sein
Angesicht strahlte, fürchteten sie sich, ihm
zu nahen. [31] Mose aber rief sie herbei. Da
gingen Aaron und alle Vorsteher der Ge-
meinde zu ihm hin und Mose redete mit
ihnen. [32] Nun kamen auch alle Israeliten
herbei und er teilte ihnen alles mit, was
der Herr zu ihm auf dem Berg Sinai gere-
det hatte. [33] Nachdem Mose seine Unterre-
dung mit ihnen beendet hatte, legte er eine
Hülle über sein Gesicht. [34] Sooft nun Mose
vor dem Herrn hintrat, um mit ihm zu re-
den, nahm er die Hülle ab, bis er wieder
herausging. Wenn er herausgegangen war,
teilte er den Israeliten mit, was ihm auf-
getragen worden war. [35] Dabei sahen die
Israeliten das Gesicht des Mose, wie es
strahlte. Dann aber legte Mose die Hülle
über sein Gesicht, bis er wieder hinging,
um mit ihm zu reden.

Bau und Errichtung des Heiligtums

Gesetz der Sabbatruhe

35 Hierauf versammelte Mose die
ganze Gemeinde der Israeliten

und sprach zu ihnen: Dies hat der Herr
euch zu tun befohlen: 2 Sechs Tage hin-
durch darf gearbeitet werden, der siebte
Tag aber soll euch heilig sein, ein Feiertag,
ein Tag vollkommener Ruhe, heilig für den
Herrn. Jeder, der an ihm eine Arbeit ver-
richtet, soll mit dem Tod bestraft werden.
3 Am Tag des Sabbats dürft ihr in all eueren
Wohnungen kein Feuer anzünden.

Sammlung der Materialien

4 Weiter sprach Mose zur Gemeinde der
Israeliten: Dies hat der Herr befohlen:
5 Gebt von euerem Besitz eine Abgabe für
den Herrn! Jeder, den das Herz dazu
treibt, soll als Abgabe für den Herrn brin-
gen: Gold, Silber, Kupfer, 6 blauen und ro-
ten Purpur, Karmesin, Feinleinen und Zie-
genhaare, 7 rot gefärbte Widderfelle, feines
Leder und Akazienholz, 8 Öl für den
Leuchter und Gewürze für das Salböl und
für das wohlriechende Räucherwerk,
9 Karneol und andere Edelsteine zum Be-
satz für das Efod und für das Brustschild.
10 Alle Kunstverständigen unter euch sol-
len kommen und alles anfertigen, was der
Herr befohlen hat: 11 die Wohnung mit
ihrer Zeltdecke und ihrer Überdecke,
ihren Haken, Brettern, Riegeln, Säulen
und Füßen, 12 die Lade mit ihren Tragstan-
gen, die Versöhnungsplatte und den inne-
ren Vorhang, 13 den Tisch mit seinen Trag-
stangen und allen seinen Geräten und den
Schaubroten, 14 den Leuchter zum Be-
leuchten mit all seinen Geräten und seinen
Lampen und das Öl für den Leuchter,
15 den Räucheraltar mit seinen Tragstan-
gen, das Salböl und das wohlriechende
Räucherwerk und den Vorhang der Türen
am Eingang der Wohnung, 16 den Brand-
opferalter mit seinen kupfernen Gittern,
seinen Tragstangen und allen seinen Gerä-
ten, das Waschbecken mit seinem Gestell,
17 die Umhänge für den Vorhof, seine Säu-
len mit ihren Füßen und den Vorhang für
den Eingang des Vorhofs, 18 die Pflöcke der
Wohnung und die Pflöcke des Vorhofs
mit den dazu gehörigen Stricken, 19 die
Prachtgewänder für den Dienst im Heilig-
tum, die heiligen Gewänder für Aaron,
den Priester, und die Kleider seiner Söhne
zum priesterlichen Dienst.

20 Hierauf ging die ganze Gemeinde der
Israeliten von Mose weg. 21 Dann kam je-
der, den sein Herz dazu antrieb, und jeder,
der sich dazu angetrieben fühlte, brachte
die Abgaben für den Herrn zur Herstel-
lung des Offenbarungszeltes, für den ge-
samten Dienst an ihm und für die heiligen
Gewänder. 22 Es kamen Männer und Frau-
en. Alle, die ihr Herz antrieb, brachten
Spangen, Ohrringe, Fingerringe, Halsket-
ten, goldenen Schmuck aller Art, jeder,
der dem Herrn eine Weihegabe in Gold
versprochen hatte. 23 Alle, die blauen oder
roten Purpur, Karmesin und Feinleinen,
Ziegenhaare, rot gefärbte Widderfelle und
feines Leder besaßen, brachten es herbei.
24 Jeder, der eine Spende an Silber und
Kupfer geben wollte, brachte die Weihega-
be für den Herrn herbei und jeder, der
Akazienholz zur Verwendung bei den
Bauarbeiten besaß, brachte es herbei. 25 Al-
le kunstfertigen Frauen spannen und
brachten das Gesponnene: blauen und ro-
ten Purpur, Karmesin und Feinleinen.
26 Alle Frauen, die sich wegen ihrer Kunst-
fertigkeit dazu angetrieben fühlten, span-
nen Ziegenhaare. 27 Die Sippenhäupter
brachten Karneol und andere Edelsteine
zum Besatz des Efod und des Brustschil-
des, 28 ferner Gewürze und das Öl für den
Leuchter, zum Salböl und zum wohlrie-
chenden Räucherwerk. 29 Alle Männer und
Frauen, die ihr Herz antrieb, für das Werk
etwas beizutragen, dessen Ausführung der
Herr durch Mose befohlen hatte, steuerten
bei. Als freiwillige Gabe für den Herrn
spendeten es die Israeliten.

Die Hersteller des Heiligtums

30 Darauf sprach Mose zu den Israeliten:
Seht, der Herr hat Bezalel, den Sohn Uris,
den Enkel Hurs, vom Stamm Juda, mit
Namen berufen 31 und ihn mit göttlichem
Geist erfüllt, mit Kunstsinn, Einsicht, Wis-
sen und Geschick zu jeder Arbeit, 32 um
Pläne zu entwerfen, Arbeiten in Gold, Sil-
ber und Kupfer auszuführen 33 und durch
Schneiden und Fassen von Steinen und
durch Schnitzen von Holz allerlei Kunst-
werke herzustellen. 34 Aber auch die Fähig-
keit, andere zu unterweisen, gab er ihm,
ihm und Oholiab, dem Sohn Ahisamachs,
vom Stamm Dan. 35 Er hat sie mit Kunst-
sinn erfüllt, Arbeiten aller Art auszufüh-
ren, wie sie der Kunsthandwerker, der
Kunstweber und Buntwirker in blauem
und rotem Purpur, in Karmesin und Fein-
leinen, aber auch der Weber anfertigt. Sie

können Arbeiten aller Art ausführen und entwerfen.

36 Bezalel, Oholiab und alle kunstverständigen Männer, denen der Herr Kunstsinn und Einsicht zur Ausführung aller für das Heiligtum notwendigen Arbeiten verliehen hat, sollen nun das Werk ganz so, wie es der Herr angeordnet hat, ausführen.

Beendigung der Sammlung

2 Hierauf berief Mose Bezalel, Oholiab und die kunstverständigen Männer, denen der Herr Kunstsinn verliehen hatte, alle, die ihr Herz dazu antrieb, an die Ausführung des Werkes zu gehen. 3 Sie empfingen von Mose alle Weihegaben, welche die Israeliten für die Arbeiten zur Herstellung des Heiligtums beigesteuert hatten, und brachten ihm auch weiter jeden Morgen freiwillige Gaben. 4 Da kamen alle Künstler, die mit den Arbeiten am Heiligtum beschäftigt waren, Mann für Mann, von der Arbeit, die sie gerade verrichteten, 5 und sagten zu Mose: Das Volk bringt viel mehr, als zur Ausführung der Arbeiten, die der Herr befohlen hat, notwendig ist. 6 Da ließ Mose im Lager den Befehl verkünden: Weder Mann noch Frau soll noch etwas als Opfergabe für das Heiligtum anfertigen! So hörte das Volk mit den Spenden auf. 7 Denn von dem, was zur Ausführung des ganzen Werkes geliefert worden war, hatten sie mehr als genug.

Die Wohnung

8 So stellten alle Kunstverständigen unter den Werkleuten die Wohnung aus zehn Teppichen her; sie fertigten sie aus gezwirntem Feinleinen, blauem und rotem Purpur und Karmesin mit Kerubfiguren, wie sie der Kunstwirker macht. 9 Jeder Teppich war achtundzwanzig Ellen lang und vier Ellen breit; 10 alle Teppiche hatten das gleiche Maß. Je fünf Teppiche verband er miteinander. 11 Sodann brachte er am Saum des äußersten Teppichs des einen zusammengesetzten Stückes Schleifen aus blauem Purpur an, ebenso am Saum des anderen zusammengesetzten Stückes. 12 Fünfzig Schleifen brachte er an dem einen Teppich an und fünfzig an dem Saum des Teppichs, der zum anderen zusammengesetzten Stück gehörte, sodass die Schleifen einander gegenüberstanden. 13 Dazu machte er fünfzig goldene Haken und fügte die Teppiche durch Haken zusammen, sodass die Wohnung ein Ganzes bildete. 14 Dann machte er Teppiche aus Ziegenhaaren zu einer Zeltdecke über der Wohnung. Elf Teppiche fertigte er dazu an. 15 Jeder Teppich war dreißig Ellen lang und vier Ellen breit. Alle elf Teppiche hatten das gleiche Maß. 16 Fünf von diesen Teppichen fügte er für sich zu einem Stück zusammen und ebenso die anderen sechs Teppiche für sich. 17 Am Saum des äußersten Teppichs des einen zusammengefügten Stückes brachte er fünfzig Schleifen an und ebenso am Saum des äußersten Teppichs des andern zusammengesetzten Stückes. 18 Dazu machte er fünfzig kupferne Haken, um die Zeltdecke zu einem Ganzen zusammenzufügen. 19 Dann machte er für die Zeltdecke eine Überdecke aus rot gefärbten Widderfellen und darüber eine Decke aus feinem Leder.

Die Holzarbeit

20 Darauf machte er für die Wohnung Bretter aus Akazienholz zum Aufstellen. 21 Jedes Brett war zehn Ellen lang und anderthalb Ellen breit. 22 Jedes Brett war durch zwei Zapfen mit anderen verbunden waren. So machte er alle Bretter der Wohnung, 23 und zwar fertigte er Bretter für die Wohnung an: zwanzig Bretter für die nach Süden gerichtete Seite – 24 unter die zwanzig Bretter brachte er vierzig silberne Füße an, je zwei Füße unter jedes Brett für die beiden Zapfen –, 25 ebenso für die andere nach Norden gerichtete Seite der Wohnung zwanzig Bretter 26 mit ihren vierzig silbernen Füßen, je zwei Füße unter jedes Brett. 27 Für die nach Westen gerichtete Seite der Wohnung machte er sechs Bretter. 28 Außerdem machte er zwei Bretter für die Ecken der Wohnung auf der Rückseite. 29 Sie waren von unten her doppelt und blieben es bis oben, zur Höhe des ersten Ringes. So verfuhr er mit den beiden Ecken. 30 Es waren somit acht Bretter mit ihren silbernen Füßen, sechzehn Füße, je zwei Füße unter jedes Brett. 31 Dann machte er Riegel aus Akazienholz, fünf für die Bretter auf der einen Seite der Wohnung 32 und fünf Riegel für die Bretter auf der anderen Seite der Wohnung und fünf Riegel für die Bretter der nach Westen gerichteten Rückseite der Wohnung.

33 Den mittleren Riegel ließ er in der Mitte
der Bretter von einem Ende zum anderen
durchlaufen. 34 Die Bretter aber überzog er
mit Gold. Die Ringe an ihnen, die zur Auf-
nahme der Riegel dienten, stellte er aus
Gold her und überzog auch die Riegel mit
Gold.

Der Vorhang

35 Dann fertigte er den Vorhang aus blau-
em und rotem Purpur, Karmesin und ge-
zwirntem Feinleinen an, er machte ihn in
Kunstwirkerarbeit mit Kerubfiguren.
36 Hierauf machte er für ihn vier Säulen
aus Akazienholz und überzog sie mit
Gold; auch die dazu gehörigen Haken wa-
ren aus Gold. Er goss für sie vier silberne
Füße. 37 Ferner machte er einen Vorhang
aus rotem und blauem Purpur, Karmesin
und gezwirntem Feinleinen für den Ein-
gang des Zeltes, eine Arbeit des Buntwir-
kers, 38 mit den dazu gehörigen fünf Säulen
und ihren Haken. Ihre Köpfe und die Rin-
ge an ihnen überzog er mit Gold; ihre Fü-
ße aber waren aus Silber.

Die Lade

37 Weiter fertigte Bezalel die Lade
aus Akazienholz an, zwei und eine
halbe Elle lang, anderthalb Ellen breit und
anderthalb Ellen hoch. 2 Er überzog sie in-
nen und außen mit reinem Gold und
brachte an ihr einen ringsum laufenden
goldenen Kranz an. 3 Dann goss er dazu
vier goldene Ringe für die vier Füße, zwei
Ringe auf der einen Seite und zwei Ringe
auf der anderen Seite. 4 Darauf machte er
Stangen aus Akazienholz und überzog sie
mit Gold. 5 Diese Stangen zog er durch die
Ringe an den Seiten der Lade, damit man
die Lade tragen konnte. 6 Außerdem fer-
tigte er die Versöhnungsplatte aus reinem
Gold an, zwei und eine halbe Elle lang
und anderthalb Ellen breit. 7 Dazu machte
er zwei Kerubim aus getriebenem Gold
und arbeitete sie aus den beiden Enden
der Versöhnungsplatte heraus, 8 den einen
Kerub an dem einen und den anderen Ke-
rub an dem anderen Ende der Versöh-
nungsplatte. So arbeitete er die Kerubim
an ihren beiden Enden heraus. 9 Die Keru-
bim breiteten ihre Flügel nach oben aus
und bedeckten so mit ihren Flügeln die
Versöhnungsplatte. Ihre Gesichter waren
einander zugekehrt. Zugleich waren die
Gesichter der Kerubim auf die Versöh-
nungsplatte gerichtet.

Der Schaubrottisch

10 Hierauf fertigte er den Schaubrottisch
aus Akazienholz an, zwei Ellen lang, eine
Elle breit und anderthalb Ellen hoch. 11 Er
überzog ihn mit reinem Gold und brachte
an ihm einen ringsum laufenden goldenen
Kranz an. 12 Dann führte er ringsum in
Handbreite eine Leiste mit einem golde-
nen Kranz. 13 Ferner goss er für ihn vier
goldene Ringe und befestigte diese Ringe
an den vier Seiten, und zwar an den vier
Ecken seiner vier Füße. 14 Dicht an der
Leiste befanden sich die Ringe zur Auf-
nahme der Stangen, damit man den Tisch
tragen konnte. 15 Die Stangen fertigte er
aus Akazienholz an und überzog sie mit
Gold, damit man den Tisch tragen konnte.
16 Dann stellte er aus reinem Gold Geräte
her, die auf dem Tisch stehen sollten, die
zugehörigen Schüsseln, Schalen, Krüge
und Becher für das Trankopfer.

Der Leuchter

17 Dann stellte er den Leuchter aus reinem
Gold her. Der Leuchter, sein Fuß und sein
Schaft, seine Kelche, Knäufe und Blüten
waren aus einem Stück getrieben. 18 Von
beiden Seiten gingen sechs Röhren aus,
drei Röhren des Leuchters auf der einen
Seite und drei Röhren auf der anderen Sei-
te. 19 An jeder Röhre waren drei mandel-
blütenförmige Kelche, aus Knauf und Blü-
te bestehend; so an allen sechs Röhren, die
vom Leuchter ausgingen. 20 Am Leuchter-
schaft waren vier mandelblütenförmige
Kelche, aus Knauf und Blüten bestehend.
21 So war es bei allen sechs Röhren, die von
ihm ausgingen. 22 Ihre Knäufe und Röhren
waren aus einem Stück und von reinem
Gold. 23 Dann fertigte er die sieben Lam-
pen mit den zugehörigen Dochtscheren
und Pfannen aus reinstem Gold an. 24 Aus
einem Talent reinen Goldes stellte er ihn
und seine Geräte her.

Der Räucheraltar. Das Salböl und das Räucherwerk

25 Dann machte er den Räucheraltar aus
Akazienholz, eine Elle lang, eine Elle breit,
viereckig, und zwei Ellen hoch; seine Hör-
ner bildeten ein Ganzes mit ihm. 26 Er
überzog ihn mit reinem Gold, seine Platte

und seine Wände ringsum, ebenso seine Hörner. Rings um ihn herum führte er einen goldenen Kranz. [27] Dann brachte er unterhalb seines Kranzes an seinen beiden Seiten zwei goldene Ringe für ihn an, und zwar an zwei gegenüberliegenden Seiten zur Aufnahme der Tragstangen, sodass man ihn daran tragen konnte. [28] Die Tragstangen machte er aus Akazienholz und überzog sie mit Gold. [29] Dazu bereitete er das heilige Salböl und das reine wohlriechende Räucherwerk, wie es der Salbenmischer herstellt.

Der Brandopferaltar

38 Darauf machte er den Brandopferaltar aus Akazienholz, fünf Ellen lang und fünf Ellen breit, viereckig, und drei Ellen hoch. [2] An seinen vier Ecken brachte er seine Hörner so an, dass seine Hörner ein Ganzes mit ihm bildeten, und überzog ihn mit Kupfer. [3] Dann fertigte er alle zum Altar gehörigen Geräte an, die Töpfe, Schaufeln, Schalen, Gabeln und Pfannen. Alle Geräte machte er aus Kupfer. [4] Er machte ferner für den Altar ein netzförmiges Gitter aus Kupfer unterhalb der ihn umgebenden Stufe von unten her bis zur halben Höhe. [5] Für die vier Ecken des kupfernen Gitters goss er vier Ringe zur Aufnahme der Tragstangen. [6] Dann machte er die Tragstangen aus Akazienholz und überzog sie mit Kupfer. [7] Die Tragstangen steckte er durch die Ringe an den Seiten des Altars, sodass man ihn tragen konnte. Er stellte ihn aus Brettern so her, dass er hohl war.

Das Becken

[8] Dann machte er das kupferne Becken und das dazu gehörige Gestell aus Kupfer von den Spiegeln der Frauen, die am Eingang des Zeltes Dienst taten.

Bau des Vorhofes

[9] Darauf stellte er den Vorhof her. Die Behänge auf der Südseite des Vorhofs waren aus gezwirntem Feinleinen, einhundert Ellen lang, [10] dazu zwanzig Säulen mit zwanzig Füßen aus Kupfer. Die Haken der Säulen und ihre Ringe waren aus Silber. [11] Ebenso auf der Nordseite einhundert Ellen, dazu zwanzig Säulen und ihre zwanzig kupfernen Füße. Die Haken der Säulen waren aus Silber. [12] Auf der Westseite waren die Behänge fünfzig Ellen lang, dazu zehn Säulen und ihre zehn Füße; die Haken der Säulen und ihre Ringe waren aus Silber. [13] Auch vorn auf der Ostseite fünfzig Ellen. [14] Umhänge von fünfzehn Ellen kamen auf die eine Seite, dazu die drei Säulen mit ihren drei Füßen, [15] auf der anderen Seite zu beiden Seiten des Tores zum Vorhof kamen Behänge von fünfzehn Ellen, dazu drei Säulen mit ihren drei Füßen. [16] Alle Behänge des Vorhofs ringsum waren aus gezwirntem Feinleinen. [17] Die Füße der Säulen waren aus Kupfer und ihre Haken aus Silber; auch der Überzug ihrer Köpfe war aus Silber. Alle Säulen des Vorhofes hatten silberne Ringe. [18] Der Vorhang am Eingang des Vorhofes war bunt gewirkt aus blauem und rotem Purpur, Karmesin und gezwirntem Feinleinen. Die Länge betrug zwanzig Ellen, die Höhe fünf Ellen, entsprechend den Behängen des Vorhofes. [19] Die dazu gehörigen vier Säulen mit ihren Füßen waren aus Kupfer, ihre Haken aus Silber, der Überzug ihrer Köpfe und ihre Ringe aus Silber. [20] Alle Pflöcke für die Wohnung und den Vorhof waren aus Kupfer.

Metallkosten

[21] Dies sind die Kosten für die Wohnung, die Wohnung der Bundesurkunde. Sie wurden auf Befehl durch die Leviten unter der Leitung Itamars, des Sohnes Aarons, des Priesters, errechnet. [22] Bezalel, der Sohn Uris, der Enkel Hurs, aus dem Stamm Juda, hatte alles hergestellt, was der Herr dem Mose befohlen hatte, [23] und mit ihm Oholiab, der Sohn Ahisamachs, vom Stamm Dan, ein Kunstwirker und Buntweber in blauem und rotem Purpur, Karmesin und Feinleinen. [24] Das gesamte als Weihegabe gespendete Gold, das für die verschiedenen Arbeiten am Heiligtum verwendet wurde, wog neunundzwanzig Talente und siebenhundertdreißig Schekel nach dem Münzgewicht des Heiligtums. [25] Das bei der Veranlagung der Gemeinde eingegangene Silber betrug einhundert Talente und eintausendsiebenhundertfünfundsiebzig Schekel nach dem Münzgewicht des Heiligtums, [26] ein Beka für jede Person, also die Hälfte eines Schekels nach dem Münzgewicht des Heiligtums, von allen, die zur Veranlagung vortreten mussten, das heißt für jeden von zwanzig

Jahren und darüber, insgesamt sechshundertdreitausendfünfhundertfünfzig Menschen. 27 Die einhundert Talente Silber wurden zum Gießen der Füße des Heiligtums und der Füße des Vorhangs verwendet, auf jeden Fuß ein Talent. 28 Aus den eintausendsiebenhundertfünfundsiebzig Schekeln aber machte er Haken für die Säulen, überzog ihre Köpfe und versah sie mit Ringen. 29 Das als Weihegabe gespendete Kupfer betrug siebzig Talente und zweitausendvierhundert Schekel. 30 Daraus machte er die Füße der Tür des Offenbarungszeltes und den kupfernen Altar samt seinen kupfernen Gittern und alle Altargeräte, 31 die Füße im Vorhof ringsum und die Füße am Eingang des Vorhofs, alle Pflöcke der Wohnung und alle Pflöcke des Vorhofs ringsum.

Die Kleidung des Hohenpriesters

39 Aus blauem und rotem Purpur, Karmesin und gezwirntem Feinleinen machte er die Prachtgewänder zum Dienst im Heiligtum. Sie fertigten die heiligen Gewänder für Aaron an, wie es der Herr dem Mose befohlen hatte.

Das Efod

2 Das Efod machten sie aus Gold, blauem und rotem Purpur, Karmesin und gezwirntem Feinleinen. 3 Sie hämmerten das Goldblech dünn und schnitten es in Fäden, um sie in den blauen und roten Purpur und das Feinleinen kunstvoll einzuwirken. 4 Man machte zwei zusammengefügte Schulterstücke; an den beiden Enden wurden sie verbunden. 5 Die Binde, die sich daran zum Anlegen befand, war aus einem Stück mit ihm und von gleicher Arbeit, aus Gold, blauem und rotem Purpur, Karmesin und gezwirntem Feinleinen, wie es der Herr dem Mose befohlen hatte. 6 Sie richteten die Karneolsteine zu und fassten sie in goldenes Flechtwerk. Sie trugen, mit Siegelstecherkunst graviert, die Namen der Söhne Israels. 7 Er setzte sie als Steine des Gedenkens an die Israeliten auf die Schulterstücke des Efod, wie es der Herr dem Mose befohlen hatte.

Das Brustschild

8 Das Brustschild machte er wie das Efod, kunstvoll gewirkt aus Gold, blauem und rotem Purpur, Karmesin und gezwirntem Feinleinen. 9 Sie machten das Brustschild viereckig, doppelt gelegt, eine Spanne lang und eine Spanne breit, doppelt gelegt. 10 Dann besetzten sie es in vier Reihen mit Edelsteinen: Die erste Reihe enthielt einen Karneol, einen Topas und einen Smaragd, 11 die zweite Reihe einen Rubin, einen Saphir und einen Jaspis, 12 die dritte Reihe einen Hyazinth, einen Achat und einen Amethyst, 13 die vierte Reihe einen Chrysolith, einen Karneol und einen Onyx. Sie wurden in Gold gefasst und eingesetzt. 14 Es waren nach den Namen der zwölf Söhne Israels zwölf Steine entsprechend ihren Namen. In Siegelgravierung war jeder mit dem Namen eines der der zwölf Stämme versehen. 15 Hierauf befestigten sie am Brustschild die schnurartig gedrehten Kettchen aus reinem Gold. 16 Dann machten sie zwei goldene Geflechte und zwei goldene Ringe und befestigten die beiden Ringe an den beiden Enden des Brustschildes. 17 Die beiden goldenen Schnüre befestigten sie an den beiden Ringen, die an den Enden des Brustschildes waren. 18 Die zwei anderen Enden der beiden Schnüre befestigten sie an den zwei Geflechten und diese an den beiden Schulterstücken des Efod auf seiner Vorderseite. 19 Auch machten sie zwei weitere goldene Ringe und befestigten sie an den beiden (unteren) Enden des Brustschildes, an seinem inneren, dem Efod zugewandten Rand. 20 Dann machten sie noch zwei goldene Ringe und befestigten sie an den beiden Schulterstücken des Efod unten an seiner Vorderseite dicht bei der Verbindungsstelle oberhalb der Binde des Efod. 21 Sie befestigten das Brustschild mit seinen Ringen mittels Schnüren aus blauem Purpur an den Ringen des Efod, sodass es oberhalb der Binde des Efod anlag und das Brustschild sich nicht vom Efod verschieben konnte, wie es der Herr dem Mose befohlen hatte.

Das Obergewand

22 Sodann fertigten sie das Obergewand zum Efod in Weberarbeit ganz aus blauem Purpur. 23 Die Öffnung in der Mitte des Oberkleides war wie die Öffnung eines Panzerhemdes. Rings um die Halsöffnung lief ein Saum, damit es nicht einriss. 24 Am unteren Saum des Oberkleides brachten sie Granatäpfel aus blauem und rotem Purpur, Karmesin und gezwirntem

Feinleinen an. 25 Dann machten sie Glöck-
chen aus reinem Gold und setzten sie
zwischen die Granatäpfel rings an den
Saum des Obergewandes, 26 abwechselnd
ein Glöckchen und einen Granatapfel
rings um den Saum des Obergewands für
den Dienst, wie es der Herr dem Mose
befohlen hatte.

Priestergewänder

27 Die Leibröcke machten sie aus Feinlei-
nen in Weberarbeit für Aaron und seine
Söhne, 28 den Kopfbund aus Feinleinen,
die Turbane aus Feinleinen und die linne-
nen Hüftkleider aus Feinleinen, 29 ferner
die Gürtel aus gezwirntem Feinleinen,
blauem und rotem Purpur und Karmesin
in Buntwirkerarbeit, wie es der Herr dem
Mose befohlen hatte.

Das Diadem

30 Das Stirnblatt, das heilige Diadem,
machten sie aus reinem Gold und schnit-
ten darauf die Inschrift nach Art der Sie-
gelgravierung ein: Heilig dem Herrn!
31 Daran befestigten sie eine Schnur aus
blauem Purpur, um es oben am Kopfbund
anzubringen, wie es der Herr befohlen
hatte. 32 So wurde die ganze Arbeit für die
Wohnung des Offenbarungszeltes fertig
gestellt. Die Israeliten hatten es ganz so
ausgeführt, wie es der Herr dem Mose be-
fohlen hatte.

Übergabe der fertigen Arbeiten an Mose

33 Sie brachten nun zu Mose die Wohnung,
das Zelt mit allen seinen Geräten, seinen
Haken, Brettern, Riegeln, Säulen und Fü-
ßen, 34 ferner die Schutzdecke aus rot ge-
färbten Widderfellen, die Überdecke aus
feinem Leder und den inneren Vorhang,
35 die Lade der Bundesurkunde mit ihren
Tragstangen und mit der Versöhnungs-
platte, 36 den Tisch mit allen seinen Geräten
und den Schaubroten, 37 den Leuchter aus
reinem Gold mit seinen Lampen, die in
einer Reihe aufgesetzt waren, und alle sei-
ne Geräte sowie das Öl zur Beleuchtung,
38 ferner den goldenen Altar und das Salböl,
das wohlriechende Räucherwerk und den
Vorhang für den Eingang des Zeltes, 39 den
kupfernen Altar mit seinem Gitterwerk,
seine Tragstangen und alle seine Geräte,
das Becken mit seinem Gestell, 40 die Be-
hänge des Vorhofs mit seinen Säulen und
Füßen und Pflöcken sowie alle Geräte für
den Dienst in der Wohnung des Offen-
barungszeltes, 41 die Prachtgewänder für
den Dienst im Heiligtum, die heiligen Ge-
wänder für den Priester Aaron und die Ge-
wänder seiner Söhne zum priesterlichen
Dienst. 42 So wie es der Herr dem Mose be-
fohlen hatte, hatten die Israeliten die ganze
Arbeit ausgeführt. 43 Als Mose das ganze
Werk besichtigte, sah er, dass sie es ganz
so ausgeführt hatten, wie der Herr befoh-
len hatte. Und Mose segnete sie.

Aufstellung und Weihe des Heiligtums

40 Nun sprach der Herr zu Mose:
2 Am ersten Tag des ersten Monats
schlag die Wohnung des Offenbarungszel-
tes auf, 3 stelle die Lade des Zeugnisses hi-
nein und häng den Vorhang vor die Lade.
4 Dann bring den Tisch hinein und leg die
Schaubrote auf. Bring auch den Leuchter
hinein und setz seine Lampen auf. 5 Den
goldenen Räucheraltar stell vor die Lade
der Bundesurkunde und häng den Vor-
hang vor dem Eingang der Wohnung auf.
6 Sodann stell den Brandopferaltar vor den
Eingang der Wohnung des Offenbarungs-
zeltes 7 und das Becken zwischen das Of-
fenbarungszelt und den Altar und gieß
Wasser hinein. 8 Richte den Vorhof rings-
um auf und bring den Vorhang am Ein-
gang des Vorhofs an. 9 Sodann nimm das
Salböl und salbe die Wohnung samt allem,
was in ihr ist, und weihe sie mit allen ihren
Geräten, damit sie heilig ist. 10 Ebenso
sollst du den Brandopferaltar mit allen sei-
nen Geräten salben und so den Altar wei-
hen, damit der Altar hochheilig ist. 11 Salbe
auch das Becken und sein Gestell und hei-
lige es. 12 Dann lass Aaron und seine Söhne
an den Eingang des Offenbarungszeltes
herantreten und sich mit Wasser waschen.
13 Darauf bekleide Aaron mit den heiligen
Gewändern und salbe ihn und weihe ihn,
damit er mir als Priester diene. 14 Lass dann
seine Söhne herantreten und bekleide sie
mit ihren Gewändern 15 und salbe sie, wie
du ihren Vater gesalbt hast, damit sie mir
als Priester dienen. Diese Salbung soll
ihnen die Priesterwürde für alle Zeiten
von Generation zu Generation verleihen.

Ausführung der göttlichen Anordnungen

16 Mose tat genau so; wie der Herr ihm
geboten hatte, so machte er es. 17 Im ers-

ten Monat des zweiten Jahres, am ersten
des Monats wurde die Wohnung auf-
gerichtet. 18 Mose richtete selbst die Woh-
nung auf. Er stellte ihre Fußgestelle hin,
setzte ihre Bretter darauf, brachte ihre
Riegel an und richtete ihre Säulen auf.
19 Dann breitete er den Teppich über die
Wohnung und legte die Decke des Zeltes
darüber, wie es der Herr dem Mose be-
fohlen hatte. 20 Dann nahm er die Bundes-
urkunde und legte sie in die Lade, steckte
die Tragstangen an die Lade und legte die
Versöhnungsplatte oben auf die Lade.
21 Hierauf brachte er die Lade in die Woh-
nung, hängte zur Verhüllung den inneren
Vorhang auf und verhüllte so die Lade
der Bundesurkunde, wie es der Herr dem
Mose befohlen hatte. 22 Dann stellte er
den Tisch in das Offenbarungszelt auf
die Nordseite der Wohnung außerhalb
des Vorhangs 23 und legte darauf die
Schichten der Schaubrote vor dem Herrn
zurecht, wie es der Herr dem Mose be-
fohlen hatte. 24 Sodann stellte er den
Leuchter in das Offenbarungszelt dem
Tisch gegenüber auf die Südseite der
Wohnung 25 und setzte die Lampen vor
dem Herrn auf, wie es der Herr dem Mo-
se befohlen hatte. 26 Darauf stellte er den
goldenen Altar in das Offenbarungszelt
vor den Vorhang 27 und entzündete darauf
wohlriechendes Räucherwerk, wie es der
Herr dem Mose befohlen hatte. 28 Dann
hängte er den Vorhang vor der Tür der
Wohnung auf. 29 Den Brandopferaltar
stellte er vor den Eingang der Wohnung
des Offenbarungszeltes und brachte
Brand- und Speiseopfer auf ihm dar, wie
es der Herr dem Mose befohlen hatte.
30 Das Becken stellte er zwischen das Of-
fenbarungszelt und den Altar und goss
Wasser zum Waschen hinein. 31 Aaron
und seine Söhne wuschen sich darin
Hände und Füße. 32 Sooft sie in das Offen-
barungszelt hineingingen oder an den Al-
tar herantraten, wuschen sie sich, wie es
der Herr dem Mose befohlen hatte.
33 Auch richtete er den Vorhof rings um
die Wohnung und um den Altar auf und
hängte den Vorhang vor dem Eingang
des Vorhofs auf. So vollendete Mose das
Werk.

Der Herr ergreift Besitz vom Heiligtum

34 Da bedeckte die Wolke das Offen-
barungszelt und die Herrlichkeit des
Herrn erfüllte die Wohnung. 35 Mose
konnte nicht in das Offenbarungszelt ein-
treten, weil die Wolke sich dort nieder-
gelassen hatte und die Herrlichkeit des
Herrn die Wohnung erfüllte.

Die Wolke führt die Israeliten

36 Sooft sich nun die Wolke von der Woh-
nung erhob, brachen die Israeliten auf
ihrer Wanderung auf. 37 Wenn aber die
Wolke sich nicht erhob, brachen sie nicht
auf bis zu dem Tag, an dem sie sich erhob.
38 Die Wolke des Herrn war am Tag über
der Wohnung, in der Nacht aber war Feu-
er in ihr vor den Augen von ganz Israel
während der ganzen Wanderung.

Das Buch Levitikus

Das Opferritual

Opfervorschriften für das Volk

Das Brandopfer

1 Der Herr berief Mose und sprach zu ihm vom Offenbarungszelt aus:

2 Rede zu den Israeliten und sag ihnen: Wenn einer von euch dem Herrn eine Opfergabe darbringen will vom Vieh, so dürft ihr nur von Rindern und vom Kleinvieh euere Opfergaben darbringen.

3 Will einer als Brandopfer ein Rind darbringen, so muss er ein männliches, fehlerloses Tier darbringen. Er bringe es an den Eingang des Offenbarungszeltes, damit es vor dem Herrn Annahme finde. 4 Dann lege er seine Hand auf den Kopf des Brandopfers, damit es für ihn angenommen wird und für ihn Sühne bewirkt. 5 Hierauf schlachte er das junge Rind vor dem Herrn; die Söhne Aarons aber, die Priester, sollen das Blut darbringen. Sie sollen das Blut ringsum an den Altar, der vor dem Eingang des Offenbarungszeltes steht, sprengen. 6 Danach häute er das Brandopfer ab und zerlege es in seine Teile. 7 Die Söhne Aarons, die Priester, sollen danach Feuer auf den Altar bringen und Holz über dem Feuer aufschichten. 8 Dann sollen die Söhne Aarons, die Priester, die Stücke mit dem Kopf und dem Fett auf das Holz über dem Feuer auf dem Altar legen. 9 Die Eingeweide und die Beine soll er mit Wasser waschen und der Priester soll alles zusammen auf dem Altar als ein Brandopfer in Rauch aufgehen lassen, als ein Feueropfer zum beruhigenden Duft für den Herrn. 10 Besteht aber seine Opfergabe, die er als Brandopfer darbringen will, in einem Stück Kleinvieh, in einem Schaf oder in einer Ziege, so muss er ein männliches, fehlerloses Tier darbringen. 11 Er schlachte es vor dem Herrn an der Nordseite des Altars; die Söhne Aarons aber, die Priester, sollen sein Blut ringsum an den Altar sprengen. 12 Dann zerlege er es in seine Teile und der Priester lege sie samt dem Kopf und dem Fett auf das Holz über dem Feuer auf dem Altar. 13 Die Eingeweide und Beine aber wasche er mit Wasser und der Priester bringe alles zusammen herbei und lasse es auf dem Altar als Brandopfer in Rauch aufgehen, ein Feueropfer zum beruhigenden Duft für den Herrn.

14 Besteht aber die Opfergabe, die er als Brandopfer für den Herrn darbringen will, in einem Vogel, so opfere er Turteltauben oder junge Tauben. 15 Der Priester soll das Tier an den Altar bringen, ihm den Kopf abknicken und es auf dem Altar in Rauch aufgehen lassen; das Blut aber soll er an der Wand des Altars ausdrücken. 16 Dann entferne er den Kropf mit seinem Inhalt und werfe ihn auf den Aschenhaufen östlich vom Altar. 17 Darauf reiße er ihm seine Flügel ein, ohne sie aber ganz abzutrennen. Dann soll es der Priester auf dem Altar, auf dem Holz über dem Feuer, in Rauch aufgehen lassen. Es ist ein Brandopfer, ein Feueropfer zum beruhigenden Duft für den Herrn.

Das Speiseopfer

2 Will jemand dem Herrn ein Speiseopfer als Opfergabe darbringen, so muss seine Opfergabe in Feinmehl bestehen. Dieses soll er mit Öl begießen und Weihrauch darauf legen. 2 Dann bringe er es den Söhnen Aarons, den Priestern. Er nehme eine Hand voll von dem mit Öl gemischten Feinmehl und den dazu gehörigen Weihrauch und der Priester lasse den Duftteil auf dem Altar in Rauch aufgehen als ein Feueropfer zum beruhigenden Duft für den Herrn. 3 Alles Übrige vom Speiseopfer soll Aaron und seinen Söhnen als Hochheiliges von den Feueropfern des Herrn gehören.

4 Willst du aber etwas im Ofen Gebackenes als Speiseopfer darbringen, so sollen es ungesäuerte, mit Öl vermengte Kuchen aus Feinmehl sein oder ungesäuerte, mit Öl bestrichene Fladen.

5 Soll aber deine Opfergabe in einem auf

der Platte zubereiteten Speiseopfer bestehen, so muss es aus ungesäuertem, mit Öl vermengtem Feinmehl zubereitet werden. 6 Zerbrich es in Stücke und übergieß es mit Öl; es ist ein Speiseopfer. 7 Soll deine Opfergabe aber ein im Tiegel hergerichtetes Speiseopfer sein, so muss es aus Feinmehl mit Öl zubereitet werden. 8 Sodann bringe das Speiseopfer, das aus diesen Bestandteilen zubereitet ist, dem Herrn dar und übergib es dem Priester, damit er es auf den Altar bringe. 9 Der Priester hebe vom Speiseopfer den Duftteil ab und lasse ihn auf dem Altar in Rauch aufgehen als ein Feueropfer zum beruhigenden Duft für den Herrn. 10 Alles Übrige aber von dem Speiseopfer soll Aaron und seinen Söhnen als Hochheiliges von den Feueropfern des Herrn gehören. 11 Kein Speiseopfer, das ihr dem Herrn darbringt, darf aus Gesäuertem bereitet werden. Denn ihr dürft weder Sauerteig noch Honig dem Herrn als Feueropfer darbringen. 12 Als Erstlingsgabe könnt ihr sie dem Herrn darbringen; aber sie dürfen nicht auf dem Altar zum beruhigenden Duft aufsteigen. 13 Alle deine Speiseopfer musst du salzen. Nie darfst du das Salz des Bundes mit deinem Gott bei deinen Speiseopfern fehlen lassen. Zu allen diesen Opfergaben musst du Salz darbringen. 14 Willst du dem Herrn ein Speiseopfer von den Erstlingsfrüchten darbringen, so bring am Feuer geröstete Ähren oder Graupen von der frischen Ernte als Speiseopfer deiner Erstlingsfrüchte dar. 15 Gib Öl darauf und füge Weihrauch hinzu; es ist ein Speiseopfer. 16 Der Priester lasse den Duftteil von den Graupen und dem Öl samt dem ganzen dazugehörigen Weihrauch als ein Feueropfer für den Herrn in Rauch aufgehen.

Das Gemeinschaftsopfer

3 Soll ein Gemeinschaftsopfer die Opfergabe sein und will jemand ein Rind darbringen, so muss er ein fehlerloses männliches oder weibliches Tier dem Herrn darbringen. 2 Er lege die Hand auf den Kopf seines Opfers und schlachte es vor dem Eingang des Offenbarungszeltes. Die Söhne Aarons aber, die Priester, sollen das Blut ringsum an den Altar sprengen. 3 Dann bringe er vom Gemeinschaftsopfer als Feueropfer für den Herrn das Fett, das die Eingeweide bedeckt, mit allem Fett an den Eingeweiden dar, 4 ferner die beiden Nieren mit dem Fett an ihnen, das an den Lenden und an der Leber; bei den Nieren löse er es ab. 5 Die Söhne Aarons sollen es auf dem Altar über dem Brandopfer, das auf dem Holz über dem Feuer liegt, in Rauch aufgehen lassen als ein Feueropfer zum beruhigenden Duft für den Herrn. 6 Soll ein Stück Kleinvieh die Opfergabe sein, die er als Gemeinschaftsopfer für den Herrn bestimmt hat, so bringe er ein fehlerloses männliches oder weibliches Tier dar. 7 Will er ein Schaf als Opfergabe darbringen, so bringe er es vor den Herrn. 8 Dann lege er seine Hand auf den Kopf des Opfers und schlachte es vor dem Offenbarungszelt. Die Söhne Aarons aber sollen das Blut ringsum an den Altar sprengen. 9 Darauf bringe er vom Gemeinschaftsopfer als Feueropfer für den Herrn dessen Fett dar, den ganzen Fettschwanz – dicht am Schwanzbein soll er ihn ablösen –, ferner das Fett, das die Eingeweide bedeckt samt allem Fett an den Eingeweiden, 10 die beiden Nieren mit dem Fett an ihnen, das an den Lenden und an der Leber; bei den Nieren löse er es ab. 11 Der Priester soll es auf dem Altar in Rauch aufgehen lassen als eine Feueropferspeise für den Herrn. 12 Soll eine Ziege seine Opfergabe sein, so bringe er sie vor den Herrn. 13 Dann lege er seine Hand auf ihren Kopf und schlachte sie vor dem Offenbarungszelt. Die Söhne Aarons aber sollen ihr Blut ringsum an den Altar sprengen. 14 Darauf bringe er von ihr seine Feueropfergabe für den Herrn dar: das Fett, das die Eingeweide bedeckt samt allem Fett an den Eingeweiden, 15 ferner die beiden Nieren mit dem Fett an ihnen, das an den Lenden und an der Leber; bei den Nieren löse er es ab. 16 Der Priester soll es auf dem Altar in Rauch aufgehen lassen als eine Feueropferspeise zum beruhigenden Duft für den Herrn.

Alles Fett gehört dem Herrn. 17 Dies ist ein ewiges Gesetz, das ihr von Generation zu Generation in allen Wohnsitzen beachten sollt. Fett und Blut dürft ihr auf keinen Fall genießen.

Das Sündopfer

4 Der Herr sprach zu Mose: 2 Rede zu den Israeliten und sag ihnen: Wenn jemand ohne Absicht gegen eines der Ge-

bote des Herrn gesündigt hat, indem er et-
was Verbotenes tat, und eines von ihnen
übertritt, so gilt:

Sündopfer des Hohenpriesters

3 Wenn der gesalbte Priester sich vergeht
und dadurch eine Schuld auf das Volk
kommt, so bringe er für seine Sünde, die
er begangen hat, einen fehlerlosen jungen
Stier dem Herrn als Sündopfer dar. 4 Er
bringe den Stier an den Eingang des Of-
fenbarungszeltes vor den Herrn, lege seine
Hand auf den Kopf des Tieres und
schlachte den Stier vor dem Herrn.
5 Dann nehme der gesalbte Priester vom
Blut des Stieres und bringe es in das Of-
fenbarungszelt. 6 Der Priester tauche sei-
nen Finger in das Blut und sprenge von
dem Blut siebenmal vor dem Herrn, vor
dem Vorhang des Heiligtums. 7 Darauf
streiche der Priester von dem Blut an die
Hörner des Altars mit dem wohlriechen-
den Räucherwerk, der vor dem Herrn im
Offenbarungszelt steht. Alles übrige Blut
des Stieres aber soll er am Fuß des Brand-
opferaltars, der am Eingang des Offen-
barungszeltes steht, ausgießen. 8 Dann löse
er vom Sündopferstier alles Fett ab: das
Fett, das die Eingeweide bedeckt samt al-
lem Fett an den Eingeweiden, 9 ferner die
beiden Nieren mit dem Fett an ihnen, das
an den Lenden und an der Leber; bei den
Nieren löse er es ab, 10 so wie es beim Ge-
meinschaftsopfer abgelöst wird. Dann soll
es der Priester auf dem Altar in Rauch auf-
gehen lassen. 11 Die Haut des Stieres aber
und sein ganzes Fleisch samt dem Kopf
und den Beinen, seine Eingeweide und sei-
nen Mist, 12 also den ganzen Stier, schaffe
man hinaus vor das Lager an einen reinen
Ort, dorthin, wo man die Asche hinschüt-
tet, und verbrenne ihn auf einem Holz-
stoß; auf dem Platz, wo man die Asche
hinschüttet, soll er verbrannt werden.

Sündopfer der Gemeinde Israels

13 Wenn sich die ganze Gemeinde Israels
ohne Absicht verfehlt, ohne dass die Ge-
meinde sich dessen bewusst ist, und eines
der Verbote des Herrn übertritt und so
eine Schuld auf sich lädt, 14 dann soll die
Gemeinde, wenn die Verfehlung, deren
sie sich schuldig gemacht hat, bekannt
wird, einen jungen Stier als Sündopfer
darbringen und ihn vor das Offenbarungs-
zelt bringen. 15 Die Ältesten der Gemeinde
sollen vor dem Herrn ihre Hände auf den
Kopf des Stieres legen und den Stier vor
dem Herrn schlachten. 16 Der gesalbte
Priester aber soll vom Blut des Stieres in
das Offenbarungszelt bringen. 17 Der Pries-
ter tauche seinen Finger in das Blut und
sprenge es siebenmal vor dem Herrn ge-
gen den Vorhang. 18 Dann streiche er etwas
von dem Blut an die Hörner des Altars,
der vor dem Herrn im Offenbarungszelt
steht, und gieße dann alles übrige Blut am
Fuß des Brandopferaltars aus, der vor dem
Eingang des Offenbarungszeltes steht.
19 Das gesamte Fett soll er von ihm ablösen
und es auf dem Altar in Rauch aufgehen
lassen. 20 Er verfahre weiter mit dem Stier,
wie er mit dem (oben erwähnten) Sünd-
opferstier verfuhr; in der gleichen Weise
soll er mit ihm verfahren. So verschaffe
der Priester ihnen Sühne und es wird
ihnen vergeben werden. 21 Den Stier aber
soll man hinaus vor das Lager schaffen
und verbrennen, wie man den ersten Stier
verbrannt hat. Das ist das Sündopfer für
die Gemeinde.

Sündopfer eines Sippenhauptes

22 Wenn sich ein Sippenhaupt vergeht und
eines von den Geboten des Herrn, seines
Gottes, ohne Absicht übertritt, indem er
etwas Verbotenes tut, und so eine Schuld
auf sich lädt, 23 und wenn die Verfehlung,
die er begangen hat, ihm bekannt gewor-
den ist, so bringe er einen fehlerlosen Zie-
genbock als seine Opfergabe dar. 24 Er lege
seine Hand auf den Kopf des Bockes und
schlachte ihn an dem Ort, an dem man das
Brandopfer vor dem Herrn schlachtet; es
ist ein Sündopfer. 25 Dann nehme der
Priester vom Blut des Sündopfers mit sei-
nem Finger und streiche es an die Hörner
des Brandopferaltars; das übrige Blut gie-
ße er am Fuß des Brandopferaltars aus.
26 Das gesamte Fett aber lasse er auf dem
Altar in Rauch aufgehen, wie das Fett des
Gemeinschaftsopfers. Wenn der Priester
ihm so Sühne wegen seiner Verfehlung
verschafft hat, dann wird sie ihm ver-
geben.

Sündopfer eines einfachen Mannes

27 Wenn einer aus dem gewöhnlichen Volk
sich ohne Absicht gegen eines von den Ge-
boten des Herrn verfehlt hat, indem er et-

was Verbotenes tat, und eine Schuld auf sich lädt, 28 und wenn ihm seine Verfehlung, deren er sich schuldig gemacht hat, bekannt wird, dann bringe er eine fehlerlose Ziege als seine Opfergabe dar. 29 Er lege seine Hand auf den Kopf des Sündopfers und schlachte dann das Sündopfer an dem für das Brandopfer bestimmten Ort. 30 Darauf soll der Priester etwas von dem Blut mit seinem Finger nehmen und es an die Hörner des Brandopferaltars streichen, alles übrige Blut gieße er am Fuß des Altares aus. 31 Dann löse er alles Fett ab, wie man das Fett vom Gemeinschaftsopfer ablöst, und der Priester lasse es auf dem Altar in Rauch aufgehen zum beruhigenden Duft für den Herrn. Hat ihm der Priester so Entsündigung bewirkt, wird ihm vergeben werden. 32 Wenn aber jemand ein Schaf als Sündopfer darbringen will, so muss er ein fehlerloses weibliches Tier herbeibringen. 33 Er lege seine Hand auf den Kopf des Sündopfers und schlachte es als Sündopfer dort, wo man das Brandopfer schlachtet. 34 Der Priester nehme mit seinem Finger etwas vom Blut des Sündopfers und streiche es an die Hörner des Brandopferaltars; alles übrige Blut gieße er am Fuß des Altars aus. 35 Hierauf löse er alles Fett ab, wie man das Fett des Schafes beim Gemeinschaftsopfer ablöst, und der Priester lasse es auf dem Altar als Feueropfer für den Herrn in Rauch aufgehen. Hat der Priester ihm so wegen der Verfehlung, die er begangen, Sühnung verschafft, dann wird ihm vergeben werden.

Sündopfer in bestimmten Fällen

5 Hat jemand in einem von diesen Fällen gesündigt: dass er eine laut ausgesprochene Verfluchung hört und als Zeuge auftreten könnte, mag er es selbst gesehen oder sonst wie erfahren haben, erstattet aber keine Anzeige und lädt so eine Schuld auf sich; 2 oder es berührt jemand, ohne sich dessen bewusst zu werden, etwas Unreines, sei es das Aas eines unreinen wilden Tieres oder das Aas eines unreinen Haustieres oder das Aas eines unreinen Kriechtieres, und wird so ohne sein Wissen unrein und lädt eine Schuld auf sich; 3 oder es kommt jemand, ohne es zu wissen, mit der Unreinheit eines Menschen in Berührung, erfährt es aber erst nachher und lädt dadurch eine Schuld auf sich; 4 oder es schwört jemand unbesonnen, dass er etwas Böses oder Gutes tun wolle, was immer ein Mensch unbesonnen schwören kann, ohne sich dessen bewusst zu werden, und er erkennt es nachher und lädt eine Schuld auf sich – 5 hat also jemand in einem von diesen Fällen eine Schuld auf sich geladen, dann soll er bekennen, wessen er sich schuldig gemacht hat, 6 und als Buße für seine Verfehlung dem Herrn ein weibliches Tier von seinem Kleinvieh, ein Schaf oder eine Ziege, als Sündopfer bringen. Der Priester wird ihm Sühne für seine Verfehlung verschaffen.

Sündopfer des einfachen Mannes (Fortsetzung)

7 Wenn aber sein Vermögen für ein Stück Vieh nicht ausreicht, so bringe er dem Herrn als Opfergabe für seine Verfehlung, die er begangen hat, zwei Turteltauben oder zwei junge Tauben dar, die eine als Sündopfer, die andere als Brandopfer. 8 Er übergebe sie dem Priester und dieser soll die zum Sündopfer bestimmte Taube zuerst darbringen. Er knicke ihr den Kopf dicht am Genick ab, ohne ihn jedoch abzutrennen, 9 und sprenge etwas vom Blut des Sündopfers an die Wand des Altars. Der Rest des Blutes aber soll am Fuß des Altars ausgedrückt werden. Dies ist ein Sündopfer. 10 Die zweite Taube aber bringe er als Brandopfer dar, wie es vorgeschrieben ist. So verschafft ihm der Priester Sühne wegen der Verfehlung, die er begangen hat, und sie wird ihm vergeben werden. 11 Wenn aber sein Vermögen auch nicht für zwei Turteltauben oder zwei junge Tauben ausreicht, dann bringe er als Opfergabe für seine Verfehlung ein Zehntel Efa Feinmehl als Sündopfer dar, füge aber kein Öl hinzu und lege auch keinen Weihrauch darauf, denn es ist ein Sündopfer. 12 Er soll es dem Priester bringen und der Priester soll davon eine Hand voll als Duftteil nehmen und es auf dem Altar über dem Feueropfer des Herrn in Rauch aufgehen lassen; es ist ein Sündopfer. 13 So verschaffe ihm der Priester Sühne wegen seiner Verfehlung, deren er sich bei einem Anlass schuldig gemacht hat, und es wird ihm vergeben werden. Das Übrige soll wie das Speiseopfer dem Priester gehören.

Das Schuldopfer

14 Der Herr sprach zu Mose: 15 Wenn je-
mand etwas veruntreut und sich ohne
Vorsatz an den heiligen Rechten des
Herrn vergreift, dann bringe er dem Herrn
als Buße von seinem Kleinvieh einen feh-
lerlosen Widder, der nach deiner Schät-
zung wenigstens zwei Schekel Silber nach
dem Gewicht des Heiligtums wert ist, zum
Schuldopfer dar. 16 So viel, wie er das Hei-
ligtum geschädigt hat, soll er ersetzen und
dazu noch ein Fünftel des Betrags hinzufü-
gen und es dem Priester übergeben. Der
Priester soll ihm durch den Widder des
Schuldopfers Sühne verschaffen und es
wird ihm vergeben werden. 17 Wenn je-
mand sich verfehlt und ohne Vorsatz ge-
gen eines der Gebote des Herrn etwas Ver-
botenes tut, sich schuldig macht und ein
Unrecht begeht, 18 so bringe er einen feh-
lerlosen Widder von seinem Kleinvieh
nach deiner Schätzung dem Priester als
Schuldopfer. Der Priester soll ihn wegen
des Versehens, dessen er sich schuldig ge-
macht hat, entsühnen und es wird ihm
vergeben. 19 Es ist ein Schuldopfer; er hat
sich gegen den Herrn verfehlt. 20 Der Herr
sprach zu Mose: 21 Wenn sich jemand ver-
fehlt und sich einer Veruntreuung gegen
den Herrn schuldig macht, indem er sei-
nem Nächsten etwas Anvertrautes oder
Hinterlegtes oder Entwendetes veruntreut
oder seinen Nächsten betrügt, 22 oder etwas
Verlorenes, das er gefunden hat, ableugnet
und einen falschen Eid schwört wegen
einer Handlung, durch die ein Mensch
sich verfehlen kann, 23 wenn er sich so ver-
geht und sich schuldig macht, soll er das
Entwendete, das er genommen hat, oder
das Erpresste, das er sich angeeignet hat,
oder das Anvertraute, das ihm übergeben
wurde, oder das Verlorene, das er gefun-
den hat, 24 oder alles, um dessentwillen er
falsch geschworen hat, zurückgeben und
nach seinem vollen Wert ersetzen und
noch ein Fünftel des Betrages hinzufügen.
Er soll es am Tag seines Schuldopfers dem
Eigentümer zurückgeben. 25 Als Buße für
den Herrn aber bringe er einen fehlerlosen
Widder aus seinem Kleinvieh nach deiner
Schätzung dem Priester als Schuldopfer.
26 Der Priester soll ihn vor dem Herrn ent-
sündigen und es wird ihm jede Handlung
vergeben werden, durch die sich jemand
verschulden kann.

Opfervorschriften für die Priester

Das Brandopfer

6 Der Herr sprach zu Mose: 2 Gib Aaron
und seinen Söhnen diese Weisung.
Dies ist das Gesetz für das Brandopfer:
Das Brandopfer soll auf der Feuerstätte
oben auf dem Altar die ganze Nacht hin-
durch bis zum Morgen bleiben und das
Feuer damit brennend erhalten werden.
3 Der Priester ziehe sein Leinengewand an
und bedecke seine Blöße mit dem leinenen
Beinkleid, räume die Asche weg, zu der
das Brandopfer auf dem Altar vom Feuer
verzehrt wurde, und schütte sie neben den
Altar. 4 Dann ziehe er seine Kleider aus, le-
ge andere Kleider an und bringe die Asche
aus dem Lager an einen reinen Ort. 5 Das
Feuer auf dem Altar soll unablässig bren-
nen; es darf nie erlöschen. Der Priester soll
auf ihm jeden Morgen Holzscheite anzün-
den, das Brandopfer darauflegen und die
Fettstücke des Gemeinschaftsopfers in
Rauch aufgehen lassen. 6 Das Feuer soll
ständig auf dem Altar brennen, es darf
nie erlöschen.

Das Speiseopfer

7 Dies ist das Gesetz für das Speiseopfer:
Einer der Söhne Aarons soll es vor dem
Herrn an den Altar bringen. 8 Dann soll er
davon eine Hand voll Feinmehl zusam-
men mit dem Öl des Speiseopfers und
dem gesamten Weihrauch auf dem Speise-
opfer nehmen und es auf dem Altar in
Rauch aufgehen lassen zum beruhigenden
Duft als Anteil für den Herrn. 9 Was davon
übrig ist, sollen Aaron und seine Söhne
verzehren. Ungesäuert soll es an heiliger
Stätte gegessen werden, im Vorhof des Of-
fenbarungszeltes sollen sie es essen. 10 Es
darf nicht mit Sauerteig gebacken werden.
Ich habe es als ihren Anteil von meinem
Feueropfer bestimmt. Hochheilig ist es
wie das Sünd- und Schuldopfer. 11 Alle
männlichen Nachkommen Aarons dürfen
vom Feueropfer des Herrn essen. Das sei
für euch ewiges Gesetz von Generation zu
Generation. Jeder, der sie berührt, wird ge-
heiligt.

12 Der Herr sprach zu Mose: 13 Dies sei
die Opfergabe Aarons und seiner Söhne,
die sie dem Herrn darbringen sollen an
dem Tag, an dem einer gesalbt wird: ein
Zehntel Efa Feinmehl als regelmäßiges

Speiseopfer, davon die eine Hälfte am Morgen, die andere Hälfte am Abend. 14 Auf einer Pfanne soll es mit Öl zubereitet werden, eingerührt sollst du es darbringen; gebacken sollst du das Speiseopfer in Stücken darbringen zum beruhigenden Duft für den Herrn. 15 Der Priester, der an Aarons Stelle aus dem Kreis seiner Söhne gesalbt ist, soll es kraft einer ewigen Satzung dem Herrn darbringen, als Ganzopfer soll es in Rauch aufgehen. 16 Denn jedes Speiseopfer eines Priesters soll ein Ganzopfer sein; es darf nicht gegessen werden.

Das Sündopfer

17 Der Herr sprach zu Mose: 18 Rede zu Aaron und seinen Söhnen:

Dies ist das Gesetz für das Sündopfer: Dort, wo das Brandopfer geschlachtet wird, soll auch das Sündopfer vor dem Herrn geschlachtet werden; es ist hochheilig. 19 Der Priester, der das Sündopfer darbringt, soll es essen, an heiliger Stätte im Vorhof des Offenbarungszeltes muss es gegessen werden. 20 Jeder, der das Fleisch berührt, wird heilig, und wenn etwas vom Blut an das Kleid spritzt, muss es an heiliger Stätte gewaschen werden. 21 Jedes Tongefäß, in dem es gekocht wird, muss zerbrochen werden; wurde es aber in einem kupfernen Gefäß gekocht, so muss dieses gescheuert und mit Wasser ausgespült werden. 22 Alle männlichen Angehörigen der Priesterschaft dürfen es essen, denn es ist hochheilig. 23 Aber kein Sündopfer, dessen Blut in das Offenbarungszelt kommt, um damit im Heiligtum die Sühne zu vollziehen, darf gegessen werden; es ist im Feuer zu verbrennen.

Das Schuldopfer

7 Dies sind die Vorschriften für das Schuldopfer: Es ist hochheilig. 2 Dort wo das Brandopfer geschlachtet wird, soll man auch das Schuldopfer schlachten. Dessen Blut soll man ringsum an den Altar sprengen. 3 Dann bringe man das gesamte Fett von ihm dar: den Fettschwanz und das Fett, das die Eingeweide bedeckt, 4 die beiden Nieren samt dem Fett an ihnen, an den Lenden und an der Leber; bei den Nieren löse man es ab. 5 Der Priester soll es auf dem Altar als Feueropfer für den Herrn in Rauch aufgehen lassen; es ist ein Schuldopfer. 6 Jede männliche Person unter den Priestern darf es essen; an heiliger Stätte muss es gegessen werden, denn es ist hochheilig.

Rechte der Priester

7 Für das Sündopfer wie für das Schuldopfer gilt das gleiche Gesetz: Es soll dem Priester gehören, der die Sühnung vornimmt. 8 Dem Priester, der für jemand ein Brandopfer darbringt, soll die Haut des Brandopfers, das er darbringt, gehören. 9 Auch jedes Speiseopfer, das im Ofen gebacken, und alles, was in der Pfanne oder auf einer Platte zubereitet wird, soll dem Priester, der es darbringt, gehören. 10 Aber jedes mit Öl vermengte und jedes trockene Speiseopfer soll allen Söhnen Aarons ohne Unterschied gehören.

Das Gemeinschaftsopfer:

11 Dies ist das Gesetz für das Gemeinschaftsopfer, das man dem Herrn darbringt: 12 Wenn einer es als Lobopfer darbringt, soll er ihm noch ein Speiseopfer aus ungesäuerten, mit Öl angemachten Kuchen und ungesäuerten, mit Öl bestrichenen Fladen und mit Öl eingerührtem Feinmehl, zu Kuchen zubereitet, hinzufügen. 13 Zusammen mit Fladen von gesäuertem Brotteig bringe er seine Opfergaben zu seinem Lobopfer dar. 14 Je ein Stück von jeder Opfergabe bringe er dem Herrn als Opfer mit dem Erhebungsritus dar; es soll dem Priester gehören, der das Blut des Gemeinschaftsopfers aussprengt. 15 Das Fleisch des Opfers muss an dem gleichen Tag gegessen werden, an dem es dargebracht wird; man darf davon nichts bis zum Morgen übrig lassen. 16 Auch wenn das Opfer aufgrund eines Gelübdes oder als freiwillige Gabe dargebracht wird, soll das Opfer an dem Tag, an dem es dargebracht wird, gegessen werden. Doch darf, was davon übrig bleibt, noch am folgenden Tag gegessen werden; 17 was aber vom Opferfleisch noch am dritten Tag übrig ist, muss verbrannt werden.

18 Wollte man noch am dritten Tag vom Fleisch des Gemeinschaftsopfers essen, so wäre dies Gott nicht wohlgefällig. Es wird dem, der es dargebracht hat, nicht angerechnet werden. Es gilt als verdorbenes Fleisch, und wer davon isst, lädt eine Schuld auf sich. 19 Auch solches Fleisch,

das mit etwas Unreinem in Berührung kam, darf nicht gegessen, sondern muss verbrannt werden. Was sonst das Opferfleisch betrifft, so darf jeder, der rein ist, Fleisch essen. 20 Wer aber Fleisch von einem Gemeinschaftsopfer des Herrn im Zustand der Unreinheit isst, der soll aus seinem Volk ausgetilgt werden. 21 Wenn jemand mit etwas Unreinem in Berührung gekommen ist, sei es mit der Unreinheit eines Menschen oder mit einem unreinen Tier oder mit anderem unreinen Abscheulichen, und dennoch von dem Fleisch des Gemeinschaftsopfers genießt, der soll aus seinem Volk ausgetilgt werden.

Allgemeine Vorschriften

22 Der Herr sprach zu Mose: 23 Gib den Israeliten diese Weisung: Ihr dürft keinerlei Fett von Rindern, Schafen und Ziegen essen. 24 Doch kann das Fett von gefallenen oder zerrissenen Tieren zu beliebigen Zwecken verwendet werden, aber essen dürft ihr es nicht. 25 Denn jeder, der Fett von Tieren genießt, die man dem Herrn als Feueropfer darbringen kann, der soll, wenn er es isst, aus seinem Volk ausgetilgt werden. 26 Ihr dürft auch in keiner euerer Wohnstätten Blut genießen, weder von Vögeln noch von vierfüßigen Tieren. 27 Wer Blut genießt, soll aus seinem Volk ausgetilgt werden.

Anteil der Priester

28 Der Herr sprach zu Mose: 29 Gib den Israeliten diese Weisung:

Wer dem Herrn ein Gemeinschaftsopfer darbringt, der soll dem Herrn von seinem Gemeinschaftsopfer den schuldigen Anteil darbringen. 30 Er selbst bringe die Stücke, die dem Herrn als Feueropfer gehören, herbei. Er bringe das Fett herbei und die Brust; man soll sie vor dem Herrn hin- und herschwingen. 31 Das Fett lasse der Priester auf dem Altar in Rauch aufgehen, die Brust aber soll Aaron und seinen Söhnen gehören. 32 Die rechte Keule sollt ihr für den Erhebungsritus von eueren Gemeinschaftsopfern dem Priester geben. 33 Wer von den Söhnen Aarons das Blut des Gemeinschaftsopfers und das Fett darbringt, dem soll die rechte Keule als Anteil gehören. 34 Denn vom Gemeinschaftsopfer der Israeliten nehme ich die Brust für den Darbringungsritus und die Keule für den Erhebungsritus und gebe sie Aaron und seinen Söhnen als eine ihnen von den Israeliten allezeit zu leistende Abgabe.

Schluss

35 Dies ist der Anteil Aarons und der Anteil seiner Söhne an den Gemeinschaftsopfern des Herrn von dem Tag an, da ich sie zum Dienst als Priester des Herrn bestimmte. 36 Dies hat der Herr ihnen an dem Tag, da er sie salbte, als eine Gabe der Israeliten zugewiesen, als eine ihnen allezeit von Generation zu Generation zustehende Abgabe. 37 Dies sind die Vorschriften für das Brandopfer, das Speiseopfer, das Sünd- und Schuldopfer, das Einsetzungsopfer und das Gemeinschaftsopfer, 38 die der Herr dem Mose auf dem Berg Sinai an dem Tag gab, da er in der Wüste die Israeliten anwies, dem Herrn ihre Opfergaben darzubringen.

Die Einsetzung der Priester

Weiheriten

8 Der Herr sprach zu Mose: 2 Nimm Aaron mit seinen Söhnen sowie die Gewänder, das Salböl, den Stier zum Sündopfer, die beiden Widder und den Korb mit dem Ungesäuerten 3 und versammle die gesamte Gemeinde vor dem Eingang des Offenbarungszeltes! 4 Mose tat, wie der Herr ihm befohlen hatte, und die Gemeinde versammelte sich vor dem Eingang des Offenbarungszeltes. 5 Da sprach Mose zur Gemeinde: Dies ist es, was der Herr mir zu tun befohlen hat. 6 Dann ließ Mose Aaron und seine Söhne herantreten und wusch sie mit Wasser. 7 Darauf legte er ihm den Leibrock an, umgürtete ihn mit dem Gürtel und bekleidete ihn mit dem Obergewand. Dann legte er ihm das Efod darüber, umgürtete ihn mit der Binde und machte das Efon daran fest. 8 Darauf befestigte er auf ihm das Brustschild und legte in das Brustschild die Lose Urim und

Tummim. 9 Dann setzte er den Kopfbund
auf sein Haupt und befestigte vorn an dem
Kopfbund die goldene Platte, das heilige
Diadem, wie es der Herr dem Mose befoh-
len hatte. 10 Darauf nahm Mose das Salböl
und salbte die Wohnstätte (Gottes) und
alles, was darin war, und weihte es so.
11 Auch sprengte er davon siebenmal auf
den Altar und salbte den Altar und alle
seine Geräte sowie das Becken und das
Gestell, um es zu weihen. 12 Darauf goss er
vom Salböl auf das Haupt Aarons und
salbte ihn, um ihn zu weihen. 13 Dann ließ
er die Söhne Aarons herantreten, bekleide-
te sie mit den Leibröcken, umgürtete sie
mit dem Gürtel und setzte ihnen Turbane
auf, wie es der Herr dem Mose befohlen
hatte. 14 Dann ließ er den Stier zum Sünd-
opfer herbeibringen und Aaron und seine
Söhne legten ihre Hände auf den Kopf des
Sündopferstieres. 15 Dann schlachtete ihn
Mose, nahm vom Blut und strich es mit
den Fingern ringsum an die Hörner des
Altars und entsündigte so den Altar. Das
übrige Blut goss er an den Fuß des Altars.
So weihte er den Altar, indem er ihn ent-
sündigte. 16 Darauf nahm er das ganze Fett,
das die Eingeweide und die Leber bedeck-
te, und die beiden Nieren mit ihrem Fett
und Mose ließ es auf dem Altar in Rauch
aufgehen. 17 Den Stier aber, seine Haut,
sein Fleisch und seinen Mist verbrannte
er außerhalb des Lagers, wie es der Herr
dem Mose befohlen hatte. 18 Hierauf ließ
er den Widder zum Brandopfer herbei-
bringen und Aaron und seine Söhne legten
ihre Hände auf den Kopf des Widders.
19 Mose schlachtete ihn und sprengte das
Blut ringsum an den Altar. 20 Er zerlegte
den Widder in seine Teile; Mose ließ den
Kopf, die Stücke und das Fett in Rauch
aufgehen. 21 Die Eingeweide aber und die
Beine wusch er (zuvor) mit Wasser; dann
ließ Mose den ganzen Widder in Rauch
aufgehen als ein Brandopfer zum beruhi-
genden Duft, ein Feueropfer für den
Herrn, wie es der Herr dem Mose befohlen
hatte. 22 Dann ließ er den anderen Widder,
den Einsetzungswidder, herbeibringen
und Aaron und seine Söhne legten ihre
Hände auf den Kopf des Widders. 23 Mose
schlachtete ihn, nahm vom Blut und strich
es an das rechte Ohrläppchen Aarons so-
wie an den Daumen seiner rechten Hand
und an die große Zehe seines rechten Fu-
ßes. 24 Dann ließ Mose die Söhne Aarons
herantreten und strich von dem Blut an
ihr rechtes Ohrläppchen, an den Daumen
ihrer rechten Hand und an die große Zehe
ihres rechten Fußes. Das übrige Blut
sprengte Mose ringsum an den Altar.
25 Hierauf nahm er das Fett, den Fett-
schwanz, alles Fett an den Eingeweiden
und an der Leber und die beiden Nieren
mit ihrem Fett und die rechte Keule.
26 Ferner nahm er aus dem Korb mit dem
Ungesäuerten, der vor dem Herrn stand,
einen ungesäuerten Kuchen, einen mit Öl
bereiteten Brotkuchen und einen Fladen
und legte sie zu den Fettstücken und zu
der rechten Keule. 27 Dann gab er alles Aa-
ron und seinen Söhnen in die Hände und
ließ es vor dem Herrn hin- und her-
schwingen. 28 Dann nahm es Mose aus
ihren Händen und ließ es auf dem Altar
über dem Brandopfer in Rauch aufgehen
als ein Einsetzungsopfer zum beruhigen-
den Duft, als ein Feueropfer für den
Herrn. 29 Hierauf nahm Mose die Brust
und ließ sie vor dem Herrn hin- und her-
schwingen. Sie fiel Mose vom Einset-
zungsopfer als Anteil zu, wie es der Herr
dem Mose befohlen hatte. 30 Dann nahm
Mose vom Salböl und vom Blut auf dem
Altar und sprengte damit auf Aaron und
seine Gewänder, auf seine Söhne und die
Gewänder seiner Söhne und weihte so Aa-
ron und seine Gewänder, seine Söhne und
die Gewänder seiner Söhne. 31 Dann sprach
Mose zu Aaron und seinen Söhnen: Kocht
das Fleisch vor dem Eingang des Offen-
barungszeltes und verzehrt es dort mit
dem Brot, das sich in dem zum Einset-
zungsopfer gehörigen Korb befindet, wie
mir befohlen wurde durch die Weisung:
Aaron und seine Söhne sollen es essen.
32 Was vom Fleisch und dem Brot übrig
bleibt, müsst ihr verbrennen. 33 Sieben Tage
lang dürft ihr euch vom Eingang des Of-
fenbarungszelts nicht entfernen, bis zu
dem Tag, da die zu euerer Einsetzung be-
stimmte Zeit um ist; denn sieben Tage soll
euere Einsetzung dauern. 34 So wie er heute
getan hat, so hat der Herr auch weiter zu
tun befohlen, um euch zu entsündigen.
35 Sieben Tage lang müsst ihr Tag und
Nacht am Eingang des Offenbarungszelts
bleiben und die Anordnungen des Herrn
befolgen, sonst müsst ihr sterben; denn so
wurde mir befohlen. 36 Aaron und seine

Söhne taten alles, was der Herr durch
Mose angeordnet hatte.

Amtsantritt der Priester

9 Am achten Tag rief Mose Aaron, des-
sen Söhne und die Ältesten Israels zu
sich 2 und sprach zu Aaron Nimm dir ein
Kalb zum Sündopfer und einen Widder
zum Brandopfer, beide fehlerlos, und
bring sie vor den Herrn. 3 Zu den Israeliten
aber sollst du sagen: Nehmt einen Ziegen-
bock zum Sündopfer sowie ein Kalb und
ein Schaf, beide einjährig und fehlerlos,
zum Brandopfer, 4 ferner ein Rind und
einen Widder zum Gemeinschaftsopfer,
um sie vor dem Herrn zu schlachten, dazu
ein mit Öl angemachtes Speiseopfer. Denn
heute wird euch der Herr erscheinen. 5 Sie
brachten, was Mose verlangt hatte, vor das
Offenbarungszelt und die ganze Gemein-
de kam herbei und stand vor dem Herrn.
6 Und Mose sprach: Dies ist es, was der
Herr euch zu tun befohlen hat, damit euch
die Herrlichkeit des Herrn erscheine. 7 Da
sagte Mose zu Aaron: Tritt an den Altar
und richte dein Sündopfer und dein
Brandopfer zu, damit du dich und dein
Haus entsündigst. Dann bring die Opfer-
gabe des Volkes dar, um es zu entsündi-
gen, wie es der Herr befohlen hat.

8 Nun trat Aaron an den Altar und
schlachtete das Kalb, das zum Sündopfer
für ihn selbst bestimmt war. 9 Die Söhne
Aarons reichten ihm das Blut. Er tauchte
seine Finger in das Blut und bestrich die
Hörner des Altars; das übrige Blut goss er
am Fuß des Altars aus. 10 Dann ließ er das
Fett sowie die Nieren und das Fett über
der Leber des Sündopfers auf dem Altar
in Rauch aufgehen, wie es der Herr dem
Mose befohlen hatte. 11 Das Fleisch und
die Haut aber verbrannte er außerhalb
des Lagers. 12 Hierauf schlachtete er das
Brandopfer und die Söhne Aarons reich-
ten ihm das Blut und er sprengte es rings-
um an den Altar. 13 Dann reichten sie ihm
das in Stücke zerlegte Brandopfer samt
dem Kopf und er ließ es auf den Altar in
Rauch aufgehen. 14 Er wusch die Eingewei-
de und die Beine und ließ auch sie auf dem
Altar über dem Brandopfer in Rauch auf-
gehen.

15 Dann brachte er die Opfergabe des
Volkes dar. Er nahm den Bock, der zum
Sündopfer für das Volk bestimmt war,
schlachtete ihn und brachte ihn als Sünd-
opfer dar wie zuvor. 16 Dann brachte er das
Brandopfer dar, wie es vorgeschrieben
war. 17 Darauf brachte er das Speiseopfer
dar, nahm davon eine Hand voll und ließ
es auf dem Altar in Rauch aufgehen, abge-
sehen vom Morgenbrandopfer. 18 Dann
schlachtete er das Kalb und den Widder
als Gemeinschaftsopfer für das Volk. Die
Söhne Aarons reichten ihm das Blut und
er sprengte es ringsum an den Altar. 19 Das
Fett vom Kalb und den Fettschwanz des
Widders, das Fett, das die Eingeweide be-
deckt, die Nieren und das Fett an der Le-
ber, 20 diese Fettstücke legte er zu den
Bruststücken und er ließ das Fett auf dem
Altar in Rauch aufgehen. 21 Die Bruststü-
cke und die rechte Keule aber schwang
Aaron vor dem Herrn hin und her, wie
der Herr es dem Mose befohlen hatte.
22 Darauf breitete Aaron seine Hände über
das Volk aus und segnete es. Nachdem er
das Sündopfer, das Brandopfer und die
Gemeinschaftsopfer dargebracht hatte,
stieg er vom Altar herunter. 23 Dann traten
Mose und Aaron in das Offenbarungszelt.
Als sie herauskamen, segneten sie das
Volk. Da erschien die Herrlichkeit des
Herrn dem ganzen Volk 24 und Feuer ging
vom Herrn aus und verzehrte das Brand-
opfer und die Fettstücke auf dem Altar.
Als das ganze Volk dies sah, jubelte es
und alle fielen auf ihr Gesicht nieder.

Ergänzende Vorschriften

Schwere von Amtsanmaßungen.
Nadab und Abihu

10 Nadab und Abihu, die Söhne Aa-
rons, nahmen ihre Kohlenpfannen
und brachten dem Herrn ein unerlaubtes
Feueropfer dar, das er ihnen nicht geboten
hatte. 2 Da ging ein Feuer vom Herrn aus
und verzehrte sie, sodass sie vor dem
Herrn starben. 3 Da sprach Mose zu Aaron:
Hier erfüllt sich, was der Herr gesagt hat:

An denen, die mir nahe stehen, will ich
mich als heilig erweisen und vor allem
Volk will ich mich verherrlichen. Aaron
aber schwieg. 4 Da rief Mose Mischaël und
Elizafan, die Söhne Usiëls, des Onkels von
Aaron, herbei und sprach zu ihnen:
Kommt her und tragt euere Brüder aus
dem Heiligtum weg, vor das Lager hinaus!
5 Sie kamen her und trugen sie in ihren

Leibröcken aus dem Lager hinaus, wie Mose befohlen hatte.

Besondere Trauervorschriften für Priester

6 Dann sprach Mose zu Aaron und zu dessen Söhnen, zu Eleasar und Itamar: Ihr dürft euer Haupthaar nicht frei herabhängen lassen und euere Kleider nicht zerreißen, sonst müsst ihr sterben, und der Herr würde der ganzen Gemeinde zürnen. Euere Brüder aber, das ganze Volk Israel, sollen den Brand beweinen, den der Herr angerichtet hat. 7 Auch dürft ihr den Eingang des Offenbarungszeltes nicht verlassen, damit ihr nicht sterbt. Denn das Salböl des Herrn ist auf euch. Sie taten, wie Mose gesagt hatte.

Verbot des Weingenusses

8 Der Herr sprach zu Aaron: 9 Wein und berauschendes Getränk dürft ihr, du und deine Söhne, nicht trinken, wenn ihr in das Offenbarungszelt geht, sonst müsst ihr sterben. Das ist eine für alle Zeiten von Generation zu Generation geltende Vorschrift, 10 damit ihr zwischen dem unterscheidet, was heilig und unheilig und was rein und unrein ist, 11 und die Israeliten unterweisen könnt in allen Satzungen, die ihnen der Herr durch Mose verkündet hat.

Anteil der Priester an den Opfern

12 Mose sprach zu Aaron und zu dessen Söhnen Eleasar und Itamar, die noch übrig geblieben waren: Nehmt das Speiseopfer, das vom Feueropfer des Herrn noch übrig ist, und verzehrt es ungesäuert neben dem Altar, denn es ist hochheilig. 13 Darum sollt ihr es an heiliger Stätte essen, denn es ist die Abgabe, die dir und deinen Söhnen vom Feueropfer des Herrn zufällt. So wurde mir befohlen. 14 Die Brust vom Darbringungsritus und die Keule vom Erhebungsritus sollt ihr, du und deine Söhne und deine Töchter, an einem reinen Ort essen, denn sie sind die Anteile, die dir und deinen Kindern von den Gemeinschaftsopfern der Israeliten zustehen. 15 Die Keule vom Erhebungsritus und die Brust vom Darbringungsritus soll man samt den für das Feueropfer bestimmten Fettstücken vor dem Herrn hin- und herschwingen. Dann sollen sie dir und deinen Söhnen bei dir als eine immer geltende Gebühr gehören, wie es der Herr befohlen hat.

Besondere Vorschrift über das Sündopfer

16 Als Mose sich nach dem Sündopferbock erkundigte, zeigte es sich, dass er verbrannt worden war. Da zürnte er Eleasar und Itamar, den Söhnen Aarons, die noch übrig geblieben waren, und sagte: 17 Warum habt ihr das Sündopfer nicht an heiliger Stätte gegessen? Es ist doch hochheilig. Er hat es euch gegeben, damit ihr die Sünde der Gemeinde wegnehmt und sie vor dem Herrn entsündigt. 18 Sein Blut ist ja nicht in das Innere des Heiligtums gebracht worden. Darum hättet ihr es an heiliger Stätte essen müssen, wie ich befohlen hatte. 19 Da sprach Aaron zu Mose: Siehe, heute haben sie ihr Sündopfer und ihr Brandopfer vor dem Herrn dargebracht und doch hat mich so etwas betroffen. Wenn ich nun heute das Sündopfer verzehren wollte, würde dies wohl dem Herrn gefallen? 20 Als Mose dies hörte, gab er sich zufrieden.

Die Reinheitsgesetze

Reine und unreine Tiere

Landtiere

11 Der Herr sprach zu Mose und Aaron: 2 Sagt den Israeliten:

Dies sind die Tiere, die ihr von allen Vierfüßlern auf der Erde essen dürft: 3 Alles, was unter den Vierfüßlern gespaltene, und zwar durchgespaltene Klauen hat und wiederkäut, dürft ihr essen. 4 Dagegen dürft ihr von den Wiederkäuern und von den Spalthufern folgende nicht essen: das Kamel, denn es ist zwar ein Wiederkäuer, hat aber keine durchgespaltenen Klauen, es ist für euch unrein; 5 den Klippdachs, denn er ist zwar ein Wiederkäuer, hat aber keine gespaltenen Klauen, er ist für euch unrein; 6 den Hasen, denn er ist zwar ein Wiederkäuer, hat aber keine gespaltenen Klauen, er ist für euch unrein; 7 das

Schwein, denn es hat zwar gespaltene, so-
gar durchgespaltene Klauen, ist aber kein
Wiederkäuer, es ist für euch unrein. 8 Von
ihrem Fleisch dürft ihr nicht essen und de-
ren Aas nicht berühren; sie sind für euch
unrein.

Wassertiere

9 Von allem, was im Wasser lebt, dürft ihr
essen: Alles, was im Wasser, in den Mee-
ren und in den Flüssen Flossen und
Schuppen hat, dürft ihr essen. 10 Aber alles,
was in den Meeren und in den Flüssen kei-
ne Flossen und keine Schuppen hat, alles,
was im Wasser wimmelt, alle Lebewesen,
die im Wasser sind, sollen euch ein Gräuel
sein. 11 Ein Gräuel sollen sie euch sein. Von
ihrem Fleisch dürft ihr nichts essen und
ihr Aas müsst ihr verabscheuen. 12 Alles
im Wasser, was keine Flossen und Schup-
pen hat, sei euch ein Gräuel.

Vögel

13 Von den Vögeln sollt ihr folgende ver-
abscheuen – sie dürfen nicht gegessen
werden, sie seien euch ein Gräuel: den Ad-
ler, den Lämmergeier und den Geier, 14 die
Weihe und jede Bussardart, 15 alle Raben-
arten, 16 die Adlereule, die Kurzohreule,
die Langohreule, alle Falkenarten, 17 das
Käuzchen, die Fischeule, den Bienenfres-
ser, 18 die Weißeule, die Kleineule, den
Fischadler, 19 den Storch, alle Reiherarten,
den Wiedehopf und die Fledermaus.

Geflügelte Insekten

20 Alle kleinen geflügelten Tiere mit vier
Füßen seien euch ein Gräuel. 21 Ihr dürft
von allen kleinen geflügelten Tieren mit
vier Füßen nur die essen, die oberhalb
ihrer Füße Schenkel haben, um damit auf
der Erde zu springen. 22 Von diesen dürft
ihr essen: alle Arten der Zugheuschrecke,
der Solhamheuschrecke, der Hargolheu-
schrecke und alle Arten der Hagabheu-
schrecke. 23 Aber alle anderen geflügelten
Tiere, die vier Füße haben, sollen euch ein
Gräuel sein.

Berührung unreiner Tiere

24 An folgenden Tieren macht ihr euch un-
rein – jeder, der ihr Aas berührt, wird un-
rein bis zum Abend, 25 und jeder, der ein
solches Aas trägt, muss seine Kleider wa-
schen und ist unrein bis zum Abend – 26 an
jedem Tier, das gespaltene, aber nicht ganz
gespaltene Klauen hat und kein Wieder-
käuer ist. Als unrein sollen sie euch gelten;
jeder, der sie berührt, wird unrein. 27 Auch
alle Vierfüßler, die auf Tatzen gehen, sol-
len euch als unrein gelten. Jeder, der ihr
Aas berührt, wird unrein bis zum Abend.
28 Wer ihr Aas trägt, muss seine Kleider
waschen und ist unrein bis zum Abend;
sie sollen euch als unrein gelten.

Kriechende Kleintiere

29 Unter allen kleinen Tieren, die auf der
Erde kriechen, sei euch unrein: der Maul-
wurf, die Maus, alle Eidechsenarten,
30 nämlich der Gecko, die Koach- und die
Letaa-Eidechse, der Salamander und das
Chamäleon. 31 Diese sollen euch unter al-
len kleinen Tieren als unrein gelten; wer
sie berührt, wenn sie tot sind, wird unrein
bis zum Abend.

Weitere Vorschriften über unreine Berührungen

32 Alles, worauf ein solches verendetes Tier
fällt, wird unrein. Jedes hölzerne Gefäß,
jedes Kleidungsstück oder Fell oder Tuch,
jeder Gebrauchsgegenstand muss ins Was-
ser kommen und ist unrein bis zum
Abend; dann ist er wieder rein. 33 Fällt ein
solches Tier in ein irdenes Gefäß, so wird
alles, was darin ist, unrein und ihr müsst
es zerbrechen. 34 Jede Speise, die man ge-
nießt, wird unrein, wenn solches Wasser
an sie kommt, und jedes Getränk, das
man trinkt, wird in jedem (verunreinig-
ten) Gefäß unrein. 35 Auch alles, worauf
ein solches Aas fällt, wird unrein. Ein
Backofen und ein Kochherd müssen
eingerissen werden; sie sind unrein und
müssen für euch als unrein gelten. 36 Nur
Quellen und Brunnen und (sonstige) Was-
serstellen bleiben rein; wer aber ein darin
befindliches Aas berührt, wird unrein.
37 Wenn aber ein solches Aas auf Sämerei-
en fällt, die ausgesät werden sollen, so blei-
ben diese rein. 38 Wenn aber Wasser an den
Samen gebracht wird und es fällt ein sol-
ches Aas darauf, so ist er für euch unrein.

39 Wenn eines von den Tieren, die euch
zur Nahrung dienen, verendet, dann wird
jeder, der das Aas berührt, unrein bis zum
Abend. 40 Wer von einem solchen Aas isst,
muss seine Kleider waschen und bleibt un-
rein bis zum Abend. Auch wer ein solches

Aas trägt, muss seine Kleider waschen und bleibt unrein bis zum Abend.

Lehrgedanken

41 Alle kleinen Tiere, die auf der Erde kriechen, sind ein Gräuel, sie dürfen nicht gegessen werden. 42 Alles, was auf dem Bauch kriecht, und alles, was auf vier Füßen geht, bis zu den Vielfüßlern unter allen kleinen Tieren, die auf der Erde kriechen, dürft ihr nicht essen; denn sie sind ein Gräuel. 43 Macht euch nicht selbst zum Gräuel durch eines von den kleinen Tieren und verunreinigt euch nicht durch sie, sodass ihr unrein werdet. 44 Denn ich bin der Herr, euer Gott. So erweist euch denn als heilig und seid heilig, weil ich heilig bin. Verunreinigt euch nicht durch irgendwelche kleinen Tiere, die auf der Erde kriechen. 45 Denn ich bin der Herr, der euch aus dem Land Ägypten herausgeführt hat, um euer Gott zu sein. Seid also heilig, weil ich heilig bin!

Schluss

46 Dies ist das Gesetz über die vierfüßigen Tiere, die Vögel und alle Lebewesen, die sich im Wasser bewegen, und alle Lebewesen, die sich auf der Erde regen, 47 damit man unterscheidet zwischen dem, was unrein und was rein ist, und zwischen Tieren, die man essen darf, und solchen, die nicht gegessen werden dürfen.

Reinigung der Wöchnerin

12 Der Herr sprach zu Mose: 2 Rede zu den Israeliten:

Wenn eine Frau niederkommt und einem Knaben das Leben schenkt, so bleibt sie sieben Tage unrein. Sie bleibt ebenso lange unrein wie in der Zeit ihrer Unreinheit infolge ihrer monatlichen Regel. 3 Am achten Tag muss seine Vorhaut beschnitten werden. 4 Dann bleibe sie noch dreiunddreißig Tage über die Zeit ihrer Reinigung zu Hause. Sie darf nichts Heiliges berühren und nicht zum Heiligtum kommen, bis die Tage ihrer Reinigung erfüllt sind. 5 Schenkt sie einem Mädchen das Leben, dann bleibt sie zwei Wochen unrein wie bei der monatlichen Unreinheit, und sie bleibe sechsundsechzig Tage über die Zeit ihrer Reinigung zu Hause. 6 Wenn die Tage der Reinigung vorüber sind, mag es sich nun um einen Sohn oder eine Tochter handeln, dann soll sie ein einjähriges Lamm als Brandopfer und eine junge Taube oder eine Turteltaube als Sündopfer an den Eingang des Offenbarungszeltes zum Priester bringen. 7 Dieser soll sie vor dem Herrn darbringen und sie entsündigen und sie wird von ihrem Blutfluss rein werden.

Dieses Gesetz gilt für die Wöchnerinnen, ob es sich um einen Knaben oder um ein Mädchen handelt. 8 Reicht aber ihr Vermögen nicht für ein Schaf aus, dann soll sie zwei Turteltauben oder zwei junge Tauben nehmen, die eine zum Brandopfer, die andere zum Sündopfer, und der Priester entsündigt sie und sie wird rein.

Aussatz

Schwellung, Grind und Fleck

13 Der Herr sprach zu Mose und Aaron: 2 Wenn sich bei jemand auf der Haut eine Anschwellung oder ein Schorf oder ein heller Fleck zeigt und sich zu einem Mal des Aussatzes entwickelt, soll man ihn zu Aaron, dem Priester, bringen. 3 Untersucht nun der Priester das Mal auf der Haut und ist das Haar an dem Mal weiß geworden und nimmt er wahr, dass das Mal tiefer liegt als seine gesunde Haut, dann liegt wirklicher Aussatz vor. Sobald dies der Priester festgestellt hat, muss er ihn für unrein erklären. 4 Ist es aber ein weißer Fleck auf seiner Haut, der nicht tiefer zu liegen scheint als die übrige Haut, und ist das Haar nicht weiß geworden, dann soll der Priester den davon Betroffenen sieben Tage absondern. 5 Findet der Priester bei der Untersuchung am siebten Tag, dass das Mal in seinem Aussehen gleich geblieben ist und dass das Mal auf der Haut sich nicht ausgebreitet hat, dann soll ihn der Priester nochmals sieben Tage absondern. 6 Findet nun der Priester bei der Untersuchung am siebten Tag wiederum, dass das Mal blasser geworden ist und dass das Mal auf der Haut sich nicht weiter ausgebreitet hat, dann soll der Priester ihn für rein erklären; es ist nur ein Ausschlag. Er muss seine Kleider waschen, dann ist er rein. 7 Breitet sich aber das Mal auf der Haut immer weiter aus, nachdem er sich, um rein zu werden, dem Priester gezeigt hat, soll er sich dem Priester zum zweiten Mal zeigen. 8 Stellt der Priester bei der Un-

tersuchung fest, dass der Ausschlag sich
auf der Haut ausgebreitet hat, dann soll
ihn der Priester für unrein erklären; denn
es ist Aussatz.

Veralteter Aussatz

9 Zeigt sich an einem Menschen ein Aus-
satzmal, dann soll man ihn zum Priester
bringen. 10 Wenn der Priester bei der Un-
tersuchung bemerkt, dass sich auf den
Haut eine weiße Anschwellung findet, auf
der das Haar weiß geworden ist, und dass
wildes Fleisch auf der Anschwellung wu-
chert, 11 so ist dies ein schon veralteter
Aussatz auf seiner Haut. Der Priester soll
ihn für unrein erklären, ihn aber nicht ab-
sondern; er ist unrein. 12 Bricht aber der
Aussatz überall auf der Haut so aus, dass
der Aussatz die ganze Haut vom Kopf bis
zu dem Fuß bedeckt, wohin nur der Pries-
ter sieht, 13 und der Priester bei der Unter-
suchung findet, dass der Aussatz den gan-
zen Körper bedeckt, so erkläre er den
Betroffenen für rein; er ist ganz weiß ge-
worden, er ist rein. 14 Sobald sich aber an
ihm wildes Fleisch zeigt, wird er unrein.
15 Sieht der Priester das wilde Fleisch, so
erkläre er ihn für unrein. Das wilde Fleisch
ist unrein; es ist Aussatz. 16 Wenn aber das
wilde Fleisch wieder verschwindet und er
wieder weiß wird, dann soll er zum Pries-
ter gehen. 17 Hat der Priester ihn unter-
sucht und festgestellt, dass das Mal weiß
geworden ist, dann erkläre ihn der Priester
für rein; er ist rein.

Geschwür

18 Wenn sich bei jemand auf der Haut ein
Geschwür bildet und wieder heilt, 19 dann
aber an der Stelle des Geschwürs eine wei-
ße Anschwellung entsteht oder ein hell-
roter Fleck, dann soll er sich dem Priester
zeigen. 20 Findet der Priester bei der Unter-
suchung, dass er tiefer zu liegen scheint als
die Haut und dass die Haare darauf weiß
geworden sind, dann soll ihn der Priester
für unrein erklären; es ist Aussatz, der in
dem Geschwür ausgebrochen ist. 21 Wenn
aber der Priester bei der Untersuchung
der Stelle feststellt, dass keine weißen Haa-
re darauf sind und dass sie nicht tiefer liegt
als die Haut, dann soll der Priester ihn sie-
ben Tage absondern. 22 Breitet sich das Mal
nun immer weiter auf der Haut aus, dann
soll ihn der Priester für unrein erklären; es
liegt Aussatz vor. 23 Bleibt aber der Fleck
auf seinen Umfang beschränkt, hat er sich
also nicht weiter ausgebreitet, so handelt
es sich nur um ein vernarbtes Geschwür;
der Priester soll ihn für rein erklären.

Brandwunde

24 Hat jemand auf seiner Haut eine Brand-
wunde und sieht das Fleisch, das sich in
der Brandwunde bildet, wie ein hellroter
oder wie ein weißer Fleck aus 25 und be-
merkt der Priester bei der Untersuchung,
dass die Haare auf dem Fleck weiß gewor-
den sind und er tiefer zu liegen scheint als
die Haut, dann handelt es sich um Aus-
satz, der in der Brandwunde ausgebrochen
ist. Der Priester soll ihn für unrein erklä-
ren; es ist Aussatz. 26 Stellt aber der Priester
bei der Untersuchung fest, dass auf dem
Fleck keine weißen Haare sind und er
nicht tiefer liegt als die Haut und dass er
blasser wird, dann soll der Priester ihn sie-
ben Tage absondern. 27 Der Priester unter-
suche ihn am siebten Tag. Wenn der Fleck
sich auf der Haut weiter ausgebreitet hat,
soll der Priester ihn für unrein erklären;
denn es liegt Aussatz vor. 28 Blieb aber der
Fleck auf seine Stelle beschränkt, hatte er
sich auf der Haut nicht weiter ausgebreitet
und ist er blasser geworden, dann handelt
es sich nur um eine Anschwellung der
Brandwunde. Der Priester soll ihn für rein
erklären; denn es ist nur eine vernarbte
Brandwunde.

Erkrankungen an der behaarten Haut

29 Wenn bei einem Mann oder einer Frau
an Kopf oder Kinn ein Ausschlag entsteht
30 und der Priester bei der Untersuchung
findet, dass er tiefer als die Haut zu liegen
scheint und goldgelbes, dünnes Haar da-
rauf ist, so erkläre der Priester die betref-
fende Person für unrein. Es ist ein bösarti-
ger Grind, der Aussatz des Kopfes oder
des Kinns. 31 Wenn der Priester bei der Un-
tersuchung des bösartigen Grindes findet,
dass er zwar nicht tiefer zu liegen scheint
als die Haut, dass aber kein goldgelbes
Haar darauf ist, dann soll der Priester die
vom bösartigen Grind befallene Person
sieben Tage absondern. 32 Findet dann der
Priester am siebten Tag bei der Unter-
suchung des Ausschlags, dass der Grind
sich nicht weiter ausgebreitet hat und kein
goldgelbes Haar sich darauf zeigt und der

Grind nicht tiefer zu liegen scheint als die
Haut, 33 soll er sich scheren, nur die grindi-
ge Stelle soll er nicht scheren. Dann son-
dere der Priester die vom Grind befallene
Person sieben Tage ab. 34 Findet dann der
Priester am siebten Tag bei der Unter-
suchung des Grindes, dass der Grind sich
nicht weiter auf der Haut ausgebreitet hat
und nicht tiefer zu liegen scheint als die
Haut, so soll der Priester ihn für rein er-
klären; er muss aber die Kleider waschen,
dann ist er rein. 35 Wenn aber nach seiner
Reinerklärung der böse Grind sich auf der
Haut weiter ausbreitet 36 und der Priester
bei der Untersuchung feststellt, dass der
Grind sich wirklich auf der Haut weiter
ausgebreitet hat, so braucht der Priester
nicht erst nach goldgelben Haaren zu su-
chen; er ist unrein. 37 Ist aber der Grind in
seinem Aussehen gleich geblieben und
wachsen darauf schwarze Haare, so ist der
Grind geheilt. Er ist rein und der Priester
soll ihn für rein erklären.

Ausschlag

38 Zeigen sich bei einem Mann oder bei
einer Frau auf der Haut Flecken, weiße
Flecken, 39 und der Priester stellt fest, dass
sich auf der Haut verblasste weiße Flecken
finden, so ist es ein gutartiger Ausschlag,
der auf der Haut ausgebrochen ist. Ein sol-
cher ist rein.

Kahlköpfigkeit

40 Wird der Kopf jemandes kahl, so ist er
ein Hinterkahlkopf, er ist rein. 41 Wird sein
Kopf von vorn her kahl, so ist er ein Vor-
derkahlkopf; er ist gleichfalls rein. 42 Wenn
sich aber auf der hinteren oder vorderen
Glatze ein hellroter Ausschlag zeigt, so
liegt Aussatz vor, der auf der hinteren oder
vorderen Glatze zum Ausbruch kommt.
43 Findet nun der Priester bei seiner Unter-
suchung, dass der hellrote Ausschlag aus-
sieht wie ein Aussatz auf der Haut, 44 so ist
ein solcher aussätzig; er ist unrein. Der
Priester erkläre ihn für unrein. Er hat den
Aussatz auf seinem Kopf.

Satzung für Aussätzige

45 Ein Aussätziger, der vom Aussatz befal-
len ist, soll in zerrissenen Kleidern einher-
gehen und sein Kopfhaar aufgelöst tragen.
Er soll seinen Bart verhüllen und Unrein!
Unrein! rufen. 46 Die ganze Zeit, solange er
den Aussatz hat, ist er unrein. Da er un-
rein ist, soll er abgesondert wohnen und
sich außerhalb des Lagers aufhalten.

Aussatz bei Kleidern

47 Wenn sich auf einem Kleid eine aussät-
zige Stelle zeigt, sei es an einem Woll- oder
Leinenkleid 48 oder an einem gewebten
oder gewirkten Stoff von Leinen oder
Wolle oder an Leder oder einem ledernen
Gegenstand 49 und ist das Mal am Kleid
oder am Leder oder an dem gewebten oder
gewirkten Stoff oder an dem ledernen Ge-
genstand grünlich oder rötlich, dann liegt
Aussatz vor. Man soll es dem Priester zei-
gen. 50 Hat der Priester die Stelle unter-
sucht, dann schließe er den vom Aussatz
betroffenen Gegenstand sieben Tage ab.
51 Am siebten Tag soll der Priester die Stelle
wieder untersuchen. Findet er bei der Un-
tersuchung, dass das Übel an dem Kleid,
an dem gewebten oder gewirkten Stoff
oder am Leder, wozu es auch verarbeitet
sein mag, sich weiter ausgebreitet hat, so
handelt es sich bei dem Übel um bösarti-
gen Aussatz. Dieser Stoff ist unrein. 52 Er
lasse das Kleid oder den gewebten oder ge-
wirkten, den Leinen- oder Wollstoff oder
den ledernen Gegenstand, welcher Art er
auch sei, an dem sich der Aussatz zeigt,
verbrennen; denn es liegt bösartiger Aus-
satz vor. Man muss dergleichen verbren-
nen. 53 Wenn der Priester aber bei der Un-
tersuchung feststellt, dass der Ausschlag
auf dem Kleid oder auf dem gewebten
oder gewirkten Stoff oder dem ledernen
Gegenstand, was es auch sei, sich nicht
weiter ausgebreitet hat, 54 dann ordne der
Priester an, dass man das, woran das Übel
ist, wäscht, und schließe es nochmals sie-
ben Tage ab. 55 Findet nun der Priester bei
der Untersuchung, nachdem man die Stel-
le gewaschen hat, dass das Übel sich im
Aussehen nicht verändert hat, so ist es un-
rein, auch wenn das Übel nicht weiter um
sich gegriffen hat. Man muss es verbren-
nen, ob die eingefressene Stelle sich auf
der Rückseite oder auf der Vorderseite be-
findet. 56 Findet der Priester aber bei der
Untersuchung, dass die Stelle, nachdem
man sie gewaschen hat, verblasst ist, so
soll man sie aus dem Kleid oder dem Leder
oder dem gewebten oder gewirkten Stoff
ausschneiden. 57 Wenn sich aber das Übel
abermals an dem Kleid oder an dem ge-

webten oder gewirkten Stoff oder an
einem ledernen Gegenstand, welcher Art
er auch sei, zeigt, so ist es ein frisch aus-
brechender Aussatz. Man muss das, was
mit dem Aussatz behaftet ist, verbrennen.
58 Das Kleid oder der gewebte oder gewirk-
te Stoff oder der lederne Gegenstand, wel-
cher Art er auch sein mag, auf dem das
Übel nach dem Waschen verschwunden
ist, müssen noch einmal gewaschen wer-
den. Erst dann sind sie rein.
59 Das sind die Vorschriften über den
Aussatz an einem Woll- oder Leinenkleid
oder an einem gewebten oder gewirkten
Stoff oder an einem ledernen Gegenstand,
wenn es gilt, sie für rein oder unrein zu
erklären.

Reinigung der Aussätzigen

14 Der Herr sprach zu Mose: 2 Für den
Aussätzigen sollen an dem Tag, an
dem er für rein erklärt wird, folgende Vor-
schriften gelten: Er soll zum Priester ge-
bracht werden, 3 und zwar muss der Pries-
ter hinaus vor das Lager gehen. Findet der
Priester bei der Untersuchung, dass die
vom Aussatz betroffene Stelle ausgeheilt
ist, 4 so ordne der Priester an, dass man
für den, der rein erklärt werden soll, zwei
lebendige reine Vögel, Zedernholz, Kar-
mesinfäden und Ysop herbeibringe.
5 Dann gebe der Priester die Weisung, den
einen Vogel über einem Tongefäß mit
Quellwasser zu schlachten. 6 Den (ande-
ren) lebendigen Vogel sowie das Zedern-
holz, die Karmesinfäden und den Ysop
nehme er und tauche sie und den lebenden
Vogel in das Blut des über dem Quellwas-
ser geschlachteten Vogels ein. 7 Darauf be-
sprenge er siebenmal den, der vom Aus-
satz rein erklärt werden soll, und reinige
ihn so. Den lebenden Vogel aber lasse er
ins freie Feld fliegen. 8 Hierauf muss der,
welcher für rein erklärt werden soll, seine
Kleider waschen, sein ganzes Haar scheren
und sich baden; so wird er rein. Danach
darf er in das Lager hineingehen, muss
aber noch sieben Tage außerhalb seines
Zeltes bleiben. 9 Am siebten Tag soll er
nochmals sein ganzes Haar scheren, sei-
nen Kopf, seinen Bart und seine Augen-
brauen, alle seine Haare soll er abscheren,
seine Kleider waschen und sich baden; so
wird er rein.
10 Am siebten Tag nehme er zwei fehler-
lose Lämmer und ein einjähriges fehler-
loses weibliches Lamm, ferner als Speise-
opfer drei Zehntel Efa Feinmehl, das mit
Öl angerichtet ist, und ein Log Öl. 11 Der
Priester, der die Reinigung vollzieht, soll
den, der sich reinigen lässt, und jene Dinge
vor dem Herrn an den Eingang des Offen-
barungszeltes hinstellen. 12 Sodann nehme
der Priester das eine Lamm und bringe es
als Schuldopfer mit dem Log Öl dar und
vollziehe mit beiden den Darbringungs-
ritus vor dem Herrn. 13 Darauf schlachte
man das Lamm an der Stelle, an der die
Sündopfer und Brandopfer geschlachtet
werden, an heiliger Stätte. Denn wie das
Sündopfer soll auch das Schuldopfer dem
Priester gehören; es ist hochheilig. 14 Nun
nehme der Priester vom Blut des Schuld-
opfers und streiche es dem, der sich rei-
nigen lässt, an das rechte Ohrläppchen,
an den Daumen seiner rechten Hand und
an die große Zehe seines rechten Fußes.
15 Hierauf nehme der Priester von dem
Log Öl und gieße es in seine – des Priesters
– linke Hand. 16 Dann tauche der Priester
seinen rechten Finger in das Öl, das sich in
seiner linken Hand befindet, und sprenge
vom Öl mit seinem Finger siebenmal vor
dem Herrn. 17 Von dem übrigen Öl, das in
seiner Hand ist, streiche der Priester dem,
der sich reinigen lässt, an das rechte Ohr-
läppchen, an den Daumen seiner rechten
Hand und an die große Zehe seines rech-
ten Fußes auf das Blut des Schuldopfers.
18 Was vom Öl in seiner Hand noch übrig
ist, streiche der Priester auf den Kopf des-
sen, der sich reinigen lässt, und so entsün-
dige ihn der Priester vor dem Herrn.
19 Dann richte der Priester das Sünd-
opfer her und entsündige den, der sich rei-
nigen lässt, von seiner Unreinheit; darauf
schlachte er das Brandopfer. 20 Der Priester
bringe das Brandopfer und das Speise-
opfer auf dem Altar dar. Hat der Priester
ihn so entsündigt, dann ist er rein.
21 Wenn er aber arm ist und die Kosten
nicht aufbringen kann, dann nehme er nur
ein Lamm als Schuldopfer für den Dar-
bringungsritus, damit ihm Sühnung ver-
schafft werde; dazu ein Zehntel Efa Fein-
mehl, mit Öl angemacht, als Speiseopfer
und ein Log Öl, 22 ferner zwei Turteltauben
oder zwei junge Tauben, was er erschwin-
gen kann, die eine als Sündopfer und die
andere als Brandopfer. 23 Diese soll er am

achten Tag nach seiner Reinigung zum
Priester an den Eingang des Offen-
barungszeltes vor den Herrn bringen.
24 Der Priester nehme das zum Schuldopfer
bestimmte Lamm und das Log Öl und der
Priester vollziehe mit beidem den Dar-
bringungsritus vor dem Herrn. 25 Dann
schlachte man das Lamm als Schuldopfer
und der Priester nehme vom Blut des
Schuldopfers und streiche dem, der sich
rein erklären lässt, an das rechte Ohrläpp-
chen, an den Daumen der rechten Hand
und an die große Zehe des rechten Fußes.
26 Darauf gieße der Priester etwas Öl in sei-
ne linke Hand 27 und sprenge mit seinem
rechten Finger von dem Öl, das in seiner
linken Hand ist, siebenmal vor den Herrn.
28 Hierauf streiche der Priester von dem Öl
in seiner linken Hand dem, der sich rei-
nigen lässt, auf das rechte Ohrläppchen,
auf den Daumen der rechten Hand und
auf die große Zehe des rechten Fußes über
das Blut des Schuldopfers. 29 Was von dem
Öl auf der Hand des Priesters übrig ist, ge-
be er auf den Kopf des zu Reinigenden, um
ihn vor dem Herrn zu entsündigen.
30 Dann richte er die eine von den Turtel-
tauben oder jungen Tauben, die er er-
schwingen konnte, her. 31 Von dem, was er
erschwingen konnte, soll die eine als
Sündopfer, die andere als Brandopfer mit
dem Speiseopfer dienen. So soll der Pries-
ter den, der sich reinigen lässt, vor dem
Herrn entsündigen.
32 Dies sind die Vorschriften für die Aus-
sätzigen, die nicht die Kosten für die Rei-
nigung aufbringen können.

Der Aussatz bei Häusern

33 Der Herr sprach zu Mose und Aaron:
34 Wenn ihr in das Land Kanaan kommt,
das ich euch zum Besitz geben werde,
und ich lasse in dem Land, das euch zu
Eigen ist, an ein Haus den Aussatz kom-
men, 35 so soll der Hausbesitzer hingehen
und dem Priester melden: In meinem
Haus zeigt sich etwas wie Aussatz.
36 Dann ordne der Priester an, dass man
das Haus räume, ehe er die Stelle besich-
tigt, damit nicht alles im Haus als unrein
bezeichnet werden muss. Darauf trete der
Priester ein, um das Haus zu besichtigen.
37 Stellt nun der Priester bei der Besichti-
gung fest, dass sich an den Wänden des
Hauses grünliche oder rötlicher Stellen
zeigen, die tiefer als die Wandfläche lie-
gen, 38 dann gehe der Priester aus dem
Haus vor die Tür und verschließe das
Haus sieben Tage. 39 Am siebten Tag soll
der Priester wiederkommen. Stellt er fest,
dass sich die aussätzigen Stellen an den
Wänden des Hauses ausgebreitet haben,
40 so ordne der Priester an, dass man die
Steine, an denen sich die Stellen befinden,
herausnimmt und draußen vor der Stadt
an einen unreinen Ort legt. 41 Die Innen-
wände des Hauses aber soll man abkrat-
zen und den Lehm, den man abgekratzt
hat, außerhalb der Stadt an einen un-
reinen Ort schütten. 42 Dann soll man
andere Steine nehmen, sie an die Stelle
der herausgenommenen Steine setzen
und das Haus mit frischem Lehm bewer-
fen. 43 Bricht das Übel in dem Haus von
neuem aus, nachdem man die Steine he-
rausgenommen, das Haus abgekratzt und
beworfen hat, 44 dann soll der Priester wie-
derum kommen und es besichtigen. Zeigt
sich, dass sich das Übel ausgebreitet hat,
so ist ein bösartiger Aussatz im Haus; das
Haus ist unrein. 45 Das Haus, seine Steine,
sein Holz und der ganze Lehm müssen ab-
gebrochen und aus der Stadt hinaus an
einen unreinen Ort geschafft werden.
46 Wer aber das Haus betritt, solange es
verschlossen ist, wird unrein bis zum
Abend. 47 Wer in dem Haus schläft, muss
seine Kleider waschen, und wer in dem
Haus isst, muss ebenfalls seine Kleider
waschen. 48 Wenn aber der Priester hinein-
geht und bei der Besichtigung findet, dass
sich der Aussatz nicht im Haus ausgebrei-
tet hat, nachdem man es neu verputzt hat,
dann soll er das Haus für rein erklären;
denn sein Aussatz ist geheilt. 49 Er nehme
zur Entsündigung des Hauses zwei Vögel,
Zedernholz, Karmesinfäden und Ysop.
50 Den einen Vogel schlachte er über
einem Tongefäß mit Quellwasser. 51 Dann
nehme er das Zedernholz, den Ysop, die
Karmesinfäden und den lebenden Vogel
und tauche alles in das Blut des über dem
Quellwasser geschlachteten Vogels und
besprenge damit siebenmal das Haus.
52 So entsündige er das Haus mit dem Blut
des Vogels und dem Quellwasser, dem Ze-
dernholz, dem Ysop und den Karmesinfä-
den. 53 Darauf lasse er den lebenden Vogel
aus der Stadt in das freie Feld fliegen. So
entsündige er das Haus und es ist rein.

Schluss

54 Dies sind die Bestimmungen für alle Arten von Aussatz und Grind, 55 ferner von Aussatz an Kleidern und Häusern, 56 Hautmalen, Schorf und weißen Flecken. 57 Die Priester sollen darüber belehren, wann etwas rein oder unrein ist. Dies sind die Bestimmungen über den Aussatz.

Die geschlechtlichen Unreinheiten

Beim Mann

15 Der Herr sprach zu Mose und Aaron: 2 Redet zu den Israeliten und sagt zu ihnen: Wenn jemand an Ausfluss aus seinem Körper leidet, so ist der Ausfluss unrein, 3 und zwar verhält es sich so mit der Unreinheit seines Ausflusses:

Mag sein Leib den Ausfluss fließen lassen oder mag sein Leib den Ausfluss zurückhalten, es liegt Unreinheit vor. 4 Jedes Lager, auf das sich der am Ausfluss Leidende legt, wird unrein; jeder Gegenstand, auf dem er sitzt, wird unrein. 5 Wer sein Lager berührt, muss seine Kleider waschen und sich baden; er ist unrein bis zum Abend. 6 Wer sich auf einen Gegenstand setzt, auf dem der am Ausfluss Leidende saß, muss seine Kleider waschen und sich baden; er ist unrein bis zum Abend. 7 Wer den Leib des am Ausfluss Leidenden berührt, muss seine Kleider waschen und sich baden; er ist unrein bis zum Abend. 8 Wenn einer, der am Ausfluss leidet, einen Reinen durch seinen Speichel berührt, so muss dieser seine Kleider waschen und sich baden; er ist unrein bis zum Abend. 9 Jeder Sattel, den der am Ausfluss Leidende benutzt, ist unrein. 10 Jeder, der etwas von dem berührt, was jener unter sich gehabt hat, ist unrein bis zum Abend, und wer es fortträgt, muss seine Kleider waschen und sich baden und ist unrein bis zum Abend. 11 Jeder, den der am Ausfluss Leidende mit ungewaschenen Händen berührt, muss seine Kleider waschen und sich baden; er ist unrein bis zum Abend. 12 Jedes Tongefäß, das der am Ausfluss Leidende berührt, muss zerbrochen werden; jedes Holzgerät muss mit Wasser abgespült werden.

13 Wenn ein am Ausfluss Leidender von seinem Ausfluss rein wird, muss er von da ab, wo er rein geworden ist, sieben Tage zählen; dann muss er seine Kleider waschen und seinen Leib in Quellwasser baden, dann ist er rein. 14 Am achten Tag nehme er zwei Turteltauben oder zwei junge Tauben, trete vor den Herrn an den Eingang des Offenbarungszeltes und übergebe sie dem Priester. 15 Der Priester richte sie her, die eine zum Sündopfer und die andere zum Brandopfer. So entsühne ihn der Priester vor dem Herrn wegen seines Ausflusses.

16 Wer einen Samenerguss hat, muss seinen ganzen Leib baden; er ist unrein bis zum Abend. 17 Jedes Kleid und jedes Leder, auf das Samenerguss kommt, muss gewaschen werden und ist unrein bis zum Abend. 18 Schläft jemand mit seiner Frau, sodass Samenerguss erfolgt, so müssen sie sich baden und sind unrein bis zum Abend.

Bei der Frau

19 Wenn eine Frau Ausfluss hat, und zwar den monatlichen Blutfluss, dann bleibt sie sieben Tage in ihrer Unreinheit. Jeder, der sie berührt, wird unrein bis zum Abend. 20 Alles, worauf sie während ihrer Unreinheit liegt, wird unrein, ebenso wird alles unrein, worauf sie sitzt. 21 Jeder, der ihr Lager berührt, muss seine Kleider waschen und sich baden; er ist unrein bis zum Abend. 22 Jeder, der einen Gegenstand berührt, auf dem sie saß, muss seine Kleider waschen und sich baden; er ist unrein bis zum Abend. 23 Wenn jemand etwas berührt, was sich auf dem Lager oder auf dem Gegenstand befindet, auf dem sie saß, ist unrein bis zum Abend. 24 Wenn jemand mit ihr schläft und von ihrer Unreinheit etwas an ihn kommt, ist er sieben Tage lang unrein, und jedes Lager, auf dem er liegt, wird unrein.

25 Leidet eine Frau außerhalb der regelmäßigen Zeit an ständigem Blutfluss oder hat sie über die Zeit ihrer Regel hinaus Blutfluss, so sind die Tage, an denen sie unreinen Ausfluss hat, wie die Tage ihrer Regel anzusehen; sie ist unrein. 26 Jedes Lager, auf dem sie in der Zeit ihres Ausflusses liegt, ist für sie wie das Lager zur Zeit ihrer Regel, und jeder Gegenstand, auf dem sie sitzt, ist unrein wie zur Zeit ihrer Regel. 27 Jeder, der sie anrührt, wird unrein; er muss seine Kleider waschen und sich baden; er ist unrein bis zum Abend. 28 Wenn sie von ihrem Ausfluss geheilt ist,

dann soll sie noch sieben Tage zählen,
nachher ist sie rein. 29 Am achten Tag neh-
me sie zwei Turteltauben oder zwei junge
Tauben und bringe sie zum Priester an den
Eingang des Offenbarungszeltes. 30 Der
Priester soll die eine als Sündopfer, die an-
dere als Brandopfer zurichten; und der
Priester entsündige sie vor dem Herrn we-
gen ihres unreinen Ausflusses.

Schluss

31 So sollt ihr die Israeliten über ihre Un-
reinheit belehren, damit sie nicht in ihrer
Unreinheit sterben, weil sie meine Woh-
nung, die in ihrer Mitte ist, unrein ma-
chen. 32 Dies ist das Gesetz für einen Mann,
der am Ausfluss leidet und bei dem Sa-
menerguss vorkommt, sodass er unrein
wird, 33 für die Frau, die ihre Regel hat, also
für alle, die Ausfluss haben, Mann oder
Frau, oder für einen Mann, der mit einer
unreinen Frau schläft.

Der große Versöhnungstag

16 Der Herr sprach zu Mose nach
dem Tod der beiden Söhne Aarons,
die sterben mussten, als sie vor den Herrn
hingetreten waren. 2 Der Herr sprach zu
Mose: Sag deinem Bruder Aaron, dass er
nicht zu jeder Zeit in das Heiligtum hinter
den Vorhang eintreten darf vor die Ver-
söhnungsplatte, die auf der Bundeslade ist,
sonst müsste er sterben. Denn über der
Versöhnungsplatte erscheine ich in der
Wolke. 3 Nur so darf Aaron das Heiligtum
betreten: Er muss mit einem jungen Stier
als Sündopfer und mit einem Widder als
Brandopfer kommen. 4 Er muss sich ferner
mit einem heiligen Leibrock aus Leinen
bekleiden, leinene Hüftkleider müssen sei-
ne Blöße bedecken; er muss sich mit
einem leinenen Gürtel gürten und einen
leinenen Turban umbinden. Es sind heili-
ge Gewänder. Er soll sie anlegen, nachdem
er seinen Leib gebadet hat. 5 Von der Ge-
meinde der Israeliten aber soll er sich zwei
Ziegenböcke zum Sündopfer und einen
Widder zum Brandopfer geben lassen.
6 Aaron soll den zu seinem eigenen Sünd-
opfer bestimmten jungen Stier herbeibrin-
gen und sich und sein Haus entsündigen.
7 Dann nehme er die beiden Böcke und
stelle sie vor dem Herrn an den Eingang
des Offenbarungszeltes auf. 8 Aaron soll
über die beiden Böcke das Los werfen, ein
Los „für den Herrn", ein Los für Asasel.
9 Darauf bringe Aaron den Bock, auf den
das Los „für den Herrn" gefallen ist, herbei
und richte ihn zum Sündopfer her. 10 Den
Bock aber, auf den das Los für Asasel ge-
fallen ist, soll er lebendig vor den Herrn
stellen, damit er an ihm die Sühne vollzie-
he und ihn zu Asasel in die Wüste schicke.
11 Aaron soll also den für sein eigenes
Sündopfer bestimmten jungen Stier her-
beibringen und sich und sein Haus ent-
sündigen. Er schlachte den für sein Sünd-
opfer bestimmten Stier.

12 Dann nehme er eine Pfanne mit glü-
henden Kohlen von dem Altar, der vor
dem Herrn steht, und fein gestoßenes
wohlriechendes Räucherwerk, so viel seine
beiden Hände fassen können, und bringe
es hinter den Vorhang. 13 Er lege das Räu-
cherwerk vor dem Herrn auf das Feuer,
damit die Wolke des Räucherwerks die
Versöhnungsplatte verhülle, sonst müsste
er sterben. 14 Hierauf nehme er etwas vom
Blut des Stieres und sprenge es mit seinem
Finger vorn oben auf die Versöhnungs-
platte; vor die Versöhnungsplatte hin aber
sprenge er mit seinem Finger siebenmal
etwas Blut. 15 Dann schlachte er den zum
Sündopfer für das Volk bestimmten Bock,
bringe etwas Blut hinter den Vorhang und
verfahre mit dem Blut wie mit dem Blut
des Stieres; er sprenge es auf die Versöh-
nungsplatte und vor die Versöhnungsplat-
te hin. 16 So entsündige er das Heiligtum
wegen der Verunreinigungen durch die Is-
raeliten und wegen aller Übertretungen,
die sie begangen haben. Ebenso verfahre
er mit dem Offenbarungszelt, das sich bei
ihm inmitten ihrer Unreinheit befindet.
17 Es darf niemand im Offenbarungszelt
anwesend sein, wenn er es betritt, um im
Heiligtum die Entsündigung vorzuneh-
men, bis er es verlassen hat.

Wenn er für sich und für sein Haus und
für die ganze Gemeinde Israel die Sühne
vollzogen hat, 18 dann soll er hinausgehen
an den Altar, der vor dem Herrn steht, und
ihn entsündigen. Er nehme vom Blut des
Stieres und vom Blut des Bockes und strei-
che es an die Hörner des Altars ringsum.
19 Darauf sprenge er mit seinem Finger et-
was von dem Blut siebenmal auf ihn und
reinige ihn so und heilige ihn von den Un-
reinheiten der Israeliten.

20 Hat er so die Entsündigung des Heilig-
tums, des Offenbarungszeltes und des Al-
tars vollendet, dann bringe er den leben-
den Bock herbei. 21 Aaron soll seine
beiden Hände auf den Kopf des lebenden
Bockes legen und über ihm alle Sünden
der Israeliten und alle ihre Übertretungen,
die sie begangen haben, bekennen, sie auf
den Kopf des Bockes übertragen und ihn
durch einen bereitstehenden Mann in die
Wüste schicken. 22 So soll der Bock alle ihre
Sünden mit sich in eine abgelegene Ge-
gend tragen. In der Wüste lasse man den
Bock laufen. 23 Hierauf soll Aaron in das
Offenbarungszelt hineingehen und die
Leinenkleider, die er angelegt hatte, als er
in das Heiligtum hineinging, ausziehen
und sie dort niederlegen. 24 Nachdem er
an heiliger Stätte seinen Körper gebadet
und seine Gewänder angezogen hat, soll
er wieder hinausgehen und sein Brand-
opfer und das Brandopfer des Volkes zu-
richten, um sich und das Volk zu entsün-
digen. 25 Das Fett des Sündopfers lasse er
auf dem Altar in Rauch aufgehen.

26 Der Mann aber, der den Bock zu Asa-
sel hinausgebracht hat, soll seinen Körper
baden, erst dann darf er wieder in das La-
ger kommen. 27 Den Sündopferstier und
den Sündopferbock, deren Blut man hi-
neinbrachte, um das Heiligtum zu entsün-
digen, soll man vor das Lager schaffen und
ihre Felle, ihr Fleisch und ihren Mist ver-
brennen. 28 Wer sie aber verbrannt hat,
muss seine Kleider waschen und seinen
Leib baden. Erst dann darf er wieder in
das Lager kommen.

29 Dieses Gesetz soll bei euch für alle Zei-
ten gelten: Im siebten Monat am zehnten
Tag des Monats sollt ihr fasten und keiner-
lei Arbeit verrichten, weder der Einhei-
mische noch der Fremde, der sich bei euch
aufhält. 30 Denn an diesem Tag wird euch
Sühne erwirkt, um euch zu reinigen, damit
ihr von allen eueren Sünden vor dem
Herrn rein werdet. 31 Ein Tag vollkom-
mener Ruhe soll er für euch sein und ihr
sollt fasten kraft einer ewigen Satzung.
32 Die Entsündigung soll der Priester voll-
ziehen, den man salben und dem man die
Hand füllen wird, damit er an der Stelle
seines Vaters als Priester diene. Dieser soll
die Leinengewänder, die heiligen Gewän-
der, anlegen 33 und das Allerheiligste ent-
sündigen; er entsündige die Priester und
die ganze Volksgemeinde. 34 Dies sei euch
eine für alle Zeiten geltende Vorschrift,
dass die Israeliten von allen ihren Sünden
einmal im Jahr entsündigt werden, damit
sie von allen ihren Sünden frei werden.
Man tat, wie es der Herr dem Mose befoh-
len hatte.

Das Heiligkeitsgesetz

Schlachtungen und Opfer

17 Der Herr sprach zu Mose: 2 Rede
mit Aaron, mit seinen Söhnen
und mit ganz Israel und sprich zu ihnen:
Dies ist es, was der Herr befohlen hat: 3 Je-
der aus dem Haus Israels, der ein Rind
oder ein Schaf oder eine Ziege im Lager
oder außerhalb des Lagers schlachtet
4 und sie nicht zum Eingang des Offen-
barungszeltes bringt, um sie dem Herrn
als Opfergabe vor der Wohnung des Herrn
darzubringen, dem soll es als Blutschuld
angerechnet werden. Weil er Blut vergos-
sen hat, soll er aus seinem Volk ausgetilgt
werden. 5 Deshalb sollen die Israeliten ihre
Schlachttiere, die sie auf freiem Feld
schlachteten, dem Priester für den Herrn
an den Eingang des Offenbarungszeltes
bringen und sie als Gemeinschaftsopfer
für den Herrn schlachten. 6 Der Priester
sprenge das Blut an den Altar des Herrn
am Eingang des Offenbarungszeltes und
lasse das Fett zum beruhigenden Duft für
den Herrn im Rauch aufgehen. 7 Sie sollen
ihre Schlachtopfer nicht mehr für die
Bocksgeister darbringen, mit denen sie
Götzendienst getrieben haben. Dieses Ge-
setz soll für alle Zeiten von Generation zu
Generation Geltung haben.

8 Weiter sollst du zu ihnen sagen: Jeder
aus dem Haus Israel oder von den Frem-
den, die sich unter ihnen aufhalten, der
ein Brandopfer oder Schlachtopfer darb-
ringt 9 und es nicht an den Eingang des Of-
fenbarungszeltes hinbringt, um es für den
Herrn herzurichten, soll aus seinem Volk
ausgetilgt werden.

10 Wenn jemand aus dem Haus Israel

oder von den Fremden, die sich in euerer Mitte aufhalten, Blut genießt, so werde ich gegen eine solche Person mein Angesicht richten und ich werde sie aus ihrem Volk austilgen. 11 Denn das Leben des Körpers ist in seinem Blut. Und nur für den Altar habe ich es euch überlassen, damit es euch entsündige. Denn das Blut bewirkt Sühne für ein Leben. 12 Darum gebiete ich den Israeliten: Niemand von euch darf Blut genießen. Auch der Fremde, der in euerer Mitte wohnt, darf kein Blut genießen.

13 Jeder Israelit und jeder Fremde, der sich unter euch aufhält, wenn er ein Wild oder ein Geflügel erjagt, das gegessen werden darf, soll das Blut auslaufen lassen und es mit Erde bedecken. 14 Denn das Leben eines jeden Geschöpfes ist in seinem Blut. Darum habe ich den Israeliten geboten: Ihr dürft von keinem Geschöpf das Blut genießen; denn das Leben eines jeden Geschöpfes ist in seinem Blut. Jeder, der es genießt, soll ausgetilgt werden.

15 Wer das Fleisch eines verendeten oder zerrissenen Tieres gegessen hat, ob er nun ein Einheimischer oder ein Fremder ist, muss seine Kleider waschen und sich baden. Er ist unrein bis zum Abend. 16 Wenn er sich nicht wäscht und nicht seinen Leib badet, lädt er eine Schuld auf sich.

Sexuelle Vorschriften

18 Der Herr sprach zu Mose: 2 Rede zu den Israeliten und sag zu ihnen: Ich bin der Herr, euer Gott! 3 Ihr dürft nicht tun, was man in Ägypten tut, wo ihr gewohnt habt, noch was man in Kanaan tut, wohin ich euch bringe. Ihr dürft nicht nach ihren Sitten leben. 4 Meine Gebote sollt ihr erfüllen und meine Satzungen beachten und befolgen. Ich bin der Herr, euer Gott! 5 Beachtet also meine Satzungen und meine Gebote! Wer sie erfüllt, wird durch sie leben. Ich bin der Herr!

6 Niemand darf sich einem Blutsverwandten nähern, um mit ihm geschlechtlichen Verkehr zu haben. Ich bin der Herr! 7 Mit deinem Vater und mit deiner Mutter darfst du keinen solchen Verkehr haben; sie ist deine Mutter, du darfst nicht mit ihr verkehren. 8 Mit der Frau deines Vaters darfst du nicht verkehren, sie ist deines Vaters Fleisch. 9 Mit deiner Schwester, der Tochter deines Vaters oder der Tochter deiner Mutter, mag sie im Haus geboren oder außerhalb geboren sein, darfst du nicht verkehren. 10 Mit der Tochter deines Sohnes oder der Tochter deiner Tochter darfst du nicht verkehren, denn sie sind dein eigenes Fleisch. 11 Mit der Tochter einer Frau deines Vaters, die von deinem Vater stammt, darfst du nicht verkehren, denn sie ist deine Schwester. 12 Mit der Schwester deines Vaters darfst du nicht verkehren, sie ist die Verwandte deines Vaters. 13 Mit der Schwester deiner Mutter darfst du nicht verkehren, denn sie ist die Verwandte deiner Mutter. 14 Mit der Frau des Bruders deines Vaters darfst du nicht verkehren; seiner Frau darfst du dich nicht nähern, sie ist deine Tante. 15 Mit deiner Schwiegertochter darfst du nicht verkehren, sie ist die Frau deines Sohnes; du darfst ihr nicht beiwohnen. 16 Mit der Frau deines Bruders darfst du nicht verkehren, sie ist deines Bruders Fleisch. 17 Mit einer Frau und zugleich mit ihrer Tochter darfst du nicht verkehren, um ihnen beizuwohnen. Die Tochter ihres Sohnes und die Tochter ihrer Tochter darfst du nicht nehmen, um ihnen beizuwohnen; sie sind dein eigenes Fleisch. Es wäre Blutschande. 18 Du darfst nicht eine Frau zu ihrer Schwester hinzunehmen und dadurch Streit erregen, wenn du ihr neben jener zu deren Lebzeiten beiwohnst.

19 Du darfst dich einer Frau nicht während der Zeit ihrer Unreinheit nähern, um ihr beizuwohnen. 20 Der Frau deines Nächsten darfst du nicht beiwohnen; du würdest dich dadurch verunreinigen. 21 Du darfst keines von deinen Kindern für Moloch durch das Feuer gehen lassen und so den Namen deines Gottes entweihen. Ich bin der Herr! 22 Du darfst mit einem Mann keinen geschlechtlichen Umgang haben wie mit einer Frau; es wäre ein Gräuel. 23 Mit keinem Vieh darfst du dich begatten und dich dadurch verunreinigen. Eine Frau darf sich nicht vor ein Vieh hinstellen, um sich begatten zu lassen; dies wäre eine große Schandtat.

24 Ihr dürft euch nicht auf diese Weise verunreinigen. Denn durch all dies haben sich die Heiden verunreinigt, die ich vor euch vertreiben werde. 25 Auch das Land wurde unrein; darum habe ich sie wegen ihrer Frevel heimgesucht, sodass das Land seine Bewohner ausspeien wird. 26 So beachtet also meine Satzungen und meine

Gebote und verübt keine von all diesen
Gräueltaten, weder der Einheimische noch
der Fremde, der bei euch wohnt – 27 denn
alle diese Gräueltaten haben die Bewohner
des Landes, die vor euch da waren, verübt
und dadurch das Land verunreinigt –,
28 damit das Land nicht auch euch ausspeie,
wenn ihr es verunreinigt, wie es das
Volk ausgespien hat, das vor euch da war.
29 Denn wer eine dieser Gräueltaten verübt
– Personen, die solches verüben, sollen aus
der Mitte des Volkes ausgetilgt werden.
30 So beachtet denn meine Anordnungen,
folgt nicht den gräulichen Sitten, die vor
euch geübt wurden, und verunreinigt euch
nicht an ihnen. Ich bin der Herr!

Sozial- und Kultvorschriften

19 Der Herr sprach zu Mose: 2 Rede
zur ganzen Gemeinde der Israeliten und sag zu ihnen: Ihr müsst heilig sein,
weil ich, der Herr, euer Gott, heilig bin.

3 Jeder ehre seine Mutter und seinen Vater
und beachte meine Sabbate. Ich bin der
Herr, euer Gott. 4 Wendet euch nicht den
Götzen zu und macht euch keine Götterbilder
aus Metall. Ich bin der Herr, euer Gott.

5 Wenn ihr dem Herrn ein Gemeinschaftsopfer
schlachtet, so opfert es so,
dass ihr Wohlgefallen findet. 6 An dem Tag,
an dem ihr es opfert, oder am folgenden
Tag muss es gegessen werden; was bis zum
dritten Tag übrig bleibt, muss man verbrennen.
7 Würde dennoch am dritten Tag
davon gegessen werden, dann soll es als
verdorben gelten. Es macht nicht wohlgefällig,
8 vielmehr lädt, wer davon isst, eine
Schuld auf sich; denn er hat entweiht, was
dem Herrn heilig ist. Ein solcher Mensch
soll aus seinem Volk ausgetilgt werden.

9 Wenn ihr die Ernte eueres Landes einbringt,
so erntet das Feld nicht bis zum
äußersten Rand ab und haltet nach der
Ernte keine Nachlese. 10 Auch in deinem
Weinberg sollst du keine Nachlese halten
und die abgefallenen Beeren deines Weinbergs
nicht auflesen. Überlass sie dem Armen
und dem Fremden. Ich bin der Herr,
euer Gott.

11 Ihr sollt nicht stehlen, nicht lügen und
einander nicht betrügen. 12 Ihr sollt nicht
bei meinem Namen falsch schwören, sodass
du den Namen deines Gottes entweihst.
Ich bin der Herr.

13 Du sollst deinen Nächsten nicht übervorteilen
und berauben. Den Lohn des Arbeiters
darfst du nicht bis zum anderen
Morgen bei dir behalten. 14 Einen Tauben
darfst du nicht schmähen und einem Blinden
kein Hindernis in den Weg legen, sondern
fürchte dich vor deinem Gott. Ich bin
der Herr.

15 Verüb kein Unrecht vor Gericht. Begünstige
nicht den Armen und ergreif
nicht Partei für den Vornehmen. Mit Gerechtigkeit
richte deinen Nächsten. 16 Streu
keine Verleumdungen unter deinem Volk
aus und trachte deinem Nächsten nicht
nach dem Leben. Ich bin der Herr.

17 Trag gegen deinen Bruder nicht Hass
in deinem Herzen. Weise deinen Nächsten
freimütig zurecht, damit du nicht seinetwegen
Schuld auf dich lädst. 18 Sei nicht
rachsüchtig noch trag deinem Stammesgenossen
etwas nach, sondern liebe deinen
Nächsten wie dich selbst. Ich bin der Herr.

19 Beachte meine Vorschriften! Du sollst
nicht zweierlei Arten deines Viehs sich begatten
lassen, dein Feld nicht mit zweierlei
Samen besäen und ein Kleid, das aus zweierlei
Fäden gewirkt ist, darf nicht auf deinen
Leib kommen.

20 Wenn jemand einer Frau beiwohnt,
die als Sklavin einem anderen Mann gehört,
aber weder losgekauft noch freigelassen
ist, so soll er bestraft werden; doch soll
er nicht sterben, weil sie keine Freie ist.
21 Er jedoch soll zur Buße einen Widder
als Schuldopfer vor den Herrn an den Eingang
des Offenbarungszeltes bringen.
22 Der Priester soll ihn durch den Schuldopferwidder
vor dem Herrn entsündigen
wegen der Sünde, die er begangen hat. So
wird ihm seine Sünde, die er begangen hat,
vergeben.

23 Wenn ihr in das Land kommt und
Obstbäume pflanzt, so schneidet ihre ersten
Früchte, ihre Vorhaut, nicht ab. Drei
Jahre dürft ihr sie nicht schneiden und
nichts davon essen. 24 Im vierten Jahr sollen
alle Früchte als Dank dem Herrn geweiht
werden. 25 Im fünften Jahr aber dürft
ihr die Früchte genießen. So wird euch ein
umso reicherer Ertrag zuteil werden. Ich
bin der Herr, euer Gott.

26 Ihr dürft nichts mit Blut essen. Ihr
dürft weder Wahrsagerei noch Zauberei
treiben. 27 Ihr dürft nicht euer Haupthaar
am Rand kreisförmig abschneiden und du

darfst nicht deinen Bart am Rand stutzen. 28 Ritzt euch wegen eines Toten keine Einschnitte an eueren Leib und ätzt euch keine Zeichen ein. Ich bin der Herr.

29 Entweih nicht deine Tochter, indem du sie zur Unzucht anhältst. Das Land darf nicht zum Ort und Tummelplatz der Unzucht werden. 30 Haltet meine Sabbate und habt Ehrfurcht vor meinem Heiligtum. Ich bin der Herr. 31 Wendet euch nicht an Totenbeschwörer und Wahrsager. Befragt sie nicht, ihr würdet durch sie unrein werden. Ich bin der Herr, euer Gott.

32 Vor grauem Haar sollst du aufstehen und eine greise Person sollst du ehren und deinen Gott fürchten. Ich bin der Herr.

33 Wenn sich ein Fremder bei euch im Land aufhält, dürft ihr ihn nicht unterdrücken. 34 Wie ein Einheimischer aus euerer Mitte gelte euch der Fremde, der sich bei euch aufhält. Du sollst ihn lieben wie dich selbst. Denn auch ihr wart Fremde im Land Ägypten. Ich bin der Herr, euer Gott.

35 Ihr sollt kein Unrecht tun vor Gericht, auch nicht mit Längenmaß, Gewicht und Hohlmaß. 36 Richtige Waage, richtiges Gewicht, richtiges Efa und richtiges Hin sollt ihr führen. Ich bin der Herr, euer Gott, der euch aus dem Land Ägypten herausgeführt hat.

37 Beachtet alle meine Satzungen, alle meine Gebote sollt ihr erfüllen. Ich bin der Herr.

Strafen

Kultische Vergehen

20 Der Herr sprach zu Mose: 2 Sag zu den Israeliten: Jeder von den Israeliten oder von den Fremden, die sich in Israel aufhalten, der eines seiner Kinder dem Moloch gibt, soll mit dem Tod bestraft werden; die Bewohner des Landes sollen ihn steinigen. 3 Ich selbst werde mein Angesicht gegen einen solchen Menschen wenden und ihn aus der Mitte seines Volks austilgen, weil er eines von seinen Kindern dem Moloch hingab und so mein Heiligtum verunreinigte und meinen heiligen Namen entweihte. 4 Sollte die Bevölkerung des Landes ihre Augen vor einem solchen Menschen, der eines seiner Kinder dem Moloch hingibt, verschließen und ihn nicht töten, 5 so werde ich selbst mein Angesicht gegen einen solchen Menschen und gegen seine Sippe kehren und ihn und alle, die sich dem Dienst am Moloch hingeben, aus der Mitte ihres Volks austilgen. 6 Auch gegen jeden, der sich an die Totengeister und Wahrsagegeister wendet, um mit ihnen Götzendienst zu treiben, werde ich mein Angesicht richten und ihn aus der Mitte seines Volks austilgen. 7 So heiligt euch und seid heilig! Denn ich bin der Herr, euer Gott. 8 Beachtet meine Vorschriften und handelt nach ihnen. Ich, der Herr, bin es, der euch heiligt.

Vergehen gegen die Familie

9 Jeder, der seinen Vater oder seine Mutter schmäht, soll mit dem Tod bestraft werden. Er hat seinen Vater und seine Mutter geschmäht, darum lastet Blutschuld auf ihm.

10 Wenn jemand sich an einer Frau vergeht, wenn jemand sich an der Frau seines Nächsten vergeht, dann sollen der Ehebrecher und die Ehebrecherin mit dem Tod bestraft werden.

11 Wer mit der Frau seines Vaters schläft, der hat das Fleisch seines Vaters geschändet; beide sollen mit dem Tod bestraft werden; es lastet Blutschuld auf ihnen. 12 Wenn jemand mit seiner Schwiegertochter schläft, sollen beide mit dem Tod bestraft werden; sie haben Schändliches begangen, es lastet Blutschuld auf ihnen. 13 Wenn ein Mann mit einem anderen Mann wie mit einer Frau schläft, haben beide Schändliches begangen. Sie sollen mit dem Tod bestraft werden; es lastet Blutschuld auf ihnen. 14 Wenn jemand eine Frau und dazu deren Mutter heiratet, so ist dies Blutschande. Man soll ihn und die beiden Frauen verbrennen, damit künftig keine Blutschande unter euch begangen werde. 15 Wenn jemand einem Tier beiwohnt, soll er mit dem Tod bestraft werden; das Tier sollt ihr töten. 16 Wenn eine Frau sich mit einem Tier begattet, so sollst du die Frau und das Tier töten. Sie sollen mit dem Tod bestraft werden, denn es lastet Blutschuld auf ihnen. 17 Wenn jemand die Schwester, die Tochter seines Vaters oder die Tochter seiner Mutter nimmt und beide miteinander verkehren, so ist dies eine

Schande. Sie sollen vor den Augen ihres
Volks ausgetilgt werden. Er hat seine
Schwester geschändet; er muss seine
Schuld büßen.
18 Wer mit einer Frau während der Tage
ihrer Regel schläft und mit ihr Umgang
hat und sie den weiblichen Monatsfluss
aufdecken, sollen beide aus der Mitte ihres
Volks ausgetilgt werden.
19 Mit der Schwester deiner Mutter und
der Schwester deines Vaters darfst du kei-
nen geschlechtlichen Umgang haben,
denn ein solcher hat seine Verwandte ent-
blößt, ihre Schuld sollen sie büßen. 20 Wer
seiner Tante beiwohnt, hat seinen Onkel
geschändet. Sie sollen ihre Sünde büßen,
sie sollen kinderlos sterben. 21 Wenn je-
mand die Frau seines Bruders nimmt, so
ist dies Blutschande. Er hat sie entehrt, sie
sollen kinderlos sterben.

Zusatz über Rein und Unrein

22 So beachtet also meine Satzungen und
alle meine Gebote und haltet sie, damit
nicht das Land euch ausspeie, in das ich
euch führen werde, damit ihr darin
wohnt. 23 Wandelt nicht in den Satzungen
der Völker, die ich vor euch vertreiben
werde. Weil sie alle diese Dinge getan ha-
ben, sind sie mir zum Ekel geworden.
24 Ich habe darum zu euch gesagt: Ihr sollt
ihr Land in Besitz nehmen. Euch will ich
es zum Besitz geben, ein Land, das von
Milch und Honig fließt. Ich bin der Herr,
euer Gott, der euch von den Völkern aus-
gesondert hat.
25 So macht denn einen Unterschied
zwischen reinen und unreinen vierfüßigen
Tieren, zwischen unreinen und reinen
Vögeln und verunreinigt euch nicht durch
vierfüßige Tiere und Vögel und durch
alles, was sich sonst auf der Erde regt und
was ich euch als unrein ausgesondert
habe.

Schluss

26 Ihr sollt mir heilig sein, denn ich, der
Herr, bin heilig und ich habe euch von
den Völkern ausgesondert, damit ihr mir
gehört.
27 Wenn ein Mann oder eine Frau einen
Totengeist oder einen Wahrsagegeist in
sich hat, so sollen sie mit dem Tod bestraft
werden. Man soll sie steinigen; es lastet
Blutschuld auf ihnen.

Vorschriften für Priester

Die Priester

21 Der Herr sprach zu Mose: Rede zu
den Priestern, den Söhnen Aarons,
und sag zu ihnen: An der Leiche eines
Stammesgenossen darf sich keiner von
ihnen verunreinigen. 2 Nur an seinen
nächsten Blutsverwandten, an seiner Mut-
ter und an seinem Vater, an seinem Sohn
und an seiner Tochter, an seinem Bruder
3 und an seiner Schwester, wenn sie noch
als Jungfrau bei ihm lebt und noch keinem
Mann angehört, darf er sich verunrei-
nigen. 4 Er darf sich aber nicht an seiner
Schwester, die mit einem Stammesgenos-
sen verheiratet ist, verunreinigen; er wür-
de sich entweihen. 5 Sie dürfen sich nicht
auf ihrem Haupt eine Glatze scheren, ihre
Bartränder nicht stutzen und sich keine
Einschnitte in ihren Körper machen. 6 Sie
sollen ihrem Gott heilig sein und dürfen
den Namen ihres Gottes nicht entweihen.
Denn sie bringen die Feueropfer des
Herrn, die Speise ihres Gottes, dar. Darum
müssen sie heilig sein. 7 Sie dürfen keine
Dirne oder Entehrte zur Frau nehmen,
auch keine von ihrem Mann geschiedene
Frau heiraten; denn der Priester ist Gott
heilig. 8 Du sollst ihn heilig halten. Denn
er bringt die Speise deines Gottes dar. Er
sei dir heilig, denn ich bin heilig, der Herr,
der euch heiligt. 9 Wenn die Tochter eines
Priesters sich durch Unzucht entweiht, so
entweiht sie ihren Vater; sie soll verbrannt
werden.

Der Hohepriester

10 Der Priester aber, der höher steht als sei-
ne Brüder, dessen Haupt gesalbt wurde,
den man in sein Amt einsetzte durch An-
legen der heiligen Gewänder, darf sein
Haar nicht frei herabhängen lassen noch
seine Kleider einreißen. 11 Er darf sich
auch keiner Leiche nähern; er darf sich
nicht an seinem Vater oder an seiner
Mutter verunreinigen. 12 Das Heiligtum
darf er nicht verlassen, damit er das Hei-
ligtum seines Gottes nicht entweihe.
Denn die Weihe des Salböls seines Gottes
ruht auf ihm. Ich bin der Herr. 13 Zur Ehe-
frau muss er eine Jungfrau nehmen. 14 Ei-
ne Witwe, eine geschiedene Frau, eine
Entehrte oder eine Dirne darf er nicht
heiraten. Nur eine Jungfrau aus seinem

Volk soll er zur Frau nehmen, 15 damit nicht seine Nachkommen unter seinem Volk entweiht werden. Denn ich, der Herr, bin es, der ihn heiligt.

Untauglichkeit zum Priestertum

16 Der Herr sprach zu Mose: 17 Rede zu Aaron: Hat einer von deinen Nachkommen in den künftigen Generationen einen körperlichen Fehler an sich, so darf er nicht hinzutreten, um die Opferspeise seines Gottes darzubringen. 18 Denn keiner, der einen körperlichen Fehler hat, darf sich nahen, kein Blinder oder Lahmer oder Verstümmelter, keiner, bei dem ein Glied zu lang ist, 19 keiner, der ein gebrochenes Bein oder einen gebrochenen Arm hat, 20 kein Buckliger oder Schwindsüchtiger, keiner, der weiße Flecken im Auge hat oder an Krätze, an Flechten oder an Hodenbruch leidet. 21 Keiner von den Nachkommen Aarons, des Priesters, der an einem Gebrechen leidet, darf hinzutreten, um die Feueropfer des Herrn darzubringen. Hat er ein Gebrechen, so darf er nicht hinzutreten, um die Speise seines Gottes darzubringen. 22 Doch darf er von der Speise seines Gottes, von dem Hochheiligen und von den heiligen Gaben essen. 23 Aber er darf nicht durch den Vorhang eintreten, nicht zum Altar treten, weil er ein Gebrechen an sich hat. Sonst würde er meine heiligen Stätten entweihen. Denn ich, der Herr, bin es, der sie heiligt. 24 Mose teilte dies Aaron und allen Israeliten mit.

Heiligkeit bei der Darbringung von Opfern

Die Priester

22 Der Herr sprach zu Mose: 2 Rede zu Aaron und zu seinen Söhnen, dass sie die heiligen Gaben, die die Israeliten mir weihen, mit Ehrfurcht behandeln und meinen heiligen Namen nicht entweihen. Ich bin der Herr. 3 Sag zu ihnen: Wenn sich einer von eueren Nachkommen, auch in den kommenden Generationen, den heiligen Gaben, welche die Israeliten dem Herrn weihen, in unreinem Zustand nähert, so soll er aus meiner Gegenwart entfernt und ausgetilgt werden. Ich bin der Herr.

4 Wer von den Nachkommen Aarons am Aussatz oder Ausfluss leidet, darf nicht von den heiligen Gaben essen, bis er rein ist. Wer einen, der sich durch Berührung mit einer Leiche verunreinigt hat, berührt oder einen Samenerguss erlitten hat 5 oder wer ein Kleintier berührt hat, das ihn unrein macht, oder einen Menschen, durch den er sich eine Unreinheit zuzieht, 6 jeder, der eine solche Berührung hatte, bleibt unrein bis zum Abend und darf nichts von den heiligen Gaben essen, bis er seinen Leib mit Wasser gewaschen hat. 7 Nach Sonnenuntergang ist er wieder rein; dann darf er wieder von den heiligen Gaben essen, denn sie sind seine Speise. 8 Von einem verendeten oder zerrissenen Tier darf er nicht essen, damit er sich nicht daran verunreinige. Ich bin der Herr. 9 Sie sollen meine Vorschriften beachten und keine Sünde auf sich laden; sie sollen sterben, falls sie das Geheiligte entweihten. Ich bin der Herr, der es heiligt.

Die Laien

10 Kein Unbefugter darf etwas Heiliges genießen, kein Halbbürger oder Taglöhner des Priesters darf Heiliges genießen. 11 Wenn aber der Priester einen Sklaven für Geld erwirbt, so darf dieser davon essen, ebenso dürfen die im Haus geborenen Sklaven von seiner Speise essen. 12 Eine Priestertochter, die sich mit einem Nichtpriester vermählt hat, darf von den heiligen Gaben nichts genießen. 13 Ist die Priestertochter aber verwitwet oder geschieden und hat sie keine Kinder, dann darf sie, wenn sie wieder in das Haus ihres Vaters zurückkehrt, wie in ihrer Jugend von der Speise des Vaters essen; kein Unbefugter darf davon essen. 14 Wenn jemand aus Versehen Heiliges genießt, so soll er das Heilige unter Beifügung eines Fünftels des Wertes dem Priester erstatten.

15 Sie sollen die heiligen Gaben der Israeliten, die sie dem Herrn darbringen, nicht entweihen. 16 Sie würden sich strafbar machen, indem sie eine Schuld auf sich laden, wenn sie ihre heiligen Gaben genießen. Ich, der Herr, bin es, der sie heiligt.

Die Opfertiere

17 Der Herr sprach zu Mose: 18 Rede zu Aaron, zu seinen Söhnen und zu ganz Israel und sprich zu ihnen: Bringt ein Israelit oder ein Fremder seine Opfergabe dar, mag es sich um eine gelobte oder freiwil-

lige Gabe handeln, die sie dem Herrn als Brandopfer darbringen, 19 so müssen es, damit ihr Annahme findet, fehlerlose männliche Tiere von Rindern, Schafen und Ziegen sein. 20 Ihr dürft kein Tier darbringen, das einen Fehler an sich hat; denn ihr würdet damit keine Annahme finden. 21 Will jemand dem Herrn ein Rind oder Schaf als Gemeinschaftsopfer darbringen, um ein Gelübde zu erfüllen, oder als freiwillige Gabe, so muss es fehlerlos sein, um Annahme zu finden; es darf gar kein Fehler an ihm sein. 22 Was blind ist oder ein gebrochenes Glied oder eine Wunde hat oder an Geschwüren oder an Krätze oder Flechten leidet, dürft ihr nicht dem Herrn darbringen noch davon dem Herrn ein Feueropfer auf den Altar legen. 23 Ein Rind oder Schaf mit zu langen oder zu kurzen Beinen darfst du als freiwillige Gabe opfern, aber für ein Gelübde würde es nicht wohlgefällig sein. 24 Ein Tier, dem die Hoden zerquetscht, zerschlagen, abgerissen oder abgeschnitten sind, dürft ihr dem Herrn nicht darbringen. Ihr dürft ein solches Tier weder in euerem Land herrichten 25 noch von einem Ausländer kaufen und als Speise eueres Gottes darbringen. Da sie verstümmelt sind und ihnen ein Gebrechen anhaftet, machen sie euch nicht wohlgefällig.

26 Der Herr sprach zu Mose: 27 Ein Rind oder ein Schaf oder ein Zicklein soll nach seiner Geburt sieben Tage bei seiner Mutter sein. Vom achten Tag an und später wird es für eine Opfergabe, für ein Feueropfer dem Herrn annehmbar sein. 28 Ein Rind oder Schaf dürft ihr nicht am gleichen Tag mit seinen Jungen schlachten. 29 Wenn ihr dem Herrn ein Dankopfer darbringt, so opfert es so, dass es Annahme findet. 30 Am gleichen Tag muss es gegessen werden; ihr dürft nichts davon bis zum anderen Morgen übrig lassen. Ich bin der Herr.

Schlussmahnung

31 So beachtet denn meine Gebote und haltet sie. Ich bin der Herr. 32 Entweiht nicht meinen heiligen Namen. Ich will inmitten der Israeliten als der Heilige verehrt werden. Ich, der Herr, bin es, der euch heiligt, 33 der euch aus dem Land Ägypten herausgeführt hat, um euer Gott zu sein, ich, der Herr.

Das Ritual der Jahresfeste

Der Sabbat

23 Der Herr redete zu Mose: 2 Sprich zu den Israeliten und sag zu ihnen: Dies sind die Feste des Herrn, die ihr mit heiligen Versammlungen begehen sollt. Dies sind meine Festtage:

3 Sechs Tage darf gearbeitet werden, der siebte Tag aber ist ein Tag vollständiger Ruhe mit Versammlung am Heiligtum. Ihr dürft keinerlei Arbeit verrichten; es ist ein Ruhetag für den Herrn in allen eueren Wohnsitzen.

4 Dies sind die Feste des Herrn mit heiligen Versammlungen, die ihr zur festgesetzten Zeit feiern sollt:

Pesach und Fest der Ungesäuerten Brote

5 Am vierzehnten Tag des ersten Monats gegen Abend ist Pesach zu Ehren des Herrn. 6 Am fünfzehnten Tag dieses Monats ist das Fest der Ungesäuerten Brote zu Ehren des Herrn; sieben Tage müsst ihr ungesäuertes Brot essen. 7 Am ersten Tag sollt ihr eine heilige Versammlung halten; ihr dürft keine Arbeit verrichten. 8 Sieben Tage sollt ihr dem Herrn ein Feueropfer darbringen, am siebten Tag ist ebenfalls eine heilige Versammlung; an ihm dürft ihr keine Arbeit verrichten.

Die Erstlingsfrüchte

9 Der Herr redete zu Mose: 10 Sprich zu den Israeliten und sag zu ihnen: Wenn ihr in das Land kommt, das ich euch geben werde, und seine Ernte heimbringt, dann sollt ihr die Erstlingsfrüchte euerer Ernte zum Priester bringen. 11 Dieser soll die Garbe vor dem Herrn hin- und herschwingen, damit ihr Annahme findet. Am Tag nach dem Sabbat soll der Priester sie hin- und herschwingen. 12 An dem Tag, an dem ihr die Garbe darbringt, sollt ihr ein fehlerloses einjähriges Lamm als Brandopfer dem Herrn darbringen, 13 dazu als Speiseopfer zwei Zehntel Efa Feinmehl, das mit Öl angerührt ist, als Feueropfer zum beruhigenden Duft für den Herrn und als Trankopfer ein Viertel Hin Wein. 14 Brot und geröstete oder frische Körner dürft ihr nicht essen, bis ihr die Opfergabe euerem Gott dargebracht habt. Dies ist eine für alle Zeiten von Generation zu Generation in allen eueren Wohnsitzen geltende Vorschrift.

Das Wochenfest

15 Dann sollt ihr vom Tag nach dem Sabbat,
an dem ihr die Garbe für die Darbringung
dargebracht habt, sieben volle Wochen
zählen, 16 bis zu dem Tag, der auf den sieb-
ten Sabbat folgt, sollt ihr fünfzig Tage zäh-
len; dann sollt ihr dem Herrn von dem
neuen Getreide ein Speiseopfer darbrin-
gen. 17 Aus eueren Wohnungen sollt ihr
zwei Brote, aus zwei Zehntel Efa Feinmehl
mit Sauerteig gebacken, als Erstlingsgabe
für den Herrn darbringen. 18 Zu den Broten
sollt ihr sieben fehlerlose einjährige Läm-
mer, einen jungen Stier und zwei Widder
darbringen – sie sollen ein Brandopfer für
den Herrn sein – mit den dazugehörigen
Speiseopfern und Trankopfern als Feuer-
opfer zum beruhigenden Duft für den
Herrn. 19 Sodann sollt ihr einen Ziegenbock
für ein Sündopfer und zwei einjährige
Lämmer als Gemeinschaftsopfer herrich-
ten 20 und der Priester soll sie mit den Erst-
lingsbroten vor dem Herrn hin- und her-
schwingen. Mit den beiden Lämmern
sollen sie als heilige Gabe für den Herrn
dem Priester zufallen. 21 Am gleichen Tag
sollt ihr eine heilige Versammlung aus-
rufen lassen. Ihr dürft keine Arbeit ver-
richten. Das ist eine für alle Zeiten in allen
eueren Wohnsitzen für alle Generationen
geltende Vorschrift. 22 Wenn ihr in euerem
Land die Ernte haltet, so sollt ihr das Feld
nicht bis zum äußersten Rand abernten
und nach der Ernte keine Nachlese halten.
Überlass sie den Armen und Fremden. Ich
bin der Herr, dein Gott.

Der erste Tag des siebten Monats

23 Der Herr redete zu Mose: 24 Sag zu den
Israeliten: Der erste Tag des siebten Mo-
nats soll bei euch ein Ruhetag sein, ein Ge-
dächtnistag mit Hörnerschall, eine heilige
Festversammlung. 25 Ihr dürft an ihm keine
Arbeit verrichten und sollt dem Herrn ein
Feueropfer darbringen.

Der Versöhnungstag

26 Der Herr redete zu Mose: 27 Am zehnten
Tag dieses siebten Monats ist der Versöh-
nungstag. Ihr sollt eine heilige Versamm-
lung abhalten und fasten und dem Herrn
ein Feueropfer darbringen. 28 Ihr dürft an
diesem Tag keine Arbeit verrichten; denn
es ist der Versöhnungstag, der euch vor
dem Herrn, euerem Gott, entsühnt. 29 Wer
an diesem Tag nicht fastet, soll aus seinem
Volk ausgetilgt werden. 30 Jeder, der an die-
sem Tag irgendeine Arbeit verrichtet, den
will ich aus der Mitte seines Volkes austil-
gen. 31 Ihr dürft keinerlei Arbeit tun. Dieses
Gebot soll euch ein für alle Zeiten durch
alle Generationen in allen eueren Wohn-
sitzen geltendes Gesetz sein. 32 Er soll euch
als ein Tag vollkommener Ruhe gelten und
ihr sollt fasten. Am Abend des neunten
Tags des Monats sollt ihr von Abend zu
Abend euere Ruhezeit halten.

Das Laubhüttenfest

33 Der Herr sprach zu Mose: 34 Am fünf-
zehnten Tag dieses siebten Monats ist sie-
ben Tage lang das Laubhüttenfest für den
Herrn zu feiern. 35 Am ersten Tag ist heilige
Festversammlung; ihr dürft keine Arbeit
verrichten. 36 Sieben Tage lang sollt ihr ein
Feueropfer für den Herrn darbringen; am
achten Tag ist heilige Versammlung; ihr
sollt ein Feueropfer dem Herrn darbrin-
gen. Es ist der Tag der Festversammlung,
ihr dürft an ihm keine Arbeit verrichten.

Schluss

37 Dies sind die Festtage des Herrn, an de-
nen ihr heilige Versammlungen abhalten
sollt, um dem Herrn Feueropfer dar-
zubringen: Brandopfer, Speiseopfer,
Schlachtopfer und Trankopfer, wie es für
jeden Tag gefordert wird, 38 abgesehen von
den Sabbaten des Herrn, von eueren Ge-
lübden und abgesehen von den freiwil-
ligen Gaben, die ihr dem Herrn darbringt.

Erneut: das Laubhüttenfest

39 Am fünfzehnten Tag des siebten Monats,
wenn ihr den Ertrag des Landes einholt,
sollt ihr das Fest des Herrn sieben Tage
lang feiern. Am ersten Tag soll ein Ruhetag
sein, ebenso soll am achten Tag ein Ruhe-
tag sein. 40 Ihr sollt euch am ersten Tag
schöne Baumfrüchte, Palmwedel und
Zweige von dicht belaubten Bäumen und
von Bachweiden nehmen und euch sieben
Tage vor dem Herrn, euerem Gott, freuen.
41 Dieses Fest sollt ihr jedes Jahr sieben Ta-
ge zur Ehre des Herrn feiern. Das ist ein
für alle Zeit in allen Generationen gelten-
des Gesetz. Im siebten Monat sollt ihr es
feiern. 42 Ihr sollt sieben Tage in Laubhüt-
ten wohnen; jeder Einheimische in Israel
soll in Laubhütten wohnen, 43 damit euere

späteren Generationen erfahren, dass ich
die Israeliten in Hütten wohnen ließ, als
ich sie aus dem Land Ägypten herausführ-
te, ich, der Herr, euer Gott.
44 Mose verkündete den Israeliten die
Festtage des Herrn.

Ergänzende rituelle Vorschriften

Die brennenden Lampen

24 Der Herr redete zu Mose: 2 Befiehl
den Israeliten, dass sie dir reines
Öl aus gestoßenen Oliven für den Leuch-
ter bringen, damit man ständig die Lam-
pen brennen lassen kann. 3 Außerhalb des
Vorhangs vor der Gesetzeslade im Offen-
barungszelt soll Aaron sie herrichten, da-
mit sie vom Abend bis zum Morgen stän-
dig vor dem Herrn brennen. Dies ist eine
für alle Zeit von Generation zu Generation
geltende Vorschrift. 4 Auf dem reinen
Leuchter soll er die Lampen zurichten,
dass sie ohne Unterlass vor dem Herrn
brennen.

Die Kuchen

5 Nimm ferner Feinmehl und back daraus
zwölf Kuchen, zwei zehntel Efa sollen auf
jeden kommen. 6 Leg sie in zwei Schichten,
je sechs in einer Schicht, auf den reinen
Tisch vor dem Herrn. 7 Leg auf jede Schicht
reinen Weihrauch als Duftteil für das Brot
und als Feueropfer für den Herrn. 8 Regel-
mäßig an jedem Sabbat schichte man sie
vor dem Herrn auf als eine von den Israe-
liten für alle Zeit geltende Verpflichtung.
9 Sie sollen Aaron und seinen Söhnen gehö-
ren, denn ihm stehen die hochheiligen Ga-
ben vom Feueropfer des Herrn kraft eines
für alle Zeit geltenden Rechts zu.

Zusatz: Gotteslästerung und Recht der Wiedervergeltung

10 Eines Tages mischte sich der Sohn einer
Israelitin, der einen Ägypter zum Vater
hatte, unter die Israeliten. Der Sohn der
Israelitin und ein Israelit gerieten in Streit.
11 Dabei lästerte der Sohn der israelitischen
Frau den Namen des Herrn und fluchte.
Deshalb brachte man ihn zu Mose. Seine
Mutter hieß Schelomit und war die Toch-
ter Dibris vom Stamm Dan. 12 Man hielt
ihn in Gewahrsam, bis Mose ihnen auf-
grund eines Spruchs des Herrn eine Ent-
scheidung gäbe.
13 Der Herr sprach zu Mose: 14 Lass den
Lästerer vor das Lager hinausführen und
alle, die es gehört haben, sollen ihm ihre
Hände auf den Kopf legen und die ganze
Gemeinde soll ihn steinigen. 15 Zu den Is-
raeliten aber sollst du sagen: Wenn einer
seinen Gott verflucht, so lädt er dadurch
Schuld auf sich. 16 Wer den Namen des
Herrn lästert, soll mit dem Tod bestraft
werden; die ganze Gemeinde soll ihn stei-
nigen. Der Fremde wie der Einheimische,
der den Namen lästert, soll getötet werden.
17 Wenn jemand einen Menschen er-
schlägt, so soll er mit dem Tod bestraft
werden. 18 Wer ein Stück Vieh erschlägt,
muss es ersetzen, Tier um Tier. 19 Wer sei-
nen Nächsten verletzt, dem soll man an-
tun, was er selbst getan hat: 20 Bruch um
Bruch, Auge um Auge, Zahn um Zahn!
Der gleiche Schaden, den er einem ande-
ren zugefügt hat, soll ihm zugefügt wer-
den. 21 Wer ein Stück Vieh erschlägt, muss
es ersetzen; wer einen Menschen erschlägt,
muss sterben. 22 Das gleiche Gesetz gelte
euch für die Fremden wie für die Einhei-
mischen. Denn ich bin der Herr, euer
Gott.
23 Als Mose dies zu den Israeliten gesagt
hatte, führten sie den Lästerer vor das La-
ger hinaus und steinigten ihn. Die Israeli-
ten taten, wie es der Herr Mose befohlen
hatte.

Die heiligen Jahre

Das Sabbatjahr

25 Der Herr sprach zu Mose am Berg
Sinai: 2 Sprich zu den Israeliten
und sag zu ihnen: Wenn ihr in das Land
kommt, das ich euch geben werde, so soll
das Land eine Ruhezeit für den Herrn hal-
ten. 3 Sechs Jahre sollst du dein Feld bestel-
len und sechs Jahre deine Weinberge be-
schneiden und ihren Ertrag ernten. 4 Im
siebten Jahr aber soll das Land völlige Ru-
he haben, eine Ruhezeit zu Ehren des
Herrn. Da darfst du dein Feld nicht bestel-
len und deinen Weinberg nicht beschnei-
den. 5 Den Nachwuchs deiner (vorigen)
Ernte darfst du nicht ernten und die Trau-
ben deines nicht beschnittenen Weinbergs
darfst du nicht lesen. Es soll ein Jahr der
Ruhe für das Land sein. 6 Was aber das
Land während der Ruhezeit von selbst
hervorbringt, soll euch zur Nahrung die-

nen, dir und deinen Knechten und deinen
Mägden, deinem Taglöhner und deinem
Halbbürgern, allen, die bei dir leben.
7 Auch dem Vieh und allen Tieren, die in
deinem Land sind, soll der gesamte Ertrag
als Nahrung dienen.

Das Erlassjahr (Jubeljahr)

8 Zähl dir sieben Ruhejahre, also siebenmal
sieben Jahre ab, sodass die Zeit der sieben
Ruhejahre neunundvierzig Jahre beträgt.
9 Dann sollst du am zehnten Tag des sieb-
ten Monats die Posaune erschallen lassen,
am Versöhnungstag sollt ihr im ganzen
Land die Posaune erschallen lassen. 10 Hei-
ligt das fünfzigste Jahr und verkündet
Freiheit im Land für alle Bewohner. Ein
Erlassjahr soll es für euch sein. Da soll
jeder wieder in den Besitz seines Grund-
besitzes gelangen und jeder zu seiner Sippe
zurückkehren. 11 Ein Erlassjahr soll für
euch das fünfzigste Jahr sein. Da dürft ihr
nicht säen noch den Nachwuchs ernten
noch an den unbeschnittenen Rebstöcken
Weinlese halten. 12 Denn es ist ein Erlass-
jahr, eine heilige Zeit für euch. Vom Feld
weg dürft ihr aber essen, was es von selbst
trägt. 13 In einem solchen Erlassjahr soll
jeder wieder zu seinem Grundbesitz kom-
men.

14 Wenn du deinem Nächsten etwas ver-
kaufst oder von seiner Hand erwirbst, so
dürft ihr nicht einander übervorteilen,
15 sondern gemäß der Zahl der Jahre seit
dem Erlassjahr sollst du von deinem
Nächsten kaufen, gemäß der Zahl der Ern-
tejahre soll er dir verkaufen. 16 Bei einer
größeren Zahl von Jahren sollst du einen
entsprechenden höheren Kaufpreis und
bei einer kleineren Zahl einen entspre-
chend geringeren Kaufpreis zahlen; denn
er verkauft dir nur eine Anzahl von Ern-
ten. 17 Keiner übervorteile den anderen,
sondern fürchtet euch vor euerem Gott,
denn ich bin der Herr, euer Gott. 18 So hal-
tet denn meine Gebote und erfüllt meine
Satzungen und handelt danach, dann wer-
det ihr in Sicherheit im Land wohnen.
19 Das Land wird seinen Ertrag geben, so-
dass ihr euch satt essen und in Sicherheit
darin wohnen könnt.

20 Wenn ihr aber fragt: Wovon sollen wir
im siebten Jahr leben, wenn wir nicht säen
und unseren Ertrag nicht ernten dürfen?
21 so wisst: Ich werde euch im sechsten Jahr
meinen Segen spenden, dass es euch den
Ertrag von drei Jahren liefert. 22 Obwohl
ihr erst im achten Jahr sät, werdet ihr noch
von dem früheren Ertrag leben. Bis in das
neunte Jahr, bis dessen Ertrag geerntet ist,
werdet ihr altes Getreide essen.

Folgen aus der Heiligkeit des Landes: Rückkauf von Grundbesitz

23 Grund und Boden darf nicht für immer
verkauft werden, denn mir gehört das
Land. Ihr seid ja nur Fremde und Halb-
bürger bei mir. 24 Darum sollt ihr dem gan-
zen Land, das ihr besitzt, ein Rückkauf-
recht von Grund und Boden einräumen.
25 Wenn dein Bruder verarmt und seinen
Besitz verkauft, so soll sein nächster Ver-
wandter als Löser für ihn eintreten und
das wieder einlösen, was sein Bruder ver-
kauft hat. 26 Wenn jemand keinen Löser
hat, aber selbst so viel aufbringen kann,
als zur Einlösung notwendig ist, 27 so soll
er die seit dem Verkauf verflossenen Jahre
in Anrechnung bringen und den Rest-
betrag dem zurückstellen, an den er ver-
kauft hat, und so wieder zu seinem Besitz
kommen. 28 Wenn er aber nicht so viel auf-
bringen kann, als zur Rückgewinnung not-
wendig ist, dann bleibt das von ihm Ver-
kaufte im Besitz des Käufers bis zum
Erlassjahr. Im Erlassjahr aber soll es zu-
rückfallen und so wieder in den Besitz sei-
nes Eigentümers kommen.

29 Wenn jemand ein Wohnhaus in einer
ummauerten Stadt verkauft, so soll das
Rückkaufrecht bis zum Ablauf eines Jahres
nach dem Verkauf bestehen; aber nur ein
Jahr soll das Recht zum Rückkauf gelten.
30 Wenn er bis zum Ablauf des vollen Jah-
res nicht eingelöst hat, so soll das Haus,
das in einer ummauerten Stadt liegt, für
immer dem Käufer und seinen Nachkom-
men gehören. Es fällt im Erlassjahr nicht
zurück. 31 Dagegen gehören die Häuser in
den Dörfern, die von keiner Mauer umge-
ben sind, zum Ackerfeld. Sie können ein-
gelöst werden und fallen im Erlassjahr zu-
rück.

32 Was aber die Städte der Leviten be-
trifft, so steht den Leviten hinsichtlich der
Häuser in den ihnen gehörenden Städten
ein unverjährbares Rückkaufrecht zu.
33 Wenn einer von den Leviten dem Ein-
lösungsrecht unterliegt, so verlasse er im
Erlassjahr das verkaufte Gut, um in sein

Haus zurückzukehren, in die Stadt, wo er
ein Eigentumsrecht besitzt. Denn die Häu-
ser in den Städten der Leviten sind ihr
Erbbesitz inmitten der Israeliten. 34 Das zu
ihren Städten gehörige Weideland darf
nicht verkauft werden; denn es gehört
ihnen als Erbbesitz für alle Zeiten.

Folgen aus der Heiligkeit des Volkes: Verleih und Auslösung

35 Wenn dein Bruder verarmt und er sich
neben dir nicht halten kann, so sollst du
ihm helfen, als wäre er Fremder oder
Halbbürger, damit er neben dir leben
kann. 36 Du darfst von ihm keinen Zins
und Aufschlag nehmen, sondern fürchte
dich vor deinem Gott und lass deinen Bru-
der neben dir leben. 37 Du darfst ihm dein
Geld nicht gegen Zins geben und ihm dei-
ne Nahrungsmittel nicht mit einem Auf-
schlag überlassen. 38 Ich bin der Herr, euer
Gott, der euch aus dem Land Ägypten he-
rausgeführt hat, um euch das Land Ka-
naan zu geben und euer Gott zu sein.

39 Wenn einer deiner Brüder neben dir
verarmt und sich dir verkauft, so lass ihn
nicht Sklavendienste tun. 40 Er sei dir wie
ein Taglöhner, wie ein Halbbürger; er soll
dir bis zum Erlassjahr dienen. 41 Dann gehe
er mit seinen Kindern frei von dir weg und
kehre zu seiner Familie zurück und gelan-
ge wieder in den Besitz seiner Väter.
42 Denn meine Knechte sind sie, die ich
aus dem Land Ägypten herausgeführt ha-
be. Sie dürfen nicht wie Sklaven verkauft
werden. 43 Du sollst nicht mit Gewalt über
sie herrschen. Fürchte dich vor deinem
Gott.

44 Deine Sklaven und Sklavinnen, die du
brauchst, darfst du von den heidnischen
Völkern ringsum kaufen. 45 Kinder der
Halbbürger, der Fremden, die neben euch
wohnen, dürft ihr kaufen, ebenso ihre
Nachkommen, die sie in euerem Land ge-
boren haben und die bei euch wohnen.
Diese können euch als Eigentum gehören.
46 Ihr dürft sie auch eueren Kindern ver-
erben, dass sie ihr Eigentum sind. Ihr dürft
sie dauernd zu Sklaven haben. Aber über
euere Brüder, die Israeliten, dürft ihr
nicht, einer über den anderen, mit Gewalt
herrschen.

47 Wenn ein Fremder oder Halbbürger
neben dir Vermögen erwirbt, dein Bruder
aber neben ihm verarmt und sich einem
Fremden oder Halbbürger oder dem
Nachkommen aus der Familie eines Frem-
den verkauft, 48 so soll, nachdem er sich
verkauft hat, das Recht bestehen, ihn aus-
zulösen. Einer seiner Brüder darf ihn aus-
lösen, 49 auch sein Onkel oder der Sohn sei-
nes Onkels darf ihn auslösen, ebenso darf
einer seiner nächsten Verwandten aus sei-
ner Familie ihn auslösen. Er darf sich auch
selbst loskaufen, wenn er das Geld auf-
bringen kann. 50 Er soll mit dem, der ihn
gekauft hat, die Zeit vom Jahr seines Ver-
kaufs bis zum Erlassjahr berechnen und
der Preis, gegen den er sich verkauft hat,
soll auf die Jahre gleichmäßig verteilt wer-
den. Wie bei einem Lohnarbeiter soll ihm
die Dienstzeit angerechnet werden. 51 Sind
es noch viele Jahre bis zum Erlassjahr,
dann soll er für seine Auslösung einen ent-
sprechenden Betrag von der Kaufsumme
absetzen. 52 Sind aber nur noch wenige Jah-
re bis zum Erlassjahr übrig, so bringe er sie
ihm in Anrechnung: Nach der Zahl seiner
Dienstjahre hat er sein Lösegeld zu erstat-
ten. 53 Wie einer, der Jahr um Jahr für Lohn
gedient hat, soll er bei ihm sein und dieser
darf vor deinen Augen nicht mit Gewalt
über ihn herrschen. 54 Wird er aber nicht
auf diese Weise ausgelöst, so soll er mit
seinen Kindern, die bei dir sind, im Erlass-
jahr frei weggehen. 55 Denn mir gehören
die Israeliten als Knechte. Meine Knechte
sind sie, weil ich sie aus dem Land Ägyp-
ten herausgeführt habe, ich, der Herr, euer
Gott.

Zusammenfassung. Schluss

26 Macht euch keine Götzen und
stellt in euerem Land kein ge-
schnitztes Götterbild, kein Steinmal und
kein Bild aus Stein auf, um euch davor nie-
derzuwerfen, denn ich bin der Herr, euer
Gott. 2 Beachtet meine Sabbate und haltet
mein Heiligtum in Ehren. Ich bin der
Herr.

Segen und Fluch

Segen

3 Wenn ihr nach meinen Satzungen han-
delt und meine Gebote beachtet und sie
erfüllt, 4 dann gebe ich euch Regen zur
rechten Zeit, dass der Boden seinen Ertrag
liefert und die Bäume auf dem Feld ihre
Früchte geben. 5 Da wird sich bei euch die

Dreschzeit bis zur Weinlese ausdehnen
und die Weinlese bis zur Aussaat hinzie-
hen. Ihr werdet Brot in Fülle zu essen ha-
ben und sicher in euerem Land wohnen.
6 Ich will Frieden im Land geben, sodass
ihr euch niederlegen könnt, ohne dass
euch jemand aufschreckt. Ich lasse die wil-
den Tiere aus dem Land verschwinden
und das Schwert wird nicht in euer Land
eindringen. 7 Ihr werdet euere Feinde in
die Flucht schlagen und sie werden vor
euch durch das Schwert fallen. 8 Fünf von
euch sollen einhundert in die Flucht schla-
gen und einhundert von euch sollen zehn-
tausend in die Flucht schlagen; euere Fein-
de werden durch das Schwert fallen. 9 Ich
will mich euch zuwenden, euch mehren
und zahlreich werden lassen und meinen
Bund mit euch aufrechterhalten. 10 Ihr
werdet altes, abgelagertes Getreide zu es-
sen haben und das Alte hinausschaffen
müssen, um das neue lagern zu können.
11 Ich will meine Wohnung in euerer Mitte
aufschlagen und keinen Widerwillen ge-
gen euch hegen, 12 sondern in euerer Mitte
gehen und euer Gott sein, und ihr sollt
mein Volk sein. 13 Ich bin der Herr, euer
Gott, der euch aus Ägypten herausgeführt
hat, damit ihr nicht länger ihre Sklaven
wart. Ich zerbrach die Stangen eueres
Jochs und ließ euch aufrecht gehen.

Fluch

14 Wenn ihr aber nicht auf mich hört und
alle diese Gebote nicht erfüllt, 15 wenn ihr
meine Satzungen verachtet und meine An-
ordnungen missachtet, indem ihr alle mei-
ne Gebote nicht erfüllt und meinen Bund
brecht, 16 so will ich euch dies antun:
Schreckliche Heimsuchungen werde ich
über euch kommen lassen: Schwindsucht
und Fieber, welche die Augen zum Erlö-
schen bringen und das Leben dahin-
schwinden lassen. Dann werdet ihr ver-
gebens eueren Samen ausstreuen, euere
Feinde werden ihn verzehren. 17 Ich werde
mein Angesicht gegen euch kehren, dass
ihr von eueren Feinden geschlagen werdet;
euere Widersacher werden über euch herr-
schen und ihr werdet fliehen, wenn nie-
mand euch verfolgt.

18 Wenn ihr mir auch dann nicht ge-
horcht, dann werde ich euch noch sieben-
mal härter für euere Sünden züchtigen.
19 Ich werde euere stolze Macht brechen
und den Himmel wie Eisen machen und
eueren Boden wie Erz. 20 Dann werdet ihr
euch vergeblich abquälen, euer Land lie-
fert euch keinen Ertrag und die Bäume
auf dem Feld geben keine Frucht. 21 Und
wenn ihr auch dann noch widerstrebt
und mir nicht gehorchen wollt, dann wer-
de ich euch wegen euerer Sünden noch sie-
benmal härter strafen. 22 Ich werde wilde
Tiere gegen euch loslassen, dass sie euch
euerer Kinder berauben, euer Vieh zerrei-
ßen und euere Zahl vermindern, dass eue-
re Straßen veröden.

23 Lasst ihr euch auch dadurch nicht von
mir warnen, sondern widerstrebt ihr mir
immer noch, 24 dann will auch ich euch wi-
derstreben, dann will ich euch wegen eue-
rer Sünden siebenfach strafen. 25 Ich lasse
unter euch ein Schwert kommen, das den
Bundesbruch rächen wird. Zieht ihr euch
in die Städte zurück, dann sende ich die
Pest in euere Mitte und ihr werdet in die
Gewalt der Feinde gegeben. 26 Entziehe ich
euch noch den Vorrat an Brot, dann wer-
den zehn Frauen in einem einzigen Ofen
euer Brot backen und euch das Brot abge-
wogen herbeibringen; ihr werdet essen
und nicht satt werden.

27 Wenn ihr auch dann noch nicht auf
mich hört und mir immer noch wider-
strebt, 28 dann will auch ich euch im Zorn
begegnen und ich will euch wegen euerer
Sünden siebenfach strafen. 29 Ihr werdet
das Fleisch euerer Söhne essen und das
Fleisch euerer Töchter verzehren. 30 Ich
werde euere Kulthöhen zerstören, euere
Sonnensäulen zerbrechen, euere Leichen
auf die Leichen euerer Götzen werfen und
ich werde Abscheu vor euch haben. 31 Ich
werde euere Städte zu einem Trümmer-
haufen machen und euere Heiligtümer
verwüsten; ich will nicht mehr den Duft
euerer Opfer riechen. 32 Ich selbst werde
das Land verwüsten, sodass sogar euere
Feinde, die sich darin niederlassen, sich
darüber entsetzen. 33 Ich werde euch unter
die Völker zerstreuen und das Schwert
hinter euch zücken; euer Land soll zur
Wüste und euere Städte sollen zu Trüm-
merhaufen werden. 34 Dann wird das Land
seine Ruhezeiten ersetzt bekommen, die
ganze Zeit hindurch, in der es verwüstet
liegt und ihr im Land euerer Feinde lebt.
Das Land wird alsdann Ruhe haben, das
Land wird seine Sabbate ersetzt bekom-

men. 35 Die ganze Zeit, in der es verwüstet
liegt, wird es Ruhe haben, die Ruhe, die es
in eueren Sabbatjahren nicht hatte, als ihr
noch in ihm wohntet.

36 Die aber, die noch übrig sind, werde
ich in den Ländern ihrer Feinde in Furcht
und Schrecken versetzen, dass sie das Ra-
scheln eines welken Blattes in die Flucht
jagt und sie fliehen, wie man vor dem
Schwert flieht, und hinstürzen, obwohl sie
niemand verfolgt. 37 Wie auf der Flucht vor
dem Schwert wird einer über den anderen
stürzen, obwohl sie niemand verfolgt; es
wird für euch keinen Halt vor eueren Fein-
den geben. 38 Ihr sollt unter den Völkern
zugrunde gehen und das Land euerer
Feinde soll euch verschlingen.

Sühne und Vergebung

39 Die dann von euch noch übrig bleiben,
sollen wegen ihrer Schuld im Land euerer
Feinde dahinsiechen. Auch wegen der
Schuld euerer Väter werden sie dahinsie-
chen. 40 Dann werden sie ihre Schuld be-
kennen und die Schuld ihrer Väter, den
Treubruch, den sie gegen mich begangen
haben, weil sie mir immer widerstrebten,
41 sodass auch ich ihnen widerstrebte und
sie in das Land ihrer Feinde gebracht habe.
Wenn sich dann ihr unbeschnittenes Herz
beugt und sie ihre Schuld büßen, 42 will ich
meines Bundes mit Isaak und meines Bun-
des mit Abraham gedenken und auch des
Landes will ich gedenken. 43 Doch zuvor
muss das Land von ihnen verlassen wer-
den und seine Sabbate dadurch ersetzt be-
kommen, dass es verwüstet liegt, wenn
jene weg sind. Sie selbst müssen ihre
Schuld büßen, weil sie meine Gebote ver-
warfen und meine Satzungen ablehnten.
44 Dennoch will ich sie nicht verwerfen,
während sie im Land ihrer Feinde sind,
und will keinen Widerwillen gegen sie he-
gen, sodass ich sie ganz vertilge und mei-
nen Bund mit ihnen bräche, denn ich bin
der Herr, ihr Gott. 45 Zu ihrem Heil will ich
meines Bundes mit den Vorfahren geden-
ken, die ich vor den Augen des Volkes aus
dem Land Ägypten herausgeführt habe,
um ihr Gott zu sein, ich, der Herr.

Schluss des Heiligkeitsgesetzes

46 Dies sind die Gebote, die Vorschriften
und Gesetze, die der Herr zwischen sich
und den Israeliten auf dem Berg Sinai
durch Mose gab.

Anhang

Tarife und Abschätzungen

Personen

27 Der Herr sprach zu Mose: 2 Rede
zu den Israeliten und sage ihnen:
Wenn jemand dem Herrn Gelöbnisse
nach dem Wert einer Person macht, 3 so
soll der Schätzwert einer männlichen Per-
son von zwanzig bis sechzig Jahren fünfzig
Silberschekel nach dem Gewicht des Hei-
ligtums betragen. 4 Handelt es sich um eine
weibliche Person, dann soll der Schätzwert
dreißig Schekel betragen. 5 Handelt es sich
um eine Person von fünf bis zwanzig Jah-
ren, so soll der Schätzwert einer männ-
lichen Person zwanzig Schekel, einer weib-
lichen Person zehn Schekel betragen.
6 Handelt es sich um eine Person von
einem Monat bis zu fünf Jahren, dann soll
der Schätzwert einer männlichen Person
fünf Schekel, einer weiblichen Person drei
Schekel betragen. 7 Handelt es sich um Per-
sonen von sechzig Jahren und darüber, so
soll der Schätzwert einer männlichen Per-
son fünfzehn Schekel, einer weiblichen
Person zehn Schekel betragen. 8 Wenn
aber jemand zu arm ist, um den Schätz-
wert zu entrichten, dann stelle man denje-
nigen, der das Gelübde gemacht hat, vor
den Priester, damit dieser ihn einschätze.
Der Priester soll ihn nach Maßgabe des-
sen, was der Gelobende aufbringen kann,
einschätzen.

Tiere

9 Handelt es sich um Vieh, das man dem
Herrn opfern kann, so muss alles, was
einer davon dem Herrn gibt, als heilig gel-
ten. 10 Er darf es nicht einwechseln und
nicht vertauschen, weder ein gutes Tier ge-
gen ein geringeres noch ein geringeres ge-
gen ein gutes. Wenn er dennoch ein Stück
Vieh mit einem anderen vertauscht, so soll
das eine wie das andere dem Heiligtum ge-

hören. 11 Handelt es sich aber um ein un-
reines Stück Vieh, von dem nichts dem
Herrn geopfert werden darf, dann bringe
er das Tier vor den Priester. 12 Der Priester
soll es schätzen, je nachdem es gut oder
gering ist; bei dem, was der Priester ge-
schätzt hat, soll es bleiben. 13 Will er es aber
einlösen, so hat er noch ein Fünftel seines
Schätzwertes daraufzulegen.

Häuser

14 Wenn jemand sein Haus als heilige Gabe
dem Herrn weiht, so soll der Priester es
schätzen, ob es wertvoll oder geringwertig
ist. Bei der Schätzung des Priesters soll es
bleiben. 15 Will der, der sein Haus geweiht
hat, es wieder einlösen, so hat er noch ein
Fünftel des Schätzwertes daraufzulegen,
dann bleibt es ihm.

Grundstücke und Felder

16 Weiht jemand ein Stück von seinem erb-
lichen Grundbesitz dem Herrn, so richte
sich der Schätzwert nach seinem Ertrag
im Verhältnis von fünfzig Silberschekeln
für einen Gomer Gerste. 17 Weiht er sein
Feld vom Erlassjahr an, so soll es auf den
vollen Schätzwert zu stehen kommen.
18 Wenn er aber sein Grundstück erst nach
dem Erlassjahr weiht, so soll der Priester
den Betrag unter Berücksichtigung der
Jahre, die bis zum Erlassjahr fehlen, be-
rechnen. Es ist dann vom Schätzwert ein
Abzug zu machen.

19 Will aber der, der das Feld geweiht hat,
es einlösen, so hat er ein Fünftel seines
Schätzwertes daraufzulegen; dann soll es
ihm bleiben. 20 Löst er das Grundstück
nicht ein, verkauft es aber trotzdem an
einen anderen, so kann es nicht mehr ein-
gelöst werden, 21 sondern hat, wenn es im
Erlassjahr frei wird, als dem Herrn ge-
weiht zu gelten wie ein Feld, das Banngut
geworden ist: Es fällt dem Priester als Ei-
gentum zu. 22 Weiht einer dem Herrn ein
von ihm gekauftes Grundstück, das nicht
sein Erbbesitz ist, 23 so berechne der Pries-
ter seinen Schätzwert bis zum Erlassjahr,
und jener bezahle am gleichen Tag den
Schätzwert als Weihegabe für den Herrn.
24 Im Erlassjahr soll das Grundstück wieder
an den zurückfallen, von dem er es gekauft
hat und dem es als Erbbesitz gehört.

25 Jede Schätzung erfolge nach dem Ge-
wicht des Heiligtums, der Schekel macht
zwanzig Gera.

Besondere Vorschriften für den Loskauf

26 Die Erstgeburt vom Vieh, die schon als
Erstgeburt dem Herrn gehört, kann nie-
mand weihen. Ob Rind oder Schaf, es ge-
hört ohnehin dem Herrn. 27 Handelt es sich
aber um ein unreines Vieh, so hat er es
nach dem Schätzwert loszukaufen und
noch ein Fünftel seines Wertes daraufzule-
gen. Wird es aber nicht eingelöst, so soll es
nach seinem Schätzwert verkauft werden.

28 Alles Gebannte, das jemand von sei-
nem gesamten Besitz durch den Bann
weiht, sei es Menschen oder Vieh oder
erblicher Grundbesitz, darf weder verkauft
noch eingelöst werden. Alles Banngut ist
dem Herrn hochheilig. 29 Kein Mensch,
der mit dem Bann belegt ist, darf losge-
kauft werden, vielmehr muss man ihn tö-
ten.

30 Jeder Zehnte vom Boden, vom Saat-
ertrag des Feldes wie von den Baumfrüch-
ten gehört dem Herrn; er ist dem Herrn
geweiht. 31 Will aber jemand einen Teil sei-
nes Zehnten einlösen, so hat er noch ein
Fünftel seines Betrages daraufzulegen.
32 Was den Zehnten von Rindern und
Kleinvieh angeht, so soll von allem, was
unter dem Hirtenstab hindurchgeht, im-
mer das zehnte Stück dem Herrn geweiht
sein. 33 Man untersuche nicht, ob es gut
oder gering ist, und vertausche es nicht.
Wenn es aber jemand doch vertauscht, so
soll das eine wie das andere dem Heilig-
tum verfallen.

Schluss

34 Dies sind die Gesetze, die der Herr auf
dem Berg Sinai dem Mose für die Israeli-
ten gegeben hat.

Das Buch Numeri

Die Musterung

Einleitung

1 Der Herr redete am ersten Tag des
zweiten Monats im zweiten Jahr ihres
Auszugs aus Ägypten im Offenbarungszelt
in der Sinaiwüste zu Mose: 2 Ermittelt die
Gesamtzahl der ganzen Gemeinde der Is-
raeliten nach ihren Sippen und Großfami-
lien und erfasst namentlich alle männ-
lichen Personen, Kopf für Kopf. 3 Von
zwanzig Jahren aufwärts sollt ihr, du und
Aaron, alle wehrfähigen Männer in Israel
mustern, Abteilung für Abteilung. 4 Dabei
soll euch jeweils ein Mann des Stammes
behilflich sein; das Oberhaupt seiner Sippe
soll es sein.

Die Vorsteher bei der Musterung

5 Dies sind die Namen der Männer, die
euch zur Seite stehen sollen:
von Ruben Elizur, der Sohn Schedëurs;
6 von Simeon Schelumiël, der Sohn Zu-
rischaddais; 7 von Juda Nachschon, der
Sohn Amminadabs; 8 von Issachar Neta-
nel, der Sohn Zuars; 9 von Sebulon Eliab,
der Sohn Helons; 10 von den Söhnen Josefs:
von Efraim Elischama, der Sohn Ammi-
huds, von Manasse Gamliël, der Sohn Pe-
dazurs; 11 von Benjamin Abidan, der Sohn
Gidonis; 12 von Dan Ahiëser, der Sohn Am-
mischaddais; 13 von Ascher Pagiël, der
Sohn Ochrans; 14 von Gad Eljasaf, der Sohn
Reguëls; 15 von Naftali Ahira, der Sohn
Enans. 16 Das sind die aus der Gemeinde
Berufenen, die Anführer ihrer väterlichen
Stämme, die Oberhäupter der Tausend-
schaften Israels sind sie.

17 So zogen denn Mose und Aaron diese
Männer hinzu, die ihnen namentlich ge-
nannt worden waren. 18 Sie versammelten
am ersten Tag des zweiten Monats die gan-
ze Gemeinde, um sie nach Sippen und
Großfamilien, von zwanzig Jahren auf-
wärts, Kopf für Kopf, namentlich zu erfas-
sen, 19 wie es der Herr dem Mose befohlen
hatte, so musterte man sie in der Wüste
Sinai.

Die Musterung

20 Von den Nachkommen Rubens, des
Erstgeborenen Israels, wurden alle wehr-
fähigen Männer von zwanzig Jahren auf-
wärts nach Sippen und Großfamilien na-
mentlich, Kopf für Kopf, erfasst. 21 Die
Zahl der vom Stamm Ruben Gemusterten
belief sich auf sechsundvierzigtausend-
fünfhundert.

22 Von den Nachkommen Simeons wur-
den alle wehrfähigen Männer von zwanzig
Jahren aufwärts nach Sippen und Groß-
familien namentlich, Kopf für Kopf, er-
fasst. 23 Die Zahl der vom Stamm Simeon
Gemusterten belief sich auf neunundfünf-
zigtausenddreihundert.

24 Von den Nachkommen Gads wurden
alle wehrfähigen Männer von zwanzig Jah-
ren aufwärts nach Sippen und Großfamili-
en namentlich erfasst. 25 Die Zahl der vom
Stamm Gad Gemusterten belief sich auf
fünfundvierzigtausendsechshundertfünf-
zig.

26 Von den Nachkommen Judas wurden
alle wehrfähigen Männer von zwanzig Jah-
ren aufwärts nach ihren Sippen und Groß-
familien namentlich erfasst. 27 Die Zahl der
vom Stamm Juda Gemusterten belief sich
auf vierundsiebzigtausendsechshundert.

28 Von den Nachkommen Issachars wur-
den alle wehrfähigen Männer von zwanzig
Jahren aufwärts nach ihren Sippen und
Großfamilien namentlich erfasst. 29 Die
Zahl der vom Stamm Issachar Gemuster-
ten belief sich auf vierundfünfzigtausend-
vierhundert.

30 Von den Nachkommen Sebulons wur-
den alle wehrfähigen Männer von zwanzig
Jahren aufwärts nach Sippen und Groß-
familien namentlich erfasst. 31 Die Zahl
der vom Stamm Sebulon Gemusterten be-
lief sich auf siebenundfünfzigtausendvier-
hundert.

32 Von den Nachkommen Josefs wurden
zuerst von den Söhnen Efraims alle wehr-
fähigen Männer von zwanzig Jahren auf-
wärts nach Sippen und Großfamilien na-

mentlich erfasst. 33 Die Zahl der vom
Stamm Efraim Gemusterten belief sich
auf vierzigtausendfünfhundert. 34 Von den
Söhnen Manasses wurden alle wehrfähi-
gen Männer von zwanzig Jahren aufwärts
nach Sippen und Großfamilien nament-
lich erfasst. 35 Die Zahl der vom Stamm
Manasse Gemusterten belief sich auf zwei-
unddreißigtausendzweihundert.

36 Von den Nachkommen Benjamins
wurden alle wehrfähigen Männer von
zwanzig Jahren aufwärts nach Sippen und
Großfamilien namentlich erfasst. 37 Die
Zahl der vom Stamm Benjamin Gemuster-
ten belief sich auf fünfunddreißigtausend-
vierhundert.

38 Von den Nachkommen Dans wurden
alle wehrfähigen Männer von zwanzig Jah-
ren aufwärts nach Sippen und Großfamili-
en namentlich erfasst. 39 Die Zahl der vom
Stamm Dan Gemusterten belief sich auf
zweiundsechzigtausendsiebenhundert.

40 Von den Nachkommen Aschers wur-
den alle wehrfähigen Männer von zwanzig
Jahren aufwärts nach Sippen und Groß-
familien namentlich erfasst. 41 Die Zahl
der vom Stamm Ascher Gemusterten be-
lief sich auf einundvierzigtausendfünf-
hundert.

42 Von den Nachkommen Naftalis wur-
den alle wehrfähigen Männer von zwanzig
Jahren aufwärts nach Sippen und Groß-
familien namentlich erfasst. 43 Die Zahl
der vom Stamm Naftali Gemusterten be-
lief sich auf dreiundfünfzigtausendvier-
hundert.

44 Dies waren die Gemusterten, die Mose
und Aaron und die Anführer Israels –
zwölf Männer waren es, immer einer für
jeden Stamm und dessen Familien – ge-
mustert hatten. 45 Dies war die Zahl aller
gemusterten Israeliten nach ihren Sippen
von zwanzig Jahren aufwärts, also aller
wehrfähigen Männer in Israel. 46 Sie belief
sich auf sechshundertdreitausendfünf-
hundertfünfzig. 47 Die Leviten mit ihren
Familien aber wurden nicht mit ihnen ge-
mustert.

Satzung der Leviten

48 Der Herr redete zu Mose: 49 Den Stamm
Levi sollst du nicht mustern und zählen.
50 Betraue die Leviten vielmehr mit der Be-
sorgung der Wohnstätte der Bundes-
urkunde, ihrer Geräte und des gesamten
Zubehörs; sie sollen die Wohnstätte und
alle ihre Geräte tragen, sie sollen an ihr
den Dienst versehen und darum rings um
die Wohnstätte lagern. 51 Soll die Wohn-
stätte verlegt werden, dann haben die Le-
viten sie abzubauen; soll die Wohnstätte
ein Lager beziehen, dann haben die Levi-
ten sie aufzuschlagen. Der Nichtlevit, der
sich ihr nähert, soll mit dem Tod bestraft
werden. 52 Während die Israeliten bei ihren
Abteilungen lagern, ein jeder auf seinem
Lagerplatz und bei seinem Feldzeichen,
53 sollen die Leviten rings um die Wohn-
stätte der Bundesurkunde lagern, auf dass
nicht ein Zorngericht über die Gemeinde
der Israeliten komme. So sollen die Levi-
ten den Dienst an der Wohnstätte der
Bundesurkunde versehen. 54 Die Israeliten
taten genau so, wie der Herr dem Mose
befohlen hatte. So machten sie es.

Lagerordnung der Stämme

2 Der Herr redete zu Mose und Aaron:
2 Die Israeliten sollen bei den Feldzei-
chen ihrer Familien, ein jeder bei seinem
Feldzeichen, lagern; in einiger Entfernung
sollen sie rings um das Offenbarungszelt
lagern.

3 Nach vorne gegen Sonnenaufgang (Os-
ten) zu soll das Feldzeichen des Lagers von
Juda mit seinen Abteilungen lagern: Nach-
schon, der Sohn Amminadabs, als Anfüh-
rer der Söhne Judas 4 und sein Heer, also
ihre Gemusterten, vierundsiebzigtausend-
sechshundert. 5 Neben ihm soll der Stamm
Issachar lagern: Netanel, der Sohn Zuars,
als Anführer der Söhne Issachars 6 und
sein Heer, also ihre Gemusterten, vierund-
fünfzigtausendvierhundert. 7 Ferner der
Stamm Sebulon: Eliab, der Sohn Chelons,
als Anführer der Söhne Sebulons 8 und
sein Heer, also ihre Gemusterten, sieben-
undfünfzigtausendvierhundert. 9 Alle Ge-
musterten des Lagers von Juda, hundert-
sechsundachtzigtausendvierhundert nach
ihren Heeresabteilungen, haben zuerst
aufzubrechen.

10 Das Feldzeichen des Lagers von Ruben
soll nach seinen Abteilungen im Süden la-
gern: Elizur, der Sohn Schedëurs, als An-
führer der Söhne Rubens 11 und sein Heer,
also ihre Gemusterten, sechsundvierzig-
tausendfünfhundert. 12 Neben ihm soll der
Stamm Simeon lagern: Schelumiël, der
Sohn Zurischaddais, als Anführer der Söh-

ne Simeons 13 und sein Heer, also ihre Gemusterten, neunundfünfzigtausenddreihundert. 14 Ferner der Stamm Gad: Eljasaf, der Sohn Reguëls, als Anführer der Söhne Gads 15 und sein Heer, also ihre Gemusterten, fünfundvierzigtausendsechshundertfünfzig. 16 Alle Gemusterten des Lagers von Ruben, hunderteinundfünfzigtausendvierhundertfünfzig nach ihren Heeresabteilungen, haben an zweiter Stelle aufzubrechen.

17 Dann soll das Offenbarungszelt, das Lager der Leviten, inmitten der (anderen) Lager aufbrechen; wie sie lagern, so sollen sie aufbrechen, ein jeder an seinem Platz, nach ihren Feldzeichen.

18 Das Feldzeichen des Lagers von Efraim soll nach seinen Abteilungen im Westen lagern: Elischama, der Sohn Ammihuds, als Anführer der Söhne Efraims 19 und sein Heer, also ihre Gemusterten, vierzigtausendfünfhundert. 20 Neben ihm der Stamm Manasse: Gamliël, der Sohn Pedazurs, als Anführer der Söhne Manasses 21 und sein Heer, also ihre Gemusterten, zweiunddreißigtausendzweihundert. 22 Ferner der Stamm Benjamin: Abidan, der Sohn Gidonis, als Anführer der Söhne Benjamins 23 und sein Heer, also ihre Gemusterten, fünfunddreißigtausendvierhundert. 24 Alle Gemusterten des Lagers von Efraim, hundertachttausendeinhundert nach ihren Heeresabteilungen, haben an dritter Stelle aufzubrechen.

25 Das Feldzeichen des Lagers von Dan soll nach seinen Abteilungen im Norden lagern: Ahiëser, der Sohn Ammischaddais, als Anführer der Daniter 26 und sein Heer, also ihre Gemusterten, zweiundsechzigtausendsiebenhundert. 27 Neben ihm soll der Stamm Ascher lagern: Pagiël, der Sohn Ochrans, als Anführer der Söhne Aschers 28 und sein Heer, also ihre Gemusterten, einundvierzigtausendfünfhundert. 29 Dann der Stamm Naftali: Ahira, der Sohn Enans, als Anführer der Söhne Naftalis 30 und sein Heer, also ihre Gemusterten, dreiundfünfzigtausendvierhundert. 31 Alle Gemusterten des Lagers von Dan, hundertsiebenundfünfzigtausendsechshundert, haben nach Feldzeichen geordnet an letzter Stelle aufzubrechen.

32 Das waren die nach ihren Großfamilien gemusterten Israeliten; alle Gemusterten der Lager nach ihren Abteilungen betrugen sechshundertdreitausendfünfhundertfünfzig. 33 Die Leviten aber waren nicht mitten unter den Israeliten gemustert worden, wie der Herr dem Mose befohlen hatte. 34 Die Israeliten taten so; ganz, wie der Herr dem Mose befohlen hatte, so lagerten sie nach ihrenFeldzeichen, und so brachen sie auf, jeder in seiner Sippe und bei seiner Großfamilie.

Der Stamm Levi

Die Priester

3 Das nun waren die Nachkommen des Aaron und Mose um die Zeit, als der Herr mit Mose auf dem Berg Sinai redete, 2 und das sind die Namen der Söhne Aarons: Nadab, der Erstgeborene, Abihu, Eleasar und Itamar. 3 Dies sind die Namen der Söhne Aarons, der gesalbten Priester, die man mit der Verwaltung des Priesteramts betraut hatte. 4 Nadab und Abihu aber starben vor dem Herrn, als sie in der Wüste Sinai vor dem Herrn ein unrechtmäßiges Feueropfer darbrachten, und da sie keine Söhne hatten, versahen Eleasar und Itamar unter Aufsicht ihres Vaters Aaron den Priesterdienst.

Die Leviten

5 Der Herr redete zu Mose: 6 Lass den Stamm Levi vor dem Priester Aaron antreten, damit sie ihm dienen. 7 Sie sollen seinen Anordnungen folgen und vor dem Offenbarungszelt für Ordnung sorgen und so den Dienst an der Wohnstätte versehen. 8 Sie sollen alle Geräte des Offenbarungszeltes in Ordnung halten, sich um die Anliegen der Israeliten kümmern und den Dienst an der Wohnstätte versehen. 9 Übergib du die Leviten dem Aaron und seinen Söhnen, sie sollen unter den Israeliten ausschließlich für den Dienst bei Aaron bestimmt sein. 10 Aaron und seine Söhne aber bestelle zur Verwaltung des Priesteramts; jeder Unbefugte jedoch, der sich heranwagt, soll mit dem Tod bestraft werden.

11 Der Herr redete zu Mose: 12 Siehe, ich selber habe die Leviten mitten aus den Israeliten herausgenommen als Ersatz für alle erstgeborenen Israeliten, die den Mutterschoß zuerst durchbrechen, damit die Leviten mein seien. 13 Denn mein ist jede Erstgeburt. An dem Tag, da ich alle Erst-

geburt in Ägypten schlug, habe ich jede
Erstgeburt in Israel, sei es Mensch oder
Vieh, mir geweiht. Mein sind sie. Ich bin
der Herr.

Musterung der Leviten

14 Dann sprach der Herr in der Sinaiwüste
zu Mose: 15 Mustere die Söhne Levis nach
ihren Großfamilien und Sippen. Alle
männlichen Personen von einem Monat
aufwärts, sie sollst du mustern. 16 Da mus-
terte sie Mose auf Geheiß des Herrn, wie
ihm befohlen war.

17 Das waren nun die Söhne Levis nach
ihren Namen: Gerschon, Kehat und Mera-
ri. 18 Und dies waren die Namen der Söhne
Gerschons nach ihren Sippen: Libni und
Schimi. 19 Die Söhne Kehats hießen nach
ihren Sippen: Amram, Jizhar, Hebron und
Usiël. 20 Die Söhne Meraris hießen nach
ihren Sippen: Machli und Muschi. Das
sind die Sippen Levis nach ihren Groß-
familien.

21 Von Gerschon stammen die Sippen
der Libniter und Schimiter; das sind die
Sippen der Gerschoniter. 22 Ihre Gemuster-
ten betrugen nach der Zahl aller männ-
lichen Personen von einem Monat auf-
wärts siebentausendfünfhundert. 23 Die
Sippen der Gerschoniter lagerten hinter
der Wohnung westwärts. 24 Oberhaupt der
Gerschoniter war Eljasaf, der Sohn Laëls.
25 Den Gerschonitern waren am Offen-
barungszelt in Obhut gegeben die Wohn-
stätte, das Zelt, seine Überdecke, der Vor-
hang am Eingang des Offenbarungszeltes,
26 die Behänge des Vorhofs, der Vorhang
am Eingang des Vorhofs, der die Wohn-
stätte und den Altar rings umschließt,
und seine Seile, einschließlich aller dafür
erforderlichen Arbeiten.

27 Von Kehat stammen die Sippen der
Amramiter, Jizhariter, Hebroniter und
Usiëliter; dies sind die Sippen der Kehati-
ter. 28 Die Zahl der gemusterten männ-
lichen Personen von einem Monat auf-
wärts, die den Dienst am Heiligtum zu
versehen hatten, betrug achttausenddrei-
hundert. 29 Die Sippen der Kehatiter lager-
ten an der südlichen Längsseite der Woh-
nung; 30 Oberhaupt der Sippen der
Kehatiter ist Elizafan, der Sohn Usiëls.
31 In ihre Obhut waren gegeben die Lade,
der Tisch, der Leuchter, die Altäre, die hei-
ligen Geräte, die man beim Kult braucht,
und der Vorhang, einschließlich aller da-
für erforderlichen Arbeiten.

32 Vorsteher der Levitenoberhäupter war
Eleasar, der Sohn des Priesters Aaron; er
hatte die Oberaufsicht über die, welche
den heiligen Dienst zu versehen hatten.

33 Von Merari stammen die Sippen der
Machliter und Muschiter; das sind die Sip-
pen der Merariter. 34 Die Zahl der gemus-
terten männlichen Personen von einem
Monat aufwärts betrug sechstausendzwei-
hundert. 35 Oberhaupt der Sippen der Me-
rariter war Zuriël, der Sohn Abihajils; sie
lagerten an der nördlichen Längsseite der
Wohnstätte. 36 Die Merariter hatten für die
Bretter der Wohnstätte, ihre Riegel, Säu-
len, Füße, Pflöcke und Seile zu sorgen, ein-
schließlich aller dazu erforderlichen Ar-
beit, 37 ferner für die Säulen des Vorhofs
ringsum, für ihre Füße, Pflöcke und Seile.

38 Vor der Wohnstätte ostwärts aber, vor
dem Offenbarungszelt gegen Sonnenauf-
gang, lagerten Mose und Aaron mit seinen
Söhnen, die den Dienst am Heiligtum im
Auftrag der Israeliten zu besorgen hatten.
Jeder Unbefugte, der sich heranwagte,
sollte mit dem Tod bestraft werden.

39 Alle gemusterten Leviten, die Mose
auf Geheiß des Herrn nach ihren Sippen
gemustert hatte, alle männlichen Personen
von einem Monat aufwärts beliefen sich
auf zweiundzwanzigtausend.

Die Leviten und die Auslösung der Erstgeborenen

40 Der Herr sprach zu Mose: Mustere alle
männlichen Erstgeborenen der Israeliten
von einem Monat aufwärts und stelle sie
namentlich fest. 41 Nimm für mich – ich
bin der Herr – die Leviten als Ersatz für
alle Erstgeborenen unter den Israeliten
und das Vieh der Leviten als Ersatz für alle
Erstgeburten unter dem Vieh der Israeli-
ten.

42 Da musterte Mose, wie der Herr ihm
befohlen hatte, alle Erstgeborenen unter
den Israeliten. 43 Und alle männlichen
Erstgeborenen, von einem Monat auf-
wärts, beliefen sich bei namentlicher Auf-
zeichnung auf zweiundzwanzigtausend-
zweihundertdreiundsiebzig. 44 Der Herr
redete zu Mose: 45 Nimm die Leviten als Er-
satz für alle Erstgeborenen unter den Is-
raeliten und das Vieh der Leviten als Er-
satz für ihr Vieh, mein sollen die Leviten

sein, ich bin der Herr. 46 Als Lösegeld für
die zweihundertdreiundsiebzig, die an is-
raelitischen Erstgeborenen über die An-
zahl der Leviten hinaus vorhanden sind,
47 erheb je fünf Schekel auf den Kopf, in
heiligem Gewicht erheb sie, zwanzig Gera
den Schekel. 48 Gib das Geld Aaron und
seinen Söhnen als Lösegeld von denen,
die unter ihnen überzählig sind. 49 Da er-
hob Mose das Lösegeld bei denen, welche
über die durch die Leviten Ausgelösten
überzählig waren. 50 Bei den Erstgeborenen
der Israeliten erhob er das Geld, tausend-
dreihundertfünfundsechzig Schekel in
heiligem Gewicht. 51 Mose gab das Löse-
geld Aaron und seinen Söhnen auf Geheiß
des Herrn, wie es der Herr dem Mose be-
fohlen hatte.

Die Kehatiter

4 Der Herr redete zu Mose und Aaron:
2 Erheb unter den Leviten die Zahl der
Kehatiter nach ihren Sippen und Groß-
familien 3 von dreißig Jahren an bis zu
fünfzig Jahren, die zum Dienst im Offen-
barungszelt verpflichtet sind. 4 Darin be-
steht die Beschäftigung der Kehatiter am
Offenbarungszelt: das Hochheilige ist
ihnen anvertraut. 5 Aaron und seine Söhne
gehen, wenn das Lager aufbrechen soll, hi-
nein, nehmen den verhüllenden Vorhang
ab und hüllen damit die Lade der Bundes-
urkunde ein. 6 Dann legen sie darüber eine
Decke aus feinem Leder, breiten ein ganz
purpurviolettes Tuch darüber und bringen
ihre Tragstangen an. 7 Auch über den
Schaubrottisch breiten sie ein purpurvio-
lettes Tuch und legen darauf die Schüsseln,
Pfannen, Opferschalen und Trankopfer-
kannen und das ständig aufliegende Brot
soll darauf sein. 8 Darüber breiten sie ein
karmesinfarbiges Tuch, hüllen sie in eine
Decke aus feinem Leder und bringen seine
Tragstangen an. 9 Dann nehmen sie ein
purpurviolettes Tuch und umhüllen den
Leuchter, seine Lampen, Lichtscheren,
Pfännchen und sämtliche Ölgefäße, mit
denen man ihn besorgt, 10 legen ihn und
all seine Geräte auf eine Decke aus feinem
Leder und legen das Ganze auf ein Trag-
gestell. 11 Ferner breiten sie über den golde-
nen Altar ein purpurviolettes Tuch, hüllen
ihn in eine Decke aus feinem Leder und
bringen seine Tragstangen an. 12 Dann
nehmen sie alle Geräte für den Gottes-
dienst, mit denen man den Dienst im Hei-
ligtum besorgt, legen sie in ein purpurvio-
lettes Tuch, hüllen sie so in eine Decke aus
feinem Leder und legen sie auf ein Trag-
gestell. 13 Sodann reinigen sie den Altar
von der fettigen Asche, breiten über ihn
ein purpurviolettes Tuch, 14 legen darauf
alle seine Geräte, mit denen man den
Dienst besorgt, die Pfannen, Gabeln,
Schaufeln und Becken, alle Altargeräte.
Dann breiten sie darüber eine Decke aus
feinem Leder und bringen seine Tragstan-
gen an. 15 Wenn nun Aaron und seine Söh-
ne das Heiligtum und seine Geräte einge-
hüllt haben, erst in dem Augenblick, in
dem sich das Lager in Marsch setzt, kom-
men die Kehatiter, um sie zu tragen; sie
dürfen das Heilige nicht berühren, sonst
müssen sie sterben. Das ist es, was die Ke-
hatiter am Offenbarungszelt zu tragen ha-
ben. 16 Der Priester Eleasar, der Sohn Aa-
rons, hat die Verantwortung für das Öl
des Leuchters, das wohlriechende Räu-
cherwerk, die regelmäßigen Speiseopfer
und das Salböl, überhaupt die Aufsicht
über die ganze Wohnstätte und alles, was
sich in ihr an Heiligem und den dazuge-
hörigen Geräten befindet. 17 Der Herr rede-
te zu Mose und Aaron: 18 Lasst es nicht zur
Ausrottung der Kehatitersippen aus der
Mitte der Leviten kommen. 19 Dies tut für
sie, dass sie am Leben bleiben und nicht
sterben, wenn sie sich den hochheiligen
Dingen nahen: Aaron und seine Söhne sol-
len kommen und jeden von ihnen einzeln
an die für ihn vorgesehene Arbeit und den
ihn treffenden Transport stellen, 20 damit
sie nicht selber hineingehen, auch nur
einen Augenblick die heiligen Dinge zu se-
hen, und so sterben.

Die Gerschoniter

21 Der Herr redete zu Mose: 22 Erfass die
Zahl der Gerschoniter nach ihren Groß-
familien und Sippen. 23 Mustere alle Män-
ner von dreißig bis fünfzig Jahren, die am
Offenbarungszelt einen Dienst zu über-
nehmen haben. 24 Dies sind die Aufgaben
der Gerschoniter bei ihrem Dienst und
beim Transport: 25 Sie tragen die Zelt-
behänge der Wohnstätte, das Offen-
barungszelt, seine Decke und die Decke
aus feinem Leder, die darüberliegt, den
Vorhang am Eingang des Offenbarungs-
zeltes, 26 die Behänge des Vorhofs, den

Vorhang am Toreingang des Vorhofs, welcher die Wohnstätte und den Altar rings umschließt, ihre Seile und alle bei ihrem Gebrauch nötigen Geräte. Alles, was daran zu tun ist, haben sie zu verrichten. 27 Der Transport und alle sonstigen Arbeiten erfolgen auf Weisung von Aaron und seinen Söhnen; ihr habt ihnen Stück für Stück zuzuteilen, was sie zu tragen haben. 28 Darin besteht die Tätigkeit der Gerschoniter am Offenbarungszelt; ihr Dienst steht unter der Leitung Itamars, des Sohnes des Priesters Aaron.

Die Merariter

29 Auch die Merariter mustere nach ihren Sippen und Großfamilien. 30 Mustere alle Männer von dreißig bis zu fünfzig Jahren für den Dienst am Offenbarungszelt. 31 Der Dienst am Offenbarungszelt umfasst den Transport der Bretter der Wohnstätte, ihrer Riegel, Säulen, Fußgestelle, 32 der Säulen des Vorhofs ringsum, deren Füße, Pflöcke, Seile einschließlich aller Geräte und die dafür erforderlichen Arbeiten. Stück für Stück sollt ihr ihnen die Geräte zum Transport zuteilen. 33 Darin besteht der Dienst der Merariter am Offenbarungszelt; er erfolgt unter Leitung Itamars, des Sohnes des Priesters Aaron.

Musterung der Sippen

34 Mose und Aaron sowie die Anführer der Gemeinde musterten die Kehatiter nach ihren Sippen und Großfamilien 35 von dreißig bis zu fünfzig Jahren, alle, die zum Dienst am Offenbarungszelt zu kommen hatten. 36 Und es beliefen sich die aus ihnen nach ihren Sippen Gemusterten auf zweitausendsiebenhundertfünfzig. 37 Das waren die Gemusterten der Kehatiter, die am Offenbarungszelt Dienst hatten. Mose und Aaron hatten sie gemustert, wie es der Herr durch Mose befohlen hatte.

38 Die Zahl der nach ihren Sippen und Großfamilien gemusterten Gerschoniter 39 von dreißig bis zu fünfzig Jahren, die zum Dienst am Offenbarungszelt bestimmt waren, 40 betrug zweitausendsechshundertdreißig. 41 Das waren die Gemusterten der Gerschoniter, die am Offenbarungszelt Dienst hatten, die Mose und Aaron auf den Befehl des Herrn musterten.

42 Die Zahl der nach ihren Sippen und Großfamilien gemusterten Merariter 43 von dreißig bis zu fünfzig Jahren, die zum Dienst am Offenbarungszelt zu kommen hatten, 44 betrug dreitausendzweihundert. 45 Das waren die Gemusterten der Merariter, die Mose und Aaron auf die durch Mose ergangene Weisung des Herrn hin musterten.

46 Die Zahl aller Gemusterten, welche Mose und Aaron sowie die Anführer Israels bei den Leviten nach ihren Sippen und Großfamilien musterten, 47 von dreißig bis zu fünfzig Jahren, alle, soweit sie zur Arbeit und zum Transport am Offenbarungszelt anzutreten hatten, 48 betrug achttausendfünfhundertachtzig. 49 Auf die durch Mose ergangene Weisung des Herrn hin stellte man sie einzeln zur Arbeit und zum Transport an, wie es der Herr dem Mose befohlen hatte.

Verschiedene Gesetze

Entfernung der Unreinen

5 Der Herr sprach zu Mose: 2 Befiehl den Israeliten, jeden aus dem Lager zu entfernen, der mit Aussatz oder Ausfluss behaftet ist oder sich an einer Leiche verunreinigt hat. 3 Ob Mann, ob Frau, entfernt sie, schafft sie hinaus vor das Lager, damit sie nicht ihr Lager verunreinigen, da ich mitten unter ihnen wohne. 4 Die Israeliten taten so und schafften sie vor das Lager hinaus; wie der Herr zu Mose geredet hatte, so taten die Israeliten.

Die Wiedergutmachung

5 Der Herr sprach zu Mose: 6 Sprich zu den Israeliten: Wenn ein Mann oder eine Frau eine Sünde begehen, wie es die Menschen zu tun pflegen, und sie sich gegen den Herrn versündigen, laden sie dadurch eine Schuld auf sich. 7 Dann sollen sie die Sünden, die sie begangen haben, eingestehen. Sie sollen das von ihnen Veruntreute zum vollen Wert zurückerstatten und noch ein Fünftel hinzufügen und es dem geben, an dem sie schuldig geworden sind. 8 Wenn

aber niemand mehr lebt, dem die Schuld
zurückerstattet werden könnte, so fällt die
Summe an den Herrn zugunsten des
Priesters, abzüglich des Sühnewidders,
mit dem dieser ihn entsühnt. 9 Alle Weihe-
geschenke, die die Israeliten dem Priester
bringen, sollen ihm gehören. 10 Hinsicht-
lich der heiligen Gaben gilt: Sie stehen
dem Priester zu; was jemand dem Priester
gibt, soll diesem gehören.

Das Eifersuchtsopfer

11 Der Herr sprach zu Mose: 12 Rede zu den
Israeliten und sag ihnen:
Wenn eine Frau sich vergeht und ihrem
Mann untreu wird, 13 indem ein anderer
mit ihr schläft, dies aber vor ihrem Mann
verborgen bleibt, da sie sich heimlich ver-
unreinigt, und auch kein Zeuge gegen sie
auftritt, da sie sich nicht ertappen lässt,
14 und wenn nun der Geist der Eifersucht
über ihn kommt, sodass er auf seine Frau
eifersüchtig wird, die sich tatsächlich ver-
unreinigt hat, oder wenn der Geist der Ei-
fersucht ihn befällt, sodass er auf seine
Frau eifersüchtig wird, obwohl diese sich
nicht verunreinigt hat, 15 dann soll der be-
treffende Mann seine Frau zum Priester
führen und zugleich für sie die Opfergabe,
ein Zehntel Efa Gerstenmehl, mitbringen.
Doch gieße er kein Öl darauf und gebe
auch nicht Weihrauch dazu. Denn es ist
ein Eifersuchtsspeiseopfer, ein Erinne-
rungsspeiseopfer, das die Schuld in Erin-
nerung bringen soll. 16 Der Priester soll sie
dann herantreten lassen und sie vor den
Herrn stellen. 17 Der Priester soll Quellwas-
ser in ein Tongefäß gießen, auch etwas von
dem Staub, der auf dem Boden der Wohn-
stätte liegt, soll der Priester nehmen und
ihn ins Wasser streuen. 18 Der Priester soll
die Frau vor den Herrn stellen, dann der
Frau das Haupthaar lösen, ihr das Erinne-
rungsspeiseopfer – ein Eifersuchtsspeise-
opfer ist es – in die Hände geben, während
das bittere, fluchbringende Wasser in der
Hand des Priesters zu bleiben hat. 19 Nun
soll der Priester die Beschwörung an ihr
vornehmen, indem er zur Frau spricht:
Hat niemand dir beigewohnt und bist du
gegen deinen Mann nicht durch Verunrei-
nigung untreu gewesen, so sollst du von
diesem bitteren, fluchbringenden Wasser
keine Strafe erfahren. 20 Wenn du aber ge-
gen deinen Mann untreu warst und dich
verunreinigt hast dadurch, dass jemand
außer deinem Mann mit dir geschlafen
hat – 21 nun soll der Priester die Beschwö-
rung mit der Frau unter Schwur und Ver-
wünschung vornehmen, indem der Pries-
ter zur Frau sprechen soll: Der Herr
verfluche dich und verwünsche dich in
deinem Volk, indem der Herr deine Hüfte
einfallen und deinen Leib anschwellen
lässt. 22 Dieses fluchbringende Wasser
dringe in deine Eingeweide, auf dass der
Leib anschwillt und die Hüfte einfällt. Die
Frau aber soll dann sprechen: So geschehe
es, so geschehe es! 23 Dann soll der Priester
diese Verfluchungen auf ein Blatt schrei-
ben und die Schrift abwaschen. 24 Der Frau
gebe er darauf das bittere, fluchbringende
Wasser zu trinken, damit das bittere,
fluchbringende Wasser in sie eindringt.
25 Der Priester nehme dann das Eifer-
suchtsspeiseopfer der Frau aus der Hand,
schwinge das Speiseopfer vor dem Herrn
hin und her und bringe es zum Altar.
26 Von dem Speiseopfer nehme daraufhin
der Priester eine Hand voll als dessen
Duftteil und lasse es auf dem Altar in
Rauch aufgehen. Danach gebe er der Frau
das Wasser zu trinken. 27 Sobald er ihr nun
das Wasser zu trinken gibt, wird, wenn sie
sich wirklich verunreinigt hat und ihrem
Mann untreu geworden ist, das bittere,
fluchbringende Wasser in sie eindringen,
sodass ihr Leib anschwillt, ihre Hüfte zer-
fällt und die Frau zum Fluch inmitten
ihres Volkes wird. 28 Wenn sich die Frau
aber nicht verunreinigt hat, also schuldlos
ist, dann wird sie straffrei bleiben und
Nachkommen erhalten.
29 Das ist das Gesetz über die Eifersucht:
Wenn eine Frau sich gegen ihren Mann
vergeht und sich verunreinigt 30 oder wenn
über einen Mann der Geist der Eifersucht
kommt, sodass er auf seine Frau eifersüch-
tig wird, dann soll er seine Frau vor den
Herrn stellen und der Priester soll dann
dieses ganze Gesetz auf sie anwenden.
31 Der Mann bleibt dabei frei von Schuld,
jene Frau aber muss ihre Schuld auf sich
nehmen.

Das Nasiräergelübde

6 Der Herr sprach zu Mose: 2 Rede zu
den Israeliten und sag zu ihnen:
Wenn jemand, Mann oder Frau, das be-
sondere Gelübde des Nasiräats ablegen

will, um sich dem Herrn zu weihen, 3 soll
er sich des Weines und berauschender Ge-
tränke enthalten, auch Essig vom Wein
und von berauschenden Getränken soll er
nicht trinken, er darf keinen Traubensaft
trinken und weder frische noch getrock-
nete Trauben essen. 4 Während der ganzen
Zeit seiner Weihe darf er nichts von dem
genießen, was vom Weinstock gewonnen
wird, nicht einmal unreife Trauben oder
Rankenspitzen. 5 Während der ganzen
Dauer seines Weihegelübdes darf kein
Schermesser über sein Haupt kommen;
bis zum Ablauf der Zeit, für die er sich
dem Herrn weiht, soll er als geheiligt gel-
ten, er muss sein Haupthaar lang wachsen
lassen. 6 Während der Zeit seines Gelübdes
darf er zu keiner Leiche hingehen. 7 Nicht
einmal wenn sein Vater, seine Mutter, sein
Bruder oder seine Schwester sterben, darf
er sich an ihnen verunreinigen; denn die
Weihe seines Gottes ruht auf seinem
Haupt. 8 Während der Zeit seines Gelübdes
ist er dem Herrn geheiligt.

9 Wenn aber jemand ganz plötzlich ne-
ben ihm stirbt, dann verunreinigt er sein
geweihtes Haupt. Er muss an dem Tag, an
dem er wieder rein wird, sein Haar sche-
ren; am siebten Tag hat er es zu scheren.
10 Am achten Tag aber bringe er zwei Tur-
teltauben oder zwei junge Tauben zum
Priester an den Eingang des Offen-
barungszeltes. 11 Der Priester soll dann die
eine für ein Sündopfer, die andere für ein
Brandopfer herrichten, damit er ihn ent-
sühne? davon, dass er sich an der Leiche
versündigte; er soll sein Haupt auch am
gleichen Tag wieder für geheiligt erklären.
12 Alle Tage seiner Weihe soll er sich nun
dem Herrn nochmals weihen und ein ein-
jähriges Lamm zum Schuldopfer beibrin-
gen. Die früheren Tage seines Gelübdes
aber sind verfallen, weil seine Weihe un-
gültig geworden ist.

13 Und das ist das Gesetz für den Nasirä-
er: An dem Tag, an dem die Zeit seiner
Weihe abgelaufen ist, komme er an den
Eingang des Offenbarungszeltes 14 und
bringe als seine Opfergabe an den Herrn
ein einjähriges fehlerloses Lamm für ein
Brandopfer, ein einjähriges fehlerloses
weibliches Lamm für ein Sündopfer und
einen fehlerlosen Widder für ein Gemein-
schaftsopfer mit, 15 dazu einen Korb mit
ungesäuerten, mit Öl vermengten Kuchen
aus Feinmehl und mit ungesäuerten, mit
Öl bestrichenen Fladen nebst dem dazuge-
hörigen Speiseopfer und den dazugehöri-
gen Trankopfern. 16 Der Priester bringe es
dann vor den Herrn und richte Sünd- und
Brandopfer her. 17 Den Widder richte er als
Gemeinschaftsopfer für den Herrn her
samt dem Korb mit dem Ungesäuerten,
ferner richte der Priester sein Speise- und
Trankopfer her. 18 Dann schere der Nasirä-
er am Eingang des Offenbarungszeltes
sein geweihtes Haupt, nehme sein geweih-
tes Haar und übergebe es dem Feuer,
welches unter dem Gemeinschaftsopfer
brennt. 19 Hierauf nehme der Priester die
gekochte Vorderkeule vom Widder, einen
ungesäuerten Kuchen und einen ungesäu-
erten Fladen aus dem Korb und lege sie
dem Nasiräer in die Hände, nachdem die-
ser sein geweihtes Haar geschoren hat.
20 Nun schwinge sie der Priester vor dem
Herrn hin und her; es ist zusätzlich zur
Widderbrust für den Darbringungsritus
und zur Schenkelkeule für den Erhebungs-
ritus eine dem Priester zustehende heilige
Gabe. Danach darf der Gottgeweihte wie-
der Wein trinken.

21 Das ist das Gesetz für den Gottgeweih-
ten, der ein Gelübde ablegt, hinsichtlich
seiner Opfergabe, die er aufgrund seiner
Weihe an den Herrn entrichten muss, un-
beschadet dessen, was er sonst noch leis-
ten will. Genau nach dem Wortlaut seines
Gelübdes, das er ablegt, muss er nach dem
für seine Weihe geltenden Gesetz verfah-
ren.

Die Segensformel

22 Der Herr sprach zu Mose: 23 Sprich zu
Aaron und seinen Söhnen:

So sollt ihr die Israeliten segnen; Sagt zu
ihnen:

24 Der Herr segne dich und behüte dich!

25 Der Herr lasse sein Angesicht über
dich leuchten und sei dir gnädig!

26 Der Herr erhebe sein Angesicht hin zu
dir und schaffe dir Heil!

27 Sie sollen so meinen Namen auf die
Israeliten legen und ich werde sie segnen.

Weihegaben der Stammesführer und Levitenweihe

Wagen als Weihegabe

7 Als Mose die Wohnstätte fertig auf-
gerichtet und sie samt all ihren Gerä-
ten gesalbt und geweiht, auch den Altar
und all seine Geräte gesalbt und geweiht
hatte, 2 da brachten die Anführer Israels,
die Familienoberhäupter – das sind die
Stammesführer, die Vorsteher der Gemus-
terten – Geschenke dar. 3 Sie brachten als
ihre Weihegabe vor den Herrn sechs Plan-
wagen und zwölf Rinder; auf zwei Stam-
mesführer traf ein Wagen und auf jeden
ein Rind. 4 Sie brachten sie vor die Wohn-
stätte. Der Herr sprach nun zu Mose:
5 Nimm sie von ihnen an, sie sollen im
Dienst des Offenbarungszeltes verwendet
werden. Übergib sie den einzelnen Levi-
ten, je nach ihren Aufgaben. 6 Da nahm
Mose die Wagen und Rinder an und über-
gab sie den Leviten. 7 Zwei Wagen und vier
Rinder übergab er den Gerschonitern für
ihren Dienst. 8 Vier Wagen und acht Rin-
der übergab er den Meraritern für ihren
Dienst, den sie unter Leitung Itamars, des
Sohnes des Priesters Aarons, zu erfüllen
hatten. 9 Den Kehatitern aber übergab er
nichts, da ihnen die heiligen Geräte anver-
traut waren, die sie auf den Schultern zu
tragen hatten.

Gaben zur Altarweihe

10 Ferner brachten die Stammesführer die
Spenden zur Weihe des Altars herbei an
dem Tag, da er gesalbt wurde, und legten
ihre Opfergabe vor den Altar. 11 Da sprach
der Herr zu Mose: Jeden Tag soll ein Stam-
mesführer seine Opfergabe zur Weihe des
Altars darbringen.

12 Der nun am ersten Tag seine Gabe her-
brachte, war Nachschon, der Sohn Ammi-
nadabs, vom Stamm Juda. 13 Seine Gabe
war eine silberne Schüssel, hundertdreißig
Schekel schwer, ein silbernes Becken, sieb-
zig Schekel schwer nach dem heiligen Ge-
wicht, beide mit Feinmehl gefüllt, das mit
Öl vermengt war, für ein Speiseopfer, 14 ei-
ne Schale, zehn Goldschekel schwer, ange-
füllt mit Räucherwerk, 15 ein junger Stier,
ein Widder, ein einjähriges Lamm für ein
Brandopfer, 16 ein Ziegenbock für ein
Sündopfer 17 und für das Gemeinschafts-
opfer zwei Rinder, fünf Widder, fünf Böcke
und fünf einjährige Lämmer. Das war die
Gabe Nachschons, des Sohnes Ammina-
dabs.

18 Am zweiten Tag brachte Netanel, der
Sohn Zuars, der Stammesführer Issachars,
seine Gabe herbei. 19 Er brachte als seine
Gabe eine silberne Schüssel, hundertdrei-
ßig Schekel schwer, ein silbernes Becken,
siebzig Schekel schwer nach dem heiligen
Gewicht, beide mit Feinmehl gefüllt, das
mit Öl vermengt war, für ein Speiseopfer,
20 eine Schale, zehn Goldschekel schwer,
angefüllt mit Räucherwerk, 21 einen jungen
Stier, einen Widder und ein einjähriges
Lamm für ein Brandopfer, 22 einen Ziegen-
bock für ein Sündopfer 23 und für das Ge-
meinschaftsopfer zwei Rinder, fünf Wid-
der, fünf Böcke und fünf einjährige
Lämmer. Das war die Gabe Netanels, des
Sohnes Zuars.

24 Am dritten Tag der Stammesführer
der Söhne Sebulons, Eliab, der Sohn He-
lons. 25 Seine Gabe war eine silberne Schüs-
sel, hundertdreißig Schekel schwer, ein sil-
bernes Becken, siebzig Schekel schwer
nach dem heiligen Gewicht, beide mit
Feinmehl gefüllt, das mit Öl vermengt war,
für ein Speiseopfer, 26 eine Schale, zehn
Goldschekel schwer, angefüllt mit Räu-
cherwerk, 27 ein junger Stier, ein Widder
und ein einjähriges Lamm für ein Brand-
opfer, 28 ein Ziegenbock für ein Sündopfer
29 und für das Gemeinschaftsopfer zwei
Rinder, fünf Widder, fünf Böcke und fünf
einjährige Lämmer. Das war die Gabe Eli-
abs, des Sohnes Helons.

30 Am vierten Tag der Stammesführer
der Söhne Rubens, Elizur, der Sohn Sche-
dëurs. 31 Seine Gabe war eine silberne
Schüssel, hundertdreißig Schekel schwer,
ein silbernes Becken, siebzig Schekel
schwer nach dem heiligen Gewicht, beide
mit Feinmehl gefüllt, das mit Öl vermengt
war, für ein Speiseopfer, 32 eine Schale,
zehn Goldschekel schwer, angefüllt mit
Räucherwerk, 33 ein junger Stier, ein Wid-
der und ein einjähriges Lamm für ein
Brandopfer, 34 ein Ziegenbock für ein
Sündopfer 35 und für das Gemeinschafts-
opfer zwei Rinder, fünf Widder, fünf Böcke
und fünf einjährige Lämmer. Das war die
Gabe Elizurs, des Sohnes Schedëurs.

36 Am fünften Tag der Stammesführer
der Söhne Simeons, Schelumiël, der Sohn

Zurischaddais. 37 Seine Gabe war eine sil-
berne Schüssel, hundertdreißig Schekel
schwer, ein silbernes Becken, siebzig Sche-
kel schwer nach heiligem Gewicht, beide
mit Feinmehl gefüllt, das mit Öl vermengt
war, für ein Speiseopfer, 38 eine Schale, zehn
Goldschekel schwer, angefüllt mit Räu-
cherwerk, 39 ein junger Stier, ein Widder
und ein einjähriges Lamm für ein Brand-
opfer, 40 ein Ziegenbock für ein Sündopfer
41 und für das Gemeinschaftsopfer zwei
Rinder, fünf Widder, fünf Böcke und fünf
einjährige Lämmer. Das war die Gabe
Schelumiëls, des Sohnes Zurischaddais.

42 Am sechsten Tag der Stammesführer
der Söhne Gads, Eljasaf, der Sohn Reguëls.
43 Seine Gabe war eine silberne Schüssel,
hundertdreißig Schekel schwer, ein silber-
nes Becken, siebzig Schekel schwer nach
heiligem Gewicht, beide mit Feinmehl ge-
füllt, das mit Öl vermengt war, für ein
Speiseopfer, 44 eine Schale, zehn Goldsche-
kel schwer, angefüllt mit Räucherwerk,
45 ein junger Stier, ein Widder und ein ein-
jähriges Lamm für ein Brandopfer, 46 ein
Ziegenbock für ein Sündopfer 47 und für
das Gemeinschaftsopfer zwei Rinder, fünf
Widder, fünf Böcke und fünf einjährige
Lämmer. Das war die Gabe Eljasafs, des
Sohnes Reguëls.

48 Am siebenten Tag der Stammesführer
der Söhne Efraims, Elischama, der Sohn
Ammihuds. 49 Seine Gabe war eine silberne
Schüssel, hundertdreißig Schekel schwer,
ein silbernes Becken, siebzig Schekel
schwer nach heiligem Gewicht, beide mit
Feinmehl gefüllt, das mit Öl vermengt war,
für ein Speiseopfer, 50 eine Schale, zehn
Goldschekel schwer, angefüllt mit Räu-
cherwerk, 51 ein junger Stier, ein Widder
und ein einjähriges Lamm für ein Brand-
opfer, 52 ein Ziegenbock für ein Sündopfer
53 und für das Gemeinschaftsopfer zwei
Rinder, fünf Widder, fünf Böcke und fünf
einjährige Lämmer. Das war die Gabe Eli-
schamas, des Sohnes Ammihuds.

54 Am achten Tag der Stammesführer der
Söhne Manasses, Gamliël, der Sohn Peda-
zurs. 55 Seine Gabe war eine silberne Schüs-
sel, hundertdreißig Schekel schwer, ein sil-
bernes Becken, siebzig Schekel schwer
nach heiligem Gewicht, beide mit Fein-
mehl gefüllt, das mit Öl vermengt war, für
ein Speiseopfer, 56 eine Schale, zehn Gold-
schekel schwer, angefüllt mit Räucher-
werk, 57 ein junger Stier, ein Widder und
ein einjähriges Lamm für ein Brandopfer,
58 ein Ziegenbock für ein Sündopfer 59 und
für das Gemeinschaftsopfer zwei Rinder,
fünf Widder, fünf Böcke und fünf einjäh-
rige Lämmer. Das war die Gabe Gamliëls,
des Sohnes Pedazurs.

60 Am neunten Tag der Stammesführer
der Söhne Benjamins, Abidan, der Sohn
Gidonis. 61 Seine Gabe war eine silberne
Schüssel, hundertdreißig Schekel schwer,
ein silbernes Becken, siebzig Schekel
schwer nach heiligem Gewicht, beide mit
Feinmehl gefüllt, das mit Öl vermengt war
für ein Speiseopfer, 62 eine Schale, zehn
Goldschekel schwer, angefüllt mit Räu-
cherwerk, 63 ein junger Stier, ein Widder
und ein einjähriges Lamm für ein Brand-
opfer, 64 ein Ziegenbock für ein Sündopfer
65 und für das Gemeinschaftsopfer zwei
Rinder, fünf Widder, fünf Böcke und fünf
einjährige Lämmer. Das war die Gabe Abi-
dans, des Sohnes Gidonis.

66 Am zehnten Tag der Stammesführer
der Daniter, Ahiëser, der Sohn Ammisch-
addais. 67 Seine Gabe war eine silberne
Schüssel, hundertdreißig Schekel schwer,
ein silbernes Becken, siebzig Schekel
schwer nach heiligem Gewicht, beide mit
Feinmehl gefüllt, das mit Öl vermengt war,
für ein Speiseopfer, 68 eine Schale, zehn
Goldschekel schwer, angefüllt mit Räu-
cherwerk, 69 ein junger Stier, ein Widder
und ein einjähriges Lamm für ein Brand-
opfer, 70 ein Ziegenbock für ein Sündopfer
71 und für das Gemeinschaftsopfer zwei
Rinder, fünf Widder, fünf Böcke und fünf
einjährige Lämmer. Das war die Gabe
Ahiësers, des Sohnes Ammischaddais.

72 Am elften Tag der Stammesführer der
Söhne Aschers, Pagiël, der Sohn Ochrans.
73 Seine Gabe war eine silberne Schüssel,
hundertdreißig Schekel schwer, ein silber-
nes Becken, siebzig Schekel schwer nach
heiligem Gewicht, beide mit Feinmehl ge-
füllt, das mit Öl vermengt war, für ein
Speiseopfer, 74 eine Schale, zehn Goldsche-
kel schwer, angefüllt mit Räucherwerk,
75 ein junger Stier, ein Widder und ein ein-
jähriges Lamm für ein Brandopfer, 76 ein
Ziegenbock für ein Sündopfer 77 und für
das Gemeinschaftsopfer zwei Rinder, fünf
Widder, fünf Böcke und fünf einjährige
Lämmer. Das war die Gabe Pagiëls, des
Sohnes Ochrans.

78 Am zwölften Tag der Stammesführer
der Söhne Naftalis, Ahira, der Sohn Enans.
79 Seine Gabe war eine silberne Schüssel,
hundertdreißig Schekel schwer, ein silber-
nes Becken, siebzig Schekel schwer nach
heiligem Gewicht, beide mit Feinmehl ge-
füllt, das mit Öl vermengt war, für ein
Speiseopfer, 80 eine Schale, zehn Goldsche-
kel schwer, angefüllt mit Räucherwerk,
81 ein junger Stier, ein Widder und ein ein-
jähriges Lamm für ein Brandopfer, 82 ein
Ziegenbock für ein Sündopfer 83 und für
das Gemeinschaftsopfer zwei Rinder, fünf
Widder, fünf Böcke und fünf einjährige
Lämmer. Das war die Gabe Ahiras, des
Sohnes Enans.

84 Das waren die Geschenke der Stam-
mesführer Israels zur Weihe des Altars an
dem Tag, da er gesalbt wurde: zwölf silber-
ne Schüsseln, zwölf silberne Becken, zwölf
goldene Schalen. 85 Jede Schüssel wog hun-
dertdreißig Schekel an Silber, jedes Becken
siebzig Schekel; das Silber der Gefäße ins-
gesamt betrug zweitausendvierhundert
Schekel nach heiligem Gewicht. 86 Was die
zwölf goldenen Schalen, angefüllt mit
Räucherwerk, angeht, von denen jede zehn
Schekel nach dem heiligen Gewicht wog,
so wog das Gold der Schalen insgesamt
hundertzwanzig Schekel. 87 Die Gesamt-
zahl der Rinder für das Brandopfer betrug
zwölf Stiere, dazu zwölf Widder und zwölf
einjährige Lämmer und die dazugehörigen
Speiseopfer, ferner zwölf Ziegenböcke für
ein Sündopfer. 88 Die Gesamtzahl der Rin-
der für das Gemeinschaftsopfer betrug
vierundzwanzig Stiere, dazu sechzig Wid-
der, sechzig Böcke und sechzig einjährige
Lämmer.

Das waren die Geschenke zur Weihe
des Altars, nachdem er gesalbt worden
war.

89 Wenn Mose in das Offenbarungszelt
ging, um mit dem Herrn zu reden, hörte
er die Stimme, die zu ihm sprach von der
Stelle über der Versöhnungsplatte her,
welche auf der Lade der Bundesurkunde
liegt, von der Stelle zwischen den beiden
Kerubim. So redete er zu ihm.

Die Lampen des Leuchters

8 Der Herr sprach zu Mose: 2 Sprich zu
Aaron und sag zu ihm: Wenn du die
Lampen aufsetzt, sorge dafür, dass die sie-
ben Lampen ihr Licht in den Raum vor
dem Leuchter werfen. 3 Und Aaron tat so.
Er setzte die Lampen auf der Vorderseite
des Leuchters auf, wie der Herr dem Mose
befohlen hatte. 4 Der Leuchter war in Gold
getrieben, bis zu seinem Schaft und seinen
Blüten war er in Gold getrieben; genau
nach dem Bild, das der Herr dem Mose
gezeigt hatte, hatte er den Leuchter anfer-
tigen lassen.

Die Levitenweihe

5 Und der Herr sprach zu Mose: 6 Nimm
die Leviten aus der Mitte der Israeliten he-
raus und reinige sie. 7 So sollst du mit
ihnen verfahren, um sie zu reinigen: Be-
spreng sie mit Entsündigungswasser!
Dann sollen sie mit einem Schermesser
über ihren ganzen Leib fahren, ihre Klei-
der waschen und sich reinigen. 8 Danach
sollen sie einen jungen Stier und das dazu-
gehörige Speiseopfer, mit Öl vermengtes
Feinmehl, nehmen; einen jungen Stier
nimm du für ein Sündopfer. 9 Nun lass die
Leviten vor das Offenbarungszelt treten
und versammle die ganze Gemeinde der
Israeliten. 10 Sodann lass die Leviten vor
den Herrn treten, und die Israeliten sollen
den Leviten ihre Hände auflegen. 11 Aaron
weihe nun die Leviten im Namen der Is-
raeliten vor dem Herrn, damit sie den
Dienst am Herrn antreten können. 12 Die
Leviten aber sollen ihre Hände auf den
Kopf der Stiere legen; dann richte den
einen als Sündopfer, den anderen als
Brandopfer für den Herrn her, um die Le-
viten zu entsündigen. 13 Nun stell die Levi-
ten vor Aaron und seine Söhne, vollzieh an
ihnen die Weihe für den Herrn 14 und son-
dere die Leviten so aus der Mitte der Israe-
liten aus, damit die Leviten mein seien.

15 Danach können die Leviten den
Dienst am Offenbarungszelt antreten.

Reinige sie also und vollzieh an ihnen
die Weihe. 16 Denn sie sind mir mitten aus
den Israeliten ganz zu eigen gegeben; als
Ersatz für alle Erstgeborenen, die den
Mutterschoß durchbrechen; bei den Israe-
liten habe ich sie für mich genommen.
17 Denn mir gehört jede Erstgeburt bei den
Israeliten, sei es Mensch oder Vieh; an
dem Tag, da ich alle Erstgeburt in Ägypten
schlug, habe ich sie mir geweiht. 18 Ich
nahm die Leviten als Ersatz für alle Erst-
geburt bei den Israeliten 19 und gab die Le-
viten Aaron und seinen Söhnen mitten aus

den Israeliten zu eigen, damit sie für die
Israeliten den Dienst am Offenbarungszelt
versehen und für die Israeliten Sühne leis-
ten, damit keine Plage über die Israeliten
komme, wenn die Israeliten dem Heilig-
tum zu nahe kommen.
20 Mose, Aaron und die ganze Gemeinde
der Israeliten verfuhren so mit den Levi-
ten. Ganz so, wie der Herr dem Mose hin-
sichtlich der Leviten befohlen hatte, ver-
fuhren die Israeliten mit ihnen. 21 Die
Leviten ließen sich entsündigen und wu-
schen ihre Kleider; Aaron aber weihte sie
vor dem Herrn und vollzog die Sühne-
handlung für sie, um sie zu reinigen. 22 Da-
nach traten die Leviten unter Aufsicht Aa-
rons und seiner Söhne ihren Dienst am
Offenbarungszelt an. Wie der Herr Mose
hinsichtlich der Leviten befohlen hatte, so
verfuhren sie mit ihnen.

Dauer ihres Dienstes

23 Der Herr sprach zu Mose: 24 Dies soll für
die Leviten gelten: Von fünfundzwanzig
Jahren aufwärts ist jeder zum Dienst am
Offenbarungszelt verpflichtet. 25 Mit fünf-
zig Jahren darf er vom Dienst am Offen-
barungszelt zurücktreten; er braucht nicht
mehr Dienst zu tun. 26 Wohl kann er seinen
Brüdern im Offenbarungszelt behilflich
sein; den Dienst selbst muss er nicht mehr
verrichten. So ordne die Dienstpflichten
der Leviten.

Das Pesach und der Aufbruch

Pesach-Termin

9 Ferner sprach der Herr zu Mose in der
Wüste Sinai im ersten Monat des
zweiten Jahres ihres Auszugs aus Ägypten:
2 Die Israeliten sollen das Pesach zu der da-
für festgesetzten Zeit halten. 3 Am vier-
zehnten Tag dieses Monats gegen Abend
sollt ihr es halten zu der dafür festgesetz-
ten Zeit, nach den dafür geltenden Geset-
zen und Satzungen sollt ihr es halten. 4 Da
gebot Mose den Israeliten, das Pesach zu
halten. 5 Sie hielten das Pesach am vier-
zehnten Tag des ersten Monats gegen
Abend in der Wüste Sinai; genau so, wie
der Herr dem Mose befohlen hatte, hielten
es die Israeliten.

Sonderfälle

6 Nun traten Männer, die an einer mensch-
lichen Leiche unrein geworden waren, so-
dass sie das Pesach an jenem Tag nicht fei-
ern konnten, noch am selben Tag vor
Mose und Aaron 7 und sprachen zu ihm:
Wir sind an einer menschlichen Leiche
unrein geworden. Warum sollen wir zu
kurz kommen, indem wir die Opfergabe
für den Herrn zu der dafür festgesetzten
Zeit inmitten der Israeliten nicht darbrin-
gen dürfen? 8 Da sprach Mose zu ihnen:
Wartet! Ich will hören, was der Herr in
euerem Fall gebietet. 9 Und der Herr
sprach zu Mose: 10 Sag den Israeliten:
Wenn jemand von euch oder von eueren
Nachkommen an einer Leiche unrein ge-
worden ist oder sich auf einer weiten Reise
befindet, so soll er doch das Pesach für den
Herrn halten. 11 Am vierzehnten Tag des
zweiten Monats gegen Abend sollen sie es
halten; zu ungesäuertem Brot und bitteren
Kräutern sollen sie es essen. 12 Sie dürfen
davon nichts bis zum Morgen übrig lassen,
auch dürfen sie keinen Knochen an ihm
zerbrechen; nach dem Pesachgesetz in sei-
nem ganzen Umfang sollen sie es halten.
13 Derjenige aber, der rein ist und sich nicht
auf einer Reise befindet und es gleichwohl
unterlässt, das Pesach zu halten, eine sol-
che Person soll aus seinem Volk ausgerot-
tet werden, da er die Opfergabe für den
Herrn nicht zu der dafür festgesetzten Zeit
darbringt; ein solcher hat seine Sünde zu
büßen. 14 Und wenn sich ein Fremder bei
euch aufhält und das Pesach für den Herrn
halten will, dann soll er genau so, wie das
Gesetz und die Satzung über das Pesach es
vorsehen, verfahren. Ein und dasselbe Ge-
setz gelte für euch, für den Fremden und
den Einheimischen.

Die Wolke

15 An dem Tag nun, da man die Wohnstätte
errichtete, bedeckte die Wolke die Wohn-
stätte im Zelt der Bundesurkunde und
abends war sie über der Wohnstätte wie
ein feuriger Schein bis zum Morgen. 16 So
war es immer: Die Wolke bedeckte sie bei

Tag und der feurige Schein bei Nacht.
[17] Wenn die Wolke sich vom Zelt erhob,
brachen die Israeliten auf, und an dem
Platz, wo die Wolke sich niederließ, lager-
ten die Israeliten. [18] Auf Geheiß des Herrn
brachen die Israeliten auf, und auf Geheiß
des Herrn lagerten sie. Die ganze Zeit, in
der die Wolke über der Wohnstätte ruhte,
lagerten sie. [19] Mochte die Wolke auf lange
Zeit über der Wohnstätte verweilen, die
Israeliten erwiesen dem Herrn ihren
Dienst und brachen nicht auf. [20] Wenn die
Wolke nur wenige Tage über der Wohn-
stätte blieb, auf Geheiß des Herrn lagerten
sie, und auf Geheiß des Herrn brachen sie
auf. [21] Ja, es konnte geschehen, dass die
Wolke nur vom Abend bis zum Morgen
blieb: Erhob sich die Wolke am Morgen,
dann brachen sie auf; blieb sie den Tag
oder die Nacht und erhob sich dann die
Wolke, dann brachen sie auf. [22] Und wenn
die Wolke zwei Tage oder gar einen Monat
oder noch längere Zeit über der Wohn-
stätte verweilte und über ihr ruhte, dann
lagerten die Israeliten eben und brachen
nicht auf; erst wenn sie sich erhob, bra-
chen sie auf. [23] Nach dem Befehl des Herrn
lagerten sie und nach dem Befehl des
Herrn brachen sie auf; sie fügten sich der
Weisung des Herrn, wie es der Herr durch
Mose befohlen hatte.

Die Trompeten

10 Ferner sprach der Herr zu Mose:
[2] Fertige dir zwei in Silber getriebe-
ne Trompeten an. Sie sollen dir zur Ein-
berufung der Gemeinde und zum Blasen
des Lageraufbruchs dienen. [3] Bläst man
mit beiden, dann soll sich die ganze Ge-
meinde bei dir am Eingang des Offen-
barungszeltes versammeln. [4] Wenn man
nur auf einer Trompete bläst, dann sollen
sich die Befehlshaber, die Anführer der
Tausendschaften Israels, bei dir versam-
meln. [5] Wenn ihr das Blasen mit Zurufen
begleitet, dann brechen die nach Osten lie-
genden Lager auf. [6] Beim zweiten Blasen,
das ihr mit Zurufen begleitet, brechen die
nach Süden liegenden Lager auf. Das Bla-
sen soll man mit Zurufen begleiten zum
Zeichen, dass sie aufbrechen sollen. [7] Aber
um die Gemeinde zu versammeln, soll
man lediglich blasen, ohne Zurufe aus-
zustoßen. [8] Die Söhne Aarons, die Priester,
sollen die Trompeten blasen und ihr Ge-
brauch soll als eine für immer, auch eueren
kommenden Generationen gegebene Ver-
ordnung gelten. [9] Und wenn ihr in euerem
Land gegen den Feind, der euch bedrängt,
in den Krieg zieht, so blast mit den Trom-
peten und stoßt Zurufe aus, damit ihr
euch dem Herrn, euerem Gott, in Erinne-
rung bringt und vor eueren Feinden Ret-
tung findet. [10] Auch an eueren Freuden-
tagen, Festen und Neumonden blast die
Trompeten zu eueren Brand- und Ge-
meinschaftsopfern, damit sie euch ein Ge-
denken vor euerem Gott einbringen. Ich
bin der Herr, euer Gott.

Die Marschordnung

[11] Im zweiten Jahr, im zweiten Monat am
zwanzigsten des Monats erhob sich die
Wolke von der Wohnstätte der Bundes-
urkunde. [12] Da brachen die Israeliten auf
und zogen in Stationen von der Wüste Si-
nai weiter und die Wolke ließ sich in der
Wüste Paran nieder.

[13] Sie brachen erstmals nach der Wei-
sung des Herrn auf, die durch Mose ergan-
gen war. [14] Zuerst brach das Feldzeichen
des Lagers der Söhne Judas auf, Abteilung
um Abteilung; an der Spitze ihres Heeres
stand Nachschon, der Sohn Amminadabs.
[15] Das Heer des Stammes der Söhne Issa-
chars befehligte Netanel, der Sohn Zuars.
[16] Das Heer des Stammes der Söhne Sebu-
lons befehligte Eliab, der Sohn Helons.
[17] Jedes Mal wenn die Wohnstätte abgebro-
chen war, brachen die Gerschoniter und
Merariter auf, die die Wohnstätte zu tra-
gen hatten. [18] Danach brach das Feldzei-
chen des Lagers der Söhne Rubens, Abtei-
lung um Abteilung, auf; an der Spitze ihres
Heeres stand Elizur, der Sohn Schedëurs.
[19] Das Heer des Stammes der Söhne Sime-
ons befehligte Schelumiël, der Sohn Zu-
rischaddais. [20] Das Heer des Stammes der
Söhne Gads befehligte Eljasaf, der Sohn
Reguëls. [21] Dann brachen die Kehatiter auf,
die das Hochheilige zu tragen hatten; die
Wohnstätte hatte man bis zu ihrer An-
kunft bereits wieder aufgerichtet. [22] Da-
nach brach das Feldzeichen des Lagers
der Söhne Efraims, Abteilung um Abtei-
lung, auf; an der Spitze ihres Heeres stand
Elischama, der Sohn Ammihuds. [23] Das
Heer des Stammes der Söhne Manasses
befehligte Gamliël, der Sohn Pedazurs.
[24] Das Heer des Stammes der Söhne Ben-

jamins befehligte Abidan, der Sohn Gidonis. 25 Sodann brach das Feldzeichen des Lagers der Daniter, das den Schluss sämtlicher Lager bildete, Abteilung um Abteilung auf; an der Spitze ihres Heeres stand Ahiëser, der Sohn Ammischaddais. 26 Das Heer des Stammes der Söhne Aschers befehligte Pagiël, der Sohn Ochrans. 27 Das Heer des Stammes der Söhne Naftalis befehligte Ahira, der Sohn Enans.

28 Das war die Ordnung, in der die Israeliten Abteilung um Abteilung aufbrachen; so brachen sie auf.

Moses Vorschlag an Hobab

29 Mose sprach zu Hobab, dem Sohn des Midianiters Reguël, des Schwiegervaters des Mose: Wir sind dabei, nach der Stätte aufzubrechen, von der der Herr gesagt hat: Ich will sie euch geben. Zieh doch mit uns! Wir wollen dir dafür Gutes erweisen; denn der Herr hat Israel Glück verheißen. 30 Er aber erwiderte ihm: Ich ziehe nicht mit, ich gehe vielmehr in mein Land und zu meiner Verwandtschaft zurück. 31 Da sagte er: Lass uns doch nicht im Stich! Denn gerade darum, weil du genau Bescheid weißt, wo wir in der Wüste lagern können, sollst du unser Auge sein. 32 Wenn du mit uns ziehst, werden wir das Gute, das der Herr uns schenkt, mit dir teilen.

Der Aufbruch

33 Sie brachen also vom Berg des Herrn auf, um drei Tagesmärsche weiterzuziehen; dabei zog die Bundeslade des Herrn drei Tage vor ihnen her, um für sie einen Lagerplatz zu erkunden. 34 Die Wolke des Herrn schwebte bei Tag, wenn sie aus dem Lager aufbrachen, über ihnen. 35 Jedes Mal wenn die Lade sich in Bewegung setzte, sprach Mose:

Erheb dich, Herr, dass deine Feinde sich zerstreuen / und deine Gegner vor deinem Antlitz fliehen!

36 Und immer wenn sie Halt machte, sprach er:

Kehr um, Herr, / zu den Scharen der Tausendschaften Israels!

Stationen in der Wüste

Tabera

11 Das Volk lag dem Herrn mit lauten Klagen in den Ohren, dass es ihm schlecht gehe. Als der Herr das hörte, entbrannte sein Zorn, das Feuer des Herrn loderte unter ihnen auf und griff am Rand des Lagers um sich. 2 Da schrie das Volk zu Mose und Mose legte beim Herrn Fürsprache ein, worauf das Feuer erlosch. 3 Jenem Ort gab man den Namen Tabera (Feuersbrand), weil da das Feuer des Herrn unter ihnen aufgelodert war.

Kibrot-Taawa. Klagen des Volkes

4 Das fremde Volk aber, das sich unter ihnen befand, wurde von heftiger Gier gepackt; da jammerten auch die Israeliten wieder und sprachen: Wer gibt uns Fleisch zu essen? 5 Wir denken an die Fische zurück, die wir in Ägypten umsonst zu essen bekamen, an die Gurken und Melonen, an den Lauch, die Zwiebeln und den Knoblauch. 6 Jetzt aber vertrocknet uns die Kehle, nichts ist mehr da, nichts als Manna bekommen wir zu sehen. 7 Das Manna aber war wie Koriandersamen und sah aus wie Bdelliumharz. 8 Die Leute streiften umher und lasen es auf, dann mahlten sie es mit der Handmühle oder sie zerstießen es im Mörser, kochten es im Topf und machten Kuchen daraus; es schmeckte wie Ölkuchen. 9 Wenn nachts Tau auf das Lager fiel, fiel auch das Manna darauf herab.

Fürsprache des Mose

10 Als Mose das Volk, eine Sippe wie die andere, jammern hörte, einen jeden am Eingang seines Zeltes, und der Zorn des Herrn darüber heftig entbrannte, missfiel dies Mose sehr. 11 Mose sprach zum Herrn: Warum behandelst du deinen Knecht so schlecht und warum finde ich keine Gnade in deinen Augen, dass du die Last dieses ganzen Volkes auf mich legst? 12 War ich es denn, der dieses ganze Volk im Schoß trug, oder war ich es, der es gebar, dass du zu mir sagen könntest: Trag es an deiner Brust, wie die Amme den Säugling trägt, in das Land, das du seinen Vätern versprochen hast? 13 Woher soll ich Fleisch neh-

men, um es diesem ganzen Volk zu geben?
Sie jammern mir ja vor: Gib uns doch
Fleisch zu essen! 14 Allein bin ich nicht im-
stande, die Last des ganzen Volkes zu tra-
gen; denn sie ist zu schwer für mich.
15 Wenn du weiterhin so mit mir umgehen
willst, dann töte mich lieber gleich, wenn
ich überhaupt noch in deinen Augen Gna-
de finden sollte, damit ich mein Elend
nicht mehr länger ansehen muss.

Antwort des Herrn

16 Da sprach der Herr zu Mose: Hol mir
siebzig Männer aus den Ältesten Israels
zusammen, von denen du weißt, dass sie
wirklich Älteste und Leiter des Volkes
sind. Nimm sie mit zum Offenbarungszelt,
wo sie sich neben dir aufstellen sollen.
17 Ich werde dann herabkommen und dort
mit dir reden; ich werde von dem Geist,
der auf dir ruht, nehmen und auf sie legen,
damit sie mit dir an der Last des Volkes
tragen und du sie nicht mehr allein tragen
musst. 18 Zum Volk aber sprich: Heiligt
euch für morgen! Da sollt ihr Fleisch zu
essen bekommen. Ihr habt ja mit euerem
Jammern dem Herrn in den Ohren gele-
gen und gesprochen: Wer gibt uns Fleisch
zu essen? In Ägypten ging es uns so gut.
Der Herr wird euch nun Fleisch zu essen
geben. 19 Nicht nur einen Tag sollt ihr es
essen, auch nicht nur zwei oder fünf oder
zehn oder zwanzig Tage, 20 nein, einen gan-
zen Monat lang, bis ihr es nicht mehr rie-
chen könnt und es euch davor ekelt! Dies
deswegen, weil ihr den Herrn, der mitten
unter euch weilt, missachtet und ihm vor-
gejammert habt: Warum sind wir denn
überhaupt aus Ägypten fortgezogen?
21 Mose entgegnete: Sechshunderttausend
Mann zu Fuß zählt das Volk, unter dem
ich lebe, und du sagst: Fleisch werde ich
ihnen geben, dass sie einen ganzen Monat
zu essen haben! 22 Können so viele Schafe
und Rinder für sie geschlachtet werden,
dass es für sie ausreicht, oder sollen etwa
alle Fische des Meeres für sie gefangen
werden, dass es für sie reicht? 23 Da sprach
der Herr zu Mose: Ist etwa die Hand des
Herrn zu schwach? Bald sollst du sehen,
ob mein Wort vor dir zutrifft oder nicht.

Ausgießung des Geistes. Eldad und Medad

24 Nun ging Mose hinaus und teilte dem
Volk die Worte des Herrn mit. Dann holte
er siebzig Männer aus den Ältesten des
Volkes zusammen und stellte sie rings um
das Zelt auf. 25 Alsbald fuhr der Herr in der
Wolke herab und redete zu ihm, nahm
dann von dem Geist, der auf ihm ruhte,
und legte ihn auf die siebzig Ältesten. So-
bald der Geist auf ihnen ruhte, gerieten sie
in prophetische Verzückung; später ge-
schah das nicht mehr.

26 Zwei Männer aber waren im Lager zu-
rückgeblieben; der eine hieß Eldad, der an-
dere Medad. Auch auf sie ließ sich der
Geist nieder; sie gehörten nämlich zu den
aufgerufenen Männern, waren aber nicht
zum Zelt hinausgegangen. Sie gerieten im
Lager in prophetische Verzückung. 27 Ein
Diener lief deshalb hin und meldete es
Mose mit den Worten: Eldad und Medad
sind im Lager in prophetische Verzückung
geraten. 28 Da ergriff Josua, der Sohn Nuns,
der von Jugend an Diener des Mose war,
das Wort und sprach: Mose, mein Herr,
verbiete es ihnen! 29 Mose sprach zu ihm:
Willst du dich für mich ereifern? Möchte
doch der Herr das ganze Volk zu Prophe-
ten machen! Dass doch der Herr seinen
Geist ihnen allen mitteilte! 30 Darauf zog
sich Mose mit den Ältesten Israels ins La-
ger zurück.

Die Wachteln

31 Dann erhob sich ein Wind, vom Herrn
gesandt. Dieser brachte vom Meer her
Wachteln und drückte sie auf das Lager
nieder, etwa eine Tagreise weit nach jeder
Richtung rings um das Lager, bis auf un-
gefähr zwei Ellen über dem Erdboden.
32 Da machte sich das Volk daran, den gan-
zen Tag und die ganze Nacht und noch den
ganzen folgenden Tag die Wachteln ein-
zufangen. Wer wenig zusammenbrachte,
kam immerhin auf zehn Gomer. Sie brei-
teten sie für sich rings um das Lager zum
Dörren aus. 33 Noch aber hatten sie Fleisch
zwischen ihren Zähnen und noch war es
nicht völlig aufgezehrt, da entbrannte
auch schon der Zorn des Herrn gegen das
Volk und der Herr schlug das Volk mit
einer schweren Heimsuchung. 34 Diesen
Ort nannte man Kibrot-Taawa (Giergrä-
ber); denn dort begrub man das von Gier
getriebene Volk. 35 Von Kibrot-Taawa zog
das Volk nach Hazerot weiter, wo sie la-
gerten.

Hazerot. Klagen der Mirjam und des Aaron

12 Da aber verleumdeten Mirjam und Aaron Mose wegen der Kuschiterin, die er geheiratet hatte; er hatte ja eine Kuschiterin zur Frau genommen. 2 Sie sprachen ferner: Hat denn der Herr nur mit Mose geredet? Hat er nicht auch mit uns geredet? Der Herr hörte es. 3 Mose aber war ein demütiger Mann, mehr als alle Menschen auf Erden.

Die Antwort des Herrn

4 Der Herr sprach nun plötzlich zu Mose, Aaron und Mirjam: Geht alle drei zum Offenbarungszelt hinaus! 5 Da gingen die drei hinaus. Der Herr aber stieg in der Wolkensäule herab, trat an den Eingang des Zeltes und rief Aaron und Mirjam. Die beiden kamen heraus. 6 Der Herr sprach: Hört doch meine Worte: Ist sonst ein Prophet unter euch, mache ich mich ihm durch Gesichte kund und rede durch Träume zu ihm. 7 Nicht so bei meinem Knecht Mose, dem mein ganzes Haus anvertraut ist! 8 Mit ihm rede ich von Mund zu Mund, offenbar und nicht in Rätseln; ja, die Gestalt des Herrn darf er schauen. Warum habt ihr es dennoch gewagt, Mose, meinen Knecht, zu verleumden? 9 Und der Zorn des Herrn entbrannte gegen sie. 10 Als er gegangen und die Wolke vom Zelt gewichen war, da war Mirjam von Aussatz weiß wie Schnee geworden. Als Aaron sich zu Mirjam hinwandte, da war sie schon aussätzig.

Fürsprache des Aaron und Mose

11 Da sprach Aaron zu Mose: Bitte, mein Herr! Lass uns doch nicht die Sünden büßen, die wir leichtfertig begangen haben! 12 Mirjam soll nicht wie eine Totgeburt sein, die beim Austritt aus dem Mutterschoß schon halb verfault ist! 13 Da schrie Mose zum Herrn und sprach: Ach Gott! Mach sie doch wieder gesund! 14 Der Herr aber sprach zu Mose: Hätte ihr Vater ihr ins Gesicht gespien, müsste sie sich da nicht sieben Tage hindurch schämen? Sieben Tage lang soll sie aus dem Lager ausgeschlossen bleiben, danach mag sie wieder aufgenommen werden! 15 So wurde Mirjam sieben Tage aus dem Lager ausgeschlossen. Das Volk aber zog nicht weiter, bis Mirjam wieder aufgenommen war. 16 Danach zog das Volk von Hazerot weiter und lagerte in der Wüste Paran.

Die Kundschafter in Kanaan

13 Und der Herr sprach zu Mose: 2 Sende Männer aus, dass sie das Land Kanaan auskundschaften, das ich den Israeliten geben will; jeweils einen aus dem Stamm seiner Väter sendet aus, jeweils einen der führenden Männer. 3 Da sandte sie Mose auf Geheiß des Herrn von der Wüste Paran aus, lauter führende Männer unter den Israeliten. 4 Und dies sind ihre Namen: Vom Stamm Ruben Schammua, der Sohn Sakkurs, 5 vom Stamm Simeon Schafat, der Sohn Horis, 6 vom Stamm Juda Kaleb, der Sohn Jefunnes, 7 vom Stamm Issachar Jigal, der Sohn Josefs, 8 vom Stamm Efraim Hosea, der Sohn Nuns, 9 vom Stamm Benjamin Palti, der Sohn Rafus, 10 vom Stamm Sebulon Gadiël, der Sohn Sodis, 11 vom Stamm Josef, vom Stamm Manasse Gaddi, der Sohn Susis, 12 vom Stamm Dan Ammiël, der Sohn Gemallis, 13 vom Stamm Ascher Setur, der Sohn Michaels, 14 vom Stamm Naftali Nachbi, der Sohn Wofsis, 15 vom Stamm Gad Gëuël, der Sohn Machis. 16 Dies sind die Namen der Männer, die Mose aussandte, das Land auszukundschaften; den Hosea aber, den Sohn Nuns, nannte er jetzt Josua.

17 Als Mose sie nun aussandte, das Land Kanaan auszukundschaften, sprach er zu ihnen: Zieht hier durch das Südland hinauf, besteigt das Gebirge 18 und seht das Land an, wie es ist, und ob das Volk, das es bewohnt, stark oder schwach, klein oder groß ist. 19 Seht, wie das Land ist, in dem es wohnt, ob es gut oder schlecht ist. Seht, wie die Städte angelegt sind, die es bewohnt, ob es offene Lager oder befestigte Plätze sind. 20 Seht auch, wie es um den Boden steht, ob er fett ist oder mager, ob darauf Bäume wachsen oder nicht. Nehmt alle Kraft zusammen, bringt auch einige von den Früchten des Landes mit. Es war gerade die Zeit der ersten Weintrauben.

21 Da zogen sie hinauf und erkundeten das Land von der Wüste Zin bis Rehob bei Lebo-Hamat. 22 Sie stiegen durch das Südland hinauf und kamen bis Hebron, wo Ahiman, Scheschai und Talmai, die Nachkommen Anaks, lebten. Hebron aber war sieben Jahre vor der Stadt Zoan in Ägypten erbaut worden. 23 Als sie zum Tal Eschkol gelangten, schnitten sie dort eine Rebe mit einer Weintraube ab, die sie zu

zweit an einer Stange trugen, dazu auch einige Granatäpfel und Feigen. 24 Jene Stätte aber nannte man Nahal-Eschkol (Traubental), wegen der Traube, die die Israeliten dort geschnitten hatten.

Der Bericht der Kundschafter

25 Nach Verlauf von vierzig Tagen kehrten sie um, nachdem sie das Land ausgekundschaftet hatten, 26 zogen heimwärts und kamen zu Mose und Aaron und der ganzen Gemeinde der Israeliten in die Wüste Paran nach Kadesch. Ihnen und der ganzen Gemeinde gaben sie Bericht, wobei sie ihnen die Früchte des Landes zeigten. 27 Sie erzählten ihm und sagten: Wir sind in das Land hineingezogen, in das du uns gesandt hast. Es fließt wirklich von Milch und Honig und dies hier sind seine Früchte. 28 Aber das Volk, das in dem Land wohnt, ist stark und die Städte sind befestigt, dazu sehr groß, und auch die Nachkommen Anaks sahen wir dort. 29 Amalekiter wohnen im Südland, die Hetiter, Jebusiter und Amoriter siedeln auf dem Gebirge, die Kanaaniter wohnen am Meer und am Ufer des Jordan. 30 Da versuchte Kaleb auf die Stimmung des Volkes gegen Mose beruhigend einzuwirken und sprach: Unverzüglich wollen wir hinaufziehen und es in Besitz nehmen; denn wir können ganz gut seiner Herr werden! 31 Aber die Männer, die mit ihm hinaufgezogen waren, sprachen: Wir sind nicht imstande, gegen diese Bevölkerung hinaufzuziehen; denn sie ist stärker als wir. 32 Und nun verbreiteten sie unter den Israeliten falsche Gerüchte über das Land vor, das sie erkundet hatten: Das Land, das wir durchzogen haben, um es auszukundschaften, ist ein Land, das seine Bewohner verschlingt, und alle Leute, die wir darin sahen, sind über alle Maßen groß. 33 Auch sahen wir dort die Riesen, die Söhne Anaks aus dem Geschlecht der Riesen, und wir kamen uns vor wie Heuschrecken und genau so mussten wir ihnen vorkommen.

Auflehnung Israels

14 Da brach die ganze Gemeinde in lautes Geschrei aus und das Volk jammerte in jener Nacht. 2 Alle Israeliten murrten gegen Mose und Aaron und die ganze Gemeinde sprach zu ihnen: Wären wir doch nur in Ägypten oder hier in der Wüste gestorben! 3 Warum will uns der Herr in das Land da bringen, dass wir durch das Schwert fallen! Unsere Frauen und kleinen Kinder werden ja doch nur zur Beute werden! Wäre es da für uns nicht das Beste, wir kehrten nach Ägypten zurück? 4 Und schon sprachen sie zueinander: Wir wollen uns einen Führer bestellen und nach Ägypten zurückkehren!

5 Da fielen Mose und Aaron vor der ganzen versammelten Gemeinde der Israeliten auf ihr Angesicht. 6 Josua aber, der Sohn Nuns, und Kaleb, der Sohn Jefunnes, die das Land mit ausgekundschaftet hatten, zerrissen ihre Kleider 7 und sprachen zu der ganzen Gemeinde der Israeliten: Das Land, das wir durchzogen, um es zu erkunden, über alle Maßen vortrefflich ist das Land. 8 Wenn der Herr uns geneigt ist, dann bringt er uns in dieses Land und gibt es uns, ein Land, das von Milch und Honig fließt. 9 Nur dürft ihr euch nicht gegen den Herrn auflehnen und ihr dürft die Bevölkerung des Landes ja nicht fürchten. Denn sie werden von uns verschlungen, ihr schützender Schatten ist von ihnen gewichen, während mit uns der Herr ist. Habt keine Furcht vor ihnen! 10 Aber schon drohte die ganze Gemeinde sie zu steinigen.

Der Zorn des Herrn und die Fürsprache des Mose

Da erschien die Herrlichkeit des Herrn allen Israeliten am Offenbarungszelt. 11 Und der Herr sprach zu Mose: Wie lange noch will mich dies Volk da schmähen, wie lange noch mir keinen Glauben schenken trotz all der Zeichen, die ich unter ihnen wirkte? 12 Ich will es mit der Pest schlagen und es so ausrotten, dich aber will ich zu einem Volk machen, größer und stärker als dieses. 13 Mose aber sprach zum Herrn: Die Ägypter haben gehört, dass du durch deine Macht dieses Volk da aus ihrer Mitte herausgeführt hast, 14 und auch alle Bewohner dieses Landes haben vernommen, dass du, Herr, inmitten dieses Volkes wohnst, der du dich sichtbar offenbarst, o Herr, dessen Wolke über ihnen steht und der du am Tag in der Wolkensäule und bei Nacht in der Feuersäule vor ihnen hergehst. 15 Tötest du nun dieses Volk wie einen Mann, dann sprechen die Völker,

die diese Kunde von dir vernommen ha-
ben: 16 Weil der Herr nicht imstande war,
dieses Volk in das Land zu bringen, das er
ihnen eidlich versprochen hatte, darum
hat er sie in der Wüste abgeschlachtet.
17 Zeig darum die Größe deiner Macht, o
Herr, wie du verheißen hast, als du
sprachst: 18 Der Herr ist langmütig und
reich an Huld, vergibt Schuld und Frevel.
Er lässt sie aber nicht ungestraft und er
verfolgt die Schuld der Väter an den Kin-
dern bis in die dritte und vierte Generati-
on. 19 Vergib doch diesem Volk da seine
Schuld nach deiner großen Huld, wie du
diesem Volk von Ägypten an bis hierher
verziehen hast.

Vergebung und Bestrafung

20 Da sprach der Herr: Ich vergebe, wie du
gebeten hast. 21 Aber so wahr ich lebe und
so wahr die ganze Erde voll der Herrlich-
keit des Herrn ist: 22 Alle Männer, die mei-
ne Herrlichkeit und meine Zeichen gese-
hen haben, die ich in Ägypten und in der
Wüste gewirkt habe, und die mich den-
noch schon zehnmal versucht und nicht
auf meine Stimme gehört haben, 23 sie sol-
len das Land, das ich ihren Vätern eidlich
versprochen habe, nicht zu sehen bekom-
men; keiner von allen, die mich geschmäht
haben, soll es zu sehen bekommen. 24 Doch
meinen Knecht Kaleb, den führe ich, weil
ein anderer Geist mit ihm war und er völ-
lig hinter mir stand, in das Land, das er
betreten hat, und seine Nachkommen sol-
len es in Besitz nehmen. 25 [Die Amalekiter
und Kanaaniter bleiben in der Ebene woh-
nen.] Morgen macht ihr kehrt und brecht
in die Wüste auf, den Weg zum Schilf-
meer.

26 Der Herr sprach zu Mose und Aaron:
27 Wie lange noch soll diese böse Gemeinde
gegen mich murren? Das Murren der Is-
raeliten habe ich lange genug gehört!
28 Sag ihnen: So wahr ich lebe – Spruch
des Herrn –, so wie ihr laut vor mir gere-
det habt, so will ich mit euch verfahren.
29 In dieser Wüste sollen die Leichen von
euch allen verwesen, die ihr gemustert
wurdet, von zwanzig Jahren aufwärts, die
ihr gegen mich gemurrt habt. 30 Niemals
sollt ihr in das Land kommen, in dem ich
euch wohnen lassen wollte – meine Hand
hatte ich dafür zum Eid erhoben –, aus-
genommen Kaleb, der Sohn Jefunnes, und
Josua, der Sohn Nuns. 31 Doch euere klei-
nen Kinder, von denen ihr sagtet, zur Beu-
te würden sie werden, sie werde ich hi-
neinbringen, und sie sollen das Land
kennen lernen, das ihr verschmäht habt.
32 Euere Leichen dagegen sollen in dieser
Wüste verwesen 33 und euere Söhne müs-
sen in der Wüste vierzig Jahre lang Hirten
sein und so euere Untreue büßen, bis eue-
re Leichen in der Wüste völlig verwest
sind. 34 Nach der Zahl der Tage, die ihr das
Land ausgekundschaftet habt, nämlich
vierzig Tage, für einen Tag ein Jahr gerech-
net, müsst ihr vierzig Jahre lang euere
Schuld büßen, damit ihr erkennt, was es
bedeutet, wenn ich mich abwende. 35 Ich,
der Herr, habe geredet. Das will ich dieser
ganzen bösen Gemeinde unwiderruflich
antun, die sich gegen mich zusammenrot-
tete: In dieser Wüste sollen sie enden und
hier sollen sie sterben.

36 Die Männer aber, die Mose ausgesandt
hatte, das Land auszukundschaften, und
die nach ihrer Rückkehr die ganze Ge-
meinde aufgewiegelt hatten, gegen ihn zu
murren, indem sie falsche Gerüchte über
das Land vorbrachten, 37 die Männer also,
welche böswillig falsche Gerüchte über das
Land verbreitet hatten, wurden vom
Herrn mit plötzlichem Tod bestraft. 38 Nur
Josua, der Sohn Nuns, und Kaleb, der
Sohn Jefunnes, blieben von jenen Män-
nern, die zur Erkundung des Landes aus-
gezogen waren, am Leben.

Niederlage der Israeliten

39 Als nun Mose diese Worte allen Israeli-
ten mitteilte, wurde das Volk sehr traurig.
40 Und am nächsten Morgen machten sie
sich bereit, auf die Höhe des Gebirges hi-
naufzuziehen; sie sagten: Jetzt sind wir be-
reit, zu der Stätte hinaufzuziehen, von der
der Herr gesprochen hat; denn wir haben
gesündigt. 41 Mose aber entgegnete: Wa-
rum wollt ihr denn den Befehl des Herrn
übertreten? Das wird nicht gelingen!
42 Zieht nicht hinauf, denn der Herr ist
nicht in euerer Mitte! Ihr werdet sonst
von eueren Feinden geschlagen werden.
43 Denn die Amalekiter und Kanaaniter
stehen euch dort gegenüber und ihr wer-
det durch das Schwert fallen; weil ihr euch
vom Herrn abgewandt habt, wird der Herr
nicht mit euch sein. 44 Doch sie zogen starr-
sinnig auf die Höhe des Gebirges hinauf,

aber die Bundeslade des Herrn und Mose
wichen nicht aus dem Lager. 45 Die Amale-
kiter und Kanaaniter, die auf jenem Gebir-
ge wohnten, stiegen herunter, schlugen sie
und zersprengten sie bis Horma.

Opferanweisungen. Befugnisse der Priester und Leviten

Beiopfer

15 Der Herr sprach zu Mose: 2 Rede
zu den Israeliten und sag zu ihnen:
Wenn ihr in das Land euerer künftigen
Wohnsitze kommt, das ich euch geben
will, 3 und ihr dem Herrn ein Feueropfer
bereiten wollt, ein Brandopfer oder ein
Schlachtopfer, um ein Gelübde zu erfüllen,
aus freien Stücken oder bei eueren Festen,
um dem Herrn einen einen beruhigenden
Duft zu bereiten von Groß- oder Klein-
vieh, 4 dann bringe der, welcher seine Op-
fergabe dem Herrn widmet, als Speise-
opfer ein Zehntel Efa Feinmehl, vermengt
mit einem Viertel Hin Öl, dar; 5 und an
Wein für das zum Brand- oder Schlacht-
opfer gehörende Trankopfer richte ein
Viertel Hin für das einzelne Lamm her.
6 Für einen Widder dagegen richte als Spei-
seopfer zwei Zehntel Efa Feinmehl, ver-
mengt mit einem Drittel Hin Öl, her und
an Wein für das Trankopfer ein Drittel
Hin; 7 so bringst du dem Herrn beruhigen-
den Duft zum Opfer dar. 8 Wenn du aber
ein junges Rind als Brand- oder Schlacht-
opfer herrichten willst, um ein Gelübde zu
erfüllen oder als Gemeinschaftsopfer für
den Herrn, 9 so bring zu dem jungen Rind
als Speiseopfer dar drei Zehntel Efa Fein-
mehl, vermengt mit einem halben Hin Öl,
10 und an Wein für das Trankopfer bringe
ein halbes Hin dar als Feueropfer zum be-
ruhigenden Duft für den Herrn. 11 In sol-
cher Weise verfahre man bei jedem Rind,
bei jedem Widder, bei jedem Lamm, bei
jeder Ziege; 12 entsprechend der Zahl der
Tiere, die ihr herrichtet, soll auch die Zahl
der Speise- und Trankopfer sein.

13 So soll es jeder Einheimische halten,
wenn er ein Feueropfer zum beruhigenden
Duft für den Herrn darbringt. 14 Und wenn
ein Fremder unter euch weilt oder einer
seit Generationen in euerer Mitte lebt und
ein Feueropfer zum beruhigenden Duft für
den Herrn bereitet, soll er es so halten, wie
ihr es in euerer Gemeinde tut. 15 Ein und
dieselbe Vorschrift gilt für euch und für
den Fremden, der unter euch lebt; die Vor-
schrift gilt allzeit für euere kommenden
Generationen; der Fremde hat die gleiche
Verpflichtung vor dem Herrn wie ihr.
16 Das gleiche Gesetz und die gleiche Sat-
zung gilt für euch und für den Fremden,
der unter euch lebt.

Die Erstlingsopfer des Brotes

17 Der Herr sprach zu Mose: 18 Rede zu der
Israeliten und sag zu ihnen: 19 Wenn ihr in
das Land kommt, in das ich euch bringen
will, habt ihr, wenn ihr vom Getreide des
Landes esst, dem Herrn eine Opfergabe zu
spenden. 20 Von den Erstlingen euerer
Backtröge habt ihr einen Kuchen als Op-
fergabe zu spenden; wie die Opfergabe von
der Tenne sollt ihr sie spenden. 21 Von den
Erstlingen euerer Backtröge sollt ihr dem
Herrn eine Opfergabe abliefern von Gene-
ration zu Generation.

Sühne der versehentlichen Vergehen

22 Wenn ihr aus Versehen eines dieser Ge-
bote, die euch der Herr durch Mose ver-
kündigte, nicht befolgt, 23 etwas, das der
Herr durch Mose befahl seit dem Tag, da
der Herr die Gebote gab, und weiterhin
von Generation zu Generation, 24 dann
soll, falls dieses Versehen ohne Wissen
der Gemeinde geschah, die ganze Gemein-
de einen jungen Stier für ein Brandopfer
zum beruhigenden Duft für den Herrn
herrichten mit dem dabei erforderlichen
Speise- und Trankopfer – genau nach der
Vorschrift –, ferner einen Ziegenbock für
ein Sündopfer; 25 damit soll der Priester die
ganze Gemeinde der Israeliten entsündi-
gen. So wird ihnen vergeben werden, da
nur ein Versehen vorliegt und sie wegen
ihres Versehens dem Herrn ihre Opferga-
be als Feueropfer und ihr Sündopfer vor
dem Herrn darbringen. 26 Der ganzen Ge-
meinde der Israeliten und dem Fremden,
der in ihrer Mitte wohnt, wird vergeben
werden; denn auf das ganze Volk fällt das
Versehen zurück.

[27] Sündigt aber eine einzelne Person versehentlich, dann bringe sie eine einjährige Ziege für ein Sündopfer herbei. [28] Damit entsündige der Priester vor dem Herrn die Person, die aus Versehen gesündigt hat. Wenn er für sie die Sühnehandlung vornimmt, wird ihr vergeben werden. [29] Für den Eingeborenen unter den Israeliten und für den Fremden, der in ihrer Mitte wohnt, gilt das gleiche Gesetz bei euch, falls er versehentlich etwas tut.

[30] Die Person jedoch, die vorsätzlich etwas tut, ob Eingeborener oder Fremder, lästert den Herrn; eine solche Person soll aus ihrem Volk ausgerottet werden. [31] Denn sie hat das Wort des Herrn verachtet und seine Gebote übertreten; eine solche Person werde völlig ausgerottet, ihre Schuld komme über sie.

Sabbatschändung

[32] Als die Israeliten in der Wüste waren, ertappten sie einen Mann, wie er am Sabbat Holz auflas. [33] Die Leute, die ihn beim Holzsammeln ertappt hatten, brachten ihn zu Mose und Aaron und zur ganzen Gemeinde [34] und sie ließen ihn in Gewahrsam bringen. Denn es war nicht entschieden, was mit ihm zu geschehen habe. [35] Der Herr aber sprach zu Mose: Der Mann ist mit dem Tod zu bestrafen, die ganze Gemeinde soll ihn draußen vor dem Lager steinigen! [36] Da führte ihn die ganze Gemeinde vor das Lager hinaus und steinigte ihn zu Tode, wie der Herr es dem Mose befohlen hatte.

Kleiderquasten

[37] Und der Herr sprach zu Mose: [38] Rede zu den Israeliten und sag zu ihnen, sie sollen sich Quasten an die Zipfel ihrer Kleider machen, sie und ihre Nachkommen, und an jeder Zipfelquaste eine violette Purpurschnur anbringen. [39] Und die Quasten sollen für euch dies bedeuten: Wenn ihr sie anseht, sollt ihr euch an all die Gebote des Herrn erinnern, um nach ihnen zu handeln und nicht der Begierde eueres Herzens und euerer Augen nachzugeben, die euch zur Untreue verleiten. [40] Ihr sollt an meine Gebote denken und sie halten, um so euerem Gott heilig zu sein. [41] Ich bin der Herr, euer Gott, der euch aus Ägypten herausgeführt hat, um euch Gott zu sein, ich, der Herr, euer Gott.

Auflehnung des Korach, Datan und Abiram

16 Korach, der Sohn Jizhars, des Sohnes Kehats, des Sohnes Levis, ferner Datan und Abiram, die Söhne Eliabs, und On, der Sohn Pallus – Eliab und Pelet waren Söhne Rubens –, [2] erhoben sich gegen Mose, ebenso zweihundertfünfzig führende Männer aus der Gemeinde der Israeliten, Volksvertreter, Männer von Namen. [3] Sie rotteten sich gegen Mose und Aaron zusammen und sprachen zu ihnen: Nun ist es genug mit euch! Denn die ganze Gemeinde, alle miteinander sind heilig, in ihrer Mitte ist der Herr! Warum erhebt ihr euch über die Gemeinde des Herrn? [4] Als Mose das hörte, fiel er auf sein Angesicht nieder. [5] Dann sprach er zu Korach und seiner Rotte: Morgen wird der Herr kundtun, wer ihm angehört und wer ihm heilig ist, sodass er sich ihm nähern darf. Nur wen er erwählt, darf sich ihm nähern. [6] Tut dies: Nehmt euch Räucherpfannen, Korach und seine Rotte, [7] tut morgen vor dem Herrn Feuer hinein und legt Räucherwerk darauf! Und so sei es: Den der Herr erwählt hat, der hat als heilig zu gelten! Genug mit euch, Söhne Levis!

[8] Und Mose sprach zu Korach: Hört doch, Söhne Levis! [9] Ist es euch zu wenig, dass der Gott Israels euch aus der Gemeinde Israels aussonderte, euch in seine Nähe holte, damit ihr den Dienst an der Wohnstätte des Herrn verseht und vor der Gemeinde zum Dienst für sie steht? [10] Er ließ dich doch und mit dir all deine Brüder, die Söhne Levis, herantreten und ihr fordert nun auch noch das Priesteramt? [11] Du und deine ganze Rotte, ihr habt euch darum gegen den Herrn zusammengetan! Aaron, was ist er denn schon, dass ihr gegen ihn murrt?

[12] Mose ließ Datan und Abiram, die Söhne Eliabs, zu sich kommen. Die aber sprachen: Wir kommen nicht hinauf! [13] Genügt es dir nicht, uns aus einem Land, das von Milch und Honig fließt, heraufgeführt zu haben, um uns in der Wüste umkommen zu lassen, dass du dich nun auch noch zum Herrscher über uns aufwirfst? [14] Du hast uns wirklich nicht in ein Land gebracht, das von Milch und Honig fließt, und uns Felder und Weinberge zum Besitz gegeben. Willst du etwa die Leute blenden? Wir kommen nicht hinauf! [15] Da wurde Mose sehr zornig und er sprach zum

Herrn: Wende dich ihrer Opfergabe nicht
zu! Nicht einen Esel habe ich ihnen weg-
genommen und keinem von ihnen habe
ich etwas zuleide getan!

Die Bestrafung

16 Dann sprach Mose zu Korach: Du und
deine ganze Rotte, ihr erscheint morgen
vor dem Herrn, du und sie und Aaron.
17 Jeder von euch nehme seine Räucher-
pfanne und lege Räucherwerk darauf.
Dann bringe jeder seine Räucherpfanne
vor den Herrn, zweihundertfünfzig Räu-
cherpfannen, auch du und Aaron, jeder
bringe seine Räucherpfanne! 18 So nahm
denn jeder seine Räucherpfanne, tat Feuer
hinein und legte Räucherwerk darauf;
dann stellten sie sich am Eingang des Of-
fenbarungszeltes auf, auch Mose und Aa-
ron. 19 Korach aber versammelte die ganze
Gemeinde am Eingang des Offenbarungs-
zeltes gegen sie. Da erschien der ganzen
Gemeinde die Herrlichkeit des Herrn.

20 Der Herr sprach zu Mose und Aaron:
21 Trennt euch von dieser Gemeinde, ich
will sie augenblicklich vertilgen! 22 Da fie-
len sie nieder auf ihr Angesicht und spra-
chen: O Gott, du Gott der Lebensgeister
aller Menschen! Willst du, wenn ein Mann
sündigt, über die ganze Gemeinde zürnen?
23 Da sprach der Herr zu Mose: 24 Sag zur
Gemeinde: Zieht euch aus der Umgebung
der Wohnung Korachs zurück!

25 Da machte sich Mose auf und ging zu
Datan und Abiram und die Ältesten Isra-
els folgten ihm. 26 Er sprach zur Gemeinde:
Tretet weg von den Zelten dieser Frevler
und berührt nicht das Geringste von dem,
was ihnen gehört, damit ihr nicht für all
ihre Sünden ausgetilgt werdet. 27 Da zogen
sie sich aus dem Bereich der Zelte Korachs
zurück. Datan und Abiram waren heraus-
gekommen und standen mit ihren Frauen,
Söhnen und kleinen Kindern am Eingang
ihrer Zelte. 28 Da sprach Mose: Daran sollt
ihr erkennen, dass der Herr mich gesandt
hat, all diese Taten zu vollbringen, und
dass das nicht aus mir selber geschah:
29 Wenn diese da so sterben, wie alle Men-
schen sterben, und ihnen das widerfährt,
was allen Menschen widerfährt, dann hat
der Herr mich nicht gesandt. 30 Wenn aber
der Herr etwas Ungewöhnliches wirkt,
dass nämlich sich der Boden auftut, sie
mit allem, was ihnen gehört, verschlingt
und sie lebendig in die Unterwelt hinab-
stürzen, dann wisst ihr, dass diese Männer
den Herrn gelästert haben!

31 Kaum hatte er all diese Worte zu Ende
geredet, da spaltete sich auch schon der
Boden unter ihnen, 32 die Erde tat ihren
Schlund auf und verschlang sie mit ihren
Familien und all den Menschen, die zu
Korach gehörten, und mit all ihrer Habe.
33 So stürzten sie mit allem, was ihnen ge-
hörte, lebendig in die Unterwelt hinab und
die Erde schloss sich über ihnen; so ver-
schwanden sie mitten aus der Gemeinde.
34 Alle Israeliten, die um sie herumstanden,
flohen bei ihrem Geschrei; sie sagten: Dass
nur die Erde nicht auch uns verschlinge!
35 Dann ging vom Herrn Feuer aus und
verzehrte die zweihundertfünfzig Männer,
die das Räucherwerk darbrachten.

Die Räucherpfannen

17 Der Herr sprach zu Mose: 2 Sprich
zu Eleasar, dem Sohn des Priesters
Aaron, er soll die Räucherpfannen von der
Brandstätte aufheben und dieses uner-
laubte Feuer wegbringen; 3 denn sie sind
geheiligt, obgleich es die Räucherpfannen
derer sind, die um den Preis ihres Lebens
gesündigt haben. Hämmert sie zu Blech
als Überzug für den Altar. Sie sollen nun
ein Zeichen für die Israeliten sein. 4 Da
nahm der Priester Eleasar die ehernen
Räucherpfannen, die die Verbrannten her-
gebracht hatten, und man hämmerte da-
raus einen Überzug für den Altar – 5 als
ein Mahnzeichen für die Israeliten, dass
kein Unbefugter, der nicht zu Aarons
Nachkommen gehört, herantrete, um vor
dem Herrn Räucherwerk anzuzünden,
und es ihm nicht gehe, wie der Herr durch
Mose dem Korach und seiner Rotte ihm
angekündigt hatte.

Die Fürsprache Aarons

6 Am anderen Morgen murrte die ganze
Gemeinde der Israeliten gegen Mose und
Aaron und sie sagten: Ihr habt das Volk
des Herrn getötet! 7 Als sich dann die Ge-
meinde gegen Mose und Aaron zusam-
menrottete und sich zum Offenbarungs-
zelt hinwandte, da hatte es die Wolke
schon bedeckt und die Herrlichkeit des
Herrn erschien. 8 Mose und Aaron traten
vor das Offenbarungszelt hin. 9 Dann rede-
te der Herr zu Mose: 10 Verlasst diese Ge-

meinde! Ich will sie augenblicklich ver-
nichten! Da fielen sie nieder auf ihr Ange-
sicht. 11 Mose sprach sodann zu Aaron:
Nimm die Räucherpfanne, tu Feuer vom
Altar hinein und leg Räucherwerk auf.
Das trag eilends zur Gemeinde hin und
entsündige sie. Denn vom Herrn ist bereits
der Zorn ausgegangen, die Seuche hat be-
gonnen. 12 Aaron nahm die Pfanne, wie
Mose geboten hatte, und lief mitten unter
die Gemeinde und tatsächlich hatte die
Seuche unter dem Volk schon begonnen.
Er legte Räucherwerk hinein und entsün-
digte das Volk. 13 Er trat zwischen die To-
ten und die Lebendigen und die Seuche
hörte auf. 14 Doch belief sich die Zahl derer,
die an der Seuche gestorben waren, bereits
auf vierzehntausendsiebenhundert ohne
jene, die wegen Korach umgekommen wa-
ren. 15 Aaron kehrte dann zu Mose an den
Eingang des Offenbarungszeltes zurück,
die Seuche aber hatte aufgehört.

Der Stab Aarons

16 Hierauf sprach der Herr zu Mose: 17 Rede
zu den Israeliten und lass dir von ihnen je
einen Stab von jedem Stamm geben, von
all ihren Anführern, Stamm für Stamm,
zwölf Stäbe, eines jeden Namen schreib
auf seinen Stab! 18 Den Namen Aarons aber
schreib auf den Stab Levis; denn auch
ihrem Stammesoberhaupt kommt ein Stab
zu. 19 Dann leg sie im Offenbarungszelt vor
der Bundesurkunde nieder, wo ich mich
dir zu offenbaren pflege. 20 Und der Stab
desjenigen, den ich erwähle, soll ausschla-
gen. So werde ich das Murren, das die Is-
raeliten gegen euch erheben, von mir aus
zum Schweigen bringen.

21 Mose redete zu den Israeliten und alle
ihre Anführer übergaben ihm ihre Stäbe,
jeder Anführer einen, Stamm für Stamm,
im Ganzen zwölf Stäbe; mitten unter ihren
Stäben befand sich dann auch der Stab Aa-
rons. 22 Mose legte die Stäbe vor den Herrn
im Offenbarungszelt nieder. 23 Als aber
Mose am anderen Morgen das Offen-
barungszelt betrat, da hatte der Stab
Aarons, der Stab für den Stamm Levi, aus-
geschlagen: Er hatte Sprossen hervor-
gebracht, Blüten getrieben und trug Man-
deln. 24 Da brachte Mose sämtliche Stäbe
von ihrem Platz vor dem Herrn zu allen
Israeliten hinaus. Die besahen sie und
jeder nahm wieder seinen Stab an sich.
25 Der Herr aber sprach zu Mose: Den
Stab Aarons bring wieder an den Platz
vor der Bundesurkunde zurück zur Auf-
bewahrung als Wahrzeichen für die Wi-
derspenstigen. Mach so ihrem Murren ein
Ende, dass sie sich nicht mehr gegen mich
erheben und nicht sterben. 26 Mose tat dies;
wie der Herr ihm befohlen hatte, so tat er.
27 Die Israeliten aber sprachen zu Mose:
Sieh nur, wir müssen umkommen! Wir
sind verloren! Wir alle sind verloren! 28 Je-
der, der an die Wohnstätte des Herrn he-
rankommt, muss sterben! Sollen wir denn
vollständig umkommen?

Die Sühnerolle des Priestertums

18 Der Herr sprach zu Aaron: Du und
mit dir deine Söhne und deine Fa-
milie, ihr habt die Schuld für Verfehlun-
gen im Dienst des Heiligtums auf euch zu
nehmen; du und mit dir deine Söhne, ihr
habt die Schuld für Verfehlungen in eue-
rem Priesteramt auf euch zu nehmen.
2 Aber auch deine Brüder, den Stamm Levi,
deinen väterlichen Stamm, lass mit dir he-
rantreten, damit sie sich dir anschließen
und dir zu Diensten seien, während ihr,
du und mit dir deine Söhne, vor dem Zelt
der Bundesurkunde tätig seid. 3 Sie sollen
den Dienst bei dir und beim gesamten Zelt
besorgen, nur an die heiligen Geräte und
den Altar dürfen sie nicht herantreten,
sonst müssen sie und ihr sterben. 4 Sie ha-
ben sich dir anzuschließen und den Dienst
am Offenbarungszelt mit allem, was zur
Besorgung des Zeltes gehört, zu versehen;
kein Nichtlevit darf aber zu euch herantre-
ten. 5 Ihr dagegen sollt den Dienst im Hei-
ligtum und am Altar besorgen, damit
nicht nochmals der Zorn (Gottes) über
die Israeliten komme. 6 Seht, ich war es,
der euere Brüder, die Leviten, mitten aus
den Israeliten als ein Geschenk für euch
nahm, sie, die dem Herrn zu Eigen gege-
ben sind, damit sie am Offenbarungszelt
Dienst tun. 7 Du aber und mit dir deine
Söhne, ihr sollt das Priesteramt am Altar
und hinter dem Vorhang ausüben. Als Ge-
schenk gebe ich euch das Priesteramt. Je-
der, der nicht als Priester dazu befugt ist,
ist mit dem Tod zu bestrafen.

Der Anteil der Priester

8 Und der Herr sprach zu Aaron: Siehe, ich
selber weise dir zu, was von den mir zu-

kommenden Opfern aufbewahrt wird; von
allen heiligen Gaben der Israeliten über-
weise ich sie dir als Anteil und deinen Söh-
nen als eine für alle Zeit fällige Abgabe.
9 Dies soll dir von den hochheiligen Gaben,
soweit sie nicht (ganz) verbrannt werden,
gehören: Alle ihre Opfergaben bei ihren
sämtlichen Speise-, Sünd- und Schuld-
opfern, die sie mir darbringen; als etwas
Hochheiliges soll es dir und deinen Söh-
nen gelten. 10 An hochheiliger Stätte sollst
du es verzehren; alle männlichen Personen
dürfen es verzehren; als etwas Heiliges hat
es dir zu gelten.

11 Auch soll dir noch dies zufallen: Die
Abgabe ihrer Opfergeschenke bei allem,
was die Israeliten darbringen, ich weise
sie dir und deinen Söhnen und Töchtern
mit dir zu als eine für alle Zeit fällige Ab-
gabe; jeder, der in deiner Familie rein ist,
darf davon essen. 12 Das Beste von Öl, Most
und Korn, das Vorzüglichste von dem, was
sie dem Herrn geben, das weise ich dir zu.
13 Die Erstlinge von allem, was in ihrem
Land wächst, die sie dem Herrn darbrin-
gen, sollen dir zufallen; jeder, der in deiner
Familie rein ist, darf davon essen. 14 Alles
Weihegut in Israel soll dir gehören. 15 Alle
Lebewesen, die zuerst den Mutterschoß
durchbrechen, sei es Mensch oder Vieh, al-
les, was man dem Herrn darzubringen hat,
soll dir gehören; nur musst du die mensch-
liche Erstgeburt auslösen lassen und auch
den Erstlingswurf vom unreinen Vieh
musst du auslösen lassen. 16 Und was ihre
Auslösung angeht, so sollst du sie frühes-
tens im Alter von einem Monat auslösen
lassen um den Schätzwert von fünf Sche-
keln heiligen Gewichts, den Schekel zu
zwanzig Gera gerechnet. 17 Dagegen darfst
du den Erstlingswurf von Rindern, Scha-
fen und Ziegen nicht auslösen lassen; sie
sind heilig; ihr Blut musst du an den Altar
sprengen und ihr Fett in Rauch aufgehen
lassen als Feueropfer zum beruhigenden
Duft für den Herrn. Ihr Fleisch aber soll
dir gehören. 18 Wie die Brust vom Darbrin-
gungsritus und die rechte Keule soll es dir
gehören. 19 Alle Abgaben also von den hei-
ligen Opfern, die die Israeliten für den
Herrn entrichten, weise ich dir und mit
dir deinen Söhnen und Töchtern zu als
eine für alle Zeit fällige Abgabe. Ein ewig
gültiger Salzbund ist es vor dem Herrn für
dich und deine Nachkommen.

Der Anteil der Leviten

20 Der Herr sprach zu Aaron: In ihrem
Land sollst du keinen Erbbesitz haben
und keinen Anteil in ihrer Mitte erhalten;
ich bin dein Anteil und dein Erbbesitz in-
mitten der Israeliten. 21 Den Söhnen Levis
aber gebe ich hiermit allen Zehnten in
Israel zum Erbbesitz als Entgelt für ihren
Dienst, den sie zu versehen haben, den
Dienst am Offenbarungszelt. 22 Die Isra-
eliten dürfen ja fortan nicht an das Of-
fenbarungszelt herantreten, um nicht to-
deswürdige Sünde auf sich zu laden,
23 sondern einzig und allein die Leviten ha-
ben den Dienst am Offenbarungszelt zu
versehen; sie haben etwaige Verfehlungen
ihrerseits auf sich zu nehmen – das ist eine
von Generation zu Generation geltende
Vorschrift –, aber sie dürfen keinen Erb-
besitz inmitten der Israeliten erhalten.
24 Denn den Zehnten, den die Israeliten
für den Herrn als Abgabe erheben, über-
weise ich den Leviten als Erbbesitz; daher
habe ich für sie angeordnet: Sie dürfen kei-
nen Erbbesitz inmitten der Israeliten er-
halten.

Der Zehnte

25 Der Herr sprach zu Mose: 26 Zu den Levi-
ten rede und sag zu ihnen:

Wenn ihr von den Israeliten den Zehn-
ten in Empfang nehmt, den ich euch von
jenen als eueren Erbbesitz überwiesen ha-
be, so habt ihr davon eine Abgabe für den
Herrn zu entrichten, den Zehnten vom
Zehnten. 27 Diese euere Abgabe soll euch
so angerechnet werden wie bei den übri-
gen Israeliten die Abgabe an Korn von
der Tenne und Wein von der Kelter. 28 So
sollt auch ihr von allen eueren Zehnten,
die ihr von den Israeliten in Empfang
nehmt, die Abgabe für den Herrn entrich-
ten; ihr sollt davon die Abgabe für den
Herrn an den Priester Aaron überweisen.
29 Von allen euch zufallenden Gaben sollt
ihr die Abgabe für den Herrn entrichten,
von allem das Beste, als heilige Gaben.
30 Und sprich zu ihnen: Wenn ihr das Beste
davon abliefert, dann soll das Ganze euch
Leviten wie der Ertrag von Tenne und Kel-
ler angerechnet werden 31 und ihr dürft es
an jedem Ort verzehren, ihr und euere Fa-
milien; denn es ist euer Lohn für eueren
Dienst am Offenbarungszelt. 32 Wenn ihr
das Beste davon abgebt, dann ladet ihr sei-

netwegen keine Sünde auf euch, entweiht nicht die heiligen Gaben der Israeliten und braucht deswegen auch nicht den Tod zu erleiden.

Die Asche der roten Kuh.
Das Reinigungswasser

19 Der Herr sprach zu Mose und Aaron: 2 Das ist die Gesetz, das der Herr erließ. Rede zu den Israeliten: Sie sollen dir eine rote, fehlerlose Kuh bringen, die keine Gebrechen hat und auf die noch kein Joch gekommen ist. 3 Die sollt ihr dem Priester Eleasar übergeben. Dann bringe man sie vor das Lager hinaus und schlachte sie vor seinen Augen. 4 Der Priester Eleasar nehme alsdann mit seinem Finger etwas von ihrem Blut und sprenge siebenmal etwas von ihrem Blut gegen die Vorderseite des Offenbarungszeltes. 5 Hierauf verbrenne man die Kuh vor seinen Augen; ihr Fell, ihr Fleisch und ihr Blut verbrenne man mit ihrem Mist. 6 Danach nehme der Priester Zedernholz, Ysop und Karmesin und werfe es mitten ins Feuer, in dem die Kuh verbrannt wird. 7 Dann wasche der Priester seine Kleider, bade seinen Leib in Wasser und gehe daraufhin wieder ins Lager; der Priester ist aber bis zum Abend unrein. 8 Auch derjenige, der sie verbrannt hat, wasche seine Kleider in Wasser und bade seinen Leib in Wasser; doch bleibt auch er unrein bis zum Abend. 9 Ein Mann, der rein ist, sammle nun die Asche der Kuh und versorge sie an einem reinen Ort außerhalb des Lagers. Dort werde sie für die Gemeinde der Israeliten zur Zubereitung des Reinigungswassers aufbewahrt; die Kuh ist ja ein Sündopfer. 10 Der aber die Asche der Kuh gesammelt hat, muss ebenfalls seine Kleider waschen und bleibt unrein bis zum Abend. Für die Israeliten und den Fremden, der sich unter ihnen aufhält, gelte nun für alle Zeit folgende Vorschrift:

11 Wer einen toten Menschen berührt, wird für sieben Tage unrein. 12 Er lasse sich damit am dritten und siebten Tag entsündigen, dann wird er wieder rein. Lässt er sich aber am dritten und siebten Tag nicht entsündigen, dann wird er nicht rein. 13 Jeder, der einen Toten, die Leiche eines verstorbenen Menschen, berührt und sich nicht entsündigen lässt, der verunreinigt die Wohnstätte des Herrn, eine solche Person muss aus Israel ausgerottet werden. Weil kein Reinigungswasser auf ihn gesprengt wurde, bleibt er unrein; seine Unreinheit haftet weiter an ihm. 14 Auch dies ist Gesetz: Falls ein Mensch in einem Zelt stirbt, wird jeder, der das Zelt betritt, sowie jeder, der im Zelt ist, für sieben Tage unrein; 15 auch jedes offene Gefäß, das keinen verschnürten Deckel hat, wird unrein. 16 Ebenso wird jeder, der auf freiem Feld mit einem vom Schwert Erschlagenen oder mit einem Toten, mit menschlichen Gebeinen oder mit einem Grab in Berührung kommt, für sieben Tage unrein.

17 Für einen Unreinen nehme man von der Asche des verbrannten Sündopfers und gieße in einem Gefäß Quellwasser darüber. 18 Dann nehme ein Mann, der rein ist, Ysop, tauche ihn in das Wasser und besprenge das Zelt, alle Geräte und alle Personen, die sich darin befinden, auch den, der mit den Gebeinen eines Toten, einem Erschlagenen oder Verstorbenen oder mit dem Grab in Berührung gekommen ist. 19 Der Reine muss den Unreinen am dritten und am siebten Tag besprengen: Am siebten Tag hat er ihn dann entsündigt. Der wasche hierauf seine Kleider und bade sich in Wasser, dann ist er am Abend rein. 20 Wer aber, obwohl unrein geworden, sich nicht entsündigen lässt, eine solche Person soll aus der Gemeinde ausgerottet werden; denn er hat das Heiligtum des Herrn verunreinigt, das Reinigungswasser wurde nicht auf ihn gesprengt, er bleibt unrein. 21 Eine Vorschrift für immer sei dies für euch. Derjenige, der das Reinigungswasser sprengt, hat seine Kleider zu waschen, und wer das Reinigungswasser berührt, ist unrein bis zum Abend. 22 Alles, was der unrein Gewordene berührt, wird unrein und ebenso wird die Person, die das wieder berührt, unrein bis zum Abend.

Von Kadesch nach Moab

Die Wasser von Meriba

20 Im ersten Monat kamen die Israeliten, die ganze Gemeinde, in die Wüste Zin und das Volk ließ sich in Kadesch nieder. Dort starb Mirjam und wurde auch dort begraben.

2 Die Gemeinde hatte einmal kein Wasser und sie rotteten sich gegen Mose und Aaron zusammen. 3 Die Leute haderten mit Mose und riefen: Ach, wären wir doch auch umgekommen, als unsere Brüder vor dem Herrn sterben mussten! 4 Warum habt ihr die Gemeinde des Herrn in diese Wüste gebracht? Nur damit wir zusammen mit unserem Vieh hier sterben? 5 Warum habt ihr uns aus Ägypten herausgeführt? Nur um uns in diese trostlose Gegend zu bringen, in eine Gegend, wo keine Saat, kein Feigenbaum, kein Weinstock, kein Granatapfel gedeiht, wo es kein Wasser zu trinken gibt?

6 Mose und Aaron aber gingen von der Gemeinde weg zum Eingang des Offenbarungszeltes und warfen sich auf ihr Angesicht nieder. Da erschien ihnen die Herrlichkeit des Herrn. 7 Der Herr sprach zu Mose: 8 Nimm den Stab, versammle die Gemeinde, du und dein Bruder Aaron, und gebietet vor ihren Augen dem Felsen, dass er sein Wasser spende! So lass für sie Wasser aus dem Felsen sprudeln und gib der Gemeinde und ihrem Vieh zu trinken!

9 Mose nahm den Stab, wie der Herr ihm befohlen hatte. 10 Dann versammelten Mose und Aaron die Gemeinde vor dem Felsen und Mose sprach zu ihnen: Hört doch, ihr Widerspenstigen! Können wir wirklich aus diesem Felsen für euch Wasser sprudeln lassen? 11 Hierauf erhob Mose seine Hand und schlug mit seinem Stab zweimal an den Felsen. Da kam Wasser in Menge heraus und die Gemeinde samt ihrem Vieh trank davon.

Bestrafung des Mose und Aaron

12 Der Herr aber sprach zu Mose und Aaron: Weil ihr mir nicht geglaubt und mich vor den Augen der Israeliten nicht heilig gehalten habt, darum dürft ihr diese Gemeinde nicht in das Land bringen, das ich ihnen gebe. 13 Das sind die Wasser von Meriba (Streitwasser), wo die Israeliten mit dem Herrn haderten und er sich als heilig erwies.

Edom verweigert den Durchzug

14 Mose sandte von Kadesch Boten an den König von Edom: So spricht dein Bruder Israel: Du kennst all die Mühsal, die uns betroffen hat. 15 Unsere Väter sind einst nach Ägypten hinabgezogen und wir haben lange Zeit in Ägypten gewohnt. Die Ägypter aber haben uns genau wie unsere Väter schlecht behandelt. 16 Als wir daher zum Herrn schrien, hörte er unser Rufen und sandte einen Engel und der Engel führte uns aus Ägypten heraus. Und nun sind wir hier in der Stadt Kadesch an der Grenze deines Gebietes. 17 Wir möchten durch dein Land ziehen, aber ohne die Felder und Weinberge zu betreten und Wasser aus den Brunnen zu trinken. Auf der Königsstraße wollen wir dahinziehen, ohne nach rechts oder links abzubiegen, bis wir dein Gebiet durchzogen haben. 18 Edom aber ließ ihm ausrichten: Du darfst nicht bei mir durchziehen, sonst trete ich dir mit dem Schwert entgegen. 19 Die Israeliten ließen ihm darauf sagen: Wir wollen doch nur auf der Straße durchziehen, und wenn wir, ich und mein Vieh, von deinem Wasser trinken, dann bezahle ich es. Es geht nur darum, dass ich auf dem Durchzug dein Gebiet betreten darf. 20 Edom erwiderte jedoch: Du darfst nicht durchziehen. Zugleich rückte Edom mit schwer bewaffneten Kriegern und starker Macht gegen Israel aus. 21 Da sich also Edom weigerte, Israel den Durchzug durch sein Gebiet freizugeben, bog Israel von ihm ab.

Aarons Tod

22 Als die Israeliten, die ganze Gemeinde, von Kadesch aufgebrochen waren, gelangten sie zum Berg Hor. 23 Und hier beim Berg Hor an der Grenze des Landes Edom sprach der Herr zu Mose und Aaron: 24 Aaron soll mit seinen Vorfahren vereint werden; denn er darf nicht in das Land kommen, das ich den Israeliten gebe, weil ihr an den Wassern von Meriba gegen meinen Befehl gehandelt habt. 25 Nimm Aaron und seinen Sohn Eleasar und führ sie auf den Berg Hor. 26 Zieh dann Aaron seine Gewänder aus und leg sie seinem

Sohn Eleasar an; Aaron aber wird dort
heimgeholt werden und sterben. 27 Da tat
Mose, wie der Herr geboten hatte. Sie stie-
gen vor den Augen der ganzen Gemeinde
auf den Berg Hor. 28 Mose zog Aaron die
Gewänder aus und legte sie dessen Sohn
Eleasar an und Aaron starb dort auf dem
Gipfel des Berges. Mose und Eleasar aber
stiegen vom Berg herunter. 29 Als nun die
Gemeinde erfuhr, dass Aaron verschieden
war, beweinte das ganze Haus Israel Aaron
dreißig Tage lang.

Einnahme von Horma

21 Als nun der Kanaaniter, der König
von Arad, der im Südland wohnte,
erfuhr, dass Israel auf dem Weg von Ata-
rim anrückte, griff er Israel an und nahm
einige von ihnen gefangen. 2 Da machte Is-
rael dem Herrn ein Gelübde und sprach:
Gibst du dieses Volk wirklich in meine
Hand, weihe ich ihre Städte dem Unter-
gang. 3 Der Herr erhörte das Rufen Israels
und gab den Kanaaniter in seine Hand
und es weihte sie und ihre Städte dem Un-
tergang. Den Ort nannte man Horma
(Untergangsweihe).

Die kupferne Schlange

4 Vom Berg Hor zogen sie den Weg nach
dem Meer von Suf weiter, um das Land
Edom zu umgehen. Das Volk aber wurde
der Wanderung überdrüssig. 5 Es redete
gegen Gott und Mose: Warum habt ihr
uns aus Ägypten herausgeführt? Etwa da-
mit wir in der Wüste sterben? Kein Brot ist
ja da, kein Wasser! Dieser elende Fraß wi-
dert uns an! 6 Da ließ der Herr die Gift-
schlangen gegen das Volk los, die bissen
das Volk, sodass viele Leute aus Israel star-
ben. 7 Daraufhin kamen die Leute zu Mose
und sprachen: Wir haben gesündigt, dass
wir gegen den Herrn und gegen dich rede-
ten. Leg Fürsprache beim Herrn ein, dass
er uns von den Schlangen befreit! Da legte
Mose Fürsprache für das Volk ein. 8 Der
Herr antwortete Mose: Fertige dir eine
Schlange an und befestige sie an einer
Stange! Jeder aber, der gebissen ist und sie
anschaut, soll am Leben bleiben! 9 Mose
fertigte also eine Schlange aus Kupfer und
brachte sie an der Stange an. Wenn die
Schlangen nun jemanden gebissen hatten
und der auf die kupferne Schlange hin-
blickte, blieb er am Leben.

Stationen auf dem Weg ins Ostjordanland

10 Die Israeliten zogen weiter und lagerten
bei Obot. 11 Von Obot zogen sie weiter und
lagerten bei Ije-Abarim in der vor Moab
im Osten liegenden Wüste. 12 Von da zo-
gen sie weiter und lagerten am Bach Sared.
13 Von da zogen sie weiter und lagerten
jenseits des Arnon. Dieser Bach fließt
durch die Wüste und kommt aus dem Ge-
biet der Amoriter; der Arnon bildet ja die
Grenze Moabs zwischen den Moabitern
und Amoritern. 14 Daher heißt es im Buch
der Kriege des Herrn:

Waheb in Sufa und die Arnonbäche, /
15 den Hang der Bäche auch,
der sich dort erstreckt, wo Ar gelegen
ist / und sich an Moabs Grenze lehnt.

16 Von da zogen sie nach Beër; das ist der
Brunnen, von dem der Herr zu Mose
sprach: Ruf das Volk zusammen, damit
ich ihnen Wasser gebe! 17 Damals sang Is-
rael dieses Lied:

Steig auf, Brunnen! / Ihr, singt ihm zu!
18 Du Brunnen, den Heerführern gegra-
ben, / den die Edlen des Volkes gebohrt, /
mit dem Zepter, mit ihrer Stäben!

Von Beër zogen sie nach Mattana, 19 von
Mattana nach Nahaliël, von Nahaliël nach
Bamot, 20 von Bamot nach dem Tal im
Grünland von Moab beim Gipfel des Pis-
ga, der auf das Ödland herabschaut.

Eroberung des Ostjordanlandes

21 Inzwischen sandte Israel Boten an Sihon,
den König der Amoriter, und ließ ihm sa-
gen: 22 Ich möchte durch dein Land ziehen,
aber ohne auf Felder und Weinberge abzu-
biegen und aus den Brunnen Wasser zu
trinken. Wir wollen einfach die Königs-
straße dahinwandern, bis wir dein Gebiet
durchzogen haben. 23 Sihon aber gestattete
Israel den Durchzug durch sein Gebiet
nicht. Sihon sammelte vielmehr sein gan-
zes Kriegsvolk und rückte in die Wüste
aus, Israel entgegen. So kam er nach Jahaz
und griff Israel an. 24 Israel aber schlug ihn
mit der Schärfe des Schwertes und nahm
sein Land vom Arnon bis zum Jabbok in
Besitz, bis zu den Ammonitern. Denn Ja-
ser war die Grenze gegen die Ammoniter.
25 Israel nahm alle dortigen Städte ein und
Israel setzte sich in allen Städten der Amo-
riter fest, in Heschbon und allen ihm un-
terstehenden Ortschaften. 26 Heschbon
war nämlich die Residenzstadt des Amori-

terkönigs Sihon. Er hatte mit dem ersten
König von Moab Krieg geführt und ihm
sein ganzes Land bis zum Arnon entrissen.
27 Darum singen die Spruchdichter: /
Kommt nach Heschbon! / Aufgebaut und
neu gegründet wird Sihons Stadt!
28 Ja, Feuer ging aus von Heschbon, / ein
Flammenmeer von Sihons Burg, / das fraß
Ar-Moab, / verschlang des Arnons Höhen!
29 Weh dir, Moab! / Du, des Kemosch
Volk, bist verloren! / Er ließ seine Söhne
flüchtig werden, / gab seine Töchter in
Gefangenschaft / Sihon, dem Amoriterkö-
nig!
30 Ihre Scholle ist dahin / von Heschbon
bis Dibon, / vom Naschim bis Nofach bei
Medeba.
31 Als sich Israel im Amoriterland fest-
gesetzt hatte, 32 ließ Mose auch Jaser aus-
kundschaften; sie nahmen es samt den
ihm unterstehenden Ortschaften ein und
vertrieben die darin wohnenden Amoriter.
33 Dann wandten sie sich hin und zogen
hinauf gegen Baschan. Og aber, der König
von Baschan, rückte ihnen mit all seinem
Kriegsvolk nach Edrëi zum Kampf ent-
gegen. 34 Da sprach der Herr zu Mose:
Fürchte dich nicht vor ihm; denn ich gebe
ihn, sein ganzes Kriegsvolk und sein Land
in deine Hand, damit du mit ihm ver-
fährst, wie du mit dem Amoriterkönig Si-
hon verfahren bist, der in Heschbon resi-
dierte. 35 So erschlugen sie ihn, seine Söhne
und sein ganzes Kriegsvolk, sodass ihm
keiner übrig blieb, der entronnen wäre,
und nahmen sein Land in Besitz.

22 Dann zogen die Israeliten weiter
und lagerten in den Steppen Mo-
abs jenseits des Jordan bei Jericho.

Der Seher Bileam

Der König von Moab lässt Bileam rufen

2 Balak, der Sohn Zippors, musste das alles,
was Israel den Amoritern angetan hatte,
mitansehen 3 und Moab geriet in große
Furcht vor dem Volk, weil es so zahlreich
war. 4 Moab packte das Grauen vor den Is-
raeliten und er sprach zu den Ältesten Mi-
dians: Nun wird dieser Haufen alles rings
um uns abgrasen, wie das Rindvieh das
Gras auf dem Feld abfrisst.
Balak, der Sohn Zippors, war zu jener
Zeit König über Moab. 5 Er sandte nun Bo-
ten an Bileam, den Sohn Beors, nach Petor
am Strom in das Land der Söhne seines
Volkes, um ihn zu rufen, und ließ ihm sa-
gen: Da ist ein Volk aus Ägypten ausgezo-
gen, das hat das Land weit und breit über-
schwemmt und hält nun gerade die
Gegend vor mir besetzt. 6 So komm nun
und verfluch mir dieses Volk; denn es ist
mir zu mächtig. Vielleicht kann ich ihm
dann eine Niederlage beibringen und es
aus dem Land vertreiben. Ich weiß ja,
wen du segnest, der ist gesegnet, und wen
du verfluchst, der ist verflucht. 7 So reisten
denn die Ältesten Moabs und Midians, mit
Wahrsagerlohn versehen, ab; als sie bei Bi-
leam angekommen waren, richteten sie
ihm den Auftrag Balaks aus. 8 Bileam aber
sprach zu ihnen: Bleibt heute Nacht hier,
dass ich euch Bescheid mitgeben kann,
wie der Herr mich anweisen wird. Da blie-
ben die Hofleute aus Moab bei Bileam.
9 Gott aber kam zu Bileam und sprach:
Wer sind diese Männer da bei dir? 10 Und
Bileam antwortete Gott: Der Moabiterkö-
nig Balak, der Sohn Zippors, ließ mir sa-
gen: 11 Da ist ein Volk, das aus Ägypten
ausgezogen ist und das Land weit und
breit überschwemmt. Wohlan nun, ver-
fluch es mir! Vielleicht kann ich dann mit
ihm den Kampf aufnehmen und es vertrei-
ben. 12 Nun sprach Gott zu Bileam: Du
darfst nicht mit ihnen ziehen! Du darfst
das Volk nicht verfluchen, denn es ist ge-
segnet! 13 So sagte Bileam, als er am Mor-
gen aufgestanden war, den Hofleuten Ba-
laks: Reist ab in euer Land! Denn der Herr
hat mir die Erlaubnis verweigert, mit euch
zu ziehen. 14 Da brachen die moabitischen
Hofleute auf, und als sie zu Balak kamen,
meldeten sie: Bileam hat sich geweigert,
mit uns zu ziehen.
15 Hierauf entsandte Balak mehr und
noch vornehmere Hofleute als zuvor.
16 Als sie bei Bileam ankamen, sagten sie
zu ihm: So spricht Balak, der Sohn des
Zippor: Lass dich doch nicht abhalten, zu
mir zu reisen. 17 Ich will dich ja reichlich
belohnen und alle Ansprüche erfüllen, die
du an mich stellst. Nur komm und ver-
fluch mir dieses Volk! 18 Doch Bileam ent-
gegnete und sprach zu den Dienern Ba-
laks: Gäbe mir Balak auch an Silber und
Gold so viel, als sein Haus zu fassen ver-
mag, so könnte ich mich doch nicht über
den Befehl des Herrn, meines Gottes, hin-
wegsetzen, weder im Kleinen noch im

Großen. 19 Doch bleibt auch ihr heute
Nacht hier, bis ich erfahre, was der Herr
noch weiter mit mir sprechen will. 20 In
der Nacht kam Gott zu Bileam und sagte
zu ihm: Sind die Männer wiedergekom-
men, um dich zu rufen? Mach dich doch
auf und reise mit ihnen! Du darfst aber
nur das tun, was ich dir sage! 21 Bileam
machte sich am Morgen auf, sattelte seine
Eselin und ging mit den moabitischen
Hofleuten.

Bileams Eselin

22 Da entbrannte der Zorn des Herrn, weil
jener dahinzog, und der Engel des Herrn
stellte sich ihm in den Weg, während er
auf seiner Eselin dahinritt und von seinen
beiden Dienern begleitet wurde. 23 Als die
Eselin den Engel des Herrn, das gezückten
Schwert in der Hand, auf dem Weg stehen
sah, bog die Eselin vom Weg ab und lief
ins Feld. Da schlug Bileam die Eselin, um
sie wieder auf den Weg zu lenken. 24 Hie-
rauf stellte sich der Engel des Herrn auf
einen Weg zwischen den Weinbergen, der
auf beiden Seiten von einer Mauer be-
grenzt war. 25 Als nun die Eselin den Engel
des Herrn bemerkte, drängte sie sich an
die Mauer und drückte dabei den Fuß Bi-
leams gegen die Mauer. Da schlug er sie
abermals. 26 Dann ging der Engel des
Herrn wiederum voraus und stellte sich
an eine enge Stelle, wo kein Raum war,
um nach rechts oder links auszubiegen.
27 Wie nun die Eselin den Engel des Herrn
erblickte, legte sie sich unter Bileam nie-
der. Da geriet Bileam in Zorn und er
schlug die Eselin mit dem Stock.

28 Nun aber öffnete der Herr der Eselin
den Mund und sie sprach zu Bileam: Was
habe ich dir getan, dass du mich nun
schon dreimal geschlagen hast? 29 Da
sprach Bileam zur Eselin: Weil du mich
zum Narren hältst! Hätte ich doch nur
ein Schwert zur Hand, ich hätte dich jetzt
umgebracht! 30 Die Eselin entgegnete Bile-
am: Bin ich denn nicht deine Eselin, auf
der du von jeher bis zum heutigen Tag
geritten bist? War es etwa je meine Ge-
wohnheit, dir so zu dienen? Er sagte:
Nein.

31 Da öffnete der Herr Bileam die Augen,
sodass er nun auch den Engel des Herrn,
das gezückte Schwert in seiner Hand, auf
dem Weg stehen sah. Da verneigte sich Bi-
leam und warf sich auf sein Angesicht nie-
der. 32 Der Engel des Herrn aber sprach zu
ihm: Warum hast du deine Eselin nun
schon dreimal geschlagen? Siehe, ich bin
es doch, der gegen dich ausgezogen ist,
weil der Weg, den du gehst, zum Absturz
führt. 33 Die Eselin hat mich bemerkt und
ist schon dreimal vor mir ausgewichen.
Wäre sie nicht vor mir ausgewichen, dann
hätte ich dich umgebracht, sie aber am Le-
ben gelassen. 34 Da sprach Bileam zum En-
gel des Herrn: Ich habe gesündigt. Ich
wusste ja nicht, dass du es warst, der mir
auf dem Weg gegenüber stand. Nun aber
will ich umkehren, wenn mein Vorhaben
in deinen Augen Unrecht ist. 35 Der Engel
des Herrn jedoch antwortete Bileam: Reise
mit den Männern! Aber du darfst nur das
reden, was ich dir eingebe. Darauf machte
sich Bileam mit den moabitischen Hofleu-
ten weiter auf den Weg.

Bileam und Balak

36 Als Balak hörte, dass Bileam kam, ging er
ihm nach Ar-Moab entgegen, das im Ar-
nongebiet hart an der Grenze liegt. 37 Und
Balak sprach zu Bileam: Habe ich dich
nicht dringend rufen lassen? Warum bist
du nicht zu mir gekommen? Bin ich denn
wirklich nicht in der Lage, dich zu beloh-
nen? 38 Bileam antwortete Balak: Ich bin ja
jetzt zu dir gekommen! Aber werde ich
wirklich etwas mit dir reden können? Nur
das, was Gott mir in den Mund legt, kann
ich reden! 39 Darauf ging Bileam mit Balak
und sie gelangten nach Kirjat-Huzot. 40 Da
opferte Balak Rinder und Schafe und über-
ließ einen Teil davon Bileam und den Hof-
leuten, die ihn begleiteten. 41 Am nächsten
Morgen nahm Balak Bileam mit und führ-
te ihn nach Bamot-Baal hinauf. Von dort
konnte er den äußersten Teil des Lagers
sehen.

23 Da sprach Bileam zu Balak: Lass
mir hier sieben Altäre aufrichten
sowie sieben Jungstiere und sieben Widder
bereitstellen! 2 Balak tat, wie Bileam gesagt
hatte, und Bileam brachte auf jedem Altar
einen Jungstier und einen Widder dar.
3 Dann sagte Bileam zu Balak: Bleib bei
deinem Brandopfer stehen! Ich aber will
beiseite gehen, vielleicht begegnet mir der
Herr. Was er mich auch schauen lässt, will
ich dir kundtun. Und er begab sich auf
einen kahlen Hügel.

Bileams Spruchreden

4 Da begegnete Gott Bileam. Der sprach zu ihm: Die sieben Altäre habe ich hergerichtet und auf jedem Altar einen Jungstier und einen Widder dargebracht. 5 Da legte der Herr Bileam eine Rede in den Mund und sagte: Geh zu Balak zurück und rede! 6 So ging er denn zu ihm zurück und fand ihn noch mit allen Hofleuten Moabs bei seinem Brandopfer stehend. 7 Da begann er mit seinem Spruch und sagte:

Aus Aram ließ mich Balak holen, / Moabs König von des Ostens Bergen: / Auf! Verfluch mir Jakob! / Auf! Ruf Gottes Zorn über Israel!

8 Wie aber kann ich fluchen, dem Gott nicht flucht? / Wie kann ich Zorn herabrufen, wo der Herr nicht zürnt?

9 Ja, von felsiger Kuppe sehe ich es, / von Hügeln herab erblicke ich es: / Siehe, ein Volk ist es, das abgesondert siedelt, / das nicht zu den anderen Völkern rechnet.

10 Wer zählte je Jakobs Staub? / Wer die Zehntausende Israels? / Stürbe ich doch den Tod der Gerechten, / und wäre doch mein Ende dem ihrigen gleich!

11 Da sprach Balak zu Bileam: Was hast du mir da angetan? Ich habe dich mitgenommen, meine Feinde zu verfluchen, und du hast sie wahrhaftig gesegnet! 12 Doch jener antwortete und sprach: Muss ich mich beim Reden nicht genau an das halten, was der Herr mir in den Mund legt? 13 Hierauf sprach Balak zu ihm: Geh doch mit mir an einen anderen Platz, von wo du das Volk sehen kannst – allerdings wirst du nur den äußersten Teil davon sehen, ganz kannst du es nicht sehen –, und verfluch es mir von dort aus. 14 Und er nahm ihn mit auf das Späherfeld am Gipfel des Pisga, errichtete dort sieben Altäre und brachte auf jedem Altar einen Jungstier und einen Widder dar. 15 Dann sprach jener zu Balak: Bleib hier bei deinem Brandopfer stehen, während ich dort auf eine Begegnung mit dem Herrn warten will. 16 Da begegnete der Herr Bileam, legte ihm ein Wort in den Mund und sprach: Geh zurück zu Balak und rede! 17 Er begab sich zu ihm; der aber stand noch samt den Hofleuten Moabs bei seinem Brandopfer. 18 Balak fragte ihn: Was hat der Herr geredet? Da begann er mit seinem Spruch und sagte:

Auf, Balak! Höre zu! / Leih dein Ohr mir, Zippors Sohn!

19 Gott ist kein Mensch, der lügt, / kein Menschenkind, das etwas bereut! / Sollte er wohl reden und es nicht tun? / Sollte er etwas künden und nicht erfüllen?

20 Siehe, zu segnen habe ich übernommen; / so will ich segnen und davon nichts zurücknehmen.

21 Ich schaute in Jakob nicht Unheil, / in Israel sah ich kein Elend. / Der Herr, sein Gott, ist mit ihm, / Königsjubel erschallt in ihm!

22 Gott, der es aus Ägypten führte, / ist ihm wie des Wildstiers Hörner.

23 Gegen Jakob gibt es ja keine Beschwörung, / gegen Israel keine Wahrsagerei! / [Jetzt sagt man zu Jakob, zu Israel: / Was hat Gott getan?]

24 Siehe, welch ein Volk – es steht auf einer Löwin gleich, / löwenartig erhebt es sich, / streckt sich nicht hin, bevor es den Raub verzehrt / und das Blut der Erschlagenen trinkt.

25 Darauf sprach Balak zu Bileam: Wenn du es schon nicht verfluchen kannst, so lass doch wenigstens das Segnen bleiben! 26 Bileam aber antwortete und sagte zu Balak: Habe ich dir nicht angekündigt: Alles, was der Herr redet, habe ich zu tun? 27 Dann sprach Balak zu Bileam: Komm doch, ich will dich an einen anderen Platz mitnehmen. Vielleicht ist es (diesmal) in den Augen Gottes recht, dass du mir das Volk von dort aus verfluchst. 28 Und Balak nahm Bileam mit auf den Gipfel des Pegor, der auf das Ödland herabschaut. 29 Da sagte Bileam zu Balak: Errichte mir hier sieben Altäre und stell mir hier sieben Jungstiere und sieben Widder bereit. 30 Balak tat so, wie Bileam gesagt hatte und brachte dann auf jedem Altar einen Jungstier und einen Widder dar.

24 Da aber Bileam einsah, dass es dem Herrn gefiel, Israel zu segnen, ging er nicht wie die vorigen Male auf geheime Zeichen aus, sondern wandte sein Angesicht der Wüste zu. 2 Als Bileam nun seine Augen erhob und Israel nach seinen Stämmen geordnet lagern sah, kam der Geist Gottes über ihn, 3 er begann mit seinem Spruch und sagte:

Spruch Bileams, des Sohnes Beors, / Spruch des Mannes mit durchdringendem Blick,

4 Spruch dessen, der Gottes Worte ver-
nimmt, / der eine Vision des Allmächtigen
schaut, / der daliegt mit entschleierten
Augen:
5 Wie sind deine Zelte, Jakob, so schön, /
und deine Behausungen, Israel!
6 Wie Bachesgründe, die weit sich hin-
ziehen, / wie Gärten entlang des Stro-
mes! / Wie Eichen, die der Herr ge-
pflanzt, / wie Zedern am Wasser entlang!
7 Von seinen Schöpfeimern rinnt das
Wasser, / reichlich Wasser hat seine Saat. /
Mächtiger als Agag ist sein König, / reckt
sich empor sein Königtum.
8 Gott, der es aus Ägypten führte, / ist
ihm wie des Wildstiers Hörner. / Die Lei-
che seiner Bedränger zerreißt er, / ihre
Knochen zermalmt er / und zerbricht ihre
Pfeile.
9 Dem Löwen gleich hat er sich hinge-
duckt, / der Löwin ähnlich – wer wagt es,
ihn aufzustören? / Wer dich segnet, hat
selbst Segen, / Fluch aber der, der dich
verflucht!
10 Da aber geriet Balak in Zorn über Bi-
leam. Händeringend sprach Balak zu Bile-
am: Ich habe dich rufen lassen, meine
Feinde zu verfluchen, du aber hast sie
wahrhaftig jetzt schon dreimal gesegnet.
11 Geh weg und zieh schleunigst in deine
Heimat zurück! Ich dachte, dich reichlich
zu belohnen, der Herr aber hat dich um
deinen Lohn gebracht. 12 Bileam erwiderte
Balak: Habe ich nicht schon deinen Boten,
die du zu mir geschickt hast, erklärt: 13 Gä-
be mir Balak auch an Silber und Gold so
viel, als sein Haus zu fassen vermag, so
könnte ich mich doch nicht über den Be-
fehl des Herrn hinwegsetzen, um von mir
aus etwas zu unternehmen, sei es Gutes
oder Böses; nur was der Herr redet, das
darf ich verkünden. 14 Siehe, ich bin jetzt
dabei, zu meinem Volk heimzureisen.
Wohlan, so will ich dir noch verraten, was
dieses Volk deinem Volk am Ende der Ta-
ge antun wird. 15 Und er begann mit sei-
nem Spruch und sagte:
Spruch Bileams, des Sohnes Beors, /
Spruch des Mannes mit durchdringendem
Blick,
16 Spruch dessen, der Gottes Worte ver-
nimmt, / der das Wissen des Höchsten
erfährt, / der eine Vision des Allmächtigen
schaut, / der daliegt mit entschleierten
Augen:
17 Ich sehe ihn, doch nicht jetzt, / ich
schaue ihn, doch nicht nahe. / Ein Stern
geht auf aus Jakob, / und ein Zepter erhebt
sich aus Israel. / Das zerschmettert Moabs
Schläfen, / allen Söhnen Sets den Schädel.
18 Edom wird unterworfenes Land, /
unterworfenes Land wird Seïr. / Israel aber
entfaltet seine Macht.
19 Jakob beherrscht seine Feinde / und
vernichtet, die aus Ar entrinnen.
20 Als er aber die Amalekiter erblickte,
begann er mit seinem Spruch und sagte:
Erstling der Völker war Amalek, / doch
sein Geschlecht geht zugrunde für immer.
21 Als er dann die Keniter sah, begann er
mit seinem Spruch und sagte:
Fest ist dein Wohnsitz, Kain, / und auf
den Felsen gebaut ist dein Nest,
22 doch es wird hinweggefegt werden. /
Wie lange noch, wann führt Assur gefan-
gen dich fort?
23 Dann sah er Og und begann mit sei-
nem Spruch und sagte:
Wehe, wer bleibt am Leben, wenn Gott
das tut?
24 Schiffe kommen von den Kittäern
her; / sie zwingen Assur nieder, sie besie-
gen Eber. / Auch er geht zugrunde für
immer.
25 Hierauf brach Bileam auf und kehrte
in seine Heimat zurück und Balak ging
ebenfalls seines Weges.

Israel in Pegor. Der Priester Pinhas

25 Als sich Israel in Schittim aufhielt,
begann das Volk mit den Moabite-
rinnen Unzucht zu treiben. 2 Sie luden das
Volk zu ihren Götteropfern ein, das Volk
nahm an den Opferfesten teil und warf
sich vor ihren Gottheiten nieder. 3 Israel
diente dem Baal-Pegor. Da entbrannte
der Zorn des Herrn gegen Israel. 4 Der
Herr sprach zu Mose: Hol alle Anführer
des Volkes zusammen. Spieß sie für den
Herrn an den Pfahl im Angesicht der Son-
ne, damit die Zornesglut des Herrn von
Israel ablässt! 5 Mose befahl also den Rich-
tern Israels: Jeder töte diejenigen seiner
Leute, die dem Baal-Pegor gedient haben.
6 Nun kam ein Israelit und brachte eine
Midianiterin zu seinen Brüdern vor den
Augen des Mose und der ganzen Gemein-
de der Israeliten, die am Eingang des Of-
fenbarungszeltes wehklagte. 7 Das sah der
Priester Pinhas, der Sohn Eleasars, des

Sohnes Aarons. Er erhob sich mitten aus
der Versammlung, ergriff einen Speer,
8 drang hinter dem Israeliten in das Innen-
gemach ein und durchbohrte beiden, dem
Israeliten und der Frau, den Unterleib. Da
wurde der Plage unter den Israeliten Ein-
halt getan. 9 Die Zahl derer aber, die an der
Plage gestorben waren, belief sich auf vier-
undzwanzigtausend.
10 Hierauf sprach der Herr zu Mose:
11 Der Priester Pinhas, der Sohn Eleasars,
des Sohnes Aarons, hat meinen Zorn von
den Israeliten abgewendet, indem er sich
für mich ereiferte, und so habe ich die Is-
raeliten in meinem Eifer nicht völlig ver-
tilgt. 12 Sag ihm daher: Siehe, ich gewähre
ihm meinen Bund zum Heil; 13 ihm und
seinen Nachkommen sei für immer die
Priesterwürde zugesichert. Weil er sich
für seinen Gott ereiferte, darf er den Süh-
neritus an den Israeliten vollführen.
14 Der damals getötete Israelit, der mit
der Midianiterin zusammen getötet wur-
de, hieß Simri, der Sohn Salus, des Ober-
hauptes einer Großfamilie der Simeoniter.
15 Die Midianiterin, die getötet worden
war, hieß Kosbi, die Tochter Zurs; der
war das Oberhaupt einer Großfamilie in
Midian.
16 Dann sprach der Herr zu Mose:
17 Greift die Midianiter an und schlagt sie!
18 Denn sie haben euch mit Arglist ange-
griffen, wie im Fall Pegors und ihrer Stam-
mesgenossin, der midianitischen Fürsten-
tochter Kosbi, die am Tag der wegen Pegor
verhängten Plage erschlagen wurde.

Neue Verfügungen

Die Musterung

19 Nach der Plage
26 sprach der Herr zu Mose und zu
dem Priester Eleasar, dem Sohn
Aarons: 2 Erfasst die Gesamtzahl aller
Wehrfähigen der Gemeinde der Israeliten
von zwanzig Jahren aufwärts nach ihren
Großfamilien. 3 Mose und der Priester
Eleasar musterten sie in den Steppen Mo-
abs am Jordan bei Jericho, 4 von zwanzig
Jahren aufwärts, wie es der Herr Mose be-
fohlen hatte.
Das sind die Israeliten aber, die aus
Ägypten ausgezogen waren: 5 Ruben, der
Erstgeborene Israels. Die Söhne Rubens
nach ihren Sippen: von Henoch die Sippe
der Henochiter, von Pallu die Sippe der
Palluiter, 6 von Hezron die Sippe der Hez-
roniter, von Karmi die Sippe der Karmiter.
7 Dies sind die Sippen der Rubeniter. Die
Zahl der aus ihnen Gemusterten betrug
dreiundvierzigtausendsiebenhundertdrei-
ßig. 8 Der Sohn des Pallu war Eliab. 9 Die
Söhne Eliabs: Nemuël, Datan und Abiram.
Datan und Abiram sind jene, die Abgeord-
nete der Gemeinde waren und die gegen
Mose und Aaron stritten mit der Rotte
Korachs, als diese gegen den Herrn stritt.
10 Die Erde tat ihren Schlund auf und ver-
schlang sie und Korach, während die Rotte
dadurch umkam, dass Feuer die zweihun-
dertfünfzig Mann verzehrte. So wurden sie
zu einem Zeichen der Warnung. 11 Die
Söhne Korachs kamen nicht mit ihnen
um.
12 Die Söhne Simeons nach ihren Sippen:
von Jemuël die Sippe der Jemuëliter, von
Jamin die Sippe der Jaminiter, von Jachin
die Sippe der Jachiniter, 13 von Serach die
Sippe der Serachiter, von Schaul die Sippe
der Schauliter. 14 Dies sind die Sippen der
Simeoniter, an Gemusterten zweiund-
zwanzigtausendzweihundert.
15 Die Söhne Gads nach ihren Sippen:
von Zifjon die Sippe der Zifjoniter, von
Haggi die Sippe der Haggiter, von Schuni
die Sippe der Schuniter, 16 von Osni die
Sippe der Osniter, von Er die Sippe der
Eriter, 17 von Arod die Sippe der Aroditer,
von Areli die Sippe der Areliter. 18 Dies
sind die Sippen der Söhne Gads, an Ge-
musterten vierzigtausendfünfhundert.
19 Die Söhne Judas: Er und Onan; Er und
Onan starben aber schon im Land Ka-
naan. 20 Die Söhne Judas aber nach ihren
Sippen waren: von Schela die Sippe der
Schelaniter, von Perez die Sippe der Pere-
ziter, von Serach die Sippe der Serachiter.
21 Die Söhne des Perez waren: von Hezron
die Sippe der Hezroniter, von Hamul die
Sippe der Hamuliter. 22 Dies sind die Sip-
pen Judas, an Gemusterten sechsundsieb-
zigtausendfünfhundert.
23 Die Söhne Issachars nach ihren Sip-

pen: (von) Tola die Sippe der Tolaïter, von
Puwa die Sippe der Puwaniter, 24 von Ja-
schub die Sippe der Jaschubiter, von
Schimron die Sippe der Schimroniter.
25 Dies sind die Sippen Issachars, an Ge-
musterten vierundsechzigtausenddrei-
hundert.

26 Die Söhne Sebulons nach ihren Sip-
pen: von Sered die Sippe der Serediter,
von Elon die Sippe der Eloniter, von Jach-
leël die Sippe der Jachleëliter. 27 Dies sind
die Sippen der Sebuloniter, an Gemuster-
ten sechzigtausendfünfhundert.

28 Die Söhne Josefs nach ihren Sippen:
Manasse und Efraim. 29 Die Söhne Manas-
ses: von Machir die Sippe der Machiriter.
Machir aber zeugte Gilead. Von Gilead die
Sippe der Gileaditer. 30 Dies sind die Söhne
Gileads: (von) Ieser die Sippe der Ieseriter,
von Helek die Sippe der Helekiter, 31 von
Asriël die Sippe der Asrieliter, von Sche-
chem die Sippe der Schechemiter, 32 von
Schemida die Sippe der Schemidaïter, von
Hefer die Sippe der Heferiter. 33 Zelofhad
aber, der Sohn Hefers, hatte keine Söhne,
sondern nur Töchter, die Töchter hießen
Machla, Noa, Hogla, Milka und Tirza.
34 Dies sind die Sippen Manasses, die aus
ihnen Gemusterten betrugen zweiund-
fünfzigtausendsiebenhundert.

35 Dies sind die Söhne Efraims nach
ihren Sippen: von Schutelach die Sippe
der Schutelachiter, von Becher die Sippe
der Becheriter, von Tahan die Sippe der
Tahaniter. 36 Und das sind die Söhne Schu-
telachs: von Eran die Sippe der Eraniter.
37 Das sind die Sippen der Söhne Efraims,
an Gemusterten zweiunddreißigtausend-
fünfhundert.

Dies sind die Söhne Josefs nach ihren
Sippen.

38 Die Söhne Benjamins nach ihren Sip-
pen: von Bela die Sippe der Belaiter, von
Aschbel die Sippe der Aschbeliter, von
Ahiram die Sippe der Ahiramiter, 39 von
Schupham die Sippe der Schufamiter, von
Hufam die Sippe der Hufamiter. 40 Die
Söhne Belas waren Ard und Naaman.
(Von Ard) die Sippe der Arditer, von Naa-
man die Sippe der Naamaniter. 41 Das sind
die Söhne Benjamins nach ihren Sippen,
die aus ihnen Gemusterten betrugen fünf-
undvierzigtausendsechshundert.

42 Dies sind die Daniter nach ihren Sip-
pen: von Schuham die Sippe der Schuha-
miter. Dies sind die Sippen Dans nach
ihren Sippen. 43 Alle Sippen der Schuha-
miter hatten an Gemusterten vierundsech-
zigtausendvierhundert.

44 Die Söhne Aschers nach ihren Sippen:
von Jimna die Sippe der Jimnaiter, von Ji-
schwi die Sippe der Jischwiter, von Beria
die Sippe der Beriaïter. 45 Von den Söhnen
Berias: von Heber die Sippe der Heberiter,
von Malkiel die Sippe der Malkiëliter.
46 Die Tochter Aschers hieß Serach. 47 Dies
sind die Sippen der Söhne Aschers, an Ge-
musterten dreiundfünfzigtausendvierhun-
dert.

48 Die Söhne Naftalis nach ihren Sippen:
von Jachzeël die Sippe der Jachzeëliter, von
Guni die Sippe der Guniter, 49 von Jezer die
Sippe der Jezeriter, von Schillem die Sippe
der Schillemiter. 50 Dies sind die Sippen
Naftalis nach ihren Sippen, die aus ihnen
Gemusterten betrugen fünfundvierzigtau-
sendvierhundert.

51 Dies sind die gemusterten Israeliten:
sechshunderteintausendsiebenhundert-
dreißig.

52 Der Herr sprach zu Mose: 53 An diese
Männer soll das Land als Erbbesitz an-
hand des Namensverzeichnisses verteilt
werden. 54 Dem Stamm, der zahlreich ist,
sollst du größeren Erbbesitz, dem, der
klein ist, kleineren Erbbesitz geben; einem
jedem werde nach der Anzahl der aus ihm
Gemusterten sein Erbbesitz zugewiesen.
55 Doch soll das Land ausschließlich durch
das Los verteilt werden, nach der Zahl der
Namen in ihren väterlichen Stämmen sol-
len sie es in Besitz nehmen. 56 Nach dem
Los soll der Erbbesitz unter den größeren
und den kleineren Stämmen aufgeteilt
werden.

Die Musterung der Leviten

57 Das sind nun die gemusterten Leviten
nach ihren Sippen: von Gerschon die Sip-
pe der Gerschoniter, von Kehat die Sippe
der Kehatiter, von Merar die Sippe der
Merariter. 58 Dies sind die Sippen Levis:
die Sippe der Libniter, die Sippe der He-
broniter, die Sippe der Machliter, die Sippe
der Muschiter, die Sippe der Korachiter.
Kehat zeugte Amram. 59 Die Frau Amrams
hieß Jochebed, die Tochter Levis, die Levi
in Ägypten geboren wurde. Sie gebar dem
Amram Aaron und Mose und deren
Schwester Mirjam. 60 Dem Aaron wurden

Nadab, Abihu, Eleasar und Itamar gebo-
ren. 61 Nadab und Abihu aber mussten ster-
ben, als sie vor dem Herrn ein unerlaubtes
Feueropfer darbrachten.
62 Die aus ihnen Gemusterten betrugen
dreiundzwanzigtausend, alle männlichen
Personen von einem Monat aufwärts;
doch waren sie nicht inmitten der Israeli-
ten gemustert worden, da ihnen ja kein
Erbbesitz unter den Israeliten zugewiesen
wurde. 63 Das sind die von Mose und dem
Priester Eleasar Gemusterten, welche die
Israeliten in den Steppen Moabs am Jor-
dan bei Jericho gemustert haben. 64 Unter
diesen war aber keiner mehr aus den von
Mose und dem Priester Aaron Gemuster-
ten, die die Israeliten in der Wüste Sinai
gemustert hatten. 65 Denn der Herr hatte
ihnen angekündigt, sie müssten in der
Wüste sterben; so war keiner von ihnen
übrig geblieben außer Kaleb, der Sohn Je-
funnes, und Josua, der Sohn Nuns.

Das Erbrecht der Töchter

27 Da traten die Töchter Zelofhads,
des Sohnes des Hefer, des Sohnes
Gileads, des Sohnes Machirs, des Sohnes
Manasses, aus den Sippen Manasses, des
Sohnes Josefs, heran – seine Töchter hie-
ßen Machla, Noa, Hogla, Milka und Tir-
za –, 2 sie traten vor Mose und den Pries-
ter Eleasar sowie vor die Anführer und
die ganze Gemeinde am Eingang des Of-
fenbarungszeltes und sprachen: 3 Unser
Vater ist in der Wüste gestorben. Doch
gehörte er nicht zu der Rotte Korachs,
die sich gegen den Herrn zusammen-
geschlossen hatte, sondern ist wegen sei-
ner eigenen Sünden gestorben. Söhne hat-
te er nicht. 4 Warum soll nun der Name
unseres Vaters aus seiner Sippe ver-
schwinden? Weil er keinen Sohn hatte?
Gib uns doch Erbbesitz unter den Brü-
dern unseres Vaters! 5 Da brachte Mose
ihre Rechtssache vor den Herrn. 6 Und
der Herr sprach zu Mose: 7 Die Töchter
Zelofhads haben mit Fug und Recht ihre
Sache vorgebracht. Gib ihnen ohne Be-
denken Erbbesitz an Land inmitten der
Brüder ihres Vaters, übertrag den ihrem
Vater zustehenden Erbbesitz auf sie!
8 Den Israeliten aber verkündige: Wenn
jemand stirbt, ohne einen Sohn zu hinter-
lassen, dann sollt ihr seinen Erbbesitz auf
seine Tochter übertragen. 9 Hat er keine
Tochter, dann sollt ihr seinen Erbbesitz
seinen Brüdern geben. 10 Hat er auch keine
Brüder, dann sollt ihr seinen Erbbesitz
den Brüdern seines Vaters geben. 11 Hatte
auch sein Vater keine Brüder, so sollt ihr
seinen Erbbesitz seinem nächsten Bluts-
verwandten aus seiner Sippe geben; der
soll ihn in Besitz nehmen. Das gelte den
Israeliten als eine Rechtssatzung, wie der
Herr dem Mose befohlen hatte.

Josua als Führer der Gemeinde

12 Der Herr sprach zu Mose: Steig auf das
Abarimgebirge dort und schau dir das
Land an, das ich den Israeliten verliehen
habe. 13 Und wenn du es dir angesehen
hast, sollst auch du mit deinen Vorfahren
vereint werden, wie dein Bruder Aaron
mit ihnen vereint wurde. 14 Ihr habt euch
ja in der Wüste Zin, als die Gemeinde ha-
derte, meinem Befehl widersetzt, mich vor
ihren Augen durch eine Wasserspende zu
heiligen. [Das sind die Wasser von Meriba
bei Kadesch in der Wüste Zin.]
15 Da sagte Mose zum Herrn: 16 Der
Herr, der Gott der Geister, die alle Men-
schen beleben, soll einen Mann über die
Gemeinde bestellen, 17 der an ihrer Spitze
in den Krieg zieht und an ihrer Spitze in
das Lager einzieht, der sie in den Kampf
führt und wieder ins Lager zurückführt.
Die Gemeinde des Herrn soll nicht Scha-
fen gleichen, die keinen Hirten haben.
Der Herr sprach darauf zu Mose:
18 Nimm dir Josua, den Sohn des Nun,
einen Mann, in welchem Geist ist, leg
ihm deine Hand auf, 19 stell ihn vor den
Priester Eleasar und die ganze Gemeinde
und setz ihn so vor ihren Augen in sein
Amt ein. 20 Tritt einen Teil deiner Hoheit
an ihn ab, damit die ganze Gemeinde der
Israeliten ihm gehorsam ist. 21 Aber er
muss vor den Priester Eleasar hintreten,
dass dieser für ihn vor dem Herrn jeweils
die Urim-Entscheidungen erfragt. Nach
seinem Ausspruch nur dürfen sie auszie-
hen und nach seinem Ausspruch nur ein-
ziehen, er und alle Israeliten mit ihm und
die ganze Gemeinde. 22 Und Mose tat, wie
der Herr ihm befohlen hatte. Er nahm Jo-
sua und stellte ihn vor den Priester Elea-
sar und die ganze Gemeinde. 23 Dann legte
er ihm seine Hände auf und setzte ihn so
in sein Amt ein, wie der Herr durch Mose
angeordnet hatte.

Nähere Bestimmungen über Opfer und Feste

Tägliche Opfer

28 Der Herr sprach zu Mose: 2 Gebiete
den Israeliten und sag ihnen: Ach-
tet darauf, mir meine Opfergaben, meine
Feueropferspeisen zum beruhigenden
Duft für mich, zur festgesetzten Zeit dar-
zubringen. 3 Verkünde ihnen: Das ist das
Feueropfer, das ihr dem Herrn darzubrin-
gen habt: Täglich zwei einjährige fehler-
lose Lämmer als regelmäßiges Brandopfer.
4 Das eine Lamm sollst du am Morgen her-
richten, das zweite Lamm sollst du gegen
Abend herrichten, 5 dazu ein Zehntel Efa
Feinmehl, vermengt mit einem Viertel
Hin Öl aus zerstoßenen Oliven, für ein
Speiseopfer – 6 das regelmäßige Brand-
opfer, wie es am Berg Sinai zum beruhi-
genden Duft für den Herrn als ein Feuer-
opfer hergerichtet wurde – 7 und als
dazugehöriges Trankopfer ein Viertel Hin
je Lamm; am Heiligtum spende dem
Herrn das Weinopfer. 8 Das zweite Lamm
sollst du gegen Abend herrichten; mit dem
gleichen Speise- und dazugehörigen
Trankopfer wie am Morgen sollst du es
herrichten – als Feueropfer, zum beruhi-
genden Duft für den Herrn.

Der Sabbat

9 Am Sabbattag zwei einjährige fehlerlose
Lämmer, dazu zwei Zehntel Feinmehl, ver-
mengt mit Öl, als Speiseopfer, und das zu-
gehörige Trankopfer – 10 das Sabbatbrand-
opfer, das an jedem Sabbat neben dem
regelmäßigen Brandopfer und dem zuge-
hörigen Trankopfer fällig ist.

Die Neumondfeier

11 Jeweils am ersten Tag euerer Monate
habt ihr dem Herrn als Brandopfer dar-
zubringen: zwei junge Stiere, einen Wid-
der und sieben einjährige fehlerlose Läm-
mer, 12 dazu auf jeden Stier drei Zehntel
mit Öl vermengtes Feinmehl als Speise-
opfer, zu dem einen Widder zwei Zehntel
mit Öl vermengtes Feinmehl als Speise-
opfer 13 und auf jedes Lamm ein Zehntel
mit Öl vermengtes Feinmehl als Speise-
opfer – ein Brandopfer zum beruhigenden
Duft, als Feueropfer für den Herrn –, 14 als
zugehörige Trankopfer aber ein halbes
Hin Wein auf jeden Stier, ein Drittel Hin
auf den Widder und ein Viertel Hin auf
jedes Lamm. Das ist das Neumondbrand-
opfer, das für jeden Monat des Jahres fällig
ist. 15 Außerdem einen Ziegenbock als
Sündopfer für den Herrn; neben dem re-
gelmäßigen Brandopfer und dem zugehö-
rigen Trankopfer muss auch er noch her-
gerichtet werden.

Die Ungesäuerten Brote

16 Am vierzehnten Tag des ersten Monats
ist Pesach zu Ehren des Herrn. 17 Der fünf-
zehnte Tag dieses Monats aber ist ein Fest-
tag. Sieben Tage lang müssen ungesäuerte
Brote gegessen werden. 18 Am ersten Tag ist
Versammlung am Heiligtum; an ihm dürft
ihr keine Arbeit verrichten. 19 Und als Feu-
eropfer, als Brandopfer für den Herrn,
habt ihr darzubringen: zwei junge Stiere,
einen Widder und sieben einjährige Läm-
mer – nur fehlerlose dürft ihr nehmen –,
20 dazu mit Öl vermengtes Feinmehl als zu-
gehöriges Speiseopfer, drei Zehntel müsst
ihr zu jedem Stier und zwei Zehntel zum
Widder herrichten, 21 je ein Zehntel aber
soll man zu jedem der sieben Lämmer her-
richten. 22 Außerdem einen Bock zum
Sündopfer, um euch zu entsündigen.
23 Dies alles habt ihr herzurichten außer
dem Morgenbrandopfer, das zum regel-
mäßigen Brandopfer gehört. 24 Dieselben
Opfer sollt ihr sieben Tage lang Tag für
Tag als eine Feueropferspeise und als beru-
higenden Duft für den Herrn herrichten;
neben dem regelmäßigen Brandopfer und
dem zugehörigen Trankopfer sind sie her-
zurichten. 25 Am siebten Tag habt ihr dann
wieder eine Versammlung am Heiligtum
abzuhalten; auch da dürft ihr keine Arbeit
verrichten.

Das Wochenfest

26 Ebenfalls habt ihr am Tag der Erstlinge,
wenn ihr dem Herrn ein Speiseopfer vom
neuen Getreide darbringt, an euerem Wo-
chenfest, eine Versammlung am Heilig-
tum abzuhalten; keine Arbeit dürft ihr da
verrichten. 27 Und als Brandopfer und zum
beruhigenden Duft für den Herrn sollt ihr
darbringen: zwei junge Stiere, einen Wid-
der und sieben einjährige Lämmer – nur
fehlerlose dürft ihr nehmen –, 28 dazu mit
Öl vermengtes Feinmehl als Speiseopfer,
drei Zehntel zu jedem Stier, zwei Zehntel
zum Widder 29 und je ein Zehntel zu jedem

der sieben Lämmer, 30 außerdem einen Zie-
genbock als Sündopfer, um euch zu ent-
sündigen. 31 Außer dem regelmäßigen
Brandopfer mit dem zugehörigen Speise-
opfer habt ihr sie herzurichten!

Der Tag des Lärmblasens

29 Ferner habt ihr am ersten Tag des
siebten Monats eine Versammlung
am Heiligtum abzuhalten. An diesem Tag
dürft ihr keine Arbeit verrichten. Als Tag
des Lärmblasens soll er euch gelten. 2 Und
als Brandopfer, zum beruhigenden Duft
für den Herrn sollt ihr herrichten: einen
jungen Stier, einen Widder und sieben ein-
jährige fehlerlose Lämmer, 3 dazu als zuge-
höriges Speiseopfer mit Öl vermengtes
Feinmehl, drei Zehntel zum Stier, zwei
Zehntel zum Widder 4 und je ein Zehntel
zu jedem der sieben Lämmer; außerdem
einen Ziegenbock als Sündopfer, 5 um euch
zu entsündigen – 6 außer dem Neumond-
brandopfer mit zugehörigem Speiseopfer
und dem regelmäßigen Brandopfer mit
zugehörigem Speiseopfer und den erfor-
derlichen Trankopfern nach der Vor-
schrift zum beruhigenden Duft, als Feuer-
opfer für den Herrn.

Der Versöhnungstag

7 Dann habt ihr am zehnten Tag des glei-
chen siebten Monats eine Versammlung
am Heiligtum abzuhalten und zu fasten.
Ihr dürft keine Arbeit verrichten. 8 Als
Brandopfer, zum beruhigenden Duft für
den Herrn, habt ihr darzubringen: einen
jungen Stier, einen Widder und sieben ein-
jährige Lämmer – nur fehlerlose dürft ihr
nehmen –, 9 dazu als zugehöriges Speise-
opfer in Öl vermengtes Feinmehl, drei
Zehntel zum Stier, zwei Zehntel zum Wid-
der 10 und je ein Zehntel zu jedem der sie-
ben Lämmer; 11 ferner einen Ziegenbock
als Sündopfer außer dem Versöhnungs-
sündopfer und dem regelmäßigen Brand-
opfer sowie dem zugehörigen Speise- und
den erforderlichen Trankopfern.

Das Laubhüttenfest

12 Am fünfzehnten Tag des siebten Monats
habt ihr wieder eine Versammlung am
Heiligtum abzuhalten. Ihr dürft keine Ar-
beit verrichten, sieben Tage hindurch sollt
ihr dem Herrn ein Fest feiern. 13 Und als
Brandopfer, als Feueropfer, zum beruhi-
genden Duft für den Herrn, habt ihr dar-
zubringen: dreizehn junge Stiere, zwei
Widder und vierzehn einjährige Lämmer
– fehlerlos müssen sie sein –, 14 dazu als zu-
gehöriges Speiseopfer mit Öl vermengtes
Feinmehl, drei Zehntel zu jedem der drei-
zehn Stiere, zwei Zehntel zu jedem der bei-
den Widder 15 und je ein Zehntel zu jedem
der vierzehn Lämmer, 16 außerdem einen
Ziegenbock als Sündopfer – außer dem re-
gelmäßigen Brandopfer sowie dem zuge-
hörigen Speise- und Trankopfer.

17 Am zweiten Tag: zwölf junge Stiere,
zwei Widder und vierzehn einjährige feh-
lerlose Lämmer, 18 dazu das zugehörige
Speiseopfer und die erforderlichen Trank-
opfer, wie sie auf die Stiere, Widder und
Lämmer entsprechend ihrer Zahl nach
der Vorschrift entfallen, 19 ferner einen
Ziegenbock als Sündopfer – außer dem re-
gelmäßigen Brandopfer sowie dem zuge-
hörigen Speiseopfer und den erforderli-
chen Trankopfern.

20 Am dritten Tag: elf junge Stiere, zwei
Widder und vierzehn einjährige fehlerlose
Lämmer, 21 dazu das zugehörige Speise-
opfer und die erforderlichen Trankopfer,
wie sie auf die Stiere, Widder und Lämmer
entsprechend ihrer Zahl nach der Vor-
schrift entfallen, 22 ferner einen Ziegenbock
als Sündopfer – außer dem regelmäßigen
Brandopfer sowie dem zugehörigen Spei-
se- und Trankopfer.

23 Am vierten Tag: zehn junge Stiere,
zwei Widder und vierzehn einjährige feh-
lerlose Lämmer, 24 dazu das zugehörige
Speiseopfer und die erforderlichen Trank-
opfer, wie sie auf die Stiere, Widder und
Lämmer entsprechend ihrer Zahl nach
der Vorschrift entfallen, 25 ferner einen
Ziegenbock als Sündopfer – außer dem re-
gelmäßigen Brandopfer sowie dem zuge-
hörigen Speise- und Trankopfer.

26 Am fünften Tag: neun junge Stiere,
zwei Widder und vierzehn einjährige feh-
lerlose Lämmer, 27 dazu das zugehörige
Speiseopfer und die erforderlichen Trank-
opfer, wie sie auf die Stiere, Widder und
Lämmer entsprechend ihrer Zahl nach
der Vorschrift entfallen, 28 ferner einen
Ziegenbock als Sündopfer – außer dem re-
gelmäßigen Brandopfer sowie dem zuge-
hörigen Speise- und Trankopfer.

29 Am sechsten Tag: acht junge Stiere,
zwei Widder und vierzehn einjährige feh-

lerlose Lämmer, 30 dazu das zugehörige
Speiseopfer und die erforderlichen Trank-
opfer, wie sie auf die Stiere, Widder und
Lämmer entsprechend ihrer Zahl nach
der Vorschrift entfallen, 31 ferner einen
Ziegenbock als Sündopfer – außer dem re-
gelmäßigen Brandopfer sowie dem zuge-
hörigen Speise- und Trankopfer.

32 Am siebten Tag: sieben junge Stiere,
zwei Widder und vierzehn einjährige feh-
lerlose Lämmer, 33 dazu das zugehörige
Speiseopfer und die erforderlichen Trank-
opfer, wie sie auf die Stiere, Widder und
Lämmer entsprechend ihrer Zahl nach
der Vorschrift entfallen, 34 ferner einen
Ziegenbock als Sündopfer – außer dem re-
gelmäßigen Brandopfer sowie dem zuge-
hörigen Speise- und Trankopfer.

35 Am achten Tag habt ihr eine Festver-
sammlung abzuhalten; ihr dürft keine Ar-
beit verrichten. 36 Und als Brandopfer, als
Feueropfer, zum beruhigenden Duft für
den Herrn, habt ihr darzubringen: einen
Stier, einen Widder und sieben einjährige
fehlerlose Lämmer, 37 dazu das zugehörige
Speiseopfer und die erforderlichen Trank-
opfer, wie sie auf den Stier, den Widder
und die Lämmer entsprechend ihrer Zahl
nach der Vorschrift entfallen, 38 ferner
einen Ziegenbock als Sündopfer – außer
dem regelmäßigen Brandopfer sowie dem
zugehörigen Speise- und Trankopfer.

39 Das habt ihr für den Herrn an eueren
Festzeiten herzurichten, unabhängig von
eueren Brand-, Speise-, Trank- und Ge-
meinschaftsopfern, die ihr aufgrund von
Gelübden oder freiwillig darbringt.

30 Mose gab den Israeliten Weisung,
ganz wie der Herr geboten hatte.

Gesetze über die Gelübde

2 Mose redete zu den Stammeshäuptern
der Israeliten: Das ist es, was der Herr be-
fohlen hat: 3 Wenn ein Mann dem Herrn
ein Gelübde macht oder einen Eid
schwört, durch den er sich zu einer Ent-
haltung verpflichtet, so soll er sein Wort
nicht brechen; genau so, wie er es aus-
gesprochen hat, soll er tun. 4 Wenn eine
weibliche Person als Unverheiratete im
Haus ihres Vaters dem Herrn ein Gelübde
macht oder sich zu einer Enthaltung ver-
pflichtet 5 und ihr Vater von ihrem Gelüb-
de oder ihrer Enthaltung, zu der sie sich
verpflichtet hat, erfährt und ihr Vater
schweigt dazu, dann sind alle ihre Gelübde
gültig und jegliche Enthaltung, zu der sie
sich verpflichtet hat, besteht zu Recht.
6 Erhebt aber ihr Vater an dem Tag, an
dem er davon erfährt, dagegen Einspruch,
dann sind alle ihre Gelübde und Enthal-
tungen, zu denen sie sich verpflichtet hat,
ungültig und der Herr vergibt ihr, da ihr
Vater dagegen Einspruch erhoben hat.
7 Sollte sie aber heiraten, während noch
ihre Gelübde oder ein unbedachtes Ver-
sprechen, durch das sie sich zu einer Ent-
haltung verpflichtet hat, auf ihr lasten
8 und ihr Mann davon erfahren, aber an
dem Tag, an dem er davon erfährt, dazu
schweigen, dann haben ihre Gelübde Gül-
tigkeit und ihre Enthaltungen, zu denen
sie sich verpflichtet hat, bestehen zu Recht.
9 Wenn aber ihr Mann an dem Tag, an dem
er davon erfährt, Einspruch dagegen er-
hebt, so macht er damit ihr Gelübde, das
auf ihr lastet, und das unbedachte Ver-
sprechen, durch das sie sich zu einer Ent-
haltung verpflichtet hat, ungültig und der
Herr verzeiht ihr.

10 Das Gelübde einer Witwe und einer
Verstoßenen aber, überhaupt alles, wo-
durch sie eine Verpflichtung auf sich ge-
nommen hat, hat für sie Gültigkeit. 11 Falls
sie im Haus ihres Mannes ein Gelübde
macht oder sich durch einen Eid zu einer
Enthaltung verpflichtet, 12 und ihr Mann
erfährt davon, schweigt aber dazu, erhebt
also dagegen keinen Einspruch, dann sind
alle ihre Gelübde gültig und jegliche Ent-
haltung, zu der sie sich verpflichtet hat, be-
steht zu Recht. 13 Erklärt sie jedoch ihr
Mann an dem Tag, an dem er davon er-
fährt, für ungültig, so ist alles, was sie an
Gelübden oder Verpflichtungen zur Ent-
haltung ausgesprochen hat, ungültig; ihr
Mann hat sie ungültig gemacht und der
Herr verzeiht ihr. 14 Jedes Gelübde und jede
eidliche Verpflichtung, die die Frau bin-
den, kann ihr Mann sowohl für gültig wie
für ungültig erklären. 15 Schweigt ihr Mann
von einem Tag auf den anderen dazu, dann
erklärt er damit alle ihre Gelübde oder alle
ihre Enthaltungen, die ihr obliegen, für
gültig; denn er erklärt sie dadurch, dass er
an dem Tag, an dem er davon erfährt, dazu
schweigt, für gültig. 16 Sollte er sie aber un-
gültig machen, nachdem er schon längere
Zeit davon gehört hat, dann lädt er die ihr
daraus entstehende Schuld auf sich.

17 Das sind die Bestimmungen, die der
Herr dem Mose befohlen hat für das, was
zwischen einem Mann und seiner Frau so-
wie zwischen einem Vater und seiner
Tochter, die unverheiratet im Haus ihres
Vaters lebt, bei Gelübden zu gelten hat.

Beute und Verteilungen

Krieg gegen Midian

31 Der Herr sprach zu Mose: 2 Nimm
an den Midianitern für die Israeli-
ten Rache; danach sollst du zu deinen Vor-
fahren versammelt werden. 3 Da redete
Mose zum Volk: Einige Männer aus euerer
Mitte sollen sich zum Kriegszug des Herrn
gegen Midian rüsten, um an Midian die
Rache des Herrn zu vollstrecken. 4 Sendet
eine Tausendschaft von jedem der israeli-
tischen Stämme zum Kriegszug. 5 So wur-
den von den Tausendschaften Israels zwölf
Tausendschaften Krieger, eine Tausend-
schaft von jedem Stamm, gestellt. 6 Mose
sandte sie, eine Tausendschaft von jedem
Stamm, zum Kriegszug aus, sie und Pin-
has, den Sohn des Priesters Eleasar; der
führte die heiligen Geräte und die Trom-
peten mit sich. 7 So zogen sie gegen Midi-
an, wie der Herr dem Mose geboten hatte,
und töteten alle männlichen Personen.
8 Darüber hinaus töteten sie noch die Kö-
nige Midians, Ewi, Rekem, Zur, Hur und
Reba, fünf Könige Midians; auch Bileam,
den Sohn Beors, erschlugen sie mit dem
Schwert. 9 Dann führten die Israeliten die
Frauen und die Kinder Midians gefangen
fort, schleppten alles Vieh, ihre sämtlichen
Herden und ihre ganze Habe als Beute
mit, 10 steckten alle ihre Städte in ihren
Siedlungsgebieten und alle ihre Zeltlager
in Brand, 11 nahmen den ganzen Raub und
all die Beute an Menschen und Vieh 12 und
brachten die Gefangenen und den Raub
und die Beute zu Mose und zum Priester
Eleasar und der Gemeinde der Israeliten
in das Lager in den Steppen von Moab
am Jordan bei Jericho.

Tötung der Frauen und Reinigung der Beute

13 Mose aber und der Priester Eleasar sowie
alle Anführer der Gemeinde gingen ihnen
vor das Lager hinaus entgegen. 14 Mose
wurde über die Heeresführer und die
Hauptleute der Tausend- und Hundert-
schaften, die vom Kriegszug heimkehrten,
zornig. 15 Er fuhr sie an: Habt ihr wirklich
alle Frauen am Leben gelassen? 16 Sie wa-
ren doch gerade für die Israeliten auf den
Rat Bileams hin der Anlass, wegen Pegor
vom Herrn abzufallen, sodass die Plage
über die Gemeinde des Herrn kam. 17 Tö-
tet sofort alle männlichen Kinder, ebenso
tötet jede Frau, die bereits mit einem
Mann geschlechtlich verkehrt hat! 18 Alle
jungen Mädchen aber, die mit einem
Mann noch nicht geschlechtlich zu tun
hatten, lasst für euch am Leben! 19 Dann
bleibt ihr sieben Tage hier draußen vor
dem Lager! Ihr alle, die ihr Menschen ge-
tötet oder Erschlagene berührt habt, müsst
euch am dritten und siebten Tag entsündi-
gen, ihr samt eueren Gefangenen. 20 Auch
alle Kleider, alles Lederzeug, alles aus Zie-
genhaaren Gefertigte und alle hölzernen
Geräte müsst ihr entsündigen! 21 Der Pries-
ter Eleasar sprach zu den Kriegern, die in
den Kampf gezogen waren: Das ist die ge-
setzliche Bestimmung, die der Herr dem
Mose gebot: 22 Lediglich Gold und Silber,
Erz, Eisen, Zinn und Blei, 23 alles, was das
Feuer verträgt, müsst ihr durch das Feuer
gehen lassen, damit es rein wird – nur
muss es noch mit Reinigungswasser ent-
sündigt werden –, alles aber, was kein Feu-
er verträgt, müsst ihr durchs Wasser gehen
lassen. 24 Habt ihr dann am siebten Tag
euere Kleider gewaschen, werdet ihr rein
sein; danach dürft ihr ins Lager kommen.

Verteilung der Beute

25 Der Herr sprach zu Mose: 26 Zählt die
Beute an Menschen und Vieh, du, der
Priester Eleasar und die Familienhäupter
der Gemeinde. 27 Dann teilt die Beute zur
Hälfte zwischen denen, die am Krieg teil-
genommen haben, die ins Feld gezogen
sind, und der ganzen Gemeinde. 28 Von
den Kriegern, die ins Feld gezogen sind,
erhebt eine Abgabe an den Herrn, je ein
Stück von fünfhundert, von den Men-
schen, den Rindern, den Eseln und vom
Kleinvieh. 29 Von der Hälfte, die ihnen zu-
fällt, sollst du sie nehmen und dem Pries-

ter Eleasar als Opfergabe für den Herrn
übergeben. 30 Von der Hälfte aber, die den
Israeliten zufällt, sollst du immer ein Stück
aus fünfzig herausgreifen, von den Men-
schen, den Rindern, den Eseln und dem
Kleinvieh, also von allem Vieh, und sie
den Leviten überweisen, die den Dienst
an der Wohnstätte des Herrn versehen.

31 Mose und der Priester Eleasar taten so,
wie der Herr dem Mose befohlen hatte.
32 Die Beute aber, alles, was von dem Raub,
den das Kriegsvolk gemacht hatte, noch
vorhanden war, belief sich auf sechshun-
dertfünfundsiebzigtausend Stück Klein-
vieh, 33 zweiundsiebzigtausend Rinder
34 und einundsechzigtausend Esel, 35 und
was die Menschen anbelangt, so betrug
die Zahl der Mädchen, die noch nicht mit
einem Mann verkehrt hatten, insgesamt
zweiunddreißigtausend. 36 Die Hälfte da-
von wurde Anteil derer, die ins Feld
gezogen waren; er betrug dreihun-
dertsiebenunddreißigtausendfünfhundert
Stück Kleinvieh; 37 die Abgabe von Klein-
vieh an den Herrn betrug sechshundert-
fünfundsiebzig; 38 sechsunddreißigtausend
Rinder, davon die Abgabe an den Herrn
zweiundsiebzig; 39 dreißigtausendfünfhun-
dert Esel, davon die Abgabe an den Herrn
einundsechzig, 40 und sechzehntausend
Menschen, davon die Abgabe an den
Herrn zweiunddreißig. 41 Mose überwies
die als Opfergabe für den Herrn bestimm-
te Abgabe an den Priester Eleasar, wie der
Herr dem Mose befohlen hatte.

42 Aus der auf die Israeliten entfallenden
Hälfte aber, die Mose von der den Krie-
gern gehörenden Beute ausgesondert hatte
– 43 die der Gemeinde zufallende Hälfte be-
lief sich auf dreihundertsiebenunddreißig-
tausendfünfhundert Stück Kleinvieh,
44 sechsunddreißigtausend Rinder, 45 drei-
ßigtausendfünfhundert Esel 46 und sech-
zehntausend Menschen –, 47 aus der auf
die Israeliten entfallenden Hälfte griff also
Mose immer eins von fünfzig heraus, aus
den Menschen wie aus dem Vieh, und
überwies sie, wie der Herr dem Mose be-
fohlen hatte, den Leviten, die den Dienst
an der Wohnstätte des Herrn versahen.

Die Opfergaben

48 Da traten die Anführer des Heeres zu
Mose heran, die Hauptleute der Tausend-
und der Hundertschaften. 49 Sie sprachen
zu Mose: Deine Knechte haben die Ge-
samtzahl der Krieger, die unter unserem
Befehl standen, aufgenommen; von uns
wird auch nicht ein Mann vermisst. 50 Da-
rum bringen wir, um uns vor dem Herrn
zu entsühnen, als Opfergabe für den
Herrn dar, was ein jeder an goldenem
Schmuck erbeutet hat: Armketten, Arm-
spangen, Fingerringe, Ohrringe und ande-
re Schmucksachen. 51 Mose und der Pries-
ter Eleasar nahmen das Gold, lauter
kunstvoll gearbeitete Gegenstände, von
ihnen entgegen. 52 Das gesamte Gold, das
von den Hauptleuten der Tausend- und
Hundertschaften dargebracht worden war
und das sie als Opfergabe für den Herrn
ablieferten, belief sich auf sechzehntau-
sendsiebenhundertfünfzig Schekel. 53 Die
gemeinen Krieger hatten für sich selber
Beute gemacht. 54 Mose und der Priester
Eleasar nahmen also das Gold von den
Hauptleuten der Tausend- und Hundert-
schaften entgegen und brachten es in das
Offenbarungszelt, damit der Herr sich der
Israeliten stets erinnern sollte.

Verteilung des Ostjordanlandes

32 Die Söhne Rubens und die Söhne
Gads hatten sehr große Viehher-
den. Als sie nun sahen, dass die Land-
schaft von Jaser und das Land Gilead sehr
gut zur Viehzucht geeignet war, 2 da gingen
die Söhne Gads und die Söhne Rubens hin
und sprachen zu Mose und zum Priester
Eleasar sowie zu den Anführern der Ge-
meinde: 3 Atarot, Dibon, Jaser, Nimra,
Heschbon, Elale, Sibma, Nebo und Beon,
4 das Land, das der Herr der Gemeinde Is-
raels unterworfen hat, ist zur Viehzucht
geeignet, und deine Knechte besitzen Her-
den. 5 Und sie sprachen: Wenn wir in dei-
nen Augen Gnade gefunden haben, dann
gebe man dieses Land deinen Knechten als
Besitz. Führe uns nicht über den Jordan!
6 Mose aber antwortete den Söhnen Gads
und den Söhnen Rubens: Euere Brüder
sollen in den Kampf ziehen und ihr wollt
hier bleiben? 7 Warum wollt ihr den Isra-
eliten den Mut nehmen, in das Land hinü-
berzuziehen, das der Herr euch gegeben
hat? 8 So haben schon euere Väter gehan-
delt, als ich sie von Kadesch-Barnea zur
Besichtigung des Landes aussandte! 9 Sie
zogen bis zum Eschkoltal hinauf und be-
sichtigten das Land und dann nahmen sie

den Israeliten den Mut, sodass sie nicht in
das Land einmarschieren wollten, das der
Herr ihnen verliehen hatte. 10 Der Zorn des
Herrn aber entbrannte an jenem Tag und
er schwor: 11 Die Männer, die aus Ägypten
heraufgezogen sind, von zwanzig Jahren
aufwärts, sollen das Land, das ich Abra-
ham, Isaak und Jakob eidlich zugesichert
habe, nicht zu sehen bekommen; denn sie
sind mir nicht ganz ergeben gewesen.
12 Ausgenommen der Kenasiter Kaleb, der
Sohn Jefunnes, und Josua, der Sohn Nuns;
denn sie waren dem Herrn ganz ergeben.
13 Der Zorn des Herrn entbrannte über Is-
rael und er ließ sie vierzig Jahre in der
Wüste umherziehen, bis die ganze Gene-
ration, die in den Augen des Herrn Böses
getan hatte, ausgestorben war. 14 Und nun
seid ihr an die Stelle euerer Väter getreten,
eine Brut von Sündern, um den grimmi-
gen Zorn des Herrn über Israel noch zu
steigern. 15 Wendet ihr euch von ihm ab,
dann wird er es noch länger in der Wüste
lassen. Ihr schadet dem ganzen Volk.

16 Hierauf traten sie zu ihm heran und
sprachen: Pferche wollen wir hier für un-
sere Herden errichten und Städte für un-
sere Familien. 17 Wir selber aber wollen be-
waffnet an der Spitze der Israeliten
einherziehen, bis wir sie in ihr Gebiet ge-
bracht haben, während unsere Familien in
den festen Städten bleiben sollen, ge-
schützt vor den Bewohnern des Landes.
18 Wir werden nicht eher in unsere Häuser
zurückkehren, bis jeder Israelit seinen
Erbbesitz erhalten hat. 19 Wir werden ja
nicht mit ihnen zusammen drüben über
dem Jordan und weiter hinaus Erbbesitz
erlangen, unser Erbbesitz wird uns ja dann
bereits jenseits des Jordan im Osten zuge-
fallen sein. 20 Da antwortete ihnen Mose:
Wenn ihr das tun wollt, wenn ihr euch
vor dem Herrn zum Kampf rüstet, 21 ein
jeder von euch kampfgerüstet vor dem
Herrn den Jordan überschreitet, bis er sei-
ne Feinde vor sich her vertrieben hat,
22 und ihr erst dann umkehrt, wenn das
Land vor dem Herrn unterworfen liegt,
dann habt ihr vor dem Herrn und Israel
keine weiteren Pflichten und dies Land
hier gehört euch als Grundbesitz vor dem
Herrn. 23 Wenn ihr aber nicht so handelt,
dann versündigt ihr euch gegen den Herrn
und ihr sollt erfahren, welche Folgen euch
für euere Sünde treffen werden! 24 Baut
euch also Städte für euere Familien und
Pferche für euer Vieh! Tut dann aber auch,
was ihr ausgesprochen habt! 25 Darauf ent-
gegneten die Söhne Gads und die Söhne
Rubens dem Mose: Deine Knechte werden
tun, wie du, Herr, befiehlst. 26 Unsere Kin-
der, unsere Frauen, unsere Herden und
unser ganzes Vieh bleiben hier in den
Städten Gileads, 27 deine Knechte aber zie-
hen, ein jeder kriegsbereit, vor dem Herrn
zum Kampf hinüber, wie du, Herr, es an-
geordnet hast.

28 Nun gab Mose ihretwegen dem Pries-
ter Eleasar, Josua, dem Sohn Nuns, und
den Stammeshäuptern der Israeliten An-
weisung. 29 Mose sprach zu ihnen: Wenn
die Söhne Gads und die Söhne Rubens,
jeder kriegsbereit, mit euch vor dem Herrn
über den Jordan zum Kampf ziehen und
euch das Land unterwerfen, gebt ihnen
das Land Gilead als Grundbesitz. 30 Ziehen
sie aber nicht mit euch kampfgerüstet über
den Jordan, dann sollen sie mitten unter
euch im Land Kanaan Besitz erhalten.
31 Da antworteten die Söhne Gads und die
Söhne Rubens: Was der Herr deinen
Knechten geboten hat, das wollen wir tun!
32 Wir werden vor dem Herrn kampfgerüs-
tet ins Land Kanaan hinüberziehen, damit
uns unser erblicher Grundbesitz jenseits
des Jordan bleibt! 33 Darauf überwies ihnen
Mose – den Söhnen Gads, den Söhnen Ru-
bens und dem halben Stamme Manasses,
des Sohnes Josefs – das Reich des Amori-
terkönigs Sihon und das Reich Ogs, des
Königs von Baschan, das Land und die
Städte darin mit ihrem Gebiet, die Städte
im Land ringsum.

34 Die Söhne Gads bauten nun Dibon,
Atarot, Aroër, 35 Atrot-Schofan, Jaser, Jog-
boha, 36 Bet-Nimra und Bet-Haram als
feste Städte wieder auf und errichteten
Schafpferche. 37 Die Söhne Rubens bauten
Heschbon, Elale, Kirjatajim, 38 Nebo und
Baal-Meon mit veränderten Namen sowie
Sibma wieder auf und gaben den Städten,
die sie aufbauten, neue Namen. 39 Die
Söhne Machirs aber, des Sohnes des Ma-
nasse, zogen nach Gilead, eroberten es
und vertrieben die dort wohnenden
Amoriter. 40 Mose übergab Gilead an Ma-
chir, den Sohn Manasses, und der ließ
sich darin nieder. 41 Jaïr aber, der Sohn
Manasses, zog hin, eroberte ihre Zeltdör-
fer und nannte sie Hawot Jaïr (Zeltdörfer

Jaïrs). [42] Ebenso zog Nobach hin, eroberte
Kenat samt den zugehörigen Ortschaften
und benannte es nach seinem Namen
Nobach.

Die Stationen des Wüstenzuges

33 Dies sind die Stätten, von denen
aus die Israeliten jeweils den Wei-
termarsch antraten, nachdem sie unter der
Führung von Mose und Aaron in einzel-
nen Abteilungen aus Ägypten ausgezogen
waren. [2] Mose schrieb nämlich auf Befehl
des Herrn die Orte auf, von denen sie je-
weils auszogen, die Lagerplätze, von denen
sie jeweils zum Weitermarsch aufbrachen.
Das nun sind die Lagerplätze, von denen
sie zum Weitermarsch aufbrachen, die Or-
te nämlich, von denen sie jeweils aus-
zogen: [3] Sie brachen von Ramses im ersten
Monat auf, am fünfzehnten Tag des ersten
Monats, am Tag nach dem Pesach zogen
die Israeliten voll Zuversicht vor den Au-
gen aller Ägypter aus, [4] während die Ägyp-
ter alle ihre Erstgeborenen begruben, die
der Herr bei ihnen erschlagen hatte – der
Herr hatte ja an ihren Göttern sein Straf-
gericht vollstreckt.

[5] Die Israeliten brachen also von Ram-
ses auf und lagerten in Sukkot. [6] Von Suk-
kot brachen sie auf und lagerten in Etam
am Rand der Wüste. [7] Von Etam brachen
sie auf, wandten sich nach Pi-Hahirot,
Baal-Zefon gegenüber, und lagerten vor
Migdol. [8] Von Pi-Hahirot brachen sie auf
und zogen mitten durch das Meer hinein
in die Wüste, sie wanderten drei Tage in
der Wüste Etam und lagerten dann in
Mara. [9] Sie brachen von Mara auf und ge-
langten nach Elim; in Elim waren zwölf
Wasserquellen und siebzig Palmbäume
und sie lagerten dort. [10] Dann brachen sie
von Elim auf und lagerten am Schilfmeer.
[11] Vom Schilfmeer brachen sie auf und la-
gerten in der Wüste Zin. [12] Von der Wüste
Zin brachen sie auf und lagerten in Dof-
ka. [13] Von Dofka brachen sie auf und la-
gerten in Alusch. [14] Von Alusch brachen
sie auf und lagerten in Refidim; das Volk
hatte dort kein Wasser zu trinken. [15] Von
Refidim brachen sie auf und lagerten in
der Wüste Sinai. [16] Von der Wüste Sinai
brachen sie auf und lagerten in Kibrot-
Taawa. [17] Von Kibrot-Taawa brachen sie
auf und lagerten in Hazerot. [18] Von Haze-
rot brachen sie auf und lagerten in Ritma.
[19] Von Ritma brachen sie auf und lagerten
in Rimmon-Perez. [20] Von Rimmon-Perez
brachen sie auf und lagerten in Libna.
[21] Von Libna brachen sie auf und lagerten
in Rissa. [22] Von Rissa brachen sie auf und
lagerten in Kehelata. [23] Von Kehelata bra-
chen sie auf und lagerten am Berg Sche-
fer. [24] Vom Berg Schefer brachen sie auf
und lagerten in Harada. [25] Von Harada
brachen sie auf und lagerten in Makhelot.
[26] Von Makhelot brachen sie auf und la-
gerten in Tahat. [27] Von Tahat brachen sie
auf und lagerten in Tarach. [28] Von Tarach
brachen sie auf und lagerten in Mitka.
[29] Von Mitka brachen sie auf und lagerten
in Haschmona. [30] Von Haschmona bra-
chen sie auf und lagerten in Moserot.
[31] Von Moserot brachen sie auf und lager-
ten in Bene-Jaakan. [32] Von Bene-Jaakan
brachen sie auf und lagerten in Hor-Gid-
gad. [33] Von Hor-Gidgad brachen sie auf
und lagerten in Jotbata. [34] Von Jotbata
brachen sie auf und lagerten in Abrona.
[35] Von Abrona brachen sie auf und lager-
ten in Ezjon-Geber. [36] Von Ezjon-Geber
brachen sie auf und lagerten in der Wüste
Zin, das ist Kadesch. [37] Von Kadesch bra-
chen sie auf und lagerten beim Berg Hor
an der Grenze des Landes Edom.

[38] Der Priester Aaron stieg auf den Be-
fehl des Herrn auf den Berg Hor und starb
dort, im vierzigsten Jahr nach dem Auszug
der Israeliten aus dem Land Ägypten, am
ersten des fünften Monats. [39] Aaron war
hundertdreiundzwanzig Jahre alt, als er
auf dem Berg Hor starb. [40] Der Kanaaniter
aber, der König von Arad, der im Süden
des Landes Kanaan wohnte, hörte vom
Anrücken der Israeliten. [41] Vom Berg Hor
brachen sie auf und lagerten in Zalmona.
[42] Von Zalmona brachen sie auf und lager-
ten in Punon. [43] Von Punon brachen sie
auf und lagerten in Obot. [44] Von Obot bra-
chen sie auf und lagerten in Ije-Abarim an
der Grenze von Moab. [45] Von Ijim brachen
sie auf und lagerten in Dibon-Gad. [46] Von
Dibon-Gad brachen sie auf und lagerten
in Almon-Diblatajema. [47] Von Almon-Di-
blatajema brachen sie auf und lagerten am
Abarimgebirge, dem Nebo gegenüber.
[48] Vom Abarimgebirge brachen sie auf
und lagerten in den Steppen Moabs am
Jordan bei Jericho. [49] Sie lagerten am Jor-
dan von Bet-Jeschimot bis Abel-Schittim
in den Steppen Moabs.

Aufteilung Kanaans. Gottes Befehl

50 Der Herr sprach zu Mose in den Steppen
Moabs am Jordan bei Jericho: 51 Rede zu
den Israeliten und sprich zu ihnen: Wenn
ihr über den Jordan in das Land Kanaan
gezogen seid, 52 dann vertreibt alle Bewoh-
ner des Landes vor euch und vernichtet
ihre gesamten Bildwerke, auch all ihre
Götterbilder aus Metall müsst ihr vernich-
ten und all ihre Kultstätten zerstören.
53 Dann nehmt das Land in Besitz und
wohnt darin; denn euch habe ich das Land
verliehen, dass ihr es besitzen sollt. 54 Ihr
sollt euch das Land durch das Los zum
Erbbesitz zuteilen, Stamm für Stamm.
Dem, der zahlreich ist, sollt ihr seinen
Erbbesitz größer, dem, der kleiner ist, sollt
ihr seinen Erbbesitz kleiner zuteilen. Wo-
rauf immer das Los für ihn fällt, das soll
ihm zuteil werden. Nach eueren väterli-
chen Stämmen sollt ihr euch Erbbesitz zu-
teilen. 55 Vertreibt ihr aber die Bewohner
des Landes nicht vor euch, so werden die,
welche ihr von ihnen übrig lasst, zu Dor-
nen in eueren Augen und zu Stacheln in
eueren Seiten, sie werden euch bedrängen
in dem Land, in dem ihr wohnt, 56 und ich
werde mit euch verfahren, wie ich mit
ihnen zu verfahren gedachte.

Kanaans Grenzen

34 Der Herr sprach zu Mose: 2 Befiehl
den Israeliten und sag zu ihnen:
Wenn ihr in das Land Kanaan kommt,
dann soll dies das Gebiet sein, das euch
als Erbbesitz zufällt, das Land Kanaan in
seiner ganzen Ausdehnung. 3 Die Südseite
soll für euch von der Wüste Zin an den
Grenzen Edoms entlang verlaufen, und
zwar soll die Südgrenze für euch vom
Ende des Salzmeers im Osten ausgehen.
4 Dann soll sich die Grenze für euch süd-
lich von der Skorpionensteige herumzie-
hen und bis nach Zin hinüberreichen, ihr
Auslauf soll südlich von Kadesch-Barnea
sein. Sodann soll sie nach Hazar-Addar
verlaufen und nach Azmon hinüberrei-
chen. 5 Von Azmon soll sich die Grenze
nach dem Bach Ägyptens herumziehen,
bis sie am Meer endet. 6 Euere Westgrenze
soll das große Meer sein; das sei euere
Grenze nach Westen.

7 Und das soll euch als Nordgrenze gel-
ten: Vom großen Meer sollt ihr euch eine
Grenzlinie zum Berg Hor hin ziehen,
8 vom Berg Hor sollt ihr eine Grenzlinie
ziehen bis Lebo-Hamat, der Auslauf der
Grenze aber soll Zedad sein; 9 dann verlau-
fe die Grenze weiter nach Sifron und Ha-
zar-Enan sei ihr Endpunkt. Das sei euere
Nordgrenze. 10 Und als Ostgrenze sollt ihr
euch die Linie von Hazar-Enan nach Sche-
fam festsetzen. 11 Von Schefam ziehe sich
dann die Grenze abwärts nach Ribla öst-
lich von Ajin und die Grenze ziehe sich
noch weiter abwärts, bis sie auf den Berg-
rücken östlich des Sees Kinneret stößt.
12 Schließlich ziehe sich die Grenze hinun-
ter an den Jordan und laufe am Salzmeer
aus. Das sollen ringsum die Grenzen eue-
res Landes sein.

13 Mose gab dann den Israeliten folgende
Anweisung: Das ist das Land, das ihr euch
durch das Los als Erbbesitz zuteilen sollt
und das der Herr den neuneinhalb Stäm-
men zu geben befohlen hat. 14 Denn die zu
den Stämmen der Rubeniter und Gaditer
gehörenden Familien sowie der halbe
Stamm Manasse haben ihren Erbbesitz be-
reits erhalten. 15 Die zweieinhalb Stämme
haben ihren Erbbesitz jenseits des Jordan
bei Jericho im Osten gegen Sonnenauf-
gang bekommen.

Die mit der Zuteilung beauftragten Anführer

16 Und der Herr redete zu Mose: 17 Das sind
die Namen der Männer, die euch das Land
als Erbbesitz zuteilen sollen: der Priester
Eleasar und Josua, der Sohn Nuns. 18 Fer-
ner sollt ihr je einen Anführer aus jedem
Stamm bei der Zuteilung des Landes hin-
zuziehen, 19 und das sind die Namen der
Männer: vom Stamm Juda Kaleb, der Sohn
Jefunnes; 20 vom Stamm der Söhne Sime-
ons Schemuël, der Sohn Ammihuds;
21 vom Stamm Benjamin Elidad, der Sohn
Kislons; 22 vom Stamm der Daniter als An-
führer Bukki, der Sohn Joglis; 23 von den
Söhnen Josefs: vom Stamm der Söhne Ma-
nasses als Anführer Hanniël, der Sohn
Efods, 24 und vom Stamm der Söhne
Efraims als Anführer Kemuël, der Sohn
Schiftans; 25 vom Stamm der Söhne Sebu-
lons als Anführer Elizafan, der Sohn Par-
nachs; 26 vom Stamm der Söhne Issachars
als Anführer Paltiël, der Sohn Asans;
27 vom Stamm der Söhne Aschers als An-
führer Ahihud, der Sohn Schelomis;
28 vom Stamm der Söhne Naftalis als An-
führer Pedahel, der Sohn Ammihuds.

[29] Das sind die, denen der Herr befahl,
den Israeliten ihren Erbbesitz im Land Ka-
naan zuzuteilen.

Der Anteil der Leviten

35 Der Herr sprach zu Mose in den
Steppen Moabs am Jordan bei Jeri-
cho: [2] Befiehl den Israeliten, dass sie von
ihrem erblichen Grundbesitz den Leviten
Städte zum Wohnen überlassen. Zu den
Städten sollt ihr auch das ringsum dazuge-
hörende Weideland den Leviten überge-
ben. [3] Die Städte sollen ihnen als Wohnsitz
dienen und die Weideflächen sollen ihrem
Vieh, ihren Herden, überhaupt allen ihren
Tieren dienen. [4] Die Weideflächen der
Städte, die ihr den Leviten zu geben habt,
sollen sich von der Stadtmauer nach au-
ßen tausend Ellen weit im Umkreis erstre-
cken. [5] Ihr sollt außerhalb der Stadt die
Ostseite entlang zweitausend Ellen mes-
sen, ebenso die Südseite entlang zweitau-
send Ellen, die Westseite entlang zweitau-
send Ellen und die Nordseite entlang
zweitausend Ellen, sodass die Stadt selber
in der Mitte zu liegen kommt; das soll
ihnen als Weideflächen bei den Städten
gehören. [6] Als Städte, die ihr den Leviten
zu überlassen habt, nehmt zunächst ein-
mal die sechs Asylstädte, die ihr bestim-
men müsst. Dorthin kann derjenige flie-
hen, der einen Totschlag begangen hat.
Gebt ihnen außerdem noch zweiundvier-
zig weitere Städte hinzu. [7] Die Gesamtzahl
der Städte, die ihr den Leviten überlassen
müsst, soll achtundvierzig Städte mit den
zugehörigen Weideflächen betragen. [8] Da-
bei sollt ihr die Städte, die ihr vom Grund-
besitz der Israeliten herzugeben habt, von
den größeren Stämmen in größerer Zahl,
von den kleineren Stämmen in kleinerer
Zahl zur Verfügung stellen lassen; jeder
Stamm soll einige von seinen Städten im
Verhältnis zu seinem eigenen Besitz an
die Leviten abgeben.

Die Asylstädte

[9] Der Herr sprach zu Mose: [10] Rede zu den
Israeliten und sag zu ihnen:
Wenn ihr über den Jordan in das Land
Kanaan hinüberzieht, [11] sollt ihr euch Städ-
te aussuchen, dass sie euch als Asylstädte
dienen; dorthin soll derjenige fliehen, der
einen Totschlag begangen hat, also einen
Menschen ohne Vorsatz getötet hat.
[12] Diese Städte sollen euch zum Asyl vor
dem Bluträcher dienen, damit der Tot-
schläger nicht getötet werde, bevor er
nicht vor dem Gericht der Gemeinde ge-
standen hat. [13] Von den Städten, die ihr
herzugeben habt, sollen euch sechs Asyl-
städte zur Verfügung stehen: [14] Drei Städte
bestimmt jenseits des Jordan, drei Städte
bestimmt im Land Kanaan, die als Asyl-
städte dienen sollen. [15] Den Israeliten wie
dem Fremden und dem Halbbürger unter
euch sollen diese sechs Städte als Asyl die-
nen, sodass jeder dorthin fliehen kann, der
einen Menschen ohne Vorsatz erschlagen
hat.

[16] Wenn er ihn mit einem eisernen Ge-
genstand geschlagen hat, sodass er starb,
so ist er ein Mörder; der Mörder muss mit
dem Tod bestraft werden. [17] Wenn er ihn
mit einem Stein, den er in der Hand führte
und der den Tod verursachen konnte, so
schlug, dass er starb, dann ist er ein Mör-
der; der Mörder muss mit dem Tod bestraft
werden. [18] Oder wenn er ihn mit einem höl-
zernen Gegenstand, den er in der Hand
führte und der den Tod verursachen konn-
te, derart schlug, dass er starb, dann ist er
ein Mörder; der Mörder muss mit dem Tod
bestraft werden. [19] Der Bluträcher darf den
Mörder töten, wenn er ihn antrifft.

[20] Gab er ihm aus Hass einen Stoß oder
warf er absichtlich nach ihm, sodass er
starb, [21] oder schlug er ihn aus Feindschaft
mit seiner Hand, sodass er starb, dann soll
derjenige, der geschlagen hat, mit dem
Tod bestraft werden; ein Mörder ist er,
der Bluträcher soll den Mörder töten,
wenn er ihn antrifft. [22] Wenn er ihm aber
nur unabsichtlich, nicht aus Feindschaft,
einen Stoß gab oder ohne Absicht einen
Gegenstand nach ihm warf [23] oder einen
Stein, durch den einer getötet werden
kann, auf ihn, ohne ihn zu sehen, fallen
ließ, sodass er starb, während er ihm gar
nicht feindlich gesinnt war und ihm nichts
Böses zufügen wollte, [24] dann soll die Ge-
meinde zwischen dem Totschläger und
dem Bluträcher nach den obigen Rechts-
satzungen entscheiden. [25] Die Gemeinde
rette den Totschläger vor dem Zugriff des
Bluträchers dadurch, dass die Gemeinde
ihn in seine Asylstadt, wohin er geflohen
war, zurückbringen lässt, damit er in ihr
bis zum Tod des Hohenpriesters, den
man mit dem heiligen Öl gesalbt hat, woh-

nen bleibt. [26] Verlässt aber der Totschläger den Bereich seiner Asylstadt, in die er geflohen war, [27] und trifft ihn der Bluträcher außerhalb des Bereichs seiner Asylstadt und tötet dann der Bluträcher den Totschläger, so hat er keine Blutschuld; [28] denn jener hat in seiner Asylstadt bis zum Tod des Hohenpriesters zu bleiben, erst nach dem Tod des Hohenpriesters darf der Totschläger in die Gegend zurückkehren, wo er seinen Grundbesitz hat. [29] Dies soll bei euch überall, wo ihr wohnt, von Generation zu Generation als Recht und Gesetz gelten.

[30] Erschlägt jemand einen Menschen, dann soll man den Mörder nur auf Zeugenaussagen hin mit dem Tod bestrafen; doch genügt die Aussage nur eines Zeugen nicht, dass jemand zum Tod verurteilt wird. [31] Ihr dürft kein Lösegeld für das Leben eines Mörders annehmen, der zum Tod verurteilt ist; er muss vielmehr mit dem Tod bestraft werden. [32] Auch dürft ihr für einen, der in seine Asylstadt geflohen ist, kein Lösegeld nehmen, sodass er, schon bevor der Hohepriester stirbt, zurückkehren und in seiner Heimat wohnen könnte. [33] Ihr dürft das Land, in welchem ihr wohnt, nicht entweihen. Denn das Blut, das entweiht das Land; und dem Land kann für das Blut, das in ihm vergossen wird, keine Sühne geschaffen werden außer durch das Blut dessen, der es vergossen hat. [34] Verunreinigt also nicht das Land, in dem ihr wohnt, da auch ich darin wohne! Denn ich, der Herr, wohne inmitten der Israeliten!

Der Erbbesitz der verheirateten Frau

36 Die Familienhäupter der Nachkommen Gileads, des Sohnes Makirs, des Sohnes Manasses, aus den Sippen der Nachkommen Josefs, traten heran und brachten vor Mose und den führenden Männern, den Stammeshäuptern der Israeliten, ein Anliegen vor. [2] Sie sprachen: Dir, Herr, hat der Herr befohlen, das Land den Israeliten durch das Los zum Erbbesitz zu geben; auch wurde dir, Herr, vom Herrn befohlen, den Erbbesitz unseres Stammesgenossen Zelofhad seinen Töchtern zuzuweisen. [3] Wenn diese nun einen Angehörigen der anderen israelitischen Stämme heiraten, dann wird ihr Erbbesitz dem Erbbesitz unserer Väter entzogen und zum Erbbesitz des Stammes geschlagen, dem sie fortan angehören; ein Teil des durch das Los uns zugefallenen Erbbesitzes kommt so in Abgang. [4] Und kommt für die Israeliten das Erlassjahr, so wird ihr Erbbesitz endgültig dem Erbbesitz des Stammes angefügt, zu dem sie (durch ihre Heirat) zählen, dem Erbbesitz des Stammes unserer Väter aber wird ihr Erbbesitz entzogen.

[5] Da traf Mose für die Israeliten auf Geheiß des Herrn folgende Anordnung:

Mit Fug und Recht haben die Männer vom Stamm der Söhne Josefs ihre Sache vorgebracht. [6] Das ist es, was der Herr hinsichtlich der Töchter Zelofhads angeordnet hat: Sie mögen heiraten, wer ihnen gefällt; nur müssen sie einen Angehörigen aus der Sippe ihres väterlichen Stammes heiraten, [7] damit nicht israelitischer Erbbesitz von dem einen Stamm auf den anderen übergeht; denn die Israeliten haben durchweg am Erbbesitz ihres väterlichen Stammes festzuhalten. [8] Und jedes Mädchen, das in einem der israelitischen Stämme zum Erbbesitz gelangt, muss einen Mann aus der Sippe seines väterlichen Stammes heiraten, damit die Israeliten durchweg ihren väterlichen Erbbesitz behaupten. [9] Der Erbbesitz darf nicht von einem Stamm auf einen anderen Stamm übergehen, da jeder der israelitischen Stämme an seinem Erbbesitz festhalten soll.

[10] Wie der Herr Mose befohlen hatte, so taten die Töchter Zelofhads. [11] Machla, Tirza, Hogla, Milka und Noa, Zelofhads Töchter, heirateten die Söhne ihrer Onkel. [12] Sie heirateten also Männer aus den Sippen der Nachkommen Manasses, des Sohnes Josefs. So verblieb ihr Erbbesitz bei dem Stamm, zu dem die Sippe ihres Vaters gehörte.

Schluss

[13] Das sind die Gebote und Rechtssatzungen, die der Herr in den Steppen Moabs am Jordan bei Jericho den Israeliten durch Mose befohlen hat.

Das Buch Deuteronomium

Einleitungsrede

Erste Rede des Mose

Zeit und Ort

1 Das sind die Reden, die Mose an ganz
Israel gehalten hat, jenseits des Jordan
in der Wüste, auch schon in der Araba ge-
genüber Suf, zwischen Paran, Tofel, La-
ban, Hazerot und Di-Sahab – 2 elf Tagrei-
sen sind es vom Horeb in der Richtung auf
das Gebirge Seïr hin bis Kadesch-Barnea.
3 Im vierzigsten Jahr, im elften Monat, am
ersten Tag redete Mose zu den Israeliten
genau so, wie ihm der Herr an sie auf-
getragen hatte. 4 Nachdem er den Amori-
terkönig Sihon, der in Heschbon residier-
te, und Og, den König von Baschan, der in
Aschtarot und in Edreï Hof hielt, geschla-
gen hatte, 5 unternahm es Mose jenseits
des Jordan im Land Moab, das Gesetz aus-
zulegen. Er sprach:

Letzte Anweisungen am Horeb

6 Der Herr, unser Gott, hat am Horeb zu
uns geredet: Lange genug währt nun euer
Aufenthalt an diesem Berg. 7 Macht euch
daran, aufzubrechen und zum Bergland
der Amoriter und zu all ihren Nachbar-
stämmen zu ziehen, die in der Araba, im
Bergland, in der Schefela, im Negeb und
an der Meeresküste wohnen, in das Ka-
naanitergebiet und in den Libanon bis
zum großen Strom, dem Eufrat. 8 Dies
Land stelle ich euch zur Verfügung. Zieht
hinein und nehmt das Land in Besitz, das
der Herr eueren Vätern Abraham, Isaak
und Jakob und ihre Nachkommen eidlich
zugesichert hat.

9 In jener Zeit sprach ich zu euch: Ich
kann nicht allein für euch Sorge tragen.
10 Der Herr, euer Gott, hat euch so zahl-
reich werden lassen wie die Sterne am
Himmel. 11 Der Herr, der Gott euerer Vä-
ter, lasse euch tausendfach wachsen und
segne euch, wie er euch zugesagt hat.
12 Wie aber soll ich ganz allein die Last tra-
gen, die ihr für mich bedeutet, mit den
Streitigkeiten, die ihr habt? 13 Wählt aus je-
dem Stamm weise, verständige und erfah-
rene Männer aus. Sie will ich als euere
Führer einsetzen. 14 Da habt ihr mir geant-
wortet und gesagt: Dieser Vorschlag ist
gut. 15 Ich nahm dann euere Stammesfüh-
rer, weise und erfahrene Männer, und be-
stellte sie zu eueren Führern, zu Tausend-
schafts-, Hundertschafts-, Fünfzigschafts-
und Zehntschaftsführern sowie zu Listen-
führern euerer Stämme. 16 Ich gebot zur
gleichen Zeit eueren Richtern: Hört euch
an, was zwischen eueren Brüdern vorgefal-
len ist, und fällt gerechte Urteile, was auch
einer mit seinem Bruder oder einem
Fremden haben mag. 17 Achtet vor Gericht
nicht auf die Person; den Kleinen müsst
ihr genauso anhören wie den Großen, vor
keinem dürft ihr euch fürchten, denn beim
Richten geht es um die Sache Gottes!
Streitfälle, deren Entscheidung euch zu
schwer scheinen, legt mir vor, damit ich
sie anhöre. 18 Auch gab ich euch damals ge-
naue Anweisungen, was ihr tun sollt.

Unglaube in Kadesch-Barnea

19 Wir brachen dann vom Horeb auf und
durchzogen, wie der Herr, unser Gott, uns
befohlen hat, jene große und furchtbare
Wüste, die ihr gesehen habt, in Richtung
auf das Bergland der Amoriter. 20 Und als
wir Kadesch-Barnea erreichten, sprach ich
zu euch: Ihr seid nun bis zum Bergland der
Amoriter gelangt, das uns der Herr, unser
Gott, geben will. 21 Siehe, der Herr, unser
Gott, stellt das Land dir zur Verfügung;
zieh hinauf, nimm es in Besitz, wie dich
der Herr, der Gott deiner Väter, angewie-
sen hat. Fürchte dich nicht und verzage
nicht! 22 Da tratet ihr alle an mich heran
und spracht: Wir wollen Männer vor uns
hersenden. Sie sollen das Land erkunden
und uns Bescheid zurückbringen über
den Weg, auf dem wir hinaufziehen sollen,
und über die Städte, auf die wir treffen
werden. 23 Da mir der Vorschlag richtig
schien, wählte ich aus euch zwölf Männer
aus, für jeden Stamm einen. 24 Sie machten

sich nun an den Aufstieg hinauf ins Berg-
land und kamen bis zum Eschkoltal
(Traubental) und erkundeten das Land.
25 Sie nahmen auch von den Erträgen des
Landes mit und brachten sie zu uns he-
runter. Sie gaben uns dann Bescheid und
sagten: Das Land, das der Herr, unser
Gott, uns geben will, ist ausgezeichnet.
26 Aber ihr wolltet nicht hinaufziehen, son-
dern ihr habt euch dem Befehl des Herrn,
eueres Gottes, widersetzt, 27 in eueren Zel-
ten aufbegehrt und gesprochen: Aus Hass
gegen uns hat uns der Herr aus Ägypten
herausgeführt und uns in die Gewalt der
Amoriter gegeben, dass sie uns vernichten.
28 Wohin ziehen wir denn sonst? Unsere
Brüder haben uns das Herz bange ge-
macht, indem sie sprachen: Ein Volk, viel
größer und zahlreicher als wir, Städte, mit
himmelhohen Mauern befestigt, sogar die
Anakiter haben wir dort gesehen! 29 Da
sprach ich zu euch: Entsetzt euch nicht
und fürchtet euch nicht vor ihnen! 30 Der
Herr, euer Gott, der vor euch herzieht, er
wird für euch streiten, ganz so, wie er
schon in Ägypten mit euch, für euch alle
sichtbar, verfahren ist, 31 und dann in der
Wüste, die du kennen gelernt hast und in
der dich der Herr, dein Gott, getragen hat,
wie einer sein Kind trägt, auf dem ganzen
Weg, den ihr gezogen seid, bis ihr an die-
sen Ort kamt. 32 Aber in diesem Fall hattet
ihr kein Zutrauen zum Herrn, euerem
Gott, 33 der vor euch herzog auf dem Weg,
um euch einen Platz zum Lagern auszusu-
chen: nachts im Feuer, um euch den Weg
zu zeigen, auf dem ihr dahinziehen solltet,
am Tag in der Wolke.

Anweisungen des Herrn in Kadesch-Barnea

34 Der Herr aber hatte euere Reden ver-
nommen und wurde zornig. Er schwur:
35 Kein Einziger von diesen Männern, die-
ser bösen Generation, soll das vortreffliche
Land sehen, das ich eueren Vätern zu ge-
ben geschworen habe! 36 Nur Kaleb, der
Sohn Jefunnes, er soll es zu sehen bekom-
men und ihm und seinen Kindern gebe ich
das Land, das er betreten hat, dafür dass er
völlig hinter dem Herrn stand. 37 Auch
über mich zeigte sich der Herr wegen euch
erzürnt, sodass er sprach: Auch du sollst
nicht dorthin gelangen. 38 Josua, der Sohn
Nuns, der ständig dir zu Diensten ist, er
soll dorthin gelangen. Ihn ermutige, denn
er soll es an Israel als Besitz verteilen.
39 Und euere kleinen Kinder, von denen
ihr gesagt habt: Zur Beute werden sie wer-
den und euere Söhne, die heute noch nicht
Gutes und Böses kennen, sie sollen dort-
hin gelangen, ihnen will ich es geben, sie
sollen es in Besitz nehmen. 40 Ihr aber
macht euch daran, nun wieder zur Wüste
hin aufzubrechen in Richtung auf das
Schilfmeer. 41 Da antwortetet ihr und
spracht zu mir: Wir haben gesündigt ge-
gen den Herrn! Nun wollen wir doch hi-
naufziehen und kämpfen, ganz wie der
Herr, unser Gott, uns befohlen hat. Und
jeder legte seine Waffen an und ihr hieltet
es für eine Kleinigkeit, ins Bergland hi-
naufzuziehen. 42 Der Herr aber sprach zu
mir: Sag ihnen: Zieht nicht hinauf und
kämpft nicht, denn ich bin nicht unter
euch! Sonst werdet ihr von eueren Feinden
geschlagen werden! 43 Und ich redete auf
euch ein, aber ihr habt nicht gehört, son-
dern euch dem Befehl des Herrn wider-
setzt und seid in euerer Vermessenheit
ins Bergland hinaufgezogen. 44 Da rückten
die Amoriter, die in jenem Bergland sie-
delten, aus, euch entgegen; wie Bienen-
schwärme verfolgten sie euch und zer-
sprengten euch von Seïr bis Horma. 45 So
kehrtet ihr heim und jammertet dann vor
dem Herrn; aber der Herr hörte nicht auf
euere Klagen und achtete nicht auf euch.
46 Ihr musstet euch lange Zeit in Kadesch
aufhalten, eben die Zeit, die ihr dort zuge-
bracht habt.

Israel, Edom und Moab

2 Dann machten wir uns daran, zur
Wüste hin aufzubrechen in Richtung
auf das Meer von Suf, wie der Herr mir
geboten hatte, und wir umgingen das Seïr-
gebirge in vielen Tagesmärschen. 2 Danach
sprach der Herr zu mir: 3 Die Umgehung
dieses Gebirges hat jetzt lange genug ge-
dauert. Wendet euch nach Norden! 4 Und
dem Volk gib folgenden Befehl: Ihr werdet
nun das Gebiet euerer Stammesbrüder, der
Söhne Esaus, die in Seïr wohnen, durch-
ziehen. Sie fürchten euch sehr. Doch
nehmt euch sehr in Acht, 5 dass ihr keinen
Krieg mit ihnen anfangt; denn ich werde
euch nichts von ihrem Land geben, nicht
einen Fuß breit, weil ich das Seïrgebirge
Esau als Besitz verliehen habe. 6 Lebens-
mittel sollt ihr gegen Geld von ihnen kau-

fen, damit ihr zu essen habt, ebenso sollt
ihr von ihnen Wasser gegen Geld erhan-
deln, damit ihr zu trinken habt. 7 Der Herr,
dein Gott, hat dich ja in all dem Schaffen
deiner Hände gesegnet, gab Acht auf dei-
nen Durchzug durch diese große Wüste;
vierzig Jahre ist nun schon der Herr, dein
Gott, mit dir, an nichts hast du Mangel ge-
litten. 8 Wir zogen dann weiter, weg von
unseren Stammesverwandten, den Söhnen
Esaus, die in Seïr wohnen, abseits der Ara-
bastraße, die von Elat und Ezjon-Geber
her kommt, machten also eine Wendung,
um Richtung auf die Wüste von Moab zu
nehmen. 9 Da sprach der Herr zu mir: Mo-
ab sollst du nicht angreifen und mit ihnen
keinen Krieg beginnen; denn ich werde dir
von seinem Land nichts zum Besitz geben,
weil ich Ar den Söhnen Lots als Besitz ver-
liehen habe. 10 Vor Zeiten wohnten die
Emiter darin, ein Volk, so groß, zahlreich
und hoch gewachsen wie die Anakiter.
11 Zu den Rafaïtern zählen auch sie, wie
die Anakiter; die Moabiter aber nennen
sie Emiter. 12 Und in Seïr siedelten ehemals
die Horiter, bis die Söhne Esaus sie vertrie-
ben, sie vor sich her vernichteten und sich
an ihrer Stelle niederließen, wie Israel mit
dem Land verfuhr, das der Herr ihnen
zum Erbbesitz verliehen hatte. 13 Nun
macht euch auf und überschreitet den
Bach Sered!

Ankunft im Ostjordanland

Also überschritten wir den Bach Sered.
14 Die Zeit aber, da wir umherzogen von
Kadesch-Barnea bis zu unserem Übergang
über den Bach Sered, betrug achtunddrei-
ßig Jahre, bis die ganze Generation der
wehrfähigen Männer aus dem Lager weg-
gestorben war, wie der Herr ihnen ge-
schworen hatte, 15 und die Hand des Herrn
war ja auch gegen sie gewesen, um sie mit-
ten aus dem Lager bis auf den letzten
Mann auszutilgen. 16 Als nun alle wehr-
fähigen Männer mitten aus dem Volk bis
auf den letzten Mann weggestorben wa-
ren, 17 redete der Herr zu mir: 18 Du gehst
heute an den Durchzug durch das Gebiet
von Moab, durch (die Gegend von) Ar,
19 und kommst ganz in die Nähe der Am-
moniter. Greife sie nicht an und beginne
mit ihnen keinen Krieg. Denn ich werde
dir nichts vom Land der Ammoniter zum
Besitz geben, weil ich es den Söhnen Lots
zum Besitz verliehen habe. 20 Auch es zählt
zum Land der Rafaïter. Ehemals siedelten
in ihm Rafaïter, die die Ammoniter Sam-
summiter nennen. 21 Ein Volk, so groß,
zahlreich und hoch gewachsen wie die
Anakiter. Aber der Herr hatte sie vor den
Ammonitern vernichtet, sodass sie ihr
Land in Besitz nahmen und an ihrer Stelle
wohnten, 22 wie er für die Söhne Esaus ge-
handelt hatte, die in Seïr wohnen, vor de-
nen er die Horiter vertilgt hatte, sodass
jene ihr Land in Besitz nahmen und an
ihrer Stelle sich ansiedelten bis auf den
heutigen Tag. 23 Und was die Awiter an-
geht, welche in Gehöften bis Gaza hin
wohnten, so hatten die Kaftoriter sie aus-
gerottet, welche aus Kaftor ausgewandert
waren, und sich an ihrer Stelle nieder-
gelassen hatten. 24 Auf, zieht weiter und
überquert den Arnonfluss! Ich gebe den
Amoriter Sihon, den König von Hesch-
bon, und sein Land in deine Gewalt. Be-
ginn mit der Besetzung und nimm den
Kampf mit ihm auf! 25 Mit dem heutigen
Tag fange ich an, Furcht und Schrecken
vor dir über alle Völker unter dem ganzen
Himmel zu bringen; sobald sie nur von dir
hören, sollen sie vor dir zittern und beben.

Sieg über Sihons

26 Da sandte ich aus der Wüste von Kede-
mot Boten an Sihon, den König von
Heschbon, mit folgendem friedlichen An-
gebot: 27 Ich möchte durch dein Land zie-
hen, werde aber unbedingt auf der Straße
bleiben und weder nach rechts noch nach
links abbiegen. 28 Lebensmittel sollst du
mir gegen Geld verkaufen, damit ich zu
essen habe, und Wasser sollst du mir ge-
gen Geld geben, damit ich zu trinken habe;
nur durchziehen will ich, 29 wie es mir die
Söhne Esaus gewährten, die in Seïr woh-
nen, und die Moabiter, welche in Ar sie-
deln, bis dass ich über den Jordan gehen
kann in das Land, welches der Herr, unser
Gott, uns geben will. 30 Sihon, der König
von Heschbon, aber weigerte sich, uns bei
sich durchziehen zu lassen; denn der Herr,
dein Gott, hatte seinen Sinn hartnäckig
und sein Herz unnachgiebig gemacht, um
ihn in deine Gewalt zu geben, wie es jetzt
geschehen ist. 31 Da sprach der Herr zu
mir: Siehe, ich habe damit angefangen, Si-
hon und sein Land dir preiszugeben; fange
nun an, sein Land in Besitz zu nehmen.

32 Als daher Sihon gegen uns zum Kampf
nach Jahaz ausrückte, er mit seinem gan-
zen Kriegsvolk, 33 gab ihn der Herr, unser
Gott, uns preis, sodass wir ihn, seine Söh-
ne und sein ganzes Kriegsvolk besiegten.
34 Wir eroberten damals alle seine Städte
und weihten jede Stadt, Männer, Frauen
und Kinder dem Untergang, ohne auch
nur einen entkommen zu lassen. 35 Nur
das Vieh und das Raubgut aus den Städ-
ten, die wir eingenommen hatten, behiel-
ten wir als Beute für uns. 36 Von Aroër am
Rand des Arnontals und von der Stadt im
Flusstal bis nach Gilead gab es keinen Ort,
der für uns uneinnehmbar gewesen wäre;
alles gab der Herr, unser Gott, uns preis.
37 Nur an das Ammoniterland machtest du
dich nicht heran, an all das, was seitwärts
vom Jabbokfluss liegt, samt den Städten
im Gebirge, ganz so, wie der Herr, unser
Gott, angeordnet hatte.

Ende der Besitznahme des Ostjordanlands

3 Dann machten wir uns daran, in
Richtung Baschan hinaufzuziehen.
Da rückte Og, der König von Baschan,
uns zum Kampf nach Edreï entgegen, er
und sein ganzes Kriegsvolk. 2 Der Herr
aber sprach zu mir: Du brauchst dich vor
ihm nicht zu fürchten; denn ich gebe ihn,
sein gesamtes Kriegsvolk und sein Land in
deine Gewalt, dass du mit ihm geradeso
verfährst, wie du mit dem Amoriterkönig
Sihon verfahren bist, der in Heschbon re-
sidierte. 3 Der Herr, unser Gott, gab denn
auch Og, den König von Baschan, und
sein gesamtes Kriegsvolk in unsere Gewalt
und wir besiegten ihn, ohne einen ent-
kommen zu lassen. 4 Dann eroberten wir
in jener Zeit alle seine Städte; keinen Ort
gab es, den wir ihnen nicht weggenommen
hätten. Sechzig Städte, der gesamte Bezirk
von Argob, bildeten das Herrschaftsgebiet
Ogs von Baschan – 5 alle diese waren mit
hoher Mauer, Toren und Riegeln befestig-
te Städte –, hinzu kommen die zahlreichen
offenen Landstädte. 6 Wir weihten alle dem
Untergang, wie wir es mit Sihon, dem Kö-
nig von Heschbon, getan hatten, jede
Stadt, Männer, Frauen und Kinder; 7 alles
Vieh aber und sonstiges Gut aus den Städ-
ten nahmen wir als Beute an uns.

8 So entrissen wir damals den beiden
Amoriterkönigen das Land jenseits des
Jordan vom Arnonfluss bis zum Hermon-
gebirge 9 – die Sidonier nennen den Her-
mon Sirjon, die Amoriter aber nennen
ihn Senir –, 10 alle Städte der Hochebene,
ganz Gilead und Baschan bis nach Salcha
und Edreï, die zum Herrschaftsgebiet Ogs
in Baschan gehörenden Städte. 11 Denn nur
Og, der König von Baschan, war noch üb-
rig von den letzten Rafaïtern; sein Bett war
aus Eisen, es steht noch in Rabba, der
Hauptstadt der Ammoniter. Es ist neun
gewöhnliche Ellen lang und vier Ellen
breit. 12 Dieses Land nahmen wir damals
in Besitz. Von Aroër an, das am Arnon-
fluss liegt, einschließlich der Hälfte des
Gebirges Gilead und seiner Städte übergab
ich es den Rubenitern und Gaditern. 13 Den
Rest von Gilead und ganz Baschan, das
Herrschaftsgebiet Ogs, den ganzen Bezirk
von Argob übergab ich dem halben Stamm
Manasse. Jenes ganze Gebiet von Baschan
bezeichnet man als Land der Rafaïter.
14 Jaïr, der Sohn Manasses, nahm den gan-
zen Bezirk von Argob bis zum Gebiet der
Geschuriter und Maachatiter ein und
nannte diese Orte nach seinem Namen
Zeltdörfer Jaïrs; und so heißen sie bis zum
heutigen Tag. 15 Machir aber gab ich Gile-
ad; 16 den Rubenitern und Gaditern gab ich
das Gebiet von Gilead bis zum Arnonfluss
– die Talmitte bildet die Grenze – und bis
zum Jabbokfluss, der Grenze der Ammo-
niter, 17 ferner die Araba mit dem Jordan
als Grenze von Kinneret bis zum Meer
der Araba, dem Salzmeer am Fuß der Ab-
hänge des Pisgagebirges im Osten.

Letzte Anweisungen des Mose

18 Damals gebot ich euch: Der Herr, euer
Gott, hat euch dieses Land gegeben, damit
ihr es in Besitz nehmt. In Waffen müsst
ihr alle, soweit ihr wehrfähig seid, vor eue-
ren Stammesbrüdern, den Israeliten, hinü-
berziehen! 19 Nur euere Frauen und Kinder
sowie euer Vieh – ich weiß ja, dass ihr
einen großen Viehbesitz habt – sollen in
eueren Städten verbleiben, die ich euch ge-
geben habe, 20 bis der Herr euere Stammes-
brüder und euch selbst zur Ruhe setzt und
sie das Land in Besitz nehmen, das ihnen
der Herr, euer Gott, jenseits des Jordan ge-
ben will. Dann sollt ihr heimkehren, ein
jeder in sein Besitztum, das ich euch gege-
ben habe. 21 Und Josua gab ich damals fol-
gende Anweisung: Deine Augen haben al-
les mitangesehen, was der Herr, euer Gott,

an diesen beiden Königen getan hat. So
wird der Herr an all den Königreichen
drüben tun, wohin du ziehen wirst. 22 Du
brauchst vor ihnen keine Furcht zu haben;
denn der Herr, euer Gott, ist es, der für
euch streitet.
23 Damals flehte ich auch zum Herrn um
Erbarmen, indem ich sprach: 24 O Herr,
mein Gott, du hast begonnen, deinem
Knecht deine Größe und deinen starken
Arm zu offenbaren. Wo ist ein Gott im
Himmel und auf der Erde, der solche Ta-
ten vollbrachte und Beweise seiner Macht
gab wie du! 25 Nun möchte ich doch auch
hinübergehen und das schöne Land jen-
seits des Jordan schauen, dieses schöne
Bergland und den Libanon! 26 Aber der
Herr war wegen euch über mich auf-
gebracht, sodass er mich nicht erhörte,
sondern zu mir sprach: Genug davon! Re-
de nichts weiter in dieser Sache zu mir!
27 Steig auf den Gipfel des Pisga hinauf
und wende deinen Blick nach Westen
und Norden, nach Süden und Osten, dass
du es mit eigenen Augen siehst! Denn über
den Jordan hinüber kommst du nicht!
28 Gib Befehl an Josua, ermutige und stärke
ihn; denn er soll an der Spitze dieses Vol-
kes hinüberziehen und er soll ihnen das
Land, das du sehen wirst, zum Besitz an-
weisen. 29 Und so blieben wir in dem Tal
gegenüber Bet-Pegor.

Der Treubruch in Pegor und die wahre Weisheit

4 Und nun höre, Israel, auf die Bestim-
mungen und Rechtssatzungen, die ich
euch lehre. Handelt danach, damit ihr lebt
und in den Besitz des Landes gelangt, das
euch der Herr, der Gott euerer Väter, ge-
ben will. 2 Den Worten, die ich euch gebie-
te, dürft ihr nichts hinzufügen, auch nichts
davon wegnehmen; vielmehr habt ihr die
Gebote des Herrn, eueres Gottes, die ich
euch gebe, zu beachten. 3 Mit eigenen Au-
gen konntet ihr sehen, was der Herr in
Baal-Pegor getan hat: Jeden, der dem Baal-
Pegor nachlief, hat der Herr, dein Gott,
aus deiner Mitte ausgetilgt. 4 Ihr aber, die
ihr am Herrn, euerem Gott, festgehalten
habt, seid allesamt heute noch am Leben.
5 Seht, ich lehre euch Gebote und Gesetze,
wie mir der Herr, mein Gott, aufgetragen
hat, damit ihr danach handelt in dem
Land, in das ihr einzieht, um es in Besitz
zu nehmen. 6 Beachtet und befolgt sie!
Denn das wird in den Augen der Völker,
die von all diesen Gesetzen hören, euere
Weisheit und Klugheit beweisen; sie wer-
den sagen: In der Tat, diese große Nation
ist ein weises und kluges Volk! 7 Denn wo
gibt es ein so großes Volk, das Götter hat,
die ihm so nahe sind wie der Herr, unser
Gott, uns, sooft wir zu ihm rufen? 8 Und
wo gibt es ein so großes Volk, das so voll-
kommene Gebote und Rechtssatzungen
hat wie dieses ganze Gesetz, das ich euch
heute vorlege?

Die Offenbarung am Horeb und ihre Forderungen

9 Auf jeden Fall hüte dich und achte da-
rauf, dass du die Ereignisse, die du mit ei-
genen Augen gesehen hast, nie vergisst
und sie dir zeit deines Lebens nie aus dem
Sinn kommen. Verkünde sie vielmehr dei-
nen Kindern und Enkeln. 10 Vergiss nicht
den Tag, als du am Horeb vor dem Herrn,
deinem Gott, standest und die an mich ge-
richtete Weisung des Herrn empfingst:
Versammle mir das Volk, ich will ihnen
meine Worte verkünden, damit sie mich
fürchten lernen alle die Tage, die sie auf
der Erde leben, und sie ihre Kinder lehren.
11 Ihr tratet also heran und standet am Fuß
des Berges, während der Berg bis zum
Himmel aufloderte und der Himmel sich
mit dunklen Wolken verfinsterte. 12 Der
Herr redete zu euch mitten aus dem Feuer
heraus; den Donner der Worte hörtet ihr,
eine Gestalt aber konntet ihr nicht wahr-
nehmen, nur eine Stimme. 13 Er verkünde-
te euch seinen Bund, welchen er euch zu
halten gebot, die zehn Worte; und er
schrieb sie auf zwei steinerne Tafeln.
14 Mir aber gab damals der Herr den Auf-
trag, euch Bestimmungen und Rechtssat-
zungen zu lehren, damit ihr sie befolgt in
dem Land, in das ihr hinüberzieht, um es
in Besitz zu nehmen.
15 Nun nehmt euch um eueres Lebens
willen gut in Acht, da ihr ja damals, als
der Herr am Horeb aus dem Feuer heraus
zu euch redete, keine Gestalt gesehen habt,
16 dass ihr euch nicht zu euerem Verderben
eine Götterstatue anfertigt, sei es die Dar-
stellung eines männlichen oder weiblichen
Wesens, 17 die Darstellung eines Tieres, das
auf der Erde lebt, oder eines beschwingten
Vogels, der am Himmel dahinfliegt, 18 die

Darstellung eines Tieres, das auf dem Boden kriecht, oder eines Fisches im Wasser unter der Erde. [19] Du sollst deine Augen nicht zum Himmel erheben und dich beim Anblick der Sonne, des Monds und der Sterne, des ganzen Himmelsheeres, nicht verführen lassen, dich vor ihnen niederzuwerfen und sie zu verehren, die der Herr, dein Gott, doch allen Völkern unter dem ganzen Himmel zugeteilt hat. [20] Euch nahm der Herr und führte euch aus dem Schmelzofen Ägyptens heraus, damit ihr sein eigenes Volk werdet, wie es heute der Fall ist.

Ankündigung von Bestrafung und Bekehrung

[21] Mir zürnte dann der Herr wegen euch, sodass er schwor, ich solle den Jordan nicht überschreiten und in das schöne Land gelangen dürfen, das der Herr, dein Gott, dir zum Besitz geben will. [22] Ich werde in diesem Land hier sterben und nicht über den Jordan ziehen. Ihr aber werdet hinübergehen und jenes schöne Land in Besitz nehmen. [23] Vergesst deshalb nie den Bund des Herrn, eueres Gottes, den er mit euch geschlossen hat, und fertigt euch keine Götterstatue an, die irgend etwas darstellt, was der Herr, dein Gott, euch verboten hat. [24] Denn der Herr, dein Gott, ist ein verzehrendes Feuer. Er ist ein eifernder Gott. [25] Wenn ihr Kinder und Enkel bekommen und euch im Land längst eingelebt habt und wenn ihr dann zu euerem Verderben ein Gottesbildnis anfertigt, das irgend etwas darstellt, und dadurch das Missfallen Gottes erregt und ihn zum Zorn reizt, [26] dann rufe ich heute den Himmel und die Erde zu Zeugen gegen euch auf. Ihr seid dann unverzüglich aus dem Land verschwunden, in das ihr über den Jordan hinüberziehen werdet, um es in Besitz zu nehmen. Lang wird dann euer Aufenthalt in ihm nicht dauern. Ihr werdet dann völlig vernichtet werden. [27] Der Herr wird euch unter die Völker verstreuen und nur wenige von euch werden übrig bleiben unter den Völkern, zu denen der Herr euch führen wird. [28] Dort werdet ihr Göttern dienen, Gebilden aus Holz oder Stein von Menschenhand, die weder sehen noch hören, weder essen noch riechen können. [29] Von dort her wirst du dann den Herrn, deinen Gott, wieder suchen und wirst ihn finden, wenn du mit deinem ganzen Herzen und deiner ganzen Seele nach ihm verlangst. [30] In der dich bedrängenden Not, wenn alle diese Worte bei dir eingetroffen sind, am Ende der Tage, dann wirst du zum Herrn, deinem Gott, zurückkehren und auf seine Stimme hören. [31] Ein barmherziger Gott ist ja der Herr, dein Gott. Er wird dich nicht verlassen und dich nicht verderben und den Bund mit deinen Vätern nicht vergessen, den er ihnen eidlich zugesichert hat.

Größe der göttlichen Erwählung

[32] Forsche in früheren Zeiten nach, die vor dir gewesen sind, von dem Tag an, an dem Gott den Menschen auf der Erde schuf. Forsche von einem Ende des Himmels bis zum anderen, ob je so Großes geschehen oder je dergleichen gehört worden ist! [33] Hat je ein Volk die Stimme des lebendigen Gottes aus dem Feuer heraus reden hören, wie du sie gehört hast, und ist am Leben geblieben? [34] Oder hat je sonst Gott versucht, sein Volk mitten aus einem anderen Volk herauszuholen durch Heimsuchungen, Zeichen und Wunder, durch Krieg, mit starker Hand und erhobenem Arm, durch große Schrecken, wie es der Herr, euer Gott, für euch in Ägypten vor deinen Augen getan hat? [35] Du hast es erleben dürfen, damit du erkennst, dass der Herr der wahre Gott ist. Kein anderer ist außer ihm. [36] Vom Himmel her ließ er dich seine Stimme vernehmen, um dich zu unterweisen, und auf der Erde ließ er dich sein gewaltiges Feuer schauen, mitten aus dem Feuer heraus hörtest du seine Worte [37] und bliebst doch am Leben; denn er liebte deine Väter und erwählte ihre Nachkommen. Er führte dich in eigener Person durch seine große Kraft aus Ägypten heraus, [38] um Nationen, größer und stärker als du, vor dir zu vertreiben, um dich hineinzubringen, um dir ihr Land zum Erbbesitz zu geben, wie es heute noch geschieht. [39] So erkenne heute und nimm dir zu Herzen, dass der Herr der wahre Gott im Himmel oben und unten auf der Erde ist, sonst keiner! [40] Beachte seine Bestimmungen und Gebote, welche ich dir heute befehle, auf dass es dir und deinen Kindern nach dir wohl ergeht und du recht lange Zeit in dem Land lebst, das der Herr, dein Gott, dir für alle Zeiten geben will!

Zweite Rede des Mose

Zeit und Ort

41 Damals wählte Mose jenseits des Jordan
gegen Sonnenaufgang drei Städte aus,
42 damit ein Totschläger, der seinen Mit-
menschen ohne Vorsatz und ohne seit
langem mit ihm verfeindet gewesen zu
sein, getötet hat, dorthin flüchten könne
– wenn er in eine dieser Städte flüchtete,
sollte er am Leben bleiben: 43 Bezer in der
Steppe auf der Hochebene für die Rubeni-
ter, Ramot in Gilead für die Gaditer und
Golan in Baschan für die Angehörigen
des Stammes Manasse. 44 Dies ist das Ge-
setz, das Mose den Israeliten vorlegte.
45 Das sind die Forderungen, Gebote und
Gesetze, die Mose den Israeliten bei
ihrem Auszug aus Ägypten verkündete,
46 jenseits des Jordan im Tal gegenüber
Bet-Pegor im Land des Amoriterkönigs
Sihon, der in Heschbon residierte. Ihn
hatte Mose und die Israeliten auf ihrem
Auszug aus Ägypten geschlagen 47 und
sein Land wie auch das Land des Königs
Og von Baschan in Besitz genommen, das
Land der beiden Amoriterkönige, die jen-
seits des Jordan gegen Sonnenaufgang
herrschten, 48 von Aroër am Ufer des Ar-
nonflusses bis zum Gebirge Sion, das ist
Hermon, 49 und die ganze Ebene auf der
Ostseite des Jordan bis zum Meer der
Steppe am Fuß der Abhänge des Pisga-
gebirges.

Die Zehn Gebote

5 Mose rief ganz Israel und sagte zu ih-
nen: Vernimm, Israel, die Bestim-
mungen und Rechtssatzungen, die ich
euch heute vortrage! Lernt sie, beachtet
und haltet sie! 2 Der Herr, unser Gott, hat
am Horeb mit uns einen Bund geschlos-
sen. 3 Nicht mit unseren Vätern schloss
der Herr diesen Bund, sondern mit uns,
die wir heute hier stehen. 4 Von Angesicht
zu Angesicht redete der Herr auf dem Berg
mitten aus dem Feuer heraus mit euch –
5 ich stand damals zwischen dem Herrn
und euch, um euch die Worte des Herrn
mitzuteilen, da ihr vor dem Feuer Furcht
hattet und nicht auf den Berg stiegt –, er
sprach:

6 Ich bin der Herr, dein Gott, der dich
aus Ägypten, dem Sklavenhaus, heraus-
geführt hat.

7 Du sollst keine anderen Götter haben
als mich.

8 Du sollst dir kein geschnitztes Bild ma-
chen, kein Abbild von dem, was im Him-
mel oben oder unten auf der Erde oder im
Wasser unter der Erde ist! 9 Du sollst dich
nicht vor diesen Bildern niederwerfen und
sie nicht verehren. Ich, der Herr, dein
Gott, bin ein eifersüchtiger Gott. Ich ver-
folge die Schuld derer, die mich hassen,
von den Vätern bis zu ihren Kindern, En-
keln und Urenkeln . 10 Bei denen, die mich
lieben und meine Gebote halten, erweise
ich Tausenden meine Huld.

11 Du sollst den Namen des Herrn, dei-
nes Gottes, nicht missbrauchen; denn der
Herr lässt den nicht ungestraft, der seinen
Namen missbraucht.

12 Halte den Sabbat: Heilige ihn, wie der
Herr, dein Gott, dir gebot! 13 Sechs Tage
sollst du arbeiten und alle deine Arbeit
verrichten. 14 Der siebte Tag aber ist ein
Ruhetag für den Herrn, deinen Gott; da
sollst du keine Arbeit verrichten, weder
du selbst, noch dein Sohn, noch deine
Tochter, noch dein Knecht, noch deine
Magd, noch dein Ochse, noch dein Esel,
noch all dein Vieh, noch der Fremde, der
in deinen Stadtbereichen Wohnrecht hat,
damit dein Knecht und deine Magd ruhen
können wie du. 15 Denk daran, dass du
selbst in Ägypten Sklave warst und der
Herr, dein Gott, dich von dort mit starker
Hand und erhobenem Arm herausführte.
Darum gebot dir der Herr, dein Gott, den
Sabbat zu feiern.

16 Ehre deinen Vater und deine Mutter,
wie der Herr, dein Gott, dir gebot, damit
du lange lebst und es dir wohl ergeht in
dem Land, das der Herr, dein Gott, dir ge-
ben will.

17 Du sollst nicht morden!

18 Du sollst nicht ehebrechen!

19 Du sollst nicht stehlen!

20 Du sollst kein falsches Zeugnis gegen
deinen Nächsten geben!

21 Du sollst nicht die Frau deines Nächs-
ten begehren und du sollst nicht nach dei-
nes Nächsten Haus, Acker, Sklaven, Skla-
vin, Rind, Esel oder nach sonst etwas
verlangen, was deinem Nächsten gehört!

22 Diese Worte sagte der Herr auf dem
Berg mitten aus dem in dunklen Wolken
auflodernden Feuer mit gewaltiger Stim-
me zu euerer ganzen Versammlung, weiter

nichts; sie schrieb er dann auf zwei steiner-
ne Tafeln und übergab sie mir.

Mose als Mittler

23 Als ihr nun die Stimme mitten aus der
Finsternis vernahmt, während der Berg in
Feuer stand, da kamt ihr zu mir heran –
alle euere Stammesführer und Ältesten –
und sagtet: 24 Siehe, der Herr, unser Gott,
hat uns seine Herrlichkeit und Größe ge-
zeigt, seine Stimme haben wir mitten aus
dem Feuer vernommen, heute haben wir
erlebt, dass Gott mit dem Menschen reden
kann und dieser doch am Leben bleibt.
25 Aber warum sollen wir nun doch ster-
ben? Dies gewaltige Feuer verzehrt uns ja
noch. Wenn wir noch weiterhin die Stim-
me des Herrn, unseres Gottes, anhören
müssen, werden wir sterben. 26 Denn wo
gibt es irgendein menschliches Wesen,
das wie wir die Stimme des lebendigen
Gottes mitten aus dem Feuer hätte hören
und am Leben bleiben können? 27 Tritt du
hinzu und höre dir alles an, was der Herr,
unser Gott, spricht und berichte uns alles,
was der Herr, unser Gott, zu dir reden
wird. Wir wollen es hören und ausführen!
28 Der Herr hörte das laute Geschrei bei
euerer Auseinandersetzung mit mir und
der Herr sagte zu mir: Ich habe das laute
Geschrei dieser Leute gehört; sie haben in
allem recht, was sie sagten. 29 Diese Gesin-
nung sollen sie immer behalten, dass sie
mich fürchten und ihr Leben lang alle
meine Gebote halten, damit es ihnen und
ihren Kindern immer gut geht! 30 Auf, sag
ihnen: Geht zurück in euere Zelte! 31 Du
aber tritt hierher zu mir, ich will dir die
ganze Gesetzesweisung, die Bestimmun-
gen und Rechtssatzungen mitteilen, die
du sie lehren sollst. Sie sollen danach han-
deln in dem Land, das ich ihnen zu Eigen
geben will!

32 Handelt also, wie der Herr, euer Gott,
euch gebot, ohne davon nach rechts oder
nach links abzuweichen. 33 Geht den Weg,
den der Herr, euer Gott, euch vorgeschrie-
ben hat, damit ihr am Leben bleibt und es
euch gut geht und ihr lange lebt in dem
Land, das ihr in Besitz nehmen werdet.

Die Liebe des Herrn als Wesen des Gesetzes

6 Das sind die Gebote, Gesetze und
Rechtsvorschriften, die der Herr, euer
Gott, euch zu lehren gebot, dass ihr da-
nach handelt in dem Land, in das ihr zieht,
um es in Besitz zu nehmen. 2 Damit du den
Herrn, deinen Gott, fürchtest alle Tage
deines Lebens und alle seine Bestimmun-
gen und Gebote hältst, die ich dir heute
vorschreibe – du, dein Sohn, deine Toch-
ter –, damit du lange lebst. 3 So höre denn,
Israel, und handle danach, damit es dir gut
geht und ihr zahlreich werdet – wie der
Herr, der Gott deiner Väter, dir zugesagt
hat – in dem Land, das von Milch und Ho-
nig fließt.

4 Höre, Israel! Der Herr ist unser Gott,
der Herr ist einzig! 5 Du sollst den Herrn,
deinen Gott, lieben aus deinem ganzen
Herzen, aus deiner ganzen Seele und mit
aller deiner Kraft! 6 Diese Worte, die ich
dir heute vorschreibe, sollen in deinem
Herzen bleiben! 7 Auch deinen Kindern
sollst du sie einschärfen und von ihnen re-
den, wenn du zu Hause oder auf Reisen
bist, wenn du dich hinlegst oder aufstehst.
8 Ja, du sollst sie als Zeichen um deine
Hand binden, sie sollen als Marken auf
deiner Stirne sein 9 und du sollst sie auf
die Türpfosten deines Hauses und an dei-
ne Tore schreiben! 10 Wenn dich nun der
Herr, dein Gott, in das Land bringt, das er
deinen Vätern Abraham, Isaak und Jakob
eidlich versprochen hat, in ein Land mit
großen und schönen Städten, die du nicht
gebaut hast, 11 mit Häusern voll von Gü-
tern, die du nicht erworben, mit aus-
gehauenen Zisternen, die du nicht aus-
gehauen, mit Weinbergen und Ölbäumen,
die du nicht gepflanzt hast –, wenn du
dich dort satt isst, 12 dann nimm dich in
Acht, dass du nicht den Herrn vergisst,
der dich aus Ägypten, dem Sklavenhaus,
herausgeführt hat. 13 Den Herrn, deinen
Gott, sollst du fürchten, ihn sollst du ver-
ehren und bei seinem Namen schwören.

Ermahnung zur Treue

14 Folge nicht den fremden Göttern der
Völker, die rings um euch wohnen, –
15 denn der Herr, dein Gott, ist ein eifer-
süchtiger Gott in deiner Mitte; sonst wür-
de der Zorn des Herrn, deines Gottes, ge-
gen dich entbrennen und dich von der
Erde vertilgen! 16 Ihr sollt den Herrn, eue-
ren Gott, nicht versuchen, wie ihr ihn in
Massa versucht habt. 17 Haltet gewissenhaft
die Gebote des Herrn, eueres Gottes, seine
Gesetze und Satzungen, die er dir vor-

geschrieben hat. [18] Du sollst das tun, was in den Augen des Herrn recht und gut ist, damit es dir gut geht und du in das schöne Land kommst, das der Herr deinen Vätern eidlich versprochen hat, und du es in Besitz nimmst, indem du [19] alle deine Feinde vor dir herjagst, wie der Herr verheißen hat.

[20] Wenn dich morgen dein Sohn fragt: Was sollen die Gebote, Gesetze und Rechtssatzungen, die der Herr, unser Gott, euch vorschrieb, [21] dann sollst du ihm sagen: Wir waren Sklaven des Pharao in Ägypten, da führte uns der Herr mit starker Hand aus Ägypten heraus. [22] Der Herr wirkte vor unseren Augen gewaltige und unheilvolle Zeichen und Wunder an Ägypten, am Pharao und an seinem ganzen Haus, [23] uns aber führte er von dort heraus, um uns herzubringen und uns das Land zu geben, das er unseren Vätern eidlich versprochen hatte. [24] Der Herr befahl uns, alle diese Gebote zu befolgen und den Herrn zu fürchten, damit es uns allezeit gut geht und damit er uns am Leben erhält, wie es heute der Fall ist. [25] Vor dem Herrn, unserem Gott, sind wir erst im Recht, wenn wir dieses ganze Gesetz befolgen, wie er es uns vorschrieb.

Israel, das abgesonderte Volk

7 Wenn dich der Herr, dein Gott, in das Land bringt, in das du nun einziehst, um es in Besitz zu nehmen, und wenn er viele Völker vor dir vertreibt: die Hetiter, Girgaschiter, Amoriter, Kanaaniter, Perisiter, Hiwiter und Jebusiter – sieben Völker, zahlreicher und mächtiger als du –, [2] und wenn sie der Herr, dein Gott, dir preisgibt und du sie dann besiegst, dann sollst du sie unbedingt der Vernichtung weihen. Du darfst weder einen Vertrag mit ihnen abschließen noch Gnade an ihnen üben. [3] Du darfst dich nicht mit ihnen verschwägern; deine Tochter darfst du nicht einem ihrer Söhne zur Frau geben und dein Sohn darf nicht eine ihrer Töchter zur Frau nehmen. [4] Denn dein Sohn würde mir abtrünnig, indem er andere Götter verehrt; der Zorn des Herrn würde gegen euch entflammen und dich sofort austilgen. [5] So sollt ihr vielmehr mit ihnen verfahren: Reißt ihre Altäre nieder, zertrümmert ihre Steinmale, fällt ihre heiligen Bäume und verbrennt ihre Götterbilder im Feuer. [6] Denn du bist ein geheiligtes Volk des Herrn, deines Gottes; dich erwählte der Herr, dein Gott, aus allen Völkern auf der Erde, damit du ihm zu Eigen bist.

Gottes Erwählung und Huld

[7] Nicht weil ihr alle Völker an Zahl übertrefft, neigte sich der Herr euch zu und erwählte euch – denn ihr seid das kleinste von allen Völkern –, [8] sondern weil der Herr euch liebte und weil er den Schwur halten wollte, den er eueren Vätern geschworen hatte, führte euch der Herr mit starker Hand heraus und erlöste dich aus dem Sklavenhaus, aus der Hand Pharaos, des Königs von Ägypten. [9] Daran sollst du erkennen, dass der Herr, dein Gott, der wahre Gott ist, der treue Gott, der seinen Bund hält bis auf tausend Generationen und seine Huld denen erweist, die ihn lieben und seine Gebote halten. [10] Dem, der ihn hasst, vergilt er an seiner eigenen Person, ohne zu warten; er vernichtet den, der ihn hasst, er vergilt ihm persönlich. [11] Darum sollst du die Gebote, die Gesetze und Rechtssatzungen halten, die ich dir heute vorschreibe. [12] Und dafür, dass ihr diese Rechtssatzungen anhört, sie haltet und befolgt, wird der Herr, dein Gott, dir den Bund und die Huld bewahren, die er deinen Vätern eidlich versprochen hat. [13] Er wird dich lieben, segnen und mehren, er wird die Frucht deines Leibes, den Ertrag deines Ackers, dein Getreide, deinen Most, dein Öl, den Wurf deiner Rinder und deines Kleinviehs in dem Land segnen, das dir zu geben er deinen Vätern geschworen hat. [14] Vor allen Völkern wirst du gesegnet sein; bei dir wird es keinen Mann, keine Frau und auch kein Vieh geben, die unfruchtbar sind. [15] Der Herr wird jede Krankheit von dir fern halten und keine der schlimmen Seuchen Ägyptens, die du ja kennst, über dich kommen lassen, sie aber über alle deine Feinde bringen. [16] Du aber sollst alle Völker, die der Herr, dein Gott, dir preisgibt, vertilgen; du darfst sie nicht aus Mitleid verschonen und ihre Götter nicht verehren; denn das würde zum Fallstrick für dich werden!

Gottes Macht

[17] Wenn du jedoch denkst: Diese Völker sind ja zahlreicher als ich – wie sollte ich sie vertreiben können?, [18] dann brauchst

du keine Furcht vor ihnen zu haben. Denk
an das, was der Herr, dein Gott, dem Pha-
rao und allen Ägyptern widerfahren ließ,
19 an die großen Heimsuchungen, die du
mit deinen eigenen Augen gesehen hast,
an die Zeichen und Wunder, an die starke
Hand und den erhobenen Arm, mit denen
dich der Herr, dein Gott, herausgeführt
hat! Ebenso wird der Herr, dein Gott, mit
all den Völkern verfahren, vor denen du
dich fürchtest! 20 Und auch Schrecken wird
der Herr, dein Gott, unter ihnen verbrei-
ten, bis alle umgekommen sind, die übrig
geblieben sind und sich vor dir versteckt
haben. 21 Lass dich nicht von ihnen in
Furcht versetzen! Denn der Herr, dein
Gott, ist ein gewaltiger und furchtbarer
Gott in deiner Mitte. 22 Der Herr, dein
Gott, wird diese Völker ganz allmählich
vor dir vertreiben. Du kannst sie nicht auf
einmal vernichten, sonst würden die wil-
den Tiere zu zahlreich. 23 Und der Herr,
dein Gott, wird sie dir ausliefern und sie
in große Verwirrung versetzen, bis sie ver-
nichtet sind. 24 Ihre Könige wird er in deine
Gewalt liefern, damit du ihren Namen un-
ter dem Himmel austilgst. Niemand wird
vor dir bestehen, bis du sie vernichtet hast.
25 Ihre Götterstatuen sollt ihr im Feuer ver-
brennen, aber das Silber und Gold daran
darfst du nicht begehren und es für dich
nehmen, damit du dich nicht in Schuld
verstrickst; denn dies ist für den Herrn,
deinen Gott, ein Gräuel! 26 Und einen
Gräuel darfst du auch nicht in dein Haus
bringen, sonst bist du und dein Haus dem
Untergang geweiht! Gewaltigen Ekel und
Abscheu sollst du davor empfinden, denn
es ist der Vernichtung geweiht.

Die Prüfung in der Wüste

8 Achtet die Gesetze, die ich dir heute
vorschreibe, damit ihr am Leben
bleibt und euch vermehrt und das Land
in Besitz nehmt, das der Herr eueren Vä-
tern eidlich zugesichert hat. 2 Denk an den
ganzen Weg, den dich der Herr, dein Gott,
nun vierzig Jahre lang in der Wüste ge-
führt hat, um dich zu demütigen, dich zu
prüfen und deinen Sinn zu erproben, ob
du seine Gebote halten willst oder nicht.
3 Er demütigte dich und ließ dich Hunger
leiden, speiste dich mit dem Manna, das
du und deine Väter nicht kannten, um dir
kundzutun, dass der Mensch nicht vom
Brot allein lebt, dass der Mensch vielmehr
von allem lebt, was auf des Herrn Befehl
hin entsteht. 4 Deine Kleider sind nicht in
Lumpen zerfallen und deine Füße nicht
angeschwollen, nun schon vierzig Jahre
lang. 5 So erkenne denn in deinem Herzen,
dass der Herr, dein Gott, dich erzieht, wie
jemand seinen Sohn erzieht. 6 Halte also
die Gebote des Herrn, deines Gottes, geh
auf seinen Wegen und fürchte ihn.

Den Herrn nicht vergessen

7 Denn der Herr, dein Gott, bringt dich in
ein schönes Land, in ein Land mit Wasser-
bächen, Quellen und Strömen, die in der
Ebene und im Gebirge entspringen, 8 in
ein Land mit Weizen und Gerste, Wein-
stöcken, Feigen- und Granatbäumen, in
ein Land mit Ölbäumen und Honig, 9 in
ein Land, in dem du dich nicht kärglich
zu ernähren brauchst, sondern an nichts
Mangel leidest, in ein Land, dessen Steine
eisenhaltig sind und aus dessen Bergen du
Erz graben kannst. 10 Hast du aber gegessen
und dich gesättigt, dann sollst du den
Herrn, deinen Gott, preisen wegen des
schönen Landes, das er dir verliehen hat.
11 Nimm dich in Acht, dass du den Herrn,
deinen Gott, nicht vergisst, indem du seine
Gebote, Gesetze und Rechtssatzungen, die
ich dir heute vorschreibe, nicht hältst.
12 Wenn du dich satt isst, schöne Häuser
baust, um darin zu wohnen, 13 dein Groß-
und Kleinvieh sich vermehrt, wenn du Sil-
ber und Gold anhäufst und überhaupt al-
les, was dir gehört, zunimmt, 14 dann nimm
dich in Acht, dass dein Herz nicht hoch-
mütig wird und du den Herrn, deinen
Gott, vergisst, der dich aus Ägypten, dem
Sklavenhaus, herausführte, 15 der dich
durch die große und furchtbare Wüste
mit ihren Feuernattern, Skorpionen und
durch wasserloses, dürres Land führte,
der dir aus steinharten Felsen Wasser
sprudeln ließ, 16 der dich in der Wüste mit
Manna speiste, das deine Väter nicht
kannten, um dich zu demütigen und um
dich zu prüfen und dir am Ende Gutes zu
tun. 17 Denk ja nicht: Durch meine eigene
Kraft und die Stärke meiner Hand habe
ich mir diesen Wohlstand geschaffen!
18 Denk vielmehr, dass der Herr, dein Gott,
dir die Kraft verleiht, Wohlstand zu erwer-
ben, um so seinen Bund zu erfüllen, den er
deinen Vätern geschworen hat, so wie es

jetzt geschieht. 19 Wenn du aber den Herrn,
deinen Gott, völlig vergisst und anderen
Göttern folgst, sie verehrst und dich vor
ihnen niederwirfst, so versichere ich euch
heute feierlich, dass ihr sicher zugrunde
gehen werdet. 20 Ihr werdet wie die Völker
untergehen, die der Herr vor euch zugrun-
de gehen ließ, weil ihr nicht auf die Stim-
me des Herrn, eueres Gottes, gehört habt!

Aufruf zur Demut

9 Höre, Israel! Du wirst jetzt über den
Jordan ziehen, um Völker zu unter-
werfen, die größer und mächtiger sind als
du, mit großen und himmelhoch befestig-
ten Städten. 2 Du wirst auf die Anakiter
stoßen, ein großes und hoch gewachsenes
Volk, das du kennst und von denen man
sagt: Wer kann den Anakitern standhal-
ten? 3 So sollst du denn heute erfahren,
dass der Herr, dein Gott, selbst vor dir als
verzehrendes Feuer hinüberzieht; er wird
sie vertilgen und er wird sie vor dir nieder-
werfen, sodass du sie rasch aus ihrem Be-
sitz vertreiben und vernichten kannst, wie
dir der Herr zugesagt hat. 4 Denk nicht,
wenn sie der Herr, dein Gott, vor dir ver-
treibt: Wegen meiner Rechtschaffenheit
hat mich der Herr in den Besitz dieses
Landes gelangen lassen, während der Herr
sie wegen der Bosheit dieser Völker vor dir
vertrieb. 5 Nicht wegen deiner Rechtschaf-
fenheit und der Lauterkeit deines Herzens
gelangst du in den Besitz ihres Landes,
vielmehr vertreibt der Herr diese Völker
vor dir wegen ihrer Bosheit und um die
Zusage zu erfüllen, die der Herr deinen
Vätern Abraham, Isaak und Jakob eidlich
gegeben hat. 6 Bleibe dir dessen bewusst,
dass dir der Herr, dein Gott, dieses schöne
Land nicht wegen deiner Rechtschaffen-
heit zum Besitz gibt; denn ein halsstarriges
Volk bist du.

Der Bundesbruch am Horeb und
die Fürsprache des Mose

7 Denk daran und vergiss es nicht, dass du
den Herrn, deinen Gott, in der Wüste zum
Zorn gereizt hast! Von dem Tag an, als du
aus Ägypten wegzogst, bis zu euerer An-
kunft an diesem Ort habt ihr euch dem
Herrn widersetzt. 8 So erzürntet ihr den
Herrn am Horeb und der Herr ergrimmte
derart über euch, dass er euch vernichten
wollte. 9 Damals war ich auf den Berg ge-
stiegen, um die steinernen Tafeln in Emp-
fang zu nehmen, die Tafeln des Bundes,
den der Herr mit euch geschlossen hatte.
Ich hatte vierzig Tage und vierzig Nächte
auf dem Berg zugebracht, ohne Brot zu es-
sen und Wasser zu trinken. 10 Der Herr
hatte mir die zwei steinernen, vom Finger
Gottes beschriebenen Tafeln übergeben
mit allen Worten, die der Herr am Tag
der Versammlung auf dem Berg mitten
aus dem Feuer heraus mit euch geredet
hatte. 11 Am Ende der vierzig Tage und
vierzig Nächte hatte mir der Herr die zwei
steinernen Tafeln, die Tafeln des Bundes,
übergeben. 12 Damals sprach der Herr zu
mir: Auf, steig rasch von hier herunter!
Denn dein Volk, das du aus Ägypten he-
rausgeführt hast, hat schlecht gehandelt;
schnell sind sie von dem Weg abgewichen,
den ich ihnen vorgeschrieben habe: Sie ha-
ben sich ein Götterbild gegossen! 13 Weiter
sprach der Herr zu mir: Ich habe mir jetzt
eine Meinung über dieses Volk gebildet:
Ein halsstarriges Volk ist es! 14 Ich will sie
vertilgen und ihren Namen unter dem
Himmel auslöschen, dich aber zu einem
Volk machen, stärker und zahlreicher als
dieses! 15 Da kehrte ich um und stieg, die
beiden Bundestafeln in meinen Händen,
vom Berg herunter; 16 nun sah ich: Ihr hat-
tet wirklich gegen den Herrn, eueren Gott,
gesündigt, ihr hattet euch ein Kalb gegos-
sen und wart schnell von dem Weg abge-
wichen, den der Herr euch vorgeschrieben
hatte. 17 Da packte ich die beiden Tafeln,
schleuderte sie weg aus meinen beiden
Händen und zerschmetterte sie vor eueren
Augen. 18 Dann aber warf ich mich wie das
erste Mal vierzig Tage und vierzig Nächte
lang, ohne Brot zu essen und Wasser zu
trinken, vor dem Herrn nieder wegen allen
eueren Sünden, die ihr dadurch begangen
hattet, dass ihr tatet, was dem Herrn miss-
fiel und ihn erzürnen musste. 19 Denn mir
graute vor dem Zorn und Grimm, den der
Herr gegen euch hegte, sodass er euch ver-
tilgen wollte. Doch auch dieses Mal hörte
der Herr auf mich. 20 Auch über Aaron
zürnte der Herr so sehr, dass er ihn ver-
nichten wollte, und ich flehte damals auch
für Aaron. 21 Euer sündiges Machwerk
aber, das ihr angefertigt hattet, das Kalb,
nahm ich und verbrannte es im Feuer, zer-
stieß und zermalmte es vollständig, bis es
zu feinem Staub geworden war, dann warf

ich diesen Staub in den Bach, der vom
Berg herunterfließt.

Weitere Vergehen. Gebet des Mose

22 Ferner habt ihr den Herrn bei Tabera,
Massa und Kibrot-Taawa zum Zorn ge-
reizt. 23 Auch als euch der Herr von Ka-
desch-Barnea mit dem Auftrag fortschick-
te: Zieht hinauf und nehmt das Land in
Besitz, das ich euch verliehen habe, habt
ihr euch gegen den Herrn, eueren Gott,
gewandt, ihm nicht geglaubt und nicht
auf seine Stimme gehört. 24 Seitdem er euch
kennt, habt ihr euch dem Herrn wider-
setzt.

25 Ich warf mich nun vierzig Tage und
vierzig Nächte vor dem Herrn nieder, weil
er gedroht hatte, euch zu vernichten. 26 Da
flehte ich zum Herrn und sprach: Herr,
mein Gott! Vernichte doch nicht dein
Volk und dein Erbe, das du durch deine
große Macht erlöst und mit starker Hand
aus Ägypten herausgeführt hast! 27 Denk
an deine Knechte, an Abraham, Isaak und
Jakob! Beachte nicht die Halsstarrigkeit,
Bosheit und Sünde dieses Volkes! 28 Sonst
könnten die Bewohner des Landes, aus
dem du uns herausgeführt hast, sprechen:
Weil der Herr sie nicht in das Land brach-
te, das er ihnen zugesagt hatte, und weil er
sie hasste, hat er sie weggeführt, um sie in
der Wüste sterben zu lassen! 29 Sie sind
doch dein Volk und dein Erbe, das du mit
deiner gewaltigen Kraft und mit deinem
erhobenen Arm hinweggeführt hast!

Die Bundeslade und die Wahl Levis

10 Damals sagte der Herr zu mir: Hau
dir zwei steinerne Tafeln wie die
ersten zurecht, dann steig zu mir auf den
Berg! Fertige dir auch eine hölzerne Lade
an. 2 Auf die Tafeln werde ich die Worte
schreiben, die auf den ersten Tafeln stan-
den, die du zerschmettert hast. Du sollst
sie dann in die Lade legen. 3 Ich fertigte al-
so eine Lade aus Akazienholz und meißel-
te zwei steinerne Tafeln wie die früheren
zurecht, dann stieg ich, die zwei Tafeln in
meiner Hand, auf den Berg. 4 Da schrieb er
auf die Tafeln in der gleichen Schrift wie
früher die zehn Worte, die euch der Herr
am Tag der Versammlung auf dem Berg
mitten aus dem Feuer mitgeteilt hatte.
5 Hierauf übergab sie mir der Herr. Als ich
wieder vom Berg heruntergestiegen war,
legte ich die Tafeln in die Lade, die ich an-
gefertigt hatte, und dort blieben sie, wie
mir der Herr geboten hatte. 6 Die Israeliten
aber zogen von Beërot-Bene-Jaakan nach
Mosera weiter; dort starb Aaron und wur-
de auch dort begraben. Sein Sohn Eleasar
aber übernahm an seiner Stelle das Pries-
teramt. 7 Von hier zogen sie nach Hor-Gid-
gad und von Hor-Gidgad nach Jotbata,
einem Landstrich mit Wasserläufen, wei-
ter. 8 Damals wählte der Herr den Stamm
Levi aus, die Bundeslade des Herrn zu tra-
gen und vor dem Herrn zu stehen, um ihm
zu dienen und in seinem Namen zu seg-
nen, wie es bis heute der Fall ist. 9 Daher
erhielt Levi von seinen Stammesbrüdern
keinen Landanteil und keinen Erbbesitz;
der Herr selber ist sein Erbe, wie der Herr,
dein Gott, ihm zugesagt hat.

10 Ich verharrte aber wie das erste Mal
vierzig Tage und vierzig Nächte auf dem
Berg. Der Herr erhörte mich auch dieses
Mal: Der Herr wollte dich nicht vernich-
ten. 11 Der Herr sprach dann zu mir: Brich
an der Spitze deines Volkes auf, dass sie
hineinkommen und das Land in Besitz
nehmen, das ich ihren Vätern eidlich zu-
gesichert habe.

Die Beschneidung des Herzens

12 Und nun, Israel, was fordert der Herr,
dein Gott, von dir? Nichts anderes, als
dass du den Herrn, deinen Gott, fürchtest,
indem du auf allen seinen Wegen gehst,
dass du ihn liebst und dem Herrn, deinem
Gott, von ganzem Herzen und aus ganzer
Seele dienst, 13 indem du – dir zum Guten –
die Gebote und Gesetze des Herrn hältst,
die ich dir heute vorschreibe.

14 Siehe, dem Herrn, deinem Gott, ge-
hört der Himmel und der Himmel über
den Himmeln, die Erde und alles, was auf
ihr ist. 15 Und doch hat der Herr einzig und
allein deine Väter geliebt und euch, ihre
Nachkommen, aus allen Völkern erwählt,
wie es heute der Fall ist. 16 So beschneidet
denn die Vorhaut eueres Herzens und
zeigt euch nicht weiter halsstarrig! 17 Denn
der Herr, euer Gott, ist der Gott der Götter
und der Herr der Herren, der große und
gewaltige und furchtbare Gott, der nicht
Partei ergreift und keine Bestechung an-
nimmt, 18 der Waisen und Witwen Recht
schafft und den Fremden liebt, indem er
ihm Nahrung und Kleidung gibt. 19 So sollt

auch ihr den Fremden lieben; denn ihr
seid Fremde in Ägypten gewesen! [20] Den
Herrn, deinen Gott, sollst du fürchten,
ihm dienen, an ihm festhalten und bei sei-
nem Namen schwören! [21] Er ist dein
Ruhm, er ist dein Gott, der mit dir war
und jene gewaltigen und furchtbaren Ta-
ten wirkte, die du mit eigenen Augen gese-
hen hast! [22] Mit siebzig Personen zogen
deine Väter hinunter nach Ägypten und
jetzt hat dich der Herr, dein Gott, so zahl-
reich gemacht wie die Sterne des Himmels.

Die Erfahrung Israels

11 Du sollst also den Herrn, deinen
Gott, lieben und allezeit beachten,
was er beachtet haben will: seine Gebote,
Gesetze und Rechtssatzungen. [2] Ihr habt
die Erfahrung gemacht, nicht euere Söhne.
Sie haben nicht die Zucht des Herrn, eue-
res Gottes, seine Größe, seine starke Hand
und seinen erhobenen Arm erfahren, [3] die
Zeichen und Taten nicht miterlebt, wie er
sie in Ägypten am Pharao, dem König von
Ägypten, und seinem ganzen Land voll-
bracht hat, [4] und was er der Streitmacht,
den Pferden und Wagen Ägyptens hat wi-
derfahren lassen, über die er, als sie euch
nachjagten, die Wasser des Schilfmeers
zusammenschlagen ließ und die er so bis
zum heutigen Tag vernichtete. [5] Sie haben
nicht erfahren, was er euch ferner in der
Wüste bis zu euerer Ankunft an diesem
Ort hier getan hat [6] und was er an Datan
und Abiram, den Söhnen Eliabs, des Soh-
nes Rubens, vollbracht hat: Die Erde öff-
nete ihren Schlund und verschlang sie in-
mitten Israels mit ihren Familien, Zelten
und ihrem ganzen Gefolge. [7] Ihr habt mit
eueren eigenen Augen alle die gewaltige
Taten des Herrn gesehen, die er gewirkt
hat.

Verheißungen und Warnungen

[8] Ihr sollt nun die ganzen Gebote halten,
die ich dir heute vorschreibe, damit ihr
stark genug werdet, um hineinzugelangen
und das Land in Besitz zu nehmen, in das
ihr nun hinüberzieht, um es euch anzueig-
nen, [9] damit ihr lange in dem Land lebt,
das der Herr eueren Vätern und ihren
Nachkommen eidlich zugesichert hat, ein
Land, das von Milch und Honig fließt.
[10] Das Land, in das du ziehst, um es in Be-
sitz zu nehmen, ist ja nicht wie das Land
Ägypten, aus dem ihr weggezogen seid.
Dort musstest du das Land nach der Aus-
saat wie einen Gemüsegarten mit eigener
Hand künstlich bewässern. [11] Das Land, in
das ihr nun hinüberzieht, um es in Besitz
zu nehmen, ist ein Land der Berge und Tä-
ler, das vom Regen des Himmels mit Was-
ser getränkt wird, [12] ein Land, für das der
Herr, dein Gott, sorgt, auf dem beständig
die Augen des Herrn, deines Gottes, ruhen
vom Anfang bis zum Ende des Jahres.
[13] Und wenn ihr seine Gebote befolgt, die
ich euch heute vorschreibe, und ihr den
Herrn, eueren Gott, liebt und ihm von
ganzem Herzen und mit ganzer Seele
dient, [14] wird er euerem Land zur rechten
Zeit Regen spenden, Frühregen wie Spät-
regen, sodass du dein Getreide, deinen
Most und dein Öl ernten kannst. [15] Auf
deinem Feld wird er Gras für dein Vieh
wachsen lassen und du selber wirst dich
satt essen können. [16] Nehmt euch aber in
Acht, dass sich euer Herz nicht verführen
lässt und ihr abfallt, anderen Göttern dient
und euch vor ihnen niederwerft! [17] Sonst
wird der Zorn des Herrn gegen euch auf-
flammen, er wird den Himmel verschlie-
ßen, sodass kein Regen mehr fällt und der
Acker keinen Ertrag mehr bringt, und ihr
werdet schnell aus dem schönen Land ver-
schwinden, das der Herr euch geben will.

Schluss

[18] Prägt also diese meine Worte euerem
Herzen und euerer Seele ein, bindet sie
euch als Zeichen um die Hand, ja sie sollen
als Mal auf euerer Stirn stehen! [19] Lehrt sie
euere Kinder. Sprich davon, wenn du zu
Hause oder auf Reisen bist, wenn du dich
hinlegst und wenn du aufstehst, [20] schreib
sie auf die Türpfosten deines Hauses und
an deine Tore, [21] damit ihr und euere Kin-
der, solange der Himmel über der Erde
steht, in dem Land lebt, das der Herr eue-
ren Vätern eidlich zugesichert hat.

[22] Denn wenn ihr all diese Gebote, die
ich euch vorschreibe, getreulich beachtet,
indem ihr den Herrn, eueren Gott, liebt,
auf allen seinen Wegen geht und an ihm
festhaltet, [23] dann wird der Herr alle diese
Völker vor euch vertreiben und ihr werdet
den Besitz von Völkern antreten, die grö-
ßer und mächtiger sind als ihr. [24] Jeder
Fleck Boden, den euer Fuß betritt, wird
euer sein; von der Wüste bis zum Libanon,

vom großen Strom, dem Eufrat, bis zum
westlichen Meer wird sich euer Gebiet er-
strecken. 25 Niemand wird euch standhal-
ten können; Schrecken und Furcht vor
euch wird der Herr über das ganze Land
verbreiten, das ihr, wie er euch zugesagt
hat, betreten dürft.

26 Siehe, ich lege euch heute Segen und
Fluch vor: 27 den Segen, wenn ihr den Ge-
boten des Herrn, eueres Gottes, die ich
euch heute vorschreibe, gehorcht, 28 den
Fluch aber, wenn ihr den Geboten des
Herrn, eueres Gottes, nicht gehorcht, son-
dern von dem Weg, den ich euch heute
vorschreibe, abweicht, um anderen Göt-
tern nachzulaufen, die ihr nicht kennen
gelernt habt. 29 Und wenn dich der Herr,
dein Gott, in das Land bringt, in das du
ziehst, um es in Besitz zu nehmen, dann
sollst du den Segen auf den Berg Garizim
und den Fluch auf den Berg Ebal legen.
30 Sie liegen bekanntlich jenseits des Jordan
hinter der Weststraße im Land der Kanaa-
niter, die in der Ebene gegenüber vom Gil-
gal wohnen, in der Nähe der Eiche More.
31 Denn ihr zieht über den Jordan, um in
den Besitz des Landes zu gelangen, das
der Herr, euer Gott, euch geben will. Und
wenn ihr es in Besitz genommen und euch
darin niedergelassen habt, 32 dann achtet
auf alle Gebote und Rechtssatzungen, die
ich euch heute vorlege.

Die deuteronomische Gesetzessammlung

12 Das nun sind die Gebote und Ge-
setze, die ihr allezeit, solange ihr
auf dieser Erde lebt, gewissenhaft befolgen
sollt in dem Land, das dir der Herr, der
Gott deiner Väter, zum Besitz gegeben hat.

Religiöse Satzungen

Kultstätten

2 Zerstört alle Stätten, an denen die Völker,
die ihr verdrängen werdet, ihre Gottheiten
verehrten, auf den hohen Bergen, auf den
Hügeln und unter jedem grünen Baum.
3 Reißt ihre Altäre ein, zertrümmert ihre
Steinmale, verbrennt im Feuer ihre heili-
gen Bäume, zerhaut ihre Gottesbilder und
tilgt so ihren Namen an jener Stätte! 4 So
dürft ihr den Herrn, eueren Gott, nicht
verehren! 5 Ihr sollt vielmehr nur die Stätte
aufsuchen, die der Herr, euer Gott, aus al-
len eueren Stammesgebieten auswählen
wird, um dort seinen Namen anzubringen
und um dort zu wohnen! Dorthin sollst du
kommen! 6 Dorthin sollt ihr euere Brand-
und Schlachtopfer, euere Zehnten und
Handerhebungsopfer, euere Gelübde, frei-
willigen Spenden und die Erstlinge euerer
Rinder und Schafe bringen. 7 Dort sollt ihr
mit eueren Familien vor dem Herrn, eue-
rem Gott, das Opfermahl halten und froh
sein über alles, was euere Hände geschaf-
fen haben, weil dich der Herr, dein Gott,
gesegnet hat.

8 Niemand darf wie bisher nach seinem
Belieben verfahren. 9 Bis jetzt seid ihr näm-
lich noch nicht zu der Ruhe und dem Erb-
besitz gelangt, den der Herr, dein Gott, dir
geben will. 10 Wenn ihr aber über den Jor-
dan gezogen seid und euch in dem Land
niedergelassen habt, das euch der Herr,
euer Gott, zum Erbbesitz geben will und
wenn er euch vor all eueren Feinden rings-
um Ruhe verschafft hat, sodass ihr in Si-
cherheit wohnt, 11 dann sollt ihr alles, was
ich euch gebiete, an die Stätte bringen, die
der Herr, euer Gott, auswählt, um dort sei-
nen Namen wohnen zu lassen: euere
Brand- und Schlachtopfer, euere Zehnten,
Opfergaben und all euere auserlesenen
Gelübdeopfer, die ihr dem Herrn gelobt
habt. 12 Und vor dem Herrn, euerem Gott,
sollt ihr fröhlich sein, ihr und euere Söhne,
Töchter, Knechte und Mägde samt dem
Leviten, der in eueren Städten wohnt,
denn er hat bei euch keinen Anteil noch
Erbbesitz.

Einzelbestimmungen über die Opfer

13 Hüte dich, deine Brandopfer an jeder be-
liebigen Stätte, die du siehst, darzubrin-
gen. 14 Nur an der Stätte, die der Herr in
einem Ort euerer Stämme auswählt, sollst
du deine Brandopfer darbringen und dort
sollst du all das verrichten, was ich dir ge-
biete. 15 Doch darfst du ganz nach Belieben
in all deinen Städten schlachten und
Fleisch essen, so viel dir der Herr, dein
Gott, in seinem Segen geschenkt hat; wer

unrein und wer rein ist, darf davon essen,
wie von der Gazelle und vom Hirsch.
16 Nur das Blut dürft ihr nicht genießen;
das musst du wie Wasser auf die Erde gie-
ßen. 17 Du darfst in deinen Städten nicht
den Zehnten deines Getreides, Mostes
und Öls verzehren, auch nicht die Erstlin-
ge deiner Rinder und Schafe, nichts von
deinen Gelübdeopfern, die du gelobst,
noch deine freiwilligen Spenden noch dei-
ne Opfergaben. 18 Nur vor dem Herrn, dei-
nem Gott, an dem Ort, den der Herr, dein
Gott, auswählt, darfst du das verzehren,
du, dein Sohn, deine Tochter, dein Knecht,
deine Magd sowie der Levit, der in deinen
Ortschaften wohnt. Vor dem Herrn, dei-
nem Gott, sollst du froh sein über das,
was deine Hände geschaffen haben. 19 Hü-
te dich, den Leviten im Stich zu lassen, so-
lange du in deinem Land lebst.

20 Wenn der Herr, dein Gott, wie er dir
zugesagt hat, dein Gebiet erweitert und du
dann, wenn du Fleisch essen willst, denkst:
Ich möchte Fleisch essen, so magst du
ganz nach Herzenslust Fleisch essen.
21 Wenn dann der Ort, den der Herr, dein
Gott, auswählt, um ihn mit seinem Namen
zu bezeichnen, zu weit von dir entfernt ist,
darfst du von deinen Rindern und Scha-
fen, die der Herr dir gegeben hat, schlach-
ten nach der Vorschrift, die ich für dich
erlassen habe, und du darfst davon ganz
nach Herzenslust in deinen Städten essen.
22 Genau so, wie man Gazelle und Hirsch
essen darf, darfst du das auch essen; der
Unreine ebenso wie der Reine, beide dür-
fen es essen. 23 Nur darin bleib fest, dass du
kein Blut genießt; denn das Blut ist Le-
benskraft und du darfst mit dem Fleisch
nicht auch die Lebenskraft genießen. 24 Du
darfst es nicht genießen, du musst es wie
Wasser auf die Erde gießen. 25 Du darfst es
nicht genießen, damit es dir und deinen
Kindern nach dir wohl ergehe, weil du
tust, was vor dem Herrn recht ist.
26 Nimm deine heiligen Gaben und deine
Gelübdeopfer, zu denen du verpflichtet
bist, und ziehe zu der Stätte, die der Herr
auswählt. 27 Richte dort das Fleisch und das
Blut auf dem Altar des Herrn, deines Got-
tes, zu deinen Brandopfern her. Bei deinen
Schlachtopfern soll das Blut auf dem Altar
des Herrn, deines Gottes, vergossen wer-
den; das Fleisch darfst du essen.

28 Achte und höre auf alle diese Worte,
die ich dir hiermit vorschreibe, damit es
dir und deinen Kindern immer gut geht,
weil du tust, was vor dem Herrn, deinem
Gott, gut und recht ist.

Gegen die kanaanäischen Kulte

29 Wenn der Herr, dein Gott, die Völker
vor dir ausrottet, in deren Gebiet du bald
einziehst, um sie zu verdrängen, und wenn
du sie verdrängt und dich in ihrem Land
angesiedelt hast, 30 dann hüte dich, nach-
dem sie vor dir vernichtet sind, dich von
ihnen verführen zu lassen und sie nach-
zuahmen. Erkundige dich nicht nach
ihren Gottheiten und frag nicht: Wie ver-
ehren diese Völker ihre Gottheiten? Ich
möchte das Gleiche tun! 31 Du darfst, um
den Herrn, deinen Gott, zu verehren, nicht
das Gleiche tun! Denn alles, was dem
Herrn ein Gräuel ist, was er hasst, das ha-
ben sie ihren Gottheiten angetan; verbren-
nen sie doch ihren Gottheiten zuliebe so-
gar ihre Söhne und Töchter.

13 Alles, was ich euch vorschreibe,
sollt ihr gewissenhaft tun, ohne et-
was hinzuzufügen oder wegzulassen.

Gegen die Verführungen zum Götzendienst

2 Wenn in deiner Mitte ein Prophet oder
Traumdeuter auftritt und dir ein Zeichen
oder Wunder ankündigt 3 und das Zeichen
oder Wunder, das er dir ankündigt, auch
wirklich eintrifft, er aber dabei spricht:
Lasst uns anderen Göttern nachfolgen –
solchen, die du noch nicht kennen gelernt
hast – und sie verehren, 4 so sollst du nicht
auf die Worte jenes Propheten oder
Traumdeuters hören; denn der Herr, euer
Gott, will euch auf die Probe stellen, um zu
erfahren, ob ihr den Herrn, eueren Gott,
wirklich aus ganzem Herzen und aus gan-
zer Seele liebt. 5 Dem Herrn, euerem Gott,
sollt ihr folgen, ihn fürchten, seine Gebote
beachten, auf seine Stimme hören, ihn ver-
ehren und ihm anhangen! 6 Jener Prophet
aber oder jener Traumdeuter soll getötet
werden; denn er hat euch gegen den
Herrn, eueren Gott, aufgewiegelt, der euch
aus Ägypten herausgeführt und dich aus
dem Sklavenhaus losgekauft hat, um dich
von dem Weg abzubringen, auf dem du
nach dem Befehl des Herrn, deines Gottes,
gehen sollst. So sollst du das Böse aus dei-
ner Mitte wegschaffen.

7 Wenn dein Bruder, deines Vaters Sohn

oder deiner Mutter Sohn, oder dein Sohn
oder deine Tochter oder deine innig ge-
liebte Frau oder dein Freund, den du wie
dein eigenes Leben liebst, dich heimlich
verführen will und spricht: Wohlan! Lasst
uns anderen Göttern dienen – solchen, die
weder du noch deine Väter bisher kann-
ten, 8 von den Göttern der Völker, die rings
um euch her wohnen, in deiner nächsten
Nähe oder in weiter Ferne von dir, von
einem Ende der Erde bis zum anderen –,
9 so sollst du ihm nicht gehorchen und
nicht auf ihn hören, auch nicht Mitleid
mit ihm haben, ihn schonen und seine
Schuld verheimlichen, 10 sondern du sollst
ihn unbedingt anzeigen. Zuerst soll sich
deine Hand gegen ihn erheben, um ihn zu
töten, dann die des ganzen Volkes! 11 Zu
Tode sollst du ihn steinigen, weil er dich
vom Herrn, deinem Gott, abbringen woll-
te, der dich aus Ägypten, dem Sklaven-
haus, wegführte. 12 Und ganz Israel soll es
erfahren, dass sie sich fürchten und in Zu-
kunft nicht mehr etwas derart Böses in
deiner Mitte tun.

13 Wenn du über eine deiner Städte, die
dir der Herr, dein Gott, nun als Wohnort
gibt, sagen hörst: 14 Niederträchtige Leute
aus deiner Mitte haben die Bewohner ihrer
Stadt verführt und gesprochen: Auf! Lasst
uns anderen Göttern dienen, die ihr nicht
kennt!, 15 so sollst du sie verhören und den
Tatbestand genau ermitteln. Erweist sich
dieser als wahr und ist dieser Gräuel wirk-
lich in deiner Mitte geschehen, 16 dann
sollst du die Einwohner jener Stadt mit
der Schärfe des Schwerts schlagen. Weih
sie und alles, was in ihr ist, dem Unter-
gang. 17 Du sollst alles, was in ihr erbeutet
wird, auf ihrem Marktplatz zusammentra-
gen und dann die Stadt mit allem, was in
ihr erbeutet wird, als Ganzopfer für den
Herrn, deinen Gott, verbrennen. Sie soll
für immer ein Trümmerhaufen bleiben,
nie wieder darf sie aufgebaut werden.
18 Vom Beutegut darf nichts in deiner
Hand bleiben, damit der Herr von seinem
grimmigen Zorn ablässt, dir Erbarmen
schenkt und in seinem Erbarmen dein
Volk vermehrt, wie er deinen Vätern eid-
lich zugesichert hat, 19 wenn du auf die
Stimme des Herrn, deines Gottes, hörst,
seine Gebote beachtest, die ich dir heute
vorschreibe, und tust, was vor dem Herrn,
deinem Gott, recht ist.

Gegen die kanaanäischen Trauerbräuche

14 Ihr seid Kinder des Herrn, eueres
Gottes! Wegen eines Toten dürft
ihr euch nicht die Haut ritzen noch euch
vorn an der Stirn kahl scheren lassen.
2 Denn ein Volk bist du, dem Herrn, dei-
nem Gott, heilig; dich erwählte der Herr
unter allen Völkern auf der Erde, damit
du ihm zu Eigen gehörst.

Reine und unreine Speisen

3 Nichts Abscheuliches darfst du genießen!
4 Das sind die Tiere, die ihr essen dürft:
Rind, Schaf und Ziege; 5 Hirsch, Gazelle
und Damhirsch, Steinbock, Antilope, Wil-
dochs und Bergziege. 6 Überhaupt alle Tie-
re, welche gespaltene Klauen haben, und
zwar beide Klauen ganz durchgespalten,
und zugleich zu den Wiederkäuern gehö-
ren, die dürft ihr essen. 7 Doch dürft ihr
von den Wiederkäuern und Spalthufern
die Folgenden nicht genießen: Kamel, Hase
und Klippdachs – da sie zwar Wiederkäuer
sind, aber keine durchgespaltenen Klauen
haben, haben sie euch als unrein zu gel-
ten –, 8 ferner das Schwein – da es zwar ge-
spaltene Klauen hat, aber kein Wiederkäu-
er ist, hat es euch als unrein zu gelten –; ihr
dürft weder von ihrem Fleisch genießen
noch ihr Aas anrühren. 9 Von allem, was
im Wasser lebt, dürft ihr Folgendes essen:
Alles, was Flossen und Schuppen hat, dürft
ihr genießen. 10 Alles, was keine Flossen
und Schuppen hat, dürft ihr nicht essen;
es hat euch als unrein zu gelten.

11 Alle reinen Vögel dürft ihr essen.
12 Das aber sind die, von denen ihr nicht
genießen dürft: Aasgeier, Lämmergeier,
Bartgeier; 13 Weihe, jede Bussardart; 14 alle
Rabenarten; 15 Adlereule, Kurzohreule,
Langohreule, Falken jeglicher Art; 16 Käuz-
chen, Bienenfresser, Weißeule; 17 Kleineu-
le, Fischadler, Fischeule; 18 Storch, die ver-
schiedenen Reiherarten, Wiedehopf,
Fledermaus 19 und alle geflügelten Insek-
ten. Es hat euch als unrein zu gelten; ihr
dürft nicht davon essen. 20 Alle reinen
Flugtiere dürft ihr essen. 21 Ihr dürft kei-
nerlei Aas genießen; doch kannst du es
dem Fremden, der bei euch wohnt, abge-
ben – und er darf es essen – oder einem
Ausländer verkaufen. Denn ein Volk bist
du, dem Herrn, deinem Gott, heilig. Du
darfst nicht ein Böckchen in der Milch sei-
ner Mutter kochen.

Der Jahreszehnt

22 Du sollst vom ganzen Ertrag deiner Saat, von dem, was nur immer auf dem Feld wächst, Jahr für Jahr gewissenhaft den Zehnten geben. 23 Halt ein Festmahl vor dem Herrn, deinem Gott, an der Stätte, die er auswählt, um dort seinen Namen anzubringen, vom Zehnten deines Getreides, Mostes und Öls sowie von den Erstlingen deiner Rinder und Schafe, damit du den Herrn, deinen Gott, immer fürchten lernst. 24 Wenn dir aber der Weg zu weit ist, sodass du den Zehnten nicht hinschaffen kannst, weil die Stätte, die der Herr, dein Gott, auswählt, um dort seinen Namen anzubringen, für dich zu weit entfernt ist, wenn der Herr jedoch, dein Gott, dich segnet, 25 so verkauf ihn, verwahr das Geld gut bei dir und begib dich zu der Stätte, die der Herr, dein Gott, auswählt. 26 Kauf dann für das Geld alles, was du begehrst, Rinder und Schafe, Wein und Bier, eben alles, was dein Herz begehrt, und halte dort vor dem Herrn, deinem Gott, ein Mahl und sei fröhlich mit deiner Familie. 27 Dabei sollst du den Leviten, der in deinen Ortschaften wohnt, nicht leer ausgehen lassen; denn er hat bei dir weder einen Anteil noch Erbbesitz.

Der Drittjahreszehnt

28 Jedes dritte Jahr sollst du den ganzen Zehnten deines Jahresertrages aussondern und an deinen Wohnorten abliefern. 29 Dann sollen der Levit, der weder Anteil noch Erbbesitz bei dir hat, der Fremde, die Waise und die Witwe, die in deinen Ortschaften wohnen, kommen und sich satt essen, damit der Herr, dein Gott, dich segne für alles, was deine Hände schaffen.

Das Sabbatjahr (Erlassjahr)

15 Jedes siebte Jahr soll ein Erlassjahr sein. 2 Mit dem Erlass soll es so gehalten werden: Jeder Gläubiger erlasse sein Darlehen, das er seinem Nächsten gewährte; seinen Nächsten und seinen Bruder bedränge er nicht; denn man hat einen Erlass zu Ehren des Herrn ausgerufen. 3 Den Ausländer kannst du bedrängen; was du aber bei deinem Bruder stehen hast, das sollst du erlassen. 4 Bei dir soll es keinen Armen geben; denn der Herr wird dich reichlich segnen in dem Land, das der Herr, dein Gott, dir zum Erbanteil geben wird, damit du es besitzt, 5 wenn du nur wirklich auf die Stimme des Herrn, deines Gottes, hörst und alle Gebote, die ich dir heute vorschreibe, beachtest und dich an sie hältst. 6 Denn der Herr, dein Gott, hat dich gesegnet, wie er es dir verheißen hat, sodass du vielen Völkern leihen kannst, du selber aber nicht zu borgen brauchst. So herrschst du über viele Völker, sie aber werden nicht über dich herrschen.

7 Ist ein Armer unter deinen Brüdern, in einer deiner Ortschaften in dem Land, das der Herr, dein Gott, dir geben will, so sollst du dein Herz nicht verhärten und vor deinem armen Bruder deine Hand nicht verschließen. 8 Öffne vielmehr deine Hand und leih ihm gern, was er in seiner Not braucht. 9 Nimm dich in Acht, dass in deinem Innern nicht der niederträchtige Gedanke aufkommt: Das siebte Jahr, das Erlassjahr, steht bevor!, und dass du deinen armen Bruder nicht unwillig anblickst und ihm nichts gibst. Er würde sonst den Herrn gegen dich anrufen und auf dir läge schwere Schuld. 10 Du sollst ihm bereitwillig geben ohne Missmut darüber, dass du ihm geben musst. Denn für diese Tat wird der Herr, dein Gott, dich segnen für alles, was du tust und was deine Hände schaffen. 11 Denn nie wird es im Land an Armen fehlen. Darum gebiete ich dir hiermit: Öffne weit deine Hand für deinen bedrückten und armen Bruder!

Hebräische Sklaven

12 Verkauft sich an dich ein Bruder, Hebräer oder Hebräerin, so soll er dir sechs Jahre lang dienen, im siebten Jahre aber sollst du ihn als freien Mann entlassen. 13 Und wenn du ihn als freien Mann entlässt, sollst du ihn nicht mit leeren Händen ziehen lassen. 14 Du sollst ihn mit Gaben von deinen Schafen, deiner Tenne und deiner Kelter reichlich versehen; je nachdem der Herr, dein Gott, dich segnete, sollst du ihm abgeben. 15 Denk daran, dass du in Ägypten Sklave warst und der Herr, dein Gott, dir die Freiheit gab. Darum verpflichte ich dich heute auf dieses Gebot. 16 Sollte er jedoch zu dir sprechen: Ich will nicht von dir wegziehen – weil er dich und deine Familie lieb gewonnen hat, da es ihm bei dir gut ging –, 17 so sollst du einen Pfriem nehmen, ihn durch sein Ohr stechen und an die Tür heften; so ist er dann für immer dein Skla-

ve. Auch mit deiner Sklavin sollst du so
verfahren. [18] Halte es nicht für eine Härte,
wenn du ihn als freien Mann entlassen
musst. Denn sein sechsjähriger Dienst bei
dir entspricht dem Doppelten des Lohnes
eines Arbeiters; zudem wird dich der Herr,
dein Gott, in allem, was du tust, segnen.

Die Erstgeburt des Viehs

[19] Alle männlichen Erstgeburten, die unter
deinen Rindern und Schafen geboren wer-
den, sollst du dem Herrn, deinem Gott,
weihen. Mit dem Erstgeborenen deiner
Rinder darfst du nicht arbeiten und das
Erstgeborene deiner Schafe nicht scheren.
[20] Du sollst sie mit deiner Familie Jahr für
Jahr vor dem Herrn, deinem Gott, verzeh-
ren an der Stätte, die der Herr auswählt.
[21] Falls sie aber einen Fehler haben, lahm
oder blind oder sonst mit einem schlim-
men Makel behaftet sind, darfst du sie
dem Herrn, deinem Gott, nicht opfern.
[22] Dann sollst du sie an deinem Heimatort
verzehren wie Gazelle und Hirsch, ganz
gleich also, ob du rein oder unrein bist.
[23] Nur ihr Blut darfst du nicht genießen;
das sollst du wie Wasser auf die Erde gie-
ßen.

Die Feste: Pesach und Ungesäuerte Brote

16 Achte auf den Monat Abib, dass du
dem Herrn, deinem Gott, Pesach
hältst. Denn der Herr, dein Gott, führte
dich im Monat Abib nachts aus Ägypten
weg. [2] Und du sollst dem Herrn, deinem
Gott, als Pesach Schafe und Rinder
schlachten an der Stätte, die der Herr aus-
wählt, um seinen Namen dorthin zu legen.
[3] Du darfst aber nichts Gesäuertes dazu es-
sen; sieben Tage lang sollst du ungesäuerte
Brote dazu essen, das Elendsbrot – denn in
eiliger Hast bist du aus Ägypten weggezo-
gen –, damit du dein ganzes Leben lang an
den Tag deines Auszugs aus Ägypten
denkst. [4] Und in deinem ganzen Gebiet
darf sieben Tage lang bei dir kein Sauerteig
zu finden sein; und von dem Fleisch, das
du am ersten Tag abends opferst, darf
nichts über Nacht bis zum anderen Mor-
gen übrig bleiben. [5] Du darfst das Pesach
nicht in einer deiner Städte, die der Herr,
dein Gott, dir geben will, opfern. [6] Du
musst vielmehr an die Stätte gehen, die
der Herr, dein Gott auswählt, um dort sei-
nen Namen wohnen zu lassen. Da sollst du
das Pesach opfern am Abend, zum Son-
nenuntergang, um die Stunde deines Aus-
zugs aus Ägypten, [7] und du sollst es auch
kochen und verzehren an der Stätte, die
der Herr, dein Gott, auswählt! Am ande-
ren Morgen kannst du dann wieder nach
Hause ziehen. [8] Sechs Tage lang sollst du
ungesäuerte Brote essen und am siebten
Tage soll ein Fest zu Ehren des Herrn, dei-
nes Gottes, stattfinden; da darfst du keine
Arbeit verrichten.

Andere Feste

[9] Sieben Wochen sollst du zählen. Wenn
man die Sichel an das Getreide legt, dann
sollst du mit dem Zählen der Wochen be-
ginnen. [10] Und dann sollst du dem Herrn,
deinem Gott, das Wochenfest feiern mit
den freiwilligen Gaben, die deine Hand je
nach dem Segen zu spenden vermag, den
der Herr, dein Gott, dir verleiht, [11] und
sollst vor dem Herrn, deinem Gott, fröh-
lich sein, du, dein Sohn und deine Tochter,
dein Knecht und deine Magd, der Levit,
der sich an deinen Wohnorten aufhält,
und der Fremde, die Waise und die Witwe,
die in deiner Mitte wohnen – an der Stätte,
die der Herr, dein Gott, auswählt, um dort
seinen Namen wohnen zu lassen. [12] Beden-
ke, dass du Sklave in Ägypten warst, und
befolge genau diese Bestimmungen.
[13] Das Laubhüttenfest sollst du sieben
Tage lang feiern, wenn du die Ernte in die
Tenne eingebracht und die Trauben gekel-
tert hast. [14] Du sollst an deinem Fest fröh-
lich sein, du, dein Sohn und deine Tochter,
dein Knecht und dein Magd, die Leviten
und die Fremden, die Waisen und die Wit-
wen, die in deinen Ortschaften wohnen.
[15] Sieben Tage lang sollst du das Fest dem
Herrn, deinem Gott, an der Stätte feiern,
die der Herr auswählt. Denn der Herr,
dein Gott, wird dich in deiner gesamten
Ernte und in allem segnen, was deine Hän-
de geschaffen haben, und darum sollst du
wahrhaftig fröhlich sein.
[16] Dreimal im Jahr sollen alle deine Män-
ner das Angesicht des Herrn, deines Got-
tes, schauen an der Stätte, die er auswählt:
am Fest der Ungesäuerten Brote, am Wo-
chenfest und am Laubhüttenfest. Nie-
mand soll aber das Angesicht des Herrn
mit leeren Händen schauen; [17] jeder bringe,
was er geben kann je nach dem Segen des
Herrn, deines Gottes, den er dir verlieh.

Die Richter

18 Richter und Amtmänner sollst du dir in
allen deinen Ortschaften, die dir der Herr,
dein Gott, für jeden deiner Stämme gibt,
einsetzen, damit sie dem Volk Recht spre-
chen. 19 Du darfst das Recht nicht beugen,
nicht auf die Person sehen und keine Be-
stechung annehmen. Denn das Geschenk
macht die Augen der Weisen blind und
verdreht die Worte von Gerechten. 20 Ein-
zig und allein Gerechtigkeit sollst du an-
streben, damit du am Leben bleibst und
das Land in Besitz nimmst, das der Herr,
dein Gott, dir gibt.

Kultverstöße

21 Du sollst dir neben dem Altar des Herrn,
deines Gottes, den du dir errichtest, kei-
nen Kultpfahl 22 und kein Steinmal auf-
richten. Dies hasst der Herr, dein Gott.

17 Du sollst dem Herrn, deinem Gott,
kein Rind und kein Schaf opfern,
die einen Makel haben, denn das ist dem
Herrn, deinem Gott, ein Gräuel.

2 Lebt bei dir in einer deiner Ortschaf-
ten, die dir der Herr, dein Gott, gibt, ein
Mann oder eine Frau, die tun, was dem
Herrn, deinem Gott, missfällt, indem sie
seinen Bund übertreten, 3 anderen Göttern
dienen und sich vor ihnen und der Sonne
und dem Mond und dem ganzen Heer des
Himmels niederwerfen – was ich verboten
habe –, 4 und wurde es dir angezeigt, so
sollst du es genau untersuchen. Hat es sich
als wahr erwiesen, ist solch ein Gräuel in
Israel wirklich geschehen, 5 dann sollst du
jenen Mann oder jene Frau, die so Schlim-
mes getan haben, zu deinen Toren hinaus-
führen und sie, den Mann oder die Frau,
zu Tode steinigen. 6 Auf die Aussage von
zwei oder drei Zeugen hin soll der zum
Tod Verurteilte getötet werden; auf die
Aussage nur eines Zeugen hin darf er nicht
getötet werden. 7 Zuerst sollen die Zeugen
Hand an ihn legen, um ihn zu töten, da-
nach erst das ganze Volk. So sollst du das
Böse aus deiner Mitte wegschaffen.

Die levitischen Richter

8 Wenn dir eine Rechtsangelegenheit in
deinen Ortschaften, wie in Fällen von
Mord, Eigentumsdelikten und Körperver-
letzungen, ungewöhnlich schwierig er-
scheint, so sollst du dich aufmachen und
zu der Stätte hinaufziehen, die der Herr,
dein Gott, auswählt, 9 sollst dich dort an
die Priester aus dem Stamm Levi und an
den Richter wenden, der in jenen Tagen
im Amt ist; sie sollen ermitteln und dir
ihre Entscheidung verkünden. 10 Du aber
sollst dich an den Richtspruch halten, den
sie dir von jener Stätte aus, die der Herr
auswählt, verkünden, und du sollst darauf
achten, genau das zu tun, was sie lehren.
11 Gemäß der Weisung, die sie erteilen,
und nach dem Urteil, das sie für dich fäl-
len, sollst du verfahren, ohne von dem
Spruch, den sie verkünden, nach rechts
oder links abzuweichen. 12 Wenn aber je-
mand so vermessen ist, nicht auf den
Priester, der dort im Dienst des Herrn dei-
nes Gottes, steht, oder auf den Richter zu
hören, dieser Mensch soll sterben. Du
sollst so das Böse aus Israel wegschaffen.
13 Das ganze Volk aber soll es erfahren, da-
mit es sich fürchtet und nicht weiterhin so
vermessen ist.

Die Könige

14 Wenn du das Land, das dir der Herr,
dein Gott, gibt, in Besitz genommen hast
und du darin wohnst und du dann
sprichst: Ich will einen König über mich
setzen, wie alle Völker um mich herum,
15 so darfst du nur einen solchen zum Kö-
nig über dich setzen, den der Herr, dein
Gott, auswählt. Nur einen von deinen Brü-
dern darfst du als König über dich setzen;
einen Ausländer, der nicht dein Bruder ist,
darfst du nicht über dich setzen. 16 Doch
soll er sich nicht zu viele Pferde halten,
auch nicht das Volk nach Ägypten zurück-
bringen, um die Anzahl seiner Pferde zu
vermehren; hat doch der Herr zu euch ge-
sprochen: Nie wieder sollt ihr diesen Weg
zurückkehren! 17 Auch soll er sich nicht
viele Frauen nehmen, damit sein Herz
nicht abtrünnig wird. Er soll sich nicht zu
viel Silber und Gold anhäufen. 18 Sobald er
den Königsthron bestiegen hat, lasse er
sich in einer Schriftrolle eine Abschrift
dieses Gesetzes anfertigen, das sich in der
Obhut der levitischen Priester befindet.
19 Er soll es immer zur Hand haben und
sein ganzes Leben lang darin lesen, damit
er lernt, den Herrn, seinen Gott, zu fürch-
ten und auf die Ausführung aller Gesetze
zu achten. 20 Sein Herz aber soll sich nicht
stolz über seine Brüder erheben und von
dieser Gesetzesweisung soll er weder nach

rechts noch nach links abweichen, damit
er und seine Söhne auf lange Zeit die Herr-
schaft in Israel behalten.

Das levitische Priestertum

18 Den levitischen Priestern soll kein
Landanteil noch Erbbesitz mit Is-
rael zufallen. Sie sollen sich von den dem
Herrn dargebrachten Opfern ernähren
und von dem, was ihm zu Eigen gegeben
wird. 2 Dem ganzen Stamm Levi soll inmit-
ten seiner Brüder kein Anteil zufallen; sein
Anteil ist der Herr, wie er ihm verheißen
hat. 3 Dies ist der Rechtsanspruch der
Priester gegenüber dem Volk, denen ge-
genüber, die ein Opfer darbringen, sei es
Rind oder Schaf: Man hat dem Priester
den Bug, die Kinnbacken und den Magen
zu überlassen; 4 die ersten Erträge deines
Getreides, des Weins und des Öls sowie
die erste Wolle deiner Schafschur hast du
ihm abzuliefern. 5 Denn ihn erwählte der
Herr, dein Gott, aus allen deinen Stäm-
men, damit er und seine Söhne allezeit
vor dem Herrn, deinem Gott, bereitstehen,
den heiligen Dienst zu versehen und mit
dem Namen des Herrn zu segnen. 6 Und
wenn ein Levit aus irgendeiner deiner Ort-
schaften in ganz Israel, wo er sich eben
aufhält, an die Stätte kommt, die der Herr
erwählt – und er kann ganz nach seinem
Belieben kommen –, 7 so darf er gleich al-
len seinen levitischen Brüdern, die dort
vor dem Herrn stehen, den heiligen Dienst
im Namen des Herrn, seines Gottes, ver-
richten. 8 Er soll den gleichen Anteil genie-
ßen, ungeachtet seines väterlichen Ver-
mögens.

Die Propheten

9 Wenn du in das Land hineinkommst, das
der Herr, dein Gott, dir gibt, dann sollst du
nicht lernen, die Gräuel jener Völker
nachzuahmen. 10 Bei dir darf sich niemand
finden, der seinen Sohn oder seine Toch-
ter durchs Feuer gehen lässt, niemand, der
wahrsagt, Zeichen deutet, der Geheim-
künste oder Zauberei betreibt, 11 keiner,
der Verwünschungen vornimmt, die Geis-
ter beschwört und die Verstorbenen be-
fragt. 12 Denn ein Gräuel für den Herrn ist
jeder, der dies tut, und wegen dieser Gräu-
el will sie der Herr, dein Gott, vor dir ver-
treiben. 13 Dem Herrn, deinem Gott, sollst
du immer treu bleiben. 14 Wenn auch diese
Völker, die du vertreibst, auf Zeichendeu-
ter und Wahrsager hören, dir hat dies der
Herr, dein Gott, nicht gestattet. 15 Einen
Propheten wie mich wird dir der Herr,
dein Gott, aus der Mitte deiner Brüder er-
stehen lassen, auf ihn sollt ihr hören. 16 Das
entspricht ganz dem, was du am Horeb am
Tag der Versammlung vom Herrn, deinem
Gott, verlangt hast, als du sprachst: Ich
kann nicht noch einmal die Stimme des
Herrn, meines Gottes, hören und dieses
gewaltige Feuer sehen, ohne zu sterben!
17 Worauf der Herr zu mir sprach: Sie ha-
ben Recht. 18 Einen Propheten wie dich
werde ich ihnen aus der Mitte ihrer Brüder
erstehen lassen; ihm werde ich meine
Worte in den Mund legen und er hat
ihnen alles zu verkünden, was ich ihm ge-
biete. 19 Wenn aber jemand nicht auf die
Worte hört, die er in meinem Namen ver-
kündet, von dem werde ich Rechenschaft
fordern. 20 Der Prophet jedoch, der sich an-
maßt, ein Wort in meinem Namen zu ver-
künden, das ich ihm nicht aufgetragen ha-
be, oder der im Namen anderer Götter
spricht – ein solcher Prophet muss ster-
ben. 21 Wenn du aber wissen willst: Wie
können wir das Wort erkennen, das der
Herr nicht gesprochen hat, 22 so wisse: Das
Wort, das der Prophet zwar im Namen des
Herrn verkündet, das sich aber nicht er-
füllt und nicht eintrifft, dieses Wort hat
der Herr nicht gesprochen. In Vermessen-
heit hat es der Prophet vorgetragen, vor
ihm brauchst du nicht zu bangen.

Zum Gesetz der Wiedervergeltung

Der Totschlag und die Asylstädte

19 Wenn der Herr, dein Gott, die Völ-
ker ausrottet, deren Land dir der
Herr, dein Gott, geben will, und du sie in
Besitz genommen und in ihren Städten
und Häusern wohnst, 2 dann sollst du dir
mitten in deinem Land, das der Herr, dein
Gott, dir zum Besitz geben will, drei Städte
auswählen. 3 Den Weg dorthin sollst du
abmessen und danach das Gebiet deines
Landes, das dir der Herr, dein Gott, zum
Erbbesitz gibt, in drei Bezirke einteilen,
damit jeder, der einen Menschen tot-
geschlagen hat, dorthin flüchten kann.
4 Und für den Totschläger, der sich dorthin
flüchtet, um am Leben zu bleiben, gilt fol-
gende Bestimmung: Wer seinen Nächsten

unabsichtlich erschlagen hat und nicht
schon früher mit ihm verfeindet gewesen
ist, 5 zum Beispiel: Es geht etwa einer mit
seinem Nächsten in den Wald zum Holz-
fällen, seine Hand holt mit der Axt aus,
um den Baum umzuhauen, das Eisen
springt aber vom Baum ab und trifft den
Nächsten tödlich, dann darf er in eine die-
ser Städte flüchten, um am Leben zu blei-
ben. 6 Der Bluträcher darf dem Totschläger
nicht wutentbrannt nachsetzen und ihn,
weil der Weg zum Asyl zu weit ist, ein-
holen und totschlagen, ohne dass jener
des Todes schuldig wäre, da er ja mit dem
Getöteten nicht schon früher verfeindet
war. 7 Deshalb gebiete ich dir hiermit: Drei
Städte sollst du dir aussondern. 8 Und
wenn der Herr, dein Gott, dein Gebiet er-
weitert, wie er deinen Vätern geschworen
hat, und dir das gesamte Land gibt, das er
deinen Vätern verheißen hat, 9 weil du alle
Gesetze, die ich dir heute vorschreibe, be-
achtest, indem du den Herrn, deinen Gott,
liebst und allezeit auf seinen Wegen gehst,
dann sollst du dir zu diesen drei Städten
noch drei hinzufügen, 10 damit nicht in dei-
nem Land, das dir der Herr, dein Gott,
zum Erbbesitz gibt, unschuldiges Blut ver-
gossen wird und so Blutschuld auf dir las-
tet. 11 Falls aber jemand aus Hass seinem
Nächsten auflauert, über ihn herfällt und
ihn derart schlägt, dass er stirbt, und sich
dann in eine dieser Städte flüchtet, 12 so
sollen die Ältesten seiner Stadt ihn von
dort herausholen lassen und ihn dann
dem Bluträcher ausliefern, damit er stirbt.
13 Du darfst kein Mitleid mit ihn haben,
sondern du musst das Blut des Unschuldi-
gen aus Israel wegschaffen, damit es dir
wohl ergeht.

Die Grenzen

14 Du sollst bei deinem Erbanteil, den du in
dem Land zugeteilt bekommst, das der
Herr, dein Gott, dir zum Besitz geben will,
die Grenze deines Nachbarn, die die Vor-
fahren festgesetzt haben, nicht verrücken.

Die Zeugen

15 Ein Zeuge allein soll gegen niemanden
aussagen, wenn es um ein Verbrechen
oder eine Schuld geht. Wie das Vergehen
auch sei, erst auf die Aussage zweier oder
dreier Zeugen hin darf das Urteil gefällt
werden. 16 Wenn aber ein Zeuge mit aller
Gewalt gegen jemanden aussagen will, um
ihn einer Gesetzesverletzung zu bezichti-
gen, 17 dann sollen die beiden Männer, die
den Streit haben, vor den Herrn hintreten,
vor die Priester und die Richter, die gerade
im Amt sind, 18 und die Richter sollen die
Anklage genau untersuchen. Stellt sich he-
raus, dass der Zeuge falsch ausgesagt hat
und er seinen Bruder zu Unrecht bezich-
tigt hat, 19 dann sollt ihr mit ihm so verfah-
ren, wie er mit seinem Bruder verfahren
wollte, und du sollst so das Böse aus deiner
Mitte wegschaffen. 20 Die Übrigen aber sol-
len es erfahren, dass sie sich fürchten und
in deiner Mitte nicht wieder etwas Böses
verüben. 21 Du sollst mit ihm kein Mitleid
haben! Leben um Leben, Auge um Auge,
Zahn um Zahn, Hand um Hand, Fuß um
Fuß!

Der Krieg

20 Wenn du gegen deine Feinde in
den Krieg ziehst, Pferde und Wa-
gen und ein dir an Zahl überlegenes
Kriegsvolk siehst, dann sollst du dich
nicht vor ihnen fürchten; denn der Herr,
dein Gott, ist mit dir, er, der dich aus
Ägypten heraufgeführt hat. 2 Sobald ihr
vor der Schlacht steht, soll der Priester he-
rantreten und zum Kriegsvolk reden 3 und
ihnen sagen: Höre, Israel, ihr rückt heute
zum Kampf gegen euere Feinde an. Ver-
liert nicht den Mut, fürchtet euch nicht,
seid nicht bestürzt, erschreckt nicht vor
ihnen! 4 Denn der Herr, euer Gott, zieht
mit euch, um für euch gegen euere Feinde
zu kämpfen und euch zum Sieg zu verhel-
fen. 5 Die Listenführer aber sollen zum
Kriegsvolk sprechen: Wer hat ein neues
Haus gebaut, es aber noch nicht einge-
weiht? Er trete ab und kehre heim, damit
er nicht in der Schlacht umkommt und
ein anderer es einweiht! 6 Und wer hat
einen Weinberg gepflanzt, ihn aber noch
nicht zu ernten begonnen? Er trete ab und
kehre heim, damit er nicht in der Schlacht
umkommt und ein anderer die Früchte
genießt! 7 Und wer hat sich mit einer Frau
verlobt, sie aber noch nicht geheiratet? Er
trete ab und kehre heim, damit er nicht
im Krieg umkommt und ein anderer sie
heiratet! 8 Die Listenführer sollen dann
noch weiter zum Kriegsvolk reden und sa-
gen: Wer hat Angst und wer ist ohne Mut?
Er trete ab und kehre heim, dass er seine

Brüder nicht ebenso mutlos macht wie
sich selbst. 9 Sind die Listenführer mit
ihren Bekanntmachungen an das Kriegs-
volk fertig, dann soll man die Truppen-
führer an die Spitze des Kriegsvolks stel-
len.

Die Eroberung der Städte

10 Wenn du gegen eine Stadt ausrückst,
um sie zu bekriegen, so sollst du ihr zu-
nächst eine friedliche Regelung anbieten.
11 Geht sie auf die friedliche Lösung ein
und öffnet sie dir die Tore, dann soll die
ganze Bevölkerung, die in ihr wohnt, dir
zum Frondienst verpflichtet und untertan
sein. 12 Wenn sie aber keine friedliche
Übereinkunft mit dir trifft, sondern den
Kampf mit dir aufnimmt, und du sie
dann belagerst 13 und der Herr, dein Gott,
sie dir in die Gewalt gibt, dann sollst du
alle Männer in ihr mit der Schärfe des
Schwerts erschlagen. 14 Die Frauen und
Kinder jedoch, das Vieh und alles, was
sich in der Stadt findet, die gesamte Beu-
te, die dir der Herr, dein Gott, gibt, sollst
du an dich nehmen und genießen. 15 So
sollst du mit all den Städten verfahren,
die sehr weit von dir entfernt liegen und
die nicht zu den Städten dieser Völker
hier gehören. 16 Nur aus den Städten die-
ser Völker, die dir der Herr, dein Gott, als
Erbbesitz geben will, sollst du keine Seele
am Leben lassen. 17 Sie musst du unbe-
dingt dem Untergang weihen: die Hetiter,
Amoriter, Kanaaniter, Peresiter, Hiwiter
und Jebusiter, wie dir der Herr, dein Gott,
befahl. 18 Sie sollen euch nicht lehren, ihre
Gräuel nachzuahmen, die sie ihren Göt-
tern zu Ehren verübten, damit ihr euch
nicht gegen den Herrn, eueren Gott, ver-
sündigt.

19 Wenn du eine Stadt belagerst, um sie
niederzukämpfen und zu erobern, sollst
du ihre Bäume nicht mit der Axt nieder-
hauen und vernichten. Du sollst von den
Bäumen essen, sie aber nicht umhauen.
Oder sind etwa die Bäume des Feldes
Menschen, die von dir in die Belagerung
einbezogen werden müssten? 20 Nur die
Bäume darfst du zerstören, von denen du
weißt, dass sie keine essbaren Früchte tra-
gen. Du darfst sie fällen und zum Bau von
Belagerungswerken gegen die Stadt ver-
wenden, die mit dir Krieg führt, bis sie
fällt.

Sühnung eines unaufgeklärten Mordes

21 Wenn in dem Land, das dir der
Herr, dein Gott, zum Besitz geben
will, jemand auf dem Feld ermordet auf-
gefunden wird, und man weiß nicht, wer
ihn ermordet hat, 2 so sollen deine Ältesten
und Richter die Entfernung zu den Städ-
ten feststellen, die in der Umgebung des
Ermordeten liegen. 3 Wenn die dem Er-
mordeten zunächst gelegene Stadt ermit-
telt ist, sollen die Ältesten dieser Stadt eine
junge Kuh nehmen, die noch nicht zur Ar-
beit herangezogen wurde und noch nie im
Joch gegangen ist. 4 Die Ältesten dieser
Stadt sollen die junge Kuh an einen flie-
ßenden Bach führen, wo nicht geackert
und gesät wird. Dort sollen sie der Kuh
am Bach das Genick brechen. 5 Dann sol-
len die Priester, die Söhne Levis, herantre-
ten, denn der Herr, dein Gott, hat sie aus-
gewählt, seinen Dienst zu versehen und im
Namen des Herrn zu segnen. Nach ihrer
Entscheidung soll jeder Rechtsstreit und
jeder Fall von Körperverletzung erledigt
werden. 6 Und alle Ältesten dieser Stadt,
die dem Ermordeten am nächsten woh-
nen, sollen über der jungen Kuh, der am
Bach das Genick gebrochen wurde, ihre
Hände waschen 7 und laut bezeugen: Unse-
re Hände haben dieses Blut nicht vergos-
sen und unsere Augen haben nichts gese-
hen. 8 Lass Sühne walten zum Nutzen
deines Volkes Israel, das du, Herr, erlöst
hast, und gib deinem Volk Israel nicht die
Schuld für unschuldig vergossenes Blut.
So wird für sie die Blutschuld getilgt sein.
9 Du musst das unschuldig vergossene Blut
aus deiner Mitte wegschaffen, wenn du
tun willst, was vor dem Herrn recht ist.

Zur Ehe

Kriegsgefangene Frauen

10 Wenn du zum Krieg gegen deinen Feind
ausziehst und der Herr, dein Gott, ihn in
deine Gewalt gibt und du von ihm Gefan-
gene machst 11 und wenn du dann unter
seinen Gefangenen eine Frau von schöner
Gestalt siehst und sie lieb gewinnst, sodass
du sie dir zur Frau nehmen möchtest, 12 so
sollst du sie in dein Haus bringen. Sie
schere dann ihr Haupt, schneide ihre Fin-
gernägel, 13 lege ihre Gefangenenkleidung
ab, bleibe in deinem Haus und betrauere
noch einen Monat lang ihren Vater und

ihre Mutter. Danach kannst du mir ihr
Verkehr haben und sie ehelichen, dass sie
deine Frau ist. 14 Gefällt sie dir aber dann
nicht mehr, so musst du sie ganz freigeben;
keinesfalls darfst du sie für Geld verkaufen
oder sie hart behandeln, weil du sie dir ge-
fügig gemacht hast.

Das Erstgeburtsrecht

15 Wenn ein Mann zwei Frauen hat, eine,
die er liebt, und eine, die er nicht liebt,
und wenn ihm beide Söhne geboren ha-
ben, wobei der erstgeborene Sohn von der
ungeliebten Frau stammt, 16 so darf er,
wenn er sein Erbe unter seine Söhne ver-
teilt, den Sohn der geliebten Frau nicht in
die Rechte des Erstgeborenen einsetzen
zulasten der Rechte des Sohnes der unge-
liebten Frau. 17 Er muss vielmehr den Sohn
der ungeliebten Frau als Erstgeborenen
anerkennen und ihm von allem, was er be-
sitzt, den doppelten Anteil geben. Denn
diesen hat er zuerst gezeugt, ihm steht das
Erstgeburtsrecht zu.

Der widerspenstige Sohn

18 Wenn jemand einen ungehorsamen und
widerspenstigen Sohn hat, der nicht auf
die Mahnung seines Vaters und seiner
Mutter hören will und ihnen auch nicht
gehorcht, nachdem sie ihn zurechtgewie-
sen haben, 19 dann sollen ihn Vater und
Mutter packen und den Ältesten seiner
Stadt, beim Tor seines Heimatortes, vor-
führen. 20 Sie sollen zu den Ältesten seiner
Stadt sprechen: Dieser unser Sohn da ist
ungehorsam und widerspenstig; er hört
nicht auf uns, er ist ein Verschwender
und Säufer! 21 Alle Männer seiner Stadt sol-
len ihn dann zu Tode steinigen. So sollst
du das Böse aus deiner Mitte wegschaffen:
Ganz Israel aber soll es erfahren und sich
fürchten.

Verschiedene Vorschriften

22 Wenn über einen Verbrecher das Todes-
urteil gefällt ist und er hingerichtet wird
und du ihn an einem Galgen aufhängst,
23 so darf sein Leichnam nicht über Nacht
am Galgen hängen, sondern du musst ihn
noch am gleichen Tag begraben. Denn ein
Gehängter ist ein Gottesfluch, du aber
darfst dein Land, das dir der Herr, dein
Gott, zum Erbbesitz geben will, nicht un-
rein werden lassen.

22 Du darfst nicht zusehen, wie das
Rind oder das Schaf deines Bru-
ders sich verläuft, und ihnen deine Hilfe
versagen, du sollst sie deinem Bruder un-
verzüglich zurückbringen. 2 Wenn dein
Bruder nicht in deiner Nähe wohnt oder
dir nicht bekannt ist, dann sollst du das
Tier in deinen Stall bringen und es soll
bei dir bleiben, bis dein Bruder es sucht;
dann sollst du es ihm zurückgeben. 3 So
sollst du es mit seinem Esel, mit seinem
Gewand und mit jedem verlorenen Gegen-
stand machen, der deinem Bruder ver-
loren gegangen ist und den du findest. Du
darfst ihm deine Hilfe nicht verweigern!

4 Du darfst nicht zusehen, wie der Esel
oder das Rind deines Bruders zusammen-
bricht, und ihm deine Hilfe nicht verwei-
gern; du sollst ihm helfen, sie wieder auf-
zurichten.

5 Keine Frau darf Männerkleider tragen
und kein Mann darf Frauenkleider anzie-
hen. Denn jeder, der solches tut, ist dem
Herrn, deinem Gott, ein Gräuel.

6 Wenn dir zufällig am Weg, auf einem
Baum oder auf dem Boden ein Vogelnest
mit Jungen oder mit Eiern zu Gesicht
kommt, während die Mutter über den Jun-
gen oder den Eiern sitzt, so darfst du die
Mutter mit den Jungen nicht fangen. 7 Du
sollst die Mutter fliegen lassen und dir nur
die Jungen nehmen, damit es dir gut geht
und du lange lebst.

8 Wenn du ein neues Haus baust, so
sollst du an deinem Dach ein Geländer an-
bringen, damit du keine Blutschuld auf
dein Haus lädst, falls jemand von ihm ab-
stürzen sollte.

9 Du sollst in deinem Weinberg nichts
anderes pflanzen; sonst verfällt das Ganze
dem Heiligtum, die Saat, die du aussäst,
und der Ertrag des Weinbergs.

10 Du sollst beim Pflügen nicht Ochse
und Esel zusammenspannen.

11 Du sollst kein Mischgewebe aus Wolle
und Flachs anziehen.

12 Du sollst an den vier Zipfeln deines
Oberkleides, mit dem du dich umhüllst,
Quasten anbringen.

Vorehelicher Verkehr, Ehebruch, Vergewaltigung

13 Wenn jemand eine Frau geheiratet und
mit ihr Verkehr gehabt hat und sie dann
nicht mehr liebt, 14 ihr schlimme Dinge

zur Last legt und sie in schlechten Ruf bringt und behauptet: Diese Frau habe ich geheiratet; ich habe aber, als ich mit ihr verkehrte, bemerkt, dass sie nicht mehr unberührt war, 15 dann sollen der Vater und die Mutter der jungen Frau die Beweise der Jungfräulichkeit nehmen und vor die Ältesten der Stadt ans Tor bringen. 16 Der Vater der jungen Frau soll dann zu den Ältesten sprechen: Meine Tochter habe ich diesem Mann zur Frau gegeben. Da er sie nicht mehr liebt, 17 legt er ihr schlimme Dinge zur Last mit der Behauptung: Ich habe bemerkt, dass deine Tochter nicht mehr unberührt war. Das aber sind die Beweise für die Jungfräulichkeit meiner Tochter. Dabei sollen sie das Tuch vor den Ältesten der Stadt ausbreiten. 18 Daraufhin sollen die Ältesten der Stadt den Ehemann festnehmen und züchtigen lassen. 19 Außerdem sollen sie ihm eine Geldbuße von einhundert Silberschekel auferlegen und diese dem Vater der jungen Frau aushändigen, weil er eine israelitische Jungfrau in Verruf gebracht hat. Sie soll seine Frau bleiben; er darf sie zeit seines Lebens nicht entlassen. 20 Beruht aber die Anschuldigung auf Wahrheit und haben sich tatsächlich keine Zeichen der Jungfräulichkeit an der jungen Frau gefunden, 21 so soll man die junge Frau an die Tür ihres Vaterhauses führen, dass sie die Männer ihrer Heimatstadt zu Tod steinigen, weil sie eine schwere Schandtat in Israel beging, indem sie im Haus ihres Vaters Unzucht trieb. So sollst du das Böse aus deiner Mitte wegschaffen.

22 Wird ein Mann dabei angetroffen, wie er bei einer verheirateten Frau liegt, so sollen beide sterben, sowohl der Mann, der mit der Frau schlief, als auch die Frau. So sollst du das Böse aus Israel wegschaffen.

23 Ist eine Jungfrau mit einem Mann verlobt und trifft sie sich mit einem anderen Mann in der Stadt und er schläft mit ihr, 24 dann sollt ihr die beiden zum Tor der Stadt hinausführen und sie zu Tode steinigen: die junge Frau, weil sie in der Stadt nicht um Hilfe schrie, und den Mann, weil er die Frau seines Nächsten vergewaltigt hat. So sollst du das Böse aus deiner Mitte wegschaffen.

25 Wenn aber der Mann die verlobte Jungfrau auf freiem Feld trifft und sie vergewaltigt, so soll der Mann, der sie vergewaltigte, allein sterben. 26 Der Jungfrau aber sollst du nichts tun; auf ihr lastet keine todeswürdige Schuld. Dieser Fall entspricht dem, wenn einer seinen Nächsten überfällt und ihn totschlägt. 27 Denn da er sie auf dem freien Feld antraf, kann die verlobte Jungfrau um Hilfe geschrien haben, aber niemand war da, der ihr hätte helfen können.

28 Trifft jemand eine noch nicht verlobte Jungfrau, packt sie, vergewaltigt sie und wird dabei ertappt, 29 so hat der Mann, der mit ihr verkehrte, dem Vater des Mädchens fünfzig Silberschekel zu zahlen. Er muss sie zur Frau nehmen dafür, dass er ihr Gewalt angetan hat. Sein ganzes Leben darf er sich nicht von ihr trennen.

23 Niemand darf die Frau seines Vaters heiraten und das Bett seines Vaters aufdecken.

Ausschluss vom Kult

2 Keiner mit zerquetschten Hoden oder abgeschnittenem Glied darf in die Gemeinde des Herrn eintreten. 3 Kein Bastard darf in die Gemeinde eintreten; selbst seine Nachkommen in der zehnten Generation dürfen nicht in die Gemeinde des Herrn eintreten. 4 Kein Ammoniter und Moabiter darf in die Gemeinde des Herrn eintreten; nicht einmal die zehnte Generation von ihnen darf in die Gemeinde des Herrn eintreten, in Ewigkeit nicht, 5 weil sie euch bei euerem Wegzug aus Ägypten unterwegs nicht mit Brot und Wasser entgegenkamen und weil Moab Bileam, Beors Sohn, aus Petor in Mesopotamien gegen dich gedungen hat, um dich zu verfluchen. 6 Doch hat der Herr, dein Gott, nicht auf Bileam gehört und der Herr, dein Gott, hat den Fluch für dich in Segen verwandelt; denn der Herr, dein Gott, liebte dich. 7 Solange du lebst, sollst du niemals auf ihr Wohlergehen und Glück bedacht sein! 8 Einen Edomiter sollst du nicht verabscheuen; denn er ist dein Bruder. Einen Ägypter sollst du nicht verabscheuen, denn in seinem Land bist du Gast gewesen. 9 Ihre Nachkommen dürfen in dritter Generation in die Gemeinde des Herrn eintreten.

Reinheit des Kriegslagers

10 Wenn du gegen deine Feinde ein Lager beziehst, so sollst du dich vor allem Unge-

hörigen in Acht nehmen. 11 Befindet sich unter dir einer, der infolge einer nächtlichen Begebenheit unrein geworden ist, so soll er sich hinaus vor das Lager begeben; er darf nicht ins Lager hineinkommen. 12 Bei Anbruch des Abends soll er sich waschen und bei Sonnenuntergang darf er dann das Lager betreten. 13 Ferner sollst du abseits vom Lager einen Ort haben, wo du austreten kannst. 14 Und unter deinen Geräten sollst du einen Spaten haben; mit diesem sollst du ein Loch graben, wenn du dich draußen hinsetzen musst, und danach deine Notdurft zudecken. 15 Denn der Herr, dein Gott, wohnt inmitten deines Lagers, um dich zu erhalten und dir deine Feinde preiszugeben; darum soll dein Lager heilig sein, damit er nicht etwas Widerwärtiges bei dir sieht und sich von dir abwendet.

Zum Schutz der Schwachen

Schutz des Israeliten

16 Du sollst einen Sklaven, der sich vor seinem Herrn zu dir flüchtet, nicht seinem Herrn ausliefern. 17 Bei dir soll er bleiben dürfen an dem Ort, den er sich in einer deiner Ortschaften, wo es ihm gefällt, aussucht; du darfst ihn nicht ausbeuten.

18 Unter den Töchtern Israels darf es keine Tempelprostitution geben und unter den Söhnen Israels darf es keine Tempelprostitution geben. 19 Hurenlohn und Hundegeld darfst du nicht zur Erfüllung eines Gelübdes in das Haus des Herrn, deines Gottes, bringen; denn sie beide sind dem Herrn, deinem Gott, ebenfalls ein Gräuel.

20 Du darfst von deinem Bruder keinen Zins nehmen, weder Zins für Geld noch Zins für Nahrungsmittel noch Zins für etwas, das man auf Zins leihen kann. 21 Von einem Ausländer darfst du Zins nehmen, aber von deinem Bruder darfst du keine Zinsen nehmen, damit dich der Herr, dein Gott, segne mit allem, was deine Hände schaffen, in dem Land, in das du ziehst, um es in Besitz zu nehmen.

22 Wenn du dem Herrn, deinem Gott, ein Gelübde machst, so zögere nicht, es zu erfüllen. Denn der Herr, dein Gott, wird es streng von dir fordern und Schuld wird an dir haften. 23 Wenn du aber davon absiehst, etwas zu geloben, haftet an dir keine Schuld. 24 Was aber einmal über deine Lippen gekommen ist, musst du gewissenhaft halten, so wie du es dem Herrn, deinem Gott, freiwillig gelobt hast, was du mit deinem Mund ausgesprochen hast.

25 Wenn du in den Weinberg deines Nächsten kommst, so darfst du Trauben essen, so viel du willst, bis du satt bist; aber in dein Gefäß darfst du nichts hineintun. 26 Wenn du durch das Kornfeld deines Nächsten kommst, darfst du dir Ähren mit der Hand abreißen, aber die Sichel darfst du nicht über dem Kornfeld deines Nächsten schwingen.

Ehescheidung

24 Wenn jemand eine Frau heimführt und sie ehelicht, dann aber, wenn sie nicht sein Gefallen findet, da er an ihr etwas Widerwärtiges entdeckte, ihr einen Scheidebrief ausstellt und sie aus seinem Haus fortschickt, 2 und falls sie nun nach ihrem Wegzug aus seinem Haus die Frau eines anderen Mannes wurde, 3 der zweite Mann sie aber ebenfalls nicht mehr liebte, ihr den Scheidebrief ausstellte und sie aus seinem Haus entließ, oder wenn der zweite Mann, der sie als seine Frau heimführte, starb, 4 dann darf ihr erster Mann, der sie entlassen hat, sie nicht wiederum heimführen und zur Frau nehmen, nachdem sie unrein geworden ist. Denn das wäre ein Gräuel vor dem Herrn und du sollst über das Land, das der Herr, dein Gott, dir zum Erbe gibt, nicht die Sünde bringen.

Weitere Schutzmaßnahmen

5 Wenn jemand neu vermählt ist, so braucht er nicht mit dem Heer ins Feld zu ziehen und keine sonstige Verpflichtungen auf sich zu nehmen. Ein Jahr lang soll er frei von Verpflichtungen sein und sich zuhause seiner Frau widmen, die er heimführte.

6 Man darf nicht die Handmühle oder den oberen Mühlstein zum Pfand nehmen; denn damit nimmt man das Leben zum Pfand.

7 Wenn einer dabei ertappt wird, dass er einen Israeliten, einen seiner Brüder, entführt, versklavt und verkauft, so soll der Entführer sterben. So sollst du das Böse aus deiner Mitte wegschaffen.

8 Nimm dich bei der Seuche des Aussat-

zes in Acht! Haltet euch genau an die Wei-
sungen, die euch die levitischen Priester
erteilen; nach den Vorschriften, die ich
ihnen gab, sollt ihr genau verfahren.
9 Denk daran, was der Herr, dein Gott, un-
terwegs mit Mirjam getan hat, als ihr aus
Ägypten weggezogen seid!

10 Wenn du deinem Nächsten ein Darle-
hen gewährst, so darfst du sein Haus nicht
betreten, um ein Pfand von ihm zu holen.
11 Auf der Straße sollst du stehen bleiben
und der Mann, dem du das Darlehen gibst,
soll das Pfand nach draußen bringen.
12 Wenn es ein armer Mann ist, sollst du
dich mit seinem Pfand nicht schlafen le-
gen. 13 Du sollst ihm das Pfand bei Sonnen-
untergang zurückbringen, dann kann er in
seinem Mantel schlafen und er wird dich
segnen. Vor dem Herrn deinem Gott, wird
dir das Gerechtigkeit verschaffen.

14 Einen armen und bedürftigen Tage-
löhner, sei es einer deiner Brüder oder
einer der Fremden, die sich in deinem
Land, in deinen Ortschaften aufhalten,
darfst du nicht übervorteilen. 15 Am glei-
chen Tag, ehe die Sonne untergeht, sollst
du ihm seinen Lohn auszahlen; denn er
ist arm und benötigt ihn dringend. Sonst
ruft er den Herrn gegen dich an und auf
dir lastet eine Schuld.

16 Väter sollen nicht wegen ihren Kin-
dern und Kinder nicht wegen ihren Vätern
mit dem Tod bestraft werden. Ein jeder
soll nur wegen seiner eigenen Schuld getö-
tet werden.

17 Du darfst das Recht von Fremden und
Waisen nicht beugen noch das Kleid einer
Witwe pfänden. 18 Vielmehr sollst du daran
denken, dass du Knecht in Ägypten warst
und dass dich der Herr, dein Gott, daraus
befreite. Darum gebiete ich dir, so zu han-
deln.

19 Wenn du auf deinem Feld erntest und
eine Garbe auf dem Feld vergisst, so sollst
du nicht umkehren, um sie zu holen; dem
Fremden, der Waise und der Witwe soll sie
zukommen, damit der Herr, dein Gott,
dich in allem segnet, was deine Hände
schaffen.

20 Wenn du deine Ölbäume abklopfst, so
sollst du hinterher die Zweige nicht noch-
mals absuchen; dem Fremden, der Waise
und der Witwe soll der Rest zukommen.
21 Wenn du in deinem Weinberg die Trau-
ben erntest, so sollst du hinterher nicht
noch Nachlese halten; dem Fremden, der
Waise und der Witwe soll sie zukommen.
22 Du sollst immer daran denken, dass du
Knecht in Ägypten warst. Darum gebiete
ich dir, so zu handeln.

25 Wenn Männer miteinander in
Streit geraten und vor Gericht ge-
hen, soll der Richter ihnen das Urteil ver-
künden, den Unschuldigen freisprechen
und den Schuldigen verurteilen. 2 Wenn
der Schuldige zur Prügelstrafe verurteilt
ist, soll der Richter ihn hinlegen und ihm
in seiner Gegenwart die seiner Schuld an-
gemessene Anzahl von Hieben verabrei-
chen lassen. 3 Vierzig Schläge darf er ihm
geben lassen, aber nicht mehr, damit dein
Bruder in deinen Augen nicht entehrt
wird, wenn er ihm darüber hinaus noch
viele Schläge versetzen lässt.

4 Du sollst einem Ochsen, wenn er
drischt, das Maul nicht zubinden.

Die Schwagerehe

5 Wenn Brüder zusammen wohnen und
einer von ihnen stirbt, ohne einen Sohn
zu hinterlassen, so soll die Frau des Ver-
storbenen nicht die Frau eines fremden
Mannes außerhalb der Familie werden.
Ihr Schwager soll zu ihr gehen, sie sich
zur Frau nehmen und mit ihr eine Schwa-
gerehe eingehen. 6 Und der erste Sohn, den
sie gebiert, soll den Namen des verstorbe-
nen Bruders führen, damit dessen Name
in Israel nicht erlischt. 7 Wenn aber der
Mann seine Schwägerin nicht heiraten
will, so soll seine Schwägerin hin zum
Stadttor vor die Ältesten gehen und sagen:
Mein Schwager weigert sich, den Namen
seines Bruders in Israel aufrechtzuerhal-
ten, er will mit mir keine Schwagerehe ein-
gehen. 8 Dann sollen die Ältesten seiner
Stadt ihn vorladen und zur Rede stellen.
Stellt er sich und sagt: Ich habe keine Lust,
sie zu heiraten, 9 so soll seine Schwägerin
in Gegenwart der Ältesten an ihn heran-
treten, ihm die Sandalen von den Füßen
ziehen, ihm ins Gesicht spucken und aus-
rufen: So soll es jedem ergehen, der das
Haus seines Bruders nicht aufbauen will!
10 Sein Name aber soll in Israel Barfüßer-
haus heißen.

Übergriff bei einer Schlägerei

11 Wenn Männer miteinander raufen,
Mann gegen Mann, die Frau des einen

dann herbeieilt, um ihren Mann aus der Gewalt dessen, der ihn schlägt, zu befreien, dabei ihre Hand ausstreckt und seine Schamteile packt, 12 so sollst du ihr die Hand erbarmungslos abhacken.

Anhänge

13 Du darfst in deinem Beutel nicht zwei verschiedene Gewichtssteine haben, einen schwereren und einen leichteren. 14 Du darfst in deinem Haus nicht zwei verschiedene Hohlmaße haben, ein größeres und ein kleineres. 15 Volle und richtige Gewichte sollst du haben, volle und richtige Hohlmaße sollst du haben, damit du lange in dem Land lebst, das der Herr, dein Gott, dir gibt. 16 Denn jeder, der solches tut, ein jeder, der Unrecht verübt, ist ein Gräuel für den Herrn, deinen Gott.

17 Denk immer daran, was dir die Amalekiter unterwegs angetan haben, als ihr aus Ägypten wegzogt; 18 wie sie, ohne Gott zu fürchten, dich unterwegs überfielen, als du erschöpft und müde warst, und deine vom Marsch ermattete Nachhut von dir abschnitten. 19 Und wenn dir der Herr, dein Gott, vor all deinen Feinden ringsum Ruhe verschafft hat in dem Land, das dir der Herr, dein Gott, zum Erbbesitz gibt, sollst du das Andenken an Amalek unter dem Himmel wegschaffen! Vergiss das nicht!

Rituelle Vorschriften

Darbringung der Erstlingsfrüchte

26 Wenn du in das Land kommst, das dir der Herr, dein Gott, zum Erbbesitz gibt, und du es in Besitz genommen und dich darin angesiedelt hast, 2 sollst du die Erstlinge der Früchte des Landes, das dir der Herr, dein Gott, verleihen will, um dort seinen Namen wohnen zu lassen, in einen Korb legen. Dann sollst du zu der Stätte ziehen, die der Herr, dein Gott auswählt, um dort seinen Namen wohnen zu lassen. 3 Dann sollst du vor den Priester treten, der zu jener Zeit im Amt ist, und zu ihm sagen Heute tue ich dem Herrn, deinem Gott, kund, dass ich in das Land gekommen bin, das der Herr unseren Vätern eidlich zugesichert hat! 4 Der Priester soll den Korb aus deiner Hand entgegennehmen und ihn vor den Altar des Herrn, deines Gottes, stellen. 5 Du aber sollst vor dem Herrn, deinem Gott, sprechen:

Ein heimatloser Aramäer war mein Vater. Mit wenigen Leuten zog er hinauf nach Ägypten und hielt sich dort als Fremder auf. Dort wurde er zu einem großen, starken und zahlreichen Volk. 6 Als uns dann die Ägypter schlecht behandelten und unterdrückten und uns harten Frondienst auferlegten, 7 schrien wir zum Herrn, dem Gott unserer Väter, und der Herr hörte auf unser Rufen und sah unser Elend, unsere Mühsal und Bedrängnis. 8 Und der Herr führte uns aus Ägypten weg mit starker Hand und erhobenem Arm, unter gewaltigem Schrecken, unter Zeichen und Wundertaten. 9 Er brachte uns an diesen Ort und gab uns dieses Land, ein Land, das von Milch und Honig fließt. 10 Und hier bringe ich nun die Erstlinge von den Früchten des Landes, das du, Herr, mir schenktest.

Dann sollst du den Korb vor den Herrn, deinen Gott, stellen und dich vor dem Herrn, deinem Gott, niederwerfen 11 und dich samt deiner Familie, dem Leviten und dem Fremden in deiner Mitte über alles Gute freuen, das dir der Herr, dein Gott, gegeben hat.

Der Drittjahreszehnt

12 Wenn du im dritten Jahr, dem Zehntjahr, den ganzen Zehnten von deiner Ernte vollständig ausgesondert und ihn dem Leviten, dem Fremden, der Waise und Witwe übergeben hast, damit sie sich an deinen Wohnorten davon satt essen, 13 sollst du vor dem Herrn, deinem Gott, sagen:

Ich habe die geweihten Gaben aus dem Haus geschafft und sie für den Leviten, den Fremden, für die Waisen und Witwen gespendet nach deiner Vorschrift, die du mir gegeben hast. Keine deiner Vorschriften habe ich übertreten oder übersehen. 14 Ich habe davon nichts gegessen, als ich in Trauer war, nichts fortgeschafft, als ich unrein war, auch nichts davon für einen Toten gespendet. Der Stimme des Herrn, meines Gottes, habe ich gehorcht und in allem genauso gehandelt, wie du mir geboten hast. 15 Schau nun herunter von deiner heiligen Wohnung, vom Himmel, und segne dein Volk Israel und das Land, das du uns gegeben, wie du unseren Vätern geschworen hast, ein Land, das von Milch und Honig fließt.

Schlussrede

Ende der zweiten Rede

Israel, das Volk des Herrn

16 Der Herr, dein Gott, gebietet dir am heu-
tigen Tag , diese Gesetze und Rechtssat-
zungen einzuhalten. Befolge sie gewissen-
haft aus ganzem Herzen und ganzer Seele!
17 Der Herr hat dir heute erklärt, dass er
dein Gott ist, wenn du auf seinen Wegen
gehst, seine Gesetze, Gebote und Rechts-
satzungen befolgst und auf seine Stimme
hörst. 18 Vor dem Herrn hast du heute er-
klärt, dass du sein Eigentumsvolk sein
willst und alle seine Gebote beachten
willst, so wie er es verkündete. 19 Dann will
er dich hoch über alle Völker, die er ge-
schaffen hat, zu Preis, Ruhm und Ehre er-
heben und du wirst dem Herrn, deinem
Gott, ein heiliges Volk sein, wie er es gebo-
ten hat .

Die Aufzeichnung des Gesetzes

27 Mose und die Ältesten Israels ge-
boten nun dem Volk: Beachtet ge-
nau die Gesetze, die ich euch heute vor-
schreibe! 2 Sobald ihr über den Jordan
zieht in das Land, das dir der Herr, dein
Gott, gibt, sollst du dir große Steine auf-
richten und sie mit Kalk übertünchen.
3 Sobald du hinübergezogen bist, sollst du
darauf alle Worte dieses Gesetzes schrei-
ben, damit du in das Land gelangst, das
der Herr, der Gott deiner Väter, dir verhei-
ßen hat, ein Land, das von Milch und Ho-
nig fließt. 4 Sobald ihr also den Jordan
überschreitet, sollt ihr diese Steine, wie
ich euch heute befehle, auf dem Berg Ebal
aufrichten und sie mit Kalk übertünchen.
5 Dort sollst du dem Herrn, deinem Gott,
einen Altar aus Steinen bauen. Du darfst
ihn nicht mit eisernen Werkzeugen bear-
beiten, 6 aus unbehauenen Steinen sollst du
den Altar des Herrn, deines Gottes, erbau-
en. Darauf sollst du dann dem Herrn, dei-
nem Gott, Brandopfer darbringen 7 und
Dankopfer schlachten, dort auch ein Op-
fermahl halten und vor dem Herrn, dei-
nem Gott, fröhlich sein. 8 Auf die Steine
aber sollst du alle Worte dieses Gesetzes
deutlich und sorgfältig schreiben.
9 Dann sprachen Mose und die leviti-
schen Priester zu ganz Israel:
Höre zu und schweig, Israel! Am heuti-
gen Tag bist du dem Herrn, deinem Gott,
als Volk zu Eigen geworden! 10 So musst du
denn auf die Stimme des Herrn, deines
Gottes, hören und seine Gesetze und Ge-
bote, die ich dir heute befehle, befolgen!
11 Ferner erteilte Mose am gleichen Tag
folgenden Auftrag: 12 Sobald ihr den Jor-
dan überschritten habt, sollen sich die
einen auf dem Berg Garizim aufstellen,
um das Volk zu segnen: Simeon, Levi, Ju-
da, Issachar, Josef und Benjamin; 13 die an-
deren aber sollen sich auf dem Berg Ebal
aufstellen und den Fluch aussprechen: Ru-
ben, Gad, Ascher, Sebulon, Dan und Naf-
tali. 14 Dann sollen die Leviten zu allen
Männern Israels mit lauter Stimme spre-
chen:
15 Verflucht ist, wer ein geschnitztes
oder gegossenes Gottesbild – ein Gräuel
für den Herrn, Machwerk von Künstler-
händen – anfertigt und es heimlich auf-
stellt! Und das ganze Volk soll antworten
und sagen: Amen.
16 Verflucht ist, wer Vater und Mutter
nicht achtet! Und das ganze Volk soll sa-
gen: Amen.
17 Verflucht ist, wer die Grenze seines
Nachbarn verrückt! Und das ganze Volk
soll sagen: Amen.
18 Verflucht ist, wer einen Blinden auf
dem Weg irreführt! Und das ganze Volk
soll sagen: Amen.
19 Verflucht ist, wer das Recht von Frem-
den, Waisen und Witwen beugt! Und das
ganze Volk soll sagen: Amen.
20 Verflucht ist, wer der Frau seines Va-
ters beiwohnt; denn er deckt das Bett sei-
nes Vaters auf! Und das ganze Volk soll
sagen: Amen.
21 Verflucht ist, wer einem Tier bei-
wohnt! Und das ganze Volk soll sagen:
Amen.
22 Verflucht ist, wer seiner Schwester, der
Tochter seines Vaters oder seiner Mutter
beiwohnt! Und das ganze Volk soll sagen:
Amen.
23 Verflucht ist, wer seiner Schwieger-
mutter beiwohnt! Und das ganze Volk soll
sagen: Amen.
24 Verflucht ist, wer seinen Nächsten
heimlich erschlägt! Und das ganze Volk
soll sagen: Amen.
25 Verflucht ist, wer sich bestechen lässt,

eines Unschuldigen Blut zu vergießen!
Und das ganze Volk soll sagen: Amen.
26 Verflucht ist, wer die Worte dieses Ge-
setzes nicht erfüllt, indem er sie befolgt!
Und das ganze Volk soll sagen: Amen.

Die Segensverheißungen

28 Wenn du auf die Stimme des
Herrn, deines Gottes, hörst und al-
le seine Gebote, die ich dir heute vor-
schreibe, gewissenhaft beachtest, dann
wird dich der Herr, dein Gott, über alle
Völker der Erde erheben. 2 Alle folgenden
Segnungen werden über dich kommen
und dich erreichen, wenn du auf die Stim-
me des Herrn, deines Gottes, hörst. 3 Ge-
segnet bist du in der Stadt und gesegnet
auf dem Land. 4 Gesegnet ist die Frucht
deines Leibes, die Frucht deines Ackers,
die Frucht deines Viehs, der Wurf deiner
Rinder und die Tracht deiner Schafe. 5 Ge-
segnet ist dein Brotkorb und deine Back-
schüssel. 6 Gesegnet bist du, wenn du
heimkehrst, und gesegnet bist du, wenn
du ausziehst. 7 Der Herr bewirkt die Nie-
derlage deiner Feinde, die sich gegen dich
erheben. Auf einem Weg ziehen sie gegen
dich aus und auf sieben Wegen ergreifen
sie die Flucht. 8 Der Herr entbietet den Se-
gen: Er liege auf deinen Speichern und auf
allem, was deine Hände schaffen. Er seg-
net dich in dem Land, das dir der Herr,
dein Gott, verleiht. 9 Der Herr macht dich
zu seinem heiligen Volk, wie er dir ge-
schworen hat, wenn du die Gebote des
Herrn, deines Gottes, beachtest und auf
seinen Wegen gehst. 10 So sehen alle Völker
der Erde, dass der Name des Herrn über
dir ausgerufen ist, und fürchten sich vor
dir. 11 Und der Herr verleiht dir Gutes im
Überfluss, an der Frucht deines Leibes, an
der Frucht deines Viehs und an der Frucht
deines Ackers, in dem Land, das der Herr
deinen Vätern eidlich zugesichert hat.
12 Der Herr öffnet dir seine reiche Schatz-
kammer, den Himmel, um deinem Land
den Regen zur rechten Zeit zu spenden
und so das Werk deiner Hände zu segnen.
So kannst du vielen Völkern leihen, ohne
selbst borgen zu müssen. 13 Der Herr
macht dich zum Kopf, nicht zum
Schwanz; es geht mit dir nur aufwärts, nie
abwärts, wenn du den Geboten des Herrn,
deines Gottes, gehorchst, die ich dir heute
vorschreibe, damit du sie gewissenhaft be-
folgen sollst, 14 wenn du also von all dem,
was ich euch heute vorschreibe, weder
nach rechts noch nach links abweichst,
um anderen Göttern nachzulaufen und
ihnen zu dienen.

Die Flüche

15 Wenn du aber nicht auf die Stimme des
Herrn, deines Gottes, hörst, und seine Ge-
setze und Gebote missachtest, die ich dir
heute vorschreibe, so werden alle die
nachfolgenden Verfluchungen über dich
kommen und dich treffen: 16 Verflucht bist
du in der Stadt und verflucht auf dem
Land. 17 Verflucht ist dein Brotkorb und
deine Backschüssel. 18 Verflucht ist die
Frucht deines Leibes und die Frucht dei-
nes Ackers, der Wurf deiner Rinder und
die Tracht deiner Schafe. 19 Verflucht bist
du, wenn du heimkehrst, und verflucht
bist du, wenn du ausziehst. 20 Der Herr ver-
flucht, verwirrt und verwünscht alles, was
deine Hände schaffen. Was du auch im-
mer tust, du wirst schnell vernichtet und
zugrunde gerichtet wegen der Bosheit dei-
ner Taten, weil du mich verlassen hast.
21 Der Herr schickt dir die Pest, bis er dich
ganz in dem Land ausgerottet hat, in das
du ziehst, um es in Besitz zu nehmen.
22 Der Herr schlägt dich mit Schwindsucht,
Fieber, Hitze und Entzündungen, mit Tro-
ckenheit, Getreidebrand und Dürre. Diese
Plagen setzen dir zu, bis du ganz zugrunde
gerichtet bist. 23 Der Himmel über deinem
Haupt ist dann wie von Erz und die Erde
unter deinen Füßen wie von Eisen. 24 Der
Herr verwandelt den Regen in deinem
Land in Flugsand und Staub fällt auf dich
vom Himmel nieder, bis du vernichtet bist.
25 Der Herr bewirkt deine Niederlage vor
deinen Feinden: Auf einem Weg ziehst du
gegen sie aus und auf sieben Wegen er-
greifst du vor ihnen die Flucht. Du wirst
allen Königreichen der Erde zum Schre-
ckensbild. 26 Deine Leichen werden ein
Fraß für die Vögel des Himmels und für
die wilden Tiere der Erde. Niemand ver-
scheucht sie. 27 Der Herr schlägt dich mit
ägyptischem Geschwür, mit Beulen, Krät-
ze und Grind. Keiner kann dich heilen.
28 Der Herr schlägt dich mit Wahnsinn,
Blindheit und Verwirrung des Geistes.
29 Am hellen Mittag tastest du im Dunkeln
umher wie ein Blinder und kannst deine
Wege nicht zum guten Ende führen. Du

wirst dein Leben lang bedrückt und aus-
gebeutet, niemand hilft dir. 30 Du verlobst
dich mit einer Frau, aber ein anderer
Mann schläft mit ihr. Du baust ein Haus,
wohnst aber nicht darin. Du pflanzt einen
Weinberg, kannst ihn aber nicht ernten.
31 Dein Ochse wird vor deinen Augen ge-
schlachtet, du aber bekommst nichts da-
von zu essen. Dein Esel wird dir vor dei-
nen Augen geraubt und kehrt nie wieder
zu dir zurück. Deine Schafe werden von
deinen Feinden gestohlen und niemand
hilft dir. 32 Deine Söhne und Töchter wer-
den einem fremdem Volk ausgeliefert, du
schaust nach ihnen aus und vergehst vor
Heimweh nach ihnen, aber du hast keine
Macht. 33 Die Früchte deines Landes und
die Erträge deiner Arbeit verzehrt ein
Volk, das du nicht kennst. Immer wirst
du nur ausgebeutet und misshandelt.
34 Wahnsinnig wirst du beim Anblick des-
sen, was deine Augen mit ansehen müs-
sen. 35 Der Herr schlägt dich an den Knien
und Schenkeln, von der Fußsohle bis zum
Scheitel mit schlimmem Geschwüren und
du findest keine Heilung. 36 Der Herr führt
dich und deinen König, den du über dich
gesetzt hast, weg zu einem Volk, das du
und deine Väter nicht kannten. Dort
dienst du anderen Göttern aus Holz und
Stein. 37 Und bei allen Völkern, wohin der
Herr dich verstößt, wirst du zum Gegen-
stand des Entsetzens, des Hohns und des
Spotts.

38 Viele Samen wirst du auf dem Feld
aussäen, aber wenig ernten: Denn die
Heuschrecken haben sie gefressen.
39 Weinberge pflanzt und bebaust du, aber
Wein hast du weder zu trinken noch Trau-
ben zu ernten; denn der Wurm hat sie ver-
tilgt. 40 Ölbäume hast du überall in deinem
Land, aber salben kannst du dich nicht;
denn deine Oliven fallen ab. 41 Söhne und
Töchter zeugst du, aber sie verbleiben dir
nicht; denn sie müssen in die Gefangen-
schaft ziehen. 42 Alle deine Bäume und
Feldfrüchte befällt das Ungeziefer. 43 Der
Fremde steigt immer höher über dich auf,
du aber sinkst immer tiefer nach unten.
44 Er kann dir leihen, du aber ihm nicht.
Er wird zum Kopf, du aber wirst zum
Schwanz.

45 Alle diese Flüche werden über dich
kommen, sie verfolgen und treffen dich,
bis du vernichtet bist, weil du der Stimme
des Herrn, deines Gottes, nicht gehorcht
hast, weil du seine Gebote und Gesetze,
die er dir vorgeschrieben hat, nicht beach-
tet hast. 46 Diese Flüche werden an dir und
deinen Nachkommen für immer zu Zei-
chen und Wundern.

Ankündigung von Kriegen und Verbannung

47 Weil du vor lauter Überfluss dem Herrn,
deinem Gott, nicht in Freuden und nach
Herzenslust gedient hast, 48 sollst du Hun-
ger und Durst leiden, nackt und unter gro-
ßen Entbehrungen dem Feind dienen, den
der Herr gegen dich schickt. Er legt ein
eisernes Joch auf deinen Nacken, bis er
dich vernichtet hat. 49 Der Herr bringt ge-
gen dich von fern her, vom Ende der Erde,
ein Volk auf, das wie ein Adler herunter-
stößt, ein Volk, dessen Sprache du nicht
verstehst, 50 ein unbarmherziges Volk, das
auf die Alten keine Rücksicht nimmt und
auch die Jungen nicht schont. 51 Es ver-
zehrt die Jungen des Viehs und die Frucht
des Ackers, bis du vernichtet bist. Nichts
an Getreide, Most und Öl, nichts vom
Wurf deiner Rinder und der Tracht deiner
Schafe lässt es dir übrig, bis es dich zu-
grunde gerichtet hat. 52 Es belagert dich in
allen deinen Wohnorten, bis deine hohen
und festen Mauern, auf die du dein Ver-
trauen setzt, im ganzen Land fallen. Es be-
lagert dich in deinen Städten im ganzen
Land, das der Herr, dein Gott, dir gab.
53 In der Not der Belagerung, wenn dein
Feind dich bedrängt, wirst du die Frucht
deines Leibes essen, das Fleisch deiner
Söhne und Töchter, die der Herr, dein
Gott, dir gab. 54 Selbst der weichlichste
und verwöhnteste Mann bei dir schaut
dann voll Missgunst auf seinen Bruder,
auf die Frau seines Herzens und auf die
Kinder, die er noch übrig gelassen hat.
55 Er denkt nicht daran, einem von ihnen
etwas vom Fleisch seiner Kinder abzuge-
ben, das er verzehrt, weil ihm nichts mehr
übrig geblieben ist in der Not der Belage-
rung, mit der dich dein Feind in deinen
Städten bedrängt. 56 Die verwöhnteste und
üppigste Frau bei dir, die vor Verzärtelung
und Weichlichkeit nie versuchte, ihren
Fuß auf die Erde zu setzen, blickt voll
Missgunst auf den Mann ihres Herzens,
auf ihre Söhne und Töchter. 57 Sie neidet
ihnen ja ihre Nachgeburt, die aus ihrem
Schoß abgeht, und ihr Kind, das sie gerade

zur Welt gebracht hat; denn aus Mangel
an allem verzehrt sie diese insgeheim in
der Not der Belagerung, mit der dein
Feind dich in deinen Städten bedrängt.
58 Wenn du nicht darauf achtest, all die
Worte dieses Gesetzes, die in diesem Buch
geschrieben stehen, zu befolgen, indem du
diesen glorreichen und furchtbaren Na-
men, den Herrn, deinen Gott, fürchtest,
59 so wird der Herr dich und deine Nach-
kommen mit gewaltigen und anhaltenden
Plagen und mit schlimmen und anhalten-
den Krankheiten schlagen. 60 Er bringt alle
Seuchen Ägyptens über dich, vor denen
dir graut. Sie werden dich nicht loslassen.
61 Allerlei Krankheiten und Plagen, die
nicht in diesem Buch aufgezeichnet sind,
lässt der Herr über dich kommen, bis du
vernichtet bist. 62 Während ihr vorher so
zahlreich wart wie die Sterne des Him-
mels, bleiben von euch, weil du der Stim-
me des Herrn, deines Gottes, nicht ge-
horcht hast, nur wenige Mann übrig.
63 Und wie der Herr seine Freude daran
hatte, euch Gutes zu tun und zahlreich zu
machen, so sieht er nun seine Freude da-
rin, euch zugrunde zu richten und zu ver-
nichten: Herausgerissen werdet ihr aus
dem Land, wohin du kamst, um es in Be-
sitz zu nehmen. 64 Der Herr zerstreut dich
nämlich unter alle Völker von einem En-
de der Erde bis zum anderen und dort
dienst du anderen Göttern, die du und
deine Väter nicht kannten, solchen aus
Holz und Stein. 65 Unter jenen Völkern
kannst du aber nicht ruhig wohnen und
keinen Platz für deinen Fuß finden. Der
Herr erfüllt dein Herz mit Angst, deine
Augen weinen vor Heimweh und deine
Seele erbebt vor Furcht. 66 Dein Leben
schwebt in Gefahr, du zitterst bei Tag und
bei Nacht und fühlst dich deines Lebens
nie sicher. 67 Am Morgen sagst du: Wäre
es doch Abend!, und am Abend sagst du:
Wäre es doch Morgen! – infolge der Her-
zensangst, die du empfinden, und bei dem
Anblick dessen, was du mit eigenen Au-
gen sehen musst. 68 Der Herr führt dich
schließlich auf Schiffen wieder nach
Ägypten zurück in ein Schicksal, von
dem ich dir sagte: Nie wieder sollst du es
erleben! Dort müsst ihr euch eueren Fein-
den als Sklaven und Sklavinnen zum Ver-
kauf anbieten, aber niemand will euch
kaufen.

Letzte Rede des Mose

69 Das sind die Worte des Bundes, den der
Herr dem Mose mit den Israeliten im
Land Moab zu schließen gebot – unbe-
schadet des Bundes, den er mit ihnen am
Horeb geschlossen hatte.

Erinnerung an Auszug und Bund

29 Mose rief ganz Israel zusammen
und sprach zu ihnen:
Ihr habt selbst mit eigenen Augen gese-
hen, was der Herr in Ägypten dem Pharao,
seinen Dienern und seinem ganzen Land
angetan hat: 2 Mit eigenen Augen hast du
die großen Prüfungen gesehen, jene gro-
ßen Zeichen und Wunder. 3 Gleichwohl
hat euch der Herr bis auf den heutigen
Tag keine Einsicht zum Verstehen, keine
Augen zum Sehen und keine Ohren zum
Hören gegeben. 4 Ich habe euch vierzig
Jahre durch der Wüste geführt; die Kleider
an euerem Leib und die Schuhe an deinen
Füßen sind nicht zerrissen. 5 Ihr hattet
kein Brot zu essen und weder Wein noch
Most zu trinken, damit ihr erkennt, dass
ich, der Herr, euer Gott bin. 6 Und als ihr
in diese Gegend kamt und Sihon, der Kö-
nig von Heschbon, sowie Og, der König
von Baschan, uns im Kampf entgegen zo-
gen, schlugen wir sie. 7 Wir eroberten ihr
Land und gaben es den Rubenitern, den
Gaditern und dem halben Stamme Manas-
se zum Erbbesitz.
8 So beachtet denn nun die Worte dieses
Bundes, befolgt sie, damit euch alles ge-
lingt, was ihr unternehmt. 9 Ihr steht heute
alle vor dem Herrn, euerem Gott: euere
Stammeshäupter, Richter, Ältesten und
Amtmänner, alle Männer Israels, 10 euere
Kinder und Frauen und die Fremden in
deinem Lager– vom Holzhauer bis zum
Wasserschöpfer –, 11 um in den Bund des
Herrn, deines Gottes, samt seinen Verflu-
chungen einzutreten, den heute der Herr,
dein Gott, mit dir schließt. 12 Er bestellt dich
damit heute zu seinem Volk, damit er sei-
nerseits zum Gott für dich wird, wie er es
dir verheißen und deinen Vätern Abraham,
Isaak und Jakob eidlich zugesichert hat.

Der Bund gilt den künftigen Geschlechtern

13 Doch nicht mit euch allein schließe ich
diesen Bund und spreche diese Verwün-
schungen aus, 14 sondern mit allen, die

heute mit uns hier vor dem Herrn, unserem Gott, stehen, und mit denen, die heute nicht bei uns sind.

15 Nun wisst ihr ja, wie wir in Ägypten wohnten und wie wir mitten durch die Völker durchzogen, durch deren Land ihr ziehen musstet. 16 Dabei habt ihr ihre abscheulichen Götzen aus Holz und Stein, Silber und Gold gesehen. 17 Kein Mann und keine Frau, keine Sippe oder Stamm soll sich unter euch finden, der sich vom Herrn, unserem Gott, abwendet, um die Götter jener Völker zu verehren! Unter euch soll nur ja keine Wurzel gedeihen, die Gift und Wermut hervorbringt! 18 Keiner soll sich, wenn er die Worte deines Fluchs hört, in seinem Innern dennoch Segen versprechen und denken: Mir wird es schon gut gehen, wenn ich auch in meinem Herzen verstockt bleibe, sodass das bewässerte Land mit dem verdorrten zusammen weggerafft wird. 19 Der Herr wird ihm nicht verzeihen. Vielmehr wird der Zorn und der Eifer des Herrn gegen einen solchen Menschen entbrennen. Auf ihn legt sich der ganze in diesem Buch aufgezeichnete Fluch. Der Herr löscht seinen Namen unter dem Himmel aus. 20 Der Herr scheidet ihn aus allen Stämmen Israels aus zum Verderben, entsprechend den in diesem Buch aufgezeichneten Verwünschungen.

21 Und das künftige Geschlecht, euere Söhne, die nach euch erstehen, und der Ausländer, der aus fernen Ländern kommt, sprechen, wenn sie die Heimsuchungen und Krankheiten jenes Landes, womit der Herr es bedachte, sehen: 22 Schwefel und Salz bedecken das ganze Land; eine Brandstätte, die nicht besät werden kann. Kein Gewächs kann emporsprießen, keine Pflanze aufgehen, genau wie bei der Zerstörung von Sodom und Gomorra, Adma und Zebojim, die der Herr in seinem Zorn und Grimm von Grund auf zerstörte – 23 ja alle Völker sprechen: Warum hat der Herr diesem Land solches angetan? Was hat es auf sich mit dieser gewaltigen Zornesglut? 24 Dann wird man antworten: Weil sie den Bund des Herrn, des Gottes ihrer Väter, den er mit ihnen schloss, als er sie aus Ägypten führte, außer Acht ließen. 25 Sie dienten anderen Göttern und beteten sie an, Götter, die ihnen unbekannt waren und die er ihnen nicht bestimmt hatte. 26 Darum entbrannte der Zorn des Herrn gegen jenes Land und er ließ den ganzen in diesem Buch aufgezeichneten Fluch über es kommen. 27 Darum riss sie der Herr in gewaltigem Zorn, Grimm und Groll aus ihrem Land und schleuderte sie in ein anderes Land, wie es heute noch ist.

28 Was verborgen ist, steht beim Herrn, unserem Gott; was aber offenbar geworden ist, gilt für uns und unsere Kinder auf ewig: dass wir alle Bestimmungen dieses Gesetzes halten sollen.

Rückkehr aus der Verbannung und Bekehrung

30 Wenn nun all diese Verheißungen, der Segen und der Fluch, die ich dir vor Augen führte, bei dir eintreffen und du es dir unter all den Völkern, unter die dich der Herr, dein Gott, verstoßen hat, zu Herzen nimmst, 2 dich samt deinen Kindern von ganzem Herzen und ganzer Seele zum Herrn, deinem Gott, bekehrst und auf seine Stimme hörst, wie ich dir heute gebiete, 3 dann wendet der Herr, dein Gott, dein Schicksal. Er erbarmt sich deiner und führt dich wiederum aus allen Völkern zusammen, unter die dich der Herr, dein Gott, zerstreute. 4 Und wenn ihr auch bis an das Ende des Himmels zerstreut wärt, auch von dort her führt dich der Herr, dein Gott, zusammen und von dort her holt er dich. 5 Und der Herr, dein Gott, führt dich in das Land, das deine Väter besaßen, damit du es in Besitz nimmst. Er macht dich glücklicher und zahlreicher als deine Väter. 6 Der Herr, dein Gott, beschneidet dir und deinen Nachkommen das Herz, dass du den Herrn, deinen Gott, aus ganzem Herzen und ganzer Seele um deines Lebens willen liebst. 7 Alle diese Flüche aber legt der Herr, dein Gott, auf deine Feinde und Gegner, die dich verfolgten. 8 Du hörst wieder auf die Stimme des Herrn und befolgst seine Gebote, die ich dir heute vorschreibe, 9 und der Herr, dein Gott, schenkt dir Gutes im Überfluss bei allem, was deine Hände schaffen, bei der Frucht deines Leibes, bei den Jungtieren deines Viehs und der Frucht deines Ackers. Denn der Herr hat wieder Freude an dir, wie er an deinen Vätern Freude hatte, 10 wenn du auf die Stimme des Herrn, deines Gottes, hörst, indem du seine in

diesem Buch aufgezeichneten Gebote und
Gesetze befolgst, wenn du dich von gan-
zem Herzen und von ganzer Seele zum
Herrn, deinem Gott, bekehrst.
11 Dieses Gebot, das ich dir heute vor-
schreibe, ist nicht zu hoch und unerreich-
bar für dich. 12 Nicht im Himmel ist es, so
dass du sagen müsstest: Wer steigt für uns
hinauf in den Himmel, um es zu uns he-
runterzuholen und zu verkünden, damit
wir danach handeln? 13 Es ist auch nicht
jenseits des Meeres, dass du sagen müss-
test: Wer fährt für uns über das Meer, um
es herbeizuholen und zu verkünden, damit
wir danach handeln? 14 Vielmehr ist dir das
Wort ganz nahe, in deinem Mund und in
deinem Herzen ist es, sodass du danach
handeln kannst.

Die Wahl zwischen Leben und Tod

15 Siehe, heute habe ich dir Leben und Heil,
Tod und Unheil vor Augen gestellt.
16 Wenn du den Geboten des Herrn, deines
Gottes, gehorchst, die ich dir heute vor-
schreibe, indem du den Herrn, deinen
Gott, liebst, auf seinen Wegen gehst und
so seine Gebote, seine Bestimmungen und
Gesetze beachtest, so wirst du am Leben
bleiben und dich vermehren und der Herr,
dein Gott, wird dich segnen in dem Land,
in das du ziehst, um es in Besitz zu neh-
men. 17 Wenn sich aber dein Herz abwen-
det und du nicht gehorchst, wenn du dich
dazu verführen lässt, fremde Götter anzu-
beten und ihnen zu dienen, 18 so kündige
ich heute an: Ihr werdet sicher zugrunde
gehen, ihr werdet in dem Land, in das du
über den Jordan ziehst, um hinzugelangen
und es in Besitz zu nehmen, nicht lange
leben. 19 Ich rufe heute den Himmel und
die Erde zu Zeugen gegen euch an: Leben
und Tod, Segen und Fluch habe ich dir vor
Augen gestellt. So sollst du denn, damit du
und deine Nachkommen am Leben blei-
ben, das Leben wählen, 20 indem du den
Herrn, deinen Gott, liebst, seiner Stimme
gehorchst und an ihm festhältst! Denn er
verlängert dein Leben, damit du zeit dei-
nes Lebens in dem Land wohnen bleibst,
das der Herr deinen Vätern, Abraham,
Isaak und Jakob eidlich versprochen hat.

Das Ende des Mose

Die Sendung Josuas

31 Mose ging hin und redete zu ganz
Israel diese Worte. 2 Er sprach zu
ihnen: Ich bin jetzt einhundertzwanzig
Jahre alt, ich kann nicht mehr in den
Kampf ziehen. Und der Herr hat zu mir
gesprochen: Du wirst den Jordan hier
nicht überschreiten. 3 Der Herr, dein Gott,
will selbst vor dir hinüberziehen, er wird
diese Völker vor dir vernichten, sodass du
in ihren Besitz eintreten kannst. Josua
wird vor dir hinüberziehen, wie der Herr
es angeordnet hat. 4 Der Herr wird mit
ihnen tun, was er mit den Amoriterköni-
gen Sihon und Og samt ihrem Land getan
hat, die er vernichtet hat. 5 Der Herr wird
sie euch preisgeben, dass ihr mit ihnen
ganz genau nach dem Befehl handelt, den
ich euch gab. 6 Seid mutig und stark!
Fürchtet euch nicht und erschreckt nicht
vor ihnen! Denn der Herr, dein Gott, ist
es, der mit dir zieht! Er wird seine Hand
nicht von dir lassen und dich nicht im
Stich lassen.
7 Dann rief Mose den Josua und sprach
zu ihm in Gegenwart von ganz Israel: Sei
mutig und stark! Denn du wirst dieses
Volk in das Land bringen, das der Herr
ihren Vätern eidlich zugesichert hat, und
du wirst es auch unter sie verteilen. 8 Der
Herr selbst aber zieht vor dir her, er wird
mit dir sein, seine Hand nicht von dir las-
sen und dich nicht im Stich lassen. Fürchte
dich nicht und verzage nicht!

Verlesung des Gesetzes im Kult

9 Dann schrieb Mose dieses Gesetz auf und
übergab es den Priestern, den Söhnen Le-
vis, die die Bundeslade des Herrn tragen,
und allen Ältesten Israels. 10 Dabei gab
ihnen Mose folgenden Auftrag: Nach Ab-
lauf von sieben Jahren, im Erlassjahr, am
Laubhüttenfest, 11 wenn ganz Israel an die
Stätte kommt, die der Herr erwählt, um
das Angesicht des Herrn, deines Gottes,
zu schauen, sollst du dieses Gesetz vor
ganz Israel laut vorlesen. 12 Du sollst das
Volk versammeln, die Männer, Frauen

und Kinder, sowie den Fremdling, der in
deinen Städten lebt, damit sie es hören
und lernen, den Herrn, eueren Gott, zu
fürchten und darauf zu achten, alle Worte
dieses Gesetzes zu erfüllen. 13 Namentlich
ihre Kinder, die es nicht kennen, sollen es
hören und lernen, den Herrn, eueren Gott,
zu fürchten, solange ihr in dem Land lebt,
in das ihr nun über den Jordan zieht, um
es in Besitz zu nehmen.

Anweisungen des Herrn

14 Darauf sprach der Herr zu Mose: Siehe,
deine Zeit ist gekommen, du musst sterben.
Ruf Josua und tretet in das Offenbarungszelt,
dass ich ihm meine Befehle
geben kann! Da gingen Mose und Josua
hin und traten in das Offenbarungszelt.
15 Darauf erschien der Herr im Zelt in einer
Wolkensäule und die Wolkensäule stand
am Eingang des Zeltes.

16 Dann sprach der Herr zu Mose: Siehe,
du wirst nun zu deinen Vätern gerufen.
Dieses Volk aber wird sich aufmachen
und in dem Land, in das es jetzt zieht, mit
fremden Göttern Unzucht treiben. Es wird
mich verlassen und meinen Bund brechen,
den ich mit ihm geschlossen habe. 17 Mein
Zorn aber wird an jenem Tag gegen es entbrennen,
ich werde sie verlassen und mein
Antlitz vor ihnen verbergen. Es wird reif
zum Untergang und große Not und Zwang
werden es treffen. In jener Zeit wird es
dann sprechen: Weil mein Gott nicht in
meiner Mitte ist, haben mich diese Übel
getroffen! 18 Doch werde ich zu jener Zeit
mein Antlitz unerbittlich verborgen halten
wegen all dem Bösen, das es verübte, indem
es sich anderen Göttern zuwandte.

Das Lied zum Zeugnis

19 So schreib dir jetzt dieses Lied auf und
lehre es die Israeliten! Leg es ihnen in den
Mund, damit mir dieses Lied zum Zeugen
gegen die Israeliten dient! 20 Wenn ich es in
das Land bringe, das ich seinen Vätern
versprochen habe, das Land, das von
Milch und Honig fließt, wenn es sich dann
satt isst und fett wird und sich anderen
Göttern zuwendet, um ihnen zu dienen,
mich aber verwirft und meinen Bund
bricht, 21 und wenn es viele Übel und
Drangsale treffen, dann sollen seine Nachkommen
dieses Lied nie vergessen und
von ihm Zeugnis ablegen: Ich wusste
schon heute, was es nach seiner Neigung
tun würde, bevor ich es in das Land brachte,
das ich seinen Vätern eidlich versprochen
hatte. 22 So schrieb denn Mose damals
das nachfolgende Lied nieder und lehrte es
die Israeliten.

23 Und der Herr gebot Josua, dem Sohn
Nuns, und sprach: Sei mutig und stark!
Denn du sollst die Israeliten in das Land
bringen, das ich ihnen eidlich zugesichert
habe, und ich werde mit dir sein!

Hinterlegung des Gesetzes

24 Als Mose damit fertig war, den Wortlaut
dieses Gesetzes in ein Buch vollständig
aufzuzeichnen, 25 gebot er den Leviten, die
die Bundeslade des Herrn trugen: 26 Nehmt
dieses Buch mit dem Gesetz und legt es
neben die Bundeslade des Herrn, eueres
Gottes. Dort soll es zum Zeugen gegen Israel
dienen. 27 Ich kenne nämlich deine Widerspenstigkeit
und deine Halsstarrigkeit.
Schon jetzt, da ich noch unter euch lebe,
seid ihr widerspenstig gegen den Herrn
gewesen! Wie viel mehr werdet ihr es nach
meinem Tod sein!

28 Versammelt bei mir alle Ältesten euerer
Stämme und euere Listenführer, damit
ich ihnen diese Worte laut verkünde und
gegen sie den Himmel und die Erde zu
Zeugen anrufe. 29 Denn ich weiß, dass ihr
euch nach meinem Tod versündigen und
von dem Weg abweichen werdet, den ich
euch vorgeschrieben habe. Am Ende der
Tage wird euch das Unheil treffen, weil
ihr tut, was dem Herrn missfällt und ihn
durch euerer Hände Werk zum Zorn reizt.

Das Lied des Mose

30 Dann verkündete Mose der ganzen Gemeinde
Israels laut die Worte des nachfolgenden
Liedes bis zu Ende:

32 Hört her, ihr Himmel, nun will ich
reden, / die Erde höre meine Worte!

2 Wie Regen riesele nieder meine Botschaft, / wie Tau falle mein Wort nieder! /
Wie Regengüsse auf junges Grün, / wie
Regenschauer auf welkes Gras!

3 Denn des Herrn Namen rufe ich aus. /
Gebt Ehre unserem Gott!

4 Er heißt: Der Fels! Vollkommen ist
sein Tun, / denn recht sind alle seine
Wege. / Gott ist treu, ohne allen Frevel, /
gerecht und redlich ist er!

5 Gefrevelt haben sie, die er gezeugt ohne
Makel, / eine verkehrte und böse Genera-
tion!
6 Wagt ihr dem Herrn so zu vergelten, /
du Volk der Torheit und der Unver-
nunft? / Ist er nicht dein Vater, dein
Schöpfer? / Dasein und Leben hat er dir
gegeben!
7 Denk an die Tage der Vorzeit,
erwäge die Jahre, Generation für Genera-
tion! / Frag deinen Vater, er wird es dir
melden, / die Alten bei dir, sie werden es
dir sagen!
8 Als der Höchste die Sitze der Völker
verteilte, / als er die Menschheit aufteilte, /
legte er den Völkern Grenzen fest / nach
der Zahl der Söhne Gottes.
9 Denn des Herrn Anteil ist sein Volk, /
Jakob ist das für ihn abgesteckte Erbe.
10 Im Wüstenland nimmt er es zu
Eigen, / in der Wildnis und Nacht der
Steppe. / Er umhegt und pflegt es schüt-
zend, / wie seinen Augapfel behütet er es.
11 Einem Adler gleich, der sein Nest auf-
stört / und über seinen Jungen schwebt, /
breitet er aus seine Schwingen, nimmt es
auf, / auf seinen Fittichen trägt er es.
12 Der Herr allein geleitet es, / kein
fremder Gott steht ihm bei.
13 Über die Höhen des Landes lässt er es
schreiten, / mit den Früchten des Feldes
speist er es, / lässt es Honig aus Felsen
saugen / und aus Kieselsteinen das Öl,
14 Dickmilch von Kühen und Milch von
Ziegen / mitsamt dem Fett von Lämmern
und Widdern, / Stieren aus Baschan und
Böcken, / dazu noch des Weizens feinstes
Mehl / und der Traube Blut, das Wonne-
getränk.
15 Jakob aß und wurde satt, / Jeschurun
wurde üppig und schlug aus, / ja üppig
und dick und feist wurdest du! / Weg stieß
er den Gott von sich, der ihn schuf, / und
verschmähte den Fels seines Heils.
16 Sie erweckten seine Eifersucht durch
Fremde, / durch Gräueltaten reizen sie
seinen Zorn;
17 den Dämonen, die nicht Gott sind,
opfern sie, / Göttern, die sie nicht kann-
ten, / neuen, jüngst erst aufgekom-
menen, / die ihre Väter nicht fürchteten.
18 Den Felsen, der dich erzeugt, hast du
darangegeben, / den Gott, der dir das
Leben gab, hast du vergessen!
19 Da sah es der Herr und sprach im
Zorn, / zu dem ihn gereizt seine Söhne
und Töchter.
20 Sagte er doch: Mein Antlitz will ich
verbergen vor ihnen, / will sehen, was ihr
Ende wird. / Denn eine Generation sind
sie voll Verlogenheit, / Söhne, ohne jeg-
liche Treue.
21 Sie haben mich durch einen Nicht-
Gott gereizt, / mich erzürnt durch ihre
nichtigen Götzen. / Nun werde ich sie
erzürnen durch ein Nicht-Volk, / durch
ein dummes Volk sie reizen.
22 Denn Feuer ist ja entflammt durch
meinen Zorn / und ist entbrannt bis in der
Unterwelt Tiefen, / verzehrt die Erde und
ihren Ertrag, / versengt die Grundfesten
der Berge.
23 Not will ich auf sie häufen, / gegen sie
meine Pfeile schleudern.
24 Ausgemergelt vor Hunger sind sie, /
verzehrt von Fieber und Seuche. / Den
Zahn wilder Tiere werde ich gegen sie los-
lassen / samt dem Gift im Staub kriechen-
der Schlangen.
25 Draußen wird das Schwert die Kinder
rauben, / und drinnen soll treffen der
Schrecken, / Jüngling wie Jungfrau, den
Säugling mit dem Greis.
26 Ich spräche gerne: Ich will sie zu Staub
zerschlagen, / ihr Andenken unter den
Menschen wegschaffen,
27 müsste ich nicht fürchten den Hoch-
mut des Feindes. / Ihre Gegner könnten es
missverstehen, / sie könnten sprechen:
Unsere hochmächtige Hand, / nicht der
Herr hat all das gewirkt.
28 Denn ein Volk sind sie, um allen Rat
gekommen, / Einsicht findet man nicht
unter ihnen.
29 Wären sie weise, begriffen sie das, /
bedächten ihr eigenes Ende.
30 Wie könnte ein einziger Tausend ver-
folgen / und zwei Zehntausend verjagen, /
hätte nicht ihr Fels sie verkauft, / der Herr
sie preisgegeben!
31 Denn ihr Fels gleicht nicht unserem
Fels, / das beweisen unsere Feinde.
32 Denn von Sodoms Weinstock stammt
ihr Weinstock, / und von den Gefilden
Gomorras ihre Rebe. / Ihre Trauben sind
giftige Trauben, / bittere Beeren tragen sie.
33 Drachengift ist ihr Wein / und grausi-
ges Otterngift.
34 Ist es bei mir nicht verborgen, / ver-
siegelt in meinen Schatzkammern?

35 Mein ist die Rache und Vergeltung, /
für die Zeit, da ihr Fuß wanken wird. /
Denn nahe ist der Tag ihres Verderbens, /
und schnell kommt, was ihnen bereitet ist.
36 So schafft der Herr seinem Volk
Recht / und hegt Mitleid mit seinen Die-
nern. / Denn er sieht, jeder Halt ist
geschwunden, / und Unfreie wie Freie
sind verloren.
37 Und er spricht: Wo sind nun ihre
Götter? / der Fels, bei dem sie Zuflucht
nahmen?
38 Sie, die ihrer Opfer Fett verzehren /
und den Wein ihrer Trankopfer trinken
– / sie mögen sich erheben und euch hel-
fen, / sie mögen zum Schirm euch sein!
39 Seht jetzt, dass ich es bin, nur ich, /
und kein Gott ist neben mir! / Ich töte und
mache lebendig, / ich schlug und ich bin
es, der heilt. / Keinen aber gibt es, der ret-
tet aus meiner Hand!
40 Ich erhebe zum Himmel meine Hand /
und spreche: So wahr ich ewig lebe:
41 Habe ich mein blitzendes Schwert
geschärft / und greift meine Hand nach
dem Köcher, / dann zahle ich Rache mei-
nen Feinden heim / und übe Vergeltung
an meinen Gegnern,
42 mache trunken von Blut meine Pfei-
le, / vom Blut Erschlagener und Verwun-
deter, / und Fleisch soll fressen mein
Schwert, / vom Haupt feindlicher Führer.
43 Ihr Himmel, jauchzt mit ihm; / ihr
Söhne Gottes, betet ihn an! / Ihr Völker,
jauchzt mit seinem Volk; / alle Boten Got-
tes, preist seine Macht! / Denn er rächt das
Blut seiner Diener, / vergilt seinen Feinden
mit Gleichem. / Er zahlt heim seinen Geg-
nern, / entsündigen wird er das Land sei-
nes Volkes.
44 So kam also Mose und trug dem Volk
alle Worte dieses Liedes laut vor, er und
Josua, der Sohn des Nun.

Das Gesetz als Lebensquelle

45 Als Mose damit fertig geworden war,
ganz Israel alle diese Worte vorzutragen,
46 sprach er zu ihnen: Nehmt alle Worte
zu Herzen, die ich euch heute feierlich vor-
trage. Verpflichtet euere Kinder, dass sie
alle Worte dieses Gesetzes befolgen.
47 Denn nicht leeres Gerede ist es für euch,
vielmehr ist es euer Leben! Durch dieses
Wort nämlich werdet ihr ein langes Leben
haben in dem Land, in das ihr nun über
den Jordan zieht, um es in Besitz zu neh-
men.

Ankündigung von Moses Tod

48 Am gleichen Tag redete der Herr zu Mo-
se: 49 Steig auf das Abarimgebirge hier hi-
nauf, auf den Berg Nebo, der im Land Mo-
ab gegenüber von Jericho liegt, und schau
auf das Land Kanaan, das ich den Israeli-
ten zum Besitz geben will. 50 Du sollst auf
dem Berg, den du nun besteigst, sterben
und mit deinen Vorfahren vereint werden,
wie dein Bruder Aaron auf dem Berg Hor
starb und mit seinen Vorfahren vereint
wurde, 51 weil ihr euch inmitten der Israeli-
ten beim Haderwasser von Kadesch in der
Wüste Zin gegen mich vergangen habt,
weil ihr mich inmitten der Israeliten nicht
heilig gehalten habt. 52 Denn du darfst das
Land nur von der gegenüberliegenden Tal-
seite aus sehen, aber du sollst nicht in das
Land hineinkommen, das ich den Israeli-
ten geben will.

Segensworte des Mose

33 Das ist der Segen, mit dem Mose,
der Mann Gottes, die Israeliten vor
seinem Tod gesegnet hat. Er sprach:
2 Der Herr zog vom Sinai daher / und
erstrahlte seinem Volk aus Seïr, / glänzte
auf von Parans Gebirge. / Er trat heraus
aus Tausenden von Heiligen. / Ihm zur
Rechten flammte vor ihnen das Feuer des
Gesetzes.
3 Ja, du erweist den Völkern Liebe, / alle
Heiligen sind in deiner Hand. / Sie lagen
dir zu deinen Füßen / und gingen in dei-
nem Geleit.
4 Ein Gesetz hat uns Mose vorgeschrie-
ben, / die Gemeinde Jakobs tritt ein in sein
Erbe.
5 Ein König erstand in Jeschurun, / als
sich versammelten die Fürsten, / zusam-
mentaten Israels Stämme.
6 Ruben bleibe am Leben und sterbe
nicht, / es lebe die kleine Zahl seiner
Männer!
7 Und das ist, was er sprach über Juda: /
Höre, Herr, Judas Stimme / und bring ihn
heim zu seinem Volk! / Tritt er mit seiner
Macht zum Streit für es an, / sei du ihm
Hilfe gegen seine Feinde.
8 Und über Levi sagte er: / Gib an Levi
deine Urim / und deine Tummim an den
Mann deiner Huld, / den du bei Massa

schwer prüftest, / gegen den du bei den
Wassern von Meriba strittest;
9 der von seinem Vater und seiner Mut-
ter sagte: / Ich sah ihn nicht!, / und seine
Brüder nicht ansah / und seine Kinder
nicht kannte, / da sie achteten auf dein
Wort / und deinen Bund bewahrten.
10 Sie mögen Jakob lehren deine Satzun-
gen / und Israel dein Gesetz. / Sie mögen
Opferduft in deine Nase bringen / und
Ganzopfer auf deinen Altar.
11 Segne, Herr, seinen Wohlstand, / und
das Werk seiner Hände lass dir gefallen. /
Die Lenden zerschlag seinen Gegnern /
und seinen Feinden, dass nimmer sie auf-
stehn.
12 Über Benjamin sagte er: / Liebling des
Herrn, wohne in Sicherheit allezeit! / Der
Höchste sei sein Beschirmer und wohne
zwischen seinen Berges Hängen!
13 Und über Josef sagte er: / Sein Land
sei vom Herrn gesegnet! / Vom Köstlichs-
ten, was der Himmel oben spendet / und
der Flut, die darunter lagert, / vom Köst-
lichsten, was die Sonne hervorbringt,
14 und vom Köstlichsten, /
was die Monate sprießen lassen,
15 vom Besten der uralten Berge / und
vom Köstlichsten der ewig Hügel,
16 vom Köstlichsten der Erde samt ihrer
Fülle / und damit das Wohlgefallen des-
sen, der im Dornbusch wohnt, / komme
auf Josefs Haupt / und auf den Scheitel des
Auserlesenen unter seinen Brüdern!
17 Wie ein Erstlingsstier sei er, voll
Hoheit, / wie die Hörner wilder Stiere
seien seine Hörner; / Mit ihnen stoße er
Völker nieder, / alle zusammen bis an der
Erde Grenzen. / Derart seien die Zehntau-
send Efraims, / und derart die Tausende
Manasses.
18 Und über Sebulon sagte er: / Freue
dich, Sebulon, deiner Fahrten, / und du,
Issachar, deiner Zelte!
19 Sie werden Völker zum Berg laden, /
und dort rechte Opfer darbringen. / Denn
den Überfluss der Meere saugen sie ein /
und schürfen nach den verborgenen
Schätzen des Sandes.
20 Und über Gad sagte er: / Gepriesen
sei, der weiten Raum schafft, Gad! / Einer
Löwin gleich duckte er sich nieder / und
zerreißt Schenkel und Scheitel.
21 Er sicherte den ersten Teil für sich, /
wie ihn der Anführer als Anteil fest-
gesetzt. / Er versammelte die Häupter des
Volkes, / vollzog die Gerechtigkeit des
Herrn / und dessen Rechtssatzungen
zusammen mit Israel.
22 Und über Dan sagte er: / Ein Löwen-
junges sei Dan, / das aus Baschan hervor-
springt.
23 Und über Naftali sagte er: / Naftali sei
gesättigt mit Huld / und voll des Segens
des Herrn; / das Meer und der Süden seien
sein Besitz.
24 Und über Ascher sagte er: / Vor den
übrigen Söhnen sei Ascher gesegnet! / Er
sei bevorzugt unter seinen Brüdern / und
tauche in Öl seinen Fuß!
25 Deine Riegel seien von Eisen und
Erz, / und zeit deines Lebens soll deine
Sicherheit währen.
26 Es gibt keinen gleich dem Gott
Jeschuruns, / der den Himmel befährt, dir
zur Hilfe, / und die Wolken, dir zur Erhö-
hung.
27 Oben ist der Gott der Urzeit, / und
unten sind die ewigen Arme. / So vertrieb
er den Feind vor dir / und sprach: Ver-
nichte!
28 Er ließ Israel in Sicherheit wohnen, /
für sich allein Jakobs Quell / in einem
Land, voll Getreide und Most – / sein
Himmel träufelt ja den Tau.
29 Heil dir, Israel! / Wer kommt dir
gleich, du siegreiches Volk? / Der Herr ist
der Schild, der dir hilft, / und das strei-
tende Schwert, das dich erhöht! / Verder-
ben möchten dich deine Feinde, / du aber
schreitest über ihre Höhen.

Moses Tod

34 Mose stieg nun aus den Steppen
Moabs hinauf auf den Berg Nebo,
den Gipfel des Pisgagebirges, das gegen-
über von Jericho liegt, und der Herr zeigte
ihm das ganze Land: Gilead bis Dan, 2 ganz
Naftali, das Gebiet Efraims und Manasses
und das ganze Gebiet von Juda bis zum
westlichen Meer, 3 das Südland und die Ge-
gend am Jordan, die Ebene der Palmen-
stadt Jericho bis Zoar. 4 Der Herr sprach
zu ihm: Das ist das Land, das ich Abra-
ham, Isaak und Jakob mit den Worten ver-
sprochen habe: Deinen Nachkommen will
ich es geben! Ich habe es dich mit eigenen
Augen schauen lassen, aber hinüberkom-
men wirst du nicht!
5 Dort im Land Moab starb dann Mose,

der Knecht des Herrn, nach dem Wort des
Herrn [6]und man begrub ihn im Tal im
Land Moab gegenüber von Bet-Pegor;
aber niemand kennt sein Grab bis auf den
heutigen Tag. [7]Mose war einhundertzwan-
zig Jahre alt, als er starb; sein Auge war
nicht matt geworden und seine Frische
nicht gewichen. [8]Die Israeliten weinten
dreißig Tage lang um Mose in den Steppen
Moabs, dann war die Zeit der Trauer und
Klage um Mose zu Ende. [9]Josua aber war
erfüllt vom Geist der Weisheit, da ihm
Mose seine Hände aufgelegt hatte, und
die Israeliten gehorchten ihm und taten,
wie der Herr Mose aufgetragen hatte.

[10]In Israel aber stand künftig kein Pro-
phet mehr auf wie Mose, der den Herrn
von Angesicht zu Angesicht wahrgenom-
men hätte, [11]mit all den Zeichen und
Wundern, zu denen ihn der Herr entsand-
te und die er in Ägypten am Pharao, an
allen seinen Dienern und an seinem gan-
zen Land wirkte, [12]und mit all der starken
Macht und all den gewaltigen furchtbaren
Taten, die Mose vor den Augen ganz Isra-
els vollbracht hat.

Das Buch Josua

Die Eroberung des verheißenen Landes

Vorbereitung

Der Befehl zum Zug in das verheißene Land

1 Nach dem Tod des Mose, des Knech-
tes des Herrn, redete der Herr zu Jo-
sua, dem Sohn Nuns, dem Diener des Mo-
se, und sprach: 2 Mose, mein Knecht, ist
tot. Nun auf und zieh über den Jordan, du
und dieses ganze Volk, in das Land, das
ich den Israeliten gebe. 3 Jeden Ort, den eu-
er Fuß betritt, gebe ich euch, wie ich es
Mose gesagt habe. 4 Von der Wüste und
dem Libanon bis zum großen Strom, dem
Eufrat, und bis zum Großen Meer gegen
Sonnenuntergang, das soll euer Gebiet
sein. 5 Niemand wird dir standhalten kön-
nen, solange du lebst: Ich werde mit dir
sein, wie ich mit Mose gewesen bin; ich
werde dich nicht verlassen und dich nicht
preisgeben.

6 Sei stark und fest, denn du selbst sollst
diesem Volk das Land zum Besitz geben,
wie ich ihren Vätern geschworen habe.
7 Nur sei stark und fest und achte darauf,
nach dem ganzen Gesetz zu handeln, das
mein Knecht Mose dir vorgeschrieben hat.
Weiche nicht davon ab, weder nach rechts
noch nach links, dann wird dir auf deinen
Wegen alles gelingen. 8 Dieses Buch des
Gesetzes sei allezeit auf deinen Lippen;
sinne Tag und Nacht darüber nach und
handle nach dem, was darin geschrieben
ist. Dann hast du auf deinem Weg Glück
und Erfolg. 9 Gab ich dir nicht dieses Ge-
bot: Sei stark und fest? Sei also ohne
Furcht und Angst, denn der Herr, dein
Gott, ist mit dir überall, wohin du auch
gehst.

Beistand der Ostjordanstämme

10 Dann gab Josua den Schreibern des Vol-
kes diesen Befehl: 11 Geht durch das Lager
und sagt zum Volk: Versorgt euch mit
Vorrat, denn in drei Tagen werdet ihr
durch den Jordan ziehen, um das Land zu
besetzen, das der Herr, euer Gott, euch
zum Besitz gibt. 12 Und zu den Rubenitern,
Gaditern und dem halben Stamm Manasse
sprach Josua: 13 Denkt an das, was Mose,
der Knecht des Herrn, euch befohlen hat:
Der Herr, euer Gott, gewährt euch Ruhe
und gibt euch dieses Land hier. 14 Euere
Frauen, euere Kinder und euer Vieh mö-
gen in dem Land bleiben, das euch Mose
jenseits des Jordan gegeben hat. Ihr aber,
all ihr kampfbereiten Männer, sollt an der
Spitze euerer Brüder ziehen und ihnen
Beistand leisten, 15 bis der Herr eueren
Brüdern Ruhe verschafft so wie euch,
wenn auch sie das Land besetzt haben,
das der Herr, ihr Gott, ihnen geben will.
Dann könnt ihr in das Land zurückkeh-
ren, das euch gehört und das euch Mose,
der Knecht des Herrn, jenseits des Jordan
gegen Sonnenaufgang gegeben hat. 16 Da
antworteten sie dem Josua: Alles, was du
uns befohlen hast, werden wir tun und
überall, wohin du uns sendest, werden
wir gehen. 17 Ganz so wie wir auf Mose hör-
ten, werden wir auf dich hören. Nur möge
der Herr, dein Gott, mit dir sein, wie er mit
Mose war! 18 Jeder, der sich deinen Befeh-
len widersetzt und deinen Weisungen
nicht gehorcht, muss sterben. Du aber sei
stark und fest!

Die Kundschafter in Jericho

2 Josua, der Sohn Nuns, sandte heim-
lich von Schittim aus zwei Kundschaf-
ter mit diesem Auftrag: Geht, erkundet das
Land von Jericho! Sie gingen und kamen
in das Haus einer Dirne mit Namen Rahab
und legten sich zur Ruhe. 2 Da wurde dem
König von Jericho gemeldet: Männer von
den Israeliten sind in der Nacht gekom-
men, um das Land zu erkunden. 3 Da sand-
te der König von Jericho Boten und ließ
Rahab sagen: Gib die Männer heraus, die
zu dir gekommen und in dein Haus einge-
kehrt sind, denn sind sie gekommen, um
das ganze Land zu erkunden. 4 Aber die
Frau nahm die beiden Männer und ver-
barg sie. Sie antwortete: Ja, diese Männer
sind zu mir gekommen, aber ich wusste

nicht, woher sie waren. 5 Als bei einbre-
chender Dunkelheit das Stadttor geschlos-
sen werden sollte, sind sie hinausgegan-
gen; ich weiß nicht, wohin sie gegangen
sind. Lauft schnell hinter ihnen her, dann
könnt ihr sie noch einholen! 6 Sie hatte sie
aber auf das Dach gebracht und unter
Flachsstängeln versteckt, die sie dort auf-
geschichtet hatte. 7 Die Leute des Königs
verfolgten sie in der Richtung des Jordan
zu den Furten hin und man schloss das
Tor zu, sobald ihre Verfolger hinaus-
gegangen waren.

Das Abkommen zwischen Rahab und den Kundschaftern

8 Sie hatten sich aber noch nicht zur Ruhe
gelegt, als Rahab zu ihnen auf das Dach
stieg. 9 Sie sprach zu ihnen: Ich weiß, der
Herr hat euch dieses Land gegeben; uns
befiel Furcht und Schrecken und alle Be-
wohner des Landes wurden von Entsetzen
gepackt. 10 Denn wir haben erfahren, wie
der Herr vor euch die Wasser des Schilf-
meers bei euerem Auszug aus Ägypten
austrocknen ließ und was ihr den beiden
Amoriterkönigen jenseits des Jordan an-
getan habt, Sihon und Og; sie habt ihr
dem Untergang geweiht. 11 Als wir das er-
fuhren, sank uns das Herz und keiner
mehr brachte den Mut auf, euch stand-
zuhalten; denn der Herr, euer Gott, ist
Gott im Himmel oben wie unten auf der
Erde. 12 Nun schwört mir beim Herrn: Wie
ich barmherzig an euch gehandelt habe, so
sollt auch ihr am Haus meines Vaters
barmherzig handeln. Gebt mir dafür ein
zuverlässiges Zeichen. 13 Ihr sollt meinen
Vater und meine Mutter, meine Brüder
und meine Schwestern und alle, die zu
ihnen gehören, am Leben lassen und uns
vor dem Tod bewahren. 14 Da antworteten
ihr die Männer: Wir bürgen mit unserem
Leben für euch! Ihr dürft aber unsere Ver-
abredung nicht verraten! Wenn uns der
Herr das Land gegeben hat, wollen wir
barmherzig und treu an dir handeln. 15 Ra-
hab ließ sie an einem Strick durch das
Fenster hinunter, denn ihr Haus lag an
der Stadtmauer. 16 Und sie sprach zu ih-
nen: Geht ins Gebirge, um eueren Verfol-
gern zu entkommen. Verbergt euch dort
oben drei Tage lang, bis die Verfolger zu-
rückgekehrt sind, dann könnt ihr eueres
Weges gehen. 17 Die Männer erwiderten
ihr: Den Eid, den du uns schwören ließest,
haben wir unter folgender Bedingung er-
füllt: 18 Kommen wir in das Land, dann
verwende dieses Zeichen: Binde diese aus
rotem Faden geflochtene Schnur an das
Fenster, durch das du uns heruntergelas-
sen hast, und versammle bei dir im Haus
deinen Vater, deine Mutter, deine Brüder
und deine ganze Familie. 19 Jeder, der über
die Tür deines Hauses tritt, um hinaus-
zugehen, dessen Blut falle sei auf seinem
Haupt; wir sind unschuldig daran. Aber
das Blut eines jeden, der mit dir im Haus
bleibt, komme über uns, wenn man Hand
an ihn legt. 20 Wenn du aber unsere Ver-
abredung hier verraten solltest, sind wir
vom Eid entbunden, den du uns schwören
ließest. 21 Sie antwortete: Wie ihr sagt, so
soll es sein. Sie ließ sie gehen und sie ent-
fernten sich. Dann band sie die rote
Schnur an das Fenster.

Rückkehr der Kundschafter

22 Sie gingen und gelangten in das Gebirge.
Dort blieben sie drei Tage, bis die Leute
zurückgekehrt waren, die man zu ihrer
Verfolgung ausgeschickt hatte. Diese hat-
ten den ganzen Weg abgesucht, ohne sie
zu finden. 23 Da stiegen die beiden Männer
wieder vom Gebirge herunter, überquer-
ten den Fluss und kamen zu Josua, dem
Sohn Nuns, dem sie alles erzählten, was
sie erfahren hatten. 24 Sie sprachen zu Jo-
sua: Der Herr hat das ganze Land in unse-
re Hand gegeben; alle Bewohner des Lan-
des zittern schon vor uns.

Der Durchzug durch den Jordan

Vorbereitungen

3 Josua erhob sich früh am Morgen und
brach von Schittim mit allen Israeliten
auf. Sie gelangten bis zum Jordan und
übernachteten dort, bevor sie hindurch-
zogen. 2 Nach Verlauf von drei Tagen gin-
gen die Schreiber durch das Lager 3 und
befahlen dem Volk: Wenn ihr die Bundes-
lade des Herrn, eueres Gottes, seht und die
levitischen Priester, die sie tragen, dann
sollt ihr von dem Ort, an dem ihr steht,
aufbrechen und ihr folgen. 4 Nur muss zwi-
schen euch und der Lade ein Abstand von
etwa zweitausend Ellen bleiben: Kommt
ihr nicht nahe! So wisst ihr, welchen Weg
ihr nehmen sollt, denn noch nie seid ihr

auf diesem Weg gezogen. 5 Josua sprach
zum Volk: Heiligt euch für morgen, denn
morgen wird der Herr in euerer Mitte
Wunder wirken, 6 und zu den Priestern
sprach Josua: Hebt die Bundeslade auf
und zieht mit ihr dem Volk voran! Sie ho-
ben die Bundeslade auf und zogen dem
Volk voran.

Letzte Anweisungen

7 Der Herr sprach zu Josua: Heute will ich
beginnen, dich groß zu machen in den Au-
gen ganz Israels, damit es erkennt, dass ich
mit dir sein werde, wie ich mit Mose gewe-
sen bin. 8 Du aber sollst den Priestern, die
die Bundeslade tragen, diesen Befehl ge-
ben: Sobald ihr zum Ufer des Jordan
kommt, sollt ihr euch im Jordan selbst auf-
stellen. 9 Dann sprach Josua zu den Israeli-
ten: Kommt und hört die Worte des
Herrn, eueres Gottes! 10 Und Josua sprach:
Daran werdet ihr erkennen, dass ein le-
bendiger Gott in euerer Mitte ist und dass
er die Kanaaniter, Hetiter, Perisiter, Girga-
schiter, Amoriter und Jebusiter sicherlich
vor eueren Augen vertreiben wird. 11 Seht,
die Lade des Herrn der ganzen Erde wird
vor euch durch den Jordan hindurchzie-
hen. 12 Nun wählt zwölf Männer aus den
Stämmen Israels, aus jedem Stamm einen.
13 Sobald die Priester, die die Lade des
Herrn der ganzen Erde tragen, ihre Füße
in das Wasser des Jordan gesetzt haben,
staut sich das Wasser des Jordan. Das
Wasser, das von oben herunterfließt,
bleibt wie ein einziger Wall stehen.

Der Durchzug durch den Fluss

14 Als nun das Volk vom Lager aufbrach,
um durch den Jordan zu ziehen, trugen
die Priester die Bundeslade vor dem Volk,
15 und als die Träger der Lade an den Jor-
dan kamen und die Füße der Priester die
Wasser berührten – der Jordan aber floss
über die Ufer während der ganzen Ernte-
zeit –, 16 da blieb das Wasser von oben ste-
hen und bildete einen einzigen Wall in
großer Entfernung, weit weg bis an die
Grenze von Zaretan bei der Stadt Adam.
Das zum Meer der Araba oder Salzmeer
abfließende Wasser lief vollständig ab;
das Volk zog hindurch gegenüber von Je-
richo. 17 Die Priester, die die Bundeslade
des Herrn trugen, standen mitten im Jor-
dan auf dem Trockenen, bis das ganze
Volk den Jordan durchschritten hatte.
Ganz Israel zog trockenen Fußes hin-
durch.

Die zwölf Gedenksteine

4 Als das ganze Volk den Durchzug
durch den Jordan vollendet hatte,
sprach der Herr zu Josua: 2 Wählt zwölf
Männer aus dem Volk, aus jedem Stamm
einen, 3 und gebt ihnen diesen Befehl: Hebt
hier, mitten im Jordan, zwölf Steine auf,
nehmt sie mit euch und legt sie an dem
Lagerplatz nieder, wo ihr die Nacht ver-
bringen werdet. 4 Josua rief die zwölf Män-
ner, die er unter den Israeliten hatte be-
stimmen lassen, aus jedem Stamm einen,
5 und sprach zu ihnen: Zieht vor der Lade
des Herrn, eueres Gottes, hindurch bis zur
Mitte des Jordan und jeder von euch neh-
me einen Stein auf seine Schulter nach der
Zahl der Stämme der Israeliten. 6 Sie sollen
unter euch ein Zeichen sein. Denn eines
Tages werden euere Kinder euch fragen:
Was bedeuten diese Steine für euch?
7 Dann sollt ihr ihnen sagen: Die Wasser
des Jordan haben sich gestaut vor der Bun-
deslade des Herrn, als die Israeliten durch
den Jordan zogen. Dafür sind diese Steine
den Israeliten auf ewig ein Zeichen der Er-
innerung. 8 Die Israeliten taten, wie Josua
befohlen hatte; sie hoben zwölf Steine
nach der Zahl der Stämme der Israeliten
mitten aus dem Jordan, wie der Herr Josua
befohlen hatte, trugen sie zum Lager und
legten sie dort nieder. 9 Dann stellte Josua
zwölf Steine mitten im Jordan an der Stelle
auf, wo die Priester gestanden hatten, die
die Bundeslade trugen. Dort findet man
sie noch heute.

Abschluss des Durchzugs

10 Die Priester, die die Lade trugen, standen
mitten im Jordan, bis alles vollendet war,
was der Herr durch Josua dem Volk be-
fohlen hatte, ganz so wie Mose dem Josua
aufgetragen hatte; und das Volk zog rasch
hindurch. 11 Als das ganze Volk durchgezo-
gen war, da zog die Lade des Herrn weiter
mit den Priestern an der Spitze des Volkes.
12 Die Rubeniter, die Gaditer und der halbe
Stamm Manasse zogen bewaffnet hin-
durch an der Spitze der Israeliten, wie Mo-
se es ihnen gesagt hatte. 13 An Zahl etwa
vierzigtausend bewaffnete Krieger zogen
vor dem Herrn zum Kampf hinüber, auf

Jerichos Ebene zu. 14 An jenem Tag machte
der Herr Josua groß in den Augen von
ganz Israel, das ihn ehrte, wie es Mose zeit
seines Lebens geehrt hatte.
15 Der Herr sprach zu Josua: 16 Gib den
Priestern, die die Lade der Bundesurkunde
tragen, den Befehl, aus dem Jordan herauf-
zusteigen. 17 Und Josua befahl den Pries-
tern: Steigt herauf aus dem Jordan! 18 Als
nun die Priester, die die Bundeslade des
Herrn trugen, aus dem Jordan heraufstie-
gen und ihre Füße das trockene Ufer be-
rührten, da kehrten die Wasser des Jordan
in ihr Bett zurück und begannen wie vor-
her über die Ufer zu treten.

Ankunft in Gilgal

19 Am Zehnten des ersten Monats war das
Volk aus dem Jordan heraufgestiegen und
schlug sein Lager in Gilgal auf, am
Ostrand von Jericho. 20 Jene zwölf Steine,
die man im Jordan aufgehoben hatte, stell-
te Josua in Gilgal auf. 21 Dann sprach er zu
den Israeliten: Wenn euere Kinder eines
Tages ihre Väter fragen: Was bedeuten die-
se Steine? 22 dann sollt ihr eueren Kindern
antworten: Im Trockenen ist Israel durch
den Jordan gezogen, 23 denn der Herr, euer
Gott, hat vor euch die Wasser des Jordan
austrocknen lassen, bis ihr durchgezogen
wart, so wie der Herr, euer Gott, es mit
dem Schilfmeer getan hatte, das er vor
uns austrocknen ließ, bis wir durchgezo-
gen waren. 24 Daran sollen alle Völker der
Erde erkennen, wie stark die Hand des
Herrn ist, und den Herrn, eueren Gott, al-
lezeit fürchten.

5 Als alle Könige der Amoriter, die in
der Gegend westlich des Jordan
wohnten, und alle Könige der Kanaaniter,
die in der Gegend am Meer waren, hörten,
dass der Herr die Wasser des Jordan vor
den Israeliten hatte austrocknen lassen,
bis sie hindurchgezogen waren, da sank
ihnen das Herz, und vor den Israeliten
verschlug es ihnen den Atem.

Die Beschneidung der Hebräer in Gilgal

2 In jener Zeit sprach der Herr zu Josua:
Mach dir Messer aus Stein und beschneide
wieder die Israeliten! 3 Josua machte sich
Messer aus Stein und beschnitt die Israeli-
ten auf dem Hügel der Vorhäute. 4 Dies ist
der Grund, weshalb Josua die Israeliten
beschnitten hat: Alle Männer, die im waf-
fenfähigen Alter aus Ägypten ausgezogen
waren, waren unterwegs in der Wüste
nach dem Auszug aus Ägypten gestorben.
5 Nun waren alle Männer, die ausgezogen
waren, beschnitten; alle Männer aber, die
unterwegs in der Wüste nach dem Auszug
aus Ägypten geboren wurden, sind nicht
beschnitten worden. 6 Denn vierzig Jahre
hindurch wanderten die Israeliten in der
Wüste, bis das ganze Volk zugrunde ge-
gangen war, das heißt alle Männer, die
aus Ägypten im waffenfähigen Alter aus-
gezogen waren; sie hatten nicht auf die
Stimme des Herrn gehört und der Herr
hatte ihnen geschworen, sie sollten das
Land nicht betreten, das uns zu geben er
ihren Vätern eidlich versprochen hatte, ein
Land, das von Milch und Honig fließt.
7 Ihre Söhne aber ließ er an ihre Stelle tre-
ten. Diese beschnitt Josua; denn sie waren
unbeschnitten, weil man sie unterwegs
nicht hatte beschneiden können. 8 Als nun
das ganze Volk beschnitten war, blieben
die Israeliten zur Ruhe im Lager, bis sie
genesen waren. 9 Und der Herr sprach zu
Josua: Heute habe ich die Schmach Ägyp-
tens von euch abgewälzt.

Die Feier des Pesach

10 Die Israeliten lagerten in Gilgal und dort
feierten sie das Pesach am Abend des vier-
zehnten Tages jenes Monats in der Ebene
von Jericho. 11 Am Tag nach dem Pesach,
genau an diesem Tag, aßen sie ungesäuer-
tes Brot und geröstetes Getreide vom Er-
trag des Landes. 12 Von da an, nachdem sie
vom Ertrag des Landes gegessen hatten,
blieb das Manna aus. Die Israeliten hatten
kein Manna mehr und von diesem Jahr an
ernährten sie sich von der Ernte des Lan-
des Kanaan.

Die Eroberung Jerichos

Vorspiel: Gotteserscheinung

13 Als sich Josua bei Jericho aufhielt, hob er
die Augen und sah einen Mann, der vor
ihm stand, ein gezücktes Schwert in der
Hand. Josua ging auf ihn zu und sprach
zu ihm: Gehörst du zu uns oder zu unse-
ren Feinden? 14 Er antwortete: Nein, ich
bin der Anführer des Heeres des Herrn.
Ich bin soeben gekommen. Da fiel Josua
mit seinem Angesicht auf die Erde nieder,
betete ihn an und sprach: Was befiehlt

mein Herr seinem Knecht? 15 Der Anfüh-
rer des Heeres des Herrn antwortete Josua:
Ziehe deine Schuhe von deinen Füßen,
denn der Ort, auf dem du stehst, ist heilig.
Und Josua tat es.

Jerichos Fall

6 Nun hielt Jericho die Tore vor den Is-
raeliten fest verschlossen: Keiner kam
heraus, keiner ging hinein. 2 Da sprach der
Herr zu Josua: Siehe, ich gebe Jericho und
seinen König in deine Hand. Ihr Krieger,
3 kampfbereiten Männer, umkreist einmal
die Stadt, sechs Tage lang. 4 Sieben Priester
aber sollen sieben Posaunen vor der Lade
hertragen. Am siebten Tag sollt ihr sieben-
mal um die Stadt gehen und die Priester
sollen in die Posaune stoßen. 5 Wenn die
Posaune ertönt, soll das ganze Volk einen
gewaltigen Kriegsschrei ausstoßen; und
die Mauer der Stadt wird auf der Stelle zu-
sammenstürzen: Dann soll das Volk los-
stürmen, wo ein jeder gerade ist.
6 Josua, der Sohn Nuns, rief die Priester
und sprach zu ihnen: Nehmt die Bundes-
lade und sieben Priester sollen sieben Po-
saunen vor der Lade des Herrn hertragen.
7 Er sprach zum Volk: Geht und zieht um
die Stadt und die Vorhut soll vor der Lade
des Herrn hergehen. 8 Und es geschah
nach dem Befehl, den Josua dem Volk ge-
geben hatte. Während sieben Priester die
sieben Posaunen trugen, gingen sie vor
dem Herrn her und stießen in die Posau-
ne; die Bundeslade des Herrn kam nach
ihnen, 9 die Vorhut zog vor den Priestern
her, die in die Posaune stießen, und die
Nachhut kam nach der Lade und man ging
und stieß in die Posaune. 10 Dem Volk hat-
te Josua diesen Befehl gegeben: Schreit
nicht und lasst euere Stimme nicht hören,
kein Wort komme aus euerem Mund bis
zu dem Tag, an dem ich euch sage: Stoßt
den Kriegsschrei aus! Dann sollt ihr
schreien.
11 Josua ließ die Lade des Herrn einmal
um die Stadt ziehen; dann kehrte man ins
Lager zurück und verbrachte die Nacht im
Lager. 12 Josua erhob sich früh am Morgen
und die Priester nahmen die Lade des
Herrn. 13 Sieben Priester mit den sieben
Posaunen zogen vor der Lade des Herrn
her und stießen während des Zuges in die
Posaune. Die Vorhut vor ihnen ging vor
ihnen her; die Nachhut folgte der Lade
des Herrn, und so zog man beim Posau-
nenschall einher.
14 Man zog auch am zweiten Tag einmal
um die Stadt und kehrte ins Lager zurück.
So machten sie es sechs Tage lang. 15 Am
siebten Tag erhoben sie sich beim Morgen-
grauen und zogen in derselben Ordnung
siebenmal um die Stadt. Nur an jenem
Tag zogen sie siebenmal um die Stadt.
16 Beim siebten Mal stießen die Priester in
die Posaune und Josua sprach zum Volk:
Stoßt den Kriegsschrei aus! Denn der Herr
hat euch die Stadt gegeben. 17 Die Stadt soll
für den Herrn dem Untergang geweiht
sein mit allem, was in ihr ist; nur Rahab,
die Dirne, soll am Leben bleiben sowie al-
le, die mit ihr in ihrem Haus sind, weil sie
die Boten versteckt hat, die wir gesandt
haben. 18 Aber hütet euch vor dem, was
dem Untergang geweiht ist, dass ihr es
nicht begehrt und euch nicht aneignet,
denn dadurch würdet ihr das ganze Lager
Israels dem Untergang weihen und ins
Unglück stürzen. 19 Alles Silber und alles
Gold, alles Gerät aus Bronze und Eisen soll
dem Herrn geweiht werden und in den
Schatz des Herrn kommen. 20 Das Volk
schrie und man ließ die Posaunen erschal-
len. Als das Volk den Posaunenschall hör-
te, stieß es ein gewaltiges Kriegsgeschrei
aus und die Mauer stürzte in sich zusam-
men. Sogleich stieg das Volk zur Stadt hi-
nauf, wo ein jeder gerade war, und sie nah-
men die Stadt ein. 21 Sie weihten alles, was
in der Stadt war, dem Untergang, Mann
und Frau, Jung und Alt, bis zu Rind und
Schaf und Esel, mit der Schärfe des
Schwertes.

Rahabs Haus wird verschont

22 Josua sprach zu den beiden Männern, die
das Land erkundet hatten: Geht in das
Haus der Dirne und bringt diese Frau he-
raus mit allen, die zu ihr gehören, wie ihr
es ihr geschworen habt. 23 Die jungen Män-
ner, die Kundschafter, gingen hin und
brachten Rahab heraus, ihren Vater, ihre
Mutter, ihre Brüder und alle, die zu ihr ge-
hörten. Sie brachten auch ihre ganze Sippe
heraus und führten sie an einen sicheren
Ort außerhalb des Lagers Israels. 24 Man
verbrannte die Stadt und alles, was sie ent-
hielt, außer dem Silber und Gold und dem
Gerät aus Bronze und Eisen, das man in
den Schatz des Hauses des Herrn brachte.

[25] Rahab aber, die Dirne, sowie das Haus
ihres Vaters und alle, die zu ihr gehörten,
hatte Josua verschont. Sie blieb mitten in
Israel wohnen bis auf den heutigen Tag,
weil sie die Boten versteckt hatte, die Josua
sandte, um Jericho zu auszukundschaften.

Fluch über den, der Jericho wieder aufbaut

[26] In jener Zeit ließ Josua vor dem Herrn
schwören: Verflucht sei der Mann, der
auftritt, um diese Stadt neu zu erbauen!
Wenn er sie neu gründet, trifft es seinen
Erstgeborenen. Wenn er ihre Tore wieder
errichtet, trifft es seinen Jüngsten! [27] Der
Herr war mit Josua und sein Ruf verbrei-
tete sich in der ganzen Gegend.

Achans Diebstahl

7 Die Israeliten aber veruntreuten etwas
von dem, was dem Untergang geweiht
war: Achan, der Sohn Karmis, des Sohnes
Sabdis, des Sohnes Serachs, aus dem
Stamm Juda, nahm etwas von dem, was
dem Untergang geweiht war, und der Zorn
des Herrn entbrannte gegen die Israeliten.
[2] Josua sandte nun Männer von Jericho
nach Ai, das bei Bet-Awen östlich von Bet-
El liegt, und sprach zu ihnen: Geht hinauf,
um das Land zu erkunden! Die Männer
gingen hinauf, um Ai zu erkunden. [3] Sie
kehrten zu Josua zurück und sagten zu
ihm: Es braucht nicht das ganze Volk hi-
naufzuziehen; etwa zwei- oder dreitausend
Mann sollen hinaufgehen, um Ai anzu-
greifen. Bemühe nicht das ganze Volk
dorthin, denn es sind nur wenige Leute.
[4] Etwa dreitausend Mann aus dem Volk
gingen dorthin, aber sie mussten vor den
Leuten von Ai fliehen. [5] Diese erschlugen
von ihnen sechsunddreißig Mann und ver-
folgten sie vom Tor an bis nach Scheba-
rim, beim Abhang haben sie sie erschla-
gen. Da sank dem Volk das Herz und all
sein Mut zerrann.

[6] Josua zerriss seine Kleider, warf sich
mit seinem Angesicht auf die Erde nieder
vor der Lade des Herrn bis zum Abend, er
und die Ältesten Israels, und alle bedeck-
ten ihr Haupt mit Staub. [7] Und Josua
sprach: Ach, Herr, mein Gott, warum hast
du denn dieses Volk durch den Jordan
hindurchziehen lassen? Um uns jetzt in
die Hand der Amoriter zu geben und uns
zu vernichten? Ach, wären wir doch jen-
seits des Jordan geblieben! [8] Vergib, Herr!
Was soll ich nun sagen, nachdem Israel
vor seinen Feinden den Rücken gekehrt
hat? [9] Die Kanaaniter werden es hören
und alle Bewohner des Landes, sie werden
sich gegen uns verbünden, um unseren
Namen von der Erde wegzuschaffen. Was
wirst du dann für deinen großen Namen
tun?

[10] Der Herr erwiderte dem Josua: Steh
auf! Was liegst du so auf deinem Ange-
sicht? [11] Israel hat gesündigt, es hat den
Bund verletzt, den ich ihm auferlegt hatte.
Ja, sie haben von dem genommen, was
dem Untergang geweiht war, sie haben es
gestohlen, sie haben es unterschlagen, sie
haben es unter ihre Gerätschaften getan.
[12] Und die Israeliten werden vor ihren
Feinden nicht standhalten können, sie
werden vor ihren Feinden den Rücken
kehren, weil sie nun selbst dem Untergang
geweiht sind. Ich werde nicht mehr mit
euch sein, wenn ihr das dem Untergang
Geweihte nicht aus euerer Mitte entfernt.
[13] Auf! Ruf das Volk zusammen und
sprich: Heiligt euch für morgen, denn so
spricht der Herr, der Gott Israels: Dem
Untergang Geweihtes ist in deiner Mitte,
Israel; du wirst vor deinen Feinden nicht
standhalten können, bis ihr es aus euerer
Mitte beseitigt habt. [14] Ihr sollt darum mor-
gen früh herantreten nach Stämmen und
der Stamm, den der Herr durch das Los
bezeichnen wird, soll herantreten nach
Sippen und die Sippe, die der Herr durch
das Los bezeichnen wird, soll herantreten
nach Familien und die Familie, die der
Herr durch das Los bezeichnen wird, soll
herantreten, Mann für Mann. [15] Und bei
wem man dann etwas findes, das dem Un-
tergang geweiht ist, der soll dem Feuer
übergeben werden, er und alles, was zu
ihm gehört, weil er den Bund mit dem
Herrn gebrochen und in Israel eine
Schandtat begangen hat.

[16] Josua erhob sich früh am Morgen und
ließ Israel herantreten nach Stämmen; da
wurde der Stamm Juda durch das Los be-
zeichnet. [17] Er ließ die Sippen Judas heran-
treten, da wurde die Sippe des Serach
durch das Los bezeichnet. Er ließ die Sippe
des Serach nach Familien herantreten, da
wurde Sabdi bezeichnet. [18] Dann ließ er die
Familie des Sabdi herantreten, Mann für
Mann; da wurde Achan, der Sohn Karmis,
des Sohnes Sabdis, des Sohnes Serachs aus

dem Stamm Juda durch das Los bezeich-
net. 19 Da sprach Josua zu Achan: Mein
Sohn, gib Ehre dem Herrn, dem Gott Isra-
els, und huldige ihm! Erkläre mir, was du
getan hast, und verheimliche mir nichts!
20 Achan antwortete dem Josua: Ja, ich bin
es. Ich habe gesündigt gegen den Herrn,
den Gott Israels, und das habe ich getan:
21 Als ich unter der Beute einen schönen
Mantel aus Schinar, zweihundert Silber-
schekel und auch einen Goldbarren im
Gewicht von fünfzig Schekel sah, da wollte
ich sie haben und nahm sie mir. Sie sind in
der Erde versteckt mitten in meinem Zelt
und das Silber ist darunter. 22 Josua sandte
Boten, die zum Zelt liefen, und wirklich
war der Mantel im Zelt versteckt und das
Silber war darunter. 23 Sie nahmen das
Ganze aus dem Zelt und brachten es zu
Josua und den Ältesten Israels, um es vor
dem Herrn auszubreiten.

24 Da nahm Josua den Achan, den Sohn
Serachs, mit dem Silber, dem Mantel und
der Goldstange und ließ ihn ins Achortal
steigen, ebenso seine Söhne, seine Töchter,
seinen Stier, seinen Esel, seine Schafe, sein
Zelt und alles, was zu ihm gehörte. Ganz
Israel begleitete ihn. 25 Josua sprach: Wa-
rum hast du über uns Unglück gebracht?
So bringe der Herr über dich Unglück an
diesem Tag! Und ganz Israel steinigte ihn.
26 Sie errichteten über ihm einen großen
Steinhaufen, der noch da ist bis auf den
heutigen Tag. Da ließ der Herr von seinem
glühenden Zorn ab. Damals erhielt jene
Stätte den Namen Achortal (Unglückstal),
den sie noch bis auf den heutigen Tag
trägt.

Die Einnahme von Ai

Vorbereitung

8 Damals sprach der Herr zu Josua: Sei
ohne Furcht und Angst! Nimm alle
Krieger mit dir; auf, zieh hinauf nach Ai!
Siehe, ich gebe den König von Ai, sein
Volk, seine Stadt und sein Land in deine
Hand. 2 Du sollst es mit Ai und seinem Kö-
nig ebenso machen, wie du es mit Jericho
und seinem König getan hast. Was die
Beute angeht, so sollt ihr nur das Geplün-
derte und das Vieh für euch wegnehmen.
Leg einen Hinterhalt gegen die Stadt, von
ihrem Rücken aus.

3 Josua machte sich mit allen seinen
Kriegern auf und zog nach Ai. Er wählte
dreißigtausend Mann aus, tapfere Leute,
ließ sie nachts aufbrechen 4 und gab ihnen
diesen Befehl: Legt einen Hinterhalt im
Rücken der Stadt. Entfernt euch nicht weit
von der Stadt und seid alle auf dem Pos-
ten! 5 Ich und das ganze Volk, das bei mir
ist, wir werden uns der Stadt nähern, und
wenn die Leute von Ai gegen uns aus-
rücken wie beim ersten Mal, werden wir
vor ihnen die Flucht ergreifen. 6 Dann wer-
den sie uns nachsetzen und so können wir
sie weit von der Stadt weglocken, denn sie
werden sich sagen: Sie fliehen vor uns wie
beim ersten Mal. 7 Dann sollt ihr aus dem
Hinterhalt aufbrechen, um die Stadt zu be-
setzen: Der Herr, euer Gott, wird sie in
euere Hand geben. 8 Ist die Stadt einge-
nommen, dann steckt sie in Brand. Dies
sind die Befehle, die ihr ausführen sollt.
Seht, ich habe sie euch gegeben. 9 Josua
entließ sie und sie legten sich in den Hin-
terhalt; zwischen Bet-El und Ai, westlich
von Ai, stellten sie sich auf. Josua ver-
brachte die Nacht in der Mitte des Volkes.
10 Am folgenden Tag dann erhob er sich
früh am Morgen, musterte das Volk und
zog an der Spitze des Volkes mit den Äl-
testen Israels hinauf nach Ai. 11 Alle Krie-
ger, die bei ihm waren, zogen hinauf, ka-
men bis vor die Stadt heran und lagerten
nördlich von Ai; zwischen Ai und Josua
war das Tal. 12 Er nahm etwa fünftausend
Mann und legte sie zwischen Bet-El und
Ai, westlich der Stadt, in einen Hinterhalt.
13 Das Volk errichtete das Lager nördlich
der Stadt; ebenso den Hinterhalt westlich
der Stadt. Josua verbrachte jene Nacht in
der Mitte des Volkes.

Die Schlacht bei Ai

14 Als das der König von Ai sah, rückte er
mit seinem ganzen Volk schnell heraus
zum Kampf gegen Israel auf den Abhang
vor der Araba. Er wusste nicht, dass im
Rücken der Stadt ein Hinterhalt gelegt
worden war. 15 Josua und ganz Israel ließen
sich von ihnen schlagen und flohen in der
Richtung zur Wüste. 16 Das ganze Volk,
das in der Stadt war, machte sich unter
großem Geschrei an ihre Verfolgung.
Während sie Josua verfolgten, entfernten
sie sich von der Stadt. 17 Alle Männer in Ai
rückten aus. Sie verfolgten die Israeliten
und ließen die Stadt ohne Schutz zurück.

18 Da sprach der Herr zu Josua: Streck das
Schwert in deiner Hand gegen Ai aus,
denn in deine Hand will ich es geben. Da
streckte Josua das Schwert, das er in der
Hand hielt, gegen die Stadt. 19 Sobald er
die Hand ausgestreckt hatte, brachen die
Männer im Hinterhalt plötzlich aus ihren
Stellungen auf, liefen los und drangen in
die Stadt ein. Sie nahmen sie ein und
steckten sie sogleich in Brand.

Niederlage der Leute von Ai

20 Als die Leute von Ai sich umkehrten, sa-
hen sie eine Rauchwolke aus der Stadt zum
Himmel aufsteigen. Niemand von ihnen
wusste, wohin er fliehen sollte. Das Volk
Josuas, das in die Wüste geflohen war,
wandte sich gegen die Verfolger. 21 Josua
und ganz Israel sahen, dass aus der Stadt
Rauch zum Himmel aufstieg und die Män-
ner aus dem Hinterhalt die Stadt einge-
nommen hatten. Sie machten kehrt und
griffen die Leute von Ai an. 22 Die anderen
rückten aus der Stadt ihnen entgegen, so-
dass die Leute von Ai auf beiden Seiten
mitten zwischen die Israeliten gerieten.
Sie wurden vernichtend geschlagen. Nie-
mand überlebte und konnte fliehen. 23 Den
König von Ai aber nahm man lebendig ge-
fangen und brachte ihn zu Josua. 24 Die Is-
raeliten verfolgten alle Bewohner von Ai
auf dem Feld und in der Wüste und töteten
sie mit der Schärfe des Schwertes. Dann
kehrte ganz Israel nach Ai zurück und
schlug es mit der Schärfe des Schwertes.
25 Die Zahl aller, die an jenem Tag gefallen
waren, Männer wie Frauen, war insgesamt
zwölftausend, alle Einwohner von Ai. 26 Jo-
sua zog die Hand, die er mit dem Schwert
ausgestreckt hatte, nicht zurück, bis er alle
Bewohner von Ai dem Untergang geweiht
hatte. 27 Israel nahm als Beute nur das Vieh
und das Geplünderte aus dieser Stadt ge-
mäß der Weisung, die der Herr dem Josua
gegeben hatte. 28 Dann brannte Josua Ai
nieder und machte es für immer zu einem
Schutthügel, einer wüsten Stätte bis auf
den heutigen Tag. 29 Den König von Ai
hängte er an einen Baum bis zum Abend.
Beim Untergang der Sonne aber befahl Jo-
sua, seine Leiche vom Baum abzunehmen.
Man warf sie dann an den Eingang des
Stadttors und errichtete darüber einen
großen Steinhaufen, der noch da ist bis
auf den heutigen Tag.

Opfer und Verlesung des Gesetzes auf dem Berg Ebal

Der Altar aus unbehauenen Steinen

30 Damals baute Josua einen Altar für den
Herrn, den Gott Israels, auf dem Berg
Ebal, 31 wie es Mose, der Knecht des Herrn,
den Israeliten befohlen hatte und wie es
geschrieben steht im Gesetzbuch des Mo-
se: einen Altar aus unbehauenen Steinen,
die noch nicht mit eisernen Werkzeugen
bearbeitet worden sind. Darauf brachten
sie Brandopfer dar für den Herrn und
schlachteten Gemeinschaftsopfer.

Verlesung des Gesetzes

32 Dort schrieb Josua auf die Steine eine
Abschrift des Gesetzes des Mose, das die-
ser für die Israeliten geschrieben hatte.
33 Dann stellte sich ganz Israel mit seinen
Ältesten, seinen Schreibern und Richtern,
alle, Fremde wie Einheimische, zu beiden
Seiten der Lade vor den levitischen Pries-
tern auf, die die Bundeslade des Herrn tru-
gen. Eine Hälfte stellte er zum Berg Gari-
zim hin auf, die andere Hälfte zum Berg
Ebal hin. So hatte es Mose, der Knecht
des Herrn, seinerzeit die Segnung des Vol-
kes Israel angeordnet. 34 Dann verlas Josua
alle Worte des Gesetzes, Segen und Fluch,
nach dem vollen Wortlaut des Gesetz-
buchs. 35 Von allem, was Mose angeordnet
hatte, gab es kein Wort, das Josua vor der
ganzen Gemeinde Israels, einschließlich
der Frauen und Kinder sowie der Frem-
den, die mit ihnen zogen, nicht hätte ver-
lesen lassen.

Der Vertrag zwischen Israel und den Gibeonitern

Zusammenschluss gegen Israel

9 Als die Könige davon hörten, die dies-
seits des Jordan auf dem Gebirge, in
der Schefela und an der ganzen Küste des
Großen Meeres bis hin zum Libanon
herrschten, die Hetiter, Amoriter, Kanaa-
niter, Perisiter, Hiwiter und Jebusiter, 2 da
schlossen sie sich zusammen, um gemein-
sam gegen Josua und Israel zu kämpfen.

Die List der Gibeoniter

3 Die Bewohner von Gibeon hörten, wie
Josua an Jericho und Ai getan hatte; 4 da
griffen sie ihrerseits zu einer List. Sie

machten sich auf den Weg mit Vorrat und beluden ihre Esel mit alten Säcken und alten, zerrissenen und geflickten Weinschläuchen. 5 An den Füßen trugen sie abgenutzte und geflickte Schuhe und sie zogen alte Kleider an. Alles Brot, das sie als Nahrung mitnahmen, war vertrocknet und verkrümelt. 6 Sie kamen zu Josua ins Lager nach Gilgal und sprachen zu ihm und zu den Männern Israels: Wir kommen aus einem fernen Land; schließt doch mit uns einen Bund. 7 Die Männer Israels antworteten den Hiwitern: Wer weiß, ob ihr nicht mitten unter uns wohnt? Wie könnten wir da einen Bund mit euch schließen? 8 Sie antworteten dem Josua: Wir sind deine Knechte. Josua fragte sie: Wer seid ihr denn, woher kommt ihr? 9 Sie erwiderten: Aus einem sehr fernen Land kommen deine Knechte wegen des Namens des Herrn, deines Gottes; denn wir haben von ihm reden hören und von allem, was er in Ägypten, 10 und von allem, was er an den beiden Königen der Amoriter getan hat, die jenseits des Jordan regierten, an Sihon, dem König von Heschbon, und Og, dem König von Baschan, der in Aschtarot lebte. 11 Da sagten unsere Ältesten und alle Bewohner unseres Landes zu uns: Nehmt Vorrat mit euch für den Weg; geht ihnen entgegen und sprecht zu ihnen: Wir sind euere Knechte; schließt doch mit uns einen Bund. 12 Da ist unser Brot; es war noch ganz warm, als wir es in unseren Häusern für den Weg mitnahmen an dem Tag, als wir uns aufmachten, um zu euch zu gehen, und da ist es nun, vertrocknet und verkrümelt. 13 Diese Weinschläuche da waren ganz neu, als wir sie füllten, und nun sind sie zerrissen; da sind unsere Schuhe und unsere Kleider, abgenutzt von dem weiten Weg. 14 Die Vorsteher nahmen von ihrem Vorrat, aber ohne den Spruch des Herrn zu erfragen. 15 Josua gewährte ihnen Frieden und schloss mit ihnen einen Bund, dass ihr Leben geschont würde, und die Vorsteher der Gemeinde leisteten ihnen darüber den Eid.

16 Nun geschah es, drei Tage nach Abschluss dieses Bundes, da hörte man, dass sie ein Volk aus der Nähe waren und mitten unter Israel wohnten. 17 Die Israeliten brachen vom Lager auf und kamen zu ihren Städten; diese waren Gibeon, Kefira, Beërot und Kirjat-Jearim. 18 Die Israeliten aber erschlugen sie nicht, weil die Vorsteher der Gemeinde einen Eid beim Herrn, dem Gott Israels, geleistet hatten. Doch die ganze Gemeinde murrte gegen die Vorsteher.

Satzung für die Gibeoniter

19 Die Vorsteher erklärten vor der ganzen Gemeinde: Weil wir ihnen einen Eid beim Herrn, dem Gott Israels, geleistet haben, können wir nicht Hand an sie legen. 20 Dies wollen wir mit ihnen tun: Wir wollen sie am Leben lassen, damit wir nicht den Zorn auf uns ziehen wegen des Eides, den wir ihnen geleistet haben. 21 Dem fügten die Vorsteher hinzu: Sie sollen leben! Aber sie sollen Holzhauer und Wasserträger werden für die ganze Gemeinde. Die Gemeinde tat, wie die Vorsteher gesagt hatten. 22 Josua ließ sie kommen und sprach zu ihnen: Warum habt ihr uns betrogen, indem ihr sagtet: Wir leben sehr weit von euch entfernt, während ihr doch mitten unter uns wohnt? 23 So seid ihr von nun an verflucht; niemals sollt ihr aufhören, in Knechtschaft zu leben als Holzhauer und Wasserträger im Haus meines Gottes. 24 Sie antworteten Josua: Deine Knechte hatten ganz genau gehört, was der Herr, dein Gott, durch Mose, seinen Knecht, befahl: euch das ganze Land zu geben und vor euch alle Bewohner daraus zu vertilgen; darum wurden wir auch bei euerem Nahen von großer Furcht um unser Leben gepackt. Siehe, deshalb haben wir so gehandelt. 25 Und nun, da sind wir, in deiner Hand; wie dir gut und recht scheint, mit uns zu tun, so tu. 26 So tat er denn mit ihnen: Er rettete sie aus der Hand der Israeliten, die sie nicht töteten. 27 An jenem Tag stellte Josua sie in den Dienst der Gemeinde als Holzhauer und Wasserträger und verpflichtete sie – bis auf den heutigen Tag – für den Altar des Herrn an der Stätte, die er erwählen würde.

Bündnis der fünf Amoriterkönige. Eroberung des südlichen Kanaan

Fünf Könige führen gegen Gibeon Krieg

10 Als nun Adoni-Zedek, der König von Jerusalem, hörte, dass Josua Ai eingenommen und dem Untergang geweiht hatte – wobei er mit Ai und seinem

König so verfahren war wie mit Jericho
und seinem König – und dass die Bewoh-
ner von Gibeon Frieden mit Israel ge-
schlossen hatten und ihm eingegliedert
waren, [2] da erschraken sie sehr, denn Gibe-
on war eine Stadt so bedeutend wie eine
der Königsstädte, größer als Ai, und alle
seine Bewohner waren kampfbereite Krie-
ger. [3] Es sandte nun Adoni-Zedek, der Kö-
nig von Jerusalem, zu Hoham, dem König
von Hebron, Piram, dem König von Jar-
mut, Jafia, dem König von Lachisch, und
Debir, dem König von Eglon, und ließ
ihnen sagen: [4] Kommt zu mir und helft
mir, Gibeon zu schlagen, weil es Frieden
mit Josua und den Israeliten geschlossen
hat. [5] Als sie sich zusammengetan hatten,
zogen die fünf Amoriterkönige los: Der
König von Jerusalem, der König von He-
bron, der König von Jarmut, der König
von Lachisch und der König von Eglon,
sie und alle ihre Truppen; sie belagerten
Gibeon und griffen es an.

Josua kommt Gibeon zu Hilfe

[6] Die Gibeoniter sandten zu Josua ins La-
ger nach Gilgal und ließen ihm sagen: Lass
deine Knechte nicht im Stich, eil und
komm zu uns herauf, um uns zu retten
und uns zu helfen, denn alle Amoriterkö-
nige, die im Gebirge wohnen, haben sich
gegen uns verbündet. [7] Da ging Josua von
Gilgal selbst hinauf und mit seinem gan-
zen Heer und allen kampfbereiten Män-
nern. [8] Der Herr sprach zu Josua: Fürchte
sie nicht! Ich habe sie in deine Hand gege-
ben, keiner von ihnen wird dir standhal-
ten. [9] Da fiel Josua plötzlich über sie her,
nachdem er die ganze Nacht von Gilgal
aus hinaufgezogen war. [10] Der Herr setzte
sie in Verwirrung vor Israel und brachte
ihnen bei Gibeon eine schwere Niederlage
bei; er verfolgte sie sogar in der Richtung
zur Steige von Bet-Horon und schlug sie
bis nach Aseka und Makkeda zurück.
[11] Während sie nun vor Israel bei der Steige
von Bet-Horon flohen, warf der Herr auf
sie vom Himmel her Hagelkörner bis nach
Aseka; so kamen sie um. Mehr von ihnen
kamen unter den Hagelkörnern um als un-
ter der Schärfe des Schwertes der Israeli-
ten.

[12] Damals redete Josua mit dem Herrn,
an jenem Tag, als der Herr die Amoriter
den Israeliten preisgab, und vor den Au-
gen Israels rief er aus: Sonne, steh still über
Gibeon, und Mond, über Ajalons Tal! [13] Da
stand die Sonne still und der Mond blieb
stehen, bis das Volk Rache genommen
hatte an seinen Feinden. Ist dies nicht auf-
geschrieben im Buch des Gerechten? Die
Sonne blieb stehen mitten am Himmel
und fast einen ganzen Tag lang verzögerte
sie ihren Untergang. [14] Solch einen Tag hat
es weder vorher noch nachher gegeben,
dass der Herr auf die Stimme eines Men-
schen gehört hätte. So kämpfte der Herr
für Israel.

[15] Josua und mit ihm ganz Israel kehrten
zurück ins Lager nach Gilgal.

Die fünf Könige in der Höhle bei Makkeda

[16] Die fünf Könige aber hatten die Flucht
ergriffen und sich in der Höhle von Mak-
keda versteckt. [17] Da wurde Josua gemel-
det: Die fünf Könige wurden entdeckt, sie
haben sich in der Höhle bei Makkeda ver-
steckt. [18] Josua antwortete: Wälzt große
Steine an den Eingang der Höhle und stellt
Leute auf, um sie zu bewachen. [19] Ihr aber,
bleibt nicht stehen, verfolgt euere Feinde,
schneidet ihnen den Rückweg ab und lasst
sie nicht in ihre Städte kommen, denn der
Herr, euer Gott, hat sie in euere Hand ge-
geben. [20] Josua und die Israeliten vernich-
teten alle. Nur wenige kamen mit dem Le-
ben davon und flüchteten in die festen
Städte. [21] Das ganze Volk kehrte wohl-
behalten zu Josua ins Lager nach Makkeda
zurück; niemand wagte gegen die Israeli-
ten auch nur seine Stimme zu erheben.

[22] Da sprach Josua: Öffnet den Eingang
der Höhle und bringt jene fünf Könige zu
mir heraus! [23] Man tat es und brachte jene
fünf Könige aus der Höhle zu ihm heraus:
den König von Jerusalem, den König von
Hebron, den König von Jarmut, den König
von Lachisch und den König von Eglon.
[24] Als man jene Könige zu ihm gebracht
hatte, rief Josua alle Männer Israels und
sprach zu den Anführern der Kriegsleute,
die ihn begleitet hatten: Tretet heran und
setzt eueren Fuß auf den Nacken dieser
Könige! Sie traten heran und setzten ihren
Fuß auf deren Nacken. [25] Josua sprach zu
ihnen: Seid ohne Furcht und Angst, seid
vielmehr stark und fest, denn so wird es
der Herr mit allen Feinden machen, gegen
die ihr zu kämpfen habt. [26] Danach er-
schlug sie Josua und ließ sie an fünf Bäu-

men aufhängen. Dort blieben sie bis zum Abend hängen. 27 Bei Sonnenuntergang nahm man sie auf Josuas Befehl von den Bäumen ab und warf sie in die Höhle, in der sie sich versteckt hatten. Vor den Eingang der Höhle wälzte man große Steine. Dort sind sie noch bis auf diesen Tag.

Eroberung der Südstädte Kanaans

28 Am gleichen Tag nahm Josua Makkeda ein und schlug seine Bewohner und seinen König mit der Schärfe des Schwertes. Er weihte sie und alle, die darin waren, dem Untergang und ließ niemanden entkommen. Mit dem König von Makkeda verfuhr er so wie mit dem König von Jericho. 29 Josua zog mit ganz Israel von Makkeda nach Libna und griff es an. 30 Der Herr gab auch Libna mit seinem König in die Hand Israels; er schlug es mit allen, die darin waren mit der Schärfe des Schwertes, ohne einen entkommen zu lassen. Mit seinem König machte er es, wie er es mit dem König von Jericho gemacht hatte. 31 Josua zog mit ganz Israel von Libna nach Lachisch, belagerte und griff es an. 32 Der Herr gab Lachisch in die Hand Israels; er nahm es am zweiten Tag ein und schlug es mit allen, die darin waren, mit der Schärfe des Schwertes, wie er es mit Libna gemacht hatte. 33 Damals kam Horam, der König von Geser, Lachisch zu Hilfe, aber Josua schlug ihn und sein Volk, ohne einen entkommen zu lassen. 34 Josua zog mit ganz Israel von Lachisch nach Eglon. Sie belagerten es und griffen es an. 35 Sie nahmen es am selben Tag ein und schlugen es mit der Schärfe des Schwertes. An jenem Tag weihte er alle, die darin waren, dem Untergang, wie er es mit Lachisch gemacht hatte. 36 Josua zog mit ganz Israel von Eglon nach Hebron und sie griffen es an. 37 Sie nahmen es ein und schlugen es samt seinem König, allen dazugehörigen Orten und allen, die darin waren, mit der Schärfe des Schwertes. Keinen ließ er entkommen, wie er es mit Eglon gemacht hatte. Er weihte alle, die darin waren, dem Untergang. 38 Dann kehrte sich Josua mit ganz Israel nach Debir um und griff es an. 39 Sie nahmen es ein mit seinem König und allen dazugehörigen Orten; sie schlugen sie mit der Schärfe des Schwertes und weihten alle, die darin waren, dem Untergang. Keinen ließ er entkommen. Wie er es mit Hebron gemacht hatte, so machte es Josua mit Debir und seinem König, oder wie er es mit Libna und seinem König gemacht hatte.

40 So unterwarf Josua das ganze Land: das Gebirge, den Negeb, die Schefela, die Abhänge sowie alle ihre Könige. Keinen ließ er entkommen und alles, was lebt, weihte er dem Untergang, wie es ihm der Herr, der Gott Israels, befohlen hatte, 41 von Kadesch-Barnea bis nach Gaza und das ganze Gebiet von Goschen bis nach Gibeon. 42 Alle diese Könige und ihr Land nahm Josua in einem einzigen Zug, weil der Herr, der Gott Israels, für Israel kämpfte. 43 Dann kehrte Josua mit ganz Israel ins Lager nach Gilgal zurück.

Eroberung des nördlichen Kanaan

Bündnis der Könige des Nordens

11 Als dies Jabin, der König von Hazor, hörte, sandte er Nachricht darüber an Jobab, den König von Madon, an den König von Schimron, an den König von Achschaf 2 und an die Könige, die im Norden das Gebirge und die Ebene südlich von Kinneret, die Schefela und die Höhen von Dor im Westen bewohnen. 3 Die Kanaaniter waren im Osten und im Westen, die Amoriter, Hiwiter, Perisiter und Jebusiter im Gebirge, die Hetiter unterhalb des Hermon im Land von Mizpe. 4 Sie brachen auf mit allen ihren Truppen, so zahlreich wie der Sand am Meer, dazu mit einer großen Menge von Pferden und Wagen.

Sieg bei Merom

5 Alle diese Könige vereinigten sich, kamen heran und lagerten nebeneinander an den Wassern von Merom, um gegen Israel zu kämpfen. 6 Da sprach der Herr zu Josua: Fürchte dich nicht vor diesen Leuten, denn morgen um diese Zeit werde ich sie alle erschlagen; ihre Pferde sollst du lähmen und ihre Kriegswagen verbrennen. 7 Mit all seinen Kriegern rückte Josua plötzlich gegen sie an den Wassern von Merom und fiel über sie her. 8 Der Herr gab sie in die Hand Israels, das sie schlug und verfolgte bis nach Groß-Sidon und Misrefot-Majim und bis zum Tal von Mizpe im Osten. Israel vernichtete sie völlig; nicht einer kam mit dem Leben davon. 9 Josua tat an ihnen, wie der Herr es ihm

gesagt hatte; er lähmte ihre Pferde und
verbrannte ihre Wagen.

Einnahme von Hazor und der anderen Städte

10 Danach kehrte Josua um und nahm Ha-
zor ein; ihren König erschlug er mit dem
Schwert. Hazor war einst das Haupt aller
dieser Königreiche gewesen. 11 Man er-
schlug alle, die darin waren, mit der Schär-
fe des Schwertes und weihte sie dem Un-
tergang. Niemand überlebte und Hazor
wurde verbrannt. 12 Josua nahm alle Kö-
nigsstädte und erschlug ihre Bewohner
und ihre Könige mit der Schärfe des
Schwertes und weihte sie dem Untergang,
wie es Mose, der Knecht des Herrn, befoh-
len hatte. 13 Die Städte, die sich aus ihren
Ruinen erhoben, verbrannte Israel nicht,
ausgenommen Hazor, das Josua verbrann-
te. 14 Alle Beute dieser Städte und auch das
Vieh nahmen die Israeliten an sich. Alle
Menschen aber erschlugen sie mit der
Schärfe des Schwertes, bis sie alle vernich-
tet hatten: Niemand überlebte.

15 Was der Herr seinem Knecht Mose
befohlen hatte, befahl Mose dem Josua
und Josua führte es aus, ohne ein einziges
Wort von dem auszulassen, was der Herr
dem Mose befohlen hatte. 16 So nahm Josua
das ganze Land ein: das Gebirge, den gan-
zen Negeb und das ganze Land Goschen,
die Schefela, die Araba, das Gebirge Israel
und seine Hügel. 17 Von den kahlen Ber-
gen, die sich gegen Seïr erheben, bis nach
Baal-Gad im Libanontal am Fuß des Her-
mongebirges, nahm Josua ihre Könige ge-
fangen und erschlug sie. 18 Lange Zeit hatte
Josua mit all diesen Königen Krieg ge-
führt; 19 keine Stadt hatte mit den Israeliten
Frieden geschlossen, ausgenommen die
Hiwiter, die in Gibeon wohnten; alle ande-
ren eroberten sie im Kampf. 20 Denn vom
Herrn war es beschlossen worden, dass sie
ihr Herz so verhärteten, gegen Israel zu
kämpfen, damit sie ohne Gnade dem Un-
tergang und vernichtet würden, wie der
Herr es dem Mose befohlen hatte.

21 In jener Zeit zog Josua gegen die Ana-
kiter aus im Gebirge, in Hebron, Debir,
Anab, im ganzen Gebirge Juda und im
ganzen Gebirge Israel: Er rottete sie aus
und weihte sie mit ihren Städten dem Un-
tergang. 22 Im Land der Israeliten blieben
keine Anakiter mehr übrig, außer in Gaza,
in Gat und in Aschdod. 23 Josua nahm das
ganze Land ein, genauso wie der Herr es
dem Mose gesagt hatte, und Josua gab es
Israel zum Erbbesitz entsprechend seiner
Einteilung in Stämme. Und das Land be-
kam Ruhe vom Krieg.

Zusammenfassung

Die östlich des Jordan besiegten Könige

12 Dies sind die Könige des Landes,
die von den Israeliten geschlagen
und ihres Landes beraubt wurden, jenseits
des Jordan gegen Osten, vom Arnonbach
bis zum Hermongebirge, mit der ganzen
Araba östlich: 2 Sihon, der König der Amo-
riter, der in Heschbon residierte, herrschte
von Aroër am Rand des Arnontals an und
von der Mitte des Tals über das halbe Gi-
lead bis zum Bach Jabbok, der Grenze der
Ammoniter, 3 und im Osten über die Ara-
ba bis zum Meer von Kinneret einerseits
und bis zum Meer der Araba oder Salz-
meer in Richtung auf Bet-Jeschimot, von
wo aus man im Süden den Fuß der Abhän-
ge des Berges Pisga erreicht. 4 Auf seiner
Seite herrschte Og, der König von Ba-
schan, einer der letzten Rafaïter, der in
Aschtarot und in Edreï residierte, 5 über
das Hermongebirge, Salka und ganz Ba-
schan bis zur Grenze der Geschuriter und
Maachatiter und über die Hälfte von Gile-
ad bis zu den Grenzen von Sihon, dem Kö-
nig von Heschbon. 6 Mose, der Knecht des
Herrn, und die Israeliten hatten sie ge-
schlagen und Mose, der Knecht des Herrn,
hatte es den Rubenitern, Gaditern und
dem halben Stamm Manasse zum Besitz
gegeben.

Die westlich des Jordan besiegten Könige

7 Dies sind die Könige des Landes, die von
Josua und den Israeliten geschlagen wur-
den, diesseits des Jordan gegen Westen,
von Baal-Gad im Libanontal bis zu den
kahlen Bergen, die sich gegen Seïr erhe-
ben; und Josua gab ihr Land Israel zum
Erbbesitz entsprechend seiner Stammes-
einteilung: 8 im Gebirge und in der Schefe-
la, in der Araba und an den Abhängen, in
der Wüste und im Negeb – (das Land der)
Hetiter, Amoriter, Kanaaniter, Perisiter,
Hiwiter und Jebusiter: 9 der König von Je-
richo: einer; der König von Ai neben Bet-
El: einer; 10 der König von Jerusalem: einer;

der König von Hebron: einer; 11 der König
von Jarmut: einer; der König von La-
chisch: einer; 12 der König von Eglon: einer;
der König von Geser: einer; 13 der König
von Debir: einer; der König von Geder: ei-
ner; 14 der König von Horma: einer; der
König von Arad: einer; 15 der König von
Libna: einer; der König von Adullam: ei-
ner; 16 der König von Makkeda: einer; der
König von Bet-El: einer; 17 der König von
Tappuach: einer; der König von Hefer: ei-
ner; 18 der König von Afek in Scharon: ei-
ner; 19 der König von Hazor: einer; 20 der
König von Schimron: einer; der König
von Merom: einer; der König von Ach-
schaf: einer; 21 der König von Taanach: ei-
ner; der König von Megiddo: einer; 22 der
König von Kedesch: einer; der König von
Jokneam im Karmel: einer; 23 der König
von Dor auf den Höhen von Dor: einer;
der König der Gojim von Galiläa: einer;
24 der König von Tirza: einer. Alle diese Kö-
nige zusammen: einunddreißig.

Die Verteilung des Landes an die Stämme

Nicht eroberte Gebiete

13 Josua war nun alt geworden und
hochbetagt. Der Herr sprach zu
ihm: Du bist alt und hochbetagt, aber es
bleibt noch viel Land zu erobern. 2 Das ist
das Land, das noch übrig bleibt: Alle Be-
zirke der Philister und das ganze Land der
Geschuriter; 3 vom Schihor an, der östlich
von Ägypten fließt, bis zur Grenze von
Ekron im Norden – es wird zu den Kanaa-
nitern gezählt. Die fünf Fürsten der Philis-
ter sind die von Gaza, Aschdod, Aschke-
lon, Gat und Ekron; die Awiter sind 4 im
Süden. Alles Land der Kanaaniter von
Meara an, das zu Sidon gehört, bis nach
Afek und bis an die Grenze der Amoriter,
5 ferner das Land der Gebaliter mit dem
ganzen Libanon im Osten, von Baal-Gad
am Fuß des Hermongebirges bis nach Le-
bo-Hamat. 6 Alle Bewohner des Gebirges,
vom Libanon bis nach Misrefot-Majim, al-
le Sidonier werde ich vor den Israeliten her
vertreiben. Verteil nur das Land durch das
Los unter die Israeliten, wie ich es dir be-
fohlen habe. 7 Jetzt ist es Zeit, dieses Land
unter die neun Stämme und den halben
Stamm Manasse zu verteilen: Vom Jordan
bis zum Großen Meer im Westen sollst du
es ihnen geben, das Große Meer soll ihre
Grenze sein.

Beschreibung der Ostjordanstämme

Überblick

8 Der andere halbe Stamm Manasse hatte
bereits mit den Rubenitern und Gaditern
das Erbteil erhalten, das Mose ihnen jen-
seits des Jordan gegen Osten gegeben hat-
te; Mose, der Knecht des Herrn, hatte
ihnen damals zugeteilt: 9 das Land von
Aroër an, das am Rand des Arnontals
liegt, und von der Stadt an, die in der Tal-
mitte liegt; die ganze Hochfläche von Me-
deba bis Dibon; 10 alle Städte Sihons, des
Königs der Amoriter, der in Heschbon
herrschte, bis zur Grenze der Ammoniter;
11 ferner Gilead und das Gebiet der Ge-
schuriter und Maachatiter mit dem gan-
zen Hermongebirge und ganz Baschan bis
nach Salcha; 12 und in Baschan das ganze
Reich Ogs, der in Aschtarot und Edreï ge-
herrscht hatte und der Letzte der Rafaïter
war. Diese beiden Könige hatte Mose ge-
schlagen und vertrieben. 13 Aber die Ge-
schuriter und Maachatiter hatten die Is-
raeliten nicht vertrieben, so wohnen noch
Geschur und Maacha mitten in Israel bis
auf den heutigen Tag. 14 Nur dem Stamm
Levi wurde kein Erbbesitz gegeben: Der
Herr, der Gott Israels, war sein Erbbesitz,
wie er es ihm gesagt hatte.

Der Stamm Ruben

15 Mose hatte dem Stamm der Söhne Ru-
bens einen Anteil nach ihren Sippen gege-
ben. 16 Ihnen wurde also das Gebiet zuteil:
von Aroër an, das am Rand des Arnontals
liegt, und von der Stadt an, die in der Tal-
mitte liegt, und die ganze Hochfläche bis
Medeba, 17 Heschbon mit allen Städten, die
auf der Hochfläche liegen: Dibon, Bamot-
Baal, Bet-Baal-Meon, 18 Jahaz, Kedemot,
Mefaat, 19 Kirjatajim, Sibma und im Gebir-
ge der Araba Zeret-Schahar; 20 Bet-Pegor,
die Abhänge des Pisga, Bet-Jeschimot,
21 alle Städte der Hochfläche und das ganze

Reich Sihons, des Königs der Amoriter, der in Heschbon herrschte; er war von Mose geschlagen worden ebenso wie die Fürsten von Midian, Ewi, Rekem, Zur, Hur, Reba, die Lehnsleute Sihons, die im Land wohnten. 22 Auch Bileam, den Sohn Beors, den Wahrsager, hatten die Israeliten mit der Schärfe des Schwertes geschlagen zusammen mit anderen Opfern. 23 So reichte das Gebiet der Rubeniter bis zum Jordan. Dies war der Erbbesitz der Söhne Rubens nach ihren Sippen: die Städte mit ihren Ortschaften.

Der Stamm Gad

24 Mose hatte dem Stamm Gad, den Söhnen Gads einen Anteil nach ihren Sippen gegeben. 25 Ihnen wurde das Gebiet zuteil: Jaser, alle Städte Gileads, die Hälfte des Landes der Ammoniter bis nach Aroër, das gegenüber von Rabba liegt, 26 und von Heschbon bis nach Ramat-Mizpe und Betonim und von Mahanajim bis zum Gebiet von Lo-Dabar, 27 ferner in der Ebene: Bet-Haram, Bet-Nimra, Sukkot, Zafon – der Rest des Reiches Sihons, des Königs von Heschbon. Der Jordan bildete die Grenze bis zum Ende des Sees von Kinneret auf dem jenseitigen Ufer des Jordan nach Osten. 28 Dies war der Erbbesitz der Söhne Gads nach ihren Sippen: die Städte mit ihren Ortschaften.

Der halbe Stamm Manasse

29 Mose hatte dem halben Stamm Manasse einen Anteil nach ihren Sippen gegeben. 30 Ihnen wurde das Gebiet zuteil: von Mahanajim an den ganzen Baschan, das ganze Reich Ogs, des Königs von Baschan, alle Zeltdörfer Jaïrs im Baschan, sechzig Städte. 31 Die Hälfte von Gilead sowie Aschtarot und Edreï, die Königsstädte Ogs in Baschan, wurden den Söhnen Machirs, des Sohnes Manasses, zuteil, der Hälfte der Söhne Machirs nach ihren Sippen.

32 Dies verteilte Mose in den Steppen Moabs jenseits des Jordan, östlich gegenüber von Jericho. 33 Aber dem Stamm Levi hatte Mose keinen Erbbesitz gegeben: Der Herr, der Gott Israels, war sein Erbbesitz, wie er es ihm gesagt hatte.

Beschreibung der drei großen Stämme westlich des Jordan

Einleitung

14 Dies ist es, was die Israeliten im Land Kanaan als Erbbesitz erhielten, was ihnen der Priester Eleasar und Josua, der Sohn Nuns, und die Familienhäupter der Stämme Israels zuteilten. 2 Durch das Los nahmen sie die Teilung vor, wie es der Herr den neuneinhalb Stämmen durch Mose befohlen hatte. 3 Mose hatte den zweieinhalb Stämmen jenseits des Jordan ihren Erbbesitz gegeben, ohne aber den Leviten in ihrer Mitte Erbbesitz zu geben. 4 Die Söhne Josefs bildeten zwei Stämme: Manasse und Efraim. Den Leviten gab man keinen Anteil im Land, lediglich Städte zum Wohnen und zugehörige Weideplätze für ihre Herden und ihren Besitz. 5 Wie der Herr es Mose befohlen hatte, so gingen die Israeliten bei der Verteilung des Landes vor.

Der Anteil Kalebs

6 Als die Söhne Judas an Josua in Gilgal herantraten, sprach Kaleb, der Sohn Jefunnes, der Kenasiter, zu ihm: Du weißt, was der Herr zu Mose, dem Gottesmann, über mich und dich in Kadesch-Barnea gesagt hat. 7 Vierzig Jahre war ich alt, als Mose, der Knecht des Herrn, mich von Kadesch-Barnea aussandte, um dieses Land zu erkunden, und ich gab ihm darüber Bericht nach bestem Wissen. 8 Die Brüder aber, die mit mir hinaufgezogen waren, machten das Volk mutlos, während ich den Willen des Herrn, meines Gottes, erfüllte. 9 An jenem Tag tat Mose diesen Schwur: Sei gewiss, das Land, das dein Fuß betreten hat, soll dir als Erbbesitz gehören, dir und deinen Nachkommen für immer, weil du den Willen des Herrn, meines Gottes, erfüllt hast. 10 Seitdem hat der Herr mein Leben bewahrt nach seiner Verheißung. Fünfundvierzig Jahre sind es her, seit der Herr dies zu Mose gesprochen hat, damals als Israel durch die Wüste zog; und nun bin ich fünfundachtzig Jahre alt. 11 Ich bin heute so stark wie damals, als mich Mose aussandte; heute noch habe ich meine alte Kraft, zu kämpfen, auszuziehen und heimzukehren. 12 Jetzt gib mir dieses Gebirge, das mir der Herr an jenem Tag versprochen hat. Du hast damals gehört, dass

Anakiter es bewohnen und dort große fes-
te Städte sind. Wenn der Herr mit mir ist,
werde ich sie vertreiben, so wie es der Herr
gesagt hat. 13 Josua segnete Kaleb, den Sohn
Jefunnes, und gab ihm Hebron als Erb-
besitz. 14 So ist Hebron bis auf diesen Tag
der Erbbesitz Kalebs geblieben, des Sohnes
Jefunnes, des Kenasiters, weil er den Wil-
len des Herrn, des Gottes Israels, erfüllt
hat. 15 Der frühere Name Hebrons war Kir-
jat-Arba. Arba war der größte Mann unter
den Anakitern.

Und das Land bekam Ruhe vom Krieg.

Der Stamm Juda

15 Das Los, das dem Stamm der Söh-
ne Judas nach ihren Sippen zufiel,
lag zur Grenze Edoms hin von der Wüste
Zin bis nach Kadesch gegen Südwesten.
2 Ihre Südgrenze begann am Ende des Salz-
meers, an der Meereszunge, die sich nach
Süden wendet, 3 verlief südlich der Skor-
pionensteige, durchquerte Zin und ging
südlich von Kadesch-Barnea hinauf; an
Hezron vorbei, ging sie weiter nach Addar,
dort wendete sie sich nach Karka, 4 verlief
durch Azmon, mündete in den Bach
Ägyptens, um am Meer zu enden. Dieses
soll euere Südgrenze sein. 5 Die Grenze im
Osten war das Salzmeer bis zur Jordan-
mündung. Die Nordgrenze begann an der
Meereszunge bei der Jordanmündung.
6 Die Grenze ging nach Bet-Hogla hinauf,
verlief nördlich von Bet-Araba und führte
zum Stein Bohans, des Sohnes Rubens.
7 Die Grenze ging hinauf nach Debir vom
Achortal aus und wendete sich im Norden
nach Gelilot, gegenüber der Steige von
Adummim, die südlich des Baches liegt;
die Grenze verlief zu den Wassern von En-
Schemesch und endete in En-Rogel.
8 Dann ging sie das Ben-Hinnom-Tal hi-
nauf, südlich vom Bergrücken der Jebusi-
ter – das ist Jerusalem –, stieg weiter zum
Gipfel des Berges, der das Hinnom-Tal
von der Westseite her abschließt und am
Nordrand der Refaïterebene liegt. 9 Von
der Berghöhe bog die Grenze zur Wasser-
quelle von Neftoach ab und führte zum
Berg Efron, um in die Richtung von Baala,
das ist Kirjat-Jearim, abzubiegen. 10 Von
Baala wendete sich die Grenze westwärts
zum Gebirge von Seïr, lief den Nordhang
des Berges Jearim, das ist Kesalon, entlang,
senkte sich nach Bet-Schemesch, hinüber
nach Timna, 11 erreichte die Nordseite von
Ekron, wendete sich nach Schikkaron, ver-
lief zur Höhe von Baala, dann nach Jab-
neël und endete am Meer. 12 Die Westgren-
ze bildete das Große Meer. Dies ist
ringsum die Grenze des Gebietes, das den
Sippen der Söhne Judas zugeteilt wurde.

Die Kalebiter besetzen das Gebiet von Hebron

13 Kaleb, der Sohn Jefunnes, erhielt einen
Anteil mitten unter den Söhnen Judas ge-
mäß der Weisung des Herrn an Josua.
Dieser gab ihm Kirjat-Arba, die Haupt-
stadt der Anakiter, das ist Hebron. 14 Kaleb
vertrieb die drei Söhne Anaks daraus:
Scheschai, Ahiman und Talmai, Nach-
kommen Anaks. 15 Von dort zog er gegen
die Bewohner von Debir, das früher Kir-
jat-Sefer hieß. 16 Und Kaleb sprach: Wer
Kirjat-Sefer besiegt und es einnimmt,
dem gebe ich meine Tochter Achsa zur
Frau. 17 Otniël, der Sohn des Kenas, ein
Bruder Kalebs, nahm es ein und dieser
gab ihm seine Tochter Achsa zur Frau.
18 Als sie zu ihrem Mann geführt wurde,
überredete er sie, von ihrem Vater einen
Acker zu erbitten. Da ließ sie sich von
ihrem Esel auf die Erde hinuntergleiten
und Kaleb fragte sie: Was willst du? 19 Sie
antwortete: Gewähre mir einen Segen! Du
hast mich in die Wüste des Negeb verwie-
sen; gib mir darum Wasserquellen! Und er
gab ihr die oberen und die unteren Was-
serquellen.

Ortsliste des Stammes Juda

20 Dies war der Erbbesitz des Stammes der
Söhne Judas nach ihren Sippen. 21 Städte
am Randgebiet des Stammes der Söhne Ju-
das zur Grenze Edoms im Negeb hin: Kab-
zeël, Eder, Jagur, 22 Kina, Dimona, Adada,
23 Kedesch, Hazor-Jitnan, 24 Sif, Telem, Bea-
lot, 25 Hazor-Hadatta, Kerijot-Hezron, das
ist Hazor, 26 Amam, Schema, Molada,
27 Hazar-Gadda, Heschmon, Bet-Pelet,
28 Hazar-Schual, Beerscheba und seine
Tochterstädte, 29 Baala, Ijim, Ezem, 30 Elto-
lad, Kesil, Horma, 31 Ziklag, Madmanna,
Sansanna, 32 Lebaot, Schilhim, En-Rim-
mon. Insgesamt neunundzwanzig Städte
mit ihren zugehörigen Gehöften.

33 In der Schefela: Eschtaol, Zora,
Aschna, 34 Sanuach, En-Gannim, Tappu-
ach, Enajim, 35 Jarmut, Adullam, Soko,

Aseka, 36 Schaarajim, Aditajim, Gedera
und seine Orte: vierzehn Städte mit ihren
Gehöften. 37 Zenan, Hadascha, Migdal-
Gad, 38 Dilan, Mizpe, Jokteël, 39 Lachisch,
Bozkat, Eglon, 40 Kabbon, Lachmas, Kit-
lisch, 41 Gederot, Bet-Dagon, Naama, Mak-
keda: sechzehn Städte mit ihren Gehöften.
42 Libna, Eter, Aschan, 43 Iphtach, Aschna,
Nezib, 44 Keïla, Achsib, Marescha: neun
Städte mit ihren Gehöften. 45 Ekron mit
den Städten und zugehörigen Gehöften,
46 von Ekron bis zum Meer alles, was seit-
lich von Aschdod liegt, mit seinen Gehöf-
ten. 47 Aschdod mit den Städten und zuge-
hörigen Tochterstädten, Gaza mit den
Tochterstädten und Gehöften bis zum
Bach Ägyptens und dem Großen Meer als
Grenze.

48 Im Gebirge: Schamir, Jattir, Soko,
49 Danna, Kirjat-Sanna, das ist Debir,
50 Anab, Eschtemoa, Anim, 51 Goschen, Ho-
lon, Gilo: elf Städte mit den dazugehören-
den Gehöften. 52 Arab, Duma, Eschan, 53 Ja-
num, Bet-Tappuach, Afeka, 54 Humta,
Kirjat-Arba, das ist Hebron, Zior: neun
Städte mit den dazugehörenden Gehöften.
55 Maon, Karmel, Sif, Jutta, 56 Jesreel, Jokde-
am, Sanuach, 57 Kajin, Gibea, Timna: zehn
Städte mit den dazugehörenden Gehöften.
58 Halhul, Bet-Zur, Gedor, 59 Maarat, Bet-
Anot, Eltekon: sechs Städte mit den dazu-
gehörenden Gehöften. Tekoa, Efrata, das
ist Betlehem, Pegor, Etam, Kulon, Tatam,
Schoresch, Kerem, Gallim, Bet-Ter, Mano-
cho: elf Städte mit den dazugehörenden
Gehöften. 60 Kirjat-Baal, das ist Kirjat-Jea-
rim, und Rabba: zwei Städte mit den dazu-
gehörenden Gehöften.

61 In der Wüste: Bet-Araba, Middin, Se-
chacha, 62 Nibschan, Ir-Melach und En-
Gedi: sechs Städte mit den dazugehören-
den Gehöften. Die Söhne Judas konnten
aber die Jebusiter, die in Jerusalem woh-
nen, nicht vertreiben; so wohnen die Jebu-
siter noch in Jerusalem neben den Söhnen
Judas bis auf den heutigen Tag.

Die Stämme Josefs: Efraim

16 Die Grenze der Söhne Josefs be-
gann am Jordan gegenüber von Je-
richo im Osten und führte von Jericho aus
hinauf in das Wüstengebirge nach Bet-El;
2 von Bet-El ging sie nach Lus und hinüber
zur Grenze der Arkiter nach Atarot; 3 dann
senkte sie sich westlich zur Grenze der Ja-
fletiter bis zur Grenze vom unteren Bet-
Horon und bis nach Geser, von wo aus sie
ins Meer mündete. 4 Dies ist der Erbbesitz
der Söhne Josefs, Manasse und Efraim.

5 Zum Gebiet der Söhne Efraims nach
ihren Sippen: Die Grenze ihres Erbbesitzes
im Osten war Atrot-Addar bis zum oberen
Bet-Horon 6 und endete am Meer. Von
Michmetat im Norden wendete sich die
Grenze zum Osten hin nach Taanat-Schilo
und verlief ostwärts weiter nach Janoach;
7 von Janoach senkte sie sich nach Atarot
und Naara, berührte Jericho und endete
am Jordan. 8 Von Tappuach ging die Gren-
ze nach Westen weiter zum Bach Kana
und endete am Meer. Dies ist der Erb-
besitz des Stammes Efraim nach seinen
Sippen, 9 dazu die Städte, die den Efrai-
mitern mitten im Erbbesitz der Söhne Ma-
nasses vorbehalten waren, alle diese Städte
und ihre Orte. 10 Die Kanaaniter, die in Ge-
ser wohnten, konnten aber nicht vertrie-
ben werden, aber sie blieben in Efraim als
Fronknechte bis auf den heutigen Tag.

Die Stämme Josefs: Manasse

17 Der Losanteil fiel an Manasse, denn
er war der Erstgeborene Josefs. Ma-
chir, dem Erstgeborenen Manasses und Va-
ter Gileads, wurde als kampferprobtem
Krieger das Land Gilead und Baschan zu-
teil. 2 Einen Anteil erhielten auch die übri-
gen Söhne Manasses je nach der Bedeutung
ihrer Sippen: die Söhne Abiësers, die Söhne
Heleks, die Söhne Asriëls, die Söhne
Schechems, die Söhne Hefers, die Söhne
Schemidas; dies waren die Sippen der
männlichen Nachkommen Manasses, des
Sohnes Josefs. 3 Zelofhad, der Sohn Hefers,
des Sohnes Gileads, des Sohnes Machirs,
des Sohnes Manasses, hatte keine Söhne,
sondern nur Töchter; ihre Namen sind:
Machla, Noa, Hogla, Milka und Tirza. 4 Sie
traten vor den Priester Eleasar, vor Josua,
den Sohn Nuns, und die Vorsteher und
sprachen: Der Herr hat Mose befohlen,
uns Erbbesitz unter unseren Brüdern zu
geben. Also gab man ihnen nach der Wei-
sung des Herrn Erbbesitz unter den Brü-
dern ihres Vaters. 5 So fielen an Manasse
zehn Anteile und dazu das Land Gilead
und Baschan jenseits des Jordan. 6 Die
Töchter Manasses erhielten nämlich Erb-
besitz unter seinen Söhnen. Das Land Gi-
lead erhielten die übrigen Söhne Manasses.

7 Die Grenze Manasses verlief seitlich
von Ascher nach Michmetat gegenüber
von Sichem und von da nach Süden zu
den Bewohnern von En-Tappuach. 8 Zu
Manasse gehörte die Gemarkung von Tap-
puach, aber Tappuach an der Grenze von
Manasse gehörte den Söhnen Efraims.
9 Die Grenze senkte sich zum Bach Kana.
Südlich des Baches waren die efraimiti-
schen Städte, dazu jene, die Efraim mitten
unter den Städten Manasses besaß. Das
Gebiet Manasses lag nördlich des Bachs
und endete am Meer. 10 Im Süden war
Efraim und Manasse im Norden, das Meer
war die Grenze; sie berührten Ascher im
Norden und Issachar im Osten. 11 Manas-
se erhielt in Issachar und in Ascher Bet-
Schean und seine Tochterstädte, Jibleam
und seine Tochterstädte, die Bewohner
von En-Dor und seinen Tochterstädten,
die Bewohner von Taanach und Megiddo
und seinen Tochterstädten, drei Höhen.
12 Da aber die Söhne Manasses diese Städte
nicht in Besitz nehmen konnten, gelang es
den Kanaanitern, in diesem Land wohnen
zu bleiben. 13 Als jedoch die Israeliten stär-
ker wurden, haben sie die Kanaaniter der
Fron unterworfen, aber nicht ganz vertrie-
ben.

Die Stämme Josefs dringen in die Wälder vor

14 Das Haus Josefs wandte sich an Josua
und sprach: Warum hast du mir als Erb-
besitz nur ein einziges Los, einen einzigen
Anteil gegeben, wo ich doch ein zahlrei-
ches Volk bin, so sehr hat der Herr uns
gesegnet? 15 Josua antwortete: Wenn du
ein zahlreiches Volk bist, zieh in das
Waldgebiet hinauf und rode für dich den
Wald des Landes der Perisiter und Rafaï-
ter, wenn das Gebirge Efraim zu eng für
dich ist. 16 Die Söhne Josefs erwiderten:
Das Gebirge reicht nicht für uns aus und
außerdem haben alle Kanaaniter, die in
der Ebene wohnen, eiserne Kampfwagen,
darunter die von Bet-Schean und seinen
Tochterstädten und die in der Ebene Jes-
reel. 17 Josua sprach zum Haus Josefs, zu
Efraim und Manasse: Du bist ein zahlrei-
ches Volk und deine Stärke ist groß; du
sollst nicht nur einen Anteil haben. Auch
das Bergland soll dir gehören. Es wird von
Wäldern bedeckt, du aber wirst es roden
und es soll dann dir gehören. Wenn auch
die Kanaaniter eiserne Kampfwagen ha-
ben und stark sind, du wirst sie dennoch
vertreiben.

Beschreibung der sieben anderen Stämme

Schriftliche Aufnahme des Landes für die sieben Stämme

18 Die ganze Gemeinde der Israeliten
versammelte sich in Schilo; dort
schlugen sie das Offenbarungszeit auf.
Das ganze Land war unterworfen und zu
ihrer Verfügung. 2 Es waren aber unter den
Israeliten noch sieben Stämme, die ihren
Erbbesitz nicht erhalten hatten. 3 Da
sprach Josua zu ihnen: Wie lange noch zö-
gert ihr, das Land zu besetzen, das der
Herr, der Gott euerer Väter, euch gegeben
hat? 4 Sucht euch drei Männer aus jedem
Stamm und ich will sie aussenden, das
Land zu durchziehen. Sie sollen es schrift-
lich aufnehmen und danach zu mir zu-
rückkehren. 5 Sie sollen das Land in sieben
Teile aufteilen. Juda soll auf seinem Gebiet
im Süden und die vom Haus Josefs sollen
auf ihrem Gebiet im Norden bleiben.
6 Nehmt also das Land schriftlich auf, teilt
es in sieben Teile und bringt mir die Auf-
nahme her, dass ich das Los für euch vor
dem Herrn, unserem Gott, werfen kann.
7 Denn die Leviten erhalten keinen Anteil
in euerer Mitte; das Priestertum des Herrn
soll ihr Erbbesitz sein. Und Gad, Ruben
und der halbe Stamm Manasse – sie haben
ihren Erbbesitz jenseits des Jordan im Os-
ten erhalten, den ihnen Mose, der Knecht
des Herrn, gegeben hat.
8 Die Männer machten sich auf den
Weg. Denen, die fortzogen, das Land
schriftlich aufzunehmen, gab Josua diesen
Befehl: Geht, durchzieht das Land und
nehmt es schriftlich auf, dann kommt
hierher zurück zu mir. Ich werde für euch
das Los werfen vor dem Herrn in Schilo.
9 Die Männer brachen auf, durchquerten
das Land und trugen die Städte in ein Ver-
zeichnis ein, aufgeteilt in sieben Regionen.
Sie brachten es zu Josua ins Lager nach
Schilo. 10 Da warf Josua für sie in Schilo
das Los vor dem Herrn und dort verteilte
Josua das Land unter die Israeliten ent-
sprechend ihrer Stammeseinteilung.

Der Stamm Benjamin

11 Ein Los kam für den Stamm der Söhne
Benjamins und ihre Sippen heraus; es er-

gab sich, dass ihr Gebiet zwischen dem der
Söhne Judas und dem der Söhne Josefs lag.
12 Ihre Grenze an der Nordseite begann am
Jordan, ging nördlich von Jericho hinauf,
zog sich über das Gebirge hinüber nach
Westen und endete in der Wüste von Bet-
Awen. 13 Von dort ging sie nach Lus süd-
lich am Bergrücken von Lus, das ist Bet-El;
sie senkte sich nach Atrot-Addar zum Ge-
birge hin, das südlich vom unteren Bet-
Horon liegt. 14 Die Grenze bog ab und wen-
dete sich auf der Westseite nach Süden,
vom Gebirge gegenüber Bet-Horon im Sü-
den, um nach Kirjat-Baal, das ist Kirjat-
Jearim, einer Stadt der Söhne Judas, hin
zu enden. Dies war die Westseite. 15 Fol-
gendes war die Südseite: Vom Ende von
Kirjat-Jearim aus ging die Grenze nach
Westen und kam zu den Wasserquellen
von Neftoach, 16 dann zog sie sich zum En-
de des Gebirges hin, das dem Ben-Hin-
nom-Tal gegenüber im Norden der Refaï-
terebene liegt, senkte sich ins Hinnomtal
südlich des Bergrückens der Jebusiter und
erreichte En-Rogel. 17 Dann bog sie nach
Norden ab und verlief nach En-Schemesch
und nach Gelilot, gegenüber der Steige
von Adummin, und zum Stein Bohans,
des Sohnes Rubens; 18 sie zog sich hinüber
am nördlichen Bergrücken von Bet-Araba
und senkte sich zur Araba, 19 um den Berg-
rücken von Bet-Hogla im Norden zu errei-
chen. Der Endpunkt der Grenze war die
Zunge des Salzmeeres im Norden am Süd-
rand des Jordan. Das war die Südgrenze.
20 Der Jordan bildete die Ostgrenze. Dies
war der Erbbesitz der Söhne Benjamins
mit den Grenzen ringsum nach ihren Sip-
pen.
21 Die Städte des Stammes der Söhne
Benjamins entsprechend ihren Sippen wa-
ren: Jericho, Bet-Hogla, Emek-Keziz,
22 Bet-Araba, Zemarajim, Bet-El, 23 Awim,
Para, Ofra, 24 Kefar-Ammoni, Ofni, Geba:
zwölf Städte mit ihren Orten. 25 Gibeon,
Rama, Beërot, 26 Mizpe, Kefira, Moza,
27 Rekem, Jirpeël, Tarala, 28 Zela, Elef, Jebus,
das ist Jerusalem, Gibea und Kirjat: vier-
zehn Städte mit ihren Orten. Dies war der
Erbbesitz der Söhne Benjamins nach ihren
Sippen.

Der Stamm Simeon

19 Das zweite Los kam für Simeon he-
raus, für den Stamm der Söhne Si-
meons und ihre Sippen; ihr Erbbesitz lag
mitten im Erbbesitz der Söhne Judas. 2 Sie
erhielten als Erbbesitz: Beerscheba, Scheba,
Molada, 3 Hazar-Schual, Bala, Ezem, 4 Elto-
lad, Betul, Horma, 5 Ziklag, Bet-Markabot,
Hazar-Susa, 6 Bet-Lebaot und Scharuhen:
dreizehn Städte mit den dazugehörenden
Gehöften, ferner 7 Ajin, Rimmon, Atar
und Aschan: vier Städte mit den dazuge-
hörenden Gehöften. 8 Dazu kamen alle Ge-
höfte rings um diese Städte bis nach Baa-
lat-Beër, Ramat-Negeb. Dies war der
Erbbesitz des Stammes der Söhne Simeons
nach ihren Sippen. 9 Der Erbbesitz der
Söhne Simeons wurde aus dem Anteil der
Söhne Judas genommen, weil der Teil der
Söhne Judas zu groß für sie war; so erhiel-
ten die Söhne Simeons ihren Erbbesitz
mitten in dem der Söhne Judas.

Der Stamm Sebulon

10 Das dritte Los kam für die Söhne Sebu-
lons und ihre Sippen heraus; das Gebiet
ihres Erbbesitzes erstreckte sich bis nach
Sarid; 11 ihre Grenze ging im Westen hi-
nauf nach Marala, berührte Dabbeschet
und dann den Bach gegenüber von Jokne-
am. 12 Auf der anderen Seite verlief die
Grenze von Sarid nach Osten, wo die Son-
ne aufgeht, bis zur Grenze von Kislot-Ta-
bor, wendete sich nach Daberat und ging
hinauf nach Jafia. 13 Von dort verlief sie
weiter gegen Osten, wo die Sonne aufgeht,
nach Gat-Hefer und Et-Kazin, verlief wei-
ter nach Rimmon und bog nach Nea ab.
14 Dann wendete sich die Grenze nördlich
nach Hannaton und ihr Ausgang führte
ins Tal von Jiftach-El. 15 Ferner Kattat, Na-
halal, Schimron, Jidala und Betlehem:
zwölf Städte mit den dazugehörenden Ge-
höften. 16 Dies war der Erbbesitz der Söhne
Sebulons nach ihren Sippen: die Städte mit
ihren Orten.

Der Stamm Issachar

17 Das vierte Los kam für Issachar heraus,
für die Söhne Issachars und ihre Sippen.
18 Ihr Gebiet erstreckte sich bis nach Jesreel
und umfasste Kesullot und Schunem,
19 Hafarajim, Schion, Anaharat, 20 Rabbit,
Kischjon, Ebez, 21 Remet und En-Gannim,
En-Hadda und Bet-Pazzez. 22 Die Grenze
berührte den Tabor sowie Schahazajim
und Bet-Schemesch und endete am Jor-
dan: sechzehn Städte mit den dazuge-

hörenden Gehöften. 23 Dies war der Erb-
besitz des Stammes der Söhne Issachars
nach ihren Sippen: die Städte mit ihren
Orten.

Der Stamm Ascher

24 Das fünfte Los kam für den Stamm der
Söhne Aschers und ihre Sippen heraus.
25 Ihr Gebiet umfasste Helkat, Hali, Beten,
Achschaf, 26 Alammelech, Amad, Mischal
und berührte den Karmel im Westen und
den Flusslauf des Libnat; 27 auf der anderen
Seite ging es nach Osten bis Bet-Dagon
und berührte Sebulon und das Tal von Jif-
tach-El im Norden, ferner Bet-Emek und
Negiël und endete gegen Kabul. Im Nor-
den zählte 28 Abdon, Rehob, Hammon und
Kana bis nach Groß-Sidon dazu. 29 Die
Grenze wendete sich nach Rama und bis
zur festen Stadt Tyrus, ferner bis nach Ho-
sa und hatte ihre Ausläufer zum Meer.
Machaleb, Achsib, 30 Umma, Afek, Rehob:
zweiundzwanzig Städte mit den dazuge-
hörenden Gehöften. 31 Dies war der Erb-
besitz des Stammes der Söhne Aschers
nach ihren Sippen: die Städte mit ihren
Orten.

Der Stamm Naftali

32 Das sechste Los kam für die Söhne Naf-
talis heraus, für die Söhne Naftalis und
ihre Sippen. 33 Ihre Grenze ging von Helef
und von der Eiche in Zaanannim nach
Adami-Nekeb, Jabneël bis nach Lakkum
und endete am Jordan. 34 Die Grenze im
Westen ging nach Asnot-Tabor und von
da weiter nach Hukkok, sie berührte Sebu-
lon im Süden, Ascher im Westen und den
Jordan im Osten. 35 Und die festen Städte
waren Ziddim, Zer, Hammat, Rakkat, Kin-
neret, 36 Adama, Rama, Hazor, 37 Kedesch,
Edreï, En-Hazor, 38 Jiron, Migdal-El, Ho-
rem, Bet-Anat, Bet-Schemesch: neunzehn
Städte mit den dazugehörenden Gehöften.
39 Dies war der Erbbesitz der Söhne Nafta-
lis nach ihren Sippen: die Städte mit ihren
Orten.

Der Stamm Dan

40 Für den Stamm der Daniter nach ihren
Sippen kam das siebte Los heraus. 41 Das
Gebiet ihres Erbbesitzes umfasste: Zora,
Eschtaol, Ir-Schemesch, 42 Schaalbim, Aja-
lon, Jitla, 43 Elon, Timna, Ekron, 44 Elteke,
Gibbeton, Baalat, 45 Jehud, Bene-Berak,
Gat-Rimmon, 46 Me-Jarkon, Rakkon mit
dem Gebiet gegenüber von Jafo. 47 Aber
das Gebiet der Daniter ging ihnen ver-
loren; so zogen die Daniter hinauf, um Le-
schem anzugreifen; sie nahmen es ein und
schlugen es mit der Schärfe des Schwertes.
Sie nahmen die Stadt in Besitz, ließen sich
dort nieder und nannten Leschem Dan
nach dem Namen ihres Stammvaters Dan.
48 Dies war der Erbbesitz des Stammes der
Daniter nach ihren Sippen: die Städte mit
den dazugehörenden Gehöften.

Schluss

49 So wurde die Verlosung des Landes und
seine Verteilung vollendet. Die Israeliten
gaben Josua, dem Sohn Nuns, Erbbesitz
in ihrer Mitte; 50 auf Befehl des Herrn ga-
ben sie ihm die Stadt, um die er für sich
gebeten hatte, Timnat-Serach im Gebirge
Efraim; er baute die Stadt auf und ließ sich
dort nieder.

51 Dies sind die Erbteile, die der Priester
Eleasar, Josua, der Sohn Nuns, und die Fa-
milienhäupter durch das Los unter die
Stämme Israels verteilten, in Schilo vor
dem Herrn am Eingang des Offenbarungs-
zeltes; so wurde die Verteilung des Landes
beendet.

Bevorrechtigte Städte

Die Asylstädte

20 Der Herr sprach zu Josua: 2 Sag zu
den Israeliten: Errichtet euch
Asylstädte, von denen ich durch Mose zu
euch gesprochen habe. 3 Dorthin kann
sich der Totschläger flüchten, der jeman-
den aus Versehen und ohne Vorsatz er-
schlagen hat. Sie sollen als Zuflucht vor
dem Bluträcher dienen. 4 Zu einer dieser
Städte soll sich der Totschläger flüchten,
sich an den Eingang des Stadttores stellen
und seine Sache den Ältesten der Stadt
vorbringen. Sie sollen ihn in ihre Stadt
aufnehmen und ihm eine Wohnung be-
stimmen. Dort soll er bleiben. 5 Wenn der
Bluträcher ihn verfolgt, sollen sie ihn
nicht in seine Hände geben, denn er hat
seinen Nächsten ohne Vorsatz erschlagen,
ohne dass er ihn vorher gehasst hatte.
6 Der Totschläger soll in dieser Stadt blei-
ben, bis er vor der Gemeinde vor Gericht
stand und bis der amtierende Hohepries-
ter gestorben ist. Dann erst soll der Tot-

schläger in seine Stadt und sein Haus zurückkehren dürfen, in die Stadt, aus der er geflüchtet ist.

7 Man weihte also zu diesem Zweck Kedesch in Galiläa im Gebirge Naftali, Sichem im Gebirge Efraim, Kirjat-Arba, das ist Hebron, im Gebirge Juda. 8 Auf der anderen Seite des Jordan, östlich gegenüber von Jericho, bestimmte man in der Wüste auf der Hochfläche Bezer vom Stamm Ruben, Ramot in Gilead vom Stamm Gad und Golan im Baschan vom Stamm Manasse. 9 Dies waren die Städte, bestimmt für alle Israeliten und den Fremden, der sich unter ihnen aufhält. Jeder kann dorthin fliehen, der ohne Vorsatz einen Totschlag begangen hat, damit er den Händen des Bluträchers entkommt, bevor er vor der Gemeinde gestanden hätte.

Die Levitenstädte

21 Damals traten die Familienhäupter der Leviten an den Priester Eleasar, an Josua, den Sohn Nuns, und an die Familienhäupter der Stämme Israels heran 2 und sprachen zu ihnen in Schilo im Land Kanaan: Der Herr hat durch die Hand des Mose befohlen, dass man uns Städte gebe, um darin zu wohnen, und ihr Weideland für unser Vieh. 3 Da gaben die Israeliten den Leviten aus ihrem Erbbesitz die folgenden Städte mit ihrem Weideland, gemäß der Weisung des Herrn 4 Das Los fiel für die Sippen der Kehatiter: Den Leviten, den Söhnen des Priesters Aaron, wurden dreizehn Städte von den Stämmen Juda, Simeon und Benjamin zuteil; 5 die übrigen Söhne Kehats erhielten nach ihren Sippen zehn Städte von den Stämmen Efraim, Dan und dem halben Stamm Manasse. 6 Den Söhnen Gerschons wurden entsprechend ihren Sippen dreizehn Städte von den Stämmen Issachar, Ascher, Naftali und dem halben Stamm Manasse im Baschan zuteil. 7 Den Söhnen Meraris wurden entsprechend ihren Sippen zwölf Städte von den Stämmen Ruben, Gad und Sebulon zuteil 8 Die Israeliten gaben den Leviten diese Städte und ihr Weideland durch das Los, wie es der Herr durch die Hand des Mose befohlen hatte.

Anteil der Söhne Kehats

9 Sie gaben ihnen vom Stamm Juda und vom Stamm Simeon die Städte mit den folgenden Namen; 10 dies war der Anteil der Söhne Aarons, die zu den Sippen der Kehatiter, der Söhne Levis, gehörten, denn das erste Los war für sie. 11 Sie gaben ihnen Kirjat-Arba, die Hauptstadt der Anakiter, das ist Hebron, im Gebirge Juda mit dem Weideland ringsum. 12 Aber das Ackerland dieser Stadt mit den dazugehörenden Gehöften gaben sie Kaleb, dem Sohn Jefunnes, zum Besitz. 13 Den Söhnen des Priesters Aaron gaben sie die Asylstadt für Totschläger Hebron und sein Weideland, ferner Libna und sein Weideland, 14 Jattir, Eschtemoa, 15 Holon, Debir, 16 Aschan, Jutta, Bet-Schemesch, jeweils mit ihrem Weideland: neun Städte aus diesen beiden Stämmen. 17 Vom Stamm Benjamin Gibeon, Geba und ihr Weideland, 18 Anatot, Alemet und ihr Weideland: vier Städte. 19 Die Gesamtzahl der Städte der Priester, der Söhne Aarons: dreizehn Städte und ihr Weideland 20 Den Sippen der Söhne Kehats, den Leviten, die unter den Söhnen Kehats noch übrig waren, bestimmte das Los Städte vom Stamm Efraim. 21 Man gab ihnen die Asylstadt Sichem mit ihrem Weideland im Gebirge Efraim, ferner Geser, 22 Kibzajim, Bet-Horon, jeweils mit ihrem Weideland: vier Städte. 23 Vom Stamm der Daniter Elteke, Gibbeton, 24 Ajalon, Gat-Rimmon, mit ihrem Weideland: vier Städte. 25 Vom halben Stamm Manasse Taanach und Jibleam und ihr Weideland: zwei Städte. 26 Die Gesamtzahl: zehn Städte mit ihrem Weideland für die Sippen, die unter den Söhnen Kehats noch übrig waren.

Anteil der Söhne Gerschons

27 Den Söhnen Gerschons aus levitischen Sippen gab man vom halben Stamm Manasse die Asylstadt Golan im Baschan und Aschtarot mit ihrem Weideland: zwei Städte. 28 Vom Stamm Issachar Kischjon, Daberat, 29 Jarmut, En-Gannim mit ihrem Weideland: vier Städte. 30 Vom Stamm Ascher Mischal, Abdon, 31 Helkat, Rehob, jeweils mit ihrem Weideland: vier Städte. 32 Vom Stamm Naftali die Asylstadt Kedesch in Galiläa, Hammot-Dor, Kartan, jeweils mit ihrem Weideland: drei Städte. 33 Die Gesamtzahl der Städte der Gerschoniter nach ihren Sippen: dreizehn Städte und ihr Weideland.

Anteil der Söhne Meraris

34 Den Sippen der Söhne Meraris, dem Rest
der Leviten, wurde vom Stamm Sebulon
zuteil: Jokneam, Karta, 35 Dimna, Nahalal
und jeweils ihr Weideland: vier Städte;
36 jenseits des Jordan vom Stamm Ruben
die Asylstadt Bezer in der Wüste auf der
Hochfläche, Jahaz, 37 Kedemot, Mefaat, je-
weils mit ihrem Weideland: vier Städte.
38 Vom Stamm Gad die Asylstadt Ramot-
Gilead, Mahanajim, 39 Heschbon, Jaser
und jeweils ihr Weideland: vier Städte.
40 Die Gesamtzahl der Städte, durch das
Los den Söhnen Meraris nach ihren Sip-
pen, dem Rest der levitischen Sippen, be-
zeichnet: zwölf Städte.

41 Die Gesamtzahl der Levitenstädte mit-
ten im israelitischen Besitz betrug acht-
undvierzig Städte mit ihrem Weideland.
42 Diese Städte umfassten jeweils Stadt und
Weideland ringsum. So war es bei allen
diesen Städten.

Abschluss der Verteilung

43 So gab der Herr den Israeliten das ganze
Land, das er ihren Vätern eidlich verspro-
chen hatte. Sie nahmen es in Besitz und
ließen sich darin nieder. 44 Der Herr ver-
schaffte ihnen Ruhe an allen ihren Gren-
zen, ganz so, wie er es ihren Vätern ge-
schworen hatte. Keiner ihrer Feinde
konnte ihnen standhalten, der Herr hatte
sie in ihre Hand gegeben. 45 Keine der Ver-
heißungen, die der Herr dem Haus Israel
gemacht hatte, war ausgeblieben. Alle wa-
ren in Erfüllung gegangen.

Josuas Ende

Rückkehr der Ostjordanstämme. Die Auseinandersetzung um ihren Altar

Entlassung der Ostjordanstämme

22 Damals rief Josua die Rubeniter,
Gaditer und den halben Stamm
Manasse zusammen 2 und sprach zu ihnen:
Ihr habt alles gehalten, was Mose, der
Knecht des Herrn, euch befohlen hat, und
habt auf meine Stimme gehört, sooft ich
euch einen Befehl gab. 3 Trotz der Länge
des Unternehmens, das bis auf diesen Tag
gedauert hat, habt ihr euere Brüder nicht
im Stich gelassen und das Gebot des
Herrn, eueres Gottes, wortgetreu gehalten.
4 Nun hat der Herr, euer Gott, eueren Brü-
dern Ruhe verschafft, wie er ihnen verhei-
ßen hatte. Kehrt also zurück zu eueren
Zelten in das Land, das euch Mose, der
Knecht des Herrn, jenseits des Jordan
zum Besitz gegeben hat. 5 Achtet sorgsam
darauf, die Gebote und Gesetze, die Mose,
der Knecht des Herrn, euch gegeben hat,
zu erfüllen: den Herrn, eueren Gott, zu lie-
ben, allezeit seine Wege zu gehen, seine
Gebote zu halten, sich ihm anzuschließen
und ihm zu dienen aus euerem ganzen
Herzen und euerer ganzen Seele.

6 Josua segnete sie und entließ sie; und
sie gingen zu ihren Zelten. 7 Einer Hälfte
des Stammes Manasse hatte Josua ein Ge-
biet im Baschan gegeben; der anderen
Hälfte gab er eins mitten unter ihren Brü-
dern am westlichen Ufer des Jordan. Er
segnete sie, als er sie zu ihren Zelten ent-
ließ, und sprach zu ihnen: 8 Ihr werdet mit
großen Schätzen und Vieh im Überfluss,
mit Silber, Gold, Bronze, Eisen und mit
vielen Gewändern zu eueren Zelten zu-
rückkehren. Teilt mit eueren Brüdern,
was ihr von eueren Feinden erbeutet habt.
9 Da kehrten die Rubeniter und Gaditer
mit dem halben Stamm Manasse um und
verließen die Israeliten zu Schilo im Land
Kanaan, um in das Land Gilead zu ziehen,
das Gebiet, das ihnen gehörte und worin
sie sich niedergelassen hatten nach der
Weisung des Herrn durch Moses Hand.

Der Altar am Jordan

10 Als sie zu den Steinkreisen des Jordan ka-
men, die noch im Land Kanaan lagen, er-
richteten die Rubeniter, die Gaditer und
der halbe Stamm Manasse am Jordan einen
gewaltigen Altar. 11 Dies kam den Israeliten
zu Ohren und sie sagten: Seht, die Rubeni-
ter, die Gaditer und der halbe Stamm Ma-
nasse haben diesen Altar gebaut, dem Land
Kanaan gegenüber bei den Steinkreisen des
Jordan am Ufer der Israeliten. 12 Bei dieser
Nachricht versammelte sich die Gemeinde
der Söhne Israels in Schilo, um gegen sie
ins Feld zu ziehen. 13 Die Israeliten entsand-
ten den Priester Pinhas, den Sohn Eleasars,

zu den Rubenitern, den Gaditern und zum halben Stamm Manasse in das Land Gilead, 14 und mit ihm zehn Vorsteher, aus jedem Stamm Israels ein Familienhaupt als Vorsteher; jeder von ihnen war Haupt seiner Familie unter den Sippen Israels. 15 Sie kamen zu den Rubenitern, den Gaditern und dem halben Stamm Manasse in das Land Gilead und sprachen zu ihnen: 16 Seht, was die ganze Gemeinde des Herrn euch sagen lässt: Was bedeutet dieser Treubruch, den ihr gegen den Gott Israels begangen habt? Warum fallt ihr heute ab vom Herrn, indem ihr euch einen Altar baut, und lehnt euch so gegen den Herrn auf? 17 War es denn noch nicht genug mit dem Verbrechen von Pegor, von dem wir uns bis heute noch nicht reinigen konnten, trotz der Plage, die die Gemeinde des Herrn überfiel? 18 Da ihr euch also heute weigert, dem Herrn zu folgen, und ihr euch gegen ihn empört, wird morgen sein Zorn gegen die ganze Gemeinde Israels entbrennen. 19 Das Land, das euch zu Eigen ist, ist unrein? Dann kommt herüber in das Land des Herrn, wo die Wohnstätte des Herrn aufgeschlagen ist, und wohnt unter uns! Aber lehnt euch nicht gegen den Herrn und gegen uns auf, indem ihr euch einen Altar gegen den Altar des Herrn, unseres Gottes, baut. 20 Als Achan, der Sohn Serachs, Gut unterschlug, das dem Untergang geweiht war, kam da nicht der Zorn über die ganze Gemeinde Israels, obgleich er nur ein einziger war? Musste er nicht für sein Verbrechen sterben?

21 Die Rubeniter, die Gaditer und der halbe Stamm Manasse nahmen das Wort und erwiderten den Familienhäuptern Israels: 22 Der Gott der Götter, der Herr, der Gott der Götter, der Herr weiß es und Israel soll es wissen: Wenn dies Auflehnung oder Treubruch gegen den Herrn war, dann soll er uns heute nicht retten. 23 Wenn wir einen Altar bauten, um vom Herrn abzufallen und um darauf Brandopfer, Speiseopfer und Gemeinschaftsopfer darzubringen, dann möge der Herr uns zur Rechenschaft ziehen. 24 Wahrhaftig, aus Sorge und aus folgendem Grund haben wir das getan. Eines Tages könnten euere Söhne zu unseren sagen: Was habt ihr gemein mit dem Herrn, dem Gott Israels? 25 Hat der Herr nicht zwischen uns und euch, den Söhnen Rubens und den Söhnen Gads, eine Grenze gesetzt, den Jordan? Ihr habt keinen Anteil am Herrn. So wären euere Söhne der Grund, dass unsere Söhne nicht mehr den Herrn fürchteten. 26 Also haben wir uns gesagt: Wir bauen diesen Altar nicht für Brandopfer oder für andere Opfer. 27 Vielmehr soll er Zeugnis sein zwischen uns und euch und unseren Nachkommen dafür, dass man den Dienst des Herrn feiert mit unseren Brandopfern, unseren Schlachtopfern und unseren Gemeinschaftsopfern vor ihm. Dann werden euere Söhne nicht eines Tages zu unseren Söhnen sagen können: Ihr habt keinen Anteil am Herrn. 28 Wenn man dies jemals uns oder in der Zukunft unseren Nachkommen gegenüber behaupten sollte, werden wir antworten: Seht, wie unsere Väter den Altar des Herrn gebaut haben: nicht für Brandopfer oder andere Opfer, sondern als Zeugen zwischen uns und euch. 29 Fern sei von uns der Gedanke, uns gegen den Herrn aufzulehnen und seinen Dienst heute zu verlassen, um für Brandopfer, Speiseopfer oder Schlachtopfer einen weiteren Altar aufzurichten, einen Altar gegen den Altar des Herrn, unseres Gottes, der vor seiner Wohnstätte steht.

30 Als der Priester Pinhas, die Vorsteher der Gemeinde und die Familienhäupter Israels, die ihn begleiteten, die Worte hörten, die die Söhne Rubens, die Söhne Gads und die Söhne Manasses sprachen, da pflichteten sie ihnen bei. 31 Und der Priester Pinhas, der Sohn Eleasars, sprach zu den Söhnen Rubens, den Söhnen Gads und den Söhnen Manasses: Jetzt erkennen wir, dass der Herr mitten unter uns ist, da ihr keinen Treubruch an ihm begangen habt. So habt ihr also die Söhne Israels vor der Strafe des Herrn bewahrt.

32 Der Priester Pinhas, der Sohn Eleasars, und die Vorsteher verließen die Rubeniter und die Gaditer, kehrten aus dem Land Gilead zurück in das Land Kanaan zu den Israeliten und brachten ihnen die Antwort. 33 Die Antwort aber gefiel den Israeliten; sie lobten Gott und sprachen nicht mehr davon, gegen sie zu Feld zu ziehen und das Gebiet zu verwüsten, das die Söhne Rubens und die Söhne Gads bewohnten. 34 Die Rubeniter und die Gaditer nannten den Altar Zeuge, denn sie sagten: Er soll Zeuge unter uns dafür sein, dass der Herr Gott ist.

Josuas Abschiedsrede

23 Lange Zeit, nachdem der Herr Is-
rael Ruhe verschafft hatte vor al-
len Feinden, die es umgaben – Josua war
alt geworden und hochbetagt –, 2 da rief
Josua ganz Israel zusammen, seine Ältes-
ten, seine Führer, seine Richter, seine
Schreiber, und sprach zu ihnen: Ich bin
alt und hochbetagt; 3 ihr seid Zeugen ge-
wesen von allem, was der Herr, euer Gott,
vor eueren Augen an allen diesen Völkern
getan hat; der Herr, euer Gott, ist es, der
für euch gekämpft hat. 4 Seht, ich habe
euch als Erbbesitz für euere Stämme jene
Völker durch das Los zugeteilt, die zu er-
obern noch übrig geblieben sind, sowie
jene, die ich vertilgt habe vom Jordan bis
zum Großen Meer im Westen. 5 Der Herr
selbst, euer Gott, wird sie vor euch ver-
treiben, er wird sie vor euch her verjagen
und ihr werdet euer Land in Besitz neh-
men, wie es der Herr, euer Gott, euch ver-
heißen hat.

6 Erweist euch also ganz stark, um alles
zu halten und zu erfüllen, was im Gesetz-
buch des Mose geschrieben steht, ohne da-
von abzuweichen, weder nach rechts noch
nach links, 7 ohne euch mit den Völkern zu
vermischen, die noch bei euch verblieben
sind. Ihr sollt den Namen ihrer Götter
nicht aussprechen, bei ihnen nicht schwö-
ren, ihr sollt ihnen nicht dienen und euch
nicht vor ihnen niederwerfen. 8 Vielmehr
sollt ihr am Herrn, euerem Gott, festhal-
ten, wie ihr es bis auf diesen Tag getan
habt. 9 Darum hat auch der Herr vor euch
große und starke Völker vertrieben und
niemand vermochte euch standzuhalten
bis auf den heutigen Tag. 10 Ein einziger
von euch konnte eintausend verfolgen,
denn der Herr selbst, euer Gott, hat für
euch gekämpft, wie er es verheißen hat.
11 Gebt also genau Acht – es geht ja um eu-
er Leben –, den Herrn, eueren Gott, zu lie-
ben. 12 Wenn ihr von ihm abfallt und euch
mit den Völkern vereinigt, die noch bei
euch verblieben sind, euch mit ihnen ver-
schwägert und euch gegenseitig mit ihnen
verbindet, 13 dann sollt ihr wissen, dass der
Herr, euer Gott, jene Völker nicht mehr
vor euch vertreiben wird. Sie werden für
euch ein Netz und eine Falle werden, Sta-
cheln in eueren Seiten und Staub in eueren
Augen, bis ihr von diesem schönen Land
verschwunden seid, das der Herr, euer
Gott, euch gegeben hat. 14 Seht, ich gehe
heute dahin, den Weg aller Welt. Erkennt
aus ganzem Herzen und aus ganzer Seele,
dass von allen Verheißungen, die der Herr,
euer Gott, euch gegeben hat, keine ausge-
blieben ist; alles ist für euch in Erfüllung
gegangen. Nicht eine einzige ist ausgeblie-
ben. 15 Aber ebenso wie jede Verheißung
des Herrn, eueres Gottes, für euch in Er-
füllung gegangen ist, ebenso wird der Herr
gegen euch alle seine Drohungen in Erfül-
lung gehen lassen bis zu jener, dass er euch
aus dem schönen Land vertreibt, das der
Herr, euer Gott, euch gegeben hat. 16 Ja,
wenn ihr den Bund übertretet, den der
Herr, euer Gott, von euch verlangt hat,
wenn ihr hingeht, um anderen Göttern zu
dienen, wenn ihr euch vor ihnen nieder-
werft, dann wird der Zorn des Herrn ge-
gen euch entbrennen und ihr werdet rasch
verschwinden aus dem guten Land, das er
euch gegeben hat.

Die Versammlung der Stämme in Sichem

Erinnerung an Israels Berufung

24 Josua versammelte alle Stämme Is-
raels in Sichem; dann rief er die Äl-
testen Israels, seine Führer, seine Richter,
seine Schreiber, und sie stellten sich vor
Gott auf. 2 Josua sprach zu dem ganzen
Volk: So spricht der Herr, der Gott Israels:
Jenseits des Flusses wohnten einst euere
Vorväter, Terach, der Vater Abrahams
und Nahors, und dienten anderen Göt-
tern. 3 Da nahm ich eueren Vater Abraham
von jenseits des Flusses und ließ ihn durch
das ganze Land Kanaan ziehen, ich machte
seine Nachkommenschaft zahlreich und
gab ihm Isaak. 4 Isaak gab ich Jakob und
Esau. Esau gab ich das Gebirge Seïr ganz
zu Eigen. Jakob und seine Söhne zogen hi-
nunter nach Ägypten. 5 Dann sandte ich
Mose und Aaron und schlug Ägypten
durch die Wunder, die ich in seiner Mitte
wirkte. Dann führte ich euch heraus. 6 Ich
führte euere Väter heraus aus Ägypten
und ihr kamt an das Meer; die Ägypter
verfolgten euere Väter mit Wagen und
Reitern bis an das Schilfmeer. 7 Da schrien
sie zum Herrn, der dichten Nebel zwi-
schen euch und die Ägypter legte und das
Meer auf sie zurückfließen ließ, das sie be-
deckte. Mit eueren eigenen Augen habt ihr

gesehen, was ich in Ägypten getan; dann
hieltet ihr euch lange Zeit in der Wüste
auf. 8 Ich führte euch darauf in das Land
der Amoriter hinein, die jenseits des Jor-
dan wohnten; sie zogen gegen euch zu
Feld und ich gab sie in euere Hand, ihr
habt auch ihr Land in Besitz genommen,
denn vor eueren Augen habe ich sie ver-
nichtet. 9 Da erhob sich Balak, der Sohn
Zippors, der König von Moab, um gegen
Israel zu Feld zu ziehen, und er ließ Bile-
am, den Sohn Beors, holen, um euch zu
verfluchen. 10 Ich aber wollte nicht auf Bi-
leam hören; er musste euch sogar segnen
und ich rettete euch aus seiner Hand.
11 Dann seid ihr durch den Jordan gezogen
und kamt nach Jericho, aber die Herren
von Jericho führten gegen euch Krieg, die
Amoriter, Perisiter, Kanaaniter, Hetiter,
Girgaschiter, Hiwiter und Jebusiter, aber
ich gab sie in euere Hand. 12 Ich sandte
Hornissen vor euch her, die die beiden Kö-
nige der Amoriter vor euch vertrieben.
Das verdankst du weder deinem Schwert
noch deinem Bogen. 13 Ich habe euch ein
Land gegeben, um das ihr euch nicht be-
müht habt; Städte, die ihr nicht gebaut
und in denen ihr euch niedergelassen
habt; Weinberge und Ölbäume, die ihr
nicht gepflanzt habt und die euch heute
zur Nahrung dienen.

Verpflichtung auf den Herrn

14 Und nun, fürchtet den Herrn und dient
ihm in vollkommener Treue! Entfernt die
Götter, denen euere Väter jenseits des
Flusses und in Ägypten dienten, und dient
dem Herrn! 15 Wenn ihr aber dem Herrn
nicht dienen wollt, so wählt heute, wem
ihr dienen wollt: den Göttern, denen euere
Väter jenseits des Flusses dienten, oder
den Göttern der Amoriter, deren Land ihr
jetzt bewohnt. Ich aber und mein Haus,
wir wollen dem Herrn dienen. 16 Das Volk
antwortete: Das sei uns fern, den Herrn zu
verlassen, um anderen Göttern zu dienen!
17 Der Herr, unser Gott, er ist es, der uns
und unsere Väter herausgeführt hat aus
dem Land Ägypten, dem Haus der
Knechtschaft, und der vor unseren Augen
diese großen Wunder gewirkt und uns auf
dem ganzen Weg beschützt hat, den wir
gezogen sind, und unter allen Völkern,
durch die wir gegangen sind. 18 Und der
Herr hat vor uns alle Völker vertrieben,
die Amoriter, die das Land bewohnten.
Auch wir wollen dem Herrn dienen, denn
er ist unser Gott. 19 Da sprach Josua zum
Volk: Ihr könnt nicht dem Herrn dienen,
denn er ist ein heiliger Gott, er ist ein ei-
fersüchtiger Gott, der euch euere Ver-
gehen und euere Sünden nicht vergeben
wird. 20 Wenn ihr den Herrn verlasst, um
den Göttern der Fremde zu dienen, wird
er euch dagegen Schlimmes antun und
euch vernichten, obwohl er euch zuvor
Gutes getan hat. 21 Das Volk antwortete Jo-
sua: Nein, dem Herrn wollen wir dienen!
22 Da sprach Josua zum Volk: Ihr seid Zeu-
gen gegen euch selbst, dass ihr den Herrn
gewählt habt, um ihm zu dienen. Sie erwi-
derten: Wir sind Zeugen. – 23 Dann besei-
tigt die fremden Götter, die in euerer Mitte
sind, und neigt euer Herz zum Herrn, dem
Gott Israels. 24 Das Volk antwortete Josua:
Dem Herrn, unserem Gott, wollen wir die-
nen und auf seine Stimme wollen wir hö-
ren!

Der Bund von Sichem

25 An jenem Tag schloss Josua einen Bund
für das Volk; er gab ihm Satzung und
Recht in Sichem. 26 Josua schrieb diese
Worte in das Buch des Gesetzes Gottes.
Dann nahm er einen großen Stein und
stellte ihn dort auf unter der Eiche, die
im Heiligtum des Herrn ist. 27 Und Josua
sprach zum ganzen Volk: Seht, dieser
Stein soll Zeuge gegen uns sein, weil er
alle Worte gehört hat, die der Herr zu
uns gesprochen hat; er soll Zeuge gegen
euch sein, damit er euch hindert, eueren
Gott zu verleugnen. 28 Dann entließ Josua
das Volk, einen jeden zu seinem Erb-
besitz.

Abschluss

Josuas Tod

29 Nach diesen Begebenheiten starb Josua,
der Sohn Nuns, der Knecht des Herrn, im
Alter von einhundertzehn Jahren. 30 Man
begrub ihn auf dem Gebiet, das er in Tim-
nat-Serach, auf dem Gebirge Efraim,
nördlich des Berges Gaasch, als Erbbesitz
erhalten hatte. 31 Israel diente dem Herrn,
solange Josua am Leben war und solange
die Ältesten am Leben waren, die Josua
überlebten und alles wussten, was der
Herr für Israel vollbracht hatte.

Josefs Gebeine. Eleasars Tod

32 Die Gebeine Josefs, die die Söhne Israels aus Ägypten mitgebracht hatten, begrub man in Sichem auf dem Grundstück, das Jakob von den Söhnen Hamors, des Vaters Sichems, für einhundert Kesita gekauft hatte und das zum Erbbesitz der Söhne Josefs geworden war.
33 Auch Eleasar, der Sohn Aarons, starb und man begrub ihn in Gibea, der Stadt seines Sohnes Pinhas, die man ihm im Gebirge Efraim gegeben hatte.

Das Buch der Richter

Einleitung

Bericht über die Landnahme in Kanaan

Landnahme durch Juda, Simeon, Kaleb und die Keniter

1 Nach dem Tod Josuas befragten die Israeliten den Herrn: Wer von uns soll als Erster gegen die Kanaaniter hinaufziehen, um mit ihnen zu kämpfen? 2 Der Herr antwortete: Juda soll als Erster hinaufziehen; seht, ich gebe das Land in seine Hand. 3 Da sprach Juda zu seinem Bruder Simeon: Zieh mit mir hinauf in das Gebiet, das mir durch das Los zugefallen ist; wir wollen mit den Kanaanitern kämpfen; dann werde auch ich mit dir in dein Gebiet ziehen. Da ging Simeon mit ihm. 4 Juda zog also hinauf und der Herr gab die Kanaaniter und die Perisiter in ihre Hand; zehntausend Mann schlugen sie in Besek. 5 In Besek trafen sie auf Adoni-Besek, kämpften mit ihm und schlugen die Kanaaniter und Perisiter. 6 Adoni-Besek floh, aber sie verfolgten ihn und schnitten ihm Daumen und große Zehen ab. 7 Da sprach Adoni-Besek: Siebzig Könige mit abgeschnittenen Daumen und großen Zehen sammelten unter meinem Tisch die Brocken auf. Wie ich gehandelt habe, so vergilt es mir Gott. Man brachte ihn nach Jerusalem und dort starb er. 8 Die Söhne Judas griffen Jerusalem an und nahmen es ein, schlugen die Bewohner mit der Schärfe des Schwertes und setzten die Stadt in Brand. 9 Danach zogen die Söhne Judas hinunter, um mit den Kanaanitern zu kämpfen, die im Gebirge, im Negeb und in der Schefela wohnten. 10 Dann zog Juda gegen die Kanaaniter, die in Hebron wohnten – Hebron hieß früher Kirjat-Arba –, und schlug Scheschai, Ahiman und Talmai. 11 Von dort zogen sie gegen die Bewohner von Debir – Debir hieß früher Kirjat-Sefer. 12 Da sprach Kaleb: Wer Kirjat-Sefer besiegt und es einnimmt, dem gebe ich meine Tochter Achsa zur Frau. 13 Otniël, der Sohn des Kenas, des jüngeren Bruders Kalebs, nahm es ein und dieser gab ihm seine Tochter Achsa zur Frau. 14 Als sie zu ihrem Mann geführt wurde, überredete er sie, von ihrem Vater einen Acker zu erbitten. Da ließ sie sich von ihrem Esel auf die Erde herunter und Kaleb fragte sie: Was willst du? 15 Sie antwortete ihm: Gewähre mir eine Gunst! Du hast mich in die Wüste des Negeb verwiesen; gib mir darum Wasserquellen. Da gab Kaleb ihr die oberen und die unteren Wasserquellen.

16 Die Söhne des Keniters Hobab, des Schwiegervaters des Mose, zogen von der Palmenstadt mit den Söhnen Judas hinauf bis zur Wüste, die im Negeb von Juda am Abhang von Arad liegt, und sie ließen sich bei den Amalekitern nieder.

17 Dann ging Juda mit seinem Bruder Simeon weiter. Sie schlugen die Kanaaniter, die in Zefat wohnten, und weihten die Stadt dem Untergang. Daher nannte man die Stadt Horma (Untergangsweihe). 18 Juda aber nahm Gaza und sein Gebiet, Aschkelon und sein Gebiet, Ekron und sein Gebiet nicht ein. 19 Der Herr war mit Juda, so dass es das Gebirge besetzten konnte. Aber die Bewohner der Ebene konnte es nicht vertreiben, weil sie eiserne Kampfwagen hatten. 20 Wie Mose gesagt hatte, gab man Hebron dem Kaleb, der von dort die drei Söhne Anaks vertrieb. 21 Die Benjaminiter konnten die Jebusiter, die in Jerusalem wohnten, nicht vertreiben; so blieben die Jebusiter in Jerusalem bei den Benjaminitern wohnen bis auf den heutigen Tag.

Landnahme des Hauses Josef

22 Auch das Haus Josef zog hinauf nach Bet-El und der Herr war mit ihm. 23 Das Haus Josef ließ Bet-El erkunden; die Stadt hieß früher Lus. 24 Die Kundschafter sahen einen Mann, der aus der Stadt herauskam, und sprachen zu ihm: Zeig uns, wo man in die Stadt eindringen kann, und wir wollen dir Gnade erweisen. 25 Er zeigte ihnen, wo man in die Stadt eindringen konnte. Sie schlugen die Stadt mit der Schärfe des

Schwertes, den Mann aber und seine ganze
Sippe ließen sie gehen. 26 Dieser Mann ging
in das Land der Hetiter und baute eine
Stadt, die nannte er Lus. So heißt sie noch
bis auf den heutigen Tag.

Landnahme der Nordstämme und der Edomiter

27 Manasse eroberte weder Bet-Schean und
seine Tochterstädte noch Taanach und sei-
ne Tochterstädte. Er vertrieb weder die
Bewohner von Dor und seinen Tochter-
städten noch die Bewohner von Jibleam
und seinen Tochterstädten noch die Be-
wohner von Megiddo und seinen Tochter-
städten; die Kanaaniter vermochten sich
in diesem Land zu halten. 28 Aber als Israel
erstarkte, unterwarf es die Kanaaniter der
Fron, vertrieb sie aber nicht. 29 Auch
Efraim vertrieb nicht die Kanaaniter, die
in Geser wohnten; so blieben die Kanaa-
niter weiter in seiner Mitte, in Geser, woh-
nen. 30 Sebulon vertrieb weder die Bewoh-
ner von Kitron noch die Bewohner von
Nahalol; so blieben die Kanaaniter weiter
mitten in Sebulon wohnen, aber sie wur-
den der Fron unterworfen. 31 Ascher ver-
trieb weder die Bewohner von Akko noch
die Bewohner von Sidon, Machaleb, Ach-
sib, Afek und Rehob. 32 So blieben die
Ascheriter mitten unter den Kanaanitern,
die im Land wohnten, denn sie vertrieben
sie nicht. 33 Naftali vertrieb weder die
Bewohner von Bet-Schemesch noch die
Bewohner von Bet-Anat; es blieb mitten
unter den Kanaanitern, die im Land
wohnten, aber die Bewohner von Bet-
Schemesch und Bet-Anat wurden von
ihm der Fron unterworfen. 34 Die Amoriter
trieben die Daniter in das Gebirge zurück
und ließen sie nicht in die Ebene hinunter-
ziehen. 35 Die Amoriter blieben in Har-He-
res, Ajalon und Schaalbim wohnen. Die
Hand des Hauses Josef lastete jedoch
schwer auf ihnen, so wurden sie fron-
pflichtig.
36 Das Gebiet der Edomiter erstreckt sich
von der Skorpionensteige bis nach Sela
und weiter aufwärts.

Der Engel des Herrn verkündet Israel Unheil

2 Der Engel des Herrn zog von Gilgal
hinauf nach Bet-El zum Haus Israel
und sprach: Ich habe euch aus Ägypten
heraufgeführt und in dieses Land ge-
bracht, das ich eueren Vätern zu geben ge-
schworen habe. Ich hatte gesprochen:
Meinen Bund mit euch will ich nicht bre-
chen in Ewigkeit. 2 Ihr aber sollt keinen
Bund mit den Bewohnern dieses Landes
schließen. Ihre Altäre sollt ihr zerstören!
Aber ihr habt nicht auf meine Stimme ge-
hört. Warum habt ihr das getan? 3 So sage
ich denn: Ich werde diese Völker nicht vor
euch vertreiben. Sie sollen euch zur Falle
werden und ihre Götter sollen euch zu Fall
bringen. 4 Als der Engel des Herrn diese
Worte zu allen Israeliten gesprochen hat-
te, da brach das Volk in Klagen aus und
fing an zu weinen. 5 Sie nannten jenen Ort
Bochim (Ort des Weinens) und brachten
dort Opfer für den Herrn dar.

Josuas Lebensende

6 Damals entließ Josua das Volk und alle
Israeliten begaben sich in ihren Erbbesitz,
um das Land zu besetzen. 7 Das Volk dien-
te dem Herrn, solange Josua am Leben war
und solange die Ältesten am Leben waren,
die Josua überlebten und all die großen
Werke gesehen hatten, die der Herr für Is-
rael vollbracht hatte. 8 Josua, der Sohn
Nuns, der Knecht des Herrn, starb im Al-
ter von einhundertundzehn Jahren. 9 Man
begrub ihn auf dem Gebiet, das er in Tim-
nat-Heres, auf dem Gebirge Efraim, nörd-
lich des Berges Gaasch, als Erbbesitz erhal-
ten hatte. 10 Und als auch jene Generation
zu ihren Vätern versammelt wurde, da
folgte ihnen eine andere Generation, die
den Herrn nicht kannte und auch nicht,
was er für Israel vollbracht hatte.

Die Richtererzählungen

Allgemeines über die Richterzeit

Treubruch und Strafe der folgenden Geschlechter

11 Die Israeliten taten, was dem Herrn missfiel, und sie dienten den Baalen. 12 Sie verließen den Herrn, den Gott ihrer Väter, der sie aus dem Land Ägypten herausgeführt hatte, und folgten anderen Göttern aus den Völkern ringsum. Sie warfen sich vor ihnen nieder, sie erzürnten den Herrn, 13 sie verließen den Herrn, um dem Baal und den Astarten zu dienen. 14 Da entbrannte der Zorn des Herrn gegen Israel. Er überließ sie Räubern, die sie ausraubten; er gab sie in die Gewalt ihrer Feinde ringsum und sie konnten ihnen nicht standhalten. 15 Sooft sie in den Krieg zogen, war die Hand des Herrn gegen sie, wie der Herr es ihnen gesagt und wie der Herr es ihnen geschworen hatte. So brachte er sie in höchste Bedrängnis.

Die Einsetzung von Richtern

16 Da setzte der Herr Richter ein, die die Israeliten aus der Gewalt der Räuber befreiten. 17 Aber auch auf ihre Richter hörten sie nicht. Sie gaben sich anderen Göttern hin und warfen sich vor ihnen nieder. So schnell wichen sie von dem Weg ab, den ihre Väter, den Geboten des Herrn gehorsam, gegangen waren; sie handelten nicht so wie diese. 18 Wenn nun der Herr Richter einsetzte, war der Herr mit dem Richter und er rettete sie aus der Hand ihrer Feinde, solange der Richter lebte; denn der Herr ließ sich erweichen, wenn sie unter dem Joch ihrer Feinde stöhnten. 19 War aber der Richter gestorben, dann wurden sie rückfällig und trieben es noch schlimmer als ihre Väter. Sie folgten anderen Göttern, dienten ihnen und warfen sich vor ihnen nieder und ließen nicht ab von den Taten und dem bösen Treiben ihrer Väter.

Fremden Völker in Israel

20 Da entbrannte der Zorn des Herrn gegen Israel und er sprach: Weil dieses Volk den Bund übertreten hat, den ich seinen Vätern vorgeschrieben habe und sie nicht auf meine Stimme gehört haben, 21 darum will ich keines der Völker mehr vertreiben, die Josua übrig ließ, als er starb, 22 um durch sie Israel auf die Probe zu stellen, um zu sehen, ob es die Wege des Herrn befolgen würde, so wie sich seine Väter daran gehalten haben, oder nicht. 23 Darum hat der Herr diese Völker übrig gelassen und sie nicht gleich vertrieben und sie nicht in Josuas Hand gegeben.

3 Dies sind die Völker, die der Herr übrig gelassen hat, um durch sie Israel auf die Probe zu stellen, alle, die keinen der Kriege um Kanaan mehr kannten, 2 zum Nutzen der Geschlechter der Israeliten, die die früheren Kriege nicht kannten, um sie das Kriegshandwerk zu lehren: 3 die fünf Fürsten der Philister und alle Kanaaniter, die Sidonier und die Hetiter, die im Libanongebirge wohnen vom Berg Baal-Hermon bis nach Lebo-Hamat. 4 Sie dienten dazu, um Israel auf die Probe zu stellen, um zu sehen, ob sie die Gebote halten würden, die der Herr ihren Vätern durch die Hand des Mose gegeben hatte. 5 Und die Israeliten wohnten mitten unter den Kanaanitern, Hetitern, Amoritern, Perisitern, Hiwitern und Jebusitern; 6 sie heirateten deren Töchter, gaben ihre eigenen Töchter deren Söhnen und dienten deren Göttern.

Die ersten Richter

Otniël

7 Die Israeliten taten, was dem Herrn missfiel. Sie vergaßen den Herrn, ihren Gott, und dienten den Baalen und den Kultpfählen. 8 Da entbrannte der Zorn des Herrn gegen Israel, er überließ sie Kuschan-Rischatajim, dem König von Aram in Mesopotamien, und die Israeliten dienten Kuschan-Rischatajim achtzehn Jahre lang. 9 Da schrien die Israeliten zum Herrn und der Herr gab den Israeliten einen Retter, der sie befreite, Otniël, den Sohn des Kenas, des jüngeren Bruders Kalebs. 10 Der Geist des Herrn kam über ihn, er wurde Richter über Israel und zog zum Kampf aus. Der Herr gab Kuschan-Rischatajim, den König von Aram, in seine Hand und seine Hand wurde mächtig über Kuschan-Rischatajim. 11 Und das Land bekam Ruhe vierzig Jahre lang. Dann starb Otniël, der Sohn des Kenas.

Ehud

12 Die Israeliten taten wieder, was dem Herrn missfiel und der Herr gab Eglon, dem König von Moab, Gewalt über Israel, weil sie taten, was dem Herrn missfiel. 13 Eglon verbündete sich mit den Söhnen Ammons und Amaleks, zog gegen Israel, schlug es und nahm die Palmenstadt ein. 14 Die Israeliten dienten Eglon, dem König von Moab, achtzehn Jahre lang. 15 Da schrien die Israeliten zum Herrn und der Herr gab ihnen einen Retter, Ehud, den Sohn Geras, einen Benjaminiter. Er war Linkshänder. Die Israeliten sandten durch seine Hand Tribut an Eglon, den König von Moab. 16 Ehud machte sich einen zweischneidigen Dolch, eine Spanne lang, und band ihn unter die Kleider an seine rechte Hüfte. 17 Er brachte also den Tribut zu Eglon, dem König von Moab. Eglon aber war sehr dick. 18 Als der Tribut abgeliefert war, brach Ehud mit den Leuten, die ihn gebracht hatten, wieder auf, 19 aber an den Götterbildern, die bei Gilgal sind, kehrte er (zum König) um und sprach: Ich habe eine geheime Botschaft für dich, König. Der König antwortete: Still!, und alle, die bei ihm waren, gingen hinaus. 20 Nun trat also Ehud ein. Der König saß im kühlen Obergemach, er allein. Ehud sprach zu ihm: Ein Gotteswort habe ich für dich, König. Und sogleich erhob sich dieser von seinem Sitz. 21 Da nahm Ehud mit der Linken den Dolch, den er an seiner rechten Hüfte trug, und stieß ihn dem König in den Leib. 22 Der Dolch selbst drang mit der Klinge ein und das Fett umschloss die Klinge, denn Ehud hatte die Waffe im Bauch gelassen; dann stieg er durch das Fenster hinaus. 23 Ehud ging durch die Säulenhalle hinaus; die Türen des Obergemachs hatte er hinter sich geschlossen und verriegelt. 24 Als er hinausgegangen war, kamen die Diener und sahen, dass die Türen des Obergemachs verriegelt waren. Sie sagten sich: Er verrichtet gewiss in den kühlen Kammern seine Notdurft. 25 Sie warteten lange vergeblich, denn er öffnete immer noch nicht die Türen des Obergemachs. Schließlich holten sie den Schlüssel und öffneten: Ihr Herr lag tot am Boden. 26 Während sie gewartet hatten, war Ehud geflohen. Er kam an den Götterbildern vorbei und brachte sich nach Seïra in Sicherheit. 27 Kaum war er in das Land Israel gelangt, da stieß er auf dem Gebirge Efraim ins Horn und die Israeliten zogen mit ihm vom Gebirge herunter, er an ihrer Spitze. 28 Er sprach zu ihnen: Mir nach! Denn der Herr hat eueren Feind Moab in euere Hand gegeben. Da folgten sie ihm nach, schnitten Moab den Durchzug durch die Jordanfurten ab und ließen keinen hindurchziehen. 29 Sie schlugen die Leute von Moab in jener Zeit, an Zahl ungefähr zehntausend Mann, alle kräftig und kriegserprobt, und nicht einer entkam. 30 An jenem Tag wurde Moab unter die Hand Israels gebeugt und das Land bekam Ruhe achtzig Jahre lang.

Schamgar

31 Nach ihm kam Schamgar, der Sohn Anats. Er erschlug die Philister, sechshundert Mann an der Zahl, mit einem Ochsenstecken und er rettete auch Israel.

Debora und Barak

Israel wird von den Kanaanitern unterdrückt

4 Nach dem Tod Ehuds taten die Israeliten wieder, was dem Herrn missfiel, 2 und der Herr überließ sie der Gewalt Jabins, des Königs von Kanaan, der in Hazor herrschte. Sein Heerführer war Sisera, der in Haroschet-Gojim wohnte. 3 Da schrien die Israeliten zum Herrn, denn Jabin hatte neunhundert eiserne Kampfwagen, und er unterdrückte die Israeliten zwanzig Jahre lang.

Debora

4 In jener Zeit war Debora, eine Prophetin, die Frau des Lappidot, Richterin in Israel. 5 Sie saß unter der Debora-Palme zwischen Rama und Bet-El im Gebirge Efraim und die Israeliten kamen zu ihr mit ihren Streitigkeiten. 6 Sie sandte Boten zu Barak, dem Sohn Abinoams aus Kedesch in Naftali, ließ ihn holen und sprach zu ihm: Siehe, was der Herr, der Gott Israels, befiehlt: Auf, zieh zum Berg Tabor und nimm mit dir zehntausend Mann von den Söhnen Naftalis und von den Söhnen Sebulons. 7 Ich werde Sisera, den Heerführer Jabins, zu dir an den Bach Kischon heranrücken lassen und ich werde ihn in deine Hand geben. 8 Barak antwortete ihr: Wenn du mit mir gehst, werde ich gehen; aber wenn du nicht mit mir gehst, werde ich nicht

gehen; denn ich weiß nicht, an welchem
Tag mir der Engel des Herrn Erfolg geben
wird. 9 Sie sprach: Ich werde also mit dir
gehen; nur wird dann auf dem Weg, den
du gehst, der Ruhm nicht dir gebühren,
denn in die Hand einer Frau wird der Herr
Sisera geben. Da machte sich Debora auf
und ging mit Barak nach Kedesch. 10 Dort
rief Barak Sebulon und Naftali zusammen,
zehntausend Mann folgten ihm, und mit
ihm zog Debora hinauf.

11 Heber, der Keniter, hatte sich vom
Stamm des Kain und der Sippe der Söhne
Hobabs, des Schwiegervaters des Mose,
getrennt; er hatte seine Zelte bei der Eiche
von Zaanannim aufgeschlagen, nicht weit
von Kedesch.

Siseras Niederlage und Tod

12 Als Sisera hörte, dass Barak, der Sohn
Abinoams, auf dem Berg Tabor lagere,
13 rief er alle seine Wagen zusammen,
neunhundert eiserne Kampfwagen, und
alle Truppen, die er hatte. Er ließ sie von
Haroschet-Gojim an den Bach Kischon
kommen. 14 Debora sprach zu Barak: Auf!
Denn dies ist der Tag, an dem der Herr
Sisera in deine Hand gibt. Ja, der Herr
zieht vor dir her. Und Barak zog vom Berg
Tabor hinunter und zehntausend Mann
folgten ihm. 15 Der Herr brachte Sisera, alle
seine Wagen und sein ganzes Heer in Ver-
wirrung vor Barak. Da sprang Sisera von
seinem Wagen und floh zu Fuß. 16 Barak
verfolgte die Wagen und das Heer bis nach
Haroschet-Gojim; das ganze Heer Siseras
fiel durch die Schärfe des Schwertes und
nicht einer entkam.

17 Unterdessen entfloh Sisera zu Fuß zum
Zelt der Jaël, der Frau Hebers, des Keniters,
denn Frieden herrschte zwischen Jabin,
dem König von Hazor, und dem Haus He-
bers, des Keniters. 18 Da kam Jaël heraus, Si-
sera entgegen, und sprach zu ihm: Kehr ein,
kehr bei mir ein! Fürchte dich nicht! Er
kehrte bei ihr in das Zelt ein und sie deckte
ihn mit einer Decke zu. 19 Er sprach zu ihr:
Gib mir doch etwas Wasser zu trinken,
denn ich bin durstig. Sie öffnete einen
Schlauch, in dem Milch war, gab ihm zu
trinken und deckte ihn wieder zu. 20 Er
sprach zu ihr: Bleib am Eingang des Zeltes,
und wenn einer kommt, dich fragt und
sagt: Ist hier jemand?, dann antworte:
Nein. 21 Jaël aber, die Frau Hebers, ergriff
einen Zeltpflock und nahm einen Hammer
in die Hand, trat leise an ihn heran und
schlug ihm den Zeltpflock in die Schläfe,
dass er bis in die Erde drang. Er war ganz
erschöpft eingeschlafen; so starb er. 22 Da
kam Barak, der Sisera verfolgte. Jaël trat he-
raus, ihm entgegen und sprach zu ihm:
Komm, ich will dir den Mann zeigen, den
du suchst. Er trat bei ihr ein; Sisera lag tot
da, den Zeltpflock in seiner Schläfe.

23 So demütigte Gott an jenem Tag Jabin,
den König von Kanaan, vor den Israeliten.
24 Die Hand der Israeliten lastete immer
schwerer auf Jabin, dem König von Ka-
naan, bis er völlig vernichtet war.

Das Debora-Lied

5 An jenem Tag sangen Debora und Ba-
rak, der Sohn Abinoams:

2 Weil Krieger ihr Haar gelöst in Israel, /
weil das Volk sich willig erbot: / Preist den
Herrn!

3 Hört, ihr Könige! Horcht auf, ihr Fürs-
ten! / Singen will ich dem Herrn, / feiern
will ich den Herrn, Israels Gott.

4 Als du auszogst, Herr, von Seïr, /
anrücktest von Edoms Grünland, / da
bebte die Erde, die Himmel zitterten, / die
Wolken brachen in Wasser aus.

5 Vor dem Herrn, dem von Sinai, zer-
rannen die Berge, / vor dem Herrn, dem
Gott Israels.

6 In Schamgars Tagen, des Sohnes Anats,
in Jaëls Tagen / waren verlassen die
Wege; / wer wandern musste, / nahm
gewundene Wege.

7 Ausgestorben waren die Dörfer, sie
waren ausgestorben in Israel, / bis du,
Debora, dich erhobst, / erhobst als Mutter
in Israel.

8 Die Helden Gottes verstummten: /
nicht einen Schild für fünf Städte, / für
vierzigtausend in Israel keine einzige Lan-
ze!

9 Es schlägt mein Herz für Israels Füh-
rer / mit allen, die sich willig erboten im
Volk. / Preist den Herrn!

10 Die ihr reitet auf weißen Eselinnen, /
die ihr auf Teppichen sitzt / und die ihr
geht auf dem Weg: Singt

11 zum Gesang der Fröhlichen / zwi-
schen den Tränken. / Dort preisen sie die
Heilstaten des Herrn, / die Heilstaten sei-
ner Herrschaft in Israel. / Das Volk des
Herrn zog hinunter zu den Toren.

12 Wach auf, wach auf, Debora! / Wach
auf, wach auf, sing ein Lied! / Sei mutig,
Barak, / und fange, die dich gefangen,
Abinoams Sohn!
13 Da zog Israel hinunter zu den Toren, /
das Volk des Herrn zog hinunter als Hel-
den zu ihm.
14 Efraims Fürsten sind in dem Tal, / dein
Bruder Benjamin ist unter den Deinen. /
Von Machir zogen Gebieter hinunter, /
von Sebulon, die den Herrschaftsstab
tragen.
15 Issachars Fürsten sind mit Debora /
und Naftali mit Barak, er folgt seinen
Spuren im Tal.
An den Bächen von Ruben / hält man
lange Beratung.
16 Was sitzt du da in der Hürde, / die
Flöten zu hören inmitten der Herden? /
An den Bächen von Ruben / hält man
lange Beratung.
17 Gilead bleibt sitzen jenseits des Jor-
dan, / und Dan, was verweilt es auf frem-
den Schiffen? / Ascher bleibt am Ufer des
Meeres, / ruhig wohnt es an seinen
Buchten.
18 Sebulon ist ein Volk, todesmutig, /
auch Naftali, auf den Höhen des Landes.
19 Könige kamen, sie stellten sich auf
zum Kampf, / Kanaans Könige haben
damals gekämpft / zu Taanach an den
Wassern Megiddos, / aber Beute an Silber
holten sie nicht.
20 Von der Höhe des Himmels kämpften
die Sterne, / von ihren Bahnen aus kämpf-
ten sie mit Sisera.
21 Der Kischonbach riss sie hinweg, / der
heilige Bach, der Kischonbach. / Tritt auf,
meine Seele, mit Macht!
22 Da stampften die Hufe der Pferde, /
im Galopp seine Hengste!
23 Verflucht Meros, spricht der Engel des
Herrn, / verflucht mit Flüchen seine
Bewohner, / denn sie sind sie nicht dem
Herrn zur Hilfe gekommen, / zur Hilfe
dem Herrn unter den Helden.
24 Gesegnet sei Jaël unter den Frauen, /
Hebers Frau, des Keniters, / unter den
Frauen im Zelt sei sie gesegnet!
25 Er bat um Wasser, sie gab ihm
Milch, / in der kostbaren Schale reichte
sie Rahm.
26 Die Hand streckte sie aus nach dem
Pflock, / die Rechte nach dem Hammer. /
Sie hat Sisera erschlagen, sein Haupt zer-
trümmert, / seine Schläfe durchbohrt und
zerschmettert.
27 Zu ihren Füßen ist er gestürzt, gefallen
liegt er da; / zu ihren Füßen ist er gestürzt,
gefallen. / Wohin er stürzte, da liegt er,
erschlagen.
28 Durchs Fenster beugt sich und späht /
Siseras Mutter, durchs Gitter: / Was zögert
sein Wagen zu kommen, / was zaudern
seine Gespanne?
29 Die Klügste ihrer Fürstinnen antwor-
tet ihr, / und sie wiederholt zu sich selbst:
30 Sicher holen sie, teilen sie Beute: / ein
Mädchen, zwei Mädchen für jeden Krie-
ger; / ein Gewand, zwei bunte Gewänder
für Sisera, / ein Tuch, zwei Tücher für
meinen Hals!
31 So sollen verderben alle deine Feinde,
o Herr! / Und die dich lieben, sollen sein
wie die Sonne, / wenn sie aufgeht in ihrer
Kraft! / Und das Land bekam Ruhe vierzig
Jahre lang.

Gideon

Israel wird von den Midianitern unterdrückt

6 Die Israeliten taten, was dem Herrn
missfiel. Der Herr gab sie sieben Jah-
re lang in die Hand Midians 2 und die
Hand Midians lastete schwer auf Israel.
Um vor Midian zu entkommen, flohen
die Israeliten in die Schluchten der Berge,
in Höhlen und Bergnester. 3 Immer, wenn
Israel gesät hatte, zogen Midian, Amalek
und die Söhne des Ostens herauf; sie zo-
gen herauf gegen Israel, 4 lagerten auf sei-
nem Land und vernichteten die Ernte des
Landes bis an den Rand von Gaza. Sie
ließen Israel nichts zum Leben, kein
Schaf, kein Rind, keinen Esel; 5 denn sie
kamen, sie und ihre Herden und ihre Zel-
te, so zahlreich wie die Heuschrecken;
zahllos waren sie und ihre Kamele und
sie fielen ins Land ein, um es zu verhee-
ren. 6 So brachte Midian Israel in großes
Elend und die Israeliten schrien zum
Herrn.

Ein Prophet tritt auf

7 Als die Israeliten wegen Midian zum
Herrn schrien, 8 da sandte der Herr einen
Propheten zu den Israeliten, der zu ihnen
sprach: So spricht der Herr, der Gott Isra-
els. Ich habe euch heraufgeführt aus Ägyp-
ten und euch herausgebracht aus dem

Haus der Knechtschaft. 9 Ich habe euch befreit aus der Hand der Ägypter und aus der Hand aller, die euch bedrängen. Ich habe sie vor euch her vertrieben, ich habe euch ihr Land gegeben 10 und habe zu euch gesagt: Ich bin der Herr, euer Gott. Ihr sollt nicht die Götter der Amoriter verehren, deren Land ihr bewohnt. Aber ihr habt nicht auf meine Stimme gehört.

Der Engel des Herrn erscheint Gideon

11 Es kam der Engel des Herrn und setzte sich unter die Terebinthe von Ofra, die dem Abiësriter Joasch gehörte. Gideon, sein Sohn, drosch gerade Weizen in der Kelter, um ihn vor Midian in Sicherheit zu bringen. 12 Da erschien ihm der Engel des Herrn und sprach zu ihm: Der Herr sei mit dir, starker Held! 13 Gideon antwortete ihm: Vergib, mein Herr: Wenn der Herr mit uns ist, warum hat uns all das getroffen? Wo sind alle die Wundertaten, von denen uns unsere Väter erzählen, wenn sie sagen: Hat uns der Herr nicht aus Ägypten heraufgeführt? Und nun hat der Herr uns verlassen und in die Hand Midians gegeben. 14 Da wandte sich der Herr zu ihm und sprach: Geh und befrei Israel mit deiner Kraft aus der Hand Midians. Bin ich es nicht, der dich sendet? 15 Gideon antwortete ihm: Vergib, mein Herr: Wie soll ich Israel retten? Meine Sippe ist die schwächste in Manasse und ich bin der Geringste im Haus meines Vaters. 16 Der Herr sprach zu ihm: Ich werde mit dir sein und du wirst Midian schlagen, als ob es nur ein einziger Mann wäre. 17 Gideon sprach zu ihm: Wenn ich in deinen Augen Gnade gefunden habe, dann gib mir ein Zeichen, dass du es bist, der mit mir redet. 18 Geh doch nicht fort von hier, bis ich wiederkomme. Meine Gabe will ich bringen und vor dir niederlegen. Er antwortete: Ich bleibe, bis du wiederkommst. 19 Gideon ging hin und bereitete ein Ziegenböckchen und aus einem Maß Mehl machte er ungesäuerte Brote. Das Fleisch gab er in einen Korb und die Brühe in einen Topf, dann brachte er das Ganze zu ihm unter die Terebinthe. Als er herantrat, 20 sprach der Engel des Herrn zu ihm: Nimm das Fleisch und die ungesäuerten Brote, leg sie auf den Felsen und gieß die Brühe weg! Gideon tat es. 21 Da streckte der Engel des Herrn das Ende des Stabes aus, den er in der Hand hielt, und berührte das Fleisch und die ungesäuerten Brote. Feuer entsprang aus dem Felsen, es verzehrte das Fleisch und die ungesäuerten Brote, und der Engel des Herrn entschwand seinen Augen. 22 Da sah Gideon, dass es der Engel des Herrn gewesen war, und er sprach: Ach, mein Herr! Habe ich also den Engel des Herrn gesehen von Angesicht zu Angesicht? 23 Der Herr antwortete ihm: Friede sei mit dir! Fürchte dich nicht, du sollst nicht sterben! 24 Und Gideon errichtete dort einen Altar für den Herrn und nannte ihn: Der Herr ist Friede. Dieser Altar steht in Ofra, der Stadt der Abiësriter, noch bis auf den heutigen Tag.

Gideon gegen Baal

25 Während jener Nacht sprach der Herr zu Gideon: Nimm das Mastkalb deines Vaters und zerstöre den Altar Baals, der deinem Vater gehört, und fälle den Kultpfahl daneben! 26 Dann bau oben auf dieser steilen Höhe einen Altar in rechter Weise für den Herrn, deinen Gott; nimm das Mastkalb und verbrenn es als Brandopfer mit dem Holz des Kultpfahls, den du gefällt hast! 27 Da nahm Gideon zehn Männer von seinen Knechten und tat, wie der Herr ihm befohlen hatte. Da er sich aber vor seiner Familie und den Leuten der Stadt fürchtete, es bei Tag zu tun, tat er es nachts. 28 Am nächsten Morgen standen die Leute der Stadt auf; da war der Altar Baals zerstört, der Kultpfahl daneben gefällt und das Mastkalb als Brandopfer auf dem neuen Altar dargebracht. 29 Und sie sprachen zueinander: Wer hat das getan? Sie forschten nach, erkundigten sich und sprachen: Gideon, der Sohn des Joasch, er hat das getan. 30 Da sagten die Leute der Stadt zu Joasch: Gib deinen Sohn heraus, er muss sterben, denn er hat den Altar Baals zerstört und den Kultpfahl daneben gefällt. 31 Joasch antwortete allen, die um ihn standen: Müsst ihr Baal verteidigen, müsst ihr ihm helfen? Jeder, der Baal verteidigt, soll bis zum Morgen sterben. Ist er ein Gott, dann soll er sich selbst verteidigen, weil Gideon seinen Altar zerstört hat. 32 An jenem Tag nannte man Gideon Jerubbaal, das heißt: Baal soll mit ihm streiten, denn er hat seinen Altar zerstört!

Das Aufgebot

33 Ganz Midian, Amalek und die Söhne des
Ostens sammelten sich, zogen über den
Jordan und lagerten in der Ebene Jesreel.
34 Der Geist des Herrn kam über Gideon, er
stieß in das Horn und die Abiësriter sam-
melten sich hinter ihm. 35 Er sandte Boten
durch ganz Manasse und auch dieses sam-
melte sich hinter ihm. Er sandte Boten
durch Ascher, Sebulon und Naftali und
sie kamen ihm entgegen.

Die Probe mit der geschorenen Wolle

36 Gideon sprach zu Gott: Wenn du wirk-
lich Israel durch meine Hand retten willst,
wie du gesagt hast, 37 siehe, ich lege gescho-
rene Wolle auf die Tenne: Wenn Tau auf
die geschorene Wolle fällt und der Boden
trocken bleibt, dann weiß ich, dass du Is-
rael durch meine Hand retten willst, wie
du gesagt hast. 38 Und so geschah es. Gide-
on erhob sich früh am folgenden Morgen,
drückte die geschorene Wolle aus und
presste den Tau, eine Schale voll Wasser,
aus der Wolle heraus. 39 Wiederum sprach
Gideon zu Gott: Zürne mir nicht, wenn
ich noch einmal rede! Erlaub, dass ich ein
letztes Mal die Probe mit der geschorenen
Wolle mache: Nur die geschorene Wolle
soll trocken sein und Tau soll auf dem gan-
zen Boden ringsum sein. 40 Und Gott tat so
in jener Nacht. Nur die geschorene Wolle
blieb trocken und Tau war auf dem ganzen
Boden ringsum.

Der Herr vermindert Gideons Heer

7 Jerubbaal, das ist Gideon, und das
ganze Volk, das mit ihm war, erho-
ben sich früh am Morgen und lagerten
bei der Harod-Quelle; das Lager Midians
lag nördlich von ihm am Hügel More im
Tal. 2 Da sprach der Herr zu Gideon: Das
Volk, das mit dir ist, ist zu zahlreich, als
dass ich Midian in seine Hand geben
könnte; Israel würde sich gegen mich rüh-
men und sagen: Meine eigene Hand hat
mich befreit! 3 So ruf nun dem Volk zu:
Wer Furcht hat und zittert, der kehre
um! Gideon stellte sie auf die Probe.
Zwanzigtausend Mann aus dem Volk
kehrten um und zehntausend blieben zu-
rück. 4 Der Herr sprach zu Gideon: Dieses
Volk ist immer noch zu zahlreich. Lass sie
ans Ufer des Wassers gehen, dort will ich
sie mustern. Von wem ich dir sage: Er ge-
he mit dir, der soll mit dir gehen. Und
jeder, von dem ich dir sage Er gehe nicht
mit dir, der soll nicht mit dir gehen. 5 Da
ließ Gideon das Volk ans Ufer des Was-
sers gehen und der Herr sprach zu ihm:
Alle, die das Wasser mit der Zunge lecken
wie ein Hund, die stelle auf die eine Seite.
Und alle, die sich hinknien, um zu trin-
ken, die stelle auf die andere Seite. 6 Die
Zahl derer, die das Wasser mit der Zunge
leckten, war dreihundert. Alles übrige
Volk hatte sich hingekniet, um zu trin-
ken. 7 Da sprach der Herr zu Gideon: Mit
den dreihundert Mann, die das Wasser
geleckt haben, will ich euch retten und
ich werde Midian in deine Hand geben.
Alle anderen sollen umkehren, jeder zu
sich nach Hause. 8 Dann nahm Gideon
die Verpflegung aus ihren Händen an
sich, ebenso ihre Widderhörner. Dann
entließ er alle Israeliten, einen jeden zu
seinem Zelt; nur die dreihundert behielt
er. Das Lager Midians befand sich unter-
halb von ihm im Tal.

Vorzeichen des Sieges

9 Während jener Nacht sprach der Herr zu
ihm: Auf, geh ins Lager hinunter, denn ich
gebe es in deine Hand. 10 Wenn du dich
aber fürchtest, es anzugreifen, dann geh
zuerst mit Pura, deinem Knecht, ins Lager
hinunter. 11 Höre, was sie sagen; davon
wirst du gestärkt werden und gegen das
Lager ziehen. Er ging also mit Pura, sei-
nem Knecht, hinunter zu den Lagerwa-
chen. 12 Midian, Amalek und alle Söhne
des Ostens waren in das Tal eingefallen,
so zahlreich wie Heuschrecken; zahllos
waren ihre Kamele, wie der Sand am Ufer
des Meeres. 13 Gideon kam also hin und da
erzählte gerade einer seinem Kameraden
einen Traum; er sprach: Ich hatte einen
Traum: Ein Laib Gerstenbrot rollte ins La-
ger von Midian, erreichte das Zelt, stieß es
um und kehrte das Unterste zuoberst.
14 Sein Kamerad antwortete ihm: Das kann
nichts anderes sein als das Schwert des Is-
raeliten Gideon, des Sohnes des Joasch.
Gott hat Midian und sein ganzes Lager in
seine Hand gegeben. 15 Als Gideon die Er-
zählung des Traumes und seine Deutung
hörte, warf er sich nieder; dann kehrte er
in das Lager Israels zurück und sprach:
Auf, denn der Herr hat das Lager Midians
in euere Hand gegeben!

Der Überfall

16 Gideon teilte die dreihundert Mann in
drei Abteilungen. Er gab allen Widderhör-
ner und Krüge mit Fackeln 17 und sprach
zu ihnen: Passt auf und macht es so wie
ich. Wenn ich an den Rand des Lagers ge-
kommen bin, dann macht es ebenso wie
ich. 18 Ich werde ins Horn stoßen, ich und
alle, die mit mir sind; dann sollt auch ihr
rings um das Lager ins Horn stoßen und
rufen: Für den Herrn und für Gideon!
19 Gideon und die einhundert Mann, die
mit ihm waren, kamen an den Rand des
Lagers zu Beginn der mittleren Nacht-
wache, als man gerade die Wachen auf-
stellte; sie stießen ins Horn und zerschlu-
gen die Krüge, die sie in der Hand hatten.
20 Da stießen die drei Abteilungen ins Horn
und zerschlugen ihre Krüge; mit der Lin-
ken ergriffen sie die Fackeln, mit der Rech-
ten die Hörner zum Blasen und riefen: Für
den Herrn und Gideon! 21 Und sie blieben,
ein jeder auf seinem Platz, rings um das
Lager stehen. Da erwachte das ganze Lager
und laut schreiend ergriffen die Midianiter
die Flucht. 22 Während die dreihundert ins
Horn stießen, bewirkte der Herr, dass ein
jeder im Lager das Schwert gegen seinen
Kameraden kehrte. Alle flohen bis nach
Bet-Schitta in Richtung Zereda, bis an das
Ufer von Abel-Mehola gegenüber von Tab-
bat.

Die Verfolgung der Midianiter

23 Die Israeliten von Naftali, Ascher und
ganz Manasse sammelten sich und ver-
folgten Midian. 24 Gideon sandte Boten in
das ganze Gebirge Efraim und ließ sagen:
Zieht hinunter, Midian entgegen, und be-
setzt vor ihnen die Wasserstellen bis nach
Bet-Bara und den Jordan. Alle Leute von
Efraim sammelten sich und besetzten die
Wasserstellen bis nach Bet-Bara und den
Jordan. 25 Sie nahmen die beiden Midia-
niterfürsten Oreb (Rabe) und Seëb (Wolf)
gefangen; Oreb töteten sie am Rabenfelsen
und Seëb an der Wolfskelter. Sie verfolg-
ten Midian und brachten die Köpfe von
Oreb und Seëb zu Gideon über den Jordan
hinüber.

Die eifersüchtigen Efraimiter

8 Nun sprachen die Leute von Efraim
zu Gideon: Was ist das für eine Art,
an uns zu handeln? Warum hast du uns
nicht gerufen, als du auszogst, um gegen
Midian zu kämpfen? Und sie stritten hef-
tig mit ihm. 2 Er antwortete ihnen: Was ha-
be ich schon getan, verglichen mit euch?
Ist die Nachlese Efraims nicht mehr als
die Weinlese Abiësers? 3 In euere Hand
hat der Herr die Midianiterfürsten Oreb
und Seëb gegeben. Was konnte ich schon
tun, verglichen mit dem, was ihr voll-
bracht habt? Bei diesen Worten legte sich
ihr Zorn gegen ihn.

Verfolgung der Midianiter über den Jordan

4 Als Gideon an den Jordan kam, ging er
hinüber, er aber und die dreihundert Män-
ner, die er bei sich hatte, waren erschöpft
und hungrig. 5 Darum sprach er zu den
Leuten von Sukkot: Gebt mir doch einige
Laibe Brot für die Leute, die mir folgen,
denn sie sind erschöpft; ich verfolge ja Se-
bach und Zalmunna, die Könige von Mi-
dian. 6 Aber die Anführer von Sukkot ant-
worteten: Sind denn die Hände von
Sebach und Zalmunna schon in deiner
Faust, dass wir deinem Heer Brot geben
sollten? 7 Gideon erwiderte: Also gut; wenn
der Herr Sebach und Zalmunna in meine
Hand gegeben hat, werde ich eueren Leib
mit Wüstendornen und Stacheln zerfet-
zen. 8 Von dort zog er nach Penuël und
stellte die gleiche Bitte an sie, doch die
Leute von Penuël antworteten so, wie die
Leute von Sukkot geantwortet hatten.
9 Auch zu den Leuten von Penuël erwiderte
er: Wenn ich als Sieger zurückkomme,
werde ich diesen Turm niederreißen.

10 Sebach und Zalmunna waren in Kar-
kor mit ihrem Heer, etwa fünfzehntausend
Mann; das war alles, was vom ganzen Heer
der Söhne des Ostens übrig geblieben war.
Die Zahl der Gefallenen betrug einhun-
dertundzwanzigtausend Krieger. 11 Gideon
zog auf der Beduinenstraße östlich von
Nobach und Jogboha hinauf und schlug
das Heer, als es sich in Sicherheit glaubte.
12 Sebach und Zalmunna flohen. Er ver-
folgte sie und nahm die beiden Könige
von Midian, Sebach und Zalmunna, ge-
fangen. Das Heer aber vernichtete er völ-
lig.

Gideons Rache

13 Nach dem Kampf kehrte Gideon von
Maale-Heres zurück. 14 Da griff er sich
einen jungen Mann von den Leuten von

Sukkot und fragte ihn aus. Er musste ihm
die Namen der Anführer und Ältesten von
Sukkot aufschreiben, siebenundsiebzig
Mann. 15 Darauf begab sich Gideon zu den
Leuten von Sukkot und sprach: Da sind
Sebach und Zalmunna, deretwegen ihr
mich verhöhnt habt, indem ihr sagtet:
Sind denn die Hände von Sebach und Zal-
munna schon in deiner Faust, dass wir
deinen erschöpften Leuten Brot geben
sollten? 16 Dann packte er die Ältesten der
Stadt und ließ die Leute von Sukkot mit
Wüstendornen und Stechdisteln auspeit-
schen. 17 Den Turm von Penuël riss er nie-
der und die Bewohner der Stadt brachte er
um. 18 Dann sprach er zu Sebach und Zal-
munna: Wie war es denn mit jenen Män-
nern, die ihr am Tabor getötet habt? Sie
antworteten: Dir sahen sie ähnlich, ein
jeder sah aus wie ein Königssohn. 19 Da
sprach er: Meine Brüder waren es, die
Söhne meiner Mutter. So wahr der Herr
lebt: Hättet ihr sie am Leben gelassen, so
würde ich euch nicht töten. 20 Und er be-
fahl Jeter, seinem ältesten Sohn: Auf,
schlag sie tot! Aber der Knabe zog sein
Schwert nicht, er wagte es nicht, denn er
war noch ein Knabe. 21 Da sprachen Sebach
und Zalmunna: Auf, erschlage du uns,
denn wie der Mann, so seine Kraft. Da
stand Gideon auf und schlug Sebach und
Zalmunna tot und nahm die kleinen Mon-
de ab, die am Hals ihrer Kamele hingen.

Ablehnung der Königswürde. Gideons Tod

22 Die Leute von Israel sprachen zu Gideon:
Werde Herrscher über uns, du und dein
Sohn und deines Sohnes Sohn, denn du
hast uns aus der Hand Midians gerettet.
23 Gideon aber antwortete ihnen: Ich werde
nicht Herrscher über euch noch mein
Sohn, denn der Herr soll Herrscher über
euch sein. 24 Und Gideon sprach zu ihnen:
Lasst mich eine Bitte an euch richten.
Jeder von euch soll mir einen Ring aus sei-
ner Beute geben. Die Besiegten hatten
nämlich goldene Ringe, denn sie waren Is-
maeliter. 25 Sie antworteten: Gern. Er brei-
tete also seinen Mantel aus und sie warfen
jeder einen Ring darauf, den sie aus ihrer
Beute genommen hatten. 26 Das Gewicht
der goldenen Ringe, die er gefordert hatte,
betrug eintausendsiebenhundert Schekel
Gold, abgesehen von den kleinen Monden,
den Ohrgehängen und den Purpurklei-
dern, die die Könige von Midian trugen,
auch abgesehen von den Ketten, die an
den Hals ihrer Kamele hingen. 27 Gideon
machte daraus ein Efod, das er in seiner
Stadt Ofra aufstellte. Und ganz Israel trieb
damit Abgötterei. Es wurde zum Fallstrick
für Gideon und sein ganzes Haus.

28 So wurde Midian vor den Israeliten
gedemütigt. Es erhob nicht mehr sein
Haupt und das Land bekam Ruhe vierzig
Jahre lang, solange Gideon lebte. 29 Jerub-
baal, der Sohn des Joasch, ging also heim
und blieb bei seiner Familie. 30 Gideon hat-
te siebzig Söhne, die von ihm abstammten,
denn er hatte viele Frauen. 31 Auch seine
Nebenfrau, die er in Sichem hatte, gebar
ihm einen Sohn, den nannte er Abimelech.
32 Gideon, der Sohn des Joasch, starb nach
einem glücklichen Alter und man begrub
ihn im Grab des Joasch, seines Vaters, in
Ofra, der Stadt der Abiësriter.

Israels Rückfall

33 Nach dem Tod Gideons begannen die Is-
raeliten wiederum, sich den Baalen preis-
zugeben, und sie machten sich Baal-Berit
(Baal des Bundes) zum Gott. 34 Die Israeli-
ten gedachten nicht mehr des Herrn, ihres
Gottes, der sie aus der Hand all ihrer Fein-
de ringsum befreit hatte. 35 Auch dem Haus
Jerubbaal-Gideon erwiesen sie nicht den
gebührenden Dank trotz all des Guten,
das es an Israel getan hatte.

Abimelechs Königtum

Abimelech wird König

9 Abimelech, der Sohn Jerubbaals, be-
gab sich nach Sichem zu den Brüdern
seiner Mutter und redete zu ihnen und zur
ganzen Sippe des Hauses seiner Mutter
und sprach: 2 Redet doch allen Bürgern
von Sichem zu und sagt: Was ist euch lie-
ber: sollen siebzig Mann, alle Söhne Jerub-
baals, oder soll nur ein einziger über euch
herrschen? Denkt daran, dass ich von eue-
rem Fleisch und Bein bin! 3 Die Brüder sei-
ner Mutter redeten genauso von ihm zu
allen Bürgern von Sichem und ihr Herz
neigte sich Abimelech zu, denn sie sagten
sich: Er ist unser Bruder! 4 Sie gaben ihm
also siebzig Schekel Silber aus dem Tempel
des Baal-Berit und Abimelech warb damit
zu allem bereite, verwegene Männer an,
die sich ihm anschlossen. 5 Dann begab er

sich in das Haus seines Vaters nach Ofra
und brachte auf ein und demselben Stein
seine Brüder um, die Söhne Jerubbaals,
siebzig Mann. Jotam jedoch, der jüngste
Sohn Jerubbaals, entkam, denn er hatte
sich versteckt. 6 Da versammelten sich alle
Bürger von Sichem und Bet-Millo und sie
riefen bei der Eiche am Steinmal, das in
Sichem steht, Abimelech zum König aus.

Jotams Fabel

7 Dies meldete man Jotam. Da ging er hin,
stellte sich auf den Gipfel des Berges Garizim und rief zu ihnen mit lauter Stimme:

Hört auf mich, ihr Bürger Sichems, /
dann wird Gott auf euch hören!
8 Einst gingen die Bäume hin, / sich
einen König zu salben, der über sie herrsche. / Sie sprachen zum Ölbaum: / Sei
unser König!
9 Da sprach der Ölbaum zu ihnen: / Soll
ich mein Öl aufgeben, das Götter und
Menschen ehrt, / und hingehn, über den
Bäumen zu schwanken?
10 Da sprachen die Bäume zum Feigenbaum: / Komm, sei du unser König!
11 Da sprach der Feigenbaum zu ihnen: /
Soll ich mein Süßes aufgeben / und meine
herrliche Frucht / und hingehn, über den
Bäumen zu schwanken?
12 Da sprachen die Bäume zum Weinstock: / Komm, sei du unser König!
13 Da sprach der Weinstock zu ihnen: /
Soll ich meinen Wein aufgeben, / der Götter und Menschen erfreut, / und hingehn,
über den Bäumen zu schwanken?
14 Da sprachen alle Bäume zum Dornstrauch: / Komm, sei du unser König!
15 Da sprach der Dornstrauch zu allen
Bäumen: / Wollt ihr wirklich mich salben,
dass ich über euch herrsche, / dann
kommt, euch in meinem Schatten zu bergen. / Wenn nicht, dann geht Feuer vom
Dornstrauch aus / und frisst die Zedern
des Libanon.

16 Nun denn, wenn ihr treu und ehrlich
gehandelt und Abimelech zum König gemacht habt, wenn ihr gut gehandelt habt
an Jerubbaal und seinem Haus, wenn ihr
an ihm gehandelt habt nach dem Verdienst seiner Taten – 17 mein Vater hat ja
für euch gekämpft, sein Leben eingesetzt
und euch befreit aus der Hand Midians,
18 während ihr euch heute gegen das Haus
meines Vaters erhoben habt, seine Söhne,
siebzig Mann, auf einem Stein umgebracht
und über die Bürger von Sichem Abimelech zum König eingesetzt habt, den Sohn
seiner Magd, weil er euer Bruder ist 19 –,
wenn ihr also treu und ehrlich gehandelt
habt an Jerubbaal und seinem Haus, dann
sei Abimelech euere Freude und seid ihr
seine Freude. 20 Wenn nicht, dann gehe
Feuer von Abimelech aus und verzehre
die Bürger von Sichem und Bet-Millo und
Feuer gehe aus von den Bürgern von Sichem und von Bet-Millo und verzehre
Abimelech!

21 Dann ergriff Jotam die Flucht, rettete
sich vor seinem Bruder Abimelech und begab sich nach Beër; dort ließ er sich nieder.

Der Aufstand der Sichemiten

22 Abimelech herrschte drei Jahre lang über
Israel. 23 Dann sandte Gott einen Geist der
Zwietracht zwischen Abimelech und die
Bürger von Sichem und die Bürger von Sichem erhoben sich gegen Abimelech.
24 Auf ihn sollte das Verbrechen an den
siebzig Söhnen Jerubbaals zurückfallen;
ihr Blut sollte auf Abimelech, ihren Bruder, der sie umgebracht hatte, zurückfallen
und auch auf die Bürger von Sichem, die
ihm geholfen hatten, seine Brüder umzubringen. 25 Und die Vorsteher von Sichem
sandten Leute in einen Hinterhalt auf den
Höhen der Berge. Diese raubten jeden aus,
der bei ihnen auf dem Weg vorbeikam.
Das wurde Abimelech gemeldet. 26 Da
kam Gaal, der Sohn Ebeds, mit seinen
Brüdern nach Sichem und gewann das
Vertrauen der Bürger von Sichem. 27 Die
zogen aufs Feld hinaus, um in ihren Weinbergen Weinlese zu halten, kelterten, feierten Feste und gingen in den Tempel ihres
Gottes. Dort aßen sie und tranken und
verfluchten Abimelech. 28 Da rief Gaal, der
Sohn Ebeds: Wer ist Abimelech und was
ist Sichem, dass wir ihm dienen sollen?
Haben nicht der Sohn des Jerubbaal und
Sebul, sein Vogt, den Leuten Hamors, des
Vaters von Sichem, gedient? Warum sollten wir ihm denn dienen? 29 Wer wird mir
dieses Volk in die Hand geben? Dann würde ich schon Abimelech verjagen und zu
ihm sagen: Verstärke doch dein Heer und
rück zum Kampf aus! 30 Sebul, der Stadthauptmann, hörte die Worte des Gaal,
des Sohnes Ebeds, und wurde zornig darüber. 31 Er sandte Boten zu Abimelech nach

Aruma und ließ ihm sagen: Siehe, Gaal,
der Sohn Ebeds, ist mit seinen Brüdern
nach Sichem gekommen und sie hetzen
die Stadt gegen dich auf. 32 Darum brich
bei Nacht auf, du und die Leute, die mit
dir sind, und leg dich auf dem Feld in
einen Hinterhalt. 33 Brich am Morgen bei
Sonnenaufgang auf und rück gegen die
Stadt vor. Wenn dir dann Gaal mit seinen
Truppen entgegenzieht, so handle, wie es
sich ergibt 34 Da brach Abimelech mit allen
seinen Truppen bei Nacht auf und sie leg-
ten sich in vier Abteilungen gegenüber von
Sichem in einen Hinterhalt. 35 Als Gaal, der
Sohn Ebeds, hinausging und am Eingang
des Stadttors stehen blieb, brachen Abime-
lech und die Leute, die mit ihm waren, aus
ihrem Hinterhalt hervor. 36 Gaal erblickte
die Leute und sprach zu Sebul: Siehe, da
kommen Leute von den Höhen der Berge
herunter. Sebul antwortete ihm: Das ist
der Schatten der Berge, den hältst du für
Männer. 37 Doch Gaal sprach weiter: Siehe,
Leute kommen vom Nabel des Landes he-
runter und eine andere Abteilung rückt
auf dem Weg von der Orakel-Eiche heran.
38 Da sprach Sebul zu ihm: Wo ist denn
nun dein großes Maul? Du sagtest doch:
Wer ist Abimelech, dass wir ihm dienen
sollen? Sind das nicht die Leute, die du
verachtet hast? Zieh doch hinaus und
kämpf mit ihm! 39 Da zog Gaal an der Spit-
ze der Vorsteher von Sichem hinaus und
kämpfte mit Abimelech. 40 Abimelech ver-
folgte Gaal, der sich vor ihm rettete; viele
seiner Leute wurden erschlagen und fielen,
bevor sie das Tor erreichten. 41 Da kehrte
Abimelech nach Aruma zurück und Sebul
vertrieb Gaal und seine Brüder und ließ sie
nicht in Sichem wohnen.

Sichems Zerstörung und Eroberung des Migdal-Sichem

42 Am nächsten Morgen zog das Volk aufs
Feld hinaus; das es wurde Abimelech ge-
meldet. 43 Er nahm seine Leute, teilte sie in
drei Abteilungen und legte sich auf dem
Feld in einen Hinterhalt. Als er die Leute
aus der Stadt herauskommen sah, fiel er
über sie her und erschlug sie. 44 Während
Abimelech und die Abteilung, die mit
ihm war, hervorbrachen und sich am Ein-
gang des Stadttors aufstellten, warfen sich
die beiden anderen Abteilungen gegen al-
le, die auf dem Feld waren, und brachten
sie um. 45 Den ganzen Tag kämpfte Abime-
lech gegen die Stadt und nahm sie ein; die
Bewohner brachte er um, zerstörte die
Stadt und streute Salz darüber. 46 Auf diese
Nachricht hin zog sich die Besatzung der
Burg von Sichem in das Gewölbe des Tem-
pels des Bundesgottes zurück. 47 Sobald
Abimelech hörte, dass die ganze Besatzung
der Burg Sichem dort versammelt war,
48 stiegen er und alle seine Leute auf den
Berg Zalmon. Er nahm die Axt in die
Hand und hieb einen Busch ab, hob ihn
auf und lud ihn auf die Schulter und sagte
zu den Leuten, die bei ihm waren: Macht
mir schnell nach, was ich tue! 49 Da hieben
auch alle seine Leute einen Busch ab; dann
folgten sie Abimelech, schichteten das
Buschwerk im Untergeschoss auf das Ge-
wölbe und steckten es über der Besatzung
in Brand. So kam auch die ganze Besat-
zung der Burg von Sichem um, ungefähr
eintausend Männer und Frauen.

Belagerung von Tebez und Abimelechs Tod

50 Dann zog Abimelech nach Tebez, bela-
gerte die Stadt und nahm sie ein. 51 Mitten
in der Stadt aber gab es eine befestigte
Burg, wohin alle Männer und Frauen, alle
Bürger der Stadt, flohen. Sie schlossen das
Tor hinter sich zu und stiegen auf das
Dach der Burg. 52 Abimelech drang bis zur
Burg vor und griff sie an. Als er an das
Burgtor herantrat, um es in Brand zu ste-
cken, 53 warf ihm eine Frau einen Mühl-
stein auf den Kopf und zerschmetterte
ihm den Schädel. 54 Sogleich rief er seinen
Waffenträger und sprach zu ihm: Zieh
dein Schwert und töte mich, dass man
nicht von mir sage: Eine Frau hat ihn er-
schlagen! Sein Waffenträger durchbohrte
ihn und so starb er. 55 Als die Leute Israels
sahen, dass Abimelech tot war, ging jeder
zurück in seinen Heimatort.

56 So ließ Gott auf Abimelech das Ver-
brechen zurückfallen, das er an seinem
Vater getan hatte, indem er seine siebzig
Brüder erschlug. 57 Auch auf das Haupt
der Leute von Sichem ließ Gott alles Böse
zurückfallen. So kam über sie der Fluch
Jotams, des Sohnes Jerubbaals.

Tola und Jaïr. Untreue Israels

Tola

10 Nach Abimelech trat Tola auf, der
Sohn Puwas, des Sohnes Dodos,
um Israel zu retten. Er war aus Issachar
und wohnte in Schamir im Gebirge
Efraim. 2 Er war dreiundzwanzig Jahre lang
Richter in Israel, dann starb er und wurde
in Schamir begraben.

Jaïr

3 Nach ihm trat Jaïr aus Gilead auf, er war
zweiundzwanzig Jahre lang Richter in Is-
rael. 4 Er hatte dreißig Söhne, die dreißig
junge Esel ritten, und sie besaßen dreißig
Städte, die man die Zeltdörfer Jaïrs nennt
bis auf den heutigen Tag; sie liegen im
Land Gilead. 5 Dann starb Jaïr und wurde
in Kamon begraben.

Unterdrückung durch die Ammoniter

6 Und wiederum taten die Israeliten, was
dem Herrn missfiel. Sie dienten den Baa-
len und den Astarten sowie den Göttern
von Aram und Sidon, den Göttern von
Moab, den Göttern der Ammoniter und
der Philister. Sie verließen den Herrn und
dienten ihm nicht mehr. 7 Da entbrannte
der Zorn des Herrn gegen Israel und er
lieferte sie der Gewalt der Philister und
der Ammoniter aus. 8 Von jenem Jahr an
unterwarfen sie die Israeliten und unter-
drückten achtzehn Jahre lang alle Israe-
liten, die jenseits des Jordan im Amoriter-
land, in Gilead, wohnten. 9 Die Ammoniter
zogen über den Jordan, um auch gegen Ju-
da, Benjamin und das Haus Efraim zu
kämpfen, und Israel kam in höchste Be-
drängnis. 10 Da schrien die Israeliten zum
Herrn und sprachen: Wir haben gegen
dich gesündigt, denn wir haben den
Herrn, unseren Gott, verlassen, um den
Baalen zu dienen. 11 Da sprach der Herr
zu den Israeliten: Wenn euch die Ägypter
und die Amoriter, die Ammoniter und die
Philister, 12 die Sidonier, Amalek und Midi-
an unterdrückten und ihr dann zu mir ge-
schrien habt, habe ich euch nicht aus ihrer
Hand gerettet? 13 Ihr aber, ihr habt mich
verlassen und habt anderen Göttern ge-
dient. Darum will ich euch nicht mehr ret-
ten. 14 Geht und schreit doch zu den Göt-
tern, die ihr euch erwählt habt! Sollen die
euch doch retten in der Zeit euerer Be-
drängnis! 15 Die Israeliten antworteten
dem Herrn: Wir haben gesündigt! Handle
an uns, wie dir gut scheint, nur rette uns
heute! 16 Und sie entfernten die fremden
Götter aus ihrer Mitte und dienten dem
Herrn. Da ertrug der Herr nicht länger Is-
raels Not.

Jiftach

Jiftachs Wahl zum Richter

17 Die Ammoniter kamen zusammen und
lagerten in Gilead. Die Israeliten versam-
melten sich und lagerten in Mizpa. 18 Da
sprach das Volk, die Anführer von Gilead,
einer zum anderen: Wer ist der Mann, der
es aufnimmt, gegen die Söhne Ammons zu
kämpfen? Er soll das Haupt aller Bewoh-
ner von Gilead sein.

11 Jiftach, der Gileaditer, war ein star-
ker Kriegsmann. Er war der Sohn
einer Dirne, Gilead hatte Jiftach gezeugt.
2 Gileads Frau aber gebar ihm auch Söhne,
und als die Söhne dieser Frau größer wur-
den, verjagten sie Jiftach und sagten zu
ihm: Du hast keinen Anteil am Erbe unse-
res Vaters, denn du bist der Sohn einer
fremden Frau. 3 Da floh Jiftach vor seinen
Brüdern und ließ sich im Land Tob nieder.
Er sammelte eine Schar von haltlosen Leu-
ten um sich, die mit ihm zu Feld zogen.

4 Nach einiger Zeit begannen die Am-
moniter mit Israel zu kämpfen. 5 Als die
Ammoniter Israel angegriffen hatten,
machten sich die Ältesten von Gilead auf
den Weg, um Jiftach aus dem Land Tob zu
holen. 6 Sie sagten ihm: Komm, sei unser
Anführer, dann können wir mit den Am-
monitern kämpfen. 7 Aber Jiftach erwider-
te den Ältesten von Gilead: Habt ihr mich
nicht gehasst und aus dem Haus meines
Vaters verjagt? Warum kommt ihr zu mir,
jetzt, da ihr in Not seid? 8 Die Ältesten von
Gilead antworteten Jiftach: Eben deshalb
haben wir uns wieder dir zugewandt.
Komm mit uns und kämpf gegen die Am-
moniter; du sollst unser Haupt sein, das
Haupt aller Bewohner von Gilead. 9 Jiftach
erwiderte den Ältesten von Gilead: Wenn
ihr mich zurückholt, um gegen die Am-
moniter zu kämpfen, und der Herr sie an
mich ausliefert, dann werde ich euer
Haupt sein. 10 Die Ältesten von Gilead
sprachen zu Jiftach: Der Herr sei Zeuge
zwischen uns! Weh uns, wenn wir nicht

tun, wie du gesagt hast! 11 Da ging Jiftach
mit den Ältesten von Gilead; das Volk
stellte ihn an die Spitze als Haupt und An-
führer. Jiftach aber wiederholte alle seine
Bedingungen in Mizpa vor dem Herrn.

Jiftachs Verhandlungen mit den Ammonitern

12 Jiftach sandte Boten zum König der Am-
moniter und ließ ihm sagen: Was ist denn
zwischen dir und mir, dass du kommst
und Krieg führst in meinem Land? 13 Der
König der Ammoniter antwortete den Bo-
ten des Jiftach: Israel hat mir mein Land
vom Arnon bis zum Jabbok und zum Jor-
dan weggenommen, als es heraufzog von
Ägypten. Gib es jetzt freiwillig wieder he-
raus! 14 Da sandte Jiftach erneut Boten zum
König der Ammoniter 15 und ließ ihm sa-
gen: So spricht Jiftach: Israel hat weder das
Land Moabs noch das Land der Ammoni-
ter weggenommen. 16 Als es von Ägypten
heraufzog, da ist Israel in der Wüste bis
zum Schilfmeer gewandert und nach Ka-
desch gekommen. 17 Dann sandte Israel
Boten zum König von Edom und ließ ihm
sagen: Lass mich durch dein Land ziehen!,
aber der König von Edom hörte nicht da-
rauf. Man sandte auch Boten zum König
von Moab, auch er weigerte sich; so blieb
Israel in Kadesch. 18 Dann zog es durch die
Wüste, umging das Land Edoms und das
Land Moabs und kam in die Gegend öst-
lich des Landes von Moab. Das Volk lager-
te jenseits des Arnon, ohne die Grenze
Moabs zu überschreiten, denn der Arnon
ist die Grenze Moabs. 19 Dann sandte Israel
Boten zu Sihon, dem König der Amoriter,
der in Heschbon regierte, und Israel ließ
ihm sagen: Lass mich doch durch dein
Land ziehen bis zum Ort meiner Bestim-
mung. 20 Aber Sihon verweigerte Israel den
Durchzug durch sein Gebiet, er sammelte
sein ganzes Heer, das in Jahaz lagerte, und
begann den Kampf gegen Israel. 21 Der
Herr, der Gott Israels, gab Sihon und sein
ganzes Heer in die Hand Israels, sodass es
jene schlug, und Israel nahm das ganze
Land der Amoriter in Besitz, die in jener
Gegend wohnten. 22 So nahmen sie das
ganze Land der Amoriter in Besitz, vom
Arnon bis zum Jabbok und von der Wüste
bis zum Jordan. 23 Und nun, da der Herr,
der Gott Israels, die Amoriter vor seinem
Volk Israel vertrieben hat, nun willst du es
aus seinem Besitz vertreiben? 24 Ist es nicht
so: Wen Kemosch, dein Gott, vertreibt,
dessen Besitz nimmst du an dich? Wen
aber der Herr, unser Gott, vor uns ver-
treibt, dessen Besitz nehmen wir an uns.
25 Vollbringst du denn mehr als Balak, der
Sohn Zippors, der König von Moab? Hat
er mit Israel gestritten, hat er mit ihm
Krieg geführt? 26 Als Israel in Heschbon
und seinen Tochterstädten, in Aroër und
seinen Tochterstädten und in allen Städten
an den Ufern des Jordan dreihundert Jahre
lang wohnte, warum habt ihr sie in jener
Zeit nicht wieder an euch genommen?
27 Ich, ich habe nicht gegen dich gesündigt,
aber du, du tust mir Böses an, indem du
gegen mich Krieg führst. So richte denn
der Herr, der Richter, heute zwischen den
Söhnen Israels und den Söhnen Ammons!
28 Aber der König der Ammoniter hörte
nicht auf die Botschaft, die Jiftach ihm
übersandte.

Jiftachs Gelübde und sein Sieg

29 Der Geist des Herrn kam über Jiftach
und er zog durch Gilead und Manasse,
durchquerte Mizpa in Gilead; von Mizpa
in Gilead rückte er gegen die Ammoniter
vor. 30 Jiftach legte dem Herrn ein Gelübde
ab und sprach: Wenn du die Ammoniter
in meine Hand gibst, 31 dann soll dem
Herrn gehören, was mir zuerst aus der
Tür meines Hauses entgegenkommt, wenn
ich wohlbehalten vom Kampf gegen die
Ammoniter heimkehre. Ich will es als
Brandopfer darbringen. 32 Jiftach zog ge-
gen die Ammoniter, um sie anzugreifen,
und der Herr gab sie in seine Hand. 33 Er
schlug sie von Aroër bis nach Minnit und
bis nach Abel-Keramim, insgesamt zwan-
zig Städte. Es war eine gewaltige Nieder-
lage und die Ammoniter wurden vor den
Israeliten gedemütigt.

34 Als Jiftach nach Mizpa in sein Haus
kam, da trat seine Tochter heraus, ihm
entgegen, und tanzte zum Paukenklang.
Sie war sein einziges Kind; außer ihr hatte
er weder Sohn noch Tochter. 35 Als er sie
sah, zerriss er seine Kleider und rief: Ach,
meine Tochter, du machst mich nieder-
geschlagen! Ausgerechnet du bringst mich
ins Unglück! Ich habe mich selbst gebun-
den vor dem Herrn und kann nicht wider-
rufen. 36 Sie antwortete ihm: Mein Vater,
wenn du dich gebunden hast vor dem

Herrn, dann handle an mir nach dem Ge-
lübde, das du ausgesprochen hast, denn
der Herr hat dir Rache verliehen an deinen
Feinden, den Ammonitern. 37 Dann sprach
sie zu ihrem Vater: Diese Bitte sei mir ge-
währt! Lass mich noch zwei Monate lang
frei, dass ich hingehe und über die Berge
ziehe und mit meinen Freundinnen meine
Jugend beweine. 38 Er sprach zu ihr: Geh
hin!, und ließ sie für zwei Monate frei. So
ging sie hin, sie und ihre Freundinnen,
und beweinte ihre Jugend auf den Bergen.
39 Nach zwei Monaten kehrte sie zu ihrem
Vater heim und er vollzog an ihr das Ge-
lübde, das er ausgesprochen hatte. Sie hat-
te keinen Mann erkannt. Daher wurde es
Brauch in Israel, 40 dass alljährlich die
Töchter Israels hingehen und die Tochter
des Gileaditers Jiftach beklagen, vier Tage
im Jahr.

Krieg zwischen Efraim und Gilead.
Jiftachs Tod

12 Die Leute von Efraim sammelten
sich, zogen über den Jordan gegen
Zafon und sprachen zu Jiftach: Warum
bist du zum Kampf gegen die Ammoniter
gezogen und hast uns nicht aufgefordert,
mit dir zu gehen? Wir werden dich und
dein Haus in Brand stecken! 2 Jiftach ant-
wortete ihnen: Ich hatte schweren Streit,
mein Volk und ich, und die Ammoniter
bedrängten mich hart. Ich rief euch zu
Hilfe, aber ihr habt mich nicht aus ihrer
Hand gerettet. 3 Als ich sah, dass niemand
mir half, da setzte ich mein Leben aufs
Spiel, zog gegen die Ammoniter, und der
Herr gab sie in meine Hand. Warum seid
ihr also heute gegen mich heraufgezogen,
um mit mir zu kämpfen? 4 Und Jiftach
sammelte alle Männer von Gilead, kämpf-
te mit Efraim, und die Leute von Gilead
schlugen Efraim; denn diese sprachen:
Nur Flüchtlinge von Efraim seid ihr, ihr
Gileaditer, mitten in Efraim, mitten in Ma-
nasse. 5 Da besetzte Gilead vor Efraim die
Jordanfurten, und wenn ephraimitische
Flüchtlinge sagten: Lasst mich hinüber!,
fragten die Leute von Gilead: Bist du ein
Efraimiter? Antwortete er: nein, 6 dann
sagten sie zu ihm: Sag doch einmal Schib-
bolet! Da sagte er: Sibbolet, denn er konn-
te es nicht richtig aussprechen. Dann
packten sie ihn und erschlugen ihn an
den Jordanfurten. Auf diese Weise kamen
zweiundvierzigtausend Mann aus Efraim
um.
7 Jiftach war sechs Jahre lang Richter in
Israel, dann starb Jiftach, der Gileaditer,
und wurde in seiner Stadt in Gilead begra-
ben.

Weitere Richter

Ibzan

8 Nach ihm wurde Ibzan aus Betlehem
Richter in Israel. 9 Er hatte dreißig Söhne
und dreißig Töchter. Diese gab er nach
auswärts und ließ von auswärts dreißig
Schwiegertöchter für seine Söhne kom-
men. Er war sieben Jahre lang Richter in
Israel. 10 Dann starb Ibzan und wurde in
Betlehem begraben.

Elon

11 Nach ihm wurde Elon aus Sebulon Rich-
ter in Israel. Er war zehn Jahre lang Rich-
ter in Israel. 12 Dann starb Elon aus Sebu-
lon und wurde in Elon im Land Sebulon
begraben.

Abdon

13 Nach ihm wurde Abdon, der Sohn des
Hillel aus Piraton, Richter in Israel. 14 Er
hatte vierzig Söhne und dreißig Enkel, die
auf siebzig jungen Eseln ritten. Er war acht
Jahre lang Richter in Israel. 15 Dann starb
Abdon, der Sohn des Hillel aus Piraton,
und wurde zu Piraton im Land Efraim,
auf dem Amalekiterberg begraben.

Simson

Die Ankündigung der Geburt Simsons

13 Wiederum taten die Israeliten, was
dem Herrn missfiel, und der Herr
gab sie vierzig Jahre lang in die Hände der
Philister. 2 Da war ein Mann mit Namen
Manoach aus Zora aus der Sippe der Da-
niter. Seine Frau war unfruchtbar und hat-
te kein Kind bekommen. 3 Dieser Frau er-
schien der Engel des Herrn und sprach zu
ihr: Du bist unfruchtbar und hast kein
Kind bekommen. 4 Nun aber nimm dich
in Acht; trink keinen Wein und nichts Be-
rauschendes und iss nichts Unreines.
5 Denn du sollst schwanger werden und
einen Sohn gebären. Das Schermesser soll
nicht auf sein Haupt kommen, denn das
Kind wird vom Mutterleib an ein Gott ge-

weihter Nasiräer sein. Und er wird anfan-
gen, Israel aus der Hand der Philister zu
retten. 6 Die Frau ging zu ihrem Mann
und sprach: Ein Gottesmann ist zu mir ge-
kommen; er sah aus wie der Engel Gottes,
so furchtbar war er. Ich habe ihn nicht ge-
fragt, woher er kam, und er hat mir seinen
Namen nicht genannt. 7 Aber er sprach zu
mir: Du sollst schwanger werden und
einen Sohn gebären. Darum trink von
nun an keinen Wein und nichts Berau-
schendes und iss nichts Unreines, denn
das Kind soll vom Mutterleib an bis zum
Tag seines Todes ein Gott geweihter Nasi-
räer sein!

8 Da betete Manoach zum Herrn und
sprach: Ich bitte dich, Herr! Möge der
Mann, den du sandtest, noch einmal zu
uns kommen und uns belehren, was wir
mit dem Kind tun müssen, das geboren
werden soll. 9 Der Herr erhörte Manoach
und der Engel des Herrn kam erneut zu
der Frau, als sie gerade auf dem Feld war;
Manoach, ihr Mann, war nicht bei ihr.
10 Schnell lief sie hin, um es ihrem Mann
zu erzählen, und sprach zu ihm: Siehe,
der Mann ist mir erschienen, der schon
einmal zu mir gekommen war. 11 Manoach
stand auf, folgte seiner Frau, kam zu dem
Mann und sprach zu ihm: Bist du der
Mann, der zu meiner Frau gesprochen
hat? Und er antwortete: Ich bin es. 12 Da
sprach Manoach: Wenn sich dein Wort er-
füllen wird, wie sollen wir den Knaben er-
ziehen? 13 Der Engel des Herrn antwortete
Manoach: Von allem, was ich dieser Frau
untersagt habe, soll sie sich enthalten. 14 Sie
genieße nichts, was vom Weinstock
stammt, sie trinke keinen Wein und nichts
Berauschendes, sie esse nichts Unreines
und halte alles, was ich ihr geboten habe.
15 Da sprach Manoach zum Engel des
Herrn: Erlaube, dass wir dich einladen
und ein Ziegenböcklein für dich bereiten.
Manoach wusste nämlich nicht, dass es
der Engel des Herrn war. 16 Aber der Engel
des Herrn sprach zu Manoach: Selbst
wenn du mich einlädst, werde ich nicht
von deinem Mahl essen; aber wenn du ein
Brandopfer bereiten willst, dann bringe es
dem Herrn dar. 17 Da sprach Manoach zum
Engel des Herrn: Wie ist dein Name, damit
wir dich, wenn sich dein Wort erfüllt, eh-
ren können? 18 Der Engel des Herrn ant-
wortete ihm: Warum fragst du nach mei-
nem Namen? Er ist geheimnisvoll. 19 Da
nahm Manoach das Ziegenböckchen so-
wie das Speiseopfer und brachte es als
Brandopfer auf dem Felsen dar für den
Herrn, der Geheimnisvolles tut. 20 Als die
Flamme vom Altar zum Himmel empor-
stieg, stieg der Engel des Herrn in dieser
Flamme vor den Blicken Manoachs und
seiner Frau empor und sie fielen mit ihrem
Gesicht auf die Erde nieder. 21 Von da an
erschien der Engel des Herrn dem Mano-
ach und seiner Frau nicht mehr. Da begriff
Manoach, dass es der Engel des Herrn ge-
wesen war. 22 Manoach sprach zu seiner
Frau: Wir sind des Todes, denn wir haben
Gott geschaut. 23 Seine Frau antwortete
ihm: Wenn der Herr uns hätte töten wol-
len, hätte er nicht aus unserer Hand
Brandopfer und Speiseopfer angenommen
und uns jetzt nicht solche Dinge angewie-
sen.

24 Die Frau gebar einen Sohn und sie
nannte ihn Simson. Das Kind wuchs he-
ran, der Herr segnete es 25 und der Geist
des Herrn begann ihn umzutreiben im La-
ger von Dan zwischen Zora und Eschtaol.

Simsons Heirat

14 Simson kam nach Timna hinunter
und sah dort eine Frau unter den
Töchtern der Philister. 2 Er kam wieder he-
rauf, berichtete es seinem Vater und seiner
Mutter und sprach: Ich habe in Timna un-
ter den Töchtern der Philister eine Frau
gesehen. Gebt sie mir jetzt zur Frau! 3 Sein
Vater und seine Mutter sprachen zu ihm:
Gibt es denn keine Frau unter den Töch-
tern deiner Stammesbrüder und in mei-
nem ganzen Volk, dass du eine Frau von
diesen unbeschnittenen Philistern hei-
raten musst? Aber Simson antwortete sei-
nem Vater: Gib mir diese, denn sie gefällt
mir! 4 Sein Vater und seine Mutter wussten
nicht, dass es so vom Herrn geplant war;
er suchte nämlich nach einem Anlass zum
Streit mit den Philistern, denn in jener
Zeit herrschten die Philister über Israel.

5 Simson ging nach Timna hinunter, und
als er zu den Weinbergen von Timna kam,
sah er einen jungen Löwen, der ihm brül-
lend entgegen sprang. 6 Da kam der Geist
des Herrn über ihn. Mit bloßen Händen
riss Simson den Löwen in Stücke, wie
man ein Böckchen in Stücke reißt. Er er-
zählte aber weder seinem Vater noch sei-

ner Mutter, was er getan hatte. 7 Er ging
hinunter, redete mit der Frau und sie gefiel
ihm. 8 Einige Zeit danach kam er wieder,
um sie zu heiraten. Er machte einen Um-
weg, um nach den Resten des Löwen zu
sehen. Da fand sich im Gerippe des Löwen
ein Bienenschwarm und Honig. 9 Er sam-
melte den Honig in seine Hand und aß da-
von im Weitergehen. Als er zu seinem Va-
ter und seiner Mutter zurückkam, gab er
ihnen davon und sie aßen; aber er sagte
ihnen nicht, dass er ihn aus dem Gerippe
des Löwen gesammelt hatte. 10 Dann ging
er zu seiner Frau hinunter, und sie mach-
ten dort für Simson ein Fest, sieben Tage
lang, denn so pflegten es die jungen Leute
zu tun. 11 Aber da man ihn fürchtete, such-
ten sie dreißig Gefährten aus, die bei ihm
blieben.

Simsons Rätsel

12 Da sprach Simson zu ihnen: Ich will euch
ein Rätsel aufgeben. Wenn ihr mir die Lö-
sung im Lauf der sieben Festtage sagt, gebe
ich euch dreißig Leinengewänder und
dreißig Festkleider. 13 Wenn ihr mir aber
die Lösung nicht sagen könnt, dann gebt
ihr mir dreißig Leinengewänder und drei-
ßig Festkleider. Sie antworteten ihm: Gib
uns dein Rätsel auf, wir hören. 14 Er sprach
also zu ihnen: Vom Fresser ging Speise
aus, vom Starken ging Süßes aus. Aber drei
Tage lang konnten sie das Rätsel nicht lö-
sen. 15 Am vierten Tag sprachen sie zur
Frau Simsons: Überrede deinen Mann,
dass er dir die Lösung des Rätsels sagt,
sonst verbrennen wir dich samt dem Haus
deines Vaters. Habt ihr uns denn hierher
geladen, um uns auszuplündem? 16 Da
weinte die Frau Simsons an seinem Hals
und sprach: Du magst mich nicht und
liebst mich nicht. Du hast den Söhnen
meines Volkes ein Rätsel aufgegeben und
mir hast du es nicht gesagt. Er antwortete
ihr: Nicht einmal meinem Vater und mei-
ner Mutter habe ich es gesagt und dir soll-
te ich es sagen? 17 Da weinte sie an seinem
Hals sieben Tage lang, solange ihr Fest
dauerte. Am siebten Tag sagte er ihr die
Lösung, weil sie ihm so zusetzte, sie aber
verriet die Lösung des Rätsels den Söhnen
ihres Volkes. 18 Am siebten Tag, bevor er in
die Schlafkammer ging, sagten die Leute
der Stadt zu Simson Was ist süßer als der
Honig, was ist stärker als der Löwe? Er er-
widerte ihnen: Hättet ihr nicht mit meiner
Kuh gepflügt, mein Rätsel hättet ihr nicht
gelöst. 19 Da kam der Geist des Herrn über
ihn, er ging hinunter nach Aschkelon, tö-
tete dort dreißig Mann, nahm ihnen ihre
Kleider und gab die Gewänder denen, die
das Rätsel gelöst hatten; dann ging er
zornentbrannt in das Haus seines Vaters
zurück. 20 Simsons Frau aber wurde seinem
Freund gegeben, der ihm als Brautführer
gedient hatte.

Simson vernichtet die Ernte der Philister

15 Einige Zeit danach kam Simson,
seine Frau zu besuchen; er brachte
ihr ein Ziegenböckchen und sprach: Ich
möchte zu meiner Frau in die Kammer.
Aber ihr Vater erlaubte es ihm nicht, 2 viel-
mehr hielt er ihm entgegen: Ich dachte, du
magst sie nicht mehr, und so habe ich sie
deinem Freund gegeben. Aber ist ihre jün-
gere Schwester nicht schöner als sie? Sie
soll dir gehören anstelle der anderen!
3 Simson antwortete ihm: Diesmal habe
ich keine Schuld den Philistern gegenüber,
wenn ich ihnen Böses antue. 4 Da ging
Simson hin, fing dreihundert Füchse,
nahm Fackeln, band je zwei Füchse an
den Schwänzen zusammen und brachte
mitten zwischen den zwei Schwänzen eine
Fackel an. 5 Er zündete die Fackeln an und
ließ dann die Füchse in die Weizenfelder
der Philister los; er verbrannte die Garben
ebenso wie das Korn auf dem Halm und
selbst die Weinberge und Ölbäume. 6 Die
Philister fragten: Wer hat das getan?, und
man antwortete: Simson, der Schwieger-
sohn des Timniters, denn der hat ihm sei-
ne Frau weggenommen und sie seinem
Freund gegeben. Da zogen die Philister hi-
nauf und töteten die Frau und ihre Familie
im Feuer. 7 Da sprach Simson zu ihnen:
Wenn ihr dies tut, nun gut, dann werde
ich nicht ruhen, bis ich mich an euch ge-
rächt habe. 8 Er schlug ihnen mit gewalti-
gen Hieben die Knochen entzwei. Danach
ging er in die Felshöhle von Etam hinunter
und dort blieb er.

Der Sieg bei Lehi

9 Die Philister zogen hinauf, lagerten in
Juda und besetzten das Land bis nach Le-
hi. 10 Da sprachen die Leute von Juda zu
ihnen: Warum seid ihr gegen uns herauf-
gezogen? Sie antworteten: Um Simson zu

fangen, sind wir hinaufgezogen, um an
ihm zu tun, wie er an uns getan hat.
11 Da zogen dreitausend Mann von Juda
zur Felshöhle von Etam hinunter und
sprachen zu Simson: Weißt du nicht,
dass die Philister unsere Herren sind?
Was hast du uns da angetan? Er antwor-
tete ihnen: Was sie mir angetan haben,
das habe ich ihnen angetan. 12 Da spra-
chen sie zu ihm: Wir sind hinuntergezo-
gen, um dich zu fesseln und dich den
Philistern auszuliefern. Er sprach zu ih-
nen: Schwört mir, dass ihr selbst mich
nicht töten werdet. 13 Sie antworteten ihm:
Nein, wir wollen dich nur fesseln und
ihnen ausliefern, aber töten werden wir
dich nicht. Da banden sie ihn mit zwei
neuen Stricken und zogen ihn aus der
Felsenhöhle herauf. 14 Als er nach Lehi
kam und die Philister ihm mit Freuden-
geschrei entgegenliefen, kam der Geist
des Herrn über Simson; die Stricke an
seinen Armen wurden wie Fäden von
Flachs, die im Feuer verbrennen, und die
Fesseln schienen von seinen Händen zu
schmelzen. 15 Er fand einen frischen Esels-
kinnbacken, streckte seine Hand aus,
packte ihn und erschlug damit eintau-
send Mann. 16 Da sprach Simson:

Mit einem Eselskinnbacken schlug ich
sie blutig; / mit einem Eselkinnbacken
erschlug ich eintausend Männer.

17 Als er das gesagt hatte, warf er den
Kinnbacken aus der Hand; darum nannte
man jenen Ort Ramat-Lehi (Kinnbacken-
höhe). 18 Da verspürte er brennenden
Durst, er rief den Herrn an und sprach:
Du hast diesen großen Sieg durch die
Hand deines Knechtes gewirkt; muss ich
denn jetzt vor Durst sterben und doch in
die Hände der Unbeschnittenen fallen?
19 Da spaltete Gott die Höhle in Lehi und
es kam Wasser heraus. Simson trank, seine
Lebensgeister kehrten zurück und er lebte
auf. Darum nannte man jene Quelle Quel-
le des Rufers; sie ist noch in Lehi bis auf
den heutigen Tag.

Simson in Gaza

16 Von dort ging Simson nach Gaza;
er sah eine Dirne und kehrte bei
ihr ein. 2 Man teilte den Leuten von Gaza
mit: Simson ist hergekommen. Da streif-
ten sie umher und lauerten ihm am Stadt-
tor auf. Die ganze Nacht verhielten sie sich
ruhig, denn sie dachten: Warten wir, bis
der Morgen kommt; dann schlagen wir
ihn tot! 3 Simson aber blieb bis Mitternacht
liegen; um Mitternacht stand er auf, ergriff
die Flügel des Stadttors samt den beiden
Pfosten, hob sie mit dem Riegel aus und
lud sie sich auf die Schulter; dann trug er
sie auf den Gipfel des Berges, der Hebron
gegenüber liegt.

Simson und Delila

4 Danach verliebte er sich in eine Frau im
Tal Sorek; sie hieß Delila. 5 Die Fürsten
der Philister gingen zu ihr und sagten zu
ihr: Betör ihn und bring heraus, woher
seine außergewöhnliche Kraft stammt,
womit wir ihn überwältigen und fesseln
können, um ihn machtlos zu machen.
Jeder von uns wird dir auch elfhundert
Silberschekel geben. 6 Delila sprach zu
Simson: Sag mir doch, woher deine Kraft
so groß ist und womit man dich fesseln
müsste, um dich machtlos zu machen.
7 Simson antwortete ihr: Wenn man mich
mit sieben frischen Bogensehnen fesselt,
die man noch nicht trocknen ließ, dann
verliere ich meine Kraft und ich werde
schwach wie jeder andere Mensch. 8 Die
Fürsten der Philister brachten Delila sie-
ben frische Bogensehnen, die noch nicht
getrocknet waren, und sie fesselte ihn da-
mit, während 9 Aufpasser in ihrer Kam-
mer versteckt waren. Nun rief sie ihm
zu: Die Philister sind über dir, Simson!
Da zerriss er die Bogensehnen, wie ein
Zwirnfaden reißt, wenn er ans Feuer
kommt. So blieb das Geheimnis seiner
Kraft unbekannt. 10 Da sprach Delila zu
Simson: Du hast mich getäuscht und be-
logen. Nun sag mir doch, womit man
dich fesseln müsste. 11 Er antwortete ihr:
Wenn man mich mit neuen Stricken fes-
selt, die noch nie benutzt wurden, dann
werde ich schwach wie jeder andere
Mensch 12 Da nahm Delila neue Stricke,
sie fesselte ihn damit und rief zu ihm:
Die Philister sind über dir, Simson!, wäh-
rend Aufpasser in ihrer Kammer ver-
steckt waren; da zerriss er die Stricke an
seinen Armen wie Fäden. 13 Delila sprach
zu Simson: Bis jetzt hast du mich ge-
täuscht und belogen. Sag mir doch, womit
man dich fesseln müsste. Er antwortete
ihr: Wenn du die sieben Locken auf mei-
nem Kopf mit den Kettfäden des Web-

stuhls verknüpfst und mit dem Pflock
festmachst, dann würde ich meine Kraft
verlieren und schwach wie jeder andere
Mensch werden. 14 Sie schläferte ihn ein,
dann verknüpfte sie die sieben Locken
seines Hauptes mit den Kettfäden, machte
sie mit dem Pflock fest und rief zu ihm:
Die Philister sind über dir, Simson! Er er-
wachte aus dem Schlaf und riss die Kett-
fäden samt dem Pflock heraus. So blieb
das Geheimnis seinem Kraft unbekannt.
15 Delila sprach zu ihm: Wie kannst du sa-
gen, dass du mich liebst, wenn dein Herz
nicht mit mir ist? Siehe, dreimal hast du
mich getäuscht und mir nicht gesagt, wo-
her deine Kraft so groß ist. 16 Als sie ihm
nun jeden Tag mit ihrem Gerede zusetzte
und ihn plagte, wurde es ihm zum Ster-
ben leid. 17 Er öffnete ihr sein ganzes Herz
und sprach zu ihr: Das Schermesser ist
nie über mein Haupt gekommen, denn
ich bin vom Mutterleib an ein Gott ge-
weihter Nasiräer. Wenn man mir die
Haare schert, dann würde ich meine Kraft
verlieren und schwach werden wie jeder
andere Mensch. 18 Da erkannte Delila,
dass er ihr sein ganzes Herz geöffnet hat-
te, sie rief die Fürsten der Philister und
sprach zu ihnen: Kommt dieses Mal, denn
er hat mir sein ganzes Herz geöffnet. Und
die Fürsten der Philister kamen zu ihr
und brachten das Geld mit. 19 Sie ließ ihn
auf ihren Knien einschlafen und rief dann
einen Mann, der die sieben Locken seines
Hauptes schor. Da begann er seine Kraft
zu verlieren und seine Stärke wich von
ihm. 20 Sie rief: Die Philister sind über dir,
Simson! Als er aus dem Schlaf erwachte,
sagte er sich: Ich werde wie die anderen
Male davonkommen und mich befreien.
Aber er wusste nicht, dass sich der Herr
von ihm abgewandt hatte. 21 Die Philister
ergriffen ihn, stachen ihm die Augen aus
und brachten ihn nach Gaza hinunter. Sie
fesselten ihn mit einer doppelten bronze-
nen Kette und er musste im Gefängnis die
Mühle drehen. 22 Unterdessen aber begann
das Haar, das man geschoren hatte, wie-
der zu wachsen.

Simsons Rache, sein Tod

23 Die Fürsten der Philister kamen zusam-
men, um Dagon, ihrem Gott, ein großes
Opfer darzubringen und Freudenfeste zu
feiern. Sie sprachen:

Unser Gott hat unseren Feind Simson /
in unsere Gewalt gegeben.

24 Sobald das Volk ihn sah, priesen sie
ihren Gott und sprachen:

Unser Gott hat unseren Feind in unsere
Gewalt gegeben, / der unser Land zur
Wüste gemacht / und viele von uns umge-
bracht hat!

25 Und als sie nun guter Dinge waren, rie-
fen sie: Lasst Simson kommen, wir wollen
unseren Spaß mit ihm treiben! Da ließ man
Simson aus dem Gefängnis kommen und
sie trieben mit ihm ihre Späße; dann stell-
ten sie ihn zwischen die Säulen. 26 Simson
sprach zu dem Knaben, der ihn an der
Hand hielt: Lass mich los, dass ich die Säu-
len betasten kann, auf denen das Haus
ruht, um mich daran anzulehnen. 27 Das
Haus aber war voll von Männern und
Frauen; alle Fürsten der Philister waren da
und auf dem Dach etwa dreitausend Män-
ner und Frauen, die sich den Spaß mit Sim-
son anschauten. 28 Da rief Simson zum
Herrn und sprach: Herr, denke an mich!
Nur noch dieses Mal verleih mir Kraft, dass
ich mich mit einem Schlag an den Philis-
tern wenigstens für eines von meinen bei-
den Augen räche. 29 Dann packte Simson
die beiden Mittelsäulen, auf denen das
Haus ruhte, und stemmte sich gegen sie,
gegen die eine mit seinem rechten Arm
und gegen die andere mit seinem linken
Arm, 30 und Simson sprach: So sterbe ich
mit den Philistern! Er drückte mit all seiner
Kraft, da stürzte das Haus zusammen über
den Fürsten und über allen Leuten, die da-
rin waren. Die er dadurch bei seinem Tod
tötete, waren zahlreicher als jene, die er in
seinem Leben getötet hatte. 31 Seine Brüder
und die ganze Familie seines Vaters kamen
herunter; sie nahmen ihn, brachten ihn
fort und begruben ihn zwischen Zora und
Eschtaol im Grab Manoachs, seines Vaters.
Er war zwanzig Jahre lang Richter in Israel.

Nachträge

Michas Heiligtum und das Heiligtum von Dan

Michas Privatheiligtum

17 Im Gebirge Efraim lebte ein Mann
mit Namen Micha. 2 Er sprach zu
seiner Mutter: Man hat dir elfhundert Sil-
berschekel weggenommen. Du hast da-
raufhin einen Fluch ausgesprochen, wie
ich mit meinen eigenen Ohren gehört ha-
be. Siehe, ich habe dieses Geld genommen.
Seine Mutter antwortete: Gesegnet sei
mein Sohn vom Herrn! 3 Da gab Micha
ihr die elfhundert Silberschekel zurück.
Da sprach seine Mutter: Ich erkläre feier-
lich, dieses Geld dem Herrn zu weihen,
und zwar aus meiner eigenen Hand für
einen Sohn, um daraus ein geschnitztes,
mit Metall überzogenes Gottesbild zu ma-
chen; nun gebe ich es dir zurück.
4 Doch er nahm das Geld nicht an. Da
nahm seine Mutter die zweihundert Sil-
berschekel und gab sie dem Metallschmel-
zer; er machte daraus ein geschnitztes, mit
Metall überzogenes Gottesbild, das im
Haus Michas aufgestellt wurde. 5 Micha
baute dafür ein Heiligtum, dann fertigte
er ein Efod und Terafim und setzte einen
seiner Söhne ein, dass er ihm als Priester
diente. 6 In jenen Tagen gab es keinen Kö-
nig in Israel und jeder tat, was ihm gefiel.
7 In Betlehem in Juda lebte ein junger
Mann aus der Sippe Judas; er war Levit
und lebte dort als Fremder. 8 Dieser Mann
verließ die Stadt Betlehem in Juda, um sich
irgendwo als Fremder niederzulassen. Auf
seiner Wanderung kam er in das Gebirge
Efraim ins Haus des Micha. 9 Micha fragte
ihn: Woher kommst du? Er antwortete
ihm: Ich bin ein Levit aus Betlehem in Juda
und bin auf der Wanderung, um mich ir-
gendwo als Fremder niederzulassen. 10 Da
sprach Micha zu ihm: Bleib bei mir und
sei mir Vater und Priester. Ich will dir zehn
Silberschekel im Jahr geben, dazu Klei-
dung und Nahrung. 11 Da willigte der Levit
ein, bei dem Mann zu bleiben, und der jun-
ge Mann wurde ihm wie einer seiner Söh-
ne. 12 Micha setzte den Leviten ein, der jun-
ge Mann wurde sein Priester und blieb im
Haus Michas. 13 Micha sprach: Nun weiß
ich, dass der Herr mir Gutes tun wird,
denn ich habe diesen Leviten als Priester.

Die Daniter auf Landsuche

18 In jenen Tagen gab es keinen König
in Israel. Damals suchte der
Stamm der Daniter Erbbesitz, um sich an-
zusiedeln, denn bis zu jenem Tag war ihm
unter den Stämmen Israels noch kein Erb-
besitz zugefallen. 2 Die Daniter sandten aus
ihrer Sippe fünf Männer, Kriegsleute aus
Zora und Eschtaol, um das Land zu erkun-
den und zu erforschen. Sie sprachen zu ih-
nen: Geht und erforscht das Land! Die
fünf Männer kamen in das Gebirge Efraim
bis zum Haus des Micha und dort ver-
brachten sie die Nacht. 3 Als sie beim Haus
Michas waren, erkannten sie die Stimme
des jungen Leviten, traten an ihn heran
und sprachen zu ihm: Wer hat dich hier-
hergebracht, was willst du hier, was
machst du hier? 4 Er antwortete ihnen:
Das und das hat Micha mit mir gemacht;
er hat mich in Lohn genommen und ich
diene ihm als Priester. 5 Da sprachen sie
zu ihm: Befrag doch Gott, ob uns die Reise
glücken wird, die wir unternehmen. 6 Der
Priester antwortete ihnen: Geht hin in
Frieden! Die Reise, die ihr unternehmt,
liegt vor den Augen des Herrn. 7 Die fünf
Männer brachen auf und kamen nach La-
jisch. Sie sahen, dass die Leute, die darin
wohnten, in Sicherheit lebten, nach der
Art der Sidonier, ruhig und still, und dass
ihnen nichts, was die Erde hervorbringt,
fehlte. Sie waren aber weit von den Sido-
niern entfernt und hatten auch nichts mit
den Aramäern zu tun. 8 Da kehrten sie zu
ihren Brüdern nach Zora und Eschtaol zu-
rück und man fragte sie: Was bringt ihr?
9 Sie antworteten: Auf! Lasst uns gegen sie
ziehen, denn wir haben das Land gesehen!
Es ist ausgezeichnet. Was zögert ihr noch?
Seid nicht faul und macht euch auf den
Weg nach Lajisch, um das Land zu er-
obern! 10 Wenn ihr hinkommt, werdet ihr
ein sorgloses Volk finden. Das Land ist
weiträumig; Gott hat eine Gegend in euere
Hand gegeben, wo nichts fehlt, was man
auf der Erde haben kann.

Die Wanderung der Daniter

11 Sie brachen also von dort auf, aus der
Sippe der Daniter, aus Zora und Eschtaol,
sechshundert Mann, zum Krieg gerüstet.
12 Sie zogen hinauf und lagerten in Kirjat-

Jearim in Juda. Darum heißt jener Ort
Dans Lager bis auf den heutigen Tag; er
liegt hinter Kirjat-Jearim. 13 Von da gingen
sie weiter ins Gebirge Efraim und kamen
zum Haus Michas. 14 Nun sagten die fünf
Männer, die gegangen waren, um das Land
zu erkunden, zu ihren Brüdern: Wisst ihr,
dass es in diesen Häusern ein Efod, Tera-
fim sowie ein geschnitztes, mit Metall
überzogenes Gottesbild gibt? Da wisst ihr,
was ihr zu tun habt! 15 Sie bogen ab, kamen
zum Haus des jungen Leviten, zum Haus
Michas, und grüßten ihn. 16 Während die
sechshundert bewaffneten Männer der
Daniter an der Türschwelle stehen blie-
ben, 17 traten die fünf Männer, die das Land
erkundet hatten, hinein und nahmen das
Schnitzbildnis mit dem Metallüberzug,
das Efod, die Terafim, während der Pries-
ter an der Türschwelle bei den sechshun-
dert bewaffneten Männern stehen blieb.
18 Als sie nun in das Haus Michas eindran-
gen und das geschnitzte, mit Metall über-
zogene Gottesbild, das Efod und die Tera-
fim nahmen, fragte sie der Priester: Was
macht ihr denn da? 19 Sie antworteten ihm:
Sei still! Halt deine Hand auf den Mund
und komm mit uns! Du sollst uns Vater
und Priester sein. Ist es besser für dich,
Priester im Haus eines Einzelnen zu sein
oder Priester eines Stammes und einer
Sippe in Israel? 20 Das überzeugte den
Priester; er nahm das Efod, die Terafim
und das geschnitzte, mit Metall überzoge-
ne Gottesbild und begab sich damit unter
die Leute. 21 Da kehrten sie wieder auf
ihrem Weg zurück und zogen weiter, mit
den Frauen und Kindern, den Herden und
ihrer wertvollen Habe an der Spitze. 22 Sie
waren schon weit von der Wohnung Mi-
chas entfernt, als die Leute, die in den
Häusern von Michas Nachbarschaft
wohnten, Alarm gaben und die Daniter
verfolgten. 23 Als sie hinter den Danitern
her riefen, wandten sich diese um und sag-
ten zu Micha: Was hast du, dass du so
schreist? 24 Er antwortete: Ihr habt mir
meinen Gott, den ich mir gemacht hatte,
genommen und auch noch den Priester.
Ihr zieht los und was bleibt mir? Wie
könnt ihr da zu mir sagen: Was hast du?
25 Die Daniter erwiderten ihm: Hör auf da-
mit! Sonst könnten erboste Männer über
euch herfallen und du würdest dein Leben
und das Leben deiner Familie aufs Spiel
setzen! 26 Die Daniter zogen weiter und da
Micha sah, dass sie stärker waren als er,
kehrte er um und ging nach Hause.

Besetzung von Lajisch. Gründung Dans und seines Heiligtums

27 Nachdem die Daniter so den Gott ge-
nommen hatten, den Micha angefertigt
hatte, und auch den Priester, der in seinen
Diensten stand, zogen sie gegen Lajisch,
gegen ein ruhiges und stilles Volk. Sie
schlugen die Bewohner mit der Schärfe
des Schwertes und steckten die Stadt in
Brand. 28 Niemand kam ihr zu Hilfe, denn
sie war weit von Sidon entfernt und hatte
auch mit den Aramäern nichts zu tun. Sie
lag im Tal von Bet-Rehob. Sie bauten die
Stadt wieder auf, ließen sich dort nieder
29 und nannten sie Dan, nach dem Namen
ihres Vaters Dan, der von Israel abstamm-
te. Ursprünglich jedoch hieß die Stadt La-
jisch. 30 Die Daniter stellten das Schnitzbild
bei sich auf. Jonatan, der Sohn Gerschoms,
des Sohnes des Mose, er und seine Nach-
kommen waren Priester des Stammes Dan
bis zu dem Tag, an dem die Bewohner des
Landes in Gefangenschaft weggeführt
wurden. 31 Sie stellten also das Schnitzbild,
das Micha gemacht hatte, bei sich auf; es
blieb so lange dort, wie das Gotteshaus in
Schilo bestand.

Das Verbrechen von Gibea und der Krieg gegen Benjamin

Der Levit aus Efraim und seine Nebenfrau

19 In jenen Tagen, als es noch keinen
König in Israel gab, lebte ein Levit
in der äußersten Ecke des Gebirges
Efraim. Er hatte sich eine Frau aus Betle-
hem in Juda zur Nebenfrau genommen.
2 Sie wurde auf ihn wütend und verließ ihn,
um in das Haus ihres Vaters nach Betle-
hem in Juda zurückzukehren, und dort
blieb sie eine Zeit lang, vier Monate. 3 Ihr
Mann brach auf und ging ihr nach, um ihr
gut zuzureden und sie zurückzubringen; er
hatte seinen Knecht und zwei Esel bei sich.
Die Frau brachte ihn in das Haus ihres Va-
ters. Als der Vater der jungen Frau ihn sah,
ging er ihm freudig entgegen. 4 Sein
Schwiegervater, der Vater der jungen Frau,
hielt ihn fest; er blieb bei ihm, sie aßen und
tranken und er übernachtete dort. 5 Am
vierten Tag standen sie früh am Morgen

auf und der Levit machte sich zur Abreise
fertig. Da sprach der Vater der jungen
Frau zu seinem Schwiegersohn: Stärke
dich und iss ein Stück Brot, dann könnt
ihr gehen. 6 Sie setzten sich und begannen
beide zusammen zu essen und zu trinken.
Dann sprach der Vater der jungen Frau zu
dem Mann: Willige doch ein und bleib
(noch) die Nacht hier und lass es dir gut
gehen. 7 Doch der Mann erhob sich, um
aufzubrechen, da redete der Schwieger-
vater auf ihn ein und er blieb noch die
Nacht da. 8 Auch am fünften Tag stand der
Levit früh am Morgen auf, um aufzubre-
chen, aber der Vater der jungen Frau
sprach zu ihm: Stärke dich doch erst! So
verloren sie Zeit bis zur Tagesneige und
sie aßen beide zusammen. 9 Dann machte
der Mann sich mit seiner Nebenfrau und
seinem Knecht zur Abreise fertig. Aber
sein Schwiegervater, der Vater der jungen
Frau, sprach zu ihm: Siehe, der Tag neigt
sich schon zum Abend. Bleib noch die
Nacht hier und lass es dir gutgehen. Mor-
gen früh könnt ihr dann aufbrechen und
du kannst zu deinem Zelt gelangen.
10 Aber der Mann wollte nicht über Nacht
bleiben, erhob sich, brach auf und kam bis
in die Gegend von Jebus, das ist Jerusalem.
Er hatte zwei gesattelte Esel bei sich sowie
seine Nebenfrau und seinen Knecht.

Das Verbrechen der Leute von Gibea

11 Als sie in der Nähe von Jerusalem waren,
war der Tag schon fast zu Ende gegangen.
Der Knecht sprach zu seinem Herrn:
Komm doch, wir wollen in der Stadt der
Jebusiter einkehren und dort die Nacht
verbringen. 12 Sein Herr antwortete ihm:
Gehen wir nicht in eine Stadt von Frem-
den, die keine Israeliten sind, sondern zie-
hen wir weiter bis nach Gibea! 13 Und wei-
ter sprach er zu seinem Knecht: Gehen wir
und suchen wir eine dieser Ortschaften
hier zu erreichen, um zu übernachten: Gi-
bea oder Rama. 14 So zogen sie weiter und
setzten ihren Weg fort. Als sie dicht bei
Gibea in Benjamin waren, ging die Sonne
unter. 15 Da bogen sie vom Weg ab, um in
Gibea zu übernachten. Als er angekom-
men war, setzte er sich auf den Marktplatz
der Stadt, aber niemand bot ihm sein Haus
zur gastlichen Aufnahme für die Nacht.
16 Da kam ein alter Mann am Abend
von seiner Feldarbeit. Er war vom Gebir-
ge Efraim und lebte als Fremder in Gi-
bea, während die Leute des Ortes Ben-
jaminiter waren. 17 Als er aufschaute,
erblickte er den Wanderer auf dem
Marktplatz der Stadt und der alte Mann
fragte ihn: Woher kommst du, wohin
gehst du? 18 Er antwortete ihm: Wir sind
auf dem Weg von Betlehem in Juda zur
äußersten Ecke des Gebirges Efraim. Von
dort stamme ich. Ich bin nach Betlehem
in Juda gegangen und kehre nach Hause
zurück, aber niemand hat mir gastliche
Aufnahme in seinem Haus angeboten.
19 Dabei haben wir Stroh und Futter für
unsere Esel, ich habe auch Brot und
Wein für mich, für deine Magd und für
den jungen Mann, der deinen Knecht be-
gleitet. Es fehlt uns an nichts. 20 Da sprach
der alte Mann: Sei willkommen! Lass
mich für alles, was dir fehlt, sorgen, aber
verbring nicht die Nacht auf dem Markt-
platz! 21 Er ließ sie also in sein Haus ein-
treten und gab den Eseln Futter. Die
Wanderer wuschen sich die Füße, dann
aßen und tranken sie. 22 Während sie sich
stärkten, da umringten Männer aus der
Stadt, übles Gesindel, das Haus, trommel-
ten gegen die Tür und sprachen zu dem
alten Mann, dem Hausherrn: Bring den
Mann heraus, der bei dir ist, damit wir
uns über ihn hermachen. 23 Da trat der
Hausherr zu ihnen heraus und sprach zu
ihnen: Nicht doch, meine Brüder, seid
keine Verbrecher, da dieser Mann als
Gast in mein Haus gekommen ist; begeht
nicht solch eine Schandtat! 24 Seht da mei-
ne Tochter, die Jungfrau, die will ich euch
überlassen; tut ihr Gewalt an und macht,
was euch gefällt, aber an diesem Mann
begeht keine solche Schandtat! 25 Doch
die Männer wollten nicht auf ihn hören.
Da nahm der Levit seine Nebenfrau und
brachte sie zu ihnen hinaus. Sie miss-
brauchten sie, taten ihr die ganze Nacht
bis zum Morgen Gewalt an und ließen sie
erst beim Morgengrauen los. 26 Gegen
Morgen kam die Frau und brach am Ein-
gang des Hauses des Mannes zusammen,
wo ihr Mann wohnte, und dort blieb sie
bis zum Tag.
27 Am Morgen erhob sich ihr Mann, öff-
nete die Tür des Hauses, ging hinaus, um
seines Weges zu ziehen, da sah er die Frau,
seine Nebenfrau, am Eingang des Hauses
liegen, die Hände auf der Schwelle. 28 Er

sprach zu ihr: Steh auf, lasst uns gehen! Doch sie gab keine Antwort. Da lud er sie auf seinen Esel und machte sich auf den Weg, um zu sich nach Hause zurückzukehren. 29 Zu Hause angekommen, nahm er sein Messer, ergriff seine Nebenfrau, zerteilte sie gliedweise in zwölf Stücke und sandte sie in das ganze Gebiet Israels. 30 Jeder, der es sah, sprach: Niemals ist so etwas geschehen und wurde nicht gesehen seit dem Tag, an dem die Israeliten aus dem Land Ägypten heraufgezogen sind, bis auf den heutigen Tag.

Die Versammlung in Mizpa

20 Da zogen alle Israeliten aus. Wie ein Mann versammelte sich die ganze Gemeinde von Dan bis Beerscheba und das Land Gilead beim Herrn in Mizpa. 2 Die Häupter des ganzen Volkes, alle Stämme Israels, stellten sich auf zur Versammlung des Volkes Gottes, viertausend Mann zu Fuß, mit Schwertern bewaffnet. 3 Die Benjaminiter erfuhren, dass die Israeliten nach Mizpa hinaufgezogen waren. Da sprachen die Israeliten: Berichtet uns, wie dieses Verbrechen begangen wurde. 4 Der Levit, der Mann der ermordeten Frau, ergriff das Wort und sprach: Ich bin mit meiner Nebenfrau nach Gibea in Benjamin gekommen, um dort die Nacht zu verbringen. 5 Die Bewohner von Gibea erhoben sich gegen mich und umringten während der Nacht das Haus, wo ich war; mich wollten sie töten und meiner Nebenfrau taten sie Gewalt an, sodass sie starb. 6 Da nahm ich meine Nebenfrau, zerteilte sie in Stücke und sandte sie in das ganze Gebiet des Erbes Israels, denn sie haben eine Schandtat in Israel begangen. 7 Seht, ihr seid alle da, Israeliten. Beratet euch und trefft hier die Entscheidung! 8 Das Volk erhob sich wie ein Mann und sprach: Niemand unter uns wird in sein Zelt gehen, niemand unter uns wird in sein Haus zurückkehren! 9 Nun seht, wie wir es mit Gibea machen wollen. Wir wollen das Los werfen 10 und dann werden wir aus allen Stämmen Israels zehn Mann auf einhundert, einhundert auf eintausend und eintausend auf zehntausend nehmen; sie sollen Lebensmittel für das Heer holen, für jene, die hingehen, Gibea in Benjamin zu bestrafen für die Schandtat, die es in Israel begangen hat. 11 So versammelten sich alle Leute Israels gegen die Stadt, vereint wie ein Mann.

12 Die Stämme Israels sandten Boten in den ganzen Stamm Benjamin und ließen sagen: Was ist das für ein Verbrechen, das unter euch begangen wurde? 13 Gebt also die Männer heraus, das üble Gesindel, das in Gibea ist, damit wir sie töten und so das Böse aus Israels Mitte fortschaffen. Aber die Benjaminiter wollten nicht auf ihre Brüder, die Israeliten, hören.

Der Kampf Israels gegen Benjamin

14 Sie verließen ihre Städte und versammelten sich in Gibea, um gegen die Israeliten zu kämpfen. 15 Die Benjaminiter, die aus den Städten kamen und an jenem Tag gemustert wurden, waren fünfundzwanzigtausend Mann, mit Schwertern bewaffnet, die Bewohner von Gibea nicht mitgezählt. 16 In diesem ganzen Heer gab es siebenhundert ausgewählte Männer, sie waren alle Linkshänder und konnten einen Stein haargenau schleudern, ohne ihr Ziel zu verfehlen. 17 Die Leute Israels wurden ebenfalls gemustert. Benjamin nicht mitgezählt, waren es vierhunderttausend Mann, mit Schwertern bewaffnet, alles streitbare Krieger. 18 Sie brachen auf und zogen hinauf nach Bet-El, um Gott zu befragen. Wer von uns soll als Erster in den Kampf gegen die Benjaminiter ziehen? fragten die Israeliten. Der Herr antwortete: Juda soll als Erster ziehen. 19 Am Morgen brachen die Israeliten auf und lagerten gegenüber von Gibea. 20 Sie rückten aus zum Kampf gegen Benjamin und stellten sich kampfbereit auf vor Gibea. 21 Aber die Benjaminiter zogen aus Gibea heraus und sie streckten an jenem Tag zweiundzwanzigtausend Israeliten zu Boden. 23 Die Israeliten kamen und weinten vor dem Herrn bis zum Abend, dann befragten sie den Herrn und sprachen: Sollen wir noch einmal den Kampf anfangen gegen die Söhne Benjamins, unseres Bruders? Der Herr antwortete: Zieht gegen ihn! 22 Da fasste das Heer der Leute Israels Mut und stellte sich kampfbereit auf, an derselben Stelle wie am ersten Tag. 24 Am zweiten Tag rückten also die Israeliten auf die Benjaminiter zu, 25 aber an diesem zweiten Tag kam Benjamin aus Gibea heraus, ihnen entgegen, und es streckte wiederum achtzehntausend Israeliten zu Boden, alles tap-

fere, mit Schwertern bewaffnete Krieger.
26 Da kamen alle Israeliten und das ganze
Volk nach Bet-El, weinten, saßen da vor
dem Herrn, fasteten den ganzen Tag bis
zum Abend und brachten Brandopfer
und Gemeinschaftsopfer dar vor dem
Herrn; 27 dann befragten die Israeliten den
Herrn. Die Bundeslade Gottes war dort in
jenen Tagen 28 und Pinhas, der Sohn Elea-
sars, des Sohnes Aarons, tat vor ihr Dienst
in jenen Tagen. Sie sprachen: Sollen wir
noch einmal zum Kampf mit den Söhnen
Benjamins, unseres Bruders, ausziehen
oder sollen wir es lassen? Der Herr ant-
wortete: Zieht aus, denn morgen werde
ich ihn in euere Hand geben.

Die Niederlage Benjamins

29 Da legte Israel Leute in einen Hinterhalt
rings um Gibea. 30 Am dritten Tag zogen
die Israeliten gegen die Benjaminiter und
stellten sich kampfbereit auf vor Gibea.
31 Die Benjaminiter rückten gegen sie aus
und ließen sich weit von der Stadt weg-
locken. Sie begannen wie die anderen Male
Leute vom Volk auf den Wegen zu er-
schlagen, von denen einer nach Bet-El,
der andere nach Gibeon hinaufführt; sie
töteten auf dem freien Feld etwa dreißig
Mann aus Israel. 32 Die Benjaminiter sag-
ten sich: Seht, sie werden wieder vor uns
geschlagen wie beim ersten Mal, aber die
Israeliten hatten sich gesagt: Wir wollen
fliehen und sie weit von der Stadt abziehen
auf die Wege. 33 Während dann der Groß-
teil des Heeres Israels seine Stellung ver-
lässt und sich kampfbereit bei Baal-Tamar
aufstellt, soll der Hinterhalt Israels aus sei-
ner Stellung westlich von Gibea hervor-
brechen. 34 Zehntausend ausgewählte Män-
ner aus ganz Israel rückten vor Gibea
heran. Der Kampf wurde hart; die Benja-
miniter merkten nicht, wie sie das Unheil
erreichte. 35 Der Herr schlug Benjamin vor
Israel und an jenem Tag töteten die Israe-
liten aus Benjamin fünfundzwanzigtau-
send Mann, alle mit Schwertern bewaffnet.
36 Die Benjaminiter sahen, dass sie geschla-
gen waren. Da gaben die Israeliten ihnen
Gelände preis. Sie vertrauten auf den Hin-
terhalt, den sie gegen Gibea gelegt hatten.
37 Die Leute im Hinterhalt brachen hervor
und stürmten Gibea und sie schlugen die
Stadt mit der Schärfe des Schwertes. 38 Die
Israeliten hatten mit den Männern im
Hinterhalt verabredet, sie sollten als Zei-
chen Rauch aus der Stadt aufsteigen las-
sen; 39 dann würden die Israeliten in der
Schlacht kehrt machen. Benjamin begann,
Israeliten zu erschlagen, etwa dreißig
Mann; sie sagten sich: Sicherlich werden
sie wieder vor uns geschlagen wie beim
ersten Kampf. 40 Aber da stieg eine Rauch-
säule aus der Stadt empor und als sich die
Benjaminiter umwandten, sahen sie, dass
die Stadt wie ein Ganzopfer zum Himmel
emporloderte. 41 Da machten die Leute von
Israel kehrt und die Benjaminiter erschra-
ken gewaltig, denn sie sahen das drohende
Unheil. 42 Sie flohen vor den Leuten Israels
in Richtung Wüste, aber die Kämpfenden
blieben ihnen auf den Fersen; jene, die aus
der Stadt kamen, nahmen sie in die Zange
und erschlugen sie. 43 Sie umzingelten die
Benjaminiter, verfolgten sie unaufhörlich
und machten sie nieder bis in die Gegend
östlich von Gibea. 44 Von Benjamin fielen
achtzehntausend Mann, alles Kriegsleute.
45 Die Überlebenden wandten sich um und
flohen in die Wüste nach Sela-Rimmon.
Auf den Wegen töteten die Israeliten noch
fünftausend Mann. Dann verfolgten sie
die Benjaminiter bis nach Gidom und tö-
teten von ihnen zweitausend Mann. 46 Die
Gesamtzahl der Benjaminiter, die an je-
nem Tag fielen, war fünfundzwanzigtau-
send Mann, mit Schwertern bewaffnet, al-
les Kriegsleute. 47 Sechshundert Mann
konnten in die Wüste nach Sela-Rimmon
fliehen. Dort blieben sie vier Monate. 48 Die
Leute von Israel kehrten zu den Benjami-
nitern zurück, sie schlugen die männliche
Bevölkerung, das Vieh und alles, was sie
fanden, mit der Schärfe des Schwertes. Sie
legten auch Feuer in alle Städte, die sie in
Benjamin antrafen.

Die Reue der Israeliten

21 Die Israeliten hatten in Mizpa die-
sen Eid geschworen: Niemand von
uns soll seine Tochter nach Benjamin zur
Ehe geben. 2 Da begab sich das Volk nach
Bet-El, saß dort vor dem Herrn bis zum
Abend, weinte laut und klagte 3 und
sprach: Herr, Gott Israels, warum musste
Israel solches Unheil treffen, dass heute
einer seiner Stämme vermisst wird? 4 Am
folgenden Tag erhoben sich die Menschen
früh am Morgen und bauten dort einen
Altar; sie brachten Brandopfer und Ge-

meinschaftsopfer dar. 5 Dann sprachen die Israeliten: Wer von den ganzen Stämmen Israels ist nicht zur Versammlung zum Herrn heraufgekommen? Denn man hatte durch einen feierlichen Schwur jeden mit dem Tod bedroht, der nicht nach Mizpa zum Herrn kommen würde. 6 Nun tat es den Israeliten Leid um Benjamin, ihren Bruder, und sie sprachen: Heute ist ein ganzer Stamm von Israel abgehauen worden. 7 Was sollen wir tun, um denen, die übrig blieben, Frauen zu verschaffen, da wir beim Herrn geschworen haben, ihnen keine unserer Töchter zur Ehe zu geben?

Die Jungfrauen von Jabesch-Gilead

8 Da fragten sie: Wer von den Stämmen Israels ist nicht zum Herrn nach Mizpa gekommen? Und es stellte sich heraus sich, dass niemand aus Jabesch-Gilead ins Lager zur Versammlung gekommen war. 9 Das Volk wurde nämlich gezählt und niemand war da von den Bewohnern aus Jabesch-Gilead. 10 Da sandte die Gemeinde zwölftausend Krieger dorthin mit diesem Befehl: Geht und schlagt die Bewohner von Jabesch-Gilead mit der Schärfe des Schwertes, auch die Frauen und die Kinder. 11 Seht, wie ihr es machen sollt: Alles, was männlich ist, und alle Frauen, die schon das Lager mit einem Mann geteilt haben, weiht dem Untergang. 12 Unter den Bewohnern von Jabesch-Gilead fanden sie aber vierhundert jungfräuliche Mädchen, die nicht das Lager mit einem Mann geteilt hatten, und sie brachten sie ins Lager nach Schilo, das im Land Kanaan liegt. 13 Dann sandte die ganze Gemeinde Boten zu den Benjaminitern, die am Felsen von Rimmon waren, um ihnen Frieden anzubieten. 14 So kamen die Benjaminiter zurück. Man gab ihnen die Frauen aus Jabesch-Gilead, die man am Leben gelassen hatte, aber sie reichten nicht für alle.

Der Mädchenraub von Schilo

15 Dem Volk tat es Leid um Benjamin, weil der Herr in die Stämme Israels eine Lücke gerissen hatte. 16 Die Ältesten der Gemeinde sprachen: Was sollen wir tun, um denen, die übrigblieben, Frauen zu verschaffen, da ja Benjamins Frauen ausgerottet wurden? 17 Und weiter sprachen sie: Wie soll ein Rest aus Benjamin erhalten werden, damit kein Stamm Israels ausgelöscht wird? 18 Denn unsere Töchter können wir ihnen nicht zur Ehe geben. Die Israeliten hatten ja diesen Eid geschworen: Verflucht sei, wer Benjamin eine Frau gibt! 19 Sie sprachen also: Da ist doch das Fest des Herrn, das man jedes Jahr in Schilo feiert. Die Stadt liegt nördlich von Bet-El, östlich der Straße, die von Bet-El nach Sichem führt, und südlich von Lebona. 20 Sie empfahlen also den Benjaminitern: Geht und legt euch in den Weinbergen auf die Lauer! 21 Passt auf! Wenn die Töchter von Schilo herauskommen, um im Reigen zu tanzen, dann kommt aus den Weinbergen hervor, raubt euch jeder eine Frau unter den Töchtern von Schilo und geht ins Land Benjamin. 22 Wenn ihre Väter oder ihre Brüder kommen und Streit mit euch anfangen, dann wollen wir ihnen sagen: Vergebt ihnen, dass sich jeder wie im Krieg eine Frau nahm. Denn wenn ihr sie ihnen gegeben hättet, dann hättet ihr gesündigt. 23 Die Benjaminiter machten es so. Jeder nahm sich eine von den Tänzerinnen, die sie geraubt hatten, zur Frau. Dann kehrten sie in ihren Erbbesitz zurück, bauten die Städte wieder auf und wohnten darin. 24 Auch die Israeliten gingen auseinander, jeder zu seinem Stamm und zu seiner Sippe, und sie kehrten von dort zurück, ein jeder in seinen Erbbesitz. 25 In jenen Tagen gab es keinen König in Israel und ein jeder tat, was ihm gefiel.

Das Buch Rut

Rut und Noomi

1 Zur Zeit der Richter kam eine Hungersnot ins Land; da machte sich ein Mann aus Betlehem in Juda mit seiner Frau und seinen beiden Söhnen auf, um sich im Grünland Moabs als Fremder niederzulassen. 2 Der Mann hieß Elimelech, seine Frau Noomi und seine beiden Söhne Machlon und Kiljon; sie waren Efratiter aus Betlehem in Juda. Sie kamen in das Grünland Moabs und dort blieben sie. 3 Elimelech, der Mann der Noomi, starb und sie blieb allein mit ihren beiden Söhnen. 4 Sie heirateten Moabiterinnen, die eine hieß Orpa und die andere Rut. Sie blieben dort ungefähr zehn Jahre. 5 Nun starben auch die beiden, Machlon und Kiljon, und Noomi hinterblieb allein, ohne ihre beiden Söhne und ihren Mann.

6 Da machte sie sich mit ihren Schwiegertöchtern auf, um aus dem Grünland Moabs zurückzukehren, denn sie hatte dort gehört, dass der Herr sich seines Volkes angenommen und ihm Brot gegeben habe. 7 Sie verließ also mit ihren beiden Schwiegertöchtern den Ort, wo sie gelebt hatte, und sie machte sich auf den Weg, um ins Land Juda zurückzukehren. 8 Noomi sprach zu ihren beiden Schwiegertöchtern: Geht nun und kehrt heim, eine jede in das Haus ihrer Mutter! Der Herr erweise euch Liebe, wie ihr sie den Toten und mir erwiesen habt. 9 Der Herr lasse euch im Haus eines Mannes Geborgenheit finden. Und sie küsste sie. Sie aber weinten laut 10 und sprachen: Nein, wir wollen mit dir zu deinem Volk zurückkehren. 11 Noomi antwortete: Kehrt heim, meine Töchter; warum wollt ihr mit mir gehen? Habe ich noch Söhne in meinem Schoß, die euere Männer werden könnten? 12 Kehrt heim, meine Töchter, geht! Denn ich bin zu alt, um wieder zu heiraten. Selbst wenn ich sagte: Ich habe noch Hoffnung, und wenn ich noch in dieser Nacht heiraten würde und Söhne bekäme, 13 könnt ihr warten, bis sie erwachsen wären? Wollt ihr euch dazu verurteilen, nicht zu heiraten? Nein, meine Töchter, ich wäre tief unglücklich für euch, denn die Hand des Herrn hat sich gegen mich erhoben. 14 Und wieder fingen sie zu weinen an; dann küsste Orpa ihre Schwiegermutter und kehrte zurück zu ihren Leuten; Rut aber klammerte sich an sie. 15 Da sprach Noomi zu ihr: Siehst du, deine Schwägerin ist zurückgekehrt zu ihren Leuten und zu ihrem Gott. Kehr auch du zurück, folg ihr nach! 16 Rut antwortete ihr: Dräng mich nicht, dich zu verlassen und von dir wegzugehen. Denn wo du hingehst, will auch ich hingehen; wo du bleibst, will auch ich bleiben; dein Volk ist mein Volk und dein Gott ist mein Gott. 17 Wo du stirbst, da will ich sterben und da will ich begraben sein. Möge der Herr mir dieses Schlimme antun und jenes andere auch noch – nur der Tod allein wird uns scheiden. 18 Als sie sah, wie Rut darauf bestand, mit ihr zu gehen, redete sie nicht mehr auf sie ein.

19 So gingen die beiden, bis sie nach Betlehem kamen. Als sie dort ankamen, geriet die ganze Stadt in Bewegung; die Frauen riefen: Ist das Noomi? 20 Sie aber antwortete ihnen: Nennt mich nicht mehr Noomi (Liebliche), nennt mich Mara (Bittere), denn der Allmächtige hat mich mit Bitternis erfüllt. 21 Voll bin ich ausgezogen; leer führt der Herr mich zurück. Warum wollt ihr mich noch Noomi nennen, da der Herr gegen mich gesprochen und der Allmächtige mir Schlimmes zugefügt hat? 22 So kehrte Noomi und mit ihr ihre Schwiegertochter Rut, die Moabiterin, aus dem Land Moab heim. Sie kamen zu Beginn der Gerstenernte in Betlehem an.

Rut auf dem Feld des Boas

2 Noomi hatte einen Verwandten von Seiten ihres Mannes; es war ein angesehener Mann, aus derselben Sippe wie Elimelech, und er hieß Boas. 2 Rut, die Moabiterin, sprach zu Noomi: Ich möchte aufs Feld gehen und Ähren lesen bei einem, der mir dies erlaubt. Sie antwortete ihr: Geh, meine Tochter! 3 So ging sie, kam hin und las auf dem Feld hinter den Schnittern her; und es fügte sich so, dass

es ein Ackerstück des Boas aus der Sippe des Elimelech war. [4] Boas aber kam gerade aus Betlehem und sprach zu den Schnittern: Der Herr sei mit euch! Und sie antworteten ihm: Der Herr segne dich! [5] Dann fragte Boas seinen Knecht, der die Schnitter beaufsichtigte: Wem gehört diese junge Frau? [6] Und der Knecht, der die Schnitter beaufsichtigte, antwortete: Diese junge Frau ist die Moabiterin, die aus dem Grünland Moabs mit Noomi heimkehrte. [7] Sie hat gesagt: Darf ich hinter den Schnittern Ähren auflesen und sammeln? So ist sie gekommen und war vom Morgen bis jetzt auf den Beinen. [8] Boas sprach zu Rut: Höre, meine Tochter, geh nicht auf ein anderes Feld zum Lesen, geh nicht von hier weg, sondern halte dich an meine Knechte da. [9] Behalt das Ackerstück im Auge, das sie schneiden, und folge ihnen. Ich habe den Knechten verboten, dich zu belästigen. Und wenn du Durst hast, geh zu den Krügen und trink von dem, was die Knechte schöpfen. [10] Da beugte sich Rut tief zur Erde und sprach zu ihm: Warum habe ich Gnade gefunden in deinen Augen, dass du mir entgegenkommst, wo ich doch eine Fremde bin? [11] Boas antwortete ihr und sprach: Man hat mir berichtet, was du alles für deine Schwiegermutter nach dem Tod ihres Mannes getan hast, wie du deinen Vater, deine Mutter und dein Heimatland verlassen hast und zu einem Volk gegangen bist, das du bis dahin nicht kanntest. [12] Der Herr vergelte dir, was du getan hast, und vollen Lohn sollst du erhalten vom Herrn, dem Gott Israels, unter dessen Flügeln dich zu bergen du gekommen bist. [13] Sie sprach: Möchte ich doch Gnade finden in deinen Augen, mein Herr! Du hast mich getröstet und liebevoll zu deiner Magd gesprochen, wo ich doch nicht einmal eine deiner Mägde bin.

[14] Zur Essenszeit sprach Boas zu ihr: Komm her, iss von dem Brot und tauch dein Stück in den Weinessig! Sie setzte sich neben die Schnitter und Boas gab ihr auch Röstkorn. Nachdem sie sich satt gegessen hatte, behielt sie noch übrig. [15] Als sie dann aufstand, um zu lesen, befahl Boas seinen Knechten: Lasst sie auch zwischen den Garben lesen und fahrt sie nicht an! [16] Vielmehr sollt ihr sogar aus eueren Handbündeln für sie Ähren herausziehen und fallen lassen, sodass sie sie aufsammeln kann, und schreit sie nicht an!

[17] Rut las auf dem Feld bis zum Abend, und als sie ausklopfte, was sie gesammelt hatte, da war es etwa ein Efa Gerste. [18] Sie nahm es auf, ging zur Stadt zurück und zeigte ihrer Schwiegermutter, was sie gelesen hatte; sie zeigte auch, was sie übrig behalten hatte, nachdem sie satt geworden war, und gab es ihr. [19] Ihre Schwiegermutter fragte sie: Wo hast du heute gelesen, wo hast du gearbeitet? Gesegnet sei, wer dir entgegenkam! Rut erzählte ihrer Schwiegermutter, bei wem sie gearbeitet hatte; sie sprach: Der Mann, bei dem ich heute gearbeitet habe, heißt Boas. [20] Noomi sprach zu ihrer Schwiegertochter: Gesegnet sei er vom Herrn, der seine Gnade den Lebenden und Toten nicht entzogen hat! Und weiter sprach Noomi: Dieser Mann ist ein Verwandter von uns; er gehört zu unseren Lösern. [21] Da sprach Rut zu ihrer Schwiegermutter: Er hat sogar zu mir gesagt: Halte dich an meine Knechte, bis sie mit meiner ganzen Ernte fertig sind! [22] Noomi sprach zu ihrer Schwiegertochter Rut: Das ist gut, meine Tochter; geh mit seinen Knechten, damit du nicht etwa auf einem anderen Feld schlecht aufgenommen wirst. [23] So hielt sich also Rut an die Knechte des Boas bis zum Ende der Gerstenernte und der Weizenernte. Und sie blieb weiter bei ihrer Schwiegermutter.

Nächtliche Begegnung mit Boas

3 Noomi, ihre Schwiegermutter, sprach zu ihr: Meine Tochter, soll ich dir nicht ein Heim suchen, wo es dir gut geht? [2] Ist Boas, dessen Knechten du gefolgt bist, nicht unser Verwandter? Nun, heute Abend worfelt er die Gerste auf seiner Tenne. [3] Darum wasche und salbe dich; zieh dich an und gehe zur Tenne hinunter, aber gib dich ihm nicht zu erkennen, bevor er mit Essen und Trinken fertig ist. [4] Wenn er sich hinlegt, merke dir die Stelle, wo er schläft; dann gehe hin, deck den Platz zu seinen Füßen auf und leg dich dorthin. Er wird dir sagen, was du zu tun hast. [5] Sie antwortete ihr: Alles, was du mir sagst, will ich tun. [6] Sie ging also zur Tenne hinunter und tat alles, was ihre Schwiegermutter ihr aufgetragen hatte. [7] Als Boas gegessen und getrunken hatte, ging er guter

Dinge hin, um sich am Ende des Körnerhaufens schlafen zu legen. Da kam Rut ganz leise herbei, deckte den Platz zu seinen Füßen auf und legte sich hin. 8 In der Mitte der Nacht verspürte der Mann ein Frösteln, und als er um sich blickte, sah er eine Frau zu seinen Füßen liegen. 9 Er fragte: Wer bist du? Sie antwortete: Ich bin Rut, deine Magd. Breite den Saum deines Gewandes über deine Magd, denn du bist der Löser! 10 Er sprach: Gesegnet bist du vom Herrn, meine Tochter! Diese letzte Tat deiner Zuneigung ist noch besser als die erste, denn du bist nicht den jungen Männern, ob arm oder reich, nachgelaufen. 11 Darum fürchte dich nicht, meine Tochter! Alles, was du sagst, will ich für dich tun, denn jeder in diesen Mauern weiß, dass du eine tüchtige Frau bist. 12 Wenn es aber auch wahr ist, dass ich Löser bin, so ist da doch noch ein Löser, der dir näher verwandt ist als ich. 13 Bleib die Nacht hier; will er dich dann am Morgen lösen, nun gut, so soll er es tun; will er dich aber nicht lösen, dann – so wahr der Herr lebt – will ich dich lösen. 14 Sie blieb also zu seinen Füßen liegen bis zum Morgen. Boas erhob sich, noch ehe einer den anderen erkennen konnte, denn er sagte sich: Man braucht nicht zu wissen, dass diese Frau auf die Tenne gekommen ist. 15 Dann sprach er: Gib das Tuch, das du über dich geschlagen hast, und halt es auf! Sie hielt es hin, er tat sechs Maß Gerste hinein und lud sie ihr auf; dann ging sie zur Stadt zurück.

16 Als Rut zu ihrer Schwiegermutter kam, sprach diese zu ihr: Wie steht es mit dir, meine Tochter? Rut erzählte ihr alles, was der Mann für sie getan hatte. 17 Und weiter sprach sie: Diese sechs Maß Gerste hat er mir gegeben und gesagt: Du sollst nicht mit leeren Händen zu deiner Schwiegermutter zurückkommen. 18 Noomi antwortete ihr: Bleib ruhig, meine Tochter, bis du weißt, wie die Sache ausgeht; der Mann wird sicher nicht ruhen, bis er die Sache heute noch zu einem guten Ende gebracht hat.

Boas heiratet Rut

4 Unterdessen war Boas zum Tor hinaufgegangen und hatte sich dort hingesetzt. Da ging gerade der Löser, von dem Boas gesprochen hatte, vorüber. Er sprach zu ihm: Komm her und setz dich! Der Mann kam herbei und setzte sich. 2 Boas holte zehn Männer von den Ältesten der Stadt und sprach: Setzt euch!, und sie setzten sich. 3 Dann sprach er zu dem Löser: Das Ackerstück, das unserem Bruder Elimelech gehörte, will Noomi, die aus dem Grünland Moabs heimgekehrt ist, verkaufen. 4 Ich dachte mir, es wäre gut, dich zu unterrichten und dir zu sagen: Erwirb es vor denen, die hier sitzen und vor den Ältesten meines Volkes. Willst du lösen, dann löse, und wenn du nicht lösen willst, dann lass es mich wissen; denn niemand kann außer dir lösen, ich komme erst nach dir. Der Mann antwortete: Ja, ich will lösen. 5 Boas sprach weiter: Mit dem Tag, da du aus der Hand Noomis das Feld erwirbst, erwirbst du auch Rut, die Moabiterin, die Frau des Verstorbenen, um den Namen des Verstorbenen auf seinem Erbbesitz zu erhalten. 6 Da sprach der Löser: Dann kann ich es für mich nicht lösen, sonst schädige ich meinen eigenen Erbbesitz; üb du mein Löserecht aus, denn ich kann es nicht ausüben. 7 In einem Fall von Lösung oder Tausch gab es früher in Israel diesen Brauch, um jede Angelegenheit gültig zu machen: Der eine zog seinen Schuh aus und gab ihn dem anderen. Dies war in Israel die Bestätigung vor Zeugen. 8 Der Löser sprach nun zu Boas: Erwirb du für dich, und zog seinen Schuh aus. 9 Dann sprach Boas zu den Ältesten und zu allem Volk: Ihr seid heute Zeugen, dass ich alles, was Elimelech, und alles, was Kiljon und Machlon gehörte, aus der Hand Noomis erworben habe; 10 und gleichzeitig habe ich Rut, die Moabiterin, die Witwe Machlons, mir zur Frau erworben, um den Namen des Verstorbenen auf seinem Erbbesitz zu erhalten, damit der Name des Verstorbenen unter seinen Brüdern und im Tor seiner Stadt nicht getilgt wird. Dafür seid ihr heute Zeugen! 11 Da antworteten die Leute im Tor mit den Ältesten: Wir sind Zeugen. Der Herr mache die Frau, die in dein Haus kommt, wie Rahel und Lea, die beide das Haus Israels aufgebaut haben. Werde stark in Efrata und mach dir einen Namen in Betlehem! 12 Dank den Nachkommen, die der Herr dieser jungen Frau gewähren möge, werde dein Haus gleich dem des Perez, den Tamar dem Juda geboren hat.

[13] Boas heiratete also Rut und sie wurde
seine Frau. Er ging zu ihr, der Herr ließ sie
schwanger werden und sie gebar einen
Sohn. [14] Da sprachen die Frauen zu Noomi:
Gepriesen sei der Herr, der heute dem
Verstorbenen einen Löser nicht versagt
hat, damit sein Name in Israel erhalten
bleibt. [15] Er sei dein Tröster und deine Stüt-
ze im Alter, denn deine Schwiegertochter,
die dich liebt, hat ihn geboren; mehr ist sie
dir wert als sieben Söhne. [16] Da nahm Noo-
mi das Kind, legte es an ihre Brust und
sorgte für es. [17] Die Nachbarinnen gaben
ihm einen Namen; sie sprachen: Noomi
wurde ein Sohn geboren und sie nannten
ihn Obed. Er ist der Vater Isais, des Vaters
Davids.

Davids Stammbaum

[18] Das ist der Stammbaum des Perez: Perez
zeugte Hezron, [19] Hezron zeugte Ram und
Ram zeugte Amminadab, [20] Amminadab
zeugte Nachschon und Nachschon zeugte
Salmon, [21] Salmon zeugte Boas und Boas
zeugte Obed, [22] Obed zeugte Isai und Isai
zeugte David.

Das erste Buch Samuel

Samuel

Samuels Kindheit

Die Wallfahrt nach Schilo

1 Es war ein Mann aus Ramatajim, ein Zufiter vom Gebirge Efraim mit Namen Elkana, ein Sohn Jerohams, des Sohnes Elihus, des Sohnes Tohus, des Sohnes Zufs, ein Efraimiter. 2 Er hatte zwei Frauen; die eine hieß Hanna, die andere Peninna. Peninna hatte Kinder, Hanna dagegen war kinderlos. 3 Dieser Mann ging Jahr für Jahr aus seiner Stadt hinauf, um den Herrn der Heerscharen in Schilo anzubeten und ihm zu opfern. Dort waren die beiden Söhne Elis, Hofni und Pinhas, Priester des Herrn. 4 Eines Tages brachte Elkana ein Opfer dar. Er gab seiner Frau Peninna und ihren Söhnen und Töchtern ihre Anteile am Opferfleisch. 5 Hanna aber gab er als Anteil ein ganz besonderes Stück, weil er Hanna lieber hatte; doch der Herr hatte ihren Schoß verschlossen. 6 Ihre Nebenbuhlerin aber kränkte und demütigte Hanna ständig, weil der Herr ihren Schoß verschlossen hatte. 7 So geschah es Jahr für Jahr. Jedes Mal, wenn sie zum Haus des Herrn hinaufzogen, kränkte Peninna sie, Hanna weinte und aß nichts. 8 Ihr Mann Elkana fragte sie: Hanna, warum weinst du? Warum isst du nichts? Warum ist dein Herz betrübt? Bin ich dir nicht mehr wert als zehn Kinder?

Das Gebet der Hanna

9 Hanna aber stand auf, nachdem man in Schilo Mahl gehalten hatte, und trat vor den Herrn. Eli, der Priester, saß auf einem Stuhl neben einem der Türpfosten des Tempels des Herrn. 10 Verzweifelt betete sie unter Tränen zum Herrn. 11 Sie legte folgendes Gelübde ab: Herr der Heerscharen, sieh das Elend deiner Magd und denk an mich! Wenn du deine Magd nicht vergisst, sondern deiner Magd einen Sohn schenkst, so will ich ihn dem Herrn weihen, solange er lebt, und kein Schermesser soll je an sein Haupt kommen. 12 So verweilte sie lange im Gebet vor dem Herrn. Eli aber beobachtete ihren Mund. 13 Hanna redete nämlich still in ihrem Herzen. Nur ihre Lippen bewegten sich, ihre Stimme jedoch konnte man nicht vernehmen. Deshalb hielt Eli sie für betrunken 14 und sagte zu ihr: Wie lange wirst du dich noch benehmen wie eine Betrunkene? Sieh, dass du deinen Rausch los wirst! 15 Hanna erwiderte und sprach: Ach nein, mein Herr! Ich bin eine unglückliche Frau. Weder Wein noch berauschende Getränke habe ich getrunken, sondern ich habe mein Herz ausgeschüttet vor dem Herrn. 16 Halte doch deine Magd nicht für eine unwürdige Frau! Denn wegen meinem großen Kummer und meiner Traurigkeit habe ich so lange gebetet. 17 Da antwortete Eli und sprach zu ihr: Geh hin in Frieden! Der Gott Israels wird dir die Bitte erfüllen, die du ihm vorgetragen hast. 18 Sie entgegnete: Möge deine Magd Gnade finden in deinen Augen. Dann ging die Frau ihres Weges, sie aß und sie hatte nicht mehr dasselbe traurige Gesicht.

Samuels Geburt und Weihe

19 Am folgenden Morgen standen sie früh auf und hielten ihre Anbetung vor dem Herrn. Dann kehrten sie in ihr Haus nach Rama zurück. Elkana schlief mit seiner Frau Hanna und der Herr dachte an sie. 20 Hanna wurde schwanger und als die Zeit um war, gebar sie einen Sohn. Sie gab ihm den Namen Samuel; denn, so sagte sie, ich habe ihn von Gott erbeten. 21 Als ihr Mann Elkana mit seiner ganzen Familie wieder hinaufzog, um dem Herrn das jährliche Opfer und die Gaben, die er gelobt hatte, darzubringen, 22 zog Hanna nicht mit hinauf. Sie sagte vielmehr zu ihrem Mann: Erst soll der Knabe entwöhnt werden, dann will ich ihn hinbringen, damit er vor dem Herrn erscheint und für immer dort bleibt. 23 Ihr Mann Elkana entgegnete ihr: Mach es so, wie es dir gut erscheint. Bleib daheim, bis du ihn entwöhnt hast.

Nur möge der Herr sein Wort erfüllen. So blieb die Frau daheim und stillte ihren Sohn, bis sie ihn entwöhnt hatte. 24 Sobald sie ihn entwöhnt hatte, nahm sie ihn mit sich hinauf, dazu ein dreijähriges Rind, ein Efa Mehl und einen Schlauch Wein, und brachte ihn in das Haus des Herrn in Schilo. Der Knabe aber war noch sehr jung. 25 Als sie das Rind geschlachtet hatten, kam die Mutter des Knaben zu Eli. 26 Sie sprach: Erlaube, mein Herr! So wahr du lebst, mein Herr, ich bin die Frau, die hier neben dir stand, um zum Herrn zu beten. 27 Um diesen Knaben habe ich gebetet. Da hat mir der Herr die Bitte erfüllt, die ich an ihn gerichtet habe. 28 Darum habe ich ihn auch dem Herrn geweiht. Sein ganzes Leben lang soll er dem Herrn geweiht sein. Und sie beteten dort den Herrn an.

Lobgesang der Hanna

2 Da betete Hanna:
Mein Herz jubelt über den Herrn, / große Kraft gibt mir der Herr. / Mein Mund ist weit geöffnet gegen meine Feinde; / denn deiner Hilfe darf ich mich erfreuen.

2 Niemand ist heilig, nur der Herr; / denn keiner ist außer dir. / Kein Fels kommt unserem Gott gleich!

3 Lasst ab von eueren prahlerischen Reden, / nichts Vermessenes komme aus euerem Mund! / Denn ein wissender Gott ist der Herr, / und bei ihm werden die Taten abgewogen.

4 Der Bogen der Starken wird zerbrochen, / Strauchelnde jedoch umgürten sich mit Kraft.

5 Für Brot dienen die Satten, / während jene, die Hunger litten, aufhören zu arbeiten. / Sieben Kinder hat die Unfruchtbare, / die Kinderreiche aber welkt dahin.

6 Der Herr macht tot und macht lebendig, / er stürzt ins Totenreich und führt herauf.

7 Der Herr macht arm, er macht auch reich, / er erniedrigt und erhöht.

8 Aus dem Staub richtet er den Schwachen empor / und zieht den Armen aus dem Schmutz, / um ihm neben Fürsten einen Platz zu geben / und ihm Ehrenplätze anzuweisen. / Dem Herrn gehören ja die Säulen dieser Erde, / er hat den Erdkreis darauf gegründet.

9 Die Schritte seiner Frommen behütet er, / die Frevler aber gehen in der Finsternis zu Grunde. / Denn keiner ist durch eigene Kraft ein Held.

10 Wer gegen den Herrn streitet, wird zerschmettert; / der Allerhöchste lässt es im Himmel donnern. / Der Herr sitzt zu Gericht über die Enden der Erde. / Seinem König wird er Kraft verleihen / und die Macht seines Gesalbten erhöhen.

11 Danach kehrte sie nach Rama zurück. Der Knabe aber war im Dienst des Herrn tätig unter den Augen des Priesters Eli.

Die Söhne Elis

12 Die Söhne Elis aber waren missratene Männer. Sie fragten nicht nach dem Herrn 13 und kümmerten sich nicht um das, was dem Priester vom Volk her zustand. Sooft nämlich jemand ein Schlachtopfer darbrachte und das Fleisch noch kochte, kam der Diener des Priesters mit einer dreizinkigen Gabel in der Hand. 14 Er stieß damit in den Kessel, in den Topf, in das Becken oder in die Schüssel; was dann die Gabel herausholte, nahm der Priester für sich. So machten sie es bei allen Israeliten, die dorthin, nach Schilo, kamen. 15 Ja bevor man noch das Fett verbrannt hatte, pflegte der Diener des Priesters zu kommen und sagte zu dem, der das Opfer darbrachte: Gib Fleisch her zum Braten für den Priester! Er will kein gekochtes Fleisch von dir haben, sondern rohes. 16 Sagte ihm dann der Betreffende: Zuerst muss man doch das Fett verbrennen; nachher magst du dir nehmen, worauf du Lust hast, so entgegnete er: Nein, sofort sollst du es hergeben, sonst nehme ich es mit Gewalt. 17 Dies war in den Augen des Herrn eine schwere Sünde der jungen Männer, weil sie das Opfer des Herrn mit Verachtung behandelten.

Samuel in Schilo

18 Samuel aber versah als Knabe den Dienst vor dem Herrn, mit dem leinenen Efod umgürtet. 19 Dazu fertigte seine Mutter ihm einen kleinen Rock an, den sie ihm jedes Jahr mitbrachte, wenn sie mit ihrem Mann hinaufzog, um das jährliche Opfer darzubringen. 20 Dann spendete jedes Mal Eli dem Elkana und seiner Frau den Segen und sprach: Möge dir der Herr Nachwuchs schenken von dieser Frau für jenen, den sie dem Herrn versprochen hat! Hierauf

kehrten sie in ihre Heimat zurück. 21 Der
Herr aber nahm sich Hannas an und sie
wurde schwanger und gebar noch drei
Söhne und zwei Töchter. Der junge Samu-
el aber wuchs beim Herrn heran.

Eli ermahnt seine Söhne

22 Eli war sehr alt geworden. Wenn er von
allem hörte, was seine Söhne an ganz Isra-
el verübten, 23 sagte er zu ihnen: Warum
treibt ihr solche Dinge, wie ich sie vom
ganzen Volk hören muss? 24 Lasst das
doch, meine Söhne! Das ist kein gutes Ge-
rücht, das im Volk des Herrn, wie ich hö-
re, verbreitet wird. 25 Versündigt sich ein
Mensch gegen einen Menschen, so ist Gott
Schiedsrichter. Versündigt sich aber ein
Mensch gegen den Herrn, wer kann da
Richter über ihn sein? Aber sie hörten
nicht auf die Stimme ihres Vaters; denn
der Herr war entschlossen, sie umkom-
men zu lassen. 26 Der junge Samuel aber
nahm zu an Weisheit und Alter und Anse-
hen vor dem Herrn und den Menschen.

Ankündigung des Strafgerichts

27 Da kam ein Gottesmann zu Eli und sagte
zu ihm: So spricht der Herr: Habe ich
mich nicht dem Haus deines Vaters deut-
lich offenbart, als sie noch in Ägypten
Knechte im Haus des Pharao waren? 28 Ich
habe sie mir aus allen Stämmen Israels
zum priesterlichen Dienst erwählt, damit
sie zu meinem Altar hinaufsteigen, Räu-
cherwerk anzünden und das Efod vor mir
tragen; und ich habe dem Haus deines Va-
ters alle Feueropfer der Israeliten zum Un-
terhalt zugewiesen. 29 Weshalb veruntreust
du meine Schlachtopfer und meine Speise-
opfer, die ich für meine Wohnung ange-
ordnet habe? Weshalb achtest du deine
Söhne höher als mich, dass ihr euch mäs-
tet an den besten Stücken aller Opfer, die
Israel, mein Volk, vor mir darbringt?
30 Darum ergeht folgender Spruch des
Herrn, des Gottes Israels: Zwar habe ich
gesagt: Dein Haus und deines Vaters Haus
sollen immer vor mir aus- und eingehen.
Jetzt aber lautet der Spruch des Herrn: Das
sei fern von mir! Wer nämlich mich ehrt,
den bringe ich zu Ehren. Wer mich jedoch
verachtet, der soll in Schande geraten.
31 Siehe, die Zeit wird kommen, da haue
ich deinen Arm und den Arm deines Va-
terhauses ab, sodass es keinen Alten mehr
in deinem Haus gibt. 32 Dann wirst du nei-
disch auf alles blicken, was der Herr Gutes
an Israel tun wird; in deinem Haus aber
soll es nie mehr einen Alten geben. 33 Und
wenn ich auch dich nicht wegtilge von
meinem Altar, wenn deine Augen erlö-
schen und deine Seele verschmachtet, so
soll der Großteil deines Hauses im besten
Mannesalter sterben. 34 Das soll dir zum
Zeichen dienen, was über deine beiden
Söhne Hofni und Pinhas kommen wird:
Beide werden an einem Tag sterben. 35 Ich
aber will mir einen neuen Priester bestel-
len, der nach meinem Herzen und mei-
nem Sinn handelt. Dem will ich dann ein
Haus bauen, das von Dauer ist, und er
wird alle Tage vor meinem Gesalbten aus-
und eingehen. 36 Dann wird jeder, der von
deinem Haus übrig bleibt, kommen und
sich vor ihm niederwerfen, um ein Geld-
stück oder einen Brotlaib zu erbetteln und
sprechen: Gib mir doch Anteil am Pries-
teramt, damit ich ein Stück Brot zu essen
habe!

Samuels Berufung

3 Der junge Samuel aber versah den
Dienst des Herrn unter den Augen
Elis. Zu jener Zeit war ein Wort des Herrn
selten; Visionen kamen nicht häufig vor.
2 Aber eines Tages geschah es, dass Eli an
seinem gewohnten Platz schlief. Seine Au-
gen waren allmählich schwach geworden
und er konnte nicht mehr sehen. 3 Die
Lampe Gottes war indes noch nicht erlo-
schen. Samuel schlief im Tempel des
Herrn, wo die Lade Gottes stand. 4 Da rief
der Herr den Samuel. Der antwortete: Hier
bin ich, 5 lief dann zu Eli hin und sagte:
Hier bin ich; du hast mich ja gerufen. Jener
erwiderte: Ich habe dich nicht gerufen; leg
dich wieder schlafen. Da ging er weg und
legte sich schlafen. 6 Der Herr aber rief
wiederum: Samuel! Und Samuel stand auf,
ging zu Eli und sagte: Hier bin ich; du hast
mich ja gerufen. Jener antwortete: Ich ha-
be dich nicht gerufen, mein Sohn; leg dich
wieder schlafen! 7 Samuel hatte nämlich
den Herrn noch nicht kennen gelernt und
er hatte noch nie eine Offenbarung des
Herrn empfangen. 8 Nun rief der Herr wie-
derum, zum dritten Mal, den Samuel. Der
stand auf, ging zu Eli und sagte: Hier bin
ich; du hast mich ja gerufen. Da merkte
Eli, dass es der Herr war, der den Knaben

rief. 9 Darum sagte Eli zu Samuel: Geh, leg
dich schlafen, und wenn man dich ruft, so
erwidere: Rede, Herr, denn dein Diener
hört! Samuel ging weg und legte sich an
einen Ort zur Ruhe. 10 Da kam der Herr,
trat heran und rief wie die vorigen Male:
Samuel, Samuel! Und Samuel antwortete:
Rede, denn dein Diener hört! 11 Da sprach
der Herr zu Samuel: Siehe, ich werde in
Israel etwas tun, dass jedem, der davon
hört, beide Ohren gellen. 12 An jenem Tag
will ich an Eli all das in Erfüllung gehen
lassen, was ich über sein Haus gesagt habe,
von Anfang bis zum Ende. 13 Du sollst ihm
ankündigen, dass ich über sein Haus für
alle Zeit das Urteil gesprochen habe, weil
er wusste, dass seine Söhne Gott lästerten
und er es nicht unterband. 14 Darum habe
ich dem Haus Elis geschworen: Die Schuld
des Hauses Eli soll weder durch Schlacht-
opfer noch durch Speiseopfer jemals ge-
sühnt werden. 15 Samuel blieb bis zum
Morgen liegen. Dann öffnete er die Tore
am Haus des Herrn. Aber Samuel scheute
sich, dem Eli etwas von der Vision mit-
zuteilen. 16 Eli rief jedoch Samuel zu sich
und sagte: Samuel, mein Sohn! Dieser ant-
wortete: Hier bin ich. 17 Da fragte jener:
Was hat er zu dir gesagt? Verheimliche
mir nichts. Gott möge dir dieses und jenes
antun, wenn du mir etwas von dem ver-
heimlichst, was er zu dir gesagt hat. 18 Nun
berichtete ihm Samuel den ganzen Her-
gang, ohne ihm etwas zu verheimlichen.
Da sprach er: Er ist der Herr, er tue, was
ihm gefällt!

19 Samuel aber wuchs heran und der
Herr war mit ihm und ließ keines seiner
Worte unerfüllt. 20 Ganz Israel von Dan
bis Beerscheba erkannte, dass Samuel
zum glaubwürdigen Propheten des Herrn
bestellt war. 21 Der Herr aber erschien auch
weiterhin in Schilo, denn er offenbarte
sich dem Samuel durch sein Wort.

Die Bundeslade bei den Philistern

Niederlage der Israeliten und Erbeutung der Lade

4 Samuels Wort erging an ganz Israel.
Zu jener Zeit zog Israel zum Kampf
gegen die Philister und lagerte bei Eben-
Eser, während die Philister bei Afek ihr
Lager bezogen. 2 Die Philister ordneten
ihre Schlachtreihen gegenüber Israel und
es gab einen schweren Kampf. Israel un-
terlag den Philistern: etwa viertausend
Mann wurden in der Feldschlacht erschla-
gen. 3 Als das Volk ins Lager kam, sagten
die Ältesten der Israeliten: Warum hat uns
der Herr heute den Philistern unterliegen
lassen? Wir wollen die Lade unseres Got-
tes aus Schilo zu uns holen; so wird er in
unsere Mitte kommen und uns aus der
Hand unserer Feinde retten. 4 So sandte al-
so das Volk nach Schilo und man holte
von dort die Lade des Herrn der Heerscha-
ren, der über den Kerubim thront, und die
beiden Söhne Elis, Hofni und Pinhas, wa-
ren Begleiter der Lade. 5 Als die Lade des
Herrn im Lager ankam, erhob ganz Israel
ein Jubelgeschrei, so laut, dass die Erde
dröhnte. 6 Die Philister hörten das Jubel-
geschrei und fragten: Was hat dieses laute
Jubeln im Lager der Hebräer zu bedeuten?
Als sie dann erfuhren, dass die Lade des
Herrn ins Lager gekommen sei, 7 fürchte-
ten sich die Philister; denn sie sagten: Ihr
Gott ist zu ihnen ins Lager gekommen.
Und sie riefen: Weh uns, denn das ist ja
früher noch nicht vorgekommen! 8 Weh
uns! Wer wird uns aus der Hand dieses
mächtigen Gottes retten? Das ist derselbe
Gott, der die Ägypter mit vielen Plagen
schlug in der Wüste. 9 Nehmt euere Kraft
zusammen und seid Männer, ihr Philister,
damit ihr nicht den Hebräern dienen
müsst, wie sie euch gedient haben. So zeigt
euch denn als Männer und kämpft! 10 Da
kämpften die Philister und Israel wurde
geschlagen. Sie flohen zu ihren Zelten.
Die Niederlage aber war sehr groß; es fie-
len von den Israeliten dreißigtausend
Mann Fußvolk. 11 Auch die Lade Gottes
wurde erbeutet und die beiden Söhne Elis,
Hofni und Pinhas, fanden den Tod.

Elis Tod

12 Ein Benjaminiter lief vom Schlachtfeld
weg und kam am gleichen Tag nach Schilo;
seine Kleider waren zerrissen und Erde
war auf seinem Haupt. 13 Bei seiner An-
kunft saß Eli auf einem Stuhl neben dem
Tor und spähte zur Straße; denn sein Herz
bangte um die Lade Gottes. Sobald nun
der Mann angekommen war, um der Stadt
die Nachricht zu bringen, schrie die ganze
Stadt auf. 14 Als Eli das laute Geschrei hör-
te, fragte er: Was bedeutet dieses gewaltige
Geschrei? Da kam der Mann rasch herbei,

um Eli Auskunft zu geben. [15] Eli aber war achtundneunzig Jahre alt und seine Augen waren starr geworden, sodass er nichts mehr sehen konnte. [16] Der Mann meldete Eli: Ich komme vom Lager, heute bin ich aus der Schlacht geflohen. Da fragte Eli: Wie ist es gegangen, mein Sohn? [17] Der Bote erwiderte: Israel ist vor den Philistern geflohen; das Volk hat eine schwere Niederlage erlitten. Auch deine beiden Söhne sind gefallen und die Lade Gottes ist erbeutet worden. [18] Als er die Lade Gottes erwähnte, fiel Eli rücklings vom Stuhl neben der Tür, brach sich das Genick und war tot; denn er war alt und ein schwerfälliger Mann. Vierzig Jahre lang war er Richter über Israel gewesen.

Tod der Frau des Pinhas

[19] Seine Schwiegertochter, die Frau des Pinhas, war schwanger. Als sie die Nachricht von der Erbeutung der Lade Gottes und vom Tod ihres Schwiegervaters und ihres Mannes vernahm, brach sie zusammen und gebar, denn die Wehen waren plötzlich über sie gekommen. [20] Wie sie nun im Sterben lag und die um sie herumstehenden Frauen sagten: Sei ohne Sorge, denn du hast einen Sohn geboren, da antwortete sie nicht und achtete nicht darauf. [21] Den Knaben nannte sie Ikabod, womit sie sagen wollte: Fort ist die Herrlichkeit aus Israel – wegen des Verlustes der Gotteslade und wegen ihres Schwiegervaters und ihres Mannes. [22] Sie sagte: Fort ist die Herrlichkeit aus Israel, denn die Lade Gottes ist erbeutet worden.

Die Lade bei den Philistern

5 Die Philister hatten also die Lade Gottes erbeutet und sie von Eben-Eser nach Aschdod gebracht. [2] Darauf nahmen die Philister die Lade Gottes, schafften sie in den Dagontempel und stellten sie neben Dagon auf. [3] Als aber am anderen Morgen die Leute von Aschdod aufstanden und in den Dagontempel kamen, war Dagon auf sein Gesicht auf die Erde gefallen und lag vor der Lade des Herrn. Sie hoben Dagon auf und stellten ihn wieder an seinen Platz. [4] Als sie aber am folgenden Morgen früh aufstanden, war Dagon wieder auf sein Gesicht auf die Erde gefallen und lag vor der Lade des Herrn. Der Kopf Dagons und seine beiden Hände lagen abgeschlagen auf der Schwelle, nur der Rumpf war von ihm übrig geblieben. [5] Deshalb treten die Priester Dagons und alle, die den Dagontempel besuchen bis auf den heutigen Tag nicht auf die Schwelle Dagons in Aschdod.

[6] Die Hand des Herrn aber lastete schwer auf den Bewohnern von Aschdod, er jagte ihnen Schrecken ein, indem er Aschdod und sein Gebiet mit der Beulenpest heimsuchte. [7] Als nun die Leute von Aschdod sahen, was geschah, erklärten sie: Die Lade des Gottes Israels darf nicht bei uns bleiben; denn seine Hand liegt schwer auf uns und auf unserem Gott Dagon. [8] Sie sandten deshalb Boten zu allen Philisterfürsten, ließen sie zu sich kommen und fragten: Was sollen wir mit der Lade des Gottes Israels anfangen? Die Fürsten antworteten: Nach Gat soll man die Lade des Gottes Israels schaffen. Sie schafften also die Lade des Gottes Israels nach Gat. [9] Als man sie jedoch hingeschafft hatte, legte sich die Hand des Herrn über die Stadt und rief eine sehr große Bestürzung hervor. Er schlug die Bewohner der Stadt, Groß und Klein, sodass Pestbeulen an ihnen aufbrachen. [10] Da schickten sie die Lade Gottes nach Ekron. Als aber die Lade Gottes nach Ekron kam, da schrien die Leute von Ekron: Man hat die Lade des Gottes Israels zu uns hergeschafft, um uns und unser Volk umzubringen. [11] Darauf sandten sie Boten zu allen Philisterfürsten, ließen sie zusammenkommen und sagten: Schafft die Lade des Gottes Israels fort, damit sie an ihren Platz zurückkommt und nicht uns und unser Volk umbringt! Es herrschte nämlich ein tödlicher Schrecken in der ganzen Stadt; überaus schwer lag die Hand Gottes auf ihr. [12] Die Leute, die nicht starben, wurden mit Pestbeulen geschlagen und das Geschrei der Stadt stieg zum Himmel empor.

Rücksendung der Lade

6 Die Lade des Herrn war sieben Monate im Land der Philister. [2] Da beriefen die Philister die Priester und Wahrsager und fragten: Was sollen wir mit der Lade des Herrn machen? Lasst uns wissen, auf welche Weise wir sie an ihren Ort zurücksenden sollen. [3] Sie antworteten: Wollt ihr die Lade des Gottes Israels zurücksenden, so sendet sie nicht leer zurück, sondern entrichtet ihm ein Sühnegeschenk. Dann

werdet ihr geheilt werden und ihr werdet
erkennen, warum seine Hand nicht von
euch ablässt. 4 Jene fragten weiter: Was für
ein Sühnegeschenk sollen wir ihm anbie-
ten? Sie erwiderten: Entsprechend der
Zahl der Philisterfürsten fünf goldene
Beulen und fünf goldene Mäuse; denn die
gleiche Plage hat alle getroffen, euch und
euere Fürsten. 5 Lasst also Abbilder euerer
Pestbeulen und Abbilder euerer Mäuse,
die das Land verheeren, herstellen und er-
weist so dem Gott Israels Ehre; vielleicht
lässt er dann seine Hand nicht länger auf
euch, euerem Gott und euerem Land las-
ten. 6 Warum wollt auch ihr euer Herz ver-
härten, wie die Ägypter und der Pharao
ihr Herz verhärtet haben? Nicht wahr, als
er ihnen übel mitgespielt hatte, da entließ
man sie, sodass sie fortziehen konnten?
7 So lasst denn jetzt einen neuen Wagen
herstellen und nehmt zwei säugende Kü-
he, auf die noch nie ein Joch gekommen
ist. Spannt dann die Kühe vor den Wagen
und bringt ihre Kälber fort in den Stall.
8 Dann nehmt die Lade des Herrn und
stellt sie auf den Wagen; legt die goldenen
Gegenstände, die ihr als Sühnegeschenk
entrichten wollt, in ein Kästchen neben
sie und lasst sie so ziehen. 9 Gebt dann
Acht: Wenn sie den Heimweg nach Bet-
Schemesch hinauf antritt, so ist er es gewe-
sen, der dieses große Unglück über uns ge-
bracht hat; wenn aber nicht, so wissen wir,
dass nicht seine Hand uns getroffen hat,
sondern dass es ein Zufall war, der uns zu-
gestoßen ist. 10 Die Leute machten es so; sie
nahmen zwei säugende Kühe und spann-
ten sie an den Wagen, ihre Kälber aber
hielten sie im Stall zurück. 11 Sie stellten
die Lade des Herrn auf den Wagen samt
dem Kästchen mit den goldenen Mäusen
und den Abbildern ihrer Beulen. 12 Da gin-
gen die Kühe geradeaus auf der Straße
nach Bet-Schemesch; sie brüllten in einem
fort und blieben auf dem Weg, ohne nach
rechts oder nach links abzubiegen. Die
Philisterfürsten folgten ihnen bis zum Ge-
biet von Bet-Schemesch.

Die Lade in Bet-Schemesch

13 Die Bewohner von Bet-Schemesch aber
waren gerade mit der Weizenernte im Tal-
grund beschäftigt. Als sie aufsahen und die
Lade erblickten, liefen sie ihr freudig ent-
gegen. 14 Der Wagen aber kam bis zum
Acker des Joschua aus Bet-Schemesch
und blieb dort stehen. Dort lag ein großer
Stein. Sie spalteten nun das Holz des Wa-
gens und brachten die Kühe dem Herrn
als Brandopfer dar. 15 Die Leviten hatten
die Lade des Herrn zusammen mit dem
Kästchen, worin sich die goldenen Gegen-
stände befanden, heruntergenommen und
auf den großen Stein gestellt. Die Männer
von Bet-Schemesch aber brachten an je-
nem Tag noch Brandopfer und Schlacht-
opfer dar. 16 Die fünf Philisterfürsten
schauten zu und kehrten dann am glei-
chen Tag nach Ekron zurück. 17 Das sind
die goldenen Beulen, die die Philister dem
Herrn als Sühnegaben entrichteten: eine
für Aschdod, eine für Gaza, eine für Asch-
kelon, eine für Gat, eine für Ekron, 18 dazu
die goldenen Mäuse entsprechend der
Zahl der Philisterstädte, die den fünf Fürs-
ten gehörten, sowohl der befestigten Städ-
te als auch der offenen Dörfer. Zeuge ist
der große Stein, auf den sie die Lade des
Herrn niedergestellt hatten; er liegt noch
bis heute auf dem Acker Joschuas von Bet-
Schemesch. 19 Der Herr aber strafte die
Leute von Bet-Schemesch, weil sie die La-
de des Herrn angeschaut hatten. Darum
erschlug er unter ihnen siebzig Mann. Da
trauerte die Bevölkerung darüber, dass der
Herr einen so schweren Schlag gegen das
Volk geführt hatte.

Die Lade in Kirjat-Jearim

20 Die Bewohner von Bet-Schemesch riefen
aus: Wer ist imstande, vor dem Herrn, die-
sem heiligen Gott, Dienst zu tun? Zu wem
soll er nun von uns aus fortziehen? 21 Sie
schickten also Boten zu den Bewohnern
von Kirjat-Jearim und ließen ihnen sagen:
Die Philister haben die Lade des Herrn zu-
rückgebracht; kommt herunter und holt
sie zu euch hinauf.

7 Da kamen die Bewohner von Kirjat-
Jearim, um die Lade des Herrn hi-
naufzuholen, und brachten sie in das Haus
Abinadabs auf der Anhöhe. Dann weihten
sie seinen Sohn Eleasar zum Hüter der La-
de des Herrn.

Samuel als Richter

2 Seit dem Tag, an dem die Lade sich in
Kirjat-Jearim befand, war eine lange Zeit
verflossen: zwanzig Jahre. Das ganze Haus
Israel wandte sich mit Wehklagen an den

Herrn. 3 Da erklärte Samuel dem ganzen
Haus Israel: Wollt ihr euch von ganzem
Herzen zum Herrn bekehren, so schafft
die fremden Götter, vor allem die Bilder
der Astarte, aus euerer Mitte fort, richtet
eueren Sinn auf den Herrn und dient ihm
allein. Dann wird er euch aus der Hand
der Philister befreien. 4 Darauf schafften
die Israeliten die Baale und die Astarten
fort und verehrten nur noch den Herrn.
5 Nun ordnete Samuel an: Versammelt
ganz Israel in Mizpa, damit ich für euch
zum Herrn bete! 6 Als sie sich in Mizpa
versammelt hatten, schöpften sie Wasser
und gossen es vor dem Herrn aus. Auch
fasteten sie an jenem Tag und sagten: Wir
haben gegen den Herrn gesündigt. Samuel
aber übte das Richteramt über die Israeli-
ten in Mizpa aus. 7 Als den Philistern be-
kannt wurde, dass die Israeliten sich in
Mizpa versammelt hatten, rückten die
Philisterfürsten gegen Israel heran. Als
die Israeliten das erfuhren, fürchteten sie
sich vor den Philistern. 8 Darum baten die
Israeliten Samuel: Lass nicht ab, für uns
laut zum Herrn, unserem Gott, zu rufen,
damit er uns aus der Hand der Philister
rettet! 9 Dann nahm Samuel ein Milch-
lamm und brachte es dem Herrn als Ganz-
opfer dar. Er flehte laut zum Herrn für Is-
rael und der Herr erhörte ihn. 10 Während
nämlich Samuel gerade darbei war, das
Brandopfer darzubringen, waren die Phi-
lister zum Angriff gegen Israel heran-
gerückt. Der Herr aber ließ an diesem Tag
ein Gewitter mit gewaltigem Donner über
die Philister losbrechen und versetzte sie
dadurch in solche Verwirrung, dass sie
den Israeliten unterlagen. 11 Die Männer
Israels rückten von Mizpa aus, verfolgten
die Philister bis unterhalb von Bet-Kar
und brachten ihnen eine Niederlage bei.
12 Samuel aber nahm einen Stein, stellte
ihn zwischen Mizpa und Jeschana auf,
nannte ihn Eben-Eser (Stein der Hilfe)
und sprach: Bis hierher hat uns der Herr
geholfen. 13 So wurden die Philister gede-
mütigt und kamen künftig nicht wieder in
das Gebiet der Israeliten. Solange nämlich
Samuel lebte, lag die Hand des Herrn auf
den Philistern. 14 Auch die Städte, die die
Philister den Israeliten abgenommen hat-
ten, kamen wieder an Israel, von Ekron bis
Gat; überdies entriss Israel das dazuge-
hörige Gebiet der Hand der Philister.
Ebenso herrschte Frieden zwischen Israel
und den Amoritern.

15 Samuel aber übte sein Leben lang das
Richteramt in Israel aus. 16 Jahr für Jahr zog
er umher, wobei er Bet-El, Gilgal und Miz-
pa besuchte und an allen diesen Orten
über Israel Recht sprach. 17 Dann kehrte er
nach Rama zurück; denn dort hatte er sei-
nen Wohnsitz und dort sprach er über Is-
rael Recht. Dort erbaute er auch dem
Herrn einen Altar.

Samuel und Saul

Errichtung des Königtums

Das Volk fordert einen König

8 Als Samuel alt geworden war, bestellte
er seine Söhne zu Richtern über Israel.
2 Sein erstgeborener Sohn hieß Joël, sein
zweiter Abija. Sie übten in Beerscheba das
Richteramt aus. 3 Seine Söhne gingen je-
doch nicht auf seinen Wegen, sondern
suchten ihren Vorteil, ließen sich beste-
chen und beugten das Recht. 4 Da versam-
melten sich alle Ältesten Israels, begaben
sich zu Samuel nach Rama 5 und erklärten
ihm: Siehe, du bist nun alt geworden, deine
Söhne aber gehen nicht auf deinen Wegen;
so setze denn einen König über uns ein,
damit er uns richte, wie es bei allen Völ-
kern Brauch ist. 6 Samuel aber missfiel die
Forderung, die sie stellten: Setze einen Kö-
nig über uns ein, dass er uns richte. Samuel
betete deshalb zum Herrn. 7 Der Herr aber
sagte zu Samuel: Höre auf die Stimme des
Volkes in allem, was sie von dir verlangen;
sie haben ja nicht dich verworfen, sondern
mich haben sie verworfen: Ich soll nicht
mehr König über sie sein. 8 Genauso wie
sie an mir gehandelt haben seit der Zeit,
als ich sie aus Ägypten weggeführt habe,
bis auf diesen Tag, indem sie mich verlie-
ßen und anderen Göttern dienten, so han-
deln sie jetzt auch an dir. 9 Nun denn, gib
ihrer Forderung Gehör. Aber verwarne sie
und weise sie auf das Recht des Königs hin,
der über sie herrschen soll.

Nachteile der Königsherrschaft

10 Hierauf teilte Samuel dem Volk, das einen König von ihm begehrte, alles mit, was der Herr ihm gesagt hatte. 11 Er sprach: Das wird das Recht des Königs sein, der über euch herrschen soll: Euere Söhne wird er nehmen, um sie für sich bei seinen Wagen und seinen Pferden zu verwenden; sie müssen vor seinen Wagen herlaufen. 12 Er wird ferner für sich Oberste über eintausend und Führer über fünfzig setzen; sie müssen ihm das Feld pflügen und die Ernte einbringen, seine Kriegsgeräte und die Ausrüstung seiner Streitwagen anfertigen. 13 Euere Töchter aber wird er zum Herstellen von Salben, zum Kochen und Backen heranziehen. 14 Die besten Äcker, Weinberge und Ölgärten wird er euch wegnehmen und sie seinen Beamten geben. 15 Von eueren Äckern und Weinbergen wird er den Zehnten erheben, um seine Höflinge und Beamten damit zu besolden. 16 Euere Knechte und Mägde, euere besten Rinderherden und Esel wird er nehmen, um sie für seine Wirtschaft zu verwenden. 17 Von euerem Kleinvieh wird er den Zehnten erheben und ihr selber werdet seine Knechte sein. 18 Wenn ihr dann eines Tages wegen eueres Königs, den ihr euch erwählt habt, um Hilfe schreit, so wird euch der Herr an jenem Tag nicht erhören.

19 Das Volk aber wollte auf Samuels Stimme nicht hören, sondern erklärte: Nein, ein König soll uns regieren. 20 Wir wollen nämlich auch so sein wie alle Völker und unser König soll uns Recht sprechen; er soll unser Anführer sein und unsere Kriege führen. 21 Nachdem Samuel alles angehört hatte, was das Volk vorbrachte, trug er es dem Herrn vor. 22 Der Herr aber sprach zu Samuel: Erfülle ihren Wunsch und setze einen König über sie ein. Darauf sagte Samuel zu den Männern Israels: Ein jeder soll sich in seine Stadt begeben.

Saul und die Eselinnen seines Vaters

9 Unter den Benjaminitern lebte damals ein Mann mit Namen Kisch, ein Sohn Abiëls, des Sohnes Zerors, des Sohnes Bechorats, des Sohnes Afiachs, ein Benjaminiter, ein vermögender Mann. 2 Er hatte einen Sohn namens Saul, jung und schön; keiner unter den Israeliten war schöner als er; er überragte alle um Haupteslänge. 3 Nun waren dem Kisch, dem Vater Sauls, Eselinnen fortgelaufen. Da sagte Kisch zu seinem Sohn Saul: Nimm einen von den Knechten, macht euch auf den Weg und sucht die Eselinnen! 4 Da durchstreiften sie das Bergland von Efraim und das Gebiet vor Schalischa, fanden sie aber nicht. Dann streiften sie durch das Gebiet von Schaalim, aber sie waren nicht da. Nun durchstreiften sie das Gebiet von Benjamin, aber sie fanden sie nicht. 5 Als sie dann in die Gegend von Zuf kamen, sagte Saul zu dem Knecht, der bei ihm war: Komm, wir wollen umkehren, sonst macht sich mein Vater mehr Sorgen um uns als um die Eselinnen. 6 Der Knecht aber antwortete Dort in der Stadt wohnt ein Gottesmann; der Mann steht in hohem Ansehen; alles, was er sagt, trifft mit Sicherheit ein. Wir wollen also rasch dorthin gehen, vielleicht hilft er uns bei der Suche. 7 Saul erwiderte seinem Knecht: Was sollen wir dem Mann mitbringen, wenn wir hingehen? Das Brot in unseren Beuteln ist nämlich ausgegangen, ein Geschenk aber haben wir nicht, um es dem Gottesmann anzubieten. Was haben wir noch bei uns? 8 Der Knecht antwortete Saul abermals und sagte: Schau, ich habe noch einen Viertel-Silberschekel bei mir; den will ich dem Gottesmann geben, damit er uns Auskunft über unseren Weg gibt. – 9 Früher sagte man in Israel, wenn man Gott befragen ging: Kommt, lasst uns zum Seher gehen. Denn wer heute Prophet genannt wird, hieß früher Seher. – 10 Saul erwiderte seinem Knecht: Dein Vorschlag ist gut. Komm, wir gehen! Sie gingen also in die Stadt, wo der Gottesmann wohnte.

Saul begegnet Samuel

11 Als sie die Steige zur Stadt hinaufgingen, trafen sie Mädchen, die zum Wasserschöpfen herauskamen. Sie fragten sie: Ist der Seher daheim? 12 Sie antworteten: Ja, er ist da, da vorn; gerade eben ist er in die Stadt gekommen, weil das Volk heute auf der Höhe ein Opferfest begeht. 13 Wenn ihr in die Stadt kommt, werdet ihr ihn noch treffen, ehe er zum Opfermahl auf die Höhe hinaufgeht; denn das Volk fängt nicht zu essen an, bis er da ist. Er segnet nämlich das Opfer, danach erst essen die Geladenen. So geht also hinauf; denn jetzt könnt

ihr ihn gerade noch treffen. 14 Da stiegen
sie zur Stadt hinauf. Als sie eben ins Tor
traten, begegnete ihnen Samuel, der he-
rauskam, um zur Höhe hinaufzusteigen.
15 Der Herr aber hatte einen Tag, bevor Saul
ankam, Samuel folgende Offenbarung zu-
teil werden lassen: 16 Morgen um diese Zeit
werde ich dir einen Mann aus dem Gebiet
Benjamin zuschicken. Den sollst du zum
Fürsten über mein Volk Israel salben. Er
wird mein Volk aus der Hand der Philister
befreien. Ich habe nämlich die Not meines
Volkes gesehen und sein Hilferuf ist zu mir
gedrungen. 17 Sobald nun Samuel Saul er-
blickte, gab ihm der Herr zu verstehen:
Das ist der Mann, von dem ich dir gesagt
habe: Er soll mein Volk regieren. 18 Da trat
Saul mitten im Tor an Samuel heran und
sprach: Sag mir doch, wo das Haus des Se-
hers ist. 19 Samuel antwortete dem Saul: Ich
bin der Seher. Begleite mich zur Höhe hi-
nauf. Ihr müsst heute mit mir essen; mor-
gen früh werde ich dich ziehen lassen,
nachdem ich dir über alles Bescheid gege-
ben habe, was du auf dem Herzen hast.
20 Was die Eselinnen betrifft, die dir vor drei
Tagen abhanden gekommen sind, so
brauchst du dir um sie keine Sorgen zu ma-
chen; sie haben sich wieder gefunden.
Wem gehört übrigens alles, was es an Wert-
vollem in Israel gibt? Etwa nicht dir und
dem ganzen Haus deines Vaters? 21 Saul ent-
gegnete: Ich bin ja nur ein Benjaminiter, al-
so aus dem geringsten der Stämme Israels;
zudem ist mein Geschlecht das unbedeu-
tendste unter den Geschlechtern des Stam-
mes Benjamin. Warum redest du so mit
mir. 22 Samuel nahm nun Saul und dessen
Knecht mit sich, geleitete sie in die Halle
und wies ihnen den Ehrenplatz unter den
Gästen zu, es waren etwa dreißig . 23 Dann
sagte Samuel dem Koch: Bring das Stück
her, das du für mich beiseite legen solltest.
24 Da brachte der Koch die Keule und den
Fettschwanz und setzte sie Saul vor. Samu-
el aber sagte: Siehe, dir wird vorgesetzt, was
aufgehoben wurde. Iss! So aß an jenem Tag
Saul mit Samuel. 25 Als sie dann von der An-
höhe in die Stadt hinuntergegangen waren,
bereitete man Saul ein Lager auf dem Dach
und er legte sich zur Ruhe.

Die Salbung Sauls

26 Als aber die Morgenröte heraufstieg, rief
Samuel zu Saul auf das Dach hinauf: Steh
auf, damit ich dich begleiten kann! Da
stand Saul auf und sie gingen beide hinaus,
er und Samuel. 27 Als sie nun bis zur Stadt-
grenze gekommen waren, sagte Samuel zu
Saul: Sag dem Knecht, er soll uns voraus-
gehen, du aber bleib jetzt stehen! Ich habe
dir ein Gotteswort zu verkünden.

10 Hierauf nahm Samuel das Ölgefäß
und goss es über Sauls Haupt aus,
küsste ihn und sprach: Hiermit hat dich
der Herr zum Fürsten über sein Erbteil ge-
salbt. Du sollst über das Volk des Herrn
herrschen und es erretten aus der Hand
seiner Feinde ringsum. 2 Wenn du jetzt
von mir fortgehst, wirst du beim Grab der
Rahel an der Grenze von Benjamin zwei
Männer treffen. Sie werden dir sagen: Die
Eselinnen, die du gesucht hast, haben sich
wieder gefunden. Siehe, dein Vater hat die
Sache mit den Eselinnen vergessen, macht
sich aber Sorgen um euch und sagt: Was
soll ich für meinen Sohn tun? 3 Wenn du
von dort weitergehst und zur Tabor-Eiche
kommst, werden dir dort drei Männer be-
gegnen, die zur Gottesstätte nach Bet-El
hinaufziehen. Der eine trägt drei Böck-
chen, der andere drei Laibe Brot und der
Dritte einen Schlauch Wein. 4 Sie werden
dich begrüßen und dir zwei Laibe Brot an-
bieten und du sollst sie von ihnen anneh-
men. 5 Dann kommst du nach Gibeat-Elo-
him, wo der Vorposten der Philister steht.
Beim Eintritt in die Stadt wirst du einer
Schar Propheten begegnen, die von der
Höhe heruntersteigen. Vor ihnen her er-
klingen Harfen, Pauken, Flöten und Zi-
thern, während sie selbst in prophetischer
Verzückung sind. 6 Da wird nun der Geist
des Herrn auf dich übergehen, sodass du
mit ihnen in prophetische Verzückung ge-
rätst und in einen anderen Menschen ver-
wandelt wirst. 7 Wenn diese Zeichen bei
dir eintreffen, so vollbring, wozu du die
Kraft in dir spürst; denn Gott ist mir dir.
8 Geh mir sodann voraus nach Gilgal hi-
nunter. Siehe, ich werde zu dir hinunter-
kommen, um Brandopfer darzubringen
und Gemeinschaftsopfer zu schlachten.
Sieben Tage sollst du warten, bis ich zu
dir komme und dir eröffne, was du zu tun
hast.

Sauls Rückkehr

9 Als sich Saul nun umgewandt hatte, um
von Samuel fortzugehen, da verwandelte

ihm Gott sein Herz und noch an diesem
Tag trafen alle die Zeichen ein. 10 Als sie
nämlich nach Gibea kamen, begegnete
ihnen eine Schar von Propheten; der Geist
Gottes ging auf ihn über, sodass er in ihrer
Mitte in prophetische Verzückung geriet.
11 Als nun alle, die ihn von früher kannten,
sahen, dass er wie ein Prophet in Ver-
zückung geriet, sagten die Leute zueinan-
der: Was ist denn mit dem Sohn des Kisch
geschehen? Ist auch Saul unter den Pro-
pheten? 12 Einer von ihnen erwiderte: Wer
ist denn schon ihr Vater? Deshalb hat sich
das Sprichwort gebildet: Ist auch Saul un-
ter den Propheten? 13 Nachdem aber seine
prophetische Verzückung vorüber war,
begab er sich nach Hause. 14 Da fragte sein
Onkel ihn und den Knecht: Wohin seid
ihr gegangen? Saul antwortete: Auf die Su-
che nach den Eselinnen. Als wir aber
merkten, dass sie nicht da waren, sind wir
zu Samuel gegangen. 15 Sauls Onkel bat ihn
daraufhin: Erzähle mir doch, was Samuel
zu euch gesagt hat! 16 Saul erwiderte sei-
nem Onkel: Er hat uns mitgeteilt, die Ese-
linnen hätten sich wieder gefunden. Was
ihm jedoch Samuel über das Königtum ge-
sagt hatte, davon erzählte er ihm nichts.

Saul wird durch das Los zum König bestimmt

17 Hierauf berief Samuel das Volk zum
Herrn nach Mizpa 18 und sagte zu den Is-
raeliten: So spricht der Herr, der Gott Isra-
els: Ich habe Israel aus Ägypten herauf-
geführt und euch aus der Gewalt Ägyptens
und aller Königreiche befreit, die euch be-
drängten. 19 Ihr aber habt heute eueren
Gott verworfen, der euch aus allen eueren
Nöten und Bedrängnissen errettet hat,
und habt erklärt: Nein, setze einen König
über uns ein. Also tretet hin vor den Herrn
nach eueren Stämmen und eueren Tau-
sendschaften. 20 Nun ließ Samuel alle
Stämme Israels antreten und der Stamm
Benjamin wurde durchs Los getroffen.
21 Dann ließ er den Stamm Benjamin nach
seinen Sippen antreten und die Sippe Ma-
tri wurde getroffen. Und als er die Sippe
Matri Mann für Mann antreten ließ, da fiel
das Los auf Saul, den Sohn des Kisch. Man
suchte nach ihm, aber er war nicht zu fin-
den. 22 Da fragte man noch einmal beim
Herrn an: Ist der Mann überhaupt herge-
kommen? Der Herr gab zur Antwort: Ja,
beim Tross hält er sich versteckt. 23 Nun eil-
ten sie hin und holten ihn von dort herbei;
und wie er in den Kreis des Volkes trat,
überragte er das ganze Volk um Hauptes-
länge. 24 Da sagte Samuel zum ganzen
Volk: Keiner unter euch ist dem gleich,
den sich der Herr erwählt hat. Da jubelte
das Volk und rief: Es lebe der König!

25 Nun verkündete Samuel dem Volk das
Recht des Königtums, trug es in ein Buch
ein und legte es vor dem Herrn nieder.
Dann entließ er das ganze Volk, jeden in
seine Heimat. 26 Auch Saul ging in seine
Heimat nach Gibea und es gaben ihm die
Tapferen, denen Gott das Herz berührt
hatte, das Geleit. 27 Einige Niederträchtige
aber erklärten: Was kann der da uns schon
helfen? Und sie verachteten ihn und
brachten ihm kein Huldigungsgeschenk.
Saul aber tat, als merke er es nicht.

Sieg über die Ammoniter

11 Da zog der Ammoniter Nahasch
heran und belagerte Jabesch-Gile-
ad. Alle Bewohner von Jabesch ließen
Nahasch sagen: Schließ einen Vertrag mit
uns, dann wollen wir uns dir unterwerfen.
2 Aber der Ammoniter Nahasch gab ihnen
zur Antwort: Unter der Bedingung will ich
einen Vertrag mit euch schließen, dass ich
jedem von euch das rechte Auge aussteche
und so Schande über ganz Israel bringe.
3 Da ließen die Ältesten von Jabesch ihm
sagen: Gewähre uns eine Frist von sieben
Tagen, damit wir Boten in alle Teile Israels
senden. Kommt uns dann niemand zu
Hilfe, so wollen wir uns dir ergeben. 4 Die
Boten kamen nach Gibea-Saul und trugen
dem Volk die Sache vor, worauf das ganze
Volk in lautes Weinen ausbrach.

5 Da kam Saul eben hinter den Rindern
vom Feld heim. Saul fragte: Was hat das
Volk, dass es weint? Sie erzählten ihm das
Anliegen der Leute von Jabesch. 6 Als Saul
diese Botschaft vernahm, kam der Geist
Gottes über ihn und er geriet in heftigen
Zorn. 7 Er nahm ein paar Rinder, hieb sie
in Stücke, sandte diese durch Boten im
ganzen Gebiet von Israel umher und ließ
bekannt machen: Wer nicht auszieht im
Gefolge Sauls, dessen Rindern soll es eben-
so ergehen! Da fiel der Schrecken des
Herrn über das Volk und sie zogen aus
wie ein Mann. 8 Er musterte sie in Besek
und es waren dreihunderttausend Männer

aus Israel und dreißigtausend Männer aus
Juda. 9 Nun gab er den Boten, die gekom-
men waren, den Bescheid: So sollt ihr den
Leuten von Jabesch-Gilead melden: Mor-
gen, wenn die Sonne heiß scheint, werdet
ihr Hilfe bekommen. Als die Boten heim-
kehrten und es den Leuten von Jabesch
ausrichteten, freuten sich diese. 10 Dann
ließen die Männer von Jabesch Nahasch
sagen: Morgen wollen wir zu euch heraus-
kommen. Dann könnt ihr mit uns ma-
chen, was euch gefällt.
11 Am anderen Morgen aber gliederte
Saul das Volk in drei Abteilungen; sie
drangen um die Zeit der Morgenwache in
das Lager ein und schlugen die Ammoni-
ter, bis der Tag heiß wurde. Der Rest wur-
de so zerstreut, dass keine zwei von ihnen
beisammen blieben.

Saul wird als König bestätigt

12 Da sagte das Volk zu Samuel: Wer sind
die, die damals fragten: Soll Saul über uns
als König herrschen? Gebt uns diese Män-
ner heraus, damit wir sie totschlagen.
13 Saul aber erwiderte: An diesem Tag soll
niemand den Tod erleiden, denn heute
hat der Herr Israel zum Sieg verholfen.
14 Hierauf sprach Samuel zum Volk: Auf,
lasst uns nach Gilgal ziehen und dort das
Königtum bestätigen.
15 Da zog das gesamte Volk nach Gilgal
und sie setzten dort in Gilgal vor dem
Herrn Saul zum König ein. Auch schlach-
teten sie dort Gemeinschaftsopfer vor dem
Herrn und Saul und alle Männer Israels
waren dort in großer Freude.

Samuels Abschied

12 Danach sprach Samuel zu ganz Is-
rael: Seht, ich habe in allem, was
ihr mir vorgetragen habt, eueren Wunsch
erfüllt und habe einen König über euch
eingesetzt. 2 Und nun seht, der König wird
vor euch herziehen. Ich aber bin alt und
grau geworden und meine Söhne sind un-
ter euch. Ich habe von meiner Jugend an
bis zum heutigen Tag vor euch gestanden.
3 Seht, da stehe ich! Tretet vor dem Herrn
und seinem Gesalbten gegen mich auf!
Wem habe ich ein Rind weggenommen?
Wem habe ich einen Esel weggenommen?
Wen habe ich betrogen? Wem habe ich
Gewalt angetan? Von wem habe ich ein
Geschenk angenommen und mir so die
Augen verschließen lassen? Tretet gegen
mich auf und ich werde es euch zurück-
erstatten. 4 Da antworteten sie: Du hast
uns nicht betrogen und hast uns keine Ge-
walt angetan, hast auch von niemand et-
was angenommen. 5 Er sagte zu ihnen:
Der Herr ist Zeuge euch gegenüber und
Zeuge ist sein Gesalbter an diesem Tag,
dass ihr nichts gegen mich gefunden habt.
Sie sagten: Ja, er ist Zeuge.
6 Dann sprach Samuel zum Volk: Ja,
Zeuge ist der Herr, der Mose und Aaron
bestellt und euere Väter aus Ägypten he-
raufgeführt hat. 7 So tretet heran, damit
ich mit euch vor dem Herrn ins Gericht
gehe und euch alle Wohltaten vorhalte,
die der Herr euch und eueren Vätern er-
wiesen hat. 8 Als Jakob nach Ägypten kam,
da quälten die Ägypter euere Väter. Da rie-
fen sie zum Herrn und der Herr sandte
Mose und Aaron; sie führten euere Väter
aus Ägypten heraus und er gab ihnen
Wohnsitze in dieser Gegend. 9 Als sie aber
den Herrn, ihren Gott, vergaßen, da ließ er
sie in die Hand Siseras fallen, des Heerfüh-
rers von Hazor, und in die Hand der Phi-
lister und in die Hand des Königs von Mo-
ab; diese führten Krieg gegen sie. 10 Da
schrien sie zum Herrn und riefen: Wir ha-
ben gesündigt, denn wir haben den Herrn
verlassen, um den Baalen und Astarten zu
dienen. Nun aber rette uns aus der Hand
unserer Feinde, dann wollen wir dir die-
nen. 11 Da sandte der Herr Jerubbaal und
Barak, Jiftach und Samuel und befreite
euch aus der Hand euerer Feinde ringsum,
sodass ihr in Sicherheit wohnen konntet.
12 Als ihr aber saht, dass Nahasch, der Am-
moniterkönig, gegen euch heranzog, da
spracht ihr zu mir: Nein, ein König soll
uns regieren! – obwohl doch der Herr, eu-
er Gott, euer König ist. 13 Gut, da ist euer
König, den ihr erwählt habt. Seht, der Herr
hat einen König über euch eingesetzt.
14 Wenn ihr nun den Herrn fürchtet, ihm
dient, auf seine Stimme hört und euch
nicht auflehnt gegen den Befehl des Herrn,
wenn sowohl ihr wie auch der König, der
über euch herrscht, dem Herrn, euerem
Gott, folgt, so wird der Herr mit euch sein.
15 Wenn ihr aber nicht auf die Stimme des
Herrn hört, sondern euch gegen den Be-
fehl des Herrn auflehnt, so wird die Hand
des Herrn gegen euch sein und gegen eue-
ren König.

16 Jetzt aber tretet herbei und achtet auf
das gewaltige Wunderzeichen, das der
Herr vor eueren Augen wirken wird.
17 Nicht wahr, es ist jetzt Weizenernte? Ich
werde den Herrn anrufen, dass er Donner
und Regen sende. Dann werdet ihr ein-
sehen und erkennen, welch großes Un-
recht ihr nach dem Urteil des Herrn be-
gangen habt, als ihr einen König für euch
verlangt habt. 18 Da rief Samuel den Herrn
an und der Herr sandte Donner und Re-
gen an jenem Tag, sodass das ganze Volk
in große Furcht geriet vor dem Herrn und
vor Samuel. 19 Und das ganze Volk sprach
zu Samuel: Bete für deine Knechte zum
Herrn, deinem Gott, damit wir nicht um-
kommen, weil wir zu allen unseren Sün-
den auch noch die Bosheit hinzugefügt ha-
ben, einen König für uns zu verlangen.
20 Samuel aber antwortete dem Volk:
Fürchtet euch nicht! Ihr habt nun einmal
diese Bosheit verübt; aber fallt jetzt nicht
mehr ab vom Herrn, dient vielmehr dem
Herrn mit euerem ganzen Herzen. 21 Geht
nicht wieder zu den nichtigen Götzen
über, die nicht helfen und nicht retten
können, weil sie eben nichts sind. 22 Denn
der Herr wird sein Volk wegen seines er-
habenen Namens nicht verstoßen; der
Herr hat sich doch entschlossen, euch zu
seinem Volk zu machen. 23 Auch mir sei es
fern, dass ich mich gegen den Herrn ver-
sündige, indem ich aufhöre, für euch zu
beten. Nein, den guten und geraden Weg
will ich euch weisen. 24 Nur fürchtet den
Herrn und dient ihm aufrichtig mit eue-
rem ganzen Herzen; denn seht, welche
Großtat er an euch vollbracht hat.
25 Wenn ihr aber Böses tut, dann werdet
ihr mit euerem König weggerafft.

Anfänge der Regierung Sauls

Aufstand gegen die Philister

13 Saul war … Jahre alt, als er König
wurde und er herrschte … Jahre
über Israel. 2 Saul wählte sich dreitausend
Mann aus Israel aus. Zweitausend waren
bei Saul in Michmas und auf dem Berg-
land von Bet-El, während eintausend bei
Jonatan in Gibea-Benjamin waren. Das
übrige Volk aber hatte er entlassen, jeden
zu seinem Zelt.
3 Da erschlug Jonatan den Vogt der Phi-
lister, der in Geba saß. Die Philister hör-
ten, dass die Hebräer abgefallen waren.
Saul ließ die Posaune blasen 4 und ganz Is-
rael vernahm die Botschaft: Saul hat den
Vogt der Philister erschlagen und Israel
hat sich verhasst gemacht bei den Philis-
tern. Da wurde das Volk aufgeboten, Saul
nach Gilgal zu folgen. 5 Die Philister aber
sammelten sich, um gegen Israel zu kämp-
fen: dreitausend Wagen und sechstausend
Pferde, dazu Fußvolk so zahlreich wie der
Sand am Ufer des Meeres. Sie rückten he-
ran und lagerten bei Michmas, östlich von
Bet-Awen. 6 Als die Israeliten sahen, dass
sie in die Enge gerieten und das Volk hart
bedrängt wurde, verkroch sich das Volk in
Höhlen, Erdlöchern, Felsspalten, Gewöl-
ben und Zisternen. 7 Viele flohen sogar
über die Furten des Jordan in das Land
Gad und Gilead.

Bruch zwischen Samuel und Saul

Saul aber befand sich immer noch in Gil-
gal; alles Volk um ihn herum war voller
Angst. 8 Er wartete sieben Tage, bis zu dem
Zeitpunkt, den Samuel bestimmt hatte.
Als aber Samuel nicht nach Gilgal kam
und das Volk von ihm fortlief, 9 befahl
Saul: Bringt mir das Brandopfer und die
Gemeinschaftsopfer herbei! Und er brach-
te das Brandopfer dar. 10 Als er aber mit
der Darbringung des Brandopfers eben
fertig war, kam Samuel. Saul ging ihm ent-
gegen, um ihn zu begrüßen. 11 Samuel aber
sagte: Was hast du getan? Saul erwiderte:
Weil ich merkte, dass das Volk von mir
fortlief, du aber nicht zur festgesetzten
Zeit kamst, während sich die Philister in
Michmas versammelt hatten, 12 da dachte
ich: Jetzt werden die Philister gegen mich
nach Gilgal herunterkommen, ehe ich den
Herrn gnädig gestimmt habe. Darum fass-
te ich mir ein Herz und brachte das Brand-
opfer dar. 13 Da sprach Samuel zu Saul: Du
hast töricht gehandelt. Hättest du den Be-
fehl des Herrn, deines Gottes, den er dir
gab, befolgt, so hätte der Herr dein König-
tum über Israel für immer bestätigt. 14 Nun
aber wird dein Königtum keinen Bestand
haben. Der Herr hat sich einen Mann nach
seinem Herzen gesucht; den hat der Herr
zum Fürsten über sein Volk bestellt, weil
du nicht befolgt hast, was dir der Herr be-
fohlen hat. 15 Hierauf machte sich Samuel
auf, verließ Gilgal und ging seines Weges.
Der Rest des Volkes aber zog hinter Saul

hinauf dem Kriegsvolk entgegen. Als sie
von Gilgal nach Geba in Benjamin gekom-
men waren, musterte Saul das Volk, das
noch bei ihm war; es waren etwa sechs-
hundert Mann.

Vorbereitungen zum Krieg

16 Saul, sein Sohn Jonatan und die Leute,
die ihm zur Verfügung standen, standen
bei Geba-Benjamin, die Philister dagegen
hatten bei Michmas gelagert. 17 Da rückte
aus dem Lager der Philister ein Trupp in
drei Abteilungen aus, um zu plündern. Die
eine Abteilung schlug die Richtung nach
Ofra ins Gebiet von Schual ein; 18 die zwei-
te zog in die Richtung nach Bet-Horon, die
dritte nahm die Richtung zum Hügel, der
über das Hyänental hin zur Steppe hinun-
terschaut.

19 Nun gab es aber keinen Schmied im
ganzen Land Israel; denn die Philister be-
fürchteten, die Hebräer würden sich sonst
Schwerter und Lanzen anfertigen. 20 Viel-
mehr musste die Israeliten zu den Philis-
tern hinuntergehen, wenn jemand sich
eine Pflugschar oder Hacke, eine Axt oder
eine Sichel schmieden lassen wollte. 21 Das
Schärfen der Pflugscharen, Hacken, des
Dreizacks und der Äxte und das Gerade-
richten der Ochsenstachel kostete ein Pim.
22 Daher fand sich am Kampftag von Mich-
mas weder ein Schwert noch eine Lanze in
der Hand des ganzen Kriegsvolks, das bei
Saul und Jonatan war. Nur Saul und sein
Sohn Jonatan hatte solche Waffen.

Jonatan greift den Vorposten an

23 Ein Vorposten der Philister war gegen
den Pass von Michmas vorgerückt.

14 Eines Tages sagte Jonatan, Sauls
Sohn, zu seinem Waffenträger:
Komm, wir wollen zum Vorposten der
Philister hinübergehen, der auf dem Pass
steht. Seinem Vater aber meldete er nichts
davon. 2 Saul saß am äußersten Ende von
Gibea unter dem Granatapfelbaum, der
bei Migron stand. Bei ihm waren etwa
sechshundert Mann. 3 Ahija, der Sohn Ahi-
tubs, des Bruders Ikabods, des Sohnes des
Pinhas, des Sohnes Elis, des Priesters des
Herrn in Schilo, trug damals das Efod. Die
Leute wussten nicht, dass Jonatan weg-
gegangen war. 4 Mitten in dem Pass aber,
den Jonatan zu überqueren hatte, um an
den Wachtposten der Philister heran-
zukommen, war hüben und drüben eine
Felszacke; die eine hieß Bozez, die andere
Senne. 5 Die eine Zacke war an der Nord-
seite gegenüber Michmas, die andere süd-
lich gegenüber Geba. 6 Da sagte Jonatan zu
seinem Waffenträger: Komm, lass uns zu
den Wachtposten dieser Unbeschnittenen
hinübergehen. Vielleicht tut der Herr et-
was für uns; denn für den Herrn ist es
gleich, ob er durch viele oder wenige den
Sieg verleiht. 7 Sein Waffenträger erwiderte
ihm: Tu alles, was du im Sinn hast. Ich bin
dabei; ganz wie du willst. 8 Jonatan fuhr
fort: Also, wir gehen hinüber auf die Leute
zu und zeigen uns ihnen. 9 Wenn sie dann
uns zurufen: Halt, bis wir zu euch hinüber-
kommen, so wollen wir auf unserem Fleck
stehen bleiben und nicht zu ihnen hinauf-
steigen. 10 Wenn sie uns aber so zurufen:
Steigt zu uns herauf, so wollen wir hinauf-
steigen; denn der Herr hat sie in unsere
Hand gegeben. Das soll uns das Zeichen
sein. 11 Als nun die beiden sich dem Vor-
posten der Philister zeigten, sagten die
Philister: Schaut, da kommen Hebräer
aus den Löchern hervor, in die sie sich ver-
krochen haben! 12 Dann riefen die Leute
des Vorpostens Jonatan und seinen Waf-
fenträger an: Kommt zu uns herauf! Wir
haben euch etwas zu erzählen. Da sagte
Jonatan zu seinem Waffenträger: Steig
mir nach; denn der Herr hat sie in die
Hand Israels gegeben. 13 Nun kletterte Jo-
natan auf Händen und Füßen hinauf und
hinter ihm her sein Waffenträger. Da
wollten sie vor Jonatan fliehen, aber er
schlug sie nieder und sein Waffenträger
hinter ihm tötete sie. 14 So forderte der ers-
te Schlag, den Jonatan und sein Waffen-
träger führten, ungefähr zwanzig Mann,
auf einer Fläche von ungefähr einem hal-
ben Morgen. 15 Da entstand Entsetzen im
Lager auf dem freien Feld und beim gan-
zen Kriegsvolk; auch die Wachtposten und
die plündernden Horden gerieten in
Schrecken. Sogar die Erde bebte und das
rief einen Gottesschrecken hervor.

Sieg über die Philister

16 Als nun die Beobachtungsposten Sauls,
die in Gibea in Benjamin ihre Stellung hat-
ten, Ausschau hielten, merkten sie, dass
das Lager hin und her wogte. 17 Da befahl
Saul den Leuten, die um ihn waren: Mus-
tert alle Krieger und seht, wer fortgegan-

gen ist. Sie hielten eine Musterung und es fehlten Jonatan und sein Waffenträger. 18 Nun sagte Saul zu Ahija: Bring das Efod herbei! Er trug nämlich damals das Efod vor den Israeliten. 19 Saul redete noch mit dem Priester, da wurde der Lärm im Lager der Philister immer größer; deshalb sagte Saul zu dem Priester: Lass es sein! 20 Nun rückten auch Saul und alle Leute, die bei ihm waren, zum Kampf aus. Da sahen sie, wie jeder sein Schwert gegen den anderen richtete. Es herrschte eine heillose Verwirrung. 21 Jene Hebräer aber, die schon seit langem auf der Seite der Philister gestanden hatten und mit ihnen ins Feld gezogen waren, fielen nun ab und schlossen sich den Israeliten an, die bei Saul und Jonatan waren. 22 Als alle Israeliten, die sich im Gebirge Efraim versteckt hatten, hörten, dass die Philister auf der Flucht waren, setzten auch sie ihnen nach, um sie zu bekämpfen. 23 So verhalf der Herr an jenem Tag Israel zum Sieg. Der Kampf dehnte sich bis über Bet-Horon hinaus.

Jonatan verstößt gegen ein Verbot Sauls

24 Die Israeliten aber waren an jenem Tag in Bedrängnis geraten. Deshalb sprach Saul aber über das Volk einen Eidfluch aus: Verflucht sei jeder, der vor dem Abend etwas isst, bevor ich Rache an meinen Feinden genommen habe. Das ganze Volk nahm deshalb keine Nahrung zu sich. 25 Nun gab es dort Honigwaben auf dem Feld. 26 Als die Leute zu den Honigwaben kamen, die von Honig überflossen, führte niemand etwas mit der Hand zum Mund; denn die Leute fürchteten den Fluch. 27 Nur Jonatan hatte nicht gehört, wie sein Vater über das Volk einen Schwur getan hatte. Er streckte also die Spitze seines Stabes, den er in der Hand hatte, aus, tauchte sie in eine Honigwabe und führte seine Hand zum Mund. Da strahlten seine Augen wieder hell. 28 Einer von den Leuten sagte ihm: Dein Vater hat einen Schwur über das Volk getan und gesagt: Verflucht sei jeder, der heute etwas isst. 29 Jonatan erwiderte: Mein Vater stürzt das Land ins Unglück. Seht doch, wie meine Augen strahlen, weil ich ein wenig Honig gegessen habe. 30 Wenn heute die Leute von der Beute ihrer Feinde, die sie gemacht haben, tüchtig gegessen hätten, wäre dann die Niederlage der Philister nicht viel größer gewesen?

Rituelles Vergehen des Volkes

31 So schlugen sie an jenem Tag die Philister von Michmas bis Ajalon. Die Leute waren sehr erschöpft. 32 Darum stürzten sie über die Beute her, nahmen Kleinvieh, Rinder und Kälber und schlachteten sie am Boden. Und die Leute aßen sogar das Blut. 33 Da meldete man Saul: Das Volk versündigt sich gegen den Herrn, indem es das Fleisch samt dem Blut isst. Er antwortete: Ihr begeht einen Frevel. Wälzt mir einen großen Stein hierher. 34 Dann befahl Saul: Verteilt euch unter die Leute und sagt ihnen: Jeder soll sein Rind und sein Schaf zu mir herbringen und es hier schlachten; dann sollt ihr essen, damit ihr euch nicht gegen den Herrn versündigt, indem ihr das Fleisch mit dem Blut esst. Da brachten die Leute das Vieh, jeder das Stück, das er zur Hand hatte, noch in der Nacht herbei und schlachteten es dort. 35 Saul errichtete dann dem Herrn einen Altar. Das war der erste Altar, den Saul dem Herrn errichtete.

Jonatan wird vom Volk gerettet

36 Hierauf erklärte Saul: Lasst uns auch während der Nacht die Philister verfolgen und Beute unter ihnen machen, bis der Morgen anbricht, damit keiner von ihnen übrig bleibt. Die Leute antworteten: Tu alles, was dir gut scheint. Der Priester aber sagte: Zuerst wollen wir vor Gott hintreten. 37 Da befragte Saul Gott: Soll ich zur Verfolgung der Philister ausziehen? Wirst du sie in die Hand Israels geben? Aber Gott gab ihm an diesem Tag keine Antwort. 38 Darauf befahl Saul: Tretet hierher, alle Führer des Volkes! Forscht nach und prüft, wodurch diese Sünde heute zustande kam. 39 Denn so wahr der Herr lebt, der Israel gerettet hat, selbst wenn sich die Schuld bei meinem Sohn Jonatan fände, so muss er sterben. Aber niemand aus dem ganzen Volk gab ihm eine Antwort. 40 Da sagte er zu ganz Israel: Ihr sollt auf der einen Seite stehen, ich aber und mein Sohn Jonatan auf der anderen! Das Volk antwortete dem Saul: Tu, was du für richtig hältst. 41 Da betete Saul zum Herrn: Gott Israels, entscheide recht. Da wurden Jonatan und Saul vom Los getroffen, während das Volk frei blieb. 42 Saul fuhr fort: Lasst das Los entscheiden zwischen mir und meinem Sohn Jonatan. Das Los fiel auf Jonatan. 43 Nun sagte Saul zu Jonatan:

Gesteh mir, was du getan hast. Und Jona-
tan gestand ihm: Nur ein wenig Honig ha-
be ich mit der Spitze des Stabes, den ich in
meiner Hand hielt, gekostet. Hier stehe
ich, ich bin bereit zu sterben. 44 Saul ant-
wortete: Gott tue mir dies und das an –
Jonatan, du musst sterben. 45 Doch das
Heer erklärte dem Saul: Jonatan soll ster-
ben, der diesen herrlichen Sieg in Israel
errungen hat? Nein, das darf nicht sein.
So wahr der Herr lebt, ihm soll kein Haar
gekrümmt werden. Hat er doch mit Gott
den Sieg am heutigen Tag errungen! So
löste das Volk Jonatan aus und er musste
nicht sterben. 46 Saul aber zog hinauf und
ließ von der Verfolgung der Philister ab
und die Philister kehrten in ihre Städte zu-
rück.

Sauls Kriege. Seine Familie

47 Als Saul die Königswürde über Israel er-
langt hatte, führte er Krieg gegen alle seine
Feinde: gegen Moab, gegen die Ammoni-
ter, gegen Edom, gegen den König von Zo-
ba und gegen die Philister. Überall, wohin
er sich wandte, war er siegreich. 48 Er be-
wies Tapferkeit, schlug Amalek und befrei-
te Israel aus der Hand seiner Plünderer.

49 Sauls Söhne waren Jonatan, Jischwi
und Malkischua. Die ältere seiner beiden
Töchter hieß Merab, die jüngere Michal.
50 Sauls Frau hieß Ahinoam; sie war eine
Tochter des Ahimaaz. Sein Heerführer
hieß Abner, ein Sohn Ners, des Onkel
Sauls. 51 Kisch, der Vater Sauls, und Ner,
der Vater Abners, waren Söhne Abiëls.

52 Der Krieg gegen die Philister aber tob-
te heftig, solange Saul lebte. Jedes Mal,
wenn Saul einen tapferen und kriegstüch-
tigen Mann sah, nahm er ihn in seinen
Dienst.

Krieg gegen die Amalekiter

15 Samuel sagte zu Saul: Mich hat der
Herr gesandt, um dich zum König
über sein Volk Israel zu salben. So höre
nun auf die Stimme des Herrn! 2 So spricht
der Herr der Heerscharen: Ich habe beob-
achtet, was Amalek Israel angetan hat, als
es ihm in den Weg trat, als Israel aus
Ägypten heraufzog. 3 Nun zieh hin und
schlag Amalek und weih es und all seinen
Besitz dem Untergang. Schone ihn nicht,
sondern töte Mann und Frau, Kind und
Säugling, Rind und Schaf, Kamel und Esel!
4 Da bot Saul das Volk auf und musterte
die Leute in Telaim: zweihunderttausend
Mann Fußvolk und zehntausend Mann
aus Juda. 5 Dann rückte Saul gegen die
Hauptstadt Amaleks vor und legte einen
Hinterhalt im Bachtal. 6 Zu den Kenitern
aber sagte Saul: Auf! Zieht euch zurück
und entfernt euch aus dem Bereich der
Amalekiter, damit ich euch nicht mit
ihnen vernichte; denn ihr habt allen Israe-
liten, als sie aus Ägypten heraufzogen,
Entgegenkommen gezeigt. Da zogen die
Keniter aus dem Bereich Amaleks fort.
7 Saul schlug dann Amalek von Hawila bis
Schur, das östlich von Ägypten liegt. 8 Den
Agag aber, den König von Amalek, nahm
er lebendig gefangen, während er das gan-
ze Volk mit der Schärfe des Schwertes dem
Untergang weihte. 9 Doch verschonten
Saul und das Volk den Agag sowie die bes-
ten Stücke von Kleinvieh und Rind, das
Mastvieh nämlich und die Lämmer und
alles Wertvolle, ohne es dem Untergang
zu weihen. Nur das, was unter dem Vieh
gering und wertlos war, weihten sie dem
Untergang.

Saul wird vom Herrn verworfen

10 Darum erging das Wort des Herrn an
Samuel: 11 Es reut mich, Saul zum König
gemacht zu haben; denn er hat sich von
mir abgewandt und meine Befehle nicht
ausgeführt. Das schmerzte Samuel sehr
und er schrie die ganze Nacht hindurch
zum Herrn. 12 Am frühen Morgen aber
machte sich Samuel auf, um Saul aufzusu-
chen. Da wurde Samuel gemeldet: Saul ist
nach Karmel gegangen und hat sich dort
ein Siegesdenkmal errichtet; dann ist er
umgekehrt und weiter hinunter gezogen
nach Gilgal. 13 Als nun Samuel zu Saul
kam, sprach Saul zu ihm: Gesegnet seist
du vom Herrn! Ich habe den Befehl des
Herrn vollzogen. 14 Samuel erwiderte: Was
ist das denn für ein Blöken von Schafen,
das mir in die Ohren dringt, und was ist
das für ein Gebrüll von Rindern, das ich
höre? 15 Saul antwortete: Die hat man von
den Amalekitern heimgebracht; denn das
Volk hat die besten Stücke von Kleinvieh
und Rind verschont, um sie dem Herrn,
deinem Gott, zu opfern. Das Übrige dage-
gen haben wir dem Untergang geweiht.
16 Samuel erwiderte dem Saul: Lass das!
Ich will dir verkünden, was der Herr in

dieser Nacht zu mir gesagt hat. Saul erwiderte: Sprich! 17 Da sagte Samuel: Nicht wahr, obgleich du dir in deinen Augen gering vorkamst, bist du nicht doch das Haupt der Stämme Israels geworden? Dich hat der Herr nämlich zum König über Israel gesalbt. 18 Nun hat dich der Herr ausrücken lassen und dir befohlen: Zieh hin und weihe die Verbrecher, die Amalekiter, dem Untergang und kämpfe gegen sie, bis du sie vernichtet hast. 19 Warum hast du die Weisung des Herrn nicht befolgt, sondern dich auf die Beute gestürzt und getan, was dem Herrn missfällt? 20 Saul entgegnete dem Samuel: Ich habe die Weisung des Herrn befolgt und den Feldzug unternommen, zu dem der Herr mich ausgesandt hat. Agag, den König der Amalekiter, habe ich zwar mitgebracht, aber Amalek habe ich dem Untergang geweiht. 21 Das Volk jedoch nahm von der Beute Kleinvieh und Rinder weg, und zwar das Beste von dem, was dem Untergang zu weihen war, um es dem Herrn, deinem Gott, in Gilgal zu opfern. 22 Samuel aber erwiderte:

Hat der Herr etwa ein gleiches Gefallen
an Brandopfern und Schlachtopfern / wie
am Gehorsam gegen den Befehl des
Herrn? / Siehe, Gehorsam ist mehr wert
als Opfer, / Folgsamkeit ist besser als das
Fett von Widdern.
23 Ungehorsam ist schlimm wie die
Sünde der Zauberei, / und Eigensinn ist
gleich dem Frevel und Götzendienst. /
Weil du das Wort des Herrn missachtet
hast, / hat er dich für zu gering befunden,
um König über Israel zu bleiben!

Saul fleht vergeblich um Verzeihung

24 Saul erwiderte Samuel: Ich habe gesündigt; denn ich habe den Befehl des Herrn und deine Weisungen übertreten. Ich hatte Furcht vor dem Kriegsvolk und auf seine Stimme gehört. 25 Nun aber vergib mir meine Sünde und kehr mit mir um, damit ich den Herrn anbete. 26 Samuel aber erklärte: Ich kehre nicht mit dir um; weil du das Wort des Herrn missachtet hast, hat dich der Herr verworfen, sodass du nicht mehr König über Israel bleibst. 27 Als nun Samuel sich umwandte, um fortzugehen, fasste Saul den Zipfel seines Mantels, aber dieser riss ab. 28 Da sagte Samuel zu ihm: Heute hat der Herr dir die Königswürde über Israel entrissen, um sie einem anderen zu geben, der besser ist als du. 29 Er, der Ruhm Israels lügt nicht und empfindet keine Reue; er ist ja nicht ein Mensch, dass ihn etwas reuen könnte. 30 Saul antwortete: Wohl habe ich gesündigt, aber erweise mir jetzt die Ehre vor den Ältesten meines Volkes und vor Israel und kehr mit mir um, damit ich den Herrn, deinen Gott, anbete. 31 Da kehrte Samuel um und folgte Saul; und Saul betete den Herrn an.

Agags Tod und Samuels Aufbruch

32 Darauf befahl Samuel: Führt Agag, den König von Amalek, zu mir her! Zitternd trat Agag vor ihn hin. Agag sagte: Fürwahr, der Tod ist bitter. 33 Samuel aber entgegnete: Wie dein Schwert die Frauen kinderlos gemacht hat, so soll auch deine Mutter kinderlos werden unter den Frauen! Dann hieb Samuel vor dem Herrn in Gilgal Agag nieder 34 Samuel begab sich hierauf nach Rama, während Saul in seine Heimat nach Gibea-Saul hinaufzog. 35 Samuel aber sah bis zu seinem Todestag Saul nicht wieder; denn Samuel trauerte um Saul, weil es den Herrn reute, Saul zum König über Israel gemacht zu haben.

Saul und David

David am Hof

Davids Salbung

16 Der Herr sprach zu Samuel: Wie lange willst du noch um Saul trauern? Ich habe ihn doch verworfen, er soll nicht mehr als König über Israel herrschen. Füll dein Horn mit Öl und mach dich auf den Weg! Ich sende dich zu dem Betlehemiter Isai; denn einen von seinen Söhnen habe ich mir zum König ausersehen. 2 Samuel erwiderte: Wie kann ich hingehen? Wenn Saul davon hört, wird er mich umbringen. Der Herr aber entgegnete: Nimm ein junges Rind mit dir und sage: Um dem Herrn ein Opfer darzubringen, bin ich gekommen. 3 Lade den Isai zum Opfer ein! Ich selbst werde dir dann zeigen, was du zu tun hast. Du sollst mir nämlich den salben, den ich dir nennen werde. 4 Samuel tat, was der Herr ihm befohlen hatte. Als er nach Betlehem kam, gingen ihm die Ältesten der Stadt voll Angst entgegen und fragten: Bedeutet dein Kommen Heil? 5 Er antwortete: Ja, Heil! Um dem Herrn zu opfern, bin ich gekommen. Heiligt euch und kommt zum Opfer mit mir. Dann heiligte er Isai und seine Söhne und lud sie zum Opfer ein. 6 Als sie nun kamen und er den Eliab erblickte, dachte er: Fürwahr, da steht vor dem Herrn sein Gesalbter. 7 Der Herr aber sprach zu Samuel: Nicht auf sein Äußeres und seine stattliche Gestalt sollst du schauen; ich habe ihn nämlich verworfen; denn Gott sieht nicht auf das, worauf der Mensch sieht. Der Mensch sieht auf das Äußere, der Herr aber sieht das Herz. 8 Dann rief Isai den Abinadab und stellte ihn Samuel vor. Der aber sagte: Auch den hat der Herr nicht erwählt. 9 Hierauf stellte Isai den Schima vor. Er aber sagte: Auch diesen hat der Herr nicht erwählt. 10 So stellte Isai dem Samuel seine sieben Söhne vor. Samuel aber sprach zu Isai: Diese hat der Herr nicht erwählt. 11 Dann fragte Samuel den Isai: Sind das alle deine Söhne? Er erwiderte: Es fehlt noch der Jüngste; der hütet die Schafe. Da befahl Samuel dem Isai: Schick aus und lass ihn holen! Denn wir wollen uns nicht eher zum Mahl setzen, als bis er da ist. 12 Da schickte er aus und ließ ihn holen. Er war blond, hatte schöne Augen und eine prächtige Gestalt. Da sagte der Herr: Auf! Salbe ihn; denn der ist es! 13 So nahm also Samuel das Horn mit dem Öl und salbte ihn mitten unter seinen Brüdern. Und der Geist des Herrn kam über David von diesem Tag an. Samuel aber machte sich auf und ging nach Rama zurück.

David in Sauls Dienst

14 Der Geist des Herrn aber war von Saul gewichen und es quälte ihn ein böser Geist vom Herrn. 15 Da sprachen Sauls Diener zu ihm: Siehe, dich quält ein böser Geist Gottes. 16 So möge doch unser Herr befehlen, dann werden deine Knechte einen Mann suchen, der das Harfenspiel versteht. Sooft dann der böse Geist Gottes über dich kommt, soll er die Harfe spielen; dann wird es dir wieder wohler werden. 17 Saul erwiderte seinen Dienern: Seht euch für mich nach einem Mann um, der gut spielen kann, und bringt ihn zu mir. 18 Da antwortete einer seiner Diener: Ich kenne einen Sohn des Isai in Betlehem, der im Saitenspiel geübt ist; zudem ist er ein Held an Kraft, kriegstüchtig, wortgewandt, ein Mann von schöner Gestalt, und der Herr ist mit ihm. 19 Darauf schickte Saul Boten zu Isai und ließ ihm sagen: Schick doch deinen Sohn David, der bei den Schafen ist, zu mir. 20 Da nahm Isai einen Esel, fünf Brote, einen Schlauch Wein und ein Ziegenböcklein und sandte es durch seinen Sohn David zu Saul. 21 So kam David zu Saul und wurde sein Diener. Saul gewann ihn sehr lieb, sodass er sein Waffenträger wurde. 22 Darum sandte Saul zu Isai und ließ ihm sagen: David soll mein Diener bleiben; denn er gefällt mir gut. 23 Sooft aber der Geist Gottes Saul überfiel, griff David zur Harfe und spielte. Dann wurde es Saul leichter; er fühlte sich besser und der böse Geist wich von ihm.

Goliat fordert das israelitische Heer heraus

17 Die Philister boten ihre Truppen zum Krieg auf und sammelten sich bei Socho in Juda. Das Lager schlugen sie zwischen Socho und Aseka bei Efes-Dammim auf. 2 Auch Saul und die Israeliten sammelten sich, schlugen ihr Lager im Terebinthental auf und rüsteten sich zum Kampf gegen die Philister. 3 Die Philister hatten ihre Stellung am Berg auf der einen, die Israeliten am Berg auf der anderen Seite, sodass das Tal zwischen ihnen lag.

4 Da trat ein Vorkämpfer aus den Reihen der Philister heraus. Er hieß Goliat und war aus Gat. Sechs Ellen und eine Spanne war er groß, 5 hatte einen Helm aus Bronze auf seinem Kopf und trug einen Schuppenpanzer; der Panzer hatte ein Gewicht von fünftausend Schekel. 6 An seinen Beinen waren Bronzeschienen und er trug einen bronzenen Wurfspieß auf seinen Schultern. 7 Der Schaft seiner Lanze war wie ein Weberbaum und die Spitze seiner Lanze wog sechshundert Schekel. Vor ihm her schritt sein Schildträger. 8 Er stellte sich hin und rief zu den Reihen der Israeliten: Warum zieht ihr aus und habt euch zum Kampf aufgestellt? Bin ich nicht ein Philister, ihr dagegen Knechte Sauls? Wählt einen Mann unter euch aus, der zu

mir herunterkommt. 9 Wenn er mit mir
den Kampf aufnehmen kann und mich er-
schlägt, dann wollen wir euere Knechte
sein. Wenn ich ihm aber überlegen bin
und ihn erschlage, dann sollt ihr unsere
Knechte sein und uns dienen. 10 Dann er-
klärte der Philister: Heute habe ich die
Reihen Israels herausgefordert. Stellt mir
einen Mann, dass wir miteinander kämp-
fen! 11 Saul und ganz Israel hörten diese
Worte des Philisters; aber sie hatten Angst
und fürchteten sich sehr.

Ankunft Davids im Lager

12 David war der Sohn eines Efratiters aus
Betlehem in Juda mit Namen Isai, der acht
Söhne hatte. In den Tagen Sauls war der
Mann alt und betagt. 13 Die drei ältesten
Söhne Isais waren Saul in den Krieg ge-
folgt. Seine drei Söhne, die in den Krieg
gezogen waren, hießen: der älteste Eliab,
der zweite Abinadab, der dritte Schima.
14 David aber war der jüngste. Die drei Äl-
testen also waren Saul gefolgt. 15 David
ging öfters von Saul nach Bethlehem zu-
rück, um die Schafe seines Vaters zu hü-
ten. 16 Der Philister aber kam jeden Mor-
gen und Abend und stellte sich hin,
vierzig Tage lang. 17 Da sagte Isai zu seinem
Sohn David: Nimm für deine Brüder ein
Efa von dem gerösteten Korn da und diese
zehn Brote und bring sie schnell deinen
Brüdern ins Lager. 18 Diese zehn Käse aber
bring dem Hauptmann. Erkundige dich
nach dem Befinden deiner Brüder und lass
dir ihren Sold geben. 19 Saul und alle ande-
ren Israeliten sind mit ihnen im Terebin-
thental und kämpfen gegen die Philister.
20 Am frühen Morgen stand David auf und
überließ die Schafe einem Wächter. Dann
packte er und ging, wie ihm Isai geboten
hatte. Als er zum Lagerplatz kam, zog eben
das Heer in Schlachtordnung aus und er-
hob das Kriegsgeschrei. 21 Israel und die
Philister stellten sich zum Kampf auf,
Schlachtreihe gegen Schlachtreihe. 22 Da
legte David das Gepäck ab, überließ es
dem Wächter des Trosses und lief in die
Schlachtreihe. Er ging zu seinen Brüdern
und fragte sie, wie es ihnen gehe. 23 Wäh-
rend er sich mit ihnen unterhielt, trat der
Vorkämpfer, Goliat mit Namen, ein Phi-
lister aus Gat, aus den Reihen der Philister
vor und führte die gewohnten Reden. Da-
vid hörte es. 24 Alle Israeliten aber flohen
vor ihm, als sie den Mann sahen, und hat-
ten große Angst. 25 Ein Israelit sagte: Habt
ihr diesen Mann gesehen, der da vortrat?
Um Israel herauszufordern, kommt er da-
her. Wer ihn erschlägt, den will der König
sehr reich machen, er will ihm seine Toch-
ter geben und das Haus seines Vaters von
den Steuern in Israel befreien. 26 Da fragte
David die Männer, die bei ihm standen:
Was erhält der Mann, der diesen Philister
erschlägt und die Schande von Israel
nimmt? Wer ist denn dieser unbeschnitte-
ne Philister, dass er die Schlachtreihen des
lebendigen Gottes herausfordern darf?
27 Die Leute wiederholten ihm dasselbe:
Das und das erhält der Mann, der ihn er-
schlägt. 28 Als aber sein ältester Bruder Eli-
ab hörte, wie er sich mit den Männern un-
terhielt, wurde Eliab zornig über David
und sagte: Wozu bist du denn herunter-
gekommen? Wem hast du die paar Schafe
in der Steppe anvertraut? Ich kenne deine
Vermessenheit und die Bosheit deines
Herzens; nur um dir den Krieg anzusehen,
bist du heruntergekommen. 29 David ent-
gegnete: Was habe ich denn getan? Es ist
doch wohl noch einer Frage wert! 30 Dann
wandte er sich von ihm ab einem anderen
zu und wiederholte die Frage. Die Leute
antworteten ihm wie zuvor.

David bietet sich an, die Herausforderung anzunehmen

31 Als man nun erfuhr, was David gesagt
hatte, meldete man es Saul und er ließ ihn
herbeiholen. 32 David aber sprach zu Saul:
Lasst doch seinetwegen der Mut nicht sin-
ken! Dein Knecht will hingehen und mit
diesem Philister kämpfen. 33 Saul aber er-
widerte David: Du kannst nicht gegen die-
sen Philister antreten, um mit ihm zu
kämpfen. Du bist zu jung, er dagegen ist
ein Krieger seit seiner Jugend. 34 David ant-
wortete Saul: Dein Knecht hütete seinem
Vater die Schafe; kam dann der Löwe oder
der Bär und holte sich ein Schaf aus der
Herde, 35 so lief ich ihm nach, schlug auf
ihn los und riss es ihm aus dem Rachen.
Wenn er mich aber angriff, so packte ich
ihn bei der Mähne und schlug ihn tot.
36 Löwen wie Bären hat dein Knecht er-
schlagen; und diesem unbeschnittenen
Philister soll es ergehen wie einem von ih-
nen, weil er das Heer des lebendigen Got-
tes verhöhnt hat. 37 Und David fuhr fort:

Der Herr, der mich aus den Pranken des
Löwen und des Bären errettet hat, wird
mich auch aus der Hand dieses Philisters
retten. Da sagte Saul zu David: Geh hin
und der Herr möge mit dir sein. 38 Hierauf
ließ Saul dem David seinen Waffenrock
anlegen, setzte ihm einen bronzenen Helm
auf den Kopf und legte ihm den Panzer an.
39 Dann gürtete er David mit seinem
Schwert über seinem Waffenrock. David
bemühte sich zu gehen; denn er hatte es
noch nie versucht. Er erklärte Saul: Ich
kann darin nicht gehen, weil ich es noch
nie versucht habe. Da zog man es ihm wie-
der aus.

Der Zweikampf

40 Er nahm seinen Stock in die Hand, such-
te sich fünf glatte Steine aus dem Bach und
tat sie in seine Hirtentasche, die ihm als
Schleudersteintasche diente. Dann nahm
er seine Schleuder in die Hand und ging
dem Philister entgegen. 41 Der Philister
aber schritt immer näher auf David zu,
wobei sein Schildträger vor ihm herging.
42 Der Philister sah David und blickte ihn
mit Verachtung an, weil er noch sehr jung
war, blond und von schönem Aussehen.
43 Der Philister sprach zu David: Bin ich
denn ein Hund, dass du mit einem Stock
zu mir kommst? Da verfluchte der Philis-
ter David bei seinen Göttern. 44 Dann
sprach der Philister zu David: Komm her
zu mir, damit ich dein Fleisch den Vögeln
des Himmels und den wilden Tieren zum
Fraß gebe! 45 David antwortete dem Philis-
ter: Du kommst zu mir mit Schwert, Lanze
und Wurfspieß. Ich aber komme zu dir im
Namen des Herrn der Heerscharen, des
Gottes der Schlachtreihen Israels, die du
verhöhnt hast. 46 Heute wird dich der Herr
in meine Hand geben. Ich werde dich er-
schlagen und dir den Kopf abhauen. Ich
werde deine Leiche und die Leichen der
Philister heute noch den Vögeln des Him-
mels und den wilden Tieren zum Fraß ge-
ben, damit alle Welt einsieht, dass es einen
Gott gibt in Israel. 47 Und diese ganze Schar
soll wissen, dass der Herr nicht Schwert
und Lanze braucht, um Rettung zu schaf-
fen. Denn es ist ein Krieg des Herrn und er
wird euch in unsere Hand geben. 48 Als
nun der Philister sich aufmachte, voran-
schritt und auf David zukam, lief auch Da-
vid schnell aus der Schlachtreihe dem Phi-
lister entgegen. 49 Unterdessen griff er mit
der Hand in seine Hirtentasche, nahm
einen Stein heraus, schleuderte ihn und
traf den Philister an die Stirn; und der
Stein drang in die Stirn ein, sodass er mit
dem Gesicht zu Boden stürzte. 50 So über-
wand David den Philister mit Schleuder
und Stein, traf ihn und tötete ihn, obwohl
David kein Schwert in der Hand hatte.
51 Dann lief David hin, trat an den Philister
heran, ergriff sein Schwert, zog es aus der
Scheide, schlug ihm damit den Kopf ab
und tötete ihn. Als aber die Philister sa-
hen, dass ihr starker Mann tot war, flohen
sie. 52 Die Männer von Israel und Juda aber
griffen an, erhoben das Kriegsgeschrei und
setzten den Philistern nach bis Gat und bis
zu den Toren von Ekron, sodass die er-
schlagenen Philister auf dem Weg von
Schaarajim bis nach Gat und Ekron lagen.
53 Dann kehrten die Israeliten von der Ver-
folgung zurück und plünderten das Lager
der Philister. 54 David aber nahm den Kopf
des Philisters und brachte ihn nach Jerusa-
lem, Goliats Rüstung aber legte er in sein
Zelt.

55 Als Saul sah, wie David dem Philister
entgegenschritt, fragte er seinen Heerfüh-
rer Abner: Wessen Sohn ist dieser junge
Mann, Abner? Abner erwiderte: So wahr
du lebst, König, ich weiß es nicht. 56 Der
König befahl: Erkundige dich, wessen
Sohn der junge Mann ist! 57 Nachdem Da-
vid den Philister erschlagen hatte und zu-
rückgekehrt war, nahm ihn Abner und
brachte ihn vor Saul. Er hatte den Kopf
des Philisters in der Hand. 58 Saul sprach
zu ihm: Wessen Sohn bist du, junger
Mann? David antwortete: Der Sohn deines
Knechtes Isai aus Betlehem.

Davids Freundschaft mit Jonatan

18 Nach der Unterredung mit Saul
verband sich das Herz Jonatans
mit dem Herzen Davids. Jonatan liebte
ihn wie sich selbst. 2 Saul aber nahm ihn
an jenem Tag zu sich und ließ ihn nicht
mehr in das Haus seines Vaters zurück-
kehren. 3 Jonatan schloss einen Bund mit
David; denn er liebte ihn wie sich selbst.
4 Dabei zog Jonatan den Mantel aus, den
er anhatte, und gab ihn David, ebenso sei-
ne Rüstung, sogar sein Schwert samt sei-
nem Bogen und seinem Gürtel. 5 David
aber zog ins Feld; und er hatte überall Er-

folg, wohin Saul ihn aussandte. Darum setzte ihn Saul an die Spitze seines Kriegsvolks. Er wurde beliebt beim ganzen Volk wie auch bei den Hofleuten Sauls.

Sauls Eifersucht erwacht

6 Nachdem David den Philister erschlagen hatte und heimgekehrt war, gingen aus allen Städten Israels die Frauen singend und tanzend dem König Saul entgegen mit Pauken, Jubelgesang und Zimbeln. 7 Die tanzenden Frauen sangen:

Saul hat Tausend erschlagen, / David aber Zehntausend.

8 Darüber wurde Saul sehr zornig; denn dieses Lied missfiel ihm sehr und er sagte: David haben sie Zehntausend zugewiesen, mir dagegen nur Tausend. Nun fehlt ihm nur noch die Königswürde! 9 Darum sah Saul von jenem Tag an mit Argwohn auf David.

10 Am folgenden Tag ereignete es sich, dass ein böser Geist von Gott über Saul kam, sodass er sich in seinem Haus wie ein Rasender gebärdete. David spielte die Harfe wie jeden Tag. Saul aber hatte die Lanze in der Hand. 11 Da schwang Saul den Speer und dachte: Ich will David an die Wand spießen. Aber David wich ihm zweimal aus. 12 Nun fürchtete sich Saul vor David, weil der Herr mit ihm war, während er sich von Saul zurückgezogen hatte. 13 Saul entfernte ihn aus seiner Umgebung und machte ihn zum Hauptmann über eintausend Mann. David zog an der Spitze der Leute aus und wieder heim. 14 David hatte Erfolg auf allen seinen Wegen, weil der Herr mit ihm war. 15 Als aber Saul sah, dass er viel Erfolg hatte, wurde seine Angst noch größer. 16 Ganz Israel und Juda dagegen liebten David; denn er zog an ihrer Spitze aus und wieder heim.

Davids Heirat

17 Saul sprach zu David: Schau, da ist meine älteste Tochter Merab; die will ich dir zur Frau geben. Aber beweise deine Tapferkeit und führe die Kriege des Herrn. Saul dachte aber: Ich will nicht meine Hand an ihn legen, die Philister sollen Hand an ihn legen. 18 David erwiderte Saul: Wer bin ich und was ist meine Sippe und die Verwandtschaft meines Vaters, in Israel, dass ich der Schwiegersohn des Königs werden sollte? 19 Als jedoch die Zeit kam, wo Merab, die Tochter Sauls, David gegeben werden sollte, da wurde sie dem Adriël aus Mehola zur Frau gegeben.

20 Michal aber, Sauls Tochter, verliebte sich in David. Als man es Saul meldete, war es ihm recht. 21 Saul sagte sich: Ich will sie ihm geben, aber sie soll ihm zum Verhängnis werden; die Philister sollen Hand an ihn legen. Saul sagte zu David: Heute in zwei Jahren kannst du mein Schwiegersohn werden. 22 Dann befahl Saul seinen Hofleuten: Sagt vertraulich zu David: Siehe, der König hat Wohlgefallen an dir und alle seine Hofleute schätzen dich; werde also des Königs Schwiegersohn. 23 Die Hofleute redeten also in dieser Weise mit David. David antwortete: Scheint es euch so leicht zu sein, des Königs Schwiegersohn zu werden? Ich bin doch nur ein armer und einfacher Mann. 24 Die Hofleute meldeten Saul: Das und das hat David gesagt. 25 Da antwortete Saul: Sagt zu David: Der König fordert keinen anderen Brautpreis als die Vorhäute von einhundert Philistern, um an den Feinden des Königs Rache zu nehmen. Dabei dachte Saul, David in die Hand der Philister fallen zu lassen. 26 Als nun seine Hofleute David diese Worte mitteilten, war er damit einverstanden, des Königs Schwiegersohn zu werden. Bevor die Frist abgelaufen war, 27 machte sich David auf den Weg, rückte mit seinen Leuten aus und erschlug zweihundert Philister. David brachte ihre Vorhäute und legte sie vollzählig dem König vor, um sein Schwiegersohn zu werden. Da gab ihm Saul seine Tochter Michal zur Frau. 28 Saul merkte nun deutlich, dass der Herr mit David war und dass ganz Israel ihn liebte. 29 Da fürchtete sich Saul noch mehr vor David und Saul wurde für immer Davids Feind. 30 Sooft aber die Fürsten der Philister ins Feld zogen, hatte David größere Erfolge als alle anderen Diener Sauls; und sein Name wurde sehr berühmt.

Jonatan tritt für David ein

19 Saul redete mit seinem Sohn Jonatan und allen seinen Dienern davon, dass er David töten wolle. Aber Jonatan, der Sohn Sauls, hatte David sehr lieb. 2 Er berichtete es David und sagte: Saul, mein Vater will dich töten. Sei morgen früh auf der Hut und verbirg dich in einem Versteck. 3 Ich selbst aber will mit meinem

Vater auf das Feld, wo du dich versteckt
hältst, hinausgehen und mit ihm über dich
reden. Und wenn ich etwas erfahre, will
ich es dir berichten. 4 Jonatan redete also
mit seinem Vater zugunsten Davids und
sagte zu ihm: Der König soll sich nicht an
seinem Knecht David versündigen; denn
er hat sich nichts gegen dich zuschulden
kommen lassen, sondern seine Taten sind
dir sehr nützlich gewesen. 5 Er hat sein Le-
ben aufs Spiel gesetzt und den Philister er-
schlagen. So hat der Herr ganz Israel einen
großen Sieg verschafft. Du hast es ja gese-
hen und Freude gehabt. Weshalb willst du
nun unschuldiges Blut vergießen und Da-
vid ohne Grund töten? 6 Saul schenkte den
Worten Jonatans Gehör. Saul schwor: So
wahr der Herr lebt, er soll nicht getötet
werden! 7 Da rief Jonatan David und teilte
ihm alles mit. Dann führte Jonatan David
zu Saul und er war wieder in seiner Umge-
bung wie früher.

Davids Flucht

Sauls Attentat auf David

8 Als der Krieg weiterging, zog David ins
Feld, kämpfte gegen die Philister und
brachte ihnen eine schwere Niederlage bei,
sodass sie vor ihm flohen. 9 Da kam ein
böser Geist des Herrn über Saul, als er in
seinem Haus saß, die Lanze in der Hand,
während David auf der Harfe spielte.
10 Saul versuchte David mit der Lanze an
die Wand zu spießen; aber er wich Saul
aus, sodass die Lanze in die Wand drang.
Dann floh David und rettete sich. In der-
selben Nacht aber 11 sandte Saul Boten in
das Haus Davids, um ihn zu überwachen,
denn er wollte ihn am Morgen töten. Doch
Michal, Davids Frau, meldete es ihm mit
den Worten: Wenn du dich nicht in dieser
Nacht in Sicherheit bringst, so wirst du
morgen umgebracht! 12 Dann ließ Michal
den David durch das Fenster hinunter. Er
floh und brachte sich in Sicherheit. 13 Mi-
chal aber nahm das Götterbild und legte es
aufs Bett. Um seinen Kopf legte sie ein Ge-
flecht aus Ziegenhaaren und bedeckte es
mit einer Decke. 14 Als nun Saul Boten
schickte, um David zu ergreifen, sagte sie:
Er ist krank. 15 Saul aber sandte die Boten
zurück, damit sie nach David sähen. Er be-
fahl ihnen: Bringt ihn mit dem Bett zu mir
herauf, damit ich ihn töte! 16 Als die Boten
eintraten, lag das Götterbild auf dem Bett
mit dem Geflecht aus Ziegenhaaren um
den Kopf. 17 Da sagte Saul zu Michal: Wa-
rum hast du mich so betrogen und meinen
Feind entfliehen lassen, sodass er sich ret-
ten konnte? Michal antwortete Saul: Er
sagte zu mir: Lass mich fort, sonst töte
ich dich!

Saul und David bei Samuel

18 David war also geflohen und hatte sich
gerettet. Er kam zu Samuel nach Rama
und erzählte ihm alles, was Saul ihm ange-
tan hatte. Dann ging er mit Samuel und sie
wohnten im Prophetenhaus zu Rama.
19 Als Saul berichtet wurde: David ist im
Prophetenhaus zu Rama, 20 sandte Saul Bo-
ten aus, um David gefangen zu nehmen.
Als sie aber die Schar der Propheten sa-
hen, wie sie in prophetischer Verzückung
waren, und zwar Samuel an ihrer Spitze,
ging der Geist Gottes auch auf die Boten
Sauls über, sodass sie in Verzückung gerie-
ten. 21 Als man das Saul meldete, sandte er
andere Boten; aber auch diese gerieten in
Verzückung. Zum dritten Mal schickte
Saul Boten; doch auch sie gerieten in Ver-
zückung. 22 Da begab sich Saul selbst nach
Rama. Als er zu der großen Zisterne bei
Sechu gekommen war, fragte er: Wo sind
Samuel und David? Man gab ihm zur Ant-
wort: Im Prophetenhaus zu Rama. 23 Wäh-
rend er nun von dort zum Prophetenhaus
in Rama ging, kam der Geist Gottes auch
auf ihn, sodass er ständig in prophetischer
Verzückung war, bis er im Prophetenhaus
zu Rama anlangte. 24 Da zog auch er seine
Kleider aus und geriet ebenfalls vor Samu-
el in Verzückung und lag den ganzen Tag
und die ganze Nacht nackt da. Darum
pflegt man zu sagen: Gehört auch Saul zu
den Propheten?

Jonatan hilft David bei der Flucht

20 David floh aus dem Propheten-
haus zu Rama und sagte nach sei-
ner Heimkehr zu Jonatan: Was habe ich
getan? Was ist meine Schuld und mein
Vergehen gegen deinen Vater, dass er mir
nach dem Leben trachtet? 2 Er antwortete
ihm: Das stimmt nicht, du wirst nicht ster-
ben! Siehe, mein Vater pflegt nichts zu un-
ternehmen, sei es bedeutend oder unbe-
deutend, ohne es mir zu offenbaren.
Warum sollte mein Vater mir also gerade

dies verheimlichen? Es ist nichts! 3 David
aber schwor: Dein Vater weiß ganz genau,
dass ich dein Wohlwollen gefunden habe.
Darum denkt er: Das braucht Jonatan
nicht zu erfahren, damit er sich nicht auf-
regt. Aber so wahr der Herr lebt und so
wahr du lebst, zwischen mir und dem Tod
ist es nur ein Schritt! 4 Jonatan erwidert
David: Was meinst du? Was soll ich für
dich tun? 5 Da sagte David zu Jonatan: Sie-
he, morgen ist Neumondfest. Ich müsste
dann mit dem König zu Tisch sitzen. Lass
mich also gehen, damit ich mich bis zum
Abend auf dem Feld versteckt halte.
6 Wenn dein Vater mich vermissen sollte,
so sag: David hat sich von mir die Erlaub-
nis erbeten, in seine Vaterstadt Betlehem
zu gehen, weil dort das Jahresopfer für die
ganze Familie stattfindet. 7 Sagt er dann:
Gut!, so droht deinem Knecht keine Ge-
fahr; gerät er aber in Zorn, so weißt du,
dass das Verderben von ihm beschlossen
ist. 8 So also zeige deinem Knecht deine
Freundschaft; du hast ja deinen Knecht in
einen Bund des Herrn mit dir treten las-
sen. Liegt aber eine Schuld bei mir, so töte
du mich; nur liefere mich nicht deinem
Vater aus. 9 Jonatan erwiderte: Das soll dir
nicht geschehen! Wenn ich erfahre, dass
mein Vater beschlossen hat, Unheil über
dich kommen zu lassen, werde ich es dir
bestimmt mitteilen. 10 David sagte zu Jona-
tan: Wer wird es mir aber melden, wenn
dein Vater dir eine schroffe Antwort gege-
ben hat? 11 Jonatan sagte zu David: Komm,
wir wollen aufs Feld hinausgehen. Nun
gingen die beiden hinaus aufs Feld. 12 Da
sagte Jonatan zu David: Der Herr, der Gott
Israels, ist Zeuge, dass ich morgen um die-
se Zeit meinen Vater ausforschen werde.
Steht es dann gut um David und ich lasse
es dich nicht wissen, 13 so soll der Herr Jo-
natan dies und das antun. Wenn aber
mein Vater Böses gegen dich im Sinn hat,
so werde ich es dir ebenfalls melden und
dich in Frieden ziehen lassen. Der Herr
wird mit dir sein, wie er mit meinem Vater
war. 14 Erweise mir aber dann, wenn ich
noch am Leben bin, die Barmherzigkeit
des Herrn. Wenn ich aber tot bin, 15 so ent-
ziehe niemals meinem Haus deine Gunst.
Selbst dann, wenn der Herr die Feinde Da-
vids Mann für Mann vom Erdboden tilgen
wird, 16 soll Jonatans Name nicht mit dem
Haus Sauls getilgt werden, sonst wird der
Herr Rechenschaft von David dafür for-
dern. 17 Dann ließ Jonatan auch David bei
seiner Liebe zu ihm schwören, denn er
liebte ihn wie sich selbst. 18 Darauf sprach
Jonatan zu ihm: Morgen ist Neumond. Da
wirst du vermisst werden, wenn dein Platz
leer bleibt. 19 Übermorgen aber wird man
dich noch mehr vermissen. Komm dann
an den Ort, wo du dein Versteck am Tag
der Tat hattest, und verbirg dich neben je-
nem Steinhaufen. 20 Ich werde dann am
dritten Tag mit Pfeilen nach dieser Seite
schießen, als ob ich nach einem Ziel schie-
ßen würde. 21 Dann werde ich meinen Die-
ner hinschicken und ihm sagen: Geh, such
den Pfeil! Wenn ich nun dem Diener zu-
rufe: Gib Acht, der Pfeil liegt von dir aus
weiter hierher, hole ihn!, dann komm;
denn es steht gut um dich und es ist keine
Gefahr, so wahr der Herr lebt. 22 Rufe ich
aber dem jungen Mann zu: Gib Acht, der
Pfeil liegt von dir aus weiter drüben!, dann
geh, denn der Herr schickt dich fort! 23 Für
die Vereinbarung aber, die wir beide, ich
und du, miteinander getroffen haben, ist
der Herr Zeuge zwischen mir und dir in
Ewigkeit.

24 Hierauf versteckte sich David auf dem
Feld. Als der Neumond gekommen war,
setzte sich der König zu Tisch, um Mahl
zu halten. 25 Der König setzte sich auf sei-
nen gewohnten Platz an der Wand. Jona-
tan setzte sich gegenüber, Abner saß neben
Saul, Davids Platz blieb frei. 26 An diesem
Tag sagte Saul nichts, weil er dachte: Es
wird ihm etwas zugestoßen sein; er wird
nicht rein sein. 27 Als jedoch am anderen
Tag, dem Tag nach dem Neumond, Davids
Platz wieder leer blieb, fragte Saul seinen
Sohn Jonatan: Weshalb ist der Sohn Isais
weder gestern noch heute zum Essen ge-
kommen? 28 Jonatan erwiderte Saul: David
hat sich von mir dringend Urlaub nach
Betlehem erbeten. 29 Er sagte nämlich: Lass
mich doch hingehen; denn wir haben ein
Familienopfer in meiner Stadt. Meine Brü-
der haben mich eingeladen. Willst du mir
also einen Gefallen erweisen, so gib mir
Urlaub, damit ich meine Brüder besuche.
Deshalb ist er nicht an der Tafel des Kö-
nigs erschienen.

30 Da entbrannte Sauls Zorn gegen Jona-
tan und er sagte zu ihm: Du Sohn einer
Verkommenen! Meinst du, ich wüsste
nicht, dass du dem Sohn des Isai anhängst

zu deiner eigenen Schande und zur Schan-
de deiner Mutter? [31] Solange nämlich der
Sohn des Isai auf der Erde lebt, wirst we-
der du noch dein Königtum Bestand ha-
ben. So schick denn jetzt aus und lass ihn
zu mir herholen; denn er ist ein Kind des
Todes. [32] Jonatan gab seinem Vater zur
Antwort: Warum soll er getötet werden?
Was hat er getan? [33] Da schleuderte Saul
die Lanze nach ihm, um ihn zu durchboh-
ren; und Jonatan sah ein, dass es bei sei-
nem Vater feststand, David zu töten. [34] Da-
rum stand er voller Zorn von der Tafel auf
und aß am zweiten Tag des Neumonds
nichts. Es tat ihm Leid um David, dass sein
Vater ihn beschimpft hatte.

[35] Am anderen Morgen begab sich Jona-
tan mit David, wie verabredet, aufs Feld
hinaus und ein junger Diener begleitete
ihn. [36] Er sagte zu dem Diener: Lauf und
suche die Pfeile, die ich abschieße! Wäh-
rend der Diener lief, schoss er den Pfeil
über ihn hinaus. [37] Als der Diener auf die
Stelle zuging, wo der Pfeil lag, den Jonatan
abgeschossen hatte, rief Jonatan dem Die-
ner nach: Der Pfeil liegt von dir aus weiter
drüben! [38] Dazu rief Jonatan dem Diener
nach: Vorwärts, beeile dich, bleib nicht
stehen! Jonatans Diener hob den Pfeil auf
und brachte ihn seinem Herrn. [39] Der Die-
ner merkte nichts; nur Jonatan und David
wussten von der Vereinbarung. [40] Hierauf
übergab Jonatan seine Waffen dem Die-
ner, den er bei sich hatte, und befahl ihm:
Geh, bring sie in die Stadt! [41] Nach dem
Weggang des Dieners erhob sich David
neben dem Steinhaufen, warf sich mit
dem Gesicht auf die Erde nieder und ver-
neigte sich dreimal. Dann küssten sie ei-
nander und weinten unablässig. [42] Darauf
sagte Jonatan zu David: Geh in Frieden!
Für das, was wir beide uns beim Namen
des Herrn geschworen haben, ist der Herr
Zeuge zwischen mir und dir, zwischen
meinen und deinen Nachkommen in
Ewigkeit.

21 Danach machte sich David auf und
ging fort, Jonatan aber kehrte in
die Stadt zurück.

David bei Ahimelech

[2] David kam nach Nob zum Priester Ahi-
melech. Ahimelech aber ging David in
scheuer Ehrerbietung entgegen und fragte
ihn: Warum bist du allein und hast nie-
mand bei dir? [3] David erwiderte dem Pries-
ter Ahimelech: Der König hat mir einen
Auftrag erteilt und zu mir gesagt: Nie-
mand darf etwas von der Sache wissen, in
der ich dich sende und die ich dir aufgetra-
gen habe. Deshalb habe ich mit meinen
Leuten den und den Ort verabredet. [4] Und
nun, wenn du fünf Brote zur Hand hast,
gib sie mir, oder gib mir, was sich sonst
findet. [5] Der Priester antwortete David
und sagte: Gewöhnliches Brot habe ich
nicht zur Hand, nur geweihtes Brot ist da.
Haben sich die Leute von Frauen fern-
gehalten? [6] David gab dem Priester zur
Antwort: Gewiss! Frauen waren uns ver-
sagt; wie zu jeder Zeit, wenn ich auszog,
waren die Leute rein, auch wenn es nur
ein gewöhnliches Unternehmen war. Um-
so mehr sind sie heute rein. [7] Da reichte
ihm der Priester geweihtes Brot; denn es
war kein anderes Brot da als nur die
Schaubrote, die man vom Angesicht des
Herrn entfernt, um frische Brote aufzule-
gen an dem Tag, an dem man sie weg-
nimmt. [8] Nun befand sich aber an jenem
Tag dort im Heiligtum des Herrn einer
von den Leuten Sauls namens Doëg, ein
Edomiter, der stärkste unter den Läufern
Sauls. [9] David fragte Ahimelech: Hast du
nicht eine Lanze oder ein Schwert hier bei
der Hand? Ich habe nämlich weder mein
Schwert noch meine Waffen mitgenom-
men, weil der Befehl des Königs sehr drin-
gend war. [10] Der Priester erwiderte: Das
Schwert des Philisters Goliat, den du im
Terebinthental erschlagen hast, das ist ja
noch hier; es ist in ein Tuch eingehüllt
und liegt hinter dem Efod. Wenn du es
für dich nehmen willst, so nimm es nur,
außer ihm ist kein anderes da. David ent-
gegnete: Es gibt keines, das ihm gleicht.
Reich es mir her!

David bei den Philistern

[11] David machte sich auf den Weg und floh
an jenem Tag vor Saul und kam zu Ahisch,
dem König von Gat. [12] Da sagten die Hof-
leute des Ahisch zu ihrem Herrn: Das ist ja
David, der König des Landes. Das ist ja
der, zu dessen Ehre sie beim Reigen san-
gen:

Saul hat Tausend erschlagen, / David
aber Zehntausend!

[13] Diese Worte gingen David sehr nahe
und er hatte große Furcht vor Ahisch,

dem König von Gat. 14 Darum stellte er
sich vor ihnen wahnsinnig und gebärdete
sich in ihrer Gegenwart wie ein Rasender.
Er trommelte gegen die Torflügel und ließ
seinen Speichel in den Bart fließen. 15 Da
sagte Ahisch zu seinen Hofleuten: Seht
ihr denn nicht, dass der Mensch verrückt
ist, warum bringt ihr ihn zu mir? 16 Gibt es
nicht genug Irre, dass ihr auch noch diesen
zu mir bringt, damit er mich mit seinem
Irrsinn belästigt? Musste dieser Irre in
meinen Palast kommen?

David als Bandenführer

David beginnt sein unstetes Leben

22 David ging von dort weg und
flüchtete sich in die Höhle von
Adullam. Das hörten seine Brüder und
seine ganze Familie und sie kamen dorthin
zu ihm hinunter. 2 Außerdem scharten
sich um ihn allerlei Leute, die in bedräng-
ter Lage waren, alle, die in Schulden steck-
ten, und allerlei Unzufriedene. Er wurde
ihr Anführer. Etwa vierhundert Mann wa-
ren bei ihm. 3 Von dort zog David nach
Mizpe-Moab und bat den König von Mo-
ab: Dürfen vielleicht mein Vater und mei-
ne Mutter bei euch bleiben, bis ich weiß,
was Gott mit mir vorhat? 4 Dann ließ er
seine Eltern beim König von Moab und
sie blieben bei ihm, solange David auf der
Bergfeste war. 5 Der Prophet Gad sagte je-
doch zu David: Bleib nicht auf der Berg-
feste, sondern brich auf und begib dich in
das Land Juda! Da brach David auf und
begab sich nach Jaar-Heret.

Sauls Rache am Haus Ahimelech

6 Als Saul erfuhr, dass David und die Leute
seiner Umgebung entdeckt worden seien –
Saul saß gerade in Gibea unter der Tama-
riske der Kulthöhe, die Lanze in der Hand,
während alle seine Diener um ihn stan-
den –, 7 da sagte Saul zu seinen Dienern,
die um ihn standen: Hört, ihr Söhne Ben-
jamins! Wird denn auch der Sohn Isais
euch allen Äcker und Weinberge schenken
und euch alle zu Hauptleuten über Tau-
sendschaften und Hundertschaften ma-
chen? 8 Hättet ihr euch sonst alle gegen
mich verschworen, sodass keiner mir eine
Mitteilung machte, als mein Sohn mit dem
Sohn Isais einen Bund schloss? Hatte nie-
mand von euch Mitgefühl mit mir, dass er
mir Anzeige erstattet hätte, als mein Sohn
meinen Knecht zum Feind gegen mich
aufgestachelt hat, wie es jetzt der Fall ist?
9 Da ergriff der Edomiter Doëg, der bei den
Dienern Sauls stand, das Wort und sprach:
Ich habe gesehen, wie der Sohn Isais nach
Nob zu Ahimelech, dem Sohn Ahitubs,
kam. 10 Da hat dieser für ihn den Herrn be-
fragt und ihm Verpflegung gegeben. Auch
das Schwert des Philisters Goliat hat er
ihm übergeben. 11 Da ließ der König den
Priester Ahimelech, den Sohn Ahitubs, so-
wie seine ganze Familie, die Priester von
Nob, herbeirufen. Sie kamen alle zum Kö-
nig. 12 Saul sagte: Höre her, du Sohn des
Ahitub! Der antwortete: Hier bin ich,
Herr! 13 Saul fuhr fort: Warum habt ihr, du
und der Sohn Isais, euch gegen mich ver-
schworen? Du gabst ihm ja Brot und ein
Schwert und hast Gott für ihn befragt, so-
dass er sich als Feind gegen mich erheben
konnte, wie es jetzt an den Tag gekommen
ist. 14 Ahimelech antwortete dem König:
Wer ist unter allen deinen Dienern so treu
wie David? Ist er nicht überdies Schwie-
gersohn des Königs, Hauptmann deiner
Leibwache und geehrt in deinem Haus?
15 Habe ich denn jetzt erst angefangen,
Gott für ihn zu befragen? Wahrhaftig
nicht! Möge doch der König seinem
Knecht und dem gesamten Haus meines
Vaters nichts unterstellen; denn dein
Knecht hat von alldem nicht das Mindeste
gewusst. 16 Der König erklärte: Du musst
sterben, Ahimelech, du samt dem ganzen
Haus deines Vaters! 17 Dann gebot der Kö-
nig den Läufern, die um ihn standen:
Macht euch daran und tötet die Priester
des Herrn! Sie stehen ja mit David in Ver-
bindung und haben mir, obgleich sie wuss-
ten, dass er auf der Flucht war, keine An-
zeige erstattet. Aber die Diener des Königs
weigerten sich, ihre Hand an sie zu legen,
um die Priester des Herrn niederzuma-
chen. 18 Da gebot der König dem Doëg:
Tritt du herbei und töte die Priester! Und
der Edomiter Doëg trat hinzu und tötete
die Priester. Fünfundachtzig Männer, die
das leinene Efod trugen, brachte er an die-
sem Tag um. 19 Auch die Priesterstadt Nob
schlug er mit der Schärfe des Schwertes,
Männer und Frauen, Kinder und Säuglin-
ge, Rinder, Esel und Schafe. 20 Nur ein ein-
ziger Sohn Ahimelechs, des Sohnes Ahi-
tubs, namens Abjatar, rettete sich und

floh zu David. 21 Abjatar meldete David: Saul hat die Priester des Herrn ermordet. 22 David erwiderte Abjatar: Ich wusste es damals schon, als der Edomiter Doëg dort anwesend war, dass er es Saul verraten würde. So bin ich schuldig am Tod dieser Leute aus der Familie deines Vaters. 23 Bleib bei mir und sei ohne Furcht! Denn wer dir nach dem Leben trachtet, der trachtet auch mir nach dem Leben. Bei mir bist du in Sicherheit.

David in Keïla

23 Es wurde David gemeldet: Siehe, die Philister belagern Keïla und plündern die Scheunen. 2 Da befragte David den Herrn: Soll ich hinziehen und diese Philister schlagen? Der Herr antwortete David: Zieh hin, schlag die Philister und befreie Keïla! 3 Die Leute Davids aber sagten zu ihm: Siehe, wir sind schon hier in Juda in steter Angst. Und da sollten wir noch nach Keïla gegen die Scharen der Philister ziehen? 4 David befragte den Herrn noch einmal und der Herr erteilte ihm die Antwort: Mach dich auf und zieh nach Keïla hinunter; denn ich werde die Philister in deine Hand geben! 5 So zog David mit seinen Leuten nach Keïla und nahm den Kampf gegen die Philister auf. Er erbeutete ihr Vieh und brachte ihnen eine schwere Niederlage bei. So befreite David die Bewohner von Keïla. 6 Als nämlich Abjatar, der Sohn des Ahimelech, zu David geflohen war, hatte er das Efod mitgebracht und war nun mit nach Keïla hinuntergezogen.

7 Als Saul hinterbracht wurde, David sei nach Keïla gezogen, erklärte Saul: Gott hat ihn in meine Hand geliefert, denn er hat sich selbst eingesperrt, indem er in eine Stadt mit Toren und Riegeln gegangen ist. 8 Darum bot Saul das ganze Volk zum Krieg auf, um nach Keïla zur Belagerung Davids und seiner Leute hinunterzuziehen. 9 Als David erfuhr, dass Saul Böses gegen ihn im Schild führte, sprach er zu dem Priester Abjatar: Bring das Efod herbei! 10 Dann betete David: Herr, du Gott Israels! Dein Knecht hat gehört, dass Saul nach Keïla ziehen will, um die Stadt meinetwegen zu zerstören. 11 Wird Saul herunterkommen, wie es dein Knecht gehört hat? Herr, du Gott Israels, gib darüber deinem Knecht Auskunft! Der Herr antwortete: Er wird herunterziehen. 12 David fuhr fort: Werden die Bewohner von Keïla mich und meine Leute an Saul ausliefern? Der Herr erwiderte: Sie werden es tun. 13 Da brach David mit seinen Leuten auf. Es waren etwa sechshundert Mann. Sie verließen Keïla und streiften aufs Geratewohl umher. Als dann Saul gemeldet wurde, David sei aus Keïla ausgerückt, gab er seinen Plan auf.

14 David hielt sich nun in der Wüste auf den Berghöhen auf, und zwar blieb er im Gebirge der Wüste Sif. Saul suchte ihn zwar die ganze Zeit, Gott aber gab ihn nicht in seine Hand. 15 David fürchtete sich, weil Saul ausgezogen war, um ihm nach dem Leben zu trachten. David hielt sich in Horescha in der Wüste Sif auf.

David in Horescha. Begegnung mit Jonatan

16 Da brach Jonatan, der Sohn Sauls, auf, begab sich zu David nach Horescha und stärkte sein Vertrauen auf Gott. 17 Er sagte zu ihm: Sei ohne Furcht, denn die Hand meines Vaters Saul wird dich nicht erreichen. Du wirst vielmehr König über Israel werden und ich werde nach dir der Zweite sein. Auch meinem Vater Saul ist das bekannt. 18 Dann schlossen beide einen Bund vor dem Herrn und David blieb in Horescha, während Jonatan nach Hause zurückkehrte.

David entrinnt Saul mit knapper Not

19 Die Sifiter aber gingen zu Saul nach Gibea hinauf und berichteten: David hält sich bei uns auf dem Bergrücken bei Horescha verborgen, und zwar auf dem Hügel Hachila, südlich von Jeschimon. 20 Wenn du, König, hinunterziehen willst, so komm herunter. Es ist dann unsere Sache, ihn in die Hand des Königs auszuliefern. 21 Saul entgegnete: Der Herr segne euch dafür, dass ihr Mitgefühl mit mir gehabt habt. 22 Geht nun hin, erkundigt euch weiter und gebt gut Acht auf den Ort, wo er sich versteckt hält. Man hat mir gesagt, dass er sehr schlau ist. 23 Späht sorgfältig jeden Schlupfwinkel aus, worin er sich verstecken könnte, und kommt mit sicherer Nachricht zu mir zurück. Dann will ich mit euch gehen, und wo er auch im Land sein mag, werde ich ihn unter allen Tausendschaften Judas ausfindig machen. 24 Da brachen sie auf und zogen Saul voraus nach Sif. David aber war damals mit

seinen Leuten in der Wüste Maon, in der
Steppe südlich von Jeschimon. 25 Dann zog
auch Saul mit seinen Leuten aus, um ihn
zu suchen. Als man das David meldete,
zog er zur Schlucht hinunter, die in der
Wüste Maon liegt. Saul erfuhr es und zog
David in die Wüste Maon nach. 26 Saul
marschierte mit seinen Leuten auf der
einen Seite, David mit seinen Leuten auf
der anderen Seite des Berges. David beeilte
sich, um Saul zu entrinnen. Während Saul
und seine Leute gerade dabei waren, auf
die Seite Davids und seiner Leute hinüber-
zugehen, um sie gefangen zu nehmen,
27 kam ein Bote zu Saul mit der Nachricht:
Brich schleunigst auf, denn die Philister
sind in das Land eingefallen. 28 Nun ließ
Saul von der Verfolgung Davids ab und
wandte sich gegen die Philister. Darum
nennt man jenen Ort Sela-Machlekot
(Trennungsfels).

David schont Sauls Leben

24 David zog von dort hinauf und
hielt sich auf den Berghöhen von
En-Gedi auf. 2 Als Saul von der Vertrei-
bung der Philister zurückkehrte, meldete
man ihm: Siehe, David ist jetzt in der
Wüste von En-Gedi. 3 Da wählte Saul drei-
tausend hervorragende Männer aus ganz
Israel und zog aus, um David mit seinen
Leuten auf der Ostseite der Steinbockfel-
sen zu suchen. 4 Er kam zu einigen Schaf-
hürden am Weg. Dort war eine Höhle,
Saul ging hinein, um seine Notdurft zu
verrichten, während David und seine Leu-
te sich im Innern der Höhle aufhielten.
5 Da sagten Davids Leute zu ihm: Siehe,
das ist der Tag, von dem der Herr dir ge-
sagt hat: Wahrhaftig, ich will dir deinen
Feind in die Hände liefern, damit du mit
ihm verfahren kannst, wie es dir beliebt.
Dann machte sich David heran und
schnitt heimlich einen Zipfel von Sauls
Mantel ab. 6 Hinterher aber schlug David
das Gewissen, dass er den Zipfel vom
Mantel Sauls abgeschnitten hatte. 7 Er aber
sagte zu seinen Leuten: Der Herr bewahre
mich davor, so etwas zu tun und mich an
meinem Herrn zu vergreifen! Er ist ja der
Gesalbte des Herrn. 8 Und David fuhr sei-
ne Leute mit scharfen Worten an und ge-
stattete ihnen nicht, sich gegen Saul zu er-
heben. Saul aber verließ die Höhle und zog
seines Weges.
9 Da machte sich David auf, um ihm
nachzugehen, trat aus der Höhle heraus
und rief hinter Saul her: Mein Herr und
König! Als Saul sich umschaute, verneigte
sich David mit dem Angesicht bis auf die
Erde, um ihm seine Huldigung darzubrin-
gen. 10 Dann rief David Saul zu: Warum
hörst du auf das Gerede der Leute, die da
behaupten, David plane dein Verderben?
11 Schau, an diesem Tag konntest du mit ei-
genen Augen sehen, dass der Herr dich
heute in der Höhle in meine Hand gelie-
fert hatte. Ich aber weigerte mich, dich zu
töten, habe dich geschont und erklärt: Ich
will nicht meine Hand gegen meinen
Herrn ausstrecken; denn er ist der Gesalb-
te des Herrn. 12 Und nun, mein Vater, sieh
doch her, ja, sieh hier den Zipfel deines
Mantels in meiner Hand! Ich schnitt den
Zipfel deines Mantels ab und tötete dich
nicht! Daran erkennst du doch deutlich,
dass ich nicht Bosheit und Verrat im
Schild führe und mich nicht an dir ver-
gehe, während du danach trachtest, mir
das Leben zu nehmen. 13 Der Herr möge
Richter sein zwischen mir und dir und
der Herr möge mich an dir rächen, aber
meine Hand soll sich nicht gegen dich er-
heben. 14 Schon das alte Sprichwort sagt:
Von Frevlern kommt nur Frevel, aber mei-
ne Hand soll sich nicht gegen dich erhe-
ben! 15 Hinter wem ist Israels König herge-
zogen? Wen verfolgst du? Einen toten
Hund! Einen einzelnen Floh! 16 Wohlan,
der Herr sei Richter und entscheide zwi-
schen mir und dir. Er soll zusehen, meine
Sache führen und mir Recht verschaffen
gegen dich. 17 Als David diese Worte zu
Saul gesprochen hatte, antwortete Saul:
Ist das nicht deine Stimme, mein Sohn Da-
vid? Und Saul begann laut zu weinen. 18 Er
rief David zu: Du bist besser als ich; denn
du hast mir Gutes erwiesen, während ich
dir Böses tat. 19 Und heute hast du gekrönt,
was du mir Gutes tust, weil mich der Herr
in deine Hand geliefert hatte, ohne dass du
mich getötet hast. 20 Wenn nämlich je-
mand seinem Feind begegnet, wird er ihn
dann in Frieden seines Weges ziehen las-
sen? Der Herr soll dir das Gute vergelten,
das du mir heute erwiesen hast. 21 Und nun
sieh, ich weiß genau, dass du König wer-
den wirst und dass in deiner Hand das
Reich Israel Bestand haben wird. 22 Darum
schwöre mir jetzt beim Herrn, dass du

meine Nachkommen nach meinem Tod
nicht ausrotten und meinen Namen aus
meinem Vaterhaus nicht austilgen wirst.
23 David schwor es dem Saul, worauf Saul
nach Hause zog, während David und seine
Leute zur Berghöhe emporstiegen.

Samuels Tod

25 Da starb Samuel. Ganz Israel ver-
sammelte sich und hielt ihm die
Totenklage. Dann begrub man ihn in sei-
nem Haus in Rama.

David und Abigajil

David aber brach auf und zog in die Wüste
Maon hinunter. 2 In Maon lebte ein Mann,
der ein Gut in Karmel hatte. Der Mann
war sehr reich, besaß er doch dreitausend
Schafe und eintausend Ziegen. Er war ge-
rade bei der Schafschur in Karmel. 3 Der
Mann hieß Nabal, seine Frau Abigajil. Die
Frau hatte einen scharfen Verstand und
war von schöner Gestalt. Der Mann dage-
gen war roh und bösartig, er war ein Kale-
biter. 4 David erfuhr in der Wüste, dass Na-
bal bei der Schafschur war. 5 Da schickte er
zehn junge Leute hin. David trug den jun-
gen Leuten auf: Geht nach Karmel hinauf,
sucht Nabal auf und bestellt ihm einen
Gruß von mir. 6 Sagt Folgendes zu meinem
Bruder: Friede sei mit dir, Friede deinem
Haus, Friede allem, was dir gehört! 7 Ich
habe gehört, dass du bei der Schafschur
bist. Nun haben deine Hirten sich bei uns
hier aufgehalten. Wir haben ihnen nichts
zuleide getan. Sie haben auch nichts ver-
misst, solange sie in Karmel waren. 8 Frag
nur deine Leute, sie werden es dir bestäti-
gen. Sei deshalb großzügig gegenüber den
jungen Leuten. Wir sind ja zu einem Fest-
tag gekommen. So gib denn deinen
Knechten und deinem Sohn David, was
du gerade zur Hand hast. 9 Als die jungen
Leute Davids hingekommen waren, rich-
teten sie an Nabal alle diese Worte Davids
aus und warteten. 10 Nabal aber erwiderte
den Knechten Davids: Wer ist David, wer
ist der Sohn des Isai? Heutzutage gibt es
genug Knechte, die ihrem Herrn entlaufen
sind. 11 Soll ich mein Brot, mein Wasser
und mein Schlachtvieh, das ich für meine
Schafscherer geschlachtet habe, nehmen
und es Leuten geben, von denen ich nicht
einmal weiß, woher sie sind? 12 Da kehrten
die jungen Leute Davids um, machten sich
auf den Rückweg und berichteten ihm
nach ihrer Ankunft genau, was alles vor-
gefallen war. 13 Hierauf befahl David seinen
Männern: Jeder hänge sein Schwert um!
Und jeder hängte sein Schwert um. Nach-
dem auch David sein Schwert umgehängt
hatte, marschierten sie unter Davids Füh-
rung ab, etwa vierhundert Mann, zwei-
hundert blieben beim Tross zurück.

14 Inzwischen hatte einer von den
Knechten Abigajil, der Frau Nabals, be-
richtet: Siehe, David hat Boten aus der
Wüste gesandt, um unseren Herrn zu be-
grüßen; er aber hat sie abgewiesen. 15 Dabei
sind doch diese Männer sehr gut zu uns
gewesen. Wir wurden nicht belästigt und
nie haben wir etwas vermisst in der ganzen
Zeit, in der wir in ihrer Nähe umherzogen,
während wir auf dem Feld waren. 16 Sie bil-
deten vielmehr eine Mauer um uns bei Tag
und Nacht, solange wir das Kleinvieh in
ihrer Nähe hüteten. 17 Darum überleg, was
du tun willst; denn unserem Herrn und
seinen Haus droht Unheil. Aber er ist sel-
ber ein zu bösartiger Mann, als dass man
mit ihm reden könnte. 18 Da nahm Abigajil
schnell zweihundert Brote, zwei Schläuche
Wein, fünf zubereitete Schafe, fünf Sea ge-
röstetes Korn, einhundert Traubenkuchen
und zweihundert Feigenkuchen und lud
alles auf Esel. 19 Dann befahl sie ihren
Knechten: Geht mir voraus, ich komme
gleich hinter euch her. Ihrem Mann Nabal
aber sagte sie nichts.

20 Als sie nun im Schutz eines Berges auf
einem Esel ritt, kam ihr David mit seinen
Leuten entgegen, sodass sie mit ihnen zu-
sammentraf. 21 David aber hatte gedacht:
Umsonst also habe ich diesem Menschen
in der Wüste alles beschützt, was er be-
sitzt. Nicht das Geringste von seiner gan-
zen Habe ist abhanden gekommen; er aber
hat mir nun Gutes mit Bösem vergolten.
22 Dies und jenes soll Gott David antun,
wenn ich von allem, was ihm gehört, bis
zum Morgengrauen auch nur einen Mann
übrig lasse. 23 Sobald Abigajil David er-
blickte, stieg sie schnell vom Esel ab, fiel
vor David nieder und verneigte sich bis
auf die Erde. 24 Dann fiel sie vor ihm auf
die Knie und sagte: Mein Herr, mich trifft
die Schuld! Lass deine Magd mit dir reden
und schenk deiner Magd dein Ohr! 25 Mein
Herr soll sich nicht um Nabal kümmern,
diesen bösartigen Menschen. Er ist ja

wirklich, wie sein Name sagt: Nabal (Tor)
heißt er und voll Torheit ist er. Ich dage-
gen, deine Magd, habe die Leute, die du,
mein Herr, gesandt hast, nicht gesehen.
26 Nun denn, mein Herr, so wahr der Herr
lebt und so wahr du lebst: Der Herr hat
dich davor bewahrt, Blutschuld auf dich
zu laden und dir selbst zu deinem Recht
zu verhelfen. Möge es deinen Feinden
ebenso ergehen wie Nabal und allen, die
Böses gegen dich im Sinn haben, mein
Herr. 27 Dieses Geschenk, das deine Magd,
mein Herr, mitgebracht hat, soll für die
Leute verwendet werden, die dir, mein
Herr, auf deinen Unternehmungen folgen.
28 Verzeihe deiner Magd ihr Vergehen. Der
Herr wird meinem Herrn ein Haus von
Bestand gründen, weil mein Herr die Krie-
ge des Herrn führt und weil man nichts
Böses an dir finden wird dein Leben lang.
29 Wenn aber einer sich erhebt, um dich zu
verfolgen und dir nach dem Leben zu
trachten, dann möge das Leben meines
Herrn eingebunden sein in den Beutel des
Lebens beim Herrn, deinem Gott. Das Le-
ben deiner Feinde aber möge er mit der
Schleuder fortschleudern. 30 Wenn dann
der Herr meinem Herrn alles Glück ge-
währt, das er dir verheißen hat, und dich
zum Herrscher über Israel bestellt, 31 dann,
mein Herr, wird dir dein Gewissen nicht
vorwerfen können, grundlos Blut vergos-
sen zu haben, mein Herr, und dir selbst
mit deiner eigenen Hand Recht verschafft
zu haben. Wenn aber der Herr meinem
Herrn Glück verleiht, dann denke an deine
Magd. 32 Da sprach David zu Abigajil: Ge-
priesen sei der Herr, der Gott Israels, der
dich heute mir entgegengesandt hat. 33 Ge-
priesen sei auch deine Klugheit und ge-
priesen seist du selbst, die du mich heute
davon abgehalten hast, Blutschuld auf
mich zu laden und mir mit eigener Hand
Recht zu verschaffen. 34 Aber so wahr der
Herr, der Gott Israels, lebt, der mich davor
bewahrt hat, dir ein Leid anzutun: Wenn
du dich nicht beeilt hättest, mir entgegen-
zukommen, so wäre Nabal bis morgen
früh nicht ein einziger von seinen Män-
nern übrig geblieben. 35 Dann nahm David
aus ihrer Hand entgegen, was sie ihm mit-
gebracht hatte, und sagte zu ihr: Nun ziehe
in Frieden hinauf in dein Haus. Siehe, ich
habe deiner Stimme Gehör geschenkt und
Rücksicht auf dich genommen.
36 Als aber Abigajil zu Nabal kam, da
hielt er gerade in seinem Haus ein Gast-
mahl wie das Gastmahl eines Königs. Na-
bals Herz war guter Dinge und er war sehr
betrunken. Deshalb erzählte sie ihm nicht
das Geringste bis zum Anbruch des Mor-
gens. 37 Am Morgen aber, als Nabals
Rausch vorüber war, berichtete ihm seine
Frau, was sich zugetragen hatte. Da ver-
sagte ihm das Herz in der Brust und er
war wie versteinert. 38 Etwa zehn Tag da-
nach schlug der Herr den Nabal und er
starb. 39 Als David erfuhr, Nabal sei gestor-
ben, sprach er: Gepriesen sei der Herr, der
an Nabal die mir zugefügten Beleidigun-
gen gerächt und seinen Knecht vom Un-
recht zurückgehalten hat; die Bosheit Na-
bals aber hat der Herr auf dessen Haupt
zurückfallen lassen. Darauf sandte David
Boten zu Abigajil und warb um sie, weil
er sie sich zur Frau nehmen wollte. 40 Als
Davids Leute zu Abigajil nach Karmel ka-
men, warben sie um sie mit den Worten:
David sendet uns zu dir, um dich als seine
Frau heimzuführen. 41 Da erhob sie sich,
verneigte sich bis auf die Erde und sagte:
Siehe, deine Magd ist bereit, deine Diene-
rin zu sein und den Knechten meines
Herrn die Füße zu waschen. 42 Dann stand
Abigajil rasch auf und bestieg ihren Esel,
während ihre fünf Mägde sie begleiteten.
So folgte sie den Boten Davids und wurde
seine Frau. 43 David hatte sich aber auch
Ahinoam aus Jesreel zu Frau genommen.
So hatte er diese beiden als Frauen. 44 Saul
dagegen hatte seine Tochter Michal, die
Frau Davids, Palti, dem Sohn des Lajisch
aus Gallim, gegeben.

David schont erneut Sauls Leben

26 Die Sifiter kamen zu Saul nach Gi-
bea und meldeten: David hat sich
auf dem Hügel von Hachila gegenüber von
Jeschimon versteckt. 2 Da machte sich Saul
mit dreitausend Mann, und zwar hervor-
ragenden Israeliten, auf und zog zur Wüs-
te Sif hinunter, um David dort zu suchen.
3 Saul lagerte beim Hügel von Hachila, das
am Rand der Wüste am Weg liegt. David
aber hielt sich in der Wüste auf. Wie er
nun merkte, dass Saul zu seiner Verfol-
gung in die Wüste gekommen war, 4 sand-
te David Kundschafter aus und erhielt die
Bestätigung, dass Saul tatsächlich ange-
kommen war. 5 Da machte sich David auf

und kam zu der Stelle, wo Saul sein Lager
aufgeschlagen hatte. David sah den Ort,
wo Saul mit seinem Heerführer Abner,
dem Sohn des Ner, lag; Saul schlief näm-
lich innerhalb des Lagers und die Leute la-
gen im Kreis um ihn herum. 6 Da sprach
David zu dem Hetiter Ahimelech und zu
Abischai, dem Sohn der Zeruja, dem Bru-
der Joabs: Wer will mit mir zu Saul ins
Lager hinuntersteigen? Abischai erwider-
te: Ich will mit dir hinuntersteigen. 7 Nun
drangen David und Abischai in der Nacht
zu den Leuten vor. Saul lag schlafend im
Lager, während seine Lanze neben seinem
Kopf im Boden steckte. Abner und die
Truppen lagen rings um ihn. 8 Da sagte
Abischai zu David: Heute hat dir Gott dei-
nen Feind in die Hand gegeben. Ich will
ihn jetzt mit seiner eigenen Lanze durch
einen einzigen Stoß an den Boden spießen.
Einen zweiten brauche ich nicht. 9 David
aber entgegnete Abischai: Töte ihn nicht,
denn wer hat je seine Hand an den Gesalb-
ten des Herrn gelegt und ist ungestraft ge-
blieben? 10 Und David fuhr fort: So wahr
der Herr lebt, entweder wird ihn der Herr
schlagen, oder der Tag wird kommen, an
dem er stirbt, oder er wird in den Krieg
ziehen und umkommen. 11 Aber es sei fern
von mir wegen des Herrn, dass ich meine
Hand an den Gesalbten des Herrn lege!
Nimm jetzt die Lanze und den Wasser-
krug neben seinem Kopf, dann wollen wir
gehen. 12 Darauf nahm David die Lanze
und den Wasserkrug neben seinem Kopf
weg und sie schlichen sich davon, ohne
dass es jemand sah, merkte oder wach
wurde; denn sie schliefen alle, weil ein tie-
fer Schlaf vom Herrn her auf sie gefallen
war.

13 Als dann David zur gegenüberliegen-
den Seite gekommen war, stellte er sich in
einiger Entfernung auf den Gipfel des Ber-
ges, sodass ein weiter Zwischenraum zwi-
schen ihnen war. 14 Nun rief David dem
Kriegsvolk und Abner, dem Sohn des Ner,
zu: Gibst du keine Antwort, Abner? Abner
erwiderte: Wer bist du, der du da rufst?
15 David antwortete Abner: Bist du nicht
ein Mann? Und wer kommt dir gleich in
Israel? Warum hast du deinen Herrn, den
König, nicht bewacht? Es ist ja einer vom
Kriegsvolk hingegangen, um deinen
Herrn, den König, zu ermorden. 16 Das ist
nicht recht, was du da gemacht hast. So
wahr der Herr lebt: ihr habt den Tod ver-
dient, weil ihr eueren Herrn, den Gesalb-
ten des Herrn, nicht bewacht habt. Sieh
doch mal nach, wo die Lanze des Königs
und wo der Wasserkrug ist, der neben sei-
nem Kopf stand.

17 Da erkannte Saul die Stimme Davids
und rief: Ist das nicht deine Stimme, mein
Sohn David? Und David rief zurück: Ja-
wohl, mein Herr und König! 18 Dann fuhr
er fort: Warum verfolgt eigentlich mein
Herr seinen Knecht? Was habe ich denn
verbrochen? Welches Unrecht habe ich
begangen? 19 Möchte doch mein Herr und
König jetzt die Worte seines Knechtes be-
achten! Hat der Herr dich gegen mich auf-
gestachelt, dann soll er Opferduft riechen.
Sind es aber Menschen, so seien sie ver-
flucht vor dem Herrn; denn sie haben
mich jetzt vertrieben, dass ich nicht Anteil
haben soll am Erbe des Herrn, indem sie
erklären: Mach dich fort, diene anderen
Göttern! 20 Doch nein, mein Blut soll nicht
fern vom Herrn auf die Erde fließen! Ist
doch der König von Israel ausgezogen,
um mein Leben zu erjagen, wie man in
den Bergen Jagd macht auf ein Rebhuhn!
21 Da antwortete Saul: Ich habe Unrecht
getan. Kehr zurück, mein Sohn David!
Ich werde dir nichts Böses mehr antun,
weil dir heute mein Leben teuer war. Ja,
ich habe töricht gehandelt und schwere
Fehler begangen. 22 David erwiderte: Siehe,
hier ist des Königs Lanze. So soll denn
einer von deinen Dienern herüberkom-
men und sie holen. 23 Der Herr aber vergilt
einem jeden seine Gerechtigkeit und seine
Treue. Der Herr hatte dich ja heute in mei-
ne Hand gegeben, aber ich wollte mich
nicht an dem Gesalbten des Herrn vergrei-
fen. 24 So teuer aber wie heute dein Leben
in meinen Augen gewesen ist, ebenso teuer
möge mein Leben in den Augen des Herrn
sein; er wird mich retten aus aller Be-
drängnis. 25 Da rief Saul David zu: Geseg-
net seist du, mein Sohn David. Dein Leben
wird dir gelingen und du wirst erfolgreich
sein. Darauf zog David weiter. Saul aber
kehrte nach Hause zurück.

David bei den Philistern

David flieht nach Gat

27 David sagte zu sich selbst: Nun
werde ich doch eines Tages durch

Sauls Hand umgebracht werden. So bleibt
mir nichts anderes übrig, als dass ich in das
Land der Philister fliehe. Dann wird Saul
davon ablassen, noch ständig im ganzen
Gebiet Israels nach mir zu fahnden, und
ich bin seiner Hand entronnen. 2 So machte
sich David auf und ging mit den sechshun-
dert Mann, die er bei sich hatte, hinüber zu
Ahisch, dem Sohn Maochs, dem König
von Gat. 3 Und David blieb bei Ahisch in
Gat, er und seine Leute, jeder mit seiner
Familie, David mit seinen beiden Frauen:
Ahinoam aus Jesreel und Abigajil, der Frau
des Nabal aus Karmel. 4 Als Saul erfuhr,
David sei nach Gat geflohen, ließ er davon
ab, ihn noch länger zu verfolgen.

David als Lehnsmann der Philister

5 David aber sagte zu Ahisch: Wenn ich
dein Wohlgefallen gefunden habe, so wei-
se mir einen Platz in einer der Landstädte
an, damit ich dort wohnen kann. Warum
soll dein Knecht bei dir in der Königsstadt
wohnen? 6 Da wies ihm Ahisch noch am
gleichen Tag Ziklag an. Deshalb gehört Zi-
klag den Königen von Juda bis auf den
heutigen Tag. 7 Die ganze Zeit aber, die Da-
vid im Gebiet der Philister verbrachte, be-
trug ein Jahr und vier Monate.

8 David zog mit seinen Leuten hinaus
und sie überfielen die Geschuriter, die Ge-
seriter und Amalekiter. Das waren näm-
lich die Bewohner des Landes, das sich
von Telam bis nach Schur und bis nach
Ägypten erstreckt. 9 Jedes Mal, wenn David
das Land überfiel, ließ er weder Mann
noch Frau am Leben, nahm Kleinvieh,
Rinder, Esel, Kamele und Kleider weg und
kam wieder, um alles zu Ahisch zu brin-
gen. 10 Fragte ihn dann Ahisch: Wo sei ihr
heute eingefallen?, so erwiderte David: In
das Südland von Juda, oder: In das Süd-
land der Jerachmeeliter, oder: In das Süd-
land der Keniter, 11 Männer und Frauen
aber ließ David deshalb nicht am Leben,
weil er sie sonst hätte nach Gat bringen
müssen; denn er dachte: Sie könnten ge-
gen uns aussagen und berichten: So hat
David gehandelt. So verfuhr David wäh-
rend der ganzen Zeit, die er im Gebiet der
Philister verbrachte. 12 Ahisch aber
schenkte David Vertrauen; denn er dach-
te: Er hat sich bei seinem Volk, bei Israel,
verhasst gemacht und wird für immer
mein Knecht bleiben.

Die Philister ziehen in den Krieg gegen Israel

28 In jenen Tagen sammelten die Phi-
lister ihr Heer zu einem Feldzug
gegen Israel. Da sprach Ahisch zu David:
Du sollst wissen, dass du mit mir in den
Kampf ziehen musst, du und deine Leute.
2 David erwiderte Ahisch: Gut! Nun wirst
du sehen, was dein Knecht leistet. Ahisch
antwortete David: Gut! Ich mache dich zu
meinem Leibwächter während der ganzen
Zeit.

Saul bei der Totenbeschwörerin in En-Dor

3 Samuel war gestorben und ganz Israel
hatte um ihn die Totenklage gehalten.
Man hatte ihn in seiner Stadt Rama begra-
ben. Saul aber hatte die Totenbeschwörer
und Wahrsager aus dem Land entfernt.
4 Nachdem nun die Philister sich ver-
sammelt hatten, rückten sie heran und la-
gerten bei Schunem. Saul aber bot ganz Is-
rael auf und sie lagerten auf dem Gilboa.
5 Als dann Saul das Lager der Philister sah,
überkam ihn die Angst, und sein Herz be-
gann zu zittern. 6 Saul befragte deshalb den
Herrn; aber der Herr gab ihm keine Ant-
wort, weder durch Träume noch durch die
Lose, noch durch Propheten. 7 Darum be-
fahl Saul seinen Dienern: Macht mir eine
Frau ausfindig, die sich auf Toten-
beschwörung versteht, damit ich zu ihr ge-
he und sie befrage. Seine Diener erwider-
ten ihm: Es gibt in En-Dor eine Frau, die
sich auf Totenbeschwörung versteht. 8 Da
vermummte sich Saul, zog andere Kleider
an und ging mit zwei Männern hin. Sie
kamen in der Nacht zu der Frau und er
sagte: Wahrsage mir durch den Totengeist
und lass mir den heraufkommen, den ich
dir nennen werde. 9 Die Frau aber antwor-
tete ihm: Du weißt doch selbst, was Saul
getan hat: er hat nämlich die Toten-
beschwörer und die Wahrsager aus dem
Land ausgerottet. Warum stellst du mir al-
so eine Falle, um mich zu töten? 10 Da
schwor ihr Saul beim Herrn und sagte: So
wahr der Herr lebt, es soll dich in dieser
Sache keine Schuld treffen. 11 Darauf fragte
ihn die Frau: Wen soll ich dir heraufstei-
gen lassen? Er sagte: Lass mir Samuel he-
raufsteigen. 12 Die Frau erblickte Samuel
und schrie laut auf. Dann sagte die Frau
zu Saul: Warum hast du mich hintergan-
gen? Du bist ja Saul! 13 Der König antwor-
tete ihr: Fürchte dich nicht! Was siehst du?

Die Frau erwiderte Saul: Ich sehe ein Ge-
spenst aus der Erde heraufsteigen. 14 Er
sagte zu ihr: Wie sieht es aus? Sie antwor-
tete: Ein alter Mann steigt herauf, einge-
hüllt in einen Mantel. Da erkannte Saul,
dass es Samuel war. Er verneigte sich mit
dem Gesicht auf die Erde und warf sich
vor ihm nieder. 15 Samuel aber sprach zu
Saul: Warum störst du mich in der Ruhe
und hast mich heraufkommen lassen? Saul
antwortete: Ich bin in schwerer Bedräng-
nis; denn die Philister kämpfen gegen
mich; Gott aber hat sich von mir abge-
wandt; er antwortet mir nicht mehr, weder
durch Propheten noch durch Träume.
Deshalb habe ich dich rufen lassen, damit
du mir sagst, was ich tun soll. 16 Samuel er-
widerte: Warum fragst du mich, da doch
der Herr sich von dir abgewandt hat und
dein Feind geworden ist? 17 Der Herr hat
also getan, was er durch mich angekündigt
hat. Der Herr reißt das Königtum aus dei-
ner Hand, um es einem anderen, nämlich
David zu geben. 18 Weil du nicht auf die
Stimme des Herrn gehört und seinen
flammenden Zorn nicht an Amalek voll-
streckt hast, darum hat der Herr dir das
heute angetan. 19 Der Herr wird auch Israel
zusammen mit dir in die Gewalt der Phi-
lister ausliefern. Morgen wirst du mit dei-
nen Söhnen bei mir sein und der Herr
wird auch das Lager Israels in die Gewalt
der Philister geben.

20 Da fiel Saul seiner ganzen Länge nach
zu Boden. Gewaltiger Schrecken hatte ihn
wegen der Worte Samuels ergriffen. Er
hatte auch keine Kraft mehr in sich, weil
er während des ganzen Tages und der gan-
zen Nacht nichts gegessen hatte. 21 Als die
Frau an Saul herantrat und merkte, wie er
völlig gebrochen war, sagte sie zu ihm: Sie-
he, deine Magd hat auf deinen Befehl ge-
hört. Mein Leben habe ich aufs Spiel ge-
setzt und deinem Wunsch entsprochen,
den du mir geäußert hast. 22 Nun schenk
auch du den Worten deiner Magd Gehör.
Ich will dir einen Bissen Brot reichen. Iss
ihn, damit du wieder Kraft bekommst.
Geh dann deines Weges. 23 Er aber schlug
es ab und sagte: Ich mag nichts essen. Als
aber seine Diener und die Frau ihn dräng-
ten, hörte er auf sie, stand vom Boden auf
und ließ sich auf dem Bett nieder. 24 Die
Frau hatte ein Mastkalb im Haus. Sie
schlachtete es in aller Eile; dann nahm sie
Mehl, knetete es und backte ungesäuerte
Brote. 25 Hierauf setzte sie es Saul und sei-
nen Dienern vor. Nachdem sie gegessen
hatten, erhoben sie sich und traten noch
in derselben Nacht den Rückweg an.

David wird von den Philistern entlassen

29 Die Philister hatten alle ihre Trup-
pen in Afek zusammengezogen,
während Israel bei der Quelle in der Nähe
von Jesreel lagerte. 2 Als die Philisterfürs-
ten mit ihren Hundertschaften und Tau-
sendschaften aufmarschierten und am
Schluss auch David mit seinen Leuten an
Ahisch vorüberzog, 3 sagten die Philister-
fürsten: Was wollen diese Hebräer hier?
Ahisch erwiderte den Philisterfürsten:
Das ist doch David, der Diener Sauls, des
Königs von Israel. Seit Jahr und Tag hält er
sich bei mir auf und ich habe nichts Ver-
dächtiges an ihm bemerkt von dem Tag an,
an dem er zu mir übergelaufen ist, bis heu-
te. 4 Doch die Philisterfürsten wurden zor-
nig und forderten von ihm: Schick den
Mann zurück! Er soll heimgehen an den
Ort, den du ihm zugewiesen hast. Mit uns
zusammen soll er nicht in den Kampf zie-
hen, damit er sich nicht in der Schlacht
gegen uns wendet. Wodurch könnte er
sich denn besser wieder die Gunst seines
Herrn erwerben als mit den Köpfen unse-
rer Leute? 5 Das ist doch derselbe David,
dem zu Ehren man im Reigen sang:

Saul hat Tausend erschlagen, / David
aber Zehntausend!

6 Da rief Ahisch David herbei und sagte
zu ihm: So wahr der Herr lebt, du bist zu-
verlässig! Es wäre mir lieb, wenn du im
Heerlager mit mir ein- und auszögest;
denn ich habe nichts Unrechtes an dir ge-
funden seit dem Tag, da du zu mir kamst,
bis heute. Aber in den Augen der Fürsten
bist du nicht zuverlässig. 7 Darum kehr um
und zieh in Frieden heim, damit du nichts
tust, was den Philisterfürsten missfällt.
8 David erwiderte Ahisch: Was habe ich
denn getan, oder was hast du an deinem
Knecht gefunden von dem Tag an, an dem
ich in deinen Dienst trat, bis zum heuti-
gen, dass ich nicht mitziehen soll, um ge-
gen die Feinde meines Herrn, des Königs,
zu kämpfen? 9 Ahisch antwortete: Du
weißt, dass du mir so lieb bist wie ein En-
gel Gottes, aber die Philisterfürsten erklä-
ren: Er darf nicht mit uns in die Schlacht

ziehen. 10 Daher mach dich morgen früh
auf mit den Knechten deines Herrn, die
mit dir gekommen sind, und zieht an den
Ort, den ich euch zugewiesen habe. Hege
keinen Groll in deinem Herzen, denn du
bist mir lieb. Brecht auf, sobald es hell
wird, und zieht ab. 11 So machte sich David
am frühen Morgen mit seinen Leuten auf
und kehrte in das Land der Philister zu-
rück, während die Philister nach Jesreel
hinaufzogen.

Davids Feldzug gegen die Amalekiter

30 Als David mit seinen Leuten am
dritten Tag nach Ziklag kam, wa-
ren die Amalekiter in den Negeb und in
Ziklag eingefallen, hatten Ziklag geplün-
dert und in Brand gesteckt. 2 Die Frauen
und alles, was darin war, Jung und Alt,
hatten sie gefangen genommen, aber nie-
mand getötet. Sie hatten sie weggeführt,
als sie abzogen. 3 Als David mit seinen Leu-
ten zu der Stadt kam, da war sie nieder-
gebrannt, ihre Frauen, ihre Söhne und
Töchter waren als Gefangene wegge-
schleppt worden. 4 Da brachen David und
die Leute, die bei ihm waren, in lautes
Weinen aus, bis sie keine Kraft mehr zum
Weinen hatten. 5 Auch die beiden Frauen
Davids waren als Gefangene verschleppt
worden, nämlich Ahinoam aus Jesreel
und Abigajil, die Frau des Nabal aus Kar-
mel. 6 David geriet in große Bedrängnis;
denn die Leute drohten, ihn zu steinigen,
weil alle wegen des Verlustes ihrer Söhne
und Töchter sehr erbittert waren. David
aber gewann Mut im Vertrauen auf den
Herrn, seinen Gott. 7 David sagte nämlich
zu dem Priester Abjatar, dem Sohn Ahi-
melechs: Bring mir das Efod herbei! Abja-
tar brachte das Efod zu David. 8 Nun be-
fragte David den Herrn: Soll ich diese
Bande verfolgen? Werde ich sie einholen?
Er antwortete ihm: Verfolg sie! Du wirst
sie sicher einholen und die Gefangenen
befreien. 9 Hierauf rückte David mit den
sechshundert Mann, die er bei sich hatte,
aus und sie kamen an den Bach Besor.
10 David nahm mit vierhundert Mann die
Verfolgung auf, während zweihundert
Mann zurückblieben, die zu ermüdet wa-
ren, um den Bach Besor zu überschreiten.

11 Auf dem Feld trafen sie einen Ägypter
und führten ihn zu David. Sie gaben ihm
Brot zu essen und Wasser zu trinken. 12 Als
sie ihm dann ein Stück Feigenkuchen und
ein paar Rosinen gereicht hatten, kam er
wieder zu sich. Er hatte nämlich seit drei
Tagen und drei Nächten nichts gegessen
und getrunken. 13 Nun fragte ihn David:
Wem gehörst du, und woher bist du? Er
antwortete: Ich bin ein junger Ägypter,
der Sklave eines Amalekiters. Mein Herr
ließ mich im Stich, weil ich heute vor drei
Tagen krank geworden bin. 14 Wir hatten
einen Überfall in das Südland der Kereter
und in das Gebiet von Juda und in das
Südland von Kaleb gemacht. Ziklag aber
hatten wir in Brand gesteckt. 15 David sagte
zu ihm: Willst du mich zu dieser Bande
hinbringen? Er erwiderte: Wenn du mir
bei Gott schwörst, dass du mich weder tö-
ten noch an meinen Herrn ausliefern
wirst, so will ich dich zu dieser Bande hin-
bringen. 16 Als er ihn dann hinführte, hat-
ten sie sich über die ganze Gegend hin ver-
streut. Sie aßen und tranken und feierten
ein Freudenfest wegen der reichen Beute,
die sie aus dem Land der Philister und aus
dem Land Juda mitgebracht hatten. 17 Da-
vid aber schlug sie von der Dämmerung
bis zum Abend, indem er sie dem Unter-
gang weihte. Nicht ein einziger von ihnen
entkam, außer vierhundert jungen Män-
nern, die auf die Kamele stiegen und flo-
hen. 18 So gewann David alles zurück, was
die Amalekiter geraubt hatten; auch seine
beiden Frauen gewann David zurück.
19 Nichts vermisste man vom Kleinsten bis
zum Größten, von der Beute bis zu den
Söhnen und Töchtern, nichts von dem,
was sie geraubt hatten. Alles brachte Da-
vid zurück. 20 Da nahmen sie alle Schafe
und Rinder, trieben sie vor ihn hin und
riefen: Das ist Davids Beute! 21 Als David
zu den zweihundert Mann kam, die zu er-
müdet gewesen waren, um ihm zu folgen,
und die er am Bach Besor zurückgelassen
hatte, zogen sie David und seinen Leuten
entgegen. David ging auf die Leute zu und
begrüßte sie. 22 Doch einige boshafte und
nichtsnutzige Männer, die mit David gezo-
gen waren, erklärten: Weil sie nicht mit
uns gezogen sind, wollen wir ihnen auch
nichts von der Beute abgeben, die wir ge-
wonnen haben; nur seine Frau und seine
Kinder soll jeder bekommen und dann ab-
ziehen. 23 David aber sagte: Macht es nicht
so, nachdem der Herr es uns geschenkt
hat, nachdem er uns beschützt und die

Bande, die bei uns eingedrungen war, in
unsere Gewalt geliefert hat. 24 Wer könnte
in dieser Angelegenheit auf euch hören?
Nein, der Anteil dessen, der mitzog in
den Kampf, soll genau so groß sein wie
der Anteil dessen, der beim Tross geblie-
ben ist. Alle sollen den gleichen Anteil ha-
ben. 25 So ist es von jenem Tag an in der
Folgezeit geblieben. Er machte es zur Sat-
zung und zum Rechtsbrauch in Israel bis
auf den heutigen Tag.

26 Als dann David nach Ziklag gekom-
men war, sandte er einen Teil der Beute
an die Ältesten von Juda, seine nächsten
Nachbarn, und ließ ihnen sagen: Da habt
ihr ein Geschenk für euch von der Beute
der Feinde des Herrn! 27 Er sandte Ge-
schenke an die Ältesten in Bet-El, in Ra-
mat-Negeb und die in Jattir, 28 an die in
Aroër, in Sifmot und Eschtemoa, 29 an die
in Karmel und an die in den Städten der
Jerachmeeliter und an die in den Städten
der Keniter, 30 an die in Horma, in Bor-
Aschan und in Atach, 31 an die in Hebron
und an alle Ortschaften, wo David mit sei-
nen Leuten umhergezogen war.

Schlacht bei Gilboa. Sauls Tod

31 Als aber die Philister mit den Israe-
liten gekämpft hatten, flohen die Is-
raeliten vor den Philistern, und Erschlage-
ne lagen auf dem Gebirge Gilboa umher.
2 Die Philister folgten Saul und seinen Söh-
nen auf den Fersen, wobei die Philister Jo-
natan, Abinadab und Malkischua, die Söh-
ne Sauls, erschlugen. 3 Dann tobte der
Kampf heftig um Saul. Die Bogenschützen
zielten auf ihn und er wurde von den Bo-
genschützen schwer verwundet. 4 Da befahl
Saul seinem Waffenträger: Zieh dein
Schwert und durchbohre mich damit, sonst
kommen diese Unbeschnittenen und las-
sen ihren Übermut an mir aus. Sein Waf-
fenträger aber weigerte sich, weil er sich zu
sehr fürchtete. Da nahm Saul das Schwert
und stürzte sich hinein. 5 Als sein Waffen-
träger sah, dass Saul tot war, stürzte auch er
sich in sein Schwert und starb an seiner Sei-
te. 6 So starben Saul, seine drei Söhne und
sein Waffenträger zugleich an jenem Tag.
7 Als aber die Israeliten der Ebene und jen-
seits des Jordan erfuhren, dass die Israeli-
ten geflohen waren und dass Saul samt sei-
nen Söhnen tot war, verließen sie die Städte
und ergriffen die Flucht. Darauf kamen die
Philister und setzten sich darin fest.

8 Als am folgenden Tag die Philister ka-
men, um die Gefallenen auszuplündern,
fanden sie Saul und seine drei Söhne auf
dem Gebirge Gilboa liegen. 9 Sie schlugen
ihm den Kopf ab, zogen ihm die Rüstung
aus und sandten sie im Philisterland um-
her, um die Freudenbotschaft ihrem Göt-
zentempel und dem Volk zu verkünden.
10 Seine Rüstung legten sie im Tempel der
Astarte nieder, seinen Leichnam aber hef-
teten sie an die Mauer von Bet-Schean.

11 Als die Bewohner von Jabesch-Gilead
davon hörten, was die Philister Saul ange-
tan hatten, 12 machten sich alle waffenfähi-
gen Männer auf, marschierten die ganze
Nacht hindurch und holten den Leichnam
Sauls sowie die Leichen seiner Söhne von
der Mauer zu Bet-Schean herunter; sie
brachten sie nach Jabesch und verbrannten
sie dort. 13 Ihre Gebeine aber nahmen sie
und begruben sie unter der Tamariske von
Jabesch. Dann fasteten sie sieben Tage lang.

Das zweite Buch Samuel

David erfährt von Sauls Tod

1 Nach dem Tod Sauls war David vom
Sieg über die Amalekiter heimge-
kehrt. Zwei Tage verbrachte er in Ziklag.
2 Am dritten Tag kam ein Mann aus dem
Lager Sauls. Seine Kleider waren zerrissen
und sein Haupt war staubbedeckt. Als er
zu David kam, warf er sich zu Boden und
huldigte ihm. 3 David fragte ihn: Wo
kommst du her? Er antwortete ihm: Aus
dem Lager Israels bin ich entronnen. 4 Da-
vid sagte zu ihm: Wie ist es gegangen? Er-
zähl es mir doch! Er erwiderte: Das Volk
ist aus der Schlacht geflohen und viele von
den Leuten sind gefallen. Auch Saul und
sein Sohn Jonatan sind tot. 5 Da fragte Da-
vid den jungen Mann, der ihm die Nach-
richt brachte: Wie hast du erfahren, dass
Saul und sein Sohn Jonatan tot sind? 6 Der
junge Mann, der ihm die Nachricht brach-
te, erwiderte: Ich kam zufällig auf das Ge-
birge Gilboa. Da sah ich, wie sich Saul auf
seine Lanze gestützt hatte, während Wa-
gen und Reiter dicht hinter ihm heran-
stürmten. 7 Als er sich umwandte und
mich sah, rief er mich an. Ich antwortete:
Hier bin ich. 8 Da fragte er mich: Wer bist
du? Ich erwiderte ihm: Ich bin ein Amale-
kiter. 9 Darauf befahl er mir: Komm her zu
mir und gib mir den Todesstoß; ich habe
einen Schwächeanfall erlitten und doch ist
mein Leben noch vollständig in mir. 10 Da
trat ich an ihn heran und gab ihm den To-
desstoß, weil ich wusste, dass er seinen Fall
nicht überleben würde. Dann nahm ich
den Stirnreif auf seinem Haupt und die
Spange an seinem Arm und überbringe
sie hier meinem Herrn. 11 Da fasste David
seine Kleider und zerriss sie; desgleichen
taten alle Männer, die bei ihm waren.
12 Sie klagten, weinten und fasteten bis
zum Abend um Saul und seinen Sohn Jo-
natan, um das Volk des Herrn und das
Haus Israel, weil sie durch das Schwert ge-
fallen waren. 13 Hierauf fragte David den
jungen Mann, der ihm die Nachricht über-
bracht hatte: Wo bist du her? Er antworte-
te: Ich bin der Sohn eines amalekitischen
Einwanderers. 14 David aber sprach zu ihm:
Wie? Hast du dich nicht gescheut, deine
Hand auszustrecken, um den Gesalbten
des Herrn ums Leben zu bringen? 15 Dann
rief David einen der jungen Männer und
gab ihm den Befehl: Komm her, stoß ihn
nieder! Der schlug ihn nieder, sodass er
starb. 16 David aber hatte zu ihm gesagt:
Dein Blut über dein Haupt! Dein eigener
Mund hat gegen dich Zeugnis abgelegt, als
du sagtest: Ich habe dem Gesalbten des
Herrn den Todesstoß gegeben.

Davids Klagelied auf Saul und Jonatan

17 Hierauf sang David auf Saul und seinen
Sohn Jonatan das folgende Klagelied. 18 Es
ist aufgezeichnet im Buch der Helden, um
die Kinder Judas das Bogenlied zu lehren:

19 Der Ruhm Israels liegt erschlagen auf
deinen Höhen! / Wie sind die Helden
gefallen!

20 Meldet nichts davon in Gat, / macht es
in den Gassen Aschkelons nicht kund! /
Sonst freuen sich die Töchter der Philis-
ter, / sonst jubeln die Töchter der Unbe-
schnittenen.

21 Ihr Berge Gilboas, / kein Tau, kein
Regen falle auf euch nieder, / ihr Felder
voll des Trugs! / Dort wurde ja der Schild
der Helden weggeworfen. / Sauls Schild
ward nicht mit Öl gesalbt.

22 Nein, ohne das Blut der Erschlage-
nen, / ohne das Mark der Tapfern / kehrte
der Bogen Jonatans nie zurück. / Auch das
Schwert des Saul – nie kam es ohne Beute
zurück.

23 Saul und Jonatan, die Geliebten, die
Teuren, / in ihrem Leben wie in ihrem Tod
sind sie unzertrennlich geblieben. /
Schneller waren sie als Adler, / stärker
waren sie als Löwen.

24 Ihr Töchter Israels, nun weint um
Saul, / der euch in Purpur und in feines
Leinen kleidete, / der goldnen Schmuck
euch aufs Gewand geheftet.

25 Wie sind die Helden gefallen / im
dichten Kampfgewühl! / Durch deinen
Tod bin ich in tiefsten Schmerzen, Jona-
tan;

26 mir ist es weh um dich, mein Bruder! /

Jonatan, du warst mir über alles lieb! / Ja,
deine Liebe ging mir über Frauenliebe!

27 Wie sind die Helden gefallen, / des
Kampfes Rüstzeug ist zerbrochen!

David

David, König von Juda

Salbung Davids in Hebron

2 Danach befragte David den Herrn:
Soll ich in eine der Städte Judas hi-
naufziehen? Der Herr gab ihm zur Ant-
wort: Zieh hinauf! Da fragte David: Wo-
hin soll ich ziehen? Er erwiderte: Nach
Hebron! 2 So zog David dorthin und zu-
gleich seine beiden Frauen, Ahinoam aus
Jesreel und Abigajil, die Frau des Nabal
aus Karmel. 3 Auch die Männer, die David
bei sich hatte, ließ er mit hinaufziehen,
jeden mit seiner Familie; und sie wohn-
ten in den Vororten von Hebron. 4 Da ka-
men die Männer von Juda und salbten
dort David zum König über das Haus Ju-
da.

Botschaft an die Bewohner von Jabesch

Nun wurde David gemeldet, dass die Be-
wohner von Jabesch-Gilead Saul beerdigt
hätten. 5 Da sandte David Boten an die Be-
wohner von Jabesch-Gilead und ließ ihnen
sagen: Seid gesegnet vom Herrn dafür,
dass ihr Saul, euerem Herrn, diese Liebe
erwiesen und ihn beerdigt habt. 6 So möge
der Herr auch euch Liebe und Treue er-
weisen; aber auch ich will euch Gutes tun,
weil ihr so gehandelt habt. 7 Nun aber seid
stark und bewährt euch als tapfere Män-
ner. Wohl ist Saul, euer Herr, tot, aber
mich hat das Haus Juda zu seinem König
gesalbt.

Abner setzt Ischbaal als König von Israel ein

8 Abner aber, der Sohn des Ner, der Heer-
führer Sauls, nahm Ischbaal, den Sohn
Sauls, und brachte ihn nach Mahanajim
hinüber. 9 Dann setzte er ihn zum König
ein über Gilead, über Ascher, über Jesreel,
Efraim, Benjamin, überhaupt über ganz
Israel. 10 Ischbaal, der Sohn Sauls, war vier-
zig Jahre alt, als er König über Israel wur-
de, und er regierte zwei Jahre. Nur das
Haus Juda hatte sich David angeschlossen.
11 Die Zeit aber, die David in Hebron König
über das Haus Juda war, betrug sieben Jah-
re und sechs Monate.

Krieg zwischen Juda und Israel.
Schlacht bei Gibeon

12 Abner, der Sohn des Ner, zog mit den
Leuten Ischbaals, des Sohnes Sauls, von
Mahanajim nach Gibeon. 13 Auch Joab,
der Sohn der Zeruja, rückte mit den Leu-
ten Davids aus, sodass sie am Teich von
Gibeon mit jenen zusammentrafen. Die
einen lagerten sich diesseits, die anderen
jenseits des Teiches. 14 Da sprach Abner
zu Joab: Die jungen Männer könnten an-
treten und ein Kampfspiel vor uns auf-
führen. Joab entgegnete: Lass sie antre-
ten! 15 So traten sie an und man zählte
ab: zwölf Benjaminiter von den Leuten
Ischbaals, des Sohnes Sauls, und zwölf
von den Leuten Davids. 16 Da packte jeder
den Kopf seines Gegners und einer stieß
dem anderen das Schwert in die Seite, so-
dass sie alle miteinander fielen. Da nann-
te man jenen Ort bei Gibeon Helkat-
Hazzurim (Feld der Felsen). 17 Darauf
entspann sich an jenem Tag ein überaus
heftiger Kampf, wobei Abner und die
Truppen Israels von den Truppen Davids
geschlagen wurden. 18 Es befanden sich
dort auch die drei Söhne der Zeruja: Joab,
Abischai und Asaël. Asaël aber war flink
wie eine Gazelle auf dem Feld. 19 Nun
setzte Asaël Abner nach und bog weder
nach rechts noch nach links bei der Ver-
folgung ab. 20 Da wandte sich Abner um
und fragte: Bist du es, Asaël? Der antwor-
tete: Jawohl! 21 Da sagte Abner zu ihm:
Wende dich doch nach rechts oder nach
links, packe dir einen von den jungen
Männern und nimm dir seine Rüstung!
Aber Asaël wollte nicht von ihm ablassen.
22 Noch einmal forderte Abner Asaël auf:
Lass ab von mir! Warum soll ich dich zu
Boden schlagen? Wie könnte ich dann
noch deinem Bruder Joab in die Augen
schauen? 23 Doch jener weigerte sich abzu-
lassen. Da stieß ihm Abner den Schaft der
Lanze in den Unterleib, sodass die Lanze
am Rücken heraus kam. Er stürzte zu Bo-
den und starb auf der Stelle. Alle, die an
den Ort kamen, wo Asaël gefallen und
gestorben war, blieben stehen. 24 Joab aber

und Abischai setzten Abner weiter nach
und waren, als die Sonne unterging, bis
Gibeat-Amma gelangt, das Giach gegen-
über am Weg in die Steppe von Gibeon
liegt. 25 Nun sammelten sich die Benjami-
niter um Abner, schlossen sich zu einer
Gruppe zusammen und besetzten die
Spitze eines Hügels. 26 Da rief Abner Joab
zu: Soll denn das Schwert ewig fressen?
Weißt du nicht, dass ein bitteres Ende
kommen wird? Wann wirst du endlich
den Leuten befehlen, die Verfolgung ihrer
Brüder aufzugeben? 27 Joab erwiderte: So
wahr der Herr lebt, hättest du nichts ge-
sagt, so hätten die Leute erst am Morgen
aufgehört, ihre Brüder zu verfolgen!
28 Hierauf ließ Joab in die Posaune stoßen.
Sofort machten alle seine Leute Halt, ver-
folgte Israel nicht weiter und setzte den
Kampf nicht fort.

29 Abner aber und seine Leute zogen
während dieser ganzen Nacht durch die
Araba, setzten dann über den Jordan, mar-
schierten den ganzen Vormittag und ka-
men nach Mahanajim. 30 Als Joab die Ver-
folgung Abners aufgegeben und das
gesamte Kriegsvolk gesammelt hatte, wur-
den von den Leuten Davids neunzehn
Mann vermisst, dazu Asaël. 31 Die Leute
Davids dagegen hatten von den Benjami-
nitern, nämlich von den Leuten Abners,
dreihundertsechzig Mann erschlagen.
32 Den Asaël hoben sie auf und begruben
ihn im Grab seines Vaters zu Betlehem.
Dann marschierten Joab und seine Leute
die ganze Nacht hindurch und es wurde
hell, als sie nach Hebron kamen.

3 Der Krieg zwischen dem Haus Saul
und dem Haus David zog sich noch
lange hin. Dabei wurde David immer
mächtiger, das Haus Saul aber immer
schwächer.

Die in Hebron geborenen Söhne Davids

2 In Hebron wurden David Söhne geboren:
Sein Erstgeborener war Amnon von Ahi-
noam aus Jesreel. 3 Sein zweiter war Kilab
von Abigajil, der Frau des Nabal aus Kar-
mel; der dritte war Abschalom, der Sohn
der Maacha, der Tochter des Königs Tal-
mai von Geschur. 4 Der Vierte war Adoni-
ja, der Sohn der Haggit; der fünfte Schefat-
ja, der Sohn der Abital. 5 Der Sechste war
Jitream von Davids Frau Egla. Diese Söhne
wurden David in Hebron geboren.

Bruch zwischen Abner und Ischbaal

6 Während der Krieg zwischen dem Haus
Saul und dem Haus David andauerte,
stand Abner dem Haus Saul tatkräftig bei.
7 Nun hatte aber Saul eine Nebenfrau ge-
habt, Rizpa mit Namen, eine Tochter Ajas;
die hatte sich Abner genommen. Da fragte
Ischbaal Abner: Warum hast du dir die
Nebenfrau meines Vaters genommen?
8 Abner wurde über die Worte Ischbaals
sehr zornig und rief aus: Bin ich denn ein
Hundskopf? Bis heute habe ich dem Haus
deines Vaters Saul, seinen Brüdern und
seinen Freunden Liebe erwiesen. Ich war
es, der dich nicht in die Hände Davids fal-
len ließ; und da machst du mir heute Vor-
würfe wegen einer Frauengeschichte?
9 Gott tu dem Abner dies und das an –
wahrhaftig, was der Herr David eidlich zu-
gesichert hat, das werde ich ausführen!
10 Ich werde nämlich das Königtum dem
Haus Saul abnehmen, um den Thron Da-
vids aufzurichten über Israel und über Ju-
da von Dan bis Beerscheba. 11 Ischbaal
konnte Abner kein Wort erwidern, weil er
sich vor ihm fürchtete.

Abner verhandelt mit David

12 Darauf sandte Abner Boten zu David
und ließ ihm sagen: Wem gehört das
Land? Verbünde dich mit mir! Dann soll
meine Hand mit dir sein, um ganz Israel
auf deine Seite zu bringen. 13 David ant-
wortete: Gut, ich will ein Bündnis mit dir
schließen. Aber eines fordere ich von dir:
Du darfst mir nicht unter die Augen tre-
ten, es sei denn, dass du Michal, die Toch-
ter Sauls, mitbringst, wenn du kommst
und vor mir erscheinst. 14 Dann sandte Da-
vid Boten zu Ischbaal, dem Sohn Sauls,
und ließ sagen: Gib mir meine Frau Mi-
chal heraus, die ich für einhundert Philis-
tervorhäute gewonnen habe. 15 Da schickte
Ischbaal hin und ließ sie ihrem Mann Pal-
tiël, dem Sohn des Lajisch, wegnehmen.
16 Ihr Mann aber folgte ihr; in einem fort
weinend, folgte er ihr bis nach Bahurim.
Da sagte Abner zu ihm: Mach, dass du
heimkommst! Darauf kehrte er um.

17 Nun hatte Abner mit den Ältesten Is-
raels verhandelt und erklärt: Schon längst
habt ihr David als König über euch ge-
wollt. 18 So führt es jetzt auch aus! Der Herr
hat ja zu David gesprochen: Durch die
Hand meines Knechtes David will ich

mein Volk Israel aus der Gewalt der Phi-
lister und aller seiner Feinde retten.
19 Ebenso äußerte Abner sich gegenüber
den Benjaminitern. Auch ging er hin, um
David in Hebron davon in Kenntnis zu
setzen, was Israel und das ganze Haus
Benjamin beschlossen hatten.
20 Als Abner zu David nach Hebron
kam, begleitet von zwanzig Mann, da ließ
David Abner und den Männern, die ihn
begleiteten, ein Gastmahl bereiten. 21 Ab-
ner sagte zu David: Ich will mich auf-
machen und ganz Israel um meinen Herrn
und König sammeln. Sie sollen dann einen
Vertrag mit dir schließen und du kannst
König sein, so weit, wie nur immer dein
Herz begehrt. Danach entließ David Ab-
ner und er ging in Frieden fort.

Ermordung Abners

22 Da kamen gerade die Leute Davids und
Joab von einem Streifzug heim und brach-
ten reiche Beute mit. Abner aber war nicht
mehr bei David in Hebron, denn er hatte
ihn entlassen und er war in Frieden fort-
gegangen. 23 Als nun Joab und die ganze
Schar, die bei ihm war, ankamen, meldete
man Joab: Abner, der Sohn des Ner, ist
zum König gekommen, der hat ihn wieder
ziehen lassen und er ist in Frieden fort-
gegangen. 24 Da begab sich Joab zum König
und hielt ihm vor: Was hast du da getan?
Abner ist ja bei dir gewesen! Warum hast
du ihn entlassen, sodass er in Frieden zie-
hen konnte? 25 Merkst du denn nicht, dass
Abner, der Sohn des Ner, nur gekommen
ist, um dich zu überlisten, um dein Gehen
und Kommen zu beobachten und zu er-
fahren, was du vorhast? 26 Dann ging Joab
von David weg und schickte Boten hinter
Abner her. Sie holten ihn von Bor-Sira zu-
rück, ohne dass David etwas davon wusste.
27 Als aber Abner nach Hebron zurückkam,
führte ihn Joab in der Torecke beiseite, als
wollte er ungestört mit ihm reden. Dort
stach er ihn dann in den Unterleib, um
Blutrache für seinen Bruder Asaël zu neh-
men; und er starb. 28 Als aber David hinter-
her davon hörte, rief er aus: Ich und mein
Königtum sind vor dem Herrn für alle Zei-
ten schuldlos am Blut Abners, des Sohnes
Ners. 29 Es möge zurückfließen auf das
Haupt Joabs und auf das ganze Haus seines
Vaters. Möge es niemals im Haus Joab an
Männern fehlen, die an Blutungen und
Aussatz leiden, die an Krücken gehen, die
durchs Schwert fallen und denen es an
Brot mangelt. 30 Denn Joab und sein Bruder
Abischai haben Abner ermordet, weil er
ihren Bruder Asaël zu Gibeon im Kampf
getötet hat. 31 Dann gebot David Joab und
dem ganzen Volk, das bei ihm war: Zer-
reißt euere Kleider, legt Trauergewänder
an und haltet die Totenklage für Abner!
König David aber folgte der Bahre. 32 Als
man Abner in Hebron begrub, weinte der
König laut am Grab Abners und das ganze
Volk weinte mit. 33 Dann stimmte der Kö-
nig ein Klagelied auf Abner an. Es lautet:

Musste Abner sterben, / wie ein Frevler
stirbt?
34 Deine Hände waren nicht gebunden, /
deine Füße trugen keine Fesseln. / Wie
man durch Ruchlose fällt, / bist du gefal-
len.

Da weinte alles Volk noch mehr um
ihn. 35 Als dann das ganze Volk kam, um
David zum Essen zu bewegen, solange es
noch Tag war, schwor David und sagte:
Gott soll mir dies und das antun, wenn
ich Brot oder sonst etwas esse, bevor die
Sonne untergegangen ist. 36 Als das Volk
das vernahm, gefiel es ihm; denn alles,
was der König tat, gefiel dem ganzen Volk.
37 Das ganze Volk, auch ganz Israel, sah an
jenem Tag ein, dass die Ermordung Ab-
ners, des Sohnes Ners, nicht vom König
ausgegangen war. 38 Darauf sprach der Kö-
nig zu seinen Dienern: Wisst ihr nicht,
dass heute ein Fürst und ein Großer in Is-
rael gefallen ist? 39 Ich bin heute schwach,
obwohl ich ein gesalbter König bin; aber
diese Männer, die Söhne der Zeruja, sind
mir überlegen. Möge der Herr dem, der
die Freveltat begangen hat, vergelten, wie
es seiner bösen Tat entspricht!

Ermordung Ischbaals

4 Als der Sohn Sauls hörte, dass Abner
in Hebron umgekommen war, da
wurden seine Hände schlaff und ganz Is-
rael war bestürzt. 2 Sauls Sohn hatte zwei
Männer als Anführer von Streifscharen.
Der eine hieß Baana, der andere Rechab;
sie waren Söhne Rimmons aus Beërot und
gehörten zu den Benjaminitern; denn
auch Beërot wird zu Benjamin gerechnet.
3 Die Bewohner von Beërot waren jedoch
nach Gittajim geflohen und wohnen dort
als Fremde bis zum heutigen Tag. 4 Jonatan

aber, der Sohn Sauls, hatte einen Sohn, der
an beiden Füßen gelähmt war. Er war fünf
Jahre alt gewesen, als die Trauerbotschaft
über Saul und Jonatan aus Jesreel eintraf.
Da hatte ihn seine Amme genommen und
war geflohen. In der Eile der Flucht aber
war er ihr hingefallen; seitdem war er ge-
lähmt. Er hieß Merib-Baal.

5 Die Söhne Rimmons aus Beërot, Re-
chab und Baana, machten sich auf und ka-
men zur Zeit der Mittagshitze in das Haus
Ischbaals, während dieser gerade Mittags-
ruhe hielt. 6 Die Türhüterin des Hauses
war eben beim Weizenreinigen eingenickt
und schlief. Da schlichen sich Rechab und
sein Bruder Baana durch. 7 Als sie in das
Haus traten, lag Ischbaal auf seinem Bett
im Schlafgemach und schlief. Sie schlugen
ihn tot und schlugen ihm den Kopf ab.
Dann nahmen sie den Kopf und gingen
die ganze Nacht hindurch auf dem Weg
durch die Araba hinunter. 8 Sie brachten
den Kopf Ischbaals zu David nach Hebron
und sagten zum König: Siehe, das ist der
Kopf Ischbaals, des Sohnes Sauls, deines
Feindes, der dir nach dem Leben getrach-
tet hat. So hat heute der Herr meinem
Herrn und König Rache an Saul und sei-
nen Nachkommen gewährt. 9 Da erwiderte
David Rechab und seinem Bruder Baana,
den Söhnen Rimmons aus Beërot: So wahr
der Herr lebt, der mein Leben aus aller Not
errettet hat, 10 jenen, der mir die Nachricht
brachte: Saul ist tot! und der mir ein Freu-
denbote zu sein meinte, den habe ich in
Ziklag packen und töten lassen, um ihm
den Lohn für seine Freudenbotschaft zu
geben. 11 Um wie viel mehr, wenn nun
ruchlose Menschen einen rechtschaffenen
Mann in seinem Haus auf seinem Bett er-
mordet haben – sollte ich da sein Blut
nicht von euch fordern und euch vom Erd-
boden vertilgen? 12 Darauf gab David den
jungen Männern Befehl und sie machten
sie nieder. Dann schlugen sie ihnen Hände
und Füße ab und hängten die Leichen am
Teich von Hebron auf. Den Kopf Ischbaals
aber nahmen sie und begruben ihn im
Grab Abners in Hebron.

David, König von ganz Israel

Davids Salbung als König von Israel

5 Nun kamen sämtliche Stämme Israels
zu David nach Hebron und sagten:
Siehe, dein Bein und dein Fleisch sind wir.
2 Schon gestern und vorgestern, als Saul
König über uns war, warst du es, der Israel
ins Feld führte und wieder heimbrachte.
Der Herr hat zu dir gesprochen: Du sollst
mein Volk Israel weiden und du sollst
Fürst sein über Israel. 3 So kamen alle Äl-
testen Israels zum König nach Hebron
und König David schloss mit ihnen in He-
bron einen Vertrag vor dem Herrn. Dann
salbten sie David zum König über Israel.
4 Dreißig Jahre war David alt, als er König
wurde, vierzig Jahre regierte er als König.
5 In Hebron regierte er über Juda sieben
Jahre und sechs Monate und in Jerusalem
regierte er dreiunddreißig Jahre über ganz
Israel und Juda.

Eroberung Jerusalems

6 Hierauf zog der König mit seinen Leuten
nach Jerusalem gegen die Jebusiter, die in
dem Gebiet wohnten. Da sagte man zu
David: Du wirst da nicht hineinkommen,
die Blinden und die Lahmen werden dich
verjagen. Das sollte heißen, David werde
dort nicht hineinkommen. 7 Aber David
eroberte die Burg Zion, das ist die David-
stadt. 8 An jenem Tag erklärte David: Jeder,
der den Wasserschacht hinaufsteigt, soll
die Jebusiter erschlagen, auch die Lahmen
und Blinden, die David in der Seele ver-
hasst sind. Daher stammt das Sprichwort:
Ein Blinder und ein Lahmer dürfen nicht
in den Tempel hineinkommen. 9 David ließ
sich in der Burg nieder und nannte sie Da-
vidstadt. David baute auch ringsum eine
Mauer, vom Millo an nach innen zu. 10 Da-
vids Macht wurde immer größer, weil der
Herr, der Gott der Heerscharen, mit ihm
war.

11 Hiram, der König von Tyrus, schickte
Boten an David mit Zedernholz, dazu
Zimmerleute und Steinmetzen, damit sie
für David einen Palast bauten. 12 So er-
kannte David, dass der Herr ihn als König
über Israel bestätigt und sein Königtum
wegen seines Volkes Israel emporgebracht
hatte.

Die in Jerusalem geborenen Söhne Davids

13 David nahm sich noch weitere Neben-
frauen und Frauen in Jerusalem, nachdem
er von Hebron dorthin gekommen war. So
wurden David noch mehr Söhne und
Töchter geboren. 14 Das sind die Namen

der Söhne, die ihm in Jerusalem geboren
wurden: Schima, Schobab, Natan, Salomo,
15 Jibhar, Elischua, Nefeg, Jafia, 16 Elischa-
ma, Eljada und Elifelet.

Sieg über die Philister

17 Als die Philister hörten, dass man David
zum König über Israel gesalbt hatte, zogen
alle hinauf, um David in ihre Gewalt zu
bekommen. David erfuhr das und zog in
die Bergfestung hinunter. 18 Die Philister
drangen vor und breiteten sich in der Ra-
faïterebene aus. 19 Da befragte David den
Herrn: Soll ich gegen die Philister hinauf-
ziehen? Wirst du sie in meine Hand ge-
ben? Der Herr antwortete ihm: Zieh hi-
nauf; denn ich will die Philister in deine
Hand geben. 20 So zog David nach Baal-Pe-
razim. Nachdem er sie dort geschlagen
hatte, sprach er: Der Herr hat die Reihen
meiner Feinde vor meinen Augen durch-
brochen, wie Wasser einen Damm durch-
bricht. Deshalb nennt man jenen Ort
Baal-Perazim (Herr der Durchbrüche).
21 Sie ließen ihre Götterbilder dort im
Stich; David und seine Leute nahmen sie
an sich.

22 Ein zweites Mal rückten die Philister
heran und breiteten sich in der Rafaïter-
ebene aus. 23 David befragte den Herrn;
der aber antwortete: Du sollst ihnen nicht
entgegenziehen, sondern umgeh sie in
ihrem Rücken und fall vom Baka-Gehölz
aus über sie her! 24 Sobald du das Geräusch
von Schritten in den Wipfeln des Baka-
Gehölzes wahrnimmst, beeil dich; denn
der Herr zieht dann vor dir aus, um dem
Heer der Philister eine Niederlage bei-
zubringen. 25 David tat so, wie der Herr
ihm befohlen hatte, und er schlug die Phi-
lister von Geba bis nach Geser hin.

Die Bundeslade in Jerusalem

6 David versammelte abermals alle her-
vorragenden Krieger in Israel, drei-
ßigtausend Mann. 2 Dann brach er auf
und zog mit dem gesamten Volk, das bei
ihm war, nach Baala in Juda, um von dort
die Lade Gottes heraufzuholen, die be-
nannt ist nach dem Namen des Herrn,
des Gottes der Heerscharen, der über den
Kerubim thront. 3 Man lud die Lade Gottes
auf einen neuen Wagen, nachdem man sie
aus dem Haus Abinadabs geholt hatte, das
auf dem Hügel stand. Usa aber und Achjo,
die Söhne Abinadabs, geleiteten den Wa-
gen. 4 Usa ging neben der Lade Gottes,
während Achjo vor ihr herging. 5 David
aber und alle Israeliten tanzten vor dem
Herrn mit aller Hingabe zum Spiel von Zi-
thern und Harfen, Pauken, Schellen und
Zimbeln. 6 Als sie aber zum Speicher Na-
chons kamen, streckte Usa seine Hand
nach der Lade Gottes aus und hielt sie fest,
weil die Rinder sie umwarfen. 7 Da ent-
brannte der Zorn des Herrn gegen Usa
und Gott schlug ihn dort wegen seines
Vergehens, sodass er neben der Lade Got-
tes starb. 8 Da geriet David sehr in Erre-
gung darüber, dass der Herr Usa so plötz-
lich weggerissen hatte; darum nennt man
diesen Ort Perez-Usa (Wegreißen Usas)
bis zum heutigen Tag. 9 An jenem Tag
fürchtete sich David vor dem Herrn und
sagte sich: Wie kann die Lade des Herrn
zu mir kommen? 10 Deshalb wollte David
die Lade des Herrn nicht zu sich in die
Davidstadt bringen lassen, sondern ließ
sie in das Haus Obed-Edoms aus Gat
schaffen. 11 Die Lade des Herrn blieb drei
Monate im Haus Obed-Edoms aus Gat
und der Herr segnete Obed-Edom samt
seinem ganzen Haus.

12 Als dann König David gemeldet wur-
de: Der Herr hat das ganze Haus Obed-
Edoms und all seine Habe gesegnet wegen
der Gotteslade, da ging David hin und hol-
te die Gotteslade voller Freude aus dem
Haus Obed-Edoms in die Davidstadt hi-
nauf. 13 Nachdem die Träger der Lade des
Herrn sechs Schritte gemacht hatten, op-
ferte David ein Rind und ein Mastkalb.
14 Auch tanzte David mit ganzer Hingabe
vor dem Herrn her, wobei er mit einem
leinenen Efod umgürtet war. 15 So brachten
David und das ganze Haus Israel mit Jubel
und Posaunenschall die Lade des Herrn
hinauf. 16 Als aber die Lade des Herrn in
die Davidstadt einzog, schaute Michal, die
Tochter Sauls, zum Fenster hinaus. Wie sie
nun den König David vor dem Herrn
springen und tanzen sah, verachtete sie
ihn in ihrem Herzen. 17 Man trug die Lade
des Herrn in das Zelt hinein, das David für
sie aufgeschlagen hatte, und stellte sie an
ihren Platz. Dann brachte David vor dem
Herrn Brandopfer und Gemeinschafts-
opfer dar. 18 Nachdem David die Darbrin-
gung der Brandopfer und der Gemein-
schaftsopfer beendet hatte, segnete er das

Volk im Namen des Herrn. 19 Hierauf ließ
er an das ganze Volk, an alle Israeliten,
Männer wie Frauen, je einen Brotlaib, Dat-
teln und einen Rosinenkuchen verteilen.
Dann kehrte das ganze Volk zurück, jeder
in sein Haus.
20 Als David heimkehrte, um seiner Fa-
milie den Segensgruß zu entbieten, trat
ihm Michal, die Tochter Sauls, entgegen
und sagte: Wie ehrenhaft hat sich doch
heute der König Israels benommen, als er
sich vor den Augen der Mägde seiner Un-
tertanen bloßgestellt hat, wie sich nur
einer aus dem Gesindel bloßstellen kann.
21 David entgegnete Michal: Vor dem
Herrn tanze ich! Beim Leben des Herrn,
der mich statt deines Vaters und seines
ganzen Hauses erwählte und mich zum
Fürsten über das Volk des Herrn, über Is-
rael, einsetzte, ja, vor dem Herrn will ich
tanzen. 22 Ich will mich sogar noch tiefer
demütigen als diesmal, auch wenn ich ver-
ächtlich bin in deinen Augen. Aber bei den
Mägden, von denen du sprachst, bei denen
stehe ich in Ehren. 23 Michal aber, die
Tochter Sauls, bekam kein Kind bis zum
Tag ihres Todes.

Verheißung durch den Propheten Natan

7 Als nun der König in seinem Palast
saß und der Herr ihm Ruhe verschafft
hatte vor allen seinen Feinden ringsum,
2 da sagte der König zu dem Propheten Na-
tan: Ich wohne in einem Zedernpalast,
während die Gotteslade unter Zeltdecken
steht. 3 Natan erwiderte dem König: Nun
denn, alles, was du im Sinn hast, das führ
aus; denn der Herr ist mit dir. 4 Aber noch
in derselben Nacht erging das Wort des
Herrn an Natan: 5 Geh hin und sag mei-
nem Knecht David: So spricht der Herr:
Du willst mir ein Haus bauen, damit ich
darin wohne? 6 Wahrhaftig, ich habe nie-
mals in einem Haus gewohnt seit dem Tag,
an dem ich die Kinder Israels aus Ägypten
heraufgeführt habe, bis zum heutigen Tag.
Ich bin vielmehr in einer Zeltwohnung
umhergewandert. 7 Habe ich vielleicht, so-
lange ich mit allen Kindern Israels hin-
und hergezogen bin, zu einem von den
Richtern Israels, die ich beauftragte, mein
Volk Israel zu weiden, mit einem Wort ge-
sagt: Warum habt ihr mir keinen Zedern-
palast gebaut? 8 So sollst du auch zu mei-
nem Knecht David sprechen: So spricht
der Herr, der Gott der Heerscharen: Ich
habe dich von der Weide hinter dem
Kleinvieh weggeholt, damit du Fürst über
mein Volk Israel wirst. 9 Ich bin mit dir ge-
wesen bei allem, was du unternahmst, und
habe alle deine Feinde vor dir her vertilgt.
Ich will dir einen großen Namen machen,
gleich dem Namen der Größten auf der
Erde. 10 Auch will ich meinem Volk Israel
einen Platz anweisen und es dort einpflan-
zen, damit es an jener Stätte in Frieden
wohnen kann und sich nicht mehr ängs-
tigen muss. Die Frevler sollen es nicht
mehr quälen wie früher, 11 seit der Zeit, da
ich Richter einsetzte über mein Volk Isra-
el. Ich will ihm Ruhe verschaffen vor all
seinen Feinden. So lässt der Herr dir also
verkünden, dass der Herr dir ein Haus
bauen wird. 12 Wenn dann deine Tage er-
füllt sind und du dich zur Ruhe legst bei
deinen Vätern, dann will ich deinen leibli-
chen Sohn zu deinem Nachfolger machen
und sein Königtum bestätigen. 13 Er wird
meinem Namen ein Haus errichten und
ich will den Thron seiner Königsherrschaft
für immer befestigen. 14 Ich will ihm Vater
sein und er wird mir Sohn sein. Verfehlt er
sich, so werde ich ihn züchtigen mit Ruten
und mit Schlägen, wie sie Menschenkin-
dern zugedacht werden. 15 Meine Huld
aber werde ich ihm nicht entziehen, wie
ich sie dem Saul entzogen habe, den ich
vor dir beseitigte. 16 Nein, dein Haus und
dein Königtum sollen für immer vor mir
Bestand haben. Dein Thron soll feststehen
für immer. 17 Ganz so, wie es ihm gesagt
und offenbart worden war, sprach Natan
zu David.

Davids Gebet

18 Darauf ging David hin, ließ sich vor
dem Herrn nieder und sprach: Wer bin
ich, mein Herr und Gott, und was ist
mein Haus, dass du mich bis hierher ge-
bracht hast? 19 Und das war noch zu wenig
in deinen Augen, mein Herr und Gott,
denn du hast dem Haus deines Knechtes
auch Verheißungen gegeben für ferne
Zeiten. Ist das eine Weisung, wie sie
einem (schwachen) Menschen zukommt,
mein Herr und Gott? 20 Was könnte da
David noch weiter zu dir sagen? Du
kennst ja deinen Knecht, mein Herr und
Gott. 21 Wegen deines Knechtes und nach
deinem Wohlgefallen hast du gehandelt,

indem du deinem Knecht all dieses Große
offenbart hast. 22 Darum bist du so groß,
mein Herr und mein Gott, denn niemand
ist dir gleich, es gibt keinen Gott außer
dir, nach alldem, was wir mit unseren Oh-
ren vernommen haben. 23 Und wo gibt es
auf der Erde irgendein anderes Volk, das
deinem Volk Israel gleichkäme, für das
ein Gott hingegangen wäre, es sich zu sei-
nem Volk zu erkaufen und ihm einen Na-
men zu schaffen, für dieses Volk Großes
und Furchtbares zu vollbringen und vor
seinem Volk Völker und Götter zu ver-
treiben? 24 So hast du dir dein Volk Israel
zum Volk bestätigt für immer und du,
mein Herr, bist selbst ihr Gott geworden.
25 So erfüll denn nun, mein Herr und Gott,
für immer das Wort, das du deinem
Knecht und seinem Haus verheißen hast,
und handle so, wie du gesagt hast. 26 Dann
wird dein Name für immer groß sein und
es wird heißen: Der Herr, der Gott der
Heerscharen, ist Gott über Israel. Dann
wird auch das Haus deines Knechtes Da-
vid vor dir Bestand haben. 27 Denn du,
Herr, Gott der Heerscharen, Gott Israels,
hast deinem Knecht die Offenbarung ge-
geben: Ich will dir ein Haus bauen. Da-
rum hat dein Knecht sich ein Herz ge-
fasst, dieses Gebet an dich zu richten.
28 Wohlan denn, mein Herr und Gott, du
bist Gott, und deine Worte sind Wahr-
heit. Du hast deinem Knecht diese herr-
liche Verheißung gegeben. 29 So möge es
dir nun gefallen, das Haus deines Knech-
tes zu segnen, damit es für immer vor dir
besteht. Denn du, mein Herr und Gott,
hast gesprochen und durch deinen Segen
wird das Haus deines Knechtes gesegnet
sein auf ewig.

Die Kriege Davids

8 Danach schlug David die Philister
und unterwarf sie. David nahm den
Philistern die Zügel der Herrschaft aus
der Hand. 2 Dann schlug er die Moabiter
und maß sie mit der Messschnur ab,
nachdem er sie auf die Erde hatte nieder-
legen lassen. Zwei Schnurlängen ließ er
töten, eine volle Schnurlänge ließ er am
Leben. So wurden die Moabiter zu Unter-
tanen Davids und mussten Abgaben zah-
len. 3 Hierauf schlug David Hadad-Eser,
den Sohn Rehobs, den König von Zoba,
als der ausgezogen war, um seine Herr-
schaft am Strom wiederherzustellen. 4 Da-
vid nahm ihm tausendsiebenhundert
Reiter und zwanzigtausend Mann Fuß-
truppen ab; auch lähmte David alle Wa-
genpferde; nur einhundert ließ er übrig.
5 Als aber die Aramäer von Damaskus
dem König Hadad-Eser von Zoba zu Hil-
fe kamen, schlug David von den Aramä-
ern zweiundzwanzigtausend Mann. 6 Da-
rauf setzte David Vögte im Aramäerreich
von Damaskus ein. Die Aramäer wurden
Untertanen Davids und zahlten Abgaben.
So half der Herr David überall, wohin er
zog. 7 David erbeutete auch die goldenen
Schilde, die die Diener Hadad-Esers tru-
gen, und brachte sie nach Jerusalem.
8 Aus Tebach und Berotai, den Städten
Hadad-Esers, brachte König David Erz in
großer Menge heim. 9 Als aber Toï, der
König von Hamat, hörte, dass David das
ganze Heer Hadad-Esers geschlagen hatte,
10 sandte er seinen Sohn Hadoram zum
König David, um ihn zu begrüßen und
zu beglückwünschen, weil er den Kampf
gegen Hadad-Eser aufgenommen und
ihn besiegt hatte. Hadad-Eser war näm-
lich ein Kriegsgegner Toïs gewesen. Er
brachte silberne, goldene und bronzene
Geräte mit. 11 Auch diese weihte König
David dem Herrn zusammen mit dem
Silber und Gold, das er von allen unter-
worfenen Völkern zu Weihegaben be-
stimmt hatte, 12 nämlich von Edom, Moab,
den Ammonitern, Philistern, Amaleki-
tern, und von der Beute Hadad-Esers,
des Sohnes Rehobs, des Königs von Zoba.
13 So machte sich David einen Namen. Als
er zurückkehrte, schlug er Edom im Salz-
tal, achtzehntausend Mann. 14 Dann setzte
er in Edom Vögte ein, sodass ganz Edom
David untertan wurde. So half der Herr
David überall, wohin er zog.

Die Verwaltung des Reiches

15 David herrschte als König über ganz Is-
rael und übte Recht und Gerechtigkeit an
seinem ganzen Volk. 16 Joab, der Sohn der
Zeruja, stand an der Spitze des Heeres; Je-
hoschafat, der Sohn des Ahilud, war Kanz-
ler. 17 Zadok, der Sohn Ahitubs, und Abja-
tar, der Sohn Ahimelechs, waren Priester;
Seraja war Staatsschreiber. 18 Benaja, der
Sohn Jojadas, befehligte die Kereter und
Peleter. Auch Davids Söhne waren Pries-
ter.

Davids Familie und die Streitigkeiten um die Nachfolge

Davids Großmut gegen Merib-Baal

9 David fragte: Gibt es noch jemand,
der vom Haus Saul übrig geblieben
ist? Dann will ich ihm wegen Jonatan
Huld erweisen. 2 Nun war im Haus Sauls
ein Diener namens Ziba gewesen. Man rief
ihn zu David. Der König sagte zu ihm: Bist
du Ziba? Er antwortete: Ja, dein Knecht.
3 Der König fuhr fort: Ist noch jemand da
vom Haus Sauls? Ich möchte ihm Gottes
Barmherzigkeit erweisen. Ziba antwortete
dem König: Es ist noch ein Sohn Jonatans
da; er ist an beiden Füßen lahm. 4 Da fragte
der König: Wo ist er? Ziba erwiderte: Er
befindet sich im Haus Machirs, des Sohnes
Ammiëls, in Lo-Dabar. 5 Darauf sandte der
König dorthin und ließ ihn aus dem Haus
Machirs, des Sohnes Ammiëls, in Lo-Da-
bar holen. 6 Als nun Merib-Baal, der Sohn
Jonatans, des Sohnes Sauls, zu David kam,
warf er sich aufs Angesicht nieder und
huldigte ihm. David sagte: Merib-Baal! Er
antwortete: Hier ist dein Knecht. 7 Da sagte
David zu ihm: Fürchte dich nicht! Denn
ich will dir Huld erweisen wegen deines
Vaters Jonatan und dir den ganzen Grund-
besitz deines Großvaters Saul zurück-
geben. Auch sollst du stets das Brot an
meinem Tisch essen. 8 Da warf sich jener
nieder und sagte: Was ist dein Knecht,
dass du dich so einem toten Hund, wie
ich einer bin, zuwendest? 9 Darauf rief Kö-
nig Ziba, den Diener Sauls, herbei und
sprach zu ihm: Alles, was Saul und seinem
ganzen Haus gehört hat, übergebe ich dem
Sohn deines Herrn. 10 Du sollst ihm mit
deinen Söhnen und deinen Knechten das
Land bebauen und die Ernte einbringen,
damit das Haus deines Herrn Nahrung
hat. Merib-Baal aber, der Sohn deines
Herrn, soll stets das Brot an meinem Tisch
essen. Ziba hatte fünfzehn Söhne und
zwanzig Knechte. 11 Da sagte Ziba zum Kö-
nig: Ganz wie mein Herr König seinem
Knecht befiehlt, so wird dein Knecht es
ausführen. Merib-Baal speiste am Tisch
Davids wie einer von den Söhnen des Kö-
nigs. 12 Merib-Baal hatte einen kleinen
Sohn mit Namen Micha. Alle, die im Haus
Zibas wohnten, standen im Dienst Merib-
Baals. 13 Merib-Baal selbst wohnte in Jeru-
salem; denn er speiste stets am Tisch des
Königs. Er war aber an beiden Füßen ge-
lähmt.

Beleidigung der Abgesandten Davids

10 Danach starb Nahasch, der König
der Ammoniter, und sein Sohn
Hanun bestieg an seiner Stelle den Thron.
2 Da dachte David: Ich will Hanun, dem
Sohn des Nahasch, Freundlichkeit erwei-
sen, wie sein Vater mir Freundlichkeit er-
wiesen hat. Deshalb sandte David dorthin
und ließ ihm durch seine Diener wegen
seines Vaters Beileid aussprechen. Die
Diener Davids kamen also in das Land
der Ammoniter. 3 Da sprachen die Fürsten
der Ammoniter zu Hanun, ihrem Herrn:
Meinst du, David will deinen Vater ehren,
indem er dir Tröster sendet? Ob David
nicht vielmehr seine Diener zu dir gesandt
hat, um die Stadt zu durchforschen, aus-
zukundschaften und zu zerstören? 4 Da
ließ Hanun die Diener Davids ergreifen,
ließ ihnen den Bart auf einer Seite scheren
und die Kleider halb, nämlich bis zum Ge-
säß, abschneiden und schickte sie dann
fort. 5 Als man es David meldete, sandte er
ihnen jemand entgegen, denn die Männer
waren schwer geschändet, und der König
ließ ihnen ausrichten: Bleibt in Jericho, bis
euch der Bart wieder gewachsen ist; dann
kehrt zurück!

Erster Feldzug gegen die Ammoniter

6 Als nun die Ammoniter merkten, dass sie
sich bei David verhasst gemacht hatten,
sandten sie hin und warben gegen Sold
die Aramäer von Bet-Rehob und die Ara-
mäer von Zoba, zwanzigtausend Mann
Fußtruppen, sowie den König von Maa-
cha, eintausend Mann, und den Fürst von
Tob, zwölftausend Mann. 7 Sobald David
das erfuhr, schickte er Joab mit dem gan-
zen Heer, und zwar den Kerntruppen, hin.
8 Da rückten die Ammoniter aus und stell-
ten sich vor dem Stadttor in Schlachtord-
nung auf, während die Aramäer von Zoba
und Rehob, von Tob und Maacha geson-
dert auf freiem Feld standen. 9 Als nun Jo-
ab sah, dass ihm von vorn wie von hinten
eine Kampffront gegenüberstand, traf er
eine Auswahl aus den Kerntruppen Israels
und stellte sich den Aramäern entgegen.
10 Den Rest der Truppen gab er in die Hand
seines Bruders Abischai, damit er sie den
Ammonitern entgegenstelle. 11 Er sagte:

Wenn die Aramäer stärker sind als ich, so wirst du mir zu Hilfe kommen; sind aber die Ammoniter stärker als du, so komme ich dir zu Hilfe. 12 Nur Mut! Wir wollen uns tapfer zeigen für unser Volk und für die Städte unseres Gottes. Der Herr aber möge tun, was ihm gefällt! 13 Als nun Joab mit den Kriegern, die er um sich hatte, zum Kampf gegen die Aramäer vorrückte, flohen sie vor ihm. 14 Sobald jedoch die Ammoniter sahen, dass die Aramäer flohen, da flohen auch sie vor Abischai und zogen sich in die Stadt zurück. Da ließ Joab von den Ammonitern ab und kehrte nach Jerusalem zurück.

Sieg über die Aramäer

15 Als die Aramäer sahen, dass sie von den Israeliten geschlagen waren, sammelten sie sich wieder. 16 Hadad-Eser aber sandte aus und bot die Aramäer von jenseits des Stromes auf. Sie kamen nach Helam, wobei Schobach, der Feldhauptmann Hadad-Esers, den Oberbefehl hatte. 17 Als man das David meldete, bot er ganz Israel auf, überschritt den Jordan und rückte gegen Helam vor. Die Aramäer stellten sich David entgegen und kämpften mit ihm. 18 Aber die Aramäer mussten den Israeliten weichen und David vernichtete von den Aramäern siebenhundert Wagen und vierzigtausend Mann. Auch ihren Feldhauptmann Schobach verwundete er, sodass er dort starb. 19 Da nun alle Könige, Hadad-Esers Vasallen, sahen, dass sie von den Israeliten geschlagen waren, schlossen sie mit den Israeliten Frieden und wurden ihnen untertan. Die Aramäer aber hüteten sich, den Ammonitern noch weiter Beistand zu leisten.

David und Batseba

11 Um die Jahreswende, zu der Zeit, als die Könige ins Feld zu ziehen pflegten, sandte David Joab und mit ihm seine Leibwache und ganz Israel aus. Sie verwüsteten das Ammonitergebiet und belagerten Rabba. David aber war in Jerusalem geblieben.

2 Eines Abends erhob sich David von seinem Lager und ging auf dem Dach seines Königspalastes spazieren. Dabei sah er vom Dach aus eine Frau, die badete. Die Frau aber war ausnehmend schön. 3 David sandte jemand hin, um sich nach der Frau zu erkundigen. Man berichtete ihm: Das ist Batseba, die Tochter Ammiëls, die Frau des Hetiters Urija. 4 Darauf schickte David Boten hin, um sie zu holen. Sie kam zu ihm und er schlief mit ihr – sie hatte sich gerade von ihrer Unreinheit gereinigt. Dann kehrte sie in ihr Haus zurück. 5 Als nun die Frau schwanger wurde, ließ sie David mitteilen: Ich bin schwanger.

6 Da schickte David einen Boten zu Joab: Sende mir den Hetiter Urija her! Joab sandte also Urija zu David. 7 Als Urija zu ihm kam, erkundigte sich David, wie es um Joab, um die Truppen und um den Krieg stehe. 8 Dann sagte David zu Urija: Geh nun in dein Haus hinunter und wasch deine Füße. Urija ging aus dem Königspalast fort. Eine königliche Ehrengabe wurde ihm nachgetragen. 9 Urija aber legte sich vor dem Tor des Königspalastes bei den Knechten seines Herrn zur Ruhe, ohne in sein Haus hinunterzugehen. 10 Als man David meldete: Urija ist nicht in sein Haus hinuntergegangen, sagte David zu Urija: Bist du denn nicht gerade vom Marsch gekommen? Warum gehst du nicht hinunter in dein Haus? 11 Urija erwiderte dem David: Die Lade, Israel und Juda wohnen unter Laubhütten und mein Herr Joab und die Knechte meines Herrn lagern auf freiem Feld, da sollte ich in mein Haus gehen, um zu essen und zu trinken und bei meiner Frau zu schlafen? So wahr der Herr lebt und so wahr du lebst, so etwas tue ich nicht! 12 David sagte zu Urija: Bleib heute noch hier, morgen will ich dich dann entlassen. Urija blieb also an jenem Tag in Jerusalem. Am folgenden Tag 13 lud ihn David ein, bei ihm zu essen und zu trinken, und versuchte, ihn betrunken zu machen. Aber am Abend ging Urija hinaus, um sich bei den Knechten seines Herrn zur Ruhe zu legen. In sein Haus ging er jedoch nicht hinunter.

14 Und es geschah am anderen Morgen, da schrieb David einen Brief an Joab und ließ ihn durch Urija bestellen. 15 In dem Brief aber schrieb er Folgendes: Stellt den Urija in den heftigsten Kampf vorn hin. Dann zieht euch hinter ihm zurück, damit er getroffen wird und den Tod findet! 16 So kam es, dass Joab bei der Belagerung der Stadt Urija an einer Stelle einsetzte, wo, wie ihm bekannt war, tapfere Männer standen. 17 Als dann die Männer der Stadt

einen Ausfall machten und mit Joab in Kampf gerieten, fielen einige vom Kriegsvolk, nämlich von den Leuten Davids. Auch der Hetiter Urija fand den Tod. 18 Nun sandte Joab zu David und ließ ihm den ganzen Hergang des Kampfes melden. 19 Er trug dem Boten Folgendes auf: Melde dem König den ganzen Hergang des Kampfes bis zum Ende. 20 Wenn dann der Zorn des Königs losbricht und er dich fragt: Warum seid ihr zum Angriff so nahe an die Stadt herangerückt? Habt ihr denn nicht gewusst, dass man von der Mauer herunterschießt? 21 Wer hat Abimelech, den Sohn Jerubbaals, erschlagen? Hat nicht eine Frau einen Mühlstein von der Mauer herunter auf ihn geworfen, sodass er in Tebez starb? Warum seid ihr so nahe an die Mauer herangerückt? Dann sollst du sagen: Auch der Hetiter Urija, dein Knecht, ist gefallen. 22 Da machte sich der Bote auf den Weg und berichtete nach seiner Ankunft David alles, was ihm Joab aufgetragen hatte. 23 Der Bote antwortete David: Die Leute waren uns überlegen. Als sie einen Ausfall auf das freie Feld gegen uns machten, mussten wir sie bis an das Stadttor zurückdrängen. 24 Da schossen die Schützen von der Mauer herunter auf deine Knechte. Dabei fielen einige von den Knechten des Königs; auch dein Knecht, der Hetiter Urija, ist umgekommen. 25 Da sagte David zu dem Boten: So sollst du Joab melden: Lass dir diese Sache nicht zu nahe gehen; denn das Schwert frisst bald so, bald so. Halt wacker durch in deinem Kampf gegen die Stadt und zerstöre sie! So sollst du ihm Mut zusprechen. 26 Als nun die Frau des Urija erfuhr, dass ihr Mann tot war, hielt sie die Totenklage für ihren Mann. 27 Nachdem aber die Trauerzeit vorüber war, nahm sie David zu sich in sein Haus. So wurde sie seine Frau und gebar ihm einen Sohn. Aber die Tat, die David verübt hatte, missfiel dem Herrn.

Natans Strafandrohung. Davids Reue

12 Da sandte der Herr den Propheten Natan zu David. Als der zu ihm kam, sprach er zu David: In einer Stadt lebten zwei Männer, ein reicher und ein armer. 2 Der reiche besaß Schafe und Rinder in großer Zahl. 3 Der arme aber hatte gar nichts als ein einziges Lamm. Das hatte er sich gekauft und aufgezogen. Es war bei ihm und wurde mit seinen Kindern groß. Es aß von seinem Brot und trank aus seinem Becher; es schlief in seinem Schoß und war ihm wie eine Tochter. 4 Da kam ein Wanderer zu dem reichen Mann. Aber der brachte es nicht über sich, eines von seinen eigenen Schafen oder Rindern zu nehmen, um es für den Gast, der zu ihm gekommen war, herzurichten. Darum nahm er das Lamm des armen Mannes und bereitete es dem Mann zu, der zu ihm gekommen war. 5 Da wurde David sehr zornig über den Mann und sagte zu Natan: So wahr der Herr lebt: Der Mann, der so etwas getan hat, verdient den Tod. 6 Das Lamm soll er vierfach ersetzen dafür, dass er eine solche Tat begangen und keine Schonung geübt hat. 7 Darauf sprach Natan zu David: Du selbst bist der Mann!

So spricht nun der Herr, der Gott Israels: Ich habe dich zum König über Israel gesalbt und ich war es, der dich aus der Hand Sauls gerettet hat. 8 Auch gab ich dir das Haus deines Herrn und die Frauen deines Herrn. Ich vertraute dir das Haus Israel an und das Haus Juda. Und wäre das zu wenig gewesen, so hätte ich dir noch dies und jenes hinzugefügt. 9 Warum hast du den Herrn missachtet, indem du tatest, was böse ist in den Augen des Herrn? Den Hetiter Urija hast du mit dem Schwert umbringen lassen, um dir seine Frau zur Frau zu nehmen. Ja, du hast ihn mit dem Schwert der Ammoniter umbringen lassen! 10 So soll nun das Schwert nie mehr aus deinem Haus weichen zur Strafe dafür, dass du mich verachtet und die Frau des Hetiters Urija genommen hast, damit sie deine Frau werde. 11 So spricht der Herr: Siehe, ich werde über dich Unheil aus deinem eigenen Haus kommen lassen. Ich werde dir deine Frauen vor deinen Augen wegnehmen und sie einem anderen geben, dass er am hellen Tag mit deinen Frauen verkehrt. 12 Du hast es zwar heimlich getan, aber ich werde diese Drohung vor ganz Israel und am hellen Tag verwirklichen.

13 Da sagte David zu Natan: Ich habe gegen den Herrn gesündigt. Natan antwortete David: So hat dir auch der Herr deine Sünde vergeben; du wirst nicht sterben. 14 Weil du aber durch diese Tat den Herrn

verachtet hast, so soll der Sohn, der dir ge-
boren wurde, sterben. 15 Hierauf ging Na-
tan nach Hause.

Tod des Kindes der Batseba.
Die Geburt Salomos

Der Herr aber schlug das Kind, das die
Frau des Urija David geboren hatte, so-
dass es todkrank wurde. 16 Da wandte sich
David wegen des Knaben an den Herrn
und fastete lange, und wenn er heimkehr-
te, schlief er über Nacht auf dem Boden.
17 Die Ältesten an seinem Hof traten an
ihn heran und suchten ihn zu bewegen,
von der Erde aufzustehen. Aber David
wollte nicht und aß auch nicht mit ihnen.
18 Am siebten Tag aber starb das Kind. Da
hatten die Hofbeamten Davids Bedenken,
ihm zu melden, dass das Kind tot war. Sie
dachten nämlich: Solange das Kind am
Leben war, hat er, wenn wir ihm zurede-
ten, nicht auf uns gehört. Wie können wir
ihm jetzt sagen: Der Knabe ist tot! Er
könnte sich ein Leid antun. 19 David sah
jedoch, dass seine Hofbeamten miteinan-
der flüsterten. Da merkte David, dass das
Kind tot war. Darum fragte David seine
Hofleute: Ist das Kind tot? Sie antworte-
ten: Es ist tot. 20 Da erhob sich David von
der Erde, wusch sich, salbte sich und legte
andere Kleider an. Dann ging er in das
Haus des Herrn und warf sich nieder.
Hierauf ging er in sein Haus und verlang-
te zu essen. Sie setzten ihm Speise vor
und er aß. 21 Da sagten seine Hofleute zu
ihm: Was bedeutet das? Als das Kind
noch am Leben war, hast du gefastet und
geweint. Nun, da das Kind gestorben ist,
stehst du auf und isst! 22 Er antwortete: Als
das Kind noch lebte, habe ich gefastet und
geweint, weil ich dachte: Wer weiß, ob
mir der Herr nicht gnädig ist und dass
das Kind am Leben bleibt? 23 Da es nun
aber gestorben ist, was soll ich jetzt noch
fasten? Kann ich es etwa wieder zurück-
holen? Ich werde einmal zu ihm gehen,
aber es kehrt nicht zu mir zurück.
24 Dann tröstete David seine Frau Batseba.
Er ging zu ihr und schlief mit ihr. Sie
empfing und gebar einen Sohn; und sie
gab ihm den Namen Salomo. Der Herr
hatte ihn lieb 25 und ließ es durch den Pro-
pheten Natan verkünden. Der aber nann-
te ihn Jedidja (Geliebter des Herrn) we-
gen des Herrn.

Eroberung von Rabba

26 Joab aber kämpfte gegen Rabba, die
Hauptstadt der Ammoniter, und eroberte
die Königsstadt. 27 Darauf sandte Joab Bo-
ten an David und ließ ihm melden: Ich ha-
be gegen Rabba gekämpft und die Königs-
stadt erobert. 28 Nun sammle den Rest des
Volkes, belagere die Stadt und nimm du
sie ein, damit nicht ich die Stadt erobere
und dann mein Name über ihr ausgerufen
werde. 29 Da bot David das gesamte Kriegs-
volk auf, rückte gegen Rabba aus, griff es
an und eroberte es. 30 Er nahm ihrem Kö-
nig die Krone vom Haupt. Sie wog ein Ta-
lent Gold und auf ihr war ein kostbarer
Stein eingefasst, der nun auf Davids Haupt
kam. Auch eine überaus reiche Beute
nahm er aus der Stadt mit. 31 Die Bevölke-
rung jedoch, die darin war, führte er fort,
um sie an die Sägen, die eisernen Spitzha-
cken und die eisernen Äxte zu stellen und
an den Ziegelöfen arbeiten zu lassen.
Ebenso verfuhr er mit allen Städten der
Ammoniter. Dann kehrte David mit dem
ganzen Kriegsvolk nach Jerusalem zurück.

Amnon und Tamar

13 Danach ereignete sich Folgendes:
Abschalom, der Sohn Davids, hat-
te eine schöne Schwester namens Tamar.
Amnon, der Sohn Davids, verliebte sich
in sie. 2 Amnon quälte sich wegen seiner
Schwester Tamar so ab, dass er sich krank
fühlte; sie war nämlich Jungfrau, und so
schien es Amnon unmöglich, ihr etwas an-
zutun. 3 Amnon hatte aber einen Freund
namens Jonadab, den Sohn des Schima,
des Bruders Davids; dieser Jonadab war
ein sehr schlauer Mann. 4 Er sagte zu Am-
non: Warum bist du jeden Morgen so
elend, du Königssohn? Willst du es mir
nicht sagen? Amnon antwortete ihm: Ich
liebe Tamar, die Schwester meines Bruders
Abschalom. 5 Jonadab erwiderte ihm: Leg
dich ins Bett und stell dich krank. Wenn
dann dein Vater dich besuchen kommt, so
sag zu ihm: Käme doch meine Schwester
Tamar, um mir etwas zu essen zu geben!
Wenn sie vor meinen Augen das Essen zu-
bereiten würde, sodass ich zusehen könn-
te, dann würde ich das Essen aus ihrer
Hand annehmen. 6 Amnon legte sich also
ins Bett und stellte sich krank. Als nun der
König kam, um nach ihm zu sehen, sagte
Amnon zum König: Lass doch meine

Schwester Tamar kommen, damit sie vor
meinen Augen einige Kuchen zubereitet;
aus ihrer Hand könnte ich etwas essen.
7 Da sandte David ins Haus zu Tamar und
ließ ihr sagen: Geh doch in das Haus dei-
nes Bruders Amnon und richte ihm das
Essen her! 8 Tamar begab sich in das Haus
ihres Bruders Amnon, während er im Bett
lag. Sie nahm den Teig, knetete vor seinen
Augen Kuchen und buk sie dann. 9 Dann
nahm sie die Pfanne und schüttete sie vor
ihm aus. Er aber weigerte sich zu essen
und sagte stattdessen: Schickt alle hinaus!
Da entfernten sich alle von ihm. 10 Darauf
sagte Amnon zu Tamar: Bring mir das Es-
sen in die Kammer, damit ich aus deiner
Hand esse. Tamar nahm die Kuchen, die
sie zubereitet hatte, und brachte sie ihrem
Bruder Amnon in die Kammer. 11 Als sie
ihm aber das Essen reichte, fasste er sie an
und sagte zu ihr: Komm, Schwester, leg
dich zu mir! 12 Sie gab ihm zur Antwort:
Lass doch, mein Bruder, entehre mich
nicht! So etwas tut man nicht in Israel. Be-
geh doch keine solche Schandtat! 13 Wohin
soll ich mit meiner Schande gehen? Und
du selbst stehst dann als einer der Ver-
kommensten in Israel da. Aber rede doch
einmal mit dem König: denn er wird mich
dir nicht versagen. 14 Er aber hörte nicht
auf sie, sondern packte und vergewaltigte
sie. 15 Danach aber empfand Amnon eine
tiefe Abneigung gegen sie. Die Abneigung,
die er ihr gegenüber empfand, war noch
heftiger als die Liebe, die er zu ihr gehabt
hatte. Darum sprach Amnon zu ihr: Mach,
dass du fortkommst! 16 Da sagte sie zu ihm:
Nein, mein Bruder! Denn wenn du mich
jetzt fortjagst, so ist das ein noch größeres
Unrecht als das, was du mir angetan hast!
Er aber wollte nicht auf sie hören. 17 Er rief
seinen Diener, der ihm aufzuwarten hatte,
und befahl ihm: Schaff mir die da hinaus
auf die Straße und riegle die Tür hinter ihr
zu! 18 Sie aber trug ein Ärmelkleid, wie es
die Töchter des Königs trugen, solange sie
Jungfrauen waren. Da schaffte sein Diener
sie hinaus auf die Straße und riegelte hin-
ter ihr die Tür zu. 19 Tamar aber streute
Staub auf ihr Haupt, zerriss das Ärmel-
kleid, das sie trug, legte ihre Hand auf den
Kopf und schrie, während sie davonging.
20 Abschalom, ihr Bruder, sagte zu ihr:
War dein Bruder Amnon bei dir? Schweig
still, liebe Schwester, er ist ja dein Bruder!
Nimm dir diese Sache nicht zu Herzen! So
wohnte Tamar einsam im Haus ihres Bru-
ders Abschalom.

21 Als König David all diese Dinge er-
fuhr, wurde er sehr zornig. Er tat aber sei-
nem Sohn Amnon nichts zuleide; denn er
liebte ihn, weil er sein Erstgeborener war.
22 Abschalom sprach mit Amnon kein
Wort, weder im Bösen noch im Guten.
Abschalom nämlich hasste Amnon, weil
er seine Schwester Tamar entehrt hatte.

Abschaloms Rache an Amnon und Flucht

23 Nach zwei Jahren ließ Abschalom in
Baal-Hazor, das bei Efraim liegt, die Schafe
scheren. Da lud Abschalom alle Söhne des
Königs ein. 24 Abschalom begab sich also
zum König und sagte: Dein Knecht hat
die Schafe scheren lassen. Der König möge
seinen Knecht doch mit seinen Leuten
dorthin begleiten! 25 Der König aber sagte
zu Abschalom: Nein, mein Sohn! Wir kön-
nen nicht alle hinkommen. Sonst fallen
wir dir zur Last. Obwohl er ihn bedrängte,
wollte der König dennoch nicht kommen,
sondern verabschiedete ihn mit dem Se-
gen. 26 Da sagte Abschalom: Wenn also
nicht, dann möge doch wenigstens mein
Bruder Amnon mit uns gehen. Der König
fragte ihn: Warum soll er mit dir gehen?
27 Als Abschalom ihn aber bedrängte, ließ
er Amnon und alle Söhne des Königs mit
ihm gehen. Dann bereitete Abschalom ein
Gelage wie ein Königsgelage. 28 Nun gab
Abschalom seinen Dienern den Befehl:
Gebt Acht! Wenn Amnon vom Wein in
fröhlicher Stimmung ist, werde ich euch
sagen: Schlagt Amnon nieder! Dann sollt
ihr ihn töten. Habt keine Furcht! Ich habe
es euch ja selbst befohlen. Seid mutig und
tapfer. 29 Die Diener Abschaloms verfuh-
ren mit Amnon so, wie Abschalom befoh-
len hatte. Da sprangen alle Söhne des Kö-
nigs auf und jeder bestieg sein Maultier,
um zu fliehen. 30 Noch waren sie unter-
wegs, da erreichte David schon das Ge-
rücht: Abschalom hat alle Söhne des Kö-
nigs erschlagen; kein Einziger von ihnen
ist übrig geblieben. 31 Da stand der König
auf, zerriss seine Kleider und warf sich
auf die Erde; auch alle seine Hofleute stan-
den da mit zerrissenen Kleidern. 32 Jona-
dab indes, der Sohn des Schima, des Bru-
ders Davids, ergriff das Wort und sagte:
Mein Herr denke doch nicht, man habe

alle Söhne des Königs getötet. Nein, Am-
non allein ist tot. Denn Abschalom war
verbittert seit dem Tag, an dem Amnon
seine Schwester Tamar entehrt hatte.
33 Darum möge sich mein Herr, der König,
die Sache nicht zu Herzen nehmen und
denken, alle Königssöhne seien tot. Nein,
Amnon allein ist tot.
34 Abschalom aber war geflohen. Als nun
der Diener, der die Wache hatte, Ausschau
hielt, sah er auf dem Weg hinter ihm eine
große Schar Leute den Abhang herunter-
kommen. 35 Da sagte Jonadab zum König:
Siehst du, da kommen die Prinzen. Wie
dein Knecht es behauptet hat, so ist es ge-
schehen. 36 Als er kaum ausgeredet hatte,
kamen die Söhne des Königs und fingen
laut zu weinen an. Auch der König und
alle seine Hofleute wehklagten laut. 37 Ab-
schalom aber war entkommen und hatte
sich zu Talmai, dem Sohn des Königs Am-
mihud von Geschur, begeben. Der König
aber trauerte lange Zeit um seinen Sohn.

Joab erreicht Abschaloms Rückkehr

38 Nachdem Abschalom geflohen war und
sich nach Geschur begeben hatte, blieb er
dort drei Jahre. 39 Das Gemüt des Königs
aber hörte auf, sich über Abschalom zu er-
regen; denn er hatte sich mit Amnons Tod
abgefunden.

14 Joab, der Sohn der Zeruja, merkte,
dass sich das Herz des Königs
(wieder) zu Abschalom hinneigte. 2 Da-
rum sandte Joab nach Tekoa, ließ von dort
eine kluge Frau holen und sagte zu ihr:
Stell dich, als seiest du in Trauer. Zieh
Trauerkleider an, salbe dich mit Öl und
verhalte dich wie eine Frau, die schon seit
geraumer Zeit um einen Verstorbenen
trauert. 3 Dann geh zum König hinein und
rede mit ihm so und so. Dabei legte ihr
Joab die Worte in den Mund. 4 Die Frau
aus Tekoa ging also zum König, warf sich
mit dem Gesicht zu Boden, huldigte ihm
und sagte: Hilf doch, o König! 5 Der König
fragte sie: Was hast du? Sie erwiderte: Ach,
ich bin eine Frau in Trauer und mein
Mann ist mir gestorben. 6 Nun hatte deine
Magd zwei Söhne. Die bekamen auf dem
Feld Streit miteinander. Weil niemand da
war, der sie auseinander brachte, schlug
der eine auf den anderen ein und tötete
ihn. 7 Doch da stand die ganze Sippe gegen
deine Magd auf und erklärte: Gib den he-
raus, der seinen Bruder erschlagen hat, da-
mit wir ihn totschlagen für das Leben sei-
nes Bruders, den er umgebracht hat, und
damit wir so auch den Erben ausrotten. So
wollen sie die Kohle, die mir übrig geblie-
ben ist, auslöschen, sodass meinem Mann
weder Name noch Nachkommen auf dem
Erdboden bleiben. 8 Da sagte der König zu
der Frau: Geh nach Hause! Ich werde dei-
ne Angelegenheit in Ordnung bringen.
9 Doch die Frau aus Tekoa erwiderte dem
König: Auf mir, mein Herr und König,
und auf der Familie meines Vaters bleibt
doch die Schuld, der König dagegen und
sein Thron sind unverletzlich. 10 Da sagte
der König: Wenn einer so etwas zu dir
sagt, so bring ihn zu mir; er soll dich nicht
noch einmal belästigen. 11 Sie antwortete:
Möchte doch der König des Herrn, deines
Gottes, gedenken, dass der Bluträcher
nicht Unheil anrichtet und man nicht mei-
nen Sohn aus der Welt schafft. Er erwider-
te: So wahr der Herr lebt, es soll kein Haar
deines Sohnes auf die Erde fallen. 12 Die
Frau fuhr fort: Darf deine Magd meinem
Herrn, dem König, noch ein Wort sagen?
Er antwortete: Sprich! 13 Da sagte die Frau:
Warum beabsichtigst du das Gleiche ge-
gen das Volk Gottes? Denn indem der Kö-
nig dieses Urteil gefällt hat, hat er sich
selbst für schuldig erklärt, indem der Kö-
nig den von ihm Verstoßenen nicht zu-
rückkehren lässt. 14 Wir werden ja sicher
sterben und sind dem Wasser gleich, das
auf die Erde gegossen wird und das man
nicht wieder sammeln kann, und einen
Toten richtet Gott nicht wieder auf. Möge
also der König darauf bedacht sein, einen
Verbannten nicht von sich verbannt sein
zu lassen. 15 Dass ich nun gekommen bin,
um zu dem König, meinem Herrn, dieses
Wort zu reden, geschah deshalb, weil die
Leute mir Angst machten. Da dachte deine
Magd: Ich will doch einmal mit dem Kö-
nig reden; vielleicht tut der König, was sei-
ne Magd ihm vorträgt. 16 Denn der König
wird mir Gehör schenken, um seine Magd
aus der Hand des Mannes zu erretten, der
danach trachtet, mich samt meinem Sohn
aus dem Erbe Gottes auszutilgen. 17 Darum
dachte deine Magd: Das Wort meines
Herrn, des Königs, soll mir eine Beruhi-
gung sein. Ist doch mein Herr, der König,
wie ein Engel Gottes, der Gutes wie Böses
anhört. Der Herr, dein Gott, sei mit dir.

18 Da erwiderte der König der Frau: Ver-
heimliche mir nichts, wonach ich dich jetzt
fragen werde. Die Frau erwiderte: Mein
Herr, der König, frage nur. 19 Nun sagte
der König: Ist nicht Joabs Hand bei dir
mit im Spiel in dieser ganzen Sache? Die
Frau entgegnete: So wahr du lebst, mein
Herr und König! Es ist unmöglich bei al-
lem, was mein Herr, der König, gesagt hat,
links oder rechts auszuweichen! Ja, dein
Knecht Joab hat mir den Auftrag gegeben;
er hat auch deiner Magd alle diese Worte
in den Mund gelegt. 20 Um der Sache ein
anderes Gesicht zu geben, hat dein Knecht
Joab das getan. Aber mein Herr ist weise,
so weise wie ein Engel Gottes, sodass er
von allem Kenntnis hat, was es auf der Er-
de gibt. 21 Dann sagte der König zu Joab:
Gut, ich will diese Bitte erfüllen. Geh hin
und hole den jungen Abschalom zurück.
22 Da warf sich Joab auf sein Angesicht auf
die Erde, huldigte dem König und beglück-
wünschte ihn. Dabei sprach Joab: Heute
sieht dein Knecht ein, dass ich Gnade in
deinen Augen gefunden habe, mein Herr
und König; denn der König erfüllt die Bitte
seines Knechtes. 23 Dann erhob sich Joab,
ging nach Geschur und holte Abschalom
nach Jerusalem zurück. 24 Der König aber
erklärte: Er soll sich in seine Wohnung be-
geben, mir aber soll er nicht unter die Au-
gen kommen. So zog sich Abschalom in
seine Wohnung zurück, ohne das Ange-
sicht des Königs zu sehen.

Einzelheiten über Abschalom

25 Einen Mann wie Abschalom, der so we-
gen seiner Schönheit gepriesen worden
wäre, gab es in ganz Israel nicht. Von der
Fußsohle bis zum Scheitel war kein Fehler
an ihm. 26 Wenn er sich von Zeit zu Zeit
das Haar schneiden ließ, weil es ihm so
schwer wurde, dass er es schneiden lassen
musste, so wog das Haar zweihundert
Schekel nach königlichem Gewicht. 27 Es
wurden Abschalom drei Söhne geboren
und eine Tochter namens Tamar. Sie war
ein Mädchen von schöner Gestalt.

Abschalom wird begnadigt

28 Zwei Jahre wohnte Abschalom in Jerusa-
lem, ohne das Angesicht des Königs zu se-
hen. 29 Dann schickte Abschalom zu Joab,
um ihn zum König zu senden. Der aber
weigerte sich, zu ihm zu kommen. Er
schickte ein zweites Mal hin, aber er wollte
nicht kommen. 30 Darum sagte er zu seinen
Knechten: Ihr kennt das Feld des Joab ne-
ben meinem. Er hat Gerste darauf. Geht
hin und steckt es in Brand! Da steckten
die Knechte Abschaloms das Feld in
Brand. 31 Jetzt machte sich Joab auf, ging
zu Abschalom ins Haus und sagte: Wes-
halb haben deine Knechte mein Feld ange-
zündet? 32 Abschalom antwortete dem Jo-
ab: Siehe, ich habe zu dir geschickt und
dich bitten lassen: Komm herüber, ich will
dich zum König senden mit der Frage:
Wozu bin ich eigentlich aus Geschur
heimgekehrt? Es wäre besser für mich, ich
wäre noch dort. Doch jetzt will ich dem
König vor die Augen treten. Wenn eine
Schuld auf mir liegt, mag er mich töten.
33 Joab ging also zum König und erstattete
ihm Bericht. Da ließ er Abschalom rufen.
Dieser begab sich zum König, huldigte
ihm und warf sich vor ihm mit seinem An-
gesicht auf die Erde nieder. Der König
aber küsste Abschalom.

Abschaloms Umtriebe

15 Nach einiger Zeit schaffte Abscha-
lom Wagen und Pferde an und eine
Leibwache von fünfzig Mann. 2 Frühmor-
gens stellte sich Abschalom auf den Weg
zum Stadttor. Hatte jemand einen Streit
und wollte deshalb zum König vor Gericht
gehen, rief ihn Abschalom zu sich heran
und fragte: Aus welcher Stadt bist du? Ant-
wortete dann jener: Aus dem und dem
Stamm Israels ist dein Knecht, 3 so sagte
Abschalom zu ihm: Siehst du, deine Sache
ist zwar gut und recht, aber beim König ist
niemand, der dir Gehör schenkt. 4 Abscha-
lom fuhr dann fort: Würde man doch mich
zum Richter im Land bestellen, dann
könnte jeder, der eine Streitsache oder
einen Rechtshandel hat, zu mir kommen!
Ich würde ihm Recht verschaffen. 5 Trat je-
mand auf ihn zu, um sich huldigend vor
ihm niederzuwerfen, dann streckte er seine
Hand aus, zog ihn an sich und küsste ihn.
6 So machte es Abschalom mit allen Israeli-
ten, die zum König vor Gericht gingen.
Dadurch gewann Abschalom durch List
die Herzen der Männer Israels für sich.

Abschaloms Aufstand

7 Nach vier Jahren sagte Abschalom zum
König: Ich möchte gerne nach Hebron ge-

hen, um mein Gelübde, das ich dem Herrn gelobt habe, zu erfüllen. 8 Dein Knecht hat nämlich folgendes Gelübde gemacht, als ich in Geschur in Aram weilte: Wenn der Herr mich wirklich nach Jerusalem zurückkehren lässt, will ich dem Herrn zu Ehren in Hebron einen Gottesdienst veranstalten. 9 Der König sagte zu ihm: Geh in Frieden! Er machte sich also auf und ging nach Hebron. 10 Abschalom aber sandte heimlich Boten zu allen Stämmen Israels und ließ ihnen sagen: Wenn ihr den Klang der Posaune hört, dann sollt ihr ausrufen: Abschalom ist König geworden in Hebron. 11 Mit Abschalom zogen auch zweihundert Männer aus Jerusalem, die eingeladen waren und arglos mitgingen und von der ganzen Sache nichts wussten. 12 Abschalom ließ den Giloniter Ahitofel, den Ratgeber Davids, aus seiner Stadt Gilo herbeiholen, als das Festopfer schon im Gang war. So wurde die Verschwörung stark und immer zahlreicher wurden die Leute um Abschalom.

Davids Flucht

13 Nun kam ein Bote zu David und meldete: Das Herz der Männer Israels hat sich Abschalom zugewandt. 14 Da sagte David zu allen seinen Dienern, die bei ihm in Jerusalem waren: Auf, lasst uns fliehen! Denn sonst bleibt uns keine Rettung vor Abschalom. Geht schleunigst fort, denn sonst erreicht er uns noch, bringt Unheil über uns und schlägt die Stadt mit der Schärfe des Schwertes. 15 Die Diener des Königs antworteten dem König: Ganz wie der Herr und König es für gut findet, wir sind ja deine Diener. 16 Dann zog der König hinaus und alle seine Hofleute folgten ihm auf dem Fuß. Der König ließ jedoch zehn Nebenfrauen zurück, um den Palast zu hüten. 17 So zog also der König hinaus und alle Leute hinter ihm her. Beim letzten Haus machten sie halt. 18 Alle seine Hauptleute standen an seiner Seite; alle Kereter und alle Peleter, ebenso alle Gatiter, sechshundert Mann, die mit ihm aus Gat herübergekommen waren, zogen am König vorüber. 19 Da sagte der König zu Ittai aus Gat: Weshalb willst auch du mit uns ziehen? Kehr um und halte zum (neuen) König! Du bist ja ein Ausländer und überdies aus deiner Heimat verbannt. 20 Gestern bist du gekommen und heute sollte ich dich mit uns umherirren lassen? Ich gehe, wohin ich eben gehe. Kehr um und nimm deine Landsleute mit dir zurück. Der Herr aber möge dir Gnade und Treue erweisen! 21 Da antwortete Ittai dem König: So wahr der Herr lebt und so wahr mein Herr, der König, lebt: Dort, wo mein Herr, der König, sein wird, sei es zum Tod oder zum Leben, dort wird auch dein Diener sein! 22 Da sagte David zu Ittai: Wohlan denn, zieh vorüber! Nun zog Ittai mit allen seinen Männern und dem ganzen Tross, der bei ihm war, vorüber. 23 Alle weinten laut, als die Männer an David vorüberzogen. Der König aber durchschritt das Bachtal des Kidron und alles Kriegsvolk zog weiter auf dem Weg zur Steppe.

Das Schicksal der Bundeslade

24 Auch Zadok und Abjatar sowie alle Leviten, die die Gotteslade trugen, waren dabei. Sie stellten die Gotteslade nahe bei Abjatar hin, bis alles Kriegsvolk aus der Stadt den Vorbeimarsch beendet hatte. 25 Darauf sagte der König zu Zadok: Bring die Gotteslade in die Stadt zurück! Wenn ich Gnade finde in den Augen des Herrn, so wird er mich zurückführen und ihn und seine Wohnung wiedersehen lassen. 26 Spricht er aber so: Ich habe kein Wohlgefallen an dir!, gut, hier bin ich, er mache mit mir, was gut scheint in seinen Augen. 27 Dann sagte der König weiter zu dem Priester Zadok: Seht, du und Abjatar, kehrt ruhig in die Stadt zurück, ebenso dein Sohn Ahimaaz und Jonatan, der Sohn Abjatars, euere beiden Söhne. 28 Seht, ich warte an den Furten in der Steppe, bis ich von euch eine Nachricht erhalte. 29 Darauf brachten Zadok und Abjatar die Gotteslade nach Jerusalem zurück und blieben dort.

David und Huschai

30 David stieg unter ständigem Weinen und mit verhülltem Haupt den Ölberg hinauf. Er ging barfuß. Auch das Volk, das bei ihm war, hatte sein Haupt verhüllt und stieg unter fortwährendem Weinen hinauf. 31 Als man aber David meldete: Auch Ahitofel ist unter den Verschworenen bei Abschalom, rief David aus: Herr, wandle doch die Ratschläge Ahitofels zur Torheit!

32 Als David auf dem Gipfel, wo man Gott anzubeten pflegt, angelangt war,

kam ihm der Arkiter Huschai, der Freund Davids, mit zerrissenem Gewand und Erde auf dem Haupt entgegen. 33 David sagte zu ihm: Wenn du mit mir ziehst, so fällst du mir nur zur Last. 34 Kehrst du aber in die Stadt zurück und sagst zu Abschalom: Dein Diener bin ich, mein Herr und König! Seit langem bin ich Diener deines Vaters, jetzt aber will ich dein Diener sein, so kannst du mir den Rat des Ahitofel vereiteln. 35 Dort sind auch die Priester Zadok und Abjatar auf deiner Seite und du kannst alles, was du aus dem Palast des Königs erfährst, den Priestern Zadok und Abjatar melden. 36 Sie haben auch ihre beiden Söhne bei sich, Zadok den Ahimaaz und Abjatar den Jonatan. Durch diese sollt ihr mir alles melden lassen, was ihr erfahrt. 37 So kam also Huschai, der Freund Davids, in die Stadt zurück, als Abschalom eben seinen Einzug in Jerusalem hielt.

David und Ziba

16 Kaum hatte David den Gipfel überschritten, da kam ihm Ziba, der Diener des Merib-Baal, mit zwei gesattelten Eseln entgegen. Sie trugen zweihundert Brote, einhundert Rosinenkuchen, einhundert Feigenkuchen und einen Schlauch Wein. 2 Der König fragte Ziba: Was willst du damit? Ziba erwiderte: Die Esel sind für die Familie des Königs zum Reiten, das Brot aber und die Früchte zum Essen für die Diener und der Wein zum Trinken für die, die in der Wüste müde werden. 3 Der König fragte weiter: Aber wo ist der Sohn deines Herrn? Ziba erwiderte dem König: Der ist in Jerusalem geblieben. Er hat nämlich gesagt: Heute wird mir das Haus Israel das Königreich meines Vaters zurückgeben. 4 Darauf sagte der König zu Ziba: Alles, was Merib-Baal besitzt, soll dir gehören! Ziba antwortete: Ich werfe mich nieder. Mögest du mir auch in Zukunft gnädig gesinnt sein, mein Herr und König!

David und Schimi

5 Als König David bis in die Nähe von Bahurim gekommen war, kam aus der Stadt ein Mann aus der Sippe des Hauses Saul. Er hieß Schimi und war der Sohn Geras. Er fluchte in einem fort, während er herauskam. 6 Dabei warf er mit Steinen nach David und allen Dienern des Königs David, obwohl alle Kriegsleute und die gesamte Leibwache links und rechts von ihm gingen. 7 Schimi fluchte: Hinaus, hinaus, du Mörder, du Lump! 8 Nun hat der Herr über dich alles Blut des Hauses Saul gebracht, an dessen Stelle du König geworden bist; und der Herr hat das Königtum deinem Sohn Abschalom übertragen. Siehst du, jetzt bist du ins Unglück geraten, weil du ein Mörder bist. 9 Da fragte Abischai, der Sohn der Zeruja, den König: Was hat dieser tote Hund meinem Herrn, dem König, zu fluchen? Lass mich doch hinübergehen und ihm den Kopf abschlagen! 10 Der König jedoch antwortete: Was wollt ihr da von mir, ihr Zerujasöhne? Lasst ihn doch fluchen! Wenn der Herr ihn geheißen hat: Fluche David, wer darf dann fragen: Warum tust du so etwas? 11 Darauf sagte David zu Abischai und zu allen seinen Dienern: Seht, wenn mein leiblicher Sohn mir nach dem Leben trachtet, um wie viel mehr muss dies jetzt dieser Benjaminit da tun! Lasst ihn fluchen; denn der Herr hat es ihm geboten. 12 Vielleicht wird der Herr mein Elend ansehen und mir Glück schenken statt des Fluches, der mich heute trifft. 13 Dann zog David mit seinen Leuten weiter. Schimi aber ging am Bergabhang neben ihm her, wobei er ständig fluchte, mit Steinen warf und Staub gegen ihn aufwirbelte. 14 Müde kam der König mit dem ganzen Volk, das ihn begleitete, am Jordan an. Dort schöpfte er Atem.

Huschai bei Abschalom

15 Abschalom aber kam inzwischen mit allen Männern Israels nach Jerusalem; auch Ahitofel war bei ihm. 16 Als Davids Freund, der Arkiter Huschai, zu Abschalom kam, rief Huschai Abschalom zu: Es lebe der König! Es lebe der König! 17 Da sagte Abschalom zu Huschai: Ist das deine Liebe zu deinem Freund? Warum bist du nicht mit deinem Freund gegangen? 18 Huschai antwortete Abschalom: Nein, wen der Herr und dieses Volk hier und alle Israeliten erwählt haben, zu dem gehöre ich, und bei dem bleibe ich. 19 Und außerdem: Wem sollte ich dienen, wenn nicht seinem Sohn? Wie ich im Dienst deines Vaters stand, so stelle ich mich auch dir zu Verfügung.

Abschalom und Davids Nebenfrauen

20 Darauf wandte sich Abschalom an Ahi-
tofel: Gebt eueren Rat, was wir tun sollen!
21 Ahitofel sagte zu Abschalom: Geh hinein
zu den Nebenfrauen deines Vaters, die er
zurückgelassen hat, um den Palast zu hü-
ten! Wenn dann ganz Israel hört, dass du
dich bei deinem Vater verhasst gemacht
hast, so werden alle, die sich dir ange-
schlossen haben, Mut bekommen. 22 Da
schlug man für Abschalom ein Zelt auf
dem Dach auf; und Abschalom ging vor
den Augen ganz Israels zu den Nebenfrau-
en seines Vaters. 23 Ein Rat nämlich, den
Ahitofel in jenen Tagen gab, galt ebenso
viel, wie wenn jemand Gottes Wort befragt
hätte. So hoch galt jeder Rat Ahitofels bei
David wie bei Abschalom.

Huschai hintertreibt Ahitofels Pläne

17 Darauf sagte Ahitofel zu Abscha-
lom: Ich möchte mir zwölftausend
Mann auswählen und mich aufmachen,
um David noch in der Nacht zu verfolgen.
2 So werde ich ihn überfallen, wenn er mü-
de und ermattet ist, und werde ihm Schre-
cken einjagen. Dann wird das ganze
Kriegsvolk, das bei ihm ist, fliehen und
ich werde den König allein erschlagen.
3 Danach will ich das gesamte Kriegsvolk
zu dir zurückbringen, wie wenn eine Neu-
vermählte zu ihrem Mann zurückkehrt.
Du trachtest ja nur nach dem Leben eines
einzigen Mannes. Das ganze Volk wird
dann Frieden haben. 4 Der Rat gefiel Ab-
schalom und allen Ältesten Israels.

5 Aber Abschalom befahl dennoch: Ruft
doch den Arkiter Huschai herbei, damit
wir auch hören, was er zu sagen hat. 6 Als
Huschai zu Abschalom kam, sagte Ab-
schalom zu ihm: Den und den Rat hat
Ahitofel gegeben. Sollen wir seinen Rat
ausführen? Wenn nicht, so rede du! 7 Nun
sagte Huschai zu Abschalom: Der Rat, den
Ahitofel diesmal gegeben hat, ist nicht gut.
8 Dann fuhr Huschai fort: Du weißt selbst,
dass dein Vater und seine Leute Helden
sind, voll von wildem Mut, einer Bärin
auf dem Feld gleich, der man die Jungen
geraubt hat. Außerdem ist dein Vater ein
Krieger, der mit den Leuten keine Nacht-
ruhe halten wird. 9 Gewiss hält er sich jetzt
in einer Schlucht oder sonst wo versteckt.
Fallen nun gleich im Anfang einige vom
Volk und wird das bekannt, so wird man
sagen: Die Leute, die zu Abschalom halten,
haben eine Niederlage erlitten. 10 Dann
wird es so kommen, dass auch der Kühns-
te, der ein Herz hat wie ein Löwe, gänzlich
den Mut verliert; ganz Israel weiß doch,
dass dein Vater ein Held ist und tapfere
Männer um sich hat. 11 Folgendes ist viel-
mehr mein Rat: Ganz Israel von Dan bis
Beerscheba soll sich um dich scharen, so
zahlreich wie der Sand am Meer; und du
sollst persönlich in ihrer Mitte ins Feld
ziehen. 12 Stoßen wir dann irgendwo auf
ihn, wo er sich gerade befindet, dann wer-
den wir über ihn herfallen, wie der Tau
aufs Erdreich fällt, und es soll von ihm
und von allen Männern, die er bei sich hat,
auch nicht ein einziger übrig bleiben.
13 Zieht er sich jedoch in eine Stadt zurück,
so wird ganz Israel Seile an diese Stadt le-
gen und wir schleifen sie ins Tal hinunter,
bis dort auch nicht mehr ein Stein zu fin-
den ist. 14 Da riefen Abschalom und alle
Männer Israels: Der Rat des Arkiters Hu-
schai ist besser als der Rat Ahitofels. Der
Herr hatte es nämlich so gefügt, dass der
vortreffliche Rat Ahitofels vereitelt wurde,
da der Herr über Abschalom Unheil brin-
gen wollte.

15 Darauf berichtete Huschai den Pries-
tern Zadok und Abjatar: So und so hat Ahi-
tofel Abschalom und den Ältesten Israels
geraten; ich aber habe so und so geraten.
16 Darum sendet rasch zu David und meldet
ihm: Verbleib in dieser Nacht nicht bei den
Furten der Steppe, sondern geh über den
Jordan hinüber, sonst wird der König und
alle, die bei ihm sind, vernichtet.

David flieht über den Jordan

17 Jonatan aber und Ahimaaz hielten sich
bei der Rogel-Quelle auf; eine Magd ging
zu ihnen hin und brachte die Nachricht;
sie aber sollten sich jedes Mal zum König
David begeben und es ihm melden; denn
sie durften sich nicht sehen lassen und
nicht in die Stadt kommen. 18 Aber ein jun-
ger Mann sah sie und meldete es Abscha-
lom. Da machten sich die beiden sofort
davon und kamen in das Haus eines Man-
nes in Bahurim. Der hatte in seinem Hof
eine Zisterne; in die stiegen sie hinein.
19 Die Frau aber nahm eine Decke, legte
sie auf die Zisternenöffnung und schüttete
Körner darauf, sodass man gar nichts mer-
ken konnte. 20 Als nun die Leute Abscha-

loms zu der Frau ins Haus kamen und
fragten: Wo sind Ahimaaz und Jonatan?,
da antwortete ihnen die Frau: Die sind
von hier weitergegangen zum Wasser. Als
sie nun suchten, aber nichts fanden, kehr-
ten sie nach Jerusalem zurück. 21 Sobald sie
fortgegangen waren, stiegen jene aus der
Zisterne heraus, liefen weiter und brach-
ten dem König David Nachricht. Sie sag-
ten zu David: Auf! Geht schnell über den
Fluß! Ahitofel hat nämlich gegen euch den
und den Rat gegeben. 22 Da machten sich
David und das Volk, das bei ihm war, auf
und überschritten den Jordan; bis der
Morgen anbrach, war kein Einziger mehr
übrig, der sich noch nicht über den Jordan
begeben hatte.
23 Als Ahitofel sah, dass sein Rat nicht
ausgeführt wurde, sattelte er einen Esel,
stieg auf und kehrte nach Hause in seine
Stadt zurück. Nachdem er sein Haus be-
stellt hatte, erhängte er sich. So endete er
und wurde im Grab seines Vaters bei-
gesetzt.

David in Machanajim

24 David aber war bereits bis Mahanajim
gekommen, als Abschalom und mit ihm
alle Israeliten den Jordan überschritten.
25 Abschalom hatte anstelle Joabs Amasa
zum Befehlshaber über das Heer gesetzt.
Amasa war der Sohn eines Ismaeliters na-
mens Jeter. Dieser hatte mit Abigal, der
Tochter Isais, Umgang gehabt, der
Schwester der Zeruja, der Mutter Joabs.
26 Israel aber und Abschalom lagerten im
Land Gilead.
27 Als David nach Mahanajim gekommen
war, ereignete sich Folgendes: Schobi, der
Sohn des Nahasch aus Rabba, der Haupt-
stadt der Ammoniter, sowie Machir, der
Sohn Ammiëls aus Lo-Dabar, ferner der
Gileaditer Barsillai aus Roglim 28 brachten
Betten, Decken, Töpfe, Tongefäße, Wei-
zen, Gerste, Mehl, Röstkorn, Bohnen, Lin-
sen, 29 Honig, Sahne, Schafs- und Kuhkäse
als Nahrung für David und das Volk herbei,
das bei ihm war; denn sie dachten: Die Leu-
te sind in der Steppe hungrig und durstig
geworden; sie sind ganz erschöpft.

Niederlage der Aufständischen

18 Danach musterte David das
Kriegsvolk, das er bei sich hatte,
und setzte über sie Führer von Hundert-
schaften und Führer von Tausendschaften.
2 Dann teilte er die Leute in drei Gruppen:
ein Drittel stellte er unter den Befehl Jo-
abs, ein Drittel unter den Befehl von Joabs
Bruder Abischai, des Sohnes der Zeruja
und ein Drittel unter den Befehl des Ittai
aus Gat. Als aber der König zu den Leuten
sagte: Auch ich will mit euch ausziehen!,
3 da erklärten die Leute: Du darfst nicht
ausziehen. Wenn wir nämlich fliehen
müssen, wird man sich um uns nicht küm-
mern; auch wenn die Hälfte von uns fiele,
wird man sich um uns nicht kümmern. Du
aber wiegst zehntausend von uns auf. Es
ist überdies besser, wenn du bereit bist,
uns von der Stadt aus Hilfe zu besorgen.
4 Der König erwiderte ihnen Was ihr für
richtig haltet, das will ich tun. Darauf stell-
te sich der König neben das Tor, während
das ganze Kriegsvolk in Hundertschaften
und Tausendschaften ausrückte. 5 Der Kö-
nig gab aber Joab, Abischai und Ittai den
Befehl: Geht mir mit dem Jungen, mit Ab-
schalom, schonend um. Alle Leute hörten
es mit an, wie der König allen Anführern
diesen Befehl wegen Abschalom erteilte.
6 So zog das Kriegsvolk gegen Israel ins
Feld. Es kam zur Schlacht im Wald
Efraim. 7 Dort wurden die Israeliten von
den Leuten Davids geschlagen; und groß
war die Niederlage an jenem Tag, ein Ver-
lust von zwanzigtausend Mann. 8 Der
Kampf dehnte sich über die ganze dortige
Gegend aus. Dabei verschlang der Wald
mehr Leute, als das Schwert an jenem Tag
verschlungen hatte.

Abschaloms Tod

9 Abschalom aber stieß zufällig auf die Leu-
te Davids. Abschalom ritt nämlich auf
einem Maultier und das Mautier kam un-
ter das Geäst einer großen Eiche, sodass er
mit dem Kopf an der Eiche hängenblieb
und so zwischen Himmel und Erde bau-
melte, während das Maultier unter ihm
weglief. 10 Das sah ein Mann und meldete
es Joab: Ich habe den Abschalom an einer
Eiche hängen sehen! 11 Joab erwiderte dem
Mann, der ihm das meldete: Wie, wenn du
ihn gesehen hast, warum hast du ihn da
nicht gleich zu Boden geschlagen? Ich hät-
te dir gern zehn Silberstücke und einen
Gürtel gegeben. 12 Doch der Mann entgeg-
nete dem Joab: Auch wenn mir eintausend
Silberstücke in meine Hand gewogen wür-

den, so würde ich meine Hand nicht an
den Sohn des Königs legen. Hat doch der
König vor unseren Ohren dir, Abischai
und Ittai den Befehl gegeben: Gebt mir
Acht auf den Jungen, auf Abschalom!
13 Wenn ich aber heimtückisch von mir
aus an ihm gehandelt hätte – dem König
bleibt ja nichts verborgen –, du würdest
dich dann doch abseits stellen. 14 Da erwi-
derte Joab: Ach was! Ich will mich nicht
noch länger mit dir aufhalten. Dann nahm
er drei Speere in seine Hand und stieß sie
dem Abschalom in die Brust. Da er aber
noch lebend an dem Geäst der Eiche hing,
15 traten zehn junge Männer, die Waffen-
träger Joabs, heran und schlugen Abscha-
lom tot. 16 Darauf ließ Joab in die Posaune
stoßen und die Krieger ließen von der
Verfolgung Israels ab; denn Joab hatte
dem Volk Einhalt geboten. 17 Sie nahmen
Abschalom, warfen ihn im Wald in ein tie-
fes Loch und türmten einen gewaltigen
Steinhaufen über ihm auf. Ganz Israel aber
war inzwischen geflohen, jeder in seine
Heimat.

18 Abschalom hatte schon bei Lebzeiten
einen Denkstein im Königstal für sich auf-
richten lassen. Er sagte sich nämlich: Ich
habe keinen Sohn, der meinen Namen in
Erinnerung halten könnte. So hatte er den
Denkstein nach seinem Namen benannt.
Er heißt bis auf den heutigen Tag „Abscha-
loms Denkmal".

David wird die Todesnachricht überbracht

19 Ahimaaz aber, der Sohn Zadoks, sprach:
Ich will doch dem König die frohe Kunde
bringen, dass der Herr ihm Recht ver-
schafft hat gegenüber der Macht seiner
Feinde. 20 Joab erwiderte ihm: Du bist heu-
te nicht der Mann für eine Botschaft; an
einem anderen Tag magst du eine Bot-
schaft überbringen, heute aber darfst du
keine Botschaft überbringen, da ja der
Sohn des Königs tot ist. 21 Dann beauftrag-
te Joab den Kuschiter: Geh, melde du dem
König, was du gesehen hast! Der Kuschiter
warf sich vor Joab nieder und eilte davon.
22 Ahimaaz aber, der Sohn Zadoks, sagte
noch einmal zu Joab: Mag kommen, was
will, ich möchte doch hinter dem Kuschi-
ter herlaufen! Joab erwiderte: Weshalb
willst du denn hinterherlaufen, mein
Sohn? Für dich gibt es doch keinen Boten-
lohn. 23 Er antwortete: Mag kommen, was
will, ich laufe! Da sagte er ihm: So lauf
denn! Nun lief Ahimaaz auf dem Weg
durch das Jordantal und überholte den
Kuschiter.

24 David aber saß eben zwischen den bei-
den Toren. Der Späher war auf das Dach
des Tores an der Mauer gestiegen. Als er
Ausschau hielt, sah er, wie ein einzelner
Mann heranlief. 25 Das meldete der Späher
dem König. Der König antwortete: Ist er
allein, dann bringt er eine gute Botschaft.
Jener aber war weitergelaufen und schon
nah herangekommen. 26 Da sah der Späher
einen zweiten Mann heranlaufen. Nun rief
der Späher: Ich sehe noch einen einzelnen
Mann heraneilen. Der König erwiderte:
Auch der ist ein guter Bote. 27 Der Späher
meldete weiter: Ich sehe den vorderen so
laufen, wie Ahimaaz läuft, der Sohn Za-
doks. Der König rief: Das ist ein guter
Mann, der kommt mit einer guten Nach-
richt. 28 Ahimaaz aber kam heran und rief
dem König zu: Heil! Dann warf er sich vor
dem König mit dem Angesicht auf die Er-
de nieder und sagte: Gepriesen sei der
Herr, dein Gott, der die Männer im Stich
gelassen hat, die ihre Hand gegen meinen
Herrn, den König, erhoben haben. 29 Der
König aber fragte: Geht es dem Jungen,
dem Abschalom, gut? Ahimaaz erwiderte:
Ich habe nur ein großes Durcheinander
gesehen, als Joab, des Königs Diener, dei-
nen Knecht absandte; aber ich weiß nicht,
was da war. 30 Der König befahl: Tritt ab,
stelle dich dorthin! Er trat ab und blieb
stehen. 31 Da kam der Kuschiter heran
und der Kuschiter meldete: Eine frohe
Botschaft lasse sich mein Herr und König
ausrichten! Der Herr hat dir heute zum
Recht verholfen gegenüber allen, die sich
gegen dich erhoben hatten. 32 Der König
aber fragte den Kuschiter: Geht es dem
Jungen, dem Abschalom, gut? Der Kuschi-
ter erwiderte: Möge es den Feinden meines
Herrn und Königs ebenso ergehen wie
dem jungen Mann samt allen, die sich
feindselig gegen dich erhoben haben!

Davids Schmerz

19 Da zuckte der König zusammen,
stieg in das Obergemach des Tor-
gebäudes und weinte. Schluchzend sprach
er: Mein Sohn Abschalom, mein Sohn,
mein Sohn Abschalom! Ach, wäre ich
doch an deiner Stelle gestorben! Abscha-

lom, mein Sohn, mein Sohn! 2 Man melde-
te Joab: Der König weint und klagt um Ab-
schalom! 3 So gestaltete sich der Sieg an je-
nem Tag zur Trauer für das gesamte
Kriegsvolk, weil das Kriegsvolk an jenem
Tag erfuhr: Der König ist voller Schmerz
um seinen Sohn. 4 Deshalb schlich sich
das Volk an diesem Tag fort, um in die
Stadt zu kommen, wie sich ein Heer fort-
stiehlt, das Schmach auf sich geladen hat,
weil es in der Schlacht geflohen ist. 5 Der
König aber hatte sein Gesicht verhüllt
und schrie mit lauter Stimme: Mein Sohn
Abschalom, Abschalom, mein Sohn, mein
Sohn!
6 Da begab sich Joab zum König ins
Haus und sagte: Du hast heute das Ange-
sicht aller deiner Leute mit Schmach be-
deckt, obwohl sie heute dein Leben, das
Leben deiner Söhne und Töchter, das Le-
ben deiner Frauen und das Leben deiner
Nebenfrauen gerettet haben. 7 Denn du
hast denen Liebe erwiesen, die dich has-
sen, denen aber Hass, die dich lieben. Heu-
te hast du gezeigt, dass dir weder die Heer-
führer noch die Leute etwas bedeuten. Ja,
nun weiß ich: Wäre Abschalom noch am
Leben, wären wir alle aber heute gefallen,
so wäre dir das ganz recht. 8 Aber jetzt steh
auf, geh hinaus und rede freundlich mit
deinen Leuten. Denn ich schwöre dir beim
Herrn: Wenn du nicht hinausgehst, dann
bleibt nicht ein Mann diese Nacht bei dir.
Das wäre aber für dich ein schlimmeres
Unglück als alles, was von deiner Jugend
an bisher über dich gekommen ist. 9 Da er-
hob sich der König und setzte sich unter
das Tor. Als man nun dem ganzen Volk
verkündete: Der König sitzt unter dem
Tor, kam das ganze Volk vor den König.

Vorbereitung der Rückkehr Davids

Die Israeliten waren geflohen, jeder in sei-
ne Heimat. 10 Da stritt sich das ganze Volk
in allen Stämmen Israels. Sie sagten: Der
König hat uns aus der Hand unserer Fein-
de befreit, sogar aus der Hand der Philister
hat er uns befreit. Dennoch hat er vor Ab-
schalom aus dem Land fliehen müssen.
11 Abschalom aber, den wir zum König
über uns gesalbt hatten, ist in der Schlacht
gefallen. Nun denn, was zögert ihr noch,
den König zurückzuholen? 12 Diese Rede
von ganz Israel war zum König gedrun-
gen. Da sandte der König zu den Priestern
Zadok und Abjatar und ließ ihnen sagen:
Redet folgendermaßen zu den Ältesten
von Juda: Weshalb wollt ihr die Letzten
sein, wenn der König in sein Haus zurück-
geführt wird? 13 Ihr seid doch meine Brü-
der, mein Bein und mein Fleisch seid ihr.
Warum wollt ihr also die Letzten sein, die
den König zurückführen? 14 Zu Amasa
aber sollt ihr sagen: Bist du nicht mein
Bein und mein Fleisch? Gott tue mir dies
und das an, wenn du nicht an Joabs Stelle
auf Lebenszeit bei mir oberster Heerführer
wirst! 15 Da vereinten sich alle Männer in
Juda wie das Herz eines einzigen Mannes.
Sie sandten zum König: Kehr heim, du
und alle deine Diener!

Erneute Begegnung Davids mit Schimi

16 Der König machte sich also auf den
Heimweg und kam an den Jordan, wäh-
rend die Judäer bis Gilgal gekommen wa-
ren, um dem König das Geleit über den Jor-
dan zu geben. 17 Auch der Benjaminit
Schimi, der Sohn Geras aus Bahurim, hatte
sich beeilt, mit den Judäern dem König ent-
gegenzuziehen, 18 und mit ihm eintausend
Mann aus Benjamin. Ziba, der Hausver-
walter Sauls, hatte sich mit seinen fünfzehn
Söhnen und seinen zwanzig Knechten
ebenfalls am Jordan eingefunden, und zwar
schon vor Ankunft des Königs. 19 Sie hat-
ten alles in die Wege geleitet, um die Fami-
lie des Königs überzusetzen und zu tun,
was ihm gefiel. Schimi aber, der Sohn Ge-
ras, fiel dem König zu Füßen, als dieser
eben den Jordan überschreiten wollte.
20 Er sprach zum König: Möge mein Herr
mir nicht den Frevel anrechnen, möge er
nicht an das denken, was dein Knecht ge-
frevelt hat an dem Tag, als mein Herr und
König aus Jerusalem auszog. Möge der
König es sich nicht zu Herzen nehmen.
21 Dein Knecht weiß wohl, dass ich gesün-
digt habe. Aber siehe, als Erster vom gan-
zen Haus Josef bin ich heute gekommen,
um meinem Herrn und König entgegen-
zuziehen. 22 Da ergriff Abischai, der Sohn
der Zeruja, das Wort und fragte: Soll Schi-
mi nicht dafür hingerichtet werden, dass
er den Gesalbten des Herrn verflucht hat?
23 David aber erwiderte: Was fordert ihr da
von mir, ihr Söhne der Zeruja? Ihr werdet
mir heute zum Versucher! Soll etwa heute
jemand in Israel sterben? Weiß ich doch,
dass ich heute wieder König über Israel

bin. [24] Dann sagte der König zu Schimi: Du
sollst nicht sterben. Und der König schwor
es ihm.

Merib-Baal

[25] Auch Merib-Baal, der Sohn Sauls, war
dem König entgegengezogen. Er hatte sei-
ne Füße und seine Hände nicht gereinigt,
seinen Bart nicht gepflegt und seine Klei-
der nicht gewaschen seit dem Tag, an dem
der König geflüchtet war, bis zu dem Tag,
an dem er wohlbehalten zurückkehrte.
[26] Als er nun von Jerusalem her dem König
entgegenkam, fragte ihn der König: Wes-
halb bist du nicht mit mir gegangen, Me-
rib-Baal? [27] Er antwortete: Mein Herr und
König! Mein Diener hat dich betrogen.
Dein Knecht hatte ihm nämlich aufgetra-
gen: Sattle mir die Eselin, dass ich auf ihr
reite und mit dem König ziehe. Dein
Knecht ist ja lahm. [28] Er aber hat deinen
Knecht bei meinem Herrn und König ver-
leumdet. Doch mein Herr und König ist
wie ein Engel Gottes. Tu also, was dir ge-
fällt. [29] Das ganze Haus meines Vaters hatte
ja von meinem Herrn und König nichts an-
deres zu erwarten als den Tod. Du aber hast
deinen Knecht unter diejenigen aufgenom-
men, die an deinem Tisch essen. Was bleibt
mir da noch für ein Recht, zum König zu
schreien? [30] Der König erwiderte ihm: Was
hältst du noch lange Reden? Ich verordne:
Du und Ziba, ihr sollt den Grundbesitz tei-
len! [31] Da sagte Merib-Baal zum König: Er
mag sogar das Ganze an sich nehmen,
nachdem mein Herr und König wohl-
behalten nach Hause heimgekehrt ist.

Barsillai

[32] Der Gileaditer Barsillai war von Roglim
heruntergekommen und mit dem König
gezogen, um ihn an den Jordan zurück-
zugeleiten. [33] Barsillai aber war hoch be-
tagt, ein Mann von achtzig Jahren. Er hatte
den König mit Lebensmitteln versorgt,
während er sich in Machanajim aufhielt,
denn er war ein sehr vermögender Mann.
[34] Nun sagte der König zu Barsillai: Wenn
du mit mir ziehst, werde ich bei mir in Je-
rusalem für dich sorgen. [35] Aber Barsillai
erwiderte dem König: Wie viel Lebensjah-
re habe ich noch, dass ich mit dem König
nach Jerusalem ziehen sollte? [36] Ich bin
jetzt achtzig Jahre alt. Kann ich da noch
Gutes und Schlechtes unterscheiden?
Schmeckt da noch deinem Knecht, was er
isst und trinkt? Kann ich noch der Stimme
der Sänger und Sängerinnen lauschen?
Wozu soll dein Knecht noch meinem
Herrn, dem König, zur Last fallen? [37] Dein
Knecht wird gerade noch mit dem König
über den Jordan ziehen, aber warum will
der König mir eine solche Vergeltung an-
bieten? [38] Lass deinen Knecht umkehren,
damit er in seiner Stadt beim Grab seines
Vaters und seiner Mutter sterben kann!
Doch siehe, dein Knecht Kimham möge
mit meinem Herrn und König ziehen;
dem magst du tun, was dir gut erscheint.
[39] Darauf sagte der König: Kimham soll mit
mir ziehen. Ihm will ich tun, was in deinen
Augen gut erscheint. Was immer du von
mir wünschst, will ich dir erfüllen.
[40] Nachdem nun das ganze Volk den Jor-
dan überschritten hatte, während der Kö-
nig stehen blieb, küsste der König Barsillai
und nahm mit Segenswünschen von ihm
Abschied. Dann kehrte Barsillai heim.

Juda und Israel streiten sich um den König

[41] Hierauf zog der König weiter nach Gil-
gal. Kimham begleitete ihn. Das gesamte
Kriegsvolk von Juda begleitete den König,
ebenso die Hälfte des Kriegsvolkes von Is-
rael. [42] Da kamen alle Israeliten zum König
und fragten ihn: Warum haben unsere
Brüder, die Männer von Juda, dich ent-
führt, indem sie den König mit seinem
ganzen Haus und allen Männern Davids
über den Jordan schafften? [43] Da entgegne-
ten alle Männer von Juda den Männern
von Israel: Der König steht uns doch nä-
her! Weshalb regt ihr euch denn so darü-
ber auf? Haben wir etwa ein Stück vom
König verzehrt? Oder hat er uns einen An-
teil verschafft? [44] Doch die Israeliten ant-
worteten den Judäern: Zehn Teile haben
wir am König; überdies sind wir euch ge-
genüber die Erstgeborenen. Warum habt
ihr uns also zurückgesetzt? Haben wir
nicht zuerst die Absicht ausgesprochen,
unseren König zurückzuführen? Aber die
Antwort der Judäer war noch schroffer als
die der Israeliten.

Aufstand Schebas

20 Damals lebte ein niederträchtiger
Mensch namens Scheba, der Sohn
Bichris, ein Benjaminit. Er stieß in die Po-
saune und rief:

Wir haben keinen Teil an David / und
kein Erbe beim Sohn Isais. / Ein jeder zu
seinen Zelten, Israel!
2 Darauf zogen sich alle Israeliten von
David zurück und folgten Scheba, dem
Sohn Bichris. Die Judäer dagegen folgten
ihrem König vom Jordan bis nach Jerusa-
lem.
3 Als David in seinen Palast nach Jerusa-
lem gekommen war, nahm der König die
zehn Nebenfrauen, die er zur Bewachung
des Palastes zurückgelassen hatte, und ließ
sie in ein besonderes Haus bringen. Er ver-
sorgte sie, verkehrte aber nicht mit ihnen.
So lebten sie zu Lebzeiten ihres Mannes
wie Witwen, eingesperrt bis zu ihrem Tod.

Ermordung Amasas

4 Der König befahl Amasa: Ruf mir inner-
halb von drei Tagen die Judäer zusammen
und sei ebenfalls hier zur Stelle! 5 Amasa
ging hin, um die Judäer aufzubieten. Aber
er blieb über die ihm festgesetzte Zeit hi-
naus fort. 6 Da sagte David zu Abischai:
Nun wird uns Scheba, der Sohn Bichris,
noch mehr zu schaffen machen als Ab-
schalom. Nimm also die Leute deines
Herrn und verfolg ihn, damit er keine fes-
ten Städte erreicht und uns entgeht. 7 So
zogen Joab, die Kereter und Peleter und
alle Kriegshelden hinter Abischai her. Sie
rückten aus Jerusalem aus, um Scheba,
den Sohn Bichris, zu verfolgen. 8 Während
sie sich an dem großen Stein von Gibeon
aufhielten, kam ihnen Amasa entgegen.
Joab war mit seinem gewöhnlichen Waf-
fenrock bekleidet, darüber trug er einen
Gurt für das Schwert. Es hing an der Hüfte
in einer Scheide und konnte leicht heraus-
gleiten, wenn die Scheide hervorkam. 9 Jo-
ab fragte Amasa: Geht es dir gut, mein
Bruder? Dabei fasste er Amasa mit der
rechten Hand beim Bart, um ihn zu küs-
sen. 10 Amasa aber hatte das Schwert in der
Hand Joabs nicht beachtet. Joab stieß es
ihm in den Leib, sodass die Eingeweide he-
rausquollen. Amasa starb, ohne dass Joab
einen zweiten Stoß zu führen brauchte.
Dann setzten Joab und sein Bruder Abi-
schai die Verfolgung Schebas, des Sohnes
Bichris, fort. 11 Einer von den Leuten Joabs
musste bei Amasa stehen bleiben und aus-
rufen: Wer zu Joab hält und wer für David
ist, der folge Joab! 12 Amasa aber lag blut-
überströmt mitten auf der Straße. Als der
Mann merkte, dass das ganze Volk stehen
blieb, schaffte er Amasa von der Straße
fort aufs Feld und warf einen Mantel über
ihn, da jeder, der in seine Nähe kam, ihn
betrachtete und stehen blieb. 13 Nachdem
er ihn aber von der Straße weggeschafft
hatte, zogen alle Leute hinter Joab her, um
Scheba, den Sohn Bichris, zu verfolgen.

Ende des Aufstands

14 Scheba aber hatte alle Stämme Israels
durchzogen bis nach Abel-Bet-Maacha.
Alle Bichriter versammelten sich und zo-
gen ebenfalls hinter ihm her. 15 Nun rück-
ten die Leute Joabs heran und belagerten
ihn in Abel-Bet-Maacha. Sie schütteten
einen Wall gegen die Stadt auf, der bis an
die Außenmauer stieß. Das ganze Kriegs-
volk, das bei Joab war, zog Gräben, um die
Mauer zum Einsturz zu bringen. 16 Da rief
eine kluge Frau von der Stadt herunter:
Achtung! Achtung! Sagt doch Joab: Komm
hierher, ich möchte mit dir reden! 17 Er trat
zu ihr heran und die Frau sagte: Bist du
Joab? Er antwortete: Ja! Da sagte sie zu
ihm: Höre die Worte deiner Magd! Er er-
widerte: Ich höre. 18 Sie fuhr fort: Früher
pflegte man zu sagen: Man frage in Abel
an, damit eine Sache gut zu Ende geht.
19 Ich bin die friedlichste, treueste Stadt ins
Israel. Du aber versuchst eine Stadt zu zer-
stören, die für Israel wie eine Mutter ist.
Warum richtest du das Erbe des Herrn zu-
grunde? 20 Joab erwiderte Folgendes: Das
liegt mir fern! Nichts will ich vernichten
und nichts verderben. 21 So ist es nicht,
sondern ein Mann vom Gebirge Efraim,
Scheba mit Namen, der Sohn Bichris, hat
seine Hand gegen den König, gegen David,
erhoben. Liefert ihn aus, nur ihn, dann
werde ich von der Stadt wegziehen. Die
Frau antwortete Joab: Sein Kopf wird dir
über die Mauer zugeworfen werden. 22 Da-
rauf ging die Frau und redete in ihrer
Klugheit der ganzen Bevölkerung so lange
zu, bis sie dem Scheba, dem Sohn Bichris,
den Kopf abschlugen und ihn Joab zuwar-
fen. Dieser ließ in die Posaune stoßen und
man löste sich auf und zog von der Stadt
weg, jeder in seine Heimat. Joab aber kehr-
te nach Jerusalem zum König zurück.

Die führenden Männer Davids

23 Joab stand an der Spitze des ganzen Hee-
res. Benaja, der Sohn Jojadas, war Befehls-

haber der Kereter und Peleter. [24] Adoniram hatte die Oberaufsicht über die Fronarbeiter. Kanzler war Joschafat, der Sohn Ahiluds. [25] Schewa war Staatsschreiber, Zadok und Abjatar waren Priester. [26] Auch der Jaïriter Ira war Priester bei David.

Nachträge

Die große Hungersnot und die Hinrichtung der Nachkommen Sauls

21 In den Tagen Davids herrschte Hungersnot, drei Jahre hintereinander. Da suchte David den Herrn auf. Der Herr aber sprach: Auf Saul und seinem Haus lastet eine Blutschuld, weil er die Gibeoniter getötet hat. [2] Da rief der König die Gibeoniter herbei und fragte sie. Die Gibeoniter rechnen nicht zu den Israeliten, sondern zu dem Rest der Amoriter. Obwohl die Israeliten einen Bund mit ihnen geschlossen hatten, suchte Saul in seinem Eifer für die Israeliten und Judäer sie auszurotten. [3] David fragte also die Gibeoniter: Was soll ich für euch tun, und womit soll ich Sühne schaffen, damit ihr das Erbe des Herrn segnet? [4] Die Gibeoniter erwiderten ihm: Es geht uns gegenüber Saul und seinem Haus nicht um Silber und Gold, noch steht es uns zu, jemand aus Israel zu töten. Er erklärte: Was soll ich denn tun? [5] Sie antworteten dem König: Der Mann, der uns vernichten und ausrotten wollte, sodass wir im ganzen Gebiet Israels nicht mehr bestehen können, [6] von dessen Nachkommen möge man uns sieben Männer ausliefern, damit wir sie vor dem Herrn in Gibeon auf dem Berg des Herrn hinrichten. Der König antwortete: Ich werde sie euch ausliefern. [7] Der König verschonte jedoch Merib-Baal, den Sohn Jonatans, des Sohnes Sauls, wegen des Eides, der zwischen ihnen, nämlich zwischen David und Jonatan, dem Sohn Sauls, vor dem Herrn geleistet worden war. [8] So nahm der König die beiden Söhne der Rizpa, der Tochter Ajas, die sie Saul geboren hatte, nämlich Armoni und Mefi-Boschet, überdies die fünf Söhne, die Merab, die Tochter Sauls, dem Adriël, dem Sohn Barsillais aus Mehola, geboren hatte. [9] Er lieferte sie den Gibeonitern aus, die sie auf dem Berg vor dem Herrn hinrichteten. So kamen alle sieben zusammen um, und zwar wurden sie in den ersten Tagen der Ernte, bei Beginn der Gerstenernte, umgebracht. [10] Da nahm Rizpa, die Tochter Ajas, ein Trauergewand und breitete es als Lager für sich auf dem Felsen aus, vom Beginn der Gerstenernte an, bis sich die Wasser vom Himmel über die Toten ergossen. So verhinderte sie, dass die Vögel des Himmels bei Tag und die wilden Tiere bei Nacht an sie herankamen. [11] Als man David meldete, was Rizpa, die Tochter Ajas, die Nebenfrau Sauls, getan hatte, [12] ging David hin und ließ sich die Gebeine Sauls, die Gebeine seines Sohnes Jonatan von den Bürgern von Jabesch-Gilead ausliefern, die sie heimlich vom Markt in Bet-Schean weggenommen hatten, wo die Philister sie aufgehängt hatten, als die Philister Saul am Gilboa geschlagen hatten. [13] Von dort brachte er die Gebeine Sauls und die Gebeine seines Sohnes Jonatan herauf. Dann fügte man die Gebeine der Hingerichteten hinzu [14] und begrub sie zusammen mit den Gebeinen Sauls und seines Sohnes Jonatan in Zela im Land Benjamin im Grab seines Vaters Kisch. Als man so alle Anordnungen Davids ausgeführt hatte, ließ sich Gott für das Land gnädig stimmen.

Heldentaten gegen die Philister

[15] Einst war wieder ein Krieg zwischen den Philistern und Israel ausgebrochen. Da zog David mit seinen Leuten hinunter und sie kämpften mit den Philistern. Dabei wurde David müde. [16] Nun war dort ein Vorkämpfer, der zu den Nachkommen Rafas gehörte. Das Gewicht seiner Lanze betrug dreihundert Schekel Erz. Er war mit einem neuen Schwert umgürtet und wollte gerade David niederschlagen. [17] Doch da kam David Abischai, der Sohn der Zeruja, zu Hilfe, schlug den Philister nieder und tötete ihn. Damals beschworen ihn Davids Leute und erklärten: Du darfst nicht mehr mit uns in den Kampf ziehen, damit du die Leuchte Israels nicht auslöschst.

[18] Später kam es bei Gob wieder zum Kampf mit den Philistern. Damals er-

schlug der Huschatiter Sibbechai den Sip-
pai, der zu den Nachkommen Rafas gehör-
te. 19 Nochmals kam es bei Gob zum Kampf
mit den Philistern. Da erschlug Elhanan,
der Sohn Jaïrs aus Betlehem, den Goliat
aus Gat, dessen Lanzenschaft einem We-
berbaum glich.
20 Und wiederum kam es zum Kampf bei
Gat. Da war ein riesengroßer Mann, der
an den Händen je sechs Finger und an
den Füßen je sechs Zehen hatte, zusam-
men vierundzwanzig. Er war ebenfalls ein
Nachkomme Rafas. 21 Als er Israel heraus-
forderte, erschlug ihn Jonatan, der Sohn
des Schima, des Bruders Davids.
22 Diese vier stammten von Rafa aus Gat
ab. Sie fielen durch die Hand Davids und
seiner Leute.

Psalm Davids

22 David richtete an dem Tag, an dem
ihn der Herr aus der Hand aller
seiner Feinde und aus der Hand Sauls er-
rettet hatte, die Worte des folgenden Lie-
des an den Herrn, er sprach:
2 Der Herr ist mir ein Fels, ein
Zufluchtsort und ein Erretter.
3 Mein Gott, mein Hort, bei dem ich
mich berge! / Mein Schild, mein Hort des
Heils! / Meine Burg und meine Zuflucht! /
Du rettest mich vor Gewalt.
4 Den Herrn, den Hochgelobten, rief ich
an / und wurde befreit von meinen Fein-
den.
5 Todeswogen hatten mich umflutet, /
Ströme des Verderbens mich geängstigt;
6 Die Schlingen der Unterwelt hielten
mich umstickt, / die Fesseln des Todes
fielen über mich.
7 In meiner Not rief ich zum Herrn, / zu
meinem Gott schrie ich um Hilfe. / Da
hörte er in seinem Palast meine Stimme, /
mein Rufen fand den Weg zu seinem Ohr.
8 Da wankte und schwankte die Erde. /
und die Gründe des Himmels erbebten. /
Sie zitterten, so war er erzürnt!
9 Aus seiner Nase quoll Rauch, / aus sei-
nem Mund kam verzehrendes Feuer, /
glühende Kohlen sprühten aus ihm.
10 Er neigte den Himmel und fuhr
herunter, / und dunkles Gewölk lag ihm
unter den Füßen.
11 Auf einem Kerub saß er und flog
dahin, / auf Sturmesflügeln schwebte er
einher.
12 Er machte Finsternis rings um sich her
zu seinem Zelt, / dunkle Wasser, dichte
Wolken.
13 Aus dem Glanz vor ihm brachen her-
vor / Hagelschauer und Feuerkohlen.
14 Im Himmel ließ der Herr den Donner
rollen, / und seine Stimme ließ der Aller-
höchste dröhnen.
15 Dann schoss er seine Pfeile ab und
streute sie umher, / er schleuderte Blitze
und jagte sie dahin.
16 Der Meeresboden wurde sichtbar, /
die Grundfesten der Erde lagen auf-
gedeckt / durch das Drohen des Herrn, /
vom grimmen Zornhauch seines Atems.
17 Aus der Höhe langte er herunter,
ergriff mich, / zog mich heraus aus tiefen
Fluten.
18 Er entriss mich meinen starken Fein-
den / und meinen Hassern, die mir über-
legen waren.
19 Sie überfielen mich am Tag meines
Unglücks, / der Herr jedoch wurde mir
zur Stütze.
20 Er führte mich heraus ins Freie, /
befreite mich, weil er mich liebte.
21 So lohnte mir der Herr nach meiner
Unschuld, / vergalt mir nach der Reinheit
meiner Hände.
22 Ich hielt mich stets auf dem Weg des
Herrn / und habe nicht gefrevelt wider
meinen Gott.
23 All seine Gebote hielt ich mir vor
Augen, / und seine Satzung warf ich nicht
von mir.
24 So bin ich ohne Fehl vor ihm gewan-
delt, / vor meiner Sünde hab' ich mich
gehütet.
25 Darum belohnte mich der Herr nach
meiner Unschuld, / weil meine Hände rein
vor seinen Augen waren.
26 Dem Guten bist du gut, / dem Redli-
chen zeigst du dich redlich.
27 Gegen den Reinen zeigst du dich
rein, / doch gegen Falsche wirst du falsch.
28 Dem unterdrückten Volk bringst du
Hilfe, / die stolzen Augen aber zwingst du
nieder.
29 Denn du, o Herr, bist meine Leuchte, /
mein Gott bringt Licht in meine Finster-
nis.
30 Mit dir vermag ich gegen Wälle anzu-
stürmen, / mit meinem Gott kann ich über
Mauern springen.
31 Ja, Gott – sein Weg ist ohne Tadel, /

das Wort des Herrn ist lauter, / er ist ein
Schild für alle, die sich zu ihm flüchten.
32 Wer ist denn Gott als nur der Herr? /
Wer außer unserem Gott ein Hort?
33 Gott ist es, der mit Kraft mich gürtet /
und meinen Weg gefahrlos macht.
34 Er machte meine Füße flink wie Hir-
sche / und stellte mich auf Höhen.
35 Er lehrte meine Hände kämpfen, / ließ
meinen Arm den Bronzebogen spannen.
36 Du gabst mir deinen Schild zum
Schutz, / und deine Rüstung deckte mich.
37 Du schufst Raum für meinen Schritt, /
und meine Knöchel wankten nicht.
38 Ich holte meine Feinde beim Verfol-
gen ein / und kehrte nicht um, bis sie ver-
nichtet waren.
39 Ich schlug sie, dass sich keiner mehr
erhob, / sie sanken mir zu Füßen nieder.
40 Mit Kraft hast du mich für den Kampf
gegürtet / und meine Widersacher vor mir
hingestreckt.
41 Du hast vor mir die Feinde in die
Flucht geschlagen, / und meine Hasser
konnte ich vernichten.
42 Sie schrien – doch da war kein Helfer
– / sie schrien zum Herrn, aber er gab
ihnen keine Antwort.
43 Ich habe sie zermalmt wie Staub der
Plätze, / wie Gassenkot zertrat ich sie.
44 Du hast mich aus dem Streit der Völ-
ker gerettet / und mich zum Haupt der
Heiden eingesetzt, / mir wurden Leute
untertan, die ich nicht kannte.
45 Sie folgen mir aufs bloße Wort, / mir
huldigen des Auslands Söhne.
46 Den Söhnen des Auslands sinkt der
Mut, / nur zitternd wagen sie sich vor aus
ihren Burgen.
47 Es lebt der Herr! Gepriesen sei mein
Hort! / Hoch sei gelobt der Gott, der mich
errettet.
48 Gott verhalf mir zur Rache, / unter-
warf mir die Völker.
49 Du hast mich errettet von meinen
grimmen Feinden, / du hast mich über
meine Gegner hoch erhoben / und mich
dem Mann der Gewalt entrissen.
50 Darum will ich dich vor den Völkern
preisen, o Herr, / lobsingen deinem
Namen.
51 Er beschert seinem König großes
Heil / und erweist Gnade seinem
Gesalbten, / David und seinem Stamm
auf ewig.

Davids letzte Worte

23 Das sind Davids letzte Worte:
Spruch Davids, des Sohnes Isais, /
Spruch des Mannes, der hochgestellt war, /
des Gesalbten des Gottes Jakobs, / des Sän-
gers der Lieder Israels:
2 Der Geist des Herrn, er spricht durch
mich, / auf meiner Zunge liegt sein Wort.
3 Gesprochen hat der Gott Jakobs, /
Geredet hat zu mir der Fels Israels: / Wer
da gerecht herrscht über Menschen, / wer
in Gottesfurcht regiert,
4 der gleicht dem Licht am Morgen,
wenn die Sonne aufgeht, / ein wolkenloser
Morgen, / die nach Regen Grünes aus der
Erde sprießen lässt.
5 Ja, fest steht mein Haus bei Gott; / hat
er doch einen ewigen Bund mit mir
geschlossen, / in jeder Hinsicht wohl-
geordnet und gesichert. / Lässt er nicht all
mein Heil und all mein Wohlgefallen wohl
gedeihen?
6 Aber die Übeltäter sind wie verwehte
Dornen, / man fasst sie mit der Hand
nicht an.
7 Noch berührt sie jemand, / außer mit
Eisen und einer Lanze, / und sie werden
verbrannt im Feuer.

Die Helden Davids

8 Das sind die Namen der Helden, die bei
David waren: Jischbaal, der Hachmoniter,
der Erste unter den Dreien. Er schwang
seinen Speer über achthundert Erschlage-
ne auf einmal.
9 Nach ihm kommt unter
den drei Helden Eleasar, der Sohn Dodos,
der Ahoachiter. Er war bei David in Pas-
Dammim, als die Philister dort zum
Kampf zusammengekommen waren.
Während die Israeliten zurückwichen,
10 hielt er stand und schlug auf die Philister
ein, bis seine Hand ermattete und am
Schwert kleben blieb. So bewirkte der Herr
an jenem Tag großes Heil. Da kehrte das
Kriegsvolk um und folgte ihm, aber nur,
um Beute zu machen.
11 Nach ihm kommt
der Harariter Schamma, der Sohn Ages.
Einst sammelten sich die Philister bei Le-
hi. Dort war ein Linsenfeld. Als nun die
Leute vor den Philistern flohen,
12 stellte er
sich mitten in das Feld hinein, behauptete
es und schlug die Philister. So bewirkte der
Herr einen großen Sieg.
13 Einst zogen drei von den Dreißig zu
Anfang der Ernte hinunter und kamen zu

David in das Felsennest Adullam, wäh-
rend eine Schar Philister in der Rafaïter-
ebene lagerte. 14 David hielt sich damals in
der Feste auf, ein Vorposten der Philister
aber war in Betlehem. 15 Da bekam David
großen Durst und sagte: Wer holt mir
Wasser zum Trinken aus der Quelle am
Tor von Betlehem? 16 Da schlugen sich die
drei durch das Lager der Philister durch,
schöpften Wasser aus der Quelle am Tor
von Betlehem, nahmen es und brachten
es David. Er aber wollte es nicht trinken,
sondern goss es aus als Spende für den
Herrn. 17 Dabei sprach er: Der Herr bewah-
re mich davor, so etwas zu tun! Ist es doch
das Blut der Männer, die unter Lebens-
gefahr dorthin vorgedrungen sind. Darum
weigerte er sich, es zu trinken. Eine solche
Tat vollbrachten die drei Helden.
18 Abischai, der Bruder Joabs, der Sohn
der Zeruja, war das Haupt der Dreißig. Er
schwang seinen Speer über dreihundert
Erschlagene und hatte einen Namen unter
den Dreißig. 19 Mehr als die Dreißig war er
geachtet und er war ihr Anführer, aber an
die drei reichte er nicht heran. 20 Benaja,
der Sohn des Jojada aus Kabzeel, war ein
tapferer, an Taten reicher Mann. Er er-
schlug die beiden moabitischen Helden.
Er stieg auch einmal in eine Zisterne hi-
nunter und erschlug darin einen Löwen
an einem Tag, an dem Schnee gefallen war.
21 Ebenfalls erschlug er einen Ägypter,
einen riesengroßen Mann. Obwohl der
Ägypter eine Lanze in der Hand hatte,
ging er mit einem Stock auf ihn los, riss
dem Ägypter die Lanze aus der Hand und
streckte ihn mit dessen eigener Lanze nie-
der. 22 Solche Taten vollbrachte Benaja, der
Sohn Jojadas, und er hatte einen Namen
unter den dreißig Helden. 23 Ja er war be-
rühmter als die Dreißig, aber an die drei
reichte er nicht heran. David stellte ihn
an die Spitze seiner Leibwache.
24 Zu den Dreißig gehörte Asaël, der Bru-
der Joabs, ferner Elhanan, der Sohn Dodos,
aus Betlehem, 25 Schamma aus Harod, Elika
aus Harod, 26 Helez aus Pelet, Ira, der Sohn
des Ikkesch, aus Tekoa, 27 Abiëser aus Ana-
tot, Sibbechai aus Huscha, 28 Zalmon aus
Achoch, Machrai aus Netofa, 29 Heled, der
Sohn Baanas, aus Netofa, Ittai, der Sohn
Ribais, aus Gibea in Benjamin, 30 Benaja
aus Piraton, Hiddai aus Nahale-Gaasch,
31 Abialbon aus Bet-Araba, Asmawet aus
Bahurim, 32 Eljachba aus Schaalbon, Ja-
schen aus Gimso, Jonatan, 33 der Sohn des
Schamma aus Harar, Ahiam, der Sohn des
Scharar, aus Harar, 34 Elifelet, der Sohn
Ahasbais aus Bet-Maacha, Eliam, der Sohn
Ahitofels, aus Gilo, 35 Hezro aus Karmel,
Paarai aus Arab, 36 Jigal, der Sohn Natans,
aus Zoba, Bani aus Gad, 37 Zelek, der Am-
moniter, Nachrai aus Beërot, der Waffen-
träger Joabs, des Sohnes der Zeruja; 38 Ira
aus Jattir, Gareb aus Jattir; 39 Urija, der He-
titer. Zusammen siebenunddreißig.

Davids Volkszählung

24 Aufs Neue entbrannte der Zorn
des Herrn gegen Israel, sodass er
David gegen sie aufreizte und ihm auftrug:
Geh, zähle Israel und Juda! 2 Darum befahl
König Joab und den Heerführern, die bei
ihm waren: Zieht einmal durch alle Stäm-
me Israels von Dan bis Beerscheba und
zählt das Volk, damit ich weiß, wie viele
es sind. 3 Joab aber sagte zum König: Der
Herr, dein Gott, möge das Volk, so zahl-
reich es auch ist, noch hundertmal zahlrei-
cher werden lassen; mein Herr und König
möge das noch mit eigenen Augen sehen!
Aber warum willst du dies überhaupt tun?
4 Doch der König bestand gegenüber Joab
und den Heerführern auf seinem Befehl.
So gingen Joab und die Heerführer vom
König fort, um das Volk Israel zu zählen.
5 Sie gingen über den Jordan hinüber und
begannen bei Aroër und bei der Stadt, die
mitten im Bachtal liegt, und gingen zu den
Gaditern und nach Jaser. 6 Dann kamen sie
nach Gilead und in das Land der Hetiter,
nach Kadesch. Hierauf gelangten sie nach
Dan und wandten sich von Dan nach Si-
don hin. 7 Danach kamen sie zu der Fes-
tung Tyrus sowie in alte Städte der Hiwiter
und Kanaaniter. Sie zogen darauf zum
Südland von Juda, nach Beerscheba. 8 So
durchzogen sie das ganze Land und trafen
nach Verlauf von neun Monaten und
zwanzig Tagen wieder in Jerusalem ein.
9 Joab meldete dem König das Ergebnis
der Volkszählung: Israeliten waren es
achthunderttausend wehrfähige, zum
Schwert taugliche Männer, Judäer aber
fünfhunderttausend Mann.

Die Pest und Gottes Verzeihen

10 Nachdem aber David das Volk hatte zäh-
len lassen, schlug ihm das Gewissen. Da-

rum sprach David zum Herrn: Ich habe
schwer gesündigt durch das, was ich tat.
Nun aber, Herr, nimm doch die Schuld
deines Knechtes hinweg; denn ich habe
überaus dumm gehandelt. 11 Als David sich
am Morgen erhob, war das Wort des
Herrn an den Propheten Gad, den Seher
Davids, ergangen: 12 Geh hin und verkünde
David: So spricht der Herr: Dreierlei lege
ich dir vor. Wähle eines davon, dann will
ich es dir antun! 13 Gad begab sich zu Da-
vid und teilte ihm das mit und sprach: Sol-
len dir zur Strafe drei Jahre Hungersnot
über dein Land kommen? Oder willst du
drei Monate vor deinem Feind fliehen,
während er dich verfolgt? Oder soll drei
Tage lang Pest in deinem Land sein? Über-
leg nun und siehe, was ich dem als Ant-
wort bringen soll, der mich gesandt hat.
14 Da sagte David zu Gad: Ich fürchte mich
sehr. Wir wollen lieber in die Hände des
Herrn fallen; denn groß ist sein Erbarmen.
In die Hände von Menschen dagegen
möchte ich nicht fallen. 15 So wählte sich
David die Pest. Es waren aber gerade die
Tage der Weizenernte. Da ließ der Herr
eine Pest über Israel kommen vom Mor-
gen bis zur festgesetzten Zeit und die Seu-
che schlug das Volk und es starben aus
dem Volk von Dan bis Beerscheba siebzig-
tausend Mann. 16 Als aber der Engel seine
Hand gegen Jerusalem ausstreckte, um es
zu verderben, da reute den Herrn das Un-
heil und er befahl dem Engel, der das Ver-
derben im Volk anrichtete: Es ist jetzt ge-
nug, zieh deine Hand zurück! Der Engel
des Herrn war aber gerade bei der Tenne
des Jebusiters Arauna. 17 Als David den En-
gel sah, der das Volk schlug, rief er zum
Herrn: Siehe, ich bin es, der gesündigt, ich
bin es, der Böses getan hat. Diese aber, die
Schafe, was haben sie verschuldet? So mö-
ge denn deine Hand sich gegen mich und
mein Haus richten.

Errichtung eines Altars

18 Am gleichen Tag begab sich Gad zu Da-
vid und sprach zu ihm: Geh hinauf und
errichte dem Herrn einen Altar auf der
Tenne des Jebusiters Arauna. 19 Da stieg
David auf Gads Weisung hinauf, wie es
ihm der Herr befohlen hatte. 20 Als nun
Arauna hinschaute, sah er den König mit
seinen Dienern auf sich zukommen. Da
trat Arauna vor und verneigte sich vor
dem König mit seinem Angesicht bis auf
die Erde. 21 Arauna sprach: Warum kommt
mein Herr und König zu seinem Knecht?
David antwortete: Um die Tenne von dir
zu kaufen. Ich möchte dem Herrn einen
Altar bauen, damit die Seuche vom Volk
abgewehrt wird. 22 Arauna erwiderte Da-
vid: Mein Herr und König möge nur neh-
men und opfern, was ihm beliebt. Siehe,
da sind die Rinder zum Brandopfer und
die Dreschschlitten sowie das Geschirr
der Rinder zum Brennholz. 23 Das alles
schenkt der Knecht meines Herrn und Kö-
nig dem König. Und Arauna fuhr fort,
zum König gewandt: Der Herr, dein Gott,
möge dir gnädig sein. 24 Da erwiderte Kö-
nig Arauna: Nein! Ich will es von dir um
einen Kaufpreis erwerben. Ich werde doch
den Herrn, meinem Gott, nicht etwa
Brandopfer darbringen, die ich umsonst
habe! Darauf kaufte David die Tenne und
die Rinder für fünfzig Silberschekel.
25 Dann errichtete David dort dem Herrn
einen Altar und brachte Brandopfer und
Gemeinschaftsopfer dar. Da ließ der Herr
sich für das Land erbitten und die Seuche
wurde von Israel abgewehrt.

Das erste Buch der Könige

Die Thronfolge Davids

David im Alter und die Umtriebe Adonijas

1 König David war alt und hochbetagt.
Obwohl man ihn in Decken einhüllte,
wurde ihm doch nicht mehr warm. 2 Da
sprachen seine Diener zu ihm: Man muss
für den Herrn und König ein Mädchen su-
chen, und zwar eine Jungfrau, damit sie
den König bedient und pflegt; wenn sie
dann an deiner Brust liegt, wird es dem
Herrn und König warm werden. 3 Da such-
te man im ganzen Gebiet Israels nach
einem schönen Mädchen; und man fand
Abischag aus Schunem und brachte sie
zum König. 4 Das Mädchen aber war au-
ßergewöhnlich schön. Die junge Frau wur-
de Pflegerin des Königs und bediente ihn;
der König jedoch wohnte ihr nicht bei.
5 Adonija aber, der Sohn der Haggit, ver-
stieg sich zu dem Gedanken: Ich bin's, der
König wird! So schaffte er sich Wagen und
Reiter an und fünfzig Mann, die vor ihm
herliefen. 6 Sein Vater David aber war ihm
nie entgegengetreten und hätte ihm ge-
sagt: Warum tust du so etwas? Außerdem
war er sehr schön von Gestalt und seine
Mutter hatte ihn nach Abschalom gebo-
ren. 7 So besprach er sich mit Joab, dem
Sohn der Zeruja, und mit dem Priester Ab-
jatar und sie ergriffen für Adonija Partei.
8 Dagegen schlossen sich der Priester Za-
dok, Benaja, der Sohn Jojadas, der Prophet
Natan sowie Schimi und seine Gefährten,
die Helden Davids, nicht Adonija an. 9 Als
nun Adonija am Stein Sohelet neben der
Rogel-Quelle Schafe, Rinder und Mastkäl-
ber zum Opfermahl schlachtete, lud er alle
seine Brüder, die Söhne des Königs, sowie
alle Männer aus Juda, soweit sie im Dienst
des Königs standen, ein; 10 den Propheten
Natan aber und Benaja sowie die Helden
Davids und seinen Bruder Salomo lud er
nicht ein.

Das Gegenspiel Natans und Batsebas

11 Da sprach Natan zu Batseba, der Mutter
Salomos: Du hast wohl gehört, dass Ado-
nija, der Sohn der Haggit, König geworden
ist, ohne dass David, unser Herr, etwas da-
von weiß? 12 Nun komm, ich will dir einen
Rat geben, wie du dein Leben und das Le-
ben deines Sohnes Salomo retten kannst!
13 Mach dich auf und geh zum König hi-
nein und sprich zu ihm: Du selbst, mein
Herr und König, hast doch deiner Magd
eidlich versprochen: Dein Sohn Salomo
soll nach mir König sein; er ist es, der auf
meinem Thron sitzen soll. Weshalb ist nun
Adonija König geworden? 14 Während du
dann dort noch mit dem König sprichst,
werde ich nach dir hereinkommen und
deine Worte bekräftigen. 15 Batseba ging
also zum König ins Gemach hinein. Der
König aber war sehr gealtert und Abischag
aus Schunem bediente ihn. 16 Als Batseba
sich verneigt und vor dem König nieder-
geworfen hatte, fragte der König: Was
wünschst du? 17 Sie sagte zu ihm: Mein
Herr, du selbst hast deiner Magd beim
Herrn, deinem Gott, eidlich versprochen:
Dein Sohn Salomo soll nach mir König
sein; er ist es, der auf meinem Thron sitzen
soll. 18 Aber nun ist ja Adonija König ge-
worden und du, mein Herr und König,
weißt nichts davon! 19 Er hat nämlich eine
Menge Rinder, Mastkälber und Schafe
schlachten lassen und alle Königssöhne,
den Priester Abjatar und den Heerführer
Joab eingeladen; deinen Knecht Salomo je-
doch hat er nicht eingeladen. 20 Auf dich,
mein Herr und König, sind nun die Augen
von ganz Israel gerichtet, damit du ihnen
kundtust, wer einst auf dem Thron meines
Herrn und Königs als sein Nachfolger sit-
zen soll. 21 Sonst werden ich und mein
Sohn Salomo als Schuldige dastehen,
wenn mein Herr und König sich zu seinen
Vätern gelegt hat.

22 Während sie noch mit dem König
sprach, kam der Prophet Natan. 23 Man
meldete dem König: Der Prophet Natan
ist da. Da trat er vor den König hin und
warf sich vor dem König mit seinem Ge-
sicht auf die Erde. 24 Und Natan sprach:
Mein Herr und König, du selbst hast wohl

erklärt: Adonija soll nach mir König sein
und er ist es, der auf meinem Thron sitzen
soll! 25 Denn er ist heute hinuntergegangen
und hat eine Menge Rinder, Mastkälber
und Schafe schlachten lassen; auch hat er
alle Königssöhne, ebenso die Heerführer
und den Priester Abjatar eingeladen; und
nun sind sie bei ihm, essen und trinken
und rufen: König Adonija soll leben!
26 Mich jedoch, deinen Diener, den Priester
Zadok sowie Benaja, den Sohn Jojadas,
und deinen Diener Salomo hat er nicht
eingeladen. 27 Wenn dies wirklich von mei-
nem Herrn und König ausgeht, so hast du
deinen Knecht nicht wissen lassen, wer auf
dem Thron meines Herrn und Königs als
Nachfolger sitzen wird!

Salbung Salomos zum König

28 Da nahm König David das Wort und
sprach: Ruft mir Batseba! Sie kam zum
König herein und trat vor den König hin.
29 Der König schwor: So wahr der Herr
lebt, der mich aus aller Not errettet hat,
30 so wie ich es dir beim Herrn, dem Gott
Israels, eidlich zugesagt habe, dass näm-
lich dein Sohn Salomo nach mir König
sein und an meiner Stelle auf meinem
Thron sitzen soll, so will ich es heute ins
Werk setzen! 31 Da verneigte sich Batseba
mit dem Gesicht auf die Erde, warf sich
vor dem König nieder und rief: Möge mein
Herr und König David für immer leben!
32 Darauf befahl König David: Ruft mir
den Priester Zadok, den Propheten Natan
und Benaja, den Sohn Jojadas! Sie erschie-
nen vor dem König, 33 und der König
sprach zu ihnen: Nehmt die Diener eueres
Herrn mit euch, setzt meinen Sohn Salo-
mo auf mein eigenes Maultier und führt
ihn zum Gihon hinunter. 34 Dort sollen
der Priester Zadok und der Prophet Natan
ihn zum König über Israel salben! Alsdann
stoßt in das Horn und ruft: Es lebe König
Salomo! 35 Dann zieht hinter ihm her wie-
der herauf; und er soll hereinkommen und
sich auf meinen Thron setzen. Dann soll er
selbst König sein an meiner Stelle; ihn ha-
be ich dazu bestellt, dass er Fürst sei über
Israel und über Juda. 36 Da antwortete Be-
naja, der Sohn Jojadas, dem König und
sprach: So sei es! So soll der Herr die Wor-
te meines Herrn und Königs bestätigen!
37 Wie der Herr mit meinem Herrn und
König gewesen ist, so möge er auch mit
Salomo sein; er mache seinen Thron noch
erhabener als den Thron meines Herrn
und Königs David!
38 Der Priester Zadok, der Prophet Na-
tan und Benaja, der Sohn Jojadas, sowie
die Kereter und Peleter zogen also hinun-
ter; sie setzten Salomo auf das Maultier des
Königs David und führten ihn zum Gihon.
39 Der Priester Zadok aber hatte das Salb-
horn aus dem Zelt geholt und salbte Salo-
mo. Nun stieß man in das Horn und das
ganze Volk rief: Es lebe König Salomo!
40 Dann zog das Volk hinter ihm hinauf
und die Leute spielten auf Flöten und ju-
belten so laut, dass die Erde von ihrem Ge-
schrei zu bersten drohte.

Adonijas Furcht

41 Das hörten Adonija und alle seine Gäste,
die bei ihm waren, als sie eben das Mahl
beendet hatten. Als aber Joab den Posau-
nenklang vernahm, rief er: Warum ist die
ganze Stadt in Aufruhr? 42 Er war noch am
Reden, als Jonatan, der Sohn des Priesters
Abjatar, kam. Adonija rief: Komm her! Du
bist ein tüchtiger Mann und wirst sicher
eine gute Nachricht bringen! 43 Jonatan
aber gab Adonija zur Antwort: Jawohl!
Unser Herr, König David, hat Salomo
zum König gemacht! 44 Der König hat ihm
nämlich den Priester Zadok und den Pro-
pheten Natan, Benaja, den Sohn Jojadas,
samt den Keretern und Peletern mitgege-
ben; sie haben ihn auf das Maultier des
Königs gesetzt, 45 und der Priester Zadok
und der Prophet Natan haben ihn am Gi-
hon zum König gesalbt. Dann sind sie mit
lautem Jubel von dort hinaufgezogen und
die ganze Stadt ist in Aufregung geraten.
Das war der Lärm, den ihr gehört habt.
46 Auch hat sich Salomo schon auf den Kö-
nigsthron gesetzt, 47 und die Diener des
Königs sind erschienen, um unserem
Herrn, dem König David, Glück zu wün-
schen mit den Worten: Möge dein Gott
den Namen Salomo noch glorreicher ma-
chen als deinen Namen, möge er seinen
Thron noch erhabener machen als deinen
Thron! Und der König hat sich dabei auf
seinem Lager verneigt. 48 Auch hat der Kö-
nig gesprochen: Gepriesen sei der Herr,
der Gott Israels, der es heute gefügt hat,
dass einer aus meinem Geschlecht auf
meinem Thron sitzt und dass meine Au-
gen ihn sehen. 49 Da erschraken alle Gäste

Adonijas und machten sich eiligst davon;
ein jeder ging seines Weges.
50 Adonija aber fürchtete sich so vor Sa-
lomo, dass er zum Altar lief, um die Hör-
ner zu umfassen. 51 Da meldete man Salo-
mo: Siehe, Adonija hat solche Angst vor
König Salomo, dass er die Hörner des Al-
tars umfasst und erklärt hat: König Salo-
mo möge mir zuerst schwören, dass er sei-
nen Knecht nicht durch das Schwert
umbringen lässt. 52 Salomo sagte: Wenn er
sich als rechtschaffener Mann verhält, so
soll von seinem Haar keines auf die Erde
fallen. Wird aber Böses an ihm gefunden,
so muss er sterben! 53 Darauf sandte König
Salomo hin und ließ ihn vom Altar wegho-
len. Er kam und warf sich vor König Salo-
mo nieder. Salomo aber sagte zu ihm: Geh
nach Hause!

Davids Testament und Tod

2 Als die Zeit herankam, dass David
sterben sollte, trug er seinem Sohn Sa-
lomo auf: 2 Nun gehe auch ich den Weg
alles Irdischen. So sei tapfer und zeig dich
als Mann! 3 Beachte, was der Herr, dein
Gott, gebietet; geh auf seinen Wegen und
halte seine Gebote, Befehle, Satzungen und
Anordnungen, wie es geschrieben steht im
Gesetz des Mose, damit dir alles gelinge,
was du tust und unternimmst, 4 damit der
Herr sein Wort in Erfüllung gehen lasse,
das er zu mir gesprochen hat: Wenn deine
Söhne auf ihren Weg achten und mir mit
ihrem ganzen Herzen und ihrer ganzen
Seele treu sind, dann soll es, sagte er, dir
nie an einem Nachfolger auf dem Thron
Israels fehlen.
5 Auch weißt du selbst, was mir Joab, der
Sohn der Zeruja, angetan hat, wie er an
den beiden Heerführern Israels, an Abner,
dem Sohn Ners, und an Amasa, dem Sohn
Jeters, gehandelt hat; er ermordete sie und
hat so im Frieden Rache genommen für
Blut, das im Krieg vergossen worden war.
Er hat dadurch den Gürtel um meine Len-
den und die Schuhe an meinen Füßen mit
unschuldigem Blut befleckt. 6 Handle nun
nach deiner weisen Einsicht und lass sein
graues Haar nur ja nicht unversehrt zur
Unterwelt gelangen. 7 Aber den Söhnen
des Gileaditers Barsillai sollst du Gnade
erweisen und sie sollen zu denen gehören,
die an deinem Tisch essen; denn ebenso
sind sie mir entgegengekommen, als ich
auf der Flucht vor deinem Bruder Abscha-
lom war. 8 Desgleichen ist da bei dir der
Benjaminit Schimi, der Sohn Geras aus
Bahurim; er hat abscheuliche Flüche ge-
gen mich ausgestoßen an dem Tag, an
dem ich mich nach Mahanajim begab.
Weil er mir aber an den Jordan entgegen-
kam, schwor ich ihm beim Herrn: Ich will
dich nicht mit dem Schwert töten! 9 Du
aber, du sollst ihn nicht ungestraft lassen;
denn du bist ein kluger Mann und wirst
schon wissen, was du machen musst, um
sein graues Haar mit Blut befleckt zur Un-
terwelt hinunterzusenden.
10 Danach legte sich David zu seinen Vä-
tern und wurde in der Davidstadt begra-
ben. 11 Die Zeit aber, die David als König
über Israel herrschte, betrug vierzig Jahre.
In Hebron war er sieben Jahre König und
in Jerusalem dreiunddreißig Jahre. 12 Salo-
mo bestieg nun den Thron seines Vaters
David und sein Königtum befestigte sich
mehr und mehr.

Adonijas Tod

13 Adonija aber, der Sohn der Haggit, ging
zu Batseba, der Mutter Salomos, und warf
sich vor ihr nieder. Sie fragte ihn: Bedeutet
dein Kommen Gutes? Er antwortete: Ja,
Gutes, 14 und fuhr fort: Ich habe eine An-
gelegenheit mit dir zu besprechen. Sie sag-
te: Sprich! 15 Er sagte: Du weißt selbst, dass
mir die Königsherrschaft zustand und
dass ganz Israel seine Blicke auf mich ge-
richtet hatte in der Erwartung, dass ich
König würde. Aber die Königswürde ist
mir entgangen und meinem Bruder zuge-
fallen; denn vom Herrn war es ihm zuge-
dacht. 16 Nun aber habe ich eine einzige
Bitte an dich, weise mich nicht ab! Sie sag-
te zu ihm: Sprich! 17 Und er fuhr fort: Rede
doch mit König Salomo, denn dich wird er
nicht abweisen, dass er mir die Abischag
aus Schunem zur Frau gibt. 18 Batseba er-
widerte: Gut, ich selbst will deinetwegen
mit dem König reden. 19 Als nun Batseba
beim König Salomo eintrat, um mit ihm
wegen Adonija zu reden, da erhob sich
der König, ging ihr entgegen, verneigte
sich vor ihr und setzte sich dann auf sei-
nen Thron; für die Königinmutter aber
stellte man einen Sessel hin und sie nahm
zu seiner Rechten Platz. 20 Darauf sagte sie:
Eine einzige Bitte habe ich an dich, eine
kleine nur, weise mich nicht ab! Der König

antwortete ihr: Stelle nur die Bitte, Mutter,
denn ich werde dich nicht abweisen. 21 Da
sagte sie: Man möge doch Abischag aus
Schunem deinem Bruder Adonija zur Frau
geben! 22 Da antwortete König Salomo und
sagte zu seiner Mutter: Warum eigentlich
bittest du für Adonija nur um Abischag
aus Schunem? So fordere doch die Königs-
würde für ihn – er ist ja mein älterer Bru-
der, und zu ihm halten Abjatar, der Pries-
ter, und Joab, der Sohn der Zeruja! 23 Dann
tat der König folgenden Schwur vor dem
Herrn: Gott soll mir dies und noch
Schlimmeres antun, wenn Adonija nicht
um den Preis seines Lebens dieses Wort
gesprochen hat! 24 Ja, so wahr der Herr lebt,
der mich bestätigt und mich den Thron
meines Vaters David hat besteigen lassen
und der ihm, wie er es verheißen, ein Haus
gegründet hat: heute noch soll Adonija
sterben! 25 Dann sandte König Benaja, den
Sohn Jojadas, mit einem Befehl hin. Der
gab ihm den Todesstoß.

Das Schicksal Abjatars und Joabs

26 Nun gebot der König dem Priester Abja-
tar: Geh nach Anatot auf dein Landgut!
Du hast zwar den Tod verdient, aber heute
will ich dich nicht töten, weil du die Lade
des Herrn vor meinem Vater getragen und
alles Leid mit ausgehalten hast, das mein
Vater erdulden musste. 27 So setzte Salomo
Abjatar als Priester des Herrn ab, damit
sich das Drohwort des Herrn erfüllte, das
er gegen das Haus Elis in Schilo gespro-
chen hatte.

28 Als das Gerücht zu Joab drang – Joab
hatte sich nämlich auf die Seite Adonijas
gestellt, nicht jedoch auf die Seite Abscha-
loms –, da flüchtete Joab in das Zelt des
Herrn und umfasste die Hörner des Altars.
29 Man meldete also dem König Salomo:
Joab ist in das Zelt des Herrn geflüchtet
und steht am Altar. Da ließ Salomo Joab
sagen: Was hast du denn, dass du zum Al-
tar fliehst? Joab antwortete: Ich habe
Angst vor dir und habe mich zum Herrn
geflüchtet. Da sandte Salomo Benaja, den
Sohn Jojadas, mit dem Auftrag hin: Geh
hin und stoß ihn nieder! 30 Benaja begab
sich zum Zelt des Herrn und sagte zu Joab:
So befiehlt der König: Komm heraus! Er
aber erwiderte: Nein, sondern hier will
ich sterben! Da meldete Benaja dem Kö-
nig: So hat Joab gesprochen und diese
Antwort hat er mir gegeben. 31 Der König
aber befahl ihm: Tu ihm, wie er gesagt hat!
Stoß ihn nieder und begrabe ihn, damit du
so das Blut, das Joab ohne Ursache vergos-
sen hat, heute von mir und meinem Haus
abwendest! 32 Der Herr lasse seine Blut-
schuld über sein eigenes Haupt kommen,
weil er zwei Männer ermordet hat, die ge-
recht und besser waren als er, indem er sie
mit dem Schwert tötete, ohne dass mein
Vater davon wusste, nämlich Abner, den
Sohn Ners, den Heerführer Israels, sowie
Amasa, den Sohn Jeters, den Heerführer
Judas. 33 Nun möge ihr Blut für alle Zeit
auf das Haupt Joabs und auf das Haupt
seiner Nachkommen zurückfallen; David
aber und seinen Nachkommen, seinem
Haus und seinem Thron möge immerfort
Heil widerfahren vom Herrn! 34 So ging Be-
naja, der Sohn Jojadas, hinauf, stieß ihn
nieder und tötete ihn. Man begrub ihn
auf seinem Besitztum in der Steppe. 35 Der
König aber stellte an seiner Stelle Benaja,
den Sohn Jojadas, an die Spitze des Heeres;
den Priester Zadok setzte der König an die
Stelle Abjatars.

Schimis Ungehorsam und Tod

36 Danach sandte der König aus, ließ Schi-
mi rufen und sprach zu ihm: Bau dir ein
Haus in Jerusalem und wohne dort, aber
begib dich von dort nicht weg, wohin es
auch sein mag! 37 An dem Tag, an dem du
weggehst und den Bach Kidron über-
schreitest, musst du sterben, verlass dich
darauf! Dein Blut kommt dann über dein
eigenes Haupt. 38 Schimi antwortete dem
König: Gut, wie mein Herr, der König, be-
fohlen hat, so wird dein Knecht tun. So
wohnte also Schimi lange Zeit in Jerusa-
lem.

39 Nach drei Jahren aber trug es sich zu,
dass Schimi zwei Sklaven zu Ahisch, dem
Sohn Maachas, dem König von Gat, ent-
liefen. Als man Schimi meldete: Deine
Sklaven sind in Gat, 40 da machte sich Schi-
mi auf, sattelte seinen Esel und begab sich
zu Ahisch nach Gat, um seine Sklaven zu
suchen; er begab sich also hin und holte
seine Sklaven aus Gat zurück. 41 Es wurde
aber Salomo hinterbracht, dass Schimi
von Jerusalem weg nach Gat gegangen
und wieder zurückgekehrt sei. 42 Da ließ
Salomo Schimi rufen und sagte zu ihm:
Habe ich dich nicht beim Herrn schwören

lassen und dich gewarnt: An dem Tag, an dem du weggehst und hierhin oder dorthin ziehst, weißt du, dass du sterben musst? 43 Warum also hast du den beim Herrn geleisteten Eid und das Gebot, das ich dir gegeben habe, nicht gehalten? 44 Dann sagte der König zu Schimi: Du kennst all das Böse, was du meinem Vater angetan hast. So lasse der Herr deine Bosheit auf dein Haupt zurückfallen. 45 König Salomo dagegen sei gesegnet. Der Thron Davids stehe fest vor dem Herrn in Ewigkeit. 46 Darauf gab König Benaja, dem Sohn Jojadas, den Befehl; der ging hin und versetzte Schimi den Todesstoß. So wurde das Königtum in der Hand Salomos gefestigt.

Die Geschichte von Salomo und seiner Herrlichkeit

Salomos Weisheit

Einleitung

3 Salomo verschwägerte sich mit dem Pharao, dem König von Ägypten; er heiratete eine Tochter des Pharao und brachte sie in die Davidstadt, bis er den Bau seines Palastes, des Tempels des Herrn und der Mauer um Jerusalem vollendet hatte. 2 In jener Zeit opferte das Volk noch auf den Kulthöhen; denn bis dahin hatte man dem Namen des Herrn noch kein Haus erbaut. 3 Salomo aber liebte den Herrn und lebte nach den Geboten seines Vaters David; er brachte jedoch ebenfalls Schlacht- und Rauchopfer auf den Kulthöhen dar.

Erste Gotteserscheinung:
Der Traum von Gibeon

4 So begab sich der König nach Gibeon, um dort zu opfern. Dies war nämlich die bedeutendste Kulthöhe. Eintausend Brandopfer brachte Salomo auf jenem Altar dar. 5 In Gibeon erschien der Herr dem Salomo nachts im Traum. Gott sprach: Erbitte, was ich dir geben soll! 6 Salomo sagte: Du hast an deinem Knecht, meinem Vater David, überaus huldvoll gehandelt, weil er vor dir in Treue und Frömmigkeit und mit einem gegen dich aufrichtigen Herzen gelebt hat, und du hast ihm diese große Huld bewahrt, indem du ihm einen Sohn geschenkt hast, der nun auf seinem Thron sitzt. 7 Herr, mein Gott, du hast deinen Knecht an der Stelle meines Vaters zum König gemacht. Ich bin aber ein junger Mensch, weiß nicht aus noch ein. 8 Und dein Knecht steht doch mitten in deinem Volk, das du erwählt hast, einem so großen Volk, dass man es wegen seiner Menge nicht zählen kann. 9 Gib also deinem Knecht ein hörendes Herz, damit er zu unterscheiden weiß zwischen Gut und Böse. Wer könnte sonst dieses dein so zahlreiches Volk regieren? 10 Es gefiel dem Herrn, dass Salomo eine solche Bitte ausgesprochen hatte. 11 Darum sprach der Herr zu ihm: Weil du gerade diese Bitte gestellt und dir nicht ein langes Leben, Reichtum oder das Leben deiner Feinde, sondern Einsicht erbeten hast, um auf das Recht zu achten, 12 darum will ich deine Bitte erfüllen. Siehe, ich will dir ein so weises und verständiges Herz geben, dass niemand vor dir war und niemand kommen wird, der dir gleicht. 13 Aber auch das, worum du nicht gebeten hast, will ich dir geben, sowohl Reichtum als Ehre, sodass keiner unter den Königen dir gleichen soll. 14 Und wenn du wie dein Vater David auf meinen Wegen gehst und meine Satzungen und Gebote hältst, will ich dir ein langes Leben schenken. 15 Als aber Salomo erwachte, da war es ein Traum gewesen. Er kehrte nach Jerusalem zurück, trat vor die Bundeslade des Herrn und brachte Brandopfer und Gemeinschaftsopfer dar und gab ein Festmahl für alle seine Diener.

Das salomonische Urteil

16 Damals kamen zwei Huren zum König und traten vor ihn hin. 17 Die eine Frau sagte: Ach, mein Herr! Ich und diese Frau wohnen im gleichen Haus und ich gebar in ihrem Beisein in diesem Haus. 18 Drei Tage nach meiner Niederkunft gebar auch diese Frau. Wir waren beisammen, kein Fremder war bei uns im Haus, nur wir beide. 19 Da starb in der Nacht der Sohn dieser Frau, denn sie hatte ihn im Schlaf erdrückt. 20 Sie aber stand mitten in der Nacht auf, nahm, während deine Magd schlief, meinen Sohn von meiner Seite

weg und legte ihn an ihre Brust. Ihren to-
ten Sohn aber legte sie an meine Brust.
21 Als ich nun aufstand, um meinen Sohn
zu stillen, da war er tot! Als ich ihn aber
bei Anbruch des Tages genau betrachtete,
da war er gar nicht mein Sohn, den ich
geboren hatte. 22 Die andere Frau aber er-
klärte: Nein, mein Sohn lebt, deiner ist tot!
Jene aber behauptete: Nein, dein Sohn ist
tot und mein Sohn lebt. So stritten sie vor
dem König miteinander. 23 Da sprach der
König: Diese behauptet: Dieser ist mein
Sohn, nämlich der lebende, und dein Sohn
ist der tote. Jene dagegen erklärt: Nein,
dein Sohn ist der tote, meiner aber der le-
bende. 24 Darauf befahl der König: Holt
mir ein Schwert herbei! Man brachte das
Schwert vor den König. 25 Nun sprach der
König: Teilt das lebende Kind in zwei
Hälften und gebt der einen die eine Hälfte
und der anderen die andere Hälfte. 26 Da
sagte die Frau, der das lebende Kind ge-
hörte – denn in ihr entflammte die Liebe
zu ihrem Sohn –, zum König: Ach, mein
Herr, gebt ihr das Kind und tötet es nicht!
Die andere dagegen rief: Es soll weder
mein noch dein sein, zerteil es! 27 Da nahm
der König das Wort und sagte: Gebt jener
das Kind und tötet es nicht! Sie ist seine
Mutter! 28 Und ganz Israel hörte von dem
Urteil, das der König gefällt hatte, und be-
kam Ehrfurcht vor dem König, denn man
sah, dass göttliche Weisheit in ihm war,
um Recht zu sprechen.

Die obersten Beamten Salomos

4 König Salomo war also Herrscher
über ganz Israel. 2 Und dies waren
seine obersten Beamten: Asarja, der Sohn
Zadoks, war der Priester. 3 Elihoref und
Ahija, die Söhne Schischas, waren Staats-
schreiber; Joschafat, der Sohn Ahiluds,
war Kanzler. 4 Benaja, der Sohn Jojadas,
war Heerführer; [Zadok und Abjatar wa-
ren Priester.] 5 Asarja, der Sohn Natans,
war Oberster der Statthalter; Sabud, der
Sohn Natans, war Freund des Königs,
6 und sein Bruder war Palastaufseher. Eli-
ab, der Sohn Joabs, war Heerführer, Ado-
niram, der Sohn Abdas, war Fronaufseher.

Die Statthalter Salomos

7 Salomo hatte auch zwölf Statthalter, die
über ganz Israel gesetzt waren und den
König samt seinem Hof versorgten; jeder
einen Monat im Jahr. 8 Das sind ihre Na-
men: der Sohn Hurs, im Bergland Efraim;
9 der Sohn Dekers, in Makaz und Schaal-
bim, Bet-Schemesch, Elon und Bet-Hanan;
10 der Sohn Heseds, in Arubbot; zu ihm ge-
hörte Socho und das ganze Gebiet von He-
fer. 11 der Sohn Abinadabs im ganzen Hü-
gelland von Dor; Salomos Tochter Tafat
war seine Frau. 12 Baana, der Sohn Ahiluds,
in Taanach und Megiddo bis über Jokneam
hinaus und in ganz Bet-Schean unterhalb
von Jesreel, von Bet-Schean bis Abel-Me-
hola, das bei Zaretan liegt. 13 der Sohn Ge-
bers in Ramot-Gilead; ihm gehörten die
Zeltdörfer Jaïrs, des Sohnes Manasses, in
Gilead; ihm unterstand der Bezirk Argob
in Baschan, sechzig große Städte mit Mau-
ern und Riegeln aus Bronze. 14 Ahinadab,
der Sohn Iddos, in Mahanajim. 15 Ahimaaz
in Naftali; er hatte ebenfalls eine Tochter
Salomos geheiratet, nämlich Basemat.
16 Baana, der Sohn Huschais, in Ascher
und auf den Hängen. 17 Joschafat, der Sohn
Paruachs in Issachar. 18 Schimi, der Sohn
Elas, in Benjamin. 19 Geber, der Sohn Uris,
im Land Gad, dem Land Sihons, des Amo-
riterkönigs, und Ogs, des Königs von Ba-
schan. Dazu kam ein Vogt im Land Juda.
20 Juda und Israel waren so zahlreich wie
der Sand am Meer; sie aßen und tranken
und waren glücklich.

5 Salomo aber war Herrscher über alle
Königreiche vom Strom bis zum Land
der Philister und bis zur Grenze Ägyptens.
Sie brachten Tribut und waren Salomo un-
tertan, solange er lebte. 2 Der tägliche Be-
darf Salomos betrug dreißig Kor Feinmehl
und sechzig Kor gewöhnliches Mehl,
3 zehn Mastrinder und zwanzig Weiderin-
der sowie einhundert Schafe, abgesehen
von den Hirschen, Gazellen, Antilopen
und dem gemästeten Geflügel. 4 Er be-
herrschte ja alles Land jenseits des Stro-
mes von Tifsach bis Gaza, alle Könige jen-
seits des Stromes; und er hatte Frieden mit
allen ringsum. 5 Juda und Israel lebten in
Sicherheit, ein jeder unter seinem Wein-
stock und unter seinem Feigenbaum, von
Dan bis Beerscheba, solange Salomo lebte.
6 Salomo besaß ferner für seine Wagen
viertausend Stellplätze in seinen Stallun-
gen und zwölftausend Mann für seine
Pferde. 7 Jene Statthalter versorgten den
König Salomo samt allen, die zum Tisch
des Königs Zutritt hatten, jeder einen Mo-

nat hindurch; an nichts ließen sie es feh-
len. 8 Auch die Gerste und das Stroh für die
Wagen- und Reitpferde brachten sie je-
weils an den Ort, wo er sich aufhielt, jeder,
wie er an der Reihe war.

Salomos Ruhm

9 Der Herr verlieh Salomo Weisheit und
Einsicht und Weite des Herzens – wie
Sand am Ufer des Meeres, 10 sodass Salo-
mos Weisheit die Weisheit aller Söhne
des Ostens und sogar alle Weisheit Ägyp-
tens übertraf. 11 Er war weiser als alle Men-
schen, weiser als Etan, der Esrachiter, als
Heman, Kalkol und Darda, die Söhne Ma-
hols. Sein Name drang zu allen Völkern
ringsum. 12 Er dichtete dreitausend Sprü-
che und die Zahl seiner Lieder betrug ein-
tausendundfünf. 13 Er redete über die Bäu-
me, von der Zeder auf dem Libanon bis
zum Ysop, der an der Mauer empor-
wächst; er redete über die Vierfüßler und
die Vögel, über die Kriechtiere und die Fi-
sche. 14 Von allen Völkern kam man her-
bei, um die Weisheit Salomos zu hören,
Abgesandte von allen Königen der Erde,
die von seiner Weisheit gehört hatten.

Salomo als Bauherr

Die Vorbereitungen zum Tempelbau

15 Auch Hiram, der König von Tyrus, sand-
te seine Diener zu Salomo; er hatte näm-
lich gehört, dass man ihn an seines Vaters
Stelle zum König gesalbt hatte; denn Hi-
ram war sein Leben lang ein guter Freund
Davids gewesen. 16 Nun sandte Salomo an
Hiram die Botschaft: 17 Du weißt selbst,
dass mein Vater nicht in der Lage war,
dem Namen des Herrn, seines Gottes,
einen Tempel zu bauen wegen der Kriege,
die ihm von allen Seiten zusetzten, bis der
Herr seine Feinde unter die Sohlen seiner
Füße legte. 18 Jetzt aber hat mir der Herr,
mein Gott, ringsum Ruhe verschafft; es
gibt keinen Widersacher mehr und keine
Gefahr. 19 So denke ich daran, dem Namen
des Herrn, meines Gottes, ein Haus zu
bauen, gemäß dem Wort, das der Herr zu
meinem Vater David gesprochen hat: Dein
Sohn, den ich an deiner Stelle auf deinen
Thron setzen werde, der soll meinem Na-
men das Haus bauen. 20 So gib also Befehl,
dass man für mich auf dem Libanon Bäu-
me fällt, und zwar sollen meine mit deinen
Leuten zusammengehen, und ich will dir
den Lohn für deine Leute zahlen, den du
bestimmst. Du weißt ja, dass unter uns
niemand ist, der sich aufs Holzfällen so
versteht wie die Sidonier. 21 Als Hiram die
Botschaft Salomos vernahm, freute er sich
sehr und rief aus: Gepriesen sei heute der
Herr, der David einen weisen Sohn als
Herrscher über dieses große Volk gegeben
hat! 22 Darauf schickte Hiram an Salomo
folgenden Bescheid: Ich habe deine Bot-
schaft zur Kenntnis genommen; ich werde
alle deine Wünsche nach Zedern- und Zy-
pressenholz erfüllen. 23 Deine Leute sollen
sie vom Libanon zum Meer hinunter-
schaffen; dann will ich sie in Flößen auf
dem Meer bis an den Ort bringen lassen,
den du mir nennen wirst. Dort lasse ich sie
auseinandernehmen und du magst sie
dann abholen lassen. Du deinerseits wirst
auch meine Wünsche erfüllen und mir Le-
bensmittel für meinen Hof liefern. 24 So lie-
ferte also Hiram an Salomo Zedern- und
Zypressenstämme, so viele er wünschte.
25 Salomo dagegen lieferte an Hiram zwan-
zigtausend Kor Weizen zum Unterhalt für
seinen Hof, außerdem zwanzigtausend Bat
Öl von zerstoßenen Oliven. So viel lieferte
Salomo an Hiram Jahr für Jahr. 26 Der Herr
aber verlieh Salomo Weisheit, wie er es
ihm verheißen hatte. Zwischen Hiram
und Salomo herrschte Einvernehmen, so-
dass sie ein Bündnis miteinander schlos-
sen.

27 Nun ließ König Salomo aus ganz Israel
Fronarbeiter ausheben, insgesamt dreißig-
tausend Mann. 28 Er schickte sie auf den
Libanon, abwechselnd jeden Monat zehn-
tausend Mann, sodass sie einen Monat auf
dem Libanon waren, zwei Monate zu Hau-
se; Adoniram beaufsichtigte die Fron-
arbeit. 29 Auch hatte Salomo siebzigtausend
Lastträger und achtzigtausend Steinhauer
im Gebirge Juda, 30 abgesehen von den
Werkführern Salomos, die die Arbeit leite-
ten, nämlich dreitausenddreihundert; sie
führten die Aufsicht über die mit der Ar-
beit beschäftigten Leute. 31 Der König ließ
große mächtige und kostbare Steine aus-
brechen, um mit Quadersteinen das Fun-
dament des Hauses zu legen. 32 Die Bauleu-
te Salomos und die Bauleute Hirams
bearbeiteten zusammen mit den Gebali-
tern die Steine und richteten das Holz
und die Steine zum Bau des Tempels her.

Der Tempelbau

6 Es war im vierhundertachtzigsten Jahr
nach dem Auszug der Israeliten aus
Ägypten, im vierten Jahr der Regierung Sa-
lomos über Israel, im Monat Siw, das ist der
zweite Monat, da baute er den Tempel für
den Herrn. 2 Der Tempel, den König Salo-
mo für den Herrn erbaute, war sechzig El-
len lang, zwanzig Ellen breit und fünfund-
zwanzig Ellen hoch. 3 Die Vorhalle vor dem
Hauptraum war zwanzig Ellen breit, ent-
sprechend der Breitseite des Tempels, zehn
Ellen tief, in der Längsrichtung des Tem-
pels. 4 Er brachte am Tempel Fenster mit
Rahmen und Gittern an. 5 An der Wand
des Tempels brachte er um den Hauptraum
und den hinteren Raum einen Anbau an
und richtete dort Kammern ein. 6 Das unte-
re Stockwerk des Umbaus war fünf Ellen
breit, das mittlere war sechs Ellen breit, das
dritte war sieben Ellen breit; er hatte näm-
lich die Wand des Tempels ringsum abge-
stuft, damit die Außenmauern beim Einbau
der Balken nicht beschädigt wurden. 7 Bei
der Errichtung des Tempels baute man mit
Steinen, die im Steinbruch fertig behauen
worden waren; Hämmer und Meißel oder
sonstige eiserne Werkzeuge hörte man
nicht, während der Tempel gebaut wurde.
8 Der Eingang zum unteren Stockwerk des
Umbaus war an der rechten Seite des Tem-
pels; auf einer Wendeltreppe stieg man in
das mittlere und von dem mittleren in das
dritte Stockwerk hinauf. 9 So baute er den
Tempel und vollendete ihn; und er deckte
den Tempel mit Zedernholz. 10 Den Anbau
aber errichtete er um den ganzen Tempel.
Jedes seiner drei Stockwerke war fünf Ellen
hoch; er verband ihn mit dem Haus durch
Zedernbalken.
11 Es erging das Wort des Herrn an Salo-
mo: 12 So sei es mit diesem Haus, das du
baust: Wenn du meinen Satzungen ge-
horchst, meine Forderungen erfüllst und
alle meine Gebote beachtest und befolgst,
so will ich mein Wort an dir wahr machen,
das ich deinem Vater versprochen habe.
13 Ich werde mitten unter den Israeliten
wohnen und mein Volk Israel nicht verlas-
sen. 14 So baute Salomo den Tempel und
vollendete ihn.

Die Innenausstattung. Das Allerheiligste

15 Die Wände im Innern bekleidete er mit
Brettern aus Zedernholz, vom Fußboden
des Tempels bis zu den Balken der Decke
überzog er sie innen mit Holz und belegte
den Fußboden des Tempels mit Zypres-
senbohlen. 16 Zwanzig Ellen von der Rück-
seite des Tempels errichtete er mit Ze-
dernbrettern eine Wand vom Fußboden
bis zu den Balken und teilte sie vom Tem-
pel ab für den hinteren Raum, das Aller-
heiligste. 17 Vierzig Ellen maß der Tempel,
das heißt der Hauptraum vor dem hin-
teren Raum. 18 Innen war also am Tempel
Zedernholz, Schnitzereien mit Früchten
und Blumengewinden. Alles war aus Ze-
dernholz. Kein Stein war zu sehen. 19 Auch
richtete er im Innern des Tempels den
hinteren Raum so ein, dass er dort die
Bundeslade des Herrn unterbringen konn-
te. 20 Der hintere Raum war zwanzig Ellen
lang, zwanzig Ellen breit und zwanzig El-
len hoch; und er überzog ihn mit Feingold;
er machte einen Altar aus Zedernholz
21 und überzog ihn mit Gold. 22 Den ganzen
Tempel überzog er vollständig mit Gold.

Die Kerubim

23 Sodann ließ er im hinteren Raum zwei
Kerubim aus Olivenholz anfertigen. Sie
waren zehn Ellen hoch. 24 Fünf Ellen maß
der eine Flügel des Kerub und fünf Ellen
der andere Flügel des Kerub, sodass es
zehn Ellen waren von einem Ende seiner
Flügel bis zum anderen Ende. 25 Zehn Ellen
maß auch der andere Kerub. Beide Keru-
bim hatten das gleiche Maß und die glei-
che Gestalt. 26 Die Höhe des einen Kerubs
betrug zehn Ellen und ebenso viel maß der
andere Kerub. 27 Er stellte die Kerubim in
das Innerste des Tempels, sodass sie ihre
Flügel in der Weise ausbreiteten, dass der
eine Flügel des einen die eine Wand be-
rührte und der eine Flügel des anderen Ke-
rubs die andere Wand berührte; ebenso
stießen ihre Flügel in der Mitte des Rau-
mes aneinander. 28 Auch die Kerubim
überzog er mit Gold. 29 An allen Wänden
des Tempels brachte er ringsum Schnitze-
reien mit Kerubim, Palmen und Blumen-
gewinden an, innen und außen. 30 Sogar
den Fußboden des Tempels ließ er innen
und außen mit Gold belegen.

Die Tore. Der Hof

31 Für den Eingang zum hinteren Raum
fertigte er Türpfosten aus Olivenholz, eine
fünfstufige Schwelle, 32 zwei Türflügel aus

Olivenholz. Er ließ geschnitze Kerubim,
Palmen und Blumengewinde anbringen
und die Kerubim und Palmen mit Blatt-
gold überziehen. 33 In gleicher Weise fertig-
te er für den Eingang zum Hauptraum
Türpfosten aus Olivenholz, eine vierstufi-
ge Schwelle, 34 dazu zwei Türflügel aus Zy-
pressenholz; der eine Türflügel hatte zwei
drehbare Teile und der andere Türflügel
hatte zwei drehbare Teile. 35 Er ließ darauf
Kerubim, Palmen und Blumengewinde
einschnitzen und überzog sie mit Gold.
36 Außerdem baute er den inneren Vorhof
mit Mauern aus drei Lagen behauener
Steine und einer Lage Zedernbalken.

Die Bauzeit

37 Im vierten Jahr, im Monat Siw, wurde
das Fundament zum Tempel des Herrn ge-
legt. 38 Im elften Jahr, im Monat Bul, das ist
der achte Monat, wurde der Tempel voll-
endet in allen seinen Teilen und in allem,
was dazu gehörte. Sieben Jahre hatte man
daran gebaut.

Salomos Palast

7 An seinem eigenen Palast aber baute
Salomo dreizehn Jahre, bis er ihn ganz
vollendet hatte. 2 Er baute nämlich das Li-
banonwaldhaus, hundert Ellen lang, fünf-
zig Ellen breit, dreißig Ellen hoch, auf drei
Säulenreihen von Zedernholz und mit Ze-
dernbalken auf den Säulen. 3 Gedeckt war
es mit Zedernholz über den Längsbalken,
die auf den Säulen ruhten. 4 Das Balken-
werk hatte drei Lagen, fünfundvierzig Bal-
ken zusammen, in jeder Lage fünfzehn;
dreimal waren sie einander gegenüber.
5 Alle Türen und Fenster waren viereckig,
mit Holzrahmen, und dreimal lag eine
Fensteröffnung der anderen gegenüber.
6 Außerdem errichtete er die Säulenhalle,
fünfzig Ellen lang und dreißig Ellen breit
mit einer Vorhalle davor. 7 Weiter erbaute
er die Thronhalle, wo er Recht sprach, also
die Gerichtshalle. Sie war mit Zedernholz
getäfelt vom Fußboden bis an die Balken.
8 Sein eigener Palast stand im anderen Hof,
von der Halle aus nach innen zu, und war
ein Bau gleicher Art. Ebenso baute er einen
Palast gleicher Bauart für die Tochter des
Pharao, die Salomo geheiratet hatte.
9 Alle diese Bauten waren aus pracht-
vollen Steinen errichtet, die nach Maß be-
hauen und innen wie außen mit der Säge
zugeschnitten waren, und zwar vom Fun-
dament bis zur Holzverklammerung. 10 Als
Fundament dienten schwere Steine, ge-
waltige Steine, Blöcke von zehn Ellen und
Blöcke von acht Ellen. 11 Darüber lagen
schwere Steine, nach Maß behauen, und
Zedernbalken. 12 Der große Vorhof hatte
als Umfassung drei Lagen behauene Steine
und eine Lage Zedernbalken, ebenso wie
beim inneren Vorhof des Tempels des
Herrn und beim Vorhof des Palastes.

Hiram, der Bronzeschmied

13 König Salomo sandte aus und ließ Hiram
aus Tyrus herbeiholen. 14 Er war der Sohn
einer Witwe aus dem Stamm Naftali. Sein
Vater aber war ein Mann aus Tyrus, ein
Bronzeschmied. Er war voll Einsicht,
Kenntnis und Geschick, um jede Arbeit in
Bronze auszuführen. Er kam also zu König
Salomo und führte alle Arbeiten für ihn
aus.

Die bronzenen Säulen

15 Er goss die beiden Säulen aus Bronze,
achtzehn Ellen war die eine Säule hoch,
und ein Band von zwölf Ellen umspannte
sie. Ebenso die andere Säule. 16 Er stellte
zwei Kapitelle her, aus Bronze gegossen,
um sie oben auf die Säulen zu setzen. Fünf
Ellen betrug die Höhe des einen Kapitells
und fünf Ellen die Höhe des anderen Ka-
pitells. 17 Zur Umhüllung der Kapitelle
oben auf den Säulen fertigte er Flechtwerk
von kettenförmigen Schnüren, ein Ge-
flecht für das eine Kapitell und ein Ge-
flecht für das andere Kapitell. 18 Auch fer-
tigte er Granatäpfel, und zwar zwei Reihen
rings um jedes Netz, 19b insgesamt vierhun-
dert, 20 die an den Wulst hinter dem Netz
aufgesetzt waren, zweihundert Granat-
äpfel um das eine Kapitell wie um das an-
dere Kapitell. 19a Die Kapitelle oben auf den
Säulen hatten Lotusform. 21 Er stellte die
Säulen bei der Vorhalle des Tempels auf.
Die eine Säule stellte er zur Rechten auf
und nannte sie Jachin; die andere Säule
stellte er zur Linken auf und nannte sie
Boas. 22 Oben auf den Säulen war ein Ge-
bilde in Lotusform. So wurde die Herstel-
lung der Säulen vollendet.

Das Eherne Meer

23 Hierauf fertigte er das aus Bronze gegos-
sene „Meer“ an, zehn Ellen von einem

Rand bis zum anderen, kreisrund, fünf Ellen hoch. Ein Band von dreißig Ellen umspannte es ringsum. 24 Unterhalb seines Randes umgaben es ringsum kürbisförmige Verzierungen, dreißig Ellen liefen sie rings um das Meer, zwei Reihen kürbisförmiger Verzierungen, bei seinem Guss mitgegossen. 25 Es stand auf zwölf Rindern, drei schauten nach Norden, drei nach Westen, drei nach Süden und drei nach Osten. Oben auf ihnen ruhte das Meer und ihre Hinterteile waren alle nach innen gerichtet. 26 Seine Dicke betrug eine Handbreite, sein Rand war wie ein Becherrand geformt, einer Lotusblüte gleich. Es fasste zweitausend Bat.

Die bronzenen Gestelle und Kessel

27 Er fertigte auch die Gestelle, zehn an der Zahl, aus Bronze. Jedes Gestell war vier Ellen lang, vier Ellen breit und drei Ellen hoch. 28 Die Gestelle waren so gearbeitet: sie hatten einen Rahmen und Leisten zum Rahmen. 29 Auf den Leisten des Rahmens waren Löwen, Rinder und Kerubim; oberhalb des Rahmens war ein Aufsatz, und unterhalb der Löwen und Rinder waren Kranzgewinde eingehämmert. 30 Jedes Gestell hatte vier bronzene Räder, ebenso Achsen aus Bronze. An seinen vier Ecken hatte es Schulterstücke, die unterhalb des Beckens angegossen waren … 31 Sein Behälter befand sich innerhalb des Aufsatzes, er war rund, gleich einem Zylinder, ragte eine Elle nach oben hervor und maß anderthalb Ellen. Auch an dem Behälter waren Verzierungen angebracht. Die Leisten waren nicht rund, sondern viereckig. 32 Die vier Räder waren unterhalb der Leisten. Die Radzapfen waren an dem Gestell befestigt; jedes Rad war anderthalb Ellen hoch. 33 Die Räder waren gemacht wie Wagenräder; ihre Zapfen, Felgen, Speichen und Naben waren alle gegossen. 34 Die vier Schulterstücke an den vier Ecken jedes Gestells waren mit dem Gestell zusammen aus einem Guss. 35 Oben auf dem Gestell war ein Aufsatz, eine halbe Elle hoch, ringsum gewölbt. Auch war oben auf dem Gestell der Aufsatz mit seinen Zapfen, die das Becken hielten; die Zapfen und Leisten bildeten ein Ganzes mit ihm. 36 Auf die Seiten ließ er Kerubim, Löwen und Palmen eingravieren … 37 Auf solche Art fertigte er die zehn Gestelle an: alle aus demselben Guss und vom selben Maß. 38 Darauf stellte er zehn bronzene Kessel her. Jeder Kessel fasste vierzig Bat. Vier Ellen betrug das Maß jedes Kessels. Zu jedem der zehn Gestelle gehörte ein Kessel. 39 Fünf von den Gestellen stellte er auf der Südseite und fünf auf der Nordseite des Tempels auf. Das Eherne Meer aber stellte er auf der Südseite des Tempels auf, und zwar gegen Südosten hin.

Das Kleingerät. Zusammenfassung

40 Weiter fertigte Hiram die Töpfe, Schaufeln und Sprengschalen. So vollendete Hiram alle Arbeiten, die er König Salomo für den Tempel des Herrn zu liefern hatte: 41 zwei Säulen, die kugelförmigen Kapitelle oben auf den Säulen, die zwei Flechtwerke, um die beiden Wülste der Kapitelle oben auf den Säulen zu überkleiden, 42 die vierhundert Granatäpfel für die beiden Flechtwerke, zwei Reihen Granatäpfel für jedes Flechtwerk; 43 ferner die zehn Gestelle mit den zehn Kesseln auf den Gestellen, 44 sodann das eine Meer und die zwölf Rinder unter dem Meer; 45 schließlich die Töpfe, Schaufeln und Sprengschalen. Alle diese Geräte, die Hiram König Salomo für den Tempel des Herrn angefertigt hatte, waren aus polierter Bronze. 46 In der Jordanau ließ der König sie gießen, in Formen von Tonerde zwischen Sukkot und Zaretan. 47 Wegen der übergroßen Menge wurde das Gewicht der Bronze nicht festgestellt.

48 Salomo stellte alle Geräte, die er gemacht hatte, im Tempel des Herrn auf: den goldenen Altar, den goldenen Tisch, worauf die Schaubrote liegen, 49 die Leuchter, fünf auf der rechten, fünf auf der linken Seite vor dem Hinterraum, aus Feingold, dazu die goldenen Blüten, Lampen und Lichtscheren, 50 ferner die Kessel, Messer, Sprengschalen, Becken und Pfannen aus Feingold; auch die Türangeln des inneren Raumes, des Allerheiligsten, und des Hauptraumes waren mit Gold verkleidet.

51 Als nun alle Arbeiten, die König Salomo für den Tempel des Herrn hatte ausführen lassen, vollendet waren, brachte Salomo auch die Weihegeschenke seines Vaters David hinein. Das Silber und das Gold sowie die Geräte legte er in die Schatzkammern des Tempels des Herrn.

Übertragung der Bundeslade

8 Damals versammelte Salomo die Äl-
testen Israels in Jerusalem, um die
Bundeslade des Herrn aus der Davidstadt,
das heißt aus Zion, hinaufzubringen. 2 Es
versammelten sich also bei König Salomo
alle Männer Israels am Fest im Monat Eta-
nim, das ist der siebte Monat. 3 Die Priester
trugen die Lade 4 mit dem Offenbarungs-
zelt und alle heiligen Geräte, die im Zelt
waren, hinauf. 5 König Salomo aber und
mit ihm ganz Israel opferten vor der Lade
so viele Schafe und Rinder, dass man sie
wegen der Menge weder zählen noch be-
rechnen konnte. 6 Und die Priester brach-
ten die Bundeslade des Herrn an ihren
Platz in den hinteren Raum des Tempels,
in das Allerheiligste, unter die Flügel der
Kerubim. 7 Denn die Kerubim breiteten
ihre Flügel über die Stelle aus, wo die Lade
stand, sodass die Kerubim von oben her
die Lade und ihre Tragstangen bedeckten.
8 Die Stangen aber waren so lang, dass die
Spitzen der Stangen zwar im Heiligtum
vor dem hinteren Raum gesehen wurden;
draußen aber konnten sie nicht gesehen
werden. Sie sind dort geblieben bis auf
den heutigen Tag. 9 In der Lade war nichts
als die zwei steinernen Tafeln, die Mose
am Horeb hineingelegt hatte, die Tafeln
des Bundes, den der Herr mit den Israeli-
ten geschlossen hatte nach ihrem Auszug
aus Ägypten.

Gott ergreift Besitz von seinem Tempel

10 Als aber die Priester aus dem Heiligtum
heraustraten, da erfüllte die Wolke den
Tempel des Herrn, 11 sodass die Priester
wegen der Wolke nicht imstande waren,
hinzutreten, um den Dienst zu verrichten;
denn die Herrlichkeit des Herrn erfüllte
den Tempel des Herrn. 12 Damals sagte Sa-
lomo:

Die Sonne hat der Herr an den Himmel
gestellt, / er aber hat erklärt, er selbst wolle
im Dunkel wohnen.

13 So habe ich nun ein Haus für dich
erbaut zur Wohnung, / eine Stätte, wo du
weilst für ewige Zeiten.

Salomos Ansprache an das Volk

14 Hierauf wandte sich der König um und
segnete die ganze Gemeinde Israels, die
versammelt war. 15 Dann sprach er: Ge-
priesen sei der Herr, der Gott Israels, der
durch seine Hand vollbracht hat, was er
durch seinen Mund meinem Vater David
verheißen hat, als er sprach: 16 Seit der Zeit,
da ich mein Volk Israel aus Ägypten he-
rausführte, habe ich in keinem einzigen
der Stämme Israels eine Stadt für ein Haus
erwählt, damit mein Name dort dauernd
wohnt. David habe ich als Herrscher über
mein Volk erwählt. 17 Mein Vater David
wollte dem Namen des Herrn, des Gottes
Israels, ein Haus bauen. 18 Aber der Herr
sprach zu David, meinem Vater: Du tust
richtig daran, meinem Namen ein Haus
zu bauen; 19 doch nicht du sollst das Haus
bauen, sondern dein Sohn, der dir geboren
wird, er soll meinem Namen das Haus
bauen. 20 Nun hat der Herr die Verheißung
erfüllt, die er gegeben hat. Ich bin ja an die
Stelle meines Vaters getreten und habe den
Thron Israels bestiegen, wie der Herr es
verheißen hat, und ich habe dem Namen
des Herrn, des Gottes Israels, das Haus ge-
baut. 21 Auch habe ich darin einen Raum
für die Lade geschaffen. Sie enthält die Ta-
feln des Bundes, den der Herr mit unseren
Vätern geschlossen hat, als er sie aus
Ägypten herausführte.

Weihegebet Salomos

22 Dann trat Salomo angesichts der ganzen
Gemeinde Israels vor den Altar des Herrn,
breitete seine Hände zum Himmel aus
23 und sprach: Herr, du Gott Israels, kein
Gott ist dir gleich, weder oben im Himmel
noch hier unten auf der Erde! Du hältst
den Bund und die Huld deiner Knechte,
die von ganzem Herzen vor dir wandeln;
24 du hast auch deinem Knecht, meinem
Vater David, gehalten, was du ihm verhei-
ßen hattest. Ja, mit deinem Mund hast du
es verheißen und mit deiner Hand hast du
es erfüllt, wie es sich heute zeigt. 25 Und
nun, Herr, du Gott Israels, halte auch das
andere Versprechen, das du deinem
Knecht, meinem Vater David, zugesichert
hast, als du sprachst: Nie soll es dir an
einem Mann vor mir fehlen, der auf dem
Thron Israels sitzt, wenn nur deine Nach-
kommen darauf achten, ihren Weg vor
mir zu gehen, wie du ihn vor mir gegangen
bist. 26 Wohlan, Gott Israels, möge deine
Verheißung wahr werden, die du deinem
Knecht, meinem Vater David, gegeben
hast! 27 Ja, aber wohnt Gott wirklich mit
den Menschen auf der Erde? Siehe, die

Himmel und der Himmel der Himmel
können dich nicht fassen, geschweige
denn dieser Tempel, den ich erbaut habe.
28 Doch wende dich zu dem Gebet deines
Knechtes und zu seinem Flehen, Herr,
mein Gott, indem du auf den Ruf und die
Bitte hörst, die dein Knecht heute an dich
richtet! 29 Lass deine Augen geöffnet sein
über diesem Haus bei Nacht und bei Tag,
über der Stätte, von der du verheißen hast:
Mein Name soll dort wohnen. Höre auf
das Gebet, das dein Knecht an dieser Stätte
verrichtet.

Gebete für das Volk

30 Achte auf das Flehen deines Knechtes
und deines Volkes Israel, sooft sie an die-
ser Stätte beten werden, ja habe Acht da-
rauf an der Stätte, wo du thronst im Him-
mel. Wenn du sie hörst, so vergib! 31 Wenn
jemand sich versündigt gegen seinen
Nächsten und dieser spricht über ihn eine
Verwünschung und er kommt und leistet
den Eid vor deinem Altar in diesem Tem-
pel, 32 so höre du es im Himmel, greif ein
und verschaff deinen Knechten Recht.
Verurteile den Schuldigen, indem du sein
Tun auf sein Haupt zurückfallen lässt und
verhilf dem Unschuldigen zu seinem
Recht, wie es seiner Rechtschaffenheit ent-
spricht. 33 Wenn dein Volk Israel von
einem Feind geschlagen wird, weil es sich
gegen dich versündigt hat, sich dann aber
zu dir bekehrt und deinen Namen be-
kennt, wenn es betet und vor dir fleht in
diesem Tempel, 34 so höre du es im Him-
mel, verzeihe deinem Volk Israel die Sün-
den und führe sie zurück in das Land, das
du ihren Vätern gegeben hast. 35 Wenn der
Himmel verschlossen bleibt und kein Re-
gen fällt, weil sie gegen dich gesündigt ha-
ben, und sie beten an dieser Stätte, beken-
nen deinen Namen und wenden sich von
ihrer Sünde ab, weil du sie demütigst, 36 so
höre du es im Himmel und vergib deinem
Knecht und deinem Volk Israel ihre Sün-
den, zeige ihnen den rechten Weg, auf
dem sie gehen sollen, und sende Regen
auf dein Land, das du deinem Volk als
Erbbesitz gegeben hast. 37 Wenn Hungers-
not im Land herrscht, wenn Pest, Getrei-
debrand oder Rost, Heuschrecken oder
Ungeziefer auftreten, wenn sein Feind
eines seiner Tore belagert, und was immer
für eine Plage oder Krankheit es sein mag,
38 jedes Gebet, jedes Flehen, das einer aus-
spricht, wie auch immer sich einer in sei-
nem Herz betroffen fühlt, sodass er seine
Hände nach diesem Tempel hin aus-
streckt. 39 Dann höre es du im Himmel,
der Stätte, wo du thronst, gewähre Verzei-
hung, greif ein und vergilt einem jeden
nach seinem Tun, so wie du sein Herz
kennst; du allein kennst ja das Herz aller
Menschen, 40 damit sie dich fürchten, so-
lange sie in dem Land leben, das du unse-
ren Vätern gegeben hast.

41 Aber auch den Fremden, der nicht zu
deinem Volk Israel gehört, sondern wegen
deines Namens aus fernem Land herbei-
gekommen ist – 42 man wird ja von deinem
erhabenen Namen, deiner starken Hand
und deinem ausgestreckten Arm hören –,
wenn er also kommt und in diesem Tem-
pel betet, 43 höre du ihn im Himmel, der
Stätte, wo du thronst, und tue alles, um
was der Fremde zu dir ruft, damit alle Völ-
ker der Erde deinen Namen kennen lernen
und dich fürchten wie dein Volk Israel
und erfahren, dass dieser Tempel, den ich
erbaut habe, deinem Namen geweiht ist.

44 Wenn dein Volk gegen seine Feinde in
den Krieg zieht auf dem Weg, den du sie
senden wirst, und wenn sie dann zum
Herrn beten zur Stadt hin, die du erwählt
hast, und zum Tempel hin, den ich deinem
Namen erbaut habe, 45 so erhöre du im
Himmel ihr Gebet und ihr Flehen und ver-
hilf ihnen zu ihrem Recht.

46 Wenn sie sich gegen dich versündigt
haben – es gibt ja keinen Menschen, der
nicht sündigt –, sodass du über sie zornig
bist und sie dem Feind preisgibst und ihre
Bezwinger sie gefangen fortführen ins
Feindesland, sei es fern oder nah, 47 und
wenn sie dann in sich gehen in dem Land,
wohin sie in Gefangenschaft geführt wur-
den, sich bekehren und dich anflehen im
Land ihrer Bezwinger, indem sie beken-
nen: Wir haben gesündigt, haben uns ver-
fehlt und gottlos gehandelt, 48 wenn sie sich
also zu dir bekehren aus ganzem Herzen
und aus ganzer Seele im Land ihrer Fein-
de, die sie weggeführt haben, wenn sie zu
dir beten zum Land hin, das du ihren Vä-
tern gegeben hast, zur Stadt hin, die du
erwählt hast, und zu dem Tempel hin,
den ich deinem Namen erbaut habe, 49 so
höre du im Himmel, der Stätte, wo du
thronst, 50 vergib deinem Volk, was sie ge-

gen dich gesündigt haben, sowie alle ihre
Vergehen, mit denen sie sich gegen dich
vergangen haben, und lass sie Nachsicht
finden bei ihren Bezwingern, damit sie
mit ihnen Erbarmen haben; 51 denn sie
sind dein Volk und dein Eigentum, das
du mitten aus dem Schmelzofen Ägypten
herausgeführt hast.

52 Lass deine Augen offen sein für das
Flehen deines Knechts und für das Flehen
deines Volkes Israel, indem du sie erhörst
in allem, worum sie zu dir rufen. 53 Du hast
sie dir ja als Eigentum ausgesondert aus
allen Völkern der Erde, wie du es verhei-
ßen hast durch den Mund deines Knechtes
Mose, als du unsere Väter aus Ägypten
führtest, Herr, mein Gott.

Segnung des Volkes

54 Als Salomo dieses flehentliche Gebet an
den Herrn ganz zu Ende gebetet hatte, da
erhob er sich von dem Platz vor dem Altar
des Herrn, wo er, die Hände zum Himmel
ausgebreitet, gekniet hatte, 55 trat heran
und segnete die ganze Gemeinde Israels,
indem er mit lauter Stimme sprach: 56 Ge-
priesen sei der Herr, der seinem Volk Isra-
el Ruhe gegeben hat, ganz wie er verheißen
hat! Kein einziges Wort von all den herr-
lichen Verheißungen, die er durch seinen
Knecht Mose gegeben hat, ist hinfällig ge-
worden. 57 Der Herr, unser Gott, sei mit
uns, wie er mit unseren Vätern gewesen
ist! Er verlasse uns nicht und verstoße
uns nicht, 58 sondern neige unser Herz zu
sich hin, damit wir auf allen seinen Wegen
gehen und seine Gebote, Satzungen und
Verordnungen beachten, die er unseren
Vätern gegeben hat! 59 Und diese meine
Worte, die ich flehend vor dem Herrn ge-
sprochen habe, mögen dem Herrn, unse-
rem Gott, gegenwärtig sein bei Tag und
bei Nacht, damit er Recht schaffe seinem
Knecht und Recht schaffe seinem Volk zu
jeder Zeit, so wie es Not tut, 60 damit alle
Völker der Erde erkennen, dass der Herr
Gott ist und sonst keiner! 61 Euer Herz aber
gehöre ungeteilt dem Herrn, unserem
Gott, damit ihr nach seinen Satzungen lebt
und seine Gebote haltet wie am heutigen
Tag!

Die Opfer des Tempelweihfestes

62 Dann brachten der König und ganz Isra-
el mit ihm Schlachtopfer dar vor dem
Herrn; 63 und zwar opferte Salomo als Ge-
meinschaftsopfer, das er dem Herrn dar-
brachte, zweiundzwanzigtausend Rinder
und hundertzwanzigtausend Schafe; da-
mit weihten der König und alle Israeliten
den Tempel des Herrn ein. 64 An jenem Tag
weihte der König auch den mittleren Teil
des Vorhofes, der vor dem Tempel des
Herrn liegt; denn dort brachte er die
Brandopfer, die Speiseopfer und die Fett-
stücke der Gemeinschaftsopfer dar. Der
Bronzealtar, der vor dem Herrn stand,
war nämlich zu klein, um die Brandopfer,
die Speiseopfer und die Fettstücke der Ge-
meinschaftsopfer zu fassen. 65 So beging
Salomo zu jener Zeit das Fest und ganz
Israel mit ihm, eine gewaltige Festgemein-
de, von Lebo-Hamat bis zum Bach Ägyp-
tens, vor dem Herrn, unserem Gott, sieben
Tage lang. 66 Am achten Tag aber entließ er
das Volk. Sie nahmen Abschied vom Kö-
nig und zogen in ihre Heimat, fröhlich
und guten Mutes wegen all des Guten, das
der Herr an seinem Diener David und an
seinem ganzen Volk Israel vollbracht hat-
te.

Zweite Gotteserscheinung:
Verheißung für den Tempel

9 Als Salomo den Bau des Tempels des
Herrn und des königlichen Palastes zu
Ende geführt hatte sowie jeden Plan, den
er sonst auszuführen wünschte, 2 da er-
schien der Herr Salomo zum zweiten Mal,
wie er ihm in Gibeon erschienen war. 3 Der
Herr sprach zu ihm: Ich habe dein Gebet
und Flehen, das du an mich gerichtet hast,
gehört. Ich habe diesen Tempel, den du
erbaut hast, geweiht, indem ich meinen
Namen für alle Zeiten dort belasse; auch
meine Augen und mein Herz sollen alle-
zeit dort weilen. 4 Wenn nun auch du vor
meinem Angesicht den Weg gehst, den
dein Vater David gegangen ist, aufrichtig
und rechtschaffen, sodass du alles tust,
was ich dich geheißen habe, und meine
Satzungen und Vorschriften befolgst, 5 so
will ich den Thron deines Königtums über
Israel für immer bestätigen, wie ich es dei-
nem Vater David zugesichert habe, als ich
sprach: Nie soll es dir an einem Mann auf
dem Thron Israels fehlen! 6 Wenn ihr euch
aber von mir abwendet, ihr und euere Kin-
der, indem ihr meine Gebote und Satzun-
gen, die ich euch auferlegt habe, nicht hal-

tet, sondern hingeht und anderen Göttern dient und sie anbetet, 7 so werde ich Israel ausrotten aus dem Land, das ich ihm geschenkt habe, und ich werde den Tempel, den ich meinem Namen geweiht habe, von meinem Angesicht wegschaffen und Israel soll unter allen Völkern zu Hohn und Spott werden. 8 Und dieser erhabene Tempel wird zu einem Trümmerhaufen werden und wer immer daran vorübergeht, soll sich entsetzen und zischen, und wenn man dann fragt, warum der Herr an diesem Land und an diesem Haus so gehandelt hat, 9 wird man antworten: weil sie den Herrn, ihren Gott, verlassen haben, ihn, der ihre Väter aus Ägypten herausgeführt hat, und weil sie sich an fremde Götter gehängt, sie angebetet und ihnen gedient haben, darum hat der Herr all dieses Unheil über sie gebracht.

Handel mit Hiram

10 Nach Ablauf der zwanzig Jahre, in denen Salomo die beiden Häuser, den Tempel des Herrn und den königlichen Palast, erbaut hatte – 11 Hiram, der König von Tyrus, hatte nämlich Salomo mit Zedern- und Zypressenholz sowie mit Gold unterstützt, so viel er begehrte –, da gab König Salomo Hiram zwanzig Städte in der Landschaft Galiläa. 12 Hiram von Tyrus kam herüber, um sich die Städte anzusehen, die Salomo ihm abgetreten hatte; doch sie gefielen ihm nicht. 13 Er sagte: Was sind das für Städte, die du mir da abgetreten hast, mein Bruder? Darum nennt man die Landschaft Kabul bis auf den heutigen Tag. 14 Hiram hatte dem König einhundertzwanzig Talente Gold geschickt.

Die Baufron

15 So aber verhielt es sich mit der Fron, die König Salomo ausgehoben hatte, um den Tempel des Herrn und seinen eigenen Palast zu bauen, außerdem den Millo und die Mauer Jerusalems sowie Hazor, Megiddo und Geser. 16 Der Pharao, der König von Ägypten, war nämlich angerückt, hatte Geser erobert und eingeäschert, die Kanaaniter, die in der Stadt wohnten, niedergemacht und die Stadt seiner Tochter, der Gemahlin Salomos, als Mitgift gegeben. 17 Salomo baute Geser wieder auf, ferner baute er das untere Bet-Horon aus, 18 Baala, Tamar in der Steppe im Land (Juda) 19 sowie alle Vorratsstädte, die Salomo besaß, die Wagenstädte und die Reiterstädte und was Salomo außerdem in Jerusalem, auf dem Libanon und in seinem ganzen Herrschaftsgebiet zu bauen wünschte. 20 Die gesamte Bevölkerung, die noch übrig war von den Amoritern, Hetitern, Perisitern, Hiwitern und Jebusitern, die nicht zu den Israeliten gehörten, 21 ihre Nachkommen, die im Land geblieben waren, weil die Israeliten sie nicht dem Untergang hatten weihen können, sie alle hob Salomo zum Frondienst aus bis auf den heutigen Tag. 22 Von den Israeliten dagegen machte Salomo niemand zum Sklaven; sie waren seine Kriegsleute und seine Beamten, seine Obersten und Aufseher, seine Befehlshaber über Wagen und Reiter. 23 Oberaufseher, die den Unternehmungen Salomos vorstanden, gab es fünfhundertfünfzig; sie beaufsichtigten die Leute, die bei den Arbeiten beschäftigt waren. 24 Eben erst war die Tochter des Pharao aus der Davidstadt in ihren Palast hinaufgezogen, den er ihr erbaut hatte, da baute er den Millo.

Der Tempeldienst

25 Salomo aber brachte dreimal im Jahr Brand- und Gemeinschaftsopfer auf dem Altar dar, den er dem Herrn errichtet hatte. Er besserte auch die Schäden am Tempel aus.

Salomo als Handelsherr

Die Flotte Salomos

26 Auch eine Flotte baute König Salomo zu Ezjon-Geber, das bei Elat am Ufer des Schilfmeers im Land Edom liegt. 27 Hiram aber sandte auf der Flotte seine Leute, Seefahrer, die mit dem Meer vertraut waren, zusammen mit den Leuten Salomos aus. 28 Sie fuhren nach Ofir und holten von dort Gold, vierhundertzwanzig Talente, und überbrachten es König Salomo.

Besuch der Königin von Saba

10 Die Königin von Saba hörte vom Ruf Salomos und kam, um ihn mit Rätselfragen auf die Probe zu stellen. 2 Sie kam nach Jerusalem mit sehr großem Gefolge, mit Kamelen, die Balsam und eine große Menge Gold und Edelsteine trugen. Sobald sie bei Salomo eingetreten war, redete sie mit ihm über alles, was sie

sich vorgenommen hatte. 3 Salomo aber
gab ihr auf alle Fragen eine Antwort,
nichts gab es, was dem König verborgen
blieb und worauf er ihr keine Antwort
hätte geben können. 4 Als nun die Königin
von Saba all die Weisheit Salomos sah, da-
zu den Palast, den er erbaut hatte, 5 die
Speisen auf seiner Tafel, die Sitzordnung
seiner Hofbeamten, das Aufwarten seiner
Diener und ihre Kleider, seine Mund-
schenken, das Brandopfer, das er im Tem-
pel des Herrn darzubringen pflegte, da ge-
riet sie ganz außer sich 6 und sprach zum
König: Es ist wirklich wahr, was ich in
meinem Land über dich und deine Weis-
heit vernommen habe. 7 Ich wollte es nicht
glauben, bis ich kam und es mit eigenen
Augen sah; ja, man hat mir noch nicht
die Hälfte berichtet; deine Weisheit und
dein Wohlstand übertreffen alles, was ich
vernommen habe. 8 Glückselig deine Frau-
en, glückselig deine Diener, die allezeit vor
dir stehen und deine Weisheit hören!
9 Gepriesen sei der Herr, dein Gott, der an
dir Wohlgefallen fand und dich auf den
Thron Israels gesetzt hat! Weil der Herr
Israel allezeit liebt, hat er dich zum König
bestellt, damit du Recht und Gerechtigkeit
übst. 10 Dann schenkte sie dem König hun-
dertzwanzig Talente Gold und eine über-
aus große Menge Balsam und Edelsteine.
Niemals mehr ist eine solche Menge Bal-
sam eingeführt worden, wie sie die Köni-
gin von Saba König Salomo geschenkt hat.
11 Aber auch die Schiffe Hirams, die Gold
aus Ofir holten, brachten eine große Men-
ge Almuggimholz und Edelsteine mit.
12 Der König ließ aus dem Almuggimholz
Gegenstände für den Tempel des Herrn
und für den königlichen Palast anfertigen
sowie Zithern und Harfen für die Sänger.
Niemals mehr ist Almuggimholz in sol-
cher Fülle eingeführt worden oder zu se-
hen gewesen bis auf den heutigen Tag.
13 König Salomo aber schenkte der Köni-
gin von Saba alles, was ihr gefiel und was
sie wünschte, abgesehen von dem, was er
ihr von selbst aus königlicher Freigebig-
keit schenkte. Dann trat sie den Rückweg
an und zog in ihr Land, sie und ihre Die-
ner.

Salomos Reichtum

14 Das Gewicht des Goldes, das für Salomo
in einem einzigen Jahr einging, betrug
sechshundertsechsundsechzig Goldtalen-
te, 15 abgesehen von dem, was einging als
Abgaben der Karawanen, aus dem Handel
der Kaufleute und von all den fremden
Königen sowie von den Statthaltern des
Landes. 16 Auch ließ König Salomo drei-
hundert große Schilde aus geschlagenem
Gold anfertigen; sechshundert Goldsche-
kel verwandte er auf jeden Schild; 17 außer-
dem dreihundert kleine Schilde aus ge-
schlagenem Gold; drei Minen verwandte
er auf jeden kleinen Schild. Der König
brachte sie im Libanonwaldhaus unter.
18 Dann ließ der König einen großen Thron
aus Elfenbein anfertigen und mit Feingold
überziehen. 19 Sechs Stufen waren an dem
Thron, auf der Rückseite hatte der Thron
Stierköpfe, auf beiden Seiten waren am
Sitz Armlehnen und neben den Armleh-
nen standen zwei Löwen. 20 Auf den sechs
Stufen standen zu beiden Seiten zwölf Lö-
wen. So etwas ist noch nie für ein König-
reich angefertigt worden. 21 Alle Trinkgefä-
ße des Königs waren aus Gold, ebenso
waren alle Geräte des Libanonwaldhauses
von feinem Gold; nichts war von Silber;
das hatte zur Zeit Salomos keinen Wert.
22 Denn der König hatte eine Tarschisch-
flotte auf dem Meer, zusammen mit den
Schiffen Hirams. Alle drei Jahre einmal
kam die Tarschischflotte zurück und
brachte Gold, Silber, Elfenbein, Affen und
Pfauen. 23 So überragte König Salomo alle
Könige der Erde an Reichtum und Weis-
heit, 24 und alle Welt begehrte Salomo zu
sehen, um seine Weisheit zu hören, die
ihm Gott ins Herz gegeben hatte. 25 Jeder
brachte sein Geschenk mit: silberne und
goldene Geräte, Kleider und Waffen, Bal-
sam, Pferde und Maultiere, Jahr für Jahr.

Salomos Wagenheer

26 Auch Wagen und Reiter schaffte Salomo
an, und zwar besaß er eintausendvierhun-
dert Wagen und zwölftausend Reiter. Er
legte sie in die Wagenstädte und zu sich
nach Jerusalem. 27 Der König machte das
Silber in Jerusalem so häufig wie die Steine
und er brachte es fertig, dass es soviel Ze-
dernstämme gab wie Maulbeerfeigenbäu-
me, die in der Schefela wachsen. 28 Die
Pferde für Salomo holte man aus Koë. Die
Händler des Königs brachten sie nämlich
aus Koë gegen Bezahlung. 29 Ein Wagen
wurde aus Ägypten geliefert für sechshun-

dert Silberschekel, ein Pferd kostete ein-
hundertfünfzig. Auf gleiche Weise trieb
man Handel mit allen Königen der Hetiter
und mit den Königen der Aramäer.

Die Schattenseiten der Regierung

Die Frauen Salomos. Sein Bundesbruch

11 König Salomo liebte neben der
Tochter des Pharao noch zahlrei-
che ausländische Frauen, und zwar Moa-
biterinnen, Ammoniterinnen, Edomit-
erinnen, Sidonierinnen und Hetiterinnen,
2 also Frauen aus den Völkern, von denen
der Herr den Israeliten gesagt hatte: Ihr
sollt euch nicht mit ihnen einlassen und
sie sollen sich nicht mit euch einlassen;
sonst werden sie gewiss euere Herzen ver-
führen, sodass ihr ihren Göttern nach-
lauft. An diesen hing Salomo mit Liebe.
3 Er besaß siebenhundert fürstliche Frauen
und dreihundert Nebenfrauen. 4 Salomo
wurde alt und seine Frauen wandten sein
Herz anderen Göttern zu. Sein Herz war
nicht mehr ungeteilt dem Herrn, seinem
Gott, ergeben wie das Herz seines Vaters
David. 5 So lief Salomo Astarte, der Göttin
der Sidonier, nach, ebenso Milkom, dem
Scheusal der Ammoniter. 6 Salomo tat also,
was dem Herrn missfiel, und folgte nicht
vollkommen dem Herrn wie sein Vater
David. 7 Damals baute Salomo für Ke-
mosch, den Gott der Moabiter, eine Kult-
höhe auf dem Berg, der gegenüber von Je-
rusalem liegt, ebenso für Milkom, den
Gott der Ammoniter. 8 Dasselbe tat er für
alle seine ausländischen Frauen, die ihren
Göttern Rauchwerk und Schlachtopfer
darbrachten.

9 Da wurde der Herr über Salomo zor-
nig, weil er sein Herz vom Herrn, dem
Gott Israels, abgewandt hatte, obgleich er
ihm zweimal erschienen war 10 und ihm
eingeschärft hatte, nicht anderen Göttern
nachzulaufen; er aber hielt sich nicht an
das, was der Herr ihm geboten hatte.
11 Deshalb sprach der Herr zu Salomo:
Weil es so mit dir steht, dass du meinen
Bund und meine Satzungen, die ich dir
auferlegt habe, nicht gehalten hast, so wer-
de ich dir das Königtum entreißen und es
deinem Knecht geben. 12 Doch zu deinen
Lebzeiten will ich es wegen deines Vaters
David noch nicht tun; aber deinem Sohn
werde ich es aus der Hand reißen. 13 Doch
nicht das ganze Königreich will ich losrei-
ßen, einen einzigen Stamm will ich dei-
nem Sohn geben wegen meines Dieners
David und wegen Jerusalem, das ich er-
wählt habe.

Die äußeren Feinde Salomos

14 Da ließ der Herr Salomo einen Widersa-
cher erstehen, den Edomiter Hadad; aus
königlichem Geschlecht in Edom stammte
er. 15 Damals nämlich, als David die Edo-
miter schlug und der Heerführer Joab hi-
naufzog, um die Gefallenen zu bestatten,
wobei er in Edom alles, was männlich war,
niedermachte – 16 sechs Monate blieb Joab
mit ganz Israel dort, bis er alles, was in
Edom männlich war, ausgerottet hatte –,
17 da geschah es, dass Hadad und mit ihm
etliche Edomiter, die zu den Dienern sei-
nes Vaters gehörten, flohen, um nach
Ägypten zu gelangen. Hadad war damals
noch ein kleiner Junge. 18 Sie machten sich
von Midian auf und kamen nach Paran.
Von Paran nahmen sie Leute mit sich
und gelangten so nach Ägypten zum Pha-
rao, dem König von Ägypten. Der gab ihm
ein Haus und wies ihm Lebensunterhalt
zu. Auch Land schenkte er ihm. 19 Hadad
aber fand solche Gnade in den Augen des
Pharao, dass er ihm die Schwester seiner
Gemahlin, die Schwester der obersten
Herrin Tachpenes, zur Frau gab. 20 Die
Schwester der Tachpenes gebar ihm seinen
Sohn Genubat. Tachpenes ließ ihn im Pa-
last des Pharao erziehen. So blieb Genubat
im Palast des Pharao unter den Kindern
des Pharao. 21 Als aber Hadad in Ägypten
erfuhr, dass David sich zu seinen Vätern
gelegt hatte und dass der Heerführer Joab
tot war, da bat Hadad den Pharao: Lass
mich in meine Heimat zurückkehren!
22 Der Pharao erwiderte ihm: Entbehrst du
denn etwas bei mir, dass du in deine Hei-
mat zurückkehren willst? Er aber sagte:
Nein, aber lass mich ziehen!

23 Und noch einen Widersacher ließ
Gott Salomo erstehen, Reson, den Sohn
Eljadas, der vor seinem Herrn Hadad-
Eser, dem König von Zoba, geflohen war.
24 Er sammelte Leute um sich und wurde
der Anführer einer Freischar, als David
viele Aramäer tötete. Er zog nach Damas-
kus, setzte sich dort fest und herrschte als
König in Damaskus. 25 Er war Israels Wi-
dersacher, solange Salomo lebte, und ver-

größerte das Unheil, das Hadad anrichte-
te; er war feindselig gegen Israel und
herrschte als König über Aram.

Der Aufstand Jerobeams

26 Auch Jerobeam, der Sohn Nebats, ein
Beamter Salomos – ein Ephratiter aus Ze-
reda, seine Mutter hieß Zeruja, eine Wit-
we – erhob sich gegen den König. 27 Fol-
gendermaßen kam es dazu, dass er sich
gegen den König erhob. Salomo baute
den Millo, er schloss die Lücke in der
Stadt seines Vaters David. 28 Jener Jero-
beam aber war ein tüchtiger Mann und
als Salomo merkte, wie tüchtig der junge
Mann bei der Arbeit war, setzte er ihn an
die Spitze der gesamten Fron des Hauses
Josef. 29 Als Jerobeam einmal von Jerusa-
lem fortging, begegnete ihm unterwegs
der Prophet Ahija aus Schilo. Der hatte
einen neuen Mantel an; beide waren allein
auf freiem Feld. 30 Da fasste Ahija den neu-
en Mantel, den er anhatte, zerriss ihn in
zwölf Stücke 31 und sprach zu Jerobeam:
Nimm dir zehn Stücke; denn so spricht
der Herr, Israels Gott: Ich will das Reich
aus Salomos Hand reißen und dir zehn
Stämme geben. 32 Nur der eine Stamm soll
ihm verbleiben um wegen meines Dieners
David und wegen Jerusalems, der Stadt,
die ich erwählt habe aus allen Stämmen
Israels. 33 Er hat mich verlassen und Astar-
te, die Göttin der Sidonier, Kemosch, den
Gott Moabs, und Milkom, den Gott der
Ammoniter, angebetet. Er ist nicht auf
meinen Wegen gegangen, um zu tun, was
mir gefällt, und hat meine Satzungen und
Gebote nicht beachtet wie David, sein Va-
ter, es getan hat. 34 Ich will aber nicht das
ganze Königreich seiner Hand entreißen,
sondern ihn als Fürsten belassen, solange
er lebt, wegen meines Dieners David, den
ich erwählt habe und der meine Satzun-
gen und Gebote beachtet hat. 35 Aber sei-
nem Sohn will ich das Königreich aus der
Hand reißen und dir zehn Stämme geben.
36 Seinem Sohn aber will ich nur einen
einzigen Stamm geben, damit meinem
Knecht David für immer eine Leuchte
vor mir bleibe in Jerusalem, der Stadt, die
ich mir erwählt habe, um dort meinen Na-
men wohnen zu lassen. 37 Dich aber nehme
ich, damit du herrschen kannst über alles,
was dein Herz begehrt. Du sollst König
sein über Israel. 38 Und es soll so sein:
Wenn du auf alles hörst, was ich dir gebie-
te, auf meinen Wegen wandelst und tust,
was mir gefällt, indem du meine Satzun-
gen und Gebote hältst, wie es mein
Knecht David getan hat, so will ich mit
dir sein und dir ein Haus bauen, das Be-
stand hat, wie ich es David gebaut habe;
dir will ich Israel anvertrauen. 39 Aber Da-
vids Nachkommen will ich deshalb demü-
tigen, doch nicht für alle Zeit.
40 Nun suchte Salomo Jerobeam zu tö-
ten; Jerobeam aber floh nach Ägypten zu
Schischak, dem König von Ägypten, und
blieb in Ägypten bis zum Tod Salomos.

Salomos Tod

41 Die übrige Geschichte Salomos, alle sei-
ne Taten und seine Weisheit sind auf-
gezeichnet in der Chronik Salomos. 42 Die
Zeit, die Salomo in Jerusalem König über
ganz Israel war, betrug vierzig Jahre.
43 Dann legte sich Salomo zu seinen Vätern
nieder und wurde in der Stadt seines Va-
ters David begraben. Sein Sohn Rehabeam
wurde an seiner Stelle König.

Die politische und religiöse Spaltung

Die Versammlung in Sichem

12 Rehabeam begab sich nach Si-
chem. In Sichem war nämlich ganz
Israel zusammengekommen, um ihn zum
König zu machen. 2 Sobald Jerobeam, der
Sohn Nebats, davon hörte – er befand sich
nämlich noch in Ägypten, wohin er vor
König Salomo geflohen war –, da kehrte
Jerobeam aus Ägypten zurück. 3 Man
sandte nach ihm und ließ ihn rufen. Jero-
beam und das ganze Volk Israel kamen
(nach Sichem) und sprachen zu Reha-
beam: 4 Dein Vater hat uns ein hartes Joch
auferlegt. Erleichtere nun du den schwe-
ren Dienst deines Vaters und sein hartes
Joch, das er uns auferlegt hat, so wollen
wir dir untertan sein! 5 Er aber antwortete
ihnen: Geht für drei Tage fort; dann
kommt wieder zu mir! Da ging das Volk
weg.

6 Nun hielt König Rehabeam Rat mit
den Alten, die im Dienst seines Vaters Sa-
lomo gestanden hatten, während dieser
lebte, und fragte: Welche Antwort ratet
ihr mir, diesem Volk zu geben? 7 Sie erwi-
derten ihm: Wenn du dich heute zum Die-
ner dieses Volkes machst, ihnen zu Willen
bist und ihnen freundliche Worte sagst, so
werden sie immer deine Knechte sein. 8 Er
aber missachtete den Rat, den ihm die Al-
ten gegeben hatten, und beriet sich mit
den jungen Leuten, die mit ihm auf-
gewachsen waren und ihm zur Seite stan-
den. 9 Er sprach zu ihnen: Welche Antwort
sollen wir nach euerem Rat diesem Volk
geben, das da zu mir gesagt hat: Erleichte-
re das Joch, das dein Vater uns auferlegt
hat? 10 Da gaben ihm die jungen Leute, die
mit ihm aufgewachsen waren, folgende
Antwort: So musst du zu diesem Volk
sprechen, das zu dir gesagt hat: Dein Vater
hat unser Joch schwer gemacht, nun ma-
che du es uns leichter! So musst du zu
ihnen sprechen: Mein kleiner Finger ist di-
cker als die Lenden meines Vaters. 11 Ge-
wiss, mein Vater hat euch ein schweres
Joch aufgebürdet. Ich aber will euer Joch
noch mehr belasten; mein Vater hat euch
mit Peitschen gezüchtigt, ich aber will
euch mit Skorpionen züchtigen!

12 Als nun das ganze Volk am dritten Tag
zu Rehabeam kam, wie er ihnen aufgetra-
gen hatte mit den Worten: Kommt am
dritten Tag wieder zu mir!, 13 da gab der
König dem Volk eine harte Antwort und
missachtete den Rat, den ihm die Alten er-
teilt hatten. 14 Er redete nach dem Rat der
Jungen zu ihnen und sagte: Mein Vater hat
euer Joch schwer gemacht, ich aber will
euer Joch noch mehr belasten. Mein Vater
hat euch mit Peitschen gezüchtigt, ich aber
werde euch mit Skorpionen züchtigen.
15 Der König schenkte also dem Volk kein
Gehör; es war so vom Herrn bestimmt, um
seine Verheißung zu erfüllen, die der Herr
durch Ahija von Schilo Jerobeam, dem
Sohn Nebats, gegeben hatte. 16 Da nun
ganz Israel sah, dass der König nicht auf
sie hörte, gab das Volk dem König folgen-
de Antwort:

Welchen Anteil haben wir an David? /
Wir haben kein Erbe beim Sohn Isais. /
Auf, Israel, zu deinen Zelten! / Nun sieh
nach deinem Haus, David!

Und Israel zog ab zu seinen Zelten.
17 Nur über die Israeliten, die in den Städ-
ten Judas wohnten, blieb Rehabeam König.
18 Als dann König Rehabeam Adoniram,
den Oberaufseher über die Fronarbeit,
hinschickte, steinigte ihn ganz Israel zu
Tode. Eiligst bestieg nun König Rehabeam
seinen Wagen und floh nach Jerusalem.
19 So fiel Israel vom Haus David ab bis zum
heutigen Tag.

Die politische Spaltung

20 Als ganz Israel hörte, dass Jerobeam zu-
rückgekehrt war, ließen sie ihn zur Ver-
sammlung herbeirufen und machten ihn
zum König über ganz Israel. Dem Haus
David aber leistete niemand mehr Gefolg-
schaft außer Juda als einzigem Stamm.

21 Als aber Rehabeam nach Jerusalem
gekommen war, bot er das ganze Haus Ju-
da und den Stamm Benjamin, hundert-
achtzigtausend ausgezeichnete Kriegsleu-
te, gegen das Haus Israel auf, um das
Königtum für Rehabeam, den Sohn Salo-
mos, zurückzugewinnen. 22 Doch das Wort
des Herrn erging an Schemaja, den Got-
tesmann: 23 Sprich zu Rehabeam, dem
Sohn Salomos, dem König von Juda, und
zum ganzen Haus Juda und Benjamin so-
wie zum übrigen Volk und sag: 24 So
spricht der Herr: Ihr sollt nicht ausrücken,
um gegen euere Brüder, die Israeliten, zu
kämpfen; jeder kehre nach Hause zurück;
denn ich habe es so verfügt. Sie hörten auf
die Weisung des Herrn und kehrten heim,
wie der Herr es angeordnet hatte. 25 Jero-
beam aber befestigte Sichem im Gebirge
Efraim und nahm dort seinen Sitz. Von
dort zog er aus und befestigte Penuel.

Die religiöse Spaltung

26 Jerobeam dachte bei sich: Nun wird die
Königswürde wohl wieder an das Haus
David fallen. 27 Wenn nämlich dieses Volk
hinaufzieht, um im Tempel des Herrn in
Jerusalem Schlachtopfer darzubringen,
wird sich das Herz dieses Volkes wieder
Rehabeam, dem König von Juda, als ihrem
Herrn zuwenden; mich aber werden sie
umbringen. 28 So ging also der König mit
sich zu Rate, ließ zwei goldene Kälber her-
stellen und sprach zum Volk: Nun ist es
genug mit dem Pilgern nach Jerusalem hi-
nauf! Siehe, Israel, hier ist dein Gott, der
dich aus Ägypten heraufgeführt hat!
29 Dann stellte er das eine in Bet-El auf,

30 das andere brachte er nach Dan. 31 Er er-
richtete auch Kulthöhen und bestellte
Priester aus dem Volk, die keine Leviten
waren. 32 Auch führte er einen Feiertag im
achten Monat ein, und zwar am fünfzehn-
ten Tag des Monats, entsprechend dem
Feiertag, den es in Juda gab. Er selbst stieg
zum Altar hinauf. So tat er in Bet-El, um
den goldenen Kälbern, die er hatte herstel-
len lassen, zu opfern. Auch ließ er in Bet-
El die Priester der Kulthöhe, die er einge-
setzt hatte, Dienst tun. 33 Am fünfzehnten
Tag des achten Monats, des Monats, den er
sich selbst ausgedacht hatte, um den Israe-
liten einen Feiertag einzurichten, stieg er
nun zu dem Altar hinauf, den er errichtet
hatte. An jenem Tag stieg er zum Altar hi-
nauf, um zu opfern.

Verwerfung des Altars zu Bet-El

13 Da kam ein Gottesmann im Auf-
trag des Herrn von Juda nach Bet-
El, während Jerobeam gerade am Altar
stand, um zu opfern. 2 Er rief im Auftrag
des Herrn zum Altar hin diese Worte: Al-
tar, Altar! So spricht der Herr: Dem Haus
David wird ein Sohn geboren werden, Jo-
schija ist sein Name, der wird die Priester
der Kulthöhe, die auf dir opfern, hin-
schlachten. Menschengebeine wird er auf
dir verbrennen! 3 Gleichzeitig kündigte er
ein Zeichen an mit den Worten: Dies ist
das Zeichen, das der Herr gesprochen hat:
Der Altar wird bersten und die Asche, die
darauf ist, wird verschüttet werden. 4 Als
der König das Drohwort hörte, das der
Gottesmann zum Altar von Bet-El hin
ausgerufen hatte, da streckte Jerobeam sei-
ne Hand vom Altar her aus und rief: Packt
ihn! Aber seine Hand, die er gegen ihn
ausgestreckt hatte, erstarrte und er konnte
sie nicht mehr zurückziehen. 5 Der Altar
aber zerbarst und die Asche wurde vom
Altar herunter verschüttet als Zeichen,
wie es der Gottesmann im Auftrag des
Herrn angekündigt hatte. 6 Nun ergriff der
König das Wort und sprach zu dem Got-
tesmann: Besänftige doch den Herrn, dei-
nen Gott, dass ich meine Hand wieder an
mich ziehen kann! Da besänftigte der Got-
tesmann den Herrn und der König konnte
seine Hand wieder an sich ziehen; sie war
wie zuvor. 7 Darauf sprach der König zu
dem Gottesmann: Komm mit mir nach
Hause und stärke dich! Ich will dir auch
ein Geschenk geben. 8 Der Gottesmann
aber erwiderte dem König: Auch wenn du
mir die Hälfte deines Hauses gäbst, so gin-
ge ich doch nicht mit dir und würde weder
essen noch trinken an dieser Stätte. 9 Denn
so ist mir aufgetragen worden durch das
Wort des Herrn: Du sollst weder essen
noch trinken und nicht auf dem Weg zu-
rückkehren, auf dem du gekommen bist.
10 Er schlug also einen anderen Weg ein
und kehrte nicht auf dem Weg zurück,
auf dem er nach Bet-El gekommen war.

Der Gottesmann und der Prophet

11 Es wohnte aber in Bet-El ein alter Pro-
phet. Seine Söhne kamen zu ihm und er-
zählten ihm alles, was der Gottesmann an
diesem Tag in Bet-El getan, und die Worte,
die er zum König gesprochen hatte. Als sie
es ihrem Vater erzählt hatten, 12 sagte er zu
ihnen: Welchen Weg ist er gegangen? Sei-
ne Söhne zeigten ihm den Weg, den der
Gottesmann, der aus Juda gekommen war,
eingeschlagen hatte. 13 Er aber befahl sei-
nen Söhnen: Sattelt mir den Esel! Sie sat-
telten den Esel und er bestieg ihn. 14 Er ritt
dem Gottesmann nach und traf ihn, wie er
unter der Terebinthe saß, und sprach zu
ihm: Bist du der Gottesmann, der aus Juda
gekommen ist? Er antwortete: Ja! 15 Da for-
derte er ihn auf: Komm mit mir in mein
Haus und iss etwas! 16 Er aber erwiderte:
Ich darf nicht mit dir umkehren. Ich darf
an dieser Stätte nicht essen und nicht trin-
ken. 17 Denn das ist mir aufgetragen wor-
den durch das Wort des Herrn: Du darfst
weder essen noch trinken, auch darfst du
nicht auf dem Weg zurückkehren, auf dem
du gekommen bist! 18 Der andere aber ent-
gegnete ihm: Auch ich bin ein Prophet wie
du und ein Engel sprach auf Befehl des
Herrn zu mir: Bring ihn mit dir zurück in
dein Haus, damit er isst und trinkt! So be-
log er ihn. 19 Da kehrte er mit ihm um und
aß und trank in seinem Haus. 20 Während
sie aber zu Tisch saßen, erging ein Wort
des Herrn an den Propheten, der ihn zu-
rückgebracht hatte, 21 und er rief dem Got-
tesmann, der aus Juda gekommen war, zu:
So spricht der Herr: Weil du das Gebot
übertreten und den Befehl, den der Herr,
dein Gott, dir gegeben hatte, nicht befolgt
hast, 22 vielmehr umgekehrt bist und geges-
sen hast an der Stätte, an der zu essen und
zu trinken er dir verboten hatte, so soll

dein Leichnam nicht in das Grab deiner
Väter kommen! 23 Als der Gottesmann
dann mit Essen und Trinken fertig war,
sattelte ihm der Prophet den Esel; er kehr-
te um und zog fort. 24 Unterwegs aber stieß
ein Löwe auf ihn und tötete ihn; sein
Leichnam lag hingestreckt auf dem Weg.
Der Esel aber blieb neben ihm stehen und
der Löwe blieb ebenfalls neben dem Leich-
nam stehen. 25 Da kamen zufällig Leute vo-
rüber; als sie den Leichnam auf dem Weg
hingestreckt liegen und den Löwen bei
dem Leichnam stehen sahen, gingen sie
hin und meldeten es in der Stadt, wo der
alte Prophet wohnte. 26 Als der Prophet,
der ihn unterwegs zurückgeholt hatte, das
hörte, sagte er: Das ist der Gottesmann,
der sich gegen den Befehl des Herrn auf-
gelehnt hat. Darum hat ihn der Herr dem
Löwen übergeben; der hat ihn zerrissen
und getötet, gemäß dem Wort, das der
Herr zu ihm gesprochen hat. 27 Darauf ge-
bot er seinen Söhnen: Sattelt mir den Esel!
Als sie ihn gesattelt hatten, 28 ritt er hin
und fand seinen Leichnam hingestreckt
auf dem Weg liegen sowie den Esel und
den Löwen neben ihm stehen. Der Löwe
hatte weder den Leichnam gefressen noch
den Esel zerrissen. 29 Da hob der Prophet
den Leichnam des Gottesmannes auf, lud
ihn auf den Esel und brachte ihn zurück.
So kam der alte Prophet in die Stadt, um
die Totenklage zu halten und ihn zu be-
graben. 30 Er legte den Leichnam in sein ei-
genes Grab und sie klagten um ihn: Ach
mein Bruder! 31 Als er ihn begraben hatte,
sprach er zu seinen Söhnen: Wenn ich
sterbe, so sollt ihr mich in dem Grab be-
statten, wo der Gottesmann begraben ist;
neben seine Gebeine sollt ihr meine Gebei-
ne legen. 32 Denn die Drohung, die er auf
Befehl des Herrn gegen den Altar von Bet-
El und gegen alle Kulthöhen in den Städ-
ten Samariens verkündet hat, wird sicher
in Erfüllung gehen.

33 Auch nach diesem Ereignis kehrte Je-
robeam nicht auf seinem bösen Weg um,
sondern bestellte aufs Neue Leute aus dem
Volk zu Priestern der Kulthöhen. Wer
Lust dazu hatte, dem füllte er die Hand,
und er wurde Priester einer Kulthöhe.
34 Dies wurde aber dem Haus Jerobeam
Anlass zur Sünde, zum Sturz und zur Ver-
tilgung vom Erdboden.

Juda und Israel bis Elija

Die weitere Regierung Jerobeams

14 Um diese Zeit erkrankte Jero-
beams Sohn Abija. 2 Da sagte Jero-
beam zu seiner Frau: Auf, verkleide dich,
damit man nicht merkt, dass du Jero-
beams Frau bist, und geh nach Schilo!
Dort wohnt ja der Prophet Ahija, der von
mir geweissagt hat, dass ich König über
dieses Volk werde. 3 Nimm zehn Brote mit,
Kuchen und einen Krug Honig, und geh
zu ihm! Er wird dir sagen, was mit dem
Knaben geschehen wird. 4 Die Frau Jero-
beams tat so. Sie brach auf, ging nach
Schilo und begab sich in das Haus Ahijas.
Ahija aber konnte sie nicht sehen, weil sei-
ne Augen vor Alter starr geworden waren.
5 Der Herr aber hatte zu Ahija gesprochen:
Gleich kommt Jerobeams Frau zu dir, um
von dir eine Auskunft über ihren Sohn zu
erhalten: der ist nämlich krank; so und so
sollst du zu ihr reden. Wenn sie eintritt,
wird sie sich verstellen. 6 Als sie nun eintrat
und Ahija das Geräusch ihrer Schritte ver-
nahm, rief er: Komm herein, Frau Jero-
beams! Warum verstellst du dich? Ich ha-
be eine harte Botschaft für dich. 7 Geh, sag
Jerobeam: So spricht der Herr, Israels
Gott: Ich habe dich mitten aus dem Volk
herausgehoben und dich zum Fürsten
über mein Volk gemacht. 8 Ich habe dem
Haus Davids das Königtum entrissen und
es dir gegeben. Du aber bist nicht wie mein
Knecht David gewesen, der meine Gebote
hielt und mir nachfolgte mit ganzem Her-
zen, indem er nur tat, was recht war in
meinen Augen; 9 du hast es vielmehr
schlimmer getrieben als alle, die vor dir
gewesen sind; du bist hingegangen und
hast dir andere Götter gemacht, und zwar
gegossene Bilder, um mich zu reizen; mir
aber hast du den Rücken gekehrt. 10 Darum
will ich Unheil über das Haus Jerobeam
bringen und will von Jerobeam ausrotten,
was männlich ist, Unmündige und Mün-
dige in Israel, und ich will das Haus Jero-
beams wegfegen, wie man Kot wegfegt, bis

nichts mehr da ist. [11] Wer vom Haus Jero-
beams in der Stadt stirbt, den sollen die
Hunde fressen, und wer auf dem Feld
stirbt, den sollen die Vögel des Himmels
fressen! Ja, so hat der Herr gesprochen.
[12] Du aber mach dich auf und geh nach
Hause! Sobald deine Füße die Stadt betre-
ten, wird der Knabe sterben. [13] Ganz Israel
wird um ihn klagen und man wird ihn be-
graben; denn er allein von Jerobeam wird
in ein Grab kommen, weil sich nur an ihm
im Haus Jerobeam etwas fand, was dem
Herrn, dem Gott Israels, gefällt. [14] Der
Herr wird sich einen König über Israel be-
stellen, der das Haus Jerobeams ausrotten
wird. [15] Der Herr wird Israel schwanken
lassen, wie das Rohr im Wasser schwankt;
er wird Israel ausreißen aus diesem schö-
nen Land, das er ihren Vätern gegeben hat;
er wird sie jenseits des Stromes zerstreuen,
weil sie sich Kultpfähle angefertigt haben,
die den Herrn erzürnt haben. [16] Er wird Is-
rael preisgeben wegen der Sünden, die Je-
robeam selbst begangen und zu denen er
Israel verführt hat. [17] Da machte sich die
Frau Jerobeams auf den Weg und ging
nach Tirza. Als sie die Schwelle des Hauses
betrat, war der Knabe gerade gestorben.
[18] Man begrub ihn und ganz Israel hielt
ihm die Totenklage, wie es der Herr durch
seinen Knecht, den Propheten Ahija, ver-
kündet hatte.

[19] Die übrige Geschichte Jerobeams aber,
wie er Krieg geführt und wie er regiert hat,
ist aufgezeichnet in der Chronik der Köni-
ge von Israel. [20] Die Zeit, die Jerobeam Kö-
nig war, betrug zweiundzwanzig Jahre;
dann legte er sich zu seinen Vätern und
sein Sohn Nadab wurde König an seiner
Stelle.

Regierung Rehabeams in Juda

[21] Rehabeam, der Sohn Salomos, war König
von Juda. Einundvierzig Jahre war Reha-
beam alt, als er König wurde, und siebzehn
Jahre regierte er in Jerusalem, der Stadt,
die der Herr aus allen Stämmen Israels er-
wählt hatte, um dort seinen Namen woh-
nen zu lassen. Seine Mutter hieß Naama
und war eine Ammoniterin. [22] Juda aber
tat, was dem Herrn missfiel, und sie erreg-
ten durch ihre Sünden seinen Zorn mehr
als alles, was seine Väter getan hatten.
[23] Denn auch sie errichteten sich Kulthö-
hen, Steinmale und Kultpfähle auf jedem
hohen Hügel und unter jedem grünenden
Baum. [24] Sogar Hierodulen gab es im Land,
ja alle Gräuel der Heiden, die der Herr vor
den Israeliten vertrieben hatte, ahmten sie
nach.

[25] Da geschah es aber im fünften Jahr des
Königs Rehabeam, dass Schischak, der
König von Ägypten, gegen Jerusalem he-
ranrückte. [26] Er nahm die Schätze aus dem
Tempel des Herrn weg, ebenso die Schätze
des Königspalastes, überhaupt alles nahm
er weg. Auch die goldenen Schilde, die Sa-
lomo hatte herstellen lassen, nahm er weg.
[27] König Rehabeam aber ließ an ihrer Stelle
Bronzeschilde machen und vertraute sie
den Obersten der Läufer an, die das Tor
des Königspalastes bewachten. [28] Sooft der
König in den Tempel des Herrn ging,
brachten die Läufer sie herbei und trugen
sie anschließend wieder in die Wachstube
zurück.

[29] Die übrige Geschichte Rehabeams
aber und alles, was er unternahm, ist auf-
gezeichnet in der Chronik der Könige von
Juda. [30] Es war aber dauernd Krieg zwi-
schen Rehabeam und Jerobeam. [31] Reha-
beam legte sich zu seinen Vätern und wur-
de in der Davidstadt begraben. Sein Sohn
Abijam wurde König an seiner Stelle.

Regierung Abijas

15 Im achtzehnten Jahr des Königs Je-
robeam, des Sohnes Nebats, wurde
Abija König über Juda. [2] Drei Jahre regierte
er in Jerusalem. Der Name seiner Mutter
war Maacha, eine Tochter Abschaloms.
[3] Er verfiel allen Sünden seines Vaters, die
dieser vor ihm getan hatte, und sein Herz
war nicht ungeteilt beim Herrn wie das
Herz seines Ahnherrn David. [4] Doch we-
gen David ließ ihm der Herr, sein Gott,
eine Leuchte in Jerusalem, indem er seine
Söhne nach ihm erhob und Jerusalem be-
stehen ließ, [5] weil David getan hatte, was
recht war in den Augen des Herrn, und
sein Leben lang nicht von dem abgewichen
war, was er ihm geboten hatte. [6] Es war
aber dauernd Krieg zwischen Rehabeam
und Jerobeam.

[7] Die übrige Geschichte Abijas aber und
alles, was er unternahm, ist aufgezeichnet
in der Chronik der Könige von Juda. Auch
herrschte Krieg zwischen Abija und Jero-
beam. [8] Dann legte Abija sich zu seinen
Vätern; man begrub ihn in der Davidstadt

und sein Sohn Asa wurde König an seiner
Stelle.

Regierung Asas in Juda

9 Im zwanzigsten Jahr Jerobeams, des Kö-
nigs von Israel, wurde Asa König von Ju-
da. 10 Er regierte einundvierzig Jahre in Je-
rusalem. Der Name seiner Großmutter
war Maacha, eine Tochter Abschaloms.
11 Asa aber tat, was recht ist in den Augen
des Herrn, wie sein Ahnherr David. 12 Er
schaffte die Hierodulen aus dem Land
und beseitigte alle Götzenbilder, die seine
Väter hatten herstellen lassen. 13 Sogar sei-
ne Großmutter Maacha enthob er ihrer
Stellung als oberster Herrin, weil sie der
Aschera ein Schandbild errichtet hatte.
Asa hieb ihr Schandbild um und ver-
brannte es im Kidrontal. 14 Die Kulthöhen
jedoch wurden nicht abgeschafft. Doch
Asas Herz war dem Herrn sein Leben lang
ungeteilt ergeben. 15 Auch ließ er die Wei-
hegeschenke seines Vaters und seine eige-
nen Weihegaben in den Tempel des Herrn
bringen: Silber, Gold und Geräte.

16 Es herrschte aber Krieg zwischen Asa
und Bascha, dem König von Israel, solan-
ge sie lebten. 17 Bascha, der König von Is-
rael, zog gegen Juda heran und befestigte
Rama, um Asa, dem König von Juda, den
Aus- und Zugang zu verbauen. 18 Da nahm
Asa alles Silber und Gold, das in den
Schatzkammern des Tempels des Herrn
noch vorhanden war, ebenso die Schätze
des Königspalastes und übergab sie seinen
Dienern. Dann sandte König Asa zu Ben-
Hadad, dem Sohn Tabrimmons, des Soh-
nes Hesjons, dem König von Aram, der in
Damaskus residierte, und ließ ihm sagen:
19 Ein Bündnis sei zwischen mir und dir,
wie zwischen meinem Vater und deinem
Vater! Hier schicke ich dir als Geschenk
Silber und Gold. Löse dein Bündnis mit
Bascha, dem König von Israel, damit er
von mir abzieht! 20 Ben-Hadad hörte auf
König Asa, sandte seine Heerführer gegen
die Städte Israels und verwüstete Ijon,
Dan, Abel-Bet-Maacha und ganz Kinneret
sowie das gesamte Land Naftali. 21 Als Ba-
scha das erfuhr, setzte er die Befestigung
Ramas aus und zog sich nach Tirza zu-
rück. 22 König Asa aber bot ganz Juda auf,
keiner war ausgenommen; sie schafften
die Steine und das Holz fort, mit denen
Bascha Rama befestigt hatte, und König
Asa baute damit Geba in Benjamin und
Mizpa aus.

23 Die ganze übrige Geschichte Asas
aber, alle seine Siege und alles, was er un-
ternommen hat, ist aufgezeichnet in der
Chronik der Könige von Juda. Im Alter
aber erkrankte er an den Füßen. 24 Dann
legte sich Asa zu seinen Vätern und wurde
bei seinen Vätern in der Stadt seines Ahn-
herrn David begraben. Sein Sohn Joscha-
fat wurde König an seiner Stelle.

Regierung Nadabs in Israel

25 Nadab, der Sohn Jerobeams, wurde im
zweiten Jahr Asas, des Königs von Juda,
König über Israel; er regierte zwei Jahre
über Israel. 26 Er tat, was dem Herrn miss-
fiel und folgte dem Weg seines Vaters und
hielt an der Sünde fest, zu der dieser Israel
verleitet hatte. 27 Gegen ihn verschwor sich
Bascha, der Sohn Ahijas, aus dem Stamm
Issachar, und Bascha erschlug ihn bei Gib-
beton, das den Philistern gehörte, wäh-
rend Nadab und ganz Israel Gibbeton be-
lagerten. 28 Bascha tötete ihn also im
dritten Jahr Asas, des Königs von Juda,
und wurde König an seiner Stelle. 29 Als er
aber König geworden war, brachte er das
ganze Haus Jerobeams um, niemanden
ließ er am Leben von Jerobeam. Alles rot-
tete er aus nach dem Wort des Herrn, das
er durch seinen Knecht Ahija aus Schilo
hatte ergehen lassen, 30 wegen der Sünden
Jerobeams, die dieser begangen und wozu
er Israel verleitet hatte, und wegen des Är-
gernisses, mit dem er den Herrn, den Gott
Israels, erzürnt hatte.

31 Die übrige Geschichte Nadabs aber
und alles, was er unternahm, ist auf-
gezeichnet in der Chronik der Könige Is-
raels. 32 Es herrschte Krieg zwischen Asa
und Bascha, dem König von Israel, solan-
ge sie lebten.

Regierung Baschas in Israel

33 Im dritten Jahr Asas, des Königs von Ju-
da, wurde Bascha, der Sohn Ahijas, König
von Israel und regierte in Tirza, vierund-
zwanzig Jahre lang. 34 Er tat, was dem
Herrn missfiel, indem er dem Weg Jero-
beams folgte und an dessen Sünde fest-
hielt, zu der dieser Israel verleitet hatte.

16 Da erging das Wort des Herrn an
Jehu, den Sohn Hananis, gegen Ba-
scha: 2 Weil ich dich aus dem Staub erho-

ben und zum Fürsten über mein Volk Is-
rael gesetzt habe, du aber dem Weg Jero-
beams gefolgt bist und mein Volk Israel
zur Sünde verleitet hast, sodass sie mich
durch ihre Sünden erzürnt haben, 3 werde
ich Bascha samt seinem Haus wegfegen
und mit seinem Haus verfahren wie mit
dem Haus Jerobeams, des Sohnes Nebats.
4 Wer vom Haus Baschas in der Stadt
stirbt, den sollen die Hunde fressen, und
wer von ihm auf dem Feld stirbt, den sol-
len die Vögel des Himmels fressen.
5 Die übrige Geschichte Baschas, seine
Taten und seine Siege, sind aufgezeichnet
in der Chronik der Könige von Israel.
6 Dann legte sich Bascha zu seinen Vätern
und wurde in Tirza begraben. Sein Sohn
Ela wurde König an seiner Stelle. 7 Es war
aber das Wort des Herrn gegen Bascha
und sein Haus durch den Propheten Jehu,
den Sohn Hananis, nicht allein deswegen
ergangen, weil er tat, was dem Herrn miss-
fiel, indem er ihn durch das Werk seiner
Hände erzürnte und es dem Haus Jero-
beam gleichtat, sondern auch deshalb, weil
er dieses Haus ausgerottet hatte.

Regierung Elas in Israel

8 Im sechsundzwanzigsten Jahr Asas, des
Königs von Juda, wurde Ela, der Sohn Ba-
schas, König von Israel in Tirza, zwei Jahre
lang. 9 Gegen ihn verschwor sich sein
Knecht Simri, der Befehlshaber über die
eine Hälfte der Kriegswagen. Während sich
Ela in Tirza, im Haus des Palastobersten
Arza, beim Gelage betrank, 10 drang Simri
ein und schlug ihn tot, im siebenundzwan-
zigsten Jahr Asas, des Königs von Juda, und
wurde König an seiner Stelle. 11 Als er nun
König geworden war und den Thron be-
stiegen hatte, brachte er das ganze Haus
Baschas um; nicht einen einzigen ließ er
übrig, der männlich war, auch keinen sei-
ner Verwandten und Freunde. 12 So rottete
Simri das ganze Haus Bascha aus nach
dem Wort des Herrn, das er durch den
Propheten Jehu gesprochen hatte. 13 Es ge-
schah wegen all der Sünden Baschas und
der Sünden seines Sohnes Ela, die sie selbst
begangen und zu denen sie Israel verleitet
hatten, indem sie den Herrn, den Gott Is-
raels, durch ihre Götzen erzürnt hatten.
14 Die übrige Geschichte Elas und alles,
was er unternommen hat, ist aufgezeich-
net in der Chronik der Könige Israels.

Regierung Simris in Israel

15 Im siebenundzwanzigsten Jahr des Kö-
nigs Asa von Juda war Simri König in Tir-
za, sieben Tage lang. Das Volk aber bela-
gerte gerade Gibbeton, das den Philistern
gehörte. 16 Sobald nun das Volk im Feld die
Kunde vernahm: Simri hat eine Verschwö-
rung angezettelt und den König erschla-
gen!, da machte ganz Israel am gleichen
Tag im Lager Omri, den Befehlshaber des
Heeres, zum König über Israel. 17 Darauf
zog Omri und ganz Israel mit ihm von
Gibbeton hinauf und schloss Tirza ein.
18 Als aber Simri sah, dass die Stadt erobert
war, ging er in die Burg des Königspalastes,
steckte den Königspalast über sich in
Brand und kam so ums Leben 19 wegen sei-
ner Sünden, indem er tat, was dem Herrn
missfiel, dem Weg Jerobeams folgte und
an dessen Sünde festhielt, die dieser began-
gen und zu der er Israel verführt hatte.
20 Die übrige Geschichte Simris aber und
die Verschwörung, die er angezettelt hat,
ist aufgezeichnet in der Chronik der Köni-
ge Israels.

Regierung Omris in Israel

21 Damals spaltete sich das Volk in zwei
Teile. Die eine Hälfte des Volkes stand
auf der Seite Tibnis, dem Sohn Ginats,
um ihn zum König zu machen, die andere
Hälfte stand auf der Seite Omris. 22 Aber
das auf der Seite Omris stehende Volk ge-
wann die Oberhand über das auf der Seite
Tibnis, dem Sohnes Gignats, stehende
Volk, und als Tibni starb, wurde Omri Kö-
nig.
23 Im einunddreißigsten Jahr des Königs
Asa von Juda wurde Omri König über Is-
rael und regierte zwölf Jahre; sechs Jahre
davon in Tirza. 24 Dann kaufte er von Sche-
mer für zwei Talente Silber den Berg Sa-
maria, befestigte den Berg und gab der
Stadt, die er gebaut hatte, den Namen Sa-
maria nach dem Namen Schemers, des Be-
sitzers des Berges. 25 Omri aber tat, was
dem Herrn missfiel; er war schlimmer als
alle seine Vorgänger. 26 Er folgte dem Weg
Jerobeams, des Sohnes Nebats, und hielt
an dessen Sünde fest, zu der dieser die Is-
raeliten verführt hatte, sodass sie den
Herrn, den Gott Israels, durch ihre nichti-
gen Götzen erzürnten.
27 Die übrige Geschichte Omris aber, was
er unternommen hat, sowie seine Siege,

die er errungen hat, sind aufgezeichnet in
der Chronik der Könige Israels. 28 Dann
legte sich Omri zu seinen Vätern und wur-
de in Samaria begraben. Sein Sohn Ahab
wurde König an seiner Stelle.

Einleitung zur Regierung Ahabs

29 Ahab, der Sohn Omris, wurde König
über Israel im achtunddreißigsten Jahr
Asas, des Königs von Juda. Ahab, der Sohn
Omris, regierte in Samaria zweiundzwan-
zig Jahre über Israel. 30 Ahab, der Sohn
Omris, tat, was dem Herrn missfiel, mehr
als alle seine Vorgänger. 31 Und als sei es
ihm noch zu wenig, an den Sünden Jero-
beams, des Sohnes Nebats, festzuhalten,
nahm er sich auch noch Isebel, die Toch-
ter Etbaals, des Königs der Sidonier, zur
Frau, ging hin, diente dem Baal und betete
ihn an. 32 Er errichtete Baal einen Altar im
Baalstempel, den er in Samaria erbaut hat-
te. 33 Auch stellte er einen Kultpfahl auf
und tat noch mehr, um den Herrn, den
Gott Israels, zu erzürnen, schlimmer als
alle Könige Israels, die vor ihm gewesen
waren. 34 Zu seiner Zeit baute Hiël aus Bet-
El Jericho wieder auf. Um den Preis seines
Erstgeborenen Abiram legte er die Fun-
damente und um den Preis seines Jüngs-
ten Segub setzte er die Tore ein, gemäß
dem Wort, das der Herr durch Josua, den
Sohn Nuns, gesprochen hatte.

Der Elija-Zyklus

Die große Dürre

Elija am Bach Kerit

17 Elija, der Tischbiter aus Tischbe in
Gilead, sprach zu Ahab: So wahr
der Herr, der Gott Israels, lebt, er, in des-
sen Dienst ich stehe, es soll in diesen Jah-
ren weder Tau noch Regen fallen, es sei
denn auf das Wort hin, das ich spreche.
2 Danach erging das Wort des Herrn an
ihn: 3 Geh fort von hier, wende dich ost-
wärts und verbirg dich am Bach Kerit, der
östlich vom Jordan fließt. 4 Aus dem Bach
sollst du trinken, den Raben aber gebiete
ich, dass sie dich dort versorgen. 5 Da ging
er hin und tat, wie der Herr befohlen hatte,
und blieb am Bach Kerit, der östlich vom
Jordan fließt. 6 Und die Raben brachten
ihm Brot am Morgen und Fleisch am
Abend, aus dem Bach aber trank er.

In Sarepta. Das Mehl- und Ölwunder

7 Nach einiger Zeit aber vertrocknete der
Bach, denn es fiel kein Regen im Land.
8 Da erging das Wort des Herrn an ihn:
9 Mach dich auf und geh nach Sarepta, das
zu Sidon gehört, und bleib dort! Dort habe
ich einer Witwe befohlen, dich zu versor-
gen. 10 Da machte er sich auf und ging nach
Sarepta; als er zum Stadttor kam, traf er
dort eine Witwe, die gerade Holz sammel-
te. Er sprach sie an und sagte: Hol mir
doch in einem Krug ein wenig Wasser
zum Trinken! 11 Als sie hinging, es zu ho-
len, rief er ihr nach: Bring mir doch auch
einen Bissen Brot mit. 12 Da erwiderte sie:
So wahr der Herr, dein Gott, lebt, ich habe
nichts Gebackenes, sondern nur noch eine
Hand voll Mehl im Topf und ein bisschen
Öl im Krug. Gerade sammle ich hier ein
paar Stücke Holz, dann will ich heimgehen
und für mich und meinen Sohn etwas zum
Essen zubereiten und dann sterben. 13 Elija
aber antwortete ihr: Fürchte dich nicht!
Geh hin, tu, wie du gesagt hast; nur mach
mir zuerst einen kleinen Fladen und bring
ihn mir heraus; für dich aber und deinen
Sohn mach danach einen! 14 Denn so
spricht der Herr, der Gott Israels:

Der Mehltopf soll nicht leer werden und
der Ölkrug nicht versiegen / bis zu dem
Tag, an dem der Herr Regen fallen lässt auf
den Erdboden.

15 Da ging sie hin und tat, wie Elija ge-
sagt hatte. Und sie hatte zu essen, sie und
ihr Sohn. 16 Der Mehltopf wurde nicht leer
und der Ölkrug versiegte nicht nach dem
Wort des Herrn, das er durch Elija gespro-
chen hatte.

Die Auferweckung des Sohnes der Witwe

17 Danach erkrankte der Sohn der Frau, der
das Haus gehörte, und seine Krankheit
verschlimmerte sich so sehr, dass kein Le-
bensatem in ihm verblieb. 18 Da sagte sie zu
Elija: Was habe ich mit dir zu schaffen, du
Gottesmann? Du bist wohl zu mir gekom-
men, um an meine Sünden zu erinnern

und meinem Sohn den Tod zu bringen?
[19] Er antwortete ihr: Gib mir deinen Sohn!
Dann nahm er ihn von ihrem Schoß, trug
ihn in das Obergemach, wo er wohnte,
und legte ihn dort auf sein Bett. [20] Dann
rief er zum Herrn: Herr, mein Gott, willst
du wirklich die Witwe, bei der ich wohne,
ins Unglück bringen, indem du ihren Sohn
tötest? [21] Darauf streckte er sich dreimal
über den Knaben hin und rief zum Herrn:
Herr, mein Gott, lass doch das Leben in
diesen Knaben zurückkehren! [22] Der Herr
erhörte das Rufen Elijas und ließ das Le-
ben in den Knaben zurückkehren, sodass
er wieder auflebte. [23] Dann nahm Elija den
Knaben, brachte ihn vom Obergemach hi-
nunter ins Haus, übergab ihn seiner Mut-
ter und sagte: Dein Sohn lebt! [24] Die Frau
aber sprach zu Elija: Nun weiß ich, dass du
ein Gottesmann bist und dass das Wort
des Herrn wirklich in deinem Mund ist.

Elija und Obadja

18 Nach langer Zeit, im dritten Jahr,
da erging das Wort des Herrn an
Elija: Geh, zeig dich Ahab; denn ich will
Regen auf die Erde senden. [2] Da ging Elija
hin, um sich Ahab zu zeigen. Die Hun-
gersnot aber wurde immer größer in Sa-
maria, [3] sodass Ahab seinen Palastvorste-
her Obadja rufen ließ. Obadja aber war
ein eifriger Verehrer des Herrn. [4] Als Isebel
die Propheten des Herrn auszurotten
suchte, hatte Obadja einhundert Prophe-
ten genommen, sie in einer Höhle ver-
steckt, je fünfzig Mann, und mit Speise
und Trank versorgt. [5] Ahab sprach also zu
Obadja: Auf, zu allen Wasserquellen und
Bächen im Land! Vielleicht finden wir
Gras, damit wir Pferde und Maultiere am
Leben erhalten und keines von den Tieren
eingehen lassen müssen. [6] Sie teilten sich
also das Land, um es zu durchstreifen.
Ahab ging für sich den einen Weg und
Obadja für sich den anderen Weg. [7] Als
nun Obadja unterwegs war, da trat ihm
plötzlich Elija entgegen. Sobald er ihn er-
kannte, fiel er auf sein Angesicht und sag-
te: Bist du es, mein Herr Elija? [8] Er antwor-
tete ihm: Ich bin es; geh, sag deinem
Herrn: Elija ist da! [9] Der aber erwiderte:
Was habe ich gesündigt, dass du deinen
Knecht Ahab in die Hand ausliefern willst,
dass er mich tötet? [10] So wahr der Herr,
dein Gott, lebt, es gibt kein Volk und kein
Reich, wohin mein Herr nicht gesandt hät-
te, um dich zu suchen; und wenn sie dann
antworteten: Er ist nicht hier, so ließ er das
Reich und das Volk schwören, dass man
dich nicht gefunden hätte. [11] Und nun
sagst du: Geh hin und sag deinem Herrn:
Elija ist da! [12] Wenn ich nun von dir fort-
gehe und es trägt dich dann der Geist des
Herrn an einen Ort, den ich nicht kenne,
ich aber ginge zu Ahab, um es zu melden,
und man fände dich nicht, dann wird er
mich töten. Dabei ist doch dein Knecht
ein Verehrer des Herrn von Jugend an.
[13] Ist es meinem Herrn nicht gemeldet wor-
den, was ich getan habe, als Isebel die Pro-
pheten des Herrn töten wollte? Wie ich da
von den Propheten des Herrn einhundert
versteckte, je fünfzig in einer Höhle, und
sie mit Essen und Trinken versorgte?
[14] Und nun sagst du: Geh hin und sag dei-
nem Herrn: Elija ist da. Ahab wird mich
töten. [15] Da antwortete Elija: So wahr der
Herr, der Gott der Heerscharen, lebt, in
dessen Dienst ich stehe, heute noch will
ich mich ihm zeigen.

Elija und Ahab

[16] Da ging Obadja Ahab entgegen, meldete
es ihm und Ahab ging Elija entgegen. [17] Als
Ahab Elija erblickte, sagte Ahab zu ihm:
Bist du nun da, du Verderber Israels? [18] Er
aber erwiderte ihm: Nicht ich habe Israel
ins Verderben gebracht, sondern du und
das Haus deines Vaters, weil ihr den Herrn
verlassen habt und weil du den Baalen
nachgelaufen bist. [19] Nun aber sende hin
und lass ganz Israel bei mir auf dem Berg
Karmel zusammenkommen, ebenso die
vierhundertfünfzig Propheten Baals, die
von Isebels Tisch essen!

Das Opfer auf dem Karmel

[20] Da sandte Ahab zu allen Israeliten um-
her und ließ die Propheten auf dem Berg
Karmel zusammenkommen. [21] Elija aber
trat vor das gesamte Volk hin und sprach:
Wie lange wollt ihr zwischen zwei Seiten
schwanken? Ist der Herr der wahre Gott,
so folgt ihm nach; ist es aber Baal, so folgt
ihm nach! Das Volk aber erwiderte ihm
kein Wort. [22] Da sprach Elija zum Volk:
Ich bin als einziger Prophet des Herrn üb-
rig geblieben, die Propheten Baals dagegen
sind vierhundertfünfzig. [23] So gebe man
uns zwei Stiere! Sie mögen sich den einen

Stier auswählen, ihn zerstückeln und auf
die Holzscheite legen, aber kein Feuer an-
zünden, ich will dann den anderen Stier
zurechtmachen, aber kein Feuer anzün-
den. 24 Dann sollt ihr den Namen eueres
Gottes anrufen, ich aber werde den Na-
men des Herrn anrufen; der Gott nun,
der mit Feuer antwortet, der soll Gott sein!
Da erwiderte das ganze Volk: So ist es
recht! 25 Darauf sagte Elija zu den Prophe-
ten Baals: Wählt euch den einen Stier aus
und macht ihn zuerst zurecht! Ihr seid ja
in der Mehrheit. Ruft dann den Namen
eueres Gottes an, aber Feuer dürft ihr
nicht anmachen! 26 Und sie nahmen den
Stier, richteten ihn zu und riefen den Na-
men Baals an vom Morgen bis zum Mittag
mit den Worten: Baal, erhöre uns! Aber
kein Laut kam und niemand gab Antwort.
Dabei hüpften sie um den Altar herum,
den sie errichtet hatten. 27 Als es Mittag ge-
worden war, verspottete Elija sie und sag-
te: Ruft doch recht laut, er ist ja ein Gott!
Vielleicht ist er in Gedanken vertieft oder
beiseite gegangen oder verreist; vielleicht
schläft er gerade und muss erst aufwachen.
28 Da riefen sie mit starker Stimme und
ritzten sich nach ihrem Brauch mit
Schwertern und Lanzen, bis das Blut floss.
29 Als der Mittag schon vorüber war, da
kam es so weit, dass sie zu rasen begannen
bis zu der Zeit, da man das Speiseopfer
darbringt. Aber es war kein Laut, keine
Antwort, keine Erhörung zu vernehmen.

30 Da sprach Elija zum gesamten Volk:
Tretet her zu mir! Das gesamte Volk trat
zu ihm hin. Darauf stellte er den Altar des
Herrn, der zerstört war, wieder her. 31 Und
zwar nahm Elija zwölf Steine, nach der
Zahl der zwölf Stämme der Söhne Jakobs,
an den das Wort des Herrn ergangen war:
Israel soll dein Name sein, 32 und baute aus
den Steinen einen Altar im Namen des
Herrn und machte rings um den Altar
einen Graben so groß wie ein Raum für
zwei Sea Saatkorn. 33 Dann schichtete er
die Holzscheite auf, zerteilte den Stier, leg-
te ihn auf die Holzscheite 34 und sagte: Füllt
vier Krüge mit Wasser und gießt es über
das Brandopfer und über die Holzscheite
aus. Sie taten es. Darauf sagte er: Wieder-
holt es! Und sie wiederholten es. Dann
sagte er: Tut es zum dritten Mal! Sie taten
es zum dritten Mal, 35 sodass das Wasser
rings um den Altar floss; auch den Graben
ließ er mit Wasser füllen. 36 Als nun die
Zeit für das Speiseopfer gekommen war,
trat der Prophet Elija heran und rief: Herr,
Gott Abrahams, Isaaks und Israels, heute
lass es kundwerden, dass du Gott bist in
Israel und ich dein Knecht und dass ich
dies alles auf dein Wort hin getan habe.
37 Erhöre mich, Herr, erhöre mich und lass
dieses Volk erkennen, dass du der Herr,
der Gott, bist und dass du ihr Herz zur
Umkehr bringst. 38 Da fiel das Feuer des
Herrn herunter und verzehrte das Brand-
opfer und die Holzscheite, sogar das Was-
ser im Graben leckte es auf. 39 Als das gan-
ze Volk das sah, fiel es auf sein Angesicht
und sprach: Der Herr ist Gott, der Herr ist
Gott! 40 Elija aber sagte zu ihnen: Ergreift
die Propheten Baals! Keiner von ihnen
darf entrinnen! Sie ergriffen sie und Elija
ließ sie zum Bach Kischon hinunterschaf-
fen und dort töten.

Das Ende der Dürre

41 Dann sprach Elija zu Ahab: Geh hinauf,
iss und trink! Denn ich höre das Rauschen
des Regens. 42 Da ging Ahab hinauf, um zu
essen und zu trinken, Elija aber stieg zum
Gipfel des Karmel hinauf, beugte sich auf
die Erde nieder und hielt sein Gesicht zwi-
schen seine Knie. 43 Darauf sagte er zu sei-
nem Diener: Geh einmal hinauf und schau
auf das Meer hinaus! Er ging hinauf, hielt
Ausschau und meldete: Es ist nichts da! Er
sagte: Geh wieder hin! So geschah es sie-
benmal. 44 Beim siebten Mal aber meldete
er: Schau, eine Wolke, so klein wie eine
Menschenhand, steigt im Westen auf! Da
sagte Elija: Geh hin und sag zu Ahab: Lass
anspannen und fahr hinunter, sonst hält
dich der Regen zurück! 45 Nach einer Weile
wurde der Himmel schwarz von Gewitter-
wolken und es fiel ein starker Platzregen.
Ahab aber bestieg den Wagen und fuhr
nach Jesreel. 46 Die Hand des Herrn aber
kam über Elija; er gürtete sich und lief vor
Ahab her bis dorthin, wo es nach Jesreel
geht.

Elija am Horeb

Auf dem Weg zum Horeb

19 Ahab erzählte Isebel alles, was Elija
getan, wie er alle Propheten mit
dem Schwert hatte umbringen lassen. 2 Da
sandte Isebel einen Boten zu Elija und ließ

ihm sagen: Die Götter sollen mir dies und jenes antun, wenn ich nicht morgen um diese Zeit dein Leben dem Leben eines jeden von ihnen gleichgemacht habe. 3 Da geriet er in Angst, machte sich auf und ging davon, um sein Leben zu retten. Als er nach Beerscheba, das zu Juda gehört, kam, ließ er dort seinen Diener zurück. 4 Er selbst aber ging einen Tagesmarsch weit in die Wüste hinein. Als er so weit gekommen war, ließ er sich unter einem Ginsterstrauch nieder, wünschte sich den Tod und sprach: Nun ist es genug, Herr! Nimm meine Seele hin; ich bin ja nicht besser als meine Väter! 5 Dann legte er sich hin und schlief ein. Auf einmal berührte ihn ein Engel und sprach zu ihm: Steh auf, iss! 6 Als er hinblickte, sah er neben seinem Kopf einen gerösteten Fladen und einen Krug Wasser. Er aß und trank und legte sich wieder schlafen. 7 Aber der Engel des Herrn kam zum zweiten Mal, berührte ihn und sprach: Steh auf, iss! Denn sonst ist der Weg zu weit für dich! 8 Da stand er auf, aß und trank und wanderte in der Kraft jener Speise vierzig Tage und vierzig Nächte bis zum Gottesberg Horeb.

Die Begegnung mit Gott

9 Er trat dort in eine Höhle und übernachtete darin. Da erging das Wort des Herrn an ihn und er sprach zu ihm: Was tust du hier, Elija? 10 Er erwiderte: Von Eifer bin ich entbrannt für den Herrn, den Gott der Heerscharen; denn die Israeliten haben dich verlassen, deine Altäre haben sie niedergerissen, deine Propheten haben sie mit dem Schwert umgebracht. Ich allein bin übrig geblieben und nun stellen sie auch meinem Leben nach. 11 Da sprach er: Geh hinaus und tritt auf dem Berg vor den Herrn hin! Da zog der Herr vorüber. Ein gewaltiger, heftiger Sturm, der Berge zersprengt und Felsen spaltet, ging vor dem Herrn her; aber der Herr war nicht im Sturm. Nach dem Sturm kam ein Erdbeben; aber der Herr war nicht im Erdbeben. 12 Nach dem Erdbeben kam Feuer; aber der Herr war nicht im Feuer. Nach dem Feuer kam ein leises, sanftes Säuseln. 13 Als Elija das vernahm, verhüllte er sein Gesicht mit seinem Mantel, ging hinaus und trat an den Eingang der Höhle. Nun drang eine Stimme zu ihm, die ihm zurief: Was tust du hier, Elija? 14 Er antwortete: Von Eifer bin ich entbrannt für den Herrn, den Gott der Heerscharen; denn die Israeliten haben dich verlassen, deine Altäre haben sie niedergerissen, deine Propheten haben sie mit dem Schwert umgebracht und nun trachten sie auch mir nach meinem Leben. 15 Der Herr aber sprach zu ihm: Geh zurück durch die Steppe nach Damaskus und salbe Hasaël zum König über Aram! 16 Jehu, den Sohn Nimschis, salbe zum König über Israel! Elischa aber, den Sohn Schafats, aus Abel-Mehola, salbe an deiner Stelle zum Propheten! 17 Dann soll es geschehen: Wer dem Schwert Hasaëls entrinnt, den wird Jehu töten, und wer dem Schwert Jehus entrinnt, den wird Elischa töten. 18 Aber siebentausend will ich in Israel am Leben lassen, alle Knie nämlich, die sich nicht vor Baal gebeugt haben, und jeden Mund, der ihn nicht geküsst hat.

Die Berufung Elischas

19 Als Elija von dort weggegangen war, traf er Elischa, den Sohn Schafats, der gerade pflügte. Zwölf Gespanne hatte er vor sich, er selbst ging beim zwölften. Elija ging zu ihm hinüber und warf seinen Mantel über ihn. 20 Da ließ er die Rinder stehen, lief hinter Elija her und rief: Lass mich erst noch meinem Vater und meiner Mutter den Abschiedskuss geben, dann will ich dir folgen. Elija sagte zu ihm: Geh nur, aber komm dann zurück! Bedenke, was ich an dir getan habe. 21 Er ging von ihm weg, nahm das Paar Rinder und schlachtete sie. Mit dem Joch der Rinder kochte er das Fleisch und gab es den Leuten zu essen. Dann brach er auf, folgte Elija nach und wurde sein Diener.

Aramäerkriege

Belagerung Samarias

20 Ben-Hadad, der König von Aram, zog sein ganzes Heer zusammen – zweiunddreißig Könige waren mit Pferd und Wagen im Bund mit ihm –, rückte heran, schloss Samaria ein und bestürmte es. 2 Dann schickte er Boten zu Ahab, dem König von Israel, 3 und ließ ihm melden: Also spricht Ben-Hadad: Dein Silber und dein Gold gehört mir, deine Frauen und deine edlen Söhne gehören mir! 4 Der König von Israel ließ ihm antworten: Wie du

sagst, mein Herr und König, dein bin ich
mit all meiner Habe. 5 Aber die Boten ka-
men wieder und meldeten: Also spricht
Ben-Hadad: Ich habe doch zu dir gesandt
und dir sagen lassen: Dein Silber und dein
Gold, deine Frauen und deine Söhne sollst
du mir geben. 6 Wenn ich morgen um diese
Zeit meine Leute zu dir sende, sollen sie
deinen Palast und die Häuser deiner Die-
ner durchsuchen und alles, was ihnen ge-
fällt, mitnehmen und wegtragen. 7 Da be-
rief der König von Israel alle Ältesten des
Landes und sprach: Nun seht ihr doch
klar, dass der da Böses im Sinn hat; er hat
meine Frauen und meine Kinder, mein Sil-
ber und mein Gold gefordert und ich habe
ihm nichts verweigert. 8 Da sagten alle Äl-
testen und alles Volk zu ihm: Da darfst du
nicht nachgeben, da darfst du nicht ein-
willigen! 9 Er gab also den Boten Ben-Ha-
dads folgenden Bescheid: Meldet meinem
Herrn, dem König: Alles, was du zuerst
von deinem Knecht verlangt hast, will ich
tun, aber diese Forderung kann ich nicht
erfüllen! Die Boten gingen hin und richte-
ten es aus. 10 Da ließ Ben-Hadad ihm mit-
teilen: Die Götter mögen mir dies und je-
nes antun, wenn der Staub Samarias
ausreicht, um all dem Kriegsvolk, das mir
folgt, die Hand zu füllen. 11 Der König von
Israel aber antwortete: Das Sprichwort
sagt: Wer den Gürtel anlegt, soll sich nicht
brüsten wie einer, der ihn schon ablegt.
12 Als jener diese Antwort vernahm – er
hielt gerade in den Zelten ein Gelage mit
den Königen ab –, da gab er seinen Leuten
den Befehl anzugreifen, und sie begannen
den Sturm auf die Stadt.

Sieg Israels

13 Da trat ein Prophet an Ahab, den König
von Israel, heran und sagte: So spricht der
Herr: Hast du dieses gewaltige Heer gese-
hen? Gut, ich gebe es heute in deine Hand,
damit du erkennst, dass ich der Herr bin!
14 Ahab fragte: Durch wen? Er antwortete:
So spricht der Herr: Durch die Truppe der
Landvögte. Er fragte: Wer soll den Kampf
eröffnen? Er sprach: Du! 15 Nun musterte
Ahab die Truppe der Landvögte und es wa-
ren zweihundertzweiunddreißig Mann.
Nach ihnen musterte er das ganze Kriegs-
volk, alle Israeliten, siebentausend Mann.
16 Um Mittag rückten sie aus: Ben-Hadad
aber zechte im Zeltlager, er und die zwei-
unddreißig Könige, die seine Bundes-
genossen waren. 17 Zuerst rückte also die
Truppe der Landvögte aus. Ben-Hadad
aber erhielt durch Kundschafter, die er aus-
gesandt hatte, die Meldung: Aus Samaria
rücken Leute aus. 18 Er sagte: Rücken sie in
friedlicher Absicht aus, so nehmt sie leben-
dig gefangen; rücken sie zum Kampf aus,
so nehmt sie ebenfalls lebendig gefangen!
19 Als aber die Truppe der Landvögte und
das Heer, das ihnen folgte, aus der Stadt
ausgerückt waren, 20 schlug jeder seinen
Gegner nieder, sodass Aram die Flucht er-
griff. Die Israeliten aber jagten ihnen nach.
Ben-Hadad, der König von Aram, entkam
jedoch auf einem Pferd. 21 Nun rückte auch
der König von Israel aus, nahm die Pferde
und die Kriegswagen und brachte Aram
eine schwere Niederlage bei.

Zwischenspiel

22 Da trat der Prophet an den König von
Israel heran und sagte zu ihm: Geh, rüste
weiter und überlege wohl, was du zu tun
hast; denn um die Jahreswende wird der
König von Aram wieder gegen dich heran-
ziehen. 23 Die Diener des Königs von Aram
aber sagten zu ihm: Ein Berggott ist ihr
Gott. Darum haben sie uns überwunden.
Wenn wir dagegen in der Ebene kämpfen,
werden wir ihnen überlegen sein. 24 Tue
nun Folgendes: Entferne die Könige alle-
samt von ihren Posten und setz Statthalter
an ihre Stelle. 25 Du selbst aber musst ein
Heer ausheben in gleicher Stärke wie das
Heer, das dir verloren gegangen ist, auch
Pferde und Kriegswagen wie die früheren.
Dann wollen wir in der Ebene gegen sie
kämpfen und werden sie gewiss besiegen.
Er hörte auf ihren Rat und tat so.

Sieg bei Afek

26 Als dann das Jahr vorüber war, musterte
Ben-Hadad Aram und rückte gegen Afek
an, um mit Israel zu kämpfen. 27 Da wur-
den auch die Israeliten gemustert und zo-
gen ihnen entgegen. Sie lagerten ihnen ge-
genüber wie zwei kleine Ziegenherden,
während das Land von den Aramäern er-
füllt war. 28 Da trat ein Gottesmann heran
und sagte zum König von Israel: So spricht
der Herr: Weil Aram behauptet hat, der
Herr sei ein Berggott, aber kein Gott der
Ebenen, darum will ich dieses gewaltige
Heer in deine Hand geben, damit du ein-

siehst, dass ich der Herr bin. 29 Darauf la-
gerten sie einander gegenüber, sieben Tage
lang. Am siebten Tage aber kam es zum
Kampf und die Israeliten schlugen Aram,
hunderttausend Mann Fußvolk, an einem
einzigen Tag. 30 Als dann die Übriggeblie-
benen in die Stadt Afek flohen, stürzte die
Stadtmauer über siebenundzwanzigtau-
send Mann, die übrig geblieben waren, zu-
sammen.
Auch Ben-Hadad war in die Stadt ent-
kommen und flüchtete nun von einem Ge-
mach ins andere. 31 Da sagten seine Diener
zu ihm: Wir haben gehört, dass die Könige
des Hauses Israel barmherzige Könige
sind. Wir wollen also Säcke um unsere
Hüften legen und mit Stricken um den
Hals zum König von Israel hinausgehen;
vielleicht lässt er dich am Leben. 32 Sie leg-
ten also Säcke um ihre Hüften und Stricke
um ihre Hälse, gingen zum König von Is-
rael und sagten: Dein Knecht Ben-Hadad
lässt sagen: Lass mich doch am Leben! Da
sprach er: Lebt er noch? Er ist ja mein Bru-
der. 33 Die Männer nahmen das als gutes
Vorzeichen, gingen sofort darauf ein und
sagten: Also ist Ben-Hadad dein Bruder?
Er erwiderte: Geht, holt ihn! Als Ben-Ha-
dad zu ihm herausgekommen war, ließ er
ihn auf den Wagen steigen. 34 Dann sagte
Ben-Hadad zu ihm: Die Städte, die mein
Vater deinem Vater abgenommen hat, will
ich zurückgeben. Auch kannst du dir
Märkte in Damaskus einrichten, wie sie
mein Vater in Samaria angelegt hat. Mich
aber lasse aufgrund dieses Abkommens
frei. Da traf Ahab mit ihm dieses Abkom-
men und ließ ihn frei.

Ein Prophet verurteilt Ahabs Haltung

35 Einer von den Prophetenjüngern aber
sagte auf Befehl des Herrn zu seinem Ge-
fährten: Schlag mich doch! Aber der Mann
weigerte sich, ihn zu schlagen. 36 Da sagte
jener: Weil du nicht auf die Stimme des
Herrn gehört hast, darum wird dich ein
Löwe töten, sobald du von mir fortgehst.
Und als er von ihm fortging, fiel ihn ein
Löwe an und tötete ihn. 37 Darauf traf er
einen anderen Mann und sagte: Schlag
mich doch! Und der Mann verwundete
ihn. 38 Da ging der Prophet hin und stellte
sich dem König in den Weg, wobei er sich
durch eine Binde über den Augen un-
kenntlich machte. 39 Als der König vorü-
berkam, schrie er den König an und rief:
Dein Knecht war ausgezogen in den
Kampf; auf einmal trat ein Mann heran,
brachte einen Gefangenen zu mir und sag-
te: Bewach diesen Mann! Wird er entkom-
men, so haftet dein Leben für sein Leben,
oder du musst ein Talent Silber zahlen.
40 Während nun dein Knecht sich da und
dort zu schaffen machte, war jener auf ein-
mal verschwunden. Da sagte der König
von Israel zu ihm: Da hast du dein Urteil;
du hast es selber gefällt! 41 Nun riss jener
schnell die Binde von seinen Augen und
der König von Israel erkannte ihn als
einen von den Propheten. 42 Dieser aber
sagte zu ihm: So spricht der Herr: Weil
du den Mann, der meinem Bann verfallen
war, aus der Hand gelassen hast, soll dein
Leben für sein Leben haften und dein Volk
für sein Volk. 43 Da ging der König von Is-
rael aufgeregt und zornig nach Hause und
kam nach Samaria.

Nabots Weinberg

***Nabots Weigerung,
seinen Weinberg abzutreten***

21 Nach diesen Begebenheiten trug
sich Folgendes zu: Nabot, der Jes-
reeliter, besaß einen Weinberg neben dem
Palast Ahabs, des Königs von Samarien.
2 Da redete Ahab mit Nabot und sprach:
Gib mir deinen Weinberg. Er soll mir als
Gemüsegarten dienen; denn er liegt ja
ganz nahe bei meinem Haus. Ich will dir
dafür einen besseren Weinberg geben,
oder wenn dir das lieber ist, will ich dir
den Kaufpreis für diesen da in Geld aus-
zahlen. 3 Nabot aber erwiderte Ahab: Der
Herr bewahre mich davor, dass ich dir das
Erbe meiner Väter abtrete! 4 Da ging Ahab
nach Hause, missmutig und zornig über
die Antwort, die ihm Nabot, der Jesree-
liter, gegeben hatte, indem er sagte: Ich
werde dir das Erbe meiner Väter nicht ab-
treten. Er warf sich auf sein Lager, kehrte
das Gesicht ab und aß nichts. 5 Da ging sei-
ne Frau Isebel zu ihm und fragte ihn: Wa-
rum bist du so verstimmt und isst nichts?
6 Er antwortete ihr: Ich habe mit dem Jes-
reeliter Nabot geredet und ihm gesagt: Gib
mir deinen Weinberg für Geld, oder wenn
es dir lieber ist, will ich dir dafür einen
anderen Weinberg geben; er aber hat mir
erklärt: Ich werde dir meinen Weinberg

nicht abtreten! 7 Da sagte Isebel, seine
Frau, zu ihm: Bist du nun wirklich der Kö-
nig von Israel? Steh nur auf, iss und sei
guter Dinge! Ich werde dir den Weinberg
des Jesreeliters Nabot schon verschaffen.

Ermordung Nabots

8 Darauf schrieb sie im Namen Ahabs Brie-
fe, versiegelte sie mit seinem Siegel und
sandte die Briefe an die Ältesten und Vor-
nehmen, die mit Nabot zusammenwohn-
ten. 9 In den Briefen aber schrieb sie Fol-
gendes: Ruft ein Fasten aus und lasst
Nabot obenan sitzen vor den Leuten.
10 Ferner lasst zwei nichtswürdige Männer
ihm gegenüber Platz nehmen, die gegen
ihn zeugen und Folgendes aussagen sollen:
Du hast Gott und den König gelästert.
Dann führt ihn hinaus und steinigt ihn zu
Tode. 11 Die Männer seiner Stadt, die Äl-
testen und Vornehmen, die seine Mitbür-
ger in der Stadt waren, taten, wie Isebel
ihnen befohlen hatte, wie in den Briefen
geschrieben stand, die sie ihnen gesandt
hatte. 12 Sie riefen also ein Fasten aus und
ließen Nabot obenan sitzen vor den Leu-
ten. 13 Es kamen auch die beiden Männer,
nichtswürdige Menschen, und setzten sich
ihm gegenüber; sie legten Zeugnis gegen
ihn ab und sagten aus: Nabot hat Gott
und den König gelästert. Darauf führte
man ihn vor die Stadt hinaus und steinigte
ihn zu Tode. 14 Dann meldeten sie Isebel:
Nabot wurde gesteinigt und ist tot. 15 So-
bald Isebel erfuhr, dass Nabot zu Tode ge-
steinigt worden war, sagte Isebel zu Ahab:
Auf, nimm den Weinberg des Jesreeliters
Nabot in Besitz, den er dir für Geld nicht
abtreten wollte! Denn Nabot lebt nicht
mehr, er ist tot. 16 Als Ahab hörte, dass Na-
bot tot war, machte er sich auf, ging zum
Weinberg Nabots, des Jesreeliters, hinun-
ter und nahm ihn in Besitz.

Androhung des göttlichen Strafgerichtes durch Elija

17 Da erging das Wort des Herrn an Elija,
den Tischbiter: 18 Auf! Geh hinunter, Ahab,
dem König von Israel, entgegen, der in Sa-
maria seine Residenz hat; gerade ist er im
Weinberg Nabots, in den er hinunter-
gegangen ist, um ihn in Besitz zu nehmen.
19 Dies sollst du ihm sagen: So spricht der
Herr: Du hast gemordet und nun hast du
auch noch die Erbschaft angetreten. Des-
halb spricht der Herr: An der Stelle, wo die
Hunde Nabots Blut aufgeleckt haben, wer-
den die Hunde auch dein Blut auflecken!
20 Da antwortete Ahab: Hast du mich ge-
funden, mein Feind? Er entgegnete: Ge-
funden habe ich dich. Weil du dich dazu
hergegeben hast, zu tun, was dem Herrn
missfällt, 21 werde ich Verderben über dich
bringen und dich hinwegfegen und von
Ahabs Geschlecht ausrotten, was männ-
lich ist, Sklaven und Freie in Israel. 22 Ich
werde es mit deinem Haus machen wie
mit dem Haus Jerobeams, des Sohnes Ne-
bats, und mit dem Haus Baschas, des Soh-
nes Ahijas, wegen dem Ärgernis, das du
erregt, und weil du Israel zur Sünde ver-
führt hast. 23 Auch über Isebel spricht der
Herr: Die Hunde werden Isebel aan der
Mauer von Jesreel fressen. 24 Wer von
Ahabs Familie in der Stadt stirbt, den wer-
den die Hunde fressen, und wer auf dem
Feld stirbt, den werden die Vögel des
Himmels fressen.
25 In der Tat gab es noch nie einen Men-
schen, der sich wie Ahab dazu hergab, zu
tun, was dem Herrn missfiel, weil seine
Frau Isebel ihn verführte. 26 Er handelte
nämlich ganz abscheulich, weil er den
Götzen nachlief, ganz wie die Amoriter,
die der Herr vor den Israeliten vertrieben
hatte.

Ahabs Reue

27 Als aber Ahab diese Worte hörte, zerriss
er seine Kleider, legte ein Bußgewand um
den bloßen Leib und fastete. Er schlief so-
gar im Bußgewand und ging bedrückt um-
her. 28 Da erging das Wort des Herrn an
Elija, den Tischbiter: 29 Hast du gesehen,
wie Ahab sich vor mir gedemütigt hat?
Weil er sich vor mir gedemütigt hat, will
ich das Unheil nicht schon zu seinen Leb-
zeiten hereinbrechen lassen; erst in den
Tagen seines Sohnes will ich das Unheil
über sein Haus kommen lassen.

Erneuter Aramäerkrieg

Ahab beschließt einen Feldzug gegen Ramot-Gilead

22 Drei Jahre herrschte Ruhe; es war
kein Krieg zwischen Aram und Is-
rael. 2 Im dritten Jahr aber kam Joschafat,
der König von Juda, zum König von Israel
hinunter. 3 Da sagte der König von Israel

zu seinen Dienern: Ihr wisst doch, dass
Ramot-Gilead uns gehört, und da sitzen
wir hier untätig, anstatt es der Hand des
Königs von Aram zu entreißen! 4 Dann
sprach er zu Joschafat: Willst du mit mir
zum Kampf gegen Ramot in Gilead zie-
hen? Joschafat erwiderte dem König von
Israel: Ich (will) wie du, mein Volk wie
dein Volk, meine Pferde wie deine Pferde!

Die falschen Propheten verheißen Erfolg

5 Joschafat aber bat den König von Israel:
Frag doch zuerst den Herrn um ein Wort!
6 Da rief der König von Israel die Prophe-
ten zusammen, etwa vierhundert Mann,
und sprach zu ihnen: Soll ich zum Kampf
gegen Ramot-Gilead ziehen, oder soll ich
es lassen? Sie gaben zur Antwort: Zieh hin,
der Herr wird es in die Hand des Königs
geben! 7 Joschafat aber sagte: Ist hier sonst
kein Prophet des Herrn, dass wir ihn befra-
gen könnten? 8 Der König von Israel erwi-
derte Joschafat: Einer ist noch da, durch
den wir den Herrn befragen könnten, aber
ich für meinen Teil mag ihn nicht leiden,
denn er prophezeit mir nichts Gutes, son-
dern nur Schlimmes: Micha, der Sohn Jim-
las. Joschafat aber entgegnete: Der König
soll nicht so reden! 9 Da rief der König von
Israel einen Kämmerer und sagte zu ihm:
Hol so schnell wie möglich Micha, den
Sohn Jimlas, herbei! 10 Der König von Israel
und Joschafat, der König von Juda, saßen
in Königsgewändern auf ihren Thronen
auf der Tenne vor dem Toreingang von Sa-
maria und alle Propheten waren vor ihnen
in prophetischer Verzückung. 11 Zidkija,
der Sohn Kenaanas, hatte sich eiserne Hör-
ner gemacht und rief: So spricht der Herr:
Mit diesen Hörnern wirst du Aram nieder-
stoßen bis zur Vernichtung! 12 Und alle
Propheten weissagten im gleichen Sinn:
Zieh hinauf gegen Ramot-Gilead, du wirst
Erfolg haben und der Herr wird es in die
Hand des Königs geben.

Der Prophet Micha verheißt Unheil

13 Der Bote aber, der hingegangen war, um
Micha zu rufen, sagte zu ihm: Schau, die
Worte der Propheten sind einmütig güns-
tig für den König. Darum möge dein Wort
sein wie das Wort eines jeden von ihnen,
indem du Günstiges kündest. 14 Micha aber
sprach: So wahr der Herr lebt, ich werde
sagen, was der Herr zu mir reden wird!
15 Als er dann zum König kam, sprach die-
ser zu ihm: Micha, sollen wir zum Kampf
gegen Ramot-Gilead ziehen, oder sollen
wir davon abstehen? Er erwiderte: Zieh hi-
nauf, du wirst Erfolg haben und der Herr
wird es in die Hand des Königs geben.
16 Der König aber sprach zu ihm: Wie oft
soll ich dich beschwören, dass du mir im
Namen des Herrn nichts sagst als die
Wahrheit? 17 Da sagte er:

Ich sah ganz Israel über die Berge hin
zerstreut / wie Schafe, denen der Hirte
fehlt.

Und der Herr sprach: Die da haben kei-
nen Herrn, / darum kehre ein jeder in
Frieden nach Hause zurück!

18 Da sprach der König von Israel zu Jo-
schafat: Habe ich dir nicht gesagt, er weis-
sagt mir nichts Gutes, sondern Schlim-
mes? 19 Micha aber fuhr fort: Hört darum
das Wort des Herrn: Ich sah den Herrn auf
seinem Thron sitzen und das ganze Him-
melsheer stand bei ihm zu seiner Rechten
und zu seiner Linken. 20 Der Herr aber
sprach: Wer will Ahab betören, damit er
hinzieht und bei Ramot-Gilead fällt? Da
redete der eine so und der andere so, 21 bis
der Geist vortrat, sich vor den Herrn stell-
te und sprach: Ich will ihn betören. Und
der Herr fragte ihn: Wodurch? 22 Er sagte:
Ich will hingehen und zum Lügengeist
werden im Mund aller seiner Propheten.
Da sprach er: Du sollst ihn betören und
du bist auch dazu imstande; geh hin und
tu so! 23 Nun siehe, der Herr hat wirklich
einen Lügengeist in den Mund all dieser
deiner Propheten gelegt, hat doch der
Herr Unheil über dich beschlossen. 24 Da
trat Zidkija, der Sohn Kenaanas, hinzu,
schlug Micha auf die Wange und sprach:
Wie, wäre etwa der Geist des Herrn von
mir gewichen, um mit dir zu reden? 25 Mi-
cha erwiderte: Du wirst es erkennen an
dem Tag, an dem du von Gemach zu Ge-
mach eilen wirst, um dich zu verstecken.
26 Da befahl der König von Israel: Nehmt
Micha fest, bringt ihn zum Stadthaupt-
mann Amon und zum Prinzen Joasch,
27 und meldet: So befiehlt der König: Werft
diesen Mann ins Gefängnis und nährt ihn
kärglich mit Wasser und Brot, bis ich
wohlbehalten heimkehre. 28 Micha aber
sprach: Wenn du wohlbehalten heim-
kehrst, dann hat der Herr nicht durch
mich geredet.

Ahabs Tod bei Ramot-Gilead

29 So zogen der König von Israel und Jo-
schafat, der König von Juda, gegen Ramot-
Gilead. 30 Der König von Israel aber sagte
zu Joschafat: Ich will mich verkleiden und
so in den Kampf gehen, du dagegen magst
deine Kleider anbehalten. So verkleidete
sich der König von Israel und ging in den
Kampf. 31 Der König von Aram aber hatte
den Obersten seiner Streitwagen folgen-
den Befehl gegeben: Niemand sollt ihr an-
greifen, weder Klein noch Groß, sondern
nur den König von Israel! 32 Als nun die
Obersten der Streitwagen Joschafat er-
blickten, da dachten sie: Das ist kein ande-
rer als der König von Israel, und gingen
zum Angriff auf ihn los. Joschafat aber
schrie. 33 Da erkannten die Obersten der
Streitwagen, dass es nicht der König von
Israel war, und ließen von ihm ab. 34 Nun
hatte ein Mann aufs Geratewohl seinen
Bogen gespannt und traf den König von
Israel zwischen Leibgurt und Panzer. Da
befahl er seinem Wagenlenker: Mach
kehrt und schaff mich aus dem Kampf hi-
naus; denn ich bin verwundet! 35 Die
Schlacht aber wurde an jenem Tag immer
heftiger, sodass der König im Kampf gegen
die Aramäer im Wagen aufrecht stehen
musste. Am Abend starb er. Das Blut aus
der Wunde war in das Innere des Wagens
geflossen. 36 Gegen Sonnenuntergang er-
scholl der Ruf durch das Lager: Jeder keh-
re in seine Stadt, in sein Land zurück! 37 So
starb der König, man brachte ihn nach Sa-
maria und begrub ihn dort. 38 Als man am
Teich von Samaria den Wagen ausspülte,
da leckten die Hunde sein Blut auf und die
Huren badeten darin nach dem Wort, das
der Herr gesprochen hatte.

Nach dem Tod Ahabs

Ende der Regierung Ahabs

39 Die übrige Geschichte Ahabs sowie alles,
was er unternommen hat – der Bau des
Elfenbeinhauses, die Befestigung der Städ-
te –, all das ist aufgezeichnet in der Chro-
nik der Könige von Israel. 40 Ahab legte
sich zu seinen Vätern und sein Sohn Ahas-
ja wurde an seiner Stelle König.

Regierung Joschafats in Juda

41 Joschafat, der Sohn Asas, wurde im vier-
ten Jahr Ahabs, des Königs von Israel, Kö-
nig über Juda. 42 Joschafat war fünfund-
dreißig Jahre alt, als er König wurde, und
fünfundzwanzig Jahre regierte er in Jeru-
salem. Der Name seiner Mutter war Asu-
ba, eine Tochter Schilhis. 43 Er folgte ganz
dem Weg seines Vaters Asa, wich nicht
von ihm ab und tat, was dem Herrn gefiel.
44 Die Kulthöhen jedoch wurden nicht ab-
geschafft; auch opferte und räucherte das
Volk noch auf den Höhen. 45 Joschafat hat-
te Frieden mit dem König von Israel.

46 Die übrige Geschichte Joschafats, die
Siege, die er errungen, und die Kriege, die
er geführt hat, sind aufgezeichnet in der
Chronik der Könige von Juda. 47 Auch die
letzten Hierodulen, die noch aus den Ta-
gen seines Vaters übrig geblieben waren,
vertrieb er aus dem Land. 48 Es gab aber
keinen König in Edom, sondern nur einen
Statthalter des Königs. König 49 Joschafat
baute eine Tarschischflotte, um Gold aus
Ofir zu holen. Aber es kam nicht dazu,
denn seine Schiffe zerschellten in Ezjon-
Geber. 50 Damals sagte Ahasja, der Sohn
Ahabs, zu Joschafat: Meine Leute sollen
mit deinen Leuten auf den Schiffen fah-
ren! Aber Joschafat wollte nicht. 51 Joscha-
fat legte sich zu seinen Vätern und wurde
bei seinen Vätern in der Stadt seines Va-
ters David begraben. Sein Sohn Joram
wurde an seiner Stelle König.

Regierung Ahasjas in Israel

52 Ahasja, der Sohn Ahabs, wurde im sieb-
zehnten Jahr Joschafats, des Königs von
Juda, in Samaria König über Israel und re-
gierte zwei Jahre über Israel. 53 Er tat, was
dem Herrn missfiel, und folgte den Wegen
seines Vaters und seiner Mutter und den
Wegen Jerobeams, des Sohnes Nebats, der
Israel zur Sünde verführt hatte. 54 Er diente
dem Baal und betete ihn an; so erzürnte er
den Herrn, den Gott Israels, ganz wie es
sein Vater getan hatte.

Das zweite Buch der Könige

Ahasja und Elija

1 Nach Ahabs Tod fiel Moab von Israel
ab. 2 Ahasja stürzte in Samaria durch
das Gitter seines Obergemachs und war
krank. Da sandte er Boten mit dem Auf-
trag: Geht und befragt Beelzebul, den Gott
von Ekron, ob ich von meinem Leiden ge-
nesen werde. 3 Aber der Engel des Herrn
sprach zu Elija, dem Tischbiter: Mach dich
auf, geh den Boten des Königs von Sama-
ria entgegen und sprich zu ihnen: Gibt es
denn gar keinen Gott in Israel, dass ihr
hingeht, um Beelzebul, den Gott von
Ekron, zu befragen? 4 Darum spricht der
Herr: Von dem Lager, auf das du dich ge-
legt hast, wirst du nicht mehr aufstehen;
denn du musst sterben! Dann ging Elija
fort. 5 Als die Boten zu Ahasja zurückkehr-
ten, fragte er sie: Weshalb kommt ihr wie-
der? 6 Sie antworteten ihm: Es kam uns ein
Mann entgegen und sagte zu uns: Geht,
kehrt zurück zum König, der euch gesandt
hat, und meldet ihm: So spricht der Herr:
Gibt es denn gar keinen Gott in Israel, dass
du aussendest, um Beelzebul, den Gott von
Ekron, zu befragen? Darum wirst du von
dem Lager, auf das du dich gelegt hast,
nicht wieder aufstehen; denn du musst
sterben. 7 Da sagte er zu ihnen: Wie sah
der Mann aus, der euch entgegenkam und
diese Worte an euch gerichtet hat? 8 Sie er-
widerten ihm: Ein Mann mit einem Man-
tel aus Ziegenhaaren und einem ledernen
Gürtel. Da sagte er: Das war Elija, der
Tischbiter.

9 Hierauf sandte er einen Hauptmann
mit fünfzig Mann zu ihm. Dieser kam zu
ihm herauf, als er eben auf dem Gipfel
eines Berges saß, und sagte zu ihm: Mann
Gottes, der König befiehlt: Komm herun-
ter! 10 Elija aber antwortete dem Haupt-
mann über die fünfzig Mann: Gut, wenn
ich ein Mann Gottes bin, so falle Feuer
vom Himmel und verzehre dich samt dei-
nen Fünfzig! Da fiel Feuer vom Himmel
und verzehrte ihn samt seinen Fünfzig.
11 Darauf sandte der König einen anderen
Hauptmann mit fünfzig Mann zu ihm.
Der kam herauf und sagte zu Elija: Mann
Gottes, so befiehlt der König: Komm so-
fort herunter! 12 Elija aber erwiderte und
sagte zu ihm: Wenn ich ein Mann Gottes
bin, so falle Feuer vom Himmel und ver-
zehre dich samt deinen Fünfzig! Da fiel
Feuer Gottes vom Himmel und verzehrte
ihn samt seinen Fünfzig. 13 Darauf sandte
der König noch einen dritten Hauptmann
mit fünfzig Mann. Als aber der dritte
Hauptmann mit seinen fünfzig Mann hi-
naufgestiegen war, fiel er vor Elija auf sei-
ne Knie, flehte ihn an und sprach: Mann
Gottes, lass doch mein Leben und das Le-
ben dieser deiner fünfzig Knechte hier et-
was gelten in deinen Augen! 14 Es ist ja Feu-
er vom Himmel gefallen und hat die
beiden ersten Hauptleute mit ihren fünfzig
Mann verzehrt; nun lass doch mein Leben
etwas gelten in deinen Augen! 15 Da sprach
der Engel des Herrn zu Elija: Steig mit ihm
hinunter, fürchte dich nicht vor ihm! Er
stand also auf, stieg mit ihm hinunter
zum König 16 und sagte zu ihm: So spricht
der Herr: Weil du Boten ausgesandt hast,
um Beelzebul, den Gott von Ekron, zu be-
fragen, darum wirst du von dem Lager, auf
das du dich gelegt hast, nicht mehr aufste-
hen, sondern bestimmt sterben.

17 So starb Ahasja nach dem Wort des
Herrn, das Elija gesprochen hatte, und
sein Bruder Joram wurde König an seiner
Stelle im zweiten Jahr Jorams, des Sohnes
Joschafats, des Königs von Juda; denn er
hatte keinen Sohn. 18 Die übrige Geschich-
te Ahasjas aber und seine Taten sind auf-
gezeichnet in der Chronik der Könige von
Israel.

Der Elischa-Zyklus

Die Anfänge

Entrückung Elijas. Sein Nachfolger Elischa

2 Als der Herr Elija im Sturmwind in den Himmel auffahren lassen wollte, gingen Elija und Elischa aus Gilgal fort. 2 Elija sagte zu Elischa: Bleib doch hier, denn der Herr schickt mich nach Bet-El. Elischa aber erwiderte: So wahr der Herr lebt und so wahr du lebst, ich verlasse dich nicht! So gingen sie nach Bet-El hinunter. 3 Da kamen die Prophetenjünger, die in Bet-El waren, zu Elischa heraus und sagten zu ihm: Weißt du, dass heute der Herr deinen Herrn über dein Haupt hinweg entrücken wird? Er entgegnete: Ich weiß es auch, schweigt nur! 4 Darauf sagte Elija zu ihm: Elischa, bleib doch hier; denn der Herr schickt mich nach Jericho! Elischa aber sagte: So wahr der Herr lebt und so wahr du lebst, ich verlasse dich nicht! So kamen sie nach Jericho. 5 Da traten die Prophetenjünger, die in Jericho waren, an Elischa heran und sagten zu ihm: Weißt du, dass heute der Herr deinen Herrn über dein Haupt hinweg entrücken wird? Er entgegnete: Ich weiß es auch, schweigt nur! 6 Darauf sagte Elija zu ihm: Bleib doch hier; denn der Herr schickt mich an den Jordan. Elischa aber sagte: So wahr der Herr lebt und so wahr du lebst, ich verlasse dich nicht! So gingen sie beide miteinander. 7 Es gingen aber fünfzig von den Prophetenjüngern mit und hielten sich in einiger Entfernung abseits auf, während die beiden am Jordan stehen blieben. 8 Elija nahm seinen Mantel, wickelte ihn zusammen und schlug damit auf das Wasser. Da teilte es sich nach der einen und nach der anderen Seite und beide gingen auf trockenem Grund hinüber. 9 Als sie drüben waren, sagte Elija zu Elischa: Erbitte dir etwas, was ich dir noch tun soll, ehe ich von dir fortgenommen werde! Elischa erwiderte: So möge mir ein doppelter Anteil von deinem Geist zufallen! 10 Da sagte Elija: Du hast etwas erbeten, was schwer zu erfüllen ist. Wenn du mich siehst, wie ich von dir entrückt werde, so wird es dir zuteil werden, wenn aber nicht, so wird es nicht geschehen. 11 Während sie weitergingen und redeten, kam ein feuriger Wagen mit feurigen Pferden und trennte die beiden voneinander. Elija fuhr im Sturmwind zum Himmel empor. 12 Als Elischa das sah, schrie er: Mein Vater, mein Vater, Wagen Israels und sein Lenker! Dann sah er ihn nicht mehr. Da packte er seine Kleider und zerriss sie in zwei Stücke. 13 Hierauf hob er den Mantel Elijas auf, der heruntergefallen war, kehrte um und stellte sich wieder an das Ufer des Jordan. 14 Er nahm den Mantel, der Elija entfallen war, schlug damit auf das Wasser und sprach: Wo ist der Herr, der Gott des Elija? Sobald er auf das Wasser schlug, teilte es sich nach der einen und nach der anderen Seite und Elischa ging hinüber. 15 Als die Prophetenjünger ihn von drüben sahen, riefen sie: Der Geist des Elija hat sich auf Elischa niedergelassen. Sie gingen ihm entgegen, warfen sich vor ihm zu Boden 16 und sagten zu ihm: Es sind hier bei deinen Knechten fünfzig starke Männer; die sollen deinen Herrn suchen; vielleicht hat ihn der Geist des Herrn entführt und auf einen Berg oder in ein Tal entrückt. Er antwortete: Schickt sie nicht hin! 17 Sie aber drangen heftig in ihn, bis er sagte: So schickt sie also hin. Da sandten sie fünfzig Mann aus. Die suchten drei Tage lang, fanden Elija aber nicht. 18 Als sie nach Jericho zu Elischa zurückkehrten, sagte er zu ihnen: Habe ich euch nicht gesagt, ihr braucht nicht hinzugehen?

Zwei Wunder Elischas

19 Die Leute der Stadt sprachen zu Elischa: Schau, es ist zwar gut, in der Stadt zu wohnen, wie du siehst, Herr. Das Wasser ist jedoch schlecht und darum kommt es in der Gegend zu Fehlgeburten. 20 Er erwiderte: Bringt mir eine neue Schale und tut Salz hinein! Man brachte sie ihm. 21 Da ging er hinaus zur Wasserquelle, warf das Salz hinein und sagte: So spricht der Herr: Ich mache dieses Wasser gesund; es sollen künftig kein Tod und keine Fehlgeburt daraus hervorgehen! 22 Und das Wasser wurde gesund bis auf den heutigen Tag gemäß dem Wort, das Elischa gesprochen hatte.

23 Von dort stieg er hinauf nach Bet-El. Als er den Weg hinaufstieg, kamen Knaben aus der Stadt heraus; die verspotteten ihn und riefen: Komm herauf, Glatzkopf! Komm herauf, Glatzkopf! 24 Er aber wand-

te sich um, schaute sie an und verfluchte
sie im Namen des Herrn. Da kamen zwei
Bären aus dem Wald und zerrissen zwei-
undvierzig von den Knaben. 25 Er aber ging
von dort zum Berg Karmel und kehrte
dann nach Samaria zurück.

Der Moabiterkrieg

Einleitung zur Regierung Jorams in Israel

3 Joram, Ahabs Sohn, wurde in Samaria
König über Israel im achtzehnten Jahr
des Königs Joschafat von Juda und regierte
zwölf Jahre. 2 Er tat, was dem Herrn miss-
fiel, doch nicht wie sein Vater und wie sei-
ne Mutter; er beseitigte nämlich das Stein-
mal des Baal, das sein Vater errichtet hatte.
3 Er hielt aber fest an den Sünden Jero-
beams, des Sohnes Nebats, zu denen dieser
Israel verführt hatte, und ließ nicht von
ihnen ab.

Feldzug Israels und Judas gegen Moab

4 Mescha, der König von Moab, war Her-
denbesitzer und lieferte dem König von Is-
rael als Tribut hunderttausend Lämmer
und die Wolle von hunderttausend Wid-
dern. 5 Sobald aber Ahab tot war, fiel der
König von Moab vom König von Israel
ab. 6 Daher rückte König Joram eines Tages
aus Samaria aus und musterte ganz Israel.
7 Gleichzeitig sandte er zu Joschafat, dem
König von Juda, und ließ ihm sagen: Der
König von Moab ist von mir abgefallen.
Willst du mit mir gegen Moab in den
Kampf ziehen? Der antwortete: Ich werde
hinaufziehen, wie ich so du, wie mein Volk
so dein Volk, wie meine Pferde so deine
Pferde. 8 Dann ließ Joram fragen: Auf wel-
chem Weg wollen wir hinaufziehen? Jo-
schafat erwiderte: Auf dem Weg durch
die Steppe von Edom.

9 So rückte der König von Israel mit dem
König von Juda und dem König von Edom
aus. Als sie aber einen Weg von sieben Ta-
gesmärschen zurückgelegt hatten, war
kein Wasser mehr da für das Heer und
das Vieh, das ihnen folgte. 10 Da rief der
König von Israel aus: Wehe, der Herr hat
diese drei Könige hergerufen, um sie in die
Hand Moabs auszuliefern! 11 Joschafat aber
sprach: Ist denn kein Prophet des Herrn
hier, dass wir durch ihn den Herrn befra-
gen könnten? Da antwortete einer von den
Leuten des Königs von Israel: Hier ist Eli-
scha, der Sohn Schafats, der Elija Wasser
über die Hände gegossen hat. 12 Joschafat
erwiderte: Bei dem ist das Wort des Herrn.
Darauf begaben sich der König von Israel
sowie Joschafat und der König von Edom
zu ihm hinunter. 13 Elischa aber sagte zum
König von Israel: Was habe ich mit dir zu
schaffen? Geh doch zu den Propheten dei-
nes Vaters und zu den Propheten deiner
Mutter! Doch der König von Israel erwi-
derte ihm: Nicht doch! Der Herr hat wohl
diese drei Könige hergerufen, um sie in die
Hand Moabs auszuliefern? 14 Da sprach
Elischa: So wahr der Herr, der Herr der
Heerscharen, lebt, in dessen Dienst ich
stehe: Nähme ich nicht Rücksicht auf Jo-
schafat, den König von Juda, so würde ich
dich wahrhaftig nicht einmal eines Blickes
würdigen. 15 Nun aber holt mir einen Sai-
tenspieler her! Als der Saitenspieler die
Saiten schlug, kam die Hand des Herrn
über ihn, 16 und er sagte: So spricht der
Herr: Macht in diesem Bachtal Grube ne-
ben Grube! 17 Denn so spricht der Herr: Ihr
werdet keinen Wind sehen und trotzdem
wird sich dieses Bachtal mit Wasser füllen,
sodass ihr trinken könnt, ihr und euere
Truppen und euere Lasttiere. 18 Aber das
ist dem Herrn noch zu wenig; er wird auch
Moab in euere Hände liefern, 19 sodass ihre
alle festen Städte erobern, alle Bäume, die
Frucht bringen, fällen, alle Wasserquellen
verschütten und alles gute Ackerland mit
Steinen verderben sollt. 20 In der Tat, am
Morgen um die Zeit, da man das Speise-
opfer darbringt, kam Wasser aus der Rich-
tung von Edom her und die Gegend wurde
vom Wasser überschwemmt.

21 Als nun ganz Moab vernahm, dass die
Könige zum Kampf gegen sie heranrück-
ten, wurden alle aufgeboten, die Waffen
tragen konnten, und sie besetzten die
Grenze. 22 Frühmorgens aber, als über dem
Wasser die Sonne aufleuchtete, erschien
das Wasser den Moabitern drüben rot wie
Blut! 23 Sie sprachen: Das ist Blut! Gewiss
haben sich die Könige gegenseitig auf-
gerieben und einer hat den anderen nie-
dergemacht. Jetzt heran an die Beute, Mo-
ab! 24 Als sie aber an das Lager Israels
herankamen, machte sich Israel auf; sie
schlugen die Moabiter, sodass sie vor
ihnen die Flucht ergriffen. Dann drangen
sie weiter vor und schlugen Moab verhee-
rend. 25 Die Städte aber zerstörten sie, auf

alles gute Ackerland warf jeder seinen
Stein, dass es ganz davon bedeckt war; jede
Wasserquelle schütteten sie zu und jeden
Baum, der Früchte trug, fällten sie.
Schließlich blieb nur noch Kir-Heres üb-
rig. Diese Stadt umzingelten und beschos-
sen die Schleuderer. 26 Als der König von
Moab sah, dass er dem Angriff nicht stand-
halten konnte, nahm er siebenhundert mit
dem Schwert bewaffnete Männer mit, um
sich zum König von Aram durchzuschla-
gen; aber es gelang ihm nicht. 27 Nun nahm
er seinen erstgeborenen Sohn, der an sei-
ner Stelle König werden sollte, und brachte
ihn auf der Mauer als Brandopfer dar. Da
kam ein gewaltiger Zorn über Israel. Sie
zogen von Moab ab und kehrten in ihr
Land zurück.

Weitere Wunder Elischas

Das Öl der Witwe

4 Eine von den Frauen der Propheten-
jünger rief Elischa laut an mit den
Worten: Dein Knecht, mein Mann, ist ge-
storben; du weißt doch, dass dein Knecht
ein Verehrer des Herrn war; und nun
kommt der Gläubiger, um sich meine bei-
den Söhne als Sklaven zu holen. 2 Elischa
antwortete ihr: Was soll ich für dich tun?
Gib mir an, was du im Haus hast! Sie sagte:
Deine Magd hat nichts im Haus als einen
Krug mit Öl. 3 Da sprach er: Geh hin, borg
dir draußen von allen deinen Nachbarn
leere Gefäße, aber nicht zu wenige! 4 Dann
geh heim, verschließ die Tür hinter dir
und deinen Söhnen und gieß Öl in alle
diese Gefäße; und wenn eines voll ist, stell
es beiseite! 5 Sie ging also von ihm weg,
schloss die Tür hinter sich und ihren Söh-
nen ab, und während diese ihr die Gefäße
reichten, goss sie ein. 6 Als die Gefäße voll
waren, sagte sie zu ihrem Sohn: Reich mir
noch ein Gefäß her! Er aber antwortete
ihr: Es ist kein Gefäß mehr da. Da hörte
das Öl zu fließen auf. 7 Sie meldete es dem
Gottesmann. Er sagte: Geh, verkauf das Öl
und bezahl deine Schuld! Von dem, was
übrig bleibt, magst du mit deinen Söhnen
leben.

Elischa, die Schunemiterin und ihr Sohn

8 Eines Tages ging Elischa nach Schunem
hinüber. Dort wohnte eine vornehme
Frau; sie bat ihn sehr, bei ihr zu essen;
jedes Mal, wenn er vorüberkam, kehrte er
dort zum Essen ein. 9 Da sagte sie zu ihrem
Mann: Ich weiß, dass dieser Mann, der im-
mer bei uns einkehrt, ein heiliger Gottes-
mann ist. 10 Wir wollen ihm ein kleines, ge-
mauertes Obergemach herrichten und
ihm ein Bett, einen Tisch, einen Stuhl und
einen Leuchter hineinstellen, dann mag er,
sooft er zu uns kommt, sich dorthin zu-
rückziehen.

11 Eines Tages kam er wieder dorthin
und legte sich in das Obergemach begab
und schlafen legte. 12 Dann sagte er seinem
Diener Gehasi: Ruf unsere Schunemiterin!
Er rief sie und sie trat vor Gehasi hin.
13 Auch befahl er ihm: Sag ihr doch: Du
hast dir unseretwegen so viel Mühe ge-
macht; was kann man für dich tun? Kann
man beim König ein Wort für dich ein-
legen oder beim Heerführer? Sie erwider-
te: Ich wohne mitten unter meinen Ver-
wandten. 14 Er fragte weiter: Aber was
könnte man für sie tun? Gehasi antworte-
te: Ach, sie hat keinen Sohn und ihr Mann
ist alt. 15 Nun befahl er: Ruf sie! Er rief sie
und sie trat in die Tür. 16 Da sagte er: Im
nächsten Jahr um diese Zeit wirst du einen
Sohn liebkosen! Sie erwiderte: Ach nein,
mein Herr, mach deiner Magd nichts vor!
17 Doch die Frau wurde schwanger und ge-
bar einen Sohn um die Zeit, die Elischa ihr
genannt hatte.

18 Als der Knabe groß geworden war,
ging er eines Tages zu seinem Vater hinaus
zu den Schnittern. 19 Dort klagte er seinem
Vater: Mein Kopf, mein Kopf! Der Vater
befahl einem Knecht: Trag ihn zu seiner
Mutter! 20 Er nahm ihn und trug ihn zu sei-
ner Mutter. Bis zum Mittag lag er auf
ihrem Schoß, dann starb er. 21 Da ging sie
hinauf und legte ihn auf das Bett des Got-
tesmannes, schloss die Tür hinter ihm zu
und ging hinaus. 22 Hierauf rief sie ihren
Mann und sagte: Schick mir doch einen
von den Knechten und eine Eselin! Ich
will zu dem Gottesmann eilen und bald
zurückkommen. 23 Er fragte: Warum willst
du heute zu ihm gehen, da doch weder
Neumond noch Sabbat ist? Sie aber sagte:
Lass nur! 24 Dann sattelte sie die Eselin und
befahl dem Knecht: Treib nur rasch voran
und halt mich im Reiten nicht auf, bis ich
es dir sage! 25 So zog sie aus und kam zu
dem Gottesmann auf den Berg Karmel.
Als der Gottesmann sie von fern erblickte,

sagte er zu seinem Diener Gehasi: Das ist
ja unsere Schunemiterin! 26 Lauf ihr ent-
gegen und frag sie: Geht es dir gut? Geht
es deinem Mann gut? Geht es dem Jungen
gut? Sie antwortete: Jawohl! 27 Sobald sie
aber zu dem Gottesmann auf den Berg ge-
kommen war, umfasste sie seine Füße. Da
trat Gehasi hinzu, um sie zurückzustoßen.
Der Gottesmann aber sagte: Lass sie; denn
ihre Seele ist betrübt, aber der Herr hat es
mir verborgen und mir nicht kundgetan.
28 Da sagte sie: Habe ich etwa von meinem
Herrn einen Sohn erbeten? Habe ich nicht
vielmehr gesagt: Mach mir keine trügeri-
schen Hoffnungen? 29 Nun befahl er Geha-
si: Gürte dich, nimm meinen Stab in deine
Hand und geh hin; wenn du einem begeg-
nest, so grüße ihn nicht, und wenn dich
einer grüßt, so danke ihm nicht; dann leg
meinen Stab dem Knaben aufs Gesicht.
30 Die Mutter des Knaben aber sprach: So
wahr der Herr lebt und so wahr du lebst,
ich lasse dich nicht! Da machte er sich auf
und folgte ihr. 31 Gehasi aber war ihnen vo-
rausgegangen und hatte den Stab auf das
Gesicht des Knaben gelegt; doch dieser
gab keinen Laut und kein Lebenszeichen
von sich. Dann kehrte er um, dem Gottes-
mann entgegen, und meldete ihm: Der
Knabe ist nicht aufgewacht. 32 Als Elischa
in das Haus kam, lag der Knabe tot auf
seinem Bett. 33 Er ging hinein, schloss die
Tür hinter sich und dem Knaben zu und
betete zum Herrn. 34 Dann stieg er hinauf
und legte sich über den Knaben, wobei er
seinen Mund auf dessen Mund, seine Au-
gen auf dessen Augen, seine Hände auf
dessen Hände legte. Als er sich so über
ihn beugte, wurde der Körper des Knaben
warm. 35 Dann stand er wieder auf und
ging im Haus auf und ab, worauf er wieder
hinaufstieg und sich siebenmal über ihn
beugte. Da nieste der Knabe und schlug
seine Augen auf. 36 Nun rief er Gehasi und
sagte: Hol unsere Schunemiterin! Er rief
sie; und sie kam zu ihm. Da sagte er:
Nimm deinen Sohn! 37 Sie trat heran, warf
sich ihm zu Füßen und verneigte sich bis
zum Boden. Dann nahm sie ihren Sohn
und ging hinaus.

Der Tod im Topf

38 Elischa kehrte nach Gilgal zurück; es
herrschte aber Hungersnot im Land. Als
nun die Prophetenjünger vor ihm saßen,
sagte er zu seinem Diener: Setz den großen
Topf auf und koch ein Gericht für die Pro-
phetenjünger! 39 Da ging einer hinaus aufs
Feld, um Gemüse zu ernten; er fand eine
wilde Ranke und pflückte davon Früchte,
soviel sein Gewand fassen konnte. Dann
kam er heim und schnitt sie in den Koch-
topf hinein; sie kannten sie nämlich nicht.
40 Als man aber den Männern das Gericht
zum Essen austeilte und sie davon koste-
ten, schrien sie: Der Tod ist im Topf,
Mann Gottes! Und sie konnten nicht wei-
ter davon essen. 41 Da befahl er: Bringt
Mehl herbei! Er tat es in den Topf und sag-
te: Teilt es nun den Leuten zum Essen aus!
Da war nichts Schädliches mehr im Topf.

Die Brotvermehrung

42 Es kam aber ein Mann aus Baal-Scha-
lischa und brachte dem Gottesmann Erst-
lingsbrot, zwanzig Gerstenbrote und
Schrotkorn in seinem Sack. Elischa befahl:
Gib es den Leuten zu essen! 43 Sein Diener
entgegnete: Wie soll ich das einhundert
Mann vorsetzen? Er aber sagte: Gib es
den Leuten zu essen; denn so spricht der
Herr: Man wird essen und noch übrig las-
sen. 44 Da setzte er es ihnen vor und sie
aßen und ließen noch übrig, wie der Herr
es gesagt hatte.

Die Heilung Naamans

5 Naaman, der Heerführer des Königs
von Aram, war ein Mann, der bei sei-
nem Herrn in hohem Ansehen und in
großer Gunst stand; denn durch ihn hatte
der Herr Aram den Sieg verliehen. Der
Mann aber war vom Aussatz befallen.
2 Nun waren die Aramäer einmal zu einem
Streifzug ausgerückt und hatten ein jun-
ges Mädchen aus dem Land Israel ent-
führt. Es kam in den Dienst der Frau Naa-
mans. 3 Es sagte zu seiner Herrin: Wenn
doch nur mein Herr bei dem Propheten
in Samaria wäre, der würde ihn von sei-
nem Aussatz befreien! 4 Da ging Naaman
zu seinem Herrn und teilte ihm mit: So
und so hat das Mädchen aus dem Land
Israel gesprochen. 5 Der König von Aram
erwiderte: Geh hin; ich will dir einen Brief
an den König von Israel mitgeben! So ging
er hin und nahm zehn Talente Silber,
sechstausend Schekel Gold und zehn Fest-
gewänder mit sich 6 und überbrachte dem
König von Israel den Brief, der folgender-

maßen lautete: Zugleich mit diesem Brief
sende ich meinen Diener Naaman zu dir,
damit du ihn von seinem Aussatz befreist.
7 Als der König von Israel den Brief gele-
sen hatte, zerriss er seine Kleider und rief:
Bin ich denn ein Gott, dass ich tot oder
lebendig machen könnte? Denn dieser
schickt zu mir, damit ich jemand vom
Aussatz befreie! Nun seht ihr doch klar,
dass er nur einen Vorwand zum Streit
mit mir sucht.

8 Als Elischa hörte, der König von Israel
habe seine Kleider zerrissen, sandte er hin
und ließ ihm sagen: Warum hast du deine
Kleider zerrissen? Er soll zu mir kommen,
dann wird er erfahren, dass es in Israel
einen Propheten gibt. 9 So kam Naaman
mit seinen Pferden und Wagen und
machte vor der Haustür Elischas Halt.
10 Da schickte Elischa einen Boten zu ihm
mit der Weisung: Geh, bade siebenmal im
Jordan, so wird dein Leib wiederher-
gestellt; du wirst rein werden. 11 Naaman
aber ging zornig davon und sagte: Ich
hatte mir gedacht, er käme selbst heraus,
stellte sich vor mich hin, riefe den Namen
des Herrn, seines Gottes, an, würde seine
Hand auf der kranken Stelle bewegen und
nähme so den Aussatz fort. 12 Sind denn
nicht Abana und Parpar, die Flüsse von
Damaskus, besser als alle Wasser Israels?
Kann ich nicht in ihnen baden, um rein
zu werden? Dann machte er kehrt und
ging zornig davon. 13 Da traten seine Die-
ner herbei und redeten auf ihn ein: Mein
Vater! Wenn der Prophet etwas Schweres
von dir gefordert hätte, würdest du es tun.
Um wie viel mehr, da er dir nur sagte:
Bade, so wirst du rein. 14 So zog er also
zum Jordan und tauchte nach der Wei-
sung Elischas siebenmal im Fluss unter.
Da wurde sein Leib wieder so rein wie
der Leib eines Kindes. 15 Nun kehrte er zu
Elischa zurück, er und sein ganzer Tross.
Als er hinkam, ging er zu ihm hinein, trat
vor ihn hin und sagte: Wahrhaftig, nun
weiß ich, dass es auf der ganzen Welt kei-
nen Gott gibt außer in Israel. Jetzt nimm
von deinem Knecht ein Geschenk an!
16 Elischa aber erwiderte: So wahr der Herr
lebt, in dessen Dienst ich stehe, ich neh-
me nichts an. Und obgleich er ihn be-
drängte, es anzunehmen, lehnte er es ab.
17 Darauf sagte Naaman: Wenn also nicht,
so möge man deinem Knecht so viel Erde,
wie zwei Maultiere tragen können, mit-
geben; denn dein Knecht will künftig kei-
nen anderen Göttern mehr Brandopfer
und Schlachtopfer darbringen, als dem
Herr allein. 18 Nur möge der Herr mit dei-
nem Knecht Nachsicht haben: Wenn
mein Herr in den Tempel Rimmons geht,
um dort anzubeten, stützt er sich dabei
auf meinen Arm; auch ich muss mich im
Tempel Rimmons niederwerfen, wenn er
sich niederwirft. In diesem Punkt möge
der Herr mit deinem Knecht Nachsicht
haben. 19 Elischa entgegnete ihm: Geh hin
in Frieden!

Als Naaman eine Strecke weit seines
Weges gegangen war, 20 dachte Gehasi, der
Diener Elischas, bei sich: Schau, da hat
nun mein Herr diesen Aramäer Naaman
geschont und aus seiner Hand nicht ein-
mal das angenommen, was er mitgebracht
hatte. So wahr der Herr lebt, ich laufe ihm
nach und nehme etwas von ihm. 21 Gehasi
eilte also Naaman nach. Als Naaman je-
mand hinter sich herlaufen sah, beugte er
sich vom Wagen nach ihm herunter und
fragte: Ist alles in Ordnung? 22 Gehasi ant-
wortete: Jawohl! Mein Herr sendet mich
und lässt dir sagen: Soeben sind zwei junge
Leute vom Gebirge Efraim, Prophetenjün-
ger, zu mir gekommen. Gib ihnen doch ein
Talent Silber und zwei Festkleider! 23 Da
sagte Naaman: Wenn es dir beliebt, nimm
zwei Talente. Und er bedrängte ihn. Dann
band er zwei Talente in zwei Beutel, tat
zwei Festkleider dazu und übergab sie zwei
von seinen Dienern, die sie vor ihm her-
trugen. 24 Als sie an den Hügel kamen,
nahm Gehasi ihnen die Geschenke aus
der Hand und legte sie im Haus beiseite;
die Leute aber entließ er und sie gingen
zurück. 25 Als er nun hineinging und vor
seinen Herrn trat, fragte ihn Elischa: Wo-
her kommst du, Gehasi? Er antwortete:
Dein Knecht ist weder dahin noch dorthin
gegangen. 26 Darauf sagte Elischa zu ihm:
Bin ich nicht im Geist dabei gewesen, als
sich jemand aus seinem Wagen zu dir hi-
nunterbeugte? Nun hast du Geld bekom-
men und kannst damit Kleider, Ölgärten
und Weinberge, Schafe und Rinder,
Knechte und Mägde anschaffen. 27 Aber
der Aussatz Naamans soll an dir und dei-
nen Nachkommen haften für immer. Da
ging Gehasi von ihm fort, vom Aussatz
weiß wie Schnee.

Die verlorene Axt

6 Die Prophetenjünger sagten zu Eli-
scha: Der Raum, in dem wir vor dir
sitzen, ist zu eng für uns. 2 Wir wollen
zum Jordan gehen, von dort soll jeder
einen Balken holen, damit wir uns hier
eine Unterkunft bauen können. Er ant-
wortete: Ja, geht! 3 Einer aber sagte: Sei so
gut und geh mit deinen Knechten! Er er-
widerte: Ich werde mitgehen. 4 Er ging also
mit ihnen. Sie kamen an den Jordan und
fällten Holz. 5 Einem aber fiel beim Um-
hauen des Stammes die eiserne Klinge des
Beils ins Wasser: Da schrie er und rief: O
weh, mein Herr! Es ist auch noch geliehen!
6 Der Mann Gottes aber sprach: Wohin ist
das Eisen gefallen? Er zeigte ihm die Stelle.
Nun schnitt Elischa sich ein Stück Holz
zurecht, warf es dorthin und brachte das
Eisen zum Schwimmen. 7 Dann sagte er:
Hol es dir heraus! Der Mann streckte seine
Hand aus und ergriff es.

Aramäerkriege

Elischa nimmt einen ganzen Aramäertrupp gefangen

8 Als der König von Aram gegen Israel
Krieg führte, verabredete er mit seinen
Leuten, an einer bestimmten Stelle einen
Hinterhalt zu legen. 9 Elischa aber sandte
zum König von Israel und ließ ihm sagen:
Sei an dieser Stelle auf der Hut, denn die
Aramäer lauern dort in einem Hinterhalt.
10 Darauf sandte der König von Israel
Kundschafter an den Ort, den ihm Elischa
bezeichnet und vor dem er ihn gewarnt
hatte, und er war auf der Hut, und das
nicht nur einmal oder zweimal. 11 Der Kö-
nig von Aram aber wurde darüber sehr
beunruhigt; er rief seine Diener und sagte
zu ihnen: Könnt ihr mir nicht angeben,
wer uns beim König von Israel verrät?
12 Da antwortete einer von seinen Dienern:
Niemand, mein Herr und König, sondern
Elischa, der Prophet in Israel, teilt dem
König von Israel die Worte mit, die du in
deinem Schlafgemach redest. 13 Da befahl
er: Geht und forscht, wo er ist; dann will
ich hinsenden, um ihn festnehmen zu las-
sen. Man meldete ihm: Er ist in Dotan.
14 Da sandte er Pferde und Wagen und eine
starke Truppe dorthin; sie kamen bei
Nacht an und umzingelten die Stadt.
15 Als nun Elischa am folgenden Tag
frühmorgens aufstand und hinausging,
hatte eine Truppe die Stadt mit Pferden
und Wagen umstellt. Da sagte sein Diener
zu ihm: O weh, mein Herr, was machen
wir nun? 16 Er aber erwiderte: Fürchte dich
nicht, denn bei uns sind es mehr als bei
ihnen. 17 Dann betete Elischa: O Herr, öff-
ne ihm doch die Augen, damit er sieht!
Und der Herr öffnete dem Diener die Au-
gen: Er sah auf einmal, wie der Berg rings
um Elischa voll von feurigen Pferden und
Wagen war. 18 Als die Aramäer heranrück-
ten, betete Elischa zum Herrn: Schlag
doch diese Leute mit Verblendung! Und
der Herr schlug sie wegen der Bitte des
Elischa mit Verblendung. 19 Darauf sagte
Elischa zu ihnen: Das ist nicht der Weg
und das ist nicht die Stadt; folgt mir, so
will ich euch zu dem Mann hinführen,
den ihr sucht. Und er führte sie nach Sa-
maria. 20 Als sie nach Samaria gekommen
waren, sagte Elischa: Herr, öffne diesen
Leuten die Augen, damit sie sehen! Da öff-
nete der Herr ihnen die Augen und sie sa-
hen auf einmal, dass sie in Samaria waren.
21 Sobald der König von Israel sie er-
blickte, sprach er zu Elischa: Soll ich sie
niederschlagen, mein Vater? 22 Er aber er-
widerte: Nein! Du darfst sie nicht nieder-
schlagen! Schlägst du denn jene nieder, die
du mit deinem Schwert und Bogen gefan-
gen hast? Setz ihnen Speise und Trank vor,
dass sie essen und trinken und dann zu
ihrem Herrn heimkehren. 23 Da ließ er
ihnen ein großes Mahl bereiten und nach-
dem sie gegessen und getrunken hatten,
entließ er sie; und sie zogen zu ihrem
Herrn. Seitdem aber drangen keine Streif-
scharen Arams mehr in das Gebiet von Is-
rael ein.

Die Hungersnot im belagerten Samaria

24 Danach zog Ben-Hadad, der König von
Aram, seine ganze Heeresmacht zusam-
men und rückte heran, um Samaria zu be-
lagern. 25 Da entstand in Samaria eine gro-
ße Hungersnot; ja, sie belagerten es so
lange, bis ein Eselskopf achtzig Schekel Sil-
ber und ein viertel Kab wilde Zwiebeln
fünf Schekel Silber kosteten. 26 Als nun der
König von Israel einmal auf der Mauer
vorbeiging, schrie ihn eine Frau an: Hilf,
mein Herr und König! 27 Er antwortete:
Wenn dir der Herr nicht hilft, wie soll ich
dir helfen? Soll ich etwas von der Tenne

oder von der Kelter holen? 28 Dann sagte
der König zu ihr: Was fehlt dir denn? Sie
aber erwiderte: Diese Frau da hat zu mir
gesagt: Gib deinen Sohn her, wir wollen
ihn heute aufessen! Meinen Sohn wollen
wir dann morgen aufessen! 29 So haben
wir meinen Sohn gekocht und gegessen.
Am anderen Tag sagte ich zu ihr: Gib nun
deinen Sohn her, wir wollen ihn aufessen;
aber sie hat ihren Sohn versteckt. 30 Als der
König die Worte der Frau vernahm, zer-
riss er seine Kleider; da er auf der Mauer
stand, bemerkte das Volk, dass er darunter
auf dem bloßen Leib ein Bußgewand trug.
31 Er rief aus: Gott möge mir dies und jenes
antun, wenn Elischa, der Sohn Schafats,
bis heute abend seinen Kopf behält!

Elischa kündigt das bevorstehende Ende der Prüfung an

32 Während Elischa zusammen mit den Äl-
testen in seinem Haus saß, sandte der Kö-
nig einen Mann vor sich her. Ehe aber der
Bote zu ihm kam, hatte Elischa zu den Äl-
testen gesagt: Wisst ihr, dass dieser Sohn
eines Mörders befohlen hat, mir den Kopf
abzuschlagen? Seht zu, dass ihr, wenn der
Bote kommt, die Tür schließt und ihn mit
der Tür zurückdrängt. Sind nicht schon
die Schritte seines Herrn hinter ihm zu
vernehmen? 33 Während er noch mit ihnen
redete, da kam schon der König zu ihm
herunter und sagte: Dieses Unheil kommt
vom Herrn; wie soll ich da noch auf den
Herrn vertrauen?

7 Elischa erwiderte: Hört das Wort des
Herrn! So spricht der Herr: Morgen
um diese Zeit kostet am Tor von Samaria
ein Sea Feinmehl einen Schekel, zwei Sea
Gerste kosten ebenfalls einen Schekel.
2 Der Schildträger, auf dessen Arm sich der
König stützte, antwortete Elischa: Selbst
wenn der Herr Fenster am Himmel an-
brächte, wie könnte das geschehen? Elischa
erwiderte: Du wirst es mit eigenen Augen
sehen, aber essen wirst du nichts davon.

Das verlassene Lager der Aramäer wird entdeckt

3 Es saßen aber vier aussätzige Männer
draußen vor dem Tor. Sie sprachen zuei-
nander: Was sollen wir hier bleiben, bis
wir sterben? 4 Wenn wir die Absicht haben,
in die Stadt zu gehen, wo Hungersnot
herrscht, so werden wir dort sterben; blei-
ben wir jedoch hier, so müssen wir auch
sterben. Wir wollen also ins Heerlager
Arams überlaufen! Lassen sie uns am Le-
ben, so leben wir weiter, töten sie uns, so
sterben wir eben. 5 So machten sie sich in
der Abenddämmerung auf, um ins Lager
Arams zu gelangen. Als sie aber an den
Rand des Aramäerlagers kamen, war nie-
mand darin. 6 Der Herr hatte nämlich im
Aramäerlager ein Geräusch von Wagen
und ein Getrampel von Pferden und das
Getöse einer gewaltigen Heeresmacht ver-
nehmen lassen, sodass sie zueinander sag-
ten: Gewiss hat sich der König von Israel
mit den Königen der Hetiter und der
Ägypter verbündet, um uns zu überfallen!
7 Sie hatten sich deshalb in der Abenddäm-
merung aufgemacht und waren geflohen;
dabei hatten sie ihre Zelte, ihre Pferde,
ihre Esel, überhaupt das Lager, wie es war,
im Stich gelassen und waren geflohen, um
nur ihr Leben zu retten. 8 Als nun jene
Aussätzigen an den Rand des Lagers ge-
kommen waren, traten sie in ein Zelt, aßen
und tranken, trugen Silber und Gold und
Kleider von dort fort und versteckten ihre
Beute. Dann kamen sie wieder, traten in
ein anderes Zelt, machten auch dort ihre
Beute und versteckten sie.

Ende der Belagerung und der Hungersnot

9 Dann aber sagten sie zueinander: Wir tun
nicht recht! Der heutige Tag ist ein Tag gu-
ter Botschaften. Schweigen wir und war-
ten wir bis zum hellen Morgen, so trifft
uns Schuld. Kommt also, wir wollen es im
Königspalast melden. 10 Als sie hinkamen,
riefen sie die Wächter der Stadt und be-
richteten ihnen: Wir sind zum Aramäer-
lager gekommen, aber da ist kein Mensch
zu sehen und zu hören; die Pferde stehen
angebunden da, die Esel sind angebunden
und ihre Zelte sind, wie sie waren. 11 Da
riefen es die Torwächter aus und man mel-
dete es drinnen im Königspalast.
12 Da stand der König in der Nacht auf
und sagte zu seinen Dienern: Ich will euch
sagen, was die Aramäer gegen uns im
Schilde führen: Sie wissen, dass wir Hun-
ger leiden. Nun sind sie aus dem Lager ge-
zogen, um sich auf dem Feld zu verste-
cken, und denken: Wenn sie aus der Stadt
herauskommen, wollen wir sie lebendig
gefangen nehmen und in die Stadt ein-
dringen. 13 Da antwortete einer von seinen

Dienern und sagte: Man nehme doch fünf
von den übrig gebliebenen Pferden, die
hier noch vorhanden sind, es wird ihnen
ja doch gehen wie den vielen Israeliten,
die zugrunde gegangen sind; die lasst uns
senden, um nachzusehen. 14 Man nahm al-
so zwei Wagen mit Pferden und der König
sandte sie den Aramäern nach mit dem
Befehl: Geht hin und seht nach! 15 Sie zo-
gen hinter ihnen her bis zum Jordan und
fanden den ganzen Weg voll von Kleidern
und Waffen, die die Aramäer auf ihrer
Flucht fortgeworfen hatten. Dann kehrten
die Boten um und meldeten es dem König.
16 Nun zog das Volk hinaus und plünderte
das Aramäerlager. Jetzt kostete ein Sea
Feinmehl nur noch einen Schekel und
zwei Sea Gerste kosteten auch nur noch
einen Schekel, wie es der Herr gesagt hatte.
17 Der König aber hatte den Schildträger,
auf dessen Arm er sich stützte, mit der
Aufsicht am Tor betraut. Da trat ihn das
Volk am Tor zu Boden und er starb, wie
der Gottesmann es gesagt hatte, als der
König zu ihm hinunterkam. 18 Als nämlich
Elischa dem König gesagt hatte: Zwei Sea
Gerste werden morgen um diese Zeit am
Tor von Samaria einen Schekel und ein
Sea Feinmehl wird einen Schekel kosten,
19 da hatte der Schildträger Elischa erwi-
dert: Sogar wenn der Herr Fenster am
Himmel anbrächte, wie könnte solches ge-
schehen? Und jener hatte geantwortet:
Schau, du wirst es mit eigenen Augen se-
hen, aber essen wirst du nichts davon. 20 So
geschah es ihm nun: Das Volk trat ihn am
Tor zu Boden, sodass er starb.

Elischas Sorge um die Schunemiterin

8 Elischa hatte zu der Frau, deren Sohn
er zum Leben erweckte, gesagt: Mach
dich auf und zieh fort, du und deine Fami-
lie, und wohne in der Fremde, wo immer
es sei; denn der Herr hat eine Hungersnot
herbeigerufen und schon kommt sie über
das Land, sieben Jahre lang. 2 Da hatte die
Frau sich aufgemacht und getan, wie der
Gottesmann ihr zugeredet hatte. Sie war
mit ihrer Familie fortgezogen und hatte
sich sieben Jahre im Land der Philister
aufgehalten. 3 Nach sieben Jahren aber
kehrte die Frau aus dem Land der Philister
heim und begab sich zum König, um we-
gen ihres Hauses und ihres Feldes seine
Hilfe anzurufen.

4 Der König aber war gerade mit Gehasi,
dem Diener des Gottesmannes, im Ge-
spräch und sagte: Erzähl mir doch all das
Große, das Elischa vollbracht hat! 5 Und
als er eben daran war, dem König zu er-
zählen, wie er den Toten zum Leben er-
weckt hatte, kam die Frau, deren Sohn er
zum Leben erweckt hatte, um wegen ihres
Hauses und ihres Feldes die Hilfe des Kö-
nigs anzurufen. Da sagte Gehasi: Mein
Herr und König, das ist die Frau und das
ist ihr Sohn, den Elischa zum Leben er-
weckt hat. 6 Nun befragte der König die
Frau und sie erzählte es ihm. Darauf gab
ihr der König einen Kämmerer mit und
trug ihm auf: Verschaff ihr alles wieder,
was ihr Eigen war, ebenso den ganzen Er-
trag des Feldes von dem Tag an, an dem sie
das Land verließ, bis heute!

Elischa und Hasaël von Damaskus

7 Elischa kam einmal nach Damaskus, als
Ben-Hadad, der König von Aram, gerade
krank war. Da meldete man ihm: Der Got-
tesmann ist hergekommen. 8 Darauf sagte
der König zu Hasaël: Nimm ein Geschenk
mit dir, geh dem Gottesmann entgegen
und befrag durch ihn den Herrn: Werde
ich von dieser Krankheit genesen? 9 Ha-
saël ging ihm entgegen und nahm als Ge-
schenk alle Kostbarkeiten von Damaskus
mit sich, was vierzig Kamele tragen konn-
ten. Als er angekommen war, trat er vor
ihn hin und sagte: Dein Sohn Ben-Hadad,
der König von Aram, sendet mich zu dir
und lässt fragen: Werde ich von dieser
Krankheit genesen? 10 Elischa erwiderte
ihm: Geh, melde ihm: Du wirst genesen;
aber der Herr hat mir gezeigt, dass er ster-
ben wird. 11 Dabei starrte der Gottesmann
unbeweglich vor sich hin und wurde aufs
Höchste entsetzt; dann weinte er. 12 Da
fragte Hasaël: Warum weint mein Herr?
Er erwiderte: Weil ich weiß, was du den
Israeliten Schlimmes antun wirst; ihre fes-
ten Städte wirst du in Brand stecken, ihre
jungen Männer mit dem Schwert töten,
ihre Säuglinge zerschmettern und ihre
Schwangeren aufschlitzen. 13 Hasaël aber
antwortete: Was ist denn dein Knecht, die-
ser Hund, dass er etwas so Gewaltiges tun
könnte? Elischa entgegnete: Der Herr hat
dich mir als König von Aram gezeigt.
14 Dann ging er von Elischa fort; und als er
zu seinem Herrn kam, fragte ihn dieser:

Was hat dir Elischa gesagt? Er antwortete:
Er hat mir gesagt, du werdest genesen.
15 Am anderen Tag aber nahm er eine Decke, tauchte sie ins Wasser und breitete sie
ihm über das Gesicht, sodass er starb. Hasaël wurde König an seiner Stelle.

Regierung Jorams in Juda

16 Im fünften Jahr Jorams, des Sohnes
Ahabs, des Königs von Israel, wurde Joram, der Sohn Joschafats, König von Juda.
17 Er war zweiunddreißig Jahre alt, als er
König wurde, und regierte acht Jahre in
Jerusalem. 18 Er folgte dem Weg der Könige
von Israel, wie es das Haus Ahab getan
hatte; er hatte nämlich aus dem Haus
Ahab eine Frau und tat, was dem Herrn
missfiel. 19 Aber der Herr wollte Juda nicht
vertilgen wegen seines Knechtes David,
wie er ihm ja verheißen hatte, dass er ihm
vor seinem Angesicht für immer eine
Leuchte geben wolle.

20 In seinen Tagen fiel Edom von der
Herrschaft Judas ab und sie setzten einen
König über sich ein. 21 Da zog Joram mit
allen seinen Kriegswagen nach Zaïr.
Nachts machte er sich auf und durchbrach
den Kreis der Edomiter, die ihn und die
Obersten der Streitwagen umzingelten;
sein Volk aber war in seine Zelte geflohen.
22 Doch Edom fiel von der Herrschaft Judas
ab bis auf den heutigen Tag. Zur selben
Zeit fiel auch Libna ab.

23 Die übrige Geschichte Jorams aber
und alles, was er unternommen hat, ist
aufgezeichnet in der Chronik der Könige
von Juda. 24 Dann legte sich Joram zu seinen Vätern und wurde bei seinen Vätern
in der Davidstadt begraben. Sein Sohn
Ahasja wurde an seiner Stelle König.

Regierung Ahasjas in Juda

25 Im zwölften Jahr Jorams, des Sohnes
Ahabs, des Königs von Israel, wurde Ahasja, der Sohn Jorams, König von Juda.
26 Ahasja war zweiundzwanzig Jahre alt, als
er König wurde, und regierte ein Jahr in
Jerusalem. Der Name seiner Mutter war
Atalja, eine Enkeltochter Omris, des Königs von Israel. 27 Er folgte dem Weg des
Hauses Ahab und tat, was dem Herrn missfiel, wie das Haus Ahab; er war ja mit dem
Haus Ahab verschwägert. 28 Er zog mit Joram, dem Sohn Ahabs, gegen Hasaël, den
König von Aram, nach Ramot-Gilead in
den Krieg. Aber die Aramäer verwundeten
Joram. 29 Da kehrte König Joram zurück,
um sich in Jesreel von den Wunden heilen
zu lassen, die ihm die Aramäer bei Ramot
geschlagen hatten, als er gegen Hasaël, den
König von Aram, kämpfte. Ahasja aber, der
Sohn Jorams, der König von Juda, kam herunter, um Joram, den Sohn Ahabs, in Jesreel zu besuchen, als er krank war.

Geschichte des Jehu

Ein Jünger des Elischa salbt Jehu zum König

9 Der Prophet Elischa rief einen von
den Prophetenjüngern zu sich und
sprach zu ihm: Gürte dich, nimm diesen
Ölkrug in deine Hand und begib dich nach
Ramot-Gilead. 2 Bist du dort angekommen, so sieh dich dort um nach Jehu,
dem Sohn Joschafats, des Sohnes Nimschis. Geh zu ihm hin, lass ihn aus dem
Kreis seiner Brüder aufstehen und führ
ihn in das innerste Gemach! 3 Dann nimm
den Ölkrug, gieß ihn über sein Haupt aus
und sag: So spricht der Herr: Ich salbe
dich zum König über Israel! Öffne darauf
die Tür und flieh, ohne zu zögern!

4 Da ging der junge Mann nach Ramot-Gilead. 5 Als er hinkam, saßen die Heerführer beisammen. Er sagte: Ich habe dir
etwas zu sagen, Oberst. Jehu fragte: Wem
von uns allen? Er erwiderte: Dir, Oberst.
6 Da erhob er sich und ging ins Haus hinein. Nun goss jener das Öl auf sein Haupt
und sagte zu ihm: So spricht der Herr, Israels Gott: Ich salbe dich zum König über
das Volk des Herrn, über Israel. 7 Du sollst
das Haus Ahabs, deines Herrn, schlagen.
So will ich das Blut meiner Knechte, der
Propheten, und das Blut aller Diener des
Herrn an Isebel rächen. 8 Das ganze Haus
Ahabs wird zugrunde gehen. Ich will von
Ahab alles ausrotten, was männlich ist,
den Freien wie den Hörigen in Israel.
9 Und ich will das Haus Ahabs machen
wie das Haus Jerobeams, des Sohnes Nebats, und wie das Haus Baschas, des Sohnes Ahijas. 10 Isebel aber sollen die Hunde
auf der Flur von Jesreel fressen und niemand soll sie begraben! Dann öffnete er
die Tür und floh.

Jehu wird als König ausgerufen

11 Als Jehu zu den Dienern seines Herrn
hinauskam, fragten sie ihn: Steht es gut?

Warum ist dieser Verrückte zu dir gekommen? Er erwiderte: Ihr kennt doch den Mann und sein Geschwätz! [12] Aber sie entgegneten: Ausflüchte! Teil es uns mit! Er antwortete: So und so hat er zu mir gesprochen: So spricht der Herr: Ich salbe dich zum König über Israel. [13] Sogleich nahmen sie alle ihr Gewand und legten es ihm zu Füßen auf die bloßen Stufen; dann stießen sie in die Posaune und riefen: Jehu ist König!

Jehu bereitet die Machtergreifung vor

[14] So zettelte Jehu, der Sohn Joschafats, des Sohnes Nimschis, eine Verschwörung gegen Joram an. Joram aber hatte Ramot-Gilead mit ganz Israel gegen Hasaël, den König von Aram, verteidigt. [15] Dann aber war Joram zurückgekehrt, um sich in Jesreel von den Wunden heilen zu lassen, die ihm die Aramäer geschlagen hatten, als er gegen Hasaël, den König von Aram, kämpfte. Jehu aber sprach: Wenn es euch recht ist, so soll kein Flüchtling die Stadt verlassen, um nach Jesreel zu gehen und dort Meldung zu machen. [16] Hierauf bestieg Jehu den Wagen und fuhr nach Jesreel, weil dort Joram krank lag; auch Ahasja, der König von Juda, war heruntergekommen, um Joram zu besuchen. [17] Der Wächter aber, der auf dem Turm von Jesreel stand, sah die Schar Jehus herankommen und meldete: Ich sehe eine Schar. Da befahl Joram: Hol einen Reiter und schick ihn ihnen entgegen, damit er fragt, ob alles in Ordnung ist. [18] Der Reiter ritt ihnen entgegen und sagte: Der König lässt fragen: Steht es gut? Jehu jedoch erwiderte: Was geht es dich an, ob es gut steht? Mach kehrt und schließ dich mir an! Da meldete der Wächter: Der Bote ist zu ihnen gelangt, kehrt aber nicht zurück. [19] Darauf schickte er einen zweiten Reiter aus. Als er bei ihnen ankam, sagte er: Der König lässt fragen: Steht es gut? Jehu aber erwiderte: Was geht es dich an, ob es gut steht? Mach kehrt und schließ dich mir an! [20] Da meldete der Wächter: Er ist zu ihnen gelangt, kehrt aber nicht zurück. Die Art des Fahrens gleicht dem Fahren Jehus, des Sohnes Nimschis; denn er fährt wie besessen daher. [21] Nun befahl Joram: Anspannen! Man spannte seinen Wagen an und Joram, der König von Israel, und Ahasja, der König von Juda, fuhren hinaus, jeder auf seinem Wagen. Sie fuhren Jehu entgegen und trafen ihn beim Acker Nabots, des Jesreeliters.

Ermordung Jorams

[22] Als Joram Jehu erblickte, fragte er: Steht es gut, Jehu? Er entgegnete: Was für eine Frage, solange die Unzucht deiner Mutter Isebel und ihre vielen Zaubereien fortdauern? [23] Da lenkte Joram um und floh, indem er Ahasja zurief: Verrat, Ahasja! [24] Jehu aber spannte den Bogen und schoss Joram zwischen die Schulterblätter, sodass der Pfeil ihm durchs Herz drang und er in seinem Wagen zusammenbrach. [25] Dann befahl Jehu seinem Schildträger Bidkar: Nimm ihn und wirf ihn auf den Acker Nabots, des Jesreeliters! Erinnere dich: Ich und du, wir ritten beide hinter seinem Vater Ahab her; da tat der Herr diesen Ausspruch über ihn: [26] Wahrhaftig, gestern habe ich das Blut Nabots und das Blut seiner Söhne gesehen, so spricht der Herr, und ich werde dir vergelten auf diesem Acker, so spricht der Herr. So nimm ihn also und wirf ihn auf den Acker nach dem Wort des Herrn.

Ermordung Ahasjas

[27] Als Ahasja, der König von Juda, das sah, floh er in Richtung auf Bet-Gan. Doch Jehu jagte ihm nach und rief: Auch ihn! Und man verwundete ihn im Wagen auf der Steige von Gur bei Jibleam. Doch er entkam nach Megiddo, wo er starb. [28] Seine Diener aber überführten ihn nach Jerusalem und begruben ihn in seiner Grabstätte bei seinen Vätern in der Stadt Davids. [29] Im elften Jahr Jorams, des Sohnes Ahabs, war Ahasja König von Juda geworden.

Ermordung Isebels

[30] Nun kam Jehu nach Jesreel. Als Isebel das erfuhr, schminkte sie sich ihre Augen, schmückte ihr Haupt und schaute durchs Fenster hinunter. [31] Als Jehu in das Tor kam, rief sie: Geht es Simri, dem Mörder seines Herrn, gut? [32] Da schaute er zum Fenster hinauf und rief: Wer hält es mit mir, wer? Und als zwei oder drei Hofleute zu ihm herunterschauten, [33] rief er ihnen zu: Werft sie hinunter! Sie warfen sie hinunter, sodass ihr Blut die Mauer und die Pferde bespritzte und diese sie zerstampften. [34] Dann zog er ein. Nachdem er geges-

sen und getrunken hatte, befahl er: Schaut
doch nach dieser Verfluchten und begrabt
sie; denn sie ist eine Königstochter! 35 Wie
man nun hinging, um sie zu begraben,
fand man von ihr nichts als den Schädel,
die Füße und die Hände. 36 Sie kamen zu-
rück und meldeten es ihm. Er aber sagte:
Das ist das Wort der Herrn, das er durch
seinen Diener Elija, den Tischbiter, ge-
sprochen hat: Auf der Flur von Jesreel sol-
len die Hunde das Fleisch Isebels fressen,
37 und Isebels Leiche soll wie Mist auf dem
Feld liegen, sodass man nicht mehr sagen
kann: das ist Isebel!

Blutbad in der Königsfamilie von Israel

10 Ahab hatte siebzig Söhne in Sama-
ria. Da schrieb Jehu einen Brief
und sandte ihn nach Samaria an die
Obersten der Stadt, an die Ältesten und
an die Erzieher der Söhne Ahabs. Er laute-
te: 2 Wenn dieser Brief zu euch gelangt, die
ihr die Söhne eueres Herrn, die Wagen, die
Pferde, die befestigten Städte und die Waf-
fen in der Hand habt, 3 so wählt von den
Söhnen eueres Herrn den besten und
tüchtigsten aus, setzt ihn auf den Thron
seines Vaters und kämpft für das Haus
eueres Herrn! 4 Da bekamen sie große
Angst und sagten: Seht, die beiden Könige
vermochten ihm nicht standzuhalten, wie
sollen wir da standhalten? 5 Daher sandten
der Palasthauptmann, der Stadtoberste,
die Ältesten und die Erzieher zu Jehu und
ließen ihm sagen: Deine Knechte sind wir.
Alles, was du befiehlst, wollen wir tun. Wir
werden keinen zum König machen. Tu,
was du für richtig hältst! 6 Da schrieb er
ihnen einen zweiten Brief. Er lautete:
Wenn ihr zu mir haltet und meinen Befeh-
len folgt, dann nehmt die Häupter der
Männer, der Söhne eueres Herrn, und
kommt damit morgen um diese Zeit zu
mir nach Jesreel! Die Söhne des Königs –
es waren siebzig – befanden sich bei den
Vornehmen der Stadt, die sie erzogen.
7 Als nun der Brief bei ihnen ankam, ergrif-
fen sie die Söhne des Königs, schlachteten
alle siebzig ab, legten ihre Köpfe in Körbe
und sandten sie zu Jehu nach Jesreel. 8 Als
der Bote kam und ihm meldete: Sie haben
die Köpfe der Königssöhne gebracht, be-
fahl er: Legt sie bis morgen in zwei Haufen
an den Eingang des Tores! 9 Am Morgen
aber ging er hinaus, stellte sich hin und
sprach zum ganzen Volk: Ihr seid ohne
Schuld. Seht, ich habe eine Verschwörung
gegen meinen Herrn angezettelt und ihn
getötet; doch wer hat diese da alle umge-
bracht? 10 So erkennt denn, dass nichts von
dem Wort des Herrn unerfüllt bleibt, das
der Herr gegen das Haus Ahab gesprochen
hat. Der Herr hat getan, was er durch sei-
nen Knecht Elija verkündet hat. 11 Darauf
rottete Jehu alle aus, die noch vom Haus
Ahab in Jesreel übrig waren, alle seine
Großen, seine Verwandten und seine
Priester; keinen einzigen ließ er entkom-
men.

Blutbad unter den Fürsten von Juda

12 Dann machte er sich auf und begab sich
nach Samaria. Als er unterwegs bei Bet-
Eked-Roïm war, 13 traf er die Brüder Ahas-
jas, des Königs von Juda. Er fragte sie: Wer
seid ihr? Sie antworteten: Wir sind die
Brüder Ahasjas und kommen herunter,
um die Söhne des Königs und die Söhne
der Königin zu besuchen. 14 Da befahl er:
Ergreift sie lebendig, und er ergriff sie le-
bendig und er metzelte sie bei der Zisterne
von Bet-Eked nieder, zweiundvierzig an
der Zahl; keinen einzigen von ihnen ließ
er übrig.

Jehu und Jonadab

15 Als er von dort weiterzog, begegnete er
Jonadab, dem Sohn Rechabs, der ihm ent-
gegenkam. Er grüßte ihn und sagte zu
ihm: Ist dein Herz so aufrichtig gegen mei-
nes wie mein Herz gegen deines? Jonadab
antwortete: Ja! Wenn es so ist, dann reich
deine Hand her! Jonadab reichte ihm seine
Hand. Da nahm Jehu ihn zu sich auf den
Wagen 16 und sprach: Zieh mit mir und du
wirst meinen Eifer für den Herrn sehen!
So nahm er ihn mit auf seinen Wagen.
17 Als er nach Samaria kam, ließ er alle nie-
dermachen, die noch vom Haus Ahab in
Samaria übrig waren, bis er es gänzlich
ausgerottet hatte gemäß dem Wort, das
der Herr zu Elija gesprochen hatte.

Blutbad unter den Dienern des Baal und Zerstörung des Baalstempels

18 Dann versammelte Jehu das ganze Volk
und sprach: Ahab hat Baal wenig verehrt,
Jehu wird ihn mehr verehren. 19 Wohlan,
ruft nun alle Propheten Baals und alle sei-
ne Priester zu mir! Keiner darf fehlen;

denn ich will eine große Opferfeier für
Baal veranstalten. Keiner, der fehlt, soll
am Leben bleiben. Aber Jehu handelte hin-
terlistig, um die Diener Baals zu vernich-
ten. 20 Jehu befahl: Bereitet eine Festver-
sammlung für Baal! Man rief sie aus.
21 Dann sandte Jehu in ganz Israel umher
und es kamen alle Diener Baals; keiner
blieb übrig, der nicht erschienen wäre. Sie
begaben sich in den Baalstempel, sodass
sich der Baalstempel vom einen Ende bis
zum anderen füllte. 22 Hierauf befahl er
dem Aufseher der Kleiderkammer: Gib al-
len Dienern Baals ein Gewand heraus!
Und er gab ihnen die Gewänder heraus.
23 Dann ging Jehu mit Jonadab, dem Sohn
Rechabs, in den Baalstempel und sagte zu
den Dienern Baals: Seht genau zu, dass
kein Diener des Herrn hier unter euch ist,
sondern einzig und allein Diener Baals.
24 Darauf trat er herbei, um die Schlacht-
opfer und Brandopfer herzurichten. Jehu
aber hatte sich draußen achtzig Mann be-
reitgestellt und befohlen: Wer einen von
den Männern, die ich in euere Hände lie-
fere, entrinnen lässt, soll mit seinem Leben
für dessen Leben haften. 25 Als er mit der
Darbringung des Brandopfers fertig war,
gebot Jehu den Läufern und Schildträgern:
Geht hinein, schlagt sie nieder, keiner darf
entkommen! Da gingen die Läufer und
Schildträger hinein, hieben sie mit schar-
fem Schwert nieder und drangen bis ins
Heiligtum des Baalstempels vor. 26 Sie
schafften den Kultpfahl aus dem Baals-
tempel und verbrannten ihn. 27 Sie zerstör-
ten den Altar Baals, ebenfalls zerstörten
sie den Baalstempel und machten eine
Kloake daraus, die noch bis auf den heuti-
gen Tag besteht.

Regierung Jehus in Israel

28 So beseitigte Jehu den Baal aus Israel.
29 Von den Sünden Jerobeams, des Sohnes
Nebats, zu denen dieser Israel verführt
hatte, ließ Jehu jedoch nicht ab, nämlich
von den goldenen Kälbern in Bet-El und
Dan. 30 Der Herr sprach zu Jehu: Weil du
eifrig durchgeführt hast, was recht ist in
meinen Augen, und ganz nach meinem
Sinn am Haus Ahab gehandelt hast, sollen
deine Nachkommen bis ins vierte Glied
auf dem Thron Israels sitzen. 31 Doch Jehu
achtete nicht darauf, mit ganzem Herzen
das Gesetz des Herrn, des Gottes Israels,
zu befolgen. Er ließ nicht von den Sünden
ab, zu denen Jerobeam Israel verführt hat-
te.
32 In jener Zeit begann der Herr, Israel zu
verkleinern; Hasaël schlug sie nämlich im
ganzen Grenzland Israels 33 östlich vom
Jordan, im ganzen Land Gilead, im Gebiet
von Gad, Ruben und Manasse bis nach
Aroër, das am Arnon liegt, in Gilead und
in Baschan.
34 Die übrige Geschichte Jehus aber, al-
les, was er unternommen hat, und alle sei-
ne Siege, sind aufgezeichnet in der Chro-
nik der Könige von Israel. 35 Dann legte
sich Jehu zu seinen Vätern und man be-
grub ihn in Samaria. 36 Sein Sohn Joahas
wurde an seiner Stelle König. Die Zeit
aber, die Jehu in Samaria über Israel
herrschte, betrug achtundzwanzig Jahre.

Von der Regierung der Atalja bis zum Tod Elischas

Geschichte der Atalja

11 Als aber Atalja, die Mutter Ahas-
jas, sah, dass ihr Sohn tot war, rot-
tete sie die ganze königliche Familie aus.
2 Aber Joscheba, die Tochter des Königs
Joram und Schwester Ahasjas, nahm Jo-
asch, den Sohn ihres Bruders, schaffte ihn
aus der Mitte der Königssöhne, die getötet
werden sollten, heimlich beiseite und
brachte ihn mit seiner Amme in die Bet-
tenkammer. So verbarg sie ihn vor Atalja
und er wurde nicht getötet. 3 Er blieb bei
ihr versteckt im Haus des Herrn, sechs
Jahre lang, während Atalja das Land re-
gierte.
4 Im siebten Jahr aber sandte der Priester
Jojada aus, ließ die Hauptleute der Karer
und Läufer holen und bestellte sie zu sich
in das Haus des Herrn. Er schloss mit
ihnen ein Abkommen und ließ sie einen
Eid leisten. Darauf zeigte er ihnen den Kö-
nigssohn. 5 Dann gab er ihnen diese Wei-
sung: Folgendes habt ihr zu tun: Das eine
Drittel von euch, das am Sabbat aufzieht,
soll die Wache im Königspalast überneh-
men; 6 ein Drittel soll am Tor Sur und ein
Drittel am Tor hinter den Wachen stehen.
So sollt ihr die Wache am Haus überneh-
men. 7 Die beiden anderen Abteilungen
von euch, die am Sabbat abziehen, sollen
Wache halten im Haus des Herrn. 8 Ihr
sollt euch, jeder mit seinen Waffen in der

Hand, um den König aufstellen. Jeder, der in die Reihen eindringt, soll getötet werden. So sollt ihr um den König sein, wenn er ein- und ausgeht. 9 Die Hauptleute taten genauso, wie der Priester Jojada ihnen befohlen hatte. Jeder nahm seine Leute, und zwar sowohl die am Sabbat abziehenden wie die am Sabbat aufziehenden, und kam zum Priester Jojada. 10 Der Priester aber gab den Hauptleuten die Speere und Schilder, die König David gehört hatten und im Tempel des Herrn waren. 11 Dann stellten sich die Läufer, jeder mit seinen Waffen in der Hand, von der Südseite bis zur Nordseite des Tempels auf und umstellten so den Altar und den Tempel. 12 Nun führte Jojada den Sohn des Königs heraus und reichte ihm den Stirnreif und das Gesetz und salbte ihn zum König. Dann klatschten sie in die Hände und riefen: Es lebe der König!

13 Als Atalja den Lärm des Volkes hörte, begab sie sich zum Volk in das Haus des Herrn. 14 Da sah sie den König, wie es Brauch war, an der Säule stehen und bei dem König die Hauptleute und die Trompeter, während das gesamte Volk des Landes sich freute und in die Trompeten stieß. Da zerriss Atalja ihre Kleider und schrie: Verrat! Verrat! 15 Der Priester Jojada aber befahl den Befehlshabern des Heeres: Führt sie aus den Vorhöfen hinaus; wer ihr folgt, soll durchs Schwert sterben! Der Priester sagte nämlich: Sie soll ja nicht im Haus des Herrn getötet werden. 16 Da legten sie Hand an sie und als sie auf den Fahrweg der Pferde zum Königspalast gekommen war, wurde sie dort getötet.

17 Darauf schloss Jojada den Bund zwischen dem Herrn, dem König und dem Volk, dass sie das Volk des Herrn sein wollten, ebenso den Bund zwischen dem König und dem Volk. 18 Dann zog das ganze Volk des Landes zum Baalstempel und riss ihn nieder. Sie zertrümmerten seine Altäre und seine Bilder vollständig und brachten den Baalspriester Mattan vor den Altären um. Darauf bestellte der Priester Wachposten für das Haus des Herrn, 19 nahm die Hauptleute, die Karer und die Läufer sowie das gesamte Volk des Landes mit und so geleiteten sie den König vom Haus des Herrn hinunter und zogen durch das Läufertor in den Königspalast. Dort setzte sich Joasch auf den Königsthron. 20 Alles Volk des Landes freute sich und die Stadt blieb ruhig. Atalja aber hatten sie vor dem Königspalast mit dem Schwert getötet.

Regierung des Joasch in Juda

12 Sieben Jahre war Joasch alt, als er König wurde. 2 Im siebten Jahr Jehus wurde Joasch König und vierzig Jahre regierte er in Jerusalem. Seine Mutter war Zibja aus Beerscheba. 3 Joasch tat, was dem Herrn gefiel, während seines ganzen Lebens, denn der Priester Jojada hatte ihn unterwiesen. 4 Nur die Kulthöhen wurden nicht abgeschafft; das Volk opferte und räucherte noch immer auf den Kulthöhen.

5 Joasch gebot den Priestern: Alles Geld, das als Weihegabe in das Haus des Herrn gebracht wird, das Geld, das einem durch Schätzung auferlegt wird, sowie alles Geld, das man aus eigenem Antrieb zum Haus des Herrn bringt, 6 sollen die Priester an sich nehmen, jeder von seinen Bekannten, und sie sollen damit die Schäden des Tempels ausbessern, wo immer sich ein Schaden zeigt. 7 Aber im dreiundzwanzigsten Jahr des Königs Joasch hatten die Priester noch nichts von den Schäden am Tempel ausgebessert. 8 Da rief König Joasch den Priester Jojada sowie die (anderen) Priester zu sich und sagte ihnen: Weshalb bessert ihr die Schäden des Tempels nicht aus? Von jetzt an dürft ihr kein Geld von eueren Bekannten mehr entgegennehmen, sondern habt es für die Schäden des Tempels abzuliefern. 9 Die Priester waren damit einverstanden, dass sie kein Geld mehr vom Volk annehmen durften, aber auch die Schäden des Tempels nicht auszubessern hatten.

10 Nun nahm der Priester Jojada einen Kasten, bohrte ein Loch in seinen Deckel und stellte ihn neben den Malstein rechts vom Eingang zum Haus des Herrn auf. Da hinein mussten nun die Priester, die die Schwelle hüteten, alles Geld legen, das in das Haus des Herrn gebracht wurde. 11 Sobald sie dann merkten, dass viel Geld im Kasten war, kam der Schreiber des Königs mit dem Hohenpriester herauf; sie leerten den Kasten und zählten das Geld, das sich im Haus des Herrn fand. 12 Dann gab man das Geld abgezählt den Werkführern in die Hand, die im Haus des Herrn die Auf-

sicht führten, und diese verwandten es für
die Zimmerleute und Bauarbeiter, die am
Haus des Herrn beschäftigt waren, 13 eben-
so für die Maurer und Steinmetzen sowie
zur Beschaffung von Holz und Haustei-
nen, um damit die Schäden am Haus des
Herrn auszubessern, überhaupt für alle
Unkosten, die bei der Ausbesserung des
Tempels entstanden. 14 Man ließ jedoch
von dem Geld, das zum Haus des Herrn
gebracht wurde, keine silbernen Schalen,
Messer, Becken, Trompeten, überhaupt
keinerlei goldene oder silberne Geräte für
das Haus des Herrn anfertigen, 15 sondern
man gab es den Werkleuten, damit sie da-
für das Haus des Herrn ausbesserten.
16 Man rechnete aber mit den Männern,
denen man das Geld zur Ausbezahlung
an die Arbeiter aushändigte, nicht ab, son-
dern sie handelten auf Treu und Glauben.
17 Geld von Schlachtopfern sowie Geld von
Sündopfern dagegen wurde nicht an das
Haus des Herrn abgeliefert; es gehörte
den Priestern.

18 Damals zog Hasaël, der König von
Aram, herauf, griff Gat an und eroberte
es. Als sich Hasaël anschickte, auch gegen
Jerusalem zu ziehen, 19 nahm Joasch, der
König von Juda, alle Weihegaben, die sei-
ne Vorgänger Joschafat, Joram und Ahas-
ja, die Könige von Juda, gestiftet hatten,
sowie seine eigenen Weihegaben samt al-
lem Gold, das sich in den Schatzkammern
des Hauses des Herrn und des Königs-
palastes vorfand, und sandte es an Hasaël,
den König von Aram. Darauf ließ er von
Jerusalem ab.

20 Die übrige Geschichte des Joasch aber
und alles, was er unternommen hat, ist
aufgezeichnet in der Chronik der Könige
von Juda. 21 Seine Diener erhoben sich, zet-
telten eine Verschwörung gegen ihn an
und erschlugen Joasch im Haus am Millo.
22 Sabad, der Sohn Schimats, und Josabad,
der Sohn Schomers, seine Diener, erschlu-
gen ihn; man begrub ihn bei seinen Vätern
in der Davidstadt. Amazja, sein Sohn,
wurde an seiner Stelle König.

Regierung des Joahas in Israel

13 Im dreiundzwanzigsten Jahr des
Joasch, des Sohnes Ahasjas, des
Königs von Juda, wurde Jehus Sohn Joa-
has König über Israel. Er regierte siebzehn
Jahre in Samaria. 2 Er tat, was dem Herrn
missfiel, und hielt an der Sünde Jero-
beams, des Sohnes Nebats, fest, zu der die-
ser Israel verführt hatte; er wich nicht da-
von ab. 3 Da entbrannte der Zorn des
Herrn über Israel und er gab sie in die
Hand Hasaëls, des Königs von Aram, und
seines Sohnes Ben-Hadad, die ganze Zeit
hindurch. 4 Joahas versuchte den Herrn zu
begütigen und der Herr erhörte ihn; denn
er sah die Bedrängnis Israels, die der König
von Aram über sie brachte. 5 Der Herr
sandte Israel einen Helfer, der sie aus der
Hand Arams befreite, sodass die Israeliten
wieder in ihren Zelten wohnen konnten
wie früher. 6 Aber von der Sünde Jero-
beams, zu der dieser Israel verführt hatte,
ließen sie nicht ab, sondern hielten an ihr
fest, sogar der Kultpfahl blieb in Samaria
stehen. 7 Der Herr ließ nämlich Joahas kei-
ne Leute übrig außer fünfzig Reitern, zehn
Wagen und zehntausend Mann. Der König
von Aram hatte sie vernichtet und sie dem
Staub gleichgemacht, auf den man tritt.

8 Die übrige Geschichte des Joahas und
alles, was er unternommen hat, sowie sei-
ne Taten und Siege sind aufgezeichnet in
der Chronik der Könige von Israel. 9 Dann
legte sich Joahas zu seinen Vätern. Man
begrub ihn in Samaria und sein Sohn Jo-
asch wurde an seiner Stelle König.

Regierung des Joasch in Israel

10 Im siebenunddreißigsten Jahr des Königs
Joasch von Juda wurde Joasch, der Sohn
des Joahas, König über Israel. Er regierte
sechzehn Jahre in Samaria. 11 Er tat, was
dem Herrn missfiel und ließ nicht ab von
der Sünde Jerobeams, des Sohnes Nebats,
zu der dieser Israel verführt hatte.

12 Die übrige Geschichte des Joasch aber,
alles, was er unternommen hat, sowie sei-
ne Siege, auch wie er Krieg führte mit
Amazja, dem König von Juda, all das ist
aufgezeichnet in der Chronik der Könige
von Israel. 13 Dann legte sich Joasch zu sei-
nen Vätern und Jerobeam bestieg seinen
Thron; Joasch wurde in Samaria bei den
Königen von Israel begraben.

Tod Elischas

14 Elischa erkrankte an der Krankheit, an
der er sterben sollte. Da kam Joasch, der
König von Israel, zu ihm herunter, weinte
vor ihm und sprach: Mein Vater, mein Va-
ter, Wagen Israels und sein Lenker! 15 Da

sprach Elischa zu ihm: Hole einen Bogen
und Pfeile! Er holte Bogen und Pfeile.
16 Dann sprach er zum König: Leg deine
Hand an den Bogen! Da legte er seine
Hand auf den Bogen, während Elischa sei-
ne Hände auf die Hände des Königs legte.
17 Dann sagte er: Öffne das Fenster gegen
Osten hin! Er öffnete es. Elischa befahl:
Schieß! Und er schoss. Da rief jener: Ein
Siegespfeil vom Herrn ist es, ein Sieges-
pfeil gegen Aram! Du wirst Aram bei Afek
schlagen bis zur Vernichtung! 18 Weiter
sagte er: Nimm die Pfeile! Der König
nahm sie. Nun sagte er zu ihm: Schlag auf
die Erde! Er schlug dreimal und hörte
dann auf. 19 Da wurde der Gottesmann zor-
nig über ihn und sprach: Du hättest fünf-
mal oder sechsmal schlagen sollen, dann
hättest du Aram bis zur Vernichtung ge-
schlagen; so aber wirst du Aram nur drei-
mal schlagen. 20 Hierauf starb Elischa und
man begrub ihn. Nun fielen aber moabiti-
sche Streifscharen jedes Jahr ins Land ein.
21 Während man gerade einen Mann be-
grub, erblickten die Leute plötzlich die
Streifschar. Da warfen sie den Mann in
das Grab Elischas und gingen davon. So-
bald aber der Mann mit den Gebeinen Eli-
schas in Berührung kam, wurde er leben-
dig und stellte sich auf seine Füße.

Sieg über die Aramäer

22 Hasaël, der König von Aram, hatte Israel
bedrängt, solange Joahas lebte. 23 Der Herr
aber war ihnen gnädig, erbarmte sich
ihrer und wandte sich ihnen zu wegen sei-
nes Bundes mit Abraham, Isaak und Ja-
kob. Er wollte sie nicht verderben und
hatte sie bis dahin nicht verstoßen von
seinem Angesicht. 24 Als dann Hasaël, der
König von Aram, gestorben und sein
Sohn Ben-Hadad an seiner Stelle König
geworden war, nahm Joasch, der Sohn
des Joahas, Ben-Hadad, dem Sohn Hasaë
ls, die Städte wieder ab, die dieser seinem
Vater Joahas im Krieg entrissen hatte.
Dreimal schlug ihn Joasch und gewann Is-
raels Städte zurück.

Die beiden Reiche bis zur Einnahme Samarias

Regierung Amazjas in Juda

14 Im zweiten Jahr des Joasch, des
Sohnes des Joahas, des Königs von
Israel, wurde Amazja, der Sohn des Joasch,
König von Juda. 2 Er war fünfundzwanzig
Jahre alt, als er König wurde, und regierte
neunundzwanzig Jahre in Jerusalem. Seine
Mutter hieß Joaddan und stammte aus Je-
rusalem. 3 Er tat, was dem Herrn gefiel,
doch nicht wie sein Ahnherr David; ganz
so wie sein Vater Joasch handelte er. 4 Nur
die Kulthöhen wurden nicht abgeschafft;
immer noch opferte und räucherte das
Volk auf den Höhen.
5 Sobald er die Königsherrschaft fest in
seinen Händen hatte, erschlug er seine
Diener, die seinen Vater, den König, er-
mordet hatten. 6 Aber die Söhne der Mör-
der tötete er nicht, wie es im Gesetzbuch
des Mose geschrieben steht, wo der Herr
folgendes Gebot erlassen hat: Die Söhne
dürfen nicht getötet werden wegen der Vä-
ter, sondern jeder soll für seine eigenen
Sünden sterben.
7 Er schlug Edom im Salztal, zehntau-
send Mann, nahm Sela im Sturm und
nannte es Jokteel; und so heißt es bis auf
den heutigen Tag.
8 Damals sandte Amazja an Joasch, den
Sohn des Joahas, des Sohnes Jehus, den
König von Israel, und ließ ihm sagen:
Komm, wir wollen uns im Kampf messen!
9 Da sandte Joasch, der König von Israel,
zu Amazja, dem König von Juda, und ließ
ihm antworten: Die Distel auf dem Liba-
non sandte zur Zeder auf dem Libanon
und ließ sagen: Gib deine Tochter meinem
Sohn zur Frau! Aber das Wild auf dem Li-
banon lief über die Distel und zertrat sie.
10 Du hast Edom geschlagen und nun wirst
du übermütig. Genieß deinen Ruhm und
bleib zu Hause! Warum willst du denn
das Unglück herausfordern, dass du zu
Fall kommst, du und Juda mit dir? 11 Aber
Amazja wollte nicht hören. Da zog Joasch,
der König von Israel, hinauf; er und
Amazja, der König von Juda, maßen sich
im Kampf bei Bet-Schemesch, das zu Juda
gehört 12 und Juda wurde von Israel ge-
schlagen, sodass jeder in seine Heimat
flüchtete. 13 Den König Amazja von Juda,
den Sohn des Joasch, des Sohnes Ahasjas,

nahm Joasch, der König von Israel, bei
Bet-Schemesch gefangen. Er brachte ihn
nach Jerusalem und riss an der Mauer Je-
rusalems das Stück vom Efraimtor bis zum
Ecktor nieder, vierhundert Ellen. 14 Er
nahm alles Gold und Silber und alle Gerä-
te, die sich im Tempel des Herrn und in
den Schatzkammern des Königspalastes
fanden, ließ sich Geiseln stellen und kehr-
te nach Samaria zurück.
15 Die übrige Geschichte des Joasch aber,
was er unternommen hat, seine Siege und
wie er mit Amazja, dem König von Juda,
Krieg führte, all das ist aufgezeichnet in
der Chronik der Könige von Israel.
16 Dann legte sich Joasch zu seinen Vätern
und wurde in Samaria bei den Königen
von Israel begraben. Sein Sohn Jerobeam
wurde an seiner Stelle König.
17 Amazja, der Sohn des Joasch, der Kö-
nig von Juda, lebte nach dem Tod des Jo-
asch, des Sohnes des Joahas, des Königs
von Israel, noch fünfzehn Jahre. 18 Die üb-
rige Geschichte Amazjas aber ist auf-
gezeichnet in der Chronik der Könige
von Juda. 19 Man zettelte in Jerusalem eine
Verschwörung gegen ihn an; er aber floh
nach Lachisch. Da sandte man Leute hin-
ter ihm her nach Lachisch und ermordete
ihn dort. 20 Dann brachte man ihn auf
Pferden nach Jerusalem und begrub ihn
bei seinen Vätern in der Davidstadt.
21 Hierauf nahm das gesamte Volk von Ju-
da Asarja – er war sechzehn Jahre alt –
und machte ihn zum König anstelle seines
Vaters Amazja. 22 Er war es, der Elat aus-
baute und es wieder an Juda brachte,
nachdem der König sich zu seinen Vätern
gelegt hatte.

Regierung Jerobeams (II.) in Israel

23 Im fünfzehnten Jahr Amazjas, des Soh-
nes des Joasch, des Königs von Juda, wur-
de Jerobeam, der Sohn des Joasch, König
von Israel. Er regierte einundvierzig Jahre
in Samaria. 24 Er tat, was dem Herrn miss-
fiel, und ließ nicht ab von den Sünden Je-
robeams, des Sohnes Nebats, zu denen
dieser Israel verführt hatte. 25 Er war es,
der Israels Grenzen wiederherstellte von
Lebo-Hamat bis zum Meer der Araba,
nach dem Wort des Herrn, des Gottes Is-
raels, das er durch seinen Knecht, den Pro-
pheten Jona, den Sohn Amittais, aus Gat-
Hefer, gesprochen hatte. 26 Der Herr hatte
nämlich das überaus bittere Elend Israels
wahrgenommen, dass alle dahin waren
und es keinen Retter für Israel gab.
27 Denn der Herr hatte ja nicht beschlos-
sen, den Namen Israel unter dem Himmel
auszutilgen; so half er ihnen durch Jero-
beam, den Sohn des Joas.
28 Die übrige Geschichte Jerobeams aber
und alles, was er unternommen hat, seine
Siege, wie er Krieg führte und wie er Da-
maskus und Hamat an Israel zurück-
gebracht hat, das ist aufgezeichnet in der
Chronik der Könige von Israel. 29 Dann
legte sich Jerobeam zu seinen Vätern;
man begrub ihn in Samaria bei den Köni-
gen von Israel und sein Sohn Secharja
wurde König an seiner Stelle.

Regierung Asarjas (Usija) in Juda

15 Im siebenundzwanzigsten Jahr Je-
robeams, des Königs von Israel,
wurde Asarja, der Sohn Amazjas, König
von Juda. 2 Er war sechzehn Jahre alt, als
er König wurde, und regierte zweiund-
fünfzig Jahre in Jerusalem. Seine Mutter
hieß Jecholja und war aus Jerusalem. 3 Er
tat, was recht ist in den Augen des Herrn,
ganz wie sein Vater Amazja getan hatte.
4 Nur die Kulthöhen wurden nicht abge-
schafft; immer noch opferte und räucher-
te das Volk auf den Höhen. 5 Aber der
Herr schlug den König, sodass ihn Aus-
satz befiel bis zu seinem Todestag und er
in einem abgesonderten Haus wohnte,
während Jotam, der Sohn des Königs,
dem Palast vorstand und dem Volk Recht
sprach.
6 Die übrige Geschichte Asarjas aber
und alles, was er unternommen hat, ist
aufgezeichnet in der Chronik der Könige
von Juda. 7 Dann legte sich Asarja zu sei-
nen Vätern und man begrub ihn in der
Davidstadt. Sein Sohn Jotam wurde an sei-
ner Stelle König.

Regierung Secharjas in Israel

8 Im achtunddreißigsten Jahr Asarjas, des
Königs von Juda, wurde Secharja, der
Sohn Jerobeams, König über Israel. Er re-
gierte sechs Monate in Samaria. 9 Er tat,
was dem Herrn missfiel, wie schon seine
Väter getan hatten. Er ließ nicht ab von
den Sünden Jerobeams, des Sohnes Ne-
bats, zu denen dieser Israel verführt hatte.
10 Da zettelte Schallum, der Sohn des Ja-

besch, eine Verschwörung gegen ihn an,
erschlug ihn in Jibleam und wurde an sei-
ner Stelle König.
11 Die übrige Geschichte Secharjas aber
ist aufgezeichnet in der Chronik der Kö-
nige von Israel. 12 Das war es, was der
Herr Jehu verkündet hatte, als er sagte:
Deine Söhne sollen bis ins vierte Glied
auf dem Thron Israels sitzen. So hat es
sich erfüllt.

Regierung Schallums in Israel

13 Schallum, der Sohn des Jabesch, wurde
im neununddreißigsten Jahr Usijas, des
Königs von Juda, König und regierte einen
Monat in Samaria. 14 Dann zog Menahem,
der Sohn Gadis, von Tirza herauf, rückte
in Samaria ein, erschlug Schallum, den
Sohn des Jabesch, und wurde König an sei-
ner Stelle.
15 Die übrige Geschichte Schallums aber
und die Verschwörung, die er angezettelt
hat, ist aufgezeichnet in der Chronik der
Könige von Israel. 16 Damals verheerte Me-
nahem von Tirza aus Tifsach und alle Be-
wohner der Stadt und ihrer Umgebung,
weil man ihm nicht die Tore geöffnet hat-
te. Er vernichtete die Stadt und ließ alle
Schwangeren aufschlitzen.

Regierung Menahems in Israel

17 Im neununddreißigsten Jahr Asarjas, des
Königs von Juda, wurde Menahem, der
Sohn Gadis, König von Israel. Er regierte
zehn Jahre in Samaria. 18 Er tat, was dem
Herrn missfiel; er ließ nicht ab von den
Sünden Jerobeams, des Sohnes Nebats, zu
denen dieser Israel verführt hatte. 19 Zu sei-
ner Zeit kam Pul, der König von Assur,
über das Land; Menahem gab Pul eintau-
send Talente Silber, damit er ihm Beistand
leiste, die Königsmacht in seiner Hand zu
festigen. 20 Um das Geld dem König von
Assur geben zu können, legte Menahem
eine Steuer auf Israel, und zwar auf alle
vermögenden Leute, auf jeden fünfzig
Schekel Silber. Darauf zog der König von
Assur wieder ab und blieb nicht länger im
Land.
21 Die übrige Geschichte Menahems aber
und alles, was er unternommen hat, ist
aufgezeichnet in der Chronik der Könige
von Israel. 22 Dann legte sich Menahem zu
seinen Vätern und sein Sohn Pekachja
wurde König an seiner Stelle.

Regierung Pekachjas in Israel

23 Im fünfzigsten Jahr Asarjas, des Königs
von Juda, wurde Pekachja, der Sohn Me-
nahems, König über Israel. Er regierte
zwei Jahre in Samaria. 24 Er tat, was dem
Herrn missfiel; er ließ nicht ab von den
Sünden Jerobeams, des Sohnes Nebats, zu
denen dieser Israel verführt hatte. 25 Da
zettelte sein Schildträger Pekach, der Sohn
Remaljas, eine Verschwörung gegen ihn
an und erschlug ihn in der Burg des Kö-
nigspalastes in Samaria. Es standen ihm
fünfzig Mann von den Gileaditern zur Sei-
te. Er tötete ihn und wurde an seiner Stelle
König.
26 Die übrige Geschichte Pekachjas aber
und alles, was er unternommen hat, ist
aufgezeichnet in der Chronik der Könige
von Israel.

Regierung Pekachs in Israel

27 Im zweiundfünfzigsten Jahr Asarjas, des
Königs von Juda, wurde Pekach, der Sohn
Remaljas, König über Israel; er regierte
zwanzig Jahre in Samaria. 28 Er tat, was
dem Herrn missfiel; er ließ nicht ab von
den Sünden Jerobeams, des Sohnes Ne-
bats, zu denen dieser Israel verführt hatte.
29 Zur Zeit Pekachs, des Königs von Israel,
zog Tiglat-Pileser, der König von Assur,
herauf, eroberte Ijon, Abel-Bet-Maacha,
Janoach, Kedesch, Hazor, Gilead und Ga-
liläa, das ganze Land Naftali, und führte
ihre Bewohner gefangen nach Assyrien.
30 Hoschea aber, der Sohn Elas, zettelte eine
Verschwörung gegen Pekach, den Sohn
des Remalja, an, schlug ihn tot und wurde
König an seiner Stelle im zwanzigsten Jahr
Jotams, des Sohnes Usijas.
31 Die übrige Geschichte Pekachs aber
und alles, was er unternommen hat, ist
aufgezeichnet in der Chronik der Könige
von Israel.

Regierung Jotams in Juda

32 Im zweiten Jahr Pekachs, des Sohnes Re-
maljas, des Königs von Israel, wurde Jo-
tam, der Sohn Usijas, König von Juda.
33 Er war fünfundzwanzig Jahre alt, als er
König wurde, und regierte sechzehn Jahre
in Jerusalem. Seine Mutter hieß Jeruscha
und war eine Tochter Zadoks. 34 Er tat,
was dem Herrn gefiel, ganz wie sein Vater
Usija getan hatte. 35 Nur die Kulthöhen
wurden nicht abgeschafft; immer noch op-

ferte und räucherte das Volk auf den Höhen. Er war es, der das obere Tor am Tempel des Herrn baute.

36 Die übrige Geschichte Jotams aber und alles, was er unternommen hat, ist aufgezeichnet in der Chronik der Könige von Juda. 37 In jener Zeit begann der Herr Rezin, den König von Aram, sowie Pekach, den Sohn Remaljas, gegen Juda ziehen zu lassen. 38 Jotam aber legte sich zu seinen Vätern und wurde in der Stadt seines Vaters David begraben. Sein Sohn Ahas wurde an seiner Stelle König.

Regierung des Ahas in Juda

16 Im siebzehnten Jahr Pekachs, des Sohnes Remaljas, wurde Ahas, der Sohn Jotams, König von Juda. 2 Zwanzig Jahre war Ahas alt, als er König wurde, und sechzehn Jahre regierte er in Jerusalem. Er tat nicht, was dem Herrn, seinem Gott, gefiel, wie sein Vater David getan hatte, 3 sondern ging auf dem Weg der Könige von Israel. Sogar seinen Sohn ließ er durchs Feuer gehen und ahmte die Gräuel der Völker nach, die der Herr vor den Israeliten vertrieben hatte. 4 Er opferte und räucherte auf den Kulthöhen, auf den Hügeln und unter jedem grünen Baum.

5 In jener Zeit zogen Rezin, der König von Aram, und Pekach, der Sohn Remaljas, der König von Israel, zum Angriff gegen Jerusalem heran. Sie belagerten Ahas, waren aber nicht stark genug zum Kampf. 6 Damals brachte der König von Edom Elat wieder an Edom und vertrieb die Judäer aus Elat; es kamen Edomiter nach Elat und blieben dort ansässig bis zum heutigen Tag. 7 Da sandte Ahas Boten an Tiglat-Pileser, den König von Assur, und ließ ihm sagen: Dein Knecht und dein Sohn bin ich. Zieh herauf und befrei mich aus der Hand des Königs von Aram und aus der Hand des Königs von Israel, die sich gegen mich erhoben haben! 8 Zugleich nahm Ahas das Silber und Gold, das sich im Haus des Herrn und in den Schatzkammern des Königspalastes befand, und schickte es dem König von Assur als Geschenk. 9 Der König von Assur hörte auf ihn und so zog er gegen Damaskus, nahm es ein und führte seine Bewohner als Gefangene nach Kir. Rezin aber ließ er töteten.

10 Ahas kam zu Tiglat-Pileser, dem König von Assur, nach Damaskus. Als er dort den Altar sah, schickte er an den Priester Urija die Maße des Altars und eine genaue Nachbildung der Anlage. 11 Daraufhin baute der Priester Urija einen Altar; ganz nach dem Auftrag König Ahas', den er von Damaskus aus erteilt hatte, gestaltete ihn der Priester Urija, bevor König Ahas aus Damaskus heimkehrte. 12 Als dann der König aus Damaskus zurückkam, besah er sich den Altar; dann trat der König an den Altar heran und bestieg ihn. 13 Er verbrannte auf ihm sein Brandopfer und sein Speiseopfer, goss sein Trankopfer aus und sprengte das Blut seiner Gemeinschaftsopfer an den Altar. 14 Den Altar aber, der vor dem Herrn stand, versetzte er von seinem Platz vor dem Tempel, zwischen dem neuen Altar und dem Haus des Herrn und ließ ihn gegen Norden an die Seite des neuen Altars aufstellen. 15 Dann gab der König Ahas dem Priester Urija folgenden Befehl: Auf dem großen Altar sollst du das Morgenbrandopfer und das Abendspeiseopfer verbrennen, ebenso das Brandopfer des Königs und sein Speiseopfer sowie das Brandopfer des ganzen Volkes, sein Speiseopfer und sein Trankopfer darbringen; auf ihn sollst du alles Blut der Brandopfer und alles Blut der Schlachtopfer sprengen. Mit dem bronzenen Altar aber will ich mich noch befassen. 16 Der Priester Urija verfuhr genau nach dem Befehl des Königs. 17 Dann ließ König Ahas die Leisten an den fahrbaren Gestellen abtrennen und die Kessel aus ihnen entfernen. Auch ließ er das Eherne Meer von den Rindern, die darunter standen, herunterholen und auf das Steinpflaster setzen. 18 Ebenso ließ er den überdeckten Sabbatgang, den man an den Tempel angebaut hatte, sowie die äußere Königspforte dem König von Assur zuliebe vom Haus des Herrn entfernen.

19 Die übrige Geschichte des Ahas aber und alles, was er unternommen hat, ist aufgezeichnet in der Chronik der Könige von Juda. 20 Dann legte sich Ahas zu seinen Vätern und wurde bei seinen Vätern in der Davidstadt begraben. Sein Sohn Hiskija wurde an seiner Stelle König.

Regierung Hoscheas in Israel

17 Im zwölften Jahr des Königs Ahas von Juda wurde Hoschea, der Sohn Elas, König über Israel. Er regierte neun

Jahre in Samaria. 2 Er tat , was dem Herrn
missfiel, jedoch nicht wie die Könige Isra-
els, die vor ihm waren. 3 Gegen ihn rückte
Salmanassar, der König von Assur, heran;
Hoschea aber unterwarf sich ihm und ent-
richtete ihm Tribut. 4 Aber der König von
Assur erfuhr von einer Verschwörung, an
der Hoschea beteiligt war. Er hatte näm-
lich Boten an So, den König von Ägypten,
geschickt und nicht mehr wie alljährlich
Tribut an den König von Assur entrichtet.
Da ließ ihn der König von Assur verhaften
und ins Gefängnis werfen.

Einnahme Samarias

5 Darauf rückte der König von Assur gegen
das ganze Land heran, zog vor Samaria
und belagerte es drei Jahre lang. 6 Im neun-
ten Jahr Hoscheas nahm der König von
Assur Samaria ein, führte die Israeliten ge-
fangen nach Assyrien und siedelte sie in
Halach, am Habor, einem Fluss in Gosan,
und in den Städten der Meder an.

Die Ursache der Zerstörung des Reiches Israel

7 Das geschah, weil die Söhne Israels gegen
den Herrn, ihren Gott, der sie aus dem
Land Ägypten und aus der Gewalt des
Pharao, des Königs der Ägypter, heraus-
geführt hatte, gesündigt und fremde Göt-
ter verehrt hatten. 8 Sie handelten nach den
Satzungen der Völker, die der Herr vor den
Söhnen Israels vertrieben hatte und nach
dem Beispiel, das die Könige von Israel ga-
ben. 9 Die Söhne Israels hatten sich böse
Dinge gegen den Herrn, ihren Gott, aus-
gedacht und in allen Orten, vom Wacht-
turm bis zur befestigten Stadt, Kulthöhen
errichtet. 10 Steinmale und Kultpfähle hat-
ten sie sich aufgestellt auf jedem hohen
Hügel und unter jedem grünen Baum.
11 Sie hatten dort Rauchopfer dargebracht
wie die Völker, die der Herr vor ihnen ver-
trieben hatte, und hatten schlimme Dinge
getan und den Herrn erzürnt. 12 Sie hatten
den Götzen gedient, von denen der Herr
ihnen gesagt hatte: So etwas dürft ihr nicht
tun! 13 Und doch hatte der Herr Israel und
Juda durch alle seine Propheten, durch je-
den Seher gewarnt und gesagt: Kehrt um
von eueren bösen Wegen und haltet meine
Gebote und meine Satzungen genau nach
der Weisung, die ich eueren Vätern befoh-
len und die ich euch durch meine Knechte,
die Propheten, verkündet habe. 14 Doch sie
hatten nicht darauf gehört, sondern sich
noch halsstarriger gezeigt als ihre Väter,
die dem Herrn, ihrem Gott, nicht geglaubt
hatten. 15 Sie hatten seine Satzungen und
seinen Bund verworfen, den er mit ihren
Vätern geschlossen, und seine Mahnun-
gen, die er ihnen gegeben hatte; sie waren
nichtigen Götzen nachgelaufen und so sel-
ber nichtig geworden, sie waren den Völ-
kern rings um sie gefolgt, obwohl ihnen
der Herr verboten hatte, ihrem Beispiel
zu folgen. 16 Sie hatten alle Gebote des
Herrn, ihres Gottes, missachtet und sich
Gussbilder gemacht, nämlich zwei Kälber,
hatten sich Kultpfähle gemacht, das ganze
Himmelsheer angebetet und dem Baal ge-
dient. 17 Ihre Söhne und ihre Töchter hat-
ten sie durchs Feuer gehen lassen, Wahr-
sagerei und Zauberei getrieben und sich so
weit preisgegeben, dass sie taten, was dem
Herrn missfiel, um ihn zu reizen. 18 So er-
zürnte der Herr heftig gegen Israel und
verstieß sie von seinem Angesicht; nichts
blieb übrig außer dem Stamm Juda allein.

19 Aber auch Juda hielt die Gebote des
Herrn, seines Gottes, nicht, sondern han-
delte nach den Bräuchen, die Israel einge-
führt hatte. 20 So verwarf der Herr das gan-
ze Geschlecht Israels, demütigte sie und
lieferte sie in die Hand von Plünderern,
bis er sie von seinem Angesicht verstieß.
21 Als er Israel von David losriss und sie
Jerobeam, den Sohn Nebats, zum König
machten, brachte Jerobeam Israel zum
Abfall vom Herrn und verführte es zu
schwerer Sünde. 22 Die Söhne Israels begin-
gen die Sünden, die Jerobeam begangen
hatte; sie ließen nicht davon ab, 23 bis der
Herr Israel von seinem Angesicht verstieß,
wie er es durch alle seine Knechte, die Pro-
pheten, vorausgesagt hatte und bis er Isra-
el aus seinem Land nach Assyrien weg-
führte, wo es bis zum heutigen Tag
verblieb.

Ursprung der Samaritaner

24 Der König von Assur ließ Leute aus Ba-
bylon, Kuta, Awa, Hamat und Sefarwajim
kommen und siedelte sie in den Städten
Samariens an; sie nahmen Samarien in Be-
sitz und ließen sich in seinen Städten nie-
der. 25 Als sie anfingen, dort zu siedeln,
fürchteten sie den Herrn nicht. Deshalb
sandte der Herr Löwen zu ihnen, die unter

ihnen wüteten. 26 Da meldeten sie dem Kö-
nig von Assur: Die Völker, die du wegge-
führt und in den Städten Samariens ange-
siedelt hast, wissen nicht, wie man den
Landesgott verehrt. Darum hat er Löwen
auf sie losgelassen, die sie nun umbringen,
weil sie nicht wissen, wie man den Landes-
gott verehrt. 27 Da befahl der König von
Assur: Lasst einen von den Priestern, die
ich von dort weggeführt habe, zurückkeh-
ren; er soll sich dort niederlassen, um sie
zu unterweisen, wie man den Landesgott
verehrt. 28 So kam also einer von den Pries-
tern, die man aus Samarien weggeführt
hatte, ließ sich in Bet-El nieder und lehrte
sie, wie sie den Herrn verehren müssten.
29 Aber jedes Volk machte sich seinen
Gott und stellte ihn in den Höhenheiligtü-
mern auf, die die Bewohner Samariens er-
richtet hatten, jedes Volk in den Städten,
in denen es wohnte. 30 Die Leute aus Baby-
lon machten sich Bilder von Sukkot-Be-
not, die Leute aus Kuta von Nergal, die
Leute aus Hamat von Aschima, 31 die Awi-
ter von Nibhas und Tartak; die aus Sefar-
wajim verbrannten ihre Kinder zu Ehren
Adrammelechs und Anammelechs, der
Götter von Sefarwajim. 32 Zugleich aber
verehrten sie den Herrn und bestellten
aus ihrer Mitte Priester der Kulthöhe, die
für sie Dienst in auf den Kulthöhen taten.
33 So verehrten sie den Herrn und dienten
daneben ihren Göttern nach der Art der
Völker, aus denen man sie weggeführt hat-
te. 34 Bis zum heutigen Tag handeln sie
nach ihren früheren Bräuchen. Sie fürch-
ten den Herrn nicht, noch handeln sie
nach seinen Gesetzen und Verordnungen,
nach dem Gesetz und dem Gebot, das er
den Söhnen Jakobs gegeben, dem er den
Namen Israel verliehen hat. 35 Der Herr
hatte ja mit ihnen einen Bund geschlossen
und ihnen aufgetragen: Ihr dürft keine
fremden Götter verehren, sie nicht anbe-
ten, ihnen nicht dienen und ihnen nicht
opfern, 36 sondern ihr sollt den Herrn ver-
ehren, der euch aus Ägypten mit großer
Kraft und ausgestrecktem Arm heraus-
geführt hat; ihn sollt ihr anbeten und ihm
Opfer darbringen. 37 Die Satzungen und
Rechte, das Gesetz und das Gebot, das er
euch aufgeschrieben hat, sollt ihr beach-
ten, indem ihr allezeit danach handelt;
fremde Götter dürft ihr nicht verehren!
38 Den Bund, den ich mit euch geschlossen
habe, dürft ihr nicht vergessen, noch dürft
ihr fremde Götter verehren! 39 Nur den
Herrn, eueren Gott, sollt ihr verehren! Er
ist es ja, der euch aus der Hand aller euerer
Feinde retten wird. 40 Aber sie hörten nicht
darauf, sondern handelten nach ihrem
früheren Brauch. 41 Die Völker verehrten
zwar den Herrn, dienten aber zugleich
ihren Götzen, ebenso ihre Kinder und En-
kel. Wie ihre Väter taten, so tun auch sie
bis zum heutigen Tag.

Die weitere Geschichte des Reiches Juda

Hiskija, der Prophet Jesaja und Assyrien

Einleitung zur Regierung Hiskijas

18 Im dritten Jahr Hoscheas, des
Sohnes Elas, des Königs von Isra-
el, wurde Hiskija, der Sohn des Ahas,
König von Juda. 2 Er war fünfundzwanzig
Jahre alt, als er König wurde, und regier-
te neunundzwanzig Jahre in Jerusalem.
Seine Mutter hieß Abi und war eine
Tochter Sacharjas. 3 Er tat, was dem
Herrn gefiel, ganz wie sein Vater David
getan hatte. 4 Er war es, der die Kulthö-
hen abschaffte, die Steinmale zertrüm-
merte, die Kultpfähle umhieb und die
Kupferschlange zerschlug, die Mose hatte
anfertigen lassen; denn bis zu jener Zeit
hatten ihr die Israeliten Rauchopfer dar-
gebracht; man nannte sie Nehuschtan
(Kupferbild). 5 Er setzte sein Vertrauen
auf den Herrn, den Gott Israels, und
nach ihm gab es keinen wie ihn unter
allen Königen Judas, auch nicht unter
denen, die vor ihm gewesen waren. 6 Er
hing dem Herrn an, ohne von ihm abzu-
weichen, und beachtete die Gebote, die
der Herr Mose gegeben hatte. 7 Der Herr
war mit ihm: in allem, was er unter-
nahm, hatte er Erfolg. Er fiel vom König
von Assur ab und blieb ihm nicht unter-
tan. 8 Auch schlug er die Philister bis
nach Gaza zurück und unterwarf ihr Ge-
biet vom Wachtturm bis zur befestigten
Stadt.

Erinnerung an die Einnahme Samarias

9 Im vierten Jahr des Königs Hiskija, das ist
im siebten Jahr Hoscheas, des Sohnes Elas,
des Königs von Israel, rückte Salmanassar,
der König von Assur, gegen Samaria heran
und belagerte es. 10 Nach drei Jahren nahm
er es ein; im sechsten Jahr Hiskijas, das ist
im neunten Jahr Hoscheas, des Königs von
Israel, wurde Samaria erobert. 11 Der König
von Assur führte die Israeliten gefangen
nach Assyrien fort und siedelte sie in Ha-
lach und am Habor, einem Fluss von Go-
san, sowie in den Städten Mediens an,
12 denn sie hatten nicht auf die Stimme des
Herrn, ihres Gottes, gehört, sondern sei-
nen Bund übertreten, alles nämlich, was
Mose, der Knecht des Herrn, befohlen hat-
te. Sie hatten nicht darauf gehört und
nicht danach gehandelt.

Sanheribs Feldzug gegen Jerusalem

13 Im vierzehnten Jahr des Königs Hiskija
zog Sanherib, der König von Assur, gegen
die befestigten Städte Judas und nahm sie
ein. 14 Da schickte Hiskija, der König von
Juda, Boten an den König von Assur nach
Lachisch und ließ ihm sagen: Ich habe un-
recht getan; wenn du wieder abziehst von
mir, will ich tragen, was du mir auferlegst.
Da verlangte der König von Assur von
Hiskija, dem König von Juda, dreihundert
Talente Silber und dreißig Talente Gold.
15 Hiskija musste alles Silber, das sich im
Haus des Herrn und in den Schatzkam-
mern des Königspalastes befand, her-
geben. 16 Damals ließ Hiskija die Türflügel
und die Türpfosten des Hauses des Herrn,
die er mit Goldblech überzogen hatte, zer-
schlagen und lieferte sie dem König von
Assur ab.

17 Der König von Assur aber sandte den
Tartan, den Rabsaris und den Rabschake
von Lachisch her mit einer starken Heeres-
macht gegen König Hiskija nach Jeru-
salem. Sie zogen hinauf und kamen nach
Jerusalem. Sie stellten sich bei der Wasser-
leitung des oberen Teiches an der Walker-
feldstraße auf. 18 Dann riefen sie den König.
Da gingen der Palastvorsteher Eljakim, der
Sohn Hilkijas, ferner der Staatsschreiber
Schebna und der Kanzler Joach, der Sohn
Asafs, zu ihnen hinaus. 19 Der Rabschake
sprach zu ihnen: Meldet Hiskija: So spricht
der Großkönig, der König von Assur: Auf
was baust du denn dein Vertrauen? 20 Du
meinst wohl, ein bloßes Lippenbekenntnis
sei schon Rat und Kraft zum Krieg? Auf
wen verlässt du dich denn, dass du von
mir abgefallen bist? 21 Du verlässt dich auf
dieses geknickte Schilfrohr, auf Ägypten,
das jedem in die Hand dringt und sie
durchbohrt, wenn sich einer darauf stützt.
So macht es der Pharao, der König von
Ägypten, mit allen, die sich auf ihn verlas-
sen. 22 Wenn ihr mir aber erwidern wolltet:
Auf den Herrn, unseren Gott, vertrauen
wir, so frage ich: ist er es nicht, dessen Hö-
hen und Altäre Hiskija abgeschafft hat, in-
dem er Juda und Jerusalem gebot: Nur vor
diesem Altar hier in Jerusalem sollt ihr an-
beten? 23 Nun gut, geh mit meinem Herrn,
dem König von Assur, eine Wette ein! Ich
will dir zweitausend Pferde geben, wenn
du imstande bist, die Reiter dafür auf-
zubringen! 24 Wie könntest du da auch nur
mit einem einzigen von den geringsten
Knechten meines Herrn den Kampf auf-
nehmen? Aber du verlässt dich ja auf
Ägypten wegen der Pferde und Wagen!
25 Außerdem: bin ich etwa ohne den Willen
des Herrn gegen diesen Ort gezogen, um
ihn zu verwüsten? Der Herr hat zu mir ge-
sagt: Zieh gegen dieses Land und verwüste
es!

26 Da sagten Eljakim, Schebna und Joach
zum Rabschake: Sprich doch mit deinen
Knechten aramäisch; wir verstehen es ja
und sprich nicht judäisch mit uns vor
den Ohren des Volkes, das da auf der
Mauer steht! 27 Aber der Obermundschenk
erwiderte ihnen: Hat mich denn mein
Herr hergeschickt, um diese Worte zu dei-
nem Herrn und zu dir zu sprechen, und
nicht vielmehr zu den Männern, die da
auf der Mauer sitzen und ihren eigenen
Kot essen und ihren eigenen Harn trin-
ken? 28 Dann trat der Rabschake vor und
rief mit lauter Stimme auf judäisch die
folgenden Worte: Hört die Botschaft des
Großkönigs, des Königs von Assur! 29 So
spricht der König: Lasst euch von Hiskija
nicht zum Besten halten; denn er ist nicht
imstande, euch aus meiner Hand zu ret-
ten! 30 Lasst euch von Hiskija auch nicht
auf Jahwe vertrösten, wenn er behauptet:
Der Herr wird uns gewiss retten und diese
Stadt wird sicher nicht in die Hand des
Königs von Assur ausgeliefert werden.
31 Hört nicht auf Hiskija, denn so spricht
der König von Assur: Schließt einen Bund

mit mir und kommt heraus zu mir! Dann
soll jeder von seinem Weinstock und von
seinem Feigenbaum essen und das Wasser
seiner Zisterne trinken, [32]bis ich komme
und euch in ein Land hole, das euerem
Land gleicht; in ein Land voll Korn und
Most, in ein Land mit Ölbäumen und Ho-
nig. Dann bleibt ihr am Leben und
braucht nicht zu sterben. Hört nur nicht
auf Hiskija, er hintergeht euch, wenn er
behauptet: der Herr wird uns retten!
[33]Hat etwa ein einziger von den Göttern
der Völker sein Land aus der Hand des
Königs von Assur zu retten vermocht?
[34]Wo sind die Götter von Hamat und Ar-
pad? Wo sind die Götter von Sefarwajim,
Hena und Awa? Haben sie etwa Samaria
aus meiner Hand errettet? [35]Wer von allen
Göttern der anderen Länder hat sein Land
aus meiner Hand zu retten vermocht, dass
nun Jahwe Jerusalem aus meiner Hand
retten sollte? [36]Sie aber schwiegen still
und antworteten ihm mit keinem Wort,
denn der König hatte angeordnet: Ihr sollt
ihm keine Antwort geben! [37]Der Palast-
vorsteher Eljakim, der Sohn Hilkijas, der
Schreiber Schebna und der Kanzler Joach,
der Sohn Asafs, begaben sich darauf mit
zerrissenen Kleidern zu Hiskija und be-
richteten ihm, was der Rabschake gesagt
hatte.

Zuflucht beim Propheten Jesaja

19 Als König Hiskija das hörte, zer-
riss er seine Kleider, hüllte sich in
ein Bußgewand und ging in das Haus des
Herrn. [2]Den Palastvorsteher Eljakim aber,
den Schreiber Schebna und die Ältesten
der Priester sandte er in Bußgewändern
zu dem Propheten Jesaja, dem Sohn des
Amoz. [3]Sie sagten zu ihm: So spricht His-
kija: Ein Tag der Not, der Strafe und der
Schande ist dieser Tag; denn die Kinder
sind bis zum Muttermund gekommen,
aber es ist keine Kraft zum Gebären da.
[4]Vielleicht hört der Herr, dein Gott, auf
alle Worte des Rabschake, den sein Herr,
der König von Assur, hergesandt hat zur
Lästerung des lebendigen Gottes, und
bestraft die Reden, die der Herr, dein
Gott, vernommen hat. Bete doch für den
Rest, der noch übrig geblieben ist! [5]Die
Abgesandten des Königs Hiskija kamen
also zu Jesaja. [6]Er erwiderte ihnen: Meldet
euerem Herrn dies: So spricht der Herr:
Fürchte dich nicht vor den Reden, die du
gehört hast, mit denen die Knechte des
Königs von Assur mich gelästert haben!
[7]Siehe, ich werde ihm einen Geist einge-
ben, dass er auf ein Gerücht hin in sein
Land zurückkehrt. In seinem Land aber
werde ich ihn durch das Schwert umkom-
men lassen.

Sanheribs Brief an Hiskija

[8]Als der Rabschake zurückkehrte, fand er
den König von Assur beim Angriff auf
Libna. Er hatte nämlich erfahren, dass
Sanherib von Lachisch abgezogen war.
[9]Denn Sanherib hatte gehört, dass Tirha-
ka, der König von Kusch zum Kampf ge-
gen ihn ausgerückt war. Da sandte er
nochmals Boten an Hiskija mit dem Auf-
trag: [10]So sollt ihr zu Hiskija, dem König
von Juda, sagen: Lass dich nicht betören
von deinem Gott, auf den du vertraust, in-
dem du denkst: Jerusalem wird nicht in
die Hand des Königs von Assur fallen.
[11]Siehe, du hast gehört, was die Könige
von Assur in allen Ländern getan, wie sie
sie dem Untergang geweiht haben. Und da
solltest du entkommen? [12]Sind etwa die
Völker, die von meinen Vätern ausgerottet
wurden, von ihren Göttern gerettet wor-
den, die Völker von Gosan, Haran, Rezef,
die Bewohner von Eden in Telassar? [13]Wo
ist der König von Hamat, der König von
Arpad, der von Sefarwajim, von Hena
und von Awa?
[14]König Hiskija nahm den Brief aus der
Hand der Gesandten entgegen und las ihn.
Dann ging er zum Haus des Herrn hinauf.
Hiskija breitete ihn vor dem Herrn aus.
[15]Dann sprach er vor dem Herrn dieses
Gebet: Herr, Gott Israels, der du über den
Kerubim thronst, du bist der einzige Gott
über alle Reiche der Erde! Du bist es, der
den Himmel und die Erde gemacht hat!
[16]Neige, Herr, dein Ohr und höre! Ver-
nimm die Worte Sanheribs, die er hierher
gesandt hat, um den lebendigen Gott zu
verhöhnen! [17]Es ist ja wahr, Herr, die Kö-
nige von Assur haben die Völker verheert
[18]und ihre Götter ins Feuer geworfen; es
sind ja keine Götter, sondern Gebilde von
Menschenhand aus Holz und Stein; die
konnten sie vernichten. [19]Nun aber, Herr,
unser Gott, rette uns aus seiner Hand, da-
mit alle Reiche der Erde erkennen, dass
du, Herr, allein Gott bist!

Jesaja verheißt göttliche Hilfe

20 Da sandte Jesaja, der Sohn des Amoz, zu
Hiskija und ließ ihm sagen: So spricht der
Herr, der Gott Israels: Was du wegen San-
herib, des Königs von Assur, zu mir gebe-
tet hast, das habe ich gehört. 21 Dies ist das
Wort, das der Herr über ihn gesprochen
hat:

Es verachtet dich, es spottet deiner / die
Jungfrau, die Tochter Zion.
Es schüttelt hinter dir das Haupt / die
Tochter Jerusalem.

22 Wen hast du gelästert, wen verhöhnt, /
gegen wen erhobst du deine Stimme, / auf
wen blicktest du hochmütig herunter? /
Auf den Heiligen Israels!

23 Durch deine Boten hast du den Herrn
verhöhnt und dachtest: / Mit der Macht
meiner Wagen habe ich die Bergeshöhen
erklommen, / den Gipfel auf dem Liba-
non. / Seine höchsten Zedern hieb ich ab, /
ich fällte seine auserlesenen Zypressen, /
drang bis zur höchsten Herberge vor, /
dorthin, wo der Wald am üppigsten
gedeiht.

24 Ich habe tief gegraben / und erfrischte
mich an fremden Wassern; / mit meinen
Fußsohlen / legte ich alle Ströme Ägyptens
trocken.

25 Hast du es nicht gehört? / Schon
längst habe ich das vorbereitet / und seit
den Tagen der Vorzeit geplant. / Nun aber
habe ich es kommen lassen, / dass du
imstande warst, / die festen Städte in
wüste Trümmer zu verwandeln.

26 Ihre Bürger erzitterten in Ohnmacht /
und wurden ganz zuschanden; / sie ver-
dorrten wie das Gras des Feldes und wie
junges Grün, / wie das Gras auf den
Dächern unter dem Ostwind.

27 Ich bin da, wenn du aufstehst oder
dich hinsetzt, / dein Gehen und dein
Kommen kenne ich.

28 Weil du nun gegen mich so tobtest /
und mir dein Trotz zu Ohren kam, / will
ich dir meinen Ring in die Nase legen /
und meinen Zaum an dein Maul / und
bringe dich auf den Weg zurück, / auf dem
du hergekommen bist.

29 Dies aber soll für dich ein Zeichen
sein: In diesem Jahr wird man essen, was
von selbst nachwächst; im nächsten Jahr
den Brachwuchs, im dritten Jahr aber sollt
ihr wieder säen und mähen, Weinberge
pflanzen und den Ertrag genießen. 30 Was
dann vom Haus Juda Rettung fand und
übrig blieb, das wird wieder unten Wur-
zeln schlagen und oben Früchte tragen.
31 Denn von Jerusalem wird ein Rest aus-
ziehen und eine Schar Geretteter vom
Berg Zion. Der Eifer des Herrn, des Gottes
der Heerscharen, wird das vollbringen.
32 Darum spricht der Herr über Assurs Kö-
nig: In diese Stadt dringt er nicht ein, nicht
einmal einen Pfeil schießt er hinein; er
wird nicht mit einem Schild gegen sie an-
rennen und wird keinen Wall gegen sie
aufwerfen. 33 Auf dem Weg, den er kam,
wird er heimkehren, er wird in diese Stadt
nicht einziehen – Spruch des Herrn. 34 Ich
beschütze diese Stadt und rette sie um
meinetwillen und um meines Knechtes
David willen.

Sanheribs Niederlage und Tod

35 In jener Nacht zog der Engel des Herrn
aus und erschlug im Lager der Assyrer
hundertfünfundachtzigtausend Mann. Als
man am Morgen aufstand, waren sie alle-
samt Leichen. 36 Da brach Sanherib, der
König von Assur, auf und zog ab. Er kehrte
nach Ninive zurück und blieb dort. 37 Als
er eines Tages im Tempel seines Gottes
Nisroch betete, erschlugen ihn seine Söh-
ne Adrammelech und Sarezer mit dem
Schwert und entkamen in das Land Ara-
rat. Sein Sohn Asarhaddon wurde an sei-
ner Stelle König.

Krankheit und Heilung des Hiskija

20 In jenen Tagen erkrankte Hiskija
und war dem Tod nahe. Da begab
sich Jesaja, der Sohn des Amoz, zu ihm
und sagte: So spricht der Herr: Bestell dein
Haus, denn du wirst sterben und nicht am
Leben bleiben. 2 Da kehrte Hiskija sein Ge-
sicht zur Wand und betete zum Herrn:
3 Ach, Herr, denk doch daran, wie ich in
Treue und mit aufrechtem Herzen auf dei-
nen Wegen gegangen bin, wie ich getan
habe, was dir gefällt! Dabei weinte Hiskija
bitterlich. 4 Jesaja aber hatte den mittleren
Hof noch nicht verlassen, da erging fol-
gendes Wort des Herrn an ihn: 5 Kehr um
und sag zu Hiskija, dem Fürsten meines
Volkes: So spricht der Herr, der Gott dei-
nes Vaters David: Ich habe dein Beten ge-
hört, deine Tränen habe ich gesehen. Sie-
he, ich will dich heilen. Am dritten Tag
wirst du zum Haus des Herrn hinaufstei-

gen. 6 Ich will deinem Leben noch fünfzehn Jahre hinzufügen; auch will ich dich und diese Stadt aus der Gewalt des Königs von Assur befreien, ich will diese Stadt beschützen um meinetwillen und um meines Knechtes David willen. 8 Hiskija aber fragte Jesaja: Was ist das Zeichen dafür, dass der Herr mich heilen wird und dass ich am dritten Tag in das Haus des Herrn hinaufgehen werde? 9 Jesaja erwiderte: Das sei dir das Zeichen vom Herrn dafür, dass der Herr tun wird, was er versprochen hat: Soll der Schatten zehn Stufen vorwärts oder zehn Stufen rückwärts gehen? 10 Da sagte Hiskija: Es ist für den Schatten ein Leichtes, zehn Stufen vorwärts zu gehen; nein, der Schatten soll zehn Stufen rückwärts gehen! 11 Nun rief der Prophet Jesaja zum Herrn und dieser ließ den Schatten auf den Stufen des Ahas zehn Stufen rückwärts gehen. 7 Dann gebot Jesaja: Holt einen Feigenbrei! Sie holten ihn und strichen ihn auf das Geschwür. Da wurde er gesund.

Die Gesandtschaft des Merodach-Baladan

12 In jener Zeit sandte Merodach-Baladan, der Sohn Baladans, der König von Babel, ein Schreiben mit Geschenken an Hiskija; denn er hatte von seiner Krankheit und seiner Genesung gehört. 13 Hiskija freute sich darüber und zeigte den Gesandten sein Schatzhaus, das Silber und das Gold, das Balsam und das feine Öl, sein ganzes Zeughaus und alles, was sich in seinen Schatzkammern fand. Es gab in seinem Palast und in seiner ganzen Residenz nichts, was ihnen Hiskija nicht gezeigt hätte. 14 Da begab sich der Prophet Jesaja zum König Hiskija und sprach zu ihm: Was haben diese Männer gemeldet und woher sind sie zu dir gekommen? Hiskija erwiderte: Aus einem fernen Land sind sie gekommen, aus Babel. 15 Jener fragte weiter: Was haben sie gesehen in deinem Palast? Hiskija antwortete: Alles, was in meinem Palast ist, haben sie gesehen. Nichts gibt es in meinen Schatzkammern, was ich ihnen nicht gezeigt hätte. 16 Da sprach Jesaja zu Hiskija: Vernimm das Wort des Herrn! 17 Es werden Tage kommen, da wird alles, was in deinem Haus ist, was deine Väter gehortet haben bis auf diesen Tag, nach Babel verschleppt werden, nichts wird übrig bleiben! So lautet der Spruch des Herrn. 18 Auch von deinen leiblichen Söhnen, die du noch bekommst, wird man einige mitnehmen, damit sie im Palast des Königs von Babel als Kämmerer dienen. 19 Da sprach Hiskija zu Jesaja: Gut ist das Wort des Herrn, das du verkündet hast. Er dachte nämlich: Warum nicht, wenn nur in meinen Tagen Friede und Sicherheit herrschen!

Schluss zur Regierung Hiskijas

20 Die übrige Geschichte Hiskijas aber, alle seine Siege, wie er den Teich und die Wasserleitung anlegte und das Wasser in die Stadt leitete, das alles ist aufgeschrieben in der Chronik der Könige von Juda. 21 Dann legte sich Hiskija zu seinen Vätern und sein Sohn Manasse wurde an seiner Stelle König.

Zwei gottlose Könige

Regierung Manasses in Juda

21 Zwölf Jahre war Manasse alt, als er König wurde, und fünfundfünfzig Jahre regierte er in Jerusalem. Seine Mutter hieß Hefzi-Bah. 2 Er tat, was dem Herrn missfiel, und folgte den Gräueln der Völker, die der Herr vor den Israeliten vertrieben hatte. 3 Er baute die Kulthöhen wieder auf, die sein Vater Hiskija zerstört hatte, errichtete dem Baal Altäre, ließ einen Kultpfahl herstellen, wie es Ahab, der König von Israel, getan hatte, betete das ganze Himmelsheer an und diente ihm. 4 Selbst im Haus des Herrn baute er Altäre, obgleich der Herr erklärt hatte: In Jerusalem will ich meinem Namen eine Stätte geben. 5 Er baute in den beiden Vorhöfen des Hauses des Herrn Altäre für das ganze Himmelsheer. 6 Auch ließ er seinen Sohn durch das Feuer gehen, trieb Wahrsagerei und Zauberei und bestellte Totenbeschwörer und Zeichendeuter, tat überhaupt vieles, was dem Herrn missfiel und ihn erzürnte. 7 Sogar den Kultpfahl, den er hatte anfertigen lassen, stellte er in dem Haus auf, von dem doch der Herr zu David und Salomo gesagt hatte: In diesem Haus und in Jerusalem, das ich aus allen Stämmen Israels erwählt habe, will ich meinem Namen für immer eine Stätte geben. 8 Ich will nicht mehr Israels Fuß hinauswandern lassen aus dem Land, das ich ihren Vätern gegeben habe, wenn sie

nur in Treue nach all dem handeln, was
ich ihnen aufgetragen habe, ganz nach
dem Gesetz, das ihnen mein Knecht Mose
befohlen hat. [9] Doch sie wollten nicht hö-
ren und Manasse verführte sie dazu, noch
Schlimmeres zu tun als die Völker, die der
Herr vor den Israeliten ausgerottet hatte.
[10] Da sprach der Herr durch seine Knechte,
die Propheten: [11] Weil Manasse, der König
von Juda, diese Gräuel verübt hat – er hat
ja Schlimmeres getrieben als alles, was die
Amoriter vor ihm getan haben – und weil
er auch Juda durch seine Götzen zur Sün-
de verführt hat, [12] darum spricht der Herr,
Israels Gott: Ich werde Unglück über Jeru-
salem und Juda bringen, dass allen, die da-
von hören, beide Ohren gellen werden.
[13] Ich werde an Jerusalem die Messschnur
Samarias und das Senkblei des Hauses
Ahab anlegen; wegwischen will ich Jerusa-
lem, wie man eine Schüssel abwischt und
dann umstülpt. [14] Ich werde den Rest mei-
nes Erbes verstoßen und sie in die Hand
ihrer Feinde ausliefern, dass sie zum Raub
und zur Beute werden für alle ihre Feinde,
[15] weil sie taten, was mir missfällt, und
mich erzürnt haben seit dem Tag, da ihre
Väter aus Ägypten zogen, bis auf den heu-
tigen Tag. [16] Auch vergoss Manasse un-
schuldiges Blut in Strömen, bis er Jerusa-
lem von einem Ende bis zum anderen
damit anfüllte, abgesehen von der Sünde,
dass er Juda verführte zu tun, was dem
Herrn missfiel.

[17] Die übrige Geschichte Manasses aber
und alles, was er unternommen hat, und
die Sünden, die er beging, all das ist auf-
gezeichnet in der Chronik der Könige von
Juda. [18] Dann legte sich Manasse zu seinen
Vätern und wurde im Garten seines Palas-
tes, und zwar im Garten Usas, begraben.
Sein Sohn Amon wurde König an seiner
Stelle.

Regierung Amons in Juda

[19] Amon war zweiundzwanzig Jahre alt, als
er König wurde, und regierte zwei Jahre in
Jerusalem. Seine Mutter hieß Meschulle-
met und war eine Tochter des Haruz aus
Jotba. [20] Er tat, was dem Herrn missfiel, wie
es sein Vater Manasse getan hatte. [21] Er
ging ganz auf dem Weg, den sein Vater
gegangen war, diente den Götzen, denen
sein Vater gedient hatte, und betete sie an.
[22] Er verließ den Herrn, den Gott seiner
Väter, und ging nicht auf dem Weg des
Herrn. [23] Da zettelten die Diener Amons
eine Verschwörung gegen ihn an und er-
mordeten den König in seinem Palast.
[24] Das Volk des Landes aber erschlug alle,
die sich gegen den König Amon verschwo-
ren hatten, und machte seinen Sohn Jo-
schija an seiner Stelle zum König.

[25] Die übrige Geschichte Amons aber,
was er unternommen hat, das ist auf-
gezeichnet in der Chronik der Könige von
Juda. [26] Man begrub ihn im Grab seines Va-
ters im Garten Usas und sein Sohn Joschi-
ja wurde an seiner Stelle König.

Die religiösen Reformen Joschijas

Einleitung zur Regierung Joschijas

22 Acht Jahre war Joschija alt, als er
König wurde, und einunddreißig
Jahre regierte er in Jerusalem. Seine Mut-
ter hieß Jedida und war eine Tochter Ada-
jas aus Bozkat. [2] Er tat, was dem Herrn ge-
fiel, und ging ganz auf dem Weg seines
Vaters David; er wich nicht ab, weder nach
rechts noch nach links.

Auffindung des Gesetzbuches

[3] Im achtzehnten Jahr des Königs Joschija
sandte der König den Staatsschreiber
Schafan, den Sohn Azaljas, den Enkel Me-
schullams, in das Haus des Herrn und trug
ihm Folgendes auf: [4] Geh hinauf zum Ho-
henpriester Hilkija, damit er das Geld aus-
schütte, das in das Haus des Herrn ge-
bracht worden ist und das die Hüter der
Schwellen vom Volk eingesammelt haben.
[5] Man soll es den Werkmeistern aushändi-
gen, die im Haus des Herrn als Aufseher
bestellt sind; sie sollen es für die Handwer-
ker im Haus des Herrn verwenden, die da-
mit beschäftigt sind, die Bauschäden aus-
zubessern, [6] nämlich für die Zimmerleute,
die Bauarbeiter und die Maurer, ferner für
den Ankauf von Holz und Bruchsteinen,
um den Tempel auszubessern. [7] Man soll
das Geld, das man ihnen aushändigt, nicht
mit ihnen abrechnen; denn sie handeln auf
Treu und Glauben.

[8] Da teilte der Hohepriester Hilkija dem
Staatsschreiber Schafan mit: Ich habe das
Gesetzbuch gefunden im Tempel des
Herrn. Hilkija übergab das Buch dem
Staatsschreiber Schafan und dieser las es.
[9] Dann begab sich der Staatsschreiber

Schafan zum König und berichtete ihm:
Deine Diener haben das Geld, das sich im
Tempel fand, ausgeschüttet und es den
Werkmeistern ausgehändigt, die zu Auf-
sehern im Haus des Herrn bestellt sind.
10 Weiter meldete der Staatsschreiber Scha-
fan dem König: Ein Buch hat mir der
Priester Hilkija gegeben. Schafan las es
dem König vor.

Befragung der Prophetin Hulda

11 Als der König die Worte des Gesetz-
buches hörte, zerriss er seine Kleider.
12 Darauf gab er dem Priester Hilkija, Ahi-
kam, dem Sohn Schafans, Achbor, dem
Sohn Michajas, dem Schreiber Schafan
und Asaja, dem Diener des Königs, diesen
Befehl: 13 Geht, befragt den Herrn für mich,
für das Volk und für ganz Juda über den
Inhalt dieses aufgefundenen Buches; denn
groß ist der Zorn des Herrn, der deswegen
gegen uns entbrannt ist, weil unsere Väter
auf die Worte dieses Gesetzes nicht gehört
haben, um nach alldem zu handeln, was in
ihm vorgeschrieben ist.

14 Da begaben sich der Priester Hilkija,
Ahikam, Achbor, Schafan und Asaja zu
der Prophetin Hulda und sprachen mit
ihr. Sie war die Frau Schallums, des Soh-
nes Tikwas, des Enkels des Harhas, des
Verwalters der Kleiderkammer, und
wohnte in der Neustadt Jerusalems. 15 Sie
sagte zu ihnen: So spricht der Herr, Israels
Gott: Meldet dem Mann, der euch zu mir
hergeschickt hat: 16 So spricht der Herr:
Siehe, ich bringe Unheil über diesen Ort
und über seine Bewohner, und zwar alle
Drohungen des Buches, das der König
von Juda gelesen hat, 17 weil sie mich ver-
lassen und anderen Göttern geopfert ha-
ben, um mich durch all das Werk ihrer
Hände zu reizen; darum soll mein Zorn
über diesen Ort entbrennen und nicht er-
löschen! 18 Dem König von Juda aber, der
euch gesandt hat, den Herrn zu befragen,
sollt ihr Folgendes sagen: So spricht der
Herr, Israels Gott: Durch die Worte, die
du gehört hast, 19 ist dein Herz weich ge-
worden. Du hast dich vor dem Herrn ge-
beugt, als du hörtest, was ich über diesen
Ort und seine Bewohner gesprochen habe,
dass sie nämlich zum Entsetzen und zum
Fluch werden sollen. Weil du deine Klei-
der zerrissen und vor meinem Angesicht
geweint hast, habe auch ich dich erhört,
spricht der Herr. 20 Darum sollst du, wenn
ich dich zu deinen Vätern versammle, in
Frieden in dein Grab gebracht werden
und deine Augen sollen nicht all das Un-
heil schauen, das ich über diesen Ort brin-
gen werde! Sie berichteten dies dem Kö-
nig.

Feierliche Verlesung des Gesetzes

23 Hierauf ließ der König alle Ältes-
ten Judas und Jerusalems bei sich
versammeln. 2 Er ging zum Haus des
Herrn und alle Männer Judas sowie alle
Bewohner Jerusalems mit ihm, ebenso die
Priester und die Propheten und das ganze
Volk, Klein und Groß. Er ließ vor ihnen
das ganze Buch des Bundes, das man im
Tempel des Herrn gefunden hatte, vor-
lesen. 3 Darauf trat der König an die Säule
und schloss vor dem Herrn den Bund,
dass sie dem Herrn nachfolgen und seine
Gebote, seine Verordnungen und seine
Satzungen halten wollten mit ganzem
Herzen und mit ganzer Seele, um so die
Worte dieses Bundes, die in jenem Buch
geschrieben standen, zu erfüllen. Das gan-
ze Volk trat dem Bund bei.

Religiöse Reform in Juda

4 Dann befahl der König dem Hohenpries-
ter Hilkija, den Priestern zweiten Ranges
sowie den Schwellenhütern, aus dem Tem-
pel des Herrn alle Geräte, die für den Baal,
die Aschera und das ganze Himmelsheer
angefertigt worden waren, hinauszuschaf-
fen; er ließ sie außerhalb Jerusalems auf
den Feldern am Kidron verbrennen, die
Asche davon aber nach Bet-El bringen.
5 Er setzte die Götzenpriester ab, die von
den Königen von Juda eingesetzt worden
waren und die auf den Höhen, in den
Städten Judas und in der Umgebung Jeru-
salems geopfert hatten, ferner jene, die
dem Baal, der Sonne, dem Mond, den Bil-
dern des Tierkreises und dem ganzen
Himmelsheer geopfert hatten. 6 Er schaffte
den Kultpfahl aus dem Haus des Herrn
aus Jerusalem hinaus ins Kidrontal, ver-
brannte ihn dort, zermalmte ihn zu Staub
und warf den Staub auf die Grabstätten
des einfachen Volkes. 7 Er ließ die Gemä-
cher der Hierodulen am Tempel des Herrn
niederreißen, wo die Frauen Schleier für
die Aschera zu weben pflegten. 8 Er ließ
alle Priester aus den Städten Judas weg-

holen, die Kulthöhen, wo die Priester ge-
opfert hatten, von Geba bis Beerscheba
verunreinigen und die Torhöhen zerstö-
ren, die vor dem Eingang zum Tor des
Stadtobersten Josua, auf der linken Seite
dessen lagen, der zum Stadttor hereinkam.
9 Aber die Priester der Kulthöhen durften
den Altar des Herrn in Jerusalem nicht be-
steigen, sondern nur inmitten ihrer Brü-
der von den ungesäuerten Broten essen.
10 Er verunreinigte das Tofet im Tal der
Söhne Hinnoms, damit niemand mehr sei-
nen Sohn oder seine Tochter für Moloch
durchs Feuer gehen ließ. 11 Er beseitigte
auch die Pferde, die die Könige von Juda
zu Ehren der Sonne am Eingang zum
Haus des Herrn bei der Zelle des Kämme-
rers Netan-Melech am Parwar aufgestellt
hatten, und verbrannte die Sonnenwagen
im Feuer. 12 Auch die Altäre auf dem Dach,
die die Könige von Juda über dem Oberge-
mach des Ahas errichtet hatten, ferner die
Altäre, die Manasse in den beiden Vor-
höfen des Tempels aufgebaut hatte, ließ
der König abbrechen, zerschlagen, von
dort hinausschaffen und ihren Schutt ins
Kidrontal werfen. 13 Die Kulthöhen östlich
von Jerusalem, südlich vom Berg des Ver-
derbens, die Salomo, der König von Israel,
für Astarte, die Göttin der Sidonier, und
für Kemosch, den Götzen der Moabiter,
und für Milkom, den Götzen der Ammo-
niter, errichtet hatte, ließ der König ver-
unreinigen. 14 Er ließ die Steinmale zer-
schlagen, die Kultpfähle umhauen und
ihre Stätten mit Menschenknochen füllen.

Ausweitung der Reform auf das alte Nordreich

15 Auch den Altar in Bet-El, die Höhe, die
Jerobeam, der Sohn Nebats, der Israel zur
Sünde verführte, errichtet hatte, auch die-
sen Altar und die Höhe zerstörte er, indem
er die Steine zertrümmerte, zu Staub zer-
malmte und den Kultpfahl verbrannte.
16 Als sich Joschija umwandte und die Grä-
ber auf dem Berg sah, ließ er die Gebeine
aus den Gräbern holen, verbrannte sie auf
dem Altar und entweihte ihn so, gemäß
dem Wort des Herrn, das der Gottesmann
verkündet hatte, als Jerobeam beim Fest
am Altar stand. Als Joschija sich nun um-
wandte und seine Augen auf das Grab des
Gottesmannes hinschauten, der jene Wor-
te gesprochen hatte, 17 fragte er: Was ist das
für ein Grabmal, das ich hier sehe? Die Be-
wohner der Stadt erwiderten ihm: Das ist
das Grab des Gottesmannes, der von Juda
gekommen war und jene Dinge verkün-
digt hatte, die du am Altar von Bet-El voll-
zogen hast. 18 Da befahl er: Lasst ihn in Ru-
he! Niemand darf seine Gebeine stören!
Man ließ also seine Gebeine unversehrt,
ebenso die Gebeine des Propheten, der
aus Samaria stammte. 19 Ferner beseitigte
Joschija alle Kulthöhen in den Städten Sa-
mariens, die die Könige von Israel errich-
tet hatten, um den Herrn zu reizen; er ging
mit ihnen ganz so zu Werk, wie er es in
Bet-El getan hatte. 20 Alle Priester der Kult-
höhen, die dort waren, machte er auf den
Altären nieder und verbrannte Menschen-
gebeine auf ihnen. Dann kehrte er nach
Jerusalem zurück.

Feier des Pesach

21 Der König gebot dem ganzen Volk: Ver-
anstaltet dem Herrn, euerem Gott, ein Pe-
sach, so wie es in diesem Buch des Bundes
geschrieben steht! 22 Es war nämlich ein
Pesach dieser Art nicht mehr gefeiert wor-
den seit den Tagen der Richter, die Israel
regiert hatten, auch nicht während der
ganzen Zeit der Könige von Israel und
der Könige von Juda. 23 Erst im achtzehn-
ten Jahr des Königs Joschija wurde dieses
Pesach dem Herrn zu Ehren in Jerusalem
veranstaltet.

Abschließendes zur religiösen Reform

24 Auch die Totenbeschwörer und die Zei-
chendeuter, die Hausgötter und die Göt-
zen, überhaupt alle Gräuel, die im Land
Juda und in Jerusalem entdeckt wurden,
beseitigte Joschija, um die Worte des Ge-
setzes wirksam werden zu lassen, die in
dem Buch geschrieben standen, das der
Priester Hilkija im Haus des Herrn gefun-
den hatte. 25 Es gab vor ihm keinen König
wie ihn, der sich so mit ganzem Herzen,
mit ganzer Seele und mit ganzer Kraft, ge-
nau nach dem Gesetz des Mose, zum
Herrn bekehrt hätte; und auch nach ihm
war keiner wie er.

26 Doch der Herr ließ nicht ab von der
gewaltigen Glut seines Zornes, die nun
einmal gegen Juda entbrannt war wegen
all der Ärgernisse, womit ihn Manasse er-
zürnt hatte. 27 Denn der Herr hatte be-
schlossen: Auch Juda will ich verstoßen

von meinem Angesicht, wie ich Israel ver-
stoßen habe; ich will diese Stadt, die ich
erwählt habe, verwerfen, Jerusalem mit
dem Tempel, von dem ich erklärt habe:
Mein Name soll dort dauernd wohnen.

Ende der Regierung Joschijas

28 Die übrige Geschichte Joschijas aber und
alles, was er unternommen hat, ist auf-
gezeichnet in der Chronik der Könige von
Juda. 29 Zu seiner Zeit zog der Pharao Ne-
cho, der König von Ägypten, gegen den
König von Assur an den Eufrat. König Jo-
schija stellte sich ihm entgegen, aber der
Pharao tötete ihn bei Megiddo, sobald er
ihn sah. 30 Seine Diener schafften ihn mit
dem Wagen tot von Megiddo fort und
brachten ihn nach Jerusalem, wo sie ihn
in seinem Grab begruben. Das Volk des
Landes aber nahm Joahas, den Sohn Jo-
schijas, salbte ihn und machte ihn an sei-
nes Vaters Stelle zum König.

Der Untergang des Reiches Juda

Regierung des Joahas in Juda

31 Joahas war dreiundzwanzig Jahre alt, als
er König wurde, und regierte drei Monate
in Jerusalem. Seine Mutter hieß Hamutal
und war die Tochter Jirmejas aus Libna.
32 Er tat, was dem Herrn missfiel, ganz wie
es seine Väter getan hatten. 33 Der Pharao
Necho aber nahm ihn in Ribla im Land
Hamat gefangen und erlegte dem Land
eine Geldbuße von einhundert Talenten
Silber und zehn Talenten Gold auf.
34 Dann machte der Pharao Necho Eljakim,
den Sohn Joschijas, an Stelle seines Vaters
Joschija zum König und änderte seinen
Namen in Jojakim. Joahas aber nahm er
mit und brachte ihn nach Ägypten, wo er
starb. 35 Jojakim lieferte dem Pharao das
Silber und das Gold ab. Er musste jedoch
das Land besteuern, um das Geld, das der
Pharao forderte, abliefern zu können. Er
trieb von jedem Bürger des Landes, je nach
seinem Vermögen, das Silber und das
Gold ein, um es an den Pharao Necho ab-
zuliefern.

Regierung Jojakims in Juda

36 Jojakim war fünfundzwanzig Jahre alt,
als er König wurde, und regierte elf Jahre
in Jerusalem. Seine Mutter hieß Sebuda
und war eine Tochter Pedajas aus Ruma.
37 Er tat, was dem Herrn missfiel, ganz wie
seine Väter es getan hatten.

24 In seinen Tagen zog Nebukadnez-
zar, der König von Babel, herauf;
Jojakim wurde ihm drei Jahre lang unter-
tan, dann fiel er wieder von ihm ab. 2 Da
schickte der Herr die Streifscharen der
Chaldäer und die Streifscharen der Ara-
mäer gegen ihn, die Streifscharen der
Moabiter und die Streifscharen der Am-
moniter. Er sandte sie gegen Juda, um es
zu vernichten, dem Wort des Herrn ge-
mäß, das er durch seine Knechte, die Pro-
pheten, gesprochen hatte. 3 Nur wegen des
Zornes des Herrn kam das über Juda, weil
er es von seinem Angesicht verstoßen hat-
te wegen der Sünde Manasses, für all das,
was dieser verübt hatte, 4 auch wegen des
Blutes der Unschuldigen, das er vergossen
und mit dem er Jerusalem angefüllt hatte;
das wollte der Herr nicht vergeben.

5 Die übrige Geschichte Jojakims aber
und alles, was er unternommen hat, ist
aufgezeichnet in der Chronik der Könige
von Juda. 6 Dann legte sich Jojakim zu sei-
nen Vätern und Jojachin, sein Sohn, wurde
König an seiner Stelle. 7 Der König von
Ägypten aber rückte künftig nicht mehr
aus seinem Land aus; denn der König von
Babel hatte alles erobert, was dem König
von Ägypten gehörte, vom Bach Ägyptens
an bis zum Eufratstrom.

Regierung Jojachins in Juda.
Die erste Deportation

8 Achtzehn Jahre war Jojachin alt, als er
König wurde, und regierte drei Monate in
Jerusalem. Seine Mutter hieß Nehuschta
und war eine Tochter Elnatans aus Jerusa-
lem. 9 Er tat, was dem Herrn missfiel, ganz
so, wie seine Väter es getan hatten. 10 In je-
ner Zeit zogen die Soldaten Nebukadnez-
zars, des Königs von Babel, gegen Jerusa-
lem heran und belagerten die Stadt.
11 Dann rückte Nebukadnezzar, der König
von Babel, selbst gegen die Stadt, während
seine Krieger sie belagerten. 12 Da begab
sich Jojachin, der König von Juda, zum
König von Babel hinaus, er selbst, seine
Mutter, seine Diener, seine Obersten und
seine Kämmerer; und der König von Babel
nahm ihn im achten Jahr seiner Regierung
gefangen. 13 Er führte alle Schätze des Hau-
ses des Herrn von dort weg, ebenso die
Schätze des Königspalastes, und zerbrach

alle goldenen Gefäße, die Salomo, der Kö-
nig von Israel, im Haus des Herrn hatte
anfertigen lassen, ganz so, wie es der Herr
angedroht hatte. 14 Er führte von ganz Jeru-
salem alle Vornehmen und kriegstüchti-
gen Männer fort, zehntausend Gefangene,
überdies alle Schmiede und Schlosser;
nichts blieb übrig als das geringe Volk des
Landes. 15 Auch Jojachin nahm er als Ge-
fangenen mit nach Babel, ebenso führte er
die Mutter des Königs, die Frauen des Kö-
nigs, seine Kämmerer und die Mächtigen
des Landes gefangen von Jerusalem nach
Babel, 16 dazu alle Wehrfähigen, siebentau-
send an der Zahl, die Schmiede und die
Schlosser, eintausend an der Zahl, alles
kriegstüchtige Männer. Sie alle brachte er
als Gefangene nach Babel. 17 Dann machte
der König von Babel Mattanja, den Onkel
Jojachins, zum König an dessen Stelle und
änderte seinen Namen in Zidkija.

Regierung Zidkijas in Juda.
Belagerung Jerusalems

18 Zidkija war einundzwanzig Jahre alt, als
er König wurde, und regierte elf Jahre in
Jerusalem. Seine Mutter hieß Hamutal
und war eine Tochter Jirmejas aus Libna.
19 Er tat, was dem Herrn missfiel, ganz so
wie es Jojakim getan hatte. 20 Denn wegen
des Zornes des Herrn ist über Jerusalem
und Juda das Unheil gekommen, bis er sie
von seinem Angesicht verstieß. Zidkija
aber fiel vom König von Babel ab.

25 Im neunten Jahr seiner Regierung,
im zehnten Monat, am zehnten
Tag des zehnten Monats, rückte Nebukad-
nezzar, der König von Babel, er selbst und
seine ganze Streitmacht, gegen Jerusalem
heran; er schloss es ein und warf rings-
herum einen Wall auf. 2 Die Stadt blieb be-
lagert bis ins elfte Jahr des Königs Zidkija.
3 Im vierten Monat aber, am neunten Tag
des vierten Monats, war die Hungersnot
in der Stadt so groß geworden, dass kein
Brot mehr da war für das Volk des Landes.
4 Da wurde eine Bresche in die Stadt ge-
schlagen und der König entwich mit allen
Kriegsleuten bei Nacht durch das Tor zwi-
schen den beiden Mauern, das am Königs-
garten liegt, obwohl die Chaldäer um die
Stadt lagerten. Sie nahmen den Weg nach
der Araba hin. 5 Aber die Truppen der
Chaldäer setzten dem König nach und
holten ihn in den Steppen von Jericho ein,
nachdem alle seine Truppen ihn verlassen
und sich zerstreut hatten. 6 Sie ergriffen
den König und brachten ihn zum König
von Babel nach Ribla. Der sprach das Ur-
teil über ihn. 7 Die Söhne Zidkijas ließ er
vor dessen Augen ermorden, Zidkija aber
blendete er, legte ihn in Ketten und brach-
te ihn nach Babel.

Eroberung und Plünderung Jerusalems.
Die zweite Deportation

8 Am siebten Tag des fünften Monats, das
ist im neunzehnten Jahr Nebukadnezzars,
des Königs von Babel, drang Nebusaradan,
der Oberst der Leibgarde und Diener des
Königs von Babel, in Jerusalem ein. 9 Er
steckte das Haus des Herrn sowie den Kö-
nigspalast und alle Häuser Jerusalems in
Brand. 10 Die Truppen der Chaldäer, die
dem Obersten der Leibgarde unterstan-
den, rissen die Mauer um Jerusalem nie-
der. 11 Den Rest der Bevölkerung aber, der
in der Stadt übrig geblieben war, alle, die
zum König von Babel übergelaufen waren,
und den Rest der Handwerker führte Ne-
busaradan, der Oberst der Leibgarde, weg.
12 Von den kleinen Leuten des Landes je-
doch ließ der Oberst der Leibgarde etliche
als Winzer und Ackerbauern zurück.

13 Die bronzenen Säulen am Haus des
Herrn, die Gestelle und das Eherne Meer
beim Haus des Herrn zerschlugen die
Chaldäer und brachten die Bronze nach
Babel. 14 Auch die Töpfe, Schaufeln, Mes-
ser, Schalen und alle Geräte aus Bronze,
mit denen man den Dienst versah, nah-
men sie weg. 15 Die Pfannen und die
Sprengschalen, die ganz aus Gold oder Sil-
ber waren, nahm der Oberst der Leibgarde
weg. 16 Die beiden Säulen, das eine Meer
und die Gestelle, die Salomo für das Haus
des Herrn hatte anfertigen lassen – die
Bronze aller dieser Geräte war nicht zu
wägen. 17 Achtzehn Ellen war die eine Säule
hoch und ein Kapitell aus Bronze war da-
rauf; die Höhe des Kapitells betrug fünf
Ellen; und ein Geflecht und Granatäpfel
waren rings um das Kapitell, alles aus
Bronze; ebenso war es bei dem Flechtwerk
der zweiten Säule.

18 Der Oberst der Leibgarde nahm auch
den Hauptpriester Seraja sowie den zwei-
ten Priester Zefanja und die drei Wächter
der Schwellen gefangen. 19 Aus der Stadt
nahm er einen Kämmerer mit, der an der

Spitze der Kriegsleute stand, ferner fünf Männer aus der nächsten Umgebung des Königs, die in der Stadt entdeckt wurden, sowie den Schreiber des Heerführers, der das Volk des Landes zum Kriegdienst ausgehoben hatte, und sechzig Mann aus dem Volk des Landes, die in der Stadt gefunden wurden. 20 Sie nahm Nebusaradan, der Oberst der Leibgarde, fest und brachte sie zum König von Babel nach Ribla. 21 Der König von Babel aber ließ sie in Ribla im Land Hamat hinrichten. So wurde Juda von seiner Heimat weggeführt.

Gedalja, Statthalter von Juda

22 Über das Volk, das im Land Juda zurückgeblieben war und das Nebukadnezzar, der König von Babel, übrig gelassen hatte, setzte er Gedalja, den Sohn Ahikams, den Enkel Schafans. 23 Als nun alle Truppenführer mit ihren Leuten hörten, dass der König von Babel Gedalja eingesetzt hatte, begaben sie sich nach Mizpa zu Gedalja. Es waren Jischmael, der Sohn Netanjas, Johanan, der Sohn Kareachs, Seraja, der Sohn Tanhumets aus Netofa, und Jaasanja, der Sohn des Maachatiters, samt ihren Leuten. 24 Gedalja aber versicherte ihnen und ihren Leuten unter einem Schwur: Ihr braucht euch nicht vor den Chaldäern zu fürchten, bleibt im Land und seid dem König von Babel untertan; dann wird es euch gut gehen! 25 Aber im siebten Monat kam Jischmael, der Sohn Netanjas, der Enkel Elischamas, ein Mann aus königlichem Geschlecht, mit zehn Männern. Sie erschlugen Gedalja sowie die Judäer und die Chaldäer, die bei ihm in Mizpa waren. 26 Da machte sich das ganze Volk, Klein und Groß, mit den Truppenführern auf und zog nach Ägypten; denn sie fürchteten sich vor den Chaldäern.

Begnadigung Jojachins

27 Im siebenunddreißigsten Jahr der Gefangenschaft Jojachins, des Königs von Juda, am siebenundzwanzigsten Tag des zwölften Monats, begnadigte Ewil-Merodach, der König von Babel, im Jahr seines Regierungsantritts König Jojachin von Juda und entließ ihn aus dem Kerker. 28 Er redete freundlich mit ihm und wies ihm seinen Sitz oberhalb der Sitze der anderen Könige zu, die bei ihm in Babel waren. 29 Er durfte seine Gefängniskleidung ablegen und ständig bei ihm speisen, solange er lebte. 30 Sein Unterhalt, und zwar ein ständiger Unterhalt, wurde ihm Tag für Tag gewährt, solange er lebte.

Das erste Buch der Chronik

Geschlechterfolgen von Adam bis Saul

Von Adam bis Israel

Von Adam bis Abraham

1 Adam, Set, Enosch, 2 Kenan, Mahala-
lel, Jered, 3 Henoch, Metuschelach, La-
mech, 4 Noach, Sem, Ham und Jafet.
5 Die Söhne Jafets waren: Gomer, Ma-
gog, Madai, Jawan, Tubal, Meschech und
Tiras. 6 Die Söhne Gomers waren: Aschke-
nas, Rifat und Togarma. 7 Die Söhne Ja-
wans waren: Elischa, Tarschisch, die Kittä-
er und die Rodaniter.
8 Die Söhne Hams waren: Kusch, Ägyp-
ten, Put und Kanaan. 9 Die Söhne des
Kusch waren: Seba, Hawila, Sabta, Ragma
und Sabtecha. Die Söhne Ragmas waren:
Saba und Dedan. 10 Kusch zeugte Nimrod.
Dieser war der erste Held auf der Erde.
11 Ägypten zeugte die Luditer, die Ana-
miter, die Lehabiter, die Naftuhiter, 12 die
Patrositer, die Kasluhiter, von denen die
Philister abstammen, und die Kaftoriter.
13 Kanaan zeugte Sidon, seinen Erstgebore-
nen, und Het, 14 die Jebusiter, die Amoriter
und die Girgaschiter, 15 die Hiwiter, die Ar-
kiter und die Siniter, 16 die Arwaditer, die
Zemariter und die Hamatiter.
17 Die Söhne Sems waren: Elam, Assur,
Arpachschad, Lud, Aram. Die Söhne
Arams waren: Uz, Hul, Geter und Me-
schech. 18 Arpachschad zeugte Schelach
und Schelach zeugte Eber. 19 Eber wurden
zwei Söhne geboren. Der Name des einen
war Peleg (Teilung), denn in seinen Tagen
wurde die Erde geteilt; der Name seines
Bruders war Joktan. 20 Joktan zeugte Almo-
dad, Schelef, Hazarmawet und Jerach,
21 Hadoram, Usal und Dikla, 22 Obal, Abi-
maël, Saba, 23 Ofir, Hawila und Jobab. Alle
diese sind Söhne Joktans.
24 Sem, Arpachschad, Schelach, 25 Eber,
Peleg, Regu, 26 Serug, Nahor, Terach, 27 Ab-
ram, das ist Abraham.

Nachkommen Abrahams

28 Die Söhne Abrahams waren Isaak und
Ismael. 29 Das ist ihre Geschlechterfolge:
Der Erstgeborene Ismaels war Nebajot,
dann kommen Kedar, Adbeel, Mibsam,
30 Mischma, Duma, Massa, Hadad, Tema,
31 Jetur, Nafisch und Kedma. Dies sind die
Söhne Ismaels.
32 Die Söhne Keturas, der Nebenfrau
Abrahams: Sie gebar Simran, Jokschan,
Medan, Midian, Jischbak und Schuach.
Die Söhne Jokschans waren Saba und De-
dan. 33 Die Söhne Midians waren Efa, Efer,
Henoch, Abida und Eldaa. Alle diese sind
Söhne Keturas.
34 Abraham zeugte Isaak. Die Söhne
Isaaks waren: Esau und Israel. 35 Die Söhne
Esaus waren: Elifas, Reguël, Jëusch, Jalam
und Korach. 36 Die Söhne des Elifas waren
Teman, Omar, Zefo, Gatam, Kenas, Timna
und Amalek. 37 Die Söhne Reguëls waren:
Nahat, Serach, Schamma und Misa.
38 Die Söhne Seïrs waren: Lotan, Scho-
bal, Zibon, Ana, Dischon, Ezer und Di-
schan. 39 Die Söhne Lotans waren Hori
und Hemam und die Schwester Lotans
war Timna. 40 Die Söhne Schobals waren:
Alwan, Manahat, Ebal, Schefi und Onam.
Die Söhne Zibons waren Aja und Ana.
41 Der Sohn Anas war Dischon. Die Söhne
Dischons waren: Hemdan, Eschban, Jitran
und Keran. 42 Die Söhne Ezers waren Bil-
han, Saawan und Akan. Die Söhne Disch-
ons waren Uz und Aran.

Die Könige von Edom

43 Dies sind die Könige, die im Land Edom
regierten, bevor ein König über die Israeli-
ten regierte: Bela, der Sohn Beors, und sei-
ne Stadt hieß Dinhaba. 44 Bela starb und an
seiner Stelle wurde Jobab, der Sohn Ser-
achs aus Bozra, König. 45 Jobab starb und
an seiner Stelle wurde Huscham aus dem
Land der Temaniter König. 46 Huscham
starb und an seiner Stelle wurde Hadad,
der Sohn Bedads, der die Midianiter im
Grünland Moab schlug, König und seine
Stadt hieß Awit. 47 Hadad starb und an sei-
ner Stelle wurde Samla aus Masreka Kö-
nig. 48 Samla starb und an seiner Stelle wur-

de Schaul aus Rehobot am Eufrat König.
49 Schaul starb und an seiner Stelle wurde
Baal-Hanan, der Sohn Achbors, König.
50 Baal-Hanan starb und an seiner Stelle
wurde Hadad König und seine Stadt hieß
Pagu. Der Name seiner Frau war Meheta-
bel, die Tochter Matreds und Enkelin Me-
Sahabs.
51 Nach Hadads Tod regierten Häuptlin-
ge in Edom: Häuptling Timna, Häuptling
Alwa, Häuptling Jetet, 52 Häuptling Oholi-
bama, Häuptling Ela, Häuptling Pinon,
53 Häuptling Kenas, Häuptling Teman,
Häuptling Mibzar, 54 Häuptling Magdiël,
Häuptling Iram. Dies sind die Häuptlinge
Edoms.

Juda

Die Söhne Israels

2 Dies waren die Söhne Israels: Ruben,
Simeon, Levi, Juda, Issachar, Sebulon,
2 Dan, Josef, Benjamin, Naftali, Gad und
Ascher.

Die Nachkommen Judas

3 Die Söhne Judas waren: Er, Onan und
Schela; drei, die ihm von der Tochter
Schuas, der Kanaaniterin, geboren wur-
den. Aber Er, der Erstgeborene Judas,
missfiel dem Herrn, sodass er ihn sterben
ließ. 4 Seine Schwiegertochter Tamar gebar
ihm Perez und Serach. Juda hatte ins-
gesamt fünf Söhne. 5 Die Söhne des Perez
waren Hezron und Hamul. 6 Die Söhne
Serachs waren: Simri, Etan, Heman, Kal-
kol und Darda, zusammen fünf. 7 Der
Sohn Simris war Karmi und Karmis Sohn
war Achan, der Israel ins Unglück brachte,
da er sich an dem, was dem Untergang ge-
weiht war, vergriff. 8 Der Sohn Etans war
Asarja.

Die Abstammung Davids

9 Hezron wurden Jerachmeel, Ram und Ka-
leb geboren. 10 Ram zeugte Amminadab,
Amminadab zeugte Nachschon, den An-
führer der Söhne Judas. 11 Nachschon zeug-
te Salmon, Salmon zeugte Boas, 12 Boas
zeugte Obed, Obed zeugte Isai, 13 Isai zeugte
Eliab als seinen Erstgeborenen, als zweiten
Abinadab, als dritten Schima, 14 als vierten
Netanel, als fünften Raddai, 15 als sechsten
Ozem, als siebten David. 16 Ihre Schwestern
waren Zeruja und Abigajil. Die Söhne der
Zeruja waren Abischai, Joab und Asaël,
diese drei. 17 Abigajil gebar Amasa. Der Va-
ter Amasas war der Ismaeliter Jeter.

Kaleb

18 Kaleb, der Sohn Hezrons, zeugte mit sei-
ner Frau Asuba die Jeriot. Deren Söhne
waren Jescher, Schobab und Ardon. 19 Als
Asuba starb, nahm Kaleb sich die Efrata
zur Frau. Sie gebar ihm den Hur. 20 Hur
zeugte Uri und Uri zeugte Bezalel.
21 Danach ging Hezron zur Tochter Ma-
chirs, des Vaters Gileads. Als er sie zur
Frau nahm, war er sechzig Jahre alt. Sie
gebar ihm Segub. 22 Segub zeugte Jaïr. Er
besaß dreiundzwanzig Städte im Land Gi-
lead. 23 Dann nahmen Geschur und Aram
die Zeltdörfer Jaïrs weg, außerdem Kenat
und seine Tochterstädte, insgesamt sech-
zig Städte. Alle diese hatten den Söhnen
Machirs, des Vaters Gileads, gehört.
24 Nach dem Tod Hezrons ging Kaleb zu
Efrata, der Frau seines Vaters Hezron. Sie
gebar ihm Aschhur, den Vater Tekoas.

Jerachmeel

25 Die Söhne Jerachmeels, des Erstgebore-
nen Hezrons, waren: der Erstgeborene
Ram, ferner Buna, Oren, Ozem, Ahija.
26 Jerachmeel hatte noch eine andere Frau
mit Namen Atara. Sie war die Mutter
Onams. 27 Die Söhne Rams, des Erstgebore-
nen Jerachmeels, waren Maaz, Jamin und
Eker. 28 Die Söhne Onams waren Scham-
mai und Jada, die Söhne Schammais Na-
dab und Abischur. 29 Der Name der Frau
Abischurs war Abihajil. Sie gebar ihm Ach-
ban und Molid. 30 Die Söhne Nadabs waren:
Seled und Appajim. Seled starb kinderlos.
31 Der Sohn Appajims war Jischi. Der Sohn
Jischis: Scheschan. Die Tochter Sche-
schans war Achlai. 32 Die Söhne Jadas, des
Bruders von Schammai waren Jeter und
Jonatan. Jeter starb kinderlos. 33 Die Söhne
Jonatans waren Pelet und Sasa. Dies waren
die Nachkommen Jerachmeels.
34 Scheschan hatte keine Söhne, sondern
nur Töchter. Scheschan besaß einen ägyp-
tischen Sklaven mit Namen Jarha. 35 Sche-
schan gab seine Tochter seinem Sklaven
Jarha zur Frau. Sie gebar ihm Attai. 36 At-
tai zeugte Natan, Natan zeugte Sabad,
37 Sabad zeugte Eflal, Eflal zeugte Obed,
38 Obed zeugte Jehu, Jehu zeugte Asarja,
39 Asarja zeugte Helez, Helez zeugte Elasa,

[40]Elasa zeugte Sismai, Sismai zeugte Schal-
lum, [41]Schallum zeugte Jekamja, Jekamja
zeugte Elischama.

Kaleb

[42]Die Söhne Kalebs, des Bruders Jerach-
meels, waren: Mescha, sein Erstgeborener
– er war der Vater Sifs, und sein zweiter
Sohn Marescha, der Vater Hebrons. [43]Die
Söhne Hebrons waren: Korach, Tappuach,
Rekem und Schema. [44]Schema zeugte Ra-
ham, den Vater Jorkoams. Rekem zeugte
Schammai. [45]Der Sohn Schammais war
Maon. Maon war der Vater von Bet-Zur.
[46]Efa, die Nebenfrau Kalebs, gebar Ha-
ran, Moza und Gases. Haran zeugte Jah-
dai. [47]Die Söhne Jahdais waren: Regem, Jo-
tam, Geschan, Pelet, Efa und Schaaf. [48]Die
Nebenfrau des Kaleb, Maacha, gebar Sche-
ber und Tirhana. [49]Sie gebar auch Schaaf,
den Vater Madmannas sowie Schewa, den
Vater Machbenas und Gibeas. Die Tochter
Kalebs war Achsa. [50]Dies waren die Nach-
kommen Kalebs.
Die Söhne Hurs, des Erstgeborenen der
Efrata, waren: Schobal, der Vater von Kir-
jat-Jearim, [51]Salmon, der Vater von Betle-
hem, und Haref, der Vater von Bet-Gader.
[52]Schobal, der Vater von Kirjat-Jearim,
hatte als Söhne: Reaja und Hazi, den Ma-
nahatiter. [53]Die Geschlechter von Kirjat-
Jearim waren die Jeteriter, die Putiter, die
Schumatiter und die Mischraïter. Von
ihnen stammen die Zoraïter und die Esch-
taoliter.
[54]Die Söhne Salmons waren: Betlehem,
die Netofatiter, Atrot-Bet-Joab, die Hälfte
der Manahatiter und der Zoraïter. [55]Die
Geschlechter von Sofer, die Bewohner von
Jabez, die Tiratiter, Schimatiter und Sucha-
titer waren Keniter, die von Hammat ab-
stammen, dem Vater von Bet-Rechab.

Das Haus Davids

Die Söhne Davids

3 Das waren die Söhne Davids, die ihm
in Hebron geboren wurden: der Erst-
geborene Amnon von Ahinoam aus Jes-
reel, der zweite Daniel von Abigajil aus
Karmel, [2]der dritte Abschalom, der Sohn
der Maacha, der Tochter Talmais, des Kö-
nigs von Geschur, der vierte Adonija, der
Sohn der Haggit, [3]der fünfte Schefatja von
Abital, der sechste Jitream von seiner Frau
Egla. [4]In Hebron wurden ihm sechs gebo-
ren. Dort regierte er sieben Jahre und
sechs Monate. Dreiunddreißig Jahre re-
gierte er in Jerusalem. [5]In Jerusalem wur-
den ihm geboren: Schima, Schobab, Natan
und Salomo, diese vier von Batseba, der
Tochter Ammiëls, [6]außerdem noch Jibhar,
Elischua, Elifelet, [7]Nogah, Nefeg, Jafia,
[8]Elischama, Eljada und Elifelet, insgesamt
neun. [9]Dies sind alle Söhne Davids außer
den Söhnen von Nebenfrauen. Ihre
Schwester war Tamar.

Die Könige Judas

[10]Salomos Sohn war Rehabeam, dessen
Sohn war Abija, dessen Sohn Asa, dessen
Sohn Joschafat, [11]dessen Sohn Joram, des-
sen Sohn Ahasja, dessen Sohn Joasch,
[12]dessen Sohn Amazja, dessen Sohn Asar-
ja, dessen Sohn Jotam, [13]dessen Sohn
Ahas, dessen Sohn Hiskija, dessen Sohn
Manasse, [14]dessen Sohn Amon, dessen
Sohn Joschija. [15]Die Söhne Joschijas wa-
ren: der Erstgeborene Johanan, der zweite
Jojakim, der dritte Zidkija, der vierte
Schallum. [16]Die Söhne Jojakims waren Jo-
jachin und Zidkija.

Die Königslinie nach dem Exil

[17]Die Söhne Jojachins, des Gefangenen,
waren: Schealtiël, [18]Malkiram, Pedaja,
Schenazzar, Jekamja, Hoschama und Ne-
dabja. [19]Die Söhne Pedajas waren Serubba-
bel und Schimi. Die Söhne Serubbabels
waren Meschullam und Hananja, ihre
Schwester war Schelomit. [20]Die Söhne Me-
schullams waren: Haschuba, Ohel, Be-
rechja, Hasadja und Juschab-Hesed, ins-
gesamt fünf. [21]Die Söhne Hananjas waren:
Pelatja, Jeschaja, Refaja, Arnan, Obadja
und Schechanja. [22]Die Söhne Schechanjas
waren Schemaja, Hattusch, Jigal, Bariach,
Nearja und Schafat, insgesamt sechs. [23]Die
Söhne Nearjas waren: Eljoënai, Hiskija
und Asrikam, insgesamt drei. [24]Die Söhne
Eljoënais waren: Hodawja, Eljaschib, Pela-
ja, Akkub, Johanan, Delaja und Anani,
insgesamt sieben.

Die Südstämme

Die Geschlechter Judas

4 Die Söhne Judas: Perez, Hezron, Kar-
mi, Hur und Schobal. [2]Reaja, der
Sohn Schobals, zeugte Jahat, Jahat zeugte

Ahumai und Lahad. Dies waren die Sip-
pen der Zoraïter.
3 Dies waren die Söhne Etams: Jesreel,
Jischma und Jidbasch; der Name ihrer
Schwester war Hazlelponi.
4 Penuel war der Vater Gedors, Eser der
Vater Huschas. / Dies sind die Nachkom-
men Hurs, des Erstgeborenen der Efrata,
des Vaters von Betlehem.
5 Aschhur, der Vater Tekoas, hatte zwei
Frauen, Hela und Naara. 6 Naara gebar ihm
Ahusam, Hefer, Temni und Ahaschtari.
Dies waren die Söhne der Naara. 7 Die Söh-
ne der Hela waren: Zeret, Zohar und Etnan.
8 Koz zeugte Anub und Zobeba sowie
die Sippen Aharhels, des Sohnes Harums.
9 Jabez war angesehener als seine Brü-
der. Seine Mutter gab ihm den Namen Ja-
bez, denn sie sprach: Ich habe ihn unter
Schmerzen geboren. 10 Jabez aber rief zum
Gott Israels: Möchtest du mich doch seg-
nen und mein Gebiet vergrößern; möchte
deine Hand mit mir sein und möchtest du
das Unglück fern halten, sodass ich ohne
Schmerzen bin! Gott gewährte ihm, wo-
rum er gebeten hatte.
11 Kelub, der Bruder Schuhas, zeugte
Mehir, den Vater Eschtons. 12 Eschton
zeugte Bet-Rafa, Paseach und Tehinna,
den Vater von Ir-Nahasch. Dies sind die
Leute von Recha.
13 Die Söhne des Kenas waren Otniël
und Seraja. Die Söhne Otniëls waren Hatat
und Meonotai. 14 Meonotai zeugte Ofra;
Seraja zeugte Joab, den Vater von Ge-Ha-
raschim (Tal der Zimmerleute); denn sie
waren Schmiede.
15 Die Söhne Kalebs, des Sohnes Jefun-
nes, waren: Iru, Ela und Naam. Der Sohn
Elas war Kenas.
16 Die Söhne Jehallelels waren: Sif, Sifa,
Tirja und Asarel.
17 Die Söhne Esras waren: Jeter, Mered,
Efer und Jalon. Sie (Bitja, die ägyptische
Frau Mereds) gebar Mirjam, Schammai
und Jischbach, den Vater Eschtemoas.
18 Seine judäische Frau gebar Jered, den Va-
ter von Gedor, Heber, den Vater von So-
cho, und Jekutiël, den Vater von Sanoach.
Dies waren die Söhne Bitjas, der Tochter
des Pharao, die Mered geheiratet hatte,
und 19 die Söhne seiner judäischen Frau,
der Schwester Nahams, des Vaters von
Keïla, dem Garmiter, und von Eschtemoa,
dem Maachatiter.
20 Die Söhne Schimons waren: Amnon,
Rinna, Ben-Hanan und Tilon. Die Söhne
Jischis waren Sohet und Ben-Sohet.
21 Die Söhne Schelas, des Sohnes Judas,
waren: Er, der Vater Lechas, und Lada,
der Vater Mareschas, sowie die Sippen des
Hauses der Leinenweber von Bet-Aschbea,
22 Jokim und die Leute von Koseba, sowie
Joasch und Saraf, die Moab in Besitz ge-
nommen hatten und nach Betlehem zu-
rückgekehrt waren – die Berichte sind sehr
alt. 23 Sie sind die Töpfer und die Bewohner
von Netaïm und Gedera. Sie wohnten dort
im Dienst des Königs.

Simeon

24 Die Söhne Simeons waren: Jemuël, Ja-
min, Jarib, Serach und Schaul; 25 dessen
Sohn war Schallum, dessen Sohn Mibsam,
dessen Sohn Mischma. 26 Der Sohn Misch-
mas war Hammuël, dessen Sohn Sakkur,
dessen Sohn Schimi. 27 Schimi hatte sech-
zehn Söhne und sechs Töchter. Seine Brü-
der aber hatten nicht viele Kinder. Alle
ihre Sippen erreichten nicht die Zahl der
Söhne Judas.
28 Sie wohnten in Beerscheba, Molada,
Hazar-Schual, 29 Baala, Ezem, Eltolad,
30 Betuël, Horma, Ziklag, 31 Bet-Markabot,
Hazar-Susim, Bet-Biri, Schaarajim. Dies
waren ihre Städte mit den dazugehörigen
Gehöften, bis David König wurde; 32 dazu
noch Etam, Ajin, Rimmon, Tochen und
Aschan, fünf Ortschaften 33 mit allen ihren
Gehöften in der Umgebung dieser Städte
bis nach Baal. Dort wohnten sie und hat-
ten ihre eigenen Stammeslisten.
34 Meschobab, Jamlech, Joscha, der Sohn
Amazjas, 35 Joël, Jehu, der Sohn Joschibjas,
des Sohnes Serajas, des Sohnes Asiëls,
36 Eljoënai, Jaakoba, Jeschohaja, Asaja,
Adiël, Jesimiël, Benaja, 37 Sisa, der Sohn
Schifis, des Sohnes Allons, des Sohnes Je-
dajas, des Sohnes Schimris, des Sohnes
Schemajas: 38 Die namentlich Genannten
waren führende Häupter in ihren Sippen-
verbänden. Ihre Großfamilien hatten sich
sehr stark vermehrt. 39 Da zogen sie zum
Osten des Tals, wo der Weg nach Gedor
abzweigt, um Weideland für ihr Vieh zu
suchen. 40 Sie fanden fette und gute Wei-
den. Das Land war nach beiden Seiten aus-
gedehnt, ruhig und friedlich. Denn dort
hatten einst Hamiten gewohnt. 41 Die na-
mentlich Angeführten kamen in den Ta-

gen des Königs Hiskija von Juda. Sie zer-
störten die Zelte der Mëuniter, die sich
dort fanden, und erschlugen sie. Sie weih-
ten sie dem Untergang bis auf diesen Tag
und siedelten sich an ihrer Stelle an. Denn
dort gab es Weideland für ihr Vieh.
42 Von ihnen, von den Nachkommen Si-
meons, zogen fünfhundert Mann zum Ge-
birge Seïr. Pelatja, Nearja, Refaja und
Usiël, die Söhne Jischis, waren ihre Anfüh-
rer. 43 Sie schlugen den Rest der entkom-
menen Amalekiter und ließen sich dort
nieder bis auf diesen Tag.

Die Ostjordanstämme

Ruben

5 Die Söhne Rubens, des Erstgeborenen
Israels: Er war der Erstgeborene. Aber
da er das Lager seines Vaters entweiht hat-
te, wurde sein Erstgeburtsrecht den Söh-
nen Josefs, des Sohnes Israels, übertragen.
Doch die Stammeslisten richteten sich
nicht nach dem Erstgeburtsrecht; 2 denn
Juda war unter seinen Brüdern am meis-
ten erstarkt und einer aus ihm wurde zum
Fürsten. Das Erstgeburtsrecht gehörte
aber Josef. 3 Die Söhne Rubens, des Erst-
geborenen Israels, waren: Henoch, Pallu,
Hezron und Karmi.
4 Der Sohn Joëls war Schemaja, dessen
Sohn Gog, dessen Sohn Schimi, 5 dessen
Sohn Micha, dessen Sohn Reaja, dessen
Sohn Baal, 6 dessen Sohn Beëra, den Tiglat-
Pileser, der König von Assur, gefangen
wegführte. Er war der Anführer der Rube-
niter. 7 Seine Brüder wurden, als sie sich
nach ihrer Abstammung in die Stammes-
listen eintragen ließen, seinen Familien
zugeordnet. Der erste war Jëiël, dann folg-
te Secharja. 8 Bela war der Sohn des Asas,
des Sohnes Schemas, des Sohnes Joëls.
Die Rubeniter wohnten in Aroër und
bis Nebo und Baal-Meon. 9 Nach Osten
wohnten sie bis zum Anfang der Wüste,
die sich vom Eufratstrom hinzieht. Denn
in Gilead waren ihre Herden zahlreich.
10 Zur Zeit Sauls bekämpften sie die Haga-
riter; diese fielen in ihre Hand und sie lie-
ßen sich in ihren Zelten nieder, die ganze
Ostseite Gileads entlang.

Gad

11 Die Söhne Gads wohnten ihnen gegen-
über im Land Baschan bis nach Salcha:
12 Joël war der erste, Schafam der zweite;
Janai und Schafat wohnten im Baschan.
13 Ihre Brüder mit ihren Großfamilien wa-
ren Michael, Meschullam, Scheba, Jorai,
Jakan, Sia und Eber, insgesamt sieben.
14 Dies waren die Söhne Abihajils, des
Sohnes Huris, des Sohnes Jaroachs, des
Sohnes Gileads, des Sohnes Michaels, des
Sohnes Jeschischais, des Sohnes Jachdos,
des Sohnes des Bus. 15 Ahi, der Sohn Abdië
ls, des Sohnes Gunis, war Haupt ihrer
Großfamilien. 16 Sie wohnten in Gilead, im
Baschan und seinen Tochterstädten sowie
auf dem ganzen Weideland Scharons bis
zu ihren äußersten Grenzen. 17 Sie alle wur-
den in den Tagen Jotams, des Königs von
Juda, und in den Tagen Jerobeams, des Kö-
nigs von Israel, in die Stammeslisten ein-
getragen. 18 Die Söhne Rubens, Gads und
der halbe Stamm Manasse, tapfere Krieger,
die Schild und Schwert trugen, den Bogen
spannten und kampferprobt waren, vier-
undvierzigtausendsiebenhundertsechzig
kriegstüchtige Soldaten, 19 führten Krieg
gegen die Hagariter, gegen Jetur, Nafisch
und Nodab. 20 Sie waren siegreich und so
wurden die Hagariter und deren Bundes-
genossen in ihre Gewalt gegeben. Denn sie
riefen im Kampf zu Gott und er ließ sich
von ihnen erbitten, da sie auf ihn ver-
trauten. 21 Sie führten deren Herden alle
gefangen fort: fünfzigtausend Kamele,
zweihundertfünfzigtausend Schafe und
zweitausend Esel, ferner hunderttausend
Menschen. 22 Viele waren durch das
Schwert gefallen, denn der Krieg wurde
von Gott geführt. Sie ließen sich an deren
Stelle nieder bis zur Verschleppung.

Der Halbstamm Manasse

23 Die Söhne des halben Stammes Manasse
wohnten im Land, das vom Baschan bis
Baal-Hermon, zum Senir und zum Her-
mongebirge reicht. Sie waren zahlreich.
24 Dies waren die Häupter ihrer Großfami-
lien: Efer, Jischi, Eliël, Asriël, Jirmeja, Ho-
dawja und Jachdiël, kriegstüchtige Män-
ner, Männer von Ruf, die Häupter ihrer
Großfamilien. 25 Doch wurden sie treulos
gegen den Gott ihrer Väter und trieben
Götzendienst mit den Göttern der Völker
des Landes, die Gott vor ihren Augen ver-
nichtet hatte. 26 Da stachelte der Gott Isra-
els den Geist Puls, des Königs von Assur,
auf, das heißt den Geist Tiglat-Pilesers, des

Königs von Assur. Er ließ die Rubeniter,
die Gaditer und den halben Stamm Ma-
nasse gefangen wegführen und nach Ha-
lach, an den Habor, nach Hara und an
den Fluss Gosan bringen, wo sie bis zum
heutigen Tag blieben.

Levi

Die Abstammung der Hohenpriester

27 Die Söhne Levis waren Gerschom, Kehat
und Merari. 28 Die Söhne Kehats waren
Amram, Jizhar, Hebron und Usiël. 29 Die
Kinder Amrams waren Aaron, Mose und
Mirjam. Die Söhne Aarons waren Nadab,
Abihu, Eleasar und Itamar. 30 Eleasar zeug-
te Pinhas. Pinhas zeugte Abischua, 31 Abi-
schua zeugte Bukki, Bukki zeugte Usi,
32 Usi zeugte Serachja, Serachja zeugte Me-
rajot, 33 Merajot zeugte Amarja, Amarja
zeugte Ahitub, 34 Ahitub zeugte Zadok, Za-
dok zeugte Ahimaaz, 35 Ahimaaz zeugte
Asarja, Asarja zeugte Johanan, 36 Johanan
zeugte Asarja. Dieser war Priester im Tem-
pel, den Salomo in Jerusalem erbaute.
37 Asarja zeugte Amarja, Amarja zeugte
Ahitub, 38 Ahitub zeugte Zadok, Zadok
zeugte Schallum, 39 Schallum zeugte Hilki-
ja, Hilkija zeugte Asarja, 40 Asarja zeugte
Seraja, Seraja zeugte Jozadak. 41 Jozadak
ging fort, als der Herr Juda und Jerusalem
durch Nebukadnezzar gefangen wegführ-
te.

Die Nachkommen Levis

6 Die Söhne Levis waren Gerschon, Ke-
hat und Merari. 2 Dies sind die Namen
der Söhne Gerschons: Libni und Schimi.
3 Die Söhne Kehats waren Amram, Jizhar,
Hebron und Usiël. 4 Die Söhne Meraris wa-
ren Machli und Muschi.

Dies sind die Sippen Levis nach ihren
Stammvätern: 5 Von Gerschon stammt
sein Sohn Libni, dessen Sohn war Jahat,
dessen Sohn Simma, 6 dessen Sohn Joach,
dessen Sohn Iddo, dessen Sohn Serach
und dessen Sohn Etni. 7 Der Sohn Kehats
war Amminadab, dessen Sohn Korach,
dessen Sohn Assir, 8 dessen Sohn Elkana,
dessen Sohn Abiasaf, dessen Sohn Assir,
9 dessen Sohn Tahat, dessen Sohn Uriël,
dessen Sohn Usija und dessen Sohn
Schaul. 10 Die Söhne Elkanas waren Ama-
sai und Ahimot. 11 Der Sohn Elkanas war
Elkana, dessen Sohn Zuf, dessen Sohn To-
hu, 12 dessen Sohn Eliab, dessen Sohn Jero-
ham, dessen Sohn Elkana, dessen Sohn
Samuel. 13 Die Söhne Samuels waren Joël,
der Erstgeborene, und Abija, der zweite.
14 Der Sohn Meraris war Machli, dessen
Sohn Libni, dessen Sohn Schimi, dessen
Sohn Usa, 15 dessen Sohn Schima, dessen
Sohn Haggija und dessen Sohn Asaja.

Die Sänger

16 Diese sind es, die David für die Pflege des
Gesanges im Haus des Herrn bestellte,
seitdem die Lade dort eine Ruhestätte ge-
funden hatte. 17 Sie taten Dienst durch Ge-
sang vor der Wohnstätte des Offen-
barungszeltes, bis Salomo das Haus des
Herrn in Jerusalem erbaut hatte. Nach
ihrer Ordnung versahen sie den Dienst.
18 Diese besorgten den Dienst mit ihren
Söhnen:

Von den Nachkommen der Kehatiter:
Heman, der Sänger, der Sohn Joëls, des
Sohnes Samuels, 19 des Sohnes Elkanas,
des Sohnes Jerohams, des Sohnes Eliëls,
des Sohnes Tohus, 20 des Sohnes Zufs, des
Sohnes Elkanas, des Sohnes Mahats, des
Sohnes Amasais, 21 des Sohnes Elkanas,
des Sohnes Joëls, des Sohnes Asarjas, des
Sohnes Zefanjas, 22 des Sohnes Tahats, des
Sohnes Assirs, des Sohnes Abiasafs, des
Sohnes Korachs, 23 des Sohnes Jizhars, des
Sohnes Kehats, des Sohnes Levis, des Soh-
nes Israels.

24 Sein Bruder war Asaf, der zu seiner
Rechten stand: Er war der Sohn Berechjas,
des Sohnes Schimas, 25 des Sohnes Micha-
els, des Sohnes Maasejas, des Sohnes Mal-
kijas, 26 des Sohnes Etnis, des Sohnes Ser-
achs, des Sohnes Adajas, 27 des Sohnes
Etans, des Sohnes Simmas, des Sohnes
Schimis, 28 des Sohnes Jahats, des Sohnes
Gerschoms, des Sohnes Levis.

29 Die Söhne Meraris, ihre Brüder, stan-
den zur Linken: Etan, der Sohn Kischis,
des Sohnes Abdis, des Sohnes Malluchs,
30 des Sohnes Haschabjas, des Sohnes
Amazjas, des Sohnes Hilkijas, 31 des Sohnes
Amzis, des Sohnes Banis, des Sohnes Sche-
mers, 32 des Sohnes Machlis, des Sohnes
Muschis, des Sohnes Meraris, des Sohnes
Levis.

Die anderen Leviten

33 Ihre Brüder, die Leviten, waren bestimmt
für den gesamten Dienst an der Wohnung

des Hauses Gottes. 34 Aaron und seine Söhne aber versahen den Opferdienst am Brandopferaltar und Rauchopferaltar. Sie waren bestimmt zum gesamten Dienst am Allerheiligsten und zum Sühnedienst für Israel, ganz wie es Mose, der Knecht Gottes, angeordnet hatte.

35 Dies sind die Nachkommen Aarons: Sein Sohn Eleasar, dessen Sohn Pinhas, dessen Sohn Abischua, 36 dessen Sohn Bukki, dessen Sohn Usi, dessen Sohn Serachja, 37 dessen Sohn Merajot, dessen Sohn Amarja, dessen Sohn Ahitub, 38 dessen Sohn Zadok, dessen Sohn Ahimaaz.

Die Wohnsitze der Leviten

39 Dies sind ihre Wohnsitze mit ihren Zeltlagern in ihrem Gebiet: Den Nachkommen Aarons, die zur Sippe der Kehatiter gehören, denn auf sie fiel das erste Los; 40 ihnen gaben sie Hebron im Land Juda mit seinem Weideland in seiner Umgebung; 41 aber den Feldbesitz und die zugehörenden Gehöfte gaben sie Kaleb, dem Sohn Jefunnes. 42 Außerdem gaben sie den Söhnen Aarons die Asylstadt Hebron, ferner Libna mit seinem Weideland sowie Jattir und Eschtemoa mit seinem Weideland, 43 Holon mit seinem Weideland, Debir mit seinem Weideland, 44 Aschan mit seinem Weideland (Jutta mit seinem Weideland), Bet-Schemesch mit seinem Weideland; 45 vom Stamm Benjamin gaben sie ihnen: Geba mit seinem Weideland, Alemet mit seinem Weideland, Anatot mit seinem Weideland. Die Gesamtzahl betrug dreizehn Städte mit dem zugehörigen Weideland.

46 Den Nachkommen Kehats, die noch übrig geblieben waren, gaben sie nach ihren Sippen vom halben Stamm Manasse durch das Los zehn Städte. 47 Den Nachkommen Gerschons gaben sie nach ihren Sippen vom Stamm Issachar, vom Stamm Ascher, vom Stamm Naftali und vom Stamm Manasse im Baschan dreizehn Städte. 48 Den Söhnen Meraris gaben sie nach ihren Sippen vom Stamm Ruben, vom Stamm Gad und vom Stamm Sebulon durch das Los zwölf Städte. 49 Die Israeliten übergaben den Leviten die Städte mit ihrem Weideland. 50 Sie gaben ihnen durch das Los vom Stamm Judas, vom Stamm Simeons und vom Stamm Benjamins diese Städte, die sie namentlich bezeichneten.

51 Den Nachkommen der Sippen Kehats – die Städte ihres Gebietes erhielten sie vom Stamm Efraim –, 52 gaben sie die Asylstadt Sichem mit ihrem Weideland auf dem Gebirge Efraim, Geser mit seinem Weideland, 53 Kibzajim mit seinem Weideland, Bet-Horon mit seinem Weideland, (vom Stamm Dan: Elteke mit seinem Weideland) 54 Ajalon mit seinem Weideland, Gat-Rimmon mit seinem Weideland; 55 vom halben Stamm Manasse Taanach mit seinem Weideland und Jibleam mit seinem Weideland. Diese Städte gaben sie den Sippen der übrigen Nachkommen Kehats.

56 Den Nachkommen Gerschoms gaben sie von den Sippen des halben Stammes Manasse Golan im Baschan mit seinem Weideland und Aschtarot mit seinem Weideland; 57 vom Stamm Issachar Kischjon mit seinem Weideland, Daberat mit seinem Weideland, 58 Ramot mit seinem Weideland und En-Gannim mit seinem Weideland; 59 vom Stamm Ascher Mischal mit seinem Weideland, Abdon mit seinem Weideland, 60 Helkat mit seinem Weideland, Rehob mit seinem Weideland; 61 vom Stamm Naftali Kedesch in Galiläa mit seinem Weideland, Hammon mit seinem Weideland und Kirjatajim mit seinem Weideland.

62 Den übrigen Nachkommen Meraris gaben sie vom Stamm Sebulon (Jokneam mit seinem Weideland, Karta mit seinem Weideland) Rimmon mit seinem Weideland, Tabor mit seinem Weideland; 63 jenseits des Jordan bei Jericho östlich vom Jordan vom Stamm Ruben Bezer in der Steppe mit seinem Weideland, Jahaz mit seinem Weideland, 64 Kedemot mit seinem Weideland und Mefaat mit seinem Weideland; 65 vom Stamm Gad Ramot in Gilead mit seinem Weideland, Mahanajim mit seinem Weideland, 66 Heschbon mit seinem Weideland und Jaser mit seinem Weideland.

Die Nordstämme

Issachar

7 Die Söhne Issachars waren Tola, Puwa, Jaschub und Schimron, insgesamt vier. 2 Die Söhne Tolas waren Usi, Refaja, Jeriël, Jachmai, Jibsam und Schemuël, Häupter der Großfamilien Tolas, kriegs-

tüchtige Männer nach ihrer Geschlechter-
folge. Zu Zeiten Davids betrug ihre Zahl
zweiundzwanzigtausendsechshundert.
3 Die Söhne Usis waren Serachja, Michael,
Obadja, Joël und Jischija, insgesamt fünf,
alle Oberhäupter. 4 Zu ihnen zählten ge-
ordnet nach ihrer Geschlechterfolge und
nach ihren Großfamilien sechsunddrei-
ßigtausend Krieger. Denn sie hatten viele
Frauen und Kinder. 5 Ihre Brüder aus allen
Sippen Issachars waren kriegstüchtige
Männer. Aufgezeichnet wurden sieben-
undachtzigtausend Mann.

Benjamin

6 Die Söhne Benjamins waren Bela, Becher
und Jediaël, insgesamt drei. 7 Die Söhne
Belas waren Ezbon, Usi, Usiël, Jerimot
und Ir, insgesamt fünf, Häupter ihrer
Großfamilien, kriegstüchtige Männer, auf-
gezeichnet wurden zweiundzwanzigtau-
sendvierunddreißig Mann. 8 Die Söhne Be-
chers waren Semira, Joasch, Eliëser,
Eljoënai, Omri, Jeremot, Abija, Anatot
und Alemet. Alle diese waren Söhne Be-
chers. 9 Aufgezeichnet wurden entspre-
chend ihrer Geschlechterfolge nach den
Häuptern ihrer Großfamilien und nach
den kriegstüchtigen Leuten zwanzigtau-
sendzweihundert Mann. 10 Der Sohn Jedia-
ëls war Bilhan. Die Söhne Bilhans waren
Jëusch, Benjamin, Ehud, Kenaana, Setan,
Tarschisch und Ahischahar. 11 Alle diese
waren Söhne Jediaëls, Häupter ihrer
Großfamilien, kriegstüchtige Männer,
siebzehntausendzweihundert Mann, die
mit dem Heer in den Kampf zogen.
12 Schuppim und Huppim waren Söhne
Irs, Huschim war Sohn Ahers.

Naftali

13 Die Söhne Naftalis waren Jachzeel, Guni,
Jezer und Schallum, die Nachkommen der
Bilha.

Manasse

14 Der Sohn Manasses war Asriël; seine ara-
mäische Nebenfrau gebar Machir, den Va-
ter Gileads. 15 Machir nahm eine Frau für
Huppim und Schuppim. Der Name seiner
Schwester war Maacha. Der Name des
Zweiten war Zelofhad. Zelofhad hatte nur
Töchter. 16 Maacha, die Frau Machirs, ge-
bar einen Sohn und nannte ihn Peresch.
Der Name seines Bruders war Scheresch;
dessen Söhne waren Ulam und Reken.
17 Der Sohn Ulams war Bedan. Dies waren
die Söhne Gileads, des Sohnes Machirs,
des Sohnes Manasses. 18 Seine Schwester
Molechet gebar Ischhod, Abiëser und
Machla. 19 Die Söhne Schemidas waren
Achjan, Schechem, Likhi und Aniam.

Efraim

20 Der Sohn Efraims war Schutelach, des-
sen Sohn Bered, dessen Sohn Tahat, dessen
Sohn Elada, dessen Sohn Tahat, 21 dessen
Sohn Sabad, dessen Sohn Schutelach, fer-
ner Eser und Elad. Die Leute von Gat töte-
ten sie, weil sie hinuntergekommen waren,
ihr Vieh zu rauben. 22 Ihr Vater Efraim
trauerte lange Zeit. Da kamen seine Brü-
der, ihn zu trösten. 23 Dann ging er zu sei-
ner Frau, sie empfing und gebar einen
Sohn. Er nannte ihn Benia, denn er wurde
zur Zeit des Unglücks in seinem Haus ge-
boren. 24 Seine Tochter war Scheera. Sie er-
baute Bet-Horon, die Ober- und Unter-
stadt, sowie Usen-Scheera.
25 Weitere Söhne (Efraims) waren
Refach und Reschef. Dessen Sohn war Te-
lach, dessen Sohn Tahan, 26 dessen Sohn
Ladan, dessen Sohn Ammihud, dessen
Sohn Elischama, 27 dessen Sohn Nun und
dessen Sohn Josua.
28 Ihr Besitz und ihr Wohnsitz war Bet-
El mit seinen Tochterstädten, nach Osten
hin Naara und nach Westen Geser mit sei-
nen Tochterstädten, Sichem mit seinen
Tochterstädten und sogar Aja mit seinen
Tochterstädten. 29 In der Hand der Nach-
kommen Manasses waren Bet-Schean mit
seinen Tochterstädten, Taanach mit seinen
Tochterstädten, Megiddo mit seinen
Tochterstädten und Dor mit seinen Toch-
terstädten. In ihnen wohnten die Nach-
kommen Josefs, des Sohnes Israels.

Ascher

30 Die Söhne Aschers waren Jimna, Ji-
schwa, Jischwi und Beria. Serach war ihre
Schwester. 31 Die Söhne Berias waren He-
ber und Malkiël. Dieser war der Vater von
Birsajit. 32 Heber zeugte Jaflet, Schemer,
Hotam und deren Schwester Schua. 33 Die
Söhne Jaflets waren Pasach, Bimhal und
Aschwat. Dies waren die Söhne Jaflets.
34 Die Söhne Schemers, seines Bruders, wa-
ren Rohga, Hubba und Aram. 35 Die Söhne
seines Bruders Hotam waren Zofach, Jim-

na, Schelesch und Amal. 36 Die Söhne Zo-
fachs waren Suach, Harnefer, Schual, Beri,
Jimra, 37 Bezer, Hod, Schamma, Schilscha,
Jitran und Beera. 38 Die Söhne Jitrans wa-
ren Jefunne, Pispa und Ara. 39 Die Söhne
Ullas waren Arach, Hanniël und Rizja.
40 Alle diese waren Nachkommen Aschers,
Häupter von Großfamilien, ausgezeichne-
te kriegstüchtige Männer, Häupter unter
den führenden Männern. Das Verzeichnis
für den Kriegsdienst ergab sechsundzwan-
zigtausend Mann.

Benjamin und Jerusalem

Die Nachkommen Benjamins

8 Benjamin zeugte Bela, seinen Erst-
geborenen, Aschbel, den zweiten,
Achrach, den dritten, 2 Noha, den vierten,
und Rafa, den fünften. 3 Die Söhne Belas
waren Ard, Gera, Abihud, 4 Abischua, Naa-
man, Ahoach, 5 Gera, Schefufan und Hu-
ram.

6 Dies waren die Söhne Ehuds. Sie waren
die Familienhäupter der Bewohner von
Geba. Man führte sie als Gefangene nach
Manahat fort. 7 Naaman, Ahija und Gera.
Dieser führte sie gefangen fort. Er zeugte
Usa und Ahihud.

8 Schaharajim zeugte im Grünland von
Moab Söhne, nachdem er seine Frauen
Huschim und Baara entlassen hatte. 9 Mit
seiner Frau Hodesch zeugte er Jobab, Zib-
ja, Mescha, Malkam, 10 Jëuz, Sacheja und
Mirma. Dies waren seine Söhne, die Häup-
ter ihrer Großfamilien.

11 Mit Huschim zeugte er Abitub und El-
paal. 12 Die Söhne Elpaals waren Eber,
Mischam und Schemed; dieser erbaute
Ono und Lod mit seinen Tochterstädten.

13 Beria und Schema waren die Häupter
der Großfamilien der Einwohner von Aja-
lon; sie vertrieben die Einwohner von Gat.
14 Ihre Brüder waren Elpaal, Schaschak
und Jeroham. 15 Sebadja, Arad, Eder, 16 Mi-
chael, Jischpa und Joha waren Söhne Beri-
as. 17 Sebadja, Meschullam, Hiski, Heber,
18 Jischmerai, Jislia und Jobab waren Söhne
Elpaals. 19 Jakim, Sichri, Sabdi, 20 Eliënai,
Zilletai, Eliël, 21 Adaja, Beraja und Schim-
rat waren Söhne Schimis. 22 Jischpan, Eber,
Eliël, 23 Abdon, Sichri, Hanan, 24 Hananja,
Elam, Antotija, 25 Jifdeja und Penuel waren
Söhne Schaschaks. 26 Schamscherai, Sche-
harja, Atalja, 27 Jaareschja, Elija und Sichri
waren Söhne Jerohams. 28 Dies waren die
Häupter der Großfamilien entsprechend
ihrer Geschlechterfolge, ihre Oberhäupter.
Sie wohnten in Jerusalem.

Saul und seine Familie

29 In Gibeon wohnte der Vater Gibeons,
Jëiël. Der Name seiner Frau war Maacha.
30 Sein erstgeborener Sohn war Abdon,
dann folgten Zur, Kisch, Baal, Ner, Nadab,
31 Gedor, Achjo, Secher und Miklot. 32 Mi-
klot zeugte Schima. Auch sie wohnten bei
ihren Brüdern in Jerusalem, ihnen gegen-
über. 33 Ner zeugte Abner und Kisch, Kisch
zeugte Saul, Saul zeugte Jonatan, Malki-
schua, Abinadab und Eschbaal. 34 Der Sohn
Jonatans war Merib-Baal. Merib-Baal
zeugte Micha. 35 Die Söhne Michas waren
Piton, Melech, Tachrea und Ahas. 36 Ahas
zeugte Joadda, Joadda zeugte Alemet, As-
mawet und Simri. Simri zeugte Moza.
37 Moza zeugte Bina; dessen Sohn war Rafa,
dessen Sohn Elasa und dessen Sohn Azel.
38 Azel hatte sechs Söhne. Dies sind ihre
Namen: Asrikam, Bochru, Jischmael,
Schearja, Obadja und Hanan. Alle diese
waren Söhne Azels. 39 Die Söhne Escheks,
seines Bruders, waren Ulam, sein Erst-
geborener, Jëusch der zweite, Elifelet der
dritte. 40 Die Söhne Ulams waren kriegs-
tüchtige Männer, die den Bogen spannten
und zahlreiche Kinder und Enkel hatten,
insgesamt hundertfünfzig. Alle diese ge-
hörten zu den Nachkommen Benjamins.

Jerusalem, heilige Stadt Israels

9 Ganz Israel wurde in Stammeslisten
eingetragen; sie sind aufgezeichnet
im Buch der Könige von Israel und Juda.
Juda wurde wegen seiner Untreue gefan-
gen nach Babel weggeführt. 2 Die ersten
Ansiedler, die wieder auf ihrem Besitz in
ihren Städten wohnten, waren Israeliten,
Priester, Leviten und Tempeldiener. 3 In
Jerusalem wohnten von den Nachkom-
men Judas, Benjamins, Efraims und Ma-
nasses folgende:

4 Utai, der Sohn Ammihuds, des Sohnes
Omris, des Sohnes Imris, des Sohnes Ba-
nis, ein Nachkomme des Perez, des Sohnes
Judas. 5 Von den Nachkommen Schelas:
Asaja, der Erstgeborene, und dessen Söh-
ne. 6 Von den Nachkommen Serachs: Jëuël;
dazu ihre Brüder, sechshundertneunzig
Mann.

7 Von den Nachkommen Benjamins:
Sallu, der Sohn Meschullams, des Sohnes
Hodawjas, des Sohnes Senuas; 8 Jibneja,
der Sohn Jerohams; Ela, der Sohn Usis,
des Sohnes Michris; Meschullam, der
Sohn Schefatjas, des Sohnes Reguëls, des
Sohnes Jibnijas, 9 und ihre Brüder nach
ihrer Geschlechterfolge, insgesamt neun-
hundertsechsundfünfzig Mann. Alle diese
Männer waren Oberhäupter ihrer Groß-
familien.

10 Von den Priestern: Jedaja, Jojarib, Ja-
chin, 11 Asarja, der Sohn Hilkijas, des Soh-
nes Meschullams, des Sohnes Zadoks, des
Sohnes Merajots, des Sohnes Ahitubs, der
Fürst des Hauses Gottes; 12 ferner Adaja,
der Sohn Jerohams, des Sohnes Paschhurs,
des Sohnes Malkijas; Masai, der Sohn Adië
ls, des Sohnes Jachseras, des Sohnes Me-
schullams, des Sohnes Meschillemots, des
Sohnes Immers, 13 und ihre Brüder, die
Häupter ihrer Großfamilien, insgesamt
eintausendsiebenhundertsechzig kriegs-
tüchtige Männer im Dienst am Haus Got-
tes.

14 Von den Leviten: Schemaja, der Sohn
Haschubs, des Sohnes Asrikams, des Soh-
nes Haschabjas, von den Söhnen Meraris;
15 Bakbakar, Heresch, Galal, Mattanja, der
Sohn Michas, des Sohnes Sichris, des Soh-
nes Asafs; 16 Abda, der Sohn Schammuas,
des Sohnes Galals, des Sohnes Jedutuns,
und Berechja, der Sohn Asas, des Sohnes
Elkanas, der in den Dörfern der Netofati-
ter wohnte.

17 Die Torhüter waren: Schallum, Ak-
kub, Talmon und Ahiman. Ihr Bruder
Schallum war das Oberhaupt 18 und steht
bis heute am Königstor im Osten. Das sind
die Torhüter für die Lager der Leviten.
19 Schallum, der Sohn Kores, des Sohnes
Abiasafs, des Sohnes Korachs, und seine
Brüder, die zu seiner Großfamilie gehör-
ten, die Korachiter, waren für den Dienst
der Schwellenwächter am Zelt bestimmt,
an dem ihre Väter im Lager des Herrn als
Wächter des Eingangs bestimmt gewesen
waren. 20 Pinhas, der Sohn Eleasars, war
einst ihr Anführer. – Der Herr sei mit ihm!
21 Secharja, der Sohn Meschelemjas, be-
wachte die Tür zum Offenbarungszelt.
22 Diese alle, die zu Torwächtern an den
Schwellen auserlesen waren, zählten zwei-
hundertzwölf Mann. Sie waren in ihren
Gehöften in die Stammeslisten eingetra-
gen und von David und dem Seher Samuel
in ihr Amt eingesetzt worden. 23 Sie selbst
und ihre Söhne standen Wache an den To-
ren zum Haus des Herrn, zum Haus des
Zeltes. 24 Nach den vier Himmelsrichtun-
gen waren die Torwächter aufgestellt,
nach Osten, Westen, Norden und Süden.
25 Ihre Brüder in ihren Dörfern waren be-
reit, von Zeit zu Zeit für sieben Tage mit
ihnen anzutreten. 26 Denn ständig im Amt
standen nur die vier obersten Torwächter,
die Leviten waren. Sie beaufsichtigten
auch die Kammern und Schätze im Haus
Gottes. 27 Sie verbrachten die Nacht in der
Umgebung des Hauses Gottes. Sie muss-
ten Wache halten und Morgen für Morgen
aufschließen.

28 Einige von ihnen überwachten die Ge-
räte für den Gottesdienst. Sie mussten sie
abgezählt hinein- und herausbringen.
29 Andere waren zur Aufsicht über alle
sonstigen Geräte des Heiligtums bestellt,
über das Feinmehl, den Wein, das Öl, den
Weihrauch und den Balsam. 30 Von den
Söhnen der Priester mussten einige die
Salben für den Balsam mischen. 31 Mattit-
ja, einer von den Leviten – er war der Erst-
geborene des Korachiters Schallum –, war
amtlich mit der Zubereitung des Back-
werks beauftragt. 32 Von den Söhnen der
Kehatiter, ihren Brüdern, waren einige für
die Schaubrote bestellt, die sie jeden Sab-
bat aufzulegen hatten.

33 Dies waren die Sänger, die Häupter
der Großfamilien bei den Leviten. Sie
wohnten in den Kammern, wenn sie
dienstfrei waren. Denn sie mussten Tag
und Nacht zum Dienst bereit sein.

34 Dies waren die Häupter der Groß-
familien der Leviten nach ihrer Geschlech-
terfolge. Sie wohnten in Jerusalem.

Die Abstammung Sauls

35 In Gibeon wohnte Jëiël, der Vater Gibe-
ons; der Name seiner Frau war Maacha.
36 Sein erstgeborener Sohn war Abdon,
dann folgten Zur, Kisch, Baal, Ner, Nadab,
37 Gedor, Achjo, Secher und Miklot. 38 Mi-
klot zeugte Schima. Auch sie wohnten bei
ihren Brüdern in Jerusalem, ihnen gegen-
über. 39 Ner zeugte Kisch, Kisch zeugte Saul,
Saul zeugte Jonatan, Malkischua, Abina-
dab und Eschbaal. 40 Der Sohn Jonatans
war Merib-Baal. Merib-Baal zeugte Micha.
41 Die Söhne Michas waren Piton, Melech,

Tachrea und Ahas. 42 Ahas zeugte Joadda, Joadda zeugte Alemet, Asmawet und Simri. Simri zeugte Moza, 43 Moza zeugte Bina; dessen Sohn war Refaja, dessen Sohn Elasa, dessen Sohn Azel. 44 Azel hatte sechs Söhne. Dies sind ihre Namen: Asrikam, Bochru, Jischmael, Schearja, Obadja und Hanan. Dies waren die Söhne Azels.

David und die Begründung des Tempelkults

Davids Königtum

Sauls Tod

10 Die Philister kämpften gegen Israel. Die israelitischen Männer flohen vor den Philistern, viele lagen erschlagen auf dem Gebirge Gilboa. 2 Die Philister setzten Saul und seinen Söhnen auf dem Fuß nach und erschlugen Jonatan, Abinadab und Malkischua, die Söhne Sauls. 3 Da wandte sich die Wucht des Kampfes gegen Saul. Die Bogenschützen überraschten ihn und er wurde von den Bogenschützen verwundet. 4 Da sprach Saul zu seinem Waffenträger: Zieh dein Schwert und durchbohre mich, damit nicht diese Unbeschnittenen kommen und ihren Spott mit mir treiben. Sein Waffenträger aber weigerte sich, da er sich sehr fürchtete. Da nahm Saul selbst das Schwert und stürzte sich hinein. 5 Als sein Waffenträger sah, dass Saul tot war, stürzte auch er sich in das Schwert und starb mit ihm. 6 So starben Saul und seine drei Söhne. Sein ganzes Haus starb zugleich. 7 Als alle israelitischen Männer, die in der Talebene wohnten, sahen, dass die Krieger geflohen und Saul und seine Söhne tot waren, verließen sie ihre Städte und flohen. Die Philister kamen und setzten sich darin fest.

8 Als am anderen Morgen die Philister kamen, um die Gefallenen auszuplündern, fanden sie Saul und seine Söhne, die auf dem Gebirge Gilboa gefallen waren. 9 Sie entkleideten ihn, nahmen seinen Kopf und seine Rüstung und schickten beides im Land der Philister umher, um die Siegesbotschaft ihren Göttern und ihrem Volk zu verkünden. 10 Seine Rüstung legten sie im Tempel ihres Gottes nieder und seinen Schädel nagelten sie an den Tempel Dagons. 11 Als aber die Einwohner von Jabesch-Gilead hörten, was die Philister Saul angetan hatten, 12 erhoben sich alle wehrfähigen Männer, nahmen den Leichnam Sauls und die Leichen seiner Söhne und brachten sie nach Jabesch. Dann begruben sie ihre Gebeine unter der Tamariske bei Jabesch und fasteten sieben Tage.

13 So starb Saul wegen der Untreue, die er gegen den Herrn begangen, wegen des Wortes des Herrn, das er nicht beachtet, und weil er die Totengeister befragt hatte, um Auskunft zu erhalten. 14 Er hatte nicht den Herrn befragt; darum ließ er ihn sterben und übertrug das Königtum David, dem Sohn Isais.

Davids Salbung zum König

11 Ganz Israel versammelte sich bei David in Hebron und sprach: Siehe, dein Bein und Fleisch sind wir. 2 Schon gestern und vorgestern, ja auch zur Zeit, als Saul König war, warst du es, der Israel ins Feld führte und wieder heimbrachte. Zudem hat der Herr, dein Gott, zu dir gesprochen: Du sollst mein Volk Israel weiden und Fürst über mein Volk Israel sein! 3 Dann kamen alle Ältesten Israels zum König nach Hebron und David schloss mit ihnen in Hebron vor dem Herrn einen Bund. Nun salbten sie David zum König über Israel gemäß der durch Samuel ergangenen Weisung des Herrn.

Die Eroberung Jerusalems

4 Nun zogen David und ganz Israel nach Jerusalem, das ist Jebus. Dort waren noch die Jebusiter Einwohner des Landes. 5 Die Bewohner von Jebus sprachen zu David: Hier wirst du nicht hereinkommen. Aber David eroberte die Burg Zion, sie wurde die Stadt Davids. 6 Damals sprach David: Wer auch immer als Erster einen Jebusiter erschlägt, soll Hauptmann und Anführer werden. Joab, der Sohn der Zeruja, stieg als Erster hinauf und wurde Hauptmann. 7 In der Burg ließ sich David nieder und deshalb nannte man sie Davidstadt. 8 Er baute die Stadt ringsum vom Millo an bis zur Ringmauer wieder auf und Joab stellte den Rest der Stadt wieder her. 9 David wur-

de immer mächtiger und der Herr, der
Gott der Heerscharen, war mit ihm.

Die Helden Davids

10 Dies sind die Obersten der Helden Da-
vids, die mit ihm mächtig wurden unter
seiner Herrschaft, da sie ihn, gemeinsam
mit ganz Israel, nach dem Wort des Herrn
zum König über Israel erhoben. 11 Dies
sind die Namen der Helden Davids: Ja-
schobam, der Sohn Hachmonis, der An-
führer der Drei. Er schwang seinen Speer
über dreihundert Männer und erschlug sie
alle auf einmal. 12 Nach ihm kam der Ahoa-
chiter Eleasar, der Sohn Dodos. Auch er
gehörte zu den drei Helden. 13 Er war bei
David in Pas-Dammim, wo sich die Philis-
ter zum Kampf gesammelt hatten. Dort
war ein Gerstenfeld. Als das Volk vor den
Philistern floh, 14 stellte er sich mitten in
das Feld, behauptete es und schlug die
Philister. So verlieh ihm der Herr einen
großen Sieg.

15 Einst kamen drei von den dreißig Hel-
den zu David auf den Felsen hinunter in
die Höhle Adullam. Das Lager der Philis-
ter war in der Refaïterebene aufgeschla-
gen. 16 David befand sich in der Bergfeste
und ein Wachtposten der Philister stand
in Betlehem. 17 David hatte Durst und er
sagte: Wer gibt mir Wasser aus der Zister-
ne am Tor von Betlehem? 18 Da schlugen
sich die Drei durch das Lager der Philister
und schöpften Wasser aus der Zisterne am
Tor von Betlehem. Sie nahmen es und
brachten es David. David aber weigerte
sich zu trinken und goss das Wasser als
Spende für den Herrn aus. 19 Er sprach:
Gott bewahre mich davor, so etwas zu tun!
Soll ich das Blut dieser Männer trinken?
Denn nur unter Lebensgefahr haben sie es
geholt. Darum weigerte er sich, es zu trin-
ken. Dies vollbrachten die Drei.

20 Abischai, der Bruder Joabs, war der
Anführer der Dreißig. Er schwang seinen
Speer über dreihundert Männer und er-
schlug sie. Bei den Dreien besaß er einen
großen Namen. 21 Unter den Dreißig war
er hochgeschätzt und wurde ihr Führer.
Aber an die Drei reichte er nicht heran.

22 Benaja aus Kabzeel, der Sohn Jojadas,
ein tapferer, tatenreicher Mann, erschlug
die beiden Söhne Ariëls aus Moab. An
einem Tag, an dem Schnee gefallen war,
stieg er in eine Zisterne hinunter und er-
schlug einen Löwen. 23 Auch einen riesen-
haften Ägypter von fünf Ellen erschlug er.
In der Hand hatte der Ägypter einen Speer
wie einen Weberbaum. Er kam mit einem
Stecken zu ihm hinunter, riss den Speer
aus der Hand des Ägypters und tötete ihn
mit diesem Speer. 24 Dies vollbrachte Bena-
ja, Jojadas Sohn. Bei den drei Helden be-
saß er einen guten Namen. 25 Unter den
Dreißig war er hochgeschätzt. Aber an die
Drei reichte er nicht heran. David setzte
ihn über seine Leibwache.

26 Kriegstüchtige Männer waren Asaël,
Joabs Bruder, Elhanan aus Betlehem, der
Sohn Dodos, 27 Schammot aus Harod, He-
lez aus Bet-Pelet, 28 Ira aus Tekoa, der Sohn
des Ikkesch, Abiëser aus Anatot, 29 Sibbe-
chai aus Huscha, Ilai aus Ahoach, 30 Mah-
rai aus Netofa, Heled aus Netofa, der Sohn
Baanas, 31 Itai aus Gibea in Benjamin, der
Sohn Ribais, Benaja aus Piraton, 32 Hiddai
aus den Nahale-Gaasch, Abiël aus Bet-
Araba, 33 Asmawet aus Bahurim, Eljachba
aus Schaalbim, 34 Jaschen der Guniter, Jo-
natan aus Harar, der Sohn Schages, 35 Ahi-
am, der Sohn Sachars, aus Harar, Elifal,
der Sohn Urs, 36 Hefer aus Mechera, Ahija
aus Gilo, 37 Hezro aus Karmel, Naarai, der
Sohn Esbais, 38 Joël, der Bruder Natans,
Mibhar, der Sohn Hagris, 39 Zelek, der Am-
moniter, Nachrai aus Beerot, der Waffen-
träger Joabs, des Sohnes der Zeruja, 40 Ira
aus Jattir, Gareb aus Jattir, 41 Urija, der He-
titer, Sabad, der Sohn Achlais, 42 Adina, der
Sohn Schisas, aus dem Stamm Ruben,
Hauptmann der Rubeniter und Anführer
von dreißig Mann, 43 Hanan, der Sohn
Maachas, Joschafat aus Meten, 44 Usija aus
Aschtarot, Schama und Jëiël, die Söhne
Hotams, aus Aroër, 45 Jediaël, der Sohn
Schimris, und sein Bruder Joha, der Tizi-
ter, 46 Eliël aus Mahanajim, Jeribai und Jo-
schawja, die Söhne Elnaams, Jitma aus
Moab, 47 Eliël, Obed und Jaasiël aus Zoba.

Die ersten Anhänger Davids

12 Dies sind die Leute, die zu David
nach Ziklag kamen, als er noch
von Saul, dem Sohn des Kisch, verbannt
war: Sie gehörten zu den Helden, die ihm
im Kampf halfen. 2 Sie waren mit Bogen
ausgerüstet und konnten mit der rechten
und der linken Steine schleudern und Pfei-
le mit dem Bogen schießen. Von den
Stammesbrüdern Sauls aus Benjamin ka-

men: 3 Ahiëser, ihr Anführer, und Joasch,
der Sohn Schemaas, aus Gibea, Jesiël und
Pelet, die Söhne Asmawets, Beracha und
Jehu aus Anatot, 4 Jischmaja aus Gibeon,
ein Held unter den Dreißig und ihr An-
führer, 5 Jirmeja, Jahasiël, Johanan und Jo-
sabad aus Gedera, 6 Elusai, Jerimot, Bealja,
Schemarja und Schefatja aus Haruf, 7 Elka-
na, Jischija, Asarel, Joëser und Jaschobam,
die Korachiter, 8 Joëla und Sebadja, die
Söhne Jerohams, aus Gedor.
9 Von den Gaditern traten zu David auf
die Bergfeste in der Wüste über kriegs-
tüchtige Männer, kampfbereite Krieger,
ausgerüstet mit Schild und Lanze, anzuse-
hen wie Löwen und flink wie Gazellen auf
den Bergen: 10 Eser war der Erste, Obadja
der zweite, Eliab der dritte, 11 Mischmanna
der vierte, Jirmeja der fünfte, 12 Attai der
sechste, Eliël der siebte, 13 Johanan der ach-
te, Elsabad der neunte, 14 Jirmeja der zehn-
te, Machbannai der elfte. 15 Diese waren
von den Gaditern gekommen, alles Haupt-
leute des Heeres, mit hundert nahm es der
Kleinste von ihnen auf und der Größte mit
tausend. 16 Sie waren es, die den Jordan im
ersten Monat überschritten, als dieser
über seine Ufer trat und die Täler im Os-
ten und Westen abgeschnitten waren.
17 Einmal kamen einige von den Benja-
minitern und Judäern in die Bergfeste zu
David. 18 David trat zu ihnen hinaus, gab
ihnen Bescheid und sprach: Kommt ihr in
Frieden zu mir, um mir zu helfen, dann
bin ich von Herzen bereit, mich mit euch
zu vereinigen. Wenn ihr aber kommt,
mich meinen Feinden zu verraten, ob-
gleich kein Unrecht an meinen Händen
klebt, dann soll der Gott unserer Väter es
sehen und strafen! 19 Da erfüllte ein Geist
Amasai, den Anführer der Dreißig, und
er rief aus: Für dich, David und mit dir,
Sohn Isais! Heil! Heil dir und Heil dem,
der dir hilft! Denn dein Gott hilft dir! Da
nahm David sie auf und gab ihnen einen
Platz unter den Hauptleuten der Kriegs-
schar.
20 Auch von Manasse fielen Leute zu Da-
vid ab, als er mit den Philistern gegen Saul
in den Kampf zog, aber sie halfen ihnen
nicht. Die Fürsten der Philister entließen
ihn nach einer Beratung mit den Worten:
Um den Preis unserer Köpfe wird er zu
seinem Herrn Saul abfallen! 21 Als er dann
nach Ziklag ging, traten von Manasse zu
ihm über: Adnach, Josabad, Jediaël, Mi-
chael, Josabad, Elihu und Zilletai, Haupt-
leute über Tausendschaften in Manasse.
22 Diese unterstützten David und seine
Kriegsschar. Denn sie alle waren kriegs-
tüchtige Männer und wurden Führer im
Heer. 23 Denn Tag um Tag kamen Leute zu
David, bis sein Heerlager ein Riesenlager
wurde.

Die Gefolgschaft Davids in Hebron

24 Dies sind die Zahlen jener, die zum
Kriegsdienst ausgerüstet waren. Sie kamen
zu David nach Hebron, um ihm nach der
Weisung des Herrn das Königtum Sauls zu
übertragen. 25 Von den Judäern, die Schild
und Speer führten, sechstausendachthun-
dert zum Kriegsdienst ausgerüstete Män-
ner. 26 Von den Simeonitern siebentausend-
einhundert wehrhafte, zum Kriegsdienst
ausgerüstete Männer. 27 Von den Levitern
viertausendsechshundert, 28 dazu Jojada,
der Fürst des Hauses Aaron, mit dreitau-
sendsiebenhundert Mann 29 sowie Zadok,
ein junger, kriegstüchtiger Mann mit dem
Haus seines Vaters, zweiundzwanzig Füh-
rer. 30 Von den Benjaminitern, den Brüdern
Sauls, dreitausend Mann; bis dahin hatten
die meisten von ihnen dem Haus Sauls die
Treue bewahrt. 31 Von den Efraimitern
zwanzigtausendachthundert kriegstüchti-
ge Leute, Männer von Ruf in ihren Famili-
en. 32 Vom halben Stamm Manasse acht-
zehntausend, die namentlich bestimmt
waren zu kommen, um David zum König
zu machen. 33 Von Issachars Leuten, die
verstanden, was die Zeit erforderte und
wussten, was Israel zu tun hatte: zweihun-
dert Hauptleute mit allen Stammesbrü-
dern unter ihrem Befehl. 34 Von Sebulons
Leuten, die zum Kriegszug ausrücken
konnten und zum Kampf mit allen Kriegs-
waffen gerüstet waren: fünfzigtausend, die
ungeteilten Herzens bereit waren, zu hel-
fen. 35 Von Naftali tausend Anführer und
mit ihnen siebenunddreißigtausend mit
Schild und Speer ausgerüstete Männer.
36 Von Dan achtundzwanzigtausendsechs-
hundert zum Kriegsdienst ausgerüstete
Männer. 37 Von Ascher vierzigtausend
kriegsbereite und kampfgerüstete Männer.
38 Von jenseits des Jordan, von den Rube-
nitern, den Gaditern und dem halben
Stamm Manasse hundertzwanzigtausend
kriegsgerüstete Männer.

39 Alle diese Kriegsleute, die sich mit vollem Herzen in die Reihen eingeordnet hatten, kamen nach Hebron, um David zum König über ganz Israel zu machen. Aber auch das ganze übrige Israel war einmütig darin, David zum König zu erheben. 40 Sie blieben dort bei David drei Tage und aßen und tranken. Ihre Brüder hatten für sie gesorgt. 41 Die in ihrer Nähe wohnten bis nach Issachar, Sebulon und Naftali hin, brachten auch noch Brot auf Eseln, Kamelen, Maultieren und Rindern heran, Mehlspeisen, Feigenkuchen, Rosinenkuchen, Wein und Öl, Rinder und Schafe in großer Menge. Denn Jubel herrschte in Israel.

Die Überführung der Bundeslade zu Obed-Edom

13 David beratschlagte mit den Führern der Tausendschaften und Hundertschaften und mit allen Fürsten. 2 Er sagte zur ganzen Versammlung Israels: Wenn es euch recht scheint und es vom Herrn, unserem Gott, so bestimmt wird, wollen wir Boten zu unseren Brüdern senden, die in allen Landesteilen Israels übrig geblieben sind, und zu den Priestern und Leviten in den Städten und auf ihrem Weideland, dass sie sich bei uns versammeln. 3 Wir wollen die Lade unseres Gottes zu uns holen. Denn in den Tagen Sauls haben wir nicht nach ihr gefragt. 4 Da stimmte die ganze Versammlung zu; denn der Vorschlag wurde vom ganzen Volk gebilligt.

5 Nun versammelte David ganz Israel von Schihor in Ägypten bis Lebo-Hamat, um die Lade Gottes von Kirjat-Jearim zu holen. 6 David und ganz Israel zogen hinauf nach Baala bei Kirjat-Jearim, das zu Juda gehört, um von dort die Lade Gottes heraufzubringen, die den Namen des Herrn trägt, der über den Kerubim thront. 7 Die Lade Gottes führten sie auf einem neuen Wagen vom Haus Abinadabs fort. Usa und Achjo lenkten den Wagen. 8 David und ganz Israel tanzten vor Gott mit ganzer Hingabe unter Gesang und dem Spiel der Zithern, Harfen, Pauken, Zimbeln und Trompeten. 9 Als sie zur Tenne Kidons kamen, streckte Usa seine Hand aus, um die Lade festzuhalten, da die Rinder zu stürzen drohten. 10 Da entbrannte der Zorn des Herrn gegen Usa. Er schlug ihn, weil er seine Hand nach der Lade ausgestreckt hatte. Er starb dort vor Gott. 11 David wurde unwillig, weil der Herr ein solches Unheil über Usa gebracht hatte. Man nennt den Ort bis auf den heutigen Tag Perez-Usa (Wegreißen Usas). 12 David aber geriet an jenem Tag in Furcht vor Gott und sprach: Wie soll ich die Lade Gottes zu mir bringen? 13 Da ließ er die Lade nicht weiter zu sich in die Stadt Davids bringen, sondern ließ sie abbiegen zum Haus Obed-Edoms aus Gat. 14 Die Lade verblieb im Haus Obed-Edoms, drei Monate lang. Der Herr segnete das Haus Obed-Edoms und allen seinen Besitz.

David in Jerusalem, sein Palast und seine Kinder

14 Hiram, der König von Tyrus, schickte Gesandte an David mit Zedernholz, auch Maurer und Schreiner, um ihm einen Palast zu bauen. 2 Da erkannte David, dass der Herr ihn als König über Israel bestätigt hatte, weil sein Königtum wegen seines Volkes Israels zu hohem Ansehen gelangt war. 3 David nahm sich in Jerusalem noch weitere Frauen und zeugte noch Söhne und Töchter. 4 Dies sind die Namen der in Jerusalem geborenen Söhne: Schima, Schobab, Natan, Salomo, 5 Jibhar, Elischua, Elpelet, 6 Nogah, Nefeg, Jafia, 7 Elischama, Beeljada und Elifelet.

Die Siege über die Philister

8 Als die Philister erfuhren, dass David zum König über Gesamtisrael gesalbt worden war, kamen alle Philister herauf, um David gefangen zu nehmen. David hörte davon und zog ihnen entgegen. 9 Die Philister kamen und breiteten sich in der Rafaïterebene aus. 10 Da befragte David Gott: Soll ich gegen die Philister hinaufziehen und gibst du sie in meine Hand? Der Herr antwortete ihm: Zieh hinauf! Ich gebe sie in deine Hand. 11 Darauf zogen sie nach Baal-Perazim, wo David sie schlug. David sprach: Gott hat durch meine Hand die Reihen meiner Feinde durchbrochen, wie das Wasser einen Damm durchbricht. Deshalb nannte man jenen Ort Baal-Perazim (Herr der Durchbrüche). 12 Die Philister ließen dort ihre Götter zurück und David befahl, sie im Feuer zu verbrennen.

13 Danach breiteten sich die Philister nochmals in der Ebene aus und David befragte wiederum Gott. 14 Gott sprach zu ihm: Zieh nicht hinter ihnen her! Umgeh

sie und nähere dich ihnen von den Baka-
Bäumen her! 15 Wenn du in den Wipfeln
der Baka-Bäume das Geräusch von Schrit-
ten hörst, zieh zur Schlacht aus! Denn
Gott zieht vor dir her, um das Lager der
Philister zu schlagen. 16 David handelte
nach Gottes Befehl und er schlug das La-
ger der Philister von Gibeon bis Geser.
17 So drang Davids Ruhm in alle Länder.
Der Herr breitete Schrecken vor ihm über
alle Völker aus.

Die Bundeslade in der Davidstadt

Die Vorbereitungen zur Überführung

15 David baute sich Häuser in der
Davidstadt, bereitete für die Lade
Gottes eine Stätte und schlug für sie ein
Zelt auf. 2 Damals verordnete David: Nie-
mand soll die Lade Gottes tragen außer
den Leviten. Denn sie hat der Herr aus-
erwählt, die Lade Gottes zu tragen und
den Dienst bei ihr für immer zu versehen.
3 Dann versammelte David ganz Israel
in Jerusalem, um die Lade des Herrn hi-
naufzubringen an ihre Stätte, die er ihr be-
reitet hatte. 4 Auch versammelte David die
Nachkommens Aarons und die Leviten:
5 von den Nachkommen Kehats den Vor-
steher Uriël und seine Brüder, einhundert-
zwanzig Mann; 6 von den Nachkommen
Meraris den Anführer Asaja und seine
Brüder, zweihundertzwanzig Mann; 7 von
den Nachkommen Gerschoms den Anfüh-
rer Joël und seine Brüder, einhundertdrei-
ßig Mann; 8 von den Nachkommen Eliza-
fans den Anführer Schemaja und seine
Brüder, zweihundert Mann; 9 von den
Nachkommen Hebrons den Anführer
Eliël und seine Brüder, achtzig Mann;
10 von den Nachkommen Usiëls den An-
führer Amminadab und seine Brüder, ein-
hundertzwölf Mann.
11 David rief die Priester Zadok und Ab-
jatar und die Leviten Uriël, Asaja, Joël,
Schemaja, Eliël und Amminadab zu sich.
12 Er sprach zu ihnen: Ihr seid die Famili-
enhäupter der Leviten. Heiligt euch und
euere Brüder und bringt die Lade des
Herrn, des Gottes Israels, hinauf an die
Stätte, die ich für sie bereitet habe! 13 Denn
beim ersten Mal wart ihr nicht anwesend.
Da schickte der Herr, unser Gott, Unheil
über uns. Denn wir hatten uns nicht so,
wie es recht gewesen wäre, um ihn geküm-
mert. 14 Da heiligten sich die Priester und
Leviten, um die Lade des Herrn, des Got-
tes Israels, hinaufzuholen. 15 Die Söhne der
Leviten trugen die Lade Gottes mit Trag-
stangen auf ihren Schultern, wie Mose es
nach der Weisung des Herrn angeordnet
hatte.
16 David befahl den Vorstehern der Levi-
ten, ihre Stammesbrüder, die Sänger, mit
Musikinstrumenten, mit Harfen, Zithern
und Zimbeln, aufzustellen; sie sollten
Freudenjubel erschallen lassen. 17 Da be-
auftragten die Leviten Heman, den Sohn
Joëls, und seinen Stammesbruder Asaf,
den Sohn Berechjas, und von den Nach-
kommen Meraris, ihren Stammesbruder
Etan, den Sohn Kuschajas. 18 Zu ihnen ka-
men noch ihre Brüder im zweiten Dienst-
grad: Secharja, Jaasiël, Schemiramot, Je-
hiël, Unni, Eliab, Benaja, Maaseja,
Mattitja, Elifelehu, Mikneja, Obed-Edom
und Jëiël, die Torwächter. 19 Die Sänger
Heman, Asaf und Etan mussten mit bron-
zenen Zimbeln spielen, 20 Secharja, Jaasiël,
Schemiramot, Jehiël, Unni, Eliab, Maaseja
und Benaja nach elamitischer Weise auf
Harfen, 21 Mattitja, Elifelehu, Mikneja,
Obed-Edom, Jëiël und Asasja in der ach-
ten Stufe auf Zithern, um den Gesang zu
begleiten. 22 Kenanja war der Vorsteher der
Leviten und leitete den Vortrag, weil er
sich darauf verstand. 23 Berechja und Elka-
na waren Torwächter bei der Lade. 24 Die
Priester Schebanja, Joschafat, Netanel,
Amasai, Secharja, Benaja und Eliëser blie-
sen die Trompeten vor der Lade Gottes.
Obed-Edom und Jehija waren Torwächter
bei der Lade.

Die Zeremonie beim Einzug

25 David, die Ältesten Israels und die
Obersten der Tausendschaften, die gekom-
men waren, die Lade des Herrn vom Haus
Obed-Edoms hinaufzuführen, waren vol-
ler Freude. 26 Damit Gott den Leviten, die
die Bundeslade des Herrn trugen, half, op-
ferten sie sieben Stiere und sieben Widder.
27 David war mit einem Mantel aus Leinen
bekleidet und drehte sich im Tanz, ebenso
alle Leviten, die die Lade trugen, die Sän-
ger und Kenanja, der den Vortrag der Sän-
ger leitete. David trug ein leinenes Efod.
28 Ganz Israel begleitete die Bundeslade
des Herrn hinauf unter Jubelrufen und Po-
saunenschall, mit Trompetengeschmetter

und Zimbelklang, mit Harfen- und Zither-
spiel. 29 Als die Bundeslade des Herrn zur
Davidstadt kam, schaute Michal, die
Tochter Sauls, zum Fenster hinaus. Sie
sah den König David tanzen und spielen
und verachtete ihn in ihrem Herzen.

16 Als sie die Lade Gottes hinein-
gebracht und mitten in dem Zelt
niedergestellt hatten, das David für sie auf-
geschlagen hatte, brachten sie Brand- und
Gemeinschaftsopfer vor Gott dar. 2 Als
David die Darbringung der Brand- und
Gemeinschaftsopfer vollendet hatte, seg-
nete er das Volk im Namen des Herrn.
3 Dann verteilte er an alle Israeliten, Män-
ner und Frauen, je einen Laib Brot, einen
Dattelkuchen und einen Rosinenkuchen.

Das Danklied Davids

4 Dann stellte er einige Leviten zum Dienst
vor der Lade des Herrn an, die den Herrn,
den Gott Israels, zu preisen, zu loben und
zu rühmen hatten: 5 Asaf als Ersten, Se-
charja als Zweiten nach ihm, ferner Jaasiël,
Schemiramot, Jehiël, Mattitja, Eliab, Bena-
ja, Obed-Edom und Jëiël mit Harfen und
Zithern, während Asaf auf Zimbeln spiel-
te; 6 außerdem die Priester Benaja und Ja-
hasiël, die vor der Bundeslade Gottes stän-
dig die Trompeten blasen sollten. 7 An
jenem Tag, als man begann, den Herrn zu
lobpreisen, ließ David Asaf und seine Brü-
der folgenden Lobpreis vortragen:

8 Preist den Herrn, verkündet seinen
Namen! / Kündet unter Völkern seine
Taten!

9 Singt ihm und spielt ihm! / Sprecht
von allen seinen Wundertaten!

10 Rühmt euch seines heiligen Namens! /
Es freue sich das Herz derer, die den Herrn
suchen!

11 Forscht nach dem Herrn und seiner
Stärke! / Sucht allezeit sein Angesicht!

12 Gedenkt seiner Wunder, die er wirk-
te, / seiner Zeichen und der Richtersprü-
che seines Mundes!

13 Ihr Nachkommen Israels, seines
Knechtes! / Ihr Söhne Jakobs, seine Aus-
erwählten!

14 Er, der Herr, ist unser Gott! / Auf der
ganzen Erde gelten seine Richtersprüche.

15 Gedenkt für immer seines Bundes, /
seines Wortes, das er tausend Generatio-
nen anbefahl,

16 den er mit Abraham geschlossen, /
und seines Schwurs zugunsten Isaaks!

17 Für Jakob setzte er ihn fest als Grund-
gesetz, / für Israel zum Bund auf ewig,

18 Er sprach: Dir will ich geben das
Gebiet von Kanaan, / als Anteil eueres
Erbes,

19 dort, wo man euch zählen konnte, /
nur wenige und Fremde im Land.

20 Da zogen sie von Volk zu Volk, / von
einem Reich zum anderen.

21 Doch er erlaubte niemand, sie zu
knechten, / und strafte ihretwegen Könige.

22 Vergreift euch nicht an meinen
Gesalbten! / Tut nichts zuleide meinen
Sehern!

23 Lobsingt dem Herrn, alle Lande! /
Verkündet sein Heil von Tag zu Tag!

24 Erzählt seine Herrlichkeit den Völ-
kern / und seine Wundertaten unter allen
Nationen!

25 Denn der Herr ist groß und hoch zu
preisen. / Und furchtbar ist er über alle
Götter.

26 Denn alle Heidengötter sind nichtig. /
Der Herr aber hat den Himmel geschaffen.

27 Vor ihm herrschen Herrlichkeit und
Pracht, / an seiner Stätte Macht und
Glanz.

28 Nun gebt dem Herrn, ihr Völker, /
gebt dem Herrn Preis und Ehre!

29 Die Ehre seines Namens gebt dem
Herrn! / Bringt Opfer, kommt vor sein
Angesicht! / Fallt nieder vor dem Herrn
im heiligen Vorhof!

30 Erbebt vor ihm, alle Lande! / Er hat
den Erdkreis fest gegründet, sodass er
nicht wankt.

31 Der Himmel soll sich freuen und die
Erde jubeln! / Den Völkern soll man kün-
den: König ist der Herr!

32 Das Meer soll toben und was es
erfüllt, / es jauchze das Feld und alles, was
auf ihm steht!

33 Jubeln sollen die Bäume des Waldes
vor dem Herrn. / Denn er erscheint, die
Welt zu richten.

34 Preist den Herrn, denn er ist gut, /
denn ewig währt seine Gnade.

35 Sprecht: Rette uns, Gott unserer Ret-
tung! / Sammle uns, befrei uns aus den
Völkern,

damit wir deinen heiligen Namen prei-
sen, / uns rühmen dürfen, dich zu loben!

36 Gepriesen sei der Herr, der Gott Isra-
els, / von Ewigkeit zu Ewigkeit!
Und alles Volk soll sprechen: Amen!
Halleluja!
37 David ließ dort vor der Bundeslade
des Herrn Asaf und seine Brüder ständig
den täglichen Dienst vor der Lade nach
den geltenden Vorschriften verrichten,
38 ferner Obed-Edom und seine Brüder,
achtundsechzig Mann. Obed-Edom, der
Sohn Jedutuns, und Hosa waren Torwäch-
ter.
39 Zadok aber, dem Priester, und seinen
Amtsbrüdern, den Priestern, übertrug er
den Dienst vor der Wohnung des Herrn
auf der Kulthöhe von Gibeon, 40 um stän-
dig am Morgen und Abend auf dem
Brandopferaltar für den Herrn Opfer dar-
zubringen und alles auszuführen, was im
Gesetz des Herrn aufgeschrieben ist, das
er Israel übergeben hat. 41 Bei ihnen waren
Heman und Jedutun und die anderen Aus-
erlesenen, die namentlich angegeben wa-
ren, um den Herrn zu preisen: Denn seine
Huld währt ewig! 42 Sie, Heman und Jedu-
tun, hatten Trompeten und Zimbeln für
die Musikanten und Instrumente für die
Lieder Gottes. Die Söhne Jedutuns waren
für den Dienst am Tor bestimmt. 43 Dann
ging das Volk heim, jeder in sein Haus.
Auch David ging heim, um seine Familie
zu begrüßen.

Natans Verheißung an David

17 Als David in seinem Haus Woh-
nung genommen hatte, sprach er
zum Propheten Natan: Siehe, ich wohne
in einem Zedernhaus. Die Bundeslade des
Herrn aber steht unter Zeltdecken. 2 Da
sprach Natan zu David: Alles, was du vor-
hast, das führ aus! Denn Gott ist mit dir!
3 In der gleichen Nacht aber erging das
Wort Gottes an Natan: 4 Geh hin und
sprich zu meinem Knecht David: So
spricht der Herr: Nicht du sollst mir das
Haus zur Wohnung bauen. 5 Denn seit
dem Tag, an dem ich Israel heraufführte,
bis zu diesem Tag habe ich noch nie in
einem Haus gewohnt. Vielmehr zog ich
von einem Zelt zum anderen, von einer
Wohnstätte zur anderen. 6 Als ich mit ganz
Israel gewandert bin, habe ich da jemals
einem der Richter Israels, die ich bestellt
hatte, mein Volk zu weiden, ein Wort ge-
sagt und sie gefragt: Warum habt ihr mir
kein Zedernhaus erbaut? 7 Nun sollst du so
zu meinem Knecht David sprechen: So
kündet der Herr, der Herr der Heerscha-
ren: Ich war es, der dich von der Weide
hinter der Herde wegnahm, damit du
Fürst über mein Volk Israel wirst. 8 Über-
all, wohin du gingst, war ich mit dir und
vernichtete alle deine Feinde vor dir. Ich
will dir einen Namen bereiten gleich dem
Namen der Großen der Erde. 9 Ich will
meinem Volk Israel eine Stätte verschaffen
und es einpflanzen, damit es auf eigenem
Grund wohnen kann und sich nicht mehr
beunruhigen muss. Frevler sollen es nicht
mehr wie in früherer Zeit bedrücken, 10 seit
den Tagen, als ich Richter in meinem Volk
Israel eingesetzt habe. Alle seine Feinde
werde ich niederbeugen, dich aber werde
ich groß machen. Der Herr wird dir ein
Haus bauen. 11 Wenn deine Tage erfüllt
sind und du zu deinen Vätern gehst, werde
ich einen deiner Nachkommen, einen dei-
ner Söhne einsetzen und sein Königtum
fest begründen. 12 Dieser soll mir ein Haus
erbauen und ich will seinen Thron für im-
mer befestigen. 13 Ich will ihm Vater sein
und er soll mir Sohn sein. Meine Huld
aber werde ich nicht von ihm nehmen,
wie ich sie deinem Vorgänger entzog.
14 Ich werde ihn für immer in meinem
Haus und Königtum einsetzen. Sein Thron
soll für immer fest gegründet sein. 15 Ganz
so, wie es ihm gesagt und offenbart wor-
den war, sprach Natan zu David.

Davids Gebet

16 Da ging König David hin, setzte sich vor
den Herrn nieder und sprach: Wer bin ich,
Herr, Gott, und was ist mein Haus, dass du
mich bis hierher geführt hast? 17 Dies aber
war in deinen Augen, Gott, noch zu ge-
ring. Du gabst dem Haus deines Knechtes
deine Verheißungen bis in eine ferne Zu-
kunft. Du hast mir an Zukünftigem mehr
gezeigt, als ein Mensch erforschen kann,
Herr und Gott. 18 Was könnte David noch
weiter zu dir sagen? Du kennst ja deinen
Knecht. 19 Herr, wegen deines Knechtes
hast du all dies Große vollbracht, um alle
diese Großtaten zu verkünden. 20 Herr, es
gibt niemand, der dir gleicht; außer dir
gibt es keinen Gott nach allem, was wir
mit eigenen Ohren gehört haben.
21 Gleicht wohl deinem Volk Israel ein an-
deres Volk auf der Erde, für das ein Gott

hingegangen wäre, um es sich als Volk
freizukaufen und sich den Ruhm der Grö-
ße und Furchtbarkeit zu verschaffen? Du
hast vor deinem Volk, das du aus Ägypten
erlöst hast, ganze Völker vertrieben. 22 Du
bestimmtest dir dein Volk Israel für im-
mer zum Volk und du, Herr, wurdest sein
Gott. 23 Nun, Herr, möge das Wort, das du
wegen deines Knechtes und seines Hauses
gesprochen hast, sich für immer bewäh-
ren. Vollbringe, was du versprochen hast!
24 Dein Versprechen möge währen und
dein Name möge für immer groß sein, in-
dem man bekennt: Der Herr der Heer-
scharen, Israels Gott, ist Gott für Israel.
Das Haus deines Knechtes David steht fest
begründet vor dir. 25 Du, unser Gott, hast
deinen Knecht vernehmen lassen, dass du
ihm ein Haus bauen willst. Deshalb fand
dein Knecht den Mut, vor dir zu beten.
26 Nun, Herr, du bist Gott und hast über
deinen Knecht dies Gute gesprochen.
27 Du warst gnädig, das Haus deines
Knechtes zu segnen, dass es für immer
vor dir Bestand hat. Ja, Herr, du hast es
gesegnet und gesegnet bleibt es für immer.

Davids Siege

18 Danach schlug David die Philister
und unterwarf sie. Er nahm ihnen
Gat und seine Tochterstädte weg. 2 Auch
Moab schlug er, sodass die Moabiter Da-
vids Untertanen wurden und Tribut zahl-
ten.

3 Weiterhin besiegte David Hadad-Eser,
den König von Zoba, das nach Hamat hin
liegt, als dieser aufbrach, seine Herrschaft
am Eufrat zu festigen. 4 Von ihm erbeutete
David tausend Wagen und nahm sieben-
tausend Wagenkämpfer und zwanzigtau-
send Fußsoldaten gefangen. Allen Pferden
durchschnitt David die Sehnen; nur hun-
dert ließ er von ihnen übrig. 5 Da kamen
die Aramäer von Damaskus König Hadad-
Eser von Zoba zu Hilfe. David schlug von
den Aramäern zweiundzwanzigtausend
Mann. 6 Dann setzte David Vögte im ara-
mäischen Damaskus ein und die Aramäer
von Damaskus wurden Davids Unterta-
nen, die Tribut zahlten. So half der Herr
David überall, wohin er ging. 7 David er-
beutete die goldenen Schilde, die die Die-
ner Hadad-Esers trugen, und brachte sie
nach Jerusalem. 8 Aus Tibhat und Kun,
den Städten Hadad-Esers, erbeutete David
sehr viel Bronze, aus dem Salomo das
Eherne Meer, die Säulen und die bronze-
nen Geräte anfertigen ließ.

9 Als Toï, der König von Hamat, erfuhr,
dass David das ganze Heer des Königs Ha-
dad-Eser von Zoba geschlagen hatte,
10 sandte er seinen Sohn Hadoram zu Kö-
nig David, um ihn zu begrüßen und zu be-
glückwünschen, weil er gegen Hadad-Eser
gekämpft und ihn geschlagen hatte. Denn
Hadad-Eser hatte mit Toï im Krieg gestan-
den. Er sandte ihm auch goldene, silberne
und bronzene Gefäße. 11 König David
weihte sie dem Herrn, zusammen mit
dem Silber und Gold, das er von allen Völ-
kern erbeutet hatte, von Edom, Moab, von
den Ammonitern, Philistern und Amale-
kitern.

12 Abischai, der Sohn der Zeruja, schlug
die Edomiter im Salztal, achtzehntausend
Mann. 13 Er bestellte Vögte in Edom und
ganz Edom wurde David untertan. So half
der Herr David bei allem, was er tat.

Die Großtaten der Obersten Davids

14 David regierte als König über ganz Israel
und übte Recht und Gerechtigkeit in sei-
nem ganzen Volk. 15 Joab, der Sohn der Ze-
ruja, war der oberste Heerführer, Joscha-
fat, der Sohn Ahiluds, Kanzler; 16 Zadok,
der Sohn Ahitubs, und Abjatar, der Sohn
Ahimelechs, waren Priester; Schawscha
war Staatsschreiber, 17 Benaja, der Sohn Jo-
jadas, Oberst der Kereter und Peleter. Die
Söhne Davids waren die Ersten an der Sei-
te des Königs.

19 Danach geschah es, dass Nahasch,
der König der Ammoniter, starb.
An seiner Stelle wurde sein Sohn König.
2 Da sprach David: Ich will Hanun, dem
Sohn des Nahasch, mein Wohlwollen zei-
gen, weil auch sein Vater mir wohlgesinnt
war. So sandte David Boten hin, um ihm
sein Beileid zum Tod seines Vaters aus-
zusprechen. Davids Diener kamen in das
Land der Ammoniter zu Hanun, um ihm
das Beileid auszusprechen. 3 Die Fürsten
der Ammoniter sprachen zu Hanun: Will
nach deiner Ansicht David deinen Vater
ehren, da er Beileidsgesandte zu dir
schickt? Sind seine Diener nicht vielmehr
zu dir gekommen, um das Land zu erfor-
schen, auszukundschaften und zu zerstö-
ren? 4 Da ließ Hanun die Diener Davids er-
greifen, ihnen den Bart scheren und ihre

Kleider zur Hälfte bis zum Gesäß ab-
schneiden. So schickte er sie heim. 5 Sie
gingen fort und man berichtete David
über die Männer. Er sandte ihnen Leute
entgegen, da die Männer sehr geschändet
waren, und der König ließ ihnen mitteilen:
Bleibt in Jericho, bis euer Bart wieder ge-
wachsen ist! Dann kommt zurück!

6 Als die Ammoniter merkten, dass sie
sich bei David verhasst gemacht hatten,
schickten Hanun und die Ammoniter tau-
send Talente Silber, um von Aram Nahara-
jim, Aram Maacha und Zoba Streitwagen
und Wagenkämpfer anzuwerben. 7 Sie
warben zweiunddreißigtausend Wagen
an, dazu den König von Maacha mit sei-
nem Kriegsvolk. Sie kamen und lagerten
vor Medeba. Auch die Ammoniter sam-
melten sich aus ihren Städten und zogen
zum Krieg aus. 8 Als David dies erfuhr,
sandte er Joab mit dem ganzen Heer, allen
kriegstüchtigen Männern, hin. 9 Die Am-
moniter rückten aus und stellten sich vor
der Stadt zum Kampf. Die Könige aber, die
herbeigekommen waren, standen getrennt
auf dem Feld. 10 Als Joab sah, dass vorne
und hinten eine Schlachtfront gegen ihn
bestand, wählte er aus allen Israeliten die
Besten aus und stellte sie gegen die Ara-
mäer auf. 11 Den Rest des Volkes stellte er
unter die Führung seines Bruders Abi-
schai. Sie bezogen gegenüber den Ammo-
nitern Stellung. 12 Joab sagte: Wenn die
Aramäer mir überlegen sind, dann komm
mir zu Hilfe! Wenn aber die Ammoniter
stärker sind als du, werde ich dir helfen!
13 Sei tapfer! Zeigen wir uns stark für unser
Volk und die Städte unseres Gottes! Der
Herr tue, was gut in seinen Augen ist.
14 Dann rückte Joab mit seinem Volk gegen
die Linie der Aramäer zum Kampf aus und
diese flohen vor ihm. 15 Als die Ammoniter
sahen, dass die Aramäer flohen, ergriffen
auch sie vor Abischai, dem Bruder Joabs,
die Flucht und zogen sich in die Stadt zu-
rück. Joab aber kehrte nach Jerusalem
heim.

16 Als die Aramäer sahen, dass sie von
Israel besiegt waren, sandten sie Boten
aus und holten die Aramäer, die jenseits
des Stromes wohnten, herbei. Schobach,
der Heerführer Hadad-Esers, stand an
ihrer Spitze. 17 Als dies David gemeldet
wurde, sammelte er ganz Israel, über-
schritt den Jordan, rückte gegen sie heran
und stellte sich ihnen gegenüber in einer
Schlachtordnung auf. Auch die Aramäer
ordneten sich zum Kampf gegen David
und griffen an. 18 Aber die Aramäer muss-
ten vor Israel fliehen. David vernichtete
siebentausend aramäische Kriegswagen
und vierzigtausend Fußsoldaten. Auch
den Heerführer Schobach tötete er. 19 Als
die Diener Hadad-Esers sahen, dass sie
von Israel besiegt waren, schlossen sie
Frieden mit David und dienten ihm. Aram
zeigte keine Neigung mehr, den Ammoni-
tern zu helfen.

20 Um die Jahreswende, zu der Zeit,
in der die Könige in den Krieg zie-
hen, führte Joab das Heer ins Feld und ver-
wüstete das Gebiet der Ammoniter. Dann
belagerte er Rabba. David aber war in Je-
rusalem geblieben. Joab besiegte Rabba
und verwüstete es. 2 David nahm Milkon
die Krone vom Haupt. Er stellte fest, dass
sie ein Talent Gold wog und ein kostbarer
Stein an ihr war. David setzte sie sich aufs
Haupt. Die sehr reiche Beute aus der Stadt
schaffte er weg. 3 Das Volk, das in ihr war,
ließ er herausführen und stellte es an die
Steinsägen, die eisernen Spitzhacken und
Äxte. So verfuhr David mit allen Städten
der Ammoniter. Dann kehrte David mit
dem ganzen Heer nach Jerusalem zurück.

4 Danach gab es wieder einen Krieg mit
den Philistern in Geser. Damals schlug
Sibbechai aus Huscha den Sippai, einen
von den Nachkommen der Rafaïter. Die
Philister wurden unterworfen.

5 Es gab noch einen Kampf mit den Phi-
listern. Da erschlug Elhanan, der Sohn Ja-
ïrs, den Lachmi, den Bruder Goljats aus
Gat. Der Schaft seines Speeres war wie ein
Weberbaum. 6 Ein weiterer Kampf fand bei
Gat statt. Dort gab es einen sehr großen
Mann, der sechs Finger und sechs Zehen
hatte, im Ganzen vierundzwanzig. Auch
er stammte von den Rafaïtern ab. 7 Als er
Israel verhöhnte, erschlug ihn Jonatan, der
Sohn von Davids Bruder Schima. 8 Diese
stammten von den Rafaïtern in Gat ab
und fielen durch die Hand Davids und sei-
ner Krieger.

Auf dem Weg zum Tempelbau

Die Volkszählung

21 Der Satan stand gegen Israel auf
und verführte David, Israel zu zäh-

len. 2 David sagte zu Joab und den Fürsten
des Volkes: Geht hin und zählt Israel von
Beerscheba bis Dan! Bringt mir Bescheid,
damit ich weiß, wie viele es sind! 3 Aber
Joab antwortete: Der Herr füge seinem
Volk noch hundertmal mehr hinzu als
jetzt! Mein Herr König, sind sie nicht alle
Untertanen meines Herrn? Warum for-
dert mein Herr nun dies? Warum soll es
zur Schuld für Israel werden? 4 Doch das
Wort des Königs zwang Joab. Da ging Joab
fort und zog in ganz Israel umher und kam
schließlich nach Jerusalem zurück. 5 Joab
übergab David das Ergebnis der Volkszäh-
lung. Ganz Israel umfasste eine Million
einhunderttausend Mann, die das Schwert
führen konnten. Juda hatte vierhundert-
siebzigtausend Mann, die das Schwert füh-
ren konnten. 6 Levi und Benjamin hatte Jo-
ab nicht mitgerechnet. Denn der Befehl
des Königs war ihm ein Gräuel.

Die Pest und Gottes Verzeihung

7 Gott aber missfiel dies und er schlug Isra-
el. 8 Da sprach David zu Gott: Ich habe
schwer gesündigt, weil ich dies getan habe.
Nun verzeih doch die Sünde deines
Knechtes! Denn ich habe ganz dumm ge-
handelt. 9 Da sprach der Herr zu Gad, dem
Seher Davids: 10 Geh hin und melde David:
So spricht der Herr: Dreierlei breite ich
vor dir aus. Wähle eines davon und ich will
es über dich verhängen. 11 Gad ging zu Da-
vid und sprach zu ihm: So spricht der
Herr: Wähle dir aus: 12 Soll drei Jahre Hun-
gersnot herrschen, oder willst du drei Mo-
nate lang vor deinen Feinden fliehen, so-
dass das Schwert deiner Gegner dich trifft,
oder soll drei Tage lang das Schwert des
Herrn, die Pest, im Land wüten und der
Engel des Herrn im ganzen Gebiet Israels
Verderben verbreitet? Sieh zu, welche
Antwort ich dem zurückbringen soll, der
mich gesandt hat! 13 David antwortete Gad:
Meine Not ist sehr groß. Doch will ich lie-
ber in die Hand des Herrn fallen, da sein
Erbarmen sehr groß ist. Aber in die Hand
von Menschen will ich nicht fallen.

14 Da sandte der Herr eine Pest über Is-
rael und es fielen von Israel siebzigtausend
Mann. 15 Damals sandte der Herr einen
Engel nach Jerusalem, um es zu vernich-
ten. Als er die Vernichtung begann, schau-
te der Herr zu und das Unheil reute ihn. Er
sprach zu dem Engel, der das Verderben
begonnen hatte: Es ist genug! Zieh nun
deine Hand zurück! Der Engel des Herrn
stand gerade bei der Tenne des Jebusiters
Arauna. 16 Als David aufblickte, sah er den
Engel des Herrn zwischen Erde und Him-
mel stehen mit dem gezückten Schwert in
seiner Hand, das gegen Jerusalem gerich-
tet war. Da fielen David und die Ältesten,
in Bußgewänder gekleidet, auf ihr Gesicht
nieder. 17 David sprach zu Gott: War ich es
nicht, der befahl, das Volk zu zählen? Ich
bin es doch, der gesündigt hat. Ich bin der
Hirt, der Böses getan hat. Aber diese, die
Herde, was haben sie getan? Herr, mein
Gott! Deine Hand richte sich gegen mich
und das Haus meines Vaters, aber nicht
zum Schlag gegen dein Volk!

Die Errichtung des Altars

18 Da befahl der Engel des Herrn Gad, Da-
vid zu melden, er solle hinaufgehen, um
auf der Tenne des Jebusiters Arauna dem
Herrn einen Altar zu errichten. 19 Nach der
Weisung Gads, die er im Namen des
Herrn mitgeteilt hatte, ging David hinauf.
20 Arauna wandte sich um und sah den En-
gel und er verbarg sich mit seinen vier
Söhnen. Er drosch gerade Weizen. 21 Da-
vid begab sich zu Arauna. Als dieser auf-
sah und David erblickte, kam er von der
Tenne und verneigte sich vor David mit
dem Angesicht auf die Erde. 22 David
sprach zu Arauna: Überlass mir den Platz
der Tenne, damit ich auf ihm dem Herrn
einen Altar erbauen kann. Für den vollen
Preis gib ihn mir, damit die Plage im Volk
aufhört. 23 Arauna antwortete David:
Nimm ihn dir! Mein Herr, der König, tue,
was ihm gut scheint. Siehe, ich schenke die
Rinder für die Brandopfer, die Dresch-
schlitten als Brennholz und den Weizen
zum Speiseopfer. Dies alles will ich spen-
den! 24 Doch König David erwiderte Arau-
na: Nein, zum vollen Preis will ich ihn er-
werben. Denn ich will nicht dem Herrn
bringen, was dir gehört, und so Brand-
opfer darbringen, die mich nichts kosten.
25 So zahlte David dem Arauna für den
Platz sechshundert abgewogene Goldsche-
kel. 26 David errichtete dort einen Altar für
den Herrn und brachte Brand- und Ge-
meinschaftsopfer dar. Er rief zum Herrn,
der ihm durch Feuer vom Himmel auf
dem Brandopferaltar antwortete. 27 Dann
befahl der Herr dem Engel und der steckte

das Schwert in die Scheide. 28 Seit jener
Zeit, als David erkannte, dass der Herr
ihm auf der Tenne des Jebusiters geant-
wortet hatte, brachte er dort Opfer dar.
29 Die Wohnstätte des Herrn aber, die Mo-
se in der Wüste angefertigt hatte, und der
Brandopferaltar standen damals auf der
Kulthöhe von Gibeon. 30 Doch David
konnte nicht mehr dorthin gehen, um
den Herrn aufzusuchen; denn er hatte
Furcht vor dem Schwert des Engels des
Herrn.

Die Vorbereitungen zum Tempelbau

22 Damals sagte David: Dies ist das
Haus Gottes, des Herrn, und dies
der Brandopferaltar für Israel. 2 David gab
Befehl, die Fremden, die sich im Land Is-
rael aufhielten, zusammenzuholen. Er be-
stellte sie als Steinmetzen, um Quadersteи-
ne für den Bau des Gotteshauses zu hauen.
3 David besorgte auch eine Menge Eisen
für die Nägel der Torflügel und die Klam-
mern sowie Bronze in einer Menge, die
nicht mehr gewogen werden konnte, 4 da-
zu zahllose Zedernstämme. Denn die Si-
donier und Tyrer brachten David Zedern-
holz in Menge. 5 David dachte: Mein Sohn
Salomo ist noch jung und unerfahren. Das
Haus aber, das für den Herrn zu erbauen
ist, muss über alle Maßen groß werden
zum Ruhm und zur Bewunderung für alle
Länder. Ich will daher Vorbereitungen da-
für treffen! So traf David vor seinem Tod
zahlreiche Vorkehrungen. 6 Dann rief er
seinen Sohn Salomo und befahl ihm, für
den Herrn, den Gott Israels, ein Haus zu
bauen. 7 David sagte zu Salomo: Mein
Sohn, ich selbst hatte die Absicht, dem Na-
men des Herrn, meines Gottes, ein Haus
zu bauen. 8 Da erging das Wort des Herrn
an mich: Du hast viel Blut vergossen und
große Kriege geführt. Du sollst meinem
Namen kein Haus bauen; denn viel Blut
hast du vor meinen Augen auf die Erde
fließen lassen. 9 Doch siehe, ein Sohn ist
dir geboren worden. Dieser wird ein Mann
des Friedens sein. Ich werde ihm Frieden
vor allen seinen Feinden ringsum ver-
schaffen. Salomo soll sein Name sein. Frie-
de und Ruhe werde ich in seinen Tagen
Israel gewähren. 10 Er soll meinem Namen
ein Haus bauen. Er soll mir Sohn und ich
will ihm Vater sein. Den Thron seiner Kö-
nigsherrschaft will ich in Israel für immer
befestigen! 11 Nun, mein Sohn, der Herr sei
mit dir. Es möge dir gelingen, das Haus
des Herrn, deines Gottes, zu bauen, wie er
über dich vorausgesagt hat. 12 Der Herr ge-
be dir auch Verstand und Einsicht und be-
stelle dich über Israel, um das Gesetz des
Herrn, deines Gottes, zu erfüllen! 13 Du
wirst Erfolg haben, wenn du die Gesetze
und Verordnungen befolgst, die der Herr
Mose für Israel gegeben hat. Sei stark und
mutig! Fürchte dich nicht und sei nicht
zaghaft! 14 Siehe, durch meine Bemühung
habe ich für das Haus des Herrn hundert-
tausend Talente Gold beschafft, eine Milli-
on Talente Silber, ferner Bronze und Eisen,
das gar nicht gewogen werden kann. Auch
Holz und Steine habe ich beschafft. Du
wirst noch mehr dazutun. 15 Auch stehen
dir Handwerker in großer Zahl zur Ver-
fügung: Steinmetzen, Maurer, Zimmerleu-
te und zahllose Meister für jede kunstvolle
Arbeit 16 in Gold, Silber, Bronze und Eisen.
Auf, ans Werk, der Herr sei mit dir!

17 David befahl allen führenden Män-
nern Israels, seinen Sohn Salomo zu unter-
stützen: 18 War nicht der Herr, euer Gott,
mit euch? Hat er euch nicht Ruhe ringsum
verschafft? Er gab die Bewohner des Lan-
des in meine Hand und das Land wurde
dem Herrn und seinem Volk unterworfen.
19 Nun richtet Herz und Sinn darauf, den
Herrn, eueren Gott, zu suchen. Auf! Baut
das Heiligtum Gottes, des Herrn, um die
Bundeslade des Herrn und die heiligen
Geräte Gottes in das Haus zu bringen, das
dem Namen des Herrn errichtet werden
soll!

Abteilungen und Aufgaben der Leviten

23 David war alt und lebenssatt ge-
worden. Da bestellte er seinen
Sohn Salomo zum König über Israel. 2 Er
versammelte alle führenden Männer Isra-
els sowie die Priester und Leviten.

3 Die Leviten wurden von dreißig Jahren
an aufwärts gezählt. Ihre Zahl betrug acht-
unddreißigtausend Mann. 4 Von ihnen
wurden vierundzwanzigtausend zur Lei-
tung der Arbeit am Haus des Herrn be-
stimmt; Beamte und Richter waren sechs-
tausend, 5 viertausend Torhüter und
viertausend sollten den Herrn mit Instru-
menten preisen, die David zum Lobpreis
anfertigen ließ.

6 David teilte sie in Abteilungen nach

den Söhnen Levis ein, nach Gerschon, Ke-
hat und Merari.
7 Zu den Gerschonitern gehörten Ladan
und Schimi. 8 Die Söhne Ladans waren: Je-
hiël als erster, dann Setam und Joël, ins-
gesamt drei. 9 Die Söhne Jehiëls waren
Schelomit, Hasiël, Haran, insgesamt drei.
Sie waren die Familienhäupter Ladans.
10 Die Söhne Schimis waren Jahat, Sisa,
Jëusch und Beria. Diese waren die Söhne
Schimis, insgesamt vier. 11 Jahat war der
erste, Sisa der zweite. Jëusch und Beria
hatten nicht viele Söhne; sie bildeten daher
nur eine Großfamilie und eine Dienstklas-
se.
12 Die Söhne Kehats waren Amram, Jiz-
har, Hebron und Usiël, insgesamt vier.
13 Die Söhne Amrams waren Aaron und
Mose. Aaron und seine Söhne wurden für
immer ausgewählt, das Allerheiligste zu
betreuen, Rauchopfer darzubringen, ihm
zu dienen und immer in seinem Namen
zu segnen. 14 Die Nachkommen des Mose
aber, des Mannes Gottes, wurden dem
Stamm Levi zugeteilt. 15 Die Söhne des Mo-
se waren Gerschom und Eliëser. 16 Von den
Söhnen Gerschoms war Schubaël der Ers-
te. 17 Von den Söhnen Eliësers war Rehabja
der Erste. Eliëser hatte keine weiteren Söh-
ne. Die Söhne Rehabjas aber waren sehr
zahlreich. 18 Von den Söhnen Jizhars war
Schelomit der Erste. 19 Von den Söhnen
Hebrons war Jerija der erste, Amarja der
zweite, Jahasiël der dritte und Jekamam
der vierte. 20 Von den Söhnen Usiëls war
Micha der erste, Jischija der zweite.
21 Die Söhne Meraris waren Machli und
Muschi. Die Söhne Machlis waren Eleasar
und Kisch. 22 Eleasar starb und hatte keine
Söhne, sondern nur Töchter. Da heirate-
ten sie ihre Vettern, die Söhne des Kisch.
23 Die Söhne Muschis waren Machli, Eder
und Jeremot, insgesamt drei.
24 Dies waren die Leviten nach ihren
Großfamilien, die Familienhäupter nach
ihren Ämtern gemäß ihrer Kopfzahl. Von
zwanzig Jahren an aufwärts besorgten sie
den Dienst am Haus des Herrn. 25 Denn
David sagte: Der Herr, der Gott Israels,
hat seinem Volk Ruhe verschafft und für
immer Wohnung in Jerusalem genom-
men. 26 Die Leviten brauchen auch nicht
mehr für die Wohnung zu sorgen und die
entsprechenden Geräte zu tragen. 27 Denn
nach den letzten Anweisungen Davids
zählte man die Söhne Levis von zwanzig
Jahren an aufwärts. 28 Sie werden den Söh-
nen Aarons zum Dienst am Haus des
Herrn für die Vorhöfe und die Kammern
zur Seite gestellt, zur Reinigung des gan-
zen Heiligtums und zum Dienst am Haus
Gottes, 29 für die Schaubrote, für das Fein-
mehl zum Speiseopfer, für die ungesäuer-
ten Brote, das Backwerk und das Einge-
rührte, für jedes Hohl- und Längenmaß;
30 ferner müssen sie jeden Morgen und
Abend bereitstehen, den Herrn zu loben
und zu preisen, 31 und bei jeder Darbrin-
gung von Brandopfern an den Sabbaten,
den Neumonden und den Festtagen voll-
zählig, wie das Gesetz es fordert, beständig
vor dem Herrn erscheinen. 32 Sie müssen
auch den Dienst im Offenbarungszelt so-
wie den Dienst am Heiligtum und die Be-
dienung der Söhne Aarons, ihrer Amts-
brüder, bei ihren Verrichtungen im Haus
des Herrn besorgen.

Die Abteilungen der Priester

24 Auch die Söhne Aarons hatten ihre
Abteilungen. Die Söhne Aarons
waren Nadab, Abihu, Eleasar und Itamar.
2 Nadab und Abihu starben vor ihrem Va-
ter. Sie hatten keine Söhne. Deshalb ver-
sahen Eleasar und Itamar den Priester-
dienst. 3 David teilte sie zusammen mit
Zadok, einem Nachkommen Eleasars,
und mit Ahimelech, einem Nachkommen
Itamars, nach ihren Dienstgruppen in ihr
Amt ein. 4 Bei den Nachkommen Eleasars
gab es mehr führende Männer als bei den
Nachkommen Itamars. Daher teilte man
den Nachkommen Eleasars sechzehn
Oberhäupter von Großfamilien zu und
den Nachkommen Itamars nur acht Ober-
häupter. 5 Man teilte sie aber, diese wie je-
ne, durch das Los ein. Denn es waren
Fürsten des Heiligtums und Fürsten Got-
tes sowohl unter den Nachkommen Elea-
sars wie auch unter den Nachkommen Ita-
mars. 6 Der Schreiber Schemaja, der Sohn
Netanels, ein Levit, schrieb sie auf in Ge-
genwart des Königs und der führenden
Männer, des Priesters Zadok, Abjatars,
des Sohnes Ahimelechs, und der Familien-
häupter der Priester und Leviten. Jeweils
zwei Familien wurden für Eleasar und eine
für Itamar ausgelost.
7 Das erste Los fiel auf Jojarib, das zweite
auf Jedaja, 8 das dritte auf Harim, das vierte

auf Seorim, 9 das fünfte auf Malkija, das
sechste auf Mijamin, 10 das siebte auf Koz,
das achte auf Abija, 11 das neunte auf Je-
schua, das zehnte auf Schechanja, 12 das
elfte auf Eljaschib, das zwölfte auf Jakim,
13 das dreizehnte auf Huppa, das vierzehnte
auf Jeschebab, 14 das fünfzehnte auf Bilga,
das sechzehnte auf Immer, 15 das siebzehn-
te auf Hesir, das achtzehnte auf Pizzez,
16 das neunzehnte auf Petachja, das zwan-
zigste auf Jeheskel, 17 das einundzwanzigste
auf Jachin, das zweiundzwanzigste auf Ga-
mul, 18 das dreiundzwanzigste auf Delaja,
das vierundzwanzigste auf Maasja. 19 Dies
sind ihre Dienstgruppen in ihrem Amt,
nach denen sie in das Haus des Herrn
kommen mussten, nach ihrer Verpflich-
tung, die sie von ihrem Vater Aaron auf
Anordnung des Herrn, des Gottes Israels,
übernommen hatten.

20 Zu den übrigen Söhnen Levis gehör-
ten: Zu den Söhnen Amrams Schubaël, zu
den Söhnen Schubaëls Jechdeja; 21 von den
Söhnen Rehabjas war Jischija der erste;
22 zu den Nachkommen Jizhars gehörte
Schelomit, zu den Söhnen Schelomits Ja-
hat; 23 von den Söhnen Hebrons war Jerija
der erste, Amarja der zweite, Jahasiël der
dritte, Jekamam der vierte. 24 Der Sohn
Usiëls war Micha; zu den Söhnen Michas
gehörte Schamir. 25 Der Bruder Michas war
Jischija; zu den Söhnen Jischijas gehörte
Secharja. 26 Die Söhne Meraris waren
Machli und Muschi. Der Sohn Jaasijas
war Bani. 27 Meraris Nachkommen über
Jaasija waren Bani, Schoham, Sakkur und
Ibri. 28 Zu Machli gehörten Eleasar, der kei-
ne Söhne hatte, 29 und Kisch; der Sohn des
Kisch war Jerachmeel; 30 die Söhne Mu-
schis waren Machli, Eder und Jerimot.
Dies waren die Leviten nach ihren Groß-
familien. 31 Auch sie warfen das Los wie
ihre Brüder, die Söhne Aarons, in Gegen-
wart des Königs David, Zadoks und Ahi-
melechs und der Familienhäupter der
Priester und Leviten, und zwar die Famili-
en des Oberhauptes ebenso wie die seines
jüngsten Bruders.

Die Sänger

25 David und die Heerführer sonder-
ten die Söhne Asafs, Hemans und
Jedutuns, die Propheten, die auf Zithern,
Harfen und Zimbeln Loblieder sangen,
für den Dienst aus. Dies ist das Verzeich-
nis der Männer, die ihren Dienst versahen:
2 Von den Söhnen Asafs: Sakkur, Josef, Ne-
tanja und Asarela. Die Söhne Asafs stan-
den unter der Leitung Asafs, der nach der
Weisung des Königs gottbegeistert Loblie-
der spielte. 3 Von Jedutun: die Söhne Jedu-
tuns: Gedalja, Zeri, Schimi, Jeschaja, Ha-
schabja und Mattitja, insgesamt sechs,
unter der Leitung ihres Vaters Jedutun,
der gottbegeistert zu den Dank- und Lob-
liedern des Herrn auf der Zither spielte.
4 Von Heman: die Söhne Hemans: Bukkija,
Mattanja, Usiël, Schubaël, Jerimot, Ha-
nanja, Hanani, Eliata, Giddalti, Romamti-
Eser, Joschbekascha, Malloti, Hotir, Maha-
siot. 5 Sie alle waren Söhne Hemans, des
Sehers des Königs, nach der Verheißung
Gottes, er werde Hemans Macht erhöhen.
So schenkte Gott dem Heman vierzehn
Söhne und drei Töchter. 6 Alle diese stan-
den unter der Leitung ihrer Väter Asaf, Je-
dutun und Heman beim Gesang im Haus
des Herrn mit Zimbeln, Harfen und Zi-
thern. Sie hatten den Dienst im Haus Got-
tes nach der Weisung des Königs zu leis-
ten. 7 Zusammen mit ihren Amtsbrüdern,
die im Gesang für den Herrn geübt waren,
zählten sie zweihundertachtundachtzig
Mann. 8 Auch sie warfen das Los für die
Diensteinteilung, der Geringste ebenso
wie der Größte, der Meister wie der Schü-
ler.

9 Das erste Los fiel auf Josef; das zweite
auf Gedalja, ihn selbst, seine Brüder und
Söhne: zwölf; 10 das dritte auf Sakkur, seine
Söhne und Brüder: zwölf; 11 das vierte auf
Zeri, seine Söhne und Brüder: zwölf; 12 das
fünfte auf Netanja, seine Söhne und Brü-
der: zwölf; 13 das sechste auf Bukkija, seine
Söhne und Brüder: zwölf; 14 das siebte auf
Asarela, seine Söhne und Brüder: zwölf;
15 das achte auf Jeschaja, seine Söhne und
Brüder: zwölf; 16 das neunte auf Mattanja,
seine Söhne und Brüder: zwölf; 17 das zehn-
te auf Schimi, seine Söhne und Brüder:
zwölf; 18 das elfte auf Usiël, seine Söhne
und Brüder: zwölf; 19 das zwölfte auf Ha-
schabja, seine Söhne und Brüder: zwölf;
20 das dreizehnte auf Schubaël, seine Söhne
und Brüder: zwölf; 21 das vierzehnte auf
Mattitja, seine Söhne und Brüder: zwölf;
22 das fünfzehnte auf Jerimot, seine Söhne
und Brüder: zwölf; 23 das sechzehnte auf
Hananja, seine Söhne und Brüder: zwölf;
24 das siebzehnte auf Joschbekascha, seine

Söhne und Brüder: zwölf; 25 das achtzehnte
auf Hanani, seine Söhne und Brüder:
zwölf; 26 das neunzehnte auf Malloti, seine
Söhne und Brüder: zwölf; 27 das zwanzigste
auf Eliata, seine Söhne und Brüder: zwölf;
28 das einundzwanzigste auf Hotir, seine
Söhne und Brüder: zwölf; 29 das zweiund-
zwanzigste auf Giddalti, seine Söhne und
Brüder: zwölf; 30 das dreiundzwanzigste
auf Mahasiot, seine Söhne und Brüder:
zwölf; 31 das vierundzwanzigste auf Ro-
mamti-Eser, seine Söhne und Brüder:
zwölf.

Die Torwächter

26 Bei den Abteilungen der Torwäch-
ter gehörte zu den Korachitern
Meschelemja, der Sohn Kores, ein Nach-
komme Abiasafs. 2 Von den Söhnen Me-
schelemjas war Secharja der Erstgeborene,
Jediaël der zweite, Sebadja der dritte, Jat-
niël der vierte, 3 Elam der fünfte, Johanan
der sechste, Eljoënai der siebte.
4 Von den Söhnen Obed-Edoms war
Schemaja der Erstgeborene, Josabad der
zweite, Joach der dritte, Sachar der vierte,
Netanel der fünfte, 5 Ammiël der sechste,
Issachar der siebte, Pëulletai der achte.
Gott hatte ihn nämlich gesegnet. 6 Auch
seinem Sohn Schemaja wurden Söhne ge-
boren, die ihre Großfamilien leiteten.
Denn sie waren tüchtige Männer. 7 Die
Söhne Schemajas waren Otni, Refaël und
Obed. Die Söhne seines Bruders Elsabad
waren Elihu und Semachja, ebenfalls tüch-
tige Männer. 8 Alle diese gehörten zu den
Nachkommen Obed-Edoms; sie selbst,
ihre Söhne und Brüder hatten eine hohe
Stellung beim Dienst; zweiundsechzig An-
gehörige Obed-Edoms.
9 Auch Meschelemja hatte Söhne und
Brüder, achtzehn kriegstüchtige Männer.
10 Hosa von den Nachkommen Meraris
hatte ebenfalls Söhne: Schimri war das
Oberhaupt – er war nicht der Erstgebore-
ne, aber sein Vater machte ihn dazu –,
11 Hilkija war der zweite, Tebalja der dritte,
Secharja der vierte. Insgesamt hatte Hosa
dreizehn Söhne und Brüder.
12 Entsprechend den Oberhäuptern der
Leute war der Wachdienst den Abteilun-
gen der Torwächter anvertraut. Sie dien-
ten wie ihre Brüder im Haus des Herrn.
13 Nach ihren Großfamilien warfen sie, der
Geringste wie der Größte, für jedes einzel-
ne Tor das Los. 14 Das Los für die Ostseite
fiel auf Meschelemja. Für seinen Sohn Se-
charja, einen klugen Berater, warf man das
Los und sein Los traf auf die Nordseite,
15 Obed-Edom fiel die Südseite zu und sei-
nen Söhnen das Vorratshaus, 16 auf Hosa
traf die Westseite zugleich mit dem Schal-
lechettor an der aufsteigenden Straße. Die
entsprechenden Wachposten waren:
17 Nach Osten standen täglich sechs, nach
Norden täglich vier, nach Süden täglich
vier, an den Vorratskammern je zwei,
18 am Parbar nach Westen vier für die Stra-
ße und zwei für den Parbar. 19 Dies waren
die Abteilungen der Torwächter aus den
Nachkommen Korachs und Meraris.

Die weiteren Aufgaben der Leviten

20 Die Leviten aber, ihre Stammesbrüder,
die über die Schätze des Gotteshauses und
die Schätze aus den Weihegeschenken zu
wachen hatten, waren folgende: 21 Die Söh-
ne Ladans, eines Nachkommen Ger-
schons, die Familienhäupter der Sippen
Ladans, des Gerschoniters: Jehiël. 22 Die
Söhne Jehiëls, Setam und sein Bruder Joël,
führten die Aufsicht über die Schätze des
Hauses des Herrn. 23 Dazu Nachkommen
Amrams, Jizhars, Hebrons und Usiëls:
24 Schubaël, der Sohn Gerschoms und En-
kel des Mose, war als Oberaufseher über
die Schätze bestellt. 25 Sein Stammesbruder
in der Reihe Eliësers war dessen Sohn Re-
habja, dessen Sohn war Jeschaja, dessen
Sohn Joram, dessen Sohn Sichri und des-
sen Sohn Schelomit. 26 Schelomit und seine
Brüder waren über alle Schätze der Weihe-
gaben bestellt, die König David, die Häup-
ter der Großfamilien, die Obersten von
Tausendschaften und Hundertschaften
und die Heeresobersten gestiftet hatten.
27 Von den Kriegszügen, und zwar von der
Beute hatten sie sie gestiftet, um das Haus
des Herrn auszustatten. 28 Auch alles, was
Samuel, der Seher, Saul, der Sohn des
Kisch, Abner, der Sohn des Ner, und Joab,
der Sohn der Zeruja, gespendet hatten,
überhaupt alle Spenden vertraute man
Schelomit und seinen Brüdern an.
29 Von den Nachkommen Jizhars waren
Kenanja und seine Söhne für die äußeren
Angelegenheiten in Israel als Schreiber
und Richter bestellt. 30 Von den Nachkom-
men Hebrons waren Haschabja und seine
Brüder, eintausendsiebenhundert tüchtige

Männer, zur Aufsicht über Israel vom
westlichen Gebiet jenseits des Jordan an
für jede Angelegenheit des Herrn und den
Dienst des Königs bestellt. [31] Haupt der
Hebroniter war Jerija. Im vierzigsten Re-
gierungsjahr Davids wurden die Verwand-
ten der hebronitischen Familien gesucht
und man fand unter ihnen tüchtige Män-
ner in Jaser in Gilead. [32] Seine Brüder, zwei-
tausendsiebenhundert tüchtige Männer,
Familienhäupter, bestellte König David
über die Rubeniter, die Gaditer und den
halben Stamm Manasse in allen Angele-
genheiten Gottes und des Königs.

Organisation des Heeres und der Verwaltung

27 Die Israeliten nach ihrer Zahl, die
Familienhäupter, die Führer der
Tausendschaften und Hundertschaften
und ihre Schreiber dienten dem König in
allen Angelegenheiten der Abteilungen,
die Monat für Monat das ganze Jahr hin-
durch kamen und gingen. Jede Abteilung
war vierundzwanzigtausend Mann stark.
[2] Über die erste Abteilung für den ersten
Monat war Jaschobam bestellt, der Sohn
Sabdiëls. Zu seiner Abteilung gehörten
vierundzwanzigtausend Mann. [3] Er gehör-
te zu den Nachkommen des Perez und war
Haupt aller Heerführer des ersten Monats.
[4] Über die Abteilung des zweiten Monats
war der Ahoachiter Dodai bestellt, ein
Fürst. Auf seine Abteilung entfielen vier-
undzwanzigtausend Mann. [5] Der dritte
Heerführer für den dritten Monat war Be-
naja, der Sohn des Priesters Jojada, ein
Oberhaupt. Auf seine Abteilung entfielen
vierundzwanzigtausend Mann. [6] Dieser
Benaja war ein Held unter den Dreißig
und befehligte die Dreißig und seine eige-
ne Abteilung. Sein Sohn war Ammisabad.
[7] Der vierte Heerführer für den vierten
Monat war Asaël, der Bruder Joabs. Nach
ihm war es sein Sohn Sebadja. Auf seine
Abteilung entfielen vierundzwanzigtau-
send Mann. [8] Der fünfte für den fünften
Monat war der Oberst Schamhut, ein Ser-
achiter. Auf seine Abteilung entfielen vier-
undzwanzigtausend Mann. [9] Der sechste
für den sechsten Monat war Ira, der Sohn
des Ikkesch aus Tekoa. Auf seine Abtei-
lung entfielen vierundzwanzigtausend
Mann. [10] Der siebte für den siebten Monat
war Helez aus Pelet, ein Efraimiter. Auf
seine Abteilung entfielen vierundzwanzig-
tausend Mann. [11] Der achte für den achten
Monat war der Huschatiter Sibbechai, ein
Serachiter. Auf seine Abteilung entfielen
vierundzwanzigtausend Mann. [12] Der
neunte für den neunten Monat war Abië
ser aus Anatot vom Stamm Benjamin.
Auf seine Abteilung entfielen vierund-
zwanzigtausend Mann. [13] Der zehnte für
den zehnten Monat war Mahrai aus Neto-
fa, ein Serachiter. Auf seine Abteilung ent-
fielen vierundzwanzigtausend Mann.
[14] Der elfte für den elften Monat war Bena-
ja aus Piraton, ein Efraimiter. Auf seine
Abteilung entfielen vierundzwanzigtau-
send Mann. [15] Der zwölfte für den zwölften
Monat war Heldai aus Netofa, vom Ge-
schlecht Otniël. Auf seine Abteilung ent-
fielen vierundzwanzigtausend Mann.
[16] Über die Stämme Israels waren be-
stellt: für die Rubeniter als Fürst Eliëser,
der Sohn Sichris; für die Simeoniter Sche-
fatja, der Sohn Maachas; [17] für die Leviten
Haschabja, der Sohn Kemuëls; für die Aa-
roniten Zadok; [18] für Juda Elihu, einer der
Brüder Davids; für Issachar Omri, der
Sohn Michaels; [19] für Sebulon Jischmaja,
der Sohn Obadjas, für Naftali Jerimot, der
Sohn Asriëls; [20] für die Efraimiter Hoschea,
der Sohn Asasjas; für den halben Stamm
Manasse Joël, der Sohn Pedajas; [21] für den
halben Stamm Manasse in Gilead Jiddo,
der Sohn Secharjas, für Benjamin Jaasiël,
der Sohn Abners; [22] für Dan Asarel, der
Sohn Jerohams. Dies waren die Führer
der Stämme Israels.
[23] David ließ die Zahl derer, die noch
nicht zwanzig Jahre alt waren, nicht auf-
zeichnen. Denn der Herr hatte verheißen,
Israel wie die Sterne des Himmels zu ver-
mehren. [24] Joab, der Sohn der Zeruja, be-
gann zwar die Zählung, vollendete sie aber
nicht, da ihretwegen ein Zorngericht über
Israel kam. So gelangte die Zahl nicht in
die Chronik des Königs David.
[25] Über den Schätzen des Königs stand
Asmawet, der Sohn Adiëls, über den Vor-
räten auf dem Land, in den Städten, in den
Dörfern und den Türmen Jonatan, der
Sohn Usijas, [26] über den Feldarbeitern zur
Bestellung der Äcker Esri, der Sohn Ke-
lubs, [27] über den Weinbergen Schimi aus
Rama, über die Weinvorräte in den Wein-
bergen Sabdi aus Schefam, [28] über den Öl-
bäumen und Maulbeerfeigenbäumen in
der Schefela Baal-Hanan aus Bet-Gader,

über den Ölvorräten Joasch, 29 über den
Rindern in der Scharonebene Schitrai aus
Scharon, über den Rindern in den Tälern
Schafat, der Sohn Adlais, 30 über den Ka-
melen der Ismaeliter Obil, über den Eseln
Jechdeja aus Meronot, 31 über dem Klein-
vieh der Hagariter Jasis. Sie alle waren
Hauptverwalter des Eigentums, das König
David gehörte.
32 Jonatan, der Onkel Davids, war sein
Berater. Er war ein einsichtiger und
schriftkundiger Mann. Mit Jehiël, dem
Sohn Hachmonis, war er bei den Söhnen
des Königs. 33 Ahitofel war Berater des Kö-
nigs und Huschai, der Arkiter, war Freund
des Königs. 34 Nach Ahitofel waren Jojada,
der Sohn des Benaja, und Abjatar (könig-
liche Berater). Joab war königlicher Feld-
herr.

Davids Anordnungen für den Tempel

28 David versammelte in Jerusalem
alle führenden Männer Israels, die
Vorsteher der Stämme und der Abteilun-
gen, die dem König dienten, die Obersten
der Tausendschaften, die Obersten der
Hundertschaften, die Verwalter des gan-
zen Vermögens und aller Herden des Kö-
nigs und seiner Söhne, alle Hofleute, die
Helden und alle tapferen Krieger. 2 König
David stand auf und sprach: Hört mich an,
meine Brüder und mein Volk! Ich selbst
hatte den Plan, eine Ruhestätte für die
Bundeslade des Herrn, den Fußschemel
unseres Gottes, zu errichten. Ich bereitete
den Bau schon vor. 3 Aber Gott sprach zu
mir: Du sollst meinem Namen kein Haus
bauen. Denn du bist ein Kriegsmann und
hast Blut vergossen. 4 Doch der Herr, der
Gott Israels, hatte mich aus dem ganzen
Haus meines Vaters erwählt, um für im-
mer König über Israel zu sein. Juda be-
stimmte er zur Herrschaft und im Haus
Judas das Haus meines Vaters. Unter den
Söhnen meines Vaters fand er an mir Ge-
fallen, sodass er mich zum König über
ganz Israel einsetzte. 5 Von allen meinen
Söhnen aber – denn viele Söhne schenkte
mir der Herr – erwählte er meinen Sohn
Salomo, dass er auf dem Königsthron des
Herrn über Israel herrscht. 6 Er sprach zu
mir: Salomo, dein Sohn, er ist es, der mein
Haus und meine Vorhöfe erbauen soll.
Denn ihn habe ich mir zum Sohn erwählt
und ich will ihm Vater sein. 7 Ich will sein
Königtum für immer fest begründen,
wenn er daran festhält, meine Gebote und
Satzungen zu erfüllen, wie es heute ge-
schieht. 8 Vor den Augen ganz Israels, vor
der Gemeinde des Herrn und vor den
Ohren eueres Gottes ermahne ich euch:
Achtet auf alle Gebote des Herrn, eueres
Gottes, und befolgt sie, damit ihr das
fruchtbare Land besitzen und eueren Söh-
nen für immer vererben könnt! 9 Du aber,
mein Sohn Salomo, erkenne den Gott dei-
nes Vaters und diene ihm mit ungeteiltem
Herzen und williger Seele! Denn alle Her-
zen erforscht der Herr und jedes Sinnen
der Gedanken kennt er. Wenn du ihn
suchst, lässt er sich von dir finden. Wenn
du ihn verlässt, verwirft er dich für immer.
10 Sieh nun, der Herr hat dich auserwählt,
ihm ein Haus als Heiligtum zu erbauen.
Sei mutig und beginn das Werk!
11 Dann übergab David seinem Sohn Sa-
lomo den Bauplan der Vorhalle und des
Gebäudes samt seinen Schatzkammern,
Obergemächern, Innenräumen und des
Raumes für die Deckplatte, 12 den Plan
auch für all das, was er sich vorgenommen
hatte für die Vorhöfe des Tempels, für alle
Kammern ringsum, die bestimmt waren
für die Schätze des Gotteshauses und die
Schätze an Weihegaben, 13 für die Abtei-
lungen der Priester und Leviten, für jede
Dienstverrichtung am Haus des Herrn,
für alle Geräte, die zum Dienst im Haus
des Herrn gebraucht wurden. 14 Er machte
ihm Angaben über das Gold, wobei er das
Gewicht eines jeden goldenen Dienst-
geräts festsetzte, auch über das Gewicht al-
ler silbernen Geräte, 15 er bestimmte das
Gewicht der goldenen Leuchter mit ihren
goldenen Lampen, gab das Gewicht eines
jeden Leuchters und seiner Lampen an,
ferner der silbernen Leuchter, auch hier
mit Angabe des Gewichtes eines jeden
Leuchters und seiner Lampen, ganz der
jeweiligen Verwendung der einzelnen
Leuchter entsprechend. 16 Er bestimmte
das Goldgewicht für die Schaubrottische,
das Gewicht eines jeden einzelnen Tisches,
auch das Gewicht des Silbers für die silber-
nen Tische, 17 ebenso für die Gabeln, Scha-
len und Kannen aus purem Gold und die
goldenen Becher, das Gewicht eines jeden
Bechers, auch das Silbergewicht der silber-
nen Becher, das Gewicht eines jeden Be-
chers. 18 Auch für den Räucheraltar aus ge-

läutertem Gold setzte er das Gewicht fest
und die Goldmenge für den Aufbau des
Thronwagens mit den goldenen Kerubim,
die ihre Flügel ausbreiten und die Bundes-
lade des Herrn bedecken. [19] All das hat er
ihm erklärt aufgrund einer Schrift aus der
Hand des Herrn, die über ihm ruhte, alle
Arbeiten, die der Bauplan vorsah.
[20] Dann sprach David zu seinem Sohn
Salomo: Sei mutig und fest! Geh ans Werk!
Fürchte dich nicht und erschrick nicht!
Denn der Herr, mein Gott, ist mit dir. Er
wird dich nicht verlassen und nicht von
dir weichen bis zur Vollendung aller Ar-
beiten für den Dienst am Haus des Herrn.
[21] Siehe, die Abteilungen der Priester und
Leviten sind für jeglichen Dienst im Haus
Gottes bereit! Bei allen Arbeiten steht dir
jeder zur Seite, der willig ist, mit Geschick
jeglichen Dienst zu vollziehen. Auch die
Fürsten und das ganze Volk stehen dir für
alle deine Anweisungen zur Verfügung.

Die Weihegaben

29 Dann sprach König David zur gan-
zen Versammlung: Mein Sohn Sa-
lomo, den Gott allein erwählt hat, ist noch
jung und unerfahren. Das Werk aber ist
groß, da das Haus nicht für einen Men-
schen, sondern für Gott, den Herrn, be-
stimmt ist. [2] Mit meiner ganzen Kraft habe
ich für das Haus meines Gottes das Gold
beschafft für die goldenen, Silber für die
silbernen, Bronze für die bronzenen, Eisen
für die eisernen und Holz für die hölzer-
nen Gegenstände, außerdem Onyxsteine
mit Einfassungen, Malachit und bunte
Steine, viele Edelsteine und Alabaster in
Menge. [3] Aus Liebe zum Haus meines Got-
tes gebe ich aus meinem Besitz an Gold
und Silber zu all dem, was ich für das hei-
lige Haus schon bereitgestellt habe, [4] noch
dreitausend Talente Gold vom Ofirgold,
siebentausend Talente geläutertes Silber,
um die Wände der Räume zu bekleiden,
[5] für goldene und silberne Geräte und für
jede Arbeit von Künstlerhand. Wer ist nun
bereit, seine Hand ebenso für den Herrn
zu füllen?
[6] Da spendeten die Häupter der Groß-
familien, die Vorsteher der Stämme Isra-
els, die Führer der Tausendschaften und
Hundertschaften und die obersten Beam-
ten des königlichen Dienstes. [7] Sie gaben
für den Bau des Gotteshauses an Gold
fünftausend Talente und zehntausend
Golddariken, an Silber zehntausend Talen-
te, an Bronze achtzehntausend Talente, an
Eisen hunderttausend Talente. [8] Wer Edel-
steine besaß, gab sie für den Schatz des
Hauses des Herrn in die Hand des Ger-
schoniters Jehiël. [9] Da freute sich das Volk
über diese freiwilligen Spenden. Denn jene
hatten aus ganzem Herzen für den Herrn
gespendet. Auch König David hatte große
Freude.
[10] Dann pries David den Herrn vor der
ganzen Versammlung und rief: Gepriesen
bist du, Herr, Gott unseres Vaters Israels,
von Ewigkeit zu Ewigkeit! [11] Dein, Herr, ist
die Größe und die Macht, die Pracht und
der Ruhm und die Majestät! Denn alles,
was im Himmel und auf der Erde ist, ge-
hört dir. Dein, Herr, ist die Königsmacht
und du erhebst dich als Herrscher über al-
les, [12] Reichtum und Glanz gehen von dir
aus. Du bist es, der über alles gebietet. In
deiner Hand liegen Kraft und Stärke. In
deiner Hand ist es, alles groß und stark zu
machen. [13] Darum unser Gott, preisen wir
dich und rühmen deinen herrlichen Na-
men. [14] Denn wer bin ich und was ist mein
Volk, dass wir die Kraft besaßen, solche
Gaben zu spenden? Denn von dir ist alles
und von deiner Hand spenden wir dir.
[15] Fremdlinge sind wir doch vor dir und
Gäste, wie alle unsere Väter. Wie ein
Schatten sind unsere Tage auf der Erde
und es gibt keine Hoffnung. [16] Herr, unser
Gott, diese ganze Fülle, die wir bereit-
gestellt haben, um dir ein Haus zu bauen
für deinen heiligen Namen, von deiner
Hand stammt sie und dir gehört dies alles.
[17] Ich weiß, mein Gott, dass du das Herz
prüfst und an Aufrichtigkeit Gefallen fin-
dest. Ich habe dir dies alles in der Aufrich-
tigkeit meines Herzens geweiht. Nun
schaue ich voll Freude auf dein Volk, das
sich hier befindet, um dir Gaben zu wei-
hen. [18] Herr, Gott unserer Väter Abraham,
Isaak und Israel, bewahre doch für immer
solchen Sinn im Herzen deines Volkes
und lenke ihr Herz auf dich! [19] Meinem
Sohn Salomo aber gib ein ungeteiltes Herz,
deine Gebote, Verordnungen und Satzun-
gen zu beachten und dies alles auszufüh-
ren, um den Tempel zu erbauen, den ich
vorbereitet habe.
[20] Dann sprach David zur ganzen Ver-
sammlung: Preist den Herrn, eueren Gott!

Da pries die ganze Versammlung den
Herrn, den Gott ihrer Väter. Sie warf sich
nieder und huldigte dem Herrn und Kö-
nig.

Die Thronbesteigung Salomos. Davids Ende

21 Die Israeliten brachten dem Herrn
Schlachtopfer dar und gaben am folgen-
den Tag tausend Rinder, tausend Widder,
tausend Lämmer zu Brandopfern, dazu
die entsprechende Menge Trank- und
Schlachtopfer für ganz Israel. 22 An jenem
Tag aßen und tranken sie vor dem Herrn
in großer Freude und machten Salomo,
Davids Sohn, zum zweiten Mal zum Kö-
nig. Sie salbten ihn zum Fürsten für den
Herrn und Zadok zum Priester. 23 Salomo
setzte sich als König auf den Thron des
Herrn anstelle seines Vaters David. Er hat-
te Erfolg. Ganz Israel leistete ihm Gehor-
sam. 24 Alle hohen Beamten und Helden,
auch alle Söhne des Königs David unter-
warfen sich König Salomo. 25 Der Herr
aber machte Salomo überaus groß vor
ganz Israel und gab ihm einen königlichen
Glanz, wie ihn vor ihm kein König in Isra-
el besessen hatte.

26 David, der Sohn Isais, war König über
ganz Israel. 27 Die Zeit, die er über Israel als
König herrschte, betrug vierzig Jahre. In
Hebron regierte er sieben Jahre und in Je-
rusalem war er dreiunddreißig Jahre Kö-
nig. 28 Er starb in einem hohen Alter, satt
an Lebenstagen, Reichtum und Ehre. Nach
ihm regierte sein Sohn Salomo als König.
29 Die Geschichte des Königs David, die
frühere und die spätere, ist aufgeschrieben
in der Geschichte des Sehers Samuel, in
der Geschichte des Propheten Natan und
in der Geschichte des Sehers Gad. 30 Sie be-
richten von seiner ganzen Königsherr-
schaft, seiner Macht und allem Glück und
Unglück, das über ihn, über Israel und alle
Königreiche kam.

Das zweite Buch der Chronik

Salomo und der Tempelbau

Salomo empfängt die Weisheit

1 Salomo, der Sohn Davids, verschaffte
sich Macht in seinem Königtum. Der
Herr, sein Gott, war mit ihm und machte
ihn überaus groß. 2 Salomo sprach mit
ganz Israel, den Obersten der Tausend-
schaften und Hundertschaften, den Rich-
tern, allen Fürsten von ganz Israel und mit
den Häuptern der Großfamilien. 3 Darauf
begaben sich Salomo und die ganze Ver-
sammlung mit ihm zur Kulthöhe von Gi-
beon, da sich dort das Offenbarungszelt
Gottes befand, das Mose, der Knecht des
Herrn, in der Wüste angefertigt hatte.
4 Die Lade Gottes jedoch hatte David aus
Kirjat-Jearim an den Ort gebracht, den er
für sie hergerichtet hatte. Er hatte ihr
nämlich in Jerusalem ein Zelt errichtet.
5 Der bronzene Altar, den Bezalel, der Sohn
Uris und Enkel Hurs, angefertigt hatte,
stand dort vor der Wohnstätte des Herrn.
Ihn suchten Salomo und die Versamm-
lung auf. 6 Salomo stieg dort auf den
bronzenen Altar vor dem Herrn beim Of-
fenbarungszelt und brachte auf ihm ein-
tausend Brandopfer dar.

7 In jener Nacht erschien Gott dem Salo-
mo und sprach zu ihm: Erbitte, was ich dir
geben soll! 8 Da sprach Salomo zu Gott: Du
warst es, der meinem Vater eine große
Huld bewiesen hat, als du mich an seiner
Stelle zum König eingesetzt hast. 9 Nun,
Herr, mein Gott, möge sich dein Wort an
meinem Vater David bewahrheiten! Denn
du hast mich zum König über ein Volk
bestellt, das zahlreich wie der Staub der
Erde ist. 10 Verleihe mir Weisheit und Ein-
sicht, dass ich vor diesem Volk aus- und

eingehen kann! Denn wer sonst könnte
dieses mächtige Volk leiten? 11 Da antwor-
tete Gott dem Salomo: Weil du dies im
Sinn hast und nicht um Reichtum, Schätze
und Ruhm oder um den Tod deiner Feinde
und auch nicht um ein langes Leben gebe-
ten hast, sondern um Weisheit und Ein-
sicht, damit du mein Volk leiten kannst,
über das ich dich zum König bestellt habe,
12 so sollen dir Weisheit und Einsicht ver-
liehen werden! Doch auch Reichtum,
Schätze und Ruhm will ich dir geben, wie
sie kein König vor dir gehabt hat und auch
nach dir keiner haben wird.

13 Da ging Salomo von der Kulthöhe in
Gibeon, vom Offenbarungszelt, nach Jeru-
salem und herrschte als König über Israel.
14 Salomo schaffte Wagen und Pferde an.
Er besaß eintausendvierhundert Wagen
und zwölftausend Mann Besatzung und
brachte sie in die Wagenstädte und in die
Umgebung des Königs nach Jerusalem.
15 Auch machte der König das Silber und
Gold in Jerusalem so häufig wie die Steine
und die Zedern so zahlreich wie die Maul-
beerfeigenbäume in der Schefela. 16 Die
Pferde, die Salomo gehörten, wurden aus
Ägypten und Koë eingeführt. Die Händler
des Königs kauften sie in Koë. 17 Einen Wa-
gen brachten sie aus Ägypten für sechs-
hundert Silberschekel und ein Pferd für
einhundertfünfzig. Ebenso unterhielt man
Handelsgeschäfte mit allen hetitischen
und aramäischen Königen.

Die ersten Vorbereitungen. Hiram von Tyrus

18 Salomo befahl, ein Haus für den Namen
des Herrn und eine königliche Residenz
für sich zu bauen.

2 Salomo ließ siebzigtausend Lastträger
und achtzigtausend Steinhauer im
Gebirge auszählen und setzte dreitausend-
sechshundert Aufseher über sie. 2 Dann
sandte Salomo zu Hiram, dem König von
Tyrus, und ließ ihm sagen: Wie du es mit
meinem Vater gehalten und ihm Zedern
gesandt hast, damit er sich ein Haus bauen
konnte, um darin zu wohnen, 3 so will ich
jetzt dem Namen des Herrn, meines Got-
tes, ein Haus bauen, um es ihm zu weihen,
damit man vor ihm wohlriechendes Räu-
cherwerk darbringt, regelmäßig die Schau-
brote auflegt und die Brandopfer am Mor-
gen und Abend, an den Sabbaten, den
Neumonden und an den Festen des Herrn,
unseres Gottes, darbringt. Für immer liegt
diese Verpflichtung auf Israel. 4 Das Haus,
das ich bauen will, soll groß werden. Denn
unser Gott ist größer als alle Götter. 5 Aber
wer besitzt die Kraft, ihm ein Haus zu bau-
en? Der Himmel und die Himmel der
Himmel können ihn nicht fassen. Und
wer bin ich, dass ich ihm ein Haus bauen
soll, wenn auch nur, um ihm Räucherwerk
darzubringen? 6 So sende mir denn einen
Mann, der in Gold, Silber, Bronze, Eisen,
rotem Purpur, Karmesin und blauem Pur-
pur arbeiten kann und der sich auf die
Gravierkunst versteht. Er soll mit den
Künstlern zusammenarbeiten, die ich in
Juda und Jerusalem besitze und die mein
Vater David bestellt hat. 7 Schick mir auch
Zedern-, Zypressen- und Sandelholz vom
Libanon! Ich weiß, dass deine Knechte
sich darauf verstehen, das Libanonholz zu
schlagen. Meine Knechte sollen deinen
Knechten dabei helfen, 8 mir Holz in Men-
ge zu beschaffen. Denn das Haus, das ich
bauen will, soll groß und herrlich werden.
9 Für die Holzhauer, die das Holz fällen,
liefere ich zum Unterhalt als Nahrung für
deine Knechte zwanzigtausend Kor Wei-
zen, zwanzigtausend Kor Gerste, zwanzig-
tausend Bat Wein und zwanzigtausend
Bat Öl.

10 Da antwortete Hiram, der König von
Tyrus, in einem Schreiben an Salomo: Da
der Herr sein Volk liebt, bestellte er dich
zum König über sie. 11 Ferner schrieb Hi-
ram: Gepriesen sei der Herr, Israels Gott,
der Himmel und Erde gemacht und dem
König David einen weisen Sohn gegeben
hat, der Einsicht und Verstand besitzt,
um ein Haus für den Herrn und eine Kö-
nigsresidenz für sich zu bauen! 12 Jetzt sen-
de ich dir einen weisen, einsichtsvollen
Mann, Hiram-Abi, 13 den Sohn einer Frau
von den Töchtern Dans. Sein Vater ist aus
Tyrus. Er versteht es, Arbeiten in Gold,
Silber, Bronze, Eisen, Stein, Holz, rotem
und blauem Purpur, Leinen und Karmesin
auszuführen, alle Gravierungen anzufer-
tigen, alles zu entwerfen und zusammen
mit deinen Künstlern und den Künstlern
meines Herrn David, deines Vaters, aus-
zuführen. 14 Nun schicke mein Herr den
Weizen, die Gerste, das Öl und den Wein,
von denen er gesprochen hat, für seine
Knechte! 15 Wir aber wollen das Holz auf
dem Libanon fällen, so viel du nötig hast,

und es über das Meer in Flößen nach Jafo
schaffen. Dann kannst du es selbst nach
Jerusalem hinaufbringen.

Die Bauarbeiten

16 Da ließ Salomo alle fremden Männer zäh-
len, die im Land Israel wohnten, wie dies
schon sein Vater David unternommen hat-
te. Es waren einhundertdreiundfünfzigtau-
sendsechshundert Mann. 17 Von ihnen be-
stellte er siebzigtausend zu Lastträgern
und achtzigtausend zu Steinhauern im Ge-
birge sowie dreitausendsechshundert zu
Aufsehern, die das Volk zur Arbeit anhal-
ten sollten.

3 Nun begann Salomo, das Haus des
Herrn in Jerusalem auf dem Berg Mo-
rija zu bauen, wo der Herr seinem Vater
David erschienen war, an der Stelle, die
David auf der Tenne des Jebusiters Arauna
bestimmt hatte. 2 Er begann am zweiten
Tag im zweiten Monat, im vierten Jahr sei-
ner Herrschaft mit dem Bau. 3 Dies setzte
Salomo für den Bau des Gotteshauses fest:
Die Länge betrug sechzig Ellen – Ellen
nach dem früheren Maß – und die Breite
zwanzig Ellen. 4 Die Vorhalle vor dem
Tempelgebäude hatte eine Länge von
zwanzig Ellen, der Breite des Hauses ent-
sprechend, und die Höhe betrug zwanzig
Ellen. Innen ließ er sie mit reinem Gold
überziehen. 5 Die große Halle vertäfelte er
mit Zypressenholz, überzog es mit gedie-
genem Gold und brachte darauf Palmen
und Blumenketten an. 6 Auch belegte er
das Haus zum Schmuck mit kostbaren
Steinen. Das Gold war Parwajimgold. 7 So
überkleidete er die Halle, die Balken und
Schwellen, seine Wände und Türen mit
Gold und ließ Kerubim in die Wände
schnitzen.

8 Auch errichtete er das Gebäude des Al-
lerheiligsten. Seine Länge betrug, der Brei-
te des großen Hauses entsprechend, zwan-
zig Ellen, und seine Breite war zwanzig
Ellen. Er ließ es mit gediegenem Gold im
Gewicht von sechshundert Talenten ver-
kleiden. 9 Das Gewicht der Nägel betrug
fünfzig Schekel Gold. Auch die Obergemä-
cher verkleidete er mit Gold. 10 Im Gebäu-
de des Allerheiligsten fertigte er zwei Ke-
rubim in Schmiedearbeit an und man
überzog sie mit Gold. 11 Die Flügel der Ke-
rubim waren zusammen zwanzig Ellen
lang. Der Flügel des einen war fünf Ellen
lang und berührte die Wand des Hauses.
Der andere Flügel war fünf Ellen lang und
berührte den Flügel des anderen Kerub.
12 Ebenso berührte der Flügel des anderen
Kerub von fünf Ellen die Wand des Hauses
und der andere Flügel von fünf Ellen be-
rührte den Flügel des einen Kerub. 13 Die
ausgespannten Flügel dieser Kerubim wa-
ren zwanzig Ellen lang. Sie standen auf
ihren Füßen und ihre Gesichter waren
dem Innenraum zugekehrt. 14 Den Vor-
hang ließ er aus blauem und rotem Pur-
pur, aus Karmesin und Leinen anfertigen
und auf ihm Kerubim anbringen.

15 Vor der Halle stellte er zwei Säulen
von achtzehn Ellen Länge auf. Das Kapi-
tell, das sich auf ihrer Spitze befand, maß
fünf Ellen. 16 Er ließ auch kettenförmige
Bänder herstellen und oben auf den Säu-
len anbringen. Ebenso ließ er hundert
Granatäpfel anfertigen und an den ketten-
förmigen Bändern befestigen. 17 Die Säulen
richtete er vor dem Tempel auf, eine rechts
und eine links. Die rechte nannte er Jachin
und die linke Boas.

4 Auch fertigte er einen bronzenen Al-
tar an; zwanzig Ellen war seine Länge,
zwanzig Ellen seine Breite und zehn Ellen
seine Höhe. 2 Ferner machte er das „Meer“,
eine Gussarbeit, zehn Ellen von einem
Rand zum anderen, rund und fünf Ellen
hoch. Eine Schnur von dreißig Ellen konn-
te es rings umspannen. 3 An seiner Unter-
seite waren ringsum Bilder von Rindern,
zehn auf eine Elle. Sie umgaben das Meer
ringsum, in zwei Reihen und waren bei
seinem Guss mitgegossen worden. 4 Das
Meer ruhte auf zwölf Rindern, drei nach
Norden, drei nach Westen, drei nach Sü-
den und drei nach Osten gerichtet. Das
Meer lag oben auf ihnen und ihre Hinter-
teile waren nach innen gekehrt. 5 Seine Di-
cke war eine Handbreite. Sein Rand war
wie ein Becherrand gebildet, wie eine Lili-
enblüte. Dreitausend Bat fasste es. 6 Er fer-
tigte auch zehn Becken an. Fünf stellte er
rechts und fünf links auf für die Waschun-
gen. In ihnen sollte man das, was zum
Brandopfer gehörte, abspülen. Das Meer
war für die Priester bestimmt, um sich da-
rin zu waschen. 7 Er machte auch die zehn
goldenen Leuchter gemäß den Bestim-
mungen für sie und stellte sie im Tempel
auf, fünf rechts und fünf links. 8 Ebenso
ließ er zehn Tische anfertigen und brachte

sie in den Tempel, fünf auf die rechte und
fünf auf die linke Seite. Auch hundert gol-
dene Sprengschalen fertigte er an.
9 Dann legte er den Priestervorhof an
und den großen Vorhof sowie die Tore
des Vorhofes. Ihre Torflügel bekleidete er
mit Bronze. 10 Das Meer stellte er im Osten
an der rechten Seite nach Südosten auf.
11 Auch machte Hiram die Töpfe, Schaufeln
und Opferschalen. So vollendete Hiram
das Werk, das er für König Salomo im
Haus Gottes übernommen hatte: 12 zwei
Säulen, zwei kugelförmige Kapitelle oben
auf den Säulen, zwei Flechtwerke, um die
beiden kugelförmigen Kapitelle oben auf
den Säulen zu bedecken, 13 vierhundert
Granatäpfel für die beiden Flechtwerke,
zwei Reihen Granatäpfel für je ein Flecht-
werk; 14 die zehn Gestelle und die zehn Be-
cken auf den Gestellen; 15 das eine Meer
und die zwölf Rinder unter ihm, 16 die Töp-
fe, Schaufeln und Fleischgabeln. All diese
zugehörigen Geräte machte Hiram-Abi
dem König Salomo für das Haus des Herrn
aus polierter Bronze. 17 In der Jordanau
zwischen Sukkot und Zereda ließ der Kö-
nig sie gießen in Gussformen aus Lehm.
18 Salomo ließ alle diese Geräte in sehr gro-
ßer Zahl anfertigen. Denn das Gewicht der
Bronze wurde nicht nachgerechnet.
19 Salomo ließ alle Geräte, die zum Got-
teshaus gehörten, herstellen: den goldenen
Altar, die Tische, auf denen die Schaubrote
lagen, 20 die Leuchter mit ihren Lampen
aus bestem Gold, um sie vor dem Aller-
heiligsten vorschriftsmäßig anzuzünden,
21 die Blüten, Lampen und Lichtscheren
aus reinstem Gold, 22 die Messer, Opfer-
sprengschalen, Pfannen und Feuerbecken
aus bestem Gold. An den Türen des Hau-
ses waren die inneren Flügel zum Allerhei-
ligsten und die Türflügel zum Hauptraum
ebenfalls aus Gold.

5 So wurde die ganze Arbeit abgeschlos-
sen, die Salomo für das Haus des
Herrn unternahm. Dann brachte Salomo
die Weihegaben seines Vaters David hi-
nein, das Gold und Silber und alle Geräte
legte er in den Schatzkammern des Gottes-
hauses nieder.

Die Überführung der Bundeslade

2 Damals versammelte Salomo die Ältesten
Israels, alle Stammeshäupter und die An-
führer der israelitischen Großfamilien
nach Jerusalem, um die Bundeslade des
Herrn von der Davidstadt, das ist Zion, he-
raufzuholen. 3 Alle Männer Israels versam-
melten sich bei König Salomo zum Fest –
es war der siebte Monat. 4 Als alle Ältesten
Israels gekommen waren, hoben die Levi-
ten die Lade auf. 5 Sie trugen die Lade, das
Offenbarungszelt samt allen heiligen Ge-
räten, die sich im Zelt befanden, hinauf.
Die levitischen Priester trugen sie hinauf.
6 König Salomo und die ganze Gemein-
de Israels, die sich um ihn vor der Lade
versammelt hatte, opferten Schafe und
Rinder in einer Menge, die nicht zu zählen
und zu berechnen war. 7 Die Priester
brachten die Bundeslade des Herrn an
ihren Platz in den Hinterraum des Hauses,
in das Allerheiligste, unter die Flügel der
Kerubim. 8 Die Kerubim hielten die Flügel
über die Stätte der Lade ausgespannt und
so bedeckten die Kerubim die Lade und
ihre Stangen von oben. 9 Die Stangen wa-
ren aber so lang, dass ihre Enden an der
Lade vor dem Allerheiligsten gesehen wer-
den konnten. Aber draußen wurden sie
nicht gesehen. Sie blieben dort bis zum
heutigen Tag. 10 In der Lade befand sich
nichts außer den beiden Tafeln, die Mose
am Horeb hineingelegt hatte, den Tafeln
des Bundes, den der Herr mit den Söhnen
Israels bei ihrem Auszug aus Ägypten ge-
schlossen hatte.

Gott ergreift Besitz von seinem Tempel

11 Dann traten die Priester aus dem Heilig-
tum heraus. Alle, die gekommen waren,
hatten sich unabhängig davon, zu welcher
Abteilung sie gehörten, geheiligt. 12 Alle le-
vitischen Sänger, Asaf, Heman, Jedutun,
ihre Söhne und Brüder, standen, in Leinen
gekleidet, mit Zimbeln, Harfen und Zi-
thern östlich vom Altar. Bei ihnen waren
ungefähr einhundertzwanzig Priester, die
auf den Trompeten bliesen. 13 Wie aus
einem Mund ließen die Bläser und Sänger
gemeinsam die Stimme erschallen, um den
Herrn zu preisen und zu loben. Als sie die
Trompeten, Zimbeln und Musikinstru-
mente zum Lobpreis des Herrn erklingen
ließen, „Denn er ist gut und ewig währt
seine Huld“, erfüllte eine Wolke den Tem-
pel, das Haus des Herrn. 14 Die Priester
konnten wegen der Wolke ihren Dienst
nicht mehr verrichten; denn die Herrlich-
keit des Herrn erfüllte das Haus Gottes.

6 Damals sprach Salomo: Der Herr hat
gesagt, er wolle im Dunkeln wohnen.
2 Ich habe dir ein Haus als Wohnung er-
baut und eine Stätte, um dort für ewige
Zeiten zu wohnen.

Salomos Ansprache an das Volk

3 Dann wandte sich der König um und seg-
nete die ganze Gemeinde Israels. Die gan-
ze Gemeinde Israels hatte sich erhoben.
4 Er sprach:
Gepriesen sei der Herr, der Gott Israels,
der mit seinen Händen erfüllt hat, was er
mit seinem Mund meinem Vater David
verheißen hatte: 5 Seit dem Tag, an dem
ich mein Volk aus dem Land Ägypten
führte, habe ich aus allen Stämmen Israels
keine Stadt ausgewählt, um mein Haus zu
bauen, damit dort mein Name wohnt.
Auch erwählte ich keinen Menschen, um
Fürst über mein Volk Israel zu sein. 6 Nun
aber wählte ich Jerusalem, damit mein Na-
me dort wohnt, und ich erwählte David,
damit er über mein Volk Israel herrscht.
7 Mein Vater David trug sich mit dem Ge-
danken, ein Haus zu bauen für den Namen
des Herrn, des Gottes Israels. 8 Der Herr
aber sprach zu meinem Vater David: Du
hast gut getan mit der Absicht, meinem
Namen ein Haus zu erbauen. 9 Jedoch
nicht du sollst das Haus bauen; vielmehr
dein Sohn, der aus dir hervorgehen wird,
der soll meinem Namen das Haus errich-
ten. 10 Nun ließ der Herr sein Wort, das er
gesprochen hatte, in Erfüllung gehen. Ich
kam an die Stelle meines Vaters, setzte
mich auf den Thron Israels, wie der Herr
verheißen hatte, und errichtete das Haus
dem Namen des Herrn, des Gottes Israels.
11 Dort stellte ich die Lade nieder, in wel-
cher der Bund des Herrn liegt, den er mit
den Israeliten schloss.

Persönliches Gebet des Salomo

12 Nun stellte er sich an den Altar des
Herrn vor die ganzen Gemeinde Israels
und breitete seine Hände aus. 13 Denn Sa-
lomo hatte ein Podium aus Bronze anfer-
tigen lassen und es in der Mitte des Vor-
hofs aufgestellt, fünf Ellen lang, fünf Ellen
breit und drei Ellen hoch. Er stellte sich
darauf, sank vor der ganzen Gemeinde Is-
raels auf die Knie, breitete seine Hände
zum Himmel aus 14 und betete:
Herr, Gott Israels! Im Himmel und auf
der Erde ist kein Gott wie du, der den
Bund und die Gunst seinen Knechten be-
wahrt, die mit ganzen Herzen vor ihm le-
ben. 15 Du hast deinem Knecht David, mei-
nem Vater, das gehalten, was du ihm
versprochen hattest. Was du mit deinem
Mund zugesagt hattest, hast du mit deiner
Hand erfüllt, wie dieser Tag zeigt. 16 Nun
denn, Herr, Gott Israels, bewahre deinem
Knecht David, meinem Vater, was du ihm
versprochen hast mit den Worten: Es soll
dir nie an einem Nachkommen fehlen, der
vor mir auf dem Thron Israels sitzt, wenn
nur deine Söhne ihren Weg beachten, dass
sie nach meinem Gesetz leben, wie du vor
mir gelebt hast. 17 Nun aber, Herr, Gott Is-
raels, möge sich dein Wort, das du zu dei-
nem Knecht David gesprochen hast, be-
wahrheiten! 18 Soll nun Gott wirklich auf
der Erde bei den Menschen wohnen? Sie-
he, der Himmel und die Himmel der Him-
mel können dich nicht fassen, wie viel we-
niger dieses Haus, das ich erbaute!
19 Wende dich doch zum Gebet deines
Knechtes und zu seinem Flehen hin, Herr,
mein Gott, und höre auf das Rufen und
Beten, das dein Knecht vor dir verrichtet!
20 Öffne Tag und Nacht deine Augen über
diesem Haus, über der Stätte, von der du
versprochen hast, deinen Namen dorthin
zu legen. Höre das Flehen, das dein
Knecht an dieser Stätte an dich richtet!

Gebet für das Volk

21 Höre auf die Bitten deines Knechtes und
deines Volkes Israel, die sie an dieser Stät-
te verrichten! Höre sie vom Himmel, wo
du wohnst! Höre doch und verzeih:
22 Wenn jemand gegen seinen Nächsten
gesündigt hat und ihm dieser einen Eid
auferlegt, den er schwören muss, und er
kommt mit dem Eid vor deinen Altar in
diesem Haus, 23 dann höre du vom Him-
mel, handle und richte deine Knechte da-
durch, dass du den Übeltäter verurteilst,
indem du seine Taten auf ihn zurückfallen
lässt, den Gerechten aber freisprichst, in-
dem du ihm nach seiner Gerechtigkeit ver-
giltst!
24 Wenn dein Volk Israel vom Feind ge-
schlagen wird, weil es gegen dich gesün-
digt hat, und es kehrt wieder um, preist
deinen Namen, betet und fleht vor deinem
Angesicht in diesem Haus, 25 dann höre du
vom Himmel her und vergib die Sünde

deines Volkes Israel! Lass sie in das Land,
das du ihnen und ihren Vätern gegeben
hast, zurückkehren!
26 Wenn der Himmel verschlossen ist
und kein Regen fällt, weil sie gegen dich
gesündigt haben, und sie flehen nach die-
ser Stätte hin, verherrlichen deinen Na-
men und bekehren sich von ihrer Sünde,
weil du sie demütigst, 27 dann höre du
vom Himmel her und vergib die Sünde
deiner Knechte und deines Volkes Israel,
indem du sie den guten Weg lehrst, den
sie gehen sollen! Gib Regen auf dein Land,
das du deinem Volk zum Erbbesitz gege-
ben hast!
28 Wenn Hungersnot im Land herrscht,
wenn Pest entsteht, wenn Getreidebrand
und Dürre, Heuschrecken und Ungeziefer
kommen, wenn sein Feind es bedrängt im
eigenen Land, wenn irgendeine Plage oder
Krankheit herrscht, 29 (so höre du) jedes
Gebet und Flehen, das ein Einzelner oder
das ganze Volk Israel verrichtet. Sie alle
kennen ja ihre Plagen und ihren Schmerz
und erheben ihre Hände nach diesem
Haus hin. 30 Höre du es dann vom Himmel,
wo du wohnst, und verzeih! Vergilt jedem
nach seinen Taten, da du sein Herz kennst,
– denn du allein kennst das Herz der Men-
schen –, 31 damit sie dich fürchten und so
auf deinen Wegen gehen alle Tage, die sie
im Land, das du ihren Vätern gegeben
hast, leben!
32 Doch auch auf den Fremden, der nicht
aus deinem Volk Israel stammt, aber aus
fernem Land wegen deines großen Na-
mens, deiner starken Hand und deines
ausgestreckten Armes kommt – wenn sie
kommen und in diesem Haus beten,
33 dann höre du vom Himmel, wo du
wohnst, und gewähre alles, worum der
Fremde zu dir ruft, damit alle Völker der
Erde deinen Namen anerkennen und dich
so fürchten, wie dein Volk Israel dich
fürchtet, und erfahren, dass dein Name
über diesem Haus, das ich erbaut habe, an-
gerufen ist!
34 Wenn dein Volk zum Kampf gegen
seine Feinde auszieht auf dem Weg, auf
dem du sie sendest, und sie beten zu dir
nach dieser Stadt hin, die du erwählt hast,
und nach dem Haus hin, das ich deinem
Namen erbaute, 35 dann höre du vom Him-
mel her ihr Beten und Flehen und ver-
schaff ihnen Recht!
36 Wenn sie gegen dich sündigen – denn
es gibt keinen Menschen, der nicht sün-
digte – und du ihnen zürnst und sie einem
Feind auslieferst, der sie gefangen nimmt
und sie in ein fernes oder nahes Land weg-
führt, 37 und sie nehmen es sich dann zu
Herzen in dem Land, in das sie gefangen
weggeführt wurden, kehren um und fle-
hen zu dir um Erbarmen im Land ihrer
Gefangenschaft, indem sie gestehen: Wir
haben gesündigt, wir haben böse und gott-
los gehandelt, 38 wenn sie sich zu dir mit
ganzem Herzen und ganzer Seele bekeh-
ren im Land ihrer Feinde, die sie gefangen
wegführten, und beten nach ihrem Land
hin, das du ihren Vätern gabst, nach der
Stadt hin, die du erwähltest, und nach
dem Haus hin, das ich deinem Namen er-
baute, 39 dann höre du vom Himmel, wo du
wohnst, auf ihr Gebet und Flehen und
schaff ihnen Recht! Verzeih deinem Volk,
das gegen dich gesündigt hat!

Abschluss des Gebets

40 Lass nun, mein Gott, deine Augen offen
und deine Ohren aufmerksam sein für das
Gebet an dieser Stätte! 41 Herr und Gott,
komm zu deiner Ruhestatt, du und die La-
de deiner Macht! Deine Priester, Herr und
Gott, werden sich mit Heil bekleiden und
deine Treuen werden sich am Glück er-
freuen. 42 Herr und Gott, wende dich nicht
von deinem Gesalbten ab! Gedenke doch
der Gunst, die du deinem Knecht David
erwiesen hast!

Die Tempelweihe

7 Als Salomo sein Gebet beendet hatte,
stieg Feuer vom Himmel und verzehr-
te das Brandopfer und die Schlachtopfer.
Die Herrlichkeit des Herrn erfüllte das
Haus. 2 Die Priester konnten nicht in das
Haus des Herrn gelangen, da die Herrlich-
keit des Herrn es erfüllte. 3 Alle Israeliten
sahen zu, wie das Feuer und die Herrlich-
keit des Herrn auf das Haus herunterstieg.
Da knieten sie auf dem Steinpflaster mit
dem Antlitz auf die Erde nieder; sie warfen
sich nieder, beteten den Herrn an und
priesen ihn: „Denn er ist gut und ewig
währt seine Huld.“ 4 Der König und das
ganze Volk brachten Schlachtopfer vor
dem Herrn dar. 5 König Salomo brachte
als Schlachtopfer zweiundzwanzigtausend
Rinder und einhundertzwanzigtausend

Schafe dar. So weihten der König und das
ganze Volk das Gotteshaus ein. 6 Die Pries-
ter versahen ihren Dienst und die Leviten
priesen den Herrn mit den Musikinstru-
menten, die König David hatte anfertigen
lassen, um die Lieder des Herrn zu beglei-
ten: Denn ewig währt seine Huld. Wäh-
rend der Lobpreis Davids ertönte, bliesen
die Priester ihnen gegenüber auf den
Trompeten. Ganz Israel stand dabei.
7 Salomo heiligte die Mitte des Vorhofs,
der vor dem Haus des Herrn war. Denn
dort opferte er die Brandopfer und die
Fettstücke der Gemeinschaftsopfer, da der
bronzene Altar, den Salomo gemacht hat-
te, die Brandopfer, Speiseopfer und die
Fettstücke nicht fassen konnte. 8 Damals
feierte Salomo das Fest sieben Tage lang
und ganz Israel mit ihm, eine große Ver-
sammlung, von Lebo-Hamat bis zum Bach
Ägyptens. 9 Am achten Tag hielten sie eine
Festversammlung. Denn die Altarweihe
feierten sie sieben Tage und das Fest sieben
Tage. 10 Am dreiundzwanzigsten Tag des
siebten Monats entließ Salomo das Volk
zu seinen Zelten, freudig und voll guter
Gesinnung über all das Gute, das der Herr
David, Salomo und seinem Volk erwiesen
hatte.

Göttliche Verheißung

11 Salomo vollendete das Haus des Herrn
und den königlichen Palast. Alles, was Sa-
lomo sich für das Haus des Herrn und sei-
nen Palast vorgenommen hatte, führte er
glücklich zu Ende. 12 Da erschien ihm der
Herr in der Nacht und sprach zu ihm: Ich
habe dein Gebet erhört und mir diese Stät-
te zum Opfertempel erwählt. 13 Wenn ich
den Himmel verschließe, dass kein Regen
fällt, wenn ich der Heuschrecke befehle,
das Land aufzufressen, wenn ich die Pest
unter mein Volk sende, 14 wenn dann mein
Volk, über das mein Name genannt ist,
sich demütigt und betet, mein Angesicht
sucht und von seinem bösen Weg um-
kehrt, dann will ich es vom Himmel her
hören, seine Sünde vergeben und sein
Land heilen. 15 Jetzt sollen meine Augen
geöffnet und meine Ohren aufmerksam
auf das Gebet an diesem Ort sein. 16 Nun
habe ich dieses Haus erwählt und gehei-
ligt, damit dort für immer mein Name sei.
Meine Augen und mein Herz sollen dort
alle Tage sein. 17 Du aber, wenn du deinen
Weg vor mir gehst, wie ihn dein Vater Da-
vid ging, sodass du alles, was ich befohlen
habe, tust und meine Satzungen und
Rechte beachtest, 18 dann werde ich den
Thron deiner Herrschaft bestehen lassen,
wie ich es deinem Vater David verheißen
habe: Es soll dir nie an einem Herrscher
über Israel fehlen! 19 Ihr aber, wenn ihr
euch abwendet, meine Gesetze und Gebo-
te verlasst, die ich euch gegeben habe, an-
deren Göttern dient und vor ihnen nieder-
fallt, um sie anzubeten, 20 dann vertreibe
ich euch aus meinem Land, das ich euch
gegeben habe; dieses Haus aber, das ich
meinem Namen geweiht habe, verwerfe
ich vor meinem Angesicht und überlasse
es dem Spott und Hohn bei allen Völkern.
21 Jeder, der an diesem Haus, das so erha-
ben war, vorüberkommt, wird entsetzt
sein und sprechen: Warum handelte der
Herr so an diesem Land und diesem Haus?
22 Und man wird antworten: Weil sie den
Herrn, den Gott ihrer Väter, der sie aus
dem Land Ägypten geführt hatte, verlas-
sen, sich an andere Götter gehängt, sich
vor ihnen niedergeworfen und sie verehrt
haben, deshalb ließ er all dieses Unheil
über sie kommen.

Salomos Herrschaft

8 Nach zwanzig Jahren, in denen Salo-
mo das Haus des Herrn und seinen
Palast errichtet hatte, 2 baute Salomo auch
die Städte aus, die Hiram ihm übergeben
hatte, und siedelte dort Israeliten an.
3 Dann zog Salomo nach Hamat-Zoba und
eroberte es. 4 Er befestigte auch Tadmor in
der Wüste und alle Garnisonsstädte, die er
in Hamat gebaut hatte. 5 Ebenso baute er
das obere und untere Bet-Horon zu Fes-
tungen mit Mauern, Toren und Riegeln
aus, 6 auch Baala und alle Garnisonsstädte,
die Salomo gehörten, alle Wagenstädte
und alle Städte für die Mannschaften so-
wie alles, was Salomo in Jerusalem, im Li-
banon und in seinem ganzen Herrschafts-
bereich zu bauen gefiel.

7 Die Reste der Hetiter, Amoriter, Perisi-
ter, Hiwiter und Jebusiter, die nicht aus Is-
rael stammten 8 und von denen noch
Nachkommen im Land geblieben waren,
die die Israeliten nicht vernichtet hatten,
sie alle zog Salomo zur Fronarbeit heran
bis auf diesen Tag. 9 Von den Israeliten
aber machte Salomo niemand zu seinen

Fronarbeitern, weil sie Krieger waren, sei-
ne Obersten und Offiziere, die Führer sei-
ner Wagen und Reiter. 10 Zweihundert-
fünfzig Werkführer unter dem Befehl der
Statthalter Salomos hatten die Arbeiter zu
beaufsichtigen.
11 Salomo führte die Tochter des Pharao
aus der Davidstadt in den Palast, den er
ihr erbaut hatte; denn er dachte: Eine Frau
soll nicht im Haus Davids, des Königs von
Israel, wohnen; denn heilig sind die Stät-
ten, wohin die Lade Gottes gekommen ist.
12 Damals brachte Salomo dem Herrn
Brandopfer auf dem Altar des Herrn dar,
den er vor der Vorhalle errichtet hatte,
13 wie es nach dem Gesetz des Mose jedem
einzelnen Tag zukam, an den Sabbaten,
den Neumonden und an den Festzeiten
dreimal im Jahr: am Fest der Ungesäuer-
ten Brote, am Wochenfest und am Laub-
hüttenfest. 14 Nach der Vorschrift seines
Vaters David stellte er auch die Abteilun-
gen der Priester für ihren Dienst auf und
die Leviten für ihr Amt, Loblieder zu sin-
gen und an der Seite der Priester zu die-
nen, wie es für jeden Tag vorgeschrieben
war; ebenso die Torwächter nach ihren
Abteilungen für jedes einzelne Tor. Denn
so lautete die Vorschrift Davids, des Man-
nes Gottes. 15 Sie wichen von der königli-
chen Vorschrift bezüglich der Priester
und Leviten in keiner Weise ab; auch nicht
in Bezug auf die Schätze. 16 So wurde das
ganze Werk Salomos vom Tag der Grund-
steinlegung des Hauses des Herrn bis zur
Vollendung des Hauses des Herrn plan-
mäßig ausgeführt.
17 Damals zog Salomo nach Ezjon-Geber
und Elat am Ufer des Meeres im Land
Edom. 18 Hiram schickte ihm durch seine
Knechte Schiffe und seetüchtige Leute. Sie
kamen mit den Knechten Salomos nach
Ofir, nahmen von dort vierhundertfünfzig
Talente Gold mit und brachten sie zu Kö-
nig Salomo.

Der Besuch der Königin von Saba

9 Die Königin von Saba hörte von Salo-
mos Ruf und kam, um Salomo durch
Rätsel zu prüfen, mit sehr großem Gefolge
und Kamelen, die mit Balsam, großen
Mengen Gold und Edelsteinen beladen
waren, nach Jerusalem. Sie kam zu Salomo
und trug ihm alles vor, was sie sich vor-
genommen hatte. 2 Salomo gab ihr Ant-
wort auf alle ihre Fragen. Nichts war Salo-
mo verborgen, über das er ihr nicht hätte
Auskunft geben können. 3 Als nun die Kö-
nigin von Saba die Weisheit Salomos sah
und das Haus, das er erbaut hatte, 4 die
Speisen für seinen Tisch, die Sitzordnung
der Beamten, das Aufwarten seiner Diener
und ihre Kleidung, seine Mundschenken
und ihre Kleidung sowie seine Opfer, die
er im Haus des Herrn darbrachte, da geriet
sie vor Staunen außer sich. 5 Sie sprach
zum König: Es ist wirklich wahr gewesen,
was ich in meinem Land über dich und
deine Weisheit hörte. 6 Ich habe den Wor-
ten nicht geglaubt, bis ich kam und meine
Augen es sahen. Siehe, es war mir nicht die
Hälfte berichtet worden von der Größe
deiner Weisheit. Alles, was ich über dich
vernommen hatte, wurde übertroffen.
7 Glücklich deine Männer und glücklich
diese deine Diener, die ständig vor dir ste-
hen und deine Weisheit hören. 8 Gepriesen
sei der Herr, dein Gott, der an dir Wohl-
gefallen fand, dass er dich auf seinen
Thron setzte als König im Namen deines
Gottes. Da dein Gott Israel liebt und er
ihm ewigen Bestand geben will, hat er dich
zum König bestellt, um Recht und Gerech-
tigkeit zu üben. 9 Dann schenkte sie dem
König einhundertzwanzig Talente Gold,
sehr viel Balsam und Edelsteine. Es gab
keinen Balsam wie diesen, den die Königin
von Saba dem König Salomo schenkte.
10 Auch die Knechte Hirams und die
Knechte Salomos, die Gold von Ofir hol-
ten, brachten Sandelholz und Edelsteine
mit. 11 Der König fertigte aus dem Sandel-
holz Treppen für das Haus des Herrn und
das Haus des Königs sowie Zithern und
Harfen für die Sänger. Dergleichen hatte
man zuvor im Land Juda nicht gesehen.
12 König Salomo gab der Königin von Saba
alles, was ihr gefiel und um was sie bat,
außer dem, was sie dem König selbst ge-
bracht hatte. Dann kehrte sie mit ihrem
Gefolge in ihr Land zurück.

Salomos Reichtum

13 Das Gewicht des Goldes, das Salomo in
einem Jahr zufloss, betrug sechshundert-
sechsundsechzig Talente Gold, 14 außer
dem, was die Kaufleute und Händler
brachten. Auch alle Könige von Arabien
und die Statthalter des Landes brachten
Salomo Gold und Silber. 15 König Salomo

ließ zweihundert Schilde aus getriebenem Gold anfertigen, sechshundert Schekel getriebenen Goldes verwandte er auf einen Schild, 16 dazu dreihundert kleine Schilde aus getriebenem Gold, dreihundert Goldschekel verwandte er auf einen Schild. Der König legte sie im Libanonwaldhaus nieder. 17 Der König ließ auch einen großen elfenbeinernen Thron anfertigen und überkleidete ihn mit reinem Gold. 18 Sechs Stufen hatte der Thron und ein goldenes Lamm war am Thron befestigt. An beiden Seiten der Sitze waren Armlehnen und zwei Löwen standen neben den Lehnen. 19 Zwölf Löwen standen auf den sechs Stufen zu beiden Seiten. Derartiges war noch für kein Königreich angefertigt worden.

20 Alle Trinkgefäße des Königs Salomo waren aus Gold. Alle Gegenstände des Libanonwaldhauses waren aus bestem Gold. Silber wurde in den Tagen Salomos gar nicht geachtet; 21 denn der König besaß Schiffe, die mit den Knechten Hirams nach Tarschisch fuhren. Einmal in drei Jahren kamen die Tarschisch-Schiffe mit Gold, Silber, Elfenbein, Affen und Pfauen beladen zurück.

22 So wurde Salomo größer als alle Könige der Erde an Reichtum und Weisheit. 23 Alle Könige der Erde wollten Salomo sehen und seine Weisheit hören, die Gott seinem Herzen verliehen hatte. 24 Alle brachten ihm Jahr für Jahr ihre Geschenke mit: silberne Geräte, goldene Geräte, Gewänder, Waffen, Balsam, Pferde und Maultiere Jahr für Jahr.

25 Salomo besaß viertausend Stallplätze für seine Pferde sowie Wagen und zwölftausend Mann Besatzung. Man brachte sie in die Wagenstädte und zum König nach Jerusalem. 26 Er beherrschte alle Könige vom Strom bis zum Gebiet der Philister und zur Grenze von Ägypten. 27 Der König machte das Silber in Jerusalem so häufig wie die Steine und die Zedern machte er so zahlreich wie die Maulbeerfeigenbäume in der Schefela. 28 Man holte für Salomo Pferde aus Ägypten und aus allen Ländern.

Salomos Tod

29 Die übrige Geschichte Salomos, die frühere und die spätere, ist aufgezeichnet in der Geschichte des Propheten Natan, in der Weissagung Ahijas aus Schilo und in den Visionen des Sehers Jedo über Jerobeam, den Sohn Nebats. 30 Salomo regierte in Jerusalem vierzig Jahre als König über Israel. 31 Dann legte sich Salomo zu seinen Vätern nieder und man begrub ihn in der Stadt Davids, seines Vaters. An seiner Stelle wurde sein Sohn Rehabeam König.

Geschichte der Könige von Juda

Rehabeam und der Übertritt der Leviten

Die Spaltung des Reiches

10 Rehabeam ging nach Sichem, da ganz Israel dorthin gekommen war, um ihn zum König zu machen. 2 Als Jerobeam, der Sohn Nebats, das hörte – er befand sich in Ägypten, wohin er vor König Salomo geflohen war –, kehrte dieser aus Ägypten zurück. 3 Sie sandten zu ihm und ließen ihn rufen. So kamen Jerobeam und die ganze Versammlung und sprachen zu Rehabeam: 4 Dein Vater hat uns ein schweres Joch auferlegt. Erleichtere du nun den harten Dienst deines Vaters und das schwere Joch, das er uns auferlegt hat! Dann wollen wir dir dienen! 5 Er antwortete ihnen: Kommt in drei Tagen zu mir zurück! Da ging das Volk fort. 6 König Rehabeam beriet sich mit den Alten, die zu Lebzeiten seines Vaters Salomo im Dienst gestanden hatten, und sprach: Was ratet ihr mir? Was soll ich diesem Volk antworten? 7 Sie sprachen zu ihm: Wenn du dieses Volk gut behandelst, ihnen zu Willen bist und ihnen eine gnädige Antwort erteilst, werden sie alle Tage deine Diener sein. 8 Er aber missachtete den Rat, den ihm die Alten erteilt hatten, und fragte die Jungen um Rat, die mit ihm aufgewachsen waren und jetzt in seinen Diensten standen. 9 Er sprach zu ihnen: Was ratet ihr mir? Was sollen wir diesem Volk antworten, das zu mir sagt: Erleichtere das Joch, das uns dein Vater auferlegt hat. 10 Die Jungen, die mit ihm aufgewachsen waren, sprachen zu ihm: Antworte so dem Volk, das zu dir sprach: Dein Vater

hat unser Joch schwer gemacht. Erleichte-
re du es uns! Das sollst du ihnen sagen:
Mein kleiner Finger ist dicker als die Len-
den meines Vaters. 11 Nun hat mein Vater
euch ein schweres Joch auferlegt. Ich aber
will euer Joch noch drückender machen.
Mein Vater schlug euch mit Peitschen, ich
aber werde euch mit Skorpionen züchti-
gen.

12 Am dritten Tag kamen Jerobeam und
das ganze Volk zu Rehabeam, wie der Kö-
nig gesagt hatte: Kommt am dritten Tag zu
mir zurück! 13 Der König gab ihnen nun
eine harte Antwort, denn er verwarf den
Rat der Alten. 14 Nach dem Rat der Jungen
sprach er zu ihnen: Mein Vater hat euch
ein schweres Joch auferlegt, ich aber will
es noch schwerer machen. Mein Vater
schlug euch mit Peitschen, ich aber werde
euch mit Skorpionen züchtigen. 15 Der Kö-
nig hörte also nicht auf das Volk, denn es
war eine Fügung Gottes, damit der Herr
sein Wort erfüllen sollte, das er durch Ahi-
ja von Schilo Jerobeam, dem Sohn Nebats,
gegeben hatte. 16 Als alle Israeliten sahen,
dass der König nicht auf sie hörte, erwi-
derten sie dem König:

Welchen Anteil haben wir an David? /
Kein Erbteil haben wir am Sohn Isais. /
Nun heim zu deinen Zelten, Israel! / Jetzt,
David, kümmere dich um dein Haus!

Darauf ging ganz Israel zu seinen Zel-
ten. 17 Nur über die Söhne Israels, die in
den Städten Judas wohnten, herrschte Re-
habeam als König. 18 Dann sandte König
Rehabeam den Fronvogt Hadoram. Doch
die Israeliten steinigten ihn zu Tode. Da
konnte König Rehabeam noch eben seinen
Wagen besteigen, um nach Jerusalem zu
fliehen. 19 So fiel Israel vom Haus Davids
ab bis zum heutigen Tag.

Rehabeams erste Regierungsjahre

11 Als Rehabeam nach Jerusalem
kam, versammelte er das Haus Ju-
da und Benjamin, einhundertachtzigtau-
send auserlesene Krieger, zum Kampf
gegen Israel, um das Königtum für Reha-
beam zurückzugewinnen. 2 Da erging das
Wort des Herrn an Schemaja, den Gottes-
mann: 3 Sprich zu Rehabeam, dem Sohn
Salomos, dem König von Juda, und zu al-
len Israeliten, die in Juda und Benjamin
wohnen: 4 So spricht der Herr: Zieht nicht
in den Kampf gegen euere Brüder! Kehrt
zurück, jeder in sein Haus! Denn dies wur-
de durch mich verfügt. Als sie die Worte
des Herrn vernahmen, kehrten sie um,
ohne gegen Jerobeam zu ziehen.

5 Rehabeam wohnte nun in Jerusalem
und baute in Juda Städte zu Festungen aus.
6 So machte er Betlehem, Etam, Tekoa,
7 Bet-Zur, Socho, Adullam, 8 Gat, Marescha,
Sif, 9 Adorajim, Lachisch, Aseka, 10 Zora,
Ajalon und Hebron, die in Juda und Benja-
min liegen, zu Festungen. 11 Auch verstärk-
te er die Festungen, stellte Befehlshaber ab
und legte Vorräte an Lebensmitteln, Öl
und Wein an, 12 dazu brachte er in jede ein-
zelne Stadt Schilde und Speere. So befes-
tigte er sie außerordentlich stark, um über
Juda und Benjamin zu herrschen.

Der Übertritt der Priester und Leviten zu Rehabeam

13 Die Priester und Leviten, die in ganz Is-
rael waren, schlossen sich ihm aus allen
ihren Gebieten an. 14 Denn die Leviten ver-
ließen ihre Weiden und ihren Besitz. Sie
zogen nach Juda und Jerusalem, da Jero-
beam und seine Söhne sie ablehnten, so-
dass sie nicht mehr Priester des Herrn sein
konnten. 15 Er bestellte sich eigene Priester
für die Kulthöhen, die Bocksgeister und
für die Kälber, die er angefertigt hatte.
16 Den Leviten folgten aus allen Stämmen
Israels jene, die ihren Sinn darauf gerichtet
hatten, den Herrn, den Gott Israels, zu su-
chen. Sie kamen nach Jerusalem, um dem
Herrn, dem Gott der Väter, zu opfern. 17 Sie
stärkten das Königreich Juda und machten
für drei Jahre Rehabeam, den Sohn Salo-
mos, stark. Denn drei Jahre ging er auf
dem Weg Davids und Salomos.

Rehabeams Abfall

18 Rehabeam nahm sich Mahalat, die Toch-
ter Jerimots, des Sohnes Davids, und der
Abihajil, der Tochter Eliabs, des Sohnes
Isais, zur Frau. 19 Sie gebar ihm Söhne:
Jëusch, Schemarja und Saham. 20 Nach ihr
nahm er Maacha, die Enkelin Abschaloms.
Sie gebar ihm die Söhne Abija, Attai, Sisa
und Schelomit. 21 Rehabeam liebte Maa-
cha, die Enkelin Abschaloms, mehr als alle
seine Frauen und Nebenfrauen. Er hatte
nämlich achtzehn Frauen und sechzig Ne-
benfrauen genommen und achtundzwan-
zig Söhne und sechzig Töchter gezeugt.
22 Rehabeam bestellte Abija, den Sohn der

Maacha, zum Oberhaupt und Fürsten un-
ter seinen Brüdern. Er plante nämlich, ihn
zum König zu machen. 23 Klug verteilte er
alle Gegenden Judas und Benjamins und
alle festen Städte an seine Söhne, ver-
schaffte ihnen reichlichen Unterhalt und
warb viele Frauen für sie.

12 Während Rehabeams Königsherr-
schaft sich festigte und stark wur-
de, verließ er das Gesetz des Herrn und
ganz Israel mit ihm. 2 Im fünften Jahr des
Königs Rehabeam zog Schischak, der Kö-
nig von Ägypten, gegen Jerusalem herauf
– denn sie waren dem Herrn untreu ge-
worden – 3 mit eintausendzweihundert
Wagen und sechzigtausend Pferden. Zahl-
los war das Kriegsvolk, das mit ihm aus
Ägypten kam: Libyer, Sukkijiter und Ku-
schiter. 4 Er eroberte die festen Städte Ju-
das und gelangte bis nach Jerusalem. 5 Da
ging der Prophet Schemaja zu Rehabeam
und den Fürsten Judas, die sich vor Schi-
schak in Jerusalem versammelt hatten. Er
sprach zu ihnen: So spricht der Herr: Ihr
habt mich verlassen. So gebe auch ich euch
in die Gewalt Schischaks. 6 Da demütigten
sich die führenden Leute Israels und der
König. Sie sprachen: Gerecht ist der Herr.
7 Als der Herr sah, dass sie sich gedemütigt
hatten, erging das Wort des Herrn an
Schemaja: Sie haben sich gedemütigt. Ich
will sie nicht verderben, sondern ihnen
bald Rettung gewähren. Mein Zorn soll
sich durch Schischak nicht gegen Jerusa-
lem ergießen. 8 Sie sollen ihm aber als
Knechte dienen, damit sie meinen Dienst
vom Dienst irdischer Königreiche zu un-
terscheiden lernen.

9 So zog Schischak, der König von Ägyp-
ten, gegen Jerusalem herauf. Er nahm die
Schätze des Hauses des Herrn und des kö-
niglichen Palastes weg und nahm alles
weg. Auch die goldenen Schilde, die Salo-
mo hatte anfertigen lassen, nahm er mit.
10 König Rehabeam ließ an ihrer Stelle
bronzene Schilde machen und vertraute
sie den Obersten der Läufer an, die den
Eingang des Königspalastes bewachten.
11 Sooft der König nun zum Haus des
Herrn ging, kamen die Läufer und trugen
sie. Dann brachten sie sie wieder in die
Wachstube der Läufer zurück. 12 Weil der
König sich gedemütigt hatte, wandte sich
der Zorn des Herrn von ihm ab, sodass er
ihn nicht gänzlich vernichtete. Auch gab
es in Juda noch manches Gute. 13 König
Rehabeam machte sich wieder stark in Je-
rusalem und regierte weiterhin als König.
Rehabeam war einundvierzig Jahre alt, als
er die Königsherrschaft übernahm, und
regierte als König siebzehn Jahre in Jeru-
salem, der Stadt, die der Herr aus allen
Stämmen Israels erwählt hatte, um seinen
Namen dorthin zu legen. Der Name seiner
Mutter war Naama, sie stammte aus Am-
mon. 14 Er verübte Böses, da er sein Herz
nicht darauf richtete, den Herrn zu su-
chen.

15 Die frühere und die spätere Geschich-
te Rehabeams ist aufgeschrieben in der
Geschichte des Propheten Schemaja und
des Sehers Iddo. In ihr ist auch sein
Stammbaum enthalten. Der Krieg zwi-
schen Rehabeam und Jerobeam dauerte
die ganze Zeit an. 16 Rehabeam entschlief
zu seinen Vätern und wurde in der Stadt
Davids begraben. An seiner Stelle wurde
sein Sohn Abija König.

Abija und die Treue zur rechtmäßigen Priesterschaft

Der Krieg mit dem Nordreich

13 Im achtzehnten Jahr des Königs Je-
robeam wurde Abija König über
Juda. 2 Er regierte drei Jahre in Jerusalem.
Der Name seiner Mutter war Michaja, eine
Tochter Uriëls aus Gibea. Es herrschte
Krieg zwischen Abija und Jerobeam. 3 Abi-
ja begann den Kampf mit einem Heer von
tapferen Kriegern, vierhunderttausend
ausgezeichneten Leuten. Jerobeam stellte
ihm achthundertausend ausgezeichnete
Krieger entgegen.

Abijas Rede

4 Abija stand auf dem Berg Zemarajim, der
im Gebirge Efraim liegt, und rief: Hört
mich, Jerobeam und ganz Israel! 5 Ist es
euch nicht bekannt, dass der Herr, der
Gott Israels, das Königtum über Israel Da-
vid und seinen Nachkommen in einem
Salzbund für immer verliehen hat? 6 Aber
Jerobeam, der Sohn Nebats, der Knecht
Salomos, des Sohnes Davids, erhob sich
und empörte sich gegen seinen Herrn.
7 Um ihn sammelten sich nichtswürdige,
böse Menschen, die Rehabeam, dem Sohn
Salomos, überlegen waren. Rehabeam war
noch jung und furchtsam und konnte sich

gegen sie nicht durchsetzen. 8 Jetzt glaubt
ihr euch gegenüber dem Königtum des
Herrn in der Hand der Söhne Davids
durchsetzen zu können, weil ihr ein großer
Haufen seid und die goldenen Kälber bei
euch sind, die Jerobeam sich als Götter an-
fertigen ließ. 9 Habt ihr nicht die Priester
des Herrn, die Söhne Aarons, und die Le-
viten vertrieben? Habt ihr euch nicht
Priester wie die Völker der Länder bestellt?
Jeder, der mit einem jungen Stier und sie-
ben Widdern kam, um sich in das Priester-
amt einsetzen zu lassen, wurde Priester für
die Nichtgötter. 10 Was uns betrifft, unser
Gott ist der Herr und wir haben ihn nicht
verlassen. Als Priester dienen dem Herrn
die Söhne Aarons und die Leviten versehen
den Dienst. 11 Sie bringen jeden Morgen
und Abend Brandopfer und wohlriechen-
des Räucherwerk dar und betreuen das
Aufschichten der Brote auf dem reinen
Tisch sowie den goldenen Leuchter mit
seinen Lampen, um sie jeden Abend anzu-
zünden; denn wir beachten die Satzung des
Herrn, unseres Gottes. Ihr aber habt ihn
verlassen. 12 Seht, bei uns steht Gott an der
Spitze sowie die Priester mit den Trompe-
ten, um sie gegen euch erschallen zu lassen,
damit man das Kriegsgeschrei gegen euch
erhebt. Israeliten, führt keinen Krieg gegen
den Herrn, den Gott euerer Väter; denn ihr
werdet keinen Erfolg haben.

Die Schlacht

13 Jerobeam ließ die Leute im Hinterhalt
eine Umfassungsbewegung machen, um
ihnen in den Rücken zu fallen. So stand
ein Teil vor den Judäern, der Hinterhalt
aber in ihrem Rücken. 14 Als Juda sich um-
wandte, da drohte ihm der Kampf von
vorn und rückwärts. Sie schrien zum
Herrn und die Priester stießen in die
Trompeten. 15 Dann erhoben die Leute
von Juda ein Kriegsgeschrei. Als die Judäer
das Kriegsgeschrei erhoben, schlug Gott
den Jerobeam und ganz Israel vor Abija
und Juda. 16 Die Israeliten flohen vor Juda
und Gott gab sie in ihre Gewalt. 17 Da rich-
teten Abija und sein Volk unter ihnen ein
großes Blutbad an, sodass von Israel fünf-
hunderttausend ausgezeichnete Leute fie-
len. 18 So wurden damals die Israeliten ge-
demütigt, die Söhne Judas aber erstarkten;
denn sie stützten sich auf den Herrn, den
Gott ihrer Väter.

Das Ende der Regierung

19 Abija verfolgte Jerobeam und nahm ihm
einige Städte, Bet-El und seine Tochter-
städte, Jeschana und seine Tochterstädte,
Efron und seine Tochterstädte. 20 Jero-
beam erlangte keine Kraft mehr in den Ta-
gen Abijas. Der Herr schlug ihn und er
starb. 21 Abija aber erstarkte. Er nahm sich
vierzehn Frauen und zeugte zweiund-
zwanzig Söhne und sechzehn Töchter.

22 Die übrige Geschichte Abijas, seine
Taten und Worte sind aufgeschrieben in
den Erläuterungen des Propheten Iddo.
23 Abija entschlief zu seinen Vätern. Man
begrub ihn in der Stadt Davids. Sein Sohn
Asa wurde an seiner Stelle König. 23 Zu sei-
ner Zeit genoss das Land zehn Jahre Ruhe.

Asa und seine Kultreformen

Der Friede unter Asa

14 Asa tat, was gut und recht war in
den Augen des Herrn, seine Got-
tes. 2 Er entfernte die fremden Altäre und
die Kulthöhen, zerbrach die Steinmale
und hieb die Kultpfähle um. 3 Er befahl
den Judäern, den Herrn, den Gott ihrer
Väter, zu suchen und das Gesetz und die
Vorschrift zu erfüllen. 4 Auch entfernte er
aus allen Städten Judas die Kulthöhen und
Räucheraltäre. So hatte das Reich unter
ihm Ruhe. 5 Er baute Festungen in Juda;
denn das Land hatte Frieden und in jenen
Jahren musste er keinen Krieg führen, da
der Herr ihm Ruhe verschafft hatte. 6 Er
sprach zu Juda: Wir wollen diese Städte
bauen und mit einer Mauer, mit Türmen,
Toren und Riegeln umgeben. Noch gehört
uns das Land, da wir den Herrn, unseren
Gott, suchen. Auch er hat uns gesucht und
gab uns Ruhe ringsum. Sie konnten bauen
und hatten Erfolg. 7 Asa hatte aus Juda ein
Heer von Schild- und Speerträgern, drei-
hunderttausend Mann, aus Benjamin
zweihundertachtzigtausend Schildträger
und Bogenschützen. Alle waren tapfere
Helden.

Der Einfall des Serach

8 Gegen sie rückte der Kuschiter Serach
mit einem Heer von einer Million Mann
und dreihundert Wagen heran und kam
bis Marescha. 9 Asa zog ihm entgegen. Sie
stellten sich im Tal nördlich von Marescha
zur Schlacht auf. 10 Asa rief zum Herrn, sei-

nem Gott, und sprach: Herr, außer dir
kann niemand helfen im Streit zwischen
einem Starken und einem Schwachen. Hilf
uns, Herr, unser Gott; denn auf dich stüt-
zen wir uns und in deinem Namen sind
wir gegen diese Übermacht ausgezogen.
Herr, unser Gott bist du! Neben dir ver-
mag kein Mensch zu bestehen. 11 Da schlug
der Herr die Kuschiter vor Asa und Juda,
sodass die Kuschiter flohen. 12 Asa und das
Volk, das bei ihm war, verfolgten sie bis
Gerar. So viele Kuschiter fielen, dass kei-
ner von ihnen mehr am Leben blieb. Denn
sie wurden vom Herrn und seinem Heer
zersprengt. Sie machten sehr reiche Beute.
13 Sie bezwangen alle Städte rings um Ge-
rar; denn der Schrecken des Herrn lag auf
ihnen. Sie plünderten alle Städte, da sich
in ihnen reiche Beute fand. 14 Auch die Hir-
ten in ihren Zeltlagern schlugen sie, trie-
ben viele Schafe und Kamele fort und
kehrten nach Jerusalem zurück.

Die Weissagung Asarjas und Erneuerung des Bundes

15 Als der Geist Gottes über Asarja,
den Sohn Odeds, kam, 2 trat er hi-
naus vor Asa hin und sprach zu ihm: Hört
mich, Asa und ganz Juda und Benjamin!
Der Herr ist mit euch, wenn ihr mit ihm
seid. Wenn ihr ihn sucht, wird er von euch
gefunden. Wenn ihr ihn aber verlasst,
wird er auch euch verlassen. 3 Lange Zeit
war Israel ohne den Gott der Treue, ohne
belehrende Priester und ohne Gesetz. 4 Es
bekehrte sich in seiner Not zum Herrn,
dem Gott Israels. Da sie ihn suchten, ließ
er sich von ihnen finden. 5 In solchen Zei-
ten gab es keinen Frieden für die Waffen-
fähigen. Denn große Verwirrung lag auf
allen Bewohnern des Landes. 6 Ein Volk
zerschlug das andere und eine Stadt die
andere. Denn Gott hatte sie mit allerlei
Drangsal aufgestört. 7 Ihr aber seid stark,
lasst euere Hände nicht ruhen! Denn es
gibt einen Lohn für euer Werk.
8 Als Asa diese Worte und die Weissa-
gung des Propheten Asarja, des Sohnes
Odeds, gehört hatte, fasste er Mut und
schaffte die Götzen aus dem ganzen Ge-
biet von Juda und Benjamin fort sowie
aus allen Städten, die er im Gebirge Efraim
erobert hatte. Auch erneuerte er den Altar
des Herrn, der vor der Vorhalle des Herrn
stand. 9 Er versammelte ganz Juda und
Benjamin und die Leute aus Efraim, Ma-
nasse und Simeon die bei ihnen wohnten.
Sehr viele nämlich waren aus Israel zu ihm
übergetreten, als sie sahen, dass der Herr,
sein Gott, mit ihm war. 10 Sie versammelten
sich in Jerusalem im dritten Monat des
fünfzehnten Regierungsjahres Asas. 11 An
jenem Tag opferten sie von der Beute, die
sie heimgebracht hatten, dem Herrn sie-
benhundert Rinder und siebentausend
Schafe. 12 Dann schlossen sie den Bund,
den Herrn, den Gott ihrer Väter, aus ihrem
ganzen Herzen und ihrer ganzen Seele zu
suchen; 13 wer den Herrn, den Gott Israels,
nicht suchen würde, sollte getötet werden,
klein oder groß, Mann oder Frau. 14 Sie leis-
teten dem Herrn den Eid mit lauter Stim-
me und mit Jubelrufen, mit Trompeten-
schall und Posaunenklang. 15 Ganz Juda
freute sich über den Schwur. Denn sie
schworen mit ihrem ganzen Herzen und
suchten den Herrn mit ihrem ganzen Wil-
len, sodass er sich von ihnen finden ließ. So
verschaffte ihnen der Herr Ruhe ringsum.

Das weitere Wirken Asas

16 Selbst seine Mutter Maacha entfernte
König Asa aus ihrer Stellung als Herrin,
weil sie der Aschera ein Schandbild hatte
anfertigen lassen. Asa ließ das Schandbild
umhauen, zermalmen und im Tal Kidron
verbrennen. 17 Nur die Kulthöhen wurden
nicht aus Israel entfernt. Doch das Herz
Asas blieb alle seine Lebenstage ungeteilt
(beim Herrn). 18 Er ließ die Weihegaben
seines Vaters und seine eigenen Weihe-
geschenke, Silber, Gold und Geräte, in das
Gotteshaus bringen. 19 Bis zum fünfund-
dreißigsten Regierungsjahr Asas gab es
keinen Krieg.

16 Im sechsunddreißigsten Regie-
rungsjahr Asas zog Bascha, der
König von Israel, gegen Juda hinauf und
befestigte Rama, um Asa, den König von
Juda, zu hindern, in den Krieg zu ziehen.
2 Da holte Asa Silber und Gold aus den
Schatzkammern des Hauses des Herrn
und des Königspalastes und schickte eine
Gesandtschaft an Ben-Hadad, den König
von Aram, der in Damaskus wohnte, mit
folgender Botschaft: 3 Ein Bund besteht
zwischen mir und dir, zwischen meinem
Vater und deinem Vater. Siehe, ich sende
dir Silber und Gold! Wohlan, brich dein
Bündnis mit Bascha, dem König von Isra-

el, damit er von mir abzieht! 4 Da hörte
Ben-Hadad auf König Asa und sandte sei-
ne Heerführer gegen die Städte Israels. Sie
bezwangen Ijon, Dan, Abel-Majim und al-
le Vorratsstädte Naftalis. 5 Als Bascha es
vernahm, ließ er davon ab, Rama zu befes-
tigen und stellte seine Arbeit ein. 6 Da rief
König Asa ganz Juda zusammen. Sie tru-
gen die Steine und Balken fort, mit denen
Bascha Rama ausgebaut hatte, und er be-
festigte damit Geba und Mizpa.
7 In jener Zeit kam der Seher Hanani zu
Asa, dem König von Juda, und sprach zu
ihm: Da du dich auf den König von Aram
gestützt hast und dich nicht auf den
Herrn, deinen Gott, verlassen hast, des-
halb ist das Heer des Königs von Aram
deiner Hand entkommen. 8 Waren nicht
auch die Kuschiter und Libyer ein großes
Heer mit Wagen und Pferden in großer
Zahl? Da du dich aber auf den Herrn
stütztest, gab er sie in deine Gewalt.
9 Denn die Augen des Herrn blicken auf
der ganzen Erde umher, um sich denen
stark zu erweisen, deren Herz ungeteilt
auf ihn gerichtet ist. Hierin hast du töricht
gehandelt. Denn von jetzt an werden Krie-
ge gegen dich entstehen. 10 Da wurde Asa
über den Seher zornig und warf ihn ins
Gefängnis; denn er war sehr über ihn auf-
gebracht. Auch misshandelte Asa damals
einige aus dem Volk.

Das Ende der Regierung

11 Die frühere und die spätere Geschichte
Asas ist im Buch der Könige von Juda
und Israel aufgeschrieben. 12 Im neunund-
dreißigsten Regierungsjahr erkrankte Asa
vom Kopf bis zu den Füßen. Aber auch in
der Krankheit suchte er nicht den Herrn,
sondern die Ärzte. 13 Asa legte sich zu sei-
nen Vätern nieder und starb in seinem
einundvierzigsten Regierungsjahr. 14 Man
begrub ihn in seiner Grabstätte, die er sich
in der Davidstadt hatte aushauen lassen.
Man legte ihn auf ein Lager, das mit Bal-
sam und anderen kunstvoll zubereiteten
Salben ausgestattet war und zündeten für
ihn ein großes Leichenfeuer an.

Joschafat und die Verwaltung

Joschafats Macht

17 An seiner Stelle wurde sein Sohn
Joschafat König. Er erwies sich
stark gegen Israel. 2 Er legte Truppen in al-
le befestigten Städte Judas und bestellte
Vögte im Land Juda und in den Städten
Efraims, die sein Vater Asa erobert hatte.
3 Der Herr war mit Joschafat. Denn er
folgte den früheren Wegen seines Vaters
und suchte nicht die Baale auf. 4 Vielmehr
suchte er den Gott seines Vaters und
machte es nicht wie Israel. 5 Der Herr be-
festigte das Königtum in seiner Hand.
Ganz Juda brachte Joschafat Geschenke,
sodass er Reichtum und Ehre in Fülle be-
saß. 6 So erstarkte sein Herz auf den Wegen
des Herrn und er entfernte von neuem die
Kulthöhen und Kultpfähle aus Juda.
7 In seinem dritten Regierungsjahr sand-
te er seine Beamten Ben-Hajil, Obadja, Se-
charja, Netanel und Michaja aus, um das
Volk in den Städten Judas zu belehren.
8 Bei ihnen waren die Leviten Schemaja,
Netanja, Sebadja, Asaël, Schemiramot, Jo-
natan, Adonija, Tobija und Tob-Adonija
sowie die Priester Elischama und Joram.
9 Sie belehrten das Volk in Juda und hatten
das Gesetzbuch des Herrn bei sich. Sie zo-
gen in allen Städten Judas umher und un-
terrichteten das Volk.
10 Der Schrecken des Herrn kam über al-
le Königreiche der Länder, die rings um
Juda waren, sodass sie keinen Krieg mit
Joschafat wagten. 11 Von den Philistern
brachte man Joschafat Geschenke und Sil-
ber als Abgabe. Auch die Araber brachten
ihm Kleinvieh, siebentausendsiebenhun-
dert Widder und siebentausendsieben-
hundert Böcke. 12 So wurde Joschafat au-
ßerordentlich angesehen. In Juda baute er
Burgen und Vorratsstädte.

Das Heer

13 Auch hatte er wichtige Ämter in den
Städten Judas und Kriegsleute, kriegstüch-
tige Männer, in Jerusalem. 14 Das war ihre
Dienstordnung nach ihren Großfamilien:
Für Juda als Tausendschaftsführer der
Oberst Adna und mit ihm dreihunderttau-
send kriegstüchtige Männer; 15 ihm zur Sei-
te der Oberst Johanan und mit ihm zwei-
hundertachtzigtausend Mann; 16 ihm zur
Seite Amasja, der Sohn Sichris, der sich
freiwillig dem Herrn zur Verfügung ge-
stellt hatte, mit zweihunderttausend
kriegstüchtigen Männern. 17 Aus Benjamin
kam Eljada, ein kriegserfahrener Mann,
und mit ihm zweihunderttausend Mann,

die Bogen und Schild trugen; 18 ihm zur
Seite stand Josabad mit einhundertacht-
zigtausend für den Kampf gerüsteten
Männern. 19 Sie dienten dem König neben
jenen, die er in ganz Juda in die Festungen
gelegt hatte.

Das Bündnis mit Ahab und die Propheten

18 Joschafat besaß viel Reichtum und
Ruhm und verschwägerte sich mit
Ahab. 2 Nach einigen Jahren kam er zu
Ahab nach Samaria hinunter. Ahab
schlachtete für ihn und das Volk, das bei
ihm war, Schafe und Rinder in Menge.
Dann überredete er ihn, nach Ramot-Gile-
ad hinaufzuziehen. 3 Ahab, der König Isra-
els, sagte zu Joschafat, dem König von Ju-
da: Willst du mit mir gegen Ramot-Gilead
ziehen? Er erwiderte ihm: Wie du, so ich!
Wie dein Volk, so mein Volk! Mit dir ziehe
ich in den Krieg!
4 Joschafat bat den König von Israel:
Frage doch jetzt nach einem Wort des
Herrn! 5 Da versammelte der König von Is-
rael die Propheten, vierhundert Mann,
und sprach zu ihnen: Soll ich gegen Ra-
mot-Gilead zum Kampf ziehen, oder soll
ich es unterlassen? Sie antworteten: Zieh
hin! Gott wird es in die Gewalt des Königs
geben. 6 Joschafat sagte: Gibt es hier nicht
noch einen Propheten des Herrn, den wir
befragen können? 7 Der König von Israel
antwortete Joschafat: Es gibt noch einen
Mann, durch den wir den Herrn befragen
können. Aber ich hasse ihn. Denn er
weissagt über mich nie etwas Gutes, son-
dern sein Leben lang nur Böses: Es ist Mi-
cha, der Sohn Jimlas. Joschafat antwortete:
Der König sollte doch nicht so sprechen!
8 Da rief der König von Israel einen Käm-
merer und befahl: Hol schnell Micha, den
Sohn Jimlas! 9 Der König von Israel und
Joschafat, der König von Juda, saßen, in
königliche Gewänder gekleidet, auf ihren
Thronen. Sie saßen auf der Tenne am Ein-
gang des Tores von Samaria, während alle
Propheten vor ihnen weissagten. 10 Zidkija,
der Sohn Kenaanas, hatte sich eiserne
Hörner gemacht und rief: So spricht der
Herr: Damit wirst du die Aramäer nieder-
stoßen, bis du sie vernichtet hast! 11 Alle
Propheten weissagten ebenso und spra-
chen: Zieh nach Ramot-Gilead! Es wird
dir gelingen. Denn der Herr hat es in die
Gewalt des Königs gegeben. 12 Der Bote,
der Micha holen sollte, sagte zu ihm: Sie-
he, die Reden der Propheten sind einstim-
mig günstig für den König. So sei auch
dein Wort wie eines von ihnen! Du sollst
Gutes verkünden! 13 Micha aber antworte-
te: So wahr Gott lebt: was mein Gott sagen
wird, das werde ich verkünden! 14 Als er
zum König kam, sprach der König zu ihm:
Micha, sollen wir zum Kampf gegen Ra-
mot-Gilead ausziehen, oder sollen wir da-
von zurücktreten? Er antwortete: Zieht
hin! Es wird euch gelingen. Sie werden in
euere Gewalt gegeben. 15 Da sprach der Kö-
nig: Wie oft muss ich dich beschwören,
dass du mir nur Wahres im Namen des
Herrn kündest? 16 Da sagte Micha: Ich sah
ganz Israel auf den Bergen verstreut wie
Schafe, die keinen Hirten haben. Da
sprach der Herr: Sie haben keinen Herrn
mehr. Jeder kehre in Frieden in sein Haus
zurück! 17 Da meinte der König von Israel
zu Joschafat: Sagte ich dir nicht: Nichts
Gutes, sondern nur Böses kann er gegen
mich prophezeien? 18 Micha fuhr fort: Hört
darum das Wort des Herrn: Ich sah den
Herrn auf seinem Thron sitzen. Zu seiner
Rechten und Linken stand das ganze Heer
des Himmels. 19 Da sprach der Herr: Wer
will Ahab, den König von Israel, verleiten,
dass er hinaufzieht und vor Ramot-Gilead
fällt? Da sprach der eine dies, der andere
das. 20 Schließlich trat der Geist vor, stellte
sich vor den Herrn und sprach: Ich will
ihn verleiten! Da fragte ihn der Herr: Wo-
mit denn? 21 Er antwortete: Ich will aus-
gehen und ein Lügengeist im Mund aller
seiner Propheten werden! Da sprach der
Herr: Du sollst ihn verleiten! Du kannst
es auch. Geh hin und vollbring es! 22 Sieh
nun, der Herr gab einen Lügengeist in
den Mund dieser deiner Propheten; denn
er hatte Unheil gegen dich beschlossen.
23 Da trat Zidkija, der Sohn Kenaanas, nä-
her, schlug Micha auf die Wange und sag-
te: Auf welchem Weg ist denn der Geist
des Herrn von mir fortgegangen, um mit
dir zu sprechen? 24 Micha erwiderte: Du
wirst es an dem Tag erfahren, an dem du
von Kammer zu Kammer gehst, um dich
zu verbergen! 25 Da befahl der König von
Israel: Ergreift Micha und bringt ihn zum
Stadtkommandanten Amon und zum
Prinzen Joasch! 26 Meldet: So befiehlt der
König: Steckt diesen in das Gefängnis!
Gebt ihm streng Brot und Wasser zur

Nahrung, bis ich wohlbehalten heimkehre!
27 Da erwiderte Micha: Wenn du wirklich
wohlbehalten heimkehrst, hat der Herr
nicht durch meinen Mund gesprochen.
[Und er sagte: Hört, ihr Völker alle!]
28 Dann zogen der König von Israel und
Joschafat, der König von Juda, gegen Ra-
mot-Gilead. 29 Der König von Israel sagte
zu Joschafat: Ich will mich verkleiden und
so in den Kampf ziehen! Du aber leg deine
Kleider an! Da verkleidete sich der König
von Israel und so zogen sie in die Schlacht.
30 Der König von Aram hatte aber den
Obersten seiner Kriegswagen folgenden
Befehl gegeben: Kämpft nicht gegen Klei-
ne und Große, sondern allein gegen den
König von Israel! 31 Als nun die Obersten
der Kriegswagen Joschafats erblickten,
sprachen sie: Das ist der König von Israel!
und wandten sie sich zum Kampf gegen
ihn. Joschafat schrie auf. Da half ihm der
Herr und drängte sie von ihm ab. 32 Sobald
die Obersten der Kriegswagen sahen, dass
er nicht der König von Israel war, kehrten
sie sich von ihm ab. 33 Ein Soldat aber
spannte aufs Geratewohl den Bogen und
traf den König von Israel zwischen den
Gurten und dem Panzer. Da sprach er zu
seinem Wagenlenker: Wende um und fahr
mich aus der Schlacht; denn ich bin ver-
wundet. 34 Da der Kampf an jenem Tage
noch anstieg, stand der König von Israel
aufrecht auf seinem Wagen vor den Ara-
mäern bis zum Abend. Zur Zeit des Son-
nenunterganges starb er.

19 Dann kehrte Joschafat, der König
von Juda, wohlbehalten nach Jeru-
salem heim. 2 Der Seher Jehu, der Sohn
Hananis, ging ihm entgegen und sprach
zu König Joschafat: Ist es erlaubt, dem
Gottlosen zu helfen? Willst du jenen Liebe
bezeigen, die den Herrn hassen? So
kommt nun der Zorn des Herrn über dich.
3 Gewiss finden sich bei dir auch gute Ta-
ten. Du hast die Kultpfähle mit Feuer aus
dem Land weggeschafft und dein Herz da-
rauf gerichtet, Gott zu suchen.

Die Maßnahmen zur Rechtsprechung

4 Joschafat, König von Juda, blieb in Jeru-
salem. Dann aber ging er wieder unter das
Volk hinaus von Beerscheba bis zum Ge-
birge Efraim und führte sie zum Herrn,
dem Gott ihrer Väter, zurück. 5 Er bestellte
Richter im Land, in allen befestigten Städ-
ten Judas, Stadt für Stadt. 6 Er sprach zu
den Richtern: Seht zu, was ihr tut! Denn
nicht für Menschen, sondern für den
Herrn richtet ihr. Er ist bei euch, wenn
Recht gesprochen wird. 7 Nun sei die
Furcht des Herrn über euch! Haltet das
Gesetz und handelt danach! Denn beim
Herrn, unserem Gott, gibt es keine Unge-
rechtigkeit, Parteilichkeit und Annahme
von Geschenken. 8 Auch in Jerusalem be-
stellte Joschafat einige Leviten, Priester
und Familienhäupter Israels für die Recht-
sprechung des Herrn und die Streitsachen
der Bewohner von Jerusalem. 9 Ihnen be-
fahl er: Folgendermaßen handelt in der
Furcht des Herrn, in Festigkeit und ehr-
lichem Herzen: 10 In jeder Streitsache, die
von eueren Brüdern, die in ihren Städten
wohnen, zu euch gebracht wird, mag es
sich um eine Blutschuld, um Gesetz, Wei-
sung, Gebote und Rechte handeln, sollt ihr
sie ermahnen, dass sie sich nicht gegen
den Herrn versündigen und kein Zornge-
richt über euch und euere Brüder kommt!
Handelt so, damit ihr euch nicht versün-
digt! 11 Seht, der Oberpriester Amarja ist
in allen religiösen Angelegenheiten über
euch bestellt und Sebadja, der Sohn Ji-
schmaels, der Fürst des Hauses Juda, in al-
len Angelegenheiten des Königs. Als
Schreiber stehen euch die Leviten zur Ver-
fügung. Handelt mutig und der Herr wird
mit den Guten sein!

Der Krieg gegen Edom

20 Danach rückten die Moabiter, Am-
moniter und eine Anzahl Mëuniter
zum Kampf gegen Joschafat heran. 2 Man
kam und meldete Joschafat: Eine große
Schar zieht gegen dich heran von jenseits
des Meeres, von Edom. Sie stehen in Haze-
zon-Tamar, das ist En-Gedi. 3 Da fürchtete
sich Joschafat und richtete seinen Sinn da-
rauf, den Herrn zu befragen. Er rief ein
Fasten über ganz Juda aus. 4 Juda versam-
melte sich, um vom Herrn (Hilfe) zu erbit-
ten. Auch aus den Städten Judas kam man,
um den Herrn zu suchen. 5 Joschafat stellte
sich im neuen Vorhof im Haus des Herrn
vor die Versammlung Judas und Jerusa-
lems. 6 Er sprach: Herr, Gott unserer Väter,
bist du nicht Gott im Himmel und bist du
nicht der Herrscher über alle Reiche der
Völker? In deiner Hand ist Kraft und Stär-
ke und niemand vermag neben dir stand-

zuhalten. 7 Hast du, unser Gott, nicht einst
die Bewohner dieses Landes vor deinem
Volk Israel vertrieben und es für immer
den Nachkommen Abrahams, den du lieb-
test, gegeben? 8 Sie wohnten darin und er-
bauten dort deinem Namen ein Heiligtum,
indem sie sprachen: 9 Wenn uns ein Un-
glück trifft, Schwert oder Strafgericht, Pest
oder Hunger, dann wollen wir vor dieses
Haus und dein Angesicht hintreten – denn
dein Name wohnt in diesem Haus – und
aus unserer Bedrängnis zu dir rufen, damit
du uns erhörst und rettest. 10 Siehe nun, die
Söhne Ammons, Moabs und des Gebirges
Seïr, gegen die zu ziehen du Israel bei sei-
nem Auszug aus Ägypten nicht erlaubtest
– denn sie wichen vor ihnen zurück und
vernichteten sie nicht –, 11 sieh, die vergel-
ten es uns nun, indem sie kommen, um
uns aus deinem Besitz zu vertreiben, das
du uns zum Eigentum gegeben hast. 12 Un-
ser Gott, willst du nicht über sie richten?
Denn in uns ist keine Kraft angesichts die-
ses großen Heeres, das gegen uns heran-
zieht. Wir wissen nicht, was wir tun sollen.
Nur auf dich sind unsere Augen gerichtet.

13 Ganz Juda stand vor dem Herrn, auch
seine Kinder und Frauen. 14 Da stieg der
Geist des Herrn mitten in der Versamm-
lung auf Jahasiël herunter, den Sohn Se-
charjas, des Sohnes Benajas, des Sohnes
Jëiëls, des Sohnes Mattanjas, einen Leviten
von den Söhnen Asafs. 15 Er sagte: Gebt
Acht, ganz Juda, ihr Bewohner Jerusalems
und du, König Joschafat! So spricht der
Herr zu euch: Ihr dürft euch nicht fürchten
und nicht zurückschrecken vor diesem
großen Heer! Denn nicht für euch, son-
dern für Gott ist der Kampf bestimmt.
16 Steigt morgen gegen sie hinunter! Sie stei-
gen auf den Pass von Ziz hinauf. Ihr trefft
sie am Ausgang des Tals vor der Wüste Je-
ruël. 17 Es ist nicht euere Aufgabe, zu kämp-
fen. Stellt euch hin und bleibt stehen!
Schaut die Hilfe des Herrn für euch. Juda
und Jerusalem, fürchtet euch nicht und
schreckt nicht zurück! Zieht ihnen morgen
entgegen! Der Herr ist mit euch! 18 Da ver-
neigte sich Joschafat mit dem Gesicht auf
die Erde und ganz Juda und die Bewohner
Jerusalems fielen vor dem Herrn nieder,
um ihn anzubeten. 19 Dann standen von
den Leviten die Kehatiter und die Korachi-
ter auf, um den Herrn, den Gott Israels, mit
lauter, schallender Stimme zu preisen.

20 Am frühen Morgen brachen sie auf
und zogen in die Wüste Tekoa hinaus. Bei
ihrem Auszug trat Joschafat auf und
sprach: Hört mich, Juda und ihr Bewohner
Jerusalems! Glaubt an eueren Gott, dann
bleibt ihr bestehen! Glaubt an seine Pro-
pheten, dann wird es euch gelingen! 21 Er
beratschlagte mit dem Volk und bestellte
Sänger für den Herrn, damit sie in heili-
gem Schmuck Loblieder beim Auszug der
Krieger singen und sprechen sollten: Preist
den Herrn, denn ewig währt seine Huld!
22 Sobald sie mit dem Jubelruf und Lob-
gesang begannen, führte der Herr Feinde,
die im Hinterhalt lagen, gegen die Ammo-
niter, Moabiter und die Bewohner des Ge-
birges Seïr, die gegen Juda gezogen waren,
sodass sie geschlagen wurden. 23 Die Am-
moniter und Moabiter standen auf gegen
die Bewohner des Gebirges Seïr, um sie
auszurotten und zu vernichten. Nachdem
sie die Bewohner Seïrs aufgerieben hatten,
half einer den anderen zu vernichten.

24 Als die Judäer zu einem Ort kamen,
wo man die Wüste überblicken konnte
und nach dem Heer Ausschau hielten, sa-
hen sie nur Leichen am Boden liegen; nie-
mand war entkommen. 25 Da kam Joscha-
fat mit seinen Kriegern, um die Beute zu
sammeln. Sie fanden Vieh in Menge, Ge-
spanne, Kleider und kostbare Gegenstän-
de. Sie plünderten so viel, dass sie die Beu-
te nicht mehr tragen konnten. Drei Tage
brachten sie mit der Plünderung zu; denn
die Beute war groß. 26 Am vierten Tag sam-
melten sie sich im Tal Beracha und priesen
dort den Herrn. Deshalb heißt dieser Ort
Beracha (Preistal) bis auf den heutigen
Tag. 27 Dann kehrten alle Leute von Juda
und Jerusalem mit Joschafat an der Spitze
zurück, um in Freuden nach Jerusalem
heimzukehren; denn der Herr hatte ihnen
Freude über ihre Feinde verliehen. 28 Sie
kamen mit Harfen, Zithern und Trompe-
ten nach Jerusalem zum Haus des Herrn.
29 Ein Schrecken Gottes fiel auf alle Reiche
der Länder, als sie vernahmen, dass der
Herr gegen die Feinde Israels gekämpft
hatte. 30 Joschafats Reich kam zur Ruhe, da
sein Gott ihm ringsum Ruhe verschaffte.

Das Ende der Regierung

31 Joschafat war König über Juda. Fünfund-
dreißig Jahre war er alt, als er König wur-
de, und fünfundzwanzig Jahre regierte er

in Jerusalem. Der Name seiner Mutter war
Asuba, eine Tochter Schilhis. 32 Er ging auf
dem Weg seines Vaters, ohne davon abzu-
weichen, und tat, was recht war in den Au-
gen des Herrn. 33 Nur die Kulthöhen ver-
schwanden nicht und das Volk hatte sein
Herz noch nicht fest auf den Gott seiner
Väter gerichtet. 34 Die übrige Geschichte
Joschafats, die frühere und die spätere, ist
aufgezeichnet in der Geschichte Jehus, des
Sohnes Hananis, die in das Buch der Kö-
nige Israels aufgenommen wurde.
35 Danach verbündete sich Joschafat, der
König von Juda, mit Ahasja, dem König
von Israel. Dieser verleitete ihn, Böses zu
tun. 36 Er schloss einen Bund mit ihm, um
Schiffe zu bauen, die nach Tarschisch fah-
ren konnten. Sie bauten die Schiffe in
Ezjon-Geber. 37 Doch Eliëser, der Sohn Do-
dawas aus Marescha, weissagte gegen Jo-
schafat: Da du dich mit Ahasja verbündet
hast, wird der Herr dein Werk vernichten.
Die Schiffe verunglückten und konnten
nicht nach Tarschisch fahren.

Gottlosigkeit und Unheil unter Joram, Ahasja, Atalja und Joasch

Jorams Regierung und Verbrechen

21 Joschafat legte sich zu seinen Vä-
tern nieder und wurde bei seinen
Vätern in der Stadt Davids begraben. An
seiner Stelle wurde sein Sohn Joram König.
2 Jorams Brüder, die Söhne Joschafats
waren Asarja, Jehiël, Secharja, Asarja, Mi-
chael und Schefatja. Sie alle waren Söhne
Joschafats, des Königs von Israel. 3 Ihr Va-
ter hatte ihnen viele Geschenke an Silber,
Gold und Kostbarkeiten gegeben, dazu be-
festigte Städte in Juda. Das Königtum aber
übertrug er Joram, da er der Erstgeborene
war. 4 Als Joram die Herrschaft seines Va-
ters angetreten und mächtig geworden war,
tötete er mit dem Schwert alle seine Brüder
und auch einige von den Fürsten Israels.
5 Joram war zweiunddreißig Jahre alt, als
er die Herrschaft übernahm, und regierte
acht Jahre in Jerusalem. 6 Er ging auf dem
Weg der Könige Israels, wie es das Haus
Ahabs getan hatte. Denn er hatte Ahabs
Tochter zur Frau. Er tat, was dem Herrn
missfiel. 7 Aber das Haus Davids wollte
der Herr nicht vernichten wegen des Bun-
des, den er mit David geschlossen hatte,
und weil er versprochen hatte, ihm und
seinen Söhnen immer eine Leuchte zu
geben.
8 In seinen Tagen fiel Edom von der
Herrschaft Judas ab. Sie bestellten einen
eigenen König über sich. 9 Da zog Joram
mit seinen Obersten hin. Alle Kriegswagen
hatte er bei sich. Als er bei Nacht angriff,
schlug er die Edomiter, die ihn umzingelt
hatten, und die Obersten der Kriegswagen.
10 Doch Edom fiel von der Herrschaft Judas
ab bis auf diesen Tag. Dann fiel in jener
Zeit auch Libna von Juda ab. Denn Joram
hatte den Herrn, den Gott seiner Väter,
verlassen. 11 Auch errichtete er Kulthöhen
auf den Bergen Judas. Er verleitete die Be-
wohner Jerusalems zur Unzucht und
brachte Juda vom rechten Weg ab. 12 Da
traf ein Schreiben des Propheten Elija an
ihn ein mit folgendem Inhalt: So spricht
der Herr, der Gott deines Vaters David!
Weil du nicht auf den Wegen deines Va-
ters Joschafat und auf den Wegen Asas,
des Königs von Juda, 13 sondern auf dem
Weg der Könige Israels gegangen bist und
Juda und die Bewohner Jerusalems ver-
führt hast, wie es das Haus Ahab getan hat,
sogar deine Brüder, das Haus deines Va-
ters, die besser als du waren, ermordet
hast, 14 siehe, deshalb wird der Herr eine
große Plage über dein Volk, deine Söhne,
deine Frauen und allen deinen Besitz ver-
hängen. 15 Du selbst aber wirst mit schwe-
ren Krankheiten, mit einer Erkrankung
deiner Eingeweide, geschlagen werden,
bis nach zwei Jahren deine Eingeweide in-
folge der Krankheit heraustreten.
16 Dann reizte der Herr den Sinn der
Philister und Araber, die neben den Ku-
schitern wohnen, gegen Joram auf. 17 Sie
zogen nach Juda hinauf und eroberten es.
Alle Habe, die sich im Königspalast fand,
schleppten sie fort, auch seine Söhne und
Frauen. Es blieb ihm kein Sohn übrig als
nur Joahas, sein jüngster Sohn. 18 Nach all
dem schlug der Herr ihn in seinen Einge-
weiden mit einer unheilbaren Krankheit.
19 Sie dauerte länger als ein Jahr und nach
zwei Jahren, als der letzte Augenblick kam,
geschah es, dass seine Eingeweide infolge
der Krankheit heraustraten. Er starb unter
großen Schmerzen. Sein Volk aber zünde-
te ihm kein Leichenfeuer an, wie das bei
seinen Vätern geschehen war. 20 Er war
zweiunddreißig Jahre alt, als er König wur-
de, und regierte acht Jahre in Jerusalem. Er

ging dahin und wurde von niemandem be-
trauert. Man begrub ihn in der Stadt Da-
vids, aber nicht in den Königsgräbern.

Ahasjas Verbrechen

22 Die Bewohner Jerusalems machten
seinen jüngsten Sohn Ahasja an
seiner Stelle zum König. Die älteren hatte
die Räuberbande, die unter den Arabern
ins Lager eingedrungen war, ermordet. So
kam Ahasja, der Sohn Jorams, des Königs
von Juda, zur Herrschaft. 2 Zwanzig Jahre
war Ahasja alt, als er König wurde. Er re-
gierte ein Jahr in Jerusalem. Der Name sei-
ner Mutter war Atalja, eine Tochter Om-
ris. 3 Auch er ging auf den Wegen des
Hauses Ahabs, da ihn seine Mutter zu
gottlosem Treiben anstiftete. 4 Er tat, was
dem Herrn missfiel, wie die Angehörigen
des Hauses Ahab. Denn gerade sie wurden
seine Berater nach dem Tod seines Vaters,
ihm zum Verderben. 5 Nach ihrem Rat
ging er auch hin und zog mit Joram, dem
Sohn Ahabs, des Königs von Israel, zum
Kampf gegen Hasaël, den König von
Aram, nach Ramot-Gilead. Die Aramäer
verwundeten Joram. 6 Er kehrte zurück
nach Jesreel, um von seinen Wunden zu
genesen, die sie ihm bei Ramot im Kampf
gegen Hasaël, den König von Aram, ge-
schlagen hatten. Ahasja aber, der Sohn Jo-
rams, der König von Juda, kam hinunter,
um Joram, den Sohn Ahabs, der krank
war, in Jesreel zu besuchen. 7 Von Gott
war der Untergang Ahasjas herbeigeführt
worden, sodass er zu Joram ging und nach
seiner Ankunft mit Joram Jehu, dem Sohn
Nimschis, entgegenzog, den der Herr ge-
salbt hatte, um das Haus Ahab auszurot-
ten. 8 Als nun Jehu das Gericht am Haus
Ahab vollzog, fand er die Fürsten Judas
und die Verwandten Ahasjas, die in dessen
Dienst standen, und ließ sie töten. 9 Er
suchte auch nach Ahasja. Man ergriff ihn,
als er sich in Samaria verbarg, und brachte
ihn zu Jehu, der ihn töten ließ. Dann be-
gruben sie ihn, denn sie sagten: Er ist ein
Enkel Joschafats, der den Herrn aus sei-
nem ganzen Herzen suchte. Das Haus
Ahasjas hatte nun niemanden mehr, der
die Kraft zur Königsherrschaft besaß.

Ataljas Verbrechen

10 Als Atalja, die Mutter Ahasjas, sah, dass
ihr Sohn tot war, erhob sie sich und rottete
die königlichen Nachkommen des Hauses
Juda aus. 11 Da nahm die Königstochter Jo-
scheba Joasch, den Sohn Ahasjas, und ent-
führte ihn aus der Mitte der Königssöhne,
die getötet werden sollten. Sie brachte ihn
und seine Amme in die Bettenkammer. So
verbarg ihn Joscheba, die Tochter des Kö-
nigs Joram, die Gattin des Priesters Jojada
[denn sie war eine Schwester Ahasjas], vor
Atalja, dass sie ihn nicht tötete. 12 Sechs
Jahre war er bei ihnen im Gotteshaus ver-
borgen, während Atalja das Land als Köni-
gin regierte.

Priester und Leviten gegen Atalja

23 Im siebten Jahr fasste Jojada Mut.
Er nahm die Hundertschaftsführer
Asarja, den Sohn Jerohams, Jischmaël, den
Sohn Johanans, Asarja, den Sohn Obeds,
Maaseja, den Sohn Adajas, und Elischafat,
den Sohn Sichris, und ging mit ihnen
einen Bund ein. 2 Sie durchzogen Juda,
sammelten die Leviten aus allen Städten
Judas sowie die Häupter der Großfamilien
Israels und kamen nach Jerusalem. 3 Die
ganze Versammlung schloss im Gottes-
haus einen Bund mit dem König. Jojada
sprach zu ihnen: Seht, der Königssohn
muss als König herrschen, wie der Herr es
den Nachkommen Davids verheißen hat!
4 Dies ist das Werk, das ihr durchführen
sollt: Das eine Drittel von euch, die ihr
am Sabbat kommt, Priester und Leviten,
soll als Torwächter dienen! 5 Ein Drittel
soll am Königspalast und ein Drittel am
Jesodtor stehen. Das ganze Volk aber soll
die Vorhöfe besetzen. 6 Niemand darf das
Haus des Herrn betreten außer den Pries-
tern und den Leviten, die Dienst tun. Sie
dürfen kommen, da sie heilig sind. Das
ganze Volk aber soll die Vorschriften des
Herrn beachten. 7 Dann sollen die Leviten
sich um den König scharen, jeder mit sei-
nen Waffen in der Hand. Jeder, der in das
Haus kommt, soll getötet werden. Ihr sollt
aber beim König sein, wenn er ein- und
ausgeht. 8 Die Leviten und ganz Juda han-
delten nach all dem, was der Priester Joja-
da befohlen hatte. Jeder nahm seine Leute,
sowohl jene, die am Sabbat kamen, als
auch jene, die am Sabbat fortgingen. Denn
der Priester Jojada hatte die Abteilungen
nicht entlassen. 9 Der Priester Jojada über-
gab den Anführern der Hundertschaften
die Speere, die kleinen und großen Schilde

des Königs David, die sich im Gotteshaus befanden. 10 Dann stellte er das ganze Volk, jeden mit seiner Waffe in seiner Hand, von der Südseite des Tempels bis zur Nordseite beim Altar und beim Tempel rings um den König auf. 11 Dann führten sie den Königssohn heraus, legten ihm das Diadem und das Gesetz auf und machten ihn zum König. Jojada und seine Söhne salbten ihn und riefen aus: Es lebe der König!

12 Als Atalja die Rufe des Volkes hörte, das zusammengelaufen war und den König umjubelte, ging sie zum Volk in das Haus des Herrn. 13 Da sah sie den König bei der Säule am Eingang stehen und die Fürsten und die Trompeter waren bei ihm. Das ganze Volk des Landes war voll Freude und blies in die Trompeten, die Sänger mit den Musikinstrumenten gaben das Zeichen, Loblieder zu singen. Da zerriss Atalja ihre Kleider und rief: Verrat, Verrat! 14 Der Priester Jojada ließ die Anführer der Hundertschaften, die das Heer befehligten, hinausgehen und sagte zu ihnen: Führt sie durch die Reihen hinaus! Jeder, der in ihrem Gefolge ist, soll mit dem Schwert getötet werden! Denn so hatte der Priester befohlen: Tötet sie nicht im Haus des Herrn! 15 Da legten sie Hand an sie. Als sie zum Eingang des Pferdetores am Königspalast kam, tötete man sie.

Die Reform des Jojada

16 Jojada schloss einen Bund mit dem ganzen Volk und dem König, dass sie ein Volk des Herrn sein sollten. 17 Daraufhin drang das Volk in den Baalstempel ein und zerstörte ihn. Sie zerbrachen seine Altäre und Bilder und töteten den Baalspriester Mattan vor den Altären. 18 Dann legte Jojada die Aufsicht über das Haus des Herrn in die Hand der levitischen Priester, die David für das Haus des Herrn eingeteilt hatte, um dem Herrn unter Freudenjubel und Liedern nach der Anweisung Davids Brandopfer darzubringen nach der Vorschrift im Gesetz des Mose. 19 Er bestellte auch die Torwächter an den Toren des Hauses des Herrn, damit kein Unreiner eintritt. 20 Er nahm die Anführer der Hundertschaften, die Vornehmen und die Großen des Volkes sowie das ganze Volk des Landes und führte den König aus dem Haus des Herrn hinunter. Sie betraten den Königspalast durch das mittlere Gewölbe des oberen Tores und setzten den König auf den königlichen Thron. 21 Da freute sich das ganze Volk des Landes, die Stadt blieb ruhig. Atalja aber hatten sie mit dem Schwert getötet.

Joasch bessert den Tempel aus

24 Sieben Jahre war Joasch alt, als er König wurde, und vierzig Jahre regierte er in Jerusalem. Der Name seiner Mutter war Zibja aus Beerscheba. 2 Solange der Priester Jojada lebte, tat Joasch, was dem Herrn gefiel. 3 Jojada nahm für ihn zwei Frauen und er zeugte Söhne und Töchter. 4 Danach fasste Joasch den Plan, das Haus des Herrn zu erneuern. 5 Er versammelte die Priester und Leviten und sprach zu ihnen: Geht in die Städte Judas hinaus und sammelt von ganz Israel Geld, um von Jahr zu Jahr das Haus eueres Gottes auszubessern! Beeilt euch in dieser Angelegenheit! Doch die Leviten beeilten sich nicht. 6 Da rief der König den Oberpriester Jojada und sprach zu ihm: Warum gibst du nicht auf die Leviten Acht, dass sie von Juda und Jerusalem die Abgabe eintreiben, die Mose, der Knecht des Herrn, der Gemeinde Israel für das Bundeszelt vorschreibt? 7 Die ruchlose Atalja und ihre Bauleute, die sie verdorben hat, sind in das Gotteshaus eingebrochen und haben sogar alle Weihegaben des Hauses des Herrn für die Baale verwandt. 8 Auf Anweisung des Königs fertigten sie einen Kasten an und stellten ihn außen am Tor des Hauses des Herrn auf. 9 Dann verkündeten sie in Juda und Jerusalem, man solle die Abgabe des Mose, des Knechtes Gottes, die er Israel in der Wüste auferlegt hat, zum Herrn bringen. 10 Da freuten sich alle führenden Männer und das ganze Volk und brachten sie. Sie legten sie in den Kasten, bis er voll war. 11 Jedes Mal, wenn man den Kasten durch die Leviten zur königlichen Aufsichtsbehörde brachte und sah, dass viel Geld vorhanden war, kamen der königliche Schreiber und der Beamte des Oberpriesters. Sie schütteten den Kasten aus und brachten ihn an seinen Platz zurück. So taten sie Tag für Tag und häuften Silber in Menge an. 12 Der König und Jojada gaben es den Werkmeistern, die über die Arbeit am Haus des Herrn Aufsicht führten. Sie

bestellten Steinhauer und Holzarbeiter, um das Haus des Herrn zu erneuern, sowie Eisen- und Bronzeschmiede, um das Haus des Herrn auszubessern. 13 So arbeiteten die Werkleute und unter ihrer Hand ging die Erneuerungsarbeit voran. Sie stellten das Gotteshaus nach seinem Bauplan wieder her und verstärkten es. 14 Nach Abschluss ihrer Arbeiten brachten sie das restliche Geld zum König und zu Jojada. Diese ließen daraus Geräte für das Haus des Herrn anfertigen, Geräte für den Dienst und die Opfer, sowie Schalen und goldene und silberne Geräte. Ständig brachte man im Haus des Herrn Opfer dar, solange Jojada lebte. 15 Als Jojada alt und satt an Lebenstagen geworden war, starb er. Er war einhundertdreißig Jahre alt, als er starb. 16 Man begrub ihn bei den Königen in der Stadt Davids. Denn er hatte Gutes an Israel, für Gott und sein Haus gewirkt.

Abfall und Bestrafung des Joasch

17 Nach dem Tod Jojadas kamen die führenden Männer Judas und huldigten dem König. Damals schenkte der König ihnen Gehör. 18 Sie verließen das Haus des Herrn, des Gottes ihrer Väter, und dienten den heiligen Kultpfählen und Götzenbildern. Da kam ein Zorngericht über Juda und Jerusalem wegen dieses Vergehens. 19 Der Herr sandte Propheten zu ihnen, um sie zu ihm zurückzuführen. Diese warnten sie, aber jene hörten nicht darauf. 20 Da kam der Geist Gottes über Secharja, den Sohn des Priesters Jojada. Er trat dem Volk entgegen und sagte zu ihnen: So spricht der Herr: Warum übertretet ihr die Gebote des Herrn, sodass ihr keinen Erfolg mehr habt? Denn ihr habt den Herrn verlassen und er hat euch verlassen. 21 Da stifteten sie eine Verschwörung gegen ihn an und steinigten ihn auf Befehl des Königs im Vorhof des Hauses des Herrn. 22 König Joasch dachte nicht mehr an die Treue, die Secharjas Vater Jojada ihm erwiesen hatte, sondern ließ dessen Sohn töten. Als dieser starb, rief er aus: Der Herr wird es sehen und Rechenschaft fordern!

23 Um die Jahreswende zog ein Heer der Aramäer gegen sie herauf. Sie drangen nach Juda und Jerusalem vor und brachten alle führenden Männer des Volkes um. Die ganze Beute sandten sie an den König von Damaskus. 24 Mit wenigen Kriegern kam das Heer der Aramäer. Der Herr aber lieferte ein sehr starkes Heer ihrer Gewalt aus, weil die Israeliten den Herrn, den Gott ihrer Väter, verlassen hatten. So vollzogen sie an Joasch das Strafgericht. 25 Als sie von ihm fortgingen und ihn nämlich mit großen Schmerzen zurückließen, verschworen sich seine Diener gegen ihn wegen der Blutschuld am Sohn des Priesters Jojada. Sie ermordeten ihn auf seinem Bett. Er starb und man begrub ihn in der Stadt Davids, bestattete ihn jedoch nicht in den Königsgräbern. 26 Gegen ihn hatten sich verschworen: Sabad, der Sohn der Ammoniterin Schimat, und Josabad, der Sohn der Moabiterin Schomer. 27 Weiteres über seine Söhne, den schweren Tribut, der ihm auferlegt wurde, und die Erneuerung des Gotteshauses ist aufgeschrieben in den Erläuterungen zum Buch der Könige. An seiner Stelle wurde sein Sohn Amazja König.

Halbherzigkeit unter Amazja, Usija und Jotam

Amazjas religiöse Einstellung

25 Mit fünfundzwanzig Jahren wurde Amazja König und regierte neunundzwanzig Jahre in Jerusalem. Der Name seiner Mutter war Joaddan aus Jerusalem. 2 Er tat, was dem Herrn gefiel, jedoch nicht mit ungeteiltem Herzen. 3 Sobald die Königsgewalt fest in seiner Hand war, ließ er seine Diener hinrichten, die den König, seinen Vater, ermordet hatten. 4 Doch ihre Söhne ließ er nicht töten in Übereinstimmung mit dem, was im Gesetzbuch des Mose geschrieben steht, wo der Herr befohlen hat: Die Väter sollen nicht wegen der Söhne sterben und die Söhne sollen nicht wegen der Väter sterben. Vielmehr soll jeder wegen seines eigenen Vergehens sterben.

5 Amazja versammelte die Judäer aus ganz Juda und Benjamin und stellte sie nach Großfamilien unter den Führern von Tausendschaften und Hundertschaften auf. Er musterte sie von den Zwanzigjährigen an aufwärts. Es waren dreihunderttausend Auserlesene, die in den Krieg ziehen konnten, mit Speer und Schild bewaffnet. 6 Aus Israel warb er einhundert-

tausend kriegserfahrene Söldner für ein-
hundert Talente Silber an. 7 Da kam ein
Gottesmann zu ihm und sagte: König,
das Heer Israels soll nicht mit dir gehen!
Denn der Herr ist nicht mit Israel, mit
keinem Efraimiter. 8 Rück lieber allein aus
und sei mutig im Kampf! Sonst könnte
Gott dich vor den Feinden straucheln las-
sen. Denn bei Gott ist Kraft, zu helfen und
zu stürzen. 9 Da sprach Amazja zum Got-
tesmann: Was soll aber mit den einhun-
dert Talenten geschehen, die ich der Söld-
nerschar aus Israel gegeben habe? Der
Gottesmann antwortete: Der Herr kann
dir viel mehr als diese geben. 10 So sonder-
te Amazja sie ab, die Söldner nämlich, die
von Efraim zu ihm gekommen war, damit
sie in ihre Heimat gehen konnten. Deswe-
gen entbrannte ihr Zorn heftig gegen Ju-
da. Sie kehrten voll Zornesglut in ihr Land
zurück.

Abfall nach dem Feldzug gegen Edom

11 Amazja aber fasste Mut und führte sein
Volk in den Krieg. Er zog zum Salztal, wo
er die Seïriter erschlug, zehntausend
Mann. 12 Zehntausend nahmen die Söhne
Judas lebendig gefangen. Sie brachten sie
auf eine Felsspitze und stürzten sie hinun-
ter, sodass alle zerschmettert wurden.
13 Die Leute der Söldnerschar aber, die
Amazja zurückgeschickt hatte, ohne dass
sie mit ihm in den Kampf gezogen wären,
überfielen die Städte Judas von Samaria
bis Bet-Horon. Sie erschlugen in ihnen
dreitausend Mann und machten reiche
Beute.

14 Als Amazja von dem Schlag gegen die
Edomiter heimkehrte, brachte er die Göt-
ter der Seïriter mit. Er stellte sie für sich als
Götter auf, fiel vor ihnen nieder und
brachte ihnen Räucherwerk dar. 15 Da ent-
brannte der Zorn des Herrn gegen Amaz-
ja. Er sandte einen Propheten zu ihm und
ließ ihm sagen: Warum hast du die Götter
des Volkes aufgesucht, die ihr eigenes
Volk nicht aus deiner Hand erretten konn-
ten? 16 Als der Prophet noch zu ihm sprach,
antwortete ihm Amazja: Haben wir dich
zum königlichen Rat bestellt? Hör auf!
Warum soll man dich erschlagen? Da hör-
te der Prophet auf und drohte: Ich weiß,
dass der Herr plant, dich zu vernichten,
weil du dies getan und nicht auf meinen
Rat gehört hast.

Niederlage bei Bet-Schemesch

17 Amazja, der König von Juda, ließ sich
beraten und sandte zu Joasch, dem Sohn
des Joahas, des Sohnes Jehus, dem König
von Israel, und sprach: Wir wollen (im
Kampf) einander gegenübertreten! 18 Da
sandte Joasch, der König von Israel, an
Amazja, den König von Juda, folgende
Antwort: Die Distel auf dem Libanon
sandte zur Zeder auf dem Libanon und
sprach: Gib deine Tochter meinem Sohn
zur Frau! Da lief das Wild auf dem Liba-
non über die Distel und zertrat sie. 19 Du
denkst: Ich habe Edom geschlagen! Darü-
ber freut sich dein Herz. Bewahre deinen
Ruhm und bleib ruhig zu Hause! Warum
willst du das Unheil heraufbeschwören
und ins Unglück fallen, du und Juda mit
dir? 20 Doch Amazja hörte nicht darauf.
Denn es kam von Gott, um sie in seine
Gewalt zu geben, weil sie die Götter der
Edomiter aufgesucht hatten. 21 So zog Jo-
asch, der König von Israel, hinauf. Er und
Amazja, der König von Juda traten bei
Bet-Schemesch, das zu Juda gehört, einan-
der gegenüber. 22 Juda wurde von Israel ge-
schlagen und jeder floh zu seinen Zelten.
23 Amazja, den König von Juda, den Sohn
des Joasch, des Sohnes des Joahas, nahm
König Joasch von Israel bei Bet-Sche-
mesch gefangen und brachte ihn nach Je-
rusalem. Er riss die Mauer Jerusalems vom
Efraimtor bis zum Ecktor vierhundert El-
len ein. 24 Er nahm das Gold und Silber
und alle Geräte, die sich im Gotteshaus
bei Obed-Edom befanden, die Schätze des
Königspalastes und die Geiseln und kehrte
nach Samaria zurück.

Das Ende der Regierung

25 Amazja, der Sohn des Joasch, der König
von Juda, lebte nach dem Tod des Joasch,
des Sohnes des Joahas, des Königs von Is-
rael, noch fünfzehn Jahre.

26 Die übrige Geschichte Amazjas, die
frühere und die spätere, ist aufgeschrieben
im Buch der Könige von Juda und Israel.
27 Von der Zeit an, als Amazja vom Herrn
abgewichen war, bereitete man gegen ihn
in Jerusalem eine Verschwörung vor. Er
floh nach Lachisch. Da sandte man hinter
ihm her und tötete ihn dort. Man brachte
ihn auf Pferden nach Jerusalem und be-
stattete ihn bei seinen Vätern in der Stadt
Davids.

Die Anfänge Usijas (Asarja)

26 Das ganze Volk von Juda nahm Usija – er war sechzehn Jahre alt – und machte ihn an der Stelle seines Vaters Amazja zum König. [2] Er befestigte Elat, das er für Juda zurückgewann, nachdem der König sich zu seinen Vätern niedergelegt hatte. [3] Usija war sechzehn Jahre alt, als er König wurde, und regierte zweiundfünfzig Jahre in Jerusalem. Der Name seiner Mutter war Jecholja aus Jerusalem. [4] Er tat, was dem Herrn gefiel, wie es sein Vater Amazja getan hatte. [5] Er war bestrebt, Gott zu suchen, solange Secharja lebte, der ihn in der Furcht Gottes unterwies. In der Zeit, als er den Herrn suchte, verlieh ihm Gott Erfolg.

Usijas Macht

[6] Er zog zum Kampf gegen die Philister aus und riss die Mauern von Gat, die Mauern von Jabne und die Mauern von Aschdod nieder. Er erbaute Städte bei Aschdod und bei den Philistern. [7] Gott half ihm gegen die Philister, die Araber, die Bewohner von Gur-Baal und die Mëuniter. [8] Auch die Ammoniter brachten Usija Tribut. Sein Ruf drang bis nach Ägypten hin; denn er war überaus mächtig geworden. [9] Usija erbaute in Jerusalem Türme am Ecktor, am Taltor und im Winkel und befestigte sie. [10] Auch errichtete er in der Steppe Türme und viele Zisternen, denn er besaß zahlreiche Herden in der Schefela und in der Ebene sowie Ackerbauern und Winzer auf den Bergen und im Fruchtland; denn er war ein Liebhaber des Ackerbaus. [11] Usija besaß auch ein kriegsgeübtes Heer, das, in Abteilungen geordnet, in den Kampf ziehen konnte in einer Stärke, wie sie die Musterung durch den Staatsschreiber Jëiël und den Aufseher Maaseja unter Leitung Hananjas, eines der Obersten des Königs, ergeben hatte. [12] Unter den kriegstüchtigen Männern befanden sich zweitausendsechshundert Oberhäupter von Großfamilien. [13] Sie befehligten ein Kriegsheer von dreihundertsiebentausendfünfhundert Mann, die mit großer Kraft Krieg führten, um dem König gegen die Feinde zu helfen. [14] Usija rüstete das ganze Heer mit Schilden, Speeren, Helmen, Panzern, Bogen und Schleudersteinen aus. [15] In Jerusalem ließ er kunstvolle Kriegsmaschinen anfertigen, um sie auf den Türmen und Zinnen zum Schleudern von Pfeilen und großen Steinen aufzustellen. Sein Ruf drang bis in die Ferne, denn ihm wurde wunderbar geholfen, bis er mächtig geworden war.

Hochmut und Bestrafung

[16] Doch als er stark geworden war, wurde sein Herz hochmütig, sodass er schlecht handelte. Gegen den Herrn, seinen Gott, wurde er treulos und drang in die große Halle des Hauses des Herrn ein, um auf dem Rauchopferaltar Räucherwerk darzubringen. [17] Aber der Priester Asarja folgte ihm mit achtzig Priestern des Herrn, tüchtigen Männern. [18] Sie traten König Usija entgegen und sagten zu ihm: Es ist dir, Usija, nicht erlaubt, Räucherwerk dem Herrn darzubringen, sondern den Priestern, den Söhnen Aarons, die geweiht sind, um Rauchopfer darzubringen. Geh hinaus aus dem Heiligtum, denn du bist treulos geworden. Das gereicht dir vor Gott, dem Herrn, nicht zum Ruhm. [19] Da wurde Usija zornig. Er hielt schon die Räucherpfanne in der Hand, um das Rauchopfer darzubringen. Als er gegen die Priester in Zorn geriet, brach im Haus des Herrn, neben dem Rauchopferaltar in Gegenwart der Priester, an seiner Stirn der Aussatz aus. [20] Als der Oberpriester Asarja und alle Priester sich ihm zuwandten, brach an seiner Stirn der Aussatz aus. Eiligst jagten sie ihn von dort weg und auch er selbst hatte Eile, hinauszukommen, denn der Herr hatte ihn geschlagen. [21] König Usija blieb aussätzig bis zum Tag seines Todes. Als Aussätziger wohnte er in einem abgesonderten Haus. Er war vom Haus des Herrn ausgeschlossen. Sein Sohn Jotam, der an der Spitze des königlichen Hauses stand, regierte das Volk des Landes.

[22] Die übrige Geschichte des Usija, die frühere und die spätere, schrieb der Prophet Jesaja, der Sohn des Amoz. [23] Usija legte sich zu seinen Vätern nieder. Man begrub ihn bei seinen Vätern auf dem Feld bei der Grabstätte der Könige, denn man sagte: Er war aussätzig. Sein Sohn Jotam wurde an seiner Stelle König.

Die Regierung Jotams

27 Jotam war fünfundzwanzig Jahre alt, als er König wurde, und regierte sechzehn Jahre in Jerusalem. Der Name seiner Mutter war Jeruscha, eine Tochter Zadoks. [2] Er tat, was dem Herrn gefiel, ganz wie sein Vater Usija. Nur drang er nicht in den Tempel des Herrn ein. Doch das Volk handelte noch immer schlecht. 3 Er erbaute das obere Tor am Haus des Herrn. Auch an der Mauer des Ofel baute er viel. 4 Auf dem Gebirge Juda erbaute er Städte, und Burgen und Türme in den Wäldern. 5 Er führte mit dem König der Ammoniter Krieg und besiegte ihn. Die Ammoniter brachten ihm in jenem Jahr hundert Talente Silber, zehntausend Kor Weizen und zehntausend Kor Gerste. Dies gaben ihm die Ammoniter auch im zweiten und dritten Jahr. 6 So wurde Jotam mächtig, denn er folgte standhaft dem Herrn, seinem Gott.

7 Die übrige Geschichte Jotams, alle seine Kriege und Unternehmungen, sind im Buch der Könige von Israel und Juda aufgeschrieben. 8 Er war fünfundzwanzig Jahre alt, als er König wurde, und regierte sechzehn Jahre in Jerusalem. 9 Jotam entschlief zu seinen Vätern. Man begrub ihn in der Stadt Davids. An seiner Stelle wurde sein Sohn Ahas König.

Die Gottlosigkeit des Ahas, des Vaters Hiskijas

Überblick über die Regierung

28 Ahas war zwanzig Jahre alt, als er König wurde, und regierte sechzehn Jahre in Jerusalem. Er tat nicht, was dem Herrn gefiel, wie sein Vater David. 2 Vielmehr ging er auf den Wegen der Könige von Israel. Sogar Gussbilder fertigte er für die Baale an. 3 Er brachte im Tal Ben-Hinnom Rauchopfer dar und verbrannte seine Söhne im Feuer entsprechend den Gräueln der Völker, die der Herr vor den Israeliten vertrieben hatte. 4 Auch opferte und räucherte er auf den Kulthöhen und Hügeln und unter jedem grünen Baum.

Der Feldzug

5 Da gab ihn der Herr, sein Gott, in die Gewalt des Königs von Aram. Sie schlugen ihn, führten viele Gefangene weg und brachten sie nach Damaskus. Auch geriet er in die Gewalt des Königs von Israel, der ihm eine große Niederlage beibrachte. 6 Pekach, der Sohn Remaljas, tötete in Juda an einem Tag einhundertzwanzigtausend Mann, lauter tüchtige Krieger, weil sie den Herrn, den Gott ihrer Väter, verlassen hatten. 7 Auch ermordete Sichri, ein efraimitischer Held, den königlichen Prinzen Maaseja, den Palastvorsteher Asrikam und Elkana, den Zweiten nach dem König. 8 Die Israeliten führten von ihren Stammesbrüdern zweihunderttausend Frauen, Söhne und Töchter gefangen fort. Auch machten sie reiche Beute und brachten sie nach Samaria.

Die Israeliten hören auf den Propheten Oded

9 Nun war dort ein Prophet des Herrn mit Namen Oded. Er ging dem Heer entgegen, das nach Samaria zog, und sprach zu ihnen: Weil der Herr, der Gott euerer Väter, auf Juda zornig ist, hat er sie in euere Gewalt gegeben. Ihr aber habt unter ihnen mit einer Wut gemordet, die zum Himmel schreit. 10 Nun wollt ihr euch die Söhne Judas und Jerusalems als Sklaven unterwerfen. Steht nicht gerade ihr beim Herrn, euerem Gott, in Schuld? 11 Nun hört mich an! Schickt die Gefangenen zurück, die ihr von eueren Stammesbrüdern fortgeschleppt habt! Sonst kommt der glühende Zorn des Herrn über euch. 12 Da traten einige von den Häuptern der Efraimiter – Asarja, der Sohn Jochanans, Berechja, der Sohn Meschillemots, Jehiskija, der Sohn Schallums, und Amasa, der Sohn Hadlais – zu den vom Krieg Heimkehrenden. 13 Sie sprachen zu ihnen: Bringt die Gefangenen nicht hierher! Was ihr plant, das wird für uns zu einer Schuld vor dem Herrn und vermehrt unsere Sünden und unsere Schuld. Lastet doch eine große Schuld auf uns und der glühende Zorn des Herrn auf Israel. 14 Da gaben die Krieger die Gefangenen und die Beute vor den Obersten und der ganzen Versammlung frei. 15 Die namentlich bezeichneten Männer standen auf, nahmen sich der Gefangenen an und bekleideten alle, die nackt waren, aus der Beute. Sie versahen sie mit Kleidern und Schuhen, gaben ihnen zu essen und zu trinken und salbten sie. Dann brachten sie alle Erschöpften auf Eseln nach Jericho, die Palmenstadt, in die Nähe ihrer Stammesbrüder. Darauf kehrten sie nach Samaria zurück.

Die Sünden des Ahas

16 In jener Zeit sandte König Ahas an den König von Assur und erbat seine Hilfe. 17 Außerdem kamen die Edomiter, schlu-

gen Juda und führten Gefangene fort.
18 Auch die Philister fielen in die Städte
der Schefela und des judäischen Negeb
ein. Sie eroberten Bet-Schemesch, Ajalon,
Gederot, Socho mit seinen Töchterstädten,
Timna mit seinen Töchterstädten und
Gimso mit seinen Töchterstädten und lie-
ßen sich dort nieder; 19 denn der Herr de-
mütigte Juda wegen Ahas, des Königs von
Juda. Denn er hatte in Juda zügellos ge-
handelt und war dem Herrn untreu ge-
worden. 20 Da kam Tiglat-Pileser, der Kö-
nig von Assur, zu ihm. Er bedrängte ihn,
half ihm aber nicht. 21 Ahas musste das
Haus des Herrn, das Haus des Königs und
die Fürsten berauben und alles dem König
von Assur geben. Aber er kam ihm nicht
zu Hilfe. 22 Auch in der Zeit, als man ihn
bedrängte, fuhr König Ahas fort in der
Untreue gegen den Herrn. 23 Er brachte
den Göttern von Damaskus, die ihn ge-
schlagen hatten, Opfer dar und sprach:
Wahrhaftig, die Götter der Könige von
Aram haben ihren Verehrern geholfen.
Auch ich will ihnen opfern, damit sie mir
helfen. Aber gerade sie dienten nur dazu,
ihn und ganz Israel zu Fall zu bringen.
24 Auch sammelte Ahas die Geräte des Got-
teshauses und zerschlug sie. Er schloss die
Tore des Hauses des Herrn und erbaute
sich Altäre an allen Ecken in Jerusalem.
25 Auch in jeder Stadt Judas errichtete er
Kulthöhen, um fremden Göttern Rauch-
opfer darzubringen. So reizte er den
Herrn, den Gott seiner Väter, zum Zorn.
26 Seine übrige Geschichte und alle seine
Taten, die früheren und die späteren, sind
im Buch der Könige von Juda und Israel
aufgeschrieben. 27 Dann legte sich Ahas zu
seinen Vätern nieder. Man begrub ihn in
der Stadt Jerusalem. Doch brachte man
ihn nicht in die Gräber der Könige von
Juda. An seiner Stelle wurde sein Sohn
Hiskija König.

Die Reform unter Hiskija

Überblick über die Regierung

29 Mit fünfundzwanzig Jahren wurde
Hiskija König und regierte neun-
undzwanzig Jahre in Jerusalem. Der Name
seiner Mutter war Abi, eine Tochter Se-
charjas. 2 Er tat, was dem Herrn gefiel, wie
es sein Vater David getan hatte.

Die Reinigung des Tempels

3 Er öffnete gleich im ersten Jahr seiner Re-
gierung, im ersten Monat, die Tore des
Hauses des Herrn und stellte es wieder
her. 4 Er ließ die Priester und Leviten holen
und versammelte sie auf dem Platz im Os-
ten 5 und sagte zu ihnen: Hört mich an, ihr
Leviten! Heiligt euch jetzt und heiligt das
Haus des Herrn, des Gottes unserer Väter!
Entfernt die Unreinheit aus dem Heilig-
tum! 6 Unsere Väter waren treulos und ta-
ten, was dem Herrn missfiel. Sie verließen
ihn, wandten ihre Blicke von der Wohn-
stätte des Herrn ab und kehrten ihm den
Rücken. 7 Sogar die Tore der Vorhalle ver-
schlossen sie, löschten die Lampen aus,
verbrannten kein Räucherwerk und brach-
ten keine Brandopfer im Heiligtum des
Gottes Israels dar. 8 Da kam der Zorn des
Herrn über Juda und Jerusalem und
machte sie zum Gegenstand des Schre-
ckens, des Entsetzens und des Gespötts,
wie ihr es mit eueren eigenen Augen seht.
9 Darum fielen unsere Väter durch das
Schwert und unsere Söhne, Töchter und
Frauen sind in Gefangenschaft. 10 Nun ha-
be ich den Plan, mit dem Herrn, dem Gott
Israels, einen Bund zu schließen, damit
sein glühender Zorn sich von uns abwen-
det. 11 Meine Söhne, seid nicht nachlässig!
Denn euch hat der Herr auserwählt, vor
ihm zu stehen und ihm zu dienen; ihr sollt
seine Diener sein und ihm Rauchopfer
darbringen.
12 Da standen die Leviten auf: Mahat, der
Sohn Amasais, und Joël, der Sohn Asarjas,
von den Nachkommen der Kehatiter;
Kisch, der Sohn Abdis, und Asarja, der
Sohn Jehallelels, von den Nachkommen
Meraris; Joach, der Sohn Simmas, und
Eden, der Sohn Joachs, von den Gerscho-
nitern; 13 Schimri und Jëiël von den Nach-
kommen Elizafans; Secharja und Mattanja
von den Nachkommen Asafs; 14 Jehiël und
Schimi von den Nachkommen Hemans;
Schemaja und Usiël von den Nachkom-
men Jedutuns. 15 Sie versammelten ihre
Stammesbrüder, heiligten sich und kamen
nach der Weisung des Königs und auf die
Worte des Herrn hin, um das Haus des
Herrn zu reinigen. 16 Die Priester betraten
das Innere des Hauses des Herrn, um es zu
reinigen. Sie trugen alles Unreine, das sie
im Tempel des Herrn fanden, in den Vor-
hof des Hauses des Herrn hinaus. Die Le-

viten nahmen es entgegen, um es in das
Kidrontal hinauszuschaffen. 17 Sie begannen
nen am ersten Tag des ersten Monats mit
der Heiligung und am achten Tag des Mo-
nats gelangten sie zur Vorhalle des Herrn.
Das Haus des Herrn heiligten sie inner-
halb von acht Tagen. Am sechzehnten Tag
des ersten Monats waren sie fertig.

Das Sühneopfer

18 Dann gingen sie zu König Hiskija hinein
und meldeten: Wir haben das ganze Haus
des Herrn gereinigt; den Brandopferaltar
und alle seine Geräte, den Schaubrottisch
und alle seine Geräte; 19 alle Geräte, die Kö-
nig Ahas während seiner Regierungszeit
durch seine Untreue entweiht hatte, haben
wir aufgestellt und geheiligt. Sie stehen
nun vor dem Altar des Herrn.
20 Am anderen Morgen erhob sich König
Hiskija, versammelte die führenden Män-
ner der Stadt und stieg zum Haus des
Herrn hinauf. 21 Man brachte sieben junge
Stiere, sieben Widder, sieben Lämmer und
sieben Ziegenböcke als Sündopfer für das
Königshaus, das Heiligtum und für Juda
herbei. Er gebot den Nachkommen Aa-
rons, den Priestern, sie auf dem Altar des
Herrn zu opfern. 22 Da schlachtete man die
Rinder, die Priester aber nahmen das Blut
und sprengten es gegen den Altar. Dann
schlachtete man die Widder und sprengte
das Blut gegen den Altar. Man schlachtete
auch die Lämmer und sprengte das Blut
gegen den Altar. 23 Dann führte man die
Böcke für das Sündopfer vor den König
und die Versammlung, die ihnen die Hän-
de auflegten. 24 Die Priester schlachteten
sie und gossen das Blut als Sündopfer an
den Altar, um für ganz Israel Sühne zu
leisten. Denn der König hatte das Brand-
und Sündopfer für ganz Israel bestimmt.
25 Dann stellte er die Leviten im Haus des
Herrn mit Zimbeln, Harfen und Zithern
auf nach der Weisung Davids, des königli-
chen Sehers Gad und des Propheten Na-
tan; denn die Anweisung war von Gott
durch seine Propheten ergangen. 26 Die Le-
viten standen mit den Instrumenten Da-
vids da und die Priester mit den Trompe-
ten. 27 Dann befahl Hiskija, das Brandopfer
auf dem Altar darzubringen. Sobald das
Brandopfer begann, setzten gleichzeitig
der Gesang zu Ehren des Herrn und die
Trompeten ein; begleitet von den Instru-
menten Davids, des Königs von Israel.
28 Die ganze Versammlung fiel anbetend
nieder. Der Gesang ertönte und die Trom-
peten erklangen. Dies alles dauerte, bis das
Brandopfer verzehrt war.
29 Nach Beendigung der Opfer verneig-
ten sich der König und alle, die sich bei
ihm eingefunden hatten, und warfen sich
anbetend auf die Erde. 30 König Hiskija
und die führenden Männer gaben den
Leviten die Weisung, den Herrn mit den
Worten Davids und des Sehers Asaf zu
preisen. Diese lobten den Herrn voller
Freude, verneigten sich und warfen sich
anbetend nieder. 31 Dann ergriff Hiskija
das Wort und sagte: Nun habt ihr euch
dem Herrn geweiht. Tretet herbei und
bringt die Schlacht- und Dankopfer zum
Haus des Herrn! Da brachte die Ver-
sammlung die Schlacht- und Dankopfer
und alle Arten von Brandopfern als Wei-
hegaben. 32 Die Zahl der Brandopfer, die
die Versammlung darbrachte, betrug
siebzig Rinder, hundert Widder, zweihun-
dert Lämmer, all dies als Brandopfer für
den Herrn. 33 Die heiligen Weihegaben
betrugen sechshundert Rinder und drei-
tausend Schafe. 34 Nur waren zu wenig
Priester vorhanden, sodass man nicht
mehr alle Brandopfer abhäuten konnte.
Da unterstützten sie die Leviten, ihre
Amtsbrüder, bis die Arbeit getan war
und die Priester sich geheiligt hatten;
denn die Leviten waren eifriger bemüht
gewesen, sich zu heiligen, als die Priester.
35 Es gab auch Brandopfer in großer Men-
ge samt den Fettstücken der Gemein-
schaftsopfer und den zu den Brandopfern
gehörenden Trankopfern. So wurde der
Dienst im Haus des Herrn erneuert.
36 Hiskija freute sich mit dem ganzen
Volk über das, was Gott dem Volk berei-
tet hatte, denn die Sache war ganz plötz-
lich geschehen.

Einladung zum Pesachfest

30 Hiskija sandte Boten an ganz Israel
und Juda und schrieb auch Briefe
an Efraim und Manasse und forderte sie
auf, zum Haus des Herrn nach Jerusalem
zu kommen, um dem Herrn, dem Gott Is-
raels, das Pesach zu bereiten. 2 Der König,
seine Hofleute und die ganze Gemeinde in
Jerusalem beschlossen, das Pesach im
zweiten Monat zu feiern. 3 Sie konnten es

nämlich nicht zur rechten Zeit feiern, da
sich nicht genügend Priester geheiligt hat-
ten und das Volk noch nicht in Jerusalem
versammelt war. 4 So fand der Plan beim
König und bei der ganzen Versammlung
Zustimmung. 5 Sie beschlossen, in ganz Is-
rael von Beerscheba bis Dan bekannt zu
machen, man solle kommen, um in Jeru-
salem dem Herrn, dem Gott Israels, das
Pesach zu bereiten, denn die Mehrzahl
hatte sich nicht an die Vorschriften ge-
halten.
6 Da gingen Eilboten mit den Briefen
vom König und seinen Hofleuten in ganz
Israel und Juda umher und verkündeten
im Auftrag des Königs: Israeliten, kehrt
um zum Herrn, dem Gott Abrahams,
Isaaks und Israels, damit er sich dem Rest
zuwende, der von der Hand der Könige
von Assur verschont geblieben ist. 7 Seid
nicht wie euere Väter und Brüder, die ge-
gen den Herrn, den Gott ihrer Väter, treu-
los handelten. Da gab er sie dem Verder-
ben preis, wie ihr selbst gesehen habt.
8 Nun denn, seid nicht halsstarrig wie eue-
re Väter! Reicht dem Herrn die Hand und
kommt zu seinem Heiligtum, das er für
immer geheiligt hat! Dient dem Herrn,
euerem Gott, dass er seinen glühenden
Zorn von euch abwendet! 9 Denn wenn
ihr zum Herrn umkehrt, werden euere
Brüder und Söhne bei denen Erbarmen
finden, die sie gefangen wegführten, so-
dass sie in dies Land zurückkehren dürfen;
denn gnädig und barmherzig ist der Herr,
euer Gott. Er wird sein Angesicht nicht
von euch abwenden, wenn ihr zu ihm um-
kehrt.
10 Die Eilboten zogen von Stadt zu Stadt
im Gebiet von Efraim und Manasse umher
bis nach Sebulon. Aber man lachte und
spottete über sie. 11 Nur wenige Leute aus
Ascher, Manasse und Sebulon beugten
sich und kamen nach Jerusalem. 12 Auch
in Juda bewirkte die Hand Gottes, dass sie
einmütig das Gebot des Königs und der
führenden Männer auf das Wort des
Herrn hin erfüllten. 13 So versammelte sich
in Jerusalem viel Volk, um im zweiten Mo-
nat das Fest der Ungesäuerten Brote zu
feiern; es war eine sehr große Versamm-
lung. 14 Sie machten sich auf und entfern-
ten die Altäre, die in Jerusalem waren.
Auch die Rauchopferaltäre entfernten sie
und schafften sie ins Kidrontal.

Pesachfest und Fest der Ungesäuerten Brote

15 Am vierzehnten Tag des zweiten Monats
schlachteten sie das Pesach. Die Priester
und Leviten waren beschämt und heiligten
sich. Dann brachten sie Brandopfer zum
Haus des Herrn. 16 Sie begaben sich auf
ihren Platz entsprechend der Anweisung
nach dem Gesetz des Mose, des Gottes-
mannes. Die Priester sprengten das Blut,
das sie aus der Hand der Leviten empfin-
gen. 17 Weil in der Versammlung noch vie-
le waren, die sich nicht geheiligt hatten,
schlachteten die Leviten die Pesachläm-
mer für jeden, der nicht rein genug war,
um sie dem Herrn zu weihen. 18 Denn ein
großer Teil des Volkes, viele aus Efraim
und Manasse, Issachar und Sebulon, hat-
ten sich nicht gereinigt. Vielmehr aßen sie
das Pesach nicht nach der Vorschrift. Aber
Hiskija betete für sie und sagte: Der Herr,
der Gütige, gewähre Vergebung einem je-
den, 19 dessen Herz darauf gerichtet ist, den
Herrn, den Gott seiner Väter, zu suchen,
wenn auch nicht in Übereinstimmung
mit der Reinheit des Heiligtums. 20 Der
Herr hörte auf Hiskija und ließ das Volk
unbehelligt.
21 Die Söhne Israels, die sich in Jerusa-
lem eingefunden hatten, feierten das Fest
der Ungesäuerten Brote sieben Tage lang
mit großer Freude. Tag für Tag sangen die
Leviten und Priester mit aller Kraft Loblie-
der zu Ehren des Herrn. 22 Da sprach His-
kija ermutigende Worte zu allen Leviten,
die ein gutes Verständnis für den Dienst
des Herrn hegten. Sie nahmen sieben Tage
lang am Fest teil, indem sie Gemein-
schaftsopfer schlachteten und den Herrn,
den Gott ihrer Väter, priesen. 23 Die ganze
Versammlung beschloss, sieben weitere
Tage zu feiern. So feierten sie noch sieben
Tage in Freuden. 24 Hiskija, der König von
Juda, hatte nämlich der Versammlung ein-
tausend Stiere und siebentausend Schafe
als Opfergabe gespendet; die führenden
Männer hatten eintausend Stiere und
zehntausend Schafe gegeben. Die Priester
aber hatten sich in großer Zahl geheiligt.
25 Die ganze Gemeinde Judas freute sich,
die Priester, Leviten und die ganze Ver-
sammlung, die aus Israel gekommen war,
sowie die Fremden, die aus Israel gekom-
men waren oder in Juda wohnten. 26 Es
herrschte große Freude in Jerusalem, denn
seit den Tagen Salomos, des Sohnes Da-

vids, des Königs von Israel, hatte es in Jerusalem dergleichen nicht mehr gegeben. 27 Zuletzt standen die levitischen Priester auf und segneten das Volk. Ihr Ruf wurde gehört und ihr Gebet drang bis zu Gottes heiliger Wohnung, zum Himmel.

31 Als dies alles beendet war, zogen alle Israeliten, die sich eingefunden hatten, in die Städte Judas hinaus, zerbrachen die Steinmale, hieben die Kultpfähle um und zerstörten in ganz Juda, Benjamin, Efraim und Manasse die Kulthöhen und Altäre vollständig. Dann kehrten alle in ihre Städte und zu ihrem Besitztum zurück.

Neuordnung der Priester und Leviten

2 Hiskija stellte die Abteilungen der Priester und Leviten entsprechend ihren Dienstklassen auf, jeden von den Priestern und Leviten nach seinem Dienst bei den Brandopfern und Gemeinschaftsopfern, um Dienste zu leisten und Danklieder und Preislieder an den Toren des Lagers des Herrn vorzutragen. 3 Der Anteil des Königs aus seinem Vermögen an den Brandopfern betraf die Opfer am Morgen und Abend, die Brandopfer an den Sabbaten, Neumondtagen und an den Festen, wie es im Gesetz des Herrn geschrieben steht. 4 Er befahl dem Volk, den Bewohnern Jerusalems, den Anteil für die Priester und Leviten zu entrichten, damit sie am Gesetz des Herrn festhalten könnten. 5 Als die Weisung bekannt wurde, brachten die Israeliten reichlich vom Besten an Getreide, Most, Öl und Honig und von allen Früchten des Feldes herbei. Auch gaben sie den Zehnten von allem vollständig ab. 6 Auch die Israeliten und Judäer, die in den Städten Judas wohnten, brachten den Zehnten von Rindern und Schafen und den Zehnten von den Weihegaben, die dem Herrn, ihrem Gott, übergeben wurden. Sie schichteten sie zu immer neuen Haufen auf. 7 Im dritten Monat begannen sie die Haufen aufzuschichten und im siebten Monat waren sie fertig. 8 Als Hiskija und die führenden Männer kamen und die Haufen sahen, priesen sie den Herrn und sein Volk Israel. 9 Hiskija fragte bei den Priestern und Leviten wegen der Haufen nach. 10 Da antwortete Asarja, der Oberpriester aus dem Haus Zadok, folgendermaßen: Seitdem man begonnen hat, die Abgabe zum Haus des Herrn zu bringen, essen wir, werden satt und lassen noch reichlich übrig; denn der Herr hat sein Volk gesegnet und diese Menge ist noch übrig geblieben.

11 Da befahl Hiskija, Kammern im Haus des Herrn herzurichten. Nachdem man sie eingerichtet hatte, 12 brachte man gewissenhaft die Abgaben, die Zehnten und die Weihegaben dorthin. Zum Aufseher über sie war der Levit Konanja bestellt und an zweiter Stelle sein Bruder Schimi. 13 Jehiël, Asasja, Nahat, Asaël, Jerimot, Josabad, Eliël, Jismachja, Mahat und Benaja waren nach der Anordnung des Königs Hiskija und Asarjas, des Vorstehers des Gotteshauses, Aufseher unter Konanja und seinem Bruder Schimi. 14 Der Levit Kore, der Sohn Jimnas, der Wächter des Osttores, war Aufseher über die freiwilligen Gaben an Gott, damit die für den Herrn bestimmte Abgabe und das Hochheilige abgeliefert würden. 15 Ihm standen Eden, Minjamin, Jeschua, Schemaja, Amarja und Schechanja in den Priesterstädten gewissenhaft zur Seite, um ihren Amtsbrüdern, den Vornehmen wie den Geringen, abteilungsweise ihre Anteile zukommen zu lassen, 16 und zwar allen männlichen Personen von drei Jahren an, die zum Haus Gottes kamen, nach den Anforderungen eines jeden Tages, um in ihren Abteilungen ihre Amtsobliegenheiten zu erfüllen. 17 Die Gruppierung der Priester war angelegt nach ihren Großfamilien und die der Leviten von den Zwanzigjährigen an aufwärts nach ihren Amtspflichten in ihren Abteilungen. 18 Sie diente dazu, all ihre kleinen Kinder, ihre Frauen, ihre Söhne und Töchter, die ganze Gemeinde in Gruppen zusammenzuschließen; denn auch diese wurden durch deren ständigen Dienst geheiligt. 19 Für die Söhne Aarons, die Priester in den Weidegebieten ihrer Städte, waren in jeder einzelnen Stadt Männer bestellt, die namentlich bezeichnet waren, um jeder männlichen Person unter den Priestern und jedem, der von den Leviten in Gruppen zusammengeschlossen war, die Anteile zuzuweisen.

20 So handelte Hiskija in ganz Juda. Er tat, was gut, recht und treu war vor dem Herrn, seinem Gott. 21 Bei jedem Werk, das er für den Dienst des Gotteshauses, für das Gesetz und die Weisung begann,

um seinen Gott zu suchen, handelte er mit ganzer Hingabe und war erfolgreich.

Sanheribs Feldzug gegen Juda

32 Nach diesen Maßnahmen und diesen Beweisen ihrer Treue zog Sanherib, der König von Assur, heran. Er rückte in Juda ein, belagerte die festen Städte und gab Befehl, sie zu erobern.
2 Als Hiskija sah, dass Sanherib zum Krieg gegen Jerusalem heranrückte, 3 beschloss er mit seinen Obersten und Helden, die Wasserquellen außerhalb der Stadt zu verstopfen. Sie unterstützten ihn bei seinem Vorhaben. 4 Viel Volk sammelte sich und verstopfte alle Quellen und den Bach, der mitten durch das Land fließt; denn man sagte sich: Warum sollen die Könige von Assur kommen und reichlich Wasser vorfinden? 5 Hiskija fasste Mut, baute die eingerissene Mauer wieder auf und errichtete auf ihr Türme und nach außen eine zweite Mauer. Er befestigte den Millo in der Stadt Davids und fertigte Wurfspeere in Menge und Schilde. 6 Er setzte Kriegsoberste über das Volk ein und versammelte sie um sich auf dem Platz am Stadttor. Dann sprach er ihnen Mut zu: 7 Seid stark und mutig! Fürchtet euch nicht und erschreckt nicht vor dem König von Assur und vor dem großen Heer, das bei ihm ist! Denn mit uns ist ein noch Stärkerer als mit ihm.
8 Mit ihm sind nur Arme aus Fleisch. Mit uns aber ist der Herr, unser Gott, um uns zu helfen und unsere Kriege zu führen. Da verließ sich das Volk auf die Worte Hiskijas, des Königs von Juda.

Sanheribs Lästerungen

9 Danach sandte Sanherib, der König von Assur, während er selbst mit seiner ganzen Streitmacht bei Lachisch stand, seine Diener nach Jerusalem, zu Hiskija, dem König von Juda, und zu ganz Juda, das sich in Jerusalem befand. Er ließ ihnen sagen:
10 So spricht Sanherib, der König von Assur: Worauf vertraut ihr denn, dass ihr in der Festung Jerusalem sitzen bleibt? 11 Hat Hiskija euch nicht verführt, um euch dem Tod durch Hunger und Durst preiszugeben, als er sprach: Der Herr, unser Gott, wird uns aus der Hand des Königs von Assur retten? 12 Hat nicht der gleiche Hiskija seine Kulthöhen und Altäre abgeschafft und zu Juda und Jerusalem gesprochen: Vor einem einzigen Altar sollt ihr anbetend niederfallen und auf ihm Rauchopfer darbringen? 13 Wisst ihr denn nicht, was ich und meine Väter mit den Völkern in anderen Ländern getan haben? Konnten etwa die Götter der Völker in diesen Ländern ihr Land aus meiner Hand retten?
14 Wer von all den Göttern dieser Völker, die meine Väter dem Untergang geweiht haben, konnte sein Volk aus meiner Gewalt retten? Und da sollte euer Gott euch aus meiner Gewalt retten? 15 Nun denn, Hiskija möge euch nicht betrügen und euch nicht in dieser Weise verführen! Glaubt ihm nicht! Denn kein einziger Gott irgendeines Volkes oder Reiches vermochte sein Volk aus meiner und meiner Väter Hand zu retten. Wie viel weniger wird euch euer Gott aus meiner Hand retten!
16 Noch mehr redeten seine Diener gegen Gott, den Herrn, und gegen seinen Knecht Hiskija. 17 Auch schrieb er einen Brief, um den Herrn, den Gott Israels, zu verhöhnen; darin hieß es: Wie die Götter der Völker in anderen Ländern ihr Volk nicht aus meiner Hand erretten konnten, so kann auch der Gott Hiskijas sein Volk nicht aus meiner Hand befreien. 18 Die Abgesandten riefen dem Volk von Jerusalem, das auf der Mauer stand, mit lauter Stimme auf judäisch ihren Auftrag zu, um sie zu erschrecken und ihnen Furcht einzujagen, damit sie die Stadt erobern konnten.
19 Sie sprachen über den Gott von Jerusalem wie über die Götter der anderen Völker der Erde, die nur Werke von Menschenhand sind.

Erhörung des Gebetes Hiskijas

20 Da beteten König Hiskija und der Prophet Jesaja, der Sohn des Amoz, in diesem Anliegen zum Herrn und riefen zum Himmel. 21 Der Herr sandte einen Engel, der alle kriegserfahrenen Männer, Fürsten und Hauptleute im Lager des assyrischen Königs vernichtete. Sanherib kehrte mit Schande bedeckt in sein Land zurück. Er betrat das Haus seines Gottes, wo ihn seine eigenen Söhne mit dem Schwert niederschlugen. 22 So befreite der Herr den Hiskija und die Bewohner Jerusalems aus der Hand Sanheribs, des Königs von Assur, und aus der Gewalt aller anderen Feinde. Er verschaffte ihnen ringsum Ruhe. 23 Viele brachten Geschenke für den Herrn nach

Jerusalem und Kostbarkeiten für Hiskija,
den König von Juda. Seitdem war er in
den Augen aller Völker hochgeehrt.
24 In jenen Tagen wurde Hiskija tod-
krank. Da betete er zum Herrn. Der erhör-
te ihn und gab ihm ein Wunderzeichen.
25 Hiskija hatte nämlich keine Dankbarkeit
für die Wohltat, die ihm erwiesen worden
war, gezeigt und war hochmütig gewor-
den. Da kam ein Zorngericht über ihn
und über Juda und Jerusalem. 26 Jetzt de-
mütigte sich Hiskija wegen des Hochmuts
seines Herzens, er und die Bewohner Jeru-
salems. So kam das Zorngericht Gottes
nicht in den Tagen Hiskijas über sie. 27 His-
kija besaß sehr viel Reichtum und Ehre. Er
verschaffte sich Schätze an Gold, Silber,
Edelsteinen, Balsam, Schilden und allerlei
kostbaren Geräten; 28 dazu Speicher für
Getreide, Most und Öl, Ställe für allerlei
Vieh und Unterkünfte für die Herden.
29 Er verschaffte sich Esel und einen gro-
ßen Besitz an Schafen und Rindern, denn
Gott gab ihm sehr viele Güter.

Zusammenfassung der Regierung Hiskijas, sein Ende

30 Hiskija war es auch, der den oberen Ab-
fluss der Wasser des Gihon verstopfte und
sie zum Westen der Stadt Davids hinun-
terleitete. In allen seinen Unternehmun-
gen hatte er Erfolg. 31 So war es auch, als
die Fürsten von Babel zu ihm sandten,
um nach dem Wunderzeichen zu for-
schen, das im Land geschehen war. Gott
überließ ihn sich selbst, um seine Gesin-
nung zu erproben.
32 Die übrige Geschichte Hiskijas und
seine frommen Taten sind in der Vision
des Propheten Jesaja, des Sohnes des
Amoz, und im Buch der Könige von Juda
und Israel aufgeschrieben. 33 Hiskija ent-
schlief zu seinen Vätern. Man begrub ihn
beim Aufgang zu den Gräbern der Nach-
kommen Davids. Bei seinem Tod bezeig-
ten ihm ganz Juda und die Bewohner Jeru-
salems die Ehre. An seiner Stelle wurde
sein Sohn Manasse König.

Gottlosigkeit Manasses und Amons

Manasse zerstört Hiskijas Werk

33 Manasse war zwölf Jahre alt, als er
König wurde, und regierte fünf-
undzwanzig Jahre in Jerusalem. 2 Er tat,
was dem Herrn missfiel, indem er die
Gräuel der Völker nachahmte, die der
Herr vor den Söhnen Israels vertrieben
hatte. 3 Er baute die Kulthöhen wieder auf,
die sein Vater Hiskija zerstört hatte, stellte
für die Baale Altäre auf und ließ Kultpfäh-
le anfertigen. Er betete das ganze Heer des
Himmels an und diente ihm. 4 Auch baute
er im Haus des Herrn solche Altäre auf,
obwohl der Herr gesagt hatte: In Jerusalem
soll mein Name für immer sein. 5 Er errich-
tete dem ganzen Heer des Himmels in den
beiden Vorhöfen des Hauses des Herrn
Altäre. 6 Er selber ließ auch seine Söhne
im Tal Ben-Hinnom durchs Feuer gehen.
Er trieb Zauberei, Wahrsagerei und Be-
schwörung und befasste sich mit Toten-
und Wahrsagegeistern. Er tat vieles, was
dem Herrn missfiel, sodass er ihn zum
Zorn reizte. 7 Das steinerne Götzenbild,
das er hatte anfertigen lassen, stellte er im
Haus Gottes auf, von dem Gott zu David
und dessen Sohn Salomo gesagt hatte: Auf
dieses Haus und auf Jerusalem, das ich aus
allen Stämmen Israels auserwählt habe,
will ich meinen Namen für immer legen.
8 Ich will nicht noch einmal Israels Fuß
aus dem Land entfernen, worin ich ihre
Väter festgesetzt habe, wenn sie nur Sorge
tragen, alles zu tun, was ich ihnen im gan-
zen Gesetz, in den Vorschriften und
Rechtssatzungen durch Mose befohlen ha-
be. 9 Doch Manasse verführte Juda und die
Einwohner Jerusalems, noch Schlimmeres
zu verüben als die Völker, die der Herr vor
den Israeliten vernichtet hatte. 10 Der Herr
sprach zu Manasse und seinem Volk. Aber
die achteten nicht darauf.

Manasses Bekehrung

11 Da ließ der Herr die Heeresführer des
Königs von Assur gegen sie anrücken. Sie
nahmen Manasse in seinem Versteck ge-
fangen, banden ihn mit bronzenen Ketten
und brachten ihn nach Babel. 12 Als man
ihn so bedrängte, flehte er den Herrn, sei-
nen Gott, um Gnade an und demütigte
sich tief vor dem Gott seiner Väter. 13 Als
er zu ihm betete, ließ sich Gott von ihm
erbitten. Gott hörte auf sein Flehen und
ließ ihn nach Jerusalem in sein Königtum
zurückkehren. Da erkannte Manasse, dass
der Herr Gott ist.
14 Danach baute er eine äußere Mauer
für die Stadt Davids westlich vom Gihon

bis gegen das Fischtor; er umschloss den
Ofel und baute sie sehr hoch. Auch bestell-
te er Heerführer in allen festen Städten Ju-
das. [15] Er entfernte die fremden Götter und
das Götzenbild aus dem Haus des Herrn
sowie alle Altäre, die er auf dem Berg des
Hauses des Herrn und in Jerusalem errich-
tet hatte, und warf sie vor die Stadt hinaus.
[16] Er stellte den Altar des Herrn wieder auf
und opferte auf ihm Gemeinschafts- und
Dankopfer. Juda gab er die Weisung, dem
Herrn, dem Gott Israels, zu dienen.
[17] Doch opferte das Volk noch weiter auf
den Kulthöhen, wenn auch nur dem
Herrn, seinem Gott.

[18] Die übrige Geschichte Manasses, sein
Gebet zu seinem Gott und die Worte der
Seher, die im Namen des Herrn, des Gottes
Israels, zu ihm sprachen, stehen in der Ge-
schichte der Könige Israels. [19] Sein Gebet
und dessen Erhörung, alle seine Sünden
und seine Untreue sowie die Orte, an denen
er Kulthöhen anlegte und die Kultpfähle
aufstellte, bevor er sich demütigte, sind in
der Geschichte seiner Seher aufgeschrie-
ben. [20] Manasse entschlief zu seinen Vä-
tern. Man begrub ihn in seinem Haus. Sein
Sohn Amon wurde an seiner Stelle König.

Amon

[21] Amon war zweiundzwanzig Jahre alt, als
er König wurde, und regierte zwei Jahre in
Jerusalem. [22] Er tat, was dem Herrn miss-
fiel, wie sein Vater Manasse getan hatte. Al-
len Götzenbildern, die sein Vater Manasse
angefertigt hatte, opferte Amon und diente
ihnen. [23] Aber er demütigte sich nicht vor
dem Herrn, wie sein Vater Manasse sich
gedemütigt hatte, sondern vermehrte noch
die Schuld. [24] Gegen ihn verschworen sich
seine Diener und ermordeten ihn in sei-
nem Haus. [25] Die Bürger des Landes er-
schlugen alle, die sich gegen König Amon
verschworen hatten und machten seinen
Sohn Joschija an seiner Stelle zum König.

Die Reform des Joschija

Überblick über die Regierung

34 Joschija war acht Jahre alt, als er
König wurde, und regierte einund-
dreißig Jahre in Jerusalem. [2] Er tat, was
dem Herrn gefiel. Er folgte den Wegen sei-
nes Vaters David und wich nicht nach
rechts oder links ab.

Erste Reformen

[3] Im achten Jahre seiner Regierung – er war
noch jung – begann er den Gott seines Va-
ters David zu suchen. Im zwölften Jahr
fing er an, Juda und Jerusalem von den
Kulthöhen und Kultpfählen, von den
Schnitz- und Gussbildern zu reinigen. [4] In
seiner Gegenwart zerstörte man die Altäre
der Baale. Er ließ die Altäre für die Rauch-
opfer, die oben auf ihnen standen, umhau-
en, die Kultpfähle zerstören, die Schnitz-
und Gussbilder zermalmen und sie auf
die Gräber jener streuen, die ihnen geop-
fert hatten. [5] Die Gebeine der Priester ver-
brannte er auf ihren Altären. So reinigte er
Juda und Jerusalem. [6] In den Städten von
Manasse, Efraim, Simeon bis nach Naftali
[7] riss er überall auf ihren Plätzen die Altäre
nieder, zerschlug die Kultpfähle, zermalm-
te die Götzenbilder und zertrümmerte die
Rauchopferaltäre im ganzen Land Israel.
Dann kehrte er nach Jerusalem zurück.

Die Arbeiten am Tempel

[8] Im achtzehnten Jahr seiner Regierung,
während er das Land und den Tempel rei-
nigte, sandte er Schafan, den Sohn Azaljas,
den Stadtfürsten Maaseja und den Kanzler
Joach, den Sohn des Joahas, in das Haus
des Herrn, seines Gottes, um es auszu-
bessern. [9] Sie kamen zum Hohenpriester
Hilkija und erhielten das Geld, das im
Gotteshaus eingegangen war und das die
levitischen Torwächter von Manasse,
Efraim und vom Rest Israels, von ganz Ju-
da, Benjamin und den Bewohnern Jerusa-
lems gesammelt hatten. [10] Sie gaben es den
Werkmeistern, die im Haus des Herrn an-
gestellt waren. Diese zahlten es den Hand-
werkern aus, die am Haus des Herrn arbei-
teten, um das Haus auszubessern und zu
festigen. [11] Sie gaben es den Zimmerleuten
und Bauarbeitern, um behauene Steine
und Holz und Klammern zu kaufen für
die Erneuerung des Gebälks, das die Köni-
ge von Juda hatten verfallen lassen. [12] Die
Leute verfuhren bei ihrer Arbeit mit Red-
lichkeit. Über ihnen waren zur Leitung be-
stellt die Leviten Jahat und Obadja von
den Nachkommen Meraris sowie Secharja
und Meschullam von den Nachkommen
Kehats. Die Leviten, die sich auf Musik-
instrumente verstanden, [13] befehligten die
Lastträger und leiteten alle Arbeiter bei
jeder einzelnen Arbeit. Einzelne Leviten

waren auch Schreiber, Aufseher und Torwächter.

Die Auffindung des Gesetzbuchs

14 Als sie das Geld herausholten, das im
Haus des Herrn hereingekommen war,
fand der Priester Hilkija das Gesetzbuch
des Herrn, das durch Mose verkündet worden war. 15 Da ergriff Hilkija das Wort und
sprach zum Staatsschreiber Schafan: Ich
habe im Haus des Herrn das Buch des Gesetzes gefunden. Hilkija übergab Schafan
das Buch. 16 Schafan brachte das Buch zum
König und erstattete folgenden Bericht:
Alles, was deinen Knechten aufgetragen
wurde, haben sie getan. 17 Das Geld, das
sich im Haus des Herrn vorfand, haben
sie ausgeschüttet und den Aufsehern und
Handwerkern übergeben. 18 Dann berichtete der Staatsschreiber Schafan dem König: Der Priester Hilkija hat mir ein Buch
gegeben. Dann las Schafan dem König daraus vor.

19 Als der König die Worte des Gesetzes
hörte, zerriss er seine Kleider. 20 Dann befahl König Hilkija Ahikam, dem Sohn
Schafans, Abdon, dem Sohn Michas, dem
Staatsschreiber Schafan und Asaja, dem
Diener des Königs: 21 Geht, befragt den
Herrn für mich und den Rest Israels und
Judas wegen der Worte des Buches, das
aufgefunden worden ist. Denn der Zorn
des Herrn, der sich über uns ergossen hat,
ist groß, weil unsere Väter nicht auf das
Wort des Herrn hörten, um nach all dem
zu handeln, was in diesem Buch geschrieben steht.

Der Spruch der Prophetin Hulda

22 Dann gingen Hilkija und die vom König
bestimmten Männer zur Prophetin Hulda,
der Frau des Kleideraufbewahrers Schallum, des Sohnes Tokhats, des Sohnes
Hasras. Sie wohnte in Jerusalem in der
Neustadt. Sie sprachen in dieser Angelegenheit mit ihr. 23 Sie antwortete ihnen: So
spricht der Herr, der Gott Israels: Sagt
dem Mann, der euch zu mir gesandt hat:
24 So spricht der Herr: Ich will Unheil über
diesen Ort und seine Bewohner bringen,
alle Flüche, die im Buch aufgeschrieben
sind, das man dem König von Juda vorgelesen hat. 25 Weil sie mich verlassen und
anderen Göttern Rauchopfer dargebracht
haben, um mich mit allen Werken ihrer
Hände zu reizen, wird mein Zorn über
diesen Ort entbrennen und nicht mehr erlöschen. 26 Dem König von Juda, der euch
gesandt hat, den Herrn zu befragen, ihm
antwortet: So spricht der Herr, der Gott
Israels, wegen der Worte, die du gehört
hast: 27 Weil dein Herz weich geworden ist
und du dich vor Gott gedemütigt hast, als
du seine Drohungen gegen diesen Ort und
seine Bewohner gehört hast, weil du dich
vor mir gedemütigt, deine Kleider zerrissen und vor mir geweint hast, darum habe
ich dich erhört – Spruch des Herrn. 28 Ich
versammle dich zu deinen Vätern, damit
du in Frieden in dein Grab gelegt wirst.
Deine Augen sollen all das Unglück nicht
mehr sehen, das ich über diesen Ort und
alle seine Bewohner bringe. Sie berichteten
das dem König.

Die Erneuerung des Bundes

29 Da sandte der König aus und versammelte alle Ältesten Judas und Jerusalems.
30 Er ging zum Haus des Herrn hinauf mit
allen Leuten aus Juda und den Bewohnern
Jerusalems, mit den Priestern und Leviten
und dem gesamten Volk, alt und jung. Er
ließ ihnen alle Worte des Bundesbuches
vorlesen, das im Haus des Herrn gefunden
worden war. 31 Darauf trat der König an
seinen Platz und schloss den Bund vor
dem Herrn, dass er dem Herrn folgen
und seine Vorschriften, Gebote und Gesetze aus ganzem Herzen und mit ganzer
Seele achten wolle, um die Worte des Bundes zu erfüllen, die in diesem Buch aufgeschrieben sind. 32 Der König ließ auch alle, die sich in Jerusalem und in Benjamin
befanden, dem Bund beistehen. Die Bewohner Jerusalems handelten nach dem
Bund Gottes, des Gottes ihrer Väter. 33 Joschija entfernte alle Gräuel aus allen Gebieten, die den Israeliten gehörten. Er veranlasste alle, die sich in Israel befanden,
dem Herrn, ihrem Gott, zu dienen. Solange er lebte, wichen sie nicht von dem
Herrn, dem Gott ihrer Väter, ab.

Die Vorbereitung des Pesachfestes

35 Dann feierte Joschija in Jerusalem
zu Ehren des Herrn das Pesachfest.
Man schlachtete das Pesach am vierzehnten Tag des ersten Monats. 2 Er setzte die
Priester in ihr Amt ein und ermunterte
sie in ihrem Dienst für den Herrn. 3 Er

sprach zu den Leviten, die ganz Israel lehrten und dem Herrn heilig waren: Setzt die heilige Lade nieder im Tempel, den Salomo, der Sohn Davids, der König von Israel, erbaut hat. Ihr braucht sie nicht mehr auf eueren Schultern zu tragen. Dient nun dem Herrn, euerem Gott, und seinem Volk Israel! 4 Haltet euch bereit nach eueren Großfamilien entsprechend eueren Abteilungen, wie es die Vorschrift Davids, des Königs von Israel, und die Anweisung seines Sohnes Salomo ist. 5 Stellt euch im Heiligtum auf entsprechend den Familiengruppen euerer Brüder, den Leuten des Volks; ein Teil einer levitischen Großfamilie soll jeweils bereitstehen. 6 Schlachtet das Pesach, heiligt euch und bereitet es eueren Brüdern, damit sie nach der Weisung des Herrn handeln, die durch Mose gegeben worden ist!

Die Feier

7 Joschija spendete den Leuten aus dem Volk zu Pesachopfern Kleinvieh, Lämmer und Ziegenböckchen für jeden, der sich eingefunden hatte, in einer Anzahl von dreißigtausend, dazu dreitausend Rinder. Sie stammten aus dem Besitztum des Königs. 8 Auch seine hohen Beamten gaben freiwillig dem Volk, den Priestern und den Leviten Opfergaben. Die Vorsteher des Gotteshauses, Hilkija, Secharja und Jehiël, gaben den Priestern zu Pesachopfern zweitausendsechshundert Lämmer und Ziegen und dreihundert Rinder. 9 Konanja und seine Brüder Schemaja und Netanel sowie Haschabja, Jëiël und Josabad, die Vorsteher der Leviten, spendeten als Opfergabe den Leviten fünftausend Pesachlämmer und fünfhundert Rinder. 10 So wurde der Dienst geordnet: Die Priester standen an ihrem Platz und die Leviten nach ihren Abteilungen gemäß dem Befehl des Königs. 11 Sie schlachteten nun das Pesach. Die Priester sprengten das Blut aus, während die Leviten die Tiere enthäuteten. 12 Sie bereiteten das Brandopfer, um es den Familiengruppen des Volkes zu geben, damit man es dem Herrn nach der Vorschrift im Buch des Mose darbringe; ebenso taten sie mit den Rindern. 13 Sie brieten das Pesach am Feuer gemäß der Vorschrift. Die heiligen Gaben aber kochten sie in Töpfen, Pfannen und Schüsseln und brachten sie schnell zu allen Söhnen des Volkes. 14 Danach bereiteten sie es für sich und die Priester. Denn die Priester, die Nachkommen Aarons, waren mit der Darbringung der Brandopfer und Fettstücke bis in die Nacht hinein beschäftigt. Deswegen bereiteten es die Leviten für sich und die Priester, die Nachkommen Aarons. 15 Die Sänger, die Nachkommen Asafs, standen auf ihrem Platz gemäß der Vorschrift Davids, Asafs, Hemans und Jedutuns, des königlichen Sehers. Die Torwächter an jedem einzelnen Tor brauchten ihren Dienst nicht zu verlassen, denn ihre Brüder, die Leviten, bereiteten es ihnen.

16 So war der ganze Dienst des Herrn an jenem Tag geordnet, um das Pesach zu feiern und Brandopfer auf dem Altar des Herrn nach der Weisung des Königs Joschija darzubringen. 17 Sieben Tage lang feierten die Israeliten, die sich eingefunden hatten, damals das Pesach und das Fest der Ungesäuerten Brote. 18 Ein Pesach wie dieses war in Israel seit den Tagen des Propheten Samuel nicht mehr gefeiert worden. Keiner der Könige Israels hat so das Pesach gefeiert, wie Joschija es mit den Priestern und Leviten, mit ganz Juda und Israel, das sich bei ihm eingefunden hatte, und mit den Bewohnern Jerusalems beging. 19 Im achtzehnten Regierungsjahr Joschijas wurde dies Pesach gefeiert.

Das tragische Ende der Regierung

20 Nachdem Joschija all dies vollbracht und das Haus wieder hergerichtet hatte, zog Necho, der König von Ägypten, herauf, um bei Karkemisch am Eufrat zu kämpfen. Joschija stellte sich ihm entgegen. 21 Necho aber sandte Boten an ihn mit folgender Weisung: Was ist zwischen mir und dir, König von Juda? Nicht gegen dich ziehe ich heute, sondern gegen ein Haus, das mit mir im Krieg steht. Gott hat mir befohlen, mich zu beeilen. Lass also von Gott ab, der mit mir ist, damit er dich nicht vernichtet! 22 Doch Joschija wandte sich nicht von ihm ab; denn er hatte den Mut gefasst, gegen ihn zu kämpfen, und hörte nicht auf die Worte, die Necho ihm im Namen Gottes sagte. Er zog in die Ebene von Megiddo zum Kampf aus. 23 Da trafen die Bogenschützen den König Joschija. Der König befahl seinen Dienern: Führt mich fort, denn ich bin schwer verwundet! 24 Seine Diener schafften ihn vom Wagen,

setzten ihn auf seinen zweiten Wagen und
brachten ihn nach Jerusalem. Dann starb
er und wurde in den Grabstätten seiner
Väter beigesetzt. Ganz Juda und Jerusalem
trauerte um Joschija. 25 Jeremia dichtete
ein Klagelied auf Joschija und alle Sänger
und Sängerinnen singen auf Joschija Kla-
gelieder bis zum heutigen Tag. Man mach-
te es zu einem Brauch in Israel. Sie sind in
den Klageliedern aufgeschrieben.
26 Die übrige Geschichte Joschijas und
seine frommen Taten, die der Vorschrift
im Gesetz des Herrn entsprachen, 27 seine
frühere und spätere Geschichte, all das ist
im Buch der Könige von Israel und Juda
aufgeschrieben.

Das Ende der Königszeit: Von Joahas bis Zidkija

Joahas

36 Die Bürger des Landes nahmen
Joahas, den Sohn Joschijas, und
machten ihn anstelle seines Vaters zum
König in Jerusalem. 2 Joahas war dreiund-
zwanzig Jahre alt, als er König wurde, und
regierte drei Monate in Jerusalem. 3 Dann
setzte ihn der König von Ägypten als Kö-
nig in Jerusalem ab und legte dem Land
eine Geldbuße von einhundert Talenten
Silber und einem Talent Gold auf. 4 Der
König von Ägypten bestellte Eljakim, den
Bruder des Joahas, zum König über Juda
und Jerusalem und änderte seinen Namen
in Jojakim. Seinen Bruder Joahas aber
nahm Necho gefangen und brachte ihn
nach Ägypten.

Jojakim

5 Jojakim war fünfundzwanzig Jahre alt, als
er König wurde, und regierte elf Jahre in
Jerusalem. Er tat, was dem Herrn, seinem
Gott, missfiel. 6 Gegen ihn zog Nebukad-
nezzar, der König von Babel, herauf. Er
fesselte ihn in Ketten, um ihn nach Babel
zu schleppen. 7 Auch nahm Nebukadnez-
zar einen Teil der Geräte des Hauses des
Herrn mit nach Babel und brachte sie in
seinen Palast zu Babel.
8 Die übrige Geschichte Jojakims, seine
Gräueltaten, die er verübte, und was sich
sonst über ihn findet, ist im Buch der Kö-
nige von Israel und Juda aufgeschrieben.
An seiner Stelle wurde sein Sohn Jojachin
König.

Jojachin

9 Jojachin war acht Jahre alt, als er König
wurde, und regierte drei Monate und zehn
Tage in Jerusalem. Er tat, was dem Herrn
missfiel. 10 Nach Ablauf des Jahres sandte
König Nebukadnezzar aus und ließ ihn
nach Babel bringen, zusammen mit den
kostbaren Geräten des Hauses des Herrn.
Er machte Zidkija, den Bruder Jojakims,
zum König über Juda und Jerusalem.

Zidkija

11 Zidkija war einundzwanzig Jahre alt, als
er König wurde, und regierte elf Jahre in
Jerusalem. 12 Er tat, was dem Herrn, sei-
nem Gott, missfiel und demütigte sich
nicht vor Jeremia, der im Auftrag des
Herrn zu ihm sprach. 13 Auch gegen König
Nebukadnezzar, der ihn bei Gott hatte
schwören lassen, lehnte er sich auf. Er ver-
steifte seinen Nacken und verstockte sein
Herz, sodass er nicht zum Herrn, dem
Gott Israels, zurückkehrte. 14 Auch alle
führenden Männer Judas, die Priester und
das Volk verübten viele Treulosigkeiten
nach Art der Gräuel der Heiden. Sie ver-
unreinigten das Haus des Herrn, das er in
Jerusalem geheiligt hatte. 15 Zwar sandte
der Herr, der Gott ihrer Väter, zu ihnen
durch seine Boten Warnungen früh und
spät; denn er hatte Mitleid mit seinem
Volk und seiner Wohnung. 16 Sie aber
spotteten über die Gottesboten, verachte-
ten sein Wort und verhöhnten seine Pro-
pheten, bis der Zorn des Herrn unheilbar
gegen sein Volk entbrannte.

Der Untergang Judas

17 Der Herr führte gegen sie den König der
Chaldäer heran. Der ermordete mit dem
Schwert ihre jungen Krieger in ihrem Hei-
ligtum. Er schonte weder den jungen
Mann und die junge Frau, noch den Greis.
Alle gab er in seine Gewalt. 18 Auch alle Ge-
räte des Gotteshauses, die großen und
kleinen, die Schätze des Hauses des Herrn,
die Schätze des Königs und seiner Fürsten,
alles brachte er nach Babel. 19 Sie verbrann-
ten das Haus Gottes und rissen die Mau-
ern Jerusalems nieder. An alle seine Paläs-
te legten sie Feuer an, ebenso an alle
kostbaren Geräte, sodass sie der Vernich-
tung anheimfielen. 20 Alle, die dem Schwert
entgangen waren, führte Nebukadnezzar
gefangen nach Babel fort. Sie dienten ihm

und seinen Söhnen als Sklaven, bis das
Reich der Perser zur Herrschaft kam.
21 Da sollte sich das Wort des Herrn erfül-
len, das durch den Mund Jeremias ergan-
gen war: Das Land hatte Ruhe, bis es seine
Sabbattage abgetragen hatte, die ganze
Zeit der Verwüstung, bis siebzig Jahre voll
waren.

Ausblick auf die Zukunft

22 Damit das Wort des Herrn sich durch
den Mund Jeremias erfülle, erweckte der
Herr im ersten Jahr des Kyrus, des Königs
von Persien, den Geist des Kyrus, des Kö-
nigs von Persien, dass er in seinem ganzen
Reich ausrufen und auch schriftlich be-
kannt machen ließ: 23 So spricht Kyrus,
der König von Persien: Alle Königreiche
der Erde hat mir der Herr, der Gott des
Himmels, verliehen. Er beauftragte mich,
ihm ein Haus in Jerusalem in Juda zu bau-
en. Wer unter euch zu seinem Volk ge-
hört, dem stehe der Herr, sein Gott, zur
Seite! Er ziehe hinauf!

Das Buch Esra

Rückkehr aus dem Exil und Wiederaufbau des Tempels

Die Heimkehr

1 Im ersten Jahr des Kyrus, des Königs
von Persien, erweckte der Herr den
Geist des Kyrus, des Königs von Persien,
damit sich das Wort des Herrn aus dem
Mund Jeremias erfüllte. Er ließ in seinem
ganzen Reich einen Aufruf ergehen, und
zwar auch schriftlich: 2 So bestimmt Kyrus,
der König von Persien: Alle Reiche der Er-
de hat der Herr, der Gott des Himmels,
mir gegeben. Er hat mich beauftragt, ihm
ein Haus in Jerusalem zu bauen, das in Ju-
da liegt. 3 Wer immer von euch aus seinem
ganzen Volk stammt – sein Gott sei mit
ihm –, ziehe nach Jerusalem hinauf, das
in Juda liegt, und baue das Haus des
Herrn, des Gottes Israels. Er ist der Gott,
der in Jerusalem wohnt. 4 Jeden, der noch
übrig geblieben ist, sollen an allen Orten,
wo er ansässig war, die Ortsbewohner mit
Silber, Gold, beweglicher Habe und Vieh
unterstützen und dazu mit freiwilligen
Gaben für das Haus des Gottes, der in Je-
rusalem wohnt!

5 Da erhoben sich die Familienhäupter
von Juda und Benjamin sowie die Priester
und Leviten, alle, deren Geist Gott erweckt
hatte, um hinaufzuziehen und das Haus
des Herrn zu bauen, der in Jerusalem
wohnt. 6 Alle Nachbarn unterstützten sie
mit allem, mit Silber, Gold, beweglicher
Habe, Vieh und Kostbarkeiten in Menge,
dazu all das, was man freiwillig spendete.
7 König Kyrus gab die Geräte des Hauses
des Herrn zurück, die Nebukadnezzar aus
Jerusalem weggeschafft und als Geschenk
in das Haus seines Gottes gegeben hatte.
8 Kyrus, der König von Persien, gab sie
durch Vermittlung des Schatzmeisters
Mitredat heraus, der sie Scheschbazzar,
dem Oberen von Juda, vorzählte. 9 Das
war ihre Zahl: dreißig goldene Schalen,
eintausendneunundzwanzig silberne
Schalen, 10 dreißig goldene Becher, vier-
hundertzehn silberne Becher, eintausend
sonstige Geräte; 11 insgesamt waren es
fünftausendvierhundert Geräte aus Gold
und Silber zusammen. All dies brachte
Scheschbazzar mit, als die Verbannten
von Babel nach Jerusalem geführt wurden.

Die Heimkehrerliste

2 Dies sind die Einwohner der Provinz,
die aus der Gefangenschaft der Ver-
bannten heimzogen, die Nebukadnezzar,
der König von Babel, gefangen nach Babel
geführt hatte und die nun nach Jerusalem
und Juda heimkehrten, jeder in seine
Stadt. 2 Sie kamen zusammen mit Serubba-
bel, Jeschua, Nehemja, Seraja, Reelaja,
Mordochai, Bilschan, Misperet, Bigwai,
Rehum und Baana.

Das ist die Zahl der Männer aus dem
Volk Israel: 3 Die Nachkommen des
Parosch: zweitausendeinhundertzweiund-
siebzig, 4 die Nachkommen Schefatjas:
dreihundertzweiundsiebzig, 5 die Nach-
kommen Arachs: siebenhundertfünfund-
siebzig, 6 die Nachkommen Pahat-Moabs,
und zwar die Nachkommen Jeschuas und
Joabs: zweitausendachthundertzwölf, 7 die
Nachkommen Elams: eintausendzwei-
hundertvierundfünfzig, 8 die Nachkom-
men Sattus: neunhundertfünfundvierzig,
9 die Nachkommen Sakkais: siebenhun-
dertsechzig, 10 die Nachkommen Banis:
sechshundertzweiundvierzig, 11 die Nach-
kommen Bebais: sechshundertdreiund-
zwanzig, 12 die Nachkommen Asgads:
eintausendzweihundertzweiundzwanzig,
13 die Nachkommen Adonikams: sechs-
hundertsechsundsechzig, 14 die Nachkom-
men Bigwais: zweitausendsechsundfünf-
zig, 15 die Nachkommen Adins: vierhun-
dertvierundfünfzig, 16 die Nachkommen
Aters aus der Linie Hiskijas: achtund-
neunzig, 17 die Nachkommen Bezais:
dreihundertdreiundzwanzig, 18 die Nach-
kommen Joras: einhundertzwölf, 19 die
Nachkommen Haschums: zweihundert-
dreiundzwanzig, 20 die Nachkommen Gib-
bars: fünfundneunzig. 21 Die Männer aus
Betlehem: einhundertdreiundzwanzig,
22 die Männer aus Netofa: sechsundfünf-

zig, 23 die Männer aus Anatot: einhundert-
achtundzwanzig, 24 die Männer aus Asma-
wet: zweiundvierzig, 25 die Männer aus
Kirjat-Jearim, Kefira und Beerot: sieben-
hundertdreiundvierzig, 26 die Männer aus
Rama und Geba: sechshunderteinund-
zwanzig, 27 die Männer aus Michmas: ein-
hundertzweiundzwanzig, 28 die Männer
aus Bet-El und Ai: zweihundertdreiund-
zwanzig, 29 die Männer aus Nebo: zwei-
undfünfzig. 30 Die Nachkommen Mag-
bischs: einhundertsechsundfünfzig, 31 die
Nachkommen eines anderen Elam: ein-
tausendzweihundertvierundfünfzig, 32 die
Nachkommen Harims: dreihundertzwan-
zig, 33 die Männer aus Lod, Hadid und
Ono: siebenhundertfünfundzwanzig, 34 die
Männer aus Jericho: dreihundertfünfund-
vierzig, 35 die Nachkommen Senaas: drei-
tausendsechshundertdreißig.

36 Von den Priestern: die Nachkommen
Jedajas aus dem Haus Jeschuas: neunhun-
dertdreiundsiebzig, 37 die Nachkommen
Immers: eintausendzweiundfünfzig, 38 die
Nachkommen Paschhurs: eintausendzwei-
hundertsiebenundvierzig, 39 die Nachkom-
men Harims: eintausendundsiebzehn.

40 Von den Leviten: die Nachkommen
Jeschuas, und zwar die Nachkommen
Kadmiëls, Binnuis und Hodawjas: vier-
undsiebzig.

41 Von den Sängern: die Nachkommen
Asafs: einhundertachtundzwanzig.

42 Von den Torwächtern: Die Nachkom-
men Schallums, die Nachkommen Aters,
die Nachkommen Talmons, die Nachkom-
men Akkubs, die Nachkommen Hatitas,
die Nachkommen Schobais, zusammen
einhundertneununddreißig.

43 Von den Tempeldienern: die Nach-
kommen Zihas, die Nachkommen Hasu-
fas, die Nachkommen Tabbaots, 44 die
Nachkommen des Keros, die Nachkom-
men Sias, die Nachkommen Padons, 45 die
Nachkommen Lebanas, die Nachkommen
Hagabas, die Nachkommen Akkubs, 46 die
Nachkommen Hagabs, die Nachkommen
Salmais, die Nachkommen Hanans, 47 die
Nachkommen Giddels, die Nachkommen
Gahars, die Nachkommen Reajas, 48 die
Nachkommen Rezins, die Nachkommen
Nekodas, die Nachkommen Gasams, 49 die
Nachkommen Usas, die Nachkommen Pa-
seachs, die Nachkommen Besais, 50 die
Nachkommen Asnas, die Nachkommen
der Mëuniter, die Nachkommen der Nefu-
siter, 51 die Nachkommen Bakbuks, die
Nachkommen Hakufas, die Nachkommen
Harhurs, 52 die Nachkommen Bazluts, die
Nachkommen Mehidas, die Nachkommen
Harschas, 53 die Nachkommen des Barkos,
die Nachkommen Siseras, die Nachkom-
men Temachs, 54 die Nachkommen Nezi-
achs, die Nachkommen Hatifas.

55 Von den Nachkommen der Knechte
Salomos: die Nachkommen Sotais, die
Nachkommen Soferets, die Nachkommen
Perudas, 56 die Nachkommen Jaalas, die
Nachkommen Darkons, die Nachkommen
Giddels, 57 die Nachkommen Schefatjas,
die Nachkommen Hattils, die Nachkom-
men des Pocheret-Zebajim, die Nachkom-
men Amis. 58 Alle Tempeldiener und die
Nachkommen der Knechte Salomos: drei-
hundertzweiundneunzig.

59 Folgende zogen aus Tel-Melach, Tel-
Harscha, Kerub-Addon und Immer he-
rauf, konnten aber nicht nachweisen, ob
sie ihrer Familie und Herkunft nach aus
Israel stammten: 60 die Nachkommen Dela-
jas, die Nachkommen Tobijas, die Nach-
kommen Nekodas, zusammen sechshun-
dertzweiundfünfzig; 61 von den Priestern
die Nachkommen des Habajas, die Nach-
kommen des Koz, die Nachkommen Bar-
sillais, der eine der Töchter des Gileaditers
Barsillai zur Frau genommen hatte und
mit dessen Namen genannt wurde. 62 Sie
alle suchten ihre Eintragung im Ge-
schlechterverzeichnis und fanden sie
nicht, sodass sie als unrein aus dem Pries-
terstand ausgeschlossen wurden. 63 Der
Statthalter verbot ihnen, vom Hochheili-
gen zu essen, bis wieder ein Priester für
den Losentscheid mit Urim und Tummim
zur Verfügung stehen würde.

64 Die ganze Gemeinde zählte zusammen
zweiundvierzigtausenddreihundertsechzig
Personen 65 ohne ihre Knechte und Mägde;
das waren siebentausenddreihundertsie-
benunddreißig. Zu ihnen kamen noch
zweihundert Sänger und Sängerinnen.
66 Pferde besaßen sie siebenhundertsechs-
unddreißig, Maultiere zweihundertfünf-
undvierzig, 67 Kamele vierhundertfünfund-
dreißig, Esel sechstausendsiebenhundert-
zwanzig.

68 Manche von den Familienoberhäup-
tern gaben bei ihrer Ankunft am Haus des
Herrn in Jerusalem Weihegeschenke für

das Gotteshaus, damit man es wieder an seinem Platz errichten könne. 69 Nach ihrem Vermögen gaben sie in den Tempelschatz einundsechzigtausend Golddariken, fünftausend Minen Silber und einhundert Priestergewänder.

70 Die Priester, Leviten, manche aus dem Volk, die Sänger, Torwächter und die Tempeldiener ließen sich in ihren Städten nieder, ebenso alle übrigen Israeliten.

Die Wiederherstellung des Kultes

3 So nahte der siebte Monat. Die Israeliten waren bereits in ihren Städten. Da versammelte sich das ganze Volk wie ein Mann in Jerusalem. 2 Jeschua, der Sohn Jozadaks, und seine priesterlichen Amtsbrüder sowie Serubbabel, der Sohn Schealtiëls, und seine Brüder machten sich daran, den Altar des Gottes Israels aufzubauen, um auf ihm Brandopfer darzubringen, wie es im Gesetz des Gottesmannes Mose geschrieben steht. 3 Sie errichteten den Altar an seiner alten Stelle, denn obwohl sie ein Schrecken vor den Völkern der Länder befallen hatte, brachten sie auf ihm Brandopfer für den Herrn dar, Brandopfer am Morgen und Abend. 4 Sie feierten das Laubhüttenfest nach der Vorschrift und brachten täglich Brandopfer in der vorgeschriebenen Zahl dar, wie es jedem einzelnen Tag gebührt, 5 danach das ständige Brandopfer, die Brandopfer für die Sabbate, die Neumondtage, die heiligen Festzeiten des Herrn sowie alle freiwilligen Opfer, die man dem Herrn weihte. 6 Am ersten Tag des siebten Monats begannen sie, dem Herrn Brandopfer darzubringen. Die Fundamente für den Tempel des Herrn waren aber noch nicht gelegt. 7 Sie gaben den Steinhauern und Holzarbeitern Geld, den Sidoniern und Tyrern aber Essen, Getränke und Öl, damit sie Zedern vom Libanon auf dem Seeweg nach Jafo schafften wie es ihnen Kyrus, der König von Persien, erlaubt hatte.

8 Im zweiten Jahr nach ihrer Ankunft am Gotteshaus in Jerusalem, im zweiten Monat, machten sie sich ans Werk: Serubbabel, der Sohn Schealtiëls, und Jeschua, der Sohn Jozadaks, sowie ihre übrigen Brüder, die Priester, Leviten und alle, die aus der Gefangenschaft nach Jerusalem gekommen waren. Sie bestellten die Leviten von zwanzig Jahren an aufwärts, um die Arbeit am Haus des Herrn zu beaufsichtigen. 9 Da traten Jeschua, seine Söhne und Brüder, Kadmiël und seine Söhne sowie die Söhne Hodawjas gemeinsam an, um die Werkleute am Gotteshaus zu beaufsichtigen, dazu kamen noch die Söhne Henadads, ihre Söhne und ihre Brüder, ebenfalls Leviten. 10 Als die Bauleute das Fundament zum Tempel des Herrn gelegt hatten, kamen die Priester, in feines Leinen gekleidet, mit den Trompeten, die Leviten, die Söhne Asafs, aber mit Zimbeln, um dem Herrn nach der Anordnung Davids, des Königs von Israel, Lob zu singen. 11 Sie stimmten dem Herrn ein Lob- und Danklied an: Denn er ist gütig und ewig währt seine Huld über Israel! Das ganze Volk erhob ein lautes Jubelrufen beim Lobgesang auf den Herrn wegen der Grundsteinlegung des Hauses des Herrn. 12 Viele alte Leute von den Priestern, Leviten und Familienoberhäuptern, die noch das frühere Haus gesehen hatten, weinten laut auf, als vor ihren Augen das Fundament für den neuen Tempel gelegt wurde. Viele aber erhoben in frohem Jubel ihre Stimme. 13 Man konnte den Klang des Freudenjubels vom lauten Weinen nicht unterscheiden. Das Volk hatte ein lautes Geschrei erhoben und der Lärm wurde weithin vernommen.

Die Behinderungen des Tempelbaus

4 Als die Feinde Judas und Benjamins hörten, dass die Heimkehrer dem Herrn, dem Gott Israels, einen Tempel erbauten, 2 kamen sie zu Serubbabel, Jeschua und den Familienoberhäuptern und sagten zu ihnen: Wir wollen mit euch bauen; denn wir suchen eueren Gott wie ihr und opfern ihm seit den Tagen Asarhaddons, des Königs von Assur, der uns hierher gebracht hat. 3 Da antworteten ihnen Serubbabel, Jeschua und die übrigen Familienoberhäupter Israels: Es ist nicht möglich, dass wir zusammen unserem Gott ein Haus bauen! Vielmehr wollen wir allein es dem Herrn, dem Gott Israels, bauen, wie Kyrus, der König von Persien, uns befohlen hat. 4 Da machte das Volk des Landes die Leute von Juda mutlos und schreckte sie vom Bauen ab. 5 Man bestach königliche Ratgeber, um ihren Plan zu vereiteln; das geschah während der ganzen

Zeit des Perserkönigs Kyrus bis zur Regierung des Perserkönigs Darius. 6 Während der Regierung des Xerxes, und zwar zu Beginn seiner Regierung, schrieben sie eine Anklageschrift gegen die Bewohner Judas und Jerusalems.

7 In den Tagen des Artaxerxes schrieben Bischlam, Mitredat, Tabeel und seine übrigen Amtsgenossen an Artaxerxes, den König vor Persien. Das Schriftstück war in aramäischer Sprache und Schrift abgefasst. 8 Der Befehlshaber Rehum und der Schreiber Schimschai schrieben folgendermaßen einen Brief an König Artaxerxes gegen Jerusalem: 9 Die Absender: Der Befehlshaber Rehum, der Schreiber Schimschai sowie ihre übrigen Amtsgenossen, die persischen Richter, Amtsleute und Schreiber, die Leute aus Erech, Babel und Susa, das heißt die Elamiter, 10 und die übrigen Völker, die der große und mächtige Asenappar fortgeführt und in den Städten von Samaria und den anderen Gebieten jenseits des Stromes angesiedelt hatte.

11 Dies ist die Abschrift des Briefes, den sie an ihn sandten: An König Artaxerxes, von deinen Knechten, den Leuten jenseits des Stroms. 12 Dem König sei gemeldet, dass die Juden, die von dir zu uns heraufgezogen sind, nach Jerusalem kamen. Sie bauen die aufrührerische und böse Stadt wieder auf, stellen die Mauern wieder her und sichern die Fundamente. 13 So möge der König wissen: Wenn diese Stadt aufgebaut ist und die Mauern wiederhergestellt sind, werden sie keine Steuern, Abgaben und Zölle mehr entrichten und zuletzt werden auch die Könige Schaden erleiden. 14 Weil wir nun das Salz des Palastes essen und die Missachtung des Königs nicht länger ansehen wollen, so schicken wir Nachricht und lassen es den König wissen, 15 damit man in der Chronik deiner Väter nachforsche. Dann wirst du in der Chronik fündig werden und feststellen, dass diese Stadt eine aufrührerische Stadt war, die Königen und Provinzen Schaden bereitete und in ihr seit jeher Empörung angestiftet wurde. Deshalb ist diese Stadt ja auch zerstört worden. 16 Wir tun dem König kund: Wenn diese Stadt aufgebaut ist und ihre Mauern wiederhergestellt sind, wird dir kein Anteil mehr am Gebiet jenseits des Stromes zukommen.

17 Da sandte der König folgenden Bescheid: An den Befehlshaber Rehum, den Schreiber Schimschai und ihre übrigen Amtsgenossen, die in Samaria und den übrigen Gebieten jenseits des Stroms wohnen, meinen Gruß. 18 Das Schreiben, das ihr uns sandtet, ist uns in Übersetzung vorgelesen worden. 19 Als von mir ein Befehl erlassen wurde, forschte man nach und fand, dass diese Stadt von den Tagen der Vorzeit an sich gegen die Könige empörte und Aufruhr und Auflehnung in ihr angestiftet wurden. 20 Mächtige Könige geboten über Jerusalem, die das ganze Gebiet jenseits des Stroms beherrschten und denen Steuern, Abgaben und Zölle entrichtet wurden. 21 Erlasst nun Befehl, dass man diesen Männern Einhalt gebietet und diese Stadt nicht wieder aufbaut, bis von mir eine Anweisung gegeben wird. 22 Seid vorsichtig, in dieser Hinsicht keine Nachlässigkeit zu begehen, damit das Unheil zum Schaden der Könige nicht größer werde!

23 Sobald nun die Abschrift des Briefes des Königs Artaxerxes dem Befehlshaber Rehum, dem Schreiber Schimschai und ihren Amtsgenossen vorgelesen worden war, gingen sie umgehend nach Jerusalem zu den Juden und brachten sie mit Macht und Gewalt zum Einstellen der Arbeit. 24 So geriet die Arbeit am Gotteshaus in Jerusalem ins Stocken und blieb bis zum zweiten Regierungsjahr des Darius, des Königs von Persien, eingestellt.

Die Wiederaufnahme des Tempelbaus

5 Nun weissagten der Prophet Haggai und Sacharja, der Sohn Iddos, den Juden, die in Juda und Jerusalem waren, im Namen des Gottes Israels, der über ihnen wachte. 2 Da machten sich Serubbabel, der Sohn Schealtiëls, und Jeschua, der Sohn Jozadaks, an die Arbeit und begannen am Gotteshaus in Jerusalem weiterzubauen. Die Propheten Gottes waren mit ihnen und unterstützten sie. 3 Zur selben Zeit kamen Tattenai, der Statthalter des Gebiets jenseits des Stromes, Schetar-Bosnai und ihre Amtsgenossen zu den Juden. Sie sprachen folgendermaßen zu ihnen: Wer hat euch den Auftrag erteilt, dieses Haus wiederaufzubauen und dieses Holzwerk wiederaufzurichten? 4 Wie heißen die Männer, die diesen Bau aufrichten? 5 Doch das Auge ihres Gottes wachte über die Ältesten der Juden. Man behinderte sie nicht, bis

ein Bericht an Darius abgesandt und ein Schreiben zurückgekommen war.

6 Abschrift des Briefes, den Tattenai, der Statthalter jenseits des Stroms, Schetar-Bosnai und ihre Amtsgenossen, die Amtsleute jenseits des Stroms, an König Darius sandten. 7 Sie sandten einen Bericht an ihn, in dem Folgendes geschrieben stand: Dem König Darius alles Gute! 8 Es sei dem König gemeldet, dass wir in die Provinz Juda, zum Haus des großen Gottes, gegangen sind. Es wird mit Quadersteinen aufgebaut und auf seine Wände wird Holz gelegt. Die Arbeit geht rasch voran und gelingt unter ihren Händen. 9 Da befragten wir jene Ältesten und sprachen folgendermaßen zu ihnen: Wer hat euch den Auftrag erteilt, dieses Haus aufzubauen und dieses Holzwerk wiederaufzurichten? 10 Auch ihre Namen erfragten wir von ihnen, um sie dir mitzuteilen. Wir schreiben dir die Namen der Männer, die an ihrer Spitze stehen.

11 Folgende Auskunft gaben sie uns: Wir sind Diener des Gottes des Himmels und der Erde. Wir richten das Haus wieder auf, das viele Jahre zuvor erbaut worden ist. Ein mächtiger König Israels hat es gebaut und vollendet. 12 Da aber unsere Väter den Gott des Himmels zum Zorn reizten, übergab er sie der Gewalt des Chaldäers Nebukadnezzar, des Königs von Babel. Er zerstörte dieses Haus und führte das Volk gefangen nach Babel fort. 13 Aber im ersten Jahr, als Kyrus König von Babel war, erließ König Kyrus ein Dekret, dieses Gotteshaus wiederaufzubauen. 14 Auch die goldenen und silbernen Gefäße des Gotteshauses, die Nebukadnezzar aus dem Tempel von Jerusalem geholt und in den Tempel von Babel hatte bringen lassen, ließ König Kyrus wieder aus dem Tempel von Babel herausnehmen. Sie wurden einem Mann namens Scheschbazzar übergeben, den er zum Statthalter ernannt hatte. 15 Er sprach zu ihm: Nimm diese Gefäße! Geh und bring sie in den Tempel in Jerusalem! Das Gotteshaus soll an seiner früheren Stelle wiederaufgebaut werden! 16 Da kam jener Scheschbazzar und legte die Fundamente zum Gotteshaus in Jerusalem. Seitdem wird bis heute daran gebaut und es ist noch nicht vollendet. 17 Wenn es dem König gut scheint, möge im königlichen Schatzhaus von Babel nachgeforscht werden, ob von König Kyrus tatsächlich ein Dekret erlassen wurde, dieses Gotteshaus in Jerusalem wiederaufzubauen. Der König lasse uns seinen Bescheid zukommen.

Der königliche Erlass über den Tempelbau

6 Da erließ König Darius einen Befehl und man forschte in Babel im Schatzhaus, in dem man die Urkunden aufbewahrte. 2 In der Festung Ekbatana in der Provinz Medien fand man eine Schriftrolle, auf der Folgendes verzeichnet stand: Protokoll. 3 Im ersten Jahr des Königs Kyrus erließ König Kyrus ein Dekret bezüglich des Gotteshauses in Jerusalem: Das Haus soll wieder aufgebaut werden als Stätte, an der man Opfer schlachtet und Feueropfer darbringt. Seine Höhe soll sechzig Ellen und seine Breite sechzig Ellen betragen. 4 Drei Schichten sollen von Quadersteinen sein und eine Schicht von Holz. Die Kosten sollen vom Königshaus bestritten werden. 5 Auch die goldenen und silbernen Gefäße des Gotteshauses, die Nebukadnezzar aus dem Tempel von Jerusalem weggenommen und nach Babel gebracht hatte, soll man zurückgeben. Alles soll im Tempel von Jerusalem an seinen früheren Platz kommen. Man soll es im Gotteshaus niederlegen.

6 Darum, Tattenai, Statthalter jenseits des Stroms, Schetar-Bosnai und euere Amtsgenossen, die Amtsleute jenseits des Stroms, haltet euch von dort fern! 7 Überlasst die Arbeit am Gotteshaus dem Statthalter von Juda und den Ältesten der Juden! Sie sollen dieses Gotteshaus an seiner früheren Stelle wiederaufbauen. 8 Von mir ergeht eine Anweisung über das, was ihr den Ältesten der Juden für den Bau des Gotteshauses leisten sollt: Aus dem königlichen Schatz, und zwar den Steuern des Gebietes jenseits des Stroms, soll diesen Männern der Aufwand gewissenhaft erstattet werden, und zwar ohne Verzug! 9 Was an jungen Stieren, Widdern und Lämmern zu Brandopfern für den Gott des Himmels benötigt wird, an Weizen, Salz, Wein und Öl, soll nach Anforderung der Priester von Jerusalem Tag für Tag ohne Abzug gegeben werden, 10 damit sie dem Gott des Himmels wohlriechende Opfer darbringen und für das Leben des Königs und seiner Söhne beten. 11 Auch ergeht von mir ein Dekret: Jedem, der diesen Erlass übertritt, soll man einen Balken aus

seinem Haus reißen; er soll auf ihm ge-
pfählt werden, während sein Haus in einen
Trümmerhaufen verwandelt wird. 12 Der
Gott, der seinen Namen dort wohnen
lässt, stürze jeden König und jedes Volk,
die ihre Hand zur Übertretung ausstre-
cken, um dieses Gotteshaus in Jerusalem
zu zerstören. Ich, Darius, habe das Dekret
erlassen. Man führe es sorgfältig durch!

Die Vollendung des Tempelbaus

13 Darauf verfuhren Tattenai, der Statthal-
ter jenseits des Stroms, Schetar-Bosnai
und ihre Amtsgenossen unverzüglich nach
dem, was König Darius ihnen mitgeteilt
hatte. 14 Die Ältesten der Juden bauten
nun erfolgreich mit Unterstützung durch
das Wirken des Propheten Haggai und Sa-
charjas, des Sohnes Iddos. Sie vollendeten
den Bau nach dem Befehl des Gottes Isra-
els und nach der Weisung des Kyrus, des
Darius und des Perserkönigs Artaxerxes.
15 Sie vollendeten dieses Haus am dritten
Tag des Monats Adar, das ist das sechste
Jahr der Regierung des Königs Darius.
16 Dann feierten die Israeliten, die Priester,
Leviten und die Übrigen, die aus der Ver-
bannung zurückgekommen waren, voll
Freude die Einweihung dieses Gotteshau-
ses. 17 Sie opferten zur Einweihung des
Gotteshauses einhundert Stiere, zweihun-
dert Widder und vierhundert Lämmer und
als Sühnopfer für ganz Israel zwölf Ziegen-
böcke gemäß der Zahl der Stämme Israels.
18 Sie bestellten die Priester nach ihren
Klassen und die Leviten nach ihren Abtei-
lungen für den Dienst des Gotteshauses in
Jerusalem nach der Vorschrift des Buches
Mose.

Das Pesachfest

19 Am vierzehnten des ersten Monats feier-
ten die Heimkehrer das Pesach. 20 Denn die
Leviten hatten sich alle gereinigt, sodass
sie sämtlich rein waren. Sie schlachteten
das Pesach für alle Heimkehrer, für ihre
Brüder, die Priester und für sich selbst.
21 Dieses Pesach aßen die Israeliten, die
aus der Verbannung zurückgekehrt wa-
ren, sowie alle, die sich von der Unreinheit
der Völker des Landes zu ihnen hinge-
wandt hatten, um den Herrn, den Gott Is-
raels, zu suchen. 22 Voll Freude feierten sie
sieben Tage lang das Fest der Ungesäuer-
ten Brote. Denn der Herr hatte sie froh
gemacht und ihnen das Herz des Königs
von Assur zugewandt, sodass er sie bei
der Arbeit am Haus Gottes, des Gottes Is-
raels, unterstützte.

Die Ordnung der Gemeinde

Sendung und Persönlichkeit des Esra

7 Nach diesen Ereignissen unter der Re-
gierung des Perserkönigs Artaxerxes
kam Esra, der Sohn Serajas, des Sohnes
Asarjas, des Sohnes Hilkijas, 2 des Sohnes
Schallums, des Sohnes Zadoks, des Sohnes
Ahitubs, 3 des Sohnes Amarjas, des Sohnes
Asarjas, des Sohnes Merajots, 4 des Sohnes
Serachjas, des Sohnes Usis, des Sohnes
Bukkis, 5 des Sohnes Abischuas, des Soh-
nes des Pinhas, des Sohnes Eleasars, des
Sohnes des Hohenpriesters Aarons. 6 Die-
ser Esra kam von Babel herauf. Er war
Schreiber, bewandert im Gesetz des Mose,
das der Herr, der Gott Israels, erlassen hat-
te. Der König gewährte ihm alle seine
Wünsche, da die Hand des Herrn, seines
Gottes, über ihm war. 7 (Mit ihm) zog im
siebten Jahr des Königs Artaxerxes auch
eine Anzahl von Israeliten, Priestern, Levi-
ten, Sängern, Torwächtern und Tempel-
dienern nach Jerusalem hinauf. 8 Er kam
im fünften Monat in Jerusalem an, im
siebten Jahr des Königs. 9 Auf den Ersten
des ersten Monats hatte er den Auszug
aus Babel festgelegt und am Ersten des
fünften Monats kam er in Jerusalem an,
da die gütige Hand seines Gottes über
ihm war. 10 Denn Esra hatte seinen Sinn
darauf gerichtet, das Gesetz des Herrn zu
erforschen und zu erfüllen und in Israel
Gesetz und Recht zu lehren.

Der Erlass des Artaxerxes

11 Dies ist die Abschrift des Briefes, den
König Artaxerxes dem schriftgelehrten
Priester Esra gab, dem Schriftkundigen in
den Geboten Gottes und seiner Gesetze
für Israel:

12 Artaxerxes, der König der Könige an

den Priester Esra, den Schriftkundigen im
Gesetz des Himmelsgottes. Alles Gute!
13 Von mir wurde ein Dekret erlassen, dass
jeder, der in meinem Königreich vom Volk
Israel oder seinen Priestern und Leviten
bereit ist, nach Jerusalem zu gehen, mit
dir gehen darf. 14 Denn dazu wurdest du
vom König und seinen sieben Räten gesandt,
eine Untersuchung über Juda und
Jerusalem nach dem Gesetz deines Gottes
anzustellen, das in deiner Hand ist, 15 und
das Silber und Gold, das der König und
seine Räte großmütig spendeten, dem Gott
Israels zu überbringen, dessen Wohnung
in Jerusalem ist, 16 dazu alles Silber und
Gold, das du in der ganzen Provinz Babel
erhalten wirst, zusammen mit den freiwilligen
Spenden des Volkes und der Priester,
die sie für das Haus ihres Gottes in Jerusalem
freiwillig geben. 17 Kaufe also eifrig für
dieses Geld Stiere, Widder und Lämmer
samt den zugehörenden Speise- und
Trankopfern. Sie sollst du auf dem Altar
eueres Gotteshauses in Jerusalem darbringen.
18 Was dir und deinen Brüdern mit
dem Rest an Silber und Gold zu tun gefällt,
das tut nach dem Willen eueres Gottes!
19 Die Geräte aber, die dir für den Dienst
am Haus deines Gottes übergeben wurden,
liefere bei deinem Gott in Jerusalem ab!
20 Den übrigen Bedarf des Hauses deines
Gottes, den du aufbringen musst, sollst
du aus dem königlichen Schatzhaus beziehen!
21 Von mir, König Artaxerxes, ist ein
Dekret an alle Schatzmeister jenseits des
Stroms erlassen worden: Alles, was der
Priester Esra, der Schriftkundige, im Gesetz
des Himmelsgottes, von euch fordert,
soll genau durchgeführt werden, 22 bis zu
einhundert Talenten Silber, einhundert
Kor Weizen, einhundert Bat Wein, einhundert
Bat Öl und Salz ohne Beschränkung.
23 Alles, was der Anordnung des
Himmelsgottes entspricht, soll sorgfältig
geleistet werden, damit nicht ein Zorngericht
über das Reich des Königs und seiner
Söhne kommt. 24 Auch verkünden wir
euch, dass niemand ein Recht hat, einem
von den Priestern, Leviten, Sängern, Torwächtern,
Tempeldienern oder Arbeitern
dieses Gotteshauses Abgaben, Steuern
und Wegezölle aufzuerlegen. 25 Du aber,
Esra, bestelle nach der Weisheit deines
Gottes, über die du verfügst, Schreiber
und Richter, dass sie dem ganzen Volk
jenseits des Stroms Recht sprechen, allen,
die die Gesetze deines Gottes kennen. Wer
sie aber nicht kennt, den sollt ihr belehren!
26 Über jeden, der das Gesetz deines Gottes
und das Gesetz des Königs nicht genau beachtet,
soll schnell ein Urteil gefällt werden,
sei es zum Tod, zur Verbannung, zu
Geldstrafe oder Gefängnis.

Esras Reise von Babel nach Palästina

27 Gepriesen sei der Herr, der Gott unserer
Väter, der dies dem Herzen des Königs
eingab, um das Haus des Herrn in Jerusalem
zu verherrlichen! 28 Er verschaffte mir
Gunst beim König, bei seinen Räten und
hervorragenden Fürsten. Ich fasste Mut,
da die Hand des Herrn, meines Gottes,
über mir war, und sammelte aus Israel Familienoberhäupter,
die bereit waren, mit
mir hinaufzuziehen.

8 Dies sind die Familienhäupter und
der Geschlechternachweis jener, die
unter der Regierung des Artaxerxes mit
mir von Babel hinaufzogen: 2 Von den
Nachkommen des Pinhas: Gerschom; von
den Nachkommen Itamars: Daniel; von
den Nachkommen Davids: Hattusch, 3 der
Sohn Schechanjas; von den Nachkommen
des Parosch: Secharja, und mit ihm hundertfünfzig
eingetragene Männer; 4 von
den Nachkommen des Pahat-Moab: Eljoënai,
der Sohn Serachjas, und mit ihm zweihundert
Männer; 5 von den Nachkommen
Sattus Schechanja, der Sohn Jahasiëls, und
mit ihm dreihundert Männer; 6 von den
Nachkommen Adins: Ebed, der Sohn Jonatans,
und mit ihm fünfzig Männer;
7 von den Nachkommen Elams: Jeschaja,
der Sohn Ataljas, und mit ihm siebzig
Männer; 8 von den Nachkommen Schefatjas:
Sebadja, der Sohn Michaels, und mit
ihm achtzig Männer; 9 von den Nachkommen
Joabs: Obadja, der Sohn Jehiëls, und
mit ihm zweihundertachtzehn Männer;
10 von den Nachkommen Banis: Schelomit,
der Sohn Josifas, und mit ihm hundertsechzig
Männer; 11 von den Nachkommen
Bebais: Secharja, der Sohn Bebais, und mit
ihm achtundzwanzig Männer; 12 von den
Nachkommen Asgads: Johanan, der Sohn
Katans, und mit ihm einhundertzehn
Männer; 13 von den Nachkommen Adonikams:
die letzten, nämlich Elifelet, Jëiël,
Schemaja, und mit ihnen sechzig Männer;
14 und von den Nachkommen Bigwais:

Utai, der Sohn Sabbuds, und mit ihm sieb-
zig Männer.
15 Ich sammelte sie am Fluss, der nach
Ahawa fließt. Dort lagerten wir drei Tage.
Ich musterte das Volk und die Priester,
aber von den Nachkommen Levis fand
ich dort niemand. 16 Da sandte ich Eliëser,
Ariël, Schemaja, Elnatan, Jarib, Elnatan,
Natan, Secharja und Meschullam, einsich-
tige Männer. 17 Ich gab ihnen eine Bot-
schaft an Iddo mit, den Vorsteher im Ort
Kasifja, und legte die Worte in ihren
Mund, die sie zu Iddo und seinen Brüdern,
die im Ort Kasifja wohnten, sprechen soll-
ten, damit sie uns Diener für das Haus un-
seres Gottes überließen. 18 Da die gütige
Hand unseres Gottes über uns waltete,
brachten sie uns einen verständigen Mann
von den Nachkommen Machlis, des Soh-
nes Levis, des Sohnes Israels, nämlich
Scherebja, mit seinen Söhnen und Brü-
dern, achtzehn Mann, 19 sowie Haschabja
und Jeschaja, seinen Bruder, Nachkom-
men Meraris, samt ihren Söhnen, zwanzig
Mann, 20 dazu von den Tempeldienern, die
David und die Fürsten zum Dienst der Le-
viten geschenkt hatten, zweihundertzwan-
zig Mann. Sie alle wurden namentlich an-
gegeben.
21 Dort am Fluss bei Ahawa rief ich ein
Fasten aus, damit wir uns vor unserem
Gott beugten, um eine glückliche Reise
für uns, unsere Familien und unsere ganze
Habe von ihm zu erbitten. 22 Denn ich
schämte mich, vom König Soldaten und
Reiter zu erbitten, um uns auf dem Weg
gegen Feinde zu schützen. Wir hatten ja
dem König gesagt: Die Hand unseres Got-
tes waltet zum Guten über allen, die ihn
suchen; seine Kraft und sein Zorn aber
richten sich gegen alle, die ihn verlassen.
23 So fasteten wir und suchten bei unserem
Gott Hilfe in dieser Sache und er erhörte
uns.
24 Dann wählte ich von den Obersten der
Priester zwölf aus, ferner Scherebja und
Haschabja und mit ihnen noch zehn ihrer
Brüder. 25 Ihnen wog ich das Silber, Gold
und die Geräte ab, die Weihegaben für
das Haus unseres Gottes, die der König,
seine Räte und Fürsten sowie ganz Israel,
soweit es sich dort befand, gespendet hat-
ten. 26 Ich wog in ihre Hand: sechshundert-
fünfzig Talente Silber, einhundert silberne
Geräte zu zwei Talenten, einhundert Ta-
lente Gold, 27 zwanzig goldene Becher zu
eintausend Golddariken, zwei bronzene,
goldglänzende Geräte, kostbar wie Gold.
28 Ich sagte zu ihnen: Ihr seid heilig für
den Herrn; auch die Geräte sind heilig,
das Silber und das Gold aber sind eine frei-
willige Gabe für den Herrn, den Gott un-
serer Väter. 29 Bewacht und bewahrt alles,
bis ihr es vor den Obersten der Priester
und Leviten sowie den Familienoberhäup-
tern Israels in Jerusalem in den Kammern
des Hauses des Herrn abwägt. 30 Dann
empfingen die Priester und Leviten das
abgewogene Silber, das Gold sowie die Ge-
räte, um sie nach Jerusalem zum Haus un-
seres Gottes zu bringen.
31 Wir brachen am zwölften Tag des ers-
ten Monats vom Fluss bei Ahawa auf, um
nach Jerusalem zu gelangen. Die Hand un-
seres Gottes war über uns und errettete
uns aus der Gewalt der Feinde und Räu-
ber. 32 Nach unserer Ankunft in Jerusalem
blieben wir dort drei Tage. 33 Am vierten
Tag wurden das Silber und das Gold sowie
die Geräte im Haus unseres Gottes an den
Priester Meremot, den Sohn Urijas, über-
geben. Bei ihm war Eleasar, der Sohn des
Pinhas, ferner die Leviten Josabad, der
Sohn Jeschuas, und Noadja, der Sohn Bin-
nuis. 34 Alles stimmte nach Zahl und Ge-
wicht. Das ganze Gewicht wurde damals
aufgeschrieben.
35 Die aus der Gefangenschaft Heimge-
kehrten, die Söhne der Verbannten,
brachten dem Gott Israels Brandopfer dar:
zwölf Stiere für ganz Israel, sechsund-
neunzig Widder, zweiundsiebzig Lämmer,
zwölf Sündopferböcke, alles ein Brand-
opfer für den Herrn. 36 Dann übergaben
sie die Dekrete des Königs den könígli-
chen Satrapen und den Statthaltern jen-
seits des Stroms. Sie unterstützten das
Volk und das Haus Gottes.

Die Auflösung der Ehen mit Fremden

9 Als dies vollendet war, kamen die
Obersten zu mir und sagten: Das Volk
Israel und die Priester und Leviten haben
sich nicht abgesondert von den Völkern
der Länder, die in ihren Gräueln versun-
ken sind, von den Kanaanitern, Hetitern,
Perisitern, Jebusitern, Ammonitern, Moa-
bitern, Ägyptern und Amoritern. 2 Sie ha-
ben sich und ihren Söhnen von deren
Töchtern Frauen genommen, sodass der

heilige Same sich mit den Völkern der
Länder vermischt hat. Bei diesem Treue-
bruch waren die Obersten und Vorsteher
die Ersten. 3 Als ich dies vernahm, zerriss
ich mein Gewand und meinen Mantel,
raufte mir die Haare und den Bart und
saß niedergeschmettert da. 4 Da sammel-
ten sich um mich alle, die wegen der Un-
treue der Heimkehrer vor den Drohungen
des Gottes Israels Furcht hatten. Ich saß
bis zum abendlichen Speiseopfer ganz er-
schüttert da.

5 Beim abendlichen Speiseopfer erhob
ich mich aus meiner Niedergeschlagen-
heit mit zerrissenem Gewand und Mantel,
beugte meine Knie, breitete meine Hände
aus zum Herrn, meinem Gott, 6 und bete-
te: Mein Gott, ich bin beschämt und von
Schande überwältigt, meine Augen zu dir,
mein Gott, zu erheben. Denn unsere Sün-
den sind uns über den Kopf gewachsen
und unsere Schuld reicht bis zum Him-
mel. 7 Seit den Tagen unserer Väter bis
heute sind wir in großer Schuld. Durch
unsere Verfehlungen wurden wir, unsere
Könige und Priester, der Gewalt der
Könige der Länder preisgegeben, dem
Schwert, der Gefangenschaft, der Aus-
plünderung und der öffentlichen Be-
schimpfung, wie es noch heutzutage ist.
8 Jetzt aber ist für einen Augenblick vom
Herrn, unserem Gott, Erbarmen gekom-
men, indem er uns Gerettete übrig ließ
und uns einen Ruheplatz in seinem Hei-
ligtum gewährte. Unser Gott ließ unsere
Augen aufleuchten und uns ein wenig
aufleben. 9 Denn wir sind zwar Knechte,
aber unser Gott hat uns in unserer
Knechtschaft nicht verlassen. Er ver-
schaffte uns die Gunst der persischen
Könige, sodass er uns die Lebenskraft ver-
lieh, das Haus unseres Gottes aufzurich-
ten, aus seinen Trümmern wiederherzu-
stellen und uns eine Schutzmauer in Juda
und Jerusalem gab. 10 Jetzt aber, was sollen
wir nach alldem sagen? Wir haben ja dei-
ne Satzungen verlassen, 11 die du durch
deine Knechte, die Propheten, erlassen
hast mit den Worten: Das Land, in das
ihr kommt, um es in Besitz zu nehmen,
ist ein unreines Land wegen der Unrein-
heit der Völker des Landes und wegen
ihrer Gräuel, womit sie es von einem En-
de bis zum anderen mit ihrer Unreinheit
erfüllten. 12 Gebt daher euere Töchter
nicht ihren Söhnen und nehmt nicht ihre
Töchter für euere Söhne! Sucht nicht im-
mer ihr Glück und Wohl. Dann werdet
ihr erstarkt das Gut des Landes genießen
und es eueren Söhnen für immer ver-
erben!

13 Nach alldem, was durch unsere bösen
Werke und unsere große Schuld über uns
kam – freilich hast du weniger angerech-
net, als unsere Sünden wert waren, und
diesen Rest von Geretteten gelassen –,
14 sollten wir da nochmals deine Gebote
übertreten und uns mit Völkern, die sol-
che Gräuel begehen, verschwägern? Wür-
dest du uns nicht bis zur Vernichtung zür-
nen, sodass es keinen Rest und keine
Rettung mehr gäbe? 15 Herr, unser Gott, ge-
recht bist du, weil wir noch als Gerettete
übrig geblieben sind bis auf diesen Tag.
Nun stehen wir vor dir mit unserer
Schuld! Fürwahr, vor dir können wir da-
mit nicht bestehen!

10 Als Esra betete, weinend vor dem
Gotteshaus auf den Knien lag und
sein Bekenntnis ablegte, versammelte sich
bei ihm eine große Gemeinde von Israeli-
ten, von Männern, Frauen und Kindern.
Auch das Volk begann laut zu weinen.
2 Da ergriff Schechanja, der Sohn Jehiëls,
ein Nachkomme Elams, das Wort und sag-
te zu Esra: Wir sind es, die gegen unseren
Gott treulos waren und die fremden Frau-
en aus den Völkern des Landes genom-
men haben. Jetzt aber besteht hier noch
eine Hoffnung für Israel. 3 Lasst uns nun
einen Bund mit unserem Gott eingehen,
dass wir alle unsere fremden Frauen und
die von ihnen geborenen Kinder entlassen
nach dem Rat meines Herrn und aller, die
sich um das Gesetz unseres Gottes gewis-
senhaft sorgen. Es soll nach dem Gesetz
gehandelt werden. 4 Steh auf! Denn dir fällt
die Aufgabe zu. Wir aber sind mit dir. Sei
mutig und handle! 5 Da stand Esra auf und
ließ die Obersten der Priester, der Leviten
und ganz Israels schwören, nach diesem
Wort zu handeln. Sie leisteten den Eid.
6 Esra entfernte sich vom Gotteshaus und
begab sich in die Kammer Johanans, des
Sohnes Eljaschibs. Dort übernachtete er.
Er aß kein Brot und trank kein Wasser,
weil er über die Treulosigkeit der Heim-
kehrer trauerte.

7 Dann ließ man in Juda und Jerusalem
für alle Heimkehrer bekannt machen, sie

sollten sich in Jerusalem versammeln. [8] Je-
der, der innerhalb von drei Tagen gemäß
dem Beschluss der Vorsteher und Ältesten
nicht komme, dessen ganze Habe solle
dem Untergang geweiht und er selbst aus
der Gemeinde der Heimkehrer aus-
geschlossen werden. [9] Alle Männer Judas
und Benjamins versammelten sich in Jeru-
salem innerhalb von drei Tagen. Es war am
zwanzigsten Tag des neunten Monats. Das
ganze Volk saß auf dem Vorplatz des Got-
teshauses, zitternd wegen der Sache, um
die es ging, und auch wegen der Regengüs-
se. [10] Da stand der Priester Esra auf und
sprach zu ihnen: Ihr seid treulos geworden
und habt fremde Frauen geheiratet und so
Israels Schuld noch vermehrt. [11] Nun gebt
dem Herrn, dem Gott euerer Väter, die
Ehre und erfüllt seinen Willen! Trennt
euch von der Bevölkerung des Landes
und von den fremden Frauen! [12] Da ant-
wortete die ganze Versammlung laut: Es
ist unsere Pflicht, nach deinen Worten zu
handeln! [13] Jedoch ist das Volk zahlreich
und es ist Regenzeit, sodass man nicht
draußen stehen kann. Es ist auch keine Ar-
beit für einen oder zwei Tage, da wir in
dieser Sache viele Verstöße begangen ha-
ben. [14] Unsere Vorsteher sollen die ganze
Gemeinde vertreten und alle, die in unse-
ren Städten fremde Frauen geheiratet ha-
ben, sollen zur festgesetzten Zeit zusam-
men mit den Ältesten einer jeden Stadt
und ihren Richtern kommen, bis der glü-
hende Zorn unseres Gottes wegen diese
Sache von uns abgewendet ist. [15] Nur Jona-
tan, der Sohn Asaëls, und Jachseja, der
Sohn Tikwas, traten dagegen auf. Me-
schullam und Schabbetai, der Levit, unter-
stützten sie. [16] Aber die Söhne der Heim-
kehrer verfuhren auf diese Weise: Der
Priester Esra wählte sich Männer aus, für
jede Großfamilie ein Familienoberhaupt.
Sie alle waren namentlich bestimmt. Am
ersten Tag des zehnten Monats hielten sie
eine Sitzung ab, um die Angelegenheit zu
untersuchen. [17] Bis zum ersten Tag des ers-
ten Monats wurden sie mit den Fällen aller
Männer, die fremde Frauen geheiratet hat-
ten, fertig.

Die Liste der Schuldigen

[18] Unter den Priestern, die fremde Frauen
geheiratet hatten, fanden sich folgende:
Von den Nachkommen Jeschuas, des Soh-
nes Jozadaks, und seinen Brüdern: Maa-
seja, Eliëser, Jarib und Gedalja. [19] Sie gaben
ihre Hand darauf, ihre Frauen zu entlas-
sen; ihr Schuldopfer bestand aus einem
Widder. [20] Von den Nachkommen Immers
fand man schuldig: Hanani und Zebadja;
[21] von den Nachkommen Harims: Maaseja,
Elija, Schemaja, Jehiël und Usija; [22] von den
Nachkommen Paschhurs: Eljoënai, Maa-
seja, Jischmael, Netanel, Josabad und Ela-
sa. [23] Von den Leviten: Josabad, Schimi, Ke-
laja, das ist Kelita, Petachja, Juda und
Eliëser. [24] Von den Sängern: Eljaschib, von
den Torwächtern Schallum, Telem und
Uri. [25] Von den Israeliten, und zwar von
den Nachkommen des Parosch: Ramja, Ji-
sija, Malkija, Mijamin, Eleasar, Malkija
und Benaja; [26] von den Nachkommen
Elams: Mattanja, Secharja, Jehiël, Abdi, Je-
remot und Elija; [27] von den Nachkommen
Sattus: Eljoënai, Eljaschib, Mattanja, Jere-
mot, Sabad und Asisa; [28] von den Nach-
kommen Bebais: Johanan, Hananja, Sabbai
und Atlai; [29] von den Nachkommen Banis:
Meschullam, Malluch, Adaja, Jaschub,
Scheal und Jeremot; [30] von den Nachkom-
men des Pahat-Moab: Adna, Kelal, Benaja,
Maaseja, Mattanja, Bezalel, Binnui und
Manasse; [31] von den Nachkommen Harims:
Eliëser, Jischija, Malkija, Schemaja, Sime-
on, [32] Benjamin, Malluch und Schemarja;
[33] von den Nachkommen Haschums: Mat-
tenai, Mattatta, Sabad, Elifelet, Jeremai,
Manasse und Schimi; [34] von den Nachkom-
men Bigwais: Maadai, Amram, Uël, [35] Be-
naja, Bedja, Keluhi, [36] Wanja, Meremot, El-
jaschib, [37] Mattanja, Mattenai und Jaasai;
[38] von den Nachkommen Binnuis: Schimi,
[39] Schelemja, Natan und Adaja; [40] von den
Nachkommen Sakkais: Schaschai, Scharai,
[41] Asarel, Schelemja, Schemarja, [42] Schal-
lum, Amarja und Josef; [43] von den Nach-
kommen Nebos: Jëiël, Mattitja, Sabad, Se-
bina, Jaddai, Joël und Benaja. [44] Alle diese
hatten fremde Frauen genommen. Sie
schickten die Frauen und Kinder fort.

Das Buch Nehemia

Nehemias Gebet

1 Bericht Nehemias, des Sohnes Hachaljas. Es geschah im Monat Kislew, im zwanzigsten Jahr des Artaxerxes, als ich mich in der Burg Susa aufhielt, 2 da kam Hanani, einer meiner Brüder, mit einigen Männern aus Juda. Ich befragte sie über die Juden, die Geretteten, die aus der Gefangenschaft übrig geblieben waren, und über Jerusalem. 3 Sie sagten zu mir: Der Rest, der aus der Verbannung übrig geblieben ist, befindet sich dort in der Provinz in großer Not und Schmach. Die Mauer Jerusalems ist eingerissen und die Tore sind durch Feuer zerstört. 4 Als ich diese Zustände erfuhr, setzte ich mich nieder, weinte und trauerte tagelang. Ständig fastete und betete ich zu dem Gott des Himmels. 5 Ich sagte:

Ach, Herr, Gott des Himmels, du großer und furchtbarer Gott! Bund und Gnade bewahrst du denen, die dich lieben und deine Gebote halten! 6 Dein Ohr sei aufmerksam und deine Augen seien geöffnet, um auf das Gebet deines Knechtes zu hören, der ich jetzt Tag und Nacht für die Söhne Israels, deine Knechte, vor dir flehe. Ich bekenne die Sünden, die wir Israeliten gegen dich begangen haben. Auch ich und das Haus meines Vaters haben gesündigt. 7 Ganz übel haben wir gegen dich gehandelt und die Gebote, Satzungen und Rechte missachtet, die du deinem Knecht Mose befohlen hast. 8 Gedenke doch des Wortes, das du deinem Knecht Mose aufgetragen hast, als du sprachst: Wenn ihr treulos handelt, werde ich es sein, der euch unter die Völker zerstreut! 9 Kehrt ihr aber zu mir zurück und haltet ihr meine Satzungen und erfüllt sie, so werde ich von dort sammeln, selbst euere Verbannten wenn sie am Ende des Himmels wären, und an den Ort bringen, den ich auserwählt habe, um dort meinen Namen wohnen zu lassen. 10 Sie sind ja deine Knechte und dein Volk, das du durch deine große Kraft und deinen starken Arm befreit hast. 11 Ach, mein Herr, möge dein Ohr auf das Gebet deines Knechtes und auf das Flehen deiner Knechte achten, deren Freude es ist, deinen Namen zu fürchten! Lass doch heute deinen Knecht Erfolg haben und Gnade vor diesem Mann finden!

Ich war nämlich Mundschenk des Königs.

Nehemias Entsendung nach Juda

2 Es geschah im Monat Nisan, im zwanzigsten Jahr des Königs Artaxerxes, da hatte ich für den Wein zu sorgen. Ich nahm den Wein und reichte ihn dem König. Doch war ich nie so traurig vor ihm gewesen. 2 Da sagte der König zu mir: Warum siehst du so traurig aus? Du bist doch nicht etwa krank? Nein, du hast gewiss Kummer. Da fürchtete ich mich sehr. 3 Ich sagte zum König: Der König lebe ewig! Warum sollte ich nicht traurig aussehen, da doch die Stadt mit den Grabstätten meiner Väter zerstört ist und ihre Tore durch das Feuer verbrannt sind? 4 Da fragte mich der König: Worauf will deine Bitte hinaus? Da flehte ich zum Gott des Himmels 5 und antwortete dem König: Wenn es dem König gefällt und dein Knecht Gnade vor dir gefunden hat, so sende mich nach Juda, zur Stadt der Gräber meiner Väter, dass ich sie wieder aufbaue. 6 Da sagte der König zu mir im Beisein der Königin an seiner Seite: Bis wann wird deine Reise dauern? Wann kommst du zurück? Ich gab ihm eine bestimmte Zeit an. Der König war damit einverstanden und ermächtigte mich hinzugehen. 7 Dann sagte ich zum König: Wenn es dem König gefällt, gebe man mir Schreiben an die Statthalter jenseits des Stroms mit, dass sie mir die Durchreise gestatten, bis ich nach Juda gelange; 8 ferner auch einen Brief an Asaf, den Aufseher des königlichen Waldes, dass er mir Holz liefert, um die Tore der Burg, die zum Tempel gehören, mit Balken zu belegen, für die Stadtmauer und für das Haus, das ich mir erbauen will. Der König gewährte es mir, weil die gnädige Hand meines Gottes über mir war.

9 Ich kam zu den Statthaltern jenseits des Stroms und überreichte ihnen die

Schreiben des Königs. Auch hatte mir der
König Heeresoberste und Reiter mitgege-
ben. 10 Als Sanballat, der Horoniter, und
Tobija, der ammonitische Knecht, davon
erfuhren, missfiel es ihnen sehr, dass je-
mand kam, um sich für das Wohl der Söh-
ne Israels einzusetzen.

Entscheidung zum Mauerbau

11 So kam ich nach Jerusalem und blieb
dort drei Tage. 12 Dann stand ich nachts
auf, ich und einige Männer mit mir. Ich
hatte niemandem mitgeteilt, was mir mein
Gott ins Herz gegeben hatte, für Jerusalem
zu tun. Kein Reittier war bei mir außer
dem einen, auf dem ich ritt. 13 Nachts ging
ich zum Taltor hinaus zur Drachenquelle
und zum Misttor hinaus und untersuchte
die Mauern Jerusalems, die niedergerissen,
und deren Tore, die vom Feuer zerstört
waren. 14 Dann ging ich zum Quelltor und
zum Königsteich hinüber. Doch gab es
keinen Platz für mein Reittier, mit mir
durchzukommen. 15 So ging ich in der
Nacht das Tal hinauf und untersuchte die
Mauer. Dann wandte ich mich um, ge-
langte zum Taltor und kehrte wieder heim.
16 Die Gemeindevorsteher wussten noch
nicht, wohin ich gegangen war und was
ich vorhatte. Den Juden hatte ich bis dahin
noch nichts berichtet, weder den Priestern
noch den Vornehmen noch den Vorste-
hern und den übrigen Beamten. 17 Nun
sagte ich zu ihnen: Ihr seht das Elend, in
dem wir sind; Jerusalem ist verwüstet und
seine Tore sind durch Feuer verbrannt.
Bauen wir also die Mauer Jerusalems wie-
der auf! So werden wir nicht mehr als Ge-
spött dienen. 18 Dann erzählte ich ihnen
von der Hand Gottes, die gnädig über mir
war, und von den Worten des Königs, die
er zu mir gesprochen hatte. Da sagten sie:
Beginnen wir also zu bauen! Und sie be-
gannen das gute Unternehmen.

19 Als der Horoniter Sanballat, der am-
monitische Knecht Tobija und der Araber
Geschem davon hörten, spotteten sie und
verhöhnten uns: Was unternehmt ihr da?
Wollt ihr euch gegen den König empören?
20 Ich gab ihnen folgende Auskunft: Der
Gott des Himmels selbst wird uns Erfolg
verleihen. Wir, seine Knechte, wollen uns
aufmachen und bauen. Ihr aber sollt we-
der Anteil noch Recht noch Andenken in
Jerusalem haben.

Freiwillige beim Mauerbau

3 Da machten sich der Hohepriester El-
jaschib und seine Brüder, die Priester,
ans Werk. Sie bauten das Schaftor, beleg-
ten es mit Balken, brachten seine Tore,
Riegel und Sperrbalken an und bauten
weiter bis zum Turm der Hundert. 2 An-
schließend bauten die Männer von Jericho
und daneben baute Sakkur, der Sohn Im-
ris. 3 Das Fischtor bauten die Söhne des Se-
naa. Sie belegten es mit Balken und brach-
ten seine Tore, Riegel und Sperrbalken an.
4 Neben ihnen besserte Meremot, der Sohn
Urijas, des Sohnes des Koz, aus. Daneben
arbeitete Meschullam, der Sohn Berechjas,
des Sohnes Meschesabels. Daneben arbei-
tete Zadok, der Sohn Baanas. 5 Daneben
arbeiteten die Leute aus Tekoa. Doch die
Vornehmen unter ihnen beugten ihren
Nacken nicht zum Dienst für ihre Herren.
6 Das Tor des neuen Stadtviertels besserten
Jojada, der Sohn Paseachs, und Meschul-
lam, der Sohn Besodjas, aus. Sie belegten
es mit Balken und brachten seine Tore,
Riegel und Sperrbalken an. 7 Daneben ar-
beiteten Melatja aus Gibeon und Jadon
aus Meronot sowie die Leute aus Gibeon
und Mizpa, die zum Amtsbereich des
Statthalters jenseits des Stroms gehörten.
8 Daneben arbeitete Usiël, der Sohn Harha-
jas, ein Goldschmied. Daneben arbeitete
Hananja, ein Mitglied aus der Zunft der
Salbenhersteller. Sie befestigten Jerusalem
bis zur Breiten Mauer. 9 Daneben arbeitete
Refaja, der Sohn Hurs, der Vorsteher der
einen Hälfte des Bezirks von Jerusalem.
10 Daneben arbeitete Jedaja, der Sohn Ha-
rumafs, gegenüber seinem Haus. Daneben
arbeitete Hattusch, der Sohn Haschabne-
jas. 11 An einer zweiten Strecke arbeiteten
Malkija, der Sohn Harims, und Haschub,
der Sohn des Pahat-Moab, bis zum Ofen-
turm. 12 Daneben arbeiteten Schallum, der
Sohn des Lohesch, der Vorsteher der an-
deren Hälfte des Bezirks von Jerusalem, er
selbst und seine Töchter. 13 Das Taltor bes-
serten Hanun und die Einwohner von Sa-
noach aus. Sie bauten es auf und brachten
seine Tore, Riegel und Sperrbalken an, au-
ßerdem eintausend Ellen an der Mauer bis
zum Aschentor. 14 Das Aschentor besserte
Malkija, der Sohn Rechabs, der Vorsteher
des Bezirks von Bet-Kerem, aus; er brachte
seine Tore, Riegel und Sperrbalken an.
15 Das Quelltor besserte Schallun, der Sohn

Kolhoses, der Vorsteher des Bezirks von
Mizpa, aus. Er baute es auf, überdachte es
und brachte seine Tore, Riegel und Sperr-
balken an; außerdem setzte er die Mauer
am Teich der Wasserleitung beim Königs-
garten instand, bis zu den Stufen, die von
der Davidstadt hinunterführen. 16 Hinter
ihm arbeitete Nehemja, der Sohn Asbuks,
der Vorsteher der einen Hälfte des Bezirks
von Bet-Zur, bis zu der Stelle gegenüber
den Gräbern Davids und bis zum künst-
lichen Teich und zur Kaserne der Leib-
wache. 17 Hinter ihm arbeiteten die Levi-
ten, nämlich: Rehum, der Sohn Banis,
und neben ihm Haschabja, der Vorsteher
der einen Hälfte des Bezirks von Keïla, für
seinen Bezirk. 18 Hinter ihm arbeiteten ihre
Brüder unter Binnui, dem Sohn Hena-
dads, dem Vorsteher der anderen Hälfte
des Bezirks von Keïla. 19 Neben ihm arbei-
tete Eser, der Sohn Jeschuas, der Vorsteher
von Mizpa, an der Instandsetzung der fol-
genden Strecke gegenüber dem Aufstieg
zum Zeughaus am Winkel. 20 Hinter ihm
arbeitete Baruch, der Sohn Sabbais an der
Instandsetzung der anschließenden Stre-
cke vom Winkel bis zur Tür des Hauses
des Hohenpriesters Eljaschib. 21 Hinter
ihm arbeitete Meremot, der Sohn Urijas,
des Sohnes des Koz, an der anschließen-
den Strecke von der Tür bis zum Ende
des Hauses Elkaschibs. 22 Hinter ihm arbei-
teten die Priester, die im Umkreis wohn-
ten. 23 Hinter ihnen arbeiteten Benjamin
und Haschub gegenüber ihrem Haus. Hin-
ter ihnen arbeitete Asarja, der Sohn Maa-
sejas, des Sohnes Ananjas, bei seinem
Haus. 24 Hinter ihm arbeitete Binnui, der
Sohn Henadads, an der Instandsetzung
der anschließenden Strecke vom Haus
Asarjas bis zum Winkel und bis zur Ecke.
25 Hinter ihm arbeitete Palal, der Sohn
Usais, gegenüber dem Winkel des Turmes,
der vom oberen Königspalast am Gefäng-
nishof vorspringt. Hinter ihm arbeiteten
Pedaja, der Sohn des Parosch, 26 und die
Tempeldiener, die auf dem Ofel wohnten,
bis zum Wassertor im Osten und dem vor-
springenden Turm gegenüber. 27 Dahinter
arbeiteten die Leute von Tekoa an der In-
standsetzung der anschließenden Strecke
gegenüber dem großen vorspringenden
Turm bis zur Ofelmauer. 28 Vom Rosstor
an besserten die Priester aus, jeder vor sei-
nem Haus. 29 Nach ihm arbeitete Zadok,
der Sohn Immers, gegenüber seinem
Haus. Hinter ihm arbeitete Schemaja, der
Sohn Schechanjas, der Wächter des Ost-
tors. 30 Hinter ihm arbeitete Hananja, der
Sohn Schelemjas, und Hanun, der sechste
Sohn Zalafs, an der Instandsetzung der
anschließenden Strecke. Hinter ihm ar-
beitete Meschullam, der Sohn Berechjas,
gegenüber seiner Kammer. 31 Hinter ihm
arbeitete Malkija, ein Mitglied der Gold-
schmiedezunft, bis zum Haus der Tempel-
diener und der Kaufleute gegenüber dem
Wachttor und bis zum Aufbau an der
Ecke. 32 Zwischen dem Aufbau an der Ecke
und dem Schaftor arbeiteten die Gold-
schmiede und die Kaufleute.

Widerstände der Feinde

33 Als Sanballat hörte, dass wir dabei wa-
ren, die Mauer aufzubauen, wurde er zor-
nig, ärgerte sich sehr und spottete über die
Juden. 34 In Gegenwart seiner Brüder und
des Heeres von Samarien sprach er Fol-
gendes: Was machen diese elenden Juden
da? Wollen sie Jerusalem wieder für sich
befestigen? Wollen sie Opfer darbringen?
Wollen sie es an einem Tag vollenden?
Können sie die Steine aus den Schutthau-
fen lebendig machen? Sie sind doch ver-
brannt. 35 Der Ammoniter Tobija, der ne-
ben ihm stand, sagte: Was auch immer sie
bauen, ein Fuchs steigt hinauf und er reißt
ihre Steinmauer ein. 36 Höre, unser Gott,
wie wir verspottet werden! Lass ihren
Spott auf sie selbst zurückfallen! Gib sie
im Land der Gefangenschaft der Plün-
derung preis! 37 Decke ihre Schuld nicht
zu! Ihre Sünde werde vor dir nicht aus-
gelöscht! Denn sie haben die Bauleute
schwer beleidigt.

38 Wir bauten weiter die Mauer auf. Das
ganze Werk wurde bis zur Hälfte beendet
und das Volk fand weiter Mut zum Bauen.

4 Als Sanballat und Tobija, die Araber,
Ammoniter und Aschdoditer hörten,
dass der Wiederaufbau der Mauer Jerusa-
lems voranschritt – denn die Breschen be-
gannen sich allmählich zu schließen –,
wurden sie sehr wütend. 2 Alle zusammen
verschworen sich, heraufzukommen, um
gegen Jerusalem zu kämpfen und um Un-
ruhe zu stiften. 3 Wir aber beteten zu unse-
rem Gott und stellten Tag und Nacht eine
Wache gegen sie auf zum Schutz für die
Stadt. 4 Die Juden aber sagten: Die Kraft

des Lastträgers ist dahin und es liegt noch
zuviel Schuttda. Wir sind nicht imstande,
die Mauer aufzubauen. 5 Unsere Feinde
aber sagten: Sie sollen nichts merken und
nichts sehen, bis wir mitten unter ihnen
stehen, sie niedermetzeln und das Werk
zum Stillstand bringen. 6 Doch die Juden,
die in ihrer Nachbarschaft wohnten, ka-
men wohl zehnmal zu uns und warnten:
Sie ziehen gegen uns von allen Orten, wo
sie wohnen! 7 Da stellte man sich in den
tiefer gelegenen Teilen hinter der Mauer
an den freien Stellen auf; ich ließ das Volk
nach Sippen geordnet mit Schwertern,
Lanzen und Bogen Aufstellung nehmen.
8 Ich musterte sie, erhob mich und sagte zu
den Vornehmen, den Vorstehern und dem
übrigen Volk: Fürchtet euch nicht vor ih-
nen! Denkt an den großen und furcht-
baren Herrn und kämpft für euere Brüder,
Söhne, Töchter, Frauen und Häuser! 9 Un-
sere Feinde hörten, dass uns ihr Vorhaben
bekannt geworden war und Gott ihre Ab-
sicht vereitelt hatte. Wir gingen alle zur
Mauer zurück, jeder an seine Arbeit.

10 Von diesem Tag an war die eine Hälfte
meiner Leute bei der Arbeit tätig, während
die andere Hälfte von ihnen Lanzen, Schil-
de, Bogen und Panzer bereithielt. Die
Obersten standen hinter dem ganzen Haus
Juda, 11 das an der Mauer arbeitete. Die
Lastträger arbeiteten so: Mit der einen
Hand machten sie ihre Arbeit, während
sie mit der anderen den Wurfspieß hiel-
ten. 12 Von den Bauleuten hatte jeder beim
Bauen das Schwert um seine Hüfte gegür-
tet. Der Hornbläser stand ständig neben
mir. 13 Da sagte ich zu den Vornehmen,
den Vorstehern und zum übrigen Volk:
Die Arbeit ist groß und ausgedehnt. Wir
aber sind auf der Mauer verteilt, jeder fern
von seinen Brüdern. 14 An dem Ort, woher
ihr das Trompetensignal hört, dort sollt
ihr euch um uns sammeln und Gott wird
für uns kämpfen! 15 So schafften wir am
Werk vom Anbruch der Morgenröte bis
zum Aufgang der Sterne. 16 Auch sagte ich
damals zum Volk: Jeder soll mit seinem
Knecht in Jerusalem übernachten. So soll
uns die Nacht zum Wachen und der Tag
zur Arbeit dienen. 17 Weder ich noch mei-
ne Brüder, die jungen Leute und die
Wachmannschaften, die mir folgten, zo-
gen ihre Kleider aus. Jeder hatte seine
Waffe zur Rechten.

Soziale Schwierigkeiten.
Nehemia als Statthalter

5 Es entstand ein großes Klagen des
Volkes und ihrer Frauen gegen ihre
jüdischen Brüder. 2 Es fanden sich Leute,
die sagten: Unsere Söhne und Töchter
müssen wir verpfänden, damit wir Getrei-
de erhalten, um essen und leben zu kön-
nen. 3 Es gab andere, die sagten: Unsere
Felder, Weinberge und Häuser müssen
wir verpfänden, damit wir in der Hunger-
zeit Getreide erhalten. 4 Wieder andere
sagten: Wir haben für die Abgaben an den
König Geld auf unsere Felder und Wein-
berge geliehen. 5 Nun sind wir doch vom
gleichen Fleisch wie unsere Brüder und
unsere Söhne sind wie ihre Söhne. Nun
müssen wir unsere Söhne und Töchter als
Sklaven preisgeben. Unter unseren Töch-
tern gibt es einige, die schon preisgegeben
worden sind. Wir sind machtlos. Unsere
Felder und Weinberge gehören anderen.

6 Als ich ihre Klagen und diese Worte
hörte, wurde ich sehr zornig. 7 Ich ging
mit mir zu Rat. Dann zog ich die Vorneh-
men und Vorsteher zur Rechenschaft und
sagte zu ihnen: Welch eine Last legt jeder
von euch seinem Bruder auf! Darauf berief
ich ihretwegen eine große Versammlung.
8 Dann sagte ich zu ihnen: Wir haben un-
sere jüdischen Stammesbrüder, die den
Heiden verkauft waren, nach besten Kräf-
ten losgekauft. Ihr aber wollt sogar euere
Stammesbrüder verkaufen, damit wir sie
loskaufen! Sie schwiegen und fanden keine
Worte. 9 Weiter sagte ich: Nichts Gutes
war es, was ihr getan habt. Wollt ihr nicht
das Gebot unseres Gottes einhalten, um so
dem Spott der Heidenvölker, unserer Fein-
de, zu entgehen? 10 Auch ich, meine Brüder
und jungen Leute, wir haben ihnen Geld
und Getreide ausgeliehen. Nun wollen wir
diese Forderungen erlassen. 11 Gebt ihnen
nun sofort ihre Felder, Weinberge, Ölgär-
ten und Häuser zurück und erlasst ihnen
die Schuldforderungen an Geld, Getreide,
Most und Öl, die ihr von ihnen erhoben
habt! 12 Sie sagten: Wir wollen alles zurück-
geben und nichts mehr von ihnen eintrei-
ben. Nach deiner Weisung wollen wir han-
deln! Da rief ich die Priester und ließ sie
schwören, danach zu handeln. 13 Auch
schüttelte ich den Bausch meines Gewan-
des und sagte: Genauso soll Gott den
Mann, der diese Zusage nicht hält, aus sei-

nem Haus und Besitztum schütteln! So
werde er ausgeschüttelt und leer! Da ant-
wortete die ganze Versammlung: So sei es!
Sie priesen den Herrn und das Volk han-
delte nach dieser Weisung.
14 Von dem Tag an, an dem man mich
zum Statthalter im Land Juda ernannt hat-
te, in den zwölf Jahren, vom zwanzigsten
bis zum zweiunddreißigsten Jahr des Kö-
nigs Artaxerxes, habe ich mit meinen Brü-
dern auf die Einkünfte als Statthalter ver-
zichtet. 15 Die Statthalter aber, die vor mir
waren, haben dem Volk schwere Lasten
auferlegt. Sie nahmen von ihnen als Tages-
entschädigung vierzig Silberschekel für
Brot und Wein. Auch ihre Leute bedrück-
ten das Volk. Aus Gottesfurcht handelte
ich nicht so. 16 Auch bei der Arbeit an der
Mauer half ich mit, obwohl ich keinen
Grundbesitz aufgekauft habe. Alle meine
Leute waren dort bei der Arbeit versam-
melt. 17 Auch saßen die Führenden und
die Vorsteher, einhundertfünfzig Mann,
sowie jene, die von den Völkern ringsum
zu uns kamen, an meinem Tisch. 18 Was für
jeden Tag benötigt wurde, ein Ochse, sechs
fette Schafe und Geflügel, lieferte man auf
meine Rechnung, dazu brachte man alle
zehn Tage Schläuche voll Wein in Menge.
Dafür habe ich das Einkommen des Statt-
halters nicht verlangt. Denn die Arbeit las-
tete schwer auf diesem Volk.
19 Gedenke doch, mein Gott, zu meinem
Besten all dessen, was ich für dieses Volk
getan habe!

Intrigen der Feinde Nehemias

6 Als Sanballat, Tobija, der Araber Ge-
schem und unsere übrigen Feinde er-
fuhren, dass ich die Mauer aufgebaut hatte
und in ihr keine Bresche mehr geblieben
war – allerdings hatte ich bis dahin noch
keine Türen in den Toren angebracht –,
2 da sandten Sanballat und Geschem fol-
gende Botschaft an mich: Wohlan, wir
wollen zusammen beraten in Kefirim im
Tal Ono! Sie planten, mir Böses anzutun.
3 Da sandte ich zu ihnen Boten mit der
Antwort: Ich habe ein großes Werk begon-
nen und kann nicht hinunterkommen.
Warum soll die Arbeit ruhen, während
ich davon ablasse und zu euch hinunter-
komme? 4 Solche Botschaft sandten sie
viermal an mich und ich antwortete ihnen
in gleicher Weise. 5 Nun sandte Sanballat
in der gleichen Weise zum fünften Mal sei-
nen Diener zu mir, der einen offenen Brief
bei sich hatte. 6 In ihm stand geschrieben:
Unter den Völkern hört man das Gerücht
und Geschem bestätigt es: Du und die Ju-
den, ihr plant einen Aufstand. Deshalb
hast du die Mauer gebaut und willst König
über sie werden. 7 Du hast auch Propheten
bestellt, um über dich in Jerusalem zu ver-
künden: Es gibt in Juda einen König. Sol-
che Dinge werden jetzt dem König zu Oh-
ren kommen. Komm also, wir wollen
zusammen beraten! 8 Ich sandte ihm fol-
genden Bescheid: Von den Dingen, die du
behauptest, ist nichts geschehen. Vielmehr
hast du sie frei erfunden. 9 Denn sie alle
wollten uns Angst einjagen; sie dachten:
Ihre Hände sollen von der Arbeit ablassen!
Sie soll nicht getan werden! Da aber rührte
ich meine Hände umso mehr!
10 Ich selbst ging in das Haus Schemajas,
des Sohnes Delajas, des Sohnes Meheta-
bels, der verhindert war. Da sagte er: Wir
wollen uns im Gotteshaus treffen, und
zwar mitten im Tempel! Die Türen der
Halle wollen wir schließen! Denn sie kom-
men, dich zu töten, und zwar kommen sie
in der Nacht, um dich zu ermorden. 11 Ich
antwortete: Soll ein Mann wie ich fliehen?
Wer von meinesgleichen dürfte am Leben
bleiben, wenn er in den Tempel ginge? Ich
komme nicht! 12 Ich erkannte es deutlich:
Gott hatte ihn nicht gesandt, sondern er
hatte die Weissagung gegen mich gespro-
chen, weil Tobija ihn gedungen hatte.
13 Ich sollte aus Furcht so handeln und mich
versündigen. Es wäre für sie eine Gelegen-
heit zu übler Nachrede geworden, um mich
in Schande zu bringen. 14 Mein Gott, vergiss
dem Tobija und dem Sanballat nicht, was
sie getan haben, und auch nicht der Pro-
phetin Noadja und den übrigen Propheten,
die mich erschrecken wollten!
15 Die Mauer wurde am fünfundzwan-
zigsten Elul nach zweiundfünfzig Tagen
vollendet. 16 Als alle unsere Feinde es hör-
ten, gerieten alle Völker, die rings um uns
wohnten, in Furcht und fühlten sich mut-
los. Sie erkannten, dass dies Werk von un-
serem Gott vollbracht war.
17 In jenen Tagen schickten einige der
Vornehmen Judas viele Briefe an Tobija
und auch von Tobija kamen solche zu ih-
nen. 18 Denn er besaß in Juda zahlreiche
Leute, die ihm durch Eid verpflichtet wa-

ren, da er ein Schwiegersohn Schechanjas, des Sohnes Aracks, war; sein Sohn Johanan hatte die Tochter Meschullams, des Sohnes Berechjas, zur Frau.
19 Auch rühmten sie in meiner Gegenwart seine guten Eigenschaften und trugen ihm meine Worte zu. Tobija sandte auch Briefe, um mir Furcht einzujagen.

Fertigstellung

7 Nach dem Bau der Mauer setzte ich die Tore ein. Dann wurden die Torwächter bestellt.
2 Zu Vorstehern über Jerusalem ernannte ich meinen Bruder Hanani und den Burghauptmann Hananja, denn dieser bewies sich vor vielen anderen als ein zuverlässiger und gottesfürchtiger Mann.
3 Ich sagte zu ihnen: Die Tore Jerusalems sollen nicht geöffnet werden, bevor die Sonne heiß geworden ist; und noch während sie am Himmel steht, sollen sie verschlossen und verriegelt werden. Man stelle aus den Bewohnern Jerusalems Wachen auf, einen jeden auf seinem Wachtposten und vor seinem Haus.

4 Die Stadt war geräumig und groß. Aber das Volk in ihrer Mitte war gering und es gab noch nicht viele Häuser.
5 Mein Gott gab mir in den Sinn, dass ich die Vornehmen, Vorsteher und das Volk versammelte, um sie in die Familienregister einzutragen. Da fand ich das Familienregister jener, die zuerst hinaufgezogen waren. In ihm fand ich geschrieben:

Liste der ersten Heimkehrer

6 Dies sind die Einwohner der Provinz Juda, der Verbannten, die aus der Gefangenschaft, in die sie Nebukadnezzar, der König von Babel, weggeführt hatte, nach Jerusalem und Juda heimkehrten, jeder in seine Stadt.
7 Sie kamen mit Serubbabel, Jeschua, Nehemja, Asarja, Raamja, Nahamani, Mordochai, Bilschan, Misperet, Bigwai, Rehum und Baana.

Das ist die Zahl der Männer aus dem Volk Israel:
8 Nachkommen des Parosch: zweitausendeinhundertzweiundsiebzig,
9 Nachkommen Schefatjas: dreihundertzweiundsiebzig,
10 Nachkommen Arachs: sechshundertzweiundfünfzig,
11 Nachkommen Pahat-Moabs, und zwar Nachkommen Jeschuas und Joabs: zweitausendachthundertachtzehn,
12 Nachkommen Elams: eintausendzweihundertvierundfünfzig,
13 Nachkommen Sattus: achthundertfünfundvierzig,
14 Nachkommen Sakkais: siebenhundertsechzig,
15 Nachkommen Binnuis: sechshundertachtundvierzig,
16 Nachkommen Bebais: sechshundertachtundzwanzig,
17 Nachkommen Asgads: zweitausenddreihundertzweiundzwanzig,
18 Nachkommen Adonikams: sechshundertsiebenundsechzig,
19 Nachkommen Bigwais: zweitausendsiebenundsechzig,
20 Nachkommen Adins: sechshundertfünfundfünfzig,
21 Nachkommen Aters der Linie Hiskija: achtundneunzig,
22 Nachkommen Haschums: dreihundertachtundzwanzig,
23 Nachkommen Bezais: dreihundertvierundzwanzig,
24 Nachkommen Harifs: einhundertzwölf,
25 Männer von Gibeon: fünfundneunzig.
26 Männer von Betlehem und Netofa: einhundertachtundachtzig,
27 Männer von Anatot: einhundertachtundzwanzig,
28 Männer von Bet-Asmawet: zweiundvierzig,
29 Männer von Kirjat-Jearim, Kefira und Beerot: siebenhundertdreiundvierzig,
30 Männer von Rama und Geba: sechshunderteinundzwanzig,
31 Männer von Michmas: einhundertzweiundzwanzig,
32 Männer von Bet-El und Ai: einhundertdreiundzwanzig,
33 Männer von Nebo: zweiundfünfzig,
34 Nachkommen des anderen Elam: eintausendzweihundertvierundfünfzig,
35 Nachkommen Harims: dreihundertzwanzig,
36 Männer von Jericho: dreihundertfünfundvierzig,
37 Männer von Lod, Hadid und Ono: siebenhunderteinundzwanzig,
38 Nachkommen Senaas: dreitausendneunhundertdreißig.

39 Von den Priestern: Nachkommen Jedajas aus dem Haus Jeschua: neunhundertdreiundsiebzig,
40 Nachkommen Immers: eintausendzweiundfünfzig,
41 Nachkommen Paschhurs: eintausendzweihundertsiebenundvierzig,
42 Nachkommen Harims: tausendsiebzehn.

43 Von den Leviten: Nachkommen Jeschuas, nämlich Kadmiël, Binnui, Hodawja: vierundsiebzig.

44 Von den Sängern: Nachkommen Asafs: einhundertachtundvierzig.

45 Von den Torwächtern: Nachkommen Schallums, Nachkommen Aters, Nachkommen Talmons, Nachkommen Akkubs, Nachkommen Hatitas, Nachkommen Schobais: zusammen einhundertachtunddreißig.

46 Von den Tempeldienern: Nachkommen Zihas, Nachkommen Hasufas, Nachkommen Tabbaots, 47 Nachkommen des Keros, Nachkommen Sias, Nachkommen Padons, 48 Nachkommen Lebanas, Nachkommen Hagabas, Nachkommen Salmais, 49 Nachkommen Hanans, Nachkommen Giddels, Nachkommen Gahars, 50 Nachkommen Reajas, Nachkommen Rezins, Nachkommen Nekodas, 51 Nachkommen Gasams, Nachkommen Usas, Nachkommen Paseachs, 52 Nachkommen Besais, Nachkommen der Mëuniter, Nachkommen der Nefusiter, 53 Nachkommen Bakbuks, Nachkommen Hakufas, Nachkommen Harhurs, 54 Nachkommen Bazluts, Nachkommen Mehidas, Nachkommen Harschas, 55 Nachkommen des Barkos, Nachkommen Siseras, Nachkommen Temachs, 56 Nachkommen Neziachs und Nachkommen Hatifas.

57 Nachkommen der Knechte Salomos: Nachkommen Sotais, Nachkommen Soferets, Nachkommen Perudas, 58 Nachkommen Jaalas, Nachkommen Darkons, Nachkommen Giddels, 59 Nachkommen Schefatjas, Nachkommen Hattils, Nachkommen des Pocheret-Zebajims und Nachkommen Amis. 60 Alle Tempeldiener und Nachkommen der Knechte Salomos: zusammen dreihundertzweiundneunzig.

61 Folgende zogen aus Tel-Melach, Tel-Harscha, Kerub-Addon und Immer herauf, konnten aber nicht nachweisen , ob sie nach Großfamilie und Abkunft aus Israel stammten: 62 Nachkommen Delajas, Nachkommen Tobijas und Nachkommen Nekodas: sechshundertzweiundvierzig; 63 von den Priestern: Nachkommen Habajas, Nachkommen des Koz und Nachkommen Barsillais, der eine der Töchter des Gileaditers Barsillai zur Frau genommen hatte und nach dessen Namen genannt wurde. 64 Sie suchten ihre Eintragung im Geschlechterverzeichnis und fanden sie nicht, sodass sie als unrein vom Priestertum ausgeschlossen wurden. 65 Der Statthalter verbot ihnen, vom Hochheiligen zu essen, bis der Priester zum Losentscheid mit Urim und Tummim auftrete.

66 Die ganze Gemeinde zählte zusammen zweiundvierzigtausenddreihundertsechzig Personen, 67 ohne ihre Knechte und Mägde; es waren siebentausenddreihundertsiebenunddreißig Personen. Zu ihnen kamen zweihundertfünfundvierzig Sänger und Sängerinnen. 68 Man zählte siebenhundertsechsunddreißig Pferde und zweihundertfünfundvierzig Maultiere, ferner vierhundertfünfunddreißig Kamele und sechstausendsiebenhundertzwanzig Esel.

69 Von den Familienoberhäuptern brachten manche Geschenke für das Werk. Der Statthalter spendete zum Schatz eintausend Golddariken, fünfzig Opferschalen, dreißig Priestergewänder und fünfhundert Minen Silber. 70 Von den Familienoberhäuptern spendeten einige für den Bauschatz zwanzigtausend Golddariken und zweitausendzweihundert Minen Silber. 71 Was das übrige Volk spendete, betrug zwanzigtausend Golddariken, zweitausend Minen Silber und siebenundsechzig Priestergewänder.

72 Die Priester, Leviten, Torwächter und Sänger, ferner ein Teil des Volkes und die Tempeldiener, ließen sich in ihren Städten nieder, ebenso alle übrigen Israeliten in ihren Städten. Der siebte Monat nahte heran, als sich alle Israeliten in ihren Städten befanden.

Esra verliest das Gesetz

8 Das ganze Volk versammelte sich geschlossen auf dem Platz vor dem Wassertor. Sie baten den Schriftgelehrten Esra, das Gesetzbuch des Mose zu holen, das der Herr Israel vorgeschrieben hat. 2 Am ersten Tag des siebten Monats brachte der Priester Esra das Gesetz vor die Versammlung der Männer, Frauen und aller, die fähig waren, es zu verstehen. 3 Auf dem Platz vor dem Wassertor las er vom Morgenlicht bis zum Mittag den Männern, Frauen und allen, die fähig waren, es zu verstehen, daraus vor. Die Aufmerksamkeit des ganzen Volkes war auf das Gesetzbuch gerichtet. 4 Der Schriftgelehrte Esra stand auf einer hölzernen Tribüne, die man eigens dafür errichtet hatte. Zu seiner Rechten standen Mattitja, Schema, Anaja, Urija, Hilkija und Maaseja, zu seiner Linken Pedaja, Mischaël, Malkija, Haschum, Haschbaddana, Secharja und Meschullam. 5 Esra öffnete das Buch vor dem ganzen Volk; denn er stand höher als das ganze Volk. Als er es öffnete, stand das ganze Volk auf. 6 Dann pries Esra den Herrn, den großen Gott, und das ganze Volk antwortete mit erhobenen Händen: Amen,

amen. Dann beugten sie sich nieder und
beteten den Herrn an, mit dem Gesicht
auf der Erde. 7 Die Leviten Jeschua, Bani,
Scherebja, Jamin, Akkub, Schabbetai, Ho-
dija, Maaseja, Kelita, Asarja, Josabad, Ha-
nan und Pelaja unterrichteten das Volk im
Gesetz. Das Volk aber stand auf seinem
Platz. 8 Man las aus dem Gesetzbuch Got-
tes vor und gab dazu Erklärungen, sodass
sie das Vorgelesene verstanden.

9 Der Statthalter Nehemia, der Priester
und Schriftgelehrte Esra und die Leviten,
die das Volk unterrichteten, sagten zum
ganzen Volk: Dieser Tag ist heilig für den
Herrn, eueren Gott. Seid nicht betrübt und
weint nicht! Das ganze Volk hatte nämlich
zu weinen begonnen, als es die Worte des
Gesetzes hörte. 10 Weiter sprach Esra zu ih-
nen: Auf! Esst fette Speisen und trinkt sü-
ße Getränke! Sendet auch jenen etwas, de-
nen nichts bereitet ist; denn dieser Tag ist
heilig für den Herrn. Betrübt euch nicht;
denn die Freude des Herrn, sie ist euer
Schutz! 11 Die Leviten beruhigten das ganze
Volk mit den Worten: Schweigt still; denn
dieser Tag ist heilig. Betrübt euch nicht!
12 Da ging das ganze Volk hin, um zu essen,
zu trinken und auch davon auszuteilen,
und um ein großes Freudenfest zu bege-
hen; denn sie verstanden die Worte, die
man ihnen verkündet hatte.

Das Laubhüttenfest

13 Am folgenden Tag versammelten sich die
Familienvorsteher des ganzen Volkes mit
den Priestern und Leviten bei dem Schrift-
gelehrten Esra, um Einsicht in die Worte
des Gesetzes zu gewinnen. 14 Nun fanden
sie im Gesetz, das der Herr durch Mose
befohlen hatte, geschrieben, dass die Israe-
liten während des Festes im siebten Monat
in Laubhütten wohnen sollten. 15 Als sie
das hörten, ließen sie in allen ihren Städ-
ten und in Jerusalem ausrufen: Geht hi-
naus auf das Gebirge und holt Laubzweige
von Ölbäumen und Kiefern, von Myrthen,
Palmen und anderen Laubbäumen, um
daraus nach der Vorschrift Hütten zu bau-
en! 16 Da zog das Volk hinaus und holte
Zweige. Dann baute es sich Laubhütten,
jeder auf seinem Dach oder in den eigenen
Höfen, in den Vorhöfen des Gotteshauses,
auf dem Platz am Wassertor und auf dem
Platz am Efraimtor. 17 Da errichtete die
ganze Gemeinde, alle, die aus der Gefan-
genschaft heimgekehrt waren, Laubhütten
und wohnten darin. So hatten die Israeli-
ten nicht mehr gefeiert seit den Tagen Jo-
suas, des Sohnes Nuns, bis auf diesen Tag,
und es herrschte eine sehr große Freude.
18 Täglich las Esra aus dem Gesetzbuch
Gottes vor, vom ersten bis zum letzten Tag.
Man beging das Fest sieben Tage lang. Am
achten Tag war, wie vorgeschrieben, eine
Festversammlung.

Sühnegottesdienst

9 Am vierundzwanzigsten Tag dieses
Monats versammelten sich Israeliten
unter Fasten, in Bußgewändern und das
Haupt mit Staub bedeckt. 2 Alle, die israe-
litischer Herkunft waren, hatten sich von
den Fremden abgesondert. Nun stellten sie
sich auf und bekannten ihre Sünden und
die Sünden ihrer Väter. 3 Dann erhoben sie
sich von ihrem Platz und lasen den vierten
Teil des Tages aus dem Gesetzbuch des
Herrn, ihres Gottes, vor; ein weiteres Ta-
gesviertel lang legten sie ein Sündenbe-
kenntnis ab und warfen sich anbetend vor
dem Herrn, ihrem Gott, nieder. 4 Auf der
Tribüne der Leviten standen Jeschua, Bin-
nui, Kadmiël, Schebanja, Bunni, Schereb-
ja, Bani und Kenani. Sie riefen mit lauter
Stimme zum Herrn, ihrem Gott. 5 Dann
sagten die Leviten Jeschua, Kadmiël, Bani,
Haschabneja, Scherebja, Hodija, Scheban-
ja und Petachja: Auf! Preist den Herrn,
unseren Gott!

Gepriesen seist du, Herr, unser Gott von
Ewigkeit zu Ewigkeit! Man preise den Na-
men deiner Herrlichkeit, der über allen
Ruhm und alles Lob erhaben ist. 6 Du,
Herr, bist der Einzige! Du hast den Him-
mel geschaffen, den Himmel der Himmel
und sein ganzes Heer, die Erde und alles,
was auf ihr ist, die Wasser und alles, was in
ihnen ist. Du belebtest sie alle. Das Heer
des Himmels betet dich an. 7 Herr, du bist
der Gott, der Abraham auserwählt, ihn
von Ur in Chaldäa hinausgeführt und
ihm den Namen Abraham gegeben hat.
8 Du hast sein Herz treu vor dir befunden
und mit ihm einen Bund geschlossen, ihm
das Land der Kanaaniter, Hetiter, Amori-
ter, Perisiter, Jebusiter und Girgaschiter zu
geben, ihm und seinen Nachkommen.
Dein Wort hast du gehalten. Denn du bist
gerecht. 9 Du sahst die Not unserer Väter
in Ägypten und hörtest ihr Schreien am

Schilfmeer. 10 Du wirktest Zeichen und Wunder am Pharao, seinen Dienern und am ganzen Volk seines Landes. Denn du wusstest, dass sie an Israel frevelhaft gehandelt hatten. So bereitetest du dir einen Namen, wie er noch heute besteht. 11 Du teiltest vor ihnen das Meer, sodass sie mitten durch das Meer auf dem Trockenen zogen. Ihre Verfolger aber warfst du in die Tiefen, wie einen Stein in reißendes Wasser. 12 In einer Wolkensäule führtest du sie bei Tag und in einer Feuersäule bei Nacht, um ihnen den Weg zu erleuchten, den sie gehen sollten. 13 Auf den Berg Sinai stiegst du hinunter und sprachst mit ihnen vom Himmel her. Du gabst ihnen gerechte Satzungen und zuverlässige Gesetze, gute Bestimmungen und Vorschriften. 14 Deinen heiligen Sabbat hast du ihnen bekannt gemacht. Durch deinen Knecht Mose befahlst du ihnen Bestimmungen und Vorschriften und das Gesetz. 15 Brot vom Himmel gabst du ihnen für ihren Hunger und aus dem Felsen ließest du Wasser hervorquellen für ihren Durst. Du sagtest ihnen, sie sollten kommen, das Land in Besitz zu nehmen, das du geschworen hattest, ihnen zu geben. 16 Sie aber, unsere Väter, handelten trotzig, versteiften ihren Nacken und hörten nicht auf deine Weisungen. 17 Sie weigerten sich zu gehorchen und dachten nicht an deine Wundertaten, die du an ihnen gewirkt hast. Sie versteiften ihren Nacken und bestellten einen Führer, um in ihre Knechtschaft nach Ägypten zurückzukehren. Du aber bist ein Gott voller Vergebung, gnädig und barmherzig, langmütig und voller Güte. Du hast sie nicht verlassen. 18 Sogar ein gegossenes Kalb machten sie sich und sagten: Dies ist dein Gott, der dich aus Ägypten herausgeführt hat! Sie verübten große Gotteslästerung. 19 Du aber hast sie in deinem großen Erbarmen in der Wüste nicht verlassen. Die Wolkensäule wich nicht von ihnen bei Tag, sondern führte sie auf ihrem Weg; und die Feuersäule wich nicht bei Nacht, um ihnen den Weg zu erleuchten, auf dem sie gehen sollten. 20 Deinen guten Geist gabst du ihnen zur Belehrung, dein Manna verweigertest du nicht ihrem Mund und Wasser gabst du ihnen für ihren Durst. 21 Vierzig Jahre hast du sie in der Wüste versorgt. Mangel haben sie nicht gelitten, ihre Kleider nutzten nicht ab und ihre Füße schwollen nicht an. 22 Du schenktest ihnen Königreiche und Völker und teiltest sie ihnen nach bestimmten Grenzen zu. Sie besetzten das Land Sihons, des Königs vor Heschbon, und das Land Ogs, des Königs von Baschan. 23 Ihre Söhne vermehrtest du wie die Sterne des Himmels und führtest sie in das Land, von dem du ihren Vätern gesagt hattest, sie sollten kommen, um es in Besitz zu nehmen. 24 So kamen die Söhne und besetzten das Land. Du unterwarfst ihnen die Bewohner des Landes, die Kanaaniter, und gabst sie samt ihren Königen und den Völkern des Landes in ihre Gewalt, damit sie nach ihrem Wohlgefallen mit ihnen verfahren konnten. 25 Sie eroberten feste Städte und fruchtbares Land, nahmen Häuser, die mit allem Guten angefüllt waren, in Besitz, ausgehauene Zisternen, Weinberge, Ölbäume, Obstbäume in Menge. Sie aßen, wurden satt und fett und lebten üppig dank deiner großen Güte. 26 Aber sie wurden widerspenstig, empörten sich gegen dich und warfen dein Gesetz hinter sich. Sie ermordeten deine Propheten, die gegen sie Zeugnis ablegten, um sie zu dir zurückzuführen. So verübten sie große Gotteslästerungen. 27 Da gabst du sie in die Gewalt ihrer Feinde, die sie bedrängten. Zur Zeit ihrer Bedrängnis aber riefen sie zu dir. Da hörtest du vom Himmel her wieder auf sie und in deinem großen Erbarmen gabst du ihnen immer wieder Retter, die sie aus der Gewalt ihrer Feinde befreiten. 28 Wenn ihnen dann Ruhe gewährt war, handelten sie von neuem treulos gegen dich. Dann überließest du sie der Gewalt ihrer Feinde, die über sie herrschten. Schrien sie erneut zu dir, dann hörtest du vom Himmel her wieder auf sie und befreitest sie in deinem Erbarmen viele Male. 29 Du warntest sie, um sie zu deinem Gesetz zurückzuführen. Sie aber handelten vermessen und hörten nicht auf deine Weisungen und sündigten gegen deine Satzungen, obwohl der Mensch, der sie befolgt, durch sie lebt. Sie aber waren widerspenstig, versteiften ihren Nacken und gehorchten nicht. 30 So übtest du viele Jahre Nachsicht mit ihnen und warntest sie durch deinen Geist, durch deine Propheten. Da sie aber nicht hörten, gabst du sie in die Gewalt der Völker der Länder. 31 Doch in deinem großen Erbarmen hast du ihnen keine Vernichtung bereitet und

sie nicht verlassen. Denn ein gütiger und
barmherziger Gott bist du.
32 Nun aber, unser Gott! Du großer, star-
ker und furchtbarer Gott, der du Bund
und Gnade bewahrst! Nicht gering er-
scheine vor dir all das Elend, das uns be-
troffen hat, unsere Könige und Vorsteher,
Priester und Propheten und dein ganzes
Volk seit den Tagen der Könige von Assur
bis heute. 33 In allem, was über uns kam,
warst du gerecht. Denn du hast Treue ge-
übt, wir aber haben Frevel begangen. 34 Ja,
unsere Könige, Vorsteher, Priester und
Väter haben dein Gesetz nicht erfüllt, dei-
ne Weisungen und Gebote nicht befolgt,
die du ihnen gegeben hast. 35 Sie haben dir
trotz ihres Königreichs und des Guten, das
du ihnen reichlich gespendet hattest, und
trotz des weiten und fruchtbaren Landes,
das du ihnen zugewiesen hattest, nicht ge-
dient. Sie wandten sich nicht von ihren
bösen Werken ab. 36 Siehe, heute sind wir
Knechte! Das Land, das du unseren Vätern
gegeben hast, um seine Früchte und Güter
zu genießen, in ihm sind wir Knechte!
37 Sein Ertrag bereichert die Könige, die du
wegen unserer Sünden über uns bestellt
hast. Sie herrschen über uns und unser
Vieh nach ihrem Gutdünken. Wir aber
sind in großer Bedrängnis!

Die von der Gemeinde übernommene Verpflichtung

10 Wegen alldem schlossen wir eine
feste Vereinbarung und unter-
zeichneten sie. Auf der versiegelten Urkun-
de standen die Namen unserer Obersten,
Leviten und Priester. 2 Auf der versiegelten
Urkunde stehen: Nehemia, der Sohn Ha-
chaljas, und Zidkija, 3 Seraja, Asarja, Jirme-
ja, 4 Paschhur, Amarja, Malkija, 5 Hattusch,
Schebanja, Malluch, 6 Harim, Meremot,
Obadja, 7 Daniel, Ginneton, Baruch, 8 Me-
schullam, Abija, Mijamin, 9 Maasja, Bilga
und Schemaja. Dies sind die Priester.
10 Die Leviten: Jeschua, der Sohn Asan-
jas, Binnui, der Nachkomme Henadads,
und Kadmiël; 11 außerdem ihre Brüder
Schebanja, Hodija, Kelita, Pelaja, Hanan,
12 Micha, Rehob, Haschabja, 13 Sakkur,
Scherebja, Schebanja, 14 Hodija, Bani und
Beninu.
15 Die Oberhäupter des Volkes: Parosch,
Pahat-Moab, Elam, Sattu, Bani, 16 Bunni,
Asgad, Bebai, 17 Adonija, Bigwai, Adin,
18 Ater, Hiskija, Asur, 19 Hodija, Haschum,
Bezai, 20 Harif, Anatot, Nebai, 21 Magpi-
asch, Meschullam, Hesir, 22 Meschesabel,
Zadok, Jaddua, 23 Pelatja, Hanan, Anaja,
24 Hoschea, Hananja, Haschub, 25 Lohesch,
Pilha, Schobek, 26 Rehum, Haschabna,
Maaseja, 27 Ahija, Hanan, Anan, 28 Mal-
luch, Harim und Baana.
29 Ebenso das übrige Volk, die Priester,
Leviten, Torwächter, Sänger, Tempeldie-
ner und alle, die sich von den Völkern der
Länder getrennt haben zum Gesetz Gottes
hin, ihre Frauen, Söhne und Töchter, alle,
die es verstehen und einsehen können,
30 sie alle schließen sich ihren Brüdern,
ihren Vornehmen, an. Sie übernehmen es
unter Eid und Schwüren, nach dem Gesetz
Gottes zu leben, das durch den Gottes-
knecht Mose gegeben worden war, und al-
le Vorschriften des Herrn, unseres Gottes,
seine Rechte und Gesetze zu beachten und
zu erfüllen.
31 Wir wollen unsere Töchter nicht den
Völkern des Landes geben und ihre Töch-
ter nicht für unsere Söhne nehmen.
32 Wenn die Völker des Landes Waren
und Getreide jeder Art am Sabbat zum
Verkauf heranbringen, wollen wir von
ihnen weder am Sabbat noch an einem
heiligen Tag kaufen. Auch wollen wir im
siebten Jahr auf den Ertrag des Bodens
und alle Schuldforderungen verzichten.
33 Wir stellen es uns als Vorschrift auf,
jährlich den dritten Teil eines Schekel für
den Dienst des Gotteshauses zu geben,
34 für die Schaubrote, für das tägliche Spei-
se- und Brandopfer, die Sabbatopfer, Neu-
mondopfer, Festopfer, Dankopfer und
Sündopfer zur Entsündigung Israels und
für jeden Dienst des Hauses unseres Got-
tes. 35 Die Lieferung von Holz haben wir
unter den Priestern, Leviten und dem
Volk ausgelost. Wir wollen das Holz, nach
Familien geordnet, alljährlich zu bestimm-
ten Zeiten zum Haus unseres Gottes brin-
gen, damit es auf dem Altar des Herrn,
unseres Gottes, gemäß der Vorschrift im
Gesetz verbrannt wird. 36 Ferner wollen
wir die Erstlinge unseres Ackers und die
Erstlinge aller Baumfrüchte jährlich zum
Haus des Herrn bringen, 37 ebenso die Erst-
geborenen unserer Söhne und unseres
Viehs, wie es im Gesetz vorgeschrieben ist.
Die Erstlinge unserer Rinder und Schafe
bringen wir zum Haus Gottes für die

Priester, die im Haus unseres Gottes Dienst tun. 38 Auch die Erstlinge von unserem Schrotmehl, von allen Früchten der Bäume, von Most und Öl wollen wir zu den Priestern in die Kammern des Hauses unseres Gottes bringen, den Zehnten unserer Äcker aber zu den Leviten. Sie sollen in allen unseren Orten, die Ackerbau treiben, den Zehnten erheben. 39 Ein Priester, ein Nachkomme Aarons, soll bei den Leviten sein, wenn sie den Zehnten erheben. Die Leviten sollen dann den Zehnten vom Zehnten zum Haus unseres Gottes in die Kammern des Schatzhauses abliefern. 40 Denn in diese Kammern sollen die Israeliten und die Leviten die Abgaben an Getreide, Most und Öl bringen. Dort befinden sich auch die Geräte des Heiligtums, der Priester, die Dienst tun, der Torwächter und Sänger. Wir wollen das Haus unseres Gottes nicht vernachlässigen!

Besiedlungsmaßnahmen

11 Die Obersten des Volkes ließen sich in Jerusalem nieder. Das übrige Volk aber warf das Los, um so jeden Zehnten zu veranlassen, in Jerusalem, der heiligen Stadt, zu wohnen, während die anderen neun Zehntel in den Landstädten wohnten. 2 Das Volk segnete alle Männer, die sich bereit erklärten, in Jerusalem zu wohnen.

3 Dies sind die Oberhäupter der Provinz Juda, die in Jerusalem Wohnung nahmen und in den Städten Judas. So wohnten sie alle auf ihrem Besitz in ihren Städten: Israel, die Priester, die Leviten, die Tempeldiener und die Nachkommen der Knechte Salomos.

Die jüdische Bevölkerung in Jerusalem

4 In Jerusalem wohnten von den Angehörigen der Stämme Juda und Benjamin folgende Männer: Vom Stamm Juda: Ataja, der Sohn Usijas, des Sohnes Secharjas, des Sohnes Amarjas, des Sohnes Schefatjas, des Sohnes Mahalels, von den Nachkommen des Perez; 5 Maaseja, der Sohn Baruchs, des Sohnes Kolhoses, des Sohnes Hasajas, des Sohnes Adajas, des Sohnes Jojaribs, des Sohnes Secharjas, von den Nachkommen Schelas. 6 Die Gesamtzahl der Nachkommen des Perez, die in Jerusalem wohnten, betrug vierhundertachtundsechzig kriegsfähige Männer. 7 Vom Stamm Benjamin: Sallu, der Sohn Meschullams, des Sohnes Joëds, des Sohnes Pedajas, des Sohnes Kolajas, des Sohnes Maasejas, des Sohnes Itiëls, des Sohnes Jeschajas, und 8 seine Brüder, neunhundertachtundzwanzig kriegsfähige Männer. 9 Joël, der Sohn Sichris, war ihr Vorsteher; Jehuda, der Sohn Senuas, stand als Zweiter der Stadt vor.

10 Von den Priestern: Jedaja, Jojarib, Jachin; 11 Seraja, der Sohn Hilkijas, des Sohnes Meschullams, des Sohnes Zadoks, des Sohnes Merajots, des Sohnes Ahitubs, der Fürst des Gotteshauses; 12 dazu ihre Brüder, die den Dienst im Tempel verrichteten, achthundertzweiundzwanzig Männer; dazu Adaja, der Sohn Jerohams, des Sohnes Pelaljas, des Sohnes Amzis, des Sohnes Secharjas, des Sohnes Paschhurs, des Sohnes Malkijas, und 13 seine Brüder, zweihundertzweiundvierzig Familienoberhäupter; ferner Amaschsai, der Sohn Asarels, des Sohnes Achsais, des Sohnes Meschillemots, des Sohnes Immers, und 14 seine Brüder, einhundertachtundzwanzig kriegsfähige Männer. Ihr Vorsteher war Sabdiël, der Sohn Haggedolims. 15 Von den Leviten: Schemaja, der Sohn Haschubs, des Sohnes Asrikams, des Sohnes Haschabjas, des Sohnes Bunnis. 16 Von den Oberhäuptern der Leviten: Schabbetai und Josabad, die über den Außendienst des Gotteshauses bestellt waren; 17 ferner Mattanja, der Sohn Michas, des Sohnes Sabdis, des Sohnes Asafs, der Leiter des Lobgesanges, der den Lobpreis beim Gebet anstimmte; dazu Bakbukja, der Zweite unter seinen Brüdern; ferner Abda, der Sohn Schammuas, des Sohnes Galals, des Sohnes Jedutuns. 18 Insgesamt wohnten in der Heiligen Stadt zweihundertvierundachtzig Leviten.

19 Die Torwächter: Akkub, Talmon und ihre Brüder, die an den Toren Wache hielten, einhundertzweiundsiebzig Männer.

Wohngebiete

21 Die Tempeldiener wohnten auf dem Ofel. Ziha und Gischpa waren Vorsteher der Tempeldiener. 22 Vorsteher der Leviten in Jerusalem war Usi, der Sohn Banis, des Sohnes Haschabjas, des Sohnes Mattanjas, des Sohnes Michas, einer der Nachkommen Asafs, die Sänger beim Dienst im Haus Gottes waren. 23 Für sie bestand näm-

lich ein königlicher Erlass, der die tägliche
Gesangsordnung festlegte. 24 Petachja, der
Sohn Meschesabels, einer der Nachkom-
men Serachs, des Sohnes Judas, stand
dem König in allen Angelegenheiten des
Volkes zur Seite.

20 Die übrigen Israeliten, Priester und
Leviten wohnten in den anderen Städten
Judas, jeder auf seinem Besitztum, 25 und
in den Gehöften auf ihren Fluren. Ange-
hörige des Stammes Juda wohnten in Kir-
jat-Arba und seinen Tochterstädten, in Di-
bon und seinen Tochterstädten, in Kabzeel
und seinen Tochterstädten, 26 in Jeschua,
Molada, Bet-Pelet, 27 in Hazar-Schual so-
wie in Beerscheba und seinen Tochterstäd-
ten, 28 in Ziklag sowie in Mechona und sei-
nen Tochterstädten, 29 in En-Rimmon,
Zora, Jarmut, 30 Sanoach, Adullam und in
den zu ihnen gehörenden Gehöften, in La-
chisch und seiner Gemarkung sowie in
Aseka und seinen Tochterstädten. Sie hat-
ten sich von Beerscheba bis zum Hinnom-
tal niedergelassen.

31 Angehörige des Stammes Benjamin
wohnten in Geba, Michmas und Aja sowie
in Bet-El und seinen Tochterstädten, 32 in
Anatot, Nob, Ananja, 33 Hazor, Rama, Git-
tajim, 34 Hadid, Zeboim, Neballat, 35 Lod,
Ono und im Tal der Handwerker. 36 Von
den Leviten kamen einige Abteilungen Ju-
das zu Benjamin.

Listen von Priestern und Leviten

12 Dies sind die Priester und Leviten,
die mit Serubbabel, dem Sohn
Schealtiëls, und Jeschua hinaufzogen: Se-
raja, Jirmeja, Esra, 2 Amarja, Malluch, Hat-
tusch, 3 Schechanja, Harim, Meremot, 4 Id-
do, Ginneton, Abija, 5 Mijamin, Maadja,
Bilga, 6 Schemaja, Jojarib, Jedaja, 7 Sallu,
Amok, Hilkija und Jedaja. Dies waren die
Oberhäupter der Priester und ihrer Brüder
in den Tagen Jeschuas. 8 Die Leviten: Je-
schua, Binnui, Kadmiël, Scherebja, Juda
und Mattanja. Er und seine Brüder waren
als Leiter für die Lobpreisungen eingesetzt.
9 Bakbukja, Unni und ihre Brüder standen,
ihren Abteilungen entsprechend, ihnen
gegenüber.

10 Jeschua zeugte Jojakim, Jojakim zeug-
te Eljaschib, Eljaschib zeugte Jojada, 11 Jo-
jada zeugte Johanan und Johanan zeugte
Jaddua.

12 In den Tagen Jojakims waren folgende
Priester Familienoberhäupter: in der
Familie Seraja: Meraja, in der Familie Jir-
meja: Hananja, 13 in der Familie Esra: Me-
schullam, in der Familie Amarja: Johanan,
14 in der Familie Malluch: Jonatan, in der
Familie Schechanja: Josef, 15 in der Familie
Harim: Adna, in der Familie Meremot:
Helkai, 16 in der Familie Iddo: Secharja, in
der Familie Ginneton: Meschullam, 17 in
der Familie Abija: Sichri, in der Familie
Mijamin: …, in der Familie Maadja: Piltai,
18 in der Familie Bilga: Schammua, in der
Familie Schemaja: Jonatan, 19 in der Fami-
lie Jojarib: Mattenai, in der Familie Jedaja:
Usi, 20 in der Familie Sallu: Kallai, in der
Familie Amok: Eber, 21 in der Familie Hil-
kija: Haschabja, in der Familie Jedaja: Ne-
tanel.

22 Die Oberhäupter der Priesterfamilien
in den Tagen Eljaschibs, Jojadas, Johanans
und Jadduas sind in der Chronik auf-
geschrieben bis zur Regierung des Persers
Darius. 23 Von den Leviten sind die Famili-
enoberhäupter in der Chronik auf-
geschrieben, aber nur bis in die Tage Joha-
nans, des Sohnes Eljaschibs. 24 Die
Oberhäupter der Leviten: Haschabja,
Scherebja, Jeschua, Binnui, Kadmiël und
ihre Brüder, die ihnen beim Lob- und
Dankgesang gegenüber standen nach der
Vorschrift Davids, des Gottesmannes, eine
Abteilung nach der anderen, 25 nämlich
Mattanja, Bakbukja und Obadja. Meschul-
lam, Talmon und Akkub waren Torwäch-
ter, die bei den Vorratskammern an den
Toren Wache hielten. 26 Sie amtierten in
den Tagen Jojakims, des Sohnes Jeschuas,
des Sohnes Jozadaks, und in den Tagen des
Statthalters Nehemia und des Priesters
und Schriftgelehrten Esra.

Einweihung der Mauer

27 Bei der Einweihung der Mauer Jerusa-
lems holte man die Leviten aus allen ihren
Ortschaften nach Jerusalem, um die Ein-
weihung und ein Freudenfest mit Lobge-
sängen und beim Schall von Zimbeln,
Harfen und Zithern vornehmen zu kön-
nen. 28 Da versammelten sich die Sänger
aus der Umgegend von Jerusalem, aus
den Dörfern der Leute von Netofa, 29 aus
Bet-Gilgal und aus den Gemarkungen
von Geba und Asmawet; denn die Sänger
hatten sich rings um Jerusalem Siedlungen
erbaut. 30 Die Priester und Leviten reinig-

ten sich selbst. Dann reinigten sie auch das
Volk, die Tore und die Mauer.
31 Ich ließ die Vorsteher von Juda auf die
Mauer steigen und stellte zwei große Chö-
re auf. Der eine ging nach rechts auf die
Mauer zum Aschentor hin. 32 Dahinter
schritt Hoschaja und die Hälfte der Vor-
steher Judas. 33 Dann folgten Asarja, Esra,
Meschullam, 34 Juda, Benjamin, Schemaja
und Jirmeja, 35 die Priester, die auf Trom-
peten bliesen; dann Secharja, der Sohn Jo-
natans, des Sohnes Schemajas, des Sohnes
Mattanjas, des Sohnes Michajas, des Soh-
nes Sakkurs, des Sohnes Asafs, 36 und seine
Brüder Schemaja, Asarel, Milalai, Gilalai,
Maai, Netanel, Juda und Hanani mit den
Musikinstrumenten Davids, des Gottes-
mannes. Der Schriftgelehrte Esra ging vor
ihnen her. 37 Sie kamen am Quelltor vorbei
und stiegen geradeaus die Stufen zur Da-
vidstadt und den Aufgang zur Mauer hi-
nauf und kamen am Palast Davids entlang
bis zum Wassertor im Osten. 38 Der zweite
Chor zog nach links und hinter ihm folgte
ich mit der anderen Hälfte des Volkes
oben auf der Mauer am Ofenturm vorbei
bis zur Breiten Mauer, 39 über das Efraim-
tor, das Jeschanator und das Fischtor, am
Turm Hananel und am Turm der Hundert
vorbei bis zum Schaftor. Sie hielten beim
Wachtor. 40 Danach stellten sich die beiden
Chöre beim Haus Gottes auf, dazu auch
ich mit der Hälfte der Vorsteher 41 sowie
die Priester Eljakim, Maaseja, Mijamin,
Michaja, Eljoënai, Secharja und Hananja
mit Trompeten, 42 ferner Maaseja, Schema-
ja, Eleasar, Usi, Johanan, Malkija, Elam
und Eser. Die Sänger standen unter Lei-
tung von Jisrachja. 43 An diesem Tag brach-
te man große Schlachtopfer dar und alle
freuten sich sehr, weil Gott ihnen eine gro-
ße Freude bereitet hatte. Auch die Frauen
und Kinder freuten sich. Jerusalems Jubel
war weithin zu hören.

Eine Idealzeit

44 An diesem Tag bestellte man Leute zur
Aufsicht über die Kammern für die Vor-
räte, Weihegaben, Erstlingsopfer und
Zehnten. In ihnen sammelte man die ge-
setzlichen Abgaben für die Priester und
Leviten von den Feldern der Städte. Denn
Juda war voller Freude über die Priester
und Leviten, die den Dienst versahen.
45 Sie vollzogen den Dienst ihres Gottes
und die Reinigungsriten, auch die Sänger
und Torwächter taten ihren Dienst, wie es
David und sein Sohn Salomo vorgeschrie-
ben hatten. 46 Denn schon in den Tagen
Davids und Asafs, schon in uralter Zeit,
hat es Vorsteher der Sänger gegeben, die
Lobgesänge und Danklieder für Gott vor-
trugen. 47 Ganz Israel gab in den Tagen Se-
rubbabels und Nehemias die Beiträge für
die Sänger und Torwächter, ganz wie es
der tägliche Bedarf erforderte. Sie über-
gaben die heiligen Weihegaben den Levi-
ten und die Leviten übergaben sie den
Nachkommen Aarons.

13 In jener Zeit wurde dem Volk aus
dem Buch des Mose vorgelesen.
Man fand darin geschrieben: Ammoniter
und Moabiter dürfen niemals in die Ge-
meinde Gottes aufgenommen werden;
2 denn sie waren den Israeliten nicht mit
Brot und Wasser entgegengekommen,
sondern hatten den Bileam gegen sie ge-
dungen, sie zu verfluchen. Aber unser Gott
verwandelte den Fluch in Segen. 3 Als sie
dieses Gesetz hörten, schlossen sie alles
Mischvolk aus Israel aus.

Zweite Mission Nehemias

4 Kurz zuvor hatte der Priester Eljaschib,
der zum Aufseher über die Kammern des
Hauses unseres Gottes bestellt war, ein
Verwandter des Tobija, 5 diesem eine gro-
ße Kammer eingeräumt. Dort hatte man
früher Speiseopfer, Weihrauch, Geräte
und den Zehnten an Getreide, Most und
Öl, also die Anteile der Leviten, Sänger
und Torwächter, sowie die Abgaben für
die Priester aufbewahrt. 6 Bei all dem war
ich aber nicht in Jerusalem anwesend;
denn im zweiunddreißigsten Regierungs-
jahr des Königs Artaxerxes von Babel war
ich zum König zurückgegangen. Nach ei-
niger Zeit bat ich den König um Urlaub.
7 Als ich nach Jerusalem kam, erkannte
ich das Unheil, das Eljaschib zugunsten
Tobijas dadurch angerichtet hatte, dass er
ihm eine Kammer im Vorhof des Gottes-
hauses einräumte. 8 Das erregte mein Miss-
fallen, sodass ich alle Hausgeräte Tobijas
aus der Kammer auf die Straße werfen
ließ. 9 Auf meine Anweisung hin reinigte
man die Kammer. Dann ließ ich die Gerä-
te des Hauses Gottes, das Speiseopfer und
den Weihrauch dorthin zurückbringen.
10 Auch bemerkte ich, dass die Anteile

der Leviten nicht eingegangen waren, so-
dass jeder von den Leviten und Sängern,
der den Dienst versehen sollte, zu seinem
Landbesitz geflohen war. 11 Da tadelte ich
die Vorsteher und sagte: Warum ist das
Gotteshaus vernachlässigt? Dann sammel-
te ich die Leviten wieder und stellte sie auf
ihren Posten. 12 Ganz Juda brachte den
Zehnten an Getreide, Most und Öl zu den
Vorratskammern. 13 Als Verwalter über die
Vorratskammern bestellte ich den Priester
Schelemja, den Schreiber Zadok und den
Leviten Pedaja, ihnen zur Seite Hanan,
den Sohn Sakkurs, des Sohnes Mattanjas;
denn sie wurden als zuverlässig einge-
schätzt. Ihnen fiel es zu, ihren Brüdern
die Anteile auszugeben. 14 Deswegen ge-
denke meiner, mein Gott, und lösche die
Wohltaten nicht aus, die ich für das Haus
meines Gottes und seinen Dienst voll-
bracht habe!

15 In jenen Tagen sah ich Leute in Juda,
die die Kelter am Sabbat traten, Getreide
holten, das sie auf Esel verluden; auch
Wein, Trauben, Feigen und allerlei Lasten
brachten sie am Sabbat nach Jerusalem.
Ich warnte sie, Lebensmittel zu verkaufen.
16 In Jerusalem selbst brachten die dort
wohnenden Tyrer Fische und viele Waren
und verkauften sie den Juden am Sabbat.
17 Ich schalt die Vornehmen Judas und sag-
te zu ihnen: Was ist das für ein schlechtes
Werk, das ihr vollbringt und mit dem ihr
den Sabbat entweiht? 18 Haben nicht euere
Väter auch so gehandelt, sodass unser Gott
all dies Unheil über uns und diese Stadt
brachte? Ihr aber vermehrt den Zorn über
Jerusalem, indem ihr den Sabbat entweiht.
19 Ich befahl daher, vor Sabbatanbruch,
wenn es in den Toren Jerusalems dunkel
wurde, die Tore zu schließen und gab
Weisung, sie bis nach dem Sabbat ge-
schlossen zu halten. Erst nach dem Sabbat
erlaubte ich sie wieder zu öffnen. Einige
meiner Leute stellte ich an den Toren auf,
damit am Sabbat keine Last hereinkam.
20 Da übernachteten die Kaufleute und
Verkäufer von vielen Waren das eine oder
andere Mal außerhalb Jerusalems. 21 Ich
warnte sie mit den Worten Warum über-
nachtet ihr vor der Mauer? Tut ihr es
nochmals, lasse ich euch festnehmen.
Von der Zeit an kamen sie nicht mehr am
Sabbat. 22 Den Leviten befahl ich, sich zu
reinigen und zur Bewachung der Tore zu
kommen, damit der Sabbat heilig gehalten
werde. Dafür denke an mich, mein Gott,
und erbarme dich meiner nach deiner gro-
ßen Barmherzigkeit!

23 Auch sah ich in jenen Tagen Juden, die
Frauen von Aschdod, Ammon und Moab
geheiratet hatten. 24 Von ihren Kindern
sprach die Hälfte in der Sprache von Asch-
dod. Sie konnten nicht mehr Jüdisch, son-
dern nur die Sprache des betreffenden
Volkes. 25 Ich tadelte sie, verfluchte sie,
schlug einige von ihnen, packte sie bei
den Haaren und beschwor sie bei Gott:
Ihr sollt euere Töchter nicht ihren Söhnen
geben und keine von ihren Töchtern für
euere Söhne oder euch nehmen! 26 Hat sich
ihretwegen nicht auch Salomo, der König
Israels, versündigt? Doch gab es unter den
großen Völkern keinen König wie ihn. Er
wurde von seinem Gott geliebt und Gott
bestellte ihn zum König über ganz Israel.
Auch ihn haben die fremden Frauen zur
Sünde verleitet. 27 Muss man nun auch
von euch hören, dass ihr ganz die gleiche
große Schandtat begeht und gegen Gott
treulos handelt, indem ihr fremde Frauen
heiratet?

28 Einer von den Söhnen des Hohen-
priesters Jojada, des Sohnes Eljaschibs,
war ein Schwiegersohn Sanballats von Ho-
ron. Ihn jagte ich aus meiner Umgebung
fort. 29 Vergiss es nicht, mein Gott, dass sie
das Priestertum und den Bund mit den
Priestern und Leviten befleckten!

30 Ich reinigte das Volk von allem Frem-
den und erließ Verordnungen für die
Priester und Leviten, für jeden in seinem
Amt, 31 auch für die Holzlieferungen zu
den festgesetzten Zeiten und die Erstlings-
gaben. Denke deshalb an mich, mein Gott,
zu meinem Besten!

Das Buch Tobit

1 Buch der Geschichte Tobits, des Soh-
nes Tobiëls, des Sohnes Hananels, des
Sohnes Aduëls, des Sohnes Gabaëls, aus
dem Geschlecht Asiëls, aus dem Stamm
Naftali. 2 In den Tagen Salmanassars, des
Königs von Assur, wurde er in die Gefan-
genschaft weggeführt aus Tisbe, das süd-
lich von Kedesch-Naftali in Obergaliläa
liegt, oberhalb von Hazor.

Der Verbannte

3 Ich, Tobit, ging alle Tage meines Lebens
auf den Wegen der Wahrheit. Ich beging
gute Werke und spendete reichlich Almo-
sen meinen Brüdern und dem Volk, die
zusammen mit mir in das Land der Assy-
rer nach Ninive gezogen waren. 4 Als ich
noch in meiner Heimat im Land Israel leb-
te – ich war damals noch jung –, war das
ganze Geschlecht meines Stammesvaters
Naftali vom Haus Davids und von Jerusa-
lem abgefallen, das doch aus allen Stäm-
men Israels auserwählt war, damit alle
Stämme dort opfern sollten. Der Tempel,
die Wohnung Gottes, war geheiligt und
auf ewig erbaut für alle Geschlechter. 5 Al-
le meine Brüder und das Haus Naftali op-
ferten dem Stierbild des Baal, das Jero-
beam, der König von Israel, in Dan auf
den Bergen Galiläas aufgestellt hatte. 6 Ich
zog oft ganz allein an den Festtagen nach
Jerusalem, wie es ganz Israel durch ein
ewiges Gesetz vorgeschrieben ist, mit den
Erstlingen der Früchte und der Tiere, dem
Zehnten des Viehs, und der ersten Schaf-
schur. 7 Ich übergab sie den Priestern, den
Söhnen Aarons, für den Opferaltar. Den
ersten Zehnten von Wein und Korn, von
Oliven, Granatäpfeln und anderen Früch-
ten gab ich den Leviten, die in Jerusalem
Dienst taten. Den zweiten Zehnten ver-
kaufte ich sechs Jahre hintereinander und
verwandte den Erlös für meine Reisen
nach Jerusalem. 8 Den dritten gab ich den
Waisen, Witwen und Fremden, die mit
den Israeliten leben; ihnen schenkte ich
ihn alle drei Jahre. Wir verzehrten ihn, ge-
treu den Vorschriften des Gesetzes Moses
und den Ermahnungen Deboras, der Mut-
ter Hananels, unseres Vaters; denn mein
Vater war gestorben und hatte mich als
Waisen zurückgelassen. 9 Als ich ein Mann
geworden war, nahm ich eine Frau aus un-
serem väterlichen Geschlecht, die Hanna
hieß; sie schenkte mir einen Sohn, den ich
Tobias nannte.

10 Als ich als Gefangener nach Assyrien
weggeführt worden war, kam ich nach Ni-
nive. Alle meine Brüder und die Angehö-
rigen meines Volkes aßen von der Speise
der Heiden. 11 Ich hütete mich aber, von
der Speise der Heiden zu essen. 12 Da ich
mit ganzem Herzen meinem Gott treu
war, 13 schenkte mir der Allerhöchste die
Gunst Salmanassars, sodass ich sein Ein-
käufer wurde. 14 Ich reiste nach Medien,
wo ich bis zu seinem Tod für ihn einkaufte,
und hinterlegte bei Gabaël, dem Bruder
Gabrijas, in der Stadt Rages in Medien
zehn Talente Silber. 15 Als Salmanassar
starb, wurde sein Sohn Sanherib an seiner
Stelle König. Die Wege nach Medien wur-
den unsicher, sodass ich nicht mehr dort-
hin reisen konnte.

16 In den Tagen Salmanassars gab ich den
Brüdern aus meinem Volk reichliche Al-
mosen. 17 Mein Brot gab ich den Hungern-
den und Kleider den Nackten. Wenn ich
jemanden aus meinem Volk tot hinter
den Mauern Ninives liegen sah, begrub
ich ihn. 18 Ich begrub auch diejenigen, die
Sanherib tötete, nach seiner fluchtartigen
Rückkehr aus Judäa. Als der König des
Himmels den Lästerer bestraft hatte, tötete
Sanherib in seinem Zorn viele Israeliten.
Da nahm ich heimlich die Leichname, um
sie zu begraben. Wenn sie der König dann
suchen ließ, fand man sie nicht. 19 Aber
einer der Bewohner von Ninive erstattete
beim König Anzeige, dass ich sie heimlich
begrabe. Als ich bemerkte, dass der König
über mein Tun unterrichtet war und mich
töten wollte, ergriff ich voller Furcht die
Flucht. 20 Da wurde mein ganzes Ver-
mögen geraubt. Alles wurde für den
Staatsschatz beschlagnahmt und außer
meiner Frau Hanna und meinem Sohn To-
bias blieb mir nichts übrig. 21 Doch vergin-

gen keine vierzig Tage, bis seine beiden Söhne ihn ermordeten. Dann flohen sie ins Gebirge Ararat. An seiner Stelle wurde sein Sohn Asarhaddon König. Er bestellte Achikar, den Sohn meines Bruders Hanaël, über den ganzen Reichshaushalt und die gesamte Verwaltung. 22 Achikar legte für mich Fürsprache ein, sodass ich nach Ninive zurückkehren durfte. Achikar aber war Obermundschenk und Siegelbewahrer, Kanzler und Vorsteher des Staatshaushaltes. Asarhaddon hatte ihn in seinen Ämtern behalten. Er war ein Verwandter von mir, er war mein Neffe.

Der Blinde

2 Unter der Regierung Asarhaddons kehrte ich also in mein Haus zurück und Hanna, meine Frau, und mein Sohn Tobias waren mir wiedergegeben. An unserem Pfingstfest, dem Wochenfest, gab es ein Festmahl. Ich legte mich nieder, um zu essen. 2 Man setzte mir das Mahl vor und brachte mir verschiedene Gerichte. Da sprach ich zu meinem Sohn: Geh hin, mein Sohn. Wenn du von unseren nach Ninive verschleppten Brüdern einen Armen findest, der dem Herrn treu ist, bring ihn herein, damit er an meinem Mahl teilnehme. Ich warte auf dich, mein Sohn! 3 Tobias ging also, um einen Armen unter unseren Brüdern zu suchen, aber er kam zurück und sprach: Vater! Ich antwortete: Nun, mein Kind? Er sagte: Vater, einer aus unserem Volk wurde erdrosselt auf den Marktplatz geworfen und dort liegt er noch. 4 Da stand ich auf, bevor ich noch gegessen hatte, hob den Mann vom Markt auf und trug ihn in ein Haus, um ihn dann nach Sonnenuntergang zu begraben. 5 Nach meiner Rückkehr wusch ich mich und aß mein Brot in Trauer. 6 Ich dachte an die Worte des Propheten Amos über Bet-El:

Euere Feste werden in Trauer verwandelt / und all euer Jauchzen in Klagegesang.

Da weinte ich. 7 Nach Sonnenuntergang ging ich hinaus, machte ein Grab und begrub ihn. 8 Die Nachbarn spotteten und sagten: Er hat keine Furcht mehr. Das erste Mal musste er fliehen und nun begräbt er schon wieder einen Toten!

9 In der gleichen Nacht nahm ich ein Bad, ging in den Hof und legte mich an der Mauer des Hofes schlafen. Da es warm war, hatte ich mein Gesicht nicht bedeckt. 10 Ich wusste nicht, dass über mir Spatzen in der Mauer waren. Warmer Kot fiel in meine Augen. Es entstanden weiße Flecken, die ich von den Ärzten behandeln lassen musste. Je mehr Salben sie anwendeten, desto mehr machten mich die Flecken blind, und zuletzt war die Blindheit vollständig. Vier Jahre lang blieb ich ohne Augenlicht, alle meine Brüder waren darüber tief bekümmert. Achikar jedoch sorgte zwei Jahre lang für meinen Unterhalt, bis er nach Elymaïs zog.

11 Damals fertigte meine Frau Handarbeiten an, sie spann Wolle und webte Leinen; 12 sie lieferte auf Bestellung und man zahlte ihr den Lohn. Nun vollendete sie am siebten Tag des Monats Dystros ein Stück und übergab es den Auftraggebern. Sie bezahlten ihr alles, was sie schuldig waren, und schenkten dazu ein Böcklein. 13 Als es zu mir kam, fing es an zu meckern. Da rief ich meine Frau und sprach zu ihr: Woher ist das Böcklein? Ist es etwa gestohlen? Gib es den Herren zurück! Denn es ist unerlaubt, Gestohlenes zu essen. 14 Sie aber erwiderte: Es wurde mir zum Lohn als Geschenk hinzugegeben. Ich glaubte ihr aber nicht und befahl, es den Herren zurückzubringen, und ich schämte mich ihretwegen. Sie aber antwortete und sprach zu mir: Wo ist dein Lohn für deine Almosen und gerechten Taten? Siehe, es ist alles offenbar, was sie dir eingebracht haben!

3 Da trauerte und weinte ich voller Betrübnis und begann dieses Klagegebet: 2 Gerecht bist du, Herr! Alle deine Werke sind gerecht und deine Wege sind Barmherzigkeit und Treue. Du bist der Richter der Welt. 3 Und nun, Herr, gedenke meiner und schau auf mich! Züchtige mich nicht nach meinen Sünden und Vergehen und auch nicht nach denen meiner Väter. Denn wir haben vor dir gesündigt 4 und deine Gebote verletzt. Da gabst du uns preis zu Plünderung, Gefangenschaft und Tod, zu Gerede, Spott und zum Vorwurf für alle Völker, unter die du uns zerstreut hast. 5 Nun sind alle deine Strafen zu Recht eingetroffen, du lässt sie über mich kommen wegen meiner Sünden. Denn wir haben deine Gebote nicht gehalten und den Weg deiner Wahrheit verlassen. 6 Tue mit mir, was dir gefällt! Lass

meinen Geist von mir scheiden, damit ich
sterbe und zu Staub werde! Denn es ist für
mich besser zu sterben als zu leben, da ich
ungerechte Verleumdungen hören musste
und große Traurigkeit in mir ist. Herr, ich
warte, dass deine Entscheidung mich er-
löst von dieser Not. Lass mich hingehen
zum ewigen Ort! Wende, Herr, dein An-
gesicht nicht vor mir ab! Denn besser ist
es zu sterben als so viel Not in meinem
Leben zu sehen; ich bin es müde, noch
länger ungerechte Verleumdungen anhö-
ren zu müssen.

Sara

7 Am gleichen Tag geschah es, dass in Ek-
batana in Medien Sara, die Tochter Ragué
ls, von einer Magd ihres Vaters verhöhnt
wurde. 8 Sie war schon sieben Männern
zur Frau gegeben worden; aber der böse
Dämon Aschmodai hatte alle getötet, be-
vor sie mit ihr geschlafen hatten. Die
Magd sagte zu ihr: Ja, du bist es, die ihre
Männer tötet! Schon sieben hattest du und
mit keinem einzigen hast du Glück gehabt.
9 Was schlägst du uns? Wenn sie schon
starben, geh doch mit ihnen! Nie werden
wir von dir einen Sohn oder eine Tochter
sehen! 10 Als sie es hörte, wurde sie sehr
traurig, sie weinte und ging in das Zimmer
ihres Vaters, um sich zu erhängen. Doch
dann dachte sie nach: Soll man meinen
Vater schmähen? Man wird zu ihm sagen:
Du hattest nur eine geliebte Tochter und
die hat sich im Unglück erhängt. Ich will
meinem Vater keinen Kummer bereiten,
der ihn in seinem Alter ins Totenreich
brächte. Ich will mich lieber nicht erhän-
gen, sondern den Herrn bitten, mich ster-
ben zu lassen, damit ich nicht länger sol-
chen Spott hören muss. 11 Da breitete sie
am Fenster die Arme aus und betete:

Gepriesen seist du, Gott der Barmher-
zigkeit! Gepriesen sei dein Name in Ewig-
keit! Alle deine Werke sollen dich preisen
in Ewigkeit! 12 Nun aber, Herr, habe ich
mein Angesicht erhoben und meine Au-
gen auf dich gerichtet. 13 Befiehl, dass ich
von der Erde abberufen werde und keine
Verhöhnungen mehr hören muss! 14 Du
weißt, Herr, dass ich frei bin von jeder
Sünde mit einem Mann 15 und ich weder
meinen Namen noch den Namen meines
Vaters im Land meiner Gefangenschaft
beschmutzt habe. Die einzige Tochter
meines Vaters bin ich. Ihm bleibt kein an-
deres Kind, das ihn beerben kann; weder
ein Stammesbruder noch ein Verwandter
ist da, dessen Frau ich werden müsste.
Schon sieben sind mir verloren gegangen.
Wozu dient mir noch das Leben? Wenn es
dir aber nicht gefällt, mich zu töten, so hö-
re nun meine Klage!

16 Im gleichen Augenblick wurde das
Gebet Tobits und Saras vor der Herrlich-
keit Gottes erhört. 17 Rafael wurde gesandt,
beide zu heilen: die weißen Flecken von
Tobits Augen zu entfernen, damit er mit
seinen Augen das Licht Gottes wieder se-
hen könne, und Sara, die Tochter Raguëls,
Tobias, dem Sohn Tobits, zur Frau zu ge-
ben und sie vom bösen Dämon Aschmo-
dai zu befreien. Denn Tobias sollte sie vor
allen anderen Bewerbern zur Frau bekom-
men. Zur gleichen Zeit, als Tobit zurück-
kehrte und sein Haus betrat, stieg Sara, die
Tochter Raguëls, aus ihrem Obergemach
herunter.

Tobias

4 An jenem Tag erinnerte sich Tobit an
das Geld, das er bei Gabaël in der
Stadt Rages in Medien hinterlegt hatte.
2 Er dachte bei sich: Ich habe mir den Tod
gewünscht. Warum rufe ich nicht meinen
Sohn Tobias, um ihm von diesem Geld zu
berichten, bevor ich sterbe? 3 Dann ließ er
seinen Sohn Tobias zu sich kommen und
sagte: Wenn ich sterbe, begrabe du mich,
wie es sich gehört! Ehre deine Mutter!
Verlass sie keinen Tag deines Lebens! Tue,
was sie erfreut, und betrübe sie nicht!
4 Mein Sohn, denke daran, sie hat deinet-
wegen viele Beschwerden erduldet, als du
im Mutterschoß warst! Wenn sie stirbt,
bestatte sie neben mir in meinem Grab!
5 Sei alle Tage dem Herrn treu! Sündige
nicht und übertritt nicht seine Gebote!
Tue Gutes alle Tage deines Lebens und
geh nicht auf den Wegen des Unrechts!
6 Denn wenn du dich an die Wahrheit
hältst, werden dir alle deine Werke gelin-
gen. 7 Allen, die Gerechtigkeit üben, gib
Almosen von deinem Vermögen! Wende
dich von keinem Armen ab! Dann wird
sich Gottes Angesicht nicht von dir ab-
wenden. 8 Wenn du Vermögen besitzt, gib
davon entsprechend seiner Größe Almo-
sen! Wenn du viel hast, gib mehr; wenn
du wenig besitzt, gib weniger, aber zögere

nicht, Almosen zu geben. 9 So sammelst du
einen schönen Schatz für die Zeit der Not.
10 Denn Almosen rettet vom Tod und be-
wahrt vor der Finsternis. 11 Eine gute Op-
fergabe ist nämlich vor dem Allerhöchsten
ein Almosen für alle, die es geben. 12 Hüte
dich, Kind, vor jeder Unzucht! Vor allem
nimm eine Frau aus dem Geschlecht dei-
ner Väter! Nimm keine fremde Frau, kei-
ne, die nicht dem Stamm deines Vaters an-
gehört! Denn Söhne von Propheten sind
wir. Noach, Abraham, Isaak und Jakob,
unsere Väter von Ewigkeit her –, bedenke
es, mein Kind –, sie alle nahmen Frauen
aus ihren eigenen Stammesbrüdern und
wurden in ihren Kindern gesegnet. Ihre
Nachkommen werden das Land erben.
13 Nun, mein Sohn, liebe deine Stammes-
brüder und erhebe dich nicht stolz über
deine Brüder und deren Söhne und nimm
dir aus den Töchtern deines Volkes eine
Frau! Denn im Stolz liegt viel Verderben
und Unruhe und im Müßiggang große
Entbehrung und Not. Der Müßiggang ist
ja die Mutter des Hungers.

14 Halte den Lohn eines Arbeiters nicht
über Nacht zurück, sondern zahle ihn so-
fort aus! Wenn du Gott dienst, wird es dir
vergolten werden! Achte auf dich selbst,
mein Sohn, in allen deinen Werken und
zeige dich wohl erzogen in deinem ganzen
Wandel! 15 Was du verabscheust, tue kei-
nem anderen an! Betrink dich nicht, ein
Rausch soll dir fremd sein! 16 Von deinem
Brot gib den Hungernden und von deinen
Kleidern den Nackten! Alles, was du im
Überfluss hast, gib als Almosen und sei
nicht kleinlich, wenn du Almosen gibst!
17 Spende kein Brot beim Begräbnis der
Gerechten und gib es nicht den Sündern!
18 Begehre Rat von jedem Verständigen
und verachte keinen nützlichen Rat!
19 Und allezeit preise Gott, den Herrn, und
von ihm erbitte, dass deine Wege gerade
seien und allen deinen Plänen guter Erfolg
beschieden! Denn die Weisheit wird nicht
jedem Volk gegeben; der Herr selbst gibt
alles Gute. Wen er will, erniedrigt er bis
auf den Grund des Totenreiches. Nun,
Kind, denk an meine Belehrungen! Sie sol-
len nicht aus deinem Herzen getilgt wer-
den!

20 Nun, mein Sohn, mach ich dir Mittei-
lung von den zehn Talenten Silber, die ich
bei Gabaël, dem Sohn Gabrijas in Rages in
Medien hinterlegt habe. 21 Hab keine
Angst, mein Sohn, weil wir arm geworden
sind! Du besitzt viel, wenn du Gott fürch-
test, dich fernhältst von jeder Sünde und
das tust, was dem Herrn, deinem Gott,
wohlgefällt!

Der Reisegefährte

5 Da antwortete Tobias seinem Vater
Tobit: Vater, ich will alles tun, was du
mir befohlen hast. 2 Aber wie kann ich von
ihm das Geld holen, er kennt mich doch
nicht und ich ihn auch nicht? Wie soll er
mich erkennen, dass er mir glaubt und mir
das Geld zurückgibt? Außerdem kenne ich
nicht den Weg, den ich bei dieser Reise
nach Medien einschlagen muss. 3 Da ant-
wortete Tobit seinem Sohn Tobias: Wir
haben beide eine Urkunde unterschrieben
und ich habe sie in zwei Hälften geteilt,
damit jeder von uns eine erhalte. Eine
Hälfte habe ich mitgenommen, die andere
zum Geld gelegt. Zwanzig Jahre sind es
nun schon her, dass ich dieses Geld hinter-
legt habe. Nun, mein Sohn, such dir einen
zuverlässigen Reisebegleiter, den wir ent-
lohnen, und geh dann hin, um das Geld
bei Gabaël zu holen. 4 Tobias ging hinaus,
um einen guten Führer zu suchen, der ihn
nach Medien begleiten konnte. Draußen
fand er Rafael, den Engel, vor sich stehen,
ohne zu wissen, dass dieser ein Engel Got-
tes war. 5 Er fragte ihn: Woher bist du,
Freund? Der Engel antwortete: Ich bin
einer von den Israeliten, deinen Brüdern,
ich bin hergekommen, Arbeit zu suchen.
Tobias sagte zu ihm: Kennst du den Weg
nach Medien? 6 Jener antwortete: Gewiss
doch! Mehrere Male bin ich dort gewesen
und alle Wege dorthin habe ich im Kopf.
Ich bin oft nach Medien gegangen und bei
Gabaël, einem unserer Brüder, der in Ra-
ges in Medien wohnt, als Gast aufgenom-
men worden. Von Ekbatana nach Rages
braucht man zwei gewöhnliche Tagesrei-
sen; Rages liegt im Gebirge, Ekbatana mit-
ten in der Ebene. 7 Tobias sprach zu ihm:
Warte auf mich, Freund! Ich will meinen
Vater benachrichtigen; ich möchte, dass
du mit mir kommst, und werde dir deinen
Lohn bezahlen. 8 Jener antwortete: Gut, ich
warte. Aber bleib nicht zu lange! 9 Tobias
benachrichtigte seinen Vater, dass er einen
ihrer israelitischen Brüder gefunden habe.
Der Vater sagte: Stell ihn mir vor, dass ich

seine Familie und seinen Stamm erfahre.
Man muss sehen, ob er zuverlässig ist, dich
zu begleiten, mein Sohn. Tobias ging hi-
naus, um ihn zu rufen: Freund, mein Vater
fragt nach dir. 10 Der Engel trat in das
Haus. Tobit begrüßte ihn zuerst und jener
antwortete ihm mit Segenswünschen. Da
sagte Tobit: Sollte ich noch Glück haben
können? Ich bin ein Blinder, das Licht des
Himmels sehe ich nicht mehr, in Dunkel-
heit bin ich getaucht wie die Toten, die das
Licht nicht mehr sehen. Lebendig bin ich
begraben, ich höre die Stimme der Men-
schen, ohne sie zu sehen. Der Engel sagte
zu ihm: Hab Vertrauen! Gott wird nicht
zögern, dich zu heilen. Hab Vertrauen!
Tobit sagte zu ihm: Mein Sohn Tobias will
nach Medien reisen. Willst du ihn als Füh-
rer begleiten? Ich werde dich belohnen,
Bruder! Er antwortete: Ich will ihn beglei-
ten, ich kenne alle Wege, ich bin oft nach
Medien gegangen, die Ebenen und Gebir-
ge habe ich durchzogen und kenne alle
Pfade. 11 Tobit sagte: Bruder, aus welcher
Familie und welchem Stamm bist du?
Willst du es mir angeben, Bruder? 12 Was
kümmert dich mein Stamm? Ich möchte
gern wissen, ob du vertrauenswürdig bist
und deinen Namen kennen lernen. 13 Er
aber sagte: Ich bin Asarja, der Sohn des
großen Hananja, von deinen Brüdern.
14 Da antwortete ihm Tobit: Sei willkom-
men, Bruder! Sei mir nicht böse, dass ich
deinen Stamm und deine Familie kennen
lernen wollte! Du bist doch mein Bruder
aus angesehenem und gutem Geschlecht.
Ich lernte nämlich Hananja und Natan,
die Söhne des großen Schimi, gut kennen,
als wir gemeinsam nach Jerusalem zogen,
um den Herrn anzubeten; sie haben den
rechten Weg nicht verlassen. Deine Brü-
der sind ehrenwerte Männer, aus einem
guten Stamm bist du. Sei mir willkommen!
15 Dann fuhr er fort: Das soll dein Lohn
sein: eine Drachme täglich sowie den gan-
zen Lebensunterhalt für dich wie für mei-
nen Sohn. Reise also mit meinem Sohn
16 und ich will dir noch über den vereinbar-
ten Lohn hinaus geben. Der Engel antwor-
tete: Ich mache die Reise mit ihm. Sei un-
besorgt! Unsere Hinreise wird gut
verlaufen und auch unsere Rückkehr, weil
der Weg sicher ist. 17 Tobit sagte zu ihm:
Sei gesegnet, Bruder! Dann sagte er zu sei-
nem Sohn: Mach dich reisefertig, mein
Sohn! Reise mit deinem Bruder! Gott aber,
der im Himmel wohnt, beschütze euch
und führe euch sicher und gesund zu mir
zurück! Sein Engel begleite euch zum
Schutz, mein Sohn!

Tobias ging hinaus, um die Reise zu be-
ginnen. Er umarmte seinen Vater und sei-
ne Mutter. Tobit sagte zu ihm: Gute Reise!
18 Seine Mutter aber weinte und sagte zu
Tobit: Warum hast du mein Kind weg-
geschickt? War er nicht der Stab unserer
Hand, als er noch bei uns ein- und aus-
ging? 19 Ich hoffe, dass das Geld nicht allem
vorgeht, sondern dass es im Vergleich zum
Leben unseres Kindes nicht zählt. 20 Denn
wie es uns vom Herrn zu leben gegeben
wurde, so genügte es uns. 21 Da antwortete
ihr Tobit: Mach dir keine Sorge! Unser
Sohn bricht wohlbehalten auf, er wird
auch gesund wieder nach Hause zurück-
kehren. Am Tag, an dem er gesund heim-
kehrt, werden es deine Augen sehen.
22 Mach dir keine Sorgen und ängstige dich
nicht um sie, meine Schwester! Denn ein
guter Engel reist mit ihm, seine Reise wird
glücklich verlaufen und er wird gesund
heimkehren. 23 Da hörte sie auf zu weinen.

Der Fisch

6 Der junge Mann brach mit dem Engel
auf und der Hund folgte hinterher. Sie
zogen beide ihres Wegs und kamen am
ersten Abend an den Fluss Tigris, wo sie
übernachteten. 2 Der junge Tobias ging
zum Fluss hinunter, um seine Füße zu wa-
schen. Da schnellte ein Fisch aus dem
Wasser empor und drohte seinen Fuß zu
verschlingen. Der junge Mann schrie auf,
3 aber der Engel sprach zu ihm: Ergreif den
Fisch und lass ihn nicht los! Da packte er
den Fisch und warf ihn ans Land. 4 Dann
sprach der Engel zu ihm: Zerschneide den
Fisch! Nimm Herz, Leber und Galle und
bewahre sie sorgfältig auf, die Eingeweide
aber wirf weg; denn Herz, Leber und Galle
sind nützliche Arznei. 5 Der junge Mann
öffnete den Fisch und hob Herz, Leber
und Galle auf. Er briet den Fisch und aß
und behielt den Rest zum Einsalzen.

6 Dann wanderten beide weiter, bis sie
sich Medien näherten. 7 Da sprach der jun-
ge Mann zum Engel: Bruder Asarja, wozu
dienen Leber, Herz und Galle des Fisches?
8 Er antwortete ihm: Was Herz und Leber
angeht, so muss man damit vor dem Mann

oder der Frau räuchern, falls sie ein Dä-
mon oder böser Geist plagt. Jede Art böser
Bedrängnis verschwindet für immer, ohne
auch nur eine Spur zu hinterlassen. 9 Was
aber die Galle betrifft, so dient sie als Au-
gensalbe, wenn man weiße Flecken in den
Augen hat. Man braucht nur auf die Fle-
cken zu blasen, um sie zu heilen.
10 Sie zogen durch Medien und näherten
sich schon Ekbatana, 11 als Rafael zum jun-
gen Mann sprach: Bruder Tobias! Der ant-
wortete: Ja? Der Engel erwiderte: Heute
werden wir bei Raguël übernachten. Er ist
dein Verwandter und hat eine Tochter na-
mens Sara. 12 Aber außer Sara hat er weder
Sohn noch Tochter. Nun bist du ihr nächs-
ter Verwandter, dir kommt sie zuerst zu
und du kannst das Erbe ihres Vaters bean-
spruchen. Das Mädchen ist aufrichtig,
klug und schön und ihr Vater liebt sie sehr.
13 Du hast das Recht, sie zur Frau zu neh-
men. Nun hör auf mich! Ich will mit dem
Vater über das Mädchen sprechen, dass er
sie von heute Abend an für dich als Braut
bewahrt. Wenn wir dann aus Rages zu-
rückkehren, feiern wir Hochzeit. Denn
ich weiß gewiss, dass Raguël kein Recht
hat, sie dir zu verweigern oder einem an-
deren zu versprechen. Nach den Bestim-
mungen im Gesetz des Mose würde er des
Todes schuldig, sobald er weiß, dass die
Verwandtschaft dir vor allen anderen das
Recht gibt, seine Tochter zur Frau zu neh-
men. Hör also auf mich, Bruder! Heute
Abend sprechen wir über das junge Mäd-
chen und stellen den Heiratsantrag. Nach
der Rückkehr aus Rages nehmen wir sie
dann mit uns zu dir nach Hause. 14 Tobias
antwortete Rafael: Bruder Asarja, ich habe
mir sagen lassen, dass sie schon siebenmal
zur Ehe gegeben wurde; jedes Mal aber ist
ihr Mann in der Brautkammer gestorben.
Er starb am Abend, als er in ihre Kammer
eintrat, und ich hörte die Leute reden, ein
Dämon habe sie getötet. 15 So habe ich nun
Angst bekommen; denn ihr tut er nichts,
weil er sie liebt; aber sobald einer sich ihr
nähern will, tötet er ihn. Ich bin der ein-
zige Sohn meines Vaters und möchte nicht
sterben, denn ich will nicht meinen Vater
und meine Mutter aus Gram um mich ins
Grab bringen. Sie haben keinen anderen
Sohn, der sie begraben könnte. 16 Der Engel
aber sagte zu ihm: Denkst du nicht an die
Worte, die dein Vater dir aufgetragen hat,
nämlich dass du eine Frau aus dem Haus
deines Vaters heiraten sollst? Nun hör auf
mich, Bruder! Sie wird deine Frau werden.
Wegen des Dämons mach dir keine Sorge!
Denn in dieser Nacht wird sie dir zur Frau
gegeben. 17 Wenn du die Brautkammer be-
trittst, nimm die Leber und das Herz des
Fisches und leg etwas davon auf die Räu-
cherkohlen. Der Rauch wird sich verbrei-
ten, 18 der Dämon wird ihn riechen und
fliehen und es besteht keine Gefahr, dass
man ihn je wieder bei dem jungen Mäd-
chen antrifft. Sobald du dich ihr näherst,
erhebt euch beide zuerst zum Gebet. Bittet
den Herrn des Himmels, euch seine Gnade
und seinen Schutz zu gewähren. Ängstige
dich nicht; denn dir ist sie von Ewigkeit
her bestimmt. Du sollst sie retten. Sie wird
mit dir ziehen. Ich glaube bestimmt, dass
sie dir Kinder schenken wird, die dir wie
Brüder sein werden. Zögere nicht! Und als
Tobias Rafael so reden hörte, dass ihm aus
der Nachkommenschaft des Hauses eine
Schwester zur Frau gegeben würde, be-
gann er sie zu lieben und sein Herz ge-
hörte ihr.

Raguël

7 Sie kamen nach Ekbatana und Tobias
sagte: Bruder Asarja, führe mich gera-
dewegs zu unserem Bruder Raguël. Er
führte ihn zum Haus Raguëls, den sie in
der Tür des Hofes sitzend antrafen. Sie be-
grüßten ihn zuerst und er antwortete: Ich
begrüße euch, Brüder, seid willkommen.
Dann führte er sie in das Haus. 2 Da sprach
Raguël zu seiner Frau Edna: Wie ähnlich
ist der Jüngling meinem Vetter Tobit!
3 Dann fragte Edna sie, woher sie kämen,
und sie antworteten ihr: Von den Söhnen
Naftalis, die in Ninive gefangen sind.
4 Dann fragte er sie: Kennt ihr unseren
Bruder Tobit? Sie antworteten: Wir ken-
nen ihn. 5 Er fragte sie: Ist er gesund? Sie
antworteten: Er lebt und ist gesund. Dann
sagte Tobias: Er ist mein Vater. 6 Da sprang
Raguël auf, küsste ihn und weinte. Er
sprach zu ihm und sagte: Sei gesegnet,
mein Sohn! Du bist der Sohn eines edlen
und guten Mannes! Welches Unglück,
dass ein so gerechter und wohltätiger
Mann blind geworden ist! Er fiel seinem
Bruder Tobias um den Hals und weinte.
7 Auch seine Frau Edna und seine Tochter
Sara weinten. 8 Er schlachtete einen Wid-

der von der Herde und man bereitete ihnen einen herzlichen Empfang.

9 Man badete und wusch sich und setzte sich zu Tisch. Dann sagte Tobias zu Rafael: Bruder Asarja, bitte doch Raguël, mir meine Schwester Sara zur Frau zu geben. 10 Raguël hörte dies und sprach zu dem jungen Mann: Iss und trink und sei fröhlich! Denn dir allein, Bruder, steht es zu, Sara, meine Tochter, zur Frau zu nehmen. Ebenso bin auch ich nicht frei, sie einem anderen zu geben, da du ihr nächster Verwandter bist. Doch will ich dir die Wahrheit sagen. 11 Siebenmal habe ich versucht, für sie einen Mann unter unseren Brüdern zu finden, doch sobald sie bei ihr eintraten, starben sie in derselben Nacht. Aber für jetzt, mein Sohn, iss und trink, der Herr wird euch seine Gnade und seinen Frieden gewähren. 12 Tobias sagte: Ich will nichts von Essen und Trinken hören, solange du dich nicht für mich entschieden hast. Raguël antwortete: Nun denn; da sie dir nach den Bestimmungen im Gesetz des Mose gegeben ist, bestimmt es der Himmel, dass sie dir gegeben wird. Ich vertraue dir also deine Schwester an. Von nun an bist du ihr Bruder und sie ist deine Schwester. Sie ist dir gegeben von heute an für immer. Der Herr des Himmels sei euch diesen Abend gnädig, mein Sohn, und schenke euch seine Gnade und seinen Frieden. 13 Dann rief Raguël seine Tochter Sara, nahm ihre Hand und gab sie Tobias zur Frau. Er sprach: Ich vertraue sie dir an; Gesetz und Bestimmung im Buch des Mose weisen sie dir als Frau zu. Nimm sie und führe sie wohlbehalten zu deinem Vater! Der Gott des Himmels verleihe euch, in Frieden zu reisen. 14 Dann wandte er sich an die Mutter und ließ sie Schreibmaterial holen. Er setzte den Ehevertrag auf, durch den er Tobias seine Tochter zur Frau gab, entsprechend der Bestimmung im Gesetz des Mose.

Danach begannen sie, zu essen und zu trinken. 15 Raguël rief seine Frau Edna und sagte zu ihr: Schwester, richte die zweite Kammer her und führe sie hinein! 16 Sie ging, das Bett der Kammer herzurichten, wie er befohlen hatte, und führte ihre Tochter dorthin. Sie weinte über sie, trocknete dann aber ihre Tränen und sagte: 17 Mut, mein Sohn! Der Herr des Himmels gebe dir Freude statt deiner Trauer! Mut, Tochter! Dann ging sie hinaus.

Das Grab

8 Nach Beendigung des Mahls wollten sie zur Ruhe zu gehen und sie führten den jungen Mann zur Brautkammer. 2 Da erinnerte sich Tobias an die Worte Rafaels, nahm seinen Reisesack, holte Herz und Leber des Fisches hervor und legte sie auf die Räucherkohle. 3 Der Geruch des Fisches hielt den Dämon ab und er floh durch die Luft nach Oberägypten. Rafael verfolgte ihn unverzüglich, ergriff und fesselte ihn.

4 Als die Eltern hinausgegangen waren und die Tür geschlossen hatten, erhob sich Tobias vom Lager und sagte zu Sara: Steh auf, Schwester! Beten wir beide gemeinsam und flehen wir zu unserem Herrn, um seine Gnade und Hilfe zu erlangen. 5 Sie erhob sich und sie begannen zu beten, dass ihnen Heil widerfahre, und er begann zu sprechen: Gepriesen seist du, Gott unserer Väter! Gepriesen sei dein Name in alle Ewigkeit! Preisen sollen dich die Himmel und alle deine Geschöpfe in alle Ewigkeit! 6 Du hast Adam geschaffen und ihm als treue Hilfe seine Frau Eva gegeben. Aus ihnen stammt das Menschengeschlecht. Du sprachst: Es ist nicht gut, dass der Mensch allein ist. Wir wollen ihm eine Gehilfin machen, die ihm gleich ist! 7 Jetzt aber, Herr, nicht aus unreiner Begierde nehme ich meine Schwester, sondern aus wahrer Liebe. Befiehl, dass ich Erbarmen finde und mit ihr alt werde! 8 Sie sprachen gemeinsam: Amen, amen! 9 Dann schliefen sie in der Nacht miteinander.

10 Raguël aber erhob sich, rief seine Knechte und sie kamen und halfen ihm, ein Grab auszuheben. Er dachte: Vielleicht stirbt auch dieser und wir würden Schimpf und Schande erleiden! 11 Als das Grab fertig war, ging Raguël wieder in sein Haus, rief seine Frau 12 und sagte zu ihr: Schick eine von den Mägden in die Kammer, dass sie nachschaut, ob er noch lebt; wenn nicht, wollen wir ihn begraben, damit niemand etwas erfährt! 13 Man holte die Magd, zündete die Lampe an, öffnete die Tür, die Magd trat ein und fand alle beide in tiefem Schlaf. 14 Dann ging sie hinaus und sagte zu ihnen: Er lebt, es ist nichts Böses geschehen. 15 Da pries Raguël den Gott des Himmels und betete: Gepriesen seist du, Gott, mit allem aufrichtigen Lob! Gepriesen seist du in alle Ewigkeit! 16 Ge-

priesen seist du, weil du mich froh gemacht
hast und nicht geschah, was ich befürchtet
hatte, sondern du nach deinem großen Er-
barmen an uns gehandelt hast. 17 Gepriesen
seist du, dass du dich der beiden Einzig-
geborenen erbarmt hast! Erweise ihnen,
Herr, Erbarmen und Schutz! Vollende ihr
Leben in Freude und Erbarmen! 18 Nun be-
fahl er den Dienern, das Grab vor dem
Morgengrauen wieder zuzuwerfen.
19 Er ließ seine Frau einen Ofen voll Brot
backen, dann ging er zur Herde, suchte
zwei Ochsen und vier Schafe aus, übergab
sie der Küche und man begann das Hoch-
zeitsfest vorzubereiten. 20 Er ließ Tobias
kommen und erklärte ihm: Vierzehn Tage
lang darfst du nicht von hier fort. Bleibe
bei mir, iss und trink! Du sollst meiner
Tochter nach allem ihrem Leid wieder
Freude schenken. 21 Danach nimm die
Hälfte von allem, was ich habe, und kehr
wohlbehalten zu deinem Vater zurück.
Wenn wir, meine Frau und ich, gestorben
sind, sollt ihr die andere Hälfte erhalten.
Mut, mein Sohn! Ich bin dein Vater und
Edna ist deine Mutter. Wir sind von nun
an deine Eltern, so wie wir die Eltern dei-
ner Schwester sind. Mut, mein Sohn!

Die Hochzeit

9 Tobias rief Rafael und sagte zu ihm:
2 Bruder Asarja, nimm vier Diener
und zwei Kamele mit dir und reise nach
Rages. 3 Geh zu Gabaël, gib ihm den
Schuldschein und nimm das Geld an dich;
dann lade ihn ein, mit dir zu meiner Hoch-
zeit zu kommen. 4 Du weißt, mein Vater
zählt die Tage, und wenn ich lange ausblei-
be, wird er sich sehr sorgen. Du siehst
auch, wie sehr sich Raguël verpflichtet;
durch seinen Eid bin ich gebunden. 5 Da
reiste Rafael mit vier Dienern und zwei
Kamelen nach Rages in Medien. Sie über-
nachteten bei Gabaël und er zeigte ihm
den Schuldschein vor. Er teilte ihm die
Heirat des Tobias, des Sohnes Tobits, mit
und die Einladung zur Hochzeit. Gabaël
zählte ihm die versiegelten Säcke vor und
sie luden sie auf die Kamele. 6 In der Frühe
brachen sie zusammen zur Hochzeit auf.
Sie kamen bei Raguël an und fanden Tobi-
as beim Mahl. Er erhob sich und begrüßte
ihn, Gabaël weinte und segnete ihn mit
den Worten: Guter und vortrefflicher
Sohn eines guten und vortrefflichen Man-
nes! Der Herr segne dich mit dem Segen
des Himmels, dich und deine Frau, den
Vater und die Mutter deiner Frau! Geprie-
sen sei Gott, der mich meinen Vetter To-
bias schauen ließ, sein lebendiges Abbild!

10 Unterdessen zählte Tobit täglich
die Reisetage, die für die Hin- und
Rückreise erforderlich waren. Die Zeit war
abgelaufen, ohne dass der Sohn zurück-
gekommen wäre. 2 Da dachte er: Vielleicht
sind sie dort unten abgewiesen worden!
Vielleicht ist Gabaël gestorben und keiner
ist da, der ihm das Geld gibt! 3 Und er be-
gann, sich große Sorgen zu machen. 4 Seine
Frau Hanna aber sagte: Mein Sohn ist tot!
Er ist nicht mehr am Leben! Und sie be-
gann um ihren Sohn zu weinen und zu
klagen. Sie sagte: 5 Ach, mein Sohn, dass
ich dich weggehen ließ, das Licht meiner
Augen! 6 Tobit aber erwiderte: Sei still,
Schwester! Mach dir keine Sorgen, es geht
ihm gut! Es wird ihnen dort unten etwas
dazwischengekommen sein. Sein Reisege-
fährte ist zuverlässig, einer von unseren
Brüdern. Sei nicht bekümmert, Schwester;
er kann jeden Augenblick kommen. 7 Doch
sie antwortete: Versuch mich nicht zu täu-
schen! Mein Kind ist tot! Täglich ging sie
hinaus und beobachtete den Weg, auf dem
ihr Sohn fortgegangen war. Niemandem
glaubte sie mehr. War die Sonne unterge-
gangen, kehrte sie heim, um die ganze
Nacht hindurch zu weinen und zu klagen,
und konnte nicht schlafen. Tagsüber aß sie
kein Brot, nachts aber hörte sie nicht auf,
ihren Sohn Tobias zu beweinen.

Die Heimreise

8 Als die vierzehn Tage der Hochzeitsfeier-
lichkeiten vorüber waren, die Raguël zu
Ehren seiner Tochter veranstaltet hatte,
sagte Tobias zu Raguël: Entlass mich;
denn mein Vater und meine Mutter haben
sonst keine Hoffnung mehr, mich wieder-
zusehen. Auch bitte ich dich, Vater, lass
mich zu meinem Vater zurückkehren; ich
erklärte dir ja, in welchem Zustand ich ihn
verließ. 9 Raguël sprach zu Tobias: Bleib
noch bei mir, mein Sohn! Ich will jemand
zu deinem Vater Tobit senden, dass man
ihm Nachricht von dir gebe! Tobias aber
drängte: Nein, auf keinen Fall! Entlasse
mich zu meinem Vater! 10 Da stand Raguël
auf und übergab ihm seine Frau Sara und
die Hälfte seines Vermögens: Knechte und

Mägde, Ochsen und Schafe, Esel und Kamele, Kleider, Geld und Hausgerät. 11 Und er ließ sie wohlbehalten ziehen. Tobias verabschiedete er mit den Worten: Gute Gesundheit, mein Sohn, und glückliche Reise! Der Herr des Himmels sei euch gnädig, dir und deiner Frau Sara! Hoffentlich sehe ich noch euere Kinder, bevor ich sterbe! 12 Zu seiner Tochter Sara sagte er: Geh zu deinem Schwiegervater! Sie sind jetzt deine Eltern, wie die, die dir das Leben schenkten. Geh hin in Frieden! Lass mich nur Gutes von dir hören, solange ich lebe. Dann küsste er sie und verabschiedete sie. 13 Edna sagte zu Tobias: Sohn und lieber Bruder, der Herr bringe dich zurück und gewähre mir, so lange zu leben, dass ich vor meinem Tod deine und Saras, meiner Tochter, Kinder sehe. Vor dem Angesicht des Herrn übergebe ich dir meine Tochter als ein anvertrautes Gut. Betrübe sie nicht, solange du lebst. Geh hin in Frieden, mein Sohn! Von nun an bin ich deine Mutter und Sara ist deine Schwester. Möchten wir doch alle so glücklich leben, alle Tage unseres Lebens! Sie umarmte alle beide und ließ sie wohlbehalten in Freude ziehen.

14 Tobias reiste zufrieden von Raguël ab. Fröhlich pries er den Herrn des Himmels und der Erde und den König des Alls für den glücklichen Erfolg seiner Reise. Er segnete auch Raguël und seine Frau Edna: Möchte ich das Glück haben, euch zu ehren alle Tage meines Lebens!

Die Augen

11 Als sie in die Nähe von Kaserin kamen, das gegenüber von Ninive liegt, sprach Rafael: 2 Weißt du nicht, wie du deinen Vater zurückgelassen hast? 3 Wir wollen deiner Frau vorauseilen und das Haus einrichten, während sie mit den anderen nachkommt. 4 Sie gingen beide zusammen und der Hund folgte ihnen.

5 Hanna aber saß da und hielt auf dem Weg Ausschau nach ihrem Sohn. 6 Da sah sie ihn kommen und sagte zu seinem Vater: Dein Sohn kommt und der Mann, der mit ihm gereist ist! 7 Rafael sagte zu Tobias, noch bevor er seinen Vater erreichte: Ich weiß, dass dein Vater die Augen wieder öffnen wird. 8 Streiche die Fischgalle auf seine Augen. Die Arznei wird beißen und ihm von den Augen ein weißes Häutchen ablösen. Dann wird dein Vater wieder sehen und Licht schauen können. 9 Die Mutter lief herbei und fiel ihrem Sohn um den Hals und sagte zu ihm: Ich habe dich wiedergesehen, nun kann ich sterben! Und sie weinte. 10 Tobit stand auf und stolperte, konnte aber durch die Hoftür gehen. 11 Da lief Tobias zu ihm, in der Hand hielt er die Fischgalle. Er hauchte auf seine Augen, hielt ihn und sprach: Mut, Vater! Dann strich er die Arznei auf, ließ sie einige Zeit wirken 12 und entfernte schließlich mit der Hand ein Häutchen aus den Augenwinkeln. 13 Da fiel ihm sein Vater um den Hals. Er weinte und rief: Ich sehe dich, mein Sohn, Licht meiner Augen! 14 Und er sprach: Gepriesen sei Gott! Gepriesen sei sein gewaltiger Name! Gepriesen seien alle seine heiligen Engel! Gepriesen sei sein gewaltiger Name in alle Ewigkeit! Denn er hat mich gezüchtigt und sich meiner erbarmt. Siehe, ich schaue meinen Sohn Tobias. 15 Tobias trat in das Haus und pries voller Freude Gott mit lauter Stimme. Dann erzählte er alles seinem Vater, wie seine Reise gut verlaufen sei und dass er das Geld mitbringe; wie er Sara, die Tochter Raguëls, geheiratet habe; bald käme auch sie, sie sei schon vor den Toren Ninives.

16 Da ging Tobit voller Freude seiner Schwiegertochter bis zum Tor von Ninive entgegen und lobte Gott. Die Leute von Ninive sahen ihn wie früher selbständig gehen, ohne Führer, und wunderten sich. Tobit erzählte ihnen, dass Gott sich seiner erbarmt und ihm die Augen geöffnet habe. 17 Als Tobit bei seiner Schwiegertochter Sara ankam, segnete er sie und sagte: Sei willkommen, Tochter! Gepriesen sei Gott, der dich zu uns geführt hat, Tochter! Gepriesen sei dein Vater, gepriesen sei mein Sohn Tobias und gepriesen seist du, Tochter! Sei willkommen in deinem Haus, in Freude und Lobpreis! Tritt ein, Tochter! 18 An jenem Tag herrschte unter allen Juden von Ninive große Freude. 19 Auch seine Vettern Achikar und Nadab kamen, um an der Freude Tobits teilzunehmen.

Rafael

12 Am Ende der Hochzeit rief Tobit seinen Sohn Tobias und sagte zu ihm: Mein Sohn, kümmere dich um den Lohn für den Mann, der mit dir gereist ist!

Man muss ihm auch noch etwas hinzugeben. 2 Er antwortete ihm: Vater, wie viel soll ich ihm für seine Dienste geben? Ich schade mir nicht, wenn ich ihm die Hälfte von dem gebe, was ich mitgebracht habe. 3 Er hat mich gesund und sicher heimgebracht, meine Frau geheilt, mir das Geld geholt und dich gleichfalls geheilt. Was könnte ich ihm dafür geben? 4 Da sagte der Alte: Zu Recht verdient er die Hälfte von dem, was er herbrachte. 5 Da rief Tobias seinen Reisegefährten und sagte zu ihm: Nimm die Hälfte von allem, was du herbrachtest, als Lohn für deine Dienste und geh hin in Frieden! 6 Da nahm Rafael die beiden beiseite und sagte zu ihnen: Preist Gott und dankt ihm vor allen Lebewesen für das, was er an euch getan hat! Preist ihn und singt seinem Namen! Verherrlicht allen Menschen Gottes Werke und zögert nicht, ihm zu danken! 7 Es gehört sich, eines Königs Geheimnis zu wahren; Gottes Werke aber zu offenbaren und zu rühmen, ist gut. Tut Gutes und das Böse wird euch nicht treffen. 8 Besser ist Gebet mit Fasten und Almosen mit Gerechtigkeit als Reichtum mit Unrecht. Besser ist es, Almosen zu geben als Gold aufzuhäufen. 9 Denn Almosen rettet vom Tod und befreit von jeder Sünde. Die Almosen spenden, werden ein langes Leben besitzen. 10 Die aber sündigen und Böses tun, sind Feinde ihres eigenen Lebens. 11 Ich will euch die ganze Wahrheit sagen und nichts mehr vor euch verbergen! Ich sagte ja, es gehöre sich, das Geheimnis eines Königs zu wahren; Gottes Werke aber zu offenbaren, sei gut. 12 Wisst also: als ihr gebetet habt, du und Sara, brachte ich euere Bitten vor die Herrlichkeit des Herrn und las sie vor; ebenso, als du die Toten begrubst. 13 Als du nicht zögertest, aufzustehen und deine Mahlzeit zu verlassen, um hinzugehen, den Toten zu bestatten, wurde ich gesandt, um deinen Glauben zu erproben. 14 Nun sandte mich Gott, dich und deine Schwiegertochter Sara zu heilen. 15 Ich bin Rafael, einer von den sieben Engeln, die allezeit bereitstehen, vor die Herrlichkeit des Herrn hinzutreten.

16 Da erschraken die beiden und fielen auf ihr Angesicht nieder, weil sie sich fürchteten. 17 Er sprach zu ihnen: Fürchtet euch nicht! Friede sei mit euch! Gott aber preist in Ewigkeit! 18 Denn nicht aus persönlicher Güte, sondern nach dem Willen unseres Gottes bin ich gekommen. Darum preist ihn alle Tage, denn ihm gebührt der Lobgesang. 19 Ihr habt geglaubt, mich essen zu sehen, aber ihr habt nur eine Erscheinung gesehen. 20 Nun preist den Herrn auf der Erde. Denn ich steige zu dem auf, der mich gesandt hat. Schreibt alles auf, was geschehen ist. 21 Als sie sich erhoben, sahen sie ihn nicht mehr. 22 Sie priesen Gott mit Lobgesängen und dankten ihm, der solche Wunder gewirkt hatte: ein Engel des Herrn war erschienen.

Zion

13 Und Tobit betete:
Gepriesen sei der lebendige Gott; /
denn seine Herrschaft währt in Ewigkeit!

2 Denn er ist es, der straft und sich
erbarmt, / zur Unterwelt hinunter und aus
dem Verderben wieder aufwärts führt; /
niemand kann seiner Hand entrinnen.

3 Preist ihn, ihr Söhne Israels, vor den
Völkern; / denn er hat uns unter sie zerstreut.

4 Dort verkündet seine Majestät, / preist
ihn vor allen Lebewesen! / Denn er ist
unser Herr und unser Gott, / er selbst ist
unser Vater, Gott in alle Ewigkeit.

5 Er straft uns wegen unserer Sünden, /
erbarmt sich dann und sammelt uns aus
allen Völkern, / wohin wir zerstreut wurden.

6 Wenn ihr euch zu ihm wendet / aus
euerem ganzen Herzen und aus ganzer
Seele, / um euch an seine Wahrheit zu
halten, / dann wird er sich zu euch wenden / und sein Angesicht vor euch nicht
verhüllen.

7 Wenn ihr schaut, was er an euch vollbringt, / dann dankt ihm aus vollem
Mund, / und preist den Herrn der
Gerechtigkeit, / rühmt den König der
Ewigkeiten!

8 Ich will ihn preisen im Land meiner
Verbannung, / verkünden seine Macht
und Größe einem Volk von Sündern! /
Bekehrt euch, ihr Sünder, übt Gerechtigkeit vor ihm! / Wer weiß, ob er euch nicht
gnädig sein will und euch Barmherzigkeit
erweist?

9 Ich will rühmen meinen Gott, / und
meine Seele freut sich über den König des
Himmels, / sie wird jubeln über seine
Größe.

10 So sollen alle sprechen und ihn lob-
preisen in Jerusalem: / Jerusalem, du hei-
lige Stadt! / Wegen deiner Hände Taten
straft er dich, / und wieder wird er sich der
Söhne der Gerechten erbarmen.
11 Preise den Herrn, wie es recht ist, /
und danke dem König der Ewigkeiten, /
damit dir von neuem sein Zelt in Freude
aufgebaut werde!
12 Die Gefangenen wird er in dir erfreu-
en / und Liebe erweisen den Bedrängten in
dir / für alle Zeiten für immer.
13 Ein lebendiges Licht wird erleuchten
alle Gegenden der Erde. / Von ferne
kommen viele Völker, von allen Enden der
Erde, / um zu wohnen beim heiligen
Namen Gottes, des Herrn; / Geschenke
halten sie in Händen, Gaben für den
König des Himmels. / Generationen auf
Generationen weihen dir Jubellieder; /
und der Name des Auserwählten wird
bleiben in allen Generationen, auf ewig.
14 Verflucht sei, wer dich verhöhnt, /
verflucht sei, wer dich zerstört, deine
Mauern stürzt, / deine Türme einreißt,
deine Häuser niederbrennt! / Ewig geprie-
sen sei, wer dich aufbaut!
15 Dann freu dich und jauchze / über die
Söhne der Gerechten, / denn sie werden
versammelt werden / und preisen den
Herrn der Ewigkeiten. / Glücklich, die
dich lieben! / Sie werden sich über deinen
Frieden freuen!
16 Glücklich, die über alle deine Strafen
trauerten! / Denn sie werden sich in dir
freuen beim Anblick deines künftigen
Glücks. / Es preise meine Seele Gott, den
großen König!
17 Denn Jerusalem wird wiedererbaut,
sein Haus für alle Zeiten. / Welch Glück,
wenn einer meines Geschlechts dann
noch lebt, / um deine Herrlichkeit zu
schauen und den König des Himmels
zu preisen. / Jerusalems Tore werden
erbaut mit Saphir und Smaragd, / mit
Edelsteinen deine Mauern; / Jerusalems
Türme werden erbaut in Gold und ihre
Mauern in Feingold. / Jerusalems Plätze
werden belegt mit Rubinen und Steinen
aus Ofir.
18 Jerusalems Tore hallen wider von
Jubelgesängen, / und alle ihre Häuser wer-
den sprechen: / Halleluja! Gepriesen sei
der Gott Israels! / In dir preise man den
heiligen Namen in alle Ewigkeit!

Ninive

14 So beendete Tobit sein Loblied.
Tobit starb im Frieden, einhun-
dertundzwölf Jahre alt, und wurde in Ni-
nive ehrenvoll begraben. 2 Er war achtund-
fünfzig Jahre alt, als er blind wurde; nach
seiner Heilung lebte er in reicher Fülle, gab
Almosen und hörte nicht auf, Gott zu lo-
ben und seine Größe zu preisen. 3 Als er
sterben sollte, rief er seinen Sohn Tobias
und gab ihm seine Weisungen: Mein Sohn,
nimm deine Söhne! 4 Zieh fort nach Me-
dien; denn ich glaube fest an Gottes Wort,
das Nahum über Ninive gesprochen hat.
Alles wird eintreffen und sich erfüllen
von dem, was die Propheten Israels, die
Gott gesandt hat, gegen Assur und gegen
Ninive verkündet haben; keines ihrer
Worte wird vergessen. Alles wird eintreten
zu seiner Zeit. Dann wird man in Medien
sicherer sein als unter den Assyrern und in
Babylonien. Denn ich weiß es und glaube
es: alles, was Gott gesprochen hat, wird
eintreffen und geschehen; kein Wort der
Verheißungen lässt er zu Boden fallen.
Unsere Brüder, die im Land Israel woh-
nen, werden alle zerstreut und weggeführt,
fern ihrer schönen Heimat. Der ganze Bo-
den Israels wird verwüstet, Samaria und
Jerusalem werden zur Wüste und das
Haus Gottes wird verwüstet und nieder-
gebrannt werden zur bestimmten Zeit.
5 Dann wird sich Gott wieder ihrer erbar-
men und sie in das Land Israel zurückfüh-
ren. Sie werden sein Haus wiederaufbau-
en, aber nicht so schön wie das erste, bis
die Zeit abgelaufen ist. Dann aber werden
sie, die aus der Gefangenschaft heimge-
kehrt sind, Jerusalem wiederaufbauen in
Herrlichkeit und das Haus Gottes in ihr
wird wiederaufgebaut, wie es die Prophe-
ten Israels verkündet haben. 6 Alle Völker
der ganzen Erde werden sich bekehren
und Gott in Wahrheit fürchten. Alle wer-
den sie ihre falschen Götter verstoßen, die
sie in die Irre geführt haben. Und sie wer-
den den Gott der Ewigkeiten in Gerechtig-
keit preisen. 7 Alle Israeliten, die in jenen
Tagen verschont bleiben, werden an Gott
denken. Sie werden kommen und sich in
Jerusalem versammeln und von nun an
das Land Abrahams bewohnen in Sicher-
heit und es wird ihr Eigen sein. Und jene,
die Gott in Wahrheit lieben, werden sich
freuen; jene aber, die Sünde und Unge-

rechtigkeit verüben, werden von der Erde verschwinden. 8 Und nun, Kinder, mache ich euch zur Pflicht: Dient Gott in Wahrheit und tut, was ihm wohlgefällt! Legt eueren Kindern die Verpflichtung auf, Gerechtigkeit zu üben und Almosen zu geben, Gottes zu gedenken und seinen Namen allezeit zu preisen in Wahrheit und aus ihrer ganzen Kraft! 9 Also, mein Sohn, verlass Ninive und bleib nicht hier! Hast du deine Mutter neben mir begraben, dann brich noch am selben Tag auf, was für ein Tag es auch sei, und bleib nicht länger in diesem Land; denn ich sehe darin Untreue und Gottlosigkeit herrschen und sie schämen sich nicht. 10 Mein Sohn, siehe, was Nadab seinem Pflegevater Achikar antat. Wurde er nicht gezwungen, lebendig unter die Erde hinunterzusteigen? Gott aber zahlte dem Verbrecher die Untat vor den Augen seines Opfers heim; denn Achikar gelangte wieder ans Licht, während Nadab zur Strafe für seinen Anschlag auf das Leben Achikars in die ewige Finsternis einging. Wegen seiner guten Werke entging Achikar der tödlichen Schlinge, die Nadab ihm gelegt hatte und Nadab verfing sich darin und ging zugrunde. 11 Seht also, Kinder, was Almosen vermag und wohin die Gottlosigkeit führt, nämlich zum Tod. Aber nun verlässt mich meine Seele. Sie breiteten ihn auf dem Lager aus, er starb und wurde in Ehren begraben.

12 Als die Mutter starb, begrub Tobias sie neben dem Vater. Dann brach er mit seiner Frau und seinen Kindern nach Medien auf. Er wohnte in Ekbatana bei Raguël, seinem Schwiegervater. 13 Er pflegte seine Schwiegereltern im Alter mit ehrfürchtiger Sorge, dann begrub er sie in Ekbatana in Medien. Tobias erbte das Vermögen Raguëls sowie das seines Vaters Tobit. 14 Er lebte ehrenvoll bis zum Alter von einhundertundsiebzehn Jahren. 15 Vor seinem Tod wurde er noch Zeuge des Untergangs von Ninive. Er sah, wie die Bewohner von Ninive von Achiarchos, dem König von Medien, gefangen genommen und nach Medien weggeführt wurden. Er pries Gott für alles, was er über die Bewohner von Ninive und die Assyrer verhängte. So konnte er sich noch vor seinem Tod über das Los Ninives freuen und den Herrn in Ewigkeit preisen.

Das Buch Judit

Der Feldzug des Holofernes

Nebukadnezzar und Arphaxad

1 Im zwölften Regierungsjahr Nebu-
kadnezzars, der König über die Assy-
rer in Ninive, der großen Stadt war, regier-
te Arphaxad in Ekbatana als König über
die Meder. 2 Er erbaute rings um Ekbatana
Mauern aus behauenen Steinen, die in der
Breite drei und in der Länge sechs Ellen
maßen. Die Höhe der Mauer brachte er
auf siebzig Ellen und ihre Breite auf fünf-
zig. 3 Ihre Türme erbaute er auf ihren To-
ren einhundert Ellen hoch und in den
Fundamenten machte er sie sechzig Ellen
breit. 4 Ihre Tore brachte er bis auf eine
Höhe von siebzig Ellen und ihre Breite be-
trug vierzig Ellen, damit die Abteilungen
seiner Helden ausziehen und seine Fuß-
truppen sich aufstellen konnten.
5 In jenen Tagen begann König Nebu-
kadnezzar einen Krieg mit König Arpha-
xad in der großen Ebene, das ist die Ebene
im Gebiet von Regu. 6 Zu Arphaxad stie-
ßen alle Gebirgsbewohner, alle Anwohner
des Eufrat, Tigris und Hydaspes und die
Bewohner der Ebene Arjochs, des Königs
der Elamiter. Viele Völker schlossen sich
der Schlachtordnung der Söhne Cheleüds
an.
7 Nebukadnezzar, der König der Assyrer,
schickte Gesandte zu allen Bewohnern
Persiens und zu allen Bewohnern des
Westens, zu den Bewohnern von Zilizien
und Damaskus, zu allen Bewohnern des
Libanon und Antilibanon, zu allen Be-
wohnern der Meeresküste, 8 zu den Völ-
kern am Karmel, in Gilead, Obergaliläa
und in der großen Ebene Jesreel, 9 zu allen
Bewohnern Samarias und seiner Städte
und zu den Leuten jenseits des Jordan bis
nach Jerusalem, Batane, Chelus, Kadesch
und bis zum Grenzbach Ägyptens, zu den
Bewohnern von Tachpanhes, Ramesse und
im ganzen Land Goschen, 10 bis über Zoan
und Memfis hinaus zu allen Bewohnern
Ägyptens bis zur Grenze Äthiopiens.
11 Doch alle Bewohner der ganzen Erde
missachteten das Wort des Assyrerkönigs
Nebukadnezzar. Sie schlossen sich ihm
nicht zum Kriegszug an. Denn sie fürchte-
ten ihn nicht; er galt ihnen nicht mehr als
ein gewöhnlicher Mensch. So schickten sie
seine Gesandten ohne Erfolg und in
Schande zurück. 12 Da wurde Nebukadnez-
zar sehr erbost über alle diese Länder. Er
schwor bei seinem Thron und seinem
Reich, Rache an allen Gebieten von Zili-
zien, Damaskus und Syrien zu nehmen
und mit seinem Schwert alle Bewohner
Moabs, die Ammoniter, ganz Judäa und
alle Bewohner Ägyptens bis zum Gebiet
der beiden Meere zu vernichten.

Feldzug gegen Arphaxad

13 Im siebzehnten Jahr eröffnete er mit sei-
nem Heer gegen König Arphaxad den
Kampf und besiegte ihn in der Schlacht.
Er warf das ganze Heer Arphaxads, seine
ganze Reiterei und alle seine Wagen nie-
der. 14 Dann eroberte er seine Städte und
stieß bis Ekbatana vor, bemächtigte sich
der Türme und verwüstete seine Straßen
und machte ihre Pracht zuschande. 15 Ar-
phaxad aber nahm er in den Bergen Regus
gefangen, durchbohrte ihn mit seinen
Wurfspießen und vernichtete ihn für im-
mer. 16 Dann kehrte er mit seinem Gefolge
nach Ninive zurück, einer sehr großen
Menge von Soldaten. Dort vergnügte er
sich und ließ es sich mit seinem Heer gut
gehen, einhundertzwanzig Tage lang.

Feldzug gegen Westen

2 Im achtzehnten Jahr seiner Regie-
rung, am zweiundzwanzigsten Tag
des ersten Monats, ging im Palast Nebu-
kadnezzars das Gerücht um, er wolle Ra-
che nehmen an dem ganzen Land, wie er
angedroht hatte. 2 Er rief alle seine Beam-
ten und Großen zusammen, teilte ihnen
seinen geheimen Entschluss mit und be-
stimmte mit seiner Rede das Unglück des
ganzen Landes. 3 Jene aber entschieden, al-
le Menschen zu vernichten, die seinem Be-
fehl nicht gefolgt waren.
4 Nach Abschluss der Beratung bestellte
der Assyrerkönig Nebukadnezzar den

Oberbefehlshaber seines Heeres, Holofer-
nes, der den zweiten Platz nach ihm inne-
hatte, zu sich und sprach zu ihm: 5 Dies
ordnet der Großkönig, der Herr der gan-
zen Erde, an: Du sollst von hier ausziehen
und Leute, die auf ihre eigene Kraft ver-
trauen, mit dir nehmen, an Fußtruppen
einhundertzwanzigtausend Mann und
zwölftausend Pferde samt Reitern. 6 Du
sollst gegen das ganze Westland marschie-
ren, weil sie meinem Befehl nicht gehorcht
haben! 7 Befiehl ihnen, Erde und Wasser
bereitzuhalten. Denn in meinem Zorn
werde ich gegen sie ausrücken und die
ganze Erde mit den Füßen meines Heeres
bedecken! Ihnen will ich sie zur Plün-
derung überlassen! 8 Ihre Verwundeten
sollen die Felsschluchten anfüllen. Jeder
Bach und Strom soll mit ihren Leichen
bis zum Überfließen angefüllt sein. 9 Ihre
Gefangenen will ich bis an die äußersten
Grenzen der ganzen Erde verschleppen.
10 Zieh nun aus und unterwirf mir zuerst
ihr ganzes Gebiet! Nach ihrer Unterwer-
fung bewahr sie mir für den Tag ihrer Be-
strafung auf! 11 Mit den Widerständigen
kenne dein Auge keine Schonung. Gib sie
in deinem ganzen Gebiet der Ermordung
und Plünderung preis! 12 So wahr ich lebe
und bei der Macht meines Königtums, ich
habe gesprochen und werde es mit meiner
Hand ausführen. 13 Du aber übertritt kein
einziges der Gebote deines Herrn, sondern
erfüll sie ganz, wie ich dir befohlen habe!
Unverzüglich führe sie durch!

14 Da ging Holofernes von seinem Herrn
fort und rief alle Fürsten, Heerführer und
Obersten des assyrischen Heeres zusam-
men. 15 Er hob die besten Männer zum
Kriegsdienst aus, wie ihm sein Herr befoh-
len hatte, einhundertzwanzigtausend
Mann und zwölftausend berittene Bogen-
schützen. 16 Dann stellte er sie in Ordnung
auf, wie man ein Kriegsheer aufstellt. 17 Er
nahm in sehr großer Menge Kamele, Esel
und Maultiere für ihr Gepäck und zahllose
Schafe, Rinder und Ziegen für ihre Ver-
pflegung, 18 dazu Proviant in Menge für je-
den Mann und sehr viel Gold und Silber
aus dem Königspalast.

19 Mit seinem ganzen Heer setzte er sich
in Marsch, um vor König Nebukadnezzar
herzuziehen und die Länder des Westens
mit Wagen, Reitern und den besten Fuß-
truppen zu bedecken. 20 Zahlreich wie
Heuschrecken und wie der Sand der Erde
war auch der zusammengewürfelte Hau-
fen, der sich ihnen anschloss; man konnte
ihre Menge nicht zählen.

Die Marschroute des Holofernes

21 Von Ninive zogen sie drei Tagesmärsche
bis zur Ebene von Bektilet. Ihr Lager
schlugen sie von Bektilet bis in die Nähe
des Gebirges auf, das im Norden von
Oberzilizien liegt. 22 Dann nahm er seine
ganze Streitmacht, seine Fußtruppen, Rei-
ter und Wagen und zog von dort ins Ge-
birge. 23 Er zerschlug Put und Lud und
plünderte die Rassiter und die Ismaeliter,
die am Rand der Wüste südlich des Gebie-
tes der Cheleër wohnten. 24 Er zog über den
Eufrat, durchschritt Mesopotamien und
zerstörte alle festen Städte am Strom Ha-
bor bis zum Meer hin. 25 Er eroberte das
Gebiet von Zilizien und schlug alle nieder,
die ihm entgegentraten. Dann kam er bis
ins Gebiet von Jafet, das im Süden vor
Arabien liegt. 26 Er umzingelte alle Midia-
niter, verbrannte ihre Zelte und plünderte
ihre Viehhürden. 27 In den Tagen der Wei-
zenernte stieg er in die Ebene von Damas-
kus hinunter, verbrannte alle ihre Äcker,
vernichtete ihre Schaf- und Rinderherden,
plünderte ihre Städte, verheerte die Ebe-
nen und schlug alle ihre jungen Männer
mit der Schärfe des Schwerts. 28 Furcht
und Zittern befiel alle Bewohner der Mee-
resküste, die in Sidon und Tyrus wohnten,
die Bewohner von Sur und Okina sowie
alle Einwohner von Jamnia. Auch die Ein-
wohner von Aschdod und Aschkelon
fürchteten sich sehr vor ihm.

3 Sie sandten Boten an ihn mit Frie-
densangeboten: 2 Wir liegen als Skla-
ven des Großkönigs Nebukadnezzar vor
dir, damit du mit uns verfährst, wie du
willst. 3 Unsere Gehöfte, alle unsere Ort-
schaften, alle Weizenfelder, die Schaf-
und Rinderherden in allen unseren Hür-
den liegen vor dir, damit du über sie ver-
fügst, wie du willst. 4 Auch unsere Städte
und ihre Einwohner sind deine Knechte.
Komm und behandle sie, wie es in deinen
Augen gut scheint! 5 Die Männer kamen zu
Holofernes und erstatteten ihm Bericht.

6 Da stieg er selbst mit seinem Heer zur
Meeresküste hinunter, besetzte die festen
Städte und hob aus ihnen die tüchtigsten
Männer als Hilfstruppen aus. 7 Dort und in

der ganzen Umgegend empfing man ihn
mit Kränzen, Reigentanz und Pauken-
schlag. 8 Er aber verwüstete ihre Heiligtü-
mer und zerstörte ihre Götterhaine. Denn
ihm war der Auftrag gegeben worden, alle
Götter der Erde zu vernichten, damit alle
Völker allein Nebukadnezzar dienen und
alle Nationen und Stämme ihn als Gott an-
rufen sollten.
9 So kam er in das Gebiet gegenüber Jes-
reel in die Nähe von Dotan, das der gro-
ßen Ebene Judäas gegenüberliegt. 10 Sie
schlugen ein Lager zwischen Gabbai und
Skythopolis auf. Dort blieb er einen Mo-
nat, um den Tross seines Heeres zusam-
menzuziehen.

Bestürzung in Judäa

4 Die Israeliten, die in Judäa wohnten,
erfuhren alles, was Holofernes, der
Oberbefehlshaber des Assyrerkönigs Ne-
bukadnezzar, den Völkern angetan, wie
er alle ihre Heiligtümer geplündert und
vernichtet hatte. 2 Da erschraken sie au-
ßerordentlich vor ihm und waren bestürzt
in Angst um Jerusalem und den Tempel
des Herrn, ihres Gottes. 3 Denn sie waren
erst vor kurzem aus der Gefangenschaft
heraufgekommen, erst jüngst hatte sich
das ganze Volk von Judäa versammelt
und waren die Geräte, der Altar und der
Tempel nach der Entweihung neu geweiht
worden.
4 Sie schickten Boten in das ganze Gebiet
von Samarien und Kona, nach Bet-Horon,
Abel-Majim und Jericho, nach Choba, Ha-
zor und ins Tal von Salim. 5 Sie besetzten
alle hohen Berggipfel, befestigten die Dör-
fer auf ihnen und versorgten sie mit Pro-
viant für den Kriegsfall; denn eben erst
waren ihre Felder abgeerntet worden.
6 Der damalige Hohepriester in Jerusalem,
Jojakim, schrieb an die Einwohner von Be-
tulia und Betomestajim, das gegenüber
Jesreel vor der Ebene in der Nähe von Do-
tan liegt, 7 und befahl, die Zugänge zum
Gebirge zu besetzen; denn der Weg nach
Judäa führte durch sie. Auch war es leicht,
sie am Aufstieg zu hindern, da der Zugang
eng war und höchstens zwei Mann neben-
einander hindurchkommen konnten. 8 Die
Israeliten handelten, wie ihnen der Hohe-
priester Jojakim und die Ältesten des gan-
zen Volkes Israel in Jerusalem befohlen
hatten.

Die großen Bittgebete

9 Alle Männer Israels riefen inständig zu
Gott und taten Buße. 10 Sie selbst, ihre
Frauen und Kinder, ihr Vieh, alle Fremden
und Tagelöhner sowie ihre käuflich erwor-
benen Sklaven legten Bußgewänder an.
11 Alle israelitischen Männer, Frauen und
Kinder, die in Jerusalem wohnten, fielen
vor dem Tempel nieder, streuten vor dem
Herrn Asche auf ihr Haupt und legten
Bußgewänder an. 12 Sogar den Altar um-
hüllten sie mit einem Bußgewand und rie-
fen einmütig und inbrünstig zum Gott Is-
raels, er möge doch nicht ihre Kinder dem
Raub, ihre Frauen nicht zur Beute, die
Städte ihres Erbteils nicht der Vernich-
tung und das Heiligtum nicht der Entwei-
hung und Schmach zur Schadenfreude für
die Völker preisgeben. 13 Der Herr hörte
ihre Stimme und sah ihre Not an. Das
Volk fastete mehrere Tage in ganz Judäa
und Jerusalem vor dem Heiligtum des
Herrn, des Allmächtigen. 14 Auch der Ho-
hepriester Jojakim und alle Priester, die
vor dem Herrn standen, sowie alle Diener
des Herrn hatten Bußgewänder angezo-
gen. Sie brachten das tägliche Brandopfer
dar, die Gelübdeopfer und die freiwilligen
Gaben des Volkes. 15 Auf ihren Turbanen
lag Asche. Sie riefen mit aller Macht zu
Gott, er möge auf das ganze Haus Israel
gnädig herunterschauen.

Kriegsrat im Lager des Holofernes

5 Holofernes, dem Oberbefehlshaber
des assyrischen Heeres, wurde gemel-
det, dass die Israeliten sich zum Kampf
rüsteten, die Gebirgspässe versperrten, je-
den hohen Berggipfel befestigten und in
den Ebenen Hindernisse anlegten. 2 Da
entbrannte er in sehr heftigem Zorn und
berief alle Fürsten Moabs, die Heerführer
Ammons und alle Satrapen der Meeres-
küste. 3 Er sagte zu ihnen: Meldet mir, ihr
Söhne Kanaans, was das für ein Volk ist,
das im Gebirge wohnt, welches die Städte
sind, die sie bewohnen, wie stark ihr Heer
ist, worin ihre Kraft und Stärke besteht,
wer über sie als König bestellt ist und ihr
Heer führt? 4 Und warum haben sie allein
unter allen Bewohnern des Westens es ab-
gelehnt, mir zu huldigen?
5 Da sagte Achior, der Anführer aller
Ammoniter, zu ihm: Mein Herr, höre die
Rede aus dem Mund seines Knechtes an.

Ich will dir die Wahrheit über dies Volk
berichten, das das Gebirge in deiner Nähe
bewohnt. Aus dem Mund deines Knechtes
soll keine Lüge hervorkommen. 6 Dieses
Volk stammt von den Chaldäern ab. 7 Frü-
her wohnten sie in Mesopotamien als
Halbbürger, da sie den Göttern ihrer Väter
im Chaldäerland nicht folgen wollten. 8 Sie
hatten den Weg ihrer Väter verlassen und
verehrten den Gott des Himmels, einen
Gott, den sie kennen gelernt hatten. Da
vertrieben die Chaldäer sie vor dem Ange-
sicht ihrer Götter. Sie flohen nach Meso-
potamien und wohnten dort lange Zeit als
Halbbürger. 9 Da befahl ihnen ihr Gott, aus
ihrem Wohnsitz auszuwandern und in das
Land Kanaan zu ziehen. Dort ließen sie
sich nieder und wurden reich an Gold, Sil-
ber und zahlreichen Herden. 10 Dann zo-
gen sie nach Ägypten hinunter, weil eine
Hungersnot das Land Kanaan bedrückte.
Dort blieben sie, solange sie Nahrung fan-
den, und wurden zu einer großen Menge;
ihr Volk war unzählbar. 11 Da erhob sich
der König von Ägypten gegen sie und un-
terdrückte sie hinterlistig mit harter Zie-
gelarbeit. Man demütigte sie und machte
sie zu Sklaven. 12 Sie aber riefen zu ihrem
Gott, der das ganze Land Ägypten mit un-
heilbaren Plagen schlug. Nun verjagten
die Ägypter sie aus ihrem Land. 13 Gott
trocknete vor ihnen das Rote Meer aus
14 und geleitete sie auf den Weg zum Sinai
und nach Kadesch-Barnea. Sie vertrieben
alle Bewohner der Wüste. 15 Sie ließen sich
im Land der Amoriter nieder und vernich-
teten durch ihre eigene Kraft alle Einwoh-
ner von Heschbon, sie überschritten den
Jordan und nahmen das ganze Gebirge in
Besitz. 16 Sie vertrieben die Kanaaniter, Pe-
risiter, Jebusiter, die Bewohner von Sichem
und alle Girgaschiter und wohnten dort
lange Zeit. 17 Solange sie sich nicht gegen
ihren Gott versündigten, erging es ihnen
gut, weil ihnen ein Gott zur Seite steht,
der das Unrecht hasst. 18 Als sie aber vom
Weg abwichen, den er ihnen bestimmt
hatte, wurden sie durch viele Kriege auf
sehr lange Zeit zugrunde gerichtet. Als Ge-
fangene kamen sie in ein fremdes Land,
der Tempel ihres Gottes wurde zerstört
und ihre Feinde bemächtigten sich ihrer
Städte. 19 Jetzt aber, da sie sich wieder zu
ihrem Gott bekehrt haben, sind sie aus
den Ländern heimgekehrt, in die sie ver-
streut worden waren. Sie haben Jerusalem
wieder besetzt, wo sich ihr Heiligtum be-
findet, und sich im Gebirge niedergelas-
sen, weil es unbewohnt war. 20 Nun aber,
Herr und Gebieter, wenn auf diesem Volk
ein Vergehen lastet und sie gegen ihren
Gott sündigen, wollen wir nachprüfen, ob
es wirklich so ist. Dann können wir hi-
naufziehen und sie bekämpfen. 21 Wenn
aber in ihrem Volk keine Ungesetzlichkeit
vorhanden ist, dann nehme mein Herr
doch davon Abstand, damit ihr Herr und
Gott nicht den Schild über sie halte und
wir vor der ganzen Welt zum Gespött wer-
den!
22 Als Achior diese Rede beendet hatte,
murrte das ganze Volk, das um das Zelt
stand. Die Offiziere des Holofernes und
alle Bewohner der Meeresküste und von
Moab forderten, man solle ihn niederhau-
en. 23 Sie sagten: Wir fürchten uns nicht vor
den Israeliten. Sie sind doch ein Volk, in
dem keine Macht und Kraft zu einem fes-
ten Widerstand ist! 24 Darum wollen wir
hinaufziehen und sie sollen deinem gan-
zen Heer zum Fraß werden, Gebieter Ho-
lofernes!

Achior wird den Israeliten ausgeliefert

6 Als sich der Lärm der Männer in der
Ratsversammlung gelegt hatte, sprach
Holofernes, der Oberbefehlshaber des as-
syrischen Heeres, zu Achior vor dem gan-
zen Volk der Fremden und zu allen Moa-
bitern: 2 Wer bist du, Achior, und was sind
schon diese Söldner Efraims, dass du uns
heute eine Weissagung gibst und sagst,
man solle das Volk Israel nicht bekämp-
fen, weil ihr Gott sie beschützen werde?
Wer ist Gott außer Nebukadnezzar? Er
wird seine Macht aussenden und sie von
der Erde vertilgen, ohne dass ihr Gott sie
errettet. 3 Wir aber, sein Knechte, werden
sie schlagen wie einen einzigen Mann. Sie
aber werden der Kraft unserer Reiter nicht
widerstehen können. 4 Denn damit über-
fluten wir sie, ihre Berge werden mit ihrem
Blut getränkt und ihre Ebenen mit ihren
Leichen übersät werden. Ihre Fußspur
kann vor uns nicht standhalten, sondern
sie werden restlos zugrunde gehen. So be-
fiehlt König Nebukadnezzar, der Herr der
ganzen Erde. Er hat es gesagt und seine
Worte sollen nicht unerfüllt bleiben. 5 Du
aber, Achior, Söldner aus Ammon, der du

diese Worte am Tag deines Unrechts ge-
sprochen hast, du sollst mir von heute an
nicht mehr unter die Augen treten, bis ich
an diesem Volk aus Ägypten Rache ge-
nommen habe. 6 Dann wird das Schwert
meines Heeres und der Speer meiner Die-
ner deine Rippen durchbohren. Zusam-
men mit ihren Erschlagenen sollst du fal-
len, wenn ich zurückkehre! 7 Meine Diener
werden dich ins Gebirge fortführen und in
eine der Städte an den Gebirgspässen brin-
gen. 8 Du sollst nicht umkommen, bis du
zusammen mit ihnen vernichtet wirst!
9 Wenn du aber in deinem Herzen noch
hoffst, sie würden nicht erobert, dann
brauchst du nicht vor Angst zu zittern!
Ich habe gesprochen und keines meiner
Worte soll unerfüllt bleiben.
10 Dann befahl Holofernes seinen Die-
nern, die in seinem Zelt bereitstanden,
Achior zu ergreifen, nach Betulia zu brin-
gen und den Händen der Israeliten aus-
zuliefern. 11 Seine Diener ergriffen ihn und
führten ihn aus dem Lager in die Ebene,
von dort aus ins Gebirge und kamen zu
den Quellen, die unterhalb Betulias liegen.
12 Als die Männer in der Stadt sie sahen,
ergriffen sie ihre Waffen und liefen aus
der Stadt auf die Spitze des Berges. Alle
Schleuderer besetzten ihren Aufstiegweg
und schleuderten Steine auf sie hinunter.
13 Sie aber suchten unter dem Berg De-
ckung, fesselten Achior und ließen ihn
am Fuß des Berges liegen. Dann kehrten
sie zu ihrem Herrn zurück.
14 Die Israeliten aber kamen aus ihrer
Stadt zu ihm herunter und banden ihn los.
Sie führten ihn nach Betulia und brachten
ihn vor die Obersten ihrer Stadt. 15 Damals
waren es Usija, der Sohn Michas, aus dem
Stamm Simeon, Kabris, der Sohn Otniëls,
und Karmi, der Sohn Malkiëls. 16 Sie berie-
fen alle Ältesten der Stadt. Zur Versamm-
lung liefen aber auch alle jungen Männer
und die Frauen herbei. Sie stellten Achior
in die Mitte des ganzen Volkes und Usija
befragte ihn über das Vorgefallene. 17 Da
antwortete er und berichtete ihnen die Re-
den in der Ratsversammlung des Holofer-
nes und alle Worte, die er mitten unter
den assyrischen Heerführern gesprochen
hatte, und wie Holofernes sich prahlerisch
gegen das Haus Israel geäußert hatte. 18 Da
sank das Volk nieder und betete Gott an.
Sie riefen: 19 Herr, Gott des Himmels, siehe
nieder auf ihren Hochmut und erbarme
dich unseres gedemütigten Volkes! Blick
auf jene, die sich dir heute geweiht haben!
20 Dann trösteten sie Achior und lobten ihn
sehr. 21 Usija nahm ihn aus der Versamm-
lung mit in sein Haus und gab den Ältes-
ten ein Gastmahl. Während dieser ganzen
Nacht riefen sie den Gott Israels um Hilfe
an.

Belagerung von Betulia

7 Am anderen Morgen befahl Holofer-
nes seinem ganzen Heer und allen sei-
nen anwesenden Hilfstruppen, gegen Be-
tulia vorzurücken, die Aufstiege ins
Gebirge zu besetzen und den Krieg mit
den Israeliten zu beginnen. 2 An jenem
Tag brachen alle ihre Krieger auf. Die Stär-
ke ihres Heeres betrug einhundertzwan-
zigtausend Mann Fußtruppen und zwölf-
tausend Reiter ohne den Tross. Die Zahl
der Männer, die sie zu Fuß begleiteten,
war sehr groß. 3 Sie lagerten im Tal bei Be-
tulia an der Quelle und dehnten sich in der
Breite bis Dotan und Jibleam aus und in
der Länge von Betulia bis nach Kyamon,
das Jesreel gegenüberliegt. 4 Als die Israeli-
ten ihre große Schar sahen, erschraken sie
sehr und sagten zueinander: Jetzt werden
sie das ganze Land aussaugen. Weder die
hohen Berge noch die Täler und Hügel
werden ihre Last tragen können. 5 Da
nahm jeder seine Kriegswaffen. Sie zünde-
ten auf ihren Türmen Feuer an und hielten
die ganze Nacht hindurch Wache. 6 Am
zweiten Tag rückte Holofernes mit seiner
ganzen Reiterei vor den Augen der Israeli-
ten in Betulia heran. 7 Er untersuchte die
Pässe zu ihrer Stadt, forschte nach den
Wasserquellen und besetzte sie. Er stellte
bei ihnen Abteilungen von Kriegsleuten
auf, kehrte selbst aber zu seinem Volk zu-
rück.
8 Da kamen alle Heerführer der Nach-
kommen Esaus, alle Obersten des Volkes
Moab und die Feldherrn der Meeresküste
zu ihm und sagten: 9 Unser Herr möge
doch ein Wort anhören, damit kein Un-
glück dein Heer trifft. 10 Denn dieses Volk
der Israeliten vertraut nicht auf seine
Speere, sondern auf die Höhe seiner Berge,
auf denen sie wohnen; denn es ist nicht
leicht, auf die Spitzen ihrer Berge hinauf-
zusteigen. 11 Darum, Herr, kämpf jetzt
nicht mit ihnen in offener Feldschlacht.

Dann wird von deinen Leuten nicht ein
einziger Mann fallen. 12 Bleib im Lager
und schone jeden Mann aus deinem Heer!
Deine Knechte sollen sich nur der Wasser-
quelle bemächtigen, die am Fuß des Berges
entspringt! 13 Denn dorther holen alle Be-
wohner Betulias ihr Wasser. Dann wird
der Durst sie vernichten und sie werden
ihre Stadt übergeben. Wir aber steigen
mit unseren Leuten auf die benachbarten
Bergspitzen und lagern dort zur Bewa-
chung, damit keiner aus der Stadt ent-
kommt. 14 Vor Hunger werden sie ver-
gehen, sie selbst mit ihren Frauen und
Kindern. Bevor noch das Schwert über sie
kommt, liegen sie schon in den Straßen
ihres Wohnorts hingestreckt. 15 Dann
kannst du es sie mit schwerer Strafe büßen
lassen, dass sie Widerstand leisteten und
dir nicht im Frieden entgegenkamen.

16 Ihre Vorschläge gefielen Holofernes
und allen seinen Offizieren. Er befahl zu
handeln, wie sie vorgeschlagen hatten.
17 Da brach eine Truppe von Moabitern
auf und mit ihnen fünftausend Assyrer.
Sie bezogen ein Lager im Tal und besetzten
zuerst die Brunnen und Wasserquellen der
Israeliten. 18 Die Nachkommen Esaus und
Ammons zogen hinauf und lagerten im
Gebirge gegenüber von Dotan. Sie sandten
einige von ihren Leuten nach Süden und
Osten gegen Egrebel, das in der Nähe von
Chus im Wadi Mochmur liegt. Das übrige
Heer der Assyrer bezog in der Ebene ein
Lager und bedeckte das ganze Land. Ihre
Zelte und ihr Tross bildete eine dichte
Menge, es war ein gewaltiges Heerlager.

19 Die Israeliten aber riefen zum Herrn,
ihrem Gott. Sie waren mutlos geworden,
da alle ihre Feinde ringsum lagerten und
es keine Möglichkeit mehr gab, ihnen zu
entrinnen. 20 Das ganze Lager der Assyrer,
ihre Fußtruppen, Streitwagen und Reiter,
belagerte sie vierunddreißig Tage lang. Da
gingen allen Einwohnern Betulias die
Wasservorräte aus. 21 Die Zisternen wur-
den leer und sie hatten kein Wasser mehr,
um sich für einen Tag satt zu trinken, da
man ihnen nur in zugeteilter Menge zu
trinken geben konnte. 22 Ihre Kinder ver-
zagten, ihre Frauen und jungen Männer
wurden ohnmächtig vor Durst und fielen
in den Straßen der Stadt und an den Tor-
durchgängen hin. Es war in ihnen keine
Kraft mehr vorhanden.

23 Da versammelte sich das ganze Volk,
die jungen Männer, die Frauen und Kin-
der, bei Usija und den Stadtvorstehern.
Sie schrien laut und riefen den Ältesten
zu: 24 Gott richte zwischen euch und uns.
Ihr habt an uns ein großes Unrecht began-
gen, weil ihr den Assyrern kein Friedens-
angebot unterbreitet habt! 25 Jetzt gibt es
keine Rettung mehr für uns. Vielmehr hat
Gott uns in ihre Gewalt verkauft, damit
wir vor ihren Augen durch Durst und gro-
ßes Unglück niedergestreckt werden.
26 Ruft sie jetzt wenigstens herbei und
übergebt die ganze Stadt den Leuten des
Holofernes und seinem Heer zur Plün-
derung! 27 Denn für uns ist es besser, ihnen
als Beute in die Hände zu fallen. Dann
werden wir zwar zu Sklaven gemacht, blei-
ben aber am Leben und brauchen nicht
mit eigenen Augen den Tod unserer Säug-
linge und das Dahinsiechen unserer Frau-
en und Kinder mit anzusehen. 28 Wir be-
schwören euch beim Himmel und bei der
Erde, bei unserem Gott und dem Herrn
unserer Väter, der uns nach unseren Sün-
den und den Verfehlungen unserer Väter
straft, damit Gott nicht noch am heutigen
Tag nach diesen Worten handelt! 29 In der
Versammlung entstand allgemein ein gro-
ßes Klagen; alle schrien mit lauter Stimme
zu Gott, dem Herrn.

30 Da sprach Usija zu ihnen: Habt Mut,
Brüder! Wir wollen noch fünf Tage aushal-
ten. In dieser Zeit wird uns Gott sein Er-
barmen zuwenden; denn er wird uns nicht
ganz verlassen. 31 Wenn uns dann aber kei-
ne Hilfe zuteil geworden ist, handle ich
nach eueren Worten! 32 Dann entließ er
das Volk auf seine Posten. Sie gingen fort
auf die Mauern und Türme ihrer Stadt.
Die Frauen und Kinder aber schickten sie
in ihre Häuser zurück. In der Stadt
herrschte große Niedergeschlagenheit.

Judit rettet das Gottesvolk

Einführung Judits

8 In jenen Tagen hörte davon auch Ju-
dit, die Tochter Meraris, des Sohnes
des Uz, des Sohnes Josefs, des Sohnes Usië
ls, des Sohnes Hilkijas, des Sohnes Ha-
nanjas, des Sohnes Gideons, des Sohnes
Rafains, des Sohnes Ahitubs, des Sohnes
Elijas, des Sohnes Hilkijas, des Sohnes Eli-
abs, des Sohnes Natanaels, des Sohnes
Schelumiëls, des Sohnes Zurischaddais,
des Sohnes Simeons, des Sohnes Israels.
2 Ihr Mann Manasse stammte aus gleichem
Stamm und Sippe. Er war in den Tagen der
Gerstenernte gestorben. 3 Als er nämlich
bei den Garbenbindern auf dem Feld
stand, traf ihn ein Hitzschlag; er legte sich
zu Bett und starb in seiner Stadt Betulia.
Man begrub ihn bei seinen Vätern auf
dem Feld, das zwischen Dotan und Jible-
am liegt. 4 Judit lebte nun schon drei Jahre
und vier Monate als Witwe in ihrem Haus.
5 Sie ließ sich auf dem Dach ihres Hauses
eine Hütte errichteten, legte ein Buß-
gewand an und trug Witwenkleider. 6 Seit-
dem sie Witwe war, fastete sie alle Tage,
außer an den Vorsabbaten, den Sabbaten,
den Vorneumonden, den Neumonden
und an den Festen und Freudentagen des
Hauses Israel. 7 Sie hatte eine schöne Ge-
stalt und ein sehr blühendes Aussehen.
Ihr Mann Manasse hatte ihr Gold und Sil-
ber, Knechte und Mägde, Vieh und Äcker
hinterlassen, in deren Besitz sie blieb. 8 Es
gab niemand, der ihr ein böses Wort nach-
sagte; denn sie war sehr gottesfürchtig.

Judit und die Ältesten

9 Da hörte sie von den Vorwürfen des Vol-
kes gegen den Stadtvorsteher, als es wegen
des Wassermangels mutlos geworden war.
Auch erfuhr Judit alles, was Usija zu ihnen
gesagt hatte und wie er ihnen geschworen
hatte, die Stadt nach fünf Tagen den Assy-
rern zu übergeben. 10 Da sandte sie ihre
Magd, die allen ihren Besitz verwaltete,
und ließ Usija, Kabri und Karmi, die Ältes-
ten ihrer Stadt, holen. 11 Nach ihrer An-
kunft sagte sie zu ihnen: Hört mich doch
an, ihr Vorsteher der Einwohner von Be-
tulia! Denn euere Rede, die ihr an diesem
Tag vor dem Volk gehalten habt, war nicht
recht. Denn ihr habt durch diesen Eid
Gott und euch selbst festgelegt, weil ihr er-
klärt habt, die Stadt unseren Feinden zu
übergeben, wenn euch der Herr nicht zwi-
schenzeitlich seine Hilfe zuwendet. 12 Wer
seid ihr denn eigentlich, dass ihr am heu-
tigen Tag Gott auf die Probe stellt und
euch vor allen Leuten über ihn setzt? 13 Ihr
wollt den Herrn, den Allmächtigen, auf
die Probe stellen und werdet doch in
Ewigkeit nichts erkennen! 14 Denn nicht
einmal die Tiefe des Menschenherzens
könnt ihr ergründen und die Gedanken
seines Verstandes erfassen! Wie wollt ihr
da Gott erforschen, der dies alles gemacht
hat, seinen Sinn erkennen und sein Den-
ken verstehen? Keineswegs, Brüder! Reizt
den Herrn, unseren Gott, doch nicht zum
Zorn! 15 Denn wenn er uns auch in diesen
fünf Tagen nicht helfen will, hat er doch
die Macht, uns an den Tagen, an denen er
will, zu beschützen oder uns vor den Au-
gen unserer Feinde zu vernichten. 16 Ihr
aber, versucht doch nicht, die Entschei-
dungen Gottes zu erzwingen! Denn Gott
kann nicht wie ein Mensch bedroht oder
wie ein Menschenkind beeinflusst werden.
17 Während wir auf seine Rettung warten,
wollen wir ihn um Hilfe anrufen. Dann
wird er unser Flehen erhören, wenn es
ihm gefällt. 18 Denn es bestand keine unter
unseren Sippen, noch gibt es heute einen
Stamm, eine Sippe, Familie oder Stadt un-
ter uns, die von Menschenhand angefer-
tigte Götzen anbetet, wie es früher ge-
schah. 19 Deshalb wurden unsere Väter
dem Schwert und der Plünderung überlas-
sen und erlitten vor unseren Feinden eine
große Niederlage. 20 Wir aber kennen kei-
nen anderen Gott außer ihm. Deshalb
hoffen wir, dass er weder uns noch einen
aus unserem Volk im Stich lassen wird.
21 Wenn wir erobert sind, so wird auch
ganz Judäa erobert und unser Heiligtum
geplündert werden. Für seine Entweihung
wird Gott Sühne von unserem Blut for-
dern. 22 Die Ermordung unserer Brüder,
die Kriegsgefangenschaft des Landes und
die Verwüstung unseres Erbbesitzes wird
er noch unter den Völkern, bei denen wir
als Sklaven dienen, uns zur Last legen. Wir
werden verachtet und verspottet sein von
jenen, die uns als Eigentum erwerben.
23 Denn unsere Knechtschaft wird nicht
zum Guten gelenkt, sondern der Herr, un-

ser Gott, wird sie in Schmach verwandeln.
24 Jetzt, Brüder, wollen wir unseren Brü-
dern beweisen, dass wir für ihr Leben ein-
stehen und dass das Heiligtum, der Tem-
pel und der Altar sich auf uns verlassen
können! 25 Bei alldem wollen wir dem
Herrn, unserem Gott, danken, der uns
ebenso prüft wie unsere Väter! 26 Bedenkt,
wie er mit Abraham verfuhr, wie er Isaak
prüfte und wie es Jakob im syrischen Me-
sopotamien erging, als er die Schafe La-
bans, des Bruders seiner Mutter, weidete!
27 Denn wie er jene zur Erprobung ihres
Herzens im Feuer geläutert hat, so bestraft
er auch uns nicht, sondern der Herr züch-
tigt seine Freunde, um sie zu warnen.

28 Da sprach Usija zu ihr: Alles, was du
vorgetragen hast, sprachst du aus gutem
Herzen und niemand kann deinen Reden
widersprechen. 29 Denn nicht erst seit heu-
te ist deine Weisheit offenkundig, sondern
von frühester Jugend an erkannte das gan-
ze Volk deine Einsicht und die edlen Ge-
danken deines Herzens. 30 Doch da das
Volk sehr großen Durst leidet, nötigten
sie uns zu handeln, wie wir es ihnen zuge-
sagt haben, und uns auch durch einen Eid
zu binden, den wir nicht verletzen dürfen.
31 Bete du nun für uns; denn du bist eine
gottesfürchtige Frau! Dann wird der Herr
Regen spenden, um unsere Zisternen an-
zufüllen und wir werden nicht umkom-
men.

32 Da antwortete ihnen Judit: Hört mich
an! Ich werde eine Tat vollbringen, die
man noch in fernsten Zeiten den Kindern
unseres Volkes erzählen wird. 33 Stellt euch
diese Nacht ans Tor. Ich will mit meiner
Magd hinausgehen. Nach Ablauf der Frist,
die ihr für die Übergabe der Stadt an unse-
re Feinde zugesagt habt, wird der Herr
durch meine Hand Israel Hilfe bringen.
34 Forscht nicht nach meinem Vorhaben;
denn ich sage euch nichts, bevor das voll-
endet ist, was ich unternehmen will. 35 Da
sagten Usija und die Vorsteher zu ihr: Geh
hin in Frieden! Gott, der Herr, zieh vor dir
her zur Bestrafung unserer Feinde! 36 So
kehrten sie aus der Hütte zurück und be-
gaben sich auf ihre Posten.

Judits Gebet

9 Judit aber fiel auf ihr Gesicht nieder,
streute Asche auf das Haupt und öff-
nete das Bußgewand, das sie trug. Gerade
wurde in Jerusalem im Haus Gottes das
abendliche Rauchopfer dargebracht, da
rief Judit mit lauter Stimme zum Herrn:
2 Herr, Gott meines Stammvaters Simeon,
dem du ein Schwert in die Hand gabst zur
Rache an den Fremden, die den Gürtel
einer Jungfrau lösten, um sie zu entehren,
die Schenkel zu ihrer Schande entblößten
und ihren Schoß zu ihrer Schmach ent-
weihten! Denn du hattest befohlen: sol-
ches darf nicht geschehen. Sie taten es
dennoch. 3 Dafür gabst du ihre Führer der
Ermordung preis und ihr Lager, das sich
ihres Betrugs schämte, dem Blutbad. Die
Knechte erschlugst du samt ihren Herren,
ja die Herren auf ihren Thronen. 4 Ihre
Frauen gabst du zur Beute, ihre Töchter
zur Gefangenschaft und alle ihre Habe
zum Anteil deinen geliebten Söhnen, die
auch von deinem Eifer beseelt waren, die
Befleckung des Blutes verabscheuten und
dich um Hilfe anriefen. Gott, mein Gott,
erhöre auch mich, die Witwe! 5 Du be-
wirkst, was früher war als dies, aber auch
eben dies und das, was später geschah.
Doch auch das Jetzige und Zukünftige hast
du durchdacht. Immer geschah, was du
geplant hast. 6 Fest stand da, was du be-
schlossen hattest, und sprach: Siehe, da
bin ich! Denn alle deine Wege sind geord-
net und dein Gericht ist vorhergesehen.
7 Siehe doch, die Assyrer haben ein starkes
Kriegsheer. Sie rühmen sich ihrer Pferde
und Reiter, sind stolz auf die Kraft ihrer
Fußtruppen, vertrauen auf Schild und
Speer, Bogen und Schleuder und wissen
nicht, dass du der Herr bist, der den Krie-
gen ein Ende macht. 8 Herr ist dein Name.
Zerschmettere ihre Kraft durch deine
Macht und zwing nieder in deinem Zorn
ihre Stärke! Denn sie haben beschlossen,
dein Heiligtum zu entweihen, zu verunrei-
nigen das Zelt, das eine Ruhestätte für dei-
nen herrlichen Namen ist, und mit dem
Schwert die Hörner deines Altars abzu-
schlagen. 9 Schau dir ihren Hochmut an
und sende deinen Zorn auf ihr Haupt!
Verleih mir, der Witwe, die Kraft zu dem,
was ich vorhabe! 10 Schlag durch meine
trügerischen Lippen den Knecht wie den
Herrn und den Herrn wie seinen Diener!
Zerschmettere ihren Stolz durch die Hand
einer Frau! 11 Denn nicht in der Menge
ruht deine Kraft noch deine Macht in den
Starken. Vielmehr bist du ein Gott der De-

mütigen und ein Helfer der Geringen, ein
Beistand der Schwachen, ein Beschützer
der Verstoßenen und ein Retter der Ver-
zweifelten. 12 Ja, Gott meines Vaters und
Gott des Erbes Israel, du Herrscher des
Himmels und der Erde, Schöpfer der Mee-
re und König deiner ganzen Schöpfung,
erhöre doch mein Gebet! 13 Mach mein lis-
tiges Wort zur Wunde und Strieme für je-
ne, die gegen deinen Bund, dein heiliges
Haus, den Berg Zion und den Wohnsitz
deiner Söhne Grausames beschlossen ha-
ben. 14 Lass dein ganzes Volk und alle
Stämme erkennen und wissen, dass du
der Herr bist, der Gott aller Macht und
Kraft, und dass kein anderer das Volk Is-
rael beschützt als du.

Judit begibt sich zu Holofernes

10 Als sie aufgehört hatte, zum Gott
Israels zu rufen, 2 erhob sie sich
von der Erde, rief ihre Magd und stieg ins
Haus hinunter, wo sie sich an den Sabba-
ten und an den Festtagen aufzuhalten
pflegte. 3 Sie legte das Bußgewand ab, mit
dem sie bekleidet war, zog ihre Witwen-
kleidung aus, wusch ihren Körper mit
Wasser und salbte sich mit kostbarer Sal-
be. Sie ordnete ihre Haare und setzte ein
Diadem auf. Dann legte sie ihre Festklei-
der an, die sie zu Lebzeiten ihres Mannes
Manasse getragen hatte. 4 Sie zog Sandalen
an, legte Fußkettchen, Armbänder, Finger-
ringe, Ohrgehänge und ihren ganzen
Schmuck an. Sie schmückte sich so sehr,
um die Blicke der Männer, die sie sehen
würden, auf sich zu ziehen. 5 Ihrer Magd
gab sie einen Schlauch Wein und ein Ge-
fäß Öl, füllte ihren Brotsack mit Gersten-
broten, Feigenkuchen und reinen Broten,
verpackte alle diese Dinge und lud sie
ihrer Magd auf. 6 Sie gingen zum Stadttor
von Betulia hinaus und fanden dort Usija
und die Stadtältesten Kabri und Karmi.
7 Als jene sie sahen – ihr Aussehen war ver-
ändert und ihre Kleidung verwandelt –,
staunten sie sehr über ihre Schönheit und
sagten zu ihr: 8 Der Gott unserer Väter ver-
leihe dir Gnade und vollende dein Unter-
nehmen zum Ruhm der Söhne Israels und
zur Verherrlichung Jerusalems! 9 Sie aber
fiel anbetend vor Gott nieder und sagte
dann zu ihnen: Lasst mir das Stadttor öff-
nen! Ich will hinausgehen, um zu voll-
enden, was ihr mit mir besprochen habt.
Da befahlen sie den jungen Männern, ihr
zu öffnen, wie sie es gewünscht hatte. 10 Sie
taten es. Da ging Judit hinaus und ihre
Magd mit ihr. Die Männer der Stadt aber
schauten ihr nach, bis sie den Berg hinun-
tergestiegen war und das Tal durchschrit-
ten hatte und man sie nicht mehr sehen
konnte.

11 Im Tal gingen sie den Weg geradeaus,
bis ihr assyrische Vorposten begegneten.
12 Sie ergriffen sie und fragten: Zu welchem
Volk gehörst du, woher kommst du und
wohin gehst du? Sie antwortete: Ich bin
eine Tochter der Hebräer und bin ihnen
entlaufen, weil sie euch zum Fraß gegeben
werden. 13 Ich gehe zu Holofernes, dem
Oberbefehlshaber eueres Heeres, um ihm
wahrheitsgetreu zu berichten. Ich will ihm
einen Weg zeigen, auf dem er hinziehen
und das ganze Gebirge besetzen kann,
ohne dass auch nur einer seiner Leute Leib
und Leben verliert. 14 Als nun die Männer
ihre Worte hörten und ihr Gesicht be-
trachteten, da waren sie von ihrer Schön-
heit wie bezaubert. Sie sagten zu ihr: 15 Du
hast dein Leben gerettet, da du so eilig he-
runtergekommen bist zu unserem Herrn.
Geh nun hin zu seinem Zelt! Einige von
uns sollen dich begleiten, bis sie dich sei-
nen Händen anvertraut haben. 16 Wenn du
aber vor ihm stehst, fürchte dich nicht,
sondern melde ihm nur, was du gesagt
hast. Er wird dich gut behandeln. 17 Nun
wählten sie einhundert Mann von ihren
Leuten und gaben sie ihr und ihrer Magd
als Begleitung mit. Sie führten sie zum Zelt
des Holofernes.

18 Im ganzen Lager gab es einen Men-
schenauflauf; denn ihre Ankunft hatte sich
in allen Zelten herumgesprochen. Die
Leute kamen und umringten sie, während
sie außerhalb des Zeltes des Holofernes
stand, bis man sie ihm gemeldet hatte.
19 Sie staunten über ihre Schönheit und be-
wunderten ihretwegen die Israeliten. Einer
sagte zum anderen: Wer kann dieses Volk
verachten, das solche Frauen in seiner
Mitte hat? Deshalb ist es nicht gut, auch
nur einen einzigen Mann von ihnen übrig
zu lassen. Sie sind imstande, die ganze
Welt zu überlisten, sobald man sie frei-
lässt.

20 Da traten die Wachmannschaften des
Holofernes und alle seine Diener heraus
und führten sie in das Zelt. 21 Holofernes

aber ruhte gerade auf seinem Lager unter
dem Mückennetz, das aus Purpur und
Gold, eingewebten Smaragden und kost-
baren Steinen bestand. 22 Als man ihm über
sie Bericht erstattet hatte, ging er ins Vor-
zelt hinaus und silberne Lampen wurden
vor ihm hergetragen. 23 Sobald aber Judit
in seiner und seiner Diener Gegenwart er-
schien, staunten alle über die Schönheit
ihres Gesichts. Sie fiel vor ihm nieder und
huldigte ihm. Da richteten seine Diener sie
auf.

Unterredung zwischen Judit und Holofernes

11 Da sagte Holofernes zu ihr: Habe
Mut, Frau! Fürchte dich nicht! Ich
habe noch keinem Menschen ein Leid an-
getan, der bereit war, Nebukadnezzar, dem
König der ganzen Erde, zu dienen. 2 Wenn
nun dein Volk, das das Gebirge bewohnt,
mich nicht gering geachtet hätte, hätte ich
nie meinen Speer gegen es erhoben. Das
haben sie sich selbst zuzuschreiben. 3 Nun
sage mir, warum du von ihnen entflohen
und zu uns gekommen bist. Es war deine
Rettung, dass du gekommen bist. Hab
Mut, du wirst diese Nacht und auch wei-
terhin am Leben bleiben. 4 Niemand wird
dir ein Unrecht zufügen, vielmehr wird
man dir Gutes erweisen, wie es den Die-
nern meines Herrn Nebukadnezzar zu-
kommt.

5 Da antwortete ihm Judit: Nimm die
Rede deiner Sklavin gnädig auf und lass
deine Magd vor dir reden! Keine Unwahr-
heit will ich diese Nacht meinem Herrn
melden. 6 Wenn du die Worte deiner Skla-
vin befolgst, wird Gott das Werk mit dir
vollenden und mein Herr wird seine Un-
ternehmungen nicht vergebens beginnen.
7 Denn so wahr Nebukadnezzar, der König
der ganzen Erde, lebt, und so wahr die
Macht dessen besteht, der dich ausgesandt
hat zur Ordnung aller Lebewesen: Nicht
nur die Menschen machst du ihm unter-
tan, sondern auch die Tiere des Feldes,
das Herdenvieh und die Vögel des Him-
mels werden durch deine Macht für Nebu-
kadnezzar und sein ganzes Haus leben.
8 Denn wir hörten von deiner Weisheit
und der Klugheit deines Geistes. Aller
Welt wurde bekannt, dass du allein im
ganzen Königreich tüchtig bist, gewaltig
an Einsicht und bewundernswert in der
Kriegsführung. 9 Was nun die Rede be-
trifft, die Achior in deiner Ratsversamm-
lung hielt, so haben wir seine Worte erfah-
ren, weil die Leute von Betulia ihn am
Leben ließen und er ihnen alles berichtete,
was er bei dir ausgesagt hatte. 10 Herr und
Gebieter, lass deshalb sein Wort nicht un-
beachtet, sondern erwäge es in deinem
Herzen! Denn es ist wahr: Unser Ge-
schlecht kann nämlich nur dann bestraft
werden und das Schwert kann nur dann
Gewalt über sie gewinnen, wenn sie gegen
ihren Gott gesündigt haben. 11 Nun ist es
aber so: Damit mein Herr nicht unverrich-
teter Dinge wieder abziehen muss, wird
der Tod über sie kommen, eine Sünde hat
sie ergriffen und sie werden ihren Gott
zum Zorn reizen, sobald sie etwas Sünd-
haftes tun. 12 Als ihnen nämlich die Nah-
rungsmittel ausgingen und alles Wasser
knapp wurde, beschlossen sie, Hand an
ihre Viehherden zu legen, und entschie-
den, sich über alles herzumachen, was
ihnen Gott durch seine Gesetze zu essen
verboten hat. 13 Auch die Erstlinge an Ge-
treide und die Zehnten an Wein und Öl,
die sie aufbewahrt haben, um sie den
Priestern zu weihen, die in Jerusalem vor
dem Angesicht unsers Gottes Dienst tun,
haben sie zu verzehren beschlossen. Dabei
darf keiner aus dem Volk die Weihegaben
auch nur mit den Händen berühren.
14 Schon sandten sie Leute nach Jerusalem,
wo die dortigen Einwohner dasselbe getan
haben, um sich von der Ratsversammlung
den Schulderlass zu verschaffen. 15 Sobald
er ihnen mitgeteilt ist und sie danach han-
deln, werden sie dir noch am gleichen Tag
zur Vernichtung überliefert. 16 Deshalb bin
ich, deine Sklavin, die das alles wusste, vor
ihnen geflohen. Gott sandte mich, mit dir
Taten zu vollbringen, über die die Welt
sich entsetzen wird, wenn sie davon hört.
17 Denn deine Sklavin ist gottesfürchtig
und dient dem Himmelsgott Tag und
Nacht. Jetzt will ich bei dir bleiben, mein
Herr! Nur nachts will deine Sklavin in die
Schlucht hinausgehen, um zu Gott zu be-
ten. Er wird mir sagen, wann sie ihre Sün-
den begangen haben. 18 Dann will ich kom-
men, um es dir zu berichten. Du wirst mit
deinem ganzen Heer ausrücken und kei-
ner von ihnen wird dir widerstehen kön-
nen. 19 Ich werde dich mitten durch Judäa
bis nach Jerusalem führen und deinen

Thron mitten in der Stadt aufstellen. Du
wirst sie wegführen wie Schafe, denen der
Hirte fehlt, und kein Hund wird gegen
dich bellen. Dies wurde mir durch mein
Vorherwissen mitgeteilt. Es wurde mir
verkündet und ich wurde gesandt, es dir
zu melden.
20 Ihre Worte fanden Beifall bei Holofer-
nes und allen seinen Dienern. Sie staunten
über ihre Weisheit und sagten: 21 Von
einem Ende der Erde bis zum anderen gibt
es keine zweite Frau mehr, die so bezau-
bernd ist und so verständig redet. 22 Dann
sagte Holofernes zu ihr: Gott tat gut daran,
dich aus dem Volk herbeisenden, damit
der Sieg in unsere Hand komme, über die
Verächter meines Herrn aber Verderben.
23 Nun, wunderschön bist du und verstehst
es, gut zu reden. Wenn du nun tust, wie du
gesagt hast, wird dein Gott mein Gott sein,
du aber wirst im Palast des Königs Nebu-
kadnezzar wohnen und in aller Welt be-
rühmt sein.

12 Dann befahl er, sie dorthin zu füh-
ren, wo sein silbernes Tafelgerät
aufgestellt war, und gab Weisung, ihr von
seinen köstlichen Speisen vorzusetzen und
von seinem Wein zu reichen. 2 Da sagte Ju-
dit: Ich werde davon nicht essen, damit
kein Ärgernis entsteht. Vielmehr soll mir
von dem Vorrat gegeben werden, den ich
mitgebracht habe! 3 Holofernes antwortete
ihr: Wenn aber dein Vorrat zu Ende ist,
woher sollen wir dann etwas Ähnliches
nehmen und dir geben? Denn bei uns ist
niemand aus deinem Volk. 4 Judit entgeg-
nete ihm: So wahr du lebst, mein Herr!
Deine Sklavin wird den Vorrat, den sie
bei sich hat, nicht aufgezehrt haben, bis
der Herr durch mich das vollbringt, was
er beschlossen hat. 5 Nun führten die Die-
ner des Holofernes sie in das Zelt. Sie
schlief bis Mitternacht und erhob sich um
die Zeit der Morgenwache. 6 Sie schickte
einen Boten zu Holofernes und ließ ihm
sagen: Mein Herr gebe nun Befehl, deine
Sklavin zum Gebet hinauszulassen! 7 Da
befahl Holofernes den Leibwachen, sie
nicht zu hindern. So verbrachte sie drei
Tage im Lager. Nachts ging sie in die
Schlucht von Betulia hinaus und badete
sich an der Wasserquelle im Lager.
8 Wenn sie herausgestiegen war, betete sie
zum Herrn, dem Gott Israels, ihr den Weg
zur Erhöhung der Söhne ihres Volkes zu
zeigen. 9 Rein kehrte sie zurück und blieb
im Zelt, bis man ihr gegen Abend die Spei-
se brachte.

Judit beim Gastmahl des Holofernes

10 Am vierten Tag gab Holofernes aus-
schließlich seinen Dienern ein Gastmahl
und lud niemanden von denen dazu ein,
die sonst um ihn waren. 11 Da sagte er
zum Eunuchen Bagoas, der all sein Eigen-
tum verwaltete: Geh und überrede doch
die hebräische Frau, die bei dir ist, zu uns
zu kommen und mit uns zu essen und zu
trinken! 12 Denn es wäre ja eine Schande
für uns, eine solche Frau laufen zu lassen,
ohne mit ihr zusammen gewesen zu sein.
Holen wir sie nicht her zu uns, wird sie
uns verlachen. 13 Bagoas ging von Holofer-
nes fort und trat zu ihr ein mit den Wor-
ten: Das schöne Mädchen sollte doch
nicht zögern, zu meinem Herrn zu gehen,
um von ihm geehrt zu werden, in Fröh-
lichkeit mit uns Wein zu trinken und am
heutigen Tag wie eine Tochter der Assyrer
zu werden, die im Palast Nebukadnezzars
Dienst tun! 14 Da antwortete ihm Judit:
Wer bin ich, dass ich meinem Herrn wi-
dersprechen dürfte? Vielmehr will ich un-
verzüglich alles tun, was er wünscht; dies
wird mir eine Freude bis zum Tag meines
Todes sein.
15 Dann stand sie auf und legte ihr Ge-
wand und allen Schmuck an. Ihre Diene-
rin ging hin und breitete für sie vor Ho-
lofernes Teppiche auf dem Boden aus, die
sie von Bagoas als Lager für ihre tägli-
chen Mahlzeiten erhalten hatte. 16 Dann
trat Judit ein und legte sich nieder. Da
geriet Holofernes außer sich vor Ent-
zücken über sie, seine Leidenschaft ent-
brannte und er war sehr begierig darauf,
mit ihr zusammenzukommen. Seit dem
Tag, an dem er sie gesehen hatte, wartete
er auf einen günstigen Augenblick, sie zu
verführen. 17 Holofernes sagte zu ihr: Nun
trink und sei mit uns fröhlich! 18 Da erwi-
derte Judit: Ja, ich will trinken, Herr;
denn heute bin ich höher gestiegen als
an allen Tagen meines Lebens. 19 Dann
nahm sie, aß und trank in seiner Gegen-
wart, was ihre Dienerin zubereitet hatte.
20 Holofernes wurde ihretwegen immer
fröhlicher und trank sehr viel Wein,
mehr als er jemals in seinem Leben an
einem Tag getrunken hatte.

Judit tötet Holofernes

13 Als es spät geworden war, brachen
seine Diener eilig auf. Bagoas
machte das Zelt von außen zu und schloss
die Anwesenden von seinem Herrn aus.
Sie begaben sich zu ihren Lagerstätten;
denn alle waren müde geworden, da das
Mahl lange gedauert hatte. 2 Judit blieb al-
lein im Zelt zurück. Holofernes war, vom
Wein übermannt, vornüber auf sein Lager
gesunken. 3 Judit befahl ihrer Dienerin, au-
ßerhalb ihres Schlafgemaches stehen zu
bleiben und zu warten, bis sie herauskäme.
Sie sagte nämlich, sie wolle zum Gebet hi-
nausgehen. Dasselbe sagte sie auch Bago-
as. 4 Als alle von Holofernes fortgegangen
waren und keiner mehr im Schlafgemach
zurückgeblieben war, trat Judit an sein La-
ger und betete still: Herr, Gott aller Macht!
Schau in dieser Stunde auf das Werk mei-
ner Hände, das ich zur Verherrlichung Je-
rusalems vorhabe. 5 Denn nun ist es Zeit,
dich deines Erbes anzunehmen und mein
Werk zu vollenden zum Verderben der
Feinde, die gegen uns angetreten sind.
6 Dann trat sie zum Bettpfosten am Kopf
des Holofernes und nahm von ihm sein
kleines Schwert ab. 7 Sie ging nahe an das
Bett heran, ergriff sein Haar und sagte:
Stärke mich, Herr, Gott Israels, am heuti-
gen Tag! 8 Dann schlug sie zweimal mit all
ihrer Kraft auf seinen Nacken und trennte
ihm den Kopf ab. 9 Seinen Leichnam aber
wälzte sie vom Lager fort und nahm das
Mückennetz von den Tragstangen. Bald
darauf trat sie hinaus und übergab ihrer
Dienerin den Kopf des Holofernes, 10 die
ihn in ihren Reisesack steckte. Dann gin-
gen beide nach ihrer Gewohnheit wie zum
Gebet hinaus. Sie durchschritten das La-
ger, machten aber einen Bogen um die Fel-
senschlucht, stiegen den Berg von Betulia
hinauf und kamen zum Stadttor.

Judit bringt den Kopf des Holofernes nach Betulia

11 Von weitem schon rief Judit den Wäch-
tern am Tor zu: Öffnet, öffnet rasch das
Tor! Mit uns ist Gott, unser Gott, um seine
Stärke in Israel und seine Macht gegen die
Feinde zu beweisen, wie er es auch heute
getan hat. 12 Als die Männer in der Stadt
ihre Stimme vernahmen, stiegen sie
schnell zum Stadttor hinunter und riefen
die Ältesten der Stadt zusammen. 13 Alle,
vom Kleinsten bis zum Größten, liefen zu-
sammen, da es ihnen unglaublich schien,
dass Judit zurückgekommen war. Sie öff-
neten das Tor und empfingen sie. Sie zün-
deten Feuer zur Beleuchtung an und um-
ringten sie. 14 Sie aber rief ihnen laut zu:
Preist Gott, preist ihn! Preist Gott, der sein
Erbarmen dem Haus Israel nicht entzieht,
sondern unsere Feinde in dieser Nacht
durch meine Hand vernichtet hat! 15 Dann
nahm sie den Kopf aus dem Sack, zeigte
ihn den Männern und sagte zu ihnen:
Seht, das ist der Kopf des Holofernes, des
Oberfeldherrn des assyrischen Heeres!
Seht auch das Mückennetz, unter dem er
in seinem Rausch lag. Der Herr hat ihn
durch die Hand einer Frau geschlagen.
16 So wahr der Herr lebt, der mich auf dem
Weg beschützt hat, auf dem ich ging: Mein
Anblick hat ihn verführt und ins Verder-
ben gestürzt. Doch beging er keine Sünde
mit mir und hat mich nicht geschändet.
17 Da entsetzte sich das ganze Volk sehr.
Sie fielen nieder und beteten Gott an.
Dann riefen sie einmütig: Gepriesen seist
du, unser Gott, der du am heutigen Tag die
Feinde deines Volkes gedemütigt hast!
18 Usija sagte zu ihr: Gepriesen seist du,
Tochter, bei Gott, dem Höchsten, vor allen
Frauen auf der Erde! Gepriesen sei Gott,
der Herr, der den Himmel und die Erde
erschaffen hat, der dich geführt hat, den
Kopf des Anführers unserer Feinde abzu-
schlagen! 19 Das Andenken an dein Ver-
trauen wird niemals aus den Herzen der
Menschen weichen, die an die Macht Got-
tes denken! 20 Gott möge dir ewigen Ruhm
schenken, indem er dich mit Gütern segne
dafür, dass du dein Leben nicht geschont
hast wegen der Erniedrigung unseres Vol-
kes, sondern unserem Fall entgegengetre-
ten bist, und vor unserem Gott auf dem
rechten Weg gegangen bist! Alles Volk
aber rief: Amen, amen!

Angriff auf das assyrische Lager

14 Da sagte Judit zu ihnen: Hört nun
auf mich, Brüder! Nehmt diesen
Kopf und hängt ihn an die Zinnen euerer
Mauer! 2 Wenn der Morgen anbricht und
die Sonne über der Erde aufgeht, nehmt
alle euere Kriegsrüstungen und zieht mit
allen kriegstüchtigen Männern aus der
Stadt! Bestellt einen Anführer über sie; tut
so, als ob ihr in die Ebene gegen die Vor-

posten der Assyrer hinuntersteigen wollt!
Doch steigt nicht hinunter. 3 Dann werden
jene ihre Waffen ergreifen, in ihr Lager ge-
hen und die Feldherrn des assyrischen
Heeres wecken. Sie werden zum Zelt des
Holofernes zusammenlaufen und ihn
nicht finden. Es wird sie Schrecken befal-
len und sie werden vor euch fliehen.
4 Dann sollt ihr und alle Bewohner des
ganzen israelitischen Berglandes sie ver-
folgen und auf ihrer Flucht niederschla-
gen! 5 Bevor ihr dies aber tut, ruft mir den
Ammoniter Achior, damit er den sieht
und erkennt, der das Haus Israel verächt-
lich machte und Achior als einen Todge-
weihten zu uns sandte!

6 Sie holten Achior aus dem Haus Usi-
jas. Als er kam und den Kopf des Holofer-
nes in der Hand eines Mannes aus der
Volksversammlung erblickte, fiel er ohn-
mächtig zu Boden. 7 Nachdem man ihn
aufgehoben hatte, fiel er zu Judits Füßen
nieder, huldigte ihr und sagte: Gepriesen
seist du in jedem Zelt Judas und bei allen
Völkern, die beim Nennen deines Namens
erschrecken werden! 8 Nun berichte mir
alles, was du in diesen Tagen getan hast!
Da erzählte Judit mitten unter dem gan-
zen Volk alles, was von dem Tag an ge-
schehen war, als sie hinauszog, bis zur
Stunde, in der sie mit ihnen sprach. 9 Als
sie ihren Bericht beendet hatte, jubelte das
Volk mit lauter Stimme und erhob in der
Stadt ein Freudengeschrei. 10 Als aber
Achior begriff, was der Gott Israels alles
getan hatte, glaubte er fest an Gott und
ließ sich seine Vorhaut beschneiden. Er
wurde in das Haus Israels aufgenommen
bis auf diesen Tag.

11 Beim Anbruch des Morgens hängten
sie den Kopf des Holofernes an der Stadt-
mauer auf. Jeder ergriff seine Waffen und
sie zogen in Scharen zu den Bergpässen
hinaus. 12 Als aber die Assyrer sie erblick-
ten, sandten sie Boten zu ihren Anfüh-
rern. Diese aber begaben sich zu den Feld-
herrn und Obersten sowie zu allen ihren
Hauptleuten. 13 Sie kamen zum Zelt des
Holofernes und sagten zum Verwalter sei-
nes ganzen Besitztums: Weck doch unse-
ren Herrn! Die Sklaven haben es gewagt,
zum Kampf gegen uns herunterzusteigen,
um vollends in ihr Verderben zu rennen.
14 Da ging Bagoas hinein und klatschte vor
dem Vorhang des Zeltes in die Hände. Er
vermutete nämlich, er schlafe mit Judit.
15 Als aber niemand aufhorchte, schob er
den Vorhang beiseite, ging in das Schlaf-
gemach und fand Holofernes tot auf der
Schwelle liegen; er sah, dass ihm der Kopf
abgeschlagen war. 16 Da schrie er laut auf
unter Weinen, Seufzen und großem Ge-
schrei und zerriss seine Kleider. 17 Dann
ging er in das Zelt, das Judit bewohnt hat-
te, und fand sie nicht. Da lief er hinaus zu
den Soldaten und rief: 18 Die Sklaven ha-
ben uns verraten! Eine einzige Frau der
Hebräer hat über das Haus des Königs
Nebukadnezzar Schande gebracht. Denn
seht, Holofernes liegt am Boden und der
Kopf fehlt ihm! 19 Als die assyrischen
Heerführer dies hörten, zerrissen sie ihre
Kleider und waren tief bestürzt. Ihr Kla-
gen und überlautes Schreien schallte
durch das Lager.

15 Als die Männer in den Zelten da-
von hörten, gerieten sie in Entset-
zen über das Geschehene. 2 Schrecken und
Furcht befiel sie und es gab keinen Men-
schen mehr, der noch bei seinem Nach-
barn blieb, sondern sie zerstreuten sich al-
lesamt und flohen auf allen Wegen der
Ebene und des Gebirges. 3 Auch jene, die
im Gebirge rings um Betulia ein Lager be-
zogen hatten, wandten sich zur Flucht. Da
stürzten sich alle kriegsfähigen Männer
der Israeliten auf sie. 4 Usija sandte Boten
nach Betomestajim, Bebai, Choba, Kola
und ins übrige Land Israels, die meldeten,
was vorgefallen war, und alle aufforderten,
sich auf die Feinde zu stürzen, um sie zu
vernichten. 5 Als die Israeliten das hörten,
stürzten sie sich alle einmütig auf sie und
schlugen sie bis Choba. Ebenso erschie-
nen die Bewohner Jerusalems und des
ganzen Berglandes; denn man hatte ihnen
das im Lager ihrer Feinde Vorgefallene
gemeldet. Die Leute von Gilead und Gali-
läa umzingelten die Assyrer und brachten
ihnen eine große Niederlage bei, bis sie
über das Gebiet von Damaskus gelangt
waren. 6 Die übrigen Bewohner Betulias
überfielen das assyrische Lager, plünder-
ten es aus und verschafften sich großen
Reichtum. 7 Nach der Rückkehr vom
Kampf bemächtigten sich die Israeliten
des Restes. Auch die Orte und Gehöfte
im Gebirge und in der Ebene machten rei-
che Beute; denn es war eine sehr große
Menge.

Judit, die Freude Israels

8 Der Hohepriester Jojakim und der Ältes-
tenrat der Israeliten in Jerusalem kamen
herbei, um das Glück zu sehen, das der
Herr Israel bereitet hatte, und um Judit
aufzusuchen und zu beglückwünschen.
9 Als sie bei ihr eingetreten waren, lobten
alle sie einmütig und sagten zu ihr: Du bist
der Stolz Jerusalems, du bist die große
Freude Israels, du bist der große Ruhm
unseres Volkes! 10 All dies hast du mit eige-
ner Hand vollbracht, du hast Israel Gutes
erwiesen und Gott fand daran Gefallen.
Sei gepriesen beim allmächtigen Herrn
für ewige Zeiten! Alles Volk antwortete:
Amen! 11 Dreißig Tage lang plünderte das
ganze Volk das Lager. Sie schenkten Judit
das Zelt des Holofernes, alle silbernen Ge-
räte, die Betten, Kissen und alle seine Ein-
richtungsgegenstände. Sie nahm ihren
Beuteanteil an, packte ihn auf ihr Maultier,
spannte auch ihren Wagen an und brachte
einen Teil darauf unter. 12 Alle Frauen Isra-
els liefen zusammen, um sie zu sehen. Sie
priesen sie und führten zu ihrer Ehre
einen Reigentanz auf. Da nahm sie Zweige
in ihre Hände und gab auch den Frauen,
die bei ihr waren, davon. 13 Sie und ihre Be-
gleiterinnen bekränzten sich mit Ölzwei-
gen. Vor dem ganzen Volk ging sie her
und führte den Reigen aller Frauen an. Al-
le Männer Israels folgten bewaffnet und
bekränzt und mit Lobgesängen auf den
Lippen.

Judits Lobgesang

14 Da stimmte Judit im Beisein von ganz
Israel das folgende Loblied an und das
ganze Volk sang den Lobpreis laut mit.

16 Judit sang:
Lobt meinen Gott mit Pauken! /
Singt dem Herrn mit Zimbeln! / Lasst ihm
ein neues Lied erklingen! / Rühmt und
ruft seinen Namen an!
2 Denn ein Gott, der den Kriegen ein
Ende setzt, ist der Herr. / Er schlug sein
Lager auf inmitten seines Volkes, / er ret-
tete mich aus der Hand meiner Verfolger.
3 Assur kam vom Gebirge im Norden, /
kam mit Zehntausenden seines Heeres, /
deren Menge die Wadis versperrte, / und
ihre Reiter bedeckten die Hügel.
4 Es plante, mein Gebiet zu verbren-
nen, / mit dem Schwert meine jungen
Männer zu töten, / meine Säuglinge zu
Boden zu schmettern, / meine Kinder zur
Beute zu geben / und meine Jungfrauen zu
rauben.
5 Der allmächtige Herr hat sie vernich-
tet / durch die Hand einer Frau.
6 Denn ihr Mächtiger fiel nicht durch
junge Männer, / ihn schlugen nicht Söhne
von Riesen nieder, / noch griffen ihn
gewaltige Recken an, / sondern Judit,
Meraris Tochter, / lähmte ihn durch die
Schönheit ihres Gesichts.
7 Sie legte ihre Witwenkleider ab, / um in
Israel den Bedrängten zu helfen; / mit
duftendem Öl salbte sie ihr Gesicht.
8 Ihr Haar schmückte sie mit einem
Diadem / und legte ein Leinenkleid an, um
ihn zu verführen.
9 Ihre Sandalen fesselten sein Auge, /
und ihre Schönheit nahm seine Seele
gefangen. / So durchschnitt das Schwert
seinen Nacken.
10 Die Perser erstarrten vor ihrer Kühn-
heit, / die Meder entsetzten sich vor ihrem
Mut.
11 Da jauchzten meine Gedemütigten – /
sie aber erschraken. / Die Meinen waren
schwach – / sie aber packte Entsetzen. /
Die einen erhoben ihre Stimme – / die
anderen flohen davon.
12 Söhne von Mädchen erschlugen sie, /
wie Kinder von Überläufern durchbohrte
man sie. / Sie gingen unter durch das Heer
meines Herrn.
13 Ich singe meinem Gott ein neues
Lied! / Herr, groß und herrlich bist du, /
wunderbar an Kraft, unüberwindlich!
14 Dienen soll dir deine ganze Schöp-
fung! / Denn du befahlst und sie ent-
stand. / Du sandtest deinen Geist, er baute
auf. / Und niemand ist da, der deiner
Stimme widerstehen kann.
15 Denn Berge werden wanken in ihren
Fundamenten samt den Meeren, / und es
zerschmelzen Felsen vor deinem Ange-
sicht wie Wachs. / Doch denen, die dich
fürchten, bist du gnädig.
16 Zu gering ist jedes Opfer zum ange-
nehmen Duft, / und allzu gering ist dir
alles Fett zum Brandopfer. / Doch wer den
Herrn fürchtet, der ist groß für immer.
17 Weh den Völkern, die sich gegen mein
Volk erheben! / Am Tag des Gerichts wird
sie der allmächtige Herr strafen, / Feuer
und Würmer sendet in ihr Fleisch. / Heu-
len werden sie in Ewigkeit vor Schmerzen!

18 Als sie nach Jerusalem kamen, beteten
sie Gott an. Nachdem sich das Volk gerei-
nigt hatte, brachten sie ihre Brandopfer,
freiwilligen Gaben und Geschenke dar.
19 Judit stiftete alle Geräte des Holofernes,
die das Volk ihr geschenkt hatte, dem Hei-
ligtum. Auch das Mückennetz, das sie
selbst aus seinem Schlafgemach mit-
genommen hatte, gab sie als Weihegabe
für Gott. 20 Das Volk verbrachte drei Mo-
nate fröhlich vor dem Heiligtum in Jerusa-
lem und Judit blieb bei ihnen.

Judit im Alter. Ihr Tod

21 Nach diesen Tagen aber kehrte jeder zu
seinem Erbbesitz heim. Judit ging nach
Betulia zurück und blieb auf ihrem Besitz-
tum. Solange sie lebte, war sie berühmt im
ganzen Land. 22 Viele begehrten sie zur
Frau. Doch berührte sie ihr ganzes Leben
lang keinen Mann mehr, seit ihr Mann
Manasse gestorben und zu seinem Volk
versammelt war. 23 Sie wurde sehr betagt
und erreichte im Haus ihres Mannes Ma-
nasse ein Alter von einhundertfünf Jahren.
Ihrer Dienerin schenkte sie die Freiheit.
Sie starb in Betulia und man begrub sie in
der Grabhöhle ihres Mannes Manasse.
24 Das Haus Israel betrauerte sie sieben Ta-
ge lang. Vor ihrem Sterben verteilte sie
noch ihr Vermögen an alle nächsten An-
verwandten ihres Mannes Manasse und an
die nächsten Verwandten ihrer Familie.
25 Es gab niemanden mehr, der in den Ta-
gen Judits und noch lange Zeit nach ihrem
Tod die Israeliten in Schrecken versetzte.

Das Buch Ester

Einleitende Stücke

Mordechais Traum

*1a Im zweiten Regierungsjahr des Groß-
königs Artaxerxes, am ersten Tag des Mo-
nats Nisan, hatte Mordechai, der Sohn Ja-
ïrs, des Sohnes Schimis, des Sohnes des
Kisch, aus dem Stamm Benjamin, einen
Traum. 1b Der Jude Mordechai wohnte in
der Stadt Susa und war ein bedeutender
Mann, der am Hof des Königs diente. 1c Er
gehörte zu den Gefangenen, die Nebukad-
nezzar, der König von Babel, zusammen
mit Jojachin, dem König von Juda, aus Je-
rusalem gefangen fortgeführt hatte. 1d Dies
war sein Traum: Es gab Stimmen und
Lärm, Donner und Erdbeben und Schre-
cken auf der Erde. 1e Zwei mächtige Drachen
kamen hervor, beide bereit zu kämpfen. Sie
brüllten gewaltig. 1f Durch ihr Gebrüll wur-
den alle Völker zum Kampf angestachelt,
um das Volk der Gerechten zu bekämpfen.
1g Es war ein Tag der Finsternis und des
Dunkels, der Bedrängnis und Not, der
Misshandlung und großer Verwirrung auf
der Erde. 1h Das ganze Volk der Gerechten
erschrak, da es sein eigenes Unglück be-
fürchtete und auf den eigenen Untergang
gefasst war. Sie schrien zu Gott. 1i Durch
ihr Rufen wurde aus einer kleinen Quelle
ein gewaltiger Strom mit großer Wasserflut.
1k Licht und Sonne schienen wieder, die
Kleinmütigen wurden erhöht und vernich-
teten die Angesehenen. 1l Nachdem Morde-
chai diesen Traum gehabt hatte, erwachte er
und überlegte, was Gott wohl zu tun be-
schlossen habe und versuchte, es noch wäh-
rend der Nacht auf jede nur mögliche Weise
zu verstehen.*

Verschwörung gegen den König

*1m Mordechai schlief im Palast bei den bei-
den königlichen Hofbeamten Gabata und
Teresch, die den Palast bewachten. 1n Er
hörte ihre Pläne, forschte nach ihren Ab-
sichten und erfuhr, dass sie einen Anschlag
auf König Artaxerxes vorhatten. Er machte
dem König davon Mitteilung. 1o Der König
verhörte die beiden Hofbeamten. Als sie ge-
standen hatten, wurden sie abgeführt. 1p Zur
Erinnerung ließ der König die Geschehnisse
aufschreiben. Auch Mordechai verfasste
einen schriftlichen Bericht über die Ereig-
nisse. 1q Der König gab Mordechai die Wei-
sung, im Palast Dienst zu tun, und gab ihm
Geschenke für seine Tat. 1r Aber der Bugäer
Haman, der Sohn Hammedatas, ein ange-
sehener Mann beim König, suchte Morde-
chai und seinem Volk wegen der beiden kö-
niglichen Hofbeamten zu schaden.*

Ester wird Königin des Perserreiches

Das Fest des Artaxerxes

1 Es geschah in den Tagen des Artaxer-
xes – es war jener Artaxerxes, der von
Indien bis Kusch über einhundertsieben-
undzwanzig Provinzen herrschte. 2 Drei
Jahre, nachdem König Artaxerxes in der
Burg Susa seinen Königsthron bestiegen
hatte, 3 veranstaltete er für alle seine Fürs-
ten und Diener ein Festmahl. Die Heer-
führer der Perser und Meder, die Adligen
und die Provinzstatthalter erschienen vor
ihm. 4 Damals stellte er viele Tage den
Reichtum und Glanz seiner Königsherr-
schaft und die kostbare Pracht seiner Ma-
jestät zur Schau, einhundertachtzig Tage
lang. 5 Nach Ablauf dieser Tage veranstal-
tete der König für das ganze Volk, das sich
in der Burg Susa befand, vom Größten bis
zum Geringsten, sieben Tage lang ein Fest-
mahl im Hofgarten des königlichen Palas-
tes. 6 Feines Leinen, Baumwollstoffe und
Purpurtücher hingen mit Feinleinen- und
Purpurbändern in silbernen Ringen an
weißen Marmorsäulen. Goldene und sil-
berne Ruhelager standen auf einem Fuß-
boden aus Smaragd und weißem Marmor,

aus Perlmuttstein und anderen kostbaren
Steinen. 7 Die Getränke wurden in golde-
nen Bechern gereicht, keiner glich dem
anderen. Königlicher Wein war reichlich
vorhanden. 8 Beim Festmahl sollte es voll-
kommen zwanglos zugehen. Denn so hatte
der König allen seinen Hofmeistern befoh-
len: Man soll nach dem Belieben eines je-
den verfahren. 9 Auch die Königin Waschti
veranstaltete ein Festmahl für die Frauen
im Palast des Königs Artaxerxes.

Der Fall der Königin Waschti

10 Als am siebten Tag der König vom Wein
in gute Laune versetzt war, befahl er Me-
human, Biseta, Harbona, Bigta, Abagta,
Setar und Karkas, den sieben Hofbeamten,
die vor König Artaxerxes den Dienst ver-
sahen, 11 die Königin Waschti mit der Kö-
nigskrone vor ihn zu bringen, um ihre
Schönheit dem Volk und den Fürsten zu
zeigen; denn sie war sehr schön. 12 Aber
die Königin Waschti weigerte sich, nach
dem von den Hofbeamten überbrachten
Befehl des Königs zu erscheinen. Da wur-
de der König sehr zornig und Wut ent-
brannte in seinem Herzen.

13 Da besprach sich der König mit den
Weisen, die die Auslegung der Gesetze
verstehen; denn die Angelegenheiten des
Königs wurden allen Kennern von Recht
und Gesetz vorgelegt. 14 Diejenigen, die
Zutritt zu ihm hatten, waren Karschena,
Schetar, Admata, Tarschisch, Meres, Mar-
sena und Memuchan, die sieben Fürsten
der Perser und Meder; sie waren seine
engsten Berater und hatten die ersten Stel-
len im Königreich inne. 15 Er fragte: Was
soll nach dem Gesetz mit Königin Waschti
geschehen, da sie den Befehl des Königs
Artaxerxes nicht ausgeführt hat, der durch
die Hofbeamten überbracht worden ist?
16 Da sagte Memuchan zum König und zu
den Fürsten: Nicht nur gegen den König
allein hat Königin Waschti sich verfehlt,
sondern auch gegen alle Fürsten und Völ-
ker, die in allen Provinzen des Königs Ar-
taxerxes leben. 17 Denn die Tat der Königin
Waschti wird zu allen Frauen dringen und
die Ehemänner in ihren Augen verächtlich
machen, wenn es heißt: König Artaxerxes
befahl, die Königin Waschti zu ihm zu
bringen; doch sie kam nicht. 18 Heute noch
werden die Fürstinnen der Perser und Me-
der gegen alle Fürsten des Königs wider-
spenstig werden, wenn sie von der Tat der
Königin hören. Es wird viel Ärger und
Verdruss geben. 19 Wenn es dem König
richtig scheint, ergehe ein königliches De-
kret von ihm und werde in den Gesetzen
der Perser und Meder aufgezeichnet, so-
dass es nicht mehr aufgehoben werden
kann: Waschti darf nicht mehr vor König
Artaxerxes erscheinen. Ihre Königswürde
gibt der König einer anderen, die würdiger
ist als sie! 20 Wenn man von der Verord-
nung des Königs erfährt, die er für sein
ganzes großes Reich erlässt, werden alle
Frauen ihren Ehemännern, den vor-
nehmsten wie den geringsten, Achtung er-
weisen. 21 Dieser Vorschlag gefiel dem Kö-
nig und den Fürsten und der König
handelte nach dem Wort Memuchans.
22 Er sandte Schreiben an alle königlichen
Provinzen, an jedes Land in seiner Schrift
und an jedes Volk in seiner Sprache, damit
jeder Mann in seinem Haus bleibe.

Ester wird Königin

2 Als sich nach diesen Geschehnissen
der Grimm des Königs gelegt hatte,
dachte er an Waschti und an das, was sie
getan hatte und was über sie beschlossen
worden war. 2 Da sagten die Diener des
Königs: Man suche für den König schöne
junge Mädchen! 3 Der König bestimme in
allen Provinzen seines Reichs Beamte, die
alle schönen jungen Mädchen zur Burg
Susa in das Frauenhaus unter die Obhut
des königlichen Kämmerers Hegai, des
Frauenaufsehers, bringen sollen. Man sor-
ge für ihre Schönheitspflege. 4 Das Mäd-
chen aber, das dem König gefällt, soll an-
stelle Waschtis Königin werden! Diesen
Vorschlag billigte der König und handelte
danach.

5 In der Burg Susa lebte ein jüdischer
Mann mit Namen Mordechai, der Sohn Ja-
ïrs, des Sohnes Schimis, des Sohnes des
Kisch, ein Benjaminit. 6 Er war mit den Ge-
fangenen aus Jerusalem weggeführt wor-
den, die Nebukadnezzar, der König von
Babel, zusammen mit Jojachin, dem König
von Juda, in die Gefangenschaft ge-
schleppt hatte. 7 Er war der Vormund Ha-
dassas, das ist Ester, der Tochter seines
Onkels; denn sie hatte keinen Vater und
keine Mutter mehr. Das Mädchen war
eine schöne und anmutige Erscheinung.
Beim Tod ihres Vaters und ihrer Mutter

hatte Mordechai sie als Tochter zu sich ge-
nommen.
8 Als der Befehl des Königs und seine
Verordnung bekannt gemacht wurde und
viele Mädchen in der Burg Susa unter der
Obhut Hegais versammelt wurden, brach-
te man auch Ester in den Königspalast un-
ter die Obhut des Frauenaufsehers Hegai.
9 Das Mädchen fand Gefallen in seinen
Augen und genoss seine Gunst. Er gab ihr
unverzüglich Schönheitsmittel und Ver-
pflegung und verschaffte ihr sieben aus-
erlesene Dienerinnen aus dem Königs-
haus. Sie und ihre Dienerinnen brachte er
im besten Teil des Frauenpalasts unter.
10 Ihr Volk und ihre Abstammung gab Es-
ter nicht an, da Mordechai ihr verboten
hatte, davon zu sprechen. 11 Täglich ging
Mordechai vor dem Hof des Frauenpalasts
auf und ab, um etwas über ihr Befinden
und Geschick zu erfahren. 12 Wenn nun
ein Mädchen an die Reihe kam, zum Kö-
nig Artaxerxes zu gehen, nachdem es ent-
sprechend den Vorschriften für die Frau-
en zwölf Monate lang behandelt worden
war – denn so lange dauerten die Tage
ihrer Schönheitspflege: sechs Monate
Myrrhenöl und sechs Monate Balsam und
andere weibliche Schönheitsmittel –,
13 dann ging das Mädchen zum König und
alles, was es begehrte, wurde ihm vom
Frauenpalast in den Königspalast mitgege-
ben. 14 Am Abend ging es hinein und am
Morgen kehrte es zum zweiten Frauen-
palast zurück, unter die Obhut des könig-
lichen Kämmerers Schaaschgas, des Auf-
sehers über die Nebenfrauen. Zum König
kam es nicht mehr, es sei denn, dass der
König an ihm Gefallen gefunden hatte
und es namentlich rufen ließ.
15 Als nun Ester, die Tochter Abihajils,
des Onkels Mordechais, der sie als Tochter
zu sich genommen hatte, an die Reihe
kam, zum König zu gehen, wollte sie nur
das mitnehmen, wozu ihr der königliche
Kämmerer Hegai, der Frauenaufseher,
riet. Ester fand Gefallen bei allen, die sie
sahen. 16 So wurde Ester im zehnten Monat
– das ist der Monat Tebet –, im siebten
Jahr seiner Königsherrschaft, zu König Ar-
taxerxes in den königlichen Palast ge-
bracht. 17 Der König gewann Ester mehr
lieb als alle Frauen und sie erwarb seine
Gunst und Gnade mehr als alle anderen
Mädchen. Er setzte ihr ein königliches
Diadem auf und erhob sie anstelle Wasch-
tis zur Königin. 18 Dann bereitete der Kö-
nig zu Ehren Esters für alle seine Fürsten
und Diener ein großes Festmahl. Er ge-
währte den Provinzen einen Steuererlass
und verteilte mit königlicher Freigebigkeit
Geschenke. 19 Als man die jungen Mäd-
chen zum zweiten Mal zusammenholte,
saß Mordechai am königlichen Tor. 20 Es-
ter hatte ihre Herkunft und ihr Volk nicht
angegeben, wie Mordechai ihr befohlen
hatte. Was Mordechai sagte, befolgte Ester
so wie damals, als sie noch in seiner Obhut
lebte.

Mordechai und Haman

21 In jenen Tagen, als Mordechai Dienst an
der Königspforte tat, planten Bigtan und
Teresch, zwei unzufriedene königliche
Hofbeamte von den Türhütern, einen An-
schlag auf König Artaxerxes. 22 Mordechai
erfuhr davon und meldete es der Königin
Ester. Im Auftrag Mordechais teilte Ester
es dem König mit. 23 Die Angelegenheit
wurde untersucht und aufgedeckt. Man
hängte die beiden am Holzpfahl auf und
hielt das Ereignis in der Chronik fest, die
für den König aufgezeichnet wurde.

3 Nach diesen Geschehnissen erhob
König Artaxerxes den Agagiter Ha-
man, den Sohn Hammedatas, beförderte
ihn und stellte ihn über alle Fürsten an
seinem Hof. 2 Alle Diener des Königs am
Palasttor beugten ihre Knie und verneig-
ten sich vor Haman bis auf die Erde; denn
so hatte der König seinetwegen angeord-
net. Doch Mordechai beugte seine Knie
nicht und verneigte sich nicht auf die Er-
de. 3 Da sagten die Diener des Königs am
Palasttor zu Mordechai: Warum über-
trittst du den Befehl des Königs? 4 Nach-
dem sie ihm nun Tag für Tag zugeredet
hatten und er nicht auf sie hörte, berichte-
ten sie es Haman, um zu sehen, ob Morde-
chais Begründung Erfolg haben würde;
denn er hatte ihnen gesagt, er sei Jude.
5 Als nun Haman auffiel, dass Mordechai
die Knie nicht beugte und sich vor ihm
nicht bis auf die Erde verneigte, wurde er
zornig. 6 Aber es erschien in seinen Augen
zu wenig, an Mordechai allein Hand anzu-
legen. Man hatte ihm ja gesagt, welchem
Volk Mordechai angehörte. Da wollte Ha-
man zugleich mit Mordechai alle Juden im
ganzen Reich des Artaxerxes vernichten.

Die bedrohten Juden

Erlass zur Ermordung der Juden

7 Im ersten Monat, das ist der Monat Nisan,
im zwölften Jahr des Königs Artaxerxes,
warf man in Gegenwart Hamans das Pur,
das ist das Los, über die einzelnen Tage und
Monate. Das Los fiel auf den dreizehnten
Tag des zwölften Monats, das ist der Monat
Adar. 8 Da sagte Haman zu König Artaxer-
xes: Es gibt ein Volk, das zerstreut und ab-
gesondert unter den Völkern in allen Pro-
vinzen deines Reiches lebt. Ihre Gesetze
unterscheiden sich von jedem Volk und
die königlichen Verordnungen beachten
sie nicht. Deshalb ist es für den König nicht
angemessen, sie in Ruhe zu lassen. 9 Wenn
es dem König gefällt, soll man ein Schrift-
stück abfassen, sie auszurotten. Dann kann
ich zehntausend Silbertalente in die Hände
der Beamten auszahlen und in die könig-
lichen Schatzkammern bringen lassen.
10 Da nahm der König seinen Siegelring
von der Hand und übergab ihn dem Aga-
giter Haman, dem Sohn Hammedatas,
dem Gegner der Juden. 11 Der König sagte:
Das Silber sei dir geschenkt und auch das
Volk. Du kannst mit ihm nach deinem
Gutdünken verfahren!

12 Im ersten Monat, am dreizehnten Tag,
wurden die königlichen Schreiber zusam-
mengerufen. Nach den Weisungen Ha-
mans wurden Schreiben verfasst an die
königlichen Satrapen, an die Statthalter,
die den einzelnen Provinzen vorstanden,
und an die Fürsten der einzelnen Völker,
an jede Provinz in ihrer Schrift und an
jedes Volk in seiner Sprache. Im Namen
des Königs wurden die Schreiben auf-
gesetzt und mit dem königlichen Siegel-
ring gesiegelt. 13 Durch die Eilboten wur-
den die Schreiben an alle königlichen
Provinzen gesandt, man solle alle Juden
vernichten, ermorden und ausrotten, vom
Knaben bis zum Greis, Kinder und Frau-
en, und zwar am gleichen Tag, am drei-
zehnten des zwölften Monats, das ist der
Monat Adar, und was zu erbeuten sei, solle
man plündern.

13a *Dies ist die Abschrift des Briefes: Der*
Großkönig Artaxerxes schreibt den Statt-
haltern der einhundertsiebenundzwanzig
Länder von Indien bis nach Kusch und den
untergeordneten Behörden: 13b *Da ich über*
viele Völker gebiete und den ganzen Erd-
kreis beherrsche, habe ich den Entschluss ge-
fasst – nicht vom Vertrauen auf die Macht
verleitet, sondern stets milde und gütig zu
regieren bestrebt –, das Leben der Unterta-
nen in allem ruhig zu gestalten, die Ent-
wicklung des Reiches zu fördern, es bis an
die Grenzen mit guten Straßen auszustatten
und den von allen Menschen ersehnten
Frieden wiederherzustellen. 13c *Als ich meine*
Räte befragte, wie dies zu erreichen sei, hat
Haman, der sich durch Besonnenheit bei
uns ausgezeichnet hat, in unverändertem
Wohlwollen und fester Treue sich bewährt
hat und die zweite Ehrenstelle des Königs-
palastes innehat, 13d *uns angezeigt, dass sich*
ein bestimmtes feindlich gesinntes Volk un-
ter alle Stämme des Erdkreises gemischt ha-
be, das durch seine Gesetze zu jedem Volk
im Gegensatz stehe und die Weisungen der
Könige fortgesetzt missachte, sodass die von
uns tadellos geführte Verwaltung des Rei-
ches beeinträchtigt ist. 13e *Wir sind zu der*
Ansicht gelangt, dass sich einzig und allein
dieses Volk immer in feindseliger Haltung
gegen alle Menschen verhält, nach abson-
derlichen, befremdlichen Gesetzen lebt und
aus Abneigung gegen unsere Interessen die
schlimmsten Schandtaten verübt, sodass
das Reich keine Beständigkeit erlangen
kann. 13f *So verordnen wir nun, dass all jene,*
die im Schreiben Hamans, der den Regie-
rungsgeschäften vorsteht und unser zweiter
Vater ist, bezeichnet sind, samt Frauen und
Kindern vollständig, ohne Erbarmen und
Schonung, am vierzehnten Tag des zwölften
Monats Adar des laufenden Jahres durch
das Schwert ihrer Feinde ausgerottet wer-
den sollen, 13g *damit die seit jeher feindlich*
Gesinnten an einem Tag gewaltsam in die
Unterwelt hinunterfahren und für die Zu-
kunft die gewährleistet ist, dass die Staats-
geschäfte ständig wohl geordnet und un-
erschüttert ihren Gang gehen.

14 Eine Abschrift des Aktenstücks wurde
in jede einzelne Provinz geschickt, als Ge-
setz verkündet und allen Völkern bekannt
gegeben, damit sie für diesen Tag bereit
seien. 15 Die Eilboten zogen auf Befehl des
Königs unverzüglich aus. Während das
Gesetz in der Burg Susa veröffentlicht
wurde, setzten sich der König und Haman
zu einem Trinkgelage nieder; die Stadt Su-
sa aber war in großer Aufregung.

Mordechai bittet Ester um Hilfe

4 Als Mordechai alles erfuhr, was ge-
schehen war, zerriss er seine Kleider
und hüllte sich in ein Bußgewand und
Asche. Dann ging er mitten in die Stadt
und erhob eine laute und bittere Klage.
2 Er gelangte bis vor das königliche Tor;
denn in Trauerkleidung durfte man das
königliche Tor nicht betreten. 3 In einer je-
den Provinz, wohin immer der königliche
Befehl und sein Gesetz kamen, herrschte
unter den Juden große Trauer mit Fasten,
Weinen und Klagen. Vielen schliefen in
Sack und Asche. 4 Da kamen die Dienerin-
nen Esters und ihre Kämmerer und be-
richteten ihr davon. Die Königin erschrak
sehr und sandte Kleider zu Mordechai, da-
mit er sich mit ihnen bekleide und das
Bußgewand ablege. Er aber nahm sie nicht
an. 5 Da rief Ester den königlichen Käm-
merer Hatach, der in ihrem Dienst stand,
und beorderte ihn zu Mordechai, um zu
erfahren, worum es sich handle und was
es bedeute. 6 Hatach ging zu Mordechai hi-
naus auf den Platz der Stadt vor dem kö-
niglichen Tor. 7 Mordechai erzählte ihm al-
les, was geschehen war, und nannte auch
die Summe des Silbers, die Haman in die
königliche Schatzkammer zu zahlen ver-
sprochen hatte, sobald er die Juden aus-
gerottet hätte. 8 Auch den Wortlaut der zu
ihrer Vernichtung in Susa erlassenen Ver-
fügung gab er ihm, um sie Ester zu zeigen,
ihr alles mitzuteilen und sie zu bewegen,
zum König zu gehen, um ihn um Erbar-
men anzuflehen und bei ihm Fürbitte für
ihr Volk einzulegen. *8a Er ließ ihr sagen:
Denk an die Tage deiner Niedrigkeit, wie
du durch meine Hand ernährt wurdest!
Denn Haman, der Zweite nach dem König,
hat über uns den Tod verhängt. 8b Du aber
rufe den Herrn an, dann tritt beim König
für uns ein und rette uns vor dem Tod!*

9 Hatach ging und überbrachte Ester,
was Mordechai gesagt hatte. 10 Da schickte
Ester ihn wieder zu Mordechai und ließ
ihm sagen: 11 Alle Diener des Königs und
das Volk in den königlichen Provinzen
wissen, dass für jeden, Mann oder Frau,
der ungerufen zum König in den inneren
Vorhof kommt, das gleiche Gesetz gilt:
Man tötet ihn. Nur wenn der König sein
goldenes Zepter nach ihm ausstreckt,
bleibt er am Leben. Nun bin ich schon seit
dreißig Tagen nicht mehr zum König ge-
rufen worden. 12 Man übermittelte Morde-
chai Esters Nachricht. 13 Mordechai ließ
Ester zurückmelden: Glaub nur nicht, du
allein würdest von allen Juden gerettet,
bloß weil du im Königspalast lebst! 14 Viel-
mehr, wenn du in dieser Zeit schweigst,
wird den Juden Errettung und Befreiung
von anderswo erstehen. Du aber und das
Haus deines Vaters werden untergehen.
Wer weiß, ob du nicht gerade für solche
Zeiten Königin geworden bist? 15 Da ließ
Ester Mordechai antworten: 16 Geh, ver-
sammle alle Juden, die in Susa leben! Hal-
tet ein Fasten für mich! Esst und trinkt
drei Tage nichts, Tag und Nacht! Ich und
meine Dienerinnen wollen ebenso fasten!
Dann will ich zum König gehen, und zwar
gegen das Gesetz! Komme ich dann um, so
komme ich eben um. 17 Da ging Mordechai
fort und handelte nach allem, was Ester
ihm befohlen hatte.

Mordechais Gebet

*17a Mordechai dachte an alle Werke des
Herrn und betete: 17b Herr, Herr, allmächti-
ger König! In deiner Gewalt ist doch das All
und es gibt niemand, der dir widerstehen
kann, wenn du Israel erretten willst.
17c Denn du hast Himmel und Erde erschaf-
fen und alles Wunderbare, das sich unter
dem Himmel befindet. Du bist der Gebieter
von allen und niemand kann sich dir, dem
Herrn, entgegenstellen. 17d Du kennst alles.
Du weißt, Herr, dass ich es nicht aus Über-
mut, Hochmut oder Ruhmsucht tat, wenn
ich vor dem übermütigen Haman nicht nie-
derfiel. Denn ich wäre bereit gewesen, zur
Rettung Israels seine Fußsohlen zu küssen.
17e Vielmehr handelte ich so, um die Ehre
eines Menschen nicht höher zu stellen als
die Ehre Gottes. Ich will vor niemandem
außer dir, meinem Herrn, niederfallen, ich
handle nicht aus Hochmut so. 17f Jetzt, Herr
und Gott, König, Gott Abrahams, ver-
schone dein Volk! Denn sie schauen voll
Hass auf uns und verlangen danach, deinen
Erbbesitz von Anbeginn zu vernichten.
17g Verachte nicht dein Eigentum, das du
dir aus dem Land Ägypten losgekauft hast!
17h Erhöre mein Flehen und erbarme dich
deines Besitzes! Verwandle unsere Trauer
in Freude, damit wir leben und deinem Na-
men lobsingen können, Herr! Lass den
Mund derer, die dich preisen, nicht ver-
stummen! 17i Auch ganz Israel schrie mit al-*

ler Kraft, da ihnen der Tod vor Augen
stand.

Esters Gebet

[17k] Königin Ester floh zum Herrn, da sie
von Todesangst ergriffen wurde. Sie legte
ihre Prunkgewänder ab und zog Not- und
Trauerkleider an. Statt kostbarer Salben
legte sie Staub und Asche auf ihr Haupt.
Ihren Leib erniedrigte sie sehr; statt
prunkvoll geschmückt ging sie jetzt mit
aufgelöstem Haar. Sie betete zum Herrn,
dem Gott Israels: [17l] Mein Herr, unser Kö-
nig bist du allein! Hilf mir, die ich einsam
bin und keine Hilfe habe außer dir! Denn
die Gefahr ist greifbar nah. [17m] Von meiner
Kindheit an habe ich in meiner Familie
und meinem Stamm gehört, dass du, Herr,
Israel aus allen Völkern erwählt und unse-
re Väter aus allen ihren Vorfahren als
ewigen Erbesitz ausgesucht und ihnen er-
füllt hast, was du verheißen hattest.
[17n] Wir aber haben vor dir gesündigt und
du gabst uns in die Gewalt unserer Feinde,
weil wir ihre Götter verehrt haben. Ge-
recht bist du, Herr! [17o] Jetzt aber begnügen
sie sich nicht mit unserer harten Knecht-
schaft, sondern legen ihre Hände zum
Schwur in die Hände ihrer Götterbilder,
die Versprechungen deines Mundes zu ver-
eiteln, dein Erbteil zu vernichten, den
Mund derer zu verschließen, die dich lo-
ben, und den Ruhm deines Hauses und
Altares auszulöschen. [17p] Stattdessen wollen
sie den Mund der Heidenvölker zum Lob-
preis der nichtigen Götzen öffnen und auf
ewig einen sterblichen König verherr-
lichen. [17q] Übergib dein Zepter nicht den
Nichtigen! Sie sollen nicht lachen über un-
seren Fall. Vielmehr wende ihren Plan ge-
gen sie. Jenen aber, der all das gegen uns
begonnen hat, mach zum warnenden Bei-
spiel! [17r] Denk an uns, Herr, und offenbare
dich zur Zeit unserer Not! Verleih mir
Mut, du König der Götter und Herrscher
über alle Mächte! [17s] Leg in Gegenwart des
Löwen mir wohlgeordnete Worte in den
Mund! Wandle sein Herz in Hass gegen
jenen, der uns bekämpft, zu seinem und
seiner Gesinnungsgenossen Verderben!
[17t] Uns aber errette durch deine Hand und
hilf mir, der Einsamen, die niemand hat
als nur dich, Herr! [17u] Du weißt alles und
du weißt auch, dass ich die Herrlichkeit
der Gesetzlosen hasse und das Bett der
Unbeschnittenen und eines jeden Fremden
verabscheue. [17w] Du kennst meine Not, dass
ich das Zeichen meiner Würde ver-
abscheue, das ich an den Tagen meines öf-
fentlichen Auftretens auf meinem Haupt
tragen muss. Ich verabscheue es wie ein
durch die monatliche Unreinheit blut-
beschmutztes Tuch und trage es nicht an
den Tagen meiner Ruhe. [17x] Deine Dienerin
hat nicht am Tisch Hamans gegessen, hat
nicht dem Festmahl des Königs Glanz ver-
liehen, keinen Wein von Trankopfern ge-
nossen. [17y] Seit deine Dienerin hier ist, bist
du alleine ihre ganze Freude, Herr, Gott
Abrahams. [17z] Gott, der du stärker bist als
alle, höre die Stimme der Verzweifelten
und rette uns aus der Gewalt der Übel-
täter! Befrei mich von meiner Angst!

Ester vor dem König

5 Als sie am dritten Tag das Gebet be-
endet hatte, zog sie das Bußgewand
aus und legte ihre Prachtgewänder an.
[1a] Als sie herrlich geschmückt war und den
allsehenden Gott und Retter angerufen hat-
te, nahm sie zwei Dienerinnen mit sich. Auf
die eine stützte sie sich, wie es vornehme
Frauen zu tun pflegen; die andere aber folg-
te ihr und trug die Schleppe ihres Gewan-
des. [1b] Sie selbst erstrahlte in blühender
Schönheit. Ihr Gesicht war heiter und be-
zaubernd. Ihr Herz aber war beklommen
vor Furcht. [1c] Als sie alle Türen durchschrit-
ten hatte, trat sie vor den König. Er saß auf
seinem Königsthron und hatte seinen gan-
zen Prunkornat voll Gold und Edelsteinen
angelegt. Er war furchterregend anzusehen.
[1d] Als er mit feuerrotem Gesicht und in
grimmigem Zorn aufblickte, erbleichte die
Königin und fiel in Ohnmacht. Sie neigte
sich auf das Haupt der Dienerin nieder, die
vorausging. [1e] Da wandelte Gott den Geist
des Königs und stimmte ihn milde. Voller
Unruhe sprang er von seinem Thron auf
und nahm sie in seine Arme, bis sie sich
erhob. Dann mahnte er sie mit freundlichen
Worten und sagte zu ihr: [1f] Was ist dir, Es-
ter? Ich bin dein Bruder. Sei unbesorgt! Du
wirst nicht sterben. Denn unser Befehl gilt
nur im Allgemeinen. Tritt heran! [2] Dann er-
hob er den goldenen Stab und legte ihn auf
den Nacken, küsste sie und sagte: Sprich zu
mir! [2a] Da sagte sie zu ihm: Ich sah dich,
Herr, wie einen Engel Gottes. Da erschrak
mein Herz aus Furcht vor deiner Herrlich-

keit. Denn du bist wunderbar, Herr, und
dein Angesicht ist voller Wohlwollen.
2b *Während sie das sagte, fiel sie erneut in*
Ohnmacht. Da geriet der König in Schre-
cken und seine ganze Dienerschaft redete
ihr zu. 3 Dann sprach der König zu ihr:
Was ist dir, Königin Ester? Was ist dein
Wunsch? Bis zur Hälfte des Königreiches
sei es dir erfüllt. 4 Da antwortete Ester:
Wenn es dem König zusagt, komme der
König heute mit Haman zum Festmahl,
das ich für ihn vorbereitet habe! 5 Da be-
fahl der König: Ruft sofort Haman herbei,
um der Bitte Esters zu entsprechen! So ka-
men der König und Haman zum Festmahl,
das Ester vorbereitet hatte. 6 Beim Wein
sprach der König zu Ester: Was ist deine
Bitte? Sie sei dir gewährt! Was ist dein
Wunsch? Bis zur Hälfte des Königreiches
sei es dir erfüllt! 7 Da antwortete Ester:
Meine Bitte und mein Wunsch sind:
8 Wenn ich in den Augen des Königs Ge-
fallen gefunden habe und es dem König
zusagt, meine Bitte zu gewähren und mei-
nen Wunsch zu erfüllen, dann komme der
König auch morgen mit Haman zu dem
Festmahl, das ich ihnen geben werde!
Morgen will ich dann dem Wunsch des
Königs nachkommen!

Haman will Mordechai töten

9 An diesem Tag ging Haman in froher und
guter Stimmung hinaus. Als aber Haman
Mordechai im Königstor sah, wie er nicht
aufstand und keine Furcht vor ihm zeigte,
wurde er auf Mordechai wütend. 10 Doch
er bezwang sich und ging in sein Haus.
Dann ließ er seine Freunde und seine Frau
Seresch kommen. 11 Haman erzählte ihnen
vom Glanz seines Reichtums, von seinen
vielen Söhnen und von allem, womit der
König ihn ausgezeichnet hatte, und dass
er ihn über die Fürsten und Diener des
Königs erhöht hatte. 12 Dann sagte Haman:
Selbst die Königin Ester lud niemanden als
nur mich ein, mit dem König zum Fest-
mahl zu kommen, das sie veranstaltet hat.
Auch für morgen bin ich mit dem König
zu ihr eingeladen. 13 Doch all das genügt
mir nicht, solange ich den Juden Morde-
chai an der Königspforte sitzen sehe. 14 Da
sagten seine Frau Seresch und alle seine
Freunde zu ihm: Man errichte einen Gal-
gen von fünfzig Ellen Höhe! Sprich dann
morgen früh mit dem König, dass man
Mordechai an ihm aufhängen soll! So
kannst du fröhlich mit dem König zum
Festmahl gehen. Haman gefiel der Plan
und er ließ den Galgen aufrichten.

Entlarvung und Bestrafung Hamans

Haman in peinlicher Situation

6 In dieser Nacht konnte der König
nicht schlafen. Da befahl er, das Buch
der Denkwürdigkeiten, die Chronik, zu
bringen. Es wurde dem König daraus vor-
gelesen. 2 Es fand sich aufgezeichnet, dass
Mordechai die beiden königlichen Hof-
beamten Bigtan und Teresch, die zu den
Türhütern gehörten, angezeigt hatte, weil
sie einen Anschlag auf König Artaxerxes
geplant hatten. 3 Da fragte der König: Was
hat Mordechai als Ehre und Anerkennung
dafür erhalten? Da antworteten die Diener
des Königs: Er hat gar nichts erhalten. 4 Da
sagte der König: Wer ist im Vorhof? Ha-
man war eben in den äußeren Vorhof ein-
getreten, um dem König zu unterbreiten,
man solle Mordechai an dem Galgen auf-
hängen, den er für ihn errichtet hatte. 5 Da
sagten die Diener des Königs zu ihm: Ha-
man steht im Vorhof! Nun befahl der Kö-
nig: Er soll kommen! 6 Als Haman einge-
treten war, sprach der König zu ihm: Was
soll man dem Mann tun, an dessen Eh-
rung der König Gefallen findet? Da dachte
Haman bei sich: Wem kann der König
mehr Ehre erweisen wollen als mir? 7 So
antwortete Haman dem König: Dem
Mann, den der König ehren will, 8 soll
man ein königliches Gewand bringen, wie
es der König selbst trägt, und ein Pferd,
wie es der König selbst reitet und dessen
Kopf königlich geschmückt ist. 9 Gewand
und Pferd übergebe man einem von den
vornehmsten Fürsten des Königs. Man be-
kleide den Mann, den der König ehren
will, und lasse ihn auf dem Pferd über
den Platz der Stadt reiten und vor ihm
ausrufen: So geschieht dem Mann, an des-
sen Ehrung der König Gefallen findet!
10 Da sagte der König zu Haman: Hole un-
verzüglich das Gewand und das Pferd, wie

du gesagt hast, und verfahre so mit dem Juden Mordechai, der im Königstor sitzt! Nichts bleibe unberücksichtigt von alldem, was du vorgeschlagen hast! 11 Da nahm Haman das Gewand und das Pferd, bekleidete Mordechai, ließ ihn über den Platz der Stadt reiten und rief vor ihm aus: So geschieht dem Mann, an dessen Ehrung der König Gefallen findet! 12 Danach ging Mordechai zur Königspforte zurück. Haman aber eilte traurig und verhüllten Hauptes in sein Haus. 13 Dann erzählte Haman seiner Frau Seresch und seinen Freunden alles, was ihm zugestoßen war. Da antworteten ihm seine Freunde und seine Frau Seresch: Wenn Mordechai, vor dem du bereits zu sinken beginnst, zum Volk der Juden gehört, kannst du ihm nichts anhaben. Vielmehr wirst du gewiss durch ihn zu Fall kommen. 14 Noch redeten sie mit ihm, da kamen schon die königlichen Hofbeamten, um Haman eilends zum Festmahl zu holen, das Ester vorbereitet hatte.

Haman auf Esters Festmahl

7 Der König und Haman kamen, um mit der Königin Ester das Festmahl zu halten. 2 Auch an diesem zweiten Tag sprach der König beim Wein zu Ester: Was ist deine Bitte, Königin Ester? Sie sei dir erfüllt! Was ist dein Wunsch? Und sei es die Hälfte des Reiches, es sei gewährt! 3 Da antwortete Königin Ester: Wenn ich Gnade gefunden habe und wenn es dem König gefällt, werde mir auf meine Bitte hin mein Leben geschenkt und meinem Volk ebenfalls! 4 Denn wir wurden verkauft, ich und mein Volk, zur Vernichtung, Ermordung und Ausrottung. Wenn wir nur als Sklaven und Sklavinnen verkauft würden, hätte ich geschwiegen; denn die Bedrängnis wäre nicht wert, dass man ihretwegen den König belästigt. 5 Da sagte König Artaxerxes zur Königin Ester: Wer ist der Mensch? Wo ist er, der es wagte, so etwas zu tun? 6 Da antwortete Ester: Der Widersacher und Feind ist dieser verbrecherische Haman! Da wurde Haman vor dem König und der Königin von Schrecken erfasst. 7 In seinem Zorn erhob sich der König vom Wein und ging in den Garten des Palastes. Haman aber blieb stehen, um die Königin Ester um sein Leben anzuflehen; denn er erkannte, dass sein Untergang beim König beschlossene Sache war.

8 Als der König aus dem Palastgarten in den Saal zurückkehrte, indem das Festmahl stattfand, hatte sich Haman gerade auf das Ruhepolster niedergeworfen, auf dem Ester lag. Da sagte der König: Will man jetzt sogar in meiner Gegenwart der Königin Gewalt antun? Kaum hatte der König das gesagt, da verhüllte man schon das Gesicht Hamans. 9 Harbona, einer der Hofbeamten, sagte zum König: Vor dem Haus Hamans steht schon der fünfzig Ellen hohe Galgen, den Haman für Mordechai aufstellen ließ, der durch seine Anzeige dem König einen guten Dienst erwiesen hat. Da befahl der König: Hängt ihn daran auf! 10 Da hängte man Haman an den Galgen, den er für Mordechai errichtet hatte und der Zorn des Königs legte sich.

Die Rettung der Juden

Die Juden in der Gunst des Königs

8 Noch am gleichen Tag schenkte König Artaxerxes der Königin Ester das Haus des Judenfeindes Haman. Mordechai aber erhielt Zutritt zum König; denn Ester hatte dem König offenbart, wie eng ihre Verwandtschaft war. 2 Der König streifte den Siegelring ab, den er Haman hatte abnehmen lassen, und gab ihn Mordechai. Ester aber bestellte Mordechai über das Haus Hamans. 3 Ester redete nochmals mit dem König und fiel ihm zu Füßen. Sie weinte und flehte ihn um Erbarmen an, das Unheil, das der Agagiter Haman gegen die Juden geplant hatte, von ihnen abzuwenden. 4 Da streckte der König Ester das goldene Zepter entgegen. Sie stand auf und trat vor den König. 5 Sie sagte: Wenn der König es billigt und wenn ich vor ihm Gnade gefunden habe und die Sache dem König angenehm ist und ich bei ihm Gefallen gefunden habe, dann sollen Schreiben verfasst werden, um die Anordnung zu widerrufen, die der Agagiter Haman, der Sohn des Hammedata, in der Absicht erlassen hat, die Juden in allen königlichen

Provinzen zu vernichten. [6] Denn wie könn-
te ich das Unheil ansehen, das mein Volk
treffen wird? Wie könnte ich beim Unter-
gang meiner Verwandten zuschauen?
[7] Da sagte König Artaxerxes zu Königin
Ester und zum Juden Mordechai: Ich habe
das Haus Hamans Königin Ester ge-
schenkt und ihn selbst am Pfahl aufhän-
gen lassen, weil er seine Hand gegen die
Juden ausgestreckt hat. [8] Was die Juden
selbst betrifft, könnt ihr nun im Namen
des Königs schreiben, was euch richtig er-
scheint. Siegelt mit dem königlichen Sie-
gelring; denn ein Schreiben, das im Na-
men des Königs verfasst und mit dem
königlichen Siegelring gesiegelt ist, kann
nicht zurückgenommen werden. [9] Zur glei-
chen Zeit wurden die königlichen Schrei-
ber gerufen; es war im dritten Monat – das
ist der Monat Siwan –, am dreiundzwan-
zigsten Tag. Nach Mordechais Anweisun-
gen wurde zugunsten der Juden an die Sa-
trapen, Statthalter und Fürsten der
einhundertsiebenundzwanzig Provinzen
von Indien bis Kusch geschrieben, an jede
Provinz in ihrer Schrift, an jedes Volk in
seiner Sprache und an die Juden in ihrer
Schrift und Sprache. [10] Man schrieb im Na-
men des Königs Artaxerxes und siegelte
mit dem königlichen Siegelring. Die
Schreiben versandte man durch berittene
Eilboten, die auf Pferden edelster Abstam-
mung aus den königlichen Gestüten ritten:
[11] Der König habe den Juden in den einzel-
nen Städten gestattet, sich zu versammeln
und ihr Leben zu verteidigen, sowie alle
bewaffnete Macht des Volkes und der Pro-
vinz, die sie bekämpfen sollten, samt Kin-
dern und Frauen zu vernichten, zu töten
und auszurotten und ihren Besitz zu plün-
dern; [12] das sollte in allen Provinzen des
Königs Artaxerxes an einem und demsel-
ben Tag geschehen, am dreizehnten Tag
des zwölften Monats, das ist der Monat
Adar.

Erlass zum Schutz der Juden

[12a] *Dies ist die Abschrift des Briefes:* [12b] *Der
Großkönig Artaxerxes entbietet den Be-
herrschern der einhundertsiebenundzwan-
zig Satrapien von Indien bis Kusch und je-
nen, die sich um unsere Angelegenheiten
kümmern, seinen Gruß.* [12c] *Viele, die durch
die übergroße Güte ihrer Wohltäter zu sehr
geehrt worden sind, trachteten nach Höhe-
rem. Sie suchten nicht nur unseren Unter-
tanen Schaden zuzufügen, sondern konnten
die Überfülle nicht ertragen und begannen
sogar, gegen ihre Wohltäter heimtückisch
vorzugehen.* [12d] *Sie wollten nicht nur die
Dankbarkeit unter den Menschen beseiti-
gen, sondern sie sind auch durch die Prah-
lereien derer, die vom Guten nichts wissen
wollen, überheblich geworden und ver-
suchen, dem Gericht des alles durchschau-
enden Gottes, der das Böse hasst, zu entflie-
hen.* [12e] *Oft hat aber auch die Überredung
der Freunde, die mit der Führung von
Staatsgeschäften beauftragt waren, viele
Lenker der Staatsgewalt zu Mitschuldigen
an unschuldigem Blut gemacht* [12f] *und sie
dadurch in unheilbares Unglück gestürzt,
da jene durch böswillige Lüge die reine Ge-
sinnung der Herrscher betrügerisch täusch-
ten.* [12g] *Man kann das nicht nur aus den al-
ten Geschichten ersehen, die man uns
überliefert hat, sondern vor allem durch
Untersuchung dessen, was vor uns liegt,
was verbrecherisch auf Befehl der Macht-
haber vollbracht worden ist, die ihr Amt
missbrauchten.* [12h] *Wir müssen für die Zu-
kunft darauf achten, das Reich unerschüt-
terlich allen Menschen in Frieden zu erhal-
ten,* [12i] *indem wir den Verleumdungen kein
Gehör schenken, sondern alles, was uns un-
ter die Augen kommt, immer mit entspre-
chender Milde beurteilen.* [12k] *So wurde auch
der Mazedonier Haman, der Sohn Hamme-
datas, obwohl er in Wahrheit dem per-
sischen Blut fremd und von unserer Güte
weit entfernt war, gastlich aufgenommen.*
[12l] *Er erfuhr die Menschenfreundlichkeit,
die wir gegen jedes Volk hegen, in solchem
Maß, dass er öffentlich als unser Vater aus-
gerufen und von allen ständig als die zweite
Person neben dem König verehrt wurde.*
[12m] *Da er aber den Hochmut nicht bezähmen
konnte, strebte er danach, uns die Herr-
schaft und das Leben zu rauben,* [12n] *indem
er unseren Retter und ständigen Wohltäter
Mordechai und unsere untadelige Teilhabe-
rin an der Königswürde Ester samt ihrem
ganzen Volk durch hinterhältige Betrüge-
reien ins Verderben stürzen wollte.* [12o] *Denn
durch solche Intrigen hoffte er, uns aller
Freunde zu berauben und die Herrschaft
über die Perser an die Mazedonier übertra-
gen zu können.* [12p] *Wir aber finden, dass die
von diesem dreimal frevelhaften Menschen
der Vernichtung preisgegebenen Juden kei-*

ne Verbrecher sind, sondern nach sehr ge-
rechten Gesetzen als Bürger leben, 12q *dass*
sie Söhne des allerhöchsten, mächtigsten, le-
bendigen Gottes sind, der sowohl uns als
auch unseren Vorfahren die Herrschaft in
bester Ordnung erhalten hat. 12r *Ihr tut gut*
daran, euch nicht nach den von Haman,
dem Sohn Hammedatas, gesandten Schrei-
ben zu richten. Denn ihr Verfasser wurde
vor den Toren Susas mit seiner ganzen Fa-
milie gekreuzigt; denn der über alles herr-
schende Gott hat ihm rasch die verdiente
Strafe geschickt. 12s *Die Abschrift dieses Brie-*
fes sollt ihr an allen Orten veröffentlichen,
damit man die Juden nach ihren eigenen
Gesetzen leben lässt und ihnen beisteht, an
dem ursprünglich für ihre Verfolgung fest-
gesetzten Tag jene von sich abzuwehren, die
sie angreifen, nämlich am dreizehnten Tag
im zwölften Monat, dem Monat Adar.
12t *Denn diesen Tag hat der über alles herr-*
schende Gott statt zu einem Tag der Ver-
nichtung für das auserwählte Volk zu
einem Tag der Freude gestaltet. 12u *Auch ihr*
sollt nun neben eueren namentlich bezeich-
neten Festen einen besonders ausgezeichne-
ten Tag mit aller Fröhlichkeit begehen, da-
mit er jetzt und später uns und allen
wohlgesinnten Persern Heil bringt, jenen
aber, die uns bedrohten, ein Mahnmal des
Unterganges ist. 12x *Jede Stadt und jede Pro-*
vinz, ohne irgendeine Ausnahme, die nicht
danach handelt, wird erbarmungslos durch
Speer und Feuer verwüstet werden. Nicht
nur den Menschen soll sie unzugänglich
sein, sondern auch von den wilden Tieren
und Vögeln für immer aufs Äußerste ver-
abscheut werden.

13 Der Wortlaut dieses Erlasses wurde als
Gesetz in jeder einzelnen Provinz ver-
öffentlicht und bei allen Völkern bekannt
gemacht, damit die Juden für diesen Tag
bereit wären, sich an ihren Feinden zu rä-
chen. 14 Die Eilboten, die auf Pferden edels-
ter Abstammung aus den königlichen Ge-
stüten ritten, zogen auf Befehl des Königs
in großer Eile aus. Das Gesetz wurde auch
in der Burg Susa veröffentlicht. 15 Morde-
chai kam in einem königlichem Gewand
aus Purpur und weißem Leinen mit einer
großen goldenen Krone und einem Mantel
aus Feinleinen und rotem Purpur vom Kö-
nig zurück. Die Stadt Susa jubelte und
freute sich. 16 Den Juden aber wurde Licht
und Freude, Fröhlichkeit und Herrlichkeit
zuteil. 17 In jeder Provinz und in jeder
Stadt, wohin der Befehl des Königs und
sein Gesetz gelangten, herrschte bei den
Juden Freude und Fröhlichkeit, Festmahl
und Feiertag. In allen Völkern der Erde
bekehrten sich viele zum Judentum; denn
der Schrecken vor den Juden war über sie
gekommen.

Rache der Juden an ihren Feinden

9 Im zwölften Monat – das ist der Mo-
nat Adar –, am dreizehnten Tag, als
das Wort des Königs und sein Gesetz aus-
geführt werden sollte, an dem Tag, an dem
die Feinde der Juden gehofft hatten, sie zu
überwältigen, hatte es sich so umgekehrt,
dass die Juden selbst über ihre Hasser
Herr wurden. 2 In allen Provinzen des Kö-
nigs Artaxerxes versammelten sich die Ju-
den in ihren Städten, um gegen jene, die
ihr Unheil suchten, die Hand zu erheben.
Niemand aber konnte vor ihnen bestehen;
denn der Schrecken vor ihnen war über
alle Völker gekommen. 3 Alle Fürsten der
Provinzen, die Satrapen, Statthalter und
königlichen Beamten, unterstützten die
Juden; denn die Furcht vor Mordechai
hatte sie befallen. 4 Mordechai war näm-
lich einflussreich im Königspalast, und
sein Ruf war in alle Provinzen gedrungen,
sodass Mordechai immer mächtiger wur-
de. 5 So metzelten die Juden alle ihre Fein-
de mit dem Schwert nieder, es geschahen
Mord und Vernichtung. Mit ihren Has-
sern verfuhren sie nach ihrer Willkür. 6 In
der Burg Susa brachten die Juden fünf-
hundert Mann um, 7 auch Parschandata,
Dalfon, Aspata, 8 Porata, Adalja, Aridata,
9 Parmaschta, Arisai, Aridai und Wajesata,
10 die zehn Söhne des Judenfeindes Ha-
man, des Sohnes Hammedatas, ermorde-
ten sie. Doch an der Beute vergriffen sie
sich nicht. 11 An jenem Tag meldete man
dem König die Zahl der in der Burg Susa
Ermordeten. 12 Da sagte der König zu Kö-
nigin Ester: In der Burg Susa haben die
Juden gemordet, sodass fünfhundert
Mann und die Söhne Hamans umkamen.
Was mögen sie in den übrigen königli-
chen Provinzen getan haben? Was ist
nun deine Bitte? Sie sei dir gewährt! Was
ist noch dein Wunsch? Er soll erfüllt wer-
den! 13 Da sagte Ester: Wenn es dem König
zusagt, möge es den Juden in Susa auch
morgen gestattet sein, nach dem Gesetz

des heutigen Tages zu handeln. Die zehn Söhne Hamans aber soll man am Galgen aufhängen! 14 Da befahl der König, dass es ausgeführt werde. So wurde die Verfügung in Susa erlassen. Die zehn Söhne Hamans aber hängte man auf. 15 So versammelten sich die Juden von Susa auch am vierzehnten Tag des Monats Adar und töteten in Susa dreihundert Mann. Doch an der Beute vergriffen sie sich nicht. 16 Die übrigen Juden in den königlichen Provinzen versammelten sich und traten für ihr Leben ein. Sie nahmen Rache an ihren Feinden und ermordeten von ihren Hassern fünfundsiebzigtausend. Doch an der Beute vergriffen sie sich nicht. 17 Das geschah am dreizehnten Tag des Monats Adar. Am vierzehnten Tag aber ruhten sie aus und gestalteten ihn zu einem Tag des Festmahls und der Freude. 18 Die Juden von Susa aber versammelten sich am dreizehnten und vierzehnten des Monats; am fünfzehnten Tag ruhten sie aus und gestalteten ihn zum Tag eines frohen Festmahls. 19 Darum feiern die Juden in den offenen Ortschaften auf dem Land den vierzehnten Tag des Monats Adar mit frohen Festmählern und als einen Festtag, an dem sie sich gegenseitig beschenken. 19a *Dagegen ist für die Juden in den Städten der fünfzehnte Adar der fröhliche Tag, den sie in Freude begehen und an dem sie ihren Nachbarn Geschenke geben.*

Einführung des Purimfestes

20 Mordechai schrieb diese Ereignisse auf und sandte Briefe an alle Juden in allen Provinzen des Königs Artaxerxes, nah und fern, 21 um sie zu verpflichten, alljährlich stets den vierzehnten und den fünfzehnten Tag des Monats Adar zu feiern. 22 Das waren die Tage, an denen die Juden vor ihren Feinden Ruhe fanden; das war der Monat, in dem sich für sie der Schmerz in Freude und die Trauer in einen Festtag verwandelt hatte. Sie sollten diese Tage als Zeit froher Festmähler feiern, sich gegenseitig Geschenke machen und den Armen Gaben spenden. 23 Die Juden nahmen, was sie schon zu tun begonnen hatten und was Mordechai ihnen geschrieben hatte, als Brauch an: 24 Denn der Agagiter Haman, der Sohn Hammedatas, der Feind aller Juden, hatte gegen die Juden den Plan gefasst, sie zu vernichten. Er hatte das Pur, das ist das Los, geworfen, um sie zu vertilgen und zu vernichten. 25 Als aber der König davon erfuhr, ordnete er an, dass sein schlimmer Plan, den er gegen die Juden ersonnen hatte, auf ihn selbst zurückfallen solle, und er wurde samt seinen Söhnen am Galgen aufgehängt. 26 Deshalb nennt man diese Tage Purim nach dem Wort Pur. Wegen alldem, was in diesem Brief stand und was sie selbst gesehen und erlebt hatten, 27 verpflichteten sich die Juden und nahmen es für sich selbst, ihre Nachkommen und für alle, die sich ihnen anschließen würden, als unveränderliche Bestimmung auf sich, alljährlich diese beiden Tage nach ihrer Vorschrift und Festzeit zu begehen. 28 Diese Tage sollten im Gedächtnis bleiben und in allen Sippen, Stämmen, Provinzen und Städten begangen werden. Diese Purimtage sollten nicht mehr unter den Juden aufhören und die Erinnerung daran bei ihren Nachkommen wach bleiben. 29 Um diesen Purimerlass mit aller zur Verfügung stehenden Vollmacht zur Anerkennung zu bringen, verfassten die Königin Ester, die Tochter Abihajils, und der Jude Mordechai ein zweites Schreiben. 30 Sie sandten Briefe an alle Juden in den einhundertsiebenundzwanzig Provinzen des Reiches des Artaxerxes mit Glück- und Segenswünschen, 31 um das Datum dieser Purimtage festzusetzen, wie es ihnen der Jude Mordechai und Königin Ester bestimmt und wie sie für sich und ihre Nachkommen Fast- und Wehklagentage festgelegt hatten. 32 Esters Befehl setzte diese Vorschriften für das Purimfest fest und alles wurde in eine Buchrolle eingetragen.

Lob auf Mordechai

10 König Artaxerxes legte dem Land und den Inseln des Meeres Frondienst auf. 2 Alle Taten seiner Macht und Heldenstärke sowie die Angaben über die Ehrenstellung Mordechais, die ihm der König verliehen hatte, sind in der Chronik der Könige von Medien und Persien aufgezeichnet. 3 Denn der Jude Mordechai nahm die zweite Stelle nach dem König ein. Er war bei den Juden angesehen und bei allen seinen Brüdern beliebt, da er das Wohl seines Volkes förderte und auf das Wohlergehen seiner Nachkommen bedacht war.

[3a] *Mordechai sagte: Dies ist von Gott be-
wirkt. [3b] Ich erinnere mich an den Traum,
der mir diese Ereignisse zeigte. Davon ist
nämlich nichts unerfüllt geblieben. [3c] Die
kleine Quelle, die zum Strom wurde – auch
Licht und Sonne und viel Wasser war vor-
handen –, der Strom ist Ester, die der König
heiratete und zur Königin machte. [3d] Die
beiden Drachen sind ich und Haman. [3e] Die
Völker aber sind jene, die sich zusammen-
taten, den Namen der Juden auszurotten.
[3f] Mein Volk aber, das ist Israel, jene, die zu
Gott riefen und gerettet wurden. Der Herr
errettete sein Volk und der Herr befreite
uns von allen diesen Übeln. Gott wirkte
große Zeichen und Wunder, die unter den
Heidenvölkern noch nicht geschehen waren.
[3g] Deshalb machte er zwei Lose, eines für das
Gottesvolk und eines für alle Heidenvölker.
[3h] Diese beiden Lose fielen auf die Zeit und
Stunde und auf den Gerichtstag Gottes über
alle Heidenvölker. [3i] Da gedachte Gott seines
Volkes und verschaffte seinem Erbbesitz
Recht. [3k] Sie sollen diese Tage im Monat
Adar, den vierzehnten und fünfzehnten des
Monats, vor Gott in seinem Volk Israel mit
Festversammlung, Freude und Fröhlichkeit
in allen Generationen und für alle Zeiten
feiern.*

Bemerkung zur griechischen Übersetzung des Buches

[3l] *Im vierten Jahr der Regierung des Ptole-
mäus und der Kleopatra überbrachten Do-
sitheus, der von sich behauptete, er sei ein
Priester und Levit, und sein Sohn Ptole-
mäus den vorliegenden Purimbericht, des-
sen Richtigkeit sie bezeugten; Lysimachus,
der Sohn des Ptolemäus, ein Mann aus Je-
rusalem, habe ihn übersetzt.*

Das erste Buch der Makkabäer

Einleitung

Alexander und die Diadochen

1 Als Alexander, der Sohn des Philippus von Mazedonien, aus dem Land der Kittäer ausgezogen war und Darius, den König der Perser und Meder, besiegt hatte, wurde er als erster König von Griechenland sein Nachfolger. 2 Er führte viele Kriege, eroberte Festungen und ließ Könige hinrichten. 3 Bis zu den Grenzen der Erde drang er vor und holte sich von vielen Völkern Beute. Vor ihm verstummte die Erde. Da erhob er sich und sein Herz wurde übermütig. 4 Er brachte ein sehr großes Heer zusammen und errang die Herrschaft über Länder, Völker und Fürsten, und sie wurden ihm tributpflichtig. 5 Danach sank er aufs Krankenlager und erkannte, dass er sterben musste. 6 Er berief seine vornehmsten Edelleute, die von Jugend an mit ihm aufgewachsen waren, und verteilte noch zu seinen Lebzeiten das Reich unter sie. 7 Alexander starb nach zwölfjähriger Regierung. 8 Nun traten seine Edelleute die Herrschaft an, ein jeder in seinem Gebietsanteil. 9 Nach seinem Tod setzten sich alle Königskronen auf, ebenso ihre Söhne nach ihnen, viele Jahre lang. Sie brachten viel Unglück über die Erde.

Antiochus Epiphanes

10 Aus ihnen ging ein gottloser Spross hervor, Antiochus Epiphanes, ein Sohn des Königs Antiochus. Er war als Geisel in Rom gewesen und kam im Jahr einhundertsiebenunddreißig der griechischen Herrschaft zur Regierung. 11 In jenen Tagen traten gesetzlose Menschen in Israel auf. Sie überredeten viele mit ihrem Vorschlag: Wir wollen hingehen und uns mit den Völkern ringsum verbrüdern; denn seitdem wir uns von ihnen absonderten, traf uns viel Unheil. 12 Dieser Vorschlag fand ihren Beifall. 13 Einige aus dem Volk erklärten sich bereit, zum König zu gehen. Dieser gab ihnen die Vollmacht, heidnische Sitten einzuführen. 14 Sie erbauten nach heidnischem Brauch eine Sportschule in Jerusalem, 15 ließen sich die Vorhaut wiederherstellen und fielen so vom heiligen Bund ab. Sie mischten sich mit den Heiden und gaben sich dazu her, Böses zu tun.

Antiochus Epiphanes verfolgt die Juden

16 Als Antiochus das Reich gefestigt sah, wollte er die Herrschaft auch über Ägypten ausdehnen, um so beide Reiche zu beherrschen. 17 Er drang mit einem mächtigen Heer in Ägypten ein, mit Streitwagen, Elefanten, Reitern und einer großen Flotte. 18 Er führte mit Ptolemäus, dem König von Ägypten, Krieg. Ptolemäus ergriff vor ihm die Flucht und entkam. Viele aber wurden erschlagen und fielen. 19 Sie eroberten die festen Städte in Ägypten und plünderten das Land. 20 Nach der Niederwerfung Ägyptens kehrte Antiochus im Jahre einhundertdreiundvierzig zurück und zog mit einem gewaltigen Heer gegen Israel und Jerusalem hinauf.

21 Voll Vermessenheit drang er in das Heiligtum ein und nahm den goldenen Rauchopferaltar fort sowie den Leuchter samt allen zugehörigen Gerätschaften, 22 den Schaubrottisch, die Opferschalen und Schüsseln, die goldenen Rauchgefäße, den Vorhang, die Kronen und den Goldschmuck an der Vorderseite des Tempels; alles entfernte er. 23 Er raubte das Silber und das Gold sowie die kostbaren Geräte und nahm an versteckten Schätzen weg, was er fand. 24 Alles nahm er an sich und zog in sein Land zurück. Er richtete aber auch ein Blutbad an und hielt vermessene Reden. 25 So war große Trauer über Israel und alle seine Ortschaften gekommen.

26 Die Vornehmen und Ältesten klagten voll Schmerz, / die Mädchen und jungen Männer siechten dahin, / und es verwelkte die Schönheit der Frauen.

27 Jeder Bräutigam war voller Trauer, / es klagte voll Weh, die im Brautgemach saß.

28 Das Land zitterte um seine Bewohner, / mit Schande war das ganze Haus Jakob bedeckt.

29 Nach zwei Jahren sandte der König

einen Obersteuereintreiber in die Städte
Judäas. Er kam mit einem starken Heer
nach Jerusalem. 30 In betrügerischer Ab-
sicht sicherte er den Bewohnern den Frie-
den zu, sodass sie ihm Glauben schenkten.
Plötzlich aber überfiel er die Stadt, versetz-
te ihr einen schweren Schlag und tötete
viele Israeliten. 31 Er plünderte die Stadt,
steckte sie in Brand und riss ihre Häuser
und die Mauern ringsum nieder. 32 Frauen
und Kinder schleppte man in die Gefan-
genschaft und nahm die Herden in Besitz.
33 Die Davidstadt befestigten sie mit einer
hohen und starken Mauer und mächtigen
Türmen. Sie diente ihnen als Zwingburg.
34 Nach dorthin verlegten sie heidnische
Besatzer und gesetzlose Menschen, die
sich darin festsetzten. 35 Sie schafften Waf-
fen und Lebensmittel hinein und brachten
auch die in Jerusalem gesammelte Beute
dort unter. So wurden sie zu einer großen
Gefahr.

36 Dem Heiligtum wurden sie ein Hin-
terhalt, / stets ein böser Feind für Israel.

37 Rings um das Heiligtum vergossen sie
unschuldiges Blut,
entweihten die heilige Stätte.

38 Jerusalems Einwohner flohen vor
ihnen, / die Stadt wurde zur Wohnstätte
für fremdes Volk. / Den eigenen Nach-
kommen wurde sie zur Fremde, / und ihre
Kinder mussten sie verlassen.

39 Ihr Heiligtum wurde leer wie die
Wüste, / in Trauer wandelten sich ihre
Feste, / zur Schmach gestalteten sich ihre
Sabbate, / und ihre Ehre wurde zur Ver-
achtung.

40 So groß einst ihre Pracht gewesen
war, / so groß war jetzt ihre Schande, / ihre
Herrlichkeit wurde in Trauer verwandelt.

41 Da erließ der König ein Dekret für sein
ganzes Reich, alle sollten zu einem Volk
werden 42 und jeder seine besonderen Ge-
bräuche aufgeben. Alle Völker fügten sich
dem Befehl des Königs. 43 Selbst viele Israe-
liten fanden Gefallen an dem von ihm an-
geordneten Kult, opferten den Götterbil-
dern und entweihten den Sabbat. 44 Der
König sandte durch Boten schriftliche An-
weisungen nach Jerusalem und in die Städ-
te Judäas, sie sollten sich den fremden Sit-
ten anpassen, 45 die Brand-, Schlacht- und
Trankopfer aus dem Tempel verbannen,
Sabbate und Feste entweihen 46 und das
Heiligtum und die Heiligen schänden.
47 Dagegen sollten sie Altäre, Tempel und
Götterbilder errichten sowie Schweine
und andere unreine Tiere opfern, 48 ihre
Söhne unbeschnitten lassen und sich selbst
durch allerlei Unreinheit und Schande be-
flecken. 49 So sollten sie das Gesetz verges-
sen und alle Satzungen abschaffen. 50 Wer
aber nicht nach dem Befehl des Königs
handelte, sollte sterben. 51 Solche Vor-
schriften erließ er für sein ganzes Reich
und bestellte Aufseher über das ganze
Volk. Den Städten Judäas befahl er, Stadt
für Stadt Opfer darzubringen.

52 Viele aus dem Volk schlossen sich
ihnen an, alle, die vom Gesetz abfielen.
Sie verübten Übeltaten im Land 53 und
zwangen die Israeliten, sich in vielen
Schlupfwinkeln zu verbergen. 54 Am fünf-
zehnten Kislew des Jahres einhundertfünf-
undvierzig ließ der König auf dem Brand-
opferaltar den Gräuel der Verwüstung
aufrichten; auch ringsum in den Städten
Judäas erbauten sie Altäre. 55 Vor den
Haustüren und auf den Plätzen brachten
sie Rauchopfer dar. 56 Die Bücherrollen
des Gesetzes, die sie auftreiben konnten,
zerrissen sie und warfen sie ins Feuer.
57 Fand man bei jemandem eine Bundesrol-
le oder hielt einer das Gesetz, dann ver-
urteilte ihn der königliche Erlass zum Tod.
58 Mit solchen Maßregeln gingen sie gegen
Israel vor, gegen alle, die sie Monat für
Monat in den Städten ertappten. 59 Am
fünfundzwanzigsten des Monats opferten
sie auf dem Altar, den sie über dem Brand-
opferaltar errichtet hatten. 60 Frauen, die
ihre Kinder hatten beschneiden lassen,
wurden sie befehlsgemäß getötet; 61 dabei
hängte man den Müttern die Kinder an
den Hals. Man plünderte ihre Häuser und
tötete auch jene, die die Beschneidung
vorgenommen hatten. 62 Viele Israeliten
aber blieben standhaft und beharrten auf
ihrem Entschluss, nichts Unreines zu es-
sen. 63 Sie wollten lieber sterben, als sich
durch Speisen zu verunreinigen und den
heiligen Bund zu verletzen. So nahmen
sie den Tod auf sich. 64 Schwer lastete ein
furchtbarer Zorn auf Israel.

Mattatias und seine Söhne

2 In jenen Tagen trat Mattatias, der
Sohn des Johanan und Enkel des Si-
meon, auf. Er war ein Priester aus dem Ge-
schlecht Jojaribs in Jerusalem, wohnte

aber in Modeïn. 2 Er hatte fünf Söhne: Jo-
hanan mit dem Beinamen Gaddi, 3 Simeon
mit dem Beinamen Tassi, 4 Judas mit dem
Beinamen Makkabäer, 5 Eleasar mit dem
Beinamen Awaran und Jonatan mit dem
Beinamen Apphus. 6 Als er das gotteslás-
terliche Treiben in Judäa und Jerusalem
sah, 7 sagte er:

Weh mir! Warum bin ich geboren, /
meines Volkes Untergang zu erleben / und
den Ruin der Heiligen Stadt, / ohnmächtig
dazusitzen, während sie den Feinden aus-
geliefert wurde / und das Heiligtum in die
Gewalt von Fremden geriet?

8 Ihr Tempel wurde wie ein entehrter
Mann,

9 ihr Prunkgerät schaffte man als Beute
fort, / auf den Plätzen schlachtete man die
Kinder hin, / und ihre jungen Männer fie-
len durch das Schwert des Feindes.

10 Welches Volk erbte nicht ein Stück
ihres Reiches, / bemächtigte sich nicht
ihrer Beute?

11 All ihr Schmuck wurde geraubt. /
Einst eine Freie, wurde sie nun zur Skla-
vin.

12 Schaut unser Heiligtum: / unsere
Zierde, unser Ruhm, wie sie verwüstet
sind! / Die Heiden haben es entweiht.

13 Wozu sollen wir noch leben?

14 Mattatias und seine Söhne zerrissen
ihre Kleider. Sie legten Bußgewänder an
und trauerten sehr.

Die Opferprobe in Modeïn

15 Die Abgesandten des Königs, die zum
Abfall zwingen sollten, kamen auch nach
Modeïn, um eine Opferfeier zu veranstal-
ten. 16 Viele Israeliten liefen zu ihnen über.
Auch Mattatias und seine Söhne hatten zu
erscheinen. 17 Da wandten sich die Ge-
sandten des Königs an ihn und sagten:
Du bist ein angesehener und einflussrei-
cher Würdenträger hier in der Stadt und
von Söhnen und Verwandten unterstützt.
18 So tritt jetzt als Erster heran und erfüll
das Gebot des Königs, wie es alle Völker
taten, auch die Männer von Judäa und die
in Jerusalem Zurückgebliebenen. Dann
gehörst du mit deinen Söhnen zu den
Freunden des Königs und man wird dich
samt deinen Söhnen mit Gold, Silber und
vielen Geschenken auszeichnen. 19 Mattati-
as antwortete mit lauter Stimme: Wenn
auch alle Völker im Machtbereich des Kö-
nigs auf ihn hören, jeder von der Religion
seiner Väter abfällt und seinen Weisungen
folgt, 20 so werden doch ich, meine Söhne
und meine Brüder beim Bund unserer Vä-
ter bleiben. 21 Der Himmel bewahre uns,
dass wir Gesetz und Satzungen verlassen!
22 Dem Dekret des Königs gehorchen wir
nicht und weichen nicht von unserer Reli-
gion ab, weder nach rechts noch nach
links. 23 Kaum hatte er diese Erklärung ab-
gegeben, trat einer von den Juden vor, um
vor aller Augen auf dem Altar von Modeïn
gemäß dem königlichen Befehl zu opfern.
24 Als Mattatias das sah, wurde er zornig,
erbebte im Innersten und ließ seinem
Groll freien Lauf. Er stürzte sich auf ihn
und erschlug ihn am Altar. 25 Zugleich tö-
tete er den königlichen Beamten, der zum
Opfer zwang, und zerstörte den Altar. 26 Er
ereiferte sich für das Gesetz und tat, was
einst Pinhas mit Simri, dem Sohn des Salu,
getan hatte. 27 Dann rief Mattatias mit lau-
ter Stimme durch die Stadt: Wer noch für
das Gesetz eintritt und treu zum Bund
steht, der folge mir nach! 28 Er floh mit sei-
nen Söhnen in die Berge. Ihren ganzen Be-
sitz ließen sie in der Stadt zurück.

Kampf am Sabbat wird in der Wüste erprobt

29 Damals zogen viele Männer, die Gerech-
tigkeit und Recht suchten, in die Wüste,
um dort zu leben, 30 sie selbst samt ihren
Kindern, Frauen und Herden. Denn im-
mer größere Bedrängnis war über sie ge-
kommen. 31 Da wurde den königlichen Be-
amten und den Truppen in der Davidstadt
von Jerusalem gemeldet, dass manche von
den Leuten, die das Gebot des Königs Ge-
bot hatten, in die Höhlen der Wüste hi-
nuntergezogen seien. 32 In großer Zahl eil-
ten sie ihnen nach und holten sie ein. Sie
stellten sich ihnen entgegen und traten am
Sabbat gegen sie zum Kampf an. 33 Sie rie-
fen ihnen zu: Jetzt ist es genug! Kommt
heraus und befolgt das Gebot des Königs!
Dann sollt ihr am Leben bleiben. 34 Sie aber
antworteten: Wir kommen nicht heraus
und halten uns nicht an das Gebot des Kö-
nigs; wir werden den Sabbat nicht entwei-
hen. 35 Da eröffneten jene sogleich den
Kampf gegen sie. 36 Die Juden aber erwi-
derten nichts. Sie schleuderten ihnen nicht
einmal einen Stein entgegen, noch ver-
schanzten sie sich in den Höhlen. 37 Sie
sagten: Wir alle wollen mit reinem Gewis-

sen sterben. Himmel und Erde sind unsere Zeugen, dass ihr uns widerrechtlich umbringt. [38] Am Sabbat traten die Soldaten gegen sie zum Kampf an und so starben sie samt ihren Frauen, Kindern und Herden, ungefähr eintausend Menschen.

Taten des Mattatias und seiner Partei

[39] Als Mattatias und seine Freunde davon erfuhren, trauerten sie sehr um die Toten. [40] Dann aber sagten sie zueinander: Wenn wir alle so handeln, wie unsere Brüder gehandelt haben, und nicht gegen die Heiden für unser Leben und unser Gesetz kämpfen, werden sie uns bald von der Erde vertilgen. [41] Da fassten sie noch am gleichen Tag folgenden Beschluss: Wir wollen gegen jeden, der uns am Sabbat angreift, kämpfen, damit wir nicht alle sterben, wie unsere Brüder in den Höhlen umkamen.

[42] Damals schloss sich ihnen die Gruppe der Hasidäer an, tapfere Männer aus Israel, jeder von ihnen Gesetz treu ergeben. [43] Zu ihnen gesellten sich auch alle jene, die vor den Bedrängnissen geflohen waren. Sie dienten ihnen zur Verstärkung. [44] So stellten sie ein Heer zusammen

und schlugen die Sünder in ihrem Zorn / und die Gesetzlosen in ihrem Grimm.

Die Übriggebliebenen flohen zu den Heiden, um sich zu retten. [45] Mattatias und seine Anhänger zogen umher und zerstörten die Altäre. [46] Mit Gewalt vollzogen sie die Beschneidung an den noch unbeschnittenen Kindern, die sie im Gebiet Israels antrafen.

[47] Sie verfolgten die Frevler, / und ihr Unternehmen hatte Erfolg.

[48] So schützten sie das Gesetz vor den Übergriffen der Heiden / und der Hand der Könige / und verhinderten den Erfolg der Sünder.

Vermächtnis und Tod des Mattatias

[49] Als sich das Leben des Mattatias dem Ende näherte, sagte er zu seinen Söhnen: Nun herrschen Hochmut und Strafe, / die Stunde der Zerstörung und heftiger Zorn.

[50] Jetzt, Söhne, kämpft für das Gesetz, / gebt euer Leben für den Bund der Väter hin!

[51] Gedenkt der Taten, / die unsere Väter zu ihrer Zeit vollbrachten! / Dann wird euch großer Ruhm zuteil und ein ewiger Name.

[52] Wurde in der Prüfung Abraham nicht für treu befunden, / und wurde es ihm nicht als Gerechtigkeit angerechnet?

[53] In seiner Unglückszeit hielt Josef das Gesetz / und wurde der Gebieter von Ägypten.

[54] Pinhas, unser Ahnherr, bewies großen Eifer / und erhielt dafür die Verheißung ewigen Priestertums.

[55] Josua erfüllte das Gesetz / und wurde Richter in Israel.

[56] Kaleb gab Zeugnis in der Versammlung / und empfing Land als Erbbesitz.

[57] David hielt die Treue / und erlangte durch seine Frömmigkeit den Königsthron für ewige Zeiten.

[58] Weil Elija mit großem Eifer für das Gesetz kämpfte, / wurde er in den Himmel aufgenommen.

[59] Hananja, Asarja und Mischaël vertrauten / und wurden aus den Flammen errettet.

[60] Daniel wurde wegen seiner Unschuld / dem Rachen der Löwen entrissen.

[61] Denkt an alle unsere Generationen: / Keiner unterliegt, der auf ihn hofft.

[62] So fürchtet euch nicht vor den Reden des Sünders; / denn seine Pracht wird Kot und Fraß der Würmer.

[63] Heute noch erhöht / und morgen schon verschwunden, / er kehrt zurück zu seinem Staub, / und all sein Planen ist vergangen.

[64] Meine Söhne, seid mannhaft und stark im Gesetz; / denn Herrliches werdet ihr dadurch erlangen.

[65] Seht Simeon, eueren Bruder! Ich weiß, dass er ein kluger Mann ist. Hört immer auf ihn! Er soll euch Vater sein. [66] Judas, der Makkabäer, voll Kraft von Jugend an, sei euer Heerführer und leite den Krieg gegen die Völker. [67] Schart um euch alle, die das Gesetz halten, und nehmt Rache für euer Volk. [68] Übt strenge Vergeltung an den Heiden und haltet an den Vorschriften des Gesetzes fest. [69] Dann segnete er sie und wurde mit seinen Vätern vereint. [70] Er starb im Jahr einhundertsechsundvierzig und wurde in der Gruft seiner Väter in Modeïn beigesetzt. Ganz Israel hielt ihm eine große Totenklage.

Judas der Makkabäer, Führer der Juden

Loblied auf Judas

3 An seine Stelle trat sein Sohn Judas,
genannt der Makkabäer. 2 Ihn unter-
stützten alle seine Brüder und alle Anhän-
ger seines Vaters. Sie zogen freudig in den
Kampf für Israel.
3 Weithin erwarb er seinem Volk
Ruhm. / Den Panzer legte er an wie ein
Kriegsheld, / legte seine Waffenrüstung an
und zog in den Kampf, / das Lager schüt-
zend mit dem Schwert.
4 In seinen Taten glich er einem Löwen, /
dem jungen Löwen, der nach Beute brüllt.
5 Gesetzlose erspähte und verfolgte er, /
vernichtete die Bedränger seines Volkes.
6 Die Sünder zitterten in Furcht vor
ihm, / und alle Übeltäter bebten;
so glückte ihm die Rettung.
7 Er brachte vielen Königen Leid, / Jakob
aber erfreute er durch seine Taten. / Auf
ewig bleibt sein Gedächtnis gesegnet.
8 Er zog durch Judäas Städte, / vernich-
tete in ihnen das Böse
und wehrte den Zorn von Israel ab.
9 Sein Ruhm ging bis zu den Grenzen
der Erde; / er sammelte um sich, was ver-
sprengt war.

Erste Erfolge Judas'

10 Apollonius sammelte zum Kampf gegen
Israel aus den fremden Völkern und aus
Samarien ein großes Heer. 11 Als Judas da-
von erfuhr, rückte er ihm entgegen, besieg-
te und tötete ihn. Viele wurden erschlagen
und fielen; die übrigen flohen. 12 Sie nah-
men die Beute an sich. Judas nahm das
Schwert des Apollonius an sich und
kämpfte nun immer damit. 13 Als Seron,
der Führer des Heeres in Syrien, hörte,
dass Judas Leute um sich gesammelt hatte,
eine Gruppe von Getreuen, die mit ihm in
den Kampf zogen, 14 sagte er: Ich will mir
einen Namen machen und berühmt wer-
den im Reich, wenn ich gegen Judas und
seine Leute, die das Gesetz des Königs ver-
achten, Krieg führe. 15 Er rückte zu einem
zweiten Angriff aus. Mit ihm zog ein star-
kes Heer von Gottlosen heran, um ihm zu
helfen, an den Israeliten Rache zu neh-
men. 16 Als er sich der Steige von Bet-Ho-
ron näherte, zog ihm Judas mit wenigen
Leuten entgegen. 17 Als diese das heran-
rückende Heer sahen, sagten sie zu Judas:
Wie können wir in so geringer Zahl gegen
eine solche Übermacht kämpfen? Außer-
dem sind wir ganz erschöpft, weil wir heu-
te noch nichts gegessen haben. 18 Da sagte
Judas: Mit Leichtigkeit können viele von
wenigen eingeschlossen werden; denn für
den Himmel macht es keinen Unter-
schied, ob er die Rettung durch viele oder
wenige bewirkt. 19 Nicht von der Größe des
Heeres hängt der Erfolg im Krieg ab, son-
dern von der Kraft, die vom Himmel
kommt. 20 Diese da kommen zu uns voll
Hochmut und Gottlosigkeit, um uns samt
unseren Frauen und Kindern zu vernich-
ten und auszuplündern. 21 Wir aber kämp-
fen für unser Leben und unser Gesetz. 21 Er
selbst wird sie vor unseren Augen vernich-
ten. Fürchtet euch also nicht vor ihnen!
23 Kaum hatte er geendet, da stürmte er
auch schon gegen sie los. Seron und sein
Heer wurden vernichtet. 24 Sie verfolgten
ihn von der Steige von Bet-Horon bis in
die Ebene. Ungefähr achthundert Mann
von ihnen fielen, die übrigen flohen in
das Land der Philister.
25 So entstand Furcht vor Judas und sei-
nen Brüdern, / und der Schrecken erfasste
die Völker ringsum.
26 Sein Ruhm drang bis zum König, /
und alle Welt erzählte von den Kämpfen
des Judas.

Kriegsvorbereitung des Antiochus.
Regentschaft des Lysias

27 Als Antiochus diese Nachrichten erfuhr,
entbrannte er voller Zorn. Er sandte aus
und sammelte alle Streitkräfte seines Rei-
ches, ein sehr starkes Heer. 28 Er schloss
seine Schatzkammern auf, gab den Trup-
pen Sold für ein Jahr und befahl ihnen,
sich für jeden Dienst bereitzuhalten. 29 Da
merkte er, dass das Geld in seinen Schatz-
kammern ausging. Die Steuereingänge aus
dem Land waren gering infolge des Auf-
ruhrs und der Bedrängnis, die er über das
Land gebracht hatte, als er die uralten Sat-
zungen aufgehoben hatte. 30 So befürchtete
er, er könnte, wie es schon das eine oder
andere Mal vorgekommen war, nicht ge-
nug besitzen für den Aufwand und die Ge-
schenke, die er bisher mit freigebiger
Hand ausgeteilt und die er reichlicher als
die früheren Könige gegeben hatte. 31 Seine

Verlegenheit war sehr groß. So beschloss er, nach Persien zu ziehen, die Steuern der Provinzen einzutreiben und viel Geld zusammenzubringen. 32 Lysias, ein angesehener Mann aus königlichem Geschlecht, überließ er die Reichsgeschäfte vom Eufrat bis zu den Grenzen Ägyptens. 33 Er beauftragte ihn auch bis zu seiner Rückkehr mit der Erziehung seines Sohnes Antiochus. 34 Ferner übergab er ihm die Hälfte der Streitkräfte und die Elefanten und erteilte ihm Vollmacht für alle seine Pläne und Anweisungen für die Bewohner von Judäa und Jerusalem. 35 Gegen sie sollte er ein Heer senden, um Israels Macht völlig zu brechen, den Rest Jerusalems zu vernichten und sogar die Erinnerung an die Juden auszulöschen. 36 In ihrem ganzen Gebiet sollte er Fremde ansiedeln und ihr Land durch das Los verteilen. 37 Die andere Hälfte der Streitkräfte nahm der König mit und brach im Jahr einhundertsiebenundvierzig von seiner Hauptstadt Antiochia auf, er überschritt den Eufrat und durchzog das Hochland.

Gorgias und Nikanor rücken in Judäa ein

38 Dann wählte Lysias Ptolemäus, den Sohn des Dorymenes, Nikanor und Gorgias, tapfere Männer und Freunde des Königs. 39 Mit ihnen schickte er vierzigtausend Mann und siebentausend Reiter, um in das Land Judäa einzudringen und es nach dem Befehl des Königs zu verwüsten. 40 Sie brachen mit ihrem ganzen Heer auf und rückten ein. Ihr Lager schlugen sie in der Ebene bei Emmaus auf. 41 Als die Kaufleute der Gegend von ihnen hörten, nahmen sie Silber und Gold in großer Menge und Fußfesseln. Sie kamen ins Lager, um die Israeliten als Sklaven anzukaufen. Truppen aus Syrien und dem Land der Philister schlossen sich ihnen an. 42 Judas und seine Brüder erkannten, dass das Unglück immer größer wurde und die Truppen schon in ihrem Gebiet lagerten. Auch erfuhren sie von den Anweisungen des Königs, dem Volk den völligen Untergang zu bereiten. 43 Sie sagten zueinander: Wir wollen uns gegen die Vernichtung unseres Volkes erheben und für unser Volk und Heiligtum streiten. 44 Sie schlossen sich zusammen, um kampfbereit zu sein, auch um zu beten und um Gnade und Erbarmen zu erflehen.

45 Jerusalem war menschenleer wie eine Wüste, / von seinen Kindern / ging dort keines aus und ein. / Zertreten war das Heiligtum, / Fremde hausten in der Burg, / den Heiden bot sie eine Wohnstätte. / Aus Jakob war die Freude verbannt, / Flötenspiel und Zitherklang waren verstummt.

Versammlung der Juden in Mizpa

46 So schlossen sie sich zusammen und zogen nach Mizpa, Jerusalem gegenüber. Denn früher war in Mizpa eine Gebetsstätte für Israel gewesen. 47 Sie fasteten an jenem Tag, legten Bußgewänder an, streuten Asche auf ihr Haupt und zerrissen ihre Kleider. 48 Dann rollten sie das Gesetzbuch auf, um eine Entscheidung zu erhalten, so wie die Heiden ihre Götzenbilder befragen. 49 Auch brachten sie die priesterlichen Gewänder, die Erstlingsgaben und den Zehnten herbei, befahlen den Nasiräern, deren Zeit abgelaufen war, sich zu versammeln, 50 riefen mit lauter Stimme zum Himmel: Was sollen wir mit ihnen tun und wohin sie bringen? 51 Denn dein Heiligtum ist zertreten und entweiht, deine Priester sind niedergeschlagen und traurig. 52 Siehe, die Heiden sammeln sich gegen uns, um uns auszurotten. Du weißt, was sie gegen uns planen. 53 Wie können wir ihnen widerstehen, wenn du uns nicht hilfst? 54 Dann stießen sie in die Trompeten und schrien mit lauter Stimme.

55 Danach bestellte Judas Heerführer, Hauptleute über eintausend, einhundert, fünfzig und zehn. 56 Allen jenen aber, die sich ein Haus gebaut, eine Frau genommen oder einen Weinberg angelegt hatten, oder die furchtsam waren, gab er Weisung, gemäß der Vorschrift des Gesetzes nach Hause zurückzukehren. 57 Dann brach das Heer auf und bezog südlich von Emmaus ein Lager. 58 Judas sagte: Umgürtet euch und erweist euch als tapfere Männer! Seid morgen früh bereit, gegen diese Heidenvölker zu kämpfen, die sich gegen uns zusammentaten, um uns und unser Heiligtum zu vernichten! 59 Denn lieber wollen wir im Kampf fallen als zusehen, wie Unheil über unser Volk und über das Heiligtum kommt. 60 Aber wie es der Wille des Himmels ist, so soll es geschehen!

Die Schlacht bei Emmaus

4 Gorgias stellte fünftausend Mann und eintausend ausgesuchte Reiter zusam-

men. Das Heer brach in der Nacht auf,
2 um das Lager der Juden zu überfallen
und sie überraschend zu schlagen. Leute
aus der Burg dienten ihm als Führer. 3 Ju-
das hörte davon und brach nun selbst mit
seinen Soldaten auf, um das Heer des Kö-
nigs bei Emmaus zu schlagen, 4 solange die
Truppen vom Lager getrennt waren.
5 Gorgias kam in der Nacht in das Lager
des Judas, fand aber niemand vor. Da
suchte er sie in den Bergen; denn er dach-
te: Sie fliehen schon vor uns.

6 Bei Tagesanbruch erschien Judas mit
dreitausend Mann in der Ebene. Doch be-
saßen sie nicht genügend Schilde und
Schwerter, wie sie es wünschten. 7 Denn
sie sahen, dass das Heerlager der Heiden
stark verschanzt und von Reiterei umge-
ben war, lauter kriegsgeübten Soldaten.
8 Da sagte Judas zu seinen Leuten: Fürchtet
nicht ihre Zahl und zittert nicht vor ihrem
Ansturm! 9 Denkt daran, wie unsere Väter
gerettet wurden, als der Pharao sie mit sei-
nem Heer verfolgte. 10 Lasst uns jetzt den
Himmel anrufen, dass er sich über uns er-
barmt, des Bundes der Väter gedenkt und
dieses Heer heute vor unseren Augen ver-
nichtet! 11 Dann sollen alle Heidenvölker
erkennen, dass es einen gibt, der Israel er-
löst und errettet.

12 Als die Fremden aufblickten und sie
anrücken sahen, 13 traten sie aus dem Lager
heraus zum Kampf. Die Soldaten des Ju-
das stießen in die Trompeten 14 und sie ge-
rieten aneinander. Die Heiden wurden ge-
schlagen und flohen in die Ebene. 15 Alle
Nachzügler fielen durch das Schwert. Die
Juden verfolgten sie bis nach Geser und in
die Ebene von Idumäa, Aschdod und Jam-
nia. Es fielen ungefähr dreitausend Mann
von ihnen.

16 Als Judas mit seinem Heer von der
Verfolgung zurückkehrte, 17 sagte er zum
Kriegsvolk: Macht euch nicht über die
Beute her; denn uns steht noch ein Kampf
bevor. 18 Gorgias steht mit seinem Heer
nahe bei uns im Gebirge. Stellt euch also
jetzt den Feinden entgegen und kämpft
mit ihnen! Nachher könnt ihr in Ruhe
die Beute nehmen. 19 Kaum hatte Judas ge-
endet, sah man auch schon eine Abteilung
aus dem Gebirge herauskommen. 20 Sie er-
kannten, dass ihre Leute geschlagen waren
und man das Lager in Brand gesteckt hat-
te; denn der Rauch, den man sehen konn-
te, zeigte an, was geschehen war. 21 Da er-
schraken sie sehr. Als sie aber noch das
Heer des Judas angriffsbereit in der Ebene
erblickten, 22 flohen sie alle ins Land der
Philister. 23 Judas wandte sich nun der
Beute des Lagers zu. Sie nahmen viel Gold
und Silber, violette und rote Purpurstoffe
und viele Wertgegenstände. 24 Bei ihrer
Heimkehr sandten sie Hymnen und
Danklieder zum Himmel: Denn gut ist er
und in Ewigkeit währt sein Erbarmen.
25 So erfuhr Israel an jenem Tag wunder-
bare Rettung.

Erster Feldzug des Lysias

26 Alle Fremden, die entkommen waren,
gingen zu Lysias und berichteten ihm den
Vorfall. 27 Als er davon hörte, war er er-
schüttert und niedergeschlagen. Denn
nicht nach seiner Absicht war es Israel er-
gangen und der Auftrag des Königs war
nicht erfüllt. 28 Im folgenden Jahr warb er
sechzigtausend ausgesuchte Kämpfer und
fünftausend Reiter an, um nochmals gegen
die Juden ins Feld zu ziehen. 29 Sie rückten
in Idumäa ein und lagerten bei Bet-Zur.
Judas stellte sich ihnen mit zehntausend
Mann entgegen. 30 Als er die starke Heeres-
macht erblickte, betete er: Gepriesen seist
du, Retter Israels, der du den Angriff des
Riesen durch deinen Knecht David gebro-
chen und das Heer der Philister in die
Hände Jonatans, des Sohnes Sauls, und
seines Waffenträgers ausgeliefert hast.
31 Gib dieses Heer in die Gewalt deines
Volkes Israel, dass sie mit ihrer Heeres-
macht und Reiterei untergehen! 32 Jag
ihnen Schrecken ein! Lass ihren stolzen
Mut erlahmen! Ihre Niederlage soll sie zit-
tern machen. 33 Lass sie durch das Schwert
derer fallen, die dich lieben, damit alle, die
deinen Namen anerkennen, dich mit Lie-
dern preisen. 34 Dann stürmten sie auf-
einander los. Vom Heer des Lysias fielen
ungefähr fünftausend Mann im Nah-
kampf. 35 Als Lysias den Zusammenbruch
seiner Schlachtfront sah und den Kamp-
fesmut der Truppen des Judas erkannte,
wie sie entschlossen waren, entweder eh-
renvoll zu leben oder zu sterben, kehrte er
nach Antiochia zurück. Er warb neue
Söldner an, um mit einem verstärkten
Heer in Judäa zu erscheinen.

Reinigung und Weihe des Tempels

36 Judas und seine Brüder aber sagten: Unsere Feinde sind vernichtet. Lasst uns hinaufziehen, das Heiligtum zu reinigen und einzuweihen. 37 Da versammelte sich das ganze Heer und zog zum Berg Zion hinauf. 38 Sie sahen das Heiligtum verwüstet, den Brandopferaltar entweiht, die Tore verbrannt. In den Vorhöfen wuchsen Sträucher wie in einem Wald oder auf einem Berg und die Nebengebäude waren zerstört. 39 Da zerrissen sie ihre Kleider, erhoben eine große Klage und streuten sich Asche aufs Haupt. 40 Sie warfen sich auf die Erde nieder, stießen in die Signaltrompeten und schrien laut zum Himmel. 41 Dann beorderte Judas Leute, gegen die Besatzung der Burg zu kämpfen, bis er das Heiligtum gereinigt habe. 42 Darauf wählte er unbescholtene, gesetzestreue Priester, 43 die das Heiligtum reinigten und die entweihten Steine an einen unreinen Ort brachten. 44 Sie beratschlagten, was sie mit dem entweihten Brandopferaltar anfangen sollten. 45 Da kam ihnen der gute Gedanke, ihn abzubrechen; denn er hätte ihnen nur Schande eingetragen, da ihn die Heiden entweiht hatten. So brachen sie den Altar ab. 46 Die Steine legten sie auf dem Tempelberg an einem passenden Ort nieder, bis ein Prophet auftreten würde, um über ihre Verwendung zu entscheiden. 47 Dann nahmen sie unbehauene Steine nach der Vorschrift des Gesetzes und bauten einen neuen Altar nach dem Muster des früheren auf. 48 Auch das Heiligtum bauten sie wieder auf und weihten das Innere des Hauses und die Vorhöfe. 49 Sie schufen auch neue heilige Geräte und brachten den Leuchter, den Rauchopferaltar und den Tisch in den Tempel. 50 Auf dem Rauchopferaltar verbrannten sie Rauchwerk und zündeten die Lampen auf dem Leuchter an, sodass sie im Tempel hell aufleuchteten. 51 Sie legten Brote auf den Tisch und brachten die Vorhänge wieder an. So vollendeten sie das Werk, das sie begonnen hatten.

52 Am fünfundzwanzigsten des neunten Monats, das ist der Monat Kislew, im Jahr einhundertachtundvierzig erhoben sie sich früh am Morgen 53 und brachten auf dem neuen Brandopferaltar, den sie errichtet hatten, nach dem Gesetz ein Opfer dar. 54 Genau zu der Zeit und an dem Tag, an dem die Heiden ihn entweiht hatten, wurde er unter Lobgesängen mit Zithern, Harfen und Zimbeln eingeweiht. 55 Das ganze Volk warf sich nieder und sandte Huldigung und Loblieder zum Himmel, der sie so glücklich geführt hatte. 56 Die Einweihung des Altars feierten sie acht Tage lang, brachten in Freude Brandopfer dar und schlachteten Heils- und Dankopfer. 57 Die Vorderseite des Tempels schmückten sie mit goldenen Kränzen und kleinen Schilden, richteten die Tore und Nebengebäude wieder her und versahen sie mit Türen. 58 Überaus große Freude herrschte im Volk, weil der Schandfleck der Heiden fortgeschafft war. 59 Judas, seine Brüder und die ganze Gemeinde Israels fassten den Beschluss, dass die Tage der Altarweihe alljährlich zur entsprechenden Zeit acht Tage lang vom fünfundzwanzigsten des Monats Kislew an in Freude und Jubel gefeiert werden sollten.

60 In jener Zeit versahen sie den Berg Zion ringsum mit hohen Mauern und starken Türmen, damit die fremden Völker nicht wiederkommen und sie niederreißen konnten, wie sie es früher getan hatten. 61 Man legte eine Besatzung hinein, um ihn zu schützen. Auch befestigte man Bet-Zur, damit das Volk gegen Idumäa abgesichert war.

Feldzug gegen die Idumäer und Ammoniter

5 Als die Völker ringsum hörten, dass der Brandopferaltar aufgebaut und das Heiligtum wieder eingeweiht war, gerieten sie in großen Zorn. 2 Sie fassten den Beschluss, den gesamten Stamm Jakobs, der in ihrer Mitte wohnte, zu vernichten. Schon begannen sie, unter dem Volk zu morden und Verderben zu verbreiten.

3 Da eröffnete Judas den Krieg gegen die Nachkommen Esaus in Idumäa im Gebiet von Akrabattene, weil sie Israel ringsum beunruhigten. Er brachte ihnen eine große Niederlage bei, demütigte sie und plünderte sie aus. 4 Auch erinnerte er sich an die Untaten der Beoniter, die dem Volk zur Schlinge und zum Fallstrick geworden waren, weil sie den Juden auf den Wegen aufgelauert hatten. 5 Sie wurden von ihm in ihre Fliehtürme eingeschlossen und belagert; er weihte sie dem Untergang und verbrannte ihre Türme samt ihren Besatzungen. 6 Dann zog er zu den

Ammonitern hinüber und traf eine starke
Heeresabteilung mit vielen Kriegern unter
Führung des Timotheus an. 7 Er lieferte
ihnen zahlreiche Gefechte. Sie wurden
von ihm überwältigt und er schlug sie
vollständig. 8 Er bezwang auch Jaser und
seine Tochterstädte und kehrte nach Ju-
däa zurück.

Vorbereitung der Feldzüge nach Galiläa und Gilead

9 Auch die Völker in Gilead erhoben sich
gegen die Israeliten, die in ihrem Gebiet
wohnten, um sie auszurotten. Diese aber
flüchteten in die Festung Datema. 10 Sie
sandten Schreiben an Judas und seine Brü-
der mit der Nachricht: Die Völker in unse-
rer Umgebung haben sich zusammen-
geschlossen, um uns zu vernichten. 11 Sie
sind zum Angriff auf die Festung gerüstet,
in die wir uns geflüchtet haben; Timotheus
befehligt ihr Heer. 12 Darum komm jetzt
und befrei uns aus ihrer Gewalt; denn viele
von uns sind schon gefallen. 13 Alle unsere
Brüder, die bei den Leuten von Tubi leb-
ten, sind bereits getötet. Ihre Frauen und
Kinder und ihre Habe haben sie fort-
geschleppt. Ungefähr eintausend Mann
haben sie umgebracht. 14 Noch während
man diesen Brief vorlas, kamen andere
Boten aus Galiläa in zerrissenen Kleidern
und überbrachten folgende Nachricht:
15 Gegen uns sind die Leute von Ptolemaïs,
Tyrus und Sidon und dem ganzen fremd-
stämmigen Galiläa versammelt, um uns zu
vernichten. 16 Als Judas und das Volk diese
Nachrichten hörten, wurde eine große
Volksversammlung einberufen, um zu be-
raten, was sie für ihre Brüder tun sollten,
die sich in Bedrängnis befanden und von
den Feinden angegriffen wurden. 17 Judas
sagte zu seinem Bruder Simeon: Wähl dir
Leute aus und ziehe hin, befrei deine Brü-
der in Galiläa! Ich aber und mein Bruder
Jonatan, wir marschieren nach Gilead.
18 Er ließ Josef, den Sohn Secharjas, und
Asarja als Führer des Volkes mit dem Rest
des Heeres zur Sicherung in Judäa zurück
19 und gab ihnen die Weisung: Übernehmt
die Führung dieser Leute, aber unter-
nehmt bis zu unserer Rückkehr keinen
Krieg gegen die fremden Völker! 20 Drei-
tausend Mann wurden Simeon für den
Zug nach Galiläa zugewiesen, Judas aber
achttausend Mann für Gilead.

Kämpfe in Galiläa und Gilead

21 Dann zog Simeon nach Galiläa und lie-
ferte den fremden Völkern viele Kämpfe,
sie wurden von ihm vernichtet und 22 er
verfolgte sie bis vor die Tore von Ptolema-
ïs. Von den Völkern fielen ungefähr drei-
tausend Mann. Er machte reiche Beute bei
ihnen. 23 Dann nahm er die Leute aus Gali-
läa und Arbatta mit Frauen und Kindern
und all ihrer Habe und führte sie unter
großem Jubel nach Judäa zurück.

24 Judas, der Makkabäer, und sein Bruder
Jonatan überschritten den Jordan und
machten einen Marsch von drei Tagen in
die Steppe. 25 Sie trafen auf die Nabatäer,
die ihnen freundlich begegneten und
ihnen alles berichteten, was ihren Brüdern
in Gilead zugestoßen war. 26 Viele von
ihnen seien in Bosora, Bosor, Alema, Ka-
spin, Maked und Karnajim eingeschlos-
sen, allesamt große und befestigte Städte.
27 Auch in den übrigen Städten Gileads sei-
en sie eingeschlossen. Für morgen habe
man beschlossen, die Festungen anzugrei-
fen und zu erobern und sie alle an einem
Tag zu vernichten.

28 Da wandte sich Judas mit seinem Heer
plötzlich Richtung Steppe auf Bosora zu.
Er eroberte die Stadt, tötete alle männ-
lichen Einwohner mit der Schärfe des
Schwertes, plünderte sie und brannte sie
nieder. 29 In der Nacht brach er von dort
auf und marschierte vor die Festung. 30 Als
sie am Morgen um sich schauten, erblick-
ten sie ein unzählbar großes Heer, das Lei-
tern und Belagerungsmaschinen herbei-
schleppte, um die Festung zu erstürmen.
Sie hatten den Kampf gegen die Juden
schon eröffnet. 31 Da erkannte Judas, dass
der Angriff schon begonnen hatte. Aus der
Stadt stieg Trompetengeschmetter und
lautes Kriegsgeschrei zum Himmel. 32 Da
rief er den Soldaten zu: Kämpft heute für
unsere Brüder! 33 In drei Abteilungen griff
er sie von rückwärts an; sie stießen in die
Trompeten und beteten laut. 34 Als das
Heer des Timotheus erkannte, dass es der
Makkabäer war, flohen sie vor ihm. So
brachte er ihnen eine schwere Niederlage
bei. An diesem Tag fielen von ihnen unge-
fähr achttausend Mann. 35 Dann bog Judas
nach Mizpa ab, bekämpfte und eroberte es.
Er tötete alle männlichen Einwohner,
plünderte die Stadt und verbrannte sie.
36 Von dort brach er auf und eroberte Ka-

spin, Maked, Bosor und die übrigen Städte Gileads.

37 Nach diesen Ereignissen sammelte Timotheus ein neues Heer und bezog bei Rafon jenseits des Winterbachs ein Lager. 38 Judas sandte Leute aus, das Lager auszukundschaften. Sie brachten ihm die Nachricht zurück: Alle Völker der Umgegend sind bei ihm versammelt, ein gewaltig großes Heer. 39 Selbst Araber sind als Hilfstruppen geworben. Sie lagern jenseits des Winterbachs und sind bereit, gegen dich in den Kampf zu ziehen. Da marschierte Judas ihnen entgegen. 40 Als Judas sich mit seinen Truppen dem Winterbach näherte, sagte Timotheus zu seinen Heerführern: Kommt er zuerst zu uns herüber, können wir ihm nicht standhalten. Er wird uns überlegen sein. 41 Fürchtet er sich aber und bezieht ein Lager jenseits des Flusses, dann ziehen wir zu ihm hinüber und überwältigen ihn.

42 Als Judas sich dem Winterbach näherte, stellte er die Heeresschreiber zur Kontrolle an den Bach und befahl ihnen: Niemand darf hier lagern, sondern alle sollen in den Kampf ziehen! 43 Er schritt selbst als Erster hindurch und das ganze Volk hinter ihm her. Alle fremden Völker wurden von ihm geschlagen, warfen ihre Waffen weg und flohen in den Tempelbezirk von Karnajim. 44 Die Juden eroberten zuerst die Stadt und verbrannten dann den Tempelbezirk samt allen, die sich dort aufhielten. So wurde Karnajim tief gedemütigt und konnte Judas nicht länger Widerstand leisten.

45 Judas versammelte nun ganz Israel, das in Gilead wohnte, Groß und Klein, Frauen und Kinder samt der Habe, ein sehr großes Heerlager, um in das Land Judäa zu ziehen. 46 Sie kamen bis Efron, eine große Stadt an einem Engpass, die sehr stark befestigt war. Vor ihr gab es kein Ausweichen nach rechts oder links, sondern nur der Durchmarsch durch sie war möglich. 47 Die Einwohner der Stadt verschlossen ihnen die Tore und versperrten sie noch mit Steinen. 48 Da sandte Judas Boten zu ihnen und ließ ihnen in Güte zureden: Wir müssen durch euer Gebiet ziehen, um in unser Land zu gelangen. Niemand wird euch ein Leid antun. Wir wollen nur zu Fuß durchmarschieren. Aber sie weigerten sich, ihm zu öffnen. 49 Da gab Judas den Befehl, im ganzen Heer zu verkünden, ein jeder solle an der Stelle Halt machen, wo er stehe. 50 Die Soldaten schlugen ihr Lager auf. Dann kämpfte er gegen die Stadt den ganzen Tag und die ganze Nacht. Da wurde ihm die Stadt übergeben. 51 Alle männlichen Einwohner der Stadt tötete er mit der Schärfe des Schwertes. Er zerstörte sie, plünderte sie aus und marschierte über die Erschlagenen hinweg durch die Stadt. 52 Sie überschritten den Jordan und kamen in die große Ebene, Bet-Schean gegenüber. 53 Judas sammelte immer wieder die Nachzügler und ermunterte das Volk auf dem ganzen Weg, bis es in das Land Judäa gelangte. 54 Mit Jubel und Freude stiegen sie zum Berg Zion hinauf und brachten Brandopfer dar, weil keiner von ihnen bis zur glücklichen Heimkehr gefallen war.

Rückschlag bei Jamnia

55 In den Tagen, als Judas und Jonatan in Gilead waren und ihr Bruder Simeon in Galiläa vor Ptolemaïs stand, 56 hörten die Heerführer Josef, der Sohn Secharjas, und Asarja von den Heldentaten und Kämpfen, die jene vollbracht hatten. 57 Da sagten sie: Auch wir wollen uns einen Namen machen! Ziehen wir aus, um gegen die fremden Völker ringsum zu kämpfen! 58 Sie gaben den Leuten ihres Heeres Weisungen und rückten gegen Jamnia vor. 59 Aber Gorgias kam mit seinen Soldaten aus der Stadt heraus, ihnen zum Kampf entgegen. 60 Josef und Asarja wurden besiegt und bis an die Grenzen Judäas verfolgt. Vom Volk Israel fielen an jenem Tag ungefähr zweitausend Mann. 61 Das Volk hatte eine schwere Niederlage erlitten, weil sie Judas und seinen Brüdern nicht gehorcht, sondern von Heldentaten geträumt hatten. 62 Doch sie waren nicht aus dem Geschlecht jener Männer, durch deren Hand Israel Rettung finden sollte.

Erfolg in Idumäa und Philistäa

63 Judas aber, der Held, und seine Brüder erlangten großen Ruhm beim ganzen Volk Israel und bei allen Völkern, überall, wo ihr Name bekannt wurde. 64 Man versammelte sich bei ihnen, um sie zu beglückwünschen. 65 Dann zogen Judas und seine Brüder aus und führten Krieg gegen die Nachkommen Esaus im Südland. Er er-

oberte Hebron und seine Tochterstädte, riss seine Festungsanlagen nieder und verbrannte ringsum seine Türme. 66 Dann brach er zu einem Zug ins Land der Philister auf und durchzog Marescha. 67 An jenem Tag fielen einige Priester im Kampf, die Heldentaten vollbringen wollten und ohne Überlegung in den Kampf zogen. 68 Dann bog Judas nach Aschdod im Land der Philister ab, zerstörte die Altäre, verbrannte die Bildsäulen ihrer Götter, plünderte die Städte und kehrte in das Land Judäa zurück.

Ende des Antiochus Epiphanes

6 Unterdessen durchzog König Antiochus die östlichen Provinzen. Er hörte von Elymaïs, einer Stadt in Persien, die durch ihren Reichtum an Gold und Silber berühmt war. 2 Der Tempel in ihr galt als besonders reich. Dort hatte der mazedonische König Alexander, der Sohn Philipps, der als erster Grieche König geworden war, goldene Schilde, Rüstungen und Waffen zurückgelassen. 3 Er kam und versuchte, die Stadt zu erobern und auszuplündern. Aber es gelang ihm nicht, da der Plan den Einwohnern der Stadt hinterbracht worden war. 4 Sie stellten sich ihm zum Kampf entgegen. Er floh und brach in großer Niedergeschlagenheit auf, um nach Babylon zurückzukehren. 5 Da überbrachte man ihm in Persien die Nachricht, dass die in Judäa einmarschierten Heere geschlagen worden seien. 6 Auch Lysias sei an der Spitze eines starken Heeres ausgezogen und von den Juden besiegt worden. Ihre Bewaffnung und Kampfkraft habe sich durch die reiche Beute, die sie den geschlagenen Heeren abnahmen, verstärkt. 7 Auch hätten sie den Gräuel niedergerissen, den er auf dem Opferaltar in Jerusalem errichtet hatte. Das Heiligtum hätten sie wie früher mit hohen Mauern umgeben, ebenso seine Stadt Bet-Zur. 8 Als der König diese Nachrichten hörte, erschrak er und war sehr bestürzt. Er sank auf sein Lager und fiel vor Traurigkeit in eine Krankheit, da ihm nichts so gelang, wie er es wünschte. 9 Mehrere Tage lag er nieder, große Schwermut hatte ihn befallen. Er glaubte, sterben zu müssen. 10 Da berief er alle seine Vertrauten und sagte zu ihnen: Der Schlaf ist von meinen Augen gewichen und mein Herz ist schwer bedrückt vor Trübsinn. 11 Ich habe mich gefragt, wie ich in diese große Not und Trübsal geraten bin, die mich jetzt bedrückt! Denn ich war geachtet und beliebt während meiner Regierungszeit. 12 Jetzt aber fällt mir das Böse ein, das ich an Jerusalem verübt habe. Ich habe alle dort vorhandenen silbernen und goldenen Gefäße fortgenommen und ohne Grund Leute hingesandt, die Bewohner Judäas auszurotten. 13 Ich habe erkannt, dass mich deswegen dieses Unglück getroffen hat. Seht, ich sterbe mitten im fremden Land in tiefer Verzweiflung.

Thronbesteigung Antiochus Eupators

14 Dann berief er Philippus, einen seiner Vertrauten, und bestellte ihn über sein ganzes Reich. 15 Ihm übergab er seine Krone, seinen Mantel und den Siegelring, damit er seinen Sohn Antiochus anleite und zum Herrscher erziehe. 16 König Antiochus starb dort im Jahr einhundertneunundvierzig. 17 Als Lysias hörte, dass der König gestorben war, bestellte er zum Nachfolger dessen Sohn Antiochus, den er in seiner Jugend erzogen hatte und gab ihm den Beinamen Eupator.

Belagerung der Burg von Jerusalem durch Judas

18 Die Besatzung der Burg behinderte die Israeliten rings um das Heiligtum. Sie versuchte, ihnen allen zu schaden, während sie den Fremden einen starken Rückhalt bot. 19 Judas fasste nun den Plan, sie zu vernichten, und bot das ganze Volk zur Belagerung auf. 20 Sie versammelten sich und begannen im Jahr einhundertfünfzig mit der Belagerung. Er führte Geschosstürme und Belagerungsmaschinen gegen sie heran. 21 Einige von ihnen konnten aus der Umschließung entkommen. Ihnen schlossen sich Gottlose aus Israel an. 22 Sie gingen zum König und sagten: Wie lange dauert es noch, bis du Gericht hältst und unsere Brüder rächst? 23 Bereitwillig haben wir deinem Vater gedient, seine Weisungen befolgt und seinen Befehlen gehorcht. 24 Deswegen sind uns unsere eigenen Landsleute feindlich gesinnt. Alle, die sie von uns aufgriffen haben, wurden ermordet und unser Besitz geplündert. 25 Aber nicht nur gegen uns haben sie die Hand erhoben, sondern auch gegen alle deine

Grenzgebiete. [26] Jetzt belagern sie sogar die
Burg in Jerusalem, um sie zu erobern. Den
Tempel und Bet-Zur haben sie befestigt.
[27] Wenn du ihnen nicht schnell zuvor-
kommst, werden sie noch mehr unterneh-
men und du wirst sie nicht mehr aufhalten
können.

Feldzug des Antiochus Eupator und des Lysias

[28] Bei diesen Nachrichten geriet der König
in Zorn und berief alle seine Vertrauten,
die Führer des Heeres und der Reiterei.
[29] Auch aus anderen Reichen und von den
Inseln des Meeres stießen Söldnertruppen
zu ihm. [30] Die Stärke seiner Truppen betrug
einhunderttausend Fußsoldaten, zwanzig-
tausend Reiter und zweiunddreißig Kriegs-
elefanten. [31] Sie durchzogen Idumäa und la-
gerten vor Bet-Zur, bekämpften es lange
Zeit und bauten Kriegsmaschinen auf. Jene
aber machten einen Ausfall, verbrannten
sie und kämpften tapfer.

[32] Da rückte Judas von der Burg ab und
schlug sein Lager bei Bet-Sacharja dem des
Königs gegenüber auf. [33] In aller Frühe
brach auch der König auf und führte das
Heer rasch nach Bet-Sacharja. Sie stellten
sich zum Kampf auf und stießen in die
Trompeten. [34] Die Elefanten reizten sie
mit Saft von Trauben und Maulbeeren,
um sie zum Kampf anzustacheln. [35] Dann
verteilten sie die Tiere auf die Truppen-
abteilungen und ordneten jedem Elefan-
ten eintausend Mann zu, die mit Ketten-
panzern ausgerüstet waren und bronzene
Helme auf dem Kopf trugen. Außerdem
stellten sie zu jedem Tier noch fünfhun-
dert ausgewählte Reiter. [36] Diese waren
schon früher dem Tier zugeordnet gewe-
sen, begleiteten es, wohin es ging, und
trennten sich nicht von ihm. [37] Jedes Tier
trug einen starken gedeckten Holzturm,
der durch besondere Vorrichtungen auf
ihm befestigt war. Auf jedem befanden
sich drei Soldaten, die von dort aus kämpf-
ten, und dazu sein indischer Lenker. [38] Die
übrige Reiterei stellten sie links und rechts
an den beiden Flügeln des Heeres auf, um
den Gegner zu beunruhigen und die eige-
ne Schlachtfront zu decken. [39] Als sich die
Sonne auf den goldenen und bronzenen
Schilden spiegelte, erstrahlten davon die
Berge und leuchteten auf wie Feuerfa-
ckeln. [40] Ein Teil des königlichen Heeres
breitete sich auf den Höhen aus, ein ande-
rer in der Niederung. So rückten sie sicher
und wohlgeordnet vor. [41] Da erzitterten al-
le, die das Getöse der Menge, den An-
marsch der Masse und das Klirren der
Waffen vernahmen; denn es war ein sehr
großes und starkes Heer.

[42] Judas näherte sich mit seinem Heer
zum Kampf. Vom Heer des Königs fielen
sechshundert Mann. [43] Da erblickte Eleasar
Awaran eines von den Tieren, das königli-
chen Purpur trug und alle Tiere überragte,
sodass er den König auf ihm vermutete.
[44] Er opferte sich, um sein Volk zu retten
und sich einen ewigen Ruhm zu bereiten.
[45] Mutig stürmte er auf jenes los, mitten in
die Schlachtreihe, was rechts und links
war, hieb er nieder, sodass man auf beiden
Seiten zurückwich. [46] Dann kroch er unter
den Elefanten, durchbohrte ihn von unten
und brachte ihn um. Das Tier stürzte zu
Boden, auf ihn nieder, sodass er dort sei-
nen Tod fand. [47] Da die Juden aber die Stär-
ken und die Stoßkraft der königlichen
Truppen erkannten, wichen sie vor ihnen
zurück.

Einnahme von Bet-Zur und Belagerung des Berges Zion

[48] Die Truppen des Königs zogen nun ge-
gen sie nach Jerusalem hinauf. Der König
schlug in Judäa und am Berg Zion ein La-
ger auf. [49] Er schloss mit den Leuten von
Bet-Zur Frieden. Sie ergaben sich, weil sie
dort keine Lebensmittel mehr hatten, um
die Belagerung auszuhalten. Man beging
nämlich im Land ein Sabbatjahr. [50] So be-
setzte der König Bet-Zur und legte eine
Besatzung hinein, um es zu bewachen.
[51] Dann belagerte er lange Zeit das Heilig-
tum und stellte dort Geschosstürme, Mau-
erbrecher, Flammenwerfer, Steinwerfer,
Pfeilwerfer und Schleudermaschinen auf.
[52] Aber auch die Juden errichteten Maschi-
nen als Gegenmaßnahmen und verteidig-
ten sich lange Zeit. [53] Doch in den Vorrats-
räumen gingen die Lebensmittel aus, weil
es das siebte Jahr war. Den Rest an Vor-
räten hatten schon jene aufgezehrt, die
sich vor den fremden Völkern nach Jeru-
salem gerettet hatten. [54] Nur wenige Män-
ner blieben im Heiligtum zurück; alle an-
deren hatte der Hunger bezwungen und
sie zerstreuten sich, ein jeder ging in seine
Heimat.

Antiochus Eupator gewährt den Juden Religionsfreiheit

55 Da erhielt Lysias die Nachricht, dass Philippus, den König Antiochus noch zu seinen Lebzeiten dazu bestimmt hatte, seinen Sohn Antiochus für das Herrscheramt zu erziehen, 56 aus Persien und Medien heimgekehrt sei. In seiner Begleitung befänden sich die Truppen, die mit dem (verstorbenen) König ausgezogen waren, und er trachte danach, die Regierung zu übernehmen. 57 Da drängte er auf baldigen Aufbruch und sagte zum König, zu den Heerführern und den Soldaten: Von Tag zu Tag werden wir schwächer und unsere Lebensmittel weniger. Der Platz aber, den wir belagern, ist noch fest. Zudem lastet die Sorge um das Reich auf uns. 58 Bieten wir daher jetzt diesen Männern die Hand und schließen wir Frieden mit ihnen und ihrem ganzen Volk! 59 Erlauben wir ihnen, wie früher nach ihren Gesetzen zu leben! Denn ihrer Gesetze wegen, die wir verboten haben, haben sie sich empört und dies alles getan. 60 Dieser Plan gefiel dem König und den Heerführern. Er sandte Boten zu ihnen, um Frieden mit ihnen zu schließen, und sie nahmen an. 61 Der König und die Heerführer gaben ihnen eine eidliche Zusicherung. Daraufhin kamen sie aus der Festung heraus. 62 Der König hielt seinen Einzug auf dem Berg Zion. Als er aber die Befestigung des Platzes sah, brach er den Eid, den er geschworen hatte, und gab Befehl, die Mauern ringsum zu zerstören. 63 Dann zog er rasch ab und kehrte nach Antiochia zurück. Dort fand er Philippus als Herrn der Stadt. Er bekämpfte ihn und nahm die Stadt mit Gewalt ein.

Demetrius I. Bakchides und Alkimus in Judäa

7 Im Jahr einhunderteinundfünfzig entkam Demetrius, der Sohn des Seleukus, aus Rom. Er landete mit wenigen Leuten in einer Stadt am Meer und regierte dort als König. 2 Als er dann in den Königspalast seiner Väter einzog, nahmen die Truppen Antiochus und Lysias gefangen, um sie vor ihn zu bringen. 3 Der Vorfall wurde ihm gemeldet. Er aber sagte: Ich will sie nicht sehen! 4 Da töteten die Soldaten sie und Demetrius bestieg den Thron seines Reiches. 5 Da kamen alle Gesetzlosen und Frevler aus Israel unter Führung des Alkimus, der Hoherpriester werden wollte, zu ihm. 6 Sie erhoben beim König Anklage gegen das Volk und sagten: Judas und seine Brüder haben alle deine Anhänger ermordet und uns aus unserer Heimat vertrieben. 7 Sende daher jetzt einen Mann, dem du Vertrauen schenkst. Er gehe hin und überzeuge sich von all dem Unheil, das er uns und dem Land des Königs angetan hat. Er strafe sie und alle, die ihnen geholfen haben.

8 Der König wählte aus den königlichen Freunden Bakchides, der jenseits des Stromes regierte, großes Ansehen im Reich besaß und dem König treu ergeben war. 9 Er sandte ihn und den Frevler Alkimus, dem er das Hohepriesteramt verlieh. Er gab ihm die Weisung, an den Israeliten Rache zu nehmen. 10 Sie brachen auf und kamen mit einem großen Heer in das Land Judäa. Er sandte an Judas und seine Brüder Boten mit unaufrichtigen Friedensbeteuerungen. 11 Sie schenkten aber ihren Worten keinen Glauben; denn sie sahen, dass jene mit einem starken Heer gekommen waren. 12 Bei Alkimus und Bakchides fand eine Versammlung von Schriftgelehrten statt, um die Rechtslage zu untersuchen. 13 Die Hasidäer waren die Ersten unter den Israeliten, die für einen Friedensschluss eintraten. 14 Sie sagten nämlich: Ein Priester aus der Familie Aarons ist mit dem Heer gekommen. Der wird uns kein Unrecht antun. 15 Alkimus gab ihnen auch Friedensversicherungen und schwor ihnen: Wir werden euch und eueren Freunden kein Leid zufügen! 16 Sie vertrauten ihm; er aber ließ sechzig Mann von ihnen ergreifen und an einem Tag hinrichten gemäß dem Schriftwort: 17 Die Leichen deiner Heiligen – und ihr Blut vergoss man rings um Jerusalem. Und niemand war da, der sie begrub. 18 Da befiel Furcht und Schrecken vor ihnen das ganze Volk. Denn sie sagten: Treue und Gerechtigkeit gibt es bei ihnen nicht; sie haben die Vereinbarung und den Eid, den sie geleistet hatten, gebrochen.

19 Bakchides zog sich von Jerusalem zurück und lagerte bei Bet-Sajit. Er ließ viele von den Männern, die zu ihm übergelaufen waren, sowie etliche aus dem Volk ergreifen und an der großen Zisterne hinrichten. 20 Das Land übertrug er Alkimus und ließ bei ihm eine Heeresabteilung zu

seiner Unterstützung zurück. Bakchides
kehrte danach zum König zurück. 21 Alki-
mus aber kämpfte um die Hohepriester-
würde. 22 Alle Bedränger des eigenen Vol-
kes versammelten sich um ihn. Sie
bemächtigten sich des Landes Judäa und
brachten großes Unglück über Israel.
23 Als Judas all das Unglück sah, das Alki-
mus und seine Leute über die Israeliten
brachten, schlimmer noch als die fremden
Völker, 24 zog er durch das ganze Gebiet
Judäas und nahm Rache an den Gesetzlo-
sen. So wurden jene daran gehindert, frei
im Land herumzuziehen. 25 Als Alkimus
sah, dass Judas und seine Partei erstarkten,
und er erkannte, dass er ihnen nicht ge-
wachsen war, kehrte er zum König zurück
und brachte schwere Anklagen gegen sie
vor.

Nikanor in Judäa.
Schlacht bei Kafar-Salama

26 Da sandte der König Nikanor, einen sei-
ner berühmtesten Feldherrn, einen Feind
und Hasser Israels. Er trug ihm auf, das
Volk zu vernichten. 27 Nikanor zog mit
einem starken Heer nach Jerusalem und
sandte hinterhältig folgende Friedensbot-
schaft an Judas und seine Brüder: 28 Es soll
kein Krieg sein zwischen mir und euch!
Ich werde mit geringer Begleitung kom-
men, um friedlich mit euch zu verhandeln.
29 So kam er zu Judas und sie begrüßten
einander freundschaftlich, während die
Feinde bereitstanden, Judas zu entführen.
30 Judas aber erkannte klar, dass er in hin-
terlistiger Absicht zu ihm kam. Deshalb
mied er ihn vorsichtig und wollte ihn nicht
mehr sehen. 31 Nikanor merkte, dass sein
Plan entdeckt war, und er zog Judas nach
Kafar-Salama zum Kampf entgegen. 32 Von
den Leuten Nikanors fielen ungefähr fünf-
hundert Mann, die anderen flohen in die
Davidstadt.

Drohungen gegen den Tempel

33 Danach zog Nikanor zum Berg Zion hi-
nauf. Da kamen einige Priester aus dem
Heiligtum und einige Älteste des Volkes,
um ihn friedlich zu begrüßen und ihm
das Brandopfer zu zeigen, das für den Kö-
nig dargebracht wurde. 34 Er aber verhöhn-
te und verlachte sie, machte sie unrein und
prahlte. 35 Voll Zorn schwor er ihnen:
Wenn mir Judas und sein Heer nicht so-
fort ausgeliefert werden, werde ich dieses
Haus in Brand stecken, sobald ich glück-
lich zurück bin. Wütend ging er fort. 36 Die
Priester gingen hinein und stellten sich vor
den Altar und den Tempel. Sie weinten
und sagten: 37 Du hast dieses Haus erwählt,
dass es deinem Namen geweiht und für
dein Volk ein Haus des Betens und Fle-
hens sei. 38 Übe Vergeltung an diesem
Menschen und seinem Heer, dass sie
durch das Schwert fallen! Denk an ihre
Lästerungen und lass sie untergehen

Niederlage Nikanors bei Hadascha

39 Nikanor verließ Jerusalem und lagerte
bei Bet-Horon. Dort schloss sich ihm noch
eine syrische Heeresabteilung an. 40 Judas
bezog mit dreitausend Mann ein Lager bei
Hadascha. Da betete Judas: 41 Als einst die
Gesandten des Königs von Assur lästerten,
da kam dein Engel und schlug von ihnen
einhundertfünfundachtzigtausend Mann.
42 So vernichte heute dieses Heer vor uns,
damit die, die übrig bleiben, erkennen,
wie er gegen dein Heiligtum gelästert hat.
Richte ihn nach seinen Verbrechen!

43 Am dreizehnten Adar stießen die Hee-
re zum Kampf aufeinander. Nikanors
Heer wurde aufgerieben, er selbst fiel als
Erster im Kampf. 44 Als aber das Heer sah,
dass Nikanor gefallen war, warfen sie die
Waffen weg und flohen. 45 Die Juden ver-
folgten sie einen Tagesmarsch weit von
Hadascha bis in die Gegend von Geser.
Mit ihren Signaltrompeten bliesen sie hin-
ter ihnen her. 46 Nun kamen die Menschen
aus allen umliegenden Dörfern Judäas he-
raus und umzingelten sie. Da wandte sich
einer gegen den anderen und alle fielen
durch das Schwert. Nicht ein einziger von
ihnen blieb übrig. 47 Dann nahmen die Ju-
den die Beute und den Raub an sich und
schlugen dem Nikanor den Kopf und seine
rechte Hand ab, die er so vermessen aus-
gestreckt hatte. Sie nahmen sie mit und
hängten sie bei Jerusalem auf. 48 Das Volk
freute sich sehr. Sie begingen diesen Tag
als einen großen Freudentag. 49 Auch be-
stimmten sie, den dreizehnten Adar künf-
tig jedes Jahr zu feiern. Für kurze Zeit hat-
te das Land Judäa nun Ruhe.

Lob auf die Römer

8 Judas hörte vom Ruhm der Römer,
dass sie sehr kriegstüchtig seien und

jenen ihre Gunst bezeigten, die zu ihnen
hielten. Sie schlössen Freundschaft mit al-
len, die zu ihnen kämen. 2 Sie seien kriegs-
tüchtige Leute. Man erzählte ihm von
ihren Kriegen und Heldentaten, die sie
bei den Galatern vollbracht und wie sie
diese unterworfen und tributpflichtig ge-
macht hatten. 3 Man berichtete von ihren
Leistungen in Spanien, wie sie sich dort
die Silber- und Goldbergwerke angeeignet
und 4 des Landes durch Klugheit und Aus-
dauer bemächtigt hatten, obwohl es von
ihnen weit entfernt liegt, wie sie Könige,
die vom Ende der Erde gegen sie heran-
zogen waren, besiegt und ihnen eine große
Niederlage bereitet hatten, während die
anderen ihnen jährlich Tribut brachten.
5 Philippus und Perseus, die Könige der
Kittäer, und jene, die sich gegen sie auf-
lehnten, hatten sie im Kampf besiegt und
unterworfen, 6 Auch Antiochus der Große,
König von Asien, der mit einhundert-
zwanzig Elefanten, Reiterei, Wagen und
einem sehr starken Heer gegen sie zum
Kampf auszog, war von ihnen besiegt
7 und lebendig gefangen genommen wor-
den. Ihm und seinen Nachfolgern erlegten
sie einen großen Tribut auf, er musste Gei-
seln stellen und Land abtreten; 8 sie nah-
men ihm Indien, Medien und Lydien ab,
einen Teil seiner schönsten Gebiete, und
gaben sie König Eumenes. 9 Als die Bewoh-
ner Griechenlands einen Feldzug be-
schlossen hatten, um die Römer zu ver-
nichten, 10 wurde jenen der Plan bekannt
und sie sandten einen Feldherrn gegen
die Griechen aus und bekämpften sie. Vie-
le Griechen wurden erschlagen und fielen.
Ihre Frauen und Kinder nahmen sie gefan-
gen, plünderten sie aus, bemächtigten sich
ihres Landes, ihre Festungen zerstörten sie
und unterwarfen sie bis zum heutigen Tag.
11 Auch die übrigen Königreiche und In-
seln, die sich ihnen einst widersetzt hatten,
waren vernichtet und unterjocht worden.
12 Aber mit ihren Freunden und Verbünde-
ten hielten sie Freundschaft. So hätten sie
die Herrschaft über die Königreiche nah
und fern gewonnen. Jeder aber, der ihren
Namen auch nur höre, erschrecke vor ih-
nen. 13 Wem sie zur Herrschaft verhelfen
wollten, der würde auch König. Wen sie
aber ablehnten, den setzten sie auch ab.
So seien sie zu großer Macht gelangt.
14 Doch setze sich bei alldem keiner von
ihnen die Krone auf, noch lege einer den
Purpurmantel an, um damit zu prunken.
15 Sie hätten sich vielmehr einen Rat ge-
schaffen und jeden Tag berieten die drei-
hundertzwanzig Ratsherren nach allen
Seiten hin über das Volk, um es gut zu re-
gieren. 16 Einen einzigen Mann beauftrag-
ten sie alljährlich damit, sie zu führen
und über ihr Land zu herrschen. Alle ge-
horchten dem einen Mann. Neid und Ei-
fersucht gebe es nicht unter ihnen.

Bündnis der Juden mit den Römern

17 Judas wählte nun Eupolemus, den Sohn
Johanans und Enkel des Koz, aus, sowie
Jason, den Sohn Eleasars, und schickte sie
nach Rom, um mit den Römern ein
Freundschafts- und Waffenbündnis zu
schließen, 18 damit diese das Joch von Ju-
däa nähmen, da sie ja sähen, wie schwer
das Königreich der Griechen auf Israel las-
te. 19 So reisten sie also nach Rom – es war
ein sehr weiter Weg –, begaben sich in den
Senat und sagten: 20 Judas, der Makkabäer,
seine Brüder und das Volk der Juden ha-
ben uns zu euch gesandt, um mit euch ein
Waffen- und Friedensbündnis zu schlie-
ßen und in die Liste euerer Bundesgenos-
sen und Freunde eingetragen zu werden.
21 Der Antrag fand die Billigung des Senats.
22 Die Abschrift der Urkunde, die sie auf
Bronzetafeln schrieben und als ein Denk-
mal des Friedens- und des Waffenbünd-
nisses nach Jerusalem sandten, lautet fol-
gendermaßen:

23 Heil sei auf ewig den Römern und dem
Volk der Juden zu Wasser und zu Land!
Schwert und Feind bleibe fern von ihnen.
24 Wenn Rom oder einem seiner Bundes-
genossen im ganzen Bereich seiner Herr-
schaft zuerst ein Krieg droht, 25 wird das
Volk der Juden von ganzem Herzen mit-
kämpfen, wie die Umstände es erforder-
lich machen. 26 Den Feinden werden sie
Getreide, Waffen, Geld und Schiffe weder
geben noch verschaffen. So ward es von
Rom gutgeheißen. Sie werden sich an die-
se Bestimmung ohne Gegenleistung hal-
ten. 27 Dementsprechend werden die Rö-
mer bereitwillig mitkämpfen, wie es die
Umstände von ihnen fordern, wenn dem
Volk der Juden zuerst ein Krieg droht.
28 Den Kriegsführenden brauchen sie we-
der Getreide, Waffen, Geld noch Schiffe
zu liefern, wenn es von Rom gebilligt wird.

Sie werden den Vertrag ohne Hinterlist
einhalten. 29 Aufgrund dieser Bestimmun-
gen schließen die Römer mit den Juden
den Vertrag. 30 Wenn aber nachher die
einen oder anderen etwas beifügen oder
streichen wollen, so können sie es nach
ihrem Belieben tun. Was sie beifügen oder
streichen, soll Geltung haben.

31 Was den Schaden betrifft, den König
Demetrius ihnen zugefügt hat, so haben
wir ihm folgendermaßen geschrieben: Wa-
rum hast du den Juden, unseren Freunden
und Bundesgenossen, ein so schweres Joch
auferlegt? 32 Wenn sie noch weitere Klagen
gegen dich vorbringen, dann verschaffen
wir ihnen Recht und führen mit dir Krieg
zu Wasser und zu Land.

Schlacht bei Berea und Tod des Judas

9 Als Demetrius hörte, dass Nikanor
mit seinen Truppen im Kampf gefal-
len war, sandte er Bakchides und Alkimus
zum zweiten Mal in das Land Judäa und
gab ihnen den rechten Flügel seines Hee-
res mit. 2 Sie marschierten in Richtung Ga-
liläa und belagerten Mesalot im Gebiet
von Arbela. Sie eroberten es und töteten
viele Menschen. 3 Im ersten Monat des Jah-
res einhundertzweiundfünfzig bezogen sie
ein Lager vor Jerusalem. 4 Dann brachen
sie auf und marschierten mit zwanzigtau-
send Fußsoldaten und zweitausend Rei-
tern nach Berea. 5 Judas aber hatte mit
einer ausgewählten Truppe von dreitau-
send Mann sein Lager in Elasa aufgeschla-
gen. 6 Als sie die große Masse der Truppen
erblickten, fürchteten sie sich sehr und
viele liefen aus dem Lager davon. Nur
noch achthundert Mann blieben von
ihnen übrig. 7 Als Judas sah, dass sich sein
Heer aufgelöst hatte und ihm der Kampf
drohte, wurde er tief betrübt, denn es ver-
blieb ihm keine Zeit, seine Leute wieder zu
sammeln. 8 Er war ganz bestürzt und sagte
zu den Zurückgebliebenen: Erheben wir
uns und stürmen wir gegen unsere Feinde!
Vielleicht können wir sie doch besiegen.
9 Sie wollten ihn davon abbringen und sag-
ten: Wir können es nicht. Retten wir jetzt
unser eigenes Leben. Dann kommen wir
mit unseren Brüdern zurück und kämpfen
gegen sie. Jetzt sind wir zu gering an Zahl.
10 Judas aber erwiderte: Auf keinen Fall
werde ich vor ihnen fliehen! Wenn unsere
Zeit gekommen ist, wollen wir mutig für
unsere Brüder sterben. Auf unsere Ehre
aber wollen wir keinen Makel kommen
lassen.

11 Da brach das feindliche Heer vom La-
ger auf und stellte sich ihnen entgegen.
Die Reiterei teilte sich in zwei Gruppen.
Die Schleuderer und Bogenschützen samt
all den tapferen Vorkämpfern zogen dem
Heer voran. 12 Bakchides aber befand sich
auf dem rechten Flügel. Von beiden Seiten
näherte sich die Schlachtreihe, während
die Trompeten schmetterten. Auch die
Leute des Judas bliesen in die Trompeten.
13 Die Erde bebte vom Kriegslärm der Hee-
re und der Kampf währte vom Morgen bis
zum Abend. 14 Da sah Judas, dass Bakchi-
des mit dem Kern des Heeres auf dem
rechten Flügel stand. Alle Mutigen schar-
ten sich um ihn 15 und so wurde der rechte
Flügel von ihnen geschlagen; man verfolg-
te sie bis zum Berg Hazor. 16 Als die Sol-
daten auf dem linken Flügel merkten, dass
der rechte Flügel aufgerieben wurde,
machten sie kehrt und folgten Judas und
seinen Leuten auf dem Fuß nach. 17 Der
Kampf wurde hart und auf beiden Seiten
wurden viele schwer verwundet und fie-
len. 18 Auch Judas fiel; die Übrigen flohen.

Bestattung des Judas

19 Jonatan und Simeon trugen ihren Bruder
fort und begruben ihn in der Grabstätte
ihrer Väter in Modeïn. 20 Sie beweinten
ihn und ganz Israel hielt ihm eine große
Totenklage. Viele Tage betrauerten sie ihn
und riefen: 21 Ach, der Held ist gefallen, der
Retter Israels!

22 Die übrige Geschichte des Judas, die
Kriege und Heldentaten, die er vollbrach-
te, und seine Großtaten hat man nicht auf-
gezeichnet; es wäre zu viel geworden.

Jonatan, Führer der Juden und Hoherpriester

Jonatan, Haupt des Widerstandes

23 Nach dem Tod des Judas kamen die Ge-
setzlosen im ganzen Land Israel hervor
und alle Übeltäter wagten sich wieder an
die Oberfläche. 24 In jenen Tagen gab es
eine sehr große Hungersnot; zusammen
mit den Verrätern schien auch das Land
abgefallen zu sein. 25 Bakchides wählte
nun gottlose Männer aus und ernannte
sie zu Herren des Landes. 26 Sie suchten
und spürten die Anhänger des Judas auf
und brachten sie zu Bakchides, der sie
bestrafte und peinigte. 27 So entstand eine
große Verfolgung in Israel, wie sie seit
den Tagen der Propheten nicht mehr vor-
gekommen war.

28 Da kamen alle Anhänger des Judas zu-
sammen und sagten zu Jonatan: 29 Seitdem
dein Bruder Judas gestorben ist, gibt es
keinen Menschen mehr, der es ihm gleich-
täte und gegen die Feinde, gegen Bakchi-
des und überhaupt gegen alle Widersacher
unseres Volkes auszieht. 30 Darum wählen
wir dich heute an seiner Stelle zu unserem
Anführer in unserem Kampf. 31 Jonatan
übernahm also die Führung und trat an
die Stelle seines Bruders Judas.

Jonatan in der Wüste von Tekoa. Zwischenfälle bei Medeba

32 Bakchides hörte es und wollte ihn töten.
33 Als aber Jonatan, sein Bruder Simeon
und alle seine Anhänger davon erfuhren,
flohen sie in die Wüste Tekoa und lagerten
bei der Zisterne Asfar. 34 [An einem Sabbat
hörte Bakchides davon. Da zog er selbst
mit seinem Heer über den Jordan.]
35 Dann sandte Jonatan seinen Bruder als
Anführer der Truppe ab und bat die Naba-
täer, seine Freunde, ihr zahlreiches Gepäck
bei ihnen niederlegen zu dürfen. 36 Doch
die Söhne Jambris aus Medeba rückten
aus, ergriffen Johanan und seine ganze
Habe und zogen damit ab. 37 Darauf mel-
dete man Jonatan und seinem Bruder Si-
meon, dass die Söhne Jambris eine Hoch-
zeitsfeier abhielten und die Braut, die
Tochter eines der vornehmen Herren aus
Kanaan, mit großem Gefolge aus Nadabat
heimholten. 38 Da erinnerten sie sich an
das vergossene Blut ihres Bruders Joha-
nan, zogen hinauf und verbargen sich in
einem Schlupfwinkel des Gebirges. 39 Da
sahen sie plötzlich einen großen lärmen-
den Zug: Der Bräutigam, seine Freunde
und Verwandten kamen ihnen mit Pau-
ken, Saitenspiel und vielen Waffen ent-
gegen. 40 Da stürmten sie aus dem Versteck
auf sie los und schlugen sie nieder. Viele
wurden schwer verwundet und fielen. Der
Rest floh ins Gebirge. Alle ihre Beute nah-
men sie an sich. 41 So wandelte sich die
Hochzeit in Trauer und der Klang ihrer
Musik in Klage. 42 Sie rächten das Blut
ihres Bruders und kehrten in die Sumpf-
niederung am Jordan zurück.

Kämpfe am Jordan

43 Als Bakchides davon hörte, zog er an
einem Sabbat mit einer starken Truppen-
macht bis zum Jordanufer. 44 Jonatan sagte
zu seinen Leuten: Auf denn! Kämpfen wir
um unser Leben! Denn heute steht es an-
ders als gestern und vorgestern. 45 Der
Kampf droht uns von vorn und rückwärts;
rechts und links ist das Wasser des Jordan
mit seinem Sumpf und Dickicht. Es gibt
keine Gelegenheit zu entweichen. 46 Ruft
also jetzt zum Himmel, damit ihr aus der
Gewalt unserer Feinde gerettet werdet!
47 Dann entbrannte die Schlacht. Jonatan
streckte seine Hand aus, um Bakchides zu
treffen; der aber wich vor ihm zurück. 48 Da
sprang Jonatan mit seinen Leuten in den
Jordan und sie schwammen an das andere
Ufer. Jene aber setzten ihnen nicht über
den Jordan nach. 49 Von den Truppen des
Bakchides fielen an jenem Tag ungefähr
eintausend Mann.

Festungsanlagen des Bakchides. Alkimus' Tod

50 Bakchides kehrte nach Jerusalem zurück
und legte in Judäa feste Städte an: die Fes-
tungen bei Jericho, Emmaus, Bet-Horon,
Bet-El, Timna, Faraton und Tefon. Er ver-
sah sie mit hohen Mauern, Toren und Rie-
geln. 51 In jede legte er eine Besatzung hi-
nein, um Israel zu bekämpfen. 52 Auch
befestigte er die Stadt Bet-Zur, Geser sowie
die Burg (von Jerusalem). Er ließ Streit-
kräfte und Vorräte an Lebensmitteln in
sie hineinbringen. 53 Die Söhne der Vor-
nehmen des Landes nahm er als Geiseln
und setzte sie in der Burg von Jerusalem
fest.

[54] Im zweiten Monat des Jahres einhundertdreiundfünfzig gab Alkimus Anweisung, die Mauer des inneren Tempelhofs niederzureißen und vernichtete so die Werke der Propheten. Er hatte schon mit dem Niederreißen begonnen, [55] da erlitt Alkimus einen Schlaganfall, sodass sein Werk verhindert wurde. Sein Mund war verschlossen und er war gelähmt, sodass er kein Wort mehr sprechen und kein Testament für sein Hauswesen machen konnte. [56] Damals starb Alkimus unter großen Schmerzen. [57] Als Bakchides sah, dass er tot war, kehrte er zum König zurück und das Land Judäa hatte nun zwei Jahre Ruhe.

Belagerung von Bet-Basi

[58] Da berieten sich alle Gesetzlosen und sagten: Jonatan und seine Leute leben sorglos und ruhig. Darum wollen wir jetzt Bakchides herbeirufen, dass er sie alle in einer Nacht ergreift. [59] Sie gingen zu ihm und berieten sich mit ihm. [60] Er brach mit einem starken Heer auf und schickte heimlich Briefe an seine Anhänger in Judäa, sie sollten Jonatan und seine Leute gefangen nehmen. Es gelang ihnen aber nicht, da ihr Plan bekannt wurde. [61] Die Makkabäer aber ergriffen von den Bewohnern des Landes ungefähr fünfzig Mann, die zu den Anstiftern des Anschlags gehörten, und töteten sie.

[62] Darauf zogen sich Jonatan und Simeon mit ihren Leuten nach Bet-Basi in die Wüste zurück. Jonatan baute die Ruinen wieder auf und befestigte den Ort. [63] Als Bakchides davon erfuhr, zog er alle seine Streitkräfte zusammen und rief auch die Leute von Judäa zu den Waffen. [64] Dann zog er aus und belagerte Bet-Basi. Er bekämpfte es lange Zeit und stellte Belagerungsmaschinen auf. [65] Jonatan ließ seinen Bruder Simeon in der Stadt zurück und durchzog mit nur wenigen Leuten das Land. [66] Er erschlug Odomera und seine Brüder sowie den Stamm Fasiron in seinen Zelten. Da Jonatans Leute zu siegen begannen, stieg ihre Truppenzahl. [67] Simeon aber und seine Truppen machten einen Ausfall aus der Stadt und verbrannten die Belagerungsmaschinen. [68] Dann eröffneten sie den Kampf gegen Bakchides, der von ihnen geschlagen wurde. Sie bereiteten ihm großen Verdruss, weil sein Aufmarschplan gescheitert war. [69] Da wurde er über die Gesetzlosen zornig, die ihm geraten hatten, ins Land zu kommen. Er ließ viele von ihnen umbringen und beschloss, in seine Heimat zurückzukehren. [70] Als Jonatan davon erfuhr, schickte er Gesandte zu ihm, um Frieden mit ihm zu schließen und die Gefangenen freizubekommen. [71] Bakchides sagte zu und schwor, ihm sein ganzes Leben lang kein Leid mehr anzutun. [72] Die Gefangenen, die er zuvor aus dem Land Israel fortgeführt hatte, gab er ihm zurück. Dann kehrte er um und ging in seine Heimat. Niemals mehr betrat er Judäa. [73] So ruhten die Waffen in Israel. Jonatan ließ sich in Michmas nieder und begann, als Richter über das Volk zu herrschen und vertrieb die Gottlosen aus Israel.

Alexander Balas setzt Jonatan als Hohenpriester ein

10 Im Jahr einhundertsechzig zog Alexander Epiphanes, der Sohn des Antiochus, hinauf und eroberte Ptolemaïs. Man gewährte ihm Einlass und er herrschte dort als König. [2] Als König Demetrius davon hörte, sammelte er sehr viele Streitkräfte und zog gegen ihn zum Kampf. [3] Er sandte an Jonatan einen Brief mit Friedensversicherungen, um ihn hoch zu ehren. [4] Er dachte nämlich: Wir müssen schnell mit ihm Frieden schließen, bevor er sich mit Alexander gegen uns verbündet. [5] Sonst wird er sich an alles Unheil erinnern, das wir an ihm, seinen Brüdern und seinem Volk verübt haben. [6] So erteilte er ihm die Vollmacht, Truppen anzuwerben, Waffen anzuschaffen und sein Bundesgenosse zu werden. Er gab auch Befehl, ihm die Geiseln in der Burg auszuliefern.

[7] Jonatan ging nach Jerusalem und las den Brief dem ganzen Volk und der Besatzung der Burg laut vor. [8] Sie erschraken sehr, als sie vernahmen, der König habe ihm die Erlaubnis gegeben, Truppen auszuheben. [9] Die Besatzung der Burg lieferte nun Jonatan die Geiseln aus und dieser gab sie ihren Eltern zurück. [10] Dann ließ sich Jonatan in Jerusalem nieder und begann, die Stadt aufzubauen und wiederherzustellen. [11] Er gab den Arbeitern Anweisung, die Stadtmauern und den Berg Zion ringsum mit Quadersteinen zu befestigen, was auch geschah. [12] Da flohen die Fremden, die sich in den von Bakchides erbauten Burgen befanden. [13] Sie alle ver-

ließen ihre Wohnungen und kehrten in ihre Heimat zurück. 14 Nur in Bet-Zur blieben noch einige von jenen zurück, die vom Gesetz und den Vorschriften abgefallen waren; es diente ihnen nämlich als Zufluchtsort.

15 König Alexander hörte von den Versprechen, die Demetrius dem Jonatan gegeben hatte. Auch berichtete man ihm von den Kriegen und Heldentaten, die er und seine Brüder vollbracht, und von den Leiden, die sie erduldet hatten. 16 Da sagte er: Können wir noch einmal einen solchen Mann finden? Wir wollen ihn jetzt als unseren Freund und Bundesgenossen gewinnen. 17 Er schrieb einen Brief und schickte ihn Jonatan zu. Er hatte folgenden Wortlaut: 18 König Alexander entbietet seinem Bruder Jonatan seinen Gruß. 19 Wir haben gehört, dass du ein tapferer Mann bist und würdig, unser Freund zu sein. 20 Darum bestellen wir dich heute zum Hohenpriester über dein Volk. Freund des Königs sollst du heißen. Halte zu uns und bewahre uns die Freundschaft! Er sandte ihm ein Purpurgewand und eine goldene Krone.

21 Am Laubhüttenfest, im siebten Monat des Jahres einhundertsechzig, legte Jonatan das heilige Gewand an. Er sammelte Truppen und besorgte sich viele Waffen.

Brief Demetrius' I. an Jonatan

22 Als Demetrius von diesen Geschehnissen erfuhr, war er bestürzt und sagte: 23 Wie konnten wir es geschehen lassen, dass Alexander uns zuvorkam und sich die Freundschaft der Juden als Stütze sicherte? 24 Auch ich werde ihnen einen aufmunternden Brief mit Lob schreiben und Geschenke versprechen, damit sie auf meine Seite treten und mir Hilfe leisten. 25 Er schrieb ihnen einen Brief folgenden Inhalts: König Demetrius entbietet dem Volk der Juden seinen Gruß. 26 Mit Freuden haben wir gehört, dass ihr die mit uns abgeschlossenen Verträge gehalten habt, unserer Freundschaft treu geblieben und nicht zu unseren Feinden übergegangen seid. 27 Bleibt auch weiter dabei, uns die Freundschaft zu bewahren. Wir werden euch das Gute vergelten, das ihr uns erweist. 28 Wir wollen euch viele Auflagen erlassen und euch Geschenke machen. 29 Von jetzt an erkläre ich euch für frei und erlasse allen Juden die Steuern, auch die Salz- und Kronsteuer. 30 Ich verzichte ebenfalls von heute an auf das Drittel der Saatfrucht und die Hälfte der Baumfrucht, die mir zustehen. Ich werde sie vom Land Judäa und den drei ihm angeschlossenen Bezirken in Samarien und Galiläa von heute an und für alle Zeiten nicht mehr erheben. 31 Jerusalem soll heilig und frei und mit seiner Umgebung von Zehnten und Abgaben befreit sein. 32 Auch verzichte ich auf die Befehlsgewalt über die Burg von Jerusalem und übergebe sie dem Hohenpriester, damit er sie mit Leuten nach seiner Wahl besetzen kann, um sie zu bewachen. 33 Alle Juden, die aus dem Land Judäa in irgendeinen Teil meines Reiches verschleppt wurden, gebe ich ohne Lösegeld frei. Jeder soll ihnen ihre Abgaben, auch die für ihr Vieh, erlassen. 34 Alle Feste, Sabbate, Neumonde und gesetzlichen Tage sowie drei Tage vor dem Fest und drei Tage nachher sollen für alle Juden in meinem Reich Tage der Steuerfreiheit und des Erlasses sein. 35 Niemand hat die Macht, einen von ihnen wegen irgendeiner Sache zu belangen oder zu belästigen. 36 Von den Juden sollen ungefähr dreißigtausend Mann unter die Truppen des Königs aufgenommen werden. Sie erhalten Sold, wie er allen Soldaten des Königs zukommt. 37 Ein Teil von ihnen soll in die großen Festungen des Königs beordert werden. Andere sollen in die Vertrauensstellungen der Reichsverwaltung gelangen. Ihre Offiziere und Anführer sollen aus ihren Reihen genommen werden und sie sollen nach ihrem Gesetz leben dürfen, wie der König es auch für das Land Judäa vorgeschrieben hat. 38 Die drei Bezirke, die vom Land Samarien Judäa zugeteilt sind, sollen ihm so zugerechnet werden, dass sie nur einem Herrn unterstehen und keiner anderen Gewalt gehorchen als dem Hohenpriester. 39 Ptolemaïs und das angrenzende Gebiet schenke ich dem Tempel von Jerusalem zur Bestreitung der Kosten für das Heiligtum. 40 Persönlich stifte ich jährlich fünfzehntausend Silberschekel aus den königlichen Einkünften von den dazu geeigneten Orten. 41 Allen Überschuss, den die Beamten noch nicht wie in früheren Jahren abgeliefert haben, sollen sie von jetzt an für die Bedürfnisse des Tempels abgeben. 42 Die fünftausend Silberschekel, die man nach jährlicher Be-

rechnung von den Tempeleinkünften er-
hob, sollen auch erlassen sein, da sie den
diensttuenden Priestern zukommen. 43 Je-
der, der sich in den Tempel von Jerusalem
oder in den zum Tempel gehörenden Be-
reich flüchtet, weil er sich gegen den König
oder sonst wie verfehlt hat, soll samt sei-
ner ganzen Habe in meinem ganzen Reich
frei sein. 44 Die Kosten für den Wiederauf-
bau und die Erneuerung der Tempel-
gebäude sollen aus der königlichen Kasse
bestritten werden. 45 Die Ausgaben für den
Wiederaufbau der Mauern Jerusalems und
die Befestigungen ringsum bestreitet eben-
falls die königliche Kasse, desgleichen die
Wiederherstellung der Mauern in Judäa.

Tod des Demetrius

46 Als Jonatan und das Volk diese Zusagen
vernahmen, glaubten sie ihnen nicht und
nahmen sie nicht an; denn sie dachten an
das große Unheil, das er in Israel ange-
richtet und mit dem er sie so schwer be-
drängt hatte. 47 Sie hielten zu Alexander,
weil er ihnen zuerst mit freundschaftli-
chen Worten begegnet war, und kämpften
die ganze Zeit auf seiner Seite. 48 König
Alexander zog große Truppenmengen zu-
sammen und lagerte Demetrius gegen-
über. 49 Die beiden Herrscher lieferten sich
eine Schlacht. Das Heer des Demetrius
floh, Alexander verfolgte ihn und gewann
die Oberhand über sie. 50 Er setzte den
Kampf hartnäckig fort, bis die Sonne un-
terging. Demetrius fiel an jenem Tag.

Hochzeit Alexanders mit Kleopatra.
Jonatan, Feldherr und Statthalter

51 Danach sandte Alexander an Ptolemäus,
den König von Ägypten, Boten mit folgen-
dem Brief: 52 Ich bin in mein Königreich
heimgekehrt, habe den Thron meiner Vä-
ter bestiegen und die Herrschaft angetre-
ten. Ich habe Demetrius besiegt und unser
Land in Besitz genommen. 53 Ich lieferte
ihm einen Kampf. Er wurde mit seinem
Heer von uns vernichtet und so bestiegen
wir den Thron seiner Herrschaft. 54 Lasst
uns nun Freundschaft miteinander schlie-
ßen! Gib mir jetzt deine Tochter zur Ge-
mahlin, damit ich mich mit dir verschwä-
gere. Dir und ihr werde ich Geschenke
machen, die deiner würdig sind.
55 König Ptolemäus antwortete folgen-
dermaßen: Glücklich der Tag, an dem du
in das Land deiner Väter zurückgekehrt
bist und den Thron ihrer Herrschaft be-
stiegen hast! 56 Ich will dir gewähren, wo-
rum du mich gebeten hast. Aber komm
mir bis Ptolemaïs entgegen, damit wir
uns kennen lernen. Dann will ich mich
mit dir verschwägern, wie du geschrieben
hast.
57 Ptolemäus und seine Tochter Kleo-
patra verließen nun Ägypten und kamen
im Jahr einhundertzweiundsechzig in Pto-
lemaïs an. 58 König Alexander kam ihm
entgegen und jener übergab ihm seine
Tochter Kleopatra zur Frau. Man feierte
in Ptolemaïs mit großer Pracht ihre Hoch-
zeit, wie Könige es tun. 59 Da schrieb König
Alexander an Jonatan, er möge doch zu
ihm kommen. 60 Jonatan zog mit großem
Gefolge nach Ptolemaïs und traf mit den
beiden Königen zusammen. Er beschenkte
sie und ihre Vertrauten mit Silber, Gold
und vielen anderen Gaben. So erwarb er
ihre Gunst. 61 Da rotteten sich gottlose
Männer aus Israel gegen ihn zusammen,
Gesetzlose, die gegen ihn Klage erhoben.
Doch der König achtete nicht auf sie,
62 sondern gab Befehl, dass Jonatan seine
Kleider ablegen solle und sich mit einem
Purpurgewand bekleide. So geschah es.
63 Dann ließ ihn der König an seiner Seite
sitzen und sagte zu seinen obersten Beam-
ten: Geht mit ihm in die Stadt und gebt
bekannt, dass niemand in irgendeiner Sa-
che gegen ihn Anklage erheben darf, nie-
mand darf ihn wegen irgendeiner Angele-
genheit belästigen. 64 Als seine Ankläger
sahen, wie er öffentlich geehrt wurde und
in Purpur gekleidet war, flohen sie alle.
65 Der König verlieh ihm hohe Auszeich-
nungen und ließ ihn in das Verzeichnis
seiner ersten Vertrauten aufnehmen. Er
ernannte ihn zum Feldherrn und Statthal-
ter. 66 Wohlbehalten und voll Freude kehr-
te Jonatan nach Jerusalem zurück.

Sieg Jonatans über Demetrius II.

67 Im Jahr einhundertfünfundsechzig kam
Demetrius, der Sohn des Demetrius, aus
Kreta in das Land seiner Väter. 68 Diese
Nachricht bestürzte Alexander sehr und
er kehrte nach Antiochia zurück. 69 Deme-
trius bestellte Apollonius zum Statthalter
von Zölesyrien. Dieser zog ein großes
Heer zusammen und schlug sein Lager
bei Jamnia auf.

Dem Hohenpriester Jonatan schickte er
folgende Botschaft: 70 Du bist der Einzige,
der sich gegen uns erhebt. Deinetwegen
muss ich Hohn und Spott ertragen. Wa-
rum maßt du dir gegen uns im Gebirge
Gewalt an? 71 Wenn du auf deine Truppen
vertraust, dann komm jetzt zu uns in die
Ebene herunter, damit wir uns hier mit-
einander messen! Auf meiner Seite steht
die Kriegsmacht der Städte. 72 Frag nur
nach und du wirst erfahren, wer ich bin
und welches meine Truppen sind, die mir
helfen. Man wird dir sagen: Gegen uns
könnt ihr nicht bestehen. Schon zweimal
wurden deine Väter in ihrem eigenen
Land besiegt. 73 Auch diesmal kannst du
gegen eine solche Reiterei und eine solche
Truppenmenge in der Ebene nicht beste-
hen, wo weder ein Stein noch ein Kiesel
noch irgendein Versteck vorhanden ist.

74 Als Jonatan die Botschaft des Apollo-
nius hörte, war er zutiefst empört. Er
wählte zehntausend Mann aus und verließ
Jerusalem. Sein Bruder Simeon stieß zu
ihm, um ihn zu unterstützen. 75 Er schlug
sein Lager vor Jafo auf. Die Bewohner der
Stadt verschlossen ihm die Tore; denn in
Jafo lag eine Besatzung des Apollonius.
Daher griffen die Juden an. 76 Die Bewoh-
ner der Stadt gerieten in Angst und öff-
neten die Tore. So nahm Jonatan von Jafo
Besitz. 77 Als Apollonius es hörte, mar-
schierte er mit dreitausend Reitern und
einem großen Heer nach Aschdod, als
wolle er vorüberziehen. Im Vertrauen auf
seine zahlreiche Reiterei stieß er sogleich
in die Ebene vor. 78 Jonatan folgte ihm nach
Aschdod und die Heere stießen im Kampf
aufeinander. 79 Apollonius hatte eintau-
send Reiter in einem Hinterhalt zurück-
gelassen. 80 Jonatan aber bemerkte den
Hinterhalt in seinem Rücken. Die Reiter
umzingelten nun sein Heer und schossen
vom Morgen bis zum Abend Pfeile auf sei-
ne Leute. 81 Das Kriegsvolk jedoch hielt
stand, wie Jonatan befohlen hatte, und die
Pferde der Feinde wurden müd. 82 Nun
holte Simeon seine Truppen heran und
griff das Fußvolk an, da die Reiterei schon
ermüdet war. Sie wurden von ihm geschla-
gen und flohen. 83 Die Reiterei wurde in die
Ebene versprengt, floh nach Aschdod und
begab sich in den Tempel ihres Götzen
Dagon, um sich zu retten. 84 Jonatan aber
steckte Aschdod und die umliegenden
Ortschaften in Brand und plünderte sie.
Auch den Tempel Dagons brannte er nie-
der samt jenen, die dorthin geflüchtet wa-
ren. 85 Die Zahl der durch das Schwert Ge-
fallenen und der Verbrannten betrug
ungefähr achttausend Mann. 86 Von dort
brach Jonatan auf und bezog ein Lager
bei Aschkelon. Da kamen ihm die Ein-
wohner der Stadt mit einem großem Fest-
zug entgegen. 87 Hierauf kehrten Jonatan
und seine Leute mit reicher Beute nach Je-
rusalem zurück. 88 Als König Alexander
von diesen Ereignissen hörte, erwies er Jo-
natan noch größere Ehre. 89 Er sandte ihm
eine goldene Spange, wie man sie den Ver-
wandten des Königs verleiht. Auch gab er
ihm die Stadt Ekron mit ihrem ganzen Ge-
biet zum Besitz.

Ptolomäus und Demetrius II. Tod Alexanders

11 Der König von Ägypten hatte viele
Truppen zusammengezogen, so
zahlreich wie der Sand am Ufer des Mee-
res, dazu noch viele Schiffe. Er wollte sich
mit List des Reiches Alexanders bemächti-
gen und es seinem Reich angliedern. 2 So
kam er mit Friedensversicherungen nach
Syrien. Die Einwohner der Städte öffneten
ihm die Tore und kamen ihm entgegen.
Denn König Alexander hatte angeordnet,
ihn zu empfangen, da er sein Schwieger-
vater war. 3 Sobald Ptolemäus in die Städte
eingezogen war, legte er in jede Stadt eine
Besatzung aus seinen Truppen. 4 Als er sich
Aschdod näherte, zeigte man ihm den ver-
brannten Tempel Dagons und die Ruinen
von Aschdod und den umliegenden Ort-
schaften sowie die Leichen der im Krieg
niedergemachten oder verbrannten Sol-
daten. Man hatte nämlich Haufen von
ihnen an seinem Weg aufgeschichtet.
5 Man erzählte dem König von dem, was
Jonatan getan hatte, um ihn herabzuset-
zen. Der König aber schwieg. 6 Jonatan
machte mit großem Gefolge dem König
einen Besuch in Jafo. Sie begrüßten sich
und blieben dort über Nacht. 7 Dann be-
gleitete Jonatan den König bis an den
Fluss Eleutherus und kehrte nach Jerusa-
lem zurück. 8 König Ptolemäus aber unter-
warf alle Städte des Küstengebietes bis
nach Seleuzia am Meer. Gegen Alexander
hegte er böse Pläne. 9 Er schickte nämlich
Gesandte an König Demetrius mit der

Botschaft: Wir wollen ein Bündnis miteinander schließen! Ich gebe dir meine Tochter, die jetzt Alexander zur Frau hat, und du sollst über das Reich deines Vaters herrschen. 10 Es reut mich, dass ich ihm meine Tochter gab, trachtet er mir doch nach dem Leben. 11 So verleumdete er ihn, weil er sein Reich begehrte. 12 Er nahm ihm seine Tochter und gab sie Demetrius. So brach er mit Alexander und ihre Feindschaft wurde offenbar. 13 Ptolemäus hielt seinen Einzug in Antiochia und setzte sich die Krone von Asien auf. Nun trug er zwei Kronen, die von Ägypten und die von Asien. 14 König Alexander befand sich damals in Zilizien, weil die Bewohner jener Gegenden abgefallen waren. 15 Als Alexander von den Vorfällen Nachricht erhielt, zog er zum Kampf gegen ihn. Auch Ptolemäus rückte aus, trat ihm mit bewaffneter Hand entgegen und besiegte ihn. 16 Alexander flüchtete nach Arabien, um dort Schutz zu finden. König Ptolemäus aber stand auf der Höhe seiner Macht. 17 Der Araber Sabdiël ließ Alexander enthaupten und sandte den Kopf an Ptolemäus. 18 Drei Tage später starb auch König Ptolemäus. Seine Besatzungen in den Festungen wurden von den Einwohnern der Städte getötet. 19 So kam Demetrius im Jahr einhundertsiebenundsechzig zur Herrschaft.

Bündnis zwischen Demetrius II. und Jonatan

20 Zur selben Zeit zog Jonatan die Bewohner von Judäa zusammen, um die Burg von Jerusalem zu erobern. Sie errichteten gegen sie viele Belagerungsmaschinen. 21 Da reisten einige gesetzlose Männer, die ihr eigenes Volk hassten, zum König und meldeten ihm, Jonatan belagere die Burg. 22 Als Demetrius es hörte, wurde er zornig und brach nach dieser Mitteilung sofort auf. Er ging nach Ptolemaïs und gab Jonatan die schriftliche Anweisung, die Belagerung einzustellen und sofort zu einer Besprechung zu ihm nach Ptolemaïs zu kommen. 23 Als Jonatan es hörte, befahl er, die Belagerung der Burg fortzusetzen. Dann wählte er einige von den Ältesten Israels und den Priestern aus und wagte sich in die Gefahr. 24 Silber und Gold, Gewänder und viele andere Geschenke nahm er mit. Er reiste zum König nach Ptolemaïs und fand Gnade bei ihm. 25 Einige Gesetzlose aus dem Volk klagten ihn zwar an, 26 aber der König behandelte ihn, wie seine Vorgänger ihn behandelt hatten. Er ehrte ihn in Gegenwart aller seiner Vertrauten. 27 Er bestätigte ihm das Hohepriesteramt und alle seine bisherigen Würden und ließ ihn unter die Zahl seiner ersten Vertrauten einreihen. 28 Jonatan erbat sich die Steuerfreiheit für Judäa und die drei Bezirke Samariens. Dafür versprach er ihm dreihundert Talente. 29 Der König bewilligte es und stellte Jonatan über alle diese Punkte folgende Urkunde aus:

Neues Dokument zugunsten der Juden

30 König Demetrius entbietet seinem Bruder Jonatan und dem Volk der Juden seinen Gruß. 31 Die Abschrift des Briefes, den wir euretwegen an Lasthenes, unseren Verwandten, geschrieben haben, lassen wir euch zugehen, damit ihr davon Kenntnis erhaltet. 32 König Demetrius entbietet dem Vater Lasthenes seinen Gruß. 33 Wir haben beschlossen, dem Volk der Juden, das uns ein Freund und treuer Bundesgenosse war, zum Dank für seine Ergebenheit Vergünstigungen zu gewähren. 34 Wir weisen ihnen das Gebiet von Judäa und die drei Bezirke Efraim, Lod und Ramatajim zu, die von Samarien abgetrennt und Judäa zugeschlagen sind, samt allem, was zu ihnen gehört. Allen aber, die in Jerusalem opfern, soll es als königliche Abgabe angerechnet werden, die der König bisher von ihnen jährlich aus den Erträgen der Felder und Bäume erhielt. 35 Auf alles, was uns von heute an zusteht an Zehnten und Zöllen, ferner auf die Salzteiche und die uns zufallende Kronsteuer, auf all dies verzichten wir zu ihren Gunsten. 36 Nichts von alldem soll widerrufen werden von heute an und für alle Zeit. 37 Sorgt für die Anfertigung einer Abschrift, die Jonatan auszuhändigen ist. Auf dem heiligen Berg soll sie an einem gut sichtbaren Ort aufgestellt werden.

Jonatan unterstützt Demetrius II.

38 Als König Demetrius sah, dass sein Land Ruhe hatte und niemand mehr Widerstand leistete, entließ er alle seine Truppen in ihre Heimat außer den fremden Söldnern, die er von den Völkern der Inseln angeworben hatte. Das brachte ihm die

Feindschaft aller Truppen ein, die schon
unter seinen Vätern gedient hatten. 39 Try-
phon aber, ein früherer Anhänger Alexan-
ders, bemerkte, wie alle Truppen gegen
Demetrius murrten. Da reiste er zu dem
Araber Jamliku, der Antiochus, den klei-
nen Sohn Alexanders, aufzog. 40 Er bat ihn
dringend, ihm den Jungen mitzugeben,
damit er anstelle seines Vaters die Herr-
schaft antreten könne. Er berichtete ihm
auch alles, was Demetrius angeordnet hat-
te, und von der Feindschaft, die seine
Truppen gegen ihn hegten. Er blieb dort
lange Zeit.

41 Damals bat Jonatan König Demetrius,
er solle die Besatzung von der Burg in Je-
rusalem und auch die Besatzungen von
den anderen Festungen zurückziehen, da
sie gegen Israel kämpften. 42 Demetrius
sandte an Jonatan die Meldung zurück:
Nicht nur dies will ich dir und deinem
Volk gewähren, sondern ich werde dich
und dein Volk mit Ehren überhäufen, so-
bald ich eine günstige Gelegenheit finde.
43 Für den Augenblick aber tust du gut,
mir Leute zu schicken, die mir im Kampf
helfen; denn alle meine Truppen meutern.

44 Jonatan sandte ihm dreitausend tüch-
tige Soldaten nach Antiochia. Als sie beim
König ankamen, freute er sich über ihre
Ankunft. 45 Damals strömten die Einwoh-
ner mitten in der Stadt zusammen, unge-
fähr einhundertzwanzigtausend Mann,
und wollten den König ermorden. 46 Der
König floh in den Palast. Die Einwohner
der Stadt besetzten die Straßen und eröff-
neten den Kampf. 47 Da rief der König die
Juden zu Hilfe, die sich vollzählig um ihn
scharten. Sie verstreuten sich auf die ganze
Stadt und töteten an jenem Tag ungefähr
einhunderttausend Mann. 48 Dann zünde-
ten sie die Stadt an, gewannen an jenem
Tag eine große Beute und retteten den Kö-
nig. 49 Als die Bürger der Stadt sahen, dass
die Juden unumschränkt die Stadt be-
herrschten, verloren sie den Mut und rie-
fen flehentlich zum König: 50 Reich uns
doch die Hand, damit die Juden von ihrem
Kampf gegen uns und die Stadt ablassen.
51 Sie streckten die Waffen und machten
Frieden. Die Juden aber ernteten Ruhm
beim König und allen Bewohnern des Rei-
ches. Sie erlangten einen guten Namen in
seinem Reich und kehrten mit reicher
Beute nach Jerusalem zurück.

Jonatan gegen Demetrius II. Simeon erobert Bet-Zur zurück. Kampf bei Hazor

52 Als Demetrius wieder seinen königlichen
Thron eingenommen hatte und im Land
Ruhe herrschte, 53 brach er alle seine Ver-
sprechen. Er verfeindete sich mit Jonatan
und vergalt ihm die Erweise seines Wohl-
wollens nicht, sondern bedrängte ihn
sehr. 54 Danach aber kam Tryphon mit
dem jungen Antiochus zurück, machte
ihn zum König und setzte ihm die Krone
auf. 55 Um ihn sammelten sich alle Trup-
pen, die Demetrius entlassen hatte. Sie
kämpften gegen ihn, sodass er fliehen
musste und geschlagen wurde. 56 Tryphon
brachte die Elefanten in seine Gewalt und
eroberte Antiochia.

57 Da schrieb der junge Antiochus an Jo-
natan folgenden Brief: Ich bestätige dir das
Hohepriesteramt und übertrage dir die
vier Bezirke. Du sollst auch zu den Ver-
trauten des Königs gehören. 58 Zugleich
übersandte er ihm Goldgefäße und Tafel-
geschirr und gab ihm die Vollmacht, aus
goldenen Bechern zu trinken, Purpurge-
wänder und eine goldene Spange zu tra-
gen. 59 Jonatans Bruder Simeon ernannte
er zum Feldherrn des Gebiets von der Ty-
rischen Steige bis zur Grenze Ägyptens.
60 Jonatan rückte aus und durchzog das Ge-
biet jenseits des Flusses und die Städte. Das
ganze syrische Heer schloss sich ihm zur
Hilfeleistung an. Bei seiner Ankunft in
Aschkelon empfingen ihn die Einwohner
der Stadt mit Ehren. 61 Von dort zog er
nach Gaza. Da die Bewohner von Gaza
die Tore verschlossen, belagerte er sie,
steckte die umliegenden Orte in Brand
und plünderte sie. 62 Nun flehten die Be-
wohner Gazas Jonatan um Frieden an. Er
reichte ihnen die Friedenshand, nahm aber
die Söhne ihrer Vornehmen als Geiseln
und schickte sie nach Jerusalem. Dann
durchzog er das Gebiet bis Damaskus.

63 Da hörte Jonatan, dass die Heerführer
des Demetrius mit einem starken Heer bei
Kedesch in Galiläa lagerten, um ihn aus
der Herrschaft zu drängen. 64 Er mar-
schierte gegen sie und ließ seinen Bruder
Simeon im Land zurück. 65 Simeon bezog
ein Lager vor Bet-Zur, bekämpfte es lange
Zeit und schloss es ein. 66 Da baten sie um
Frieden. Er reichte ihnen seine Hand, ver-
jagte sie aber von dort, besetzte die Stadt
und legte eine Besatzung hinein. 67 Jonatan

aber bezog mit seinem Heer ein Lager am See Gennesaret. Früh am Morgen brachen sie zur Ebene von Hazor auf. 68 Dort näherte sich ihm in der Ebene ein heidnisches Heer. Sie hatten ihm in den Bergen einen Hinterhalt gelegt und griffen ihn nun von vorn an. 69 Dann brachen die Truppen im Hinterhalt aus ihrem Versteck hervor und griffen in den Kampf ein. 70 Alle Leute Jonatans flohen und keiner blieb zurück außer den Truppenführern Mattatias, dem Sohn Abschaloms, und Judas, dem Sohn Halfis. 71 Da zerriss Jonatan sein Gewand, streute Staub auf das Haupt und betete. 72 Dann wandte er sich zum Kampf gegen sie und schlug sie in die Flucht. 73 Als die Leute, die auf seiner Seite geflohen waren, das sahen, kehrten sie zu ihm zurück und nahmen mit ihm die Verfolgung bis zum feindlichen Lager bei Kedesch auf. Dort hielten sie Rast. 74 Von den fremden Truppen fielen an jenem Tag ungefähr dreitausend Mann. Dann kehrte Jonatan nach Jerusalem zurück.

Jonatans Beziehungen zu Rom und Sparta

12 Als Jonatan den günstigen Zeitpunkt erkannte, wählte er Leute aus und sandte sie nach Rom, um das Freundschaftsbündnis mit den Römern zu festigen und zu erneuern. 2 Auch nach Sparta und nach anderen Orten sandte er Briefe des gleichen Inhalts. 3 Sie reisten nach Rom, gingen in den Senat und sagten: Der Hohepriester Jonatan und das Volk der Juden sandten uns, um das Freundschafts- und Waffenbündnis mit den Römern unter den früheren Bedingungen zu erneuern. 4 Da gab man ihnen Briefe an die Behörden der Orte mit, ihnen friedliches Geleit bis nach Judäa zu gewähren.

5 Dies ist die Abschrift des Briefes, den Jonatan an die Spartaner schrieb: 6 Der Hohepriester Jonatan, der Ältestenrat des Volkes, die Priester und das übrige Volk der Juden entbieten ihren Gruß den Spartanern, ihren Brüdern. 7 Schon früher hat der Hohepriester Onias Briefe von euerem König Arëus empfangen, dass ihr unsere Brüder seid. Die Abschrift liegt bei. 8 Onias hat den Abgesandten ehrenvoll empfangen und die Briefe entgegengenommen, in denen ausdrücklich von Waffenbündnis und Freundschaft die Rede war. 9 Wir brauchen das zwar nicht, da wir Trost finden in den heiligen Büchern, die wir besitzen. 10 Wir wollten aber Gesandte schicken, um die Verwandtschaft und Verbrüderung mit euch zu erneuern, damit wir euch nicht fremd werden. Denn seit euerer Gesandtschaft ist schon viel Zeit vergangen. 11 Wir denken aber jederzeit und ohne Unterbrechung an unseren Festen und an anderen geeigneten Tagen bei den Opfern, die wir darbringen, und bei den Gebeten an euch, wie es recht und billig ist, der Brüder zu gedenken. 12 Wir freuen uns über eueren Ruhm. 13 Uns selbst aber haben viele Nöte und Kämpfe betroffen, da die Könige ringsum uns mit Krieg heimsuchten. 14 Doch wollten wir weder euch noch die anderen Bundesgenossen und Freunde mit diesen Kämpfen belästigen. 15 Denn wir besitzen den Beistand des Himmels für uns und so wurden wir vor unseren Feinden gerettet. Sie aber wurden gedemütigt. 16 Jetzt haben wir Numenius, den Sohn des Antiochus, und Antipater, den Sohn Jasons, ausgewählt und an die Römer geschickt, um die frühere Freundschaft und das Waffenbündnis mit ihnen zu erneuern. 17 Wir trugen ihnen aber auf, auch zu euch zu gehen, euch zu grüßen und unseren Brief hinsichtlich der Erneuerung unserer Freundschaft zu überreichen. 18 Es wäre schön, wenn ihr uns darauf eine Antwort gäbt.

19 Das ist die Abschrift des Briefes, den sie an Onias schickten: 20 Arëus, der König der Spartaner, entbietet dem Hohenpriester Onias seinen Gruß. 21 In einer Schrift über die Spartaner und Juden fand sich, dass sie Brüder sind und beide vom Geschlecht Abraham abstammen. 22 Da wir dies nun wissen, tut ihr gut daran, wenn ihr uns über euer Wohlbefinden berichtet. 23 Wir geben euch dann Antwort. Euer Vieh und euere Habe gehört uns und unser Eigentum gehört euch. Wir haben Anweisung gegeben, dass man euch dies mitteilt.

Der Feldzug gegen die Truppen des Demetrius II.

24 Da hörte Jonatan, dass die Feldherren des Demetrius mit einer noch größeren Streitmacht als zuvor zurückgekehrt waren, um gegen ihn Krieg zu führen. 25 Er brach von Jerusalem auf und zog ihnen in das Gebiet von Hamat entgegen. Denn er wollte ihnen keine Gelegenheit geben, in

sein Land einzufallen. 26 Er schickte Kund-
schafter in ihr Lager. Sie kehrten mit der
Meldung zurück, dass jene Anstalten trä-
fen, sie in der Nacht zu überfallen. 27 Als
die Sonne unterging, befahl Jonatan seinen
Leuten, wach zu bleiben und die ganze
Nacht kampfbereit unter Waffen zu ste-
hen. Auch stellte er rings um das Lager
Wachen auf. 28 Da die Gegner erfuhren,
dass Jonatan und seine Leute kampfbereit
waren, gerieten sie in Furcht, und es sank
ihnen der Mut. Sie zündeten ihre Lager-
feuer an und zogen ab. 29 Jonatan aber und
seine Leute merkten bis zum frühen Mor-
gen nichts davon; denn sie sahen die Feuer
brennen. 30 Dann nahm Jonatan die Ver-
folgung auf, aber er konnte sie nicht mehr
einholen; denn sie hatten schon den Eleu-
therus überschritten. 31 Nun wandte sich
Jonatan gegen die Araber, die so genann-
ten Sabadäer. Er schlug sie und plünderte
sie aus. 32 Dann brach er auf, kam nach Da-
maskus und durchzog das ganze Land.
33 Auch Simeon war ausgerückt und hatte
einen Zug bis nach Aschkelon und den
nächstliegenden Festungen unternom-
men. Dann wandte er sich nach Jafo und
eroberte es. 34 Er hatte nämlich gehört, dass
sie die Festung den Leuten des Demetrius
ausliefern wollten. Er legte eine Besatzung
hinein, um sie zu bewachen.

Befestigungsarbeiten in Jerusalem

35 Nach seiner Rückkehr sammelte Jonatan
die Ältesten des Volkes und beriet mit
ihnen über die Anlage von Festungen in
Judäa, 36 über die Erhöhung der Mauern
von Jerusalem und die Errichtung einer
mächtigen Mauer zwischen Burg und
Stadt, um die Burg von der Stadt abzu-
schließen, damit sie ganz auf sich selbst
gestellt sei und die Besatzung weder etwas
kaufen noch verkaufen könnte. 37 Sie
schlossen sich zum Aufbau der Stadt zu-
sammen. Als ein Teil der im Osten gelege-
nen Mauer am Bach einstürzte, besserten
sie sie wieder aus und gaben ihr den Na-
men Kafnata. 38 Simeon aber baute Hadid
in der Schefela aus, befestigte es und ver-
sah es mit Toren und Riegeln.

Jonatan fällt in die Hände seiner Feinde

39 Tryphon trachtete danach, die Herr-
schaft über Asien anzutreten, sich die Kro-
ne aufzusetzen und gegen König Antio-
chus Gewalt anzuwenden. 40 Er befürchtete
aber, Jonatan würde es ihm nicht gestatten
und ihn bekämpfen. Daher suchte er einen
Weg, ihn in seine Gewalt zu bekommen
und zu töten. So brach er nach Bet-Schean
auf.

41 Jonatan zog ihm mit vierzigtausend
kampferprobten Männern entgegen und
kam nach Bet-Schean. 42 Als Tryphon sah,
dass er mit einem starken Heer gekommen
war, scheute er sich, gegen ihn vorzuge-
hen. 43 Er empfing ihn ehrenvoll und stellte
ihn allen seinen Freunden vor, gab ihm
Geschenke und befahl allen seinen Freun-
den und Soldaten, ihm zu gehorchen wie
ihm selbst. 44 Dann sagte er zu Jonatan:
Warum hast du dieses ganze Heer be-
müht, es steht uns doch kein Krieg bevor?
45 Entlasse sie jetzt in ihre Heimat und
wähle dir einige Leute aus, die dein Gefol-
ge sein sollen. Dann komm mit mir nach
Ptolemaïs. Ich will es dir samt den übrigen
Festungen und Garnisonen mit allen Be-
amten übergeben. Dann kehre ich um
und rücke ab; denn in dieser Absicht bin
ich hier. 46 Da Jonatan ihm Glauben
schenkte, handelte er nach seinem Vor-
schlag und entließ die Truppen, die sich
in das Land Judäa zurückzogen. 47 Dreitau-
send Mann behielt er bei sich, von denen
er zweitausend in Galiläa stehen ließ. Nur
eintausend Mann begleiteten ihn. 48 Sobald
Jonatan in Ptolemaïs eingezogen war, ver-
schlossen die Ptolemäer die Tore, ergriffen
ihn und töteten alle seine Begleiter mit
dem Schwert. 49 Dann sandte Tryphon
Truppen und Reiterei nach Galiläa und in
die große Ebene, um alle Truppen Jona-
tans zu vernichten. 50 Als sie erfuhren, dass
er mit seinen Leuten gefangen und getötet
worden war, machten sie sich gegenseitig
Mut und marschierten in geschlossener
Reihe kampfbereit in das Treffen. 51 Als
die Verfolger sahen, dass Jonatans Männer
um ihr Leben kämpfen würden, kehrten
sie um. 52 So kamen alle wohlbehalten in
das Land Judäa. Sie betrauerten Jonatan
und seine Leute und fürchteten sich sehr.
Ganz Israel hielt eine große Totenklage.
53 Alle Völker ringsum trachteten danach,
sie zu vernichten. Denn sie sagten sich:
Sie haben keinen Führer und Helfer mehr.
Darum wollen wir sie jetzt bekämpfen und
die Erinnerung an sie unter den Menschen
auslöschen.

Simeon, Hoherpriester und Haupt der Juden

Simeon übernimmt die Führung

13 Simeon hörte, dass Tryphon ein
starkes Heer gesammelt hatte, um
in das Land Judäa einzudringen und es zu
vernichten. 2 Als er sah, wie das Volk
ängstlich und furchtsam geworden war,
begab er sich nach Jerusalem und rief das
Volk zusammen. 3 Er ermahnte sie und
sagte zu ihnen: Ihr selbst wisst, wie viel
ich, meine Brüder und das Haus meines
Vaters für das Gesetz und das Heiligtum
getan, welche Kämpfe und Drangsale wir
erduldet haben. 4 Deshalb starben alle
meine Brüder für Israel. Ich allein bin üb-
rig geblieben. 5 So will auch ich mein Le-
ben in der Stunde der Not nicht schonen.
Ich bin nicht besser als meine Brüder.
6 Vielmehr will ich als Rächer eintreten
für mein Volk, für das Heiligtum, für eue-
re Frauen und Kinder. Denn alle Völker
haben sich zusammengefunden, um uns
aus Hass zu vernichten. 7 Da lebte der
Mut des Volkes von neuem auf, als es die-
se Worte vernahm. 8 Mit lauter Stimme
antworteten sie ihm: Du bist unser Führer
anstelle deiner Brüder Judas und Jonatan.
9 Führe du unseren Krieg und alles, was du
befiehlst, wollen wir tun. 10 Da sammelte
er alle waffenfähigen Männer, ließ eilends
die Mauern Jerusalems vollenden und be-
festigte die Stadt ringsum. 11 Jonatan, den
Sohn Abschaloms, sandte er mit einem
ausreichenden Heer nach Jafo. Dieser ver-
trieb seine Bewohner und setzte sich dort
fest.

*Simeon schlägt Tryphon aus Judäa zurück.
Tod Jonatans*

12 Tryphon brach von Ptolemaïs mit einem
starken Heer zum Einfall in das Land Ju-
däa auf. Jonatan führte er als Gefangenen
mit sich. 13 Simeon aber bezog ein Lager
bei Hadid am Rand der Ebene. 14 Als Try-
phon erfuhr, dass Simeon die Stelle seines
Bruders Jonatan eingenommen hatte und
gewillt war, den Kampf mit ihm zu wa-
gen, sandte er Boten zu ihm mit der
Nachricht: 15 Wegen des Geldes, das dein
Bruder Jonatan dem königlichen Schatz
für seine Amtsverwaltung schuldet, halten
wir ihn fest. 16 Schick also einhundert Ta-
lente Silber und zwei seiner Söhne als
Geiseln, damit er nach seiner Freilassung
nicht von uns abfalle. Dann geben wir ihn
frei. 17 Simeon erkannte wohl, dass sie mit
Hinterlist zu ihm redeten, aber er ließ
doch das Geld und die Knaben holen,
um sich beim Volk nicht verhasst zu ma-
chen. 18 Sie hätten sonst behauptet: Nur
weil Simeon ihm das Geld und die Kna-
ben nicht schicken wollte, kam er um.
19 So schickte er die Knaben und die ein-
hundert Talente hin. Tryphon aber brach
sein Wort und gab Jonatan nicht frei.
20 Dann zog Tryphon los, um in das Land
einzudringen und es zu verwüsten. Sie
machten dabei einen Umweg über Adora.
Simeon aber stellte sich ihm mit seinen
Truppen bei jeder Ortschaft entgegen,
wohin er auch zog. 21 Die Besatzung der
Burg in Jerusalem sandte Boten an Try-
phon, die ihn drängen sollten, durch die
Wüste zu ihnen vorzustoßen und ihnen
Lebensmittel zu bringen. 22 Da machte
Tryphon seine ganze Reiterei marsch-
bereit. Aber in jener Nacht war viel
Schnee gefallen, sodass er nicht durch-
kommen konnte. Da brach er auf und
zog nach Gilead. 23 In der Nähe von Bas-
kama ließ er Jonatan töten. Dort begrub
man ihn auch. 24 Dann kehrte Tryphon
um und begab sich in seine Heimat.

Jonatan wird in Modeïn begraben

25 Simeon ließ die Gebeine seines Bruders
Jonatan von einigen Männern holen. Er
begrub ihn in Modeïn, der Stadt seiner
Väter. 26 Ganz Israel hielt für ihn eine gro-
ße Totenklage und beweinte ihn viele Ta-
ge lang. 27 Simeon errichtete über dem
Grab seines Vaters und seiner Brüder ein
Denkmal und baute es so hoch, dass es
weithin sichtbar war, mit poliertem Stein
an der Vorder- und Rückseite. 28 Dann
stellte er sieben Pyramiden auf, eine je-
weils der anderen gegenüber, für den Va-
ter, die Mutter und die vier Brüder. 29 Um
die Pyramiden ließ er eine kunstvolle An-
lage mit hohen Säulen errichten. An den
Säulen ließ er zum ewigen Gedächtnis
Waffenschmuck anbringen und neben
den Waffen Schiffe einmeißeln. Das
Denkmal sollte von allen Seefahrern gese-
hen werden können. 30 Dies ist das Grab,
das er in Modeïn errichtete und das bis
heute besteht.

Bündnis zwischen Demetrius II. und Simeon

31 Tryphon ging heimtückisch gegen den jungen König Antiochus vor und ließ ihn ermorden. 32 Er übernahm an seiner Stelle die Herrschaft, setzte sich die Krone von Asien auf und richtete großes Unheil im Land an. 33 Simeon aber baute die Festungen Judäas aus, versah sie mit hohen Türmen, gewaltigen Mauern, Toren und Riegeln und schaffte Lebensmittel in die Festungen. 34 Auch wählte Simeon Männer aus und schickte sie zu König Demetrius, damit er dem Land Steuernachlass gewähre. Denn das ganze Treiben Tryphons bestand in Räubereien. 35 König Demetrius entsprach seiner Bitte und antwortete ihm schriftlich mit folgendem Brief: 36 König Demetrius entbietet Simeon, dem Hohenpriester und Freund der Könige, sowie den Ältesten und dem Volk der Juden seinen Gruß. 37 Wir haben die goldene Krone und den Palmzweig erhalten, den ihr gesandt habt, und sind bereit, einen vollständigen Frieden mit euch zu schließen und die Beamten anzuweisen, euch Steuernachlass zu gewähren. 38 Alles, was wir euch zugestanden hatten, bleibt in Kraft. Die Festungen, die ihr erbaut habt, könnt ihr behalten. 39 Wir gewähren euch Verzeihung aller Versehen und Vergehen bis zum heutigen Tag. Die Kronsteuer, die ihr schuldet, und alle Abgaben, die in Jerusalem noch bestehen, sollen nicht mehr erhoben werden. 40 Wenn sich einige unter euch zur Aufnahme in unsere Leibwache eignen, sollen sie eingestellt werden. Zwischen uns soll Friede herrschen. 41 Im Jahr einhundertsiebzig wurde das Joch der fremden Völker von Israel genommen. 42 Das Volk begann, in den Urkunden und Verträgen zu schreiben: Im ersten Jahr Simeons, des großen Hohenpriesters, Feldherrn und Führers der Juden.

Simeon erobert Geser

43 In jenen Tagen schlug Simeon sein Lager vor Geser auf und schloss es mit seinen Truppen ein. Er baute einen Belagerungsturm und ließ ihn an die Stadt heranbringen. Er schlug eine Bresche in einen Turm und eroberte ihn. 44 Die Besatzung des Belagerungsturmes sprang in die Stadt und dort entstand eine große Aufregung. 45 Die Einwohner der Stadt stiegen mit Frauen und Kindern auf die Mauer. Sie zerrissen ihre Kleider, schrien mit lauter Stimme und flehten Simeon an, ihnen die Hand zum Frieden zu reichen: 46 Verfahre mit uns nicht nach unserer Schuld, sondern nach deiner Barmherzigkeit! 47 Da ließ Simeon sich versöhnen und bekämpfte sie nicht weiter. Doch wies er sie zur Stadt hinaus und reinigte die Häuser, in denen sich Götzenbilder befanden. Dann hielt er unter Psalmen und Lobgesängen seinen Einzug. 48 Er entfernte alles Unreine und siedelte dort Männer an, die das Gesetz befolgten. Er baute sie noch mehr zur Festung aus und errichtete dort auch sich selbst ein Haus.

Simeon erobert die Burg in Jerusalem

49 Die Besatzung der Jerusalemer Burg war von jeder Verbindung mit dem Umland abgeschnitten; daher konnten sie nichts kaufen oder verkaufen, litten großen Mangel und viele von ihnen starben vor Hunger. 50 Da baten sie Simeon, er möge ihnen die Hand zum Frieden reichen. Er entsprach ihrer Bitte, vertrieb sie aber von dort und reinigte die Burg von allen Unreinheiten. 51 Am dreiundzwanzigsten Tag des zweiten Monats im Jahr einhunderteinundsiebzig hielt er seinen Einzug mit Lobgesang und Palmzweigen, mit Zithern, Zimbeln und Harfen, mit Hymnen und Gesängen. Denn ein großer Feind war aus Israel vertrieben. 52 Er bestimmte, alljährlich diesen Tag als Freudenfest zu feiern. Dann verstärkte er die Befestigung des Tempelberges neben der Burg. Dort wohnte er mit seinen Leuten. 53 Als Simeon sah, dass sein Sohn Johanan zu einem Mann herangewachsen war, bestellte er ihn zum Befehlshaber aller Streitkräfte. Johanan nahm in Geser seinen Wohnsitz.

Die Gefangennahme Demetrius' II.

14 Im Jahr einhundertzweiundsiebzig zog König Demetrius seine Truppen zusammen und marschierte nach Medien, um sich dort Hilfe im Kampf gegen Tryphon zu verschaffen. 2 Als Arsakes, der König von Persien und Medien, hörte, dass Demetrius in sein Gebiet eingefallen war, sandte er einen seiner Feldherren, um ihn lebendig gefangen zu nehmen. 3 Dieser rückte aus, besiegte das Heer des Demetrius, nahm ihn selbst gefangen und brachte ihn zu Arsakes, der ihn ins Gefängnis warf.

Loblied auf Simeon

[4] Im Land Judäa herrschte Ruhe, solange Simeon lebte. / Er suchte seines Volkes Wohl. / Sie jubelten allezeit über seine Macht / und seinen Ruhm.

[5] Sein Ruhm wuchs, als er Jafos Hafen gewann / und so einen Zugang zu den Meeresinseln schuf.

[6] Er erweiterte die Grenzen seines Volkes / und nahm sich das Land zum Besitz.

[7] Verbannte in Menge brachte er wieder zurück, / bezwang auch Geser, Bet-Zur und die Burg; / er entfernte die Gräuel aus ihr. / Es gab niemanden, der ihm widerstand.

[8] In Frieden konnten sie ihr Land bebauen. / Der Boden gab seinen Ertrag, / die Bäume auf dem Feld ihre Frucht.

[9] Die alten Leute saßen auf den Plätzen, / alle erzählten vom allgemeinen Wohl. / Junge Männer trugen voll Ruhm das Kriegsgewand.

[10] Die Städte versorgte er mit Nahrung / und baute sie zu Festungswerken aus. / Sein ruhmvoller Name wurde genannt bis an die Grenzen der Erde.

[11] Er brachte seinem Land Frieden, / in lautem Jubel jauchzte Israel.

[12] Ein jeder saß unter seinem Weinstock und seinem Feigenbaum, / und niemand war da, der sie aufschreckte.

[13] Kein Feind bekriegte sie im Land; / in jenen Tagen sanken die Könige hin.

[14] Er wurde zur Stütze allen Verzagten seines Volkes; / für das Gesetz war er voll Eifer.

[15] Dem Heiligtum verlieh er neuen Glanz / und mehrte für den Tempel die Geräte.

Erneuerung der Bündnisse mit Sparta und Rom

[16] Als es in Rom und bis nach Sparta bekannt wurde, dass Jonatan gestorben war, war man überaus bestürzt. [17] Als man aber hörte, dass sein Bruder Simeon an seiner Stelle Hoherpriester geworden war und das Land und die Städte beherrschte, [18] boten sie ihm auf Bronzetafeln die Erneuerung des Freundschafts- und Waffenbündnisses an, das sie mit seinen Brüdern Judas und Jonatan abgeschlossen hatten. [19] Es wurde in der Volksversammlung von Jerusalem vorgelesen.

[20] Dies ist die Abschrift des Briefes, den die Spartaner schickten: Die Obersten der Spartaner mit der Stadt entbieten dem Hohenpriester Simeon, den Ältesten, den Priestern und dem übrigen Volk der Juden, ihren Brüdern, ihren Gruß. [21] Die Gesandten, die an unser Volk geschickt wurden, haben uns von euerem Ruhm und euerer Ehre berichtet. Über ihre Ankunft haben wir uns gefreut. [22] Ihren Bericht haben wir folgendermaßen unter den Volksbeschlüssen aufgezeichnet: Die Gesandten der Juden, Numenius, der Sohn des Antiochus, und Antipater, der Sohn Jasons, kamen zu uns, um die Freundschaft mit uns zu erneuern. [23] Das Volk beschloss, diesen Männern einen ehrenvollen Empfang zu bereiten und eine Abschrift ihres Berichts unter die Staatsurkunden niederzulegen, zur Erinnerung für das Volk der Spartaner. Eine Abschrift davon fertigten sie für den Hohenpriester Simeon an.

[24] Dann sandte Simeon den Numenius mit einem großen goldenen Schild im Wert von eintausend Minen nach Rom, um das Bündnis mit den Römern zu erneuern.

Ehrenurkunde für Simeon

[25] Als das Volk von diesen Vorgängen erfuhr, sagte man: Wie sollen wir Simeon und seinen Söhnen danken? [26] Denn er selbst, seine Brüder und das Haus seines Vaters haben sich als tapfere Männer erwiesen. Sie haben Israels Feinde abgewehrt und ihm die Freiheit gesichert. Auf Bronzetafeln zeichneten sie es auf und brachten sie an Säulen auf dem Berg Zion an. [27] Die Abschrift der Urkunde lautet: Am achtzehnten Elul des Jahres einhundertzweiundsiebzig, im dritten Jahr Simeons, des Hohenpriesters in Asaramel, [28] machte man uns in einer großen Versammlung der Priester und des Volkes, der Vorsteher des Volkes und der Ältesten des Landes dies bekannt: [29] In den vielen Kämpfen in unserem Land haben Simeon, der Sohn des Mattatias, ein Nachkomme Jojaribs, und seine Brüder sich selbst der Gefahr ausgesetzt und den Feinden ihres Volkes widerstanden, um ihr Heiligtum und das Gesetz zu erhalten. Dadurch verschafften sie ihrem Volk großen Ruhm. [30] Jonatan

sammelte sein Volk und wurde ihr Hoher-
priester, bis er zu seinen Vätern versam-
melt wurde. 31 Nun wollten ihre Feinde in
das Land eindringen, um es zu verwüsten
und die Hand nach dem Heiligtum aus-
zustrecken. 32 Damals stand Simeon auf
und kämpfte für sein Volk. Er gab einen
Teil seines Vermögens hin, um die Trup-
pen seines Volkes zu bewaffnen und zu
besolden. 33 Er befestigte die Städte Judäas
und Bet-Zur an der Grenze Judäas, das
früher ein militärischer Stützpunkt der
Feinde gewesen war. Dorthin legte er jüdi-
sche Soldaten als Besatzung. 34 Auch die
Seestadt Jafo befestigte er, desgleichen Ge-
ser im Grenzgebiet von Aschdod, wo frü-
her die Feinde gewohnt hatten. Nun sie-
delte er dort Juden an und gab ihnen
alles, was zu ihrem Unterhalt notwendig
war. 35 Als aber das Volk die Treue Sime-
ons sah und den Ruhm, den er seinem
Volk bereiten wollte, bestellten sie ihn
zum Führer und Hohenpriester wegen al-
ler dieser Taten, der Gerechtigkeit und
Treue, die er seinem Volk bewahrte, und
wegen seines Bestrebens, auf jede Weise
sein Volk zu fördern. 36 Zu seiner Zeit war
es ihm gelungen, die Fremden im Land
auszurotten, desgleichen jene Leute, die in
der Davidstadt in Jerusalem saßen und
sich eine Burg gebaut hatten, aus der sie
Ausfälle machten, das Heiligtum ringsum
entweihten und seiner Heiligkeit schwer
schadeten. 37 Er siedelte in ihr Juden an
und befestigte sie zur Sicherung des Lan-
des und der Stadt. Auch erhöhte er die
Mauern von Jerusalem. 38 Demgemäß be-
stätigte ihm König Demetrius die Hohe-
priesterwürde. 39 Er nahm ihn unter die
Zahl seiner Freunde auf und zeichnete
ihn durch große Ehrerweise aus. 40 Denn
er hatte gehört, dass die Juden von den
Römern als Freunde und Brüder betrach-
tet wurden und dass sie die Gesandten Si-
meons ehrenvoll aufgenommen hatten.
41 Deshalb beschlossen die Juden und die
Priester, Simeon solle für immer ihr An-
führer und Hoherpriester sein, bis ein
wahrer Prophet auftrete. 42 Er solle ihr
Feldherr sein und ihm komme es zu, die
Beamten zu ernennen für die Arbeiten
am Tempel, für das Land, das Heer und
die Festungen. 43 [Ihm obliege die Sorge
für das Heiligtum.] Sein Befehl solle von
allen befolgt werden. Jede Urkunde im
Land müsse in seinem Namen ausgefertigt
werden. Er dürfe Purpur und Gold tragen.
44 Keinem aus dem Volk oder den Priestern
sei es erlaubt, etwas von diesen Bestim-
mungen aufzuheben oder seinen Anord-
nungen zu widersprechen, ohne seine Er-
laubnis im Land eine Versammlung
abzuhalten, ein Purpurgewand zu tragen
oder sich mit einer goldenen Spange zu
schmücken. 45 Jeder, der zuwiderhandele
oder sich nicht daran halte, mache sich
strafbar.

46 Das ganze Volk beschloss, zugunsten
Simeons zu verfügen, dass dementspre-
chend verfahren werde. 47 Simeon nahm
an und willigte ein, das Hohepriesteramt
zu übernehmen, Feldherr und Fürst der
Juden zu sein und allem vorzustehen.
48 Sie bestimmten, dass diese Urkunde auf
Bronzetafeln aufgezeichnet werde und
dass man sie an der Tempelmauer an
einem für alle sichtbaren Ort anbringe.
49 In der Schatzkammer solle eine Ab-
schrift davon niedergelegt werden, damit
Simeon und seine Söhne sie zur Hand hät-
ten.

Bündnis zwischen Simeons und
Antiochus VII.

15 Antiochus, der Sohn des Königs
Demetrius, sandte von den Inseln
des Meeres ein Schreiben an Simeon, den
Priester und Fürsten der Juden, und an das
ganze Volk. 2 Es hatte folgenden Wortlaut:
König Antiochus entbietet Simeon, dem
Hohenpriester und Fürsten, sowie dem
Volk der Juden seinen Gruß. 3 Da einige
Übeltäter sich des Reiches unserer Väter
bemächtigt haben, ich aber entschlossen
bin, die Herrschaft wieder zu überneh-
men, um sie wie früher wiederherzustel-
len, habe ich viele Truppen angeworben
und Kriegsschiffe ausgerüstet. 4 Ich bin
nun zu einer Landung entschlossen, um
jene zu bestrafen, die unser Land verwüs-
tet und viele Städte in meinem Reich ver-
nichtet haben. 5 Jetzt bestätige ich dir den
Erlass aller Abgaben, die die früheren
Könige dir erlassen haben, sowie alle
sonstigen Zuwendungen, die sie dir bewil-
ligten. 6 Ferner gestatte ich dir, eigene
Münzen für dein Land zu prägen. 7 Jerusa-
lem aber und das Heiligtum sollen frei
sein. Alle Waffen, die du angeschafft, die
Festungen, die du erbaut hast und die in

deiner Gewalt sind, sollen dir verbleiben.
8 Alle Schulden an die königliche Kasse
und alle künftigen Abgaben an die Krone
sollen dir von jetzt an und für immer er-
lassen sein. 9 Sobald wir unsere Herrschaft
wiederhergestellt haben, werden wir dir,
deinem Volk und dem Heiligtum große
Ehre bezeigen, sodass euer Ruhm auf der
ganzen Erde offenbar wird.
10 Im Jahr einhundertvierundsiebzig zog
Antiochus in das Land seiner Väter ein.
Um ihn sammelten sich alle Truppen, so-
dass Tryphon nur wenige treu blieben.
11 Antiochus verfolgte ihn und jener kam
auf seiner Flucht nach Dor am Meer. 12 Er
hatte erkannt, dass das Unheil über ihn
hereinbrach und die Truppen ihn verlie-
ßen. 13 Nun belagerte Antiochus Dor mit
einhundertzwanzigtausend Fußsoldaten
und achttausend Reitern. 14 Er schloss die
Stadt von allen Seiten ein; die Schiffe grif-
fen von der See her an. So bedrängte er die
Stadt von der Land- und Seeseite und ließ
niemanden ein- oder ausgehen.

Rückkehr der Gesandtschaft aus Rom

15 Da kamen Numenius und seine Begleiter
aus Rom zurück und brachten Briefe an
die Könige und Länder mit. In ihnen stand
geschrieben: 16 Der römische Konsul Luzi-
us entbietet König Ptolemäus seinen
Gruß. 17 Die Gesandten der Juden kamen
als unsere Freunde und Bundesgenossen
zu uns, um die frühere Freundschaft und
das Bündnis zu erneuern. Sie waren vom
Hohenpriester Simeon und dem Volk der
Juden gesandt 18 und überbrachten einen
goldenen Schild im Wert von tausend Mi-
nen. 19 Wir haben nun beschlossen, den
Königen und Ländern zu schreiben, nichts
gegen die Juden zu unternehmen, keinen
Krieg gegen sie, ihre Städte und ihr Land
zu führen und mit ihren Feinden kein
Bündnis zu schließen. 20 Wir haben auch
beschlossen, den Schild von ihnen anzu-
nehmen. 21 Wenn nun einige Übeltäter aus
ihrem Land zu euch fliehen, liefert sie dem
Hohenpriester Simeon aus, damit er sie
nach ihrem Gesetz bestrafen kann.
22 Ebenso schrieb Luzius an König De-
metrius, an Attalus, Ariarathes und Arsa-
kes 23 sowie an alle folgenden Länder: nach
Sampsame und an die Spartaner, nach De-
los, Myndos, Sikyon, Karien, Samos,
Pamphylien, Lyzien, Halikarnass, Rhodos,
Phaselis, Kos, Side, Arwad, Gortyna, Kni-
dos, Zypern und Zyrene. 24 Eine Abschrift
davon gab man dem Hohenpriester Sime-
on.

Antiochus VII. verfeindet sich mit Simeon

25 König Antiochus belagerte Dor von der
Vorstadt aus, führte immer neue Truppen
heran, baute Kriegsmaschinen auf und
schloss Tryphon ein, sodass man weder
hinein- noch hinausgehen konnte. 26 Sime-
on schickte ihm zur Unterstützung zwei-
tausend ausgesuchte Soldaten sowie Silber,
Gold und viel Kriegsmaterial. 27 Doch An-
tiochus wollte es nicht annehmen, son-
dern verwarf alles, was er früher mit ihm
abgemacht hatte, und verfeindete sich mit
ihm. 28 Er schickte Athenobius, einen sei-
ner Freunde, zu ihm, um mit ihm zu ver-
handeln. Er ließ ihm sagen: Ihr habt Jafo,
Geser und die Burg von Jerusalem einge-
nommen, die Städte meines Reiches sind.
29 Ihre Gebiete habt ihr verwüstet, über das
Land großes Unheil gebracht und viele
Orte in meinem Reich besetzt. 30 Gebt also
nun die Städte zurück, die ihr besetzt habt,
und entrichtet die Steuern für die Orte, die
ihr euch außerhalb der Grenzen Judäas
angeeignet habt. 31 Andernfalls zahlt fünf-
hundert Talente Silber dafür und weitere
fünfhundert Talente für den Schaden, den
ihr angerichtet habt, und für die Steuern
der Städte. Sonst kommen wir und führen
Krieg gegen euch 32 Athenobius, der
Freund des Königs, kam nach Jerusalem.
Als er dort die Herrlichkeit Simeons sah,
den Schrank mit den goldenen und silber-
nen Gefäßen und die zahlreiche Diener-
schaft, staunte er. Dann übermittelte er
ihm die Forderungen des Königs. 33 Da
antwortete Simeon: Wir haben uns weder
fremdes Land angeeignet noch fremdes
Eigentum genommen, sondern nur das
Erbe unserer Väter, das von unseren Fein-
den zu einer gewissen Zeit unrechtmäßig
besetzt worden war. 34 Wir haben die Gele-
genheit genutzt und nun halten wir am Er-
be unserer Väter fest. 35 Was aber deine
Forderung bezüglich Jafo und Geser be-
trifft, so haben diese Städte unserem Volk
großes Unheil gebracht und unser Land
verwüstet. Doch bieten wir für sie einhun-
dert Talente an. Athenobius aber erwiderte
kein Wort. 36 Wütend kehrte er zum König
zurück und berichtete von dieser Erklä-

rung, von der Pracht Simeons und von al-
lem, was er gesehen hatte. Da geriet der
König in heftigen Zorn.

Kendebäus fällt in Judäa ein

37 Inzwischen hatte Tryphon ein Schiff bes-
tiegen und war nach Orthosia geflohen.
38 Da bestellte der König Kendebäus zum
Befehlshaber für das Küstengebiet und
teilte ihm Fußtruppen und Reiterei zu.
39 Er befahl ihm, an der Grenze von Judäa
sein Lager aufzuschlagen, und gab ihm die
Weisung, Kidron auszubauen, die Tore zu
verstärken und gegen die Juden Krieg zu
führen. Der König selbst aber verfolgte
Tryphon. 40 Kendebäus kam nun nach
Jamnia und begann, durch Einfälle in Ju-
däa das Volk zu reizen, die Leute gefangen
zu nehmen und zu töten. 41 Dann baute er
Kidron aus und legte Reiterei und Fuß-
truppen hinein, die auf den Straßen Judäas
Streifzüge unternahmen, wie ihnen der
König befohlen hatte.

Sieg der Söhne Simeons über Kendebäus

16 Da kam Johanan von Geser hinauf
und meldete seinem Vater Simeon,
was Kendebäus unternahm. 2 Simeon rief
seine beiden ältesten Söhne Judas und Jo-
hanan zu sich und sagte zu ihnen: Ich,
meine Brüder und die Familie meines Va-
ters haben von Jugend an bis zum heuti-
gen Tag gegen die Feinde Israels gekämpft
und oftmals gelang es uns, Israel aus der
Gefahr zu retten. 3 Nun bin ich alt gewor-
den; ihr aber steht dank der Gnade im leis-
tungsfähigen Alter. Tretet also an meine
und meines Bruders Stelle! Zieht aus und
kämpft für unser Volk. Möge der Beistand
des Himmels euch begleiten! 4 Dann hob
er im Land zwanzigtausend Fußsoldaten
und Reiter aus. Sie zogen gegen Kende-
bäus und übernachteten in Modeïn. 5 Am
frühen Morgen brachen sie auf und mar-
schierten in die Ebene. Da trat ihnen ein
großes Heer entgegen, Fußtruppen und
Reiterei. Ein Bach trennte sie voneinander.
6 Johanan schlug mit seinen Leuten ein La-
ger dem Feind gegenüber auf. Als er be-
merkte, dass sie sich fürchteten, den Bach
zu überqueren, durchschritt er ihn selbst
zuerst. Die Soldaten sahen es und zogen
hinter ihm her. 7 Dann teilte er das Kriegs-
volk und stellte die Reiterei in die Mitte
der Fußtruppen; denn die feindliche Reite-
rei war sehr stark. 8 Sie stießen in die
Trompeten und Kendebäus wurde mit sei-
nem Heer geschlagen. Viele von ihnen
wurden verwundet und getötet. Die Übri-
gen flohen in die Festung. 9 Damals wurde
auch Judas, der Bruder des Johanan, ver-
wundet. Johanan aber nahm die Verfol-
gung auf, bis er nach Kidron gelangte, das
Kendebäus befestigt hatte. 10 Da flohen sie
in die Türme in der Gegend von Aschdod.
Johanan steckte die Stadt in Brand. Es fie-
len ungefähr zweitausend Mann der Fein-
de. Er selbst aber kehrte wohlbehalten
nach Judäa zurück.

Ermordung Simeons und Nachfolge Johanans

11 Ptolemäus, der Sohn Abubs, stand da-
mals als Befehlshaber in der Ebene von Je-
richo. Er besaß viel Silber und Gold. 12 Er
war nämlich ein Schwiegersohn des Ho-
henpriesters. 13 Da wurde er stolz und er
plante, sich zum Herrscher des Landes
aufzuwerfen. Er ersann eine List gegen Si-
meon und seine Söhne, um sie aus dem
Weg zu räumen. 14 Simeon hatte nämlich
die Gewohnheit, die Städte des Landes zu
bereisen und nach dem Rechten zu schau-
en. So kam er im elften Monat, das heißt
im Monat Schebat, des Jahres einhundert-
siebenundsiebzig mit seinen Söhnen Mat-
tatias und Judas nach Jericho hinunter.
15 Der Sohn Abubs bereitete ihnen in der
kleinen Festung Dok, die er erbaut hatte,
einen Empfang. Er veranstaltete für sie
ein Trinkgelage, hielt dort aber einige
Männer verborgen. 16 Als Simeon und sei-
ne Söhne betrunken waren, sprangen Pto-
lemäus und seine Leute auf und ergriffen
die Waffen, drangen zu Simeon in den
Speisesaal ein und erschlugen ihn und sei-
ne beiden Söhne sowie einige aus seinem
Gefolge. 17 So beging Ptolemäus eine ge-
meine Treulosigkeit und vergalt Gutes
mit Bösem. 18 Ptolemäus teilte dem König
alles schriftlich mit und bat ihn, ihm Trup-
pen zu Hilfe zu schicken und ihm das
Land und die Städte zu übergeben. 19 An-
dere Leute schickte er nach Geser, um Jo-
hanan zu ermorden. Den Kommandanten
schrieb er, sie sollten zu ihm kommen, da-
mit er ihnen Gold, Silber und andere Ge-
schenke geben könne. 20 Wieder andere
sandte er zur Besetzung Jerusalems und
des Tempelbergs aus. 21 Doch jemand eilte

voraus und meldete Johanan in Geser, sein
Vater und seine Brüder seien ermordet:
Schon hat er Leute abgesandt, auch dich
zu töten. 22 Bei dieser Nachricht erschrak
Johanan sehr. Er ließ die Leute, die zu sei-
ner Ermordung gekommen waren, ergrei-
fen und töten. Denn er wusste, dass sie ihn
ermorden wollten.
23 Die weitere Geschichte Johanans, sei-
ne Kriege und Heldentaten, die er voll-
brachte, der Wiederaufbau der Mauern
und seine sonstigen Leistungen, 24 all das
ist in der Chronik seines Hohepriester-
tums aufgeschrieben, von der Zeit an, da
er nach seinem Vater Hoherpriester wur-
de.

Das zweite Buch der Makkabäer

Briefe an die Juden in Ägypten

Erster Brief

1 Den Brüdern, den Juden von Ägyp-
ten, unseren Gruß! Euere Brüder, die
Juden in Jerusalem und im Land Judäa,
wünschen bestes Wohlergehen. 2 Gott mö-
ge euch Wohltaten spenden und seines
Bundes mit Abraham, Isaak und Jakob,
seinen treuen Dienern, gedenken. 3 Er gebe
euch allen ein Herz, das ihn fürchtet und
seiner Lehre mutig und bereitwillig folgt.
4 Er öffne eueren Sinn für sein Gesetz und
seine Gebote und gewähre Frieden. 5 Er er-
höre euere Bitten, gewähre euch Verzei-
hung und verlasse euch nicht in Unglücks-
tagen. 6 So beten wir jetzt hier für euch.
7 Unter der Regierung des Königs Demetri-
us, im Jahr einhundertneunundsechzig,
haben wir Juden euch geschrieben: In die-
sen Jahren der äußersten Bedrängnis, die
über uns hereinbrach, als Jason mit seinen
Anhängern vom heiligen Land und vom
Königreich abfiel, 8 verbrannte man den
Tempeleingang und vergoss unschuldiges
Blut. Wir aber flehten zum Herrn und
wurden erhört. Da brachten wir wieder
Brand- und Speiseopfer dar, zündeten die
Lampen an und legten die Schaubrote auf.
9 Und nun begeht die Tage des Laubhüt-
tenfestes im Monat Kislew! Gegeben im
Jahre einhundertachtundachtzig.

Zweiter Brief

Anschrift

10 Die Bewohner von Jerusalem und Judäa,
der Hohe Rat und Judas entbieten Aristo-
bul, dem Lehrer des Königs Ptolemäus,
aus dem Geschlecht der gesalbten Priester,
sowie den Juden Ägyptens Gruß und Heil.

Dank für die Bestrafung des Antiochus

11 Da wir aus großen Gefahren von Gott
errettet wurden, danken wir ihm aus gan-
zem Herzen und sind auch zu neuen
Kämpfen gegen den König bereit. 12 Denn
er selbst hat jene hinausgetrieben, die ge-
gen die Heilige Stadt gekämpft haben.
13 Als nämlich der Feldherr mit einem
scheinbar unüberwindbaren Heer nach
Persien zog, wurden sie im Tempel der
Nanäa erschlagen, weil die Priester der
Nanäa eine List anwandten. 14 Antiochus
war nämlich mit seinen Freunden dorthin
gekommen, als wollte er sich mit der Göt-
tin vermählen, um dann die reichen Schät-
ze gewissermaßen als Mitgift in Empfang
nehmen zu können. 15 Die Priester des Na-
näatempels holten die Schätze auch her-
vor und Antiochus betrat mit geringem
Gefolge den Tempelbezirk. Sobald er aber
eingetreten war, schlossen sie den Tempel
ab. 16 Dann öffneten sie eine geheime Tür
in der Decke, warfen Steine hinunter und
zerschmetterten den Fürsten. Sie schlugen
ihn in Stücke und warfen den draußen
Wartenden den abgehauenen Kopf hin.
17 Für all das sei unser Gott gepriesen, der
die Gottlosen preisgegeben hat!

Wunderbar erhaltenes heiliges Feuer

18 Da wir am fünfundzwanzigsten Kislew
die Tempelreinigung feiern wollen, halten
wir es für angebracht, euch davon mit-
zuteilen, damit auch ihr sie wie das Laub-
hüttenfest und das Feuerfest begeht. Letz-
teres wurde eingeführt, als Nehemia nach
dem Aufbau von Tempel und Brandopfer-
altar erstmals wieder Opfer darbrachte.
19 Denn als unsere Väter nach Persien ver-
schleppt wurden, nahmen die frommen
Priester von damals etwas von dem Feuer
des Brandopferaltars und verbargen es im
Schacht eines ausgetrockneten Brunnens.
Dort sicherten sie es so gut, dass der Ort
allen unbekannt blieb. 20 Nach Ablauf vie-
ler Jahre gefiel es Gott, Nehemia durch
den König der Perser herzusenden. Er
schickte nun die Nachkommen jener
Priester, die es verborgen hatten, das Feuer
zu holen. 21 Da sie nun meldeten, aber kein
Feuer, sondern nur schlammiges Wasser
gefunden zu haben, befahl er ihnen, es zu
schöpfen und zu bringen. Als alles zum

Opfer gerüstet war, gebot Nehemia den
Priestern, das Holz und was darauf lag
mit dem Wasser zu begießen. 22 Als dies
geschehen war und nach einiger Zeit die
Sonne hervorkam, die bisher von Wolken
verdeckt gewesen war, loderte ein gewalti-
ges Feuer auf, sodass alle staunten. 23 Wäh-
rend das Opfer verbrannte, verrichteten
die Priester und alle anderen ein Gebet;
Jonatan betete vor, die übrigen aber, auch
Nehemia, stimmten ein. 24 Das Gebet aber
hatte folgenden Wortlaut: Herr, Herr und
Gott! Du Schöpfer aller Dinge, du Furcht-
barer und Gewaltiger, Gerechter und
Barmherziger, alleiniger König und Wohl-
täter, 25 einziger Spender der Lebensgüter,
einzig Gerechter, Allherrscher und Ewiger,
der du Israel aus aller Not errettet, der du
die Väter auserwählt und geheiligt hast!
26 Nimm das Opfer an für dein ganzes Volk
Israel, schütze und heilige dein Erbteil!
27 Führe uns wieder aus der Zerstreuung
zusammen, befreie alle von den Heiden-
völkern Geknechteten, schau gnädig auf
die Verschmähten und Verachteten! Dann
sollen die Völker erkennen, dass du unser
Gott bist. 28 Strafe, die uns Gewalt antun
und uns in ihrem Stolz verhöhnen, 29 und
pflanze dein Volk wieder an deinem heili-
gen Ort ein, wie Mose es gesagt hat.

30 Dann sangen die Priester Loblieder.
31 Als das Opfer ganz verzehrt war, befahl
Nehemia, das übrig gebliebene Wasser
über große Steine zu gießen. 32 Als man
dies ausgeführt hatte, entzündete sich eine
Flamme. Doch wurde sie durch das vom
Altar entgegenflammende Feuer verzehrt.
33 Als der Vorfall bekannt wurde, meldete
man dem Perserkönig, an dem Ort, an
dem die weggeführten Priester das Feuer
verborgen hatten, sei Wasser zum Vor-
schein gekommen, mit dem die Leute Ne-
hemias die Opfergabe geweiht hätten.
34 Nach Prüfung des Sachverhalts ließ er
den Platz einzäunen und für heilig erklä-
ren. 35 Er teilte reiche Geschenke an jene
aus, die sein Wohlwollen gefunden hatten.
36 Die Leute Nehemias nannten das Wasser
Neftar, was Reinigung bedeutet. Von den
meisten aber wird es Neftai genannt.

Jeremia verbirgt das Kultgerät

2 In den Urkunden findet man auch,
dass der Prophet Jeremia den Wegge-
führten befahl, etwas von dem besagten
Feuer zu nehmen, 2 und dass der Prophet
den Weggeführten bei der Übergabe des
Gesetzes eingeschärft habe, die Gebote des
Herrn nicht zu vergessen und sich durch
den Anblick der prunkvollen goldenen
und silbernen Götzenbilder in ihrer Gesin-
nung nicht irremachen zu lassen. 3 Auch
mit anderen Worten dieser Art ermahnte
er sie, das Gesetz aus ihrem Herzen nicht
schwinden zu lassen. 4 In der Schrift stand
ferner, der Prophet habe auf göttliche Wei-
sung hin angeordnet, ihm Zelt und Bun-
deslade nachzutragen. Dann sei er zu dem
Berg hinausgegangen, den Mose bestiegen
hatte, um den von Gott verheißenen Erbteil
zu sehen. 5 Bei seiner Ankunft fand Jeremia
eine höhlenartige Wohnung, in die er das
Zelt, die Bundeslade und den Rauchopfer-
altar brachte. Dann verschloss er den Ein-
gang. 6 Einige seiner Begleiter gingen hin,
um den Weg zu kennzeichnen, konnten
ihn aber nicht mehr finden. 7 Als Jeremia
davon erfuhr, tadelte er sie und sagte: Die
Stelle soll unbekannt bleiben, bis Gott sein
Volk wieder sammelt und ihm Erbarmen
erweist. 8 Dann wird der Herr dies alles of-
fenbar machen. Die Herrlichkeit des Herrn
wird erscheinen und die Wolke, wie sie sich
zur Zeit des Mose gezeigt hat, und wie da-
mals, als Salomo gebetet hatte, der Ort mö-
ge in Herrlichkeit geheiligt sein. 9 Es wurde
aber auch berichtet, wie jener Weise ein
Opfer bei der Einweihung und Vollendung
des Tempels darbrachte. 10 Wie Mose zum
Herrn flehte und dann Feuer vom Himmel
fiel und das Opfer verzehrte, so betete auch
Salomo, und Feuer kam herunter und ver-
zehrte die Brandopfer. 11 Mose sagte: Weil
das Sündopfer nicht gegessen wurde, ist es
verbrannt worden. 12 So hat auch Salomo
eine achttägige Feier gehalten.

Die Bibliothek Nehemias

13 In den Schriften, und zwar in den Erin-
nerungen Nehemias, wurde das Gleiche
berichtet; ferner, dass er eine Bibliothek
anlegte, in die er die Bücher der Könige
und Propheten, die Schriften Davids und
die Urkunden der Könige über die Weihe-
geschenke zusammentrug. 14 So sammelte
auch Judas alle infolge des Kriegsaus-
bruchs zerstreuten Bücher. Sie sind in un-
seren Händen. 15 Wenn euch etwas davon
fehlt, so schickt Leute, um sie euch abho-
len zu lassen.

Einladung zum Tempelweihfest

[16] Wir schreiben euch, weil wir die Tempelreinigung feiern wollen. Ihr würdet gut daran tun, diese Tage mitzufeiern. [17] Gott war es, der sein Volk befreit und allen das Erbland, das Königtum, das Priestertum und die Heiligung geschenkt hat, [18] wie er es durch das Gesetz versprochen hat. Wir hoffen, dass Gott sich uns bald erbarmen und uns von allen Orten unter dem Himmel wieder am heiligen Ort zusammenführen wird. Hat er uns doch schon aus großem Unglück befreit und den Ort gereinigt.

Vorwort des Verfassers

[19] Die Geschichte des Makkabäers Judas und seiner Brüder, der Reinigung des hohen Tempels und der Weihe des Altars, [20] ferner die Kriege gegen Antiochus Epiphanes und seinen Sohn Eupator, [21] die himmlischen Erscheinungen zum Nutzen jener, die für das Judentum so ruhmreiche Heldentaten vollbrachten, dass sie trotz ihrer geringen Zahl das ganze Land zurückerobern und die Massen von Barbaren vertreiben, [22] den auf dem ganzen Erdkreis berühmten Tempel wiedergewinnen, die Stadt befreien und den fast abgeschafften Gesetzen wieder Geltung verschaffen konnten, weil der Herr in seiner großen Güte gnädig war,– [23] dies alles hat Jason von Zyrene in fünf Büchern berichtet. Wir aber wollen versuchen, es in einem Buch kurz zusammenzufassen. [24] Wir bemerkten nämlich die Überfülle von Zahlen und die Schwierigkeit, die sich aus dem Reichtum des Stoffes für jeden ergibt, der sich in die Einzelberichte einarbeiten will. [25] Deshalb waren wir bestrebt, den Lesefreudigen eine angenehme Lektüre, den Studierenden eine Gedächtnishilfe, kurz allen Lesern zu nützen. [26] Für uns freilich, die wir die Mühe der Kürzung übernahmen, war es nichts Leichtes, sondern eine Arbeit, die Schweiß und Nachtwachen kostete, [27] wie es ja auch für jemand nicht leicht ist, ein Festmahl zu bereiten und die Gäste zufrieden zu stellen. Dennoch wollen auch wir zum Nutzen der vielen gern die Mühe auf uns nehmen. [28] Die genaue Untersuchung der Einzelheiten überlassen wir dem Geschichtsschreiber. Wir aber bemühen uns, einen einfachen Auszug anzufertigen. [29] Denn wie bei einem Neubau die Sorge für den ganzen Bau dem Bauherrn zufällt, dem Verzierer und Maler aber die Ausschmückung obliegt, so scheint es mir auch bei uns der Fall zu sein. [30] Es ist Aufgabe des Geschichtsschreibers, zu forschen, die Quellen genau zu untersuchen und die Einzelheiten darzustellen. [31] Dem Bearbeiter des Buches aber muss es erlaubt sein, in gedrängter Kürze vorzugehen und auf eine eingehende Darstellung zu verzichten.

[32] Beginnen wir nun mit der Erzählung, da wir uns beim Vorwort schon allzu lang aufgehalten haben. Es wäre töricht, im Vorwort weitschweifig zu sein, die Geschichte selbst aber kurz zu fassen.

Die Geschichte Heliodors

Heliodors Ankunft in Jerusalem

3 Die Heilige Stadt lag in tiefem Frieden und die Gesetze wurden dank der Frömmigkeit des Hohenpriesters Onias und seines Hasses gegen die Übertretungen treu beachtet. [2] Sogar Könige bezeigten diesem Ort Ehre und verherrlichten den Tempel durch die kostbarsten Geschenke. [3] So bestritt auch Seleukus, der König von Asien, aus eigenen Einkünften allen Aufwand, den der Opferdienst erforderte. [4] Da geriet ein gewisser Simeon aus dem Stamm Benjamin, ein Tempelvorsteher, mit dem Hohenpriester wegen der städtischen Marktordnung in Streit. [5] Als er sich gegen Onias nicht durchsetzen konnte, ging er zu Apollonius, dem Sohn des Tharseas, der damals Statthalter von Zölesyrien und Phönizien war. [6] Er machte ihm Mitteilung über die unermesslichen Reichtü-

mer, mit denen die Schatzkammer in Jerusalem angefüllt sei. Die Menge des Geldes sei unzählbar. Für die Bestreitung der Opfer sei dies nicht notwendig und es bestände die Möglichkeit, es zugunsten des Königs zu beschlagnahmen. 7 Apollonius begab sich zum König und machte ihm von den angezeigten Geldern Mitteilung. Dieser beauftragte seinen Kanzler Heliodor und sandte ihn mit der Weisung hin, die erwähnten Schätze herbeizuschaffen. 8 Sogleich reiste Heliodor unter dem Vorwand ab, die Städte Zölesyriens und Phöniziens zu besuchen, in Wirklichkeit aber, um den Auftrag des Königs durchzuführen. 9 Bei seiner Ankunft in Jerusalem wurde er vom Hohenpriester und der Stadt ehrenvoll empfangen. Er sprach von der Anzeige und erklärte, in welcher Absicht er gekommen sei. Er erkundigte sich aber, ob die Sache sich wahrheitsgemäß so verhalte. 10 Der Hohepriester wies darauf hin, dass es sich um hinterlegte Gelder von Witwen und Waisen handle. 11 Einiges gehöre noch einem gewissen Hyrkanus, dem Sohn des Tobija, einem sehr angesehenen Mann. Die Sachlage wäre gar nicht so, wie der Frevler Simeon sie fälschlicherweise dargestellt habe. Der Gesamtbetrag belaufe sich auf vierhundert Talente Silber und zweihundert Talente Gold. 12 Es sei aber keineswegs erlaubt, jene Leute zu schädigen, die ihr Vertrauen auf die Heiligkeit des Ortes und auf die Würde und Unverletzlichkeit des Tempels gesetzt hätten, der in der ganzen Welt berühmt sei.

Die Stadt in Bestürzung

13 Heliodor aber erklärte aufgrund der erhaltenen königlichen Anweisungen, das Geld müsse unter allen Umständen an die königliche Kasse abgeführt werden. 14 Am festgesetzten Tag ging er hinein, um eine Prüfung der Sachlage vorzunehmen und seine Anordnungen zu treffen. In der Stadt aber entstand eine nicht geringe Bestürzung. 15 Die Priester warfen sich in ihren priesterlichen Gewändern vor dem Brandopferaltar nieder und riefen zu dem, der das Gesetz über anvertrautes Gut erlassen hatte, er möge es jenen, die ihr Vermögen hinterlegt hatten, unversehrt erhalten. 16 Wer die Gestalt des Hohenpriesters sah, dem blutete das Herz; denn sein Aussehen und die veränderte Gesichtsfarbe offenbarten seine große Angst. 17 Schrecken hatte den Mann erfasst und Zittern seinen Körper, sodass alle, die ihn sahen, seine brennende Seelenqual erkannten. 18 Da kamen aus den Häusern die Leute scharenweise zum gemeinsamen Gebet zusammen, weil nun die Entweihung des heiligen Ortes drohte. 19 Die Frauen aber liefen mit Bußgewändern, die unter der Brust gegürtet waren, in großer Zahl auf die Straßen. Die sonst eingeschlossenen Mädchen eilten teils an die Türen, teils auf die Mauern, andere schauten durch die Fenster. 20 Sie alle aber streckten die Hände zum Himmel empor und beteten. 21 Es war zum Erbarmen, wie die bunt gemischte Menge auf den Knien lag und der Hohepriester in tiefem Kummer das Kommende erwartete. 22 Nun riefen sie den allmächtigen Gott an, er solle das anvertraute Gut jenen, die es hinterlegt hatten, unversehrt und in aller Sicherheit erhalten.

Heliodors Bestrafung

23 Heliodor jedoch ging daran, seinen Plan auszuführen. 24 Schon stand er dort bei der Schatzkammer mit seiner Leibwache. Da führte der Herr der Geister und jeglicher Kraft eine große Erscheinung herbei, sodass alle, die einzudringen gewagt hatten, von Gottes Macht getroffen in Ohnmacht und Schrecken fielen. 25 Es erschien ihnen nämlich ein Pferd mit einem furchtbaren Reiter und mit prächtigem Geschirr geschmückt. Es stürmte gewaltig gegen Heliodor an und schlug mit den Vorderhufen auf ihn ein. Der Reiter selbst erschien in goldener Rüstung. 26 Außerdem erschienen zwei junge Männer von großer Stärke und strahlender Schönheit, gekleidet in herrliche Gewänder. Sie traten von beiden Seiten zu ihm heran, geißelten ihn unaufhörlich und versetzten ihm viele Schläge. 27 Plötzlich sank er zu Boden und es wurde ihm schwarz vor den Augen. Man ergriff ihn und legte ihn auf eine Bahre. 28 Nun trug man ihn als Hilflosen hinaus, der eben noch mit zahlreichem Gefolge und der ganzen Leibwache in die erwähnte Schatzkammer eingedrungen war. Ganz offenkundig musste man darin die Macht Gottes erkennen. 29 So wurde er durch göttliche Kraft niedergestreckt, der Sprache und aller Hoffnung auf Rettung be-

raubt. 30 Da priesen sie den Herrn, der wi-
der Erwarten seine Wohnstätte verherr-
licht hatte. Der Tempel, in dem kurz zuvor
noch Furcht und Schrecken geherrscht
hatten, wurde durch die Erscheinung des
allmächtigen Gottes mit Freude und Jubel
erfüllt. 31 Sogleich baten einige Freunde
Heliodors den Onias um Fürsprache beim
Allerhöchsten, damit er dem, der in den
letzten Zügen lag, das Leben schenke.
32 Aus Sorge, der König könnte Verdacht
schöpfen, dass die Juden sich an Heliodor
vergangen hätten, brachte der Hohepries-
ter ein Opfer für die Rettung des Mannes
dar. 33 Während der Hohepriester das Süh-
neopfer darbrachte, erschienen dem Helio-
dor dieselben jungen Männer wiederum,
mit den gleichen Gewändern bekleidet. Sie
traten zu ihm und sagten: Danke dem Ho-
henpriester Onias vielmals; denn seinetwe-
gen schenkt dir der Herr das Leben. 34 Du
aber, der du vom Himmel gezüchtigt wur-
dest, verkünde nun allen die gewaltige
Macht Gottes! Nach diesen Worten ver-
schwanden sie.

Heliodors Bekehrung

35 Da brachte Heliodor dem Herrn ein Op-
fer dar und machte ihm große Gelübde,
weil er ihm das Leben erhalten hatte. Oni-
as behandelte er sehr freundlich und kehr-
te mit seinem Heer zum König zurück.
36 In aller Öffentlichkeit legte er Zeugnis
von den Werken des allerhöchsten Gottes
ab, die er mit eigenen Augen gesehen hat-
te. 37 Als der König Heliodor fragte, wer der
geeignete Mann zu einer neuen Gesandt-
schaft nach Jerusalem sei, antwortete er:
38 Wenn du einen Feind oder Aufrührer
hast, dann schick ihn hin. Du wirst ihn
ausgepeitscht zurückerhalten, wenn er
überhaupt mit dem Leben davonkommt;
denn an jenem Ort waltet eine göttliche
Macht. 39 Der im Himmel seine Wohnung
hat, ist Wächter und Beschützer jenes Or-
tes. Die in böser Absicht hinkommen,
schlägt und vernichtet er. 40 So verlief die
Geschichte von Heliodor und der Bewah-
rung des Tempelschatzes.

Hellenistische Propaganda und Verfolgung unter Antiochus Epiphanes

Umtriebe des Tempelvorstehers Simeon

4 Der oben erwähnte Simeon, der zum
Verräter des Tempelschatzes und des
Vaterlandes geworden war, beschuldigte
nun Onias, als habe er Heliodor angegrif-
fen und das Urteil verursacht. 2 Er wagte
es, den Wohltäter der Stadt, den Helfer
seiner Mitbürger und den Eiferer für die
Gesetze einen Feind der Regierung zu nen-
nen. 3 Die Feindschaft erreichte ein solches
Ausmaß, dass einer der Anhänger Sime-
ons Mordtaten beging. 4 Onias aber er-
kannte die Gefährlichkeit des Streites und
dass außerdem Apollonius, der Sohn des
Menestheus, Statthalter von Zölesyrien
und Phönizien, die Bosheit Simeons noch
steigern würde. 5 Deshalb reiste er zum Kö-
nig, nicht um als Ankläger seiner Mitbür-
ger aufzutreten, sondern aus Sorge um das
allgemeine und besondere Wohl des Vol-
kes. 6 Denn er sah, dass der Feind nur
durch königliches Einschreiten zu errei-
chen sei und dass Simeon von seinem
wahnsinnigen Treiben nicht ablassen wür-
de.

Der Hohepriester Jason führt heidnische Sitten ein

7 Als Seleukus gestorben war, übernahm
Antiochus mit dem Beinamen Ephiphanes
die Herrschaft. Damals erschlich sich Ja-
son, der Bruder des Onias, das Hohepries-
teramt. 8 Bei einer Unterredung sicherte er
dem König dreihundertsechzig Talente
Silber und weitere achtzig Talente aus an-
deren Einkünften zu. 9 Dazu versprach er
noch hundertfünfzig zu zahlen, wenn ihm
gestattet werde, aus eigener Machtvoll-
kommenheit eine Sportschule und einen
Übungsplatz zu errichten und den Bewoh-
nern von Jerusalem das antiochenische
Bürgerrecht zu verleihen. 10 Der König ge-
währte es. Kaum aber hatte Jason die
Herrschaft angetreten, führte er sogleich
bei seinen Mitbürgern die griechische Le-
bensart ein. 11 Er schaffte die königlichen
Privilegien ab, die den Juden durch Joha-
nan, den Vater des Eupolemus, verliehen
worden waren. Letzterer war als Gesand-
ter nach Rom gegangen, um mit den Rö-
mern Freundschaft und Bundesgenossen-

schaft zu schließen. Jason hob die gesetzmäßigen Staatseinrichtungen auf und führte neue und gesetzwidrige Gewohnheiten ein. 12 Absichtlich nämlich errichtete er gerade unter der Burg eine Sportschule und veranlasste die Söhne der vornehmsten Familien zum Tragen des griechischen Hutes. 13 Durch die maßlose Schlechtigkeit Jasons, der ein gottloser Mensch, aber kein Hoherpriester war, kam es zu einer Blüte des Griechentums und zur Annahme fremder Sitten. 14 Die Priester hatten kein Interesse mehr für den Dienst am Altar, sondern schätzten den Tempel gering und vernachlässigten die Opfer. Dafür eilten sie auf den Sportplatz zur Teilnahme an den gesetzwidrigen Kampfspielen, sobald die Aufforderung dazu durch den Diskus erging. 15 Die vaterländischen Ehren galten ihnen nichts, aber die griechischen Auszeichnungen schätzten sie über alles. 16 Daher traf sie auch eine schwere Not. Gerade jene, deren Lebensweise sie nachahmten und denen sie sich in allem angleichen wollten, wurden ihre Feinde und Bedränger. 17 Es ist nämlich keine Kleinigkeit, sich gegen die göttlichen Gesetze zu erheben, wie die Folgezeit deutlich zeigt.

18 Zu den Kampfspielen in Tyrus, die alle fünf Jahre in Gegenwart des Königs stattfanden, 19 schickte der nichtswürdige Jason als Vertreter Jerusalems Gesandte, die das antiochenische Bürgerrecht erworben hatten. Sie überbrachten dreihundert Drachmen für ein Heraklesopfer. Doch baten die Überbringer, man solle das Geld nicht für ein Opfer verwenden, weil sich dies nicht zieme, sondern anderen Zwecken zuweisen. 20 Das Geld war zwar vom Absender für ein Heraklesopfer bestimmt, aber aus Rücksicht auf die Überbringer wurde es zur Ausschmückung der Schiffe verwandt.

Antiochus Epiphanes, in Jerusalem umjubelt

21 Zur Thronbesteigung des Königs Philometor wurde Apollonius, der Sohn des Menestheus, nach Ägypten gesandt. Dabei erfuhr Antiochus, dass der Ägypter seiner Politik feindlich gegenüberstand, und sorgte sich um seine eigene Sicherheit. Er begab sich nach Jafo und kam von dort nach Jerusalem. 22 Jason und die Stadt bereiteten ihm einen herrlichen Empfang und unter Fackelschein und Jubelrufen zog er ein. Dann marschierte er mit seinem Heer nach Phönizien.

Menelaus wird Hoherpriester

23 Drei Jahre später sandte Jason den Menelaus, den Bruder des vorhin erwähnten Simeon, zum König mit dem Auftrag, die Gelder zu überbringen und schon begonnene dringende Staatsangelegenheiten zu Ende zu führen. 24 Er fand Gunst beim König und pries ihn nach Art eines Mannes, der Einfluss besitzt. So gewann er das Hohepriesteramt für sich, indem er Jason um dreihundert Talente Silber überbot. 25 Nach Empfang der königlichen Ernennungsschreiben kehrte er heim. Er besaß zwar nichts, das ihn für das Hohepriesteramt würdig gemacht hätte, wohl aber den Zorn eines grausamen Tyrannen und die Wut eines wilden Tieres. 26 So wurde Jason, der den eigenen Bruder durch List verdrängt hatte, nun selbst von einem anderen hinterlistig abgesetzt und in das Land der Ammoniter vertrieben. 27 Menelaus bemächtigte sich zwar der Herrschaft, lieferte aber dem König nichts von den versprochenen Geldsummen ab, 28 obwohl Sostratus, der Kommandant der Burg, sie einforderte; denn dieser war mit der Eintreibung der Steuern beauftragt. Deshalb wurden beide vom König vorgeladen. 29 Menelaus ließ seinen Bruder Lysimachus als Stellvertreter im hohepriesterlichen Amt zurück, Sostratus aber Krates, den Befehlshaber der Zyprier.

Ermordung des Onias

30 Nach Erlass dieser Anweisungen kam es zum Aufstand unter den Bewohnern von Tarsus und Mallus, da man diese Städte an Antiochis, die Nebenfrau des Königs, verschenkt hatte. 31 Eilends brach der König auf, um den Aufruhr zu unterdrücken. Als seinen Stellvertreter ließ er Andronikus, einen hohen Beamten, zurück. 32 Menelaus glaubte, die günstige Gelegenheit ausnutzen zu können, eignete sich einige goldene Tempelgeräte an und schenkte sie Andronikus. Andere konnte er nach Tyrus und in die umliegenden Städte verkaufen. 33 Von seinem Asylort in Daphne bei Antiochia aus, wohin er sich zurückgezogen hatte, sprach Onias nach Empfang zuverlässiger Nachrichten scharfen Tadel aus. 34 Deshalb überredete Menelaus

den Andronikus in einer privaten Besprechung, Onias zu töten. Jener begab sich zu Onias. Er suchte ihn durch List zu überreden und reichte ihm sogar die rechte Hand zum Schwur. Trotz des bestehenden Argwohns überredete er ihn, aus seinem Asylort herauszukommen. Ohne alle Scheu vor der Gerechtigkeit ließ er ihn sogleich aus dem Weg räumen. [35] Über dieses Unrecht waren nicht nur die Juden, sondern auch viele aus anderen Völkern empört und entrüsteten sich über die Ermordung des Mannes.

[36] Als der König aus den Ortschaften Ziliziens zurückkehrte, beklagten sich die Juden der Stadt bei ihm. Auch die Griechen sprachen ihren Unwillen über die rechtswidrige Ermordung des Onias aus. [37] Da wurde Antiochus von tiefer Trauer ergriffen und von Mitleid gerührt. Er weinte wegen der Tugend und Rechtschaffenheit des Verstorbenen. [38] Von Zorn entbrannt, ließ er Andronikus sofort den Purpurmantel wegnehmen, die Kleider herunterreißen und ihn durch die ganze Stadt führen bis zu dem Platz, wo er sich gegen Onias vergangen hatte. Dort ließ er den Mörder hinrichten. So vergalt ihm der Herr seine Tat mit der gebührenden Strafe.

Tod des Lysimachus

[39] In der Stadt wurden von Lysimachus mit Billigung des Menelaus viele Tempelschätze geraubt. Das Gerücht davon verbreitete sich weithin und eine Volksmenge rottete sich gegen Lysimachus zusammen, nachdem schon viele goldene Geräte verschleppt waren. [40] Gegen die Erregung und Erbitterung der Volksmassen bewaffnete Lysimachus etwa dreitausend Mann und begann mit Gewaltakten. Anführer war ein gewisser Auranus, der zwar schon im vorgerückten Alter stand, aber nicht an Bosheit nachließ. [41] Als man merkte, dass Lysimachus angriff, hoben die einen Steine auf, die anderen Holzstücke, wieder andere rafften den umherliegenden Schutt zusammen und schleuderten alles durcheinander auf die Leute des Lysimachus. [42] Dadurch verwundeten sie viele von ihnen, andere warfen sie zu Boden, alle aber schlugen sie in die Flucht. Den Tempelräuber selbst töteten sie in der Nähe der Schatzkammer.

Erkaufter Freispruch des Menelaus

[43] Wegen dieser Vorgänge leitete man gegen Menelaus ein Gerichtsverfahren ein. [44] Als der König nach Tyrus hinunterkam, brachten die drei vom Hohen Rat gesandten Männer die Anklage gegen ihn vor. [45] Schon schien Menelaus verloren zu sein, da bot er Ptolemäus, dem Sohn des Dorymenes, eine hohe Geldsumme an, damit er den König umstimme. [46] So führte Ptolemäus den König in einen Säulengang beiseite, wie wenn er sich erholen sollte, und stimmte ihn um. [47] Menelaus, den Anstifter des ganzen Unheils, sprach der König daraufhin frei, jene Unglücklichen, die selbst dann für unschuldig erklärt und freigesprochen worden wären, wenn sie ihre Sache vor skythischen Richtern vorgebracht hätten, verurteilte er zum Tod. [48] Unverzüglich mussten jene Männer die ungerechte Strafe erleiden, die für die Stadt, das Volk und die heiligen Geräte eingetreten waren. [49] Darüber waren die Tyrer erbost und bereiteten ihnen ein prachtvolles Begräbnis. [50] Menelaus aber blieb dank der Habgier der Machthaber im Amt. Er nahm noch an Bosheit zu und wurde ein grimmiger Verfolger seiner Mitbürger.

Menelaus und Jason

5 Um diese Zeit rüstete Antiochus zu seinem zweiten Feldzug gegen Ägypten. [2] Da geschah es, dass man in der ganzen Stadt fast vierzig Tage lang Reiter mit goldenen Gewändern und mit Lanzen bewaffnet, in Abteilungen durch die Lüfte jagen sah. [3] Die Reiterscharen standen in Schlachtordnung und von beiden Seiten erfolgten Angriff und Abwehr; Schilde wurden geschwungen, Speere gab es in Menge, Pfeile wurden abgeschossen, goldene Rüstungen blitzten auf und mancherlei Arten von Panzern gab es. [4] Daher beteten alle, die Erscheinung möge ein gutes Vorzeichen sein.

[5] Es verbreitete sich aber auch das falsche Gerücht vom Tod des Antiochus. Da brachte Jason nicht weniger als eintausend Mann zusammen und unternahm einen plötzlichen Angriff gegen Jerusalem. Die Mannschaft auf der Mauer wurde zurückgetrieben und die Stadt zuletzt erobert. Menelaus flüchtete in die Burg. [6] Jason aber begann schonungslos ein Morden un-

ter den eigenen Mitbürgern und bedachte
nicht, dass ein Sieg über die eigenen Leute
das größte Unglück ist. Vielmehr schien er
sich von Feinden und nicht von Landsleu-
ten Siegesbeute zu holen. 7 Dennoch be-
mächtigte er sich nicht der Herrschaft,
sondern sein Anschlag nahm ein
schmachvolles Ende, und er musste von
neuem in das Gebiet der Ammoniter
flüchten. 8 Zuletzt ereilte ihn ein unglück-
liches Ende. Er wurde vom Araberfürsten
Aretas gefangen genommen und floh dann
von Stadt zu Stadt. Von allen verfolgt, ge-
hasst als Gesetzloser und verwünscht als
Henker des Vaterlandes und der Mitbür-
ger, wurde er nach Ägypten vertrieben.
9 Der so viele aus dem Vaterland in die
Fremde gejagt hatte, starb nun selbst in
der Fremde, da er zu den Spartanern geflo-
hen war, um dort wegen der Stammesver-
wandtschaft Schutz zu finden. 10 Der so
viele unbeerdigt hatte daliegen lassen,
wurde nicht betrauert, noch erhielt er ir-
gendein Begräbnis; keine Grabstätte fand
er bei den Ahnen.

Antiochus Epiphanes plündert den Tempel

11 Als der König von den Geschehnissen
hörte, glaubte er an einen Abfall Judäas.
Wütend wie ein Tier brach er deshalb von
Ägypten auf und nahm die Stadt mit Waf-
fengewalt ein. 12 Er befahl den Soldaten,
ohne Erbarmen alle niederzuhauen, die
sie antrafen, und auch die auf die Dächer
der Häuser Geflüchteten hinzuschlachten.
13 Da gab es ein Morden von Jung und Alt,
ein Niedermetzeln von Männern, Frauen
und Kindern, ein Hinschlachten von Jung-
frauen und Säuglingen. 14 In nur drei Tagen
verlor die Stadt achtzigtausend Einwoh-
ner; vierzigtausend wurden im Gemetzel
getötet und ebenso viele, wie man hin-
geschlachtet hatte, wurden in die Sklaverei
verkauft. 15 Damit noch nicht zufrieden,
wagte es der König, in den heiligsten Tem-
pel der ganzen Erde einzudringen. Als
Führer diente ihm Menelaus, der zum
Verräter an Gesetz und Vaterland gewor-
den war. 16 Mit unreinen Händen nahm er
die heiligen Geräte fort und mit unheiligen
Händen raffte er die Weihegaben zusam-
men, die von anderen Königen zum Glanz
und zur Ehre der Stätte gestiftet worden
waren.

17 In seinem Hochmut beachtete Antio-
chus nicht, dass der Herr wegen der Sün-
den, die die Einwohner der Stadt begangen
hatten, nur auf kurze Zeit zornig war und
deswegen den Ort preisgab. 18 Wären die
Juden nicht mit so vielen Sünden belastet
gewesen, dann hätten auch ihn bei seinem
Eindringen sofort Geißelhiebe von seiner
Frechheit abgeschreckt, ähnlich wie Helio-
dor, den König Seleukus zur Besichtigung
der Schatzkammer gesandt hatte. 19 Doch
Gott hat nicht das Volk wegen des Ortes
erwählt, sondern den Ort wegen des Vol-
kes. 20 Deshalb litt auch der Ort an den
Heimsuchungen des Volkes, wie er später
an seinem Wohlergehen teilhaben sollte.
Der Ort, der durch den Zorn des Allmäch-
tigen preisgegeben war, sollte bei der Ver-
söhnung des großen Herrschers in allem
Glanz wiederhergestellt werden.

Die Aufseher des Landes

21 Antiochus raubte aus dem Tempel ein-
tausendachthundert Talente und zog rasch
nach Antiochia. In seinem Hochmut
glaubte er, das Land schiffbar und das
Meer gangbar machen zu können – über-
heblich war er. 22 Er ließ aber Aufseher zur
Unterdrückung des Volkes zurück, und
zwar in Jerusalem Philippus, der seiner
Abstammung nach ein Phrygier, seiner Le-
bensart nach ein noch größerer Barbar als
sein Auftraggeber war, 23 auf dem Garizim
Andronikus. Dazu kam noch Menelaus,
der sich schlimmer als die anderen gegen
seine Mitbürger benahm. War er doch ge-
gen die jüdischen Bürger ganz verbittert.
24 Ferner sandte er den Anführer der My-
sier, Apollonius, mit einer Streitmacht von
zweiundzwanzigtausend Mann hin und
befahl ihm, alle Erwachsenen niederzuma-
chen, die Frauen und Kinder aber zu ver-
kaufen. 25 Jener kam nun nach Jerusalem
und spielte mit heuchlerischer Miene den
Friedfertigen. Bis zum heiligen Sabbattag
verhielt er sich ruhig. Als er die Juden fei-
ern sah, gab er seinen Leuten Befehl, zu
den Waffen zu greifen. 26 Alle, die zum
Festgottesdienst gekommen waren, ließ er
niederhauen. Dann stürmten sie mit der
Waffe in der Hand in die Stadt und töteten
viele Leute.

27 Judas, der Makkabäer, aber schloss
sich mit neun Gefährten zusammen und
zog sich in die Wüste zurück. Mit seinen
Leuten lebte er in den Bergen wie die wil-

den Tiere. Sie nährten sich die ganze Zeit
nur von Kräutern, um nicht unrein zu
werden.

Einführung heidnischer Kulte

6 Nicht lange danach sandte der König
einen alten Athener, der die Juden
zwingen sollte, von den Gesetzen der Väter
abzufallen und nicht mehr nach Gottes
Gesetz zu leben. 2 Er sollte auch den Tem-
pel in Jerusalem schänden und dem olym-
pischen Zeus weihen, das Heiligtum auf
dem Garizim aber dem gastfreundlichen
Zeus, der gastfreundlichen Art der Orts-
bewohner entsprechend. 3 Dem Volk aber
war die Zunahme der Bosheit schwer er-
träglich und zuwider. 4 Denn das Heilig-
tum wurde von den Heiden zu Ausschwei-
fungen und wüsten Gelagen missbraucht.
Sie suchten ihr Vergnügen mit Huren, lie-
ßen sich in den heiligen Vorhöfen mit
Frauen ein und brachten auch sonst noch
vieles hinein, was nicht hineingehörte.
5 Der Brandopferaltar wurde mit unerlaub-
ten, vom Gesetz verbotenen Opfern ange-
füllt. 6 Weder hielt man den Sabbat, noch
beging man die von den Vätern überkom-
menen Feste. Man konnte sich überhaupt
nicht mehr als Jude bekennen. 7 Mit har-
tem Zwang führte man sie monatlich zum
Opfermahl, wenn der Geburtstag des Kö-
nigs gefeiert wurde, und am Fest der Dio-
nysien zwang man sie, mit Efeu bekränzt
an der Dionysosprozession teilzunehmen.
8 Auf Veranlassung der Leute von Ptole-
maïs erging auch ein Befehl an alle grie-
chischen Städte, sie sollten mit den Juden
ebenso verfahren und Opfermahlzeiten
veranstalten. 9 Die sich zur Annahme der
griechischen Lebensweise nicht entschlie-
ßen konnten, sollte man hinrichten.

Da konnte man nun sehen, welches
Elend sich einstellte. 10 Man zeigte nämlich
zwei Frauen vor Gericht an, die ihre Kin-
der beschnitten hatten. Die Säuglinge
hängte man ihnen an die Brust, führte sie
öffentlich in der Stadt umher und stürzte
sie von der Mauer hinunter. 11 Andere, die
in nahe gelegenen Höhlen zu einer heimli-
chen Sabbatfeier zusammengekommen
waren, wurden dem Philippus angezeigt.
Da sie aus Hochachtung vor dem hochhei-
ligen Tag zu ängstlich waren, sich zu ver-
teidigen, wurden sie alle zusammen ver-
brannt.

Sinn der Verfolgung

12 Nun ermahne ich alle, denen dieses Buch
in die Hände fällt, wegen der Heim-
suchungen nicht mutlos zu werden, son-
dern zu bedenken, dass diese Strafen nicht
zur Vernichtung, sondern zur Erziehung
unseres Volkes dienen. 13 Denn es ist ein
Zeichen großer Gnade, wenn die Gott-
losen nicht lange Zeit in Ruhe gelassen
werden, sondern sogleich der Strafe verfal-
len. 14 Wenn der Herr auch bei den ande-
ren Völkern mit der Bestrafung langmütig
wartet, bis sie das Maß ihrer Sünden er-
reicht haben, so wollte er mit uns nicht
ebenso verfahren, 15 damit er zuletzt nicht
an uns Rache nehmen müsste, wenn unse-
re Sünden auf das Höchste gestiegen wä-
ren. 16 Daher entzieht er uns nie sein Erbar-
men. Durch Unglück belehrt er zwar sein
Volk, verlässt es aber nicht. 17 Zur Beherzi-
gung sei uns dies gesagt. Nach dieser kur-
zen Unterbrechung wollen wir mit der Er-
zählung fortfahren.

Das Martyrium des Eleasar

18 Eleasar, einer der vornehmsten Schriftge-
lehrten, ein Mann hohen Alters und von
ehrwürdigem Aussehen, wurde gezwun-
gen, den Mund zu öffnen, um Schweine-
fleisch zu essen. 19 Er aber wählte lieber
den ruhmvollen Tod als das schmachvolle
Leben und schritt freiwillig zur Folterbank,
20 nachdem er es ausgespien hatte. So han-
delten jene, die standhaft ablehnten, was
sie nicht essen durften, selbst wenn sie die
Liebe zum Leben drängte. 21 Die Aufseher
über dieses gesetzwidrige Opfermahl nah-
men den Mann beiseite, da sie ihn seit lan-
ger Zeit kannten, und redeten ihm zu, er
solle sich Fleisch holen lassen, das er essen
dürfe und das von ihm zubereitet sei. Dann
solle er sich stellen, als wenn er von dem
durch den König vorgeschriebenen Opfer-
fleisch esse. 22 Wenn er das tue, entgehe er
dem Tod und erfahre wegen der alten
Freundschaft mit ihnen Nachsicht. 23 Er
aber fasste einen edlen Entschluss, der der
Würde seines Alters, seinem von Jugend
an vorbildlichen Lebenswandel, viel mehr
aber noch seiner Treue zu den heiligen,
von Gott gegebenen Gesetzen entsprach.
Er erklärte ohne Umschweife, man solle
ihn lieber in die Unterwelt schicken.
24 Denn für unser Alter ziemt es sich nicht
zu heucheln. Sonst würden viele junge

Leute glauben, der neunzigjährige Eleasar
sei zum Heidentum abgefallen. 25 Durch
meine Heuchelei und mein Festhalten an
der kurzen und vergänglichen Lebenszeit
würden sie irregeführt, meinem Alter aber
bereitete ich nur Schimpf und Schande.
26 Denn sollte ich auch für jetzt der Be-
strafung durch die Menschen entgehen, so
könnte ich doch weder lebend noch tot den
Händen des Allmächtigen entfliehen.
27 Darum will ich jetzt tapfer mein Leben
einsetzen und mich des Alters würdig zei-
gen. 28 Der Jugend aber hinterlasse ich ein
edles Beispiel, wie man mutig und helden-
haft für die ehrwürdigen und heiligen Ge-
setze einen schönen Tod stirbt. Mit diesen
Worten schritt er sogleich zur Folterbank.
29 Da schlug bei jenen, die ihn fortführten,
das ihm noch kurz vorher bewiesene
Wohlwollen in Hass um, weil ihnen die
eben gesprochenen Worte ein Ausdruck
des Wahnsinns schienen. 30 Schon war er
nahe daran, unter den Schlägen sein Leben
zu beenden, als er stöhnend sagte: Der
Herr, dem die heilige Einsicht zu Eigen ist,
weiß, dass ich durch die Geißelung an mei-
nem Leib grausame Schmerzen erdulde,
obwohl ich dem Tod entrinnen konnte.
Aber in meiner Seele ertrage ich es gern
aus Ehrfurcht vor ihm. 31 So starb er und
hinterließ nicht nur der Jugend, sondern
auch der Mehrheit des Volkes durch sei-
nen Tod ein Vorbild edler Gesinnung und
ein Denkmal echter Tugend.

Das Martyrium der sieben Brüder und ihrer Mutter

7 Auch sieben Brüder mit der Mutter
wurden verhaftet. Weil der König sie
zwingen wollte, von dem vom Gesetz ver-
botenen Schweinefleisch zu essen, wurden
sie mit Peitschen und Riemen geschlagen.
2 Einer von ihnen, der als Wortführer auf-
trat, sagte: Was willst du von uns erfragen
und wissen? Wir sind nämlich bereit, eher
zu sterben, als die Gesetze der Väter zu
übertreten. 3 Da geriet der König in Zorn
und befahl, Pfannen und Kessel glühend
zu machen. 4 Kaum waren sie glühend ge-
worden, befahl er sofort, dem Wortführer
die Zunge abzuschneiden, ihm nach Art
der Skythen die Kopfhaut abzuziehen und
die äußeren Gliedmaßen abzuhauen, wäh-
rend die anderen Brüder und die Mutter
zuschauen mussten. 5 Als er schon ganz
verstümmelt war, befahl er, ihn noch le-
bend an das Feuer zu schleppen und in
der Pfanne zu braten. Während sich aus
der Pfanne reichlich Dampf entwickelte,
ermunterten sie sich gegenseitig mit der
Mutter, heldenhaft zu sterben. Sie spra-
chen: 6 Gott, der Herr sieht es und erbarmt
sich gewiss über uns, wie es Mose in sei-
nem Straflied unmissverständlich aus-
gesprochen hat: Mit seinen Dienern wird
er Erbarmen haben. 7 Als der Erste auf die-
se Art gestorben war, führten sie den
Zweiten zur Marter. Sie rissen ihm die
Kopfhaut samt den Haaren ab und fragten
ihn: Willst du essen, bevor dein Leib glied-
weise gemartert wird? 8 Er aber antwortete
in seiner Muttersprache und rief: Nein!
Deshalb musste er die gleichen Qualen
der Reihe nach erdulden. 9 Als er in den
letzten Zügen lag, rief er: Du Verbrecher!
Du kannst uns das irdische Leben rauben.
Aber der König des Weltalls wird uns zu
einem ewigen Leben auferwecken, da wir
für seine Gesetze sterben. 10 Nach ihm wur-
de der Dritte gemartert. Als man die Zun-
ge von ihm forderte, bot er sie bereitwillig
dar und streckte mutig die Hände hin.
11 Gefasst sagte er: Vom Himmel habe ich
sie erhalten und wegen seiner Gesetze ach-
te ich sie gering. Von ihm hoffe ich sie wie-
derzuerlangen. 12 Selbst der König und sei-
ne Umgebung staunten über den Mut des
jungen Mannes, dem die Schmerzen
nichts bedeuteten. 13 Nach seinem Tod
quälten und misshandelten sie den Vierten
auf gleiche Weise. 14 Als er dem Tod nahe
war, sagte er: Trostreich ist es für uns,
durch Menschenhand zu sterben, wenn
wir die von Gott gegebene Hoffnung he-
gen dürfen, von ihm auferweckt zu wer-
den. Für dich freilich gibt es keine Auf-
erstehung zum Leben. 15 Gleich darauf
führten sie den Fünften herbei und mar-
terten ihn. 16 Er aber sah den König an
und sprach: Obwohl du sterblich bist, hast
du Macht, mit Menschen nach deinem Be-
lieben zu verfahren. Glaub aber nicht, un-
ser Volk sei von Gott verlassen. 17 Gedulde
dich nur, dann wirst du seine gewaltige
Kraft erfahren, wie er dich und deine
Nachkommen strafen wird. 18 Nach ihm
brachten sie den Sechsten herbei. Beim
Herannahen des Todes sagte er: Lass dich
nicht täuschen! Denn wir leiden dies unse-
retwegen, weil wir gegen unseren Gott ge-

sündigt haben. Darum traf uns so
Schreckliches. 19 Glaub du aber nicht, un-
gestraft zu bleiben, da du es wagst, gegen
Gott zu kämpfen!

20 Höchst lobenswert und eines ehren-
vollen Andenkens würdig ist die Mutter,
die zusah, wie ihre sieben Söhne an einem
einzigen Tag starben. Sie ertrug es mutig
kraft ihrer Hoffnungen auf den Herrn.
21 In edler Gesinnung ermahnte sie jeden
von ihnen in der Muttersprache. Ihren
weiblichen Sinn kräftigte sie mit männ-
lichem Mut und sagte zu ihnen: 22 Ich weiß
nicht, wie ihr in meinem Schoße entstan-
den seid. Nicht ich schenkte euch Atem
und Leben, noch fügte ich die Grundstoffe
eines jeden kunstvoll zusammen. 23 Dem-
nach war es der Schöpfer des Weltalls, der
das Menschengeschlecht gebildet hat, wie
er allen Dingen das Dasein verleiht. Atem
und Leben wird er euch in seinem Erbar-
men wiedergeben, weil ihr euch jetzt we-
gen seines Gesetzes für nichts erachtet.
24 Antiochus meinte, sie verachte ihn, und
er schöpfte Verdacht, dass sie Schmähun-
gen ausspreche. Nun suchte er den noch
übrig gebliebenen Jüngsten nicht nur mit
Worten zu überreden, sondern gab ihm
zugleich die eidliche Zusicherung, er wolle
ihn reich und sehr glücklich machen,
wenn er von den Gesetzen der Väter ab-
falle. Auch wolle er ihn zu seinem Freund
machen und ihm Staatsämter übertragen.
25 Doch der Junge beachtete es in keiner
Weise. Da rief der König die Mutter herbei
und redete ihr zu, dem Knaben eine Bera-
terin zu seinem Heil zu sein. 26 Erst nach
langem Zureden willigte sie ein, ihren
Sohn zu überreden. 27 Sie neigte sich über
ihn und verspottete den grausamen Tyran-
nen, indem sie in ihrer Muttersprache sag-
te: Kind, hab Erbarmen mit mir! Ich habe
dich neun Monate in meinem Schoß getra-
gen, drei Jahre gestillt und bis zu diesem
Alter gepflegt, erzogen und ernährt. 28 Ich
bitte dich, mein Kind, schau auf zum Him-
mel und blick hin auf die Erde und auf
alles, was auf ihr ist! Bedenke, dass Gott
dies nicht aus schon Bestehendem ge-
schaffen hat und dass auch das Menschen-
geschlecht so entstanden ist! 29 Fürchte die-
sen Henker nicht, sondern zeig dich deiner
Brüder würdig! Nimm den Tod an, damit
ich dich zur Zeit des Erbarmens zusam-
men mit deinen Brüdern wiedergewinne.

30 Kaum hatte sie so gesprochen, da sagte
der Junge: Auf wen wartet ihr noch? Ich
gehorche dem Befehl des Königs nicht,
sondern höre auf das Gesetz, das unseren
Vätern durch Mose gegeben wurde. 31 Du
aber hast alles Unheil gegen die Hebräer
ersonnen. Daher wirst du den Händen
Gottes nicht entfliehen. 32 Wir leiden ja we-
gen unserer Sünden. 33 Wenn auch der le-
bendige Herr, um uns zu züchtigen und zu
strafen kurze Zeit auf uns zornig ist, so
wird er sich doch seiner Diener wieder er-
barmen. 34 Du aber, Gottloser und Ver-
ruchtester aller Menschen, überheb dich
nicht in eitlem Stolz und falschen Hoff-
nungen, wenn du an die Kinder des Him-
mels Hand anlegst! 35 Denn du bist dem
Gericht des allmächtigen Gottes, der alles
sieht, noch nicht entronnen. 36 Nachdem
unsere Brüder ein angesichts des unver-
gänglichen Lebens kurzes Leid erduldeten,
haben sie jetzt die göttliche Bundesverhei-
ßung erlangt. Du aber wirst im Gottes-
gericht die verdiente Strafe für deinen
Hochmut erleiden. 37 Wie die Brüder gebe
auch ich Leib und Leben für die Gesetze
der Väter hin und rufe zu Gott, er möge
bald dem Volk Barmherzigkeit erweisen
und dich unter Qual und Pein zum Ge-
ständnis bringen, dass er allein Gott ist.
38 Der Zorn des Allmächtigen, der mit
Recht gegen unser ganzes Volk entbrannt
war, möge bei mir und meinen Brüdern
Halt machen.

39 Da geriet der König vor Zorn außer
sich und ging gegen ihn noch grausamer
als gegen die anderen vor, weil er durch
die Spottreden tief gekränkt war. 40 Un-
schuldig starb also auch jener dahin, in-
dem er ganz auf den Herrn vertraute.
41 Als Letzte starb nach den Söhnen auch
die Mutter.

42 Doch damit sei genug von den Opfer-
gelagen und den schlimmen Misshandlun-
gen berichtet.

Tod des Verfolgers und Reinigung des Tempels

Der Makkabäer Judas im Untergrund

8 Inzwischen gingen Judas, der Mak-
kabäer, und seine Leute auf Nebenpfa-
den heimlich in die Ortschaften, riefen die
Verwandten zusammen, sammelten dieje-
nigen um sich, die noch am Judentum
festhielten, und brachten ungefähr sechs-
tausend Mann zusammen. 2 Sie flehten
zum Herrn, er möge auf das Volk herun-
terschauen, das von allen bedrängt werde,
und sich auch des Tempels erbarmen, der
von gottlosen Menschen geschändet sei.
3 Er möge Mitleid mit der Stadt haben, die
zerstört werde und bald dem Erdboden
gleichgemacht sei, und auf das Blut hören,
das zu ihm aufschreie. 4 Der widerrecht-
lichen Ermordung unschuldiger Kinder
und der Lästerungen gegen seinen Namen
solle er gedenken und endlich seinen Hass
gegen das Böse offenbar machen. 5 Sobald
der Makkabäer eine Schar gesammelt hat-
te, konnten die Heidenvölker ihn nicht
mehr aufhalten; denn der Zorn des Herrn
hatte sich in Erbarmen gewandelt. 6 Er
überfiel Städte und Dörfer und brannte
sie nieder; er bezog günstige Stellungen
und fügte dem Feind sehr schwere Verlus-
te zu. 7 Er wählte meist die Nacht für solche
Überfälle. So verbreitete sich der Ruhm
seiner Tapferkeit überall.

Erste Heldentaten

8 Als Philippus erkannte, wie der Mann in
kurzer Zeit zu Erfolgen kam und seine Un-
ternehmungen immer stärker vom Glück
begünstigt wurden, schrieb er an Ptole-
mäus, den Statthalter von Zölesyrien und
Phönizien, er solle die Sache des Königs
unterstützen. 9 Dieser beauftragte sofort
Nikanor, den Sohn des Patroklus, einen
seiner besten Freunde, und sandte ihn an
der Spitze eines Heeres von nicht weniger
als zwanzigtausend Mann aus aller Herren
Länder nach Judäa, um dort die ganze Be-
völkerung zu vernichten. Er gab ihm Gor-
gias als Feldherrn zur Seite, einen erfahre-
nen Krieger. 10 Nikanor plante, den Tribut,
den der König den Römern in der Höhe
von zweitausend Talenten schuldete,
durch den Verkauf von jüdischen Kriegs-
gefangenen zu erlösen. 11 Unverzüglich
sandte er Boten zu den Küstenstädten
und ließ sie zum Ankauf jüdischer Sklaven
auffordern. Er versprach neunzig Per-
sonen für ein Talent zu liefern. Doch ahnte
er nicht die Strafe, die ihn bald vom all-
mächtigen Gott treffen sollte.

12 Da empfing Judas die Nachricht vom
Anmarsch Nikanors. Als er den Seinen das
Herannahen des Heeres mitteilte, 13 zer-
streuten sich die Ängstlichen sowie jene,
die kein Vertrauen auf Gottes Gerechtig-
keit hatten, und flohen. 14 Die anderen aber
verkauften ihre letzte Habe und flehten
zugleich zum Herrn, er möge sie befreien,
da sie von dem gottlosen Nikanor schon
vor dem Kampf verkauft worden seien.
15 Wenn er es nicht ihretwegen tun wolle,
dann doch wegen der Bündnisse mit ihren
Vätern und wegen des heiligen und herr-
lichen Namens, nach dem sie benannt sei-
en.

16 Der Makkabäer sammelte seine Leute
um sich, im Ganzen sechstausend Mann.
Er ermahnte sie, sich nicht vor den Fein-
den zu fürchten noch vor der großen Men-
ge der Heiden zu erschrecken, die sie un-
gerecht angriffen. Sie sollten mutig
kämpfen 17 und sich stets das gottlose und
gewalttätige Vorgehen jener gegen den
heiligen Ort vor Augen halten sowie die
Misshandlung der verhöhnten Stadt und
die Aufhebung der altererbten Verfassung.
18 Er sagte: Jene vertrauen auf Waffen und
kühne Unternehmen, wir aber hoffen auf
den allmächtigen Gott, der unsere Angrei-
fer und die ganze Welt durch einen ein-
zigen Wink vernichten kann. 19 Er erinner-
te sie an die Hilfe, die ihren Vorfahren
zuteil geworden war, an die einhundert-
fünfundachtzigtausend Mann Sanheribs,
die vernichtet wurden, 20 an die Schlacht
mit den Galatern in Babylon, wo im Gan-
zen achttausend, Juden zusammen mit
viertausend Mazedoniern zum Kampf an-
getreten waren. Als die Mazedonier hart
bedrängt wurden, vernichteten die acht-
tausend mit dem Beistand des Himmels
einhundertzwanzigtausend Mann und ge-
wannen reiche Beute.

21 So ermutigte er sie und machte sie be-
reit, für Gesetz und Vaterland zu sterben.
Dann teilte er sein Heer in vier Abteilun-
gen. 22 Zu Anführern der einzelnen Grup-
pen bestellte er seine Brüder Simeon, Josef
und Jonatan, denen er eintausendfünf-

hundert Mann zuwies. 23 Eleasar beauftragte er, das heilige Buch vorzulesen. Dann gab er die Losung aus: Mit Gottes Hilfe! Er selbst übernahm die Führung der ersten Gruppe und warf sich Nikanor entgegen. 24 Da der Allmächtige ihnen im Kampf beistand, machten sie mehr als neuntausend Feinde nieder, verwundeten und verletzten den größten Teil des Nikanorheeres und zwangen alle zur Flucht. 25 Sie erbeuteten die Gelder jener Leute, die gekommen waren, sie aufzukaufen. Sie verfolgten sie eine weite Strecke, ließen dann aber von ihnen ab, da die Zeit fehlte. 26 Es war nämlich der Tag vor dem Sabbat, sodass sie die Verfolgung nicht weiterführen konnten. 27 Sie sammelten ihre Waffen und nahmen den Feinden die Beute weg. Dann feierten sie den Sabbat. Laut priesen und lobten sie den Herrn, der ihnen bis auf diesen Tag geholfen und ihnen dadurch erstmals wieder sein Erbarmen gezeigt hatte. 28 Nach dem Sabbat gaben sie den Misshandelten sowie den Witwen und Waisen Anteil an der Beute. Den Rest verteilten sie unter sich und ihre Kinder. 29 Als sie dies getan hatten, sprachen sie ein gemeinsames Gebet und baten den barmherzigen Herrn um völlige Aussöhnung mit seinen Dienern.

Timotheus und Bakchides werden besiegt

30 Sie kämpften auch mit den Leuten des Timotheus und des Bakchides, von denen sie mehr als zwanzigtausend töteten, und brachten hoch gelegene Festungen in ihre Gewalt. Die reiche Beute verteilten sie zu gleichen Teilen unter sich und die Misshandelten sowie unter die Witwen, Waisen und alten Leute. 31 Sorgfältig sammelten sie alle ihre Waffen und legten sie an geeigneten Plätzen ab. Die übrige Beute schafften sie nach Jerusalem. 32 Sie töteten auch Phylarches, einen ganz bösen Menschen von den Soldaten des Timotheus, der den Juden viel Unglück gebracht hatte. 33 Bei der Siegesfeier in der Heimat verbrannten sie die Männer, die die heiligen Tore angezündet hatten, sowie einen gewissen Kallisthenes, der in ein kleines Haus geflüchtet war. So erhielt er den verdienten Lohn für seine Gottlosigkeit.

Demütigung Nikanors

34 Der verfluchte Nikanor aber, der die eintausend Händler zum Ankauf der Juden herbeigerufen hatte, 35 wurde von den Leuten, die er so gering geschätzt hatte, mit Hilfe des Herrn gedemütigt. Er musste sein Prachtgewand ausziehen und sich wie ein entlaufener Sklave mitten durch das Land allein auf den Weg nach Antiochia machen, aufs Tiefste bestürzt über die Niederlage seines Heeres. 36 Er hatte es auf sich genommen, den Tribut für die Römer aus den Gefangenen Jerusalems aufzubringen. Nun musste er berichten, dass die Juden einen Kampfgenossen hätten. Deswegen seien sie auch unverwundbar, weil sie auf die von jenem erlassenen Gesetze achteten.

Ende des Antiochus Epiphanes

9 Um jene Zeit musste Antiochus mit Schimpf und Schande aus den persischen Gebieten abziehen. 2 Er war in die Stadt Persepolis eingedrungen und hatte versucht, den Tempel zu plündern und die Stadt zu besetzen. Das Volk erhob sich, griff zu den Waffen und schlug sie zurück. Antiochus wurde von den Einwohnern verjagt und musste einen schmählichen Rückzug antreten. 3 Auf dem Weg nach Ekbatana erhielt er die Nachricht von der Niederlage Nikanors und der Truppen des Timotheus. 4 Da geriet er in Zorn und wollte die Juden für die schmachvolle Flucht büßen lassen, zu der man ihn gezwungen hatte. Deshalb befahl er seinem Wagenlenker, ohne Ruhepausen weiterzufahren, um die Reise abzuschließen, während Gottes Strafgericht schon über ihm drohte. Hatte er doch in seiner Vermessenheit gesagt: Jerusalem mache ich zu einem Totenacker für die Juden, sobald ich dort ankomme. 5 Der Herr, der Gott Israels, der alles sieht, schlug ihn mit einer unheilbaren und unsichtbaren Krankheit. Kaum hatte er das Wort ausgesprochen, erfassten ihn unerträgliche Schmerzen in den Eingeweiden und heftige innere Qualen. 6 Durchaus mit Recht geschah ihm so, hatte er doch auch die Eingeweide anderer durch viele ausgefallene Martern gequält. 7 Trotzdem war sein Stolz ungebrochen. Noch war er ganz von Hochmut erfüllt, schnaubte vor Wut Feuer gegen die Juden und befahl, die Fahrt zu beschleunigen. Da fiel er von dem dahinrasenden Wagen und fiel so unglücklich, dass alle Glieder seines Körpers verrenkt wurden. 8 Der soeben

noch in seiner übermenschlichen Prah-
lerei den Wellen des Meeres gebieten zu
können glaubte und der mit der Waage
die Bergeshöhen abwägen wollte, lag jetzt
am Boden und musste in einer Sänfte ge-
tragen werden, ein allen offenkundiger Be-
weis der göttlichen Macht. 9 Es krochen so-
gar Würmer aus den Augen des Gottlosen
und noch zu Lebzeiten fiel ihm das Fleisch
unter furchtbaren Schmerzen stückweise
ab. Von seinem Fäulnisgeruch wurde das
ganze Heerlager verpestet. 10 Bei dem Men-
schen, der kurz zuvor noch nach den Ster-
nen greifen wollte, konnte es niemand
mehr wegen seines unerträglichen Gestan-
kes aushalten.

11 Völlig zerschlagen, begann er endlich,
seinen Stolz zu mäßigen und Einsicht an-
zunehmen, da sich durch Gottes Schläge
die Schmerzen stetig steigerten. 12 Als er
selbst seinen Geruch nicht mehr ertragen
konnte, sagte er: Es ist nur recht, dass ein
Sterblicher sich Gott unterwirft und sich
keine gottgleiche Macht beilegt. 13 Nun
machte der Verbrecher dem Herrn, der
sich seiner nicht mehr erbarmte, folgendes
Gelübde: 14 Er werde der Heiligen Stadt, zu
der er hineilen wollte, um sie dem Erdbo-
den gleichzumachen und in einen Toten-
acker zu verwandeln, Freiheit gewähren
15 Die Juden aber, die er nicht einmal eines
Begräbnisses wert erachtete, sondern samt
ihren Kindern den Raubvögeln zum Fraß
hatte vorwerfen wollen, versprach er, den
Athenern gleichzustellen. 16 Den heiligen
Tempel, den er früher ausgeplündert hat-
te, gelobte er nun, mit den herrlichsten
Weihegaben auszuschmücken, alle heili-
gen Geräte vielfach vermehrt zu ersetzen
und die notwendigen Ausgaben aus eige-
nen Einkünften zu bestreiten. 17 Außerdem
wolle er selbst Jude werden und die ganze
bewohnte Welt durchziehen, um Gottes
Macht zu verkünden.

Antiochus' Brief an die Juden

18 Die Schmerzen aber ließen in keiner
Weise nach; denn Gottes Gericht war über
ihn gekommen. Da gab er alle Hoffnung
auf Genesung auf und schrieb den Juden
nachstehenden Brief in Form einer Bitte.
Er lautete: 19 Den Juden, den trefflichen
Staatsbürgern, entbietet Antiochus, der
König und Feldherr, viele Grüße und
Wünsche für Gesundheit und Wohlerge-
hen. 20 Wenn es euch und eueren Kindern
wohl ergeht und alle euere Angelegenhei-
ten wunschgemäß laufen, sage ich dafür
größten Dank. 21 Ich liege krank darnieder.
Euerer Achtung und eueres Wohlwollens
aber gedenke ich in Liebe. Als ich aus den
persischen Ländern zurückkehrte, fiel ich
in eine schwere Krankheit und halte es
deshalb für notwendig, für die gemein-
same Sicherheit aller Sorge zu tragen.
22 Allerdings gebe ich mich selbst nicht auf,
sondern habe die beste Hoffnung, die
Krankheit zu überstehen. 23 Doch bedenke
ich, dass auch mein Vater zu der Zeit einen
Nachfolger bestimmte, als er einen Feld-
zug in das Bergland unternahm. 24 Falls
dann etwas Unerwartetes einträte oder et-
was Unangenehmes gemeldet würde, wis-
sen die Bewohner des Landes, wem die
Herrschaft zu übergeben ist, und so wer-
den sie vor Unruhe bewahrt. 25 Außerdem
bedenke ich, wie die umgebenden und un-
serem Reich benachbarten Herrscher auf
den günstigen Zeitpunkt lauern und den
Ausgang abwarten. Deshalb habe ich mei-
nen Sohn Antiochus zum König bestellt,
den ich den meisten von euch schon oft
bei meinen Kriegszügen ins Bergland an-
vertraut und empfohlen habe. Beiliegen-
den Brief habe ich ihm geschrieben. 26 Ich
bitte euch nun eindringlich: Erinnert euch
an meine Wohltaten für die Allgemeinheit
und für jeden Einzelnen und bewahrt alle
zusammen mir und meinem Sohn euer
Wohlwollen. 27 Denn ich bin überzeugt,
dass er mit Milde und Leutseligkeit mei-
nen Grundsätzen folgen und zu euch in
gutem Verhältnis stehen wird.

28 So starb jener Menschenmörder und
Gotteslästerer in der Fremde im Gebirge
auf entsetzliche Art unter furchtbaren
Qualen, ganz so, wie er andere behandelt
hatte. 29 Den Leichnam aber ließ sein
Günstling Philippus überführen und floh
aus Furcht vor dem Sohn des Antiochus
zu Ptolemäus Philometor nach Ägypten.

Reinigung des Tempels

10 Mit Gottes Hilfe besetzten der
Makkabäer und seine Leute das
Heiligtum und die Stadt. 2 Die von den
Heiden auf dem Markt errichteten Altäre
und Götzenhaine zerstörten sie. 3 Auch
reinigten sie den Tempel und erbauten
einen neuen Brandopferaltar. Aus Steinen

schlugen sie Funken und entfachten so ein Feuer. Nach zweijähriger Unterbrechung brachten sie wieder Opfer dar, zündeten Rauchwerk und Lichter an und legten Schaubrote auf. 4 Nachdem sie dies alles eingerichtet hatten, warfen sie sich auf die Erde nieder und baten den Herrn, sie nicht mehr in ein so großes Unglück geraten zu lassen, sondern sie in Maßen zu bestrafen, wenn sie wieder sündigen sollten, sie aber nicht mehr gotteslästerlichen und barbarischen Heiden auszuliefern. 5 So fand die Tempelreinigung am gleichen Tag statt, an dem er von den Heiden entweiht worden war, nämlich am fünfundzwanzigsten des gleichen Monats Kislew. 6 Voll Freude veranstalteten sie eine achttägige Feier wie am Laubhüttenfest. Da gedachten sie, wie sie noch vor kurzer Zeit das Laubhüttenfest begangen hatten, als sie in den Bergen und Höhlen wie wilde Tiere ihr Leben fristen mussten. 7 Nun trugen sie efeubekränzte Stäbe, grüne Zweige und Palmen. Sie sangen dem Loblieder, der die Reinigung des ihm geheiligten Ortes hatte gelingen lassen. 8 Auch setzten sie durch gemeinsamen Beschluss und Befehl die jährliche Feier dieser Tage für das ganze Volk der Juden fest.

Kampf des Judas gegen die Nachbarvölker und gegen Lysias

Regierungsantritt des Antiochus Eupator

9 Das war also das Ende des Antiochus mit dem Beinamen Epiphanes. 10 Jetzt wollen wir von den Geschehnissen unter Antiochus Eupator, dem Sohn jenes Gottlosen, berichten, aber bei den Leiden des Krieges nur kurz verweilen. 11 Bei der Übernahme der Regierung ernannte er einen gewissen Lysias zum Reichsverweser und Oberbefehlshaber über Zölesyrien und Phönizien. 12 Ptolemäus mit dem Beinamen Makron war der Erste, der die Juden gerecht behandelte, nachdem ihnen bisher so viel Unrecht geschehen war. Er versuchte, ihre Angelegenheiten auf friedliche Weise zu regeln. 13 Deshalb wurde er von den Höflingen bei Eupator verklagt. Auch wurde er überall als Verräter angesehen, weil er die Insel Zypern, die ihm von Philometor anvertraut worden war, verlassen hatte und zu Antiochus Epiphanes übergelaufen war. Da er sein hohes Amt nicht mehr in Ehren führen konnte, setzte er seinem Leben durch Gift ein Ende.

Gorgias und die Festungen der Idumäer

14 Nun wurde Gorgias Befehlshaber in jener Gegend. Er warb fremde Söldner an und führte überall den Krieg gegen die Juden. 15 Gleichzeitig plünderten auch die Idumäer die Juden aus, da sie im Besitz günstig gelegener Festungen waren, nahmen die Flüchtlinge aus Jerusalem auf und versuchten, den Krieg weiterzuführen. 16 Der Makkabäer und seine Leute verrichteten ein Gebet und baten Gott um Hilfe im Kampf. Dann stürmten sie gegen die Festungen der Idumäer an. 17 In einem kühnen Angriff eroberten sie die Plätze. Sie schlugen alle, die auf den Mauern kämpften, zurück und töteten alle, die sie antrafen. Nicht weniger als zwanzigtausend Mann machten sie nieder. 18 Ungefähr neuntausend Mann flohen in zwei sehr feste Türme, die mit allem für eine Belagerung Notwendigen ausgestattet waren. 19 Der Makkabäer ließ Simeon und Josef sowie Zachäus mit genügend Leuten zur Belagerung dieser Plätze zurück. Er selbst zog an Orte, wo seine Anwesenheit dringend notwendig war. 20 Simeons Soldaten ließen sich jedoch aus Geldgier von einigen Leuten aus den Türmen bestechen. Sie nahmen siebzigtausend Drachmen an und ließen eine Anzahl von ihnen entkommen. 21 Als der Vorfall dem Makkabäer gemeldet wurde, berief er die Führer des Volkes und erhob die Anklage, sie hätten die Brüder für Geld verkauft, da sie zu deren Schaden die Feinde entkommen ließen. 22 Jene, die zu Verrätern geworden waren, ließ er hinrichten. Dann eroberte er sogleich die beiden Türme. 23 Alles, was er mit Waffen unternahm, glückte ihm. So erschlug er in den beiden Festungen mehr als zwanzigtausend Menschen.

Judas besiegt Timotheus und erobert Geser

24 Timotheus, der schon früher von den Juden besiegt worden war, sammelte ein

starkes ausländisches Heer und zog zahl-
reiche asiatische Reiterei zusammen. So
kam er, um Judäa mit Waffengewalt zu er-
obern. 25 Bei seinem Herannahen beteten
die Leute des Makkabäers zu Gott, streu-
ten sich Erde aufs Haupt und legten Buß-
gewänder an. 26 Sie warfen sich vor dem Al-
tar nieder und flehten, Gott möge mit
ihnen barmherzig sein, Feind ihren Fein-
den und Gegner ihren Gegnern werden,
wie das Gesetz es verkündet. 27 Nach Been-
digung des Gebetes griffen sie zu den Waf-
fen und zogen ziemlich weit von der Stadt
weg. In der Nähe der Feinde machten sie
halt. 28 Als eben das Morgenlicht dämmer-
te, begann man auf beiden Seiten den An-
griff. Die einen besaßen als Bürgschaft des
Glückes und des Sieges neben der Tapfer-
keit das Gottvertrauen. Die anderen aber
hatten zum Führer im Kampf die Leiden-
schaft bestellt. 29 Schon war die Schlacht
heftig entbrannt, da erschienen den Fein-
den vom Himmel her fünf herrliche Reiter
auf goldgezäumten Pferden, die sich an die
Spitze der Juden stellten. 30 Zwei nahmen
den Makkabäer in die Mitte, deckten ihn
mit ihren Rüstungen und schützten ihn
gegen Verwundung. Auf die Feinde aber
schleuderten sie Geschosse und Blitze. Da-
rum wurden sie geblendet, mit Schrecken
erfüllt und geschlagen. 31 Zwanzigtausend-
fünfhundert Soldaten und sechshundert
Reiter wurden getötet. 32 Timotheus selbst
aber floh in eine Festung mit Namen Ge-
ser, einen sehr festen Platz, der unter dem
Befehl des Chäreas stand. 33 Der Makkabä-
er und seine Leute belagerten die Festung
voller Zuversicht vier Tage lang. 34 Die Be-
lagerten aber vertrauten auf die Stärke der
Festung, lästerten ganz maßlos und führ-
ten gottlose Reden. 35 Bei Anbruch des
fünften Tages erstürmten zwanzig junge
Leute von den Soldaten des Makkabäers,
wutentbrannt wegen der Lästerungen,
mannhaft die Mauer und schlugen in wil-
dem Zorn jeden nieder, den sie antrafen.
36 Andere griffen die Besatzung durch eine
Umgehung an, setzten die Türme in
Brand, zündeten Scheiterhaufen an und
verbrannten die Lästerer lebendig. Wieder
andere schlugen die Tore ein, ließen das
übrige Heer hinein und nahmen so die
Stadt in Besitz. 37 Timotheus, der sich in
einer Zisterne verborgen hatte, töteten sie,
ebenso seinen Bruder Chäreas und den
Apollophanes. 38 Danach priesen sie mit
Lobgesängen und Dankliedern den Herrn,
der so Großes an Israel getan und ihnen
den Sieg geschenkt hatte.

Erster Feldzug des Lysias

11 Der Reichsverweser Lysias, der
Vormund und Verwandte des Kö-
nigs, war wegen dieser Vorfälle sehr ver-
bittert. 2 Kurze Zeit darauf zog er ungefähr
achtzigtausend Mann und die ganze Rei-
terei zusammen und rückte gegen die Ju-
den in der Absicht vor, die Stadt Jerusa-
lem zu einer griechischen Siedlung zu
machen, 3 den Tempel aber gleich den üb-
rigen heidnischen Tempeln mit einer
Steuer zu belegen und das Hohepriester-
amt jährlich zum Kauf anzubieten. 4 Er
dachte gar nicht an Gottes Macht, son-
dern vertraute ganz auf die Zehntausende
seiner Fußsoldaten, die Tausende von
Reitern und seine achtzig Elefanten. 5 Er
rückte in Judäa ein, näherte sich Bet-Zur,
einer starken Festung, ungefähr einhun-
dertfünfzig Stadien von Jerusalem ent-
fernt, und bestürmte sie. 6 Als der Mak-
kabäer und seine Leute hörten, er belagere
die Festung, flehten sie unter Klagen und
Weinen zusammen mit dem ganzen Volk
den Herrn an, er möge einen guten Engel
zur Rettung Israels senden. 7 Dann ergriff
der Makkabäer als Erster die Waffen und
ermahnte die anderen, mit ihm den Ge-
fahren zu begegnen und ihren Brüdern
zu helfen. So rückten sie mutig gemein-
sam aus. 8 Als sie noch in der Nähe Jerusa-
lems waren, erschien ihnen ein Reiter in
weißem Gewand, der goldene Waffen
schwang und sich an ihre Spitze stellte.
9 Da priesen sie gemeinsam die Barmher-
zigkeit Gottes und wurden so ermutigt,
dass sie bereit waren, nicht nur Men-
schen, sondern auch die wildesten Tiere
und eiserne Mauern niederzustoßen. 10 In
Schlachtordnung marschierten sie mit
ihrem himmlischen Mitkämpfer vorwärts;
denn der Herr hatte sich ihrer erbarmt.
11 Wie Löwen schlugen sie auf die Feinde
ein und streckten elftausend Fußsoldaten
und eintausendsechshundert Reiter nie-
der; alle anderen zwangen sie zur Flucht.
12 Die meisten von ihnen konnten nur das
nackte Leben retten, da sie schon verwun-
det waren. Lysias selbst entkam nur durch
eine schmähliche Flucht.

Frieden mit den Juden. Vier Briefe zum Friedensvertrag

13 Da Lysias nicht ohne Einsicht war und
über die verlorene Schlacht nachdachte,
sah er ein, dass die Hebräer unbesiegbar
waren, weil sie den mächtigen Gott zum
Mitstreiter hatten. 14 Daher sandte er Boten
an sie und bot ihnen unter gerechten Be-
dingungen Frieden an; auch versprach er,
dem König zuzureden, mit ihnen Freund-
schaft zu schließen. 15 Der Makkabäer war
mit Rücksicht auf das Gesamtwohl mit al-
lem einverstanden, was Lysias vorschlug.
Der König bewilligte alle Forderungen,
die der Makkabäer für die Juden bei Lysias
schriftlich eingereicht hatte.

16 Der Brief des Lysias an die Juden hatte
folgenden Wortlaut: Lysias entbietet dem
Volk der Juden seinen Gruß! 17 Euere Ge-
sandten Johanan und Abschalom haben
das unterschriebene Gesuch übergeben
und um Antwort auf die ausgesprochenen
Wünsche nachgesucht. 18 Was dem König
vorgelegt werden musste, habe ich ihm
vorgetragen, und er hat genehmigt, was
möglich war. 19 Wenn ihr auch weiterhin
euere gute Gesinnung gegen die Regierung
bewahrt, werde ich mich bemühen, für eu-
er Wohl zu arbeiten. 20 Wegen der Einzel-
heiten habe ich euere und meine Gesand-
ten angewiesen, mit euch zu verhandeln.
21 Lebt wohl! Im Jahr einhundertachtund-
vierzig, am Vierundzwanzigsten des Mo-
nats Dioskorus.

22 Das Schreiben des Königs hatte fol-
genden Wortlaut: König Antiochus ent-
bietet seinem Bruder Lysias seinen Gruß!
23 Da unser Vater unter die Götter versetzt
worden ist, wünschen wir, dass alle Bürger
unseres Reiches sich ungestört ihren Ge-
schäften widmen können. 24 Wir haben ge-
hört, dass die Juden den Übertritt zur grie-
chischen Lebensart, den mein Vater
angeordnet hatte, nicht billigen, sondern
ihre eigene Lebensweise vorziehen und da-
her bitten, dass man ihnen die eigenen Ge-
setze zugesteht. 25 Wir wünschen nun, dass
auch dieses Volk frei von aller Unruhe sei.
So verordnen wir, dass ihnen das Heilig-
tum zurückerstattet werde und sie ihr Le-
ben nach den Bräuchen ihrer Väter ein-
richten können. 26 Du tust gut daran,
ihnen Gesandte zu schicken und ihnen
die Hand zur Versöhnung zu reichen, da-
mit sie unseren Entschluss sehen, Vertrau-
en fassen und sich wieder freudig ihren
Geschäften widmen.

27 Der Brief des Königs an das Volk lau-
tete folgendermaßen: König Antiochus
entbietet dem Hohen Rat und den übrigen
Juden seinen Gruß! 28 Wenn es euch wohl
geht, entspricht es unserem Wunsch.
Auch wir befinden uns wohl. 29 Menelaus
meldete uns, dass ihr heimkehren wollt,
um euch eueren Geschäften zu widmen.
30 Jenen, die bis zum dreißigsten Xanthikus
heimkehren, wird Frieden gewährt mit der
Zusicherung, 31 dass die Juden ihre eigenen
Speisevorschriften und Gesetze befolgen
dürfen wie früher und niemand von ihnen
wegen der vorgekommenen Vergehen ir-
gendwie belästigt werden darf. 32 Zugleich
sende ich Menelaus, der euch weiter er-
muntern soll. 33 Lebt wohl! Im Jahr einhun-
dertachtundvierzig, am fünfzehnten Xan-
thikus.

34 Auch die Römer schickten einen Brief
folgenden Inhalts: Die römischen Gesand-
ten Quintus Memmius und Titus Manius
bieten dem Volk der Juden ihren Gruß.
35 Was Lysias, der Verwandte des Königs,
euch zugestanden hat, billigen auch wir.
37 Was die Fragen betrifft, die nach seiner
Ansicht dem König vorgelegt werden
müssen, so überlegt sie euch und schickt
sogleich jemanden, damit wir die Sache
zu eueren Gunsten vertreten können. Wir
reisen nämlich nach Antiochia weiter.
37 Beeilt euch also, uns einige Leute zu schi-
cken, damit wir euere Meinung kennen
lernen. 38 Lebt wohl! Im Jahr einhundert-
achtundvierzig, am fünfzehnten Xanthi-
kus.

Zwischenfälle in Jafo und Jamnia

12 Nach Abschluss dieser Verträge
begab sich Lysias zum König; die
Juden aber betrieben wieder Ackerbau.
2 Doch die Befehlshaber jener Gegenden,
Timotheus und Apollonius, der Sohn des
Gennäus, ferner Hieronymus und Demo-
phon, außerdem noch Nikanor, der Statt-
halter von Zypern, ließen sie nicht in Frie-
den und Ruhe leben.

3 Da verübten die Einwohner von Jafo
folgendes Verbrechen: Sie luden die bei
ihnen wohnenden Juden ein, mit Frauen
und Kindern in die von ihnen bereit-
gestellten Boote zu steigen, wie wenn sie
keine feindliche Absicht hegten, 4 sondern

nach einem gemeinsamen Beschluss der
Stadt handelten. Jene nahmen an, da sie
friedlich gesinnt waren und nichts Schlim-
mes vermuteten. Man fuhr sie auf die hohe
See und versenkte sie in die Tiefe, nicht
weniger als zweihundert Personen. 5 Judas
hörte von dieser an seinen Angehörigen
begangenen Grausamkeit und teilte sie
seinen Leuten mit. 6 Nach Anrufung Got-
tes, des gerechten Richters, zog er gegen
die verbrecherischen Mörder seiner Brü-
der. In der Nacht steckte er den Hafen in
Brand, verbrannte die Boote und tötete die
dorthin Geflohenen. 7 Da aber die Stadt
selbst fest verschlossen war, zog er ab in
der Absicht, wiederzukommen, um die
ganze Bürgerschaft Jafos zu vernichten.
8 Als er aber erfuhr, dass die Bewohner
von Jamnia gegen die dortigen Juden Ähn-
liches planten, 9 überfiel er auch die Jamni-
ter bei Nacht und verbrannte den Hafen
samt der Flotte. Den Feuerschein sah man
bis nach Jerusalem, zweihundertvierzig
Stadien weit.

Zug nach Gilead

10 Auf einem Zug gegen Timotheus waren
sie von dort neun Stadien weiter gezogen;
da griffen Araber, nicht weniger als fünf-
tausend Mann und fünfhundert Reiter,
Judas an. 11 Es kam zu einem harten
Kampf, in dem die Leute des Judas mit
Gottes Hilfe siegten. Die unterlegenen
Nomaden baten Judas um Frieden und
versprachen die Lieferung von Vieh und
jede sonstige Hilfe. 12 Da Judas glaubte,
sie könnten ihm tatsächlich viel nützen,
willigte er in den Friedensschluss ein. Sie
reichten sich die Hand und kehrten in
ihre Zelte zurück.

13 Er griff auch eine feste Stadt an, die
mit einer Ringmauer umgeben war. Sie
war von Heiden aus den verschiedenen
Völkern bewohnt und hieß Kaspin. 14 Die
Einwohner vertrauten auf die Stärke der
Mauern und den Vorrat an Lebensmitteln.
Sie behandelten Judas und seine Leute
sehr anmaßend, lästerten und beschimpf-
ten sie. 15 Da riefen Judas und seine Leute
den großen Gebieter der Welt an, der zur
Zeit Josuas ohne Mauerbrecher und
Kriegsmaschinen Jericho zertrümmert
hatte. Dann stürmten sie mit dem Mut
von Löwen gegen die Mauer an. 16 Mit Got-
tes Willen eroberten sie die Stadt und
schlugen viele nieder, sodass der benach-
barte, zwei Stadien große See mit Blut an-
gefüllt zu sein schien.

Schlacht von Karnajim

17 Von dort marschierten sie siebenhun-
dertfünfzig Stadien weiter und gelangten
nach Charax zu den so genannten Tubia-
ner-Juden. 18 Timotheus trafen sie in jener
Gegend nicht mehr an, da er unverrichte-
ter Dinge von dort abgezogen war, aber
doch an einem bestimmten Ort eine sehr
starke Besatzung zurückgelassen hatte.
19 Da rückten Dositheus und Sosipater,
Feldherren des Makkabäers, aus und ver-
nichteten die von Timotheus in der Fes-
tung zurückgelassenen Leute, mehr als
zehntausend Mann. 20 Dann teilte der
Makkabäer sein Heer in mehrere Abtei-
lungen, bestellte diejenigen, die an der
Spitze der Gruppen stehen sollten, und
brach gegen Timotheus auf, der einhun-
dertzwanzigtausend Fußsoldaten und
zweitausendfünfhundert Reiter bei sich
hatte.

21 Als Timotheus vom Anmarsch des Ju-
das hörte, schickte er die Frauen und Kin-
der samt dem ganzen Tross in eine Stadt
mit Namen Karnajim. Es war ein schwer
einnehmbarer und wegen der vielen Eng-
pässe kaum zugänglicher Ort. 22 Als die
erste Heeresabteilung des Judas ankam,
überfiel die Feinde Furcht und Schrecken
angesichts einer Machterscheinung des
Allsehenden. Da wandten sie sich sofort
zur Flucht. Der eine rannte hierhin, der
andere dorthin, sodass sie oft von den ei-
genen Leuten verwundet und mit den
Spitzen der Schwerter durchbohrt wurden.
23 Judas begann eine scharfe Verfolgung,
schlug die Frevler zusammen und tötete
ungefähr dreißigtausend Mann. 24 Timo-
theus selbst fiel den Truppen des Dosi-
theus und des Sosipater in die Hände.
Unter der Vorspiegelung, er habe von
mehreren die Eltern, von anderen die Brü-
der in seiner Gewalt, bat er, man möge ihn
unversehrt entlassen. Andernfalls werde es
ihnen schlimm ergehen. 25 Da er mehrfach
feierlich versicherte, er werde sie unver-
letzt herausgeben, entließen sie ihn, um
ihre Brüder zu retten. 26 Dann rückte Judas
gegen Karnajim und den Tempel der Ater-
gatis vor und erschlug fünfundzwanzig-
tausend Mann.

Rückkehr über Efron und Skythopolis

27 Als sie erschlagen und vernichtet waren, marschierte er gegen die feste Stadt Efron, in der sich Lysanias mit seinen Soldaten aus aller Welt einquartiert hatte. Kräftige junge Männer standen vor der Mauer und verteidigten sich tapfer. Drinnen lagen große Mengen von Kriegsmaschinen und Geschossen. 28 Die Juden aber beteten zum Herrn, der mit Macht die Kraft der Feinde zerbricht. Dann brachten sie die Stadt in ihre Gewalt und töteten von den Einwohnern ungefähr fünfundzwanzigtausend. 29 Sie brachen von dort auf und zogen gegen Skythopolis, das sechshundert Stadien von Jerusalem entfernt ist. 30 Die dort ansässigen Juden bezeugten, dass die Bewohner von Skythopolis ihnen stets Wohlwollen bezeigt und ihnen auch in den Unheilszeiten freundlich entgegengekommen seien. 31 Dafür dankten sie ihnen und ersuchten sie, auch künftig dem Volk so wohlgesinnt zu sein. Dann kehrten sie nach Jerusalem zurück, da das Wochenfest bevorstand.

Feldzug gegen Gorgias

32 Nach dem so genannten Pfingstfest zogen sie gegen Gorgias, den Statthalter von Idumäa. 33 Dieser rückte mit dreitausend Fußsoldaten und vierhundert Reitern heran. 34 Bei einem Zusammenstoß geschah es, dass einige Juden fielen. 35 Ein gewisser Dositheus aber, einer von Bakenors Leuten, ein tapferer Reiter, ergriff Gorgias, hielt ihn am Mantel fest und zog kräftig an ihm. Er wollte den Verfluchten lebendig fangen. Da stürzte sich ein thrakischer Reiter auf ihn und schlug ihm den Arm ab. So konnte Gorgias nach Marescha fliehen. 36 Da die Soldaten Esris schon länger gekämpft hatten und ganz ermüdet waren, rief Judas zum Herrn, sich als Mitstreiter und Anführer im Kampf zu zeigen. 37 Dann stimmte er mit lauter Stimme in seiner Muttersprache Kriegsgeschrei und Hymnen an und schlug die Truppen des Gorgias in die Flucht.

Opfer für die Gefallenen

38 Daraufhin sammelte Judas das Heer und kam zur Stadt Adullam. Da gerade der siebte Tag der Woche anbrach, heiligten sie sich nach ihrer Gewohnheit und feierten dort den Sabbat. 39 Am folgenden Tag suchten sie Judas auf, um die Leichen der Gefallenen zu bergen – es war schon höchste Zeit dazu – und bei ihren Verwandten in den Gräbern der Väter beizusetzen. 40 Sie fanden aber bei jedem Toten unter dem Leibrock Amulette der Götzen von Jamnia, obwohl das Gesetz dies den Juden untersagt. So erkannten alle, warum jene gefallen waren. 41 Alle priesen nun den Herrn, den gerechten Richter, der auch das Verborgene offenbar macht. 42 Dann wandten sie sich zum Gebet und flehten, dass die begangene Sünde völlige Vergebung finden möge. Der edle Judas aber mahnte die Truppe, sich selbst vor der Sünde zu hüten, da sie mit eigenen Augen die Folgen der Sünde an den Gefallenen gesehen hätten. 43 Dann ließ er unter den Soldaten Geld sammeln und schickte ungefähr zweitausend Silberdrachmen nach Jerusalem, um ein Sündopfer darbringen zu lassen. Damit handelte er sehr schön und edel; denn er dachte an die Auferstehung. 44 Wenn er nämlich nicht an die Auferstehung der Gefallenen geglaubt hätte, wäre es überflüssig und lächerlich gewesen, für die Toten zu beten. 45 Auch bedachte er, dass jenen, die fromm gestorben sind, ein ganz herrlicher Lohn aufbewahrt ist: ein heiliger und frommer Gedanke! Deshalb veranstaltete er das Sühnopfer für die Verstorbenen, um sie von ihrer Sünde zu erlösen.

Antiochus Eupator und Lysias. Hinrichtung des Menelaus

13 Im Jahr einhundertneunundvierzig erfuhren Judas und seine Leute, dass Antiochus Eupator mit großer Heeresmacht gegen Judäa heranrückte. 2 Sein Vormund, der Reichsverweser Lysias, begleitete ihn. Er befehligte ein griechisches Heer von einhundertzehntausend Mann zu Fuß und fünftausenddreihundert Reitern, zweiundzwanzig Elefanten und dreihundert Sichelwagen. 3 Mit ihnen verband sich auch Menelaus und munterte mit großer Verstellung Antiochus auf. Dabei war er nicht um die Rettung des Vaterlandes besorgt, sondern um die Wiedereinsetzung in sein Amt. 4 Aber der König der Könige erregte den Zorn des Antiochus gegen den Verbrecher. Als Lysias ihn als Urheber des ganzen Unheils anklagte, befahl er, ihn nach Beröa zu bringen und dort

nach landesüblicher Sitte hinzurichten. 5 Dort befindet sich nämlich ein fünfzig Ellen hoher Turm voll glühender Asche. Er hat eine drehbare Maschine, die von allen Seiten in die glühende Asche hinunterschleudert. 6 Dort hinauf werden die Tempelschänder und sonstigen Schwerverbrecher geschafft und ins Verderben gestürzt. 7 Dieser Tod traf auch den gesetzlosen Menelaus. Er fand nicht einmal ein Grab in der Erde. 8 Mit vollem Recht; denn er hatte sehr gegen den Altar gesündigt, dessen Feuer und Asche heilig sind. Deshalb fand er nun den Tod in der Asche.

Gebet und Erfolg der Juden bei Modeïn

9 Voll grausamer Gesinnung zog der König heran, um den Juden noch Schlimmeres zuzufügen als sein Vater. 10 Als Judas dies erfuhr, ermahnte er das Volk, Tag und Nacht den Herrn anzurufen, dass er, wenn je zu einer Zeit, ihnen jetzt helfen müsse, da sie in Gefahr seien, Gesetz, Vaterland und den heiligen Tempel zu verlieren. 11 Er möge das Volk, das eben erst etwas aufatmen konnte, nicht in die Hände der verruchten Heidenvölker fallen lassen. 12 Alle taten es einmütig. Auf die Knie niedergeworfen, riefen sie unter Weinen und Fasten drei Tage lang unablässig den barmherzigen Herrn an. Dann ermunterte Judas sie und befahl ihnen, bereit zu sein. 13 Er selbst aber fasste zusammen mit den Ältesten den Beschluss, auszuziehen und mit Gottes Hilfe den Kampf zur Entscheidung zu bringen, bevor das Heer des Königs in Judäa einfallen und die Stadt in Besitz nehmen könne. 14 Die Entscheidung stellte er dem Schöpfer des Weltalls anheim. Er ermunterte aber seine Leute, mutig bis in den Tod für Gesetz, Heiligtum, Stadt, Vaterland und Verfassung zu kämpfen. Dann bezog er bei Modeïn ein Lager. 15 Seinen Soldaten gab er die Losung: Gottes Sieg. Mit den besten ausgewählten jungen Kriegern griff er nachts das Königszelt an und tötete im Lager ungefähr zweitausend Mann. Auch den größten Elefanten machte er samt seinem Treiber nieder. 16 Zuletzt hatten sie das ganze Lager mit Furcht und Schrecken erfüllt und zogen siegreich ab, 17 als der Tag anbrach. Dies geschah durch den Schutz und die Hilfe Gottes.

Antiochus Eupator verhandelt mit den Juden

18 Nachdem der König nun einen Vorgeschmack von der Kühnheit der Juden bekommen hatte, versuchte er, durch List das Land zu besetzen. 19 Er zog nach Bet-Zur, einer starken jüdischen Festung, wurde aber zurückgeschlagen, griff nochmals an und wurde wieder besiegt. 20 Judas sandte der Besatzung alles Notwendige. 21 Da verriet Rhodokus, ein Soldat des jüdischen Heeres, den Feinden die Geheimnisse. Man suchte nach ihm, ergriff ihn und ließ ihn hinrichten. 22 Zum zweiten Mal verhandelte der König mit den Einwohnern von Bet-Zur und bot ihnen Frieden an. Er erhielt ihn und zog ab. Da stieß er mit dem Heer des Judas zusammen und wurde besiegt. 23 Als er erfuhr, dass der Reichsverweser Philippus in Antiochia abgefallen sei, war er sehr bestürzt. Er redete den Juden gütlich zu und bewilligte ihnen eidlich alle gerechten Forderungen. Er söhnte sich mit ihnen aus und brachte sogar ein Opfer dar. Den Tempel ehrte er und zeigte Wohlwollen gegen die Stadt.

24 Auch den Makkabäer empfing der König freundlich, bestellte Hegemonides zum Statthalter des Gebietes von Ptolemaïs bis zu den Gerrenern 25 und begab sich nach Ptolemaïs. Die Bewohner von Ptolemaïs aber waren ungehalten über die Verträge, beklagten sich über die Bestimmungen und wollten sie rückgängig machen. 26 Da bestieg Lysias die Rednerbühne und verteidigte das Abkommen, so gut er konnte. Durch beruhigende Worte überredete er die Leute und stellte sie zufrieden. Dann kehrte er nach Antiochia zurück. So verlief der Anmarsch und Rückzug des Königs.

Kampf gegen Nikanor

Das Vorgehen des Hohenpriesters Alkimus

14 Nach drei Jahren hörten die Leute
des Judas, Demetrius, der Sohn des
Seleukus, sei mit einem starken Heer und
einer großen Flotte durch die Bucht von
Tripolis gefahren 2 und habe das Land in
seine Gewalt gebracht. Antiochus und des-
sen Vormund habe er getötet. 3 Ein gewis-
ser Alkimus, der früher Hoherpriester ge-
wesen, aber in den Zeiten der Spaltung
freiwillig abgefallen war, sah nun ein, dass
er in keiner Weise Rettung finden noch
jemals wieder Zutritt zum heiligen Altar
gewinnen werde. 4 Im Jahr einhundertein-
undfünfzig kam er zu König Demetrius
und überreichte einen goldenen Kranz
mit einem Palmzweig, außerdem noch ei-
nige von den üblichen Ölzweigen des Hei-
ligtums. An jenem Tag verhielt er sich
noch ruhig.

5 Einen günstigen Augenblick für sein
Verbrechen fand er, als er von Demetrius
in eine Ratsversammlung berufen; als man
ihn nach der Stimmung und den Plänen
der Juden fragte, antwortete er ihnen:
6 Die so genannten Hasidäer unter den Ju-
den, deren Anführer Judas, der Makkabä-
er, ist, schüren immerzu Krieg und Auf-
ruhr und lassen das Reich keine Ruhe
finden. 7 Mir wurde die angestammte Wür-
de, das heißt das Hohepriesteramt, weg-
genommen und deshalb bin ich hierher
gekommen, 8 erstens aus wahrer Besorgnis
um die Rechte des Königs, zweitens aber
auch aus Rücksicht auf unsere Mitbürger.
Denn unser ganzes Volk leidet durch das
unbedachte Handeln der eben genannten
Leute nicht geringen Schaden. 9 Wenn du,
König, über all dies Erkundigungen einge-
zogen hast, dann wende dem Land und
unserem bedrängten Volk deine Fürsorge
zu; denn du bist allen freundlich und
wohlgesinnt. 10 Solange aber Judas lebt,
kann der Staat unmöglich Frieden finden.

11 Kaum hatte er gesprochen, da suchten
sofort die übrigen Vertrauten des Königs,
die Judas feindlich gesinnt waren, Deme-
trius noch mehr in Zorn zu bringen. 12 Un-
verzüglich rief er Nikanor, den früheren
Oberbefehlshaber der Elefanten, und er-
nannte ihn zum Statthalter von Judäa.
13 Er gab ihm die Weisung mit, Judas aus
dem Weg zu räumen, seine Anhänger auf-
zureiben und Alkimus als Hohenpriester
des höchsten Tempels einzusetzen. 14 Die
vor Judas aus Judäa geflüchteten Heiden
schlossen sich Nikanor in Scharen an, da
sie glaubten, das Unglück und die Be-
drängnis der Juden würden ihr eigenes
Glück sein.

Nikanor schließt Freundschaft mit Judas

15 Bei der Nachricht vom Anmarsch Nika-
nors und dem Angriff der Heiden streuten
sich die Juden Erde aufs Haupt und fleh-
ten zu dem, der sein Volk auf ewig gegrün-
det hat und sich immer für alle Welt sicht-
bar seines Erbteils annimmt. 16 Auf Befehl
des Anführers brach man rasch von dort
auf und stieß bei dem Dorf Dessau auf sie.
17 Simeon, der Bruder des Judas, traf auf
Nikanor und geriet durch die plötzliche
Ankunft der Feinde ein wenig ins Wan-
ken. 18 Als aber Nikanor hörte, welche Tap-
ferkeit die Truppen des Judas bewiesen
hatten und mit welchem Mut sie für das
Vaterland kämpften, zögerte er, die Ent-
scheidung durch Blutvergießen herbei-
zuführen. 19 Deshalb sandte er Posidonius,
Theodotus und Mattatias, um Friedens-
bedingungen zu unterbreiten und in Emp-
fang zu nehmen. 20 Nach reiflicher Erwä-
gung der Lage berichtete der Feldherr
dem Heer, und nachdem Einigkeit erzielt
worden war, billigte man das Abkommen.
21 Man bestimmte einen Tag, an dem man
an einem bestimmten Ort zusammenkom-
men wollte. Von beiden Seiten fuhr ein
Streitwagen vor und man stellte Sessel auf.
22 Judas hielt an günstigen Stellen Bewaff-
nete bereit, damit von Seiten der Feinde
kein heimtückischer Angriff erfolgen
konnte. Doch hatte die Unterhandlung
einen ruhigen Verlauf. 23 Dann nahm Ni-
kanor in Jerusalem Aufenthalt und tat
nichts Unrechtes. Die zusammengezoge-
nen Truppenmassen entließ er. 24 Judas
hatte er ständig bei sich und war dem
Mann wohlgesinnt. 25 Er ermunterte ihn,
zu heiraten und Kinder zu zeugen. Dieser
heiratete auch wirklich, war glücklich und
freute sich seines Lebens.

Bruch zwischen Judas und Nikanor

26 Als Alkimus das gegenseitige gute Ein-
vernehmen sah und auch von den abge-

schlossenen Verträgen hörte, ging er da-
mit zu Demetrius und behauptete, Nika-
nor sinne auf Hochverrat; habe er doch
Judas, den Feind seines Reiches, zum
Nachfolger bestimmt. 27 Der König wurde
sehr zornig und durch die Verleumdungen
des Schurken gereizt, schrieb er an Nika-
nor, er verwerfe die Verträge, und befahl,
den Makkabäer sofort gefesselt nach An-
tiochia zu schicken. 28 Bei Empfang dieser
Nachricht wurde Nikanor bestürzt; denn
es fiel ihm schwer, das Abkommen zu
kündigen, weil der andere kein Unrecht
getan hatte. 29 Da es aber nicht anging,
dem König zuwiderzuhandeln, wartete er
auf eine günstige Gelegenheit, um seinen
Auftrag mit List auszuführen. 30 Der Mak-
kabäer aber bemerkte, dass Nikanor ihn
schroffer behandelte und bei den gewöhn-
lichen Zusammenkünften unhöflicher
war. Er sah ein, dass diese Unfreundlich-
keit nichts Gutes bedeuten könne, sam-
melte eine gute Anzahl seiner Leute um
sich und versteckte sich vor Nikanor.
31 Nikanor merkte nun, dass Judas ihn
durch Tapferkeit überlistet hatte. Da be-
gab er sich in den erhabensten und hei-
ligsten Tempel, als die Priester gerade die
gewohnten Opfer darbrachten, und for-
derte die Auslieferung des Mannes. 32 Als
jene eidlich versicherten, sie wüssten
nicht, wo der Gesuchte sei, 33 streckte er
seine rechte Hand gegen den Tempel aus
und schwor: Wenn ihr mir Judas nicht ge-
fesselt ausliefert, werde ich dieses Gottes-
haus dem Erdboden gleichmachen, den
Opferaltar einreißen und hier dem Diony-
sos ein prächtiges Heiligtum erbauen.
34 Nach diesen Worten ging er hinaus. Die
Priester aber streckten die Hände zum
Himmel und riefen zu dem, der stets der
Vorkämpfer unseres Volkes war: 35 Herr,
der du auf nichts angewiesen bist, dir ge-
fiel es, unter uns einen Tempel als Woh-
nung zu nehmen. 36 Heiliger Herr, von
dem alle Heiligkeit ausgeht, jetzt bewahre
ewig unbefleckt dieses Haus, das erst vor
kurzem entsühnt worden ist.

Tod Rasis

37 Ein gewisser Rasi, der zu den Ältesten
Jerusalems gehörte, wurde Nikanor ange-
zeigt. Er liebte seine Mitbürger und stand
in hohem Ansehen. Wegen seines Wohl-
wollens nannte man ihn Vater der Juden.
38 Denn er hatte schon früher in den Zei-
ten der Spaltung die Reinhaltung des Ju-
dentums erstrebt und Leib und Leben mit
aller Entschiedenheit für das Judentum
eingesetzt. 39 Nikanor wollte nun seine ju-
denfeindliche Gesinnung offen zeigen
und entsandte mehr als fünfhundert Sol-
daten, um ihn festzunehmen. 40 Er glaubte
nämlich, durch seine Verhaftung den Ju-
den einen schweren Schlag zu versetzen.
41 Schon waren die Truppen im Begriff,
das feste Haus einzunehmen. Sie spreng-
ten mit Gewalt das Hoftor und ließen
Feuer bringen, um die Türen in Brand zu
stecken. Da Rasi von allen Seiten einge-
schlossen war, stürzte er sich selbst in
das Schwert. 42 Lieber wollte er in Ehren
sterben als den Frevlern in die Hände fal-
len und wegen seiner edlen Gesinnung
unwürdig behandelt werden. 43 Da ihm
aber in der Hast der Aufregung der Stoß
nicht ganz geglückt war und die Schar
schon durch die Türen eindrang, lief er
mutig auf die Mauer und stürzte sich hel-
denhaft auf die Menge hinunter. 44 Da die-
se schnell zurückwich, entstand ein freier
Raum, in den er hineinfiel. 45 Da er aber
immer noch lebte, stand er zornentbrannt
auf, obwohl das Blut in Strömen aus den
schmerzenden Wunden floß, und rannte
durch die Menge auf einen steilen Fels-
block. 46 Fast schon verblutet, riss er sich
die Eingeweide heraus, packte sie mit bei-
den Händen und schleuderte sie auf die
Menge hinunter. Dabei rief er denjenigen
an, der über Leben und Atem gebietet, er
möge sie ihm wieder zurückzugeben. So
starb er.

Nikanors Lästerungen

15 Als Nikanor erfuhr, dass die Trup-
pen des Judas in den Ortschaften
Samarias standen, fasste er den Plan, sie
ohne jede Gefahr am Sabbat anzugreifen.
2 Doch die Juden, die zwangsweise in sei-
nem Heer waren, sagten: Bring sie doch
nicht so grausam und unmenschlich um.
Erweis dem Tag Ehre, den der, der alles
sieht, von Anfang an geheiligt hat. 3 Da
fragte der Schurke: Gibt es denn im Him-
mel einen Mächtigen, der die Feier des
Sabbats angeordnet hat? 4 Sie aber erklär-
ten: Der lebendige Herr selbst, der im
Himmel herrscht, befahl, den siebten Tag
zu feiern. 5 Nikanor aber erwiderte: Und

ich bin Herrscher auf der Erde und gebe
den Befehl, die Waffen zu ergreifen und
den Dienst des Königs zu versehen. Dennoch gelang es ihm nicht, sein verbrecherisches Vorhaben auszuführen.

Die Ermahnung und der Traum des Judas

6 Nikanor, der sich in seinem Stolz überhob, dachte daran, ein öffentliches Denkmal zur Erinnerung an den Sieg über die
Truppen des Judas zu errichten. 7 Der
Makkabäer aber vertraute unablässig und
mit voller Zuversicht auf die Hilfe des
Herrn. 8 Er ermahnte seine Leute, sich
vor dem Ansturm der Heiden nicht zu
fürchten, vielmehr zu bedenken, welche
Hilfe sie vom Himmel schon erhalten
hätten. Auch jetzt sollten sie zuversichtlich vertrauen, dass ihnen der Sieg vom
Allmächtigen verliehen werde. 9 Er flößte
ihnen auch aus dem Gesetz und den Propheten Mut ein und erinnerte sie an die
Kämpfe, die sie schon bestanden hatten,
und stärkte so ihren Mut. 10 Nachdem er
in ihnen die Begeisterung geweckt hatte,
gab er seine Befehle unter Hinweis auf
die Treulosigkeit der Heiden und ihre
Eidbrüche.

11 So bewaffnete er jeden von ihnen,
nicht mit dem Schutz von Schild und
Speer, sondern durch seine rechten, ermunternden Worte. Er erzählte ihnen
auch einen glaubwürdigen Traum, worüber sich alle freuten. 12 Was er gesehen hat-
te, war Folgendes: Ihm war Onias erschienen, der frühere Hohenpriester, ein edler
und rechtschaffener Mann, bescheiden im
Umgang, sanft in seinem Wesen, würdevoll in der Rede, von Jugend an in jeder
Hinsicht auf das Gute bedacht; er breitete
die Hände aus und betete für die ganze
Gemeinde der Juden. 13 Dann erschien in
gleicher Haltung ein Mann mit grauen
Haaren, von herrlicher Gestalt und von
wunderbarer Hoheit umflossen. 14 Da habe
Onias das Wort ergriffen und gesagt: Das
ist der Freund der Brüder, Jeremia, der
Prophet Gottes, der viel für das Volk und
die ganze Heilige Stadt betet. 15 Dann habe
Jeremia die rechte Hand ausgestreckt und
Judas ein goldenes Schwert übergeben. Bei
der Überreichung habe er folgende Worte
gesprochen: 16 Nimm das heilige Schwert
als eine Gottesgabe. Mit ihm wirst du die
Feinde schlagen.

Vorbereitungen der Kämpfer

17 Die herrlichen Worte des Judas ermutigten sie; sie waren geeignet, zur Tapferkeit
anzuspornen und die Herzen der jungen
Leute zu stärken. Daher beschlossen sie,
kein Lager zu beziehen, sondern mutig anzugreifen und die Entscheidung dem guten Glück (der Waffen) zu überlassen, da
die Stadt, die heiligen Einrichtungen und
der Tempel gefährdet waren. 18 Denn sie
fürchteten weniger um die Frauen und
Kinder, um Brüder und Verwandte, als,
vor allem anderen, um die Heiligkeit des
Tempels. 19 Aber auch die in der Stadt Zurückgebliebenen waren nicht weniger in
Angst und Sorge wegen der bevorstehenden Schlacht auf offenem Feld. 20 So erwarteten alle den nahen Entscheidungskampf.
Schon rückten die Feinde heran; das Heer
stand in Schlachtordnung, die Elefanten
waren in geeignete Stellungen gebracht,
und die Reiterei stand geordnet auf beiden
Flügeln. 21 Als der Makkabäer das Anrücken der Heeresmasse, die verschiedenen
Waffengattungen und die Wildheit der
Elefanten sah, streckte er seine Hände gegen den Himmel und rief den Wunder
wirkenden Herrn an. Er erkannte, dass es
nicht auf die Waffen ankommt, sondern
dass Gott jenen den Sieg verleiht, die er
für würdig erachtet. 22 Er betete: Herr, du
sandtest zur Zeit Hiskijas, des Königs von
Juda, deinen Engel, und er vernichtete aus
dem Lager Sanheribs einhundertfünfundachtzigtausend Mann. 23 So sende auch
jetzt, Herrscher des Himmels, einen guten
Engel vor uns her, um Furcht und Schrecken einzujagen! 24 Durch die Macht deines Armes sollen jene zittern, die lästernd
gegen dein heiliges Volk heranziehen. Mit
diesen Worten schloss er.

Niederlage und Tod Nikanors

25 Unter Trompetenschall und Kriegsgesängen rückten die Truppen Nikanors
heran. 26 Judas und seine Leute griffen unter Beten und Flehen die Feinde an.
27 Während sie mit den Händen kämpften,
beteten sie im Herzen zu Gott. Hocherfreut über die sichtbare Hilfe Gottes,
streckten sie nicht weniger als fünfunddreißigtausend Mann nieder. 28 Als sie
nach Beendigung des Kampfes freudig
heimzogen, sahen sie Nikanor, der in seiner Rüstung erschlagen dalag. 29 Da ent-

stand ein Schreien und Lärmen. Sie prie-
sen den Herrn in ihrer Muttersprache.
30 Judas aber, der sich mit Leib und Leben
ganz für seine Mitbürger aufgeopfert hatte
und von Jugend an das Wohlwollen für
sein Volk treu bewahrt hatte, gab den Be-
fehl, Nikanors Kopf und eine Hand samt
dem Arm abzuschlagen und nach Jerusa-
lem zu bringen.
31 Nach seiner Ankunft rief er das Volk
zusammen und ließ die Priester sich vor
dem Opferaltar aufstellen. Auch die Burg-
besatzung ließ er herbeirufen. 32 Dann
zeigte er ihnen den Kopf des ruchlosen
Nikanor und die Hand des Gotteslässte-
rers, die er großsprecherisch gegen das
Heiligtum des Allmächtigen ausgestreckt
hatte. 33 Die Zunge des gottlosen Nikanor
ließ er abschneiden und zerkleinert den
Vögeln vorwerfen, den Arm aber vor
dem Tempel aufhängen. 34 Zum Himmel
gewandt, lobten alle den Herrn, der sich
offenbart hatte, und sie riefen: Gepriesen
sei, der seine Stätte unentweiht bewahrt
hat! 35 Den Kopf Nikanors ließ er an der
Burg aufhängen als ein allen sichtbares
und offenkundiges Zeichen der Hilfe des
Herrn. 36 Sie fassten den einmütigen Be-
schluss, diesen Tag nie ungefeiert zu
lassen, sondern ihn am Tag vor dem Mor-
dechai-Tag festlich zu begehen, am drei-
zehnten Tag des zwölften Monats, der auf
aramäisch Adar heißt.

Schlusswort des Verfassers

37 So verlief die Geschichte Nikanors. Da
seitdem die Hebräer im Besitz der Stadt
blieben, will auch ich meinen Bericht
schließen. 38 Ist die Darstellung gut und ge-
schickt ausgefallen, so ist mein Wunsch
erfüllt. Ist sie aber mittelmäßig und
schwach, so tat ich doch, was in meinen
Kräften stand. 39 Wie es nämlich gleicher-
maßen schädlich ist, unvermischten Wein
zu trinken oder reines Wasser, während
Wein mit Wasser vermischt angenehm
und köstlich mundet, ebenso ist eine
kunstvolle Erzählung ein Genuss für jene,
die den Bericht hören. Damit will ich
schließen.

Das Buch Ijob

Die Rahmenerzählung: Prolog

Ijobs Reichtum und Gottesfurcht

1 Es war ein Mann im Land Uz mit Na-
men Ijob. Er war untadelig und recht-
schaffen, fürchtete Gott und mied das Bö-
se. 2 Ihm wurden sieben Söhne und drei
Töchter geboren. 3 Sein Besitz umfasste
siebentausend Stück Kleinvieh, dreitau-
send Kamele, fünfhundert Joch Rinder,
fünfhundert Eselinnen und ein zahlreiches
Hausgesinde. So war der Mann mächtiger
als alle Bewohner des Ostens. 4 Seine Söh-
ne pflegten im Haus eines jeden an dem
ihm bestimmten Tag ein Gastmahl zu ver-
anstalten. Dann sandten sie aus und luden
auch ihre drei Schwestern ein, mit ihnen
zu essen und zu trinken. 5 Jedes Mal, wenn
die Tage des Gastmahls beendet waren,
schickte Ijob, um sie zu reinigen. Früh am
Morgen erhob er sich und brachte ent-
sprechend ihrer Zahl Brandopfer dar.
Denn Ijob dachte: Vielleicht haben meine
Kinder gesündigt und Gott in ihrem Her-
zen geflucht. So hielt es Ijob jedes Mal.

Erste Prüfung

6 Eines Tages geschah es, dass die Gottes-
söhne kamen, um vor den Herrn hinzutre-
ten. In ihrer Mitte erschien auch der Satan.
7 Da sprach der Herr zum Satan: Woher
kommst du? Der Satan antwortete dem
Herrn: Ich streifte auf der Erde umher
und erging mich auf ihr. 8 Da sprach der
Herr zum Satan: Hast du auch auf meinen
Knecht Ijob Acht gegeben? Denn es gibt
niemand auf der Erde wie ihn. Er ist unta-
delig und rechtschaffen, fürchtet Gott und
meidet das Böse. 9 Der Satan erwiderte
dem Herrn: Ist denn Ijob umsonst so got-
tesfürchtig? 10 Hast du nicht selbst einen
Zaun errichtet um ihn, sein Haus und all
sein Eigentum ringsum? Das Werk seiner
Hände hast du gesegnet und sein Besitz
dehnt sich im Land aus. 11 Doch strecke
einmal deine Hand aus und rühre an all
seinen Besitz. Wahrhaftig, er wird dir ins
Angesicht fluchen! 12 Da sprach der Herr
zum Satan: Siehe, alles, was er besitzt, ist
in deine Hand gegeben. Nur gegen ihn
selbst darfst du deine Hand nicht ausstre-
cken. Darauf ging der Satan vom Ange-
sicht des Herrn fort.
13 Eines Tages aßen seine Söhne und
Töchter im Haus ihres ältesten Bruders
und tranken Wein. 14 Da kam ein Bote zu
Ijob und meldete: Die Rinder waren beim
Pflügen und die Eselinnen weideten ne-
benan. 15 Da fielen die Sabäer ein und raub-
ten sie. Sie erschlugen die Knechte mit
scharfem Schwert. Nur ich allein konnte
entkommen, um es dir zu melden. 16 Die-
ser hatte noch nicht ausgeredet, da kam
schon ein anderer und sprach: Feuer Got-
tes fiel vom Himmel, flammte unter den
Schafen und den Knechten auf und ver-
brannte sie. Nur ich allein konnte entkom-
men, um es dir zu melden. 17 Dieser hatte
noch nicht ausgeredet, da kam schon ein
anderer und sprach: Die Chaldäer bildeten
drei Heerhaufen, machten einen Überfall
auf die Kamele und trieben sie fort. Sie
erschlugen die Knechte mit scharfem
Schwert. Nur ich allein konnte entkom-
men, um es dir zu melden. 18 Dieser hatte
noch nicht ausgeredet, da kam schon ein
anderer und sprach: Deine Söhne und
Töchter aßen und tranken Wein im Haus
ihres ältesten Bruders. 19 Da kam plötzlich
ein gewaltiger Sturmwind von jenseits der
Wüste her und erfasste die vier Ecken des
Hauses, sodass es über den jungen Leuten
zusammenbrach und diese starben. Nur
ich allein konnte entkommen, um es dir
zu melden. 20 Da erhob sich Ijob, zerriss
sein Obergewand, schor sein Haupt, fiel
auf die Erde und betete. 21 Dann sprach er:
Nackt kam ich aus dem Schoß meiner
Mutter; nackt kehre ich dorthin zurück.
Der Herr hat gegeben, der Herr hat ge-
nommen; der Name des Herrn sei geprie-
sen. 22 Bei alledem sündigte Ijob nicht und
machte Gott keinen Vorwurf.

Zweite Prüfung

2 Eines Tages geschah es, dass die Got-
tessöhne kamen, um vor den Herrn
hinzutreten. In ihrer Mitte erschien auch

der Satan. 2 Da sprach der Herr zum Satan:
Woher kommst du? Der Satan erwiderte
dem Herrn: Ich streifte auf der Erde um-
her und erging mich auf ihr. 3 Da sprach
der Herr zum Satan: Hast du auch auf
meinen Knecht Ijob Acht gegeben? Denn
es gibt niemand auf der Erde wie ihn. Er ist
untadelig und rechtschaffen, fürchtet Gott
und meidet das Böse. Er verharrt noch im-
mer in seiner Untadeligkeit. Du aber hast
mich umsonst gereizt, ihn zu verderben.
4 Der Satan erwiderte dem Herrn und
sprach: Haut um Haut! Alles, was der
Mensch besitzt, gibt er für sein Leben.
5 Doch streck einmal deine Hand aus und
rühr an sein Gebein und Fleisch. Wahr-
haftig, er wird dir ins Angesicht fluchen.
6 Da sprach der Herr zum Satan: Wohlan,
er sei in deiner Hand. Nur schone sein Le-
ben. 7 Und der Satan ging vom Angesicht
des Herrn fort. Er schlug Ijob mit bösarti-
gem Geschwür von seiner Fußsohle bis zu
seinem Scheitel. 8 Er nahm sich eine Scher-
be, um sich damit zu schaben, während er
mitten in der Asche saß. 9 Da sagte seine
Frau zu ihm: Hältst du noch immer an
deiner Makellosigkeit fest? Fluche Gott
und stirb! 10 Er aber erwiderte ihr: Wie eine
törichte Frau spricht, so redest auch du.
Wenn wir das Gute von Gott annehmen,
warum nicht auch das Böse? Bei all dem
sündigte Ijob nicht mit seinen Lippen.

Der Besuch der drei Freunde

11 Drei Freunde Ijobs hörten von all dem
Unglück, das über ihn gekommen war,
und ein jeder kam von seiner Heimat, Eli-
fas aus Teman, Bildad aus Schuach und
Zofar aus Naama. Sie verabredeten unter-
einander, hinzugehen, um ihm ihre Teil-
nahme zu bezeigen und ihn zu trösten.
12 Als sie von fern aufblickten, erkannten
sie ihn nicht. Sie erhoben ihre Stimme
und begannen zu weinen, zerrissen alle
ihr Obergewand und streuten Asche auf
ihr Haupt gegen den Himmel. 13 Sieben Ta-
ge und sieben Nächte saßen sie neben ihm
auf der Erde und keiner sprach ein Wort
zu ihm. Denn sie sahen, dass sein Schmerz
übergroß war.

Die Redewechsel mit den Freunden

Erster Redewechsel

Ijob verflucht den Tag seiner Geburt

3 Danach öffnete Ijob seinen Mund und
verfluchte den Tag seiner Geburt.
2 Ijob ergriff das Wort und sprach:

3 Vergehen soll der Tag, an dem ich
geboren wurde, / die Nacht, die sprach:
Ein Knabe ist empfangen.

4 Ja, dieser Tag, er werde Finsternis! /
Nicht sorge sich um ihn Gott droben, /
nicht leuchte über ihn des Tages Licht.

5 Einfordern sollen ihn Finsternis und
Dunkelheit, / Gewölk soll über ihn sich
lagern, / schrecklich mache ihn Finsternis
am Tag.

6 Jene Nacht raffe das Dunkel hinweg. /
Nicht reihe sie sich in die Tage des Jahres /
und füge sich nicht in die Zahl der Monde!

7 Ja, diese Nacht sei unfruchtbar, / nicht
steige ein Jubellaut in ihr auf!

8 Verwünschen sollen sie die Verflucher
der Tage, / die es verstehn, Leviatan zu
reizen.

9 Verfinstert seien ihrer Dämmerung
Sterne; / Sie harre auf Licht, doch es gebe
keins; / die Wimpern der Morgenröte
schaue sie nicht,

10 weil sie nicht die Pforten des Mutter-
leibs schloss / und nicht verbarg das Leid
vor meinen Augen.

11 Warum starb ich nicht vom Mutter-
schoß weg, / trat aus dem Mutterleib und
starb dahin?

12 Warum kamen Knie mir entgegen /
und warum Brüste, dass ich daran sog?

13 Dann läge ich jetzt still und hätte
Ruhe, / entschlafen wäre ich und hätte
Frieden

14 so gut wie Könige und Ratsherren im
Land, / die Grabkammern für sich einge-
richtet,

15 oder wie Fürsten, reich an Gold, / die
ihre Wohnungen mit Silber füllten.

16 Wie die verscharrte Fehlgeburt wär'
ich, die nicht gelebt, / wie Kinder, die das
Licht noch nie geschaut.

17 Dort stehen die Frevler ab von ihrem
Grimm, / dort finden Ruhe auch die Kraf-
terschöpften.

18 Die Gefangenen sind sorglos mit-
einander / und hören nicht mehr die
Stimme des Treibers.
19 Der Arme und der Reiche sind dort
gleich, / der Sklave ist dort frei von seinem
Herrn.
20 Warum gab er den Leidbeladenen
Licht, / verlieh das Leben den Verbitter-
ten?
21 Sie harren auf den Tod, der doch nicht
kommt, / und suchen ihn mehr als ver-
borgene Schätze.
22 Sie wären froh über einen Grabhügel /
und würden jauchzen, fänden sie ein Grab.
23 (Warum solch ein Geschenk) dem
Mann, der keinen Weg mehr sieht, / den
Gott von allen Seiten eingezäunt?
24 Bevor ich noch esse, muss ich seuf-
zen, / wie Wasser strömen meine Klagen
aus.
25 Wovor mir bangte, das kam über
mich, / was ich befürchtet, traf mich auch.
26 Ich finde keinen Frieden, keine Rast. /
Noch war ich nicht zur Ruhe gekommen,
schon kam (neues) Unheil.

Erste Rede des Elifas: Vertrauen auf Gott

4 Da antwortete Elifas von Teman und
sprach:
2 Wirst du verdrießlich, wenn wir zu dir
sprechen? / Doch wer vermag das Wort
zurückzuhalten?
3 Sieh doch, schon viele hast du auf-
gemuntert, / und schlaffen Händen hast
du Kraft verliehen.
4 Dein Zuspruch stützte den, der strau-
chelte, / du stärktest Wankenden die Knie.
5 Nun kommt es über dich – da bist du
mutlos. / Da es auch dich erfasst, bist du
bestürzt.
6 Ist deine Gottesfurcht nicht deine
Hoffnung / und deine Zuversicht dein
frommer Wandel?
7 Bedenke doch! Wer ging wohl ohne
Schuld zugrunde? / Wo gingen Redliche
einmal verloren?
8 Soviel ich wahrnahm: Die Unrecht
pflügten, / und Mühsal säten, die ernteten
es auch.
9 Durch Gottes Atem gehen sie zugrun-
de / und schwinden hin durch seines Zor-
nes Hauch.
10 Des Löwen Brüllen, des Leuen Knur-
ren / und der jungen Löwen Zähne werden
enttäuscht.
11 Der Löwe stirbt dahin aus Beuteman-
gel, / und es zerstreuen sich der Löwin
Junge.
12 Es stahl zu mir sich ein geheimes
Wort, / mein Ohr erfasste davon ein
Geflüster.
13 Im Grübeln und bei Nachtgesichten, /
wenn tiefer Schlaf den Menschen überfällt,
14 traf mich Entsetzen und Erzittern /
und ließ erschaudern alle meine Glieder.
15 Ein Hauch glitt über mein Gesicht
dahin, / es sträubten sich die Haare meines
Leibes.
16 Es stand da – ich erkannt' sein Aus-
sehn nicht. / Ein Wesen stand vor meinen
Augen da, / das Flüstern einer Stimme
hörte ich:
17 Ist wohl ein Mensch vor Gott
gerecht? / Ist rein ein Mann vor seinem
Schöpfer?
18 Selbst seinen Dienern traut er nicht, /
wirft seinen Boten noch den Irrtum vor.
19 Wie erst jene, die im Lehmhaus woh-
nen, / die auf den Staub gegründet sind, /
die man schneller noch zerdrückt als eine
Motte!
20 Vom Morgen bis zum Abend werden
sie zerschlagen. / Für immer gehen sie
zugrunde, niemand denkt an sie.
21 Wird ihnen dann der Zeltpflock aus-
gerissen, / so sterben sie dahin und ohne
Einsicht.

5 Erheb die Stimme! Wer erteilt dir
Antwort? / An welchen Heiligen
willst du dich wenden?
2 Fürwahr, der Ärger mordet einen
Toren, / und einen Narren bringt der Eifer
um.
3 Ich selbst sah einen Toren Wurzel fas-
sen; / doch plötzlich sank sein Wohnsitz
morsch dahin.
4 Und fern vom Heil waren seine Söh-
ne. / Im Tor wurden ohne Anwalt sie zer-
treten.
5 Was sie geerntet hatten, aß der Hun-
gernde, / noch aus Dornen holt er sich's
heraus; / es schnappten Durstige nach
ihrem Gut.
6 Denn aus der Erde geht kein Unheil
auf, / und aus dem Ackerboden sprosst
kein Leid,
7 sondern der Mensch ist zum Unglück
geboren, / wie Feuerfunken sich im Flug
erheben.

8 Doch ich – ich würde Gott befragen, /
Gott meine Sache unterbreiten,
9 der Großes schafft und Unerforsch-
liches / und Wunderbares ohne Zahl,
10 der Regen spendet über die Erde hin /
und Wasser sendet auf die weiten Fluren,
11 der Niedrige erhebt, / und Trauernde
das höchste Glück erfahren lässt,
12 der zunichte macht die Pläne der
Schlauen, / dass ihren Händen kein Erfolg
beschieden ist,
13 der Weise fängt in ihrer eignen List, /
dass der Verschlagnen Plan sich über-
stürzt.
14 Bei Tag stoßen sie auf Finsternis / und
tasten wie bei Nacht umher am Mittag.
15 Er rettet vor dem Schwert ihres Mun-
des / und aus der Hand des Mächtigen den
Armen.
16 So blüht dem Armen eine Hoffnung
auf; / die Bosheit aber muss den Mund
verschließen.
17 Ja, glücklich ist der Mann, den Gott
zurechtweist. / Verschmähe nicht die
Zucht des Allmächtigen!
18 Denn wenn er verwundet, dann ver-
bindet er auch; / wenn er zerschmettert,
heilen seine Hände.
19 In Ängsten wird er sechsmal dich
erretten, / und beim siebten Mal packt das
Leid dich nicht.
20 In Hungersnot erlöst er dich vom
Tode, / zur Zeit des Krieges aus der Hand
des Schwertes.
21 Du bist geborgen vor der Zunge Gei-
ßel; / naht sich der Räuber, brauchst du
nicht zu fürchten.
22 Du spottest über Verwüstung und
Hunger; / die wilden Tiere können dich
nicht schrecken.
23 Mit den Steinen des Feldes stehst du
im Bunde, / und das Getier des Feldes lebt
mit dir im Frieden.
24 Du wirst erfahren: in Frieden bleibt
dein Zelt, / wirst mustern deine Flur und
nichts vermissen.
25 Du wirst erleben, wie sich deine
Nachkommenschaft mehrt, / und deine
Sprösslinge wie das Gras der Erde.
26 Im reifen Alter steigst du ins Grab, /
wie man zu ihrer Zeit die Garben sammelt.
27 Sieh, dieses haben wir erforscht: so ist
es. / Wir haben es gehört. Du aber merk es
dir!

Ijobs Gegenrede: Der heimgesuchte Mensch allein kennt seine Not

6 Da antwortete Ijob und sprach:
2 Wenn doch mein Ärger gewogen
werden könnte / und zugleich mein Un-
glück auf der Waage läge!
3 Dann wäre es schwerer als der Sand
des Meeres. / Darum verwirren sich meine
Worte.
4 Die Pfeile des Allmächtigen stecken in
mir. / Es hat mein Geist ihr Gift getrun-
ken. / Die Schrecken Gottes stehen gegen
mich.
5 Schreit denn der wilde Esel beim
Gras? / Und brüllt vor seinem Futter der
Stier?
6 Wird etwa Fades ohne Salz gegessen? /
Ist denn am Schleim des Dotters Wohl-
geschmack?
7 Ich sträube mich, daran zu rühren, /
mich ekelt vor so widerlicher Speise.
8 Dass doch mein Verlangen sich erfüll-
te, / und Gott gewährte, was ich mir
ersehne!
9 Gefiele es doch Gott, mich zu zermal-
men! / Erhöb' er seine Hand, mich abzu-
schneiden!
10 Es würde das mein Trost noch blei-
ben. / Aufhüpfen würd' ich trotz des
schonungslosen Schmerzes, / dass ich des
Heiligen Worte nicht verleugnet.
11 Wo ist denn meine Kraft, um aus-
zuharren? / Wann kommt mein Ende,
dass ich mich gedulde?
12 Ist meine Kraft denn eine Felsen-
kraft? / Ist denn mein Leib aus hartem Erz
geformt?
13 Gibt es denn keine Hilfe mehr für
mich? / Und ist denn jede Rettung mir
entschwunden?
14 Dem Nächsten Mitleid zu verwei-
gern, / das heißt die Furcht des Allmäch-
tigen von sich zu werfen.
15 Es täuschten meine Brüder wie ein
Bach, / so wie das Bett von Bächen, die
vergehen.
16 Vom Eis sind ihre Wasser trübe / und
von geschmolznem Schnee.
17 Zur Zeit der Hitze müssen sie ver-
gehen. / Wird's heiß, versiegen sie in ihrem
Bett.
18 Die Karawanen biegen ab vom Weg, /
folgen ihnen in die Wüste, gehn zugrunde.
19 Nach ihnen spähen Temas Kara-

wanen, / auf sie vertrauen Sabas Handels-
züge.
20 In ihrer Hoffnung werden sie betro-
gen, / bei ihnen angekommen, werden sie
enttäuscht.
21 So seid ihr jetzt für mich geworden; /
ihr schaut das Schreckliche und fürchtet
euch.
22 Hab' ich denn je gebeten: Schenkt mir
etwas, / von euerem Reichtum spendet
was für mich,
23 befreit mich aus der Hand des Fein-
des, / aus der Tyrannen Hand kauft mich
doch los?
24 Belehrt mich, so will ich schweigen! /
Was ich gefehlt, das macht mir kund!
25 Wie werden offene Worte nur ver-
höhnt! / Und was vermag denn euer
Tadeln?
26 Gedenkt ihr Worte nur zu tadeln? /
Sind Wind die Worte des Verzweifelten?
27 Selbst über eine Waise würfet ihr das
Los / und würdet eueren Freund verscha-
chern.
28 Nun habt die Güte, wendet euch mir
zu, / ich lüge euch gewiss nicht ins Gesicht.
29 Kehrt wieder um! Kein Unrecht soll
geschehen. / Kehrt wieder um! Mein Recht
besteht noch immer.
30 Ist Unrecht denn auf meiner Zunge, /
oder schmeckt mein Gaumen das Verder-
ben nicht?

7 Ist Frondienst nicht des Menschen
Los auf Erden? / Sind seine Tage nicht
wie die des Tagelöhners?
2 Wie einem Sklaven, der nach Schatten
lechzt, / wie einem Tagelöhner, der den
Lohn erwartet,
3 so wurden Monde voll Enttäuschung
mir zum Erbe, / und Nächte voller Qualen
teilte man mir zu.
4 Lege ich mich nieder, denke ich: /
Wann kann ich aufstehen? / Und wird es
Abend, bin ich erfüllt mit Unrast bis zur
Dämmerung.
5 Mein Leib hüllt sich in Maden und in
Schorf, / die Haut schrumpft mir zusam-
men und sie eitert.
6 Die Tage sind mir schneller als das
Weberschiffchen, / sie schwinden ohne
Hoffnung hin.
7 Bedenke, dass mein Leben nur ein
Hauch ist. / Nie wieder schaut mein Auge
Glück.
8 Mich sieht keines Menschen Auge
wieder, / suchen deine Augen mich, so bin
ich nicht mehr da.
9 Die Wolke schwindet, flieht dahin; / so
steigt nicht wieder auf, wer in die Unter-
welt hinabfuhr.
10 Nie kehrt er in sein Haus zurück; / nie
sieht ihn seine Heimat wieder.
11 Auch ich will meinem Mund nicht
wehren, / will reden in den Ängsten mei-
nes Geistes, / will klagen in den Qualen
meiner Seele.
12 Bin ich das Meer, der Meeresdrache, /
dass du gegen mich eine Wache stellst?
13 Denke ich: Mein Lager soll mich trös-
ten, / mein Bett an meinem Jammer tragen
helfen,
14 dann schreckst du mich durch Träu-
me, / und durch Gesichte jagst du mich in
Angst.
15 Ich möchte die Erdrosselung mir
wünschen: / der Tod ist lieber mir als
meine Schmerzen.
16 Schon schwinde ich hin; nicht ewig
kann ich leben. / Lass ab von mir, denn
nur ein Hauch sind meine Tage.
17 Was ist der Mensch, dass du so hoch
ihn achtest / und dich um ihn beküm-
merst,
18 dass du ihn aufsuchst jeden Morgen /
und jeden Augenblick ihn prüfst?
19 Wie lange schon schaust du nicht weg
von mir? / Du gibst mir keine Ruh', dass
ich den Speichel schlucke.
20 Hab' ich gefehlt, was tat ich dir, du
Menschenprüfer? / Was machst du mich
zum Ziele deines Angriffs, / und warum
wurd' ich dir zur Last?
21 Warum verzeihst du meine Sünde
nicht, / siehst über meine Schuld nicht
weg? / Denn legte ich mich nieder in den
Staub, / und suchtest du nach mir, ich
wäre nicht mehr da.

Erste Rede des Bildad: Der feste Lauf der göttlichen Gerechtigkeit

8 Da antwortete Bildad von Schuach
und sprach:
2 Wie lange noch willst du so reden? /
Ein wilder Sturm sind deines Mundes
Worte.
3 Beugt etwa Gott das Recht? / Beugt der
Allmächtige denn die Gerechtigkeit?
4 Haben deine Söhne gegen ihn gesün-
digt, / gab er sie ihrem eigenen Frevel
preis.

5 Wenn du selbst nach Gott suchst / und
zum Allmächtigen um Gnade flehst,
6 wenn du lauter bist und redlich, / dann
hält er Wache über dich / und stellt dein
Heim gebührend wieder her.
7 Wäre auch dein erstes Glück gering
gewesen, / dein Ende wäre groß und herr-
lich.
8 Denn frage nur das frühere
Geschlecht, / und merke dir, was ihre
Väter forschten.
9 Wir sind von gestern nur und wissen
nichts. / Wie Schatten sind auf Erden
unsre Tage.
10 Lehren sie dich etwa nicht und spre-
chen nicht zu dir, / und bringen sie aus
ihrem Wissen keinen Spruch hervor:
11 Schießt denn das Schilfrohr ohne
Sumpf empor? / Wächst denn das Ried-
gras ohne Wasser auf?
12 Noch ist's in Blüte, für den Schnitt
nicht reif, / und doch verdorrt es schon
vor allen Gräsern.
13 So geht es allen, die Gott vergessen. /
Zunichte wird des Gottlosen Erwartung.
14 Nur Sommerfäden bilden seine Hoff-
nung, / ein Spinngewebe seine Zuversicht.
15 Er stützt sich auf sein Haus, es hält
nicht stand; / er greift danach, doch bleibt
es nicht bestehen.
16 Im Sonnenlichte steht er voller Saft, /
den Garten überwuchern seine Sprossen.
17 Im Steingeröll verflechten seine Wur-
zeln sich; / zwischen Steinen hält er sich
fest.
18 Entreißt man ihn von seiner Stätte, /
verleugnet sie ihn: Niemals sah ich dich.
19 Fürwahr, so wird er auf dem Weg ver-
kommen, / und Fremde sprossen aus dem
Boden auf.
20 Sieh, Gott verwirft den Frommen
nicht, / noch hält er fest die Hand der
Übeltäter.
21 Mit Lachen wird er deinen Mund
noch füllen / und deine Lippen mit Jubel-
sang.
22 Doch die dich hassen, kleiden sich in
Schande; / das Zelt der Übeltäter wird
verschwinden.

Ijobs Gegenrede: Gott ist allmächtig, aber nicht gerecht

9 Da antwortete Ijob und sprach:
2 Wahrhaftig, ich weiß, dass es so ist. /
Wie wäre ein Mensch vor Gott im Recht?
3 Selbst wenn er mit ihm rechten woll-
te, / auf keins von tausend könnte er ihm
Rede stehen.
4 Klug ist er an Verstand und stark an
Kraft. / Wer könnte ihm trotzen und blieb
heil dabei?
5 Die Berge rückt er fort, sie merken es
nicht, / dass er in seinem Zorn sie
umstürzt.
6 Er erschüttert die Erde an ihrer Stätte, /
und ihre Säulen wanken hin und her.
7 Er spricht zur Sonne und sie geht nicht
auf, / verschließt die Sterne unter seinem
Siegel.
8 Er spannt allein den Himmel aus / und
schreitet dahin auf den Wogen des Mee-
res.
9 Er schuf den Bären, den Orion, / auch
die Plejaden und des Südens Kammern.
10 Er schuf so Großes, Unerforsch-
liches, / Wunderbares ohne Zahl.
11 Geht er an mir vorbei, seh' ich ihn
nicht; / fährt er daher, bemerke ich ihn
nicht.
12 Rafft er hinweg, wer kann ihm weh-
ren? / Wer darf ihm sagen: Was beginnst
du da?
13 Nie widerruft Gott seine Zornesstra-
fe; / selbst Rahabs Helfer müssten unter
ihm sich beugen.
14 Wie könnte ich ihm Antwort stehen, /
auswählen meine Worte gegen ihn?
15 Wär' ich im Recht, ich könnte nichts
erwidern; / zu meinem Richter müsste ich
um Gnade flehen.
16 Doch wenn ich riefe, würde er mir
Antwort geben? / Ich glaube nicht, dass er
auf meine Stimme hört.
17 Er tritt im Sturm mich nieder, / mehrt
grundlos meine Wunden.
18 Er lässt mich nicht zu Atem kom-
men, / er sättigt mich vielmehr mit Bitter-
keiten.
19 Geht es um Kraft, er ist der Starke, /
geht es um's Recht, wer lädt ihn vor?
20 Wär' ich im Recht, sein Mund kann
mich verdammen, / und wär' ich schuld-
los, spräche er mich schuldig.
21 Unschuldig bin ich, doch kümmre ich
mich nicht mehr um mein Leben, / mein
Dasein achte ich gering.
22 Nur eins ist wahr, darum sprech' ich
es aus: / Unschuldige und Frevler rafft er
hin.
23 Wenn er mit seiner Geißel plötzlich

tötet, / dann spottet er über der Schuldlo-
sen Angst.
24 Die Erde ist in Frevlerhände gege-
ben; / das Gesicht ihrer Richter verhüllt
er. / Ist er es nicht, wer ist es dann?
25 Schneller als ein Läufer eilen meine
Tage; / sie schwinden hin und schauen
doch kein Glück.
26 Sie gleiten schnell wie Binsennachen
hin; / gleichwie der Adler, der auf Beute
stößt.
27 Denke ich: Vergessen will ich meinen
Jammer, / meine Miene ändern, wieder
heiter schauen,
28 so graut es mir vor allen meinen
Schmerzen. / Ich weiß es doch, du sprichst
mich niemals frei.
29 Ich muss nun einmal schuldig sein. /
Weshalb soll ich vergeblich mich bemü-
hen?
30 Wenn ich auch mit Schnee mich
waschen wollte / und meine Hände rei-
nigen mit Lauge,
31 dann würdest du mich doch in Unrat
tauchen, / dass meine Kleider vor mir Ekel
hätten.
32 Er ist kein Mensch wie ich, dass ich
ihm sagen könnte: / Lasst uns zusammen
zum Gerichte gehen!
33 Es gibt doch keinen Schiedsmann
zwischen uns, / der auf uns beide legte
seine Hand.
34 Er würde seinen Stock von mir entfer-
nen, / dass seine Schrecken mich nicht
weiter quälten.
35 Dann wollt' ich reden, ohne ihn zu
fürchten. / Doch das ist nicht der Fall bei
mir.

10 Es ekelt mich vor meinem eigenen
Leben, / ich lasse meiner Klage
freien Lauf, / will aus der Trübsal meiner
Seele reden.
2 Beschwören will ich Gott: Verdamm
mich nicht! / Lass wissen mich, warum du
mich befehdest!
3 Bringt's einen Nutzen dir, wenn du
Gewalt gebrauchst, / wenn du ver-
schmähst das Kunstwerk deiner Hände, /
doch über dem Plan der Sünder strahlend
sichtbar wirst?
4 Sind deine Augen denn aus Fleisch
gebildet, / und siehst du so, wie Men-
schenaugen sehen?
5 Sind Menschentagen deine Tage
gleich / und deine Jahre wie des Mannes
Tage,
6 dass du nach meiner Sünde suchst /
und nur um meine Schuld dich kümmerst,
7 obschon du weißt, dass ich kein Sünder
bin / und niemand mich aus deiner Hand
befreit?
8 Mich formten und erschufen deine
Hände; / nun willst du – anderen Sinnes –
mich vernichten.
9 Gedenke doch, dass du aus Ton mich
formtest. / Nun willst du wieder mich in
Staub verwandeln.
10 Hast du mich nicht wie Milch einst
ausgegossen / und mich wie Käse fest
gerinnen lassen?
11 Bekleidet hast du mich mit Haut und
Fleisch, / mit Knochen und mit Sehnen
mich durchflochten.
12 Auch hast du Leben mir verliehn und
Huld. / Es schützte deine Obhut meinen
Geist.
13 Und doch verbargst du dies in deinem
Herzen; / ich weiß, du hattest dies im Sinn.
14 Wenn ich gesündigt, lauerst du mir
auf, / willst mich von meiner Sünde nicht
befreien.
15 Wenn ich schuldig wäre, wehe mir! /
Wäre ich gerecht, ich dürfte nicht mein
Haupt erheben, / von Schmach gesättigt
und getränkt mit Elend.
16 Erhebe ich es doch, jagst du mich wie
ein Löwe, / betätigst deine Wundermacht
an mir,
17 stellst neue Zeugen gegen mich auf /
und mehrest deinen Ingrimm gegen
mich, / stets frische Truppen kämpfen
unablässig gegen mich.
18 Weshalb zogst du mich aus dem Mut-
terschoß? / Wär' ich gestorben, ehe mich
ein Auge sah!
19 Wie wenn ich nie gewesen, wär' ich
dann. / Vom Mutterschoß wär' ich zum
Grab getragen.
20 Sind nicht gering die Tage meines
Lebens? / Blick weg von mir, dass ich mich
etwas freue,
21 bevor ich fortgeh' ohne Wiederkehr /
ins Land des Dunkels und des Schattens,
22 ins Land der Finsternis, wo keine
Ordnung, / wo, wenn es leuchtet, ist's wie
tiefe Nacht!

Erste Rede des Zofar: Die Weisheit Gottes verlangt Ijobs Geständnis

11 Da entgegnete Zofar aus Naama
und sprach:
2 Soll dieser Wortschwall keine Antwort
finden? / Soll denn ein solcher Maulheld
Recht behalten?
3 Dein Geschwätz lässt Männer schwei-
gen; / du höhnst und keiner wagt zu
widersprechen.
4 Du sagtest also: Rein ist meine Lehre, /
und lauter war ich stets in deinen Augen.
5 Indessen, wollte Gott doch einmal
reden / und seine Lippen öffnen gegen
dich!
6 Er würde dich der Weisheit Tiefen leh-
ren, / die wie ein Wunder dem Verstande
sind. / Und wisse: Gott zieht deine Schuld
zur Rechenschaft!
7 Kannst du den Urgrund Gottes denn
erforschen, / bis zur Vollkommenheit des
Allmächtigen gelangen?
8 Höher als der Himmel ist sie – was
willst du beginnen? / Tiefer als die Unter-
welt – was kannst du wissen?
9 Nach ihrem Maße länger als die Erde /
und breiter ist sie als das Meer.
10 Fährt er daher und nimmt gefangen /
und überliefert dem Gericht – wer wird
ihm wehren?
11 Er kennt die Menschen voller Falsch-
heit / und sieht die Sünde, nimmt sie
wahr.
12 Da kommt sogar ein Hohlkopf zur
Besinnung, / ein unbändiger Wildesel
wird zahm.
13 Wenn du dein Inneres bereitest / und
deine Hände zu ihm breitest,
14 Wenn du aus deiner Hand das
Unrecht fortschaffst, / der Frevel nicht in
deinem Zelte wohnt,
15 ja, dann kannst du dein Haupt auch
rein erheben, / stehst fest gesichert,
brauchst dich nicht zu fürchten.
16 Denn dann wirst du das Ungemach
vergessen / und denkst daran wie an ver-
laufne Wasser.
17 Dann strahlt dein Leben heller als der
Mittag, / die Dunkelheit wird wie der
Morgen sein.
18 Du fühlst dich sicher, da die Hoffnung
bleibt, / bist wohlbeschirmt und legst dich
ruhig schlafen.
19 Willst du dich lagern, niemand
schreckt dich auf. / Doch viele sind's, die
dein Gesicht umschmeicheln.
20 Indes, der Frevler Augen schmachten
hin; / ihr Zufluchtsort geht ihnen dann
verloren; / ihr Hoffen ist, das Leben aus-
zuhauchen.

Ijobs Gegenrede: Die Weisheit Gottes zeigt sich besonders in seiner verheerenden Macht

12 Darauf erwiderte Ijob und sprach:
2 Wahrhaftig, ihr seid doch die
rechten Leute. / Die Weisheit wird mit
euch noch untergehen.
3 Ich habe auch Verstand wie ihr, / nicht
steh' ich hinter euch zurück. / Wer wüsste
wohl dergleichen nicht?
4 Ein Mann wird zum Gespött für seine
Freunde, / wenn er Gott anruft, dass er ihn
erhört. / Zum Spottlied wird der Fromme,
der Gerechte!
5 Dem Unglück Hohn! So denkt, wer
ohne Sorge ist. / Bereit ist er für solche,
deren Füße wanken.
6 Gesichert sind der Räuber Zelte / und
derer, die Gott reizen, voller Zuversicht, /
die Gott in ihre Hände bringen.
7 Doch frage nur das Vieh, es wird dich
lehren; / des Himmels Vögel werden es dir
künden.
8 Das Wild wird dich belehren, / erzäh-
len werden's dir des Meeres Fische.
9 Wer kann aus alledem es nicht erken-
nen, / dass Gottes Hand all dies geschaffen
hat?
10 In seiner Hand ruht aller Lebensatem /
und eines jeden Menschenleibes Geist.
11 Darf nicht das Ohr die Worte prüfen, /
gleichwie der Gaumen auch die Speisen
kostet?
12 Die Weisheit hält sich nicht bei Grei-
sen auf, / ein langes Leben gibt noch keine
Einsicht.
13 Bei ihm (allein) ist Weisheit und auch
Heldenkraft; / bei ihm verweilen Rat und
Einsicht.
14 Was er zerstört, wird nicht mehr auf-
gebaut; / und wen er einschließt, dem wird
nicht geöffnet.
15 Wenn er die Wasser hemmt, versiegen
sie; / lässt er sie frei, durchwühlen sie das
Erdreich.
16 Verstand und Einsicht sind ihm
eigen, / sein ist der Irrende und der Ver-
führer.

[17] Die Ratsherrn lässt er töricht sein /
und macht zu Toren noch die Richter.
[18] Er löst die Fesseln los von Königen /
und bindet einen Strick um ihre Hüften.
[19] Die Priester lässt er barfuß gehen, /
und nieder wirft er Mächtige.
[20] Die Sprache nimmt er den Bewährten
fort, / und den Verstand entzieht er auch
den Greisen.
[21] Er gießt Verachtung auf die Edlen
aus, / den Starken lockert er die Gürtel auf.
[22] Verborgenes enthüllt er aus dem
Dunkel / und zieht die Todesschatten an
das Licht.
[23] Er hebt die Völker und vernichtet sie, /
er breitet Völker aus, dann wischt er sie
hinweg.
[24] Des Landes Führern nimmt er den
Verstand, / lässt sie in wegeloser Wüste
irren.
[25] Sie tappen ohne Licht im Dunkel vor-
wärts, / und taumeln wie Betrunkene
dahin.

13 Seht! All das hat mein Auge wahr-
genommen, / mein Ohr gehört
und es sich wohl gemerkt.
[2] Was ihr wisst, weiß ich auch; / ich
stehe euch nicht nach.
[3] Doch ich will zum Allmächtgen
reden; / mein Wunsch ist es, mich Gott
gegenüber zu verteidigen.
[4] Ihr aber, ihr seid doch nur Lügentün-
cher, / nur Ärzte, die nichts taugen, alle-
samt.
[5] Dass ihr doch endlich schweigen woll-
tet! / Es würde euch als Weisheit gelten.
[6] Hört nur meinen Rechtsbeweis, /
merkt auf das Streiten meiner Lippen!
[7] Wollt ihr zu Gunsten Gottes Falsches
reden / und seinetwegen Lügen sprechen?
[8] Wollt ihr für ihn Partei ergreifen, /
vielleicht für Gott als Anwalt streiten?
[9] Erging es euch wohl gut, wenn er euch
prüfte? / Wollt ihr ihn täuschen, wie man
Menschen täuscht?
[10] In harte Zucht wird er euch nehmen, /
wenn im Geheimen ihr parteiisch seid.
[11] Wird seine Hoheit euch nicht schre-
cken / und nicht die Angst vor ihm euch
überfallen?
[12] Es sind doch euere Sprüche Staub, /
Lehmschanzen nur sind euere Schanzen.
[13] Schweigt vor mir, auf dass ich reden
kann! / Dann komme über mich, was
kommen mag.
[14] Mein Fleisch will ich in meinen Zäh-
nen tragen; / mein Leben nehme ich in
meine Hand.
[15] Er töte mich! Ich warte schon auf
ihn. / Doch meinen Wandel leg' ich vor
ihm dar.
[16] Schon das muss mir zu meiner Ret-
tung dienen; / denn vor sein Antlitz kann
kein Frevler treten.
[17] Wollt doch genau auf meine Worte
hören, / in euere Ohren dringe meine
Kunde!
[18] Seht doch, ich bringe meinen Rechts-
fall vor. / Ich weiß, dass ich im Rechte bin.
[19] Wer ist es, der mit mir zum Rechts-
streit kommt? / Denn dann verstummte
ich und stürbe.
[20] Nur zweierlei tu mir nicht an, / dann
werde ich mich nicht vor dir verbergen:
[21] Zieh deine Hand von mir zurück, /
nicht soll die Angst vor dir mich schre-
cken.
[22] Dann lade vor und ich will Antwort
stehen; / will ich dann sprechen, so ent-
gegne du.
[23] Wie groß sind meine Sünden und
Vergehen? / Tu meine Schuld und Misse-
tat mir kund!
[24] Warum verhüllst du denn dein Ange-
sicht / und wertest mich als einen Feind
für dich?
[25] Willst du verwehtes Laub aufscheu-
chen / und dürre Stoppeln noch verfolgen?
[26] Denn du hast Bitterkeiten mir ver-
schrieben, / teilst mir die Sünden meiner
Jugend zu.
[27] Meine Füße hast du in den Block
gelegt, / bewachst auch alle meine Pfade /
und zeichnest einen Strich um meiner
Füße Sohlen.
[28] Wie ein vermodernd Holz zerfällt
mein Leben / und wie ein Kleid, an dem
die Motten nagen.

14 Der Mensch, von der Frau gebo-
ren, / an Tagen arm, mit Sorgen
nur gesättigt,
[2] wie eine Blume blüht er und verwelkt, /
entflieht dem Schatten gleich, bleibt nicht
bestehen.
[3] Auch hältst du über ihm dein Auge
offen / und bringst ihn gar vor deinen
Richterstuhl.
[4] Kann denn ein Reiner von Unreinem
kommen? / Auch nicht ein einziger!
[5] Wenn fest bestimmt sind seine Tage /

und seiner Monde Zahl bei dir, / wenn du ihm ein Ziel gesetzt, das er nicht überschreite,

6 schau weg von ihm und lass ihn nur, / damit er wie ein Lohnknecht seines Tags sich freue.

7 Denn für den Baum besteht noch eine Hoffnung; / er treibt empor, auch wenn er abgehauen; / sein Schössling bleibt nicht aus.

8 Wenn seine Wurzel in der Erde altert, / und selbst sein Stumpf im Boden stirbt,

9 schon vom Geruch des Wassers wird er sprossen / und treibt Gezweig dem Setzling gleich hervor.

10 Der Mann dagegen stirbt und sinkt dahin, / der Mensch verscheidet. – Doch wo bleibt er dann?

11 Die Wasser schwinden aus dem Meer, / der Fluss vertrocknet und versiegt.

12 So legt der Mensch sich hin und steht nicht auf; / die Himmel werden untergehen, eh' er erwacht, / eh' er aus seinem Schlaf geweckt wird.

13 Dass du mich verstecktest in der Unterwelt, / mich bergen wolltest, bis dein Zorn sich wendet, / mir setztest eine Frist und mein gedächtest!

14 Stirbt ein Mensch, lebt er dann wieder auf? / All meine Dienstzeit wollt' ich gerne warten, / bis einer käme, um mich abzulösen.

15 Du würdest rufen und ich gäbe Antwort. / Sehnsucht hättest du nach deiner Hände Werk.

16 Du würdest meine Schritte zählen, / nicht mehr wachen über meinen Fehltritt.

17 Versiegelt läg' im Beutel mein Vergehen; / du würdest meinen Frevel übertünchen.

18 Jedoch ein Berg wird einmal fallen, / ein Felsblock rückt von seiner Stelle,

19 Wasser wäscht die Steine aus, / Platzregen schwemmt das Erdreich fort, / so rottest du des Menschen Hoffnung aus.

20 Für immer schlägst du ihn zu Boden – er geht dahin, / entstellst sein Angesicht und schickst ihn fort.

21 Sind seine Kinder auch geehrt, er weiß es nicht; / sind sie verachtet, er bemerkt es nicht.

22 Sein Leib empfindet nur die eigenen Schmerzen, / es trauert seine Seele einzig um sich selbst.

Zweiter Redewechsel

Zweite Rede des Elifas: Die Sündigkeit aller Menschen und die Hoffnungslosigkeit des Frevlers

15 Da entgegnete Elifas von Teman und sprach:

2 Antwortet denn ein Weiser nur mit windigem Wissen? / Füllt er sein Inneres mit Ostwind an,

3 zu rechten mit Gerede, das nicht taugt, / mit Worten, welche keinen Nutzen schaffen?

4 Du brichst sogar die Gottesfurcht, / zerstörst vor Gott die Andachtsstille.

5 Doch deine Schuld macht deinen Mund beredt; / die Sprache der Listigen hast du gewählt.

6 Nicht ich, dein eigner Mund verurteilt dich, / und deine Lippen zeugen gegen dich.

7 Bist du als erster Mensch geboren? / Kamst du zur Welt schon vor den Hügeln?

8 Hast du gelauscht in Gottes Ratsversammlung? / Hast du die Weisheit ganz an dich gerissen?

9 Was weißt denn du, das wir nicht selber wissen, / verstehst du, was man nicht auch uns gegeben?

10 Bei uns verweilen Alte und Ergraute, / die älter sind an Tagen als dein Vater.

11 Ist zu gering dir Gottes Tröstung, / das Wort, das sanft mit dir verfährt?

12 Was reißt dein Herz dich fort, / und warum rollen deine Augen,

13 dass gegen Gott du deinen Zorn gewandt / und Lästerungen ausstößt gegen ihn?

14 Was ist der Mensch, dass rein er wäre, / der von der Frau Geborene, dass er im Recht sein könnte?

15 Sieh doch, selbst seinen Heiligen traut er nicht, / der Himmel ist nicht (einmal) rein in seinen Augen.

16 Viel weniger ein ganz Verdorbener, / ein Mensch, der Sünde trinkt wie Wasser!

17 Ich will dir künden, höre du mir zu! / Was ich geschaut, will ich erzählen,

18 was weise Menschen zu verkünden wissen / und ihre Väter ihnen nicht verhehlten.

19 Das Land ward ihnen nur allein gegeben; / kein Fremdling zog umher in ihrer Mitte.

20 Der Frevler leidet Qualen alle Tage, /
die Zeit, die dem Tyrannen zugeteilt.
21 In seinen Ohren hallen Schreckens-
rufe, / in Friedenszeit kommt der Verwüs-
ter über ihn.
22 Er kann nicht hoffen, aus dem Dunkel
zu entfliehen; / denn er ist ausersehen für
das Schwert.
23 Er ist bestimmt zum Fraß des Geiers; /
er weiß, dass ihn ein schwarzer Tag
bedroht.
24 Ihn schrecken Not und Drangsal auf; /
sie packen ihn gleichwie ein kampfbereiter
König.
25 Denn gegen Gott erhob er seine
Hand, / vor dem Allmächtigen war er so
kühn zu trotzen.
26 Er rannte gegen ihn mit steifem
Nacken / und mit den festen Buckeln sei-
ner Schilde.
27 Mit Fett bedeckt er sein Gesicht, / setzt
Fett an seinen Hüften an,
28 wohnt in zerstörten Städten, / in Häu-
sern, die nicht mehr bewohnbar sind, /
bestimmt nur noch zu Trümmerstätten.
29 Er bleibt nicht reich, sein Gut hat
nicht Bestand; / und auf die Erde wirft er
keinen Schatten mehr.
30 Der Finsternis entrinnt er nicht, / die
Flammenglut dörrt seinen Schössling
aus, / und durch den Wind fällt seine Blüte
ab.
31 Er baue nicht auf eitlen Trug, / denn
sein Erwerb wird nur Enttäuschung sein.
32 Bevor sein Tag gekommen ist, wird
seine Ranke welken, / und seine Zweige
werden nicht mehr grünen.
33 Er stößt die sauren Trauben wie ein
Weinstock ab, / wirft wie der Ölbaum
seine Blüten fort.
34 Unfruchtbar ist der Frevler Sippe, /
des Unrechts Zelte zehrt das Feuer auf.
35 Von Mühsal schwanger, bringen sie
nur Unheil, / ihr Schoß kann Lüge nur
erzeugen.

Ijobs Gegenrede: Von der Ungerechtigkeit der Menschen zur Gerechtigkeit Gottes

16 Darauf entgegnete Ijob und
sprach:
2 Dergleichen habe ich genug gehört. /
Elende Tröster seid ihr allesamt.
3 Gibt es für eitle Reden denn kein
Ende? / Was reizte dich, mir zu entgeg-
nen?
4 Auch ich verstände es, wie ihr zu
reden. / Wärt ihr doch erst an meiner
Stelle, / ich könnte euch mit Worten über-
häufen / und über euch das Haupt schon
schütteln.
5 Ich wollte euch mit meinen Worten
stärken, / das Beileid meiner Lippen blieb
nicht aus.
6 Wenn ich auch reden würde, / so wiche
nicht mein Schmerz von mir. / Und
schwiege ich, so hörte er nicht auf?
7 Jetzt aber hat es mich erschöpft, / den
Kreis der Freunde hast du mir verstört
8 und mich gepackt. / Zum Zeugen
gegen mich tritt auf / mein Verfall, um
auszusagen gegen mich.
9 Sein Zorn zerreißt mich und befehdet
mich, / mit seinen Zähnen knirscht er
gegen mich, / mein Gegner schärft sein
Auge gegen mich.
10 Sie sperren gegen mich ihr Maul auf, /
und schmählich schlagen sie auf meine
Wange. / Sie rotten sich zusammen gegen
mich.
11 Gott liefert mich den Ungerechten
aus / und lässt mich in die Hand der Frev-
ler fallen.
12 Ich lebte glücklich, da zerbrach er
mich, / er packte mich im Nacken und
zerschlug mich, / er stellte mich zum Ziel-
punkt auf für sich.
13 Es schwirren seine Pfeile rings um
mich, / und schonungslos durchbohrt er
meine Nieren; / er schüttet meine Galle
aus zur Erde.
14 Er reißt in mir nun Bresche über Bre-
sche, / und wie ein Krieger stürmt er gegen
mich.
15 Um meine Haut hab ich ein Trauer-
kleid genäht / und in den Staub hinab
mein Haupt gesenkt.
16 Gerötet ist mein Angesicht vom Wei-
nen, / und Todesschatten ruht auf meinen
Wimpern,
17 obwohl kein Unrecht klebt an meinen
Händen / und mein Gebet ganz ohne
Makel ist.
18 Bedecke, Erde, nicht mein Blut! / Mein
Rufen finde keine Ruhstatt!
19 Nun aber seht: Im Himmel ist mein
Zeuge, / noch lebt mein Eideshelfer in der
Höhe.
20 Wenn meine Freunde mich verspot-
ten, / tränt mein Auge hin zu Gott.
21 Er schaffe bei Gott dem Menschen

Recht, / dem Manne gegenüber seinem Freunde.

22 Denn nur noch wenig Jahre kommen, / dann ziehe ich den Pfad, auf dem man nicht mehr wiederkehrt.

17 Mein Lebensgeist ist mir zerbrochen, / ausgelöscht sind meine Tage, / geblieben ist mir nur das Grab.

2 Fürwahr, der Spötter Ziel bin ich geworden. / Auf ihrem Hader muss mein Auge weilen.

3 Hinterlege doch für mich ein Pfand bei dir! / Wer sollte mir denn sonst den Handschlag geben?

4 Denn du hast ihr Herz verschlossen vor der Einsicht, / darum lässt du sie nicht triumphieren.

5 Zum Teilen lädt man Freunde ein; / doch schmachten hin der eignen Kinder Augen.

6 Zum Spottlied machte er mich für die Leute, / ich wurde einer, dem man ins Antlitz speit.

7 Es werden trüb vor Kummer meine Augen, / all meine Glieder schwinden wie ein Schatten.

8 Darüber sind die Frommen ganz entsetzt, / des Sünders wegen sind empört die Reinen.

9 Doch der Gerechte steht zu seinem Wandel; / wer reine Hände hat, gewinnt an Kraft.

10 Wohlan, so tretet alle wieder her! / wenn ich auch keinen Weisen unter euch hier find.

11 Es schwinden meine Tage hin, / die Wünsche meines Herzens sind zerrissen.

12 Sie machen mir die Nacht zum Tage, / Licht sei näher mir als Dunkel.

13 Ich habe keine Hoffnung, / die Unterwelt, sie ist mein Haus, / im Finstern breite ich mein Lager aus.

14 Zur Grube spreche ich: Du bist mein Vater!, / und zum Gewürm: Meine Mutter, meine Schwester!

15 Wo bleibt denn eine Hoffnung noch für mich? / Mein Glück – wer kann es noch erspähen?

16 Gehn sie vereint mit mir hinab zur Unterwelt, / und sinken wir zusammen in den Staub?

Zweite Rede des Bildad: Der Zorn vermag nichts gegen die Ordnung der Gerechtigkeit

18 Da antwortete Bildad von Schuach und sprach:

2 Wann endlich wollt ihr euere Reden enden? / Nehmt Einsicht an, dann reden wir!

3 Was achtest du uns gleich dem Vieh, / und warum gelten wir vor euch als unrein?

4 Wenn du in deinem Zorne dich zerfleischst, / soll deinetwegen sich das Land entvölkern? / Soll denn der Fels von seiner Stelle rücken?

5 Ja, des Sünders Licht verlöscht, / und seines Feuers Flamme strahlt nicht auf.

6 Das Licht verfinstert sich in seinem Zelt, / und seine Lampe über ihm erlischt.

7 Gehemmt sind seine festen Schritte; / sein eigner Plan bringt ihn zu Fall.

8 Denn er gerät ins Netz mit seinen Füßen, / und über Flechtwerk wandelt er dahin.

9 Das Klappnetz fasst ihn an der Ferse, / der Fallstrick klammert sich an ihn.

10 Sein Fanggarn liegt verborgen schon am Wege; / die Falle steht bereit für ihn am Boden.

11 Die Schrecken überfallen ihn ringsum / und drängen stets ihm auf dem Fuße nach.

12 Hungrig nach ihm ist sein Unheil, / das Verderben steht bereit zu seinem Sturz.

13 Es frisst die Krankheit seine Haut, / des Todes Erstgeburt verschlingt die Glieder.

14 Man treibt ihn aus dem Zelt, dem er vertraut, / und treibt ihn zu dem Schreckenskönig hin.

15 Ihm Fremdes lässt in seinem Zelt sich nieder, / und über seine Wohnstatt streut man Schwefel.

16 Verdorrt sind unten seine Wurzeln, / und oben trocknen seine Zweige.

17 Sein Angedenken schwindet von der Erde; / kein Name bleibt ihm auf den Fluren mehr.

18 Vom Lichte stößt man ihn ins Dunkel / und jagt ihn fort vom Erdenrund.

19 Kein Spross bleibt ihm noch Nachkomme in seinem Volk; / an seinem Ort kein Überlebender.

20 Über seines Unglückstages schaudern die im Westen, / und die im Osten packt das Grauen.

21 Ja, so geht es mit der Wohnung eines
Frevlers, / mit der Stätte dessen, der auf
Gott nicht achtet.

Ijobs Gegenrede: Der Sieg des Glaubens in der Verlassenheit von Gott und den Menschen

19 Da entgegnete Ijob und sprach:
2 Wie lange wollt ihr mich noch
peinigen, / mit Worten mich zermalmen?
3 Schon zehnmal habt ihr mich
geschmäht. / Ihr schämt euch nicht, mich
zu misshandeln.
4 Selbst wenn ich wirklich mich verfehl-
te, / so bliebe doch mein Irregehn allein
bei mir.
5 Wollt ihr euch wirklich über mich
erheben / und meine Schande mir ent-
gegenhalten?
6 Seht doch ein, dass Gott mein Recht
gebeugt / und er mit seinem Netze mich
umgarnte!
7 Schrei' ich: Gewalt!, so find' ich keine
Antwort; / ruf' ich um Hilfe, gibt es doch
kein Recht.
8 Unübersteigbar hat er meinen Weg
vermauert, / auf meine Pfade hat er Fins-
ternis gelegt.
9 Meiner Ehre hat er mich entkleidet, /
die Krone mir vom Haupt gerissen.
10 Ringsum zerbrach er mich, dass ich
nun scheide, / riss meine Hoffnung aus
wie einen Baum.
11 Sein Zorn entbrannte gegen mich; / er
schätzt mich ein als seinen Feind.
12 Vereint nun rücken seine Scharen
an, / sie schütten ihren Sturmwall gegen
mich / und lagern sich rings um mein Zelt.
13 Fern halten meine Brüder sich von
mir, / und ganz entfremdet sind mir die
Bekannten.
14 Fern bleiben, die mir nahe waren und
bekannt; / die Gäste meines Hauses haben
mich vergessen.
15 Selbst meine Mägde sehn mich an als
Fremden; / ein Fremdling bin ich nun in
ihren Augen.
16 Ich rufe meinen Knecht, er gibt nicht
Antwort; / mit guten Worten muss ich ihn
anflehen.
17 Mein Atem ist zuwider meiner Frau, /
und übel rieche ich den eignen Brüdern.
18 Kinder selbst verachten mich,
erheb' ich mich, dann höhnen sie mir
nach.
19 Mich fliehen nun, die Umgang mit
mir pflegten; / selbst die ich liebte, lehnen
gegen mich sich auf.
20 Mein Fleisch verwest mir unter meiner
Haut, / mein Gebein ist bloßgelegt wie
Zähne.
21 Erbarmt, erbarmt euch meiner, meine
Freunde! / Denn Gottes Hand hat mich
getroffen.
22 Warum verfolgt ihr mich wie Gott, /
und werdet doch an meinem Fleisch nicht
satt?
23 Dass doch meine Worte aufgeschrie-
ben würden, / in einer Inschrift eingegra-
ben
24 mit Eisengriffel und mit Blei, / für
ewig eingemeißelt in den Fels!
25 Ich aber weiß: Mein Löser lebt, / selbst
wenn er sich als Letzter aus dem Staub
erhebt.
26 Ohne meine Haut, die so geschunde-
ne, / und ohne mein Fleisch werde ich
Gott schauen.
27 Ich selber werde ihn dann schauen, /
ihn werden meine Augen sehen und kein
Fremder. / Danach sehnt sich mein Herz
in meiner Brust.
28 Denkt ihr: Wie sollen wir ihn jagen, /
in ihm den Grund der Sache finden!,
29 schreckt selber vor dem Schwert
zurück; / denn großer Zorn verdient das
Schwert. / Bedenkt: Es gibt noch einen
Richter!

Zweite Rede des Zofar: Die Ordnung der Gerechtigkeit ist ohne Ausnahme

20 Da erwiderte Zofar von Naama
und sprach:
2 Hierauf entgegnet mir mein Denken, /
und deswegen ist mein Herz erregt.
3 Schmachvolle Rüge muss ich hören, /
doch der Geist aus meiner Einsicht lehrt
mich Antwort geben.
4 Weißt du das nicht von Urzeit an, /
seitdem es Menschen gibt auf Erden:
5 dass des Frevlers Jubel nur von kurzer
Dauer ist / und des Sünders Lust nur einen
Augenblick besteht?
6 Wenn auch sein Stolz zum Himmel
steigt, / sein Haupt bis an die Wolken
reicht,
7 wie sein Kot verschwindet er auf
immer; / und die ihn sahen, sprechen: Wo
ist er?
8 Gleich einem Traum verfliegt er

unauffindbar, / und wie ein Nachtgesicht
verweht er.
9 Das Auge schaute ihn – doch nun nicht
mehr; / und es erblickt ihn nicht mehr
seine Stätte.
10 Seine Söhne müssen bei den Armen
betteln, / sein Gut zurückerstatten müssen
ihre Hände.
11 Ist sein Gebein auch voller Jugend-
kraft, / es muss doch mit ihm in den Staub
sich legen.
12 Schmeckt auch das Böse süß in seinem
Mund, / dass er es unter seiner Zunge
birgt,
13 und damit spart, es nicht mehr los-
lässt, / an seinem Gaumen es zurück-
behält,
14 in seinen Eingeweiden wandelt sich
die Speise, / zu Natterngift wird sie in sei-
nem Innern.
15 Den Reichtum fraß er – speit ihn wie-
der aus; / aus seinem Leibe treibt ihn Gott
heraus.
16 Das Gift der Otter sog er ein, / der
Nattern Zunge tötet ihn.
17 Nicht darf er schauen die Bäche von
Öl, / die Ströme voller Milch und Honig.
18 Was er gewann, gibt er zurück, genießt
es nicht, / erfreut sich am Ertrage seines
Handels nicht.
19 Denn des Geringen Arm zerschlug er /
und riss ein Haus an sich, das er nicht
baute.
20 Denn kein Genug kennt er in seinem
Bauch, / drum werden seine Schätze ihn
nicht retten.
21 Nichts kann entgehen seiner Fress-
gier; / deswegen ist sein Glück auch nicht
von Dauer.
22 Er kommt in Not in seines Reichtums
Fülle, / des Unheils ganze Wucht kommt
über ihn.
23 Gott sendet auf ihn seines Zornes
Glut, / lässt Schläge auf ihn regnen.
24 Entflieht er vor der Eisenrüstung, /
durchbohrt der Bogen ihn, aus Erz
geformt.
25 Ein Pfeil fährt ihm in seinen Rücken, /
aus seiner Galle dringt die Spitze, blit-
zend. / Schrecken fahren über ihn dahin,
26 und alle Finsternisse werden für ihn
aufgespart. / Ihn frisst ein Feuer, das nicht
angefacht, / wer übrig blieb in seinem Zelt,
ist übel dran.
27 Der Himmel wird enthüllen seine
Schuld, / die Erde wird sich gegen ihn
erheben.
28 Sein Haus wird von der Flut hinweg-
gewälzt, / am Tag des Zornes fort-
geschwemmt.
29 Das ist das Los des Frevlers, das ihm
Gott bestimmt, / sein Erbteil, das ihm Gott
hat zugewiesen.

Ijobs Gegenrede: Widerlegung durch die Tatsachen

21 Darauf erwiderte Ijob und sprach:
2 Nun hört doch aufmerksam auf
meine Worte! / Darin bestehe euer Trös-
ten.
3 Ertragt mich, dass ich reden kann. /
Nach meiner Rede mögt ihr spotten.
4 Geht meine Klage etwa gegen Men-
schen? / Warum soll ich nicht ungeduldig
werden?
5 So wendet euch mir zu und dann ent-
setzt euch! / Die Hand legt auf den Mund!
6 Denk' ich daran, bin ich bestürzt, / und
meinen Leib erfasst ein Schauder.
7 Warum denn bleiben Frevler noch am
Leben? / Sie werden alt, sind rüstig und
gesund.
8 Vor ihnen stehen ihre Kinder fest
gegründet, / und ihre Sprösslinge gedeihn
vor ihren Augen.
9 Gesichert vor Gefahr sind ihre Häu-
ser, / und Gottes Rute kommt nicht über
sie.
10 Ihr Stier bespringt und nicht vergeb-
lich; / und ihre Kuh tut keinen Fehlwurf.
11 Die Knaben lassen sie hinaus wie
Lämmer, / und ihre Kinder springen wie
die Hirsche.
12 Zur Pauke und zur Zither singen sie /
und jubeln bei dem Klang der Flöte.
13 Sie bringen ihre Tage hin in Glück, / in
Frieden steigen sie hinab ins Totenreich
14 und sprachen doch zu Gott: Bleib von
uns fern! / Von deinen Wegen wollen wir
nichts wissen.
15 Was ist der Allmächtige, dass wir ihm
dienen? / Und welchen Nutzen bringt es,
wenn wir zu ihm beten?
16 Ist nicht in ihrer eignen Hand ihr
Glück? / und liegt der Frevler Planen Gott
nicht fern?
17 Wie oft erlischt der Frevler Leuchte, /
kommt ihr Verderben über sie, / zerstört
er zornig ihren Reichtum,
18 dass sie wie Häcksel vor dem Winde

werden, / wie eine Spreu, vom Sturm hin-
weggefegt?
19 Spart Gott sein Unheil seinen Söhnen
auf? / Er zahl ihm selber heim, damit er es
erkenne!
20 Sein Unglück sollen seine Augen
schauen; / vom Zorne des Allmächtgen
soll er trinken!
21 Was liegt ihm denn an seinem Haus,
wenn er dahin, / wenn seiner Monde Zahl
vollendet ist?
22 Will jemand Gott Erkenntnis lehren, /
da er doch die Erhabnen richtet?
23 Der stirbt inmitten seines Glücks, /
ganz sorgenfrei und ruhig.
24 Vom Fette strotzen seine Lenden, /
sein Knochenmark ist wohlgetränkt.
25 Ein andrer stirbt mit bitterm Herzen; /
nie hat er Gutes je verkostet.
26 Zusammen liegen sie im Staub, / und
beide decken Maden zu.
27 Ja, ich weiß schon, was ihr denkt, / die
Pläne, die ihr gegen mich ersinnt.
28 Ihr sagt: Wo ist des Fürsten Woh-
nung / und wo das Zelt der Frevler?
29 Habt ihr denn nicht die Wanderer
gefragt, / und habt ihr ihre Zeichen nicht
verstanden?
30 Der Böse wird verschont am
Unglückstag, / er wird bewahrt am Tag des
Zornes!
31 Wer sagt ihm seinen Wandel ins
Gesicht? / Und wer vergilt es ihm, was er
getrieben?
32 Zur Grabesstätte wird er hingeleitet, /
und für den Hügel trägt man Sorge.
33 Die Schollen seines Grabschachts sind
ihm süß / und hinter ihm zieht alle Welt
einher.
34 Wie wollt ihr mich mit Eitlem trös-
ten? / Von dem, was ihr erwidert, bleibt
nur Trug.

Dritter Redewechsel

Dritte Rede des Elifas: Gott straft nur im Namen der Gerechtigkeit

22 Da erwiderte Elifas aus Teman und
sprach:
2 Kann denn ein Mensch Gott Nutzen
bringen? / Nein, der Einsichtsvolle nützt
sich selbst.
3 Nützt es dem Allmächtigen, wenn du
gerecht bist? / Gewinnt er, wenn dein Weg
unsträflich ist?
4 Straft er dich wegen deiner Gottes-
furcht, / und geht er deshalb ins Gericht
mit dir?
5 Ist deine Schlechtigkeit nicht groß /
und endlos deine Sündenschuld?
6 Du pfändest grundlos deine Brüder /
und ziehst den Nackten ihre Kleider aus.
7 Kein Wasser reichst du dem Erschöpf-
ten, / verweigerst Brot den Hungernden.
8 Dem Mann der Faust gehört das
Land, / der Angesehene darf darin woh-
nen.
9 Mit leeren Händen schickst du Witwen
fort, / zerbrichst den Arm der Waisen.
10 Deswegen liegen rings um dich nun
Schlingen, / und plötzlich hat die Angst
dich überfallen.
11 Das Licht ward dunkel, dass du nicht
mehr siehst; / es überdecken dich die
Wasserfluten.
12 Ist Gott nicht wie der Himmel hoch? /
Sieh die Sterne an, wie hoch sie sind.
13 Und da sagst du: Was weiß denn Gott
davon? / Kann er denn durch das Wol-
kendunkel richten?
14 Ihn hüllen Wolken ein, dass er nicht
sieht; / er wandelt über'm Himmelskreis
dahin.
15 Willst du dem Pfad der Vorzeit fol-
gen, / den einst gottlose Menschen gingen,
16 die vor der Zeit ergriffen wurden, /
und gegen deren Grund ein Strom sich
wälzte?
17 Die zu Gott sprachen: Geh von uns
doch fort! / Was kann uns der Allmächtige
schon tun?
18 Doch füllte er mit Gütern ihre Häu-
ser; / der Frevler Planen aber blieb ihm
fern.
19 Die Frommen sehen es und freuen
sich; / der Reine aber spottet über sie:
20 Fürwahr, vernichtet wurde ihre Grö-
ße, / und ihre Reste fraß das Feuer fort.
21 Sei wieder gut zu ihm und halte Frie-
den; / dadurch kommt wieder Glück zu
dir.
22 Nimm doch Belehrung an aus seinem
Mund, / und senke seine Worte in dein
Herz!
23 Kehrst du dich voll Demut zum All-
mächtgen, / hältst Unrecht fern von dei-
nem Zelt,
24 wirfst in den Staub das Edelgold / zum
Flussgestein das Gold von Ofir,
25 wird der Allmächtige für dich wie

Golderz sein, / wie feinstes Silber, das für
dich hell leuchtet.
26 Dann hast du deine Freude am All-
mächtigen / und kannst zu Gott dein
Angesicht erheben.
27 Flehst du zu ihm, so wird er dich
erhören, / und dein Gelübde kannst du
ihm erfüllen.
28 Was du beschlossen, lässt er dir gelin-
gen; / auf deinen Pfaden wird ein Licht
erglänzen.
29 Er duckt den Stolz der Hohen, / doch
hilft er dem, der seine Augen senkt.
30 Er rettet den, der schuldlos ist, /
gerettet wird er durch die Reinheit seiner
Hände.

Ijobs Gegenrede: Gott ist fern; das Böse siegt

23 Darauf erwiderte Ijob und sprach:
2 Auch heut' ist meine Klage Wi-
derspruch, / schwer lastet seine Hand auf
meinem Seufzen.
3 Wüsste ich, wie ich ihn finden, / wie
ich zu seinem Thron gelangen könnte!
4 Den Streitfall würde ich vor ihm ver-
treten / und mit Beweisen füllen meinen
Mund.
5 Die Antwort, die er gäbe, würd' ich
erfahren, / vernähme auch, was er mir
sagte.
6 Stritte er wohl gegen mich mit aller
Macht? / Nein, er würde auf mich achten.
7 Dort würde ein Gerechter mit ihm
streiten, / in meinem Rechtsstreit würd'
ich siegen.
8 Wend' ich mich ostwärts, so ist er nicht
da, / geh' ich nach Westen, sehe ich ihn
nicht.
9 Such' ich im Norden, erblick' ich nicht
sein Tun; / bieg' ich nach Süden, sehe ich
ihn nicht.
10 Doch er kennt alle meine Wege. /
Wenn er mich prüft, geh' ich wie Gold
hervor.
11 Mein Fuß hielt fest an seinen Schrit-
ten, / bewahrte seinen Weg und wich nicht
ab.
12 Nie ging ich ab von seiner Lippen
Weisung, / verwahrt' im Herzen seines
Mundes Wort.
13 Was er beschlossen hat, wer kann es
wenden? / Was er sich wünscht, führt er
auch aus.
14 So wird er mein Geschick vollenden. /
Dergleichen hat er viel im Sinn.
15 Deshalb erschrecke ich vor seinem
Angesicht; / denk' ich daran, so graut es
mir vor ihm.
16 Gott ist es, der mein Herz verzagen
lässt; / mit Furcht erfüllt mich der All-
mächtge.
17 Doch weder Finsternis bringt mich
zum Schweigen, / noch das Dunkel, das
mein Angesicht bedeckt.
24 Warum sind vom Allmächtigen
nicht Fristen vorgesehen
und schauen die Vertrauten seine Tage
nicht?
2 Man verrückt die Grenzen, / raubt
Herden, treibt sie auf die Weide.
3 Der Waise treibt man ihre Esel fort /
und nimmt zum Pfand das Rind der Wit-
we.
4 Vom Wege drängen sie den Armen
ab, / die Dürftigen im Land verbergen
sich.
5 Wie wilde Esel in der Steppe / ziehn sie
hinaus zu ihrem Tun; / die Steppe suchen
sie nach Nahrung ab, / nach Brot für ihre
Kinder.
6 Sie mähen ab das Feld des Nachts /
Nachlese halten sie in des Frevlers Wein-
berg.
7 Nackt übernachten sie, gänzlich ohne
Kleidung, / und ohne Decke in der Kälte.
8 Vom Regenguss der Berge triefen sie /
und drücken ohne Schutz sich an die Fel-
sen.
9 Sie reißen die Waise von der Mutter-
brust weg / und nehmen den Säugling des
Armen zum Pfand.
10 Nackt müssen sie gehen, ohne Kleid, /
und hungernd müssen sie Garben schlep-
pen.
11 Zwischen Mauern pressen sie Öl, / die
Kelter treten sie und leiden Durst.
12 Halbtote rufen aus der Stadt empor, /
die Seele der Misshandelten schreit auf; /
doch Gott bleibt stumm auf ihre Klage.
13 Jene sind des Lichtes Feinde, / erken-
nen seine Wege nicht, / verweilen nicht
auf seinen Pfaden.
14 Ist kein Licht, so steht der Mörder
auf / und mordet Niedrige und Arme. /
Zur Nachtzeit streift der Dieb umher.
15 Des Ehebrechers Auge wartet auf die
Dämmerung. / Er denkt: Kein Auge wird
mich nun erblicken. / Den Schleier legt er
über sein Gesicht.
16 Im Finstern bricht er in die Häuser

ein. / Bei Tage aber schließen sie sich ein; /
vom Lichte wollen sie nichts wissen.
17 Denn Finsternis, das ist der Morgen
ihnen allen, / denn mit des Dunkels
Schrecken sind sie wohlvertraut.
18 Schnell flieht er vor dem Tag, / nicht
wendet sich sein Weg den Höhen zu. /
Sein Erbteil ist verflucht im Land!
19 Wie Trockenheit und Hitze den
geschmolznen Schnee verzehren, / so die
Unterwelt den Sünder.
20 Der Mutterschoß soll ihn vergessen, /
und seines Namens wird nicht mehr
gedacht. / Zerbrechen muss die Bosheit
wie ein Baum.
21 Die Unfruchtbare quält er, die kein
Kind gebar, / und spendet keiner Witwe
eine Wohltat.
22 Durch seine Kraft gibt er den Starken
langes Leben; / da er auf's Leben nicht
mehr hoffte, steht er auf.
23 Er gibt ihm Sicherheit, auf die er sich
verlässt; / und seine Augen ruhn auf sei-
nen Wegen.
24 Hoch steigt er eine Zeit lang auf und
schwindet dann; / erniedrigt werden sie,
wie alle weggerafft / und abgeschnitten
wie die Ährenspitzen.
25 Ist es nicht so? Wer darf mich Lügen
strafen? / Und wer kann denn mein Wort
zunichte machen?

Dritte Rede des Bildad:
Die Sündhaftigkeit aller Menschen

25 Da erwiderte Bildad von Schuach
und sprach:
2 Bei ihm sind Herrschermacht und
Schrecken, / der Frieden hält in seinen
Himmelshöhen.
3 Gibt's eine Zahl für seine Scharen? /
Und ein Entkommen seinem Anschlag?
4 Wie kann ein Mensch vor Gott im
Rechte sein, / der von der Frau Geborene
in Reinheit strahlen?
5 Sieh, selbst der Mond erglänzt nicht
hell, / die Sterne sind nicht rein in seinen
Augen,
6 viel weniger der Mensch, die Made, /
der Menschensohn, der Wurm!

Ijobs Gegenrede

26 Da antwortete Ijob und sprach:
2 Wie gut hilfst du dem Schwachen
auf / und stützt den Arm, der ohne Kraft
gewesen!
3 Wie trefflich rätst du dem, der ohne
Einsicht / und offenbarst Verstand in Fül-
le!
4 Mit wessen Hilfe trägst du deine Worte
vor? / Und wessen Geist ging von dir aus?
5 Die Totengeister selbst erzittern, / die
Wasser und die darin wohnen.
6 Nackt liegt die Unterwelt vor ihm, / der
Ort des Untergangs trägt keine Hülle.
7 Den Norden spannt er über'm Chaos
aus, / und über'm Nichts hängt er die Erde
auf.
8 Die Wasser bindet er in seine Wol-
ken, / doch das Gewölk zerreißt nicht
unter ihnen.
9 Er hüllt das Angesicht des Vollmonds
ein / und breitet seine Wolken über ihn.
10 Rings um die Wasserfläche zieht er
einen Kreis / bis dorthin, wo das Licht ans
Dunkel grenzt.
11 Des Himmels Säulen wanken, / ent-
setzen sich vor seinem Drohen.
12 Die Meere peitscht er auf durch seine
Kraft / und schlägt durch seine Einsicht
Rahab nieder.
13 Durch seinen Hauch erglänzt der
Himmel wieder, / und seine Hand durch-
bohrt den flüchtigen Drachen.
14 Doch das sind nur die Säume seines
Weges. / Welch Flüsterwort nur hören wir
von ihm! / Den Donner seiner Taten, wer
vernimmt ihn?

Ijobs Unschuldsbeteuerung
vor den Freunden

27 Da fuhr Ijob in seiner Rede fort
und sprach:
2 So wahr Gott lebt, der mir mein Recht
entzog, / der Allmächtige, der mir das
Herz betrübte!
3 Da noch in mir mein Atem ist / und
Gottes Hauch in meiner Nase,
4 Kein Unrecht, wahrlich, sollen meine
Lippen reden / und meine Zunge keine
Lüge sprechen.
5 Fern sei es mir, euch recht zu geben! /
Ich gebe meine Unschuld bis zum Tode
nimmer preis.
6 Ich halte fest an meinem Recht und
lass' es nicht. / Mein Herz schämt sich
nicht eines meiner Tage.

Das Ende der Frevler

7 Es gehe meinem Feinde wie dem Frevler /
und meinem Gegner wie dem Sünder!

8 Denn was ist des Sünders Hoffnung, /
wenn Gott das Leben von ihm nimmt?
9 Wird Gott wohl auf sein Rufen hören, /
wenn Drangsal über ihn hereinbricht?
10 Kann er sich freuen am Allmächtgen /
und Gott zu jeder Zeit um Hilfe bitten?
11 Ich will euch über Gottes Tun belehren, / will nicht verhehlen, was alles der
Allmächtge plant.
12 Seht doch, ihr habt es alle selbst
geschaut. / Warum wollt ihr noch eitle
Hoffnung hegen?
13 Bei Gott ist das des Übeltäters Anteil, /
das Erbe von Tyrannen, der Allmächtige
hat's ihnen zugeteilt.
14 Wenn zahlreich seine Söhne, sind sie
für das Schwert, / und ihre Kinder werden
nicht vom Brote satt.
15 Die ihm entronnen, wird der Tod
begraben, / und ihre Witwen halten keine
Klage.
16 Häuft er auch Silber an wie Staub, /
und schafft sich Kleider an wie Lehm,
17 er häuft sie auf, doch der Gerechte
zieht sie an; / das Silber aber wird der
Reine erben.
18 Er hat sein Haus gebaut wie eine
Spinne, / wie eine Hütte, die der Wächter
aufgestellt.
19 Reich legt er sich hin und tut's nicht
wieder; / er macht die Augen auf – nichts
ist mehr da.
20 Wie Wasser brausen Schrecken über
ihn; / der Sturmwind rafft ihn in der
Nacht hinweg.
21 Der Ostwind hebt ihn fort, er muss
von dannen, / er fegt ihn fort von seiner
Stätte.
22 Er stürzt sich auf ihn, ohne Mitleid, /
vor seiner Macht will er entfliehen.
23 Man klatscht noch in die Hände über
ihn; / man zischt ihn fort von seiner Stätte.

Die Weisheit ist dem Menschen unzugänglich

28 Für Silber gibt es einen Fundort, /
und einen Platz, wo man das Gold
auswäscht.
2 Man holt herauf das Eisen aus der
Erde, / und das Gestein schmilzt man zu
Kupfer um.
3 Der Finsternis bereitet man ein Ende, /
und man durchwühlt auch bis zum letzten / das Felsgestein, im Dunkel tief verborgen.
4 Ein fremdes Volk treibt Stollen vor, /
sie hängen ohne Halt / und schweben weit
entfernt von Menschen.
5 Die Erde, auf der Brotkorn wächst, /
wird in den Tiefen wie mit Feuer umgewühlt.
6 Im Felsgestein wird hier Saphir gefunden, / auch Goldstaub findet man darin.
7 Raubvögel kennen nicht den Pfad, /
kein Falkenauge hat ihn je erspäht.
8 Hier wechselt nicht das stolze Wild, /
kein Löwe hat ihn noch beschritten.
9 An Felsgestein legt man die Hand, /
durchwühlt die Berge vom Grunde auf.
10 Stollen hat man in den Fels gebrochen; / das Auge schaut nun alle Kostbarkeiten.
11 Sickerstellen dämmt man ein / und
lässt Verborgenes zum Lichte kommen.
12 Die Weisheit aber – wo wird sie
gefunden? / Und wo hat Einsicht ihre
Stätte?
13 Der Mensch kennt nicht den Weg zu
ihr; / noch trifft man sie im Land der
Lebenden.
14 Die Urflut sagt: In mir verweilt sie
nicht. / Das Meer gesteht: Sie ist auch
nicht bei mir.
15 Man kann nicht Feingold für sie zahlen / und wägt nicht Silber auf als Preis für
sie.
16 Mit Ofirgold kann man sie nicht
bezahlen, / auch nicht mit seltnem Karneol und mit Saphiren.
17 Nicht kann ihr gleichen Gold und
Glas, / noch ist ein Goldgefäß ihr Tauschwert.
18 Korallen und Kristall darf man nicht
nennen, / der Weisheit Kaufpreis überwiegt selbst Perlen.
19 An Wert gleicht ihr nicht der Topas
aus Kusch; / mit reinem Gold wird sie
nicht aufgewogen.
20 Die Weisheit also, woher kommt sie? /
Der Einsicht Stätte, wo ist sie?
21 Verhüllt ist sie vor allen Lebewesen, /
verborgen ist sie vor des Himmels Vögeln.
22 Selbst Unterwelt und Tod bekennen: /
Von ihr vernahmen wir nur ein Gerücht.
23 Es kennt nur Gott den Weg zu ihr, / er
weiß allein um ihren Ort.
24 Denn zu der Erde Grenzen geht sein
Blick, / er sieht, was unter'm ganzen Himmel ist.
25 Als er dem Winde das Gewicht

bestimmte / und mit dem Maß die Wasser
abmaß,
26 als er dem Regen ein Gesetz gegeben /
und einen Weg der donnernden Gewitter-
wolke,
27 da hat er sie gesehen und gezählt, /
bereitet und ergründet.
28 Zum Menschen aber sprach er: / Sieh,
Gottesfurcht, das ist die Weisheit; / und
Einsicht ist, die Sünde meiden.

Ijobs Herausforderungsreden

Die früheren Tage

29 Darauf fuhr Ijob in seiner Rede
fort und sprach:
2 Ach, wäre ich wie in vergangnen Mon-
den, / wie in den Tagen, da mich Gott
beschützte,
3 als seine Leuchte über meinem Haupt
erstrahlte, / in seinem Licht ich durch das
Dunkel schritt!
4 So wie ich in den Tagen meiner Früh-
zeit war, / als Gott noch mein Gezelt
beschützte,
5 als der Allmächtige noch mit mir war /
und meiner Kinder Schar mich rings
umgab,
6 als sich in Dickmilch meine Schritte
wuschen / und mir aus Felsen Bäche Öls
entquollen.
7 Wenn ich hinaufging durch das Tor
der Stadt / und auf dem Marktplatz mei-
nen Sitz einnahm,
8 sahn mich die Jungen und versteckten
sich, / die Alten standen auf und blieben
stehen.
9 Die Fürsten hielten in der Rede inne /
und legten auf den Mund die Hand.
10 Es hielt der Edlen Stimme sich
zurück, / am Gaumen klebte ihre Zunge.
11 Wenn mich ein Ohr vernahm, es pries
mich glücklich, / es lobte mich das Auge,
das mich sah,
12 weil ich den Armen rettete, der
schrie, / die Waise auch, die keinen Helfer
fand.
13 Der Segen des Verlorenen kam über
mich; / der Witwe gab ich Freude in ihr
Herz.
14 Ich kleidete mich in Gerechtigkeit, /
mein Recht galt mir als Mantel und als
Turban.
15 Dem Blinden diente ich als Auge / und
war ein Fuß für den Gelähmten.
16 Ein Vater war ich für die armen Leu-
te; / des Fremden Streitfall untersuchte
ich.
17 Ich zerschmetterte des Frevlers
Kiefer, / den Raub entriss ich seinen
Zähnen.
18 So dachte ich: Mit meinem Nest werd'
ich verscheiden / und wie der Phönix
lange leben.
19 Dem Wasser stehe meine Wurzel
offen, / in meinen Zweigen nächtige der
Tau.
20 Stets möge sich mein Ruhm bei mir
verjüngen, / der Bogen möge sich in mei-
ner Hand erneuern.
21 Man schenkte mir Gehör und wartete
auf mich, / man lauschte schweigend,
meinen Rat zu hören.
22 Nach meiner Rede gab man keine
Antwort; / es träufelte mein Wort auf sie
herab.
23 Sie harrten meiner wie auf Regen-
schauer / und öffneten den Mund nach
Frühjahrsregen.
24 Ich lachte ihnen zu, wenn sie verzag-
ten; / mein strahlend Antlitz konnten sie
nicht trüben.
25 Ich wählte ihren Weg und war ihr
Führer; / ich thronte wie ein König in der
Schar / und führte überall sie nach Belie-
ben.

Das jetzige Elend

30 Jetzt aber lachen Leute über mich,
die jünger sind als ich an Jahren. /
Ich hielt nicht würdig ihre Väter, sie den
Hunden meiner Herden zuzuweisen.
2 Was nützte mir auch ihrer Hände
Kraft? / Die Vollkraft war in ihnen hin-
geschwunden,
3 durch Not und großen Hunger; / sie
nagen ab der Steppe Wurzelwerk, /
Gestrüpp der Wüste und der Wüstenei,
4 sie pflücken ab die Melde vom
Gesträuch, / die Ginsterwurzeln sind ihr
Broterwerb.
5 Aus der Gemeinschaft werden sie ver-
stoßen, / wie Dieben schreit man ihnen
nach.
6 Am Hang der Täler müssen sie nun
wohnen, / in Höhlen in der Erde und in
Felsenlöchern.
7 Man hört sie schreien zwischen Dor-
nenbüschen, / und unter Nesseln hocken
sie beisammen.

[8] Gesindel, gottlos, namenlos, / man hat
es aus dem Land verstoßen.
[9] Ein Spottlied bin ich ihnen jetzt
geworden, / muss ihnen zum Gerede die-
nen.
[10] Sie ekeln sich vor mir und bleiben
fern, / sie zögern nicht, mir ins Gesicht zu
speien.
[11] Weil er gelöst hat meinen Bogen und
mich beugte / und sie vor mir die Zügel
locker ließen.
[12] Gegen mich erhebt sich diese Brut, /
sie werfen ihre Unheilsdämme auf,
[13] sie reißen meine Pfade auf, befördern
mein Verderben / und keiner wehrt es
ihnen.
[14] Sie dringen ein durch eine breite Bre-
sche / und unter Trümmern wälzen sie
sich her.
[15] Es wandten gegen mich sich Schre-
cken, / mein Adel wurde wie vom Wind
verjagt, / gleich einer Wolke zog mein Heil
vorüber.
[16] Und jetzt zerfließt in mir die Seele, /
und Tage voller Elend packen mich.
[17] Des Nachts durchbohrt es mein
Gebein, / der Schmerz nagt unaufhörlich.
[18] Mit Allgewalt packt er mich am
Gewand / und schnürt mich wie des Leib-
rocks Gürtel ein.
[19] Er hat mich in den Kot hineingesto-
ßen, / und so erschien ich Staub und
Asche gleich.
[20] Ich schrei' zu dir, doch du gibst keine
Antwort; / ich stehe da, doch du bleibst
unbeteiligt.
[21] Zum Wüterich hast du dich mir ver-
wandelt, / befehdest mich mit deiner star-
ken Hand.
[22] Du hebst mich auf, lässt mich im
Sturmwind fahren, / erzittern lässt du
mich im Donnerkrachen.
[23] Ich weiß es ja, du bringst mich in den
Tod, / ins Haus, wo alle Lebenden sich
sammeln.
[24] Doch streckt nicht ein Ertrinkender
die Hand aus, / wenn er in seiner Not um
Hilfe ruft?
[25] Beweinte ich nicht den, den harte Tage
trafen, / war meine Seele nicht in Trauer
um den Armen?
[26] Ja, Gutes hoffte ich, doch nahte
Unglück. / Ich harrte auf das Licht, doch
kam die Finsternis.
[27] Mein Eingeweide siedet ruhelos; / es
nahten sich mir Tage voller Elend.
[28] Ich wandle finster, ohne Trost, / steh'
auf in der Gemeinde, schreie laut.
[29] Ein Bruder ward ich den Schakalen, /
und ein Genosse bin ich für die Strauße.
[30] Die Haut an mir wird schwarz, / in
Fieberglut ist mein Gebein entbrannt.
[31] So ward mein Zitherspiel zur Trauer-
melodie / und meiner Flöte Klang zum
Klagelied.

Ijobs Verteidigung

31 Mit meinen Augen schloss ich
einen Bund, / nie eine Jungfrau
lüstern anzusehen.
[2] Was wäre sonst mein Teil von Gott
dort oben, / mein Erbteil von dem Aller-
höchsten droben?
[3] Ist nicht bestimmt das Unheil für die
Frevler / und das Verderben für die Übel-
täter?
[4] Schaut er denn nicht auf meine Wege, /
zählt er nicht alle meine Schritte?
[5] Wenn ich mit Lüge umgegangen wäre /
und zum Betruge meine Füße eilten,
[6] dann wäge er mich auf gerechter Waa-
ge, / und Gott wird meine Unschuld aner-
kennen.
[7] Wenn je vom Wege meine Schritte
wichen / und wenn mein Herz je meinen
Augen folgte, / an meinen Händen nur ein
Makel klebte,
[8] dann soll ein andrer essen, was ich
säe, / und was mir aufwächst, soll entwur-
zelt werden.
[9] Wenn sich mein Herz von einer Frau
betören ließe / und wenn ich an der Tür
des Nächsten lauerte,
[10] dann soll die Frau für einen anderen
mahlen, / und Fremde sollen über sie sich
beugen.
[11] Denn das ist eine Schandtat ohneglei-
chen / und ein Verbrechen, das des Rich-
ters wert ist.
[12] Ein Feuer ist's, das bis zum Abgrund
frisst, / verbrennen wird es meine ganze
Habe.
[13] Wenn meines Knechtes Rechte ich
missachtet / und meiner Magd, wenn sie
sich mit mir stritten,
[14] was wollt' ich tun, wenn Gott sich
dann erhöbe, / und was entgegnen, wenn
er's untersuchte?
[15] Hat nicht mein Schöpfer sie im Schoß

gebildet, / der Eine uns im Mutterleib
bereitet?
16 Wenn ich den Armen einen Wunsch
versagte, / wenn ich verschmachten ließ
der Witwe Augen,
17 für mich allein nur meinen Bissen
nahm / und keine Waise ihren Teil
erhielt –
18 sie wuchs mir auf von Jugend an wie
einem Vater / wie ein Bruder hab ich sie
geführt –,
19 erblickt' ich den Verlornen ohne Klei-
dung, / den armen Mann, dem eine Decke
fehlte,
20 und sagten seine Lenden mir nicht
Dank, / da er von meiner Lämmer Schur
sich wärmte,
21 erhob ich gegen jemand meine Hand,
der ohne Schuld, / da ich am Tore Helfer
fand für mich,
22 dann falle meine Schulter mir vom
Nacken, / aus dem Gelenke breche mir
mein Arm!
23 Denn Gottes Schrecken würd' sich
über mich ergießen, / vor seiner Hoheit
hielte ich nicht stand.
24 Wenn ich auf Gold je meine Hoffnung
setzte, / zum Feingold sprach: Du meine
Zuversicht!,
25 wenn ich mich freute, dass mein
Reichtum wuchs / und dass so Großes
meine Hand geleistet,
26 wenn ich die Sonne schaute, wie sie
strahlte, / den Mond, der prächtig seine
Bahnen zog,
27 wenn heimlich sich mein Herz betö-
ren ließ, / dem Munde meine Hand zum
Kuss sich bot,
28 auch das ist eine Sünde für den Rich-
ter; / ich hätte Gott da droben ja verleug-
net.
29 Freut' ich mich über meines Feindes
Unglück, / und war ich froh, dass ihn ein
Unheil traf,
30 erlaubt' ich meinem Mund zu sündi-
gen, / sein Leben je durch einen Fluch zu
fordern,
31 und haben meine Zeltgenossen nicht
gestanden: / Wer wurde je von seinem
Fleisch nicht satt?
32 Kein Fremder musste draußen über-
nachten, / mein Tor stand jedem Wandrer
offen.
33 Wenn ich verbarg den Menschen
meine Sünde, / in meinem Busen meine
Schuld verhüllte,
34 weil ich die große Menge scheute /
und mich der Stämme Spott erschreckte, /
dann wär' ich still und ginge nicht zur Tür
hinaus.
35 O wäre jemand da, dass Gott mich
hörte! / Dies ist mein letztes Wort: jetzt
gebe Antwort mir der Allmächtige! / Und
hier das Schriftstück, das mein Gegner
schrieb.
36 Fürwahr, ich nähme es auf meine
Schulter / und wände es als Diadem mir
um.
37 Ich würde meiner Schritte Zahl ihm
nennen / und wie ein Fürst ihm dann ent-
gegengehen.
38 Wenn über mich mein Acker klagte /
und alle seine Furchen weinten,
39 wenn seine Frucht ich unbezahlt ver-
zehrte, / die Ackerleute seufzen ließ,
40 so bringe er statt Weizen Disteln nur, /
und statt der Gerste soll das Unkraut
sprießen!
Zu Ende sind die Worte Ijobs.

Die Elihu-Reden

Erste Rede des Elihu

Elihus Eingreifen

32 Jene drei Männer gaben es auf, Ijob
zu antworten, weil er nach seiner
[eigenen] Meinung gerecht war. 2 Da ent-
brannte der Zorn Elihus, des Sohnes Bara-
chels, des Busiters aus dem Geschlecht
Ram. Gegen Ijob entbrannte sein Zorn,
weil er sich vor Gott für gerecht hielt.
3 Auch gegen seine drei Freunde war er er-
zürnt, weil sie keine Antwort gefunden
und Gott ins Unrecht gesetzt hatten. 4 Eli-
hu hatte gezögert, solange jene sprachen.
Denn sie waren älter als er. 5 Als aber Elihu
sah, dass jene drei Männer keine Antwort
mehr wussten, entbrannte sein Zorn. 6 Da
begann Elihu, der Sohn Barachels, und
sprach:

Einleitungsrede

Jung bin ich noch an Jahren, / und ihr seid schon ergraut. / Drum hielt ich mich zurück und scheute, / mein Wissen euch zu zeigen.

7 Ich dachte bei mir: Lass das Alter reden, / der Jahre Fülle soll die Weisheit künden.

8 Doch nur der Geist, der sich im Menschen aufhält, / des Allerhöchsten Atem macht ihn klug.

9 Die alt an Jahren, sind nicht immer weise, / nicht immer wissen Greise auch das Rechte.

10 Drum wage ich zu sagen: Hört mir zu! / Auch ich will meine Ansicht euch verkünden.

11 Seht, ich wartete auf euere Worte / und horchte hin auf euere klugen Sprüche, / bis dass die rechten Worte ihr gefunden.

12 Aufmerksam bin ich euch gefolgt. / Doch sieh, den Ijob widerlegte keiner, / von euch gab niemand Antwort seinen Worten.

13 Denkt nicht: Die Weisheit haben wir entdeckt. / Gott wird ihn verstoßen, nicht ein Mensch.

14 Nicht gegen mich hat er gesprochen, / und nicht mit eueren Worten werd' ich ihm entgegnen.

15 Sie sind verwirrt und geben keine Antwort, / es sind die Worte ihnen ausgegangen.

16 Soll ich noch warten, da sie nicht mehr reden, / da still sie stehen und nichts mehr erwidern?

17 So will auch ich nun meinen Teil entgegnen; / mein Wissen will ich euch verkünden.

18 Denn mit Gedanken bin ich ganz erfüllt, / mich drängt der Geist in meiner Brust.

19 Mein Inneres gleicht Wein, der keine Luft hat, / wie neue Schläuche wird es noch zerspringen.

20 So muss ich reden, dass mir leichter werde, / ich öffne meine Lippen und entgegne.

21 Für niemand werde ich Partei ergreifen, / und Schmeichelworte will ich keinem geben.

22 Denn ich verstehe mich aufs Schmeicheln nicht, / sonst raffte mich mein Schöpfer bald hinweg.

Ijobs Anmaßung

33 So höre nun, Ijob, auf alle meine Worte / und merke wohl auf alle meine Reden!

2 Sieh, ich habe meinen Mund geöffnet, / schon spricht in meinem Gaumen meine Zunge.

3 Mein Herz wird Weisheitsworte sagen, / und meine Lippen reden reine Wahrheit.

4 Mich hat erschaffen Gottes Geist, / des Allerhöchsten Atem mich belebt.

5 Wenn du es kannst, so gib mir Antwort! / Leg es mir dar und tritt mir doch entgegen!

6 Sieh, dir bin ich gleich, nicht Gott, / vom Lehm genommen bin auch ich.

7 Doch soll die Angst vor mir dich nicht erschrecken, / und Druck von mir nicht auf dir lasten.

8 Jedoch, du sprachst vor meinen Ohren, / und ich vernahm den Laut von deinen Worten:

9 Rein bin ich und ohne Sünde / und lauter, ohne Schuld.

10 Vorwände aber sucht er gegen mich, / und er betrachtet mich als seinen Feind.

11 Er spannte meine Füße in den Block / und überwachte alle meine Pfade.

12 Sieh, darin hast du Unrecht, sag' ich dir; / denn Gott ist größer als ein Mensch.

13 Weswegen haderst du mit ihm? / Weil er auf alle deine Worte nichts erwidert?

14 Denn einmal redet Gott, / ein zweites Mal – doch man bemerkt es nicht.

15 Im Traum, im Nachtgesicht, / wenn tiefer Schlaf sich auf die Menschen senkt, / im Schlummer auf der Lagerstätte,

16 da öffnet er das Ohr der Menschen / und schreckt sie auf durch Warnungszeichen,

17 von seinem Tun den Menschen abzubringen, / den Hochmut aus den Menschen auszutreiben,

18 zu retten seine Seele vor der Grube, / sein Leben davor, in den Todesschacht hinabzusteigen.

19 Er wird gewarnt durch Schmerz auf seinem Lager, / und ständig tobt ein Kampf in seinen Gliedern.

20 Am Brot verspürt sein Leben Ekel / und seine Seele an der Lieblingsspeise.

21 Es schwindet hin sein Fleisch, man sieht's nicht mehr, / bis auf die Knochen mager, die man sonst nicht sieht.

22 Schon nähert seine Seele sich dem
Grabe, / es naht sein Leben sich den
Todesboten.
23 Wenn dann ein Engel ihm zur Seite
steht, / ein Mittler, einer unter Tausen-
den, / dem Menschen seine Pflicht zu
künden,
24 und der sich seiner dann erbarmt und
spricht: / Befreie ihn vom Abstieg in die
Grube, / ich habe Lösegeld für ihn gefun-
den!,
25 dann blüht sein Fleisch in Jugendfri-
sche, / er kehrt zurück zu seinen Jugend-
tagen.
26 Er fleht zu Gott und der wird sich ihm
gnädig zeigen, / er darf sein Angesicht mit
Jubel schauen, / und seinen Freispruch tut
er allen anderen kund.
27 Er singt den Menschen zu und
spricht: / Ich hab' gesündigt und das Recht
verkehrt; / doch hat er mir mit Gleichem
nicht vergolten.
28 Er rettete mich vor dem Abstieg in die
Grube, / mein Leben darf des Lichtes sich
erfreuen.
29 Sieh, alles dies pflegt Gott zu wirken, /
selbst zweimal, dreimal an den Menschen,
30 zu retten seine Seele vor der Grube, /
sie zu erleuchten mit dem Licht des
Lebens.
31 Merk auf, Ijob, und schenke mir
Gehör, / schweig still, solang ich selber
rede!
32 Hast du noch Worte, gib mir Ant-
wort! / Sprich mir; denn gern geb' ich dir
recht.
33 Wenn aber nicht, dann höre du mir
zu / und schweige still, dass ich dich
Weisheit lehre.

Zweite Rede des Elihu

Ijobs Unverstand

34 Da fuhr Elihu fort und sprach:
2 Ihr Weisen, hört doch meine
Worte, / ihr Kundigen, leiht mir Gehör!
3 Denn prüfen soll das Ohr die Worte, /
so wie der Gaumen seine Speise schmeckt.
4 Was recht ist, wollen wir für uns
erwählen, / wir wollen forschen unter uns,
was gut ist.
5 Denn Ijob hat ausgesagt: Ich bin im
Recht. / Gott war's, der mir mein Recht
entzogen hat.
6 Obwohl im Recht, erscheine ich als
Lügner, / unheilbar ist die Wunde ohne
Schuld.
7 Wo wäre wohl ein Mann wie Ijob, / der
Lästerreden trinkt wie Wasser,
8 der sich den Übeltätern zugesellt
und auch mit Bösewichtern Umgang
pflegt?
9 Er sagte ja: Der Mensch hat keinen
Nutzen, / wenn er in Freundschaft lebt mit
Gott.

Gott handelt gerecht

10 Drum hört mir zu, ihr einsichtsvollen
Männer! / Fern ist's von Gott, Unrecht zu
tun, / und vom Allmächtigen, zu freveln.
11 Denn nach des Menschen Werk ver-
gilt er ihm, / nach seinem Wandel lässt er's
ihn auch treffen.
12 Wahrhaftig, Gott kann niemals
Unrecht tun, / der Allerhöchste kann kein
Recht verdrehen.
13 Wer hat ihm denn die Erde anver-
traut? / Wer hat den ganzen Erdkreis auf-
gerichtet?
14 Wenn er nur an sich selber dächte, /
und seinen Atem an sich zöge,
15 dann würde alles Fleisch zugleich ver-
scheiden, / zum Staube kehrte auch der
Mensch zurück.
16 Hast du Verstand, so höre dies, / und
leih dein Ohr den Lauten meiner Worte!
17 Kann wohl ein Feind des Rechtes
regieren? / Willst du den erhabensten
Gerechten denn verdammen,
18 der da zum König spricht: Nichtswür-
diger! / und zu den Edelleuten: Ihr Ver-
brecher!,
19 der nicht parteiisch gegen Fürsten
ist, / den Reichen vor dem Armen nicht
bevorzugt? / Denn alle sind sie seiner
Hände Werk.
20 Sie sterben plötzlich, mitten in der
Nacht; / Vornehme sind erschüttert,
schwinden hin; / den Mächtigen beseitigt
er ganz ohne Kraftanstrengung.
21 Denn seine Augen sehen auf der
Menschen Wege, / und er beachtet alle
ihre Schritte.
22 Es gibt kein Dunkel, keine Finsternis, /
worin die Übeltäter sich verbergen könn-
ten.
23 Denn er bestimmte keine Frist den
Menschen, / vor Gottes Richterstuhle zu
erscheinen.
24 Die Mächtigen zerbricht er ohne

Untersuchung, / setzt andere in ihre Stelle
ein.
25 Da er von ihren Taten Kenntnis hat, /
stürzt er sie in der Nacht, dass sie zer-
schmettert sind.
26 Er schlägt sie gleich Verbrechern / an
einem Ort, wo man es sieht,
27 weil sie sich abgewendet haben / und
seine Wege nicht befolgten,
28 sodass der Armen Schrei zu ihm
empordrang / und er das Rufen der
Bedrückten hörte.
29 Doch wenn er still sich hält, wer
spricht ihn schuldig? / Wenn er sein
Gesicht verbirgt, wer nimmt ihn wahr? /
Doch über Volk und Menschen wacht er,
30 auf dass ein schlechter Mann nicht
herrsche / und dem Volk zum Fallstrick
werde.
31 Soll Gott ihm etwa sagen: / Ich ward
verführt, nicht will ich wieder freveln.
32 Wenn ich gesündigt, lehre du mich
jetzt! / Tat Unrecht ich, ich will's nicht
weiter tun.
33 Soll er ihn dann nach deiner Meinung
strafen, / da du sein Urteil ja verwirfst? /
Bei dir ist es, zu wählen, nicht bei mir. /
Drum sprich es aus, was du erkanntest!
34 Mir werden Männer von Verstand es
sagen / und jeder weise Mann, der mir
gelauscht:
35 In Unverstand sprach Ijob, / und ohne
Einsicht waren seine Worte.
36 Fürwahr, man soll auf immerdar ihn
prüfen; / denn nach Art der Frevler gab er
Widerreden.
37 Denn Frevel fügte er zu seiner Sünde; /
in unsrer Mitte treibt er Spott / führt viele
Reden gegen Gott.

Dritte Rede des Elihu

Ijobs Selbstgerechtigkeit

35 Dann fuhr Elihu fort und sprach:
2 Erachtest du denn das für rich-
tig? / Du sprachst: Im Rechte bin ich mehr
als Gott.
3 Denn du erklärtest doch: Was nützt es
mir, / was habe ich davon, wenn ich die
Sünde meide?
4 Ich will dir nun die Antwort darauf
geben / und deinen Freunden auch
zugleich mit dir.
5 Zum Himmel blicke auf und schaue, /
sieh aufs Gewölk hoch über dir!
6 Begehst du eine Sünde, was kannst du
ihm schaden? / Sind deine Sünden viel,
was tust du ihm denn an?
7 Bist du gerecht, was kannst du ihm
dann geben? / Was kann er denn aus dei-
ner Hand empfangen?
8 Nur deinesgleichen trifft dein Frevel, /
ein Menschenkind dein tugendhafter
Wandel.
9 Man jammert über der Bedrücker
Menge, / ruft Hilfe wegen der Gewalt der
Großen.
10 Doch fragt man nicht: Wo ist mein
Schöpfergott, / der Jubellieder schenkt
selbst in der Nacht?
11 Mehr als die Tiere hat er uns belehrt, /
und weiser machte er uns als des Himmels
Vögel.
12 Da schreien sie; doch er gibt keine
Antwort / der Anmaßung der Bösen
wegen.
13 Fürwahr, es ist umsonst, Gott hört es
nicht, / und der Allmächtige beachtet's
nicht.
14 Wenn du gar sagst, du sähst ihn nicht
– / der Rechtsstreit lag ihm vor und du
musst auf ihn warten.
15 Jetzt aber, weil sein Zorn noch aus-
bleibt / und er sich um den Frevel nicht
viel kümmert,
16 reißt Ijob sinnlos seinen Mund auf, /
und ohne Einsicht macht er viele Worte.

Vierte Rede des Elihu

Der wahre Sinn der Leiden Ijobs

36 Elihu fuhr fort und sprach:
2 Wart noch ein wenig, dass ich
dich belehre! / Denn noch kann ich zu-
gunsten Gottes sprechen.
3 Mein Wissen will ich aus der Ferne
holen / und werde meinem Schöpfer
Recht verschaffen.
4 Denn wahrlich, meine Worte sind kein
Trug; / ein Mann voll klarer Einsicht steht
vor dir.
5 Sieh, Gott ist gewaltig, doch verwirft er
nicht, / an Kraft des Herzens gewaltig.
6 Den Übeltäter lässt er nicht am
Leben, / doch schafft er den Bedrängten
Recht.
7 Sein Auge wendet er nicht vom
Gerechten. / Mit Königen auf dem Thron
heißt er sie sitzen / immerdar und macht
sie groß.

8 Doch liegen sie in Ketten, / gefangen in
des Elends Banden,
9 so hält er ihnen ihre Taten vor / und
ihre Sünden, weil sie sich erhoben.
10 Zur Warnung öffnet er ihr Ohr / und
fordert auf, vom Bösen abzulassen.
11 Wenn sie gehorchen und ihm dienen
wollen, / vollenden sie im Glück die
Tage, / in lauter Freuden ihre Jahre.
12 Doch wenn sie nicht gehorchen
wollen, / dann fahren sie zum Todes-
schacht hinab / und sterben ohne
Einsicht hin.
13 Die ruchlos sind von Herzen, hegen
ihren Groll, / wenn er sie fesselt, schreien
sie nicht auf.
14 Dahin stirbt ihre Seele in der Jugend, /
ihr Leben endet früh wie das von Hiero-
dulen.
15 Doch rettet er den Armen durch das
Elend, / er öffnet ihre Augen durch die
Not.
16 Auch dich entreißt er aus der Drangsal
Rachen / in unbedrängte Weite, / von fet-
ten Speisen voll ist deine Tafel.
17 Doch wenn du wie ein Frevler rich-
test, / werden Recht dich treffen und
Gericht.
18 Dass dich der Zorn nur nicht zum
Spott verleitet, / und reiches Lösegeld dich
nicht verführt!
19 Führt dein Geschrei dich aus der Not
heraus / und alles kräftige Bemühn?
20 Nicht sehn' dich nach der Nacht, / die
Völker treibt von ihrer Stätte.
21 Sei auf der Hut, zum Bösen dich zu
wenden! / Denn darum wirst du ja
geprüft.

Hymnus auf Gottes Größe und Macht

22 Sieh, Gott in seiner Macht ist hoch erha-
ben. / Wer könnte denn wie er Belehrung
geben?
23 Wer hat ihm seinen Wandel vor-
geschrieben? / Wer wagt zu sagen: Du
begingst ein Unrecht?
24 Bedenke, dass du seine Werke preist, /
von denen doch die Menschen Lieder sin-
gen!
25 Ein jeder Mensch betrachtet es mit
Freude, / obwohl er es auch nur von ferne
sieht.
26 Sieh, Gott ist groß und wir begreifen's
nicht, / und seiner Jahre Zahl ist uner-
forschlich.
27 Heranzieht er die Wassertropfen, / der
Regen rieselt nieder aus der Flut,
28 der aus den Wolken strömt / und nie-
derträufelt auf die vielen Menschen.
29 Wer kann die Weiten seiner Wolke
fassen, / den lauten Donnerschlag aus sei-
nem Zelt?
30 Darüber breitet er den Wasserstrom, /
und deckt damit der Berge Gipfel zu.
31 Denn er versorgt dadurch die Völker /
und spendet ihnen reichlich Nahrung.
32 Er hebt den Blitz in seine beiden Hän-
de / und weist ihn an, wohin er fallen soll.
33 Es kündet ihn sein Donnerrollen an, /
wenn er im Zorne eifert gegen Schlechtig-
keit.

37 Ja, darum packt mein Herz der
Schrecken / und pocht erregt an
seiner Stelle.
2 Lauscht aufmerksam dem Toben sei-
ner Stimme, / dem Grollen, das aus sei-
nem Munde kommt!
3 Er lässt es unter'm ganzen Himmel
fahren, / bis zu der Erde Grenzen seinen
Blitz.
4 Laut brüllt der Donner hinter ihm; /
mit hoheitsvoller Stimme donnert er
und hält die Blitze nicht zurück, / wenn
sich seine Stimme hören lässt.
5 Gott lässt uns Wunderdinge schauen, /
Großtaten wirkt er, die wir nicht begreifen.
6 Denn er befiehlt dem Schnee: Zur Erde
falle! / Den Regengüssen: Niederströmet!
7 Auf aller Menschen Hand drückt er ein
Siegel, / dass alle Menschen seine Taten
spüren.
8 Das Wild zieht sich zurück in sein
Versteck / und legt auf seine Lagerstatt
sich nieder.
9 Aus seinen Kammern bricht der Sturm
hervor, / und mit dem Nordwind bricht
die Kälte ein.
10 Durch Gottes Atem bildet sich das
Eis, / die weite Wasserfläche ist erstarrt.
11 Mit Nass belädt er das Gewölk, /
Gewitterwolken streuen aus sein Leuch-
ten.
12 Nach seinem Willen ziehn sie hin und
her; / sie führen alles aus, was er befiehlt, /
im weiten Kreise seiner Erde.
13 Sei es zur Strafe für der Erde Völker, /
sei es als Hulderweis, so werden sie von
ihm gesandt.
14 Hör dies dir an, Ijob! / Steh still,
betrachte Gottes Wundertaten!

[15] Weißt du, wie ihnen Gott Befehle
gibt, / wie seiner Wolken Licht er leuchten
lässt?
[16] Verstehst du es, wie seine Wolken
schweben, / die Wunderwerke des Allwis-
senden?
[17] Du, dessen Kleider schon vor Hitze
glühen, / wenn die Erde unter'm Südwind
brütet,
[18] hast du mit ihm die Wolkendecke
ausgebreitet, / fest wie ein Spiegel, aus
Metall gegossen?
[19] Belehre uns, was wir ihm sagen sol-
len! / Nichts vorzubringen wissen wir, so
sprachlos, wie wir sind.
[20] Muss man ihm erst erzählen, wenn ich
rede? / Wenn einer spricht, wird es ihm
mitgeteilt?
[21] Man kann das Sonnenlicht nicht
sehen, / wenn hinter dem Gewölk es auf-
glänzt. / Ein Windstoß fährt daher und
jagt es fort.
[22] Vom Norden her erstrahlt der Glanz; /
um Gott ist eine Pracht, die Schrecken
bringt.
[23] Nie werden den Allmächtgen wir
ergründen. / An Macht und Recht ist er
gewaltig groß. / Reich an Gerechtigkeit
wird er das Recht nicht beugen.
[24] Deswegen sollen ihn die Menschen
fürchten. / Die Weisheitskundigen – er
schaut sie nicht einmal an.

Die Reden Gottes

Erste Rede

Die Weisheit in der Schöpfung

38 Da gab der Herr Ijob Antwort aus
dem Gewittersturm und sprach:
[2] Wer ist es, der den Plan verdunkelt /
mit Worten, denen die Erkenntnis man-
gelt?
[3] Umgürte deine Lenden wie ein
Mann! / Ich will dich fragen, du belehre
mich!
[4] Wo warst du denn, als ich die Erde
gründete? / Sag an, wenn du so große Ein-
sicht hast!
[5] Wer setzte fest ihr Maß? Du weißt es
ja. / Wer spannte über ihr die Messschnur
aus?
[6] Worauf sind ihre Pfeiler eingesenkt, /
und wer hat ihren Eckstein eingefügt,
[7] als all die Morgensterne jauchzten /
und alle Gottessöhne jubelten?
[8] Wer sperrte ab das Meer mit Toren, /
als sprudelnd es dem Mutterschoß ent-
sprang,
[9] als ich zu seinem Kleid die Wolken
machte, / zu seinen Windeln des Gewölkes
Dunkel,
[10] als ich ihm damals eine Grenze
brach, / die Riegel und die Tore setzte?
[11] Und sprach: Bis hierher kommst du
und nicht weiter, / hier soll zerschellen
deiner Wogen Stolz?
[12] Gebotest du in deinem Leben je dem
Morgen, / hast du der Morgenröte ihren
Platz gewiesen,
[13] auf dass der Erde Säume sie erfasse /
und sie die Frevler von ihr schüttle?
[14] Sie wandelt sich wie Siegelton, / und
wie ein Kleidungsstück, so färbt sie sich.
[15] Den Übeltätern wird ihr Licht verwei-
gert; / zerbrochen wird der Arm, der
schon erhoben.
[16] Gelangtest du bis zu des Meeres Quel-
len? / Bist du gewandelt auf der Urflut
Grund?
[17] Hat man des Todes Tore dir gezeigt /
und sahst du denn der Finsternisse Pfor-
ten?
[18] Hast du denn Einsicht in den weiten
Raum der Erde? / Gestehe es, ob du sie
ganz begreifst!
[19] Wo ist der Weg zum Aufenthalt des
Lichtes, / die Finsternis, wo hat sie ihren
Platz,
[20] damit du sie in ihr Gebiet geleitest /
und sie den Weg zu ihrem Hause führst?
[21] Du weißt es; damals bist du ja gebo-
ren, / und deiner Lebenstage Zahl ist groß.
[22] Kamst du bis zu den Speichern voller
Schnee? / Hast du des Hagels Scheuern je
gesehen,
[23] den ich für Drangsalzeiten auf-
bewahrte, / für den Tag des Kampfes und
der Schlacht?
[24] Wo ist der Weg, da sich der Wind zer-
teilt, / der Ostwind auf die Erde sich zer-
streut?

25 Wer brach dem Regengusse eine Rin-
ne / und der Gewitterwolke einen Weg,
26 damit auf menschenleeres Land es
regne / und auf die Steppe, die kein
Mensch bewohnt,
27 zu sättigen die Wüste und die Wild-
nis, / im Ödland Wachstum frischem
Pflanzenwuchs zu geben?
28 Gibt es denn für den Regen einen
Vater, / und wer erzeugt des Taues Trop-
fen?
29 Aus wessen Schoß entspringt das Eis, /
wer hat den Reif des Himmels denn gebo-
ren?
30 Wie zu Gestein verdichten sich die
Wasser; / es zieht der Fluten Fläche sich
zusammen.
31 Verknüpfst du die Bande der Pleja-
den, / hast du gelöst die Fesseln des Orion?
32 Führst du zur rechten Zeit heraus die
Tierkreissterne / und leitest du den Löwen
mit den Jungen?
33 Weißt du denn um die Ordnungen des
Himmels, / bist du's, der seine Schrift auf
Erden niederlegt?
34 Erhebst du deine Stimme zu den Wol-
ken, / auf dass der Schwall des Wassers
dich bedeckt?
35 Entsendest du die Blitze, dass sie zie-
hen / und zu dir sagen: Siehe, wir sind da!
36 Wer legt die Weisheit in den Ibis, /
und wer verleiht Verstand dem Hahn?
37 Wer kann in Weisheit wohl die Wol-
ken zählen, / wer kann des Himmels
Schläuche denn entleeren,
38 wenn sich die Erde fügt zur harten
Masse / und fest die Schollen aneinander
kleben?
39 Bist du es, der der Löwin jagt die Beu-
te, / kannst du die Gier der jungen Löwen
stillen,
40 wenn sie sich in den Lagern nieder-
ducken, / im Dickicht auf der Lauer lie-
gen?
41 Wer gibt dem Raben seine Nahrung, /
wenn seine Jungen schrein zu Gott um
Hilfe, / und sie umherirren ohne Fraß?

39 Weißt du die Zeiten, wann die
Felsenziegen werfen? / Beachtest
du es, wann die Hirschkuh kreißt?
2 Zählst du die Monde, die sie trächtig
gehen, / und weißt du um die Zeit, da sie
gebären?
3 Sie kauern nieder, werfen ihre Jungen /
und werden ihre Wehen los.
4 Die Kleinen werden stark und größer; /
sie ziehen aus und kehren nicht mehr
heim.
5 Wer gab dem Zebra seine Freiheit? /
Wer löste los des wilden Esels Fessel?
6 Die Steppe wies ich ihm zur Heimat
an, / erkor zu seinem Lagerplatz das Salz-
land.
7 Er spottet des Gedränges in der Stadt: /
des Treibers lautes Schreien hört er nicht.
8 Die Berge sucht er ab nach seiner Wei-
de, / und hinter jedem Grün spürt er noch
her.
9 Wird dir der Wildstier willig Dienste
leisten, / wird er an deiner Krippe über-
nachten?
10 Hälst du am Strick ihn in der Acker-
furche? / Pflügt er die Täler hinter dir?
11 Traust du ihm wohl, weil er an Kräften
reich ist? / Kannst du ihm deine Arbeit
überlassen?
12 Darfst du ihm glauben, dass er wie-
derkehrt / und deine Saat zur Tenne
bringt?
13 Der Straußenhenne Flügel schwingt
sich froh, / doch macht sie wohl Gebrauch
davon wie Störche oder Falken?
14 Sie überlässt der Erde ihre Eier / und
brütet sie im Sande aus,
15 vergisst, dass sie ein Fuß zertreten, /
ein wildes Tier zerdrücken kann,
16 behandelt auch die Jungen hart, als
wären's eben Fremde; / dass ihre Müh'
umsonst gewesen, kümmert sie nicht wei-
ter.
17 Denn Gott ließ Weisheit sie verges-
sen, / und keine Einsicht teilte er ihr zu.
18 Im Augenblick jedoch, wenn schnellt
sie in die Höhe, / verlacht sie Ross und
Reiter.
19 Kannst du dem Rosse seine Stärke
geben / und seinen Nacken mit der Mähne
zieren?
20 Kannst du es springen lassen wie den
Heuschreck? / Sein Schnauben voller
Kraft verbreitet Schrecken.
21 Es scharrt im Talesgrund und ist voll
Freude, / mit Kraft stürmt es dem Waf-
fengang entgegen.
22 Es lacht des Schreckens und kennt
keine Furcht, / selbst vor dem Schwerte
weicht es nicht zurück.
23 Auf seinem Rücken klirrt der Köcher /
und blitzen Speer und Sichelschwert auf.
24 Bei seinem ruhelosen Stampfen wir-

belt die Erde auf, / lässt sich nicht halten
beim Posaunenschall.
25 Sobald das Horn erschallt, beginnt es
laut zu wiehern. / Schon aus der Ferne
wittert es den Kampf, / Kommandorufe,
Kriegsgeschrei.
26 Schwingt sich der Falke auf nach dei-
ner Einsicht / und breitet seine Flügel
nach dem Südwind aus?
27 Hebt sich auf dein Geheiß der Adler
aufwärts, / bereitet auf den Höhen seinen
Horst?
28 Auf Felsen wohnt und nächtigt er, /
auf Felsenzacken und auf steilen Klippen.
29 Von dort späht er nach Beute aus, /
und seine Augen schweifen in die Ferne.
30 Nach Blut sind gierig schon die Jun-
gen, / und wo Erschlagne liegen, da ist er
zur Stelle.

40 Da antwortete der Herr dem Ijob
und sprach:
2 Will den Allmächtgen der Tadler
zurechtweisen? / Wer Gott will tadeln, der
muss Antwort stehen.

Ijobs Antwort

3 Da antwortete Ijob dem Herrn und
sprach:
4 Sieh, zu gering bin ich. Was soll ich dir
erwidern? / Ich lege meine Hand auf mei-
nen Mund.
5 Einmal hab' ich geredet, tu's nicht wie-
der; / sogar ein zweites Mal, doch fahre ich
nicht fort.

Zweite Rede

Gottes Herrschaft über die Mächte des Bösen

6 Da gab der Herr dem Ijob Antwort aus
dem Gewittersturm und sprach:
7 Umgürte deine Lenden wie ein
Mann! / Ich will dich fragen, du belehre
mich!
8 Willst du wirklich mir mein Recht
zunichte machen, / mich schuldig spre-
chen, dass du recht behältst?
9 Hast du denn einen Arm wie Gott? /
Kannst du wie er mit deiner Stimme don-
nern?
10 Mit Hoheit und mit Größe schmück
dich doch, / und kleide dich in Glanz und
Herrlichkeit!
11 Lass überströmen deines Zornes Flu-
ten, / schau all das Stolze an und beug es
nieder!
12 Schau all das Stolze an, wirf es zu
Boden, / zertritt die Frevler auf der Stelle!
13 Verbirg sie insgesamt im Staub, / ver-
senk sie ins Verborgene!
14 Dann will auch ich dich anerkennen, /
weil deine Rechte dir den Sieg gewann.

Das Nilpferd

15 Sieh doch das Nilpferd neben dir! / Von
Gräsern nährt es sich gleichwie ein Rind.
16 Betrachte seine Kraft in seinen Len-
den / und seine Stärke in den Muskeln
seines Bauchs!
17 Er strafft wie eine Zeder seinen
Schwanz; / die Sehnen seiner Schenkel
sind verflochten.
18 Die Knochen sind wie erzgegossne
Röhren, / und sein Gebein gleicht Eisen-
stangen.
19 Der Erstling ist es unter Gottes Wer-
ken, / zum Herrscher über alles Landgetier
gemacht.
20 Die Berge tragen ihm die Nahrung zu /
und allen wilden Tieren, die dort spielen.
21 Es lagert ruhig unter Lotusbüschen; /
in Schilf und Sumpf versteckt.
22 Die Lotusbüsche decken es mit Schat-
ten zu, / und rings umgeben es des Flusses
Pappeln.
23 Und schwillt der Strom gewaltig an, es
flüchtet nicht, / strömt ihm die Flut ins
Maul, so bleibt's doch ruhig.
24 Wer wagt es, in die Augen ihm zu
greifen? / Durchbohrt man in der Falle
seine Nase?

Das Krokodil

25 Fängst du das Krokodil am Angelha-
ken, / drückst seine Zunge mit dem
Fangseil nieder?
26 Ziehst du ein Binsenseil durch seine
Nase? / Durchbohrst du seine Backe mit
dem Haken?
27 Wird es mit vielen Bitten dich ange-
hen, / und wird es Schmeichelworte an
dich richten?
28 Wird es wohl einen Pakt mit dir
abschließen, / dass du für immer es zum
Knechte nimmst?
29 Kannst du mit ihm spielen wie mit
einem Vogel, / kannst du für deine Mäd-
chen es anbinden?
30 Und feilschen darum denn die Zunft-
genossen, / verteilen es die Händler unter
sich?

31 Kannst du mit Haken seine Haut
durchdringen / und mit der Fischharpune
seinen Kopf?
32 Versuch nur, deine Hand daran zu
legen! / Denk an den Kampf! Du tust es
niemals wieder.
41 Schau, deine Hoffnung wird be-
trogen; / durch seinen bloßen An-
blick kommt man schon zu Fall.
2 So kühn ist niemand, es zu reizen; /
wer ist es, der ihm widerstehen kann?
3 Wer trat ihm je entgegen und blieb
heil? / Nicht einen gibt es unter'm ganzen
Himmel.
4 Von seinen Gliedern will ich nichts
verschweigen, / von seiner Größe, Kraft
und Wohlbeschaffenheit.
5 Wer wagt sein Oberkleid wohl auf-
zudecken, / wer dringt in seinen Doppel-
panzer ein?
6 Wer öffnet wohl die Tore seines
Rachens? / Es lagert Schrecken rings um
seine Zähne.
7 Sein Rücken trägt reihenweise Schil-
de, / verschlossen und versiegelt wie mit
Kieselsteinen.
8 Es fügt sich einer an den anderen an, /
es dringt kein Lufthauch zwischen ihnen
durch.
9 Denn einer haftet an dem anderen
fest; / sie hängen aneinander, untrennbar
verbunden.
10 Sein Niesen lässt das Licht aufleuch-
ten, / des Frührots Wimpern gleichen
seine Augen.
11 Aus seinem Rachen steigen Fackeln
auf, / wie Feuerfunken fahren sie empor.
12 Rauch geht von seinen Nüstern aus /
wie aus dem Topf, der kocht und siedet.
13 Glühkohlen facht sein Atem an, / und
eine Flamme schlägt aus seinem Rachen.
14 Auf seinem Nacken ruht die Stärke, /
und vor ihm her springt auf der Schre-
cken.
15 Die Massen seines Fleisches haften
fest, / sie sind ihm angegossen, unbeweg-
lich.
16 Sein Herz ist fest wie Stein, / hart ist es
wie der untre Mühlstein.
17 Erhebt es sich, erschrecken selbst die
Fluten; / des Meeres Wellen ziehen sich
zurück.
18 Wenn man es trifft, so nützt kein
Schwert / und keine Lanze, Wurfgeschoss
noch Pfeil.
19 Es achtet Eisen nur wie Stroh, / und
Erz wie Holz, das voller Wurmfraß ist.
20 Ein Pfeil vermag es nicht zur Flucht zu
zwingen, / und Schleudersteine sind für es
wie Spreu.
21 Wie einen Strohhalm achtet es die
Keule, / es lacht nur über Schwerterklin-
gen.
22 Die Unterseite starrt von Scherben-
spitzen, / im Schlamme zeichnet es ein
Dreschbrett auf.
23 Die Tiefe lässt es brodeln wie den
Kessel / und macht das Meer zu einem
Salbentopf.
24 Aufleuchten lässt es hinter sich
den Pfad; / man hält das Meer für
Greisenhaar.
25 Es gibt nicht seinesgleichen auf der
Erde, / dazu geschaffen, ohne Furcht zu
sein.
26 Verächtlich schaut es alles Hohe an, /
und König ist es über alle stolzen Tiere.

Ijobs letzte Antwort

42 Da antwortete Ijob dem Herrn und
sprach:
2 Ich weiß nun, dass du alles kannst /
und kein Gedanke dir unmöglich ist.
3 Wer ist es, der den Rat verdunkelt
ohne Einsicht? / So sprach ich im Unver-
stand von dem, / was mir zu wunderbar
und unbegreiflich war.
4 So höre doch, ich will nun reden! / Ich
will dich fragen, du belehre mich!
5 Vom Hörensagen nur hab' ich von dir
gewusst; / jetzt aber hat mein Auge dich
geschaut.
6 Drum leiste Widerruf ich und bereue /
in Staub und Asche!

Die Rahmenerzählung: Epilog

Gott tadelt die drei Weisen

7 Als der Herr diese Worte zu Ijob geredet
hatte, sprach der Herr zu Elifas aus Te-
man: Mein Zorn ist gegen dich und deine
beiden Freunde entbrannt, weil ihr über
mich nicht die Wahrheit gesprochen habt

wie mein Knecht Ijob. [8] So nehmt euch
jetzt sieben Jungstiere und sieben Widder,
geht zu meinem Knechte Ijob und bringt
ein Brandopfer für euch dar. Mein Knecht
Ijob soll für euch Fürbitte einlegen. Nur
auf ihn will ich Rücksicht nehmen, dass
ich euch keine Schmach antue. Denn ihr
habt nicht die Wahrheit über mich geredet
wie mein Knecht Ijob. [9] Da gingen Elifas
von Teman, Bildad von Schuach und Zofar
von Naama hin und taten, wie der Herr zu
ihnen gesprochen hatte. Und der Herr
nahm Rücksicht auf Ijob.

Gott erneuert Ijobs Glück

[10] Der Herr wendete das Geschick Ijobs, als
er für seine Freunde Fürbitte einlegte, und
vermehrte alles, was Ijob besessen hatte,
auf das Doppelte. [11] Da kamen zu ihm alle
seine Brüder und Schwestern und alle sei-
ne früheren Bekannten. Sie aßen mit ihm
in seinem Haus, bezeigten ihm ihr Beileid
und trösteten ihn wegen all des Unheils,
das der Herr über ihn gebracht hatte. Jeder
gab ihm eine Kesita und einen goldenen
Ring. [12] Der Herr aber segnete die folgende
Lebenszeit Ijobs mehr als seine frühere: Er
besaß vierzehntausend Schafe, sechstau-
send Kamele, tausend Joch Rinder und
tausend Eselinnen. [13] Er hatte auch sieben
Söhne und drei Töchter. [14] Die erste nann-
te er Jemima (Täubchen), die zweite Kezia
(Zimtblüte), die dritte Keren-Happuch
(Salbhörnchen). [15] Man fand im ganzen
Land keine schöneren Frauen als die
Töchter Ijobs. Ihr Vater gab ihnen Erbteil
unter ihren Brüdern. [16] Danach lebte Ijob
noch einhundertvierzig Jahre und sah sei-
ne Kinder und Kindeskinder, vier Genera-
tionen. [17] Ijob starb alt und lebenssatt.

Die Psalmen

Erstes Buch

Die zwei Wege

1 Selig der Mann, / der nicht folgt dem
Rate der Bösen,
der nicht auf dem Weg der Sünder
geht, / noch sitzt in der Runde der Spötter;
2 der aber Freude hat am Gesetz des
Herrn / und sinnt darüber bei Tag und bei
Nacht.
3 Er gleicht einem Baum, / gepflanzt am
Rande der Wasser,
der Früchte trägt zu der Zeit und dessen
Blätter nicht welken: / ja, alles, was er tut,
es gelingt ihm.
4 Nicht so die Gottlosen, nicht so! / Sie
sind wie Spreu, die im Winde verweht.
5 So werden die Gottlosen nicht beste-
hen im Gericht / noch die Sünder in der
Gemeinde der Gerechten.
6 Denn der Herr behütet den Weg der
Gerechten, / doch der Weg der Sünder
führt in den Abgrund.

Das messianische Drama

2 Warum toben die Heiden? / Was
schmieden die Völker nichtige Pläne?
2 Die Könige der Erde erheben sich, / es
haben sich verschworen die Großen /
gegen den Herrn und seinen Gesalbten:
3 Lasst uns ihre Fesseln zersprengen, /
werfen wir ab ihre Stricke!
4 Der in den Himmeln wohnt, er lacht; /
ihrer spottet der Herr.
5 Einmal aber spricht er zu ihnen im
Zorn, / schrecklich herrscht er in seinem
Grimm sie an:
6 Ich selber habe meinen König bestellt /
auf Zion, meinem heiligen Berg.
7 Den Beschluss des Herrn will ich kün-
den: / Der Herr sprach zu mir: / Mein
Sohn bist du, ich habe dich heute gezeugt.
8 Verlange von mir und ich will zum
Erbe dir geben die Völker, / zu deinem
Eigentum die Enden der Erde.
9 Du magst sie regieren mit eisernem
Zepter, / wie irdene Krüge zerschlagen.
10 Wohlan, ihr Könige, kommt zur Ein-
sicht! / Lasst euch warnen, ihr Beherrscher
der Erde!
11 Dient dem Herrn in Furcht und hul-
digt ihm! / Unter Beben erweist ihm
Gehorsam.
12 Dass er nicht ergrimme und ihr auf
dem Weg nicht verderbt, / wenn bald ent-
brennt sein Zorn! / Selig dann alle, die zu
ihm flüchten!

Morgenlied des verfolgten Gerechten

3 [Ein Psalm von David, als er vor sei-
nem Sohne Abschalom floh.]
2 O Herr, wie viele sind es, die mich
bedrängen, / viele stehen auf gegen mich.
3 Viele sind es, die von mir sagen: / Für
den ist keine Rettung bei Gott.
4 Du aber, Herr, bist mein Schild,
du bist mein Ruhm, du erhebst mein
Haupt.
5 Mit lauter Stimme rief ich zum
Herrn, / und er hat mich erhört von sei-
nem heiligen Berg.
6 Ich legte mich zur Ruhe und schlief; /
ich erhob mich wieder, weil der Herr mich
erhält.
7 Nicht fürchte ich die Tausendscharen
des Volkes, / die rings mich feindlich
umlagern.
8 Erhebe dich, Herr! / Schaffe mir Heil,
du mein Gott!
Du hast zerschmettert die Backen all
meiner Feinde, / die Zähne der Frevler
zerbrochen.
9 Hilfe ist allein beim Herrn, / über dei-
nem Volk sei dein Segen.

Abendgebet

4 [Dem Chormeister, mit Saitenspiel;
ein Psalm von David.]
2 Wenn ich rufe zu dir, erhörst du
mich, / mein Gott, der mir schafft
Gerechtigkeit.
Du hast mir geholfen in meiner
Bedrängnis, / erbarme dich meiner und
erhöre mein Beten!
3 Ihr Menschen, wie lange verhärtet ihr
euere Herzen! / Was liebt ihr eitlen Wahn,
was sucht ihr Trug?
4 Wisst: Wunder vollbringt der Herr an

seinem Getreuen; / der Herr wird mich
hören, wenn ich ihn rufe.
5 Erschreckt doch und lasst die Sünde,
bedenkt es recht im Herzen! / Auf euerem
Lager sinnt nach und seid still; / 6 bringt
würdige Opfer und harrt auf den Herrn!
7 Viele sagen: Wer zeigt uns noch
Gutes! / O Herr, lass über uns leuchten
dein Angesicht!
8 Du erfüllst mein Herz mit Freude, /
mehr, als hätten wir Wein und Weizen im
Überfluss.
9 Ich lege mich nieder und schlafe in
Frieden; / denn du allein, o Herr, lässt
mich wohnen in Sicherheit.

Morgengebet

5 [Dem Chormeister, auf Flöten; ein
Psalm von David.]
2 Vernimm meine Worte, o Herr, / und
habe Acht auf mein Seufzen!
3 Merke auf mein lautes Gebet, / du
mein König und Gott.
4 Zu dir flehe ich, Herr; / schon in der
Frühe hörst du mein Rufen, / in der Frühe
bringe ich zu dir meine Bitten und warte.
5 Nicht bist du ein Gott, der Gefallen
hätte an Frevel, / der Böse darf nicht wei-
len vor dir, / die Gottlosen können vor dir
nicht bestehn.
6 Die Unrecht üben, du hasst sie alle, /
du vernichtest alle die Lügner.
7 Der blutbefleckte, der tückische
Mann, / er ist ein Gräuel dem Herrn.
8 Ich aber, dank deiner unermesslichen
Güte, / ich darf betreten dein Haus.
Darf niedersinken vor deinem heiligen
Tempel, / o Herr, in Ehrfurcht vor dir.
9 Der du gerecht, o führe mich zum
Trotz meiner Feinde, / mache eben vor
mir deinen Pfad.
10 Es ist in ihrem Mund nicht Wahr-
heit, / auf böse Listen sinnt ihr Herz.
Ihre Kehle ist ein offenes Grab, / wenn
auch von Schmeichelreden trieft ihre
Zunge.
11 Lass sie es büßen, o Gott, / lass sie
stürzen durch ihre eigenen Ränke.
Wegen ihrer Frevel stoße sie aus, / denn
sie bieten dir Trotz.
12 Doch jubeln sollen, die Zuflucht
suchen bei dir, / sie sollen frohlocken für
immer.
Beschütze sie und lasse sie deiner sich
freuen, / die deinen Namen verehren.
13 Denn du segnest, o Herr, den Gerech-
ten, / gleich einem Schild ist über ihm
deine Gnade.

Bittgebet in schwerer Krankheit

6 [Dem Chormeister, mit Saitenspiel im
achten Ton; ein Psalm von David.]
2 Nicht züchtige mich, Herr, in deinem
Zorn, / in deinem Grimm strafe mich
nicht.
3 Erbarme dich meiner, o Herr, ich sie-
che dahin; / heile mich, Herr, denn ver-
stört ist all mein Gebein.
4 Tief verstört ist meine Seele, / du aber,
Herr, wie lange säumst du noch!
5 Wende dich zu mir, o Herr, und rette
mich, / um deiner Barmherzigkeit willen
schaffe mir Heil.
6 Denn wer kann deiner bei den Toten
gedenken? / Wer in der Unterwelt vermag
dich zu preisen?
7 Ermattet bin ich vom Seufzen, / jede
Nacht benetze ich weinend mein Bett, /
ich wasche mein Lager in Tränen.
8 Mein Auge ist vor Kummer getrübt, /
wegen meiner vielen Feinde bin ich ge-
altert.
9 Weicht von mir, all ihr Gottlosen, /
denn mein lautes Weinen hat vernommen
der Herr.
10 Der Herr hat mein Flehen gehört, /
der Herr hat angenommen mein Beten.
11 Verwirrung komme über all meine
Feinde, / sie sollen zuschanden werden
und fliehn, / gar schnell soll Schmach sie
ereilen.

Gebet des verfolgten Gerechten

7 [Ein Klagelied von David, das er dem
Herrn sang wegen des Benjaminiten
Kusch.]
2 Herr, mein Gott, ich flüchte zu dir, /
befreie mich von allen, die mich verfolgen,
und rette mich:
3 Dass keiner mich fasse gleich einem
Löwen / und mich zerreiße, und niemand
ist, der mich rette.
4 Herr, mein Gott, wenn ich solches
getan, / wenn Unrecht haftet an meinen
Händen,
5 wenn ich Böses getan meinem
Freund, / ich, der sogar dem ungerechten
Gegner geholfen,
6 dann soll der Feind mich verfolgen und

greifen, / er trete zu Boden mein Leben, /
er trete in den Staub meine Ehre!
7 Herr, in deinem Grimm erhebe dich, /
stelle dich entgegen der Wut meiner Fein-
de; / im Gericht, das du verordnet, steh für
mich ein.
8 Dich umstehe die Versammlung der
Völker, / hoch über ihnen besteige den
Richterstuhl.
9 [Der Herr ist Richter der Völker.] /
Herr, nach deiner Gerechtigkeit schaffe
mir Recht, / nach der Unschuld, die mir
wohnt im Herzen.
10 Zu Ende sei die Bosheit der Frevler, /
mache stark den Gerechten, / gerechter
Gott, der du erforschst Herzen und Nieren.
11 Gott ist mein Schild, / er rettet, die
redlichen Herzens sind.
12 Ein gerechter Richter ist Gott, / an
jedem Tage kann entbrennen sein Zorn.
13 Kehren sie nicht um, so schärft er sein
Schwert, / er spannt seinen Bogen und
zielt.
14 Er richtet auf sie des Todes Geschoss /
und macht seine Pfeile glühend.
15 Siehe, da empfing einer Frevel und
trägt sich mit Unheil, / und was er zur
Welt bringt, ist Tücke.
16 Eine Grube hob er aus und machte sie
tief, / doch in die Tiefe, die er gegraben,
stürzte er selbst hinein.
17 Seine Bosheit fällt zurück auf sein
eigenes Haupt, / nieder fährt seine Untat
auf den eigenen Scheitel.
18 Ich aber preise den Herrn, der in
Gerechtigkeit waltet, / dem Namen des
Höchsten will ich lobsingen.

Die Herrlichkeit des Schöpfers und die Würde des Menschen

8 [Dem Chormeister, nach der Weise
von Gat; ein Psalm von David.]
2 Herr, unser Gott! Wie wunderbar ist
auf der ganzen Erde dein Name! / Deine
Herrlichkeit hast Du ausgebreitet über die
Himmel.
3 Aus dem Mund der Kinder und Klei-
nen hast du dir ein Bollwerk bereitet, / zu
beschämen die Feinde; / Widersacher und
Gegner müssen verstummen.
4 Ich schaue den Himmel, das Werk
deiner Finger, / den Mond und die Sterne,
die du geschaffen.
5 Was ist der Mensch, dass du seiner
gedenkst! / Des Menschen Sohn, dass du
Sorge trägst um ihn!
6 Du hast ihn nur wenig unter die Engel
gestellt, / hast ihn gekrönt mit Ehre und
Herrlichkeit.
7 Du hast ihm Macht gegeben über das
Werk deiner Hände, / alles hast du ihm zu
Füßen gelegt:
8 All die Schafe und Rinder / und die
Tiere des Feldes,
9 die Vögel des Himmels und die Fische
im Meer / und alles, was dahinzieht die
Pfade der Meere.
10 Herr, unser Gott! / Wie wunderbar ist
auf der ganzen Erde dein Name!

Gott stürzt die Gottlosen und rettet die Demütigen

9 [Dem Chormeister; ein Psalm von
David.]
2 Ich will dich preisen, o Herr, vom
Grund meines Herzens, / all deine Wun-
dertaten will ich verkünden.
3 Jubeln will ich und deiner mich freu-
en, / deinem Namen, o Höchster, will ich
lobsingen.
4 Denn meine Feinde wichen zurück, /
sie stürzten nieder vor dir und gingen
zugrunde.
5 Du machtest dir mein Recht und
meine Sache zu Eigen, / als gerechter
Richter bestiegst du den Thron.
6 Die Völker hast du gescholten, ver-
nichtet die Frevler, / ausgelöscht ihre
Namen auf immerdar.
7 Dahin sind die Feinde, gestürzt in ewi-
gen Untergang, / ihre Städte hast du zer-
stört, sie sind vergessen auf immer.
8 Der Herr aber thront auf ewig, / seinen
Richterstuhl hat er aufgestellt zum
Gericht.
9 In Gerechtigkeit wird er richten den
Erdkreis, / den Völkern spricht er das
Urteil nach Recht.
10 Der Herr wird sein den Bedrängten
ein Hort, / rettende Zuflucht in Tagen der
Not.
11 Die deinen Namen kennen, sie hoffen
auf dich, / nimmer wirst du verlassen, o
Herr, die dich suchen.
12 Lobsingt dem Herrn, der wohnt auf
Zion, / unter den Völkern macht kund
seine Taten.
13 Denn als Rächer des Blutes hat er ihrer

gedacht, / nicht vergessen hat er die
Schreie der Armen.
14 Erbarme dich meiner, o Herr, / sieh an
die Bedrängnis, die ich von meinen Fein-
den erleide; / hebe mich empor von den
Pforten des Todes:
15 Auf dass ich künde dein Lob in den
Toren der Tochter Zion / und frohlocke,
weil du mir geholfen hast.
16 Die Völker sanken in die Grube, die
sie selber gegraben; / im Netz, das sie
gelegt, verfing sich ihr eigener Fuß.
17 Kundgetan hat sich der Herr im
Gericht, / der Frevler hat sich verstrickt im
Werk der eigenen Hand.
18 Zur Hölle fahren müssen die Frevler, /
die Völker alle, die Gott vergessen.
19 Doch nicht auf immer ist vergessen
der Arme, / der Elenden Hoffen wird nicht
auf ewig enttäuscht.
20 Steh auf, o Herr, dass der Mensch sich
nicht überhebe, / zum Gericht lass vor
dich treten die Völker.
21 Lege auf sie deinen Schrecken, o
Herr, / wissen sollen die Völker: sie sind
nur Menschen.

10 Warum stehst du so fern, o Herr? /
Warum verbirgst du dich in Zeiten
der Not?
2 Der Gottlose prahlt, indes sich ängstigt
der Arme, / gefangen in der List, die jener
ersonnen.
3 Seiner Lüste rühmt sich der Sünder, /
der Räuber lästert, er verachtet den Herrn:
4 Es redet stolzen Sinnes der Frevler:
Nie wird der strafen, es gibt keinen
Gott! / Dies ist all sein Sinnen und Trach-
ten.
5 Allzeit haben Erfolg seine Wege, /
deine Strafgerichte sind ihm fern, / er
spottet all seiner Gegner.
6 Er denkt bei sich: Ich werde nicht
wanken, / kein Unglück wird mich treffen
von Geschlecht zu Geschlecht.
7 Fluch erfüllt seinen Mund und Arglist
und Trug, / unter der Zunge lauern Ver-
derben und Unheil.
8 Nahe den Höfen legt er sich auf die
Lauer, / den Schuldlosen heimlich zu
morden, / seine Augen schauen aus nach
dem Armen.
9 Er lauert im Versteck wie im Dickicht
der Löwe, / er lauert, um zu ergreifen den
Schwachen, / fasst ihn und zieht den
Armen ins Netz.
10 Er duckt sich, wirft sich zu Boden, /
seiner Gewalt muss erliegen der Arme.
11 Er spricht im Herzen: Vergessen hat
Gott, / abgewendet hat er sein Antlitz, er
sieht es nicht.
12 Herr und Gott, steh auf, erheb deine
Hand, / vergiss den Elenden nicht.
13 Warum darf der Frevler lästern den
Herrn? / Warum darf er sprechen bei sich:
Er ahndet es nicht!
14 Du aber siehst, du weißt um Jammer
und Not, / du nimmst es alles in deine
Hand.
Dir vertraut der Arme sich an, / du bist
dem Waisen ein Helfer.
15 Zerbrich den Arm des Sünders und
Frevlers, / vergilt seine Bosheit, nimmer
soll er bestehn.
16 Der Herr ist König auf immerdar, /
verschwunden sind aus seinem Land die
Heiden.
17 Die Sehnsucht der Armen hast du
vernommen, o Herr, / hast gestärkt ihre
Herzen, hast zu ihnen gewendet dein Ohr.
18 Den Waisen und den Bedrückten
schaffst du Recht, / nimmermehr soll
Schrecken verbreiten der Mensch, der
geschaffen aus Erde.

Vertrauen des Gerechten

11 [Dem Chormeister; von David.]
Ich nehme meine Zuflucht zum
Herrn; / was sagt ihr: Dem Vogel gleich
entflieh in die Berge!
2 Siehe, die Sünder spannen den Bogen, /
sie legen auf die Sehne den Pfeil, / hin-
zustrecken im Dunkel den Frommen.
3 Wenn die Grundfesten niederbre-
chen, / was vermag der Gerechte zu tun?
4 Noch thront in seinem Tempel der
Herr; / der Herr, er thront im Himmel.
Seine Augen schauen herab, / seine
Wimpern prüfen die Söhne der Menschen.
5 Den Frommen wie den Frevler prüft
der Herr; / wer Unrecht liebt, den hasst
seine Seele.
6 Schwefel lässt er regnen auf die Sünder
und glühende Kohlen, / ihr Anteil ist sen-
gender Wind.
7 Denn der Herr ist gerecht und liebt die
Gerechtigkeit, / Gerechte nur schauen sein
Angesicht.

Gegen die lügnerische Welt

12 [Dem Chormeister, auf dem Acht-
saiter; ein Psalm von David.]
2 Herr, komm zu Hilfe, denn die From-
men schwinden dahin, / aufgehört hat
unter den Menschen die Treue.
3 Seinem Nächsten redet jeder voll
Trug / mit falschen Lippen, mit zwiefa-
chem Sinn.
4 Vernichten möge der Herr die Lippen
der Lügner, / die prahlerisch redende
Zunge.
5 Er vernichte sie, die da sprechen:
Unsere Zunge ist unsere Macht, / uns
helfen unsere Lippen, wer ist Herr über
uns?
6 So kündet der Herr: Ich will mich
erheben, / denn geknechtet sind die
Geringen und es seufzen die Armen; /
allen, die es ersehnen, bringe ich Heil.
7 Lautere Worte sind die Worte des
Herrn, / bewährtes Silber, schlackenlos,
geläutert zum siebenten Mal.
8 Du, o Herr, du wirst uns bewahren, /
vor diesem Geschlecht uns behüten auf
immer.
9 Ringsum schreiten einher die Frevler, /
und frech erhebt die Gemeinheit ihr
Haupt.

Vertrauensvolle Bitte

13 [Dem Chormeister; ein Psalm von
David.]
2 Wie lange noch, Herr, willst du mich
gar vergessen? / Wie lange verhüllst du
dein Antlitz vor mir?
3 Wie lange soll in meiner Seele wühlen
die Sorge, / täglich in meinem Herzen der
Gram? / Wie lange darf über mich trium-
phieren der Feind?
4 Schau doch, Herr, mein Gott, und
erhöre mich! / Gib Licht meinen Augen,
dass ich im Tod nicht entschlafe;
5 dass nicht prahle mein Feind: Ich habe
ihn überwältigt; / dass nicht jubeln meine
Gegner, weil ich erlegen bin!
6 Habe ich doch auf dein Erbarmen
gebaut! / Über deine Hilfe frohlocke mein
Herz! / Singen will ich dem Herrn, der mir
Gutes getan hat.

Der Mensch ohne Gott

14 [Dem Chormeister; von David.]
In seinem Herzen redet der Tor: Es
gibt keinen Gott. / Verderbt sind sie, ihr
Treiben ein Gräuel, / keiner ist da, der
noch Gutes tut.
2 Vom Himmel blickt auf die Menschen
der Herr, / zu sehen, ob einer verständig,
ob einer Gott suche.
3 Doch alle sind abgewichen, alle ver-
dorben, / nicht einer, der Gutes täte, nicht
einer.
4 Werden zur Einsicht nicht kommen,
die Böses tun, / die verschlingen mein
Volk, als äßen sie Brot, / sie, die nicht
rufen zum Herrn?
5 Einmal aber werden sie beben vor
Angst, / denn Gott ist im Bund mit den
Frommen.
6 Zunichte machen wollt ihr die Pläne
des Armen, / der Herr aber bleibt seine
Zuflucht.
7 Käme doch von Zion für Israel Heil! /
Einst, wenn der Herr das Los seines Vol-
kes gewendet, / dann wird Jakob frohlo-
cken und jubeln wird Israel.

Der Gast des Herrn

15 [Ein Psalm von David.]
Herr, wer darf weilen in deinem
Zelt, / wer darf wohnen auf deinem heili-
gen Berg?
2 Der wandelt ohne Makel und tut das
Rechte, / der Wahrheit sinnt im Herzen,
3 dessen Zunge nicht redet Verleum-
dung; / der seinem Freunde kein Leid
antut, / der nicht schmäht seinen Nächs-
ten;
4 der den Gottlosen verachtet, / aber in
Ehren hält, wer den Herrn fürchtet; / der
nicht ändert den Schwur, auch wenn es
sein Schaden,
5 der sein Geld nicht leiht auf Wucher /
noch sich bestechen lässt gegen die
Unschuld.
Wer so tut das Rechte, / er wird nicht
wanken in Ewigkeit.

Mein Erbteil ist der Herr

16 [Ein Lied; von David.]
Behüte mich, Gott, ich nehme zu
dir meine Zuflucht. / 2 Ich sage zum Herrn:
Du bist mein Gebieter, / ich habe kein Gut
außer dir!
3 An den Heiligen, die auf Erden sind, /
an den Herrlichen hab ich all mein Gefal-
len.
4 Die aber huldigen fremden Göttern, /
ihrer Schmerzen sind viele.

Ich gieße nicht aus vor ihnen das Blut
ihrer Opfer, / mit meinen Lippen will ich
ihren Namen nicht nennen.
5 Herr, mein Anteil an Erbe und
Becher, / du bist es, der in Händen hält
meine Lose.
6 Mir fiel das Los auf liebliches Land, /
gar wohl gefällt mir mein Erbe.
7 Ich preise den Herren, weil er Einsicht
mir gab, / weil das Herz mich mahnt sogar
in der Nacht.
8 Allezeit habe ich vor Augen den
Herrn, / er steht mir zur Rechten, dass ich
nicht wanke.
9 Darum freut sich mein Herz, es froh-
lockt meine Seele, / und auch mein Leib
wird ruhen in Frieden.
10 Denn nicht dem Totenreiche gibst du
meine Seele anheim, / deinen Heiligen
lässt du nicht schauen Verwesung.
11 Den Weg des Lebens lässt du mich
schauen, / vor deinem Angesicht die Fülle
der Freude, / Wonne zu deiner Rechten
auf ewig.

Bitte des Unschuldigen

17 [Ein Gebet; von David.]
Höre, o Herr, die gerechte Sache, /
habe Acht auf mein Rufen, / nimm auf
mein Gebet, es kommt von lauteren Lip-
pen.
2 Von deinem Angesicht ergehe mein
Urteil, / deine Augen schauen das Recht.
3 Wenn du erforschst mein Herz / und
suchst es heim in der Nacht, / und wenn
du mich prüfst im Feuer: / du findest kein
Unrecht an mir.
4 Nicht haben sich, wie Menschen tun,
meine Lippen versündigt; / nach deinem
Worte hab ich gewahrt den Weg des
Gesetzes.
5 An deinen Pfaden hielten fest meine
Schritte, / meine Füße strauchelten nicht.
6 Ich rufe zu dir und du wirst mich
erhören, o Gott, / neige zu mir dein Ohr,
vernimm meine Worte.
7 Wirke Wunder deiner Barmherzig-
keit, / denn du rettest vor dem Feind, die
zu deiner Rechten sich flüchten.
8 Hüte mich wie den Stern deines
Auges, / im Schatten deiner Flügel
beschütze mich / 9 vor den Frevlern, die
hart mich bedrängen.
Wütend umringen mich meine Geg-
ner, / 10 sie verschließen ihr fühlloses
Herz / und Übermut redet ihr Mund.
11 Schon umkreisen ihre Schritte mich, /
ihre Augen spähen aus, mich nieder-
zustrecken:
12 Dem Löwen gleich, der lechzt nach
Beute, / wie der junge Löwe, der im Ver-
borgenen lauert.
13 Erhebe dich, Herr, tritt entgegen dem
Frevler und wirf ihn zu Boden, / mit dei-
nem Schwert entreiße ihm meine Seele. /
14 Deine Hand, o Herr, befreie mich von
den Menschen:
Von Menschen, deren Anteil allein die-
ses Leben ist, / deren Leib du füllest mit
Gütern.
Mögen sich sättigen noch ihre Söhne, /
mögen, was übrig, ihre Kinder noch erben:
15 Ich aber werde in Gerechtigkeit
schauen dein Angesicht, / an deinem
Anblick satt mich schauen, wenn ich
erwache.

Danklied des Königs

18 [Dem Chormeister, von David,
dem Knecht des Herrn; die Worte
dieses Liedes sang er dem Herrn, nachdem
ihn der Herr errettet hatte aus der Hand
seiner Feinde und aus der Hand Sauls.
2 Er sprach:] / Ich will dich lieben, o
Herr, meine Stärke, / 3 Herr, du mein
Hort, meine Burg und mein Retter!
Du mein Gott, mein Fels, auf den ich
mich flüchte; / du mein Schild, meines
Heiles Panier, meine Zuflucht.
4 Den Herrn, den Hochgelobten, rufe ich
an, / und sicher werde ich sein vor all
meinen Feinden.
5 Mich umgaben des Todes Fluten, /
Wogen des Unheils erschreckten mich.
6 Die Bande der Unterwelt schlossen
mich ein, / es fielen über mich die Schlin-
gen des Todes.
7 In meiner Bedrängnis rief ich zum
Herrn, / zu meinem Gott erhob ich mein
Rufen.
Und er hörte meine Stimme aus seinem
heiligen Tempel, / meine Klage erreichte
sein Ohr.
8 Da wankte die Erde und sie erbebte, /
erschüttert wurden die Berge bis auf den
Grund, / Zittern befiel sie vor seinem
flammenden Zorn.
9 Sein Odem war rauchende Wolke, /

aus seinem Mund brach verzehrendes
Feuer, / glühende Kohle brannte aus ihm.
10 Und er neigte die Himmel und fuhr
hernieder, / auf Wolkendunkel ruhte sein
Fuß.
11 Vom Kerub getragen, flog er dahin, /
er fuhr auf den Flügeln der Winde.
12 Sein Mantel: Finsternis ringsum ihn
her; / seine Hülle: schwarzes Wasser,
dichtes Gewölk.
13 Von seines Angesichtes blitzendem
Strahl / wurde entzündet das lodernde
Feuer.
14 Vom Himmel redete im Donner der
Herr, / der Höchste ließ seine Stimme
erschallen.
15 Er warf seine Pfeile und zerstreute die
Feinde, / Blitz auf Blitz warf er und
streckte sie nieder.
16 Da taten sich auf die Tiefen des Meeres, / aufgedeckt wurden die Fundamente
der Erde:
Vor dem Drohen des Herrn, / vor seines
Odems zornigem Brausen.
17 Er streckte seine Hand aus der Höhe
und fasste nach mir / und zog mich heraus
aus den tiefen Wassern.
18 Er entriss mich meinen grimmigsten
Feinden, / meinen Hassern, die stärker
waren als ich.
19 Sie fielen her über mich am Tag des
Unheils, / der Herr aber war mein
Beschützer.
20 Er führte mich hinaus in die Weite, /
er brachte mir Rettung, weil er mich liebt.
21 So hat der Herr mir vergolten, weil ich
gerecht bin, / er hat mir gelohnt, weil rein
sind meine Hände.
22 Denn ich habe gewahrt die Wege des
Herrn, / nicht bin ich von meinem Gott
gewichen durch Sünde.
23 Ich hielt mir vor Augen all seine
Gebote, / seine Satzungen wies ich niemals
von mir.
24 Ich wandelte vor ihm ohne Fehl, / ich
hielt mich fern von Sünde.
25 So hat der Herr mir vergolten, weil ich
gerecht bin, / weil er sah, dass rein sind
meine Hände.
26 Gütig erweist du dich dem Gütigen, /
an dem Redlichen handelst du redlich.
27 Dem Lauteren erscheinst du lauter, /
noch klüger aber dem Allzuklugen.
28 Dem geknechteten Volk schaffst du
Heil, / hoffärtige Augen senkst du nieder.
29 Du bist es, Herr, der strahlen lässt
meine Leuchte, / mein Gott, du erhellst
mein Dunkel.
30 Mit dir durchbreche ich die Reihen
des Feindes, / mit meinem Gott erstürme
ich Mauern.
31 Gottes Weg ist gerade, / das Wort des
Herrn im Feuer bewährt, / ein Schild ist er
allen, die flüchten zu ihm.
32 Wer ist Gott – es sei denn der Herr! /
Wer ein Fels, wenn nicht unser Gott!
33 Gott ist es, der mich gegürtet hat mit
Kraft, / untadelig machte er meinen Weg.
34 Meine Füße machte er schnell wie die
Füße der Hirschkuh, / auf sichere Höhe
ließ er mich steigen.
35 Er lehrte meine Hände den Kampf, /
meinen Arm hieß er spannen den bronzenen Bogen.
36 Du gabst mir den Schild deines Heiles, / es hielt mich fest deine Rechte, /
deine Güte machte mich groß.
37 Meinen Schritten gabst du weiten
Raum, / meine Füße strauchelten nicht.
38 Ich verfolgte meine Feinde und holte
sie ein / und kehrte nicht um, bis sie völlig
vernichtet.
39 Ich schlug sie und sie konnten sich
nicht mehr erheben, / unter meinen
Füßen sanken sie hin.
40 Zum Kampf hast du mich gegürtet mit
Kraft, / meine Widersacher hast du
gebeugt unter mich.
41 Meine Feinde jagst du in die Flucht, /
und die mich hassen, du hast sie vernichtet.
42 Sie schrien, doch es fand sich kein
Retter, / sie schrien zum Herrn, doch er
hörte sie nicht.
43 Und ich trieb sie einher wie Staub vor
dem Wind, / wie Straßenkot trat ich sie
nieder.
44 Du hast mich dem Hader der Menge
entzogen, / mich eingesetzt zum Haupt
der Völker.
Völker, die ich nicht kannte, wurden
mir dienstbar, /
45 meinem ersten Worte
gehorsam.
Die Söhne der Fremden huldigten mir, /
46 die Söhne der Fremden erblassten vor
Furcht, / aus ihren Burgen kamen sie
bebend herbei.
47 Es lebe der Herr! Er sei gepriesen,
mein Fels, / hochgelobt mein Gott und
mein Retter,

48 Gott, der mir schaffte Vergeltung, /
der die Völker mir unterwarf:
49 Der du von meinen Feinden mich hast
befreit, / über die Widersetzlichen mich
erhoben, / mich entrissen dem Mann der
Gewalt.
50 Darum will ich dich preisen, o Herr,
vor den Völkern, / deinem Namen will ich
lobsingen.
51 Denn große Siege hast du gewährt
deinem König, / Gnade erwiesen deinem
Gesalbten, / David und seinem Stamm auf
ewig.

Der Herr, die Sonne der Gerechtigkeit

19 [Dem Chormeister; ein Psalm von
David.]
2 Die Himmel rühmen die Herrlichkeit
Gottes, / die Himmelsfeste verkündet das
Werk seiner Hände.
3 Der Tag gibt weiter das Wort an den
Tag, / die Nacht vermeldet der Nacht ihre
Kunde.
4 Da ist keine Sprache, kein Wort, /
nicht hörst du den Laut ihrer Stimme.
5 Und doch, in alle Welt ertönt ihr
Ruf, / ihre Botschaft bis an die Enden der
Erde. / Dort hat er ein Zelt geschaffen der
Sonne;
6 wie der Bräutigam aus dem Gemache
geht sie hervor, / froh wie der Held, der
durchläuft seine Bahn:
7 Sie geht hervor am Rande des Him-
mels, / und wieder zum Rande des Him-
mels eilt sie dahin; / nichts kann sich vor
ihren Gluten verbergen.
8 Vollkommen ist das Gesetz des Herrn,
es labt die Seele; / die Vorschrift des Herrn
ist verlässlich, Unwissende macht sie zu
Weisen.
9 Die Befehle des Herrn sind gerade, sie
erfreuen das Herz; / lauter ist sein Gebot,
es erleuchtet das Auge.
10 Die Furcht des Herrn ist heilig, sie hat
für immer Bestand; / seine Urteile sind
wahrhaft, sie sind alle gerecht.
11 Köstlicher sind sie als Gold, als ein
Schatz von lauterem Gold, / süßer sind sie
als Honig, als Honig aus der Wabe.
12 Dein Knecht will sie achten in Treue; /
sorglich ist er bemüht, sie zu halten.
13 Wer aber wird seiner Fehler gewahr? /
Von allen, die mir verborgen, mache mich
rein!
14 Auch bewahre deinen Diener vor
Hochmut, / dass ich nicht komme in seine
Gewalt.
Dann bleibe ich ohne Schuld / und rein
von schwerem Vergehen.
15 Nimm an meines Herzens Sinn und
das Wort meines Mundes, / o Herr, du
mein Hort, mein Erlöser!

Gebet für den König

20 [Dem Chormeister; ein Psalm von
David.]
2 Es erhöre dich der Herr am Tag der
Drangsal, / Jakobs Gott, er möge dich
schützen.
3 Er sende dir Hilfe vom Heiligtum, /
von Zion aus steh er dir bei.
4 Er gedenke all deiner Opfer, / dein
Ganzopfer finde Gnade vor ihm.
5 Er gebe dir, was verlangt dein Herz, /
Erfüllung gewähre er all deinen Plänen.
6 So werden wir deines Sieges uns freu-
en, / die Banner erheben im Namen unse-
res Gottes; / all deine Bitten erfülle Herr.
7 Nun weiß ich: Sieg hat der Herr verlie-
hen seinem Gesalbten, / er hat ihn erhört
von seinem heiligen Himmel / in der Kraft
seiner siegreichen Rechten.
8 Jene sind stark durch Wagen und Ros-
se;
wir aber im Namen des Herrn, unseres
Gottes.
9 Jene stürzten und brachen zusam-
men, / wir aber stehen und bleiben.
10 Herr, verleihe dem König den Sieg, /
und erhöre uns am Tag, da wir rufen zu
dir.

Danklied für den König

21 [Dem Chormeister; ein Psalm von
David.]
2 Herr, deiner Macht erfreut sich der
König, / über deine Hilfe jubelt er laut.
3 Du hast ihm erfüllt seines Herzens
Begehr, / ihm nicht verweigert, was seine
Lippen erbaten.
4 Du bist ihm zuvorgekommen mit
Segen und Heil, / hast ihm das Haupt
gekrönt mit einer Krone von lauterem
Gold.
5 Leben erbat er von dir und du gabst es
ihm, / die Fülle der Tage für immer und
ewig.
6 Groß ist sein Ruhm durch die Kraft
deiner Hilfe, / du hast ihn geschmückt mit
Hoheit und Pracht.

7 Du hast ihn zum Segen gemacht für
immer, / ihn beglückt vor deinem Antlitz
mit Freude.
8 Denn der König vertraut auf den
Herrn, / nicht wird er wanken durch die
Huld des Höchsten.
9 Es komme deine Hand über all deine
Feinde; / die dich hassen, es treffe sie deine
Rechte.
10 Mache sie glühend wie im Feuer der
Esse / am Tag, da dein Antlitz erscheint.
In seinem Zorn soll der Herr sie vernichten, / fressen soll sie das Feuer.
11 Vertilge ihr Geschlecht von der Erde, /
ihre Brut aus der Mitte der Menschen.
12 Planen sie gegen dich auch Böses und
sinnen sie Arglist, / nimmermehr werden
sie siegen.
13 Denn du jagst sie alle in die Flucht, /
gegen ihr Angesicht spannst du den
Bogen.
14 In deiner Macht erhebe dich, Herr, /
und deine Stärke wollen wir besingen und
preisen.

Leiden und Hoffnung des Gerechten

22 [Dem Chormeister, nach der Melodie „Hirschkuh am Morgen"; ein Psalm von David.]
2 Mein Gott, mein Gott, warum hast du
mich verlassen! / Warum bist du fern
meinem Flehen, dem Ruf meiner Klage!
3 Ich rufe am Tag, o Gott, und du hörst
nicht; / ich rufe in der Nacht und du hast
für mich keine Antwort.
4 Und wohnst doch in dem Heiligtum, /
gepriesen von Israel.
5 Auf dich haben unsere Väter gehofft, /
sie hofften und du hast sie befreit.
6 Sie riefen zu dir und wurden gerettet, /
sie vertrauten auf dich und wurden nicht
zuschanden.
7 Ich aber bin ein Wurm und kein
Mensch, / der Leute Spott und des Volkes
Verachtung.
8 Alle, die mich sehen, sie verspotten
mich, / sie verziehen die Lippen, schütteln
das Haupt:
9 Er vertraute auf Gott, der mag ihn retten; / der mag ihm helfen, wenn er ihn
liebt.
10 Du bist es, der mich aus dem Mutterschoß geführt, / du ließest sorglos mich
ruhen an der Brust meiner Mutter.
11 Dir bin ich zu Eigen von Anbeginn, /
vom Schoß meiner Mutter an bist du mein
Gott.
12 Steh mir nicht fern in meiner Not, / sei
mir nahe, denn nirgends ist Hilfe.
13 Es umringen mich mächtige Stiere, /
Büffel von Baschan schließen mich ein.
14 Ein Rachen tut sich auf gegen mich, /
wie eines Löwen, brüllend vor Raubgier.
15 Hingegossen bin ich wie Wasser, /
auseinandergerissen ist all mein Gebein.
Mein Herz ist geworden wie Wachs, /
zerflossen in meinem Innern.
16 Vertrocknet wie eine Scherbe ist
meine Kehle, / die Zunge klebt mir am
Gaumen, / du hast mich hinabgeführt zum
Staub des Todes.
17 Denn mich umlauert die Meute der
Hunde, / die Rotte der Frevler hält mich
umzingelt / [wie ein Löwe meine Hände
und Füße].
18 All mein Gebein kann ich zählen; / sie
starren zu mir empor; brechen in Jubel
aus, da sie mich sehen,
19 sie teilen unter sich meine Kleider /
und losen um mein Gewand.
20 Du aber steh nicht fern, o Herr; / du,
meine Hilfe, eile herbei, mich zu retten.
21 Entreiße meine Seele dem Schwert, /
aus der Hunde Gewalt errette mein
Leben.
22 Aus dem Rachen des Löwen befreie
mich, / aus den Hörnern der Büffel rette
mich Armen. – Du hast mich erhört!
23 Deinen Namen will ich künden den
Brüdern, / inmitten der Gemeinde will ich
dich preisen.
24 Die ihr fürchtet den Herrn, erhebt
ihn, / all ihr Söhne Jakobs, lobpreist ihn, /
fürchtet ihn, alle von Israels Stamm.
25 Denn er hat nicht verschmäht / noch
verachtet das Elend des Armen,
vor ihm nicht verborgen sein Angesicht, / er hat ihn gehört, da er schrie zu
ihm.
26 Dir gilt mein Lob in großer Gemeinde; / vor allen, die dich fürchten, löse ich
ein mein Gelübde.
27 Die Armen essen und sie werden
gesättigt, / lobpreisen sollen den Herrn,
die ihn suchen: / Euere Herzen werden
leben in Ewigkeit.
28 Daran sollen denken alle Enden der
Erde / und sich bekehren zum Herrn;
Niederfallen werden vor ihm / alle
Stämme der Heiden.

29 Denn das Königtum ist zu Eigen dem
Herrn, / er ist der Herrscher der Völker.
30 Nur ihm sollen huldigen alle Mächti-
gen der Erde; / vor ihm sich beugen alle,
die hinabführen zum Staub.
[Und wenn einer nicht mehr lebt, /
31 wird seine Nachkommenschaft Gott die-
nen.]
32 Den Kommenden werden sie erzählen
vom Herrn / seine Gerechtigkeit künden
dem Volk der Zukunft: / Dies hat der Herr
getan.

Der gute Hirt

23 [Ein Psalm von David.]
Der Herr ist mein Hirte, ich leide
nicht Not; / 2 auf grünender Weide lässt er
mich lagern.
Er führt mich an Wasser der Ruhe, /
3 Erquickung spendet er meiner Seele.
Er leitet mich auf dem rechten Pfad, /
getreu seinem Namen.
4 Und muss ich auch wandern im fins-
teren Tal, / ich fürchte kein Unheil, denn
du bist bei mir.
Dein Stock und dein Hirtenstab, / die
geben mir Zuversicht.
5 Du hast einen Tisch mir bereitet / vor
den Augen der Feinde.
Du salbtest mein Haupt mit Öl, / mein
Becher ist gefüllt bis zum Rand.
6 Es geleiten mich deine Güte und
Huld / durch alle Tag des Lebens.
Und wohnen darf ich im Hause des
Herrn / solange ich lebe.

Lied beim Einzug ins Heiligtum

24 [Ein Psalm von David.]
Des Herrn ist die Erde und was sie
erfüllt, / der Erdkreis und die ihn bewoh-
nen.
2 Er ist es, der sie auf Meere gegründet, /
sie festgefügt über Fluten.
3 Wer darf hinaufgehn zum Berg des
Herrn? / Wer darf stehn an seiner heiligen
Stätte?
4 Der reine Hände hat und ein lauteres
Herz, / der seinen Sinn nicht lenkt auf
Trug, / nicht lügenhaft schwört seinem
Nächsten.
5 Dieser wird gesegnet vom Herrn, / von
Gott, seinem Helfer, empfängt er den Lohn.
6 So geschieht es dem Volk, das ihn
sucht, / das da sucht das Antlitz des Herrn.
7 Ihre Tore, hebt hoch euer Haupt! /
Erhebt euch, ihr uralten Pforten! / Dass
Einzug halte der König der Herrlichkeit.
8 Wer ist der König der Herrlichkeit? /
Der Herr, gewaltig und stark, / der Herr,
gewaltig im Kampf.
9 Ihr Tore, hebt euch nach oben! /
Erhebt euch, ihr uralten Pforten! / Dass
Einzug halte der König der Herrlichkeit.
10 Wer ist der König der Herrlichkeit? /
Der Herr der himmlischen Heere, / er ist
der König der Herrlichkeit.

Gebet in Gefahr

25 [Ein Psalm von David.]
Zu dir erhebe ich meine Seele, /
2 du mein Herr und mein Gott.
Auf dich vertraue ich, lass mich nicht
zuschanden werden; / nicht sollen über
mich triumphieren die Feinde.
3 Denn alle, die deiner harren, sie wer-
den nicht zuschanden; / zuschanden wer-
den, die leichthin brechen die Treue.
4 Zeige mir deine Wege, o Herr, / und
lehre mich deine Pfade.
5 Führe mich in deiner Wahrheit und
lehre mich, / denn du bist mein Gott und
mein Helfer; / allzeit hoffe ich auf dich.
6 Denke an dein Erbarmen, Herr, / und
deine Gnade, die waltet von Anbeginn.
7 Meiner Jugend Sünden und meiner
Verirrungen gedenke nicht mehr, / um
deiner Güte willen, o Herr, gedenke mei-
ner in Gnade.
8 Gütig ist der Herr und getreu, / darum
weist er dem Sünder den Weg.
9 Die Willigen führt er nach Recht, /
Demütige lehrt er seine Pfade.
10 Alle Wege des Herrn sind Gnade und
Treue / für jene, die seinen Bund und
seine Gebote bewahren.
11 Um deines Namens willen, Herr, /
vergib meine Sünde, denn sie ist groß.
12 Wer ist der Mann, der fürchtet den
Herrn? / Es zeigt der Herr ihm den Weg,
den er wählen soll.
13 Seine Seele darf leben in Glück, / und
seine Kinder werden besitzen das Land.
14 Freund ist denen der Herr, die ihn
fürchten; / er macht seinen Bund ihnen
offenbar.
15 Immerdar schauen meine Augen zum
Herrn; / er ist es, der meinen Fuß befreit
aus der Schlinge.
16 Blicke auf mich und erbarme dich
meiner, / denn einsam bin ich und arm.

17 Löse meines Herzens Bedrängnis, /
aus meinen Nöten errette mich.
18 Schau mein Elend und meine Plage /
und vergib mir all meine Schuld.
19 Sieh an meine Feinde, wie groß ihre
Zahl; / wie wütend der Hass, mit dem sie
mich hassen.
20 Bewahre meine Seele und rette mich; /
lass mich nicht zuschanden werden, ich
flüchte zu dir.
21 Behüten möge mich Unschuld und
redlicher Sinn; / o Herr, ich hoffe auf dich.
22 Erlöse, o Gott, dein Israel / aus all seinen Nöten.

Gebet eines Unschuldigen

26 [Ein Psalm von David.]
Schaffe mir Recht, o Herr, denn
gewandelt bin ich in Unschuld, / und
ohne Wanken habe ich vertraut auf den
Herrn.
2 Prüfe mich, Herr, und durchforsche
mich, / erprobe mich auf Nieren und
Herz.
3 Denn vor Augen habe ich deine Güte, /
in deiner Wahrheit wandele ich.
4 Ich sitze nicht bei Menschen, die
Unrecht tun, / mit den Trugvollen habe
ich keine Gemeinschaft.
5 Ich hasse die Versammlung der Frevler, / bei den Gottlosen sitze ich nicht.
6 Ich wasche meine Hände in
Unschuld, / und ich schreite, Herr, um
deinen Altar.
7 Laut will ich künden dein Lob, / von all
deinen Wundertaten will ich erzählen.
8 Ich liebe, Herr, deines Hauses heilige
Wohnstatt, / das Zelt, wo deine Herrlichkeit wohnt.
9 Raffe meine Seele nicht hinweg mit
den Sündern, / nicht mit den Männern des
Blutes mein Leben.
10 In ihren Händen ist Schandtat, / mit
Bestechung ist gefüllt ihre Rechte.
11 Ich aber wandle in meiner Unschuld; /
erlöse mich, Herr, und erbarme dich meiner.
12 Auf ebenem Wege schreitet mein
Fuß, / dich, Herr, will ich preisen in der
Gemeinde.

Geborgenheit in Gott

27 [Ein Psalm von David.]
Der Herr ist mein Licht und mein
Heil, wen sollte ich fürchten! / Der Herr
ist der Hort meines Lebens, vor wem sollte
mir bangen!
2 Fallen Böse über mich her, mich zu
verschlingen, / meine Gegner und Feinde,
sie gleiten und stürzen zu Boden.
3 Und steht gegen mich ein Kriegsheer,
so wird mein Herz nicht verzagen; / entbrennt ein Kampf gegen mich, so bin ich
dennoch getrost.
4 Eines erbitte ich mir vom Herrn, dies
eine begehre ich: / zu wohnen im Hause
des Herrn alle Tage des Lebens:
Auf dass ich koste die Wonne des
Herrn, / dass ich schaue seinen heiligen
Tempel.
5 In seiner Wohnung wird er mich bergen am Tag des Unheils, / er bewahrt mich
in der Hut seines Zeltes, / er stellt mich
empor auf sicheren Felsen.
6 So darf ich nun erheben mein Haupt /
über die Feinde, die mich umringen.
In seinem Zelt weihe ich Opfer des
Jubels, / Dem Herrn will ich singen und
spielen.
7 Höre, o Herr, den Ruf meiner Stimme; / erbarme dich meiner, erhöre mich!
8 Es redet zu dir mein Herz, dich sucht
mein Antlitz: / Dein Antlitz, o Herr, will
ich suchen.
9 Nicht verhülle vor mir dein Angesicht, / verstoße nicht im Zorn deinen
Knecht!
Du bist meine Hilfe, weise mich nicht
zurück! / O Gott, du mein Retter, verlass
mich nicht!
10 Und wollten mich verlassen Vater und
Mutter, / aufnehmen wird mich der Herr.
11 Weise mir, Herr, deine Pfade; / um
meiner Feinde willen führe mich auf ebener Bahn!
12 Gib mich nicht preis der Gier meiner
Gegner; / denn lügenhafte Zeugen stehn
wider mich auf, / Männer, die sinnen Verderben.
13 Ich bin gewiss, dass ich schaue die
Güte des Herrn / im Lande der Lebenden.
14 So harre des Herrn und sei stark! / Sei
tapferen Mutes und harre des Herrn!

Bitte und Dank

28 [Ein Psalm von David.]
Zu dir rufe ich, Herr, du mein
Fels, / dein Ohr verschließe mir nicht.
Denn würdest du verstummen, / so gliche ich jenen, die niedersteigen zur Grube.

2 Höre die Stimme meines Flehens, da ich rufe zu dir, / da ich meine Hände erhebe, Herr, zu deinem Allerheiligsten.

3 Nicht raffe mich hinweg mit den Sündern, / mit jenen, die Unrecht tun.

Mit ihren Nächsten reden sie freundlich, / im Herzen aber tragen sie Bosheit.

4 Tu an ihnen, wie ihr Treiben verdient, / nach der Bosheit ihrer Verbrechen.

Entgelten lass sie das Werk ihrer Hände, / zahle ihnen heim ihre Taten.

5 Sie achten nicht das Walten des Herrn und das Werk seiner Hände. / Er reiße sie nieder und baue sie nicht mehr auf.

6 Der Herr sei gepriesen, / er hat die Stimme meines Flehens gehört;

7 der Herr meine Stärke, mein Schild. / Mein Herz vertraute auf ihn.

Und es wurde mir geholfen, / darum jubelt mein Herz und ich darf ihm danken im Lied.

8 Der Herr ist die Kraft seines Volkes, / Hort des Heiles für seinen Gesalbten.

9 Hilf deinem Volk und segne dein Erbe, / weide die Deinen und trage sie ewiglich.

Hymnus auf den Herrn des Gewitters

29 [Ein Psalm von David.] Dem Herrn bringt dar, ihr Göttersöhne, / dem Herrn bringt dar Ehre und Macht!

2 Dem Herrn bringt dar den Ruhm seines Namens, / in heiligem Schmuck betet ihn an!

3 Höre über den Wassern die Stimme des Herrn! / Es redet im Donner der erhabene Gott, / der Herr über den Fluten der Wasser!

4 Höre die Stimme des Herrn voller Kraft, / voller Hoheit die Stimme des Herrn.

5 Die Stimme des Herrn zersplittert die Zedern, / der Herr zerschmettert die Zedern des Libanon:

6 Gleich einem Kalb lässt er springen den Libanon, / gleich einem jungen Büffel den Sirjon.

7 Die Stimme des Herrn entzündet feurige Blitze, /
8 die Stimme des Herrn lässt erbeben die Wüste, / der Herr lässt erbeben die Wüste von Kadesch.

9 Die Stimme des Herrn entwurzelt die Eichen, lichtet die Wälder; in seinem Tempel rufen alle: Herrlich der Herr!

10 Es thronte der Herr über den Fluten der Urzeit, / der Herr wird thronen als König in Ewigkeit.

11 Der Herr verleiht Kraft seinem Volk, / der Herr wird segnen sein Volk mit Frieden.

Dank für Rettung aus Todesgefahr

30 [Ein Psalm; ein Lied zur Einweihung des Tempels; von David.]

2 Ich preise dich, Herr, / denn du hast mich befreit, / du ließest nicht zu, dass meiner sich freuen die Feinde.

3 O Herr, du mein Gott, / ich rief zu dir und du hast mich geheilt.

4 Herr, meine Seele hast du geholt aus dem Reiche des Todes, / du hast mich bewahrt, hinabzusteigen zur Grube.

5 Ihr, seine Heiligen, lobsingt dem Herrn, / saget Dank seinem heiligen Namen.

6 Denn nur einen Augenblick währt sein Zürnen, / doch seine Güte ein Leben lang.

Kehrt am Abend auch Weinen ein, / am Morgen kommt wieder die Freude.

7 Ich sagte im Vertrauen auf mich: / Nimmermehr werde ich wanken.

8 Herr, du gewährtest mir huldvoll Ehre und Macht; / doch als du verbargst dein Antlitz, da ward ich erschüttert.

9 O Herr, da rief ich zu dir, / ich flehte zu meinem Gott um Erbarmen:

10 Was wäre gewonnen mit meinem Blut, wenn ich niederstiege zur Grube! / Kann dich preisen der Staub, kann er deine Treue verkünden?

11 Höre mich, Gott, und erbarme dich meiner, / sei du mein Helfer, o Herr!

12 Du hast meine Klage gewandelt in Reigenlied, / abgenommen mein Bußgewand und mich gegürtet mit Freude,

13 dauf dass meine Seele dir singe und nimmermehr schweige. / Herr, mein Gott, ich will dich preisen auf ewig!

Gebet in Bedrängnis

31 [Dem Chormeister, ein Psalm von David.]

2 O Herr, ich flüchte zu dir, / lass mich nicht zuschanden werden in Ewigkeit; / in deiner Gerechtigkeit mache mich frei!

3 Neige dein Ohr mir zu, / mich zu erretten, eile herbei!

Sei mir ein Felsen der Zuflucht, / eine
feste Burg, mich zu retten.
4 Wahrlich, du bist mein Fels, meine
Burg; / um deines Namens willen führe
mich und leite mich.
5 Du ziehst mich aus dem Netz, das sie
heimlich mir stellten; / du bist meine Rettung.
6 In deine Hände befehle ich meinen
Geist; / Herr, du getreuer Gott, du wirst
mich erlösen!
7 Du hasst, die nichtige Götzen verehren, / ich aber vertraue dem Herrn.
8 Frohlocken darf ich und deiner Güte
mich freuen; / denn gnädig hast du auf
mein Elend geschaut; / meiner Seele hast
du geholfen in der Bedrängnis.
9 Nicht gabst du mich preis der Macht
meiner Feinde, / du hast auf weiten Raum
meinen Fuß gestellt.
10 Erbarme dich meiner, o Herr, ich bin
voller Ängste, / getrübt vor Kummer ist
mir der Blick, / verstört sind mir Seele und
Leib.
11 In Kummer geht mein Leben dahin, /
meine Jahre entschwinden in Seufzen.
Meine Kraft ist gebrochen im Elend, /
erschüttert ist all mein Gebein.
12 Zum Gespött bin ich worden all meinen Feinden, / meinen Nachbarn zum
Hohn, zum Schrecken meinen Vertrauten; / die mich sehn auf der Straße, fliehen
vor mir.
13 Vergessen bin ich den Herzen, als
wäre ich tot; / ich bin geworden wie ein
zerbrochen Gefäß.
14 Ich hörte die Zischelreden der Menge, / rings um mich war ein Grauen, / sie
scharten sich zusammen und wollten mich
töten.
15 Ich aber, o Herr, ich vertraue auf
dich: / ich sage: Du bist mein Gott.
16 Meine Lose ruhen in deiner Hand, /
entreiße mich der Gewalt meiner Feinde
und meiner Verfolger!
17 Lass leuchten über deinem Knecht
dein Antlitz, / rette mich in deinem
Erbarmen!
18 Herr, lass mich nicht zuschanden
werden, da ich dich anrief; / zuschanden
sollen werden die Frevler / verstummen
und niederfahren zum Abgrund.
19 Verstummen sollen die Lippen der
Lüge, / die sich auftun gegen den Frommen in frechem Stolz, in Verachtung.
20 Wie groß ist deine Güte, o Herr, / die
du denen bewahrst, die dich fürchten!
Du erweist sie vor den Augen der Menschen / an denen, die ihre Zuflucht nehmen zu dir.
21 Du deckst sie mit dem Schild deines
Blickes / vor der Verschwörung der Menschen.
Du verwahrst sie in deinem Gezelt / vor
dem Streit der Zungen.
22 Gepriesen der Herr, / in fester Stadt
erwies er mir wunderbar sein Erbarmen.
23 Ich hatte gesprochen in meiner
Bestürzung: / Verstoßen bin ich von deinem Antlitz.
Du aber hast meines Flehens Stimme
vernommen, / da ich gerufen zu dir.
24 Liebet den Herrn, ihr, seine Heiligen; /
seine Getreuen behütet der Herr.
Doch zahlt reichlich er heim / denen,
die handeln in Übermut.
25 Seid stark und tapferen Mutes, / alle,
die ihr hofft auf den Herrn!

Bekennen befreit von der Sünde

32 [Von David, ein Weisheitslied.]
Selig, wem vergeben die Missetat, /
wem zugedeckt wurde die Sünde.
2 Selig der Mensch, dem der Herr nicht
anrechnet die Schuld, / dem Trug nicht
wohnt im Geist.
3 Solange ich schwieg, zerfiel mein
Gebein, / endlos währte mein Stöhnen.
4 Schwer lag auf mir deine Hand bei Tag
und bei Nacht, / meine Kraft verdorrte wie
unter Gluten des Sommers.
5 Da habe ich dir meine Sünde
bekannt, / nicht länger verbarg ich dir
meine Schuld.
Ich sprach: Bekennen will ich dem
Herrn meine Bosheit! / Und du hast mir
die Schuld meiner Sünde vergeben.
6 So möge denn beten zu dir jeder
Fromme / in den Zeiten der Trübsal.
Und brechen herein die Fluten der
Wasser, / ihn werden sie nicht erreichen.
7 Du bist meine Zuflucht, du wirst mich
bewahren vor Ängsten, / mich umgeben
mit der Freude des Heiles.
8 Ich verleihe dir Einsicht; / den Weg,
den du gehn sollst, will ich dir weisen; / ich
will dir raten und mein Auge wird ruhen
auf dir.
9 Seid nicht wie Ross und Maultier, die
ohne Verstand sind; / ihren Trotz musst

du zwingen mit Zügel und Zaum, / sie
werden sonst nie dir gehorchen.
10 Den Sünder treffen der Leiden gar
viele; / wer aber hofft auf den Herrn, den
umfängt sein Erbarmen.
11 Seid fröhlich im Herrn, ihr Gerechten,
und freut euch! / All ihr lauteren Herzen,
frohlockt!

Hymnus auf Gottes Allmacht und Güte

33 Frohlockt, ihr Gerechten, über den
Herrn, / den Redlichen ziemt es,
ihn zu lobpreisen.
2 Preist den Herrn mit Saitenspiel, / auf
der Zehnsaitenharfe ertöne sein Lob.
3 Singt dem Herrn ein neues Lied, / singt
ihm schön mit Jubelschall.
4 Denn das Wort des Herrn ist wahrhaf-
tig, / all sein Wirken ist Treue.
5 Gerechtigkeit liebt er und Recht, / die
Erde ist voll von der Güte des Herrn.
6 Vom Wort des Herrn sind die Himmel
geschaffen, / vom Hauch seines Mundes
ihr ganzes Heer.
7 Wie im Krug sammelt er die Wasser
des Meeres, / in Kammern fasst er die
Fluten.
8 Die ganze Erde fürchte den Herrn, /
erschauern sollen vor ihm, die bewohnen
den Erdkreis.
9 Denn er sprach und es geschah; / er
gebot und da war es geschaffen.
10 Der Herr zerstreut den Anschlag der
Heiden, / die Pläne der Völker macht er
zunichte.
11 Der Ratschluss des Herrn hat auf ewig
Bestand,
seines Herzens Sinnen währ von Ge-
schlecht zu Geschlecht.
12 Selig das Volk, dessen Gott der Herr
ist, / das Volk, das er auserkoren hat zum
Erbe.
13 Der Herr blickt hernieder vom Him-
mel, / er sieht auf alle Kinder der Men-
schen.
14 Von der Stätte seiner Wohnung
schaut er hernieder / auf alle, die bewoh-
nen die Erde.
15 Er, der allen gebildet das Herz, / er
weiß um all ihre Werke.
16 Nicht wird siegen der König durch die
Stärke des Heeres, / nicht wird gerettet der
Held durch gewaltige Kraft.
17 Betrogen ist, wer vom Ross erwartet
den Sieg; / so stark es auch sei, es kann ihn
nicht retten.
18 Doch siehe, es ruht auf den Frommen
das Auge des Herrn, / auf denen, die sei-
ner Güte vertrauen,
19 ihre Seelen zu entreißen dem Tod /
und sie zu nähren in ihrem Hunger.
20 Unsere Seele harrt auf den Herrn, / er
ist uns Hilfe und Schild.
21 In ihm erfreut sich unser Herz, / denn
wir vertrauen auf seinen heiligen Namen.
22 Es walte, o Herr, über uns deine
Güte, / so wie wir hoffen auf dich.

Lob der göttlichen Gerechtigkeit

34 [Von David, als er sich vor Abime-
lech wahnsinnig stellte und, von
diesem entlassen, davonging.]
2 Den Herrn will ich allzeit preisen, /
immerdar sei in meinem Munde sein Lob.
3 Es rühme sich des Herrn meine Seele, /
hören sollen es die Armen und fröhlich
sein.
4 Vereint mit mir lobpreist den Herrn, /
lasst uns gemeinsam seinen Namen erhe-
ben.
5 Ich suchte den Herrn und er hat mich
erhört, / er hat mich errettet aus all mei-
nen Ängsten.
6 Blickt auf ihn und ihr werdet strahlen
in Freude, / und euer Angesicht soll nicht
erröten.
7 Seht, ein Armer rief und der Herr hat
gehört, / er hat ihn erlöst aus aller
Bedrängnis.
8 Einen Wall richtet auf der Engel des
Herrn / die Frommen umgibt er, sie zu
erretten.
9 Kostet und seht, wie gütig der Herr! /
Selig der Mann, der flüchtet zu ihm.
10 Fürchtet den Herrn, ihr, seine From-
men; / die ihn fürchten, sie leiden nicht
Mangel.
11 Mächtige verarmen und hungern; /
die aber suchen den Herrn, sie entbehren
kein Gut.
12 Kommt, ihr Kinder, und hört mich! /
Ich will euch lehren die Furcht des Herrn.
13 Wer ist es, der das Leben begehrt? /
Wer wünscht sich viele Tage zu genießen
das Glück?
14 Bewahre deine Zunge vor Bosheit, /
deine Lippen vor listiger Rede!
15 Lass ab vom Bösen und wirke das

Gute, / suche den Frieden und jage ihm
nach!
16 Auf die Gerechten schaut das Auge
des Herrn, / ihrem Rufen leiht er sein Ohr.
17 Doch sein Antlitz wendet sich ab von
den Bösen, / auszutilgen ihr Gedächtnis
auf Erden.
18 Die Gerechten riefen und der Herr hat
sie erhört, / er hat sie befreit aus all ihrer
Drangsal.
19 Die gebrochenen Herzens sind, ihnen
ist nahe der Herr; / ein zerschlagenes
Gemüt wird er heilen.
20 Viele Leiden erfährt der Gerechte, /
doch aus allen wird der Herr ihn erlösen.
21 Er behütet all seine Glieder, / nicht
eines wird ihm zerbrochen.
22 Die Bosheit führt den Sünder zum
Tod; / die hassen den Frommen, sie ver-
fallen der Strafe.
23 Der Herr befreit die Seelen seiner
Getreuen; / wer flüchtet zu ihm, der leidet
nicht Schaden.

Gebet eines verfolgten Gerechten

35 [Von David.]
Herr, streite mit ihnen, die gegen
mich streiten, / kämpfe nieder, die mich
bekämpfen!
2 Ergreife Waffen und Schild / und
erhebe dich, mir zu helfen!
3 Schwinge den Speer und gebiete Halt
den Verfolgern! / Sag meiner Seele: Ich bin
dein Heil.
4 Schmachvoll sollen verderben, die
trachten nach meinem Leben; / es sollen
weichen in Schande, die Unheil gegen
mich planen.
5 Sie sollen sein wie Spreu vor dem
Wind, / es treibe sie fort der Engel des
Herrn.
6 Ihr Weg sei schlüpfrig und finster, / es
jage sie der Engel des Herrn.
7 Denn sie legten mir ohne Anlass ein
Netz, / schaufelten ohne Anlass meinem
Leben die Grube.
8 Es komme über sie ein jähes Verder-
ben, / das Netz, das sie legten, fange sie
selbst; / in die Grube, die sie geschaufelt,
sollen sie fallen.
9 Meine Seele aber wird frohlocken im
Herrn, / wird seiner Hilfe sich freuen.
10 Verkünden mögen es all meine Kräf-
te: / Wer ist wie du, o Herr?
Der du den Schwachen entreißest der
Übermacht, / den Armen den Händen des
Räubers.
11 Es erhoben sich ruchlose Zeugen; / ich
wurde befragt über Dinge, die ich nicht
kannte.
12 Gutes vergalten sie mir mit Bösem, /
verlassen war meine Seele.
13 Ich aber, als sie krank dalagen, ich
hüllte mich in ein Bußkleid, / ich unter-
warf meine Seele dem Fasten, / dass doch
das Gebet zurückkehrte in meine Brust!
14 Traurig ging ich einher, als wär es
mein Freund, mein Bruder, / wie einer, der
klagt um die Mutter, so war ich von Gram
gebeugt.
15 Doch als ich wankte, da waren sie froh
und kamen zusammen; / sie kamen
zusammen gegen mich, den Ahnungs-
losen zu schlagen. / Blutig schlugen sie
mich und ließen nicht ab,
16 sie reizen mich mit ihrem Gespött, /
fletschen gegen mich ihre Zähne.
17 Herr, wie lange wirst du es ansehn? /
Rette mein Leben vor den brüllenden Tie-
ren, / meine Seele entreiße den Löwen!
18 Und danken will ich dir in großer
Gemeinde, / vor dem ganzen Volk will ich
dich loben.
19 Die mich zu Unrecht befehden, sie
sollen sich meiner nicht freuen; / nicht mit
den Augen zwinkern, die grundlos mich
hassen.
20 Sie reden nicht Worte des Friedens, /
gegen die Stillen im Lande ersinnen sie
Tücke.
21 Weit öffnen sie gegen mich ihren
Mund; / sie rufen: Ei, nun sehen wir es
selbst!
22 Herr, du hast es gesehen, so schweige
doch nicht; / Herr, bleib nicht fern von
mir.
23 Wach auf, zu meinem Schutz erhebe
dich! / Mein Gott und mein Herr, führe du
meine Sache!
24 Schaffe mir Recht, o Herr, nach deiner
Gerechtigkeit; / mein Gott, sie sollen sich
meiner nicht freuen.
25 Sie sollen nicht denken im Herzen: So
haben wir es gewollt! / Sie sollen nicht
sagen: Nun haben wir ihn verschlungen!
26 Verderben sollen sie alle in Schande, /
die sich weiden an meinem Unglück;
mit Schmach und Schande seien sie
angetan, / die gegen mich reden in Über-
mut.

27 Doch jubeln und frohlocken sollen
alle, die meiner Sache gewogen, / immer-
fort sollen sie sprechen:
Gelobt sei der Herr, / er will das Heil
seines Knechtes.
28 Und meine Zunge soll künden deine
Gerechtigkeit, / immerdar soll sie verkün-
den dein Lob.

Die Bosheit des Sünders und Gottes Güte

36 [Dem Chormeister; vom Knecht
des Herrn, von David.]
2 Die Bosheit redet zum Herzen des
Sünders, / keine Gottesfurcht hat er vor
Augen.
3 Trügerisch wähnt er in seinem
Innern: / keiner werde entdecken seine
Schuld und verdammen.
4 Seines Mundes Worte sind Bosheit und
Trug: / aufgehört hat er, weise zu denken
und Gutes zu tun.
5 Auf seinem Lager sinnt er Frevel, /
bleibt stehen auf schlechtem Weg ohne
Scheu vor dem Bösen.
6 Herr, bis an den Himmel reicht dein
Erbarmen, / deine Treue bis an die Wol-
ken.
7 Wie die Gottesberge ist deine Gerech-
tigkeit, / deine Gerichte sind wie die Tie-
fen des Meeres, / Menschen und Tieren
bist du ein Helfer, o Herr.
8 Wie kostbar ist, o Gott, deine Huld! /
Zuflucht finden die Menschen in deiner
Fittiche Schatten.
9 Vom Reichtum deines Hauses werden
sie satt, / du tränkst sie aus dem Strom
deiner Wonnen.
10 Denn bei dir ist die Quelle des
Lebens, / in deinem Licht schaun sie das
Licht.
11 Deine Güte bewahre denen, die dich
verehren; / die lauteren Herzens sind,
erhalte in deiner Treue.
12 Der Fuß des Stolzen komme nicht
über mich; / des Sünders Hand, sie weise
mich nicht hinaus.
13 Siehe, die Frevler brechen zusam-
men, / zu Boden sind sie geworfen und
können sich nicht mehr erheben.

Das Geschick des Gerechten und des Gottlosen

37 [Von David.]
Erzürne dich nicht über jene, die
Böses tun, / die Übeltäter beneide nicht!
2 Denn bald verdorren sie wie das Gras, /
wie grüne Kräuter welken sie hin.
3 Hoffe auf den Herrn und wirke das
Gute, / so wirst du im Lande bleiben und
wohnen in Sicherheit!
4 Freu dich am Herrn, / und deines Her-
zens Wünsche wird er erfüllen.
5 Befiehl dem Herrn deinen Weg; / hoffe
auf ihn, er wird es fügen.
6 Und deine Redlichkeit lässt er strahlen
dem Licht gleich, / wie hellen Mittag dein
Recht.
7 Sei still im Herrn und hoffe auf ihn. /
Erzürne dich nicht über jenen, dem alles
glückt auf dem Weg, / über den Mann, der
Böses vollführt.
8 Steh ab vom Zorn und lass deinen
Grimm; / ereifere dich nicht, auf dass du
nicht sündigst.
9 Siehe, die Bösen werden vernichtet; /
die aber hoffen auf den Herrn, sie besitzen
das Land.
10 Nur eine Weile und der Frevler wird
nicht mehr bestehen; / du suchst seine
Stätte und er ist nicht mehr zu finden.
11 Die Armen aber werden besitzen das
Land, / und sie genießen die Fülle des
Friedens.
12 Gegen den Frommen plant der Gott-
lose Böses, / er knirscht gegen ihn mit den
Zähnen.
13 Es lacht aber seiner der Herr, / denn
kommen sieht er schon seinen Tag.
14 Die Sünder ziehen das Schwert und
spannen den Bogen, / zu treffen den
Schwachen und Armen, / zu morden, die
auf geradem Wege einhergehn.
15 Ihr Schwert aber dringt in das eigene
Herz, / der Bogen wird ihnen zerbrechen.
16 Besser das Wenige, das zu Eigen hat
der Gerechte, / als großer Reichtum des
Sünders.
17 Denn die Arme der Sünder werden
gebrochen, / die Gerechten aber stützt der
Herr.
18 Der Herr ist besorgt um das Leben der
Frommen, / ihr Erbe wird dauern in
Ewigkeit.
19 Nicht werden sie zuschanden in Tagen
des Unheils, / in Zeiten des Hungers wer-
den sie satt.
20 Die Gottlosen aber müssen verder-
ben, / wie die Pracht der Wiese welken die
Feinde des Herrn, / sie müssen vergehn
wie der Rauch.

21 Der Gottlose leiht und gibt nicht
zurück, / der Gute schenkt voll Erbarmen.
22 Die der Herr segnet, sie besitzen das
Land, / und die er verflucht, sie werden
zunichte.
23 Festigkeit verleiht der Herr dem
Schritt des Menschen, / an dessen Wandel
er hat Gefallen.
24 Selbst wenn er strauchelt, wird er
nicht stürzen; / denn der Herr ergreift
seine Hand.
25 Jung bin ich gewesen, nun bin ich alt, /
und niemals sah ich, dass verlassen ist der
Gerechte, / niemals, dass seine Kinder
betteln um Brot.
26 Allezeit ist er barmherzig und zu bor-
gen bereit, / und seine Kinder werden
gesegnet sein.
27 Lass ab vom Bösen und wirke das
Gute, / und bleiben wirst du auf immer-
dar.
28 Denn der Herr liebt Gerechtigkeit, / er
verlässt seine Heiligen nicht.
Die Frevler werden vernichtet, / aus-
gerottet wird die Sippe der Bösen.
29 Die Gerechten aber besitzen das
Land, / sie werden es auf immer bewoh-
nen.
30 Der Mund des Gerechten spricht
Weisheit, / seine Zunge redet, was recht
ist.
31 Das Gesetz seines Gottes trägt er im
Herzen, / es wanken nicht seine Schritte.
32 Der Frevler späht aus nach dem
Frommen, / begierig, dass er ihn töte.
33 Doch der Herr überlässt ihn nicht sei-
nen Händen; / noch spricht er ihn schul-
dig, wenn er steht vor Gericht.
34 Vertraue auf den Herrn / und halte ein
seinen Weg.
Und er hebt dich empor, dass du besitzt
das Land, / und froh wirst du schauen das
Ende der Frevler.
35 Ich sah den Sünder, wie er stolz sich
erhob / und breit sich machte gleich der
üppigen Zeder.
36 Und wieder kam ich und siehe, er war
nicht mehr; / ich suchte ihn und er wurde
nicht mehr gefunden.
37 Sieh hin auf den Redlichen, habe Acht
auf den Frommen, / dem Mann des Frie-
dens erwächst ein neues Geschlecht.
38 Die Sünder aber werden vernichtet, /
ausgerottet wird die Sippe der Bösen.
39 Das Heil kommt den Gerechten vom
Herrn, / er ist ihr Schutz in Zeiten der Not.
40 Ja, der Herr ist ihr Helfer und ihr
Befreier, / er rettet sie vor den Bösen und
er bewahrt sie; / denn sie suchen bei ihm
ihre Zuflucht.

Gebet in der Not

38 [Ein Psalm von David, zum Ge-
dächtnisopfer.]
2 Nicht rüge mich, Herr, in deinem
Zorn, / in deinem Grimm strafe mich
nicht.
3 Denn es drangen ein in mich deine
Pfeile, / es lastet auf mir deine Hand.
4 Mir ist nichts Heiles am Fleisch, da du
mir zürnst, / nichts unversehrt an meinem
Gebein, da ich gesündigt habe.
5 Auf meinem Haupt ist übergroß
geworden die Schuld, / gleich einer
schweren Bürde drückt sie mich nieder.
6 Es verwesen meine Wunden und fau-
len / ob all meiner Torheit.
7 Gedrückt bin ich und gar tief gebeugt, /
traurig geh ich den ganzen Tag.
8 Denn meine Lenden sind voller
Brand, / an meinem Leib ist nichts
Gesundes.
9 Ermattet bin ich und ganz zerschla-
gen, / in der Qual meines Herzens schreie
ich auf.
10 Herr, offenbar ist dir mein Verlan-
gen, / mein Seufzen ist nicht verborgen vor
dir.
11 Mein Herz erbebt, es verlässt mich die
Kraft, / das Licht der Augen will mir erlö-
schen.
12 Freunde und Vertraute wenden von
meiner Plage sich ab, / und meine Nächs-
ten stehen in der Ferne.
13 Die nach dem Leben mir trachten,
legen mir Schlingen, / die mir übel wollen,
sie drohen mit Verderben, / Falschheit
sinnen sie immerfort.
14 Ich aber höre nicht; ich bin wie einer,
der taub ist, / bin wie ein Stummer, der
nicht den Mund öffnet.
15 Ich bin geworden wie einer, der nicht
mehr hört, / aus dessen Mund keine Ant-
wort kommt.
16 Denn ich vertraue, o Herr, auf dich; /
du wirst mich erhören, mein Herr und
mein Gott.
17 Ich sage: Nicht sollen sie meiner sich

freuen, / nicht prahlen gegen mich, wenn
strauchelt mein Fuß.
18 Wahrlich, ich bin dem Untergang
nahe, / und nicht mehr verlässt mich der
Schmerz.
19 So will ich meine Schuld bekennen, /
bange ist mir wegen meiner Sünde.
20 Mächtig sind, die ohne Grund mich
bekämpfen; / und viele sind es, die mich
zu Unrecht hassen.
21 Sie vergelten mir Gutes mit Bösem /
und feinden mich an; denn ich suche das
Rechte.
22 Verlass mich nicht, o Herr, / mein
Gott, bleib nicht fern von mir.
23 Eile, mir zu helfen, / o Herr, du mein
Heil.

Die Nichtigkeit des Menschen vor Gott

39 [Dem Chormeister; von Jedutun;
ein Psalm von David.]
2 Ich sprach: Meine Wege will ich
bewahren, / dass ich nicht schuldig werde
durch meine Zunge.
Ich lege an meinen Mund einen Zaum, /
solange der Gottlose weilt vor mir.
3 Ich verharrte in Schweigen, / einer, der
verlassen vom Glück, / doch immer hefti-
ger brannte der Schmerz,
4 das Herz in meinem Innern erglühte
mir heiß, / über meinem Sinnen ent-
flammte ein Feuer; / da löste sich meine
Zunge:
5 Herr, lass mich wissen mein Ende, / tu
mir kund das Maß meiner Tage, / und
wissen werde ich, wie vergänglich ich bin.
6 Siehe, nur wenige Spannen breit hast
du gemacht meine Tage, / mein Leben ist
vor dir wie ein Nichts; / jeder Mensch ist
nur wie ein Hauch.
7 Der Mensch, er geht vorüber gleich
einem Schatten, / nutzlos all seine Sorge, /
er speichert auf und weiß nicht, wer es
erhält.
8 Und nun – was habe ich zu erwarten, o
Herr? / Mein Hoffen ruht einzig in dir.
9 Von allen, die mir Unrecht tun, errette
mich, / gib mich nicht preis dem Spott des
Toren!
10 Ich schweige nun, tu nicht mehr mei-
nen Mund auf; / denn du hast es so gefügt.
11 Nimm hinweg von mir deine Plage, /
ich erliege der Gewalt deiner Hand.
12 Du züchtigst den Menschen, du strafst
die Schuld; / was ihm kostbar, du lässt es
zerfallen wie vom Fraß der Motten; / jed-
weder Mensch, er ist nur ein Hauch.
13 Höre, o Herr, mein Gebet, / habe Acht
auf mein Rufen,
meinem Weinen verschließe dich
nicht. / Ich bin vor dir nur ein Fremd-
ling, / ein Fremdling wie all meine Väter.
14 Blicke weg von mir, dass ich noch ein-
mal froh werde, / bevor ich gehe und nicht
mehr bin.

Dank und Bitte um Hilfe

40 [Dem Chormeister; von David; ein
Psalm.]
2 Ich habe gehofft, ja gehofft auf den
Herrn, / und er neigte sich mir zu und
hörte mein Rufen.
3 Er zog mich heraus aus der Todesgru-
be, / aus Schlamm und Morast
er stellte meine Füße auf Felsengrund, /
sicher machte er meine Schritte.
4 Er legte mir ein neues Lied in den
Mund, / ein Lied des Jubels für unseren
Gott.
Viele werden es sehen und werden
erschauern, / und sie werden vertrauen
dem Herrn.
5 Selig der Mann, der setzt auf den Herrn
seine Hoffnung, / der nicht folgt den Die-
nern der Götzen / noch denen, die fal-
schem Trug sich ergeben.
6 Viele Wunder hast du getan, o Herr, du
mein Gott, / in den Gedanken, die du
hegest für uns kommt keiner dir gleich.
Wollte ich melden sie alle und kün-
den, / ihrer sind mehr, als man zählen
kann.
7 Schlachtopfer und Speiseopfer forderst
du nicht, / aufgetan aber hast du mein
Ohr.
Brandopfer willst du nicht noch Opfer
der Sühne; / 8 da sprach ich: Siehe, ich
komme! / In der Buchrolle ist geschrieben
von mir.
9 Deinen Willen zu tun, o Gott, das ist
meine Freude, / dein Gesetz ist mir gebor-
gen im Herzen.
10 Deine Gerechtigkeit hab ich verkündet
in großer Gemeinde; / siehe, ich habe
nicht gewehrt meinen Lippen; du weißt es,
o Herr.
11 Dein gerechtes Walten habe ich nicht
verschlossen im Herzen, / ich habe deine
Treue gepriesen und deine Hilfe.
Ich habe nicht geschwiegen von deiner

Huld, / vor der großen Gemeinde nicht
deine Treue verhehlt.
12 Du aber, Herr, versage mir nicht dein
Erbarmen, / bewahren möge mich immer-
dar deine Huld und Treue.
13 Denn Leiden umschlossen mich ohne
Zahl; / meine Sünden erfassten mich, ich
kann nicht mehr sehen.
Zahlreicher sind sie als Haare auf meinem Haupt, / und mir entschwindet der Mut.
14 Lass dir gefallen, Herr, mich zu ret-
ten, / eile, Herr, mir zu helfen.
15 Zuschanden sollen werden und errö-
ten in Schmach, / alle, die nach dem Leben
mir trachten.
Von Scham befallen, sollen sie weichen, / die sich freuen an meinem Unglück.
16 Sie sollen erstarren, beladen mit
Schande, / die mich höhnen: So ist es
recht!
17 Doch jubeln sollen und deiner sich
freuen / alle, die treulich dich suchen.
Und immer sollen sie sagen: Der Herr sei gepriesen!, / alle, die ersehnen dein Heil.
18 Ich aber, elend bin ich und arm; / der
Herr aber nimmt meiner sich an.
Du bist mein Helfer und mein Befreier, / säume nicht länger, mein Gott!

Gebet eines Kranken in Verlassenheit

41 [Dem Chormeister; ein Psalm von David.]
2 Selig, wer des Dürftigen gedenkt und
des Armen; / der Herr wird ihn retten am
Tag des Unheils.
3 Behüten wird ihn der Herr und ihn am
Leben erhalten, / er lässt auf Erden ihn
glücklich sein / und gibt ihn nicht preis
der Gewalt seiner Feinde.
4 Auf seinem Schmerzenslager bringt
ihm Hilfe der Herr, / in seiner Krankheit
nimmt er alle Schwäche hinweg.
5 Ich rufe: O, Herr, erbarme dich mei-
ner; / heile mich, denn ich habe gesündigt
vor dir.
6 Schlimmes reden von mir meine Fein-
de: / Wann wird er sterben? Wann wird
sein Name vergehen?
7 Kommt einer, nach mir zu sehen, so
redet er Falschheit; / er sammelt Arges im
Herzen und geht und redet es weiter.
8 Alle, die mich hassen, flüstern vereint
gegen mich; / sie denken gegen mich
Gedanken des Unheils:
9 Befallen hat ihn ein böses Siechtum; /
der da liegt, er steht nicht mehr auf.
10 Sogar mein Freund, auf den ich ver-
traute, / der mein Brot mit mir aß, er hat
gegen mich die Ferse erhoben.
11 Du aber, Herr, erbarme dich meiner
und richte mich auf, / und ich will es
ihnen vergelten.
12 Daran will ich sehen, dass du mir
gnädig bist, / wenn über mich nicht jubelt
der Feind.
13 Mich aber bewahrst du unversehrt, /
und lässt mich vor dir bestehen auf ewig.
14 Gepriesen der Herr, der Gott Israels, /
von Ewigkeit bis in Ewigkeit! Amen, so sei
es!

Zweites Buch

Verlangen nach dem lebendigen Gott

42 [Dem Chormeister; ein Weisheitslied von den Söhnen Korachs.]
2 Wie die Hirschkuh verlangt nach dem
Wasser der Quelle, / so verlangt, o Gott,
meine Seele nach dir.
3 Es dürstet nach Gott meine Seele, nach
dem lebendigen Gott; / wann darf ich
kommen und schauen das Angesicht Got-
tes?
4 Meine Tränen sind mir zum Brot
geworden bei Tag und bei Nacht, / wenn
sie täglich mir sagen: Wo bleibt nun dein
Gott?
5 Das Herz geht mir über, wenn ich
gedenke, / wie ich zog mit den Scharen des
Volkes,
wie ich zog vor ihnen zum Hause des Herrn / unter Jubel und Lobgesang in festlich froher Gemeinde.
6 Was bist du bedrückt, meine Seele, /
und warum stürmst du in mir?
Hoffe auf Gott, ich werde ihn wieder preisen / ihn, meinen Gott und mein Heil.
7 Wie ist gebeugt meine Seele, da ich

deiner gedenke im Jordanland, / vom
Hermon aus und vom Berge Mizar.
8 Fluten rufen die Fluten im tosenden
Fall deiner Wasser, / all deine Fluten und
Wogen gingen hin über mich.
9 Am Tage verleihe der Herr seine
Huld; / und ich will ihm singen bei
Nacht, / loben will ich den Gott meines
Lebens.
10 Ich sage zu Gott: du mein Fels, /
warum hast du meiner vergessen?
Was muss ich traurig umhergehn, /
bedrängt vom Feind?
11 Es trifft mich ins Mark, / wenn mich
höhnen die Gegner,
wenn sie täglich mir sagen: / Wo bleibt
nun dein Gott?
12 Was bist du bedrückt, meine Seele, /
und warum stürmst du in mir?
Hoffe auf Gott, ich werde ihn wieder
preisen / ihn, meinen Gott und mein Heil.

43 Schaffe mir Recht, o Gott,
führe meine Sache gegen ein un-
heiliges Volk, / befreie mich von dem
Mann der Bosheit und Lüge.
2 Du, Gott, du bist meine Stärke; /
warum hast du mich verstoßen
Was muss ich traurig einhergehn, /
bedrängt von dem Feind?
3 Sende aus dein Licht und deine Treue,
dass sie mich führen, / zu deinem heiligen
Berg mich leiten, zu deinem Gezelt.
4 Und ich trete hin zu Gottes Altar, zu
Gott, der meine Freude und Wonne. / Ich
will dich preisen mit Harfenklang, o Gott,
du mein Gott.
5 Was bist du bedrückt, meine Seele, /
und warum stürmst du in mir?
Hoffe auf Gott, ich werde ihn wieder
preisen / ihn, meinen Gott und mein Heil.

Klagelied

44 [Dem Chormeister; von den Söh-
nen Korachs, ein Weisheitslied.]
2 O Gott, wir haben vernommen mit
eigenem Ohr, / unsere Väter haben uns
Kunde getan
von dem Werke, das du vollbrachtest in
ihren Tagen, / in den Tagen der Vorzeit
mit eigener Hand.
3 Du warst es, dessen Hand die Heiden
vertrieb, jene aber pflanztest du ein; / Völ-
ker zerschlugst du, sie aber ließest du
wachsen.
4 Denn nicht mit eigenem Schwert
haben sie erobert das Land, / Sieg gewann
ihnen nicht der eigene Arm.
Deine Rechte war es, ja, dein mächtiger
Arm und dein leuchtendes Angesicht; /
denn du hast sie geliebt.
5 Du bist mein Gott und mein König, /
du verliehst Jakob den Sieg.
6 Durch dich vertrieben wir unsere Geg-
ner, / in deinem Namen traten wir nieder,
die uns bekämpften.
7 Nicht habe ich vertraut meinem
Bogen, / nicht konnte mich retten mein
Schwert:
8 Du bist es, der uns Sieg verliehen über
die Feinde, / und die uns hassten, du
machtest sie alle zuschanden.
9 Allezeit rühmten wir uns in Gott, / und
immerfort priesen wir deinen Namen.
10 Nun aber hast du uns verworfen und
hast uns verschmäht, / nicht mehr ziehst
du, o Gott, mit unseren Heeren.
11 Du ließest uns weichen vor unseren
Feinden, / und die uns hassen, sie nahmen
sich Beute.
12 Du gabst uns preis wie Schafe, die man
hinführt zum Schlachten, / du zerstreutest
uns unter die Heiden.
13 Verkauft hast dein Volk um nichtigen
Kaufpreis, / und wenig hast du gewonnen
aus solchem Erlös.
14 Du machtest uns zum Spott unserer
Nachbarn, / zum Hohngelächter für alle
ringsum.
15 Zum Sprichwort machtest du uns für
die Heiden, / Völker schütteln den Kopf
über uns.
16 Immerfort ist vor mir meine
Schmach, / Schamröte deckt mein Ange-
sicht.
17 Muss ich doch hören, wie sie schmä-
hen und lästern, / meine Widersacher und
meine Feinde.
18 Dies alles kam über uns, / und wir
haben dich doch nicht vergessen, / nicht
gebrochen haben wir deinen Bund.
19 Unser Herz ist von dir nicht gewi-
chen, / nicht abgebogen von deinem Pfad
sind unsere Schritte.
20 Als du uns schlugst am Ort der Trüb-
sal, / als du uns hülltest in Finsternis.
21 Hätten wir je vergessen den Namen
unseres Gottes, / unsere Hände zu frem-
den Göttern erhoben:
22 Wie hätte solches der Herr nicht

durchschaut, / er, der schaut in die Tiefen
der Herzen?
[23] Nein, deinetwegen werden wir ständig
gemordet, / behandelt wie Schafe, zum
Schlachten bestimmt.
[24] Wach auf! Warum schläfst du, o
Herr? / Erhebe dich und verstoße uns
nicht auf immer!
[25] Warum verbirgst du dein Angesicht, /
vergisst unser Elend und unsere Drangsal?
[26] Denn niedergetreten ist unsere Seele
zum Staub, / es haftet unser Leib an der
Erde.
[27] Erhebe dich, komm uns zu Hilfe, / in
deinem Erbarmen erlöse uns!

Hochzeitslied für den König

45 [Dem Chormeister, nach der Weise „Lilien"; von den Söhnen Korachs, ein Weisheitslied, ein Liebeslied].
[2] Meinem Herzen entströmt festlicher
Sang: / ich weihe mein Lied dem König.
Meine Zunge eilt dahin, / schnell wie
der Griffel des Schreibers.
[3] Schön bist du wie keiner unter den
Menschen, / ausgegossen auf deinen Lip-
pen ist Anmut: / so hat dich Gott gesegnet
auf ewig.
[4] Gürte, du Starker, um deine Hüfte das
Schwert, / lege an deine strahlende
Hoheit!
[5] Sieghaft ziehe dahin für Treue und
Recht,
herrliche Taten möge dich lehren dein
Arm.
[6] Wie scharf deine Pfeile! Dir werden
Völker erliegen; / des Königs Feinden
schwindet der Mut.
[7] Dein Thron, o Gott, steht immer und
ewig; / das Zepter deiner Herrschaft ist ein
Zepter des Rechts.
[8] Du liebst die Gerechtigkeit, du hasst
das Unrecht; / darum hat Gott, dein Gott,
dich gesalbt mit dem Öl der Freude wie
keinen deiner Gefährten.
[9] Duftende Aloe ist dein Gewand und
Myrrhe und Kassia, / im Saal von Elfen-
bein ertönen dir Saiten zur Freude.
[10] Fürstentöchter ziehn dir entgegen, / es
steht dir zur Rechten die Braut, /
geschmückt mit dem Gold von Ofir.
[11] Höre, Tochter, siehe und neige dein
Ohr; / vergiss dein Volk und das Haus
deines Vaters!
[12] Nach deiner Schönheit verlangt der
König; / er ist dein Herr, du neige dich
ihm!
[13] Das Volk von Tyrus kommt mit
Geschenken, / deine Gunst begehren die
Großen des Volkes.
[14] Die Königstochter in strahlendem
Schmucke hält ihren Einzug, / von Gold
gewoben ist ihr Gewand.
[15] In der Kleider farbiger Pracht wird sie
zum König geführt, / Jungfrauen folgen
ihr nach, ihre Freundinnen führt man zu
dir.
[16] Sie ziehen dahin mit Jubel und Gesän-
gen der Freude, / in den Palast des Königs
ziehen sie ein.
[17] An Stelle der Väter werden dir Söhne
erstehen, / du setzt sie ein als Fürsten über
die Lande.
[18] Deinen Namen will ich künden von
Geschlecht zu Geschlecht; / darum wer-
den die Völker dich preisen immer und
ewig.

Gott ist unsere Burg

46 [Dem Chormeister; von den Söhnen Korachs, nach der Weise „Jungfrauen", ein Lied].
[2] Der Herr ist uns Zuflucht und Kraft, /
herrlich erwiesen als Helfer in der
Bedrängnis.
[3] So bangen wir nicht, ob auch die Erde
erbebt, / ob die Berge fallen mitten ins
Meer,
[4] wenn seine Wasser brausen und
schäumen, / vor seinem Ungestüm erzit-
tern die Berge:
Mit uns ist der Herr der himmlischen
Heere, / Jakobs Gott ist unsere Burg.
[5] Des Stromes Arme erfreuen die Got-
tesstadt, / des Höchsten heilige Wohnung.
[6] Sie wankt nicht, in ihrer Mitte ist
Gott; / schon in der Morgenfrühe wird
Gott sie beschützen.
[7] Die Völker tobten, es wurden erschüt-
tert die Reiche, / donnernd ertönte sein
Ruf, dass die Erde verging in Schrecken.
[8] Mit uns ist der Herr der himmlischen
Heere, / Jakobs Gott ist unsere Burg.
[9] Kommt und schaut die Werke des
Herrn! / Wunderbar, was er auf Erden
vollbrachte.
[10] Dem Krieg gebietet er Einhalt bis an
die Enden der Erde, / zerbricht die Bogen,
zerschmettert die Speere, verbrennt die
Schilde im Feuer.

[11] Lasst ab und erkennt: Ich bin der
Herr, / erhaben über die Völker, erhaben
auf Erden!
[12] Mit uns ist der Herr der himmlischen
Heere, / Jakobs Gott ist unsere Burg.

Der Herr, der König Israels und der Welt

47 [Dem Chormeister; von den Söhnen Korachs, ein Psalm.]
[2] Ihr Völker, klatscht all in die Hände! /
Jauchzt dem Herrn mit fröhlichem Schall!
[3] Denn der Herr, der Höchste, ist
furchtbar, / ein großer König über die
ganze Erde.
[4] Er unterwarf uns die Völker, / er legte
uns zu Füßen die Heiden.
[5] Er hat uns ein Erbe erwählt, / des
geliebten Jakob herrliches Land.
[6] Empor fuhr Gott unter Jubelklang, /
der Herr beim Schall der Posaunen.
[7] Singt dem Herrn, ja, weiht ihm Lobgesang! / Spielt unserem König, preist ihn
mit Psalmen!
[8] Denn König der ganzen Erde ist Gott! /
Stimmt an ein festliches Lied!
[9] Gott ist König über die Völker, / er hat
sich auf seinem heiligen Thron gesetzt.
[10] Die Fürsten der Völker treten zusammen / mit Abrahams Volk, das Gott sich
erkor.
Denn die Großen der Erde sind zu
Eigen dem Herrn, / hocherhaben ist er.

Zion, die Gottesstadt

48 [Ein Lied, ein Psalm von den Söhnen Korachs.]
[2] Groß ist der Herr und gar würdig des
Ruhmes / in der Stadt unseres Gottes.
[3] Sein heiliger Berg, die herrliche Höhe, /
er ist die Wonne der ganzen Welt;
der Zionsberg im äußersten Norden, /
wahrlich die Stadt des mächtigen Königs.
[4] In ihren Burgen ist Gott, / er hat sich
erwiesen als sichere Schutzwehr.
[5] Siehe, versammelt hatten sich Könige, /
gemeinsam stürmten sie an.
[6] Sie schauten auf – da wurden sie starr /
und stoben in Verwirrung von dannen.
[7] Schrecken erfasste sie dort / gleich
einer Frau in den Wehen;
[8] Gleichwie der Sturm aus dem Osten, /
der zerschmettert Schiffe aus Tarschisch.
[9] Wie wir gehört, so haben wir nun
gesehen / an der Stadt des Herrn der
himmlischen Heere,
ja, an der Stadt unseres Gottes; / er selber hat sie gegründet auf ewig.
[10] Wir gedenken, o Gott, deiner Huld /
im Heiligtum deines Tempels.
[11] So wie dein Name, o Gott, / so reicht
dein Ruhm bis an die Enden der Erde; /
voll der Gerechtigkeit ist deine Rechte.
[12] Darum möge sich freuen der Zion, /
jauchzen sollen die Städte von Juda ob
deiner Gerichte.
[13] Durchwandert den Zion, umschreitet
ihn / und zählt seine Türme.
[14] Achtet auf seine Wälle, mustert seine
Häuser, / auf dass ihr dem Geschlecht der
Zukunft sagen könnt:
[15] So groß ist Gott, / unser Gott für
immer und ewig. / Er, ja er wird uns führen.

Die Nichtigkeit des Reichtums

49 [Dem Chormeister; von den Söhnen Korachs, ein Psalm.]
[2] Horcht auf, all ihr Völker, / vernehmt
es, all ihr Bewohner der Erde!
[3] Ihr Kinder des Volkes, ihr Söhne der
Herren, / allesamt, Reiche wie Arme.
[4] Mein Mund kündet Weisheit, / kluge
Rede ersinnt mein Herz.
[5] Einem Weisheitsspruch will ich neigen
mein Ohr, / beim Klang der Harfe will ich
deuten mein Rätsel.
[6] Was soll an Unheilstagen ich bangen, /
wenn mich umgibt die Bosheit der Gegner?
[7] Sie, die vertrauen auf ihre Schätze / die
sich rühmen der Fülle des Reichtums.
[8] Kann doch niemand sich selber erretten, / niemand ein Lösegeld entrichten
dem Herrn
[9] – allzu hoch wäre der Preis für sein
Leben, / keiner vermag ihn jemals zu zahlen – / [10] dass er immerdar lebe und nicht
schaue den Tod.
[11] Sieht er doch sterben die Weisen, /
Narr und Tor zusammen vergehn.
Ihre Schätze hinterlassen sie Fremden, /
[12] ihr Haus ist für immer das Grab,
von Geschlecht zu Geschlecht ihre
Wohnung, / ob sie auch Länder nannten
ihr Eigen.
[13] Ein Mensch in all seinem Reichtum,
der Einsicht bar, / er gleicht dem Tier, das
zugrunde geht.
[14] Dies ist der Weg all derer, die töricht

vertrauen, / das Ende jener, die schwelgen
im Glück.
15 Wie Schafe stürzen sie nieder zum
Abgrund, weiden wird sie der Tod, / und
es herrschen über sie die Gerechten.
Wie rasch wird dahingehn ihre
Gestalt, / das Totenreich wird ihre Woh-
nung sein.
16 Gott aber entreißt meine Seele der
Unterwelt, / wenn er mich aufnimmt.
17 Gräme dich nicht, wenn einer auch
reich wird, / wenn seines Hauses Güter
sich mehren.
18 Kommt er zum Sterben, er nimmt
kein einziges mit, / nicht steigen mit ihm
hinab seine Güter.
19 Mochte er im Leben sich glücklich
preisen und sagen: / Rühmen werden sie
dich, weil du dir wohl getan.
20 Dennoch muss er hinab zur Schar sei-
ner Väter, / die nicht mehr in Ewigkeit
schauen das Licht.
21 Der Mensch in all seinem Reichtum,
der Einsicht bar, / er gleicht dem Tier, das
zugrunde geht.

Echte Gottesverehrung

50 [Ein Psalm von Asaf.]
Gott, der Herr, hat gesprochen und
aufgerufen die Erde / vom Aufgang der
Sonne bis an den Niedergang.
2 Von Zion, der Schönheit Krone,
erstrahlet der Herr. / 3 Unser Gott ist
gekommen, er hüllt sich nimmer in
Schweigen.
Verzehrendes Feuer geht vor ihm her, /
rings um ihn erbrausen die Stürme.
4 Den Himmel und die Erde ruft er auf, /
Gericht zu halten über sein Volk:
5 Versammelt um mich meine From-
men, / die beim Opfer mit mir geschlossen
den Bund.
6 Seine Gerechtigkeit künden die Him-
mel, / Gott selber sitzt zu Gericht.
7 Höre, mein Volk, ich will reden; / Isra-
el, gegen dich will ich zeugen, / ich, der
Herr, bin dein Gott!
8 Nicht deiner Opfer wegen ergeht an
dich meine Rüge, / deine Brandopfer sind
mir ständig vor Augen.
9 Keine Stiere will ich nehmen von dei-
nem Haus, / keine Böcke aus deinen Her-
den.
10 Denn alles Getier im Wald ist mein, /
zu Tausenden mein das Wild meiner Ber-
ge.
11 Ich kenne alle Vögel des Himmels; /
was sich regt auf den Fluren, es ist mir
bekannt.
12 Hätte ich Hunger, ich müsste es dir
nicht sagen; / mein ist der Erdkreis mit all
seiner Fülle.
13 Sollte ich essen vom Fleisch der Stie-
re, / von den Böcken trinken das Blut?
14 Weihe dem Herrn das Opfer des
Lobes, / dem Höchsten entrichte deine
Gelübde.
15 Dann rufe zu mir am Tag der
Bedrängnis, / ich werde dich retten und du
wirst Ehre mir zollen.
16 Zum Sünder aber redet der Herr: /
Was zählst du daher meine Satzung / und
hast meinen Bund auf den Lippen?
17 Du, der in Wahrheit hasst die Zucht, /
der mein Wort hat verworfen.
18 Sahst du einen Dieb, so liefst du ihm
nach; / und mit Ehebrechern warst du im
Bunde.
19 Deinen Mund ließest du zügellos
reden das Böse, / Lügengewebe ersann
deine Zunge.
20 Du saßest da und sprachst schändlich
von deinem Bruder, / deiner Mutter Sohn
hast du beworfen mit Schmach.
21 Dies hast du getan und ich sollte
schweigen? / Wähntest du, ich wäre dir
gleich? / Rügen muss ich dich und führe es
dir vor Augen.
22 Die ihr Gottes vergessen habt, seht es
ein! / Sonst raffe ich euch hinweg und
niemand ist da, der euch rettet.
23 Der ehrt mich, der mir weiht das
Opfer des Lobes; / der wandelt auf rech-
tem Pfad, ich lasse ihn schauen mein
Heil."

Bitte um Vergebung (Miserere)

51 [Dem Chormeister, ein Psalm von
David, 2 als der Prophet Natan zu
ihm kam, weil er zu Batseba gegangen
war.]
3 Sei mir gnädig, o Gott, nach deiner
Güte, / nach deiner reichen Barmherzig-
keit lösche aus meine Schuld.
4 Bis auf den Grund wasche ab meine
Missetat, / von meiner Sünde mache mich
rein!
5 Denn meine Bosheit erkenne ich

wohl, / immer steht vor Augen mir die
Sünde.
6 Ich habe gesündigt an dir allein; / was
böse vor dir, ich hab es getan.
Nun erweisest du dich in deinem Urteil
gerecht, / und Recht behalten hast du in
deinem Gericht.
7 Siehe, ich bin geboren in Schuld; / ich
war schon in Sünde, als mich die Mutter
empfangen.
8 Doch siehe, du hast Gefallen an der
Wahrheit des Herzens; / in meinem
Innern lehre mich Einsicht.
9 Besprenge mich mit Ysop, so werde ich
rein; / wasche mich und ich werde weißer
als Schnee.
10 Lass mich vernehmen Freude und
Wonne, / und mein zerschlagen Gebein
wird frohlocken.
11 Wende ab von meinen Sünden dein
Angesicht / und tilge all meine Frevel.
12 Ein reines Herz erschaffe mir,
Gott, / und einen festen Geist erwecke
mir neu.
13 Von deinem Antlitz verstoße mich
nicht, / nimm von mir nicht hinweg dei-
nen heiligen Geist.
14 Deines Heiles Wonne schenke mir
wieder, / in willigem Geist mache mich
stark.
15 Dann will ich deine Wege den Irren-
den weisen, / und Sünder werden sich
bekehren zu dir.
16 Befreie mich von der Blutschuld, mein
Gott und mein Retter; / und meine Zunge
wird deine Gerechtigkeit rühmen.
17 Herr, tu auf meine Lippen, / und mein
Mund wird verkünden dein Lob.
18 All die Opfer erfreuen dich nicht, /
wollte ich Brandopfer bringen, / du
nimmst sie nicht an.
19 Mein Opfer, o Gott, ist ein reuiger
Sinn; / ein Herz voll Demut und Reue
wirst du, o Gott, nicht verschmähen.
20 In deiner Güte, o Herr, erweise dich
gnädig an Zion, / lass neu erstehen Jeru-
salems Mauern!
21 Dann wirst du Opfer der Gerechtig-
keit annehmen, / dann wird man Stiere
legen auf deinem Altar.

Gericht über den Mann der Lüge

52 [Dem Chormeister, ein Weisheits-
lied; von David, 2 als der Edomiter
Doëg gekommen war und Saul gemeldet
hatte: David ist in das Haus Ahimelechs
gegangen.]
3 Was rühmst du dich deiner Bosheit,
verruchter Mann der Gewalt? / Die Güte
Gottes währt den ganzen Tag!
4 Dein Sinnen geht allzeit auf Unheil, /
einem scharfen Messer gleicht deine Zun-
ge, du, der Trug nur vollbringt!
5 Das Böse liebst du mehr als das Gute, /
Lügenrede mehr als die Sprache der
Wahrheit.
6 Du liebst nur Worte, die Verderben
stiften, / du tückische Zunge!
7 Darum wird Gott dich vernichten, / er
wird dich verstoßen auf ewig.
Er reißt dich aus deinem Zelt, / aus dem
Land der Lebenden reißt er dich aus.
8 Schaudernd werden es sehen die
Gerechten / und werden seiner noch spot-
ten:
9 Seht ihn, der seine Zuflucht nicht
setzte auf Gott, / der sich verließ auf die
Fülle des Reichtums, / der mächtig wurde
durch seine Frevel.
10 Ich aber bin wie ein Ölbaum, grünend
im Haus meines Gottes, / immerdar hoffe
ich auf Gottes Erbarmen.
11 Preisen will ich dich ewiglich, weil du
solches getan; / und deinen Namen voll
Güte – / ich will ihn verkünden im Ange-
sicht deiner Heiligen.

Der Mensch ohne Gott

53 [Dem Chormeister; nach der Wei-
se „Machalat", ein Weisheitslied
von David.]
2 In seinem Herzen redet der Tor: / Es
gibt keinen Gott.
Verderbt sind sie, ihr Treiben ein
Gräuel; / keiner ist da, der Gutes tut.
3 Vom Himmel her blickt Gott auf die
Menschen, / zu sehen, ob einer verständig,
ob einer Gott sucht.
4 Doch alle sind abgewichen, alle ver-
dorben; / nicht einer, der Gutes täte, nicht
einer.
5 Werden zur Einsicht nicht kommen,
die Böses tun? / Sie verschlingen mein
Volk, als äßen sie Brot, / nicht rufen sie an
den Herrn.
6 Nun aber mussten sie erbeben in
Furcht, / wo sonst ein Fürchten nicht war.
Die dich belagert haben – Gott hat zer-
schlagen ihr Gebein; / zuschanden wurden
sie, weil Gott sie verworfen hat.

7 Käme doch von Zion für Israel Heil! /
Einst, wenn der Herr das Los seines Vol-
kes wendet, / dann wird Jakob frohlocken
und jubeln wird Israel.

Bitte an Gott, den Herrn des Gerichts

54 [Dem Chormeister, mit Saiten-
spiel; ein Weisheitslied von David,
2 nachdem die Sifiter zu Saul gekommen
waren und meldeten: David hält sich bei
uns verborgen.]
3 Hilf mir, Gott, in der Kraft deines
Namens, / sei meiner Sache ein mächtiger
Anwalt!
4 Höre, o Gott, mein Gebet, / lausche
dem Wort meines Mundes!
5 Denn gegen mich erhoben sich Stol-
ze, / Männer der Gewalt, sie trachten mir
nach dem Leben, / nicht haben sie Gott
vor Augen.
6 Doch siehe, Gott ist mein Helfer, /
meines Lebens erhaltende Kraft ist der
Herr.
7 Wende zurück das Unheil auf meine
Gegner, / um deiner Treue willen mache
sie zunichte.
8 Dann will ich dir Opfer bringen in
Freude, / preisen will ich, o Herr, deinen
Namen, denn er ist gut.
9 Er hat mich entrissen all meiner Trüb-
sal, / und mein Auge sieht auf meine
Feinde herab.

Gebet eines Verfolgten

55 [Dem Chormeister, mit Saiten-
spiel; ein Weisheitslied von Da-
vid.]
2 Höre, o Gott, auf mein Beten, / mei-
nem Flehen verschließe dich nicht!
3 Neige dich mir zu und erhöre mich! /
Ich bin getrieben von meiner Angst,
4 verwirrt vom Lärmen des Feindes /
und von des Sünders Geschrei.
Denn sie bringen über mich Unheil, /
sie feinden wütend mich an.
5 Das Herz in meinem Innern ist mir
verstört, / Todesschrecken fällt über mich.
6 Es überkommt mich Fürchten und
Zagen, / und Schauer erfasst mich.
7 Ich sage: Oh, hätte ich die Flügel der
Taube, / ich flöge auf und käme zur Ruhe.
8 Ja, entfliehen wollte ich, weit von hier, /
in der Einöde wollte ich wohnen.
9 Eilig suchte ich mir eine Zuflucht, /
gefeit vor Wetter und Wind.
10 Zerstreue sie, Herr, ihre Sprache ent-
zweie, / schau ich doch Zwietracht nur
und Gewalt in der Stadt.
11 Tag und Nacht umkreisen sie die Stadt
auf den Mauern, / und drinnen hausen
Bedrückung und Frevel.
12 In ihrer Mitte wohnt Falschheit, /
nicht weicht von ihren Straßen Beste-
chung und Trug.
13 Hätte mich geschmäht nur mein
Feind, / ich hätte es wohl ertragen;
hätte sich gegen mich erhoben mein
Hasser, / ich hätte mich verborgen vor
ihm.
14 Du aber warst es, mein Gefährte, / du,
mein Freund, mein Vertrauter.
15 Einer, mit dem ich pflegte holde
Gemeinschaft, / in festlichem Zuge pilger-
ten wir zum Hause des Herrn.
16 Jäh soll sie treffen der Tod, / lebendig
sollen sie fahren zum Abgrund; / denn wo
sie weilen, in ihrer Mitte ist Bosheit.
17 Ich aber rufe zu Gott, / und der Herr
wird mich retten.
18 Ich will vor ihm klagen und seufzen
am Abend, am Morgen, am Mittag, / und
hören wird er auf meine Stimme.
19 In den Frieden erlöst er meine Seele
vor denen, die mich befehden / denn viele
sind gegen mich.
20 Gott wird mich hören und er zwingt
sie nieder, / er, der herrscht von Ewigkeit. /
Denn sie wandeln sich nicht und kennen
keine Gottesfurcht.
21 Erhebt doch ein jeder gegen seine
Vertrauten die Hand, / treulos dem gege-
benen Wort.
22 Glatt wie Butter ist seine Miene, / im
Herzen aber sinnt er Krieg.
Seine Reden sind linder als Öl, / doch in
Wahrheit sind es erhobene Schwerter.
23 Wirf auf den Herrn deine Sorge, er
wird dich erhalten; / den Gerechten lässt
er nicht wanken in Ewigkeit.
24 Du aber, Gott, stürze sie alle hinab in
die Grube des Todes. / Männer, die Bluttat
verüben und Trug,
nicht die Hälfte ihrer Tage werden sie
sehen; / ich aber, o Herr, ich vertraue auf
dich.

Der Gläubige wird nicht stürzen

56 [Dem Chormeister, nach der Wei-
se „Stumme Taube der Ferne“; ein

Lied Davids, als die Philister ihn in Gat
ergriffen.]
2 Sei mir gnädig, Gott, denn die Men-
schen treten mich nieder, / in ständigem
Streit bedrängen sie mich.
3 Unablässig treten mich die Feinde mit
Füßen; / die mich befehden, ihrer sind
viele.
4 Am dem Tag, da Furcht mich befällt, /
Allerhöchster, vertraue ich auf dich.
5 Auf Gott, dessen Verheißung ich prei-
se, / auf Gott will ich hoffen, ich fürchte
mich nicht. / Was könnte mir antun ein
Mensch!
6 Den ganzen Tag schmähen sie mich, /
all ihr Sinn ist gerichtet, mich zu verder-
ben.
7 Sie rotten sich zusammen und lauern
mir auf, / sie achten auf meine Schritte, /
meinem Leben stellen sie nach.
8 Nach ihrer Bosheit zahl ihnen heim; / o
Gott, wirf sie nieder, die Völker!
9 Aufgezeichnet hast du meine Wege im
Elend, / in deinem Krug hast du meine
Tränen verwahrt; / ist nicht alles in dei-
nem Buch versiegelt?
10 Meine Feinde weichen zurück, sobald
ich dich rufe; / weiß ich doch in Wahrheit:
Gott ist für mich.
11 Auf Gott dessen Wort ich lobpreise, /
auf den Herrn, dessen Verheißung ich
preise,
12 auf Gott will ich hoffen, ich fürchte
mich nicht. / Was könnte mir antun ein
Mensch!
13 Ich schulde dir, was ich gelobt, o
Gott, / Dankesopfer will ich dir weihen.
14 Denn mein Leben hast du entrissen
dem Tod, / meine Füße bewahrt vor dem
Fall, / dass ich wandle vor Gott im Licht
der Lebenden.

Inmitten von Löwen

57 [Dem Chormeister, nach der Wei-
se „Vertilge nicht"; ein Lied Da-
vids, als er vor Saul in die Höhle floh.]
2 Erbarme dich meiner, o Gott, erbarme
dich meiner; / es flüchtet zu dir meine
Seele.
Im Schatten deiner Flügel suche ich
Zuflucht, / bis vorüber das Unheil.
3 Ich rufe zu dem Höchsten, dem
Herrn, / zu Gott, der mir Gutes getan.
4 Er sende Hilfe vom Himmel und rette
mich, / er schlage mit Schande, die mich
verfolgen. / Gott sende seine Huld und
Treue.
5 Weilen muss ich inmitten von
Löwen, / sie verschlingen Menschen voll
Gier.
Ihre Zähne sind Lanzen und Pfeile, / ein
geschliffenes Schwert ihre Zunge.
6 Zeige dich in deiner Hoheit am Him-
mel, o Herr, / über der ganzen Erde gehe
auf deine Herrlichkeit!
7 Sie legten mir ein Netz vor die Füße, /
meine Seele beugten sie nieder.
Sie hoben vor mir eine Grube aus, / o
dass sie doch selber fielen hinein.
8 Mein Herz ist getrost, o Gott, mein
Herz ist getrost, / ich will dir singen und
spielen.
9 Wach auf, meine Seele; / Psalter und
Harfe, wacht auf! / Ich will das Morgenrot
wecken.
10 Unter den Völkern will ich dich prei-
sen, Herr, / unter den Heiden will ich dir
singen.
11 Denn bis an den Himmel reicht dein
Erbarmen, / bis an die Wolken reicht
deine Treue.
12 Zeige dich in deiner Hoheit am Him-
mel, o Gott, / über der ganzen Erde gehe
auf deine Herrlichkeit!

Das Gericht über die irdischen Richter

58 [Dem Chormeister, nach der Wei-
se „Vertilge nicht"; ein Lied von
David.]
2 Ihr Mächtigen, sprecht ihr in Wahrheit
Recht? / Ihr Menschensöhne, richtet ihr
nach Gerechtigkeit?
3 Nein, im Herzen hegt ihr Bosheit, /
Unrecht bringen euere Hände dem Land.
4 Abgewichen sind die Gottlosen vom
Mutterleib an; / vom Schoß der Mutter an
gehen irrige Wege die Lügner.
5 Gift ist in ihnen wie Schlangengift, /
wie Gift einer tauben Natter, die ver-
schließt ihre Ohren.
6 Nicht will sie vernehmen des Zaube-
rers Stimme, / des Schlangenbeschwörers,
der kundig starker Beschwörung.
7 Brich ihnen aus, o Gott, die Zähne im
Mund, / Herr, das Gebiss zerschlage den
Löwen.
8 Sie sollen vergehen wie Wasser, die sich
verlaufen, / verwelken wie Gras, das zer-
treten wird.
9 Sie sollen vergehen, wie die Schnecke

vergeht, / wie einer Frau Fehlgeburt, die
niemals Sonne erblickt.
10 Eh noch am Dornenfeuer ihre Töpfe
warm werden, / ja, solange grün noch der
Dorn, fege ihn der Glutwind hinweg.
11 Es freut sich der Gerechte, wenn Ver-
geltung er schaut, / seine Füße wird er
baden im Blut des Frevlers.
12 Und die Menschen werden dann
sagen: / Wahrlich, dem Gerechten wird
doch sein Lohn; / wahrlich, es ist ein Gott,
der richtet auf Erden.

Gegen die Gottlosen

59 [Dem Chormeister, nach der Wei-
se „Vertilge nicht"; ein Lied von
David, als Saul aussandte und sein Haus
bewachen ließ, um ihn zu töten.]
2 Rette mich vor meinen Feinden, mein
Gott, / beschütze mich vor denen, die
gegen mich aufstehn.
3 Rette mich aus den Händen der Frev-
ler; / von den Männern, die Bluttat ver-
üben, befreie mich.
4 Siehe, sie trachten mir nach dem
Leben, / es verschwören sich Mächtige
gegen mich. / Kein Vergehen ist in mir, o
Herr, keine Sünde.
5 Schuldlos bin ich, sie aber stürmen vor
und greifen mich an. / Wach auf, geh mir
entgegen und sieh;
6 denn du, Herr der himmlischen Heere,
du bist Israels Gott. / Wach auf und züch-
tige all die Heiden; / die Treulosen, ver-
schone sie nicht.
7 Abend für Abend kehren sie wieder /
und heulen wie Hunde und durchstreifen
die Stadt.
8 Siehe, wie geifert ihr Mund, / auf ihren
Lefzen ist Schmähung; / Wer soll uns
hören?
9 Du aber, Herr, du lachst über sie, / all
die Völker sind dir zum Spott.
10 Du, meine Stärke, auf dich will ich
schauen, / denn du, o Gott, du bist meine
Zuflucht,
11 du, mein Gott, mein Erbarmer! / Es
komme mir Gott zu Hilfe, / er lasse mich
frohlocken über all meine Feinde.
12 Töte sie nicht, damit es mein Volk
nicht vergisst. / In deiner Macht verwirre
sie und trete sie nieder, / o Herr, unser
Schild!
13 Jedes Wort ihrer Lippen ist Sünde in
ihrem Mund; / ihr Hochmut komme über
sie, ihre Flüche, ihr Lügengerede.
14 Verderbe sie im Grimm, verderbe sie
bis zur Vernichtung! / Wissen soll man:
Gott regiert in Jakob / bis an die Enden der
Erde.
15 Abend für Abend kehren sie wieder /
und heulen wie Hunde und durchstreifen
die Stadt.
16 Sie schweifen umher und suchen zu
fressen; / und wurden sie nicht satt, so
erheben sie ihr Geheul.
17 Ich aber will singen von deiner
Macht, / am Morgen schon jubeln über
deine Barmherzigkeit.
Denn du bist mir Zuflucht geworden, /
eine feste Burg am Tage meiner Bedräng-
nis.
18 Du, meine Stärke, auf dich will ich
schauen, / denn du, o Gott, du bist meine
Zuflucht, / du, mein Gott, mein Erbarmer.

Gebet des Volkes nach der Niederlage

60 [Dem Chormeister, nach der Wei-
se „Lilie"; ein Zeugnis; ein Lied von
David; 2 zur Unterweisung; als er gegen die
Aramäer Mesopotamiens und gegen die
Aramäer von Zoba auszog und als Joab
zurückkehrte, die Edomiter im Salztal
schlug, zwölftausend Mann.]
3 Du hast uns verstoßen, o Gott, unsere
Reihen zerbrochen; / du hast uns gezürnt,
nun stelle uns wieder her!
4 Erschüttert hast du das Land und hast
es zerrissen; / es wankt, o mache heil seine
Risse.
5 Hartes hast du auferlegt deinem Volk, /
zu trinken gabst du uns betäubenden
Wein.
6 Stelle denen, die dich fürchten, ein
Zeichen auf, / damit sie fliehen können
vor dem Bogen.
7 Ja, dass gerettet werden deine Gelieb-
ten, / sende Hilfe mit deiner Rechten,
erhöre uns!
8 In seinem Heiligtum hat Gott einst
gesprochen: / Frohlockend will ich Sichem
verteilen, / vermessen will ich das Tal von
Sukkot.
9 Mein ist Gilead und mein ist Manas-
se, / und Efraim ist der Schutzschild für
mein Haupt, / mein Zepter ist Juda.
10 Doch Moab sei mir Schüssel zum
Waschen, / auf Edom setze ich meinen

Schuh / und triumphieren will ich über
das Land der Philister!
11 Wer bringt mich hin zu der festen
Stadt? / Wer wird mich geleiten nach
Edom?
12 Hast du uns nicht verstoßen, o Gott, /
und ziehest nicht mehr, o Gott, aus mit
unseren Heeren?
13 Schaff uns Hilfe gegen den Feind, /
denn der Menschen Hilfe ist nutzlos.
14 Mit Gott werden tapfer wir streiten, /
und er wird niedertreten unsere Feinde.

Gebet eines Verbannten

61 [Dem Chormeister, mit Saiten-
spiel; von David].
2 Höre mein Rufen, o Gott, / merke auf
mein Gebet.
3 Ich rufe zu dir vom Ende der Erde, / da
mir verschmachtet das Herz. / Hebe mich
empor auf den Felsen und schaffe mir
Ruhe,
4 meine Zuflucht bist du, / ein starker
Turm vor dem Feind.
5 Dass ich doch immer wohnen dürfte in
deinem Zelt, / im Schatten deiner Flügel
geborgen!
6 Denn du, Gott, du hast mein Gelübde
vernommen, / du hast mir gegeben das
Erbe, / zugedacht jenen, die deinen
Namen verehren.
7 Tage um Tage verleihe dem König, /
und seine Jahre seien die Jahre vieler
Geschlechter.
8 Herrschen möge er ewig vor Gott; /
sende aus deine Huld und Treue, ihn zu
behüten.
9 So will ich deinem Namen allzeit lob-
singen / und alle Tage will ich erfüllen
meine Gelübde.

Gott, die einzige Hoffnung

62 [Dem Chormeister, nach Jedutun;
ein Psalm von David.]
2 Meine Seele ruht in Gott, / von ihm
allein kommt mir Hilfe.
3 Er allein ist mein Fels und mein
Heil; / er ist meine Burg, ich werde nicht
wanken.
4 Wie lange noch bedroht ihr alle den
einen, / ihn zu stürzen wie eine Wand, die
sich neigt, / wie eine sinkende Mauer?
5 Wahrlich, sie wollen mich stoßen von
meiner Höhe, / sie, deren Freude die Lüge
ist.
In ihrem Munde ist Segen, / im Herzen
aber tragen sie Fluch.
6 Meine Seele ruht in Gott, / von ihm
allein kommt mir Hilfe.
7 Er allein ist mein Fels und mein Heil; /
er ist meine Burg, ich werde nicht mehr
wanken.
8 Mein Heil und meine Ehre, sie sind bei
Gott; / er ist der Fels meiner Kraft, ja, Gott
ist mir Zuflucht.
9 Mein Volk, zu allen Zeiten hoffe auf
ihn, / gießt aus vor ihm euere Herzen, /
denn unsere Zuflucht ist Gott.
10 Die Menschen alle sind nur ein
Hauch, / trügerisch sind die Kinder der
Menschen.
Sie schnellen empor auf der Waage, /
allesamt sind sie leichter als ein Hauch.
11 Verlasst euch nicht auf Gewalt / und
rühmt euch nicht des Raubes; / und
wachsen euere Güter, hängt euer Herz
nicht daran!
12 Eines hat Gott gesprochen, / zwei
Dinge sind es, die ich vernahm:
13 Gott hat die Macht, / und dein, o Herr,
ist die Gnade. / Du wirst einem jeden nach
seinem Werk vergelten.

Die Sehnsucht nach Gott

63 [Ein Psalm von David, als er in der
Wüste Juda weilt.]
2 Gott, du mein Gott, gar sehnlich suche
ich dich; / es dürstet nach dir meine Seele.
Nach dir verlangt mein Leib / gleich
einem dürren, lechzenden Land ohne
Wasser.
3 So schaue ich aus nach dir im heiligen
Zelt, / deine Kraft und deine Herrlichkeit
möchte ich schauen.
4 Denn besser ist deine Güte als das
Leben; / meine Lippen singen dir Lob.
5 Ich will dich rühmen mein Leben
lang, / in deinem Namen erhebe ich meine
Hände.
6 Wie von Fett und Mark wird satt meine
Seele, / und mit Lippen des Jubels lobsingt
mein Mund.
7 Auf meinem Lager denke ich an dich, /
in den Nachtwachen geht mein Sinnen zu
dir.
8 Fürwahr, du bist mir ein Helfer gewor-
den, / jubeln darf ich in deiner Fittiche
Hut.
9 Meine Seele hängt an dir, / es hält mich
fest deine Rechte.

[10] Die aber verderben wollen mein
Leben, / sie fahren hinab zu den Tiefen der
Erde,
[11] preisgegeben des Schwertes Gewalt, /
den Schakalen zur Beute.
[12] Der König aber wird sich freuen in
Gott, / rühmen wird sich jeder, der
geschworen hat auf ihn, / Des Lügners
Mund wird verstummen.

Bestrafung der Verleumder

64 [Dem Chormeister; ein Psalm von David.]
[2] Höre, o Gott, meine Stimme, ich klage
vor dir; / vor dem Schrecken des Feindes
bewahre mein Leben!
[3] Schütze mich vor der Rotte der
Bösen, / vor dem Toben der Frevler.
[4] Sie wetzen ihre Zunge gleich einem
Schwert, / gleich giftigen Pfeilen schnellen
sie ab ihre Rede,
[5] um den Schuldlosen zu treffen aus
ihrem Versteck, / ohne Scheu ihn jählings
zu fällen.
[6] Entschlossen sind sie zum Bösen, / ihm
heimlich Schlingen zu legen, fassen sie
ihren Plan. / Sie sagen: Wer wird uns
sehen?
[7] Frevel denken sie aus, verbergen schlau
ihre Ränke; / eines jeden Herz und Sinn ist
ein Abgrund!
[8] Gott aber trifft sie mit seinen Pfeilen, /
jählings sind sie geschlagen mit Wunden.
[9] Untergang bereitet ihnen die eigene
Zunge. / Alle, die sie sehen, schütteln das
Haupt über sie.
[10] Und alle sind ergriffen von Furcht und
preisen das Walten des Herrn, / und sie
erwägen, was er getan hat.
[11] Es freut sich der Gerechte im Herrn, /
er findet bei ihm seine Zuflucht; / alle, die
redlichen Herzens sind, dürfen sich rühmen.

Dankhymnus

65 [Dem Chormeister; ein Psalm von David, ein Lied.]
[2] Dir, o Gott, gebührt Lobpreis in Zion; /
dir erfüllt man die Gelübde.
[3] Der du erhörst die Bitten, / [4] schuldbe-
laden kommt zu dir alles Fleisch.
Unsere Missetaten drücken uns nieder, / du aber nimmst sie hinweg.
[5] Selig, wen du erwählst und auf-
nimmst, / dass er wohne in deinen Hallen.
An deines Hauses Gütern werden wir
satt, / an der Heiligkeit deines Tempels.
[6] In deiner Gerechtigkeit erhörst du uns,
o Gott, unser Helfer, / durch furchtbar
erhabene Zeichen.
Du Hoffnung aller Enden der Erde, / du
Hoffnung der fernsten Gestade.
[7] Der du sicher gründest die Berge in
deiner Kraft, / der du dich gürtest mit
Macht;
[8] der du stillst das Rauschen des Mee-
res, / das Rauschen seiner Fluten / und das
Toben der Völker.
[9] Vor Zeichen erschauern, die wohnen
an den Enden der Erde, / die Lande im
Aufgang und Niedergang erfüllst du mit
Jubel.
[10] Aufgesucht hast du die Erde und hast
sie getränkt, / du hast ihr verliehen die
Fülle des Segens.
Des Wassers voll ist der Gottesbach, /
wohl geraten ließest du ihnen das Korn; so
hast du bereitet die Erde.
[11] Ihre Furchen hast du getränkt, ihre
Schollen geebnet; / Du hast sie aufgetan
durch den Regen und hast gesegnet die
sprossende Saat.
[12] Du krönst das Jahr mit dem Kranz
deiner Güte, / fruchtbare Fülle quillt, wo
wandelt dein Fuß.
[13] Es prangen die Auen der Steppe, / es
gürten sich die Hügel mit Jauchzen.
[14] Die Anger bekleiden sich mit Her-
den, / die Täler wogen von Korn, / und alle
jauchzen dir zu und singen.

Danklied des Volkes

66 [Dem Chormeister; ein Lied, ein Psalm.]
Frohlockt dem Herrn, alle Lande, /
[2] singt den Ruhm seines Namens, / hehren
Lobgesang bringt ihm dar!
[3] Sprecht zu Gott: Wie wunderbar sind
deine Werke! / Deiner gewaltigen Kraft
müssen die Feinde sich beugen.
[4] Alle Erde bete dich an und singe dein
Lob, / deinen Namen soll sie besingen.
[5] Kommt und schaut die Taten des
Herrn; / wunderbar, was er vollbrachte
unter den Menschen.
[6] Er hat gewandelt das Meer in trockenes
Land, / ihre Füße durchschritten die
Flut, / darum wollen wir seiner uns freuen.
[7] In seiner Allmacht regiert er auf ewig, /

seine Augen achten der Völker, / dass die
Empörer sich nicht überheben.
8 Preist unsern Gott, ihr Völker der Hei-
den, / laut verkündet sein Lob!
9 Der unserer Seele Leben verlieh, / nicht
wanken ließ unsere Füße.
10 Wohl hast du, Gott, uns geprüft, / uns
geläutert im Feuer, wie man läutert das
Silber.
11 Du hast uns geführt in das Fangnetz, /
drückende Last gelegt an unsere Hüften.
12 Menschen ließest du schreiten über
unsere Häupter, / wir mussten gehen
durch Feuer und Wasser; / nun aber hast
du unsere Bande gelöst.
13 Mit Brandopfern tret ich ein in dein
Haus, / ich will dir entrichten, was ich
gelobte,
14 wie es auf die Lippen mir kam, / wie
mein Mund es versprach in der Trübsal.
15 Opfer von fetten Schafen weihe ich dir
mit dem Mark der Widder, / Rinder und
Böcke bringe ich dar.
16 Alle, die ihr Gott fürchtet, kommt
herbei, / hört, und ich will euch erzählen,
was er Großes meiner Seele getan.
17 Noch rief ich mit meinem Mund zu
ihm, / da durfte ihn meine Zunge schon
preisen.
18 Hätte ich im Herzen getragen ein
Unrecht, / nicht hätte der Herr mich
erhört.
19 Gott aber hat mich erhört, / er hat
geachtet auf mein flehendes Rufen.
20 Gepriesen sei Gott, der nicht ver-
schmähte mein Flehen, / der nicht abge-
wendet von mir sein Erbarmen.

Erntedanklied

67 [Dem Chormeister; mit Saiten-
spiel, ein Psalm, ein Lied.]
2 Gott sei uns gnädig, er segne uns, / er
lasse uns leuchten sein Angesicht,
3 dass wir seinen Weg erkennen auf
Erden, / bei allen Völkern sein Heil.
4 Dich sollen preisen, o Gott, die Völ-
ker, / alle Völker sollen dich preisen.
5 Freuen sollen sich alle Stämme und
jubeln, / denn du regierst die Völker
nach Recht. / du lenkst alle Stämme auf
Erden.
6 Dich sollen preisen, o Gott, die Völ-
ker, / alle Völker sollen dich preisen.
7 Die Erde gab ihre Frucht: / Der Herr,
unser Gott, er hat uns gesegnet.
8 Gott gebe uns seinen Segen, / und
fürchten sollen ihn alle Enden der Erde.

Gottes Triumphzug

68 [Dem Chormeister; ein Psalm von
David.]
2 Gott erhebt sich, seine Feinde müssen
zerstieben; / es fliehen vor seinem Ange-
sicht, die ihn hassen.
3 Sie müssen verwehen, wie Rauch ver-
weht; / wie Wachs zerfließt vor dem Feu-
er, / so schwinden dahin vor Gottes Ange-
sicht die Sünder.
4 Die Gerechten aber dürfen sich freu-
en, / sie jubeln vor dem Angesicht Got-
tes, / sie jauchzen in Wonne.
5 Singt dem Herrn, lobsingt seinem
Namen, / schafft ihm Bahn, der auf den
Wolken dahinfährt, / sein Name ist Herr,
frohlocket vor ihm!
6 Ein Vater der Waisen, ein Beschützer
der Witwen, / dies ist Gott in seiner Woh-
nung.
7 Gott schafft den Heimatlosen ein
Heim, / die Gefangenen führt er heraus in
die Freiheit, / im dürren Land verbleiben
nur die Empörer.
8 O Gott, als du zogst deinem Volke
voraus, / als du schrittst dahin die Wüste:
9 Da erbebte die Erde, / vor Gottes
Angesicht zerflossen die Himmel, / vor
Gott, dem Gott Israels, erbebte der Sinai.
10 Deinem Erbe, Gott, gabst du reichli-
chen Regen; / da es entkräftet war, gabst
du ihm Kraft.
11 Hier gabst du deiner Herde die Hei-
mat, / in deiner Güte hast du, o Gott, sie
bereitet den Armen.
12 Ein Wort ging aus von dem Herrn;
viele waren der Botinnen, die kündeten
froh:
13 Die Heerkönige fliehen, sie fliehen! /
Die Söhne des Hauses verteilen die Beute!
14 Als ihr hingelagert wart bei eueren
Herden,
da glänzten silbern die Flügel der Taube,
ihre Schwingen von rötlichem Gold.
15 Dort war es, als der Allmächtige die
Fürsten zerstreute, / an jenem Tage fiel
Schnee auf dem Zalmon.
16 Gar hohe Berge sind die Berge von
Baschan, / voll hoher Gipfel die Berge von
Baschan.
17 Was blickt ihr neidisch, ihr Gipfel der
Berge, / neidisch gegen den Berg, den Gott

sich zur Wohnung erkor? / Ja, wohnen
wird der Herr auf jenem Berge für immer.
18 Zahllos sind die Wagen Gottes, tau-
send und tausend, / also zieht vom Sinai
der Herr in das Heiligtum.
19 Emporgestiegen bist du zur Höhe, /
deine Gefangenen führst du mit;
du nahmst Gaben von Menschen ent-
gegen, auch von Empörern, / um dort zu
wohnen, Herr, als Gott.
20 Gepriesen sei der Herr an jedem Tag! /
Er trägt unsere Lasten, Gott, unser Heil.
21 Ein Gott des Heils ist unser Gott, / ja,
Gott, der Herr, lässt dem Tod entrinnen.
22 Wahrlich, Gott zerschmettert seinen
Feinden das Haupt, / den haarigen Schei-
tel denen, die einhergehen in Sünden.
23 Es sprach der Herr: Ich hole sie
herunter von Baschan, / ich hole sie aus
der Tiefe des Meeres,
24 dass deinen Fuß du badest in ihrem
Blut, / dass deine Hunde noch lecken
ihren Teil von den Feinden.
25 Wir schauen, o Gott, deinen Einzug, /
den Einzug meines Gottes und Königs in
die heilige Stätte.
26 Voraus die Sänger, Saitenspieler folgen
hernach, / inmitten der Jungfrauen, die
schlagen die Pauke.
27 In festlichen Chören preisen sie Gott,
den Herrn von Israels Quelle her.
28 Da ist Benjamin, der Jüngste, er
schreitet voran, / da sind mit ihren Scha-
ren die Fürsten von Juda, / die Fürsten von
Sebulon, die Fürsten von Naftali.
29 Gott, biete auf deine Macht, / deine
Macht, Gott, der du wirkst für uns;
30 von deinem Tempel aus über Jerusa-
lem, wohin Könige dir Gaben bringen.
31 Deine Macht erweise am Tier des
Schilfes, / an der Rotte der Starken und an
den Herrschern der Völker!
Tritt nieder, die Wohlgefallen haben an
Silber! / Zerstreue die Völker, die sich
freuen am Krieg!
32 Man bringe Geräte aus Erz aus Ägyp-
ten, / Kusch soll seine Hände erheben zu
Gott.
33 Ihr Reiche der Erde, lobsingt Gott, /
singt und spielt für den Herrn,
34 der über die Himmel dahinfährt, die
Himmel, die ewig alten. / Hört, er lässt
seine Stimme erschallen, seine gewaltige
Stimme.
35 Erkennt an Gottes Macht! / Seine
Hoheit erstrahlt über Israel, / hoch in den
Wolken erstrahlt seine Macht.
36 Furchtbar ist Gott an seinen heiligen
Stätten, / Israels Gott, er verleiht seinem
Volk Stärke und Macht. / Gott sei geprie-
sen!

Klagelied

69 [Dem Chormeister nach der Weise
„Lilien"; von David.]
2 Rette mich, Gott, / die Wasser reichen
mir bis an die Kehle.
3 Eingesunken bin ich in tiefem
Schlamm, / es findet mein Fuß keinen
Grund.
Ich kam in die Tiefen der Wasser, / die
Fluten strömen hinweg über mich.
4 Müde bin ich geworden vom Rufen, /
meine Kehle ist heiser.
Mir ermatten die Augen, / da ich muss
warten auf meinen Gott.
5 Mehr sind als Haare auf meinem
Haupt, / die grundlos mich hassen. / Und
die mich befehden zu Unrecht,
stärker sind sie als meine Glieder; / soll
ich zahlen, was ich nicht raubte?
6 Gott, du kennst meine Torheit, / und
meine Vergehen sind nicht verborgen vor
dir.
7 An mir sollen zuschanden nicht wer-
den, die auf dich hoffen, / o Herr, du Herr
der himmlischen Heere.
Nicht seien an mir beschämt, / die dich
suchen, Gott Israels.
8 Denn um deinetwillen ertrag ich
Beschimpfung, / Schamröte bedeckt mein
Angesicht.
9 Entfremdet bin ich meinen Brüdern, /
den Söhnen meiner Mutter ein Fremdling.
10 Denn der Eifer um dein Haus, er hat
mich verzehrt; / und wenn sie dich
schmähten, fiel die Schmach über mich.
11 Durch Fasten habe ich niedergebeugt
meine Seele, / und auch dies wurde mir
gewandelt in Schmach.
12 Ich nahm zum Kleid ein härenes
Gewand, / und zum Spott bin ich ihnen
geworden.
13 Es reden gegen mich, die sitzen am
Tore, / beim Weingelage singen sie Lieder
auf mich.
14 Ich aber richte zu dir, o Herr, mein
Gebet, / zur Zeit der Gnade, o Gott.
Nach deiner großen Güte erhöre mich, /
hilf mir in deiner Treue.

15 Entreiße mich dem Schlamm und lass
mich nicht sinken, / von denen, die mir
übel wollen, befreie mich, / rette mich aus
den Tiefen der Wasser:
16 Dass mich nicht überströmen die Flu-
ten, / die Tiefe mich nicht begrabe, / dass
den Rachen nicht über mir schließe der
Abgrund.
17 Erhöre mich, Herr, denn deine Gnade
ist mild, / aus der Fülle deines Erbarmens
blicke mich an.
18 Verbirg nicht dein Angesicht vor dei-
nem Knecht, / bedrängt bin ich, erhöre
mich bald.
19 Nahe dich meiner Seele, erlöse sie, /
meiner Feinde zum Trotz errette mich.
20 Du kennst meine Schmach, meine
Verwirrung und Schande,
vor deinen Augen stehen alle, die mich
bedrängen.
21 Das Herz ist mir gebrochen vor
Schmach, / ich bin am Erlöschen.
Ich harrte, ob einer Mitleid habe, doch
es war keiner; / ob einer mich tröste, doch
es war keiner zu finden.
22 Sie gaben mir Galle unter die Speise, /
in meinem Durst Essig zum Trank.
23 So möge ihr Tisch ihnen werden zur
Schlinge, / und ihren Freunden zum Fall-
strick.
24 Verdunkelt seien ihre Augen, dass sie
nicht sehen, / kraftlos ihre Hüften für
immer.
25 Gieße aus über sie deinen Grimm, /
die Glut deines Zornes erfasse sie.
26 Ihre Wohnstatt möge veröden, / kei-
ner mehr soll wohnen in ihren Zelten.
27 Weil sie verfolgen, den du selber
geschlagen; / den du verwundet, sie meh-
ren seinen Schmerz.
28 Häufe ihnen noch Schuld auf
Schuld, / nicht sollen sie gelten bei dir als
Gerechte.
29 Ausgelöscht sollen sie sein aus dem
Buch der Lebenden; / nicht eingeschrieben
mit den Gerechten.
30 Elend bin ich und voll der Schmer-
zen; / Gott, deine Hilfe beschütze mich.
31 Den Namen Gottes will ich preisen im
Lied, / in festlichem Dank will ich ihn
rühmen.
32 Mehr als der Opferstier findet dies
Gefallen vor Gott, / mehr als Jungstiere
mit Hörnern und Klauen.
33 Schaut her, ihr Bedrückten, und wer-
det froh; / die ihr Gott sucht, es lebe auf
euer Herz.
34 Denn es hört der Herr auf die
Armen, / seine Gefangenen achtet er nicht
gering.
35 Loben sollen ihn Himmel und Erde, /
das Meer und was sich regt in ihm.
36 Denn Gott wird Zion erretten, / neu
erbauen wird er die Städte von Juda, / und
sie werden wohnen dort und besitzen das
Land.
37 Und die Söhne seiner Knechte werden
es erben; / und die seinen Namen lieben,
sie wohnen darin.

Hilferuf in der Not

70 [Dem Chormeister; von David,
zum Gedächtnisopfer.]
2 O Gott, mich zu retten, / eile, Herr, mir
zu helfen.
3 Zuschanden sollen werden und erröten
in Schmach, / die nach dem Leben mir
trachten.
Von Scham befallen, sollen sie wei-
chen, / die sich freuen an meinem
Unglück.
4 Sie sollen weichen, beladen mit Schan-
de, / die mich höhnen: So ist es recht.
5 Doch jubeln sollen und deiner sich
freuen / alle, die treulich dich suchen.
Und immer sollen sagen: Gott sei
gepriesen! / alle, die ersehnen dein Heil.
6 Ich aber, elend bin ich und arm, / eile, o
Gott, mir zu helfen!
Du bist mein Helfer und mein Befrei-
er, / säume nicht länger, o Herr!

Gebet eines Menschen im Alter

71 O Herr, ich flüchte zu dir, / lass
mich in Ewigkeit nicht zuschan-
den werden.
2 In deiner Gerechtigkeit rette mich und
mache mich frei, / neige dein Ohr mir zu
und komm mir zu Hilfe.
3 Sei mir ein Felsen der Zuflucht, / eine
feste Burg, mich zu retten; / wahrlich, du
bist mein Fels, meine Burg.
4 Mein Gott, der Hand des Bösen ent-
reiße mich, / der Faust des Sünders und
des Bedrückers!
5 Denn du, o Gott, du bist meine Zuver-
sicht, / du, Herr, meine Hoffnung von
Jugend auf.
6 Ich habe mich gehalten an dich vom
Mutterleib an, / vom Mutterleib an bist du

mein Beschützer, / auf dich habe ich allzeit
vertraut.
7 Ein Wunder bin ich geworden für vie-
le, / denn mein starker Helfer bist du.
8 Mein Mund war voll deines Lobes, /
voll deines Ruhmes den ganzen Tag.
9 Verwirf mich nicht in den Tagen des
Alters; / wenn meine Kräfte schwinden,
verlass mich nicht.
10 Reden doch über mich meine Feinde, /
belauern mich und halten gemeinsam Rat.
11 Sie sagen: Verlassen hat ihn der
Herr; / so verfolgt ihn und greift ihn; / ist
doch niemand, der ihn wollte erretten.
12 Gott, o bleib mir nicht fern; / eile,
mein Gott, mir zu helfen.
13 Die mich befehden, zuschanden sollen
sie werden und sollen vergehen, / die mein
Unheil wollen, sie seien bedeckt mit
Schande und Schmach.
14 Ich aber, allezeit will ich hoffen, / und
alle Tage will ich mehren dein Lob.
15 Mein Mund soll künden deine
Gerechtigkeit, / den ganzen Tag von dei-
ner Hilfe; / kenne ich doch wahrlich nicht
mehr ihr Maß.
16 Künden will ich von Gottes Macht, /
Herr, dein gerechtes Walten allein will ich
preisen.
17 O Gott, du hast mich gelehrt von
Jugend auf, / von deinen Wundern erzähl
ich noch heute.
18 Und bis ins Alter, ins hohe Alter, /
Gott, verlasse mich nicht;
dass ich künde diesem Geschlecht die
Kraft deines Armes / und allen Kommen-
den deine Stärke.
19 Und deine Gerechtigkeit, o Gott, die
reicht bis zum Himmel, / in der du große
Dinge getan hast; / wer, o Gott, ist wie du!
20 Viele und harte Mühsal hast du mir
auferlegt, / doch wirst du mich wieder
beleben / und hebst mich empor aus den
Tiefen der Erde.
21 Bring mich wieder zu Ehren, / und
aufs Neue lass mich getröstet sein.
22 Und deine Treue will ich preisen mit
Saitenklang, / Heiliger Israels, auf der
Harfe will ich dir spielen.
23 Frohlocken sollen meine Lippen, da
ich dir singe, / und es jubelt meine Seele,
denn du hast sie erlöst.
24 Den ganzen Tag soll meine Zunge
deine Gerechtigkeit preisen; / denn die
mein Verderben wollen, / Schande hat sie
getroffen und Schmach.

Der verheißene König

72 [Von Salomo.]
O Gott, gib dein Gericht dem Kö-
nig, / dem Königssohn übergib deine
Rechte.
2 Er regiere dein Volk in Gerechtigkeit, /
nach gleichem Recht deine Armen.
3 Dann tragen die Berge Frieden dem
Volk, / Gerechtigkeit tragen die Hügel.
4 Schützen wird er die Bedrückten des
Volkes, / er hilft den Kindern der
Armen, / doch den Bedrücker wird er zer-
malmen.
5 Leben wird er durch alle Geschlech-
ter, / solange die Sonne scheint und leuch-
tet der Mond.
6 Er komme hernieder wie Regen auf die
Gefilde, / wie strömender Regen, der
tränkt die Erde.
7 In seinen Tagen erblüht Gerechtig-
keit, / die Fülle des Friedens, bis vergangen
der Mond.
8 Und herrschen wird er von Meer zu
Meer, / vom großen Strom bis an die
Enden der Erde.
9 Seine Feinde sinken nieder vor ihm, /
seine Gegner küssen den Staub.
10 Könige von Tarschisch und von den
Inseln bringen Geschenke, / Könige von
Saba und Seba kommen mit Gaben.
11 Alle Könige der Erde beten ihn an, /
alle Völker müssen ihm dienen.
12 Erlösen wird er den Armen, der zu
ihm aufschreit, / den Verlassenen, dessen
sich keiner erbarmt.
13 Der Geringen und Schwachen nimmt
er sich an, / er rettet das Leben der Armen.
14 Von Gewalt und Unrecht macht er sie
frei, / ihr Blut ist kostbar in seinen Augen.
15 Ja, er wird leben! Und sie weihen ihm
Sabas Gold, / Gebete weihen sie ihm und
preisen ihn ohne Ende.
16 Im Land wird Korn sein im Über-
fluss; / wie der Libanon rauscht die Frucht
bis auf die Höhen der Berge, / wie die
Gräser der Flur werden sprießen die
Bewohner der Städte.
17 Für alle Zeiten wird sein Name geseg-
net; / dauern wird sein Name, solange
leuchtet die Sonne.
Gesegnet werden in ihm alle Stämme

der Erde, / die Völker alle preisen ihn
selig.
18 Gepriesen sei der Herr, der Gott Isra-
els, / der allein Wunder vollbringt.
19 Auf ewig sei gepriesen sein erhabener
Name, / die ganze Erde sei voll seiner
Herrlichkeit! / Amen, amen, so sei es!
20 [Zu Ende sind die Gebete Davids, des
Sohnes Isais.]

Drittes Buch

Das trügerische Glück des Frevlers

73 [Ein Psalm von Asaf.]
Wie gütig ist Gott zu den Redli-
chen, / der Herr zu allen, die lauteren
Herzens sind.
2 Und doch wären fast meine Füße
gestrauchelt, / ausgeglitten wären fast
meine Schritte.
3 Denn Neid erfasste mich gegen die
Frevler, / als ich sah, wie wohl es den Sün-
dern ging.
4 Wahrlich, sie kennen doch keine Pla-
ge, / ihr Leib ist gesund und voll Kraft.
5 Nichts verspüren sie von den Nöten
der Sterblichen, / und die Pein der andern
kennen sie nicht.
6 Darum umschließt sie der Hochmut
wie eine Kette den Hals, / und wie ein
Kleid bedeckt sie Gewalttat.
7 Aus sattem Herzen kommt herauf ihre
Bosheit, / ihr trügerischer Sinn bricht her-
vor.
8 Sie treiben Spott und was sie reden, ist
böse, / von oben herab drohen sie mit
Gewalt.
9 Gar an den Himmel wagt sich ihr Läs-
termaul, / und frech ergeht sich ihre
Zunge auf Erden.
10 Und mein Volk, es läuft ihnen nach, /
gierig schlürfen sie wie Wasser ihre Worte.
11 Sie sagen: Wie sollte Gott davon wis-
sen? / Wie sollte Kenntnis haben der
Höchste?
12 Siehe, so sind die Sünder, / sie mehren
ihre Macht und leben allzeit in Ruhe.
13 Dass ich rein bewahrte mein Herz, war
es also vergebens? / Vergebens, dass ich
meine Hände gewaschen in Unschuld?
14 Liegt doch allzeit die Geißel auf mir, /
jeden Morgen von neuem die Plage.
15 Wollte ich denken: Ich will reden wie
sie, / verleugnet hätte ich das Geschlecht
deiner Söhne.
16 Also sann ich, dies zu ergründen, /
doch allzu mühevoll war es für mich,
17 bis ich eintrat in Gottes hehres
Geheimnis / und verstand, auf ihr Ende zu
achten.
18 Wahrlich, du stellst sie auf schlüpf-
rigen Boden, / du stürzst sie ins Verder-
ben.
19 Wie brachen sie jählings zusammen, /
sie kamen um, dahingerafft von Entsetzen!
20 Wie der Erwachende verscheucht ein
Traumbild, / so weist du von dir ihren
Schatten, / wenn du aufstehst, o Herr, zum
Gericht.
21 Als erbittert mein Geist war, / als mein
Herz war verwundet,
22 da war ich ein Tor und bar aller Ein-
sicht; / wie das Vieh, so war ich vor dir.
23 Nun aber bleibe ich immer bei dir. /
du hast mich ergriffen an meiner Rechten.
24 Nach deinem Ratschluss wirst du
mich leiten, / und endlich nimmst du
mich auf in die Herrlichkeit.
25 Was hätte ich im Himmel als dich? /
Und bin ich bei dir, was hätte ich Freude
auf Erden?
26 Mein Geist und mein Leib, sie verzeh-
ren sich, / Gott ist mein Fels, mein Anteil
auf ewig,
27 Siehe, es gehen zugrunde, die sich
scheiden von dir; / die dich treulos verlas-
sen, du vernichtest sie alle.
28 Mir aber ist es Wonne, bei Gott zu
sein. / Meine Zuflucht zu finden bei Gott,
meinem Herrn. / Und künden will ich all
deine Werke.

Klagelied nach der Verwüstung des Tempels

74 [Ein Weisheitslied von Asaf.]
Warum hast du, o Gott, uns ver-
worfen auf immer? / Warum lodert dein
Zorn gegen die Schafe deiner Weide?
2 Gedenke deiner Gemeinde, die du
erworben von alters her, / des Volkes, zum
Eigentum dir erkauft; / des Zion gedenke,
den du erkoren zu deiner Wohnung.
3 Zu den ewigen Ruinen lenke hin deine

Schritte, / im Heiligtum hat alles verwüstet
der Feind.
4 Am Ort der Versammlung erhoben
deine Gegner wüstes Geschrei, / ihre Zei-
chen pflanzten sie auf, zu künden den
Sieg.
5 Wie jene, die im Dickicht schwingen
das Beil,
6 so zerschlugen sie mit Axt und Ham-
mer die Tore.
7 An dein Heiligtum legten sie Feuer, /
bis auf den Grund entweihten sie das Zelt
deines Namens.
8 Sie sprachen bei sich: Wir vernichten
sie alle!, / brennt sie nieder, die Stätten
ihres Gottes im Land!
9 Nicht mehr sehen wir unsere Zei-
chen, / nicht mehr ist uns gesandt ein
Prophet, / keiner ist unter uns, der wüsste:
Wie lang!
10 Wie lange noch, o Gott, darf höhnen
der Feind? / Der Widersacher, soll er dei-
nen Namen lästern auf immer?
11 Warum ziehst du zurück deine
Hand, / hältst deine Rechte verborgen bei
dir?
12 Dennoch, Gott ist mein König von
Anbeginn, / Rettung wirkt er mitten auf
Erden.
13 Du hast machtvoll gespalten das
Meer, / in den Wassern hast du zermalmt
die Häupter der Drachen.
14 Du hast dem Leviatan zerschmettert
das Haupt, / ihn zum Fraß gegeben den
Ungeheuern des Meeres.
15 Du riefst hervor die Quellen und
Bäche, / du machtest versiegen uralte
Ströme.
16 Dein ist der Tag und dein ist die
Nacht, / du hast hingestellt den Mond und
die Sonne.
17 Du bist es, der bestimmte die Grenzen
der Erde, / Sommer und Winter, du hast
sie gebildet.
18 Gedenke, Herr, wie der Feind dich
geschmäht, dich verhöhnt, / ein törichtes
Volk hat deinen Namen gelästert.
19 Übergib nicht dem Geier das Leben
deiner Taube, / das Leben deiner Armen
vergiss nicht auf immer.
20 Auf deinen Bund, o Herr, blicke hin: /
denn siehe, in deinem Land sind Winkel
und Plätze voller Gewalttat.
21 Nicht ziehe der Bedrückte mit
Schande von dannen, / preisen soll deinen
Namen der Arme und Schwache.
22 Steh auf, o Gott, führe du deine
Sache, / gedenke der Schmach, die täglich
dir bereitet der Tor.
23 Vergiss nicht das Geschrei deiner
Feinde, / Deiner Widersacher Empörung
brandet ständig empor.

Der göttliche Richter

75 [Dem Chormeister, nach der Wei-
se „Vertilge nicht"; ein Psalm von
Asaf, ein Lied.]
2 Wir preisen dich, Herr, wir preisen
dich! / Wir rühmen deinen Namen und
künden all deine Wunder.
3 Wenn die Zeit ich bestimme, / ich
werde dann richten nach Recht.
4 Mag die Erde auch wanken mit allen,
die sie bewohnen, / ich halte fest ihre Säu-
len.
5 Den Prahlenden sage ich: Lasst euer
Prahlen! / Den Gottlosen: Erhebt nicht zu
hoch euer Horn!
6 Euer Horn erhebt nicht gegen den
Höchsten, / redet nicht vermessen gegen
den Herrn.
7 Denn nicht vom Aufgang und nicht
vom Niedergang, / nicht von der Wüste
und nicht von den Bergen:
8 Nein, das Gericht kommt von Gott! /
Diesen erniedrigt er, jenen hebt er empor.
9 Denn in der Hand des Herrn ist ein
Becher, / schäumend von Wein, gefüllt mit
betäubendem Wein.
Er reicht ihn dar und es müssen ihn
trinken, / ja schlürfen bis zur Hefe alle
Sünder der Erde.
10 Ich aber – frohlocken darf ich auf
ewig, / Jakobs Gott darf ich singen.
11 Und alle Macht der Sünder will ich
zerschlagen, / doch erheben soll sich die
Macht der Gerechten.

Danklied an Gott, den Furchtbaren

76 [Dem Chormeister, mit Saiten-
spiel; ein Psalm von Asaf, ein
Lied.]
2 Kund geworden ist Gott in Juda, / groß
ist sein Name in Israel.
3 In Salem ist sein Zelt, / seine Wohnung
auf Zion.
4 Dort zerbrach er die Blitze des
Bogens, / Schild und Schwerter und den
Krieg.

5 Gewaltiger, du kamst, strahlend im
Licht, / du kamst herab von den ewigen
Bergen.
6 Die stolzen Herzen, sie wurden selber
zur Beute, / nun schlafen sie ihren Schlaf; /
all der Krieger Arme mussten ermatten.
7 Gott Jakobs, vor deinem drohenden
Ruf / erstarren mussten Rosse und Wagen.
8 Furchtbar bist du, wer wollte vor dir
bestehn, / vor deines Zornes Gewalt?
9 Vom Himmel her machtest du kund
den Spruch des Gerichtes, / die Erde
erschrak und war still,
10 als Gott sich erhob zum Gericht, / um
Heil zu bringen allen Armen der Erde.
11 Denn verherrlichen wird dich der
Menschen Wut, / der Rest der Zornesglu-
ten wird dich feiern.
12 Weiht Gelübde dem Herrn, euerem
Gott, und löst sie ein; / ihr alle ringsum,
dem Furchtgebietenden bringt Gaben her-
bei.
13 Ihm, der den Geist der Fürsten zer-
bricht, / der furchtbar sich zeigt den Herr-
schern der Erde.

Gedenken an Israels Vergangenheit

77 [Dem Chormeister, nach Jedutun;
von Asaf; ein Psalm.]
2 Meine Stimme steigt auf zu Gott und
ich schreie; / meine Stimme erhebt sich zu
Gott, auf dass er mich höre.
3 Ich suche den Herrn am Tag meiner
Drangsal; / Unaufhörlich erheb ich in der
Nacht zu ihm meine Hände, / meine Seele
verweigert den Trost.
4 Ich denke an Gott und ich seufze; / ich
sinne nach über ihn und es verschmachtet
mein Geist.
5 Die Augenlider hältst du mir wach, /
ruhelos bin ich und ich weiß nicht zu
reden.
6 Gedenken muss ich vergangener
Tage, / ich erwäge die Jahre von ehedem.
7 Ich sinne in meinem Herzen zu nächt-
licher Stunde, / ich sinne nach und fra-
gend erhebt sich mein Geist.
8 Wird der Herr verstoßen auf ewig? /
Wird er nicht mehr gnädig sein?
9 Ist seine Huld für immer dahin, / aus-
gelöscht die Verheißung für alle
Geschlechter?
10 Hat Gott vergessen, gnädig zu sein? /
Hat er sein Erbarmen verschlossen im
Zorn?
11 Und ich sage: Dies ist mein Schmerz, /
dass sich gewandelt hat die Rechte des
Höchsten.
12 Ich gedenke der Taten des Herrn, / ich
denke an die Wunder der Vorzeit.
13 Und sinne nach über all deine Wer-
ke, / und deine Taten erwäge ich.
14 Heilig, o Gott, ist dein Weg; / wo ist
ein Gott, wie unser Gott so erhaben?
15 Du bist der Gott, der Wunderbares
vollbringt, / vor den Heiden hast du
kundgetan deine Macht.
16 Mit starkem Arm hast du dein Volk
befreit, / die Söhne von Jakob und Josef.
17 Es sahen dich die Wasser, o Gott, / es
sahen dich die Wasser und sie erschra-
ken, / bis in die Tiefe erbebten die Flu-
ten.
18 Es troffen die Wolken von vielen
Wassern, / die Wolken erdröhnten von
Donner.
19 Dein Donner durchdröhnte den Wir-
belsturm, / deine Blitze erhellten den Erd-
kreis, / erschüttert wurde die Erde und sie
erbebte.
20 Es ging dein Weg durch das Meer, / es
gingen deine Pfade durch große Fluten, /
und nicht war gesehen die Spur deiner
Füße.
21 Du hast dein Volk geleitet gleich einer
Herde / durch die Hand des Mose und
Aaron.

Die Lehren der Geschichte Israels

78 [Ein Weisheitslied von Asaf.]
Lausche, mein Volk, dem Wort
meiner Lehre, / neigt euer Ohr dem Wort
meines Mundes!
2 Meinen Mund will ich öffnen zur Rede
im Gleichnis, / Geheimnis der Urzeit, ich
will es künden.
3 Was wir gehört und erkannt, / und was
uns erzählten unsere Väter,
4 nicht verbergen wollen wir dies vor den
Söhnen, / künden wollen wir es dem
Geschlecht, das kommt:
die Ruhmestaten des Herrn, seine Stär-
ke / und die Wunder, die er getan.
5 So hat er es aufgestellt in Jakob als ein
Gebot, / so zum Gesetz es verordnet in
Israel:
Was er geboten unseren Vätern, / sie
sollten es verkünden den Söhnen:
6 Wissen soll es ein künftiges
Geschlecht, / die Söhne, die künftig wür-

den geboren, / und sollen aufstehen und es
wieder künden den Söhnen.
7 Auf dass sie ihre Hoffnung setzten auf
Gott / und Gottes Werke nicht sollten
vergessen, / sondern dass sie befolgten
seine Gebote.
8 Auf dass sie nicht würden wie ihre
Väter, / ein trotziges und widerspenstiges
Geschlecht,
ein Geschlecht, das nicht hatte ein
beständiges Herz, / das Gott die Treue
nicht hielt.
9 Efraims Söhne, die Bogenschützen, /
sie wandten sich zurück am Tag der
Schlacht.
10 Gottes Bund, sie hielten ihn nicht, /
und sie verschmähten es, zu wandeln nach
seinem Gesetz.
11 Vergessen hatten sie seine Werke /
und seine Wunder, die er sie schauen
ließ.
12 Wunder vollbrachte er vor den Augen
der Väter, / im Lande Ägypten, in den
Gefilden von Zoan.
13 Er teilte das Meer und ließ sie hin-
durchziehen / und staute die Wasser
gleich einer Mauer.
14 Und er führte sie bei Tag in der Wol-
ke, / die ganze Nacht im Schein des Feuers.
15 Er spaltete in der Wüste die Felsen, /
reichlich tränkte er sie am rieselnden
Quell.
16 Bäche lockte er hervor aus dem Stein /
und machte strömen die Wasser.
17 Sie aber hörten nicht auf zu sündigen
gegen ihn, / dem Höchsten boten sie Trotz
in der Wüste.
18 In ihrem Herzen versuchten sie Gott, /
forderten Speise für ihre Gier.
19 Und sie haderten gegen den Herrn
und sagten: / Kann Gott uns den Tisch
bereiten hier in der Wüste?
20 Siehe, wohl schlug er den Felsen, / es
flossen die Wasser und Bäche brachen
hervor.
Doch kann er auch Brot seinem Volk
geben / und Fleisch ihnen schaffen?
21 Darum, als der Herr dies hörte, ent-
brannte sein Zorn, / Feuer loderte auf
gegen Jakob, / gegen Israel entbrannte sein
Zorn.
22 Weil sie nicht glaubten an Gott / und
nicht vertrauten auf seine Hilfe.
23 Doch gebot er den Wolken dort oben /
und tat auf die Tore des Himmels.
24 Und Manna ließ er auf sie regnen zur
Speise, / er gab ihnen Himmelsbrot.
25 Das Brot der Starken durfte essen der
Mensch, / Speise sandte er ihnen in Fülle.
26 Und er weckte am Himmel den Ost-
wind / und holte mit seiner Macht den
Südwind herbei.
27 Und ließ Fleisch auf sie regnen wie
Staub, / wie Sand des Meeres gefiederte
Vögel.
28 Mitten in ihr Lager fielen sie hin, / um
ihre Zelte ringsum.
29 Und sie aßen und wurden satt, / und
er stillte so ihr Verlangen.
30 Noch aber war ihre Gier nicht gewi-
chen, / noch war die Speise in ihrem
Mund,
31 da entflammte Gottes Zorn gegen
sie. / Und er warf unter ihre Fürsten den
Tod, / Israels Jugend streckte er nieder.
32 Doch sie sündigten immerfort, / sei-
nen Wundern glaubten sie nicht.
33 Da ließ er rasch ihre Tage entschwin-
den / ihren Jahren setzte er jählings ein
Ende.
34 Wenn er sie schlug, da suchten sie
ihn / und kehrten um und fragten nach
Gott.
35 Sie gedachten, dass Gott ihr Felsen, /
der höchste Gott ihr Erlöser ist.
36 Doch sie betrogen ihn mit ihrem
Mund, / mit ihrer Zunge belogen sie ihn.
37 Ihr Herz war nicht redlich vor ihm, /
und seinem Bund hielten sie nicht die
Treue.
38 Und doch erließ er ihnen gnädig die
Schuld, / er vertilgte sie nicht,
er bannte oftmals den Zorn / und goss
nicht aus über sie die ganze Flut seines
Zornes.
39 Und er gedachte, dass sie nur Fleisch
sind, / ein Hauch, der verweht und nicht
mehr zurückkehrt.
40 Wie oft erzürnten sie ihn in der Wüs-
te, / in der Einöde, wie oftmals taten sie
Kummer ihm an.
41 Und immer wieder versuchten sie
Gott / und schufen Bitternis dem Heiligen
Israels.
42 Nicht gedachten sie seiner Hand, /
nicht des Tages, da er sie löste aus Feindes
Gewalt,
43 da er Zeichen tat im Lande Ägypten, /
Wunderzeichen in den Gefilden von Zoan.
44 Da er in Blut verwandelte ihre Flüsse /

und ihre Bäche, dass niemand zu trinken vermochte.

45 Fliegen ließ er über sie kommen, die brachten den Tod, / und Frösche, die brachten ihnen Verderben.

46 Der Fressgrille gab er preis ihre Ernte, / dem Heuspringer, was ihre Arbeit erwarb.

47 Er schlug ihren Weinstock mit Hagel, / ihre Feigenbäume mit Körnern von Eis.

48 Und übergab der Pest ihr Vieh, / ihre Herden den Seuchen.

49 Und sandte über sie die Glut seines Zornes, / Unwillen und Grimm und Bedrängnis, / Unheilsboten in Scharen.

50 Seinem Zorn schuf er offene Bahn, / da war keine Schonung mehr vor dem Tod / und ihr Leben übergab er der Pest.

51 Und er schlug alle Erstgeburt in Ägypten, / die Erstlinge, geboren in Hams Zelten.

52 Und er holte wie Schafe sein Volk heraus / und führte sie durch die Wüste gleich einer Herde.

53 Und er führte sie sicher, nicht mussten sie fürchten, / und ihre Feinde bedeckte das Meer.

54 Und er brachte sie in sein heiliges Land, / hin zu den Bergen, die seine Rechte erwarb.

55 Und er trieb vor ihren Augen die Völker hinaus, / und ihr Land verloste er ihnen zum Erbe, / in den Zelten der Völker ließ er wohnen die Stämme Israels.

56 Doch sie versuchten den Höchsten und forderten ihn heraus / und hielten seine Satzungen nicht.

57 Und wie ihre Väter, so fielen sie ab und brachen die Treue; / wie ein trügender Bogen, so irrten sie ab.

58 Mit ihren Höhen erregten sie seinen Zorn, / mit ihren Götzenbildern riefen sie seine Eifersucht wach.

59 Das hörte Gott und es erfasste ihn Zorn, / und gänzlich verwarf er Israel.

60 Und er verließ seine Wohnung in Schilo, / das Zelt, wo er wohnte unter den Menschen.

61 Und seine Macht gab er preis der Gefangenschaft, / seine Herrlichkeit in die Hände der Feinde.

62 Und sein Volk übergab er dem Schwert, / Zorn entflammte ihn gegen sein Erbe.

63 Ihre Jünglinge raffte Feuer dahin, / ihre Jungfrauen wurden nicht mehr vermählt.

64 Ihre Priester fielen unter dem Schwert, / und ihre Witwen durften nicht weinen.

65 Dann aber, wie aus dem Schlaf erwachte der Herr, / wie ein Krieger, der aufsteht vom Wein.

66 Und er trieb in die Flucht die Feinde, / und bedeckte sie mit ewiger Schmach.

67 Und das Zelt des Josef verwarf er, / Efraims Stamm erwählte er nicht.

68 Doch erkor er sich Juda, / den Zionsberg, den er liebte.

69 Gleich der Himmelshöhe baute er seine heilige Stätte, / fest wie die Erde, die er gegründet auf immer.

70 Und den David erwählte er, seinen Knecht, / von den Herden der Schafe holte er ihn.

71 Von den Mutterschafen hinweg, so rief ihn der Herr, / auf dass er Jakob weide, sein Volk, / Israel, seinen Erbbesitz.

72 Und er weidete sie in der Einfalt des Herzens, / und er führte sie mit kundiger Hand.

Klagelied

79 [Ein Psalm von Asaf.] Gott, in dein Erbe sind eingedrungen die Heiden, / sie haben entweiht deinen heiligen Tempel, / Jerusalem haben sie in Trümmer gelegt.

2 Die Leichen deiner Knechte warfen sie hin / den Vögeln des Himmels zum Fraß, / die Leiber deiner Heiligen den wilden Tieren der Erde.

3 Sie vergossen ihr Blut wie Wasser rings um Jerusalem, / und keiner fand sich, der sie begraben hätte.

4 Ein Schimpf sind wir geworden für unsere Nachbarn, / Spott und Hohn für alle, die rings um uns wohnen.

5 Wie lange noch, Herr? Willst du grollen auf ewig? / Wie lange wird wie Feuer glühen dein Zorn?

6 Gieße aus deinen Grimm auf die Heiden, die dich nicht kennen, / auf die Reiche, die deinen Namen nicht ehren.

7 Denn aufgezehrt haben sie Jakob, / und seine Wohnung verwüstet.

8 Ahnde nicht an uns die Sünden der Väter, / eile uns entgegen mit deinem Erbarmen, / denn elend sind wir gar sehr.

[9] Um der Ehre deines Namens willen
rette uns, Gott, unser Heil! / Um deines
Namens willen erlöse uns und vergib
unsere Schuld!
[10] Warum sollen die Heiden sprechen: /
Wo ist nun ihr Gott!
Vor unseren Augen werde offenbar an
den Heiden / die Rache für das Blut deiner
Knechte, das sie vergossen.
[11] Es dringe zu dir der Gefangenen Stöh-
nen; / die dem Tod geweiht, erlöse sie mit
der Kraft deines Armes!
[12] Und siebenfach zahle unseren Nach-
barn zurück / die Schmach, die sie dir
angetan haben, o Herr!
[13] Wir aber, dein Volk, die Schafe deiner
Herde, / wir wollen dich rühmen auf
ewig, / von Geschlecht zu Geschlecht ver-
künden dein Lob.

Gebet um die Wiederherstellung Israels

80 [Dem Chormeister, nach der Wei-
se „Lilien"; ein Zeugnis; ein Psalm
von Asaf.]
[2] O höre, der du Israel führst, / der du
Josef leitest gleich einer Herde! / Der du
thronst über den Kerubim,
[3] erstrahle vor Efraim, Benjamin und
Manasse! / Wecke auf, o Herr, deine
Macht, komm und erlöse uns!
[4] Gott, richte uns wieder auf, / lass
leuchten dein Angesicht, so sind wir
gerettet.
[5] Du, Gott der himmlischen Heere, wie
lange zürnst du noch, / da doch betet dein
Volk?
[6] Du hast es gespeist mit dem Brot der
Tränen, / Flut von Tränen gabst du ihm
zum Trank.
[7] Du machst uns zum Zankapfel für
unsere Nachbarn, / und unsere Feinde
verhöhnen uns.
[8] Du, Gott der himmlischen Heere,
richte uns wieder auf, / lass leuchten dein
Angesicht, so sind wir gerettet.
[9] Einen Weinstock holtest du aus Ägyp-
ten, / Völker vertriebst du, ihn aber
pflanztest du ein.
[10] Das Erdreich hast du bereitet für
ihn, / da fasste er Wurzeln und erfüllte
das Land.
[11] Mit seinem Schatten bedeckte er Ber-
ge, / mit seinen Zweigen die Zedern des
Herrn.
[12] Seine Reben hat er gebreitet bis an das
Meer, / bis an den großen Strom seine
Sprossen.
[13] Warum hast du seine Mauern zer-
stört? / Alle, die des Weges kommen, sie
ernten ihn ab.
[14] Der Eber des Waldes darf ihn verwüs-
ten, / zur Weide ist er geworden den Tie-
ren des Waldes.
[15] Du, Gott der himmlischen Heere,
wende dich wieder zurück! / Blick her
vom Himmel und siehe.
Suche auf deinen Weinstock / [16] und
schütze ihn, den gepflanzt deine Rechte, /
den Schössling, den du ließest erstarken.
[17] Die ihn verbrannten im Feuer, die ihn
zerhieben, / umkommen sollen sie vor
deinem zürnenden Blick.
[18] Auf dem Mann deiner Rechten lasse
ruhen deine Hand, / auf dem Menschen-
sohn, den du ließest erstarken.
[19] Und nicht mehr wollen wir weichen
von dir, / erhalte uns am Leben, / und dei-
nen Namen wollen wir preisen.
[20] Herr, Gott der himmlischen Heere,
richte uns wieder auf, / lass leuchten dein
Angesicht, so sind wir gerettet!

Zur Feier des Laubhüttenfestes

81 [Dem Chormeister, nach gittischer
Weise; von Asaf.]
[2] Frohlockt dem Herrn, unserem Hel-
fer, / jubelt ihm zu, dem Gott Jakobs!
[3] Greift in die Saiten, schlagt die Pauke, /
lieblich ertöne die Harfe zum Spiel der
Leier.
[4] Stoßt in die Posaune zum Neumond, /
zum Vollmond am Tag unseres Festes!
[5] So ist es bestimmt für Israel, / von
Jakobs Gott ein Gesetz.
[6] Eine Satzung, verordnet für Josef, / da
er auszog gegen Ägypten.
Ich vernahm eine Stimme, die ich nicht
kannte: / [7] Von seinem Rücken lud ich ab
eine Bürde, / vom Lastkorb machte sich
los seine Hand.
[8] Du riefst in der Trübsal und ich
machte dich frei; / aus donnernder Wolke
gab ich dir Antwort, / an den Wassern von
Meriba prüfte ich dich.
[9] Höre, mein Volk, auf dass ich dich
warne; / Israel, o dass du doch hörtest auf
mich!
[10] Nicht sei bei dir ein anderer Gott, /
einen fremden Gott sollst du nicht ver-
ehren.

11 Ich bin der Herr, dein Gott, / der dich
herausgeführt aus Ägypten; / tu auf deinen
Mund und ich werde ihn füllen!
12 Aber mein Volk, es hörte nicht meine
Stimme, / Israel fügte sich nicht meinem
Willen.
13 Darum überließ ich sie ihren verhär-
teten Herzen, / mögen sie dahingehn nach
eigenem Rat.
14 O dass mich doch hörte mein Volk! /
Dass Israel doch ginge auf meinen Wegen!
15 Wie bald bezwänge ich ihre Feinde, /
meine Hand wollte ich kehren gegen alle,
die sie bedrängen!
16 Die hassen den Herrn, sie würden
ihnen gefügig, / ihr Los würde dauern für
immer.
17 Mein Volk aber wollte ich nähren mit
dem Mark von Weizen / und mit Honig
aus dem Felsen wollt ich sie laben.

Gegen die bösen Richter

82 [Ein Psalm von Asaf.]
Gott steht auf in der Götterver-
sammlung, / inmitten der Göttersöhne
hält er Gericht:
2 Wie lange noch werdet ihr richten zu
Unrecht, / wie lange zu Willen sein der
Gottlosen Sache?
3 Führt die Sache des Unterdrückten
und Waisen, / dem Geringen und Armen
schafft sein Recht!
4 Den Unterdrückten und Dürftigen
macht frei, / der Hand der Frevler entreißt
ihn.
5 Doch sie erfassen es nicht und haben
nicht Einsicht, / in Finsternis gehen sie
dahin. / Es wanken alle Festen der Erde.
6 Wohl sprach ich: Zwar seid ihr Göt-
ter, / und Söhne des Höchsten allesamt.
7 Doch, wahrlich, sterben müsst ihr wie
Menschen, / wie jeder der Fürsten werdet
ihr fallen.
8 Gott, steh auf und richte die Erde, /
denn zu Recht sind alle Völker dein Eigen.

Gegen die Feinde Israels

83 [Ein Lied von Asaf.]
2 Herr, o schweige mir nicht! /
Bleib nicht still, o Gott, bleibe nicht ruhig!
3 Denn siehe, wie toben doch deine
Feinde; / und die dich hassen, sie erheben
das Haupt.
4 Sie planen Böses gegen dein Volk, /
wider deinen Schützling halten sie Rat.
5 Sie sagen: Kommt, wir wollen sie aus-
rotten als Volk, / Israels Name werde nicht
mehr genannt.
6 Wahrlich, einmütig halten sie Rat, / ein
Bündnis gehen sie ein gegen dich.
7 Die Zelte Edoms, die Ismaeliter, /
Moab und die Hagariter,
8 Gebal und Ammon und Amalek, / die
Philister und die Bewohner von Tyrus.
9 Auch die Assyrer haben sich mit ihnen
verbündet, / sie leihen Hilfe den Söhnen
des Lot.
10 Tu an ihnen, wie du tatest an Midian, /
an Sisera und Jabin am Kischonbach.
11 Sie wurden vernichtet bei En-Dor, / sie
sind geworden zum Dünger des Feldes.
12 Tu an ihren Fürsten wie an Oreb und
Seeb, / an all ihren Führern tu wie an
Sebach und Zalmunna, / 13 die da sagten:
Zu Eigen lasst uns nehmen Gottes
Gefild! –
14 Mein Gott, lass sie wirbeln wie Blätter
im Sturm, / wie Spreu vor dem Wind!
15 Wie das Feuer, das entzündet den
Wald, / wie die Lohe, die umlodert die
Berge,
16 so jage sie im Sturm, / in deinem
Wetter erschrecke sie!
17 Ihr Angesicht bedecke mit Schmach, /
und suchen sollen sie deinen Namen, o
Herr.
18 Schande soll sie treffen und Verwir-
rung auf immer, / sie sollen schmählich
zugrunde gehen.
19 Und erkennen sollen sie dich, der du
heißt: Der Herr! / Du allein bist über alle
Lande erhaben.

Wallfahrtslied

84 [Dem Chormeister, nach der gitti-
schen Weise; von den Söhnen Ko-
rachs, ein Psalm.]
2 Wie freundlich ist deine Wohnung, o
Herr der himmlischen Heere! / 3 Meine
Seele vergeht in Sehnsucht nach den Hal-
len des Herrn!
Mein Geist und mein Leib, / sie jubeln
dem lebendigen Gott.
4 Findet doch gar der Sperling ein
Heim / und die Schwalbe ein Nest, darin
ihre Jungen zu bergen:
Ja, dein Altar, o Herr der himmlischen
Heere, / du, mein Gott und mein König!
5 Selig, die wohnen in deinem Hause, o
Herr, / sie werden dich immerdar preisen.

6 Selig, die deiner Hilfe sich freuen, /
wenn sie sich rüsten zu heiliger Fahrt.
7 Und pilgern sie hin durch das dürre
Tal, / es wird ihnen zum Tal der Quellen; /
Frühregen kleidet es in die Fülle des
Segens,
8 Mit steigender Kraft, so ziehen sie
hinauf, / den höchsten Gott zu schauen
auf Zion.
9 Höre mein Beten, o Herr der himmlischen Heere, / Jakobs Gott, leihe gnädig
dein Ohr!
10 Du, unser Schild, o Gott, schau her! /
Siehe das Antlitz deines Gesalbten!
11 Besser in deinen Hallen ein einziger
Tag / als tausend Tage fern von dir.
Lieber stehen an der Schwelle vor dem Haus meines Gottes / als wohnen in den Zelten der Sünder.
12 Denn Gott, der Herr, ist Sonne und
Schild; / Herrlichkeit verleiht er und Gnade.
Kein Gut wird er denen versagen, / die da wandeln in Unschuld.
13 O Herr der himmlischen Heere, /
glücklich, wer auf dich vertraut!

Gebet um Frieden

85 [Dem Chormeister, von den Söhnen Korachs, ein Psalm.]
2 Gnade hast du gewährt, o Herr, deinem
Land, / Jakobs Los gewendet zum Guten.
3 Deinem Volk hast du erlassen die
Schuld, / hast zugedeckt all seine Missetat.
4 Du hast zurückgezogen all deinen
Grimm, / aufgegeben die Glut deines Zornes.
5 Schaffe uns wieder neu, o Gott, unser
Retter, / tu ab den Unmut, den du trägst
gegen uns.
6 Willst du uns grollen auf ewig? / Soll
währen dein Zorn durch alle Geschlechter?
7 Wirst du uns nicht mehr Leben verleihen? / Wird dein Volk sich nicht mehr
freuen in dir?
8 Zeige uns dein Erbarmen, o Herr, /
gewähre uns gnädig dein Heil!
9 Hören will ich, was kündet der Herr,
unser Gott: / wahrhaftig, er kündet den
Frieden
Frieden seinem Volk und all seinen Frommen, / allen, die von Herzen sich zu ihm bekehren.
10 Ja, allen, die ihn fürchten, ist nahe sein
Heil, / und Herrlichkeit wird wohnen in
unserem Land.
11 Begegnen werden sich Erbarmen und
Treue, / Gerechtigkeit und Friede werden
sich küssen.
12 Aus der Erde sprießt die Treue, /
Gerechtigkeit blickt hernieder vom Himmel.
13 Ja, der Herr verleiht seinen Segen, /
und unsere Erde gibt ihre Frucht.
14 Gerechtigkeit geht vor ihm her, / und
Heil wird folgen dem Pfad seiner Schritte.

Gebet in Bedrängnis

86 [Ein Gebet von David.]
Neige, o Herr, dein Ohr und erhöre
mich, / denn ich bin elend und arm.
2 Bewahre meine Seele, dir bin ich zu
Eigen; / hilf deinem Knecht, der hofft auf
dich.
3 Mein Gott bist du; Herr, sei mir gnädig! / Ich rufe zu dir ohne Unterlass.
4 Erfreue deines Knechtes Gemüt; / zu
dir, o Herr, erhebe ich meine Seele.
5 Denn du, o Herr, bist gütig und milde; / für alle, die dich rufen, reich an
Erbarmen.
6 Vernimm, o Herr, mein Gebet, / merk
auf meine flehende Stimme!
7 Ich rufe zu dir am Tag der Bedrängnis; / ich weiß, du wirst mich erhören.
8 Keiner ist wie du, o Herr, keiner der
Götter, / deinem Werke lässt sich keines
vergleichen.
9 Alle Völker, die du geschaffen hast, sie
kommen und beten dich an, / und sie
preisen, o Herr, deinen Namen.
10 Denn groß bist du und wirkst Wunder, / du allein nur bist Gott.
11 Weise mir, Herr, deinen Weg, dass ich
wandle in deiner Wahrheit; / lenke mein
Herz, deinen Namen zu fürchten.
12 Herr, mein Gott, von ganzem Herzen
will ich dich preisen, / deinen Namen will
ich rühmen in Ewigkeit.
13 Denn groß ist gegen mich dein Erbarmen, / meine Seele hast du entrissen dem
Abgrund des Todes.
14 O Gott, es erheben sich gegen mich
Stolze, / die Rotte der Mächtigen trachtet
mir nach dem Leben, / und keiner hat dich
vor Augen.
15 Du aber, Herr, mein Gott, du bist ein
barmherziger und gnädiger Gott; /

zögernd im Zorn und reich an Güte und
Treue.
16 Blicke auf mich und schenke mir dein
Erbarmen; / gib Kraft deinem Knecht, hilf
dem Sohn deiner Magd!
17 Wirke an mir ein Zeichen zum Heil, /
und die mich hassen, sollen es sehen in
Scham! / Denn du, o Herr, du hast mir
geholfen und hast mich getröstet.

Zion, Mutter der Völker

87 [Von den Söhnen Korachs, ein
Psalm, ein Lied.]
Es liebt der Herr seine Stadt, gegründet
auf heiligen Bergen, / 2 Zions Tore mehr
als alle Zelte in Jakob.
3 Herrliches ist verkündet von dir, / du
Stadt Gottes!
4 Rahab und Babel, ich werde sie zählen
zu jenen, die mich verehren; / Philister
und Tyrer und Äthiopiens Volk, in ihr
sind alle geboren.
5 Und sagen wird man von Zion: / Mann
für Mann, in ihr sind alle geboren, / er
selber hat sie gegründet, der Höchste.
6 In das Buch der Völker wird schreiben
der Herr: / In ihr sind alle geboren.
7 Und im Reigentanze werden sie sin-
gen / All meine Quellen, sie sind in dir.

Gebet aus tiefster Not

88 [Ein Lied, ein Psalm von den Söh-
nen Korachs. Dem Chormeister,
nach der Weise „Krankheit“ zu singen. Ein
Weisheitslied von Heman, dem Esrachi-
ter.]
2 Herr, mein Gott, am Tag rufe ich dich, /
ich klage vor dir in der Nacht.
3 Es dringe zu dir mein Gebet, / neige
dein Ohr meinem Flehen!
4 Denn meine Seele ist gesättigt mit
Leid, / dem Totenreich ist nahe mein
Leben.
5 Ich werde zu denen gezählt, die fahren
zur Grube, / ich bin ein Mensch ohne
Kraft.
6 Mein Lager ist bereitet unter den
Toten, / gleich den Erschlagenen, die
ruhen im Grab:
deren du nicht mehr gedenkst, / die
keinen Teil mehr haben an deiner Sorge.
7 Du warfst mich in die unterste Grube, /
in die Finsternis, in den Abgrund.
8 Schwer lastet auf mir dein Unmut, / all
deine Wogen brechen herein über mich.
9 Meine Freunde hältst du mir fern, / du
machst mich ihnen zum Gräuel; / ein
Gefangener bin ich und kann nicht ent-
rinnen.
10 Meine Augen dunkeln vor Elend, /
Herr, an allen Tagen rufe ich dich, / nach
dir breite ich aus meine Hände.
11 Willst du Wunder tun an den Toten? /
Stehen die Schatten auf und künden dein
Lob?
12 Erzählt man im Grab von deiner
Huld, / von deiner Treue im Totenreich?
13 Werden deine Wunder der Finsternis
kund / und dem Land der Vergessenheit
deine Gerechtigkeit?
14 Ich aber, Herr, ich rufe zu dir, / am
frühen Morgen kommt zu dir mein Gebet.
15 Warum, o Herr, verstößt du meine
Seele, / warum verbirgst du vor mir dein
Angesicht?
16 Elend bin ich von Jugend auf und vom
Tod bedroht, / ich trug deine Schrecken
und siechte hin.
17 Die Glut deines Zornes ging hinweg
über mich, / vernichtet haben mich deine
Schrecken.
18 Sie umringen mich immerfort wie flu-
tende Wasser, / von allen Seiten bedrän-
gen sie mich.
19 Entfremdet hast du mir den Freund
und Vertrauten, / und nur das Dunkel ist
mir vertraut.

Lobpreis und Bitte an den treuen Gott

89 [Ein Weisheitslied; von Etan, dem
Esrachiter.]
2 Singen will ich in Ewigkeit von den
Gnaden des Herrn, / laut deine Treue ver-
künden durch alle Geschlechter.
3 Du sprachst: Meine Gnade ist begrün-
det auf ewig! / Ja, wie der Himmel steht
fest deine Treue.
4 Ich habe einen Bund geschlossen mit
meinem Erwählten, / ich habe David,
meinem Knecht, geschworen:
5 Deinen Stamm will ich gründen für alle
Zeit, / ich mache fest deinen Thron für alle
Geschlechter.
6 Die Himmel preisen deine Wunderta-
ten, o Herr, / die Versammlung der Heili-
gen rühmt deine Treue.
7 Denn wer in den Wolken ist wie der
Herr, / wer unter den Söhnen Gottes käme
ihm gleich?
8 Gewaltig ist Gott im Rat der Heiligen, /

groß und furchtbar über alle ringsum ihn
her.
9 Herr, Gott der himmlischen Heere, wer
ist wie du? / Mächtig bist du, o Herr, und
dich umgibt deine Treue.
10 Du gebietest der Brandung des Mee-
res, / den Aufruhr seiner Wogen hältst du
nieder.
11 Rahab hast du durchbohrt und zertre-
ten, / deine Feinde zerstreut in der Kraft
deines Armes.
12 Dein sind die Himmel und dein ist die
Erde, / der Erdkreis mit all seiner Fülle –
du hast ihn gegründet.
13 Nord und Süd, du hast sie geschaf-
fen, / Tabor und Hermon jauchzen dir zu.
14 In deinem Arm ist Macht, / stark ist
deine Hand, deine Rechte erhoben.
15 Auf Recht und Gerechtigkeit ruht dein
Thron, / vor dir einher gehen Huld und
Treue.
16 Selig das Volk, das zu jubeln weiß; / im
Licht deines Angesichts, o Herr, dürfen sie
wandeln.
17 Sie freuen sich immerdar deines
Namens, / sie jauchzen ob deiner Gerech-
tigkeit.
18 Denn du bist ihr Ruhm, du bist ihre
Stärke, / durch deine Huld hebt sich
empor unsere Kraft.
19 Denn dem Herrn gehört unser Schild,
dem Heiligen Israels unser König.
20 Vor Zeiten sprachst du im Gesicht, /
du sprachst: Ich legte auf einen Starken die
Krone; / ich erhöhte ihn, den ich aus mei-
nem Volk erkor.
21 Ich habe David ersehen, meinen
Knecht, / mit heiligem Öl salbte ich ihn.
22 Dass meine Hand ihm allzeit helfe /
und Kraft ihm verleihe mein Arm.
23 Nicht soll ihn überlisten ein Gegner, /
kein Frevler soll ihn bezwingen.
24 Nein, zerschmettern will ich vor ihm
seine Feinde, / und die ihn hassen, ich
werde sie schlagen.
25 Meine Treue und meine Gnade
begleiten ihn, / in meinem Namen hebt
sich empor seine Kraft.
26 Und ich lege seine Hand auf das
Meer, / auf die Ströme lege ich seine
Rechte.
27 Er wird zu mir rufen: Mein Vater bist
du, / mein Gott und der Fels meines Hei-
les.
28 Ich aber, zum Erstgeborenen setze ich
ihn ein, / zum Höchsten über alle Herr-
scher der Erde.
29 Auf ewig bewahre ich ihm meine
Huld, / unverbrüchlich ist ihm mein
Bund.
30 Sein Geschlecht will ich erhalten auf
immerdar / und seinen Thron wie die Tage
des Himmels.
31 Wenn seine Söhne aber mein Gesetz
nicht mehr wahren / und nicht mehr
wandeln in meinen Geboten,
32 wenn sie meine Ordnungen schän-
den / und nicht beachten meine Befehle,
33 dann strafe ich ihr Vergehen mit der
Rute, / mit Geißelschlägen all ihre
Schuld.
34 Doch nicht versagen werde ich ihm
meine Huld, / meine Treue ihm nicht ver-
leugnen.
35 Meinen Bund entweihe ich nicht / und
ändere nicht den Spruch meiner Lippen.
36 So wahr ich heilig bin, ich habe es
einmal geschworen, / wahrlich, ich werde
David nicht belügen:
37 Sein Stamm soll währen in Ewigkeit, /
sein Thron soll vor mir sein wie die Sonne.
38 Und wie der Mond, der währt auf
immer. / Der es bezeugt im Himmel, er ist
getreu.
39 Nun aber hast du verstoßen, hast du
verworfen,
deinem Gesalbten zürnst du schwer.
40 Den Bund mit deinem Knecht hast du
von dir getan, / seine Krone erniedrigt bis
in den Staub.
41 Eingerissen hast du all seine Mauern, /
seine Burgen in Schutt gelegt.
42 Alle, die des Weges kamen, sie plün-
derten ihn, / seinen Nachbarn diente er
zum Spott.
43 Du hast erhoben den Arm seiner
Feinde, / all seine Widersacher hast du mit
Freude erfüllt.
44 Seines Schwertes Scheide machtest du
stumpf, / nicht standest du im Kampf ihm
bei.
45 All seine Herrlichkeit machtest du
schwinden / und warfst seinen Thron auf
die Erde.
46 Verkürzt hast du ihm die Tage der
Jugend / und ihn überschüttet mit Schan-
de.
47 Wie lange noch, o Herr? Willst du dich
verbergen auf immer? / Soll brennen wie
Feuer dein Zorn?

48 Gedenke, wie mein Leben so kurz ist, /
wie vergänglich du schufst den Menschen!
49 Wo wäre ein Lebender, der nicht
schaute den Tod, / der den Fängen der
Unterwelt entzieht seine Seele?
50 O Herr, wo sind deine Gnaden von
ehedem, / wie du David geschworen bei
deiner Treue?
51 Gedenke, o Herr, der Schmach deiner
Knechte, / allen Hass der Völker muss ich
tragen in mir.
52 Denn es verhöhnen uns, Herr, deine
Feinde, / sie verhöhnen die Fußspur dei-
nes Gesalbten.
53 Der Herr sei gepriesen in Ewigkeit! /
Amen, amen, so sei es!

Viertes Buch

Die Vergänglichkeit des Menschen

90 [Ein Gebet von Mose, dem Mann
Gottes.]
Herr, du warst uns Zuflucht / von
Geschlecht zu Geschlecht.
2 Ehe sich hoben die Berge, / ehe die
Erde entstand und die Welt, / von Ewig-
keit bist du, o Gott, bis in Ewigkeit.
3 Du lässt die Sterblichen wiederkehren
zum Staub; / du sprichst: Ihr Menschen-
kinder, kehret zurück!
4 Denn tausend Jahre sind vor dir / wie
der gestrige Tag, der verging, / nur einer
Nachtwache gleich.
5 Du nimmst sie jählings hinweg, so dass
sie werden wie der Schlaf; / am Morgen
gleichen sie dem sprossenden Gras.
6 Es kommt hervor in der Frühe und
grünt, / abgemäht ist es am Abend und
welk.
7 Wahrlich, vor deinem Zorn schwinden
wir hin, / durch deinen Grimm erstarren
wir vor Schreck.
8 Vor deine Augen stelltest du unsere
Schuld, / ins Licht deines Angesichts die
verborgene Sünde.
9 All unsere Tage vergingen in deinem
Zorn, / wie einen Seufzer verlebten wir
unsere Jahre.
10 Die Fülle unserer Jahre ist siebzig, /
und ist Kraft uns beschieden, so kommen
wir auf achtzig.
Die meisten von ihnen sind Plage und
vergebliche Mühe; / rasch enteilen sie, im
Fluge sind wir dahin.
11 Wer kann wägen die Gewalt deines
Zornes, / wer ermisst in gebührender
Furcht deinen Grimm?
12 Lehre uns zählen unsere Tage, / auf
dass wir gelangen zur Weisheit des Her-
zens.
13 Wende dich wieder zu uns, o Herr!
Wie lange noch? / Deinen Knechten sei
gnädig!
14 Erquicke uns bald mit deinem Erbar-
men, / so werden wir jubeln und froh sein
all unsere Tage.
15 Für die Tage, an denen du uns
gezüchtigt, mache uns froh, / für die Jahre,
da wir Böses erfuhren.
16 Dein Werk mache offenbar deinen
Knechten / und ihren Kindern mache
kund deine Herrlichkeit.
17 Und über uns sei die Güte Gottes,
unseres Herrn. / Und dem Werk unserer
Hände gib deinen Segen, / ja, segne das
Werk unserer Hände!

Unter Gottes Flügeln

91 Der du wohnst im Schutz des
Höchsten, / im Schatten des All-
mächtigen weilst:
2 Sage zum Herrn: Du meine Burg,
meine Zuflucht, / mein Gott, auf den ich
vertraue!
3 Er ist es, der dich befreit aus der
Schlinge des Jägers, / dich rettet vor Ver-
derben und Unheil.
4 Mit seinen Flügeln beschirmt er
dich, / unter seinen Fittichen bist du
geborgen, / seine Treue ist dir ein schüt-
zender Schild.
5 Du musst nicht fürchten das nächtliche
Grauen, / nicht am Tag den fliegenden
Pfeil;
6 nicht das Unheil, schleichend im Dun-
kel; / nicht das Verderben, das herein-
bricht am Mittag.
7 Und fallen auch tausend an deiner Sei-
te, / zu deiner Rechten zehntausend: / dich
wird es nicht treffen.
8 Mit eigenen Augen wirst du es schau-
en, / an den Sündern wirst du sehen die
Vergeltung.

9 Deine Zuversicht ist ja der Herr, / zum
Schutz hast du erkoren den Höchsten.
10 So wird dir begegnen kein Unheil, /
keine Plage wird nahen deinem Zelt.
11 Denn er entbietet für dich seine
Engel, / dich zu behüten auf all deinen
Wegen.
12 Sie sollen auf den Händen dich tra-
gen, / dass nicht an einem Stein sich stoße
dein Fuß.
13 Du wirst gehen über Nattern und
Schlangen, / wirst niedertreten Löwen und
Drachen.
14 Er war mir treu, so will ich ihn ret-
ten; / ich will ihn schützen, denn er kennt
meinen Namen.
15 Ruft er mich an, so höre ich ihn, / in
allen Nöten bin ich ihm nahe, / ich befreie
ihn und bringe ihn zu Ehren.
16 Ich verleihe ihm die Fülle der Tage /
und lasse ihn schauen mein Heil.

Lied des Gerechten

92 [Ein Psalm, ein Lied für den Sab-
bat.]
2 Gut ist es, zu preisen den Herrn, / dei-
nem Namen, o Höchster, zu singen,
3 dein Erbarmen zu künden am Mor-
gen / und in der Nacht deine Treue,
4 zur Zehnsaitenharfe und Leier, / mit
Gesängen und Saitenspiel.
5 Denn dein Walten, o Herr, erfüllt mich
mit Wonne, / über das Werk deiner
Hände frohlocke ich.
6 Wie erhaben sind deine Werke, o
Herr, / wie unergründlich deine Gedan-
ken!
7 Der Unverständige kann es nicht fas-
sen, / nicht wird es erkennen der Tor.
8 Mögen die Gottlosen gedeihen wie
Gras, / und glänzend dastehen, die Böses
tun:
Sie sind bestimmt zum Verderben auf
immer. / 9 Du aber, Herr, in Ewigkeit bist
du erhaben.
10 Siehe, deine Feinde, o Herr, müssen
vergehen, / die Übeltäter alle werden zer-
streut.
11 Wie das Horn des Ur hast du erhöht
meine Kraft, / du hast mich gesalbt mit
lauterstem Öl.
12 Und mein Auge sieht herab auf die
Feinde, / frohe Kunde höre ich über die
Bösen, die mich befehden.
13 Der Gerechte blüht wie die Palme, /
wie die Zeder des Libanon wächst er
empor.
14 Sie sind gepflanzt im Hause des
Herrn / sie blühen in den Hallen unseres
Gottes.
15 Noch im Alter tragen sie Frucht, / sind
voll Saft und voll Leben:
16 Um zu verkünden: Der Herr ist
gerecht, / er ist mein Fels, es ist kein
Unrecht an ihm.

Gott, der König

93 Der Herr ist König, gekleidet in
Hoheit; / in Hoheit hat der Herr
sich gekleidet, gegürtet mit Macht.
Fest gegründet hat er den Erdkreis, /
dass er nicht wanke.
2 Fest gegründet ist von Anfang dein
Thron, / du bist von Ewigkeit her.
3 Die Wasser erheben, o Herr, / die
Wasser erheben ihr Rauschen, / die Was-
ser erheben ihren donnernden Ruf.
4 Gewaltiger als vieler Wasser Brausen, /
gewaltiger als die Brandung der Meere, /
allgewaltig in der Höhe ist Gott.
5 Glaube gebührt, o Herr, deinem
Wort, / Heiligkeit deinem Haus auf
immerdar.

Gott, der Gerechte

94 Herr, du Gott der Vergeltung, /
Gott der Vergeltung, erscheine!
2 Erhebe dich, der du richtest die Erde, /
vergilt den Stolzen, was sie verdienen.
3 Wie lange Herr, soll der Sünder, / wie
lange der Frevler noch prahlen?
4 Wie lange sollen in frecher Rede noch
schwatzen, / wie lange sich brüsten, die
Böses tun?
5 Herr, sie zertreten dein Volk, / sie
bedrücken dein Erbe.
6 Witwe und Fremdling morden sie /
und richten zugrunde die Waisen.
7 Und sie sagen: Nicht sieht es der
Herr, / Jakobs Gott, er nimmt es nicht
wahr!
8 Kommt zur Einsicht, ihr Toren im
Volk! / Ihr Unverständigen, wann werdet
ihr weise?
9 Der das Ohr gemacht, er sollte nicht
hören? / Und der das Auge gebildet, er
sollte nicht sehen?
10 Er, der die Völker erzieht, er sollte
nicht züchtigen? / Er, der die Menschen
Erkenntnis lehrt?

11 Der Herr durchschaut der Menschen
Gedanken, / er weiß, wie nichtig sie sind.
12 Selig der Mann, den du lehrst, o
Herr, / den du erziehst in deinem Gesetz.
13 Dass du Ruhe ihm schaffst vor bösen
Tagen, / indes die Grube wird gegraben
dem Frevler.
14 Der Herr wird sein Volk nicht versto-
ßen, / er wird nicht verlassen sein Erbe.
15 Denn zu Gerechtigkeit kehrt zurück
das Gericht; / alle, die redlichen Herzens
sind, werden ihr folgen.
16 Wer steht auf für mich gegen die
Bösen, / gegen die Frevler, wer wird mir
helfen?
17 Würde mir nicht helfen der Herr, /
bald würde meine Seele wohnen am Ort
des Schweigens.
18 Und denke ich: Schon wankt mein
Fuß! – / dann stützt mich, Herr, deine
Huld.
19 Wenn im Herzen sich mehrt die Not, /
dann erfreut dein Trost meine Seele.
20 Ihr aber, steht ihr im Bund mit dem
Sitz der Bosheit, / der Qualen schafft unter
dem Schein des Gesetzes?
21 Mögen sie auf die Seele des Gerechten
sich stürzen / und verdammen unschuldi-
ges Blut.
22 Wahrlich, der Herr wird mir sein eine
Feste, / der Fels meiner Zuflucht ist Gott.
23 Und ihr Unrecht wird er ihnen ver-
gelten, / er wird sie verderben durch ihre
eigene Bosheit; / ja, verderben wird sie der
Herr, unser Gott.

Einladung zum Gotteslob

95 Kommt, lasst uns zujubeln dem
Herrn! / Jauchzet ihm zu, dem Fels
unseres Heiles!
2 Vor sein Angesicht tretet mit Lob-
gesang, / jubelt ihm laut mit Psalmen!
3 Denn ein großer Gott ist der Herr, / ein
König, erhaben über alle die Götter.
4 In seiner Hand sind die Tiefen der
Erde, / die Gipfel der Berge sind sein.
5 Sein ist das Meer, er hat es gemacht; /
sein ist das Land, von seinen Händen
gebildet.
6 Kommt, fallt nieder und betet ihn an! /
Beugt die Knie vor unserem Schöpfer, dem
Herrn!
7 Denn er ist der Herr, unser Gott, / wir
aber sind das Volk seiner Weide, / die
Herde an seiner Hand.
8 O dass ihr heute seine Stimme doch
hört! / Macht euere Herzen nicht hart wie
vordem zu Meriba, / wie in der Wüste am
Tage von Massa!
9 Dort versuchten mich euere Väter; / sie
verlangten die Probe von mir, / und hatten
doch geschaut meine Werke.
10 Vierzig Jahre war mir zum Überdruss
dieses Geschlecht; / ich sprach: Sie sind
ein Volk mit irrendem Herzen, / nicht
kennen sie meine Wege.
11 So habe ich geschworen in meinem
Zorn: / Nimmer sollen sie kommen in das
Land der Ruhe!

Der Herr, König und Richter

96 Singt dem Herrn ein neues Lied, /
singt dem Herrn, alle Lande!
2 Singt dem Herrn und preist seinen
Namen, / von Tag zu Tag verkündet sein
Heil.
3 Seine Herrlichkeit kündet unter den
Völkern, / seine Wunderwerke vor allen
Nationen.
4 Denn groß ist der Herr und würdig des
Lobes, / mehr zu fürchten als alle die Göt-
ter.
5 Nichtig sind alle Götter der Völker, /
der Herr aber hat erschaffen die Him-
mel.
6 Vor ihm einher gehen Hoheit und
Würde, / Macht und Glanz umstehen sei-
nen heiligen Thron.
7 Weiht dem Herrn, ihr Stämme der
Völker, / weiht dem Herrn Ehre und
Macht!
8 Ehre weiht dem Herrn, die seinem
Namen gebührt! / Weiht ihm Opfer, tretet
ein in die Hallen des Herrn!
9 In heiligem Schmuck betet ihn an! /
Erbebt vor ihm, alle Lande;
10 kündet den Völkern: König ist der
Herr! / Festgegründet hat er den Erdkreis,
dass er nicht wanke, / nach gleichem
Recht regiert er die Völker.
11 Es freue sich der Himmel, es jauchze
die Erde, / das Meer stimme ein und alles,
was es erfüllt.
12 Mit allem, was blüht, frohlocke die
Flur. / Dann freuen sich vor dem Herrn
die Bäume des Waldes,
13 denn siehe, er kommt; / er kommt, zu
regieren die Erde.
Regieren wird er den Erdkreis nach
Recht, / die Völker nach seiner Treue.

Freude über den Triumph des Herrn

97 Der Herr ist König, es jauchze die
Erde, / die vielen Inseln mögen
sich freuen.
2 Wolken und Wetterdunkel um ihn, /
Recht und Gerechtigkeit sind das Fun-
dament seines Thrones.
3 Feuer geht vor ihm her, / und verzehrt
seine Feinde ringsum.
4 Seine Blitze erhellen den Erdkreis, / die
Erde schaut es und sie erbebt.
5 Wie Wachs zerfließen die Berge vor
dem Antlitz des Herrn, / vor dem Antlitz
des Herrn aller Welt.
6 Es künden die Himmel seine Gerech-
tigkeit, / seine Herrlichkeit schauen die
Völker.
7 Zuschanden werden, die ihre Knie
beugen vor Bildern, / die sich rühmen der
Götzen; / nieder fallen alle Götter vor ihm.
8 Zion hört es und freut sich, / es jauch-
zen die Städte von Juda, / sie jubeln, o
Herr, über deine Rechtssprüche.
9 Denn du, o Herr, bist der Höchste über
alle Welt, / hoch erhaben über alle Götter.
10 Es liebt der Herr, die hassen das
Böse, / die Seelen seiner Heiligen hütet er
wohl, / er rettet sie aus den Händen der
Frevler.
11 Licht erstrahlt dem Gerechten, /
Freude wird zuteil den redlichen Herzen.
12 So freut euch, ihr Gerechten, im
Herrn / und rühmt seinen heiligen
Namen!

Der Richter der Erde

98 [Ein Psalm.]
Singt dem Herrn ein neues Lied, /
denn Wunderbares hat er getan.
Seine Rechte errang ihm den Sieg, / ja
Sieg errang ihm sein heiliger Arm!
2 Kundgetan hat der Herr sein Heil, /
seine Gerechtigkeit enthüllt vor den
Augen der Völker.
3 Er gedachte seiner Güte und Treue,
seiner Huld gegenüber Israels Haus. / Alle
Enden der Erde, sie haben das Heil unse-
res Gottes geschaut.
4 Jubelt dem Herrn, alle Lande! / Freut
euch, seid fröhlich und singt!
5 Lobsingt dem Herrn zum Saitenspiel, /
Psalter ertöne und Harfe!
6 Mit dem Hall der Posaunen und Hör-
ner / jubelt vor ihm, dem König und
Herrn!
7 Seine Stimme erhebe das Meer und
alles, was es erfüllt, / der Erdkreis und die
ihn bewohnen.
8 Klatscht in die Hände, ihr Ströme, / ihr
Berge, stimmt ein in den Jubel!
9 Im Angesicht des Herrn, wenn er
kommt, / die Erde zu richten.
Er richtet den Erdkreis gerecht / und die
Völker nach Gerechtigkeit.

Gott, der gerechte und heilige König

99 Der Herr ist König, es zittern die
Völker. / Er thront über den Keru-
bim, die Erde erbebt.
2 Groß ist der Herr auf Zion, / erhaben
über alle die Völker.
3 Sie sollen preisen deinen großen und
furchtbaren Namen; / denn er ist heilig.
4 Des Königs Macht ist, dass er das
Recht liebt. / Du bist es, der begründet,
was recht ist; / du schaffst in Jakob Recht
und Gerechtigkeit.
5 Erhebt den Herrn, unseren Gott, / vor
dem Schemel seiner Füße beugt die Knie, /
denn er ist heilig.
6 Mose und Aaron aus der Schar seiner
Priester, / und Samuel aus jenen, die sei-
nen Namen bekannten: / sie riefen zum
Herrn und er erhörte sie.
7 Aus der Wolkensäule sprach er zu
ihnen, / sie hörten auf seine Befehle und
die Satzung, die er ihnen verlieh.
8 Herr, unser Gott, du hast sie erhört, / o
Gott, du warst ihnen gnädig, / streng aber
hast du gestraft ihre Sünde.
9 Erhebt den Herrn, unseren Gott, / fallt
nieder an seinem heiligen Berg; / denn der
Herr, unser Gott, ist heilig.

Aufruf zum Lob

100 [Ein Psalm zur Danksagung.]
Jubelt dem Herrn, alle Lande, /
2 in Freuden dient dem Herrn, / vor sein
Angesicht kommt mit Jauchzen!
3 Wisst: Der Herr ist Gott. / Er hat uns
geschaffen, wir sind sein Eigen: / sein Volk
sind wir, die Herde auf seiner Weide.
4 Tretet ein durch seine Tore mit Lie-
dern des Dankes, / in seine Hallen mit
Lobgesang, / verherrlicht ihn und preist
seinen Namen!
5 Der Herr ist gütig, / sein Erbarmen
währet in Ewigkeit, / von Geschlecht zu
Geschlecht seine Treue.

Ein Herrscherspiegel

101 [Ein Psalm von David.]
Singen will ich von Gnade und
Gerechtigkeit, / auf der Harfe will ich dir
spielen, o Gott.
2 Einhergehen will ich auf schuldlosem
Wege; / wann wirst du kommen zu mir?
Ich will wandeln in der Reinheit des
Herzens / in meinem Hause.
3 Nicht stelle ich mir vor Augen, eine
Sache, die Sünde ist. / Wer Böses verübt,
den hasse ich, / nicht habe ich Gemeinschaft mit ihm.
4 Ein ruchloses Herz sei mir fern; / was
böse ist, will ich nicht kennen.
5 Wer insgeheim seinen Nächsten verleumdet, / den will ich vernichten.
Wer stolzen Blickes ist und aufgeblasenen Sinnes, / ich will ihn nicht dulden.
6 Meine Augen suchen im Land die
Getreuen, / sie sollen wohnen bei mir.
Wer wandelt auf rechtem Weg, / der
soll mir dienen.
7 Nicht darf im Hause mir wohnen, der
übet Betrug. / Und wer lügnerisch redet,
vor meinen Augen soll er nimmer bestehen.
8 Morgen für Morgen vernichte ich alle
Frevler im Land, / und banne aus der Stadt
meines Herrn alle die Bösen.

Gebet im Unglück

102 [Gebet eines Bedrückten, der in
seiner Not dem Herrn sein Leid
klagen will.]
2 Erhöre, Herr, mein Gebet, / mein
Rufen komme zu dir.
3 Nicht verhülle vor mir dein Angesicht / am Tag meiner Bedrängnis.
Neige zu mir dein Ohr; / wenn ich rufe
zu dir, erhöre mich bald.
4 Denn meine Tage entschwinden wie
Rauch, / in meinen Gliedern brennt es wie
Feuer.
5 Versengt wie das Gras und verdorrt ist
mein Herz; / ich vergaß, zu essen mein
Brot.
6 Ich zehre mich auf in Seufzen, / es haftet an der Haut mein Gebein.
7 Ich gleiche der Dohle in der Wüste, /
bin geworden wie im Gemäuer die Eule.
8 Ich finde keinen Schlaf und ich klage /
wie auf dem Dach der verlassene Vogel.
9 Immerfort höhnen mich meine Feinde; / im Mund meiner Hasser wurde mein
Name zum Fluch.
10 Denn ich esse mein Brot wie Asche, /
und mein Trank vermischt sich mit Tränen
11 vor deinem grimmigen Zorn; / denn
du hast mich erhöht, nun aber wirfst du
mich nieder.
12 Meine Tage sind wie wachsende
Schatten, / und ich verdorre wie Gras.
13 Du aber, Herr, bleibst in Ewigkeit, /
und dein Name währt durch alle
Geschlechter.
14 Du wirst dich erheben und über Zion
erbarmen, / denn gekommen ist die Zeit,
dass du dich seiner erbarmst; / schon ist
die Stunde gekommen.
15 Zions Steine sind deinen Knechten
teuer, / über seine Trümmer erheben sie
Klage.
16 Dann werden die Völker deinen
Namen fürchten, o Herr, / und alle Könige
der Erde vor deiner Hoheit sich neigen.
17 Wenn der Herr von neuem Zion
erbaut, / wenn er in Herrlichkeit wird
erscheinen;
18 wenn er sich zukehrt dem Ruf der
Armen / und nicht mehr verwirft ihr
Gebet.
19 Aufgeschrieben werde dies für das
neue Geschlecht, / und das Volk, das
erschaffen wird, lobsinge dem Herrn.
20 Denn herabgeschaut hat der Herr von
seinem erhabenen Heiligtum, / auf die
Erde blickt er nieder vom Himmel,
21 dass er höre der Gefangenen Stöhnen, / dass er befreie, die dem Tod
geweiht,
22 dass der Name des Herrn verkündet
werde auf Zion, / sein Ruhm in Jerusalem,
23 wenn dort sich versammeln die Völker / und die Reiche, auf dass sie dienen
dem Herrn.
24 Auf dem Weg schon hat er aufgezehrt
meine Kraft, / er schnitt mir ab meine
Tage.
25 Ich sage: Nicht raffe mich weg aus der
Mitte meiner Tage, o Gott, / du, dessen
Jahre überdauern alle Geschlechter.
26 Im Anbeginn erschufst du die Erde, /
und der Himmel ist das Werk deiner
Hände.
27 Jene werden vergehen, du aber
bleibst; / wie ein Gewand veralten sie alle.

Du wechselst sie wie ein Kleid, / und sie
wandeln sich.
28 Du aber bist derselbe, / und deine
Jahre haben kein Ende.
29 Die Kinder deiner Knechte werden
wohnen in Sicherheit, / und ihr Stamm
wird bleiben vor dir auf immer.

Gott ist die Liebe

103 [Von David.]
Preise, meine Seele, den
Herrn! / Alles in mir lobpreise seinen hei-
ligen Namen!
2 Preise, meine Seele, den Herrn / und
vergiss nicht, was er dir Gutes getan hat!
3 Er vergibt dir all deine Schuld, / alle
Gebrechen will er dir heilen.
4 Dein Leben erlöst er vom Untergang, /
er krönt dich mit Huld und Erbarmen.
5 Dein Leben erfüllt er mit Gütern, / wie
dem Adler wird deine Jugend dir neu.
6 Werke der Gerechtigkeit vollbringt der
Herr, / den Unterdrückten schafft er
Recht.
7 Kundgetan dem Mose hat er seine
Wege, / Israels Kindern sein Walten.
8 Der Herr ist barmherzig und gnädig, /
zögernd im Zorn und reich an Erbar-
men.
9 Er hadert nicht immer, / nicht ewig
währt sein Zürnen.
10 Nicht handelt er an uns nach unseren
Sünden, / und nach den Missetaten vergilt
er uns nicht.
11 Denn so hoch der Himmel über der
Erde, / so groß ist seine Barmherzigkeit
gegen die Frommen.
12 So weit der Aufgang vom Nieder-
gang, / so weit entfernt er von uns die
Schuld.
13 Gleich wie ein Vater sich erbarmt der
Kinder, / so erbarmt sich der Herr aller,
die ihn fürchten.
14 Weiß er doch, welch ein Gebilde wir
sind; / er weiß, wir entstammen dem
Staub.
15 Des Menschen Tage gleichen dem
Gras, / er blüht wie die Blume des Feldes.
16 Ein Hauch des Windes, schon ist sie
dahin, / und der Ort, wo sie stand hat sie
vergessen.
17 Doch immer und ewig währt die Huld
des Herrn über denen, die ihn fürchten, /
und sein Heil über Kindeskindern.
18 Mit jenen, die seinem Bund getreu, /
die bedacht sind, zu handeln nach seinen
Geboten.
19 Seinen Thron hat der Herr bereitet im
Himmel, / seine Königsmacht gebietet
dem Weltall.
20 Preist den Herrn, all seine Engel, / ihr
Gewaltigen, die ihr vollführt seine Befeh-
le, / gehorsam seinem gebietenden Wort.
21 Preist den Herrn, alle himmlischen
Heere, / ihr, seine Diener, die ihr vollführt
seinen Willen!
22 Preist den Herrn, all seine Werke, / an
jedem Ort seiner Herrschaft! / Du, meine
Seele, preise den Herrn!

Die Herrlichkeiten der Schöpfung

104 Preise, meine Seele, den
Herrn, / Herr, mein Gott, wie
bist du überaus groß!
Gekleidet bist du in Hoheit und Wür-
de, / 2 wie ein Mantel umhüllt dich das
Licht.
Den Himmel hast du ausgespannt wie
ein Zelt, / 3 deine Wohnung errichtet über
den Wassern.
Die Wolken machst du dir zum
Wagen, / auf Sturmesflügeln fährst du
dahin.
4 Zu deinen Boten bestellst du die Win-
de, / zu deinen Dienern das zündende
Feuer.
5 Fest gegründet auf Pfeiler hast du die
Erde, / in alle Zeiten wird sie nicht wan-
ken.
6 Du hast sie umhüllt mit dem Kleid der
Fluten, / über den Bergen standen die
Wasser.
7 Sie wichen zurück vor deinem drohen-
den Wort, / erbebten vor deiner donnern-
den Stimme.
8 Die Berge hoben sich, die Täler senkten
sich nieder, / an die Stätte, die du ihnen
geschaffen hast.
9 Eine Grenze hast du gezogen den
Wassern, / nicht dürfen sie die über-
schreiten, / nicht überfluten die Erde.
10 Du bist es, der die Quellen ergießt in
die Bäche, / durch die Berge rauschen sie
hin.
11 Zu trinken geben sie allen Tieren des
Feldes, / die Wildesel der Steppe stillen aus
ihnen den Durst.
12 Es wohnen an den Ufern die Vögel des
Himmels, / aus den Zweigen tönt ihr
Gesang.

13 Du tränkst aus deinen Kammern die
Berge, / von der Frucht deiner Werke wird
gesättigt das Land.
14 Gras lässt du sprossen dem Vieh, /
Gewächse, dass sie dienen dem Men-
schen,
dass er gewinne aus dem Boden das
Brot / 15 und Wein, der das Herz ihm
erfreut,
er salbe sein Antlitz mit Öl, / dass
erstarke des Menschen Herz durch das
Brot.
16 Auch die Bäume des Herrn, sie trin-
ken sich satt, / die Zedern des Libanon, die
er gepflanzt.
17 Dort bauen ihre Nester die Vögel, /
auf der Zypresse horsten die Störche.
18 Dem Steinbock gehören die Höhen
der Berge, / der Klippendachs ist geborgen
in Felsenklüften.
19 Du bist es, der geschaffen den Mond,
dass er messe die Zeiten, / die Sonne weiß
ihren Untergang.
20 Du rufst die Finsternis und die Nacht
bricht an, / dann streifen umher die Tiere
des Waldes.
21 Nach Beute brüllen die Jungen des
Löwen, / sie fordern vom Herrn ihre Nah-
rung.
22 Da erhebt sich die Sonne und sie wei-
chen zurück / und bergen sich in den
Höhlen.
23 Der Mensch geht aus, zu schaffen sein
Werk, / seine Arbeit bis an den Abend.
24 Wie vielgestaltig sind deine Werke, o
Herr! / Alles hast du geschaffen in Weis-
heit, / erfüllt ist die Erde von deinen
Geschöpfen.
25 Siehe, groß und weithin gebreitet ist
das Meer, / ohne Zahl ist in ihm das
Gewimmel der Wesen, / kleines und gro-
ßes Getier.
26 Dort ziehen Schiffe einher; / dort zieht
der Leviatan, den du geschaffen, / im Meer
sich zu tummeln.
27 Alle Wesen warten auf dich, / dass du
Speise ihnen gibst zur rechten Zeit.
28 Du spendest ihnen und sie sammeln es
ein, / du öffnest deine Hand und sie wer-
den gesättigt mit Gutem.
29 Verbirgst du dein Angesicht, so ver-
gehen sie in Furcht; / nimmst du ihnen
den Atem, so schwinden sie hin / und sin-
ken zurück in den Staub.
30 Du sendest aus deinen Hauch und sie
werden geschaffen, / und das Angesicht
der Erde machst du neu.
31 Dem Herrn sei Ehre in Ewigkeit, / es
freue sich der Herr seiner Werke.
32 Er, der hinblickt zur Erde, und sie
erbebt, / der die Berge berührt, und sie
rauchen.
33 Dem Herrn will ich singen mein
Leben lang, / will ihn preisen mit Psalmen,
solange ich bin.
34 Möge ihm gefallen mein Lied; / ich
aber will mich freuen im Herrn.
35 Dass doch schwinden von der Erde die
Sünder, / nicht mehr sollen Gottlose
sein! / Preise, meine Seele, den Herrn!
Halleluja!

Die wunderbare Geschichte Israels

105 Preist den Herrn, ruft aus sei-
nen Namen, / macht kund seine
Werke unter den Völkern!
2 Singt ihm, spielt ihm, / erzählt all seine
Wunder!
3 Rühmt euch in seinem heiligen
Namen! / Die suchen den Herrn, ihre
Herzen sollen sich freuen!
4 Schaut auf den Herrn und schaut seine
Macht, / sein Angesicht sucht allezeit.
5 Denkt an die Wunder, die er voll-
brachte, / an seine Zeichen und den
Spruch seines Mundes,
6 ihr Söhne Abrahams, seines Knech-
tes, / ihr Söhne Jakobs, seines Erwählten!
7 Er ist der Herr, unser Gott, / gültig in
aller Welt sind seine Urteile.
8 Er gedenkt seines Bundes auf ewig, /
seiner Verheißung, gewährt für tausend
Geschlechter,
9 des Bundes, den er geschlossen mit
Abraham, / des Eides, den er Isaak schwur.
10 Den er setzte für Jakob als festen
Beschluss, / zu ewigem Bündnis für Israel.
11 Und er sprach: Dir gebe ich Kanaan /
zu deinem Anteil und Erbe.
12 Als sie gering noch an Zahl, / wenige
nur und Gäste im Land,
13 als sie zogen von Stamm zu Stamm, /
von einem Volk zum anderen Volk,
14 da ließ er nicht zu, dass sie einer
bedrücke, / um ihretwillen strafte er
Könige:
15 Meine Gesalbten rührt nicht an, / tut
nicht Böses meinen Propheten!
16 Und er rief den Hunger über das
Land, / jeden Brotstab zerbrach er ihnen.

17 Er sandte ihnen voraus einen Mann: /
Josef, der verkauft wurde als Sklave.
18 Sie legten seine Füße in Fesseln, / sie
zwängten seinen Hals in eiserne Haft,
19 bis erfüllt war, was er vorausgesagt, /
bis das Wort des Herrn ihn bezeugte.
20 Der König sandte, ihm zu lösen die
Fesseln, / der Fürst der Völker, er machte
ihn frei.
21 Zum Herrn setzte ihn dieser über sein
Haus, / zum Höchsten über all seine
Güter.
22 Er leite nach seinem Willen die
Edlen, / und seine Ältesten lehre er Weis-
heit.
23 Danach zog Israel nach Ägypten, / ein
Gast war Jakob im Land des Ham.
24 Und gewaltig mehrte der Herr sein
Volk, / machte es stärker als seine
Bedränger.
25 Er verkehrte ihr Herz, sein Volk zu
hassen, / Arglist zu üben an seinen
Knechten.
26 Nun sandte er Mose, seinen Knecht, /
und sandte Aaron, den er erkoren.
27 Sie wirkten seine Zeichen vor ihnen, /
große Wunder im Lande des Ham.
28 Finsternis sandte er, Finsternis brach
herein, / sie aber widerstanden seinen
Befehlen.
29 Er wandelte ihre Gewässer in Blut, /
ihre Fische ließ er sterben.
30 Von Fröschen ließ er wimmeln ihr
Land / bis hinein in die Gemächer des
Königs.
31 Er sprach und es kamen Schwärme
von Fliegen, / stechende Mücken über all
ihre Grenzen.
32 Hagel gab er ihnen statt Regen, / ver-
zehrendes Feuer fiel auf ihr Land.
33 Und er schlug ihnen Rebe und Feige, /
in allen Marken zerbrach er die Bäume.
34 Er sprach und die Heuschrecke kam, /
und zahllos die gefräßige Grille.
35 Und sie fraßen alles, was grün im
Land, / sie fraßen die Frucht ihrer Äcker.
36 Und er schlug im Land alle Erst-
geburt, / die Erstlinge all ihrer Mannes-
kraft.
37 Und er führte sie heraus mit Silber
und Gold, / es war kein Siecher in ihren
Stämmen.
38 Ihres Auszuges waren froh die Ägyp-
ter; / denn es hatte Furcht sie befallen vor
ihnen.
39 Eine Wolke spannte er aus, sie zu
decken, / Feuerschein gab er, zu erleuch-
ten die Nacht.
40 Sie begehrten, da führte er Wachteln
herbei / und er machte sie satt mit dem
Brot vom Himmel.
41 Auf tat er den Felsen, da rauschte das
Wasser / und ging als ein Strom durch die
Steppe.
42 Denn er gedachte seines heiligen
Wortes, / das er Abraham gab, seinem
Knecht.
43 Und er führte sein Volk heraus unter
Jubel, / seine Auserwählten unter Froh-
locken.
44 Und gab ihnen die Länder der Hei-
den, / und sie nahmen sich die Schätze der
Völker,
45 auf dass sie hielten seine Gesetze / und
achteten sein Gebot. Halleluja!

Schuldbekenntnis des Volkes

106 Preist den Herrn, denn er ist
gut; / in Ewigkeit währt sein
Erbarmen.
2 Wer mag erzählen die mächtigen Taten
des Herrn, / wer mag künden all seinen
Ruhm?
3 Selig, die handeln nach seinen Gebo-
ten, / Gerechtigkeit üben zu aller Zeit.
4 Gedenke meiner, o Herr, gedenke in
Liebe deines Volkes, / mit deiner Hilfe
suche mich auf,
5 dass ich mich labe am Glück deiner
Erwählten, / an deines Volkes Freude
mich freue, / mich rühmen darf samt dei-
nem Erbe.
6 Wir haben gesündigt wie unsere
Väter, / wir haben Unrecht getan und
haben gefrevelt.
7 Unsere Väter im Land Ägypten, / sie
achteten nicht deiner Wunder;
sie gedachten nicht der Fülle deiner
Erbarmungen, / am Schilfmeer wurden sie
Empörer gegen den Höchsten.
8 Doch um seines Namens willen
befreite er sie, / um kundzutun seine
Macht.
9 Er drohte dem Schilfmeer, da wurde es
trocken, / und er führte sie durch die Flu-
ten wie durch die Steppe.
10 Er rettete sie aus des Hassers Gewalt /
und erlöste sie aus den Händen der Fein-
de.

11 Und die Wasser deckten zu ihre Geg-
ner, / nicht einer davon blieb am Leben.
12 Da glaubten sie seinen Worten / und
sie sangen sein Lob.
13 Doch bald vergaßen sie wieder, was er
getan, / seinem Rate wollten sie nicht
mehr vertrauen.
14 In der Wüste folgten sie ihrer Begier-
de, / im öden Land versuchten sie Gott.
15 Da gab er ihnen, was sie begehrten, /
doch schaffte er ihnen Überdurss und
Ekel.
16 Sie wurden im Lager eifersüchtig auf
Mose / und eiferten gegen Aaron, den
Geweihten des Herrn.
17 Da öffnete sich die Erde und sie ver-
schlang den Datan / und sie begrub die
Rotte Abirams.
18 Und gegen ihre Scharen brach ein
Feuer hervor, / die Flamme verzehrte die
Frevler.
19 Am Horeb schufen sie sich ein Kalb, /
warfen sich nieder vor dem Bildwerk, das
sie gegossen aus Gold.
20 Und sie vertauschten den allherr-
lichen Gott / gegen das Bild des Stiers, der
sich nährt von Gras.
21 Gott vergaßen sie, der sie errettet
hat, / der große Zeichen gewirkt hat in
Ägypten:
22 Wunderbares im Land des Ham, /
furchterregende Zeichen am Schilfmeer.
23 Schon gedachte der Herr, sie ganz zu
verderben, / wäre nicht Mose gewesen,
sein Erwählter.
Der trat vor ihn hin, seinen Zorn abzu-
wenden, / auf dass er sie nicht verderbe.
24 Und sie verschmähten das gepriesene
Land, / seiner Verheißung trauten sie
nicht.
25 Es erhob sich in ihren Zelten ein Mur-
ren, / und sie hörten nicht auf die Stimme
des Herrn.
26 Da schwur er ihnen mit erhobener
Hand, / sie niederzustrecken in der Wüste,
27 ihr Geschlecht zu zerstreuen unter die
Völker, / weithin sie zu zersprengen über
die Lande.
28 Und sie ergaben sich dem Baal-Pegor /
und aßen von den Opfern für leblose Göt-
zen.
29 Mit ihren Freveltaten riefen sie hervor
seinen Zorn, / und schweres Unheil kam
über sie.
30 Da stand Pinhas auf und übte
Gericht; / und Einhalt war geboten dem
Unheil.
31 Und es wurde ihm angerechnet als
Gerechtigkeit / für alle Geschlechter auf
immer.
32 Und wieder erzürnten sie ihn bei den
Wassern von Meriba, / ihretwegen musste
es Mose entgelten.
33 Denn erbittert hatten sie sein Gemüt, /
und unbedacht kam es ihm von den Lip-
pen.
34 Nicht trieben sie aus dem Lande die
Völker, / wie es geboten der Herr.
35 Sie ließen sich ein mit den Heiden, /
ihr Treiben nahmen sie an.
36 Sie dienten nun ihren Götzen, / die
wurden ihnen zur Falle.
37 Zum Opfer brachten sie dar ihre Söh-
ne, / ihre Töchter gaben sie hin den
Dämonen.
38 Und vergossen unschuldiges Blut, /
das Blut ihrer Söhne und Töchter,
das zum Opfer sie brachten den Götzen
von Kanaan. / So wurde mit Blut besudelt
ihr Land,
39 durch ihre Werke entweihten sie sich /
und wurden der Untreue schuldig durch
ihre Frevel.
40 Da entbrannte gegen sein Volk der
Zorn des Herrn, / zum Abscheu wurde
ihm sein Erbe.
41 In die Hand der Völker ließ er sie fal-
len, / und es herrschten über sie ihre Has-
ser.
42 Und ihre Feinde bedrückten sie, / ihre
Fäuste zwangen sie nieder.
43 Oftmals hat er sie wieder errettet, / sie
aber reizten ihn durch ihre Pläne / und
sanken hin für ihre Vergehen.
44 Doch wieder schaute er hin auf ihre
Bedrängnis, / sobald er ihr Flehen ver-
nommen,
45 und gedachte seines Bundes und war
ihnen gnädig, / und er wandte seinen Sinn
aus großem Erbarmen.
46 Und Erbarmen ließ er sie finden bei
allen, / die sie fortgeführt hatten in
Gefangenschaft.
47 Rette uns, Herr, unser Gott, / und
führe uns heim aus den Völkern,
auf dass wir preisen deinen heiligen
Namen, / in deinem Lob uns rühmen.
48 Gepriesen sei der Herr, der Gott Isra-
els, immer und ewig. / Und alles Volk soll
sprechen: Amen, so sei es! Halleluja!

Fünftes Buch

Gott rettet den Menschen aus jeder Gefahr

107 Preist den Herrn, denn er ist
gut, / in Ewigkeit währt sein
Erbarmen.
2 So sollen sprechen die Erlösten des
Herrn, / die er befreit aus den Händen des
Feindes,
3 die er zusammengeführt aus den Lan-
den, / von Aufgang und Niedergang, von
Nord und vom Süd.
4 Im öden Land irrten sie umher, in der
Wüste, / nicht fanden sie den Weg zu
wohnlicher Stätte.
5 Sie litten Hunger und Durst, / ihr
Leben war am Erlöschen.
6 Und sie schrien zum Herrn in ihrer
Bedrängnis, / und er befreite sie aus all
ihren Ängsten.
7 Und er führte sie auf geradem Weg, /
dass sie kamen zu wohnlicher Stätte.
8 Danken sollen sie dem Herrn für all
seine Huld, / für die Wunder, die er den
Menschenkindern getan hat.
9 Denn die Hungernden hat er gesät-
tigt, / die Darbenden mit Gütern erfüllt.
10 Sie saßen in Dunkel und Todesschat-
ten, / gefesselt in Elend und Eisen.
11 Denn sie hatten getrotzt dem Wort des
Herrn / und gering geachtet den Rat-
schluss des Höchsten.
12 Darum beugte er durch Trübsal ihr
Herz, / sie sanken dahin und niemand war
da, sie zu halten.
13 Und sie schrien zum Herrn in ihrer
Bedrängnis, / und er befreite sie aus all
ihren Ängsten.
14 Und er führte sie heraus aus Dunkel
und Todesschatten, / und er zerriss ihre
Fesseln.
15 Danken sollen sie dem Herrn für all
seine Huld, / für die Wunder, die er den
Menschen getan.
16 Denn er sprengte die ehernen Tore, /
die Eisenriegel brach er entzwei.
17 Wegen ihrer Sünden waren sie kraft-
los, / sie mussten büßen für ihre Vergehen.
18 Alle Speisen verschmähten sie, / sie
waren nahe den Pforten des Todes.
19 Und sie schrien zum Herrn in ihrer
Bedrängnis, / und er befreite sie aus all
ihren Ängsten.
20 Er sandte sein Wort und heilte sie /
und entriss sie dem Untergang.
21 Danken sollen sie dem Herrn für all
seine Huld, / für die Wunder, die er den
Menschen getan.
22 Und sie sollen ihm weihen Opfer des
Dankes / und seine Werke verkünden in
Freude.
23 Die auf ihren Schiffen befuhren das
Meer / und Handel trieben auf großen
Wassern,
24 sie schauten die Taten des Herrn, / in
der Tiefe schauten sie seine Wunder.
25 Er sprach und weckte den Sturm-
wind, / der trug zur Höhe empor seine
Wogen.
26 Sie stiegen empor zum Himmel, /
stürzten hinab in die Tiefe, / jene aber
vergingen in Qual.
27 Wie trunken schwankten sie hin und
her, / all ihr Können hatte ein Ende.
28 Und sie schrien zum Herrn in ihrer
Bedrängnis, / und er befreite sie aus all
ihren Ängsten.
29 Er stillte den Sturm zu sanfterem
Wehen, / und ruhig wurden die Wogen
des Meeres.
30 Und sie freuten sich, dass es stille
war, / und er führte sie zum ersehnten
Hafen.
31 Danken sollen sie dem Herrn für all
seine Huld, / für die Wunder, die er den
Menschen getan.
32 Und sie sollen ihm danken in der
Versammlung des Volkes, / im Rat der
Alten ihn loben.
33 Ströme hat er gewandelt in Wüste, /
und Wasserquellen in dürstendes Land,
34 fruchtbares Land in salzige Steppe, /
wegen der Bosheit seiner Bewohner.
35 Und wieder machte er die Wüste zum
See, / verdorrtes Land zu Quellen von
Wasser.
36 Den Hungernden wies er dort Sitze
an, / sich zu gründen eine wohnliche Stät-
te.
37 Und sie bestellten das Feld und
pflanzten den Weinberg / und hielten
reichliche Ernte.
38 Er segnete sie und mächtig vermehr-
ten sie sich, / und er gab ihnen nicht
wenige Herden.
39 Und wieder wurden sie klein an
Zahl, / und wieder gebeugt von Unglück
und Not.

40 Doch er, der Verachtung wirft über
Fürsten, / der sie irren lässt durch weglose
Steppe,
41 er hob die Armen empor aus dem
Elend, / und die Geschlechter machte er
zahlreich wie Herden.
42 Das sehen die Gerechten und freuen
sich, / und jede Bosheit schließt ihren
Mund.
43 Wer ist weise, dass er dieses beden-
ke? / Wer begreift die Gnaden des
Herrn?

Morgenlied und Gebet des Volkes

108 [Ein Lied; ein Psalm von David.]
2 Mein Herz ist bereit, o Gott, mein Herz
ist bereit / ich will dir singen und spielen.
Wach auf, meine Seele! / 3 Psalter und
Harfe, wacht auf! / Ich will das Morgenrot
wecken.
4 Unter den Völkern will ich dich prei-
sen, o Herr, / unter den Nationen will ich
dir singen.
5 Denn bis an den Himmel reicht dein
Erbarmen, / bis an die Wolken reicht
deine Treue.
6 Zeige dich in deiner Hoheit am Him-
mel, o Gott, / über die ganze Erde gehe auf
deine Herrlichkeit!
7 Ja, dass gerettet werden deine Gelieb-
ten, / sende Hilfe mit deiner Rechten,
erhöre uns.
8 In seinem Heiligtum hat Gott einst
gesprochen: / Frohlockend will ich Sichem
verteilen, / vermessen will ich das Tal von
Sukkot.
9 Mein ist Gilead und mein ist Manas-
se, / und Efraim ist der Helm meines
Hauptes, / mein Zepter ist Juda.
10 Doch Moab sei mir Schüssel zum
Waschen, / auf Edom setze ich meinen
Schuh / und triumphieren will ich über
das Land der Philister.
11 Wer bringt mich hin zu der festen
Stadt? / Wer wird mich geleiten nach
Edom?
12 Hast du uns nicht verstoßen, o Gott, /
und ziehst nicht mehr aus, o Gott, mit
unseren Heeren?
13 Schaffe uns Hilfe gegen den Feind, /
denn der Menschen Hilfe ist nutzlos.
14 Mit Gott werden wir tapfer streiten /
und er wird niedertreten unsere Feinde.

Bitte um Hilfe gegen erbarmungslose Widersacher

109 [Dem Chormeister; von David; ein Psalm.]
Gott, dem ich lobsinge, o schweige
nicht! / 2 Denn aufgetan hat sich gegen
mich der Heuchler gottloser Mund.
Sie sprachen zu mir mit lügender Zun-
ge, / 3 mit Worten des Hasses umgaben sie
mich, / sie bekämpften mich ohne Grund.
4 Meiner Liebe zum Lohn verklagten sie
mich, / ich aber, ich bete.
5 Sie vergalten mir Gutes mit Bösem, /
meine Liebe mit Hass.
6 Bestelle gegen ihn einen Frevler, /
einen Kläger zu seiner Rechten.
7 Als ein Schuldiger gehe er aus dem
Gericht, / seine Bitten seien umsonst.
8 Ihm seien beschieden nur wenige
Tage, / sein Amt erhalte ein anderer.
9 Seine Kinder sollen werden zu Wai-
sen, / zur Witwe werde seine Frau.
10 Unstet sollen seine Kinder umherzie-
hen und betteln, / hinausgejagt aus ihren
verwüsteten Häusern.
11 All seine Habe werde des Wucherers
Beute, / die Frucht seiner Mühen soll ihm
plündern der Fremde.
12 Niemand bezeige ihm Schonung; /
niemand sei da, der sich erbarme der
Waisen.
13 Sein Stamm sei verfallen dem Unter-
gang, / im nächsten Geschlecht soll erlö-
schen sein Name.
14 Unvergessen bleibe dem Herrn die
Schuld seiner Väter, / die Sünde seiner
Mutter sei ungesühnt.
15 Immerwährend seien sie gegenwärtig
dem Herrn, / auf Erden lösche er aus sein
Gedächtnis.
16 Denn niemals übte er je Erbarmen, /
er verfolgte den Menschen, der elend und
arm, / dem Leidgeprüften ging er ans
Leben.
17 Er wollte den Fluch, so komme er über
ihn; / er verschmähte den Segen, so soll er
ihn fliehen.
18 Der Fluch zog er an wie ein Gewand, /
in sein Inneres soll er eindringen wie
Wasser, / in sein Gebein soll er dringen
wie Öl.
19 Ja, er umhülle ihn wie ein Kleid, / wie
ein Gürtel, der ihn allzeit umschließt!
20 Dies sei der Lohn des Herrn für jene,

die mich verklagen, / die Böses gegen mich
reden.
21 Du aber, Herr und Gott, / um deines
Namens willen steh mir zur Seite; / rette
mich in deinem milden Erbarmen!
22 Denn elend bin ich und hilflos, / im
tiefsten Herzen verwundet.
23 Wie der Schatten, wenn er sich neigt,
so schwinde ich hin; / ich werde abge-
schüttelt, der Heuschrecke gleich.
24 Entkräftet sind meine Knie vom Fas-
ten, / und abgezehrt schwindet mein
Fleisch.
25 Ich bin geworden ihnen zum Hohn; /
wenn sie mich sehen, sie schütteln das
Haupt.
26 Hilf mir, Herr, du mein Gott, / in dei-
ner Huld errette mich.
27 Und wissen sollen sie: es war deine
Hand; / du warst es, Herr, der dieses getan
hat.
28 Mögen sie fluchen, du aber segne, /
zuschanden sollen werden, die gegen mich
aufstehen; / dein Knecht aber möge sich
freuen.
29 Meine Kläger sollen sich kleiden in
Schande, / und wie ein Mantel soll sie
umhüllen die Schmach.
30 Und preisen will ich mit frohem
Mund den Herrn, / inmitten der vielen
will ich ihn loben.
31 Denn er stand dem Armen zur Seite, /
ihn vor den Richtern zu retten.

Der Priester und König auf dem Zion

110 [Ein Psalm von David.]
Es sprach der Herr zu meinem
Herrn: / Setze dich mir zur Rechten, / und
ich lege deine Feinde dir als Schemel zu
Füßen!
2 Weithin lässt walten der Herr dein
mächtiges Zepter. / Von Zion aus herrsche
in mitten deiner Feinde!
3 Dein ist das Königtum seit dem ersten
der Tage; / da du gingst hervor im Glanz
der Heiligkeit.

Aus dem Mutterschoß der Morgen-
röte / habe ich wie Tau dich gezeugt.
4 Geschworen hat der Herr und es reuet
ihn nicht: / Du bist Priester auf ewig nach
des Melchisedek Weise.
5 Zu deiner Rechten der Herr: /
Könige wird er zertreten am Tag seines
Zornes.
6 Unter den Heiden hält er Gerichtstag, /
Tote liegen zuhauf, / weithin auf Erden
zerschlägt er die Häupter.
7 Er trinkt aus dem Wildbach am Weg, /
um neu zu erheben sein Haupt.

Lobpreis der Werke Gottes

111 Halleluja!
Preisen will ich den Herrn vom
Grund meines Herzens / im Rat der
Frommen und in großer Gemeinde.
2 Die Werke des Herrn sind erhaben; /
würdig, dass man sie liebend ergründe.
3 Sein Walten ist Hoheit und Macht, /
und seine Gerechtigkeit währt auf ewig.
4 Seinen Wundern schuf er ein stetes
Gedächtnis, / milde ist der Herr und
barmherzig.
5 Denen, die ihn fürchten, sandte er
Speise, / auf ewig wird er seines Bundes
gedenken.
6 Kundgetan hat er dem Volk die Macht
seiner Werke: / er gab ihm das Erbe der
Völker.
7 Das Wirken seiner Hände ist Treue
und Recht, / unwandelbar sind seine
Befehle,
8 gültig für immer und ewig, / gegeben
in Kraft und Gerechtigkeit.
9 Erlösung hat er seinem Volk gesandt, /
seinen Bund geschlossen auf immerdar, /
heilig und hehr ist sein Name.
10 Die Furcht vor dem Herrn ist Anfang
der Weisheit; / weise sind, die beharrlich
sie üben. / Der Ruhm des Herrn wird blei-
ben in Ewigkeit.

Lobpreis des Gerechten

112 Halleluja!
Selig der Mann, der fürchtet
den Herrn, / der Freude hat an seinen Ge-
boten.
2 Sein Stamm wird im Land mächtig, /
Segen ruht auf dem Geschlecht der From-
men.
3 In seinem Haus ist Fülle und Reich-
tum, / sein Wohltun hat kein Ende.
4 Den Guten erstrahlt er als Licht in der
Finsternis, / milde ist er, gerecht und
barmherzig.
5 Wohl dem, der Erbarmen übt und leiht
mit Freude, / der seine Sache ordnet nach
Recht.
6 Nicht gerät er ins Wanken, / in stetem
Gedächtnis bleibt der Gerechte.
7 Vor böser Kunde muss er nicht ban-

gen; / stark ist sein Mut, denn er hofft auf
den Herrn.
8 Sein Herz ist getrost, er kennt keine
Furcht, / bis er sieht seinen Feind in Ver-
wirrung.
9 Er teilt aus und spendet den Armen, /
sein Wohltun hat kein Ende, / herrlich
hebt sich empor seine Kraft.
10 Der Gottlose sieht es voll Unmut. / Er
knirscht mit den Zähnen und schwindet
dahin; / der Sünder Wünsche werden
zunichte.

Hymnus auf Gottes Herrlichkeit und Erbarmen

113 Halleluja!
Lobsingt, ihr Diener des
Herrn, / lobsingt dem Namen des Herrn!
2 Der Name des Herrn sei gepriesen /
jetzt und in Ewigkeit.
3 Vom Aufgang der Sonne bis zum Nie-
dergang / der Name des Herrn sei geprie-
sen!
4 Erhaben ist der Herr über all die Völ-
ker, / erhaben seine Herrlichkeit über die
Himmel.
5a Wer ist wie der Herr, /
6b im Himmel
und auf Erden,
5b der in der Höhe thront /
6a und hinab-
schaut in die Tiefe?
7 Den Geringen hebt er empor aus dem
Staub, / aus der Verachtung erhebt er den
Armen.
8 Er verleiht ihm Sitz bei den Fürsten, /
bei den Edelsten seines Volkes.
9 Die kinderlos war, lässt er wohnen im
Haus / als Mutter, froh ihrer Kinder. Hal-
leluja!

Loblied auf den Auszug aus Ägypten

114 Als Israel aus Ägypten zog, /
Jakobs Stamm aus dem frem-
den Volk,
2 zum Heiligtum wurde da Juda dem
Herrn, / zu seinem Reiche wurde Israel.
3 Das Meer sah es und floh, / der Jordan
wandte rückwärts den Lauf.
4 Die Berge hüpften den Widdern
gleich, / wie junge Lämmer die Hügel.
5 Was ist dir, Meer, dass du fliehst? /
Jordan, was wendest du rückwärts den
Lauf?
6 Ihr Berge, was hüpft ihr den Widdern
gleich, / wie junge Lämmer, ihr Hügel?
7 Erde, erbebe vor dem Anblick des
Herrn, / vor Jakobs Gott, vor seinem hei-
ligen Antlitz,
8 der den Felsen gewandelt zum Wei-
her, / zur strömenden Quelle den Stein.

Der einzig wahre Gott

115 Nicht uns, o Herr, nicht uns, /
Ehre verleihe deinem Namen, /
um deiner Huld und Treue willen.
2 Warum sollen sagen die Völker: / Wo
ist nun ihr Gott?
3 Unser Gott ist im Himmel; / alles, was
er wollte, er hat es vollbracht.
4 Ihre Götzen aber sind Silber und
Gold, / gebildet von Menschenhand.
5 Sie haben einen Mund und können
nicht reden, / sie haben Augen und sehen
nicht.
6 Sie haben Ohren und können nicht
hören, / sie haben eine Nase und riechen
nicht.
7 Sie haben Hände und können nicht
greifen, / sie haben Füße und gehen
nicht, / es kommt aus ihrer Kehle kein
Laut.
8 Ihnen gleichen, die sie gebildet
haben, / und jeder, der ihnen vertraut.
9 Israels Haus vertraut auf den Herrn, /
er ist ihm Hilfe und Schild.
10 Aarons Haus vertraut auf den Herrn, /
er ist ihm Hilfe und Schild.
11 Alle, die Gott fürchten, sie vertrauen
dem Herrn, / er ist ihnen Hilfe und Schild.
12 Der Herr gedenkt unser, er möge uns
segnen. / Segen dem Hause Israel, Segen
dem Hause Aaron!
13 Die fürchten den Herrn, er möge sie
segnen, / Kleine und Große.
14 Es gebe der Herr euch Gedeihen, /
euch sowie eueren Kindern!
15 Seid gesegnet vom Herrn, / der
geschaffen hat Himmel und Erde!
16 Der Himmel ist der Himmel des
Herrn, / die Erde gab er den Kindern der
Menschen.
17 Nicht die Toten preisen den Herrn, /
keiner, der hinabsteigt zur Tiefe.
18 Wir aber, wir dürfen ihn preisen /
heute und immerdar. Halleluja!

Danklied

116 Ich liebe den Herrn, / denn er
hörte mein Flehen.
2 Er neigte sein Ohr mir zu / am Tag, da
ich ihn anrief.

3 Es umwanden mich die Stricke des
Todes, / die Schlingen der Unterwelt fin-
gen mich ein; / versunken war ich in Elend
und Angst.
4 Da rief ich an den Namen des Herrn: /
Ach, Herr, errette mein Leben!
5 Der Herr ist gerecht und gütig, / unser
Gott ist barmherzig.
6 Der Herr behüte, die ihm dienen in
Einfalt; / elend war ich und er brachte mir
Heil.
7 Geh wieder ein, meine Seele, in deine
Ruhe, / denn der Herr hat dir Gutes getan.
8 Er hat meine Seele befreit vom Tod, /
meine Augen von Tränen, meine Füße
vom Fall.
9 Und wieder darf ich wandeln vor
Gott / im Land der Lebenden.
10 Ich war voll Vertrauen, auch wenn ich
sagte: / Gar tief bin ich niedergebeugt.
11 Ich sprach in meiner Bestürzung: / Die
Menschen alle, sie lügen!
12 Was soll ich vergelten dem Herrn, /
alles, was er mir Gutes getan?
13 Ich will ergreifen den Kelch des Hei-
les, / anrufen will ich den Namen des
Herrn.
14 Was ich gelobt dem Herrn, ich bringe
es dar / vor dem Angesicht all seines Vol-
kes:
15 Kostbar ist in den Augen des Herrn, /
der Tod seiner Heiligen.
16 O Herr, ich bin dein Knecht, / dein
Knecht bin ich, der Sohn deiner Magd. /
Du hast gelöst meine Fesseln.
17 Dir will ich weihen das Opfer des
Lobes, / und anrufen will ich den Namen
des Herrn.
18 Was ich gelobt dem Herrn, ich bringe
es dar / vor dem Angesicht all seines Vol-
kes,
19 im Haus des Herrn, in seinen heiligen
Hallen, / in deiner Mitte, Jerusalem. Hal-
leluja!

Aufruf zum Lob

117 Lobet den Herrn, alle Völker! /
Ihr Stämme alle, lobpreist ihn!
2 Denn mächtig waltet über uns seine
Gnade, / und seine Huld währt in Ewig-
keit. Halleluja!

Dankliturgie zum Laubhüttenfest

118 Dankt dem Herrn, denn er ist
gut, / in Ewigkeit währt sein
Erbarmen.
2 Sagt ihr Söhne Israels: / In Ewigkeit
währt sein Erbarmen.
3 Sagt ihr Söhne Aarons: / In Ewigkeit
währt sein Erbarmen.
4 Sagt alle, die ihr fürchtet den Herrn: /
In Ewigkeit währt sein Erbarmen.
5 Ich rief zum Herrn in meiner
Bedrängnis / und er hat mich erhört und
errettet.
6 Der Herr ist mit mir, ich fürchte mich
nicht. / Was könnte ein Mensch mir
antun?
7 Der Herr ist mit mir, er kommt mir zu
Hilfe; / in Schanden werde ich sehen
meine Feinde.
8 Besser, seine Zuflucht nehmen zum
Herrn, / als zu bauen auf Menschen.
9 Besser, seine Zuflucht nehmen zum
Herrn, / als zu bauen auf Fürsten.
10 Alle Völker umringten mich, / ich
habe sie zertreten im Namen des Herrn.
11 Von allen Seiten umringten sie mich, /
ich habe sie zertreten im Namen des
Herrn.
12 Sie drangen auf mich ein wie
Schwärme von Bienen, / wie Feuer unter
Dornen sind sie entbrannt; / ich habe sie
zertreten im Namen des Herrn.
13 Gestoßen wurde ich, hart gestoßen,
ich sollte fallen; / der Herr aber hat mir
geholfen.
14 Meine Stärke und meine Kraft ist der
Herr, / er ist mir geworden zum Retter.
15 Hört, welch ein Siegesjubel in den
Zelten der Frommen: / Stark erwiesen hat
sich die Rechte des Herrn,
16 die Rechte des Herrn, sie hat mich
erhöht; / ja, stark erwiesen hat sich die
Rechte des Herrn!
17 Ich werde nicht sterben, ich lebe, / und
künden will ich die Taten des Herrn.
18 Geschlagen hat mich der Herr, ja
geschlagen, / doch gab er mich dem Tod
nicht preis.
19 Tut mir auf die Tore der Gerechtig-
keit! / Eintreten will ich, Dank zu sagen
dem Herrn.
20 Dies ist die Pforte zum Herrn, / durch
sie gehen ein die Gerechten.
21 Ich will dir danken, denn du hast mich
erhört, / du bist mir geworden zum Retter.

22 Der Stein, den die Bauleute verwar-
fen, / er ist zum Eckstein geworden.
23 Durch den Herrn ist dieses gesche-
hen: / ein Wunder vor unseren Augen.
24 Dies ist der Tag, den uns bereitet der
Herr; / lasst uns frohlocken und seiner uns
freuen!
25 O Herr, hilf doch! / O Herr, gib doch
Gelingen!
26 Gesegnet, der kommt im Namen des
Herrn! / Vom Hause Gottes segnen wir
euch.
27 Der Herr ist Gott, uns leuchtet sein
Licht. / Reiht euch in den Zug mit fest-
lichen Zweigen, / bis zu den Hörnern des
Altars zieht hinauf!
28 Mein Gott bist du, ich sage dir Dank, /
mein Gott, mit Lobgesang will ich dich
preisen!
29 Dankt dem Herrn, denn er ist gut, / in
Ewigkeit währt sein Erbarmen.

Lobpreis auf das Gesetz Gottes

119 Selig, deren Weg ohne Makel
ist, / die wandeln im Gesetz des
Herrn.
2 Selig, die seinen Weisungen folgen, /
die von ganzem Herzen ihn suchen,
3 die verüben kein Unrecht, / die aber
schreiten auf den Wegen des Herrn.
4 Du selber hast erlassen deine Gebo-
te, / auf dass sie gehalten werden in
Treue.
5 Wären doch meine Wege beständig, /
zu befolgen, was du befohlen.
6 Dann werde ich nicht zuschanden, /
wenn ich achte auf jedes deiner Gebote.
7 Aus lauterem Herzen will ich dich
preisen, / wenn ich erlerne deine gerech-
ten Beschlüsse.
8 Deine Verordnungen will ich befol-
gen, / du aber verlasse mich nicht!
9 Wie hält der Jüngling rein seinen
Pfad? / Wenn er bewahrt deine Worte.
10 Von ganzem Herzen suche ich dich, /
lass mich nicht weichen von deinen
Geboten.
11 Ich berge in meinem Herzen dein
Wort, / auf dass ich nicht sündige gegen
dich.
12 Sei gepriesen, o Herr, / lehre mich
deine Befehle!
13 Mit meinen Lippen will ich verkün-
den / jeden Spruch deines Mundes.
14 Am Weg, den du vorgeschrieben hast,
habe ich Freude, / mehr als hätte ich die
Fülle des Reichtums.
15 Sinnend erwäge ich deine Satzung, /
wohl überdenke ich deine Pfade.
16 Deine Weisungen sind meine Won-
ne, / ich will nicht vergessen dein Wort.
17 Tu Gutes an deinem Knecht und ich
lebe, / und ich werde halten dein Wort.
18 Tu auf meine Augen und schauen darf
ich / die Wunder deines Gesetzes.
19 Ein Fremder bin ich auf Erden, / ver-
birg nicht deine Gebote vor mir!
20 Es vergeht meine Seele vor Sehn-
sucht / allezeit verlangend nach deinem
Gesetz.
21 Du drohtest den Stolzen; / Fluch über
alle, die weichen von deinem Gebot.
22 Nimm weg von mir Verachtung und
Schmach, / denn ich befolge deine Befehle.
23 Mächtige sitzen zu Rate, gegen mich
zu beschließen, / deine Beschlüsse allein
betrachtet dein Knecht.
24 Deine Zeugnisse sind meine Wonne, /
deine Weisungen meine Berater.
25 Es liegt meine Seele im Staub, / getreu
deinem Worte schaffe mir Leben.
26 Ich habe dir kundgetan meine Wege
und du hast mich erhört; / lehre mich, was
du verlangst von mir!
27 Lass mich wissen den Weg deiner
Vorschrift, / und deine Wunder will ich
sinnend betrachten.
28 Tränen quellen aus meiner Seele vor
Kummer hervor, / nach dem Wort deiner
Verheißung richte mich auf!
29 Vom Weg der Lüge halte ich mich
fern, / mit deiner Weisung begnade mich!
30 Erwählt habe ich den Weg deiner
Wahrheit, / deine Weisungen habe ich vor
Augen.
31 Ich halte mich an deine Gebote, / o
Herr, lass mich nicht zuschanden werden.
32 Eilen will ich den Weg deiner Ord-
nung, / denn weit gemacht hast du mein
Herz.
33 Zeige mir, Herr, deiner Satzungen
Weg, / und ich will ihm folgen in Treue.
34 Lehre mich handeln nach deinem
Gesetz / ich will es wahren von ganzem
Herzen.
35 Führe mich auf dem Pfad, den du
geboten hast, / denn ich habe Gefallen an
ihm.
36 Zu deinen Zeugnissen neige mein
Herz / und nicht zu schnödem Gewinn.

37 Meine Augen wende ab, dass sie Eitles
nicht schauen; / auf deinem Weg verleihe
mir Leben.
38 Was deinem Knecht du verheißen
hast, mache es wahr, / was du jenen zuge-
sagt hast, die dich fürchten.
39 Die Schmach, vor der ich bange, halte
mir fern; / deine Beschlüsse machen mich
froh.
40 Siehe, ich verlange nach deinen Gebo-
ten; / der du gerecht bist, verleihe mir
Leben.
41 Es komme über mich dein Erbarmen,
o Herr, / deine Hilfe, wie du verheißen
hast.
42 Und Rede will ich stehen meinem
Spötter, / weil deinem Wort ich vertraue.
43 Nicht entziehe meinem Mund das
Wort der Wahrheit, / denn ich hoffe auf
deine Weisung.
44 Dein Gesetz will ich immer befolgen, /
allezeit und auf ewig.
45 So darf ich wandeln auf weiter
Bahn, / denn ich trachte nach deinen
Geboten.
46 Vor Königen will ich dein Zeugnis
verkünden / und ich werde nicht
zuschanden.
47 Ja, ich freue mich deiner Befehle, / die
von ganzem Herzen ich liebe.
48 Zu deinen Geboten erhebe ich meine
Hände, / über deine Satzungen will ich
sinnen.
49 Gedenke des Wortes an deinen
Knecht, / mit dem du mir Hoffnung gege-
ben hast.
50 Das ist mir Trost in meiner Betrüb-
nis, / dass mir Leben spendet dein Wort.
51 Heftig greifen die Stolzen mich an, /
ich aber will von deinem Gesetz nicht
weichen.
52 Denke ich deine Rechtssprüche in der
Vorzeit, / so bin ich getröstet.
53 Unmut erfasst mich wegen der Sün-
der, / die übertreten deine Gebote.
54 Deine Satzungen tönen mir wie
Gesänge, / hier, wo ich wandle als Pilger.
55 In der Nacht gedenke ich deines
Namens, o Herr, / und dein Gesetz will ich
wahren.
56 Dies ist mir geworden zum Lohn: /
dass ich willig befolge, was du befohlen.
57 Mein Anteil ist, ich darf es sagen, o
Herr, / gehorsam zu sein deinem Wort.
58 Zu deinem Angesicht fleh ich von
Herzen, / wie du versprochen hast,
erbarme dich meiner!
59 Ich habe überdacht meine Wege /
meine Füße gelenkt zu deinen Geboten.
60 Ich eile, ich zögere nicht, / gehorsam
zu sein deinem Auftrag.
61 Stricke der Frevler wollten mich fan-
gen, / doch dein Gesetz vergesse ich nicht.
62 Mitten in der Nacht erhebe ich mich, /
dich zu preisen für deine gerechten
Beschlüsse.
63 Allen, die dich fürchten, bin ich ein
Freund, / allen, die befolgen deine Befehle.
64 Voll ist die Erde von deiner Huld, /
lehre mich, Herr, deine Weisung.
65 Gutes hast du getan deinem Knecht, /
wie du verheißen hast, o Herr.
66 Lehre mich Urteil und Einsicht, /
denn ich baue auf deine Gebote.
67 Bevor mich Trübsal getroffen hat,
wandelte ich in der Irre; / nun aber folge
ich deiner Verheißung.
68 Gut bist du und Gutes teilst du aus, /
lehre mich deine Ordnung!
69 Die Stolzen ersinnen gegen mich
Lüge, / ich aber halte von Herzen deine
Gebote.
70 Fühllos wie Fett ist ihr Herz, / ich aber
habe Freude an deinem Gesetz.
71 Wohl mir, dass Trübsal mich traf, / auf
dass ich deine Ordnungen lerne.
72 Lieber ist mir deines Mundes Gesetz /
als aller Reichtum an Silber und Gold.
73 Es haben deine Hände mich gemacht
und gebildet; / gib mir Einsicht, dass ich
verstehe deine Gebote.
74 Die dich fürchten, sie schauen auf
mich in Freude, / weil ich deinem Wort
vertraute.
75 O Herr, ich erkannte, deine Beschlüsse
sind recht, / zu Recht auch hast du mich
niedergebeugt.
76 Nahe sei dein Erbarmen, dass es mich
tröste, / so hast du deinem Knecht verhei-
ßen.
77 Deine Barmherzigkeit komme über
mich, dass ich lebe, / denn dein Gesetz ist
mir Wonne.
78 Schande über die Stolzen, die mich
bedrücken zu Unrecht! / Ich aber will
mich üben in deinem Gebot.
79 Es sollen stehen zu mir, die dich
fürchten, / die Sorge tragen um deine
Verordnung.
80 Untadelig bleibe mein Herz in deinen

Beschlüssen, / so werde ich nicht
zuschanden.
[81] Es verlangt meine Seele nach deiner
Hilfe, / deinem Wort vertraue ich.
[82] Meine Augen schmachten nach deiner
Verheißung: / Wann wirst du mich trös-
ten?
[83] Ich war wie ein Schlauch, der im
Rauch verdorrt, / von deinen Satzungen
aber lasse ich nicht.
[84] Wie viele Tage noch soll warten dein
Knecht? / Wann wirst du richten, die mich
verfolgen?
[85] Die Stolzen heben mir Gruben aus, /
sie, die nicht handeln nach deinem Gesetz.
[86] All deine Gebote sind Wahrheit; / hilf
mir gegen jene, die mich hassen zu
Unrecht!
[87] Fast hätten sie mich getilgt von der
Erde, / ich aber ließ nicht ab von deinen
Befehlen.
[88] Nach deinem Erbarmen belebe mich, /
und deines Mundes Zeugnis will ich
bewahren.
[89] Dein Wort, o Herr, bleibt auf ewig
bestehen, / beständig wie die Feste des
Himmels.
[90] Deine Treue waltet von Geschlecht zu
Geschlecht; / du hast die Erde gegründet
und sie besteht.
[91] Nach deiner Ordnung dauert sie alle-
zeit, / dienen muss dir das All.
[92] Wäre nicht dein Gesetz meine Won-
ne, / ich wäre vergangen im Elend.
[93] Nicht in Ewigkeit vergesse ich deine
Gebote, / denn du gabst mir Leben durch
sie.
[94] Dein bin ich, so errette mich, / denn
ich forschte in deinen Befehlen.
[95] Es lauerten Sünder, mich zu verder-
ben, / ich aber war auf deine Weisung
bedacht.
[96] Bei aller Größe sah ich ein Ende, /
doch in endlose Weiten reicht dein Gebot.
[97] Wie liebe ich, o Herr, dein Gesetz, / es
steht mir vor Augen den ganzen Tag.
[98] Dein Gebot macht mich klüger, als
meine Feinde es sind, / immer geht es mit
mir.
[99] Höhere Einsicht hab ich gewonnen als
Greise, / weil ich erwäge, was du mich
weist.
[100] Einsichtiger bin ich als Greise, / da
ich befolge, was du gebietest.
[101] Von bösen Wegen halte ich fern
meine Füße, / auf dass ich bewahre dein
Wort.
[102] Von seinen Lehren lasse ich nicht, /
denn du selber hast mich gelehrt.
[103] Deine Rede, wie ist sie meinem Gau-
men so süß, / meinem Mund süßer als
Honig!
[104] Durch deine Satzung erlange ich Ein-
sicht, / darum hasse ich die Pfade der
Bosheit.
[105] Eine Leuchte ist dein Wort meinem
Fuß, / auf meinem Weg ein Licht.
[106] Geschworen habe ich und will es hal-
ten, / und wahren, was du verordnet als
Recht.
[107] Wie sehr bin ich geschlagen, o Herr, /
erhalte mein Leben, wie dein Wort mir
verheißen hat!
[108] Lass dir, Herr, meines Mundes Opfer
gefallen / und lehre mich deine Gebote.
[109] Allzeit ist mein Leben gefährdet, /
doch nie mehr vergesse ich dein Gesetz.
[110] Die Sünder legten mir Schlingen, /
doch nicht bin ich abgeirrt von deinen
Geboten.
[111] Deine Ordnungen sind mein Erbe auf
ewig, / meinem Herzen zur Wonne.
[112] Ich neige mein Herz, nach deiner
Weisung zu leben / in Treue auf ewig.
[113] Geteilte Herzen sind mir ein Gräuel, /
ich liebe allein dein Gesetz.
[114] Du bist mein Schützer, du bist mein
Schild, / deinem Worte darf ich vertrau-
en.
[115] Ihr Übeltäter, weicht von mir, / halten
will ich meines Gottes Gebot.
[116] Nimm mich auf nach deiner Verhei-
ßung, so werde ich leben, / und lass mich
zuschanden nicht werden in meiner Hoff-
nung!
[117] Komm mir zu Hilfe, so bin ich geret-
tet; / und immer will ich achten auf deine
Befehle.
[118] Die weichen von deinem Gesetz, du
wirst sie verwerfen; / denn all ihr Trachten
ist Trug.
[119] Für Schlacken erachtest du alle Frev-
ler auf Erden, / darum liebe ich deine
Gebote.
[120] In Furcht vor dir erschauert mein
Fleisch, / ich fürchte deine Urteile.
[121] Recht und Gerechtigkeit habe ich
geübt; / nicht übergib mich denen, die
mich bedrängen!
[122] Für deinen Knecht verbürge dich

gut, / dass mich die Stolzen nicht überwinden.

123 Nach deiner Hilfe schmachten meine Augen voll Sehnsucht, / nach der Gerechtigkeit, die du verheißen hast.

124 An deinem Knecht handle nach deiner Huld / und deine Weisungen lehre mich.

125 Ich bin dein Knecht, unterweise mich, / dass ich weiß um deine Befehle.

126 Greife ein, o Herr, es ist Zeit; / sie haben deine Gesetze missachtet.

127 Darum schätze ich deine Gebote höher als Gold, / lieber sind sie mir als lauteres Gold.

128 Ich habe mir deine Weisung erwählt; / verhasst sind mir alle Pfade der Lüge.

129 Wie sind deine Ordnungen wunderbar, / darum bewahrt sie meine Seele.

130 Die Klarheit deiner Worte erleuchtet, / Unwissende vermag sie zu lehren.

131 Lechzend öffne ich meinen Mund, / nach deinen Befehlen verlange ich.

132 Wende dich mir zu und erbarme dich meiner, / wie du denen tust, die deinen Namen verehren.

133 Lenke, o Herr, meinen Schritt nach deiner Verheißung, / kein Unrecht habe Gewalt über mich.

134 Von der Menschen Bedrückung mache mich frei, / und befolgen will ich deine Befehle.

135 Lass leuchten über deinem Knecht dein Antlitz / und lehre mich deine Gebote!

136 Meine Augen fließen über von Tränen, / weil viele nicht gehorchen deinem Gesetz.

137 Gerecht bist du, Herr, / und recht sind deine Entscheide.

138 In Gerechtigkeit erließest du deine Befehle / und in all deiner Treue.

139 Mich verzehrt der Eifer, / weil meine Widersacher deine Worte nicht achten.

140 Dein Spruch ist lauter und wahr, / deinem Knecht ist er teuer.

141 Ich bin gering und verachtet, / doch deine Satzung vergesse ich nicht.

142 Dein Recht ist ewiges Recht, / unerschütterlich ist dein Gesetz.

143 Heimgesucht haben mich Trübsal und Not, / doch ist dein Gebot meine Wonne.

144 Dein Zeugnis ist ewig gerecht; / lehre mich, so werde ich leben.

145 Ich rufe aus ganzem Herzen: Erhöre mich, Herr! / Und was du mich weisest, will ich befolgen.

146 Ich rufe zu dir, o schaffe mir Heil, / und bewahren werde ich deine Gebote.

147 Ich komme am frühen Morgen und flehe um Hilfe, / ich harre auf deine Verheißung.

148 Vor der Nachtwache werden die Augen mir wach, / zu erwägen das Wort deiner Lehre.

149 Vernimm, o Herr, meine Stimme nach deinem Erbarmen; / wie du mir zugesagt hast, gewähre mir Leben.

150 Es nahen sich mir, die mich listig verfolgen, / deinem Gesetz sind sie fern.

151 Nahe bist du, o Herr, / und alle deine Worte sind Wahrheit.

152 Lang schon weiß ich um deine Gebote, / du hast sie verordnet für alle Zeit.

153 Sieh an mein Elend und rette mich, / denn nicht vergessen habe ich dein Gesetz.

154 Führe mein Recht und mache mich frei, / belebe mich nach deiner Verheißung.

155 Fern ist von den Frevlern das Heil, / nach deinen Satzungen fragen sie nicht.

156 Dein Erbarmen, Herr, ist groß; / wie du mir zugesagt hast, so schenke mir Leben.

157 Viele sind, die mich verfolgen und bedrängen, / von deinen Zeugnissen weiche ich nicht.

158 Ich sehe die Frevler und gräme mich, / weil sie nicht mehr befolgen dein Wort.

159 Siehe, Herr, ich liebe deine Befehle, / in deinem Erbarmen erhalte ich mein Leben!

160 Anfang und Ende deiner Worte ist Wahrheit, / alle Sprüche deiner Gerechtigkeit gelten auf ewig.

161 Fürsten verfolgen mich ohne Grund, / doch fürchtet mein Herz allein deine Worte.

162 Deiner Verheißung will ich mich freuen / wie einer, der reiche Beute gewann.

163 Ich hasse die Sünde, sie ist mir ein Gräuel, / dein Gesetz aber liebe ich.

164 Siebenmal am Tage singe ich dein Lob / weil deine Ordnungen alle gerecht sind.

165 Die lieben dein Gesetz, sie haben die
Fülle des Friedens, / niemals werden sie
fallen.
166 Ich harre deiner Hilfe, o Herr, / und
erfülle deine Gebote.
167 Meine Seele bewahrt deine Weisung, /
überaus liebe ich sie.
168 Ich wahre deine Lehre und deine
Gebote, / offen liegen meine Wege vor dir.
169 Mein Rufen komme zu dir, o Herr, /
nach deinem Wort unterweise mich.
170 Zu dir gelange mein Flehen, / errette
mich nach deiner Verheißung.
171 Meinen Lippen entströme Lob-
gesang, / weil du mich lehrst deine Geset-
ze.
172 Meine Zunge lobpreise dein Wort; /
gerecht sind all deine Gebote.
173 Strecke aus deine Hand, mir zu hel-
fen, / denn erkoren habe ich deine Befehle.
174 O Herr, ich ersehne von dir mein
Heil, / denn deine Weisung ist mir Wonne.
175 Es lebe meine Seele und preise dich, /
deine Ordnungen mögen mir helfen.
176 Ich bin verirrt wie ein Lamm, das
verloren ging; / suche auf deinen Knecht! /
Denn nicht vergessen habe ich deine
Gebote.

Die Feinde des Friedens

120 [Ein Wallfahrtslied.]
Ich rief zum Herrn in meiner
Bedrängnis, / und er hat mich erhört.
2 Rette meine Seele, o Herr, vor der gott-
losen Lippe, / rette mich vor der falschen
Zunge.
3 Was soll er dir geben, was soll er dir
antun, / du falsche Zunge?
4 Scharfe Pfeile des Kriegers, / glühen-
den Ginsterbrand!
5 Weh mir, dass ich muss weilen in
Meschech, / wohnen muss in den Zelten
von Kedar!
6 Allzu lange schon weilt meine Seele /
bei denen, die hassen den Frieden.
7 Ich rede Worte des Friedens; / sie aber
drängen zum Streit.

Der Hüter Israels

121 [Ein Wallfahrtslied.]
Ich hebe meine Augen empor
zu den Bergen: / woher wird Hilfe mir
kommen?
2 Hilfe kommt mir vom Herrn, / der
geschaffen hat Himmel und Erde.
3 Er lässt deinen Fuß nicht wanken; / der
dich behütet, er schläft nicht.
4 Siehe, es wird nicht schlafen, nicht
ruhn, / der Wache hält über Israel.
5 Der Herr ist dein Hüter! / Zu deiner
Rechten wird der Herr dich beschützen.
6 Am Tag wird dich nicht versengen die
Sonne, / nicht schadet dir der Mond in der
Nacht.
7 Vor allem Übel wird der Herr dich
bewahren, / der Herr behütet dein
Leben.
8 Der Herr behütet dein Gehen und
Kommen / von nun an bis in Ewigkeit.

Gruß der Pilger an Jerusalem

122 [Ein Wallfahrtslied, von Da-
vid.]
Voll Freude war ich, da sie mir sagten: /
Wir ziehen zum Hause des Herrn!
2 Schon treten unsere Füße / in deine
Tore, Jerusalem.
3 Jerusalem, du Stadt, so herrlich
erbaut, / fest gefügt und geschlossen.
4 Dorthin ziehen die Stämme hinauf, die
Stämme des Herrn, / nach Israels Gesetz,
den Namen des Herrn zu lobpreisen.
5 Aufgestellt sind dort die Throne der
Richter, / die Throne des Hauses David.
6 Erfleht für Jerusalem, was ihm dient
zum Frieden! / Allen, die dich lieben,
ergehe es wohl!
7 Friede herrsche in deinen Mauern, /
Sicherheit in deinen Palästen!
8 Ich rufe wegen meiner Brüder und
Freunde: / Über dich komme Friede.
9 Ich flehe wegen dem Haus des Herrn,
unseres Gottes: / Segen sei dir beschie-
den.

Gebet der Unglücklichen

123 [Ein Wallfahrtslied.]
Ich erhebe meine Augen zu
dir, / der du thronst im Himmel.
2 Siehe, wie die Augen der Knechte auf
die Hand ihres Herrn / und wie die Augen
der Magd auf die Hände der Herrin,
so blicken unsere Augen zum Herrn,
unserem Gott, / bis er sich unser
erbarmt.
3 Erbarme dich unser, Herr, erbarme
dich unser! / Denn übersatt sind wir von
Schmach.
4 Übersatt ist unsere Seele / vom Gespött
der Satten und vom Hochmut der Stolzen.

Der Retter Israels

124 [Ein Wallfahrtslied, von Da-
vid.]
Wäre mit uns nicht gewesen der Herr, / so
mag Israel sagen,
2 wäre mit uns nicht gewesen der Herr, /
da sich Menschen gegen uns stellten:
3 sie hätten sie uns lebendig verschlun-
gen, / als entbrannte gegen uns ihre Wut.
4 Es hätten uns verschlungen die Was-
ser, / über uns wäre geflutet der Wild-
bach, / 5 überflutet hätten uns die brausen-
den Wasser.
6 Der Herr sei gepriesen, / er gab uns
nicht ihren Zähnen zur Beute.
7 Unsere Seele ist entkommen wie ein
Vogel aus der Schlinge des Jägers. / Zer-
rissen die Schlinge und wir sind frei.
8 Unsere Hilfe ist im Namen des Herrn, /
der geschaffen hat Himmel und Erde.

Gott beschützt die Seinen

125 [Ein Wallfahrtslied.]
Die auf den Herrn vertrauen,
sie gleichen dem Zionsberg, / der nicht er-
schüttert wird, der bleibt auf ewig.
2 Berge umschließen Jerusalem; / so
umschließt der Herr sein Volk / jetzt und
in Ewigkeit.
3 Nicht verbleiben wird das Zepter der
Bosheit / über dem Lande, das zugeteilt
den Gerechten,
auf dass der Gerechten Hand / nicht
greife nach Unrecht.
4 Tu Gutes, o Herr, den Guten, / denen,
die lauteren Herzens sind.
5 Die aber zu krummen Wegen sich nei-
gen, / Samt den Übeltätern vertreibe der
Herr sie davon! / Friede sei über Israel!

Heimkehr aus der Gefangenschaft

126 [Ein Wallfahrtslied.]
Als heimwärts führte der Herr
die Gefangenen Zions, / uns war, als ge-
schah es im Traum.
2 Da war von Lachen erfüllt unser
Mund / und unsere Zunge von Jubel.
Da sagten sie unter den Völkern: / Der
Herr hat an ihnen Großes getan.
3 Ja, Großes hat der Herr uns getan, / wie
wurden wir fröhlich.
4 Wandle, o Herr, nun unser Geschick, /
wie du wandelst die Bäche im Südland.
5 Die in Tränen säen, / sie werden ernten
in Freude.
6 Weinend gehen sie dahin / sie gehen
und streuen den Samen.
Doch kommen sie wieder mit Jauch-
zen, / sie kommen und bringen ein ihre
Garben.

Hingabe an Gottes Segen

127 [Ein Wallfahrtslied, von Salo-
mo.]
Wenn das Haus nicht baut der Herr, /
die Bauleute mühen sich vergeblich.
Wenn die Stadt nicht behütet der
Herr, / so wacht vergeblich der Wächter.
2 Umsonst, wenn ihr euch erhebt vor
dem Tag, / euch müht bis spät in die
Nacht.
Ihr esset das Brot einer harten Mühsal, /
doch den Seinen gibt der Herr es im
Schlaf.
3 Siehe, ein Geschenk des Herrn sind
Söhne; / die Frucht des Leibes ist Segen
und Lohn.
4 Wie in der Hand des Kriegers die Pfei-
le, / so sind die Söhne aus den Jahren der
Jugend.
5 Heil dem Mann, der mit ihnen gefüllt
seinen Köcher: / nicht versagen sie im
Streit mit dem Gegner im Tor.

Segen über den Gläubigen

128 [Ein Wallfahrtslied.]
Selig, der du fürchtest den
Herrn, / der du wandelst auf seinen We-
gen!
2 Was die Hand dir erwarb, du darfst es
genießen; / leben wirst du in Glück und
Wohlergehen.
3 Deine Frau im Gemach deines Hau-
ses, / sie gleicht der fruchtbaren Rebe.
Und wie die jungen Zweige am
Ölbaum, / so sind ringsum deinen Tisch
deine Kinder.
4 Siehe, so wird der Mann gesegnet, / der
fürchtet den Herrn.
5 Es segne der Herr dich von Zion, / dass
du schaust Jerusalems Glück alle Tage des
Lebens!
6 Und mögest du schauen die Kinder
von deinen Kindern! / Friede sei über
Israel!

Gegen die Feinde Zions

129 Sie haben mich oft bedrängt
von meiner Jugend an, / – so
soll Israel sagen –,

2 sie haben mich viel befehdet seit mei-
ner Jugend,
doch sie haben mich nicht überwunden.
3 Die Pflüger haben auf meinem Rücken
gepflügt, / sie haben lange Furchen gezo-
gen.
4 Aber der Herr ist gerecht, / zerschnit-
ten hat er die Seile der Frevler.
5 Alle, die Zion hassen, / sie sollen wei-
chen in Schande.
6 Sie sollen werden wie auf den Dächern
das Gras, / das verdorrt, eh man es aus-
reißt.
7 Wer es erntet, füllt nicht seine Hand /
und nicht seinen Arm, wer Garben will
sammeln.
8 Und die vorüberkommen, grüßen euch
nicht: / Der Segen des Herrn sei über
euch! / Wir aber segnen euch im Namen
des Herrn.

Aus tiefer Not

130 [Ein Wallfahrtslied.]
Aus der Tiefe, o Herr, ruf ich zu
dir: / 2 Höre, o Herr, meine Stimme!
Möge achten dein Ohr / auf mein fle-
hendes Rufen!
3 Wolltest du, Herr, der Sünde immer
gedenken: / Herr, wer könnte bestehen?
4 Doch bei dir ist Vergebung der Sün-
den, / auf dass man in Ehrfurcht dir diene.
5 Ich hoffe auf den Herrn, / es hofft
meine Seele, / ich warte auf sein Wort.
6 Meine Seele erwartet den Herrn, /
mehr als der Wächter das Morgenrot.
Ja, mehr als der Wächter das Morgen-
rot / 7 erwartet Israel seinen Herrn!
Denn beim Herrn ist Erbarmen, / bei
ihm ist reiche Erlösung.
8 Ja, er wird Israel erlösen / von all seiner
Missetat.

Der Geist der Kindschaft

131 [Ein Wallfahrtslied, von Da-
vid.]
O Herr, nicht hochmütig ist mein
Herz, / nicht erhebe ich stolz meine
Augen.
Nach großen Dingen jage ich nicht, /
nach Dingen, die mir zu hoch sind.
2 Schweigen lehrte ich meine Seele, / und
ich schaffte ihr Frieden.
Wie ein Kind auf dem Schoß der Mut-
ter, / wie ein Kind, so ruht meine Seele in
mir.
3 Israel, harre des Herrn / heute und
immerdar.

Das Haus David und das Heiligtum auf dem Zion

132 [Ein Wallfahrtslied.]
Gedenke, o Herr, in Gnaden des
David, / gedenke all seiner Mühe,
2 wie er geschworen hat dem Herrn, /
wie er gelobte Jakobs mächtigem Gott:
3 Nicht will ich meines Herzens Woh-
nung betreten / nicht zur Ruhe besteigen
mein Lager,
4 keinen Schlaf will ich gönnen den
Augen, / den Lidern keine Erquickung,
5 bis ich gefunden eine Stätte für den
Herrn, / eine Wohnung dem Mächtigen
Jakobs.
6 Siehe, wir haben von ihr vernommen
in Efrata, / wir haben sie gefunden auf den
Gefilden von Jaar.
7 Lasst uns wallen zu seiner Wohnstatt, /
am Schemel seiner Füße niederfallen vor
ihm!
8 Erhebe dich, Herr, geh hin zum Ort
deiner Ruhe, / du und der Schrein deiner
Herrlichkeit!
9 Deine Priester sollen sich in Gerech-
tigkeit kleiden, / deine Heiligen sollen
frohlocken in Freude.
10 Um deines Knechtes David willen, /
verschmähe nicht das Antlitz deines
Gesalbten!
11 Einen Eid hat der Herr David
geschworen, / wahrhaften Eid, von dem er
nicht abgeht:
Einen Spross aus deinem Geschlecht, /
ihn will ich erheben auf deinen Thron.
12 Sind deine Söhne treu meinem Bund /
und treu den Geboten, die ich sie lehre,
dann werden sitzen auch ihre Söhne /
auf deinem Thron für ewige Zeiten.
13 Denn der Herr hat den Zion erwählt, /
auserkoren zu seiner Wohnstatt.
14 Dies ist der Ort meiner Ruhe auf
ewig, / hier will ich wohnen, ihn habe ich
mir erkoren.
15 Segnen will ich seine Speise mit der
Fülle des Segens, / seine Armen will ich
speisen mit Brot.
16 Seine Priester will ich umkleiden mit
Heil, / seine Heiligen sollen frohlocken.
17 Dort errichte ich dem David ein Zei-
chen der Macht, / eine Leuchte bereite ich
meinem Gesalbten.

18 Seine Feinde will ich bedecken mit
Schmach, / doch auf ihm erstrahlt meine
Krone.

Brüderliche Eintracht

133 [Ein Wallfahrtslied, von Da-
vid.]
Seht, wie ist es lieblich und gut, / wenn
Brüder beisammen wohnen in Eintracht.
2 Es ist wie köstliches Salböl, / ausgegos-
sen auf dem Haupt des Aaron,
das niederträufelt vom Haupt zum
Bart, / das niederträufelt zum Saum seines
Gewandes.
3 Es ist wie Tau auf dem Hermon, / wie
Tau, der niederfällt auf den Zion.
Denn dorthin entbietet Segen der Herr /
und Leben in Ewigkeit.

Zur nächtlichen Festfeier

134 [Ein Wallfahrtslied.]
Wohlan, lobpreist den Herrn,
all ihr Diener des Herrn! / Die ihr steht im
Haus des Herrn zu nächtlicher Stunde.
2 Erhebt euere Hände zum Heiligtum /
und preist den Herrn!
3 Es möge der Herr dich segnen vom
Zion, / er, der geschaffen hat Himmel und
Erde.

Lobhymnus auf den lebendigen Gott

135 Halleluja!
Lobt den Namen des Herrn, /
lobpreist ihn, ihr Diener des Herrn,
2 die ihr steht im Hause des Herrn, / in
den Hallen unseres Gottes.
3 Lobt den Herrn, denn der Herr ist
gut, / lobsingt seinem mildreichen Namen.
4 Denn der Herr hat sich Jakob erko-
ren, / zu Eigen nahm er sich Israel.
5 Dieses weiß ich: Groß ist der Herr, /
größer unser Gott als alle die Götter.
6 Alles, was immer er will, / der Herr
vollbringt es im Himmel wie auf der
Erde, / im Meer und in allen Tiefen der
Wasser.
7 Er führt die Wolken heran von den
Enden der Erde, / er sendet Blitze und
Regen, / aus seinen Kammern holt er den
Wind.
8 Er schlug die Erstgeburt der Ägypter /
vom Menschen bis hinab zu dem Vieh.
9 Über dich, Ägypten, ließ er kommen
Wunder und Zeichen, / über Pharao und
all seine Knechte.
10 Er schlug viele Völker der Heiden, /
und mächtige Könige streckte er hin.
11 Sihon, den König der Amoriter, / und
Og, den König von Baschan, / alle Könige
von Kanaan.
12 Und gab ihre Länder zum Eigentum, /
zum Eigentum Israel, seinem Volk.
13 Dein Name, o Herr, wird bleiben in
Ewigkeit, / dein Gedächtnis, o Herr, von
Geschlecht zu Geschlecht.
14 Denn der Herr behütet sein Volk, /
seiner Knechte erbarmt er sich.
15 Der Völker Götter sind Silber und
Gold, / gebildet von Menschenhand.
16 Sie haben einen Mund und können
nicht reden, / sie haben Augen und sehen
nicht.
17 Sie haben Ohren und können nicht
hören, / in ihrem Mund ist kein Atem.
18 Ihnen gleichen, die sie gebildet
haben, / und jeder, der ihnen vertraut.
19 Ihr vom Haus Israel, preist den
Herrn, / ihr vom Haus Aaron, preist den
Herrn,
20 ihr vom Haus Levi, preist den Herrn, /
die ihr dient dem Herrn, lobpreist den
Herrn!
21 Der Herr sei gepriesen von Zion aus, /
er, der wohnt in Jerusalem. Halleluja!

Große Danklitanei

136 Preist den Herrn, denn er ist
gut, / in Ewigkeit währt sein
Erbarmen!
2 Preist den Gott der Götter, / in Ewig-
keit währt sein Erbarmen!
3 Preist den Herrn der Herren: / in
Ewigkeit währt sein Erbarmen!
4 Ihn der wirkt allein große Wunder, / in
Ewigkeit währt sein Erbarmen,
5 der in Weisheit geschaffen den Him-
mel, / in Ewigkeit währt sein Erbarmen,
6 der hingebreitet die Erde über die
Wasser, / in Ewigkeit währt sein Erbar-
men,
7 der geschaffen die großen Lichter, / in
Ewigkeit währt sein Erbarmen,
8 die Sonne, dass sie regiere den Tag, / in
Ewigkeit währt sein Erbarmen,
9 den Mond und die Sterne, dass sie
regieren die Nacht, / in Ewigkeit währt
sein Erbarmen.
10 Der geschlagen die Erstgeburt der
Ägypter, / in Ewigkeit währt sein Erbar-
men,

11 der Israel herausgeleitet aus ihrer Mit-
te, / in Ewigkeit währt sein Erbarmen,
12 mit starker Hand, mit erhobenem
Arm, / in Ewigkeit währt sein Erbarmen,
13 der zerteilte das Schilfmeer, / in Ewig-
keit währt sein Erbarmen,
14 der führte Israel mitten hindurch, / in
Ewigkeit währt sein Erbarmen,
15 und stürzte ins Meer den Pharao samt
seiner Kriegsmacht, / in Ewigkeit währt
sein Erbarmen,
16 der führte sein Volk durch die Wüs-
te, / in Ewigkeit währt sein Erbarmen.
17 Der große Könige schlug, / in Ewigkeit
währt sein Erbarmen,
18 der besiegte mächtige Fürsten, / in
Ewigkeit währt sein Erbarmen,
19 Sihon, den König der Amoriter, / in
Ewigkeit währt sein Erbarmen,
20 und Og, den König von Baschan, / in
Ewigkeit währt sein Erbarmen,
21 er gab ihre Länder zum Eigentum, / in
Ewigkeit währt sein Erbarmen,
22 zum Eigentum Israel, seinem
Knecht, / in Ewigkeit währt sein Erbar-
men,
23 der unser gedachte in unserem
Elend, / in Ewigkeit währt sein Erbarmen,
24 der uns befreite von unseren Fein-
den, / in Ewigkeit währt sein Erbarmen,
25 der Nahrung spendet allem, was lebt, /
in Ewigkeit währt sein Erbarmen,
26 Preist den Gott der Himmel, / in
Ewigkeit währt sein Erbarmen.

Lied der Verbannten

137 An den Flüssen von Babel / sa-
ßen wir und weinten, / da wir
deiner gedachten, o Zion.
2 An den Weiden in jenem Land, / da
hängten wir unsere Harfen auf.
3 Denn Lieder wollten hören, die uns
hinweggeführt hatten, / die uns bedrück-
ten, forderten Freudengesang: / Singt uns
von Zion ein Lied!
4 Wie sollten wir singen die Lieder des
Herrn / im Land der Fremden!
5 Jerusalem, wollte ich deiner verges-
sen, / vergessen auch sei meine Rechte.
6 Es klebe mir die Zunge am Gaumen, /
sollte ich deiner nicht mehr gedenken,
wollte ich nicht erheben Jerusalem /
über all meine Freude.
7 Vergiss nicht, Herr, den Söhnen von
Edom / den Tag von Jerusalem,
als sie schrien: Reißt nieder, reißt nie-
der, / hinab mit ihm bis auf den Grund!
8 Tochter Babel, Verwüsterin du, /
gesegnet, wer dir vergilt, was du uns Böses
getan!
9 Gesegnet, wer deine Kinder ergreift /
und sie zerschellt an dem Felsen!

Dankhymnus

138 [Von David.]
O Herr, von ganzem Herzen
will ich dich preisen, / weil du das Flehen
meines Mundes gehört hast
Im Angesichte der Engel will ich dir
singen, / 2 mich niederwerfen vor deinem
heiligen Tempel.
Und preisen will ich deinen heiligen
Namen / ob deiner Güte und Treue.
Denn du hast deinen Namen über alles
erhoben / und groß gemacht deine Ver-
heißung.
3 Ich rief zu dir und du hast mich
erhört, / du ließest erstarken die Kraft
meiner Seele.
4 Alle Könige der Erde sollen dich prei-
sen, / wenn sie vernehmen das Wort dei-
nes Mundes, o Herr.
5 Sie werden singen von den Wegen des
Herrn: / Seht, groß ist die Herrlichkeit
Gottes!
6 Wahrhaftig, der Herr ist erhaben, / auf
die Niedrigen schaut er voll Huld, / von
ferne nur blickt er hin auf die Stolzen.
7 Wenn ich wandle in Trübsal, bewahrst
du mein Leben, / du erhebst deine Hand
gegen Zorn meiner Feinde, / von deiner
Rechten kommt mir das Heil.
8 Der Herr vollendet, was ich begonnen
habe! / Deine Güte, o Herr, wird bleiben in
Ewigkeit. / Gib nicht auf das Werk deiner
Hände!

Huldigung an den Allwissenden

139 [Dem Chormeister, von David,
ein Psalm.]
Herr, du erforschest mich und du
kennst mich. / 2 Wenn ich sitze und wenn
ich stehe, du weißt es. / Meine Gedanken
schaust du von ferne,
3 du schaust mich, wenn ich gehe und
ruhe; / all meine Wege sind dir vertraut.
4 Ehe noch auf der Zunge das Wort
liegt, / siehe, Herr, schon weißt du um
alles.
5 Von rückwärts und vorne schließt du

mich ein / und du legst auf mich deine
Hand.
6 Wunderbar ist solches Wissen für
mich, / zu hoch, ich kann es nicht begrei-
fen.
7 Wohin soll ich flüchten vor deinem
Geist, / wohin vor deinem Antlitz entflie-
hen?
8 Stiege ich zum Himmel empor, so bist
du zugegen; / wollte ich in der Unterwelt
lagern, so bist du auch dort.
9 Wollte ich Flügel mir leihen vom Mor-
genrot / und ließe mich nieder am fern-
sten Gestade,
10 auch dort noch wird deine Hand mich
geleiten / und halten mich deine Rechte.
11 Und sagte ich auch: Es soll mich Fins-
ternis bergen / und Nacht mich umgeben,
wie sonst das Licht,
12 so ist doch Finsternis selbst nicht
dunkel für dich, / Nacht ist dir hell wie der
Tag, / das Dunkel ist vor dir wie das Licht.
13 Du hast gebildet mein Innerstes; / du
hast mich im Schoß meiner Mutter gewo-
ben.
14 Ich preise dich, dass ich geschaffen bin
so wunderbar, / dass wunderbar all deine
Werke, / und meine Seele erkennt es sehr
wohl. / 15 Nicht verborgen war vor dir mein
Gebein,
als ich gebildet wurde im Verborge-
nen, / gewoben in den Tiefen der Erde. /
16 Mein Ungeformtes sahen deine Augen,
und in dein Buch waren sie alle ge-
schrieben, / die Tage, die einst würden ge-
bildet, von denen aber noch keiner da war.
17 Wie unergründlich sind mir, o Gott,
deine Pläne, / wie unermesslich ist ihre
Zahl!
18 Wollte ich sie zählen, sie sind mehr als
Körner im Sand; / und käme ich ans Ende,
ich wäre erst am Beginn.
19 Ach, wolltest du, Gott, den Frevler
doch schlagen, / wollten die Blutbefleck-
ten weichen von mir!
20 Sie widersetzen sich dir voll der
Tücke, / überheben sich treulos als deine
Feinde.
21 Sollen mir nicht verhasst sein, die dich
hassen, o Herr? / Sollen mir zum Gräuel
nicht sein, die gegen dich aufstehen?
22 Ja, hassen will ich sie mit glühendem
Hass, / sie wurden mir selber zu Feinden.
23 Durchforsche mich, Gott, und durch-
schaue mein Herz, / prüfe mich und
erkenne meine Gedanken!
24 Und siehe, ob ich wandle den Weg des
Verderbens, / und führe mich den ewigen
Weg!

Gegen die Frevler

140

[Dem Chormeister, ein Psalm,
von David.]
2 Rette mich, Herr, vor den bösen Men-
schen, / schütze mich vor dem Mann der
Gewalt,
3 vor denen, die Böses sinnen im Her-
zen, / die Streit erregen den ganzen Tag.
4 Wie die Schlange machen sie scharf
ihre Zunge, / unter den Lippen haben sie
Natterngift.
5 Bewahre mich, Herr, vor den Händen
des Frevlers, / schütze mich vor dem
Mann der Gewalt.
Sie sinnen, wie ich käme zu Fall, / 6 die
Stolzen, sie legen heimlich mir Schlingen.
Sie spannen Stricke aus wie ein Netz, /
an meinem Wege stellen sie Fallen.
7 Ich sage zum Herrn: Mein Gott bist
du! / Erhöre, o Herr, mein lautes Gebet!
8 Herr und Gott, du meine mächtige
Hilfe, / du beschirmst mein Haupt am Tag
des Kampfes.
9 Gib mich nicht preis, o Herr, dem
Begehren des Frevlers, / seine Pläne lass
nicht gelingen!
10 Die mich umringen, sie erheben das
Haupt,
ihrer Lippen Bosheit treffe sie selber.
11 Feuerbrände lasse er regnen auf sie, /
er stoße sie in die Grube, dass nimmer sie
aufstehn.
12 Der Mann der bösen Zunge hat auf
Erden nicht Dauer, / jäh wird das Unheil
erjagen den Mann der Gewalt.
13 Ich weiß, der Herr schafft Recht den
Geringen, / den Armen schafft er Gerech-
tigkeit.
14 Ja, die Gerechten werden deinen
Namen lobpreisen, / die Redlichen dürfen
wohnen vor deinem Angesicht.

Gegen die Verführung zum Bösen

141

[Ein Psalm, von David.]
O Herr, ich rufe zu dir; komme
bald, mir zu helfen; / höre meine Stimme,
wenn ich dich rufe!
2 Wie Weihrauch steige empor zu dir

mein Gebet, / meiner Hände Erheben sei wie das Opfer am Abend.

3 Stelle, o Herr, an meinen Mund eine Wache, / eine Wehr an das Tor meiner Lippen.

4 Lass nicht zu, dass mein Herz sich neige zum Bösen, / dass ich vollbringe ruchlose Frevel

mit den Menschen, die Böses tun. / Nicht will ich essen von ihren üppigen Speisen.

5 Mag der Gerechte mich schlagen, so ist es doch Güte, / mag er mich rügen, es ist Öl auf mein Haupt.

Dem wird sich mein Haupt nicht versagen, / unter ihren Schlägen will ich immerfort beten.

6 Den Felsen stieß man hinab ihre Führer, / da merkten sie, wie mild gewesen mein Wort.

7 Wie wenn man die Erde pflügt und zerreißt, / so ist am Schlund der Unterwelt hingestreut ihr Gebein.

8 Auf dich, mein Herr und Gott, sind meine Augen gerichtet; / ich flüchte zu dir, lass nicht verloren sein meine Seele!

9 Vor der Schlinge, die sie mir legten, bewahre mich / und vor der Falle der Frevler.

10 Fangen sollen sich die Frevler im eigenen Netz, / indessen ich heil entkomme.

Gebet eines Verfolgten

142 [Ein Weisheitslied; von David, als er sich in der Höhle befand; ein Gebet.]

2 Mit lauter Stimme rufe ich zum Herrn, / mit lauter Stimme flehe ich zu meinem Herrn.

3 Ich gieße aus vor ihm meine Sorge, / ich lege ihm dar meine Not.

4 Mag auch bangen mein Geist, / dennoch – du kennst meine Pfade.

Auf dem Weg, den ich schreite, / da legten sie heimlich mir Schlingen.

5 Ich blicke zur Rechten und schaue, / doch keiner ist, der sich kümmert um mich.

Nirgends ein Ort, dass ich fände bei ihm eine Zuflucht, / niemand, der um mein Leben sich sorgte.

6 O Herr, ich rufe zu dir, / ich sage: Du bist meine Zuflucht, / mein Anteil im Land der Lebenden.

7 Vernimm meine Klage, / denn elend bin ich sehr.

Errette mich von denen, die mich verfolgen, / mächtiger sind sie als ich.

8 Führe mich hinaus aus meinem Gefängnis, / und deinem Namen sage ich Dank.

Und es werden sich scharen um mich die Gerechten, / sobald du mir wohlgetan hast.

Demütige Bitte

143 [Ein Psalm, von David.] Vernimm, o Herr, mein Gebet; / in deiner Treue, o höre mein Flehen; / erhöre mich in deiner Gerechtigkeit!

2 Mit deinem Knecht gehe nicht ins Gericht, / ist doch keiner vor dir gerecht, der da lebt.

3 Denn der Feind verfolgt meine Seele, / mein Leben trat er zu Boden, / stieß mich ins Dunkel wie einen, der lange schon tot ist.

4 Es verschmachtet in mir der Geist, / das Herz in meinem Innern ist wie erstarrt.

5 Ich gedenke vergangener Tage, / all deinen Werken sinne ich nach, / bedenke, was getan haben deine Hände.

6 Meine Hände breite ich aus nach dir, / meine Seele dürstet nach dir wie trockenes Land.

7 Eile, o Herr, erhöre mich, / siehe, es verschmachtet mein Geist.

Dein Angesicht wende nicht ab von mir, / sonst gleiche ich denen, die niedersteigen zur Grube.

8 Lass deine Huld mich bald erfahren, / denn ich vertraue auf dich.

Tue mir kund, welchen Weg ich soll schreiten, / ich erhebe zu dir meine Seele.

9 Von meinen Feinden errette mich, Herr, / ich hoffe auf dich.

10 Lehre mich, deinen Willen zu tun, / denn du bist mein Gott.

Dein Geist ist voll Güte, / er führe mich auf ebener Bahn.

11 Um deines Namens willen belebe mich, Herr, / in deiner Güte führe mich aus der Not!

12 In deiner Huld lass zugrunde gehen meine Feinde; / vernichte sie alle, die meine Seele bedrängen! / Denn siehe, ich bin dein Knecht.

Gebet um Rettung und Wohlergehen

144 [Von David.]
Der Herr sei gepriesen, mein
Fels / er lehrte meine Hände den Kampf /
und meine Finger den Krieg.
2 Du, mein Erbarmen, du, meine Burg, /
mein starker Schutz, mein Befreier.
Du, mein Schild, meine Zuflucht, / du
machst die Völker mir untertan.
3 Herr, was ist doch der Mensch, dass du
seiner dich annimmst, / das Menschen-
kind, dass du seiner gedenkest?
4 Es gleicht der Mensch dem Hauch der
Luft, / wie Schatten gehen dahin seine
Tage.
5 Neige deinen Himmel, o Herr, und
fahre hernieder, / die Berge rühre an und
sie rauchen.
6 Lass zucken die Blitze und zersprenge
die Feinde, / deine Pfeile sende ab und
verwirre sie.
7 Strecke aus deine Hand von der
Höhe, / rette mich aus mächtigen Was-
sern, / aus der Gewalt der Fremden befreie
mich.
8 Ihr Mund redet Lüge, / und Meineid
schwört ihre Rechte.
9 Ein neues Lied will ich dir singen, o
Gott, / auf der Zehnsaitenharfe will ich dir
spielen,
10 der du den Königen Sieg verleihst, /
der du David, deinen Knecht, hast erret-
tet.
11 Entreiße mich dem verderblichen
Schwert, / aus der Gewalt der Fremden
befreie mich!
Ihr Mund redet Lüge, / und Meineid
schwört ihre Rechte.
12 Einer Pflanzung seien gleich unsere
Söhne, / hochgewachsen in ihrer Jugend.
Unsere Töchter seien wie tragende
Pfeiler, / schlank wie die Säulen des Tem-
pels.
13 Reich gefüllt unsere Scheunen, / von
Überfluss an jeglicher Frucht.
Tausendfach mögen sich mehren unsere
Schafe, / zehntausendfach auf unseren
Fluren,
14 fruchtbar seien unsere Rinder. / Keine
Bresche sei in der Mauer,
es drohe keine Verbannung / kein
Wehruf erschalle auf unseren Straßen.
15 Wohl dem Volk, dem dieses ist
beschieden, / wohl dem Volk, dessen Gott
ist der Herr!

Preislied auf Gottes Königtum

145 [Ein Loblied, von David.]
Ich will dich preisen, mein Gott
und mein König, / deinen Namen will ich
rühmen in Ewigkeit.
2 An allen Tagen will ich dich preisen, /
deinen Namen will ich loben in Ewigkeit.
3 Groß ist der Herr und würdig des
Lobes, / unergründlich ist seine Größe.
4 Ein Geschlecht rühmt deine Werke
dem andern, / alle deine Macht verkünden
sie.
5 Sie rühmen den hehren Glanz deiner
Hoheit, / weithin vermelden sie den Ruf
deiner Wunder.
6 Sie reden von der Macht deiner furcht-
baren Taten, / von deiner Größe geben sie
Kunde.
7 Sie rufen aus das Lob deiner Güte, / sie
jubeln über deine Gerechtigkeit.
8 Der Herr ist barmherzig und mild, /
zögernd im Zorn und reich an Gnade.
9 Der Herr ist gut zu allen, / voll Erbar-
men zu allem, was er geschaffen hat.
10 Loben sollen dich, Herr, alle deine
Werke, / deine Heiligen sollen dich prei-
sen.
11 Sie sollen reden vom Glanz deines
Reiches, / von deiner Allmacht sollen sie
singen:
12 den Menschen deine Kraft zu bezeu-
gen / und den Ruhm deines herrlichen
Reiches.
13 Dein Königreich ist ewiges Reich, /
und deine Herrschaft währet durch alle
Geschlechter.
Getreu ist der Herr in all seinen Wor-
ten, / in all seinen Werken heilig.
14 Der Herr hält die Fallenden auf, / er
hebt empor die Gebeugten.
15 Aller Augen warten auf dich, / du gibst
ihnen Speise zur rechten Zeit.
16 Deine Hand tust du auf / du erfüllst
mit Güte alles, was lebt.
17 Gerecht ist der Herr auf all seinen
Wegen, / in all seinen Werken heilig.
18 Der Herr ist nahe allen, die zu ihm
rufen, / allen, die ihn rufen aus lauterem
Herzen.
19 Den Frommen gibt er nach ihrem
Verlangen, / er hört ihr Flehen und rettet
sie.
20 Alle behütet der Herr, die ihn lieben, /
die Frevler aber vernichtet er.
21 Mein Mund verkünde das Lob des

Herrn; / und alles, was lebt, preise ewig seinen heiligen Namen.

Hymnus auf den hilfreichen Gott

146 Halleluja! Lobe, meine Seele, den Herrn! /
2 Ich will loben den Herrn, solange ich lebe, / meinem Gott lobsingen, solange ich bin.

3 Baut nicht auf die Großen, / nicht auf den Menschen, bei dem keine Hilfe ist!

4 Sein Atem verlässt ihn, er kehrt zurück in den Staub; / dahin sind all seine Pläne.

5 Wohl dem, dessen Helfer ist Jakobs Gott, / der die Hoffnung setzt auf Gott, seinen Herrn,

6 auf ihn, der alles geschaffen hat, / Himmel und Erde und Meer und all ihre Wesen.

Seine Treue bewahrt er auf ewig, /
7 Unterdrückten schafft er Gerechtigkeit.

Hungernden spendet er Brot, / der Herr befreit die Gefangenen.

8 Der Herr tut auf das Auge der Blinden. / Der Herr hebt die Gebeugten empor, / Es liebt der Herr die Gerechten.

9 Der Herr behütet die Fremden, / der Witwen und Waisen nimmt er sich an, / doch den Weg der Gottlosen macht er zum Irrweg.

10 Der Herr ist König in Ewigkeit, / dein Gott, o Zion, durch alle Geschlechter! Halleluja!

Hymnus auf den Allmächtigen

147 Halleluja! Lobet den Herrn, er ist gut! / Singt unserem Gott, er ist mild! / Ihm schulden wir Lobgesang.

2 Der Herr baut Jerusalem neu, / Israels Zerstreute holt er zusammen.

3 Er heilt, die gebrochenen Herzens sind, / verbindet all ihre Wunden.

4 Den Sternen bestimmt er die Zahl, / jeden ruft er bei seinem Namen.

5 Groß ist der Herr und gewaltig an Kraft, / unermesslich ist seine Weisheit.

6 Der Herr hebt die Gebeugten empor, / die Frevler aber drückt er zu Boden.

7 Singt dem Herrn und sagt ihm Dank, / spielt unserem Gott auf der Harfe!

8 Ihm, der den Himmel überzieht mit Wolken / und Regen bereitet der Erde; der auf den Bergen lässt sprossen das Gras / und die Kräuter, dass sie dienen dem Menschen.

9 Den Tieren spendet er Nahrung, / den jungen Raben, die schreien zu ihm.

10 Keine Freude hat er an kräftigen Rossen, / kein Gefallen an der Stärke des Kriegers.

11 Der Herr hat Gefallen an denen, die ihn fürchten, / an denen, die vertrauen auf seine Huld.

12 Jerusalem, lobe den Herrn, / deinen Gott lobpreise, o Zion!

13 Deiner Tore Riegel hat er gefestigt, / gesegnet in dir deine Söhne.

14 Deine Grenzen hat er geordnet in Frieden, / er nährt dich mit dem Mark des Weizens.

15 Er sendet nieder sein Wort zur Erde, / seine Befehle eilen dahin.

16 Schnee gibt er wie Wolle, / wie Asche streut er den Reif.

17 Er schleudert wie Brocken den Hagel, / vor seinem Frost erstarren die Wasser.

18 Er sendet sein Wort und lässt tauen, / seinen Wind lässt er wehen, es fließen die Wasser.

19 Er hat sein Wort verkündet an Jakob, / an Israel sein Recht und Gebot.

20 So hat er an keinem Volke getan, / keinem andern seine Rechte verkündet. Halleluja!

Lobpreis auf den Schöpfer

148 Halleluja! Lobt den Herrn vom Himmel her, / lobt den Herrn in der Höhe!

2 Lobt ihn, all seine Engel, / lobt ihn, all seine himmlischen Heere!

3 Lobt ihn, Sonne und Mond, / lobt ihn, ihr leuchtenden Sterne!

4 Lobt ihn, ihr obersten Himmel, / all ihr Wasser in den Höhen der Himmel!

5 Sie sollen loben den Namen des Herrn; / denn er befahl und sie waren geschaffen.

6 Er stellte sie hin für immer und ewig, / ein Gesetz gab er ihnen, das niemals vergeht.

7 Lobt den Herrn von der Erde her, / ihr Meeresriesen und alle Tiefen der Meere,

8 Feuer und Hagel, Wolken und Schnee, / brausende Stürme, die ihr vollführt seinen Willen,

9 all ihr Berge und Hügel, / ihr Früchte
tragenden Bäume und all ihr Zedern,
10 ihr Tiere alle in Wald und Feld, /
Kriechtiere und gefiederte Vögel,
11 ihr Könige der Erde und alle ihr Völ-
ker, / ihr Fürsten und ihr Richter der Erde,
12 ihr Jünglinge und ihr Jungfrauen all, /
ihr Greise, vereint mit dem Chor der Kin-
der!
13 Lobt alle den Namen des Herrn; /
denn sein Name allein ist erhaben, / seine
Hoheit überragt Himmel und Erde.
14 Hoch erhoben hat er die Macht seines
Volkes. / Zum Ruhme gereicht es all sei-
nen Heiligen, / Israels Söhnen, dem Volk,
das ihm nahe. Halleluja!

Siegesgesang

149 Halleluja!
Singt dem Herrn ein neues
Lied! / Sein Lob ertöne in der Gemeinde
der Frommen.
2 Israel freue sich seines Schöpfers, /
ihres Königs mögen sich freuen die Kinder
von Zion.
3 Preisen sollen sie seinen Namen mit
Reigen, / ihm spielen mit Pauken und
Harfen!
4 Denn Wohlgefallen hat an seinem
Volk der Herr, / die Gebeugten krönt er
mit Sieg.
5 Die Heiligen sollen jubeln in Herrlich-
keit, / auf ihren Lagern frohlocken:
6 Auf ihren Lippen der Lobgesang Got-
tes, / zweischneidige Schwerter in ihren
Händen,
7 Rache zu vollziehen an den Völkern, /
Strafgerichte unter den Nationen,
8 Könige zu legen in Ketten, / Fürsten in
eiserne Fesseln,
9 zu vollstrecken an ihnen den Spruch
des Gerichtes. / Solche Ehre wird all sei-
nen Frommen zuteil. Halleluja!

Das große Halleluja

150 Halleluja!
Lobt den Herrn in seinem Hei-
ligtum, / lobt den Herrn in seiner mächti-
gen Feste!
2 Lobt ihn für seine gewaltigen Taten, /
lobt ihn in seiner herrlichen Macht!
3 Lobt ihn mit dem Hall der Posaunen, /
lobt ihn mit Psalter und Harfe!
4 Lobt ihn mit Pauken und Reigen, / lobt
ihn mit Flöten und Saitenspiel!
5 Lobt ihn mit klingenden Zimbeln, /
lobt ihn mit dem Schall der rauschenden
Zimbeln!
6 Alles, was Atem hat, / lobe den Herrn!
Halleluja!

Das Buch der Sprichwörter

Prolog: Empfehlung der Weisheit

Einleitung

1 Die Sprichwörter Salomos, des Soh-
nes Davids, des Königs von Israel:
2 Dass man Weisheit und Zucht lerne, /
die Worte der Einsicht verstehe
3 und Zucht und Verständnis sich
aneigne, / Gerechtigkeit, Recht und
Geradheit.
4 Sie verleihen den Unerfahrenen Klug-
heit, / der Jugend Erkenntnis und
Umsicht.
5 Hört sie der Weise, so mehrt er das
Wissen, / und der Einsichtige lernt kluge
Führung,
6 dass er verstehe Sinnspruch und
Gleichnis, / Worte der Weisen und ihre
Rätsel.
7 Furcht des Herrn ist Anfang der
Erkenntnis; / nur Toren verachten Weis-
heit und Zucht.

Der Weisheitslehrer: Schlechte Gesellschaft meiden

8 Höre, mein Sohn, auf deines Vaters War-
nung, / und missachte nicht deiner Mutter
Belehrung!
9 Sie sind ja deinem Haupt ein anmuti-
ger Kranz / und deinem Hals ein
Geschmeide.
10 Mein Sohn, wenn Sünder dich verlei-
ten wollen, / so willige nicht ein!
11 Sagen sie etwa: Komm doch mit uns, /
wir lauern auf Blut, / legen dem Schuld-
losen Hinterhalt ohne Grund.
12 Wie die Unterwelt verschlingen wir sie
lebendig, / Gesunde wie solche, die ins
Grab müssen.
13 Wir erlangen wertvolles Gut aller
Art, / füllen mit Beute unsere Häuser.
14 Du darfst dein Los in unserer Mitte
werfen, / der Beutel sei uns allen gemein-
sam!
15 Mein Sohn, mit ihnen mach dich nicht
auf den Weg, / von ihrem Pfad halte dei-
nen Fuß zurück!
16 Ihre Füße laufen ja dem Bösen zu /
und eilen zum Blutvergießen.
17 Vergeblich wird das Netz aus-
gespannt, / vor den Augen aller Vögel.
18 Doch lauern sie auf ihr eigenes Blut, /
legen Hinterhalt dem eigenen Leben.
19 So enden alle, die Raubgut erraffen; /
seinem Besitzer raubt es das Leben.

Die Weisheit: Bußpredigt für die Sorglosen

20 Laut ruft die Weisheit auf den Gassen, /
erhebt auf den Plätzen die Stimme.
21 Ruft an der Ecke der lärmenden Stra-
ßen, / hält am Eingang der Tore, in der
Stadt ihre Reden:
22 Wie lang noch, ihr Unreifen, liebt ihr
die Unreife, / gefällt den Dreisten ihr
dreistes Geschwätz, / ist den Toren Ein-
sicht verhasst?
23 Kehrt euch doch meiner Mahnung
zu! / Dann will ich meinen Geist vor euch
verströmen, / euch meine Worte kundtun:
24 Weil ihr, als ich rief, euch geweigert
habt, / als ich die Hand ausstreckte, nie-
mand darauf achtete;
25 weil ihr all meinen Rat in den Wind
geschlagen / und meine Mahnung nicht
angenommen habt,
26 so will auch ich bei euerem Unglück
lachen, / spotten, wenn euch der Schre-
cken überfällt,
27 wenn euch einem Unwetter gleich der
Schrecken befällt / und euer Unglück wie
ein Sturmwind sich naht, / wenn Not und
Drangsal über euch kommen.
28 Dann rufen sie mich an, doch ich ant-
worte nicht; / sie suchen mich, doch wer-
den sie mich nicht finden.
29 Weil ihnen Einsicht verhasst war, / sie
der Furcht des Herrn nicht den Vorzug
gaben,
30 auf meinen Rat nicht eingingen, / jede
Mahnung von mir verschmähten:
31 So sollen sie nun die Frucht ihres
Wandels kosten, / von ihren Anschlägen
sich sättigen.
32 Ja, die Abkehr der Einfältigen bringt
sie selbst um; / ihre eigene Sorglosigkeit
richtet die Toren zugrunde.
33 Doch wer auf mich hört, wird sicher

wohnen, / kann ruhig sein, ohne Bangen
vor Unheil!

Die Weisheit: Schutz gegen schlechte Gesellschaft

2 Mein Sohn, nimmst du meine Worte
an, / bewahrst dir meine Gebote,
2 indem du der Weisheit dein Ohr
neigst, / dein Herz der Einsicht zuwen-
dest,
3 wenn du rufst nach Verständnis, /
deine Stimme nach Einsicht verlangt;
4 wenn du nach ihr wie nach Silber
suchst, / ihr nachspürst wie Schätzen,
5 dann wirst du die Furcht des Herrn
verstehen / und Gottes Erkenntnis gewin-
nen.
6 Denn Weisheit verleiht nur der Herr; /
aus seinem Mund kommt Erkenntnis und
Einsicht;
7 er hält Beistand bereit den Redlichen, /
ist denen ein Schild, die rechtschaffen
leben.
8 Er hütet die Pfade des Rechts / und
bewacht den Weg derer, die ihm treu sind.
9 Dann verstehst du, was Gerechtigkeit
und Recht ist, / Geradheit und jede gute
Bahn;
10 denn Weisheit zieht ein in dein Herz, /
und Erkenntnis erfreut deine Seele,
11 Besonnenheit wacht über dir, / und
Einsicht wird dich behüten,
12 dich zu bewahren vor schlechtem
Weg, / vor Leuten, die Verkehrtes reden,
13 die die geraden Pfade verlassen, / um
auf dunklen Wegen zu gehen;
14 denen es Freude macht, Schlechtes zu
tun, / die jauchzen über die Verkehrtheit
des Schlechten,
15 deren Pfade gewunden sind / und die
auf krummen Gleisen fahren.
16 Auch bewahrt sie dich vor der Frau
eines anderen, / vor der Fremden mit
ihren verführenden Reden,
17 die den Freund ihrer Jugend verlässt /
und den Bund ihres Gottes vergisst.
18 Ja, ihr Haus führt zur Totenwelt
hinunter; / zu den Totengeistern hinab
gehen ihre Bahnen.
19 Wer bei ihr einkehrt, kommt nie mehr
zurück, / erreicht nie wieder die Pfade des
Lebens.
20 Darum geh den Weg der Guten, /
halte ein der Gerechten Pfade!
21 Denn die Redlichen werden im Land
wohnen, / die Rechtschaffenen darin blei-
ben.
22 Doch die Frevler werden vertilgt aus
dem Land, / die Abtrünnigen herausgeris-
sen.

Der Weg, die Weisheit zu erlangen

3 Mein Sohn, vergiss meine Lehre
nicht, / dein Herz bewahre meine Ge-
bote!
2 Denn viele Tage und Jahre des Lebens /
und Wohlergehen fügen sie dir hinzu.
3 Nie dürfen dich Liebe und Treue ver-
lassen; / binde sie an deinen Hals, / auf
deines Herzens Tafel schreibe sie!
4 Dann findest du Gunst und Wohl-
gefallen / vor den Augen Gottes und der
Menschen.
5 Vertraue ganzen Herzens auf den
Herrn, / doch baue nicht auf eigene Klug-
heit.
6 Auf all deinen Wegen such ihn zu
erkennen, / dann wird er selbst deine
Pfade ebnen.
7 Halte dich nicht selbst für weise, /
fürchte vielmehr den Herrn und meide das
Böse!
8 Dies ist heilsam für deinen Leib, / für
deinen Körper ein Labsal.
9 Ehre den Herrn mit deinem Ver-
mögen, / mit den Erstlingen von allem,
was einkommt.
10 So füllen sich mit Korn deine Spei-
cher, / und deine Fässer laufen über von
Wein.
11 Nicht weise von dir, mein Sohn, die
Zucht des Herrn, / und seiner Zurecht-
weisung widerstrebe nicht.
12 Wen der Herr liebt, den weist er
zurecht, / wie ein Vater den Sohn, dem er
wohl will.

Die Freuden des Weisen

13 Glücklich der Mann, der Weisheit
gefunden, / der Mensch, der Einsicht
erlangt hat.
14 Denn besser ist es, sie zu erwerben als
Silber, / und sie zu bekommen ist mehr
wert als Gold.
15 Sie ist kostbarer als Korallen, / und
alle deine kostbaren Steine.
16 In der Rechten hält sie langes Leben; /
in der Linken Reichtum und Ehre.
17 Ihre Wege sind Wege der Freude, / auf
all ihren Pfaden ist Wohlergehen.

18 Wer nach ihr greift, dem ist sie ein
Lebensbaum, / und wer sie festhält, ist
glücklich zu preisen.
19 Der Herr hat mit Weisheit die Erde
gegründet, / mit Einsicht den Himmel
gefestigt.
20 Durch seine Erkenntnis brachen die
Urfluten auf, / träufeln die Wolken den
Tau herab.
21 Mein Sohn, verliere sie nie aus den
Augen, / bewahre Klugheit und Umsicht!
22 So werden sie deiner Seele zum
Leben / und deinem Halse zum Schmuck.
23 Dann gehst du sicher deinen Weg /
und stößt nicht an mit deinem Fuß.
24 Setzt du dich nieder, so brauchst du
nicht zu bangen, / und ruhst du, so
schläfst du erquickend.
25 Du musst dich nicht fürchten vor
plötzlichem Schrecken, / vor dem Unwet-
ter über die Frevler, das kommt.
26 Denn der Herr wird deine Zuversicht
sein, / er bewahrt deinen Fuß vor dem
Fallstrick.
27 Enthalte dem die gute Tat nicht vor,
der sie braucht, / wenn in deiner Macht
steht, es zu tun!
28 Zum Nächsten sage nicht: Geh!
Komm nochmals, / morgen gebe ich!, wo
du es gleich kannst.
29 Plane nichts Böses gegen deinen
Nächsten, / während er arglos bei dir
sitzt.
30 Bring keinen Menschen grundlos vor
Gericht, / wenn er dir nichts Böses getan
hat.
31 Beneide nicht den Mann der Gewalt-
tat, / und wähle keinen seiner Wege.
32 Der Herr verabscheut ja, die auf
Abwegen sind; / doch mit den Redlichen
lebt er vertraut.
33 Der Fluch des Herrn liegt auf dem
Haus des Frevlers, / die Stätte der Gerech-
ten segnet er.
34 Für Spötter hat er selbst nur Spott; /
den Duldern aber schenkt er Huld.
35 Die Weisen werden Ehre erlangen, /
doch Schande erben die Toren.

Erwählung der Weisheit

4 Ihr Söhne, hört auf die Mahnung des
Vaters, / merkt auf, um Einsicht zu
lernen!
2 Denn gute Lehre gebe ich euch, /
meine Weisung, verlasst sie nicht!
3 Als ich nämlich noch ein Knabe war
beim Vater, / das zarte und einzige Kind
meiner Mutter,
4 da belehrte er mich und sagte zu mir: /
O halte fest meine Worte im Herzen, /
bewahre meine Gebote, dann lebst du
glücklich.
5 Erwirb dir Weisheit, erwirb dir Ein-
sicht, / vergiss sie nicht und weich nicht ab
von meines Mundes Worten!
6 Lass nicht von ihr, so bewahrt sie
dich; / behalte sie lieb, dann behütet sie
dich.
7 Der Weisheit Anfang ist: Erwirb dir
Weisheit, / erwirb dir Einsicht mit deinem
ganzen Vermögen!
8 Halte sie hoch, dann erhöht sie dich; /
sie bringt dich zu Ehren, wenn du sie
umarmst.
9 Sie setzt dir aufs Haupt einen schönen
Kranz, / eine prachtvolle Krone schenkt
sie dir.
10 Höre, mein Sohn, nimm an meine
Worte, / dann werden dir zahlreich die
Lebensjahre.
11 Den Weisheitsweg will ich dir wei-
sen, / ich lasse auf gerader Bahn dich zie-
hen.
12 Gehst du, so ist dein Schreiten unge-
hemmt, / und wenn du läufst, wirst du
nicht straucheln.
13 Halte fest an der Zucht, lass nicht
davon ab, / bewahre sie, sie ist ja dein
Leben.
14 Den Pfad der Frevler betritt nicht, /
wandle nicht auf dem Weg der Bösen!
15 Verlass ihn, geh nicht darauf weiter, /
bieg von ihm ab und geh vorbei!
16 Denn sie schlafen nicht, wenn sie
nicht Böses getan; / um ihren Schlaf ist's
geschehen, wenn sie niemand zu Fall
gebracht.
17 Ja sie essen des Frevels Brot / und
trinken den Wein der Gewalttat.
18 Der Gerechten Pfad ist wie Morgen-
licht, / das heller und heller wird bis zum
vollen Tag.
19 Doch der Frevler Weg ist wie dunkle
Nacht; / so erkennen sie nicht, worüber sie
straucheln.
20 Achte, mein Sohn, auf meine Worte, /
meinen Reden wende dein Ohr zu!
21 Lass sie nie aus den Augen, / bewahre
sie mitten im Herzen!
22 Denn wer sie gefunden hat, für den

sind sie Leben / und für den Körper eines
jeden Heilung.
23 Mit der größten Vorsicht hüte dein
Herz; / von ihm geht ja das Leben aus!
24 Halte von dir Falschheit des Mundes, /
und entferne Verkehrtheit der Lippen!
25 Deine Augen sollen geradeaus schau-
en / und deine Blicke nach vorn gerichtet
sein.
26 Verschaffe deinem Fuß ebene Bahn, /
und all deine Wege seien gefestigt.
27 Bieg nicht ab nach rechts oder links, /
halt fern deinen Fuß vom Bösen!

Die Flucht vor der fremden Frau und die wahre Liebe des Weisen

5 Achte, mein Sohn, auf meine Weis-
heit, / wende dein Ohr meiner Ein-
sicht zu,
2 dass du Besonnenheit behältst / und
deine Lippen die Erkenntnis bewahren.
3 Denn die Lippen der Fremden triefen
von Honig, / und glatter als Öl ist ihr
Gaumen.
4 Doch zuletzt ist sie bitter wie Wer-
mut, / scharf wie ein Schwert mit zwei
Schneiden.
5 Ihre Füße steigen zum Tod hinab; /
ihre Schritte halten fest auf die Unterwelt
zu.
6 Sie hält den Pfad des Lebens nicht
ein, / ihre Bahnen sind unstet, sie achtet es
nicht.
7 Nun denn, ihr Söhne, hört auf mich, /
und weicht nicht ab von den Worten mei-
nes Mundes!
8 Halte fern von ihr deinen Weg, /
komm der Tür ihres Hauses nicht nahe.
9 Sonst gibst du anderen deine Würde
preis / und deine Jahre einem Grausamen;
10 sonst sättigen Freunde sich von dei-
nem Vermögen; / was du mühsam erwor-
ben, kommt in eines anderen Haus.
11 Dann müsstest du zuletzt noch stöh-
nen, / wenn Leib und Fleisch dir dahin-
geschwunden,
12 und bekennen: Wie war mir Ermah-
nung verhasst, / und mein Herz ver-
schmähte die Warnung.
13 Ich hörte nicht auf die Stimme meiner
Erzieher, / und wandte das Ohr meinen
Lehrern nicht zu.
14 Fast wäre es mir ganz böse ergangen /
inmitten der versammelten Gemeinde.
15 Trink Wasser aus deiner eignen Zis-
terne, / nur was aus deinem Brunnen
quillt.
16 Sollen sich denn deine Quellen nach
außen ergießen, / deine Wasserbäche auf
die freien Plätze?
17 Sie sollen dir allein gehören / und
nicht auch anderen neben dir.
18 Dein Brunnen sei gesegnet; / freu dich
der Frau deiner Jugend:
19 Die liebliche Gazelle, die anmutige
Gemse! / Ihre Brüste sollen dich allzeit
berauschen, / ihre Liebe mache dich
immerfort trunken!
20 Was sollst du dich an einer Fremden
berauschen, mein Sohn, / den Leib einer
Fremden umfangen?
21 Fürwahr, der Weg eines jeden liegt
klar vor den Augen des Herrn; / er achtet
auf all seine Pfade.
22 Den Frevler fangen seine eigenen Ver-
gehen; / von den Stricken seiner Sünde
wird er gehalten.
23 Er wird sterben aus Mangel an
Zucht, / seiner großen Torheit wegen
kommt er zu Fall.

Die unvorsichtig geleistete Bürgschaft

6 Mein Sohn, bist du bei deinem
Nächsten Bürge geworden, / hast
einem Fremden den Handschlag gegeben,
2 und bist so verstrickt durch die Worte
deines Mundes, / gefangen durch die
Worte deines Mundes:
3 So tu denn dies, mein Sohn, um dich
zu befreien – / denn du bist in die Hand
deines Nächsten geraten –: / Geh unver-
züglich hin und bestürme deinen Nächs-
ten!
4 Gönne nicht Schlaf deinen Augen /
noch Schlummer den Lidern!
5 Befrei dich aus seiner Hand wie eine
Gazelle, / wie ein Vogel aus der Hand des
Jägers!

Der Faule und die Ameise

6 Du Fauler, geh zur Ameise hin, / sieh ihr
Verhalten an, dass du weise wirst!
7 Obwohl sie keinen Aufseher, / keinen
Antreiber oder Gebieter hat,
8 sorgt sie im Sommer für Nahrung vor, /
sammelt sich Futter zur Erntezeit.
9 Wie lange noch, Fauler, willst du liegen
bleiben, / wann willst du aufstehen von
deinem Schlaf?
10 Nur ein wenig noch schlafen, ein

wenig noch schlummern, / noch ein wenig
die Arme verschränken zum Ruhen!
11 So kommt über dich die Armut wie
ein Wegelagerer, / wie ein Bettler die Not.

Der Nichtsnutz

12 Ein Nichtsnutz, ja ein Schurke, / wer
daherkommt mit Falschheit im Mund,
13 wer mit den Augen zwinkert; mit dem
Fuß einen Hinweis, / mit den Fingern ein
Zeichen gibt,
14 der im Herzen Verkehrtheit trägt, / zu
jeder Zeit Schlechtes betreibt / und Strei-
tigkeiten entfesselt.
15 Deswegen kommt plötzlich über ihn
das Verhängnis. / Er wird im Nu zerbro-
chen; es gibt keine Rettung.

Die sieben Gräuel

16 Sechs Dinge sind dem Herrn verhasst, /
und sieben seinem Herzen ein Abscheu:
17 Stolze Augen, falsche Zunge, / Hände,
die unschuldiges Blut vergießen,
18 ein Herz, das Unheilspläne betreibt, /
Füße, die eilends zum Bösen laufen,
19 ein falscher Zeuge, der Lügen vor-
bringt, / und wer zwischen Brüdern Streit
entfesselt.

Fortsetzung der väterlichen Mahnung

20 Bewahre, mein Sohn, das Gebot deines
Vaters, / und missachte nicht die Beleh-
rung deiner Mutter!
21 Binde sie dir für immer aufs Herz, /
winde sie dir um den Hals!
22 Sie soll dich, wenn du gehst, geleiten, /
über dich wachen, wenn du ruhst, / und
beim Erwachen mit dir sprechen.
23 Denn eine Leuchte ist das Gebot, die
Belehrung ein Licht; / die Mahnungen der
Zucht sind der Weg zum Leben.
24 Sie bewahren dich vor der Frau des
Nächsten, / vor der glatten Zunge der
Fremden.
25 Begehre nicht im Herzen nach ihrer
Schönheit! / Von ihren Blicken lass dich
nicht fangen!
26 Denn bei der Dirne steht ein Stück
Brot auf dem Spiel, / eine Ehebrecherin
aber macht Jagd aufs teuere Leben.
27 Kann man Feuer im Bausch des
Gewandes bergen, / ohne dass die Kleider
in Brand geraten?
28 Oder schreitet einer auf Kohlenglut, /
ohne sich die Füße zu verbrennen?
29 So auch, wenn einer zur Frau seines
Nächsten geht. / Keiner bleibt straflos, der
sie berührt.
30 Verachtet man nicht auch den Dieb,
der stiehlt, / um seine Gier, da ihn hun-
gert, zu befriedigen?
31 Ertappt, muss er es siebenfach erset-
zen, / gibt alle Habe seines Hauses hin.
32 Doch wer Ehebruch begeht, dem
mangelt Verstand; / dies tut nur, wer selbst
sein Leben vernichten will.
33 Schläge und Schande trägt er davon, /
und seine Schmach wird nie gelöscht.
34 Denn Eifersucht erweckt den Grimm
des Mannes; / am Rachetag übt er keine
Schonung.
35 Keinerlei Sühnegeld kann ihn versöh-
nen; / bietest du auch noch so viel, er wil-
ligt nicht ein.

7 Bewahre, mein Sohn, meine Worte, /
und meine Gebote bewahre bei dir!
2 Achte auf meine Gebote –, dann
bleibst du am Leben, / hüte meine Lehre
wie deinen Augapfel!
3 Binde sie dir an die Finger, / schreibe
sie dir auf die Tafel des Herzens!
4 Sprich zur Weisheit: Du meine
Schwester!, / und nenne die Klugheit
deine Freundin.
5 So bewahrt sie dich vor der Frau eines
anderen, / vor der Fremden, die verführe-
risch redet.
6 Denn aus dem Fenster meines Hau-
ses, / durch das Gitter schaute ich hinaus,
7 da sah ich unter den arglosen jungen
Leuten / einen jungen Mann ohne Ver-
stand:
8 Er ging über die Straße, bog um die
Ecke, / und nahm dann den Weg zu ihrem
Haus.
9 Es war im Zwielicht zwischen Tag und
Abend, / beim Einbruch des nächtlichen
Dunkels.
10 Da begegnet ihm eine Frau, / im Kleid
der Dirnen, mit listiger Absicht.
11 Voll Leidenschaft war sie und unbe-
herrscht, / ihre Füße wollten nicht zu
Hause bleiben.
12 Bald auf der Straße, bald auf den Plät-
zen, / an jeder Ecke lauerte sie.
13 Da hielt sie ihn fest, küsste ihn / und
sagte zu ihm mit frechem Gesicht:
14 Ich war noch Opfer schuldig, / habe
heute mein Gelübde erfüllt.
15 Deshalb ging ich aus, dir zu begeg-

nen, / dich zu treffen; nun habe ich dich
gefunden.
16 Mit Decken hab' ich mein Lager
bereitet, / mit bunten Tüchern aus ägyp-
tischem Leinen.
17 Mein Bett habe ich mit Wohlgerüchen
besprengt / von Myrrhe, Aloe und Zimt.
18 So komm, wir trinken Liebeslust bis
zum Morgen, / an Liebesfreuden wollen
wir uns ergötzen!
19 Denn mein Mann ist nicht zu Hause, /
ist auf Reisen weit fort.
20 Den Beutel mit dem Geld nahm er
mit; / erst am Vollmondstag kehrt er
heim.
21 Durch ihre Überredungskunst ver-
führt sie ihn, / verleitet ihn mit dem Trug
ihrer Lippen.
22 Betört folgt er ihr, / wie ein Ochse zum
Schlachthaus geht / und wie ein Hirsch,
der sich verfängt in der Schlinge,
23 bis ein Pfeil ihm die Leber durch-
bohrt; / wie ein Vogel sich ins Fangnetz
stürzt / und nicht sieht, dass es sein Leben
kostet.
24 Nun denn, ihr Söhne, hört auf mich, /
und hört auf meines Mundes Worte!
25 Nicht schweife dein Herz auf ihre
Wege ab, / verirre dich nicht auf ihre Pfa-
de!
26 Denn zahlreich sind die Erschlagenen,
die sie gefällt hat, / alle von ihr Gemorde-
ten eine gewaltige Zahl.
27 Ihr Haus ist ein Weg, der zur Unter-
welt führt, / hinab in die Kammern des
Todes.

Der Ruf der Weisheit

8 Ruft nicht die Weisheit, / erhebt nicht
die Einsicht ihre Stimme?
2 Auf dem Gipfel der Höhen, / an der
Kreuzung der Wege steht sie,
3 bei den Toren am Stadtausgang, / am
Eingang der Pforten ruft sie laut:
4 An euch, ihr Männer, ergeht mein
Ruf, / euch gilt meine Stimme, ihr Men-
schen:
5 Nehmt Klugheit an, ihr Gedankenlo-
sen, / ihr Törichten, gewinnt Verstand!
6 Hört zu, denn ich verkünde nur, was
recht ist; / zu Redlichem tun sich meine
Lippen auf.
7 Denn Wahrheit bewegt meinen
Mund, / doch Frevel ist meinen Lippen ein
Abscheu.
8 Gerecht sind alle Worte meines Mun-
des, / nichts Verdrehtes oder Falsches ist
darin.
9 Dem Einsichtigen sind sie allesamt
recht / und denen richtig, die Erkenntnis
fanden.
10 Nehmt meine Weisung lieber als Sil-
ber an; / begehrenswerter als Gold sei
Erkenntnis!
11 Ja, Weisheit ist besser als Korallen; /
alle Kostbarkeiten wiegen sie nicht auf.

Selbstlob der Weisheit. Die königliche Weisheit

12 Ich, die Weisheit, verweile bei der Klug-
heit, / auch Erkenntnis guter Pläne findet
sich bei mir.
13 Die Furcht des Herrn ist der Abscheu
vor dem Bösen. / Hochmut und Hoffart,
böser Wandel / und Verkehrtheit des
Mundes sind mir ja verhasst.
14 Bei mir ist Rat und Erfolg; / ich bin die
Einsicht, bei mir ist Starkmut.
15 Durch mich regieren die Könige, /
verfügen die Träger des Amtes das Rechte.
16 Durch mich herrschen die Fürsten /
und richten die Edlen nach Gerechtig-
keit.
17 Die mich lieben, die liebe ich wieder; /
wer mich sucht, findet mich.
18 Reichtum und Ehre liegen bei mir, /
stattliches Gut und Gerechtigkeit.
19 Meine Früchte sind besser als Gold, ja
als Feingold; / mein Ertrag übertrifft erle-
senes Silber.
20 Ich wandle den Weg der Gerechtig-
keit / und mitten auf des Rechtes Pfaden.
21 So verleihe ich denen Besitz, die mich
lieben, / und fülle ihre Speicher.

Die schöpferische Weisheit

22 Mich hat der Herr geschaffen als Erstling
seines Waltens, / vor seinen Werken in der
Urzeit.
23 Ich wurde vor aller Zeit gebildet, / von
Anbeginn, vor den Uranfängen der Erde.
24 Als die Urfluten noch nicht waren,
wurde ich geboren, / als es noch nicht die
Quellen gab, die wasserreichen.
25 Bevor die Berge gegründet waren, /
vor den Hügeln wurde ich hervor-
gebracht,
26 als er das Land und die Fluren noch
nicht gemacht, / noch nicht die ersten
Schollen der Erde.

27 Ich war dabei, als er den Himmel
erstellte, / einen Kreis über der Fläche der
Urflut abmaß,
28 als er oben die Wolken befestigte, / die
Kraft der Urflutquellen bestimmte,
29 als er dem Meer seine Grenze setzte, /
dass die Wasser nicht seinen Befehl über-
treten; / als er die Grundfesten der Erde
umriss,
30 da war ich der Liebling an seiner Sei-
te, / war Tag für Tag seine Freude, / indem
ich die ganze Zeit vor ihm spielte.
31 Da spielte ich auf dem weiten Rund
seiner Erde / und hatte meine Freude mit
den Menschenkindern.

Die letzte Einladung

32 Nun denn, ihr Söhne, hört auf mich! /
Wohl denen, die meine Wege einhalten.
33 Hört die Weisung, dass ihr weise wer-
det, / und lasst sie nicht unbeachtet!
34 Wohl dem Mann, der auf mich hört, /
der täglich wacht an meinen Türen, / der
meiner Tore Pfosten hütet!
35 Wer mich findet, hat Leben gefun-
den / und erlangt das Wohlgefallen des
Herrn.
36 Doch wer sich an mir vergeht, der tut
seiner Seele Gewalt an; / alle, die mich
verwerfen, lieben den Tod.

Die gastfreundliche Weisheit

9 Die Weisheit hat ihr Haus gebaut, /
hat ihre sieben Säulen aufgerichtet,
2 Ihr Schlachtvieh geschlachtet, den
Wein gemischt, / auch ihre Tafel gedeckt
3 und ausgesandt ihre Mägde; / ihr Ruf
ergeht auf den höchsten Stellen der
Stadt:
4 Wer unerfahren ist, biege hierher ein! /
Den Unwissenden sagt sie:
5 Kommt! Esst von meiner Speise / und
trinkt vom Wein, den ich gemischt habe!
6 Lasst von der Torheit ab, auf dass ihr
am Leben bleibt, / und wandelt auf dem
Weg der Einsicht!

Gegen die Spötter

7 Wer den Spötter zurechtweist, erwirbt
sich Schmach, / und wer den Frevler
tadelt, selbst einen Flecken.
8 Nicht rüge den Spötter, sonst hasst er
dich; / den Weisen rüge: er liebt dich
darum.
9 Dem Weisen teile mit, so wird er noch
weiser; / den Gerechten lehre: er mehrt
sein Wissen.
10 Anfang der Weisheit ist Furcht des
Herrn, / und den Heiligen kennen ist Ein-
sicht.
11 Ja, durch mich werden deine Tage
zahlreich, / und die Lebensjahre mehren
sich dir.
12 Bist du weise, so bist du weise zum
eigenen Besten; / bist du ein Spötter, musst
du es allein tragen.

Frau Torheit äfft die Weisheit nach

13 Frau Torheit ist ohne Ruhe, / voll
Dummheit und jeder Erkenntnis bar.
14 Sie sitzt an der Tür ihres Hauses, / auf
einem Sessel, in der Stadt hoch oben,
15 um anzurufen, die vorübergehen, / die
gerade ihre Wege ziehen:
16 Wer unerfahren ist, biege hierher
ein! / Wer arm an Verstand ist, dem sagt
sie:
17 Wie süß schmeckt gestohlenes Was-
ser, / und wie gut heimliche Speise!
18 Und er merkt nicht, dass Totengeister
dort hausen, / dass ihre Gäste in den Tie-
fen der Unterwelt sind.

Erste Salomonische Spruchsammlung

10 Sprichwörter Salomos:
Ein kluger Sohn macht dem Vater
Freude; / doch ein törichter ist der Kum-
mer seiner Mutter.
2 Unrechtes Gut ist kein Gewinn, /
Gerechtigkeit aber rettet vor dem Tod.
3 Nicht ungestillt lässt der Herr des
Gerechten Verlangen, / doch die Gier des
Frevlers stößt er zurück.
4 Eine lässige Hand bringt Armut ein, /
aber Reichtum schafft die Hand der Flei-
ßigen.
5 Ein Sohn, der im Sommer sammelt, hat
Einsicht, / doch ein Sohn, der zur Ernte-
zeit schläft, bringt Schande.
6 Dem Haupt des Gerechten werden
Segnungen zuteil, / im Mund der Frevler
verbirgt sich Gewalttat.

7 Der Gerechten gedenkt man zum
Segen, / doch der Name der Frevler ver-
geht.
8 Der Weise beherzigt die Gebote, / der
geschwätzige Tor aber kommt zu Fall.
9 Wer in Aufrichtigkeit wandelt, geht
sicher, / doch wer krumme Wege wählt,
wird entdeckt.
10 Wer mit den Augen zwinkert, ver-
ursacht Leid, / wer Törichtes redet,
kommt zu Fall.
11 Ein Quell des Lebens ist der Mund des
Gerechten, / der Mund der Frevler hin-
gegen birgt Gewalttat.
12 Hass weckt Zänkereien auf, / doch
Liebe deckt alle Verfehlungen zu.
13 Auf den Lippen des Einsichtsvollen
findet sich Weisheit, / aber der Stock
gebührt dem Rücken des Unverständigen.
14 Weise halten mit ihrem Wissen
zurück, / doch des Toren Mund ist dro-
hendes Verderben.
15 Das Vermögen des Reichen ist seine
feste Stadt, / das Verderben der Armen
hingegen ist ihre Armut.
16 Der Lohn des Gerechten dient dem
Leben, / der Erwerb des Bösen aber dem
Verderben.
17 Zucht bewahren ist der Weg zum
Leben, / irre geht, wer der Zurechtweisung
nicht folgt.
18 Lügnerische Lippen halten den Hass
verborgen, / wer aber üble Nachrede aus-
sprengt, ist ein Tor.
19 Bei vielem Reden bleibt Sünde nicht
aus, / doch wer die Lippen zügelt, handelt
verständig.
20 Lauterem Silber gleicht die Zunge des
Gerechten, / das Sinnen der Frevler ist
wenig wert.
21 Die Lippen des Gerechten leiten vie-
le, / doch die Toren sterben an Unver-
stand.
22 Der Segen des Herrn macht reich, / die
eigene Mühe fügt nichts hinzu.
23 Das Vergnügen des Toren ist es, Böses
zu tun, / des Verständigen Freude, Weis-
heit zu üben.
24 Wovor dem Frevler graut, das kommt
über ihn, / und was die Gerechten erseh-
nen, wird ihnen zuteil.
25 Braust ein Sturm daher, ist der Frevler
nicht mehr, / doch der Gerechte ist fest
gegründet für immer.
26 Wie Essig für die Zähne und wie
Rauch für die Augen, / so ist der Faule für
die, die ihn senden.
27 Die Furcht des Herrn vermehrt die
Lebenstage, / die Jahre der Frevler jedoch
sind verkürzt.
28 Die Hoffnung der Gerechten mündet
in Freude, / doch zunichte wird die
Erwartung der Frevler.
29 Der Weg des Herrn ist Schutz für die
Unschuld, / für die Übeltäter aber Verder-
ben.
30 Der Gerechte wird niemals wanken, /
doch die Bösen bleiben nicht im Land
wohnen.
31 Des Gerechten Mund bringt Weisheit
hervor, / doch die Zunge der Verkehrtheit
wird ausgetilgt.
32 Den Lippen des Gerechten ist vertraut,
was wohlgefällt, / der Mund der Frevler
hingegen ist Verkehrtheit.

11 Falsche Waage ist ein Gräuel für
den Herrn / doch volle Gewichte
haben sein Wohlgefallen.
2 Kommt Vermessenheit, kommt auch
Schande, / aber Weisheit ist bei den
Bescheidenen.
3 Die Lauterkeit der Redlichen leitet sie
sicher, / aber die Treulosen richtet ihre
Falschheit zugrunde.
4 Am Tag des Zornes nützt Reichtum
nichts, / doch Gerechtigkeit rettet vor dem
Tod.
5 Die Gerechtigkeit der Lauteren macht
ihren Weg eben, / der Sünder aber fällt
durch seine Gesetzlosigkeit.
6 Die Redlichen rettet ihre Gerechtig-
keit, / doch die Treulosen werden in ihrer
eigenen Gier gefangen.
7 Mit dem Tod eines bösen Mannes
schwindet seine Hoffnung dahin, / und
die Hoffnungen der Frevler werden
zunichte.
8 Der Gerechte wird der Drangsal ent-
rissen, / und der Böse kommt an seine
Stelle.
9 Mit dem Mund will der Ruchlose sei-
nen Nächsten verderben, / doch die
Gerechten retten sich durch Erkenntnis.
10 Ergeht es den Gerechten gut, so freut
sich die Stadt, / und Jubel herrscht beim
Untergang der Frevler.
11 Eine Stadt kommt hoch durch den
Segen der Redlichen, / doch durch den
Mund der Frevler wird sie niedergeris-
sen.

12 Wer seinen Nächsten verachtet, ist
ohne Verstand, / ein Mann von Klugheit
aber schweigt.
13 Wer als Verleumder umgeht, gibt
Anvertrautes preis, / der Zuverlässige aber
behält die Sache für sich.
14 Fehlt es an Führung, verfällt das
Volk, / doch Rettung kommt durch viele
Berater.
15 Schlecht ergeht es dem, der einem
anderen Bürgschaft bietet, / wer aber den
Handschlag ablehnt, geht sicher.
16 Eine anmutige Frau erlangt Ehre, /
Gewalttätige erlangen Reichtum.
17 Wer Erbarmen übt, tut sich selber
wohl, / der Erbarmungslose schneidet sich
ins eigene Fleisch.
18 Der Gewinn, den der Frevler sich
schafft, ist Trug, / doch wer Gerechtigkeit
sät, schafft sicheren Lohn.
19 Wahre Gerechtigkeit gelangt zum
Leben, / dem Bösen folgen führt zum Tod.
20 Ein Gräuel für den Herrn sind die, die
falschen Herzens sind, / doch die den
rechten Weg gehen, haben sein Wohl-
gefallen.
21 Die Hand darauf: Der Böse bleibt
nicht ungestraft, / doch die Nachkommen
der Gerechten werden gerettet.
22 Ein goldener Ring im Rüssel eines
Schweines / ist eine Frau, die schön, aber
schamlos ist.
23 Das Verlangen der Gerechten endet
im Glück, / die Hoffnung der Frevler
endet im Zorn(gericht).
24 Mancher teilt reichlich aus und wird
dabei noch reicher, / ein anderer hält,
mehr als recht, zurück und wird nur
ärmer.
25 Wer anderen gern hilft, wird reich
gesättigt, / wer andere erquickt, wird auch
selbst erquickt.
26 Wer Getreide zurückhält, den verflu-
chen die Leute, / doch wer es verkauft,
Segen auf dessen Haupt!
27 Wer sucht, was gut ist, geht auf Wohl-
gefallen aus, / doch strebt einer Böses an,
kommt es über ihn selbst.
28 Wer sich durch seinen Reichtum
sicher glaubt, der fällt, / die Gerechten
hingegen sprießen wie grünes Laub.
29 Vernachlässigt einer sein Haus, so
erntet er Wind, / und der Tor wird Sklave
des Weisen.
30 Die Frucht der Gerechtigkeit ist ein
Baum des Lebens, / und Seelen gewinnt
der Weise.
31 Sicher wird dem Gerechten auf Erden
vergolten, / doch erst recht dem Frevler
und Sünder.

12 Wem Zucht lieb ist, der liebt Er-
kenntnis, / doch wem Zurechtwei-
sung verhasst ist, der ist ein Vieh.
2 Wohlgefallen erlangt der Gute vom
Herrn, / dem Hinterhältigen aber spricht
er das Urteil.
3 Kein Mensch erlangt in Unrecht
Bestand, / doch die Wurzel der Gerechten
wird nicht erschüttert.
4 Eine tüchtige Frau ist die Krone ihres
Mannes, / eine schändliche ist wie Fäulnis
in seinen Knochen.
5 Die Gedanken der Gerechten gehen
auf das Rechte, / doch die Überlegungen
der Bösen sind Trug.
6 Die Reden der Bösen sind ein Lauern
auf Blut, / doch die Redlichen rettet ihr
Mund.
7 Die Bösen werden gestürzt und sind
nicht mehr, / das Haus der Gerechten
jedoch bleibt bestehen.
8 Nach dem Maß seiner Einsicht wird
ein Mann gerühmt, / doch wer verkehrten
Sinnes ist, fällt der Verachtung anheim.
9 Besser wenig beachtet sein und nur
einen Knecht haben, / als großtun, aber
brotlos sein.
10 Der Gerechte sorgt für die Bedürfnisse
seines Viehs, / das Herz der Bösen hin-
gegen ist grausam.
11 Wer seinen Acker bestellt, wird mit
Brot gesättigt, / doch wer leeren Dingen
nachjagt, ist unverständig.
12 Der Frevler begehrt das Fangnetz des
Bösen, / die Wurzeln der Frommen aber
sind fest gegründet.
13 Die Verfehlung der Lippen ist ein
böser Fallstrick, / doch der Gerechte ent-
rinnt der Bedrängnis.
14 Von der Frucht seines Mundes wird
ein Mann reichlich gesättigt, / und das
Verdienst seiner Hände fällt auf ihn
zurück.
15 Der Weg des Toren ist in seinen
Augen richtig, / doch der Weise hört auf
Rat.
16 Der Unmut des Toren macht sich
sofort bemerkbar, / indes ein Kluger
Schimpfworte hinunterschluckt.
17 Wer aussagt, wie es wirklich war, teilt

Richtiges mit, / der Zeuge der Lüge aber betrügt.

18 Das Geschwätz mancher Leute wirkt wie Schwertstiche, / doch die Zunge der Weisen bringt Heilung.

19 Die Lippe der Wahrheit hat für immer Bestand, / aber nur einen Augenblick lang die Zunge der Lüge.

20 Trug ist im Herzen derer, die Böses sinnen, / doch Freude bei denen, die Gedeihliches raten.

21 Kein Unheil widerfährt dem Gerechten, / aber die Frevler sind voll Unglück.

22 Ein Gräuel für den Herrn sind Lippen der Lüge, / doch haben sein Wohlgefallen, die Redliches tun.

23 Ein kluger Mensch hält sein Urteil zurück, / das Herz der Toren hingegen schreit die Narrheit hinaus.

24 Die Hand der Fleißigen gewinnt Herrschaft, / doch die lässige Hand muss Zwangsarbeit leisten.

25 Kummer im Herzen drückt einen nieder; / doch ein gütiges Wort heitert ihn auf.

26 Der Gerechte weist seinem Nächsten den Weg, / die Frevler jedoch führt ihr Weg in die Irre.

27 Der Faule erjagt sich kein Wild, / aber Fleiß ist dem Menschen ein kostbares Gut.

28 Zum Leben führt der Pfad der Gerechtigkeit, / der Weg der Bösgesinnten aber zum Tod.

13 Ein weiser Sohn liebt die Zucht, / doch der Dreiste hört auf kein Schelten.

2 Von der Frucht seines Mundes genießt ein Mann Gutes, / auf Gewalttat geht aber das Trachten der Abtrünnigen.

3 Wer seinen Mund hütet, bewahrt sein Leben, / doch wer die Lippen aufreißt, den trifft Verderben.

4 Das Begehren des Faulen regt sich, / aber das Trachten der Fleißigen wird voll befriedigt.

5 Verlogenheit hasst der Gerechte, / doch schändlich und schimpflich handelt der Frevler.

6 Gerechtigkeit behütet die Lauterkeit auf dem Weg, / aber Frevel bringt die Sünde zu Fall.

7 Mancher tut reich und hat überhaupt nichts, / ein anderer gibt sich arm und hat großes Vermögen.

8 Für das Leben eines Mannes ist sein Reichtum das Lösegeld, / aber der Arme hört nicht auf Drohung.

9 Das Licht der Gerechten strahlt auf, / doch die Lampe der Frevler verlischt.

10 Bei Hochmut gibt es nur Hader, / bei denen aber, die sich gegenseitig beraten, ist Weisheit.

11 Errafftes Vermögen schwindet dahin, / doch wer allmählich sammelt, wird reich.

12 Hingehaltene Hoffnung macht das Herz krank, / ein Lebensbaum aber ist erfülltes Verlangen.

13 Wer das Wort verachtet, geht zugrunde, / doch wer das Gebot in Ehrfurcht annimmt, bleibt unversehrt.

14 Ein Lebensquell ist die Lehre des Weisen, / um den Schlingen des Todes zu entgehen.

15 Einsicht ins Gute bringt Gunst ein, / doch steinhart ist der Weg der Abtrünnigen.

16 Jeder Kluge handelt mit Vorbedacht, / der Tor hingegen kramt Narrheit aus.

17 Ein schlechter Bote lässt ins Unglück stürzen, / doch ein treuer Gesandter bringt Heil.

18 In Armut und Schande gerät, wer Zucht missachtet, / aber Ehre erlangt, wer Tadel beherzigt.

19 Erfüllter Wunsch tut dem Herzen wohl, / doch dem Toren ist ein Gräuel, das Böse zu lassen.

20 Mit Weisen gehe, so wirst du weise; / wer mit Toren sich einlässt, dem ergeht es übel.

21 Unglück verfolgt die Sünder, / doch den Gerechten wird mit Gutem vergolten.

22 Die Erbschaft des Guten geht auf Kindeskinder, / und die Habe des Sünders wird dem Gerechten bewahrt.

23 Die frische Furche bringt den Armen reichliche Nahrung, / vorhandenes (Gut) wird hingerafft, weil Gerechtigkeit fehlt.

24 Wer seine Rute zurückhält, der hasst seinen Sohn, / doch wer ihn liebt, der sucht ihn mit Züchtigung heim.

25 Der Gerechte hat zu essen, bis er satt ist, / der Bauch der Frevler aber hat zu wenig.

14 Die Weisheit der Frauen erbaut ihr Haus, / doch die Torheit reißt es mit eigenen Händen nieder.

2 Wer seinen Weg geradeaus geht,

fürchtet den Herrn, / wer aber krumme
Wege geht, missachtet ihn.
3 Aus dem Mund des Toren sprießt
Hochmut, / doch den Weisen behüten
seine Lippen.
4 Ohne Ochsen bleibt die Krippe leer, /
reicher Ertrag kommt nur durch die Kraft
des Stieres.
5 Ein zuverlässiger Zeuge lügt nicht, /
aber ein falscher Zeuge atmet Lügen nur
so aus.
6 Der Spötter sucht Weisheit, doch ver-
geblich, / dem Verständigen aber ist
Erkenntnis ein Leichtes.
7 Geh weg von einem törichten Mann, /
du erfährst keine verständigen Worte.
8 Seinen Weg zu bedenken ist Weisheit
des Klugen, / doch die Dummheit des
Toren führt zur Täuschung.
9 In den Zelten der Toren wohnt
Schuld, / aber das Haus der Rechtschaffe-
nen findet Wohlgefallen.
10 Nur das eigene Herz kennt seinen
Kummer, / auch in seine Freude vermag
kein Fremder einzustimmen.
11 Das Haus der Frevler wird ausgerot-
tet, / doch das Zelt der Redlichen blüht
auf.
12 Manchem scheint ein Weg der rech-
te, / sein Ende aber sind Wege zum Tod.
13 Auch beim Lachen hat das Herz
Kummer, / und das Ende der Freude ist
Traurigkeit.
14 Nach seinen Wegen wird dem Gott-
losen vergolten, / und dem guten Men-
schen nach seinen guten Werken.
15 Der Unerfahrene traut jedem Wort, /
der Kluge aber gibt Acht auf seinen
Schritt.
16 Der Weise fürchtet sich und meidet
das Schlechte, / doch der Tor lässt sich
gehen und ist vermessen.
17 Der Jähzornige begeht Narrheit, / und
der Ränkeschmied ist verhasst.
18 Einfältige erlangen als Besitz (nur)
Torheit, / doch die Klugen werden mit
Erkenntnis gekrönt.
19 Böse verbeugen sich vor den Guten /
und Frevler an den Türen des Gerechten.
20 Selbst seinem Nächsten ist der Arme
verhasst, / doch der Reiche hat zahlreiche
Freunde.
21 Wer seinen Nächsten missachtet, sün-
digt, / aber wohl dem, der sich der Elenden
erbarmt.
22 Gehen nicht die in die Irre, die Böses
planen? / Doch die auf Gutes bedacht
sind, erfahren Liebe und Treue.
23 Bei jeder Anstrengung kommt ein
Gewinn heraus, / aber leeres Geschwätz
führt nur zu Mangel.
24 Die Krone der Weisen ist ihre Klug-
heit, / der Kranz der Toren ist ihre Narr-
heit.
25 Ein zuverlässiger Zeuge ist ein
Lebensretter, / doch wer Lügen hervor-
bringt, ist ein Betrüger.
26 In der Furcht des Herrn liegt starke
Zuversicht, / auch seine Kinder haben eine
Zuflucht.
27 Die Furcht des Herrn ist ein Lebens-
quell, / um den Schlingen des Todes zu
entgehen.
28 Auf der Menge des Volkes beruht des
Königs Herrlichkeit, / und des Fürsten
Untergang auf dem Fehlen von Leuten.
29 Reich an Einsicht ist der Langmüti-
ge, / doch voller Torheit ist der Ungedul-
dige.
30 Gelassener Sinn bedeutet Leben für
den Leib, / aber Leidenschaft ist Fraß in
den Knochen.
31 Wer den Geringen bedrückt, schmäht
dessen Schöpfer, / ihn ehrt, wer sich des
Armen erbarmt.
32 Durch seine Bosheit kommt der Frev-
ler zu Fall, / doch der Gerechte hat eine
Zuflucht in seiner Unschuld.
33 Weisheit ruht im Herzen des Verstän-
digen, / doch im Innern der Toren ist sie
wirkungslos.
34 Gerechtigkeit erhöht ein Volk, / aber
die Sünde ist die Schmach der Völker.
35 Des Königs Gunst (gehört) dem Die-
ner, der Einsicht beweist, / aber den
Schändlichen trifft sein Zorn.

15 Sanfte Antwort beschwichtigt Er-
regung,
verletzendes Wort aber erregt Zorn.
2 Die Zunge der Weisen verkündet
Erkenntnis, / doch von Narrheit sprudelt
der Mund der Toren.
3 An jedem Ort sind die Augen des
Herrn, / sie wachen über Böse und Gute.
4 Gelassenheit der Zunge ist ein Lebens-
baum, / doch Verkehrtheit in ihr zer-
schlägt das Gemüt.
5 Ein Tor verschmäht die Zucht des
Vaters, / aber klug wird, wer auf Zurecht-
weisung achtet.

6 Im Haus des Gerechten wachsen die Vorräte, / doch Verschlechterung herrscht bei den Einkünften des Frevlers.

7 Die Lippen der Weisen streuen Erkenntnis aus, / doch das Herz der Toren ist verkehrt.

8 Ein Gräuel ist für den Herrn das Opfer der Frevler, / aber das Gebet der Redlichen ist ihm wohlgefällig.

9 Ein Gräuel ist für den Herrn der Weg des Frevlers, / doch wer der Gerechtigkeit nachjagt, den liebt er.

10 Den trifft schlimme Züchtigung, der den Pfad verlässt; / wem Zurechtweisung verhasst ist, der muss sterben.

11 Unterwelt und Totenreich liegen offen vor dem Herrn, / wie viel mehr die Herzen der Menschenkinder.

12 Nicht liebt es der Spötter, dass man ihn rügt, / zu Weisen mag er nicht gehen.

13 Ein frohes Herz macht auch das Gesicht heiter, / doch bei Herzenskummer ist der Lebensmut zerbrochen.

14 Erkenntnis sucht das Herz des Einsichtigen, / aber der Toren Mund ist auf Torheit aus.

15 Alle Tage des Bedürftigen sind böse, / doch der Wohlgemute hat ständig ein Fest.

16 Besser weniges in der Furcht des Herrn / als reiche Schätze und Unruhe dabei.

17 Besser ein Gericht Gemüse, doch mit Liebe, / als ein gemästeter Ochse und Hass dabei.

18 Ein hitziger Mensch erregt Streit, / doch ein langmütiger beschwichtigt den Zank.

19 Der Weg des Faulen ist wie Dorngestrüpp, / doch gebahnt ist der Weg des Redlichen.

20 Ein kluger Sohn macht seinem Vater Freude, / ein törichter Mensch verachtet seine Mutter.

21 Torheit macht dem Unverständigen Freude, / ein verständiger Mann hingegen geht den geraden Weg.

22 Vorhaben scheitern, wenn keine Besprechung vorausgeht, / doch mit vielen Beratern kommt etwas zustande.

23 Freude bringt dem Mann die eigene (treffende) Antwort, / und wie gut ist doch ein Wort zur rechten Zeit.

24 Nach oben führt der Lebensweg den Verständigen, / damit er der Totenwelt drunten entgeht.

25 Der Herr reißt ein das Haus der Hochmütigen, / aber die Grenze der Witwe legt er fest.

26 Ein Gräuel sind für den Herrn die Pläne des Bösen, / aber rein vor ihm sind freundliche Worte.

27 Sein Haus zerstört, wer sich zu bereichern sucht, / doch wer Geschenke hasst, wird leben.

28 Das Herz des Gerechten überlegt sich seine Antwort, / aber der Mund der Frevler sprudelt Böses hervor.

29 Weit fort ist der Herr von den Frevlern, / doch er hört das Gebet der Gerechten.

30 Strahlende Augen erfreuen das Herz, / eine gute Nachricht labt den Leib.

31 Ein Ohr, das auf lebenserhaltende Zucht hört, / hält sich im Kreis der Weisen auf.

32 Sein Leben verachtet, wer Zucht abweist, / aber wer auf Mahnungen hört, gewinnt Vernunft.

33 Furcht des Herrn ist Unterweisung zur Weisheit, / und Demut geht der Ehre voran.

16 Der Menschen Sache sind Überlegungen im Herzen, / doch vom Herrn kommt die Antwort der Zunge.

2 Alle Wege eines Mannes sind lauter in seinen Augen, / der Herr jedoch prüft die Geister.

3 Was du zu tun hast, befiehl dem Herrn an, / dann verwirklichen sich deine Pläne.

4 Der Herr hat alles zu seinem Zweck geschaffen, / so auch den Frevler für den Tag des Unheils.

5 Ein Gräuel ist für den Herrn jeder Hochmütige, / die Hand darauf: er bleibt nicht ungestraft.

6 Schuld wird gutgemacht durch Liebe und Treue, / und in der Furcht des Herrn hält man sich vom Bösen fern.

7 Wenn der Herr an den Wegen eines Mannes Gefallen hat, / bringt er selbst seine Feinde zum Frieden mit ihm.

8 Besser in Gerechtigkeit wenig / als großes Einkommen mit Unrecht.

9 Das Herz des Menschen plant seinen Weg, / der Herr aber lenkt seinen Schritt.

10 Gottesentscheid kommt von Lippen des Königs, / so verfehlt sein Mund sich nicht, wenn er Recht spricht.

11 Rechte Waagen und Schalen sind
Sache des Herrn, / sein Werk sind alle
Gewichte im Beutel.
12 Frevlerisches Tun ist den Königen ein
Abscheu; / denn durch Gerechtigkeit hat
der Thron Bestand.
13 Gerechte Lippen sind dem König ein
Wohlgefallen, / wer Gerades redet, den
liebt er.
14 Der Zorn des Königs gleicht Todes-
boten, / doch ein weiser Mann besänftigt
ihn.
15 Ein Aufleuchten im Angesicht des
Königs bedeutet Leben, / sein Wohlerge-
hen gleicht der Regenwolke im Frühjahr.
16 Besser ist es, Weisheit zu erwerben als
Gold, / und Erwerb von Einsicht ist mehr
wert als Silber.
17 Das Böse zu meiden ist die Straße der
Redlichen, / wer auf seinen Weg achtet,
bewahrt sich das Leben.
18 Dem Zusammenbruch geht Hoffart
voraus, / und Hochmut dem Fall.
19 Besser demütig sein mit Niedrigen /
als Beute teilen mit den Stolzen.
20 Wer auf das Wort achtet, dem ergeht
es gut, / wohl dem, der auf den Herrn ver-
traut!
21 Wer ein weises Herz hat, wird als ver-
ständig gerühmt, / angenehme Rede för-
dert die Belehrung.
22 Ein Lebensquell ist Einsicht für ihre
Besitzer, / doch die Torheit ist die Züchti-
gung der Toren.
23 Das Herz des Weisen gibt seinem
Mund Einsicht, / auf seinen Lippen mehrt
es noch die Belehrung.
24 Wie eine Honigwabe sind freundliche
Reden, / süß für die Seele und Labsal dem
Leib.
25 Manch einem erscheint sein Weg
gerade, / doch sein Ende sind Todeswege.
26 Der Hunger des Arbeiters schafft für
ihn, / sein Mund nämlich treibt ihn an.
27 Ein ruchloser Mann gräbt Unheil
aus, / seine Lippen versengen wie Feuer.
28 Ein hinterlistiger Mann stiftet Streit, /
und ein Ohrenbläser entzweit Freunde.
29 Ein Mann der Gewalttat verführt sei-
nen Nächsten / und bringt ihn auf den
Weg zum Unglück.
30 Wer mit den Augen zwinkert, tut es,
um Ränke zu ersinnen; / wer die Lippen
zusammenkneift, hat das Böse schon voll-
bracht.
31 Graues Haar ist eine prächtige Kro-
ne, / man erlangt sie auf dem Weg der
Gerechtigkeit.
32 Besser ein Langmütiger als ein Kriegs-
held, / wer sich selbst beherrscht, als wer
eine Stadt erobert.
33 Im Bausch des Gewandes schüttelt
man das Los, / doch allein vom Herrn
kommt jede Entscheidung.

17 Besser ein Brocken trockenes Brot
und Ruhe dabei / als ein Haus voll
Braten mit Streit.
2 Ein Sklave voll Einsicht wird über den
missratenen Sohn gestellt, / und im Kreis
der Brüder erhält er ein Erbteil.
3 Der Schmelztiegel ist für das Silber und
der Ofen für das Gold, / doch der die Her-
zen prüft, ist der Herr.
4 Ein Bösewicht achtet auf Lippen des
Schlechten, / ein Lügner horcht auf die
Zunge des Bösen.
5 Wer den Armen verspottet, schmäht
dessen Schöpfer, / wer sich über Unglück
freut, bleibt nicht ungestraft.
6 Kindeskinder sind die Krone der
Alten, / und die Zierde der Kinder sind
ihre Väter.
7 Hochtönende Rede geziemt nicht dem
Toren, / noch weniger aber dem Edlen die
Sprache der Lüge.
8 Das Bestechungsgeschenk ist ein
Kleinod in den Augen des Gebers, / an
wen immer er sich wendet, er hat Erfolg.
9 Wer eine Verfehlung begräbt, sucht die
Liebe (zu erhalten), / doch wer eine Sache
wieder aufrührt, entzweit sich mit dem
Freund.
10 Tiefer wirkt ein Verweis bei einem
Verständigen / als hundert Schläge bei
einem Toren.
11 Nur nach Aufruhr trachtet der Böse, /
doch wird gegen ihn ein grausamer Bote
gesandt.
12 Eine Bärin, der Jungen beraubt, mag
einem gern begegnen, / aber nicht ein Tor
in seinem Wahnwitz.
13 Wer Gutes mit Bösem vergilt, / aus
dessen Haus wird das Böse nicht weichen.
14 Der Anfang eines Streits ist, als ent-
fesselte man eine Wasserflut; / drum lass
vom Streit ab, bevor er (voll) ausbricht.
15 Wer den Schuldigen freispricht und
den Schuldlosen verurteilt, / alle beide
sind für den Herrn ein Gräuel.
16 Was soll Geld in der Hand des

Toren? / Etwa um Weisheit zu kaufen? Ihm fehlt doch der Verstand!

17 Ein Freund erweist Liebe zu jeder Zeit, / als Bruder für die Not ist er geboren.

18 Ein Mensch, dem Einsicht mangelt, gibt Handschlag / und leistet Bürgschaft für seinen Nächsten.

19 Verbrechen liebt, wer Streit liebt; / macht jemand seinen Eingang zu hoch, so will er den Einsturz.

20 Wer ein falsches Herz hat, erlangt kein Glück, / wer sich mit der Zunge windet, fällt in Unglück.

21 Wer einen Toren zeugt, dem gereicht es zum Kummer; / eines Unverständigen wird der Vater nicht froh.

22 Ein fröhliches Herz befördert die Gesundheit, / doch ein gedrücktes Gemüt zehrt den Körper aus.

23 Bestechung aus dem Bausch des Gewandes nimmt der Frevler an, / um die Pfade des Rechts zu beugen.

24 Vor dem Angesicht des Verständigen steht Weisheit, / doch die Augen des Toren schweifen bis ans Ende der Erde.

25 Ein törichter Sohn ist dem Vater Verdruss, / und Bitternis der, welche ihn geboren hat.

26 Schon den Unschuldigen mit Geld zu bestrafen, ist böse, / noch mehr aber, Edle widerrechtlich zu prügeln.

27 Wer seine Worte zurückhält, hat Einsicht, / wer kühlen Geist bewahrt, ist ein Mann von Verstand.

28 Auch ein Tor kann als weise gelten, wenn er schweigt, / als einsichtig, wenn er den Mund hält.

18 Eigenem Verlangen folgt, wer sich absondert, / gegen alles, was Erfolg verspricht, bleckt er die Zähne.

2 Nicht findet der Tor an Verständnis Gefallen, / vielmehr daran, herauszustellen, was ihm gefällt.

3 Kommt ein Frevler, so kommt auch Geringschätzung, / und mit der Schandtat die Schmach.

4 Die Worte aus dem Mund eines Mannes sind tiefe Wasser, / ein sprudelnder Bach, eine Quelle der Weisheit.

5 Übel ist es, den Schuldigen zu begünstigen, / den, der Recht hat, vor Gericht abzuweisen.

6 Die Lippen des Toren beginnen Streit, / und sein Mund schreit nach Schlägen.

7 Dem Toren bringt sein Mund Verderben, / seine Lippen werden ihm selbst zur Falle.

8 Die Worte des Ohrenbläsers sind wie Leckerbissen, / sie gleiten ins Innere des Leibes hinab.

9 Auch wer nur lässig ist bei seiner Arbeit, / ist schon ein Bruder des Verderbers.

10 Der Name des Herrn ist ein fester Turm, / der Gerechte flüchtet dorthin und ist gesichert.

11 Das Vermögen des Reichen ist seine feste Stadt / und wie eine hohe Mauer – in seiner Einbildung.

12 Vor dem Sturz ist das Herz des Mannes überheblich, / doch Demut geht der Ehre voran.

13 Gibt einer Antwort, bevor er gehört hat, / gereicht ihm dies zu Torheit und Schimpf.

14 Die Geisteskraft eines Mannes vermag seine Krankheit zu tragen, / doch wer richtet ein gedrücktes Gemüt wieder auf?

15 Erkenntnis erwirbt das Herz des Einsichtigen, / das Ohr der Weisen sucht Erkenntnis.

16 Ein Geschenk verschafft einem Menschen Raum / und lässt ihn vor Große gelangen.

17 Im Recht scheint in seinem Streitfall der Erste, / dann kommt aber die Gegenseite und prüft den Sachverhalt.

18 Streitigkeiten schlichtet das Los, / es entscheidet zwischen Mächtigen.

19 Ein Bruder, an dem man sich vergangen hat, ist verschlossener als eine Festung, / Streitigkeiten gleichen dem Riegel einer Burg.

20 Ein Mann wird satt von der Frucht seines Mundes, / er wird satt vom Ertrag seiner Lippen.

21 Tod und Leben stehen in der Gewalt der Zunge, / wer sie (zu gebrauchen) liebt, genießt ihre Frucht.

22 Wer eine Frau gefunden, hat ein Gut gefunden / und Wohlgefallen vom Herrn erlangt.

23 Der Arme braucht Worte des Flehens, / mit Härte aber antwortet der Reiche.

24 Manche Freunde führen ins Verder-

ben, / manche Freunde sind anhänglicher
als ein Bruder.

19
Besser ein Armer, der schuldlos
seinen Weg geht, / als einer mit
falschen Lippen, der ein Tor ist.
2 Schon unvernünftiges Begehren ist
vom Übel, / und wer mit seinen Schritten
hastet, der tritt fehl.
3 Die Torheit des Menschen verdirbt
ihm den Weg, / und dann beschuldigt sein
Herz den Herrn.
4 Besitz verschafft viele Freunde, / aber
der Arme wird von seinem Freund verlas-
sen.
5 Ein falscher Zeuge bleibt nicht unge-
straft, / wer Lügen vorbringt, kommt nicht
heil davon.
6 Um die Gunst eines Vornehmen
bemühen sich viele, / und einem freigebi-
gen Mann ist jedermann Freund.
7 Den Armen hassen alle seine Brüder, /
um wie viel mehr bleiben seine Freunde
ihm fern.
8 Wer Verstand erwirbt, liebt sich
selbst, / wer der Einsicht treu bleibt,
erlangt das Gute.
9 Ein falscher Zeuge bleibt nicht unge-
straft, / wer Lügen vorbringt, kommt um.
10 Wohlleben kommt einem Toren nicht
zu, / noch weniger einem Knecht, über
Fürsten zu herrschen.
11 Einsicht macht den Menschen lang-
mütig, / sein Ruhm ist es, über Fehler hin-
wegzusehen.
12 Wie das Knurren eines Löwen ist der
Zorn des Königs, / aber wie Tau auf dem
Gras ist seine Gunst.
13 Ein Unglück für den Vater ist ein
törichter Sohn, / und wie ein ständig
tropfendes Dach das Gezänk einer Frau.
14 Haus und Habe sind das Erbe von den
Vätern, / aber eine verständige Frau
kommt vom Herrn.
15 Faulheit versenkt in Schlaf, / ein träger
Mensch muss hungern.
16 Wer (Gottes) Gebot bewahrt, bewahrt
sein Leben, / wer aber seine Wege nicht
achtet, muss sterben.
17 Wer sich des Hilfsbedürftigen
erbarmt, leiht dem Herrn, / er wird ihm
seine Guttat vergelten.
18 Züchtige deinen Sohn, solange noch
Hoffnung ist, / aber trachte nicht danach,
ihn zu töten.
19 Wer jähzornig ist, muss dafür büßen; /
selbst wenn du schlichten möchtest,
machst du es noch ärger.
20 Höre auf Rat und nimm Zucht an, /
dass du weise wirst für die Zukunft.
21 Im Herzen des Menschen sind vieler-
lei Pläne, / doch Bestand hat der Rat-
schluss des Herrn.
22 Das Begehrenswerte am Menschen ist
seine Güte, / aber besser ein Armer als ein
Mann, der enttäuscht.
23 Die Furcht des Herrn führt zum
Leben, / und gesättigt geht man zur Ruhe,
ohne böse Heimsuchung.
24 Streckt der Faule seine Hand in die
Schüssel, / bringt er sie nicht einmal zum
Mund zurück.
25 Schlägst du den Spötter, so wird der
Unverständige klug; / weist man den Ver-
ständigen zurecht, nimmt er Einsicht an.
26 Wer den Vater misshandelt, die Mut-
ter verjagt, / handelt als Sohn schmachvoll
und schändlich.
27 Hörst du auf, mein Sohn, auf Mah-
nung zu hören, / so irrst du bald ab von
den Worten der Erkenntnis.
28 Ein nichtsnutziger Zeuge verspottet
das Recht, / und der Mund der Frevler
verschlingt Böses.
29 Für die Spötter wird der Stock bereit-
gehalten, / und Prügel für den Rücken der
Toren.

20
Der Wein ist ein Spötter, ein Lär-
mer das Bier; / keiner, der davon
taumelt, wird weise.
2 Dem Knurren des Löwen gleicht der
Grimm des Königs, / wer ihn reizt, hat
sein Leben verwirkt.
3 Beiseite zu bleiben bei Streit gereicht
dem Mann zur Ehre, / doch jeder Narr
platzt los.
4 Im Herbst will der Faule nicht pflü-
gen, / zur Erntezeit sucht er, aber nichts ist
da.
5 Der Ratschluss im Herzen des Mannes
ist wie tiefes Wasser, / doch ein Mann von
Einsicht holt es herauf.
6 Viele Leute führen ihre Güte im
Mund, / wer aber findet einen Mann, auf
den Verlass ist?
7 In seiner Lauterkeit geht der Gerechte
seinen Weg: / glücklich seine Kinder nach
ihm!
8 Sitzt der König auf dem Richterstuhl, /
sondert er alles Böse mit seinem Scharf-
blick aus.

9 Wer darf sagen: Ich habe mein Herz
geläutert, / ich bin von meiner Sünde rein?
10 Zweierlei Gewichte und zweierlei
Maße, / beide sind für den Herrn ein
Abscheu.
11 Schon ein Kind lässt in seinem Trei-
ben erkennen, / ob sein Handeln lauter
und redlich sein wird.
12 Das Ohr zum Hören, das Auge zum
Sehen, / beide hat der Herr gemacht.
13 Nicht liebe den Schlaf, sonst verarmst
du; / halte die Augen auf, dann hast du
Brot genug.
14 Wie schlecht, wie schlecht, sagt der
Käufer; / ist er aber seines Weges gegan-
gen, dann rühmt er sich.
15 Gibt es auch Gold und viele Koral-
len, / verständige Lippen sind eine Kost-
barkeit.
16 Nimm ihm das Gewand, er hat ja für
einen anderen gebürgt; / fremder Leute
wegen pfände ihn!
17 Das Brot der Lüge schmeckt dem
Menschen gut, / doch nachher füllt sich
sein Mund mit Steinen.
18 Pläne kommen durch Beratung
zustande; / führe also den Krieg mit Über-
legung!
19 Wer als Verleumder herumgeht, gibt
Anvertrautes preis; / darum lass dich mit
dem nicht ein, der den Mund nicht halten
kann!
20 Wer Vater und Mutter verflucht, /
dessen Leuchte erlischt in tiefster Finster-
nis.
21 Schnell erraffter Besitz / ist nicht
gesegnet an seinem Ende.
22 Sage nicht: Ich will das Böse heimzah-
len! / Vertrau auf den Herrn, er wird dir
helfen.
23 Ein Gräuel sind für den Herrn zweier-
lei Gewichte, / eine falsche Waage ist ver-
werflich.
24 Der Herr lenkt die Schritte des Men-
schen; / wie könnte einer seinen Weg ver-
stehen?
25 Ein Fallstrick ist es für einen Men-
schen, unbedacht zu rufen: Geweiht! / und
sich erst nach dem Gelübde Gedanken zu
machen.
26 Ein weiser König sondert die Frevler
aus / und führt das Dreschrad über sie hin.
27 Des Menschen Atem ist eine Leuchte
des Herrn, / er durchforscht alle Räume
des Leibes.
28 Güte und Treue behüten den König, /
durch Güte stützt er seinen Thron.
29 Der Ruhm der Jungen ist ihre Kraft, /
die Zier der Alten das graue Haar.
30 Blutige Striemen läutern den Schlech-
ten, / und Schläge die Kammern des Lei-
bes.

21 Wie Wasserbäche ist das Herz des
Königs in der Hand des Herrn; / er
leitet es, wohin er will.
2 Jeder Weg eines Mannes ist in seinen
Augen gerade, / doch der Herr prüft die
Herzen.
3 Gerechtigkeit und Recht tun / ist dem
Herrn lieber als Opfer.
4 Hochmut der Augen, Anmaßung des
Herzens – / was der Frevler auch beginnt,
es ist Sünde.
5 Die Pläne des Fleißigen führen zu
Gewinn, / doch der Hastige hat nur Man-
gel.
6 Erwerb von Schätzen mit lügnerischer
Zunge / ist Windhauch für diejenigen, die
den Tod suchen.
7 Gewalttat reißt die Frevler selbst mit
hinab, / sie weigern sich ja, das Rechte zu
tun.
8 Gewunden ist der Weg des Schuldbe-
ladenen, / wer aber lauter ist, dessen Tun
ist gerade.
9 Besser in der Ecke des Daches woh-
nen / als mit einer zänkischen Frau im
gemeinsamen Haus.
10 Die Seele des Frevlers giert nach
Bösem, / kein Erbarmen findet bei ihm
sein Nächster.
11 Muss der Spötter büßen, wird der
Unverständige weise, / doch belehrt man
den Weisen, so nimmt er Erkenntnis an.
12 Eine Lehre gibt der Gerechte dem
Haus des Frevlers, / wenn er die Frevler
ins Unheil stürzt.
13 Wer sein Ohr verstopft vor dem Schrei
des Armen – / auch er wird einmal rufen,
ohne erhört zu werden.
14 Heimliche Gabe beschwichtigt Zorn, /
ein Geschenk aus dem Gewandbausch
heftigen Grimm.
15 Recht zu üben ist Freude für den
Gerechten, / die Übeltäter aber versetzt
das in Schrecken.
16 Ein Mensch, der abirrt vom Weg der
Einsicht, / wird ruhen in der Versamm-
lung der Totengeister.
17 Ein Mangelleidender wird, wer Ver-

gnügungen liebt, / wer Wein und Öl liebt, wird nicht reich.

[18] Der Frevler ist ein Lösegeld für den Gerechten, / der Treulose tritt an die Stelle der Redlichen.

[19] Besser im Wüstenland wohnen / als Ärger mit einer zänkischen Frau.

[20] Ein Schatz, kostbarer als Salböl, ist in der Wohnung der Weisen, / doch ein törichter Mensch vergeudet ihn.

[21] Wer nach Gerechtigkeit und Güte strebt, / wird Leben, Gerechtigkeit und Ehre erlangen.

[22] Der Weise ersteigt die Stadt der Mächtigen / und stürzt die Befestigung, der sie vertraute.

[23] Wer Mund und Zunge hütet, / bewahrt sein Leben vor Bedrängnissen.

[24] Der Übermütige, Stolze – sein Name ist Spötter, / er handelt in vermessenem Übermut.

[25] Die Begierde des Faulen tötet ihn, / seine Hände weigern sich nämlich zu schaffen.

[26] Den ganzen Tag begehrt er voll Gier, / doch der Gerechte kann geben, ohne zu geizen.

[27] Abscheulich ist das Opfer der Frevler, / besonders wenn man es in schlechter Absicht darbringt.

[28] Der Zeuge der Lüge kommt um, / doch Bestand hat das, was der Mann sagt, der hört.

[29] Der Frevler macht ein trotziges Gesicht, / doch der Rechtschaffene geht seinen Weg in Geradheit.

[30] Es gibt keine Weisheit und keine Einsicht, / keinen Rat gegenüber dem Herrn.

[31] Für den Tag der Schlacht wird das Pferd gerüstet, / aber beim Herrn steht der Sieg.

22 Ein guter Name ist begehrenswerter als großer Reichtum, / besser als Silber und Gold ist Beliebtheit.

[2] Reiche und Arme treffen zusammen, / der Herr hat ja alle beide geschaffen.

[3] Der Kluge sieht das Unheil und verbirgt sich, / doch die Einfältigen gehen weiter: und müssen es büßen.

[4] Der Lohn für Demut und Furcht vor dem Herrn / ist Reichtum, Ehre und Leben.

[5] Auf dem Weg des Falschen sind Dornen und Schlingen; / wer sein Leben bewahren will, bleibt ihnen fern.

[6] Weise den Knaben ein in den Weg, den er gehen soll, / dann wird er auch im Alter nicht von ihm weichen.

[7] Der Reiche beherrscht die Armen, / der Schuldner ist der Knecht seines Gläubigers.

[8] Wer Unrecht sät, wird Unheil ernten, / und der Stock seines Wütens nimmt ein Ende.

[9] Wessen Auge gütig blickt, der wird gesegnet, / denn er gibt von seinem Brot dem Geringen.

[10] Vertreibe den Spötter, dann zieht der Hader mit fort, / und Streit und Schimpf haben ein Ende.

[11] Wer die Reinheit des Herzens liebt, / und wessen Lippen gefällig reden, hat den König zum Freund.

[12] Die Augen des Herrn behüten Erkenntnis, / doch vereitelt er das Gerede des Verräters.

[13] Der Faule sagt: Ein Löwe ist draußen, / ich würde mitten auf der Straße getötet.

[14] Der Mund fremder Frauen ist eine tiefe Grube; / wem der Herr zürnt, fällt hinein.

[15] Haftet Narrheit am Herzen des Knaben, / die Zuchtrute entfernt sie davon.

[16] Wer den Armen bedrückt, um sich zu bereichern, / wer dem Reichen gibt – (beides) bringt nichts ein.

Spruchsammlung der Weisen

Worte der Weisen

[17] Wende hin dein Ohr und höre die Worte der Weisen, / und richte dein Herz auf meine Erkenntnis!

[18] Denn schön ist es, wenn du sie in deinem Innern bewahrst, / wenn sie alle fest bereitstehen auf deinen Lippen.

[19] Damit auf den Herrn dein Vertrauen sich gründe, / lasse ich dich heute deinen Weg wissen.

[20] Habe ich dir nicht dreißig Sätze auf-
geschrieben / mit Ratschlägen und
Erkenntnis,
[21] damit du die Wahrheit lehren
kannst, / und zuverlässige Worte dem
antworten kannst, der dich gesandt hat?
[22] Beraube nicht den Armen, da er ja
arm ist, / und vernichte den Geringen
nicht im Tor.
[23] Denn der Herr führt ihren Rechts-
streit / und raubt das Leben ihren Räu-
bern.
[24] Habe keine Gemeinschaft mit den
Jähzornigen, / und gehe nicht um mit dem
Hitzkopf;
[25] sonst wirst du mit seinen Pfaden ver-
traut / und schaffst eine Falle für dein
Leben.
[26] Sei nicht bei denen, die Handschlag
geben, / bei denen, die für Schulden bür-
gen.
[27] Wenn du nichts hast, um zu zahlen, /
wird man dein Lager unter dir wegholen.
[28] Verrücke nicht die uralte Grenze, / die
deine Väter gezogen haben.
[29] Siehst du einen Mann, gewandt in sei-
ner Tätigkeit: / er wird vor Königen Dienst
tun; / keinesfalls tut er Dienst bei Gerin-
gen.

23 Wenn du dich setzt, um mit einem
Gebieter zu speisen, / so beachte
nur, was vor dir steht;
[2] und setz dir ein Messer an die Kehle, /
wenn du zu gierig bist.
[3] Gelüste nicht nach seinen Leckerbis-
sen, / denn es ist eine trügerische Speise.
[4] Plage dich nicht ab, es zu Reichtum zu
bringen, / und dabei deine Klugheit auf-
zugeben.
[5] Lässt du zu ihm deine Blicke schwei-
fen? Schon ist er verschwunden! / Denn er
macht sich wahrhaftig Flügel wie ein
Adler / und fliegt in die Lüfte davon.
[6] Iss nicht die Speise eines Missgüns-
tigen, / und lass dich nicht nach seinen
Leckerbissen gelüsten!
[7] Das wäre wie Sturm für deine Kehle! /
Iss und trink!, sagt er zu dir, / doch sein
Herz ist dir nicht zugetan.
[8] Den Bissen, den du gegessen hast,
musst du erbrechen, / und deine freundli-
chen Worte hast du vergeudet.
[9] Zu den Ohren des Törichten rede
nicht, / denn er verachtet deine verständi-
gen Worte.
[10] Verrücke nicht die uralte Grenze, /
und dringe nicht in die Felder der Waisen
ein!
[11] Denn ihr Anwalt ist mächtig, / er wird
ihren Rechtsstreit gegen dich führen.
[12] Öffne dein Herz der Zucht / und dein
Ohr den Worten der Erkenntnis!
[13] Erspare dem Knaben nicht die Züch-
tigung; / er stirbt nicht, wenn du ihn
schlägst mit dem Stock.
[14] Du schlägst ihn zwar mit dem Stock, /
doch du rettest sein Leben vor der Unter-
welt.
[15] Ist dein Herz weise, mein Sohn, / so
freue auch ich mich von Herzen,
[16] und mein Innerstes ist voll Jubel, /
wenn deine Lippen reden, was recht ist.
[17] Nicht ereifere dein Herz sich über die
Sünder, / vielmehr eifere alle Tage nach
der Furcht des Herrn!
[18] Denn sicher gibt es eine Zukunft, /
und deine Hoffnung reißt nicht ab.
[19] Höre du, mein Sohn, und sei weise, /
und lenke dein Herz auf geraden Weg!
[20] Sei nicht unter Weinsäufern, / bei den
Schlemmern von Fleisch;
[21] denn Säufer und Schlemmer werden
arm, / und Verschlafenheit kleidet in
Lumpen.
[22] Höre auf deinen Vater, er hat dich
gezeugt, / und verachte deine Mutter
nicht, wenn sie alt ist.
[23] Wahrheit kaufe und verkauf sie nicht
mehr: / Weisheit, Zucht und Einsicht!
[24] Der Vater eines Gerechten jubelt
laut; / wer einen Weisen zeugte, kann sich
über ihn freuen.
[25] Dein Vater möge sich freuen an dir, /
und jubeln soll die Mutter.
[26] Gib mir, mein Sohn, dein Herz, / und
deine Augen mögen an meinen Wegen
Gefallen finden;
[27] denn eine tiefe Grube ist die Ehebre-
cherin, / und ein enger Brunnen die
Fremde.
[28] Ja, sie lauert auf wie ein Räuber / und
vermehrt die Verräter unter den Men-
schen.
[29] Wer hat Ach? Wer hat Wehe? /
Wer Gezänk? Wer Klage? / Wer hat
Wunden wegen nichts? / Wer trübe
Augen?
[30] Die bis spät beim Wein sitzen, / die
kommen, den Würzwein zu probieren.
[31] Schau nicht nach dem Wein, wie er rot

erglüht, / wie er funkelt im Becher, / er
trinkt sich so leicht!
32 Am Ende beißt er wie eine Schlange /
und spritzt Gift, einer Viper gleich.
33 Deine Augen sehen befremdliche
Dinge, / und wirres Zeug redet dein
Herz.
34 Du bist wie einer, der auf hoher See
schläft, / der sich auf der Spitze der Rahe
bettet.
35 Sie schlugen mich, doch es schmerzte
mich nicht, / sie prügelten mich, doch ich
spürte nichts.
Wann erwache ich? / Ich suche ihn
wieder, noch mehr!

24 Sei auf böse Menschen nicht eifer-
süchtig, / und begehre nicht, mit
ihnen umzugehen;
2 denn ihr Herz plant Gewalttat, / und
Unheil reden ihre Lippen.
3 Ein Haus wird durch Weisheit gebaut /
und durch Einsicht gefestigt.
4 Durch Erkenntnis werden die Kam-
mern gefüllt / mit allen Gütern, die wert
und begehrt sind.
5 Ein Weiser ist mächtiger als ein Star-
ker, / ein Verständiger mehr als ein Kräf-
tiger.
6 Denn durch Überlegung gewinnst du
den Kampf, / und Rettung kommt durch
viele Berater.
7 Zu hoch hängt den Toren die Weis-
heit, / am Tor tut er seinen Mund nicht
auf.
8 Wer immer darauf sinnt, Böses zu
tun, / den nennt man einen Ränke-
schmied.
9 Das Trachten der Torheit ist Sünde, /
der Spötter ist den Menschen ein Gräuel.
10 Lässt du dich gehen am Tag der Not, /
so wird auch deine Kraft Schwäche sein.
11 Errette, die man zum Sterben
schleppt; / die auf dem Gang zur Hinrich-
tung sind, hol sie zurück!
12 Wenn du sagst: Er weiß von uns
nichts! – / wird er, der die Herzen prüft, es
nicht durchschauen?
Wird er, der deine Seele überwacht, es
nicht wissen? / Ja, er vergilt dem Men-
schen nach seinem Tun.
13 Mein Sohn, iss Honig, denn er ist
gut, / und Wabenhonig ist süß deinem
Gaumen.
14 Wisse: so ist auch die Weisheit für
dich. / Hast du sie erlangt, ist die Zukunft
gesichert, / und deine Hoffnung reißt
nicht ab.
15 Belaure nicht frevelhaft die Stätte des
Gerechten, / zerstöre sein Lager nicht!
16 Denn der Gerechte fällt siebenmal und
steht wieder auf, / aber die Frevler ins
Unglück.
17 Fällt dein Feind, so freu dich nicht, /
dein Herz juble nicht, wenn er hinstürzt,
18 dass nicht der Herr es sieht und miss-
billigt / und von ihm seinen Zorn abwen-
det.
19 Über die Übeltäter erhitze dich nicht, /
und über die Frevler ereifere dich nicht;
20 denn der Böse hat keine Zukunft, / die
Lampe der Frevler erlischt.
21 Fürchte, mein Sohn, den Herrn und
König, / mit Andersdenkenden habe kei-
nen Umgang!
22 Denn plötzlich kommt von ihnen
Verderben / und unversehens Vernich-
tung von beiden.

Weitere Worte der Weisen

23 Auch diese (Worte) stammen von Wei-
sen: / Parteiisch sein im Gericht ist übel.
24 Wer zum Schuldigen spricht: Du hast
Recht!, / den verfluchen die Menschen,
den verwünschen die Leute.
25 Doch denen, die gerecht entscheiden,
geht es gut, / und Segen und Glück kommt
über sie.
26 Der gibt einen Kuss auf die Lippen, /
der redliche Worte erwidert.
27 Besorge draußen deine Arbeit und
bestell dein Feld, / danach gründe deinen
Hausstand!
28 Tritt nicht als falscher Zeuge gegen
deinen Nächsten auf, / täusche nicht mit
deinen Lippen!
29 Sage nicht: Wie er mir getan, so will
ich ihm tun, / ich will einem jeden seinem
Tun entsprechend vergelten.

Erlebnisbericht

30 Am Feld eines Faulen ging ich vorüber /
und am Weinberg eines unverständigen
Mannes:
31 Und siehe, er war ganz überwuchert
von Disteln, / seine Fläche war überdeckt
mit Unkraut, / und der steinerne Wall lag
in Trümmern.
32 Ich besah es und machte mir keine
Gedanken, / ich betrachtete es und zog
daraus die Lehre:

33 Nur ein bisschen noch schlafen, ein
bisschen noch schlummern, / noch ein
bisschen die Arme verschränken zum
Ruhen.
34 Da kommt schon die Armut über dich
wie ein Wegelagerer, / die Not wie ein
unverschämter Kerl.

Zweite Salomonische Spruchsammlung

25 Auch dies sind Sprichwörter Salo-
mos, welche die Männer Hiskijas,
des Königs von Juda, zusammengestellt
haben:
2 Gottes Ehre ist es, eine Sache zu ver-
bergen, / doch die Ehre der Könige ist es,
eine Sache zu erforschen.
3 Der Himmel an Höhe und die Erde an
Tiefe / und das Herz der Könige sind
unerforschlich.
4 Entferne aus dem Silber die Schla-
cken, / dann gelingt dem Goldschmied das
Gefäß.
5 Entferne den Frevler aus der Nähe des
Königs, / so erlangt sein Thron Bestand
durch Gerechtigkeit.
6 Rühme dich nicht vor dem König, /
und stell dich nicht an den Platz der Gro-
ßen.
7 Denn besser, man sagt zu dir: Rück
hier herauf!, / als dass man dich vor einem
Edlen herabsetzt.
Haben deine Augen etwas gesehen, /
8 bringe es nicht übereilt vor Gericht.
Denn was willst du sonst am Ende
machen, / wenn dich dein Nächster mit
Schimpf widerlegt?
9 Trage deinen Streit mit deinem Nächs-
ten aus, / doch stell eines anderen
Geheimnis nicht bloß,
10 sonst wird dich schmähen, wer es
hört, / und dein Gerede fällt auf dich
zurück.
11 Wie goldene Äpfel auf silbernen Scha-
len, / so ein zur rechten Zeit gesprochenes
Wort.
12 Wie ein goldener Ring und
Geschmeide aus feinstem Gold, / so ist ein
weiser Mahner für ein Ohr, das zuhört.
13 Wie kühlender Schnee inmitten der
Ernte / ist ein zuverlässiger Bote für den,
der ihn sendet; / er erquickt die Seele sei-
nes Herrn.
14 Aufkommende Wolken und Wind,
doch kein Regen: / so ist ein Mann, der
prahlt mit erlogener Gabe.
15 Mit Geduld kann ein Vorgesetzter
umgestimmt werden, / und sanfte Zunge
vermag Knochen zu brechen.
16 Hast du Honig gefunden, so iss nur
nach deinem Bedarf, / sonst bekommst du
ihn satt und erbrichst ihn.
17 Mach deinen Fuß im Haus deines
Nächsten selten, / sonst bekommt er dich
satt und verabscheut dich.
18 Wie Keule, Schwert und scharfer
Pfeil: / so ist einer, der als falscher Zeuge
gegen seinen Nächsten aussagt.
19 Wie ein morscher Zahn und ein wan-
kender Fuß: / der Treulose am Tag der
Bedrängnis, / 20 wie einer, der an kaltem
Tag das Kleid ablegt.
Essig auf eine Wunde: / wer einem ver-
stimmten Herzen Lieder vorsingt.
21 Hungert dein Feind, so speise ihn mit
Brot, / und dürstet ihn, gib ihm Wasser zu
trinken;
22 so häufst du Kohlen auf sein Haupt, /
und der Herr wird dir vergelten.
23 Der Wind aus dem Norden bringt
Regenfall, / und eine heimtückische Zunge
betroffene Mienen.
24 Besser in der Ecke des Daches woh-
nen, / als mit einer zänkischen Frau im
gemeinsamen Haus.
25 Kühles Wasser für eine erschöpfte
Seele / ist eine gute Nachricht aus fernem
Land.
26 Ein getrübter Brunnen und eine ver-
dorbene Quelle / ist ein Gerechter, der vor
einem Frevler wankt.
27 Zu viel Honig essen ist von Übel, /
aber schwerwiegende Dinge erforschen ist
Ehre.
28 Eine geschleifte Stadt ohne Mauer / ist
ein Mann ohne Selbstbeherrschung.
26 Wie Schnee im Sommer und wie
Regen zur Erntezeit, / so unpas-
send ist für den Toren Ehre.
2 Wie ein Sperling, der entweicht, / wie
die Schwalbe, die davonfliegt, / so ist ein
unverdienter Fluch: er trifft nicht ein.

3 Die Peitsche dem Pferd, der Zaum dem
Esel, / der Stock dem Rücken der Toren.
4 Erwidere dem Toren nicht seiner
Narrheit entsprechend, / sonst machst
auch du dich ihm gleich.
5 Erwidere dem Toren seiner Narrheit
entsprechend, / sonst dünkt er sich weise
in seinen Augen.
6 Die Füße haut sich ab, Unheil muss
schlucken, / wer Botschaft sendet durch
einen Toren.
7 Schlaff wie die Beine des Lahmen / ist
ein Sinnspruch im Mund der Toren.
8 Wie einer, der einen Kiesel an der
Schleuder festmacht, / wer einem Toren
Ehre erweist.
9 Ein dorniger Zweig, in die Hand eines
Trunkenen geraten: / ein Sinnspruch im
Mund der Toren.
10 Ein Schütze, der alle verwundet: / wer
vorübergehende Toren und Betrunkene
dingt.
11 Wie ein Hund, der zurückkehrt zu
seinem Erbrochenen, / ist der Tor, der
seine Narrheit wiederholt.
12 Siehst du einen Mann, der sich für
weise hält, / so gibt es für den Toren mehr
Hoffnung als für ihn.
13 Der Faule sagt: Auf dem Weg liegt ein
junger Löwe, / ein Löwe ist mitten auf den
Plätzen!
14 Die Tür dreht sich in ihrer Angel, /
und der Faule auf seinem Lager.
15 Hat der Faule seine Hand in die
Schüssel gesteckt, / ist er schon zu müde,
sie zum Mund zu führen.
16 Der Faule hält sich für weiser / als sie-
ben, die verständig erwidern.
17 Der packt einen vorbeilaufenden
Hund bei den Ohren, / wer sich in einen
fremden Streit einmischt.
18 Wie einer, der sich verrückt gebärdet
und Brandgeschosse schleudert, Pfeile und
Tod, / 19 so ein Mann, der seinen Nächsten
täuscht und sagt: Ich habe nur Spaß
gemacht.
20 Ist kein Holz mehr vorhanden,
erlischt das Feuer; / und wenn kein
Ohrenbläser da ist, so legt sich der Streit.
21 Kohlen die Glut und Holz das Feuer, /
so schürt ein zänkischer Mensch den
Streit.
22 Worte des Ohrenbläsers sind wie
Leckerbissen, / sie gleiten ins Innere des
Leibes hinab.
23 Mit Silberglasur überzogenes Ton-
geschirr: / ein böses Herz und glatte Lip-
pen.
24 Mit seinen Lippen verstellt sich der
Hasser, / doch im Innern legt er Trug
zurecht.
25 Verleiht er seiner Stimme Freundlich-
keit, so trau ihm nicht, / denn in seinem
Herzen sind sieben Gräuel.
26 Verbirgt der Hass sich auch unter
Täuschung, / seine Bosheit wird in der
Versammlung enthüllt.
27 Wer eine Grube gräbt, fällt selbst
hinein, / und wer einen Stein hochwälzt,
auf den rollt er zurück.
28 Falsche Zunge hasst die, welche sie
zermalmt, / und glatter Mund bereitet
Sturz.

27 Rühme dich nicht des morgigen
Tages, / denn du weißt nicht, was
der Tag gebiert.
2 Rühmen soll dich ein anderer, nicht
dein eigener Mund, / ein Fremder, doch
nicht deine eigenen Lippen.
3 Schwer ist der Stein und der Sand eine
Last, / doch der Verdruss mit einem Toren
ist schwerer als beide.
4 Grimm ist grausam und Zorn eine
überströmende Flut; / aber wer hält stand
vor der Eifersucht?
5 Besser ist offener Tadel / als Liebe, die
verborgen bleibt.
6 Treu gemeint sind die Schläge des Lie-
benden, / doch gefährlich die Küsse des
Hassers.
7 Der Satte tritt besten Honig mit
Füßen, / doch der Hungrige findet alles
Bittere süß.
8 Wie ein Vogel, seinem Nest entflo-
gen, / so ein Flüchtling fern von seinem
Ort.
9 Öl und Räucherwerk erfreuen das
Herz, / die Herzlichkeit eines Freundes
wiegt mehr als eigenes Grübeln.
10 Deinen und deines Vaters Freund ver-
lass nicht, / und geh am Tag deines
Unglücks nicht ins Haus deines Bruders.
Besser ein naher Nachbar / als ein fer-
ner Bruder.
11 Werde weise, mein Sohn, und erfreue
mein Herz; / dann kann ich dem, der mich
schmäht, eine Antwort geben.
12 Der Kluge sieht das Unheil und ver-
birgt sich, / die Einfältigen gehen weiter
und müssen es büßen.

13 Nimm ihm das Gewand, er hat ja für
einen anderen gebürgt; / fremder Leute
wegen pfände ihn!
14 Wer seinen Nächsten mit lauter
Stimme früh am Morgen begrüßt, / dem
wird es als Fluch angerechnet.
15 Ein ständig tropfendes Dach in der
Regenzeit / und eine zänkische Frau glei-
chen einander.
16 Wer sie zurückhält, hält den Wind
zurück, / und seine Rechte greift in Öl.
17 Eisen schärft sich an Eisen; / so glättet
sich der Mensch im Umgang mit seinem
Nächsten.
18 Wer einen Feigenbaum pflegt, wird
seine Frucht essen, / und wer auf seinen
Herrn Acht gibt, wird geehrt.
19 Wie Wasser das Gesicht widerspie-
gelt, / so das Menschenherz den Men-
schen.
20 Unterwelt und Totenreich werden
nicht satt, / auch die Augen des Menschen
werden nicht satt.
21 Der Schmelztiegel prüft das Silber und
der Ofen das Gold; / den Menschen aber
prüft der Mund dessen, der ihn lobt.
22 Zerstießest du auch den Toren im
Mörser, / seine Narrheit würde nicht von
ihm weichen.
23 Achte gut auf das Aussehen deiner
Schafe, / widme deine Sorge den Herden;
24 denn Vermögen bleibt nicht für alle
Zeit, / eine Krone überträgt sich nicht von
Geschlecht zu Geschlecht.
25 Sprießt Gras hervor, erscheint das
Grün,
sammelt man die Kräuter auf den Ber-
gen,
26 dann hast du Lämmer für deine
Bekleidung / und Böcke als Kaufpreis für
Äcker
27 und ausreichend Ziegenmilch zu dei-
ner Ernährung / und zum Lebensunterhalt
für deine Mägde.
28 Der Frevler flieht, obwohl ihn nie-
mand verfolgt, / doch der Gerechte
fühlt sich sicher wie ein Löwe.
2 Durch seine Frevel bekommt ein Land
viele Herrscher, / durch einen verständi-
gen, einsichtigen Mann ist sein Bestand
gesichert.
3 Ein böser Mann, der die Geringen
bedrückt, / gleicht dem Regen, der weg-
schwemmt, statt Brot zu bringen.
4 Wer die Weisung verlässt, rühmt den
Frevler, / doch wer die Weisung bewahrt,
widersetzt sich ihm.
5 Die bösen Menschen erfassen das
Rechte nicht; / die aber den Herrn suchen,
fassen alles.
6 Besser ein Armer, der ohne Schuld sei-
nen Weg geht, / als wer auf falschen
Wegen geht und dabei reich ist.
7 Wer die Weisung wahrt, ist ein ver-
ständiger Sohn; / doch wer mit Schlem-
mern verkehrt, bringt seinen Vater in
Schande.
8 Wer sein Vermögen durch Zuschlag
und Aufgeld vermehrt, / sammelt für den,
der sich der Bedrückten erbarmt.
9 Hält einer sein Ohr vom Hören der
Weisung fern, / dann ist sogar sein Gebet
ein Abscheu.
10 Wer Redliche auf bösen Weg ver-
führt, / fällt selbst in seine Grube; / den
Schuldlosen aber wird Gutes zuteil.
11 Ein reicher Mann hält sich selbst für
klug, / doch ein verständiger Armer
durchschaut ihn.
12 Triumphieren die Gerechten, ist das
Gepränge groß; / erheben sich aber die
Frevler, verbirgt sich ein jeder.
13 Wer seine Sünden verheimlicht, hat
keinen Erfolg, / doch wer sie bekennt und
meidet, findet Erbarmen.
14 Wohl dem Mann, der ständig Acht
gibt; / wer indessen sein Herz verhärtet,
stürzt ins Unglück.
15 Ein knurrender Löwe und ein gieriger
Bär: / wenn ein Frevler über ein schwaches
Volk herrscht.
16 Klein an Verstand, ist mancher Fürst
ein großer Unterdrücker; / wem unrechter
Gewinn verhasst ist, der lebt lange.
17 Ein Mensch, auf dem Blutschuld las-
tet, / ist flüchtig bis zum Grab; man halte
ihn nicht.
18 Wer unsträflich seinen Weg geht, fin-
det Rettung, / doch wer falsche Wege
beschreitet, fällt in die Grube.
19 Wer seinen Acker bestellt, wird mit
Brot gesättigt, / doch wer nichtigen Din-
gen nachjagt, wird mit Armut gesättigt.
20 Ein Mann von Festigkeit erlangt rei-
chen Segen, / wer aber hastet, sich zu
bereichern, bleibt nicht straflos.
21 Parteiisch sein ist übel, / für einen
Bissen Brot kann ein Mann zum Frevler
werden.
22 Nach Reichtum hascht einer mit nei-

dischem Blick / und sieht nicht voraus,
dass Mangel über ihn kommt.
23 Wer einen Menschen zurechtweist, /
findet zuletzt mehr Gunst als einer mit
schmeichelnder Zunge.
24 Wer Vater und Mutter beraubt und
sagt: Es ist keine Sünde!, / der ist ein
Genosse des Verderbers!
25 Zank erregt der Unersättliche, / doch
wer auf den Herrn vertraut, wird reichlich
gelabt.
26 Wer auf die eigene Einsicht vertraut,
ist ein Tor; / aber wer in Weisheit seinen
Weg geht, der wird gerettet.
27 Wer dem Armen gibt, erleidet nicht
Mangel, / doch wer seine Augen verhüllt,
wird viel verflucht.
28 Erheben sich die Frevler, verbergen
sich die Menschen, / gehen sie aber unter,
mehren sich die Gerechten.

29 Ein Mann, der, oft verwarnt, doch
halsstarrig bleibt, / wird im Nu
zerbrochen und es gibt keine Heilung.
2 Regieren die Gerechten, so freut sich
das Volk, / doch herrscht der Frevler, so
stöhnt das Volk.
3 Ein Mann, der Weisheit liebt, erfreut
seinen Vater; / wer aber mit Dirnen ver-
kehrt, bringt das Vermögen durch.
4 Mit dem Recht baut ein König das
Land auf, / doch wer Abgaben erpresst,
zerstört es.
5 Ein Mann, der seinem Nächsten
schmeichelt, / legt ihm ein Netz vor die
Füße.
6 Die Sünde ist dem Bösen ein Fall-
strick, / doch der Gerechte jubelt und freut
sich.
7 Der Gerechte zeigt Verständnis für den
Rechtsfall der Geringen, / der Frevler
kennt kein Verstehen.
8 Hetzer bringen die Stadt in Aufruhr, /
doch Weise stillen den Zorn.
9 Wenn ein weiser Mann mit einem
törichten rechtet, / so tobt der und lacht
und gibt keine Ruhe.
10 Blutmenschen hassen den Schuldlo-
sen, / aber Redliche bemühen sich um sein
Leben.
11 All seinen Unmut schüttet der Tor
(gleich) heraus; / doch der Weise hält sich
zurück.
12 Hört ein Herrscher auf Lügenwort, /
werden all seine Beamte zu Frevlern.
13 Der Arme und der Bedrücker begeg-
nen einander, / doch der Herr erleuchtet
die Augen beider.
14 Richtet ein König die Geringen der
Wahrheit gemäß, / so hat sein Thron für
immer Bestand.
15 Rute und Rüge vermitteln Weisheit, /
doch ein zügelloser Knabe bringt seiner
Mutter Schande.
16 Regieren die Frevler, so mehrt sich die
Sünde, / aber die Gerechten schauen ihren
Sturz.
17 Züchtige deinen Sohn, so wird er sich
zufrieden stellen / und dir Freude berei-
ten.
18 Ohne prophetische Offenbarung ver-
wildert das Volk; / aber wohl ihm, wenn es
die Weisung befolgt.
19 Durch Worte wird kein Sklave
gebessert, / denn er versteht, aber folgt
nicht.
20 Siehst du einen Mann, der nur so
drauflos redet – / für einen Toren gibt es
mehr Hoffnung als für ihn.
21 Wenn einer seinen Sklaven von
Jugend an verwöhnt, / so wird der zu guter
Letzt aufsässig.
22 Ein zornmütiger Mann erregt Streit, /
und ein Hitzkopf häuft Verfehlung.
23 Der Hochmut eines Menschen demü-
tigt ihn, / doch Ehre erlangt, wer demütig
ist.
24 Wer mit dem Dieb teilt, hasst sich
selbst, / er hört die Verfluchung und zeigt
es doch nicht an.
25 Menschenfurcht legt einen Fallstrick, /
doch wer auf den Herrn vertraut, wird
geschützt.
26 Viele suchen die Gunst des Herr-
schers, / aber das Recht kommt für einen
jeden vom Herrn.
27 Ein Abscheu für die Gerechten ist der
Übeltäter / und ein Abscheu für den Frev-
ler, wer redlich seinen Weg geht.

Kleine Spruchsammlungen

Worte Agurs

30 Worte Agurs, des Sohnes des Jake
aus Massa.
Spruch des Mannes für Laïtiël: / Ich
mühte mich ab mit Gott und bin am
Ende.
2 Denn ich bin vernunftloser als irgend-
ein Mann / und besitze keinen Menschen-
verstand,
3 ich habe keine Weisheit gelernt, / dass
ich die Erkenntnis des Heiligen hätte.
4 Wer stieg zum Himmel auf und kam
hernieder? / Wer fing den Wind in seinen
Händen? / Wer packte die Wasser in ein
Tuch?
Wer setzte fest alle Enden der Erde? /
Wie ist sein Name und wie der seines
Sohnes, wenn du es weißt?
5 Jedes Wort Gottes ist (im Feuer)
geläutert; / Schild ist er denen, die
Zuflucht suchen bei ihm.
6 Füg seinen Worten nichts hinzu, /
sonst zieht er dich zur Rechenschaft, / und
du stehst als Lügner da.
7 Zwei Dinge erbitte ich von dir, / nicht
versage sie mir, bevor ich sterbe:
8 Trug und Lügenwort halte fern von
mir; / gib mir nicht Armut, nicht Reich-
tum, / lass mich essen mein zugemessenes
Brot,
9 dass ich weder, übersatt, dich leugne, /
indem ich sage: Wer ist der Herr?,
noch, arm geworden, stehle / und mich
am Namen meines Gottes vergreife.
10 Verleumde nicht den Knecht bei sei-
nem Herrn, / sonst verflucht er dich und
du musst es büßen.
11 Ein Geschlecht, das seinem Vater
flucht / und seine Mutter nicht segnet;
12 ein Geschlecht, das rein ist in den
eigenen Augen, / doch sein Schmutz ist
nicht abgewaschen;
13 ein Geschlecht – wie stolz sind seine
Augen / und wie hochmütig seine Wim-
pern;
14 ein Geschlecht, dessen Zähne
Schwerter / und dessen Gebiss Messer
sind, / um wegzufressen aus dem Land
die Elenden / und die Armen aus der
Menschheit!

Zahlensprüche

15 Der Blutegel hat zwei Töchter: / Gib her!
Gib her!
Drei sind es, die nicht satt werden, /
und vier sagen niemals: Genug!
16 Die Unterwelt und der unfruchtbare
Mutterschoß, / die niemals wassergesät-
tigte Erde, / und das Feuer, das nie sagt:
Genug!
17 Ein Auge, das den Vater verspottet /
und das hohe Alter der Mutter verachtet, /
das werden am Bach die Raben aus-
hacken, / und die Adlerjungen werden es
fressen.
18 Drei sind es, die für mich zu wunder-
bar sind, / und vier, die ich nicht begreife:
19 den Weg des Adlers am Himmel, / den
Weg der Schlange auf Felsgestein, / den
Weg des Schiffes auf hoher See / und den
Weg des Mannes bei der jungen Frau.
20 So ist der Weg einer Frau, die Ehe-
bruch treibt: / Sie isst und wischt sich den
Mund ab / und sagt: Ich habe nichts
Schlechtes getan.
21 Unter dreien erbebt das Land, / unter
vieren wird es ihm unerträglich:
22 unter einem Sklaven, wenn er König
wird, / und einem Toren, wenn er Brot in
Fülle hat,
23 unter einer Verschmähten, wenn sie
geheiratet wird, / und unter einer Sklavin,
wenn sie ihre Herrin entthront.
24 Vier sind die Kleinsten auf Erden /
und sind doch die Allerklügsten:
25 Die Ameisen sind ein Volk ohne
Kraft / und sichern sich doch im Sommer
ihr Futter.
26 Die Klippdachse sind ein Volk ohne
Stärke, / und bauen doch in den Felsen
ihre Behausung.
27 Einen König haben die Heuschrecken
nicht, / und ziehen doch wohlgeordnet
aus.
28 Die Eidechse kann man mit Händen
fangen, / und sie hält sich doch in Königs-
palästen.
29 Drei sind es, die stattlich einher-
schreiten, / vier haben einen stolzen Gang:
30 der Löwe, der Held unter den Tieren, /
der vor niemandem kehrtmacht;
31 der Hahn, der einherstolziert, der

Bock / und der König, der vor seinem
Volk auftritt.
32 Begingst du eine Dummheit, indem
du dich erhobst, / oder denkst du nach –
so lege die Hand auf den Mund!
33 Denn wenn man Milch stößt, so
kommt Butter heraus, / stößt man die
Nase, kommt Blut heraus, / und stößt man
den Zorn, so kommt Streit heraus.

Epilog

Worte Lemuëls

31 Worte Lemuëls, des Königs von
Massa, mit denen ihn seine Mutter
ermahnt hat:
2 Was soll ich dir sagen, Lemuël, mein
Erstgeborener, / du Sohn meines Scho-
ßes, / was, du Sohn meiner Gelübde?
3 Gib nicht deine Kraft den Frauen hin, /
noch deinen Leib an jene, die Könige ver-
derben.
4 Nicht sollen sich Könige, Lemuël, /
nicht sollen sich die Könige mit Wein
betrinken, / Fürsten nicht nach Rausch-
trank verlangen.
5 Sonst trinkt einer und vergisst seine
Pflichten / und entstellt die Rechtsansprü-
che aller Bedrückten.
6 Gebt Rauschtrank dem Verzweifeln-
den, / und Wein den Verbitterten.
7 Er trinke, dann vergisst er seine
Armut / und denkt nicht mehr an seine
Mühsal.
8 Mach auf deinen Mund für den Stum-
men, / für den Rechtsanspruch aller Halt-
losen!
9 Mach auf deinen Mund, entscheide
gerecht, / und schaffe Recht dem
Bedrückten und Armen!

Lob auf die tüchtige Frau

10 Eine tüchtige Frau, wer findet sie? / Ihr
Wert geht weit über Korallen.
11 Das Herz ihres Mannes vertraut auf
sie, / und es fehlt ihm nicht an Gewinn.
12 Sie tut ihm Gutes und nichts Böses /
alle Tage ihres Lebens.
13 Sie sieht sich um nach Wolle und
Flachs, / und schafft mit fleißigen Händen.
14 Sie gleicht den Schiffen des Kauf-
manns: / Von weit her holt sie ihre Nah-
rung.
15 Wenn es noch Nacht ist, steht sie
schon auf / und gibt Speise ihrem Haus, /
ihren Mägden die Tagesverpflegung.
16 Nach Feld schaut sie aus und erwirbt
es, / sie pflanzt von ihrer Hände Ertrag
einen Weinberg.
17 Sie gürtet kraftvoll die Hüften / und
strengt ihre Arme an.
18 Sie spürt den Erfolg ihrer Arbeit, /
auch des Nachts erlischt ihre Lampe
nicht.
19 Ihre Hände greifen nach dem Spinn-
stock, / ihre Finger halten die Spindel.
20 Sie tut ihre Hand dem Bedürftigen
auf, / und streckt die Arme dem Armen
hin.
21 Sie hat für ihr Haus den Schnee nicht
zu fürchten, / denn ihr ganzes Haus ist mit
wollener Kleidung versehen.
22 Decken hat sie sich angefertigt, / ihre
Kleidung ist Byssus-Leinen und Purpur-
wolle.
23 Ihr Mann ist hoch geachtet in den
Toren, / wenn er zu Rat sitzt mit den
Ältesten des Landes.
24 Hemden stellt sie her und verkauft
sie, / und Gürtel liefert sie dem Händler.
25 Stärke und Würde sind ihr Gewand, /
und so schaut sie froh in die Zukunft.
26 In Weisheit tut sie den Mund auf, / auf
ihrer Zunge ist freundliche Weisung.
27 Sie überwacht die Vorgänge in ihrem
Haus / und isst nicht etwa das Brot der
Faulheit.
28 Ihre Söhne stehen auf und preisen sie
glücklich, / auch ihr Gatte erhebt sich und
rühmt sie:
29 Viele Töchter haben sich tüchtig
erwiesen, / doch du übertriffst sie alle!
30 Anmut ist trügerisch, Schönheit ver-
gänglich: / nur eine Frau, die den Herrn
fürchtet, soll man rühmen.
31 Spendet ihr Lob für die Frucht ihrer
Hände, / ihre Werke preise man in den
Toren!

Das Buch Kohelet

Darlegung der Lehre

1 Die Worte Kohelets, des Sohnes Da-
vids, des Königs in Jerusalem.
2 Windhauch, nur Windhauch, so
spricht Kohelet; Windhauch, nur Wind-
hauch. Alles ist Windhauch. 3 Was bleibt
dem Menschen von all seiner Mühe, wo-
mit er sich abmüht unter der Sonne?
4 Ein Geschlecht geht und ein anderes
kommt; / doch die Erde bleibt ewig beste-
hen.
5 Die Sonne geht auf und die Sonne geht
unter / und eilt an ihren Ort, wo sie auf-
geht.
6 Er weht nach Süden, dann wendet er
nach Norden; / er dreht sich, kehrt um,
kommt wieder, der Wind; / so wiederholt
der Wind seinen Umlauf.
7 Alle Flüsse laufen ins Meer, / doch wird
das Meer nicht voll.
Zum Ort, wohin die Flüsse gehen, /
dahin geht ihr Lauf immer wieder.
8 Alle Dinge mühen sich ab. / Keiner
vermag alles auszudrücken,
das Auge wird nicht satt beim Sehen /
und das Ohr nicht vom Hören voll.
9 Was gewesen ist, dasselbe wird wieder
sein, / und was geschehen ist, wird wieder
geschehen: / Nichts Neues gibt es unter
der Sonne.
10 Sagt man von etwas: / Sieh, das ist
neu!,
so war es schon längst zu den Zeiten, /
die vor uns gewesen sind.
11 Kein Gedenken bleibt den Früheren; /
aber auch den Späteren, die kommen,
wird kein Gedenken bleiben / bei
denen, die noch später sind.
12 Ich, Kohelet, war in Jerusalem König
über Israel. 13 Ich richtete mein Sinnen da-
rauf, mit Hilfe der Weisheit alles zu unter-
suchen und zu erforschen, was unter dem
Himmel geschieht. Eine schwierige Auf-
gabe hat Gott damit den Menschen ge-
stellt, dass sie mit ihr sich plagen. 14 Ich
sah alle Taten an, die unter der Sonne ge-
schehen; da zeigte sich: Alles ist Wind-
hauch und Haschen nach Luft.
15 Was krumm ist, kann nicht gerade
werden, / und was fehlt, kann man nicht
zählen.
16 Ich sagte zu mir selbst: Ja, ich habe ein
Höchstmaß von Weisheit erworben, über
alle hinaus, die vor mir über Jerusalem
herrschten. Mein Sinn lernte Weisheit
und Wissen in Menge kennen. 17 Dann
richtete ich mein Sinnen darauf, Weisheit
und Wissen, Torheit und Unverstand zu
durchschauen. Da erkannte ich, dass auch
dies Haschen nach Luft ist. 18 Wirklich:
Bei viel Weisheit ist viel Ärger / und
mehrt man das Wissen, so mehrt man den
Schmerz.

2 Ich sprach zu mir selbst: Wohlan!
Versuche es mit der Freude und lass
es dir gut gehen! Doch zeigte sich: Auch
dies ist Windhauch.
2 Zum Lachen sagte ich: Verrückt! / und
zur Freude: Was soll das?
3 Ich nahm mir vor, meinen Leib mit
Wein zu ergötzen, dabei aber mein Herz
in der Weisheit zu bewahren und mich
der Torheit hinzugeben, bis ich sähe, was
für die Menschenkinder gut ist, um es die
paar Tage ihres Lebens unter dem Himmel
zu tun. 4 Ich schuf große Werke:
Ich baute mir Paläste / und pflanzte mir
Weinberge.
5 Ich legte mir Gärten an und Parks /
und bepflanzte sie mit Fruchtbäumen
jeder Art.
6 Ich legte mir Wasserteiche an, / um
daraus die jungen Baumanlagen zu
bewässern.
7 Ich erwarb mir Sklaven und Sklavin-
nen / und hatte hausgeborene Sklaven;
auch Vieh, Rinder und Schafe besaß ich
in Menge, / mehr als alle vor mir in Jeru-
salem.
8 Ich häufte mir auch Silber und Gold
auf / und die Schätze von Königen und
Ländern.
Ich verschaffte mir Sänger und Sän-
gerinnen / und die Lust der Menschen-
söhne: Frauen über Frauen.

9 So wurde ich größer und reicher als al-
le vor mir in Jerusalem, wobei auch meine
Weisheit mir verblieb. 10 Was immer mei-
ne Augen begehrten, nichts davon versag-
te ich ihnen. Ich hielt mein Herz von kei-
nerlei Freude ab. Ja, mein Herz gewann
Freude aus all meiner Mühe und dies war
mein Lohn für all meine Mühe. 11 Und nun
prüfte ich all meine Werke, die meine
Hände vollbracht hatten, und die Mühe,
die ich beim Schaffen aufgewendet hatte,
und es ergab sich: Alles ist Windhauch
und Haschen nach Luft und es bleibt kein
Nutzen unter der Sonne!

12 Dann wandte ich mich dazu, die Weis-
heit zu betrachten und Torheit und Un-
verstand. Was tut denn der Mensch, der
nach dem König kommt? Dasselbe, was
man schon längst getan hat. 13 Und ich sah,
dass die Weisheit vor der Torheit einen
solchen Vorteil hat wie das Licht vor der
Finsternis:

14 Der Weise hat Augen im Kopf; / der
Tor aber tappt in der Dunkelheit.

Ich habe aber auch erkannt, dass ein
und dasselbe Geschick alle beide trifft.
15 Da sagte ich mir: Wenn das Geschick
des Toren auch mich trifft, warum bin ich
dann so übermäßig weise geworden? Und
ich sprach zu mir selbst: Auch dies ist
Windhauch! 16 Wirklich, es gibt für den
Weisen so wenig wie für den Toren ein
Gedenken für immer. Schon in den Tagen,
die bald kommen, sind beide längst ver-
gessen. Ach, der Weise stirbt genau wie
der Tor! 17 Da hasste ich das Leben; denn
widerwärtig erschien mir das Tun, das un-
ter der Sonne geschieht. Ja, alles ist Wind-
hauch und Haschen nach Luft!

18 Da hasste ich all meine Mühe, womit
ich mich abgemüht hatte unter der Sonne,
weil ich es einem Menschen hinterlassen
muss, der nach mir kommt. 19 Und wer
weiß, ob er weise ist oder ein Tor? Und
doch wird er Vollmacht haben über allen
Ertrag meiner Arbeit, auf den ich Mühe
und Klugheit verwandte unter der Sonne.
Auch dies ist Windhauch! 20 Da kam ich so
weit, dass ich mein Herz der Verzweiflung
überließ wegen all der Mühe, womit ich
mich abgemüht hatte unter der Sonne.
21 Denn mancher hat sich mit Weisheit,
Wissen und Tüchtigkeit bemüht und muss
seinen Besitz dann einem Menschen über-
geben, der keine Mühe dafür aufgewendet
hat. Auch dies ist Windhauch und ein gro-
ßes Übel. 22 Ja, was bleibt dem Menschen
von all seiner Mühe und seinem Streben,
womit er sich abmühte unter der Sonne?

23 Alle seine Tage sind nichts als Leid, /
und Kummer ist seine Beschäftigung. /
Selbst in der Nacht kommt sein Geist nicht
zur Ruhe.

Auch dies ist Windhauch.

24 Es gibt für den Menschen nichts Bes-
seres als zu essen und zu trinken und es
sich wohl sein zu lassen bei seiner Mühe.
Auch dies, habe ich eingesehen, kommt
von Gottes Hand. 25 Denn wer kann essen,
wer kann genießen, wenn nicht ich? 26 Ja,
dem Menschen, der ihm gefällt, gibt er
Weisheit und Kenntnis und Freude; doch
dem Sünder legt er die Plage auf, zu sam-
meln und aufzuhäufen, um es dann dem
zu geben, der Gott gefällt. Auch dies ist
Windhauch und Haschen nach Luft.

3 Alles hat seine Stunde und für jedes
Vorhaben unter dem Himmel gibt es
eine Zeit:

2 eine Zeit zum Gebären und eine Zeit
zum Sterben, / eine Zeit zum Pflanzen und
eine Zeit, die Pflanzen abzuernten,

3 eine Zeit zum Töten und eine Zeit zum
Heilen, / eine Zeit zum Einreißen und eine
Zeit zum Bauen,

4 eine Zeit zum Weinen und eine Zeit
zum Lachen, / eine Zeit zum Klagen und
eine Zeit zum Tanzen,

5 eine Zeit zum Steinewerfen und eine
Zeit zum Steinesammeln, / eine Zeit zum
Umarmen und eine Zeit, sich der Umar-
mung zu enthalten,

6 eine Zeit zum Suchen und eine Zeit
zum Verlieren, / eine Zeit zum Auf-
bewahren und eine Zeit zum Wegwerfen,

7 eine Zeit zum Zerreißen und eine Zeit
zum Nähen, / eine Zeit zum Schweigen
und eine Zeit zum Reden,

8 eine Zeit zum Lieben und eine Zeit
zum Hassen, / eine Zeit für den Krieg und
eine Zeit für den Frieden.

9 Was hat der, der etwas tut, davon, dass
er sich abmüht? 10 Ich besah mir die Arbeit,
die Gott den Menschen auferlegt, sich da-
mit zu plagen. 11 Er macht alles und jedes
vollkommen zu seiner Zeit. Zwar hat er
ihnen auch eine Vorstellung vom gesam-
ten Ablauf der Zeiten gegeben, doch ohne
dass der Mensch das Werk, das Gott voll-
bringt, von Anfang bis Ende erfassen

könnte. 12 Da erkannte ich: Es gibt für den Menschen kein anderes Gut, als sich zu freuen und es sich wohl sein zu lassen in seinem Leben; 13 Aber auch, dass jeder Mensch isst und trinkt und Glück erfährt bei all seiner Mühe, ist eine Gabe Gottes. 14 Ich erkannte: Alles, was Gott tut, das ist für immer. Dem gibt es nichts hinzuzufügen und davon ist nichts wegzunehmen. Gott hat es so gemacht, dass man Furcht vor ihm hat. 15 Was ist, ist schon längst gewesen, und was sein wird, ist schon lange da, und Gott sucht das Vergangene wieder hervor.

16 Weiter sah ich unter der Sonne: An der Stätte des Rechts geschieht Unrecht und an der Stätte der Gerechtigkeit geschieht Unrecht! 17 Da sagte ich bei mir selbst: Den Gerechten und den Frevler wird Gott richten. Denn eine bestimmte Zeit für jedes Unternehmen und für alles, was dort geschieht, gibt es (auch) dort. 18 Was die Menschen betrifft, dachte ich, dass Gott sie prüft und dass sie erkenn sollen, dass sie eigentlich Tiere sind. 19 Denn was das Geschick der Menschen und das Geschick der Tiere angeht: sie haben ein und dasselbe Geschick. Wie diese sterben, so sterben auch jene. Den gleichen Atem haben sie alle und es gibt für den Menschen keinen Vorzug vor dem Tier, denn alles ist Windhauch. 20 Alles geht an ein und denselben Ort. Alles ist aus Staub geworden und alles kehrt zum Staub zurück. 21 Wer weiß, ob der Atem der Menschen nach oben emporsteigt und ob der Atem der Tiere hinunter in die Erde hinabfährt? 22 So sah ich ein, dass es für den Menschen nichts Besseres gibt, als sich bei seinem Tun zu freuen; denn dies ist sein Anteil. Denn wer ließe ihn dahin gelangen, Einsicht zu gewinnen in das, was nach ihm sein wird?

Entfaltung der Lehre

4 Und wieder sah ich all das Unrecht, das unter der Sonne verübt wird. Da sind die Tränen der Bedrückten, aber kein Tröster ist für sie da, von der Hand ihrer Bedrücker geht Gewalttat aus, aber kein Tröster ist für sie da. 2 Darum preise ich die Toten, die längst gestorben sind, glücklicher als die Lebenden, die noch leben. 3 Aber mehr als sie beide preise ich den, der erst gar nicht zum Dasein gelangt, der das üble Treiben nicht gesehen, das unter der Sonne herrscht. 4 Ich stelle fest: Alles Bemühen und aller Erfolg ist nur Eifersucht des einen gegen den anderen. Auch dies ist Windhauch und Haschen nach Luft.

5 Der Tor legt die Hände in den Schoß / und hat doch sein eigenes Fleisch zum Essen.

6 Besser eine Handvoll und Ruhe, / als beide Hände voll und Mühe und Haschen nach Luft!

7 Ich sah mich weiter um und erblickte wieder Windhauch unter der Sonne: 8 Da ist einer und hat keinen zweiten, hat weder Sohn noch Bruder; und doch kennt alle sein Mühe kein Ende und mit keinem Reichtum sind seine Augen zufrieden. Doch wozu mühe ich mich dann ab und versage mir die guten Dinge? Auch dies ist Windhauch und es ist ein übles Geschäft.

9 Besser sind zwei daran als ein einzelner, sofern ihnen guter Lohn aus ihrer Mühe zuteil wird. 10 Kommen sie nämlich zu Fall, kann der eine dem andern wieder aufhelfen. Wehe aber dem Einzelnen, wenn er fällt, und es ist doch kein zweiter da, ihn aufzurichten! 11 Außerdem:

Legen zwei sich zusammen nieder, so wird ihnen warm; / aber einem Einzelnen, wie soll es ihm warm werden?

12 Und wenn jemand einen einzelnen überwältigt, / so sind ihm zwei gewachsen, / und eine dreifache Schnur / reißt nicht so rasch entzwei.

13 Besser ein junger Mann, arm, aber weise, als ein König, alt, aber töricht, der nicht mehr die Einsicht hat, sich warnen zu lassen. 14 Der junge Mann kam aus dem Gefängnis und wurde König, obwohl er arm während der Regierungszeit des anderen geboren war. 15 Aber ich sah alle Lebenden unter der Sonne mit dem nächsten jungen Mann ziehen, der an dessen Stelle trat. 16 Kein Ende nimmt die Volksmenge,

ganz gleich, wer an ihrer Spitze steht. Doch auch die Späteren fanden keine Freude an ihm. Denn auch dies ist Windhauch und Haschen nach Luft.

17 Nimm deinen Fuß in Acht, / wenn du zum Haus Gottes gehst!

Tritt ein, um zu hören. / Das ist besser, als wenn die Toren Opfer bringen. / Sie haben ja keine Erkenntnis und tun darum Böses.

5 Dein Mund überstürze sich nicht und dein Herz sei nicht rasch dabei, ein Wort vor Gott hervorzubringen; denn Gott ist im Himmel, doch du bist auf Erden. Darum mach nur wenig Worte.

2 Zu Träumen kommt es bei so viel Geschäftigkeit, / der Tor macht viele Worte.

3 Hast du Gott etwas gelobt, / so säume nicht, es zu erfüllen.

Denn kein Gefallen hat er an Toren. / Was du gelobt hast, erfülle!

4 Du machst besser gar kein Gelübde, / als dass du gelobst, und hältst es nicht.

5 Gestatte deinem Mund nicht, / dich selbst in Schuld zu bringen,

und sage nicht zu dem Boten: / Es war ein Versehen!

Warum sollte Gott über deine Äußerung zürnen / und das Werk deiner Hände vernichten?

6 Wo viele Träume und Windhauch und viel Geschwätz, / da fürchte du Gott!

7 Siehst du im Land Unterdrückung des Armen und Entzug von Recht und Gerechtigkeit, so wundere dich über die Sache nicht:

Über den Hohen wacht ein Hoher, / und über beiden noch Höhere.

8 Auf jeden Fall ist es ein Vorteil für das Land, wenn ein König dafür sorgt, dass das Feld bebaut wird.

9 Wer das Geld liebt, / bekommt nie Geld genug;

und wer Luxus liebt, / hat nie genug Einkünfte – auch dies ist Windhauch.

10 Mehrt sich das Gut, / so vermehren sich auch die Verzehrer.

Welchen Genuss hat der Besitzer davon, / als dass seine Augen zusehen dürfen?

11 Süß ist der Schlaf des Schaffenden, / ob er wenig, ob er reichlich zu essen hat.

Den Reichen lässt die Sattheit keinen Schlaf finden.

12 Es gibt ein schlimmes Übel, das ich
unter der Sonne sah: Reichtum, von seinem Besitzer gehütet zu seinem Unheil.
13 Dann geht der Reichtum in einem Unglücksfall verloren und hat er einen Sohn gezeugt, bleibt diesem nichts in Händen.
14 Wie er aus dem Schoß seiner Mutter hervorging, nackt geht er fort, wie er kam, und seine Mühe trägt ihm gar nichts ein,
das er mit sich nehmen könnte.
15 Auch dies ist ein schlimmes Übel: Ganz so, wie er kam, muss er gehen; und was bleibt ihm
davon, dass er sich abmüht für Wind?
16 So verbringt er alle seine Tage in Dunkel und Trauer, Unmut, Krankheit und Ärger.

17 Das nun stelle ich fest: Das Glück, das dem Menschen zukommt, ist dies: zu essen und zu trinken und es sich wohl sein zu lassen bei all der Mühe, die sich einer macht unter der Sonne, die paar Tage seines Lebens, die Gott ihm gegeben hat;
denn dies ist sein Anteil.
18 Ja, bei jedem Menschen, dem Gott Reichtum und Vermögen verliehen und ihn ermächtigt hat, davon zu genießen und seinen Anteil sich zu nehmen und aus seiner Mühe Freude zu ziehen, ist dies ein Gottesgeschenk.
19 Denn er denkt dann nicht viel an die Kürze seines Lebens, weil Gott ihn mit seiner Herzensfreude beschäftigt.

6 Es gibt ein Übel, das ich unter der Sonne sah und das schwer auf dem
Menschen lastet:
2 Gott hat einem Mann Reichtum und Vermögen und Ansehen verliehen und von allem, was sein Herz begehrt, mangelt ihm nichts; aber Gott ermächtigte ihn nicht, davon zu genießen; vielmehr genießt es ein Fremder. Das ist Windhauch und schlimmes Leid!

3 Zeugt ein Mann auch hundert Söhne und erreicht ein hohes Lebensalter, kann sich aber an seinem Gut nicht sättigen – auch wenn er niemals ins Grab sänke –, ich behaupte: Eine Totgeburt ist besser daran als er. Denn:

4 Sie kommt als Windhauch und ins Dunkel geht sie / und mit Dunkel bleibt ihr Name bedeckt.

5 Sie hat die Sonne nicht gesehen und nicht gekannt. So hat sie mehr Ruhe als
jener.
6 Selbst wenn er zweimal tausend Jahre lebte, konnte es sich aber nicht wohl sein lassen: gehen nicht beide zu ein und demselben Ort?

7 Des Menschen ganzes Mühen ist für

seinen Mund und doch wird der Schlund
nicht voll. 8 Was hat denn der Weise dem
Toren voraus? Was nützt es dem Armen,
dem es gelingt, vor den Lebenden zu beste-
hen?

9 Besser, etwas vor Augen zu haben, / als
ein hungriger Schlund.

Auch dies ist Windhauch und Haschen
nach Luft!

Verteidigung der Lehre

10 Was ist, wurde schon längst beim Namen
genannt; auch ist vorherbestimmt, was ein
Mensch sein wird, und so kann er mit dem
nicht streiten, der stärker ist als er. 11 Es
gibt viele Worte, die nur den Windhauch
vermehren. Was gewinnt der Mensch da-
bei? 12 Wer weiß denn, was für den Men-
schen gut ist im Leben, für die paar Tage
seines Lebens voll Windhauch, die er wie
ein Schatten verbringt? Denn wer verkün-
det dem Menschen, was nach ihm sein
wird unter der Sonne?

7 Besser ist ein guter Name als gutes
Salböl, / und der Tag des Todes als der
Tag der Geburt.

2 Besser, in ein Haus zu gehen, wo man
trauert, / als in ein Haus, wo man feiert.

Denn dies ist das Ende aller Men-
schen, / und wer lebt, nimmt es sich zu
Herzen.

3 Besser betrübt sein als lachen; / denn
bei ernster Miene ist dem Herzen wohl.

4 Das Herz der Weisen ist im Haus, wo
man trauert; / doch das Herz der Toren ist
im Haus der Freude.

5 Besser das Schelten des Weisen
anhören, / als dem Gesang der Toren
lauschen.

6 Denn wie das Prasseln der Dornen
unter dem Kessel, / so ist das Lachen des
Toren.

Aber auch dies ist Windhauch; denn
7 Erpressung verblendet den Weisen, /
und Bestechung verdirbt das Herz.

8 Besser der Ausgang einer Angelegen-
heit als ihr Anfang; / besser ein Besonne-
ner als ein Hochfahrender.

9 Überlass dich nicht rasch dem
Unmut; / denn Unmut nistet im Innern
der Toren.

10 Doch frag nicht: Wie kommt es nur,
dass die früheren Zeiten besser als die jet-
zigen waren? Denn nicht aus Weisheit ge-
schieht es, wenn du so fragst.

11 Weisheit ist gut wie Erbbesitz / und
ein Gewinn für die, welche die Sonne
sehen.

12 Denn wer sich im Schatten der Weis-
heit birgt, / der birgt sich auch im Schatten
des Geldes;

aber der Vorzug der Erkenntnis ist der, /
dass die Weisheit ihre Besitzer am Leben
erhält.

13 Achte aber auf Gottes Tun! Denn: Wer
kann denn das, was er gekrümmt hat, ge-
rade machen?

14 Am guten Tag sei guter Dinge und am
bösen Tag sieh ein, dass Gott auch diesen
wie jenen gemacht hat, so dass der Mensch
gar nichts von dem herausfinden kann,
was nach ihm sein wird.

15 Beides habe ich gesehen in meinen Ta-
gen voll Windhauch: Es gibt Gerechte, die
zugrunde gehen trotz ihrer Gerechtigkeit,
und es gibt Frevler, die lange leben trotz
ihrer Bosheit. 16 Sei nicht allzu gerecht und
bemühe dich nicht, über die Maßen weise
zu sein! Warum willst du dich zugrunde
richten? 17 Frevle nicht allzu sehr und sei
kein Tor! Warum willst du vorzeitig ster-
ben? 18 Gut ist es, du hältst das eine fest
und lässt auch das andere nicht aus der
Hand gleiten. Ja, wer Gott fürchtet, bringt
alles beide zuwege.

19 Die Weisheit verleiht dem Weisen
mehr Kraft / als zehn Machthabern in der
Stadt. –

20 Ja, kein Mensch im Land ist so ge-
recht, dass er nur Gutes täte und nie sün-
digte. 21 Gib auch nicht auf alle Worte
Acht, die gesprochen werden; sonst hörst
du gar, wie dein Knecht über dich flucht,
22 Denn oft, das weißt du selbst, hast auch
du über andere geflucht.

23 Alles dies versuchte ich mit der Weis-
heit. Ich sagte mir: Ich möchte Weisheit
erlangen. Aber sie blieb mir fern. 24 Fern
ist alles, was geschehen ist, und tief, tief
verborgen! Wer könnte es wiederfinden?

25 Ich wandte mich um, und zwar mein

Verstand, um zu erkennen und zu erfor-
schen und um Weisheit, und zwar Ein-
sicht, zu suchen, und um Bosheit als Tor-
heit und die Dummheit als Verblendung
zu erkennen. 26 Da habe ich die Ansicht ge-
funden:

Bitterer als der Tod ist die Frau, / sie ist
ein Fangnetz ist und ihre Hände sind Fes-
seln.

Wer Gott gefällt, entkommt ihr; / aber
der Sünder wird von ihr gefangen.

27 Siehe, dies habe ich gefunden, spricht
Kohelet, indem ich alles zusammenrech-
nete, 28 dass ich zwar gesucht, aber doch
nichts gefunden habe:

Einen Mann unter tausend fand ich, /
aber eine Frau habe ich unter allen nicht
gefunden.

29 Sieh, dies habe ich als einziges gefun-
den:

Gott hat die Menschen aufrichtig
geschaffen; / aber sie versuchen sich in
vielerlei Künsten.

8 Wer ist wie der Weise? Wer versteht
es, eine Sache zu klären?

Die Weisheit befähigt einen Mann,
seine Mienen aufzuhellen / und die
Strenge der Züge zu mildern.

2 Ich aber sage: Den Spruch des Königs
beachte, und zwar wegen des Gotteseides.
3 Geh nicht vorschnell von ihm weg. Be-
harre nicht auf einer Sache, die ihm zuwi-
der ist. Er kann ja doch immer tun, was
ihm gefällt. 4 Denn das Wort des Königs
hat Macht, und wer dürfte zu ihm sagen:
Was tust du da?

5 Wer das Gebot hält, dem widerfährt
nichts Schlimmes, / und weiser Verstand
kennt Zeit und Ordnung.

6 Denn jedes Unternehmen hat seine
Zeit und seinen Entscheid und schwer las-
tet die Gefahr auf dem Menschen. 7 Er
weiß ja nicht, was geschehen wird. Denn
wer könnte vorhersagen, wie es kommen
wird?

8 Kein Mensch hat Macht über den
Wind, / dass er den Wind zurückhalten
könnte;

niemand ist Herr über den Tag des
Todes. / Es gibt keine Entlassung im
Krieg. / Auch bietet der Frevel seinen
Urhebern keine Rettung.

9 Dies alles sah ich, als ich meinen Sinn
auf alles Tun richtete, das unter der Sonne
geschieht, wenn der Mensch über die
Menschen herrscht zu ihrem Schaden.
10 Dabei sah ich: Frevler wurden zu Grabe
getragen an heiliger Stätte, während ande-
re, die Rechtes getan hatten, wegziehen
mussten und in der Stadt bald vergessen
sein werden. Auch dies ist Windhauch!
11 Denn:

Wo keine Strafe verhängt wird, / ist die
Bosheit rasch am Werk.

Deshalb wächst im Herzen der Men-
schen die Lust, Böses zu tun. 12 Denn:

Der Sünder kann hundertmal Böses
tun / und lebt dennoch lange.

Gewiss, es ist auch mir bekannt:

Gut wird es denen ergehen, die Gott
fürchten, / weil sie vor ihm sich fürchten.

13 Dem Frevler ergeht es nicht gut, / und
er wird, dem Schatten gleich, seine Tage
nicht verlängern können, / weil er sich vor
Gott nicht fürchtet.

14 Doch kommt auf der Erde auch Wind-
hauch vor; denn:

Manche Gerechte empfangen den
Lohn, / den Frevler verdient hätten;

und manche Frevler empfangen den
Lohn, / den Gerechte verdient hätten.

Ich schloss daraus, dass auch dies
Windhauch ist!

15 Da pries ich nun die Freude. Denn es
gibt für den Menschen unter der Sonne
kein anderes Glück, als zu essen, zu trin-
ken und sich zu freuen. Dies begleite ihn
bei seiner Mühsal durch seine Lebenstage,
die Gott ihm unter der Sonne gegeben
hat.

16 Als ich mir vorgenommen hatte, zu er-
kennen, was Wissen wirklich ist, und da-
nach suchte, die Tätigkeiten zu durch-
schauen, die auf der Erde betrieben
werden – denn weder bei Tag noch bei
Nacht finden die Augen des Menschen
Schlaf –, 17 da sah ich: alles ist Gottes Werk,
doch der Mensch ist nicht imstande, die
Vorgänge zu ergründen, die sich unter
der Sonne abspielen. Wie viel der Mensch
sich auch mit Forschen abmüht, er wird es
nicht ergründen; und selbst der Weise, der
meint, es zu kennen, vermag es nicht zu
ergründen.

Anwendung der Lehre

9 All dies erwog ich in meinem Sinn
und ich sah ein, dass die Gerechten
und Weisen und ihre Werke in Gottes
Hand sind. Weder um Liebe noch um
Hass weiß der Mensch; beides liegt doch
offen vor ihm. 2 Alle trifft doch ein und
dasselbe Geschick, den Gerechten und
den Frevler, den Reinen und den Unrei-
nen; den, der opfert, und den, der keine
Opfer bringt; den Guten und den Sünder;
den, der schwört, und den, der den Eid
scheut. 3 Das ist das Schlimme bei allem,
was unter der Sonne geschieht, dass alle
ein und dasselbe Geschick trifft, dass sich
das Herz der Menschen mit Unheil füllt
und dass man Torheiten ausdenkt, solange
man lebt, und danach müssen sie zu den
Toten. 4 Ja, wer noch lebt, für den gibt es
noch Hoffnung. Denn:

Ein lebender Hund ist besser als ein
toter Löwe.

5 Denn die Lebenden wissen, dass sie
sterben werden; doch die Toten wissen
gar nichts; auch erhalten sie keine Beloh-
nung mehr; denn die Erinnerung an sie
gerät in Vergessenheit. 6 Ihr Lieben, ihr
Hassen und auch ihr Eifern sind längst da-
hin. Auf ewig haben sie keinen Anteil
mehr an allem, was unter der Sonne ge-
schieht.

7 Also: Iss fröhlich dein Brot und trink
vergnügt deinen Wein; denn von jeher ge-
fällt es Gott, wenn du so tust. 8 Trag jeder-
zeit weiße Kleider und auf deinem Haupt
fehle nicht das Öl. 9 Genieß das Leben mit
einer Frau, die du liebst, alle Tage deines
nichtigen Lebens, die Gott dir unter der
Sonne gegeben hat. Denn dies ist dein An-
teil am Leben und an deiner Mühe, die du
dir unter der Sonne machst. 10 Alles, was
deine Hand zu tun findet, das tu, solange
du Kraft hast. Denn es gibt kein Tun und
Planen, nicht Wissen und Weisheit in der
Unterwelt, zu der du unterwegs bist.

11 Weiter sah ich unter der Sonne:

Nicht den Schnellen gehört der Lauf, /
noch den Helden der Kampf; / auch nicht
den Weisen das Brot, / auch nicht den
Einsichtigen der Reichtum, / auch nicht
den Könnern der Beifall; / vielmehr erei-
len die Zeit und das Schicksal sie alle.

12 Außerdem: Der Mensch kennt seine
Zeit nicht.

Wie die Fische, die im tückischen Netz
gefangen sind, / und wie die Vögel, die ins
Klappnetz geraten sind, / so werden die
Menschen zur Stunde des Unheils
gefasst, / wenn sie plötzlich über sie
kommt.

13 Auch dies sah ich als Weisheit unter
der Sonne und ich hielt es für bedeutsam:
14 Es war eine kleine Stadt mit nur wenigen
Einwohnern. Da zog ein großer König ge-
gen sie aus. Er schloss sie ein und errichte-
te gegen sie große Belagerungstürme.
15 Nun fand sich in ihr ein armer, aber wei-
ser Mann, der die Stadt durch seine Weis-
heit rettete. Doch niemand erinnert sich
später an diesen armen Mann. 16 Da sagte
ich:

Weisheit ist besser als Macht, / doch die
Weisheit des Armen wird missachtet, /
und auf seine Worte hört man nicht.

17 Worte der Weisen ruhig gesprochen /
sind besser als das Geschrei eines Herr-
schers von Toren.

18 Weisheit ist besser als Kriegsgerät, /
aber ein einziger Fehler kann viel Gutes
zerstören.

10 Sterbende Fliegen verderben das
Öl des Salbenmischers; / eine klei-
ne Torheit zählt schwerer als Weisheit und
Ehre.

2 Der Verstand des Weisen nimmt den
rechten Weg, / der Verstand des Toren
nimmt den linken;

3 Doch welchen Weg der Tor auch
wählt, / ihm fehlt der Verstand, / obwohl
er jeden anderen für einen Dummkopf
hält.

4 Erhebt sich der Unmut des Herrschers
gegen dich, / so verlasse nicht deinen Pos-
ten; / denn Gelassenheit beugt großen
Verfehlungen vor.

5 Es ist ein Übel, das ich unter der Sonne
sah, nämlich ein Missgriff, der ausgeht
vom Herrscher:

6 Der Torheit werden höchste Stellungen
verliehen, / während Reiche in Niedrigkeit
sitzen.

7 Ich sah Sklaven zu Pferd, / aber Fürs-
ten mussten wie Sklaven zu Fuß gehen.

8 Wer eine Grube gräbt, kann hineinfal-
len, / wer eine Mauer einreißt, den kann
die Schlange beißen.

9 Wer Steine bricht, kann sich dabei ver-

letzen; / wer Holz spaltet, kann sich dabei
gefährden.
10 Ist die Axt stumpf geworden / und
man schleift sie nicht zuvor, / so muss
man sich dafür mehr anstrengen. / Der
Vorteil der Weisheit aber ist der Erfolg.
11 Wenn die Schlange beißt, bevor sie
beschworen hat, / so hat der Beschwörer
nichts von seiner Kunst.
12 Die Worte aus dem Mund des Weisen
finden Beifall; / doch die Lippen des Toren
verschlingen ihn selbst.
13 Die Worte seines Mundes beginnen
mit Torheit, / und der Schluss seiner Rede
ist heillose Narrheit.
14 Auch macht der Tor viele Worte.
Dabei weiß kein Mensch, was sein wird.
Wer sollte ihm auch verkünden, was
nach ihm sein wird? 15 Die Anstrengung
der Toren macht sie erschöpft; sie haben
es nicht verstanden, in die Stadt zu zie-
hen.
16 Wehe dir, Land, / dessen König ein
Knabe ist / und dessen Fürsten am Mor-
gen schon tafeln!
17 Wohl dir, Land, / dessen König ein
Edelmann ist / und dessen Fürsten zur
rechten Zeit speisen, / als Männer und
nicht als Trinker!
18 Durch Faulenzerei senkt sich das
Gebälk, / und bei schlaffen Händen tropft
es ins Haus.
19 Festmähler werden zum Vergnügen
gehalten, / der Wein erfreut die Gemüter, /
und all dies ermöglicht das Geld.
20 Nicht einmal in deinen Gedanken /
fluch auf den König, / und selbst in dei-
nem Schlafgemach / fluch nicht auf den
Reichen;
denn die Vögel des Himmels können
den Laut forttragen, / alles, was Flügel
hat, / kann das Wort weitermelden.

11 Lege dein Brot auf die Fläche des
Wassers, / denn noch nach vielen
Tagen wirst du es wieder finden.
2 Verteile auf sieben oder gar auf acht; /
denn du kannst nicht wissen, welches
Unglück über das Land kommt.
3 Sind die Wolken mit Regen gefüllt,
so schütten sie ihn auf das Land.
Ob ein Baum gegen Süden oder gegen
Norden fällt –
an der Stelle, wohin der Baum fällt, da
bleibt er liegen.
4 Wer auf den Wind achtet, kommt
nicht zum Säen, / und wer nach den Wol-
ken schaut, kommt nicht zum Ernten.
5 Wie du den Weg des Windes ebenso
wenig wie das Werden des Kindes im Leib
der Schwangeren kennst, so weißt du auch
nichts vom Tun Gottes, der das alles be-
wirkt. 6 Am Morgen säe deine Saat und lass
deine Hand bis zum Abend nicht ruhen;
du weißt ja nicht, was gedeihen wird, dies
oder jenes, oder ob beides gleich gut wer-
den wird.
7 Süß ist das Licht, / und den Augen tut
es gut, die Sonne zu sehen.
8 Ja, lebt ein Mensch auch viele Jahre, /
so soll er sich doch die ganze Zeit freuen, /
und zugleich an die dunklen Tage den-
ken, / dass auch sie viele sein werden. /
Alles, was kommt, ist Windhauch!
9 Freue dich, junger Mann, in deiner
Jugend, / sei heiteren Herzens in deinen
jungen Tagen!
Geh, wohin dein Herz dich zieht / und
die Augen dich locken.
[Doch wisse wohl, dass Gott dich über
all dieses zur Rechenschaft ruft.]
10 Vertreibe den Ärger aus deinem
Sinn, / und halte das Üble dir vom Leib; /
denn Jungsein und dunkles Haar sind
Windhauch.

12 Denke an deinen Schöpfer in den
Tagen deiner Jugend, / ehe die bö-
sen Tage kommen und die Jahre sich na-
hen, / von denen du sagen wirst: Sie gefal-
len mir nicht!,
2 ehe die Sonne dunkler wird und das
Licht und der Mond und die Sterne, / und
die Wolken nach dem Regen wiederkeh-
ren;
3 an dem Tag, da die Wächter des Hauses
zittern / und die starken Männer sich
krümmen, / die Müllerinnen nicht mehr
arbeiten, weil sie zu wenige sind,
4 die Tore zur Straße geschlossen wer-
den; / wenn das Geräusch der Mühle leiser
wird / und man beim Zwitschern der
Vögel aufsteht, / doch alle Lieder schwei-
gen;
5 wenn man sich fürchtet vor der Anhö-
he / und vor dem Schrecken am Weg; / der
Mandelbaum blüht, / die Heuschrecke
schleppt sich dahin, / die Frucht der Kaper
platzt, / doch ein Mensch geht zu seinem
ewigen Haus, / und die Trauernden ziehen
durch die Straßen –
6 ja, ehe der silberne Strick zerreißt, / die

goldene Schale zerbricht / der Krug an der Quelle zerschellt / das Rad zerbrochen in den Brunnen fällt,
7 der Staub zur Erde zurückkehrt, als das, was er war, / und der Atem zu Gott zurückkehrt, / der ihn gegeben hat.
8 Windhauch, Windhauch, so spricht Kohelet, alles ist Windhauch!

Schlussworte

9 Kohelet war nicht nur selbst ein Weiser, er lehrte auch das Volk Erkenntnis. Er be-
richtigte, untersuchte und formte viele
Lehrsprüche. 10 Kohelet suchte, gefällige
Worte zu finden, und hier sind diese Worte der Wahrheit redlich aufgeschrieben.
11 Die Worte der Weisen sind wie Ochsenstacheln, / und wie eingeschlagene Pflöcke Sprüche aus Sammlungen. / sie sind von einem einzigen Hirten gegeben.
12 Über dies hinaus, mein Sohn, lass dich warnen! Das viele Büchermachen nimmt kein Ende und viel Studieren ermüdet
den Leib. 13 Lasst uns die Summe des ganzen hören:

Fürchte Gott und halte seine Gebote!

Denn das ist die Pflicht jedes Men-
schen. 14 Gott bringt ja alles Tun vor das Gericht, alles Verborgene, ob es gut oder böse sei.

Das Hohelied

Titel und Prolog

1 Das Lied der Lieder von Salomo.
2 Dass er mich mit den Küssen seines Mundes küsste! / Ja, köstlicher als Wein ist deine Liebe.
3 Deine Öle sind köstlich an Duft, / wie ausgegossenes Öl ist dein Name; / darum lieben dich die Mädchen.
4 Ziehe mich dir nach! Lass uns enteilen! / Der König bringt mich in seine Gemächer.
Jauchzen wollen wir und deiner uns freuen, / deine Liebe höher rühmen als Wein. / Man liebt dich wirklich zu Recht.

Die Schwärzliche

5 Schwarz bin ich, aber schön, / ihr Töchter Jerusalems.
wie die Zelte Kedars, / wie die Zeltdecken Salomos.
6 Schaut nicht auf mich herab, / weil ich dunkel bin, / denn die Sonne hat mich verbrannt.
Meiner Mutter Söhne waren mir böse, / sie machten mich zur Hüterin der Weinberge; / Meinen eigenen Weinberg konnte ich nicht hüten.

Die Hirtin

7 Den meine Seele liebt, du sag mir, / wo du weidest, / wo du lagerst am Mittag.
Warum soll ich eine sein, die herumirrt / bei den Herden deiner Gefährten?
8 Wenn du es selbst nicht weißt, / du Schönste der Frauen,
so ziehe nur den Spuren der Schafe nach, / und weide deine Zicklein / bei den Plätzen der Hirten.

Zwiegespräch der Liebenden

9 Einer Stute bei Pharaos Wagen / vergleiche ich dich, meine Freundin.
10 Schön sind deine Wangen in den Schmuckgehängen, / dein Hals mit der Korallenkette.
11 Wir wollen Kettchen von Gold für dich machen, / mit kleinen Kugeln von Silber.
12 Solange der König bei seiner Tafelrunde liegt, / verströmt meine Narde ihren Duft.
13 Mir ist mein Geliebter ein Myrrhenbeutel,
der zwischen meinen Brüsten ruht.
14 Eine Hennablütentraube ist mir mein Geliebter / in den Weingärten von En-Gedi.
15 Ja, du bist schön, meine Freundin, / ja, du bist schön. / Deine Augen sind Tauben.
16 Ja, du bist schön, mein Geliebter, wirklich reizend. / Unser Lager ist frisches Grün,
17 das Gebälk unseres Hauses sind Zedern, / unsre Wände Zypressen.

2 Ich bin die Narzisse von Scharon, / die Lotusblume der Täler.
2 Wie die Lotusblume unter den Dornen, / so ist meine Freundin unter den Mädchen.
3 Wie der Apfelbaum unter den Waldesbäumen, / so ist mein Geliebter unter den Männern.
In seinem Schatten begehre ich zu sitzen, / und seine Frucht schmeckt süß meinem Gaumen.

Wachtraum – Monolog des Mädchens

4 Er hat mich ins Weinhaus geführt; / sein Zeichen über mir ist Liebe.
5 Stärkt mich mit Traubenkuchen, / erfrischt mich mit Äpfeln; / denn ich bin krank vor Liebe.
6 Seine Linke liegt unter meinem Kopf, / seine Rechte umfängt mich.
7 Ich beschwöre euch, Jerusalems Töchter, / bei den Gazellen oder den Hirschkühen der Flur:
Stört sie doch nicht und weckt sie nicht auf, / die Liebe, bis es ihr selbst gefällt!

Wachtraum – Hinaus in die freie Natur

8 Horch! Mein Geliebter! / Sieh da, er kommt, / springt über die Berge, / hüpft über die Hügel.
9 Mein Geliebter gleicht der Gazelle / oder dem jungen Hirsch.
Sieh da, nun steht er / hinter der Wand unseres Hauses.

Er schaut zu den Fenstern herein, / er
späht durch die Gitter.
10 Mein Geliebter spricht zu mir: / Mach
dich auf, meine Freundin, / meine Schöne,
so komm doch!
11 Denn sieh, der Winter ist vorüber, /
der Regen ist ganz und gar vorbei.
12 Die Blumen erscheinen im Land, / die
Zeit zum Singen ist da,
und der Ruf der Turteltaube / erschallt
in unserem Land.
13 Am Feigenbaum reift die erste
Frucht, / und die Reben knospen und duften.
Mach dich auf, meine Freundin, / meine
Schöne, so komm doch!

Meine Taube in den Felsklüften

14 Meine Taube in den Felsklüften, / im
Versteck der Klippe,
lass mich dich sehen, / lass mich hören
deine Stimme!
Denn deine Stimme ist betörend, / und
dein Anblick ist hinreißend!

Das Rätsel von den kleinen Füchsen

15 Fangt uns die Füchse, / die kleinen
Füchse!
Sie verwüsten die Weinberge, / unsere
Weinberge, die doch in Blüte stehen.

Der unter den Lilien weidet

16 Mein Geliebter ist mein und ich bin
sein; / er weidet unter den Lotusblumen.
17 Wenn der Tagwind zu wehen
beginnt / und die Schatten wachsen,
komm, du mein Geliebter, / werde
gleich der Gazelle
oder dem jungen Hirsch / auf den Bergen von Beter.

Nächtlicher Traum

3 In der Nacht auf meinem Lager suchte
ich, / den meine Seele liebt. / Ihn
suchte ich, doch ich fand ihn nicht.
2 So will ich denn aufstehen, die Stadt zu
durchstreifen, / die Straßen und Plätze, /
ihn suchen, den meine Seele liebt. / Ich
suchte ihn, doch ich fand ihn nicht.
3 Die Wächter trafen mich an / auf ihrer
Runde durch die Stadt. / Habt ihr, den
meine Seele liebt, gesehen?
4 Kaum war ich an ihnen vorüber, / da
fand ich ihn, den meine Seele liebt.
Ich halte ihn fest und will ihn nicht lassen, / bis ich ihn ins Haus meiner Mutter
gebracht, / in die Kammer derer, die mich
geboren hat.
5 Ich beschwöre euch, Jerusalems Töchter, / bei den Gazellen oder den Hirschkühen der Flur:
Stört sie nicht und weckt sie nicht auf, /
die Liebe, bis es ihr selbst gefällt!

Umräuchert von Myrrhe und Weihrauch

6 Wer ist, die da von der Wüste heraufzieht, / Rauchsäulen gleich, / Umwölkt
von Myrrhe und Weihrauch, / von allen
Gewürzen des Händlers?

Salomos Bett

7 Sieh, das ist seine, Salomos Sänfte, /
sechzig Helden umgeben sie, / von Israels
Helden;
8 sie alle ausgerüstet mit Schwertern, /
geschult für den Kampf,
jeder sein Schwert an der Seite / gegen
den Schrecken der Nacht.
9 Eine Sänfte ließ der König sich
machen, / Salomo, aus Libanonholz.
10 Ihre Pfosten ließ er aus Silber
machen, / ihre Lehne aus Gold,
ihren Sitz aus Purpur, / in der Mitte
ausgelegt mit Liebesszenen.
11 Kommt heraus, Zions Töchter, / und
schaut, ihr Töchter Zions, / König Salomo
mit der Krone,
mit der seine Mutter ihn krönte / am
Tag seiner Hochzeit, / am Tag seiner Herzensfreude.

Die Schönheit der Geliebten

4 Ja, du bist schön, meine Freundin, / ja,
du bist schön!
Deine Augen sind Tauben / hinter deinem Schleier.
Dein Haar gleicht einer Herde von Ziegen, / die vom Gileadgebirge herabkommt,
2 deine Zähne einer Herde zur Schur
bereiter Schafe, / die der Schwemme entsteigen,
die allesamt Zwillinge haben, / und keines hat ein Junges verloren.
3 Einem scharlachroten Band sind gleich
deine Lippen, / und lieblich ist dein Mund.
Dem Riss eines Granatapfels gleicht
deine Wange / hinter deinem Schleier,
4 dein Hals dem Davidsturm, / in
Schichten aufgebaut;

tausend Schilde hängen an ihm, / alle
Schilde der Helden.
5 Deine beiden Brüste sind wie zwei Kit-
zen, / Zwillinge einer Gazelle, / die unter
Lotusblumen weiden.
6 Wenn der Tageswind zu wehen
beginnt, / und die Schatten wachsen, /
komme ich zum Myrrhenberg / und zum
Weihrauchhügel.
7 Alles ist schön an dir, meine Freun-
din, / und kein Makel haftet dir an.

Rühmender Monolog

8 Komm mit mir vom Libanon, Braut, /
weg vom Libanon, komm mit mir!
Steig herab vom Gipfel des Amana, /
vom Gipfel des Senir und Hermon,
von den Lagern der Löwen, / von den
Bergen der Panther!
9 Du hast mich verzaubert, meine
Schwester Braut; / verzaubert mit einem
einzigen deiner Blicke,
mit einem einzigen Blick deiner
Augen, / mit einem einzigen Blinken dei-
ner Halsketten!
10 Wie schön, meine Schwester Braut, ist
deine Liebe, / wie viel süßer ist deine Liebe
als Wein, / und der Duft deiner Salben
köstlicher als alle Balsamdüfte!
11 Von deinen Lippen, Braut, tropft
Honig. / Honig und Milch ist unter deiner
Zunge,
und der Duft deiner Kleider / ist wie der
Duft des Libanon.

Zwiegespräch – Der verschlossene Garten

12 Ein verschlossener Garten bist du, meine
Schwester Braut, / ein verschlossener Gar-
ten, ein versiegelter Quell.
13 Deine Kanäle sind ein Garten von
Granatbäumen / mit den köstlichsten
Früchten, / von Hennasträuchern und
Weihrauchsträuchern,
14 von Narde und Krokus, Kalmus und
Zimt / samt allen Weihrauchhölzern,
Myrrhe und Adlerholz / und allerbestem
Balsam.
15 Ein Gartenquell bist du, / ein Brunnen
lebendigen Wassers, / das herabfließt vom
Libanon.
16 Nordwind, erwache, und Südwind,
eile herbei! / Durchweht meinen Garten,
dass seine Düfte strömen!
Mein Geliebter komme in seinen Gar-
ten / und esse von seinen köstlichen
Früchten.

5 Meine Schwester Braut, ich komme in
meinen Garten, / ich pflücke meine
Myrrhe samt meinem Balsam,
ich esse meine Wabe samt meinem
Honig, / ich trinke meinen Wein samt
meiner Milch.
Esst, ihr Freunde, trinkt / und berauscht
euch an der Liebe!

Traumlied – Die nächtliche Suche nach dem Geliebten

2 Ich schlafe, doch mein Herz ist wach. /
Horch, mein Geliebter pocht:
Mach auf, meine Schwester, meine
Freundin, / meine Taube, meine Makello-
se!
Denn voll von Tau ist mein Kopf, / von
Tropfen der Nacht meine Locken.
3 Ich habe mein Kleid schon abgelegt, /
wie soll ich es wieder anziehen?
Ich habe meine Füße gewaschen, / wie
soll ich sie schmutzig machen?
4 Mein Geliebter streckte die Hand
durch die Luke;
da bebte mir seinetwegen das Innerste.
5 Ich erhob mich, meinem Geliebten zu
öffnen; / meine Hände tropften von Myr-
rhe,
meine Finger von Myrrhe, / am Griff
des Riegels.
6 Ich öffnete meinem Geliebten: / Doch
mein Geliebter war weg, verschwunden. /
Ich geriet außer mir wegen seines Rück-
zugs.
Ich suchte ihn, doch ich fand ihn
nicht; / ich rief nach ihm, doch er gab mir
keine Antwort.
7 Da fanden mich die Wächter / auf ihrer
Runde durch die Stadt;
sie schlugen mich, verwundeten mich.
Sie rissen den Überwurf mir weg / die
Wächter der Mauern.
8 Ich beschwöre euch, Jerusalems Töch-
ter: / Wenn ihr meinen Geliebten trefft, /
was sollt ihr ihm melden? / Dass ich krank
bin vor Liebe!
9 Was hat dein Geliebter den anderen
voraus, / du Schönste der Frauen? / Was
hat dein Geliebter den andern voraus, /
dass du so uns beschwörst?
10 Mein Geliebter ist weiß und rot, / er
sticht aus Zehntausenden hervor.
11 Sein Haupt ist reines Gold; / wie Dat-

telrispen sind seine Locken, / schwarz wie
ein Rabe.
12 Seine Augen sind wie Tauben / an
Bächen voll Wasser,
gebadet in Milch, / fest in der Fassung.
13 Seine Wangen sind wie Balsambeete, /
wie Türme von Salben.
Seine Lippen sind Lotusblumen, / die
von flüssiger Myrrhe triefen.
14 Seine Finger sind Stäbe aus Gold, / mit
Tarschisch-Steinen besetzt.
Sein Leib ist eine Elfenbeinplatte, /
bedeckt mit Saphiren.
15 Seine Schenkel sind Marmorsäulen, /
gegründet auf Sockel von Feingold.
Wie der Libanon ist seine Gestalt, /
ohnegleichen wie Zedern.
16 Sein Gaumen ist voll Süße; / und alles
an ihm ist begehrenswert.
Das ist mein Geliebter, ja das ist mein
Freund, / ihr Töchter Jerusalems!

6 Wohin ist dein Geliebter gegangen, /
du Schönste der Frauen?
Wohin hat sich dein Geliebter
gewandt, / dass wir mit dir ihn suchen?
2 Mein Geliebter ging in seinen Garten
hinunter, / zu den Beeten mit Balsam,
um in den Gärten zu weiden / und
Lotusblumen zu sammeln.
3 Ich gehöre meinem Geliebten, / und
mein Geliebter gehört mir, / der unter den
Lotusblumen weidet.

Ruhm der Geliebten

10 Wer ist, die da niederschaut wie die
Morgenröte, / schön wie der Vollmond,
klar wie die Sonne, / furchterregend wie
das geordnete Heer?
4 Du, meine Freundin, bist schön wie
Tirza, / lieblich wie Jerusalem, / furcht-
erregend wie das geordnete Heer.
5 Wende ab von mir deine Augen, /
denn sie verwirren mich.
Dein Haar gleicht einer Herde von Zie-
gen, / die vom Gileadgebirge herab-
kommt,
6 deine Zähne einer Herde von Mutter-
schafen, / die der Schwemme entsteigen,
die allesamt Zwillinge haben, / und kei-
nes hat ein Junges verloren.
7 Dem Riss eines Granatapfels gleicht
deine Wange / hinter deinem Schleier.
8 Königinnen sind es sechzig, / und
Nebenfrauen achtzig, / und Mädchen
ohne Zahl.
9 Doch einzig ist meine Taube, meine
Makellose, / die Einzige ihrer Mutter, /
untadelig ihrer Gebärerin.
Die Töchter sehen sie und preisen sie, /
die Königinnen und Nebenfrauen rühmen
sie.

Wachtraum – Abstieg ins Nussgärtlein

11 In den Nussgarten ging ich hinunter, /
um zu sehen, wie es ausschlägt im Tal-
grund,
um zu sehen, ob die Reben treiben, / die
Granatapfelbäume blühen.
12 Da – ich weiß nicht, wie – versetzte
mich meine Seele / zu den Wagen Ammi-
nadibs.

Ruhm der Geliebten

7 Kehr um, kehr um, Schulammit! /
kehr um, kehr um, dass wir dich an-
schauen!
Was wollt ihr an Schulammit sehen /
beim Reigentanz im Lager?
2 Wie schön sind deine Füße in den
Sandalen, / du Fürstentochter!
Deiner Hüften Rundungen sind wie
Geschmeide, / gefertigt von Künstlerhand.
3 Dein Nabel ist eine runde Schale; /
nicht mangle der Würzwein.
Dein Leib gleicht einem Weizenhügel, /
umsäumt von Lotusblumen.
4 Deine beiden Brüste sind wie zwei Kit-
zen, / wie Zwillinge einer Gazelle.
5 Dein Hals ist wie der Elfenbeinturm. /
Deine Augen gleichen den Teichen von
Heschbon / am Tor von Bat-Rabbim.
Deine Nase ist wie der Libanonturm, /
der gegen Damaskus Ausschau hält.
6 Dein Haupt erhebt sich auf dir wie der
Karmel, / und das fallende Haar deines
Hauptes ist wie Purpur – / ein König liegt
in den Flechten gefangen.
7 Wie schön bist du und wie reizvoll, /
Liebe, Tochter aller Wonnen!

Ruhm der Geliebten – Vergleich mit der Palme

8 Ja, dein Wuchs gleicht der Palme, / und
deine Brüste Trauben.
9 Ich denke: Ich will die Dattelpalme
ersteigen, / will ihre Rispen ergreifen.
Deine Brüste sollen nun sein wie Trau-
ben des Weinstocks, / und dein Atem dei-
ner Nase wie Apfelduft,
10 und dein Gaumen sei mir wie bester

Wein, / der mir glatt hinuntergeht / und
Lippen und Zähne netzt.

Aufforderung

11 Ich gehöre meinem Geliebten, / und
nach mir steht sein Verlangen.
12 Komm, mein Geliebter, gehn wir aufs
Land / und nächtigen in den Dörfern.
13 Früh lass uns dann zu den Weinber-
gen gehen / und sehen, ob die Reben
schon treiben,
ob die Blütenknospen aufbrechen, / die
Granatbäume blühen. / Dort will ich dir
meine Liebe schenken.
14 Es duften die Liebesäpfel; / und an
unseren Türen liegen allerart köstliche
Früchte,
neue und auch alte; / die habe ich auf-
gespart für dich, mein Geliebter.

Wachtraum

8 Ach, wärst du doch mein Bruder, / der
an der Brust meiner Mutter gesogen!
Träfe ich dich auf der Gasse, ich küsste
dich, / ohne dass mir es jemand verübelte.
2 Ich wollte dich führen, dich bringen /
ins Haus meiner Mutter. Würdest du mich
belehren, gäbe ich dir Würzwein zu trin-
ken, / und meinen Granatapfelmost.
3 Seine Linke liegt unter meinem Kopf, /
seine Rechte umfängt mich.
4 Ich beschwöre euch, Jerusalems Töch-
ter, / stört doch nicht und weckt sie nicht
auf, / die Liebe, bis es ihr selbst gefällt!

Der Ausklang

5 Wer ist es, die da von der Wüste herauf-
zieht, / gestützt auf ihren Geliebten?
Unter dem Apfelbaum habe ich dich
erweckt, / dort, wo mit dir in Wehen kam
deine Mutter; / dort, wo in Wehen lag, die
dich gebar.
6 Leg mich wie ein Siegel auf dein Herz, /
wie ein Siegel an deinen Arm!

Betrachtung zur Gewalt der Liebe

Ja, stark wie der Tod ist die Liebe, / hart
wie die Unterwelt die Leidenschaft.
Ihre Brände sind Feuerbrände, / Flam-
men des Herrn.
7 Gewaltige Wasser können die Liebe
nicht löschen; / auch Ströme schwemmen
sie nicht fort.
Böte ein Mann seines Hauses ganzen
Besitz für die Liebe, / man würde ihn nur
verachten.

Spottlied

8 Wir haben eine kleine Schwester, / noch
ohne Brüste.
Was sollen wir machen mit unserer
Schwester / am Tag, da man um sie freit?
9 Ist sie eine Mauer, / so bauen wir
darauf eine silberne Zinne;
und ist sie eine Tür, / versperren wir sie
mit einem Zedernbrett.
10 Ich bin eine Mauer, / und wie Türme
sind meine Brüste; / so hab ich in seinen
Augen Gefallen gefunden.

Spottlied auf Salomo

11 Salomo besaß einen Weinberg / in Baal-
Hamon; / er übergab den Weinberg an
Hüter; / jeder bringt für seinen Ertrag
tausend Silberstücke.
12 Meinen eigenen Weinberg habe ich
vor mir. / Die tausend lass ich dir, Salo-
mo, / und zweihundert den Hütern seines
Ertrages.

Zwiegespräch

13 Die du in den Gärten weilst, / auf deine
Stimme lauschen die Freunde; / lass sie
mich vernehmen!
14 Enteile, mein Geliebter, / der Gazelle
gleich,
oder dem jungen Hirsch / auf den Bal-
sambergen!

Das Buch der Weisheit

Die Weisheit und das Schicksal des Menschen

Gott suchen und die Sünde meiden

1 Liebt Gerechtigkeit, die ihr die Erde
regiert! / Denkt in rechter Gesinnung
an den Herrn und sucht ihn in der Einfalt
des Herzens!
2 Denn er lässt sich von denen finden,
die ihn nicht versuchen, / und er offenbart
sich denen, die ihm nicht misstrauen.
3 Doch verkehrte Gedanken trennen von
Gott, / und die auf die Probe gestellte All-
macht stößt die Toren von sich.
4 In eine Böses sinnende Seele kehrt ja
die Weisheit nicht ein / und nimmt nicht
Wohnung in einem Leib, der ein Sklave
der Sünde ist.
5 Flieht doch der heilige Geist der Zucht
vor der Falschheit / und zieht weg von
törichten Gedanken / und wird ver-
scheucht, sobald Ungerechtigkeit naht.
6 Wohl ist die Weisheit ein menschen-
freundlicher Geist. / Sie kann aber den
Lästerer seiner Reden wegen nicht unge-
straft lassen.
Ist Gott doch Zeuge seiner innersten
Empfindungen, / wirklicher Beobachter
seines Herzens / und Hörer seiner Worte.
7 Der Geist des Herrn erfüllt ja den Erd-
kreis, / und der das All umfasst, hat
Kenntnis von jeglicher Rede.
8 Darum bleibt keiner verborgen, der
Unrechtes redet, / und die strafende
Gerechtigkeit geht an ihm nicht vorüber.
9 Denn die Pläne des Gottlosen werden
untersucht; / die Kunde von seinen Reden
kommt vor den Herrn / zur Bestrafung
seiner Vergehen,
10 weil das Ohr des Eifers alles ver-
nimmt / und auch das leiseste Gemurmel
nicht verborgen bleibt.
11 Hütet euch also vor nutzlosem Mur-
ren, / bewahrt euere Zunge vor Verleum-
dung;
denn heimliches Gerede bleibt nicht
ungestraft, / und ein Mund, der lügt, tötet
die Seele.
12 Trachtet nicht nach dem Tod durch
den Irrweg eueres Lebens, / und zieht
nicht das Verderben herbei durch die
Werke euerer Hände!
13 Denn Gott hat den Tod nicht
gemacht / und hat keine Freude an dem
Untergang der Lebenden.
14 Hat er doch alles zum Sein erschaf-
fen, / und heilbringend sind die Geschöpfe
der Welt.
Es ist kein verderbliches Gift in ihnen, /
noch gibt es auf Erden eine Herrschaft der
Unterwelt. / 15 Denn die Gerechtigkeit ist
unsterblich.

Das Leben aus der Sicht der Gottlosen

16 Die Gottlosen aber rufen ihn mit Gebär-
den und Worten herbei / und verzehren
sich in Sehnsucht nach ihm, als wäre er ihr
Freund,
und schließen einen Bund mit ihm, /
weil sie verdienen, ihm zu gehören.
2 In ihrer verkehrten Sinnesart spre-
chen sie zueinander: / Kurz und trüb-
selig ist unser Leben; / es gibt weder ein
Heilmittel beim Ende des Menschen, /
noch ist der Retter aus der Unterwelt be-
kannt.
2 Wir sind ja durch Zufall entstanden, /
und später werden wir sein, als wären wir
nie gewesen.
Ist doch nur Dunst der Hauch in unse-
rer Nase / und das Denken nur ein Funke
beim Schlag unseres Herzens.
3 Erlischt er, so wird der Leib zu Asche, /
und der Geist verflüchtigt sich wie dünne
Luft.
4 Selbst unser Name wird mit der Zeit
vergessen, / und niemand denkt mehr an
unsere Taten.
Unser Leben geht vorüber wie die Spur
einer Wolke / und löst sich auf wie ein
Nebel, / der von den Strahlen der Sonne
verscheucht / und von ihrer Wärme zu
Boden gedrückt wird.
5 Denn unser Leben huscht vorbei wie
ein Schatten, / und unser Ende wiederholt
sich nicht, / weil es besiegelt ist und keiner
wiederkehrt.

6 Auf, lasst uns die augenblicklichen
Güter genießen / und eifrig die Welt aus-
nützen wie es der Jugend zukommt.
7 Kostbare Weine und Salben wollen wir
in Fülle genießen, / und keine Frühlings-
blume soll uns entgehen.
8 Lasst uns mit knospenden Rosen
bekränzen, ehe sie verwelken! / 9 Keiner
von uns entziehe sich unserem ausgelasse-
nen Treiben.
Überall wollen wir Zeichen unserer Lust
hinterlassen; / denn das ist unser Anteil
und das unser Los.
10 Wir wollen den armen Gerechten
unterdrücken, / die Witwe nicht scho-
nen, / noch das graue Haar des betagten
Greises scheuen.
11 Unsere Stärke sei Norm der Gerech-
tigkeit; / denn das Schwache erweist sich
als wertlos.
12 Lasst uns dem Gerechten nachstellen,
denn er ist uns im Weg. / Er tritt unserem
Treiben entgegen;
er klagt uns der Gesetzesübertretung
an / und wirft uns unsere Verfehlungen
gegen die Zucht vor.
13 Er rühmt sich, die Erkenntnis Gottes
zu besitzen, / und nennt sich einen Knecht
des Herrn.
14 Er ist ein lebendiger Vorwurf unserer
Gesinnung; / schon sein Anblick ist uns
lästig.
15 Denn sein Lebenswandel weicht von
allen anderen ab, / und ungewöhnlich sind
seine Wege.
16 Wir gelten ihm als falsche Münze, /
und er meidet wie Unrat unsere Wege.
Das Los der Gerechten aber preist er
glücklich / und nennt prahlend Gott sei-
nen Vater.
17 Lasst uns einmal sehen, ob seine
Reden wahr sind; / machen wir die Probe,
wie es mit ihm endet.
18 Denn ist der Gerechte Gottes Sohn,
so wird er sich seiner annehmen / und
ihn aus der Hand der Widersacher
befreien.
19 Durch Höhnen und Misshandlung
wollen wir ihn prüfen, / damit wir seine
Sanftmut kennen lernen / und seine
Geduld erproben.
20 Zu schimpflichem Tod wollen wir ihn
verurteilen; / denn nach seinen Worten
wird ihm ja Gottes Schutz zuteil.

Der Irrtum der Gottlosen

21 So denken sie, aber sie täuschen sich; /
denn ihre Bosheit hat sie blind gemacht.
22 Sie erkennen nicht die geheimnisvol-
len Absichten Gottes. / Darum hoffen sie
weder auf einen Lohn für die Frömmig-
keit, / noch wissen sie etwas von einem
Ehrenpreis für untadelige Seelen zu schät-
zen.
23 Gott hat ja den Menschen zur
Unsterblichkeit erschaffen / und ihn zum
Abbild seines eigenen Wesens gemacht.
24 Durch den Neid des Teufels aber ist
der Tod in die Welt gekommen, / und die
ihm angehören, werden ihn erfahren.

Das Los der Gerechten und der Gottlosen

3 Die Seelen der Gerechten aber sind in
Gottes Hand, / und keine Qual kann
sie berühren.
2 In den Augen der Toren schienen sie
tot zu sein; / ihr Ende wurde als Unglück
angesehen
3 und ihr Weggehen von uns als Ver-
nichtung; / sie aber sind im Frieden.
4 Denn wenn sie auch nach der Ansicht
der Menschen gestraft wurden, / so war
doch ihre Hoffnung von Unsterblichkeit
erfüllt.
5 Nach nur geringer Züchtigung / emp-
fangen sie große Wohltaten;
denn Gott hat sie geprüft / und sie sei-
ner würdig befunden.
6 Wie Gold im Schmelzofen hat er sie
erprobt / und wie ein vollkommenes
Brandopfer angenommen.
7 Zur Zeit ihrer Heimsuchung werden
sie aufleuchten / wie Funken, die durch
die Stoppeln dahinfahren.
8 Sie werden Völker richten / und über
Nationen herrschen; / der Herr wird auf
ewig ihr König sein.
9 Die auf ihn vertrauten, werden die
Wahrheit erkennen, / und die treu gewe-
sen sind, werden in Liebe bei ihm verwei-
len; / denn Gnade und Erbarmen wird
seinen Auserwählten zuteil.
10 Die Gottlosen aber werden gemäß
ihrer Gesinnung Strafe erleiden, / sie, die
den Gerechten verachteten und vom
Herrn abgefallen sind.
11 Denn unglücklich ist, wer Weisheit
und Zucht verschmäht; / nichtig ist ihre
Hoffnung, vergeblich ihr Mühen, / und
unnütz sind ihre Werke.

12 Ihre Frauen sind töricht, / ihre Kinder
böse, / und verflucht ist ihr Geschlecht.

Kinderlosigkeit ist besser als gottlose Nachkommen

13 Selig ist die Unfruchtbare, die unschul-
dig blieb, / die kein sündiges Beilager
kannte. / Ihre Fruchtbarkeit wird sich zei-
gen beim Endgericht.
14 Selig auch der Kinderlose, der nichts
Gesetzwidriges mit seinen Händen tat, /
der nichts Böses gegen den Herrn im Sinn
hatte,
wird ihm doch der auserlesene Lohn der
Treue zuteil / und ein köstliches Erbe im
Tempel des Herrn.
15 Denn herrlich ist die Frucht guter
Bemühungen, / und die Wurzel der Klug-
heit stirbt nicht ab.
16 Die Kinder der Ehebrecher aber
gedeihen nicht, / und die Frucht einer
sündhaften Verbindung schwindet dahin.
17 Wenn sie auch lange leben, so gelten
sie dennoch nichts, / und ehrlos wird am
Ende ihr Alter sein.
18 Sterben sie aber früh dahin, dann
werden sie weder Hoffnung / noch Trost
am Tag der Entscheidung haben;
19 denn schlimm ist das Ende eines
ungerechten Geschlechts.

4 Besser ist Kinderlosigkeit mit Tu-
gend; / denn unsterblich ist ihr
Ruhm, / weil sie bei Gott und den Men-
schen anerkannt wird.
2 Ist sie gegenwärtig, so ahmt man sie
nach; / ist sie fern, so sehnt man sich nach
ihr;
in Ewigkeit schreitet sie, geschmückt
mit dem Kranz, im Triumph daher, / weil
sie im edlen Wettkampf gesiegt hat.
3 Die große Kinderschar der Gottlosen
aber bringt keinen Nutzen; / aus unechten
Schösslingen entsprossen, treibt sie keine
Wurzeln in die Tiefe, / noch wird sie fes-
ten Boden fassen.
4 Denn wenn sie auch eine Zeit lang
üppig in die Zweige schießt, / so wird sie
doch, die ohne festen Halt dasteht, vom
Wind hin und her geschüttelt / und von
der Gewalt der Stürme entwurzelt.
5 Ringsum werden die noch unent-
wickelten Äste geknickt, / und ihre Frucht
ist unreif, ungenießbar / und zu nichts
nütze.
6 Denn Kinder, die aus sündigem Bei-
schlaf entsprossen sind, / treten beim
Gericht als Zeugen der Schlechtigkeit
gegen ihre eigenen Eltern auf.

Der frühe Tod des Gerechten

7 Der Gerechte aber wird, auch wenn er
vorzeitig stirbt, / in Ruhe sein.
8 Denn ein ehrenvolles Alter besteht
nicht in einem langen Leben; / es wird
nicht nach der Zahl der Jahre gemessen.
9 Viel mehr gilt für die Menschen Ein-
sicht als graues Haar / und mehr als Alter
ein Leben ohne Makel.
10 Da er Gott wohlgefällig war, wurde er
von ihm geliebt, / und weil er mitten unter
Sündern lebte, wurde er entrückt.
11 Er wurde weggenommen, damit nicht
die Bosheit seinen Sinn verkehrte, / und
Arglist seine Seele verführte.
12 Denn der Zauber des Lasters verdun-
kelt das Gute, / und der Taumel der Lust
verwandelt ein argloses Gemüt.
13 Früh zur Vollendung gereift, hat er
lange Zeit gelebt. / 14 Denn der Herr hatte
an seiner Seele Wohlgefallen; / darum eilte
sie aus der Mitte der Gottlosigkeit hinweg.
Die Leute sahen es, aber sie verstanden
es nicht / und nahmen es sich nicht zu
Herzen,
15 dass Gnade und Erbarmen seinen
Auserwählten zuteil wird / und gnädige
Belohnung seinen Heiligen.
16 Der entschlafene Gerechte verurteilt
die lebenden Gottlosen / und die früh
vollendete Jugend das an Jahren reiche
Alter des Sünders.
17 Denn sie sehen das Ende des Weisen, /
aber sie begreifen nicht, was der Herr über
ihn beschlossen hat / und warum er ihn in
Sicherheit brachte.
18 Sie sehen es und urteilen geringschät-
zig darüber; / der Herr aber wird sie ver-
spotten.
19 Dann werden sie zu einem Leichnam,
den man nicht achtet, / und zum Gespött
bei den Toten in Ewigkeit.
Denn sie werden verstummen, wenn er
sie lautlos kopfüber hinabstürzt / und bis
auf den Grund erschüttert;
sie werden vollständig vernichtet / und
müssen Qual erdulden, / und ihr Anden-
ken wird verschwinden.

Gerechte und Gottlose beim Gericht

20 Zitternd erscheinen sie zur Abrechnung

ihrer Sünden, / und ihre Missetaten treten
als Ankläger gegen sie auf.
5 Dann wird der Gerechte mit großer
Zuversicht / denen gegenübertreten,
die ihn bedrängt / und seine Mühsal gering geschätzt hatten.
2 Wenn sie dies sehen, werden sie von
schrecklicher Furcht erschüttert / und
geraten außer sich über seine unerwartete
Rettung.
3 Reuevoll sprechen sie zueinander / und
seufzen in ihrer Seelenangst:
4 Der war es, den wir einst verlachten /
und den wir mit Spott überhäuften, wir
Toren.
Wir hielten seine Lebensart für Wahnsinn / und sein Ende für Ehrlosigkeit.
5 Wie kommt es, dass er zu den Söhnen
Gottes gezählt wird / und seinen Erbteil
unter den Heiligen hat?
6 So sind wir also vom Weg der Wahrheit abgeirrt, / und das Licht der Gerechtigkeit hat uns nicht geleuchtet, / und die
Sonne ist uns nicht aufgegangen.
7 Bis zur Erschöpfung sind wir die Pfade
der Sünde und des Verderbens gegangen /
und durchwanderten unwegsame Wüsten, / den Pfad des Herrn aber haben wir
nicht erkannt.
8 Was hat uns der Übermut genützt /
und was der Reichtum mit seiner Prahlerei
eingebracht?
9 Dies alles ging vorüber wie ein Schatten, / wie ein flüchtiges Gerücht,
10 wie ein Schiff, das die wogende Flut
durchschneidet, / von dessen Fahrt keine
Spur zu entdecken ist / noch seines Kieles
Pfad in den Wellen,
11 Wie man von einem Vogel, der durch
die Luft fliegt, / kein Zeichen seiner Bahn
findet –
er peitscht die leichte Luft mit dem
Schlag seiner Flügel / und teilt sie mit
gewaltig rauschenden Schwingen / und
hinterlässt doch keine Spur seines Fluges.
12 Oder wie wenn ein Pfeil auf das Ziel
geschossen wird / und die durchschnittene
Luft sofort wieder zusammenfließt, /
sodass man seine Bahn nicht mehr
erkennt.
13 So schwinden auch wir, kaum geboren, schon wieder dahin / und hatten kein
Zeichen von Tugend aufzuweisen, / sondern wurden in unserer Bosheit dahingerafft.
14 Ja, die Hoffnung der Gottlosen gleicht
der Spreu, die der Wind verweht, / dem
leichten Schnee, den der Sturm verjagt, /
dem Rauch, den der Wind zerstäubt, / der
Erinnerung an einen Gast, der nur einen
Tag verweilte.
15 Die Gerechten aber leben in Ewigkeit, / und ihr Lohn ist im Herrn / und die
Sorge für sie beim Höchsten.
16 Deshalb werden sie das Reich der
Herrlichkeit empfangen, / die Krone der
Schönheit aus der Hand des Herrn,
weil er sie mit der Rechten schützen /
und mit dem Arm beschirmen wird.
17 Er nimmt als Rüstung seinen Eifer /
und bewaffnet die Schöpfung zur Abwehr
der Feinde.
18 Als Panzer zieht er Gerechtigkeit an /
und setzt als Helm auf ein unbestechliches
Gericht.
19 Die Heiligkeit nimmt er als unüberwindlichen Schild, /
20 schärft grimmigen
Zorn zum Schwert; / mit ihm kämpft die
Welt gegen die Toren.
21 Blitzespfeile fahren aus den Wolken /
und treffen, wie vom wohlgerundeten
Bogen geschleudert, auf ihr Ziel.
22 Und eine Steinschleuder entsendet
Hagelkörner voll des göttlichen Zorns, / es
wüten gegen sie die Wasser des Meeres /
und Ströme schlagen über ihnen ungestüm zusammen.
23 Der Hauch der Allmacht erhebt sich
gegen sie / und verjagt sie wie ein Orkan.
So wird Gottlosigkeit die ganze Welt
verwüsten / und Sünde die Throne der
Herrscher stürzen.

Ursprung, Wesen und Wirken der Weisheit. Der Weg, sie zu erlangen

Die Könige haben die Weisheit zu suchen

6 So hört nun, ihr Könige, und beherzigt es, / lernt, die ihr die Enden der
Erde regiert!
2 Horcht auf, die ihr die Menge
beherrscht / und stolz seid auf die Masse
der Völker!
3 Euch wurde vom Herrn die Macht ver-

liehen / und die Herrschaft vom Höchs-
ten, / der euere Werke prüfen und euere
Pläne erforschen wird.
4 Ihr aber habt, obgleich Diener seines
Reichs, keine gerechten Urteile gefällt, /
das Gesetz nicht gehalten / und nicht nach
dem Willen Gottes gelebt.
5 Furchtbar und schnell wird er über
euch kommen, / da an den Großen ein
strenges Gericht vollzogen wird.
6 Dem Geringen wird aus Mitleid Ver-
zeihung gewährt, / die Gewaltigen aber
werden gewaltig gestraft.
7 Denn der Herrscher des Alls scheut vor
niemand zurück / und fürchtet sich nicht
vor irgendeiner Größe.
Hat er doch Klein und Groß erschaf-
fen / und sorgt in gleicher Weise für alle.
8 Den Mächtigen aber droht eine strenge
Untersuchung.
9 An euch also, ihr Fürsten, richten sich
meine Worte, / damit ihr Weisheit lernt
und nicht zu Fall kommt.
10 Denn die das Heilige heilig behandeln,
werden geheiligt, / und die darin unter-
wiesen sind, werden sich verantworten
können.
11 Seid also begierig auf meine Worte /
sehnt euch danach und ihr werdet belehrt
werden.

Die Weisheit lässt sich finden

12 Strahlend und unverwelklich ist die
Weisheit / und wird leicht von denen
erkannt, die sie lieben, / und von denen
gefunden, die sie suchen.
13 Sie gibt sich denen, die nach ihr
verlangen, / schon im Voraus zu erken-
nen.
14 Wer am frühen Morgen nach ihr aus-
schaut, braucht sich nicht abzumühen, /
denn sie sitzt an seiner Tür.
15 Über sie nachdenken, ist vollendete
Einsicht, / und wer um ihretwillen wacht,
ist bald aller Sorgen ledig.
16 Denn sie selbst geht umher, um die zu
suchen, die ihrer würdig sind, / und
erscheint ihnen freundlich auf den
Wegen / und begegnet ihnen in jedem
Vorhaben.
17 Denn ihr sicherster Anfang ist Ver-
langen nach Bildung,
18 Sorge um Bildung aber ist Liebe zu
ihr, / Liebe aber ist Beachtung ihrer Gebo-
te, / Beachtung der Gebote aber ist Siche-
rung der Unsterblichkeit, / 19 Unsterblich-
keit aber bringt in Gottes Nähe.
20 So führt das Verlangen nach Weisheit
zur Herrschaft.
21 Wenn ihr also Freude habt an Thro-
nen und Zeptern, ihr Herrscher der Völ-
ker, / so achtet die Weisheit, damit ihr auf
ewig herrscht.

Salomo beschreibt die Weisheit

22 Was aber die Weisheit ist und wie sie
entstand, will ich verkünden / und will
euch das Geheimnisvolle an ihr nicht ver-
bergen.
Vielmehr will ich sie vom ersten
Ursprung an erforschen; / was ich über sie
weiß, will ich offen legen / und an der
Wahrheit nicht vorübergehen.
23 Auch will ich nicht mit dem verzeh-
renden Neid zusammengehen; / denn die-
ser hat mit der Weisheit nichts gemein.
24 Eine große Zahl von Weisen ist ja ein
Segen für die Welt, / und ein verständiger
König bedeutet Wohlstand für das Volk.
25 So lasst euch denn durch meine Worte
belehren; / es wird euch zum Nutzen sein.

Salomo war auch nur ein Mensch

7 Auch ich bin ein sterblicher Mensch
wie alle / und ein Nachkomme des
ersterschaffenen Erdgeborenen.
Im Mutterleib wurde ich zu Fleisch
gebildet / 2 in zehnmonatiger Frist, im Blut
geronnen / aus dem Samen des Mannes
und in der Lust des Beischlafs.
3 Als ich geboren war, atmete auch ich
die gemeinsame Luft ein / und fiel auf die
Erde, wie solches allen widerfährt; / Wei-
nen war, wie bei allen, auch mein erster
Laut.
4 In Windeln wurde ich aufgezogen und
in Sorgen. / 5 Denn kein König hat einen
anderen Anfang seines Daseins.
6 Der Eingang in das Leben ist für alle
der eine, / wie auch der Ausgang der glei-
che ist.

Salomos Hochschätzung der Weisheit

7 Daher betete ich und es wurde mir Ein-
sicht verliehen; / ich flehte und der Geist
der Weisheit kam über mich.
8 Ich stellte sie höher als Zepter und
Throne, / und Reichtum achtete ich für
nichts im Vergleich mit ihr.
9 Keinen unschätzbaren Edelstein stellte

ich ihr gleich; / denn neben ihr ist alles
Gold nur ein wenig Sand, / und ihr gegen-
über wird das Silber nur wie Kot geachtet.
10 Mehr als Gesundheit und Schönheit
liebte ich sie / und gab ihrem Besitz den
Vorzug vor dem Licht; / denn nie ver-
löscht der Glanz, den sie ausstrahlt.
11 Doch alle Güter kamen mir zugleich
mit ihr, / und ungezählter Reichtum war
in ihren Händen.
12 Ich hatte dennoch an alledem meine
Freude, / weil die Weisheit seine Führerin
ist; / ich wusste aber nicht, dass sie auch
seine Urheberin ist.
13 Arglos lernte ich, neidlos teile ich sie
mit, / ihren Reichtum verberge ich nicht.
14 Sie ist ja den Menschen ein uner-
schöpflicher Schatz. / Die sich seiner
bedienten, haben Freundschaft mit Gott
erworben,
empfohlen durch die Gaben, die die
Zucht verleiht.

Berufung auf die Eingebung Gottes

15 Mir aber möge Gott gewähren, seinem
Sinn gemäß zu reden / und Gedanken zu
fassen, wie sie der verliehenen Gabe wür-
dig sind.
Denn er selbst ist Führer der Weisheit /
und der Weisen Lenker.
16 In seiner Hand sind ja wir sowohl wie
unsere Worte, / jegliche Einsicht und das
Geschick zu Kunstfertigkeiten.
17 Denn er verlieh mir untrügliche
Erkenntnis der Dinge, / dass ich den Bau
des Weltalls verstünde und die Wirksam-
keit der Elemente,
18 Anfang, Ende und Mitte der Zeiten, /
die Wende der Sonne und den Wandel der
Jahreszeiten,
19 den Kreislauf der Jahre und die Stel-
lungen der Gestirne, / 20 die Natur der
Tiere und die Wildheit der Raubtiere,
die Gewalt der Geister und das Den-
ken der Menschen, / die Unterschiede
der Pflanzen und die Heilkräfte der
Wurzeln.
21 Was verborgen und sichtbar ist, alles
erkannte ich; / denn die alles kunstvoll
gestaltet, die Weisheit, hat es mich gelehrt.

Lob der Weisheit

22 Denn in ihr ist ein Geist: verständig, hei-
lig, / einzig in seiner Art und vielfältig,
fein, / beweglich, durchdringend, unbe-
fleckt, / klar, unverletzlich, das Gute lie-
bend, scharf,
23 nicht zu hemmen, wohltätig, men-
schenfreundlich, / beständig, sicher, sor-
genlos, / allmächtig, alles überschauend
und alle Geister durchdringend, / die den-
kenden, reinen und feinsten.
24 Ist doch die Weisheit beweglicher als
jede Bewegung; / in ihrer Reinheit durch-
dringt und erfüllt sie alles.
25 Sie ist ja ein Hauch der Kraft Gottes /
und ein reiner Ausfluss der Herrlichkeit
des Allherrschers; / darum fällt kein
Schatten auf sie.
26 Denn sie ist ein Abglanz des ewigen
Lichts / und ein makelloser Spiegel des
göttlichen Wirkens / und ein Abbild seiner
Güte.
27 Obwohl sie nur eine ist, vermag sie
alles, / und obgleich sie in sich selbst
unverändert bleibt, erneuert sie doch alles.
Von Geschlecht zu Geschlecht tritt sie
in heilige Seelen ein / und schafft so
Freunde Gottes und Propheten.
28 Denn Gott liebt keinen, / der nicht mit
der Weisheit verbunden ist.
29 Denn sie ist herrlicher als die Sonne /
und erhaben über jedes Sternbild. / Mit
dem Licht verglichen, verdient sie den
Vorzug;
30 denn diesem folgt die Nacht, / gegen
die Weisheit aber ist die Bosheit machtlos.

8 Sie erstreckt sich, kraftvoll wirkend,
von einem Ende der Welt zum ande-
ren / und durchwaltet vortrefflich das All.

Die Weisheit besitzt alle Güter

2 Sie liebte und ersehnte ich von meiner
Jugend an; / ich suchte sie als Braut mir
heimzuführen / und bin ein Verehrer ihrer
Schönheit geworden.
3 Einer edlen Abkunft kann sie sich rüh-
men, da sie mit Gott zusammenlebt / und
auch der Herr des Alls sie liebt.
4 Denn sie ist in das Wissen Gottes ein-
geweiht / und bestimmt seine Werke.
5 Ist aber Reichtum ein begehrenswertes
Gut im Leben, / was ist reicher als die
Weisheit, die alles schafft?
6 Bringt Klugheit etwas zustande, / wer
in aller Welt ist eine größere Künstlerin als
sie?
7 Und liebt jemand Gerechtigkeit – / was
sie bewirkt, sind Tugenden.
Denn sie lehrt Mäßigung und Klug-

heit, / Gerechtigkeit und Starkmut. /
Etwas Vorteilhafteres als diese gibt es im
Leben für den Menschen nicht.
8 Verlangt aber einer nach reicher
Lebenserfahrung: / sie kennt das längst
Vergangene und erschließt das Zukünfti-
ge;
sie versteht sich auf die Kunst der Rede
und auf das Lösen von Rätseln; / Zeichen
und Wunder weiß sie zu deuten / und den
Ausgang von Perioden und Zeiten.

Die Weisheit ist unentbehrlich

9 So beschloss ich denn, diese als Lebens-
gefährtin heimzuführen, / da ich wusste,
dass sie mich im Glück berät / und in Sor-
gen und Kummer tröstet.
10 Um ihretwillen werde ich Ansehen bei
der Menge genießen / und Ehre bei den
Alten trotz meiner Jugend.
11 Bei Gerichtsverhandlungen werde ich
als scharfsinnig gelten / und bei den
Machthabern Bewunderung erregen.
12 Schweige ich, so werden sie auf mich
warten; / ergreife ich das Wort, werden sie
aufmerksam zuhören, / und rede ich län-
ger, dann legen sie die Hand auf den
Mund.
13 Um ihretwillen werde ich Unsterb-
lichkeit erlangen / und ein ewiges Anden-
ken bei der Nachwelt hinterlassen.
14 Ich werde Völker regieren, / und
Nationen werden mir untertan werden.
15 Schreckliche Tyrannen werden mich
fürchten, wenn sie von mir hören; / unter
dem Volk aber werde ich mich gütig zei-
gen und tapfer im Krieg.
16 Kehre ich in das Haus zurück, / so
werde ich mich bei ihr erholen;
denn der Umgang mit ihr hat nichts
Bitteres, / und das Zusammenleben mit
ihr bringt nicht Verdruss, / sondern Froh-
sinn und Freude.

Salomo erbittet die Weisheit

17 Indem ich dies bei mir überdachte / und
in meinem Herzen erwog, / dass das Leben
mit der Weisheit Unsterblichkeit verheißt
18 und ihre Freundschaft reine Freude, /
die Arbeiten ihrer Hände unerschöpf-
lichen Reichtum,
der Umgang mit ihr Einsicht und ihre
Teilnahme am Gespräch Ruhm, / da ging
ich umher und suchte, wie ich sie in mein
Haus aufnehmen könnte.
19 Ich war ein begabtes Kind und hatte
eine gute Seele erhalten, 20 oder vielmehr,
weil ich gut war, so war ich zu einem un-
verdorbenen Leib gekommen. 21 Da ich
aber einsah, dass ich nur durch Gott in
ihren Besitz gelangen konnte – schon dies
war Sache der Klugheit, dass ich begriff,
wessen Gnadengeschenk sie ist – so wand-
te ich mich an den Herrn, betete zu ihm
und sprach aus meinem ganzen Herzen:

Gebet um Weisheit

9 Gott der Väter und Herr des Erbar-
mens, / der du das All durch dein
Wort geschaffen
2 und durch deine Weisheit den Men-
schen gebildet hast, / dass er über die von
dir hervorgebrachten Geschöpfe herrscht,
3 die Welt in Heiligkeit und Gerechtig-
keit leitet / und in aufrichtiger Gesinnung
regiert.
4 Gib mir die Weisheit, die an deiner
Seite thront, / und schließe mich nicht von
der Schar deiner Kinder aus.
5 Ich bin ja dein Knecht, der Sohn deiner
Magd, / ein schwacher und kurzlebiger
Mensch, / und verstehe wenig von Recht
und Gesetz.
6 Gälte einer bei den Menschen auch als
vollkommen, / fehlte ihm aber die von dir
ausgehende Weisheit, / er müsste für
nichts geachtet werden.
7 Du warst es, der mich zum König dei-
nes Volkes erwählte / und zum Richter
über deine Söhne und Töchter.
8 Du befahlst mir, einen Tempel auf dei-
nem heiligen Berg / und einen Opferaltar
in der Stadt, in der du wohnst, zu bauen /
als ein Abbild des heiligen Zeltes, das du
von Anbeginn bereitet hast.
9 Bei dir ist die Weisheit, die deine
Werke kennt / und zugegen war, als du die
Welt erschufst,
die weiß, was in deinen Augen wohl-
gefällig ist / und was recht ist nach deinen
Geboten.
10 Sende sie vom heiligen Himmel
herab / und schicke sie vom Thron deiner
Herrlichkeit,
dass sie mir bei meiner Arbeit hilft /
und ich erkenne, was dir wohlgefällt.
11 Sie weiß und versteht ja alles; / sie
wird mich bei meinem Handeln verstän-
dig leiten / und in ihrem Lichtglanz behü-
ten.

12 So werden dir meine Werke wohl-
gefallen, / ich werde dein Volk gerecht
regieren / und des Thrones meines Vaters
würdig sein.
13 Welcher Mensch vermag denn Gottes
Willen zu erkennen, / oder wer kann
erfassen, was der Herr verlangt?
14 Die Gedanken der Sterblichen sind ja
unsicher / und unsere Absichten schwan-
kend.
15 Lähmt doch ein hinfälliger Leib die
Seele / und belastet das irdische Zelt den
vielsinnenden Geist.
16 Nur zur Not erraten wir, was auf
Erden ist, / und verstehen mit Mühe, was
auf der Hand liegt. / Die himmlischen
Dinge aber, wer kann sie ergründen?
17 Wer hat je deinen Willen erkannt,
wenn nicht du die Weisheit gegeben / und
aus der Höhe deinen heiligen Geist
gesandt hast?
18 Nur so wurden die Pfade der Erden-
bewohner geebnet / und die Menschen
über das belehrt, was dir wohlgefällig ist.
19 Nur durch die Weisheit wurden sie
gerettet.

Das Walten der Weisheit in der Geschichte

Von Adam bis Josef

10 Sie beschirmte den Urvater der
Welt nach seiner Erschaffung, als
er noch allein war, und riss ihn aus seinem
Fall heraus; 2 sie verlieh ihm auch die Kraft,
über alles zu herrschen. 3 Ein Gottloser
aber, der in seinem Zorn von ihr abgefallen
war, ging in brudermörderischem Grimm
zugrunde. 4 Da seinetwegen die Erde über-
schwemmt wurde, erwies sich die Weisheit
wiederum als Retterin, indem sie den Ge-
rechten auf einem armseligen Holz durch
die Fluten steuerte. 5 Als die Völker wegen
eines einmütig begangenen Frevels ver-
wirrt worden waren, erkannte sie den Ge-
rechten und bewahrte ihn untadelig vor
Gott und machte ihn stark auch gegenüber
der Liebe zu seinem Sohn. 6 Sie rettete
einen Gerechten beim Untergang gottloser
Menschen, sodass er dem Feuer entrann,
das über das Gebiet der fünf Städte nieder-
fuhr. 7 Als Zeugnis ihrer Bosheit blieb von
diesen noch ein ödes, immerfort rauchen-
des Land und Pflanzen, die zur Unzeit
Früchte tragen, eine ragende Salzsäule als
Denkmal einer ungläubigen Seele. 8 Denn
die an der Weisheit vorübergingen, wur-
den nicht nur dadurch gestraft, dass sie
das Gute nicht erkannten, sondern sie hin-
terließen auch den Lebenden ein Denkmal
ihrer Torheit, damit nicht verborgen blei-
ben könne, worin sie gesündigt hatten.
9 Dagegen hat die Weisheit ihre Diener aus
Nöten errettet. 10 Sie führte den Gerechten,
als er vor dem Zorn des Bruders floh, auf
geraden Wegen, zeigte ihm das Reich Got-
tes und verlieh ihm die Kenntnis heiliger
Geheimnisse. Sie ließ ihn durch mühevol-
len Dienst zu Wohlstand gelangen und gab
seinen Arbeiten reichen Erfolg. 11 Bei der
Habgier seiner Bedränger stand sie ihm
bei und machte ihn reich. 12 Sie schützte
ihn vor Feinden und schirmte ihn gegen
Verfolger und verlieh ihm den Sieg in
einem schweren Kampf, damit er erkann-
te, dass die Frömmigkeit stärker als alles
ist. 13 Sie verließ nicht den Gerechten, der
verkauft worden war, sondern bewahrte
ihn vor der Sünde. 14 Sie stieg mit ihm in
den Kerker hinab und verließ ihn auch in
Fesseln nicht, bis sie ihm das Zepter des
Reiches und Gewalt über seine Bedränger
verschafft, seine Verleumder als Lügner er-
wiesen und ihm ewigen Ruhm verliehen
hatte.

Der Auszug aus Ägypten

15 Sie hat ein heiliges Volk und ein untade-
liges Geschlecht aus einem Volk von Be-
drängern befreit. 16 Sie ging in die Seele
des Dieners des Herrn ein und trat furcht-
baren Königen mit Zeichen und Wundern
entgegen. 17 Sie gab den Heiligen den Lohn
für ihre Mühen, führte sie auf wunder-
baren Pfaden und wurde ihnen zum
Schutz am Tag und zum Sternenlicht in
der Nacht. 18 Sie führte sie durch das Rote
Meer und geleitete sie durch ein mächtiges
Wasser. 19 Ihre Feinde aber begrub sie in
den Wogen und spülte sie aus der Tiefe
des Meeres wieder ans Land. 20 So konnten
Gerechte Gottlose plündern und priesen,
Herr, deinen heiligen Namen und rühm-
ten einmütig deine schützende Hand.

21 Denn die Weisheit öffnete den Mund der
Stummen und machte die Zungen der Un-
mündigen beredt.

11 Sie ließ alle ihre Unternehmungen
gelingen unter der Führung des
heiligen Propheten. 2 Sie durchzogen eine
unbewohnte Wüste und schlugen an un-
wegsamen Orten ihre Zelte auf; 3 sie wider-
standen ihren Feinden und wehrten Geg-
ner ab. 4 Als sie Durst litten, riefen sie dich
an, und es wurde ihnen Wasser aus schrof-
fem Felsen gegeben und aus hartem Stein
ihr Durst gestillt.

Ägypten und Israel: Das Wasser, Verderben für die Ägypter – Heil für Israel

5 Denn womit ihre Feinde gezüchtigt wur-
den, das gereichte ihnen, wenn sie in Not
waren, zum Segen. 6 Die immer fließende
Quelle des Stromes wurde jenen durch
Mordblut getrübt 7 zur Strafe für den Be-
fehl zum Kindermorden. Ihnen aber gabst
du unverhofft reichliches Wasser, 8 nach-
dem du ihnen vorher durch den Durst ge-
zeigt hattest, wie schwer ihre Gegner von
dir gestraft worden waren. 9 Denn als sie
selbst geprüft wurden, erkannten sie, ob-
wohl sie mit Milde zurechtgewiesen wor-
den waren, welche Qual die Gottlosen er-
dulden mussten, die im Zorn gestraft
wurden. 10 Diese hast du wie ein mahnen-
der Vater geprüft, jene aber wie ein stren-
ger König verurteilend gestraft. 11 Fern von
den Israeliten wurden sie ebenso gequält
wie in der Nähe. 12 Denn ein doppeltes Leid
und Seufzen erfasste sie bei der Erinne-
rung an das Vergangene. 13 Als sie nämlich
hörten, dass durch die gleichen Mittel sie
Strafe, jene aber eine Wohltat empfingen,
erinnerten sie sich an den Herrn. 14 Denn
den sie einst bei der Aussetzung wegge-
worfen und höhnend abgewiesen hatten,
mussten sie am Ende der Ereignisse be-
staunen, nachdem sie ganz anders Durst
gelitten hatten als die Gerechten.

Gottes Art zu strafen

Gottes Nachsicht mit Ägypten

15 Für die wahnwitzigen Gedanken ihrer
Gottlosigkeit, durch die irregeleitet sie ver-
nunftloses Gewürm und erbärmliches Ge-
tier verehrten, sandtest du ihnen zur Strafe
eine Menge vernunftloser Tiere. 16 Sie soll-
ten erfahren, dass man mit dem gestraft
wird, mit dem man sündigt. 17 Deine all-
mächtige Hand, die doch die Welt aus ge-
staltlosem Stoff gebildet hat, wäre wohl
imstande gewesen, gegen sie eine Menge
von Bären oder grimmigen Löwen zu sen-
den, 18 oder neu geschaffene, wütende, bis-
her unbekannte Bestien, die feurigen
Atem speien oder zischenden Dampf aus-
stoßen oder aus den Augen schreckliche
Funken sprühen lassen, 19 bei denen nicht
nur der Angriff sie verderben, sondern al-
lein schon der Entsetzen erregende An-
blick sie vernichten konnte. 20 Aber auch
ohne diese hätten sie durch einen einzigen
Hauch hinsinken können, verfolgt von der
rächenden Gerechtigkeit und hingestreckt
vom Hauch deiner Macht. Doch du hast
alles nach Maß und Zahl und Gewicht ge-
ordnet.

21 Denn es liegt jederzeit bei dir, deine
große Macht zu entfalten, und wer könnte
der Kraft deines Arms widerstehen? 22 Ist
doch die ganze Welt vor dir wie ein Stäub-
chen auf der Waage und wie ein Tropfen
Tau, der am Morgen auf die Erde fällt.
23 Aber du hast mit allen Erbarmen, weil
du alles vermagst, und siehst über die Sün-
den der Menschen hinweg, damit sie Buße
tun. 24 Denn du liebst alles, was da ist, und
verabscheust nichts von dem, was du ge-
macht hast. Hättest du etwas gehasst, du
hättest es nicht geschaffen. 25 Wie hätte et-
was Bestand gehabt, wenn du es nicht ge-
wollt, oder wie wäre etwas erhalten wor-
den, wenn es nicht von dir gerufen wäre?
26 Du aber schonst alles, weil es dir gehört,
Herr, Freund des Lebens.

12 Denn dein unvergänglicher Geist
ist in allen. 2 Deshalb strafst du
auch die Fehlenden gering und mahnst
sie durch die Erinnerung an ihre Sünden,
damit sie von der Bosheit ablassen und an
dich glauben, Herr.

Gottes Nachsicht mit Kanaan

3 Auch die früheren Bewohner deines hei-
ligen Landes hast du gehasst, 4 weil sie die
schändlichsten Zauberkünste und ruchlo-
se Geheimkulte trieben. 5 Erbarmungslose
Kindermörder (waren sie), die beim Op-
fermahl Menschenfleisch und Menschen-
blut verzehrten. Darum nahmst du dir vor,
mitten im Gelage die Teilnehmer 6 und die
Eltern, die eigenhändig hilflose Seelen
mordeten, durch die Hände unserer Väter

auszurotten, 7 damit das bei dir am meis-
ten geschätzte Land eine würdige Bevölke-
rung von Kindern Gottes erhielte. 8 Aber
auch gegen jene übtest du Schonung, weil
sie Menschen waren, und sandtest Hornis-
sen als Vorläufer deines Heeres, damit die-
se sie nach und nach vernichteten. 9 Nicht
als ob es dir unmöglich gewesen wäre, die
Gottlosen in einer Schlacht den Gerechten
zu unterwerfen oder durch schreckliche
Tiere oder durch ein scharfes Wort mit
einem Schlag zu vernichten. 10 Aber du
gabst ihnen dadurch, dass du die Strafe
nach und nach vollzogst, Gelegenheit zur
Umkehr, obgleich du wusstest, dass ihr
Ursprung böse und ihre Verderbtheit an-
geboren war und dass sich ihr Sinn in
Ewigkeit nicht ändern würde. 11 Denn
schon von Anfang an waren sie ein ver-
fluchtes Geschlecht.

Auch ließest du ihnen nicht aus Scheu
vor irgendeiner Person Straflosigkeit für
ihre Sünden angedeihen. 12 Denn wer darf
sagen: Was hast du getan? Oder wer kann
sich deinem Urteil widersetzen? Wer darf
dich wegen der Vernichtung von Völkern,
die du selbst erschaffen hast, anklagen?
Oder wer wollte gegen dich als Anwalt
gottloser Menschen auftreten? 13 Es gibt ja
keinen Gott außer dir, der für alles sorgt,
sodass du beweisen müsstest, dass du
nicht unrecht gerichtet hast, 14 noch kann
ein König oder Machthaber dir entgegen-
treten um jener willen, die du gezüchtigt
hast. 15 Doch weil du gerecht bist, ordnest
du alles mit Gerechtigkeit, erachtest es un-
vereinbar mit deiner Macht, den zu ver-
urteilen, der keine Strafe verdient hat.
16 Deine Stärke ist ja Grund deiner Gerech-
tigkeit und der Umstand, dass du alles be-
herrschst, gestattet dir, alles zu schonen.
17 Stärke zeigst du nur, wenn man an die
Machtfülle nicht glaubt, und du bestrafst
den Trotz bei denen, die sie kennen. 18 Ob-
gleich du über Stärke verfügst, richtest du
mit Milde und leitest uns mit großer
Nachsicht; denn die Macht steht dir zur
Verfügung, sobald du willst.

Lehren aus Gottes Nachsicht

19 Durch solches Verfahren hast du dein
Volk belehrt, dass der Gerechte men-
schenfreundlich sein soll, und hast deine
Söhne mit der frohen Hoffnung erfüllt,
dass du nach Sünden Zeit zur Buße
schenkst. 20 Denn wenn du schon die Fein-
de deiner Kinder und die dem Tod Verfal-
lenen mit solcher Schonung und Nach-
sicht bestraftest, indem du ihnen Zeit und
Gelegenheit gabst, sich von der Bosheit
loszumachen, 21 mit welcher Sorgfalt hast
du erst deine Söhne gezüchtigt, deren Vä-
tern du unter Eid einen Bund voll herr-
licher Verheißungen gewährtest! 22 Wäh-
rend du uns also erziehst, schlägst du
unsere Feinde zehntausendfach, damit
wir, wenn wir selbst richten, deine Güte
uns zum Vorbild nehmen, und wenn wir
gerichtet werden, auf Erbarmen hoffen.

Der Nachsicht folgt Gottes Strenge

23 Deshalb hast du auch die Ungerechten,
die in Torheit ihr Leben verbrachten,
durch ihre eigenen Gräuel gezüchtigt.
24 Denn sie hatten sich auf den Wegen des
Irrtums allzu weit verirrt, als sie die ver-
ächtlichsten aller hässlichen Tiere für Göt-
ter hielten und wie unverständige Tiere
sich täuschen ließen. 25 Darum hast du
ihnen wie unvernünftigen Kindern eine
Plage gesandt, die sie zum Gespött mach-
te. 26 Die sich aber durch den Spott der
Strafe nicht warnen ließen, mussten ein
Gericht erfahren, das Gottes würdig war.
27 Denn als sie in ihren Leiden sich über
die ärgerten, die sie für Götter hielten, weil
sie von ihnen geplagt wurden, sahen sie
ein, dass jener, den sie vorher nicht ken-
nen wollten, der wahre Gott sei. Darum
kam auch die äußerste Strafe über sie.

Die Torheit des Götzendienstes

Der Kult der Gestirne und Naturmächte

13 Toren waren ja von Natur schon
alle Menschen, denen die Erkennt-
nis Gottes fehlte und die aus den sicht-
baren Vollkommenheiten den Seienden
nicht wahrzunehmen vermochten, noch
bei der Betrachtung seiner Werke den
Meister erkannten, 2 sondern Feuer oder
Wind oder die flüchtige Luft, den Kreis
der Gestirne oder das gewaltige Wasser
oder die Leuchten des Himmels für welt-
regierende Götter hielten. 3 Wenn sie,
durch deren Schönheit entzückt, schon in
diesen Dingen Götter sahen, so hätten sie
doch wissen sollen, um wie viel herrlicher
ihr Gebieter ist. Denn der Urheber der
Schönheit hat sie geschaffen. 4 Und wenn

sie über deren Kraft und Wirksamkeit in Staunen gerieten, so mussten sie daraus schließen, um wie viel mächtiger ihr Schöpfer ist. [5] Denn von der Größe und Schönheit der Geschöpfe lässt sich auf ihren Schöpfer schließen. [6] Indessen verdienen diese nur einen geringen Tadel. Denn sie gehen vielleicht nur irre, während sie wirklich Gott suchen und finden wollen. [7] Mit seinen Werken beschäftigt, forschen sie ja nach ihm, lassen sich aber durch das Aussehen verführen, weil das Geschaute so schön ist. [8] Dennoch sind auch sie nicht zu entschuldigen. [9] Besaßen sie so viel geistige Fähigkeit, dass sie die Welt durchforschen konnten, wie kam es, dass sie nicht eher deren Herrn fanden?

Der Kult der Götzenbilder

[10] Unglückselig aber waren und auf tote Dinge setzten ihre Hoffnung, die Werke von Menschenhand Götter nannten, Gold und Silber, Kunstgebilde und Tiergestalten oder einen unnützen Stein, das Werk einer Hand der Vorzeit. [11] Da sägt ein Holzarbeiter einen tauglichen Stamm heraus, schält sachkundig seine ganze Rinde ringsum ab und verfertigt daraus in künstlerischer Bearbeitung ein nützliches Gerät für den Gebrauch des täglichen Lebens. [12] Was von der Arbeit abfällt, verwendet er zur Bereitung der Mahlzeit und isst sich satt. [13] Was aber dann noch übrig bleibt, weil es zu gar nichts taugt, krummes und mit Knoten durchwachsenes Holz, nimmt er, schnitzt daran in seinen Mußestunden und gibt ihm ohne große Sorgfalt irgendeine Gestalt. Er formt es zum Bild eines Menschen [14] oder macht es irgendeinem ganz gewöhnlichen Tier ähnlich. Dann bestreicht er es mit Mennig und färbt seine Haut mit roter Schminke und übermalt jeden Flecken an ihm. [15] Dann verfertigt er ihm ein passendes Gehäuse, stellt es an der Wand auf, an der er es mit einem Eisen befestigt. [16] So sorgt er dafür, dass es nicht umfällt. Denn er weiß, dass es sich selbst nicht helfen kann, weil es nur ein Bild ist und der Unterstützung bedarf. [17] Wenn er aber um Hab und Gut, für Frau und Kind beten will, dann scheut er sich nicht, das leblose Ding anzureden. Um Gesundheit ruft er das Kraftlose an, [18] um Leben bittet er das Tote, um Hilfe fleht er das Ohnmächtige an, um gute Reise etwas, was keinen Fuß gebrauchen kann, [19] für Erwerb, Arbeit und Erfolg im Handwerk begehrt er Kraft von dem, dessen Hände völlig kraftlos sind.

14 Ein anderer wieder, der eine Seereise unternimmt und wilde Wogen durchfahren will, ruft ein Holz an, das gebrechlicher ist als das Fahrzeug, das ihn trägt. [2] Denn dieses hat der Erwerbstrieb ersonnen und die Weisheit eines Künstlers hat es gebaut. [3] Deine Vorsehung aber, Vater, steuert es; denn du gabst auch im Meer einen Weg und in den Wogen einen sicheren Pfad. [4] Du zeigtest dadurch, dass du aus jeder Lage erretten kannst, selbst wenn einer auch ohne Erfahrung ein Schiff besteigen sollte. [5] So willst du aber, dass die Werke deiner Weisheit nicht ungenutzt bleiben. Darum vertrauen die Menschen auch einem winzigen Holz ihr Leben an und fahren, auf einem Floß wohlbehalten durch die Wogen. [6] So hatte sich auch in der Urzeit, als die übermütigen Riesen umkamen, die Hoffnung der Welt auf ein Floß geflüchtet und, von deiner Hand gesteuert, der Welt den Samen eines neuen Geschlechtes hinterlassen. [7] Denn gesegnet ist das Holz, das gerechten Zwecken dient. [8] Das von Menschenhand gefertigte Götzenbild aber ist verflucht, es selbst und der es gebildet hat. Dieser, weil er es angefertigt hat, jenes, weil es Gott genannt wurde, obwohl es ein vergängliches Ding war. [9] Denn Gott sind in gleicher Weise der Gottlose und sein gottloses Werk verhasst, [10] wird doch das Werk samt seinem Bildner gestraft. [11] Deshalb ergeht auch über die Götzen der Völker ein Gericht, weil sie in der Schöpfung Gottes zum Gräuel geworden sind, zum Ärgernis für die Seelen der Menschen und zum Fallstrick für die Füße der Toren.

Ursprung des Götzenbilderkultes

[12] Denn Anfang des Abfalls ist das Ersinnen von Götzenbildern; derlei Erfindung aber ist Verderbnis des Lebens. [13] Sie waren ja weder von Anfang da, noch werden sie ewig bleiben. [14] Nur durch den törichten Wahn der Menschen sind sie in die Welt gekommen; deshalb ist ihnen auch ein jähes Ende zugedacht. [15] Durch allzu frühe Trauer verzehrt, ließ ein Vater von dem so rasch entrissenen Kind ein Bild ma-

chen, verehrte den nunmehr toten Men-
schen wie einen Gott und ordnete für die
Untergebenen geheimen Kult und Weihen
an. 16 Dann erstarkte im Lauf der Zeit die
gottlose Sitte und wurde wie ein Gesetz
befolgt; 17 auf Befehl der Herrscher wurde
das Schnitzwerk göttlich verehrt. Von de-
nen, welche die Menschen nicht von An-
gesicht ehren konnten, weil sie weit ent-
fernt wohnten, machten sie sich aus der
Ferne eine Vorstellung von ihrer Gestalt,
fertigten sich ein erkennbares Bild von
dem verehrten König an, um dem Abwe-
senden mit Eifer so huldigen zu können,
als ob er anwesend wäre. 18 Zur Steigerung
der Verehrung trieb der Ehrgeiz des
Künstlers auch solche an, die ihn gar nicht
kannten. 19 Denn dieser bot, um dem
Machthaber zu gefallen, seine ganze Kunst
auf, die Ähnlichkeit noch schöner zu ge-
stalten. 20 Die Menge aber, von der Anmut
des Kunstwerkes hingerissen, hielt nun
den, der kurz zuvor noch als Mensch ge-
ehrt worden war, für einen Gegenstand
der Anbetung. 21 Dies gereichte dem Leben
zum Verderben, dass die Menschen unter
dem Druck eines Unglücks oder eines
Machthabers Stein und Holz den Namen
beilegten, der keinem anderen beigelegt
werden darf.

Folgen des Götzenbilderkultes

22 Aber nicht genug, in der Erkenntnis
Gottes zu irren, nennen sie, die in dem
großen Krieg der Unwissenheit dahinle-
ben, solche Übel auch noch Frieden. 23 Da
sie kindermörderische Opfer oder verbor-
gene Geheimkulte oder wüste Gelage mit
absonderlichen Bräuchen feiern, 24 bewah-
ren sie weder Leben noch Ehe rein, son-
dern einer tötet heimtückisch den anderen
oder kränkt ihn durch Ehebruch. 25 Alles
ohne Unterschied beherrscht Blut und
Mord, Diebstahl und Betrug, Entehrung
und Treulosigkeit, Aufruhr und Meineid,
26 Verunsicherung der Guten, Vergessen
der Wohltaten, Befleckung der Seelen,
unnatürlicher Geschlechtsverkehr, Zer-
rüttung der Ehen, Ehebruch und Aus-
schweifung. 27 Denn die Verehrung der na-
menlosen Götzen ist aller Übel Anfang,
Ursache und Ende. 28 Rasen sie doch bei
ihren Lustbarkeiten oder weissagen Lüge
oder führen ein gottloses Leben oder
schwören leichtfertig falsche Eide. 29 Auf
die Leblosigkeit ihrer Götzen vertrauend,
erwarten sie, dass sie keinen Schaden lei-
den, wenn sie falsch schwören. 30 Dennoch
wird sie die gerechte Strafe für beides tref-
fen, dass sie, den Göttern ergeben, ver-
kehrte Vorstellungen von Gott hatten und
dass sie aus Missachtung der Frömmigkeit
in Arglist falsch geschworen haben.
31 Denn nicht die Macht derer, bei denen
sie schwören, sondern die den Sündern ge-
bührende Strafe folgt stets den Übertre-
tungen der Frevler nach.

Israel dient nicht den Götzenbildern

15 Du aber, unser Gott, bist gütig und
treu; langmütig und voll Erbarmen
regierst du das All. 2 Auch wenn wir sündi-
gen, sind wir dein, da wir deine Macht
kennen. Wir wollen aber nicht sündigen,
weil wir wissen, dass wir dir zugezählt
sind. 3 Denn dich erkennen ist vollkom-
mene Gerechtigkeit und um deine Macht
wissen ist die Wurzel der Unsterblichkeit.
4 Uns hat ja weder die schlimme Erfindung
der Menschen irregeführt noch auch die
unnütze Arbeit der Maler, eine mit bunten
Farben beschmierte Gestalt, 5 deren An-
blick in dem Toren Begierden weckt, dass
er nach der leblosen Gestalt eines toten
Bildes verlangt. 6 Liebhaber des Bösen und
würdig solcher Hoffnungen sind alle, die
sie anfertigen, nach ihnen verlangen und
sie verehren.

Torheit der Götzenbildner

7 Da müht sich ein Töpfer ab, den Ton
durch Kneten geschmeidig zu machen,
und formt daraus allerlei zu unserem Ge-
brauch. Aus dem gleichen Ton aber bildet
er sowohl Gefäße, die guten Zwecken die-
nen, als auch solche für das Gegenteil, alle
in gleicher Weise. Welchem Zweck aber
ein jedes von ihnen dienen soll, bestimmt
der Töpfer. 8 Und so bildet er mit übel an-
gewandter Mühe aus dem gleichen Ton
einen nichtigen Gott, er, der vor kurzem
selbst aus Erde entstand und bald zu ihr
zurückkehrt, woher er genommen ist,
wenn das Darlehen der Seele von ihm zu-
rückgefordert wird. 9 Aber das macht ihm
keine Sorge, dass er bald dahinsinken wird
und ihm nur ein kurzes Leben beschieden
ist. Vielmehr wetteifert er mit Goldarbei-
tern und Silberschmieden und ahmt den
Erzgießer nach und macht sich eine Ehre

daraus, Trugbilder anzufertigen. [10] Asche ist sein Herz und nichtiger als Staub seine Hoffnung und wertloser als Lehm sein Leben, [11] weil er den nicht erkannte, der ihn gebildet und ihm eine tätige Seele eingehaucht und den Lebensatem eingeblasen hat. [12] Er meinte vielmehr, unser Dasein sei ein Spiel und unser Leben ein Gewinn bringender Jahrmarkt. Denn man müsse, so sagt er, woher auch immer, selbst aus dem Bösen, Gewinn ziehen. [13] Ein solcher weiß ja besser als alle, dass er sündigt, wenn er aus dem gleichen irdenen Stoff zerbrechliche Gefäße und Götzenbilder formt.

Torheit des ägyptischen Götzendienstes

[14] Alle aber sind ganz unverständig und elender als die Seele eines Kindes sind die Feinde deines Volkes, die es bedrücken, [15] weil sie sogar alle Götzen der Völker für Götter hielten, die weder Augen zum Sehen haben noch Nasen zum Einatmen der Luft, noch Ohren zum Hören noch Finger an den Händen zum Tasten, und deren Füße zum Gehen untauglich sind. [16] Hat sie doch ein Mensch gemacht und einer, dem der Atem selbst nur geliehen ist, hat sie geformt. Kein Mensch vermag ja einen Gott zu bilden, der auch nur ihm selbst gleich wäre. [17] Als Sterblicher kann er mit frevelhaften Händen nur Totes schaffen. Er selbst ist besser als die Gegenstände, die er anbetet, weil er Leben hat, jene aber nicht. [18] Sogar die widerwärtigsten Tiere verehren sie, die Dümmsten im Vergleich mit allen anderen. [19] Auch sind sie nicht schön, dass man an ihnen, wie sonst beim Anblick von Tieren, Gefallen haben könnte. Vielmehr sind sie des Lobes Gottes und seines Segens verlustig gegangen.

Ägypten und Israel

Ungeziefer und Wachteln

16 Deshalb wurden die Ägypter mit Recht durch ähnliche Wesen gestraft und durch eine Menge von Ungeziefer gequält. [2] Deinem Volk aber erwiesest du Wohltaten statt dieser Züchtigung. Auf ihr heftiges Verlangen hin gabst du als besondere Kost Wachteln zur Nahrung. [3] Jene sollten, wenn sie nach Speise verlangten, wegen des scheußlichen Aussehens der gegen sie gesandten Tiere selbst die Esslust verlieren, diese aber, nach einer kurzen Entbehrung, sogar eine wunderbare Speise empfangen. [4] Denn über jene, die Unterdrücker, sollte ein unabwendbarer Mangel kommen; diesen aber sollte nur gezeigt werden, wie sehr ihre Feinde gequält wurden.

Heuschrecken und giftige Schlange

[5] Auch damals, als über sie die grimme Wut der wilden Tiere kam und sie durch die Bisse der sich ringelnden Schlangen umzukommen drohten, währte dein Zorn nicht bis zum Ende. [6] Vielmehr wurden sie nur zur Warnung auf kurze Zeit in Schrecken gesetzt und erhielten ein Zeichen der Rettung zur Erinnerung an die Vorschrift deines Gesetzes. [7] Denn wer sich dorthin wandte, wurde gerettet, nicht durch das Geschaute, sondern durch dich, den Retter aller. [8] Auch dadurch bewiesest du unseren Feinden, dass du es bist, der aus jedem Leid erlöst. [9] Jene töteten die Bisse der Heuschrecken und Stechfliegen und es fand sich kein Heilmittel für ihr Leben, weil sie es verdient hatten, durch solche Wesen gezüchtigt zu werden. [10] Deinen Söhnen aber konnten nicht einmal die Zähne giftspritzender Schlangen schaden; denn dein Erbarmen trat dagegen auf und heilte sie. [11] Nur um sie an deine Satzungen wieder zu erinnern, wurden sie gebissen und alsbald wieder geheilt, damit sie nicht in tiefes Vergessen verfielen und von deinem Wohltun abgezogen würden. [12] Denn weder Kraut noch Pflaster machte sie gesund, sondern dein Wort, Herr, das alles heilt. [13] Du hast ja Gewalt über Leben und Tod, führst hinab zu den Pforten der Unterwelt und wieder herauf. [14] Ein Mensch kann wohl in seiner Bosheit einen Menschen töten, aber den entflohenen Geist bringt er nicht mehr zurück und befreit nicht die in die Unterwelt weggenommene Seele.

Hagel und Manna

[15] Deiner Hand zu entrinnen, ist unmöglich. [16] Gottlose, die leugneten, dich zu kennen, wurden durch die Macht deines Arms gezüchtigt; sie wurden durch ungewöhnliche Regengüsse, durch Hagel und furchtbare Gewitter verfolgt und durch Feuer verzehrt. [17] Und was das seltsamste war: in dem Wasser, das sonst alles löscht, wütete

das Feuer weit heftiger; denn die Schöp-
fung kämpft für den Gerechten. [18]Bald
wurde die Flamme gezähmt, damit sie
nicht die gegen die Gottlosen gesandten
Tiere verbrenne, sie selbst aber klar er-
kannten, dass sie durch Gottes Gericht
verfolgt würden. [19]Bald brannte sie selbst
mitten im Wasser über die gewohnte
Macht des Feuers hinaus, um die Erzeug-
nisse des gottlosen Landes zu vernichten.
[20]Stattdessen nährtest du dein Volk mit
der Speise der Engel und reichtest ihnen
unermüdlich fertiges Brot vom Himmel,
das jeglichen Genuss gewährte und jedem
Geschmack entsprach. [21]Denn deine Gabe
offenbarte deinen Kindern gegenüber dei-
ne Süßigkeit, indem sie dem Begehren
dessen entgegenkam, der sie genoss, und
sich in das verwandelte, was jeder wollte.
[22]Schnee und Eis widerstanden dem Feuer
und schmolzen nicht, damit man merkte,
dass das Feuer, das im Hagel brannte und
in den Regengüssen blitzte, nur die Früch-
te der Feinde vernichtete, [23]dass es jedoch
seine eigene Kraft vergaß, damit Gerechte
ernährt würden. [24]Denn die Schöpfung,
die dir, ihrem Schöpfer, untertan ist, wird
zur Bestrafung der Sünder gesteigert; sie
wird gemäßigt, um denen wohl zu tun,
die auf dich vertrauen. [25]Deshalb hat sie
auch damals, in alles sich wandelnd, dei-
ner allernährenden Gabe gemäß dem
Wunsch der Bittenden gedient. [26]Deine
Söhne, die du liebst, Herr, sollten erfahren,
dass nicht die mannigfachen Arten der
Früchte den Menschen ernähren, sondern
dass dein Wort die erhält, die auf dich ver-
trauen. [27]Was nämlich das Feuer nicht ver-
nichten konnte, schmolz sogleich, wenn es
von einem flüchtigen Sonnenstrahl er-
wärmt wurde. [28]Es sollte daraus erkannt
werden, dass man mit der Danksagung ge-
gen dich der Sonne zuvorkommen und
schon gegen Aufgang des Lichts vor dir
erscheinen muss. [29]Denn die Hoffnung
der Undankbaren schmilzt wie der Win-
terreif und verrinnt wie unbrauchbares
Wasser.

Finsternis und Feuersäule

17 Groß sind deine Gerichte und un-
erforschlich, daher verfielen unbe-
lehrbare Seelen dem Irrtum. [2]Die Frevler
hatten nämlich geglaubt, ein heiliges Volk
unterdrücken zu können; nun mussten sie
daliegen, in Finsternis gefangen und von
einer langen Nacht gefesselt, eingeschlos-
sen in ihre Häuser, verbannt von der ewi-
gen Vorsehung. [3]Während sie sich mit
ihren geheimen Sünden unter dem dunk-
len Schleier der Vergessenheit verborgen
wähnten, wurden sie durch furchtbaren
Schrecken auseinandergejagt und durch
Trugbilder von Entsetzen ergriffen.
[4]Denn nicht einmal der Winkel, der sie
umfing, bewahrte sie vor Furcht, sondern
Schrecken erregende Geräusche umbraus-
ten sie, und es erschienen düstere Ge-
spenster mit finsteren Gesichtern. [5]Keines
Feuers Macht vermochte Licht zu schaf-
fen, noch konnten die leuchtenden Flam-
men der Gestirne jene schauerliche Nacht
erhellen. [6]Nur ein von selbst entzündetes,
Furcht erregendes Feuer leuchtete ihnen.
In ihrer Angst hielten sie, wenn jene Er-
scheinung verschwand, das Geschaute für
schlimmer, als es war. [7]Machtlos waren
die Gaukeleien der Zauberkünstler und
die Probe auf das Wissen, mit dem sie
prahlten, fiel jämmerlich aus. [8]Denn sie,
die Schrecken und Angst von kranken Ge-
mütern zu bannen versprachen, krankten
selbst an lächerlicher Furcht. [9]Denn wenn
auch gar nichts Furchtbares vorhanden
war, das sie hätte erschrecken können, so
wurden sie doch durch vorüberlaufendes
Getier oder durch zischende Schlangen
aufgescheucht und kamen fast vor Schre-
cken um und wollten nicht einmal in die
Luft sehen, der man doch nirgends entrin-
nen kann. [10]Die Bosheit erweist sich als
feige und spricht sich selbst das Urteil.
Durch das böse Gewissen bedrängt,
nimmt sie stets das Schlimmste an.
[11]Denn Furcht ist nichts anderes als der
Verzicht auf die von der Überlegung gebo-
tenen Hilfsmittel. [12]Je geringer aber im
Herzen die Erwartung der Hilfe ist, für
umso schlimmer hält sie die Unkenntnis
über die Ursache, welche die Qual ver-
anlasst. [13]Jene aber, welche die ohnmäch-
tige, aus den Tiefen der ohnmächtigen
Unterwelt heraufgekommene Nacht wie
immer schlafend verbringen wollten,
[14]wurden teils durch schreckliche Ge-
spenster verfolgt, teils durch die Verzagt-
heit der Seele gelähmt; denn plötzliche
und unerwartete Furcht kam über sie.
[15]So wurde jeder dort, wo er hinsank, fest-
gehalten und in einem Kerker ohne Riegel

eingeschlossen. 16 Denn mochte es ein
Landmann oder ein Hirt oder Taglöhner
sein, der an einem einsamen Ort beschäf-
tigt war: von ihr überrascht, erlag er dem
unentrinnbaren Zwang. 17 Sie alle waren
durch die eine Kette der Finsternis gefes-
selt. War es nun das Säuseln des Windes,
der liebliche Gesang der Vögel im dichten
Laubwerk, das Rauschen eines mächtig
strömenden Wassers, 18 das wilde Getöse
herabstürzender Felsblöck, das unsicht-
bare Laufen hüpfender Tiere, das Geheul
brüllender wilder Bestien oder das aus
den Schluchten der Berge zurückgeworfe-
ne Echo, alles versetzte sie in Schrecken
und lähmte sie. 19 Denn die ganze übrige
Welt erstrahlte in glänzendem Licht und
konnte sich unbehindert der Arbeit wid-
men. 20 Nur über jene lag tiefe Nacht aus-
gebreitet, ein Bild der Finsternis, die sie
aufnehmen sollte. Aber sie selbst waren
sich mehr zur Qual als die Finsternis.

18 Deine Heiligen aber befanden sich
im hellsten Licht. Als jene ihre
Stimme hörten, aber die Gestalten nicht
sahen, priesen sie diese glücklich, dass sie
nicht gelitten hatten. 2 Sie dankten, dass sie
ihnen trotz der früheren Misshandlungen
keinen Schaden zufügten, und baten um
Verzeihung für ihr feindliches Verhalten.
3 Ihnen aber gabst du eine flammende Feu-
ersäule als Führerin auf der unbekannten
Reise und als nicht schadende Sonne auf
der ruhmvollen Wanderschaft. 4 Jene hat-
ten es freilich verdient, des Lichtes beraubt
und in Finsternis gefangen zu werden, da
sie deine Söhne, durch die der Welt das
unvergängliche Licht des Gesetzes gege-
ben werden sollte, in Gewahrsam gehalten
hatten.

Tod der Erstgeburt und
Rettung aus Todesnot

5 Jenen aber, die beschlossen hatten, die
Kinder der Heiligen zu töten, wobei nur
ein Kind zwar ausgesetzt, aber gerettet
worden war, nahmst du zur Strafe eine
Menge ihrer Kinder und ließest sie zusam-
men in einer gewaltigen Wasserflut unter-
gehen. 6 Jene Nacht wurde unseren Vätern
im Voraus angekündigt, damit sie in si-
cherer Kenntnis der eidlichen Zusicherun-
gen, denen sie glaubten, guten Mutes sein
konnten. 7 So wurde nun von deinem Volk
Rettung der Gerechten und Untergang der
Feinde erwartet. 8 Denn womit du die Geg-
ner strafst, eben damit hast du uns ver-
herrlicht, indem du uns riefst. 9 Im Ge-
heimen opferten ja die frommen Söhne
trefflicher Eltern und verpflichteten sich
einmütig auf das göttliche Gesetz, dass
die Heiligen in gleicher Weise an den glei-
chen Gütern und an den gleichen Gefah-
ren teilnehmen sollten, und stimmten
schon im Voraus die Lobgesänge der Väter
an. 10 Es antwortete ihnen das misstönende
Geschrei der Feinde und dazwischen hin-
durch tönte das Wehklagen über die be-
trauerten Kinder. 11 Mit der gleichen Strafe
wurde der Sklave wie der Herr gezüchtigt
und der gemeine Mann erlitt das Gleiche
wie der König. 12 Durch die gleiche Todes-
art hatten alle unzählige Tote, sodass die
Lebenden zum Begraben nicht ausreich-
ten, da mit einem Schlag ihre vornehms-
ten Nachkommen dahingerafft wurden.
13 Die bei allem wegen der Zauberkünste
ungläubig geblieben waren, bekannten
nun beim Untergang der Erstgeborenen,
dass das Volk Gottes Sohn sei. 14 Denn
während tiefes Schweigen alles umfing
und die Nacht in ihrem schnellen Lauf bis
zur Mitte vorgerückt war, 15 da sprang dein
allmächtiges Wort vom Himmel her, vom
königlichen Thron, gleich einem wilden
Krieger mitten in das dem Verderben ge-
weihte Land. 16 Als scharfes Schwert trug
es deinen unwiderruflichen Befehl, trat
hin und erfüllte alles mit Tod; es berührte
den Himmel, während es auf der Erde da-
hinschritt. 17 Damals wurden sie plötzlich
durch Traumgebilde furchtbar in Schre-
cken versetzt und es überfiel sie unerwar-
tete Angst. 18 Der eine stürzte hier, der an-
dere dort halb tot nieder und bekannte,
aus welchem Grund er sterben müsste.
19 Denn die Träume, die sie schreckten,
hatten es zuvor angezeigt, damit sie nicht
umkämen, ohne zu wissen, warum sie so
Übles erlitten.

20 Wohl traf auch die Gerechten eine
Prüfung des Todes und eine große Menge
wurde in der Wüste dahingerafft; aber der
Zorn währte nicht lang. 21 Denn alsbald
trat ein untadeliger Mann als Vorkämpfer
auf, indem er die Waffe seines Amtes trug,
Gebet und sühnendes Räucherwerk. Er
trat dem Zorn entgegen und machte der
Plage ein Ende. So bewies er, dass er dein
Diener war. 22 Nicht durch Körperkraft

noch durch Gewalt der Waffen besiegte er ihren Unwillen, sondern durch das Wort unterwarf er den Strafenden, indem er an die den Vätern geschworenen Eide und an die Bündnisse erinnerte. 23 Denn als die Toten schon haufenweise aufeinander lagen, trat er dazwischen und wehrte dem Wüten und versperrte ihm den Weg zu den Lebenden. 24 Auf seinem herabwallenden Gewand war die ganze Welt dargestellt, die ruhmreichen Namen der Väter auf den vier Reihen geschnittener Steine und deine Herrlichkeit auf dem Diadem seines Hauptes. 25 Davor wich der Verderber zurück, das scheute er; denn es genügte schon diese Probe des Zornes.

Tod und Rettung am Roten Meer

19 Über die Gottlosen aber kam bis zum Ende unerbittlicher Zorn. Denn er wusste auch ihr zukünftiges Verhalten voraus, 2 dass sie nämlich, obgleich sie selbst zum Auszug gedrängt und sie eilends entlassen hatten, sich bald anders besinnen und sie verfolgen würden. 3 Während sie noch trauerten und an den Gräbern der Toten klagten, fassten sie schon einen anderen törichten Entschluss und verfolgten die wie Flüchtlinge, die sie mit flehentlichem Bitten fortgeschickt hatten. 4 Es trieb sie das verdiente Verhängnis zu diesem Untergang und ließ sie das Geschehene vergessen, damit sie die an ihren Plagen noch fehlende Züchtigung vollständig machten.

5 Dein Volk aber sollte eine wunderbare Wanderung erleben, während jene einen ungewöhnlichen Tod fänden. 6 Denn die ganze Schöpfung wurde in ihrem Wesen aufs Neue gestaltet, um ganz besonderen Befehlen zu gehorchen, damit deine Kinder unversehrt erhalten blieben. 7 Es erschien die Wolke, die das Lager überschattete, und es tauchte trockenes Land auf, wo vorher Wasser war, ein unversperrter Weg aus dem Roten Meer und eine grünende Flur aus der reißenden Flut. 8 Darüber zogen mit allem Volk die von deiner Hand Beschirmten und sahen staunenswerte Wunder. 9 Wie Pferde weideten sie und hüpften wie Lämmer und priesen dich, Herr, als ihren Retter. 10 Denn sie dachten noch an ihre Erlebnisse im fremden Land, wie Mücken nicht von Tieren, sondern von der Erde hervorgebracht wurden, und der Fluss statt der Wassertiere eine Menge Frösche ausspie. 11 Später sahen sie auch ein neuartiges Entstehen von Vögeln, als sie in ihrer Gier nach Leckerbissen verlangten. 12 Denn zur Befriedigung ihrer Lust stiegen Wachteln vom Meer herauf.

13 Auch die Strafen kamen über die Sünder nicht, ohne dass Zeichen durch heftige Donnerschläge vorausgegangen waren. Denn sie litten mit Recht für ihre bösen Taten. Hatten sie doch einen besonders schlimmen Fremdenhass gezeigt. 14 Andere nahmen unbekannte Ankömmlinge nicht auf; diese aber machten Gäste, die ihre Wohltäter waren, zu Sklaven. 15 Und nicht nur dies! Gewiss wird auch jene eine Strafe treffen, weil sie die Fremden gleich anfangs gehässig aufgenommen hatten. 16 Diese aber hatten sie mit Festlichkeiten aufgenommen und dann, nachdem sie der gleichen Rechte teilhaft geworden waren, mit schwerem Frondienst geplagt. 17 Sie wurden aber ebenso mit Blindheit geschlagen wie jene an der Tür des Gerechten, als sie von dichter Finsternis umgeben waren und jeder den Eingang zu seiner Tür suchte.

Die Natur, beim Auszug wiederhergestellt

18 Die Elemente wandeln nämlich sich selbst um, wie bei einem Saiteninstrument die Töne den Rhythmus ändern, während sie in ihrem Klang stets gleich bleiben. Dies lässt sich bei der Betrachtung der Geschehnisse deutlich erkennen. 19 Denn Landtiere wurden in Wassertiere umgewandelt und schwimmende Tiere stiegen ans Land. 20 Das Feuer zeigte im Wasser größere Kraft und das Wasser vergaß seine löschende Wirkung. 21 Flammen wiederum verzehrten nicht das Fleisch leicht vergänglicher Wesen, die hineingerieten, noch ließ sich die leicht schmelzende, eisartige himmlische Nahrung schmelzen.

22 Denn in allem hast du, Herr, dein Volk groß und herrlich gemacht, hast es nie vergessen und bist ihm zu jeder Zeit und an jedem Ort beigestanden.

Das Buch Jesus Sirach

Vorwort des Übersetzers

Vieles und Großes ist uns durch das Gesetz, die Propheten und die anderen Schriften, die ihnen folgen, geschenkt worden, um derentwillen Israel wegen seiner Bildung und Weisheit zu loben ist. Die darin zu lesen verstehen, sollen nicht nur sich selbst bilden, sie sollen auch, wenn sie sich tiefer hinein versenken, andere durch Wort und Schrift fördern. Deshalb hat sich mein Großvater Jesus – nachdem er sich sorgfältig mit dem Gesetz, den Propheten und den übrigen von den Vätern überkommenen Schriften befasst und sich eine gründliche Kenntnis davon verschafft hatte – entschlossen, auch seinerseits etwas zu schreiben, was Bildung und Weisheit fördert. Auf diese Weise sollte, wer sich diese mit Lust und Liebe angeeignet hätte, mehr und mehr wachsen durch ein Leben nach dem Gesetz. So seid ihr nun gebeten, euch mit Wohlwollen und Aufmerksamkeit an die Lektüre zu begeben. Übt auch Nachsicht, wo die – obzwar mit Sorgfalt vorgenommene – Übersetzung vielleicht in ihrem Ausdruck unzulänglich ist. Denn es ist nicht das Gleiche, ob man etwas im hebräischen Urtext liest, oder ob es in eine andere Sprache übertragen wurde. Nicht nur dieses Buch, auch das Gesetz, die Propheten und die übrigen Schriften weisen keinen geringen Unterschied auf, wenn man sie in ihrer Ursprache liest. Ich fand, als ich im achtunddreißigsten Jahr des Königs Euergetes nach Ägypten kam und mich zu seiner Zeit dort aufhielt, nicht geringere Bildung vor. Darum scheute ich keinen Eifer und keine Mühe, dieses Buch zu übersetzen. So habe ich mich denn in der Zwischenzeit unermüdlich darangemacht, das Buch zu vollenden und für jene herauszugeben, die auch in der Fremde sich hineinvertiefen wollen und die sich vorgenommen haben, nach dem Gesetz zu leben.

Erziehung zur Weisheit und zu individuellen Tugenden

Das Geheimnis der Weisheit

1 Alle Weisheit stammt vom Herrn /
und ist bei ihm für immer.
2 Den Sand des Meeres, die Tropfen des
Regens / und die Tage der Vorzeit, wer
kann sie zählen?
3 Die Höhe des Himmels, die Breite der
Erde / und die Tiefe des Meeres, wer kann
sie ergründen?
4 Früher als alle Dinge ist die Weisheit
erschaffen, / die verständige Einsicht seit
Ewigkeit.
5 [Die Quelle der Weisheit ist das Wort
Gottes in den Höhen, / und ihre Wege
sind die ewigen Gebote.]
6 Die Wurzel der Weisheit, wem wurde
sie enthüllt, / ihre Pläne, wer hat sie
durchschaut?
7 [Die Lehre der Weisheit, wem wurde
sie offenbart, / ihre vielfältigen Wege, wer
hat sie erkannt?]
8 Nur einer ist weise, Ehrfurcht gebie-
tend: / der da sitzt auf seinem Thron, der
Herr.
9 Er hat sie geschaut und gezählt, / er hat
sie ausgegossen über all seine Werke
10 und alles Fleisch, gemäß seiner Gabe, /
er spendet sie denen, die ihn fürchten.

Gottesfurcht

11 Den Herrn fürchten ist Ehre und
Ruhm, / Fröhlichkeit und ein Kranz zur
Festfeier.
12 Die Furcht vor dem Herrn erquickt
das Herz, / Freude gibt sie, Frohsinn und
langes Leben.
13 Dem, der den Herrn fürchtet, wird es
wohl ergehen am Ende, / am Tag seines
Todes wird er gepriesen.

[14] Der Anfang der Weisheit ist die
Furcht vor dem Herrn, / den Getreuen
wird sie im Mutterschoß gegeben.
[15] Bei den Menschen siedelte sie sich an
auf sicherem Grund, / und auch bei ihren
Nachkommen wird sie festen Bestand
haben.
[16] Die Fülle der Weisheit ist die Furcht
vor dem Herrn, / sie erquickt sie mit ihren
Früchten.
[17] Ihr ganzes Haus füllt sie mit Kostbar-
keiten, / ihre Speicher mit ihren Erzeug-
nissen.
[18] Die Krone der Weisheit ist die Furcht
vor dem Herrn, / aufsprossen lässt sie Heil
und Gesundheit.
[19] Verständnis und weise Einsicht lässt
sie strömen, / wer sie festhält, dem erhöht
er den Ruhm.
[20] Wurzel der Weisheit ist die Furcht vor
dem Herrn, / ihre Zweige sind langes
Leben.

Geduld und Selbstbeherrschung

[21] Die Furcht vor dem Herrn nimmt die
Sünden weg; / wer in ihr verbleibt, wendet
den Zorn ab.
[22] Der Zorn des Ungerechten kann ihn
nicht rechtfertigen, / denn das Gewicht
seines Zorns bringt ihn zu Fall.
[23] Der Geduldige hält aus bis zur gege-
benen Zeit, / doch dann erfüllt ihn Freu-
de.
[24] Bis zur rechten Zeit hält er mit seinen
Worten zurück, / dann werden die Lippen
vieler seine Klugheit preisen.

Weisheit und Rechtschaffenheit

[25] Unter den Schätzen der Weisheit sind
Sprüche voll Einsicht, / ein Gräuel aber für
den Sünder ist die Gottesfurcht.
[26] Begehrst du nach Weisheit, so halte
die Gebote, / und der Herr wird sie dir
schenken.
[27] Denn Weisheit und Bildung bestehen
in der Furcht vor dem Herrn, / und sein
Wohlgefallen sind Treue und Milde.
[28] Widerstrebe nicht der Furcht vor dem
Herrn, / und nahe ihr nicht mit zwiespäl-
tigem Herzen.
[29] Sei vor den Menschen kein Heuchler, /
und gib Acht auf deine Lippen.
[30] Überhebe dich nicht, damit du nicht
fällst / und Schande über dich bringst.
Denn der Herr wird enthüllen, was du
verbirgst, / er wird dich stürzen inmitten
der Gemeinde,
weil du dich der Gottesfurcht genaht
hast, / obwohl dein Herz voll Trug war.

Gottesfurcht bei der Prüfung

2 Mein Sohn, wenn du dem Herrn die-
nen willst, / dann mach dich gefasst
auf Prüfungen.
[2] Sei tapfer und stark, / auch überstürze
nichts in der Zeit der Heimsuchung.
[3] Hänge ihm an und weiche nicht ab, /
damit du erhöht wirst an deinem Ende.
[4] Alles, was über dich kommen mag,
nimm an, / halt aus in der Bedrängnis.
[5] Denn im Feuer wird das Gold
geprüft, / der Mensch aber, der Gott
gefällt, im Ofen der Bedrängnis.
[6] So vertrau auf Gott und er wird sich
deiner annehmen, / geh auf geraden
Wegen und hoffe auf ihn.
[7] Die ihr den Herrn fürchtet, hofft auf
sein Erbarmen. / weicht nicht ab, damit
ihr nicht fallt.
[8] Die ihr den Herrn fürchtet, vertraut auf
ihn, / und euer Lohn wird euch nicht ent-
gehen.
[9] Die ihr den Herrn fürchtet, hofft auf
Gutes, / auf immerwährende Freude und
Erbarmen.
[10] Schaut auf die Geschlechter der Ver-
gangenheit und erkennt: / Wer hat auf den
Herrn vertraut und wurde verlassen?
Oder wer verharrte in der Furcht vor
ihm und wurde verlassen? / Oder wer rief
ihn an und er hätte ihn übersehen?
[11] Denn gnädig und barmherzig ist der
Herr; / er lässt die Sünden nach und hilft
in bedrängten Zeiten.
[12] Weh den mutlosen Herzen und den
schlaffen Händen / und dem Sünder, der
auf zweierlei Wegen geht!
[13] Weh dem schlaffen Herzen, weil es
nicht vertraut; / darum wird es ohne
Schutz sein.
[14] Weh euch, die ihr die Hoffnung ver-
loren habt, / denn was werdet ihr tun,
wenn der Herr euch heimsucht?
[15] Die den Herrn fürchten, sind nicht
ungehorsam gegen sein Wort, / und die
ihn lieben, werden seine Wege einhalten.
[16] Die den Herrn fürchten, suchen sein
Wohlgefallen, / und die ihn lieben, sind
vom Gesetz erfüllt.
[17] Die den Herrn fürchten, machen ihre

Herzen bereit / und ergeben sich ihm
demütig.
18 Wir wollen in die Hände Gottes fal-
len, / aber nicht in die Hände von Men-
schen.
Denn wie seine Größe, so ist auch sein
Erbarmen, / und wie sein Name, so sind
auch seine Werke.

Pflichten gegen die Eltern

3 Hört, ihr Kinder, auf mich, den Va-
ter, / und handelt danach, dass ihr
das Heil erlangt.
2 Denn der Herr ehrt den Vater in seinen
Kindern, / und er stellt das Recht der
Mutter über die Söhne sicher.
3 Wer den Vater ehrt, erlangt Verzei-
hung der Sünden, / 4 und einem, der
Schätze sammelt, gleicht, wer seine Mutter
achtet.
5 Wer den Vater ehrt, wird selbst Freude
an Kindern erleben, / und wenn er betet,
wird er erhört werden.
6 Wer den Vater hoch schätzt, wird viele
Tage sehen, / wer auf den Herrn hört,
erweist seiner Mutter Ehre.
7 Wer den Herrn fürchtet, ehrt seinen
Vater. / Er dient seinen Eltern wie Herren.
8 Mein Sohn, in Wort und Werk ehre
deinen Vater,
damit sein Segen auf dich herabkommt.
9 Der Segen des Vaters festigt das Haus
der Kinder, / doch der Fluch der Mutter
wird die Fundamente ausreißen.
10 Suche deinen Ruhm nicht in der
Schmähung deines Vaters, / denn deines
Vaters Schande bringt kein Ansehen für
dich.
11 Die Ehre eines Menschen ist die Ehre
seines Vaters, / und schimpflich ist für die
Kinder eine Mutter in Unehre.
12 Mein Sohn, nimm dich deines Vaters
im Alter an / und betrübe ihn nicht,
solange er lebt.
13 Auch wenn sein Verstand abnimmt,
sieh es ihm nach, / und verachte ihn
nicht, wenn du in der Blüte deiner Jahre
stehst.
14 Mitleid gegen den Vater wird nicht in
Vergessenheit geraten, / für deine Sünden
wird es dir angerechnet.
15 Am Tag der Prüfung wird Gott deiner
gedenken, / und wie Reif in der Wärme, so
schmelzen deine Sünden dahin.
16 Ein Frevler ist, wer seinen Vater im
Stich lässt, / und vom Herrn verflucht, wer
seine Mutter erzürnt.

Demut

17 Mein Sohn, führe deine Werke in Demut
aus, / und du wirst mehr geliebt werden
als einer, der Gaben austeilt.
18 Je größer du bist, desto mehr demütige
dich, / dann wirst du Gnade finden bei
Gott.
19 [Denn groß ist die Macht des Herrn, /
und den Demütigen enthüllt er seine
Geheimnisse.]
20 Denn groß ist die Macht Gottes, / und
von den Demütigen wird er geehrt.
21 Was dir zu schwierig ist, suche nicht
zu erforschen, / und was über deine Kräfte
geht, untersuche nicht.
22 Was dir vorgeschrieben ist, daran
denke / und mühe dich nicht um das Ver-
borgene.
23 Was deine Kraft übersteigt, damit
plage dich nicht, / du hast Belehrung
empfangen, die größer ist als das Begreifen
der Menschen.
24 Denn viele sind irregegangen in ihrem
Hochmut, / und schlimmer Wahn hat ihre
Gedanken verwirrt.
25 [Ohne Augapfel fehlt dir das Licht; /
des Wissens ledig, versuche nicht zu über-
zeugen.]

Hochmut

26 Ein trotziges Herz nimmt ein böses
Ende, / und wer die Gefahr liebt, kommt
darin um.
27 Ein trotziges Herz wird sich viel Leid
schaffen, / und der Sünder häuft Sünde
auf Sünde.
28 Für die Wunden des Stolzen gibt es
keine Heilung, / denn ein Gewächs der
Bosheit ist, was in ihm gewachsen.
29 Ein weises Herz ist aufgetan für die
Sprüche der Weisen, / und ein aufmerk-
sames Ohr ist die Sehnsucht des Weisen.

Liebe zu den Armen

30 Ein loderndes Feuer löscht man mit
Wasser; / so sühnt barmherzige Liebe die
Sünden.
31 Wer Wohltaten erweist, denkt an die
Zukunft, / und am Tag, an dem er wankt,
findet er eine Stütze.

4 Mein Sohn, verweigere dem Armen
nicht den Lebensunterhalt, / und lass

die Augen des Bedrückten nicht verschmachten.
[2] Lass den Hungrigen nicht leiden, / und verbittere niemand in seiner Ausweglosigkeit.
[3] Sei nicht hart gegen das Herz eines Unglücklichen / und verweigere dem Bedürftigen nicht deine Gabe.
[4] Den Bedrängten, der hilflos ist, weise nicht ab, / und wende deinen Blick nicht weg von dem Armen.
[5] Wende dein Auge nicht weg vom Bedürftigen, / und gib ihm keinen Grund, dich zu verfluchen.
[6] Denn wenn er dich verflucht im Schmerz seiner Seele, / so wird sein Schöpfer sein Flehen erhören.
[7] Mach dich beliebt in der Gemeinde, / und beuge das Haupt vor dem Hochgestellten.
[8] Öffne dem Armen dein Ohr, / und erwidere ihm leutselig den Gruß.
[9] Rette den Bedrängten vor seinen Bedrängern, / und sei nicht kleinmütig in deinem Urteilsspruch.
[10] Sei wie ein Vater den Waisen / und wie ein Gatte den Witwen.
Dann wirst du wie ein Sohn des Höchsten sein, / er wird dich mehr lieben als deine Mutter.

Erziehung durch Weisheit

[11] Die Weisheit erzieht ihre Söhne / und nimmt auf, die sie suchen.
[12] Wer sie liebt, liebt das Leben, / und die sie vom Morgen an suchen, werden mit Freude erfüllt.
[13] Wer sie ergreift, wird Ehre erlangen, / und wohin er auch geht, segnet ihn der Herr.
[14] Der Dienst an ihr ist Dienst am Heiligtum; / die sie lieben, liebt der Herr.
[15] Wer auf sie hört, wird gerecht richten, / wer sich nach ihr richtet, wird in Sicherheit wohnen.
[16] Wenn er auf sie vertraut, wird er sie als Erbteil erlangen, / und auch seine Nachkommen werden sie besitzen.
[17] Denn zuerst führt sie ihn auf gewundenem Pfad, / lässt Furcht und Zittern über ihn kommen.
Und setzt ihm zu mit ihrer Zucht, bis sie ihm vertrauen kann, / und prüft ihn durch ihre Vorschriften.
[18] Dann aber führt sie ihn wieder auf geradem Weg / und enthüllt ihm ihre Geheimnisse.
[19] Weicht er ab, so verlässt sie ihn / und gibt ihn seinem Verderben preis.

Echte und falsche Scham

[20] Mein Sohn, achte auf die rechte Zeit und hüte dich vor dem Bösen! / Du sollst dich deiner selbst nicht schämen müssen.
[21] Eine Scham gibt es, die zur Sünde führt, / wie es eine Scham gibt, die Ehre und Ruhm einträgt.
[22] Sei nicht parteiisch gegen dich selbst, / und habe keine falsche Scham, dir selbst zum Schaden.
[23] Halte das Wort nicht zurück, wenn es retten kann, / und halte deine Weisheit nicht verborgen.
[24] Denn in der Rede tut sich die Weisheit kund, / und die Einsicht durch die Antwort der Zunge.
[25] Widerspreche nicht der Wahrheit; / deiner Unwissenheit sollst du dich schämen.
[26] Schäme dich nicht, deine Sünden zu bekennen, / und stelle dich nicht der Strömung des Flusses entgegen.
[27] Unterwerfe dich nicht dem Toren, / und nimm keine Rücksicht auf einen Mächtigen.
[28] Bis zum Tod streite für die Wahrheit, / und Gott, der Herr, wird für dich kämpfen.
[29] Sei nicht prahlerisch mit deiner Zunge / und schlaff und matt in deinen Taten.
[30] Sei nicht wie ein Löwe in deinem Haus, / aber ein Feigling mit deinen Knechten.

Reichtum und Vermessenheit

[31] Deine Hand sei nicht offen zum Nehmen / und verschlossen zum Geben.
5 Verlass dich nicht auf deinen Reichtum, / und sprich nicht: Ich habe genug.
[2] Folge nicht deiner Neigung und deinem Vermögen, / um nach den Begierden deines Herzens zu leben.
[3] Sage nicht: Wer hat Macht über mich? / Denn der Herr wird nicht säumen, dich zu bestrafen.
[4] Sage nicht: Ich habe gesündigt, doch was ist mir geschehen? / Denn der Herr hat einen längeren Atem.
[5] Sei der Vergebung nicht so sicher, / dass du Sünde auf Sünde häufst.

6 Sage nicht: Seine Barmherzigkeit ist groß, / er wird mir auch die Menge meiner Sünden verzeihen.

Zwar ist Barmherzigkeit bei ihm, aber auch Zorn, / und auf den Sündern ruht sein Grimm.

7 Zögere nicht, dich zum Herrn zu bekehren, / und verschieb es nicht Tag um Tag.

Denn der Zorn des Herrn bricht plötzlich aus, / und du wirst in der Zeit der Vergeltung dahingerafft.

8 Vertraue nicht auf unrecht erworbene Schätze, / denn sie nützen nichts am Tag des Zorns.

Beständigkeit und Selbstbeherrschung

9 Worfle nicht bei jedem Wind, / und geh nicht auf jedem Pfad. / [So macht es der doppelzüngige Sünder.]

10 Bleibe fest bei deiner Überzeugung, / eindeutig sei deine Rede.

11 Sei schnell bereit zum Hören, / aber mit Bedächtigkeit gib Antwort.

12 Wenn du etwas weißt, so antworte deinem Mitmenschen, / wenn nicht, so lege die Hand auf deinen Mund.

13 Ehre und Schmach liegen in der Rede, / des Menschen Zunge ist sein Untergang.

14 Dass man dich nicht doppelzüngig nennen muss / und du kein hinterhältiger Schwätzer bist!

Denn wenn für den Dieb Schande bestimmt ist, / trifft den Doppelzüngigen harte Verurteilung.

15 Im Kleinen wie im Großen verfehle dich nicht, / und werde nicht aus einem Freund zum Feind.

6 Schlechten Ruf und Schande bringt die Schmährede hervor, / ebenso ergeht es dem Doppelzüngigen.

2 Verfalle nicht der Macht deiner Gier, / damit sie dich nicht abweidet wie ein Stier.

3 Dein Laub wird sie fressen und deine Früchte verderben / und dich zurücklassen wie einen dürren Baum.

4 Eine leidenschaftliche Seele richtet ihren Besitzer zugrunde / und macht ihn zum Gespött seiner Feinde.

Freundschaft

5 Sanfte Rede erwirbt viele Freunde, / und eine freundliche Zunge vermehrt die Umgänglichkeit.

6 Viele mögen es sein, die in Frieden mit dir leben, / dein Vertrauter aber sei nur einer unter tausend.

7 Erwirbst du einen Freund, erwirb ihn durch Erprobung, / und schenk ihm dein Vertrauen nicht allzu schnell.

8 Denn mancher ist ein Freund je nach der Zeit / und hält nicht stand am Tag der Not.

9 Mancher Freund wird zum Feind / und bringt den schmählichen Streit mit dir an den Tag.

10 Mancher ist nur Freund als Tischgenosse, / aber am Tag des Unheils ist er nicht mehr zu finden.

11 In deinem Glück ist er eins mit dir / und tritt freimütig vor deinem Gesinde auf.

12 Wenn es dir schlecht geht, dann wendet er sich gegen dich / und hält sich vor dir verborgen.

13 Von deinen Feinden halte dich fern, / und vor deinen Freunden sei auf der Hut.

14 Ein treuer Freund ist ein starke Stütze, / wer einen solchen findet, hat ein Vermögen gefunden.

15 Für einen treuen Freund gibt es keinen Preis, / und nichts wiegt seinen Wert auf.

16 Wie ein Beutel des Lebendigen ist ein treuer Freund; / wer den Herrn fürchtet, findet ihn.

17 Wer den Herrn fürchtet, hält rechte Freundschaft, / denn wie er selbst, so ist auch sein Freund.

Streben nach Weisheit

18 Mein Sohn, von deiner Jugend an lerne Zucht, / und du wirst Weisheit erwerben, bis du ergraut bist.

19 Wie einer, der pflügt und mäht, so pflege sie, / und warte auf ihre herrlichen Früchte.

Du wirst mit ihrer Pflege nur wenig Mühe haben / und bald ihre Früchte genießen.

20 Rau erscheint sie den Toren, / und nicht hält es bei ihr aus, wer ohne Einsicht ist.

21 Wie ein schwerer Stein liegt sie auf ihm, / und er zögert nicht, sie abzuwerfen.

22 Denn die Zucht ist wie ihr Name, / und es gibt nicht viele, denen sie liegt.

23 Höre, mein Sohn, nimm meine Lehre an, / und verschmäh nicht meinen Rat.

[24] Bring deine Füße in ihre Fessel / und
unter ihr Joch deinen Hals.
[25] Beuge deinen Nacken, sie zu tragen, /
und werde ihre Stricke nicht leid.
[26] Mit ganzem Herzen schreite auf sie
zu, / und mit all deiner Kraft halte ihre
Wege ein.
[27] Spüre ihr nach und suche und sie wird
dir kund; / hast du sie aber gefasst, so lasse
sie nicht wieder los.
[28] Denn schließlich wirst du bei ihr Ruhe
finden, / und sie wird sich dir in Freude
verwandeln.
[29] Ihre Fesseln werden dir zu einem
mächtigen Schutz / und ihre Stricke zu
einem Prachtgewand.
[30] Ein Goldschmuck ist ihr Joch, / und
ihre Stricke sind ein Purpurband.
[31] Als Prachtgewand wirst du sie anle-
gen / und wie eine Ehrenkrone sie aufset-
zen.
[32] Wenn es dir gefällt, mein Sohn, kannst
du belehrt werden, / und wenn du deinen
Sinn darauf richtest, wirst du klug.
[33] Wenn du bereit bist zuzuhören, wirst
du lernen, / und wenn du dein Ohr neigst,
weise werden.
[34] Verweile gern im Kreis der Alten, /
und wer weise ist, dem gesell dich zu.
[35] Höre gern jedes Wort, das von Gott
kommt, / und lass dir keinen Weisheits-
spruch entgehen.
[36] Sieh dich um, wer Einsicht hat und
suche ihn auf, / dein Fuß soll ihm die
Türschwellen abtreten.
[37] Betrachte die Vorschriften des
Herrn, / und über seine Gebote sinne alle-
zeit nach.

Dann wird er dein Herz aufrichten, /
und die Weisheit, nach der du verlangst,
wird dir gewährt.

Ratschläge verschiedener Art

7 Tue nichts Böses, so trifft dich nichts
Böses, / [2] halte dich fern von der Sün-
de und sie weicht von dir.
[3] Säe nicht in den Furchen des
Unrechts, / damit du es nicht siebenfach
ernten wirst.
[4] Begehre von Gott kein Herrscheramt /
und ebenso wenig vom König einen
Ehrenplatz.
[5] Halte dich nicht für gerecht vor dem
Herrn, / und tu nicht weise vor dem
König.
[6] Begehre nicht danach, ein Herrscher
zu werden, / wenn du die Kraft nicht hast,
das Unrecht auszurotten.

Du würdest zuviel Rücksicht nehmen
vor dem Mächtigen / und Anstoß erregen
trotz deiner Rechtschaffenheit.
[7] Lass dir nichts zuschulden kommen
bei der Versammlung am Tor, / und
komm nicht zu Fall vor der Gemeinde.
[8] Sinne nicht darauf, die Sünde zu wie-
derholen; / denn schon bei einer bleibst du
nicht straffrei.
[9] Sage nicht: Gott wird auf die Menge
meiner Gaben sehen, / und er wird sie
annehmen, wenn ich sie dem Höchsten
bringe.
[10] Sei nicht kleinmütig beim Gebet, / und
sei nicht säumig beim Wohltun.
[11] Verlache keinen Menschen, dessen
Herz verbittert ist; / denn einer ist es, der
ihn erniedrigt und erhöht.
[12] Ersinne keine Lüge gegen deinen Bru-
der, / ebenso wenig wie gegen deinen
Freund.
[13] Es missfalle dir jede Lüge; / denn aus
ihr kann nichts Gutes hervorgehen.
[14] Sei nicht schwatzhaft in der Ver-
sammlung der Ältesten, / und wiederhole
deine Worte nicht beim Gebet.
[15] Verachte nicht die mühevolle Arbeit
auf dem Acker; / denn der Höchste hat sie
verordnet.
[16] Überschätze dich nicht vor dem
Volk; / denke an den Zorn, der nicht aus-
bleibt.
[17] Tief demütige dich, / denn Feuer und
Würmer sind die Strafe für den Gottlosen.
[18] Wechsle einen Freund nicht für Geld /
und einen wahren Bruder nicht für Ofir-
gold.
[19] Verachte nicht eine weise und gute
Frau; / denn ihre Anmut geht über Gold.
[20] Misshandle keinen Sklaven, der treu
arbeitet, / ebenso wenig den Taglöhner, der
sich für dich einsetzt.
[21] Einen klugen Sklaven liebe wie dich
selbst / und verweigere ihm die Freilas-
sung nicht.

Kinder

[22] Hast du Vieh, so achte darauf; / und
wenn es brauchbar ist, so behalte es.
[23] Hast du Söhne, so halte sie in Zucht, /
und beuge ihren Nacken von Jugend auf.
[24] Hast du Töchter, so behüte ihren

Leib, / zeige dich ihnen nicht allzu
freundlich.
25 Verheirate deine Tochter, so hast du
ein großes Werk vollbracht, / doch ver-
heirate sie nur mit einem verständigen
Mann.
26 Hast du eine Frau, so verstoße sie
nicht, / aber wenn du sie nicht liebst,
schenk ihr kein Vertrauen.

Eltern

27 Von ganzem Herzen ehre deinen Vater, /
und vergiss niemals die Schmerzen deiner
Mutter.
28 Denke daran, dass du durch sie
geworden bist; / wie wirst du ihnen ver-
gelten, was sie für dich für getan haben?

Priester

29 Mit deinem ganzen Herzen fürchte den
Herrn, / und halt seine Priester in Ehren.
30 Mit deiner ganzen Kraft liebe deinen
Schöpfer, / und lass seine Diener nicht im
Stich.
31 Fürchte den Herrn und achte den
Priester, / entrichte ihm den Anteil, wie
dir geboten ist von Anfang an:
das Schuldopfer, die Opfergabe der
Schulterteile, / Heiligkeitsopfer und Erst-
lingsgabe.

Arme und Leidende

32 Auch dem Armen streck deine Hand
entgegen, / damit dein Segen vollkommen
sei.
33 Schenk deine Gabe jedem Lebenden, /
selbst dem Toten versage deine Liebe
nicht.
34 Entziehe dich nicht den Weinenden, /
und mit den Trauernden trauere auch du.
35 Scheue dich nicht, die Kranken zu
besuchen, / denn aus solchem Tun wirst
du Liebe gewinnen.
36 Bei all deinen Werken denke an das
Ende,
so wirst du nie eine Sünde begehen.

Klugheit und Bedachtsamkeit

8 Streite nicht mit einem Mächtigen; /
damit du ihm nicht in die Hände
fällst.
2 Streite nicht mit einem Reichen, /
damit er nicht sein Geld gegen dich aus-
spielt.
Denn viele schon hat das Gold verdor-
ben, / die Herzen der Könige hat es
gebeugt.
3 Streite dich nicht mit einem Schwät-
zer, / und lege nicht noch Holz aufs Feuer.
4 Scherze nicht mit einem Toren, / damit
deine Ahnen nicht beschimpft werden.
5 Beschäme keinen, der sich von der
Sünde bekehrt hat; / denke daran, dass wir
alle schuldig sind.
6 Beschimpfe keinen alten Mann, / denn
auch von uns werden manche alt werden.
7 Freue dich nicht, wenn einer gestorben
ist; / bedenke, dass wir alle dahingerafft
werden.
8 Verachte die Worte der Weisen nicht, /
stütze dich vielmehr auf ihre Sinnsprüche.
Denn von ihnen wirst du Bildung emp-
fangen, / sodass du vor Fürsten bestehen
kannst.
9 Verschmähe nicht, was du von den
Alten hören kannst, / denn auch sie haben
es wieder von ihren Vätern vernommen.
Denn so wirst du Einsicht gewinnen, /
um zur rechten Zeit Antwort geben zu
können.
10 Lege kein Feuer auf die Kohlen des
Sünders, / damit du nicht in der Flamme
seines Feuers verbrennst.
11 Lass dich nicht von einem Spötter
zum Äußersten hinreißen, / dies wäre eine
Falle, dir vor deinen Mund gestellt.
12 Borge keinem, der mächtiger ist als
du; / hast du aber geborgt, so betrachte
dich als Verlierer.
13 Bürge nicht über dein Vermögen; /
hast du gebürgt, so kümmere dich darum,
als ob du bereits bezahlen müsstest.
14 Streite mit keinem Richter, / denn er
richtet nach seinem Belieben.
15 Mit einem Verwegenen habe keinen
Umgang, / damit du nicht Unglück über
dich bringst.
Denn dieser geht nach seinem eigenen
Kopf, / und du wirst durch seine Torheit
mit zugrunde gehen.
16 Mit einem Jähzornigen fange keinen
Streit an, / und durchwandere nicht mit
ihm die Wüste.
Denn leicht wiegt in seinen Augen die
Blutschuld; / und wo kein Helfer ist,
bringt er dich um.
17 Mit einem Toren führe kein vertrauli-
ches Gespräch, / denn er vermag nichts
geheim zu halten.
18 Vor einem Fremden tue nichts, was

geheim bleiben soll; / denn du weißt nicht, was er aushecken wird.

19 Nicht einem jeden öffne dein Inneres, / und stoße das Glück nicht von dir.

Frauen

9 Hege nicht Eifersucht gegen die Frau an deinem Herzen, / und lehre sie dadurch nicht, Böses gegen dich zu tun.

2 Liefere dich nicht einer Frau aus, / dass sie dir nicht über den Kopf wächst.

3 Geh nicht zu einer Dirne, / dass du nicht in ihre Netze fällst.

4 Mit einer Saitenspielerin liege nicht zu Tisch, / dass du nicht durch ihre Künste gefangen wirst.

5 Gib dich nicht zuviel mit einem Mädchen ab, / damit du nicht seinetwegen straffällig wirst.

6 Gib dich nicht mit einer Dirne ab, / damit sie dich nicht um dein Erbe bringt.

7 Halte nicht Umschau an den Zugängen der Stadt, / und streife nicht umher in ihren abgelegenen Winkeln.

8 Verhülle das Auge vor einer schönen Frau, / und schau auf keine Schönheit, die nicht dein Eigen ist.

Durch die Schönheit einer Frau sind schon viele ins Verderben gestürzt, / wie Feuer entflammt an ihr die Leidenschaft.

9 Mit einer Ehefrau sitze nicht zusammen, / und liege nicht berauscht mit ihr zu Tisch,

damit du ihr nicht das Herz zuneigst / und du in deiner Leidenschaft zugrunde gehst.

Verhältnis von Mann zu Mann

10 Gib einen alten Freund nicht auf, / denn ein neuer wiegt ihn nicht auf.

Neuer Wein – neuer Freund: / Erst wenn er alt geworden ist, magst du ihn mit Wohlbehagen trinken.

11 Sei nicht neidisch auf den Erfolg des Sünders, / denn du weißt nicht, wie es enden wird.

12 Habe keinen Gefallen am Erfolg der Gottlosen, / bedenk, dass sie nicht bis zum Tod straffrei bleiben.

13 Halte dich zurück von einem Mann, der die Macht hat, zu töten, / so hast du die Schrecken des Todes nicht zu fürchten.

Kommst du aber mit ihm zusammen, so beobachte ihn gut, / damit er dir nicht das Leben nimmt.

Wisse, dass du zwischen Schlingen einhergehst / und über eine Fanggrube schreitest.

14 So gut du kannst, antworte deinem Mitmenschen, / und berate dich mit Weisen.

15 Mit den Einsichtsvollen stelle deine Überlegungen an, / und jede deiner Beratungen stehe im Einklang mit dem Gesetz des Höchsten.

16 Gerechte Männer seien deine Tischgenossen, / und dein Ruhm bestehe in der Furcht vor dem Herrn.

17 Ein Werk aus der Hand des Künstlers verdient Lob, / der Herrscher des Volkes aber sei, wer gut zu reden weiß.

18 Ein Schrecken in der Stadt ist der Maulheld, / und verhasst ist der Schwätzer.

Der weise Herrscher

10 Ein weiser Herrscher festigt sein Volk, / und die Regierung eines Einsichtigen ist wohl geordnet.

2 Wie der Herrscher des Volkes, so sind auch seine Beamten, / und wie das Haupt der Stadt, so auch die Bewohner.

3 Ein König ohne Zucht richtet die Stadt zugrunde, / bevölkert aber wird die Stadt durch die Klugheit ihrer Regenten.

4 In der Hand des Herrn liegt die Herrschaft über den Erdkreis, / zur rechten Zeit setzt er den rechten Mann über ihn ein.

5 In der Hand des Herrn liegt das Gelingen für einen jeden, / und er verleiht dem Gesetzgeber seine Würde.

Gegen Überheblichkeit

6 Hege keinen Groll gegen deinen Nächsten, wie seine Fehler auch seien, / und lass dich nicht auf übermütige Handlungen ein.

7 Verhasst ist dem Herrn und den Menschen der Übermut, / und beide erachten das Unrecht als Frevel.

8 Die Herrschaft geht über von Volk zu Volk / wegen Unrecht, Gewalttat und Geld.

9 Wie kommt der Mensch aus Staub und Asche dazu, sich zu überheben, / da doch sein Leib schon zu seinen Lebzeiten verwest?

10 Eine lange Krankheit spottet des Arztes; / König heute – morgen tot.

11 Stirbt der Mensch, werden ihm zuteil /
Maden, Geschmeiß und Gewürm.
12 Der Übermut fängt an, wenn der
Mensch den Herrn verlässt / und von seinem Schöpfer das Herz abwendet.
13 Der Anfang des Übermuts ist die Sünde; / wer an ihr festhält, fließt über von
Schandtaten.

Darum lässt der Herr Schandtaten ergehen / und vernichtet den Sünder völlig.
14 Den Thron der Stolzen stürzt Gott
um, / die Bedrückten aber setzt er an ihre
Stelle.
15 Der Herr entwurzelt die Stolzen / und
pflanzt an ihre Stelle die Demütigen.
16 Das Gebiet der Völker zerstört der
Herr, / und er vernichtet sie bis auf den
Grund der Erde.
17 Er fegt sie weg von der Erde und rottet
sie aus, / und von der Erde getilgt ist ihr
Gedächtnis.
18 Nicht ziemt sich für den Menschen
der Hochmut, / noch frecher Zorn für die,
die von einer Frau geboren sind.

Achtung und Ehre

19 Welches Geschlecht ist geachtet? Das der
Menschen. / Welches Geschlecht ist
geachtet? Das der Gottesfürchtigen.

Welches Geschlecht ist verachtet? Das
der Menschen. / Welches Geschlecht ist
verachtet? Das der Gesetzesübertreter.
20 Im Kreise von Brüdern ist ihr Oberhaupt geehrt, / aber der Gottesfürchtige in
den Augen Gottes.
21 [Die Furcht des Herrn ist der Anfang
der Annahme durch Gott, / aber der
Anfang der Verwerfung sind Verhärtung
und Überheblichkeit.]
22 Der Reiche, der Angesehene und der
Arme: / ihr Ruhm ist die Furcht vor dem
Herrn.
23 Nicht darf man den Armen, der weise
ist, verachten, / nicht darf man einen Sünder ehren.
24 Fürst, Herrscher und Machthaber
werden geehrt, / doch keiner ist größer, als
wer den Herrn fürchtet.
25 Einem verständigen Sklaven dienen
Freie, / doch ein einsichtiger Mensch wird
nicht aufbegehren.

Demut und Wahrheit

26 Spiel nicht den Weisen, wenn du deine
Arbeit tust, / und rühm dich nicht, während du in Not bist.
27 Besser, wer arbeitet und Überfluss
genug hat, / als wer sich rühmt und nichts
zu essen hat.
28 Mein Sohn, in Demut ehre dich
selbst, / und gib dir das Ansehen, das du
verdienst.
29 Wer sich selbst unrecht tut, wer wird
den für gerecht halten? / Und wer wird
den ehren, der sich selber die Ehre
abspricht?
30 Es gibt Arme, die sind angesehen
wegen ihrer Klugheit, / und es gibt Leute,
die sind geehrt wegen ihres Reichtums.
31 Wer schon als Armer geehrt ist, um
wie viel mehr, wenn er reich wäre? / Wer
auch als Reicher verachtet ist, um wie viel
mehr, wenn er arm wäre?

Nicht dem Anschein trauen

11 Die Weisheit des Geringen erhebt
sein Haupt / und lässt ihn zwischen Fürsten sitzen.
2 Lobe keinen Menschen um seiner
Schönheit willen, / und verachte keinen
Menschen um seines Aussehens willen.
3 Unansehnlich unter den geflügelten
Tieren ist die Biene, / doch was sie hervorbringt, ist von erlesener Süße.
4 Sei nicht stolz auf die Kleider, die du
trägst, / und werde nicht stolz, wenn man
dich ehrt.

Denn unbegreiflich sind die Werke des
Herrn, / und den Menschen verborgen ist
sein Walten.
5 Viele, die herrschten, mussten auf dem
Erdboden sitzen, / und mancher, dessen
niemand gedachte, trug eine Krone.
6 Viele, die mächtig waren, wurden verachtet, / und Leute, die in Ehren standen,
wurden der Gewalt eines anderen preisgegeben.

Bedachtsamkeit und Ruhe

7 Ehe du nicht nachgeprüft hast, mach
keine Vorwürfe, / untersuche zuerst und
nachher tadle.
8 Antworte nicht, bevor du zugehört
hast, / und während einer Darlegung rede
nicht dazwischen.
9 Um eine Sache, die dich nichts angeht,
streite nicht, / und am Streit der Gottlosen
beteilige dich nicht.
10 Mein Sohn, unternimm nicht viele

Geschäfte. / Wenn du sie mehrst, bleibst
du nicht frei von Schuld.
Selbst wenn du rennst, kommst du nicht
ans Ziel, / und wenn du fliehst, kannst du
doch nicht entkommen.
11 Da ist einer, der sich müht und quält
und abhastet, / doch umso mehr bleibt er
zurück.

Vertrauen auf Gott allein

12 Da ist einer, entkräftet und der Hilfe
bedürftig, / arm an Stärke und reich an
Schwäche,
Doch das Auge des Herrn schaut ihn
gütig an, / und er hebt ihn aus seinem
Elend.
13 Er erhebt sein Haupt, / dass viele über
ihn staunen.
14 Gutes und Böses, Leben und Tod, /
Armut und Reichtum kommen vom
Herrn.
15 [Weisheit, Wissen und Erkenntnis des
Gesetzes kommen vom Herrn, / Liebe und
Wandel in guten Werken kommen von
ihm.
16 Torheit und Finsternis sind für die
Sünder erschaffen; / bei denen, die sich
des Bösen freuen, wird das Böse alt.]
17 Die Gabe des Herrn hat Bestand für
die, die ihn fürchten, / und sein Wohl-
gefallen sichert das Gedeihen für immer.
18 Da ist einer, der reich wurde, weil er
sich abgeplagt und gegeizt hat, / und das
wird sein Lohn sein:
19 Am Tag, an dem er sagt: Ich habe nun
Ruhe gefunden, / und so will ich jetzt
meine Güter genießen.
Da weiß er nicht, welche Frist ihn
gesetzt ist, / und er hinterlässt es einen
anderen, denn er muss sterben.
20 Bleibe bei deiner Pflicht und hab deine
Freude daran, / werde alt in deiner
Beschäftigung.
21 Bewundere nicht die Werke des Sün-
ders, / vertraue auf den Herrn und harre
aus in deiner Arbeit.
Denn leicht ist es in den Augen Gottes, /
schnell und unvermutet den Armen reich
zu machen.
22 Der Segen des Herrn ist der Lohn des
Gerechten, / zur bestimmten Zeit lässt
Gott seinen Segen erblühen.
23 Sage nicht: Was brauche ich noch, /
was kann mir noch entgehen?
24 Sage nicht: Ich bin versorgt, / welches
Unglück kann mich noch treffen?
25 Ein Glückstag lässt das Unglück ver-
gessen, / und ein Unglückstag lässt das
Glück vergessen.
26 Leicht ist in den Augen des Herrn, /
am Tag des Todes dem Menschen nach
seinen Taten zu vergelten.
27 Schlimme Zeit lässt die Lust verges-
sen, / und das Ende des Menschen offen-
bart sein Tun.
28 Vor dem Tod preise niemand glück-
lich, / denn an seinem Ende erkennt man
den Menschen.

Vorsicht gegenüber Fremden

29 Nicht jeden Menschen bringe ins Haus, /
denn zahlreich sind die Listen des Hinter-
hältigen.
30 Wie ein im Korb gefangenes Rebhuhn
ist das Herz des Stolzen, / es gleicht einem
Spion, der nach einer Bresche späht.
31 Gutes verkehrt ins Böse der Verleum-
der, / noch an den besten Dingen hat er zu
mäkeln.
32 Ein Funken entzündet Kohlenglut, /
und ein nichtsnutziger Mensch lauert auf
Blut.
33 Hüte dich vor einem Bösewicht, denn
er sinnt auf Böses, / auf dass er dir nicht
einen ewigen Makel beibringt.
34 Nimm einen Fremden in dein Haus –
er wird dir Verwirrung bringen / und dich
deinen Angehörigen entfremden.

Gutes tun

12 Wenn du Gutes tust, wisse, wem
du es tust, / und du wirst für deine
Wohltaten Dank ernten.
2 Tue dem Gerechten Gutes und du
wirst Dank finden, / wenn nicht bei ihm,
so doch beim Höchsten.
3 Wohltaten sind nicht am Platz bei
dem, der im Bösen verharrt / und sich
weigert, Gutes zu tun.
4 Gib dem Gerechten, / und komm dem
Sünder nicht zu Hilfe.
5 Tue Gutes dem Demütigen, / und gib
nicht dem Gottlosen.
Verweigere ihm sein Brot, gib es ihm
nicht, / er würde sonst stärker als du.
Doppeltes Unheil wird dich treffen / für
all das Gute, das du ihm erwiesen hast.
6 Denn der Höchste hasst doch die Sün-

der, / und an den Frevlern übt er Vergeltung.
[7] Gib dem guten Menschen, / einem Sünder aber komm nicht zu Hilfe.

Wahre und falsche Freunde

[8] Nicht kann man im Glück erkennen, wer ein Freund ist, / doch nicht verborgen bleibt im Unglück der Feind.
[9] Wenn jemand glücklich ist, haben seine Feinde Verdruss, / im Unglück zieht sich auch der Freund zurück.
[10] Traue niemals deinem Feind, / denn seine Bosheit ist wie Eisen, das rostet.
[11] Selbst wenn er sich dir hörig zeigt und unterwürfig wandelt, / nimm dich in Acht und hüte dich vor ihm.

Verhalte dich zu ihm wie beim Spiegelputzen, / und achte auch noch auf den Rest des Rosts.
[12] Lass ihn nicht an deiner Seite stehen, / damit er dich nicht stürzt und an deine Stelle tritt.

Lass ihn nicht zu deiner Rechten sitzen, / dass er nicht strebt, deinen Sitz einzunehmen

und du schließlich meine Worte einsiehst / und eingedenk meiner Rede Reue empfindest.
[13] Wer bemitleidet einen Zauberer, den die Schlange beißt, / oder einen, der sich reißenden Tieren nähert?
[14] So ist es, wenn sich einer einem Sünder verbindet / und sich in dessen Sünden verstrickt.
[15] Solange er neben dir steht, enthüllt er sich nicht, / wenn du aber wankst, hält er nicht mehr an sich.
[16] Mit dem Mund tut der Feind freundlich, / in seinem Herzen aber sinnt er darauf, dich in die Grube zu stürzen.

Mit seinen Augen weint der Feind, / hat er aber eine Gelegenheit gefunden, wird er nicht satt an Blut.
[17] Wenn dich ein Unglück trifft, wirst du ihn noch vor dir finden; / er spielt den Helfer, spürt aber deiner Ferse nach.
[18] Er schüttelt das Haupt und klatscht in die Hände, / und mit viel Getuschel ändert er das Gesicht.

Von der rechten Verwendung des Reichtums

13 Wer Pech anrührt, an dessen Hand klebt es fest, / und wer sich dem Spötter anschließt, wird ihm ähnlich.
[2] Etwas, was für dich zu schwer ist, wie kannst du es heben? / Einem, der stärker und reicher ist als du, wie kannst du dich ihm anschließen?

Wie kann sich der irdene Topf zum ehernen Kessel gesellen? / Denn dieser stößt an ihn und jener zerbricht.
[3] Der Reiche tut Unrecht und prahlt noch, / der Arme erleidet Unrecht, aber er muss um Erbarmen flehen.
[4] Wenn du ihm nützlich bist, dann hilft er dir, / wenn du zu langsam bist, verlässt er dich.
[5] Wenn du etwas hast, wird er mit dir leben, / dann aber macht er dich arm, ohne dass es ihm Leid tut.
[6] Hat er etwas nötig von dir, betört er dich, / er lächelt dir zu und erweckt dein Vertrauen.

Er spricht dir freundlich zu / und sagt: Was brauchst du?
[7] Bei seinen Festmählern wird er dich erniedrigen, / bis er dich zweimal und dreimal beraubt hat, / und am Ende verspottet er dich.

Sieht er dich nachher wieder, geht er an dir vorüber / und schüttelt seinen Kopf über dich.
[8] Hüte dich und lass dich nicht irreführen, / damit du nicht erniedrigt wirst in deiner Torheit.
[9] Ruft dich ein Vornehmer, so halte dich zurück, / umso mehr wird er dich heranziehen.
[10] Sei nicht zudringlich, dass du nicht fortgewiesen wirst, / halte dich nicht allzu fern, dass du nicht vergessen wirst.
[11] Verlass dich nicht auf den freien Umgang mit ihm, / und bau nicht auf seine vielen Reden.

Mit dem häufigen Geplauder prüft er dich, / er lächelt dir zu und horcht dich aus.
[12] Unbarmherzig ist, wer die Worte weiterverbreitet, / er verschont dich weder vor Schlägen noch Ketten.
[13] Hüte dich also und sei vorsichtig, / denn mit deinem eigenen Verderben gehst du um.
[14] [Wenn du davon hörst, wach auf aus deinem Schlaf; / dein ganzes Leben liebe den Herrn und ruf ihn an zu deinem Heil.]
[15] Jedes Lebewesen liebt seinesgleichen, / und jeder Mensch den, der ihm ähnlich ist.

16 Jedes Lebewesen hat seinesgleichen
um sich, / und mit seinesgleichen verbinde
sich auch der Mensch.
17 Gesellt sich etwa der Wolf zum
Lamm? / Ebensowenig der Gottlose zum
Gerechten.
18 Lebt etwa die Hyäne mit dem Hund in
Eintracht? / Wie kann der Reiche in Ein-
tracht leben mit dem Armen?
19 Des Löwen Fraß sind die Wildesel in
der Wüste; / so sind die Armen die Weide
des Reichen.
20 Ein Gräuel ist dem Stolzen die
Demut, / ein Gräuel ist dem Reichen der
Geringe.
21 Ein Reicher, der wankt, wird vom
Freund gestützt, / wankt aber ein Armer,
so wird er vom Freund verstoßen.
22 Stolpert ein Reicher, nehmen ihn viele
in ihren Armen auf, / und sie beglück-
wünschen ihn, wenn er Torheiten redet.
Stolpert ein Armer, macht man ihm
Vorwürfe; / selbst wenn er klug redet, gibt
man ihm nicht Raum.
23 Redet ein Reicher, so schweigt alles, /
und sie heben seine Klugheit bis an die
Wolken.
Redet ein Armer – Wer ist das? sagt
man dann; / und wenn er strauchelt, sto-
ßen sie ihn noch nieder.
24 Gut ist der Reichtum, wenn er ohne
Schuld ist, / schlimm ist die Armut, die
aus Übermut entstand.
25 Das Herz des Menschen verändert
sein Gesicht, / sei es heiter, sei es traurig.
26 Zeichen eines glücklichen Herzens ist
ein leuchtendes Angesicht, / das Ausden-
ken von Sinnsprüchen ist eine mühevolle
Arbeit.

14 Glücklich der Mann, der nicht
sündigt in Worten / und der nicht
gequält wird vom Schmerz über die Sünde.
2 Glücklich der Mann, dessen Herz ihn
nicht anklagt / und dessen Hoffnung nicht
am Schwinden ist.

Neid und Habsucht

3 Einem kleinlichen Mann steht der Reich-
tum nicht an, / einem gierigen Mann –
was nützen ihm Schätze?
4 Wer gegen sich selber geizt, sammelt
für einen anderen, / und ein Fremder wird
in seinen Gütern schwelgen.
5 Wer sich selbst nichts gönnt, wem wird
er etwas Gutes tun? / Er freut sich nicht
einmal seiner eigenen Güter.
6 Keiner ist schlimmer daran als einer,
der sich selbst nichts gönnt, / und das ist
der Lohn seiner Schlechtigkeit.
7 Tut er mal etwas Gutes, tut er es aus
Versehen, / und zum Schluss zeigt er doch
noch seine Bosheit.
8 Schlimm ist, wer ein missgünstiges
Auge hat, / wer sein Gesicht abkehrt und
das Leben des anderen verachtet.
9 Der Habsüchtige ist nicht zufrieden
mit dem, was er hat, / die Begehrlichkeit
trocknet die Seele aus.
10 Der Geizige knausert mit Brot, / und
Mangel herrscht an seinem Tisch.
11 Mein Sohn, wenn du es hast, so gönne
dir etwas Gutes, / und bring dem Herrn
die Gaben, die er fordert.
12 Denke daran, dass der Tod nicht war-
tet / und das Bündnis mit der Unterwelt
dir nicht bekannt ist.
13 Bevor du stirbst, tu Gutes dem
Freund, / und so viel du vermagst,
beschenk ihn.
14 Versage dir nicht das Glück von heu-
te, / und an deinem Anteil an Lust geh
nicht vorüber.
15 Wirst du nicht einem anderen dein
Gut überlassen müssen / und dein müh-
sam Erworbenes denen, die das Los wer-
fen?
16 Gib und nimm und gönn dir etwas, /
denn in der Unterwelt ist es vorbei, nach
Genuss zu suchen.
17 Jeder Leib altert wie ein Kleid, / und
das uralte Gesetz heißt: Du musst ster-
ben!
18 Wie das Gesproß der Blätter am grü-
nen Baum, / wo das eine welkt und das
andere wächst,
so sind die Geschlechter aus Fleisch und
Blut, / das eine stirbt, das andere wird
geboren.
19 Alle ihre Werke vermodern ganz und
gar, / und der sie vollbringt, folgt ihnen
nach.

Das Glück des Weisen

20 Glücklich der Mann, der über die Weis-
heit nachsinnt / und mit seiner Einsicht
überlegt,
21 der seinen Sinn richtet auf die Wege
zu ihr / und auf ihre Geheimnisse achtet,

22 der ihr nachgeht wie ein Späher / und die Zugänge zu ihr belauert,

23 der durch ihre Fenster schaut / und an ihren Türen lauscht,

24 der in ihres Hauses Umkreis sich niederlässt / und an ihrer Mauer sein Zeltseil befestigt,

25 der sein Zelt an ihrer Seite aufschlägt / und so ein angenehmes Heim bewohnt,

26 der seine Kinder in ihre Hut gibt / und ausruht unter ihren Zweigen,

27 der in ihrem Schatten sich vor der Hitze verbirgt / und in ihrer Herrlichkeit wohnt.

15 Wer den Herrn fürchtet, handelt so, / und wer das Gesetz einhält, erlangt sie.

2 Sie geht ihm entgegen wie eine Mutter, / und wie eine junge Gattin nimmt sie ihn auf.

3 Sie nährt ihn mit dem Brot der Klugheit / und tränkt ihn mit dem Wasser der Einsicht.

4 Er stützt sich auf sie und wankt nicht, / er vertraut auf sie und wird nicht enttäuscht.

5 Sie erhöht ihn über seine Mitmenschen, / und inmitten der Gemeinde öffnet sie ihm den Mund.

6 Jubel und Freude findet er, / und sie beschenkt ihn mit unvergänglichem Namen.

7 Nicht erlangen sie schlechte Menschen, / und Gottvergessene werden sie nicht schauen.

8 Fern ist sie von Überheblichkeit, / und lügnerische Menschen erinnern sich ihrer nicht.

9 Gotteslob ziemt sich nicht im Mund des Gottlosen, / denn nicht ist es ihm vom Herrn zugeteilt.

10 In Weisheit soll das Gotteslob erklingen, / und der Herr wird es leiten.

Die Freiheit des Menschen

11 Sage nicht: Vom Herrn kommt meine Sünde; / denn was er hasst, bewirkt er nicht.

12 Sage nicht: Er hat mich zu Fall gebracht; / denn er bedarf der schlechten Menschen nicht.

13 Allen Gräuel hasst der Herr, / und gar keinen lieben die, die ihn fürchten.

14 Er schuf am Anfang den Menschen / und überließ ihn der Macht der eigenen Entscheidung.

15 Wenn du willst, kannst du die Gebote halten, / und Treue zu üben liegt in deiner Macht.

16 Hingeschüttet hat er vor dich Feuer und Wasser, / wonach dich verlangt, streck deine Hand aus.

17 Vor dem Menschen liegen Leben und Tod; / was er will, wird ihm gegeben.

18 Reich ist die Weisheit des Herrn, / er ist stark an Macht und sieht alles.

19 Seine Augen schauen auf die, die ihn fürchten, / und jede Tat des Menschen ist ihm bekannt.

20 Niemandem hat er befohlen zu freveln, / und keinem Erlaubnis gegeben zu sündigen.

Das Verderben der Gottlosen

16 Verlange nicht nach zahlreichen Kindern, wenn sie nichts taugen, / und freue dich nicht über Söhne, die missraten sind.

2 Mögen sie auch zahlreich sein, sei nicht stolz auf sie, / wenn sie keine Gottesfurcht besitzen.

3 Verlass dich nicht darauf, dass sie am Leben bleiben, / und setze keine Hoffnungen auf ihr Schicksal.

Denn besser einer als tausend / und besser kinderlos sterben als gottlose Kinder zu haben.

4 Durch einen einzigen Einsichtigen wird die Stadt bevölkert, / der Stamm der Gottlosen aber verödet.

5 Vieles davon sah mein Auge, / und Gewichtigeres noch als dies vernahm mein Ohr:

6 In der Rotte der Gottlosen flammt das Feuer auf, / und gegen das frevelhafte Pack entbrennt der Zorn.

7 Nicht ertrug er die Riesen der Vorzeit, / die abtrünnig wurden in ihrer Stärke.

8 Er verschonte nicht die Mitbürger Lots; / ein Gräuel war ihm ihr Übermut.

9 Er erbarmte sich nicht des verdorbenen Geschlechts, / das aus dem Besitz vertrieben wurde in seinen Sünden.

10 Ebenso wenig der sechshunderttausend Mann Fußvolk, / die dahingerafft wurden in ihrer Herzenshärte.

11 Und erst wenn ein Einzelner halsstar-

rig ist – / es wäre ein Wunder, wenn er
straflos bliebe.
Denn Erbarmen und Zorn sind bei
ihm, / er verzeiht und vergibt, aber er gießt
auch den Zorn aus.
12 So groß wie sein Erbarmen ist auch
seine Züchtigung, / und jeden richtet er
nach seinen Werken.
13 Nicht entkommt der Verbrecher mit
seinem Raub, / doch die Erwartung des
Gerechten vernichtet er niemals.
14 Er lässt seinem Erbarmen freien
Lauf; / jedem wird vergolten nach seinen
Werken.
15 [Gott verhärtete das Herz des Pharao,
dass es ihn nicht erkannte, / damit seine
Werke offenbar wurden unter dem Himmel.
16 Der ganzen Schöpfung ist sein Erbarmen sichtbar, / sein Licht und sein Dunkel
hat er den Menschen zugeteilt.]

Der Ernst der Vergeltung

17 Sage nicht: Ich werde mich vor dem
Herrn verbergen; / wer in der Höhe denkt
an mich?
In der großen Menge bleibe ich unbemerkt; / und was bin ich in der unermesslichen Schöpfung?
18 Siehe, der Himmel und der Himmel
des Himmels, / der Ozean und die Erde,
sie wanken, wenn er sie heimsucht.
19 Die Gipfel der Berge und die Grundfesten des Erdkreises, / sie erbeben mächtig, wenn er sie nur anblickt.
20 Doch auf dies alles lenkt man nicht
seinen Sinn; / und wer achtet auf seine
Wege?
21 Auch der Sturm bleibt unsichtbar, /
die meisten seiner Werke geschehen im
Verborgenen.
22 Das gerechte Tun, wer macht es
kund, / und wer erwartet es? Denn fern
liegt noch das Strafgericht.
23 Nur ein Unvernünftiger wird solches
behaupten, / nur ein törichter, irregeleiteter Mensch hat solche Gedanken.

Der Mensch in der Schöpfung

24 Mein Sohn, hör auf mich und nimm
Weisheit an, / richte den Sinn auf meine
Worte.
25 Ich will dir die Lehre wohlabgewogen
offenbaren / und mit Sorgfalt mein Wissen
kundtun.
26 Als Gott am Anfang seine Werke
schuf / und zu ihrem Dasein die Gesetze
gab,
27 da ordnete er seine Werke für immer, /
von ihren Anfängen an bis zu ihrer fernen
Zukunft.
Sie ermatten nicht und werden nicht
müde, / noch erlahmen sie in ihrem Wirken.
28 Keines kommt dem anderen zu nahe, /
und bis in Ewigkeit ist keines ungehorsam
seinem Wort.
29 Danach schaute der Herr zur Erde /
und füllte sie mit seinen Gütern an.
30 Mit allerlei Lebewesen bedeckte er ihre
Oberfläche / und zu ihr lässt er sie auch
wieder zurückkehren.

17 Der Herr hat auch den Menschen
aus Erde erschaffen / und lässt ihn
wieder zu ihr zurückkehren.
2 Er teilte dem Menschen eine Zahl von
Tagen und eine bestimmte Frist zu / und
übertrug ihm die Herrschaft über alle
Wesen auf ihr.
3 Ähnlich sich selbst bekleidete er die
Menschen mit Kraft / und schuf sie nach
seinem Bild.
4 Er legte die Furcht vor ihnen auf alles
Fleisch / zur Herrschaft über Tiere und
Vögel.
5 [Sie empfingen den Gebrauch der fünf
Kräfte des Herrn, / als Sechste wurde
ihnen Anteil am Verstand gegeben / und
als Siebte das Wort, den Deuter seiner
Kräfte.]
6 Er bildete Mund und Zunge, Auge und
Ohr / und gab ihnen ein Herz zum Denken.
7 Mit verständiger Einsicht erfüllte er
sie / und zeigte ihnen, was gut und böse
ist.
8 Er setzte ihnen sein Auge in das Herz, /
um ihnen die Größe seiner Werke kundzutun.
9 Sie sollten für immer seine Wunderwerke rühmen, /
10 seinen heiligen Namen
loben / und die Größe seiner Werke weiter
verkünden.
11 Er hat ihnen die Weisheit zum
Geschenk gemacht / und das Gesetz des
Lebens in Besitz gegeben.
12 Einen ewigen Bund hat er mit ihnen
geschlossen / und ihnen seine Gebote
mitgeteilt.
13 Seine majestätische Herrlichkeit

haben ihre Augen gesehen / und seine
machtvolle Stimme in ihren Ohren ver-
nommen.
14 Er sprach zu ihnen: Hütet euch vor
jedem Unrecht! / Er ordnete das Verhal-
ten eines jeden zu seinem Nächsten.

Der göttliche Richter

15 Ihre Wege liegen vor ihm allezeit, / und
nicht sind sie verborgen vor seinen Augen.
16 [Ihre Wege sind von Jugend an auf das
Böse gerichtet, / und sie vermögen ihr
steinernes Herz nicht in ein Herz von
Fleisch zu verwandeln.]
17 Jedem Volk hat er seinen Fürsten
gesetzt, / aber Israel ist der Anteil des
Herrn,
18 [sein Erstgeborener, den er liebevoll
aufzog, / an den er das Licht seiner Liebe
austeilte, ohne ihn aufzugeben.]
19 Alle ihre Werke liegen wie die Sonne
vor ihm, / und seine Augen ruhen stets auf
ihren Wegen.
20 Nicht sind vor ihm ihre Frevel verbor-
gen, / alle ihre Sünden liegen vor dem
Herrn.
21 [Aber der Herr ist gut und kennt sein
Geschöpf, / weder vernichtet er sie, noch
verlässt er sie, sondern er verschont sie.]
22 Das Almosen eines Menschen ist wie
ein Siegelring bei ihm, / und eines Men-
schen Güte hütet er wie den Augapfel. / Er
lässt seinen Söhnen und Töchtern
Umkehr zuteil werden.
23 Später erhebt er sich und zahlt ihnen
heim, / Vergeltung lässt er kommen über
jedes Haupt.
24 Den Reumütigen hat er einen Rück-
weg gewährt, / und er spricht denen zu,
die die Hoffnung verloren haben.

Aufforderung zur Umkehr

25 Kehre dich zum Herrn und lass ab von
der Sünde, / flehe vor ihm und beseitige
das Ärgernis.
26 Kehre zum Höchsten zurück
und wende dich von der Ungerechtig-
keit, / ganz entschieden hasse den Gräuel.
27 Wer wird den Höchsten in der Unter-
welt preisen / an Stelle der Lebenden, die
ihm Lobpreis darbringen?
28 Bei einem Toten, der nicht mehr ist,
hat der Lobgesang ein Ende, / nur wer lebt
und gesund ist, kann den Herrn preisen.
29 Wie groß ist das Erbarmen des Herrn /
und die Nachsicht gegen die, die sich ihm
zuwenden!
30 Denn im Menschen kann nicht alles
sein, / ist der Mensch doch nicht unsterb-
lich.
31 Was ist heller als die Sonne? Und
selbst diese verdunkelt sich; / Fleisch und
Blut können nur Böses ausdenken.
32 Das Heer in der Höhe des Himmels
mustert er, / erst recht die Menschen, die
doch alle nur Staub und Asche sind.

Gottes Größe

18 Der da lebt in Ewigkeit, schuf alles
insgesamt, / 2 der Herr allein er-
weist sich als gerecht. / [Keinen anderen
gibt es außer ihm.
3 Er fasst die Welt mit der Spanne seiner
Hand, / und alles gehorcht seinem Willen;
denn er ist König über alle Dinge, die in
seiner Macht stehen. / Er sondert darin
das Heilige vom Profanen.]
4 Keiner ist imstande, seine Werke zu
verkünden, / und wer ergründet seine
Großtaten?
5 Seine gewaltige Größe, wer kann sie
beschreiben, / und wer kommt ans Ende
beim Aufzählen seiner Hulderweise?
6 Man kann nichts wegnehmen und
nichts hinzufügen, / unmöglich ist es, den
Herrn zu durchschauen.
7 Wenn jemand am Ende angelangt ist,
dann steht er erst am Anfang, / und wenn
er aufhört, dann ist er ratlos.
8 Was ist der Mensch und wozu nützt
er? / Was ist das Gute an ihm und was das
Schlechte?
9 Die Zahl der Tage des Menschen – /
wenn es viele sind, dann hundert Jahre.
10 Wie ein Wassertropfen aus dem Meer
und ein Sandkorn, / so wenig bedeuten die
Jahre in der Zeit der Ewigkeit.
11 Darum ist der Herr langmütig mit
ihnen / und gießt über sie sein Erbarmen
aus.
12 Er sieht voraus und weiß, dass ihr
Ende schlimm ist, / darum zeigt er eine so
große Versöhnlichkeit.
13 Das Erbarmen des Menschen gilt nur
dem Nächsten, / das Erbarmen des Herrn
aber allem Fleisch.
Er weist zurecht, züchtigt und belehrt /
und führt wie ein Hirt seine Herde wieder
heim.
14 Er hat Mitleid mit denen, die die Lehre

annehmen / und die mit Eifer seine Sat-
zungen suchen.

Rechtes Geben

15 Mein Sohn, gib zu einer Wohltat nicht
Tadelworte hinzu / und zu keiner Gabe
kränkende Reden.
16 Lässt nicht der Tau die Hitze
schwinden? / So ist ein Wort besser als
die Gabe.
17 Geht nicht ein Wort über eine gute
Gabe? / Beides aber ist Sache eines wohl-
tätigen Mannes.
18 Der Tor macht auf lieblose Weise
Vorwürfe, / und die Gabe eines neidischen
Menschen lässt die Augen brennen.

Überlegung und Vorsorge

19 Bevor du zu reden hast, bereite dich
vor, / und ehe du krank wirst, sorge vor.
20 Vor dem Urteilsspruch erforsche dich
selbst, / und du wirst in der Stunde der
Prüfung Nachsicht finden.
21 Ehe du niedergebeugt wirst, demütige
dich, / und in den Zeiten der Sündhaftig-
keit lass Umkehr erkennen.
22 Lass dich nicht aufhalten, ein Gelübde
rechtzeitig einzulösen, / und warte nicht
bis zum Tod, ehe du deine Schuldigkeit
tust.
23 Bevor du ein Gelübde machst, bereite
dich dazu, / und sei nicht wie ein Mensch,
der den Herrn versucht.
24 Sei eingedenk des Zornes in den Tagen
des Endes / und der Zeit der Vergeltung,
wenn er sein Angesicht abwendet.
25 Sei eingedenk der Zeit des Hungers
zur Zeit des Überflusses, / der Armut und
Not in den Tagen des Reichtums.
26 Vom Morgen bis zum Abend verrinnt
die Zeit, / und alles eilt dahin vor dem
Herrn.
27 Ein weiser Mensch übt in allem
Bedachtsamkeit, / und in Zeiten der Sünde
hütet er sich vor Verfehlung.
28 Jeder Verständige hat die Weisheit
erkannt, / und jeder, der sie fand, soll ihr
Lob verkünden.
29 Wer sich auf Sprüche versteht, ist
selbst Lehrer der Weisheit / und sprudelt
über von trefflichen Gleichnissen.

Selbstbeherrschung

30 Deinen Begierden gehe nicht nach, / und
von deinen Gelüsten halte dich fern.
31 Wenn du erfüllst, was deine Seele
begehrt, / wird sie dich zum Gespött dei-
ner Feinde machen.
32 Freu dich nicht über ein Leben voll
Lust, / schließ dich solcher Gesellschaft
nicht an.
33 Mach dich nicht arm durch Gelage mit
geliehenem Geld, / während du nichts im
Beutel hast.

19 Wer das tut, wird niemals reich, /
und wer das Wenige gering
schätzt, wird von allem entblößt.
2 Wein und Frauen verderben den Ein-
sichtsvollen, / und wer sich an Dirnen
hängt, wird frech.
3 Moder und Würmer nehmen ihn in
Besitz, / und die freche Leidenschaft wird
hinweggerafft werden.

Gegen den Klatsch

4 Wer schnell vertraut, ist leichtsinnig, /
und wer sündigt, verfehlt sich gegen sich
selbst.
5 Wer sich über Böses freut, wird selbst
verurteilt, / 6 wer aber den Klatsch hasst,
entgeht dem Bösen.
7 Wiederhole niemals, was man dir sag-
te, / so wird man dir niemals schaden.
8 Sprich nicht über Freund noch Feind, /
und wenn es dir nicht zur Schuld gereicht,
so äußere nichts.
9 Denn wer dich hört, wird sich vor dir
hüten / und zur gegebenen Zeit Hass
gegen dich hegen.
10 Ist dir ein Wort zu Ohren gekommen,
so sterbe es mit dir; / sei unbesorgt, es wird
dich nicht zerreißen.
11 Um eines Wortes willen kommt der
Tor in Wehen / wie eine Gebärende durch
ihre Leibesfrucht.
12 Wie ein Pfeil, der im Schenkel steckt, /
so ist ein Wort im Inneren des Toren.
13 Stelle den Freund zur Rede, ob er
etwas getan hat, / und wenn er es getan hat
– damit er es nicht wieder tut.
14 Stelle den Nächsten zur Rede, ob er
etwas gesagt hat, / und wenn er es gesagt
hat – damit er es nicht wiederholt.
15 Stelle den Freund zur Rede, denn oft
geschieht Verleumdung; / deshalb trau
nicht jedem Wort.
16 Mancher gleitet aus, doch nicht mit
Absicht, / und wer hätte mit seiner Zunge
noch nicht gesündigt?
17 Stelle deinen Nächsten zur Rede, ehe

du Drohungen aussprichst, / und gib
Raum dem Gesetz des Allerhöchsten.
18 [Die Furcht des Herrn ist der Anfang
der Vergebung, / Weisheit erlangt Liebe
bei ihm.
19 Erkenntnis der Gebote des Herrn ist
Lebenszucht; / die das tun, was ihm gefällt,
ernten vom Baum der Unsterblichkeit.]

Rechte und falsche Weisheit

20 Alle Weisheit ist Furcht vor dem Herrn, /
und in jeder Weisheit liegt die Erfüllung
des Gesetzes / [und die Erkenntnis seiner
Allmacht.
21 Der Knecht, der zu seinem Herrn
spricht: Was dir gefällt, tue ich nicht – /
selbst wenn er es danach tut, erzürnt er
den, der ihn ernährt.]
22 Die Kenntnis des Schlechten ist keine
Weisheit, / und der Rat der Sünder ist
keine Einsicht.
23 Es gibt eine Schlauheit und die ist ein
Gräuel; / ohne Verstand ist der, dem die
Weisheit fehlt.
24 Besser arm an Klugheit und gottes-
fürchtig / als reich an Einsicht und ein
Gesetzesbrecher.
25 Es gibt eine listige Schläue und die ist
schlecht, / und mancher will sich Recht
schaffen durch Betrug.
26 Es gibt manchen, der gebeugt wie in
Trauer einhergeht, / doch sein Inneres ist
voll Hinterlist.
27 Er neigt den Kopf und stellt sich
taub; / wo er sich aber nicht durchschaut
sieht, tritt er gegen dich auf.
28 Und falls mangelnde Kraft ihn
hemmt, Unrecht zu tun, / so wird er doch
Böses tun, wenn sich die Gelegenheit bie-
tet.
29 An seinem Aussehen erkennt man
einen Menschen, / am Gesichtsausdruck
erkennt ihn der Weise.
30 Die Kleidung eines Mannes, das
Lachen seiner Zähne / und der Gang eines
Menschen tun kund, was an ihm ist.

Reden und Schweigen

20 Manche Zurechtweisung erfolgt
nicht rechtzeitig, / und mancher
schweigt und der ist klug.
2 Wie ist es doch besser, zur Rede zu
stellen, als zu grollen! / 3 Und wer bekennt,
bleibt vor Schaden bewahrt.
4 Wie ein Entmannter, der mit einem
Mädchen schlafen will, / so ist, wer mit
Gewalt Recht durchzusetzen sucht.
5 Manch einer schweigt und wird für
weise gehalten, / und mancher macht sich
verhasst wegen seines vielen Redens.
6 Mancher schweigt, weil er keine Ant-
wort weiß, / und mancher schweigt, weil
er auf die rechte Zeit sieht.
7 Der Weise schweigt bis zur rechten
Zeit, / doch der Tor achtet nicht auf die
Zeit.
8 Wer viele Worte macht, den ver-
abscheut man, / und der Anmaßende ist
verhasst.
9 Mancher Erfolg führt zum Unheil, /
und mancher Gewinn zum Verlust.
10 Es gibt Geschenke, die kein Gewinn
sind, / und es gibt Geschenke, die man
doppelt vergütet.
11 Es gibt eine Demütigung um des Ruh-
mes willen, / und manch einer erhob das
Haupt aus der Erniedrigung.
12 Manch einer kauft viel für wenig
Geld / und bezahlt es doch siebenfach.
13 Wenn der Weise redet, so macht er
sich beliebt, / die Liebenswürdigkeit der
Toren aber ist vergebens.
14 Das Geschenk des Toren nützt dir
nichts, / denn er hat statt eines viele Augen.
15 Er gibt wenig und schimpft viel / und
reißt seinen Mund auf wie ein Ausrufer.
Heute borgt er und morgen fordert er
zurück; / widerwärtig ist solch ein Mensch.
16 Der Tor sagt: Mir ist niemand
Freund, / und es gibt keinen Dank für
meine Wohltaten.
17 Die mein Brot essen, haben böse Zun-
gen. / Wie haben ihn viele und oft ver-
lacht!
18 Lieber durch den Erdboden als durch
die Zunge zu Fall kommen; / ebenso wird
der Sturz der Bösen schnell erfolgen.
19 Ein unangenehmer Mensch – ein
unzeitiges Wort, / im Mund des Ungebil-
deten findet es sich jederzeit.
20 Ein Spruch aus dem Mund des Toren
wird verachtet, / denn er spricht ihn nicht
zur rechten Zeit.
21 Mancher wird durch Armut verhin-
dert, Unrecht zu tun, / und in seiner Ruhe
wird er nicht gestört.
22 Mancher richtet sich aus Scham
zugrunde, / und weil er sich verstellt, geht
er unter.
23 Mancher macht dem Freund Verspre-

chungen aus Scham / und macht ihn sich
ohne Grund zum Feind.
24 Ein böser Schandfleck am Menschen
ist die Lüge, / und im Mund des Ungebil-
deten findet sie sich jederzeit.
25 Besser ein Dieb als einer, der allzeit
lügt; / doch beider Anteil ist der Unter-
gang.
26 Das Betragen eines lügenhaften Men-
schen ist ein Gräuel, / seine Schande haftet
allezeit an ihm.

Größe und Gefahr des Weisen

27 Wer weise ist in der Rede, bringt sich
voran, / und ein kluger Mensch gefällt den
Machthabern.
28 Wer sein Land bebaut, wird seine
Garben hoch aufhäufen, / und wer den
Großen gefällt, kann Unrecht gutmachen.
29 Geschenke und Gaben blenden die
Augen der Weisen, / wie ein Zaumzeug im
Maul lenken sie Vorwürfe ab.
30 Verdeckte Weisheit und verborgener
Schatz, / welchen Nutzen bringen sie bei-
de?
31 Besser, es versteckt einer seine Tor-
heit, / als dass ein Mensch seine Weisheit
verbirgt.

Verschiedene Sünden

21 Mein Sohn, wenn du gesündigt
hast, tu es nicht wieder, / und bete
wegen deiner früheren Sünden.
2 Wie vor einer Schlange flieh vor der
Sünde, / denn wenn du ihr zu nahe
kommst, beißt sie dich.
Ihre Zähne sind wie die Zähne des
Löwen, / sie rauben dem Menschen das
Leben.
3 Wie ein zweischneidiges Schwert ist
jede Ungerechtigkeit, / und für ihren Hieb
gibt es keine Heilung.
4 Gewalttat und Hochmut verwüsten
den Wohlstand, / so wird das Haus des
Übermütigen vernichtet.
5 Das Gebet des Armen dringt zu seinen
Ohren, / so wird sein Gericht mit Schnel-
ligkeit kommen.
6 Wer Ermahnung hasst, geht in des
Sünders Spur, / doch wer den Herrn
fürchtet, nimmt sie sich zu Herzen.
7 Von weitem erkennt man den Schwät-
zer / und der Weise merkt es, wenn jener
entgleist.
8 Wer sein Haus mit fremdem Geld
erbaut, / ist wie einer, der Steine zu seinem
Grabhügel zusammenträgt.
9 Ein Bündel Werg ist die Versammlung
der Gottlosen, / und ihr Ende ist die Feu-
erflamme.
10 Der Weg des Sünders ist mit Steinen
geebnet, / doch an seinem Ende liegt die
Tiefe der Unterwelt.

Der Weise und der Tor

11 Wer das Gesetz befolgt, beherrscht sei-
nen Trieb, / und Vollendung der Gottes-
furcht ist Weisheit.
12 Mancher kann nichts lernen, weil er
nicht begabt ist, / aber es gibt eine Bega-
bung, die viel Bitterkeit bringt.
13 Die Erkenntnis des Weisen wächst wie
eine Flut, / und sein Rat ist wie ein leben-
diger Quell.
14 Das Innere des Toren ist wie ein zer-
sprungenes Gefäß, / keinerlei Weisheit
hält es in sich fest.
15 Wenn der Einsichtige ein weises Wort
hört, / lobt er es und fügt ein weiteres hin-
zu.
Hört es der Leichtfertige, so hat er daran
Missfallen, / und er wirft es hinter sich.
16 Das Gespräch mit einem Toren ist wie
eine Last auf der Reise, / auf den Lippen
des Weisen aber findet man Wohllaut.
17 Nach dem Mund des Verständigen
verlangt man in der Versammlung, / und
seine Worte erwägt man im Herzen.
18 Wie ein Haus in Trümmern ist die
Weisheit des Toren, / und des Toren
Erkenntnis ist unverständliches Gerede.
19 Wie Ketten an den Füßen ist dem
Unvernünftigen die Zucht / und wie
Handschellen an der rechten Hand.
20 Der Tor lässt beim Lachen die Stimme
laut erschallen, / der kluge Mann lächelt
kaum leise.
21 Ein goldener Schmuck ist dem Weisen
die Zucht / und wie ein Zierstück am
rechten Arm.
22 Der Fuß des Toren eilt rasch ins
Haus, / der viel erfahrene Mensch aber übt
Zurückhaltung.
23 Der Tor schaut schon von der Tür her
ins Haus hinein, / der wohlerzogene
Mensch aber bleibt draußen stehen.
24 Unerzogenheit eines Menschen ist es,
wenn er an der Tür horcht; / der Weise
aber verschließt sein Ohr vor dem Uneh-
renhaften.

25 Die Lippen der Schwätzer wiederholen die Worte der anderen, / die Worte der Weisen jedoch sind auf der Waage abgewogen.

26 Im Mund der Toren ist ihr Herz, / das Herz der Weisen aber ist ihr Mund.

27 Wenn der Gottlose den Widersacher verflucht, / dann verflucht er sich selbst.

28 Der Verleumder beschmutzt sich selbst, / und wo er wohnt, hasst man ihn.

Faulheit

22 Einem beschmutzten Stein gleicht der Faule, / und jeder ruft Pfui wegen seiner Ekelhaftigkeit.

2 Einem Kothaufen gleicht der Faule, / jeder, der ihn anrührt, schüttelt die Hand ab.

Missratene Kinder

3 Schmachvoll ist es für einen Vater, einen Missratenen gezeugt zu haben, / eine derartige Tochter wird ihm zum Schaden geboren.

4 Eine kluge Tochter bringt ihrem Mann Besitz ein, / eine schändliche aber ist ein Kummer für den Vater.

5 Dem Vater und dem Gatten bringt eine Freche Schande, / darum wird sie von beiden verachtet.

6 Wie Musik in der Trauer ist eine Rede zur Unzeit, / jedoch Schläge und Zucht sind allezeit voll Weisheit.

7 [Kindern, die ein gutes Leben führen und denen nichts mangelt, / lassen die niedrige Herkunft ihrer Eltern vergessen.

8 Kinder, die sich in Verächtlichkeit und Unerzogenheit brüsten, / entehren den Adel ihrer Verwandten.]

Weisheit und Torheit

9 Scherben leimt zusammen, wer einen Toren belehrt, / oder sucht einen Schlafenden aus tiefem Schlummer zu wecken.

10 Zu einem Schlummernden spricht, wer zu einem Toren spricht; / denn am Ende fragt dieser: Was ist?

11 Über einen Toten weine, denn das Lebenslicht erlosch; / weine auch über einen Toren, denn sein Geisteslicht erlosch.

Weniger weine über einen Toten, denn er hat Frieden; / aber das schlechte Leben des Toren ist schlimmer als der Tod.

12 Die Trauer um einen Toten währt sieben Tage, / die um einen Toren und Gottlosen alle Tage seines Lebens.

13 Mit einem Unverständigen sprich nicht viel, / und mit einem Schwein gehe nicht um.

Hüte dich vor ihm, dass du keine Scherereien hast / und dich nicht besudelst, wenn es sich schüttelt.

Geh ihm aus dem Weg und du wirst Ruhe haben, / und du wirst keinen Verdruss bekommen durch seinen Unverstand.

14 Was ist schwerer als Blei? / Wie könnte es anders heißen als: der Tor?

15 Sand und Salz und Klumpen von Eisen / sind leichter zu tragen als ein unverständiger Mensch.

16 Hölzernes Gebälk, zu einem Bauwerk verbunden, / löst sich bei keiner Erschütterung.

So steht ein Herz fest bei wohlberatener Überlegung; / zu keiner Zeit verzagt es.

17 Ein Herz, gegründet auf kluger Denkart, / ist wie Sandverputz an glatter Mauer.

18 Steinchen, die obenauf liegen, / halten vor dem Wind nicht stand. / So wird auch ein furchtsames Herz mit dem Denken eines Toren / vor keinerlei Schrecken standhalten.

Freundschaft

19 Wer ins Auge stößt, ruft Tränen hervor, / wer ins Herz stößt, löst Schmerzempfindung aus.

20 Wer Steine wirft nach Vögeln, verscheucht sie, / und wer den Freund beschimpft, löst die Freundschaft auf.

21 Wenn du gegen den Freund das Schwert gezogen hast, / verzweifle nicht, denn es gibt noch einen Rückweg.

22 Hast du gegen den Freund den Mund aufgetan, / sei unbesorgt, denn es gibt noch Versöhnung.

Doch bei Beschimpfung, Verachtung, Verrat von Geheimnissen / und verletzender Hinterlist, bei diesen entflieht jeder Freund.

23 Halt deinem Nächsten die Treue, auch in der Armut, / dass du gleichfalls an seinem Glück teilhaben kannst.

Zur Zeit der Not harre bei ihm aus, / damit du auch an seinem Erbe Anteil hast.

24 Dem Feuer gehen Rauch im Kamin und Qualm voraus, / ebenso dem Blutvergießen Schimpfworte.

[25] Den Freund zu schützen, werde ich mich nicht schämen,
und ich werde mich nicht vor ihm verstecken.
[26] Sollte mich um seinetwillen etwas Schlimmes treffen, / so wird jeder, der es hört, ihn dann in Ruhe lassen.

Wachsamkeit

[27] Wer gibt mir vor den Mund eine Wache / und auf meine Lippen ein festes Siegel,
dass ich nicht durch sie zu Fall komme, / und meine Zunge mich nicht zugrunde richtet?

23 Herr, Vater und Gebieter meines Lebens, / überlass mich nicht ihren Anschlägen, / lass mich nicht durch sie zu Fall kommen.
[2] Wer schwingt die Peitsche über mein Denken / und über meinem Herzen die Zuchtrute der Weisheit,
dass sie mich nicht schonen bei den Verfehlungen / und ihnen keine Sünde gestatten,
[3] dass meine Unbedachtsamkeiten nicht zunehmen / und meine Sünden sich nicht mehren,
dass ich vor meinen Feinden nicht zu Fall komme / und mein Gegner nicht über mich triumphiert?
[4] Herr, Vater und Gott meines Lebens, /
gib mir nicht Hoffart der Augen, / [5] und
die Begierde halte fern von mir.
[6] Die Begierde des Fleisches und die Sinnenlust sollen mich nicht erfassen, / und einem schamlosen Sinn überlasse mich nicht.

Schwören

[7] Die Zucht des Mundes vernehmt, ihr Söhne, / und wer sie bewahrt, verfängt sich nicht.
[8] Mit seinen Lippen verstrickt sich der Sünder, / der Lästerer und Überhebliche kommt durch sie zu Fall.
[9] Ans Schwören gewöhne nicht deinen Mund, / auch gewöhne dir nicht an, den Namen des Heiligen zu nennen.
[10] Denn wie ein Sklave, der dauernd straffällig wird, / von Striemen nicht verschont bleibt,
so ist auch, wer stets schwört und den heiligen Namen missbraucht, / von Sünden nie rein.
[11] Ein Mann, der viel schwört, häuft Schuld auf sich, / und die Strafrute wird von seinem Haus nicht weichen.
Wenn er sich verfehlt, liegt Schuld auf ihm, / und wenn er es übersah, sündigt er doppelt.
Wenn er falsch schwört, kann er nicht für gerecht erachtet werden, / denn sein Haus erfährt zahlreiche Heimsuchungen.

Schmutzige Reden

[12] Es gibt ein Reden, das den Tod verdient; / möge es sich im Erbe Jakobs nicht finden.
Denn den Frommen liegt dies alles fern, / und sie wälzen sich nicht in Sünden.
[13] An Zuchtlosigkeiten gewöhne nicht deinen Mund, / denn es kommt dabei zu sündhaften Reden.
[14] Denke an deinen Vater und deine Mutter, / wenn du inmitten von Großen sitzt.
Niemals vergiss dich vor ihnen, / und lass dich nicht etwa durch die Gewohnheit betören,
so dass du wünschen müsstest, du wärest nie geboren, / und den Tag deiner Geburt verfluchst.
[15] Ein Mensch, der an schmutzige Reden gewöhnt ist, / nimmt zeit seines Lebens keine Zucht mehr an.

Unzucht

[16] Zwei Gruppen von Menschen häufen die Sünden, / und die Dritte zieht den Zorn herbei:
Leidenschaftliche Begier brennt wie Feuer, / und sie erlischt nicht, bis sie sich verzehrt hat.
Der Mensch, der am eigenen Leib Unzucht treibt, / hört nicht auf, bis das Feuer ausgebrannt ist;
[17] dem Unzüchtigen ist jedes Brot süß, / und er ermüdet nicht, bis er stirbt.
[18] Der Mann, der auf seinem Lager sündigt, / denkt bei sich: Wer sieht mich?
Dunkel hüllt mich ein und die Wände verbergen mich, / niemand bemerkt mich; was trage ich Bedenken, zu sündigen?
Der Höchste denkt nicht an meine
Sünden. / [19] Nur die Augen der Menschen
sind seine Furcht.
Er bedenkt nicht, dass die Augen des Herrn / zehntausendmal heller sind als die Sonne.

Sie schauen auf alle Wege der Men-
schen / und durchdringen die verborgens-
ten Winkel.
20 Schon ehe er sie erschaffen, waren alle
Dinge ihm bekannt, / so erst recht nach
ihrer Vollendung.
21 Jener wird auf den Straßen der Stadt
zur Rechenschaft gezogen, / und wo er es
nicht vermutet, wird er festgehalten.
22 Ebenso auch die Frau, die ihren Mann
verließ / und einen Erben von einem
Fremden zur Welt bringt.
23 Denn erstens war sie dem Gesetz des
Höchsten ungehorsam, / und ferner hat
sie sich gegen ihren Mann verfehlt.
Drittens hat sie in Unzucht die Ehe
gebrochen / und von einem fremden
Mann Kinder zur Welt gebracht.
24 Sie wird vor die Gemeinde geführt
werden, / und auf ihren Kindern wird die
Strafe ruhen.
25 Ihre Kinder werden keine Wurzel fas-
sen, / und ihre Zweige werden keine
Früchte bringen.
26 Sie wird ihr Andenken zum Fluch
hinterlassen, / und ihre Schande wird
nicht ausgetilgt werden.
27 Und die nach ihr kommen, werden es
einsehen, / dass nichts besser ist als die
Furcht vor dem Herrn / und nichts süßer
als die Erfüllung seiner Gebote.

Der große Weisheitshymnus

Lob der Weisheit

24 Die Weisheit lobt sich selbst, / in-
mitten ihres Volkes rühmt sie sich.
2 In der Gemeinde des Höchsten tut sie
ihren Mund auf,
und rühmt sich vor seinen Scharen:
3 Ich ging hervor aus dem Mund des
Höchsten / und bedeckte dem Nebel
gleich die Erde.
4 Ich hatte in der Höhe gewohnt, / und
mein Thron stand auf einer Wolkensäule.
5 Den Kreis des Himmels habe ich
umschritten, ich allein, / und in den Tiefen
des Abgrunds ging ich umher.
6 Über die Fluten des Meeres und über
die ganze Erde, / über jedes Volk und jede
Nation besaß ich Herrschaft.
7 Bei ihnen allen suchte ich einen Ort
der Ruhe / und in wessen Erbteil ich mich
aufhalten könnte.
8 Da erging Befehl an mich vom Schöp-
fer des Alls, / und der mich erschuf, gab
meinem Zelt eine bleibende Stätte.
Er sprach: In Jakob schlag dein Zelt
auf, / in Israel gewinn einen Erbbesitz.
9 Von der Urzeit her, im Anfang hat er
mich erschaffen, / und bis in Ewigkeit
vergehe ich nicht.
10 Im heiligen Zelt tat ich Dienst vor
ihm, / und so wurde ich in Zion eingesetzt.
11 In der Stadt, die er ebenso liebt wie
ich, ließ ich mich nieder, / in Jerusalem ist
mein Machtbereich.
12 So fasste ich Wurzel in einem ehren-
werten Volk, / im Anteil des Herrn, in
seinem Erbbesitz.
13 Wie eine Zeder des Libanon wuchs ich
empor / und wie eine Zypresse auf dem
Hermongebirge.
14 Wie eine Palme in En-Gedi wuchs ich
empor / und wie eine Rosenpflanzung in
Jericho.
Wie ein prächtiger Ölbaum in der
Schefela / und wie eine Platane am Wasser
wuchs ich empor.
15 Wie Zimt duftete ich und wie fein rie-
chendes Gewürzroh, / wie erlesene Myr-
rhe strömte ich Wohlgeruch aus,
wie Galbanum, Onyx und Stakte / und
wie Weihrauchwolken im heiligen Zelt.
16 Ich breitete meine Äste aus wie eine
Terebinthe, / meine Zweige voll Schönheit
und Anmut.
17 Ich trieb wie ein Weinstock liebliche
Sprossen, / und meine Blüten wurden zu
prächtiger und reicher Frucht.
18 [Ich bin die Mutter der schönen Liebe
und der Furcht, / der Erkenntnis und der
heiligen Hoffnung.
Allen meinen Kindern werde ich gege-
ben als ewige, / jenen, die von ihm
bestimmt sind.]
19 Kommt her zu mir, die ihr mich be-
gehrt, / sättigt euch an meinen Früchten.
20 Denn an mich zu denken ist süßer als
Honig, / und mich zu besitzen ist besser
als Wabenhonig.
21 Wer mich genießt, den hungert

noch, / und wer mich trinkt, den dürstet
noch.
22 Wer auf mich hört, wird nicht
zuschanden, / und wer sich um mich
abmüht, wird nicht sündigen.

Die Weisheit und das Gesetz

23 Dies alles gilt vom Buch des Bundes des
höchsten Gottes, / vom Gesetz, das Mose
uns anbefahl, / als Erbe für die Gemeinden
Jakobs.
24 [Hört nicht auf, stark zu sein im
Herrn; / haltet euch fest an ihm, damit er
euch stärkt.
Der allmächtige Herr ist der einzige
Gott, / und es gibt keinen Erlöser außer
ihm.]
25 Das Gesetz bietet die Weisheit in Fülle
wie der Pischon, / wie der Tigris in den
Tagen der Erstlingsfrüchte.
26 Es lässt die Einsicht anwachsen, wie
der Eufrat anschwillt, / wie der Jordan in
den Tagen der Ernte.
27 Es strömt von Bildung über wie der
Nil, / wie der Gihon in den Tagen der
Weinlese.
28 Nicht kam zu Ende, wer als Erster es
zu erkennen versuchte, / und ebenso
wenig ergründet es auch der Letzte.
29 Übervoll wie das Meer ist sein Sinn, /
und sein Rat tiefer als der große Abgrund.
30 Ich selbst war wie ein Wassergraben
aus einem Fluss, / wie ein Kanal, der
hinabfließt zum Garten.
31 Ich sprach: Ich will meinen Garten
tränken, / meine Beete will ich bewässern.
Doch mein Graben wurde zum Fluss, /
und mein Fluss wurde zum Meer.
32 So will ich auch weiterhin meine Lehre
leuchten lassen wie die Morgenröte / und
will sie strahlen lassen bis in die Fernen.
33 Noch weiter will ich Belehrung aus-
schütten wie Prophetenworte / und sie
den fernsten Geschlechtern hinterlassen.
34 Seht, so habe ich mich nicht allein für
mich gemüht, / sondern für alle, die nach
ihr suchen.

Erziehung zur Weisheit und zu sozialen Tugenden

Sprichwörter

25 An drei Dingen hat mein Herz
Wohlgefallen, / und sie sind ange-
nehm vor Gott und den Menschen:
Eintracht unter Brüdern und Liebe zwi-
schen Freunden, / und Mann und Frau,
die sich gegenseitig verstehen.
2 Drei Gruppen von Menschen sind mir
verhasst, / und ich verabscheue ihre
Lebensweise:
den überheblichen Armen, den heuch-
lerischen Reichen / und den ehebrecheri-
schen Greis ohne Vernunft.

Alte

3 Hast du in der Jugend nicht gesammelt, /
wie kannst du etwas vorfinden in deinem
Alter?
4 Wie gut steht den Grauköpfen ein
gutes Urteil an / und den Alten, guten Rat
zu wissen!
5 Wie gut steht den Alten die Weisheit
an / und den Ehrwürdigen Überlegung
und Planung!
6 Der Ehrenkranz der Alten ist die reiche
Erfahrung, / und ihr Ruhm ist die Furcht
vor dem Herrn.

Zahlenspruch

7 Neun, die ich im Sinne habe, preise ich, /
und das Zehnte liegt mir schon auf der
Zunge:
ein Mann, der Freude erlebt an seinen
Kindern, / und wer bei Lebzeiten seine
Feinde stürzen sieht.
8 Glücklich der Gatte einer vernünftigen
Frau, / und wer nicht mit Ochs und Esel
zusammen pflügen muss.
Glücklich, wer mit seiner Zunge nicht
zu Fall kommt / und niemandem dienen
muss, der seiner unwürdig ist.
9 Glücklich, wer die Klugheit fand / und
wer sprechen darf zu Ohren, die hören.
10 Wie groß ist einer, der Weisheit fand! /
Aber keiner ist über dem, der den Herrn
fürchtet.
11 Die Furcht vor dem Herrn überragt
alles; / wer an ihr festhält, mit wem ist er
zu vergleichen?
12 [Die Furcht vor dem Herrn ist der
Anfang der Liebe zu ihm, / der Glaube

aber der Anfang der Gemeinschaft mit
ihm.]

Frauen

13 Jede Wunde, nur keine Herzenswunde, /
und jede Bosheit, nur keine Frauenbos-
heit!
14 Jede Heimsuchung, nur keine durch
Hass, / und jede Rache, nur keine von
Feinden!
15 Kein Gift ist schlimmer als Schlan-
gengift, / und keine Wut ist schlimmer als
die Wut eines Feindes.
16 Lieber mit Löwen und Drachen
zusammenhausen / als zusammenwohnen
mit einer bösen Frau.
17 Die Bosheit der Frau macht ihr Aus-
sehen finster / und verdunkelt ihr Antlitz
wie das einer Bärin.
18 Da sitzt im Kreis der Freunde ihr
Mann, / und unwillkürlich seufzt er.
19 Kaum ein Unheil gleicht dem Unheil
von einer Frau, / das Los des Sünders
möge sie treffen.
20 Was ein sandiger Aufstieg für die Füße
des Greises, / das ist eine zungenfertige
Frau für einen stillen Mann.
21 Komm nicht zu Fall durch Frauen-
schönheit, / trage kein Verlangen nach ihr.
22 Denn Zorn und Schande und
Schmach gibt es, / wenn eine Frau ihren
Mann ernähren soll.
23 Bedrückter Sinn und betrübtes
Gesicht / und eine Wunde im Herzen ist
eine böse Frau.
Schlaffe Hände und wankende Knie /
erzeugt eine Frau, die ihren Mann nicht
glücklich macht.
24 Von einer Frau nahm die Sünde ihren
Anfang, / und ihretwegen müssen wir alle
sterben.
25 Gib dem Wasser keinen Ausfluss /
und einer bösen Frau keine Gelegenheit zu
reden.
26 Wenn sie nicht Hand in Hand mit dir
geht, / so trenne sie ab von deinem Leib.

26 Eine gute Frau – ein glücklicher
Mann, / die Zahl seiner Tage ver-
doppelt sich.
2 Eine tüchtige Frau ist die Freude ihres
Mannes, / so vollendet er seine Tage in
Frieden.
3 Eine gute Frau ist ein guter Anteil; /
denen, die Gott fürchten, wird sie zuge-
wiesen.
4 Ob reich oder arm, das Herz ist guter
Dinge, / zu jeder Zeit ist das Angesicht
heiter.
5 Vor drei Dingen bangt mir das Herz, /
und vor dem Vierten fürchte ich mich:
Nachrede in der Stadt, Volksauflauf und
Verleumdung; / alles ist schlimmer als der
Tod.
6 Herzeleid und Kummer gibt es, wenn
eine Frau auf eine andere eifersüchtig ist, /
und eine Geißel der Zunge sind sie alle
vier zusammen.
7 Ein scheuerndes Ochsenjoch ist eine
böse Frau; / wer sie anrührt, dem ist, als
hätte er einen Skorpion angefasst.
8 Ein großer Verdruss ist eine Frau, die
trinkt; / sie kann ihre Schande nicht ver-
bergen.
9 Die lüsterne Frau wird an ihrem
Augenaufschlag / und an ihren Wimpern
erkannt.
10 Gegen eine schamlose Tochter ver-
stärke die Wachsamkeit, / damit sie nicht
einen unbedachten Augenblick findet und
für sich ausnützt.
11 Vor einer Frau mit frechem Blick sei
auf der Hut, / und wundere dich nicht,
wenn sie dich hintergeht.
12 Wie ein durstiger Wanderer den
Mund auftut / und von jedem Wasser
trinkt, das er findet,
so lässt sie sich vor jedem Pfahl nieder /
und öffnet den Köcher vor dem Pfeil.
13 Die Anmut der Frau entzückt den
Mann, / und ihre Klugheit erfrischt seine
Glieder.
14 Eine Gabe des Herrn ist eine ver-
schwiegene Frau, / und keinen Kaufpreis
gibt es für eine, die wohlerzogen ist.
15 Anmut über Anmut ist eine scham-
hafte Frau; / und keinen Gegenwert gibt es
für eine, die sich selbst beherrscht.
16 Wie die Sonne aufstrahlt in den
Höhen des Herrn, / so die Schönheit der
guten Frau als Zier ihres Hauses.
17 Wie die Lampe auf dem heiligen
Leuchter erstrahlt, / so ein schönes Antlitz
auf edler Gestalt.
18 Wie goldene Säulen auf silberner
Basis / sind ebenmäßige Beine auf schlan-
ken Fesseln.
19 [Mein Sohn, bewahre die Blüte deiner
Jugend gesund, / und gib deine Kraft nicht
Fremden hin.
20 Hast du dir auf dem ganzen Feld einen

fruchtbaren Acker gesucht, / so säe getrost deine Saat im Vertrauen auf den Adel deines Geschlechts.
21 Dann werden deine Kinder dich umgeben, / und sie werden groß werden im Vertrauen auf ihre edle Herkunft.
22 Eine käufliche Frau ist dem Auswurf gleichzuachten, / eine Verheiratete aber hat für ihre Liebhaber als Turm des Todes zu gelten.
23 Eine gottlose Frau wird dem Frevler zum Anteil gegeben, / eine Fromme aber bekommt, wer den Herrn fürchtet.
24 Eine schamlose Frau wird sich aus der Schande nichts machen, / eine Schamhafte hat selbst vor ihrem Mann Scham.
25 Eine schamlose Frau wird wie ein Hund geachtet, / die Schamhafte aber fürchtet den Herrn.
26 Eine Frau, die ihren Mann ehrt, gilt allen als weise; / die ihn aber verachtet, wird von allen als gottlos in ihrem Hochmut erkannt.
Eine gute Frau – ein glücklicher Mann, / die Zahl seiner Tage verdoppelt sich.
27 Eine keifende und zungenfertige Frau / gleicht einer Kriegstrompete, die zum Angriff bläst; / jeder Mann in solchen Verhältnissen verbringt sein Leben in Kriegsunruhen.]

Verschiedene Warnungen

28 Über zwei Dinge ist mein Herz betrübt, / und wegen des dritten überkommt mich der Zorn:
ein tüchtiger Mann, der Mangel leidet, weil ihm das Nötigste fehlt, / und verständige Männer, die verkannt werden;
einer, der sich von der Gerechtigkeit weg zur Sünde wendet – / der Herr hat ihn bestimmt fürs Schwert.
29 Schwerlich bleibt ein Kaufmann frei von Schuld, / ein Geschäftsmann wird von Sünde nicht rein bleiben.

27 Des Geldes wegen haben schon viele gesündigt, / und wer reich zu werden sucht, schaut nicht so genau hin.
2 Zwischen Steinfugen lässt sich ein Pflock hineintreiben; / so drängt sich zwischen Verkauf und Kauf die Sünde ein.
3 Wer nicht mit Eifer an der Furcht des Herrn festhält, / dem wird bald das Haus zerstört sein.
4 Beim Schütteln des Siebes bleibt der Kehricht zurück, / ebenso zeigt sich der Unrat eines Menschen, wenn man über ihn nachdenkt.
5 Was das Töpfergeschirr taugt, richtet sich nach der Brennhitze im Ofen, / ebenso beurteilt man einen Menschen nach seiner Rede.
6 Die Pflege, die man für einen Baum aufwandte, erweist seine Frucht; / eine Untersuchung erweist, wie ein Mensch gesinnt ist.
7 Bevor du ihn beurteilt hast, lobe keinen Menschen, / denn so vollzieht sich die Prüfung der Menschen.
8 Wenn du nach Gerechtigkeit strebst, wirst du sie erlangen / und wirst sie wie ein Prachtgewand anlegen.
9 Vögel lassen sich nur bei ihresgleichen nieder, / so kommt die Treue zu denen, die sie üben.
10 Der Löwe lauert auf Beute; / so auch die Sünde auf jene, die Unrecht tun.
11 Die Rede des Frommen ist allezeit Weisheit, / der Tor aber wechselt wie der Mond.
12 Bist du mit Toren zusammen, so achte auf die Zeit, / im Kreis der Weisen dagegen verweile.
13 Das Geschwätz der Toren ist ein Gräuel, / und ihr Lachen ist voll sündhafter Freude.
14 Beim Gerede dessen, der viel schwört, sträuben sich die Haare, / und hat er Streit, verstopft man sich die Ohren.
15 Der Streit der Übermütigen führt zu Blutvergießen, / ihr Gezänk anzuhören, ist grässlich.

Geheimnisverrat und Falschheit

16 Wer Geheimnisse verrät, verliert das Vertrauen, / und er findet keinen Freund, der zu ihm steht.
17 Liebe den Freund und bleibe ihm treu; / doch hast du seine Geheimnisse verraten, besuch ihn ja nicht mehr.
18 Denn wie einer, der seinen Feind zugrunde richtet, / so hast du die Freundschaft deines Gefährten zugrunde gerichtet.
19 Als ob du einen Vogel aus der Hand fortgelassen hättest, / so hast du deinen Freund preisgegeben und wirst ihn nicht wiedererlangen.
20 Folge ihm nicht, denn er hat sich weit entfernt, / er floh wie eine Gazelle aus der Schlinge.

21 Eine Wunde nämlich ist zu verbinden
und ein Streit zu schlichten, / doch wer
Geheimnisse verrät, hat keine Hoffnung.
22 Wer mit dem Auge zwinkert, plant
Böses, / keiner kann ihn davon abbringen.
23 Vor deinen Augen macht er süße
Worte / und bewundert, was du sprichst.
Nachher aber dreht er seine Worte um /
und macht aus deinen Reden ein Ärgernis.
24 Vieles ist mir verhasst, aber nichts so
wie er; / auch der Herr wird ihn hassen.
25 Wer einen Stein hochwirft, trifft sich
selbst auf den Kopf, / und wer hinterhältig
schlägt, verwundet sich selbst.
26 Wer eine Grube gräbt, fällt in sie
hinein, / und wer eine Falle stellt, fängt
sich in ihr.
27 Wer Böses tut, auf den rollt es zu, /
und er weiß nicht, woher es kommt.
28 Spott und Schimpf dem Übermüti-
gen, / die Strafe lauert auf ihn wie ein
Löwe.
29 In der Falle fangen sich, die sich
freuen über den Sturz der Gerechten, /
und der Schmerz verzehrt sie schon vor
ihrem Tod.

Rachsucht

30 Groll und Zorn sind gleichfalls abscheu-
lich, / und nur der Sünder hält daran fest.
28 Wer Rache übt, erfährt selbst Ra-
che vom Herrn, / er wird ihm seine
Sünden sicher anrechnen.
2 Vergib deinem Nächsten das
Unrecht, / dann werden dir auf dein Gebet
hin auch deine Sünden erlassen.
3 Einer hält gegen den anderen am Zorn
fest, / und doch will er beim Herrn Hei-
lung suchen?
4 Mit seinesgleichen hat er kein Erbar-
men / und bittet doch wegen seiner eige-
nen Sünden?
5 Er selbst ist nur Fleisch und hält am
Groll fest, / wer wird da seine Sünden ver-
geben?
6 Denke an die letzten Dinge und beende
die Feindschaft, / an Untergang und Tod,
und verharre bei den Geboten.
7 Denke an die Gebote, grolle dem
Nächsten nicht, / an den Bund mit dem
Höchsten, und vergib die Schuld.

Streit

8 Halt dich vom Streit fern und du ver-
ringerst die Zahl der Sünden; / denn ein
jähzorniger Mensch entfacht den
Streit.
9 Ein sündhafter Mensch bringt Freunde
durcheinander, / und unter Friedfertige
schleudert er Hass.
10 Je nach dem Brennstoff flammt das
Feuer auf, / je nach der Heftigkeit vergrö-
ßert sich der Streit.
Je nach der Macht des Menschen ist
seine Wut, / und je nach dem Reichtum
steigert er seinen Zorn.
11 Ein plötzlicher Streit entfacht das
Feuer, / und ein jäher Zank bringt Blut-
vergießen.
12 Bläst du in den Funken, so flammt er
auf, / spuckst du ihn an, so erlischt er; /
und beides kommt aus deinem Mund.

Verleumdung

13 Den Verleumder und Doppelzüngigen
verfluche; / denn viele, die friedlich lebten,
haben sie zugrunde gerichtet.
14 Die Verleumdung hat schon viele zum
Wanken gebracht / und sie von Volk zu
Volk getrieben.
Auch hat sie feste Städte zerstört / und
selbst Häuser von Großen gestürzt.
15 Die Verleumdung hat schon tüchtige
Frauen verstoßen / und um den Ertrag
ihrer Arbeit gebracht.
16 Wer auf sie achtet, findet keine Ruhe /
und kann nicht in Frieden wohnen.
17 Der Schlag mit der Peitsche bewirkt
eine Strieme, / der Schlag mit der Zunge
aber zerbricht Knochen.
18 Viele schon fielen durch die Schärfe
des Schwertes, / doch nicht so viele, wie
durch die Zunge gefallen sind.
19 Glücklich, wer vor ihr geborgen ist /
und nicht ihrer Wut verfiel,
wer nicht ihr Joch ziehen muss / und
mit ihren Stricken nicht gebunden ist.
20 Denn ihr Joch ist ein eisernes Joch, /
und ihre Stricke sind eherne Stricke.
21 Ein schlimmer Tod ist der Tod durch
sie, / und besser als sie ist die Unterwelt.
22 Über Fromme hat sie keine Macht, /
und sie werden in ihrer Flamme nicht
versengt.
23 Die den Herrn verlassen, fallen ihr
anheim, / und sie flammt an ihnen auf,
ohne zu erlöschen.
Sie wird auf sie losgelassen wie ein
Löwe / und zerreißt sie wie ein Panther.
24 Siehe, du zäunst deinen Besitz mit

Dornen ein, / dein Silber und Gold verwahrst du;
[25] bestimme Waage auch und Gewicht für dein Wort, / Türen und Riegel mach auch für deinen Mund.
[26] Achte, dass du durch sie nicht strauchelst, / und nicht fällst vor einem, der darauf lauert.

Borgen

29 Wer rechte Liebe übt, leiht dem Nächsten, / und wer ihm die Hand entgegenstreckt, hält die Gebote.
[2] Borg dem Nächsten zur Zeit seiner Not, / doch zahl auch dem Nächsten zurück zur rechten Zeit.
[3] Halte Wort und zeige dich ihm als zuverlässig, / so wirst du allzeit erhalten, wessen du bedarfst.
[4] Viele halten das Geborgte für einen guten Fund, / dann aber bereiten sie ihren Helfern Verdruss.
[5] Bis er es bekommt, küsst er ihm die Hand, / und um des Geldes des andern willen redet er demütig.
Doch zur Zeit der Rückzahlung hält er ihn hin, / zahlt mit Klagereden und entschuldigt sich mit der Zeit.
[6] Kann er dann zahlen, so erhält der Bürge kaum die Hälfte zurück, / und betrachtet es wie einen Fund.
Kann er aber nicht, so ist er um sein Geld gebracht / und hat unverdient einen Feind mehr.
Mit Flüchen und Schimpfworten zahlt er ihm heim, / und statt mit Ehre vergilt er ihm mit Schmach.
[7] Viele weigern sich zu entleihen, nicht aus Bosheit, / sondern weil sie sich fürchten vor nutzlosem Streit.

Almosen

[8] Dennoch hab Geduld mit einem Leidgebeugten, / und laß ihn nicht auf das Almosen warten.
[9] Um des Gebotes willen nimm dich des Armen an, / und entsprechend seiner Not lass ihn nicht leer von dir gehen.
[10] Setze das Geld ein für den Bruder und Freund, / und lass es nicht bis zum Verderben rosten unter dem Stein.
[11] Lege dir einen Schatz nach den Geboten des Höchsten an, / und er wird dir mehr nützen als Gold.
[12] Verschließe Wohltaten in deiner Schatzkammer, / und sie werden dich aus allem Unglück retten.
[13] Besser als ein starker Schild und eine schwere Lanze / werden sie für dich gegen den Feind streiten.

Bürgen

[14] Der gute Mensch bürgt für seinen Nächsten, / nur wer die Scham verloren hat, lässt ihn im Stich.
[15] Die Gefälligkeiten des Bürgen vergiss nicht, / er gab sich selbst für dich hin.
[16] Der Bösewicht richtet die Güter des Bürgen zugrunde, / und der undankbar Gesinnte lässt seinen Retter im Stich.
[17] Bürgschaft hat schon viele ruiniert, denen es gut ging, / und hat sie wie eine Meereswoge umgeworfen.
[18] Reiche Männer hat sie heimatlos gemacht, / und sie irrten bei fremden Völkern umher.
[19] Der Sünder leistet eilig Bürgschaft, / wer dem Gewinn nachjagt, wird der Strafe verfallen.
[20] Nimm dich des Nächsten an nach deinen Kräften, / doch hab Acht auf dich, dass du nicht hereinfällst.

Gastfreundschaft

[21] Die Hauptsache zum Leben sind Wasser und Brot, / und Kleidung und Wohnung, um sich zu schützen.
[22] Besser das Leben des Armen unter schirmendem Dach / als köstliche Leckerbissen in der Fremde.
[23] Ob wenig oder viel, sei zufrieden, / dann hörst du keinen Vorwurf in der Fremde.
[24] Schlimm ist ein Leben von Haus zu Haus, / denn wo du als Fremder lebst, darfst du den Mund nicht auftun.
[25] Ein Fremder bist du und Schmach musst du schlucken / und noch bittere Worte hören:
[26] Auf, Fremder, deck den Tisch, / und wenn du etwas hast, gib mir zu essen!
[27] Fort, Fremder, ich habe eine Ehrenpflicht, / der Bruder ist als Gast gekommen, ich brauche das Haus.
[28] Hart ist für einen verständigen Menschen / das Schelten des Hausherrn und das Schimpfen des Gläubigers.

Kindererziehung

30 Wer seinen Sohn liebt, hält stets
den Stock für ihn bereit, / damit er
später Freude an ihm erleben kann.
2 Wer seinen Sohn züchtigt, wird Freude
an ihm haben, / bei seinen Bekannten wird
er seinetwegen gerühmt werden.
3 Wer seinen Sohn unterweist, wird den
Feind neidisch machen, / vor seinen
Freunden aber kann er auf ihn stolz sein.
4 Stirbt sein Vater, so ist es, als wäre er
nicht tot, / denn er hat sich ein Abbild
zurückgelassen.
5 Zu Lebzeiten kann er sich freuen, sooft
er ihn sieht, / und bei seinem Hinscheiden
ist er ohne Besorgnis.
6 Den Feinden gegenüber hinterlässt er
einen Rächer, / den Freunden aber einen,
der ihnen die Liebe vergilt.
7 Wer den Sohn verzärtelt, wird sich
selbst Wunden verbinden müssen, / und
bei jedem Schrei zittert sein Herz.
8 Ein ungebändigtes Pferd nimmt wild
Reißaus, / und ein Sohn, der sich selbst
überlassen ist, wird ungezogen.
9 Verzärtele deinen Sohn und er wird
dich in Schrecken setzen, / scherze mit
ihm und er wird dich betrüben.
10 Lache nicht mit ihm, dass er dir nicht
Verdruss macht / und dir schließlich die
Zähne stumpf werden.
11 Lass ihn nicht eigenmächtig werden in
seiner Jugend / und dulde keine Bosheiten
von ihm.
12 Beuge ihm den Kopf, solange er jung
ist, / und schlag ihn aufs Gesäß, solange er
klein ist,
damit er nicht verrohe und gegen dich
widerspenstig wird / und dir dann durch
ihn Herzeleid entsteht.
13 Züchtige deinen Sohn und erzieh ihn
gut, / damit er sich in seiner Torheit nicht
gegen dich erhebt.

Gesundheit

14 Besser arm, aber gesunde Glieder, / als
reich und mit einem kranken Leib
geschlagen.
15 Ein Leben in Gesundheit liebe ich
mehr als Gold / und einen gesunden Leib
mehr als Perlen.
16 Kein Reichtum geht über den Reich-
tum gesunder Glieder, / und kein Gut geht
über ein frohes Herz.
17 Besser sterben als ein trauriges
Leben, / und besser die ewige Ruhe als
beständiges Leid.
18 Leckerbissen, dargeboten einem ver-
schlossenen Mund, / gleichen einer
Opferspeise, auf ein Grab gestellt.
19 Was nützt diese den Götzenbildern, /
die weder essen noch riechen können? / So
steht es mit dem, den der Herr verfolgt.
20 Mit seinen Augen sieht er und seufzt, /
wie ein Entmannter ist er, der ein Mäd-
chen umarmt und seufzt.

Freude

21 Gib dich nicht der Sorge hin / und
komm nicht zu Fall durch dein Grübeln.
22 Freude des Herzens ist für den Men-
schen Leben, / und Frohsinn verlängert
seine Tage.
23 Rede dir selber gut zu, beruhige dein
Herz / und halte den Ärger dir fern.
Denn viele tötet die Sorge, / und ohne
Nutzen ist der Kummer.
24 Neid und Verdruss verkürzen das
Leben, / und die Sorge lässt vor der Zeit
altern.
25 Dem freigiebigen Herzen schmeckt es
bei Tisch, / und sein Essen bekommt ihm.

Reichtum

31 Schlaflosigkeit wegen des Reich-
tums lässt das Fleisch schwinden, /
und die Sorge um ihn verscheucht den
Schlaf.
2 Die Sorge um den Unterhalt vertreibt
den Schlummer, / und schwere Krankheit
verjagt den Schlaf.
3 Der Reiche quält sich, ein Vermögen
zu sammeln, / und wenn er ruht, greift er
nach Lust.
4 Der Arme plagt sich, weil er des Ver-
mögens entbehrt, / und wenn er ruht,
muss er hungern.
5 Wer das Gold liebt, bleibt nicht ohne
Schuld, / und wer dem Geld nachjagt, wird
darum betrogen.
6 Viele sind Opfer des Goldes gewor-
den, / und plötzlich stand ihr Verderben
vor ihnen.
7 Eine Falle ist es für die, die ihm
opfern, / und jeder Unverständige fängt
sich darin.
8 Glücklich der Reiche, der schuldlos
befunden / und nicht hinter dem Geld
herläuft.
9 Wo ist ein solcher, dass wir ihn preisen

können? / Denn Wunderbares vollbrachte
er in seinem Volk.
10 Wer ist es, der versucht wurde und
unversehrt blieb? / Es soll ihm das zum
Ruhm gereichen.
Wer konnte sich verfehlen und verfehlte
sich nicht, / konnte Böses tun und tat es
nicht?
11 Darum steht sein Glück gefestigt, /
und Wohltaten verkündet die Gemeinde.

Tischsitten. Völlerei

12 Wenn du an der Tafel eines Großen
sitzt, / dann reiß dabei den Mund nicht
auf.
Sprich nicht: Überreichlich ist aufgetra-
gen. / 13 Sei eingedenk, wie hässlich ein
gieriges Auge ist.
Ist etwas Schlimmeres als das Auge
erschaffen? / Darum muss es auch bei
jeder Gelegenheit weinen.
14 Dorthin, wohin dein Gastgeber blickt,
streck deine Hand nicht aus, / damit du
mit ihm nicht zusammentriffst in der
Schüssel.
15 Schätze deinen Nächsten nach dir
selbst ein, / und sei besonnen in allem.
16 Iss wie ein wohlerzogener Mensch,
was man dir vorsetzt, / und schlürfe nicht,
dass man dich nicht verachtet.
17 Hab den Anstand, als Erster aufzuhö-
ren, / und sei kein Vielfraß, dass du nicht
unangenehm auffällst.
18 Und wenn du unter vielen sitzt, / so
greife deinem Nachbarn nicht vor.
19 Genügt nicht auch wenig für einen
verständigen Menschen? / Dann ist sein
Atem auch ruhig auf seinem Lager.
20 Gesunden Schlaf hat, der den Magen
nicht überlädt; / wacht er dann am Mor-
gen auf, so ist er gleich bei sich.
Schlaflosigkeit, Erbrechen und Leib-
schmerzen / bekommt ein unmäßiger
Mensch.
21 Wurdest du aber dennoch von den
Leckerbissen verführt, / steh auf, spei sie
aus und es wird dir leichter werden.
22 Höre, mein Sohn, und missachte mich
nicht, / so wirst du schließlich meine
Worte verstehen.
Bei all deinem Tun sei beherrscht, / so
wird dich keine Krankheit treffen.
23 Man rühmt hoch einen freigebigen
Gastgeber, / und das Zeugnis für seine
Freigebigkeit währt immer.
24 Aber über einen schlechten Gastgeber
redet man schlecht in der Stadt, / zu Recht
sieht man darin ein Zeugnis für seinen
Geiz.

Wein

25 Beim Wein spiel nicht den starken
Mann, / denn schon viele hat der Reben-
saft zu Fall gebracht.
26 Wie der Ofen die Härte des Eisens
prüft, / so ist der Wein eine Erprobung für
Leichtsinnige.
27 Wie Lebenswasser ist der Wein dem
Menschen, / wenn er ihn mit Maß genießt.
Was hat der für ein Leben, der den
Wein entbehrt! / Dieser ist ja von Anfang
an zur Freude der Menschen geschaffen.
28 Frohsinn und Herzensfreude ist der
Wein, / zur rechten Zeit und mit Bedacht
getrunken.
29 Bitterkeit der Seele ist der Wein, / im
Übermaß in Erregung und Zorn getrun-
ken.
30 Zuviel Wein steigert den Zorn des
Toren zu seinem Fall, / er schwächt die
Kraft und schlägt viele Wunden.
31 Beim Weingelage tadle nicht deinen
Freund, / und verachte ihn nicht in seiner
Heiterkeit.
Sprich kein Schmähwort zu ihm / und
dränge ihn nicht mit einer Geldforderung.

Gastmähler

32 Hat man dir den Vorsitz übertra-
gen, / so überheb dich nicht und
sei unter ihnen wie einer ihresgleichen.
Sorg erst für sie, dann lass auch du dich
nieder. / 2 Hast du all deine Pflichten
erfüllt, dann setze dich.
So wirst du dich mit ihnen erfreuen
können / und wirst der guten Ordnung
wegen den Kranz erhalten.
3 Ergreife das Wort, Alter, es geziemt
dir, / doch halt dich zurück mit Belehrung
und stör den Gesang nicht.
4 Während des Singens, wer wird da
Gespräche führen, / wer zur Unzeit sein
Wissen anbringen?
5 Ein Rubin in goldenem Geschmeide, /
so ist eine gesungene Weise beim Weinge-
lage.
6 Ein Siegel von Smaragd in goldener
Einfassung, / das ist der Klang der Lieder
bei köstlichem Wein.
7 Ergreife das Wort, du Junger, nur,

wenn du musst / und man dich dringend
zwei- oder dreimal ersucht.
8 Fasse zusammen und mache es recht
kurz, / und sei einer, der weiß und doch
schweigen kann.
9 Im Kreis der Vornehmen überheb dich
nicht, / und den Älteren werde nicht lästig
mit Wortgefechten.
10 Vor dem Donner leuchtet der Blitz-
strahl, / vor dem Bescheidenen leuchtet
die Gunst.
11 Zur festgesetzten Zeit verweile nicht
länger, / geh nach Haus und sei nicht aus-
gelassen.
12 Dort sei lustig und überlass dich der
Laune, / aber sündige nicht durch ein
stolzes Wort.
13 Auch preise deinen Schöpfer für all
dies, / der dich so reichlich gelabt hat mit
seinen Gütern.

Gottesfurcht und Vertrauen auf das Gesetz

14 Wer den Herrn fürchtet, empfängt
Unterweisung, / und wer sich an ihn wen-
det, findet Wohlgefallen.
15 Wer das Gesetz erforscht, wird von
ihm erfüllt, / wer aber heuchelt, verfängt
sich in ihm.
16 Wer den Herrn fürchtet, erkennt, was
recht ist / und lässt seine gerechten Aus-
sprüche leuchten wie ein Licht.
17 Der Sünder nimmt die Zurechtwei-
sung nicht an / und findet Ausflüchte, wie
er sie braucht.
18 Der weise Mann verschleiert das
Erkannte nicht, / der überhebliche Gott-
lose kennt das Gesetz nicht.
19 Unternimm nichts ohne Überlegung, /
dann brauchst du nach deiner Tat nichts
zu bereuen.
20 Geh nicht auf einem holprigen
Weg, / und strauchle nicht auf steinigem
Boden.
21 Sei nicht vertrauensselig auf dem glat-
ten Weg / 22 und nimm dich vor deinen
Kindern in Acht.
23 Bei all deinen Werken achte auf dich
selbst, / denn so beachtest du das Gesetz.
24 Wer auf das Gesetz vertraut, hält seine
Gebote, / und wer auf den Herrn vertraut,
wird nicht zuschanden.

33 Wer den Herrn fürchtet, den trifft
kein Unheil; / sollte er in Ver-
suchung fallen, hilft er ihm wieder
heraus.
2 Nicht weise ist, wer das Gesetz hasst, /
und wer ihm gegenüber heuchelt,
schwankt wie ein Schiff im Sturm.
3 Ein verständiger Mann vertraut auf das
Gesetz, / und das Gesetz ist ihm verlässlich
wie das Orakel.
4 Bereite deine Rede vor, dann hört man
dich gern, / fasse die Lehrweisheit zusam-
men und dann antworte.
5 Wie ein Wagenrad ist das Innere des
Toren, / wie eine sich drehende Rolle ist
sein Denken.
6 Wie ein geiles Pferd, so ist ein spotten-
der Freund, / unter jedem Reiter wiehert
es.

Ungleichheit unter den Geschöpfen

7 Warum ragt ein Tag über den anderen
empor, / wo doch alles Licht des Jahres
von der Sonne kommt?
8 Durch die Weisheit des Herrn sind sie
gesondert, / und er hat die Zeiten und
Feste geschieden.
9 Einige hat er erhöht und geheiligt /
und einige unter die gewöhnlichen Tage
eingereiht.
10 Die Menschen sind alle aus Lehm
geformt, / aus der Erde ist Adam erschaf-
fen worden.
11 Doch in Weisheit hat Gott auch sie
geschieden / und hat ihre Wege mannig-
faltig gemacht.
12 Auch von ihnen hat er einige gesegnet
und erhöht, / einige von ihnen hat er
geheiligt und ließ sie sich nahen.
Einige hat er verflucht und erniedrigt /
und vertrieb sie von ihrer Stelle.
13 Wie der Ton des Töpfers in seiner
Hand, / geformt nach seinem Belieben,
so ist der Mensch in der Hand seines
Schöpfers, / ihm weist er (sein Geschick)
zu nach seiner Entscheidung.
14 Dem Bösen gegenüber steht das Gute,
dem Tod gegenüber das Leben, / und dem
Gerechten gegenüber der Sünder.
15 Und schaust du auf alle Werke des
Höchsten: / paarweise sind sie geschaffen,
eines entsprechend dem anderen.
16 So habe auch ich mich schließlich
rastlos gemüht / wie einer, der Nachlese
hält hinter den Winzern.
17 Mit Gottes Segen aber kam ich
voran, / und wie ein Winzer füllte ich die
Kelter.
18 Seht, ich habe mich nicht für mich

allein gemüht, / sondern für alle, die nach
Bildung trachten.
19 So hört auf mich, ihr Großen des Vol-
kes, / ihr Vorsteher der Gemeinde, merkt
auf.

Unabhängigkeit

20 Dem Sohn, der Frau, dem Bruder und
Freund / gib keine Gewalt über dich,
solange du lebst.
Tritt keinem anderen dein Vermögen
ab, / damit du nicht wieder um etwas bit-
ten musst.
21 Solange du lebst und noch Atem in dir
ist, / vertausche deine Stellung mit keinem
anderen.
22 Denn es ist besser, dass deine Kinder
dich bitten müssen, / als dass du auf die
Hände deiner Söhne schauen musst.
23 Bei all deinen Werken behaupte dich
als Herr, / und bring keinen Makel auf
deine Ehre.
24 Wenn deine Lebenstage zu Ende
gehen, / in der Stunde des Todes erst ver-
teil das Erbe.

Sklaven

25 Heu, Stock und Last sind für den
Esel, / Brot, Zucht und Arbeit für den
Sklaven.
26 Gib dem Sklaven Arbeit und du wirst
deine Ruhe haben; / gib ihm die Hand frei
und er wird die Freiheit suchen.
27 Joch und Strick beugen den Nacken, /
dem schlechten Sklaven gehören Block
und Schläge.
28 Halte ihn also zur Arbeit an, damit er
nicht untätig ist, / denn vielerlei Bosheit
lehrt der Müßiggang.
29 Stelle ihn an die Arbeit, wie es sich für
ihn gehört, / und wenn er nicht gehorcht,
lege ihn in schwere Fußketten.
30 Aber tue gegen niemand etwas im
Übermaß / und unternimm nichts ohne
Recht.
31 Hast du nur einen Sklaven, so sei er dir
wie du selbst, / denn mit deinem Blut hast
du ihn erworben.
32 Hast du nur einen Sklaven, behandle
ihn wie einen Bruder; / denn du brauchst
ihn wie dich selbst.
33 Wenn du ihn schlecht behandelst und
er macht sich auf und davon, / auf wel-
chem Weg willst du ihn wieder finden?

Nichtigkeit der Träume

34 Leere und trügerische Hoffnungen
hat ein unverständiger Mensch: /
denn Träume setzen nur Toren in Erre-
gung.
2 Wie einer, der nach dem Schatten greift
und den Wind zu haschen versucht, / so
ist einer, der sich auf Träume verlässt.
3 Verwandt sind Spiegel und Träume, /
das Bild eines Gesichts erscheint dem
Gesicht selbst gegenüber.
4 Wie ist von einem Unreinen Reines zu
erwarten, / und wie von der Lüge Wahr-
heit?
5 Wahrsagen, Zeichendeuterei und
Träume sind nichtig, / Einbildungen einer
schwangeren Frau.
6 Wenn sie nicht vom Höchsten zur
Warnung gesandt sind, / so schenk ihnen
keinerlei Beachtung.
7 Träume haben schon viele in die Irre
geführt; / weil sie ihnen vertrauten, strau-
chelten sie.
8 Mit Sicherheit wird das Gesetz in
Erfüllung gehen; / die Weisheit in einem
ehrlichen Mund ist vollkommen.

Reisen

9 Ist einer viel herumgekommen, so hat er
ein reiches Wissen, / und ein viel erfahre-
ner Mann kann verständige Ausführungen
geben.
10 Wer nichts erfahren hat, weiß wenig, /
doch wer viel herumgekommen ist,
erwarb Klugheit in Fülle.
11 Vieles habe ich gesehen, als ich unter-
wegs war, / und ich habe mehr erfahren,
als ich erzählen könnte.
12 Oft schwebte ich in Todesgefahr, /
doch ich wurde wegen all dieser Erfah-
rungen gerettet.
13 Der Geist derer, die den Herrn fürch-
ten, wird leben; / denn sie sind voller
Hoffnung auf ihren Retter.
14 Wer den Herrn fürchtet, verzagt
nicht, / er zittert nicht, denn er ist seine
Hoffnung.
15 Glücklich die Seele des Gottesfürchti-
gen. / Auf wen verlässt er sich und wer ist
seine Stütze?
16 Die Augen des Herrn sind auf die
gerichtet, die ihn lieben, / ist er doch ein
starker Schild und eine mächtige Stütze,
ein Schutz vor der Glut und ein Schirm
gegen die Mittagshitze, / eine Bewahrung

vor dem Anstoß und eine Hilfe vor dem
Fall,
17 eine Freude des Herzens und ein Licht
für die Augen, / ein Heilmittel des Lebens
und ein Segen.

Opfer

18 Ein Opfer von unrechtem Gut ist eine
Gabe zum Hohn, / und die Gaben der
Gottlosen sind kein Wohlgefallen.
19 Kein Gefallen hat der Höchste an den
Gaben der Frevler, / auch bei einer Fülle
von Opfern verzeiht er die Sünden nicht.
20 Den Sohn opfert vor den Augen des
Vaters, / wer eine Gabe darbringt vom Gut
der Armen.
21 Ein kärgliches Brot ist der Lebens-
unterhalt der Armen; / wer es ihnen ver-
wehrt, ist ein Blutsauger.
22 Ein Mörder seines Nächsten ist, wer
ihm den Unterhalt wegnimmt, / und Blut
vergießt, wer dem Arbeiter den Lohn vor-
enthält.
23 Der eine baut, der andere reißt ein, /
was haben sie mehr davon als Mühe?
24 Der eine betet, der andere flucht, / auf
wessen Stimme wird der Herr hören?
25 Reinigt sich einer nach der Berührung
eines Toten und fasst ihn wieder an, / was
hat einer von seinem Waschen?
26 So ist ein Mensch, der seiner Sünden
wegen fastet / und doch wieder dasselbe
tut.
Wer wird auf sein Gebet hören, / und
was hat er von seiner Kasteiung?

35 Wer das Gesetz befolgt, bringt vie-
le Opfer dar, / 2 Gemeinschafts-
opfer, wer die Gebote hält.
3 Wer Liebe übt, bringt Speiseopfer dar, /
4 und wer ein Almosen gibt, spendet
Dankopfer.
5 Das Wohlgefallen des Herrn ist die
Abkehr vom Bösen, / und ein Sühnopfer
die Abkehr vom Unrecht.
6 Erscheine nicht mit leeren Händen vor
dem Herrn, / 7 denn dies alles geschieht
nach der Vorschrift.
8 Das Opfer des Gerechten macht den
Altar fett, / und es ist Wohlgeruch vor
dem Herrn.
9 Das Opfer des Gerechten ist ange-
nehm, / sein Gedenkopfer wird nicht ver-
gessen werden.
10 Mit gebefreudigem Herzen ehre den
Herrn, / und lass die Erstlinge, die du
opferst, nicht zu gering ausfallen.
11 Bei all deinen Abgaben mach ein
freundliches Gesicht, / und weihe den
Zehnten mit frohem Sinn.
12 Gib dem Höchsten entsprechend sei-
nen Gaben an dich, / gebefreudig und
nach bestem Können.
13 Denn der Herr zahlt zurück, / und
siebenfach wird er es dir erstatten.
14 Unternimm keine Bestechung, / denn
er nimmt sie nicht an.
15 Verlass dich nicht auf Opfer aus
unrechtem Gut, / denn der Herr ist Rich-
ter, und bei ihm ist kein Ansehen der Per-
son.

Gebet und Hilfe

16 Er ist nicht parteiisch gegen den
Armen, / und er erhört die Gebete aus der
Not.
17 Er verwirft nicht das Rufen der Wai-
sen / noch die Witwe mit der Menge ihrer
Klagen.
18 Die Tränen der Witwe, die über ihre
Wangen fließen, / 19 und das Schluchzen,
sprechen sie nicht gegen den, der sie ver-
ursacht?
20 Wer dem Herrn von Herzen dient,
findet Aufnahme, / und seine Bitte kommt
bis zu den Wolken.
21 Das Geschrei des Elenden dringt
durch die Wolken / und tröstet sich nicht,
bis es am Ziel ist.
Es weicht nicht, bis der Allerhöchste
herschaut / 22 und gerecht richtet und
Recht schafft.
Auch wird Gott nicht zögern und
Geduld an ihnen üben, / bis er die Hüften
des Bedrückers zerschmettert / und an den
Völkern Vergeltung geübt hat,
23 bis er die Menge der Stolzen zerschla-
gen / und das Zepter der Frevler zerbro-
chen hat,
24 bis er dem Menschen sein Tun vergol-
ten / und das Treiben des Menschen
gemäß seiner Anschläge,
25 bis er seinem Volk Gerechtigkeit
erwiesen / und es erfreut hat durch sein
Erbarmen.
26 Willkommen ist das Erbarmen des
Herrn in der Zeit der Bedrängnis, / wie ein
Gewitterregen in der Zeit der Dürre.

Gebet um die Befreiung und Wiederherstellung Israels

36 Erbarme dich unser, Herr, du Gott des Alls, schau her / und lege deinen Schrecken auf alle Völker.

2 Schwinge die Hand gegen die fremden Völker, / damit sie deine großen Taten sehen.

3 Wie du dich an uns heilig erwiesen hast vor ihren Augen, / so erweise dich groß gegen sie vor unseren Augen,

4 damit sie erkennen, wie wir es erkannt haben, / dass es keinen Gott gibt außer dir, Herr.

5 Erneuere die Zeichen und wiederhole die Wunder, / erweise als herrlich deine Hand und als stark deinen rechten Arm.

6 Erwecke deinen Zorn und ergieß deinen Grimm, / beuge den Gegner und vernichte den Feind.

7 Beschleunige das Ende und gedenke des Eides, / dass man deine großen Taten preist.

8 Durch rächendes Feuer werde verzehrt, wer überlebt; / und die Bedrücker deines Volkes sollen zugrunde gehen.

9 Zerschmettere die Köpfe der fremden Fürsten, / die da sagen: Es gibt niemanden außer uns!

10 Sammle alle Stämme Jakobs, / und verteil den Erbbesitz wie in den Tagen der Vorzeit.

11 Erbarme dich des Volkes, das nach deinem Namen benannt ist, / Israels, das du als Erstgeborenen bezeichnet hast.

12 Erbarme dich deiner heiligen Stadt, / Jerusalems, des Ortes deiner Wohnung.

13 Erfülle Zion mit deinem Lob / und mit deiner Herrlichkeit deinen Tempel.

14 Lege Zeugnis ab für die, die schon von Anfang an deine Knechte waren, / und stehe ein für die Verheißung, die in deinem Namen erging.

15 Belohne, die auf dich hoffen, / und deine Propheten erweise als zuverlässig.

16 Erhöre das Gebet deiner Diener / gemäß dem Segen Aarons über deinem Volk.

17 Und alle Enden der Erde sollen erkennen, / dass du der Herr bist, der ewige Gott.

Vom Unterscheiden

18 Jede Speise nimmt der Magen auf, / aber die eine Speise ist besser als die andere.

19 Der Gaumen prüft die Leckerbissen / und ein verständiges Herz die Lügenworte.

20 Ein arglistiges Herz bereitet Kummer, / aber ein geschickter Mann zahlt es ihm zurück.

Wahl einer Frau

21 Eine Frau nimmt einen jeden Mann, / aber es gibt Mädchen, die besser sind als andere.

22 Die Schönheit der Frau erheitert das Angesicht / und übertrifft alle Lust des Mannes.

23 Wenn auf ihrer Zunge Güte und Milde ist, / dann ist ihr Mann der glücklichste der Menschen.

24 Wer eine Frau besitzt, hat den Ursprung des Glücks, / eine ihm entsprechende Hilfe und eine stützende Säule.

25 Fehlt der Zaun, wird der Besitz geplündert, / fehlt die Frau, seufzt der Mann und geht in die Irre.

26 Wer traut einem Dieb, der unterwegs ist, / der von Stadt zu Stadt eilt?

27 So ist es mit dem Mann, der kein Heim hat, / er hält Rast, wo es gerade Abend wird.

Falsche Freunde

37 Jeder Freund sagt: Ich bin dir gut. / Aber mancher ist nur dem Namen nach Freund.

2 Ist es nicht ein Kummer, der dem Tod gleichkommt, / wenn ein Kamerad oder ein Freund zum Feind wird?

3 Böse Menschennatur, wozu bist du erschaffen? / Um die ganze Erde mit Falschheit zu erfüllen?

4 Ein schlechter Freund nützt den Freund aus im Glück, / zur Zeit der Not aber tritt er als Gegner gegen ihn auf.

5 Ein schlechter Freund zeigt Mitleid mit dem Freund aus Eigennutz, / zur Zeit des Kampfes aber ergreift er den Schild.

6 Vergiss den treuen Freund nicht im Kampf, / und vergiss ihn nicht inmitten deines Reichtums.

Ratgeber

7 Jeder Ratgeber erteilt Rat, / aber es gibt auch Ratgeber, die an den eigenen Vorteil denken.

8 Sei also vor dem Ratgeber auf der Hut, / erkenne zuvor, was er nötig hat – / denn auch er denkt an sich selbst –, /

damit er nicht sein begieriges Auge auf
dich wirft.
9 Er sagt zu dir: Du bist auf dem rechten
Weg. / Dann aber bleibt er von fern ste-
hen, zu sehen, was dir geschieht.
10 Berate dich nicht mit deinem Neider, /
und mit dem Eifersüchtigen sprich nicht
über deine Pläne.
11 (Berate dich) nicht mit einer Frau über
ihre Rivalin, / nicht mit einem Feigling
über den Kampf, / nicht mit einem Händ-
ler über den Verkauf, / nicht mit einem
Käufer über die Ware, / nicht mit einem
Geizhals über Erweis von Wohltaten, /
nicht mit einem Hartherzigen über Barm-
herzigkeit, / nicht mit einem Faulenzer
über eine Arbeit, / nicht mit einem Arbei-
ter über die Vollendung einer Aufgabe, /
Nicht mit einem faulen Sklaven über
Arbeitslast. / Nicht auf solche verlasse
dich, wenn du Rat suchst.
12 Wohl aber berate dich stets mit einem
gottesfürchtigen Mann, / von dem du
weißt, dass er die Gebote hält,
der in seinem Herzen nach deinem
Herzen ist / und, wenn du strauchelst, sich
um dich bemüht.
13 Doch auch den Rat des Gewissens
beachte, / denn wer ist zuverlässiger als
dieses?
14 Das Gewissen des Menschen gibt bes-
sere Auskunft / als sieben Wächter auf der
Warte.
15 Und bei allem bete zum Höchsten, /
dass er deine Schritte in Treue lenke.

Wahre und falsche Weisheit

16 Der Anfang einer jeden Tat ist der Ver-
stand, / der Anfang eines jeden Werkes ist
die Überlegung.
17 Die Wurzel der Pläne ist das Herz. /
Vier Zweige sprossen aus ihm hervor:
18 Gutes und Böses, Leben und Tod; /
doch herrscht über sie alle die Zunge.
19 Es gibt Weise, die sind für viele wei-
se, / für sich aber sind sie einfältig.
20 Es gibt Weise, die mit ihrer Redekunst
abgelehnt werden; / ihnen wird jeder
Lebensunterhalt fehlen.
21 Denn der Herr gewährt ihm nicht
seine Huld; / er ist aller Weisheit bar.
22 Es gibt Weise, die für sich selber weise
sind, / und die Früchte ihres Wissens sind
nur in seinem Mund wahr.
23 Es gibt Weise, die für ihr Volk weise
sind, / und der Ertrag ihres Wissens ist
von Dauer.
24 Der Weise wird mit Segen gesättigt, /
und es preisen ihn alle glücklich, die ihn
sehen.
25 [Das Leben des Menschen ist in seinen
Tagen gezählt, / aber Israels Tage sind
ohne Zahl.]
26 Wer für das Volk weise ist, erlangt
Vertrauen, / und sein Name bleibt immer
lebendig.

Maßhalten

27 Mein Sohn, prüfe dich in deiner Lebens-
weise, / beobachte, was dir schlecht
bekommt, und erlaub es dir nicht.
28 Denn nicht alles ist für alle gut, / und
nicht für jeden ist jede Speise zuträglich.
29 Giere nicht nach jedem Genuss, / und
stürze dich nicht auf jeden Leckerbissen.
30 Denn im Übermaß von Speisen steckt
die Krankheit, / und beim Unmäßigen
kommt es zu heftigem Erbrechen.
31 Durch Unmäßigkeit sind schon viele
zu Tod gekommen, / wer sich aber in Acht
nimmt, verlängert das Leben.

Arzt und Krankheit

38 Ehre den Arzt, wie es ihm zu-
kommt, seinen Diensten gemäß, /
denn auch ihn hat der Herr erschaffen.
2 Vom Höchsten kommt die Heilung, /
und vom König empfängt man Geschen-
ke.
3 Das Wissen des Arztes erhöht sein
Haupt, / und bewundert wird er bei Fürs-
ten.
4 Der Herr bringt aus der Erde die Heil-
mittel hervor, / und ein verständiger
Mensch verschmäht sie nicht
5 Ist nicht durch ein Holz das Wasser
süß geworden, / um so Gottes Macht
kundzutun?
6 Einsicht gab er den Menschen, / um
sich durch seine Wunderkräfte zu ver-
herrlichen.
7 Der Arzt gebraucht sie, um zu pflegen
und zu lindern, / und ebenso bereitet der
Salbenmischer die Arznei,
8 damit Gottes Wirken nicht aufhört /
und Wohlbefinden durch ihn auf der Erde
sich einstellt.
9 Mein Sohn, in der Krankheit säume
nicht, / bete zum Herrn und er macht dich
gesund.

10 Meide die Sünde und lass die Hände
rechtschaffen sein, / von allem Bösen rei-
nige dein Herz.
11 Bringe den Wohlgeruch eines Geden-
kopfers dar, / und spende reichlich, so gut
du vermagst.
12 Aber auch dem Arzt gewähr Zutritt,
denn der Herr hat auch ihn erschaffen; / er
soll nicht wegbleiben, denn auch er ist
notwendig.
13 Zu gegebener Zeit nämlich liegt in
seiner Hand der Erfolg; / 14 denn auch er
betet ja zum Herrn,
dass er ihm die Linderung gelingen
lässt / und die Heilung zur Erhaltung des
Lebens.
15 Wer gegen seinen Schöpfer sündigt, /
gerät in die Hand des Arztes.

Trauer

16 Mein Sohn, um den Toten lass Tränen
fließen, / trauere und stimm das Klagelied
an.
Wie es ihm zukommt, bestatte seinen
Leib, / und verbirg dich nicht bei seinem
Begräbnis.
17 Weine bitterlich, mein Sohn, und
klage vor Schmerz, / und halte die Trauer
um ihn, wie es ihm gebührt,
Ein, zwei Tage, dass man dir nichts
nachsagen kann; / dann aber tröste dich
über den Schmerz.
18 Traurigkeit führt zum Tod, / ebenso
bricht Trübsinn die Kraft.
19 Mit dem Begräbnis soll auch der
Schmerz ausziehen, / ein Leben voll
Trauer greift an das Herz.
20 Überlasse dein Herz nicht der Trau-
rigkeit, / weise sie zurück und denke an
das (eigene) Ende.
21 Vergiss nicht: Es gibt keine Rück-
kehr. / Was kannst du ihm also nützen?
Dir aber schadest du.
22 Denke daran: Was ihm bestimmt war,
ist auch deine Bestimmung, / gestern ihm
und heute dir.
23 Wie der Tote ruht, ruhe auch der
Gedanke an ihn, / tröste dich über ihn,
wenn sein Leben erloschen ist.

Handwerk

24 Die Weisheit des Schriftgelehrten wird
in der Muße erworben, / und wer frei ist
von schwerer Arbeit, kann Weisheit
erlangen.
25 Wie kann der zur Weisheit gelangen,
der den Pflug hält / und sich mit dem
Ochsenstachel großtut,
der die Rinder treibt, sie bei der Arbeit
nicht verlässt / und sich nur über Kälber
unterhält,
26 wer seinen Sinn auf das Eggen richtet /
und danach trachtet, die Mast zu voll-
enden?
27 Ebenso beschäftigt ist der Handwerker
und Künstler, / der in der Nacht wie am
Tag seine Arbeit hat,
der Siegelringe schneidet / und seine
Geduld auf den Wechsel der Farben auf-
wendet,
der seinen Sinn darauf richtet, ein Bild
getreu wiederzugeben / und ganz bemüht
ist, sein Werk zu vollenden.
28 So auch der Schmied, der am Amboss
sitzt / und der das rohe Eisen anschaut.
Die Feuersglut lässt ihm das Fleisch
schmelzen, / und er hat mit der Hitze des
Ofens zu kämpfen.
Das Getöse des Hammers betäubt ihm
das Ohr, / und sein Auge ruht auf dem
Muster des Gerätes.
Er achtet darauf, sein Werk zu voll-
enden / und es nach seiner Fertigstellung
zu verzieren.
29 So auch der Töpfer, der an seiner
Arbeit sitzt / und mit seinen Füßen die
Scheibe dreht.
Seine Werke bearbeitet er mit Sorgfalt, /
und alle seine Bewegungen sind abgemes-
sen.
30 Mit seinem Arm formt er den Ton, /
und mit den Füßen macht er dessen
Zähigkeit geschmeidig;
aufmerksam bereitet er die Glasur / und
ist um das Brennen im Ofen bemüht.
31 All diese vertrauen auf ihre Hände, /
und jeder ist tüchtig in seinem Beruf.
32 Ohne sie wird keine Stadt besiedelt, /
man könnte weder in der Fremde siedeln
noch umherziehen.
33 Aber zur Volksversammlung werden
sie nicht hinzugezogen, / und in der
Gemeinde treten sie nicht hervor.
Sie sitzen nicht auf dem Stuhl des Rich-
ters, / und das Gesetz verstehen sie nicht.
Bildung und Urteilsfähigkeit offenbaren
sie nicht, / und unter denen, die Spruch-
weisheit schaffen, sind sie nicht aufzufin-
den.
34 Aber sie kennen sich in weltlichen

Dingen aus / und ihr Gebet richtet sich auf
das Betreiben ihres Gewerbes.

Schriftgelehrte

39 Anders, wer die Aufmerksamkeit
seines Geistes / und sein Sinnen
auf das Gesetz des Höchsten richtet.
Die Weisheit aller Vorfahren erforscht
er, / auch bemüht er sich um die Weissagungen.
2 Er bewahrt die Rede namhafter Männer, / und in die Tiefen der Spruchweisheit
dringt er ein.
3 Er forscht nach dem Sinn der Gleichnisse / und verweilt bei den Rätseln der
Sinnsprüche.
4 Im Kreis der Großen tut er Dienst, /
und auch bei den Fürsten erscheint er.
Er durchzieht das Land fremder Völker / und erforscht Gutes und Böses unter
den Menschen.
5 Sein Herz aber richtet er darauf, / sich
vom Morgen an dem Herrn, seinem
Schöpfer, zuzuwenden.
Er erhebt seine Seele zum Höchsten, / er
öffnet seinen Mund, um zu beten, und er
fleht für seine Sünden.
6 Wenn es dem Herrn, dem Großen,
gefällt, / wird er mit dem Geist der Einsicht erfüllt.
Er lässt dann Worte der Weisheit hervorsprudeln / und lobpreist im Gebet den
Herrn.
7 Er versteht Rat und Wissenschaft / und
sinnt über seine Geheimnisse nach.
8 Er offenbart die Zucht seiner Lehre /
und rühmt sich des Bundesgesetzes des
Herrn.
9 Viele preisen seine Einsicht, / und niemals wird sie vergehen.
Sein Andenken wird niemals verschwinden, / sein Name lebt bis in ferne
Geschlechter.
10 Von seiner Weisheit erzählen die Völker, / und sein Lob verkündet die
Gemeinde.
11 Wenn er lebt, wird sein Name mehr
als tausend andere gepriesen, / und wenn
zur Ruhe eingeht, so wird sein Ruhm noch
größer.

Aufforderung zum Gotteslob

12 Abermals will ich wohl überlegt meine
Rede führen, / denn wie der Vollmond bin
ich gefüllt.
13 Hört auf mich, fromme Söhne, und
sprossen werdet ihr / wie die Rose, die da
wächst am Wasserlauf.
14 Wie der Weihrauch werdet ihr Duft
ausströmen / und Blüten treiben wie die
Lilie.
Erhebt die Stimme und singt ein Loblied, / und preist den Herrn wegen seiner
Werke.
15 Gebt seinem Namen die Ehre, / und
preist ihn mit einem Lobgesang, / mit Liedern zum Saitenspiel.
Sprecht mit Jubel: /
16 Die Werke des
Herrn sind alle gewaltig, / alles, was er
befiehlt, geschieht zur rechten Zeit.
Man sage nicht: Wozu ist denn dieses
oder jenes? / Alles muss erforscht werden
zu seiner Zeit.
17 Durch sein Wort hat er die Wasser wie
einen Wall geschichtet, / und durch den
Befehl seines Mundes öffnet sich ihr Speicher.
18 Auf seine Weisung geschieht alles, was
er will, / und es gibt kein Hindernis für
seine Hilfe.
19 Die Taten aller Menschen liegen offen
vor ihm, / und nichts ist vor seinen Augen
verborgen.
20 Von Urzeit her und für immer schaut
er herab; / nichts ist zu wunderbar für ihn.
21 Man sage nicht: Wozu ist denn dieses
oder jenes? / Denn alles ist zu seinem
Zweck ausersehen.
22 So wie sein Segen alles bedeckt hat wie
ein Fluss / und den Erdkreis getränkt hat
wie eine Flut,
23 ebenso gibt er den Völkern seinen
Zorn als Erbteil, / verwandelt wasserreiches Land zum Salzmeer.
24 Seine Pfade sind für die Rechtschaffenen eben, / wie sie für die Gottlosen
unwegsam sind.
25 Gutes hat er von Anfang an den Guten
bestimmt, / wie für die Schlechten Böses.
26 Das Wichtigste für das Menschenleben ist: / Wasser, Feuer, Eisen und Salz,
das Mark des Weizens, Milch und
Honig, / das Blut der Trauben, Öl und
Kleidung.
27 All das erweist sich den Guten als
gut, / wie es den Schlechten zum Bösen
ausschlägt.
28 Es gibt Winde, die sind zur Strafe
geschaffen, / und in seinem Zorn hat er sie
zu Geißeln gemacht.

Zur Zeit des Verderbens verströmen sie
Kräfte / und beruhigen den Zorn ihres
Schöpfers.
29 Feuer und Hagel, Hunger und Pest, /
auch sie sind zur Strafe erschaffen,
30 reißende Tiere, Skorpione und Nat-
tern / und das Schwert der Rache zur Ver-
tilgung der Gottlosen.
Alle diese Dinge sind zu ihrem Zweck
erschaffen, / sie sind im Speicher auf-
bewahrt und werden zu ihrer Zeit losge-
lassen.
31 Gebietet er ihnen, so jauchzen sie, /
bereit sind sie, wenn er ihrer bedarf, /
ergeht an sie der Befehl, widerstehen sie
nicht seinem Wort.
32 Darum war ich von Anfang an über-
zeugt, / durchdachte es und legte es
schriftlich nieder:
33 Die Werke Gottes sind alle gut, / und
alles Nötige spendet er reichlich zur rech-
ten Zeit.
34 Man sage nicht: Dieses ist schlechter
als jenes, / denn alles ist zu seiner Zeit von
Wert.
35 Nun jubelt aus ganzem Herzen und
Mund, / und preist den Namen des Herrn.

Das Elend des Menschen

40 Große Mühsal ist allen Menschen
bestimmt, / und ein schweres Joch
lastet auf den Kindern Adams
von dem Tag an, da sie hervorgehen aus
dem Schoß ihrer Mutter, / bis zum Tag
ihrer Rückkehr zur Mutter aller Lebendi-
gen.
2 Inhalt ihres Sinnens und die Furcht
ihres Herzens / besteht in der angstvollen
Erwartung des Tages ihres Todes.
3 Von dem, der hoch auf dem Thron
sitzt, / bis zu dem, der in Staub und Asche
sitzt,
4 von dem, der Stirnreif und Krone
trägt, / bis zu dem, der ein Gewand von
Fellen trägt:
5 Zorn, Eifersucht, Kummer und Schre-
cken, / Todesfurcht, Zank und Streit.
Selbst zur Zeit der Ruhe auf seinem
Lager / verwirrt der nächtliche Schlaf ihm
den Sinn.
6 Ein wenig, einen Augenblick etwa, hat
er Ruhe / und schläft doch gleich wie am
helllichten Tag.
Er flieht vor dem Traumgesicht seiner
Seele / wie ein Entronnener, der vor dem
Verfolger flieht.
7 Zur Zeit seiner Rettung wacht er auf /
und wundert sich über die grundlose
Furcht.
8 Über alles Fleisch vom Menschen bis
zum Vieh / kommen über den Sünder sie-
benfach dazu:
9 Tod und Blut, Streit und Schwert, /
Verwüstung und Verderben, Hunger und
Drangsal.
10 Für die Gottlosen ist das alles erschaf-
fen, / und um ihretwillen kam die Flut.
11 Alles, was aus der Erde stammt, kehrt
zur Erde wieder zurück, / und was aus
dem Wasser stammt, zum Meer.

Verschiedene Grundsätze

12 Jede Bestechung und Ungerechtigkeit
wird ausgerottet, / aber die Redlichkeit
besteht auf ewig.
13 Der Reichtum des Frevlers schwindet
hin wie ein Bach, / wie ein Donnerschlag,
der beim Regenguss erschallt.
14 Wenn er anschwillt, werden Felsen
bewegt, / aber plötzlich versiegt er für
immer.
15 Der Schössling des Gewalttätigen setzt
keine Triebe an, / denn die Wurzel des
Gottlosen liegt auf Felsenriffen.
16 Das Schilf auf den Wassern und an
den Ufern des Flusses / wird zuerst aus-
gerissen.
17 Aber die Güte ist wie ein gesegnetes
Paradies, / und die Wohltätigkeit hat
Bestand für immer.

Lebensregeln

18 Der Freie und der Arbeiter haben ein
süßes Leben, / doch mehr als beide hat,
wer einen Schatz findet.
19 Nachkommen und Stadtgründung
geben dem Namen Bestand, / doch mehr
als beide, wer Weisheit findet.
Viehzucht und Gartenbau bringen den
Namen zum Wachsen, / doch mehr als
beide eine liebe Frau.
20 Wein und Künste stimmen froh das
Herz, / doch mehr als beide die Liebe zur
Weisheit.
21 Flöte und Harfe verschönern das
Lied, / doch mehr als beide eine reine
Stimme.
22 Anmut und Schönheit entzücken das

Auge, / doch mehr als beide die Saat auf
dem Feld.
23 Freund und Bruder geleiten zur rech-
ten Zeit, / doch mehr als beide Frau und
Mann.
24 Bruder und Helfer sind für die Zeit der
Not, / doch mehr als beide rettet Almosen.
25 Gold und Silber stützen den Fuß, /
doch mehr als beide ein guter Rat.
26 Reichtum und Macht erhöhen das
Herz, / doch mehr als beide die Furcht vor
dem Herrn.
Bei der Gottesfurcht leidet man keinen
Mangel, / und man braucht neben ihr
keine Stütze zu suchen.
27 Die Gottesfurcht ist ein gesegnetes
Paradies, / sie schützt besser als alle Herr-
lichkeit.

Betteln

28 Mein Sohn, führe nicht das Leben eines
Bettlers, / denn besser sterben, als betteln.
29 Wer nach fremden Tischen Ausschau
hält, / dessen Leben ist nicht als Leben zu
rechnen.
Befleckung für die Seele sind geschenkte
Bissen, / ein verständiger und erzogener
Mann hütet sich davor.
30 Im Mund des Unverschämten ist süß
das Bitten, / doch in seinem Innern brennt
es wie Feuer.

Tod

41 Tod, wie bitter ist der Gedanke an
dich / für den Menschen, der ruhig
sein Heim bewohnt,
für den Menschen, der sorglos lebt und
in allem Glück hat, / der noch kräftig
genug ist, das Vergnügen zu genießen.
2 Tod, wie gut ist deine Sendung / für
einen Unglücklichen und den, dem die
Kräfte schwinden,
für den Alten, der verbraucht und von
Sorgen geplagt ist, / der mürrisch gewor-
den und die Geduld verloren hat!
3 Fürchte dich nicht vor dem Tod, will er
dir bestimmt ist, / denke daran, dass er
Vor- und Nachfahren in gleicher Weise
trifft.
4 Er ist als Anteil allem Fleisch von Gott
bestimmt, / warum also unwillig sein
gegen die Bestimmung des Höchsten?
Ob tausend Jahre, hundert oder zehn, /
in der Unterwelt gibt es keine Klage über
die Lebensdauer.

Schicksal der Gottlosen

5 Eine schändliche Brut ist das Geschlecht
der Gottlosen, / und ein törichtes Gezücht
hat Wohnung bei den Bösen.
6 Das Erbe der Kinder von Gottlosen
gerät in Verlust, / und ihre Nachkommen
leben für immer in Schmach.
7 Den gottlosen Vater verfluchen die
Kinder, / denn um seinetwillen werden sie
verachtet.
8 Weh euch, ihr gottlosen Männer, / die
ihr das Gesetz des Höchsten verlassen
habt!
9 Wenn ihr euch vermehrt, so ist es zum
Leid, / und wenn ihr sterbt, ist es zum
Fluch.
10 Alles, was aus der Erde stammt, kehrt
wieder zur Erde zurück; / so auch die
Gottlosen vom Fluch ins Verderben.
11 Der Mensch trauert um seinen Leib, /
doch der verfluchte Name der Sünder ver-
weht.
12 Trage Sorge für deinen Namen, denn
er geleitet dich / besser als tausend kost-
bare Schätze.
13 Das Gut des Lebens währt nur
begrenzte Zeit, / das Gut des Namens aber
unbegrenzte Zeit.

Scham

14 Haltet, ihr Kinder, in Frieden meine
Unterweisungen.
Verdeckte Weisheit und ein verborge-
ner Schatz, / welchen Nutzen bringen sie
beide?
15 Besser, es versteckt einer seine Tor-
heit, / als dass ein Mensch seine Weisheit
verbirgt.
16 Seid schamhaft nach meiner rechten
Art, / denn nicht jede Art von Scham zu
üben ziemt sich, / und nicht jedes Verste-
cken ist gut angebracht.
17 Schäm dich vor Vater und Mutter der
Unzucht, / vor dem Fürsten und Herr-
scher der Lüge,
18 vor dem Richter und Ratsherrn des
Vergehens, / vor der Gemeinde und dem
Volk der Übertretung,
19 vor dem Kameraden und Freund der
Untreue, / und vor dem Ort, wo du
wohnst, des Diebstahls,
20 vor der Wahrheit Gottes und dem
Bund der Verletzung, / (schäme dich), den
Ellbogen bei Tisch aufzustützen,
21 Geschenke anzubieten denen, die sie

verachten, / keine Antwort zu geben
denen, die dich grüßen,
22 deinen Blick auf eine Dirne zu wen-
den, / deinen Landsmann zurückzusto-
ßen,
23 dir den Anteil eines anderen anzueig-
nen / oder das Geschenk, das man ihm
machte,
nach einer Frau zu schauen, die ihrem
Mann gehört, / 24 Vertraulichkeiten mit
einer Magd zu haben und dich ihrem
Lager zu nähern.
25 (Schäme dich), den Freund zu schmä-
hen / und nach einer Wohltat zu schimp-
fen,
26 ein Wort weiterzuerzählen, das du
gehört hast, / und irgendein vertrauliches
Gespräch auszuplaudern.
27 Dann bist du in Wahrheit schamhaft /
und findest Beifall bei allen Lebenden.
42 Aber folgender Dinge schäme dich
nicht, / und nimm keine Rück-
sicht, denn es wäre Sünde:
2 Des Gesetzes des Höchsten und des
Bundes / sowie des Rechts, das sogar dem
Gottlosen zu seinem Recht verhilft,
3 der Abrechnung mit dem Reisegefähr-
ten / und der Verteilung von Erbe an
deine Freunde,
4 des Abstaubens von Waagschalen und
Waage, / des Erwerbs, sei es viel, sei es
wenig, / 5 des Gewinns aus Handel,
der häufigen Züchtigung der Kinder, /
der Schläge auf die Lenden eines schlech-
ten Sklaven.
6 Bei einer neugierigen Frau ist es klug,
ein Siegel zu gebrauchen, / und wo viele
Hände sind, einen Schlüssel.
7 Wo du etwas hinterlegst, genau bei
Zahl und Gewicht, / Ausgabe und Ein-
nahme, da schreibe alles auf.
8 (Schäme dich nicht) der Zurechtwei-
sung des Unverständigen und Toren / und
des ergrauten Alten, der mit Jungen
Streitreden führt.
Dann bist du in Wahrheit vorbildlich /
und geehrt vor aller Welt.

Sorgen des Vaters um seine Tochter

9 Eine Tochter bereitet dem Vater, ohne zu
wissen, sorgenvolle Nächte, / und die
Sorge um sie verscheucht den Schlaf:
in ihrer Jugend, dass sie nicht zu spät
heiratet, / und verheiratet, dass sie nicht
verhasst wird,
10 als Mädchen, dass sie sich nicht ver-
führen lässt / und im Haus ihres Vaters
schwanger wird,
bei ihrem Mann, dass sie nicht untreu
wird, / und verheiratet, dass sie nicht kin-
derlos bleibt.
11 Über eine unbelehrbare Tochter
wache streng, / dass sie dir nicht einen
bösen Namen macht,
zum Stadtgespräch wird, zum Gerede
beim Volk, / und dich beschämt vor den
Augen aller.
12 Keinem Mann zeige sie ihre Schön-
heit, / und unter Frauen halte sie sich
nicht auf.
13 Denn aus dem Kleid kommt die Motte
her, / aus der einen Frau die Bosheit der
anderen.
14 Weniger schlimm ist die Bosheit eines
Mannes als die Güte einer Frau, / und eine
Tochter, die schandbar lebt, bringt Schan-
de.

Die Herrlichkeit Gottes

In der Natur

Lob des Schöpfers

15 Gedenken will ich der Werke des
Herrn, / und was ich gesehen habe, will ich
erzählen.
Durch die Worte des Herrn sind seine
Werke geschaffen, / und die Schöpfung
gehorcht seinem Willen.
16 Die strahlende Sonne erblickt alle
Dinge, / und das Werk des Herrn ist erfüllt
von seiner Herrlichkeit.
17 Die Heiligen sind nicht in der Lage, /
alle Wunder des Herrn zu verkünden,
die der Herr, der Allherrscher, fest
begründet hat, / damit das All vor seiner
Herrlichkeit bestehen kann.
18 Meerestiefe und Herz erforscht er, /
und all ihre Geheimnisse sind ihm
bekannt.
Denn der Höchste hat Kenntnis von

allem / und schaut auf die Zeichen der
Zeit.
19 Er kündet Vergangenes und Künfti-
ges / und enthüllt die verborgenen Rätsel.
20 Kein einziger Gedanke entgeht ihm, /
kein einziges Wort bleibt ihm verborgen.
21 Die Wunder seiner Weisheit hat er
geordnet, / denn von Ewigkeit zu Ewigkeit
ist er.
Nichts ist hinzuzufügen und nichts
wegzunehmen, / und nicht bedarf er eines
Lehrers.
22 Wie lieblich sind all seine Werke, /
und wie leuchtende Funken ist ihr
Anblick!
23 Alles lebt und besteht für immer, / für
jeden Zweck ist alles bereit.
24 Alle Dinge sind verschieden, das eine
vom andern, / und nichts hat er geschaf-
fen, das versagt.
25 Das eine bestärkt den Wert des ande-
ren, / und wer kann sich satt sehen am
Anblick ihrer Schönheit?

Die Sonne

43 Der Himmelshöhe Stolz ist das
Firmament in seiner Klarheit, /
und die Himmel selbst tun seine Herrlich-
keit kund.
2 Die Sonne, die aufstrahlt, ruft bei
ihrem Aufgang: / Was für ein Wunder ist
das Werk des Höchsten!
3 Steht sie im Zenit, so lässt sie die Welt
verdorren, / wer kann es aushalten in ihrer
Hitze?
4 Ein entfachter Ofen bringt Glut her-
vor, / dreimal mehr brennt die Sonne die
Berge.
Glut sendet sie aus, / und durch ihr
Feuer erblindet das Auge.
5 Groß ist der Herr, ihr Schöpfer, / sein
Wort lenkt ihren schnellen Lauf.

Der Mond

6 Der Mond, in allem zur rechten Zeit, /
bezeichnet die Monate und teilt die Zeit
ein.
7 Der Mond bestimmt die Feste, / dieses
Gestirn, das abnimmt, wenn es voll
geworden ist.
8 Am Neumond ist so, wie sein Namen
sagt: / wunderbar erneuert er sich nach
seinem Wechsel.
Er lehrt das Heer in der Höhe, / das am
Firmament des Himmels leuchtet.

Die Sterne

9 Die Schönheit des Himmels ist die Pracht
der Sterne, / sie schmücken mit ihrem
Schein die Höhen des Herrn.
10 Durch das Wort des Heiligen hat die
Ordnung Bestand, / und sie ermatten
nicht auf ihrer Nachtwache.

Der Regenbogen

11 Schau den Regenbogen und preise seinen
Schöpfer, / denn überaus herrlich ist er an
Pracht.
12 Das Himmelsgewölbe umspannt er
mit seinem Glanz, / die Hände des
Höchsten haben ihn ausgespannt.

Die Wunder der Natur

13 Durch seine Anordnung lässt der Herr
den Schnee fallen, / er schleudert die Blit-
ze.
14 Zu seinem Dienst öffnet er seine
Speicher, / und die Wolken fliegen wie
Vögel.
15 In seiner Größe verdichtet er die Wol-
ken / und zerstößt die Hagelsteine.
16b Bei seinem Anblick wanken die Ber-
ge, / 17a bei der Stimme seines Donners
gerät die Erde in Wehen.
16a Nach seinem Willen jagt der Südwind
dahin / 17b und ebenso der Orkan aus dem
Norden und die Wirbelstürme.
18 Wie Vögel lässt er seine Schneeflocken
fliegen, / und wie einfallende Heuschre-
cken ist ihr Fall.
Ihr weißer Glanz blendet die Augen, /
und bei seinem Rieseln freut sich das
Herz.
19 Auch den Reif gießt er aus wie Salz, /
ihn wandelt der Frost in Spitzen von Dor-
nen.
20 Den kalten Nordwind lässt er wehen, /
und auf dem Wasser bildet sich das Eis.
Jedes stehende Gewässer überzieht er
mit einer Decke / und bekleidet es wie mit
einem Panzer.
21 Er verzehrt die Berge und brennt die
Wüste aus / und versengt das Gras wie
eine Flamme.
22 Doch Linderung für alles bringt die
Wolke, / und der Tau schenkt Leben nach
der Trockenheit.
23 Nach seinem Beschluss ließ er die
Wasser sich senken / und pflanzte die
Inseln.
24 Die das Meer befahren, erzählen von

seiner Gefahr, / und wenn unsere Ohren es
hören, sind wir voll Staunen.
25 Dort gibt es Wunderdinge, die
erstaunlichsten seiner Schöpfung, / aller
Art Lebewesen und die Ungeheuer des
Weltmeers.
26 Gott sei Dank endet alles gut, / und
alles fügt wieder sich nach seinem Wort.
27 Viel könnten wir noch sagen und
kämen nicht ans Ende, / darum sei der
Rede Schluss: Er ist alles!
28 Wo finden wir die Kraft, ihn zu prei-
sen? / Er ist ja größer als all seine Werke.
29 Furchtbar ist der Herr und überragend
groß, / und wunderbar sind seine Taten.
30 Euer Lobpreisen erhebe den Herrn, /
so viel ihr könnt, denn er ist noch größer.
Wenn ihr anhebt, schöpft neue Kraft, /
und werdet nicht müde, denn ergründen
könnt ihr ihn nicht.
31 Wer hätte ihn gesehen und könnte
davon erzählen, / und wer kann ihn prei-
sen, so wie es ihm gebührt?
32 Die Menge des Unbekannten ist grö-
ßer als dies, / wenig nur sah ich von seinen
Werken.
33 Alles das aber hat der Herr hervor-
gebracht, / und den Frommen hat er
Weisheit verliehen.

In der Geschichte

Lob der Väter

44 Die berühmten Männer will ich
preisen, / unsere Väter, wie sie ei-
nander folgten.
2 Viel Ehre hat der Höchste geschaffen /
und seine Größe gezeigt seit den Tagen der
Vorzeit.
3 Herrscher des Landes in ihrer Königs-
würde / und berühmte Männer in ihrer
Macht.
Ratgeber in ihrer Einsicht / und pro-
phetische Seher aller Dinge,
4 Lenker des Volkes durch ihre Rat-
schlüsse, / Kenner des Volkes und Lehrer
der Weisheit,
5 Dichter von Liedern / und Sammler
von Sprüchen in ihren Schriften,
6 Männer, reich und gestützt durch
Macht, / in Sicherheit lebend auf ihrem
Wohnsitz.
7 Hoch angesehen waren sie zu ihrer
Zeit, / und in ihren Tagen erstrahlte ihr
Ruhm.
8 Sie hinterließen einen Namen, / von
dem man immer noch voll des Lobes
spricht.
9 Andere blieben ohne Gedenken, / und
sie waren vergessen, sobald sie dahin-
gegangen waren.
Sie waren, als wären sie niemals gewe-
sen, / wie auch ihre Söhne nach ihnen.
10 Doch jene dagegen sind würdige
Männer, / und ihre Wohltaten sind nicht
vergessen.
11 Bei ihren Nachkommen finden sie /
ein reiches Erbe, das von ihnen ausgegan-
gen ist.
12 Ihr Stamm bleibt den Satzungen treu /
und ihre Kinder um ihretwillen.
13 Auf ewig bleibt ihr Geschlecht, / und
ihre Gerechtigkeit gerät nicht in Verges-
senheit.
14 Ihr Leib ist in Frieden bestattet, / und
ihr Name lebt fort von Generation zu
Generation.
15 Von ihrer Weisheit erzählt die
Gemeinde, / und ihr Lob verkündet die
Versammlung.

Henoch

16 Henoch gefiel dem Herrn und wurde
entrückt, / ein Beispiel der Bekehrung für
Generationen.

Noach

17 Noach wurde vollkommen gerecht
befunden, / und zur Zeit des Zorns wurde
er der Spross.
Um seinetwillen war ein Rest geblie-
ben, / als die Flut kam.
18 Ein ewiger Bund wurde mit ihm
geschlossen, / nie wieder zu vertilgen alles
Leben durch die Flut.

Abraham

19 Abraham war der berühmte Vater einer
Menge von Völkern, / niemand war ihm
an Ehre gleich.
20 Er befolgte die Anordnung des Aller-
höchsten / und ging den Bund mit ihm
ein.
An seinem Leib bestätigte er den
Bund, / und in der Prüfung wurde er treu
befunden.
21 Darum versprach er ihm mit einem
Schwur, / durch seine Nachkommen die
Völker zu segnen,
sie zahlreich zu machen wie den Staub

der Erde / und seinen Stamm wie die
Sterne zu erhöhen,
ihnen Besitz zu geben von Meer zu
Meer / und vom Strom bis an die Enden
der Erde.

Isaak und Jakob

22 Auch dem Isaak bestätigte er es ebenso /
um Abrahams, seines Vaters willen.
23 Den Segen über alle Menschen und
den Bund / ließ er auf dem Haupt Jakobs
ruhen.
Er bestätigte ihn in seinen Segnungen /
und gab ihm das Land zum Erbbesitz.
Er schied es ihm in seine Teile / und
teilte es unter die zwölf Stämme.

Mose

45 Er ließ aus ihm einen rechtschaf-
fenen Mann hervorgehen, / der
Gnade fand in den Augen aller,
den Liebling Gottes und der Men-
schen, / Mose, sein Andenken sei geprie-
sen.
2 Er verlieh ihm Ehre, die den Heiligen
gleichkommt, / und machte ihn groß zum
Schrecken der Feinde.
3 Auf sein Wort hin ließ er die Wunder-
zeichen geschehen, / und er verherrlichte
ihn vor Königen.
Er gab ihm Aufträge an das Volk / und
ließ ihn von seiner Herrlichkeit schauen.
4 Wegen seiner Treue und Milde heiligte
er ihn, / er wählte ihn aus von allen Men-
schen.
5 Er ließ ihn seine Stimme hören / und
führte ihn hinein ins Dunkel der Wolke.
Er gab ihm die Gebote von Angesicht zu
Angesicht, / das Gesetz des Lebens und
der Einsicht,
um Jakob seine Gebote zu lehren / und
Israel seine Satzungen.

Aaron

6 Auch erhöhte er einen Heiligen gleich
ihm, / Aaron, seinen Bruder, aus Levis
Stamm.
7 Er schloss mit ihm einen ewigen
Bund / und verlieh ihm das Priestertum
für das Volk.
Er beglückte ihn mit seiner Pracht / und
bedeckte ihn mit einem Gewand der Ehre.
8 Er kleidete ihn ganz in Prunk / und
schmückte ihn mit den Prachtgewän-
dern, / Beinkleid, Leibrock und Efod,
9 rings umsäumt mit Granatäpfeln / und
vielen Glöckchen rundum,
dass sie lieblich erklingen sollten bei
seinen Schritten, / damit ihr Laut im
Tempel zu hören war / zur Erinnerung für
die Kinder seines Volkes.
10 (Auch schmückte er ihn) mit dem
heiligen Gewand aus Gold und violettem
Purpur / sowie aus rotem Purpur – einer
Kunststickerarbeit –,
mit dem Brustschild der Rechtspre-
chung, den Urim und Tummim, / dem
Gürtel aus Karmesin – einer Weber-
arbeit –,
11 mit den Edelsteinen, graviert wie Sie-
gel, / in Fassung von Gold – die Arbeit
eines Steinschneiders –,
zur Erinnerung mit eingegrabenen
Schriftzeichen, / entsprechend der Zahl
der Stämme Israels,
12 mit dem goldnen Diadem auf dem
Kopfbund, / mit der eingravierten Auf-
schrift der Weihe,
eine herrliche Pracht und ein großarti-
ges Werk, / eine Lust für das Auge, dieser
Schmuck!
13 Vor ihm gab es so etwas nicht, / und
nie darf es jemals ein Unbefugter tragen,
sondern nur seine Söhne / und deren
Nachkommen für immer.
14 Seine Opfer wurden gänzlich ver-
brannt, / täglich zweimal, auf ewige Zei-
ten.
15 Mose belehnte ihn mit seinem Amt, /
salbte ihn mit heiligem Öl,
und es wurde ihm zum ewigen Bund, /
wie auch seinem Geschlecht, solange der
Himmel steht:
dem Dienst vorzustehen und ihm
Priester zu sein / und sein Volk zu segnen
in seinem Namen.
16 Er wählte ihn aus allen Menschen, /
damit er das Opfer des Herrn darbringt
und dass er den lieblichen Wohlgeruch
spendet und das Gedenkopfer, / um so das
Volk zu entsühnen.
17 Er vertraute ihm auch seine Gebote
an / und übergab ihm die Vorschriften des
Gesetzes,
um Jakob seine Zeugnisse zu lehren /
und Israel sein Gesetz zu erklären.
18 Doch als Unbefugte sich gegen ihn
empörten / und in der Wüste auf ihn
eifersüchtig waren,
die Männer um Datan und Abiram

nämlich / sowie die Rotte Korachs mit
mächtiger Wut,
19 da sah es der Herr und geriet in
Zorn, / und er vernichtete sie in der Glut
seines Zornes.
Er bewirkte an ihnen ein Wunder / und
vertilgte sie durch eine Feuerflamme.
20 Dann vermehrte er noch Aarons
Ehre, / indem er ihm sein Erbe gab:
Er gewährte ihm die Erstlingsgaben, /
und bereitete ihm vor allem Brot zum
Sattwerden.
21 Von den Opfern des Herrn sollten sie
genießen dürfen, / die er ihm und seinen
Nachkommen gab.
22 Aber am Landbesitz des Volkes erhielt
er keinen Anteil, / und in ihrer Mitte fiel
ihm kein Erbe zu. / Vielmehr ist der Herr
sein Anteil und Erbbesitz.

Pinhas

23 Pinhas ferner, der Sohn Eleasars, erhielt
die Würde als Dritter, / weil er Eifer zeigte
in der Furcht vor dem Herrn,
weil er fest blieb vor der Empörung des
Volkes / mit edlem Mut; / so erlangte er
Sühne für Israel.
24 Darum wurde auch mit ihm ein Bund
des Friedens besiegelt, / der ihn zum Füh-
rer des Heiligtums und des Volkes machte:
Ihm nämlich und seinem Geschlecht
sollte zu eigen sein / die Hohepriester-
würde für immer.
25 Es bestand ein Bund mit David, / dem
Sohn Isais aus dem Stamm Juda,
eine Erbfolge vom Vater auf einen ein-
zigen seiner Söhne. / Aber die Erbfolge
Aarons geht auf alle seine Nachkommen.
26 Gott gebe euch Weisheit ins Herz, /
sein Volk zu richten in Recht,
damit die Tugenden der Ahnen nicht
schwinden / und ihr Ruhm übergeht auf
ihre Nachkommen.

Josua

46 Ein Kriegsheld war Josua, der Sohn
Nuns, / der Nachfolger des Mose
im Prophetenamt.
Er zeigte sich seinem Namen gemäß /
groß in der Rettung der Auserwählten,
um Rache zu üben am Feind / und
Israel in sein Erbteil einzuführen.
2 Wie herrlich war er, als er die Hand
erhob, / damals, als er den Degen schwang
gegen die Städte!
3 Wen gab es, der vor ihm standhalten
konnte? / Führte er doch die Kriege des
Herrn.
4 Blieb nicht auf seinen Wink hin die
Sonne stehen, / sodass sich ein Tag ver-
doppelte?
5 Er rief zu Gott, dem Höchsten, / als er
in Bedrängnis war, von seinen Feinden
umringt,
und der Herr erhörte ihn / und schleu-
derte Hagelsteine von unerhörter
Gewalt.
6 Er ließ sie niederfallen auf das feindli-
che Volk / und vernichtete so den Gegner
am Abhang,
um den Völkern die Kraft seiner Waffen
zu offenbaren / und dass ihr Gegner der
Herr war.

Kaleb

7 Aber auch weil er dem Allmächtigen
folgte / und in den Tagen des Mose Fröm-
migkeit bewies,
Er und Kaleb, der Sohn Jefunnes, / als
sie der Menge widerstanden
und so das Volk zu sündigen hinder-
ten, / dadurch dass sie das üble Gerede
zum Schweigen brachten: –
8 darum wurden auch sie ausgenom-
men / von den sechshunderttausend
Mann zu Fuß,
und sie durften in ihr Erbland einge-
hen, / das Land, das von Milch und Honig
fließt.
9 Auch verlieh er dem Kaleb Stärke, /
die ihm bis zum Greisenalter erhalten
blieb,
dass er die Höhen des Landes ersteigen
konnte; / auch seine Nachkommen erhiel-
ten das Erbe.
10 So sollte ganz Israel erkennen, / wie
heilvoll es ist, dem Herrn in allem zu fol-
gen.

Die Richter

11 Weiterhin die Richter, jeder nach seinem
Namen, / ein jeder, dessen Herz nicht
untreu wurde und der nicht abwich von
Gott; / gepriesen sei ihr Andenken!
12 Ihre Gebeine mögen emporsprossen
aus ihrer Ruhestätte, / und ihr Name
erneuere sich in den Söhnen dieser
berühmten Männer.

Samuel

13 Samuel war der Liebling des Herrn; / als
Prophet des Herrn gründete er das Königtum / und salbte Fürsten über das Volk.
14 Im Gesetz des Herrn richtete er die
Gemeinde, / und der Herr wachte über Jakob.
15 Wegen seiner Treue wurde er als Prophet anerkannt / und war auch in seinen Worten ein zuverlässiger Seher.
16 Auch er rief zum allmächtigen
Herrn, / als ihn die Feinde ringsum bedrängten, / und brachte ein Milchlamm zum Opfer dar.
17 Vom Himmel her aber donnerte der
Herr, / mit gewaltigem Dröhnen vernahm man seine Stimme.
18 Er vernichtete die feindlichen Führer /
und alle Fürsten der Philister.
19 Dann aber, als er zur Ruhe kam auf
seinem Lager, / rief er den Herrn und seinen Gesalbten zum Zeugen an:

Geschenke, und seien es auch nur Sandalen, von wem nahm ich sie an? / Und keiner klagte ihn an.
20 Auch nach seinem Tod noch wurde er
befragt, / und er verkündete dem König sein Ende.

Er erhob aus der Erde weissagend seine Stimme, / um die Sünde des Volkes zu tilgen.

Natan

47 Ferner stand nach ihm Natan auf, / um in der Zeit Davids zu weissagen.

David

2 Denn wie Fett herausgehoben ist aus dem
Opferfleisch, / so David aus den Söhnen Israels.
3 Die Löwen verlachte er wie Böcklein, /
und die Bären, als wären sie junge Lämmer.
4 In seiner Jugend erschlug er den Rie-
sen / und nahm vom Volk die Schmach,

indem er seine Hand mit der Schleuder schwang / und das Prahlen Goliats zerschlug.
5 Er rief nämlich zum Herrn, dem
Höchsten, / und dieser gab ihm Kraft in seine Rechte,

um den kriegserprobten Mann niederzustrecken / und so die Macht seines Volkes zu erhöhen.
6 Darum gab man ihm den Ruhm über
Zehntausend / und lobte ihn im Lobpreis des Herrn, / indem man ihm eine Krone der Ehre brachte.
7 Denn er zerstörte ringsum die Feinde, /
er vernichtete die feindlichen Philister / und zerbrach ihre Macht bis auf den heutigen Tag.
8 Bei jeder seiner Taten stimmte er Lob-
gesänge an / und verherrlichte den Heiligen, Höchsten.

Aus ganzem Herzen sang er / und erwies so Liebe seinem Schöpfer.
9 Begleitinstrumente zum Gesang stellte
er am Altar bereit, / deren Begleitung die Lieder noch lieblicher machte.
10 Glanz verlieh er den Festen / um voll-
kommene Pracht den Festfeiern.

Bei ihrem Lobsingen auf seinen heiligen Namen / hallte schon vor dem Morgengrauen das Heiligtum wider.
11 Auch verzieh ihm der Herr seine
Sünden / und erhöhte seine Macht für immer.

Er übergab ihm das Königsgesetz / und richtete seinen Thron auf über Jerusalem.

Salomo

12 Nach ihm trat ein weiser Sohn auf, / der
um seinetwillen in Sicherheit wohnen konnte.
13 Salomo war König in einer Zeit des
Friedens, / und Gott verschaffte ihm Ruhe ringsum,

weshalb er seinem Namen ein Haus erbaute / und ein Heiligtum errichtete für immer.
14 Wie warst du weise in deiner Jugend /
und voll wie ein Fluss an Einsicht.
15 Die Erde bedecktest du mit deiner
Einsicht / und erfülltest sie mit rätselvollen Sprüchen.
16 Bis zu den fernen Inseln drang dein
Ruhm, / und du wurdest geliebt um deines Friedens willen.
17 Durch Lied, Spruch, Rätsel und
Gleichnisse / hast du die Welt in Staunen versetzt.
18 Im Namen Gottes, des Herrn, den
man den Gott Israels nennt, / häuftest du wie Zinn das Gold auf und hattest Silber in Menge wie Blei.
19 Doch du gabst dich den Frauen hin /
und bist zum Sklaven deiner Sinnlichkeit geworden.

[20] So brachtest du einen Makel auf deine
Ehre / und hast dein Geschlecht entweiht,
sodass du Zorn über deine Kinder herbeiführtest / und Bedrängnis über deine Nachkommen:
[21] Es entstand eine doppelte Herrschaft, / aus Efraim ging ein rebellisches Reich hervor.
[22] Doch Gott gab seine Liebe nicht auf, / und keines seiner Worte ließ er zu Boden fallen.

Nicht hat er seinem Erwählten Nachkommenschaft verweigert / und nicht den Stamm dessen ausgerottet, der ihn liebte.

Er hat Jakob einen Rest gelassen / und David einen Wurzelspross aus ihm selbst.

Rehabeam

[23] Salomo legte sich zu seinen Vätern / und hinterließ als Nachfolger einen aus seinem Geschlecht:

Der größte Tor des Volkes, arm an Einsicht, / Rehabeam, der das Volk zur Empörung trieb.

Jerobeam

[24] Ferner Jerobeam, der Sohn Nebats, der Israel zur Sünde verführte / und Efraim den Weg des Bösen lehrte.

Seitdem wurden ihre Sünden sehr groß, / sodass sie dadurch in die Verbannung gerieten, fern ihres Landes.
[25] Denn sie suchten Böses aller Art, / bis die Strafe sie ereilte.

Elija

48 Da stand der Prophet Elija auf wie Feuer, / sein Wort war wie ein flammender Ofen.
[2] Er brachte Hungersnot über sie, / sodass er sie durch sein Eifern verminderte.
[3] Auf das Wort des Herrn hin verschloss er den Himmel / und ließ dreimal Feuer niederfahren.
[4] Wie herrlich warst du, Elija, durch deine Wundertaten. / Wer kann sich in seinem Stolz mit dir vergleichen?
[5] Du hast einen Verstorbenen vom Tod erweckt / aus der Unterwelt, nach dem Wort des Höchsten.
[6] Du hast Könige ins Grab sinken lassen / und Vornehme von ihren Lagern.
[7] Du hast am Sinai Strafdrohungen vernommen / und am Horeb Urteilssprüche der Rache.
[8] Du hast Könige zur Vergeltung gesalbt / und Propheten als deine Nachfolger.
[9] Du wurdest nach oben entrückt im Sturm / auf einem Wagen mit Feuerpferden.
[10] Du bist bezeichnet für künftige Drohungen, / um den Zorn zu beschwichtigen, bevor er entbrennt,

um das Herz der Väter den Söhnen zuzuwenden / und wiederherzustellen die Stämme Jakobs.
[11] Selig, wer dich sieht und entschläft in der Liebe, / denn auch wir werden das Leben besitzen.

Elischa

[12] Elija war es, der im Sturm entrückt wurde, / Elischa aber wurde mit seinem Geist erfüllt.

In seinem Leben konnte ihn kein Fürst erschüttern, / und kein Mensch hatte Gewalt über seinen Geist.
[13] Kein Ding war ihm zu wunderbar, / und noch aus dem Grab wirkte sein Leib prophetisch.
[14] Zu Lebzeiten vollbrachte er Wundertaten / und bei seinem Tod staunenswerte Werke.

Untreue und Bestrafung

[15] Trotz allem aber bekehrte das Volk sich nicht, / und sie ließen nicht ab von ihren Sünden,

bis sie aus ihrem Land gerissen wurden / und über die ganze Erde hin zerstreut.
[16] Es blieb nur ein wenig Volk übrig / und dem Haus Davids noch ein Fürst.

Einige von ihnen taten, was recht ist, / andere aber mehrten die Sünden.

Hiskija

[17] Hiskija sicherte die Stadt, / indem er das Wasser mitten in sie hineinleitete.

So durchbohrte er mit dem Eisen die Felsen / und baute Zisternen.
[18] In seinen Tagen zog Sanherib heran / und entsandte den Rabschake.

Dieser erhob seine Hand gegen Zion / im Übermut seines Stolzes.
[19] Da erbebten ihre Herzen und Hände, /

und sie wanden sich wie eine Frau in
Wehen.
[20] Sie flehten zum Herrn, dem Erbarmer, / und breiteten ihre Hände nach ihm aus.
Und schnell hörte vom Himmel aus der Heilige auf sie / und rettete sie durch die Hand Jesajas.
[21] Er schlug das Lager der Assyrer, / und sein Engel rottete sie aus.

Jesaja

[22] Denn Hiskija tat, was dem Herrn gefiel, / und blieb fest auf den Wegen Davids,
die ihm der Prophet Jesaja gewiesen hatte, / der Große und in seinen Visionen Zuverlässige.
[23] In seinen Tagen ging die Sonne zurück, / und er verlängerte dem König das Leben.
[24] Gewaltigen Geistes schaute er die letzten Dinge / und tröstete die Trauernden in Zion.
[25] Für alle Zeiten verkündete er das Zukünftige / und das Verborgene, bevor es eintrat.

Joschija

49 Das Andenken Joschijas ist wie wohlduftender Weihrauch,
gut gewürzt und bereitet vom Salbenmischer.
Süß wie Honig auf dem Gaumen ist sein Andenken
und wie Gesang beim Weintrinken.
[2] Er selbst schlug den rechten Weg ein, nämlich das Volk zu bekehren, / und schaffte die Gräuel des Götzendienstes ab.
[3] Auch richtete er sein Herz auf den Herrn / und übte Frömmigkeit in den Tagen des Frevels.

Die letzten Könige und Propheten

[4] Außer David, Hiskija und Joschija / vervielfachten alle die Übertretungen
und verließen das Gesetz des Höchsten: / Die Könige von Juda verschwanden.
[5] Sie verloren ihre Macht an einen andern / und ihre Ehre an ein fremdes Volk.
[6] Die Feinde setzten die heilige auserwählte Stadt in Brand, / sodass ihre Straßen verödeten
[7] um Jeremias willen; denn ihn hatten sie misshandelt, / ihn, der doch vom Mutterschoß an zum Propheten geschaffen war,
um einzureißen und auszureißen und zu vernichten, / und ebenso um zu bauen und zu pflanzen.
[8] Ezechiel schaute eine herrliche Vision, / die Gott ihm zeigte auf dem Wagen der Kerubim.
[9] er gedachte auch Ijobs, / der alle Wege der Gerechtigkeit einhielt.
[10] Ferner die Zwölf Propheten, / deren Gebeine aus ihrer Grabstätte emporsprossen mögen.
Denn sie haben Jakob getröstet, / sie haben ihn erlöst in Glaube und Hoffnung.

Serubbabel und Jeschua

[11] Wie vermöchte man Serubbabel zu preisen, / war er doch ein Siegelring an der rechten Hand,
[12] ferner Jeschua, den Sohn des Jozadak, / die in ihren Tagen das Gotteshaus erbauten;
sie führten ein heiliges Volk zum Herrn, / das zu immer dauernder Herrlichkeit bestimmt ist.

Nehemia

[13] Nehemia – sein Andenken sei in Ehren – / baute uns die zertrümmerten Mauern wieder auf,
setzte Tor und Riegel wieder ein / und baute unsere Wohnungen wieder auf.

Rückblick

[14] Keiner der auf der Erde Erschaffenen kommt Henoch gleich, / so wurde er denn auch entrückt.
[15] Wurde etwa ein Mann wie Josef geboren, / Haupt seiner Brüder, Stütze seines Volkes? / Seine Gebeine wurden besucht.
[16] Sem und Set sind ehrenwert unter den Menschen, / aber über aller lebenden Kreatur steht Adam.

Simeon, der Hohepriester

50 Der Hohepriester Simeon, der Sohn Onias, / besserte in seiner Zeit das Gotteshaus aus / und befestigte in seinen Tagen den Tempel.
[2] Von ihm wurde die doppelte Höhe gebaut, / die Ecktürme der Umfassungsmauer des Tempels.
[3] In seiner Zeit wurde der Teich gegraben, / ein Becken, groß wie das Meer.

[4] Er trug Sorge für das Volk gegen den
Untergang / und befestigte die Stadt gegen
Belagerung.
[5] Wie herrlich war er, umgeben von seinem Volk, / sobald er hervortrat hinter
dem Vorhang.
[6] Wie der Morgenstern zwischen den
Wolken, / wie der Vollmond in den Tagen
des Festes,
[7] wie die strahlende Sonne über dem
Tempel des Höchsten / und wie der
Regenbogen, der in herrlichen Wolken
erscheint,
[8] wie eine Rose im Frühling / und wie
eine Lilie an den Wasserläufen, / wie der
Zweig eines Weihrauchbaumes in den
Tagen des Sommers
[9] und wie die Weihrauchglut in der
Räucherpfanne, / wie ein mit Gold überzogenes Gefäß, / das besetzt ist mit Edelsteinen aller Art,
[10] wie ein Olivenbaum voll von Früchten / und wie eine Zypresse, die in die
Wolken ragt.
[11] Wenn er sein Prachtgewand anlegte /
und sich mit prächtigem Schmuck bekleidete,
wenn er emporgestiegen war zum
geweihten Altar / und die Umgebung des
Heiligtums mit Glanz erfüllte,
[12] wenn er die Opferstücke aus der Hand
der Priester genommen hatte, / während
er selbst an der Feuerstelle des Altars
stand,
dann war rings um ihn der Kranz der
Brüder / wie eine Zeder des Libanon in
ihrem Laub; / wie Palmenstämme umgaben ihn dann
[13] alle Söhne Aarons in ihrem
Schmuck, / die Opfergaben des Herrn in
ihrer Hand / vor der ganzen Gemeinde
Israels,
[14] bis er den Dienst am Altar vollendet /
und mit Adel die Opfergabe dargeboten
hatte / für den Allerhöchsten, den Allmächtigen.
[15] Dann streckte er seine Hand nach dem
Becher aus / und opferte vom Blut der
Trauben;
er goss es am Fuß des Altars aus / zum
lieblichen Wohlgeruch für den Höchsten,
den König des Alls.
[16] Dann riefen die Söhne Aarons laut, /
sie stießen in die getriebenen Trompeten;
sie ließen sie mit gewaltigem Schall
erklingen / zur Erinnerung vor dem
Höchsten.
[17] Das ganze Volk beeilte sich / und warf
sich auf sein Angesicht zur Erde nieder,
um anzubeten vor dem Herrn, / dem
Allmächtigen, dem höchsten Gott.
[18] Jetzt stimmte man die Gesänge an /
und ließ sie über die Menge hin in lieblicher Melodie ertönen.
[19] Da flehte das Volk zum höchsten
Herrn, / betend vor dem Barmherzigen,
bis schließlich der Dienst vor dem
Herrn vollendet / und die Feier zu Ende
gegangen war.
[20] Dann stieg er herab und erhob seine
Hände hin über Israels ganze Gemeinde, /
um mit lauter Stimme den Segen des
Herrn zu erteilen / und sich der Ehre zu
rühmen, seinen Namen auszusprechen.
[21] Das Volk aber fiel zum zweiten Mal
nieder, / den Segen des Höchsten zu empfangen.

Ermahnung

[22] Nun lobt den Gott des Alls, / der große
Dinge tut,
der unsere Tage erhöht hat vom Mutterschoß an / und an uns handelt nach
seinem Erbarmen.
[23] Er gebe uns ein fröhliches Herz, /
gewähre Frieden unserer Zeit, / in Israel,
bis in Ewigkeit.
[24] Seine Huld bleibe beständig bei uns, /
er erlöse uns zu unserer Zeit.

Anhänge

Zahlenspruch

25 Zwei Völkerschaften verabscheut meine
Seele, / und die dritte ist kein Volk:
26 Die Bewohner von Seïr und die Phi-
lister / und das törichte Volk, das in
Sichem wohnt.

Schluss

27 Lehre voll Weisheit und Einsicht / habe
ich niedergeschrieben in diesem Buch:
Jesus, der Sohn Eliasars, des Sohnes
Sirachs, Bürger von Jerusalem, / der
Weisheit aus seinem Herzen wie Regen
hervorquellen ließ.
28 Wohl dem Mann, der hierüber nach-
sinnt; / wer es sich zu Herzen nimmt, wird
weise.
29 Wer danach handelt, hat Kraft zu
allem, / denn das Licht des Herrn ist sein
Pfad.

Danklied

51 Lass mich dich preisen, mein Herr,
mein König, / dir lobsingen, Gott
meines Heils. / Ich will deinem Namen
Dank singen.
2 Denn Beschützer und Helfer bist du
für mich geworden, / du hast meinen Leib
vom Verderben errettet,
aus der Schlinge der bösen Zunge / und
vor den Lippen derer, die Lügen erdichten.
Vor denen, die mich umstehen, / bist du
mein Beistand geworden und hast mich
befreit
3 nach der Fülle deines Erbarmens und
der Herrlichkeit deines Namens / vor den
Bissen derer, die bereit sind, mich zu ver-
schlingen,
aus der Hand jener, die mir nach dem
Leben trachteten, / aus vielen Drangsalen,
die mich umfingen,
4 aus Feuersnöten rings um mich / und
aus Flammengluten, die ich nicht
geschürt,
5 aus den Tiefen des Schoßes der Unter-
welt, / vor schandbaren Lippen und
Erdichtern von Lügen, / 6 vor Verleum-
dung einer ungerechten Zunge beim
König.
Denn nahe schon war ich dem Tod, /
und mein Leben war herabgestiegen zu
den Toren der Unterwelt.
7 Ich wandte mich nach allen Seiten,
doch fand sich kein Helfer, / ich spähte aus
nach einer Stütze, aber keine war da.
8 Da gedachte ich deiner Barmherzig-
keit, Herr, / und deines Wirkens von
Ewigkeit her.
Denn du hilfst denen, die auf dich hof-
fen, / und rettest sie aus den Händen ihrer
Feinde.
9 So erhob ich von der Erde meine Stim-
me / und flehte um Errettung vom Tod.
10 Ich rief: Herr, mein Vater bist du, /
mein Gott, mein rettender Held.
Verlasse mich nicht am Tag der Not, /
zur Zeit der Zornwütigen und der Verlas-
senheit.
Lass mich deinen Namen preisen alle-
zeit / und dir lobsingen in Dank.
11 Da wurde mein Gebet erhört. / Du
hast mich errettet vor dem Untergang, /
du hast mich befreit aus schlimmer Zeit.
12 Darum preise ich dich und will dich
loben / und will den Namen des Herrn
besingen.

Gedicht über das Suchen nach Weisheit

13 Als ich ein Knabe war, vor meinen Rei-
sen, / verlangte ich offen nach Weisheit im
Gebet.
14 Am Tor des Heiligtums lernte ich sie
schätzen / und will bis zum Ende nach ihr
suchen.
15 In seiner Blüte – wie die Traube, wenn
sie sich dunkel färbt –, / freute sich mein
Herz an ihr.
Mein Fuß ging auf geradem Weg, / und
seit meiner Jugend spürte ich ihr nach.
16 Ich lieh ihr kurz mein Ohr, / und
schon fand ich Unterweisung in Menge.
17 Mit ihrer Hilfe kam ich voran; / den,
der mir Weisheit gegeben hat, will ich
verherrlichen.
18 Ich sann darauf, sie zu üben, / mit
Eifer suchte ich das Gute und wurde nicht
enttäuscht.
19 Mein Herz hat um sie gerungen, / und
das Gesetz zu halten, darauf achtete ich.
Die Hände erhob ich zum Himmel, /
und meine Unwissenheit beklagte ich.
20 Ich richtete auf sie meine Seele, / und
in Reinheit fand ich sie.
Von Anbeginn wandte ich mein Herz
auf sie, / so werde ich auch nicht verlassen
sein.

[21] Mein Inneres erglühte, sie zu schau-
en, / darum erwarb ich sie als kostbaren
Schatz.
[22] Der Herr verlieh mir als Lohn meine
Zunge, / und mit ihr will ich ihm danken.
[23] So naht euch mir, ihr Unwissenden, /
und in meinem Lehrhaus haltet euch auf.
[24] Wie lange noch wollt ihr dieses und
jenes entbehren, / soll euere Seele denn so
durstig bleiben?
[25] Ich öffne meinen Mund und rede, /
unentgeltlich erwerbt euch Besitz.
[26] Beugt eueren Hals unter ihr Joch, /
euere Seele nehme Zurechtweisung an, /
nahe ist sie denen, die sie suchen.
[27] Seht es mit eigenen Augen, wie wenig
Mühe ich hatte / und wie viel Ruhe ich für
mich gefunden habe.
[28] Erwerbt die Lehre für Silber in großer
Zahl, / ihr werdet viel Gold um ihretwillen
erlangen.
[29] Es möge euere Seele sich erfreuen an
der Barmherzigkeit des Herrn, / seines
Lobes sollt ihr euch nicht schämen.
[30] Tut euere Werke vor der Zeit, / so
wird er euch den Lohn geben zu seiner
Zeit.

[Unterschrift:] Weisheit des Jesus, des Sohnes Sirachs.

Das Buch Jesaja

Erster Teil (Protojesaja)

Sprüche aus der Frühzeit des Propheten

Einleitung

1 Vision Jesajas, des Sohnes des Amoz,
über Juda und Jerusalem in den Tagen
des Usija, Jotam, Ahas und Hiskija, der
Könige von Juda.

Gegen ein Volk ohne Verstand

2 Hört, ihr Himmel, horche auf, du Erde, /
denn der Herr spricht:
Söhne habe ich aufgezogen und groß
gemacht; / sie aber sind mir untreu
geworden.
3 Das Rind kennt seinen Besitzer / und
der Esel die Krippe seines Herrn.
Israel besitzt keine Erkenntnis, / mein
Volk hat keine Einsicht.

Judas Bestrafung

4 Weh, sündiges Volk, / schuldbeladene
Nation, / nichtswürdige Brut, / verkom-
mene Söhne!
Sie haben den Herrn verlassen, / ver-
schmäht den Heiligen Israels, / ihm den
Rücken gekehrt.
5 Wo soll man euch noch schlagen, / da
ihr im Aufruhr verharrt?
Das Haupt ist krank, / das Herz ist
siech.
6 Von der Fußsohle bis zum Scheitel ist
kein heiler Fleck, / nur Beulen, Striemen
und Male von frischem Schlag –
nicht ausgedrückt, nicht verbunden, /
nicht gelindert mit Öl.
7 Euer Land ist verwüstet, / euere Städte
sind in Flammen aufgegangen,
eueren Acker – vor eueren Augen / ver-
zehren ihn Fremde, / und es ist verödet
wie nach der Zerstörung von Sodom.
8 Nur die Tochter Zion ist übrig geblie-
ben / wie eine Hütte im Weinberg,
wie ein Wächterhaus im Gurkenfeld, /
wie eine belagerte Stadt.
9 Wenn der Herr der Heerscharen / uns
nicht einen Rest übrig gelassen hätte,
wie Sodom wären wir, / Gomorra wären
wir gleich.

Wahrer und falscher Gottesdienst

10 Hört das Wort des Herrn, / ihr Fürsten
Sodoms,
vernimm unseres Gottes Weisung, / du
Gomorravolk!
11 Was soll mir die Menge euerer
Schlachtopfer? / spricht der Herr.
Brandopfer von Widdern / und Fett von
Mastkälbern habe ich satt. / Das Blut von
Stieren und Böcken bin ich leid.
12 Wenn ihr kommt, mein Angesicht zu
schauen – / wer hat von euch verlangt,
dass ihr meine Vorhöfe zerstampft?
13 Bringt mir nicht dauernd vergebliche
Gaben, / ihr Rauch ist mir ein Gräuel.
Neumond und Sabbat und den Ruf zu
Festversammlungen – / ich ertrage Feier
und Fest nicht länger!
14 Euere Neumonde und Festzeiten
hasst meine Seele; / sie sind mir zur Last
geworden. / Ich bin es müde, sie zu
ertragen.
15 Und wenn ihr euere Hände ausbrei-
tet, / dann verhülle ich meine Augen vor
euch.
Mögt ihr noch so viel beten, / ich höre
nicht hin. / Euere Hände sind voll Blut.
16 Wascht und reinigt euch! / Schafft
euere schlechten Werke aus meinen
Augen! / Hört auf, Böses zu tun!
17 Lernt Gutes tun, / und trachtet nach
Gerechtigkeit!
Helft dem Bedrückten, / schafft Recht
den Waisen, / und seid ein Anwalt der
Witwen!

Der Ruf zu Entscheidung

18 Kommt, halten wir einen Rechtsstreit
miteinander, / spricht der Herr.
Sind euere Sünden auch wie Schar-
lach, / sie sollen weiß werden wie Schnee;
sind sie auch rot wie Purpur, / sie sollen
weiß werden wie Wolle.

[19] Wenn ihr willig seid und hört, / sollt
ihr die Güter des Landes genießen.
[20] Doch weigert ihr euch und verharrt
ihr im Trotz, / dann wird das Schwert euch
fressen. / Ja, der Mund des Herrn hat
gesprochen.

Klage über Jerusalem

[21] Ach, wie ist zur Dirne geworden die
treue Stadt, / voll des Rechtes – Gerech-
tigkeit wohnte darin, nun aber herrschen
Mörder.
[22] Dein Silber ist zu Schlacken gewor-
den, / dein Wein ist verwässert.
[23] Deine Fürsten sind Abtrünnige / und
Gesellen von Dieben.
Sie alle lieben Bestechung / und jagen
Geschenken nach.
Der Waise schaffen sie kein Recht, /
und die Sache der Witwe lassen sie nicht
vor sich kommen.
[24] Darum spricht Gott, der Herr der
Heerscharen, / der Starke Israels:
Ha! Ich will mich rächen an meinen
Feinden / und Rache nehmen an meinen
Widersachern.
[25] Ich kehre meine Hand gegen dich, /
um deine Schlacken im Ofen aus-
zuschmelzen / und alles Blei auszuschei-
den.
[26] Und wieder gebe ich dir Richter wie in
alten Zeiten, / Ratsherrn wie im Anbe-
ginn.
Dann nennt man dich wieder / Burg der
Gerechtigkeit und treue Stadt.
[27] Zion wird durch Recht erlöst / und
seine Bekehrten durch Gerechtigkeit.
[28] Die Treulosen und Sünder werden
zerschmettert, / und die den Herrn verlas-
sen, gehen zugrunde.

Gegen die heiligen Bäume

[29] Ihr werdet zuschanden wegen der
Eichen, / die ihr liebt,
und euch schämen der Gärten, / die
euch gefallen.
[30] Wahrlich, ihr sollt einer Eiche glei-
chen, / deren Blätter welken, / einem Gar-
ten ohne Wasser.
[31] Der Starke wird dann zu Werg / und
sein Tun zum Funken.
Beide werden zusammen brennen, /
und niemand löscht.

Die Völkerwallfahrt zum Zion

2 Wort, das Jesaja, der Sohn des Amoz,
über Juda und Jerusalem schaute.
[2] In der Folge der Tage wird es gesche-
hen:
Da wird der Berg des Hauses des Herrn
festgegründet stehen / an der Spitze der
Berge
und erhaben sein über die Hügel. / Zu
ihm strömen alle Völker.
[3] Dorthin pilgern viele Völker und spre-
chen:
Auf, lasst uns hinaufziehen zum Berg
des Herrn, / zum Haus des Gottes Jakobs!
Er lehre uns seine Wege, / und wir wol-
len auf seinen Pfaden wandeln.
Denn von Zion geht Weisung aus / und
das Wort des Herrn von Jerusalem.
[4] Dann wird er richten zwischen den
Völkern / und vielen Nationen Schieds-
richter sein.
Sie werden ihre Schwerter zu Pflug-
scharen schmieden / und ihre Speere zu
Winzermessern.
Nie mehr wird Volk gegen Volk zum
Schwert greifen, / noch werden sie ferner
das Kriegshandwerk lernen.
[5] Haus Jakobs, wohlan! / Lasst uns wan-
deln im Licht des Herrn!

Der Tag des Herrn

[6] Fürwahr, verworfen hast du dein Volk,
das Haus Jakobs. / Denn es ist voll von
Wahrsagern aus dem Osten,
von Zauberern wie die Philister, / und
man schlägt ein in die Hände von Frem-
den.
[7] Sein Land ist voll von Silber und
Gold, / und endlos sind seine Schätze.
Sein Land ist voll von Pferden, / und
endlos sind seine Streitwagen.
[8] Sein Land ist voll von Götzen. / Vor
dem Werk ihrer Hände fallen sie nieder, /
vor dem, was ihre Finger gebildet.
[9] Der Mensch wird gebeugt, und geduckt
wird der Mann; / aber vergib ihnen nicht!
[10] Verkrieche dich in die Felsen, / ver-
grab dich in den Staub
vor dem Schrecken des Herrn, / vor
dem Glanz seiner Majestät, / wenn er auf-
steht, dass die Erde erbebt.
[11] Da werden die stolzen Augen der
Menschen sich senken, / und gedemütigt
wird der Hochmut der Männer. / Der
Herr allein ist erhaben an jenem Tag.

12 Denn der Tag für den Herrn der
Heerscharen wird kommen / über alles
Stolze und Hohe / und über alles Erha-
bende und Ragende,
13 über alle Zedern des Libanon / und
über alle Eichen Baschans,
14 über alle hohen Berge / und alle
ragenden Hügel,
15 über jeden hohen Turm / und jede
feste Mauer,
16 über alle Tarschischfahrer / und über
alle Schiffe mit Luxusgütern.
17 Da wird der Stolz der Menschen
gebeugt / und gedemütigt der Hochmut
der Männer.
Der Herr allein ist erhaben / an jenem
Tag.
18 Die Götzen aber werden alle ver-
schwinden.
19 Man verkriecht sich in Felshöhlen /
und vergräbt sich in Erdlöcher
vor dem Schrecken des Herrn, / vor
dem Glanz seiner Majestät, / wenn er auf-
steht, die Erde zu erschrecken.
20 An jenem Tag wirft der Mensch seine
Götzen von Silber / und seine Götzen von
Gold, / die er sich gemacht hat, um sie
anzubeten, / den Maulwürfen und Fleder-
mäusen hin
21 und verkriecht sich in Steinklüfte und
Felsspalten / vor dem Schrecken des
Herrn,
vor dem Glanz seiner Majestät, / wenn
er aufsteht, die Erde zu erschrecken.
22 Darum sagt euch los von dem Men-
schen, / in dessen Nase nur Hauch ist. /
Wofür ist er zu achten?

Der Zusammenbruch in Jerusalem

3 Denn siehe, Gott, der Herr der Heer-
scharen, / nimmt von Jerusalem und
Juda / Stab und Stütze [jede Stütze an Brot
und jede Stütze an Wasser];
2 Held und Krieger, / Richter und Pro-
phet, / Wahrsager und Ältesten,
3 Hauptmann und Würdenträger, /
Ratsherrn, Beschwörer und Zauberkundi-
gen.
4 Ich gebe ihnen Knaben zu Fürsten, /
und Willkür soll über sie herrschen.
5 Im Volk wird einer den anderen
bedrängen, / Mann gegen Mann.
Die Jungen erheben sich frech gegen die
Alten, / der Geringe gegen den Hoch-
gestellten.
6 Da wird einer seinen Bruder / im
väterlichen Haus packen:
Du hast noch einen Mantel, / du musst
unser Führer sein, / und diese Trümmer
seien dir untertan!
7 Der aber wird an jenem Tag rufen: / Ich
bin kein Arzt;
in meinem Haus ist weder Brot noch
Gewand. / Macht mich also nicht zum
Führer über das Volk!
8 Ja, Jerusalem stürzt, und Juda bricht
zusammen, / weil sich ihr Reden und Tun
gegen den Herrn richtet, / um den Augen
seiner Majestät zu trotzen.
9 Der Hochmut ihrer Gesichter zeugt
gegen sie; / sie reden von ihren Sünden so
unverhohlen wie Sodom. / Weh ihnen, sie
bereiten selbst ihr Verderben.
10 Wohl dem Gerechten! Denn ihm geht
es gut. / Die Frucht seiner Taten wird er
genießen.
11 Doch weh dem Gottlosen! Denn ihm
geht es schlecht. / Was seine Hände ver-
übten, wird ihm heimgezahlt.
12 Ach, mein Volk! Seine Zwingherren
sind Plünderer, / und Wucherer beherr-
schen es.
Ach, mein Volk! Die dich leiten, sind
Verführer; / sie verwirren den Weg deines
Wandels.
13 Der Herr ist zum Rechtsstreit hin-
getreten; / er steht da, sein Volk zu rich-
ten.
14 Der Herr geht ins Gericht / mit den
Ältesten seines Volkes und mit seinen
Fürsten:
Ihr habt den Weinberg abgeweidet, /
und in eueren Häusern liegt das geraubte
Gut der Armen.
15 Was fällt euch ein, mein Volk zu zer-
treten, / das Angesicht der Armen zu zer-
malmen? / Spruch des Herrn der Heer-
scharen.

Spottlied auf die Frauen

16 Und der Herr sprach:
Weil die Töchter Zions so hochmütig
sind, / mit gerecktem Hals daherkom-
men / und freche Blicke werfen,
weil sie tänzelnde Schritte machen /
und mit den Fußspangen klirren,
17 wird der Herr den Scheitel der Zions-
töchter kahl machen / und ihre Schläfen
entblößen.
18 An jenem Tag nimmt der Herr den

Schmuck weg, die Fußspangen, Stirnbän-
der und Halbmonde, 19 die Ohrgehänge,
Armbänder und Schleier, 20 den Kopf-
schmuck, die Fußkettchen und die präch-
tigen Gürtel, die Riechfläschchen und
Amulette, 21 die Finger- und Nasenringe,
22 die Festtagsgewänder und Mäntel, die
Tücher und Taschen, 23 die Spiegel, die Lei-
nengewänder, den Kopfbund und die Um-
schlagetücher.

24 Statt des Balsams gibt es Moder, / statt des Gürtels einen Strick, / statt des Lockengekräusels eine Glatze,

statt des Prachtmantels einen Sack, / ja, statt der Schönheit Schande.

Die Witwen in Jerusalem

25 Deine Männer fallen durch das Schwert / und deine Helden im Kampf.

26 Es seufzen und trauern ihre Tore; / ausgeplündert sitzt sie am Boden.

4 Sieben Frauen klammern sich / an einen Mann [an jenem Tag]

und sagen: Wir wollen uns selbst ernähren / und selbst für unsere Kleider sorgen;

nur lass uns deinen Namen führen, / nimm unsere Schmach hinweg.

Jerusalems Rest

2 An jenem Tag / wird der Spross des Herrn / Glanz und Herrlichkeit

und die Frucht des Landes / Zierde und Ruhm sein / für die Geretteten Israels.

3 Der Rest in Zion und wer übrig bleibt
in Jerusalem, wird heilig genannt werden,
jeder, der zum Leben in Jerusalem einge-
schrieben ist. 4 Wenn der Herr den
Schmutz der Töchter Zions abgewaschen
und die Blutschuld Jerusalems aus ihrer
Mitte weggespült hat durch den Geist des
Gerichts und den Geist der Läuterung,
5 dann wird der Herr kommen und sich
niederlassen über dem ganzen Raum des
Berges Zion und denen, die sich dort ver-
sammeln, als Wolke bei Tag und als Rauch
und als lohender Feuerglanz bei Nacht.
Denn über allem wird die Herrlichkeit
des Herrn ein Obdach sein 6 und ein Zelt
zum Schatten gegen die Hitze des Tages
und zum Schutz und Schirm gegen Un-
wetter und Regen.

Das Weinberglied

5 Singen will ich von meinem Freund, / ein Lied meines Liebsten von seinem Weinberg.

Einen Weinberg hatte mein Freund / auf fruchtbarer Höhe.

2 Er grub ihn um, entsteinte ihn / und pflanzte ihn mit edlen Reben an.

Er baute darin einen Turm, / hieb eine Kelter aus

und hoffte, dass er Trauben brächte; / doch er brachte nur saure Beeren.

3 Und nun, ihr Bewohner Jerusalems / und ihr Männer von Juda,

urteilt zwischen mir / und meinem Weinberg!

4 Was hätte an meinem Weinberg noch getan werden können, / das ich an ihm nicht getan?

Warum habe ich erwartet, dass er Trauben brächte, / und er trug nur saure Beeren?

5 So will ich euch nun künden, / was ich mit meinem Weinberg tun will.

Ich nehme seinen Zaun hinweg, / dass er abgeweidet wird;

ich reiße seine Mauer nieder, / dass er
zertreten wird. / 6 Ich will ihn zur Wüste
machen. / Seine Reben soll man nicht beschneiden und hacken; / Dornen und Disteln sollen dort wuchern

und den Wolken will ich verbieten, / ihm Regen zu spenden.

7 Ja, der Weinberg des Herrn der Heerscharen / ist das Haus Israel

und die Männer von Juda / sind seine Lieblingspflanzung.

Er hoffte auf Rechtsspruch / und siehe da: Rechtsbruch;

er hoffte auf Wohlbetragen / und siehe da, Weheklagen.

Die Wehrufe

8 Wehe denen, die Haus an Haus reihen / und Acker zu Acker fügen,

bis kein Raum mehr da ist / und ihr allein im Land wohnt!

9 So hat der Herr der Heerscharen in meine Ohren geschworen: / Wahrlich, die vielen Häuser sollen veröden,

die großen und schönen Paläste / menschenleer werden.

10 Denn zehn Joch Weinberg / werden nur einen Eimer

und ein Malter Aussaat / nur einen Scheffel bringen.
11 Wehe denen, die sich schon am frühen Morgen berauschen / und den Abend verbringen, vom Wein erhitzt!
12 Zither und Harfe, Pauke und Flöte / und Wein vereinen sie zum Gelage,
das Walten des Herrn aber kümmert sie nicht / und was seine Hände tun, sehen sie nicht.
13 Darum zieht mein Volk in die Verbannung, / weil es keine Einsicht hat.
Seine Vornehmen leiden Hunger / und die Masse verschmachtet vor Durst.
14 Schon öffnet die Unterwelt ihren Schlund; / sie sperrt ihren Rachen maßlos auf
und hinunter fährt ihre Herrlichkeit und ihr Pöbel / und ihr Tosen und was in ihr so fröhlich lärmt.
15 So werden die Menschen gebeugt und die Männer gedemütigt / und es senken sich die Augen der Stolzen.
16 Erhaben aber zeigte sich der Herr der Heerscharen im Gericht, / und der heilige Gott erwies seine Heiligkeit durch Gerechtigkeit.
17 Dann weiden dort Lämmer wie auf ihrer Weide, / und auf den Ruinen grasen die fetten Schafe.
18 Wehe denen, die die Schuld herbeiziehen wie mit Ochsenstricken / und die Sünde wie mit Wagenseilen,
19 die sprechen: Schnell, es vollende sich sein Werk, / damit wir es sehen;
es nahe und verwirkliche sich der Plan des Heiligen Israels, / damit wir ihn kennen lernen.
20 Wehe denen, die Böses gut / und Gutes böse nennen,
die Finsternis zu Licht machen / und Licht zu Finsternis,
die Bitteres süß / und Süßes bitter machen!
21 Wehe denen, die weise sind in ihren eigenen Augen / und klug vor sich selbst!
22 Wehe denen, die im Weintrinken Helden sind / und tapfer beim Brauen starker Getränke,
23 die den Schuldigen gegen Bezahlung freisprechen / und den Gerechten seines Rechts berauben!
24 Darum, wie das Feuer die Stoppeln frißt / und in der Flamme dürres Gras zusammensinkt,
so soll ihre Wurzel zu Moder werden / und ihre Blüte gleich dem Staub verfliegen.
Denn sie haben das Gesetz des Herrn der Heerscharen verworfen / und das Wort des Heiligen Israels verachtet.

Der Ansturm der Assyrer

25 Deshalb ist der Zorn des Herrn gegen sein Volk entbrannt; / er hat seine Hand gegen es ausgestreckt und es geschlagen,
dass die Erde erbebte und ihre Leichen lagen wie Unrat in den Gassen.
Bei alledem legte sich nicht sein Zorn, / und seine Hand blieb noch ausgestreckt.
26 Ein Feldzeichen pflanzt er auf für ein Volk aus der Ferne / und pfeift es herbei von den Enden der Erde.
Und siehe, in Eilmärschen kommt es heran.
27 Unter ihnen ist kein Müder und kein Schwacher; / keiner schlummert und keiner schläft.
Kein Gurt löst sich von den Hüften, / kein Riemen zerreißt an seinen Schuhen.
28 Scharf sind seine Pfeile / und alle seine Bogen gespannt.
Hart wie Kiesel sind die Hufe seiner Pferde / und gleich dem Sturmwind die Räder seiner Wagen.
29 Sein Gebrüll ist wie das des Löwen, / er brüllt wie die Jungen des Löwen.
Er knurrt und packt den Raub, / schleppt ihn fort und niemand entreißt ihn ihm.
30 An jenem Tag dröhnt es über ihm / wie Meeresdröhnen.
Blickt man auf das Land, siehe: angstvolle Finsternis / und das Licht durch dunkle Wolken verfinstert.

Die Berufung Jesajas

6 Im Todesjahr des Königs Usija sah ich den Herrn auf einem hohen und erhabenen Thron sitzen; seine Schleppe füllte
das Heiligtum. 2 Serafim standen vor ihm;
jeder hatte sechs Flügel. Mit zweien bedeckte er sein Angesicht, mit zweien bedeckte er seine Füße, und mit zweien flog er.
3 Und immerfort rief einer dem anderen zu:
Heilig, heilig, heilig ist der Herr der Heerscharen, / die ganze Erde ist voll seiner Herrlichkeit.

4 Von der Stimme der Rufenden erbeb-
ten die Türschwellen und der Tempel füll-
te sich mit Rauch. 5 Da sprach ich:
Wehe mir, ich bin verloren.
Denn ich bin ein Mann mit unreinen
Lippen / und wohne unter einem Volk mit
unreinen Lippen / und meine Augen
haben den König, den Herrn der Heer-
scharen, geschaut!
6 Da schwebte einer der Serafim auf
mich zu, eine glühende Kohle in seiner
Hand, die er mit einer Zange vom Altar
genommen hatte. 7 Er berührte damit mei-
nen Mund und sprach:
Siehe, dies hat deine Lippen berührt. /
Deine Schuld ist weggenommen und deine
Sünde getilgt.
8 Dann hörte ich die Stimme des Herrn,
der sprach:
Wen soll ich senden? / Wer wird für uns
gehen?
Da antwortete ich: / Hier bin ich, sende
mich!
9 Und er sprach:
Geh und verkünde diesem Volk da: /
Hört, ja, hört, doch versteht nicht! / Seht,
ja, seht, doch erkennt nicht!
10 Mache fett das Herz dieses Volkes, /
mach seine Ohren schwer, verkleb seine
Augen,
dass es mit seinen Augen nicht sieht, /
mit seinen Ohren nicht hört
und sein Herz nicht zur Einsicht
kommt, / dass es sich nicht bekehrt und
keine Heilung findet.
11 Da sprach ich: Bis wann, Herr? / Er
antwortete:
Bis die Städte zerstört sind und ohne
Bewohner, / bis die Häuser menschen-
leer / und der Acker als Wüste daliegt.
12 Dann wird der Herr die Menschen
vertreiben. / Und groß wird die Verödung
mitten im Land.
13 Noch ein Zehntel der Leute bleibt
darin; / auch sie werden vernichtet
wie eine Eiche oder Terebinthe, / von
der beim Fällen nur ein Stumpf bleibt. /
Der Stumpf ist heiliger Same.

Erste Warnung an Ahas

7 Zur Zeit, als Ahas, der Sohn Jotams,
des Sohnes Usijas, König von Juda
war, zogen Rezin, der König von Aram,
und Pekach, der Sohn Remaljas, der König
von Israel, gegen Jerusalem, um es zu be-
lagern, konnten es aber nicht einnehmen.
2 Als dem Haus Davids gemeldet wurde:
Aram hat sich in Efraim gelagert!, da bebte
sein Herz und das Herz seines Volkes, wie
die Bäume des Waldes vor dem Sturm be-
ben. 3 Da sprach der Herr zu Jesaja: Geh
hinaus zu Ahas, du und dein Sohn Schear-
Jaschub (Ein Rest kehrt um), an das Ende
der Wasserleitung des oberen Teiches zur
Walkerfeldstraße, 4 und sprich zu ihm:
Hüte dich, bewahre die Ruhe und sei ohne
Furcht! Dein Herz verzage nicht wegen
dieser beiden rauchenden Brandstum-
meln. 5 Weil Aram, Efraim und der Sohn
Remaljas dein Verderben beschlossen ha-
ben und sagen: 6 Lasst uns gegen Juda zie-
hen, es einschüchtern und für uns erobern
und dann den Sohn Tabeals zum König
machen! – 7 spricht der Herr:
Das wird nicht bestehen und wird nicht
sein.
8 Damaskus ist Arams Hauptstadt / und
Rezin das Haupt von Damaskus.
Noch fünfundsechzig Jahre und Efraim
ist volklos, zerschlagen.
9 Samaria ist Efraims Hauptstadt / und
der Sohn Remaljas das Haupt Samarias.
Wenn ihr euch nicht an mich haltet, /
werdet ihr keinen Halt haben.

Zweite Warnung. Das Immanuelzeichen

10 Und weiter redete der Herr zu Ahas und
sprach: 11 Erbitte dir ein Zeichen vom
Herrn, deinem Gott, aus der Tiefe der Un-
terwelt oder hoch oben aus der Höhe.
12 Ahas entgegnete: Ich will keines erbitten
und den Herrn nicht versuchen. 13 Da
sprach er: Hört, ihr vom Haus Davids! Ist
es euch nicht genug, Menschen zu ermü-
den, dass ihr auch meinen Gott ermüdet?
14 Darum wird euch der Herr selbst ein Zei-
chen geben: Seht, die junge Frau wird
empfangen und einen Sohn gebären und
ihm den Namen Immanuel geben. 15 Von
Dickmilch und Honig wird er sich nähren,
bis er versteht, das Böse zu verwerfen und
das Gute zu wählen. 16 Denn ehe noch der
Knabe weiß, das Böse zu verwerfen und
das Gute zu wählen, wird das Land ver-
ödet sein, vor dessen beiden Königen dir
graut. 17 Über dich und über dein Volk
und über das Haus deines Vaters lässt der
Herr [durch den König von Assur] Tage
kommen, wie sie so nicht gewesen sind,
seitdem sich Efraim von Juda trennte.

18 An jenem Tag wird es geschehen:
Der Herr wird die Fliegen von den
äußersten Nilarmen in Ägypten / und die
Bienen aus dem Land Assur herbeipfeifen.
19 Sie werden alle kommen und sich nie-
derlassen / in den Talschluchten und Fels-
spalten, / in allen Dornhecken und an
allen Wasserstellen.
20 An jenem Tag wird abscheren der Herr
mit dem Messer, / das er jenseits des Stro-
mes gedungen hat,
[dem König von Assur] den Kopf und
die Schamhaare / und selbst den Bart wird
er abnehmen.
21 An jenem Tag wird es geschehen:
Ein Mann wird nur eine junge Kuh und
zwei Stück Kleinvieh halten,
22 und wegen der Fülle der Milch, die sie
geben, / wird man Dickmilch essen;
ja, Dickmilch und Honig werden essen /
alle Übriggebliebenen im Land.
23 An jenem Tag wird es geschehen:
Jeder Ort, wo tausend Weinstöcke im
Wert von tausend Schekeln stehen, / wird
den Dornen und dem Gestrüpp verfallen.
24 Nur mit Pfeil und Bogen wird man
dorthin kommen, / denn alles Land wird
zu Dornen und Gestrüpp.
25 Auf alle Berge, die man sonst mit der
Hacke bearbeitet, / wird man nicht gehen
aus Furcht vor Dornen und Gestrüpp.
Man treibt die Rinder hin / und lässt
dort die Schafe weiden.

Geburt eines Jesaja-Sohnes

8 Der Herr sprach zu mir: Nimm eine
große Tafel und schreib darauf mit
gewöhnlichem Griffel: Maher-Schalal-
Hasch-Bas (Schnelle Beute – Rascher
Raub). 2 Dann finde mir zuverlässige Zeu-
gen: den Priester Urija und Secharja, den
Sohn Jeberechjas. 3 Darauf ging ich zu der
Prophetin; sie empfing und gebar einen
Sohn. Da sprach der Herr zu mir: Gib
ihm den Namen Maher-Schalal-Hasch-
Bas. 4 Denn noch ehe der Knabe „Mein Va-
ter“ und „Meine Mutter“ sagen lernt, wird
man den Reichtum von Damaskus und die
Beute von Samaria vor dem König von As-
sur hertragen.

Schiloach und Eufrat

5 Und weiter sprach der Herr zu mir und
sagte: 6 Weil dieses Volk das ruhig dahin-
fließende Wasser Schiloachs verachtet hat
und vor Rezin und dem Sohn Remaljas zit-
tert, 7 darum lässt der Herr die mächtigen
und großen Wasser des Stromes herauf-
steigen gegen sie [den König von Assur
und seine herrliche Macht].
Er wird über sein Bett steigen / und
über alle seine Ufer treten.
8 Er wird in Juda eindringen, / es durch-
fluten und überschwemmen, / bis er zum
Hals reicht;
und seine ausgespannten Flügel werden
dein Land in seiner ganzen Breite füllen,
Immanuel.

Der Plan der Völker

9 Erkennt es, ihr Völker, ihr werdet nieder-
geworfen! / Hört es, ihr fernen Völker der
Erde!
Rüstet nur, ihr werdet niedergeworfen! /
Rüstet nur, ihr werdet niedergeworfen!
10 Schmiedet Pläne, sie werden ver-
eitelt! / Fasst Beschlüsse, sie werden nicht
zustande kommen! / Denn mit uns ist
Gott.

Der Herr, der Stein des Anstoßes

11 Denn so sprach der Herr zu mir, / als
seine Hand mich ergriff / und er mich
mahnte, nicht die Wege dieses Volkes zu
gehen.
12 Ihr sollt nicht alles Verschwörung
nennen, / was dieses Volk Verschwörung
nennt.
Was es fürchtet, das sollt ihr nicht
fürchten / und davor nicht erschrecken.
13 Den Herrn der Heerscharen, ihn hal-
tet heilig! / Er sei euere Furcht und euer
Schrecken!
14 Er wird zum Heiligtum und zum Stein
des Anstoßes / und zum Fels des Strau-
chelns werden / für die beiden Häuser
Israels,
zur Schlinge und zum Fallstrick / für die
Bewohner Jerusalems.
15 Viele werden über sie straucheln, /
fallen und zerbrechen, sich verstricken
und verfangen.

Jesaja und seine Jünger

16 Ich will dieses Zeugnis verwahren, / diese
Weisung versiegeln in meinen Jüngern.
17 Ich will warten auf den Herrn, / der
sein Angesicht vor Jakobs Haus verbirgt, /
und auf ihn hoffen.

18 Siehe, ich und die Kinder, / die der
Herr mir gegeben hat,
wir sind Sinnbilder und Zeichen in
Israel / vom Herrn der Heerscharen, der
auf dem Berg Zion wohnt.
19 Wenn man euch sagt: Befragt doch die
Totengeister und die Wahrsagegeister, die
flüstern und murmeln!, (so entgegnet:)
Soll doch ein Volk seine Götter befragen
und für die Lebenden bei den Toten Aus-
kunft suchen! 20 Zur Weisung und zum
Zeugnis! Wer so nicht spricht, für den gibt
es keine Morgenröte. 21 Man wird umher-
irren, niedergedrückt und hungrig. Und
wer Hunger leidet, wird ergrimmen und
fluchen auf seinen König und seinen Gott.
Ob man sich nach oben wendet 22 oder zur
Erde blickt, da sieht man nur Not und
Finsternis und angstvolles Dunkel und
nichts als Nacht. 23 Ja, es gibt kein Entrin-
nen für den, der von ihr bedrängt ist.
In der früheren Zeit hat man das Land
Sebulon und Naftali verachtet, künftig
aber wird man die Straße am Meer und
das Gebiet jenseits des Jordan, den Bezirk
der Völker, zu Ehren bringen.

Die Verheißung des Friedensfürsten

9 Das Volk, das im Finstern wandelt, /
schaut ein großes Licht;
über denen, die im Land der Dunkelheit
wohnen, / erstrahlt ein Licht.
2 Du machst groß ihren Jubel / und
gewaltig ihre Freude.
Sie freuen sich vor dir, / wie man sich in
der Ernte freut, / wie man frohlockt beim
Teilen der Beute.
3 Denn sein drückendes Joch, die Stange
auf seinem Nacken, / den Stock seines
Bedrückers zerbrichst du wie am Tag von
Midian.
4 Denn jeder Soldatenstiefel, der dröh-
nend auftritt, / und jeder Mantel, in Blut
gewälzt, / wird verbrannt und ein Opfer
des Feuers.
5 Denn ein Kind ist uns geboren, / ein
Sohn ist uns geschenkt; / die Herrschaft
ruht auf seinen Schultern.
Man ruft seinen Namen aus: / Wunder-
barer Ratgeber, Starker Gott, / Ewiger
Vater, Friedensfürst.
6 Groß ist die Herrschaft / und endlos
der Friede / für Davids Thron / und sein
Königreich,
das er aufrichtet und festigt / in Recht
und Gerechtigkeit / von nun an bis in
Ewigkeit.
Der leidenschaftliche Eifer des Herrn
der Heerscharen / wird dies bewirken.

Das Gericht Gottes über Israel

7 Ein Wort hat der Herr gegen Jakob ent-
sandt / und es fällt nieder auf Israel.
8 Das ganze Volk erkennt es, / Efraim
und die Bewohner Samarias, / die voll
Hochmut und stolzen Sinnes sprechen:
9 Ziegelbauten sind eingestürzt, / mit
Quadern bauen wir wieder auf;
Maulbeerbäume hat man gefällt, / wir
setzen Zedern an ihre Stelle.
10 Aber der Herr lässt gegen dieses Volk
seine Widersacher aufstehen / und sta-
chelt seine Feinde auf:
11 Aram im Osten und die Philister im
Westen. / Sie verschlingen Israel mit gie-
rigem Rachen.
Bei alldem hat sein Zorn sich noch nicht
gelegt / und seine Hand bleibt aus-
gestreckt.
12 Doch das Volk bekehrte sich nicht zu
dem, der es schlug, / und es suchte nicht
den Herrn der Heerscharen.
13 Darum hieb der Herr von Israel Kopf
und Schwanz ab, / Palmzweig und Binse
an einem Tag.
14 Die Vornehmen und Angesehenen
sind der Kopf / und die Lügenpropheten
sind der Schwanz.
15 Die Führer dieses Volkes sind Ver-
führer / und seine Geführten sind in die
Irre gegangen.
16 Darum wird der Herr seine junge
Mannschaft nicht schonen / und sich sei-
ner Waisen und Witwen nicht erbarmen.
Denn sie alle sind gottlos und böse /
und jeder Mund spricht Torheit.
Bei alldem hat sein Zorn sich noch nicht
gelegt, / und seine Hand bleibt aus-
gestreckt.
17 Denn die Gottlosigkeit brannte wie
Feuer, / das Dornen und Gestrüpp ver-
zehrt
und das Dickicht des Waldes entzün-
det, / dass hoch die Rauchsäulen aufwir-
beln.
18 Durch die Zornesglut des Herrn der
Heerscharen wird das Land versengt / und
das Volk zur Speise des Feuers. / Keiner
verschonte den anderen.
19 Man verschlang zur Rechten und blieb

dennoch hungrig; / man fraß zur Linken
und wurde doch nicht satt. / Jeder ver-
schlang das Fleisch seines Nächsten.
20 Manasse verschlang Efraim und
Efraim Manasse / und beide zusammen
fielen über Juda her.
Bei alldem hat sein Zorn sich noch nicht
gelegt / und seine Hand bleibt aus-
gestreckt.

10 Wehe denen, die Gesetze des Un-
heils erlassen, / und den Schrei-
bern, die nur Bedrückung schreiben,
2 um die Schwachen vom Rechtsweg
abzudrängen / und die Armen meines
Volks ihres Rechts zu berauben,
sodass die Witwen ihre Beute werden /
und sie die Verwaisten plündern!
3 Was wollt ihr tun am Tag der Heim-
suchung / und bei dem Sturm, der aus der
Ferne kommt?
Zu wem wollt ihr Hilfe suchend flie-
hen? / Wo wollt ihr eueren Reichtum las-
sen?
4 Nur hinsinken unter Gefangene wird
man, / nur fallen unter Erschlagene.
Bei alldem hat sein Zorn sich noch nicht
gelegt, / und seine Hand bleibt aus-
gestreckt.

Gegen Assur

5 Wehe Assur, dem Stock meines Zorns, /
der Rute, die mein Grimm schwingt!
6 Gegen ein ruchloses Volk sende ich
ihn / und gegen eine Nation, der ich zürne,
entbiete ich ihn.
Er soll Beute machen und Raub sich
holen / und sie zertreten wie Gassenkot.
7 Aber er fasst es anders auf / und hat es
anders im Sinn.
Auf Vernichtung geht sein Sinn / und
nicht wenige Völker auszurotten.
8 Denn er spricht: / Sind meine Fürsten
nicht allesamt Könige?
9 Erging es nicht Kalne wie Karke-
misch, / nicht Hamat wie Arpad, / nicht
Samaria wie Damaskus?
10 Wie meine Hand die Königreiche der
Götter traf, / deren Bilder doch zahlrei-
cher waren / als die von Jerusalem und
Samaria,
11 wie ich an Samaria und an seinen
Götzen tat, / sollte ich so nicht auch an
Jerusalem und seinen Bildern tun?
12 Aber wenn der Herr sein ganzes Werk
am Berg Zion und an Jerusalem vollendet
hat, dann wird er die Frucht des Übermuts
des Königs von Assur und seiner stolz er-
hobenen Augen heimsuchen. 13 Denn er
hat gesagt:
Durch meine starke Hand habe ich es
ausgeführt / und durch meine Weisheit,
denn ich verstehe mich darauf.
Ich habe die Grenzen der Völker ver-
schoben / und ihre Schätze ausgeplün-
dert; / ich habe die Bewohner in den Staub
gestürzt.
14 Meine Hand griff nach den Schätzen
der Völker / wie nach einem Nest.
Wie man verlassene Eier einsammelt, /
so habe ich die ganze Erde eingesammelt.
Da war keiner, der die Flügel regte, / der
den Schnabel auftat und zu piepsen wagte.
15 Brüstet sich die Axt vor dem, der mit
ihr schlägt? / Tut die Säge groß vor dem,
der sie zieht?
Als wollte der Stab den schwingen, der
ihn ergreift, / und der Stock den heben,
der nicht von Holz ist.
16 Darum wird der Herr der Heerscha-
ren / unter seine feisten Männer die
Schwindsucht senden
und unter seinem Überfluss entbrennt
ein Brand, / wie ein Feuer auflodert.
17 Dann wird Israels Licht zum Feuer /
und sein Heiliger zur Flamme,
die seine Dornen und sein Gestrüpp /
an einem Tag verbrennt und verzehrt.
18 Seinen schönen Wald und seine
fruchtbaren Gärten / vernichtet er mit
Stumpf und Stiel. / Es wird sein, wie wenn
ein Kranker dahinsiecht.
19 Den Rest der Bäume seines Waldes
wird man zählen können; / ein Knabe ver-
mag sie aufzuschreiben.

Nur ein Rest kehrt um

20 An jenem Tag aber werden der Rest Isra-
els und die Geretteten vom Haus Jakobs
sich nicht mehr auf den stützen, der sie
schlägt, sondern sie werden in Treue sich
stützen auf den Herrn, den Heiligen Isra-
els.
21 Ein Rest kehrt um, / ein Rest aus
Jakob, zum starken Gott.
22 Denn wäre auch dein Volk, Israel, /
wie der Sand am Meer, / nur ein Rest von
ihnen kehrt um.
Die Vernichtung ist beschlossen, / und
das gerechte Gericht kommt wie eine Flut.
23 Ja, die beschlossene Vernichtung /

wird Gott, der Herr der Heerscharen,
vollziehen / auf der ganzen Erde.

Keine Furcht vor Assur

24 Darum spricht der Herr der Heerscharen: Fürchte dich nicht, mein Volk, das in Zion wohnt, vor Assur, der dich mit der Rute schlägt und gegen dich den Stock erhebt.
25 Denn nur noch eine kleine Weile, dann ist das Zürnen vorüber, und mein Grimm wird sie vernichten.
26 Dann wird der Herr der Heerscharen die Geißel über es schwingen wie damals, als er Midian schlug am Rabenfelsen. Er wird seinen Stab über das Meer ausstrecken, wie er ihn erhob auf dem Weg Ägyptens.
27 An jenem Tag wird es geschehen: /
Seine Last weicht von deinen Schultern /
und sein Joch von deinem Nacken.

Der Angriff aus dem Norden

28 Er rückt von Rimmon heran, / kommt auf Aja zu,
zieht durch Migron, / in Michmas lässt er seinen Tross zurück.
29 Sie überschreiten den Pass,
in Geba machen sie Quartier. / Rama zittert, es flieht Gibea-Saul.
30 Schrei auf, Tochter Gallim! / Horch, Lajescha! / Antworte ihm, Anatot!
31 Madmena irrt umher; / die Bewohner von Gebim ergreifen die Flucht.
32 Noch heute steht er in Nob. / Schon erhebt er seine Hand gegen den Berg der Tochter Zion, / gegen den Hügel Jerusalems.
33 Doch seht! Gott, der Herr der Heerscharen schlägt / mit schrecklicher Gewalt die Zweige ab,
die ragenden Wipfel sind gefällt, / das Hochgewachsene stürzt zu Boden.
34 Unter der Axt bricht das Dickicht des Waldes, / und der Libanon mit seinen herrlichen Zedern fällt.

Das Friedensreich

11 Aus Isais Stumpf aber sprosst ein Reis, / ein Schössling bricht hervor aus seinem Wurzelstock.
2 Auf ihm ruht der Geist des Herrn: / der Geist der Weisheit und der Einsicht,
der Geist des Rates und der Stärke, / der Geist der Erkenntnis und der Furcht des Herrn.
3 Nicht richtet er nach dem Augenschein, / noch fällt er sein Urteil nach dem Hörensagen.
4 Sondern er richtet die Geringen in Gerechtigkeit / und spricht ein gerechtes Urteil über die Armen des Landes.
Er schlägt den Gewalttätigen mit dem Stab seines Mundes / und tötet den Frevler mit dem Hauch seiner Lippen.
5 Gerechtigkeit ist der Gurt seiner Hüften / und Treue der Schurz seiner Lenden.
6 Dann wohnt der Wolf bei dem Lamm / und lagert der Panther bei dem Böcklein.
Kalb und junge Löwen weiden gemeinsam, / ein kleiner Junge kann sie hüten.
7 Die Kuh wird sich der Bärin zugesellen / und ihre Jungen liegen beieinander; / der Löwe nährt sich wie das Rind von Stroh.
8 Der Säugling spielt am Schlupfloch der Otter / und in die Höhle der Natter streckt das entwöhnte Kind seine Hand.
9 Sie schaden nicht und richten kein Verderben an / auf meinem ganzen heiligen Berg,
denn das Land ist voll der Erkenntnis des Herrn, / wie die Wasser das Meer bedecken.

Heimkehr der Verbannten

10 An jenem Tag wird es geschehen: / Der Spross aus Isais Wurzel steht da / als ein Feldzeichen für die Völker.
Die Völker werden ihn aufsuchen, / und seine Ruhestätte wird herrlich sein.
11 An jenem Tag wird es geschehen: / Der Herr wird die Hand zum zweiten Mal erheben, / um sich den Rest seines Volkes zu erwerben,
was übrig blieb aus Assur und Ägypten, aus Patros und Kusch, / aus Elam und Schinar, aus Hamat und von den Inseln des Meeres.
12 Er pflanzt ein Feldzeichen für die Völker auf, / sammelt die Vertriebenen Israels
und bringt die Zerstreuten Judas zusammen / von den vier Enden der Erde.
13 Dann wird die Eifersucht Efraims verschwinden / und die Feindschaft Judas wird ausgerottet.
Efraim wird Juda nicht mehr beneiden / und Juda wird Efraim nicht mehr bedrängen.
14 Sie werden meerwärts auf die Küsten der Philister fliegen / und vereint die Söhne des Ostens plündern.

Auf Edom und Moab legen sie ihre
Hand / und die Söhne Ammons werden
ihnen untertan.
15 Der Herr wird die Bucht des ägyp-
tischen Meeres austrocknen / und seine
Hand über den Strom schwingen durch
seines Sturmes Gewalt.
Er wird ihn in sieben Bäche zerschla-
gen, / sodass man mit Sandalen hindurch-
gehen kann.
16 So entsteht eine Straße für den Rest
seines Volkes, / der von Assur übrig blieb,
wie eine für Israel war, / als es aus dem
Land Ägypten heraufzog.

Danklied der Geretteten

12 An jenem Tag wirst du sagen: / Ich
preise dich, Herr.
Du hast mir gezürnt; / doch dein Zorn
hat sich gelegt, und du hast mich getröstet.
2 Seht, er ist der Gott meines Heils! / Ich
bin voll Vertrauen und fürchte mich nicht.
Denn meine Stärke und mein Lied ist
der Herr; / er wurde mir zur Hilfe.
3 Ihr werdet mit Freuden Wasser schöp-
fen / aus den Quellen des Heils.
4 An jenem Tag werdet ihr sagen: / Preist
den Herrn und ruft seinen Namen an!
Erzählt den Völkern seine Taten / und
verkündet, dass sein Name hocherhaben
ist!
5 Lobsingt dem Herrn; / denn Großes
hat er vollbracht. / Kund sei dies der gan-
zen Erde.
6 Jubelt und jauchzt, ihr Bewohner
Zions! / Denn groß ist in euerer Mitte der
Heilige Israels.

Sprüche über die Fremdvölker

Gegen Babel

13 Spruch über Babel, eine Vision des
Jesaja, des Sohnes des Amoz:
2 Stellt ein Feldzeichen auf einem kah-
lem Berg auf!
Ruft ihnen laut zu, / winkt mit der
Hand, dass sie einziehen / durch die Tore
der Edlen.
3 Ich selbst habe die mir geweihten
Krieger aufgeboten; / ich habe meine Hel-
den zu meinem Zorngericht gerufen, /
meine hochgemuten Scharen.
4 Horch, Lärm auf den Bergen / wie von
vielem Volk!
Horch, ein Tosen von Königreichen, /
von versammelten Völkern! / Der Herr
der Heerscharen mustert das Kriegsheer.
5 Sie kommen aus einem fernen Land,
vom Rand des Himmels her, / der Herr
und die Waffen seines Grimms, um die
ganze Erde zu verderben.
6 Heult, denn der Tag des Herrn ist
nahe! / Er kommt wie eine Verwüstung
vom Herrn.
7 Darüber erschlaffen alle Hände / und
jedes Menschenherz verzagt.
8 Sie zittern; Krämpfe packen sie und
Wehen, / sie winden sich wie eine gebä-
rende Frau.
Einer starrt den anderen an / und wie
Flammen glüht ihr Gesicht.
9 Seht, es kommt der Tag des Herrn, /
furchtbar und voll Grimm und Zornes-
glut,
um die Erde in eine Wüste zu verwan-
deln / und die Sünder daraus zu vertilgen.
10 Des Himmels Sterne und Sternbilder /
hören auf zu leuchten.
Bei ihrem Aufgang schon verfinstert
sich die Sonne / und der Mond lässt seinen
Glanz nicht mehr scheinen.
11 Dann bestrafe ich die Welt für die
Bosheit, / die Frevler für ihre Missetat.
Dem Stolz der Übermütigen mache ich
ein Ende / und beuge den Hochmut der
Tyrannen.
12 Die Menschen werde ich seltener als
Feingold machen, / die Menschenkinder
seltener als Ofirgold.
13 Dann wird der Himmel erzittern / und
die Erde bebt von ihrer Stätte
beim Grimm des Herrn der Heerscha-
ren / am Tag seiner Zornesglut.
14 Wie aufgescheuchte Gazellen, / wie
Schafe, die niemand mehr zusammenhält,
so eilt dann jeder fort zu seinem Volk, /
flieht alles seiner Heimat zu.
15 Wen man findet, der wird nieder-
gestoßen; / wer ergriffen wird, fällt durch
das Schwert.
16 Ihre Kinder werden vor ihren Augen
zerschmettert, / ihre Häuser geplündert
und ihre Frauen geschändet.
17 Seht, ich biete gegen sie die Meder
auf, / die nicht das Silber achten, noch
nach Gold begehren.
18 Die Bogen der jungen Männer werden
zerschmettert; / sie haben kein Erbarmen
mit der Leibesfrucht, / ihr Auge kennt
kein Mitleid mit den Kindern.

[19] Dann ergeht es Babel, dem Glanz der Königreiche,
der stolzen Zierde der Chaldäer,
wie Sodom und Gomorra, / die Gott bis auf den Grund zerstörte.
[20] Auf ewige Zeiten bleibt es unbewohnt, / unbesiedelt durch alle Geschlechter.
Kein Araber wird dort zelten, / kein Hirt wird dort lagern.
[21] Nur Wüstentiere hausen dort, / und Eulen füllen die Häuser.
Strauße wohnen dort, / und Bocksgeister führen dort ihre Tänze auf.
[22] In den Palästen antworten nur Schakale / und Hyänen in den Hallen der Lust.
Nahe ist der Anbruch jener Zeit / und seine Tage zögern nicht.

Die Rückkehr aus der Gefangenschaft

14 Denn der Herr will sich Jakobs erbarmen und Israel von neuem erwählen und ihnen Ruhe geben in ihrer Heimat. Dann werden Fremde sich ihnen anschließen und sich dem Haus Jakobs zugesellen.
[2] Völker werden sie nehmen und zu ihrer Stätte führen. Das Haus Israel wird sie im Land des Herrn als Knecht und Magd besitzen. Sie werden die gefangen halten, die sie in die Gefangenschaft weggeführt haben und über ihre Zwingherrn gebieten.

Spottlied auf den König von Babel

[3] Am Tag, als der Herr dir von deinen Plagen Ruhe verschafft hat, von deiner Angst, von deiner harten Fron, womit man dich geknechtet hat,
[4] da wirst du auf den König von Babel dieses Spottlied anstimmen:
Wie hat der Zwingherr doch geendet, / hat geendet seine Fron.
[5] Der Herr hat den Stab der Frevler zerbrochen, / den Stock der Tyrannen,
[6] der mit Ingrimm die Völker schlug, / mit Schlägen ohne Zahl,
der im Zorn Völker niedertrat, / sie schonungslos verfolgte.
[7] Nun ruht und rastet die ganze Erde, / man bricht in Jubel aus.
[8] Selbst die Zypressen freuen sich über dich, / die Zedern auf dem Libanon:
Seit du hier liegst, steigt keiner mehr zu uns herauf, / um uns zu fällen.
[9] Das Totenreich ist deinetwegen aufgeschreckt
und erwartet dein Kommen.
Es jagt die Schatten auf um deinetwillen, / der Erde Fürsten insgesamt;
lässt von ihren Thronen sich erheben / alle Könige der Völker.
[10] Sie alle sprechen nun zu dir: / Auch du bist kraftlos nun wie wir, / du bist uns gleich geworden?
[11] Hinab ins Totenreich fuhr deine Pracht, / das Rauschen deiner Harfen.
Auf Moder bist du jetzt gebettet, / Gewürm ist deine Decke.
[12] Wie bist du vom Himmel gefallen, / Glanzgestirn, Sohn der Morgenröte!
Wie bist du zu Boden geschmettert, / du, der alle Völker versklavte!
[13] Du plantest in deinem Herzen:
Zum Himmel will ich steigen,
meinen Thron über Gottes Sterne setzen, / auf dem Versammlungsberg im höchsten Norden will ich wohnen.
[14] Zu den Höhen der Wolken will ich mich erheben, / dem Höchsten gleich sein.
[15] Doch hinabgestürzt bist du ins Totenreich, / in die allertiefste Tiefe.
[16] Die dich sehen, betrachten dich nun, / schauen dich sinnend an:
Ist das der Mann, der die Welt erschütterte, / der Königreiche wanken ließ,
[17] der die Welt zur Wüste machte / und ihre Städte niederriss, / der seinen Gefangenen nicht nach Haus entließ?
[18] Die Könige der Völker ruhen insgesamt in Ehren, / ein jeder liegt in seiner Gruft.
[19] Du aber bist hingeworfen, ohne Grab, / wie ekliger Abfall,
bedeckt mit Erschlagenen, Schwertdurchbohrten, / wie ein zertretenes Aas.
Die in steinerne Grüfte hinabgestiegen sind – /
[20] nicht wirst du das Grab mit ihnen teilen,
weil du dein Land verwüstet, / dein eigenes Volk gemordet hast.
Nie mehr soll man nennen / die Namen der Nachkommen dieses Verbrechers.
[21] Richtet eine Schlachtbank her für seine Söhne / wegen der Schuld ihres Vaters,
dass sie sich niemals mehr erheben und die Welt erobern / und den Erdkreis mit Städten zu bedecken.

Die vollständige Verwüstung Babels

[22] Ich will mich gegen sie erheben – Spruch

des Herrn der Heerscharen – ich will von
Babel vertilgen Namen und Samen, Schoß
und Spross – Spruch des Herrn. 23 Ich will
es zum Besitz von Igeln machen, zu einem
Wassersumpf, es wegfegen mit dem Besen
der Verwüstung – Spruch des Herrn der
Heerscharen.

Gegen Assur

24 Geschworen hat der Herr der Heerscha-
ren: / Wahrlich, wie ich es beschloss, so
wird es geschehen; / wie ich es plante, so
wird es kommen.
25 Ich will Assur in meinem Land zer-
schmettern / und es auf meinen Bergen
zertreten,
dass sein Joch von ihnen weicht / und
seine Last von Ihren Schultern schwindet.
26 Das ist der Ratschluss, der für die
ganze Erde Geltung hat, / und das ist die
Hand, die ausgestreckt ist über alle Völker.
27 Denn der Herr der Heerscharen hat es
beschlossen, / wer kann es vereiteln?
Seine Hand ist ausgestreckt, / wer kann
sie zurückbiegen?

Gegen die Philister

28 Im Todesjahr des Königs Ahas erging
dieser Spruch:
29 Freue dich nicht, gesamtes Philister-
land, / dass nun der Stock, der dich schlug,
zerbrochen ist.
Denn aus der Wurzel der Schlange
kommt eine Natter hervor, / und ihre
Frucht ist ein geflügelter Seraf.
30 Die Armen aber werden weiden auf
meiner Weide / und die Dürftigen in
Sicherheit lagern;
doch deine Wurzeln lasse ich durch
Hunger sterben / und morden werde ich
deinen Rest.
31 Heule, du Tor! Schreie, du Stadt! /
Verzage, du ganzes Philisterland!
Denn von Norden her kommt Rauch, /
nicht einer sondert sich ab von seiner
Schar.
32 Was wird man den Boten des Volkes
sagen? / Der Herr hat Zion festgegrün-
det, / dort sind die Armen seines Volkes
geborgen.

Gegen Moab

15 Spruch über Moab:
In der Nacht, als Ar verwüstet
wurde, / ist Moab gefallen!
In der Nacht, als Kir verwüstet wurde, /
ist Moab gefallen!
2 Die Tochter Dibon steigt hinauf, / zu
den Höhen, um zu weinen; / auf Nebo und
auf Medeba klagt Moab.
Auf allen Häuptern ist eine Glatze, /
und der Bart ist abgeschoren.
3 Auf ihren Gassen zieht man den Sack
an, / auf ihren Dächern ist Klagegeheul.
Auf ihren Plätzen jammern alle / und
zerfließen in Tränen.
4 Es schreien Heschbon und Elale, / man
hört bis Jahaz ihre Stimme.
Darüber erzittern Moabs Lenden; / in
ihm bebt seine Seele.
5 Mein Herz schreit auf wegen Moab; /
seine Flüchtlinge kommen bis Zoar
[Eglat-Schelischija].
Ja, die Steige von Luhit steigt man wei-
nend hinauf; / auf dem Weg nach Horo-
najim erheben sie Geschrei wegen des
Zusammenbruchs.
6 Ja, die Wasser von Nimrim werden zur
Öde; / denn verdorrt ist das Gras,
verwelkt das Kraut, / alles Grün ist ver-
schwunden.
7 Darum tragen sie, was sie erübrigt, /
was sie an Habe wohl verwahrten, / über
den Weidenbach hinüber.
8 Ja, Wehegeschrei geht rund / in Moabs
Landen,
bis nach Eglajim schallt sein Jammern, /
bis Beer-Elim seine Klage.
9 Die Wasser von Dimon sind voll Blut. /
Doch neues Unheil will ich über Dimon
kommen lassen,
einen Löwen über die Entronnenen von
Moab / und über den Rest von Adama.

16 Sendet Lämmer für den Herrn des
Landes / vom Fels in der Wüste
zum Berg der Tochter Zion!
2 Wie flüchtige Vögel, wie ein auf-
gescheuchtes Nest, / so sind die Töchter
Moabs an den Furten des Arnon.
3 Schaffe Rat, entscheide dich! / Wirf am
hellen Mittag deine Schatten wie die
Nacht,
verbirg die Versprengten, / verrate die
Flüchtlinge nicht!
4 Lass die Versprengten Moabs bei dir
wohnen, / sei ihnen Schutz vor ihrem
Verfolger.
Wenn der Bedrücker vorüber ist, / am
Ende der Verwüster, / verschwunden, die
das Land zertreten,

5 dann wird in Treue ein Thron errich-
tet; / auf ihm sitzt beständig in Davids Zelt
ein Richter, / der besorgt ist um das Recht
und sich kümmert um Gerechtigkeit.
6 Wir haben von Moabs Stolz gehört, /
dem übergroßen,
von seiner Hoffart, seinem Dünkel, von
seinem Übermut / und seinem unwahren
Geschwätz.
7 Deshalb wird Moab um Moab heulen, /
heulen werden sie allesamt;
den Traubenkuchen von Kir-Heres /
werden sie verzweifelt nachweinen.
8 Denn verwelkt sind Heschbons Flu-
ren, / die Weinstöcke von Sibma.
Die Herren der Völker zertraten ihre
Reben. / Sie reichten bis Jaser, sie schlan-
gen sich durch die Wüste,
ihre Ranken dehnten sich weithin /
und gingen selbst bis über das Meer
hinüber.
9 Darum will ich weinen, wie Jaser
weint, / um die Weinstöcke von Sibma.
Ich benetze dich mit meinen Tränen, /
Heschbon und Elale.
Denn über deine Ernte und Weinlese /
ist Kriegsgeschrei zu hören.
10 Verschwunden ist Freude und Jubel-
geschrei / aus den Gärten.
In den Weinbergen erschallt kein
Jauchzen mehr, / kein Jubelruf.
Niemand tritt den Wein in den Kel-
tern, / der Jubelruf ist verstummt.
11 Daher seufzt mein Inneres um Moab
wie eine Leier, / klagt mein Herz um Kir-
Heres wie ein Flöte.
12 Und es wird geschehen: Wenn auch
Moab erscheint, / sich abmüht auf den
Höhen
und zum Gebet in seinen Tempel geht: /
Nichts wird es erreichen.
13 Das ist das Wort, das der Herr einst
über Moab gesprochen hat. 14 Jetzt aber
hat der Herr dies gesprochen: In drei Jah-
ren, die wie Jahre eines Söldners sind, wird
Moabs Macht und all seine Pracht ver-
ächtlich geworden sein und sein Rest wird
ganz winzig sein, klein und schwach.

Gegen Damaskus. Ende des Nordreichs Israel

17 Spruch über Damaskus:
Seht, Damaskus wird als Stadt ver-
schwinden / und zu einem Trümmerhau-
fen werden.
2 Verödet sind auf immer seine Städte /
und den Herden überlassen; / sie lagern
dort und niemand scheucht sie auf.
3 Ein Ende hat das Bollwerk Efraims /
und das Königtum in Damaskus.
Der Rest Arams wird nicht ansehnli-
cher / als die Herrlichkeit der Söhne Isra-
els sein – / Spruch des Herrn der Heer-
scharen.
4 An jenem Tag wird es geschehen: /
Jakobs Herrlichkeit verkümmert / und das
Fett seines Fleisches schwindet dahin.
5 Es wird zugehen, wie wenn ein Schnit-
ter die Halme fasst / und sein Arm die
Ähren sichelt,
und es wird zugehen, wie wenn einer
Ähren liest / in der Rafaïterebene.
6 Nur eine Nachlese wird davon übrig
bleiben / wie beim Abernten der Oliven-
bäume:
zwei, drei vollreife Oliven hoch im
Wipfel, / vier oder fünf an den Zweigen
des Baumes – / Spruch des Herrn der
Heerscharen.
7 An jenem Tag blickt der Mensch auf
seinen Schöpfer, und seine Augen sehen
auf den Heiligen Israels. 8 Er wird sich
nicht mehr um die Altäre kümmern, das
Machwerk seiner Hände, und auf das, was
seine Finger schufen, auf die Kultpfähle
und Räucheraltäre wird er nicht mehr se-
hen. 9 An jenen Tagen werden deine festen
Städte so verlassen sein wie die Trümmer-
stätten der Hiwiter und der Amoriter, die
sie vor den Söhnen Israels räumten; es
wird eine Wüste entstehen.
10 Denn du hast den Gott deiner Hilfe
vergessen, / an den Felsen deiner Kraft
nicht mehr gedacht.
Darum lege dir Adonisgärten an / und
pflanze in ihnen fremde Reben.
11 Am Tag, da du sie pflanzt, lass sie
sprossen / und schon am Morgen deine
Setzlinge blühen.
Doch verschwunden wird die Ernte sein
am Tag deines Siechtums / und unheil-
baren Schmerzes.

Die Springflut der Völker

12 Wehe, ein Tosen vieler Völker, / wie
Meerestosen tosen sie;
ein Rauschen von Völkern, / wie das
Rauschen vieler Wasser rauschen sie.
13 [Die Völker rauschen wie das Rau-
schen mächtiger Wasser.] / Doch er droht
ihnen, / und sie fliehen in die Weite.

Sie werden wie Spreu auf den Bergen
vor dem Wind gejagt, / wie Distelräder vor
dem Sturm.
14 Am Abend herrscht Bestürzung, /
doch ehe der Morgen graut, sind sie schon
dahin.
Das ist das Schicksal derer, / die uns
plündern; das ist das Los für jene, die uns
berauben.

Gegen Kusch

18 Wehe dem Land des Flügel-
geschwirrs / jenseits der Ströme
von Kusch,
2 das Boten auf dem Nil aussendet, /
über das Wasser auf Papyrusnachen!
Eilt nur, ihr schnellen Boten, / zu dem
hochgewachsenen und glanzfarbenen
Volk,
zu der von jeher gefürchteten Nation, /
zu dem Volk, das kraftvoll alles nieder-
tritt, / durch dessen Heimat Ströme flie-
ßen.
3 All ihr Bewohner der Welt und ihr
Bürger der Erde! / Wird auf den Bergen
ein Banner aufgerichtet, so schaut, / und
wenn man in die Posaune stößt, so horcht
auf!
4 Denn so hat der Herr zu mir gespro-
chen: / Ruhen will ich und zuschauen an
meinem Ort,
ruhig wie die heiße Luft im Sonnen-
licht, / wie Dunstwolken in der Ernteglut.
5 Denn vor der Weinlese, wenn die Blüte
vorüber ist / und die Frucht schon zur rei-
fen Traube wird,
da schneidet er die Reben mit dem
Messer ab / und entfernt, reißt ab die
Triebe.
6 Sie werden allesamt den Geiern auf den
Bergen / und dem Wild des Feldes preis-
gegeben.
Es bringen die Raubvögel darauf den
Sommer zu, / und das Getier der Erde
wird darauf überwintern.
7 In jener Zeit werden für den Herrn der
Heerscharen Geschenke dargebracht von
dem hochgewachsenen und glanzfarbenen
Volk, von der seit jeher gefürchteten Nati-
on, von dem Volk, das kraftvoll alles nie-
dertritt, durch dessen Heimat Ströme flie-
ßen, hin zur Stätte des Namens des Herrn
der Heerscharen, zum Berg Zion.

Gegen Ägypten

19 Spruch über Ägypten:
Seht, auf schneller Wolke fährt der
Herr dahin / und kommt nach Ägypten.
Die Götter Ägyptens beben vor ihm /
und das Herz Ägyptens verzagt in seiner
Brust.
2 Dann stachle ich Ägypter gegen Ägyp-
ter auf, / dass Bruder gegen Bruder
kämpft, Nachbar gegen Nachbar, / Stadt
gegen Stadt und Gau gegen Gau.
3 Da gerät der Geist Ägyptens mitten in
ihm in Verwirrung, / ich vereitle seine
Pläne.
Dann mögen sie ihre Götzen und
Beschwörer fragen, / die Totengeister und
die Gelehrten.
4 Ich werde Ägypten der Gewalt eines
harten Herrn überliefern / und ein stren-
ger König soll über sie herrschen – /
Spruch Gottes, des Herrn der Heerscha-
ren.
5 Da werden die Wasser des Nil versie-
gen, / und der Strom trocknet völlig aus.
6 Die Kanäle werden stinken, / die Nil-
arme Ägyptens werden seicht und trock-
nen aus, / Rohr und Schilf verwelken.
7 Die Binsen an der Mündung des Nil, /
alle Saatfelder am Nil verdorren, / ver-
schwinden und werden nicht mehr sein.
8 Da klagen und trauern die Fischer /
alle, die die Angel in den Strom auswerfen.
Die das Netz auf dem Wasser ausbrei-
ten, / werden verschmachten.
9 Beschämung ernten, die den Flachs
verarbeiten, / die Hechler und Weber
erblassen.
10 Die ihn verweben, sind niedergeschla-
gen, / alle Arbeiter sind bekümmerten
Herzens.
11 Lauter Toren sind die Fürsten von
Zoan, / die weisen Ratgeber Pharaos raten
Unsinn.
Wie könnt ihr zu dem Pharao sagen: /
Ich gehöre zur Zunft der Weisen, / ich bin
von altem königlichem Geschlecht?
12 Wo sind nun deine Weisen? / Sie
mögen dir kundtun und dich wissen las-
sen, / was der Herr der Heerscharen über
Ägypten beschlossen hat.
13 Zu Toren sind die Fürsten von Zoan
geworden, / und die Fürsten von Memfis
haben sich täuschen lassen; / die Häupter
seiner Gaue haben Ägypten irregeführt.
14 Der Herr hat ihnen einen Taumelgeist

eingegossen, / dass sie Ägypten zum Tau-
meln bringen bei allem, was es tut, / und es
wie ein Betrunkener taumelt, der sich
erbricht.
15 Nicht mehr wird für Ägypten gesche-
hen, / was Haupt oder Schwanz, / Palm-
zweig oder Binse vollbringen.

Die Bekehrung Ägyptens

16 An jenem Tag werden die Ägypter Frau-
en gleichen, sie werden zittern und beben
vor dem Schwingen der Hand des Herrn
der Heerscharen, die er gegen sie
schwingt. 17 Dann wird das Land Juda für
Ägypten ein Schrecken sein, und sooft es
einer erwähnt, wird Ägypten in Furcht ge-
raten vor dem Plan des Herrn der Heer-
scharen, den er gegen Ägypten gefasst hat.
18 An jenem Tag werden fünf Städte im
Land Ägypten die Sprache Kanaans reden
und beim Herrn der Heerscharen schwö-
ren; die eine wird Ir-Heres (Sonnenstadt)
heißen. 19 An jenem Tag wird es mitten im
Land Ägypten für den Herrn einen Altar
geben und ein Steinmal an seinen Gren-
zen. 20 Sie werden ein Zeichen und ein
Zeugnis für den Herrn im Land Ägypten
sein. Wenn sie vor ihren Bedrängern zum
Herrn rufen, dann wird er ihnen einen
Retter senden, der für sie streitet und sie
befreit. 21 Der Herr wird sich den Ägyptern
offenbaren, und die Ägypter werden an je-
nem Tag den Herrn erkennen und ihm
durch Schlachtopfer und Speiseopfer die-
nen; sie werden dem Herrn Gelübde ma-
chen und sie erfüllen. 22 Dann wird der
Herr Ägypten zum Heil schlagen; sie wer-
den zum Herrn umkehren, und er wird
sich von ihnen bitten lassen und sie heilen.
23 An jenem Tag wird eine gebahnte Straße
von Ägypten nach Assur führen; Assur
wird mit Ägypten und Ägypten mit Assur
verkehren und Ägypten wird zusammen
mit Assur (dem Herrn) dienen. 24 An je-
nem Tag wird Israel als Dritter im Bund
mit Ägypten und Assur ein Segen sein in-
mitten der Erde. 25 Der Herr segnet sie und
spricht: Gesegnet sei mein Volk Ägypten
und Assur, das Werk meiner Hände, und
Israel, mein Eigentum.

Die Verschleppung der Ägypter und Kuschiter

20 In dem Jahr, in dem der Ober-
mundschenk im Auftrag König
Sargons von Assur nach Aschdod kam, ge-
gen Aschdod kämpfte und es eroberte,
2 damals hatte der Herr durch Jesaja, den
Sohn des Amoz, gesprochen und gesagt:
Wohlan, leg den Sack um deine Hüften
und löse deine Schuhe von deinen Füßen.
Da hatte er es getan und war nackt und
barfuß einhergegangen. 3 Nun sprach der
Herr: So wie mein Knecht Jesaja drei Jahre
einhergeht nackt und barfuß als ein Zei-
chen und Sinnbild für Ägypten und
Kusch, 4 so wird der König von Assur die
gefangenen Ägypter und die Verbannten
von Kusch wegführen, Junge und Alte,
nackt und barfuß und mit entblößtem Ge-
säß – zur Schande Ägyptens. 5 Dann wird
man bestürzt und beschämt sein wegen
Kusch, nach dem man ausgeschaut, und
wegen Ägypten, womit man sich gebrüstet
hat. 6 Und die Bewohner dieses Küstenlan-
des werden an jenem Tag sagen: Seht, so
erging es jenen, nach denen wir aus-
geschaut und die wir um Hilfe angefleht
haben, damit sie uns vor dem König von
Assur retten. Wie können dann wir noch
entrinnen?

Babels Fall

21 Spruch über die Wüste am Meer:
Wie Stürme, die über den Negeb
brausen, / so kommt Unheil aus der Wüs-
te, / aus furchtbarem Land.
2 Eine schlimme Vision wurde mir
kundgetan: / der Räuber raubt und der
Verwüster verwüstet.
Elam, zieh herauf! / Medien, belagere! /
Allem Seufzen über sie mache ich ein
Ende.
3 Darum zittert mein Leib, / Wehen
haben mich erfasst / wie die Wehen einer
Gebärenden.
Ich bin betäubt von dem, was ich
höre, / ich bin verwirrt von dem, was ich
sehe.
4 Mir taumelt der Sinn, Entsetzen hat
mich befallen. / Die Dämmerung, mir
sonst so lieb, / macht es mir zum Schre-
cken.
5 Man deckt den Tisch, breitet die
Decken aus, schmaust und zecht. / Auf,
ihr Fürsten, salbt den Schild!
6 Denn so hat der Herr zu mir gespro-
chen: / Geh, stell einen Späher auf! / Was
er sieht, soll er melden.
7 Sieht er Wagen, Pferdegespanne, /

einen Zug von Eseln, einen Zug von
Kamelen, / so horche er ganz gespannt.
[8] Der Seher rief: / Auf Posten, Herr,
stehe ich hier immerfort bei Tag / und
Wache halte ich die ganze Nacht.
[9] Seht, da kommt ein Zug von Männern,
auch Pferdegespanne. / Da antwortete er
und sprach:
Gefallen, gefallen ist Babel! / Alle seine
Götzenbilder sind zu Boden geschmettert.
[10] Du mein gedroschenes (Volk), du
mein Tennensohn! / Was ich vom Herrn
der Heerscharen vernommen habe, / dem
Gott Israels, das tu ich dir kund.

Gegen Edom

[11] Spruch über Edom:
Aus Seïr ruft man mir zu: / Wächter, wie
weit ist es in der Nacht? / Wächter, wie
weit ist es in der Nacht?
[12] Der Wächter antwortet: / Es kommt
der Morgen und auch die Nacht. / Wollt
ihr fragen, so fragt! Kehrt um und kommt
wieder!

Gegen Arabien

[13] Spruch über die Steppe:
Verbringt die Nacht im Gebüsch, / ihr
Karawanen von Dedan!
[14] Bringt den Dürstenden Wasser, / ihr
Bewohner des Landes Tema, / reicht den
Flüchtlingen Brot!
[15] Denn vor Schwertern sind sie geflohen, / vor dem gezückten Schwert,
vor dem gespannten Bogen, / vor der
Wucht der Schlacht.
[16] Denn so hat der Herr zu mir gesprochen: Noch ein Jahr wie das Jahr eines
Söldners und alle Herrlichkeit Kedars ist
dahin. [17] Was von der Zahl der tapferen
Bogenschützen der Söhne Kedars übrig
bleibt, wird wenig sein. Denn der Herr,
der Gott Israels, hat gesprochen.

Leichtfertigkeit und Verblendung in Jerusalem

22 Spruch über das Tal der Vision:
Was ist dir doch, dass all dein
Volk / auf die Dächer gestiegen ist,
[2] du Stadt voller Lärm und Gedränge, /
du fröhliche Burg?
Deine Erschlagenen sind nicht durch
das Schwert erschlagen, / deine Gefallenen
sind nicht im Kampf gefallen.
[3] Deine Führer sind insgesamt geflohen, / sie wurden ohne Bogenschuss
gefangen;
alle, die man von dir ergriff, wurden
gefesselt, / sie waren weit weg geflohen.
[4] Darum sage ich: Blickt weg von mir, /
ich muss bitterlich weinen;
bemüht euch nicht, mich zu trösten /
über den Untergang der Tochter meines
Volkes.
[5] Denn ein Tag der Bestürzung, der Verwüstung und Verwirrung / kommt von
Gott, dem Herrn der Heerscharen.
Im Tal der Vision macht man viel
Lärm, / man schreit um Hilfe zum Berg.
[6] Elam hat nach dem Köcher gegriffen, /
Aram hat die Rosse angespannt, / Kir hat
den Schild entblößt.
[7] Deine herrlichen Talgründe sind mit
Wagen gefüllt / und Reiter haben sich am
Tor aufgestellt.
[8] Da zog er die Decke Judas weg. / Aber
du blickst an jenem Tag nach dem Rüstzeug im „Waldhaus".
[9] Ihr saht die Risse der Davidsstadt, dass
sie zahlreich waren; / ihr sammeltet das
Wasser im unteren Teich.
[10] Ihr zähltet die Häuser Jerusalems /
und risst die Häuser nieder, / um die
Mauern zu verstärken.
[11] Auch machtet ihr ein Sammelbecken
zwischen den beiden Mauern / für das
Wasser aus dem alten Teich.
Aber nach dem, der es so fügte, saht ihr
nicht / und blicktet nicht auf den, der es
von lange her bereitet.
[12] Gott, der Herr der Heerscharen, rief
an jenem Tag zum Weinen und zum
Wehklagen auf, / zum Kahlscheren und
zum Umgürten mit dem Sack.
[13] Aber siehe da, Freude und Jubel,
Rindertöten und Schafeschlachten, /
Fleischverzehren und Weintrinken:
Lasst uns essen und trinken, / denn
morgen sind wir tot!
[14] Aber meinen Ohren hat sich der Herr
der Heerscharen offenbart: / Wahrlich,
dieser Frevel soll euch nicht vergeben
werden, bis ihr tot seid, / spricht Gott, der
Herr der Heerscharen.

Schebna und Eljakim

[15] So spricht Gott, der Herr der Heerscharen: Auf, geh zu diesem Verwalter da, zu
Schebna, dem Palastvorsteher, [16] der sich
auf der Höhe ein Grab aushauen und in

den Felsen eine Kammer meißeln lässt:
Was hast du hier und wen hast du hier,
dass du dir ein Grab aushauen lässt? 17 Sie-
he, der Herr, er packt dich und wirft dich
hin mit einem Wurf, er umschlingt dich
mit einer Schlinge. 18 Wie einen Knäuel
rollt er dich zusammen und schleudert
dich wie einen Ball in ein weites, breites
Land. Dort wirst du sterben, dorthin kom-
men deine stolzen Wagen, du Schmach im
Haus deines Herrn. 19 Ich werde dich von
deinem Posten stoßen und dich deines
Amtes entheben.

20 An jenem Tag will ich meinen Knecht
Eljakim, den Sohn Hilkijas, berufen. 21 Ich
werde ihn mit deinem Gewand bekleiden
und mit deinem Gürtel ihn umgürten und
ihm deine Macht in seine Hände geben. Er
wird zum Vater für die Bewohner Jerusa-
lems und für das Haus Juda. 22 Ich lege den
Schlüssel des Hauses David auf seine
Schulter; wenn er öffnet, kann niemand
schließen, wenn er schließt, kann niemand
öffnen. 23 Ich schlage ihn als Nagel ein an
einen festen Ort, und er soll einen Ehren-
platz im Haus seines Vaters einnehmen.
24 Doch wenn an ihn sich die ganze Menge
seines väterlichen Hauses hängt, alle
Schösslinge und Sprösslinge, alles kleine
Geschirr, alle Becher und Krüge, 25 an je-
nem Tag, so spricht der Herr der Heer-
scharen, wird der Nagel weichen, der an
einem festen Ort eingeschlagen war. Er
wird herabgeschlagen und herunterfallen;
die Last, die an ihm hing, wird zerschla-
gen. Denn der Herr hat gesprochen.

Gegen Tyrus und Sidon

23 Spruch über Tyrus:
Jammert, ihr Tarschisch-Schiffe; /
denn zerstört ist euere Zuflucht!

Als sie aus dem Land der Kittäer
kamen, / ist es ihnen bekannt geworden.

2 Seid entsetzt, ihr Bewohner der Küs-
te, / ihr Kaufleute von Sidon,

deren Boten das Meer durchfahren /
3 auf den unermesslichen Wassern.

Die Saat des Nils war seine Ernte / und
der Erwerb der Völker sein Einkommen.

4 Erröte vor Scham, Sidon, / denn so
spricht das Meer:

Ich habe nie in Wehen gelegen und nie
geboren, / noch Söhne großgezogen und
Töchter emporgebracht.

5 Wenn es den Ägyptern kund wird, /
werden sie zittern über das Schicksal von
Tyrus.

6 Fahrt nach Tarschisch hinüber, / jam-
mert, ihr Küstenbewohner!

7 Ist das euere fröhliche Stadt, / deren
Ursprung in den Tagen der Urzeit liegt, /
deren Füße sie weit weg führten, um sich
dort anzusiedeln?

8 Wer hat das über Tyrus verhängt, / das
einst Kronen verschenkte,

dessen Kaufleute Fürsten waren / und
dessen Händler die Vornehmsten der
Erde?

9 Der Herr der Heerscharen hat
beschlossen, / die ganze Pracht zu schän-
den / und die Vornehmsten der Erde zu
demütigen.

10 Bebaue dein Land, Tochter Tar-
schisch! / Es gibt keinen Hafen mehr.

11 Er hat seine Hand über das Meer aus-
gestreckt, / ließ Königreiche erschüttern.

Der Herr hat befohlen, / Kanaans Fes-
tungen zu zerstören.

12 Er sprach: Nicht sollst du länger fröh-
lich sein, / du geschändete Jungfrau,
Tochter Sidon!

Auf, fahr hinüber zu den Kittäern, /
auch dort wird dir keine Ruhe werden.

13 Siehe, die Chaldäer – dieses Volk,
nicht Assur war es gewesen – haben die
Stadt zum Aufenthaltsort der Wüstentiere
gemacht; sie errichteten Belagerungstür-
me, zerstörten seine Paläste und verwan-
delten sie in Trümmerhaufen.

14 Jammert, ihr Tarschisch-Schiffe; /
denn zerstört ist euere Feste!

15 An jenem Tag wird es geschehen: Ty-
rus wird siebzig Jahre vergessen sein. Aber
wenn die Herrschaft eines anderen Königs
kommt nach siebzig Jahren, da wird es Ty-
rus ergehen, wie es im Lied von der Dirne
heißt:

16 Nimm die Zither, / durchziehe die
Stadt, / vergessene Dirne!

Spiele schön, / singe viel, dass man sich
deiner erinnert!

17 Nach siebzig Jahren wird der Herr Ty-
rus abermals heimsuchen. Sie wird wieder
zu ihrem Dirnenlohn kommen, und sie
wird buhlen mit allen Königreichen der
Welt, die es auf Erden gibt. 18 Aber ihr Ge-
winn und ihr Erwerb wird eine heilige
Gabe sein für den Herrn. Er wird nicht zu-
rückgelegt und aufgespart, sondern denen,
die in der Nähe des Herrn wohnen, wird

ihr Gewinn zufallen, sich satt zu essen und
in Pracht zu kleiden.

Die Jesaja-Apokalypse

Das Weltgericht

24 Seht, der Herr leert und verheert
die Erde, / er entstellt ihr Ange-
sicht / und zerstreut ihre Bewohner.
2 Wie dem Volk ergeht es dem Priester, /
wie dem Knecht so seinem Herrn,
wie der Magd so ihrer Herrin, / wie dem
Käufer so dem Verkäufer,
wie dem Verleiher so dem Entleiher, /
wie dem Gläubiger so dem Schuldner.
3 Die Erde wird entleert, ja entleert / und
völlig ausgeplündert; / denn so hat der
Herr gesprochen.
4 Es verdorrt und verwelkt die Erde, / es
verschmachtet und verwelkt der Erd-
kreis, / es verschmachtet der Himmel samt
der Erde.
5 Die Erde ist entweiht unter ihren
Bewohnern; / denn sie haben das Gesetz
übertreten,
das Recht verkehrt / und den ewigen
Bund gebrochen.
6 Darum zehrt ein Fluch an der Erde, /
und es müssen büßen, die auf ihr wohnen.
Darum schwinden die Bewohner der
Erde dahin / und nur wenige Menschen
bleiben übrig.
7 Der Wein ist dahin, der Weinstock
verwelkt; / es seufzen alle, die fröhlichen
Herzens waren.
8 Verklungen ist der frohe Schall der
Pauken, / ein Ende hat das ausgelassene
Lärmen, / verstummt ist der Klang der
Leier.
9 Nicht mehr trinkt man Wein zum
Gesang, / bitter geworden ist den Zechern
das Bier.
10 Zertrümmert ist die verödete Stadt, /
dem Eintritt ist jedes Haus verschlossen.
11 Man klagt um den Wein auf den Stra-
ßen, / dahin ist alle Freude, / weggezogen
ist aller Frohsinn auf Erden.
12 Bleiben wird in der Stadt nur Öde, / in
Stücke ist das Tor zerschlagen.
13 Es geht den Völkern der Erde / wie
beim Abschlagen der Oliven, / wie bei der
Nachlese, wenn die Ernte vorüber ist.
14 Sie erheben ihre Stimme, / sie jauch-
zen über die Hoheit des Herrn, / jubeln
vom Westmeer her:
15 So preist nun den Herrn im Osten, /
auf den Inseln des Meeres den Namen des
Herrn, des Gottes Israels!
16 Vom Saum der Erde hören wir Lobge-
sänge: / Preis dem Gerechten!
Ich aber sagte: / Wie bin ich so elend, so
elend!
Weh diesen Abtrünnigen, die abtrünnig
handeln, / diesen Abtrünnigen, die durch
und durch abtrünnig sind!
17 Grauen und Grube und Garn / über
dich, Erdbewohner!
18 Wer vor dem Grauen flieht, / fällt in
die Grube;
wer aus der Grube entkommt, / fängt
sich im Garn.
Denn die Schleusen der Höhe öffnen
sich / und die Festen der Erde erbeben.
19 Es birst und zerbricht die Erde, / es
reißt und zerreißt die Erde.
20 Wie ein Trunkener taumelt die Erde, /
sie schwankt wie eine Hütte hin und her.
Schwer lastet ihr Frevel auf ihr; / sie fällt
und steht nicht mehr auf.
21 An jenem Tag wird der Herr heim-
suchen das Heer des Himmels in der Höhe
und die Könige der Welt auf der Erde.
22 Sie werden wie Gefangene in die Grube
gesperrt, sie werden im Kerker einge-
schlossen und heimgesucht nach vielen
Tagen.
23 Der Mond wird erröten / und die
Sonne wird sich schämen.
Denn der Herr der Heerscharen tritt die
Königsherrschaft an / auf dem Berg Zion
und in Jerusalem / und vor seinen Ältesten
erstrahlt seine Herrlichkeit.

Dankgebet nach dem Gericht Gottes

25 Herr, du bist mein Gott, / ich rüh-
me dich und preise deinen Namen.
Denn Wunderbares hast du voll-
bracht, / Ratschlüsse aus alter Zeit in
unwandelbarer Treue.
2 Du hast ja die Stadt zu einem Stein-
haufen gemacht, / die starke Feste zu
einem Trümmerfeld,
die Hochburg der Stolzen zu einer ver-
schollenen Stadt, / die in Ewigkeit nicht
mehr ersteht.
3 Darum werden starke Völker dich
ehren / und gewalttätige Nationen dich
fürchten.
4 Du warst ein Hort den Bedrängten, /
ein Hort des Armen in seiner Not,

eine Zuflucht vor dem Unwetter, / ein
Schatten vor der Hitze.
Denn das Schnauben der Gewaltigen ist
wie ein Winterregen, / 5 wie Sonnenglut
über dürrem Land.
Du wirst das Toben der Stolzen dämp-
fen, / wie durch Wolkenschatten die Hit-
ze, / den Jubel der Bedrücker wirst du
unterdrücken.

Das Festmahl auf dem Zion

6 Bereiten wird der Herr der Heerscharen /
allen Völkern auf diesem Berg
ein Festmahl mit fetten Speisen, / ein
Mahl mit alten Weinen,
mit markigen, fetten Speisen, / mit alten
erlesenen Weinen!
7 Auf diesem Berg nimmt er die Hülle
weg, / die auf allen Völkern liegt, / und die
Decke, die über allen Nationen ausgebrei-
tet ist.
8 Er vernichtet den Tod auf immer, /
Gott, der Herr, wischt ab die Tränen von
jedem Angesicht
und nimmt seines Volkes Schmach
hinweg von der ganzen Erde. / Ja, der Herr
hat gesprochen.

Dank für die Vernichtung Moabs

9 An jenem Tag wird man sagen:
Seht, das ist unser Gott, / auf den wir
hofften, dass er uns hilft,
das ist der Herr, auf den wir hoffen. /
Lasst uns jubeln und uns freuen über seine
Hilfe. / 10 Denn die Hand des Herrn ruht
auf diesem Berg.
Moab aber wird an seiner Stätte zer-
stampft, / wie man Stroh in der Jauche
zerstampft.
11 Und breitet es darin seine Hand aus, /
wie ein Schwimmer sie ausbreitet beim
Schwimmen,
so schlägt er seinen Hochmut nieder /
trotz der gewandten Bewegung seiner
Hände.
12 Deine festen, hochragenden Mauern
reißt er ein, / wirft sie nieder und stürzt sie
zu Boden in den Staub.

Siegeslied

26 An jenem Tag wird man dieses
Lied im Land Juda singen:
Wir haben eine feste Stadt; / uns zum
Schutz setzte er Mauer und Wall.
2 Öffnet die Tore, dass ein gerechtes
Volk einzieht, / das die Treue bewahrt!
3 Sein Sinn ist fest; / es bewahrt den
Frieden, / weil es auf dich vertraut.
4 Vertraut auf den Herrn für immer, /
denn der Herr ist ein ewiger Fels.
5 Die Bewohner der Höhe hat er
gebeugt, / niedergeworfen die hoch-
ragende Stadt, / bis in den Staub hinab-
gestoßen.
6 Nun zertritt sie der Fuß, / die Füße der
Armen, die Tritte der Geringen.

Lied auf die Gerechtigkeit Gottes

7 Der Pfad des Gerechten ist gerade, / du
hast den Weg des Gerechten geebnet.
8 Ja, auf dem Weg deines Gerichts, /
Herr, hoffen wir auf dich.
Nach deinem Namen und deiner Anru-
fung / steht das Verlangen der Seele.
9 Meine Seele sehnt sich nach dir bei
Nacht / und mein Geist sucht dich in mei-
nem Innern.
Denn wenn dein Gericht die Erde
trifft, / lernen die Bewohner des Erdkrei-
ses Gerechtigkeit.
10 Wird aber dem Frevler Gnade zuteil, /
lernt er niemals Gerechtigkeit,
sondern verdreht, was auf Erden gerade
ist / und kümmert sich nicht um die
Hoheit des Herrn.
11 Herr, deine Hand ist erhoben, / sie
aber sehen es nicht.
So sollen sie deinen Eifer für dieses Volk
sehen und beschämt sein; / das Feuer, das
für deine Feinde bereitet ist, wird sie fres-
sen.
12 Herr, du wirst uns Frieden geben; /
denn all unsere Taten hast du ja für uns
getan.
13 Herr, unser Gott, über uns herrschten
andere Herren als du; / doch wir rühmen
nur deinen Namen.
14 Die Toten leben nicht wieder, / die
Schatten stehen nicht mehr auf;
denn du hast sie heimgesucht und ver-
nichtet / und jedes Andenken an sie aus-
gelöscht.
15 Du hast das Volk vermehrt, Herr, / du
hast es vermehrt, hast dich verherrlicht, /
hast alle Grenzen des Landes erweitert.
16 Herr, in der Drangsal suchten wir
dich; / wir schrien in der Bedrängnis dei-
ner Züchtigung.
17 Wie eine Schwangere, die bald

gebiert, / sich windet und in ihren Wehen
schreit, / so waren wir vor dir, Herr.
18 Wir waren schwanger und lagen in
Wehen, / doch als wir gebaren, war es nur
Wind.

Wir brachten dem Land keine Hilfe, /
noch wurden Erdenbürger geboren.
19 Doch deine Toten leben wieder auf, /
und ihre Leichen werden wieder auferstehen. / Erwacht und jubelt, die ihr im Staub
ruht!

Denn Tau des Lichtes ist dein Tau, / und die Erde wird die Schatten herausgeben.
20 Wohlan, mein Volk, geh in deine
Kammern, / verschließ deine Türen hinter dir.

Verbirg dich eine kleine Weile, / bis der Zorn vorüber ist.
21 Denn siehe, der Herr zieht schon aus
von seiner Stätte, / um die Schuld der Erdenbewohner zu ahnden.

Die Erde deckt ihr Blut auf / und verbirgt nicht länger ihre Erschlagenen.

Der letzte Feind

27 An jenem Tag bestraft der Herr mit seinem scharfen, großen und starken Schwert den Leviatan, die flüchtige Schlange, den Leviatan, die gewundene Schlange, und tötet den Drachen im Meer.

Der Weinberg des Herrn

2 An jenem Tag wird man sagen:

Ein köstlicher Weinberg, besingt ihn! /
Ich, der Herr, behüte ihn. / 3 Immerfort
bewässere ich ihn.

Damit er keinen Schaden erleidet, / bewache ich ihn bei Tag und Nacht.
4 Ich zürne nicht mehr. / Fände ich dennoch Dornen und Disteln,

ich würde im Kampf darauf losgehen / und sie allesamt verbrennen,
5 es sei denn, dass man meinen Schutz
ergreift / und mit mir Frieden macht, Frieden mit mir.
6 In den kommenden Tagen wird Jakob
Wurzel schlagen, / wird Israel blühen und sprossen, / dass sie den Erdkreis mit Früchten füllen.

Jakobs Begnadigung und die Bestrafung des Unterdrückers

7 Hat er sie so geschlagen, / wie er ihre
Schläger schlug?

Oder wurden sie gewürgt, / wie er ihre Mörder ermordete?
8 Er nahm Rache an ihnen durch ihre
Verstoßung und Vertreibung / und jagte sie weg durch seinen heftigen Sturm am Tag des Ostwinds.
9 Darum wird also Jakobs Schuld
gesühnt, / und das ist die Befreiung von seiner Sünde,

dass er alle Altarsteine wie Kalksteine zerschlägt. / Kultpfähle und Rauchopferaltäre sollen nie mehr erstehen.
10 Ja, einsam liegt die feste Stadt, / ein
Platz verödet und verlassen wie die Wüste.

Dort weidet das Rind, / dort lagert es und frisst ihre Zweige ab.
11 Sind ihre Zweige dürr geworden,
bricht man sie ab; / Frauen kommen und zünden sie an.

Denn es ist ein Volk ohne Einsicht. / Deshalb hat sein Schöpfer kein Erbarmen mit ihnen

und der es geformt hat / wird ihm nicht gnädig sein.

Weissagung

12 An jenem Tag geschieht es:

Der Herr wird die Ähren ausklopfen vom Strom / bis an den Bach Ägyptens hin.

Dann werdet ihr eingesammelt, ihr Söhne Israels, / einer nach dem anderen.
13 An jenem Tag wird man in die große
Posaune stoßen, / dann werden kommen, die im Land Assur sich verloren

und die nach Ägypten versprengt sind, / und sie werden den Herrn anbeten auf dem heiligen Berg in Jerusalem.

Worte über Israel und Juda

Gegen Samaria

28 Wehe der stolzen Krone der Trunkenen Efraims, / der welkenden Blumen seiner prächtigen Zier / auf dem Haupt der vom Wein Berauschten!
2 Seht, einen Starken und Gewaltigen
schickt der Herr / wie Hagelwetter, wie einen verheerenden Sturm,

wie einen Schwall gewaltig flutender Wasser, / und er reißt sie zu Boden mit Macht.
3 Mit den Füßen zertritt er die stolze
Krone / der Trunkenen Efraims.
4 Den welkenden Blumen seiner präch-

tigen Zier / auf dem Haupt des üppigen
Tals / wird es wie der Frühfeige vor der
Ernte ergehen.
Wer sie erblickt, der verschlingt sie, /
kaum ist sie in seiner Hand.

Der heilige Rest

5 An jenem Tag wird der Herr der Heer-
scharen zur herrlichen Krone / und zum
prächtigen Stirnreif für den Rest seines
Volkes,
6 zum Geist des Rechts für den, der zu
Gericht sitzt, / und zur Heldenkraft für
die, die den Kampf zum Tor zurücktrei-
ben.

*Gegen untreue Priester und falsche Prophe-
ten*

7 Doch auch diese da wanken von Wein /
und schwanken vom Bier.
Priester und Propheten wanken vom
Bier, / sind übermannt vom Wein;
sie taumeln vom Bier / und wanken
beim Schauen / und schwanken beim
Richten.
8 Ja, alle Tische sind voll von Erbroche-
nem / und Unrat bis zum letzten Platz.
9 Wen will er denn Erkenntnis lehren? /
Wem die Offenbarung auslegen?
Kindern, die kaum der Milch ent-
wöhnt, / die eben von der Mutterbrust
genommen sind?
10 Zaw lazaw zaw lazaw, kaw lakaw kaw
lakaw, / ein wenig hier, ein wenig dort.
11 Jawohl, mit Lippengestammel und
fremder Zunge / wird er zu diesem Volk
da reden,
12 er, der zu ihnen sprach: / Das ist die
Ruhe, / gönnt Ruhe den Müden,
und das ist der Ort der Erholung! /
Doch sie wollten nicht hören.
13 Darum ergeht das Wort des Herr an
sie: / Zaw lazaw zaw lazaw, kaw lakaw kaw
lakaw, / ein wenig hier, ein wenig dort,
damit sie auf ihrem Weg rücklings
straucheln, / zerschellen, sich verstricken
und gefangen werden.
14 Darum hört das Wort des Herrn, ihr
Spötter, / ihr Sprüchemacher dieses Vol-
kes in Jerusalem!
15 Ihr habt gesagt: Wir haben einen Bund
mit dem Tod geschlossen / und mit der
Unterwelt einen Vertrag gemacht.
Braust die reißende Flut heran, / sie
wird uns nicht treffen.
Denn wir haben die Lüge zu unserer
Zuflucht gemacht / und uns im Trug
geborgen.
16 Darum – so spricht Gott, der Herr: /
Seht, ich lege in Zion einen Grundstein,
einen bewährten Stein, einen kostbaren
Eckstein als Fundament. / Wer glaubt,
wird nicht wanken.
17 Ich mache das Recht zur Richt-
schnur, / zum Senkblei die Gerechtigkeit.
Hagel aber wird die Lügenzuflucht ver-
nichten / und Wasser das Versteck hin-
wegschwemmen.
18 Euer Bund mit dem Tod wird hinfäl-
lig / und euer Vertrag mit der Unterwelt
hat keinen Bestand.
Braust die reißende Flut heran, / werdet
ihr von ihr zermalmt.
19 Sooft sie heranbraust, wird sie euch
packen. / Morgen für Morgen braust sie
heran, / bei Tag und bei Nacht. / Ein
Schrecken nur wird es dann sein, sich auf
Offenbarung zu verstehen.
20 Denn zu kurz ist das Bett, / um sich
auszustrecken
und die Decke zu schmal, / um sich
einzuhüllen.
21 Fürwahr, wie einst am Berg Perazim
erhebt sich der Herr / und wie im Tal bei
Gibeon tobt er im Wetter,
um sein Werk zu vollbringen, sein
befremdliches Werk, / um seine Arbeit zu
vollenden, seine seltsame Arbeit.
22 Und nun lasst eueren Spott, / sonst
werden euere Fesseln nur noch fester
angezogen.
Denn dass Vernichtung beschlossen ist
über die ganze Erde, / hörte ich vom
Herrn der Heerscharen.

Das Gleichnis vom Bauern

23 Horcht auf und hört meine Stimme! /
Merkt auf und vernehmt mein Wort!
24 Pflügt etwa der Pflüger alle Tage, um
zu säen, / bricht er nur um und eggt er
seinen Acker immerfort?
25 Nicht wahr, wenn er die Fläche geeb-
net hat, / streut er Dill darauf und sät
Kümmel;
dann legt er Weizen, Hirse und Gerste /
und schließlich Dinkel an die Ränder.
26 Das rechte Verfahren hat ihn sein
Gott gelehrt / und ihn darin unterwie-
sen.
27 Auch wird der Dill nicht mit dem

Schlitten gedroschen / und das Dreschrad
nicht über den Kümmel gezogen,
sondern den Dill klopft man mit dem
Stock aus / und den Kümmel mit dem
Stecken.
28 Wird Brotkorn etwa zermalmt? / Man
drischt doch nicht immerzu darauf los,
noch treibt man ständig das Rad seines
Wagens darüber hin; / man körnt es aus,
doch zermalmt man es nicht.
29 Auch dies geht vom Herrn der Heer-
scharen aus. / Wunderbar ist sein Rat-
schluss und groß seine Weisheit.

Gegen Jerusalem

29 Wehe dir, Ariël, Ariël, / du Stadt,
wo David lagerte! / Fügt nur Jahr
zu Jahr und feiert nur Fest auf Fest!
2 Dann will ich Ariël bedrängen, / dass
Klage und Wehgeschrei ertönt. / Du wirst
für mich wie ein Opferherd sein.
3 Ich schlage mein Lager gegen dich auf /
ich schließe dich mit Wällen ein / und
lasse Schanzen gegen dich errichten.
4 Du wirst auf dem Boden kauern und
winseln, / und aus dem Staub wird man
dumpf deine Worte vernehmen.
Deine Stimme wird wie die eines
Totengeistes aus der Erde sein / und aus
dem Staub wird man deine Stimme flüs-
tern hören.
5 Dann wird wie feiner Staub der
Schwarm deiner Feinde sein, / wie flie-
gende Spreu die Schar deiner Bedränger.
Aber dann geschieht es ganz plötzlich: /
6 Du wirst vom Herrn der Heerscharen
heimgesucht
mit Donner und Beben und lautem
Krachen, / mit Wind und Wirbelsturm
und mit Flammen eines verzehrenden
Feuers.
7 Wie ein Traum, wie ein Nachtgesicht, /
so wird der Schwarm aller Völker sein, /
die gegen Ariël zu Feld ziehen, / aller, die
es bekämpfen, belagern und bestürmen.
8 Und wie wenn ein Hungriger träumt,
dass er isst, / dann aber mit ungestillter
Gier erwacht,
oder wie wenn ein Durstiger träumt,
dass er trinkt, / und matt und dürstend
erwacht.
So wird es dem Schwarm aller Völker
ergehen, / die gegen den Berg Zion zu Feld
ziehen.

Gegen Verblendung und Trunkenheit

9 Starrt einander an und erstarrt! / Seid
verblendet und blind!
Seid trunken, doch nicht vom Wein, /
taumelt, doch nicht vom Bier!
10 Denn der Herr hat über euch aus-
gegossen einen Geist der Betäubung; / er
hat euere Augen [die Propheten] ver-
schlossen / und euere Häupter [die Seher]
verhüllt.
11 So wurde für euch die Offenbarung all
dieser Dinge wie der Inhalt eines versiegel-
ten Buches: Gibt man es einem, der des
Lesens kundig ist, und sagt zu ihm: Lies
es!, dann erwidert er: Ich kann es nicht, es
ist ja versiegelt. 12 Reicht man das Buch
einem andern hin, der nicht des Lesens
kundig ist, und sagt ihm: Lies es!, dann
erwidert er: Ich verstehe mich nicht aufs
Lesen.
13 Der Herr sprach: Weil dieses Volk mir
nur mit seinem Mund naht / und mich
nur mit seinen Lippen ehrt,
sein Herz aber fern von mir bleibt / und
sie mich nur nach angelernten mensch-
lichen Geboten ehren,
14 darum will ich an diesem Volk zu sei-
ner Verwunderung handeln, / ja, so sehr
zu seiner Verwunderung,
dass die Weisheit seiner Weisen ver-
loren geht / und die Klugheit seiner Klu-
gen sich verbirgt.
15 Wehe denen, die ihre Pläne tief vor
dem Herrn verbergen, / die ihr Werk im
Finstern treiben / und sprechen: Wer sieht
uns schon und wer weiß von uns?
16 Euere Verkehrtheit! / Ist denn der Ton
dem Töpfer gleichzuachten?
Sagt denn das Werk zu seinem Meis-
ter: / Er hat mich nicht gemacht!,
und der Topf zu seinem Töpfer: / Er
versteht nichts!

Die große Wandlung

17 Ist es nicht nur noch eine kleine Weile /
und der Libanon wird zu einem Garten /
und der Karmel erscheint als Wald?
18 An jenem Tag werden auch die Tau-
ben / die Worte der Schrift hören,
und, (befreit) von Dunkel und Finster-
nis, / werden die Augen der Blinden
sehen.
19 Die Demütigen haben Freude um
Freude über den Herrn / und die Ärmsten

unter den Menschen jubeln über den Hei-
ligen Israels.
[20] Denn der Gewaltherrscher ist dahin,
der Spötter ist verschwunden. / Ausgerot-
tet sind alle, die auf Bosheit lauern,
[21] die beim Rechtsfall Menschen schul-
dig sprechen / und dem Richter am Tor
Fallen stellen / und den, der Recht hat,
durch nichtige Gründe ins Unrecht setzen.
[22] Darum – so spricht der Herr, der
Abraham erlöste, / der Gott des Hauses
Jakob:
Jakob soll nicht mehr beschämt wer-
den / und sein Angesicht nicht mehr
erblassen,
[23] denn in seiner Mitte wird er das Werk
meiner Hände sehen / und meinen Namen
wird er heiligen.
Sie werden den Heiligen Jakobs heilig
halten / und den Gott Israels fürchten.
[24] Dann werden, die verkehrten Sinnes
waren, zur Einsicht kommen, / und die
murrten, nehmen Belehrung an.

Gegen das Bündnis mit Ägypten

30 Wehe den abtrünnigen Söhnen –
Spruch des Herrn –, / die Pläne
vollführen, die nicht von mir ausgehen,
die Verträge schließen, / doch ohne
meinen Geist, / um Sünde auf Sünde zu
häufen,
[2] die nach Ägypten hinabziehen wol-
len, / ohne meinen Mund zu befragen,
um in den Schutz des Pharao zu flüch-
ten / und sich im Schatten Ägyptens zu
bergen!
[3] Doch der Schutz des Pharao wird euch
zur Schande / und das Bergen im Schatten
Ägyptens zur Schmach.
[4] Wenn auch seine Fürsten nach Zoan
gingen / und seine Boten Hanes erreich-
ten:
[5] Noch ein jeder wurde enttäuscht / von
dem Volk, das nichts nützt,
das niemand Hilfe und Vorteil bringt, /
sondern nur Schmach und Schande.
[6] Ausspruch über die Tiere des Negeb:
Durch ein Land der Angst und
Bedrängnis, / der Löwen und knurrenden
Leuen, / der Nattern und fliegenden Dra-
chen,
bringen sie auf dem Rücken der Esel
ihre Reichtümer / und auf dem Höcker der
Kamele ihre Schätze / zu einem Volk, das
nichts nützt.
[7] Denn eitel und nichtig ist die Hilfe
Ägyptens. / Darum nenne ich es: Rahab,
die Untätige.

Gegen das widerspenstige Volk

[8] Nun gehe hin und schreibe es für sie auf
eine Tafel / und ritze es ein als Inschrift, /
dass es für künftige Zeiten, für immer,
zum Zeugnis dient:
[9] Es ist ein widerspenstiges Volk, es sind
verlogene Söhne, / Söhne, die auf die Wei-
sung des Herrn nicht hören wollen.
[10] Zu den Sehern sagen sie: Seht nichts!, /
und zu den Schauenden: Schaut uns nicht
die Wahrheit! / Sagt uns Schmeicheleien
und schaut uns Täuschung!
[11] Weicht ab vom Weg, biegt ab vom
Pfad, / lasst uns in Ruhe mit dem Heiligen
Israels!
[12] Darum – so spricht der Heilige Isra-
els: / Weil ihr dieses mein Wort ver-
schmäht
und auf Verkehrtes und Falsches ver-
traut / und euch darauf stützt,
[13] darum wird euch dieser Frevel sein /
wie ein Riss an einer hohen Mauer, der
immer weiter klafft, / bis sie plötzlich und
unversehens zusammenstürzt,
[14] wie man ein Töpfergeschirr zertrüm-
mert, / es schonungslos zerschlägt,
dass sich unter all den Stücken nicht
eine Scherbe findet, / um etwas Feuer aus
dem Herd zu nehmen / oder Wasser aus
der Zisterne zu schöpfen.
[15] Denn so spricht Gott, der Herr, der
Heilige Israels: / In Umkehr und Ruhe
liegt euer Heil, / in Stillsein und Vertrauen
besteht euere Stärke.
Doch ihr habt nicht gewollt, / [16] sondern
gesagt: Nein, auf Pferden wollen wir
dahinfliegen!
Darum sollt ihr jetzt fliehen. (Ihr habt
gesagt:) Auf Rennpferden wollen wir rei-
ten! / Darum werden euch die Verfolger
nachrennen.
[17] Tausend werden zittern, wenn ein
einzelner droht, / und wenn fünf drohen
werdet ihr fliehen,
bis euer Rest aussieht / wie ein Mast auf
dem Gipfel eines Berges, / wie ein Feldzei-
chen auf dem Hügel.

Die große Wende: Die Begnadigung des Volkes

[18] Darum wartet der Herr, dass er sich euer

erbarmt, / darum erhebt er sich, um euch
zu begnadigen.
Denn der Herr ist ein Gott des Rechts, /
Heil allen, die auf ihn hoffen!
19 Ja, du Volk auf dem Zion, / das in
Jerusalem wohnt, / du sollst nicht länger
weinen.
Begnadigen wird er dich, wenn du um
Hilfe schreist. / Sobald er es vernimmt,
wird er dich erhören.
20 Wohl gibt der Herr euch Brot der
Bedrängnis / und Wasser der Trübsal.
Doch wird sich dein Lehrer nicht länger
verbergen; / deine Augen werden deinen
Lehrer sehen,
21 deine Ohren werden hinter dir den
Zuruf hören: / Dies ist der Weg, den ihr
beschreiten sollt, / wenn ihr nach rechts
oder links abbiegen wollt.
22 Dann wirst du deine mit Silber
beschlagenen Götzen / und deine mit
Gold verkleideten Bilder als unrein anse-
hen.
Du wirfst sie weg wie Unrat / und
sprichst dazu: Hinaus damit!
23 Dann wird er Regen spenden für deine
Saat, / die du auf deinen Acker säst,
und das Korn, der Ertrag des Ackers, /
wird gut und kräftig sein, / und auf weiter
Au wird dein Vieh an jenem Tag weiden.
24 Die Rinder und Esel, die das Feld
bebauen, / werden Sauerfutter fressen, /
das mit Schaufel und Gabel geworfelt ist.
25 Auf jedem hohen Berg und auf allen
ragenden Hügeln / werden Wasserbäche
strömen
am Tag des großen Mordens, / wenn die
Türme stürzen.
26 Das Licht des Mondes / wird dem
Licht der Sonne gleichen
und das Licht der Sonne siebenmal hel-
ler leuchten / als das Licht von sieben
Tagen –
am Tag, an dem der Herr die Wunde
seines Volkes verbindet / und die Striemen
seiner Schläge heilt.

Das Gericht über Assur

27 Seht, der Name des Herrn kommt aus
der Ferne, / sein Zorn lodert empor, /
schwer lastet sein Druck,
seine Lippen sind voll grimmigen
Zorns, / seine Zunge ist wie ein verzeh-
rendes Feuer,
28 sein Atem wie ein überflutender
Strom, / der bis zum Hals reicht.
(Er kommt,) die Nationen zu schwingen
am Zaum des Verderbens / und ein irrlei-
tendes Halfter den Backen der Völker
anzulegen.
29 Dann werdet ihr Lieder singen / wie in
der Nacht des Festes,
und euch von Herzen freuen wie jene, /
die unter Flötenspiel zum Berg des
Herrn, / zum Felsen Israels kommen.
30 Dann lässt der Herr seine mächtige
Stimme erschallen / und das Niederfahren
seines Armes schauen / mit grimmigem
Zorn und verzehrender Flamme, Wetter-
sturm und Hagelschlag.
31 Ja, vor der Stimme des Herrn wird
Assur erschrecken, / wenn er dreinschlägt
mit seinem Stock.
32 Und jeder Hieb des Stockes wird ihn
treffen, / den der Herr auf ihn herabsausen
lässt.
Unter dem Klang von Pauken, Leiern
und Reigen / wird er ihn bekämpfen.
33 Ja, schon längst ist eine Feuerstätte
bereitet / – auch für den König ist sie
bestimmt –,
tief und breit mit Stroh und Holz in
Menge; / der Atem des Herrn setzt sie
gleich einem Schwefelstrom in Brand.

Erneute Warnung vor Ägypten

31 Wehe denen, die der Hilfe wegen
nach Ägypten hinabziehen, / die
auf Kriegspferde ihre Hoffnung setzen
und vertrauen auf die Menge der Streit-
wagen / und auf die große Schar der Rei-
ter!
Aber auf den Heiligen Israels schauen
sie nicht / und fragen nicht nach dem
Herrn.
2 Und doch ist auch er weise. Er führt
das Unheil herbei / und nimmt sein Wort
nicht zurück.
Er steht auf gegen das Haus der Frev-
ler / und gegen die Hilfe der Übeltäter.
3 Die Ägypter sind nur Menschen und
nicht Gott, / ihre Pferde sind Fleisch und
nicht Geist.
Wenn der Herr seine Hand ausstreckt, /
so stürzt der Helfer und ebenso fällt der,
dem er helfen will; / so kommen alle mit-
einander um.

Der Herr kämpft gegen Assur

4 Denn so hat der Herr zu mir gesprochen:
Wie ein Löwe über seiner Beute
knurrt, / ein junger Löwe, gegen den alle
Hirten aufgeboten sind
– er fürchtet sich vor ihrem Schreien
nicht / und duckt sich nicht vor ihrem
Lärm –,
so steigt der Herr der Heerscharen
herab / zum Kampf auf dem Berg Zion
und seiner Höhe.
5 Wie flatternde Vögel / wird der Herr
der Heerscharen Jerusalem schützen, /
schirmen, schonen und retten.
6 Kehrt also um, ihr Söhne Israels, zu
dem, von dem ihr so tief abgefallen seid!
7 Denn an jenem Tag wird jeder seine sil-
bernen und seine goldenen Götzen ver-
werfen, die euch euere Hände zur Sünde
gemacht haben.
8 Assur wird fallen, / doch nicht durch
das Schwert eines Mannes;
das Schwert wird es fressen, / doch
nicht das eines Menschen.
Es wird vor dem Schwert die Flucht
ergreifen / und seine jungen Männer wer-
den zur Fron gezwungen.
9 Sein Fels vergeht vor Schrecken / und
seine Fürsten werden fahnenflüchtig –
Spruch des Herrn, / der ein Feuer auf
dem Zion hat / und einen Glutofen in
Jerusalem.

Das Reich der Gerechtigkeit

32 Seht, in Gerechtigkeit wird ein
König herrschen / und Fürsten re-
gieren nach dem Recht.
2 Ein jeder ist wie eine Zuflucht vor dem
Sturm, / wie ein Schutz vor dem Unwetter,
wie Wasserbäche in dürrer Steppe, / wie
der Schatten eines großen Felsens in tro-
ckenem Land.
3 Da sind die Augen der Sehenden nicht
mehr verklebt / und die Ohren der
Hörenden merken auf.
4 Das Herz der Unbesonnenen lernt
Einsicht / und die Zunge der Stammeln-
den redet deutlich und klar.
5 Den Toren wird man nicht mehr einen
Edlen heißen, / noch wird der Betrüger ein
ehrlicher Mann genannt.
6 Denn ein Tor redet Torheit / und sein
Herz sinnt Unheil,
um frevelhaft zu handeln / und läster-
lich gegen den Herrn zu reden,
um ungestillt zu lassen die Begier der
Hungernden / und den Durstigen den
Trank zu entziehen.
7 Die Waffen des Arglistigen sind böse, /
denn er plant Taten voll Hinterlist,
die Armen durch Lügenreden zu ver-
derben, / auch wenn der Geringe sein
Recht beweist.
8 Der Edle aber sinnt nur Edles / und
bleibt bei seiner edlen Gesinnung.

An die sorglosen Frauen

9 Ihr sorglosen Frauen, auf, hört meine
Stimme! / Ihr selbstsicheren Töchter,
merkt auf meine Rede!
10 Über Jahr und Tag werdet ihr Selbst-
sicheren erbeben, / weil die Weinlese ver-
nichtet ist und die Obsternte ausbleibt.
11 Erschreckt, ihr Sorglosen, / zittert, ihr
Selbstsicheren,
legt euere Gewänder ab, entkleidet
euch / und legt Trauerkleidung an.
12 Schlagt euch an die Brust / wegen der
herrlichen Fluren, / wegen der fruchttra-
genden Reben,
13 wegen des Ackers meines Volkes, / der
Dornen und Disteln trägt,
ja wegen aller Häuser voll Jubel / und
der fröhlichen Stadt.
14 Denn der Palast ist verlassen / und der
Lärm in der Stadt verstummt.
Burghügel und Wachtturm dienen / als
Schlupfwinkel auf immer,
als Tummelplatz der Wildesel, / als
Weide für die Herde.

Der Geist aus der Höhe

15 Wenn aber der Geist aus der Höhe über
uns ausgegossen wird, / dann wird die
Wüste zum Garten / und der Garten wird
zu einem Wald.
16 Dann weilt in der Wüste das Recht /
und im Gartenland wohnt die Gerechtig-
keit.
17 Die Gerechtigkeit schafft Friede, / die
Frucht des Rechts ist ewige Sicherheit.
18 Dann wird mein Volk auf friedlichen
Auen wohnen, / in sicheren Wohnstätten,
in sorgloser Ruhe.
19 Aber der Wald wird stürzen mit jähem
Sturz / und die Stadt wird versinken.
20 Wohl euch, die ihr an allen Gewässern
säen
und euere Rinder und Esel frei laufen
lassen könnt!

Hoffnung auf den Herrn

33 Wehe dir, Verwüster, der du noch
unverwüstet bist, / und dir, Betrü-
ger, der du noch nicht betrogen wurdest!
Wenn du zu Ende bist mit dem Ver-
wüsten, / wirst du selbst verwüstet;
wenn du den Betrug vollendet hast, /
wirst du selbst betrogen werden.
2 Herr, sei uns gnädig, / auf dich hoffen
wir!
Sei unser Arm jeden Morgen / und
unsere Hilfe in der Zeit der Not!
3 Vor deiner Donnerstimme fliehen die
Völker; / wenn du dich erhebst, zerstieben
die Nationen.
4 Dann rafft man Beute zusammen, wie
die Heuschrecken raffen; / man fällt darü-
ber her, wie es die Heuschrecken tun.
5 Erhaben ist der Herr, denn er wohnt in
der Höhe. / Er erfüllt Zion mit Recht und
Gerechtigkeit.
6 Seine Zeiten werden sicher sein, / Fülle
an Heil sind Weisheit und Erkenntnis; /
die Furcht des Herrn ist sein Schatz.

Das Eingreifen des Herrn

7 Hört, die Krieger schreien draußen, / die
Boten des Friedens weinen bitterlich.
8 Verödet sind die Straßen, / kein Wan-
derer zieht des Wegs!
Denn man brach den Bund, verachtete
die Zeugen, / und die Menschen galten
nichts.
9 Es trauert das Land und schmachtet
dahin, / beschämt steht der Libanon da
und verwelkt;
die Scharonebene gleicht der Steppe, /
Baschan und Karmel sind entlaubt.
10 Jetzt stehe ich auf, spricht der Herr, /
jetzt richte ich mich auf, jetzt erhebe ich
mich.
11 Ihr geht mit dürrem Gras schwanger,
gebärt Stoppeln; / mein Hauch ist wie ein
Feuer, das euch selber frisst.
12 Da verbrennen die Völker zu Kalk, /
wie abgehauene Dornen verlodern sie im
Feuer.
13 Hört, ihr in der Ferne, was ich getan
habe, / und ihr in der Nähe, erkennt meine
Kraft!
14 In Zion erbeben die Sünder, / und die
Gottlosen erfasst Entsetzen.
Wer von uns kann es aushalten neben
diesem verzehrenden Feuer, / wer von uns
kann es aushalten neben der ewigen Glut?
15 Wer rechtschaffen wandelt und die
Wahrheit sagt, / wer Gewinn durch
Erpressung verschmäht,
wer sich weigert, Bestechungsgelder zu
nehmen, / wer sein Ohr verstopft, um kei-
nen Mordplan zu hören, / wer seine
Augen verschließt, um nichts Böses mit-
anzusehen,
16 der wird auf Höhen wohnen, / eine
Felsenfeste ist seine Zuflucht;
ihm bleibt sein Brot / und sein Wasser
wird nie versiegen.

Die herrliche Zukunft

17 Deine Augen werden den König in seiner
Herrlichkeit erblicken, / sie überschauen
ein weites Land.
18 Dein Herz muss sich auf die Schre-
ckenszeit besinnen: / Wo ist der, der zähl-
te?
Wo der, der abwog? / Wo ist der, der die
Türme zählte?
19 Das freche Volk wirst du nicht mehr
sehen, / das Volk mit dunkler und unver-
ständlicher Sprache, / mit stammelnden,
sinnlosen Worten.
20 Blicke auf Zion, die Stadt unserer Fes-
te!
Deine Augen sehen Jerusalem als siche-
re Stätte,
als ein Zelt, das nicht mehr abgebro-
chen wird, / dessen Pflöcke in Ewigkeit
nicht mehr herausgerissen werden, / von
dessen Seilen keines jemals reißt.
21 Denn dort wird für uns ein Herrlicher
sein. / Es ist ein Ort, von breiten Flüssen
und Strömen,
auf die kein Ruderboot sich wagt, / die
kein stolzes Schiff durchquert;
23a schlaff hängen seine Taue; / sie halten
den Mast nicht mehr fest, / sie hissen nicht
mehr das Signal.
22 Denn der Herr ist unser Richter, / der
Herr ist unser Gebieter.
Der Herr ist unser König, / er rettet uns.
23b Dann werden Blinde Beute in großer
Menge verteilen, / Lahme gehen ans Plün-
dern.
24 Und kein Einwohner sagt: Ich bin
krank. / Das Volk, das dort wohnt, ist
befreit von aller Schuld.

Das Ende Edoms

34 Naht, ihr Völker, zu hören! / Ihr
Nationen, merkt auf!

Es höre die Erde und was sie erfüllt, /
der Erdkreis und was immer darauf
wohnt!
[2] Denn der Grimm des Herrn gilt allen
Völkern, / sein Zorn all ihren Heeren;
er hat sie dem Untergang geweiht / und
zur Schlachtung bestimmt.
[3] Ihre Erschlagenen werden hingewor-
fen, / von ihren Leichen steigt der Gestank
auf
und die Berge triefen von ihrem Blut, /
[4] alle Hügel zerfließen.
Der Himmel rollt sich zusammen wie
eine Buchrolle, / all sein Heer welkt dahin,
wie das Laub am Weinstock verwelkt, /
wie Früchte am Feigenbaum schrumpfen.
[5] Am Himmel erscheint das Schwert des
Herrn. / Seht, auf Edom fährt es herab, /
auf das von ihm dem Untergang geweihte
Volk.
[6] Das Schwert des Herrn ist voller Blut, /
es trieft von Fett,
vom Blut der Lämmer und der Böcke /
und vom Nierenfett der Widder.
Denn ein Opferfest hält der Herr in
Bozra, / ein großes Schlachten im Land
Edom.
[7] Da fallen Wildochsen mit dem Mast-
vieh, / Jungrinder und starke Stiere.
Ihr Land berauscht sich vom Blut / und
ihr Boden ist getränkt von Fett.
[8] Denn dies ist der Tag der Rache des
Herrn, / ein Jahr der Vergeltung für Zions
Verteidiger.
[9] Da wandeln sich seine Ströme in
Pech / und sein Staub in Schwefel, / sein
Land wird zu brennendem Pech.
[10] Bei Tag und Nacht erlischt es nicht, /
sein Rauch steigt ewig auf,
von Geschlecht zu Geschlecht liegt es
wüst, / auf ewige Zeiten wandert keiner
mehr hindurch.
[11] Eule und Igel wohnen dort, / drinnen
hausen Kauz und Rabe.
Die Messschnur der Öde spannt er
darüber aus / und das Senkblei der Leere.
[12] Bocksgeister hausen dort, / seine
Edlen werden nicht mehr sein;
dort wird kein König mehr ausgeru-
fen, / alle seine Fürsten sind dahin.
[13] In seinen Schlössern schießen Dornen
auf, / Disteln und Nesseln in seinen Bur-
gen;
sie werden zur Behausung der Schaka-
le / und zum Lager für die Strauße.
[14] Dort begegnen sich wilde Katzen und
Wüstenhunde, / Bocksgeister halten dort
ihr Stelldichein;
dort rastet auch Lilit / und findet einen
stillen Ort für sich.
[15] Hier nistet die Natter, / legt, brütet
und hegt ihre Eier.
Dort versammeln sich die Geier, / einer
nach dem anderen.
[16] Forscht im Buch des Herrn und lest:
Nicht eines von ihnen ist ausgeblie-
ben, / keines, das das andere vermisst;
denn der Mund des Herrn hat es gebo-
ten / und sein Geist hat sie versammelt.
[17] Er selbst hat ihnen das Los geworfen /
und seine Hand hat es ihnen mit der
Messschnur zugeteilt.
Auf ewig sollen sie es besitzen / und von
Geschlecht zu Geschlecht darin wohnen.

Das messianische Heil

35 Jauchzen sollen Wüste und dürres
Land, / jubeln soll die Steppe und
erblühen.
[2] Wie eine Lilie soll sie blühen / und
jauchzen in hellem Jubel.
Die Pracht des Libanon wird ihr
geschenkt, / die Schönheit von Karmel
und Scharon.
Nun schauen sie die Herrlichkeit des
Herrn, / den Glanz unseres Gottes.
[3] Stärkt die erschlafften Hände, / und
festigt die wankenden Knie!
[4] Sagt den verzagten Herzen: / Mut!
Fürchtet euch nicht!
Seht da, euer Gott! / Es kommt die
Rache, es naht Gottes Vergeltung! / Er
selber kommt, um euch zu retten.
[5] Dann öffnen sich die Augen der Blin-
den / und tun sich die Ohren der Tauben
auf.
[6] Dann springt der Lahme wie ein
Hirsch, / und die Zunge der Stummen
jubelt.
Denn in der Wüste brechen Wasser
hervor / und Bäche in der Steppe.
[7] Der dürre Boden wird zum See / und
das lechzende Land zu Wasserquellen.
An dem Ort, wo Schakale hausten, /
sprossen grünes Gras und Schilf.
[8] Dort entsteht eine reine Straße, / man
nennt sie Heiliger Weg.
Kein Unreiner darf ihn betreten, / und
Toren irren nicht auf ihm herum.
[9] Dort gibt es keine Löwen, / ihn betritt

kein wildes Tier; / nur die Erlösten gehen
auf ihm.
10 Die Befreiten des Herrn kehren heim /
und kommen mit Jauchzen nach Zion, /
ewige Freude auf ihrem Haupt.
Sie erlangen Freude und Wonne, / es
fliehen Kummer und Seufzen.

Die Jesajaerzählungen

Der Feldzug Sanheribs. Sanheribs erste Gesandtschaft

36 Im vierzehnten Jahr des Königs
Hiskija zog Sanherib, der König
von Assur, gegen alle befestigten Städte
Judas und nahm sie ein. 2 Da sandte der
König von Assur den Obermundschenk
mit großer Heeresmacht von Lachisch
nach Jerusalem zum König Hiskija. Dieser
nahm Aufstellung an der Wasserleitung
des oberen Teiches an der Walkerfeldstra-
ße.
3 Da gingen der Palastvorsteher Elja-
kim, der Sohn Hilkijas, ferner der Staats-
schreiber Schebna und der Kanzler Joach,
der Sohn Asafs, zu ihm hinaus. 4 Der
Obermundschenk sagte zu ihnen: Meldet
dem König Hiskija: So spricht der Groß-
könig, der König von Assur: Worauf
stützt sich das Vertrauen, das du hegst?
5 Du meinst wohl, bloße Worte bedeuten
schon Rat und Macht zum Krieg? Nun,
auf wen hast du deine Zuversicht gesetzt,
dass du von mir abgefallen bist? 6 Siehe,
du hast dich auf den zerbrochenen Rohr-
stab da verlassen, auf Ägypten, der jedem
in die Hand fährt, der sich auf ihn stützt,
und ihn durchbohrt. So macht es der
Pharao, der König von Ägypten, mit al-
len, die sich auf ihn verlassen. 7 Und wenn
ihr mir sagt: Auf den Herrn, unseren
Gott, vertrauen wir! Ist es nicht derselbe,
dessen Höhen und Altäre Hiskija abge-
schafft hat, indem er Juda und Jerusalem
befahl: Nur vor diesem Altar sollt ihr an-
beten! 8 Nun denn, geh doch mit meinem
Herrn, dem König von Assur, eine Wette
ein: Ich will dir zweitausend Pferde geben,
wenn du imstande bist, die Reiter dazu zu
beschaffen. 9 Wie willst du da einen der
geringsten Knechte meines Herrn zurück-
schlagen? Darum hast du dich ja auf
Ägypten wegen seiner Wagen und Reiter
verlassen. 10 Ferner, bin ich etwa ohne den
Willen des Herrn gegen dieses Land gezo-
gen, um es zu verwüsten? Der Herr hat
mir geboten: Zieh gegen dieses Land und
verwüste es! 11 Da sagten Eljakim, Schebna
und Joach zum Obermundschenk: Sprich
doch aramäisch zu deinen Knechten,
denn wir verstehen es; sprich nicht judä-
isch zu uns vor den Ohren des Volkes auf
der Stadtmauer. 12 Der Obermundschenk
aber entgegnete: Hat mich mein Herr et-
wa an deinen Herrn und an dich gesandt,
um diese Worte zu melden, und nicht
vielmehr zu den Männern, die auf der
Mauer sitzen, die mit euch ihren eigenen
Kot essen und ihren Harn trinken? 13 Und
der Obermundschenk stellte sich hin und
sprach auf judäisch mit lauter Stimme:
Hört die Worte des Großkönigs, des Kö-
nigs von Assur! 14 So spricht der König:
Lasst euch nicht von Hiskija täuschen,
denn er wird euch nicht retten können.
15 Lasst euch nicht von Hiskija damit auf
den Herrn vertrösten, dass er sagt: Der
Herr wird uns sicher retten, und diese
Stadt wird nicht in die Hand des Königs
von Assur fallen. 16 Hört nicht auf Hiskija!
Denn so spricht der König von Assur:
Macht Frieden mit mir, und kommt zu
mir heraus! Dann soll jeder von euch
von seinem Weinstock und von seinem
Feigenbaum genießen und jeder das Was-
ser seines Brunnens trinken, 17 bis ich
komme und euch in ein Land hole, das
euerem Land ähnlich ist, ein Land mit
Korn und Most, ein Land voll Brot und
Wein. 18 Lasst euch doch nicht durch His-
kija verführen, wenn er sagt: Der Herr
wird uns retten! Hat denn einer von den
Göttern der Völker sein Land aus der
Hand des Königs von Assur gerettet?
19 Wo sind die Götter von Hamat und Ar-
pad? Wo die Götter von Sefarwajim? Ha-
ben sie vielleicht Samaria aus meiner
Hand befreit? 20 Gibt es unter allen Göt-
tern dieser Länder solche, die ihr Land
aus meiner Hand befreit hätten, sodass
der Herr Jerusalem aus meiner Hand er-
retten sollte? 21 Da schwiegen sie und ent-
gegneten kein Wort; denn der König hat-
te ihnen befohlen: Antwortet nicht!
22 Darauf kehrten der Palastvorsteher El-
jakim, der Sohn Hilkijas, der Staatsschrei-
ber Schebna und der Kanzler Joach, der
Sohn Asafs, mit zerrissenen Kleidern zu
Hiskija zurück und meldeten ihm diese
Worte.

König Hiskijas Reaktion

37 Als der König Hiskija diese Worte
vernahm, zerriss er seine Kleider,
zog einen Sack an und ging in das Haus
des Herrn. 2 Auch sandte er den Palastvor-
steher Eljakim, den Staatsschreiber Scheb-
na und die Ältesten der Priester, bekleidet
mit einem Sack, zum Propheten Jesaja,
dem Sohn des Amoz. 3 Sie sagten zu ihm:
So spricht Hiskija: Ein Tag der Bedrängnis,
der Züchtigung und Schmähung ist dieser
Tag; denn die Kinder sind reif zur Geburt,
aber es ist keine Kraft da zu gebären.
4 Vielleicht hört der Herr, dein Gott, die
Worte des Obermundschenks, den der
König von Assur, sein Herr, gesandt hat,
den lebendigen Gott zu lästern, und be-
straft ihn für die Worte, die der Herr, dein
Gott, vernommen hat. Leg doch Fürbitte
ein für den Rest, der noch vorhanden ist!
5 Als nun die Minister des Königs Hiski-
ja zu Jesaja gekommen waren, 6 antwortete
ihnen Jesaja: Meldet dies euerem Herrn:
So spricht der Herr: Fürchte dich nicht
vor den Worten, die du vernommen hast,
womit die Knechte des Königs von Assur
mich gelästert haben. 7 Siehe, ich werde
ihm einen Geist eingeben, er wird ein Ge-
rücht hören und daraufhin wieder in sein
Land ziehen, und ich lasse ihn in seinem
eigenen Land durch das Schwert umkom-
men.

Sanheribs zweite Gesandtschaft

8 Der Obermundschenk kehrte zurück und
traf den König von Assur bei der Belage-
rung von Libna; denn er hatte gehört, dass
dieser von Lachisch abgezogen sei, 9 weil
ihm über Tirhaka, den König von Kusch,
gemeldet worden war: Er ist ausgezogen,
um gegen dich zu kämpfen! Da sandte
Sanherib abermals Boten an Hiskija mit
dem Auftrag: 10 So sollt ihr zu Hiskija,
dem König von Juda, sagen: Lass dich
nicht täuschen durch deinen Gott, auf
den du vertraust, indem du denkst, Jerusa-
lem werde nicht in die Hand des Königs
von Assur übergeben werden. 11 Siehe, du
hast selbst gehört, wie die Könige von As-
sur mit allen Ländern verfahren sind, um
sie dem Untergang zu weihen. Und du
solltest allein gerettet werden? 12 Haben et-
wa die Götter jener Völker die gerettet, die
meine Väter vernichtet haben, (die Völker
von) Gosan und Haran und Rezef und die
Leute von Eden in Telassar? 13 Wo ist der
König von Hamat, wo der König von Ar-
pad und der König von Sefarwajim, von
Hena und Awa?

Hiskijas Gebet

14 Als Hiskija das Schreiben aus der Hand
der Boten empfangen hatte, ging er hinauf
in das Haus des Herrn und breitete es vor
dem Herrn aus. 15 Und Hiskija betete zum
Herrn und sagte: 16 Herr der Heerscharen,
Gott Israels, der du über den Kerubim
thronst! Du allein bist Gott über alle Rei-
che der Erde; du hast Himmel und Erde
geschaffen. 17 Neige, Herr, dein Ohr und
höre; öffne, Herr, deine Augen und sieh;
ja höre all die Worte Sanheribs, die er
überbringen ließ, um den lebendigen Gott
zu lästern. 18 Freilich, Herr, haben die Kö-
nige von Assur alle Völker und deren Ge-
biete verheert 19 und ihre Götzen ins Feuer
geworfen; denn es waren keine Götter,
sondern Werke von Menschenhänden,
Holz und Stein, und darum haben sie jene
vernichtet. 20 Nun aber, Herr, unser Gott,
rette uns aus seiner Hand, damit alle Rei-
che der Erde erkennen, dass du, Herr, al-
lein Gott bist.

Die Verheißung göttlicher Hilfe

21 Da sandte Jesaja, der Sohn des Amoz, zu
Hiskija und ließ ihm sagen: So spricht der
Herr, der Gott Israels, zu dem, was du we-
gen Sanheribs, des Königs von Assur, zu
mir gebetet hast. 22 Dies ist das Wort, das
der Herr über ihn gesprochen hat:
Es verachtet dich und spottet deiner /
die Jungfrau, die Tochter Zion,
hinter dir schüttelt den Kopf / die
Tochter Jerusalem.
23 Wen hast du gelästert und
geschmäht, / gegen wen hast du deine
Stimme erhoben
und stolz deine Augen gerichtet? /
Gegen den Heiligen Israels!
24 Durch deine Knechte hast du den
Herrn gelästert und gesprochen: / Mit
meinen vielen Wagen habe ich die Höhen
der Berge erstiegen, / im hintersten Win-
kel des Libanon,
ich habe die hochragenden Zedern ge-
fällt / und seine auserlesenen Zypressen,
ich bin bis zu seiner höchsten Höhe
vorgedrungen, / bis zum Dickicht seiner
Wälder.

25 Ich habe fremde Brunnen gegraben
und getrunken / und mit den Sohlen mei-
ner Füße alle Flüsse Ägyptens ausgetrock-
net.
26 Hast du es nicht gehört? / Vor langer
Zeit hatte ich es vorbereitet,
von alters her hatte ich es geplant / und
es jetzt herbeigeführt.
So konntest du feste Städte / in wüste
Steinhaufen verwandeln.
27 Ihre Bewohner erschraken in ihrer
Ohnmacht / und wurden zuschanden;
sie wurden wie die Pflanzen des Feldes /
und wie junges Grün,
wie Gras auf den Dächern / und Step-
penland unter dem Ostwind.
Ich kenne dein Aufstehen 28 und dein
Niedersitzen, / dein Gehen und Kommen
kenne ich wohl.
29 Weil dein Toben gegen mich / und
dein Übermut zu meinen Ohren drang,
will ich meinen Haken durch deine
Nase ziehen / und meinen Zaum an deine
Lippen legen
und dich zurückführen auf dem Weg, /
auf dem du gekommen bist.
30 Und dies soll dir zum Zeichen sein: In
diesem Jahr wird man essen, was von
selbst nachwächst, und im zweiten Jahr,
was wild wächst; im dritten Jahr aber sollt
ihr säen und ernten, Weinberge anpflan-
zen und ihre Früchte genießen. 31 Was
dem Untergang entronnen und was vom
Haus Juda übrig geblieben ist, wird wie-
derum nach unten Wurzel treiben und
nach oben Frucht tragen. 32 Denn ein Rest
breitet sich aus von Jerusalem und das
Entronnene vom Berg Zion. Der Eifer des
Herrn der Heerscharen wird es vollbrin-
gen. 33 Darum – so spricht der Herr über
den König von Assur: Er wird nicht in die-
se Stadt hineinkommen noch einen Pfeil
in sie abschießen und mit keinem Schild
gegen sie vorrücken noch einen Wall
ringsum aufwerfen. 34 Auf dem Weg, auf
dem er gekommen ist, wird er umkehren,
doch in die Stadt wird er nicht kommen –
Spruch des Herrn. 35 Denn ich will diese
Stadt beschützen und erretten um meinet-
willen und um meines Knechtes David
willen.

Sanheribs Bestrafung

36 Da ging der Engel des Herrn aus und
schlug im Lager der Assyrer hundertfünf-
undachtzigtausend Mann. Und als man
am Morgen aufstand, da waren sie alle tot.
37 Da brach Sanherib, der König von Assur,
auf, zog ab und kehrte zurück und blieb in
Ninive. 38 Als er eines Tages im Tempel sei-
nes Gottes Nisroch betete, erschlugen ihn
seine Söhne Adrammelech und Sarezer
mit dem Schwert. Sie flüchteten in das
Land Ararat. Da wurde sein Sohn Asar-
haddon König an seiner Stelle.

Krankheit und Gesundung Hiskijas

38 In jenen Tagen wurde Hiskija tod-
krank. Da kam der Prophet Jesaja,
der Sohn des Amoz, zu ihm und sagte zu
ihm: So spricht der Herr: Bestell dein
Haus; denn du wirst sterben und nicht
mehr genesen. 2 Darauf wandte Hiskija
sein Gesicht zur Wand hin, betete zum
Herrn 3 und sagte: Ach, Herr, denk doch
daran, dass ich treu und mit ungeteiltem
Herzen meinen Weg vor deinem Ange-
sicht gegangen bin und getan habe, was
dir wohlgefällig ist. Dabei brach Hiskija
in lautes Weinen aus. 4 Da erging das Wort
des Herrn an Jesaja: 5 Geh und sage zu His-
kija: So spricht der Herr, der Gott deines
Vaters David: Ich habe dein Gebet erhört
und deine Tränen gesehen. Siehe, ich will
zu deiner Lebenszeit noch fünfzehn Jahre
hinzufügen. 6 Auch will ich dich und diese
Stadt aus der Gewalt des Königs von Assur
erretten und diese Stadt beschirmen. 7 Und
dies sei dir ein Zeichen vom Herrn, dass
der Herr das Wort, das er sprach, auch er-
füllen wird: 8 Siehe, ich lasse den Schatten
der Treppenstufen, auf denen die Sonne
an den Stufen des Ahas bereits herab-
gestiegen ist, um zehn Stufen wieder zu-
rückgehen. Da ging die Sonne die zehn
Stufen, die sie auf den Stufen herabgestie-
gen war, wieder zurück.

Hiskijas Danklied

9 Lied Hiskijas, des Königs von Juda, als er
krank war und wieder von seiner Krank-
heit genas:
10 Ich sprach: In der Mitte meines
Lebens / muss ich scheiden zu den Toren
der Unterwelt, / man raubt mir den Rest
meiner Tage.
11 Ich sagte: Nicht länger soll ich den
Herrn schauen / im Land der Lebendigen,
nicht mehr die Menschen sehen / bei
den Bewohnern der Erde.

[12] Abgebrochen wird meine Hütte, / weggebracht von mir wie das Zelt der Hirten.
Wie ein Weber hast du mein Leben aufgerollt, / vom Faden mich abgeschnitten.
Vom Tag bis zur Nacht gibst du mich preis; / [13] ich schreie bis zum Morgen. / Wie ein Löwe zerbricht er all mein Gebein.
[14] Ich zwitschere wie eine Schwalbe, / ich gurre wie eine Taube.
Ermattet blicken meine Augen zur Höhe: / Nimm dich meiner an, tritt für mich ein!
[15] Was soll ich sagen? Was zu ihm sprechen? / Er selbst hat es ja getan.
Es schwinden, Herr, meine Jahre / in der Bitternis meiner Seele.
[16] Ich dachte, ich muss scheiden und bin dahin, / vernichtet ist mein Geist.
Doch du hast mich geheilt und neu belebt. / [17] Fürwahr, zum Heil wurde mir das Bittere.
Du hast meine Seele bewahrt / vor der Grube der Vernichtung; / alle meine Sünden hast du hinter deinen Rücken geworfen.
[18] Dich preist ja nicht die Unterwelt, / nicht rühmt dich der Tod;
die zur Grube fahren, / hoffen nicht mehr auf deine Treue.
[19] Nur wer lebt, der preist dich, / wie ich es heute tue.
Der Vater macht den Söhnen kund, / wie treu du bist.
[20] Der Herr war bereit, mir zu helfen; / so lasst uns dann die Saiten rühren / alle Tage unsres Lebens beim Haus des Herrn!

Nachtrag über Hiskijas Krankheit

[21] Darauf sagte Jesaja: Man nehme einen Feigenkuchen und streiche ihn auf das Geschwür, dann wird er genesen. [22] Hiskija fragte: Was ist das Zeichen, das ich (wieder) zum Haus des Herrn hinaufgehen kann?

Die babylonische Gesandtschaft

39 In jener Zeit sandte Merodach-Baladan, der Sohn Baladans, der König von Babel, ein Schreiben mit Geschenken an Hiskija. Denn er hatte gehört, dass er krank gewesen und wieder genesen war. [2] Hiskija aber war darüber sehr erfreut und zeigte den Gesandten sein Schatzhaus, das Silber und Gold, die Spezereien und das feine Öl, sein ganzes Zeughaus und alles, was sich in seinen Schatzkammern befand. Es gab nichts, was ihnen Hiskija in seinem Palast und im ganzen Bereich seiner Herrschaft nicht gezeigt hätte. [3] Da begab sich der Prophet Jesaja zum König Hiskija und sagte: Was haben dir diese Männer gesagt, und woher sind sie zu dir gekommen? Hiskija erwiderte: Aus einem fernen Land sind sie zu mir gekommen, aus Babel. [4] Darauf fragte er weiter: Was haben sie in deinem Palast gesehen? Hiskija antwortete: Sie haben alles gesehen, was sich in meinem Haus befindet. Es gibt nichts in meiner Schatzkammer, was ich ihnen nicht gezeigt hätte. [5] Da sprach Jesaja zu Hiskija: Höre das Wort des Herrn der Heerscharen: [6] Es wird eine Zeit kommen, wo alles, was sich in deinem Palast befindet, was deine Väter bis auf den heutigen Tag aufgespeichert haben, nach Babel gebracht wird. Nichts wird zurückbleiben, spricht der Herr. [7] Auch von deinen Söhnen, die von dir abstammen, die du zeugen wirst, wird man einige nehmen, dass sie als Kämmerer im Palast des Königs von Babel dienen. [8] Hiskija aber sagte zu Jesaja: Das Wort des Herrn, das du verkündet hast, ist günstig. Denn er dachte: Es wird ja, solange ich lebe, Friede und Sicherheit herrschen.

Zweiter Teil (Deuterojesaja)

Gottes Trost für sein Volk

40 Tröstet, tröstet mein Volk! / spricht euer Gott.
[2] Redet Jerusalem zu Herzen / und ruft ihm zu:
Zu Ende ist seine Knechtschaft, / gesühnt ist seine Schuld.
Eine doppelte Strafe hat es empfangen / aus der Hand des Herrn / für alle seine Sünden.
[3] Eine Stimme ruft: / Bahnt in der Wüste eine Straße für den Herrn, / macht in der Steppe einen ebenen Weg für unseren Gott!

4 Jedes Tal soll aufgefüllt, / jeder Berg
und Hügel abgetragen werden;
was krumm ist, soll gerade, / was zerklüftet ist, zu einem Talgrund werden.
5 Dann wird die Herrlichkeit des Herrn
offenbar / und schauen soll ihn alles
Fleisch. / Denn der Mund des Herrn hat
gesprochen.
6 Eine Stimme gebietet: Verkünde! / Da
fragte ich: Was soll ich verkünden?
Alles Fleisch ist Gras / und all seine
Schönheit wie die Blume des Feldes.
7 Das Gras verdorrt, die Blume verwelkt, / wenn der Atem des Herrn sie
anweht. / [Ja, Gras ist das Volk.]
8 Das Gras verdorrt, die Blume verwelkt, / das Wort unseres Gottes aber
bleibt ewig.

Ankündigung der Gotteserscheinung

9 Steig auf einen hohen Berg, / Freudenbotin Zion!
Erhebe mächtig deine Stimme, / Freudenbotin Jerusalem!
Erhebe sie und fürchte dich nicht! / Ruf
den Städten Judas zu: / Seht da, euer Gott!
10 Seht, Gott, der Herr kommt mit
Macht / und sein Arm unterwirft ihm
alles.
Seht, mit ihm kommt sein Siegeslohn, /
und seine Siegeszeichen gehen vor ihm
her.
11 Wie ein Hirt lenkt er seine Herde, / auf
seinen Arm nimmt er die Lämmer;
er trägt sie im Bausch seines Gewandes / und leitet sorgsam die Mutterschafe.

Die göttliche Größe

12 Wer maß mit seiner hohlen Hand das
Wasser des Meeres / und wer bestimmte
den Himmel mit der Spanne,
fasste in ein Maß den Staub der Erde /
und wog mit der Waage die Berge / und
auf den Schalen die Hügel?
13 Wer hat den Geist des Herrn
bestimmt / und ihn als sein Berater unterwiesen?
14 Mit wem besprach er sich, dass er ihm
Weisheit gäbe, / ihn den rechten Weg
erkennen ließ / und ihm den Pfad der
Klugheit zeigte?
15 Seht, Völker sind vor ihm wie ein
Tropfen am Eimer / und wie ein Stäubchen an der Waage gelten sie vor ihm; /
seht, die Inseln wiegen wie ein Sandkorn.
16 Der Libanon reicht nicht zum Brennholz / und sein Wild genügt nicht zum
Opfer.
17 Alle Völker sind vor ihm wie ein
Nichts; / wertlos sind sie für ihn.
18 Mit wem wollt ihr Gott vergleichen /
und was wollt ihr neben ihn stellen?
19 Das Götzenbild gießt ein Meister, / der
Goldschmied überzieht es mit Gold / und
gießt silberne Ketten.
20 Wer aber zu arm ist für eine solche
Gabe, / wählt ein Holz, das nicht fault;
er sucht einen tüchtigen Meister, / ein
Bild zu fertigen, das nicht wackelt.
41,6 Einer steht dem anderen bei / und
spricht zu seinem Genossen: Nur Mut!
41,7 Der Gießer muntert den Goldschmied auf; / der mit dem Hammer glättet, den, der auf den Amboss schlägt, /
indem er von der Lötung sagt: Sie ist jetzt
gut!
Dann macht er das Bild mit Nägeln
fest, / dass es nicht wackelt.
21 Wisst ihr es nicht? Habt ihr es nicht
gehört? / Ist es euch nicht kundgetan von
Anbeginn?
Habt ihr es nicht immer wieder erfahren / seit Grundlegung der Erde?
22 Er ist es, der über dem Erdkreis
thront; / wie Heuschrecken sind [ihm]
seine Bewohner.
Er spannt den Himmel aus wie einen
Schleier, / er breitet ihn aus wie ein
Wohnzelt.
23 Er ist es, der die Fürsten vergehen
lässt / und die Erdenrichter in ein Nichts
verwandelt.
24 Kaum sind sie gepflanzt, kaum gesät, /
kaum wurzelt ihr Stamm im Boden,
da bläst er sie an, und sie verdorren /
und der Sturm trägt sie fort wie die Spreu.
25 Wem also wollt ihr mich vergleichen, /
dass ich ihm gleiche?, spricht der Heilige.
26 Erhebt zur Höhe euere Augen und
seht: / Wer hat diese Sterne geschaffen?
Er, der ihr Heer herausführt, wohlgezählt, / und sie alle mit Namen ruft.
Dem Allgewaltigen und Mächtigen /
fehlt auch nicht einer.
27 Warum sagst du, Jakob,
und sprichst du, Israel:
Mein Schicksal ist vor dem Herrn verborgen / und meinem Gott entgeht mein
Recht?
28 Weißt du es denn nicht? Hast du es

nicht gehört? / Ein ewiger Gott ist der
Herr, / der die Enden der Erde schuf.
Er ermattet nicht und wird nicht
müde, / seine Weisheit ist unerforschlich.
29 Er gibt dem Müden Kraft / und dem
Erschöpften Stärke.
30 Die Jugend wird müde und ermattet, /
selbst junge Krieger brechen zusammen.
31 Die aber auf den Herrn hoffen, schöp-
fen neue Kraft, / empfangen Schwingen
gleich dem Adler.
Sie laufen und werden nicht müde, / sie
gehen und werden nicht matt.

Die Berufung des Kyrus

41 Schweigend horcht auf mich, ihr
Inseln, / ihr Völker, wartet auf
mich!
Zur Unterredung sollen sie erschei-
nen, / zu einem Rechtsstreit wollen wir
zusammentreten.
2 Wer hat im Osten den erweckt, / dem
Sieg auf Schritt und Tritt begegnet?
Wer gibt ihm Völker preis / und wirft
die Könige zu Boden?
Sein Schwert macht sie dem Staub
gleich, / sein Bogen verstreut sie wie
Spreu.
3 Er verfolgt sie und rückt unversehrt
vor, / seine Füße berühren kaum den Weg.
4 Wer hat es geplant und es vollbracht? /
Der die Geschlechter rief von Anbeginn.
Ich, der Herr, bin der Erste, / und bei
den Letzten bin ich noch derselbe.
5 Die Inseln sehen es und beben, / es
erzittern die Grenzen der Erde. / Sie
nahen, und sie sind da.

Gott ist mit Israel

8 Du aber, Israel, mein Knecht, / du, Jakob,
den ich auserkor, / Spross Abrahams, mei-
nes Freundes,
9 du, den ich von den Grenzen der Welt
geholt / und aus ihrem äußersten Winkel
berufen habe,
zu dir sprach ich: Mein Knecht bist du, /
ich habe dich erwählt und nie verworfen.
10 Fürchte dich nicht, denn ich bin mit
dir; / schau dich nicht ängstlich um, ich
bin ja dein Gott.
Ich stärke dich, ich helfe dir, / ich stütze
dich mit meiner siegreichen Rechten.
11 Siehe, beschämt und zuschanden wer-
den alle, / die dich hassen;
es werden zunichte und verschwinden, /
die gegen dich streiten.
12 Du wirst sie suchen und nicht mehr
finden, / die Leute, die mit dir hadern;
es werden vernichtet und vergehen, /
die dich bekämpfen.
13 Denn ich bin der Herr, dein Gott, / der
deine Rechte erfasst,
der zu dir spricht: Fürchte dich nicht, /
ich werde dir helfen!
14 Fürchte dich nicht, du armer Wurm
Jakob, / du Würmchen Israel!
Ich selber helfe dir, spricht der Herr; /
dein Erlöser ist der Heilige Israels.
15 Siehe, ich mache dich zu einem
Dreschschlitten, / zu einem neuen, mit
vielen Schneiden.
Du wirst Berge dreschen und zermal-
men / und Hügel in Spreu verwandeln.
16 Du wirst sie worfeln, der Wind wird
sie verwehen / und der Sturm sie zerstreu-
en.
Du aber wirst jubeln im Herrn / und
dich rühmen im Heiligen Israels.

Der wunderbare Auszug

17 Die Elenden und die Armen suchen
Wasser, / aber es ist keines da; / ihre
Zunge ist vor Durst vertrocknet.
Doch ich, der Herr, ich erhöre sie; / ich,
der Gott Israels, ich verlasse sie nicht.
18 Auf kahlen Hügeln lasse ich Ströme
hervorbrechen / und Quellen mitten in
den Tälern;
die Wüste mache ich zum Teich / und
zu Quellen dürres Land.
19 Ich lasse in der Wüste Zedern wach-
sen, / Akazien, Myrten und Oliven;
ich will Zypressen in der Steppe pflan-
zen, / Ulmen und auch Fichten.
20 Sie sollen sehen und erkennen, /
beachten und verstehen,
dass die Hand des Herrn dies getan, /
dass der Heilige Israels es geschaffen hat.

Die Nichtigkeit der heidnischen Götter

21 Nun bringt euere Sache vor, spricht der
Herr; / legt euere Beweise dar, spricht der
König Jakobs.
22 Sie sollen nähertreten und uns kün-
den, / was sich ereignen wird.
Das Frühere – tut kund, was es war, /
damit wir es im Auge behalten!
Oder was noch kommen wird, das lasst

uns hören, / damit wir wissen, wenn es
eintrifft.
23 Verkündet, was in Zukunft sich ereig-
nen wird, / damit wir erkennen, dass ihr
Götter seid.
Ja, tut etwas, Gutes oder Böses, / damit
wir alle zusammen es sehen und staunen.
24 Seht, ihr seid ein Nichts, / und euer
Tun ist nichtig; / einen Gräuel wählt, wer
euch erwählt.
25 Ich aber habe den Retter von Norden
her erweckt und er kam; / vom Aufgang
der Sonne her habe ich ihn bei seinem
Namen gerufen.
Er hat die Satrapen wie Ton zer-
stampft, / wie ein Töpfer den Lehm
zusammentritt.
26 Wer hat solches von Anbeginn kund-
getan, / dass wir es wussten,
und im Voraus, / dass wir sagen konn-
ten: Es stimmt?
Niemand hat es kundgetan, / niemand
hat so etwas je bekannt gegeben; / nie-
mand von euch hat ein Wort vernommen.
27 Als Erster habe ich Zion gesagt: / Sie-
he, da ist es! / Ich habe schon einen Freu-
denboten für Jerusalem bestellt.
28 Ich schaue mich um, aber da ist nie-
mand, / keiner von diesen weiß Rat und
kann Bescheid geben, wenn ich sie fragte.
29 Seht, sie alle sind nichts, / nichtig ist
ihr Tun, / Hauch und Luft sind ihre Bilder.

Erstes Lied vom Gottesknecht

42 Seht, mein Knecht, den ich stüt-
ze, / mein Erwählter, an dem ich
mein Wohlgefallen habe!
Ich lege meinen Geist auf ihn, / dass er
den Völkern das Recht verkündet.
2 Er wird nicht schreien und nicht lär-
men, / noch lässt er auf den Straßen seine
Stimme hören.
3 Das geknickte Rohr zerbricht er
nicht, / und den glimmenden Docht löscht
er nicht aus. / In Treue trägt er das Recht
hinaus.
4 Er wird nicht ermatten und nicht
zusammenbrechen, / bis er das Recht auf
Erden begründet hat; / denn die Inseln
warten auf seine Weisung.
5 So spricht Gott, der Herr, / der den
Himmel erschaffen und ausgespannt hat, /
der die Erde gemacht hat mit ihren
Gewächsen,
der Atem dem Volk gibt, das auf ihr
wohnt, / und Lebensgeist denen, die auf
ihr wandeln.
6 Ich, der Herr, ich habe dich in Gerech-
tigkeit berufen / und fasse dich bei deiner
Hand.
Ich forme dich und bilde dich / zum
Bund für das Volk und zum Licht für die
Heiden,
7 dass du blinde Augen öffnest, / Gefan-
gene aus der Haft befreist / und aus dem
Kerker, die im Finstern sitzen.
8 Ich, der Herr, das ist mein Name, /
meine Ehre gebe ich keinem anderen /
noch meinen Ruhm den Götzen.
9 Das Frühere, seht, es ist eingetroffen; /
nun tue ich Neues kund.
Bevor es aufsprosst, lasse ich es euch
hören.

Siegeshymnus

10 Singt dem Herrn ein neues Lied, / sein
Lob bis zu den Grenzen der Erde.
Es jauchze das Meer mit allem, was es
belebt, / die Inseln und ihre Bewohner.
11 Es juble die Wüste mit ihren Städten, /
die Dörfer, in denen Kedar zeltet.
Jauchzen sollen die Felsenbewohner, /
jubeln von den Gipfeln der Berge.
12 Dem Herrn sollen sie die Ehre geben /
und auf den Inseln sein Lob verkünden.
13 Der Herr zieht aus wie ein Held, / wie
ein Krieger entfacht er seinen Eifer.
Er stößt den Kriegsschrei aus, / lässt
den Schlachtruf erschallen / und geht
mannhaft gegen seine Feinde vor.
14 Ich habe lange Zeit geschwiegen; / ich
war still und habe an mich gehalten.
Wie eine Frau beim Gebären will ich
nun schreien, / will schnauben und
schnaufen.
15 Verdorren lasse ich Berge und Hügel /
und all ihr Grün verwelken;
Ströme will ich in Festland verwan-
deln / und Wasserteiche austrocknen.
16 Ich führe Blinde auf dem Weg / und
lasse sie auf unbekannten Pfaden schrei-
ten.
Das Dunkel mache ich vor ihnen zu
Licht / und wandle das Holperige zu ebe-
nem Weg.
Das ist es, was ich tue, / und ich lasse
davon nicht ab.
17 Es weichen zurück und werden
beschämt, / die auf Schnitzbilder vertrau-
en,

die zu Gussbildern sagen: / Ihr seid
unsere Götter!

Die Blindheit des Volkes

18 Ihr Tauben, hört doch, / ihr Blinden,
schaut auf und seht!
19 Wer ist blind, wenn nicht mein
Knecht? / Wer ist taub, wenn nicht mein
Bote, den ich sende?
Wer ist so blind wie der Vertraute / und
taub wie der Knecht des Herrn?
20 Du hast vieles gesehen, doch nicht
beachtet; / du hattest offene Ohren, hör-
test aber nicht.
21 Der Herr gedachte um seiner Gerech-
tigkeit willen, / das Gesetz groß und herr-
lich zu machen.
22 Doch nun sind sie ein geplündertes
und ausgeraubtes Volk. / Geknebelt liegen
sie in Verliesen allesamt / und im Gefäng-
nis eingeschlossen.
Sie sind zum Raub geworden und keiner
ist, der sie befreit, / zur Beute, und nie-
mand sagt: Gib sie heraus!
23 Wer von euch wird darauf hören, /
wer merkt auf und beachtet es für spä-
ter?
24 Wer gab Jakob der Plünderung preis /
und Israel den Räubern?
War es nicht der Herr, gegen den wir
uns versündigt haben? / Sie wollten nicht
auf seinen Wegen gehen / und nicht auf
seine Weisung hören.
25 Da goss er über sie seinen glühenden
Zorn aus / und die Wucht des Krieges.
Er flammte rings um sie auf, / aber sie
kamen nicht zur Einsicht;
er versengte sie, / aber sie nahmen es
sich nicht zu Herzen.

Israels Befreiung

43 Nun aber – so spricht der Herr, /
dein Schöpfer, Jakob, / der dich
geformt hat, Israel:
Fürchte dich nicht; denn ich habe dich
ausgelöst / und rufe dich beim Namen, /
mein bist du.
2 Gehst du durch Wasser, ich bin bei
dir, / durch Ströme, sie werden dich nicht
überfluten.
Gehst du durch Feuer, du wirst nicht
verbrennen; / die Flamme wird dich nicht
versengen.
3 Denn ich, der Herr, bin dein Gott, / der
Heilige Israels ist dein Helfer.
Ich gebe Ägypten für dich als Lösegeld
hin, / Kusch und Seba an deiner statt.
4 Weil du mir so teuer bist in meinen
Augen, / so wertgeschätzt und weil ich
dich liebe,
gebe ich Länder für dich hin / und Völ-
ker für dein Leben.
5 Fürchte dich nicht; denn ich bin mit
dir. / Von Osten führe ich deine Kinder
herbei, / und vom Westen werde ich dich
sammeln.
6 Zum Norden sage ich: Gib heraus!, /
und zum Süden: Halt sie nicht zurück!
Bring meine Söhne aus der Ferne her /
und meine Töchter von den Grenzen der
Erde,
7 alle, die nach meinem Namen genannt
sind, / die ich zu meiner Ehre geschaffen
habe, / gebildet und geformt.

Der Herr ist allein Gott

8 Lasst hervortreten das Volk, das blind ist,
obwohl es Augen hat, / das taub ist,
obwohl es Ohren hat!
9 Alle Völker sollen sich versammeln /
und die Nationen sich zusammenscharen!
Wer unter ihnen kann dies künden, /
uns Früheres vernehmen lassen?
Sie sollen ihre Zeugen bringen, dass sie
Recht bekommen, / dass man es hört und
dann sagt: Es stimmt.
10 Ihr seid meine Zeugen, spricht der
Herr, / und mein Knecht, den ich erkoren
habe,
damit ihr erkennt und mir glaubt / und
einseht, dass ich es bin.
Vor mir wurde kein Gott gebildet / und
auch nach mir wird es keinen geben.
11 Ich, ich allein bin der Herr, / außer mir
gibt es keinen Helfer.
12 Ich habe es angekündigt und dann
geholfen; / ich ließ es euch wissen.
Kein fremder „Gott" ist bei euch gewe-
sen. / Ihr selbst seid meine Zeugen, spricht
der Herr.
13 Ich bin Gott, ich bin es von Ewigkeit; /
auch künftig werde ich derselbe sein.
Niemand kann aus meiner Hand erret-
ten. / Ich handle, wer will es ändern?

Drohwort gegen Babel

14 So spricht der Herr, euer Erlöser, der
Heilige Israels:
Um euretwillen sende ich nach Babel /
und lasse die Riegel der Kerker fallen, /

und die Chaldäer werden mit Ketten
gefesselt.
15 Ich bin der Herr, euer Heiliger, / der
Schöpfer Israels, euer König.

Die Wunderzeichen des neuen Auszugs

16 So spricht der Herr, / der durch das Meer
eine Straße bahnt / und einen Pfad durch
mächtige Wasser,
17 der Ägyptens Wagen und Rosse
herausführt, / Heer und Führer dazu.
Da liegen sie und stehen nicht mehr
auf; / sie sind ausgelöscht und verglom-
men wie ein Docht.
18 Doch denkt nicht mehr an das, was
früher geschah, / schaut nicht mehr auf
das, was längst vergangen ist!
19 Seht, ich schaffe Neues. / Schon
sprosst es auf, merkt ihr es nicht?
Fürwahr, ich schaffe in der Wüste einen
Weg / und Pfade in ödem Land.
20 Preisen wird mich das Wild des Fel-
des, / Schakale und Strauße,
dass ich Wasser in der Wüste gab / und
Ströme in ödem Land, / um mein aus-
erwähltes Volk zu tränken.
21 Das Volk, das ich mir selbst gebildet
habe, / soll meinen Ruhm verkünden.

Israels Undank

22 Du hast mich nicht gerufen, Jakob, / hast
dich nicht um mich bemüht, Israel.
23 Du brachtest mir kein Lamm zum
Opfer dar, / mit deinen Schlachtopfern
hast du mich nicht geehrt,
mit Speiseopfern habe ich dich nicht
belastet / und nicht mit Weihrauchspen-
den geplagt.
24 Nicht hast du für mich um Geld
Gewürzrohr eingekauft, / mit dem Fett der
Opfer hast du mich nicht gesättigt.
Wohl aber hast du mich mit deinen
Sünden belastet, / fielst mir zur Last mit
deinen Missetaten.
25 Ich selbst, ich bin es, der alles tilgt, /
um meinetwillen will ich deiner Sünden
nicht mehr gedenken.
26 Zeige mich an, wir wollen miteinander
vor Gericht gehen. / Bringe etwas vor,
damit du Recht bekommst.
27 Schon deine ersten Väter haben
gesündigt / und deine Mittler brachen mir
die Treue.
28 Deine Fürsten haben mein Heiligtum
entweiht; / so habe ich Jakob dem Unter-
gang / und Israel der Verspottung preis-
gegeben.

Segen über Israel

44 Nun aber höre, Jakob, mein
Knecht, / und Israel, den ich er-
wählte!
2 So spricht der Herr, der dich geschaf-
fen / und gebildet hat vom Mutterleib an,
der dir hilft:
Fürchte dich nicht, mein Knecht
Jakob, / Jeschurun, den ich mir erkoren
habe.
3 Denn ich gieße Wasser über lechzen-
des Land / und Bäche über ausgetrock-
netes Erdreich.
Ich gieße meinen Geist aus über deine
Nachkommen / und meinen Segen auf
deine Kinder.
4 Sie sollen sprossen wie zwischen Was-
sern das Gras, / wie die Weiden an Was-
serläufen.
5 Der eine wird dann sagen: Ich gehöre
dem Herrn, / der andere wird sich mit
Jakobs Namen nennen;
dieser schreibt auf seine Hand: dem
Herrn eigen / und jener erhält den Ehren-
namen Israel.

Gottes Einzigkeit und Unvergleichlichkeit

6 So spricht der König Israels / und sein
Erlöser, der Herr der Heerscharen:
Ich bin der Erste und der Letzte; / außer
mir gibt es keinen Gott.
7 Wer ist mir gleich? Er trete auf und
melde sich, / er tue es kund und lege es mir
dar!
Wer ließ von Urzeit an das Künftige
hören? / Das Kommende, das soll man uns
künden!
8 Fürchtet euch nicht und seid nicht
bange! / Hab ich es dir nicht längst schon
kundgetan und angezeigt? / Ihr seid meine
Zeugen.
Gibt es außer mir noch einen Gott? /
Von einem anderen Felsen weiß ich
nichts.

Spottlied über den Götzendienst

9 Die Götzenbildner sind allesamt nichtig /
und ihre Lieblinge sind unnütz.
Ihre Verehrer sehen nichts / und mer-
ken nichts; darum werden sie beschämt.
10 Wer einen Götzen macht und sich ein
Bild gießt, / tut es ohne Nutzen.

11 Ja, betrogen werden alle seine Verehrer / und die es verfertigen, sind nichts als Menschen.

Sollen sie doch alle zusammentreten und (vor mir) erscheinen; / sie werden erschrecken und beschämt werden.

12 Der Schmied facht die Glut an, / formt sein Werk mit dem Hammer / und gestaltet es mit seinem starken Arm.

Dabei wird er hungrig und entkräftet. / Trinkt er kein Wasser, so ist er erschöpft.

13 Der Holzschnitzer spannt die Schnur, / zeichnet einen Riss mit seinem Stift,

gibt mit dem Messer dem Holz eine Gestalt / und umreißt es mit dem Zirkel.

Er formt es zur Gestalt eines Mannes, / zum prächtigen Bild eines Menschen, ein Haus zu bewohnen.

14 Man fällt eine Zeder / oder nimmt eine Eiche oder Terebinthe

oder zieht sich sonst einen Waldbaum groß / oder pflanzt eine Fichte und der Regen lässt sie wachsen,

15 damit sie dem Menschen zur Feuerung dient: / Er nimmt davon, um sich zu wärmen, / zündet es an, um Brot zu backen.

Auch macht er daraus einen Gott und wirft sich davor nieder, / macht ein Götzenbild davon und beugt sich vor ihm.

16 Den einen Teil verbrennt er im Feuer, / über seinen Kohlen brät er das Fleisch, / verzehrt den Braten und sättigt sich.

Auch wärmt er sich und spricht: / Ha, mir wird warm, ich spüre das Feuer!

17 Den Rest davon macht er zu seinem Gott, / zu seinem Götzenbild. Er beugt sich vor ihm,

wirft sich vor ihm nieder und fleht zu ihm: / Hilf mir, du bist ja mein Gott!

18 Sie sind unverständig und sehen es nicht ein; / denn ihre Augen sind verklebt, sie sehen nichts mehr / und ihre Herzen kommen nicht zur Einsicht.

19 Keiner denkt darüber nach, / keiner hat so viel Einsicht und Verstand, dass er sich sagt:

Einen Teil habe ich im Feuer verbrannt, / ich habe auf seinen Kohlen Brot gebacken, / Fleisch gebraten und es gegessen.

Den Rest davon soll ich zum Gräuelbild machen, / mich vor einem Holzklotz niederwerfen?

20 Wer Asche hütet / den hat sein törichtes Herz verführt.

Nicht wird er seine Seele retten / und nicht wird er sprechen: / Ist es nicht Trug, was ich in meiner Rechten halte?

Israels Erlösung

21 Jakob, denk an all dies / und dass du mein Knecht bist, Israel!

Ich habe dich gebildet. Mein Knecht bist du; / du bleibst mir unvergessen, Israel!

22 Ich tilge deine Missetaten wie eine Wolke / und deine Sünden wie Gewölk. / Kehr um zu mir; denn ich habe dich erlöst!

23 Jauchzt, ihr Himmel, denn der Herr hat gehandelt! / Jubelt, ihr Tiefen der Erde!

Ihr Berge, brecht in Jubel aus, / du Wald und all ihr Bäume darin!

Denn der Herr hat Jakob erlöst / und sich an Israel verherrlicht.

Das Kyrusorakel

24 So spricht der Herr, der dich erlöst / und vom Mutterschoß an gebildet hat:

Ich bin der Herr, der alles schuf, / der ganz allein den Himmel ausgespannt, / der die Erde hingebreitet hat ohne fremde Hilfe,

25 der die Zeichen der Zauberer zerbricht / und die Wahrsager zu Toren macht,

der die Weisen zurückdrängt / und ihre Kunst als Narrheit erweist,

26 der aber das Wort seiner Knechte erfüllt / und den Plan seiner Boten verwirklicht,

der zu Jerusalem sagt: Es werde bewohnt!, / und zu den Städten Judas: Sie sollen wieder aufgebaut werden!, / ich richte ihre Trümmer wieder auf!,

27 der zur Tiefe spricht: Versiege!,

ich lasse deine Fluten austrocknen!,

28 der von Kyrus sagt: Er ist mein Hirt, / und meinen ganzen Plan wird er ausführen!,

und von Jerusalem: Es werde wieder aufgebaut!, / und vom Tempel: Er soll aufs Neue errichtet werden.

45 So spricht der Herr zu Kyrus, seinem Gesalbten, / dessen Rechte er ergriffen hat,

um vor ihm die Völker niederzuwerfen
und die Könige zu entmachten, / um vor
ihm die Türen zu öffnen, dass ihm kein
Tor verschlossen bleibt:
2 Ich gehe vor dir her und ebne die
Höhen, / ich sprenge bronzene Pforten
und zerbreche eiserne Riegel.
3 Ich gebe dir verborgene Schätze / und
versteckte Kostbarkeiten,
damit du erkennst, dass ich der Herr
bin, / der dich beim Namen ruft, der Gott
Israels.
4 Um meines Knechtes Jakob willen, /
um Israels, meines Auserwählten, willen
rief ich dich beim Namen, / verlieh dir
Ehrennamen, obwohl du mich nicht
kanntest.
5 Ich bin der Herr, und sonst ist keiner; /
außer mir gibt es keinen Gott.
Ich gürte dich, / obwohl du mich nicht
kennst,
6 damit man vom Sonnenaufgang bis zu
ihrem Untergang erkennt, / dass neben
mir kein anderer ist. / Ich bin der Herr,
und sonst ist niemand.
7 Ich bilde das Licht und erschaffe die
Finsternis, / ich wirke das Heil und schaffe
das Unheil; / ich bin der Herr, der all dies
wirkt.
8 Taut, ihr Himmel, aus der Höhe, / und
ihr Wolken, lasst Gerechtigkeit regnen!
Die Erde tue sich auf und bringe das
Heil hervor, / sie lasse Gerechtigkeit sprie-
ßen. / Ich, der Herr, will es vollbringen.

Die Überlegenheit der Macht des Herrn

9 Hadert er wohl mit seinem Bildner, / ein
Krug unter irdenen Krügen?
Spricht wohl der Ton zu seinem Töpfer:
Was machst du da?, / und sein Werk: Du
hast ja kein Geschick!
10 Wehe dem, der zu seinem Vater sagt: /
Warum hast du mich gezeugt?, / und zur
Frau: Warum hast du mich zur Welt
gebracht?
11 So spricht der Herr, / der Heilige Isra-
els, sein Schöpfer:
Ihr stellt mich zur Rede wegen meiner
Söhne / und macht mir Vorschriften über
die Werke meiner Hände?
12 Ich bin es, der die Erde gemacht / und
die Menschen auf ihr erschaffen hat.
Meine Hände haben den Himmel aus-
gespannt / und ich befehle seinem ganzen
Heer.
13 Ich habe ihn zum Heil erweckt / und
ebne alle seine Wege.
Er wird meine Stadt wieder aufbauen /
und meine Gefangenen entlassen,
nicht um Geld, nicht um Geschenke, /
spricht der Herr der Heerscharen.

Die Völker werden sich zum Herrn bekehren

14 So spricht der Herr:
Die Bauern Ägyptens und die Kaufleute
von Kusch / und die Sebaiter, die hoch
gewachsenen Männer,
werden an dir vorüberziehen und dir
gehören, / sie werden dir folgen in Ketten,
vor dir niederfallen und dich anflehen: /
Gott ist nur bei dir und keiner ist sonst,
kein anderer ist Gott.
15 Fürwahr, du bist ein verborgener
Gott, / Israels Gott, der Retter.
16 Beschämt und geschändet werden sie
alle, / die Götzenbildner gehen dahin in
Schande.
17 Doch Israel wird durch den Herrn
gerettet, / gerettet auf ewig;
euch trifft weder Schmach noch Schan-
de, / für immer und ewig.

Das Werk des Herrn ist offenkundig

18 Denn so spricht der Herr, der den Him-
mel schuf, / der Gott ist, der die Erde
gebildet hat und geformt und der sie
erhält,
der sie nicht als Chaos erschaffen, son-
dern zum Bewohnen gebildet hat: / Ich bin
der Herr und keiner sonst!
19 Nicht im Verborgenen habe ich gere-
det, / nicht in einem finsteren Winkel der
Erde.
Zu den Nachkommen Jakobs habe ich
nicht gesagt: / Sucht mich im Chaos!
Ich bin der Herr, der redet, was recht, /
und verkündet, was richtig ist.

Der Herr ist der universale Gott

20 Versammelt euch, kommt / und tretet
alle heran, ihr Entronnenen der Völker!
Unverständig sind, die sich mit dem
Holz der Götzenbilder abschleppen / und
zu einem Gott flehen, der nicht helfen
kann.
21 Legt dar und bringt vor! / Beratet euch
untereinander:
Wer hat das vor langer Zeit verkündet, /
es von alters her kundgetan? / Nicht ich,
der Herr?

Denn es gibt keinen Gott außer mir, /
dem gerechten Gott und dem Retter, kei-
nen neben mir.
22 Darum wendet euch zu mir und lasst
euch retten, / all ihr Enden der Erde! /
Denn ich bin Gott und keiner sonst!
23 Ich habe bei mir geschworen; / von
meinem Mund geht Wahrheit aus, / ein
unwiderrufliches Wort:
Vor mir wird sich jedes Knie beugen /
und jede Zunge wird bei mir schwören:
24 Nur im Herrn ist Heil und Kraft! / Zu
ihm kommen tief beschämt / alle, die
gegen ihn geeifert haben.
25 Im Herrn aber werden siegreich /
und ruhmvoll sein alle Nachkommen
Israels.

Der Sturz der Götzen Babels

46 Hingesunken ist Bel, / zusammen-
gebrochen ist Nebo! / Ihre Bilder
werden den Tieren aufgeladen, / eine Last
für das ermüdete Vieh.
2 Sie krümmen sich und brechen alle in
die Knie; / sie vermögen nicht ihre Last zu
retten / und müssen selbst in die Gefan-
genschaft wandern.
3 Hört auf mich, ihr vom Haus Jakob, /
der ganze Rest vom Haus Israel,
die ihr (mir) vom Mutterleib an auf-
gebürdet seid / und mit denen ich mich
beladen habe vom Mutterschoß an.
4 Selbst bis in euer Alter bleibe ich der-
selbe / und bis in die greisen Jahre will ich
euch tragen.
Ich habe es getan und werde weiter tra-
gen; / ich werde halten und retten.

Der Herr ist unvergleichbar

5 Mit wem wollt ihr mich vergleichen und
messen? / Wem wollt ihr mich an die Seite
stellen, dass wir uns glichen?
6 Die das Gold aus dem Beutel schütten /
und das Silber auf der Waage abwiegen,
sie bezahlen einen Goldschmied, dass er
einen Gott daraus mache. / Dann fallen sie
vor ihm nieder und beten ihn an.
7 Sie nehmen ihn auf die Schultern, tra-
gen ihn umher, / sie setzen ihn nieder, und
er bleibt auf seinem Platz stehen / und regt
sich nicht von seiner Stelle.
Schreit man ihn an, so gibt er keine
Antwort / und rettet nicht aus der Not.
8 Bedenkt dies und schämt euch / und
nehmt es zu Herzen, ihr Abtrünnigen.

Der Herr der Zukunft

9 Denkt an das Vergangene von Urzeit
her, / dass ich allein Gott bin und keiner
sonst, / der wahre Gott, dem niemand
gleicht,
10 der von Anfang an den Ausgang
kundgetan / und das noch Ungeschehene
in der Vorzeit;
der da spricht: Mein Ratschluss wird
sich sicher erfüllen / und was immer ich
will, das führe ich aus,
11 der von Osten her den Adler rief, / aus
fernen Landen den Mann meines Plans.
Wie ich gesagt, so habe ich getan; /
kaum ist es geplant, so habe ich es schon
vollbracht.
12 Hört auf mich, ihr Verzagten, / die ihr
fern seid vom Heil.
13 Mein Heil lasse ich nahen, es ist nicht
mehr fern / und mein Hilfe verzögert sich
nicht.
In Zion spende ich Heil, / für Israel
meine Herrlichkeit.

Klage über Babel

47 Steig herab und setze dich in den
Staub, / jungfräuliche Tochter
Babel!
Setze dich entthront auf die Erde,
Tochter der Chaldäer! / Nicht mehr wird
man dich Zarte und Feine nennen.
2 Nimm die Mühle und mahle Mehl,
deck deine Schleier auf / und nimm deine
Schleppe hoch, entblöße deine Schenkel
und durchwate die Ströme.
3 Aufgedeckt wird deine Blöße, man soll
deine Schande sehen. / Ich nehme Rache
und niemand soll fürbittend eintreten.
4 Unser Erlöser, dessen Name Herr der
Heerscharen, / der Heilige Israels spricht:
5 Sitze still und verkrieche dich in Fins-
ternis, Tochter der Chaldäer! / Denn man
nennt dich nicht mehr Herrin der König-
reiche.
6 Ich zürnte gegen mein Volk, entweihte
mein Erbe, / gab es in deine Gewalt, doch
du hattest mit ihm kein Erbarmen; / selbst
auf den Greis hast du ein überschweres
Joch gelegt.
7 Du dachtest: Ewig werde ich Herrin
sein. / Du nahmst dir dies nicht zu Her-
zen, bedachtest nicht das Ende.
8 Nun höre dies, du Wollüstige, die so
sicher thront / und in ihrem Herzen
denkt: Ich und sonst nichts mehr! / Ich

werde nie als Witwe sitzen und nichts von
Kinderlosigkeit erfahren.
9 Dennoch wird beides plötzlich an
einem Tag über dich kommen: / Kinder-
losigkeit und Witwenschaft.
In seiner ganzen Schwere wird es über
dich kommen / trotz deiner vielen Zau-
bersprüche und der Menge deiner
Beschwörungen.
10 Du fühltest dich in deiner Bosheit
sicher / und dachtest: Mich sieht keiner!
Deine Weisheit und dein Wissen haben
dich betrogen, / dass du im Herzen dach-
test: Ich und sonst nichts mehr!
11 Dennoch wird dich Unheil treffen. /
Verderben wird über dich hereinbre-
chen, / das du nicht zu beschwören ver-
magst.
Plötzlich kommt über dich der Unter-
gang, / ehe du dich dessen versiehst.
12 Nun tritt auf mit deinen Zaubersprü-
chen / und mit deinen vielen Zauberkün-
sten,
mit denen du dich von Jugend an abge-
müht hast. / Vielleicht verschaffst du dir
Nutzen und jagst Schrecken ein.
13 Du bist müde geworden von deinen
vielen Beratern. / So mögen nun auftreten
und dich retten, die den Himmel teilen,
die nach den Sternen sehen / und an
jedem Neumond zu sagen wissen, was
über dich kommt.
14 Siehe, wie Stoppeln sind sie geworden,
die das Feuer verzehrt. / Sie können sich
selbst nicht aus der Gewalt der Flammen
retten. / Da ist keine Glut für das Brot,
kein Herdfeuer, um davor zu sitzen.
15 So ergeht es denen, um die du dich
bemüht hast, / deinen Zauberern von dei-
ner Jugend an.
Jeder taumelt gerade vor sich hin, / kei-
ner ist, der dich befreit.

Erfüllung früherer Weissagungen

48 Hört dies, ihr vom Haus Jakobs, /
die sich nach Israels Namen nen-
nen / und aus dem Samen Judas hervor-
gegangen sind,
die schwören bei dem Namen des
Herrn / und den Gott Israels bekennen, /
doch nicht aufrichtig und wie es recht ist.
2 Sie nennen sich wohl nach der heiligen
Stadt / und stützen sich auf den Gott Isra-
els, / dessen Name Herr der Heerscharen
ist.
3 Das Frühere habe ich vor langer Zeit
verkündet. / Aus meinem Mund war es
gekommen, und ich hatte es hören las-
sen. / Plötzlich schritt ich zur Tat, und es
traf ein.
4 Weil ich wusste, dass du harten Sinnes
bist, / dass dein Nacken ein Eisenband /
und deine Stirne aus Bronze ist,
5 tat ich es dir schon lange vorher
kund, / ließ es dich wissen, ehe es geschah,
damit du nicht etwa sagst: Mein Götze
hat es getan, / mein Schnitz- und Gussbild
hat es angeordnet.
6 Du hast es damals gehört. Betrachte
nun alles / und ihr, ihr wollt es mir nicht
bezeugen?
Neues tue ich dir von jetzt ab kund, /
Verborgenes, was du noch nicht kann-
test.
7 Jetzt erst ist es geschaffen und nicht
früher; / bis jetzt hast du nichts davon
gehört und gewusst, / damit du nicht etwa
sagst: Siehe, ich habe es gewusst.
8 Davon hast du nichts gehört noch
gewusst, / noch war dein Ohr bisher dafür
nicht offen.
Denn ich wusste, dass du ganz treulos
bist / und man dich Abtrünnige vom
Mutterschoß an nennt.
9 Um meines Namens willen / halte ich
meinen Zorn zurück,
um meiner Ehre willen / habe ich mich
bezähmt, dass ich dich nicht vertilgte.
10 Siehe, ich habe dich geläutert wie Sil-
ber, / ich habe dich geprüft im Schmelz-
ofen der Leiden.
11 Um meinetwillen, nur um meinetwil-
len tat ich es; / denn wie wäre mein Name
entweiht! / Meine Ehre gebe ich keinem
anderen.

Kyrus, der Beauftragte des Herrn

12 Hört auf mich, Jakob, mein Knecht, /
und Israel, mein Berufener: / Ich bin es,
ich der Erste und Letzte.
13 Hat doch meine Hand die Erde
gegründet, / und meine Rechte den Him-
mel ausgespannt. / Rufe ich sie, so stehen
sie alle da.
14 Versammelt euch alle und hört: / Wer
unter ihnen hat dies kundgetan:
Der, den der Herr liebt, wird meinen
Willen vollstrecken / an Babel und an den
Chaldäern.
15 Ich, ich habe es vorhergesagt und ihn

berufen; / ich ließ ihn kommen und seine Pläne gelingen.

[16] Tretet zu mir heran und hört dies an: / Von Anfang an habe ich nie im Verborgenen geredet

und in der Zeit, da es sich zu verwirklichen begann, war ich dabei. – / Jetzt hat Gott, der Herr, mich und seinen Geist gesandt.

Der Plan des Herrn mit Israel

[17] So spricht der Herr, dein Erlöser, / der Heilige Israels:

Ich bin es, der Herr, dein Gott, / der dich lehrt, was dir frommt,

und der dich auf dem Weg geleitet, / den du gehen sollst.

[18] Hättest du auf mein Gesetz geachtet, / dann wäre einem Strom gleich dein Glück / und deine Gerechtigkeit wie Meereswogen.

[19] Deine Nachkommen wären wie der Sand, / wie seine Körner deine lieblichen Kinder.

Nie würde dein Name ausgerottet noch ausgetilgt vor meinem Angesicht.

Glückliche Heimkehr

[20] Brecht auf aus Babel, zieht eilends weg aus Chaldäa! / Mit Jubelschall verkündet dies und lasst es hören,

tragt es hinaus bis an die Grenzen der Erde und ruft: / Der Herr hat Jakob, seinen Knecht, erlöst!

[21] Sie litten nicht an Durst, als er sie durch die Wüste führte; / aus Felsen ließ er ihnen Wasser rinnen; / er spaltete Felsen, und die Wasser flossen.

[22] Für die Gottlosen aber gibt es keinen Frieden.

Zweites Lied vom Gottesknecht

49 Hört mich, ihr Inseln, / und merkt auf, ihr fernen Völker!

Der Herr berief mich vom Mutterleib, / vom Mutterschoß an nannte er meinen Namen.

[2] Er machte meinen Mund zu einem scharfen Schwert / und hielt mich fest im Schatten seiner Hand;

er machte mich zu einem glatten Pfeil, / in seinem Köcher barg er mich.

[3] Er sprach zu mir: Mein Knecht bist du, Israel, / durch den ich mich verherrlichen will.

[4] Ich aber sagte: Ich habe mich umsonst gemüht, / vergebens und nutzlos meine Kraft verzehrt.

Doch mein Recht steht beim Herrn, / mein Lohn bei meinem Gott.

[5] Nun aber hat der Herr gesprochen, / der mich vom Mutterleib zu seinem Knecht gebildet hat,

um Jakob zu ihm zurückzuführen / und Israel bei ihm zu versammeln.

So wurde ich geehrt in den Augen des Herrn, / mein Gott war meine Stärke.

[6] Er sprach: Zu wenig ist es, / dass du mein Knecht bist, / um die Stämme Jakobs wieder aufzurichten / und zurückzuführen, was aus Israel noch übrig bleibt.

Ich mache dich zum Licht für die Völker, / damit mein Heil reicht bis an die Grenzen der Erde.

[7] So spricht der Herr, der Erlöser Israels und sein Heiliger, / zum tief Verachteten, dem Abscheu der Leute, dem Knecht der Tyrannen:

Könige werden es sehen und stehen auf, / Fürsten werfen sich nieder,

um des Herrn willen, der sich als treu erwiesen, / um des Heiligen Israels willen, der dich erkoren hat.

[8] So spricht der Herr: / Zur Zeit der Gnade erhöre ich dich, / ich helfe dir am Tag des Heils.

Ich habe dich geschaffen und zum Bund für das Volk gemacht, / das Land aufzurichten und das verwüstete Erbgut zu verteilen,

[9] den Gefangenen zu sagen: Kommt heraus!, / und denen, die im Finstern sitzen: Kommt ans Licht!

Der wunderbare Umschwung

Auf allen Wegen werden sie weiden / und auf allen kahlen Hügeln Nahrung finden.

[10] Sie werden nicht hungern und nicht dürsten, / nicht wird sie Glutwind und Sonne stechen.

Denn er leitet sie voll Erbarmen / und führt sie zu den Wasserquellen.

[11] Ich will alle Berge zu Wegen machen / und meine Straßen sollen aufgeschüttet werden.

[12] Seht, aus weiter Ferne kommen sie, / diese von Norden und Westen, / jene vom Land der Siniter.

[13] Jauchzt, ihr Himmel, und freue dich, du Erde, / brecht in Jubel aus, ihr Berge!

Denn der Herr hat sein Volk getröstet /
und seiner Armen hat er sich erbarmt.
14 Zion aber sagt: Der Herr hat mich
verlassen, / der Herr hat mich vergessen.
15 Vergisst wohl eine Frau das Kind, das
sie nährt? / Hört sie auf, ihren leiblichen
Sohn zu lieben?
Und wenn sie es vergäße, / ich vergesse
dich nicht.
16 Siehe, ich habe dich auf meine Hände
gezeichnet; / deine Mauern sind immer
vor meinen Augen.
17 Es kommen eilends deine Erbauer, /
deine Zerstörer und Verwüster ziehen fort
von dir.
18 Erhebe deine Augen und schaue
ringsum: / Sie alle sammeln sich und
kommen jetzt zu dir.
So wahr ich lebe, spricht der Herr, / du
sollst sie anlegen allesamt wie einen
Schmuck / und dich damit gürten wie eine
Braut.
19 Denn deine Trümmer, deine Wüste-
neien und dein verheertes Land / werden
nun zu eng sein für die Bewohner, / weit
weg von dir sind deine Verderber.
20 Noch werden die Söhne deiner Ein-
samkeit vor deinen Ohren sprechen: / Mir
ist zu eng, schaff mir Raum, dass ich woh-
nen kann!
21 Du wirst dann bei dir denken: / Wer
hat mir diese geboren?
Ich war doch kinderlos und unfrucht-
bar. / Wer hat diese großgezogen?
Ich war doch allein übrig geblieben. /
Woher stammen sie?
22 So spricht Gott, der Herr: / Siehe, ich
erhebe zu den Völkern meine Hand / und
errichte für die Nationen mein Feldzei-
chen.
Dann bringen sie in ihrem Mantel deine
Söhne herbei / und tragen deine Töchter
auf den Schultern.
23 Könige werden deine Kinder pflegen /
und Fürstinnen deine Ammen sein.
Das Gesicht zur Erde tief gebeugt, wer-
den sie dir huldigen / und den Staub dei-
ner Füße küssen.
Du wirst erfahren, dass ich der Herr
bin, / dass niemand beschämt wird, der
auf mich vertraut.
24 Kann man einem Starken die Beute
nehmen / und einem Gewaltigen die
Gefangenen entreißen?
25 Ja, so spricht der Herr: / Auch dem
Gewaltigen werden die Gefangenen ent-
rissen / und dem Starken wird die Beute
abgenommen.
Ich selbst werde mit deinen Gegnern
streiten, / ich selbst werde deine Söhne
befreien.
26 Ich gebe deinen Peinigern ihr eigenes
Fleisch zu essen; / wie an Most sollen sie
sich an ihrem Blut berauschen.
So wird alles Fleisch erfahren, dass ich,
der Herr, dein Retter bin, / dein Erlöser,
der Starke Israels.

Das Heil wird immer angeboten

50 So spricht der Herr: / Wo ist denn
der Scheidebrief euerer Mutter, /
mit dem ich sie entlassen hätte?
Wer ist mein Gläubiger, / an den ich
euch verkauft hätte?
Seht, um euerer Sünden willen wurdet
ihr verkauft, / um euerer Frevel willen
wurde euere Mutter verstoßen.
2 Warum war niemand da, als ich kam? /
Warum gab niemand Antwort, als ich rief?
Ist denn meine Hand zu kurz, um zu
erlösen, / oder fehlt mir die Kraft, zu ret-
ten?
Seht, schon durch mein Drohen lasse
ich das Meer vertrocknen / und wandle
Ströme um zur Wüste,
sodass die Fische darin vertrocknen,
weil sie kein Wasser haben, / und vor
Durst sterben.
3 Ich kleide den Himmel in Schwarz /
und bedecke ihn mit dem Trauergewand.

Drittes Lied vom Gottesknecht

4 Gott, mein Herr, gab mir eine Jüngerzun-
ge, / damit ich verstünde, den Müden zu
stärken mit einem aufmunternden Wort.
Er weckt an jedem Morgen mein Ohr, /
damit ich wie ein Jünger höre.
5 Gott, mein Herr, hat mir das Ohr
geöffnet. / Ich aber widerstrebte nicht,
wich nicht zurück.
6 Meinen Rücken bot ich denen dar, die
mich schlugen, / und meine Wangen
denen, die mir den Bart ausrissen. / Ich
verbarg mich nicht vor Schmähung und
Bespeien.
7 Doch Gott, mein Herr, wird mir hel-
fen; / ich wurde deshalb nicht zuschanden.
Darum mache ich mein Angesicht hart
wie Kiesel; / ich weiß ja, dass ich nicht
beschämt werde.

8 Nahe ist, der mir zum Recht verhilft. /
Wer will mit mir streiten?
Lasst uns zusammen vortreten! / Wer
ist mein Gegner? Er trete zu mir heran!
9 Seht, Gott, mein Herr, ist mein Hel-
fer. / Wer will mich verdammen?
Seht, sie alle zerfallen wie ein Kleid; /
die Motte wird sie fressen.

Mahnung und Drohung

10 Wer unter euch den Herrn fürchtet, / der
höre auf die Stimme seines Knechtes.
Wer im Finstern lebt und ohne Licht
ist, / der vertraue auf den Namen des
Herrn / und stütze sich auf seinen Gott.
11 Seht, ihr alle aber, die ihr ein Feuer
anfacht / und Brandpfeile entzündet,
ihr sollt in die Glut eueres Feuers fah-
ren / und in die Brandpfeile, die ihr ange-
zündet habt.
Von meiner Hand geschieht euch dies; /
in Qualen sollt ihr liegen.

Das Heil der Kinder Abrahams

51 Hört mich, die ihr nach Gerech-
tigkeit trachtet, / die ihr den Herrn
sucht!
Blickt auf den Felsen, aus dem ihr
herausgehauen seid, / auf den Brunnen-
schacht, aus dem ihr gegraben seid!
2 Blickt hin auf Abraham, eueren Vater, /
und auf Sara, die euch gebar.
Denn als Einzigen habe ich ihn beru-
fen, / ihn gesegnet und geehrt.
3 So wird der Herr auch Zion trösten, /
trösten alle seine Trümmer.
Seine Wüste wird er zu einem Paradies
machen / und seine Steppe wie zu einem
Gottesgarten.
Dort wird Freude und Wonne gefun-
den, / Preis und Lobgesang.

Der Herr wird die Welt richten

4 Hört auf mich, ihr Völker, / und merkt
auf, ihr Nationen!
Denn von mir kommt Weisung, / und
mein Urteil wird das Licht der Völker sein.
5 Plötzlich lasse ich meine Gerechtigkeit
kommen, / mein Heil geht hervor wie
Licht.
Mein Arm wird die Völker richten. /
Die Inseln werden auf mich hoffen / und
warten auf meinen Arm.
6 Erhebt zum Himmel euere Augen /
und schaut auf die Erde unten!
Der Himmel wird wie Rauch vergehen /
und die Erde wie ein Kleid zerfallen; / ihre
Bewohner schwinden wie Mücken dahin.
Doch mein Heil besteht in Ewigkeit /
und meine Gerechtigkeit nimmt nie ein
Ende.
7 Hört auf mich, die ihr das Recht
kennt, / du Volk, das mein Gesetz in sei-
nem Herzen trägt!
Fürchtet nicht den Spott der Men-
schen / und vor ihrem Schmähen ängstigt
euch nicht!
8 Wie ein Kleid wird sie die Motte fres-
sen, / wie Wolle wird sie die Schabe zer-
nagen.
Meine Gerechtigkeit aber besteht in
Ewigkeit / und mein Heil von Geschlecht
zu Geschlecht.

Der starke Arm des Herrn

9 Erhebe dich, erhebe dich, umkleide dich
mit Kraft, / du Arm des Herrn! Erhebe
dich wie in den Tagen der Vorzeit, / bei
den längst vergangenen Generationen!
Warst du es nicht, der Rahab zerhieb, /
den Drachen durchbohrte?
10 Warst du es nicht, der das Meer aus-
trocknen ließ, / das Wasser der gewaltigen
Flut,
der die Tiefe des Meeres zum Weg
machte, / damit die Erlösten hindurchzie-
hen konnten?
11 Die der Herr erlöste, kehren heim, /
jauchzend werden sie nach Zion kom-
men, / ewige Freude strahlt über ihren
Häuptern.
Jubel und Wonne wird ihr Anteil, / ent-
flohen sind Leid und Kummer.
12 Ich, ich selbst bin es, der dich tröstet. /
Wer bist du, dass du dich vor sterblichen
Menschen fürchtest, / vor Menschenkin-
dern, die wie Gras verwelken?
13 Du hast den Herrn vergessen, deinen
Schöpfer, / der den Himmel ausgespannt
und die Erde gegründet hat,
und zitterst dauernd vor dem Grimm
deines Drängers, / weil er dich vernichten
wollte. / Wo ist nun die Wut dessen, der
dich bedrängt?
14 Bald wird der Gefesselte befreit; / er
wird nicht tot zur Grube fahren, / noch
wird es ihm an Brot mangeln.
15 Ich bin der Herr, dein Gott, / der das
Meer erregt, dass seine Wogen brausen, /
Herr der Heerscharen ist sein Name.

16 Ich habe mein Wort in deinen Mund
gelegt / und dich im Schatten meiner
Hand geborgen,
um den Himmel auszuspannen und die Erde zu gründen / und um zu Zion zu sprechen: Mein Volk bist du!

Jerusalems Erwachen

17 Erhebe dich, erhebe dich, / steh auf, Jerusalem,
die du aus der Hand des Herrn / den Becher seines Zornes getrunken / und den Taumelkelch bis zur Neige geleert hast!
18 Da war keiner, der sie führte von all
den Söhnen, die sie gebar; / keiner, der sie
bei der Hand nahm, von all den Söhnen,
die sie aufzog.
19 Beides hat dich getroffen / – wem tut
es Leid um dich? –:
Verwüstung und Verderben, Hunger und Schwert. / Wer tröstet dich?
20 Deine Kinder sanken ohnmächtig
hin, / lagen an allen Straßenecken wie eine
im Netz gefangene Gazelle,
voll vom Grimm des Herrn, / vom Zorn deines Gottes.
21 Darum höre dies, du Ärmste, / die du
betrunken bist, doch nicht vom Wein!
22 So spricht dein Gott, der Herr, / dein
Gott, der für sein Volk streitet:
Siehe, ich nehme dir den Taumelbecher aus der Hand, / den Kelch meines Zorns; / du sollst ihn nicht mehr trinken.
23 Ich will ihn in die Hand deiner Pei-
niger geben, / die zu dir sagten: Bück dich,
wir schreiten über dich hinweg!
So hast du deinen Rücken zum Fußboden gemacht / und zu einem Weg für die Wanderer.

Neues Heil für Zion

52 Steh auf, steh auf, / lege deinen großen Schmuck an, Zion,
und hülle dich in deine Prachtgewänder, / Jerusalem, du heilige Stadt!
Denn niemals mehr wird dich / ein Unbeschnittener und Unreiner betreten.
2 Schüttle den Staub von dir ab, erhebe
dich, / gefangenes Jerusalem,
löse die Fesseln von deinem Hals, / gefangene Tochter Zion!
3 Denn so spricht der Herr: / Umsonst
wurdet ihr verkauft, / ohne Entgelt sollt
ihr erlöst werden.
4 Denn so spricht Gott, der Herr: / Nach
Ägypten ist vormals mein Volk hinabgezogen, / um dort in der Fremde zu
leben, / und Assur hat es ohne Grund
unterdrückt.
5 Und nun, was habe ich hier zu tun? –
Spruch des Herrn. / Man hat ja mein Volk
um nichts weggenommen.
Seine Zwingherrn prahlen – Spruch des Herrn –, / und immerfort, alle Tage wird mein Name gelästert.
6 Darum soll mein Volk meinen Namen
erkennen; / es soll einsehen an jenem
Tag, / dass ich es bin, der spricht: Hier bin
ich!
7 Willkommen sind auf den Bergen / die
Füße des Freudenboten,
der den Frieden verkündet, / der frohe Kunde bringt, der Heil ansagt / und zu Zion spricht: Dein Gott ist König!
8 Horch, deine Wächter erheben ihre
Stimmen, / sie beginnen alle zu jubeln;
denn sie sehen mit eigenen Augen / den Herrn zurückkehren nach Zion.
9 Brecht in Jubel aus und jauchzt, / all
ihr Trümmer Jerusalems,
denn der Herr tröstet sein Volk, / erlöst Jerusalem!
10 Enthüllt hat der Herr seinen heiligen
Arm / vor den Augen aller Völker,
und alle Enden der Erde schauen / das Heil unseres Gottes.
11 Fort! Fort! Zieht weg von dort! / Rührt
nichts Unreines an!
Zieht weg aus ihrer Mitte! / Reinigt euch, die ihr die Gefäße des Herrn tragt!
12 Nicht in Eile sollt ihr ausziehen, /
nicht in Hast entfliehen.
Denn der Herr geht vor euch her, / und euere Nachhut ist der Gott Israels.

Viertes Lied vom Gottesknecht

13 Seht, mein Knecht wird erfolgreich
sein, / erhöht werden, hoch emporsteigen
und sehr erhaben sein.
14 Wie sich viele über ihn entsetzten / –
so unmenschlich entstellt war sein Aussehen, / und seine Gestalt war nicht mehr
die eines Menschen –,
15 so werden viele der Völker in Staunen
geraten; / Könige werden vor ihm ihren
Mund verschließen;
denn was ihnen noch nie verkündet wurde, sehen sie, / und was sie niemals gehört haben, vernehmen sie.

53 Wer glaubte dem, was wir vernahmen? / Wem wurde der Arm des Herrn enthüllt?

2 Er wuchs empor vor uns wie ein Spross, / wie eine Wurzel aus dürrem Erdreich.

Keine Gestalt besaß er, noch Schönheit, / so dass wir ihn anschauen mochten.

3 Verachtet war er und von den Menschen gemieden, / ein Mann von Schmerzen, leiderfahren;

wie einer, vor dem man sein Angesicht verhüllt, / verabscheut, von niemand beachtet.

4 Aber unsere Krankheiten hat er getragen, / unsere Schmerzen hat er auf sich geladen;

doch wir hielten ihn für einen Geschlagenen, / den Gott getroffen und gebeugt hat.

5 Er wurde durchbohrt um unserer Sünden willen, / zerschlagen wegen unserer Missetaten.

Zu unserem Heil lag die Strafe auf ihm; / durch seine Wunden ist uns Heilung geworden.

6 Wir alle irrten umher wie die Schafe, / jeder ging seine eigenen Wege.

Aber der Herr ließ ihn treffen / die Schuld von uns allen.

7 Er wurde misshandelt, doch er beugte sich. / Er öffnete nicht seinen Mund.

Wie ein Lamm, das man zur Schlachtbank führt, / wie ein Schaf vor dem Scherer verstummt, / so öffnete (auch) er nicht seinen Mund.

8 Durch Gewalt und Gericht wurde er hinweggerafft; / wer kümmert sich um seinen Rechtsfall?

Er wurde herausgerissen aus dem Land der Lebendigen; / unserer Sünden wegen wurde er zu Tode getroffen.

9 Bei Verbrechern bestimmte man sein Grab / und bei Übeltätern seine Gruft,

obgleich er niemals Unrecht getan hat / und kein Trug in seinem Mund war.

10 Aber der Herr fand Gefallen an seinem Zerschlagenen, / er rettet den, der sein Leben als Sühnopfer hingab.

Er wird Nachkommen sehen, lange leben, / und das Vorhaben des Herrn wird durch ihn gelingen.

11 Nach seiner Mühsal wird er Licht sehen / und sich an Erkenntnis sättigen.

Mein Knecht, der Gerechte, rechtfertigt die Vielen / und nimmt ihre Schuld auf sich.

12 Darum will ich ihm die Vielen als Anteil geben / und die Mächtigen fallen ihm als Beute zu,

dafür, dass er sein Leben in den Tod dahingegeben hat / und unter die Übeltäter gezählt wurde,

während er doch die Schuld der Vielen trug / und für die Sünder eintrat.

Gottes Segen für das Volk

54 Juble, du Unfruchtbare, die nicht gebar, / juble und jauchze, die nicht in Wehen lag!

Denn zahlreicher sind die Söhne der Einsamen / als die Kinder der Vermählten, spricht der Herr.

2 Erweitere den Raum deines Zeltes, / deine Decken spann aus und spar nicht damit! / Mach lang deine Seile, und schlage deine Pflöcke fest ein!

3 Denn nach rechts und links wirst du dich ausbreiten; / deine Nachkommen werden Völker in Besitz nehmen / und die öden Städte wieder besiedeln.

4 Fürchte dich nicht, du wirst nicht beschämt werden! / Schäm dich nicht, du brauchst nicht zu erröten!

Denn die Schmach deiner Jugendzeit wirst du vergessen / und an die Schande deiner Witwenschaft nicht mehr denken.

5 Dein Gemahl ist ja dein Schöpfer / – Herr der Heerscharen ist sein Name –

und dein Erlöser ist der Heilige Israels; / Gott der ganzen Welt wird er genannt.

6 Denn wie eine verlassene und herzbetrübte Frau / ruft dich der Herr zurück.

Kann man die Gattin der Jugend verschmähen?, / spricht dein Gott.

7 Nur eine kleine Weile verließ ich dich, / aber mit großem Erbarmen hole ich dich wieder heim.

8 Als sich mein Zorn ergoss, verbarg ich / auf kurze Zeit mein Angesicht vor dir;

doch mit ewiger Huld erbarme ich mich deiner, / spricht der Herr, dein Erlöser.

9 Wie in Noachs Tagen ergeht es mir auch diesmal: / Wie ich damals schwur,

Noachs Fluten sollten nicht mehr die Erde überschwemmen, / so schwöre ich auch jetzt, / dir niemals mehr zu zürnen noch dich zu schelten.

10 Die Berge mögen wohl weichen und

die Hügel wanken, / meine Huld wird
nicht mehr von dir weichen
und mein Friedensbund wird nicht
wanken, / spricht der Herr, dein Erbar-
mer.

Das neue Jerusalem

11 Du Arme, vom Sturm umhergeworfen, /
ganz ohne Trost!
Siehe, ich lege dein Fundament in
Malachit / und deine Grundmauern in
Saphir.
12 Aus Rubin mache ich deine Zinnen /
und deine Tore aus Beryll und aus Juwelen
deine Mauern.
13 Alle deine Söhne sind Jünger des
Herrn / und groß wird das Glück deiner
Kinder sein.
14 Auf Gerechtigkeit wirst du gegründet
sein, / fern von Drangsal, denn du hast
nichts zu fürchten / fern von Schrecken,
denn er naht dir nicht.
15 Greift man dich an, so geht es nicht
von mir aus; / wer gegen dich streitet,
kommt zu Fall.
16 Siehe, ich habe den Schmied geschaf-
fen, / der das Feuer entfacht / und Waffen
anfertigt nach seinem Handwerk. / Ich
habe aber auch den Verderber zum Zer-
stören erschaffen.
17 Keine Waffe, die man gegen dich
schmiedet, wird Erfolg haben; / jede Zun-
ge, die im Gericht gegen dich streitet, wirst
du Lügen strafen.
Das ist das Erbteil der Knechte des
Herrn / und ihre Gerechtigkeit kommt
von mir – Spruch des Herrn.

Heil für Israel

55 Wohlan, all ihr Dürstenden,
kommt zum Wasser! / Die ihr kein
Geld habt, kommt ohne Geld,
kauft Getreide und esst, kommt und
kauft ohne Geld, / kauft ohne Bezahlung
Wein und Milch!
2 Warum wägt ihr Silber für das, was
kein Brot ist, / und gebt euer mühsam
Erworbenes für das, was nicht sättigt?
Hört doch auf mich und ihr sollt das
Beste essen / und euere Seele soll sich am
Fett laben.
3 Neigt euer Ohr und kommt zu mir! /
Hört und euere Seele wird leben!

Der ewige Bund

Ich will mit euch einen ewigen Bund
schließen / aufgrund der beständigen
Huldzusagen an David.
4 Siehe, zum Zeugen habe ich ihn für die
Völker bestimmt, / zum Fürsten und zum
Gebieter von Nationen.
5 Siehe, Völker, die du nicht kennst,
wirst du rufen / und Völker, die dich nicht
kennen, werden zu dir eilen
um des Herrn, deines Gottes, und des
Heiligen Israels willen, / weil er dich ver-
herrlicht.

Mahnung zur Umkehr und Vertrauen auf Gottes Wort

6 Sucht den Herrn, solange er sich finden
lässt, / ruft ihn, solange er nahe ist!
7 Der Gottlose verlasse seinen Weg / und
der Frevler seine Pläne.
Er kehre zum Herrn zurück, / dass er
sich seiner erbarme, / und zu unserem
Gott, er ist groß im Verzeihen.
8 Denn meine Gedanken sind nicht
euere Gedanken / und euere Wege sind
nicht meine Wege – Spruch des Herrn.
9 So hoch der Himmel über der Erde
ist, / so hoch sind meine Wege über eueren
Wegen / und meine Gedanken über eue-
ren Gedanken.
10 Denn wie Regen und Schnee vom
Himmel fallen / und dorthin nicht
zurückkehren,
ohne die Erde zu tränken, befruchten
und sie sprossen zu lassen, / sodass sie
Samen den Säenden und Brot den Essen-
den gibt,
11 so verhält es sich mit meinem Wort, /
das aus meinem Mund hervorgeht:
Es kommt nicht leer zu mir zurück, /
ohne vollbracht zu haben, was ich wollte, /
und ausgeführt zu haben, wozu ich es
sandte.
12 Ja, mit Freude werdet ihr ausziehen /
und in Frieden geleitet werden.
Die Berge und die Hügel brechen vor
euch in Jubel aus, / alle Bäume des Feldes
klatschen in die Hände.
13 Zypressen wachsen statt der Dornen, /
statt der Nesseln sprossen Myrten.
Dies wird dem Herrn zum Ruhm sein /
und zu einem ewigen Zeichen, das nicht
vergeht.

Dritter Teil (Tritojesaja)

Verheißung an die Fremden und Kinderlosen

56 So spricht der Herr:
Wahrt das Recht und übt Gerech-
tigkeit, / denn schon ist nahe mein Heil /
und bald offenbart sich meine Gerechtig-
keit.
2 Wohl dem Mann, der dies tut, / und
dem Menschenkind, das daran festhält,
das den Sabbat hält und ihn nicht ent-
heiligt / und seine Hände vor allem bösen
Tun bewahrt.
3 Nicht spreche der Fremde, der sich
dem Herr angeschlossen hat: / Der Herr
wird mich gewiss aus seinem Volk aus-
schließen.
Nicht sage der Verschnittene: / Ach, ich
bin ein dürrer Baum!
4 Denn so spricht der Herr: / Den Ver-
schnittenen, die meine Sabbate halten
und erwählen, was mir wohlgefällt, /
und treu zu meinem Bund stehen,
5 denen will ich in meinem Haus / und
in meinen Mauern Denkmal und Namen
geben, / besser als Söhne und Töchter,
einen ewigen Namen gebe ich ihnen, /
der nicht ausgetilgt wird.
6 Die Fremden, die sich dem Herrn
anschließen, / um ihm zu dienen und sei-
nen Namen zu lieben / und seine Knechte
zu sein,
wer immer von ihnen den Sabbat hält /
und ihn nicht entheiligt und festhält an
meinem Bund,
7 die führe ich zu meinem heiligen Berg /
und bereite ihnen in meinem Bethaus
Freude.
Ihre Brand- und Schlachtopfer / finden
Gefallen auf meinem Altar, / denn mein
Haus soll ein Bethaus für alle Völker hei-
ßen.
8 Spruch des Herrn, der die Versprengt-
ten Israels sammelt: / Ich werde zu seinen
Gesammelten noch andere sammeln.

Drohung gegen die Führenden

9 Alle Tiere des Feldes und alle Tiere des
Waldes, / kommt herbei zum Fressen!
10 Die Wächter des Volkes sind alle blind
und haben keine Einsicht. / Alle sind sie
stumme Hunde, die nicht bellen können; /
träumend liegen sie da und lieben zu
schlummern.
11 Aber gierig sind diese Hunde und
werden nicht satt. / Ja, das sind die Hirten:
Sie passen nicht auf, / sondern denken
nur an ihre eigenen Wege / und jeder-
mann nur an seinen eigenen Gewinn.
12 Kommt, ich hole Wein, lasst uns mit
Bier zechen; / und wie heute soll es mor-
gen gehen, hoch soll es hergehen!

57 Der Gerechte kommt um / und
niemand nimmt es sich zu Herzen.
Die frommen Männer schwinden
dahin / und niemand achtet darauf.
Ja, der Bosheit wegen wird der Gerechte
hinweggerafft, / 2 um einzugehen zum
Frieden. / Auf ihrem Lager ruhen, die den
geraden Weg gegangen sind.
3 Ihr aber kommt her, ihr Söhne der
Zauberin, / du Brut einer Ehebrecherin
und Dirne!
4 Über wen macht ihr euch lustig? /
Gegen wen reißt ihr den Mund auf / und
streckt die Zunge heraus?
Seid ihr nicht Kinder des Frevels, / eine
Lügenbrut?
5 Die ihr unter den Terebinthen in
Brunst geratet, / unter jedem grünen
Baum,
die ihr Kinder schlachtet in den Tälern /
und in Klüften der Felsen.
6 Bei den Kieseln der Bachtäler liegt dein
Anteil, / sie sind dein Los.
Du hast ihnen Trankopfer ausgegos-
sen / und Speiseopfer dargebracht. / Sollte
ich mich damit zufrieden geben?
7 Auf steilen, hochragenden Bergen /
hast du dein Lager aufgeschlagen,
dorthin bist du hinaufgestiegen, / um
Schlachtopfer darzubringen.
8 Und hinter Tür und Pfosten / hast du
dein Denkzeichen angebracht.
Treulos gegen mich hast du dein Lager
aufgedeckt, / bestiegen und es breit
gemacht.
Du hast dich mit denen verbunden,
deren Bett du liebtest; / bewundert hast du
ihre Männlichkeit.
9 Du hast dich mit Öl schön gemacht für
Moloch / und deine Salben verschwendet;
du sandtest weithin deine Boten / und
erniedrigtest dich bis zur Unterwelt.
10 Wohl plagtest du dich ab mit vielem
Wandern, / aber du sagtest nicht: Es war
umsonst!

Du fandest neue Belebung deiner
Kraft; / darum verdross es dich nicht.
11 Wen hast du gescheut und gefürchtet,
dass du treulos wurdest, / dass du meiner
nicht gedachtest und dich nicht um mich
kümmertest?
Nicht wahr, weil ich schwieg und die
Augen schloss, / deshalb hattest du keine
Furcht vor mir.
12 Aber ich will deine Gerechtigkeit
kundmachen / und deine Machwerke
werden dir nichts nützen.
13 Wenn du schreist, dann mögen dich
deine Götzen retten! / Doch ein Wind-
hauch führt sie allesamt weg, ein Lüftchen
bläst sie fort.
Nur wer auf mich vertraut, der erbt das
Land, / nimmt Besitz von meinem heiligen
Berg.

Trost für die Frommen

14 Einer spricht:
Macht die Bahn frei, ebnet den Weg /
und räumt weg jedes Hindernis aus dem
Weg meines Volkes!
15 Denn so spricht der Hohe und Erha-
bene, / der ewig Thronende, dessen Name
„der Heilige" ist: / Ich throne in der Höhe
als Heiliger.
Dennoch bin ich bei den Zerknirschten
und Demütigen, / um den Mut der
Gebeugten zu beleben, / zu beleben das
Herz der Zerschlagenen.
16 Denn nicht auf ewig will ich ankla-
gen, / und nicht endlos will ich zürnen,
weil sonst der Geist vor mir ver-
schmachtet / und der Atem, den ich doch
erschaffen habe.
17 Wegen seiner Sünde zürnte ich dem
Volk für kurze Zeit / und schlug es, ver-
hüllte mich und grollte.
Es ging in die Irre auf dem Weg seines
eigenen Herzens, / 18 ich sah seine Wege.
Doch ich will es heilen, leiten und ihm
Trost verschaffen. / 19 Seinen Trauernden
schaffe ich Lob auf den Lippen.
Friede, ja Friede den Fernen und den
Nahen, / spricht der Herr; ich werde sie
heilen.
20 Die Gottlosen aber sind wie das auf-
gewühlte Meer, / das nicht zur Ruhe
kommt, / dessen Wogen Schmutz und
Schlamm aufwühlen.
21 Für die Gottlosen gibt es keinen Frie-
den, / spricht mein Gott.

Bedingungen für das Heil

58 Rufe aus vollem Hals und halte
nicht zurück! / Erheb deine Stim-
me gleich einer Posaune
und verkünde meinem Volk seine Fre-
vel, / dem Haus Jakob seine Sünden!
2 Sie befragen mich zwar Tag für Tag /
und möchten meine Wege erkennen,
als wären sie ein Volk, das Gerechtigkeit
übt / und das Recht seines Gottes nicht
verlässt.
Sie fordern von mir gerechte Urteile /
und begehren, dass Gott sich naht.
3 Warum fasten wir, ohne dass du es
beachtest, / und warum kasteien wir uns,
ohne dass du es siehst?
Seht, am Tag, an dem ihr fastet, geht ihr
den Geschäften nach / und drängt alle
euere Arbeiter.
4 Seht, mit Streit und Hader fastet ihr /
und schlagt doch drein mit frevelhafter
Faust.
Euer jetziges Fasten ist nicht so, / dass
es euerem Rufen in der Höhe Gehör ver-
schaffen kann.
5 Ist das ein Fasten, wie ich es liebe, / ein
Tag, an dem man sich kasteit?
Dass man seinen Kopf wie eine Binse
hängen lässt / und sich in Sack und Asche
bettet?
Das nennst du ein Fasten, / einen Tag,
der dem Herrn gefällt?
6 Ist nicht dies ein Fasten, wie ich es lie-
be: / Ungerechte Fesseln öffnen / und des
Joches Stricke lösen,
die Bedrückten frei entlassen / und jeg-
liches Joch zerbrechen,
7 dein Brot dem Hungrigen brechen /
und arme Obdachlose aufnehmen in dein
Haus,
den Nackten, den du siehst, bekleiden /
und dich deinen Mitmenschen nicht ent-
ziehen?
8 Dann bricht wie Morgenröte dein
Licht hervor / und deine Heilung schreitet
schnell voran.
Deine Gerechtigkeit geht dann vor dir
her / und die Herrlichkeit des Herrn wird
deine Nachhut bilden.
9 Wenn du dann rufst, wird der Herr dir
antworten; / wenn du um Hilfe schreist,
wird er sagen: Siehe, hier bin ich!
Wenn du aus deiner Mitte entfernst
Bedrückung, / Fingerzeigen und Unheils-
rede,

10 wenn du Hungrigen dein Brot
reichst / und den Gebeugten sättigst,
dann wird im Dunkel dein Licht
erstrahlen / und deine Finsternis wird zur
Mittagshelle.
11 Dann wird der Herr dich allzeit lei-
ten / und selbst im dürren Land dich sät-
tigen.
Er wird deine Glieder mit Kraft erfül-
len; / du wirst wie ein bewässerter Garten
sein, / wie eine Quelle, deren Wasser nie
versiegt.
12 Deine Leute bauen alte Trümmer wie-
der auf, / die Mauern vergangener
Geschlechter stellst du wieder her.
Man nennt dich den Breschenschlie-
ßer, / den Bewohnbarmacher von Ruinen.
13 Wenn du am Sabbat deinen Fuß
zurückhältst, / deine Geschäfte an mei-
nem heiligen Tag zu betreiben;
wenn du den Sabbat eine Wonne
nennst / und den heiligen Tag dem Herrn
verehrungswürdig;
wenn du ihn ehrst, indem du keinen
deiner Gänge machst, / keine Geschäfte
betreibst oder Verhandlungen führst,
14 dann wirst du deine Freude haben am
Herrn / und ich lasse dich auf den Höhen
der Erde dahinfahren
und das Erbteil deines Vaters Jakob
genießen. / Ja, der Mund des Herrn hat
gesprochen.

Hindernisse für das kommende Heil

59 Seht, die Hand des Herrn ist nicht
zu kurz, um zu helfen, / sein Ohr
ist nicht taub, dass er nicht hört.
2 Nein, euere Frevel sind zur Scheide-
wand geworden / zwischen euch und eue-
rem Gott;
euere Sünden haben sein Angesicht vor
euch verhüllt, / so dass er euch nicht hört.
3 Denn euere Hände sind mit Blut besu-
delt / und mit Unrecht euere Finger;
euere Lippen reden Lügen / und euere
Zunge flüstert Bosheit.
4 Niemand bringt gerechte Klagen vor /
und keiner führt mit Ehrlichkeit Prozess.
Man vertraut auf Nichtigkeit und redet
Falsches, / man geht mit Mühsal schwan-
ger und gebiert Unheil.
5 Sie brüten Schlangeneier aus / und
weben Spinngewebe.
Wer von ihren Eiern isst, muss ster-
ben; / wenn man sie zerdrückt, schlüpft
eine Otter aus.
6 Ihre Fäden taugen nicht zur Klei-
dung, / mit ihrem Gewebe kann man sich
nicht bedecken.
Unheilsvoll sind ihre Werke / und
Gewalttat ist in ihren Händen.
7 Ihre Füße laufen dem Bösen nach /
und eilen, unschuldiges Blut zu vergießen.
Ihre Gedanken sind Gedanken des
Unheils; / Verheerung und Zerstörung
sind auf ihren Wegen.
8 Den Weg des Friedens kennen sie
nicht, / auf ihren Bahnen gibt es kein
Recht.
Sie machen ihre Pfade krumm / und
wer sie betritt, weiß nichts von Frieden.
9 Deshalb ist fern von uns das Recht /
und die Gerechtigkeit erreicht uns nicht.
Wir hoffen auf Licht, doch siehe, es
bleibt finster; / auf Helle, doch wir wan-
deln im Dunkeln.
10 Wir tasten uns wie Blinde an der
Wand entlang / und tappen umher wie
Augenlose.
Wir straucheln am Mittag wie in der
Dämmerung, / wir wohnen in Finsternis
wie die Toten.
11 Wir brummen alle wie die Bären / und
gurren wie die Tauben;
wir hoffen auf Recht, aber es kommt
nicht, / auf das Heil, aber es bleibt uns
fern.
12 Denn zahlreich sind unsere Sünden
vor dir / und unsere Frevel zeugen gegen
uns;
wir sind uns unserer Vergehen
bewusst / und wir kennen unsere Misseta-
ten:
13 Wir wurden untreu und verleugneten
den Herrn, / wir fielen ab von unserem
Gott;
wir führten Reden der Treulosigkeit
und des Abfalls, / Lügen haben wir im
Herzen und sprechen sie aus.
14 So ist das Recht zurückgedrängt / und
die Gerechtigkeit muss fern stehen;
die Redlichkeit strauchelt auf der Gas-
se / und die Geradheit findet keinen Ein-
gang.
15 So wird die Redlichkeit vermisst / und
wer das Böse meidet, ist vogelfrei.
Das hat der Herr gesehen und es miss-
fiel ihm, / dass es kein Recht mehr gab.

16 Er sah, dass niemand da war, / und er staunte, dass niemand eingriff.

Da half ihm sein eigener Arm / und seine Gerechtigkeit stützte ihn.

17 Er zog die Gerechtigkeit wie einen Panzer an / und der Helm des Heils war auf seinem Haupt.

Er legte die Rache als Gewand an / und hüllte sich in den Eifer wie in einen Mantel.

18 Nach dem Maß der Taten wird er vergelten, / Grimm seinen Widersachern, Strafe seinen Feinden.

19 Dann werden die im Westen den Namen des Herrn fürchten / und die im Osten seine Herrlichkeit.

Denn er wird kommen wie ein eingeengter Strom, / den der Sturm des Herrn daherjagt.

20 Doch für Zion kommt er als Erlöser / und für jene von Jakob, die sich von ihrem Abfall bekehren – / Spruch des Herrn.

21 Das ist mein Bund mit ihnen, spricht der Herr: Mein Geist, der auf dir ruht, und meine Worte, die ich in deinen Mund gelegt habe, sollen nicht weichen aus deinem Mund und aus dem Mund deiner Kinder und der Kinder deiner Kindeskinder – spricht der Herr –, von nun an bis in Ewigkeit.

Die Völkerwallfahrt zum Zion

60 Steh auf, Jerusalem, werde licht, denn gekommen ist dein Licht, / und die Herrlichkeit des Herrn strahlt über dir!

2 Siehe, Finsternis bedeckt die Erde / und Dunkelheit die Völker.

Doch über dir erstrahlt der Herr, / über dir erscheint seine Herrlichkeit.

3 Völker ziehen zu deinem Licht / und Könige zu deinem Strahlenglanz.

4 Lass deine Augen ringsum schweifen und sieh: / Sie alle sammeln sich, um zu dir zu gehen.

Deine Söhne kommen aus weiter Ferne / und deine Töchter trägt man auf den Armen herbei.

5 Da wirst du schauen und strahlen, / dein Herz wird pochen und sich weiten.

Denn die Schätze des Meeres fluten zu dir hin / und es strömt zu dir der Reichtum der Völker.

6 Eine Menge von Kamelen wird dich überfluten, / Dromedare von Midian und Efa.

Sie alle kommen von Saba / und bringen Gold und Weihrauch / und verkünden die Ruhmestaten des Herrn.

7 Alle Herden Kedars sammeln sich bei dir, / die Widder Nebajots stehen dir zu Diensten.

Als wohlgefälliges Opfer kommen sie auf meinen Altar; / so verherrliche ich das Haus meiner Herrlichkeit.

8 Wer sind sie, die wie Wolken fliegen, / wie Tauben zu ihren Schlägen?

9 Ja, die Schiffe sammeln sich für mich, / voran die Schiffe von Tarschisch,

um deine Söhne aus der Ferne heimzubringen, / mit ihnen auch ihr Silber und ihr Gold

für den Namen des Herrn, deines Gottes, / und für den Heiligen Israels, weil er dich verherrlicht hat.

10 Dann bauen Fremde deine Mauern auf / und ihre Könige werden dich bedienen.

Denn schlug ich dich auch in meinem Grimm, / so erbarme ich mich nun deiner in meiner Huld.

11 Deine Tore stehen immer offen; / man schließt sie nicht bei Tag und Nacht,

um zu dir den Reichtum der Völker hineinzubringen / und ihre Könige dir zuzuführen.

12 Das Volk aber und das Reich, / die dir nicht dienen wollen, gehen unter / und diese Völker werden gänzlich ausgerottet.

13 Die Pracht des Libanon kommt zu dir, / Zypressen, Ulmen und Fichten zugleich,

um den Ort meines Heiligtums zu zieren, / die Stätte meiner Füße zu ehren.

14 Und tief gebeugt kommen die Söhne deiner Peiniger; / die dich schmähten, werden dir zu Füßen fallen.

Man nennt dich Stadt des Herrn, / Zion des Heiligen Israels.

15 Dafür, dass du verlassen warst, / gehasst und im Stich gelassen,

mache ich dich zum ewigen Stolz, / zur Freude von Generation zu Generation.

16 Dann wirst du die Milch der Völker trinken / und an der Brust von Königen saugen;

dann wirst du erkennen, dass ich, der Herr, dein Retter bin, / dein Erlöser, der Starke Jakobs.

[17] Statt des Erzes bringe ich Gold, / statt des Eisens Silber, / statt des Holzes Erz / und statt der Steine Eisen.

Zu deiner Obrigkeit mache ich den Frieden / und Gerechtigkeit zu deinem Herrn.

[18] Nicht wird man mehr in deinem Land von Gewalttat hören, / nicht von Zerstörung und Verwüstung in deinen Grenzen.

„Heil" wirst du deine Mauern nennen / und „Ruhm" deine Tore.

[19] Nicht wird die Sonne dir mehr am Tag als Licht dienen / und der Glanz des Mondes zur Erhellung der Nacht,

denn der Herr ist dein ewiges Licht / und dein Gott dein strahlender Glanz.

[20] Deine Sonne geht nicht mehr unter / und dein Mond wird nicht wieder schwinden;

denn der Herr ist dein ewiges Licht, / zu Ende sind die Tage der Trauer.

[21] Deine Bürger sind lauter Gerechte, / auf immer besitzen sie das Land,

als Spross der Pflanzungen des Herrn, / als Werk seiner Hände zu seiner Verherrlichung.

[22] Der Kleinste wird zur Tausendschaft / und der Geringste zu einem starken Volk.

Ich, der Herr lasse es schnell kommen zu seiner Zeit.

Die frohe Botschaft von der kommenden Herrlichkeit

61 Der Geist Gottes, des Herrn, ruht auf mir; / denn der Herr hat mich gesalbt.

Er hat mich gesandt, den Armen die Frohbotschaft zu bringen, / zu heilen, die gebrochenen Herzens sind,

den Gefangenen Befreiung anzukündigen / und den Gefesselten Erlösung,

[2] auszurufen ein Gnadenjahr des Herrn, / einen Tag der Rache für unseren Gott;

alle Betrübten Zions zu erfreuen, /

[3] ihnen Schmuck zu bringen statt Schmutz,

Freudenöl statt Trauerkleidung, / Jubellied statt Mutlosigkeit.

Man wird sie Terebinthen der Gerechtigkeit nennen, / eine Pflanzung des Herrn zu seiner Verherrlichung.

[4] Sie werden uralte Trümmer wieder aufbauen, / wieder aufrichten, was schon vor Zeiten verwüstet lag;

verödete Städte werden sie erneuern, / die viele Generationen lang in Trümmer lagen.

[5] Dann stehen Fremde da und weiden euere Herden, / Ausländer sind euere Bauern und euere Winzer.

[6] Ihr aber werdet Priester des Herrn genannt; / Diener unseres Gottes werdet ihr heißen.

Den Reichtum der Völker werdet ihr genießen / und mit ihren Schätzen werdet ihr euch schmücken.

[7] Zweifach war ihre Schande, / sie wurden verhöhnt und angespuckt;

deshalb sollen sie ein zweifaches Erbe in ihrem Land erhalten, / ewige Freude wird ihnen zuteil.

[8] Denn ich, der Herr, liebe das Recht / und hasse frevlerischen Raub.

Ich gebe ihnen in Treue ihren Lohn / und schließe einen ewigen Bund mit ihnen.

[9] Ihre Nachkommen werden unter den Völkern bekannt sein / und ihre Kinder unter den Nationen.

Alle, die sie sehen, werden eingestehen, / dass sie ein Geschlecht sind, das der Herr gesegnet hat.

[10] Darum will ich mich freuen über den Herrn, / jubeln soll meine Seele über meinen Gott.

Denn er hat mich mit den Gewändern des Heils bekleidet, / in den Mantel der Gerechtigkeit mich gehüllt,

wie ein Bräutigam sich den Kopfschmuck aufsetzt, / wie eine Braut sich schmückt mit ihrem Geschmeide.

[11] Denn wie die Erde Gewächse hervorbringt / und wie der Garten seine Saaten sprossen lässt,

so lässt Gott, der Herr, Gerechtigkeit sprossen / und Ruhm vor allen Völkern.

Die verherrlichte Gottesstadt

62 Um Zions willen darf ich nicht schweigen, / Jerusalems wegen nicht ruhen,

bis wie Lichtglanz seine Gerechtigkeit hervorbricht / und sein Heil brennt wie eine Fackel.

[2] Dann werden die Völker deine Gerechtigkeit schauen / und alle Könige deine Herrlichkeit

und man wird dich mit einem neuen Namen nennen, / den der Mund des Herrn bestimmen wird.

3 Du wirst eine prachtvolle Krone in der
Hand des Herrn sein, / ein königliches
Diadem in der Rechten deines Gottes.
4 Man wird dich nicht länger mehr
„Verlassene“ nennen / und dein Land
nicht mehr „Preisgegebene“,
sondern man wird dich „Meine Won-
ne“ heißen / und dein Land „Vermählte“.
Wird doch der Herr an dir (wieder)
Gefallen haben, / und dein Land wird
(wiederum) vermählt.
5 Denn wie der junge Mann sich mit der
Jungfrau vermählt, / so vermählt sich dein
Erbauer mit dir;
wie der Bräutigam sich freut über die
Braut, / so freut sich dein Gott über dich.
6 Über deine Mauern, Jerusalem, / habe
ich Wächter bestellt;
den ganzen Tag und die ganze Nacht /
sollen sie nicht schweigen.
Die ihr den Herrn erinnern solltet, /
gönnt euch keine Ruhe!
7 Lasst ihm keine Ruhe, / bis er Jerusa-
lem wiederherstellt / und zum Lobpreis
auf Erden macht!
8 Der Herr hat geschworen bei seiner
Rechten / und bei seinem starken Arm:
Nie mehr will ich dein Korn / deinen
Feinden zu essen geben,
nicht wieder sollen Fremde deinen Most
trinken, / um den du dich abgemüht hast.
9 Nein, wer es geerntet hat, soll es auch
essen / und den Herrn preisen;
und wer ihn gekeltert hat, / soll ihn
auch trinken / in meinen heiligen Vor-
höfen.
10 Zieht aus, zieht aus durch die Tore! /
Bahnt dem Volk den Weg!
Schüttet die Straße auf / und macht sie
von Steinen frei! / Pflanzt ein Feldzeichen
für die Völker auf!
11 Seht, der Herr lässt es verkünden / bis
an die Grenzen der Erde: / Sagt der Toch-
ter Zion:
Siehe, es kommt deine Rettung. / Siehe,
sein Lohn ist mit ihm / und sein Erwerb
geht vor ihm her.
12 Man nennt sie „Heiliges Volk“, / „Er-
löste des Herrn“.
Du aber wirst heißen: / „Gesuchte, nie
verlassene Stadt“.

Das Völkergericht: Der Keltertreter

63 Wer ist es, der von Edom kommt, /
in roten Kleidern von Bozra,
prangend in seinem Gewand, / aus-
schreitend in seiner strotzenden Kraft?
Ich bin es, der Gerechtigkeit redet / und
Macht besitzt zu retten.
2 Warum ist rot dein Gewand / und dein
Kleid wie das eines Keltertreters?
3 Die Kelter habe ich allein getreten, /
von meinem Volk war niemand bei mir.
Ich trat sie nieder in meinem Zorn /
und zerstampfte sie in meinem Grimm,
dass ihr Blut an meine Kleider spritzte /
und ich mein Gewand besudelte.
4 Denn ein Tag der Rache lag mir im
Sinn / und das Jahr der Erlösung war
gekommen.
5 Ich schaute aus, doch es fand sich kein
Helfer; / ich staunte, doch es fand sich
kein Beistand.
Da half mir mein eigener Arm / und
mein Grimm war meine Stütze.
6 So zertrat ich die Völker in meinem
Zorn / und zermalmte sie in meinem
Grimm. / Ich ließ ihr Blut zur Erde rinnen.

Klagen und Bitten

7 Die Huld des Herrn will ich preisen, / die
Ruhmestaten des Herrn / nach allem, was
der Herr uns getan,
und die reiche Güte, / die er uns erwie-
sen / in seinem Erbarmen und seiner gro-
ßen Huld.
8 Er sprach: Sie sind ja mein Volk, /
Söhne, die nicht treulos werden.
Darum wurde er ihr Retter / 9 in all ihrer
Drangsal.
Kein Bote und kein Engel, / sondern
sein Angesicht rettete sie.
In seiner Liebe und seinem Mitleid / hat
er sie erlöst,
hob sie auf und trug sie / alle Tage der
Vorzeit.
10 Sie aber empörten sich / und betrüb-
ten seinen heiligen Geist.
Da wandelt er sich in einen Feind / und
kämpfte selbst gegen sie.
11 Da dachten sie an die Tage der Vor-
zeit, / an die Zeit seines Knechtes Mose:
Wo ist der, der den Hirten seiner Her-
de / aus dem Meer herausgeführt hat?
Wo ist der, der seinen heiligen Geist / in
ihn gelegt hat,
12 der zur Rechten des Mose / seinen
herrlichen Arm gehen ließ,
der vor ihnen die Wasser spaltete, / um
sich einen ewigen Namen zu machen,

[13] der sie durch die Wasserflut schreiten
ließ, / wie Pferde durch die Steppe, / ohne
dass sie strauchelten.
[14] Wie das Vieh hinabsteigt ins Tal, / ließ
der Geist des Herrn sie zur Ruhe kommen.
So hast du dein Volk geleitet, / um dir
einen ruhmvollen Namen zu machen.
[15] Blicke vom Himmel herab und schau
nieder / von deiner heiligen und herrlichen Wohnung!
Wo ist dein Eifer und deine Macht, / das Beben deines Innern und dein Erbarmen? / Halte dich doch nicht von uns fern!
[16] Denn du bist unser Vater; / Abraham
weiß ja nicht um uns / und Israel kennt uns nicht.
Du bist unser Vater; / „Unser Erlöser seit Anbeginn" ist dein Name.
[17] Warum, Herr, hast du uns von deinen
Wegen abirren lassen / und unser Herz verhärtet, dass wir dich nicht mehr fürchten?
Wende dich wieder zu uns um deiner Knechte willen, / der Stämme deines Erbes!
[18] Warum sind Gottlose in dein Heilig-
tum eingedrungen, / warum haben unsere Feinde deine heilige Stätte zertreten?
[19] Uns geht es, als hättest du niemals
über uns geherrscht, / als wären wir nicht nach deinem Namen genannt worden.
Zerreiß doch den Himmel und steig herab, / so dass vor deinem Angesicht die Berge erbeben!

64 (Komm,) wie Feuer Reisig entzündet, / Feuer Wasser in Wallung bringt,
um deinen Namen deinen Feinden kundzutun / und die Völker vor deinem Angesicht erzittern zu lassen,
[2] indem du Wundertaten vollbringst, die
niemand erwartet / [3] und von denen seit
Urzeit niemand gehört hat.
Kein Ohr hat gehört, kein Auge hat gesehen, / dass es einen Gott gibt außer dir, / der für jene eintritt, die auf ihn hoffen.
[4] Kämst du doch jenen entgegen, die
Gerechtigkeit üben, / denen, die deiner Wege gedenken.
Siehe, du zürntest, wir aber sündigten weiter, / gegen dich wurden wir abtrünnig von Urzeit an.
[5] So sind wir alle wie Unreine gewor-
den, / unsere Gerechtigkeit gleicht einem besudelten Kleid.
Wir alle welkten dahin wie das Laub, / unsere Frevel trugen uns fort wie der Wind.
[6] Niemand rief deinen Namen an, / nie-
mand raffte sich auf, um sich an dir festzuhalten.
Denn du hattest dein Angesicht vor uns verborgen / und uns der Gewalt unserer Schuld überlassen.
[7] Und doch, Herr, du bist unser Vater; /
wir sind der Ton, du bist unser Töpfer; / das Werk deiner Hände sind wir alle.
[8] Zürne nicht allzu sehr, Herr, / und
gedenke nicht auf ewig unserer Schuld. / Siehe, blick her, wir alle sind dein Volk!
[9] Deine heiligen Städte sind zerstört, /
Zion ist zur Wüste geworden, Jerusalem zur Einöde.
[10] Das Haus, das uns Heiligtum und
Zierde war, / wo unsere Väter dich gepriesen haben,
ist ein Raub der Flammen geworden; / alles, was uns lieb war, liegt in Trümmern.
[11] Kannst du dabei noch an dich halten,
Herr, / kannst du schweigen und uns niederbeugen bis zum Übermaß?

Das Glück der Frommen und das Unglück der Bösen

65 Ich ließ mich fragen von denen, die nicht nach mir verlangten; / ich ließ mich finden von denen, die mich nicht suchten.
Ich sprach: Hier bin ich, hier bin ich! / zu einem Volk, das meinen Namen nicht mehr anrief.
[2] Ich habe allezeit meine Hände aus-
gebreitet, / nach einem widerspenstigen Volk,
nach solchen, die auf schlimmen Wegen / ihren eigenen Gedanken nachhängen,
[3] nach Leuten, die mich fort und fort /
ins Angesicht zum Zorn reizen,
indem sie in den Gärten opfern / und auf Ziegelsteinen Rauchopfer darbringen,
[4] die in Gräben hocken und in Felsen-
grüften nächtigen, / die Schweinefleisch verzehren / und deren Gefäße voll von unreiner Brühe sind,
[5] die da sagen: Komme mir nicht zu
nahe, / berühre mich nicht, sonst mache ich dich heilig!

Diese Menschen sind wie Rauch in
meiner Nase, / ein Feuer, das immerfort
lodert.
6 Seht, das liegt aufgeschrieben vor mir; /
ich werde nicht ruhen, bis ich ihnen
heimgezahlt habe / 7 ihre Sünden und die
Sünden ihrer Väter allesamt – spricht der
Herr –,
die auf den Bergen geräuchert und mich
auf den Höhen gelästert haben. / Ich
werde ihnen ihren Lohn in vollem Maß
heimzahlen.
8 So spricht der Herr: / Wie man von
einer Traube, in der sich Saft findet, / sagt:
Verdirb sie nicht, es ist Segen darin!,
so will ich um meiner Knechte willen
tun / und nicht das Ganze verderben.
9 Ich will aus Jakob Nachkommen her-
vorgehen lassen / und aus Juda einen
Erben meiner Berge.
Meine Auserwählten sollen das Land
besitzen / und meine Knechte darin woh-
nen.
10 Die Scharonebene soll zur Schafweide
werden / und das Achortal zum Lagerplatz
der Rinder / für mein Volk, das nach mir
fragt.
11 Ihr aber, die ihr den Herrn verlassen, /
die ihr meinen heiligen Berg vergessen
habt,
die ihr dem Glücksgott einen Tisch
gedeckt / und dem Schicksalsgott ein
Trankopfer eingeschenkt habt, / 12 euch
bestimme ich für das Schwert.
Zur Schlachtung müsst ihr euch alle
ducken, / weil ich rief und ihr keine Ant-
wort gabt, / weil ich sprach und ihr nicht
hören wolltet,
sondern tatet, was böse ist in meinen
Augen, / und erwähltet, was mir nicht
gefiel.
13 Darum – so spricht Gott, der Herr: /
Seht, meine Knechte werden essen, ihr
aber werdet hungern; / seht, meine
Knechte werden trinken, ihr aber werdet
dürsten;
seht, meine Knechte werden sich freu-
en, ihr aber werdet beschämt werden; /
14 seht, meine Knechte werden jubeln vor
Herzenslust,
ihr aber werdet schreien vor Herzens-
pein / und heulen vor Verzweiflung.
15 Ihr werdet euere Namen hinterlas-
sen / zum Fluchwort für meine Aus-
erwählten:
Ebenso töte dich Gott, der Herr! / Mei-
nen Knechten aber wird ein neuer Name
gegeben.
16 Wer sich im Land segnet, / wird sich
beim treuen Gott segnen;
wer schwört im Land, / wird beim
treuen Gott schwören.
Denn die früheren Nöte werden verges-
sen sein, / verschwunden vor meinen
Augen.
17 Denn ich will einen neuen Himmel
und eine neue Erde schaffen, / an das Frü-
here wird man nicht mehr denken, / es
kommt nicht mehr in den Sinn.
18 Vielmehr wird man sich freuen und
ohne Ende jubeln / über das, was ich
schaffe.
Denn seht, ich mache aus Jerusalem
Jubel / und aus meinem Volk Freude.
19 Ich selbst will über Jerusalem jubeln /
und mich über mein Volk freuen;
niemals mehr soll man darin verneh-
men / lautes Weinen und Wehklagen.
20 Dort wird es kein Kind mehr geben, /
das nur wenige Tage lebt,
und keinen Alten, / der nicht seine
Jahre voll auslebt.
Denn als jung wird gelten, wer als Hun-
dertjähriger stirbt, / und wer die hundert
Jahre nicht erreicht, gilt als verflucht.
21 Sie werden Häuser bauen und darin
wohnen, / Weinberge pflanzen und ihre
Frucht selbst genießen.
22 Nicht werden sie bauen und ein ande-
rer darin wohnen, / nicht werden sie
pflanzen und andere davon genießen.
Denn die Tage meines Volkes / werden
wie die Lebenstage eines Baumes sein.
Was ihre Hände erarbeitet haben, /
werden meine Auserwählten selbst ver-
brauchen.
23 Nicht umsonst werden sie sich
mühen / und nicht Kinder zu jähem Tod
gebären;
denn sie sind ein Geschlecht der Geseg-
neten des Herrn, / und ihre Sprösslinge
zusammen mit ihnen.
24 Bevor sie noch rufen, werde ich ihnen
antworten, / und während sie noch reden,
werde ich sie schon erhören.
25 Wolf und Lamm werden beieinander
weiden, / der Löwe wird Stroh fressen wie
das Rind / [und Staub wird die Speise der
Schlange sein].
Nicht werden sie Schaden und Unheil

stiften / auf meinem ganzen heiligen Berg,
spricht der Herr.

Die Vollendung des Gottesreiches

66 So spricht der Herr:
Der Himmel ist mein Thron / und
die Erde der Schemel meiner Füße.
Was für ein Haus wollt ihr mir bauen /
und welcher Art ist der Ort meiner Ruhe-
statt?
2 Hat doch alles dies meine Hand
gemacht, / alles dies gehört mir – Spruch
des Herrn.
Ich schaue auf den, der demütig und
zerknirschten Herzens ist, / auf den, der
zittert vor meinem Wort.
3 Man schlachtet Stiere, man tötet Men-
schen; / man opfert Schafe, man erwürgt
Hunde;
man bringt ein Speiseopfer dar und
auch Schweineblut; / man spendet Weih-
rauch und preist einen Götzen.
Wie diese ihre eigenen Wege sich
erwählen / und sich an ihren Gräueln
ergötzen,
4 so will auch ich meine Lust an ihrem
Unglück haben / und ich lasse über sie
kommen, wovor ihnen graut.
Denn ich rief und niemand gab mir
Antwort; / ich sprach und sie hörten nicht;
sie taten, was böse ist in meinen
Augen, / und erwählten, was mir nicht
gefällt.
5 Hört das Wort des Herrn, / die ihr zit-
tert vor seinem Wort!
Es sagten euere Brüder, die euch has-
sen, / die euch um meines Namens willen
geächtet haben:
Es möge doch der Herr seine Herr-
lichkeit offenbaren, / damit wir Zeugen
euerer Freude sind! / Doch sie werden
beschämt.
6 Horch, Lärm aus der Stadt! / Horch,
Lärm vom Tempel her! / Horch, der Herr
zahlt seinen Feinden heim!
7 Ehe sie noch kreißte, hat sie geboren; /
ehe noch Wehen über sie kamen, hat sie
ein Kind zur Welt gebracht.
8 Wer hat solches je gehört und wer je
solches gesehen? / Wird ein Land an
einem Tag zur Welt gebracht? / Wird denn
ein Volk auf einmal geboren?
Kaum ist Zion in Wehen, / hat es seine
Kinder schon geboren.
9 Sollte ich den Schoß öffnen, aber nicht
gebären lassen?, spricht der Herr. / Sollte
ich, der gebären lässt, den Schoß ver-
schließen?, spricht dein Gott.
10 Freut euch mit Jerusalem, / jubelt über
sie, ihr alle, die ihr sie liebt! / Jubelt und
freut euch, die ihr um ihretwillen getrauert
habt!
11 Saugt euch satt an ihrer tröstenden
Brust, / trinkt und labt euch an ihrer vol-
len Brust!
12 Denn so spricht der Herr: / Seht, wie
einen Strom leite ich den Frieden zu ihr
hin / und wie einen überflutenden Bach
den Reichtum der Völker.
Ihre Säuglinge wird man auf den Armen
tragen / und auf den Knien liebkosen.
13 Wie einen seine Mutter tröstet, will ich
euch trösten. / In Jerusalem sollt ihr
getröstet werden.
14 Ihr werdet es sehen und euer Herz
wird sich freuen / und ihr werdet auf-
sprossen wie frisches Gras.
So wird sich die Hand des Herrn an sei-
nen Knechten offenbaren, / seine Feinde
aber wird er bedrohen.
15 Denn seht, der Herr kommt im Feu-
er, / dem Sturmwind gleich sind seine
Wagen,
um in Glut seinen Zorn auszulassen /
und sein Schelten in lodernden Flammen.
16 Denn mit Feuer wird der Herr Gericht
halten / und mit dem Schwert über alle
Sterblichen / und zahlreich werden die
vom Herrn Erschlagenen sein.
17 Die sich weihen und sich reinigen bei
den Gärten / für einen, der in ihrer Mitte
steht,
die Schweinefleisch essen und Kriech-
tiere und Mäuse, / ihre Werke und ihre
Pläne werden zusammen hinweggerafft –
Spruch des Herrn.
18 Ich kenne ihre Taten und Gedanken
und komme, um alle Völker und alle Zun-
gen zu versammeln; sie werden kommen
und meine Herrlichkeit schauen. 19 Ich
stelle bei ihnen ein Zeichen auf; einige aus
ihnen, die entronnen sind, sende ich zu
den Völkern nach Tarschisch, Pul und
Lud, nach Meschech, Rosch, Tubal und Ja-
wan und zu den fernen Inseln, zu denen
noch keine Kunde von mir gedrungen ist
und die meine Herrlichkeit noch nicht ge-
schaut haben; sie werden unter den Völ-
kern meine Herrlichkeit verkünden. 20 Sie
werden alle euere Brüder aus allen Völ-

kern herbeiführen als Weihegabe für den
Herrn, auf Pferden, Wagen und Sänften,
auf Maultieren und Dromedaren zu mei-
nem heiligen Berg nach Jerusalem, spricht
der Herr, so wie die Kinder Israels das
Speiseopfer in reinen Gefäßen zum Haus
des Herrn zu bringen pflegen. 21 Und auch
aus ihnen will ich Priester und Leviten
nehmen, spricht der Herr. 22 Denn wie der
neue Himmel und die neue Erde, die ich
schaffe, vor mir Bestand haben – Spruch
des Herrn –, so wird euer Geschlecht und
euer Name bestehen. 23 An jedem Neu-
mond und an jedem Sabbat wird alles
Fleisch kommen, um vor mir anzubeten,
spricht der Herr.

24 Sie werden hinausgehen / und die Lei-
chen derer sehen, / die von mir abgefallen
sind.

Denn ihr Wurm stirbt nicht / und ihr
Feuer erlischt nicht; / sie werden ein
Abscheu sein für alles Fleisch.

Das Buch Jeremia

Überschrift

1 Worte Jeremias, des Sohnes Hilkijas,
aus der Priesterschaft in Anatot im
Land Benjamin, 2 an den das Wort des
Herrn erging in den Tagen des Königs Jo-
schija von Juda, des Sohnes Amons, im
dreizehnten Jahr seiner Regierung, 3 ferner
in den Tagen des Königs Jojakim von Juda,
des Sohnes Joschijas, bis zum Ende des elf-
ten Jahres des Königs Zidkija von Juda, als
die Einwohner Jerusalems in die Verban-
nung weggeführt wurden, im fünften Mo-
nat.

Das Gericht über Juda und Jerusalem

Die Berufung des Propheten

4 Das Wort des Herrn erging an mich:
5 Bevor ich dich im Mutterleib bildete,
habe ich dich erwählt; / bevor du aus dem
Mutterschoß hervorgingst, habe ich dich
geheiligt. / Zum Völkerpropheten habe ich
dich bestellt.
6 Da sagte ich: Mein Gott, mein Herr, ich
kann doch nicht reden, / ich bin noch so
jung.
7 Da sprach der Herr zu mir: / Sag nicht:
Ich bin noch so jung.
Nein, wohin immer ich dich sende,
dahin wirst du gehen, / und was immer ich
dir auftrage, das wirst du reden.
8 Fürchte dich nicht vor ihnen; / denn
ich bin mit dir, um dich zu retten – Spruch
des Herrn.
9 Darauf streckte der Herr seine Hand
aus und berührte meinen Mund. / Dann
sprach der Herr zu mir: / So lege ich meine
Worte in deinen Mund.
10 Siehe, ich setze dich heute über Völker
und Königreiche ein, / auszurotten und
niederzureißen, / zu verderben und zu
zerstören, / aufzubauen und einzupflan-
zen.
11 Darauf erging das Wort des Herrn an
mich: Was siehst du, Jeremia? Ich antwor-
tete: Einen Wachezweig sehe ich. 12 Da
sprach der Herr zu mir: Du hast richtig
gesehen. Ja, ich wache über mein Wort,
um es auszuführen.
13 Hierauf erging das Wort des Herrn
zum zweiten Mal an mich: Was siehst du?
Ich antwortete: Ich sehe einen siedenden
Kessel überkochen von Norden her. 14 Da
sprach der Herr zu mir: Von Norden her
ergießt sich das Unheil über alle Bewohner
des Landes.
15 Ja, ich biete alle Königreiche des Nor-
dens auf – Spruch des Herrn –, / und sie
werden kommen und jeder wird seinen
Thron aufschlagen vor den Toren Jerusa-
lems / und gegen alle seine Mauern rings-
um / und gegen alle Städte Judas.
16 Dann werde ich sie zur Rechenschaft
ziehen / wegen all ihrer Bosheit, weil sie
mich verlassen haben, / fremden Göttern
geopfert / und sich niedergeworfen haben
vor dem Werk ihrer Hände.
17 Du aber gürte deine Lenden, / tritt auf
und sage ihnen / alles, was ich dir auftrage.
Hab keine Angst vor ihnen, / damit ich
dir nicht Angst einjage vor ihren Augen.
18 Denn siehe, ich mache dich heute zu
einer festen Stadt / und zu einer eisernen
Säule und zu einer ehernen Mauer gegen
das ganze Land, / gegen die Könige Judas,
seine Beamten / und Priester und gegen
das Volk des Landes.
19 Sie werden Krieg gegen dich führen, /
aber sie werden dich nicht bezwingen. /
Denn ich bin mit dir, um dich zu retten –
Spruch des Herrn.

Der Abfall Israels

2 Das Wort des Herrn erging an mich:
2 Geh und rufe den Bewohnern Jerusa-
lems in die Ohren: So spricht der Herr:
Noch denke ich an die Treue deiner
Jugend, an die Liebe deiner Brautzeit. /
Wie du hinter mir herzogst in der Wüste,
im Land ohne Saat.

3 Damals war Israel heiliger Besitz des
Herrn, die Erstlingsgabe seiner Ernte. /
Alle, die davon aßen, mussten es büßen: /
Unheil kam über sie – Spruch des Herrn.
4 Hört das Wort des Herrn, ihr vom
Haus Jakob / und alle Geschlechter des
Hauses Israel!
5 So spricht der Herr: / Was haben euere
Väter an mir Unrechtes gefunden, / dass
sie von mir weggingen? / Dass sie hinter
dem Nichts herliefen und selbst zu nichts
wurden?
6 Sie fragten nicht mehr: Wo ist der
Herr, / der uns heraufgeführt hat aus dem
Land der Ägypter, / der uns in der Wüste
geleitet hat,
im Land der Steppen und Schluchten, /
im Land der Dürre und des Dunkels, /
einem Land, das kein Wanderer durch-
zieht / und in dem kein Mensch wohnt?
7 Ich aber brachte euch in fruchtbares
Gartenland, / damit ihr seine Frucht und
seine Güter genießen solltet.
Ihr seid eingezogen und habt mein
Land besudelt, / mein Eigentum zur Stätte
des Gräuels gemacht.
8 Die Priester fragten nicht: Wo ist der
Herr? / Die sich mit dem Gesetz befassen,
kannten mich nicht. / Die Hirten sind von
mir abgefallen.
Die Propheten haben im Namen des
Baal geweissagt, / und hinter Ohnmächti-
gen sind sie hergelaufen.
9 Darum muss ich noch weiter gegen
euch klagen – Spruch des Herrn – / und
gegen euere Kindeskindern Anklage erhe-
ben.
10 Geht doch hinüber zu den Inseln der
Kittäer und schaut, / schickt nach Kedar
und seht euch genau um / und seht, ob je
so etwas geschah:
11 Hat je ein Volk seine Götter ver-
tauscht? / Und das sind nicht einmal Göt-
ter! / Mein Volk aber hat seine Herrlich-
keit gegen Ohnmacht eingetauscht.
12 Entsetzt euch darüber, ihr Himmel, /
erschreckt, von gewaltigem Grauen
gepackt! – Spruch des Herrn.
13 Denn doppelt Schlimmes hat mein
Volk getan: / Mich haben sie verlassen,
den Quell lebendigen Wassers, / und
haben sich Zisternen gegraben, / rissige
Zisternen, die das Wasser nicht halten.
14 Ist Israel denn ein Sklave, als Leib-
eigener geboren? / Warum ist es zu einer
Beute geworden, / 15 über die die jungen
Löwen brüllen mit lautem Geheul?
Man hat sein Land zur Wüste
gemacht. / Seine Städte sind verbrannt.
Niemand wohnt mehr darin.
16 Selbst die von Memphis und Tach-
panhes haben dir den Scheitel kahl
geschoren. / 17 Verdankst du das nicht dei-
nem Abfall vom Herrn, deinem Gott?
18 Und was hast du jetzt noch in Ägypten
zu suchen, / um das Wasser des Nils zu
trinken?
Und was hast du in Assur zu suchen, /
um das Wasser des Eufrat zu trinken?
19 So wird deine Bosheit dich strafen /
und dein Abfall dich züchtigen,
dass du erkennst und einsiehst, wie böse
und bitter es ist, / den Herrn, deinen Gott,
verlassen zu haben
und um die Furcht vor mir dich nicht
mehr zu kümmern / – Spruch Gottes, des
Herrn der Heerscharen.
20 Seit unvordenklichen Zeiten hast du ja
dein Joch zerbrochen / und deine Bande
zerrissen / und gesagt: Ich will nicht die-
nen.
Aber auf jedem ragenden Hügel und
unter jedem grünen Baum / legst du dich
hin, um Unzucht zu treiben.
21 Und ich hatte dich doch als Edelrebe
gepflanzt, / als echten Steckling.
Wie hast du dich zum Wildling ver-
wandelt, / du entarteter Rebstock!
22 Denn wenn du dich auch mit Natron
wäschst / und viel Lauge dazu verwendest:
Deine Schuld bleibt als schmutziger
Flecken vor meinen Augen stehen / –
Spruch Gottes, des Herrn.
23 Wie kannst du da noch behaupten: Ich
habe mich gar nicht befleckt. / Ich bin
nicht hinter den Baalen hergelaufen.
Schau doch, wie du es treibst im Tal, /
sieh ein, was du getan hast.
Du leichtfüßige Kamelstute, die kreuz
und quer dahinrennt, / 24 die ausbricht in
die Wüste; / von ihrer Gier gehetzt,
schnappt sie nach Luft.
Wer kann ihre Leidenschaft dämmen? /
Wer immer sie sucht, hat keine Mühe; / er
trifft sie zur Zeit ihrer Brunst.
25 Gib Acht, dass deine Füße nicht bloß
sind, / dass deine Kehle nicht verdurstet.
Aber du sagst: Es ist unmöglich! Nein! /
Ich bin in die Fremden verliebt, ich muss
ihnen nach.

[26] Wie ein Dieb beschämt ist, wenn man ihn ertappt, / so müssen sich die vom Haus Israel schämen, / sie, ihre Könige und Beamten, ihre Priester und Propheten,

[27] die zum Holz sagen: Mein Vater bist du, / und zum Stein: Du hast mich geboren.

Denn mir haben sie den Rücken zugekehrt und nicht das Angesicht. / Aber wenn es ihnen schlecht geht, dann sagen sie: / Mach dich auf und hilf uns!

[28] Wo sind denn deine Götter, die du dir selbst gemacht hast? / Sie sollen sich erheben, wenn sie dir helfen können / zur Zeit deiner Not!

Denn so viel Städte du hast, Juda, so viele Götter hast du auch, / und so viel Gassen Jerusalem zählt, so viele Baalsaltäre gibt es dort.

[29] Warum klagt ihr mich an? / Ihr selbst seid alle von mir abgefallen – Spruch des Herrn.

[30] Vergeblich habe ich euere Kinder geschlagen. / Sie nahmen keine Zucht an.

Das Schwert hat euere Propheten gefressen / wie ein reißender Löwe.

[31] Sippschaft, die ihr seid, beachtet das Wort des Herrn: / Bin ich denn für Israel zur Wüste geworden, zum dunkeln Land?

Warum sagt mein Volk: Wir laufen hierhin und dorthin, / zu dir werden wir nicht mehr kommen?

[32] Vergisst denn eine Jungfrau ihren Schmuck, eine Braut ihren Gürtel? / Doch mein Volk hat mich vergessen schon ungezählte Tage.

[33] Wie gut verstehst du dich darauf, Liebschaften anzuknüpfen! / Darum hast du deine Wege sogar an Verbrechen gewöhnt.

[34] Findet man doch selbst am Saum deiner Kleider Blutspuren von Unschuldigen, / die du nicht etwa beim Einbruch überrascht hast!

[35] Und da behauptest du: Ich bin unschuldig. / Sein Zorn ist ja von mir gewichen.

Wahrhaftig, ich gehe mit dir ins Gericht, / weil du so frech behauptest: Ich habe nicht gesündigt.

[36] Du nimmst es allzu leicht, deinen Weg zu wechseln. / Auch von Ägypten wirst du enttäuscht werden, / wie du von Assur enttäuscht worden bist.

[37] Auch von dort wirst du abziehen müssen, / die Hände über dem Kopf.

Denn der Herr hat die verworfen, auf die du vertraust. / Darum wirst du kein Glück mit ihnen haben.

Die schwierige Bekehrung

3 Das Wort des Herrn erging an mich: Wenn ein Mann seine Frau entlässt, / und sie geht von ihm fort / und wird eines anderen Mannes Frau, / darf sie dann wieder zu ihm zurückkehren?

Würde da nicht das Land ganz entweiht? / Und du hast mit vielen Freunden gebuhlt, / und es sollte ein Zurück geben zu mir? – Spruch des Herrn.

[2] Blicke hinauf zu den Höhen und schau: / Wo bist du nicht geschändet worden?

Auf den Wegen hast du auf sie gewartet, / wie ein Araber in der Wüste; / du hast das Land besudelt mit deiner Unzucht und mit deiner Bosheit.

[3] Darum blieben die Regengüsse aus, / und kein Spätregen kam.

Doch du hattest die Stirn einer Dirne, / wolltest dich nicht schämen.

[4] Hast du nicht auch jetzt noch zu mir gerufen: / Mein Vater! Du bist doch der Vertraute meiner Jugend!

[5] Er wird doch nicht ewig zürnen, / ohne Ende böse sein?

So redest du und dabei verübst du Schlechtigkeiten / und bist noch stolz darauf.

Einladung an das Nordreich zur Umkehr

[6] Der Herr sprach zu mir in den Tagen des
Königs Joschija: Hast du gesehen, was Israel, die Abtrünnige, getan hat, wie sie auf
jeden hohen Berg ging und unter jedem
grünen Baum Unzucht trieb? [7] Ich dachte:
Wenn sie das alles getan hat, wird sie zu
mir zurückkehren. Aber sie kehrte nicht
zurück. Das sah die Treulose, ihre Schwester Juda. [8] Sie sah auch, dass ich Israel, die
Abtrünnige, gerade deshalb fortschickte,
weil sie die Ehe gebrochen hatte, und ihr
den Scheidebrief gab. Aber sie geriet nicht
in Furcht, ihre Schwester, Juda, die Treulose, sondern sie ging hin und trieb ebenfalls Unzucht. [9] Und schließlich war das
ganze Land entweiht durch ihre leichtfertige Buhlerei, trieb sie doch ehebrecherischen Umgang mit Stein und mit Holz.

10 Bei alldem kehrte auch Juda, die Treulo-
se, nicht mit ihrem ganzen Herzen zu mir
zurück, sondern es war nur Heuchelei –
Spruch des Herrn.
11 Auch sprach der Herr zu mir: Es hat
sich herausgestellt, dass Israel, die Abtrün-
nige, weniger schuldig ist als Juda, die
Treulose. 12 Geh also hin und rufe diese
Worte zum Norden hin und sprich:

Kehr zurück, Israel, du Abtrünnige –
Spruch des Herrn, / ich will dir nicht län-
ger böse sein, / denn ich bin gnädig –
Spruch des Herrn, / ich zürne nicht auf
ewig.

13 Aber erkenne deine Schuld, / dass du
dem Herrn, deinem Gott, die Treue
gebrochen hast,

indem du hin- und hergelaufen bist auf
der Suche nach den Fremden, / auf meine
Stimme aber nicht gehört hast – Spruch
des Herrn.

Das messianische Volk auf dem Zion

14 Kehrt zurück, abtrünnige Söhne – Spruch
des Herrn –, denn ich will euer Herr sein
und will euch herausholen, einen aus einer
Stadt und zwei aus einer Sippe, und will
euch nach Zion führen. 15 Dann gebe ich
euch Hirten nach meinem Herzen, die
euch mit Einsicht und mit Weisheit weiden
werden. 16 Wenn ihr euch dann in jenen Ta-
gen im Land vermehrt und fruchtbar seid –
Spruch des Herrn – dann wird man nicht
mehr rufen: Die Bundeslade des Herrn!
Man wird nicht mehr an sie denken, man
wird sich ihrer nicht mehr erinnern, sie
nicht vermissen und man wird keine neue
mehr anfertigen. 17 In jener Zeit wird man
Jerusalem „Thron des Herrn" nennen und
alle Völker werden sich dorthin begeben,
zum Namen des Herrn, und sie werden
nicht mehr dem Starrsinn ihres bösen Her-
zens folgen. 18 In jenen Tagen wird das Haus
Juda mit dem Haus Israel zusammengehen
und sie werden gemeinsam aus dem Nord-
land in das Land ziehen, das ich eueren Vä-
tern als Erbe gegeben habe.

Umkehr durch Buße

19 Ich hatte doch gedacht: / Ich will dich
gleich einem Sohn halten / und dir ein
liebliches Land verleihen, / den herrlichs-
ten Erbbesitz unter allen Völkern.

Denn ich dachte, du würdest mich Vater
nennen / und niemals mich verlassen.

20 Aber wie eine Frau, die ihres Lieb-
habers wegen die Treue bricht, / so hast
du, Haus Israel, mir die Treue gebrochen –
Spruch des Herrn.

21 Horch, auf den Höhen hört man
Stimmen, / flehentliches Weinen der
Söhne Israels,

weil sie krumme Wege gegangen sind, /
den Herrn, ihren Gott, vergessen haben.

22 Kehrt um, abtrünnige Söhne, / ich will
euch heilen von euerem Abfall!

Ja, hier sind wir, wir kommen zu dir; /
denn du bist der Herr, unser Gott.

23 Ja, wahrlich, trügerisch sind die
Hügel, / das lärmende Getümmel auf den
Bergen! / Wahrlich, nur im Herrn, unse-
rem Gott, ist Israels Heil!

24 Der Schandgötze hat seit unserer
Jugendzeit den Erwerb unserer Väter
gefressen, / ihre Schafe und Rinder, ihre
Söhne und Töchter.

25 Nun müssen wir uns in unsere
Schande betten / und uns bedecken mit
unserer Schmach,

weil wir gegen den Herrn, unseren Gott,
gesündigt haben, / wir und unsere Väter,
von unserer Jugend an bis auf den heuti-
gen Tag, / und weil wir nicht gehört haben
auf die Stimme des Herrn, unseres Gottes.

4 Wenn du zurückkehren willst, Israel –
Spruch des Herrn –, / darfst du zu mir
zurück.

Wenn du mir deine Scheusale aus den
Augen schaffst, / dann brauchst du nicht
mehr vor mir zu fliehen.

2 Wenn du wieder schwörst: So wahr der
Herr lebt, / aufrichtig, ehrlich und recht, /
dann werden in dir die Völker sich seg-
nen / und sich rühmen in dir.

3 Denn so spricht der Herr zu den Män-
nern von Juda und zu Jerusalem: / Pflügt
Neuland um und sät nicht auf Dornen!

4 Beschneidet euch für den Herrn und
entfernt die Vorhaut eueres Herzens, / ihr
Männer von Juda und ihr Bewohner Jeru-
salems.

Sonst wird mein Zorn ausbrechen wie
Feuer wegen euerer bösen Taten / und
brennen, ohne dass einer zu löschen ver-
mag.

Der Einfall des Feindes von Norden her

5 Verkündet in Juda, / macht es bekannt in
Jerusalem!

Stoßt in das Horn im Land, / schreit aus

vollem Hals und ruft: / Sammelt euch! Wir
müssen in die festen Städte ziehen!
6 Errichtet Wegzeichen auf: nach Zion! /
Flieht! Bleibt nicht stehen!
Denn ich führe Unheil heran vom Nor-
den her / und gewaltigen Zusammen-
bruch.
7 Der Löwe ist aus seinem Dickicht her-
vorgekrochen, / der Völkerwürger hat sich
aufgemacht,
er hat seine Behausung verlassen, / um
dein Land zur Wüste zu machen. / Deine
Städte sollen verbrannt werden, dass nie-
mand mehr darin wohnt.
8 Deshalb zieht den Sack an, klagt und
heult! / Denn die Zornesglut des Herrn ist
nicht von uns gewichen.
9 An jenem Tag wird es geschehen –
Spruch des Herrn –, / da schwindet dem
König der Mut / und der Mut den Fürsten,
die Priester werden erschaudern / und
die Propheten sich entsetzen.
10 Sie sagen: Gebieter und Herr, / du hast
wahrhaftig uns gründlich betrogen,
als du sagtest: Ihr werdet Frieden
haben. / Jetzt geht uns das Schwert ans
Leben.
11 In jener Zeit wird man zu diesem
Volk / und zu Jerusalem sagen:
Ein Glutwind von den Höhen kommt
aus der Wüste / über die Tochter meines
Volkes, / keiner zum Worfeln und keiner
zum Sieben!
12 Voller Sturm kommt auf meinen
Befehl. / Jetzt werde ich selbst das Urteil
über sie sprechen.
13 Schaut doch, wie Wetterwolken zieht
er herauf, / wie Sturmwind sind seine
Wagen, / schneller als Adler sind seine
Rosse. / Wehe uns, wir sind verloren!
14 Wasche dein Herz vom Bösen rein,
Jerusalem, / damit du gerettet wirst!
Wie lange noch sollen in deiner Brust /
frevelhafte Gedanken wohnen?
15 Horch, ein Bote von Dan! / Vom
Gebirge Efraim kündet man Unheil!
16 Ruft, berichtet nach Juda, / meldet in
Jerusalem:
Belagerer sind gekommen aus fernem
Land. / Sie erheben ihr Kriegsgeschrei
über die Städte Judas.
17 Wie Feldhüter haben sie es ringsum
eingeschlossen, / weil es sich gegen mich
aufgelehnt hat – Spruch des Herrn.
18 Dein Verhalten und deine Taten
haben dir das eingebracht. / Das ist deine
Bosheit, / was jetzt so bitter dich ins Herz
trifft.
19 Meine Brust! Meine Brust! Der
Schmerz zerreißt mich! / Die Wände mei-
nes Herzens! / Mein Herz tobt in mir!
Ich kann nicht schweigen! / Denn ich
höre das Blasen des Horns und das
Kriegsgeschrei.
20 Man meldet Zusammenbruch über
Zusammenbruch. / Verwüstet ist das
ganze Land.
In einem Augenblick waren meine
Hütten vernichtet, / im Nu meine Zelte.
21 Wie lange muss ich noch Kriegsfah-
nen sehen, / das Hörnerblasen hören?
22 Ja, töricht ist mein Volk; / mich ken-
nen sie nicht.
Unverständige Kinder sind sie, / ent-
behren aller Einsicht.
Weise sind sie, wenn es gilt, Böses zu
tun, / aber Gutes zu tun verstehen sie
nicht.
23 Ich blickte über die Erde hin: da war
nur Chaos; / zum Himmel hinauf: sein
Licht war erloschen.
24 Ich schaute zu den Bergen empor: sie
wankten, / und alle Hügel wurden
geschüttelt.
25 Ich schaute mich um: da war kein
Mensch mehr, / und alle Vögel des Him-
mels waren entflogen.
26 Ich blickte weiter: das Fruchtland war
Wüste, / und all seine Städte verbrannt.
Vom Herrn ging es aus, / von der Glut
seines Zornes.
27 Denn so spricht der Herr: / Zur Wüste
soll das ganze Land werden. / Aber völlig
vernichten will ich es nicht.
28 Darüber mag die Erde trauern / und
der Himmel droben sich in Dunkel hüllen.
Denn ich habe es gesagt und lass es
mich nicht gereuen. / Ich habe es
beschlossen und mache es nicht mehr
rückgängig.
29 Vor dem Lärm der Reiter und Bogen-
schützen / flüchtet das ganze Land.
In die Höhlen sind sie gelaufen, / im
Gestrüpp versteckt, / auf Felsen geklettert.
Alle Städte sind verlassen, / kein
Mensch mehr wohnt darin.
30 Und du, was tust du da, / dass du dich
in Scharlach kleidest,
mit Gold dich schmückst / und deine
Augen mit Schminke weitest?

Umsonst machst du dich schön. / Deine
Liebhaber haben dich satt. / Sie wollen an
dein Leben.
31 Ich höre Gejammer wie von einer, die
in Wehen liegt, / Geschrei wie von einer
Erstgebärenden!
Es ist die Stimme der Tochter Zion. / Sie
keucht vor Schrecken und breitet die
Hände aus: / Weh mir! Mein Leben sinkt
dahin, eine Beute der Mörder!

Gründe für das göttliche Gericht

5 Durchstreift die Gassen Jerusalems, /
seht euch um, überzeugt euch selbst,
sucht auf seinen Plätzen, / ob ihr einen
findet,
der recht tut, der Treue sucht, / dann
will ich ihr verzeihen – Spruch des Herrn.
2 Selbst wenn sie sagen: / So wahr der
Herr lebt, / dann schwören sie gewiss
einen Meineid.
3 Sind deine Augen nicht auf Treue
gerichtet, Herr? / Du hast sie geschlagen,
aber es tat ihnen nicht weh; / du hast sie
zermalmt, aber sie wollten keine Zucht
annehmen.
Sie haben eine Stirn, härter als Fels-
gestein; / sie wollen sich nicht bekehren.
4 Da dachte ich: Nur die geringen Leute
sind so, / sie handeln töricht.
Denn sie kennen nicht den Weg des
Herrn / und nicht das Recht ihres Gottes.
5 Ich will doch einmal zu den Großen
gehen / und mit ihnen reden.
Denn die kennen den Weg des Herrn /
und das Recht ihres Gottes.
Aber gerade sie haben alle miteinander
das Joch zerbrochen, / die Bande zerris-
sen.
6 Deshalb wird sie der Löwe aus dem
Wald schlagen, / der Steppenwolf wird sie
erwürgen.
Der Panther lauert vor ihren Städten, /
jeder, der herauskommt, wird zerrissen.
So zahlreich sind ihre Sünden, / so viel-
fach die Taten ihres Abfalls.
7 Warum sollte ich dir verzeihen? /
Deine Söhne haben mich verlassen / und
schwören bei Nichtgöttern.
Ich mache sie satt, dafür brechen sie die
Ehe / und treiben sich im Dirnenhaus
herum.
8 Feiste, geile Hengste sind sie, / jeder
wiehert nach der Frau seines Nächsten.
9 Und das sollte ich nicht ahnden –
Spruch des Herrn –, / an einem solchen
Volk sollte ich nicht Rache nehmen?
10 Steigt hinauf auf ihre Rebterrassen
und vernichtet sie! / Reißt ihre Ranken
herunter! / Denn sie gehören nicht dem
Herrn.
11 Denn treulos haben sie mich verlas-
sen, / die vom Haus Israel – Spruch des
Herrn.
12 Den Herrn verleugnen sie und sagen:
Es ist nichts mit ihm. / Es kommt kein
Unglück über uns, / Schwert und Hunger
bekommen wir nicht zu spüren.
13a Die Propheten sind nur Wind, / und
das Wort ist nicht in ihnen!
14a Darum spricht Gott, der Herr der
Heerscharen: / 13b So soll es ihnen gesche-
hen:
14b Weil sie solche Worte reden, / mache
ich jetzt meine Worte in deinem Mund zu
Feuer / und dieses Volk zu Brennholz, das
von ihm verzehrt wird.
15 Ja, ich bringe über euch ein Volk aus
der Ferne, / Haus Israel – Spruch des
Herrn der Heerscharen.
Ein unüberwindliches Volk ist es, / ein
Volk von uraltem Stamm,
ein Volk, dessen Sprache du nicht
kennst, / und du verstehst nicht, was es
spricht.
16 Sein Köcher ist ein offenes Grab. / Es
besteht aus lauter Helden.
17 Es wird deine Ernte und dein Brot
wegfressen, / deine Söhne und Töchter
wird es fressen,
aufzehren wird es deine Schafe und
Rinder, / deine Weinstöcke und deine Fei-
genbäume.
Es wird deine festen Städte zerschla-
gen, / auf die du dein Vertrauen setzt.
18 Aber auch in jenen Tagen – Spruch des
Herrn – werde ich euch nicht den Garaus
machen. 19 Und wenn sie dann fragen: Wa-
rum hat der Herr uns dies alles angetan?,
dann sollst du ihnen antworten: So wie ihr
mich verlassen und fremden Göttern ge-
dient habt in euerem eigenen Land, so
sollt ihr jetzt Fremden dienstbar sein in
einem Land, das euch nicht gehört.
20 Verkündet dies im Haus Jakob, / und
macht es bekannt in Juda:
21 Hör dies also, törichtes Volk ohne
Verstand, / das Augen hat und nicht
sieht, / Ohren hat und nicht hört.
22 Mich fürchtet ihr nicht? – Spruch des

Herrn –, / vor meinem Angesicht erbebt
ihr nicht?
Ich habe doch dem Meer die Düne als
Grenze gesetzt, / als ewige Schranke, die es
nicht überschreiten darf.
Mag es auch toben, es richtet nichts
dagegen aus, / mögen seine Wogen brau-
sen, sie kommen nicht darüber.
23 Aber dieses Volk hat einen trotzigen
und widerspenstigen Sinn. / Sie sind
abgefallen und sagten sich los.
24 Es fällt ihnen nicht ein zu sagen: / Wir
wollen doch den Herrn, unseren Gott,
fürchten,
der den Regen spendet, / den Frühregen
und Spätregen zu seiner Zeit, / der uns die
festgesetzten Erntewochen sichert.
25 Euere Sünden haben das verhindert, /
euere Missetaten haben den Segen von
euch fern gehalten.
26 Denn in meinem Volk finden sich
Übeltäter, / sie lauern geduckt wie Vogel-
steller,
Fallen stellen sie auf, / Menschen fan-
gen sie.
27 Wie ein Korb sich mit Vögeln füllt, /
so füllen sich ihre Häuser mit betrügerisch
erworbenem Gut.
Auf solche Weise sind sie hochgekom-
men und reich geworden, / 28 fett und feist.
Ja, sie lassen das Maß des Bösen über-
laufen / und setzen sich über das Recht
hinweg.
Sie schaffen der Waise nicht Recht vor
Gericht, / und für die Sache der Armen
treten sie nicht ein.
29 Und das sollte ich nicht ahnden –
Spruch des Herrn –, / an einem solchen
Volk sollte ich nicht meine Rache neh-
men?
30 Entsetzliche, abscheuliche Dinge
geschehen im Land. / 31 Die Propheten
weissagen Lüge,
und die Priester lehren auf eigene
Faust. / Und meinem Volk gefällt es so.
Aber was werdet ihr tun, / wenn das
Ende davon kommt?

Der Feind vor den Toren Jerusalems

6 Flieht, ihr Leute von Benjamin, / aus
Jerusalem fort!
Blast das Horn in Tekoa, / und in Bet-
Kerem errichtet ein Zeichen!
Denn Unheil droht vom Norden her /
und gewaltiger Zusammenbruch.
2 Die Liebliche, die Verzärtelte / ver-
nichte ich, die Tochter Zion.
3 Hirten werden zu ihr kommen mit
ihren Herden, / die werden ihre Zelte auf-
schlagen rings um sie, / und jeder wird
seinen Anteil abweiden.
4 Bereitet euch zum Kampf gegen sie! /
Auf, am Mittag steigen wir hinauf!
Wehe uns, schon neigt sich der Tag, /
die Abendschatten dehnen sich.
5 Auf, wir steigen bei Nacht hinauf / und
zerstören ihre Paläste!
6 Denn so hat der Herr der Heerscharen
gesprochen: / Fällt ihre Bäume, / und
schüttet einen Wall auf gegen Jerusalem.
Sie, die Stadt der Lüge, / alles in ihr ist
Bedrückung.
7 Wie ein Brunnen sein Wasser frisch
erhält, / so hält sie ihre Bosheit stetig
frisch.
Von Gewalt und Unrecht hört man in
ihr. / Ich sehe ständig vor Augen Krank-
heit und Wunde.
8 Lass dich warnen, Jerusalem, / damit
ich mich nicht von dir abwende,
damit ich dich nicht zur Wüste mache, /
zum unbewohnten Land.
9 So spricht der Herr der Heerscharen: /
Halte sorgfältige Nachlese – wie am
Weinstock – / am Rest von Israel;
leg deine Hand an / wie ein Winzer an
die Reben!
10 Zu wem soll ich denn reden / und
Mahnungen geben, dass sie darauf hören?
Sieh doch: Unbeschnitten sind ihre
Ohren, / sie können gar nicht hören.
Das Wort des Herrn ist ihnen doch nur
zum Spott. / Sie mögen es nicht.
11 Doch ich bin ganz angefüllt von der
Zornesglut des Herrn, / ich kann sie nicht
mehr in mir halten.
Gieße sie aus auf das Kind auf der Stra-
ße / und zugleich auf den fröhlichen Kreis
der jungen Männer.
Ob Mann oder Frau, in die Gefangen-
schaft müssen sie wandern, / der Alte und
der Hochbetagte.
12 Und ihre Häuser sollen in fremden
Besitz übergehen, / ihre Felder und auch
ihre Frauen.
Ja, ich strecke meine Hand aus / gegen
die Bewohner dieses Landes – Spruch des
Herrn.
13 Denn Klein und Groß, / jeder von
ihnen ist gierig nach Gewinn.

Prophet und Priester, / jeder übt Trug.

14 Und sie möchten den Schaden meines Volkes so leichthin heilen, / indem sie schreien: Heil! Heil! / Aber es gibt kein Heil!

15 Schämen müssen sie sich, / denn ein Gräuel ist, was sie tun.

Aber sie können nicht einmal mehr erröten. / Sie haben alle Scham verlernt.

Darum sollen sie fallen, wenn alles fällt, / zur Zeit ihrer Heimsuchung werden sie zu Boden stürzen – Spruch des Herrn.

16 So spricht der Herr: / Stellt euch an die Wege und haltet Ausschau, / fragt nach den uralten Pfaden,

welches der Weg zum Guten ist; diesen geht, / damit ihr Ruhe findet für euere Seele. / Aber sie haben geantwortet: Wir gehen ihn nicht.

17 Da habe ich ihnen Wächter bestellt: / Horcht auf das Blasen des Horns! / Aber sie haben geantwortet: Wir horchen nicht.

18 Darum hört ihr Völker, erkenne, Gemeinde, / was ich mit ihnen tun will.

19 Höre es, Erde! / Siehe, ich führe Unheil herbei über dieses Volk, / Frucht ihres Abfalls.

Denn auf meine Worte wollten sie nicht hören, / und mein Gebet verwarfen sie.

20 Was soll ich mit dem Weihrauch, der aus Saba kommt, / und mit dem köstlichen Gewürzrohr aus fernem Land?

An eueren Brandopfern habe ich keine Freude, / und euere Schlachtopfer mag ich nicht.

21 Darum – so spricht der Herr: / Wahrlich, ich werde diesem Volk Hindernisse in den Weg legen, / über die sie straucheln,

Väter und Söhne miteinander, / Nachbarn und Freunde gehen zugrunde.

22 So spricht der Herr: / Seht, ein Volk kommt aus dem Land hoch im Norden, / ein gewaltiges Volk macht sich auf von den Enden der Erde her.

23 Sie führen Bogen und Lanze, / grausam sind sie und ohne Erbarmen.

Ihr Lärmen gleicht dem Rauschen des Meeres, / auf Pferden reiten sie daher,

jeder Mann ist zum Kampf gerüstet / gegen dich, Tochter Zion!

24 Wir haben die Kunde gehört. / Unsere Hände sinken,

die Angst packt uns, / Zittern wie eine Gebärende.

25 Geht nicht aufs Feld hinaus! / Betretet die Straße nicht!

Denn da wütet das Schwert des Feindes, / Grauen ringsum.

26 Tochter, mein Volk, zieh den Sack an, / wälz dich im Staub,

stimm die Totenklage an wie um den einzigen Sohn, bitteres Klagen: / Wie jäh ist doch der Verwüster über uns gekommen!

27 Ich habe dich bestellt zum Prüfer meines Volkes, / damit du sein Verhalten erforschst und prüfst.

28 Alle miteinander sind Empörer, / laufen mit Verleumdungen herum. / Alle miteinander sind verdorben.

29 Der Blasbalg schnaubt, / damit das Blei vom Feuer aufgezehrt würde.

Umsonst hat der Schmelzer geschmolzen. / Die Bösen waren nicht auszuscheiden.

30 „Verworfenes Silber" soll man sie nennen. / Denn der Herr hat sie verworfen.

Die Tempelrede

7 Das Wort, das vom Herrn an Jeremia
erging: 2 Stell dich ins Tor des Hauses
des Herrn und verkünde dort dieses Wort
und sprich: Hört das Wort des Herrn, alle
Leute von Juda, die ihr durch diese Tore
eintretet, um den Herrn anzubeten. 3 So
spricht der Herr der Heerscharen, der
Gott Israels: Bessert euer Verhalten und
euer Tun, dann will ich mit euch wohnen
an diesem Ort. 4 Vertraut aber nicht auf die
Lügenworte: Der Tempel des Herrn, der
Tempel des Herrn, der Tempel des Herrn
ist hier! 5 Denn nur wenn ihr ernsthaft euer
Verhalten und euer Tun bessert, wenn ihr
wirklich untereinander Recht tut, 6 wenn
ihr Fremde, Witwen und Waisen nicht bedrückt, kein unschuldiges Blut vergießt an
diesem Ort und keinen fremden Göttern
nachlauft zu euerem eigenen Unglück,
7 dann will ich bei euch wohnen an diesem
Ort, in dem Land, das ich eueren Vätern
gegeben habe seit langem und für immer.
8 Aber seht, ihr setzt euer Vertrauen auf
Lügenworte, die euch nichts helfen. 9 Ja,
stehlen, morden, ehebrechen, falsche Eide
schwören, dem Baal opfern und fremden
Göttern nachlaufen, die euch nichts angehen, 10 und dann kommt ihr und stellt euch
vor mich hin in diesem Haus, über dem
mein Name ausgerufen ist, und sagt: Wir

sind in Sicherheit!, um dann von neuem
alle diese Gräueltaten zu verüben. 11 Ist
denn dieses Haus da, über dem mein Name
ausgerufen ist, in eueren Augen eine Räu-
berhöhle? Gut, dann sehe ich es auch so –
Spruch des Herrn. 12 Geht doch nur einmal
an meine Stätte in Schilo, wo ich früher
meinen Namen habe wohnen lassen, und
schaut, was ich daraus gemacht habe we-
gen der Bosheit meines Volkes Israel.
13 Und jetzt, weil ihr ganz dieselben Taten
begangen habt – Spruch des Herrn –, ob-
wohl ich unermüdlich zu euch gesprochen
habe, ohne dass ihr darauf gehört, und
euch gerufen habe, ohne dass ihr Antwort
gegeben habt, 14 jetzt werde ich mit dem
Haus, über dem mein Name ausgerufen ist
und auf das ihr euere Hoffnung setzt, und
mit der Stätte, die ich euch und eueren Vä-
tern gegeben habe, so verfahren, wie ich
mit Schilo verfuhr. 15 Ich werde euch von
meinem Angesicht verstoßen, wie ich alle
euere Brüder verstoßen habe, das ganze
Geschlecht Efraims.

Fremde Götter

16 Du aber sollst nicht für dieses Volk beten
und mich nicht seinetwegen anflehen und
in mich dringen. Denn ich höre doch nicht
auf dich. 17 Siehst du denn nicht, was sie in
den Städten Judas und in den Straßen Je-
rusalems treiben? 18 Die Kinder sammeln
Holz, die Väter zünden das Feuer an, und
die Frauen kneten Teig, um der Himmels-
königin Kuchen zu backen; man bringt
fremden Göttern Trankopfer dar, um mich
zu kränken. 19 Kränken sie aber mich dabei
– Spruch des Herrn – und nicht vielmehr
sich selbst, zu ihrer eigenen Schande?
20 Darum – so spricht Gott, der Herr: Seht,
mein Zorn und mein Grimm ergießt sich
über diesen Ort, über Mensch und Vieh,
über die Bäume auf dem Feld und über
die Frucht des Ackers; er brennt und er-
lischt nicht.

Verfehlte Kultpraxis

21 So spricht der Herr der Heerscharen, der
Gott Israels: Häuft nur Brandopfer auf
Schlachtopfer und esst Opferfleisch!
22 Denn ich habe eueren Vätern, als ich sie
aus dem Land Ägypten herausführte,
nichts gesagt und nichts befohlen über
Brand- und Schlachtopfer. 23 Aber das Ge-
bot habe ich ihnen gegeben: Hört auf mei-
ne Stimme, dann will ich euer Gott sein
und ihr sollt mein Volk sein. Geht ganz
auf dem Weg, den ich euch befohlen habe,
damit es euch wohl ergeht. 24 Sie haben je-
doch nicht gehorcht und neigten mir ihr
Ohr nicht zu, sondern sie folgten ihrem
verstockten, bösen Herzen und kehrten
mir den Rücken zu und nicht das Ange-
sicht. 25 Von den Tagen an, als ihre Väter
das Land Ägypten verließen, bis auf den
heutigen Tag habe ich alle meine Knechte,
die Propheten, zu ihnen gesandt, Tag für
Tag, unermüdlich. 26 Aber sie hörten nicht
auf mich und neigten mir ihr Ohr nicht
zu, sondern sie versteiften ihren Nacken
noch schlimmer als ihre Väter. 27 Und
wenn du ihnen all diese Worte sagst, sie
werden nicht auf dich hören; rufst du sie,
so geben sie dir keine Antwort. 28 So sage
zu ihnen: Das ist das Volk, das nicht auf
die Stimme des Herrn, seines Gottes, hört
und keine Zucht annimmt. Verloren ist
die Treue, ausgerottet aus ihrem Mund.

Tod und Exil für Kinderopfer und Götzendienst

29 Schneide ab dein langes Haar und wirf es
weg! Stimme Klage an auf den Höhen!
Denn der Herr hat das Geschlecht, dem
er zürnt, verschmäht und verworfen.
30 Haben doch die Kinder Judas getan, was
mir zuwider ist – Spruch des Herrn. Sie
haben ihre Scheusale aufgestellt in dem
Haus, über dem mein Name ausgerufen
ist, um es zu entweihen. 31 Und sie haben
die Opferstätte des Tofet im Tal Ben-Hin-
nom gebaut, um ihre Söhne und Töchter
im Feuer zu verbrennen, was ich ihnen
nicht befohlen habe und was mir nie in
den Sinn gekommen ist. 32 Seht, darum
kommen Tage – Spruch des Herrn –, da
wird man nicht mehr vom Tofet reden
oder vom Tal Ben-Hinnom, sondern vom
Mordtal, und man wird im Tofet begra-
ben, weil sonst kein Platz mehr ist.
33 Dann werden die Leichen dieses Volkes
den Vögeln des Himmels und den Tieren
des Feldes zum Fraß dienen, ohne dass je-
mand sie verjagt. 34 Ich bringe in den Städ-
ten Judas und in den Straßen Jerusalems
jeden Freudenlaut und jede Äußerung der
Fröhlichkeit, die Stimme des Bräutigams
und die Stimme der Braut zum Verstum-
men. Denn das Land wird zur Wüste wer-
den.

8 In jener Zeit – Spruch des Herrn –
wird man die Gebeine der Könige Ju-
das und die Gebeine seiner Beamten, die
Gebeine der Priester, die Gebeine der Pro-
pheten und die Gebeine der Bewohner Je-
rusalems aus ihren Gräbern herausholen
2 und vor der Sonne hinbreiten und vor
dem Mond und dem ganzen Heer des
Himmels, die sie geliebt und denen sie ge-
dient haben und hinter denen sie her-
gelaufen sind, die sie um Hilfe angegangen
und angebetet haben. Man wird sie nicht
mehr zusammenlesen und nicht mehr be-
graben. Als Dünger werden sie auf dem
Erdboden liegen. 3 Und dem ganzen Rest,
allen, die übrig bleiben von diesem bösen
Geschlecht an all den Orten, wohin ich sie
verstoße, wird der Tod lieber sein als das
Leben – Spruch des Herrn der Heerscha-
ren.

Israels Verblendung

4 Sage zu ihnen: So spricht der Herr:
Steht denn nicht jeder wieder auf, der
hingefallen ist? / Kehrt nicht jeder wieder
um, der einen verkehrten Weg eingeschla-
gen hat?
5 Warum hat sich dieses Volk / ein für
alle Mal abgekehrt?
Warum halten sie fest am Trug, / wei-
gern sich, umzukehren?
6 Ich habe aufgepasst und hingehorcht: /
Sie reden kein rechtes Wort.
Kein Einziger bereut seine Bosheit, /
dass er spräche: Was habe ich getan?
Alle miteinander haben sich abgekehrt
und jagen davon / wie ein Pferd, das in die
Schlacht stürmt.
7 Selbst der Storch am Himmel droben
kennt seine Zeiten, / auch Turteltaube und
Schwalbe und Drossel halten die Zeit ihrer
Wiederkunft ein. / Aber mein Volk kennt
nicht das Recht des Herrn.
8 Wie könnt ihr behaupten: Wir sind
weise, / wir haben doch das Gesetz des
Herrn?
Ja wahrlich, der Lügengriffel des
Schreibers / hat es zur Lüge gemacht.
9 Zuschanden werden die Weisen, / in
Schrecken werden sie geraten und sich
verfangen.
Haben sie doch das Wort des Herrn
verschmäht, / und ihre Weisheit – was
nützt sie ihnen?
10 Darum gebe ich euere Frauen den
Fremden preis / und euere Felder Erobe-
rern.
Denn Klein und Groß, / jeder von ihnen
ist gierig nach Gewinn.
Prophet und Priester, / jeder übt Trug.
11 Und sie möchten den Schaden mei-
nes Volkes so leichthin heilen, / indem
sie schreien: Heil! Heil! Aber es gibt kein
Heil!
12 Schämen müssen sie sich, denn ein
Gräuel ist, was sie tun. / Aber sie können
nicht einmal mehr erröten. / Sie haben alle
Scham verlernt.
Darum sollen sie fallen, wenn alles
fällt, / zur Zeit ihrer Heimsuchung werden
sie stürzen, spricht der Herr.

Drohende Kriegsnot

13 Will ich Ernte bei ihnen halten – Spruch
des Herrn –, / so sind keine Trauben am
Weinstock,
keine Feigen am Feigenbaum und das
Laub ist welk. / Darum gab ich ihnen Ver-
wüster, die sie verwüsten.
14 Was bleiben wir noch ruhig sitzen?
Sammelt euch! / Wir wollen in die festen
Städte ziehen und dort untergehen!
Denn der Herr, unser Gott, hat uns ja
doch dem Untergang preisgegeben. / Er
tränkt uns mit Giftwasser, weil wir gegen
ihn gesündigt haben.
15 Man harrt auf Heil, aber es kommt
nichts Gutes, / auf die Zeit der Heilung,
aber da ist nur Schrecken.
16 Von Dan her vernimmt man das
Schnauben seiner Pferde. / Vom lauten
Gewieher seiner Hengste erbebt das ganze
Land.
Sie kommen und fressen das Land mit
allem, was darauf wächst, / die Stadt mit
allen, die darin wohnen.
17 Ja, seht, ich lasse giftige Schlangen auf
euch los, / gegen die es keine Beschwörung
gibt, / sie werden euch beißen – Spruch
des Herrn –, unheilbar.

Prophetisches Mitleid

18 Schmerz überfällt mich, / mein Herz
versagt.
19 Horch, der Klageschrei der Tochter,
meines Volkes, / allüberall im Land:
Ist der Herr nicht mehr in Zion? / Sein
König nicht mehr dort? / [Warum haben
sie mich geärgert durch ihre Bilder, /
durch die nichtigen fremden Götzen?]

20 Die Ernte ist vorüber, der Herbst ist
vorbei, / und uns ist nicht geholfen.
21 Der Zusammenbruch der Tochter,
meines Volkes,
lässt mich zusammenbrechen. / Ich bin
voll Trauer, Entsetzen hält mich umfasst.
22 Gibt es denn keinen Balsam in Gilead, / ist dort kein Arzt?
Ja, warum kommt sie nicht, / die Heilung der Tochter, meines Volkes?
23 Dass doch mein Haupt zu Wasser
würde / und mein Auge zum Tränenquell.
Dann würde ich Tag und Nacht weinen / über die Erschlagenen der Tochter,
meines Volkes.

Klage über Juda

9 Hätte ich doch in der Wüste eine
Herberge, / dann verließe ich mein
Volk und zöge fort von ihm.
Denn es sind lauter Ehebrecher, / eine
treulose Gesellschaft.
2 Sie spannen ihre Zunge wie einen
Bogen; / Lüge und nicht Wahrheit hat die
Oberhand im Land.
Sie schreiten von Bosheit zu Bosheit, /
aber den Herrn kennen sie nicht – Spruch
des Herrn.
3 Hütet euch voreinander, / und keiner
traue seinem Bruder.
Denn jeder Bruder betrügt, / und jeder
Freund verbreitet Verleumdung.
4 Einer hintergeht den anderen, / sie
reden kein wahres Wort.
Sie haben ihre Zunge eingeübt zum
Lügenreden, / sie sind gründlich verdorben, sie können nicht mehr umkehren.
5 Gewalt auf Gewalt, Trug auf Trug. / Sie
wollen den Herrn nicht kennen.
6 Darum – so spricht der Herr der Heerscharen: / Wahrlich, ich werde sie
schmelzen und prüfen; / wie sollte ich
sonst mit ihrer Bosheit verfahren?
7 Ihre Zunge gleicht einem tödlichen
Pfeil, / Trug sind die Worte ihres Mundes.
Heil sagt man zu seinem Nächsten, /
aber im Herzen stellt man ihm eine Falle.
8 Sollte ich sie dafür nicht bestrafen –
Spruch des Herrn –, / sollte ich nicht
Rache nehmen an einem solchen Volk?
9 Fangt an zu weinen und zu klagen über
die Berge, / und über die Weidegründe
singt den Totengesang.
Denn sie sind verheert, kein Mensch
zieht mehr hindurch, / und sie hören das
Blöken der Herden nicht mehr.
Von den Vögeln in der Luft bis zum
Vieh / ist alles entflohen, verschwunden.
10 Ich mache aus Jerusalem einen Steinhaufen, / eine Wohnung für Schakale.
Die Städte Judas mache ich zur Einöde, / in der niemand wohnt.
11 Wo ist der weise Mann, der das einsieht und kundtut, was der Mund des
Herrn zu ihm spricht: warum das Land
zugrunde geht, verheert ist wie eine Wüste, die niemand durchwandert?
12 Der Herr
sprach: Weil sie mein Gesetz verlassen haben, das ich ihnen gegeben habe, und weil
sie nicht auf meine Stimme gehört und
sich nicht danach gerichtet haben,
13 sondern ihrem verstockten Sinn gefolgt und
den Baalen nachgelaufen sind, wie ihre
Väter sie gelehrt haben.
14 Darum – so
spricht der Herr der Heerscharen, der
Gott Israels: Ich will ihnen Wermut zum
Essen geben und Giftwasser zum Trinken.
15 Ich will sie unter die Völker zerstreuen,
von denen weder sie noch ihre Väter etwas
wussten. Und hinter ihnen her werde ich
das Schwert senden, bis ich sie vernichtet
habe.
16 So spricht der Herr der Heerscharen: /
Auf! Ruft die Klageweiber, dass sie kommen! / Sendet nach weisen Frauen, dass
sie kommen!
17 Schnell, sie sollen ein Klagelied über
uns anstimmen, / dass unsere Augen in
Tränen zerfließen, / von unseren Wimpern das Wasser rinnt.
18 Horch, man hört Klagegesang von
Zion her: / Wie sind wir misshandelt worden, in maßlose Schande geraten! / Denn
wir müssen das Land verlassen, / unsere
Wohnungen preisgeben.
19 Ja, hört das Wort des Herrn, ihr Frauen, / und euer Ohr vernehme das Wort
seines Mundes.
Lehrt euere Töchter den Klagegesang /
und eine die andere das Totenlied:
20 Der Tod stieg ein in unsere Fenster, /
drang ein in unsere Paläste.
Er raffte hinweg das Kind von der Straße / und die jungen Männer von den Plätzen.
21 Die Leichen der Leute liegen umher /
wie Mist auf dem Acker
und wie Garben hinter dem Schnitter; /
niemand ist da, der sie sammelt.

22 So spricht der Herr:
Der Weise rühme sich nicht seiner
Weisheit, / und der Starke rühme sich
nicht seiner Kraft, / und der Reiche rühme
sich nicht seines Reichtums.
23 Sondern dessen soll sich rühmen, wer
sich rühmen will: / Einsicht zu haben und
mich zu erkennen,
dass ich der Herr bin, / der Gnade,
Recht und Gerechtigkeit walten lässt auf
Erden. / Ja, an solchen habe ich Wohl-
gefallen – Spruch des Herrn.
24 Wahrlich, es werden Tage kommen –
Spruch des Herrn –, da werde ich jeden,
der an der Vorhaut beschnitten ist, zur Re-
chenschaft ziehen: 25 Ägypten, Juda und
Edom, die Söhne Ammons, Moab und alle
mit gestutztem Haar, die in der Wüste
wohnen. Denn alle diese Völker sind un-
beschnitten und auch das ganze Haus Is-
rael ist unbeschnittenen Herzens.

Die Götzenbilder und der wahre Gott

10 Hört das Wort, das der Herr zu
euch spricht, ihr vom Haus Israel.
2 So spricht der Herr:
Gewöhnt euch nicht an den Weg der
Völker / und lasst euch nicht in Schrecken
setzen durch die Zeichen des Himmels. /
Davor erschrecken die Völker.
3 Denn der Schrecken der Völker ist ein
reines Nichts, / ist nur Holz, das man im
Wald gefällt hat,
ein Werk von Künstlerhänden, / mit
dem Schnitzmesser verfertigt,
4 geschmückt mit Silber und Gold, /
befestigt mit Nägeln und Hammer, damit
es nicht wackelt.
9 Dünn gehämmertes Silber aus Tar-
schisch und Gold aus Ofir, / Arbeit des
Schnitzers und der Goldschmiedehand,
mit blauem und rotem Purpur beklei-
det, / das Werk von Künstlern allesamt.
5 Vogelscheuchen im Gurkenfeld glei-
chen sie, / vermögen nicht zu reden.
Man muss sie tragen, denn selbst kön-
nen sie nicht gehen. / Fürchtet sie nicht,
sie können euch nichts Böses zufügen. /
Aber auch Gutes zu tun steht nicht in ihrer
Gewalt.
6 Niemand, Herr, ist wie du! Du bist
groß, / und groß an Kraft ist dein Name.
7 Wer sollte dich nicht fürchten, du
König der Völker? / Ja, dir gebührt es.
Denn unter allen Weisen der Völker / in
all ihren Reichen kommt keiner dir gleich.
8 Sind sie doch alle miteinander dumm
und töricht. / Die Lehre der Götzen – Holz
ist es.
10 Der Herr aber ist wahrer Gott. / Er ist
der lebendige Gott und der ewige König.
Vor seinem Zorn erbebt die Erde, / und
die Völker halten seinen Grimm nicht aus.
11 Von jenen aber sollt ihr sagen: / Die
Götter, die Himmel und Erde nicht
gemacht haben, / sollen verschwinden von
der Erde und unter dem Himmel.
12 Er ist es, der die Erde erschaffen hat in
seiner Kraft, / der in seiner Weisheit das
Festland gegründet / und in seiner Ein-
sicht den Himmel ausgespannt hat.
13 Lässt er seine Donnerstimme erschal-
len, / so antwortet Wassergebraus am
Himmel,
und Wolken führt er herauf vom Ende
der Erde. / Er schleudert Blitze zum
Regen, / lässt die Winde aus seinen Kam-
mern hervorgehen.
14 Da steht jedem Menschen der Ver-
stand still, er kann es nicht begreifen. /
Und jeder Goldschmied muss sich seines
Bildwerks schämen.
Denn seine Bilder sind Trug, / sie haben
keinen Lebensatem.
15 Ein Nichts sind sie, ein lächerliches
Machwerk. / Zur Zeit ihrer Heimsuchung
werden sie zugrunde gehen.
16 Ganz anders als diese ist Jakobs
Anteil. / Denn er ist der Schöpfer des Alls,
und Israel ist der Stamm seines Erb-
teils. / Herr der Heerscharen ist sein
Name.

Panik im Land

17 Packt euere Habe zusammen, / ihr
Bewohner der belagerten Stadt.
18 Denn so hat der Herr gesprochen: /
Siehe, diesmal schleudere ich die Bewoh-
ner des Landes hinaus / und führe sie in
Bedrängnis, damit sie mich finden.
19 Wehe mir! Welch ein Schlag! /
Unheilbar meine Wunde!
Und ich hatte gedacht: Das ist nur / eine
Krankheit, die ich ertragen kann.
20 Nun ist mein Zelt zerstört, / und alle
meine Zeltstricke sind zerrissen.
Meine Kinder haben mich verlassen: /
sie sind nicht mehr.

Keiner wird mehr mein Zelt aufrich-
ten / und meine Zeltdecken ausspannen.
21 Ja, die Hirten haben den Verstand
verloren / und nicht nach dem Herrn
gesucht.
Deshalb haben sie kein Glück gehabt, /
und ihre ganze Herde ist zerstreut.
22 Horch! Eine Kunde! Schon ist es da! /
Ein gewaltiges Getöse aus dem Land im
Norden,
um aus den Städten Judas eine Einöde
zu machen, / eine Behausung für Schakale.

Gebet Jeremias

23 Ich weiß es, Herr, dass des Menschen
Weg nicht in seiner Gewalt steht / und
dass es dem Menschen nicht gegeben ist,
seinen Gang zu bestimmen und seine
Schritte zu lenken.
24 Züchtige mich, Herr, aber mit Maß, /
nicht in deinem Zorn, damit du mich
nicht elend machst.
25 Gieße deinen Zorn aus über die Völ-
ker, die dich nicht kennen, / und über die
Geschlechter, die Deinen Namen nicht
anrufen.
Denn sie haben Jakob gefressen und
aufgezehrt / und seine Wohnstätte zur
Wüste gemacht.

Bundesbruch

11 Das Wort, das vom Herrn an Jere-
mia erging: 2 Hört die Worte dieses
Bundes! Verkündige sie den Leuten Judas
und den Bewohnern Jerusalems, 3 und sage
zu ihnen: So spricht der Herr, der Gott Is-
raels: Verflucht sei der Mensch, der auf die
Worte dieses Bundes nicht hört, 4 die ich
eueren Vätern befohlen habe, als ich sie
aus dem Land Ägypten, dem Schmelzofen
des Eisens, herausführte und ihnen sagte:
Hört auf meine Stimme und handelt ge-
nau so, wie ich euch befohlen habe. Dann
seid ihr mein Volk und ich werde euer
Gott sein, 5 damit ich den Eid aufrecht-
erhalten kann, den ich eueren Vätern ge-
schworen habe, ihnen ein Land zu geben,
das von Milch und Honig fließt, wie es
heute der Fall ist. Ich antwortete: Ja, Herr.
6 Und der Herr sprach weiter zu mir: Ver-
kündige diese Worte in den Städten Judas
und in den Gassen Jerusalems: Hört auf
die Worte dieses Bundes und haltet sie!
7 Denn mit aller Eindringlichkeit habe ich
eueren Vätern eingeschärft, als ich sie aus
dem Land Ägypten herausführte, und bis
auf den heutigen Tag habe ich es ihnen im-
mer wieder eingeschärft: Hört auf meine
Stimme! 8 Aber sie haben nicht gehört und
ihr Ohr nicht geneigt, sondern jeder folgte
dem Starrsinn seines bösen Herzens, und
so ließ ich alle Worte dieses Bundes über
sie kommen, die zu halten ich ihnen gebo-
ten habe, die sie aber nicht gehalten haben.
9 Der Herr sprach zu mir: Es besteht eine
Verschwörung unter den Leuten Judas
und unter den Bewohnern Jerusalems.
10 Sie sind zu den Sünden ihrer Vorfahren
zurückgekehrt, die sich weigerten, auf
meine Worte zu hören. So laufen auch sie
fremden Göttern nach und dienen ihnen.
Das Haus Israel und das Haus Juda haben
meinen Bund gebrochen, den ich mit
ihren Vätern geschlossen habe.
11 Darum – so spricht der Herr: Siehe,
ich werde Unheil über sie bringen, dem
sie nicht entrinnen können, und wenn sie
zu mir schreien, werde ich nicht auf sie
hören. 12 Dann mögen die Städte Judas
und die Bewohner Jerusalems hingehen
und zu ihren Göttern schreien, denen sie
opferten, aber helfen werden sie ihnen
doch nicht in der Zeit ihrer Not. 13 Denn
so viel Städte du hast, so viel Götter hast
du auch, Juda, und so viel Gassen es in
Jerusalem gibt, ebenso viele Altäre habt
ihr aufgestellt, um dem Baal zu opfern.
14 Du aber sollst für dieses Volk nicht beten
und nicht flehentliche Fürbitte für sie ein-
legen; denn ich werde doch nicht hören,
wenn du in der Zeit ihrer Not zu mir rufst.
15 Was sucht mein Liebling in meinem
Haus? Schurkerei ist sein Handeln. Wer-
den Gelübde und Opferfleisch dein Un-
glück von dir abwenden, sodass du dann
jubeln könntest? 16 Einen frischgrünen Öl-
baum von schönem Wuchs, so hat der
Herr dich genannt. Wenn das große
(Kriegs-)Getöse erschallt, legt er Feuer an
sein Laubwerk, da verbrennen seine Zwei-
ge. 17 Der Herr der Heerscharen, der dich
gepflanzt hat, hat Unheil über dich aus-
gesprochen wegen der Bosheit, die das
Haus Israel und das Haus Juda verübt ha-
ben, um mich zu kränken, indem sie dem
Baal räucherten.

Mordpläne gegen den Propheten

18 Der Herr ließ es mich wissen und so
wusste ich es. Damals öffnetest du, Herr,

meine Augen für ihr Tun. 19 Ich war wie
ein argloses Lamm, das zur Schlachtbank
geführt wird, und hatte nicht gemerkt, was
sie gegen mich planten: Lasst uns den
Baum im Saft vernichten und ihn ausrei-
ßen aus dem Land der Lebenden, dass nie-
mand mehr seinen Namen erwähnt! 20 Du
aber, Herr der Heerscharen, gerechter
Richter, der Herz und Nieren prüft; lass
mich deine Rache an ihnen erleben; denn
dir habe ich meine Sache anvertraut. 21 Da-
rum – so spricht der Herr gegen die Män-
ner von Anatot, die mir nach dem Leben
trachten und sagen: Du sollst nicht weissa-
gen im Namen des Herrn, sonst muss du
sterben durch unsere Hand!: 22 Siehe, ich
werde sie zur Rechenschaft ziehen. Ihre
jungen Männer kommen durch das
Schwert um, ihre Söhne und Töchter ster-
ben vor Hunger. 23 Kein Überleben wird es
für sie geben, wenn ich über die Leute von
Anatot das Unheil bringe im Jahr ihrer
Bestrafung.

Das Glück der Gottlosen

12 Du behältst Recht, Herr, wenn ich
mit dir streite. / Nur eine Frage
möchte ich mit dir besprechen:

Warum haben die Gottlosen Glück in
ihrem Leben? / Warum genießen die treu-
losen Betrüger sichere Ruhe?

2 Du hast sie gepflanzt und sie schlagen
Wurzel, / sie treiben Sprossen und bringen
Frucht.

Du bist nur ihrem Mund nah, / aber
fern von ihrem Innern.

3 Aber du, Herr, kennst und durch-
schaust mich doch, / du prüfst mein Herz,
es ist mit dir.

Scheide sie aus wie Schafe zur Schlach-
tung, / bestimme sie für den Tag des Mor-
dens.

4 Wie lange noch soll das Land trauern /
und alles Grün auf dem Feld verdorren?

Wegen der Bosheit seiner Bewohner /
werden Vieh und Vögel hinweggerafft. /
Denn sie sprechen: Gott sieht nicht unsere
Wege.

5 Wenn du mit Fußgängern läufst und
sie dich schon ermüden, / wie willst du da
mit Pferden um die Wette rennen?

Und bist du im friedlichen Land nicht
sicher, / was wirst du erst tun im Dickicht
des Jordan?

6 Selbst deine Brüder und deine Ver-
wandten sind falsch gegen dich; / auch sie
schreien laut hinter dir her.

Trau ihnen nicht, / wenn sie dir
freundliche Worte geben!

Gottes Klage über sein verwüstetes Eigentum

7 Ich habe mein Haus verlassen, / mein
Erbe verstoßen.

Woran meine Seele hing, / übergab ich
der Hand seiner Feinde.

8 Mein Erbe wandte sich gegen mich /
wie ein Löwe im Wald.

Es erhob gegen mich sein Gebrüll; /
darum muss ich es hassen.

9 Ist denn mein Erbteil zu einer Hyäne
geworden, / dass die Vögel sich rings um
es scharen?

Auf, sammelt euch, alle Tiere des Fel-
des, / kommt herbei zum Fraß!

10 Hirten in großer Zahl haben meinen
Weinberg verheert, / meine Felder zertre-
ten.

Sie haben mein kostbares Ackerland /
zur öden Wüste gemacht.

11 Ja, eine traurige Wüste haben sie
daraus gemacht, / brach liegt es vor mir.

Verödet ist das ganze Land, / denn nie-
mand nimmt es sich zu Herzen.

12 Über alle kahlen Hügel der Steppe
her / sind Verwüster eingedrungen.

Denn der Herr hat ein fressendes
Schwert; / von einem Ende des Landes bis
zum andern / bleibt kein Geschöpf in
Frieden.

13 Sie hatten Weizen gesät, nun ernten
sie Dornen, / vergeblich haben sie sich
abgemüht.

Nun müssen sie sich schämen über
ihren Ertrag / wegen des glühenden Zor-
nes des Herrn.

Gericht und Heil über die Nachbarvölker

14 So spricht der Herr: Alle meine bösen
Nachbarn, die das Erbe angetastet haben,
das ich meinem Volk Israel verliehen ha-
be, ja, ich werde sie wahrhaftig aus ihrem
Boden herausreißen. Aber auch das Haus
Juda werde ich aus ihrer Mitte herausrei-
ßen. 15 Wenn ich sie aber herausgerissen
habe, werde ich mich ihrer wieder erbar-
men und jeden in sein Erbe und in sein
Land zurückbringen. 16 Und wenn sie dann
den Weg meines Volkes erlernen und bei
meinem Namen schwören: So wahr der
Herr lebt!, wie sie mein Volk gelehrt ha-

ben, beim Baal zu schwören, dann sollen sie inmitten meines Volkes wiederaufgebaut werden. 17 Wenn sie aber nicht hören wollen, dann werde ich ein solches Volk völlig ausreißen und vernichten – Spruch des Herrn.

Der verdorbene Gürtel

13 So sprach der Herr zu mir: Geh und kaufe dir einen leinenen Gürtel und lege ihn um deine Hüften. Lass ihn aber nicht ins Wasser kommen. 2 Da kaufte ich solch einen Gürtel nach dem Befehl des Herrn und legte ihn um meine Hüften. 3 Hierauf erging das Wort des Herrn zum zweiten Mal an mich: 4 Nimm den Gürtel, den du gekauft hast und um die Hüften trägst, und mach dich auf und geh an den Eufrat und verbirg ihn dort in einer Felsspalte. 5 Da ging ich hin und verbarg ihn am Eufrat, wie mir der Herr befohlen hatte. 6 Nach längerer Zeit aber sprach der Herr zu mir: Mach dich auf, geh an den Eufrat und hole den Gürtel dort heraus, wo du ihn auf meinen Befehl hin verborgen hast. 7 Da ging ich an den Eufrat, suchte nach und nahm den Gürtel von der Stelle weg, wo ich ihn verborgen hatte, und siehe da, der Gürtel war verdorben, er taugte zu nichts mehr. 8 Da erging das Wort des Herrn an mich. 9 So spricht der Herr: Ebenso gebe ich den Stolz Judas und den Stolz Jerusalems, diesen gewaltigen, dem Verderben preis. 10 Dieses böse Volk, das sich geweigert hat, auf meine Worte zu hören, das der Härte seines Herzens folgt und anderen Göttern nachläuft, um ihnen zu dienen und sie anzubeten, ihm wird es ergehen wie diesem Gürtel, der zu nichts mehr taugt. 11 Denn wie der Gürtel den Hüften des Mannes sich anschmiegt, so hatte ich mir das ganze Haus Juda anschmiegen lassen – Spruch des Herrn –, damit es mein Volk, mein Ruhm, mein Preis und mein Schmuck wäre. Aber sie haben nicht gehorcht.

Die zerschlagenen Weinkrüge

12 Richte ihnen dieses Wort aus: Jeder Krug wird mit Wein gefüllt. Und wenn sie dir antworten: Wissen wir das etwa nicht, dass jeder Krug mit Wein gefüllt wird?, 13 dann sage zu ihnen: So spricht der Herr: Seht, ich fülle alle Einwohner dieses Landes, die Könige, die auf Davids Thron sitzen, die Priester, die Propheten und alle Einwohner Jerusalems mit Trunkenheit 14 und zerschmetterte sie, einen am anderen, die Väter zusammen mit den Söhnen; und kein Mitleid, keine Schonung und kein Erbarmen hält mich davon ab, sie zu vernichten.

Drohende Verbannung

15 Hört und achtet darauf: Seid nicht hochmütig; denn der Herr hat gesprochen.

16 Gebt dem Herrn, euerem Gott, die Ehre, bevor es finster wird, / bevor euere Füße anstoßen im Dunkel der Berge
und ihr auf Licht harrt, er es aber in tiefe Nacht verwandelt / und tiefe Finsternis daraus gemacht hat.

17 Wenn ihr aber nicht hört, / dann muss meine Seele im Verborgenen weinen wegen des Hochmuts,
und mein Auge muss weinen, in Tränen zerfließen, / weil die Herde des Herrn in Gefangenschaft weggeführt wird.

Drohwort an Jojachin

18 Sagt dem König und der Herrin: / Setzt euch tief herunter!
Denn euere herrliche Krone / sinkt von euerem Haupt herab.

19 Die Städte des Negeb sind verschlossen, / und keiner schließt sie auf. / Ganz Juda wird gefangen weggeführt, restlos weggeführt!

Mahnung an das unbußfertige Jerusalem

20 Schlage die Augen auf, Jerusalem, und schau, / wie sie kommen von Norden her!
Wo ist die Herde, die dir gegeben wurde, / deine herrlichen Schafe?

21 Was wirst du sagen, wenn sie sich über dich zu Herren machen, / die du selbst an trauten Umgang mit dir gewöhnt hast?
Werden dich da nicht Wehen ergreifen / wie eine gebärende Frau?

22 Und wenn du dir dann selbst die Frage stellst: / Warum hat mich das alles getroffen?
Wegen der Größe deiner Schuld wird deine Schleppe hochgehoben, / hat man dir Gewalt angetan.

23 Kann etwa ein Mohr seine Hautfarbe wechseln / oder ein Panther sein geflecktes Fell?
Dann könntet ihr auch gut handeln, / die ihr ans Böse gewöhnt seid.

24 Darum werde ich euch zerstreuen wie
die Spreu, / die im Wüstenwind verfliegt.
25 Das ist dein Los, / der Lohn für deine
Empörung, den ich dir zahle – Spruch des
Herrn –, / weil du mich vergessen und auf
Lügen dich verlassen hast.
26 Ich selbst ziehe dir deine Schleppe
hoch bis ins Gesicht, / dass man deine
Schande sehen kann.
27 Deine Ehebrüche, dein geiles Gewie-
her und dein schandbares Buhlen! / Auf
den Höhen und im Feld habe ich deine
Gräuel gesehen.
Wehe dir, Jerusalem, dass du nicht rein
sein willst! / Wie lange noch?

Die große Dürre

14 Das Wort des Herrn, das an Jere-
mia erging aus Anlass der Dürre:
2 Juda ist in Trauer und seine Tore ver-
fallen. / Sie sinken zu Boden, Jerusalems
Geschrei steigt auf.
3 Die Reichen schicken die Knechte nach
Wasser. / Sie kommen zu den Brunnen
und finden kein Wasser. / Sie kehren
zurück mit leeren Krügen.
4 Die Bauern sind wegen der Felder in
Angst; / denn es gibt keinen Regen. /
Bestürzt stehen sie da, verhüllen ihr
Haupt.
5 Ja selbst die Hirschkuh auf der Flur
lässt ihr Junges im Stich, / denn es gibt
kein Gras.
6 Die Wildesel stehen auf den kahlen
Höhen, / schnappen nach Luft wie Scha-
kale.
Ihre Augen erlöschen, denn es gibt
nichts Grünes.
7 Wenn unsere Sünden gegen uns zeu-
gen, / Herr, so greife trotzdem ein um dei-
nes Namens willen!
Ja, zahlreich war unser Abfall. / Gegen
dich haben wir gesündigt.
8 Du Hoffnung Israels, Herr, sein Helfer
in der Zeit der Not, / warum bist du wie
ein Fremder im Land, / wie ein Wanderer,
der nur über Nacht bleibt?
9 Warum bist du wie ein Mann, den der
Schrecken gelähmt hat, / wie einer, der
nicht zu helfen vermag?
Du wohnst doch mitten unter uns,
Herr, / und dein Name ist über uns aus-
gerufen. / Gib uns nicht auf!
10 So spricht der Herr von diesem Volk:
Ja, so hin- und herzulaufen, das lieben sie;
ihre Füße schonen sie nicht. Aber der Herr
hat kein Gefallen an ihnen. Jetzt denkt er
an ihre Frevel, straft ihre Sünden. 11 Und
der Herr sprach zu mir: Bitte nicht für die-
ses Volk zum Guten! 12 Mögen sie auch fas-
ten, ich höre nicht auf ihr Flehen. Mögen
sie Brand- und Speiseopfer darbringen, ich
habe kein Gefallen an ihnen. Sondern
durch Schwert und Hunger und Pest ver-
nichte ich sie jetzt. 13 Da sprach ich: Mein
Gott, mein Herr, sieh doch, die Propheten
sagen zu ihnen: Ihr werdet das Schwert
nicht zu sehen bekommen, auch keine
Hungersnot wird euch treffen, ich will
euch vielmehr dauernden Frieden geben
an diesem Ort. 14 Da sprach der Herr zu
mir: Lüge weissagen die Propheten in mei-
nem Namen. Ich habe sie nicht gesandt
und ihnen keinen Auftrag erteilt und
überhaupt nicht zu ihnen gesprochen. Lü-
genvisionen, leere Wahrsagung und
selbsterfundenen Trug weissagen sie euch.
15 Darum spricht der Herr so über diese
Propheten, die in meinem Namen weissa-
gen, ohne dass ich sie gesandt habe, und
die sagen: Schwert und Hunger wird es
nicht geben in diesem Land: Diese Pro-
pheten werden durch Schwert und Hun-
ger umkommen. 16 Die Leute aber, denen
sie weissagen, werden auf den Straßen Je-
rusalems durch Hunger und Schwert hin-
gestreckt daliegen, ohne dass sie jemand
begräbt, sie, ihre Frauen, Söhne und Töch-
ter. Ich gieße ihr Unheil über sie aus.
17 Und du sollst zu ihnen dieses Wort sa-
gen:
Meine Augen zerfließen in Tränen bei
Nacht und bei Tag / und dürfen nicht zur
Ruhe kommen.
Denn ein gewaltiger Schlag hat die
Tochter meines Volkes getroffen, / eine
unheilbare Wunde.
18 Gehe ich aufs Feld hinaus: vom
Schwert Erschlagene! / Kehre ich in die
Stadt zurück: Hungerqualen!
Selbst Prophet und Priester / irren im
Land umher und wissen nicht aus noch
ein.
19 Hast du denn Juda ganz verstoßen, /
ist Zion deiner Seele zum Ekel geworden?
Warum hast du uns so geschlagen, dass
es keine Heilung mehr für uns gibt? / Wir
hoffen auf Heil und es kommt nichts
Gutes, / auf die Zeit der Heilung und es
gibt nur Schrecken.

20 Herr, wir erkennen unsere Bosheit, die
Schuld unserer Väter: / Ja, wir haben
gesündigt gegen dich.
21 Verschmähe uns nicht um deines Na-
mens willen, / gib deinen herrlichen
Thron nicht selbst der Schande preis. /
Gedenk deines Bundes mit uns, brich ihn
nicht!
22 Gibt es denn unter den Götzen der
Völker Regenspender? / Oder lässt der
Himmel den Regen strömen von selbst?
Bist du es nicht, Herr, unser Gott? / Auf
dich hoffen wir, denn du hast dieses alles
gemacht.

15 Da sprach der Herr zu mir: Selbst
wenn Mose und Samuel vor mich
hinträten, so würde ich doch von diesem
Volk nichts mehr wissen wollen. Schick
sie weg von mir, sie sollen gehen! 2 Und
wenn sie dich fragen: Wohin sollen wir ge-
hen?, dann sage zu ihnen: So spricht der
Herr: Wer für die Pest bestimmt ist, zur
Pest! Wer für das Schwert, zum Schwert!
Wer für den Hunger, zum Hunger! Wer
für die Gefangenschaft, in die Gefangen-
schaft! 3 Ich biete vier Plagen gegen sie auf
– Spruch des Herrn: das Schwert zum
Morden, die Hunde zum Fortschleifen,
die Vögel des Himmels und die Tiere des
Feldes zum Fressen und zum Vertilgen.
4 Ich mache sie zum Gegenstand des Ent-
setzens für alle Königreiche der Erde we-
gen Manasse, des Sohnes Hiskijas, des Kö-
nigs von Juda, zur Strafe für das, was er in
Jerusalem angerichtet hat.

Die Not des Krieges

5 Wer hat Mitleid mit dir, Jerusalem, / wer
tröstet dich?
Wer biegt vom Weg ab, / zu fragen, wie
es dir geht?
6 Du selbst hast mich verworfen –
Spruch des Herrn – / und gingst weg von
mir.
So habe ich denn meine Hand aus-
gestreckt und dich vernichtet. / Ich war es
müde, mich zu erbarmen.
7 Ich worfelte sie mit der Schaufel / an
den Toren des Landes.
Ich habe mein Volk seiner Kinder
beraubt und zugrunde gerichtet; / sie
kehrten ja nicht um von ihren Wegen.
8 Ihre Witwen sind zahlreicher gewor-
den / als der Sand am Meer.
Über die Mütter der jungen Männer /
habe ich am hellen Mittag den Verwüster
gebracht, / ließ jählings Angst und Schre-
cken auf sie fallen.
9 Ohnmächtig sank die zusammen, die
siebenmal geboren hat, / und haucht ihr
Leben aus.
Ihr ging die Sonne noch bei vollem Tag
unter, / um alle ihre Hoffnung war sie
betrogen.
Was noch von ihnen übrig ist, das gebe
ich dem Schwert preis / vor ihren Feinden
– Spruch des Herrn.

Prophetenklage

10 Wehe mir, meine Mutter, dass du
mich geboren hast, / einen Mann des
Streites und des Haders für das ganze
Land.
Ich habe keinem geliehen und bin nie-
mandem etwas schuldig, / und doch flu-
chen mir alle.
11 Wahrlich, Herr, ich habe dir doch gut
gedient, / bin bei dir eingetreten selbst für
den Feind / zur Zeit der Drangsal und der
Not?
[12 Zerbricht man Eisen, / Eisen des
Nordens und Kupfer?
13 Deinen Reichtum und deine Schätze
gebe ich der Plünderung preis: / Das ist die
Bezahlung für alle deine Sünden in dei-
nem ganzen Land.
14 Ich mache dich zum Sklaven deiner
Feinde / in einem Land, das du nicht
kennst;
denn mein Zorn hat ein Feuer ent-
facht, / gegen euch ist es entbrannt.]
15 Du weißt es, Herr; denk an mich und
sorg für mich; / nimm Rache für mich an
meinen Verfolgern!
Dein Zorn ist zu langsam, lass mich
nicht hinweggerafft werden. / Denk daran,
dass ich um deinetwillen Schmach erlei-
den muss.
16 Fanden sich Worte von dir, so ver-
schlang ich sie; / Glück war mir dein Wort
und Herzensfreude.
Dein Name ist ja über mir ausgerufen,
Herr, / Gott der Heerscharen.
17 Nie sitze ich heiter im Kreis der Fröh-
lichen. / Unter der Wucht deiner Hand
sitze ich einsam da, / weil du mich mit
Grimm gefüllt hast.
18 Warum bohrt mein Schmerz ohne
Unterlass? / Warum ist meine Wunde
hoffnungslos und will nicht heilen?

Du bist mir wie ein trügerischer Bach
geworden, / dessen Wasser versiegen!
19 Darum – so spricht der Herr:
Wenn du umkehrst, so lasse ich dich
wieder zu mir zurück, / dann darfst du mir
wieder dienen.
Wenn du Edles äußerst, nichts Nied-
riges mehr, / dann sollst du wieder mein
Mund sein.
Jene sollen sich dir zuwenden, / du aber
darfst dich ihnen nicht zuwenden.
20 Dann mache ich dich für dieses Volk /
zur bronzenen, festen Mauer.
Wenn sie auch gegen dich kämpfen, /
sie werden dich nicht bezwingen.
Denn ich selbst bin mit dir, / dir zu hel-
fen und dich zu retten – Spruch des Herrn.
21 Ich errette dich aus der Hand der
Bösen / und befreie dich aus der Faust der
Gewaltmenschen.

Das Leben des Propheten als Zeichen

16 Das Wort des Herrn erging an
mich: 2 Du sollst dir keine Frau
nehmen und weder Söhne noch Töchter
haben an diesem Ort. 3 Denn so spricht
der Herr über die Söhne und Töchter, die
an diesem Ort geboren werden, über die
Mütter, die sie gebären, und über die Vä-
ter, die sie zeugen in diesem Land: 4 Eines
qualvollen Todes werden sie sterben, ohne
Totenklage und ohne Begräbnis sein. Zum
Dünger werden sie, auf den Äckern zer-
streut, durch Schwert und Hunger kom-
men sie um und ihre Leichen dienen den
Vögeln des Himmels und den Tieren des
Feldes zum Fraß. 5 Ja, so spricht der Herr:
Du darfst kein Trauerhaus betreten, dich
auch nicht zur Totenklage einfinden und
auch niemand Beileid bezeigen. Denn ich
habe diesem Volk mein Heil entzogen –
Spruch des Herrn –, die Güte und das Er-
barmen. 6 Groß und Klein muss in diesem
Land sterben, ohne ein Begräbnis zu fin-
den. Man wird ihnen keine Totenklage
halten noch sich blutig ritzen oder die
Haare ihretwegen scheren. 7 Auch wird
man für niemand das Trauerbrot brechen,
um ihn wegen eines Verstorbenen zu trös-
ten; man reicht niemand den Trostbecher
wegen seines Vaters oder seiner Mutter.
8 Du sollst auch kein Haus betreten, wo
man ein Festmahl veranstaltet, und mit
ihnen beim Essen und Trinken sitzen.
9 Denn so spricht der Herr der Heerscha-
ren, der Gott Israels: Seht, ich lasse ver-
stummen an diesem Ort vor eueren Augen
und (noch) in eueren Tagen Freudenlaut
und Jubelruf, die Stimme des Bräutigams
und die Stimme der Braut.
10 Wenn du diesem Volk all diese Worte
ausrichtest und sie dich dann fragen: Wo-
für hat Gott solch großes Unglück über
uns ausgesprochen? Was für ein Verbre-
chen und was für eine Sünde haben wir
denn begangen gegen den Herrn, unseren
Gott?, 11 dann sage ihnen: Dafür, dass euere
Väter mich verlassen haben – Spruch des
Herrn – und anderen Göttern nachgelau-
fen sind, um ihnen zu dienen und sich vor
ihnen niederzuwerfen, mich aber haben
sie im Stich gelassen und sich um mein
Gesetz nicht gekümmert. 12 Ihr selbst aber
treibt es noch schlimmer als euere Väter.
Ja, jeder von euch folgt seinem verstockten
bösen Herzen, ohne auf mich zu hören.
13 Darum schleudere ich euch aus diesem
Land hinaus in ein Land, das euch und
eueren Vätern unbekannt war. Dort könnt
ihr dann fremden Göttern dienen bei Tag
und bei Nacht. Denn ich habe keine Nach-
sicht mehr für euch.

Heimkehr der Verstreuten Israels

[14 Darum, seht, es kommen Tage – Spruch
des Herrn –, wo man nicht mehr sagen
wird: So wahr der Herr lebt, der die Kinder
Israels aus dem Land Ägypten herauf-
geführt hat!, 15 sondern: So wahr der Herr
lebt, der die Kinder Israels aus dem Nord-
land heraufgeführt hat und aus allen Län-
dern, in die er sie verstoßen hatte. Da brin-
ge ich sie in ihr eigenes Land zurück, das
ich ihren Vätern gegeben habe.]

Ankündigung des Einfalls des Feindes

16 Ja, ich werde viele Fischer kommen las-
sen – Spruch des Herrn –, die werden sie
herausfischen. Und nachher werde ich vie-
le Jäger kommen lassen, die werden sie
von jedem Berg und Hügel herunter- und
aus den Felsspalten herausjagen. 17 Denn
meine Augen sind auf alle ihre Wege ge-
richtet; sie sind vor mir nicht verborgen
und ihre Schuld ist mir wohl bekannt.
18 So vergelte ich ihnen doppelt ihre Schuld
und ihre Sünde dafür, dass sie mein Land
mit dem Aas ihrer Scheusale entweiht und
mein Erbe mit ihren Gräueln erfüllt ha-
ben.

Die Bekehrung der Völker

19 Herr, meine Kraft und meine Feste, / meine Zuflucht in der Zeit der Not!

Zu dir kommen Völker / von den Enden der Erde und sprechen:

Lauter Lüge war das Erbe unserer Väter, / nichtige Götzen, von denen keiner helfen kann.

20 Kann denn ein Mensch sich Götter machen? / Das sind doch keine Götter!

21 Denn seht, ich öffne ihnen nun die Augen. / Dieses Mal bringe ich sie zur Erkenntnis / meiner Macht und meiner Gewalt, / und sie sollen erkennen, dass mein Name ist Jahwe, der Herr.

Judas Sünde

17 Die Sünde Judas ist aufgeschrieben mit eisernem Griffel, / mit diamantener Spitze eingegraben in die Tafel ihres Herzens / und in die Hörner ihrer Altäre,

2 damit noch ihre Söhne sich erinnern ihrer Altäre und Kultpfähle / neben jedem grünen Baum und auf den hohen Hügeln und auf den Bergen im Feld.

3 Deinen Reichtum und alle deine Schätze gebe ich der Plünderung preis / als Bezahlung für all deine Sünden in deinem ganzen Land.

4 Du wirst deine Hand loslassen müssen von deinem Erbgut, / das ich dir einst gegeben habe.

Ich mache dich zum Sklaven deiner Feinde / in einem Land, das du nicht kennst;

denn mein Zorn hat ein Feuer entfacht, / es ist für immer entbrannt.

Weisheitssprüche

5 [So spricht der Herr:]

Verflucht der Mann, der sich auf Menschen verlässt / und Fleisch zu seinem Arm macht, / dessen Herz sich vom Herrn abwendet!

6 Er ist wie ein kahler Strauch in der Steppe; / er wird nicht erleben, dass Gutes kommt.

Er haust in der Dürre der Wüste, / im Salzland, wo niemand wohnt.

7 Gesegnet der Mann, der sich auf den Herrn verlässt / und dessen Hoffnung der Herr ist!

8 Er ist wie ein Baum, am Wasser gepflanzt, / der seine Wurzeln zum Bach hinbreitet.

Er braucht nichts zu fürchten, wenn die Hitze kommt, / sein Laub bleibt immer grün.

In einem dürren Jahr macht er sich keine Sorgen, / ohne Unterlass bringt er Frucht.

9 Arglistig, mehr als alles, ist das Menschenherz und voller Unheil. / Wer kann es durchschauen?

10 Ich, der Herr, erforsche das Herz / und prüfe die Nieren,

um jedem zu vergelten nach seinem Tun / und nach der Frucht seiner Taten.

11 Wie ein Rebhuhn, das ausbrütet, was es nicht gelegt hat, / so ist der, der sich Reichtum durch Unrecht erwirbt.

In der Mitte seiner Tage muss er ihn lassen, / und am Ende steht er als Tor da.

Vertrauen auf den Tempel und auf den Herrn

12 Ein herrlicher Thron, erhaben von Anbeginn, / ist unsere heilige Stätte.

13 Du Hoffnung Israels, Herr! / Alle, die dich verlassen, werden zuschanden,

und die von dir abfallen, werden ausgerottet aus diesem Land, / denn sie haben den Quell lebendigen Wassers verlassen.

Ein Gebet um Rache

14 Heile mich, Herr, dann werde ich heil, / hilf mir, dann ist mir geholfen; / denn meine Hoffnung bist du!

15 Jene sagen zu mir: / Wo ist das Wort des Herrn? Es treffe doch ein!

16 Ich aber habe dich doch nicht zum Schlimmen gedrängt / und habe den Unglückstag nicht herbeigesehnt.

Du weißt es, was über meine Lippen gekommen ist; / offen liegt es vor dir da.

17 Werde mir nicht zum Schrecken! / Du bist doch meine Zuflucht am Unglückstag.

18 Die mich verfolgen, sollen zuschanden werden, aber nicht ich! / Sie sollen vom Schrecken überwältigt werden, aber nicht ich!

Lass den Unglückstag über sie hereinbrechen, / und zerschmettere sie mit doppeltem Schlag!

Die Sabbatheiligung

19 So hat der Herr zu mir gesprochen: Geh und stell dich ins Tor der Söhne des Vol-

kes, durch das die Könige Judas ein- und
ausziehen, und in alle Tore Jerusalems.
20 Sage zu ihnen: Hört das Wort des Herrn,
ihr Könige von Juda, ganz Juda und alle
Bewohner Jerusalems, die ihr durch diese
Tore kommt. 21 So spricht der Herr: Hütet
euch um eueres Lebens willen, am Sabbat
eine Last zu tragen und durch die Tore Je-
rusalems hereinzubringen. 22 Auch sollt ihr
am Sabbat keine Last aus eueren Häusern
heraustragen und überhaupt keine Arbeit
verrichten, sondern ihr sollt den Sabbat
heilig halten, so wie ich es eueren Vätern
geboten habe. 23 Aber sie haben nicht ge-
horcht und mir kein Gehör geschenkt,
sondern sie versteiften ihren Nacken, um
nicht zu gehorchen und die Weisung nicht
anzunehmen. 24 Wenn ihr aber wirklich
auf mich hört – Spruch des Herrn – und
keine Lasten am Sabbat durch die Tore
dieser Stadt bringt, sondern den Sabbat
heilig haltet, ohne an ihm irgendeine Ar-
beit zu verrichten, 25 dann werden durch
die Tore dieser Stadt Könige einziehen,
die auf dem Thron Davids sitzen und mit
Pferden und Wagen fahren, sie und ihre
Beamten, die Leute von Juda und die Be-
wohner Jerusalems, und diese Stadt wird
für immer bewohnt bleiben. 26 Dann wird
man von den Städten Judas kommen und
aus der Umgegend Jerusalems, aus dem
Land Benjamin, aus der Schefela, aus dem
Bergland und aus dem Negeb, und wird
Brandopfer und Schlachtopfer, Speise-
opfer und Weihrauch samt Dankopfern
im Haus des Herrn darbringen. 27 Wenn
ihr aber nicht auf mich hört, den Sabbat
heilig zu halten und keine Last zu tragen
und am Sabbat durch die Tore Jerusalems
zu bringen, dann lege ich Feuer an seine
Tore. Das wird die Paläste Jerusalems fres-
sen und nicht erlöschen.

Jeremia beim Töpfer

18 Das Wort, das vom Herrn an Jere-
mia erging: 2 Mache dich auf und
geh ins Haus des Töpfers hinab. Dort will
ich dich meine Worte hören lassen. 3 Ich
ging also ins Haus des Töpfers hinab. Der
war gerade bei der Arbeit an der Töpfer-
scheibe. 4 Und sooft das Gefäß, an dem er
arbeitete, missriet, wie das mit dem Ton in
der Hand des Töpfers vorkommen kann,
machte er wieder ein anderes Gefäß da-
raus, wie die Töpfer zu tun pflegen. 5 Da
erging das Wort des Herrn an mich: 6 Ha-
be ich nicht die Macht, mit euch zu ver-
fahren wie dieser Töpfer, Haus Israel? –
Spruch des Herrn. Geradeso wie der Ton
in der Hand des Töpfers, so seid ihr in
meiner Hand, Haus Israel. 7 Das eine Mal
drohe ich einem Volk oder einem König-
reich, dass ich es ausrotten, niederreißen
und zugrunde richten werde. 8 Aber wenn
das Volk, gegen das ich gesprochen habe,
sich von seiner Bosheit bekehrt, dann reut
mich das Unheil, das ich ihm antun wollte.
9 Ein anderes Mal sage ich einem Volk oder
einem Königreich zu, dass ich es aufbauen
und einpflanzen will. 10 Tut es aber, was
schlecht ist in meinen Augen, ohne auf
meine Stimme zu hören, dann reut mich
das Gute, das ich ihm zu tun versprochen
hatte. 11 Sage nun zu den Männern Judas
und den Bewohnern Jerusalems: So
spricht der Herr: Seht, ich bereite gegen
euch Unheil und hege gegen euch einen
Plan. Kehrt also um, ein jeder von seinem
bösen Weg, und bessert euere Wege und
euer Tun. 12 Sie werden freilich sagen: Um-
sonst! Wir wollen unseren eigenen Plänen
folgen und ein jeder nach dem Starrsinn
seines bösen Herzens handeln.

13 Deshalb spricht der Herr: Erkundigt
euch doch bei den Völkern, ob je einer
so etwas gehört hat. Gräuel hat die Jung-
frau Israel getan. 14 Schmilzt denn der
Schnee des Libanon von den hochragen-
den Felsengipfeln weg? Versiegen die über-
mütigen Wasser, die kühl dahinfließen-
den? 15 Mein Volk aber hat mich vergessen,
dem Nichtigen bringen sie Rauchopfer
dar. So sind sie zu Fall gekommen auf
ihren Wegen, den Spuren der Vorzeit, und
müssen nun wüste Pfade wandern, wo
kein Weg gebahnt ist, 16 um ihr Land zum
Gegenstand des Entsetzens zu machen,
zum Spott für alle Zeiten. Jeder, der es
durchwandert, entsetzt sich und schüttelt
den Kopf. 17 Wie der Ostwind jage ich sie
auseinander vor dem Feind. Den Rücken
werde ich ihnen zukehren statt des Ange-
sichts am Tag ihrer Not.

Mordanschlag auf den Propheten

18 Sie aber sagten: Auf, wir wollen gegen Je-
remia einen Plan schmieden. Denn dem
Priester wird die Tora nicht fehlen, dem
Weisen der Rat und dem Propheten das
Wort. Auf! Wir wollen ihn mit seiner eige-

nen Zunge schlagen und Acht geben auf
jedes seiner Worte.
19 Herr, achte auf mich / und höre, was
meine Gegner sagen.
20 Man vergilt doch nicht Gutes mit
Bösem / [denn sie haben meinem Leben
eine Grube gegraben].
Denk vielmehr daran, wie ich vor deinem Angesicht stand, / um Fürsprache für
sie einzulegen / und deinen Zorn von
ihnen abzuwenden.
21 Darum gib ihre Kinder dem Hunger
preis, / und wirf sie hin vor das Schwert.
Ihre Frauen sollen kinderlos und zu
Witwen werden. / Ihre Männer soll die
Pest dahinraffen, / und ihre Söhne soll das
Schwert erschlagen im Kampf.
22 Wehgeschrei soll man hören aus ihren
Häusern, / wenn plötzlich raubende Banden sie überfallen.
Denn sie haben eine Grube gegraben,
um mich zu fangen, / haben Fallen versteckt für meine Füße.
23 Du aber, Herr, / kennst alle ihre
Mordpläne gegen mich.
Vergib ihnen ihre Schuld nicht, / und
lösch ihre Sünde nicht aus vor deinem
Angesicht,
lass sie zusammenbrechen vor deinen
Augen! / Zur Zeit deines Zorns handle
gegen sie!

Der zerschlagene Krug und die Auseinandersetzung mit Paschhur

19 Der Herr sprach zu mir: Geh und
kauf dir einen Krug aus Ton, nimm
einige von den Ältesten des Volkes und
von den Priestern mit dir, 2 und geh ins Tal
Ben-Hinnom, das am Eingang des Scherbentors liegt, und verkündige dort die
Worte, die ich zu dir sprechen werde. 3 Du
sollst sagen: Hört das Wort des Herrn, ihr
Könige von Juda und ihr Bewohner Jerusalems. So spricht der Herr der Heerscharen,
der Gott Israels: Wahrlich, ich bringe Unheil über diese Stätte, sodass jedem, der davon hört, die Ohren gellen werden. 4 Weil
sie mich verlassen und diesen Ort mir
fremd gemacht und dort anderen Göttern
Rauchopfer dargebracht haben, die weder
sie noch ihre Väter noch die Könige von
Juda kannten, diesen Ort mit dem Blut
Unschuldiger angefüllt haben, 5 weil sie
Baalshöhen errichteten, um ihre Kinder
im Feuer zu verbrennen, was ich sie nicht
geheißen, wovon ich nichts gesagt habe
und was mir nie in den Sinn gekommen ist,
6 darum seht, es werden Tage kommen –
Spruch des Herrn –, wo man diesen Ort
nicht mehr Tofet oder Tal Ben-Hinnom
nennen wird, sondern Mordtal. 7 Da mache
ich Juda und Jerusalem an diesem Ort ratlos. Ich lasse sie durchs Schwert vor ihren
Feinden fallen und durch die Hand derer,
die ihnen nach dem Leben trachten. Ihre
Leichen aber gebe ich den Vögeln des
Himmels und den Tieren des Feldes zum
Fraß. 8 Ich mache diese Stadt zum Entsetzen und Spott. Jeder, der an ihr vorbeizieht, wird erschrecken und spotten über
all ihre Schläge. 9 Ich lasse sie das Fleisch
ihrer Söhne und Töchter essen; jeder wird
das Fleisch seines Nächsten essen in der
schweren Drangsal, in die ihre Feinde und
alle, die ihnen nach dem Leben trachten,
sie bringen werden.
10 Dann sollst du den Krug vor den Augen der Männer, die dich begleiten, zerbrechen. 11 Sage zu ihnen: So spricht der Herr
der Heerscharen: So zerbreche ich dieses
Volk und diese Stadt, wie man ein Töpfergeschirr zerbricht, sodass es nicht mehr
ganz gemacht werden kann. Im Tofet wird
man begraben, weil sonst kein Platz zum
Begraben ist. 12 So werde ich mit dieser
Stätte verfahren – Spruch des Herrn. Ich
werde diese Stadt dem Tofet gleichmachen. 13 Und die Häuser Jerusalems samt
den Häusern der Könige Judas sollen verunreinigt werden wie die Stätte des Tofet,
all die Häuser, auf deren Dächern man
dem ganzen Himmelsheer Rauchopfer
dargebracht und den fremden Göttern
Trankopfer gespendet hat.
14 Als Jeremia nun vom Tofet zurückgekehrt war, wohin der Herr ihn zum
Weissagen geschickt hatte, stellte er sich
in den Vorhof des Hauses des Herrn und
sagte zu dem gesamten Volk: 15 So spricht
der Herr der Heerscharen, der Gott Israels: Seht, ich bringe über diese Stadt und
über alle zu ihr gehörenden Ortschaften
all das Unheil, das ich über sie ausgesprochen habe. Denn sie haben ihren Nacken
versteift und nicht auf meine Worte gehört.

20 Paschhur aber, der Sohn des Immer, der im Tempel des Herrn
Aufsicht führte, hörte zu, als Jeremia diese
Worte verkündete. 2 Da ließ Paschhur den

Propheten Jeremia schlagen und in den
Block legen, der sich im oberen Benjamin-
tor beim Haus des Herrn befand. 3 Als aber
Paschhur am anderen Morgen Jeremia aus
dem Block entließ, sagte Jeremia zu ihm:
Nicht Paschhur nennt dich Herr, sondern
„Grauen ringsum". 4 Denn so spricht der
Herr: Ja, ich mache dich zum Grauen für
dich und für alle deine Freunde. Sie wer-
den durch das Schwert ihrer Feinde fallen
und du selbst wirst dabei zusehen müssen.
Ganz Juda aber werde ich in die Gewalt
des Königs von Babel geben. Der wird sie
nach Babel in die Gefangenschaft führen
und mit dem Schwert erschlagen. 5 Auch
alle Vorräte dieser Stadt, all ihren Besitz,
all ihre Kostbarkeiten und alle Schätze
der Könige von Juda gebe ich in die Hand
ihrer Feinde. Sie werden sie plündern,
wegnehmen und nach Babel bringen. 6 Du
aber, Paschhur, wirst mit allen Bewohnern
deines Hauses nach Babel wandern müs-
sen. Ja, nach Babel wirst du kommen und
dort sterben und begraben werden, du mit
allen deinen Freunden, denen du Lügen
geweissagt hast.

Das Prophetenschicksal

7 Du hast mich verführt, Herr, und ich ließ
mich verführen; / du hast mich gepackt
und überwältigt.

Ich bin zum Gelächter geworden tagaus
tagein, / jedermann verhöhnt mich.

8 Denn sooft ich reden will, muss ich
aufschreien: / Gewalt und Untergang!
muss ich rufen.

Ist doch das Wort des Herrn für mich
zum / Hohn und Spott geworden den
ganzen Tag.

9 Sooft ich mir vornahm: Ich will nicht
mehr an ihn denken / und nicht mehr in
seinem Namen reden,

da brannte es in meinem Innern wie ein
verzehrendes Feuer, / eingeschlossen in
meinem Gebein.

Ich wurde müde, es auszuhalten, / ich
konnte es nicht ertragen.

10 Ich hörte das Zischeln der Vielen:
Grauen ringsum! / Zeigt ihn an, wir wol-
len ihn anzeigen!

Alle meine Vertrauten warten auf einen
Fehltritt von mir: / Vielleicht lässt er sich
verführen, / dann gewinnen wir Macht
über ihn und nehmen Rache an ihm!

11 Aber der Herr ist mit mir wie ein
mächtiger Held. / Darum werden meine
Verfolger straucheln und nicht siegen.

Sie werden sich schämen müssen über
die Maßen, weil sie nichts erreichen. /
Ewig wird ihre Schande dauern und nicht
vergessen werden.

12 Du aber, Herr der Heerscharen, du
prüfst den Gerechten, / durchschaust Nie-
ren und Herz.

Ich werde deine Rache an ihnen erle-
ben; / denn dir habe ich meine Sache
anheim gestellt.

13 Lobsingt dem Herrn, preist den
Herrn! / Denn er hat das Leben des Armen
herausgerissen aus der Gewalt der Gott-
losen.

14 Verflucht sei der Tag, an dem ich
geboren wurde. / Der Tag, an dem
meine Mutter mich gebar, er sei nicht
gesegnet!

15 Verflucht sei der Mann, der meinem
Vater fröhlich meldete: / Ein Sohn ist dir
geboren!, und ihn damit hocherfreut
hat.

16 Dem Mann ergehe es wie den Städ-
ten, / die der Herr erbarmungslos in
Trümmer legte.

Am frühen Morgen schon soll er Schre-
ckensrufe hören / und Kriegsgeschrei am
hellen Mittag,

17 weil er mich nicht im Mutterleib ster-
ben ließ, / dass meine Mutter mir zum
Grab geworden / und ihr Schoß schwan-
ger geblieben wäre in Ewigkeit.

18 Warum denn musste ich aus dem
Mutterschoß hervorgehen, / um nur
Mühsal und Leid zu erleben / und mein
Leben in Schmach zu beenden?

Die Antwort an die Boten Zidkijas

21 Das Wort, das vom Herrn an Jere-
mia erging, als König Zidkija den
Paschhur, den Sohn Malkijas, und den
Priester Zefanja, den Sohn Maasejas, zu
ihm sandte mit dem Auftrag: 2 Wende dich
doch für uns an den Herrn, weil Nebukad-
nezzar, der König von Babel, gegen uns
Krieg führt. Vielleicht handelt der Herr
mit uns wie bei all seinen früheren Wun-
dern, sodass jener von uns abzieht. 3 Da
sagte Jeremia zu ihnen: Bringt dem Zidkija
folgende Antwort: 4 So spricht der Herr,
der Gott Israels: Seht, ich kehre die Kriegs-
waffen in euerer Hand um, mit denen ihr
gegen den König von Babel und gegen die

euch bedrängenden Chaldäer außerhalb
der Mauern kämpft, und ich hole sie mit-
ten in diese Stadt hinein. 5 Ich selbst kämp-
fe gegen euch mit ausgestreckter Hand
und mit starkem Arm, mit Zorn, Grimm
und gewaltiger Wut. 6 Ich schlage die Be-
wohner dieser Stadt, Mensch und Vieh,
mit schwerer Pest, dass sie sterben. 7 Und
nachher – Spruch des Herrn – liefere ich
Judas König Zidkija samt seinen Dienern
und dem Volk, das in dieser Stadt von
Pest, Schwert und Hunger noch übrig ge-
blieben ist, in die Hand Nebukadnezzars,
des Königs von Babel, aus, in die Hand
ihrer Feinde und derer, die ihnen nach
dem Leben trachten. Er wird sie mit schar-
fem Schwert niederhauen, ohne Scho-
nung, ohne Mitleid und ohne Erbarmen.

8 Diesem Volk aber sollst du sagen: So
spricht der Herr: Seht, ich lasse euch wäh-
len zwischen dem Weg des Lebens und
dem Weg des Todes. 9 Wer in dieser Stadt
bleibt, der wird durch Schwert, Hunger
und Pest sterben. Wer aber hinausgeht
und sich den Chaldäern ergibt, die euch
belagern, der bleibt am Leben und sein Le-
ben wird ihm als Beute gehören. 10 Denn
ich richte mein Angesicht gegen diese
Stadt zum Unheil und nicht zum Heil –
Spruch des Herrn. In die Hand des Königs
von Babel wird sie ausgeliefert und er wird
sie einäschern.

An das Königshaus

11 Und an das Königshaus von Juda:
Hört das Wort des Herrn, / 12 Haus
David! So spricht der Herr:
Haltet jeden Morgen gerechtes Gericht /
und entreißt den Unterdrückten der Hand
seines Bedrückers,
damit mein Zorn nicht hervorbreche
wie Feuer, / das brennt, ohne dass einer es
zu löschen vermag.

Gegen die prahlerische Hauptstadt

13 Siehe, ich will dich vorgehen, / die du
thronst auf dem Fels in der Ebene –
Spruch des Herrn.
Ihr sagt: Wer wird uns beikommen, /
und wer wird in unsere Behausungen ein-
dringen?
14 Ich zahle euch heim nach der Frucht
euerer Taten – Spruch des Herrn. / Ich
lege Feuer an ihren Wald; / das wird alles
um sie herum fressen.

Gegen den Königspalast

22 So hat der Herr gesprochen: Steig
hinab in den Palast des Königs von
Juda und verkünde dort folgendes Wort:
2 So sollst du sagen: Höre das Wort des
Herrn, König von Juda, der du auf dem
Thron Davids sitzt, du samt deinen Die-
nern und Untertanen, die durch diese To-
re gehen. 3 So spricht der Herr: Übt Recht
und Gerechtigkeit und entreißt den Un-
terdrückten der Hand seines Bedrückers!
Bedrückt keinen Fremden, keine Waise
und Witwe, übt keine Gewalt und vergießt
kein unschuldiges Blut an diesem Ort!
4 Wenn ihr wirklich nach diesem Wort
handelt, dann werden durch die Tore die-
ses Palastes Könige einziehen, die auf dem
Thron Davids sitzen, mit Pferd und Wa-
gen werden sie fahren, sie, ihre Beamten
und ihre Untertanen. 5 Wenn ihr aber
nicht auf diese Worte hört, so schwöre
ich bei mir selbst – Spruch des Herrn: Die-
ser Palast soll zum Trümmerhaufen wer-
den! 6 Ja, so spricht der Herr gegen den Pa-
last des Königs von Juda:
Wie Gilead bist du mir einst gewesen, /
wie der Gipfel des Libanon.
Aber wahrlich, ich mache dich zur
Wüste, / zur unbewohnten Stadt.
7 Ich biete Verwüster gegen dich auf, /
Menschen und Waffen.
Sie werden deine herrlichen Zedern
umhauen / und ins Feuer werfen.

8 Und wenn dann viele Leute an dieser
Stadt vorbeikommen und einander fragen:
Warum hat der Herr an dieser großen
Stadt so gehandelt?, 9 dann wird man ant-
worten: Weil sie den Bund des Herrn,
ihres Gottes, verlassen und andere Götter
angebetet und ihnen gedient haben.

Gegen Schallum

10 Weint nicht um den Toten / und beklagt
ihn nicht!
Weint vielmehr um den, der fortziehen
musste; / denn er wird nicht wiederkom-
men / und sein Heimatland nie mehr
sehen.

11 Denn so spricht der Herr über Schal-
lum, den Sohn Joschijas, den König von
Juda, der anstelle seines Vaters Joschija
König wurde und diesen Ort verlassen
musste: Er wird nie mehr dahin zurück-
kehren, 12 sondern an dem Ort, wohin
man ihn gefangen weggeführt hat, wird er

sterben und dieses Land wird er nie wiedersehen.

Gegen Jojakim

13 Wehe dem, der sein Haus mit Ungerechtigkeit baut / und seine Gemächer mit Unrecht,
der seinen Nächsten umsonst arbeiten lässt / und ihm seinen Lohn vorenthält,
14 der da sagt: Ich will mir ein geräumiges Haus bauen / und weite Gemächer!
Fenster bricht er daran aus, / täfelt es mit Zedernholz und bemalt es mit roter Farbe.
15 Besteht darin dein Königtum, / dass du mit Zedern prunkst?
Hat dein Vater nicht auch gegessen und getrunken, / aber auch für Recht und Gerechtigkeit gesorgt? / Deshalb ging es ihm auch gut.
16 Er hat dem Bedrückten und Armen zum Recht verholfen. / Heißt nicht das, mich kennen? – Spruch des Herrn.
17 Aber deine Augen und dein Herz / sind nur auf deinen Gewinn aus,
darauf, wie du unschuldiges Blut vergießen / und Erpressung und Bedrückung ausüben kannst.
18 Darum –so spricht der Herr über Jojakim, / den Sohn Joschijas, den König von Juda:
Man wird nicht um ihn klagen: / Ach, mein Bruder! Ach, meine Schwester!
Man wird nicht um ihn klagen: / Ach, Herr! Ach, seine Majestät!
19 Ein Eselsbegräbnis wird ihm zuteil werden, / er wird hinausgeschleift und weggeworfen, / draußen vor den Toren Jerusalems.

Jerusalems Sturz

20 Steig auf den Libanon und schrei, / lass deinen Klageruf im Baschan erschallen!
Schrei vom Abarim herunter, / denn alle deine Freunde sind zerschmettert.
21 Ich habe dir zugeredet, als du noch sicher warst. / Du aber hast gesagt: Ich will nicht hören.
Das war deine Art von Jugend an: / Du hast niemals auf meine Stimme gehört.
22 Alle deine Hirten weidet jetzt der Wind, / und deine Freunde wandern in Gefangenschaft.
Nun trifft dich Schande und Schmach / wegen all deiner Bosheit.
23 Die du thronst auf dem Libanon, / die du in Zedern nistest,
wie wirst du stöhnen, wenn Wehen über dich kommen, / die Krämpfe wie bei einer Gebärenden!

Gegen Jojachin

24 So wahr ich lebe – Spruch des Herrn –,
selbst wenn Jojachin, der Sohn Jojakims,
der König von Juda, ein Siegelring an meiner rechten Hand wäre, ich risse dich weg.
25 Ich gebe dich in die Hand derer, die dir
nach dem Leben trachten, in die Hand derer, vor denen dir graut, in die Hand Nebukadnezzars, des Königs von Babel, und
in die Hand der Chaldäer. 26 Ich schleudere
dich samt deiner Mutter, die dich geboren
hat, in ein anderes Land, in dem ihr nicht
geboren wurdet, und dort werdet ihr sterben. 27 Aber in das Land, wohin sie sich
sehnen zurückzukehren, werden sie niemals zurückkommen.
28 Ist denn dieser Mann Jojachin ein verächtliches, zertrümmertes Gefäß, ein Gerät, an dem niemand Gefallen hat? Warum
wurde er weggeschleudert, er und sein Geschlecht, und in ein Land geworfen, das er
nicht kennt? 29 Land, Land, Land! Höre das
Wort des Herrn! 30 So spricht der Herr:
Verzeichnet diesen Mann als kinderlos, als einen Mann, dem nichts glückt in seinem Leben. Denn keinem seiner Nachkommen wird mehr das Glück zuteil, auf dem Thron Davids zu sitzen und über Juda zu herrschen.

Der König der Zukunft

23 Wehe den Hirten, die die Schafe meiner Herde zugrunde gehen und sich zerstreuen lassen – Spruch des
Herrn. 2 Darum – so spricht der Herr, der
Gott Israels, über die Hirten, die mein Volk weiden: Ihr habt meine Schafe zerstreut und auseinander getrieben und euch nicht um sie gekümmert. Deshalb zahle ich euch jetzt euere bösen Taten
heim – Spruch des Herrn. 3 Ich selbst
aber sammle den Rest meiner Schafe aus allen Ländern, wohin ich sie versprengt habe, und führe sie auf ihre Weideplätze zurück. Da sollen sie fruchtbar sein und
sich mehren. 4 Ich werde sie Hirten anvertrauen, die sie wirklich weiden, sodass sie nichts mehr zu fürchten und vor nichts mehr zu erschrecken brauchen

und nicht mehr verloren gehen – Spruch
des Herrn.
5 Seht, es kommen Tage – Spruch des
Herrn –, / in denen ich dem David einen
gerechten Spross erstehen lasse.
Er wird als König herrschen und weise
handeln, / für Recht und Gerechtigkeit
wird er im Land sorgen.
6 In seinen Tagen wird Juda Heil erfahren, / und Israel wird in Sicherheit wohnen.
Und das ist sein Name, den man ihm
geben wird: / Der Herr ist unsere Gerechtigkeit.
7 Darum seht, es kommen Tage –
Spruch des Herrn –, wo man nicht mehr
sagen wird: So wahr der Herr lebt, der die
Söhne Israels aus dem Land Ägypten heraufgeführt hat, 8 sondern: So wahr der
Herr lebt, der die Nachkommen des Hauses Israel aus dem Nordland und aus allen
Ländern, wohin er sie versprengt hatte,
heraufgeführt und heimgebracht hat, sodass sie jetzt in ihrem Heimatland wohnen.

Gegen die falschen Propheten

9 Über die Propheten:
Mir bricht das Herz in der Brust, / es
zittern alle meine Glieder.
Ich bin wie ein Betrunkener, / wie ein
Mann, den der Wein überwältigt hat, / vor
dem Herrn und vor seinen heiligen Worten.
10 Das Land ist voll von Ehebrechern. /
Ja, ihretwegen trauert das Land, / sind die
Auen der Steppe verdorrt.
Sie laufen dem Bösen nach, / ihre
Anstrengung geht auf das Unrechttun.
11 Ja, auch Prophet und Priester sind
gottlos geworden. / Selbst in meinem Haus
bin ich auf ihre Bosheit gestoßen – Spruch
des Herrn.
12 Darum wird ihnen ihr Weg zum
schlüpfrigen Pfad, / auf dem sie sich in der
Dunkelheit stoßen und fallen. / Denn ich
bringe Unheil über sie im Jahr ihrer Bestrafung – Spruch des Herrn.
13 Auch bei den Propheten Samarias
habe ich Widerwärtiges gesehen: / sie
weissagten im Namen des Baal und führten mein Volk Israel in die Irre.
14 Aber bei den Propheten Jerusalems
muss ich Grauenhaftes erblicken: / Sie
brechen die Ehe, sie lügen und bestärken
die Bösen, / dass keiner sich von seiner
Bosheit abkehrt.
Für mich sind sie alle wie Sodom / und
seine Bewohner wie Gomorra.
15 Darum – so spricht der Herr der
Heerscharen gegen die Propheten:
Ich gebe ihnen Wermut zur Speise / und
tränke sie mit Gift.
Denn von den Propheten Jerusalems /
ist die Gottlosigkeit ausgegangen ins ganze
Land.
16 So spricht der Herr der Heerscharen: /
Hört nicht auf die Worte der Propheten!
Sie betören euch nur; / sie verkündigen
selbsterfundene Visionen, / nichts, was
aus dem Mund des Herrn kommt.
17 Denen, die die Worte des Herrn verachten, sagen sie: / Es wird euch gut
gehen!;
und jedem, der nach seinem verstockten
Sinn wandelt: / Es wird kein Unheil über
euch kommen!
18 Wer hat denn im Rat des Herrn
gestanden, / wer hat ihn geschaut und sein
Wort gehört? / Wer hat sein Wort
erlauscht, dass er es kundtun könnte?
19 Seht, ein Sturm des Herrn bricht los, /
eine wirbelnde Windsbraut. / Er wirbelt
herab auf das Haupt der Gottlosen.
20 Der Zorn des Herrn wird sich nicht
wenden, / bis er vollbracht und ausgeführt
hat, was er im Sinn führt. / Am Ende der
Tage werdet ihr es deutlich verstehen.
21 Ich habe die Propheten nicht gesandt
und doch laufen sie. / Ich habe nicht zu
ihnen gesprochen und doch prophezeien
sie.
22 Ja, wenn sie in meinem Rat gestanden
hätten, / dann würden sie meinem Volk
meine Worte verkünden
und sie abzubringen suchen von ihrem
schlechten Weg / und von ihren schlechten Taten.
23 Bin ich ein Gott nur aus der Nähe –
Spruch des Herrn – / und nicht vielmehr
ein Gott aus der Ferne?
24 Kann jemand sich so heimlich verstecken, / dass ich ihn nicht sähe? – Spruch
des Herrn.
Bin ich es nicht, / der den Himmel und
die Erde ausfüllt? – Spruch des Herrn. –
25 Ich habe gehört, was die Propheten reden, die in meinem Namen Lügen prophezeien und behaupten: Ich habe einen
Traum gehabt! Ich habe einen Traum ge-

habt! 26 Wie lange noch? Bin ich etwa im
Herzen der Propheten, die Lügen und den
Trug ihres Herzens weissagen? 27 Sie möch-
ten durch ihre Träume, die sie einander er-
zählen, bei meinem Volk meinen Namen
in Vergessenheit bringen, so wie ihre Väter
meinen Namen über dem Baal vergessen
haben. 28 Der Prophet, der einen Traum hat,
erzählt mir einen Traum; wer aber ein
Wort von mir besitzt, der verkündet in
Wahrheit mein Wort. Was hat das Stroh
gemein mit dem Korn? – Spruch des
Herrn. 29 Brennt nicht mein Wort wie Feuer
– Spruch des Herrn –, und gleicht es nicht
einem Hammer, der Felsen zerschmettert?
30 Darum stelle ich mich gegen die Prophe-
ten – Spruch des Herrn –, die einander
meine Worte stehlen. 31 Ich stelle mich ge-
gen die Propheten – Spruch des Herrn –,
die sich die Zunge ausrenken und Orakel
orakeln. 32 Ja, ich stelle mich gegen die Pro-
pheten, die erlogene Träume weissagen –
Spruch des Herrn – und sie herumerzählen
und mein Volk durch ihre Lügen und ihr
freches Geschwätz in die Irre führen. Ich
habe sie wahrhaftig nicht gesandt und
ihnen keinen Auftrag erteilt und sie brin-
gen diesem Volk gewiss keinen Nutzen –
Spruch des Herrn.

Die „Last" des Herrn

33 Und wenn dich dieses Volk oder ein Pro-
phet oder ein Priester fragt: Was ist die
„Last" / der „Ausspruch" des Herrn?, dann
sollst du ihnen antworten: Ihr seid die Last
und ich werfe euch ab – Spruch des Herrn.
34 Den Propheten aber, den Priester oder
den aus dem Volk, der sagt: „Last des
Herrn", den lasse ich es büßen samt seinem
Haus – Spruch des Herrn. 35 So sollt ihr viel-
mehr untereinander und zueinander spre-
chen: Was hat der Herr geantwortet? oder:
Was hat der Herr gesprochen? 36 Aber das
Wort „Last des Herrn / Ausspruch des
Herrn" dürft ihr nicht mehr gebrauchen,
denn „die Last" ist für jeden sein Wort, weil
ihr die Worte des lebendigen Gottes ver-
dreht habt, des Herrn der Heerscharen, un-
seres Gottes. 37 So sollst du zum Propheten
sagen: Was hat dir der Herr geantwortet?
oder: Was hat der Herr gesprochen?
38 Wenn ihr aber „Last / Ausspruch des
Herrn" sagt, so droht der Herr: Weil ihr
dieses Wort „Last / Ausspruch des Herrn"
gebraucht, obwohl ich euch habe sagen las-
sen, ihr sollt das Wort „Last / Ausspruch
des Herrn" nicht gebrauchen, 39 darum he-
be ich euch empor und schleudere euch
von mir weg mitsamt der Stadt, die ich euch
und eueren Vätern gegeben habe. 40 Ich ver-
hänge über euch ewige Schande und ewige
Schmach, die nicht vergessen werden soll.

Die beiden Feigenkörbe

24 Der Herr ließ mich schauen: Zwei
Körbe mit Feigen standen vor dem
Tempel des Herrn, nachdem Nebukadnez-
zar, der König von Babel, Jojachin, den
Sohn Jojakims, den König von Juda, sowie
die Großen Judas samt den Werkmeistern
und Handwerkern aus Jerusalem geführt
und nach Babel gebracht hatte. 2 Der eine
Korb enthielt sehr gute Feigen, wie Früh-
feigen, der andere Korb enthielt sehr
schlechte Feigen, so schlecht, dass man
sie nicht genießen konnte. 3 Da sprach der
Herr zu mir: Was siehst du, Jeremia? Ich
antwortete: Feigen; die guten sind sehr gut
und die schlechten sehr schlecht, so
schlecht, dass man sie nicht genießen
kann. 4 Da erging an mich das Wort des
Herrn: 5 So spricht der Herr, der Gott Isra-
els: So wie diese guten Feigen, so schaue
ich liebevoll auf die aus Juda Weggeführ-
ten, die ich von diesem Ort ins Land der
Chaldäer verstoßen habe. 6 Ich richte mei-
ne Augen liebevoll auf sie und bringe sie in
dieses Land zurück. Da will ich sie aufbau-
en, ohne sie mehr einzureißen, und ich
will sie einpflanzen, ohne sie wieder aus-
zureißen. 7 Ich gebe ihnen ein Herz, damit
sie mich erkennen, dass ich der Herr bin.
Sie werden mein Volk sein und ich werde
ihr Gott sein; denn sie werden sich mit
ihrem ganzen Herzen zu mir bekehren.
8 Aber wie die schlechten Feigen, die so
schlecht sind, dass man sie nicht genießen
kann, [ja, so spricht der Herr] so behandle
ich Zidkija, den König von Juda, und seine
Großen samt dem Rest Jerusalems, denen,
die in diesem Land übrig geblieben sind,
und jenen, die sich im Land Ägypten nie-
dergelassen haben. 9 Ja, ich mache sie zum
Entsetzen für alle Königreiche der Erde,
zum Schimpf und Spott und Hohn und
Fluch an allen Orten, wohin ich sie zer-
streue. 10 Ich lasse gegen sie Schwert, Hun-
ger und Pest los, bis sie verschwunden
sind aus dem Land, das ich ihnen und
ihren Vätern gegeben habe.

Babel, die Geißel des Herrn

25 Das Wort über das ganze Volk Ju-
da, das an Jeremia erging im vier-
ten Jahr des Jojakim, des Sohnes Joschijas,
des Königs von Juda – das ist das erste
Jahr Nebukadnezzars, des Königs von Ba-
bel –, 2 das der Prophet Jeremia an das
ganze Volk Juda und an alle Bewohner
Jerusalems gerichtet hat: 3 Seit dem drei-
zehnten Jahr Joschijas, des Sohnes
Amons, des Königs von Juda, bis zum
heutigen Tag, also seit dreiundzwanzig
Jahren, erging das Wort des Herrn an
mich und ich habe unermüdlich zu euch
geredet [, aber ihr habt nicht gehört. 4 Und
der Herr hat alle seine Knechte, die Pro-
pheten, immer wieder zu euch gesandt,
aber ihr habt nicht gehört und euer Ohr
nicht geneigt, um zu hören] 5 und ge-
mahnt: Kehrt um, ein jeder von euch,
von eueren bösen Wegen und von eueren
bösen Taten. Dann dürft ihr in dem Land
wohnen bleiben, das der Herr euch und
eueren Vätern gegeben hat für alle Zeiten.
6 [Lauft nicht fremden Göttern nach, um
ihnen zu dienen und sie anzubeten, und
erzürnt mich nicht durch das Werk euerer
Hände, damit ich euch nichts Böses antun
muss.] 7 Aber ihr habt nicht auf mich ge-
hört [– Spruch des Herrn –, um mich zu
erzürnen durch das Werk euerer Hände
zu euerem eigenen Unheil]. 8 Darum – so
spricht der Herr der Heerscharen: Weil
ihr nicht auf meine Worte gehört habt,
9 darum hole ich jetzt alle Völker des Nor-
dens herbei [– Spruch des Herrn –, und
meinen Knecht Nebukadnezzar, den Kö-
nig von Babel,] und führe sie heran gegen
dieses Land, gegen seine Bewohner und
gegen alle diese Völker ringsum. Ich wei-
he sie dem Untergang und mache sie zum
Entsetzen, zum Spott und zur Schande für
alle Zeit. 10 Ich bereite jedem Laut der
Freude und der Fröhlichkeit bei ihnen
ein Ende, dem Jubel des Bräutigams und
dem Ruf der Braut, dem Geräusch der
Handmühlen und dem Licht der Lampen.
11 Das ganze Land wird zur Öde und Wüs-
te werden und sie werden als Knechte un-
ter den Völkern dienen siebzig Jahre lang.
12 [Aber wenn die siebzig Jahre vorüber
sind, ziehe ich den König von Babel und
dieses Volk zur Rechenschaft – Spruch
des Herrn – für ihre Schuld und das Land
der Chaldäer und mache es zur Wüste für
immer.] 13 Ich bringe über dieses Land alle
meine Worte, die ich über es ausgespro-
chen habe, alles, was in diesem Buch ge-
schrieben ist, [was Jeremia über alle Völ-
ker geweissagt hat]. 14 Denn auch sie
werden starken Völkern und großen Kö-
nigen Knechte sein und ich werde ihnen
vergelten, wie ihre Taten und die Werke
ihrer Hände es verdienen.

Einleitung zu den Gerichtsworten über die Völker

Die Bechervision

15 Ja, so hat der Herr, der Gott Israels, zu
mir gesprochen: Nimm diesen Becher voll
Zornwein aus meiner Hand und lass alle
Völker, zu denen ich dich sende, daraus
trinken. 16 Sie sollen trinken, dass sie tau-
meln und rasend werden vor dem Schwert,
das ich unter sie loslasse. 17 Da nahm ich
den Becher aus der Hand des Herrn und
ließ alle Völker trinken, zu denen mich
der Herr gesandt hatte: 18 Jerusalem und
die Städte Judas samt seinen Königen und
Großen, um sie zur Wüste, zum Entsetzen,
zum Spott und zum Fluch zu machen [, wie
es heute der Fall ist,] 19 den Pharao, den Kö-
nig von Ägypten, samt seinen Dienern und
Großen und seinem ganzen Volk 20 sowie
das ganze Völkergemisch, alle Könige des
Landes Uz, alle Könige des Philisterlandes,
Aschkelon, Gaza, Ekron und was von
Aschdod noch übrig ist, 21 Edom, Moab
und die Ammoniter; 22 alle Könige von Ty-
rus, alle] Könige von Sidon sowie die Kö-
nige des Küstenlandes jenseits des Meeres,
23 Dedan, Tema, Bus und alle mit gestutz-
tem Haar, 24 alle Könige Arabiens und alle
Könige des Völkergemischs, die in der
Wüste wohnen, 25 alle Könige von Simri, al-
le Könige von Elam, alle Könige von Me-
dien, 26 alle Könige des Nordens, die nahen
wie die fernen, einen nach dem anderen,
und alle Königreiche, die es auf der Erde
gibt. Aber der König von Scheschach soll
nach ihnen trinken. 27 Sage zu ihnen: So
spricht der Herr der Heerscharen, der Gott
Israels: Trinkt, dass ihr betrunken werdet

und speit und hinfallt, ohne wieder auf-
zustehen vor dem Schwert, das ich unter
euch loslasse. 28 Wenn sie sich aber wei-
gern, den Becher aus deiner Hand zum
Trinken anzunehmen, dann sage zu ihnen:
So spricht der Herr der Heerscharen: Ihr
müsst trinken. 29 Denn bei der Stadt, über
der mein Name ausgerufen ist, beginne
ich mit dem Unheil, und da solltet ihr
straflos ausgehen? Nein, ihr werdet nicht
straflos ausgehen; denn ich rufe das
Schwert herbei gegen alle Bewohner der
Erde – Spruch des Herrn der Heerscharen.

Das Völkergericht

30 Du aber weissage ihnen alle diese Worte
und sage zu ihnen:

Der Herr brüllt aus der Höhe / von sei-
ner heiligen Wohnung her lässt er seine
Donnerstimme erdröhnen.

Laut brüllt er über seine Aue hin, / lässt
ein Jauchzen erschallen wie die Keltertre-
ter.

Zu allen Bewohnern der Erde, / 31 bis ans
Ende der Erde dringt der Schall.

Denn der Herr erhebt Klage gegen die
Völker, / er geht ins Gericht mit allen
Lebenden, / und gibt die Gottlosen dem
Schwert preis – Spruch des Herrn.

32 So spricht der Herr der Heerscharen: /
Ja, Unheil wälzt sich von Volk zu Volk, /
ein gewaltiger Sturm bricht los von den
Enden der Erde.

33 An jenem Tag wird es Erschlagene des
Herrn geben / von einem Ende der Erde
zum anderen.

Man wird ihnen keine Totenklage hal-
ten / und sie nicht auflesen und nicht
begraben. / Als Dünger werden sie auf
offenem Feld liegen.

34 Heult, ihr Hirten, und schreit, / wälzt
euch im Staub, ihr Führer der Herde!

Denn euere Zeit ist da, nun geht es ans
Schlachten. / Ihr werdet fallen wie aus-
gesuchte Böcke.

35 Verloren ist alle Zuflucht für die Hir-
ten / und alle Rettung für die Führer der
Herde.

36 Horch, wie die Hirten schreien / und
wie die Führer der Herde heulen,

weil der Herr ihre Weide verwüstet /
37 und die friedlichen Fluren verheert
hat.

38 Wie ein Löwe kommt er aus seinem
Dickicht hervor, / denn ihr Land ist zur
Wüste geworden

durch das würgende Schwert / und den
glühenden Zorn des Herrn.

Gerichtsworte über Israel und Juda

Die Tempelrede

26 Im Anfang der Regierung Joja-
kims, des Sohnes Joschijas, des Kö-
nigs von Juda, erging vom Herrn dieses
Wort an Jeremia: 2 So spricht der Herr:
Stell dich in den Vorhof des Hauses des
Herrn und verkündige allen Leuten aus
den Städten Judas, die gekommen sind,
um im Haus des Herrn anzubeten, alle die
Worte, die ich dir ihnen zu verkündigen
aufgetragen habe! Lass kein Wort aus!
3 Vielleicht hören sie darauf und bekehren
sich, ein jeder von seinem bösen Weg, so-
dass mich das Unheils reut, das ich ihnen
wegen ihrer schlechten Taten anzutun be-
absichtige. 4 Du sollst also zu ihnen sagen:
So spricht der Herr: Wenn ihr nicht auf
mich hört und nicht meiner Weisung
folgt, die ich euch vorgelegt habe, 5 wenn
ihr nicht auf die Worte meiner Knechte,
der Propheten, hört, die ich immer wieder
zu euch sende, obwohl ihr nicht auf sie
hört, 6 dann mache ich dieses Haus Schilo
gleich, und diese Stadt mache ich zu einem
Fluch für alle Völker der Erde. 7 Die Pries-
ter, die Propheten und das ganze Volk
hörten Jeremia zu, wie er diese Worte im
Haus des Herrn verkündete. 8 Als aber Je-
remia mit der Verkündigung alles dessen
zu Ende war, was er im Auftrag des Herrn
dem ganzen Volk zu sagen hatte, da pack-
ten ihn die Priester, die Propheten und al-
les Volk und sagten: Du musst sterben!
9 Warum hast du im Namen des Herrn ge-
weissagt: Wie Schilo wird dieses Haus wer-
den, und diese Stadt wird verwüstet wer-
den, sodass niemand mehr darin wohnt?
Das ganze Volk scharte sich um Jeremia
im Haus des Herrn. 10 Als nun die Beamten
Judas von diesem Vorgang hörten, stiegen
sie vom Palast des Königs in das Haus des
Herrn hinauf und setzten sich am Eingang

des Neuen Tempeltors nieder. 11 Die Pries-
ter und Propheten aber sagten zu den Be-
amten und zum ganzen Volk: Dieser
Mann hat den Tod verdient, weil er gegen
diese Stadt geweissagt hat, wie ihr mit ei-
genen Ohren gehört habt. 12 Jeremia aber
entgegnete den Oberen und dem ganzen
Volk: Der Herr hat mich gesandt, über
dieses Haus und über diese Stadt alle Wor-
te zu weissagen, die ihr vernommen habt.
13 So bessert also jetzt euer Verhalten und
euer Tun und hört auf die Stimme des
Herrn, eueres Gottes, dass den Herrn das
Unheil reut, das er euch angedroht hat.
14 Was mich betrifft, so bin ich in eueren
Händen. Macht mit mir, was euch gut
und recht scheint. 15 Nur müsst ihr beden-
ken: Wenn ihr mich tötet, bringt ihr un-
schuldiges Blut über euch, über diese Stadt
und ihre Einwohner. Denn es ist wahr,
dass der Herr mich zu euch gesandt hat,
euch alle diese Worte zu Gehör zu brin-
gen. 16 Da sagten die Beamten und das gan-
ze Volk zu den Priestern und Propheten:
Dieser Mann hat den Tod nicht verdient;
denn er hat im Namen des Herrn, unseres
Gottes, zu uns gesprochen. 17 Auch standen
einige von den Ältesten des Landes auf
und sagten zu der ganzen Volksversamm-
lung: 18 Micha von Moreschet war Prophet
in den Tagen Hiskijas, des Königs von Ju-
da. Er hat zum ganzen Volk von Juda ge-
sagt: So spricht der Herr der Heerscharen:

Zion wird zum Acker umgepflügt, / und
Jerusalem wird zu einem Trümmerhau-
fen, / der Tempelberg zur Waldhöhe.

19 Haben ihn etwa Hiskija, der König
von Juda, und ganz Juda deshalb getötet?
Hat er nicht den Herrn gefürchtet und das
Angesicht des Herrn besänftigt, sodass
den Herrn das Unheil reute, das er ihnen
angedroht hatte? Und wir sollten so gro-
ßes Unheil auf uns laden?

Die Ermordung des Propheten Urija

20 Es trat damals noch ein Mann auf, der im
Namen des Herrn weissagte, Urija, der
Sohn Schemajas, aus Kirjat-Jearim. Er
weissagte gegen diese Stadt und gegen die-
ses Land ganz so wie Jeremia. 21 Als König
Jojakim mit allen seinen Kriegsobersten
und allen Beamten von seinen Reden hör-
te, suchte der König ihn zu töten. Urija
aber erhielt Kunde davon, geriet in Furcht,
ergriff die Flucht und entkam nach Ägyp-
ten. 22 Da schickte der König Jojakim Leute
nach Ägypten, nämlich Elnatan, den Sohn
Achbors, und noch einige andere Männer
mit ihm, 23 die Urija aus Ägypten holten
und zu König Jojakim brachten; der ließ
ihn mit dem Schwert hinrichten und sei-
nen Leichnam zu den Gräbern des gemei-
nen Volkes werfen. 24 Aber Ahikam, der
Sohn Schafans, hielt seine Hand über Jere-
mia, dass er nicht der Gewalt des Volkes
überliefert wurde, das ihn sonst hingerich-
tet hätte.

Das babylonische Joch

27 Im Anfang der Regierung Jojakins,
des Sohnes Joschijas, des Königs
von Juda, erging vom Herrn dieses Wort
an Jeremia: 2 So sprach der Herr zu mir:
Mach dir Stricke und Jochstangen, leg sie
auf deinen Nacken 3 und sende eine Bot-
schaft an den König von Edom und den
König von Moab, den König der Ammoni-
ter, den König von Tyrus und den König
von Sidon durch Vermittlung ihrer Ge-
sandten, die nach Jerusalem zu Zidkija,
dem König von Juda, gekommen sind!
4 Gib ihnen folgenden Auftrag mit an ihre
Herren: So spricht der Herr der Heerscha-
ren, der Gott Israels: So sollt ihr zu eueren
Herren sagen: 5 Ich habe die Erde erschaf-
fen, Mensch und Vieh, was auf der ganzen
Erde lebt, durch meine große Kraft und
meinen hoch erhobenen Arm, und ich ge-
be sie, wem ich will. 6 Jetzt gebe ich alle
diese Länder in die Hand meines Knechtes
Nebukadnezzar, des Königs von Babel;
auch die Tiere des Feldes mache ich ihm
dienstbar. 7 Alle Völker werden ihm, sei-
nem Sohn und seinem Enkel dienstbar
sein, bis auch für sein Land die Zeit
kommt, wo mächtige Völker und große
Könige es sich dienstbar machen. 8 Das
Volk und Reich aber, das ihm, Nebukad-
nezzar, dem König von Babel, nicht dienen
will und das seinen Hals nicht in das Joch
des Königs von Babel stecken will, dieses
Volk werde ich mit Schwert, Hunger und
Pest heimsuchen – Spruch des Herrn –,
bis ich es in seine Hand gebracht habe.
9 Ihr aber sollt nicht auf euere Propheten
hören, auf euere Wahrsager, Träumer, Zei-
chendeuter und Zauberer, die zu euch sa-
gen: Ihr werdet dem König von Babel
nicht untertan sein. 10 Denn sie weissagen
euch Lüge, mit dem Erfolg, dass ihr euere

Heimat verlassen müsst und ich euch verstoße, sodass ihr zugrunde geht. 11 Aber das Volk, das seinen Hals in das Joch des Königs von Babel steckt und ihm untertan wird, das lasse ich auf seinem (heimatlichen) Boden – Spruch des Herrn –, dass es ihn bebauen und in Frieden darauf wohnen kann. 12 Auch zu König Zidkija redete ich ganz in der gleichen Weise und sagte: Steckt euere Hälse in das Joch des Königs von Babel und werdet ihm und seinem Volk untertan, damit ihr am Leben bleibt. 13 Warum wollt ihr, du und dein Volk, durch Schwert, Hunger und Pest zugrunde gehen, wie der Herr dem Volk ausgerichtet hat, das dem König von Babel nicht untertan sein will? 14 Hört nur nicht auf die Worte der Propheten, die euch verkündigen: Ihr werdet dem König von Babel nicht untertan sein. Denn sie weissagen euch Lüge. 15 Ich habe sie nicht gesandt – Spruch des Herrn –, sondern sie weissagen Lüge in meinem Namen, mit dem Erfolg, dass ich euch verstoße und ihr zugrunde geht, ihr und die Propheten, die euch weissagen.

16 Zu den Priestern und zu diesem ganzen Volk sagte ich: So spricht der Herr: Hört nicht auf die Reden euerer Propheten, die euch weissagen: Die Geräte des Hauses des Herrn werden jetzt bald von Babel zurückgebracht werden. Denn sie weissagen euch Lüge. 17 Hört nicht auf sie, dient dem König von Babel, damit ihr am Leben bleibt. Warum soll diese Stadt zum Trümmerhaufen werden? 18 Wenn sie wirklich Propheten sind und das Wort des Herrn bei ihnen ist, dann sollen sie doch lieber den Herrn der Heerscharen darum angehen, dass die Geräte, die noch im Haus des Herrn und im Palast des Königs von Juda und in Jerusalem übrig geblieben sind, nicht auch noch nach Babel kommen. 19 Denn so spricht der Herr der Heerscharen über die Säulen, das Eherne Meer, die Gestelle und den Rest der Geräte, die in dieser Stadt übrig geblieben sind, 20 die Nebukadnezzar, der König von Babel, nicht mitgenommen hat, als er Jojachin, den Sohn Jojakims, den König von Juda, von Jerusalem nach Babel in die Gefangenschaft schleppte samt allen Edlen Judas und Jerusalems. 21 Ja, so spricht der Herr der Heerscharen, der Gott Israels, über die Geräte, die im Haus des Herrn und im Haus des Königs von Juda und in Jerusalem zurückgeblieben sind: 22 Nach Babel werden sie gebracht und dort werden sie bleiben bis zu dem Tag, an dem ich mich ihrer annehme – Spruch des Herrn – und sie wieder herschaffe und zurückbringe an diesen Ort.

Die Auseinandersetzung mit dem Propheten Hananja

28 Im selben Jahr, im Anfang der Regierung Zidkijas, des Königs von Juda, im fünften Monat des vierten Jahres, sagte der Prophet Hananja, der Sohn Assurs aus Gibeon, im Haus des Herrn in Gegenwart der Priester und des ganzen Volkes zu Jeremia: 2 So spricht der Herr der Heerscharen, der Gott Israels: Ich zerbreche das Joch des Königs von Babel. 3 Noch zwei Jahre und ich werde alle Geräte des Hauses des Herrn, die Nebukadnezzar, der König von Babel, von diesem Ort weggenommen und nach Babel gebracht hat, an diesen Ort zurückbringen. 4 Auch Jojachin, den Sohn Jojakims, den König von Juda, mit allen Verschleppten aus Juda, die nach Babel ziehen mussten, werde ich an diesen Ort zurückbringen – Spruch des Herrn –, denn ich zerbreche das Joch des Königs von Babel. 5 Hierauf antwortete der Prophet Jeremia dem Propheten Hananja in Gegenwart der Priester und aller Leute, die im Haus des Herrn standen. 6 Der Prophet Jeremia sagte: Möge das geschehen! Der Herr füge es so! Möge der Herr dein Wort, das du geweissagt hast, in Erfüllung gehen lassen und die Geräte des Hauses des Herrn und alle Gefangenen von Babel hierher zurückbringen! 7 Jedoch höre auch dieses Wort, das ich dir und dem ganzen Volk in die Ohren rufe: 8 Die Propheten, die vor mir und vor dir seit Urzeiten gewesen sind, haben gegen mächtige Länder und große Königreiche Krieg, Hunger und Pest prophezeit. 9 Der Prophet, der Heil prophezeit – erst beim Eintreffen des Prophetenwortes erweist sich der wirklich vom Herrn gesandte Prophet. 10 Da nahm der Prophet Hananja die Jochstange vom Nacken des Propheten Jeremia und zerbrach sie. 11 Dazu sagte Hananja in Gegenwart des ganzen Volkes: So spricht der Herr: So zerbreche ich das Joch Nebukadnezzars, des Königs von Babel, noch vor Ablauf zweier Jahre (und nehme es)

vom Nacken aller Völker. Darauf ging der
Prophet Jeremia seines Weges.
12 Da erging folgendes Wort des Herrn
an Jeremia, nachdem der Prophet Hananja
das Joch vom Nacken des Propheten Jere-
mia (genommen und) zerbrochen hatte:
13 Geh und sag zu Hananja: So spricht der
Herr: Jochstangen von Holz hast du zer-
brochen, aber dafür Jochstangen aus Eisen
gemacht. 14 Denn so spricht der Herr der
Heerscharen, der Gott Israels: Ein eisernes
Joch lege ich auf den Nacken aller dieser
Völker, dass sie Nebukadnezzar, dem Kö-
nig von Babel, untertan sein müssen. [Sie
werden ihm dienen müssen und selbst die
wilden Tiere gebe ich ihm.] 15 Der Prophet
Jeremia sagte zum Propheten Hananja:
Höre, Hananja, der Herr hat dich nicht ge-
sandt, und du hast in diesem Volk trügeri-
sche Hoffnungen geweckt. 16 Darum – so
spricht der Herr: Siehe, ich schaffe dich
vom Erdboden weg. Noch in diesem Jahr
stirbst du; denn du hast Aufruhr gegen
den Herrn gepredigt. 17 Der Prophet Ha-
nanja starb im siebten Monat desselben
Jahres.

Der Brief an die Verbannten

29 Das ist der Wortlaut des Briefes,
den der Prophet Jeremia von Jeru-
salem aus an den Rest der Ältesten der
Verbannten, an die Priester, Propheten
und an das ganze übrige Volk, das Nebu-
kadnezzar von Jerusalem nach Babel weg-
geführt hatte, überbringen ließ, 2 nachdem
der König Jojachin, die Herrin, die Hof-
beamten, die Großen von Juda und Jerusa-
lem samt den Schmieden und Schlossern
Jerusalem verlassen hatten. 3 Er wurde
überbracht durch Elasa, den Sohn Scha-
fans, und Gemarja, den Sohn Hilkijas, die
Zidkija, der König von Juda, an Nebukad-
nezzar, den König von Babel, nach Babel
sandte. 4 So spricht der Herr der Heerscha-
ren, der Gott Israels, zu allen Verbannten,
die von Jerusalem nach Babel weggeführt
worden sind: 5 Baut Häuser und bewohnt
sie, pflanzt Gärten an und esst ihre Frucht,
6 nehmt Frauen und zeugt Söhne und
Töchter, nehmt eueren Söhnen Frauen
und gebt euere Töchter an Männer, damit
sie Söhne und Töchter gebären und ihr
euch vermehrt und nicht vermindert. 7 Be-
müht euch um die Wohlfahrt der Stadt, in
die ich euch verbannt habe, und betet für
sie zum Herrn. Denn auf ihrer Wohlfahrt
beruht euere Wohlfahrt. 8 Denn so spricht
der Herr der Heerscharen, der Gott Isra-
els: Lasst euch nicht täuschen durch euere
Propheten, die unter euch sind, und durch
euere Wahrsager. Hört auch nicht auf ihre
Träume, die sie träumen. 9 Denn sie lügen
euch vor, in meinem Namen zu weissagen.
Ich habe sie aber nicht gesandt – Spruch
des Herrn. 10 Ja, so spricht der Herr: Erst
wenn siebzig Jahre für Babel abgelaufen
sind, werde ich mich euerer annehmen
und mein Verheißungswort an euch erfül-
len, euch an diesen Ort zurückzubringen.
11 Denn ich weiß wohl, was für Gedanken
ich über euch hege – Spruch des Herrn –
Gedanken des Heils und nicht des Un-
heils, euch Zukunft und Hoffnung zu ge-
ben. 12 Dann, wenn ihr mich anruft und
kommt und zu mir betet, werde ich euch
erhören. 13 Wenn ihr mich sucht, werdet
ihr mich finden. Wenn ihr mich aus gan-
zem Herzen gesucht habt, 14 werde ich
mich von euch finden lassen – Spruch des
Herrn –, ich werde euer Schicksal wenden
und euch sammeln aus allen Völkern und
aus allen Orten, wohin ich euch verstoßen
habe – Spruch des Herrn – und euch an
den Ort zurückführen, von dem ich euch
verbannt habe. 15 Ja, ihr sagt: der Herr hat
uns Propheten in Babel erweckt. 16 Denn so
spricht der Herr über den König, der auf
Davids Thron sitzt, und über das ganze
Volk, das in dieser Stadt wohnt, euere Brü-
der, die nicht mit euch in die Verbannung
ziehen mussten, 17 so spricht der Herr der
Heerscharen: Seht, ich lasse Schwert,
Hunger und Pest gegen sie los und ich ma-
che sie ekelhaften Feigen gleich, die so
schlecht sind, dass man sie nicht essen
kann. 18 Ich jage hinter ihnen her mit
Schwert, Hunger und Pest und mache sie
zum Entsetzen für alle Königreiche der Er-
de, zum Fluch und zum Entsetzen, zum
Spott und Hohn unter allen Völkern, wo-
hin ich sie verstoße, 19 weil sie nicht auf
meine Worte gehört haben – Spruch des
Herrn –, obwohl ich doch meine Knechte,
die Propheten, immer wieder zu ihnen ge-
sandt habe; aber sie haben nicht gehört –
Spruch des Herrn. 20 Ihr jedoch, hört das
Wort des Herrn, ihr Verbannte insgesamt,
die ich aus Jerusalem nach Babel wegge-
führt habe. 21 So spricht der Herr der Heer-
scharen, der Gott Israels, über Ahab, den

Sohn Kolajas, und über Zidkija, den Sohn
Maasejas, die euch vorlügen, in meinem
Namen zu weissagen: Seht, ich gebe sie
in die Hand Nebukadnezzars, des Königs
von Babel. Er wird sie vor eueren Augen
niederhauen lassen. [22] Und sie werden
Anlass zu einem Fluchwort geben, das
bei allen Verbannten Judas, die sich in
Babel befinden, umgehen wird: Der Herr
bereite dir das Schicksal Zidkijas und
Ahabs, die der König von Babel im Feuer
rösten ließ, [23] weil sie Schändliches in Is-
rael getan haben, indem sie Ehebruch
trieben mit den Frauen ihrer Nächsten
und in meinem Namen Worte redeten,
die ich ihnen nicht aufgetragen hatte. Ja,
ich selbst weiß es und bin Zeuge –
Spruch des Herrn.

Drohwort gegen Schemaja

[24] Zu Schemaja aus Nehelam sollst du sa-
gen: [25] So spricht der Herr der Heerscha-
ren, der Gott Israels: Du hast in deinem
Namen einen Brief [an das ganze Volk in
Jerusalem und] an den Priester Zefanja,
den Sohn Maasejas [und an alle Priester]
mit diesem Inhalt geschickt: [26] Der Herr
hat dich anstelle des Priesters Jojada zum
Priester eingesetzt, damit du im Haus des
Herrn auf jeden Verrückten Acht gibst
und auf jeden, der sich als Prophet gebär-
det, um ihn in Block und Halseisen zu le-
gen. [27] Nun also, warum bist du nicht gegen
Jeremia aus Anatot eingeschritten, der
sich vor euch wie ein Prophet aufführt?
[28] Hat er uns doch nach Babel die Botschaft
gesandt: Es wird noch lange dauern. Baut
Häuser und wohnt darin, pflanzt Gärten
und genießt ihre Frucht.

[29] Der Priester Zefanja aber hatte diesen
Brief dem Propheten Jeremia vorgelesen.
[30] Da erging das Wort des Herrn an Jere-
mia: [31] Sende an alle Verbannten folgende
Botschaft: So spricht der Herr über Sche-
maja aus Nehelam: Weil Schemaja euch
geweissagt hat, obwohl ich ihn nicht ge-
sandt habe, und weil er falsche Hoffnun-
gen unter euch erweckt hat, [32] darum – so
spricht der Herr: Seht, ich ziehe Schemaja
aus Nehelam und seinen Nachkommen
zur Rechenschaft. Er soll keinen Nach-
kommen haben, der inmitten dieses Vol-
kes wohnen bleiben darf und das Glück
erlebt, das ich meinem Volk bereite –
Spruch des Herrn –; denn er hat Aufruhr
gegen den Herrn gepredigt.

Das Trostbuch

Israels und Judas Wiederherstellung

30 Das Wort, das vom Herrn an Jere-
mia erging: [2] So spricht der Herr,
der Gott Israels: Schreib dir alle Worte,
die ich zu dir gesagt habe, in ein Buch.
[3] Denn seht, es kommt eine Zeit – Spruch
des Herrn –, da wende ich das Geschick
meines Volkes Israel und Juda, spricht der
Herr, und lasse sie in das Land zurückkeh-
ren, das ich ihren Vätern zum Besitz gege-
ben habe. [4] Das sind die Worte, die der
Herr über Israel und Juda gesprochen hat:
[5] Ja, so spricht der Herr:

Einen Schrei des Entsetzens hören wir: /
Schrecken, nicht Frieden!

[6] Erkundigt euch doch und schaut euch
um, / ob je ein Mann Kinder gebiert.

Woher kommt es, dass ich alle Män-
ner / mit den Händen an den Hüften sehe
gleich einer Gebärenden,

dass alle Gesichter verstört sind / und
leichenblass?

[7] Ja, groß ist jener Tag, / keinen gibt es,
der ihm gleicht.

Eine Zeit der Drangsal ist es für Jakob, /
aber er wird daraus errettet.

[8] An jenem Tag wird es geschehen / –
Spruch des Herrn der Heerscharen –,

da zerbreche ich das Joch auf ihrem
Nacken / und zerreiße ihre Stricke, sodass
keine Fremden ihn mehr knechten kön-
nen.

[9] Vielmehr werden sie dem Herrn, ihrem
Gott, dienen / und David, ihrem König,
den ich ihnen erstehen lasse.

[10] Du also fürchte dich nicht, mein
Knecht Jakob – Spruch des Herrn –, / und
habe keine Angst, Israel.

Denn siehe, ich bringe dir Hilfe im fer-
nen Land / und deinen Nachkommen im
Land der Gefangenschaft:

Jakob wird heimkehren und Ruhe fin-
den. / In Frieden soll er leben und nie-
mand mehr wird ihn aufschrecken.

[11] Ja, ich bin mit dir – Spruch des Herrn –, um dir zu helfen.

Denn ich bringe allen Völkern Vernichtung, / wohin ich dich zerstreut habe.

Aber dir werde ich keine Vernichtung bringen. / Dich züchtige ich mit rechtem Maß, / doch ganz ungestraft kann ich dich nicht lassen.

Judas Elend und Heilung

[12] Ja, so spricht der Herr:

Unheilbar ist deine Wunde, / tödlich deine Verletzung.

[13] Niemand kümmert sich um dein Geschwür, / keine Genesung gibt es für dich.

[14] Alle deine Freunde haben dich vergessen, / fragen nicht mehr nach dir.

Ja, wie ein Feind schlägt, so habe ich dich geschlagen, / dich gezüchtigt mit grausamer Hand / [wegen der Größe deiner Schuld, weil du so viel gesündigt hast.]

[15] Warum schreist du über deine Wunde, / unheilbar sei dein Schmerz?

Wegen der Größe deiner Schuld, weil du so viel gesündigt hast, / habe ich dir das angetan.

[16] Aber alle, die dich gefressen haben, sollen wieder gefressen werden, / und alle deine Bedränger sollen in Gefangenschaft wandern.

Die dich ausgeplündert haben, sollen der Plünderung verfallen, / und alle, die dich ausgeraubt haben, gebe ich dem Raub preis.

[17] Nun bringe ich dir wieder Genesung / und heile dich von deinen Wunden – Spruch des Herrn –;

denn sie nannten dich „Verstoßene“, / nach der niemand fragt.

Wiederherstellung Israels

[18] So spricht der Herr:

Seht, ich wende das Geschick der Zelte Jakobs / und erbarme mich seiner Wohnungen.

Die Stadt soll wieder aufgebaut werden auf ihrem Hügel, / und der Palast soll wieder auf seinem Platz stehen.

[19] Jubel soll aus ihnen erschallen / und die Stimmen froher Menschen.

Ich mehre ihre Zahl, sie sollen nicht weniger werden. / Ich bringe sie zu Ehren, dass man sie nicht mehr verachtet.

[20] Ihre Söhne werden mir wert sein wie ehedem, / ihre Gemeinde wird festen Bestand haben vor mir, / und ich werde alle ihre Bedränger bestrafen.

[21] Sein Machthaber wird wieder aus ihm selbst entstammen, / und sein Herrscher wird aus seiner eigenen Mitte hervorgehen.

Und ich gewähre ihm Zutritt, dass er mir nahen darf. / Denn wer möchte sonst sein Leben wagen, sich mir zu nahen? – Spruch des Herrn.

[22] Ihr werdet mein Volk sein, / und ich werde euer Gott sein.

[23] Seht, ein Sturm des Herrn bricht los, / eine wirbelnde Windsbraut. / Aufs Haupt der Gottlosen fährt sie herab.

[24] Der Zorn des Herrn hört nicht auf, / bis er die Pläne seines Herzens vollbracht und ausgeführt hat. / Am Ende der Tage werdet ihr es erkennen.

31 In jener Zeit – Spruch des Herrn – / werde ich allen Geschlechtern Israels Gott sein, / und sie werden mein Volk sein.

Die Heimkehr der Verbannten

[2] So spricht der Herr:

Das Volk der dem Schwert Entronnenen / hat Gnade gefunden in der Wüste, / Israel gelangt in seine Ruhe.

[3] Aus der Ferne erschien ihm der Herr: / Mit ewiger Liebe habe ich dich geliebt, / deshalb habe ich dir meine Huld bewahrt.

[4] Wiederum will ich dich aufbauen, / dass du gebaut bist, Jungfrau Israel.

Wiederum schmückst du dich mit deinen Pauken / und schreitest in frohem Reigen daher.

[5] Wiederum pflanzst du Weinberge auf Samarias Bergen, / und die da gepflanzt haben, werden auch den Genuss davon haben.

[6] Denn es kommt ein Tag, wo Wächter auf dem Gebirge Efraim rufen: / Auf, wir wollen nach Zion hinauf, zum Herrn, unserem Gott!

[7] Denn so spricht der Herr: / Jauchzt Jakob zu, brecht in Jubel aus über das Erste der Völker!

Tut es laut kund unter Lobgesang: / Der Herr hat sein Volk gerettet, / den Rest Israels!

[8] Ja, ich bringe sie herbei aus dem Land im Norden / und hole sie zusammen aus den Winkeln der Erde.

Blinde sind darunter und Lahme, Schwangere mit Wöchnerinnen zusammen, / eine große Gemeinde ist es, die heimkehrt.

9 In Tränen zogen sie aus, / mit Tröstung geleite ich sie heim.

Ich führe sie zu Wasserbächen, / auf ebener Straße, auf der sie nicht straucheln.

Denn ich bin ein Vater für Israel, / und Efraim ist mein Erstgeborener.

10 Hört, ihr Völker, das Wort des Herrn, / tut es kund an den fernen Gestaden:

Der Israel zerstreut hat, sammelt es wieder / und hütet es wie ein Hirt seine Herde.

11 Denn der Herr hat Jakob erlöst / und hat ihn befreit aus der Hand dessen, der stärker als er.

12 Sie kommen und jubeln auf Zions Höhe / und strömen hin zu den Segensgaben des Herrn,

zu Getreide, Most und Öl, / zu den Lämmern und Rindern.

Sie sind wie ein reich bewässerter Garten, / sie brauchen nicht mehr zu darben.

13 Da freut sich die Jungfrau am Tanz, / und Jung und Alt sind fröhlich.

Ich wandle ihre Trauer in Jubel / und spende ihnen Trost und Freude nach all ihrem Leid.

14 Ich labe die Priester reichlich mit Fett, / und mein Volk isst sich satt an meinen Segensgaben – Spruch des Herrn.

Trost für Rahel

15 So spricht der Herr:

Horch! In Rama hört man Klagen / und bitteres Weinen:

Rahel beweint ihre Kinder, / will sich nicht trösten lassen – / ihre Kinder, denn sie sind nicht mehr.

16 So spricht der Herr: / Verwehre deiner Stimme das Klagen / und deinen Augen die Tränen!

Denn es gibt einen Lohn für deine Mühen – Spruch des Herrn: / Sie kommen heim aus dem Feindesland.

17 Ja, es gibt eine Hoffnung für deine Nachkommen – Spruch des Herrn: / Die Kinder kehren in ihre Heimat zurück.

Die innere Umkehr

18 Deutlich höre ich Efraim klagen: / Du hast mich gezüchtigt und ich ließ mich züchtigen / wie ein ungezähmtes Rind.

Lass mich heim, ich will umkehren; / denn du bist der Herr, mein Gott.

19 Ja, nachdem ich mich von dir abgewandt hatte, / kam mir die Reue,

und seit ich es eingesehen habe, / schlage ich an meine Brust.

Ich schäme mich und bin zerknirscht; / denn ich trage ja die Schande meiner Tugend.

20 Ist mir denn Efraim ein so teurer Sohn? / Ist er mein Lieblingskind?

Sooft ich ihn auch schelte, / immer wieder muss ich an ihn denken.

Deshalb schlägt ihm mein Herz entgegen,

ich muss mich seiner erbarmen – Spruch des Herrn.

21 Stell dir Erkennungszeichen auf, / setze dir Wegweiser!

Besinn dich auf die Straße, / den Weg, den du einst gezogen bist:

Kehr um, Jungfrau Israel, / kehr zurück in diese deine Städte.

22 Wie lange noch willst du dich sträuben, / widerspenstige Tochter?

Denn der Herr schafft etwas Neues im Land: / die Frau umgibt den Mann.

Segensverheißung

23 So spricht der Herr der Heerscharen, der
Gott Israels: Wieder wird man im Land
Juda und in seinen Städten, wenn ich ihr
Geschick gewendet habe, dieses Wort
sprechen: Der Herr segne dich, du Hort
der Gerechtigkeit, du heiliger Berg. 24 Juda
und alle seine Städte werden darin wohnen, Ackerbauern und solche, die mit den
Herden wandern. 25 Ja, ich labe die müde
Seele und spende jedem, der darbt, meine
Fülle. 26 Darum heißt es: Ich wachte auf
und blickte umher, mein Schlaf war mir
Erquickung. 27 Seht, es kommen Tage –
Spruch des Herrn –, da säe ich über das
Haus Israel und das Haus Juda eine Saat
von Menschen und eine Saat von Vieh.
28 Und gerade so, wie ich einst über sie gewacht habe, um auszureißen und einzureißen, zu zerstören, zu verderben und Unheil zu bringen, so werde ich über sie
wachen, um zu bauen und zu pflanzen –
Spruch des Herrn. 29 In jenen Tagen wird
man nicht mehr sagen: Die Väter haben
saure Trauben gegessen und den Kindern

werden die Zähne stumpf. 30 Nein, jeder
wird nur um seiner eigenen Schuld willen
sterben; nur dem, der saure Trauben isst,
werden die Zähne stumpf.

Der neue Bund

31 Seht, es kommen Tage – Spruch des
Herrn –, da werde ich mit dem Haus Israel
und dem Haus Juda einen neuen Bund
schließen. 32 Nicht wie der Bund war, den
ich mit ihren Vätern geschlossen habe, da-
mals, als ich sie bei der Hand nahm und
aus dem Land Ägypten herausführte, die-
sen meinen Bund haben sie gebrochen,
obwohl ich ihr Gebieter war – Spruch des
Herrn. 33 Sondern das ist der Bund, den ich
mit dem Haus Israel nach jenen Tagen
schließen werde – Spruch des Herrn: Ich
lege mein Gesetz in ihr Inneres und
schreibe es in ihr Herz. Ich werde ihr Gott
sein und sie werden mein Volk sein.
34 Dann brauchen sie sich nicht mehr ge-
genseitig zu belehren und einer zum ande-
ren zu sagen: Erkennt den Herrn!, sondern
sie alle werden mich erkennen, Klein und
Groß – Spruch des Herrn. Denn ich ver-
gebe ihre Schuld und denke nicht mehr
an ihre Sünde.

Israels ewiger Bestand

35 So spricht der Herr, / der die Sonne zur
Leuchte für den Tag gemacht
und den Mond und die Sterne / als
Leuchten in der Nacht eingesetzt hat,
der das Meer aufwühlt, dass seine
Wogen brausen, / Herr der Heerscharen
ist sein Name.
36 Wenn diese Ordnungen / vor mir ins
Wanken geraten – Spruch des Herrn –,
dann werden auch die Nachkommen
Israels aufhören, / vor mir ein Volk zu sein
für alle Zeit.
37 So spricht der Herr:
Wenn die Himmel in der Höhe aus-
gemessen werden können / und die
Gründe der Erde in der Tiefe erforschbar
sind,
dann verwerfe auch ich die Nachkom-
men Israels / wegen alledem, was sie getan
haben – Spruch des Herrn.

Jerusalems Wiederaufbau und Größe

38 Seht, es kommen Tage – Spruch des
Herrn –, da wird die Stadt für den Herrn
wieder aufgebaut, vom Turm Hananels bis
zum Ecktor. 39 Und die Messschnur wird
noch geradeaus weiterlaufen bis zum Hü-
gel Gareb und dann nach Goa abbiegen.
40 Das ganze Tal mit den Leichen und der
Asche, das ganze Totenfeld bis zum Ki-
dronbach, bis zur Ecke des Rosstors im
Osten wird dem Herrn heilig sein. In
Ewigkeit wird es nicht mehr niedergeris-
sen und zerstört werden.

Die Heilsworte

Der Kauf eines Ackers in Anatot

32 Das Wort, das vom Herrn an Jere-
mia erging im zehnten Jahr Zidki-
jas, des Königs von Juda – das ist das acht-
zehnte Jahr Nebukadnezzars. 2 Damals
nämlich belagerte das Heer des Königs
von Babel Jerusalem und der Prophet Jere-
mia saß gefangen im Wachhof am Palast
des Königs von Juda. 3 Zidkija, der König
von Juda, hatte ihn dort gefangen gesetzt
mit der Begründung: Warum hast du ge-
weissagt: So spricht der Herr: Ich gebe die-
se Stadt in die Hand des Königs von Babel,
sodass er sie einnimmt. 4 Auch Zidkija, der
König von Juda, wird der Hand der Chal-
däer nicht entrinnen, sondern er wird
ganz bestimmt in die Hand des Königs
von Babel gegeben werden und von Mund
zu Mund mit ihm reden und ihn von An-
gesicht zu Angesicht sehen. 5 Nach Babel
wird er Zidkija bringen und dort wird er
bleiben, bis ich ihn zur Rechenschaft ziehe
– Spruch des Herrn. Wenn ihr gegen die
Chaldäer kämpft, werdet ihr kein Glück
haben. 6 Jeremia sagte: Das Wort des
Herrn erging an mich: 7 Hanamel, der
Sohn deines Onkels Schallum, wird zu dir
kommen mit der Bitte: Kauf dir doch mei-
nen Acker in Anatot; denn du hast das
Vorkaufsrecht. 8 Gemäß dem Wort des
Herrn kam Hanamel, der Sohn meines
Onkels, zu mir in den Wachhof und sagte
zu mir: Kauf doch meinen Acker in Ana-
tot; denn dir steht das Erbrecht zu und du
hast das Vorkaufsrecht. Kauf ihn dir. Da
merkte ich, dass es das Wort des Herrn

war. 9 Ich kaufte also den Acker in Anatot von Hanamel, dem Sohn meines Onkels, und wog ihm den Preis ab, siebzehn Silberschekel. 10 Ich schrieb die Kaufurkunde, versiegelte sie, zog Zeugen hinzu und wog das Geld auf der Waage ab, wie es Recht und Gesetz erfordern. 11 Hierauf nahm ich den Kaufbrief, sowohl den versiegelten als auch den offenen, 12 und übergab den Kaufbrief an Baruch, den Sohn Nerijas, des Sohnes Machsejas, in Gegenwart Hanamels, des Sohnes meines Onkels, und in Gegenwart der Zeugen, die den Kaufbrief unterschrieben hatten, sowie in Gegenwart aller im Wachhof anwesenden Judäer. 13 Darauf gab ich Baruch in ihrer Gegenwart den Auftrag: 14 Nimm diese Urkunden, diesen Kaufbrief, den versiegelten und den offenen, und leg sie in ein Tongefäß, damit sie auf lange Zeit erhalten bleiben. 15 Denn so spricht der Herr der Heerscharen, der Gott Israels: Man wird wieder Häuser und Äcker kaufen in diesem Land.

16 Nachdem ich den Kaufbrief an Baruch, den Sohn Nerijas, übergeben hatte, betete ich zum Herrn: 17 Mein Herr, mein Gott, du hast den Himmel und die Erde mit deiner großen Kraft und mit deinem hoch erhobenen Arm gemacht. Nichts ist für dich unmöglich. 18 Du erweist Tausenden Gnade, doch zahlst du die Schuld der Väter noch ihren Kindern heim in den Schoß, du großer und mächtiger Gott, dessen Name Herr der Heerscharen ist. 19 Groß bist du an Rat und mächtig an Tat; deine Augen sind offen über allen Wegen der Menschenkinder, um einem jeden zu vergelten nach seinem Verhalten und nach der Frucht seiner Werke. 20 Du hast Zeichen und Wunder gewirkt im Land Ägypten und bis auf den heutigen Tag an Israel und an den Menschen und hast dir einen Namen geschaffen, wie du ihn heute besitzt. 21 Du hast dein Volk Israel aus dem Land Ägypten herausgeführt unter Zeichen und Wundern, mit starker Hand, mit hoch erhobenem Arm und unter großen, Furchterregenden Taten. 22 Du hast ihnen dieses Land gegeben, wie du ihren Vätern geschworen hattest, ihnen ein Land zu geben, das von Milch und Honig fließt. 23 Sie kamen und nahmen es in Besitz, aber sie hörten nicht auf deine Stimme und folgten nicht deinem Gesetz. Nichts von dem, was du ihnen zu tun befohlen hast, haben sie getan. Darum hast du all dieses Unheil über sie kommen lassen. 24 Schon sind die Belagerungswälle bis zur Stadt vorgerückt, um sie einzunehmen, und die Stadt ist durch Schwert, Hunger und Pest den Chaldäern, die gegen sie kämpfen, preisgegeben. Was du angedroht hast, geht in Erfüllung. Du siehst es ja selbst. 25 Und doch hast du, mein Herr und Gott, zu mir gesagt: Erwirb dir den Acker für Geld und ziehe Zeugen hinzu. Dabei ist die Stadt doch in die Hände der Chaldäer gegeben!

26 Da erging das Wort des Herrn an mich: 27 Siehe, ich bin der Herr, der Gott alles Lebendigen. Ist irgendetwas für mich unmöglich? 28 Darum – so spricht der Herr: Ich gebe diese Stadt in die Hand der Chaldäer und in die Hand des Königs von Babel. Er wird sie einnehmen, 29 und die Chaldäer, die diese Stadt belagern, werden kommen und Feuer an diese Stadt legen und die Häuser verbrennen, auf deren Dächern man dem Baal Rauchopfer und fremden Göttern Trankopfer dargebracht hat, um mich zu beleidigen. 30 Denn die Leute von Israel und Juda haben von ihrer Jugend an immer nur getan, was mir missfiel; ja, die Leute von Israel haben mich stets nur durch ihr ganzes Tun erzürnt – Spruch des Herrn. 31 Denn diese Stadt hat mir Ärger und Zorn bereitet vom Tag ihrer Gründung an bis zum heutigen Tag, sodass ich sie mir aus den Augen schaffen muss 32 wegen all des Bösen, das die Leute von Israel und Juda begangen haben, um mich zu beleidigen, sie selbst samt ihren Königen, Beamten, Priestern und Propheten, sowohl die Leute von Juda als auch die Bewohner Jerusalems. 33 Sie haben mir stets den Rücken zugekehrt und nicht das Angesicht, und wenn ich mich auch noch so sehr bemühte, sie zu unterweisen, so hörten sie doch nicht und nahmen keine Zucht an. 34 Haben sie doch sogar ihre Scheusale in dem Haus aufgestellt, über dem mein Name ausgerufen ist, um es zu entweihen. 35 Sie haben die Baalshöhen im Tal Ben-Hinnom erbaut, um ihre Söhne und Töchter für den Moloch durch das Feuer gehen zu lassen – niemals habe ich ihnen das befohlen, und niemals ist es mir in den Sinn gekommen, dass sie Gräuel verüben und Juda in Sünde stürzen sollen. 36 Jetzt aber – so spricht der Herr, der Gott

Israels, über diese Stadt, von der ihr sagt,
dass sie durch Schwert, Hunger und Pest
in die Hand des Königs von Babel gegeben
ist: 37 Seht, ich lese sie zusammen aus allen
Ländern, wohin ich sie verstoßen habe in
meinem Zorn und Grimm und in gewalti-
gem Groll. Ich führe sie an diesen Ort zu-
rück und lasse sie in Sicherheit wohnen.
38 Sie werden mein Volk sein und ich werde
ihr Gott sein. 39 Ich verleihe ihnen einerlei
Sinn und Streben, sodass sie mich jederzeit
fürchten zu ihrem eigenen Wohl und dem
ihrer Nachkommen. 40 Ich schließe einen
ewigen Bund mit ihnen und höre nicht
mehr auf, ihnen meine Güte zu erweisen;
auch lege ich ihnen die Furcht vor mir ins
Herz, sodass sie nicht mehr von mir las-
sen. 41 Es wird meine Freude sein, ihnen
Güte zu erweisen, und ich pflanze sie ein
in dieses Land in Treue, aus ganzem Her-
zen und aus ganzer Seele. 42 Denn so
spricht der Herr: Wie ich über dieses Volk
all dies Unglück gebracht habe, so bringe
ich auch all den Segen über sie, den ich
ihnen verheiße. 43 Ja, es werden noch Äcker
gekauft in diesem Land, von dem ihr sagt:
Es ist eine Wüste, ohne Menschen und
Vieh darin, es ist der Hand der Chaldäer
preisgegeben. 44 Man wird Äcker für Geld
erwerben und Kaufbriefe schreiben und
sie versiegeln und Zeugen hinzuziehen im
Land Benjamin und in der Umgebung Je-
rusalems, in den Städten Judas und in den
Städten des Berglandes, in den Städten der
Schefela und in den Städten des Negeb.
Denn ich wende ihr Geschick – Spruch
des Herrn.

Glückliche Zukunft für Juda und Jerusalem

33 Da erging das Wort des Herrn zum
zweiten Mal an Jeremia, während
er noch im Wachhaus in Haft saß: 2 So
spricht der Herr, der die Erde geschaffen
und sie gebildet und ihr Festigkeit verlie-
hen hat, Herr ist sein Name: 3 Rufe zu mir,
so will ich dir antworten und dir große und
unfassbare Dinge kundtun, von denen du
nichts weißt. 4 Denn so spricht der Herr,
der Gott Israels, über die Häuser dieser
Stadt und über die Häuser der Könige von
Juda, die niedergerissen sind um sie gegen
die Belagerungswälle und für Kriegszwe-
cke zu verwenden 5 im Kampf gegen die
Chaldäer, und um angefüllt zu werden mit
den Leichen der Menschen, die ich in mei-
nem Zorn und Grimm erschlagen und vor
denen ich mein Angesicht verborgen hatte
wegen all ihrer Bosheit: 6 Seht, ich schaffe
ihnen Gesundung und Heilung, mache sie
wieder heil und eröffne ihnen Sicherheit
und Frieden in Fülle. 7 Ich wende das Ge-
schick Judas und das Geschick Jerusalems
und baue sie wieder auf wie ehedem. 8 Ich
reinige sie von all ihrer Schuld, die sie sich
durch ihre Sünden gegen mich zugezogen
haben, und ich vergebe ihnen alle ihre Sün-
den, die sie gegen mich begangen und wo-
durch sie gegen mich gefrevelt haben. 9 Je-
rusalem wird mir zur Freude gereichen,
zum Preis und Ruhm bei allen Völkern
der Erde. Wenn sie von all dem Guten hö-
ren, das ich tue, werden sie von Furcht und
Zittern ergriffen wegen all des Glücks und
all des Heils, das ich ihm bereite.

10 So spricht der Herr: An diesem Ort,
von dem ihr sagt: Er ist ganz verlassen,
ohne Mensch und Vieh!, in den Städten
Judas und in den Straßen Jerusalems, die
jetzt verödet liegen ohne Menschen, ohne
Bewohner, ohne Vieh, wird man wieder
11 Freuden- und Wonnerufe, den Jubel des
Bräutigams, den Jubel der Braut und das
Singen derer vernehmen, die rufen: Dankt
dem Herrn der Heerscharen; denn der
Herr ist gütig; denn ewig währt seine
Huld!, wenn sie Lobopfer in das Haus des
Herrn bringen. Denn ich wende das Ge-
schick des Landes und mache es, wie es
ehemals gewesen ist, spricht der Herr.

12 So spricht der Herr der Heerscharen:
An diesem Ort, der jetzt verlassen ist, ohne
Menschen und ohne Vieh, und in allen sei-
nen Städten wird es eine Weide für die
Hirten geben, die ihre Herde weiden. 13 In
den Städten des Berglandes, in den Städten
der Schefela und in den Städten des Negeb,
im Land Benjamin und in der Umgebung
Jerusalems und in den Städten Judas wer-
den wieder die Schafe unter der Hand des
Hirten vorüberziehen, der sie zählt, spricht
der Herr.

14 Seht, es kommen Tage – Spruch des
Herrn –, da erfülle ich das Verheißungs-
wort, das ich dem Haus Israel und dem
Haus Juda gegeben habe. 15 In jenen Tagen
und in jener Zeit lasse ich David einen ge-
rechten Spross erwachsen; er wird Recht
und Gerechtigkeit im Land üben. 16 In je-
nen Tagen wird Juda Heil erfahren und Je-
rusalem wird in Sicherheit wohnen. Und

das ist der Name, den man der Stadt geben
wird: Der Herr ist unsere Gerechtigkeit.
17 Denn so spricht der Herr: Nie soll es Da-
vid an einem Nachkommen fehlen, der auf
dem Thron des Hauses Israel sitzt. 18 Auch
den levitischen Priestern soll es nie an
einem Nachkommen fehlen, der vor mir
steht, der Brandopfer darbringt, Speise-
opfer in Rauch aufgehen lässt und
Schlachtopfer vollzieht, für alle Zeit.
19 Das Wort des Herrn erging an Jere-
mia: 20 So spricht der Herr: Wenn ihr mei-
nen Bund mit dem Tag und meinen Bund
mit der Nacht brechen könnt, sodass Tag
und Nacht nicht mehr eintreten zu ihren
Zeiten, 21 dann kann auch mein Bund mit
meinem Knecht David gebrochen werden,
sodass er keinen Sohn mehr hätte, der auf
seinem Thron als König sitzt, und mein
Bund mit den levitischen Priestern, die
meinen Dienst versehen. 22 Wie das Heer
des Himmels nicht gezählt und der Sand
am Ufer des Meeres nicht gemessen wer-
den kann, so zahlreich werde ich die
Nachkommen meines Knechtes David
machen und die Leviten, die meinen
Dienst versehen.
23 Das Wort des Herrn erging an Jere-
mia: 24 Beobachtest du nicht, was diese
Leute da behaupten: Die beiden Stammes-
verbände, die der Herr erwählt hatte, hat
er verworfen!, und wie sie verächtlich von
meinem Volk reden, sodass es ihnen gar
nicht mehr als ein Volk gilt? 25 So spricht
der Herr: So wahr ich meinen Bund mit
dem Tag und mit der Nacht und die Geset-
ze für den Himmel und die Erde festgelegt
habe, 26 so gewiss werde ich die Nachkom-
men Jakobs und meines Knechtes David
niemals verwerfen, sodass ich aus seinen
Nachkommen keine Herrscher mehr näh-
me über die Nachkommen Abrahams,
Isaaks und Jakobs. Denn ich wende ihr
Geschick und erbarme mich ihrer.

Zidkijas Ende

34 Das Wort, das vom Herrn an Jere-
mia erging, als Nebukadnezzar, der
König von Babel, und sein ganzes Heer,
Königreiche seines Herrschaftsgebietes
und alle Völker gegen Jerusalem und alle
seine Städte Krieg führten: 2 So spricht der
Herr, der Gott Israels: Geh und rede mit
Zidkija, dem König von Juda, und sage
ihm: So spricht der Herr: Siehe, ich gebe
diese Stadt in die Hand des Königs von
Babel; er wird sie in Flammen aufgehen
lassen. 3 Auch du entrinnst seiner Hand
nicht, sondern wirst bestimmt ergriffen
und in seine Hand ausgeliefert. Deine Au-
gen werden in die Augen des Königs von
Babel schauen, er wird von Mund zu
Mund mit dir reden und du kommst nach
Babel. 4 Doch höre auf das Wort des
Herrn, Zidkija, König von Juda, und du
wirst nicht durch das Schwert sterben. 5 In
Frieden wirst du sterben und wie man dei-
nen Vätern, den früheren Königen, die vor
dir gewesen sind, Totenfeuer veranstaltet
hat, so wird man auch für dich ein Toten-
feuer veranstalten und die Totenklage
über dich halten: Ach, Herr! Das ist ein
Wort, das ich gesprochen habe – Spruch
des Herrn. 6 Der Prophet Jeremia richtete
Zidkija, dem König von Juda, alle diese
Worte in Jerusalem aus, 7 während das
Heer des Königs von Babel Jerusalem und
alle noch übrig gebliebenen Städte Judas
belagerte, nämlich Lachisch und Aseka;
denn diese hielten sich allein noch als Fes-
tungen unter den Städten Judas.

Die widerrufene Sklavenfreilassung

8 Das Wort, das vom Herrn an Jeremia er-
ging, nachdem König Zidkija mit dem
ganzen in Jerusalem anwesenden Volk
eine feierliche Abmachung eingegangen
war, eine Freilassung auszurufen. 9 Es sollte
nämlich jeder seinen hebräischen Sklaven
oder seine hebräische Sklavin auf freien
Fuß setzen, sodass niemand mehr seinen
hebräischen Stammesbruder als Sklaven
hielte. 10 Alle Großen und das ganze Volk
waren der Abmachung beigetreten, dass
jeder seinen Sklaven und seine Sklavin auf
freien Fuß setzen und sie nicht mehr als
Sklaven halten werde, sie leisteten ins-
gesamt Folge und setzten sie auf freien
Fuß. 11 Aber nachher änderten sie ihren
Sinn und holten die Sklaven und Sklavin-
nen, die sie auf freien Fuß gesetzt hatten,
wieder zurück und machten sie wieder mit
Gewalt zu Sklaven und Sklavinnen. 12 Da
erging das Wort des Herrn an Jeremia:
13 So spricht der Herr, der Gott Israels: Ich
habe mit eueren Vätern an dem Tag, als ich
sie aus dem Land Ägypten, dem Haus der
Knechtschaft, herausführte, einen Bund
geschlossen und verfügt: 14 Nach Ablauf
von sieben Jahren soll jeder von euch sei-

nen hebräischen Stammesbruder, der sich
ihm verkauft und sechs Jahre lang als Skla-
ve gedient hat, auf freien Fuß setzen. Aber
euere Väter haben nicht auf mich gehört
und mir ihr Ohr nicht zugeneigt. 15 Nun
seid ihr diesmal in euch gegangen und
habt getan, was in meinen Augen Recht
ist, indem ihr gemeinsam eine Freilassung
für eueren Nächsten ausgerufen und vor
meinem Angesicht eine feierliche Ver-
pflichtung auf euch genommen habt in
dem Haus, über dem mein Name ausgeru-
fen ist. 16 Aber jetzt habt ihr eueren Sinn
wieder geändert und meinen Namen ent-
heiligt und jeder von euch hat seinen Skla-
ven und seine Sklavin, die ihr bereits auf
freien Fuß gesetzt hattet, wieder hergeholt,
um sie von neuem mit Gewalt zu eueren
Sklaven und Sklavinnen zu machen. 17 Da-
rum – so spricht der Herr: Ihr habt nicht
auf mich gehört, dass ein jeder von euch
seinem Bruder und Nächsten Freilassung
gewährt hätte. Wohlan, so gewähre ich
euch eine Freilassung – Spruch des Herrn
– für Schwert, Pest und Hunger und ma-
che euch zum Entsetzen für alle Königrei-
che der Erde. 18 Die Männer, die die mir
gegenüber übernommene Verpflichtung
nicht eingehalten und die Bestimmungen
der feierlichen Abmachung, die sie vor
meinem Angesicht eingegangen sind,
nicht ausgeführt haben, sie behandle ich
wie das Kalb, das sie in zwei Hälften zer-
legt haben und zwischen dessen Stücken
sie hindurchgeschritten sind. 19 Die Gro-
ßen Judas und die Großen Jerusalems, die
Höflinge, die Priester und alle übrigen
Leute, die zwischen den Stücken des Kal-
bes hindurchgeschritten sind, 20 sie gebe
ich in die Hand ihrer Feinde, in die Hand
derer, die ihnen nach dem Leben trachten,
und ihre Leichen sollen den Vögeln des
Himmels und den Tieren des Feldes zum
Fraß dienen. 21 Zidkija aber, den König von
Juda, und seine Großen gebe ich in die
Hand ihrer Feinde, in die Hand derer, die
ihnen nach dem Leben trachten, und in
die Hand des Heeres des Königs von Ba-
bel, das gerade von euch abgezogen ist.
22 Seht, ich gebe Befehl – Spruch des Herrn
– und bringe sie zu dieser Stadt zurück,
damit sie sie belagern, einnehmen und in
Flammen aufgehen lassen. Die Städte Ju-
das aber mache ich zur Wüste, wo nie-
mand wohnt.

Das Beispiel der Rechabiter

35 Das Wort, das vom Herrn an Jere-
mia erging in den Tagen Jojakims,
des Sohnes Joschijas, des Königs von Juda:
2 Begib dich zur Gemeinschaft der Recha-
biter, rede mit ihnen und bring sie in das
Haus des Herrn in eine der Hallen und gib
ihnen Wein zu trinken. 3 Da holte ich Jaa-
sanja, den Sohn Jirmejas, des Sohnes Ha-
bazzinjas, samt seinen Brüdern und der
ganzen Gemeinschaft der Rechabiter,
4 und führte sie in das Haus des Herrn in
die Halle der Söhne Hanans, des Sohnes
Jigdaljas, des Gottesmannes, die sich ne-
ben der Halle der Großen oberhalb der
Halle des Schwellenhüters Maaseja, des
Sohnes Schallums, befindet. 5 Hierauf setz-
te ich den Angehörigen der Gemeinschaft
der Rechabiter gefüllte Weinkrüge und
Becher vor und sagte zu ihnen: Trinkt
Wein! 6 Sie aber antworteten: Wir trinken
keinen Wein; denn unser Ahnherr Jona-
dab, der Sohn Rechabs, hat uns geboten:
Ihr dürft niemals Wein trinken, weder ihr
noch euere Kinder. 7 Auch dürft ihr kein
Haus bauen, keine Saat bestellen und kei-
nen Weinberg anpflanzen oder besitzen.
Vielmehr sollt ihr euer Leben lang in Zel-
ten wohnen, damit ihr lange lebt in dem
Land, in dem ihr euch als Fremde aufhal-
tet. 8 Wir haben alles, was unser Ahnherr
Jonadab, der Sohn Rechabs, uns befohlen
hat, getreu eingehalten. Wir trinken also
zeitlebens keinen Wein, weder wir noch
unsere Frauen noch unsere Söhne und
Töchter. 9 Auch bauen wir keine Häuser,
um darin zu wohnen, und besitzen weder
Weinberge noch Saatfelder. 10 Wir wohnen
vielmehr in Zelten und halten uns gehor-
sam an alle Weisungen, die unser Ahnherr
uns gegeben hat. 11 Nur als Nebukadnezzar,
der König von Babel, gegen das Land he-
ranzog, haben wir gesagt: Kommt, wir
wollen nach Jerusalem ziehen vor den
Heeren der Chaldäer und Aramäer. Und
so wohnen wir nun in Jerusalem. 12 Da er-
ging das Wort des Herrn an Jeremia: 13 So
spricht der Herr der Heerscharen, der
Gott Israels: Geh und verkündige den Leu-
ten von Juda und den Bewohnern von Je-
rusalem: Wollt ihr keine Zucht annehmen,
um auf meine Worte zu hören? – Spruch
des Herrn. 14 Das Wort Jonadabs, des Soh-
nes Rechabs, der seinen Söhnen das Wein-
trinken verboten hat, wird eingehalten. Sie

trinken tatsächlich keinen bis auf den
heutigen Tag; denn sie befolgen das Gebot
des Ahnherrn. Ich aber habe immer wie-
der zu euch gesprochen; doch mir folgt ihr
nicht. 15 Und immer wieder habe ich alle
meine Knechte, die Propheten, zu euch
gesandt und euch sagen lassen: Kehrt
doch alle miteinander um von eueren bö-
sen Wegen und bessert eueren Wandel
und lauft nicht fremden Göttern nach,
um ihnen zu dienen! Dann dürft ihr woh-
nen bleiben in dem Land, das ich euch
und eueren Vätern gegeben habe; aber ihr
habt euer Ohr nicht geneigt und nicht auf
mich gehört. 16 Ja, die Söhne Jonadabs, des
Sohnes Rechabs, haben den Befehl, den
ihnen ihr Ahnherr gegeben hat, aus-
geführt. Aber dieses Volk hört nicht auf
mich. 17 Darum – so spricht Gott, der Herr
der Heerscharen, der Gott Israels: Seht,
ich bringe über Juda und über alle Bewoh-
ner Jerusalems das ganze Unheil, das ich
ihnen angedroht habe, weil sie nicht hör-
ten, sooft ich zu ihnen redete, und nicht
antworteten, sooft ich sie rief. 18 Zur Ge-
meinschaft der Rechabiter aber sagte Jere-
mia: So spricht der Herr der Heerscharen,
der Gott Israels: Weil ihr der Weisung
eueres Ahnherrn Jonadab Folge geleistet,
alle seine Satzungen gehalten und ganz
seinem Befehl gemäß gehandelt habt,
19 darum – so spricht der Herr der Heer-
scharen, der Gott Israels: Jonadab, dem
Sohn Rechabs, soll es niemals an einem
Nachkommen fehlen, der in meinem
Dienst steht.

Die Berichte Baruchs

Die Verbrennung der Buchrolle

36 Im vierten Jahr Jojakims, des Soh-
nes Joschijas, des Königs von Juda,
erging vom Herrn dieses Wort an Jeremia:
2 Nimm eine Buchrolle und schreib alle
Worte hinein, die ich zu dir über Jerusa-
lem und Juda und alle Völker gesprochen
habe, seitdem ich zu dir rede, von den Ta-
gen Joschijas an bis heute. 3 Vielleicht hört
das Haus Juda auf all das Unheil, das ich
ihnen antun will, sodass jeder von ihnen
von seinem bösen Weg umkehrt und ich
ihnen ihre Schuld und Sünde vergeben
kann. 4 Da holte Jeremia Baruch, den Sohn
Nerijas, und Baruch schrieb nach dem
Diktat Jeremias alle Worte des Herrn, die
er zu ihm gesprochen hatte, in eine Buch-
rolle. 5 Jeremia gab Baruch den Auftrag:
Mir ist es verwehrt, in das Haus des Herrn
zu gehen; 6 also lies du am Fasttag aus der
Rolle, die du nach meinem Diktat ge-
schrieben hast, dem Volk im Haus des
Herrn die Worte des Herrn vor. Auch al-
len Bewohnern Judäas, die aus ihren Städ-
ten hergekommen sind, sollst du sie vor-
lesen. 7 Vielleicht gelangt ihr Flehen bis
zum Angesicht des Herrn und sie kehren
um, ein jeder von seinem bösen Weg;
denn der Zorn und Grimm des Herrn,
mit dem er dieses Volk bedroht, ist groß.
8 Baruch, der Sohn Nerijas, führte alles aus,
wie ihm der Prophet Jeremia befohlen hat-
te, und las im Haus des Herrn die Worte
des Herrn aus dem Buch vor.
9 Im fünften Jahr Jojakims, des Sohnes
Joschijas, des Königs von Juda, hatte man
im neunten Monat die ganze Bevölkerung
Jerusalems und das ganze Volk, das aus
den Städten Judas nach Jerusalem gekom-
men war, zu einem Fasten vor dem Herrn
aufgerufen. 10 Da las Baruch die Worte Je-
remias im Haus des Herrn dem ganzen
Volk aus dem Buch vor, und zwar in der
Halle Gemarjas, des Sohnes des Staats-
schreibers Schafan, im oberen Vorhof am
Eingang des Neuen Tempeltores. 11 Als
nun Micha, der Sohn Gemarjas, des Soh-
nes Schafans, alle in dem Buch enthalte-
nen Worte des Herrn gehört hatte, 12 be-
gab er sich in den Königspalast hinab zur
Halle des Staatsschreibers. Dort waren ge-
rade alle obersten Beamten versammelt:
der Staatsschreiber Elischama, Delaja, der
Sohn Schemajas, Elnatan, der Sohn Ach-
bors, Gemarja, der Sohn Schafans, Zidkija,
der Sohn Hananjas, und alle anderen Be-
amten. 13 Micha erstattete ihnen Bericht
über all die Worte, die er gehört hatte, als
Baruch dem Volk aus dem Buch vorlas.
14 Hierauf schickten die versammelten Be-
amten Jehudi, den Sohn Netanjas, und
Schelemja, den Sohn Kuschis, zu Baruch
mit der Aufforderung: Nimm die Buchrol-
le, aus der du dem Volk vorgelesen hast,

und komm hierher! Da nahm Baruch, der
Sohn Nerijas, die Rolle und begab sich zu
ihnen. 15 Nun forderten sie ihn auf: Setz
dich und lies sie uns vor. Da las Baruch
sie ihnen vor. 16 Als sie aber alle diese Wor-
te hörten, erschraken sie und sprachen zu-
einander: Wir müssen diese ganze Sache
dem König berichten. 17 Sie fragten Baruch:
Erkläre uns, wie du alle diese Worte ge-
schrieben hast. 18 Baruch antwortete ihnen:
Jeremia hat mir all diese Worte diktiert
und ich habe sie mit Tinte in das Buch ge-
schrieben. 19 Darauf sagten die Oberen zu
Baruch: Geh, versteck dich, du und Jere-
mia; kein Mensch darf wissen, wo ihr seid.
20 Dann begaben sie sich in den Hof zum
König, nachdem sie die Buchrolle in der
Halle des Staatsschreibers Elischama ver-
wahrt hatten, und erstatteten dem König
über die ganze Sache Bericht.

21 Da schickte der König den Jehudi, die
Rolle zu holen. Er brachte sie aus der Zelle
des Staatsschreibers Elischama und dann
las Jehudi sie dem König und allen Beam-
ten, die um den König herumstanden, vor.
22 Der König aber wohnte im Winterhaus –
es war der neunte Monat –, und das Feuer
eines Kohlenbeckens brannte vor ihm.
23 Jedes Mal, wenn Jehudi drei oder vier
Spalten gelesen hatte, schnitt der König
sie mit dem Schreibermesser ab und warf
sie in das Feuer im Kohlenbecken, bis die
ganze Rolle im Feuer auf dem Kohlen-
becken vernichtet war. 24 Aber weder der
König noch seine Beamten erschraken
oder zerrissen ihre Kleider, als sie alle die-
se Worte hörten. 25 Selbst als Elnatan, De-
laja und Gemarja den König dringend ba-
ten, die Rolle nicht zu verbrennen, hörte er
nicht auf sie. 26 Vielmehr gab der König
dem Prinzen Jerachmeël, Seraja, dem
Sohn Asriëls, und Schelemja, dem Sohn
Abdeëls, den Befehl, den Schreiber Baruch
und den Propheten Jeremia zu verhaften.
Aber der Herr hielt sie verborgen.

27 Nachdem also der König die Buchrolle
mit den Worten, die Baruch nach dem
Diktat Jeremias geschrieben, verbrannt
hatte, erging das Wort des Herrn an Jere-
mia: 28 Nimm eine andere Rolle und
schreib alle Worte hinein, die in der ersten
Rolle standen, die Jojakim, der König von
Juda, verbrannt hat. 29 Über Jojakim aber,
den König von Juda, sollst du sagen: So
spricht der Herr: Du hast diese Rolle ver-
brannt und gesagt: Warum hast du da hi-
neingeschrieben: Der König von Babel
werde bestimmt kommen und dieses Land
verwüsten und Mensch und Vieh daraus
ausrotten? 30 Darum – so spricht der Herr
über Jojakim, den König von Juda: Er soll
keinen Nachkommen auf dem Thron Da-
vids haben und man wird seinen Leich-
nam (auf die Straße) hinauswerfen, dass
er der Hitze des Tages und der Kälte der
Nacht preisgegeben ist. 31 Ich ziehe ihn, sei-
ne Nachkommen und seine Diener für
ihre Schuld zur Rechenschaft und ich
bringe über sie, die Bewohner Jerusalems
und die Leute Judas all das Unheil, das ich
ihnen angedroht habe, ohne dass sie da-
rauf hören wollten. 32 Da nahm Jeremia
eine andere Rolle, gab sie dem Schreiber
Baruch, dem Sohn Nerijas, und er schrieb
nach dem Diktat Jeremias alle Worte des
Buches hinein, das Jojakim, der König von
Juda, im Feuer verbrannt hatte, und noch
viele Worte ähnlicher Art wurden hin-
zugefügt.

Ein Gotteswort an Zidkija

37 Zidkija, der Sohn Joschijas, wurde
König anstelle Jojachins, des Soh-
nes Jojakims. Nebukadnezzar, der König
von Babel, hatte ihn zum König über das
Land Juda eingesetzt. 2 Aber weder er noch
seine Diener noch das Volk des Landes
hörten auf die Worte, die der Herr durch
den Propheten Jeremia verkündigen ließ.

3 Da schickte König Zidkija Juchal, den
Sohn Schelemjas, und den Priester Zefan-
ja, den Sohn Maasejas, zum Propheten Je-
remia mit der Botschaft: Bete für uns zum
Herrn, unserem Gott! 4 Jeremia konnte
sich noch frei bewegen und war noch
nicht gefangen gesetzt. 5 Damals war das
Heer des Pharao aus Ägypten aufgebro-
chen und als die Chaldäer, die Jerusalem
belagerten, davon Kunde erhalten hatten,
waren sie von Jerusalem abgezogen. 6 Da
erging das Wort des Herrn an den Prophe-
ten Jeremia: 7 So spricht der Herr, der Gott
Israels: Gebt dem König von Juda, der
euch zu mir geschickt hat, um mich zu be-
fragen, folgende Antwort: Das Heer des
Pharao, das im Anmarsch ist, um euch zu
Hilfe zu kommen, wird wieder in sein
Land Ägypten umkehren. 8 Aber die Chal-
däer werden zurückkommen und gegen
diese Stadt kämpfen, sie einnehmen und

in Flammen aufgehen lassen. 9 So spricht
der Herr: Täuscht euch nicht selbst in
dem Gedanken: Die Chaldäer sind endgül-
tig von uns abgezogen. Nein, sie sind nicht
fort. 10 Selbst wenn ihr das Heer der Chal-
däer, die gegen euch kämpfen, schlagen
würdet, sodass nur Verwundete bei ihnen
übrig blieben, so würden sie, jeder in sei-
nem Zelt, wieder aufstehen und diese
Stadt in Brand stecken.

Jeremia im Gefängnis

11 Damals, als das Heer der Chaldäer vor
dem Heer des Pharao von Jerusalem abge-
zogen war, 12 wollte Jeremia Jerusalem ver-
lassen, um sich ins Land Benjamin zu be-
geben, in der Absicht, dort bei seinen
Verwandten eine Erbteilung zu regeln.
13 Als er aber am Benjamintor angelangt
war, stand dort ein Wachhabender na-
mens Jirija, der Sohn Schelemjas, des Soh-
nes Hananjas. Der hielt den Propheten Je-
remia an und sagte: Du willst zu den
Chaldäern überlaufen! 14 Jeremia antwor-
tete: Das ist nicht wahr; ich laufe nicht zu
den Chaldäern über. Aber ohne auf Jere-
mia zu hören, nahm Jirija ihn fest und
führte ihn zu den Beamten. 15 Die Beamten
aber waren sehr zornig auf Jeremia, schlu-
gen ihn und ließen ihn im Haus des Staats-
schreibers Jonatan gefangen setzen. Das
hatten sie nämlich als Gefängnis einge-
richtet. 16 So kam Jeremia in die Gewölbe
des Zisternenraumes. Dort blieb Jeremia
lange Zeit.

17 Da traf es sich, dass der König Zidkija
ihn zu sich holen ließ, und der König be-
fragte ihn heimlich in seinem Palast: Ist
ein Wort da vom Herrn? Jeremia antwor-
tete: Ja!, und erklärte: Du wirst in die Hand
des Königs von Babel kommen. 18 Weiter
sagte Jeremia zum König Zidkija: Was ha-
be ich gesündigt gegen dich, deine Diener
und dieses Volk, dass ihr mich ins Gefäng-
nis geworfen habt? 19 Wo sind denn jetzt
euere Propheten, die euch geweissagt ha-
ben: Der König von Babel wird nicht über
euch und über dieses Land kommen? 20 So
höre denn jetzt auf mich, mein Herr und
König, nimm meine Bitte gnädig auf und
lass mich nicht mehr in das Haus des
Staatsschreibers Jonatan zurückbringen,
damit ich dort nicht sterbe. 21 Da gab der
König Zidkija entsprechende Anweisung
und so brachte man Jeremia im Wachhof
unter und gab ihm täglich einen Laib Brot
aus der Bäckergasse, bis es mit dem Brot in
der Stadt zu Ende ging. Jeremia blieb also
im Wachhof.

Jeremia in der Zisterne

38 Da erhielten Schefatja, der Sohn
Mattans, Gedalja, der Sohn Pasch-
hurs, Juchal, der Sohn Schelemjas, und
Paschhur, der Sohn Malkijas, Kunde von
den Reden, die Jeremia mit allen Leuten
führte, dass er nämlich sagte: 2 So spricht
der Herr: Wer in dieser Stadt bleibt, wird
durch Schwert, Hunger und Pest umkom-
men; wer aber zu den Chaldäern hinaus-
geht, erhält sein Leben als Beute und
kommt davon. 3 Denn so spricht der Herr:
Diese Stadt wird ganz bestimmt dem Heer
des Königs von Babel in die Hände fallen
und er wird sie einnehmen. 4 Da sagten die
Beamten zum König: Der Mann muss ge-
tötet werden. Denn auf diese Weise ent-
mutigt er die Soldaten, die noch in dieser
Stadt vorhanden sind, und das ganze Volk,
wenn er solche Reden vor ihnen führt. Der
Mann ist ja nicht auf das Wohl dieses Vol-
kes bedacht, sondern auf dessen Verder-
ben. 5 Da antwortete der König Zidkija:
Nun, er ist in euerer Hand; der König hat
ja doch keine Macht über euch. 6 Hierauf
ergriffen sie Jeremia und warfen ihn in
die Zisterne des Prinzen Malkija, die sich
im Wachhof befand. Sie ließen Jeremia an
Stricken hinab. In der Zisterne aber war
kein Wasser, sondern nur Schlamm, so-
dass Jeremia ganz in den Schlamm ein-
sank.

Jeremias Rettung

7 Aber der Kuschiter Ebed-Melech, ein
Hofbeamter, der sich im Palast befand,
hörte davon, dass man Jeremia in die Zis-
terne geworfen hatte. Der König hielt sich
gerade am Benjamintor auf. 8 Da verließ
Ebed-Melech den Palast und redete mit
dem König: 9 Mein Herr und König, diese
Männer haben sehr schlecht am Prophe-
ten Jeremia gehandelt, dass sie ihn in die
Zisterne geworfen haben, damit er dort
unten verhungert. 10 Hierauf gab der König
dem Kuschiter Ebed-Melech den Auftrag:
Nimm drei Mann von hier mit und hole
den Propheten Jeremia aus der Zisterne
herauf, bevor er stirbt. 11 Da nahm Ebed-
Melech die Männer mit sich, begab sich

in die Kleiderkammer im Vorratshaus, holte daraus Lappen von abgetragenen und zerrissenen Kleidern und ließ sie an Stricken zu Jeremia in die Zisterne hinab. 12 Dann rief der Kuschiter Ebed-Melech Jeremia zu: Leg die Lappen von den abgetragenen und zerrissenen Kleidern in deine Achselhöhlen unter die Stricke! Das tat Jeremia. 13 Hierauf zogen sie Jeremia an den Stricken in die Höhe und brachten ihn aus der Zisterne heraus. Fortan verblieb Jeremia im Wachhof.

Letzte Unterredung Jeremias mit Zidkija

14 König Zidkija schickte und ließ den Propheten Jeremia zu sich an den dritten Eingang beim Haus des Herrn holen. Der König sagte zu Jeremia: Ich möchte dich nach einem Wort fragen. Verschweige mir nichts! 15 Jeremia antwortete dem König: Ist es nicht so? Wenn ich es dir verkünde, so tötest du mich, und wenn ich dir einen Rat gebe, so hörst du nicht auf mich. 16 Da versprach König Zidkija Jeremia insgeheim unter Eid: So wahr der Herr lebt, der uns dieses Leben gegeben hat, ich lasse dich nicht töten und auch nicht der Gewalt dieser Männer preisgeben, die dir nach dem Leben trachten. 17 Da sagte Jeremia zu Zidkija: So spricht Gott, der Herr der Heerscharen, der Gott Israels: Wenn du dich entschließen kannst, zu den Heerführern des Königs von Babel hinauszugehen, so wirst du am Leben bleiben und diese Stadt wird nicht ein Raub der Flammen werden, und dir und deiner Familie wird man das Leben schenken. 18 Wenn du aber nicht zu den Heerführern des Königs von Babel hinausgehst, dann wird diese Stadt in die Hand der Chaldäer fallen. Sie werden sie in Flammen aufgehen lassen, und du selbst wirst ihrer Hand nicht entrinnen. 19 Der König Zidkija antwortete Jeremia: Ich habe Angst vor den Judäern, die zu den Chaldäern übergelaufen sind, dass man mich ihrer Gewalt preisgibt und sie ihren Mutwillen an mir auslassen. 20 Darauf erwiderte Jeremia: Das wird man nicht tun. Höre doch auf die Stimme des Herrn, so wie ich es dir sage. Das wird dir zum Heil gereichen und du wirst dein Leben retten. 21 Wenn du dich aber weigerst hinauszugehen, so ist es dies, was der Herr mich schauen ließ: 22 Alle Frauen, die sich noch im Haus des Königs von Juda befinden, werden hinausgeführt zu den Heerführern des Königs von Babel und sie singen dabei:

Verlockt und verführt / haben dich
deine Freunde, die feinen!
Stecken deine Füße im Dreck, / so sind
sie auf und davon!

23 Ja, alle deine Frauen und Kinder müssen hinauswandern zu den Chaldäern und du selbst entgehst ihrer Hand nicht, sondern du wirst ergriffen von der Hand des Königs von Babel, und diese Stadt wird in Flammen aufgehen.

24 Zidkija sagte zu Jeremia: Kein Mensch darf etwas von dieser Sache wissen, sonst musst du sterben. 25 Wenn also die Beamten erfahren, dass ich mit dir geredet habe, und wenn sie zu dir kommen und dich auffordern: Verrate uns doch, was der König mit dir geredet hat; verheimliche uns nichts, sonst bringen wir dich um!, 26 dann musst du ihnen antworten: Ich habe dem König meine Bitte vorgetragen, mich nicht mehr in das Haus Jonatans zurückbringen zu lassen, wo ich dort sterben muss. 27 Tatsächlich kamen auch alle Oberen zu Jeremia und fragten ihn aus. Aber er antwortete ihnen genau so, wie ihm der König ihn geboten hatte. So ließen sie ihn in Ruhe; denn die Sache kam nicht heraus. 28 Jeremia blieb also im Wachhof bis zu dem Tag, an dem Jerusalem eingenommen wurde.

Jerusalems Fall

Es geschah nach der Eroberung Jerusalems:

39 Im neunten Jahr der Regierung Zidkijas, des Königs von Juda, im zehnten Monat, war Nebukadnezzar, der König von Babel, mit seinem ganzen Heer gegen Jerusalem gezogen und belagerte es. 2 Im elften Jahr der Regierung Zidkijas, im vierten Monat, am Neunten des Monats, wurden Breschen in die Stadtmauer geschlagen. 3 Da zogen alle Heerführer des Königs von Babel ein und ließen sich am Mitteltor nieder: Nebuschasban, der Oberkämmerer, Nergal-Sarezer, der Oberhofmeister, und alle übrigen Heerführer des Königs von Babel.

4 Sobald der König von Juda und alle Kriegsleute dies sahen, ergriffen sie die Flucht und verließen bei Nacht die Stadt auf dem Weg zu den Königsgärten durch das Tor zwischen den beiden Mauern, wo-

rauf sie die Richtung zur Araba hin einschlugen. 5 Aber die chaldäischen Truppen setzten ihnen nach, holten Zidkija in der Steppe von Jericho ein, nahmen ihn gefangen und schleppten ihn zu Nebukadnezzar, dem König von Babel, nach Ribla im Gebiet von Hamat, und dieser sprach ihm das Urteil. 6 Der König von Babel ließ in Ribla die Kinder Zidkijas vor dessen Augen abschlachten. Auch alle Vornehmen Judas ließ der König von Babel hinrichten. 7 Zidkija aber blendete er und ließ ihn in Ketten legen, um ihn nach Babel zu schleppen. 8 Darauf zerstörten die Chaldäer den Palast des Königs und die Häuser der Einwohner durch Feuer und rissen die Mauern Jerusalems nieder. 9 Was aber von den Bewohnern der Stadt noch übrig war, sowie die Überläufer, die sich freiwillig ergeben hatten, und den Rest der Handwerker führte Nebusaradan, der Kommandant der Leibwache, in die Gefangenschaft nach Babel. 10 Von den armen Leuten jedoch, die keinerlei Besitz hatten, ließ Nebusaradan, der Kommandant der Leibwache, einen Teil im Land Juda zurück und wies ihnen Weinberge und Äcker an.

Jeremias Befreiung

11 Bezüglich Jeremias aber erteilte Nebukadnezzar, der König von Babel, Nebusaradan, dem Kommandanten der Leibwache, folgenden Befehl: 12 Lass ihn holen und sorge für ihn. Tu ihm kein Leid an, sondern behandle ihn entsprechend den Wünschen, die er dir äußert. 13 Da schickten Nebusaradan, der Kommandant der Leibwache, Nebuschasban, der Oberkämmerer, und Nergal-Sarezer, der Oberhofmeister, und alle Heerführer des Königs von Babel hin, 14 ließen Jeremia aus dem Wachhof herausholen und gaben ihm Erlaubnis, frei aus und ein zu gehen. So blieb er mitten unter dem Volk.

Heilsweissagung für Ebed-Melech

15 Während Jeremia noch im Wachhof gefangen saß, war an ihn das Wort des Herrn ergangen: 16 Geh und sage dem Kuschiter Ebed-Melech: So spricht der Herr der Heerscharen, der Gott Israels: Ich werde nun meine Worte gegen diese Stadt in Erfüllung gehen lassen, zum Unheil und nicht zum Heil. Und wenn du an jenem Tag ihre Erfüllung mit eigenen Augen sehen wirst, 17 dann werde ich dich an jenem Tag retten – Spruch des Herrn. Du wirst nicht in die Hand derer fallen, vor denen du dich fürchtest. 18 Ja, ich werde dich bestimmt retten, sodass du nicht durch das Schwert fällst, sondern dein Leben als Beute erhältst, weil du auf mich vertraut hast – Spruch des Herrn.

Jeremia beim Statthalter Gedalja

40 Das Wort, das vom Herrn an Jeremia erging, nachdem ihn Nebusaradan, der Kommandant der Leibwache, in Rama freigelassen hatte. Als er ihn holen ließ, befand er sich mit Ketten gefesselt unter der Schar der Gefangenen aus Jerusalem und Juda, die nach Babel abgeführt werden sollten. 2 Der Kommandant der Leibwache ließ Jeremia holen und sagte zu ihm: Der Herr, dein Gott, hatte dieses Unheil diesem Ort angedroht. 3 Der Herr hat es nun ausgeführt und seiner Drohung gemäß gehandelt, weil ihr gegen den Herrn gesündigt und nicht auf seine Stimme gehört habt. Darum ist es euch jetzt so ergangen. 4 Ich mache dich also jetzt los von den Ketten an deinen Händen. Wenn du Lust hast, mit mir nach Babel zu gehen, so komm mit, und ich werde für dich sorgen. Wenn du aber keine Lust dazu hast, so lass es. Siehe, das ganze Land steht dir offen, du kannst gehen, wohin du gehen magst. 5 Wenn du aber lieber bleiben willst, so begib dich zu Gedalja, dem Sohn Ahikams, des Sohnes Schafans, den der König von Babel zum Statthalter über die Städte Judas eingesetzt hat, und bleib bei ihm mitten unter dem Volk, oder geh, wohin es dir gefällt. Darauf gab ihm der Kommandant der Leibwache Verpflegung und ein Geschenk und entließ ihn. 6 Jeremia aber begab sich zu Gedalja, dem Sohn Ahikams, nach Mizpa und blieb bei ihm mitten unter dem Volk, das im Land übrig geblieben war.

Gedaljas Statthalterschaft und Ermordung

7 Als nun alle Heerführer, die sich mit ihren Mannschaften noch im offenen Land befanden, hörten, dass der König von Babel Gedalja, den Sohn Ahikams, zum Statthalter über das Land eingesetzt und ihm die Männer, Frauen und Kinder sowie diejenigen von den Armen des Lan-

des anvertraut hatte, die nicht in die Ge-
fangenschaft nach Babel geführt worden
waren, 8 kamen sie mit ihren Leuten zu Ge-
dalja nach Mizpa, nämlich Jischmael, der
Sohn Netanjas, Johanan und Jonatan, die
Söhne Kareachs, und Seraja, der Sohn Tan-
humets, ferner die Söhne des Netofatiters
Efai, und Jaasanja, der Sohn des Maachati-
ters. 9 Gedalja, der Sohn Ahikams, des Soh-
nes Schafans, redete ihnen und ihren Leu-
ten unter eidlicher Versicherung zu:
Fürchtet euch doch nicht vor den Beamten
der Chaldäer. Bleibt im Land wohnen und
seid dem König von Babel untertan, so
wird es euch gut gehen. 10 Ich selbst will in
Mizpa bleiben als Vertreter vor den Chal-
däern, die zu uns kommen. Ihr aber, erntet
Wein, Obst und Öl und bringt alles in eue-
re Speicher und wohnt in den Städten, die
ihr besiedelt. 11 Auch alle Judäer, die er sich
in Moab, bei den Ammonitern, in Edom
oder sonst in irgendeinem Land aufhiel-
ten, erfuhren, dass der König von Babel
einen Rest von Juda übrig gelassen und
dass er Gedalja, den Sohn Ahikams, des
Sohnes Schafans, als Statthalter über sie
eingesetzt habe. 12 Da kehrten alle Judäer
heim aus allen Orten, wohin sie versprengt
worden waren, und kamen ins Land Juda
zu Gedalja nach Mizpa, und sie hatten eine
sehr große Wein- und Obsternte.

13 Johanan aber, der Sohn Kareachs, und
alle Heerführer, die sich im offenen Land
befanden, begaben sich zu Gedalja nach
Mizpa 14 und fragten ihn: Weißt du auch,
dass der Ammoniterkönig Baalis den Ji-
schmael, den Sohn Netanjas, ausgesandt
hat, dich zu ermorden? Aber Gedalja, der
Sohn Ahikams, glaubte es ihnen nicht.
15 Da sagte Johanan, der Sohn Kareachs,
insgeheim zu Gedalja in Mizpa: Ich will
hingehen und Jischmael, den Sohn Ne-
tanjas, umbringen, ohne dass es jemand
merkt. Warum soll er dich ermorden, so-
dass ganz Juda, das sich um dich gesam-
melt hat, wieder zerstreut wird, und auch
der Rest Judas zugrunde geht? 16 Aber Ge-
dalja, der Sohn Ahikams, gab Johanan,
dem Sohn Kareachs, zur Antwort: Nein,
das tust du nicht! Denn das ist eine Lüge,
was du da über Jischmael sagst.

41 Aber im siebten Monat kam Ji-
schmael, der Sohn Netanjas, des
Sohnes Elischamas, ein Mann aus königli-
chem Geschlecht, mit zehn Mann zu Ge-
dalja, dem Sohn Ahikams, nach Mizpa,
und sie aßen dort gemeinsam in Mizpa.
2 Da erhob sich Jischmael, der Sohn Ne-
tanjas, mit den zehn Mann, die bei ihm
waren, und sie erschlugen Gedalja, den
Sohn Ahikams, des Sohnes Schafans, mit
dem Schwert. So tötete er den, den der Kö-
nig von Babel als Statthalter über das Land
eingesetzt hatte. 3 Auch alle Judäer, die mit
ihm beim Gastmahl waren, und die Chal-
däer, die sich dort als Militärbesatzung be-
fanden, erschlug Jischmael.

4 Nun geschah es am zweiten Tag nach
der Ermordung Gedaljas, als noch nie-
mand etwas davon gemerkt hatte, 5 dass
Leute aus Sichem, Schilo und Samaria des
Weges zogen, achtzig Mann im Ganzen,
mit geschorenen Bärten, zerrissenen Klei-
dern und eingeritzter Haut. Sie führten
Opfergaben und Weihrauch mit sich, um
sie zum Tempel des Herrn zu bringen. 6 Da
ging ihnen Jischmael, der Sohn Netanjas,
von Mizpa aus entgegen, während sie wei-
nend ihres Weges zogen. Und als er mit
ihnen zusammentraf, sagte er zu ihnen:
Kommt zu Gedalja, dem Sohn Ahikams.
7 Als sie aber mitten in die Stadt hinein-
gekommen waren, ermordete sie Jischma-
el, der Sohn Netanjas, mit Hilfe seiner
Leute und ließ sie in die Zisterne werfen.
8 Es befanden sich jedoch zehn Männer
unter ihnen, die zu Jischmael sagten: Töte
uns nicht; denn wir haben Vorräte von
Weizen, Gerste, Öl und Honig im Feld
vergraben. Da ließ er von ihnen ab und
tötete sie nicht zusammen mit ihren Stam-
mesbrüdern. 9 Die Zisterne aber, in die Ji-
schmael alle Leichen der von ihm Erschla-
genen hineinwarf – eine große Zisterne –,
war dieselbe, die König Asa im Krieg ge-
gen Bascha, den König von Israel, hatte
anlegen lassen. Die füllte jetzt Jischmael,
der Sohn Netanjas, mit Erschlagenen an.
10 Darauf schleppte Jischmael alles, was an
Volk noch übrig war in Mizpa, mitsamt
den königlichen Prinzessinnen, die Nebu-
saradan, der Kommandant der Leibwache,
der Obhut Gedaljas, des Sohnes Ahikams,
anvertraut hatte, gefangen mit sich fort
und machte sich ganz früh auf den Weg,
um über die Grenze zu den Ammonitern
zu gelangen.

11 Als aber Johanan, der Sohn Kareachs,
und alle Heerführer, die sich bei ihm be-
fanden, von all den Freveltaten erfuhren,

die Jischmael, der Sohn Netanjas, verübt
hatte, 12 holten sie ihre ganze Mannschaft
zusammen und zogen aus zum Kampf
mit Jischmael, dem Sohn Netanjas. Sie
stießen am großen Wasser bei Gibeon auf
ihn. 13 Sobald nun alle Leute, die bei Ji-
schmael waren, Johanan, den Sohn Kare-
achs, und alle Heerführer bei ihm erblick-
ten, freuten sie sich, 14 und das ganze Volk,
das Jischmael von Mizpa gefangen wegge-
führt hatte, machte kehrt und lief zu Joha-
nan, dem Sohn Kareachs, über. 15 Jischma-
el aber, der Sohn Netanjas, entkam
Johanan mit acht Mann und floh zu den
Ammonitern.

16 Darauf nahmen Johanan, der Sohn
Kareachs, und alle Heerführer, die sich
bei ihm befanden, den ganzen Rest des
Volkes, das Jischmael, der Sohn Netanjas,
nach der Ermordung Gedaljas, des Sohnes
Ahikams, von Mizpa fortgeschleppt hatte,
Männer, Frauen, Kinder und Hofbeamte,
die er von Gibeon zurückgebracht hatte,
17 und sie zogen fort und machten Rast in
Gerut Kimham in der Nähe von Betlehem,
in der Absicht, nach Ägypten auszuwan-
dern 18 wegen der Chaldäer. Sie fürchteten
sich nämlich vor ihnen, weil Jischmael, der
Sohn Netanjas, Gedalja, den Sohn Ahi-
kams, erschlagen hatte, den der König
von Babel als Statthalter über das Land
eingesetzt hatte.

Auswanderung nach Ägypten gegen den Rat des Propheten

42 Hierauf wandten sich alle Heer-
führer und Johanan, der Sohn Ka-
reachs, ferner Asarja, der Sohn Hoschajas,
sowie das ganze Volk, Groß und Klein, 2 an
den Propheten Jeremia und baten ihn:
Achte doch auf unsere Bitte und flehe
zum Herrn, deinem Gott, für diesen gan-
zen Rest; denn wir sind nur noch wenige
von einer großen Zahl, wie du ja selber
siehst. 3 Der Herr möge uns kundtun, wel-
chen Weg wir einschlagen und was wir an-
fangen sollen. 4 Der Prophet Jeremia ant-
wortete ihnen: Ich bin einverstanden. Ich
werde zum Herrn, euerem Gott, euerem
Wunsch gemäß beten und ich werde euch
die ganze Antwort des Herrn mitteilen
und euch kein Wort vorenthalten. 5 Da
sagten sie zu Jeremia: Der Herr sei wahr-
haftiger und zuverlässiger Zeuge gegen
uns, wenn wir nicht genau so handeln,
wie der Herr, dein Gott, uns durch dich
weisen wird. 6 Möge es günstig oder un-
günstig ausfallen, wir werden auf die Stim-
me des Herrn, unseres Gottes, zu dem wir
dich senden, hören, damit es uns wohl er-
gehe, wenn wir auf die Stimme des Herrn,
unseres Gottes, hören.

7 Nach Verlauf von zehn Tagen erging
das Wort des Herrn an Jeremia. 8 Da rief
er Johanan, den Sohn Kareachs, und alle
Heerführer bei ihm und das ganze Volk,
Klein und Groß, 9 und sagte zu ihnen: So
spricht der Herr, der Gott Israels, zu dem
ihr mich geschickt habt, um ihm euer An-
liegen vorzutragen: 10 Wenn ihr ruhig in
diesem Land wohnen bleibt dann baue
ich euch auf und reiße euch nicht nieder,
dann pflanze ich euch ein und reiße euch
nicht aus. Denn ich bereue das Böse, das
ich euch angetan habe. 11 Fürchtet euch
nicht vor dem König von Babel, vor dem
ihr solche Angst habt. Ihr braucht euch
nicht vor ihm zu fürchten – Spruch des
Herrn; denn ich bin mit euch, um euch zu
helfen und euch aus seiner Hand zu retten.
12 Ich verschaffe euch Erbarmen, sodass er
sich euerer erbarmt und euch in euerem
Heimatland wohnen lässt. 13 Wenn ihr aber
sagt: Wir wollen nicht in diesem Land
bleiben!, wenn ihr auf die Stimme des
Herrn, eueres Gottes, nicht hört, 14 son-
dern erklärt: Nein, wir wandern nach
Ägypten aus, um keinen Krieg mehr zu se-
hen, keinen Hörnerklang mehr zu hören
und keinen Hunger mehr zu leiden; dort
lassen wir uns nieder!, 15 dann hört das
Wort des Herrn, Rest Judas: So spricht
der Herr der Heerscharen, der Gott Isra-
els: Wenn ihr darauf besteht, nach Ägyp-
ten auszuwandern, und wenn ihr wirklich
auswandert, um euch dort niederzulassen,
16 dann wird das Schwert, vor dem ihr euch
fürchtet, euch dort einholen im Land
Ägypten, und der Hunger, vor dem ihr
Angst habt, wird sich dort, in Ägypten,
euch an die Fersen heften, und dort werdet
ihr sterben. 17 Alle Männer, die es sich in
den Kopf gesetzt haben, nach Ägypten
auszuwandern, um sich dort niederzulas-
sen, werden durch Schwert, Hunger und
Pest den Tod finden, und kein Einziger
von ihnen wird dem Unheil, das ich über
sie bringe, entrinnen, keiner wird entkom-
men. 18 Denn so spricht der Herr der Heer-
scharen, der Gott Israels: Gerade so, wie

sich mein Zorn und mein Grimm über die
Einwohner Jerusalems ergossen hat, so
wird sich mein Grimm über euch ergie-
ßen, wenn ihr nach Ägypten auswandert,
und ihr werdet zum Fluch und zum Ent-
setzen, zur Verachtung und zur Schande
werden, und diese Stätte werdet ihr nicht
wieder sehen.
[19] Der Herr hat es euch gesagt, Rest Ju-
das, dass ihr nicht nach Ägypten auswan-
dern sollt. Ihr sollt wissen: Ich warne euch
heute. [20] Denn ihr betrügt euch selbst. Habt
doch ihr selbst mich zum Herrn, euerem
Gott, gesandt mit den Auftrag: Vermittle
für uns beim Herrn, unserem Gott, und
richte uns alles aus, was der Herr, unser
Gott, sagen wird. Wir werden danach han-
deln. [21] Nun habe ich es euch heute aus-
gerichtet; aber ihr hört nicht auf die Stim-
me des Herrn, eueres Gottes, der mich zu
euch gesandt hat. [22] Jetzt aber sollt ihr wis-
sen: Durch Schwert, Hunger und Pest wer-
det ihr den Tod finden an dem Ort, wohin
ihr auswandern wollt, um euch dort anzu-
siedeln.

43 Als nun Jeremia dem ganzen Volk
alle Worte des Herrn, ihres Gottes,
die der Herr ihm an sie aufgetragen hatte,
bis zu Ende ausgerichtet hatte, alle jene
Worte, [2] da antworteten Asarja, der Sohn
Hoschajas, und Johanan, der Sohn Kare-
achs, und alle frechen und aufrühreri-
schen Männer dem Jeremia: Du lügst!
Der Herr hat dir nicht aufgetragen zu sa-
gen: Wandert nicht nach Ägypten aus, um
euch dort niederzulassen. [3] Sondern Ba-
ruch, der Sohn Nerijas, hetzt dich gegen
uns auf, um uns der Gewalt der Chaldäer
auszuliefern und so den Tod oder die Ge-
fangenschaft in Babel über uns zu bringen.
[4] Johanan, der Sohn Kareachs, alle Heer-
führer und das ganze Volk hörten also
nicht auf die Stimme des Herrn, im Land
Juda zu bleiben, [5] sondern Johanan, der
Sohn Kareachs, und alle Heerführer nah-
men den ganzen Rest Judas, dieselben
Leute, die sich aus allen Ländern, wohin
sie versprengt gewesen waren, wieder ein-
gefunden hatten, um sich im Land Juda
niederzulassen, [6] Männer, Frauen und Kin-
der samt den königlichen Prinzessinnen
und alle Leute, die Nebusaradan, der
Kommandant der Leibwache, bei Gedalja,
dem Sohn Ahikams, des Sohnes Schafans,
zurückgelassen hatte, auch den Propheten
Jeremia und Baruch, den Sohn Nerijas,
[7] und sie wanderten nach Ägypten aus,
weil sie nicht auf die Stimme des Herrn
hörten. Sie gelangten bis Tachpanhes.

Weissagung über Nebukadnezzars Einfall in Ägypten

[8] In Tachpanhes erging das Wort des Herrn
an Jeremia: [9] Nimm große Steine in deine
Hand und maure sie mit Mörtel vor den
Augen judäischer Männer in das Ziegel-
pflaster am Eingang zum Palast des Pha-
rao ein, [10] und sage zu ihnen: So spricht
der Herr der Heerscharen, der Gott Isra-
els: Seht, ich lasse meinen Knecht Nebu-
kadnezzar, den König von Babel, kommen.
Er wird seinen Thron über diesen Steinen
aufstellen, die ich hier eingemauert habe,
und er wird sein Prachtzelt darüber aus-
spannen. [11] Ja, er wird kommen und das
Land Ägypten schlagen: Wer für den Tod
bestimmt ist, verfällt dem Tod, wer für die
Gefangenschaft, der Gefangenschaft, und
wer für das Schwert, dem Schwert! [12] Er
wird Feuer an die Tempel der Götter
Ägyptens legen und sie verbrennen oder
mit sich fortführen; er wird das Land
Ägypten ablausen, wie ein Hirt seinen
Mantel ablaust. Dann wird er unbehelligt
abziehen. [13] Er wird die Obelisken des Son-
nentempels zertrümmern und die Tempel
der Götter Ägyptens mit Feuer verbren-
nen.

Letzte Warnungen vor Götzendienst

44 Das Wort, das an Jeremia erging
für alle Judäer, die im Land Ägyp-
ten wohnten und sich in Migdol, Tach-
panhes, in Memfis und im Land Patros
angesiedelt hatten: [2] So spricht der Herr
der Heerscharen, der Gott Israels: Ihr habt
selbst das Unheil miterlebt, das ich über
Jerusalem und alle Städte Judas habe
kommen lassen: Sie sind jetzt ein Trüm-
merhaufen und kein Mensch wohnt mehr
darin. [3] Das ist geschehen wegen des Bö-
sen, das sie getan, weil sie mich beleidig-
ten, indem sie hingingen, anderen Göttern
zu opfern und zu dienen, die sie nicht
kannten, sie, ihr und euere Väter. [4] Und
ich hatte euch doch immer wieder alle
meine Knechte, die Propheten, gesandt
und gewarnt: Unterlasst doch diese Gräu-
el, die ich hasse! [5] Aber sie haben nicht ge-
hört und ihr Ohr nicht geneigt, sodass sie

sich von ihrer Bosheit bekehrt und aufgehört hätten, anderen Göttern zu opfern. 6 Darum ergoss sich mein Grimm und mein Zorn und flammte auf in den Städten Judas und in den Straßen Jerusalems, sodass sie zur Trümmerstätte und zur Wüste wurden, wie sie es heutigentags sind. 7 Nun aber spricht so der Herr, der Gott der Heerscharen, der Gott Israels: Warum tut ihr euch jetzt selbst so großes Unheil an, indem ihr euch, Mann und Frau, Kind und Säugling, vollkommen aus Juda ausrottet, ohne auch nur einen Rest übrig zu lassen? 8 Denn mich kränkt ihr durch das Tun euerer Hände und opfert anderen Göttern im Land Ägypten, wohin ihr ausgewandert seid, um euch dort niederzulassen und euch so ausrottet und zum Schimpf und zur Schande werdet bei allen Völkern der Erde. 9 Habt ihr denn das Böse euerer Väter vergessen, das Böse der Könige von Juda, das Böse ihrer Frauen, euer eigenes Böses sowie das Böse euerer Frauen, das sie im Land Juda und auf den Straßen Jerusalems verübt haben? 10 Bis auf den heutigen Tag gehen sie nicht in sich, fürchten sich nicht und leben nicht nach meinen Geboten und meinen Satzungen, die ich euch und eueren Vätern vor Augen gestellt habe. 11 Darum – so spricht der Herr der Heerscharen, der Gott Israels: Seht, ich richte mein Angesicht gegen euch zum Unheil: Ich werde ganz Juda ausrotten. 12 Ja, ich raffe den Rest Judas, der darauf bestand, ins Land Ägypten auszuwandern, um sich dort niederzulassen, hinweg. Sie sollen alle miteinander im Land Ägypten aufgerieben werden; sie sollen durch Schwert und Hunger fallen, Groß und Klein sollen umkommen. Durch Schwert und Hunger werden sie sterben und zum Fluch und zum Entsetzen, zur Schmach und zur Schande werden. 13 Ja, ich werde jene, die sich im Land Ägypten angesiedelt haben, strafen, wie ich Jerusalem gestraft habe, durch Schwert, Hunger und Pest. 14 Und es wird keinem vom Rest Judas, der kam, um sich im Land Ägypten niederzulassen, gelingen, sich zu retten und zu entkommen, um ins Land Juda zurückzukehren, wohin zurückzukehren und sich niederzulassen sie so große Sehnsucht haben. Nein, sie werden nicht zurückkehren außer einigen Flüchtlingen.

15 Da gaben alle Männer, die wohl wussten, dass ihre Frauen anderen Göttern Rauchopfer darbrachten, und alle Frauen, die in einer großen Menge zusammenstanden und alles Volk, das im Land Ägypten und in Patros wohnte, Jeremia folgende Antwort: 16 Was das Wort betrifft, das du uns im Namen des Herrn verkündet hast, so hören wir nicht auf dich. 17 Wir werden vielmehr das Wort, das wir gegeben haben, ganz und voll ausführen: nämlich der Himmelskönigin Rauchopfer darzubringen und ihr Trankopfer auszugießen, wie wir und unsere Väter, unsere Könige und unsere Vorgesetzten es in den Städten Judas und in den Straßen Jerusalems getan haben, wobei wir uns satt essen konnten und uns wohl befanden und kein Unglück erlebten. 18 Aber seit wir aufgehört haben, der Himmelskönigin Rauchopfer darzubringen und Trankopfer auszugießen, hat es uns an allem gefehlt, und wir sind durch Schwert und Hunger aufgerieben worden. 19 Die Frauen aber sagten: Wenn wir der Himmelskönigin Rauchopfer darbringen und Trankopfer ausgießen, geschieht es etwa ohne Einwilligung unserer Männer, dass wir Kuchen mit ihrem Bild herstellen und ihr Trankopfer spenden?

20 Da entgegnete Jeremia dem ganzen Volk, den Männern, den Frauen und allen Leuten, die ihm so geantwortet hatten: 21 War es nicht das Rauchopfer, das ihr in den Städten Judas und in den Straßen Jerusalems angezündet habt, ihr, euere Väter, euere Könige, euere Vorgesetzten und die Bevölkerung des Landes – war es nicht gerade das, was der Herr sich gemerkt und zu Herzen genommen hat? 22 Und schließlich konnte der Herr es nicht mehr aushalten wegen der Verdorbenheit eueres Tuns und wegen der Gräuel, die ihr verübtet, und darum wurde euer Land zum Trümmerhaufen, zum Entsetzen und zur Wüste und zu einer Stätte des Fluches, wo kein Mensch mehr wohnt, wie es heute der Fall ist. 23 Wegen euerer Rauchopfer und wegen euerer Sünden gegen den Herrn und weil ihr auf die Stimme des Herrn nicht gehört habt und nicht nach seinen Geboten und Satzungen und Zeugnissen gelebt habt, deshalb ist euch dieses Unheil widerfahren. 24 Zum ganzen Volk, besonders zu allen Frauen sagte Jeremia: Hört das Wort des Herrn: 25 So spricht der Herr der Heer-

scharen, der Gott Israels: Was ihr, ihr
Frauen, mit euerem Mund aussprecht,
das vollführt ihr mit eueren Händen. Ihr
sagt: Unsere Gelübde, die wir abgelegt
haben, der Himmelskönigin Rauchopfer
darzubringen und ihr Trankopfer aus-
zugießen, die erfüllen wir unter allen Um-
ständen. Gut, haltet nur ja euere Gelübde
und bringt euere Trankopfer dar. 26 Hört
aber dafür das Wort des Herrn, ganz Juda,
das im Land Ägypten wohnt: Seht, ich
schwöre es bei meinem erhabenen Namen,
spricht der Herr: Mein Name soll nie mehr
vom Mund eines Judäers ausgesprochen
werden, dass noch irgendjemand im gan-
zen Land Ägypten spräche: So wahr der
Herr lebt! 27 Ja, ich wache über sie zum Un-
heil und nicht zum Heil. Alle Judäer im
Land Ägypten werden durch Schwert und
Hunger aufgerieben werden bis zur voll-
ständigen Vernichtung. 28 Nur einige dem
Schwert Entronnene, die leicht zu zählen
sind, werden aus dem Land Ägypten ins
Land Juda zurückkehren. Dann wird der
ganze Rest Judas, alle, die ins Land Ägyp-
ten ausgewandert sind, um sich dort nie-
derzulassen, erkennen, wessen Wort Be-
stand hat, meines oder ihres.
29 Und das soll euch zum Zeichen dienen
– Spruch des Herrn –, dass ich euch an
diesem Ort strafen werde, damit ihr er-
kennt, dass sich die Ankündigung des Un-
heils gegen euch wirklich erfüllen wird:
30 So spricht der Herr: Seht, ich gebe den
Pharao Hofra, den König von Ägypten,
der Gewalt seiner Feinde preis und der
Hand derer, die ihm nach dem Leben
trachten, gerade so, wie ich Zidkija, den
König von Juda, der Hand Nebukadnez-
zars, des Königs von Babel, preisgegeben
habe, der sein Feind war und ihm nach
dem Leben trachtete.

Das Trostwort für Baruch

45 Das Wort, das der Prophet Jeremia
für Baruch, den Sohn Nerijas, aus-
gesprochen hat, als dieser im vierten Jahr
Jojakims, des Sohnes Joschijas, des Königs
von Juda, jene Worte aus dem Mund des
Propheten in ein Buch schrieb: 2 So spricht
der Herr, der Gott Israels, über dich, Ba-
ruch: 3 Weil du gesagt hast: Weh mir!
Denn der Herr fügt Kummer zu meinem
Schmerz hinzu. Ich bin müde vom Seufzen
und kann keine Ruhe finden. 4 So spricht
der Herr: Siehe, was ich aufgebaut habe,
das reiße ich nieder, und was ich gepflanzt
habe, das reiße ich aus, und die ganze Erde
werde ich schlagen, 5 und da verlangst du
Wundertaten für dich? Verlange das nicht.
Denn siehe, ich bringe Unheil über alles
Lebendige – Spruch des Herrn. Dir aber
gebe ich dein Leben als Beute an allen Or-
ten, wohin du gehst.

Gerichtsworte über die Völker

Einleitung

46 Das Wort des Herrn gegen die
Völker, das an den Propheten Jere-
mia erging.

Über Ägypten

Die Niederlage von Karkemisch

2 Über Ägypten: Gegen das Heer des Pha-
rao Necho, des Königs von Ägypten, das
am Eufrat bei Karkemisch stand und das
Nebukadnezzar, der König von Babel,
schlug im vierten Jahr Jojakims, des Soh-
nes Joschijas, des Königs von Juda.
3 Rüstet Rundschild und Langschild, /
und vorwärts zum Kampf!
4 Sattelt die Pferde; ihr Reiter, sitzt auf! /
Tretet an im Helm, schärft die Lanzen, /
schnallt die Panzer fest!
5 Was seh ich? Sie sind voll Bestürzung, /
weichen zurück, ihre Helden, geschlagen,
fliehen in haltloser Flucht, ohne sich
umzuwenden. / Schrecken ringsum! –
Spruch des Herrn.
6 Der Schnelle kann nicht entrinnen, /
der Held sich nicht retten.
Im Norden, am Eufrat, / sind sie
gestürzt und gefallen.
7 Wer steigt da hoch wie der Nil, / des-
sen Wasser tosen wie Ströme?
8 Ägypten steigt hoch wie der Nil, / und
seine Wasser tosen wie Ströme,
und es spricht: Ich will die Erde bede-
cken, / will Städte und ihre Bewohner ver-
nichten.

[9] Stürmt heran, ihr Pferde; Wagen, rast daher! / Rückt aus, ihr Helden,
Kuschiter und Putiter, schildbewaffnete, / und Luditer, die den Bogen spannen!
[10] Doch dieser Tag gehört Gott, dem Herrn, / ein Tag der Rache, / um sich zu rächen an seinen Widersachern.
Da frisst sein Schwert sich satt / und wird trunken an ihrem Blut.
Denn ein Schlachtfest ist es für den Herrn, / den Gott der Heerscharen, / im Land des Nordens am Eufrat.
[11] Steig nach Gilead hinauf und hole Balsam, / Jungfrau, Tochter Ägypten!
Vergebens wendest du eine Menge von Heilmitteln an. / Es gibt keine Genesung für dich.
[12] Die Völker hören deine Schande, / und von deinem Geschrei hallt die Erde wider.
Denn Held an Held sinkt nieder, / beide fallen miteinander.

Nebukadnezzars Einfall in Ägypten

[13] Das Wort, das der Herr zum Propheten Jeremia sprach, als Nebukadnezzar, der König von Babel, heranrückte, um das Land Ägypten zu erobern:
[14] Meldet es in Ägypten, verkündet es in Migdol, / schreit es aus in Memfis und Tachpanhes, sagt:
Tritt an und mach dich bereit; / denn schon frisst das Schwert um dich herum.
[15] Wie? Dein Starker liegt am Boden, / er hat nicht standgehalten?
Der Herr hat ihn niedergestoßen [16] mit Wucht. / Er fiel um und liegt nun am Boden.
Einer spricht zum anderen: / Auf, lasst uns heimkehren zu unserem Volk,
in das Land, wo wir geboren sind, / vor dem würgenden Schwert!
[17] Nennt den Namen des Pharao, des Königs von Ägypten: / Toben, das die Zeit verpasst hat.
[18] So wahr ich lebe – Spruch des Königs, / dessen Name Herr der Heerscharen ist:
Wie der Tabor unter den Bergen / und wie der Karmel an der Meeresküste, / so rückt er heran.
[19] Pack deine Sachen zusammen für die Gefangenschaft, / Bewohnerschaft, Tochter Ägypten.
Denn Memfis wird zur Einöde, / ausgebrannt, ohne Bewohner.
[20] Eine prächtige Kuh war Ägypten; / aber eine Bremse aus dem Norden ist über sie hergefallen.
[21] Auch seine Söldnertruppen mitten im Land, / gleichen gemästeten Kälbern;
aber auch diese wenden sich zur Flucht, / laufen alle davon, ohne anzuhalten.
Denn der Tag ihres Verderbens hat sie ereilt, / die Zeit ihrer Heimsuchung.
[22] Horch: Wie Schlangengezisch! / Mit Heeresmacht rücken sie heran:
Mit Äxten fallen sie über es her, / Holzhauern gleich.
[23] Sie fällen seinen Wald – Spruch des Herrn –, / den undurchdringlichen.
Zahlreicher sind sie als Heuschrecken, / man kann sie nicht zählen.
[24] Zuschanden geworden ist die Tochter Ägypten, / der Gewalt des Volkes aus dem Norden preisgegeben.
[25] Der Herr der Heerscharen, der Gott Israels, hat gesprochen: Seht, ich suche den Amon von No heim samt dem Pharao und alle, die auf ihn ihr Vertrauen setzen,
[26] und übergebe sie in die Hand derer, die ihnen nach dem Leben trachten, in die Hand Nebukadnezzars, des Königs von Babel, und in die Hand seiner Knechte. Aber nachher soll es wieder bewohnt werden wie in den Tagen der Vorzeit – Spruch des Herrn.

Trost für Israel und Drohungen gegen die Philister

Trostwort für Jakob-Israel

[27] Du aber, mein Knecht Jakob, fürchte dich nicht, / lass dich nicht abschrecken, Israel!
Denn siehe, ich errette dich aus fernem Land / und deine Nachkommen aus dem Land, wo sie gefangen sind.
Jakob wird heimkehren und Ruhe haben, / wird sicher wohnen, ohne dass jemand ihn aufschreckt.
[28] Du brauchst dich nicht zu fürchten, mein Knecht Jakob – Spruch des Herrn; / denn ich bin mit dir.
Ja, mit all den Völkern, unter die ich dich verstoßen habe, / mache ich ein Ende;
aber mit dir mache ich kein Ende, / sondern ich züchtige dich mit Maß. / Aber ganz ungestraft kann ich dich nicht lassen.

Über die Philister

47 Das Wort des Herrn gegen die Phi-
lister, das an den Propheten Jere-
mia erging, bevor der Pharao Gaza schlug.
2 So spricht der Herr:
Siehe, Wasser steigen auf aus dem Nor-
den, / und sie werden zum schwellenden
Wildbach;
sie überfluten die Erde und was darauf
ist, / die Städte und ihre Bewohner.
Da schreien die Menschen / und heulen
alle Bewohner des Landes
3 vor dem dröhnenden Stampfen der
Hufe seiner Hengste, / vor dem Donnern
seiner Wagen und dem Gerassel seiner
Räder.
Die Väter kehren sich nicht mehr nach
ihren Kindern um, / weil ihre Hände
erschlafft sind
4 wegen des Tages, der da kommt, alle
Philister zu vernichten / und Tyrus und
Sidon auch den letzten Helfer zu entrei-
ßen.
Denn der Herr vernichtet die Philister, /
den Rest der Insel Kaftor.
5 In Gaza schert man sich kahl, / ver-
stummt ist Aschkelon.
Rest der Anakiter, / wie lange noch
willst du dich wund ritzen?
6 Wehe, Schwert des Herrn, / wie lange
noch wirst du nicht Ruhe geben?
Zieh dich zurück in deine Scheide, / halt
ein und bleib still!
7 Wie sollte es sich beruhigen, / da doch
der Herr es aufgeboten hat?
Gegen Aschkelon und gegen die Mee-
resküste, / dorthin hat er es bestellt.

Über Moab

Verwüstung und Entvölkerung

48 Über Moab: So spricht der Herr
der Heerscharen, der Gott Israels:
Wehe über Nebo, es ist zerstört! / Ein-
genommen ist Kirjatajim, / zuschanden ist
die Hochburg und gebrochen.
2 Sie ist nicht mehr, Moabs Prahlerei. /
In Heschbon hat man sein Unheil geplant:
Auf, tilgen wir es aus der Zahl der
Nationen! / Auch du, Madmen, wirst ver-
nichtet, / hinter dir drein fährt das
Schwert!
3 Horch, Schreie kommen von Horona-
jim: / Verwüstung und großer Zusam-
menbruch!
4 Moab liegt in Trümmern, / hört man
bis Zoar schreien.
5 Ach, die Steige von Luhit / steigt man
mit Weinen hinauf.
Ach, am Abhang von Horonajim / hört
man Jammergeschrei über die Zerstörung:
6 Flieht, rettet euer Leben, / und lasst
euch in der Wüste nieder wie ein Wildesel!
7 Ja, weil du auf deine Bollwerke poch-
test, / wirst auch du erobert werden,
und Kemosch muss in die Gefangen-
schaft wandern, / seine Priester mitsamt
seinen Fürsten.
8 Der Verwüster kommt über jede
Stadt, / keine wird gerettet werden,
das Tal geht zugrunde, die Hochebene
wird vernichtet, / wie der Herr es gespro-
chen hat.
9 Setzt Moab ein Grabmal, / denn es
wird von Grund auf zerstört,
und seine Städte werden zur Wüste, /
sodass niemand mehr darin wohnt.
10 Verflucht, wer das Werk des Herrn
lässig betreibt, / verflucht, wer sein
Schwert rein hält vom Blut!

Moabs Verwüster

11 Moab genoss behagliche Ruhe von
Jugend an / und lag ungestört auf seiner
Hefe.
Es wurde nicht umgeleert von Gefäß zu
Gefäß, / musste nie in Gefangenschaft
wandern.
Darum verblieb ihm sein Geschmack, /
und sein Duft änderte sich nicht.
12 Aber wahrlich, es werden Tage kom-
men – Spruch des Herrn –, / da werde ich
Küfer zu ihm senden,
die es umschütten werden, / seine Fäs-
ser ausleeren und seine Krüge zerschmet-
tern.
13 Moab wird am Kemosch zuschanden
werden, / wie das Haus Israel zuschanden
wurde / an Bet-El, auf das es sein Ver-
trauen setzte.
14 Wie könnt ihr sagen: Wir sind Hel-
den, / streitbare Männer, zum Kampf
wohlgerüstet?
15 Der Verwüster Moabs zieht schon
herauf, / und die Blüte seiner Jugend steigt
hinab zur Schlachtbank / – Spruch des
Königs, Herr der Heerscharen ist sein
Name.
16 Moabs Untergang steht nahe bevor, /
und sein Verderben hat große Eile.

[17]Tröstet es, ihr alle seine Nachbarn und Bekannten. / Sprecht: Wie ist doch der starke Stab zerbrochen, / das herrliche Zepter!

[18]Steig herab von deinem Ehrenplatz und setze dich in den Kot, / du thronende Tochter Dibon!

Denn der Verwüster Moabs ist über dich hergefallen, / hat deine Burgen zerstört.

[19]Komm auf die Straße und spähe aus, / Bewohnerschaft von Aroër,

frag den Flüchtling und die Entronnene, / sprich: Was ist geschehen ?

[20]Zuschanden ist Moab, ganz gebrochen. / Heult und schreit, meldet am Arnon, dass Moab vernichtet ist!

[21]Ja, das Gericht ist über das Land der
Hochebene gekommen und über Holon,
Jahaz und Mefaat, [22]über Dibon, Nebo
und Bet-Diblatajim, [23]über Kirjatajim,
Bet-Gamul und Bet-Meon, [24]über Kerijot,
Bozra und alle anderen Städte des Moabiterlandes, die fernen wie die nahen.

[25]Moabs Horn ist abgeschlagen / und sein Arm zerbrochen [– Spruch des Herrn].

[26]Macht es trunken; denn es wollte sich gegen den Herrn erheben. / Darum stürze es in sein eigenes Gespei und werde nun selbst zum Gespött!

[27]Oder war dir nicht Israel zum Gespött? / Hat man es etwa beim Diebstahl ertappt, / dass du den Kopf schon geschüttelt hast, sooft du von ihm sprachst?

[28]Gebt die Städte preis und lasst euch in Felsenklüften nieder, / ihr Bewohner von Moab,

werdet der Taube gleich, die nistet / an den Wänden der gähnenden Schlucht!

Moabs Hochmut

[29]Wir haben gehört vom Hochmut Moabs, / der maßlos hoch ging,

von seinem Stolz, seiner Hoffart und seiner Eitelkeit / und seinem hochfahrenden Sinn.

[30]Ich kenne seinen Übermut – Spruch des Herrn –, / die Verlogenheit seiner Reden, die Verlogenheit seines Tuns.

[31]Darum muss ich jammern über Moab / und schreien über die Moabiter alle miteinander, / über die Männer von Kir-Heres muss ich seufzen.

[32]Mehr als man über Jaser weint, weine ich über dich, / Weinstock von Sibma,

dessen Ranken sich bis ans Meer zogen, / bis Jaser reichten.

Über deine Weinlese und deine Ernte / ist der Verwüster hergefallen!

[33]Weggerafft ist Freude und Jubel / aus dem Fruchtland und aus dem Land Moab.

Verschwunden ist der Wein in den Kufen, / der Kelterer keltert nicht mehr, / und kein Jauchzen ertönt mehr.

[34]Das Schreien von Heschbon und Elale
dringt bis Jahaz. Sie klagen von Zoar bis
Horonajim und Eglat-Schelischija; denn
auch die Wasser von Nimrim versiegen.
[35]Ich mache Schluss damit in Moab –
Spruch des Herrn –, dass einer opfert auf
den Höhen und seinen Göttern Rauch-
opfer darbringt. [36]Darum jammert mein
Herz über Moab wie eine Flöte und mein
Herz klagt über die Leute von Kir-Heres
wie eine Flöte, weil all ihr Erspartes ver-
loren ging. [37]Denn jedes Haupt trägt eine
Glatze und jeder Bart ist geschoren, an al-
len Händen sind Ritzwunden und um alle
Hüften Trauerkleidung. [38]Auf allen Dä-
chern Moabs und in seinen Straßen hört
man nichts als Klage; denn ich zer-
schmettere Moab wie einen Krug, an dem
niemand Gefallen findet – Spruch des
Herrn. [39]Wie ist es zerbrochen! Wie hat es
schmählich die Flucht ergriffen! Ja, Moab
ist zum Gelächter und zum Entsetzen geworden für alle seine Nachbarn.

Der Grund für das Gericht

[40]Denn so spricht der Herr: / Seht, wie ein Adler schwebt es daher / und breitet seine Flügel aus über Moab.

[41]Die Städte sind eingenommen, die Festungen sind erobert. / Den Helden Moabs wird es an jenem Tag zumute sein / wie einer Frau in Kindesnöten.

[42]Vernichtet ist Moab, hat aufgehört, ein Volk zu sein, / weil es sich gegen den Herrn erhoben hat.

[43]Schrecken, Grube und Schlinge über dich, / Bewohner Moabs – Spruch des Herrn.

[44]Wer vor dem Schrecken entflieht, wird in die Grube fallen, / und wer aus der Grube herausklettert, wird sich in der Schlinge verfangen.

Ja, all das bringe ich über Moab / im

Jahr seiner Heimsuchung – Spruch des Herrn.
45 Im Schatten von Heschbon machen sie halt, / ermattet von der Flucht.
Doch Feuer geht von Heschbon aus / und sengende Flammenglut von Sihons Palast.
Es frisst die Schläfen Moabs / und die Scheitel der Lärmenden.
46 Wehe dir, Moab, / dahin bist du, Volk des Kemosch!
Denn deine Söhne werden fortgeführt in die Gefangenschaft, / deine Töchter in die Sklaverei.
47 Aber am Ende der Zeiten wende ich das Geschick Moabs / – Spruch des Herrn. / [Bis hierher geht das Gerichtswort über Moab.]

Über die anderen Nachbarvölker

Über Ammon

49 Über die Ammoniter: So spricht der Herr:
Hat Israel denn keine Söhne mehr? / Besitzt es keinen Erben?
Warum hat Milkom die Erbschaft Gads angetreten / und sein Volk sich in dessen Städten niedergelassen?
2 Darum seht, es kommen Tage – Spruch des Herrn –, / da lasse ich in Rabba, der Stadt der Ammoniter, / Kriegsgeschrei hören;
es wird zum Schutthügel werden / und seine Tochterstädte ein Raub der Flammen.
Dann wird Israel seine Erben / wieder beerben – Spruch des Herrn.
3 Heule, Heschbon, denn der Verwüster zieht heran, / schreit, ihr Töchter von Rabba!
Gürtet den Sack um, stoßt Klagerufe aus / und lauft mit Ritzwunden umher!
Denn Milkom muss in Gefangenschaft wandern / mitsamt seinen Priestern und Fürsten.
4 Was prahlst du mit deinem Tal, / deinem von Fülle überströmenden Tal,
du sorglos sichere Tochter, / die du auf deine Vorräte vertraust und sagst: / Wer kommt mir bei?
5 Siehe, ich bringe Schrecken über dich von allen Seiten / – Spruch des Herrn, des Gottes der Heerscharen.
Ihr werdet zerstreut, jeder für sich, / und niemand wird die Flüchtlinge sammeln.
6 Aber danach wende ich das Geschick der Söhne Ammons / – Spruch des Herrn.

Über Edom

7 Über Edom: So spricht der Herr der Heerscharen:
Gibt es keine Weisheit mehr in Teman? / Ist den Klugen der Rat abhanden gekommen? / Ist ihre Weisheit verdorben?
8 Flieht, macht euch davon, / sucht in tiefen Löchern euere Zuflucht, Bewohner Dedans!
Denn ich lasse über Esau sein Verderben hereinbrechen, / die Zeit seiner Heimsuchung.
9 Wenn Winzer über dich kommen, / lassen sie keine Nachlese übrig;
wenn es Diebe sind in der Nacht, / rauben sie, so viel sie wollen.
10 Ja, ich bin es, der Esau durchsucht, / ich decke seine Schlupfwinkel auf, / dass er sich nicht mehr verstecken kann.
Nun wird sein Stamm vernichtet: er ist nicht mehr; / von seinen Nachbarn sagt niemand:
11 Lass mir deine Waisen, damit ich für sie sorge, / deine Witwen können sich mir anvertrauen.
12 Denn so spricht der Herr: Sogar jene, die, denen es nicht zukam, den Becher zu trinken, müssen ihn trinken, und ausgerechnet du solltest verschont werden? Nein, du wirst nicht verschont, trinken
musst du! 13 Denn bei mir selber habe ich
es geschworen – Spruch des Herrn: zur Einöde, zur Schande und zum Fluch wird Bozra und alle seine Städte werden für immer zu Trümmerhaufen.
14 Eine Kunde habe ich vernommen vom Herrn her, / ein Bote wurde unter die Völker gesandt:
Rottet euch zusammen, zieht gegen es zu Feld, / erhebt euch zum Kampf!
15 Ja, ich mache dich klein unter den Völkern, / verachtet unter den Menschen.
16 Das hat dich betört, dass du Schrecken verbreitest, / dass du vermessen bist in deinem Herzen,
weil du in Felsenlöchern wohnst, / dich anklammerst an Berggipfeln.
Wenn du dein Nest auch so hoch dro-

ben anlegst wie der Adler, / ich hole dich
von dort herunter – Spruch des Herrn.
17 Edom wird zum Entsetzen werden. /
Jeder, der es durchwandert, erschaudert /
und spottet über all seine erlittenen Schlä-
ge.
18 Wie beim Untergang von Sodom und
Gomorra / und ihrer Nachbarstadt,
spricht der Herr,
so wird auch dort niemand mehr woh-
nen / und kein Mensch wird sich dort
aufhalten.
19 Wie ein Löwe heraufsteigt aus dem
Dickicht des Jordan / in eine immergrüne
Au,
so verjage ich sie im Nu von dort / und
setze meinen Erwählten dort ein.
Denn wer ist mir gleich, / wer kann
mich zur Rechenschaft ziehen? / Wer ist
der Hirt, der vor mir bestehen könnte?
20 Hört darum die Entscheidung, / die
der Herr über Edom getroffen hat, / und
seine Pläne, die er über Temans Bewohner
gefasst hat:
Selbst die geringsten Schafe werden
fortgeschleppt, / die eigene Weide wird
sich über sie entsetzen.
21 Von ihrem dröhnenden Fall erbebt die
Erde, / man hört ihr Geschrei bis ans
Schilfmeer.
22 Ja, wie ein Adler hebt es sich empor
und schwebt daher / und breitet seine
Flügel über Bozra aus.
An jenem Tag ist den Helden Edoms
zumute / wie einer Frau in Kindesnöten.

Über Damaskus

23 Über Damaskus: Bestürzt stehen Hamat
und Arpad da; / denn sie haben eine böse
Kunde vernommen.
Sie zerfließen vor Kummer wie das
Meer / das sich nicht mehr beruhigen
kann.
24 Damaskus hat den Mut verloren,
wendet sich zur Flucht, / Schrecken hat es
erfasst. / Angst und Wehen haben es
gepackt wie eine Gebärende.
25 Wie verlassen ist doch die berühmte
Stadt, / die Burg der Freude!
26 Darum fallen seine jungen Männer auf
ihren Straßen, / und alle Krieger kommen
um an jenem Tag / – Spruch des Herrn der
Heerscharen.
27 Ich lege Feuer an die Mauer von
Damaskus, / dass es die Paläste Ben-Ha-
dads verzehrt.

Über die Stämme der Araber

28 Über Kedar und das Reich von Hazor,
die Nebukadnezzar, der König von Babel,
schlug.
So spricht der Herr:
Auf, hinauf nach Kedar, / überwältigt
die Söhne des Ostens!
29 Ihre Zelte und Herden nimmt man
weg, / ihre Teppiche und all ihre Habe.
Ihre Kamele nimmt man ihnen fort /
und ruft über sie aus: Schrecken ringsum!
30 Flieht, macht euch schnell davon, /
sucht Wohnung in tiefen Löchern, / ihr
Bewohner von Hazor – Spruch des Herrn.
Denn Nebukadnezzar, der König von
Babel, / hat sich einen Plan gegen euch
ausgedacht / und einen Anschlag gegen
euch ersonnen.
31 Auf, hinauf gegen das sorglose Volk, /
das so sicher wohnt – Spruch des Herrn –;
es hat weder Türen noch Riegel / und
haust ganz einsam.
32 Ihre Kamele sollen zum Raub wer-
den / und die Menge seiner Herden zur
Beute.
Nach allen Richtungen zerstreue ich
sie, / die Leute mit dem geschorenen
Haarrand,
und lasse Verderben über sie kommen
von allen Seiten / – Spruch des Herrn.
33 Hazor wird zur Behausung der Scha-
kale, / eine Einöde für immer.
Niemand mehr wird sich dort nieder-
lassen, / und kein Mensch mehr darin
verweilen.

Über Elam

34 Das Wort des Herrn gegen Elam, das an
den Propheten Jeremia erging im Anfang
der Regierung Zidkijas, des Königs von Ju-
da:
35 So spricht der Herr der Heerscharen:
Seht, ich zerbreche den Bogen Elams, /
in dem seine Kraft liegt.
36 Ich lasse über Elam vier Winde herfal-
len, / von den vier Enden des Himmels
her, / und ich zerstreue sie in alle diese
Winde.
Es wird kein Volk geben, / wohin nicht
Zersprengte Elams gelangen.
37 Ich jage den Elamitern Schrecken ein

vor ihren Feinden / und vor denen, die
ihnen nach dem Leben trachten.
Ich bringe Unheil über sie, / die Glut
meines Zornes – Spruch des Herrn.
Ich werde das Schwert hinter ihnen her-
fahren lassen, / bis ich sie vernichtet habe.
38 Dann stelle ich meinen Thron in Elam
auf / und vernichte dort König und Fürs-
ten – Spruch des Herrn.
39 Aber am Ende der Tage wende ich das
Geschick Elams / – Spruch des Herrn.

Über Babel

50 Das Wort gegen Babel, das Land
der Chaldäer, das der Herr durch
den Propheten Jeremia gesprochen hat.

Babels Fall, Israels Befreiung

2 Teilt es den Völkern mit und meldet, /
[errichtet ein Wegzeichen und meldet] /
verheimlicht es nicht, sagt:
Babel ist erobert, Bel ist zuschanden, /
gestürzt ist Merodach
[zuschanden sind seine Götterbilder, /
gestürzt seine Götzen.]
3 Denn ein Volk aus dem Norden ist
gegen es herangezogen, / das macht sein
Land zur Einöde,
sodass niemand mehr darin wohnt. /
Mensch und Vieh, alles ist geflohen, aus-
einander gestoben.
4 In jenen Tagen und in jener Zeit –
Spruch des Herrn – / kommen die Söhne
Israels heim. / Weinend ziehen sie ihren
Weg, den Herrn, ihren Gott, zu suchen.
5 Sie fragen, wo der Weg nach Zion ist, /
dorthin richten sie ihr Angesicht.
Sie kommen und suchen Anschluss an
den Herrn / zu einem ewigen, unvergess-
lichen Bund.
6 Eine verirrte Herde war mein Volk, /
ihre Hirten haben sie falsch geleitet, / auf
den Bergen in die Irre geführt,
von Berg zu Hügel mussten sie ziehen, /
vergaßen ihre Lagerstätte.
7 Alle, die auf sie stießen, fraßen sie
auf; / ihre Bedränger sprachen:
Wir machen uns nicht schuldig, / weil
sie gegen den Herrn, den Hort der
Gerechtigkeit, / die Hoffnung ihrer Väter,
gesündigt hatten.
8 Flieht aus Babel, aus dem Land der
Chaldäer! / Zieht aus und stellt euch wie
Leithammel an die Spitze der Herde!
9 Denn seht, ich selbst reize auf und
führe gegen Babel / eine Schar großer
Völker vom Nordland.
Sie rüsten zum Kampf mit ihm und von
dort aus wird es erobert. / Ihre Pfeile sind
wie die eines siegreichen Helden, / der
nicht erfolglos heimkehrt.
10 Chaldäa wird zur Beute, / alle, die es
ausplündern, bekommen genug – Spruch
des Herrn.
11 Ja, freut euch nur, jubelt nur, ihr Räu-
ber meines Eigentums. / Ja, macht nur
fröhliche Sprünge wie Kälber auf der Wie-
se, / und wiehert wie die Hengste!
12 In tiefe Schmach wird euere Mutter
sinken; / sie, die euch geboren hat, wird
sich schämen müssen.
Denn seht, sie ist nun die Letzte unter
den Völkern, / eine Wüste, Dürre und
Steppe.
13 Durch den Zorn des Herrn bleibt
Babel unbewohnt / und wird zur Einöde
ganz und gar.
Jeder, der an Babel vorbeikommt, wird
erschaudern / und spotten über alle seine
Wunden.
14 Stellt euch auf gegen Babel ringsum, /
ihr Bogenschützen insgesamt!
Nehmt es zum Ziel, spart nicht mit den
Pfeilen! / [Denn es hat gegen den Herrn
gesündigt.]
15 Schleudert ihm ringsum den Kampf-
ruf entgegen! / Es bietet die Hand, (denn)
seine Pfeiler stürzen, seine Mauern fallen.
Ja, das ist die Rache des Herrn. / Nehmt
Rache an Babel! / So, wie es getan, tut nun
mit ihm!
16 Rottet aus in Babel jeden, der sät, /
und jeden, der die Sichel schwingt zur Zeit
der Ernte.
Vor dem würgenden Schwert macht
jeder kehrt, / zurück zu seinem Volk, /
und jeder flieht in sein Heimatland.
17 Ein verscheuchtes Schaf war Israel, /
von Löwen gehetzt.
Zuerst hat es der König von Assur
angefressen, / zuletzt hat Nebukadnezzar,
der König von Babel, ihm die Knochen
zernagt.
18 Darum – so spricht der Herr der
Heerscharen, der Gott Israels: / Fürwahr,
ich rechne mit dem König von Babel und
seinem Land ab, / so wie ich mit dem
König von Assur abgerechnet habe.
19 Israel aber bringe ich auf seine Weide

zurück, / dass es den Karmel und Baschan abweiden / und im Gebirge Efraim und in Gilead sich satt essen kann.
[20] In jenen Tagen und in jener Zeit – Spruch des Herrn – / wird man nach der Schuld Israels suchen, / aber sie ist nicht mehr da,

und nach den Sünden Judas, / aber sie sind nicht mehr zu finden. / Denn ich vergebe dem Rest, die ich übrig lasse.

Untergang der stolzen Weltmacht

[21] Ziehe ins Land Meratajim, ziehe gegen es heran / und gegen die Bewohner von Pekod!

Erschlage sie und gib sie dem Untergang preis! – Spruch des Herrn –, / und handle genau, wie ich dir gebiete!
[22] Kriegslärm hört man im Land / und gewaltigen Zusammenbruch.
[23] Wie ist doch zerhauen und zerbrochen / der Hammer der ganzen Erde!

Wie ist doch Babel zum Entsetzen geworden / unter den Völkern!
[24] Man hat dir eine Falle gestellt, / nun hast du dich fangen lassen, ohne es zu merken.

Man hat dich ertappt und gepackt. / Denn du hast den Herrn herausgefordert.
[25] Der Herr hat seine Rüstkammer geöffnet, / hat die Waffen seines Grimms hervorgeholt.

Denn das Werk Gottes, des Herrn der Heerscharen, / geschieht jetzt im Land der Chaldäer.
[26] Kommt herbei vom äußersten Ende! / Öffnet seine Scheunen!

Schüttet die Beute wie Kornhaufen hin, / und gebt es dem Untergang preis! / Kein Rest darf von ihm bleiben!
[27] Stecht alle jungen Stiere nieder! / Zur Schlachtbank sollen sie herab.

Wehe ihnen! Ihr Tag ist gekommen, / die Zeit ihrer Strafe.
[28] Horcht! Entronnene Flüchtlinge aus dem Land Babel! / Sie melden in Zion die Rache des Herrn, unseres Gottes, / [die Rache für seinen Tempel].
[29] Bietet Schützen auf gegen Babel! / Ihr Bogenschützen alle, / umlagert es ringsum!

Es darf kein Entrinnen geben! / Zahlt ihm seinen Lohn! / Genauso, wie es getan hat, tut mit ihm!

Denn frech war es gegen den Herrn, / gegen den Heiligen Israels.
[30] Darum fallen seine jungen Männer in den Gassen, / und alle seine Krieger kommen um an jenem Tag – Spruch des Herrn.
[31] Jetzt gehe ich gegen dich, Freche / – Spruch des Herrn, des Gottes der Heerscharen.

Denn dein Tag ist gekommen, / die Zeit, da ich dich bestrafe.
[32] Da fällt und stürzt die Freche, / und niemand richtet sie auf.

Ich lege Feuer an ihre Städte, / das alles ringsum verzehrt.

Israels Befreiung

[33] So spricht der Herr der Heerscharen:

In Unterdrückung leben die Söhne Israels / mit den Söhnen Judas zusammen.

Alle, die sie weggeführt haben, halten sie fest, / weigern sich, sie loszulassen.
[34] Aber ihr Erlöser ist stark, / Herr der Heerscharen ist sein Name.

Er nimmt ihre Sache in die Hand, / dass er der Erde Ruhe bringt, / aber Unruhe den Bewohnern Babels.
[35] Das Schwert über die Chaldäer – Spruch des Herrn – / und über die Bewohner Babels, / über seine Fürsten und Weisen!
[36] Das Schwert über seine Wahrsager, / dass sie zu Narren werden!

Das Schwert über seine Helden, / dass sie verzagen!
[37] Das Schwert über das Völkergemisch in einer Mitte, / dass sie zu Weibern werden!

Das Schwert über seine Vorräte, / dass sie geplündert werden!
[38] Das Schwert über seine Wasser, / dass sie vertrocknen!

Denn ein Götzenland ist es, / durch die Schreckensgestalten haben sie den Verstand verloren.
[39] Darum werden dort Wildkatzen mit Schakalen zusammen hausen, / und Strauße werden dort ihr Wohnung haben.

In Ewigkeit soll es nicht mehr besiedelt werden / und unbewohnt bleiben von Generation zu Generation.
[40] Wie damals, als Gott Sodom und Gomorra / und ihre Nachbarstädte zerstört hat – Spruch des Herrn –,

so soll auch dort kein Mensch mehr wohnen / und niemand mehr dort leben.

41 Seht, ein Volk kommt vom Norden
her, / ein großes Volk und viele Könige, /
von den Enden der Erde setzen sich in
Bewegung.
42 Sie führen Bogen und Lanze, / grau-
sam sind sie, ohne Erbarmen. / Ihr Lär-
men gleicht dem Brausen des Meeres.
Auf Pferden reiten sie daher, / ein jeder
Mann ist zum Kampf gerüstet / gegen
dich, Tochter Babel!
43 Wenn der König von Babel von ihnen
hört, / dann sinken ihm die Hände,
Angst erfasst ihn, / Zittern wie eine
Frau in Kindesnöten.
44 Wie ein Löwe heraufsteigt aus dem
Dickicht des Jordan / in eine immergrüne
Au,
so verjage ich sie in einem Nu von dort /
und setze meinen Erwählten dort ein.
Denn wer ist mir gleich, / wer kann
mich zur Rechenschaft ziehen, / wer ist
der Hirt, der vor mir bestehen könnte?
45 Hört darum die Entscheidung, / die
der Herr über Babel getroffen, / und seine
Pläne, die er über das Land der Chaldäer
gefasst hat:
Selbst die geringsten Schafe werden
fortgeschleppt, / die eigene Au wird sich
über sie entsetzen.
46 Vom Ruf: Babel ist erobert! erbebt die
Erde, / und man hört sein Geschrei unter
den Völkern.

Das Strafgericht

51 So spricht der Herr:
Seht, gegen Babel und die Bewoh-
ner Chaldäas / hetze ich den Geist des
Verderbens auf.
2 Ich sende Worfler aus gegen Babel, /
damit sie es worfeln und sein Land
gründlich ausräumen. / Denn von allen
Seiten werden sie es umringen am Tag des
Unheils.
3 Kein Schütze spanne seinen Bogen, /
und keiner brüste sich in seinem
Panzer!
Schont nicht seine jungen Männer! /
Gebt Babels ganzes Heer dem Untergang
preis!
4 Erschlagene liegen umher im Land der
Chaldäer, / und Durchbohrte auf seinen
Straßen.
5 Denn Israel und Juda sind nicht ver-
witwet, / verlassen von ihrem Gott, / dem
Herrn der Heerscharen.
Doch das Land der Chaldäer ist voll von
Schuld / gegen den Heiligen Israels.
6 Flieht aus Babel, jeder rette sein
Leben, / damit ihr nicht untergeht in sei-
nem Schuldgericht.
Denn jetzt ist die Zeit der Rache für den
Herrn. / Nun zahlt er ihm seinen Lohn
aus.
7 Ein goldener Becher war Babel in der
Hand des Herrn, / der die ganze Erde
berauschte.
Von seinem Wein haben die Völker
getrunken, / bis sie rasend wurden.
8 Plötzlich ist Babel gefallen und wurde
zerschmettert. / Beklagt es laut!
Holt Balsam für seine Wunde, / ob viel-
leicht noch Heilung möglich ist!
9 Wir wollten Babel heilen, / aber es war
nicht mehr zu heilen. / Lasst es liegen!
Auf, gehen wir davon, ein jeder in sein
Land!
Denn bis zum Himmel hinauf reicht
sein Strafgericht, / bis zu den Wolken
erhebt es sich.
10 Der Herr hat unsere Gerechtigkeit ans
Licht gebracht. / Kommt, wir wollen in
Zion erzählen / vom Tun des Herrn, unse-
res Gottes!
11 Spitzt die Pfeile, füllt die Köcher! / Der
Herr hat den Geist des Königs von Medien
aufgestachelt.
Denn auf Babels Verderben ist sein Plan
gerichtet, / es zu zerstören.
Denn das ist die Rache des Herrn, / die
Rache für seinen Tempel.
12 Richtet die Feldzeichen gegen die
Mauern Babels! / Verstärkt die Wachen; /
stellt Posten auf, legt Leute in den Hinter-
halt!
Denn der Herr hat es geplant, / und
jetzt führt er aus, / was er den Bewohnern
Babels angedroht hat.
13 Die du wohnst an gewaltigen Was-
sern, / so reich bist an Schätzen:
Jetzt ist dein Ende gekommen. / Mit
deinem Raub ist es aus.
14 Der Herr der Heerscharen hat bei sich
selbst geschworen: / Hätte ich dich auch
mit Menschen gefüllt, so zahlreich wie
Heuschrecken, / man stimmt doch den
Kampfruf gegen dich an.

Absage an die Götzen

15 Er ist es, der die Erde erschaffen hat in
seiner Kraft, / der in seiner Weisheit den

Erdkreis gegründet / und in seiner Einsicht den Himmel ausgespannt hat.
[16] Lässt er seine Donnerstimme erschallen, / so antwortet das Brausen der Wasser am Himmel.

Wolken führt er herauf vom Ende der Erde. / Er erschafft Blitze zum Regen, / lässt die Winde aus seinen Kammern hervorgehen.
[17] Da steht jedem Menschen der Verstand still, er kann es nicht begreifen. / Jeder Goldschmied muss sich seines Bildwerks schämen.

Denn seine Bilder sind Trug, / sie haben keinen Lebensatem.
[18] Ein Nichts sind sie, ein lächerliches Machwerk. / Zur Zeit ihrer Heimsuchung gehen sie zugrunde.
[19] Jakobs Anteil ist ihnen nicht gleich. / Denn er ist der Schöpfer des Alls, / und Israel ist der Stamm seines Erbteils. / Herr der Heerscharen ist sein Name.

Babel, der Hammer Gottes

[20] Ein Hammer bist du mir gewesen, ein Werkzeug für den Krieg. / Ich zerschlug mit dir Völker / und zerschmetterte mit dir Königreiche.
[21] Ich zerschlug mit dir Ross und Reiter, / ich zerschlug mit dir Wagen und Lenker,
[22] ich zerschlug mit dir Mann und Frau, / ich zerschlug mit dir Greis und Kind, / ich zerschlug mit dir Knabe und Mädchen,
[23] ich zerschlug mit dir Hirt und Herde, / ich zerschlug mit dir Bauer und Gespann, / ich zerschlug mit dir Statthalter und Vogt.
[24] Jetzt aber vergelte ich Babel und allen Bewohnern Chaldäas vor eueren Augen all das Böse, das sie an Zion verübt haben – Spruch des Herrn.
[25] Siehe, ich will gegen dich, Berg des Verderbens – Spruch des Herrn –, / der die ganze Erde ins Verderben gestürzt hat,

ich strecke meine Hand gegen dich aus, / wälze dich von den Felsen herab / und mache dich zum ausgebrannten Berg,
[26] dass man von dir keinen Eckstein / und keinen Grundstein mehr nimmt. / Nur ewige Öde sollst du sein – Spruch des Herrn.

Verlauf der Eroberung

[27] Errichtet ein Feldzeichen auf der Erde, / stoßt ins Horn unter den Völkern!

Bietet Völker auf zum Heiligen Krieg gegen die Stadt, / ruft die Königreiche von Ararat, Minni und Aschkenas gegen sie auf,

bestellt einen Schreiber zur Einberufung gegen Babel, / lasst Reiterei anrücken, so zahlreich wie borstige Heuschrecken!
[28] Bietet Völker zum Krieg auf gegen sie, / den König von Medien

samt seinen Statthaltern und all seinen Vögten / und alle seiner Herrschaft unterstellten Länder!
[29] Da wird die Erde wanken und beben, / wenn der Beschluss des Herrn an Babel sich verwirklicht, / das Land Babel zur menschenleeren Einöde zu machen.
[30] Die Helden Babels geben den Kampf auf, / bleiben tatenlos in ihren Burgen sitzen.

Ihre Heldenkraft ist ausgetrocknet, / sie sind zu Weibern geworden.

Verbrannt sind Babels Wohnungen, / zerbrochen seine Riegel.
[31] Ein Läufer überholt den anderen, / ein Bote den anderen,

um dem König von Babel zu melden, / seine Stadt sei an allen Ecken eingenommen,
[32] die Furten in Feindeshand, / die Sümpfe mit Feuer ausgetrocknet, / die Kriegsleute vom Schrecken gelähmt.
[33] Denn so spricht der Herr der Heerscharen, der Gott Israels: / Die Tochter Babel gleicht einer Tenne, / wenn man sie feststampft.

Nur noch eine kleine Weile, / so ist für sie die Ernte gekommen.

Die Rache des Herrn

[34] Nebukadnezzar, der König von Babel, / hat mich gefressen und vertilgt, / hat mich auf die Seite gestellt wie einen leeren Krug.

Wie ein Drache hat er mich verschlungen, / hat seinen Bauch gefüllt / und mich aus meiner Lust vertrieben.
[35] Über Babel komme / meine Schmach und meine Schmerzen!, / so spreche Zions Bürgerschaft.

Mein Blut über die Einwohner Chaldäas!, / so spreche Jerusalem.
[36] Darum – so spricht der Herr: / Siehe,

ich führe deine Sache / und nehme für
dich Rache.
Ich lasse Babels Meer austrocknen / und
seinen Quell versiegen,
37 sodass Babel zum Steinhaufen wird, /
zur Behausung der Schakale,
zum Ort des Grauens und des Spotts, /
wo kein Mensch mehr wohnt.
38 Noch brüllen sie alle zusammen wie
Löwen, / knurren wie junge Löwen.
39 Brennen sie vor Gier, werde ich ihnen
ihr Mahl bereiten, / sie trunken machen,
dass sie die Besinnung verlieren,
in einen Schlaf fallen, / aus dem sie
nicht mehr erwachen – Spruch des Herrn.
40 Wie Lämmer führe ich sie zum
Schlachten, / wie Widder und Böcke.

Babels endgültige Vernichtung

41 Wie ist doch genommen und erobert /
der Stolz der ganzen Erde,
wie ist doch Babel zum Entsetzen
geworden / unter den Völkern!
42 Das Meer ist gegen Babel herauf-
gestiegen, / durch den Schwall seiner
Wogen wurde es ganz bedeckt.
43 Seine Städte sind zur Einöde gewor-
den, / zum dürren, wüsten Land.
Niemand wohnt mehr darin, / und kein
Mensch durchwandert sie.
44 Auch den Bel in Babel lasse ich meine
Strafe fühlen, / und hole, was er ver-
schlungen hat, aus seinem Maul heraus.
In Zukunft werden nicht mehr Völker
zu ihm hinströmen. / Auch Babels Mauer
ist gefallen.
45 Ziehe fort aus seiner Mitte, mein
Volk, / ein jeder rette sein Leben vor der
Zornesglut des Herrn.
46 Euer Herz braucht jedoch nicht zu
verzagen, / noch müsst ihr euch fürchten
wegen der Gerüchte, / die sich im Land
verbreiten,
mag auch in dem einen Jahr dieses
Gerücht herumgehen / und im Jahr darauf
jenes
und Gewalttat herrschen im Land / und
ein Machthaber gegen den anderen auf-
stehen.
47 Darum seht, es kommen Tage, / wo ich
an den Götzen Babels das Strafgericht
vollziehe.
Da wird sein ganzes Land zuschanden, /
und alle seine Bewohner fallen erschlagen
in seiner Mitte.
48 Dann jauchzen über Babel Himmel
und Erde / und alles, was in ihnen ist,
wenn vom Norden her die Verwüster
hereinbrechen / – Spruch des Herrn.
49 Auch Babel muss fallen für die
Erschlagenen Israels, / wie für Babel
Erschlagene auf der ganzen Erde gefallen
sind.
50 Ihr, die ihr seinem Schwert entronnen
seid, / zieht fort, haltet euch nicht auf,
denkt im fernen Land an den Herrn, /
und Jerusalem liege euch am Herzen!
51 Wir standen beschämt da, / denn wir
mussten Schmähreden anhören.
Scham hat unser Angesicht bedeckt; /
denn Fremde sind hergefallen / über die
heiligen Stätten des Hauses des Herrn.
52 Darum seht, es kommen Tage –
Spruch des Herrn –, / da vollziehe ich an
seinen Götzen das Strafgericht / und in
seinem ganzen Land stöhnen Erschlage-
ne.
53 Wenn Babel auch bis zum Himmel
hinaufstiege / und bis in unzugängliche
Höhen hinaufbaute, / so kommen doch
auf meinen Befehl Verwüster über es –
Spruch des Herrn.
54 Horch, man hört Geschrei aus Babel /
und gewaltigen Zusammenbruch vom
Land der Chaldäer her.
55 Denn Babels Verwüster ist der Herr
selbst. / Er macht dem großen Lärmen
darin ein Ende,
wenn auch seine Wogen rauschen wie
gewaltige Wassermassen / und brausender
Lärm darin herrscht.
56 Ja, der Verwüster bricht über Babel
herein, / seine Helden werden gefangen,
zerbrochen ihre Bogen.
Denn ein Gott der Vergeltung ist der
Herr; / er zahlt gründlich heim.
57 Seine Würdenträger und Weisen, /
seine Statthalter, Vögte und Helden /
mache ich trunken,
dass sie sinken in ewigen Schlaf / und
nicht mehr erwachen – Spruch des
Königs, / Herr der Heerscharen ist sein
Name.
58 So spricht der Herr der Heerscharen: /
Babels gewaltig breite Mauer wird bis auf
den Grund geschleift, / seine hohen Tore
wird das Feuer zerstören.
Völker mühen sich ab um nichts, /
und Nationen plagen sich ab für das
Feuer!

Der in den Eufrat versenkte Prophetenspruch

59 Der Auftrag, den der Prophet Jeremia
dem Seraja, dem Sohn Nerijas, des Sohnes
Machsejas, erteilt hat, als dieser mit Zidki-
ja, dem König von Juda, in dessen viertem
Regierungsjahr nach Babel reiste. Seraja
war oberster Quartiermeister. 60 Jeremia
hatte alles Unheil, das über Babel kommen
sollte, in eine einzige Buchrolle geschrie-
ben, alle jene Worte, die über Babel ge-
schrieben sind. 61 Jeremia sagte zu Seraja:
Wenn du nach Babel kommst, dann sieh
zu, dass du alle diese Worte laut vorliest
62 und sprich: Herr, du hast diesem Ort sei-
ne Vernichtung angedroht, sodass nie-
mand mehr darin wohnen soll, weder
Mensch noch Vieh; für ewige Zeiten soll
er eine Einöde werden. 63 Wenn du dann
mit dem Vorlesen dieser Buchrolle fertig
bist, binde einen Stein daran, wirf sie in
den Eufrat 64 und sprich dabei: Geradeso
soll Babel untergehen und nicht mehr
hochkommen wegen des Unheils, das ich
über die Stadt bringe. [Bis hierher gehen
die Worte Jeremias.]

Anhang: Der Untergang Jerusalems und Jojachins Begnadigung

52 Zidkija war einundzwanzig Jahre
alt, als er König wurde, und regier-
te elf Jahre in Jerusalem. Seine Mutter hieß
Hamutal und war eine Tochter Jirmejas
aus Libna. 2 Er tat, was dem Herrn missfiel,
ganz so, wie es Jojakim getan hatte. 3 Denn
wegen des Zornes des Herrn ist es so weit
mit Jerusalem und Juda gekommen, dass
er sie von seinem Angesicht verstieß. Zid-
kija aber fiel vom König von Babel ab. 4 Es
geschah im neunten Jahr seiner Regierung,
am zehnten Tag des zehnten Monats: Ne-
bukadnezzar, der König von Babel, er
selbst und seine ganze Heeresmacht, rück-
te gegen Jerusalem heran; er schloss es ein
und warf ringsherum einen Wall auf. 5 Die
Stadt blieb belagert bis ins elfte Jahr des
Königs Zidkija. 6 Am neunten Tag des vier-
ten Monats aber wurde die Hungersnot in
der Stadt so übergroß, dass kein Brot mehr
da war für das Volk des Landes. 7 Damals
wurde eine Bresche in die Stadt gelegt. Als
der König und alle Kriegsleute das sahen,
entwichen sie bei Nacht durch das Tor
zwischen den beiden Mauern, das zum kö-
niglichen Garten hinausführt, obwohl die
Chaldäer um die Stadt lagen. Sie nahmen
den Weg nach der Araba hin. 8 Aber die
Truppen der Chaldäer setzten dem König
nach und holten ihn in den Steppen von
Jericho ein, nachdem alle seine Truppen
ihn verlassen und sich zerstreut hatten.
9 Man ergriff den König und brachte ihn
zum König von Babel nach Ribla in der
Landschaft Hamat, 10 und dieser machte
ihm den Prozess. Er ließ die Söhne Zidki-
jas vor dessen Augen niedermachen; auch
alle Würdenträger Judas ließ er in Ribla
ermorden. 11 Zidkija aber ließ er blenden,
in Ketten legen und nach Babel bringen.
Dort behielt er ihn bis zu seinem Tod im
Gefängnis.

12 Am zehnten Tag des fünften Monats,
das ist im neunzehnten Jahr der Regierung
Nebukadnezzars, des Königs von Babel,
rückte Nebusaradan, der Oberste der Leib-
wache, der zur persönlichen Umgebung
des Königs gehörte, in Jerusalem ein. 13 Er
verbrannte den Tempel des Herrn sowie
den Königspalast und alle Häuser Jerusa-
lems. 14 Die Truppen der Chaldäer, die dem
Obersten der Leibwache unterstanden, ris-
sen auch die Stadtmauern Jerusalems nie-
der.

15 Den Rest der Bevölkerung aber, der in
der Stadt übrig geblieben war, sowie alle,
die zum König von Babel übergelaufen
waren, und den Rest der Handwerker
führte Nebusaradan, der Oberst der Leib-
wache, weg. 16 Von den kleinen Leuten des
Landes aber ließ Nebusaradan, der Oberst
der Leibwache, etliche als Winzer und
Ackerbauern zurück.

17 Die bronzenen Säulen im Tempel des
Herrn, die Gestelle und das Eherne Meer
im Tempel des Herrn zerschlugen die
Chaldäer und nahmen alles Bronze davon
nach Babel mit. 18 Auch die Töpfe, Schau-
feln, Messer, Sprengschalen und die ande-
ren Schalen, überhaupt alle bronzenen Ge-
räte, mit denen man den Dienst versah,
nahmen sie weg. 19 Ebenso die Becken,
Kohlenpfannen, Sprengschalen, Töpfe,
Leuchter, Schüsseln, Opferschalen, die alle

von Gold und Silber waren, nahm der
Kommandant der Leibwache weg, [20] ferner
die beiden Säulen, das eine Meer und die
zwölf bronzenen Rinder unter dem Meer,
die Gestelle, die König Salomo für den
Tempel des Herrn hatte anfertigen lassen
– die Bronze aller dieser Geräte war nicht
zu wiegen. [21] Was aber die Säulen betrifft,
so war die eine Säule achtzehn Ellen hoch
und ein Band von zwölf Ellen umspannte
sie; sie war vier Finger dick, innen hohl.
[22] Ein Kapitell aus Bronze krönte sie; die
Höhe des Kapitells betrug fünf Ellen;
Flechtwerk und Granatäpfel umgaben das
Kapitell, alles aus Bronze. Ebenso war es
bei der zweiten Säule. [23] Es waren sechs-
undneunzig Granatäpfel, die frei hingen.
Die Gesamtzahl der Granatäpfel um das
Flechtwerk herum betrug einhundert.

[24] Der Oberst der Leibwache nahm fer-
ner den Hohenpriester Seraja sowie den
Unterpriester Zefanja und die drei Schwel-
lenhüter gefangen. [25] Aus der Stadt nahm
er einen Kämmerer mit, der an der Spitze
der Kriegsleute stand, ferner sieben Män-
ner aus der nächsten Umgebung des Kö-
nigs, die in der Stadt entdeckt wurden, so-
wie den Schreiber des Heerführers, der das
Volk des Landes zum Kriegsdienst aus-
zuheben hatte, und sechzig Mann aus
dem Volk des Landes, die in der Stadt ge-
funden wurden. [26] Die nahm Nebusaradan,
der Oberst der Leibwache, fest und brach-
te sie zum König von Babel nach Ribla.
[27] Der König von Babel aber ließ sie in Ri-
bla in der Landschaft Hamat hinrichten.
So wurde Juda von seinem Grund und Bo-
den weggeführt.

[28] Das ist die Zahl der Leute, die Nebu-
kadnezzar wegführen ließ: in seinem sieb-
ten Jahr dreitausenddreiundzwanzig Judä-
er, [29] im achtzehnten Jahr Nebukadnezzars
achthundertzweiunddreißig Personen aus
Jerusalem; [30] im dreiundzwanzigsten Jahr
Nebukadnezzars führte Nebusaradan, der
Oberst der Leibwache, siebenhundertfünf-
undvierzig Personen weg. Insgesamt wa-
ren es viertausendsechshundert Personen.

[31] Im siebenunddreißigsten Jahr der Ge-
fangenschaft Jojachins, des Königs von
Juda, am fünfundzwanzigsten Tag des
zwölften Monats, geschah es, dass Ewil-
Merodach, der König von Babel, im Jahr
seines Regierungsantritts König Jojachin
von Juda begnadigte und aus dem Kerker
entließ. [32] Er verkehrte freundschaftlich
mit ihm und wies ihm seinen Sitz oberhalb
des Sitzes der anderen Könige an, die bei
ihm in Babel waren. [33] Er durfte seine Ge-
fangenenkleider ablegen und ständig bei
ihm speisen, solange er lebte. [34] Sein Unter-
halt, und zwar ein ständiger Unterhalt,
wurde ihm Tag für Tag vom König von Ba-
bel geliefert, jeden Tag in der bestimmten
Menge, bis zu seinem Tod, solange er leb-
te.

Das Buch der Klagelieder

Erstes Lied

1 Weh, wie sitzt die Stadt nun einsam, /
die einst so reich an Volk.
Sie ist wie eine Witwe, / die groß war
unter den Völkern.
Die Fürstin über die Länder, / sie ist zur
Fron erniedrigt.
2 Nun weint und weint sie durch die
Nacht, / Tränen auf ihren Wangen.
Doch es kommt keiner, sie zu trösten /
von allen ihren Liebsten.
All ihre Freunde lassen sie im Stich, / sie
sind ihr zu Feinden geworden!
3 Im Elend ist Juda gefangen / und in
harter Knechtschaft.
Nun wohnt sie unter den Völkern, / und
hat doch keine Ruhe gefunden.
Mitten in der Bedrängnis / holen all ihre
Verfolger sie ein.
4 Die Straßen nach Zion trauern, / da
niemand zum Fest kommt.
Verwüstet liegen all ihre Tore, / es seufzen ihre Priester.
Voll Gram sind ihre Jungfrauen, / und
sie selbst ist voller Bitternis.
5 Ihre Bedränger sind obenauf, / ihre
Feinde schwelgen im Glück.
Denn Trübsal brachte der Herr über
sie / wegen ihrer vielen Sünden.
Ihre Kinder mussten gefangen / unter
den Augen des Feindes fortziehen.
6 Von der Tochter Zion / ist all ihr Glanz
gewichen.
Ihre Fürsten wurden Hirschen gleich, /
sie fanden keine Weide mehr
und zogen nun entkräftet / vor dem
Treiber her.
7 Jerusalem gedenkt / ihrer Tage voller
Not und Elend,
an all ihre Schätze, / die sie einmal
besessen,
als ihr Volk in Feindeshand fiel / und
niemand da war, ihr zu helfen.
Die Bedränger schauten sie an, / sie
lachten über ihre Vernichtung.
8 Schwer gesündigt hat Jerusalem, / sie
ist unrein geworden.
Die einst sie ehrten, verachten sie alle; /
sie sahen ja ihre Blöße.
Sie selbst aber seufzt / und wendet sich
ab.
9 Ihre Schleppe zeigt Befleckung; / sie
dachte nicht, dass dies ihr Ende ist.
Schrecklich kam sie herunter, / niemand will sie trösten.
Herr, sieh mein Elend an, / denn der
Feind tut groß!
10 Ausgestreckt hat der Feind die Hand /
nach all ihren Kostbarkeiten.
Ja, zuschauen musste sie, / wie Heiden
in ihr Heiligtum eindrangen;
wo du doch befohlen hattest, / sich dir
zu nahen in der Gemeinde.
11 Es seufzt ihr ganzes Volk / auf der
Suche nach Brot.
Sie geben ihre Schätze hin für Speise, /
um wenigstens das Leben zu erhalten.
Herr, sieh und schau doch an, / wie sehr
ich verachtet bin!
12 Ihr alle, die ihr vorüberzieht, / schaut
her und seht,
ob ein Schmerz meinem Schmerz
gleichkommt, / den man mir angetan,
womit der Herr mich heimgesucht hat /
am Tag seines glühenden Zorns!
13 Aus der Höhe sandte er Feuer, /
schleuderte es in meine Glieder.
Er stellte meinen Füßen ein Netz, / riss
mich rücklings nieder,
machte mich zerschlagen, / siech für
alle Zeit.
14 Schwer ist das Joch meiner Sünden, /
von seiner Hand auferlegt.
Sie kamen mir auf meinen Hals; / das
brachte meine Kraft zum Wanken.
Preis gab mich ihnen der Herr, / ich
kann nicht mehr standhalten.
15 Der Herr verwarf in meiner Mitte /
alle meine Starken.
Er rief ein Aufgebot gegen mich aus, /
meine junge Mannschaft zu vernichten.
Der Herr trat die Kelter / der Jungfrau,
der Tochter Juda.
16 Darüber muss ich weinen, / mein
Auge fließt von Tränen über.

Ach, wie fern ist mir der Tröster, /
meine Seele zu erquicken!
Ganz verstört sind meine Söhne, / weil
der Feind so stark erscheint.
17 Zion breitet ihre Hände aus, / doch da
ist niemand, der sie tröstet.
Der Herr hat gegen Jakob / seine Feinde
ringsum aufgeboten.
Da wurde in ihrer Mitte / Jerusalem
zum Abscheu.
18 Der Herr, er ist gerecht; / seinem Wort
habe ich getrotzt.
Hört doch, all ihr Völker, / und schaut
meinen Schmerz:
Meine Mädchen, meine jungen Män-
ner / kamen in Gefangenschaft!
19 Ich rief nach meinen Liebsten, / doch
sie ließen mich im Stich.
Meine Priester und Ältesten / starben in
der Stadt dahin,
auf der Suche nach Nahrung, / nur um
das Leben zu retten.
20 Siehe, Herr, wie mir angst ist! / In
Aufruhr ist mein Inneres;
mir windet sich das Herz im Leibe, /
weil ich so widerspenstig trotzte.
Draußen raubte mir das Schwert die
Kinder, / im Haus der Tod.
21 Höre, wie ich stöhne / und ohne Trös-
ter bin!
Alle meine Feinde hörten von meinem
Unglück, / freuten sich, dass du es bewirkt
hast.
Bring doch den Tag, den du verkündet
hast, / damit es ihnen geht wie mir! / 22 All
ihre Bosheit komme vor dein Angesicht!
Dann tu ihnen an, / was du mir getan /
wegen all meiner Sünden.
Zahllos sind ja meine Seufzer, / und
mein Herz ist krank!

Zweites Lied

2 Weh, in seinem Zorn umwölkt / der
Herr die Tochter Zion.
Er wirft die Herrlichkeit Israels / vom
Himmel zur Erde.
Des Schemels seiner Füße gedachte er
nicht mehr / am Tag seines Zornes.
2 Ohne Schonung hat der Herr vernich-
tet / alle Fluren Jakobs,
hat der Tochter Juda Festungswerke /
eingerissen in seinem Grimm,
zu Boden gezwungen, entehrt / das
Königtum und seine Fürsten.
3 In Zornesglut zerbrach er / jedes Horn
in Israel,
zog seine Rechte zurück / angesichts des
Feindes
und brannte in Jakob wie loderndes
Feuer, / das ringsum weiterfrisst.
4 Er spannte seinen Bogen wie ein
Feind, / seine Rechte erhoben wie ein
Gegner,
und mordete alles, / was dem Auge lieb
war.
Im Zelt der Tochter Zion / goss er aus
wie Feuer seinen Zorn.
5 Zum Feind ist der Herr geworden; / er
vertilgte Israel,
vertilgte alle seine Paläste, / zerstörte
seine Burgen
und häufte auf die Tochter Juda / Jam-
mer über Jammer.
6 Er zertrat wie einen Garten seine
Wohnstatt, / zerstörte den Ort seiner Feste.
Vergessen ließ der Herr auf Zion / Fest-
und Sabbattage.
In glühendem Zorn verwarf er / König
und Priester.
7 Der Herr hat seinen Altar verworfen, /
sein Heiligtum entweiht,
in Feindeshand überliefert / die Mauern
ihrer Paläste.
Laut war es im Haus des Herrn / wie
sonst an Tagen der Feste.
8 Der Herr gedachte zu schleifen / die
Mauer der Tochter Zion.
Die Messschnur spannte er aus, hielt
seine Hand / von der Vernichtung nicht
zurück.
Trauern ließ er Wall und Mauer; / beide
sanken in sich zusammen.
9 Im Boden versanken ihre Tore; / er
zerstörte und zerbrach ihre Riegel.
Unter den Völkern sind ihr König, ihre
Fürsten. / Es gibt keine Weisung mehr,
auch keine Offenbarung / erhalten ihre
Propheten mehr vom Herrn.
10 Da sitzen am Boden, verstummt, / die
Ältesten der Tochter Zion,
streuen sich Staub aufs Haupt / und
legen Trauerkleidung an.
Die Mädchen von Jerusalem / senkten
den Kopf zu Boden.
11 In Tränen vergehen meine Augen, / in
Aufruhr ist mein Inneres.
Zu Boden ist gegossen mein Gemüt /
über den Zusammenbruch der Tochter,
meines Volkes.

Kind und Säugling verschmachten / auf
den Plätzen der Stadt.
12 Ihre Mütter fragen: / Wo ist Brot und
Wein?,
da sie wie todeswund verschmachten /
auf den Plätzen der Stadt,
da sie ihr Leben aushauchen / auf dem
Schoß ihrer Mütter.
13 Womit soll ich dich aufrichten, womit
dich vergleichen, / Tochter Jerusalem?
Was soll ich dir gleichsetzen, damit ich
dich tröste, / Jungfrau, Tochter Zion?
Denn grenzenlos wie das Meer ist dein
Zusammenbruch! / Wer kann dich heilen?
14 Deine Propheten schauten dir Lug
und Trug / und legten deine Schuld nicht
klar, / um deine Umkehr einzuleiten.
Sie schauten dir Aussprüche, / zu Lüge
und Verführung.
15 In die Hände klatschen deinetwegen /
alle, die des Weges gehen.
Sie zischen und schütteln den Kopf /
über die Tochter Jerusalem:
Ist das die Stadt, die man nannte: / der
Schönheit Krone, eine Wonne für die
ganze Welt?
16 Alle deine Feinde / reißen über dich
ihr Maul auf.
Sie zischen und fletschen die Zähne, /
rufen aus: Wir haben sie verschlungen!
Ja, das ist der Tag, den wir herbeigesehnt; / wir haben es erreicht, erlebt!
17 Der Herr hat, was er plante, ausgeführt, / seine Drohung wahr gemacht, /
die er vor Zeiten längst verkündet hat.
Ohne Schonung hat er eingerissen. /
Der Feind frohlockte über dich, / erhoben
hat er sein Horn.
18 Rufe laut zum Herrn / und stöhne,
Tochter Zion!
Lass wie einen Bach die Tränen fließen /
Tag und Nacht!
Gönn dir keine Ruhe, / dein Augapfel
halte nicht still!
19 Steh auf des Nachts und klage laut /
bei Beginn jeder Nachtwache!
Wie Wasser gieße aus dein Herz / vor
dem Angesicht des Herrn!
Zu ihm erhebe deine Hände / für das
Leben deiner Kinder.
20 Herr, sieh und schau doch her: / Wem
hast du solches angetan?
Dürfen Frauen ihre Leibesfrucht verzehren, / die Kindlein ihrer eignen Pflege?
Dürfen Priester und Prophet erschlagen
werden / im Heiligtum des Herrn?
21 Am Boden auf den Gassen / liegen
Kind und Greis.
Meine Mädchen und die jungen Männer / fielen durch das Schwert.
Du hast sie am Tag deines Zornes
gemordet, / hingeschlachtet ohne Mitleid!
22 Wie zum Festtag hat du aufgerufen /
die Schrecken ringsumher.
Es gab am Tag deines Zornes / keinen,
der entkam, keinen, der entrann.
Die ich gepflegt und großgezogen, / die
hat mein Feind vernichtet!

Drittes Lied

3 Ich bin der Mann, der Leid erlebt hat /
unter der Rute seines Zornes;
2 Mich hat er weg- und fortgetrieben, /
ins Dunkel, nicht ins Licht.
3 Immer wieder kehrt er seine Hand /
gerade gegen mich.
4 Er zehrte aus mein Fleisch und meine
Haut, / er zerbrach mir meine Glieder,
5 umbaute und umgab mich / mit Gift
und Mühsal.
6 Er ließ mich an finstern Orten wohnen / wie längst Verstorbene.
7 Er schloss mich in Mauern ein, wo kein
Entrinnen ist; / er legte mich in schwere,
eherne Fesseln.
8 Auch wenn ich schrie und flehte, / so
blieb er stumm auf mein Gebet.
9 Mit Quadern hat er mir den Weg vermauert, / die Pfade mir versperrt.
10 Zum lauernden Bären wurde er mir, /
zum Löwen im Versteck.
11 Er drängte mich vom Weg, zerfleischte mich / und ließ mich dann verlassen liegen.
12 Er spannte seinen Bogen und stellte
mich hin / als Ziel für den Pfeil.
13 Er schoss mir in den Leib, / die Söhne
seines Köchers.
14 Zum Gelächter wurde ich meinem
ganzen Volk, / zu ihrem Spottlied alle Tage.
15 Mit bittrer Kost hat er mich satt
gemacht, / mich satt getränkt mit Wermut.
16 Er ließ auf Kiesel meine Zähne sich
zermahlen,
er trat mich in den Staub.
17 Du hast mich vom Frieden ausgeschlossen, / ich vergaß, was Glück ist.

18 Ich sprach: Zu Ende ist meine Lebens-
kraft, / mein Vertrauen, das vom Herrn
kommt.
19 An mein Elend, meine Unrast den-
ken / ist Gift und Wermut für mich!
20 Meine Seele denkt und grübelt / und
droht sich aufzulösen.
21 Doch das will ich beherzigen, / darauf
will ich hoffen:
22 Die Huld des Herrn ist nicht
erschöpft, / ja, sein Erbarmen ist noch
nicht zu Ende.
23 Neu erwacht es jeden Morgen, / groß
ist seine Treue.
24 Mein Anteil ist der Herr, spricht
meine Seele; / darum harre ich auf ihn.
25 Der Herr ist gut zu dem, der ihm ver-
traut, / zu dem, der ihn sucht.
26 Gut ist es, wenn man schweigend
harrt / auf Hilfe vom Herrn.
27 Gut ist es für den Mann, wenn er
trägt / sein Joch von Jugend an.
28 Er sitze einsam und schweige, / denn
er hat es ihm auferlegt.
29 Er neige seinen Mund in den Staub; /
vielleicht ist Hoffnung.
30 Er biete dem die Wange, der ihn
schlägt, / und erdulde Schmach bis zur
Sättigung.
31 Denn nicht verwirft der Herr / (die
Menschen) für immer.
32 Wenn er betrübt, erbarmt er sich auch
wieder / nach seiner großen Huld.
33 Denn ungern betrübt er die Men-
schen / und drückt sie zu Boden.
34 Wenn man unter den Füßen zertritt /
alle Gefangenen im Land,
35 wenn man beugt das Recht des Man-
nes / im Angesicht des Höchsten,
36 wenn man den Nächsten unterdrückt
in seinem Streitfall, / sollte das der Herr
nicht sehen?
37 Wer war es doch, der sprach, und es
geschah? / Hat nicht der Herr es geboten?
38 Ergeht nicht aus des Höchsten Mund /
das Üble wie das Gute?
39 Was klagt denn ein Lebender, / ein
Mann über seine Sünden?
40 Wir wollen unseren Weg prüfen und
erforschen / und zum Herrn umkehren.
41 Wollen unsere Herzen und unsere
Hände erheben / zu Gott im Himmel.
42 Wir, ja wir haben gesündigt und waren
widerspenstig: / da hast du uns nicht ver-
geben.
43 Du hast dich in Zorn gehüllt und uns
verfolgt, / erschlagen ohne Mitleid.
44 Du hast dich in Wolken gehüllt, /
durch die kein Beten dringt.
45 Du machtest uns zu ekelhaftem
Unrat / inmitten der Völker.
46 Es rissen gegen uns ihren Mund auf /
all unsere Feinde.
47 Grauen und Grube wurde uns zuteil, /
Vernichtung und Verderben.
48 Ströme von Tränen vergießt mein
Auge / über den Ruin der Tochter, meines
Volkes.
49 Mein Auge ergießt sich unstillbar, /
vermag nicht aufzuhören,
50 bis der Herr vom Himmel her / schaut
und sieht.
51 Mein Auge tut mir weh / wegen all der
Töchter meiner Stadt.
52 Wie einen Vogel jagten und hetzten
mich, / die ohne Grund mir Feind sind.
53 In die Grube versenkten sie mein
Leben / und warfen Steine auf mich.
54 Das Wasser ging mir über den Kopf; /
ich sagte mir: Ich bin verloren!
55 Da rief ich deinen Namen an, Herr, /
aus der Tiefe der Grube.
56 Du hörtest meinen Ruf: / Verschließ
dein Ohr nicht meinem Schreien!
57 Nahe warst du, als ich damals zu dir
rief; / du sagtest: Fürchte dich nicht!
58 Du hast meine Sache ausgefochten, /
mein Leben errettet.
59 Du, Herr, hast meine Bedrückung
gesehen, / hast mir Recht verschafft.
60 Du hast gesehen all ihre Rachgier, / all
ihre Pläne gegen mich.
61 Du hast ihr Schmähen gehört, Herr, /
all ihre Pläne gegen mich,
62 das Gerede meiner Gegner und ihr
Denken / gegen mich den ganzen Tag.
63 Ihr Sitzen und ihr Aufstehn, sieh es
an! / zum Spottlied bin ich ihnen gewor-
den.
64 Du wirst ihnen vergelten, Herr, / nach
dem Werk ihrer Hände.
65 Du wirst ihre Herzen verblenden. /
Dein Fluch über sie!
66 Du wirst sie im Zorn verfolgen und
vertilgen / unter deinem Himmel, Herr.

Viertes Lied

4 Weh, wie glanzlos ist das Gold, / ge-
dunkelt das herrliche Feingold,

hingeschüttet die heiligen Steine / an
allen Straßenecken.
2 Die edlen Söhne Zions, / einst mit
Feingold aufgewogen,
ach, man wertet sie wie Krüge von
Ton, / wie das Werk von Töpferhänden!
3 Selbst Schakale reichen die Brust, / sie
säugen ihre Jungen.
Die Töchter meines Volkes jedoch sind
grausam / wie die Strauße in der Wüste.
4 Es klebt des Säuglings Zunge / vor
Durst an seinem Gaumen.
Kinder schreien nach Brot, / doch nie-
mand bricht es ihnen.
5 Die einmal Leckerbissen aßen, / ver-
schmachten in den Gassen.
Die sich auf Purpurkissen stützten, /
liegen jetzt beim Unrat.
6 Größer ist die Schuld der Tochter,
meines Volkes, / als die Sünde Sodoms,
das im Nu verwüstet wurde, / ohne dass
Menschenhände sich mühten.
7 Ihre jungen Männer waren reiner als
Schnee, / weißer als Milch,
rosiger als Korallen ihr Leib, / ein
Lapislazuli ihre Gestalt.
8 Schwärzer als Ruß sehen sie aus, /
man erkennt sie nicht mehr auf den
Straßen.
Ihre Haut schrumpft ihnen am Leib, /
wie Holz so trocken sind sie geworden.
9 Die vom Schwert Durchbohrten sind
besser daran / als jene, die der Hunger
tötete;
sie sind verschmachtet, / vom Miss-
ertrag des Feldes getroffen.
10 Die Hände liebevoller Frauen / koch-
ten ihre eignen Kinder.
Sie dienten ihnen als Speise / beim
Zusammenbruch der Tochter, meines
Volkes.
11 Der Herr hat seinen Grimm voll-
endet, / hat ausgegossen seinen glühenden
Zorn.
Ein Feuer entfachte er in Zion, / das
selbst die Grundmauern verzehrte.
12 Die Könige der Erde hätten nie
geglaubt / – auch alle Weltbewohner
nicht –,
dass jemals Eingang fände Feind und
Bedränger / in den Toren von Jerusalem.
13 Wegen der Sünden ihrer Propheten, /
wegen der Frevel ihrer Priester,
die in ihrer Mitte vergossen / das Blut
von Gerechten,
14 taumelten sie gleich Blinden durch die
Gassen, / befleckt mit Blut,
sodass man nicht berühren durfte / ihre
Kleider.
15 Fort! Unrein!, rief man ihnen zu. /
Fort! Rührt nichts an!
Da flohen sie und wankten. / Unter den
Völkern sagte man: / Sie durften nicht
länger bleiben.
16 Das Angesicht des Herrn zerstreute
sie, / er blickte nicht mehr auf sie hin.
Keine Ehrfurcht zollte man den Pries-
tern, / den Ältesten keine Rücksicht.
17 Noch immer schauten wir uns die
Augen aus / nach Hilfe für uns – umsonst!
Von unserer Warte spähten wir / nach
einem Volk aus, das dann doch versagte.
18 Man belauerte unsere Schritte, /
sodass wir uns nicht auf die Straßen wagen
durften.
Nun war nahe unser Ende, unsere Tage
waren erfüllt, / ja, unser Ende kam.
19 Schneller waren unsere Verfolger / als
Adler in der Luft.
Auf den Bergen setzten sie uns nach, /
lauerten uns in der Wüste auf.
20 Unser Lebensatem, der Gesalbte des
Herrn, / war in ihren Gruben gefangen;
der, von dem wir dachten: / In seinem
Schatten werden wir unter den Völkern
leben.
21 Juble nur und freue dich, Tochter
Edom, / die du wohnst im Lande Uz!
An dich kommt auch der Becher, / du
wirst dich berauschen und entblößen.
22 Tochter Zion, deine Schuld hört auf; /
er wird dich nicht nochmals verbannen.
Tochter Edom, deine Schuld hingegen
sucht er heim, / deine Sünden deckt er auf.

Fünftes Lied

5 Gedenke, Herr, was uns geschehen, /
blick her und sieh auf unsere
Schmach!
2 Unser Erbbesitz ist Fremden zugefal-
len, / unsere Häuser an Ausländer.
3 Waise sind wir, ohne Vater, / unsere
Mütter wurden Witwen.
4 Unser Wasser trinken wir für Geld, /
bekommen unser Holz nur gegen Zah-
lung.
5 Das Joch liegt auf unserem Nacken, wir
werden verfolgt, / man vergönnt uns, sind
wir müde, keine Ruhe.

[6] Nach Ägypten streckten wir die
Hand, / nach Assur, uns mit Brot zu sätti-
gen.
[7] Unsere Väter haben gesündigt; sie sind
nicht mehr. / Wir aber müssen ihr Ver-
schulden tragen.
[8] Knechte sind jetzt Herren über uns, /
niemand rettet uns aus ihrer Hand.
[9] Wir holen unser Brot nur unter
Lebensgefahr, / bedroht vom Schwert der
Wüste.
[10] Unsere Haut ist rissig wie ein Ofen /
wegen der Qualen des Hungers.
[11] In Zion hat man Frauen vergewaltigt, /
Jungfrauen in den Städten Judas.
[12] Fürsten wurden durch ihre Hand
gehängt, / die Ältesten entehrte man.
[13] Junge Männer mussten die Hand-
mühlen schleppen, / und Knaben stürzten
unter Holzlasten zu Boden.
[14] Die Alten hielten sich vom Stadttor
fern, / die jungen Männer von ihrem Sai-
tenspiel.
[15] Dahin ist unseres Herzens Freude, / in
Totenklage unser Reigentanz verwandelt.
[16] Die Krone ist von unserem Haupt
gefallen. / Weh uns, dass wir gesündigt
haben!
[17] Darum ist krank unser Herz, / darum
sind unsere Augen trüb:
[18] des Zionsberges wegen, der verwüstet
liegt; / Schakale laufen dort umher.
[19] Doch du, Herr, bleibst in Ewigkeit, /
dein Thron steht von Geschlecht zu
Geschlecht.
[20] Warum willst du für immer uns ver-
gessen, / verlassen uns fürs ganze Leben?
[21] Kehre uns zu dir, Herr, auf dass auch
wir uns wenden; / mach unsere Tage wie-
der wie einst!
[22] Oder hast du völlig uns verworfen, /
zürnst uns unerbittlich?

Das Buch Baruch

Einleitung

1 Dies sind die Worte des Buches, das Baruch, der Sohn Nerijas, des Sohnes Machsejas, des Sohnes Zidkijas, des Sohnes Hasadjas, des Sohnes Hilkijas, in Babel geschrieben hat. 2 Es war im fünften Jahr, am siebten Tag des fünften Monats, zur selben Zeit, als die Chaldäer Jerusalem eingenommen und im Feuer verbrannt hatten.

3 Baruch verlas die Worte dieses Buches vor König Jojachin von Juda, dem Sohn Jojakims, und vor dem ganzen Volk, das zur Schriftlesung zusammengekommen war, 4 vor den Großen und den Königssöhnen, vor den Ältesten und vor dem ganzen Volk, Groß und Klein, vor allen, die in Babel am Fluss Sud angesiedelt waren. 5 Da weinten sie, fasteten und beteten vor dem Herrn. 6 Dann legten sie Geld zusammen, so viel ein jeder konnte, 7 und sandten es nach Jerusalem an den Priester Jojakim, den Sohn Hilkijas, des Sohnes Schallums, an die anderen Priester und an das ganze Volk, das sich mit ihm in Jerusalem befand. 8 Auch hatte Baruch bereits am zehnten Siwan die Geräte des Hauses des Herrn, die aus dem Tempel verschleppt worden waren, erhalten, um sie ins Land Juda zurückzubringen, jene silbernen Geräte, die König Zidkija von Juda, der Sohn Joschijas, hatte anfertigen lassen, 9 nachdem Nebukadnezzar, der König von Babel, Jojachin, die Beamten, die Handwerker, die Oberschicht und die Bürger des Landes aus Jerusalem weggeführt und nach Babel gebracht hatte.

10 Sie schrieben dazu: Hiermit senden wir euch Geld. Kauft dafür Brandopfer und Sündopfer sowie Weihrauch und bereitet ein Speiseopfer. Opfert auf dem Altar des Herrn, unseres Gottes, 11 und betet für das Leben Nebukadnezzars, des Königs von Babel, und für das Leben seines Sohnes Belschazzar, auf dass ihre Tage währen wie die Tage des Himmels über der Erde. 12 Uns aber verleihe der Herr Kraft und lasse unsere Augen leuchten, auf dass wir leben unter dem Schutz Nebukadnezzars, des Königs von Babel, und unter dem Schutz seines Sohnes Belschazzar und ihnen viele Tage dienen und vor ihnen Gnade finden. 13 Betet auch für uns zum Herrn, unserem Gott; denn wir haben gesündigt gegen den Herrn, unseren Gott, und bis zum heutigen Tag haben sich der Grimm des Herrn und sein Zorn von uns nicht wieder abgewandt. 14 Verlest dann dieses Buch, das wir euch senden; es soll am Tag des Festes, und zwar an den Versammlungstagen, im Haus des Herrn vorgetragen werden.

Gebet der Verbannten

Das Sündenbekenntnis

15 Der Herr, unser Gott, ist im Recht. Uns aber treibt es jetzt die Schamröte ins Gesicht, den Männern Judas und den Bewohnern von Jerusalem, 16 unseren Königen und Fürsten, unseren Priestern und Propheten sowie unseren Vätern, 17 weil wir gesündigt haben gegen den Herrn. 18 Wir waren ungehorsam gegen ihn und haben nicht auf die Stimme des Herrn, unseres Gottes gehört, die Gebote zu befolgen, die er uns vorgelegt hat. 19 Von dem Tag an, als der Herr unsere Väter aus dem Land der Ägypter herausführte, bis auf den heutigen Tag blieben wir ungehorsam gegen den Herrn, unseren Gott, und lehnten es ab, auf seine Stimme zu hören. 20 So hefteten sich an uns die Übel und der Fluch, den der Herr durch seinen Diener Mose androhen ließ, als er unsere Väter aus dem Land der Ägypter herausführte, um uns ein Land zu geben, das von Milch und Honig fließt, und so ist es noch heute. 21 Wir haben nicht auf die Stimme des Herrn, unseres Gottes, gehört, trotz aller Worte der Propheten, die er zu uns gesandt hat, 22 sondern ein jeder von uns folgte der Neigung seines bösen Herzens und diente schließlich fremden Göttern und tat so, was dem Herrn, unserem Gott, missfiel.

2 So hat der Herr sein Wort erfüllt, das er über uns und über unsere Richter, die Israel regierten, über unsere Könige,

Beamten und über ganz Israel und Juda
gesprochen hatte. [2]Nirgendwo unter dem
ganzen Himmel ist so etwas je geschehen,
was er in Jerusalem geschehen ließ, ganz
wie es im Gesetz des Mose geschrieben
steht: [3]dass der eine unter uns das Fleisch
des eigenen Sohnes, der andere das Fleisch
der eigenen Tochter essen sollte. [4]Er
machte sie untertan allen Reichen rings
um uns her, zum Spott und Fluch bei allen
Völkern in der Runde, wohin der Herr sie
zerstreute. [5]So ging es denn mit ihnen ab-
wärts, nicht aufwärts, weil wir sündigten
an unserem Gott, dem Herrn, indem wir
nicht auf seine Stimme hörten.

[6]Der Herr, unser Gott, ist im Recht, uns
aber und unseren Vätern treibt es jetzt die
Schamröte ins Gesicht. [7]Was der Herr uns
angedroht hat, all dies Böse ist über uns
gekommen. [8]Dennoch suchten wir den
Herrn nicht dadurch günstig zu stimmen,
dass jeder sich von den Wünschen seines
bösen Herzens abgekehrt hätte. [9]Aber der
Herr hielt das Unheil wachsam bereit und
brachte es über uns; der Herr ist ja gerecht
in allen seinen Fügungen, die er über uns
verhängt hat. [10]Doch wir hörten nicht auf
seine Stimme und folgten nicht den Gebo-
ten, die der Herr uns vorgelegt hat.

Die Bitte um Vergebung

[11]Nun aber, Herr, Gott Israels! Du hast
dein Volk aus dem Land Ägypten heraus-
geführt mit starker Hand, mit Zeichen und
mit Wundern, mit großer Macht und er-
hobenem Arm, du hast dir einen Namen
gemacht bis auf den heutigen Tag. [12]Wir
haben gesündigt, gottlos gehandelt, Un-
recht getan, Herr, unser Gott, entgegen al-
len deinen Satzungen. [13]Nun wende sich
dein Zorn von uns! Es sind ja nur noch
wenige von uns übrig unter den Völkern,
wohin du uns zerstreut hast. [14]Herr, erhöre
unser Gebet und unsere Bitte und errette
uns um deinetwillen! Lass uns bei denen
Gnade finden, die uns aus der Heimat
weggeführt haben, [15]damit alle Welt er-
kennt, dass du der Herr bist, unser Gott;
dein Name ist doch über Israel und seinem
Stamm ausgerufen. [16]Herr, schau herab
von deiner heiligen Wohnung und achte
auf uns! Neige, Herr, dein Ohr und höre!
[17]Öffne deine Augen, Herr, und schau!
Denn nicht die Toten in der Unterwelt er-
weisen dem Herrn Ehre und Anerken-
nung; ihr Lebensatem ist ja aus ihrem
Innern fortgenommen. [18]Vielmehr der le-
bende Mensch in seinem elenden Zustand,
der gebeugt und schwach einhergeht und
dessen Augen den Glanz verloren haben,
der Mensch, der hungert, er erweist dir,
Herr, Ehre und Anerkennung.

[19]Denn nicht im Vertrauen auf die Ver-
dienste unserer Väter und unserer Könige
legen wir unsere Bitte um Erbarmen vor
deinem Gesicht nieder, Herr, unser Gott.
[20]Du hast ja deinen Zorn und Grimm auf
uns geworfen, so wie du durch deine Die-
ner, die Propheten, gesprochen hast: [21]So
spricht der Herr: Beugt eueren Nacken
und dient dem König von Babel, dann
dürft ihr in dem Land bleiben, das ich eue-
ren Vätern gegeben habe. [22]Doch wenn ihr
nicht auf die Stimme des Herrn hört, dem
König von Babel zu dienen, [23]dann lasse
ich in den Städten Judas und in Jerusalem
den Laut des Jubels und den Laut der Freu-
de verstummen, das Rufen des Bräutigams
und das Rufen der Braut; das ganze Land
wird eine unbewohnte Öde werden. [24]Wir
aber hörten nicht auf deine Stimme, dem
König von Babel zu dienen. Darauf erfüll-
test du deine Worte, die du gesprochen
hattest durch deine Diener, die Propheten,
dass die Gebeine unserer Könige und die
Gebeine unserer Väter aus ihrer Grabstätte
herausgeworfen wurden. [25]Und wirklich,
nun liegen sie herausgeworfen in der Glut
des Tages und in der Kälte der Nacht. Auch
starben sie unter schrecklichen Qualen,
durch Hunger, Schwert und Pest. [26]Wegen
der Schlechtigkeit des Hauses Israel und
des Hauses Juda hast du aus dem Haus,
über dem dein Name ausgerufen ist, das
gemacht, was es heute ist.

Vertrauen auf die Verheißung

[27]Doch hast du, Herr, unser Gott, an uns
nach deiner ganzen Güte und nach allem
deinem großen Erbarmen gehandelt, [28]so
wie du durch deinen Diener Mose gespro-
chen hast an dem Tag, als du den Auftrag
gabst, dein Gesetz für die Söhne Israels
aufzuzeichnen: [29]Wenn ihr nicht auf mei-
ne Stimme hört, wahrlich, dann wird diese
unzählbar große Menge zusammen-
schmelzen zu einem kleinen Rest unter
den Völkern, wohin ich sie zerstreue.
[30]Ich weiß es ja, dass sie nicht auf mich
hören werden, weil sie ein halsstarriges

Volk sind. Doch im Land ihrer Verban-
nung werden sie es sich zu Herzen gehen
lassen 31 und erkennen, dass ich der Herr,
ihr Gott, bin. Dann gebe ich ihnen ein ver-
ständiges Herz und Ohren, die hören. 32 So
werden sie mich im Land ihrer Verban-
nung preisen und meines Namens geden-
ken. 33 Sie werden sich von ihrer Halsstar-
rigkeit abwenden und von ihren bösen
Taten; denn sie werden sich daran erin-
nern, welchen Weg es mit ihren Vätern ge-
nommen hat, seit sie sich am Herrn ver-
sündigten. 34 Dann bringe ich sie in das
Land zurück, das ich ihren Vätern Abra-
ham, Isaak und Jakob zugeschworen habe,
und sie werden wieder seine Besitzer sein.
Ich will sie zahlreich machen und sie wer-
den nie mehr vermindert. 35 Endlich will
ich einen ewigen Bund mit ihnen schlie-
ßen: Ich will ihr Gott sein und sie sollen
mein Volk sein und ich werde niemals
wieder mein Volk Israel aus dem Land
vertreiben, das ich ihnen gegeben habe!

3 Herr, Allmächtiger, Gott Israels! Zu
dir ruft eine Seele in Bedrängnis und
ein betrübter Geist. 2 Höre, Herr, und er-
barme dich! Ja, wir haben gegen dich ge-
sündigt. 3 Gewiss, du thronst in Ewigkeit;
sollen wir verloren sein für immer? 4 Herr,
Allmächtiger, Gott Israels! Nun höre das
Gebet der Todgeweihten Israels, der Söhne
derer, die vor dir gesündigt und auf die
Stimme des Herrn, ihres Gottes, nicht ge-
hört haben; so hat das Unheil sich an uns
gehängt. 5 Denk nicht mehr an die Misseta-
ten unserer Väter, sondern denk jetzt zu
dieser Zeit an deine starke Hand und an
deinen Namen. 6 Ja, du bist unser Herr und
Gott; dich wollen wir preisen, Herr! 7 Denn
dazu hast du doch die Furcht vor dir in un-
ser Herz gelegt, dass wir deinen Namen an-
rufen. Auch in unserer Verbannung wollen
wir dich preisen, nachdem wir von unseren
Herzen alle Bosheit unserer Väter abgetan
haben, die gegen dich sündigten. 8 Siehe
uns heute an in unserer Verbannung, wo-
hin du uns zerstreut zu Schimpf, zum
Fluch und zur Verwünschung wegen aller
Missetaten unserer Väter, die abgefallen
sind vom Herrn, unserem Gott.

Die göttliche Weisheit, Israels Vorrecht

9 Höre, Israel, die Gebote des Lebens;
merkt auf, um Einsicht zu lernen! 10 Wa-
rum, Israel, warum bist du im Land der
Feinde, alterst dahin in fremdem Land,
11 bist unrein geworden, Toten gleich, wirst
denen zugezählt, die zur Unterwelt gehen?
12 Du hast den Quell der Weisheit verlas-
sen! 13 Wärest du den Weg des Herrn ge-
gangen, du wohntest noch daheim im
Frieden für immer. 14 Lerne nun, wo Ein-
sicht ist, wo Kraft, wo Klugheit, dass du
so zugleich erkennst, wo langes Leben ist
und Lebensglück, wo es leuchtende Augen
gibt und Frieden.

15 Wer hat der Weisheit Stätte je gefun-
den, wer ist gelangt zu ihren Schätzen?
16 Wo sind sie, die herrschten über die Völ-
ker, die selbst geboten über die Tiere der
Erde, 17 die mit des Himmels Vögeln spiel-
ten, die das Silber häuften und das Gold,
auf das die Menschen sich verlassen, kurz,
deren Habe ohne Ende war? 18 Wo sind sie,
die das Silber schmiedeten mit solcher
Sorgfalt, dass man ihre Werke kaum be-
greifen kann? 19 Sie sind verschwunden, in
die Unterwelt hinabgestiegen und andere
sind aufgetreten an ihrer Stelle. 20 Spätere
erblickten das Licht und wohnten auf der
Erde, doch auch sie fanden nicht den Weg
der Weisheit: 21 Sie hatten kein Gespür für
ihre Pfade und nahmen ihre Spur nicht
auf. Auch ihre Söhne blieben ihrem Weg
fern. 22 Nichts hörte man von ihr in Ka-
naan, noch ließ sie sich in Teman sehen.
23 Die Söhne auch der Hagar, die die Ein-
sicht auf der ganzen Erde suchen, die
Kaufleute von Midian und Teman, diese
Fabelerzähler und Forscher nach Einsicht,
den Weg der Weisheit haben auch sie
nicht erkannt und ihre Pfade nicht ent-
deckt. 24 Israel, wie groß ist Gottes Haus,
wie weit die Stätte seines Eigentums! 25 Ja,
unendlich groß und unermesslich hoch!
26 Dort wurden geboren die Riesen der
Vorzeit, die hochberühmten, die hoch ge-
wachsen waren und des Krieges kundig.
27 Doch nicht diese erwählte sich Gott,
nicht ihnen gab er kund den Weg der
Weisheit. 28 So gingen sie zugrunde, weil
sie ohne Einsicht waren; wegen ihrer Tor-
heit gingen sie zugrunde. 29 Wer stieg hi-
nauf zum Himmel, holte die Weisheit
und brachte sie herunter aus den Wolken?
30 Wer fuhr übers Meer und fand sie auf,
um sie heimzubringen für lauteres Gold?
31 Keinen gibt es, der den Weg zu ihr ge-
funden, keinen, der den Pfad zu ihr ent-

deckt hätte. 32 Nur der Allwissende kennt sie, er hat sie in seiner Einsicht gefunden. Er, der die Erde gegründet hat für ewig, der mit Tieren sie bevölkerte. 33 Der das Licht entsendet und es eilt dahin; er ruft es und es gehorcht ihm zitternd. 34 Die Sterne strahlen jubelnd auf an ihren Posten. 35 Ruft er sie, sprechen sie: Hier sind wir! Sie leuchten mit Freude ihrem Schöpfer. 36 Das ist unser Gott; kein anderer gilt neben ihm. 37 Er hat jeden Weg zur Weisheit gefunden und hat ihn Jakob, seinem Knecht, und seinem Liebling Israel mitgeteilt. 38 Dann erschien sie auf der Erde und verkehrte mit den Menschen.

4 Sie ist das Buch der Gebote Gottes und das Gesetz, das gilt in Ewigkeit. Alle, die an sie sich halten, gewinnen das Leben; die sie jedoch verlassen, verfallen dem Tod. 2 Jakob, kehr um und ergreif sie; geh deinen Weg im Glanz ihres Lichtes! 3 Nicht einem anderen gib, was deine Ehre ist; was dir zum Heil dient, keinem fremden Volk! 4 Heil uns, Israel, weil wir wissen, was Gott gefällt!

Jerusalems Klage und Hoffnung

5 Hab Vertrauen, mein Volk, du Träger des Namens Israel! 6 Nicht zur Vernichtung wurdet ihr an die Völker verkauft; weil ihr den Herrn erzürnt habt, wurdet ihr den Feinden preisgegeben. 7 Ja, eueren Schöpfer habt ihr zum Zorn gereizt, indem ihr den Dämonen opfertet, nicht Gott. 8 Eueren Ernährer habt ihr vergessen, den ewigen Gott; auch die euch aufzog, Jerusalem, betrübtet ihr. 9 Denn sie sah mit an, wie Zorn von Gott euch überkam; da sprach sie: Hört, ihr Nachbarn Zions! Gott hat großes Leid über mich gebracht. 10 Ich musste ja die Gefangennahme meiner Söhne und Töchter sehen, die der Ewige über sie verhängte. 11 Mit Freude hatte ich sie großgezogen, mit Weh und Trauer musste ich sie ziehen lassen. 12 Keiner soll sich freuen über mich, die Witwe, von allen verlassen! Einsam wurde ich gemacht durch die Sünden meiner Kinder, weil sie vom Gesetz Gottes abgewichen sind. 13 Seine Satzungen erkannten sie nicht an, sie gingen nicht auf den Wegen der Gebote Gottes, die Pfade der Unterweisung in seiner Gerechtigkeit schlugen sie nicht ein. 14 Kommt herbei, ihr Nachbarn Zions, bedenkt die Gefangenschaft meiner Söhne und Töchter, die der Ewige über sie gebracht hat! 15 Er brachte ja ein Volk aus weiter Ferne über sie, ein rücksichtsloses Volk mit fremder Sprache; es hatte keine Scheu vor den Alten und mit kleinen Kindern kein Erbarmen. 16 Es führte die Lieblinge der Witwe weg und nahm der Vereinsamten die Töchter. 17 Ich aber, was kann ich euch helfen? 18 Nur er, der das Unheil über euch gebracht, er kann euch aus der Hand euerer Feinde erretten. 19 Zieht nur hin, ihr Kinder, zieht nur hin! Einsam bleibe ich zurück. 20 Ich habe das Gewand friedlichen Glücks abgelegt, das Bußkleid meines Elends angezogen: Ich will zum Ewigen rufen, solange ich lebe!

21 Fasst Mut, Kinder, ruft zu Gott und er wird euch aus der Gewalt befreien, aus der Hand der Feinde. 22 Ich habe auf den Ewigen mein Hoffen gesetzt für euere Rettung; schon kam mir Freude zu vom Heiligen her wegen des Erbarmens, das bald zu euch kommen wird vom Ewigen, euerem Retter. 23 Ich ließ euch ziehen mit Weh und Klagen, doch Gott wird euch mir wiederschenken mit Freude und Jubel für immer. 24 Wie jetzt die Nachbarn Zions euere Gefangenschaft gesehen haben, so werden sie in Kürze euere Rettung schauen, die euch mit großer Herrlichkeit und mit dem Glanz des Ewigen durch Gott zukommen wird. 25 Kinder, haltet geduldig den Zorn aus, der von Gott her über euch gekommen ist! Der Feind hat dich verfolgt, bald aber siehst du seinen Untergang und setzt deinen Fuß auf seinen Nacken. 26 Meine zarten Kinder mussten raue Wege gehen, sie wurden fortgetrieben wie eine Herde, die der Feind geraubt hatte. 27 Fasst Mut, Kinder, und ruft zu Gott! Denn er, der dies kommen ließ, denkt auch wieder an euch! 28 So wie euer Sinn bereit war, von Gott abzuirren, so zeigt jetzt zehnfachen Eifer, umzukehren und ihn zu suchen. 29 Er, der über euch das Unheil brachte, wird euch mit euerer Rettung ewige Freude bringen.

30 Hab Vertrauen, Jerusalem, er, der dir deinen Namen gab, wird dich trösten! 31 Unheil über jene, die dir Böses taten und sich freuten über deinen Fall! 32 Unheil über die Städte, denen deine Kinder dienen mussten! Unheil über jene, die deine Söhne weggenommen hat! 33 Wie sie

über deinen Fall sich freute und frohlockte
über deinen Sturz, so kommt Trauer über
sie wegen ihrer eigenen Verwüstung. 34 Ich
nehme ihr den Jubel der Volksmenge; ihr
Prahlen verwandelt sich in Jammer.
35 Vom Ewigen kommt Feuer über sie für
viele Tage und von Dämonen ist sie noch
für lange Zeit bewohnt. 36 Jerusalem, blick
hin nach Osten und siehe die Freude, die
von Gott zu dir kommt! 37 Siehe, deine
Söhne, die du einst hast ziehen lassen,
kommen zurück; sie kommen, von Ost
bis West gesammelt durch das Wort des
Heiligen und freuen sich über die Herrlichkeit Gottes.

5 Leg ab, Jerusalem, dein Gewand der
Trauer und Erniedrigung und leg für
ewig an die Zier der Herrlichkeit, die
Gott dir schenkt! 2 Leg den Mantel der
göttlichen Gerechtigkeit an; setz dir das
Diadem der Herrlichkeit des Ewigen aufs
Haupt! 3 Denn Gott will deinen Glanz
dem ganzen Erdkreis unter dem Himmel
zeigen. 4 Gott gibt dir für immer den Namen: Friede der Gerechtigkeit und Herrlichkeit der Gottesfurcht. 5 Steh auf, Jerusalem, und steig auf die Höhe! Schau
nach Osten aus und siehe deine Kinder
durch das Wort des Heiligen gesammelt
vom Untergang der Sonne bis zum Aufgang, in Freude, dass Gott an sie gedacht
hat. 6 Sie zogen von dir fort zu Fuß, von
Feinden weggeführt; doch Gott bringt sie
zu dir zurück, in Herrlichkeit getragen
wie in einer Königssänfte. 7 Gott hat ja
geboten, es sollen abgetragen werden alle
hohen Berge und die ewigen Hügel und
die Täler sollen aufgefüllt werden zu ebenem Land, dass Israel sicher dahinziehen
kann unter Gottes Herrlichkeit. 8 Wälder
und allerlei duftendes Gehölz spenden Israel Schatten auf Gottes Geheiß. 9 Ja, Gott
selbst geleitet Israel in Freuden heim, im
Licht seiner Herrlichkeit, mit Erbarmen
und Gerechtigkeit, wie sie ihm eigen
sind!

Der Brief des Jeremia

6 Abschrift eines Briefes, den Jeremia
an jene sandte, die vom König der Babylonier als Gefangene nach Babel weggeführt werden sollten. Er teilte ihnen darin
mit, was ihm von Gott aufgetragen worden war.

1 Wegen der Sünden, die ihr gegen Gott
begangen habt, werdet ihr von Nebukadnezzar, dem König der Babylonier, als Gefangene nach Babel geführt. 2 Seid ihr in
Babel angekommen, so werdet ihr dort
viele Jahre bleiben müssen, für lange Zeit
bis zu sieben Generationen; danach führe
ich euch von dort in Frieden wieder heraus. 3 Nun aber werdet ihr in Babel silberne, goldene und hölzerne Götterbilder sehen, die auf den Schultern getragen
werden und die den Völkern Furcht einflößen. 4 Nehmt euch also zusammen, dass
nicht auch ihr den Fremden ähnlich werdet und Furcht vor jenen nicht auch euch
befällt, 5 wenn ihr die Menge, vor und hinter ihnen, seht; sprecht vielmehr im Herzen: Dir allein, Herr, gebührt Anbetung.
6 Mit euch ist ja mein Engel, er wird auf
euer Leben achten!

7 Die Zunge der Götzen ist vom Künstler
geglättet; sie selbst sind vergoldet und versilbert und doch nur Truggebilde und
können nicht reden. 8 Wie für ein Mädchen, dass den Schmuck liebt, nehmen
die Künstler Gold und fertigen 9 Kronen
für die Häupter ihrer Götter. Es kommt
auch schon vor, dass die Priester Gold
und Silber von ihren Göttern heimlich
wegnehmen, um es für sich zu verbrauchen 10 oder auch den Dirnen im Haus davon zu geben. Auch schmückt man sie wie
Menschen mit Gewändern, die silbernen,
goldenen und hölzernen Götter; 11 aber
diese können sich nicht einmal gegen
Grünspan und Wurmfraß schützen. 12 Sie
sind in Purpurgewänder gehüllt, doch
muss man ihnen die Gesichter wischen
wegen des Staubes, der im Haus aufgewirbelt wird und sich dick auf ihnen niederlässt. 13 Auch ein Zepter hat der Götze wie
ein menschlicher Landesherr, doch kann
er niemand töten, der sich gegen ihn vergeht. 14 In der Rechten hat er einen Dolch
oder eine Streitaxt, aber nicht einmal sich
selbst kann er vor Krieg oder Räubern retten. Daraus erkennt man, dass sie keine
Götter sind. 15 Also fürchtet euch nicht vor
ihnen! Wie mit einem Gefäß der Menschen, das nutzlos wird, weil es zerbrochen ist, so verhält es sich mit ihren Göttern, 16 wenn sie in den Häusern aufgestellt
sind. Ihre Augen sind voll Staub, der von
den Füßen der Eintretenden aufgewirbelt
wird. 17 Und wie bei einem Majestätsver-

brecher die Höfe rings verschlossen wer-
den, weil er zum Tod wegzuführen ist, so
sichern die Priester ihre Tempel mit Tor-
anlagen, Schlössern und Riegelbalken, da-
mit die Götzen nicht von Räubern gestoh-
len werden. 18 Sie zünden Lichter an, und
zwar in größerer Zahl als für sich selbst,
doch jene können keines sehen. 19 Sie glei-
chen den Balken des Tempels; ihr Inneres
wird, wie man sagt, zerfressen; doch sie
merken nichts von dem Gewürm der Erde,
das sie und ihre Bekleidung aufzehrt. 20 Ihr
Gesicht ist geschwärzt vom Rauch im
Tempel. 21 Auf ihren Körper und sogar auf
ihren Kopf lassen sich Fledermäuse,
Schwalben und andere Vögel nieder, eben-
so auch Katzen. 22 Daran könnt ihr erken-
nen, dass sie keine Götter sind; also fürch-
tet euch nicht vor ihnen!

23 Mit Gold sind sie überzogen zur Ver-
schönerung; wenn aber niemand den
Grünspan wegputzt, so glänzen sie nicht.
Sie fühlten es nicht einmal, als sie gegos-
sen wurden. 24 Zu hohem Preis sind sie er-
worben worden, obwohl kein Lebensgeist
in ihnen ist. 25 Weil sie ihre Füße nicht ge-
brauchen können, werden sie auf den
Schultern getragen und machen so den
Menschen ihre eigene Schande sichtbar.
Auch ihre Diener müssen sich schämen;
denn sollte einer der Götzen zu Boden fal-
len, so müsste er von ihnen aufgehoben
werden. 26 Wenn man ihn aufrecht hin-
stellt, so kann er sich nicht selbst bewegen,
und wenn er schief steht, kann er sich
nicht aufrichten. Vielmehr werden ihnen
die Gaben wie den Toten hingestellt. 27 Ihr
Opfer aber verkaufen die Priester und ma-
chen damit Gewinn; ebenso pökeln ihre
Frauen davon ein, geben aber weder dem
Armen noch dem Schwachen einen An-
teil. Selbst vom Blutfluss Unreine und
Wöchnerinnen berühren ihre Opfer.
28 Daran erkennt ihr, dass sie keine Götter
sind; fürchtet euch also nicht vor ihnen!

29 Wie könnten man sie Götter nennen?
Es opfern ja selbst Frauen den silbernen,
goldenen und hölzernen Göttern. 30 In
ihren Tempeln sitzen die Priester, die Klei-
der zerrissen, Kopf und Bart geschoren,
das Haupt entblößt. 31 Sie heulen und
schreien vor ihren Göttern, wie manche
es beim Totenmahl tun. 32 Von ihrer Ge-
wandung nehmen die Priester und kleiden
damit ihre Frauen und Kinder. 33 Ob sie
von jemand Böses erfahren oder Gutes,
sie sind nicht imstande, es zu vergelten;
auch können sie einen König weder ein-
setzen noch absetzen. 34 Ebenso können
sie Reichtum oder auch nur Geld schen-
ken. Wenn jemand ihnen ein Gelübde
macht, es aber nicht hält, so werden sie es
nicht einfordern. 35 Sie vermögen keinen
Menschen vor dem Tod zu retten noch
einen Schwächeren dem Starken zu entrei-
ßen. 36 Einen Blinden können sie nicht
zum Sehen bringen, einen Menschen in
Bedrängnis nicht befreien. 37 Einer Witwe
werden sie sich nicht erbarmen und einem
Waisenkind nicht helfen. 38 Den Steinen
aus den Bergen gleichen die hölzernen,
vergoldeten und versilberten Götter; die
ihnen dienen, werden zuschanden. 39 Wie
kann man also glauben oder sagen, sie sei-
en wirklich Götter?

40 Aber auch die Chaldäer selbst ent-
ehren sie; wenn sie nämlich einen Stum-
men sehen, der nicht sprechen kann, so
wenden sie sich an Bel, als ob er ihn auch
nur bemerken könnte, und erwarten von
ihm, dass er jenen zum Sprechen bringt.
41 Und obwohl sie selbst es wissen, dass
die Götzen keine Wahrnehmung besitzen,
bringen sie es doch nicht über sich, sie zu
verlassen; sie haben ja keinen Verstand.
42 Die Frauen aber sitzen, mit Schnüren
umwunden, an den Wegen und lassen
Kleie in Rauch aufgehen. 43 Sooft nun eine
aus ihrer Mitte von einem der Vorüber-
gehenden mitgenommen wird und sich
ihm hingegeben hat, schmäht sie die
Nachbarin, weil jene nicht wie sie für wür-
dig befunden und ihre Schnur noch nicht
zerrissen wurde. 44 Alles, was bei ihnen ge-
schieht, ist Trug. Wie soll man also glau-
ben oder sagen, sie seien wirklich Götter?

45 Von Künstlern und Goldschmieden
sind sie gefertigt; nichts anderes wird aus
ihnen, als was nach dem Willen der Her-
steller aus ihnen werden soll. 46 Ihre Schöp-
fer erreichen selbst kein hohes Alter; wie
sollten da ihre Schöpfungen Götter sein?
47 Sie hinterlassen auch den Nachgebore-
nen nur Trug und Schande. 48 Wenn näm-
lich Krieg und Unglücksfälle über sie zu
kommen drohen, dann beratschlagen die
Priester miteinander, wo sie sich mit ihnen
verbergen können. 49 Wie sollte man da
nicht merken, dass sie keine Götter sind,
die nicht einmal sich selbst vor Krieg und

Unglücksfällen retten können? 50 Man wird nach alledem erkennen, dass die hölzernen, vergoldeten und versilberten Wesen nur Truggebilde sind. Allen Völkern und Königen wird es dann offenbar, dass jene keine Götter sind, sondern Werke von Menschenhand, und dass auch keine göttliche Wirkungskraft in ihnen ist. 51 Wem wäre es da nicht klar, dass sie keine Götter sind?

52 Einen König können sie nicht über ein Land einsetzen, auch Regen schenken sie den Menschen nicht. 53 Sie halten nicht Gericht über sie und können niemand, dem Unrecht geschehen ist, schützen, da sie ohnmächtig sind, ganz wie die Krähen, die zwischen Himmel und Erde umherfliegen. 54 Und wenn gar Feuer den Tempel der hölzernen, vergoldeten und versilberten Götter ergreift, dann fliehen zwar ihre Priester und retten sich, sie selbst aber verbrennen darin wie die Balken. 55 Einem König oder Feinden können sie keinen Widerstand leisten. 56 Wie sollte man also annehmen oder glauben, dass sie Götter sind?

Weder vor Dieben noch vor Räubern können sich die hölzernen, versilberten und vergoldeten Götter retten. 57 Jene sind stärker als sie und nehmen das Gold und das Silber ab und auch die Gewandung, womit sie bekleidet sind, und machen sich damit fort; sie können nicht einmal sich selber helfen. 58 Darum ist ein König, der seine Macht auch zeigen kann, ja schon ein nützliches Gefäß im Haus, das der Besitzer auch gebrauchen kann, mehr wert als die trügerischen Götter. Auch eine Tür im Haus, die das verwahrt, was drinnen ist, hat mehr Wert als die trügerischen Götter. Selbst eine hölzerne Säule im Palast des Königs ist mehr wert als die trügerischen Götter. 59 Sonne, Mond und Sterne, geschaffen als Leuchten und abgesandt zum Nutzen (der Menschen), gehorchen willig; 60 ebenso ist der Blitz, wenn er aufleuchtet, schön anzusehen; desgleichen weht der Wind in jedem Land. 61 Und wenn den Wolken von Gott befohlen wird, über die ganze Erde zu ziehen, so erfüllen sie den Auftrag. Auch wenn das Feuer von oben gesandt wird, um Berge und Wälder zu verzehren, so vollführt es, was befohlen. 62 Diese Götter sind aber damit weder in ihrer Erscheinung noch in ihren Kräften zu vergleichen. 63 Darum darf man weder glauben noch bekennen, sie seien wirklich Götter, da sie außerstande sind, über die Menschen Gericht zu halten oder ihnen Gutes zu tun. 64 Erkennt also, dass sie keine Götter sind, und fürchtet sie darum nicht!

65 Sie können Könige weder verfluchen noch segnen. 66 Auch lassen sie vor den Völkern keine Zeichen am Himmel erscheinen und strahlen weder wie die Sonne noch leuchten sie wie der Mond. 67 Die Tiere sind noch besser daran als jene, denn sie können sich selber helfen, indem sie sich an einen schützenden Ort flüchten. 68 Es ist uns also in gar keiner Weise ersichtlich, dass sie Götter wären; darum fürchtet euch nicht vor ihnen!

69 Denn wie eine Vogelscheuche im Gurkenfeld, die nichts behüten kann, so sind ihre hölzernen, vergoldeten und versilberten Götter. 70 In derselben Weise gleichen sie der Dornhecke am Garten, auf die sich jeder Vogel setzt; oder einem Toten, der in die Nacht des Grabes geworfen ist, gleichen ihre hölzernen, vergoldeten und versilberten Götter. 71 Auch am Purpur und Leinen, der auf ihnen vermodert, könnt ihr erkennen, dass sie keine Götter sind. Sie selbst werden zu guter Letzt noch zerfressen und sind eine Schande für das Land. 72 Es ist also besser, wenn ein Mensch gerecht ist und keine Götzenbilder hat; denn er ist sicher vor der Schande.

Das Buch Ezechiel

Einleitung

Die Berufung des Propheten

1 Es geschah im dreißigsten Jahr, im
vierten Monat, am fünften Tag des
Monats, als ich mich unter den Verbann-
ten am Fluss Kebar befand, da öffnete sich
der Himmel und ich sah eine göttliche Vi-
sion. 2 Am fünften Tag des Monats – es war
das fünfte Jahr nach der Wegführung des
Königs Jojachin –, 3 da erging das Wort des
Herrn an Ezechiel, den Sohn Busis, den
Priester, im Land der Chaldäer am Fluss
Kebar. Dort kam über mich die Hand des
Herrn.

Vision vom Thronwagen des Herrn

4 Ich schaute und siehe, ein Sturmwind
kam von Norden und eine große Wolke,
rings von Lichtglanz umgeben und lodern-
des Feuer und aus seinem Innern, aus der
Mitte des Feuers, leuchtete es hervor wie
glänzendes Gold. 5 Mitten aus ihm heraus
wurde etwas sichtbar, das vier Lebewesen
glich, und dies war ihr Aussehen: Sie hat-
ten Menschengestalt. 6 Ein jedes aber hatte
vier Gesichter und ebenso vier Flügel. 7 Ih-
re Beine waren gerade und ihre Füße wa-
ren wie die Füße eines Kalbes und sie
leuchteten wie der Glanz polierter Bronze.
8 Sie hatten Menschenhände unter ihren
Flügeln an ihren vier Seiten. Was die Ge-
sichter und die Flügel bei jedem von den
Vieren betrifft, 9 so berührten ihre Flügel
einander; sie wandten sich nicht beim Ge-
hen; ein jedes ging gerade vor sich hin.
10 Ihre Gesichter aber sahen so aus: ein
Menschengesicht und ein Löwengesicht
zur Rechten bei allen Vieren, ein Stierge-
sicht zur Linken bei allen Vieren und ein
Adlergesicht bei allen Vieren. 11 Ihre Flügel
waren nach oben hin ausgespannt; je zwei
berührten einander und je zwei bedeckten
ihre Leiber. 12 Ein jedes ging gerade vor
sich hin; wohin der Wind sie zu gehen
trieb, dahin gingen sie, sie wandten sich
nicht um beim Gehen. 13 Inmitten der Le-
bewesen sah es aus wie feurige Kohlenglut,
wie wenn Fackeln zwischen den Lebewe-
sen hin und her fuhren; hellen Schein ver-
breitete das Feuer und von dem Feuer gin-
gen Blitze aus. 14 Die Lebewesen schossen
vor und zurück, dass es aussah wie Blitze.

15 Ich betrachtete die Lebewesen und ich
sah ein Rad auf dem Boden neben den Le-
bewesen, bei allen Vieren. 16 Das Aussehen
der Räder war wie der Glanz von Chryso-
lith und es hatten alle vier Räder dieselbe
Gestalt. Die Art ihrer Ausführung war so,
als ob ein Rad durch das andere ginge.
17 Sie liefen nach vier Richtungen, sie
wandten sich nicht beim Laufen um.
18 Hohe Felgen hatten sie und ich sah, dass
die Felgen voll Augen waren, ringsum bei
den Vieren. 19 Und wenn die Lebewesen
gingen, gingen auch die Räder neben ih-
nen, und wenn die Lebewesen von der Er-
de sich erhoben, so erhoben sich auch die
Räder. 20 Wohin der Geist sie zu gehen an-
trieb, dorthin gingen sie, und die Räder er-
hoben sich gleichzeitig mit ihnen, denn
der Geist der Lebewesen war in den Rä-
dern. 21 Wenn jene gingen, gingen auch sie,
und wenn sie stehen blieben, blieben auch
sie stehen, und wenn jene von der Erde
sich erhoben, dann erhoben sich auch die
Räder gleichzeitig mit ihnen, denn der
Geist der Lebewesen war in den Rädern.
22 Über den Köpfen der Lebewesen war
eine Art feste Platte, furchtbar anzusehen
wie Kristall, oben über ihren Köpfen.
23 Unter der Platte aber waren ihre Flügel
ausgespannt, einer zum anderen hin; zwei
deckten bei einem jeden ihre Leiber.

24 Wenn sie gingen, hörte ich das Rau-
schen ihrer Flügel wie das Rauschen vieler
Wasser, wie die Stimme des Allmächtigen,
ein brausendes Geräusch wie das Ge-
räusch eines Heerlagers; wenn sie aber
standen, ließen sie die Flügel sinken. 25 Ein
Geräusch gab es auch oberhalb der Platte,
die sich über ihren Köpfen befand. Wenn
sie standen, ließen sie die Flügel sinken.

26 Oberhalb der Platte, die sich über
ihren Köpfen befand, war etwas, das aus-
sah wie Saphir und einem Thron glich,

und auf diesem Gebilde, das einem Thron glich, war eine Gestalt, die das Aussehen eines Menschen hatte. 27 Und ich sah es funkeln wie glänzende Bronze, wie Feuer, das ringsum eingeschlossen ist, oberhalb von dem, was wie seine Hüften aussah, und unterhalb von dem, was wie seine Hüften aussah, sah ich etwas, was wie Feuer aussah und ringsumher einen Lichtglanz hatte. 28 Wie die Erscheinung des Bogens, der an einem Regentag in den Wolken steht, so war die Erscheinung des Lichtglanzes ringsum. Das war die Erscheinung der Gestalt der Herrlichkeit des Herrn. Als ich sie sah, fiel ich auf mein Gesicht und hörte die Stimme von jemandem, der redete.

Vision von der Buchrolle

2 Er sprach zu mir: Menschensohn, stell dich auf deine Füße, ich will mit dir reden. 2 Da kam der Geist in mich, nachdem er mit mir geredet hatte, und er stellte mich auf meine Füße, und ich hörte ihn mit mir reden. 3 Er sprach zu mir: Menschensohn, ich sende dich zu dem Haus Israel, zu den Empörern, die sich gegen mich aufgelehnt haben; sie und ihre Väter sind mir abtrünnig geworden bis auf den heutigen Tag. 4 Söhne mit frechem Gesicht und hartem Herzen, zu ihnen sende ich dich. Du sollst zu ihnen sagen: So spricht Gott, der Herr. 5 Ob sie hören oder ob sie es lassen – denn ein widerspenstiges Haus sind sie –, so sollen sie doch wissen, dass ein Prophet unter ihnen war. 6 Du aber, Menschensohn, fürchte dich nicht vor ihnen und hab keine Furcht vor ihren Worten; denn Dornen umgeben dich und du sitzt auf Skorpionen. Vor ihren Reden fürchte dich nicht und vor ihren Gesichtern erschrick nicht, denn sie sind ein widerspenstiges Haus. 7 Du sollst ihnen meine Worte sagen, ob sie hören oder ob sie es lassen, denn sie sind widerspenstig. 8 Du aber, Menschensohn, höre, was ich dir sage. Sei nicht widerspenstig wie das widerspenstige Haus. Öffne deinen Mund und iss, was ich dir gebe. 9 Da sah ich, wie eine Hand nach mir ausgestreckt war, und es war eine Buchrolle darin. 10 Er breitete sie vor mir aus, sie war sowohl auf der Vorderseite wie auf der Rückseite beschrieben und auf ihr waren Klagen, Seufzer und Weherufe geschrieben.

3 Er sprach zu mir: Menschensohn, iss, was immer du dort findest, iss! Iss diese Rolle und geh und rede zum Haus Israel. 2 Ich öffnete den Mund und er gab mir die Rolle zu essen und 3 sprach zu mir: Menschensohn, gib deinem Leib zu essen und fülle dein Inneres mit dieser Rolle, die ich dir gebe. Da aß ich sie und sie war in meinem Mund süß wie Honig. 4 Er sprach zu mir: Menschensohn, mache dich auf und geh zum Haus Israel und rede mit meinen Worten zu ihnen. 5 Denn nicht zu einem Volk mit dunkler Rede und schwieriger Sprache wirst du gesandt, sondern zum Haus Israel; 6 auch nicht zu vielen Völkern mit dunkler Rede und schwieriger Sprache, deren Rede du nicht verstehst. Hätte ich dich zu ihnen gesandt, sie würden auf dich hören. 7 Aber das Haus Israel wird dich nicht hören wollen, weil sie auch mich nicht hören wollen; denn das ganze Haus Israel hat eine harte Stirn und ein verstocktes Herz. 8 Siehe, ich mache dein Gesicht ebenso hart wie ihr Gesicht und deine Stirn hart wie ihre Stirn, 9 wie Diamant, härter als Felsgestein mache ich deine Stirn. Fürchte sie nicht und erschrick nicht vor ihnen, denn sie sind ein widerspenstiges Haus. 10 Er sprach zu mir: Menschensohn, nimm dir alle meine Worte, die ich zu dir rede, zu Herzen und höre mit deinen Ohren. 11 Mach dich auf, geh zu den Verbannten, zu den Söhnen deines Volkes, und rede zu ihnen und sage zu ihnen: So spricht Gott, der Herr –, ob sie nun hören oder es lassen.

12 Und der Geist hob mich empor und ich hörte hinter mir ein gewaltiges, dröhnendes Geräusch, als sich die Herrlichkeit des Herrn von ihrem Ort erhob. 13 Es war das Geräusch der Flügel der Lebewesen, die aneinander schlugen, und zugleich mit ihnen das Geräusch der Räder. 14 Der Geist hob mich empor und ergriff mich; niedergeschlagen ging ich weg in der Erregung meines Geistes und die Hand des Herrn lastete schwer auf mir. 15 So kam ich zu den Verbannten von Tel-Abib, die am Fluss Kebar wohnten, und ich blieb dort sieben Tage unter ihnen, starr und stumm.

Der Prophet als Wächter

16 Nach sieben Tagen erging das Wort des Herrn an mich: 17 Menschensohn, ich habe

dich zum Wächter für das Haus Israel be-
stellt; hörst du ein Wort aus meinem
Mund, musst du sie vor mir warnen. 18 Sa-
ge ich zum Gottlosen: Du wirst sicher ster-
ben!, und du warnst ihn nicht und redest
nicht, um den Gottlosen von seinem gott-
losen Weg abzubringen und ihn am Leben
zu erhalten, so wird dieser Gottlose wegen
seiner Sünde sterben, sein Blut aber werde
ich von deiner Hand einfordern. 19 Hast du
aber einen Gottlosen gewarnt und er lässt
nicht ab von seinem Frevel und seinem
gottlosen Weg, so wird er wegen seiner
Sünde sterben, du aber hast dein Leben
gerettet. 20 Und wenn ein Gerechter von
seiner Gerechtigkeit sich abwendet und
Unrecht tut und ich einen Stein des An-
stoßes vor ihn hinstelle, so soll er sterben;
weil du ihn nicht gewarnt hast, soll er we-
gen seiner Sünde sterben, und seiner Ge-
rechtigkeit, die er geübt hat, wird nicht
mehr gedacht werden, aber sein Blut wer-
de ich von deiner Hand einfordern. 21 Hast
du aber den Gerechten davor gewarnt zu
sündigen und der Gerechte sündigt nicht,
so wird er am Leben bleiben, weil er ge-
warnt war, du aber hast dein Leben geret-
tet.

Das Verstummen Ezechiels

22 Es kam die Hand des Herrn über mich
und er sprach zu mir: Mache dich auf und
gehe hinaus in die Ebene, dort will ich mit
dir reden. 23 Da machte ich mich auf und
ging hinaus in die Ebene und dort stand
die Herrlichkeit des Herrn wie die Herr-
lichkeit, die ich am Fluss Kebar gesehen
hatte, und ich fiel auf mein Gesicht. 24 Da
kam der Geist in mich und stellte mich auf
meine Füße. Er redete mit mir und sprach
zu mir: Geh, schließe dich in deinem Haus
ein. 25 Und du, Menschensohn, man wird
dir Fesseln anlegen und dich mit ihnen
binden, sodass du nicht unter das Volk hi-
nausgehen kannst. 26 Deine Zunge will ich
an deinem Gaumen festmachen, sodass du
verstummst und nicht mehr ihr Mahner
sein kannst; denn sie sind ein widerspens-
tiges Haus. 27 Wenn ich aber mit dir rede,
will ich deinen Mund öffnen und du sollst
zu ihnen sagen: So spricht Gott, der Herr:
Wer hören will, der höre, und wer es las-
sen will, der lasse es. Denn sie sind ein wi-
derspenstiges Haus.

Drohsprüche gegen Juda und Jerusalem

Ankündigung der Belagerung Jerusalems in Zeichenhandlungen

4 Du, Menschensohn, nimm dir einen
Ziegel und leg ihn vor dich hin und
zeichne darauf eine Stadt [nämlich Jerusa-
lem]. 2 Dann belagere sie, bau einen Wall
gegen sie, schütte einen Damm gegen sie
auf, errichte Heerlager gegen sie und stelle
ringsum Sturmböcke auf gegen sie. 3 Dann
nimm dir eine eiserne Pfanne und mache
sie zu einer eisernen Mauer zwischen dir
und der Stadt. Richte deinen Blick auf sie;
sie soll im Belagerungszustand sein und du
sollst sie belagern. Das ist ein Zeichen für
das Haus Israel.

4 Du, lege dich auf deine linke Seite und
lege auf dich die Schuld des Hauses Israel.
So viele Tage, wie du auf ihr liegst, sollst du
ihre Schuld tragen. 5 Und ich setze dir die
Jahre ihrer Schuld fest als eine Zahl von
Tagen: Dreihundertneunzig Tage sollst du
die Schuld des Hauses Israel tragen.
6 Wenn du damit fertig bist, sollst du dich
auf deine rechte Seite legen und die Schuld
des Hauses Juda vierzig Tage lang tragen;
einen Tag für jedes Jahr lege ich dir auf.
7 Richte deinen Blick auf die Belagerung Je-
rusalems und weissage mit entblößtem
Arm gegen sie. 8 Ich aber lege dir Stricke
an, sodass du dich nicht von der einen Sei-
te auf die andere drehen kannst, bis die
Tage der Belagerung zu Ende sind.

9 Du, nimm dir Weizen, Gerste, Bohnen,
Linsen, Hirse und Dinkel; gib alles in ein
Gefäß und mach dir daraus Brot. Während
der Zahl der Tage, die du auf deiner Seite
liegst, dreihundertneunzig Tage lang, sollst
du davon essen. 10 Deine Speise, die du isst,
soll abgewogen sein, zwanzig Schekel am
Tag; von Zeit zu Zeit sollst du davon essen.
11 Auch Wasser sollst du abgemessen trin-
ken, ein Sechstel Hin; von Zeit zu Zeit
sollst du trinken. 12 Wie Gerstenfladen
sollst du das Brot essen und vor ihren Au-

gen auf Menschenkot backen. 13 Und der
Herr sprach: Ebenso werden die Söhne Is-
raels unreines Brot essen bei den Völkern,
unter die ich sie verstoße. 14 Da sagte ich:
Ach, Herr und Gott, noch nie habe ich
mich verunreinigt und von Gefallenem
oder Zerrissenem habe ich nicht gegessen
von meiner Jugend an bis jetzt und unrei-
nes Fleisch ist nie in meinen Mund ge-
kommen. 15 Da sprach er zu mir: Gut, ich
gestatte dir Rindermist statt Menschenkot;
bereite dein Brot darauf zu. 16 Dann sprach
er zu mir: Menschensohn, ich zerbreche
den Stab des Brotes in Jerusalem, sodass
sie das Brot abgewogen und mit Kummer
essen und das Wasser abgemessen und mit
Entsetzen trinken müssen; denn sie wer-
den an Brot und Wasser Mangel haben,
einer wie der andere sich entsetzen und
wegen ihrer Schuld vergehen.

5 Du, Menschensohn, nimm dir ein
scharfes Schwert, als Schermesser
sollst du es benutzen und damit über dein
Haupt und deinen Bart fahren. Dann
nimm dir eine Waage und teile die Haare
auf. 2 Ein Drittel verbrenne inmitten der
Stadt, wenn die Tage der Belagerung zu
Ende sind. Ein Drittel nimm und zerhaue
es mit dem Schwert rings um die Stadt und
ein Drittel streue in den Wind. Ich will das
Schwert hinter ihnen zücken. 3 Dann
nimm davon eine kleine Anzahl und binde
sie in den Zipfel deines Gewandes. 4 Und
auch von diesen nimm nochmals etwas,
wirf es mitten ins Feuer und verbrenne es
im Feuer!

Deutung der Zeichenhandlungen

Und du sollst zum ganzen Haus Israel sa-
gen: 5 So spricht Gott, der Herr: Das ist Je-
rusalem: Mitten unter die Völker habe ich
es gestellt und es mit Ländern umgeben.
6 Aber es lehnte sich auf gegen meine
Rechtsvorschriften, schlimmer als die Völ-
ker, und gegen meine Satzungen, ärger als
die Länder, die es umgeben; denn meine
Rechtsvorschriften haben sie verworfen
und nicht nach meinen Satzungen gelebt.
7 Darum – so spricht Gott, der Herr:
Weil ihr aufrührerischer gewesen seid als
die Völker um euch herum, weil ihr nicht
nach meinen Satzungen gelebt habt, meine
Rechtsvorschriften nicht gewahrt habt, ja
nicht einmal die Rechtsordnungen der
Völker um euch herum beachtet habt,
8 darum – so spricht Gott, der Herr: Ich
gehe gegen dich vor und will in deiner
Mitte vor den Augen der Völker das Straf-
gericht vollziehen. 9 Wegen aller deiner
Gräueltaten werde ich an dir tun, was ich
noch nie getan habe und auch nie wieder
tun werde. 10 Darum werden Väter in dei-
ner Mitte die Kinder verzehren und Kin-
der werden ihre Väter verzehren. Ich wer-
de an dir das Gericht vollziehen und
deinen ganzen Rest in alle Winde zerstreu-
en. 11 Darum, so wahr ich lebe – Spruch
Gottes, des Herrn –, weil du mein Heilig-
tum mit allen deinen Scheußlichkeiten
und Gräueln verunreinigt hast, will auch
ich scheren; mein Auge wird nicht erbar-
mend blicken und ich werde keine Scho-
nung kennen. 12 Ein Drittel von dir wird an
der Pest sterben und durch Hunger in dei-
ner Mitte umkommen, ein Drittel wird
durch das Schwert fallen um dich herum
und ein Drittel werde ich in alle Winde
zerstreuen und ich werde das Schwert hin-
ter ihnen zücken. 13 Mein Zorn wird sich
austoben, ich werde meinen Grimm an
ihnen sättigen und Rache nehmen und sie
sollen erkennen, dass ich, der Herr, in mei-
nem Eifer geredet habe, wenn ich meinen
Grimm an ihnen auslasse. 14 Ich will dich
zur Trümmerstätte machen und zur
Schmach unter den Völkern, die dich um-
geben, für einen jeden, der vorübergeht.
15 Und du wirst zur Schmach, zum Hohn,
zur Warnung und zum Entsetzen für die
Völker sein, die dich umgeben, wenn ich
Gericht halte über dich in Zorn und
Grimm und strenger Züchtigung – ich,
der Herr, habe gesprochen. 16 Ich lasse mei-
ne tödlichen Pfeile des Hungers gegen
euch los, die Vernichtung bringen; ich las-
se sie los, um euch zu vernichten; und ich
werde eueren Hunger noch vergrößern,
indem ich euch den Stab des Brotes bre-
che. 17 Ich sende gegen euch Hunger und
wilde Tiere, dass sie dich kinderlos ma-
chen, und Pest und Blut sollen über dich
kommen; das Schwert bringe ich über
dich. Ich, der Herr, habe gesprochen.

Zerstörung der Kultstätten

6 Das Wort des Herrn erging an mich:
2 Menschensohn, richte dein Ange-
sicht zu den Bergen Israels, weissage gegen
sie 3 und sprich: Ihr Berge Israels, hört das
Wort Gottes, des Herrn! So spricht Gott,

der Herr, zu den Bergen und Hügeln, zu
den Schluchten und Tälern: Ich bringe
über euch das Schwert und vernichte euere
Höhen. 4 Euere Altäre sollen verwüstet
und euere Räuchertische zertrümmert
werden, euere Erschlagenen werfe ich vor
euere Götzen hin, 5 und euere Gebeine ver-
streue ich um euere Altäre. 6 Wo immer ihr
wohnt, sollen die Städte verwüstet und die
Kulthöhen verödet sein, sodass euere Altä-
re wüst und öde stehen, euere Götzen zer-
trümmert und zunichte gemacht, euere
Räuchertische zerbrochen und euere
Machwerke vernichtet sind. 7 In euerer
Mitte sollen die Erschlagenen niedersin-
ken, damit ihr erkennt, dass ich der Herr
bin.

8 Aber ich lasse, wenn ihr in die Länder
zerstreut werdet, bei den Völkern solche
übrig, die dem Schwert entronnen sind,
9 und diese euere Entronnenen werden bei
den Völkern, zu denen sie gefangen weg-
geführt worden sind, an mich denken;
denn ich zerbreche ihr ehebrecherisches
Herz, das sich von mir abgewandt hat,
und ihre Augen, die treulos auf die Götzen
gerichtet waren, sodass sie sich vor sich
selbst ekeln wegen der Schandtaten, die
sie begangen haben, wegen aller ihrer
Gräuel. 10 Dann werden sie erkennen, dass
ich der Herr bin und nicht umsonst ge-
droht habe, ihnen dieses Übel anzutun.

11 So spricht Gott, der Herr: Schlage dei-
ne Hände zusammen und stampf mit dei-
nen Füßen und rufe: Wehe!, wegen aller
schlimmen Gräuel des Hauses Israel, das
durch Schwert, Hunger und Pest umkom-
men wird. 12 Wer fern ist, wird an der Pest
sterben; wer nahe ist, wird durch das
Schwert umkommen; wer noch übrig ist
und belagert wird, wird vor Hunger ster-
ben. So werde ich meinen Grimm an
ihnen sättigen. 13 Und ihr werdet erkennen,
dass ich der Herr bin, wenn euere Erschla-
genen mitten unter den Götzen um ihre
Altäre liegen, auf jedem ragenden Hügel,
auf jedem Berggipfel, unter jedem grünen
Baum, unter jeder dicht belaubten Eiche,
da wo sie allen ihren Götzen beruhigenden
Opferduft dargebracht haben. 14 Ich stre-
cke meine Hand gegen sie aus und mache
das Land zur Einöde und Wildnis, von der
Wüste bis nach Ribla, wo immer sie woh-
nen. Dann werden sie erkennen, dass ich
der Herr bin.

Das nahende Ende

7 Das Wort des Herrn erging an mich:
2 Du, Menschensohn, sage: So spricht
Gott, der Herr zum Land Israel: Es kommt
das Ende, das Ende kommt über die vier
Enden der Erde! 3 Nun kommt das Ende
über dich. Ich lasse meinen Zorn gegen
dich los und richte dich nach deinen We-
gen und lasse alle deine Gräuel über dich
kommen. 4 Mein Auge sieht nicht mitleidig
auf dich und ich übe keine Schonung, son-
dern ich bürde dir deine Wege auf, und
lege alle deine Gräuel auf dich. Dann sollst
du erkennen, dass ich der Herr bin.

5 So spricht Gott, der Herr: Unglück
über Unglück, ja, es kommt. 6 Das Ende
kommt, es kommt das Ende für dich, sieh,
es kommt! 7 Es kommt das Verhängnis
über dich, Bewohner des Landes, es
kommt die Zeit, es naht der Tag: Verwir-
rung herrscht und nicht mehr Jauchzen
auf den Bergen. 8 Bald gieße ich meinen
Grimm über dich aus, erschöpfe meinen
Zorn an dir; ich richte dich nach deinen
Wegen und bringe alle deine Gräuel über
dich. 9 Mein Auge sieht nicht mitleidig auf
dich und ich übe keine Schonung, sondern
ich rechne ab mit deinem Verhalten, und
deine Gräuel sollen sich in deiner Mitte
auswirken. Dann werdet ihr erkennen:
Ich, der Herr, bin es, der zuschlägt.

10 Der Tag ist da, er ist gekommen! Das
Verhängnis ist gekommen, der Stab
sprosst, der Übermut blüht. 11 Gewalt er-
hebt sich, wird zum Stab des Frevels.
Nichts bleibt von ihnen, nichts von ihrem
Überfluss, nichts von ihrer Pracht und
Herrlichkeit. 12 Es kommt die Zeit, es naht
der Tag! Der Käufer freue sich nicht und
der Verkäufer trauere nicht; denn das
Zorngericht kommt über allen ihren Über-
fluss. 13 Denn der Verkäufer wird nicht zu
dem, was er verkauft hat, zurückkehren,
obwohl sie weiterhin am Leben bleiben.
Er bekommt es nicht zurück. Und nie-
mand, der in seiner Schuld lebt, hält stand.
14 Stoßt in die Trompete und bereitet alles
vor! Es ist doch niemand da, der in den
Kampf zieht; denn mein Zorngericht
kommt über allen ihren Überfluss.

15 Das Schwert draußen und Pest und
Hunger drinnen. Wer auf dem Feld ist,
wird umkommen durch das Schwert, und
wer in der Stadt ist, den werden Hunger
und Pest aufzehren. 16 Wer entkommt,

haust in den Bergen wie die gurrenden
Tauben; ein jeder von ihnen stöhnt wegen
seiner Schuld. 17 Alle Hände werden
schlaff, alle Knie triefen von Wasser. 18 Sie
kleiden sich in Trauergewänder, Entsetzen
erfasst sie, auf jedem Gesicht zeigt sich
Scham und ihre Köpfe sind kahl gescho-
ren. 19 Ihr Silber werfen sie auf die Straße,
ihr Gold ist ihnen wie Unrat. Ihr Silber
und Gold kann sie nicht retten am Tag
des Zorns des Herrn. Ihren Hunger kön-
nen sie damit nicht stillen und ihren Leib
nicht sättigen; denn es war ihnen Anlass,
in Sünde zu fallen. 20 Ihren kostbaren
Schmuck verwandten sie in ihrer Anma-
ßung zur Fertigung ihrer gräulichen Bil-
der, ihrer Scheusale; darum mache ich es
ihnen zum Unrat. 21 Ich gebe ihn in die
Hand von Fremden als Beute und den
Gottlosen der Erde zum Raub, dass sie
ihn entweihen. 22 Ich wende mein Gesicht
von ihnen ab, dass man mein Kleinod ent-
weiht. Räuber werden kommen und es
entweihen. 23 Sie werden ein Gemetzel an-
richten, denn das Land ist voll Blutschuld
und die Stadt voll von Gewalttat. 24 Ich füh-
re die schlimmsten Völker herbei, damit
sie ihre Häuser in Besitz nehmen; ich ma-
che ihrer stolzen Pracht ein Ende, ihre
Heiligtümer werden entweiht. 25 Es kommt
die Angst, man sucht Rettung und findet
keine. 26 Unglück kommt über Unglück
und eine Schreckenskunde nach der ande-
ren trifft ein; man wird vom Propheten Vi-
sionen fordern, aber dem Priester ist das
Gesetz entschwunden und den Ältesten
der Rat. 27 Der König trauert, der Fürst
kleidet sich in Entsetzen und die Hände
des Volkes erstarren. Nach ihrem eigenen
Verhalten verfahre ich mit ihnen und nach
ihren eigenen Rechtssätzen richte ich sie.
Dann werden sie erkennen, dass ich der
Herr bin.

Die Sünden Jerusalems

8 Es geschah im sechsten Jahr, im sechs-
ten Monat, am fünften Tag des Mo-
nats, als ich in meinem Haus war und die
Ältesten Judas vor mir saßen. Da fiel die
Hand Gottes, des Herrn, auf mich. 2 Ich
sah: Da war eine Gestalt, die das Aussehen
eines Mannes hatte; von dem, was wie sei-
ne Hüften aussah, nach unten zu war Feu-
er, und oberhalb von dem, was wie seine
Hüften aussah, war etwas, das leuchtete
wie glänzendes Gold. 3 Er streckte etwas
aus wie eine Hand und fasste mich bei
meinen Haaren. Und ein Geist hob mich
zwischen Himmel und Erde empor und
brachte mich in einer göttlichen Vision
nach Jerusalem an den Eingang des inne-
ren Tores, das nach Norden liegt, dorthin,
wo der Standort des Bildes war, das die Ei-
fersucht (des Herrn) erregt. 4 Dort sah ich
die Herrlichkeit des Gottes Israels, wie in
der Erscheinung, die ich in der Talebene
geschaut hatte. 5 Er sprach zu mir: Men-
schensohn, blick nach Norden! Ich blickte
Norden; da stand nördlich von dem Altar-
tor, beim Eingang, das Bild, das die Eifer-
sucht (des Herrn) erregt. 6 Da sprach er zu
mir: Menschensohn, hast du gesehen, was
sie da treiben? Große Gräuel sind es, die
das Haus Israel hier begeht; sie bleiben
meinem Heiligtum fern. Aber du wirst
noch größere Gräuel sehen.

7 Dann brachte er mich zum Eingang
des Vorhofs. Ich schaute: Dort war ein
Loch in der Wand. 8 Er sprach zu mir:
Menschensohn, durchstoße die Wand!
Ich durchstieß die Wand und da war ein
Eingang. 9 Er sprach zu mir: Geh hinein
und siehe die schlimmen Gräuel, die sie
hier verüben. 10 Da ging ich hinein und
sah allerlei Gebilde von Würmern und
Tieren, abscheuliche Wesen und allerlei
Götzenbilder des Hauses Israel in die
Wand ringsherum eingeritzt. 11 Siebzig
Männer von den Ältesten des Hauses Isra-
el – auch Jaasanja, der Sohn Schafans, war
in ihrer Mitte – standen davor, ein jeder
mit seinem Räuchergerät in der Hand,
und der Duft der Rauchwolken stieg em-
por. 12 Da sprach er zu mir: Hast du gese-
hen, Menschensohn, was die Ältesten des
Hauses Israel im Finstern treiben, ein
jeder in der Kammer seiner Götzenbilder?
Sie denken: Der Herr sieht uns nicht, der
Herr hat das Land im Stich gelassen. 13 Er
sprach zu mir: Du wirst noch größere
Gräuel sehen, die sie verüben.

14 Dann brachte er mich zum Nordtor
am Haus des Herrn. Dort saßen Frauen,
die den Tammus beweinten. 15 Er sprach
zu mir: Hast du gesehen, Menschensohn?
Du wirst noch größere Gräuel sehen als
diese.

16 Da brachte er mich zum Innenhof des
Hauses des Herrn. Am Eingang zum Tem-
pel des Herrn, zwischen Vorhalle und Al-

tar, standen etwa fünfundzwanzig Männer
mit ihrem Rücken zum Tempel des Herrn
und mit ihrem Gesicht nach Osten. Sie be-
teten im Osten die Sonne an. 17 Er sprach
zu mir: Hast du es gesehen, Menschen-
sohn? Waren dem Haus Juda diese Gräuel,
die sie hier begehen, noch nicht genug?
Mussten sie auch noch das Land mit Fre-
veltat erfüllen und mich immer wieder
zum Zorn reizen? Siehe, da halten sie die
Ranke an ihre Nase! 18 So will ich also im
Zorn handeln. Mein Auge soll nicht mit-
leidig blicken und ich will nicht Schonung
üben. Wenn sie auch mit lauter Stimme zu
mir rufen, will ich sie nicht hören.

Die Strafe

9 Da rief er mir mit lauter Stimme in die
Ohren: Kommt! Bringt die Vollstre-
cker der Stadt herbei, einen jeden mit sei-
nem Zerstörungswerkzeug in der Hand!
2 Da kamen sechs Männer von der Rich-
tung des oberen Tores her, das nach Nor-
den liegt, ein jeder mit seinem Zerstö-
rungswerkzeug in der Hand, und ein
Mann war in ihrer Mitte, der mit Leinen
bekleidet war und ein Schreibzeug an sei-
nen Hüften trug. Sie kamen und stellten
sich neben dem bronzenen Altar auf. 3 Die
Herrlichkeit des Gottes Israels aber hatte
sich von den Kerubim, auf denen sie
thronte, zur Tempelschwelle erhoben. Da
rief er den Mann, der in Leinen gekleidet
war und ein Schreibzeug an seinen Hüften
trug. 4 Der Herr sprach zu ihm: Geh mitten
durch die Stadt, durch Jerusalem, und ma-
che ein Kreuz auf die Stirn der Männer, die
seufzen und wehklagen über alle die Gräu-
el, die in ihr verübt werden. 5 Zu den ande-
ren aber sagte er vor meinen Ohren: Geht
durch die Stadt hinter ihm her und schlagt
zu ohne Schonung und ohne Erbarmen!
6 Alte, junge Männer, Mädchen, Kinder
und Frauen, haut sie nieder, aber rührt
keinen an, der das Kreuz trägt! Fangt an
bei meinem Heiligtum! Da begannen sie
bei den Ältesten, die vor dem Tempel stan-
den. 7 Er sprach zu ihnen: Macht den Tem-
pel unrein, füllt die Vorhöfe mit Erschla-
genen; geht los! Und sie gingen los und
töteten in der Stadt. 8 Sie töteten und ich
allein blieb übrig; da fiel ich auf mein Ge-
sicht nieder und schrie: Ach Herr und
Gott, willst du den ganzen Rest Israels ver-
nichten, indem du deinen Grimm über Je-
rusalem ausschüttest? 9 Er sprach zu mir:
Die Schuld des Hauses Israel ist sehr, sehr
groß, das Land ist voll Blutschuld und die
Stadt voll Unrecht; denn sie sagen: Verlas-
sen hat der Herr das Land, der Herr sieht
nicht. 10 Nun will auch ich kein Mitleid zei-
gen und keine Schonung üben. Ich bringe
ihr Verhalten auf ihre Köpfe. 11 Und der
Mann, der in Leinen gekleidet war und
ein Schreibzeug an seinen Hüften trug,
brachte die Meldung zurück: Ich habe ge-
tan, wie du mir befohlen hast.

10 Ich sah: Auf der Platte über den
Köpfen der Kerubim war etwas
wie Saphir, etwas, das einem Thron glich.
2 Er sprach zu dem Mann, der mit Leinen
bekleidet war: Geh hinein zwischen die
Räder unter den Kerubim und fülle deine
Hände mit glühenden Kohlen, die zwi-
schen den Kerubim sind, und streue sie
über die Stadt! Da ging er vor meinen Au-
gen hinein. 3 Die Kerubim aber standen
rechts vom Tempel, als der Mann hinein-
trat, und die Wolke erfüllte den inneren
Vorhof. 4 Die Herrlichkeit des Herrn erhob
sich von den Kerubim zur Schwelle des
Hauses hin und das Haus wurde mit der
Wolke erfüllt und der Vorhof war voll
vom Glanz der Herrlichkeit des Herrn.
5 Das Rauschen der Flügel der Kerubim
war bis in den äußeren Vorhof zu hören,
wie die Stimme des allmächtigen Gottes,
wenn er spricht. 6 Als er dem Mann im Lei-
nengewand befohlen hatte: Nimm von
dem Feuer zwischen den Rädern und den
Kerubim, da ging er hin und stellte sich
neben das Rad. 7 Einer der Kerubim streck-
te seine Hand nach dem Feuer zwischen
den Kerubim aus, nahm davon und legte
es in die Hände des Mannes im Leinenge-
wand. Er nahm es in Empfang und ging
hinaus.

8 Unter den Flügeln der Kerubim er-
schien etwas wie eine Menschenhand.
9 Und ich sah neben den Kerubim vier Rä-
der, ein Rad neben jedem Kerub. Die Rä-
der sahen aus wie Chrysolith. 10 Was ihr
Aussehen betrifft, so hatten die Vier die
gleiche Gestalt, wie wenn ein Rad durch
das andere ginge. 11 Wenn sie gingen, gin-
gen sie nach ihren vier Seiten; sie wandten
sich nicht um, wenn sie gingen. Alle gin-
gen in die Richtung, in die der Kopf blick-
te, hinter ihm her, und sie wandten sich
nicht um beim Gehen. 12 Ihr ganzer Leib

aber, ihre Rücken, ihre Hände, ihre Flügel
und die Räder waren bei allen Vieren rings-
um voll Augen. 13 Die Räder aber wurden,
ich konnte es hören, Galgal (Räderwerk)
genannt. 14 Ein jedes (Lebewesen) hatte vier
Gesichter: Das erste Gesicht war ein Ke-
rubgesicht, das zweite ein Menschen-
gesicht, das dritte ein Löwengesicht und
das vierte ein Adlergesicht. 15 Die Kerubim
erhoben sich; es waren die Lebewesen, die
ich am Fluss Kebar gesehen hatte. 16 Wenn
die Kerubim gingen, so bewegten sich auch
die Räder an ihrer Seite, und wenn die Ke-
rubim mit ihren Flügeln schlugen, um sich
von der Erde zu erheben, so wandten sich
auch die Räder nicht mehr. 17 Blieben sie
aber stehen, so blieben auch diese stehen,
und wenn sie sich erhoben, so erhoben sie
sich mit ihnen; denn der Geist der Lebewe-
sen war in ihnen.

Die Herrlichkeit des Herrn verlässt den Tempel

18 Da ging die Herrlichkeit des Herrn von
der Schwelle des Tempels fort und ließ
sich (wieder) auf den Kerubim nieder.
19 Die Kerubim hoben ihre Flügel, stiegen
vor meinen Augen von der Erde auf und
zogen ab, die Räder zusammen mit ihnen.
Am Eingang des östlichen Tores des Hau-
ses des Herrn stellten sie sich auf und die
Herrlichkeit des Gottes Israels thronte
über ihnen. 20 Es waren Lebewesen, die ich
unter dem Gott Israels am Fluss Kebar ge-
sehen hatte, und ich erkannte, dass es Ke-
rubim waren. 21 Vier Gesichter und vier
Flügel hatte ein jedes und etwas wie Men-
schenhände unter seinen Flügeln. 22 Und
was das Aussehen der Gesichter betrifft,
so waren es dieselben Gesichter, die ich
am Fluss Kebar gesehen hatte. Ein jedes
ging geradeaus.

Gericht über die Oberschicht Jerusalems

11 Darauf hob mich der Geist empor
und brachte mich an das Osttor
des Hauses des Herrn, das nach Osten ge-
richtet ist. Am Eingang des Tores standen
fünfundzwanzig Männer. In ihrer Mitte
sah ich Jaasanja, den Sohn Asurs, und Pe-
latja, den Sohn Benajas, führende Männer
aus dem Volk. 2 Er sprach zu mir: Men-
schensohn, das sind die Männer, die in
dieser Stadt Unheil ersinnen und böse Plä-
ne schmieden. 3 Sie sagen: Man braucht
jetzt keine Häuser zu bauen. Sie (die Stadt)
ist der Kessel und wir sind das Fleisch.
4 Deshalb weissage gegen sie, weissage,
Menschensohn! 5 Da kam der Geist des
Herrn über mich und sprach zu mir: Sage:
So spricht der Herr: Ja, das denkt ihr, Haus
Israel; was ihr im Schild führt, das weiß
ich wohl. 6 Viele habt ihr in dieser Stadt
ermordet und ihre Gassen mit Erschlage-
nen gefüllt. 7 Darum – so spricht Gott, der
Herr: Euere Erschlagenen, die ihr mitten
in der Stadt hingestreckt habt, die sind
das Fleisch und sie (die Stadt) ist der Topf.
Euch aber werde ich aus ihrer Mitte ent-
fernen. 8 Das Schwert fürchtet ihr, das
Schwert werde ich über euch bringen –
Spruch Gottes, des Herrn. 9 Ich vertreibe
euch aus der Stadt und gebe euch in die
Hand von Fremden und halte Gericht
über euch. 10 Durch das Schwert werdet
ihr fallen, an der Grenze Israels richte ich
euch. Dann sollt ihr erkennen, dass ich der
Herr bin. 11 Die Stadt wird für euch nicht
der Topf sein und ihr nicht das Fleisch in
ihr. An der Grenze Israels richte ich über
euch. 12 Dann sollt ihr erkennen, dass ich
der Herr bin, nach dessen Satzungen ihr
nicht gelebt und dessen Gesetze ihr nicht
befolgt habt. Stattdessen habt ihr nach den
Gesetzen der Völker ringsum gehandelt.
13 Während ich weissagte, da geschah es,
dass Pelatja, der Sohn Benajas, starb. Da
fiel ich auf mein Gesicht, schrie laut auf
und rief: Ach, Herr und Gott, willst du
dem Rest Israels ein Ende machen?

Israels Erneuerung

14 Das Wort des Herrn erging an mich:
15 Menschensohn, deine Brüder, deine Ver-
wandtschaft und das ganze Haus Israel, sie
alle sind es, von denen die Bewohner Jeru-
salems sagen: Bleibt nur fern vom Herrn;
uns ist das Land zum Besitz gegeben!
16 Darum sag: So spricht Gott, der Herr:
Ja, ich habe sie weit entfernt unter die Völ-
ker, habe sie zerstreut in die Länder und
bin ihnen nur wenig zum Heiligtum ge-
worden in den Ländern, in die sie gekom-
men sind. 17 Darum sage: So spricht Gott,
der Herr: Ich werde euch sammeln aus
den Völkern und zusammenbringen aus
den Ländern, in die ihr zerstreut seid, und
werde euch das Land Israel geben. 18 Und
kommen sie dorthin, so werden sie alle
ihre Scheusale und Gräuel aus dem Land

entfernen. 19 Ich gebe ihnen ein einziges
Herz und lege einen neuen Geist in ihr In-
neres. Ich entferne das Herz von Stein aus
ihrer Brust und gebe ihnen ein Herz von
Fleisch, 20 damit sie nach meinen Satzun-
gen leben, meine Gesetze befolgen und sie
erfüllen. Sie werden mein Volk sein und
ich werde ihr Gott sein. 21 Jenen aber, deren
Herz den Scheusalen und Gräueln zuge-
wandt ist, bringe ich ihr Verhalten auf
ihren Kopf – Spruch des Herrn.

22 Da erhoben die Kerubim ihre Flügel
und gleichzeitig mit ihnen bewegten sich
die Räder und die Herrlichkeit des Gottes
Israels thronte oben über ihnen. 23 Die
Herrlichkeit des Herrn stieg aus der Stadt
empor und blieb auf dem Berg im Osten
der Stadt stehen. 24 Der Geist hob mich em-
por und brachte mich in einer göttlichen
Vision nach Chaldäa zu den Verbannten.
Die Vision verschwand, 25 und ich verkün-
dete den Verbannten alles, was der Herr
mich hatte sehen lassen.

Zeichenhandlung von der Verschleppung

12 Das Wort des Herrn erging an
mich: 2 Menschensohn, mitten un-
ter einem widerspenstigen Volk wohnst
du; sie haben Augen, um zu sehen, und
sehen doch nicht, sie haben Ohren, um zu
hören, und hören doch nicht; denn sie
sind ein widerspenstiges Haus. 3 Du Men-
schensohn, pack dein Fluchtgepäck und
wandere am hellen Tage vor ihren Augen
von deinem Wohnort aus nach einem an-
deren, vor ihren Augen. Vielleicht sehen
sie es, obwohl sie ein widerspenstiges Haus
sind. 4 Packe deine Sachen zusammen wie
Fluchtgepäck am hellen Tag vor ihren Au-
gen. Am Abend aber gehe selbst fort vor
ihren Augen, wie einer, der in die Verban-
nung zieht. 5 Mache dir vor ihren Augen
ein Loch in die Wand und kriech mit dem
Gepäck hindurch! 6 Vor ihren Augen bela-
de deine Schultern und gehe fort, wenn es
dunkel geworden ist. Verhülle dein Ge-
sicht, dass du das Land nicht siehst, denn
ich mache dich zu einem Zeichen für das
Haus Israel. 7 Ich tat so, wie mir befohlen
war; die Sachen packte ich am hellen Tag
zusammen wie Fluchtgepäck, am Abend
brach ich mit der Hand ein Loch in die
Wand, ging in der Dunkelheit hinaus und
belud die Schulter, vor ihren Augen.

8 Am Morgen erging das Wort des
Herrn an mich: 9 Menschensohn, hat nicht
das Haus Israel, das widerspenstige Haus,
zu dir gesagt: Was machst du da? 10 Sage
ihnen: So spricht Gott, der Herr: Dem
Fürsten in Jerusalem gilt dieser Spruch
und dem ganzen Haus Israel, das sich dort
befindet. 11 Sage: Ich bin für euch ein Zei-
chen. Wie ich getan habe, so wird ihnen
getan werden: Sie werden in die Verban-
nung, in die Gefangenschaft ziehen.
12 Und der Fürst in ihrer Mitte wird seine
Last schultern in der Dunkelheit und fort-
gehen. Sie werden ein Loch in die Mauer
brechen, um durchzuschlüpfen; sein Ge-
sicht wird er bedecken, um das Land nicht
zu sehen. 13 Aber ich werfe mein Netz über
ihn und er wird in meinem Garn gefangen.
Ich lasse ihn nach Babel bringen, in das
Land der Chaldäer, aber er wird es nicht
sehen – und wird dort sterben. 14 Alle, die
um ihn herum sind, seine Helfer und alle
seine Kriegsscharen zerstreue ich in alle
Winde und zücke das Schwert hinter ih-
nen. 15 Dann werden sie erkennen, dass
ich der Herr bin, wenn ich sie unter die
Völker zerstreue und unter die Länder
verteile. 16 Aber ich lasse von ihnen einige
wenige dem Schwert, der Hungersnot und
der Pest entrinnen, damit sie bei den Völ-
kern, zu denen sie kommen, von allen
ihren Gräueln erzählen. Dann werden sie
erkennen, dass ich der Herr bin.

Die Not der Belagerung

17 Das Wort des Herrn erging an mich:
18 Menschensohn, dein Brot sollst du mit
Beben essen und dein Wasser mit Zittern
und Zagen trinken. 19 Sage zum Volk des
Landes: So spricht Gott, der Herr, über
die Bewohner Jerusalems in Israel: Ihr
Brot werden sie in Angst essen und ihr
Wasser mit Entsetzen trinken; denn ihr
Land wird ohne seine Fülle öde daliegen
wegen der Gewalttätigkeit seiner Bewoh-
ner. 20 Die bewohnten Städte sollen ver-
wüstet und das Land zur Einöde werden,
damit ihr erkennt, dass ich der Herr bin.

Volkssprichwörter

21 Das Wort des Herrn erging an mich:
22 Menschensohn, was habt ihr denn da
für ein Sprichwort im Land Israel: Die Ta-
ge ziehen sich in die Länge und die Visio-
nen erfüllen sich nie? 23 Darum sag zu ih-
nen: So spricht Gott, der Herr: Ich will

diesem Sprichwort ein Ende machen, man
wird es in Israel nicht mehr gebrauchen!
Vielmehr sage zu ihnen: Nahe herbei-
gekommen sind die Tage und alles, was
die Visionen verkünden. 24 Denn wichtige
Visionen und trügerische Orakel wird es
im Haus Israel geben. 25 Denn ich, der
Herr, rede; was ich rede, das geschieht
auch und wird nicht hinausgeschoben,
denn noch in eueren Tagen, du wider-
spenstiges Volk, werde ich reden und han-
deln – Spruch Gottes, des Herrn.

26 Das Wort des Herrn erging an mich:
27 Menschensohn, das Haus Israel sagt:
Die Visionen, die er schaut, haben noch
viele Tage Zeit, für ganz ferne Zeiten
weissagt er. 28 Darum sag ihnen: So spricht
Gott, der Herr: Keines meiner Worte wird
sich mehr verzögern. Was ich sage, ge-
schieht – Spruch Gottes, des Herrn.

Gegen die falschen Propheten

13 Das Wort des Herrn erging an
mich: 2 Menschensohn, weissage
gegen die Propheten Israels und sag zu de-
nen, die nach eigenem Ermessen weissa-
gen: Hört das Wort des Herrn! 3 So spricht
Gott, der Herr: Wehe über die Propheten,
die Toren, die ihrem eigenen Geist folgen,
ohne etwas geschaut zu haben! 4 Wie Füch-
se in Ruinen sind deine Propheten, Israel!
5 Ihr seid nicht in die Bresche gesprungen,
ihr habt keine Mauer gebaut um das Haus
Israel, dass es am Tage des Herrn im
Kampf bestehen kann. 6 Ihr Schauen war
Trug, ihre Weissagung Lüge. Sie sagen:
Spruch des Herrn – aber der Herr hat sie
nicht gesandt, und dennoch erwarten sie,
dass er das Wort in Erfüllung gehen lässt.
7 Habt ihr nicht ein Truggesicht geschaut
und lügnerische Weissagungen verkündet,
als ihr sagtet: Spruch des Herrn – obwohl
ich nicht gesprochen hatte? 8 Darum – so
spricht Gott, der Herr: Weil ihr Trug gere-
det und Lüge geschaut habt, darum kom-
me ich über euch – Spruch Gottes des
Herrn. 9 Meine Hand wird über die Pro-
pheten kommen, die Trug geschaut und
Lüge geweissagt haben. Der Gemeinschaft
meines Volkes sollen sie nicht angehören,
in der Liste des Hauses Israel nicht einge-
schrieben sein und in das Land Israel nicht
kommen, damit ihr erkennt, dass ich Gott,
der Herr bin. 10 Sie haben mein Volk irre-
geleitet, indem sie Heil verkündeten, wo
doch kein Heil war, und wenn es eine tro-
ckene Mauer aufrichtete, so haben sie sie
mit Tünche überzogen. 11 Sag denen, die
die Tünche auftrugen: Sie wird einstürzen.
Ein Platzregen wird kommen, Hagelsteine
werden fallen, ein Sturmwind wird losbre-
chen 12 und schon stürzt die Mauer ein.
Wird man nicht zu euch sagen: Wo ist die
Tünche, mit der ihr gestrichen habt? 13 Da-
rum – so spricht Gott, der Herr: Ich lasse
in meinem Grimm einen Sturmwind los-
brechen, strömenden Regen schicke ich in
meinem Zorn und Hagelsteine in meinem
Groll, um alles zu vernichten. 14 Ich reiße
die Mauer nieder, die ihr mit Tünche über-
zogen habt, ich werfe sie zu Boden, dass
ihre Fundamente bloßgelegt sind. Wenn
sie einstürzt, werdet ihr mit ihr umkom-
men und erkennen, dass ich der Herr bin.
15 Ich lasse meinen Grimm an der Mauer
aus und an denen, die sie mit Tünche
überzogen haben, und man wird euch fra-
gen: Wo ist die Mauer und wo sind die, die
sie tünchten, 16 die Propheten Israels, die
über Jerusalem weissagten und die Visio-
nen des Friedens schauten, wo doch kein
Friede ist? – Spruch Gottes, des Herrn.

17 Du, Menschensohn, richte dein Ge-
sicht gegen die Töchter deines Volkes, die
auf eigene Eingebung hin als Prophetin-
nen auftreten, und weissage gegen sie.
18 Sage: So spricht Gott, der Herr: Wehe de-
nen, die Binden nähen für jedes Hand-
gelenk und Zaubermützen fertigen für
Leute in jeder Größe, um Menschen zu
fangen! Fangt ihr Menschen in meinem
Volk und wollt andere Menschen nach
Gutdünken am Leben erhalten? 19 Ihr ent-
weiht mich bei meinem Volk für eine
Handvoll Gerste und einen Bissen Brot,
indem ihr Menschen zum Tode verurteilt,
die nicht sterben sollen, und die am Leben
erhaltet, die nicht am Leben bleiben sollen.
Ihr habt mein Volk belogen, das so gern
auf Lügen hört! 20 Darum – so spricht Gott,
der Herr: Ich will an euere Binden, mit de-
nen ihr die Menschen wie Vögel fangt,
und reiße sie von eueren Armen und lasse
die Menschen frei, die ihr wie Vögel gefan-
gen habt. 21 Ich zerreiße euere Zaubermüt-
zen und rette mein Volk aus euerer Hand.
Es wird nicht länger in euerer Hand als
Beute sein und ihr werdet erkennen, dass
ich der Herr bin. 22 Weil ihr das Herz des
Gerechten durch Lüge quält, während ich

ihm diesen Kummer ersparen wollte, und
weil ihr die Hände von Frevlern gestärkt
habt, sodass sie nicht von ihrem schlech-
ten Weg umkehren und ihr Leben retten,
23 darum werdet ihr nicht mehr Trug
schauen und nicht mehr weissagen; ich
werde mein Volk aus euerer Hand erret-
ten. Dann werdet ihr erkennen, dass ich
der Herr bin.

Gegen den Götzendienst

14 Einige Männer von den Ältesten
Israels kamen zu mir und ließen
sich vor mir nieder. 2 Da erging das Wort
des Herrn an mich: 3 Menschensohn, diese
Männer haben ihre Götzen ins Herz ge-
schlossen, und das, was ihnen Anlass zur
Sünde war, haben sie vor sich hingestellt.
Soll ich mich von ihnen befragen lassen?
4 Darum sprich mit ihnen und sage zu ih-
nen: So spricht Gott, der Herr: Jeder vom
Haus Israel, der seine Götzen in sein Herz
schließt und das, was ihm Anlass zur Sün-
de ist, vor sich hinstellt und dann zum Pro-
pheten kommt, dem werde ich trotz der
Menge seiner Götzen Antwort zuteil wer-
den lassen, 5 um dem Haus Israel ans Herz
zu greifen, allen, die wegen ihrer Götzen
von mir abgefallen sind. 6 Darum sage
zum Haus Israel: So spricht Gott, der Herr:
Kehrt um und wendet euch ab von eueren
Götzen; kehrt euer Gesicht von allen eue-
ren Gräueln ab! 7 Denn jedermann vom
Haus Israel und von den in Israel lebenden
Fremden, der von mir abfällt, seine Götzen
ins Herz geschlossen hat und das, was ihm
Anlass zur Sünde ist, vor sich hinstellt und
dann zum Propheten kommt, um mich zu
befragen, dem will ich antworten. 8 Ich
richte meinen Blick gegen einen solchen
Mann und mache ihn zum Zeichen und
Sprichwort, ich werde ihn ausrotten aus
meinem Volk, damit ihr erkennt, dass ich
der Herr bin. 9 Wenn aber ein Prophet sich
verleiten lässt und ein (Gottes-)Wort sagt,
dann verleite ich, der Herr, diesen Prophe-
ten und ich werde meine Hand gegen ihn
ausstrecken und ihn aus der Mitte meines
Volkes vertilgen. 10 Beide sollen dieselbe
Strafe erleiden, der Fragende ebenso wie
der Prophet, 11 damit das Haus Israel nicht
länger von mir abirrt und sich nicht länger
durch alle ihre Vergehen verunreinigt. Sie
sollen mein Volk sein und ich will ihr Gott
sein – Spruch Gottes, des Herrn.

Die persönliche Verantwortung

12 Das Wort des Herrn erging an mich:
13 Menschensohn, wenn ein Land sich ge-
gen mich versündigt, indem es Treubruch
begeht, und wenn ich meine Hand gegen
es ausstrecke, ihm den Stab des Brotes
zerbreche, Hungersnot schicke und
Mensch und Vieh ausrotte, 14 und es wären
diese drei Männer unter ihnen: Noach,
Daniel und Ijob, so würden sie wegen
ihrer Gerechtigkeit ihr Leben retten –
Spruch des Herrn. 15 Oder ich ließe wilde
Tiere das Land durchstreifen und entvöl-
kerte es, dass es zur Wüste würde, durch
die wegen der wilden Tiere niemand zie-
hen könnte, 16 und diese drei Männer wä-
ren in seiner Mitte – so wahr ich lebe,
Spruch Gottes, des Herrn: weder Söhne
noch Töchter würden sie retten; sie allein
würden gerettet werden, das Land aber
würde zur Einöde werden. 17 Oder ich
brächte das Schwert über dieses Land
und würde sagen: Ein Schwert soll durch
das Land gehen!, und ich vertilgte daraus
Mensch und Vieh, 18 und diese drei Män-
ner wären darin – so wahr ich lebe,
Spruch Gottes, des Herrn: sie würden we-
der Söhne noch Töchter retten; sie allein
würden gerettet werden. 19 Oder ich ließe
über dieses Land die Pest los und würde
meinen Zorn darüber ausgießen mit Blut,
um aus ihm Mensch und Vieh zu vertil-
gen, 20 und Noach, Daniel und Ijob wären
in seiner Mitte – so wahr ich lebe, Spruch
Gottes, des Herrn: weder Sohn noch
Tochter würden sie retten; sie würden we-
gen ihrer Gerechtigkeit (allein) ihr (eige-
nes) Leben retten.
21 Denn so spricht Gott, der Herr: Auch
wenn ich meine vier furchtbaren Strafge-
richte, Schwert, Hunger, wilde Tiere und
Pest, gegen Jerusalem entsende, um daraus
Mensch und Vieh zu vertilgen, 22 werden
darin doch Überlebende zurückbleiben,
die ihre Söhne und Töchter herausführen.
Sie werden zu euch hinausziehen; ihr wer-
det ihr Verhalten und ihre Taten sehen
und euch über das Unheil trösten, das ich
über Jerusalem gebracht, über alles, was
ich ihm angetan habe. 23 Und sie werden
euch trösten, wenn ihr ihr Verhalten und
ihre Taten seht, und ihr werdet einsehen,
dass ich alles das, was ich mit der Stadt tat,
nicht ohne Grund getan habe – Spruch
Gottes, des Herrn.

Das Gleichnis vom Weinstock

15 Das Wort des Herrn erging an mich: 2 Menschensohn, was hat das Rebholz voraus vor allem Holz, das unter den Bäumen des Waldes ist? 3 Nimmt man Holz von ihm, um es zu irgendeinem Zweck zu gebrauchen? Oder macht man auch nur einen Pflock daraus, um daran allerlei Geräte aufzuhängen? 4 Sieh, man wirft es ins Feuer zum Verbrennen, seine beiden Enden hat das Feuer schon verzehrt, und die Mitte ist angebrannt: taugt es da noch zu irgendeinem Zweck? 5 Als es noch unversehrt war, konnte man es nicht zu einem Dienst gebrauchen; um so viel weniger wird man es, da Feuer es verzehrt und angebrannt hat, zu einem Dienst verwenden können. 6 Darum – so spricht Gott, der Herr: Wie mit dem Rebholz unter den Bäumen des Waldes, das ich zum Verbrennen ins Feuer werfe, so mache ich es mit den Bewohnern Jerusalems. 7 Ich richte mein Angesicht gegen sie; aus dem Feuer sind sie herausgekommen, doch das Feuer wird sie verzehren. Dann werdet ihr erkennen, dass ich der Herr bin, wenn ich mein Angesicht gegen sie richte. 8 Ich mache das Land zur Einöde, weil sie Treubruch begangen haben – Spruch Gottes, des Herrn.

Jerusalem, die treulose Frau

16 Das Wort des Herrn erging an mich: 2 Menschensohn, verkünde Jerusalem seine Gräuel 3 und sage: So spricht Gott, der Herr, zu Jerusalem: Deiner Herkunft und deiner Abstammung nach bist du aus dem Land der Kanaaniter; dein Vater war ein Amoriter und deine Mutter eine Hetiterin. 4 Was deine Geburt betrifft, so wurde, als du geboren warst, deine Nabelschnur nicht abgeschnitten, du wurdest nicht mit Wasser gewaschen zur Reinigung, nicht mit Salz eingerieben und nicht in Windeln gewickelt. 5 Kein Auge ruhte mitleidig auf dir, um etwas von alledem an dir zu tun und Erbarmen zu üben, sondern du wurdest am Tag deiner Geburt auf freiem Feld ausgesetzt, weil man dich verabscheute. 6 Da ging ich an dir vorüber und sah dich in deinem Blut zappeln und sprach zu dir in deinem Blut: Bleib am Leben, 7 wachse heran wie eine Blume des Feldes! Und du wuchsest heran und wurdest groß und kamst in die Zeit der Reife, deine Brüste entwickelten sich, dein Haar spross, aber du warst noch nackt und bloß. 8 Da ging ich an dir vorüber und sah dich; und siehe, die Zeit der Liebe war für dich gekommen. Ich breitete den Saum meines Gewandzipfels über dich und deckte deine Blöße zu. Ich band mich durch einen Schwur an dich und schloss einen Bund mit dir – Spruch Gottes, des Herrn – und du wurdest mein. 9 Dann wusch ich dich mit Wasser, spülte dein Blut von dir weg und salbte dich mit Öl. 10 Ich kleidete dich in bunte Gewänder, legte dir Schuhe an von weichem Leder, umwand dich mit Leinen und hüllte dich in Seide. 11 Ich zierte dich mit kostbarem Schmuck, legte dir Spangen an die Arme und eine Kette um den Hals, 12 tat einen Ring an deine Nase, Gehänge an deine Ohren und eine herrliche Krone auf dein Haupt. 13 So warst du geschmückt mit Gold und Silber, dein Gewand war aus Leinen und Seide und bunten Stoffen. Feinmehl, Honig und Öl war deine Speise, du warst über die Maßen schön, bereit, eine Königin zu sein. 14 Dein Ruhm drang zu den Völkern wegen deiner Schönheit; denn sie war vollkommen durch die Pracht, mit der ich dich ausgestattet hatte – Spruch Gottes, des Herrn. 15 Aber du fühltest dich sicher in deiner Schönheit und triebst im Vertrauen auf deinen Ruf Unzucht und verschwendetest dich an jeden Vorübergehenden und warst ihm zu Willen. 16 Du nahmst von deinen Gewändern, machtest dir daraus bunte Höhen und triebst Unzucht darauf. 17 Du nahmst deine Schmucksachen aus meinem Gold und meinem Silber, die ich dir gegeben hatte, und machtest dir daraus Götzenbilder und triebst Unzucht mit ihnen. 18 Du nahmst deine bunten Gewänder und legtest sie ihnen an und stelltest mein Öl und meinen Weihrauch vor sie hin. 19 Die Speise, die ich dir gab – Feinmehl, Öl und Honig hatte ich dir zur Nahrung gegeben –, stelltest du vor sie hin zum beruhigenden Duft. So war es – Spruch Gottes, des Herrn. 20 Auch nahmst du deine Söhne und Töchter, die du mir geboren hast, und schlachtetest sie ihnen zur Speise. War es noch nicht genug mit deiner Unzucht, 21 dass du auch noch meine Söhne schlachten und sie für sie durchs Feuer gehen ließest? 22 Bei allen deinen Gräueln

und deiner Unzucht erinnertest du dich
nicht an die Tage deiner Jugend, als du
nackt und bloß warst und zappelnd in dei-
nem Blut lagst.

23 Nach aller deiner Bosheit – wehe, weh
dir! Spruch Gottes, des Herrn – 24 bautest
du dir eine Höhe und machtest dir auf
jedem freien Platz eine Höhe. 25 An jeder
Straßenkreuzung bautest du deine Höhe
und schändetest deine Schönheit und
botest dich jedem Vorübergehenden an
und triebst unaufhörlich Unzucht. 26 Un-
zucht triebst du mit den Ägyptern, deinen
Nachbarn mit dem großen Glied, triebst
unaufhörlich Unzucht, um mich zu reizen.
27 Da streckte ich meine Hand gegen dich
aus und verkürzte den dir bestimmten An-
teil und gab dich der Gier deiner Feindin-
nen preis, den Philisterinnen, die sich we-
gen deines schändlichen Lebenswandels
schämten. 28 Damit nicht zufrieden, triebst
du Unzucht mit den Assyrern, du hurtest
mit ihnen und hattest auch davon nicht
genug. 29 Du triebst weiter Unzucht mit
dem Krämerland Chaldäa, doch auch da
hattest du noch nicht genug. 30 Wie heiß
ist doch deine Glut – Spruch Gottes, des
Herrn –, dass du solche Dinge tatest wie
das Tun einer frechen Hure, 31 dass du an
jeder Straßenkreuzung dein Bett aufstell-
test und deine Höhe errichtetest auf jedem
freien Platz. Du warst nicht wie andere
Huren, weil du Bezahlung verschmähtest.
32 [Die ehebrecherische Frau nimmt anstel-
le ihres Mannes fremde Männer.] 33 Allen
Huren gibt man Geschenke, du aber gabst
deine Geschenke deinen Liebhabern und
hast sie bestochen, dass sie von allen Sei-
ten zu dir kamen, um mit dir Unzucht zu
treiben. 34 So war es bei dir in deinem un-
züchtigen Treiben umgekehrt, wie es bei
den Frauen üblich ist: Dir lief niemand
nach, sondern du zahltest Lohn, während
dir nichts gezahlt wurde. So machtest du
es umgekehrt.

35 Darum höre, du Hure, das Wort des
Herrn: 36 So spricht Gott, der Herr: Weil
du deine Scham enthüllt und in deiner un-
züchtigen Gier deine Blöße vor deinen
Liebhabern und vor allen deinen abscheu-
lichen Götzen aufgedeckt hast, und wegen
des Blutes deiner Kinder, die du ihnen ge-
geben hast, 37 deshalb will ich alle deine
Liebhaber, denen du gefallen hast, versam-
meln, alle, die du geliebt hast, samt jenen,
die du gehasst hast; ja, ich versammle sie
gegen dich von allen Seiten und decke dei-
ne Scham vor ihnen auf, dass sie deine
ganze Blöße sehen. 38 Ich richte dich, wie
man Ehebrecherinnen und Mörderinnen
richtet, und bringe (meinen) Grimm und
Eifer über dich. 39 Ich gebe dich in ihre
Hand, damit sie dein Bett zerstören und
deine Höhen niederreißen, damit sie dir
deine Kleider ausziehen und deinen
Schmuck wegnehmen und dich nackt und
bloß liegen lassen. 40 Sie werden eine Ver-
sammlung gegen dich einberufen, dich
steinigen und dich mit ihren Schwertern
in Stücke hauen. 41 Sie werden deine Häu-
ser in Brand stecken und vor den Augen
vieler Frauen das Gericht an dir vollstre-
cken. So mache ich deinem unsittlichen
Treiben ein Ende und du wirst künftig kei-
nen Lohn mehr bezahlen. 42 Ich werde mei-
nen Grimm an dir stillen und mein Eifer
wird dann von dir ablassen. Ich werde Ru-
he haben und brauche nicht mehr zu zür-
nen. 43 Weil du die Tage deiner Jugend ver-
gessen und mich durch alle diese Dinge
erzürnt hast, darum lasse ich dein Tun
auf dich selbst zurückfallen – Spruch Got-
tes, des Herrn. Hast du nicht mit allen dei-
nen Gräueln auch noch andere Schand-
taten begangen?

44 Wer dich zum Gegenstand des Spottes
machen will, wird sagen: Wie die Mutter,
so die Tochter! 45 Die Tochter deiner Mut-
ter bist du, die ihren Mann und ihre Kin-
der verabscheute, und die Schwester dei-
ner Schwestern bist du, die ihre Männer
und ihre Kinder verabscheuten. Euere
Mutter ist eine Hetiterin und euer Vater
ein Amoriter. 46 Deine größere Schwester,
das ist Samaria mit ihren Töchtern, die
nördlich von dir wohnt, und deine kleinere
Schwester, die südlich von dir wohnt, das
ist Sodom mit ihren Töchtern. 47 Du hast
nicht verfehlt, ihren Wegen zu folgen und
ihre Gräuel zu verüben; ja, bald triebst du
es ärger in deinem ganzen Lebenswandel
als sie. 48 So wahr ich lebe – Spruch Gottes,
des Herrn –: Sodom, deine Schwester und
ihre Töchter haben nicht so gehandelt wie
du und deine Töchter gehandelt haben.
49 Das war die Schuld deiner Schwester So-
dom: Mit Hochmut, Überdruss an Brot
und in sorgloser Ruhe lebten sie und ihre
Töchter dahin, aber den Elenden und Ar-
men unterstützten sie nicht, 50 vielmehr

wurden sie hochmütig und verübten Gräuel vor mir. Da verstieß ich sie, wie du gesehen hast.

51 Auch Samaria hat nicht die Hälfte deiner Sünden begangen; du hast mehr Gräuel verübt und hast deine Schwestern durch alle die Gräuel, die du verübt hast, gerechtfertigt. 52 So trage nun auch du deine Schmach, die du deinen Schwestern durch deine Gräuel Genugtuung verschafft hast; durch deine Sünden, die schlimmer waren als die ihrigen, stehen sie im Vergleich zu dir gerechtfertigt da. So schäme dich und trage deine Schande, weil du deine Schwestern gerechtfertigt hast.

53 Aber ich will ihr Schicksal wenden, das Schicksal Sodoms und seiner Töchter und das Schicksal Samarias und seiner Töchter, und auch dein Schicksal will ich wenden in ihrer Mitte, 54 damit du deine Schande trägst und beschämt wirst wegen alledem, was du getan hast, wodurch du ihnen Trost gewährtest. 55 Deine Schwester Sodom samt ihren Töchtern soll dann wieder werden, was sie früher gewesen ist, und auch Samaria mit ihren Töchtern soll wieder werden, was sie früher gewesen ist, und du und deine Töchter sollen wieder werden, was sie früher gewesen sind. 56 Hast du nicht deine Schwester Sodom verhöhnt am Tag deines Hochmuts, 57 bevor deine eigene Bosheit offenbar wurde? Wie sie bist du nun ein Gegenstand des Spottes für die Töchter Edoms und alle, die ringsum wohnen, für die Töchter der Philister ringsum, die dich verachten. 58 Deine Schandtaten und deine Gräuel, die musst du tragen – Spruch Gottes, des Herrn. 59 Denn so spricht Gott, der Herr: Ich habe an dir gehandelt, wie du gehandelt hast, die du den Eid missachtet und den Bund gebrochen hast. 60 Aber ich will meines Bundes gedenken, den ich mit dir in den Tagen deiner Jugend geschlossen habe, und will einen ewigen Bund mit dir eingehen. 61 Du sollst dich an dein Verhalten erinnern und beschämt werden, wenn ich deine Schwestern nehme, die größer sind als du, und auch die, welche kleiner sind als du, und sie dir zu Töchtern gebe, aber nicht um deines Bundes willen. 62 Ich will einen Bund mit dir eingehen und du sollst erkennen, dass ich der Herr bin, 63 damit du dich erinnerst, dich schämst und den Mund nicht mehr auftust vor lauter Beschämung, wenn ich dir alles vergebe, was du getan hast – Spruch Gottes, des Herrn.

Das Gleichnis vom Adler

17 Das Wort des Herrn erging an mich: 2 Menschensohn, gib dem Haus Israel ein Rätsel auf, erzähl ihm ein Gleichnis 3 und sage: So spricht Gott, der Herr:

Ein großer Adler mit großen Flügeln / und langen Schwingen, ganz bedeckt mit buntem Gefieder,

kam zum Libanon / und nahm den Wipfel der Zeder weg.

4 Er riss die Spitze ihrer Schösslinge ab / und brachte sie in das Krämerland, / in eine Stadt von Händlern legte er sie.

5 Dann nahm er einen Samen des Landes und legte ihn in ein Saatfeld; / er setzte ihn an reichliche Wasser, / als Uferpflanze setzte er ihn ein.

6 Er wuchs empor / und wurde zu einem üppigen Weinstock / von niedrigem Wuchs.

Seine Ranken sollten sich dem Adler zuwenden, / seine Wurzeln sollten tief wachsen.

Und er wurde zum Weinstock / und bildete Ranken und trieb Zweige.

7 Aber da war ein anderer großer Adler / mit großen Flügeln und reichem Gefieder.

Da streckte jener Weinstock ihm seine Wurzeln entgegen, / trieb ihm seine Ranken zu,

dass er ihn tränke, / mehr als das Beet, in das er gepflanzt war.

8 Und doch war er auf gutem Boden gepflanzt, / an wasserreicher Stelle,

wo er Zweige treiben und Frucht bringen konnte, / um ein herrlicher Weinstock zu werden.

9 Sage: So spricht Gott, der Herr: / Wird er gedeihen?

Wird der Adler nicht seine Wurzeln ausreißen, / sodass seine Frucht verrottet und verdorrt / und alle seine frischen Triebe verdorren?

Man braucht keinen starken Arm und nicht viel Volk, / um ihn aus den Wurzeln zu heben.

10 Wohl ist er gepflanzt, / doch wird er auch gedeihen?

Wird er nicht, / wenn der Ostwind ihn berührt, / vollkommen verdorren? / Auf

dem Beet, in dem er emporwuchs, wird er
verdorren.
11 Das Wort des Herrn erging an mich:
Sprich doch zu dem widerspenstigen
Haus: Merkt ihr nicht, was das bedeutet?
12 Sage: Der König von Babel kam nach Je-
rusalem und nahm ihren König und ihre
Beamten gefangen und brachte sie zu sich
nach Babel. 13 Dann nahm er einen vom
königlichen Geschlecht, schloss mit ihm
einen Bund und verpflichtete ihn unter
Eid. Er nahm die Mächtigen des Landes
fort, 14 damit das Reich unbedeutend blieb
und sich nicht wieder erhob, den mit ihm
geschlossenen Bund hielt, sodass er Be-
stand haben konnte. 15 Jener aber empörte
sich gegen ihn, schickte seine Gesandten
nach Ägypten, um Pferde und zahlreiches
Kriegsvolk zu bekommen. Wird er Erfolg
haben? Wird heil davonkommen, der sol-
ches tut? Wer seinen Bund gebrochen hat,
wird der heil davonkommen?
16 So wahr ich lebe – Spruch Gottes, des
Herrn: Am Sitz des Königs, der ihn zum
Herrscher gemacht hat, dessen eidliche
Verpflichtung er missachtet, dessen Bund
er gebrochen hat, mitten in Babel wird er
sterben. 17 Der Pharao wird ihn weder mit
großer Heeresmacht noch mit zahlreicher
Mannschaft im Krieg unterstützen, wenn
man Dämme aufschüttet und Bollwerke
errichtet, um zahlreiche Menschenleben
zu vernichten. 18 Er hat die eidliche Ver-
pflichtung missachtet und den Bund ge-
brochen. Obwohl er doch die Hand darauf
gegeben hatte, hat er alles das getan. Er soll
nicht heil davonkommen!
19 Darum – so spricht Gott, der Herr: So
wahr ich lebe – meinen Eid, den er miss-
achtet, und meinen Bund, den er gebro-
chen hat, ich lasse sie auf sein Haupt kom-
men. 20 Ich werfe mein Netz über ihn, dass
er in meinem Garn gefangen wird, und
bringe ihn nach Babel und halte dort über
ihn Gericht wegen des Treuebruches, den
er an mir begangen hat. 21 Alle seine erlese-
nen Krieger und seine ganze Streitmacht
werden durch das Schwert fallen, die Üb-
riggebliebenen aber in alle Winde zer-
streut werden. Dann werdet ihr erkennen,
dass ich, der Herr, gesprochen habe.
22 So spricht Gott, der Herr:
Ich selbst nehme ein Stück / vom Wipfel
der hohen Zeder und setze (es) ein;
von ihren obersten Schösslingen pflü-
cke ich ein zartes Reis ab / und pflanze es
auf einem hohen und aufragenden Berg
ein.
23 Pflanzen will ich es auf Israels höchs-
tem Berg, / es wird Zweige treiben,
Früchte tragen / und zu einer herrlichen
Zeder werden.
Unter ihr sollen alle Vögel jeglichen
Gefieders wohnen, / im Schatten ihrer
Zweige sollen sie nisten.
24 Dann werden alle Bäume des Feldes
erkennen, / dass ich der Herr bin,
dass ich den hohen Baum erniedrigt /
und den niedrigen Baum erhöht habe,
den frischen Baum habe verdorren las-
sen / und den vertrockneten Baum zum
Blühen gebracht habe.
Ich, der Herr, habe es gesprochen und
führe es aus.

Persönliche Verantwortung

18 Das Wort des Herrn erging an
mich: 2 Was fällt euch ein, dass ihr
im Land Israel das Sprichwort im Mund
führt: Unsere Väter essen saure Trauben
und den Söhnen werden die Zähne stumpf.
3 So wahr ich lebe – Spruch Gottes, des
Herrn –, dieses Sprichwort sollt ihr nicht
mehr in Israel gebrauchen. 4 Alles Leben
ist mein, das Leben des Vaters sowohl wie
das Leben des Sohnes, sie sind mein; nur
wer sündigt, der soll sterben.
5 Ist nun jemand gerecht und übt Recht
und Gerechtigkeit, 6 isst nicht auf den Ber-
gen und erhebt seine Augen nicht zu den
Götzen des Hauses Israel, macht nicht die
Frau seines Nächsten unrein und naht sich
nicht einer Frau während der Menstrua-
tion, 7 bedrückt niemand, gibt sein Pfand
zurück, begeht keinen Raub, gibt sein Brot
dem Hungrigen und kleidet den Nackten,
8 leiht nicht gegen Wucher und nimmt kei-
nen Zins, hält seine Hand von Ungerech-
tigkeit zurück und hält ehrlich Gericht
zwischen den Parteien, 9 folgt meinen Sat-
zungen und hält treu meine Gebote – der
ist ein Gerechter, der wird sicher am Leben
bleiben – Spruch Gottes, des Herrn.
10 Aber wenn er einen gewalttätigen
Sohn zeugt, der Blut vergießt, oder eine
von diesen Sünden begeht – 11 während er
(der Vater) doch alle diese Dinge nicht ge-
tan hat –, der also auf den Bergen isst und
die Frau seines Nächsten unrein macht,
12 den Elenden und Armen bedrückt, Raub

begeht, das Pfand nicht zurückgibt, seine
Augen zu den Götzen erhebt, Gräuel ver-
übt, 13 gegen Wucher leiht und Zins nimmt
– wird der am Leben bleiben? Er wird
nicht am Leben bleiben. Alle diese Gräuel
hat er verübt, darum muss er sterben; sei-
ne Blutschuld liegt auf ihm.

14 Zeugt er aber einen Sohn, der alle die
Sünden seines Vaters sieht; der sie sieht,
aber nicht danach handelt, 15 der nicht auf
den Bergen isst und seine Augen nicht zu
den Götzen des Hauses Israel erhebt, der
die Frau seines Nächsten nicht unrein
macht, 16 der niemand bedrückt, kein
Pfand fordert, keinen Raub begeht, sein
Brot dem Hungernden gibt und den Nack-
ten kleidet, 17 der seine Hand von Freveltat
zurückhält, weder Wucher noch Zins
nimmt, Gerechtigkeit übt und meinen Sat-
zungen folgt – der wird nicht wegen der
Schuld seines Vaters sterben, er wird am
Leben bleiben. 18 Sein Vater aber, weil er
Gewalttat verübt, Raub begangen und in-
mitten meines Volkes getan hat, was nicht
gut war, ist wegen seiner Schuld gestorben.
19 Ihr sagt: Warum trägt nicht der Sohn die
Schuld des Vaters? Der Sohn hat Recht
und Gerechtigkeit geübt, er hat alle meine
Satzungen gehalten und ausgeführt, er
wird am Leben bleiben. 20 Wer sündigt,
der soll sterben. Aber der Sohn soll nicht
die Schuld des Vaters tragen und der Vater
nicht die Schuld seines Sohnes. Die Ge-
rechtigkeit des Gerechten liegt auf ihm
und die Gottlosigkeit des Gottlosen liegt
auf ihm.

21 Wenn der Gottlose von allen Sünden,
die er getan hat, umkehrt, alle meine Sat-
zungen hält und Recht und Gerechtigkeit
übt, so soll er am Leben bleiben und nicht
sterben. 22 Keine der Untaten, die er began-
gen hat, wird ihm vorgeworfen werden;
um der Gerechtigkeit willen, die er geübt
hat, soll er leben. 23 Habe ich etwa Gefallen
am Tod des Gottlosen – Spruch Gottes, des
Herrn – und nicht vielmehr daran, dass er
von seinem Weg umkehrt und lebt?

24 Aber wenn der Gerechte von seiner
Gerechtigkeit umkehrt und Freveltaten
verübt wie alle die Gräuel, die der Gottlose
getan hat, so soll seine ganze Gerechtig-
keit, die er geübt hat, nicht mehr beachtet
werden; wegen seiner Treulosigkeit, die er
bewiesen, und wegen der Sünde, die er be-
gangen hat, soll er sterben. 25 Ihr sagt: Das
Vorgehen des Herrn ist nicht in Ordnung.
Hört doch, Haus Israel: Ist mein Vorgehen
nicht in Ordnung oder ist nicht vielmehr
euer Vorgehen nicht in Ordnung? 26 Wenn
der Gerechte von seiner Gerechtigkeit um-
kehrt, Freveltaten verübt und stirbt, so
stirbt er wegen der Freveltaten, die er ver-
übt hat. 27 Wenn aber der Gottlose von sei-
ner Gottlosigkeit, die er geübt hat, um-
kehrt und Recht und Gerechtigkeit übt,
so wird er sein Leben erhalten. 28 Er wendet
sich ab von allen Untaten, die er begangen
hat, und soll am Leben bleiben, nicht ster-
ben. 29 Und da sagt das Haus Israel: Das
Vorgehen des Herrn ist nicht in Ordnung.
Ist mein Vorgehen nicht in Ordnung,
Haus Israel? Ist nicht vielmehr euer Vor-
gehen nicht in Ordnung? 30 Darum will ich
einen jeden von euch nach seinem Verhal-
ten richten, Haus Israel – Spruch Gottes,
des Herrn. Bekehrt euch, wendet euch ab
von allen eueren Vergehen, dass sie euch
kein Anstoß zur Schuld werden. 31 Werft
alle Vergehen von euch, die ihr begangen
habt, und schafft euch ein neues Herz und
einen neuen Geist. Warum wollt ihr ster-
ben, Haus Israel? 32 Ich habe ja kein Gefal-
len am Tod dessen, der sterben muss –
Spruch Gottes, des Herrn. So kehrt um
und ihr sollt leben.

Totenklage über die Fürsten Israels

19 Und du, stimme ein Klagelied an
über die Fürsten Israels, 2 und sage:
Was war doch deine Mutter für eine
Löwin / unter Löwen!
Sie lagerte zwischen den Junglöwen, /
zog ihren Nachwuchs groß.
3 Sie zog eines von ihren Jungen auf, / es
wurde ein junger Löwe,
er lernte, Beute zu reißen, / er fraß
Menschen.
4 Gegen ihn entbot man Völker, / in
ihrer Grube wurde er gefangen, / mit
Haken schleppte man ihn ins Land Ägyp-
ten.
5 Als sie sah, dass sie umsonst sich
mühte, / dass ihre Hoffnung zunichte
war,
nahm sie ein anderes von den Jungen /
und machte es zum Löwen.
6 Der streifte inmitten von Löwen
umher / und wurde ein junger Löwe,
er lernte, Beute zu reißen, / er fraß
Menschen,

7 zerstörte ihre Paläste, / verheerte ihre
Städte,
dass sich das Land entsetzte, und was in
ihm lebte, / vor seinem wilden Gebrüll.
8 Da legten ihm die Völker ringsum
Schlingen, / breiteten über ihn die Netze, /
in ihrer Grube wurde er gefangen.
9 Sie zerrten ihn an Haken in einen
Käfig / [und brachten ihn zum König von
Babel] / und brachten ihn in Gewahrsam,
sodass man seine Stimme nicht mehr
hören konnte / auf den Bergen Israels.
10 Deine Mutter glich einem Rebstock im
Weinberg, / an Wasser gepflanzt,
fruchtschwer und voller Ranken / war
er vom vielen Wasser.
11 Er bekam kräftige Zweige, / die zu
Herrscherzeptern wurden.
Sie wuchsen hoch / bis in die Wolken,
seine Höhe war deutlich sichtbar / mit
seinem vielen Gezweig.
12 Da wurde er ausgerissen im Zorn, /
zur Erde geschleudert,
und der Ostwind vertrocknete seine
Frucht; / brach seine mächtigen Äste ab
und ließ sie verdorren, / Feuer verzehrte
sie.
13 Jetzt verpflanzte man sie in die Wüs-
te, / ins Land der Dürre und des Durstes.
14 Feuer ging aus vom Gezweig seiner
Triebe, / verzehrte seine Frucht.
Kein mächtiger Ast blieb ihm / kein
Herrscherzepter.
Ein Totenklage ist dies, / eine Toten-
klage ist es geworden.

Geschichte der Treuebrüche Israels

20 Im siebten Jahr, im fünften Monat,
am zehnten Tag des Monats kamen
einige von den Ältesten Israels, um den
Herrn zu befragen, und ließen sich vor
mir nieder. 2 Da erging das Wort des Herrn
an mich: 3 Menschensohn, rede mit den Äl-
testen Israels und sag zu ihnen: So spricht
Gott, der Herr: Ihr seid gekommen, mich
zu befragen? So wahr ich lebe, ich lasse
mich nicht von euch befragen – Spruch
Gottes, des Herrn. 4 Willst du ihnen das
Urteil sprechen, willst du richten, Men-
schensohn, so verkünde ihnen die Gräuel
ihrer Väter. 5 Sag zu ihnen: So spricht Gott,
der Herr: Am Tag, als ich Israel erwählte,
leistete ich den Nachkommen Jakobs einen
Schwur, gab mich ihnen im Land Ägypten
zu erkennen, tat ihnen einen Schwur und
sprach: Ich bin der Herr, euer Gott. 6 An
jenem Tag erhob ich meine Hand zum
Schwur, dass ich sie aus dem Land Ägyp-
ten herausführen werde in ein Land, das
ich ihnen ausgesucht habe, das von Milch
und Honig fließt, ein wahres Kleinod un-
ter allen Ländern. 7 Und ich sprach zu ih-
nen: Ein jeder werfe die Scheusale weg, an
denen sein Auge hängt, und verunreinigt
euch nicht an den Götzen Ägyptens! Ich
bin der Herr, euer Gott. 8 Aber sie zeigten
sich widerspenstig gegen mich und woll-
ten nicht auf mich hören; die Scheusale,
an denen ihr Auge hing, warfen sie nicht
fort und von den Götzen Ägyptens ließen
sie nicht ab. Da erwog ich, meinen Grimm
über sie auszuschütten, meinen Zorn an
ihnen auszulassen mitten im Land Ägyp-
ten. 9 Aber um meines Namens willen han-
delte ich so, dass er nicht entweiht würde
vor den Augen der Völker, in deren Mitte
sie waren, vor deren Augen ich mich ihnen
offenbart hatte, um sie aus dem Land
Ägypten herauszuführen.
10 So führte ich sie heraus aus dem Land
Ägypten und brachte sie in die Wüste.
11 Ich gab ihnen meine Satzungen und ver-
kündete ihnen meine Gesetze, durch deren
Befolgung der Mensch Leben hat. 12 Und
auch meine Sabbate gab ich ihnen, zum
Zeichen zwischen mir und ihnen, dass
man erkenne, dass ich, der Herr, es bin,
der sie heiligt. 13 Doch das Haus Israel zeig-
te sich in der Wüste widerspenstig gegen
mich, sie lebten nicht nach meinen Sat-
zungen, verwarfen meine Gesetze, durch
deren Befolgung der Mensch Leben hat,
und meine Sabbate entweihten sie völlig.
Da erwog ich, meinen Grimm über sie
auszuschütten und sie zu vernichten.
14 Aber um meines Namens willen handelte
ich so, dass er nicht entweiht würde vor
den Augen der Völker, vor deren Augen
ich sie herausgeführt hatte. 15 Aber ich
schwor ihnen in der Wüste, dass ich sie
nicht in das Land bringen würde, das ich
ihnen geben wollte, das von Milch und
Honig fließt – ein Kleinod unter allen Län-
dern –, 16 weil sie meine Gesetze verachte-
ten, nicht nach meinen Satzungen lebten
und meine Sabbate entweihten; denn an
den Götzen hing ihr Herz. 17 Aber mein
Auge zeigte Mitleid mit ihnen, sodass ich
sie nicht vertilgte und sie in der Wüste
nicht der Vernichtung preisgab.

18 Ich sprach zu ihren Söhnen in der
Wüste: Lebt nicht nach den Sitten euerer
Väter, haltet nicht ihre Gebräuche und
verunreinigt euch nicht mit ihren Götzen!
19 Ich bin der Herr, euer Gott. Nach meinen
Satzungen sollt ihr leben, meine Gesetze
halten und sie erfüllen 20 und meine Sabba-
te heilig halten, dass sie als Zeichen dienen
zwischen mir und euch, damit man er-
kennt, dass ich der Herr, euer Gott, bin.
21 Aber (auch) die Söhne zeigten sich wi-
derspenstig gegen mich; sie lebten nicht
nach meinen Satzungen, sie achteten nicht
darauf, meine Gesetze zu befolgen, durch
deren Befolgung doch der Mensch Leben
hat; meine Sabbate entweihten sie. Da er-
wog ich, in der Wüste meinen Grimm
über sie auszugießen und meinen Zorn an
ihnen auszulassen. 22 Aber ich zog meine
Hand wieder zurück und handelte um
meines Namens willen so, dass er nicht
entweiht würde vor den Augen der Völker,
vor deren Augen ich sie befreit hatte.
23 Doch schwor ich ihnen in der Wüste,
dass ich sie unter die Völker zerstreuen
und in die Länder versprengen werde,
24 weil sie meine Gesetze nicht befolgten,
meine Satzungen verwarfen und meine
Sabbate entweihten und ihre Augen auf
die Götzen ihrer Väter gerichtet hielten.
25 So gab ich ihnen denn Satzungen, die
nicht gut waren, und Gesetze, durch die
sie nicht Leben fanden. 26 Ich machte sie
unrein durch ihre Opfergaben, denn sie
ließen alle Erstgeburt durchs Feuer hin-
durch gehen. Ich wollte ihnen Grauen ein-
flößen, auf dass sie erkennen sollten, dass
ich der Herr bin.

27 Darum rede zum Haus Israel, Men-
schensohn, und sage zu ihnen: So spricht
Gott, der Herr: Auch dadurch haben mich
euere Väter gelästert, dass sie mir die Treue
brachen. 28 Ich brachte sie in das Land, das
ich ihnen zugeschworen hatte. Und wo sie
hier nur irgendeinen hohen Hügel oder
einen dicht belaubten Baum sahen, da
schlachteten sie ihre Opfer, spendeten ihre
schändlichen Gaben, brachten beruhigen-
den Opferduft dar und gossen ihre Trank-
opfer aus. 29 Da sprach ich zu ihnen: Was ist
das für eine Höhe, auf der ihr zusammen-
kommt? Deshalb wird ein solcher Platz
Kulthöhe genannt bis auf den heutigen Tag.

30 Darum sag zum Haus Israel: So
spricht Gott, der Herr: Nach der Weise
euerer Väter macht ihr euch unrein und
lauft ihren Scheusalen nach. 31 Wenn ihr
euere Opfer darbringt, euere Söhne durch
das Feuer gehen lasst, so macht ihr euch
unrein an allen Götzen bis auf den heuti-
gen Tag, und da soll ich mich von euch
befragen lassen, Haus Israel? So wahr ich
lebe – Spruch Gottes, des Herrn –, ich las-
se mich nicht von euch befragen. 32 Und
was euch in den Sinn kommt, darf unter
keinen Umständen geschehen, dass ihr
(nämlich) sagt: Wir wollen sein wie die
Völker, wie die Stämme der Länder, und
Holz und Stein verehren. 33 So wahr ich le-
be – Spruch Gottes, des Herrn: Mit starker
Hand, mit erhobenem Arm, mit über-
schäumendem Grimm will ich über euch
herrschen. 34 Ich führe euch aus den Völ-
kern heraus und sammle euch aus den
Ländern, in die ihr zerstreut wart, mit star-
ker Hand, mit erhobenem Arm, mit über-
schäumendem Grimm. 35 Ich bringe euch
in die Wüste der Völker und halte dort
über euch Gericht, von Gesicht zu Gesicht.
36 Wie ich mit eueren Vätern in der Wüste
des Landes Ägypten ins Gericht gegangen
bin, so will ich mit euch ins Gericht gehen
– Spruch Gottes, des Herrn. 37 Ich lasse
euch unter dem Hirtenstab hindurch-
gehen und führe euch in die Verpflichtung
des Bundes. 38 Ich sondere von euch aus,
die sich gegen mich empörten und von
mir abgefallen sind. Aus dem Land, in
dem sie sich aufhalten, führe ich sie he-
raus, aber in das Land Israel sollen sie
nicht kommen, damit ihr erkennt, dass
ich der Herr bin.

39 Ihr aber, Haus Israel – so spricht
Gott, der Herr –, geht doch alle und dient
eueren Götzen! Später aber werdet ihr auf
mich hören und meinen heiligen Namen
nicht mehr durch euere Gaben und euere
Götzen entweihen. 40 Denn auf meinem
heiligen Berg, auf der Bergeshöhe Israels
– Spruch Gottes, des Herrn –, dort im
Land sollt ihr, das ganze Haus Israel, mir
dienen. Dort werde ich sie gnädig anneh-
men und dort werde ich euere Abgaben
und Erstlingsopfer mit allen eueren heili-
gen Gaben fordern. 41 Beim beruhigenden
Opferduft werde ich euch gnädig anneh-
men, wenn ich euch aus den Völkern he-
rausgeführt und aus den Ländern gesam-
melt habe, in die ihr zerstreut wart, und
ich werde mich an euch heilig erweisen

vor den Augen der Völker. 42 Ihr sollt er-
kennen, dass ich der Herr bin, wenn ich
euch in das Land Israel bringe, in das
Land, das ich geschworen habe, eueren
Vätern zu geben. 43 Dort werdet ihr euch
an euer Verhalten und an alle euere Taten
erinnern, durch die ihr euch unrein ge-
macht habt, und es wird euch ekeln vor
euch selbst wegen aller Untaten, die ihr
begangen habt. 44 Dann werdet ihr erken-
nen, dass ich der Herr bin, wenn ich um
meines Namens willen so mit euch ver-
fahre und nicht nach euerem bösen Le-
benswandel und nach eueren schlechten
Taten, Haus Israel – Spruch Gottes, des
Herrn.

Das Gleichnis vom Waldbrand

21 Das Wort des Herrn erging an
mich: 2 Menschensohn, richte dein
Gesicht nach Süden und predige gegen
Mittag, weissage gegen den Wald im Süd-
land 3 und sprich zum Wald des Südlands:
Höre das Wort des Herrn: So spricht Gott,
der Herr: Ich lege Feuer an dich und es soll
verzehren in dir jeden frischen und jeden
trockenen Baum; die lodernde Flamme
soll nicht verlöschen. Alle Gesichter von
Süd bis Nord sollen von ihr versengt wer-
den. 4 Und alles Fleisch soll sehen, dass ich,
der Herr, sie entzündet habe; sie soll nicht
verlöschen. 5 Da sagte ich: Ach, Herr und
Gott, sie sagen von mir: Redet er nicht im-
mer in Rätseln?

Das Lied vom Schwert des Herrn

6 Da erging das Wort des Herrn an mich:
7 Menschensohn, richte dein Gesicht gegen
Jerusalem, predige gegen sein Heiligtum
und weissage gegen das Land Israel! 8 Sag
zu ihm: So spricht Gott, der Herr: Nun
komme ich über dich, ich ziehe mein
Schwert aus seiner Scheide und vernichte
Gerechte und Gottlose in dir. 9 Weil ich
Gerechte und Gottlose in dir vernichten
will, deshalb fährt mein Schwert aus seiner
Scheide gegen alles Lebendige von Süd bis
Nord. 10 Dann wird alles Lebendige erken-
nen, dass ich, der Herr, mein Schwert aus
seiner Scheide gezogen habe; es wird nicht
mehr zurückkehren. 11 Du aber, Menschen-
sohn, stöhne; mit zerschlagenen Lenden
und in tiefster Betrübnis stöhne vor ihren
Augen. 12 Wenn sie dann zu dir sagen: Wa-
rum stöhnst du?, so antworte: Über eine
Kunde, die, wenn sie eintrifft, jedes Herz
zerfließen, alle Hände schlaff werden, je-
den Geist verzagen und alle Knie von
Wasser triefen lässt. Seht, es kommt und
trifft ein – Spruch Gottes, des Herrn.

13 Das Wort des Herrn erging an mich:
14 Menschensohn, weissage und rede: So
spricht Gott, der Herr: Sage:

Ein Schwert, ein Schwert ist geschärft /
und auch poliert.

15 Für ein großes Schlachten ist es
geschärft; / dass es wie ein Blitz leuchtet,
ist es poliert.

[Oder sollen wir uns freuen? / Der Stock
meines Sohnes verachtet jedes Holz.]

16 Man gab es zum Polieren, / es mit der
Faust zu packen,

das Schwert ist geschärft und blank
geschliffen, / um in die Hand eines Mör-
ders zu gelangen.

17 Schreie und heule, Menschensohn, /
denn es geht gegen mein Volk, / es geht
gegen alle Fürsten Israels.

Dem Schwert sind sie preisgegeben,
samt meinem Volk, / darum schlag auf die
Hüfte!

18 Denn die Prüfung naht / und das ver-
worfene Zepter wird nicht mehr sein – /
Spruch Gottes, des Herrn.

19 Du aber, Menschensohn, weissage /
und schlag in deine Hände!

Verdoppelt werde das Schwert, ja ver-
dreifacht! / Ein Schwert zum Morden ist
es, / ein gewaltiges Mordschwert, das sie
durchbohrt,

20 dass zittern die Herzen / und zahlreich
werden die Gefallenen.

An alle ihre Tore habe ich ein Schwert
zum Schlachten gebracht, / das blinkend
gemacht ist, poliert zum Schlachten.

21 Erweis deine Schärfe, / wende dich
nach rechts, nach links, / wohin deine
Scheide gerichtet ist!

22 Auch ich will in die Hände schlagen /
und meinen Zorn stillen. – / Ich, der Herr,
habe gesprochen.

Der König von Babel am Scheideweg

23 Das Wort des Herrn erging an mich:
24 Du, Menschensohn, zeichne dir zwei
Wege, auf denen das Schwert des Königs
von Babel kommen soll. Von ein und
demselben Land sollen sie beide ausgehen
und je einen Wegweiser sollst du an den
Anfang der Straße setzen, die zur Stadt

führt. 25 Dann zeichne den Weg, auf dem
das Schwert nach Rabbat-Ammon und
nach Juda mit Jerusalem in seiner Mitte
kommt. 26 Denn der König von Babel steht
am Scheideweg, am Ausgangspunkt der
beiden Wege, um das Orakel zu befragen.
Er schüttelt die Pfeile, befragt die Götter-
bilder, beschaut die Leber. 27 In seiner
Rechten ist das Orakel „Jerusalem". Jetzt
wird er Sturmböcke aufstellen, seinen
Mund zum Schlachtruf öffnen, wildes
Kriegsgeschrei ausstoßen, Sturmböcke ge-
gen die Tore aufstellen, einen Damm auf-
schütten und einen Wall bauen. 28 In ihren
Augen aber war es ein Trugorakel – sie ha-
ben ja die heiligsten Eide –, er (der König
von Babel) aber erinnert sie an die Schuld,
dass sie gepackt werden. 29 Darum – so
spricht Gott, der Herr: Weil ihr euere
Schuld in Erinnerung gebracht habt, so-
dass euere Vergehen offenbar und euere
Sünden in euerem Handeln sichtbar wur-
den, darum sollt ihr um ihretwillen ge-
packt werden. 30 Du aber, du unheiliger Bö-
sewicht, Fürst von Israel, dessen Tag
gekommen ist zur Zeit der endgültigen
Abrechnung! 31 So spricht Gott, der Herr:
Herunter mit dem Kopfbund, fort mit der
Krone! Nichts bleibt, wie es ist. Was nied-
rig ist, wird erhöht, und was hoch ist, er-
niedrigt. 32 In Trümmer, Trümmer, Trüm-
mer lege ich die Stadt. [Aber auch das
geschieht nicht, bis der kommt, der An-
spruch auf sie hat und dem ich sie geben
will.]

Ammons Bestrafung

33 Du aber, Menschensohn, weissage und
rede: So spricht Gott, der Herr, gegen die
Ammoniter und gegen ihr Schmähen. Du
sollst sagen: Ein Schwert, ein Schwert ist
gezückt zum Schlachten, es ist poliert zum
Vernichten, dass es wie der Blitz drein-
schlägt. 34 Während man dir Truggesichte
zeigt und Lügenorakel vorhält, ist den
gottlosen Frevlern schon das Schwert an
den Hals gelegt; für sie ist der Tag der end-
gültigen Abrechnung gekommen. 35 Kehr
zurück in deine Scheide! An dem Ort, wo
du erschaffen wurdest, im Land deiner
Herkunft will ich dich richten. 36 Ich gieße
über dich meinen Groll aus, das Feuer
meines Ingrimms entfache ich gegen dich,
ich gebe dich in die Hand von tierischen
Menschen, die Verderben schmieden.
37 Dem Feuer sollst du zum Fraß dienen,
dein Blut soll inmitten des Landes fließen.
Man wird sich an dich nicht mehr erin-
nern; denn ich, der Herr, habe gesprochen.

Die Verbrechen Jerusalems

22 Das Wort des Herrn erging an
mich: 2 Du, Menschensohn, willst
du das Urteil sprechen, willst du der Blut-
stadt das Urteil sprechen? So verkünde ihr
doch alle ihre Gräuel 3 und rede: So spricht
Gott, der Herr: Du Stadt, die in ihrer Mitte
Blut vergießt, sodass ihre Zeit kommt, und
die sich Götzen macht, durch die sie unrein
wird. 4 Durch dein Blut, das du vergossen
hast, bist du schuldig geworden, und durch
die Götzen, die du angefertigt hast, hast du
dich unrein gemacht und bewirkt, dass
dein Tag nahe rückt und die Zeit deiner
Jahre gekommen ist. Darum mache ich
dich zum Schimpf für die Völker und zum
Spott für alle Länder. 5 Deine Nachbarn
und jene, die weit von dir wohnen, verspot-
ten dich; denn dein Ruf ist befleckt und du
bist voller Verwirrung. 6 Siehe, die Fürsten
Israels, ein jeder seiner Macht bewusst, sie
sind in dir, um Blut zu vergießen. 7 Vater
und Mutter achtet man gering in dir; den
Fremden in deiner Mitte behandelt man
gewalttätig, Waisen und Witwen bedrückt
man in dir. 8 Was mir heilig ist, verachtest
du, meine Sabbate entweihst du. 9 Ver-
leumderische Männer sind in dir, um Blut
zu vergießen; auf den Bergen bei dir hält
man Opfermahlzeiten ab, Unzucht verübt
man bei dir. 10 Die Frau des Vaters schändet
man bei dir, man schläft bei dir mit Frauen
in der Zeit ihrer Unreinheit. 11 Der eine
missbraucht die Frau seines Nächsten; der
andere befleckt seine Schwiegertochter
durch Unzucht; ein Dritter missbraucht
seine Schwester, die Tochter seines eigenen
Vaters, bei dir. 12 Bestechung nimmt man
bei dir an, um Blut zu vergießen, Zins und
Wucher nimmst du und erpresst deinen
Nächsten. Mich aber hast du vergessen –
Spruch Gottes, des Herrn.

13 Sieh, ich klatsche in die Hände wegen
des ungerechten Gewinns, den du ge-
macht hast, und wegen des vergossenen
Blutes, das in deiner Mitte ist. 14 Wird dein
Mut standhalten, werden deine Hände
stark bleiben in den Tagen, in denen ich
mit dir abrechne? Ich, der Herr, habe ge-
sprochen und ich führe es aus. 15 Ich zer-

streue dich unter die Völker und verteile
dich unter die Länder; ich beseitige deine
Unreinheit aus dir. 16 Ich lasse dich durch
dich selbst entweihen vor den Augen der
Völker und du wirst erkennen, dass ich
der Herr bin.

Israel im Schmelzofen

17 Das Wort des Herrn erging an mich:
18 Menschensohn, das Haus Israel ist mir
zu Schlacke geworden. Sie alle sollen Silber,
Kupfer, Zinn, Eisen, Blei im Schmelzofen
sein; doch sie sind zu Schlacke geworden.
19 Darum – so spricht Gott, der Herr: Weil
ihr alle zu Schlacke geworden seid, bringe
ich euch mitten in Jerusalem zusammen.
20 Wie man Silber, Kupfer, Eisen, Blei und
Zinn im Schmelzofen zusammenbringt
und Feuer darunter entfacht, dass es
schmilzt, so bringe ich euch in meinem
Grimm und Zorn zusammen, lege euch hi-
nein und schmelze euch. 21 Ich sammle
euch und entfache das Feuer meines Zorns
gegen euch, dass ihr darin geschmolzen
werdet. 22 Wie Silber im Schmelzofen ge-
schmolzen wird, so werdet ihr darin zum
Schmelzen gebracht, damit ihr erkennt,
dass ich, der Herr, meinen Zorn über euch
ausgegossen habe.

Die Verderbtheit aller Volksschichten

23 Das Wort des Herrn erging an mich:
24 Menschensohn, sprich zu ihm: Du bist
ein Land, das weder Feuchtigkeit noch Re-
gen empfangen hat am Tag des Zorns,
25 dessen Fürsten in seiner Mitte brüllen-
den, beutegierigen Löwen gleichen. Sie
fressen Menschen, nehmen Hab und Gut
weg und vermehren die Zahl seiner Wit-
wen in ihm. 26 Seine Priester vergewaltigen
mein Gesetz, entweihen, was mir heilig ist;
zwischen heilig und profan machen sie
keinen Unterschied, über unrein und rein
klären sie nicht auf und vor meinen Sab-
baten schließen sie ihre Augen, sodass ich
unter ihnen entweiht werde. 27 Seine Beam-
ten sind in seiner Mitte wie raubgierige
Wölfe, die Blut vergießen und Menschen-
leben vernichten, um Gewinn zu machen.
28 Seine Propheten aber übertünchen ihnen
(alles), indem sie Trug schauen, Lüge
weissagen und erklären: So spricht Gott,
der Herr – obwohl doch der Herr nicht
gesprochen hat. 29 Das Volk des Landes
übt Gewalttat, begeht Raub, bedrückt den
Elenden und Armen und handelt am
Fremden gegen jedes Recht. 30 Da suchte
ich unter ihnen einen Mann, der eine
Mauer aufrichten und vor mir für das
Land in die Bresche treten könnte, damit
ich es nicht vernichten müsste, doch ich
fand keinen. 31 So goss ich über sie meinen
Groll aus, vernichtete sie im Feuer meines
Grimms, ließ ihr Verhalten auf ihr Haupt
fallen – Spruch Gottes, des Herrn.

Die schamlosen Schwestern Israel und Juda

23 Das Wort des Herrn erging an
mich: 2 Menschensohn, es waren
zwei Frauen, Töchter der gleichen Mutter.
3 Sie trieben Unzucht in Ägypten. Schon in
ihrer Jugend trieben sie Unzucht. Dort lie-
ßen sie ihre Brüste betasten und dort
drückte man ihren jugendlichen Busen.
4 Die ältere hieß Ohola, ihre Schwester
Oholiba. Sie wurden meine Frauen und
gebaren Söhne und Töchter. Mit dem Na-
men Ohola ist Samaria gemeint, mit Oho-
liba Jerusalem. 5 Ohola wurde mir untreu
und entbrannte in Gier zu ihren Lieb-
habern, den kriegerischen Assyrern, 6 pur-
pur geschmückten Statthaltern und Be-
fehlshabern, schmucken jungen Männern
hoch zu Pferd. 7 Auf sie richtete sie ihr un-
reines Verlangen, die alle zur Auslese der
Assyrer gehörten, und auf alle, nach denen
sie begehrte, und sie machte sich mit allen
ihren Götzen unrein. 8 Aber ihre ägyp-
tischen Beziehungen gab sie nicht auf,
denn schon in ihrer Jugend lagen sie bei
ihr, drückten ihren jugendlichen Busen
und trieben Unzucht mit ihr. 9 Darum gab
ich sie ihren Liebhabern preis, den Assy-
rern, für die sie entbrannt war. 10 Sie deck-
ten ihre Blöße auf, nahmen ihr die Söhne
und Töchter weg und töteten sie selbst mit
dem Schwert. So wurde sie für die Frauen
zum warnenden Beispiel und man voll-
streckte an ihr das Urteil.

11 Ihre Schwester Oholiba sah es; den-
noch trieb sie es mit ihrer Gier noch ärger
als sie und steigerte ihre Unzucht noch
über die Unzucht ihrer Schwester. 12 Sie
entbrannte in unreiner Lust zu den Assy-
rern, den Statthaltern und Befehlshabern,
den hoch berühmten, prächtig gekleideten
Reitern hoch zu Pferd, lauter schmucken
jungen Männern. 13 Ich sah, dass sie sich
unrein machte; beide verhielten sich
gleich. 14 Aber sie ging in ihrer Gier noch

weiter, und als sie Wandzeichnungen von
Männern sah, Bilder von Chaldäern, mit
Mennig gemalt, 15 mit einem Gürtel um
die Lenden, ihr Haupt bedeckt mit wallendem Turban, alle wie Helden anzusehen,
ein Bild der Söhne Babels, deren Heimat
Chaldäa ist, 16 da entbrannte sie bei ihrem
Anblick in unreiner Lust zu ihnen und
sandte Boten zu ihnen nach Chaldäa. 17 Da
kamen die Babylonier zu ihrem Liebeslager und machten sie mit ihrer Unzucht
unrein. Als sie selbst durch sie unrein geworden war, wurde sie ihrer überdrüssig.

18 Als sie so ihre Unzucht offenkundig
gemacht und ihre Blöße aufgedeckt hatte,
wurde auch ich ihrer überdrüssig, wie ich
ihrer Schwester überdrüssig geworden
war. 19 Aber sie steigerte noch ihre Unzucht, indem sie an die Tage ihrer Jugend
dachte, als sie im Land der Ägypter Unzucht getrieben hatte. 20 Und sie entbrannte in Lust zu ihren Liebhabern, deren Glieder wie die Glieder der Esel und deren
Erguss wie der Erguss der Hengste war.
21 Du sehntest dich nach der Sünde deiner
Jugend, als man in Ägypten deine Brüste
betastet und deinen jugendlichen Busen
gedrückt hatte.

22 Darum, Oholiba – so spricht Gott, der
Herr: Ich reize deine Liebhaber gegen dich
auf, deren du überdrüssig geworden bist,
und von allen Seiten führe ich sie gegen
dich heran, 23 die Söhne Babels und alle
Chaldäer, Pekod, Schoa und Koa, alle Assyrer mit ihnen, schmucke junge Männer,
lauter Statthalter und Befehlshaber, Offiziere und Krieger, alle hoch zu Pferd. 24 Sie
kommen in Scharen über dich her mit
Wagen und Rädern, eine ganze Völkerschar. Langschild, Rundschild und Helm
legen sie gegen dich an. Ich lege ihnen
den Rechtsfall vor und sie sollen dir nach
ihrem Recht das Urteil sprechen. 25 Ich
richte meine Eifersucht gegen dich, dass
sie in Grimm mit dir verfahren, dir Nase
und Ohren abschneiden; was übrig ist von
dir, wird durchs Schwert fallen. Sie nehmen deine Söhne und deine Töchter fort;
was übrig bleibt von dir, wird vom Feuer
verzehrt. 26 Sie ziehen dir deine Kleider aus
und nehmen deine Schmuckstücke weg.
27 So mache ich deiner Sünde und deinen
ägyptischen Beziehungen ein Ende, sodass
du nicht mehr deine Blicke auf sie richtest
und nicht mehr an Ägypten denkst.
28 Denn – so spricht Gott, der Herr: Ich gebe dich in die Hand derer, die du hasst und
deren du überdrüssig geworden bist. 29 Sie
werden mit dir voll Hass verfahren, sie
werden deinen gesamten Erwerb wegnehmen und dich nackt und bloß liegen lassen, sodass deine schamlose Blöße aufgedeckt wird. Deine schamlose Gier 30 hat
dir das angetan, weil du es mit den Völkern getrieben, an ihren Götzen dich unrein gemacht hast. 31 Auf dem Weg deiner
Schwester bist du gegangen, darum gebe
ich ihren Becher in deine Hand.

32 So spricht Gott, der Herr:

Den Becher deiner Schwester sollst du
trinken, / den tiefen und weiten,
zum Gelächter und Gespött sollst du
werden. / Er fasst gar viel.
33 Von Trunkenheit und Jammer wirst
du voll sein. / Ein Becher des Schauders
und Entsetzens / ist der Becher deiner
Schwester Samaria.
34 Trinken sollst du ihn und ausschlürfen, / seine Scherben zerbeißen und dir die
Brüste zerreißen. / Denn ich habe gesprochen – Spruch Gottes, des Herrn.

35 Darum – so spricht Gott, der Herr:
Weil du mich vergessen und hinter deinen
Rücken geworfen hast, so trage auch du
deine Unzucht und dein schändliches
Treiben. 36 Der Herr sprach zu mir: Menschensohn, willst du Ohola und Oholiba
das Urteil sprechen, so verkünde ihnen
ihre Gräuel. 37 Denn sie haben die Ehe gebrochen und an ihren Händen klebt Blut.
Mit ihren Götzen haben sie Ehebruch begangen und ihre Söhne, die sie mir geboren haben, ließen sie ihnen zur Speise
durchs Feuer gehen. 38 Auch das haben sie
mir angetan: Sie haben mein Heiligtum an
jenem Tag unrein gemacht und meine Sabbate entweiht. 39 Wenn sie ihre Söhne ihren
Götzen schlachteten, so kamen sie noch
am selben Tag zu meinem Heiligtum, um
es zu entweihen. Ja, so trieben sie es mitten
in meinem Haus.

40 Dazu schickten sie nach Männern, die
aus der Ferne kamen; ein Bote wurde zu
ihnen gesandt. Als sie kamen, badetest du
dich für sie, schminktest deine Augen und
legtest Schmuck an. 41 Du setztest dich auf
ein prächtiges Ruhebett, vor dem ein Tisch
bereitet war, und meinen Weihrauch und
mein Öl stelltest du darauf. 42 Das Lärmen
einer sorglosen Menge ertönte dort wegen

der Unzahl der aus der Wüste herbei-
gekommenen Menschen. Sie legten den
beiden Schwestern Spangen an die Arme
und setzten eine prächtige Krone auf ihr
Haupt. 43 Da sagte ich: Mit einer Frau, die
durch Ehebruch verwelkt ist, treibt man
Unzucht; Unzucht treibt auch sie noch,
44 und man geht zu ihr, wie man zu einer
Hure geht. So gingen sie zu Ohola und
Oholiba, diesen schamlosen Frauen.
45 Aber gerechte Männer werden sie rich-
ten nach dem für Ehebrecherinnen und
Mörderinnen geltenden Recht; denn sie
haben die Ehe gebrochen und Blut klebt
an ihren Händen.

46 Ja, so spricht Gott, der Herr: Man be-
rufe gegen sie eine Volksversammlung
und gebe sie der Misshandlung und Plün-
derung preis! 47 Die Versammlung soll sie
steinigen und mit ihren Schwertern in Stü-
cke hauen, ihre Söhne und Töchter soll
man töten und ihre Häuser verbrennen.
48 So mache ich der Unzucht im Land ein
Ende, damit alle Frauen sich warnen las-
sen und nicht Unzucht begehen wie sie.
49 Ich werde euch die Unzucht büßen las-
sen und was ihr mit eueren Götzen gefehlt
habt, sollt ihr büßen. Dann werdet ihr er-
kennen, dass ich Gott, der Herr, bin.

Ankündigung der Belagerung Jerusalems

24 Das Wort des Herrn erging an
mich im neunten Jahr, im zehnten
Monat, am Zehnten des Monats: 2 Men-
schensohn, schreib dir den Tag, genau die-
sen Tag auf! An eben diesem Tag hat sich
der König von Babel auf Jerusalem gewor-
fen. 3 Trage dem widerspenstigen Haus ein
Gleichnis vor und sag zu ihnen: So spricht
Gott, der Herr:

Stell einen Kessel auf, / stell ihn auf und
gieß Wasser hinein!

4 Lege Fleischstücke hinein, / lauter gute
Stücke, Lende und Schulter, / gib die bes-
ten Knochen hinzu!

5 Nimm dazu die erlesensten Schafe, /
schichte Holz darunter auf!

Lass die Fleischstücke sieden / und die
Knochen darin kochen!

6 Darum – so spricht Gott, der Herr: /
Weh der Stadt voll Blutschuld,

dem Kessel, an dem Rost ist / und von
dem der Rost nicht abgeht!

Leere ihn Stück für Stück, / ohne dass
das Los darüber geworfen wird!

7 Denn das Blut, das sie vergossen hat, /
ist in ihrer Mitte;

auf den nackten Fels hat sie es hinge-
gossen, / nicht auf den Boden hat sie es
geschüttet, / um es mit Erde zu bedecken.

8 Um Zorn zu wecken und Rache zu
üben, / habe ich ihr Blut auf den nackten
Felsen hingegossen, / damit es nicht zuge-
deckt werden kann.

9 Darum – so spricht Gott, der Herr: /
Wehe der Stadt voll Blutschuld!

Auch ich schichte einen Holzstoß auf, /
10 schaffe einen Haufen Holz herbei,

zünde Feuer an, / koche gar das Fleisch,
gieße die Brühe ab / dass die Knochen
verbrennen.

11 Dann stelle ich den Kessel leer auf die
Glut, dass er erhitzt, sein Metall glühend
wird, seine Unreinheit darin schmilzt und
sein Rost verschwindet. 12 Doch vergeblich
mühe ich mich ab, der starke Rost geht
nicht von ihm weg im Feuer.

13 Weil du durch Unzucht unrein warst
und ich dich reinigen wollte, du aber nicht
rein geworden bist, so sollst du auch künf-
tig nicht rein werden, bis ich meinen
Grimm an dir gestillt habe. 14 Ich, der Herr,
habe gesprochen, es wird eintreffen, ich
führe es aus. Ich lasse nicht nach und übe
keine Schonung, es reut mich nicht. Nach
deinem Verhalten und deinen Taten richte
ich dich – Spruch Gottes, des Herrn.

Persönliche Prüfungen des Propheten

15 Das Wort des Herrn erging an mich:
16 Menschensohn, ich nehme dir die Lust
deiner Augen durch plötzlichen Tod, doch
du darfst weder klagen noch weinen, es
darf dir keine Träne kommen. 17 Seufze
still, halt keine Totenklage, binde dir den
Turban um den Kopf, leg deine Sandalen
an die Füße, verhülle nicht deinen Bart
und iss kein Trauerbrot!

18 Ich redete am Morgen zum Volk. Mei-
ne Frau aber starb am Abend und ich tat
am Morgen, wie mir befohlen war. 19 Da
sagte das Volk zu mir: Willst du uns nicht
verkünden, was das für uns bedeutet, dass
du so handelst? 20 Ich erwiderte ihnen: Das
Wort des Herrn ist an mich ergangen.
21 Sage zum Haus Israel: So spricht Gott,
der Herr: Ich will mein Heiligtum, euere
stolze Pracht, die Freude euerer Augen
und die Lust eueres Herzens entweihen;
euere Söhne und Töchter, die ihr zurück-

gelassen habt, werden durch das Schwert
fallen. 22 Dann werdet ihr tun, wie ich ge-
tan habe: ihr werdet eueren Bart nicht ver-
hüllen und kein Trauerbrot essen; 23 mit
dem Turban auf dem Kopf und den San-
dalen an den Füßen werdet ihr weder weh-
klagen noch weinen, sondern in eueren
Sünden dahinsiechen und miteinander
stöhnen. 24 Ezechiel wird euch zum Zei-
chen sein; so wie er getan hat, werdet auch
ihr tun, wenn es eintrifft. Dann sollt ihr
erkennen, dass ich der Herr bin.

25 Du aber, Menschensohn, an jenem
Tag, an dem ich ihnen ihr Bollwerk neh-
me, ihre stolze Zier, die Lust ihrer Augen,
die Sorge ihres Herzens, ihre Söhne und
Töchter, 26 an jenem Tag wird ein Flücht-
ling zu dir kommen, um dir Kunde zu
bringen. 27 An jenem Tag wird dein Mund
sich vor dem Flüchtling auftun, du wirst
reden und nicht mehr stumm sein. Du
wirst ihnen zum Zeichen sein, damit sie
erkennen, dass ich der Herr bin.

Drohsprüche gegen die Völker

Gegen die Ammoniter

25 Das Wort des Herrn erging an
mich: 2 Menschensohn, richte dein
Gesicht gegen die Ammoniter, weissage
gegen sie 3 und sage zu den Ammonitern:
Hört das Wort Gottes, des Herrn: So
spricht Gott, der Herr: Weil du „Ha, ha"
gerufen hast über mein Heiligtum, dass es
entweiht ist, und über das Land Israel,
dass es verwüstet ist, und über das Haus
Juda, dass es in die Verbannung gehen
musste, 4 darum gebe ich dich den Söhnen
des Ostens zum Besitz, dass sie ihre Zelte
bei dir aufschlagen und ihre Siedlungen
bei dir errichten, deine Früchte verzehren
und deine Milch trinken. 5 Rabba mache
ich zu einer Kamelweide und die Städte
der Ammoniter zu einem Lagerplatz für
Schafe, damit ihr erkennt, dass ich der
Herr bin.

6 Denn so spricht Gott, der Herr: Weil du
in die Hände geklatscht, mit dem Fuß ge-
stampft und dich voll Schadenfreude über
das Land Israel gefreut hast, 7 darum stre-
cke ich meine Hand gegen dich aus und
gebe dich den Völkern zur Beute; ich rotte
dich aus den Nationen aus und vertilge
dich aus dem Land; ich vernichte dich, da-
mit du erkennst, dass ich der Herr bin.

Gegen Moab

8 So spricht Gott, der Herr: Weil Moab und
Seïr sagen: Siehe, dem Haus Juda geht es
wie allen anderen Völkern!, 9 darum öffne
ich die Flanke Moabs und vernichte seine
Städte in weitem Umkreis, die Zierde des
Landes, Bet-Jeschimot, Baal-Meon und
Kirjatajim. 10 Den Söhnen des Ostens gebe
ich es mitsamt den Ammonitern zum Be-
sitz, damit man sich unter den Völkern
nicht mehr an die Ammoniter erinnert.
11 Ich will an Moab das Urteil vollstrecken.
Dann werden sie erkennen, dass ich der
Herr bin.

Gegen Edom

12 So spricht Gott, der Herr: Weil Edom
von Rachsucht erfüllt war gegen das Haus
Juda und sich schwer verfehlt und Rache
geübt hat, 13 darum – so spricht Gott, der
Herr: Ich strecke meine Hand aus gegen
Edom und vertilge darin Mensch und Vieh
und mache es zur Wüste; von Teman bis
Dedan sollen sie durch das Schwert fallen.
14 Ich lege meine Rache an Edom in die
Hand meines Volkes Israel. Sie werden
mit Edom meinem Zorn und meinem
Grimm entsprechend verfahren, dass sie
meine Rache kennen lernen – Spruch Got-
tes, des Herrn.

Gegen die Philister

15 So spricht Gott, der Herr: Weil die Phi-
lister rachsüchtig gehandelt, voll Verach-
tung sich bitter gerächt haben und in ewi-
ger Feindschaft auf Verderben sannen,
16 darum – so spricht Gott, der Herr: Ich
strecke meine Hand aus gegen die Philis-
ter, ich vertilge die Kereter und vernichte,
was noch übrig ist am Meeresstrand. 17 Ich
nehme an ihnen bittere Rache mit grim-
miger Strafe, damit sie erkennen, dass ich
der Herr bin, wenn ich meine Rache an
ihnen vollziehe.

Gegen Tyrus

26 Im elften Jahr, am Ersten des (zwölften) Monats erging das Wort des Herrn an mich: [2]Menschensohn, weil Tyrus über Jerusalem sagte: Ha, aufgebrochen ist das Tor der Völker, mir ist es zugewandt; wo die Fülle war, herrscht Verödung!, [3]darum – so spricht Gott, der Herr: Jetzt komme ich über dich, Tyrus, und führe zahlreiche Völker gegen dich heran; sie fluten heran wie die Wogen des Meeres. [4]Sie werden die Mauern von Tyrus zerstören und seine Türme niederreißen. Ich schwemme sein Erdreich von ihm weg und mache es zum nackten Felsen. [5]Zu einem Platz zum Trocknen der Netze soll es werden inmitten des Meeres; denn ich habe gesprochen – Spruch Gottes, des Herrn. Es soll den Völkern zur Beute werden. [6]Seine Tochterstädte aber auf dem Festland sollen durch das Schwert umkommen, damit sie erkennen, dass ich der Herr bin.

[7]Denn so spricht Gott, der Herr: Ich bringe über Tyrus von Norden her Nebukadnezzar, den König von Babel, den König der Könige, mit Pferden, Wagen, Reitern und einer gewaltigen Heerschar. [8]Deine Tochterstädte auf dem Festland wird er mit dem Schwert niederhauen, gegen dich ein Bollwerk errichten, einen Damm aufschütten und ein Schilddach gegen dich aufstellen. [9]Den Stoß seiner Sturmböcke wird er gegen deine Mauern richten und deine Türme mit eisernen Haken niederreißen. [10]Der Staub seiner zahlreichen Pferde wird dich bedecken; vom Lärm der Reiter, Räder und Wagen werden deine Mauern erbeben, wenn er in deine Tore eindringt, wie man eindringt in eine eroberte Stadt. [11]Mit den Hufen seiner Pferde wird er alle deine Straßen zerstampfen, dein Volk mit dem Schwert niederhauen und deine mächtigen Säulen zu Boden stürzen. [12]Sie werden deinen Reichtum plündern und deine Waren rauben; sie werden deine Mauern einreißen und deine prächtigen Häuser zerstören; sie werden deine Steine, dein Holz und deinen Schutt ins Meer werfen. [13]Dann mache ich dem Rauschen deiner Gesänge ein Erde und der Klang deiner Zither soll nicht mehr gehört werden. [14]Ich mache dich zum nackten Felsen, ein Platz zum Trocknen der Netze sollst du werden. Du sollst nicht mehr aufgebaut werden; denn ich, der Herr, habe es gesprochen – Spruch Gottes, des Herrn.

[15]So spricht Gott, der Herr, zu Tyrus: Wahrlich, beim Dröhnen deines Falls, beim Stöhnen der Erschlagenen, beim Morden in deiner Mitte, erbeben die Inseln. [16]Alle Fürsten des Meeres steigen von ihren Thronen, sie legen ihre Mäntel ab und ziehen ihre bunten Kleider aus, sie kleiden sich in Schrecken und setzen sich auf den Boden, fortwährend zitternd und starr vor Entsetzen über dich. [17]Sie stimmen über dich die Totenklage an und sagen zu dir:

Wie bist du zugrunde gegangen, von den Meeren verschwunden, / du gefeierte Stadt,
die mächtig war auf dem Meer, / sie und ihre Bewohner,
die Schrecken verbreiteten / über das ganze Festland.
[18]Nun beben die Inseln / am Tag deines Falls;
bestürzt sind die Inseln im Meer / über dein Ende.

[19]Denn so spricht Gott, der Herr: Wenn ich dich zur verödeten Stadt mache gleich den Städten, die nicht mehr bewohnt sind, wenn ich die Flut über dich heraufführe, dass dich die Wasserfluten bedecken, [20]dann stoße ich dich hinab zu denen, die zur Grube gefahren sind, zu dem Volk der Vorzeit. Ich lasse dich wohnen in der Unterwelt, in der ewigen Öde, bei denen, die zur Grube gefahren sind, auf dass du nicht wiederkehrst und nicht weiterbestehst im Land der Lebendigen. [21]Ein schreckliches Ende bereite ich dir. Du bist nicht mehr da und wer dich sucht, wird dich nicht finden in Ewigkeit – Spruch Gottes, des Herrn.

Totenklage über den Untergang von Tyrus

27 Das Wort des Herrn erging an mich: [2]Du, Menschensohn, stimm die Totenklage über Tyrus an [3]und sag zu Tyrus, das an den Zugängen des Meeres wohnt und mit den Völkern Handel treibt nach vielen Inseln hin: So spricht Gott, der Herr:

Tyrus, du hast gesagt: / Ein Schiff bin ich von vollendeter Schönheit.
[4]Im Herzen des Meeres ist dein Gebiet; / deine Erbauer haben dir vollendete Schönheit gegeben.

5 Aus Zypressen von Senir erbaute man /
alle deine Planken.
Zedern vom Libanon nahm man, / um
den Mast auf dir zu errichten.
6 Aus den höchsten Eichen vom
Baschan / fertigten sie deine Ruder,
dein Verdeck zierten sie mit Elfenbein, /
(eingelassen) in Zypressenholz / von den
Inseln der Kittäer.
7 Bunt gewirktes Leinen aus Ägypten /
war dein Segel, um dir als Flagge zu die-
nen.
Blauer und roter Purpur von Elischas
Gestaden / war deine Decke.
8 Die Bewohner von Sidon und Arwad /
dienten dir als Ruderer.
Deine Weisen, Tyrus, / fuhren auf dir
als deine Steuermänner, / 9 die Ältesten
von Gebal und seine Weisen / waren bei
dir, um deine Schäden auszubessern.
Alle Schiffe des Meeres und ihre
Matrosen / kamen zu dir, um mit dir
Handel zu treiben.
10 Leute von Paras, Lud und Put / dien-
ten in deinem Heer als Krieger.
Schild und Helm hängten sie in dir
auf; / sie verschafften dir dein Ansehen.
11 Die Söhne von Arwad und ihr Heer
standen auf deinen Mauern und wachten
auf deinen Türmen; ihre Schilde hängten
sie an deinen Mauern auf, sie machten dei-
ne Schönheit vollkommen. 12 Tarschisch
machte mit dir Geschäfte wegen der Grö-
ße deines Reichtums; Silber, Eisen, Zinn
und Blei gaben sie dir zum Tausch. 13 Ja-
wan, Tubal und Meschech trieben mit dir
Handel; Sklaven und bronzene Geräte
tauschten sie bei dir ein. 14 Aus Bet-Togar-
ma lieferte man dir Pferde, Reittiere und
Maultiere als Handelsware. 15 Die Söhne
von Rhodos trieben mit dir Handel und
zahlreiche Inseln gehörten zu deiner
Kundschaft. Elfenbein und Ebenholz ga-
ben sie dir als Zahlung. 16 Edom machte
mit dir Geschäfte wegen der Menge deiner
Erzeugnisse: Edelsteine, roten Purpur,
bunte Stoffe, Leinen, Korallen und Rubine
gaben sie für deine Waren. 17 Juda und das
Land Israel kauften bei dir ein; Weizen
von Minnit, Wachs, Honig, Öl und Balsam
brachten sie dir zum Tausch. 18 Damaskus
trieb mit dir Handel wegen der Menge dei-
ner Erzeugnisse und der Fülle deines
Reichtums; Wein von Helbon und Wolle
von Zahar gab man dir zum Tausch.
19 Wein aus Usal gab man dir für deine Wa-
ren; geformtes Eisen, Zimt und Gewürz-
rohr kamen auf deinen Markt. 20 Dedan
machte mit dir Geschäfte mit Sattel-
decken. 21 Arabien und alle Fürsten von
Kedar handelten mit dir mit Lämmern,
Widdern und Böcken, darin waren sie dei-
ne Lieferanten. 22 Die Kaufleute von Saba
und Ragma machten mit dir Geschäfte,
den besten Balsam, allerlei Edelsteine und
Gold gaben sie dir für deine Waren. 23 Ha-
ran, Kanne und Eden trieben Handel mit
dir; Assur und ganz Medien machten mit
dir Geschäfte. 24 Sie handelten mit dir mit
Prachtgewändern, mit Mänteln von blau-
em Purpur; mit bunten Stoffen und bunt-
gewirkten Teppichen, mit geflochtenen,
festen Tauen trieben sie Handel mit dir.
25 Die Schiffe von Tarschisch trugen dir
deine Tauschwaren zu.
Nun fülltest du dich und wurdest
schwer beladen / im Herzen des Meeres.
26 Auf hohe See brachten dich deine
Ruderer. / Der Ostwind aber zerbrach
dich mitten im Meer.
27 Dein Reichtum, deine Waren, deine
Handelsartikel, / deine Seeleute und deine
Matrosen,
die deine Schäden ausbessern und deine
Waren kaufen, / und alle deine Krieger, die
in dir sind,
und die ganze Schar von Menschen, /
die in deiner Mitte ist,
sie sinken in die Tiefe des Meeres / am
Tag, da du untergehst.
28 Von dem lauten Schreien deiner See-
leute / erzittert der Umkreis.
29 Es steigen herab von ihren Schiffen /
alle, die das Ruder führen.
Matrosen, alle Seeleute des Meeres
gehen an Land / 30 und schreien deinetwe-
gen laut und jammern bitterlich;
sie streuen Staub auf ihr Haupt / und
wälzen sich in Asche.
31 Deinetwegen scheren sie sich eine
Glatze / und gürten sich mit härenem
Sack.
Sie weinen über dich betrübten Her-
zens, / mit bitteren Klagen.
32 Sie stimmen über dich ein Totenlied
an / und halten für dich die Totenklage:
Wer war wie Tyrus so stolz / inmitten
des Meeres?
33 Als deine Waren über die Meere gin-
gen, / da sättigtest du viele Völker;

durch die Menge deiner Güter und dei-
ner Waren / machtest du reich die Könige
der Erde.
34 Nun liegst du zerschellt im Meer / in
den Tiefen der Wasser.
Deine Tauschwaren und dein ganzes
Heer / versanken mit dir.
35 Alle Bewohner der Inseln / sind ent-
setzt über dich; / ihre Könige erschauern
vor Angst, ihre Gesichter sind verstört.
36 Die Händler unter den Völkern /
zischen dich aus.
Zum Entsetzen bist du geworden, / und
aus ist es mit dir für immer.

Gegen den Fürsten von Tyrus

28 Das Wort des Herrn erging an
mich: 2 Menschensohn, sprich zum
Fürsten von Tyrus: So spricht Gott, der
Herr: Dein Herz war hochmütig und du
sagtest: Ein Gott bin ich, einen Göttersitz
bewohne ich inmitten des Meeres. Doch
du bist nur ein Mensch und nicht Gott,
obwohl du dich für einen Gott hieltest.
3 Gewiss, weiser bist du als Daniel; / kein
Geheimnis war dir zu dunkel.
4 Durch deine Weisheit und deine Ein-
sicht / erwarbst du dir Vermögen,
brachtest Gold und Silber / in deinen
Schatzkammern zusammen.
5 Durch die Fülle deiner Weisheit, durch
deinen Kaufmannsgeist / vermehrtest du
dein Vermögen,
doch dein Herz wurde hochmütig
wegen / deines Reichtums.
6 Darum – so spricht Gott, der Herr: /
Weil du dich für einen Gott hieltest, /
7 darum bringe ich über dich Fremde, / die
gewalttätigsten Völker;
sie zücken Schwerter gegen deine
schöne Weisheit / und entweihen deinen
Glanz.
8 In die Grube stoßen sie dich hinab, /
und du wirst sterben den Tod der Erschla-
genen / mitten im Meer.
9 Wirst du dann auch noch sagen: / Ein
Gott bin ich!, angesichts deiner Würger?
Wo du doch nur ein Mensch bist und
kein Gott, / in der Hand derer, die dich
durchbohren!
10 Den Tod von Unbeschnittenen wirst
du sterben / durch die Hand von Frem-
den.
Denn ich habe gesprochen – / Spruch
Gottes, des Herrn.

Totenklage über den Fürsten von Tyrus

11 Das Wort des Herrn erging an mich:
12 Menschensohn, stimm die Totenklage
an über den König von Tyrus und sage zu
ihm: So spricht Gott, der Herr:
Du warst ein vollendetes Siegel, / voll
Weisheit und vollkommen schön.
13 In Eden, dem Gottesgarten, warst du; /
Edelsteine aller Art bedeckten dich; /
Karneol, Topas, Jaspis, / Chrysolith, Onyx,
Beryll, / Saphir, Karfunkel und Smaragd.
Von Gold war deine Fassung; / deine
Buckel und Vertiefungen an dir / wurden
am Tag deiner Erschaffung hergestellt.
14 Zu einem schirmenden Kerub gesellte
ich dich; / auf dem heiligen Gottesberge
warst du, / inmitten feuriger Steine gingst
du umher.
15 Vollkommen warst du in deinem
Wandel / vom Tag deiner Erschaffung
an, / bis sich Unrecht an dir fand.
16 Durch deinen ausgedehnten Handel /
fülltest du dein Inneres mit Bosheit, / und
du verfielst der Sünde.
Da vertrieb ich dich vom Gottesberg /
und der schützende Kerub trieb dich ins
Verderben, / heraus aus der Mitte der feu-
rigen Steine.
17 Hochmütig war dein Herz geworden
wegen deiner Schönheit; / vernichtet hast
du deine Weisheit um deines Glanzes wil-
len.
Da warf ich dich auf die Erde hinab, /
Königen gab ich dich preis, / damit sie
dich begaffen.
18 Durch die Menge deiner Schuld, /
durch die Unredlichkeit deines Handels /
entweihtest du dein Heiligtum.
Da ließ ich Feuer aus deiner Mitte her-
vorgehen, / das dich verzehrte.
Ich machte dich zu Asche auf der Erde /
vor den Augen aller, die dich sahen.
19 Alle, die dich kannten unter den Völ-
kern, / sind über dich entsetzt.
Zum Schrecken bist du geworden, / aus
ist es mit dir für immer.

Gegen Sidon

20 Das Wort des Herrn erging an mich:
21 Menschensohn, richte dein Gesicht ge-
gen Sidon und weissage gegen die Stadt
22 und sprich: So spricht Gott, der Herr:
Jetzt komme ich über dich, Sidon, / und
verherrliche mich in deiner Mitte.
Dann werden sie erkennen, dass ich der

Herr bin, / wenn ich an ihr das Gericht
vollziehe / und mich an ihm als heilig
erweise.
23 Ich schicke Pest hinein und Blut in
seine Gassen; / hinfallen sollen die
Erschlagenen in ihrer Mitte,
wenn das Schwert über sie herfällt
ringsum. / Dann werden sie erkennen,
dass ich der Herr bin.

Israel, von den Völkern befreit

24 Dann droht dem Haus Israel kein quä-
lender Dorn und kein schmerzender Sta-
chel mehr von jenen, die ringsum wohnen
und die sie verachtet haben. Dann werden
sie erkennen, dass ich Gott, der Herr bin.
25 So spricht Gott, der Herr: Wenn ich
das Haus Israel aus den Völkern sammle,
unter die es zerstreut war, dann erweise
ich mich an ihnen als heilig vor den Augen
der Völker und sie werden in ihrem Land
wohnen, das ich meinem Knecht Jakob ge-
geben habe. 26 Sie sollen sicher darin woh-
nen, Häuser bauen und Weinberge pflan-
zen; sie sollen sicher wohnen, während ich
ringsum das Gericht vollstrecke an allen,
die sie verachtet haben. Dann werden sie
erkennen, dass ich der Herr, ihr Gott, bin.

Gericht über den Pharao und das Land Ägypten

29 Im zehnten Jahr, im zehnten Mo-
nat, am Zwölften des Monats er-
ging das Wort des Herrn an mich: 2 Men-
schensohn, richte dein Gesicht gegen den
Pharao, den König von Ägypten, weissage
gegen ihn und ganz Ägypten und 3 sage: So
spricht Gott, der Herr:
Jetzt komme ich über dich, Pharao, /
König von Ägypten,
du großes Krokodil, das lagert inmitten
seiner Nile / und sagt: Mir gehören die
Arme des Nil, / ich habe sie geschaffen.
4 Ich schlage Haken durch deine Kinn-
backen / und lasse die Fische deiner Nile
an deinen Schuppen kleben.
Ich ziehe dich heraus aus deinen Nilen /
und alle Fische deines Nils, / die an deinen
Schuppen kleben,
5 und werfe dich in die Wüste, / dich
und alle Fische deiner Nile;
auf freies Feld wirst du fallen / und
nicht aufgehoben und begraben werden,
den Tieren des Feldes und den Vögeln
des Himmels / gebe ich dich zum Fraß.
6 Dann werden alle Bewohner Ägyptens
erkennen, / dass ich der Herr bin.
Denn du warst (nur) eine Stütze von
Schilfrohr / für das Haus Israel.
7 Wenn sie dich bei der Hand fassen
wollten, so zerbrachst du / und zerrissest
ihnen die ganze Hand,
und wollten sie sich auf dich stützen, /
so brachst du zusammen und brachtest sie
alle ins Wanken.
8 Darum – so spricht Gott, der Herr: Ich
bringe über dich das Schwert und tilge
Mensch und Vieh bei dir aus. 9 Das Land
Ägypten wird zur Wüste und Einöde.
Dann werden sie erkennen, dass ich der
Herr bin. Weil du gesagt hast: Mir gehören
die Arme des Nil, ich habe sie geschaffen!
– 10 darum komme ich über dich und über
deine Nile und mache das Land Ägypten
zu einer Wüste von Migdol bis Syene und
bis an die Grenzen von Kusch. 11 Keines
Menschen Fuß wird es betreten, auch kei-
nes Tieres Fuß wird hindurchziehen, vier-
zig Jahre lang wird es nicht mehr bewohnt
sein. 12 Ich mache das Land Ägypten zu
einer Wüste inmitten verwüsteter Länder
und seine Städte sollen inmitten verödeter
Städte vierzig Jahre lang verwüstet dalie-
gen. Ich zerstreue die Ägypter unter die
Völker und verteile sie auf die Länder.
13 Denn so spricht Gott, der Herr: Am En-
de der vierzig Jahre bringe ich die Ägypter
aus den Völkern zusammen, unter die ich
sie zerstreut hatte. 14 Ich wende das Ge-
schick Ägyptens und bringe sie in das
Land Patros zurück, in das Land ihrer
Herkunft. Dort werden sie ein unbedeu-
tendes Reich gründen. 15 Im Vergleich zu
den anderen Reichen wird es unbedeutend
sein und es wird sich nicht mehr über die
Völker erheben. Ich werde sie klein halten,
dass sie nicht mehr über die Völker herr-
schen können. 16 Sie werden nicht mehr
das Vertrauen des Hauses Israel gewinnen,
sondern die Schuld in Erinnerung brin-
gen, dass jene sich ihnen nicht mehr an-
schließen. Dann werden sie erkennen,
dass ich Gott, der Herr, bin.

Nebukadnezzars Sieg über Ägypten

17 Im siebenundzwanzigsten Jahr, im ersten
Monat, am Ersten des Monats, erging das
Wort des Herrn an mich: 18 Menschen-
sohn: Nebukadnezzar, der König von Ba-
bel, hat seinem Heer vor Tyrus schweren

Dienst auferlegt; alle Köpfe sind kahl und
jede Schulter ist wund geworden, aber
Lohn ist ihm und seinem Heer aus Tyrus
für die Arbeit, die er an ihm getan hat,
nicht zuteil geworden. 19 Darum – so
spricht Gott, der Herr: Ich gebe Nebukad-
nezzar, dem König von Babel, das Land
Ägypten, dass er dessen Reichtum weg-
schleppt, dessen Beute fortführt und des-
sen Raub sich zu Eigen macht; dies soll
seinem Heer als Sold dienen. 20 Als Beloh-
nung für die Arbeit, die er geleistet hat,
gebe ich ihm das Land Ägypten, weil sie
für mich gearbeitet haben – Spruch Got-
tes, des Herrn.

21 An jenem Tag lasse ich dem Haus Isra-
el ein Horn sprossen und ich öffne in ihrer
Mitte deinen Mund. Dann werden sie er-
kennen, dass ich der Herr bin.

Der Tag des Herrn über Ägypten

30 Das Wort des Herrn erging an
mich: 2 Menschensohn, weissage
und rede: So spricht Gott, der Herr: Klagt:
Weh über diesen Tag! 3 Denn nahe ist der
Tag des Herrn; ein Tag finsterer Wolken,
die für die Völker bestimmte Zeit ist da.
4 Das Schwert kommt nach Ägypten und
Angst herrscht in Kusch, wenn Erschlage-
ne in Ägypten fallen, wenn man seinen
Reichtum fortnimmt und wenn seine
Grundfesten umgerissen werden. 5 Kusch,
Put, Lud, ganz Arabien, Kub und die Söh-
ne meines Bundes fallen mit ihnen durch
das Schwert.

6 So spricht der Herr: Es fallen die Stüt-
zen Ägyptens und stürzen wird seine stol-
ze Pracht; von Migdol bis Syene fallen sie
durch das Schwert – Spruch Gottes, des
Herrn. 7 Verödet liegt es da inmitten ver-
ödeter Länder und seine Städte inmitten
verwüsteter Städte. 8 Sie werden erkennen,
dass ich der Herr bin, wenn ich Feuer an
Ägypten lege und alle seine Helfer zusam-
menbrechen. 9 An jenem Tag gehen Boten
auf Schiffen vor mir her, um das sorglose
Kusch aufzuschrecken; Angst wird unter
ihnen sein wie am Tag Ägyptens; denn
schon trifft alles ein.

10 So spricht Gott, der Herr: Ich mache
dem Gepränge Ägyptens ein Ende durch
Nebukadnezzar, den König von Babel.
11 Er und sein Heer, die gewalttätigsten un-
ter den Völkern, werden herbeigeholt, um
das Land zu vernichten. Sie zücken ihre
Schwerter gegen Ägypten und bedecken
das Land mit Erschlagenen. 12 Ich lege die
Ströme trocken und verkaufe das Land an
Verbrecher; ich verwüste das Land samt
allem, was darin ist, durch die Hand von
Fremden. Ich, der Herr, habe es gespro-
chen.

13 So spricht Gott, der Herr: Ich vernich-
te die Götzen und mache ein Ende den
Göttern von Memfis. Aus ist es mit den
Fürsten von Ägypten; ich lege Furcht auf
das Land Ägypten. 14 Ich verwüste Patros,
lege Feuer an Zoan und halte Gericht über
No. 15 Ich gieße meinen Zorn aus über Sin,
das Bollwerk Ägyptens, und vertilge die
Pracht von No. 16 Ich lege Feuer an Ägyp-
ten, zittern und beben soll Sin, No wird
aufgebrochen und Memfis wird am hellen
Tag vom Feind bedrängt. 17 Die jungen
Männer von On und Pi-Beset fallen durch
das Schwert und die Bewohner wandern in
Gefangenschaft. 18 In Tachpanhes wird sich
der Tag verfinstern, wenn ich dort die
Zepter Ägyptens zerbreche. Zu Ende geht
es in ihm mit seiner stolzen Pracht. Dunk-
le Wolken decken sie zu und seine Töchter
wandern in die Gefangenschaft. 19 So voll-
strecke ich das Gericht an Ägypten, damit
sie erkennen, dass ich der Herr bin.

20 Im elften Jahr, im ersten Monat, am
Siebten des Monats erging das Wort des
Herrn an mich: 21 Menschensohn, den
Arm des Pharao, des Königs von Ägypten,
zerbreche ich, und er wird nicht verbun-
den, um ihm Heilung zu schaffen, und es
wird kein Verband angelegt, dass er wie-
der Kraft bekäme, das Schwert zu führen.
22 Darum – so spricht Gott, der Herr: Jetzt
komme ich über den Pharao, den König
von Ägypten, und zerbreche ihm beide Ar-
me, den gesunden und den zerbrochenen,
und schlage ihm das Schwert aus der
Hand. 23 Ich zerstreue die Ägypter unter
die Völker und verteile sie unter die Län-
der. 24 Aber die Arme des Königs von Babel
mache ich stark und gebe ihm mein
Schwert in die Hand. Die Arme des Pha-
rao aber zerbreche ich, dass er vor ihm
stöhnt, wie ein zu Tode Getroffener
stöhnt. 25 Ich mache stark die Arme des
Königs von Babel, die Arme des Pharao
aber sollen kraftlos herabfallen. Dann wird
man erkennen, dass ich der Herr bin,
wenn ich mein Schwert in die Hand des
Königs von Babel lege und er es über das

Land der Ägypter schwingt. 26 Ich zerstreue
die Ägypter unter die Völker und verteile
sie unter die Länder. Dann werden sie er-
kennen, dass ich der Herr bin.

Das Gleichnis vom Pharao, dem Prachtbaum

31 Im elften Jahr, im dritten Monat,
am Ersten des Monats, erging das
Wort des Herrn an mich: 2 Menschensohn,
sage zum Pharao, dem König von Ägyp-
ten, und zu seinem Gefolge:
Wem warst du gleich in deiner Größe? /
3 Einer Zeder auf dem Libanon warst du
gleich
mit schönen Zweigen und schattigem
Geäst; / hoch war ihr Wuchs, ihr Wipfel
reichte bis an die Wolken.
4 Das Wasser machte sie groß, / die Flut
in der Tiefe trieb sie in die Höhe,
ließ ihre Bäche den Ort umspülen, / wo
sie gepflanzt war,
und ihre Ströme leitete sie / zu allen
Bäumen des Feldes.
5 Darum überragte ihr Wuchs / alle
Bäume des Feldes;
es wurden zahlreich ihre Zweige, / es
streckten sich ihre Äste, / von reichlichem
Wasser genährt.
6 In ihren Zweigen nisteten / alle Vögel
des Himmels,
und unter ihren Ästen gebar alles Wild
des Feldes; / in ihrem Schatten wohnten
zahlreiche Völker.
7 Schön war sie in ihrem hohen Wuchs,
mit ihren langen Zweigen; / denn ihre
Wurzel stand in reichlichem Wasser.
8 Zedern kamen ihr nicht gleich im Gar-
ten Gottes, / Zypressen nahmen es nicht
auf mit ihren Zweigen,
Platanen reichten nicht heran an ihre
Äste. / Kein Baum im Garten Gottes war
ihr an Schönheit gleich.
9 Schön hatte ich sie gemacht / in der
Fülle ihrer Zweige,
und es beneideten sie alle Bäume
Edens, / die im Garten Gottes standen.
10 Darum – so spricht Gott, der Herr:
Weil sie so hoch gewachsen war; ihren
Wipfel bis in die Wolken hob und hoch-
mütig wurde wegen ihrer Größe, 11 des-
halb gab ich sie in die Hand eines Mächti-
gen unter den Völkern, damit er mit ihr
nach ihrer Bosheit verfährt; ich schaffe sie
fort. 12 Da hieben sie Fremde, die gewalt-
tätigsten Völker, nieder und warfen sie
hin. Auf die Berge und in alle Täler fielen
ihre Zweige, ihre Äste sanken gebrochen
in alle Schluchten der Erde und ihren
Schatten verließen alle Völker der Erde
und ließen sie liegen. 13 Auf ihrem gefällten
Stamm ließen sich alle Vögel des Himmels
nieder, auf ihren Ästen kam das Wild des
Feldes zusammen.
14 Darum soll kein Baum, der am Wasser
steht, mehr zur Höhe emporwachsen und
seinen Wipfel bis in die Wolken heben; al-
le, die reichlich Wasser haben, sollen nicht
mehr so mächtig und hoch dastehen.
Denn alle sind dem Tod geweiht, sie kom-
men zur Unterwelt, mitten unter die Men-
schen, zu denen, die in die Grube gestie-
gen sind.
15 So spricht Gott, der Herr: Am Tag, an
dem sie zur Unterwelt hinabfuhr, ließ ich
die Flut über sie trauern und hielt ihre
Ströme zurück, sodass der Wasserreich-
tum stockte; ich hüllte ihretwegen den Li-
banon in ein Trauergewand und alle Bäu-
me des Feldes verschmachteten um
ihretwillen. 16 Im Dröhnen ihres Sturzes
ließ ich Völker erbeben, als ich sie in die
Unterwelt hinabstieß zu denen, die in die
Grube gestiegen sind. Da trösteten sich in
der Unterwelt alle Bäume Edens, die
schönsten und besten vom Libanon, alle
vom Wasser getränkten. 17 Auch sie fuhren
mit ihr hinab zur Unterwelt, zu den vom
Schwert Erschlagenen. Alle jene aber, die
unter ihrem Schatten inmitten der Völker
gesessen hatten, wurden mitten unter die
Völker zerstreut.
18 Wem warst du gleich an Herrlichkeit
und Größe unter den Bäumen Edens? Und
doch wurdest du hinabgestürzt mit den
Bäumen Edens in die Unterwelt; inmitten
Unbeschnittener liegst du bei den vom
Schwert Erschlagenen. So geht es dem
Pharao und seinem ganzen Gefolge –
Spruch Gottes, des Herrn.

Pharao, das gefangene Krokodil

32 Im elften Jahr, im zwölften Monat,
am Ersten des Monats erging das
Wort des Herrn an mich: 2 Menschen-
sohn, stimme ein Klagelied an über den
Pharao, den König von Ägypten, und sage
zu ihm:
Du Junglöwe unter den Völkern, du bist
vernichtet. / Du warst wie ein Krokodil im

Meer / und sprudeltest mit deinen Nüs-
tern,
trübtest das Wasser mit deinen Füßen /
und rührtest seine Fluten auf.
3 So spricht Gott, der Herr: / Ich werfe
über dich mein Netz aus
mit einer Schar vieler Völker / und
ziehe dich heraus mit meinem Netz.
4 Ich werfe dich hin aufs Land / und
schleudere dich aufs freie Feld,
dass alle Vögel des Himmels sich auf
dich setzen / und alles Wild der Erde sich
an dir sättigt.
5 Ich bringe dein Fleisch auf die Berge /
und fülle die Täler mit deinem Aas.
6 Ich tränke das Land bis zu den Bergen
hin / mit deinem ausströmenden Blut; /
die Schluchten sollen sich damit füllen.
7 Ich verhülle bei deinem Erlöschen den
Himmel / und mache seine Sterne finster.
Die Sonne bedecke ich mit Wolken, /
und der Mond lässt sein Licht nicht mehr
leuchten.
8 Alle Lichter am Himmel / verdunkle
ich um deinetwillen
und bringe Finsternis über dein
Land – / Spruch Gottes, des Herrn.
9 Ich versetze viele Völker in Unruhe,
wenn ich deine Gefangenen unter die Völ-
ker bringe, in Länder, die du nicht kennst.
10 Ich wecke bei vielen Völkern Entsetzen
über dich; ihre Könige werden deinetwe-
gen erschaudern, wenn ich mein Schwert
vor ihren Augen schwinge; sie werden
ständig um ihr Leben zittern am Tag dei-
nes Sturzes. 11 Denn so spricht Gott, der
Herr: Das Schwert des Königs von Babel
kommt über dich. 12 Durch die Schwerter
von Kriegshelden werfe ich dein Gefolge
nieder. Sie gehören alle zu den wildesten
unter den Völkern; sie verwüsten die
Pracht Ägyptens und alle seine Pracht
wird vernichtet. 13 Ich vertilge sein gesam-
tes Vieh an den Wassern; keines Men-
schen Fuß wird sie mehr trüben noch der
Huf des Viehs sie aufwühlen. 14 Dann lasse
ich ihr Wasser sich klären und ihre Flüsse
wie Öl dahingleiten – Spruch Gottes, des
Herrn.
15 Wenn ich das Land Ägypten zur Wüs-
te mache und das Land seiner Fülle be-
raubt ist, wenn ich alle, die darin wohnen,
erschlage, dann werden sie erkennen, dass
ich der Herr bin. 16 Ein Klagelied ist dies
und man soll es singen; auch die Töchter
der Völker sollen es singen. Über Ägypten
und alle seine Pracht sollen sie singen –
Spruch Gottes, des Herrn.

Pharao in der Unterwelt

17 Im zwölften Jahr, im ersten Monat, am
Fünfzehnten des Monats erging das Wort
des Herrn an mich: 18 Menschensohn, weh-
klage über die Pracht Ägyptens und lass
sie hinabsteigen zur Unterwelt, sie und
die Töchter mächtiger Völker, zu denen,
die in die Grube hinabgefahren sind.
19 Wen hast du an Vorzügen übertrof-
fen? Steig hinab und leg dich zu den Unbe-
schnittenen! 20 Mitten unter die vom
Schwert Erschlagenen werden sie fallen
und man bereitet ihrem ganzen Gepränge
im Lager bei ihnen ein Ende. 21 Dann sagen
zu ihm die mächtigen Helden in der Un-
terwelt: Samt Ägyptens Helfern sind sie
herabgestürzt und liegen da, wie Unbe-
schnittene, vom Schwert Erschlagene!
22 Da ist Assur und sein ganzes Heer,
ringsum sind seine Gräber; sie alle erschla-
gen, gefallen durch das Schwert. 23 Sein
Grab ist in den tiefsten Abgrund gelegt,
sein Heer liegt rings um sein Grab, alle er-
schlagen, gefallen durch das Schwert, sie,
die Schrecken verbreitet haben im Land
der Lebendigen.
24 Da ist Elam und sein ganzes Gefolge
ringsum das Grab; alle erschlagen, gefallen
durch das Schwert, die unbeschnitten hi-
nabfuhren zur Unterwelt, die vor sich her
Schrecken verbreitet haben im Land der
Lebendigen und nun ihre Schmach tragen
mit denen, die in die Grube gestiegen sind.
25 Inmitten Erschlagener hat man ihm ein
Lager bereitet und seinem ganzen Gefolge.
Ringsumher sind die Gräber, lauter Unbe-
schnittene, vom Schwert Erschlagene;
denn Schrecken vor ihnen hatte sich ver-
breitet im Land der Lebendigen. Nun tra-
gen sie ihre Schmach mit denen, die in die
Grube gestiegen sind. Mitten unter die Er-
schlagenen wurden sie gelegt.
26 Da sind Meschech, Tubal und ihr gan-
zes Gefolge, rings um sie her die Gräber,
lauter Unbeschnittene, vom Schwert Er-
schlagene; denn sie haben vor sich her
Schrecken verbreitet im Land der Leben-
digen. 27 Aber sie liegen nicht bei den Hel-
den, die in der Vorzeit gefallen, die in vol-
ler Rüstung zur Unterwelt hinabgestiegen
sind, denen man ihre Schwerter unter ihr

Haupt gelegt hat und ihre Schilde auf ihre
Gebeine; denn Schrecken vor den Helden
hatte (einst) im Land der Lebendigen ge-
herrscht. 28 Auch du wirst inmitten Unbe-
schnittener zerbrochen und bei den vom
Schwert Erschlagenen liegen müssen.
29 Da ist Edom, seine Könige und alle
seine Fürsten, die trotz ihrer Heldentaten
zu den vom Schwert Erschlagenen gelegt
wurden; sie ruhen bei den Unbeschnitte-
nen, bei denen, die in die Grube gestiegen
sind.
30 Da sind alle Herrscher des Nordens
und alle Männer von Sidon, die zu den Er-
schlagenen hinabgestiegen sind, zuschan-
den geworden trotz des Schreckens, den
ihre Stärke erregt hatte; nun liegen sie un-
beschnitten da bei den vom Schwert Er-
schlagenen und tragen ihre Schmach mit
denen, die in die Grube gestiegen sind.
31 Der Pharao wird sie sehen und sich
trösten über (den Verlust) seines ganzen
Gefolges. Vom Schwert erschlagen ist der
Pharao mit seinem ganzen Heer – Spruch
Gottes, des Herrn. 32 Denn ich habe Schre-
cken vor ihm her verbreitet im Land der
Lebendigen. Nun wird er gebettet inmitten
der Unbeschnittenen, bei den vom Schwert
Erschlagenen, der Pharao und sein ganzes
Gefolge – Spruch Gottes, des Herrn.

Gericht und neues Heil

Der Prophet als Wächter

33 Das Wort des Herrn erging an
mich: 2 Menschensohn, sprich zu
den Söhnen deines Volkes und sage zu ih-
nen: Wenn ich über ein Land das Schwert
bringe und es nehmen sich die Bewohner
des Landes aus ihrer Gesamtheit einen
Mann und bestellen ihn zum Wächter
3 und er sieht das Schwert über das Land
kommen, er stößt in die Trompete und
warnt das Volk 4 und es hört einer den
Schall der Trompete, lässt sich aber nicht
warnen, sodass das Schwert kommt und
ihn dahinrafft, so kommt sein Blut auf sein
(eigenes) Haupt. 5 Den Schall der Trompe-
te hat er gehört, hat sich aber nicht warnen
lassen; sein Blut kommt auf ihn. Jener aber
hat gewarnt und sein Leben gerettet.
6 Wenn aber der Wächter das Schwert
kommen sieht und stößt nicht in die
Trompete und das Volk wird nicht ge-
warnt und das Schwert kommt und rafft
einen von ihnen fort, so wird dieser infolge
seiner Schuld dahingerafft; sein Blut aber
fordere ich aus der Hand des Wächters.
7 Dich aber, Menschensohn, habe ich
zum Wächter für das Haus Israel bestellt;
wenn du diese Worte aus meinem Mund
hörst, musst du sie vor mir warnen.
8 Wenn ich zum Gottlosen sage: Gottloser,
du musst sterben!, und du sagst nichts, um
den Gottlosen von seinem Weg abzubrin-
gen, so wird er, der Gottlose, wegen seiner
Schuld sterben; sein Blut aber fordere ich
aus deiner Hand. 9 Hast du aber den Gott-
losen gewarnt, dass er von seinem Weg
umkehrt, und er kehrt nicht um von sei-
nem Weg, so wird er wegen seiner Schuld
sterben; du aber hast dein Leben gerettet.

Die Freiheit zur Umkehr

10 Du, Menschensohn, sag zum Haus Israel:
So habt ihr gesprochen: Unsere Vergehen
und unsere Sünden lasten auf uns, wir
schwinden in ihnen dahin. Wie könnten
wir noch am Leben bleiben? 11 Sage zu ih-
nen: So wahr ich lebe – Spruch Gottes, des
Herrn: Ich habe kein Gefallen am Tod des
Gottlosen, sondern daran, dass der Gott-
lose auf seinem Weg umkehrt und lebt.
Kehrt um, kehrt um auf eueren bösen We-
gen! Warum wollt ihr denn sterben, Haus
Israel?
12 Du, Menschensohn, sag zu den Söh-
nen deines Volkes: Die Gerechtigkeit des
Gerechten wird ihn nicht retten an dem
Tag, an dem er sich vergeht, und die Gott-
losigkeit des Gottlosen wird ihn nicht zu
Fall bringen an dem Tag, an dem er sich
bekehrt. Ebenso vermag der Gerechte
nicht am Leben zu bleiben an dem Tag, an
dem er sündigt. 13 Wenn ich zu dem Ge-
rechten sage: Du wirst sicher am Leben
bleiben!, und er verlässt sich auf seine Ge-
rechtigkeit und begeht Frevel, so wird aller
seiner Gerechtigkeit nicht mehr gedacht
werden; er muss wegen des Frevels, den
er verübt hat, sterben. 14 Wenn ich aber zu
dem Gottlosen sage: Du wirst sicher ster-
ben!, und er bekehrt sich von seiner Sünde

und übt Recht und Gerechtigkeit, 15 gibt
Gepfändetes zurück, erstattet das Geraub-
te wieder und hält sich an die Satzungen
des Lebens, ohne Frevel zu verüben, so
wird er sicher am Leben bleiben und muss
nicht sterben. 16 Aller seiner Sünden, die er
begangen hat, soll nicht mehr gedacht
werden. Recht und Gerechtigkeit hat er
geübt; er wird gewiss am Leben bleiben.
17 Aber die Söhne deines Volkes sagen:
Das Vorgehen des Herrn ist nicht richtig,
während doch ihr eigenes Vorgehen nicht
richtig ist. 18 Lässt der Gerechte von seiner
Gerechtigkeit ab und begeht Frevel, so
muss er dafür sterben. 19 Und lässt der
Gottlose von seiner Gottlosigkeit ab und
übt Recht und Gerechtigkeit, so wird er
deswegen am Leben bleiben. 20 Ihr aber
sagt: Das Vorgehen des Herrn ist nicht
richtig. Einen jeden von euch werde ich
nach seinem Verhalten richten, Haus Isra-
el.

Die Einnahme der Stadt

21 Im elften Jahr, im zehnten Monat, am
Fünften des Monats nach unserer Weg-
führung kam ein Flüchtling aus Jerusalem
mit der Meldung zu mir: Die Stadt ist ein-
genommen. 22 Am Abend vor der Ankunft
des Flüchtlings aber war die Hand des
Herrn über mich gekommen und er öff-
nete meinen Mund, als der Flüchtling am
Morgen zu mir kam; mein Mund wurde
geöffnet und ich war nicht mehr stumm.

Die Besitzgier der Zurückgebliebenen

23 Das Wort des Herrn erging an mich:
24 Menschensohn, die Bewohner dieser
Trümmer im Land Israel sagen: Abraham
war nur ein Einzelner und nahm das Land
in Besitz, wir aber sind viele, uns ist es zum
Besitz gegeben. 25 Deshalb sage zu ihnen:
So spricht Gott, der Herr: Mitsamt dem
Blut esst ihr (Opferfleisch), blickt zu eue-
ren Götzen auf und vergießt Blut, und da
wollt ihr das Land in Besitz nehmen? 26 Ihr
verlasst euch auf euer Schwert, ihr verübt
Gräuel, ein jeder von euch schändet die
Frau seines Nächsten, und da wollt ihr
das Land in Besitz nehmen? 27 So sollst du
zu ihnen sagen: So spricht Gott, der Herr:
So wahr ich lebe, die in den Ruinen (hau-
sen), fallen durch das Schwert; die auf frei-
em Feld sind, gebe ich den wilden Tieren
zum Fraß; die sich in Burgen und in Höh-
len aufhalten, sterben an der Pest. 28 Ich
mache das Land zur Wüste und Einöde;
seine stolze Pracht hat ein Ende; die Berge
Israels liegen verödet da, sodass niemand
mehr sie betritt. 29 Dann werden sie erken-
nen, dass ich der Herr bin, wenn ich das
Land zur Wüste und Einöde mache wegen
aller Gräuel, die sie verübt haben.

Die Unaufrichtigkeit der Hörer

30 Du, Menschensohn, die Söhne deines
Volkes unterhalten sich über dich an den
Mauern und Eingängen der Häuser. Einer
sagt zum anderen: Kommt doch und hört,
was das für ein Wort ist, das vom Herrn
ausgeht! 31 Dann kommen sie zu dir wie
bei einem Volksauflauf, lassen sich vor dir
nieder und hören deine Worte, aber sie
handeln nicht danach; denn Lügen sind
in ihrem Mund, danach handeln sie, und
ihr Herz ist auf Gewinn aus. 32 Du bist für
sie wie einer, der von Liebe singt, eine
schöne Stimme hat und das Saitenspiel
versteht; sie hören deine Worte, aber sie
handeln nicht danach. 33 Trifft es aber ein
– und es trifft ein! –, dann werden sie er-
kennen, dass ein Prophet in ihrer Mitte
war.

Die schlechten Hirten

34 Das Wort des Herrn erging an
mich: 2 Menschensohn, weissage
über die Hirten Israels, weissage und rede
zu ihnen: So spricht Gott, der Herr: Wehe
den Hirten Israels, die (nur) sich selbst
weiden! Sollen nicht die Hirten die Schafe
weiden? 3 Von der Milch habt ihr euch ge-
nährt, mit der Wolle euch bekleidet, die
fetten Tiere geschlachtet, aber die Schafe
habt ihr nicht geweidet. 4 Das Schwache
habt ihr nicht gestärkt, das Kranke nicht
geheilt, das Verletzte nicht verbunden,
das Versprengte nicht zurückgeführt, das
Verirrte nicht gesucht, das Kräftige aber
niedergetreten. 5 Da zerstreuten sich meine
Schafe, weil sie keinen Hirten hatten; sie
wurden allem Wild des Feldes zum Fraß.
6 Meine Schafe irrten auf allen Bergen und
auf jedem hohen Hügel umher; über das
ganze Land hin waren meine Schafe ver-
streut, ohne dass einer nach ihnen gefragt
oder sie gesucht hätte. 7 Darum, ihr Hirten,
hört das Wort des Herrn: 8 So wahr ich le-
be – Spruch Gottes, des Herrn: Weil meine
Schafe zur Beute wurden und weil meine

Schafe allem Wild des Feldes zum Fraß
dienten, weil da kein Hirt war und meine
Hirten nicht nach meinen Schafen gesucht
haben, weil die Hirten sich selbst und
nicht meine Schafe geweidet haben, 9 da-
rum, ihr Hirten, hört das Wort des Herrn:
10 So spricht Gott, der Herr: Jetzt komme
ich über die Hirten und fordere meine
Schafe aus ihrer Hand zurück. Ich mache
ihrem Hirtenamt ein Ende; die Hirten sol-
len nicht länger nur sich selbst weiden. Ich
reiße meine Schafe aus ihrem Rachen; sie
sollen ihnen nicht mehr zum Fraß dienen.

Der gute Hirt

11 Denn so spricht Gott, der Herr: Jetzt will
ich selbst meine Schafe suchen und mich
um sie kümmern. 12 Wie ein Hirt für seine
Herde sorgt an dem Tag, an dem er mitten
unter seinen Schafen steht, die sich zer-
streut haben, so nehme ich mich meiner
Schafe an und hole sie aus allen den Orten
zurück, wohin sie an dunklen, finsteren
Tagen zerstreut wurden. 13 Ich hole sie
heim aus den Völkern, sammle sie aus
den Ländern, bringe sie in ihr Land zurück
und weide sie auf den Bergen Israels, in
den Tälern und an allen Plätzen des Lan-
des. 14 Auf gute Weide will ich sie führen,
auf den Höhen Israels wird ihre Weide
sein. Dort sollen sie lagern auf guter Wei-
de, auf fetter Aue weiden auf den Bergen
Israels. 15 Ich selbst werde meine Schafe
weiden, ich selbst will sie lagern lassen –
Spruch Gottes, des Herrn. 16 Das Verlorene
will ich suchen, das Versprengte zurück-
führen, das Verletzte verbinden, das Kran-
ke stärken; das Fette aber und Kräftige will
ich schützen und weiden, wie es recht ist.

17 Ihr aber, meine Schafe – so spricht
Gott, der Herr – ich richte zwischen Scha-
fen und Schafen, zwischen Widdern und
Böcken. 18 Ist es euch zu wenig, die beste
Weide abzuweiden, dass ihr den Rest eue-
rer Weide mit eueren Füßen zerstampft,
zu wenig, das klare Wasser zu trinken,
dass ihr das Übrige mit eueren Füßen
trübt? 19 Meine Schafe mussten abweiden,
was ihr mit eueren Füßen zerstampft habt,
und trinken, was ihr mit eueren Füßen
trübe gemacht habt. 20 Darum – so spricht
Gott, der Herr zu ihnen: Ich selbst schaffe
Recht zwischen den fetten Schafen und
den mageren Schafen. 21 Weil ihr alle
schwachen Tiere mit Seite und Schulter
weggedrängt und mit eueren Hörnern
fortgestoßen habt, bis ihr sie vertrieben
hattet, 22 deshalb will ich meinen Schafen
helfen, dass sie nicht mehr zur Beute die-
nen. Ich sorge für Recht zwischen Schaf
und Schaf.

Das messianische Reich

23 Ich setze über sie einen einzigen Hirten,
der sie weiden soll, meinen Knecht David,
er soll sie weiden und ihr Hirte sein. 24 Ich,
der Herr, werde ihr Gott sein und mein
Knecht David wird Fürst in ihrer Mitte
sein. Ich, der Herr, habe gesprochen. 25 Ich
schließe mit ihnen einen Friedensbund
und rotte die wilden Tiere aus dem Land
aus, sodass sie in der Steppe sicher woh-
nen und in den Wäldern schlafen können.
26 Ich spende ihnen rings um meinen Hü-
gel Segen und lasse Regen kommen zur
rechten Zeit, Segen spendender Regen
wird es sein. 27 Dann werden die Bäume
des Feldes ihre Frucht bringen und das
Land wird seinen Ertrag geben; sie werden
sicher in ihrem Land sein und erkennen,
dass ich der Herr bin, wenn ich die Stan-
gen ihres Jochs zerbreche und sie aus der
Hand derer errette, die sie knechten. 28 Sie
sollen nicht mehr eine Beute der Völker
sein, noch sollen die Tiere des Landes sie
fressen, sondern sicher sollen sie wohnen,
ohne dass jemand sie erschreckt. 29 Ich las-
se ihnen eine Pflanzung des Heils erste-
hen, dass sie im Land nicht mehr vom
Hunger weggerafft werden und nicht
mehr den Spott der Völker tragen müssen.
30 Dann werden sie erkennen, dass ich, der
Herr, ihr Gott, mit ihnen bin und dass sie,
das Haus Israel, mein Volk sind – Spruch
Gottes, des Herrn. 31 Ihr seid meine Schafe,
die Schafe meiner Weide und ich bin euer
Gott – Spruch Gottes, des Herrn.

Drohspruch gegen Edom

35 Das Wort des Herrn erging an
mich: 2 Menschensohn, richte dein
Gesicht gegen das Gebirge von Seïr, weis-
sage gegen es, 3 und rede zu ihm: So spricht
Gott, der Herr: Ich komme über dich, Ge-
birge von Seïr; ich strecke meine Hand ge-
gen dich aus und mache dich zur Wüste
und Einöde. 4 Deine Städte verwandle ich
in Ruinen; du sollst zur Wüste werden
und erkennen, dass ich der Herr bin.
5 Weil du ewige Feindschaft gehegt und

die Söhne Israels zur Zeit ihres Untergan-
ges, zur Zeit der endgültigen Abrechnung
dem Schwert überliefert hast, 6 darum, so
wahr ich lebe – Spruch Gottes, des Herrn:
ich mache dich zu Blut und Blut soll dich
verfolgen. 7 Das Gebirge von Seïr mache
ich zur Wüste und Einöde und vertilge da-
raus, was da kommt und geht. 8 Ich fülle
seine Berge mit Erschlagenen; auf deinen
Höhen, in deinen Tälern und allen deinen
Schluchten werden sie vom Schwert
durchbohrt fallen. 9 Zur ewigen Wüste ma-
che ich dich; deine Städte sollen nicht
mehr bewohnt sein. Dann werdet ihr er-
kennen, dass ich der Herr bin.
10 Weil du gesagt hast: Die beiden Völker
und die beiden Länder sollen mir gehören,
ich will sie in Besitz nehmen!, obwohl doch
der Herr dort ist, 11 darum, so wahr ich lebe
– Spruch Gottes, des Herrn – handle ich an
dir nach deinem Grimm und deiner Eifer-
sucht, mit denen du hasserfüllt an ihnen
gehandelt hast. Ich werde mich dir offen-
baren, indem ich dich richte. 12 Dann wirst
du erkennen, dass ich, der Herr, alle deine
Lästerungen gehört habe, die du über die
Berge Israels ausgestoßen hast, indem du
gesagt hast: Sie sind verödet, sie sind uns
zum Fraß gegeben. 13 Ihr habt euer Maul
weit gegen mich aufgerissen und freche
Worte gegen mich gebraucht, ich habe es
selbst gehört. 14 So spricht Gott, der Herr:
Wie du dich gefreut hast, dass das ganze
Land verwüstet dalag, so will ich mit dir
verfahren. 15 Wie du dich über das Erbe des
Hauses Israel gefreut hast, dass es verödet
war, so will ich an dir tun. Zur Wüste sollst
du werden, Gebirge von Seïr und ganz
Edom zusammen. Dann werdet ihr erken-
nen, dass ich der Herr bin.

Weissagung über die Berge Israels

36 Du, Menschensohn, weissage über
die Berge Israels und rede: Ihr Ber-
ge Israels, hört das Wort des Herrn! 2 So
spricht Gott, der Herr: Weil der Feind
von euch gesagt hat: Ha, die uralten Hö-
hen sind unser Besitz geworden!, 3 darum
weissage und rede: So spricht Gott, der
Herr: Weil man ringsum nach euch
schnaubte und schnappte, sodass ihr den
übrigen Völkern zum Besitz wurdet und
ins Gerede und Geschwätz der Leute kamt,
4 darum, ihr Berge Israels, hört das Wort
Gottes, des Herrn: So spricht Gott, der
Herr zu den Bergen und Hügeln, zu den
Schluchten und Tälern, zu den verödeten
Ruinen und zu den verlassenen Städten,
die zum Hohn und Gespött der übrigen
umliegenden Völker geworden sind. 5 Da-
rum – so spricht Gott, der Herr: Fürwahr,
im Feuereifer habe ich gegen die übrigen
Völker und gegen das gesamte Edom gere-
det, die mein Land in Besitz genommen
haben, Schadenfreude im Herzen und Ver-
achtung in der Seele, um es als Besitz und
Beute zu haben. 6 Darum weissage über das
Land Israel und sprich zu den Bergen und
Hügeln, zu den Schluchten und Tälern: So
spricht Gott, der Herr: In meinem Eifer
und meinem Grimm habe ich geredet, weil
ihr die Schmähungen der Völker tragen
müsst. 7 Darum – so spricht Gott, der Herr:
Ich erhebe meine Hand: Fürwahr, die Völ-
ker, die um euch sind, sie werden ihre
Schmach zu tragen haben! 8 Ihr aber, ihr
Berge Israels, ihr sollt euere Zweige spros-
sen lassen und euere Frucht tragen für
mein Volk Israel; denn es kommt bald zu-
rück. 9 Seht, ich komme zu euch und wende
mich euch zu; ihr sollt bebaut und besät
werden. 10 Ich mehre auf euch die Men-
schen, das ganze Haus Israel; die Städte
werden wieder bewohnt und die Ruinen
aufgebaut. 11 Ich mehre auf euch Mensch
und Vieh, dass sie zahlreich sind und
fruchtbar; ich mache euch bewohnt wie in
eueren früheren Zeiten und werde euch
Gutes tun mehr noch als früher. Dann
werdet ihr erkennen, dass ich der Herr bin.
12 Ich siedle wieder Menschen auf euch an,
mein Volk Israel, und sie werden euch in
Besitz nehmen, und ihr sollt ihr Erbbesitz
sein und sie künftig nicht mehr kinderlos
machen. 13 So spricht Gott, der Herr: Weil
man zu euch gesagt hat: Eine Menschen-
fresserin bist du und machst dein Volk
kinderlos!, 14 darum sollst du keine Men-
schen mehr fressen und dein Volk nicht
mehr kinderlos machen – Spruch Gottes,
des Herrn. 15 Du sollst in Zukunft nicht
mehr die Schmähung der Völker hören
und nicht mehr den Schimpf der Nationen
zu tragen haben. Du wirst dein Volk nicht
mehr kinderlos machen – Spruch Gottes,
des Herrn.

Neues Heil im Land

16 Das Wort des Herrn erging an mich:
17 Menschensohn, als das Haus Israel in

seinem Land lebte, da machten sie es
durch ihr Verhalten und ihre Taten un-
rein; ihr Verhalten glich der Unreinheit
des monatlichen Blutflusses der Frauen.
18 Da goss ich meinen Grimm über sie aus
wegen des Blutes, das sie im Land vergos-
sen hatten, und weil sie es mit ihren Göt-
zen unrein gemacht hatten. 19 Ich zerstreu-
te sie unter die Völker und sie wurden in
die Länder versprengt; nach ihrem Wan-
del und ihren Taten habe ich sie gerichtet.
20 So kamen sie zu den Völkern; aber wohin
sie kamen, entweihten sie meinen heiligen
Namen; denn man sagte von ihnen: Das ist
das Volk des Herrn und doch mussten sie
aus seinem Land fortziehen. 21 Da tat es
mir Leid um meinen heiligen Namen, den
das Haus Israel unter den Völkern ent-
weiht hatte, zu denen es gekommen war.
22 Darum sage zum Haus Israel: So spricht
Gott, der Herr: Nicht um euretwillen
handle ich, sondern um meines heiligen
Namens willen, den ihr unter den Völ-
kern, zu denen ihr gekommen seid, ent-
weiht habt. 23 Ich will meinen großen Na-
men heiligen, der unter den Völkern
entweiht ist, den ihr in ihrer Mitte ent-
weiht habt. Dann werden die Völker er-
kennen, dass ich der Herr bin – Spruch
Gottes, des Herrn –, wenn ich mich an
euch vor ihren Augen als heilig erweise.
24 Ich hole euch aus den Völkern, ich
sammle euch aus allen Ländern und brin-
ge euch in euer Land zurück. 25 Dann
sprenge ich reines Wasser über euch, dass
ihr rein werdet; von aller Unreinheit und
von allen eueren Götzen reinige ich euch.
26 Ich gebe euch ein neues Herz und lege
einen neuen Geist in euer Inneres; ich ent-
ferne euer steinernes Herz aus euerer
Brust und gebe euch ein Herz von Fleisch.
27 Ich lege meinen Geist in euer Inneres
und bewirke, dass ihr nach meinen Sat-
zungen lebt, meine Vorschriften haltet
und danach handelt. 28 Dann werdet ihr in
dem Land wohnen, das ich eueren Vätern
gegeben habe. Ihr werdet mein Volk sein
und ich werde euer Gott sein. 29 Ich befreie
euch von euerer ganzen Unreinheit; ich
rufe dem Getreide zu und mehre es. Ich
bringe keine Hungersnot mehr über euch.
30 Ich vermehre die Früchte der Bäume und
den Ertrag des Feldes, damit ihr nicht
mehr die Schmach einer Hungersnot un-
ter den Völkern zu tragen habt. 31 Dann
werdet ihr an eueren verkehrten Lebens-
wandel und an euere schlechten Taten
denken und vor euch selbst Ekel empfin-
den wegen euerer Sünden und euerer
Gräuel. 32 Nicht euretwillen handle ich so
– Spruch Gottes, des Herrn –, merkt es
euch wohl! Schämt euch und vergeht vor
Scham wegen eueres Lebenswandels, Haus
Israel!

33 So spricht Gott, der Herr: An dem Tag,
an dem ich euch von euerer ganzen Schuld
reinige, bevölkere ich die Städte wieder
und die Ruinen werden wieder aufgebaut.
34 Das verwüstete Land wird wieder bebaut,
statt dass es wüst daliegt vor den Augen
eines jeden, der vorübergeht. 35 Dann wird
man sagen: Dieses verwüstete Land ist wie
der Garten Eden geworden; die Städte, die
verheert, verwüstet und zerstört dalagen,
sind wieder befestigt und bewohnt.
36 Dann werden die Völker, die rings um
euch übrig geblieben sind, erkennen, dass
ich, der Herr, das Zerstörte wieder auf-
gebaut und das Verwüstete wieder be-
pflanzt habe. Ich, der Herr, habe gespro-
chen und ich führe es aus.

37 So spricht Gott, der Herr: Auch dazu
werde ich mich vom Haus Israel erbitten
lassen und es gewähren: Ich will sie an
Menschen so zahlreich machen wie Scha-
fe. 38 Wie heilige Schafe, wie die Schafe Je-
rusalems an seinen Festtagen, so werden
die verödeten Städte voll sein von Men-
schenherden. Dann wird man erkennen,
dass ich der Herr bin.

Die Auferweckung des toten Israel

37 Die Hand des Herrn kam über
mich und er führte mich im Geist
hinaus und versetzte mich mitten in die
Talebene. Sie aber war voll von Gebeinen.
2 Er ließ mich an ihnen vorübergehen; sie
lagen in sehr großer Zahl über die Ebene
verstreut und waren ganz verdorrt. 3 Er
fragte mich: Menschensohn, werden diese
Gebeine wieder zum Leben zurückkehren?
Ich antwortete: Herr und Gott, du weißt
es. 4 Da sprach er zu mir: Weissage über
diese Gebeine und rede zu ihnen: Ihr dür-
ren Gebeine, hört das Wort des Herrn! 5 So
spricht Gott, der Herr, zu diesen Gebei-
nen: Ich bringe Lebensatem in euch, dass
ihr lebendig werdet. 6 Ich umgebe euch mit
Sehnen und bekleide euch mit Fleisch; ich
überziehe euch mit Haut und bringe Le-

bensatem in euch, dass ihr lebendig wer-
det. Dann sollt ihre erkennen, dass ich
der Herr bin.
7 Ich weissagte, wie mir befohlen war,
und noch während ich redete, entstand
ein Rauschen, die Gebeine rückten zusam-
men, eines an das andere. 8 Als ich hinsah,
kamen Sehnen und Fleisch über sie und
Haut zog sich darüber, aber Lebensatem
war noch nicht in ihnen. 9 Da sprach er zu
mir: Weissage über den Lebensatem, weis-
sage, Menschensohn, und rede zum Le-
bensatem: So spricht Gott, der Herr: Von
den vier Winden komm, Lebensatem, und
hauch diese Erschlagenen an, dass sie le-
bendig werden! 10 Da weissagte ich, wie er
mir geboten hatte, und der Lebensatem
kam in sie; sie wurden lebendig und stell-
ten sich auf ihre Füße, ein gewaltig großes
Heer.
11 Er sprach zu mir: Menschensohn, die-
se Gebeine sind das ganze Haus Israel. Sie
sagen: Verdorrt sind unsere Gebeine, da-
hin ist unsere Hoffnung, es ist aus mit uns!
12 Darum weissage und rede zu ihnen: So
spricht Gott, der Herr: Ich öffne euere
Gräber und hole euch heraus aus eueren
Gräbern als mein Volk; ich bringe euch in
das Land Israel. 13 Dann werdet ihr erken-
nen, dass ich der Herr bin, wenn ich euere
Gräber öffne und euch aus eueren Grä-
bern heraushole als mein Volk. 14 Ich lege
meinen Lebensatem in euch hinein, dass
ihr lebendig werdet, und bringe euch in
euer Land. Dann werdet ihr erkennen,
dass ich, der Herr, gesprochen und gehan-
delt habe – Spruch Gottes, des Herrn.

Die Wiedervereinigung des geteilten Volkes

15 Das Wort des Herrn erging an mich:
16 Du, Menschensohn, nimm dir ein Holz
und schreibe darauf: Juda und die Söhne
Israels, seine Verbündeten. Dann nimm
dir ein (anderes) Holz und schreib darauf:
Josef [Holz Efraims], und das ganze Haus
Israel, seine Verbündeten. 17 Füge sie zu
einem Stab zusammen, damit sie in dei-
ner Hand zu einem Stab werden. 18 Wenn
dann die Söhne deines Volkes zu dir sa-
gen: Willst du uns nicht sagen, was du
damit meinst?, 19 dann sag ihnen: So
spricht Gott, der Herr: Ich nehme das
Holz Josefs [das in der Hand Efraims ist]
und der Stämme Israels, seiner Verbün-
deten, füge es mit dem Holz Judas zusam-
men und mache sie zu einem Holz, sodass
sie in meiner Hand ein Ganzes bilden.
20 Die Hölzer, auf die du geschrieben hast,
sollen vor ihren Augen in deiner Hand
sein. 21 Dann sage zu ihnen: So spricht
Gott, der Herr: Ich hole die Söhne Israels
aus den Völkern heraus, zu denen sie ge-
zogen sind, und sammle sie von allen Sei-
ten her; ich bringe sie in ihr Land. 22 Ich
mache sie zu einem einzigen Volk in mei-
nem Land und auf den Bergen Israels; ein
einziger König soll sie alle regieren; sie
werden nicht mehr zwei Völker bilden
und nicht mehr in zwei Königreiche ge-
teilt sein. 23 Sie werden sich nicht mehr
mit ihren Götzen, ihren Scheusalen und
allen ihren Freveln verunreinigen; ich er-
rette sie aus allen ihren Treulosigkeiten,
durch die sie sich versündigt haben, und
mache sie rein. Sie werden mein Volk
sein und ich werde ihr Gott sein. 24 Mein
Knecht David wird König über sie sein
und einen einzigen Hirten werden sie alle
haben. Sie werden nach meinen Gesetzen
leben und meine Gebote halten und sie
erfüllen. 25 Sie werden in dem Land woh-
nen, das ich meinem Knecht Jakob gege-
ben habe und in dem ihre Väter gewohnt
haben. Sie werden darin wohnen, sie, ihre
Söhne und ihre Enkel auf ewig. David,
mein Knecht, wird ihr Fürst auf ewig sein.
26 Ich schließe mit ihnen einen Friedens-
bund; ein ewiger Bund soll es für sie sein.
Ich lasse sie zahlreich werden und stelle
mein Heiligtum auf ewig mitten unter sie.
27 Meine Wohnung wird bei ihnen sein;
ich werde ihr Gott sein und sie werden
mein Volk sein. 28 Dann werden die Völ-
ker erkennen, dass ich der Herr bin, der
Israel heiligt, wenn mein Heiligtum auf
ewig in ihrer Mitte ist.

Gottes Kampf gegen Gog

Gogs Kriegsvorbereitungen

38 Das Wort des Herrn erging an
mich: 2 Menschensohn, richte dein
Gesicht gegen Gog im Land Magog, den
Großfürsten von Meschech und Tubal,
weissage gegen ihn 3 und sage: Ich komme
über dich, Gog, Großfürst von Meschech
und Tubal. 4 Ich locke dich an und schlage
Haken in deine Kinnbacken; ich führe
dich und dein ganzes Heer heraus, Pferde
und Reiter, alle in voller Ausrüstung, ein
großes Heer mit langen und kurzen Schil-
den, alle mit Schwertern bewaffnet. 5 Pa-
ras, Kusch und Put sind dabei, alle mit
Schild und Helm bewehrt. 6 Gomer und al-
le seine Truppen, Bet-Togarma aus dem
äußersten Norden und alle seine Truppen,
zahlreiche Völker sind mit dir. 7 Rüste dich
und halte dich bereit, du und dein ganzes
Heer, das sich um dich versammelt hat; du
sollst mir zu Diensten sein.
8 Nach vielen Tagen wirst du den Befehl
erhalten; am Ende der Jahre wirst du in ein
Land kommen, das dem Schwert entrissen
ist und dessen Volk aus vielen Völkern
wieder auf den Bergen Israels, die lange
verwüstet waren, zusammengebracht wur-
de. Aus vielen Völkern wurde es heraus-
geführt und sie wohnen alle in Sicherheit.
9 Du aber wirst heraufziehen wie ein Un-
wetter und kommen wie eine Wolke, die
das Land bedeckt, du, deine Truppen und
viele Völkerschaften mit dir.
10 So spricht Gott, der Herr: An jenem
Tag wird es geschehen, dass Gedanken in
deinem Herzen aufsteigen und du einen
bösen Anschlag vorbereitest. 11 Du wirst
sagen: Ich will hinaufziehen gegen das un-
befestigte Land, will friedliche Menschen
überfallen, die alle in Sicherheit leben –
an Orten, wo es keine Mauern, Riegel
und Türen gibt –, 12 um zu plündern und
Beute zu machen, um meine Hand anzu-
legen an Trümmerstätten, die wieder be-
wohnt sind, und an ein Volk, das sich aus
den Völkern wieder zusammengefunden
hat, das Vieh und Besitz zu erwerben
strebt und auf dem Nabel der Erde wohnt.
13 Saba, Dedan und ihre Händler, Tar-
schisch und alle seine Krämer werden zu
dir sagen: Kommst du, um zu plündern?
Hast du deine Truppen zusammengezo-
gen, um Beute zu machen, um Gold und
Silber fortzuschleppen, um Hab und Gut
an dich zu reißen, um große Beute zu ma-
chen?

Gogs Einfall ins Land

14 Darum weissage, Menschensohn, und
sage zu Gog: So spricht Gott, der Herr:
Wenn mein Volk in Sicherheit wohnt,
wirst du dich aufmachen 15 und von dei-
nem Wohnsitz im äußersten Norden her-
kommen, du und viele Völkerscharen mit
dir, alle hoch zu Pferd, eine große Schar,
ein mächtiges Heer.
16 Du ziehst gegen mein Volk Israel he-
rauf wie eine Wetterwolke, um das Land
zu bedecken. Am Ende der Tage wird es
geschehen, da lasse ich dich gegen mein
Land heranziehen, damit die Völker mich
erkennen, wenn ich mich vor ihren Augen
an dir, Gog, als heilig erweise. 17 So spricht
Gott, der Herr: Du bist ja der, von dem ich
in früheren Tagen durch meine Diener, die
Propheten Israels, geredet habe, die da-
mals geweissagt haben, dass ich dich gegen
sie heranführen werde.

Drohspruch gegen Gog

18 An jenem Tag, an dem Gog gegen das
Land Israel heranzieht – Spruch Gottes,
des Herrn –, wird mein Zorn in mir ent-
brennen. 19 In meinem Eifer, im Feuer mei-
nes Zornes sage ich es: An jenem Tag wird
ein großes Beben über das Land Israel
kommen. 20 Dann erzittern vor mir die Fi-
sche des Meeres und die Vögel des Him-
mels, die Tiere des Feldes, alles Getier, das
auf dem Boden kriecht, und alle Menschen
auf der Erde. Die Berge werden bersten,
die Felsen stürzen ein und alle Mauern
fallen zu Boden. 21 Ich rufe auf meinem
ganzen Bergland das Schwert gegen Gog
herbei – Spruch Gottes, des Herrn; das
Schwert des einen wird sich gegen den an-
deren richten. 22 Ich gehe mit ihm ins Ge-
richt durch Pest und Blut; Regenstürze
und Hagelsteine, Feuer und Schwefel lasse
ich über ihn, seine Truppen und die zahl-
reichen Völker, die mit ihm sind, herab-
regnen. 23 So zeige ich mich in meiner Grö-
ße und Heiligkeit und gebe mich vor den
Augen vieler Völker zu erkennen. Dann
werden sie erkennen, dass ich der Herr
bin.

Gogs Niederlage und Ende

39 Du aber, Menschensohn, weissage
gegen Gog und sage: So spricht
Gott, der Herr: Ich komme über dich,
Gog, Großfürst von Meschech und Tubal!
[2] Ich verführe, locke dich herbei; Ich lasse
dich aus dem äußersten Norden heranzie-
hen und führe dich auf die Berge Israels.
[3] Dann schlage ich dir den Bogen aus der
Linken und lasse deiner Rechten die Pfeile
entfallen. [4] Auf den Bergen Israels sollst du
umkommen, du und alle deine Scharen
und die Völker, die mit dir sind; Raubvö-
geln aller Art und dem Wild des Feldes
gebe ich dich zum Fraß. [5] Auf dem freien
Feld wirst du fallen; denn ich habe gespro-
chen – Spruch Gottes, des Herrn. [6] Ich sen-
de Feuer gegen Magog und die in Sicher-
heit lebenden Küstenbewohner. Dann
werden sie erkennen, dass ich der Herr
bin. [7] Meinen heiligen Namen aber offen-
bare ich inmitten meines Volkes Israel; ich
werde meinen heiligen Namen künftig
nicht mehr entweihen lassen. Dann wer-
den die Völker erkennen, dass ich der
Herr bin, heilig in Israel. [8] Es kommt und
es trifft ein – Spruch Gottes, des Herrn.

Das ist der Tag, von dem ich gespro-
chen habe: [9] Dann werden die Bewohner
der Städte Israels hinausgehen und die
Waffen, Langschilde und Kurzschilde, Bo-
gen und Pfeile, Keulen und Lanzen an-
zünden und verbrennen; sieben Jahre wer-
den sie damit feuern. [10] Sie brauchen nicht
mehr Holz vom Feld zu holen und nicht
in den Wäldern zu fällen; denn mit den
Waffen machen sie Feuer und plündern
jene, die sie geplündert, und berauben je-
ne, die sie beraubt haben – Spruch Gottes,
des Herrn.

[11] An jenem Tag wird es geschehen, da
bestimme ich für Gog einen berühmten
Ort als Grabstätte in Israel, das Tal Abraim
(Wandertal), östlich vom (Toten) Meer;
das Grab versperrt den Durchziehenden
den Weg. Dort wird man Gog und sein
ganzes Gefolge begraben und dem Tal den
Namen Haman-Gog (Tal der Pracht Gogs)
geben. [12] Da wird sie das Haus Israel begra-
ben, um das Land wieder rein zu machen,
sieben Monate lang. [13] Begraben wird sie
das ganze Volk des Landes und es wird
ihnen zum Ruhm sein an dem Tag, an
dem ich mich verherrliche – Spruch Got-
tes, des Herrn. [14] Man wird Leute ausson-
dern, die ständig das Land durchziehen
und die im Land Liegengebliebenen begra-
ben sollen, um es wieder rein zu machen;
nach Ablauf von sieben Monaten sollen sie
Nachforschung halten. [15] Und wenn sie im
Land umherziehen und einer sieht Men-
schengebein, so soll er daneben ein Mal
errichten, bis es die Totengräber im Tal
der Pracht Gogs bestattet haben. [16] [Auch
der Name einer Stadt ist Hamona (die
Pracht)]. So werden sie das Land reinigen.

Das große Opfermahl

[17] Du aber, Menschensohn – so spricht
Gott, der Herr, sage zu allen Vögeln und
zu allem Wild des Feldes: Sammelt euch
und kommt herbei; schart euch von allen
Seiten zusammen zu meinem Opfermahl,
das ich euch bereite, ein großes Opfermahl
auf den Bergen Israels! Fresst Fleisch und
trinkt Blut! [18] Das Fleisch von Helden sollt
ihr fressen und das Blut der Fürsten der
Erde trinken, Widder, Lämmer, Böcke,
Stiere, Mastvieh vom Baschan, sie alle.
[19] Fett sollt ihr verzehren, bis ihr satt seid,
und Blut trinken, bis ihr betrunken seid
von meinem Opfermahl, das ich euch ge-
schlachtet habe. [20] An meiner Tafel sollt ihr
euch sättigen mit Pferd und Reiter, mit
Helden und jeglichem Kriegsmann –
Spruch Gottes, des Herrn.

Gottes Ehre und Israels Wiederherstellung

[21] So bringe ich meine Ehre unter den Völ-
kern zur Geltung; alle Völker werden mein
Strafgericht sehen, das ich halte, und mei-
ne Hand, die ich auf sie lege. [22] Dann wird
das Haus Israel erkennen, dass ich der
Herr, ihr Gott, bin, von jenem Tag an und
auf ewig. [23] Auch die Völker werden erken-
nen, dass das Haus Israel wegen seiner
Schuld in die Verbannung ziehen musste,
weil sie von mir abgefallen waren, sodass
ich mein Angesicht vor ihnen verbarg und
sie in die Hand ihrer Feinde gab, dass sie
allesamt durch das Schwert fielen. [24] Nach
ihrer Unreinheit und ihren Freveltaten ha-
be ich an ihnen gehandelt und mein Ange-
sicht vor ihnen verborgen.

[25] Darum – so spricht Gott, der Herr:
Jetzt will ich das Geschick Jakobs wenden,
ich will mich des ganzen Hauses Israel er-
barmen und für meinen heiligen Namen
eintreten. [26] Sie sollen ihre Schmach und
alle ihre Treulosigkeiten, die sie gegen

mich begangen haben, vergessen, wenn sie
ruhig in ihrem Land leben, ohne dass je-
mand sie aufschreckt, 27 wenn ich sie aus
den Völkern zurückhole und aus den Län-
dern ihrer Feinde gesammelt habe und
mich an ihnen heilig erweise vor den Au-
gen vieler Völker. 28 Dann werden sie er-
kennen, dass ich der Herr, ihr Gott, bin,
dass ich sie (zwar) in die Verbannung zu
den Völkern geführt habe, sie aber nun
wieder in ihrem Land zusammenbringe
und keinen von ihnen dort zurücklasse.
29 Ich verberge mein Angesicht nicht mehr
vor ihnen, nachdem ich meinen Geist über
das Haus Israel ausgegossen habe – Spruch
Gottes, des Herrn.

Die Vision vom neuen Israel

Die Entrückung des Propheten

40 Im fünfundzwanzigsten Jahr unse-
rer Verbannung, am Anfang des
Jahres, am Zehnten des Monats, im vier-
zehnten Jahr nach der Eroberung der
Stadt, an eben diesem Tag kam die Hand
Gottes über mich und er brachte mich
dorthin. 2 In göttlichen Visionen brachte
er mich in das Land Israel und versetzte
mich auf einen sehr hohen Berg. Auf die-
sem Berg war im Süden etwas wie der Bau
einer Stadt. 3 Er brachte mich dorthin. Da
erschien ein Mann, dessen Aussehen wie
von Bronze war; er hatte eine leinene
Schnur in der Hand und eine Messlatte.
Er stand am Tor. 4 Der Mann sprach zu
mir: Menschensohn, schau mit deinen
Augen und höre mit deinen Ohren! Gib
genau Acht auf das, was ich dir zeigen wer-
de; denn du bist hierher gebracht worden,
damit es dir gezeigt wird. Verkünde alles,
was du siehst, dem Haus Israel!

Der Tempel mit seinen Toren und Höfen

5 Da war eine Mauer, die den Tempel rings-
um von außen umgab. In der Hand des
Mannes befand sich eine Messlatte von
sechs Ellen, (die Elle) zu einer Elle und
einer Handbreite (gerechnet), und er maß
die Dicke der Mauer: eine Latte, und die
Höhe: eine Latte. 6 Dann kam er zu dem
Tor, dessen Vorderseite nach Osten lag,
stieg die Stufen empor und maß die
Schwelle des Tors: eine Latte in der Breite
[jede Schwelle war eine Latte breit], ferner
7 die Nische: eine Latte in der Länge und
eine Latte in der Breite, und den Pfeiler
zwischen den Nischen: fünf Ellen, und die
Schwelle des Tors an der Seite der Vorhal-
le des Tors von innen: eine Latte. 8 [Er maß
die Vorhalle des Tors auf der Innenseite:
eine Latte.] 9 Dann maß er die Vorhalle
des Tors: acht Ellen, und ihre Pfeiler: zwei
Ellen; die Vorhalle des Tors aber lag nach
innen. 10 Die Nischen des Tors in Ostrich-
tung: drei auf der einen und drei auf der
anderen Seite, alle drei von gleichem Maß,
und die Pfeiler ebenso von gleichem Maß
auf der einen wie auf der anderen Seite.
11 Dann maß er die Breite des Toreingangs:
zehn Ellen, die Länge des Tors: dreizehn
Ellen. 12 Vor den Nischen war eine Schran-
ke, je eine Elle auf der einen wie auf der
anderen Seite, die Nische aber hatte sechs
Ellen auf der einen und sechs Ellen auf der
anderen Seite. 13 Dann maß er das Tor von
der Rückwand der Nische bis zur anderen
Rückwand, die Breite war fünfundzwanzig
Ellen von Tür zu Tür. 14 Er maß auch die
Vorhalle: zwanzig Ellen; die Vorhalle stieß
ringsherum an das Tor. 15 Von der Vorder-
seite des Toreingangs bis zur Vorderseite
des Tors nach innen zu: fünfzig Ellen. 16 Es
gab vergitterte Fenster an den Nischen
und ihren Pfeilern nach innen am Tor
ringsherum und ebenso Fenster an der
Vorhalle ringsum nach innen zu. Die Pfei-
ler waren an beiden Seiten mit Palmen
verziert.

17 Dann brachte er mich zum äußeren
Vorhof. Da gab es Räume und ein Stein-
pflaster im Vorhof ringsum; dreißig Räu-
me waren auf dem Steinpflaster. 18 Das
Steinpflaster befand sich seitlich der Tore
entsprechend der Länge der Tore; das war
das untere Steinpflaster. 19 Dann maß er
die Breite des Vorhofs von der Vorderseite
des unteren Tors bis zur Vorderseite des
inneren Tors draußen: hundert Ellen.
Dann führte er mich nach Norden.
20 Da war ein Tor, dessen Vorderseite
nach Norden zum äußeren Vorhof lag; er
maß seine Länge und Breite. 21 Seine Ni-
schen, drei auf der einen und drei auf der

anderen Seite, seine Pfeiler und seine Vor-
halle waren entsprechend dem Maß des
ersten Tors: fünfzig Ellen lang und fünf-
undzwanzig Ellen breit. 22 Seine Fenster,
seine Vorhalle und seine Palmen waren
wie bei dem Tor, dessen Vorderseite nach
Osten lag; auf sieben Stufen stieg man hi-
nauf; seine Vorhalle aber lag nach innen
zu. 23 Auch das Tor zum inneren Vorhof
gegenüber dem Nordtor war wie das Ost-
tor; er maß von Tor zu Tor: hundert Ellen.

24 Dann führte er mich nach Süden und
da war ein Tor, das nach Süden ging; er
maß seine Nischen, seine Pfeiler und seine
Vorhalle: es waren die gleichen Maße. 25 Es
hatte Fenster ringsum wie auch seine Vor-
halle, gleich jenen Fenstern; fünfzig Ellen
betrug die Länge und fünfundzwanzig El-
len die Breite. 26 Auf sieben Stufen stieg
man zu ihr herauf, seine Vorhalle lag nach
innen zu und hatte Palmen an den Pfei-
lern, eine auf der einen und eine auf der
anderen Seite. 27 Auch ein Tor um den in-
neren Vorhof war da in der Richtung nach
Süden: hundert Ellen.

28 Dann brachte er mich durch das Süd-
tor zum inneren Vorhof; er maß das Süd-
tor: es hatte dieselben Maße. 29 Seine Ni-
schen, seine Pfeiler und seine Vorhalle
hatten die gleichen Maße; es hatte auch
Fenster ringsum wie die Vorhalle: fünfzig
Ellen war die Länge und fünfundzwanzig
Ellen die Breite. 30 Die Vorhallen ringsum
waren fünfundzwanzig Ellen lang und fünf
Ellen breit. 31 Seine Vorhalle aber lag nach
dem äußeren Vorhof zu; Palmen waren an
seinen Pfeilern, acht Stufen bildeten den
Aufgang.

32 Dann brachte er mich zur Ostseite des
Innenhofs und maß das Tor: es waren die
gleichen Maße. 33 Seine Nischen, seine Pfei-
ler und seine Vorhalle entsprachen diesen
Maßen. Fenster hatte es wie die Vorhalle
ringsum. Die Länge betrug fünfzig Ellen
und die Breite fünfundzwanzig Ellen.
34 Seine Vorhalle lag nach dem äußeren
Vorhof zu; Palmen waren an seinen Pfei-
lern auf der einen wie auf der anderen Seite
und acht Stufen bildeten seinen Aufgang.

35 Dann brachte er mich zum Nordtor
und maß es: es waren die gleichen Maße.
36 Es hatte seine Nischen, seine Pfeiler, sei-
ne Vorhalle und Fenster ringsum; es war
fünfzig Ellen lang und fünfundzwanzig El-
len breit. 37 Seine Vorhalle lag nach dem
äußeren Vorhof zu; Palmen waren an sei-
nen Pfeilern auf der einen wie auf der an-
deren Seite; acht Stufen bildeten seinen
Aufgang.

38 Auch ein Raum war da, sein Eingang
lag in der Vorhalle der Tore; dort spülte
man das Brandopfer ab. 39 In der Vorhalle
des Tors waren zwei Tische auf der einen
und zwei Tische auf der anderen Seite, um
darauf das Brandopfer, das Sündopfer und
das Schuldopfer zu schlachten. 40 An der
Außenwand neben dem Toreingang im
Norden waren zwei Tische und an der an-
deren Seite der Vorhalle des Tors waren
ebenfalls zwei Tische; 41 vier Tische hier
und vier Tische dort auf der anderen Seite
des Tors, acht Tische, auf denen man
schlachtete. 42 Die vier Tische für das
Brandopfer waren aus behauenen Steinen,
anderthalb Ellen lang, anderthalb Ellen
breit und eine Elle hoch; darauf legte man
die Geräte zum Schlachten der Brand- und
der Schlachtopfer. 43 Ein Rand von einer
Handbreite war ringsum nach innen zu
angebracht. Auf die Tische legte man das
Opferfleisch.

44 Dann brachte er mich zum inneren
Vorhof und siehe, da waren zwei Räume
im inneren Vorhof, einer an der Seite des
Nordtors – seine Vorderseite war nach Sü-
den gerichtet –, und einer an der Seite des
Südtors – seine Vorderseite war nach Nor-
den gerichtet. 45 Er sprach zu mir: Dieser
Raum, dessen Vorderseite nach Süden ge-
richtet ist, dient den Priestern, die den
Tempeldienst versehen. 46 Der Raum, des-
sen Vorderseite nach Norden gerichtet ist,
dient den Priestern, die den Altardienst
versehen. Das sind die Söhne Zadoks, die
als einzige von den Söhnen Levis dem
Herrn nahen dürfen, um ihm zu dienen.
47 Er maß den Vorhof: er war hundert Ellen
lang und hundert Ellen breit, ein Quadrat.
Der Altar stand vor dem Tempel.

48 Dann brachte er mich zur Vorhalle
des Tempels und maß die Pfeiler: fünf El-
len auf der einen und fünf Ellen auf der
anderen Seite; und die Breite des Tors be-
trug vierzehn Ellen und die Breite der bei-
den Seitenwände je drei Ellen. 49 Die Länge
der Vorhalle betrug zwanzig Ellen und die
Breite zwölf Ellen. Auf zehn Stufen stieg
man zu ihr empor. Auch Säulen waren an
den Pfeilern, eine auf dieser und eine auf
der anderen Seite.

41 Danach brachte er mich zur Tem-
pelhalle und maß die Pfeiler: sechs
Ellen in der Breite auf der einen und sechs
Ellen in der Breite auf der anderen Seite.
2 Die Breite des Eingangs betrug zehn El-
len; die Seitenwände des Eingangs fünf El-
len auf der einen und fünf Ellen auf der
anderen Seite. Er maß ihre Länge: vierzig
Ellen, und ihre Breite: zwanzig Ellen.
3 Dann trat er ins Innere und maß den
Pfeiler des Eingangs: zwei Ellen, die Breite
des Eingangs: sechs Ellen, und die Seiten-
wände des Eingangs: sieben Ellen auf der
einen wie auf der anderen Seite. 4 Er maß
seine Länge: zwanzig Ellen, und die Breite:
zwanzig Ellen; an der Vorderseite der
Tempelhalle: zwanzig Ellen. Und er sagte
zu mir: Das ist das Allerheiligste.

Die Seitengebäude

5 Und er maß die Mauer des Tempels:
sechs Ellen, und die Breite des Anbaus:
vier Ellen, rings um den Tempel herum.
6 Und an Seitenräumen, Seitenraum über
Seitenraum, gab es dreißig in drei Stock-
werken; und Absätze waren in der Mauer,
die nach innen den Seitenräumen zuge-
wandt ist, die als Stützen dienen sollten;
in der Tempelwand aber waren keine Stüt-
zen. 7 Und die Seitenräume verbreiterten
sich von einem Stockwerk zum anderen,
denn sie umgaben in Stockwerken den
Tempel ringsum; deshalb nahm die Breite
am Tempel nach oben hin zu; vom unte-
ren Stockwerk konnte man über das mitt-
lere zum oberen hinaufgehen. 8 Und ich
sah rings um den Tempel ein erhöhtes
Pflaster. Die Fundamente der Seiten-
gebäude betrugen eine volle Messlatte:
sechs Ellen. 9 Die Dicke der Mauer des An-
baus nach außen hin betrug fünf Ellen; ein
freier Platz war zwischen den Seitengebäu-
den des Tempels 10 und zwischen den Zel-
len in einer Breite von zwanzig Ellen rings
um den Tempel herum. 11 Die Tore des An-
baus gingen auf den freien Platz, ein Tor
nach Norden und ein Tor nach Süden,
und die Breite des freien Platzes betrug
ringsum fünf Ellen. 12 Der Bau aber, der
vor dem eingefriedeten Platz an der West-
seite lag, hatte eine Breite von siebzig El-
len. Die Mauer des Gebäudes hatte eine
Dicke von fünf Ellen ringsum und eine
Länge von neunzig Ellen.
13 Dann maß er das Tempelhaus; es hatte
eine Länge von hundert Ellen. Der einge-
friedete Platz und das Gebäude samt sei-
nen Mauern hatten eine Länge von hun-
dert Ellen. 14 Die Breite der Vorderseite
des Tempels und des eingefriedeten Plat-
zes im Osten betrug hundert Ellen. 15 Dann
maß er die Länge des Gebäudes vor dem
eingefriedeten Platz, darauf der Rückseite
mit seinen Mauern lag, auf dieser und auf
jener Seite: hundert Ellen.

Die Innenausstattung des Tempels

Das Innere der Tempelhalle und der äuße-
ren Vorhalle 16 war getäfelt. Die Rahmen
der verschließbaren Fenster und die Tor-
rahmen in drei Teilen ringsum gegenüber
der Schwelle waren mit Holz verkleidet,
vom Boden bis zu den Fenstern. Die Fens-
ter aber waren verhängt. 17 Über dem Ein-
gang bis zum Innersten, außen und an al-
len Wänden ringsum innen und außen,
18 waren Kerubim angebracht und Palmen,
und zwar je eine Palme zwischen zwei Ke-
rubim. Jeder Kerub hatte zwei Gesichter:
19 ein Menschengesicht nach der Palme zu
auf der einen Seite und ein Löwengesicht
nach der Palme zu auf der anderen Seite.
So war es ringsum am ganzen Tempel ge-
macht. 20 Vom Boden bis über den Eingang
waren Kerubim und Palmen angebracht.
21 Die Tür der Tempelhalle hatte eine vier-
fache Türeinfassung. Vor dem Allerhei-
ligsten war etwas, das aussah wie 22 ein Al-
tar aus Holz von drei Ellen Höhe und zwei
Ellen Länge und zwei Ellen Breite. Seine
Ecken, sein Sockel und seine Wände waren
aus Holz. Da sprach er zu mir: Das ist der
Tisch, der vor dem Herrn steht. 23 Die
Tempelhalle hatte eine Doppeltür; auch
das Allerheiligste 24 hatte eine Doppeltür.
Zwei drehbare Türflügel hatten die Türen,
zwei Türflügel die eine Tür und zwei Tür-
flügel die andere. 25 Auf den Türflügeln der
Tempelhalle waren Kerubim und Palmen
angebracht, wie sie auf den Wänden ange-
bracht waren. Ein Schutzdach aus Holz
befand sich außen vor der Vorhalle. 26 Ver-
schließbare Fenster und Palmen waren an
beiden Seitenwänden der Vorhalle, an den
Seitenräumen des Tempels und an den
Schutzdächern.

Die Nebengebäude des Tempels

42 Dann führte er mich in den äuße-
ren Vorhof in der Richtung nach

Norden und brachte mich zu einem Bau, der gegenüber dem eingefriedeten Platz und vor dem Gebäude nach Norden zu lag. 2 Die Länge betrug hundert Ellen an der Nordseite, die Breite fünfzig Ellen. 3 Gegenüber den zwanzig Ellen des inneren Vorhofs und gegenüber dem Steinpflaster des äußeren Vorhofs lag der Bau, Galerie an Galerie, in drei Stockwerken. 4 Vor den Räumen war ein Gang von zehn Ellen Breite und hundert Ellen Länge. Ihre Türen gingen nach Norden. 5 Die oberen Räume waren verkürzt; denn die Galerien nahmen ihnen Raum weg im Vergleich zu den unteren und mittleren (Stockwerken); 6 denn sie waren dreistöckig und hatten keine Säulen wie die Säulen der Vorhöfe. Darum war ihnen Raum weggenommen im Vergleich zu den unteren und mittleren (Stockwerken). 7 Eine Mauer, die außen parallel zu den Räumen in der Richtung nach dem äußeren Vorhof gegenüber den Räumen lief, hatte eine Länge von fünfzig Ellen. 8 Denn die Länge der Räume, die am äußeren Vorhof lagen, betrug fünfzig Ellen und jener vor dem Tempel hundert Ellen. 9 Unterhalb dieser Räume war der Zugang von Osten her, wenn man vom äußeren Vorhof kam.

10 In der Breite der Mauer des Vorhofs in südlicher Richtung vor dem eingefriedeten Platz und vor dem Gebäude waren ebenfalls Räume. 11 Ein Gang befand sich vor ihnen. Sie sahen aus wie die Räume, die nach Norden lagen, sowohl ihrer Länge wie ihrer Breite nach, allen ihren Ausgängen, ihrer Einrichtung und ihren Türen nach. 12 Unterhalb der Räume, die nach Süden lagen, befand sich ein Eingang am Anfang der Mauer des Vorhofs vor dem eingefriedeten Platz und den Gebäuden für jene, die von Osten herkamen.

13 Er sprach zu mir: Die Räume im Norden und die Räume im Süden, die vor dem eingefriedeten Platz liegen, sind heilige Räume, wo die Priester, die dem Herrn nahen dürfen, die hochheiligen Gaben essen sollen; dort sollen sie die hochheiligen Gaben niederlegen, das Speiseopfer, das Sündopfer und das Schuldopfer; denn der Ort ist heilig. 14 Wenn die Priester eingetreten sind, sollen sie nicht aus dem Heiligtum in den äußeren Vorhof gehen, sondern dort ihre Kleider ablegen, in denen sie ihren Dienst verrichtet haben; denn sie sind heilig. Sie sollen sich andere Kleider anziehen und sich erst dann an den für das Volk bestimmten Platz begeben.

Die Maße des Tempelbezirks

15 Als er die Vermessung der inneren Tempelgebäude beendet hatte, brachte er mich hinaus zu dem Tor, dessen Vorderseite in der Richtung nach Osten lag, und vermaß (den Tempelbezirk) ringsum. 16 Er maß die Ostseite: fünfhundert Ellen mit der Messlatte. Dann wandte er sich um und 17 maß die Nordseite: fünfhundert Ellen mit der Messlatte. Und er wandte sich und 18 maß die Südseite: fünfhundert Ellen mit der Messlatte. 19 Dann wandte er sich um und maß die Westseite: fünfhundert Ellen mit der Messlatte. 20 An den vier Seiten maß er. Ringsum war eine Mauer, fünfhundert Ellen lang und fünfhundert Ellen breit, um das Heilige vom Profanen zu trennen.

Die Rückkehr des Herrn in den Tempel

43 Dann führte er mich zu dem Tor, das nach Osten gerichtet ist. 2 Da sah ich, wie die Herrlichkeit des Gottes Israels von Osten ankam. Ihr Rauschen war wie das Rauschen vieler Wasser und die Erde erstrahlte von seiner Herrlichkeit. 3 Die Erscheinung, die ich sah, glich der Erscheinung, die ich gesehen hatte, als er gekommen war, die Stadt zu vernichten, eine Erscheinung wie jene, die ich am Fluss Kebar gesehen hatte. Da fiel ich auf mein Gesicht nieder. 4 Die Herrlichkeit des Herrn zog in den Tempel ein durch das Tor, das nach Osten gerichtet war. 5 Da hob mich der Geist empor und brachte mich in den inneren Vorhof. Die Herrlichkeit des Herrn erfüllte den Tempel. 6 Dann hörte ich jemand vom Tempel her zu mir reden, während der Mann noch neben mir stand. 7 Er sprach zu mir: Menschensohn, dies ist der Ort, wo mein Thron steht und wo meine Füße ruhen. Hier will ich inmitten der Söhne Israels auf ewig wohnen. Nie mehr soll das Haus Israel, weder sie noch ihre Könige, meinen heiligen Namen durch ihre Unzucht und die Leichen ihrer Könige beflecken, 8 indem sie ihre Schwelle neben meine Schwelle und ihre Pfosten neben meine Pfosten setzen, sodass nur eine Wand zwischen mir und ihnen war. So befleckten sie meinen heiligen Namen durch ihre Gräuel, die sie verübten; ich

aber vernichtete sie in meinem Grimm.
9 Jetzt sollen sie ihre Unzucht und die Lei-
chen ihrer Könige von mir fernhalten, so-
dass ich auf ewig unter ihnen wohnen
kann.
10 Du, Menschensohn, beschreibe dem
Haus Israel den Tempel – sie sollen sich
ihrer Sünden schämen! –, seine Maße und
seine Einrichtungen. 11 Wenn sie sich dann
schämen wegen alledem, was sie getan ha-
ben, dann zeichne den Tempel und mach
sie mit seiner Einrichtung, seinen Ausgän-
gen und Eingängen und seiner ganzen An-
lage, seinen Satzungen und Gesetzen be-
kannt. Schreibe sie vor ihren Augen auf,
damit sie alle diese Gesetze und Satzungen
halten und ausführen. 12 Das ist die Sat-
zung des Tempels: Das ganze Gebiet auf
dem Gipfel des Berges ringsum soll hoch-
heilig sein.

Der Altar und seine Weihe

13 Dies waren die Maße des Altars in Ellen,
die Elle zu einer Elle und einer Handbreite
gerechnet. Sein Graben war eine Elle tief
und eine Elle breit und die Einfassung an
seinem Rand eine Spanne breit. Dies ist
die Höhe des Altars: 14 vom Boden des Gra-
bens bis zum unteren Absatz zwei Ellen
und die Breite eine Elle. Von dem kleinen
Absatz bis zu dem größeren Absatz waren
es vier Ellen und die Breite eine Elle. 15 Der
Opferherd war vier Ellen hoch; vom Op-
ferherd ragten vier Hörner empor. 16 Der
Opferherd war zwölf Ellen lang bei einer
Breite von zwölf Ellen, also quadratisch.
17 Der (große) Absatz war vierzehn Ellen
lang und vierzehn Ellen breit, also quadra-
tisch; die Einfassung, die ihn umgab, war
eine halbe Elle. Der Graben, der sie um-
gab, maß eine Elle ringsum. Seine Stufen
waren nach Osten gerichtet.
18 Da sprach er zu mir: Menschensohn,
so spricht Gott, der Herr: Das sind die Sat-
zungen für den Altar. Am Tag, an dem er
fertig sein wird, um darauf Brandopfer
darzubringen und Blut darauf zu spren-
gen, 19 sollst du den levitischen Priestern
von den Nachkommen Zadoks, die vor
mich hintreten dürfen – Spruch Gottes,
des Herrn –, um mir zu dienen, einen
männlichen Stier als Sündopfer überge-
ben. 20 Dann sollst du von seinem Blut neh-
men und es an die vier Hörner des Altars
streichen, an die vier Ecken des (mittleren)
Absatzes und an die Einfassung ringsum
und sollst ihn entsündigen und entsüh-
nen. 21 Dann sollst du den Stier des Sünd-
opfers nehmen und man soll ihn auf dem
dazu bestimmten Platz des Tempels au-
ßerhalb des Heiligtums verbrennen. 22 Am
zweiten Tag sollst du einen fehlerlosen Zie-
genbock als Sündopfer darbringen und sie
sollen den Altar entsündigen, wie sie ihn
mit dem Stier entsündigt haben. 23 Wenn
sie die Entsündigung vollzogen haben,
sollst du einen fehlerlosen jungen Stier
von den Rindern und einen fehlerlosen
Widder vom Kleinvieh darbringen. 24 Du
sollst sie vor dem Herrn darbringen und
die Priester sollen Salz darauf streuen und
sie als Brandopfer dem Herrn darbringen.
25 Sieben Tage sollst du täglich einen Bock
als Sündopfer herrichten; ebenso soll man
einen jungen Stier und einen Widder, feh-
lerlose Tiere, herrichten. 26 Sieben Tage
lang soll man den Altar entsündigen, rei-
nigen und weihen. 27 Und nach Ablauf die-
ser Tage, vom achten Tag an, sollen die
Priester auf dem Altar euere Brandopfer
und euere Gemeinschaftsopfer herrichten.
Dann will ich euch in Gnaden annehmen
– Spruch Gottes, des Herrn.

Das verschlossene äußere Osttor

44 Dann führte er mich zu dem äuße-
ren Tor des Heiligtums, das nach
Osten gerichtet ist, aber es war verschlos-
sen. 2 Da sprach der Herr zu mir: Dieses
Tor soll verschlossen bleiben. Es soll nicht
geöffnet werden und niemand darf hin-
durchgehen; denn der Herr, der Gott Isra-
els, ist durch dieses Tor eingezogen; des-
halb soll es verschlossen bleiben. 3 Nur der
Fürst darf sich darin niederlassen zum
Mahl vor dem Herrn. Durch die Vorhalle
des Tors soll er eintreten und auf demsel-
ben Weg wieder hinausgehen.

Leviten und Priester

4 Dann brachte er mich in der Richtung
des Nordtors zur Vorderseite des Tempels
und ich sah: Die Herrlichkeit des Herrn
erfüllte den Tempel des Herrn. Da fiel ich
auf mein Gesicht. 5 Der Herr sprach zu
mir: Menschensohn, gib gut Acht, schau
mit deinen Augen und höre mit deinen
Ohren alles, was ich mit dir über die Sat-
zungen des Tempels des Herrn und alle
seine Bestimmungen reden will! Gib Acht

auf alle, die in den Tempel kommen dür-
fen, und auf jene, die vom Heiligtum aus-
geschlossen sind! 6 Sprich zu dem wider-
spenstigen Haus Israel: So spricht Gott,
der Herr: Nun ist es genug mit allen eue-
ren Gräueln, Haus Israel, 7 dass ihr Fremde
eingelassen habt, unbeschnitten an Herz
und Fleisch, dass sie in meinem Heiligtum
waren, es zu entweihen, wenn ihr meine
Speise, Fett und Blut, dargebracht habt.
So habt ihr durch euere Gräuel meinen
Bund gebrochen. 8 Den Dienst an meinem
Heiligtum habt ihr nicht wahrgenommen,
sondern ihr habt stattdessen sie bestellt,
den Dienst an meinem Heiligtum zu be-
sorgen. 9 Darum – so spricht Gott, der
Herr: Kein Fremder, der an Herz und
Fleisch unbeschnitten ist, darf mein Hei-
ligtum betreten, keiner von den Fremden,
die unter den Söhnen Israels leben, son-
dern nur 10 die Leviten, die aber, weil sie
sich von mir entfernten, als Israel sich
von mir lossagte und seinen Götzen nach-
lief, ihre Schuld tragen sollen. 11 Sie sollen
in meinem Heiligtum als Wächter an den
Tempeltoren, als Tempeldiener Dienst
tun, sie sollen die Brandopfer und die
Schlachtopfer für das Volk schlachten
und ihm als Diener zur Verfügung stehen.
12 Weil sie ihnen vor ihren Götzen gedient
und dem Haus Israel Anstoß zur Schuld
geworden sind, darum habe ich meine
Hand gegen sie erhoben – Spruch Gottes,
des Herrn – sie sollen ihre Schuld tragen.
13 Sie dürfen nicht mehr vor mich hintre-
ten, um mir als Priester zu dienen und
um sich allem Heiligen und dem Hochhei-
ligen zu nahen, sondern sie sollen ihre
Schmach tragen wegen der Gräuel, die sie
verübt haben. 14 So bestimme ich sie zur
Pflege des Tempeldienstes, für alle seine
Dienstleistungen und für alles, was es da-
rin zu tun gibt.

15 Die levitischen Priester aber, die Söh-
ne Zadoks, die den Dienst an meinem Hei-
ligtum versehen haben, als die Söhne Isra-
els mich verließen, sie sollen vor mich
hintreten, um mir zu dienen, und sollen
vor mir stehen, um mir Fett und Blut dar-
zubringen – Spruch Gottes, des Herrn.
16 Sie dürfen mein Heiligtum betreten und
meinem Tisch nahen, um mir zu dienen;
sie sollen meinen Dienst versehen.
17 Wenn sie in die Tore des inneren Vor-
hofs eintreten, sollen sie leinene Gewänder
tragen; Wollenes dürfen sie nicht anha-
ben, wenn sie in den Toren des inneren
Vorhofs und im Tempel Dienst tun. 18 Sie
sollen einen Kopfbund aus Leinen aufset-
zen und leinene Beinkleider anziehen. Sie
sollen keine schweißtreibende Kleidung
tragen. 19 Wenn sie in den äußeren Vorhof
zum Volk hinausgehen, sollen sie ihre Ge-
wänder, in denen sie Dienst getan haben,
ausziehen, in den heiligen Räumen nieder-
legen und andere Kleider anziehen, um
nicht das Volk durch ihre Kleider zu heili-
gen. 20 Ihren Kopf sollen sie nicht kahl
scheren, aber auch nicht das Haar lang
wachsen lassen, sondern ihr Haar kurz
schneiden. 21 Wein darf kein Priester trin-
ken, wenn er in den inneren Vorhof geht.
22 Eine Witwe oder eine Verstoßene dürfen
sie nicht zur Frau nehmen, sondern nur
Jungfrauen von den Nachkommen des
Hauses Israel; eine Witwe aber, die mit
einem Priester verheiratet war, dürfen sie
heiraten. 23 Sie sollen mein Volk über den
Unterschied zwischen heilig und profan
belehren und ihm den Unterschied von
unrein und rein verdeutlichen. 24 In Streit-
fällen sollen sie zu Gericht sitzen und nach
meinen Satzungen darüber entscheiden.
Meine Gesetze und meine Verordnungen
sollen sie an allen meinen Festtagen be-
achten und meine Sabbate heilig halten.
25 Einer menschlichen Leiche sollen sie sich
nicht nähern, um sich nicht unrein zu ma-
chen; nur beim (Leichnam von) Vater und
Mutter, Bruder und Schwester dürfen sie
sich unrein machen. 26 Nach seiner Rei-
nigung soll man dem Priester noch sieben
Tage zurechnen. 27 Am Tag, an dem er den
inneren Vorhof des Heiligtums wieder be-
tritt, um im Heiligtum Dienst zu tun, soll
er ein Sündopfer für sich darbringen –
Spruch Gottes, des Herrn.

28 Erbbesitz sollen sie nicht haben; ich
bin ihr Erbbesitz. Eigentum soll man
ihnen nicht geben in Israel; ich bin ihr Ei-
gentum. 29 Speise-, Sünd- und Schuldopfer
sollen sie essen, und alles, was man in Is-
rael weiht, soll ihnen gehören. 30 Das Beste
von allen Erstlingen und von allen eueren
Weihegaben soll den Priestern gehören.
Das Beste von euerem Mahl sollt ihr den
Priestern geben, damit Segen auf euerem
Haus ruht. 31 Weder Aas noch Zerrissenes,
sei es von Vögeln oder vom Vieh, dürfen
die Priester essen.

Die Aufteilung der heiligen Landesmitte

45 Wenn ihr das Land zum Erbbesitz verlost, sollt ihr vom Land als heilige Abgabe ein heiliges Stück von fünfundzwanzigtausend Ellen Länge und zwanzigtausend Ellen Breite für den Herrn zurückbehalten. Das soll in seinem ganzen Umfang heiliges Gebiet sein. 2 Davon soll zum Heiligtum ein Quadrat von fünfhundert mal fünfhundert Ellen ringsum gehören und fünfzig Ellen freie Fläche ringsherum. 3 Von diesem Bezirk sollst du ein Gebiet von fünfundzwanzigtausend Ellen Länge und zehntausend Ellen Breite abmessen; darauf soll das Allerheiligste stehen. 4 Das soll der heilige Teil des Landes sein; er soll den Priestern gehören, die am Heiligtum Dienst tun und die sich beim Gottesdienst dem Herrn nahen; es soll ein Platz sein für Häuser und ein freier Platz für Weideflächen. 5 Das (übrige) Gebiet von fünfundzwanzigtausend Ellen Länge und zehntausend Ellen Breite soll den Leviten gehören, die im Tempel Dienst tun, es soll ihr Eigentum sein, mit Städten zum Wohnen. 6 Als Eigentum der Stadt sollt ihr ein Gebiet von fünftausend Ellen Breite und fünfundzwanzigtausend Ellen Länge bestimmen, genauso lang wie die heilige Abgabe; es soll dem ganzen Haus Israel gehören.

7 Dem Fürsten sollt ihr ein Gebiet bestimmen zu beiden Seiten der heiligen Abgabe und des Eigentums der Stadt längs der heiligen Abgabe und längs des Stadteigentums an der Westseite westlich und an der Ostseite östlich, und zwar in der Länge entsprechend den einzelnen Anteilen von der Westgrenze bis zur Ostgrenze des Landes. 8 Das soll ihm als Eigentum in Israel zukommen, damit meine Fürsten nicht mehr mein Volk bedrücken, sondern das Land dem Haus Israel und seinen Stämmen überlassen.

Pflichten und Rechte des Fürsten

9 So spricht Gott, der Herr: Lasst es genug sein, ihr Fürsten Israels! Schafft Gewalttat und Bedrückung ab! Übt Recht und Gerechtigkeit! Lasst ab von der Beraubung meines Volkes – Spruch Gottes, des Herrn. 10 Richtige Waage, richtiges Efa und richtiges Bat sollt ihr haben. 11 Efa und Bat sollen einheitliches Maß haben, sodass das Bat den zehnten Teil eines Homer fasst und das Efa den zehnten Tel eines Homer. Auf den Homer soll man alles abstimmen. 12 Der Schekel soll zwanzig Gera betragen; zehn Schekel sind ein Fünftel einer Mine, fünf Schekel ein Zehntel; fünfzig Schekel sind eine ganze Mine.

13 Das ist die heilige Abgabe, die ihr entrichten sollt: ein Sechstel Efa von jedem Homer Weizen und ein Sechstel Efa von jedem Homer Gerste. 14 Die festgesetzte Menge Öl – das Bat ist das Ölmaß –: ein Zehntel Bat von jedem Kor; denn zehn Bat machen ein Kor aus. 15 Ferner ein Schaf aus jeder Herde, von je zweihundert ein Stück, als Abgabe vom Viehbesitz Israels für die Speise-, Brand- und Gemeinschaftsopfer, um euch zu entsühnen – Spruch Gottes, des Herrn. 16 Alles Volk im Land soll diese Abgabe dem Fürsten in Israel entrichten. 17 Jeder Fürst aber hat an den Festtagen, den Neumonden, den Sabbaten und an allen Feiertagen des Hauses Israel für Brand-, Speise- und Trankopfer zu sorgen. Er soll die Sünd-, Speise-, Brand- und Gemeinschaftsopfer veranstalten, um das Haus Israel zu entsühnen.

Die großen Feste

18 So spricht Gott, der Herr: Im ersten Monat, am Ersten des Monats, sollst du einen fehlerlosen, jungen Stier nehmen und das Heiligtum entsündigen. 19 Der Priester soll etwas vom Blut des Sündopfers nehmen und an die Pfosten des Tempels und an die vier Ecken der (mittleren) Stufe des Altars und an die Pfosten des Tors zum inneren Vorhof streichen. 20 Ebenso soll es im siebten Monat, am ersten Tag des Monats für jene geschehen, die sich aus Irrtum oder Unwissenheit verfehlt haben. So sollt ihr den Tempel entsühnen.

21 Im ersten Monat, am vierzehnten Tag des Monats, sollt ihr das Pesach feiern, ein Fest von sieben Tagen, an denen man ungesäuerte Brote essen soll. 22 Der Fürst soll an jenem Tag für sich und das ganze Volk des Landes einen Stier als Sündopfer bereitstellen. 23 An den sieben Festtagen soll er als Brandopfer für den Herrn sieben Stiere und sieben Widder, fehlerlose Tiere, bereitstellen, täglich, sieben Tage lang, und als Sündopfer täglich einen Ziegenbock. 24 Als Speiseopfer soll er ein Efa je Stier und ein Efa je Widder bereitstellen, ferner ein Hin Öl je Efa Mehl. 25 Am Fest (, das)

im siebten Monat, am Fünfzehnten des
Monats (beginnt,) soll er sieben Tage lang
das Gleiche an Sünd-, Brand- und Speise-
opfer samt dem Öl bereitstellen.

Torordnung für Fürst und Volk –
kleinere Opfer

46 So spricht Gott, der Herr: Das Tor
des inneren Vorhofs, das nach Os-
ten gerichtet ist, soll an den sechs Werk-
tagen geschlossen sein, am Tag des Sabbats
aber soll es geöffnet sein; ebenso soll es am
Tag des Neumonds geöffnet sein. 2 Der
Fürst soll durch die Vorhalle des Tors von
außen kommen und sich beim Pfosten des
Tors hinstellen. Dann sollen die Priester
sein Brand- und Gemeinschaftsopfer dar-
bringen und er soll auf der Schwelle des
Tors anbeten und dann hinausgehen; das
Tor aber soll bis zum Abend unverschlos-
sen sein. 3 Auch das Volk des Landes soll
am Eingang dieses Tors an Sabbaten und
Neumonden vor dem Herrn beten. 4 Das
Brandopfer, das der Fürst dem Herrn dar-
bringen lässt, soll am Sabbat aus sechs feh-
lerlosen Lämmern und einem fehlerlosen
Widder bestehen. 5 Dazu (gehört) ein Spei-
seopfer von einem Efa je Widder und ein
Speiseopfer, dessen Menge er selbst be-
stimmen kann, auf die Lämmer, dazu ein
Hin Öl je Efa Mehl. 6 Am Neumondtag sol-
len es ein junger, fehlerloser Stier, sechs
Lämmer und ein Widder sein, fehlerlos
auch sie. 7 Ein Efa Mehl je Stier und ein
Efa je Widder soll er als Speiseopfer dar-
bringen und zu den Lämmern, so viel, wie
er gerade zur Hand hat, dazu noch je Efa
Mehl ein Hin Öl.

8 Wenn der Fürst kommt, soll er durch
die Vorhalle des Tors eintreten und auf
demselben Weg wieder hinausgehen.
9 Wenn das Volk des Landes an den Fest-
tagen vor dem Herrn erscheint, so soll,
wer durch das Nordtor eingetreten ist,
um anzubeten, durch das Südtor wieder
hinausgehen, und wer durch das Südtor
eingetreten ist, soll durch das Nordtor
wieder hinausgehen. Niemand soll durch
das Tor, durch das er eingetreten ist, wie-
der hinausgehen, sondern durch das ge-
genüberliegende hinausgehen. 10 Der Fürst
soll in ihrer Mitte sein; wenn sie kommen,
soll auch er kommen, und wenn sie gehen,
soll auch er gehen. 11 An den Fest- und Fei-
ertagen soll das Speiseopfer ein Efa Mehl
je Stier und ein Efa Mehl je Widder betra-
gen und zu den Lämmern, so viel wie er
gerade zur Hand hat, dazu je Efa Mehl ein
Hin Öl. 12 Wenn der Fürst dem Herrn ein
freiwilliges Opfer darbringen will, sei es
ein Brandopfer oder ein Gemeinschafts-
opfer, so öffne man ihm das Tor, das nach
Osten gerichtet ist, und er lasse sein
Brand- und Gemeinschaftsopfer genauso
darbringen, wie am Sabbat. Dann soll er
gehen und man schließe das Tor, nachdem
er hinausgegangen ist.

13 Täglich sollst du dem Herrn ein ein-
jähriges, fehlerloses Lamm als Brandopfer
darbringen; jeden Morgen sollst du es dar-
bringen. 14 Als Speiseopfer sollst du jeden
Morgen ein Sechstel Efa Mehl und ein
Drittel Hin Öl, um das Kernmehl zu be-
sprengen, als Speiseopfer für den Herrn
bereitstellen. So sei es ständige Satzung
für das tägliche Brandopfer. 15 Man bringe
also jeden Morgen das Lamm, das Speise-
opfer und das Öl als tägliches Brandopfer
dar!

Der Grundbesitz des Fürsten

16 So spricht Gott, der Herr: Wenn der
Fürst einem seiner Söhne etwas von sei-
nem Erbbesitz zum Geschenk machen
will, dann soll es seinen Söhnen gehören;
es soll ihr erbliches Eigentum sein. 17 Wenn
er aber etwas von seinem Erbbesitz einem
seiner Diener zum Geschenk machen will,
so soll es ihm bis zum (nächsten) Erlass-
jahr gehören, dann aber an den Fürsten
zurückfallen. Nur der Erbbesitz seiner
Söhne soll diesen gehören. 18 Der Fürst darf
vom Erbbesitz des Volkes nichts wegneh-
men, indem er sie gewaltsam ihres Eigen-
tums beraubt. Von seinem Eigentum soll
er seinen Söhnen Erbbesitz geben, damit
keiner aus meinem Volk von seinem Ei-
gentum verdrängt wird.

Die Tempelküchen

19 Dann brachte er mich durch den Ein-
gang auf der Torseite, zu den heiligen, für
die Priester bestimmten Räumlichkeiten,
die nach Norden lagen. Da gab es einen
Raum im hintersten Winkel nach Westen
zu. 20 Dort sprach er zu mir: Das ist der
Raum, wo die Priester das Schuld- und
das Sündopfer kochen und das Speiseopfer
backen, damit sie es nicht in den äußeren
Vorhof hinauszutragen brauchen und da-

durch das Volk heiligen. [21] Dann führte er mich in den äußeren Vorhof und ließ mich an den vier Ecken des Vorhofes vorbeigehen. An jeder Ecke des Vorhofs war noch ein Vorhof. [22] An den vier Ecken des Vorhofs waren kleine Vorhöfe, vierzig Ellen lang und dreißig Ellen breit; alle vier hatten dasselbe Maß. [23] Rings um die vier (Vorhöfe) lief eine Mauer und unten an der Mauer waren ringsum Kochstellen angelegt. [24] Da sprach er zu mir: Das sind die Kochstätten, wo die Tempeldiener die Schlachtopfer des Volkes kochen.

Die Tempelquelle

47 Dann brachte er mich an den Eingang des Tempels zurück. Da sah ich, wie Wasser unter der Schwelle des Tempels hervorströmte nach Osten zu; denn die Vorderseite des Tempels lag nach Osten und das Wasser floss unterhalb der rechten Seitenwand des Hauses hinab, südlich vom Altar. [2] Er führte mich durch das Nordtor hinaus und brachte mich außen herum zum äußeren Tor, das nach Osten gerichtet war. Da sah ich das Wasser an der Südseite hervorrieseln. [3] Dann ging der Mann nach Osten; er hatte eine Messschnur in der Hand, maß tausend Ellen und hieß mich durch das Wasser waten; es reichte bis an die Knöchel. [4] Dann maß er wieder tausend Ellen ab und ließ mich durch das Wasser waten; es reichte bis an die Knie. Er maß abermals tausend Ellen ab und ließ mich hindurchwaten; es reichte bis an die Hüften. [5] Dann maß er nochmals tausend Ellen ab, da war es ein Fluss, den ich nicht durchwaten konnte; denn das Wasser war zu hoch; es war ein Wasser zum Schwimmen, ein Fluss, durch den man nicht gehen konnte. [6] Dann fragte er mich: Hast du es gesehen, Menschensohn? Darauf führte er mich am Ufer des Flusses zurück. [7] Als ich zurückging, sah ich am Ufer des Flusses zu beiden Seiten eine Menge Bäume. [8] Er sprach zu mir: Dieses Wasser fließt in den östlichen Bezirk, hinab zur Araba, und ergießt sich ins Meer, in das salzige Wasser; so wird das salzige Wasser gesund. [9] Alle Lebewesen, die sich dort tummeln, werden am Leben bleiben, wohin immer der Fluss kommt, und zahllose Fische wird es geben; denn wenn dieses Wasser dort hinkommt, wird es gesund, und alles, wohin der Bach kommt, bleibt am Leben. [10] Fischer werden an ihm stehen von En-Gedi bis En-Eglajim und ihre Netze zum Trocknen ausbreiten. Fische aller Arten wird es geben, zahlreich wie die Fische im großen Meer. [11] Aber seine Sümpfe und Lachen sollen nicht gesund werden; sie sind für die Gewinnung von Salz bestimmt. [12] An den Ufern des Flusses werden zu beiden Seiten allerlei Fruchtbäume wachsen, deren Laub nie welkt und deren Früchte nie ausgehen. Jeden Monat tragen sie frische Früchte, denn ihr Wasser kommt vom Heiligtum. Ihre Früchte werden als Speise und ihre Blätter als Heilmittel dienen.

Grenzen und Verteilung des Landes

[13] So spricht Gott, der Herr: Dies ist die Grenze, innerhalb derer ihr das Land unter die zwölf Stämme Israels als Erbbesitz verteilen sollt. Für Josef zwei Anteile. [14] Ein jeder soll den gleichen Anteil am Erbbesitz erhalten wie der andere. Habe ich doch meine Hand zum Schwur erhoben, es euren Vätern zu geben, und so soll dieses Land euch als Erbbesitz zufallen. [15] Das soll die Grenze des Landes im Norden sein: vom großen Meer in der Richtung nach Hetlon bis Lebo-Hamat, Zedad, [16] Berota, Sibrajim, das zwischen dem Gebiet von Damaskus und dem Gebiet von Hamat liegt, und bis Hazar-Enan, das an der Grenze zu Hauran liegt. [17] So geht die Grenze also vom Meer bis Hazar-Enan, wobei das Gebiet von Damaskus und Zafon und ebenso das Gebiet von Hamat nördlich liegt. [18] Was die Ostseite betrifft, so verläuft sie von Hasar-Enan, das zwischen dem Hauran und Damaskus liegt. Zwischen Gilead und dem Land Israel bildet der Jordan die Grenze bis zum östlichen Meer, bis nach Tamar hin; das ist die Ostgrenze. [19] Was die Südseite im Negeb betrifft, so geht sie von Tamar bis zu den Quellen von Meribat-Kadesch zum Bach hin bis an das große Meer; das ist die Südgrenze im Negeb. [20] Was die Westseite betrifft, so bildet das große Meer die Grenze bis zur Höhe von Lebo-Hamat; das ist die Westgrenze. [21] Dieses Land sollt ihr unter euch nach den Stämmen Israels verteilen. [22] Ihr sollt es als Erbbesitz unter euch und unter den Fremden verlosen, die in euerer Mitte wohnen und unter euch Söhne und Töchter gezeugt haben.

Sie sollen euch wie Einheimische unter
den Söhnen Israels sein, mit euch sollen
sie um den Erbbesitz unter den Stämmen
Israels losen. 23 Bei dem Stamm, in dem der
Fremde wohnt, sollt ihr ihm seinen Erb-
besitz zuteilen – Spruch Gottes, des Herrn.

48 Das sind die Namen der Stämme:
Vom äußersten Norden vom Meer
in der Richtung nach Hetlon bis Lebo-Ha-
mat und nach Hazar-Enan, sodass das Ge-
biet von Damaskus nördlich bleibt, seit-
wärts von Hamat, von Osten nach
Westen erhält Dan einen Erbteil. 2 Neben
dem Gebiet von Dan von Osten nach Wes-
ten erhält Ascher einen Erbteil. 3 Neben
dem Gebiet von Ascher von Osten bis
Westen erhält Naftali einen Erbteil. 4 Ne-
ben dem Gebiet von Naftali von Osten bis
Westen erhält Manasse einen Erbteil. 5 Ne-
ben dem Gebiet von Manasse von Osten
nach Westen erhält Efraim einen Erbteil.
6 Neben dem Gebiet von Efraim von Osten
bis Westen erhält Ruben einen Erbteil.
7 Neben dem Gebiet von Ruben von Osten
bis Westen erhält Juda einen Erbteil. 8 Ne-
ben dem Gebiet von Juda von Osten bis
Westen die Abgabe, die ihr zu geben habt,
fünfundzwanzigtausend Ellen breit und
lang wie die einzelnen Anteile von Osten
bis Westen. Mitten darin liegt das Heilig-
tum.

9 Die Abgabe, die ihr dem Herrn zu ge-
ben habt, ist fünfundzwanzigtausend Ellen
lang und zwanzigtausend Ellen breit. 10 Die
heilige Abgabe soll folgenden gehören:
Den Priestern ein Stück, das nach Norden
fünfundzwanzigtausend Ellen lang ist,
nach Westen hin zehntausend Ellen breit,
nach Osten zehntausend Ellen breit und
nach Süden fünfundzwanzigtausend Ellen
lang. Das Heiligtum des Herrn soll in der
Mitte liegen. 11 Den geweihten Priestern,
den Söhnen Zadoks, die mein Heiligtum
betreut haben, die nicht in die Irre gingen,
als die Söhne Israels ebenso abirrten wie
die Leviten, 12 ihnen soll es als Abgabe von
der Abgabe des Landes als Hochheiliges
gehören; es liegt neben dem Gebiet der Le-
viten. 13 Den Leviten aber soll entspre-
chend dem Gebiet der Priester ein Stück
von fünfundzwanzigtausend Ellen Länge
und zehntausend Ellen Breite gehören.
Das Ganze ist also fünfundzwanzigtau-
send Ellen lang und zwanzigtausend Ellen
breit. 14 Sie dürfen davon nichts verkaufen
oder vertauschen, noch dürfen sie die
Erstlingsgabe des Landes auf andere über-
tragen; denn es ist dem Herrn heilig.

15 Die fünftausend Ellen, die noch von
den fünfundzwanzigtausend Ellen Breite
übrig sind, sind nicht heilig und dienen
der Stadt als Wohngebiet und Weideplatz;
die Stadt soll mitten darin liegen. 16 Das
sind ihre Maße: die Nordseite vier-
tausendfünfhundert Ellen, die Südseite
viertausendfünfhundert Ellen, die Ostseite
viertausendfünfhundert Ellen und die
Westseite viertausendfünfhundert Ellen.
17 Der Weideplatz der Stadt beträgt nach
Norden hin zweihundertfünfzig Ellen,
nach Süden zweihundertfünfzig Ellen,
nach Osten zweihundertfünfzig Ellen und
nach Westen zweihundertfünfzig Ellen.
18 Was von der Länge dann noch übrig ist,
entlang der heiligen Abgabe, zehntausend
Ellen ostwärts und zehntausend Ellen
westwärts, dessen Ertrag soll den Bewoh-
nern der Stadt als Nahrung dienen. 19 Und
was die Bewohner der Stadt betrifft, so
sollen sie Leute aus allen Stämmen Israels
bewohnen. 20 Die ganze Abgabe soll fünf-
undzwanzigtausend mal fünfundzwanzig-
tausend Ellen betragen. Dieses Quadrat
zusammen mit dem Grundbesitz der Stadt
sollt ihr als heilige Abgabe entrichten.
21 Und was übrig ist, soll dem Fürsten
gehören zu beiden Seiten der heiligen Ab-
gabe und des Stadtbesitzes, entlang den
fünfundzwanzigtausend Ellen bis zur
Ostgrenze und westwärts entlang den
fünfundzwanzigtausend Ellen bis zur
Westgrenze, entsprechend den Stammes-
anteilen. Das soll dem Fürsten gehören
und die heilige Abgabe und das Heiligtum
sollen mitten darin liegen. 22 Der Besitz der
Leviten und der Besitz der Stadt sollen
mitten zwischen dem liegen, was dem
Fürsten gehört. Zwischen dem Gebiet Ju-
das und dem Gebiet Benjamins soll das
Fürsteneigentum liegen.

23 Die übrigen Stämme: Von Osten bis
Westen Benjamin, ein Erbteil. 24 Neben
dem Gebiet Benjamins von Osten bis Wes-
ten: Simeon einen Erbteil. 25 Und neben
dem Gebiet Simeons von Osten bis Wes-
ten: Issachar einen Erbteil. 26 Und neben
dem Gebiet Issachars von Osten bis Wes-
ten: Sebulon einen Erbteil. 27 Neben dem
Gebiet Sebulons von Osten bis Westen:
Gad einen Erbteil. 28 Neben dem Gebiet

Gad verläuft im Negeb die Südgrenze von Tamar bis zu den Quellen von Meribat-Kadesch zum Bach hin bis zum großen Meer. 29 Das ist das Land, das ihr als Erbbesitz unter den Stämmen Israels verlosen sollt, und das sind ihre Anteile – Spruch Gottes, des Herrn.

Die heilige Stadt

30/31 Das sind die Ausgänge der Stadt – die Tore der Stadt sind nach den Stämmen Israels benannt: auf der Nordseite, die viertausendfünfhundert Ellen misst, drei Tore: ein Tor Ruben, ein Tor Juda und ein Tor Levi. 32 Auf der Ostseite, die viertausendfünfhundert Ellen misst, drei Tore: ein Tor Josef, ein Tor Benjamin und ein Tor Dan. 33 Auf der Südseite, die viertausendfünfhundert Ellen misst, drei Tore: ein Tor Simeon, ein Tor Issachar und ein Tor Sebulon. 34 Auf der Westseite, die viertausendfünfhundert Ellen misst, drei Tore: ein Tor Gad, ein Tor Ascher und ein Tor Naftali. 35 Der Gesamtumfang beträgt achtzehntausend Ellen. Der Name der Stadt lautet fortan: Hier ist der Herr.

Das Buch Daniel

Daniel kommt an den Hof

1 Im dritten Jahr der Regierung des Kö-
nigs Jojakim von Juda rückte Nebu-
kadnezzar, der König von Babel, vor Jeru-
salem und belagerte es. 2 Da gab ihm der
Herr Jojakim, den König von Juda, und
einen Teil der Geräte des Gotteshauses in
seine Hand. Er brachte sie in das Land
Schinar, und zwar brachte er die Geräte
ins Schatzhaus seines Gottes.
3 Nun befahl der König seinem Ober-
kämmerer Aschpenas, er solle einige junge
Israeliten von königlicher oder vornehmer
Abstammung holen lassen, 4 die völlig
ohne Fehler, von gutem Aussehen, unter-
wiesen in aller Weisheit, fein gebildet und
wohlerzogen sein sollten; auch müssten sie
fähig sein, im Palast des Königs Dienst zu
tun. Aschpenas sollte sie in Schrift und
Sprache der Chaldäer unterweisen. 5 Der
König wies ihnen auch ihren Tagesbedarf
von den königlichen Speisen und von dem
Wein an, den er selber trank. Sie sollten
drei Jahre lang ausgebildet werden und da-
nach in den königlichen Dienst treten.
6 Aus dem Stamm Juda befanden sich un-
ter ihnen Daniel, Hananja, Mischaël und
Asarja. 7 Der Oberkämmerer gab ihnen an-
dere Namen; Daniel nannte er Beltschaz-
zar, Hananja Schadrach, Mischaël Me-
schach und Asarja Abed-Nego.
8 Für Daniel stand es innerlich fest, sich
nicht mit der Kost des Königs und dem
Wein, den dieser trank, unrein zu machen;
er suchte also beim Oberkämmerer um Er-
laubnis nach, sich nicht unrein machen zu
müssen. 9 Gott ließ Daniel beim Oberkäm-
merer Gunst und Nachsicht finden. 10 Der
Oberkämmerer sagte aber zu Daniel: Ich
fürchte mich vor meinem Herrn, dem Kö-
nig, der euch Speise und Trank festgesetzt
hat; er könnte euer Aussehen schlechter
finden als das euerer Altersgenossen; dann
würdet ihr meinen Kopf beim König in
Gefahr bringen. 11 Da sagte Daniel zu dem
Erzieher, den der Oberkämmerer über Da-
niel, Hananja, Mischaël und Asarja gesetzt
hatte: 12 Versuch es doch einmal für zehn
Tage mit deinen Knechten! Man gebe uns
nur Gemüse zu essen und Wasser zu trin-
ken. 13 Dann lass dir zeigen, wie wir und
wie jene jungen Leute aussehen, die von
der Speise des Königs essen, und nach
dem, was du dabei siehst, verfahre mit dei-
nen Knechten! 14 Er nahm diesen Vor-
schlag von ihnen an und machte mit ihnen
für zehn Tage die Probe. 15 Am Ende der
zehn Tage sahen sie besser und wohl-
genährter aus als alle die jungen Leute,
die von der Speise des Königs aßen. 16 Da-
raufhin stellte der Erzieher die Speise, die
ihnen zugeteilt war, und den Wein, den sie
trinken sollten, beiseite und gab ihnen Ge-
müse.
17 Diesen vier jungen Leuten verlieh Gott
Wissen und Verständnis in jeder Art
Schrifttum und Weisheit; Daniel verstand
außerdem Visionen und Träume zu deu-
ten. 18 Am Ende der Frist, die der König
für ihre Vorstellung bestimmt hatte, stellte
sie der Oberkämmerer Nebukadnezzar
vor. 19 Der König unterhielt sich mit ihnen
und fand unter allen keinen so wie Daniel,
Hananja, Mischaël und Asarja. Darum
durften sie in den Dienst des Königs tre-
ten. 20 Sooft der König ihren Rat einholte,
fand er sie in allen Fragen, wo es auf Weis-
heit und Einsicht ankam, allen Zauberern
und Wahrsagern in seinem ganzen Reich
zehnfach überlegen. 21 Daniel blieb bis zum
ersten Jahr des Königs Kyrus im königli-
chen Dienst.

Nebukadnezzars Traum

2 Im zweiten Regierungsjahr Nebukad-
nezzars hatte Nebukadnezzar einen
Traum. Dadurch geriet sein Geist in Un-
ruhe, und der Schlaf wich von ihm. 2 Da
ließ der König die Gelehrten und Magier,
die Zauberer und Chaldäer rufen; sie soll-
ten dem König seinen Traum deuten. Sie
kamen und traten vor den König. 3 Da sag-
te der König zu ihnen: Ich habe einen
Traum gehabt, und mein Geist ist voll Un-
ruhe, die Deutung des Traumes zu erfah-
ren. 4 Die Astrologen erwiderten dem Kö-
nig: König, mögest du ewig leben! Erzähl
deinen Knechten den Traum, und wir ge-
ben die Deutung. 5 Doch der König gab
den Chaldäern zur Antwort: Ich habe den
festen Entschluss gefasst: Wenn ihr mir
nicht den Traum und seine Deutung ange-
ben könnt, dann werdet ihr in Stücke ge-
hauen, und euere Häuser verwandeln sich
in Schutthaufen. 6 Wenn ihr aber den
Traum und seine Deutung angebt, dann
empfangt ihr dafür von mir Geschenke,
Gaben und große Ehre. Also, gebt mir
den Traum und seine Deutung an! 7 Da
antworteten sie zum zweitenmal: Der Kö-
nig erzähle seinen Knechten den Traum;
dann geben wir die Deutung! 8 Der König
gab zur Antwort: Ich durchschaue euch;
ihr wollt nur Zeit gewinnen, weil ihr euch
dem festen Entschluss gegenüberseht, den
ich gefasst habe: 9 Wenn ihr mir den
Traum nicht angeben könnt, muss ich an-
nehmen, ihr habt euch verabredet, mir
einen erlogenen und verkehrten Spruch
vorzutragen, in der Erwartung, dass sich
die Lage ändert. Sagt mir also den Traum;
daran will ich erkennen, dass ihr mir auch
die rechte Deutung geben könnt. 10 Die
Chaldäer entgegneten dem König: Es gibt
auf Erden keinen Menschen, der mitteilen
könnte, was der König verlangt. Auch hat
kein noch so großer und mächtiger König
jemals ein solches Ansinnen an irgend-
einen Weisen, Magier oder Chaldäer ge-
stellt. 11 Die Forderung, die der König stellt,
ist schwer; es gibt niemand, der sie dem
König zu erfüllen vermöchte, außer den
Göttern; aber sie haben ihre Wohnung
nicht bei den Sterblichen. 12 Darüber wur-
de der König so zornig und wütend, dass
er befahl, alle Weisen in Babel umzubrin-
gen.
13 Als der Befehl ergangen war, die Wei-
sen zu töten, suchte man auch Daniel und
seine Gefährten, um sie ebenfalls zu töten.
14 Da wandte sich Daniel in kluger und ge-
schickter Weise an Arjoch, den Obersten
der königlichen Leibwache, der schon aus-
gerückt war, die Weisen Babels zu töten.
15 Er fragte also Arjoch, den königlichen
Bevollmächtigten, warum der König einen
so harten Befehl erlassen habe. Da setzte
Arjoch Daniel die Sache auseinander.
16 Darauf ging Daniel zum König und bat,
es möge ihm eine Frist gewährt werden,
um dem König die Deutung geben zu kön-
nen. 17 Hierauf eilte Daniel nach Hause
und teilte die Angelegenheit seinen Ge-
fährten Hananja, Mischaël und Asarja mit.
18 Sie sollten wegen dieses Geheimnisses
den Gott des Himmels um Erbarmen an-
flehen, dass man nicht auch Daniel und
seine Gefährten mit den übrigen Weisen
von Babel umbringe. 19 Daraufhin wurde
Daniel das Geheimnis in einer nächtlichen
Vision enthüllt. Da pries Daniel den Gott
des Himmels. 20 Daniel betete:

Der Name Gottes sei gepriesen von
Ewigkeit zu Ewigkeit! / Denn bei ihm sind
Weisheit und Kraft.

21 Er ist es, der ablöst die Zeiten und
Fristen, / der Könige stürzt und Könige
einsetzt. / Er gibt die Weisheit den Wei-
sen / und die Erkenntnis denen, die
danach suchen.

22 Er ist es, der offenbart das Tiefe und
Verborgene, / der auch erkennt, was im
Dunkel ist; / denn bei ihm wohnt das
Licht.

23 Dir, Gott meiner Väter, singe ich Dank
und Lob! / Du hast mir ja Weisheit und
Einsicht verliehen / und hast mich jetzt
erkennen lassen, was wir von dir erfleh-
ten: / Das Begehren des Königs hast du
uns kundgetan.

24 Danach begab sich Daniel zu Arjoch,
dem der König den Befehl gegeben hatte,
die Weisen Babels umzubringen, und sag-
te zu ihm: Bring die Weisen Babels nicht
um! Führe mich vor den König, und ich
werde dem König die Deutung geben!
25 Da führte Arjoch Daniel eiligst vor den
König und sagte zu ihm: Ich habe unter
den Verschleppten von Juda einen Mann
gefunden, der dem König die Deutung lie-

fern will! 26 Der König antwortete und sag-
te zu Daniel, der auch Beltschazzar hieß:
Bist du wirklich imstande, mir den Traum,
den ich gehabt habe, zu deuten? 27 Da erwi-
derte Daniel dem König: Das Geheimnis,
nach dem der König forscht, können Wei-
se und Magier, Gelehrte und Astrologen
dem König nicht aufdecken. 28 Aber es ist
ein Gott im Himmel, der Geheimnisse of-
fenbart, und er hat König Nebukadnezzar
wissen lassen, was am Ende der Tage ge-
schehen wird. Folgende Traumbilder gin-
gen dir auf deinem Lager durch den Kopf:

29 Dir, König, stiegen auf deinem Lager
Gedanken darüber auf, was künftig gesche-
hen wird. Der die Geheimnisse offenbart,
hat dich wissen lassen, was geschehen
wird. 30 Mir wurde nun dieses Geheimnis
offenbart, nicht etwa durch Weisheit, die
ich allen anderen Lebenden voraus hätte,
sondern nur dazu, dass man dem König
die Deutung mitteilt und dass du die Ge-
danken deines Herzen verstehst.

31 Du, König, hattest eine Vision, du
sahst ein gewaltiges Standbild. Dieses Bild
war groß; es stand in blendendem Glanz
vor dir, und sein Anblick war schrecklich.
32 Das Haupt dieses Standbildes war aus
reinem Gold; Brust und Arme waren aus
Silber, Leib und Hüften aus Bronze. 33 Die
Beine waren aus Eisen, die Füße teils aus
Eisen, teils aus Ton. 34 Du sahst es an, bis
sich ein Stein ohne menschliches Zutun
von einem Berg löste; er traf das Standbild
auf die Füße aus Eisen und Ton und zer-
malmte sie. 35 Da wurden das Eisen und
der Ton, die Bronze, das Silber und das
Gold mit einem Mal zu Staub, und sie flo-
gen wie Spreu auf den Tennen im Som-
mer: Der Wind trug alles fort, und keine
Spur fand sich mehr davon. Der Stein aber,
der das Standbild getroffen hatte, wurde
zu einem großen Berg und erfüllte die gan-
ze Erde.

36 Dies war der Traum. Jetzt wollen wir
dem König die Deutung geben. 37 Du, Kö-
nig, der König der Könige, dem der Gott
des Himmels Herrschaft und Macht, Stär-
ke und Ruhm verliehen hat, 38 in dessen
Hand er die Menschenkinder, die Tiere
des Feldes und die Vögel des Himmels,
wo immer sie wohnen, gegeben hat, den
er zum Herrn über sie alle gemacht hat,
du bist das Haupt von Gold. 39 Nach dir
ersteht ein anderes Königreich, geringer
als du, und dann wieder ein anderes, drit-
tes Reich von Bronze, das über die ganze
Erde herrschen wird. 40 Ein viertes Reich
wird hart wie Eisen sein; Eisen zermalmt
und zertrümmert ja alles. Und wie das Ei-
sen alles zerschmettert, so wird dieses
Reich jene anderen zermalmen und zer-
schmettern. 41 Wenn dir die Füße und Ze-
hen teils aus Töpferton, teils aus Eisen er-
schienen, so bedeutet dies: Das Reich wird
geteilt sein, wird aber etwas von der Fes-
tigkeit des Eisens haben; darum sahst du
Eisen mit Ton gemischt. 42 Die Zehen teils
aus Eisen, teils aus Ton bedeuten: Ein Teil
des Reichs wird fest, ein Teil wird brüchig
sein. 43 Und wenn dir das Eisen mit Ton
vermischt erschien, so bedeutet dies: Sie
werden sich zwar durch Heiraten verbin-
den, aber es wird nicht zusammenhalten;
so wie Eisen nicht mit Ton bindet. 44 In
den Tagen jener Könige aber wird der
Gott des Himmels ein Reich errichten,
das in Ewigkeit nicht zerstört wird. Dieses
Reich wird keinem anderen Volk überlas-
sen; es wird all jenen Reichen die Auf-
lösung und das Ende bereiten, selbst aber
wird es in Ewigkeit bestehen. 45 Du hast ja
gesehen, wie ein Stein sich ohne mensch-
liches Zutun vom Berg löste und das Eisen
und den Ton, Bronze, Silber und Gold zer-
malmte. Der große Gott hat den König
wissen lassen, was künftig geschehen
wird. Der Traum ist wahr und seine Deu-
tung zuverlässig.

46 Da fiel König Nebukadnezzar auf sein
Angesicht nieder; er warf sich vor Daniel
zu Boden und gab Befehl, ihm Speise- und
Rauchopfer darzubringen. 47 Dann nahm
der König das Wort und sagte zu Daniel:
Wahrhaftig! Euer Gott ist wirklich der
Gott der Götter, der Herr der Könige und
der Offenbarer der Geheimnisse; nur des-
halb konntest du dieses Geheimnis enthül-
len. 48 Darauf erhob der König Daniel zu
hohem Rang; er gab ihm viele große Ge-
schenke und wollte ihn zum Statthalter
über die ganze Provinz Babel und zum
Obervorsteher aller babylonischen Weisen
ernennen. 49 Doch Daniel bat den König, er
möge die Verwaltung der Provinz Babel
Schadrach, Meschach und Abed-Nego
übertragen. Daniel selbst aber blieb am
Hof des Königs.

Die drei jungen Männer im Feuerofen

Das goldene Standbild

3 König Nebukadnezzar ließ ein goldenes Standbild machen, sechs Ellen hoch und drei Ellen breit; er ließ es in der Ebene von Dura in der Provinz Babel aufstellen. 2 Dann sandte König Nebukadnezzar Boten aus, um die Satrapen, Statthalter, Gouverneure, Räte, Schatzmeister, Richter, Rechtsgelehrte und alle Beamten der Provinzen zusammenzurufen; sie sollten zur Einweihung des Standbildes kommen, das König Nebukadnezzar hatte errichten lassen. 3 Daraufhin versammelten sich die Satrapen, Statthalter, Gouverneure, Räte, Schatzmeister, Richter, Rechtsgelehrten und alle Beamten der Provinzen zur Einweihung des Standbildes, das König Nebukadnezzar hatte errichten lassen; sie nahmen vor dem von Nebukadnezzar errichteten Bild Aufstellung. 4 Der Herold verkündete mit mächtiger Stimme: Ihr Völker, Nationen und Sprachen! Euch wird befohlen: 5 Sobald ihr die Trompeten, Pfeifen und Zithern, die Harfen und Lauten, die Sackpfeifen und alle übrigen Instrumente erklingen hört, so habt ihr euch niederzuwerfen und das goldene Standbild anzubeten, das König Nebukadnezzar hat errichten lassen. 6 Wer sich nicht niederwirft und anbetet, wird noch zur selben Stunde in den glühenden Ofen geworfen. 7 Sobald nun alle Völker die Trompeten, Pfeifen und Zithern, die Harfen und Lauten, die Sackpfeifen und alle übrigen Instrumente erklingen hörten, warfen sich alle Völker, Nationen und Sprachen augenblicklich nieder und beteten das goldene Bild an, das König Nebukadnezzar hatte errichten lassen.

Die Standhaftigkeit der drei Freunde

8 Sogleich eilten chaldäische Männer herbei und zeigten die Juden an. 9 Sie sagten zu König Nebukadnezzar: König, mögest du ewig leben! 10 Du, König, hast doch den Befehl erlassen: Wer immer die Trompeten, Pfeifen und Zithern, die Harfen und Lauten, die Sackpfeifen und alle übrigen Instrumente erklingen hört, hat sich niederzuwerfen und das goldene Bild anzubeten. 11 Wer aber nicht niederfällt und es anbetet, wird in einen glühenden Ofen geworfen. 12 Da gibt es nun gewisse jüdische Männer, die du mit der Verwaltung der Provinz Babel betraut hast, Schadrach, Meschach und Abed-Nego. Jene Männer kümmern sich nicht um deinen Befehl, König; deine Götter verehren sie nicht, und das goldene Bild, das du errichtet hast, beten sie nicht an.

13 Da befahl Nebukadnezzar in Zorn und Wut, Schadrach, Meschach und Abed-Nego vorzuführen. Man brachte also jene Männer vor den König. 14 Der König fragte sie: Ist es wahr, Schadrach, Meschach und Abed-Nego, dass ihr meine Götter nicht verehrt und das goldene Bild, das ich errichtet habe, nicht anbetet? 15 Nun, wenn ihr jetzt bereit seid, sobald ihr die Trompeten, Pfeifen und Zithern, die Harfen und Lauten, die Sackpfeifen und die übrigen Instrumente erklingen hört, euch niederzuwerfen und das Bild anzubeten, das ich gemacht habe, ist es gut. Wenn ihr es aber nicht anbetet, so werdet ihr noch zur selben Stunde in den glühenden Ofen geworfen, und wer ist dann der Gott, der euch aus meiner Hand erretten kann? 16 Schadrach, Meschach und Abed-Nego gaben König Nebukadnezzar folgende Antwort: König! Wir haben nicht nötig, dir darauf zu antworten. 17 Wenn unser Gott, den wir verehren, die Macht hat, uns aus dem glühenden Ofen und aus deiner Hand, König, zu erretten, wird er uns auch erretten. 18 Wenn er es aber nicht tut, so sei dir, König, erklärt, dass wir deine Götter auch dann nicht verehren und das goldene Standbild, das du errichtet hast, nicht anbeten.

19 Da wurde Nebukadnezzar gegen Schadrach, Meschach und Abed-Nego von Zorn erfüllt und sein Angesicht verfärbte sich; er gab Befehl, den Ofen siebenmal stärker zu heizen, als er in der Regel geheizt wurde. 20 Dann befahl er den stärksten Männern seines Heeres, Schadrach, Meschach und Abed-Nego zu binden und in den brennenden Feuerofen zu werfen. 21 Da wurden jene Männer mit ihren Mänteln, Röcken, Mützen und sonstigen Kleidungsstücken gebunden und in den glühenden Ofen geworfen. 22 Weil aber der Befehl des Königs so rücksichtslos und der Ofen so übermäßig geheizt war, tötete die Feuerflamme jene Männer, die Schadrach, Meschach und Abed-Nego hineinwerfen

mussten. 23 Die drei Männer aber, Scha-
drach, Meschach und Abed-Nego, fielen
gebunden mitten in den glühenden Ofen.

Lobgesang Asarjas

24 Sie gingen mitten in den Flammen um-
her, sangen Gott Lob und priesen den
Herrn. 25 Da blieb Asarja stehen, tat seinen
Mund auf und sprach mitten im Feuer:

26 Gepriesen und gelobt bist du, Herr, du
Gott unserer Väter, / herrlich ist dein
Name in alle Ewigkeit.

27 Du bist ja gerecht in allem, was du uns
getan hast; / trefflich sind deine Werke
und gerade deine Wege; / all deine Urteile
sind Wahrheit.

28 Das Gericht, das du gehalten hast, ist
gerecht / in allem, was du verhängt hast
über uns / und über die heilige Stadt Jeru-
salem, die Stadt unserer Väter; / denn in
gerechter Entscheidung hast du dies alles
wegen unserer Sünden über uns verhängt.

29 Ja, wir haben gesündigt, haben dein
Gesetz übertreten durch Abfall von dir; /
wir haben bis zum Äußersten gefrevelt
und uns um deine Gebote nicht geküm-
mert.

30 Weder unser Gewissen noch unsere
Taten haben wir nach dem gerichtet, / was
du uns geboten hast, auf dass es uns wohl
ergehe.

31 Alles also, was du über uns verhäng-
test, und alles, was du uns angetan, / das
hast du im ehrlichen Urteil getan.

32 Du gabst uns preis den Händen gott-
loser Feinde, / gehässiger Verräter und
einem ungerechten König, dem
schlimmsten der ganzen Welt.

33 Wir dürfen jetzt nicht einmal den
Mund auftun; / Schande und Schmach
wurde deinen Dienern und deinen Ver-
ehrern zuteil.

34 Verstoße uns um deines Namens wil-
len nicht für immer, / und löse deinen
Bund nicht auf!

35 Versage uns dein Erbarmen nicht, /
um deines Freundes Abraham, / um dei-
nes Knechtes Isaak / und deines Heiligen
Israel willen.

36 Ihnen hast du ja die Verheißung gege-
ben, / du wolltest ihre Kinder so zahlreich
machen wie die Sterne des Himmels / und
wie den Sand am Ufer des Meeres.

37 Ach, Herr, wir sind geringer geworden
als alle anderen Völker; / wir sind heute in
der ganzen Welt gedemütigt wegen unse-
rer Sünden.

38 Es gibt zu dieser Zeit keinen Fürsten,
keinen Propheten, keinen Anführer; es
gibt weder Brand- noch Schlachtopfer,
weder Speiseopfer noch Räucherwerk,
nicht einmal einen Platz, wo wir vor dir
die Erstlingsgaben niederlegen und dein
Erbarmen finden könnten. 39 Aber lass uns
mit zerknirschtem Herzen und demüti-
gem Sinn bei dir Aufnahme finden!

Wie Brandopfer von Widdern und Stie-
ren, Tausende fetter Lämmer, / 40 so
gelange heute unser Opfer vor dein Ange-
sicht / und entsühne deine Anhänger; /
denn die auf dich vertrauen, werden nicht
zuschanden.

41 Von nun an wollen wir von ganzem
Herzen dir folgen, / dich fürchten und
dein Angesicht suchen!

42 Lass uns nicht zuschanden werden, /
sondern verfahre mit uns nach deiner
Milde / und nach der Fülle deines Erbar-
mens.

43 Errette uns entsprechend deinen
Wundertaten / und verschaffe deinem
Namen Ruhm, Herr!

44 Beschämt sollen alle werden, die dei-
nen Dienern Böses tun; / sie sollen
zuschanden werden, aller Macht und
Herrschaft entkleidet, / und ihre Stärke
soll zerschlagen werden!

45 Sie mögen erkennen, dass du der ein-
zige Herr und Gott bist / und ruhmreich
auf der ganzen Erde.

46 Die Knechte des Königs, die die drei
Männer hineingeworfen hatten, schürten
den Ofen mit Harz und Werg, mit Pech
und Reisig unablässig weiter. 47 Da schlu-
gen die Flammen bis zu neunundvierzig
Ellen hoch aus dem Ofen heraus. 48 Sie grif-
fen um sich und verbrannten jeden Chal-
däer im Umkreis des Ofens. 49 Aber ein En-
gel des Herrn war zugleich mit Asarja und
seinen Gefährten in den Ofen hinunter-
gestiegen; er schlug die Feuerflamme zu
dem Ofen hinaus 50 und machte das Innere
des Ofens so kühl wie taufrischen Wind.
So berührte sie das Feuer überhaupt nicht;
es versehrte und belästigte sie nicht.

Lobgesang auf den erhabenen Gott

51 Da priesen, rühmten und lobten die drei
im Ofen Gott wie aus einem Mund und
sprachen:

52 Gepriesen bist du, Herr, du Gott
unserer Väter, / lobwürdig und hoch erha-
ben in Ewigkeit.

Gepriesen ist dein heiliger, herrlicher
Name: / lobwürdig und hoch erhaben in
Ewigkeit.

53 Gepriesen bist du im Tempel deiner
heiligen Herrlichkeit, / lobwürdig und
hoch erhaben in Ewigkeit.

54 Gepriesen, der in die Abgründe schaut
und über Kerubim thront, / lobwürdig
und hoch erhaben in Ewigkeit.

55 Gepriesen du auf deinem Königs-
thron, / lobwürdig und hoch erhaben in
Ewigkeit.

56 Gepriesen bist du an der Feste des
Himmels, / lobwürdig und hoch erhaben
in Ewigkeit.

57 Preist den Herrn, all ihr Werke des
Herrn, / lobt ihn und erhebt ihn in Ewig-
keit!

58 Preist den Herrn, ihr Himmel, / lobt
ihn und erhebt ihn in Ewigkeit!

59 Preist den Herrn, ihr Engel des
Herrn, / lobt ihn und erhebt ihn in Ewig-
keit!

60 Preist den Herrn, alle Wasser in den
Höhen der Himmel, / lobt ihn und erhebt
ihn in Ewigkeit!

61 Preist den Herrn, alle Mächte des
Herrn, / lobt ihn und erhebt ihn in Ewig-
keit!

62 Preist den Herrn, Sonne und Mond, /
lobt ihn und erhebt ihn in Ewigkeit!

63 Preist den Herrn, ihr Sterne am Him-
mel,
lobt ihn und erhebt ihn in Ewigkeit!

64 Preist den Herrn, aller Regen und
Tau, / lobt ihn und erhebt ihn in Ewigkeit!

65 Preist den Herrn, all ihr Winde, / lobt
ihn und erhebt ihn in Ewigkeit!

66 Preist den Herrn, Feuer und Glut, /
lobt ihn und erhebt ihn in Ewigkeit!

67 Preist den Herrn, Frost und Hitze, /
lobt ihn und erhebt ihn in Ewigkeit!

68 Preist den Herrn, Tau und Reif, / lobt
ihn und erhebt ihn in Ewigkeit!

69 Preist den Herrn, Eis und Kälte, / lobt
ihn und erhebt ihn in Ewigkeit!

70 Preist den Herrn, Reif und Schnee, /
lobt ihn und erhebt ihn in Ewigkeit!

71 Preist den Herrn, ihr Tage und Näch-
te, / lobt ihn und erhebt ihn in Ewigkeit!

72 Preist den Herrn, Licht und Dunkel, /
lobt ihn und erhebt ihn in Ewigkeit!

73 Preist den Herrn, ihr Wolken und
Blitze, / lobt ihn und erhebt ihn in Ewig-
keit!

74 Die Erde preise den Herrn, / sie lobe
und erhebe ihn in Ewigkeit!

75 Preist den Herrn, ihr Berge und Hü-
gel, / lobt ihn und erhebt ihn in Ewigkeit!

76 Preist den Herrn, all ihr Gewächse auf
Erden, / lobt ihn und erhebt ihn in Ewig-
keit!

77 Preist den Herrn, ihr Quellen, / lobt
ihn und erhebt ihn in Ewigkeit!

78 Preist den Herrn, ihr Meere und Strö-
me, / lobt ihn und erhebt ihn in Ewigkeit!

79 Preist den Herrn, ihr Meerestiere und
was sich regt im Wasser, / lobt ihn und
erhebt ihn in Ewigkeit!

80 Preist den Herrn, all ihr Vögel unter
dem Himmel, / lobt ihn und erhebt ihn in
Ewigkeit!

81 Preist den Herrn, all ihr Tiere der
Wälder und Auen, / lobt ihn und erhebt
ihn in Ewigkeit!

82 Preist den Herrn, ihr Menschenkin-
der, / lobt ihn und erhebt ihn in Ewigkeit!

83 Preist den Herrn, Ihr Israeliten, / lobt
ihn und erhebt ihn in Ewigkeit!

84 Preist den Herrn, seine Priester, / lobt
ihn und erhebt ihn in Ewigkeit!

85 Preist den Herrn, ihr seine Knechte, /
lobt ihn und erhebt ihn in Ewigkeit!

86 Preist den Herrn, ihr Geister und See-
len der Gerechten, / lobt ihn und erhebt
ihn in Ewigkeit!

87 Preist den Herrn, ihr Demütigen und
Frommen, / lobt ihn und erhebt ihn in
Ewigkeit!

88 Preist den Herrn, Hananja, Asarja und
Mischaël, / lobt ihn und erhebt ihn in
Ewigkeit!

Denn er hat uns dem Totenreich ent-
rissen / und uns errettet aus der Hand des
Todes.

Befreit hat er uns aus dem glühenden
Ofen, / und uns aus dem Feuer erlöst.

89 Dankt dem Herrn, denn er ist gütig; /
denn seine Huld währt in Ewigkeit!

90 Preist den Gott der Götter, all ihr
Gottesfürchtigen! / Singt ihm Lob und
Dank; / denn bis in Ewigkeit währt seine
Huld!

Die Rettung der drei Freunde

91(24) Da erschrak König Nebukadnezzar; er
stand hastig auf und fragte seine Räte: Wa-

ren es nicht drei Männer, die wir gebun-
den ins Feuer geworfen haben? Sie gaben
dem König zur Antwort: Gewiss, o König!
92(25) Er erwiderte: Ich sehe aber vier Män-
ner im Feuer frei umhergehen, ohne dass
sie Schaden genommen haben, und der
Vierte sieht aus wie ein Göttersohn.
93(26) Dann näherte sich Nebukadnezzar der
Tür des glühenden Ofens und rief: Scha-
drach, Meschach und Abed-Nego, ihr Die-
ner des höchsten Gottes, geht heraus und
kommt her! Da gingen Schadrach, Me-
schach und Abed-Nego aus dem Feuer he-
raus. 94(27) Nun drängten die Satrapen, Statt-
halter, Gouverneure und die königlichen
Räte heran; sie besahen sich jene Männer
(und stellten fest), dass das Feuer keine
Gewalt über ihre Körper gehabt hatte; kein
Haar auf ihrem Kopf war versengt, und
ihre Mäntel waren unversehrt; nicht ein-
mal Brandgeruch hatten sie angenommen.
95(28) Da rief Nebukadnezzar aus: Gepriesen
sei der Gott Schadrachs, Meschachs und
Abed-Negos! Denn er hat seinen Engel ge-
sandt und seine Diener errettet, weil sie
auf ihn vertraut und lieber das Gebot des
Königs übertreten und ihren Leib hingege-
ben haben, als dass sie irgendeinen ande-
ren Gott verehrten und anbeteten außer
ihren Gott. 96(29) So ergeht nun von mir der
Befehl, der jedes Volk, jede Nation und
Sprache betrifft: Wer vom Gott Scha-
drachs, Meschachs und Abed-Negos ver-
ächtlich spricht, soll in Stücke gehauen
und sein Haus in einen Schutthaufen ver-
wandelt werden; denn es gibt keinen ande-
ren Gott, der so retten kann. 97(30) Darauf
verlieh der König Schadrach, Meschach
und Abed-Nego erneut hohe Ämter in
der Provinz Babel.

Nebukadnezzars Krankheit

98(31) Der König Nebukadnezzar an alle Völ-
ker, Nationen und Sprachen auf der gan-
zen Erde: Heil euch in Fülle! 99(32) Es scheint
mir gut, euch die Zeichen und Wunder be-
kannt zu machen, die der höchste Gott an
mir gewirkt hat. 100(33) Wie groß sind seine
Zeichen und wie gewaltig seine Wunder!
Sein Königtum dauert ewig und seine
Herrschaft von Geschlecht zu Geschlecht.
4 Ich, Nebukadnezzar, lebte ungestört
in meinem Haus und zufrieden in
meinem Palast. 2 Da hatte ich einen
Traum, der mich erschreckte. Die Gestal-
ten und Erscheinungen, die mir auf mei-
nem Lager vor Augen kamen, versetzten
mich in Furcht. 3 Darum erging von mir
der Befehl, mir alle Weisen Babels herbei-
zuholen; sie sollten mir die Deutung des
Traumes mitteilen. 4 Da kamen die Zei-
chendeuter und Magier, die Chaldäer und
Astrologen herbei, und ich erzählte vor
ihnen den Traum; aber seine Deutung
konnten sie mir nicht angeben. 5 Zu guter
Letzt erschien Daniel vor mir, der nach
dem Namen meines Gottes Beltschazzar
heißt und dem der Geist der heiligen Göt-
ter innewohnt. Ich erzählte auch ihm den
Traum:
6 Beltschazzar, Oberster der Zeichen-
deuter! Von dir weiß ich, dass der Geist
der heiligen Götter in dir wohnt und dass
dir kein Geheimnis Mühe macht. Ver-
nimm, was ich im Traum gesehen habe,
und sage mir die Deutung!
7 Was mir auf meinem Lager vor Augen
stand, war dies: Da stand ein Baum von
ungewöhnlicher Höhe mitten auf der Er-
de. 8 Der Baum wurde immer noch größer
und mächtiger, bis seine Spitze den Him-
mel erreichte und er an allen Enden der
Erde sichtbar war. 9 Prächtig war sein Blät-
terkleid, überreich sein Fruchtbehang, und
er bot Nahrung für alle. Die Tiere des Fel-
des suchten unter ihm Schatten, die Vögel
des Himmels nisteten in seinen Zweigen,
und alles Lebende ernährte sich von ihm.
10 Noch während ich auf meinem Lager das
Traumbild vor Augen hatte, stieg ein
Wächter, ein Heiliger, vom Himmel he-
runter. 11 Er gebot mit machtvoller Stim-
me: Fällt den Baum und schlagt seine Äste
ab! Nehmt sein Blätterkleid weg und zer-
streut seine Früchte! Das Getier unter ihm
soll fliehen und die Vögel aus seinem Ge-
äst! 12 Doch lasst seinen Wurzelstock in der
Erde; in eisernen und bronzenen Fesseln
lasst ihn im Grün des freien Feldes. Vom
Tau des Himmels werde er benetzt, und
mit den Tieren habe er teil am Gras auf
der Erde. 13 Sein menschliches Herz soll

verwandelt, ein tierisches Herz soll ihm gegeben werden; so sollen sieben Zeiten über ihn hingehen! [14] Dieser Beschluss beruht auf einem Entscheid der Wächter, dem Gebot der Heiligen, damit die Lebenden erkennen: Der Höchste ist der Herr über das menschliche Königtum; er gibt es, wem er will; er könnte selbst den Allerniedrigsten auf den Thron erheben.

[15] Dies ist der Traum, den ich, König Nebukadnezzar, gehabt habe. Du aber, Beltschazzar, sage mir die Deutung; denn alle Weisen meines Reiches waren nicht imstande, mir die Deutung mitzuteilen. Doch du vermagst es, weil der Geist der heiligen Götter in dir ist.

[16] Darauf war Daniel, der auch Beltschazzar heißt, für eine Weile wie gelähmt, und seine Gedanken machten ihn bestürzt. Der König aber sagte: Beltschazzar! Lass dich von dem Traum und seiner Deutung nicht aus der Fassung bringen! Beltschazzar gab zur Antwort: Mein Herr, der Traum gelte deinen Gegnern und seine Deutung deinen Feinden! [17] Der Baum, den du gesehen hast, der größer und mächtiger wurde, bis seine Spitze den Himmel erreichte und auf der ganzen Erde sichtbar war, [18] dessen Blätterkleid prächtig, dessen Fruchtbehang überreich war und der Nahrung für alle bot, unter dem die Tiere des Feldes wohnten und in dessen Zweigen die Vögel des Himmels nisteten, [19] das bist du, König! Auch du bist groß und mächtig geworden; deine Größe wuchs immer mehr und erreichte den Himmel, und deine Herrschaft dehnte sich aus bis an das Ende der Erde. [20] Dass der König einen heiligen Wächter vom Himmel heruntersteigen sah, der gebot: Fällt den Baum und vernichtet ihn! Doch lasst seinen Wurzelstock in der Erde; in eisernen und bronzenen Fesseln lasst ihn im Grün des freien Feldes; vom Tau des Himmels werde er benetzt, und mit den Tieren des Feldes habe er sein Teil, bis sieben Zeiten über ihn hingegangen sind! [21] Dafür ist dies, König, die Deutung, und dies ist eine Entscheidung des Höchsten, die über meinen Herrn, den König, ergangen ist: [22] Man wird dich aus dem Kreis der Menschen ausstoßen, bei den Tieren des Feldes wirst du hausen müssen. Wie die Rinder wird man dich Gras weiden und vom Tau des Himmels nass werden lassen. So werden sieben Zeiten über dich hingehen, bis du endlich einsiehst, dass der Höchste über das Königtum Herr ist und es gibt, wem er will. [23] Und wenn befohlen wurde, den Wurzelstock des Baumes zu belassen, so bedeutet dies: Dein Königtum bleibt erhalten und wird dir zurückgegeben, sobald du die Herrschaft des Himmels anerkannt hast. [24] Darum, König, lass dir meinen Rat gefallen: Tilge deine Sünden durch Gerechtigkeit und deine Missetaten durch Erbarmen mit den Schwachen! Dann mag dein Glück von Dauer sein.

[25] All dies erfüllte sich an König Nebukadnezzar. [26] Zwölf Monate später erging er sich auf dem Dach des königlichen Palastes zu Babel. [27] Da hob der König an und sprach: Ist dies nicht das große Babel, das ich als Residenz erbaut habe, in der Fülle meiner Macht und zum Ruhm meiner Herrlichkeit? [28] Noch hatte sich der Mund des Königs nicht geschlossen, da ertönte schon eine Stimme vom Himmel: König Nebukadnezzar! Dir sei verkündet: Das Königtum wird dir genommen. [29] Aus dem Kreis der Menschen wird man dich ausstoßen und bei den Tieren des Feldes wirst du hausen müssen; wie die Rinder wird man dich Gras weiden lassen und sieben Zeiten werden so über dich hingehen, bis du endlich einsiehst, dass der Höchste über das Königtum Herr ist und es gibt, wem er will.

[30] Noch in derselben Stunde ging der Spruch an Nebukadnezzar in Erfüllung: Er wurde aus dem Kreis der Menschen ausgestoßen, aß Gras wie die Rinder, und sein Körper wurde vom Tau des Himmels nass, bis sein Haar so lang wie Adlerfedern geworden war und seine Nägel Vogelkrallen glichen.

[31] Nach Verlauf der vorbestimmten Zeit erhob ich, Nebukadnezzar, meine Augen wieder zum Himmel und mein Verstand kehrte zurück. Da pries ich den Höchsten; ich lobte und verherrlichte den Ewiglebenden; denn sein Reich dauert ewig und sein Königtum von Generation zu Generation. [32] Die Bewohner der Erde sind vor ihm insgesamt wie nichts zu achten; nach seinem Wohlgefallen waltet er über die Heerschar des Himmels und die Bewohner der Erde. Niemand kann seiner Hand wehren, und niemand darf fragen: Was tust du da?

[33] Zur selben Zeit wurde mir der Verstand
wiedergegeben, und zur Würde meines
Königtums gewann ich auch meine Ehre
und mein Ansehen zurück. Meine Minis-
ter und Großen suchten mich wieder auf.
Ich wurde wieder in die Königsherrschaft
eingesetzt, und meine Macht wurde noch
gewaltiger. [34] Darum lobe, rühme und ver-
herrliche ich, Nebukadnezzar, den König
des Himmels; denn all sein Tun ist vor-
trefflich, und seine Wege sind Recht. Die
in Hochmut dahinleben, vermag er zu de-
mütigen.

Das Gastmahl Belschazzars

5 König Belschazzar gab einmal seinen
eintausend Großen ein großes Gast-
mahl, und er zechte mit den Tausend.
[2] Vom Wein berauscht, befahl Belschazzar,
die goldenen und silbernen Gefäße herbei-
zubringen, die sein Vater Nebukadnezzar
aus dem Tempel in Jerusalem mitgenom-
men hatte; der König und seine Großen,
seine Frauen und Nebenfrauen wollten da-
raus trinken. [3] Darauf wurden die golde-
nen und silbernen Gefäße herbeigebracht,
die man aus dem Tempel des Gotteshauses
in Jerusalem mitgenommen hatte, und der
König und seine Großen, seine Frauen
und Nebenfrauen tranken daraus. [4] Sie
zechten und priesen ihre Götter aus Gold
und Silber, aus Bronze, Eisen, Holz und
Stein.
[5] Noch zur selben Stunde erschienen die
Finger einer Menschenhand und schrie-
ben etwas auf die Kalktünche der Wand
des Königspalastes, gerade gegenüber
dem Leuchter. Der König sah den Rücken
der schreibenden Hand. [6] Da veränderte
sich die Gesichtsfarbe des Königs, seine
Ahnungen erschreckten ihn sehr, seine
Glieder waren wie gelähmt, und ihm
schlotterten die Knie. [7] Der König rief laut,
man solle die Zauberer, Chaldäer und As-
trologen holen. Der König sagte zu den
Weisen von Babel: Wer diese Schrift lesen
und mir ihre Deutung geben kann – wer er
auch sei: er soll in Purpur gekleidet wer-
den, eine goldene Kette um den Hals tra-
gen und als Dritter im Königreich herr-
schen. [8] Da eilten alle Weisen des Königs
herbei, aber sie konnten die Schrift weder
lesen noch ihre Deutung dem König kund-
tun. [9] Dies versetzte König Belschazzar in
so gewaltigen Schrecken, dass sich sein
Angesicht verfärbte; auch seine Großen
gerieten in Angst. [10] Als die Königin von
den Nöten des Königs und seiner Großen
hörte, begab sie sich in die Halle des Gela-
ges. Die Königin sagte: O König, mögest
du ewig leben! Lass dich von deinen Ah-
nungen nicht erschrecken; dein Angesicht
braucht sich nicht zu verfärben. [11] Es gibt ja
in deinem Reich einen Mann, in dem der
Geist der heiligen Götter wohnt. Schon
zur Zeit deines Vaters fand sich bei ihm
Erleuchtung, Einsicht und eine Weisheit,
wie sie sonst nur die Götter besitzen. Kö-
nig Nebukadnezzar, dein Vater, hat ihn
deswegen zum Obersten der Magier, Chal-
däer, Wahrsager und Astrologen bestellt.
[12] Weil also außergewöhnlicher Geist, Er-
kenntnis und Einsicht, Träume zu deuten,
verborgene Dinge zu offenbaren und Rät-
sel zu lösen, in ihm gefunden wurden,
nämlich bei Daniel, dem der König den
Namen Beltschazzar gegeben hat, darum
rufe man jetzt Daniel: Er wird die Deutung
geben.
[13] Daraufhin wurde Daniel vor den Kö-
nig geführt. Der König sagte zu Daniel: Du
bist also Daniel, einer von den jüdischen
Verschleppten, die mein königlicher Vater
aus Juda hergebracht hat? [14] Ich habe von
dir schon gehört, dass der Geist der Götter
in dir ist und dass sich Erleuchtung, Ein-
sicht und außergewöhnliche Weisheit bei
dir finden. [15] Gerade eben hatte ich mir die
Weisen und Zauberer kommen lassen; sie
sollten diese Schrift lesen und mir ihre
Deutung kundtun, aber sie konnten für
den Vorfall keine Erklärung geben. [16] Nun
höre ich von dir, dass du Deutungen zu
geben und Rätsel zu lösen vermagst. Wenn
also du jetzt imstande bist, die Schrift zu
lesen und zu deuten, sollst du in Purpur
gekleidet werden, eine goldene Kette um
den Hals tragen und als Dritter im König-
reich herrschen.
[17] Daniel antwortete dem König: Behalte
nur deine Geschenke und verleih deine

Gaben einem anderen! Doch die Schrift
will ich dem König lesen und ihre Deu-
tung ihm mitteilen. 18 König! Der höchste
Gott hat deinem Vater Nebukadnezzar
Königtum und Macht, Herrlichkeit und
Ehre gegeben. 19 Vor der Macht, die er
ihm verliehen hatte, zitterten und bebten
alle Völker, Nationen und Sprachen. Er
konnte töten, wen er wollte, und er konnte
am Leben lassen, wen er wollte; er konnte
erhöhen, wen er wollte, und er konnte
stürzen, wen er wollte. 20 Aber als sein Herz
überheblich wurde und sein Geist sich
zum Hochmut verstieg, wurde er von sei-
nem Königsthron gestürzt, und er verlor
die Herrscherwürde. 21 Aus dem Kreis der
Menschen wurde er ausgestoßen, und sein
Herz wurde dem von Tieren gleich-
gemacht; er musste mit den Wildeseln
zusammenhausen; man ließ ihn wie die
Rinder Gras weiden, und vom Tau des
Himmels wurde sein Körper benetzt, bis
er anerkannte, dass der höchste Gott Herr
über das menschliche Königtum ist und
dass er auf den Thron erheben kann, wen
er will. 22 Und du, sein Sohn Belschazzar,
hast dein Herz auch nicht gedemütigt, ob-
wohl du dies alles wissen musstest. 23 Auch
du hast dich gegen den Herrn des Him-
mels erhoben; die Gefäße aus seinem Tem-
pel hat man dir herbeiholen müssen; du
und deine Großen, deine Frauen und Ne-
benfrauen, ihr habt daraus gezecht, und
du hast die Götter aus Gold und Silber,
aus Bronze, Eisen, Holz und Stein geprie-
sen, die nichts sehen, nichts hören und
keinen Verstand haben; aber den Gott,
der dein Leben und all deine Lebenswege
in der Hand hat, den hast du nicht verehrt.
24 Deswegen wurde von ihm jene Hand ge-
sandt und diese Schrift geschrieben. 25 Die
Schrift, die hier steht, lautet so: Mene me-
ne tekel u-parsin. 26 Und dies ist die Bedeu-
tung der Worte: Mene: *Gezählt* hat Gott
dein Königtum und macht ihm ein Ende.
27 Tekel: *Gewogen* wurdest du auf der Waa-
ge und zu leicht befunden. 28 Peres: *Geteilt*
wird dein Reich und den Medern und Per-
sern übergeben.

29 Da gab Belschazzar Befehl und Daniel
wurde in Purpur gekleidet; eine goldene
Kette wurde ihm um den Hals gelegt und
man machte über ihn bekannt, dass er als
Dritter im Reich herrschen sollte. 30 Aber
noch in derselben Nacht wurde Belschaz-
zar, der König der Chaldäer, getötet

6 und Darius, der Meder, erhielt das
Königtum im Alter von zweiundsech-
zig Jahren.

Daniel in der Löwengrube

2 Es gefiel Darius, im Reich einhundert-
zwanzig Satrapen zu bestellen, die über
das ganze Reich verteilt sein sollten.
3 Über diese setzte er wieder drei Auf-
sichtsbeamte; einer davon war Daniel.
Ihnen sollten die Satrapen Rechenschaft
ablegen, damit der König nicht geschädigt
würde. 4 Da zeichnete sich nun dieser Da-
niel vor den anderen Aufsichtsbeamten
und Satrapen aus, weil er überragenden
Geist besaß. Deswegen gedachte der Kö-
nig, ihm das ganze Reich zu unterstellen.
5 Da suchten die Aufsichtsbeamten und die
Satrapen eine Unregelmäßigkeit zur An-
klage gegen Daniel in Staatsangelegenhei-
ten ausfindig zu machen. Aber sie konnten
nicht die Spur einer Verfehlung oder eines
Vergehens finden; denn er war durchaus
zuverlässig, und es war ihm nichts von
einer Schuld oder einem Vergehen vor-
zuwerfen. 6 Da sagten sich jene Männer:
Wir werden an diesem Daniel überhaupt
keine Verfehlung finden, wenn wir nicht
etwas im Gesetz seines Gottes gegen ihn
ausfindig machen.

7 Dann stürmten jene Aufsichtsbeamten
und Satrapen auf den König ein und sag-
ten zu ihm: König Darius, mögest du leben
in Ewigkeit! 8 Alle Aufsichtsbeamten, Gou-
verneure und Satrapen des Reiches, alle
Staatsräte und Präfekten sind einmütig
dafür, dass der König ein Dekret erlässt
und ein strenges Verbot in Kraft setzt, wo-
nach jeder, der innerhalb der nächsten
dreißig Tage an irgendeinen Gott oder
Menschen außer an dich, König, eine Bitte
richtet, in die Löwengrube geworfen wer-
den soll. 9 Erlasse also, König, das Verbot
und unterzeichne die schriftliche Ausfer-
tigung, die nach dem unwiderruflichen

Gesetz der Meder und Perser nicht auf-
gehoben werden kann. 10 Daraufhin unter-
zeichnete König Darius die Ausfertigung
des Verbots.
11 Als Daniel erfuhr, dass die Ausfer-
tigung unterzeichnet war, stieg er ins
Obergemach seines Hauses hinauf, wo
die Fenster ihm den Blick nach Jerusalem
hin eröffneten. Dort warf er sich dreimal
am Tag auf die Knie nieder, betete zu sei-
nem Gott und lobte ihn, wie er es bisher
immer getan hatte. 12 Da drangen plötzlich
jene Männer ein und trafen Daniel dabei
an, wie er zu seinem Gott betete und fleh-
te. 13 Alsbald begaben sie sich zum König
und stellten ihm die Frage: Hast du nicht
ein Verbot unterzeichnet, wonach jeder,
der innerhalb der nächsten dreißig Tage
von irgendeinem Gott oder Menschen au-
ßer von dir, König, etwas erbittet, in die
Löwengrube geworfen werden soll? Der
König gab zur Antwort: Die Sache ist so
unumstößlich wie irgendein Gesetz der
Meder und Perser, das nicht aufgehoben
werden kann. 14 Da erwiderten sie und
meldeten dem König: Daniel, einer von
den verschleppten Juden, kümmert sich
weder um dich, König, noch um das Ver-
bot, das du unterzeichnet hast, sondern
spricht dreimal am Tag sein Gebet. 15 Als
der König dies hörte, war ihm die Sache
sehr unangenehm und er überlegte hin
und her, wie er Daniel retten könnte; bis
Sonnenuntergang bemühte er sich, ihn
frei zu bekommen. 16 Doch jene Männer
drangen in den König und redeten auf
ihn ein: Bedenke, König, es ist ein Grund-
gesetz bei den Medern und Persern, dass
ein Verbot oder Gebot, das der König er-
lassen hat, niemals abgeändert werden
kann. 17 Darauf gab der König Befehl und
Daniel wurde geholt und in die Löwen-
grube geworfen. Der König sagte noch zu
Daniel: Dein Gott, dem du so treu dienst,
wird dich erretten! 18 Nun wurde ein Stein
herbeigeschafft und auf die Öffnung der
Grube gelegt; der König versiegelte ihn
mit seinem Siegelring und mit den Rin-
gen seiner Großen, damit niemand in
der Sache Daniels etwas unternehmen
könnte.
19 Darauf zog sich der König in seinen
Palast zurück und verbrachte die Nacht in
Fasten; auch ließ er keine Nebenfrauen zu
sich bringen. Aber er fand keinen Schlaf.
20 Schon am frühen Morgen erhob sich der
König und ging eilends zur Löwengrube.
21 Als er sich der Grube näherte, rief er mit
angstvoller Stimme nach Daniel. Der Kö-
nig fragte Daniel: Daniel, du Diener des le-
bendigen Gottes! Hat dein Gott, dem du so
treulich dienst, dich vor den Löwen retten
können? 22 Da gab Daniel dem König Ant-
wort: König, du mögest ewig leben! 23 Mein
Gott hat seinen Engel gesandt und dieser
hat den Rachen der Löwen verschlossen,
sodass sie mir nichts zuleide taten; denn
ich war in seinen Augen unschuldig. Aber
auch gegen dich, König, habe ich mich
nicht vergangen. 24 Da freute sich der König
sehr und befahl, Daniel aus der Grube he-
raufzuholen. So wurde Daniel aus der Gru-
be heraufgeholt. Er wies nicht die geringste
Verletzung auf, weil er seinem Gott ver-
traut hatte. 25 Auf Befehl des Königs wur-
den nun jene Männer herbeigebracht, die
Daniel so hinterhältig verklagt hatten. Jetzt
wurden sie samt ihren Kindern und Frau-
en in die Löwengrube geworfen. Sie hatten
noch nicht den Boden der Grube erreicht,
als die Löwen schon über sie herfielen und
alle ihre Knochen zermalmten.
26 Da richtete König Darius an alle Völ-
ker, Nationen und Sprachen auf der gan-
zen Erde folgendes Schreiben: Heil euch in
Fülle! 27 Von mir ergeht Befehl, dass man
in meinem ganzen Machtbereich vor dem
Gott Daniels zittern und sich fürchten soll.
Denn er ist der lebendige Gott, er besteht
in Ewigkeit! Sein Reich geht nicht unter,
und seine Herrschaft währt bis ans Ende.
28 Er errettet und befreit; er tut Zeichen
und Wunder im Himmel und auf Erden;
er hat ja Daniel aus der Gewalt der Löwen
errettet.
29 Dieser Daniel lebte glücklich unter der
Regierung des Darius und unter der Regie-
rung des Persers Kyrus.

Vision von den vier Tieren und vom Menschensohn

7 Im ersten Jahr des Königs Belschazzar
von Babel hatte Daniel einen Traum;
Visionen standen ihm auf seinem Lager
vor Augen. Er schrieb den Traum auf; der
Bericht lautet: 2 Daniel sprach: Ich hatte in
der Nacht eine Vision: Die Winde aus den
vier Himmelsrichtungen wühlten das gro-
ße Meer auf. 3 Vier große Tiere stiegen aus
dem Meer herauf, jedes von anderer Ge-
stalt. 4 Das erste glich einem Löwen, hatte
aber Flügel wie ein Adler. Während ich es
noch betrachtete, wurden ihm die Flügel
ausgerissen; dann wurde es vom Boden
aufgerichtet und wie ein Mensch auf zwei
Füße gestellt; auch ein menschliches Herz
wurde ihm gegeben. 5 Dann erschien ein
anderes, ein zweites Tier; es glich einem
Bären und war nach einer Seite aufgerich-
tet; es hatte drei Rippen im Maul zwischen
den Zähnen und man ermunterte es noch:
Auf! Verschlinge viel Fleisch! 6 Nach die-
sem erschien, als ich weiter schaute, ein
anderes Tier; es glich einem Panther und
hatte vier Vogelschwingen auf dem Rü-
cken; vier Köpfe besaß dieses Tier, und
Herrschermacht war ihm gegeben. 7 Da-
nach sah ich in den nächtlichen Visionen
ein viertes Tier; es war furchtbar, schreck-
lich und ungeheuer stark; es hatte mächti-
ge Zähne aus Eisen; damit fraß und zer-
malmte es alles, und was dann noch übrig
blieb, zertrat es mit den Füßen. Es war von
allen Tieren vor ihm ganz verschieden und
hatte zehn Hörner. 8 Als ich die Hörner be-
trachtete, da wuchs zwischen ihnen ein
anderes, kleineres Horn empor, und vor
ihm brachen drei von den früheren Hör-
nern heraus. An diesem Horn waren Au-
gen wie Menschenaugen und ein Maul,
das vermessene Reden führte. 9 Ich blickte
so lange hin, bis Throne aufgestellt wur-
den, und ein Hochbetagter Platz nahm.
Sein Gewand war weiß wie Schnee, und
sein Haupthaar rein wie Wolle. Sein Thron
waren Feuerflammen und seine Räder
Feuerbrände. 10 Ein Feuerstrom ging von
ihm aus und floss daher. Tausendmal Tau-
sende dienten ihm, und zehntausendmal
Zehntausende standen vor ihm. Das Ge-
richt nahm Platz, und Bücher wurden auf-
geschlagen.

11 Noch immer sah ich hin, bis das Tier –
wegen der anmaßenden Worte, die das
Horn redete – getötet wurde. Sein Leib
wurde zerstückelt und dem Feuer zum
Verbrennen übergeben. 12 Auch den übri-
gen Tieren wurde ihre Macht genommen,
aber man ließ ihnen noch Lebensdauer für
eine bestimmte Zeit.

13 Ich sah in den nächtlichen Visionen:
Da kam mit den Wolken des Himmels
eine Gestalt wie ein Menschensohn; er ge-
langte bis zu dem Hochbetagten und wur-
de vor ihn hingeführt. 14 Ihm wurde Macht,
Herrlichkeit und Königsherrschaft verlie-
hen. Alle Völker, Nationen und Sprachen
dienten ihm. Seine Herrschaft ist eine ewi-
ge, unvergängliche Herrschaft. Sein Kö-
nigtum geht niemals unter.

Deutung der Vision

15 Ich, Daniel, war darüber innerlich ent-
setzt, und die Visionen in meinem Kopf
erschreckten mich. 16 Ich trat an einen der
Umstehenden heran und bat ihn über al-
les um zuverlässige Auskunft. Er gab mir
Antwort und erklärte mir die Deutung der
Vorgänge: 17 Jene großen Tiere, vier an der
Zahl, bedeuten vier Könige, die sich auf
der Erde erheben werden. 18 Das König-
tum aber werden die Heiligen des Höchs-
ten erhalten und sie werden das Königtum
für immer und in alle Ewigkeit besitzen.
19 Dann wollte ich noch Genaueres über
das vierte Tier erfahren, das von den an-
deren ganz verschieden und so überaus
furchtbar war, das eiserne Zähne und
bronzene Krallen hatte, das alles fraß und
zermalmte und den Rest mit den Füßen
zertrat, 20 ferner über die zehn Hörner an
seinem Kopf und über das andere, das erst
emporwuchs und vor dem drei Hörner
ausfielen, das Augen hatte, ein Maul, das
vermessene Reden führte und das größer
erschien als die anderen. 21 Ich hatte näm-
lich gesehen, wie dieses Horn gegen die
Heiligen Krieg führte und sie überwältig-
te, 22 bis der Hochbetagte erschien; da wur-
de den Heiligen des Höchsten Recht ver-
schafft, und es kam die Zeit, wo die
Heiligen das Königtum in Besitz nahmen.
23 Er antwortete: Das vierte Tier bedeutet:
Es wird ein viertes Reich auf Erden erste-
hen, das von allen Reichen ganz verschie-
den ist. Es wird die ganze Welt verschlin-
gen, sie zertreten und zermalmen. 24 Die

zehn Hörner bedeuten: In jenem Reich werden zehn Könige herrschen. Nach ihnen kommt ein anderer. Er unterscheidet sich von den früheren und bringt drei Könige zu Fall. 25 Selbst gegen den Höchsten führt er vermessene Reden; er bedrückt die Heiligen des Höchsten hart und sinnt darauf, Festzeiten und Gesetze zu ändern. Die Heiligen werden für eine Zeit und zwei Zeiten und eine halbe Zeit in seine Hand gegeben. 26 Dann aber wird man zu Gericht sitzen; man nimmt ihm die Herrschaft, um sie endgültig zu zerstören und zu vernichten. 27 Dann wird Königtum, Herrschaft und Triumph über alle Reiche unter dem Himmel dem Volk der Heiligen des Höchsten verliehen. Sein Königtum ist ein ewiges Königtum, und alle Mächte werden ihm dienen und gehorchen.

Hier endet der Bericht. Mich, Daniel, erschreckten meine Gedanken so sehr, dass sich mein Angesicht verfärbte. Die Worte aber behielt ich fest im Sinn.

Vision vom Widder und Ziegenbock

8 Im dritten Regierungsjahr des Königs Belschazzar hatte ich, Daniel, eine Vision, nach jener, die ich früher empfangen hatte. 2 Ich hatte eine Vision, und während ich sie sah, befand ich mich in der Burg Susa, die in der Provinz Elam liegt, am Ulai-Kanal. 3 Als ich meine Augen erhob, sah ich einen Widder am Kanal stehen; er hatte zwei Hörner. Die Hörner waren hoch; das eine war noch höher als das andere und das Höhere wuchs zuletzt empor. 4 Ich sah den Widder nach Westen, nach Norden und nach Süden stoßen; kein Tier konnte ihm standhalten, und es gab keinen Retter vor seiner Gewalt. Er tat, was er wollte, und nahm an Größe immer noch zu.

5 Während ich darüber nachdachte, lief ein Ziegenbock vom Westen her über die ganze Erde, ohne aber den Boden zu berühren; der Bock hatte ein ansehnliches Horn zwischen den Augen. 6 Er gelangte bis zu dem doppelt gehörnten Widder, den ich am Kanal stehen sah, und stürmte mit dem ganzen Ingrimm seiner Kraft auf ihn zu. 7 Ich sah ihn auf den Widder losgehen; er setzte ihm wütend zu, traf den Widder und brach ihm beide Hörner ab. Da besaß der Widder keine Kraft mehr zum Widerstand. Der Bock warf ihn zu Boden und zertrat ihn, und es gab niemand, der den Widder aus seiner Gewalt befreit hätte. 8 Der Ziegenbock nahm noch gewaltig an Größe zu; als er aber in der Vollkraft war, brach das große Horn ab. An seiner Stelle wuchsen vier ansehnliche Hörner empor nach den vier Windrichtungen des Himmels.

9 Aus einem von ihnen wuchs ein anderes Horn hervor; anfangs klein, wurde es nachher sehr groß gegen Süden, gegen Osten und gegen den Ort der Zierde hin. 10 Es reckte sich empor bis zum Heer des Himmels und warf manche von dem Heer und von den Sternen auf die Erde herunter und zertrat sie. 11 Sogar bis zum Fürsten des Himmelsheeres erhob es sich. Das tägliche Opfer schaffte es ab und verwüstete die Stätte seines Heiligtums. 12 Das Heer wurde frevlerisch gegen das tägliche Opfer eingesetzt. Es warf die Wahrheit zu Boden, und was es unternahm, das gelang ihm.

13 Da hörte ich einen Heiligen sprechen und ein anderer Heiliger fragte jenen, der gesprochen hatte: Für welchen Zeitraum gilt die Vision vom täglichen Opfer, vom Frevel der Verwüstung, von der Preisgabe des Heiligtums und vom Zertreten durch das Heer? 14 Er antwortete ihm: Es dauert zweitausenddreihundert Abende und Morgen, bis das Heiligtum wieder zu seinem Recht kommt.

15 Während ich, Daniel, diese Vision hatte und nach einer Deutung dafür suchte, sah ich eine Gestalt vor mir stehen, die aussah wie ein Mann. 16 Dazu hörte ich über dem Ulai eine Menschenstimme, die rief: Gabriel! Deute diesem da die Vision! 17 Da kam er dorthin, wo ich stand. Bei seiner Annäherung erfasste mich ein solcher Schrecken, dass ich auf mein Angesicht fiel. Er sagte zu mir: Menschensohn, beachte es wohl: Die Vision bezieht sich auf die Endzeit! 18 Während er mit mir redete, lag ich wie betäubt mit dem Angesicht auf

dem Boden. Da fasste er mich an und stellte mich wieder auf meinen Platz. 19 Dann sagte er: Ich kündige dir an, was in der letzten Zeit des Zorns geschehen wird; denn die Vision gilt der Endzeit. 20 Der Widder mit den zwei Hörnern, den du gesehen hast, bedeutet die Könige von Medien und Persien. 21 Der Ziegenbock ist der König von Jawan, das große Horn zwischen seinen Augen ist der erste König. 22 Dass es zerbrach und dass vier andere an seine Stelle traten, bedeutet: Vier Reiche entstehen aus seinem Volk; sie haben aber nicht die gleiche Kraft wie er. 23 Am Ende ihrer Herrschaft, wenn das Maß der Frevel voll geworden ist, kommt ein König voll Härte und Verschlagenheit. 24 Gewaltig ist seine Macht, wenn auch nicht aus eigener Kraft. Er wird Unerhörtes anrichten und was er unternimmt, das gelingt ihm. Er richtet Mächtige zugrunde, auch das Volk der Heiligen. 25 Bei seiner Verschlagenheit geht ihm jeder Betrug glücklich von der Hand. Da wird sein Herz hochmütig und er stürzt viele ahnungslos ins Verderben. Selbst gegen den Fürsten der Fürsten steht er auf; dann aber wird er vernichtet, ohne dass eine Hand sich rührt. 26 Die Vision von den Abenden und den Morgen, die dir offenbart wurde, beruht auf Wahrheit. Doch halte sie geheim; denn sie gilt fernen Tagen!

27 Ich, Daniel, lag nun tagelang krank danieder, dann erhob ich mich wieder und versah meinen Dienst beim König. Doch die Vision hatte mich verwirrt, und es war niemand da, der sie zu deuten vermochte.

Die Weissagung von den siebzig Jahrwochen

9 Im ersten Jahr des Darius, des Sohnes des Xerxes, aus dem Stamm der Meder, der König über das Reich der Chaldäer geworden war, 2 in seinem ersten Regierungsjahr, suchte ich, Daniel, in den Schriften Klarheit über die Zahl der Jahre, die nach dem Wort des Herrn an den Propheten Jeremia über den Trümmern Jerusalems dahingehen sollten, (nämlich) siebzig Jahre. 3 Ich wandte den Blick zu Gott, dem Herrn, und suchte recht zu beten und zu flehen unter Fasten in Sack und Asche. 4 Ich flehte also zum Herrn, meinem Gott, bekannte und sagte: Herr, du großer und furchtbarer Gott, der den Bund und die Huld denen bewahrt, die ihn lieben und seine Gebote halten. 5 Wir haben gesündigt und gefehlt; wir sind zu Frevlern und Empörern geworden, sind abgewichen von deinen Geboten und Gesetzen. 6 Wir haben auf deine Diener, die Propheten, nicht gehört, die doch in deinem Namen zu unseren Königen und Fürsten, zu unseren Vätern und zum ganzen Volk des Landes redeten. 7 Du, Herr, hast Recht behalten; wir aber sind bis auf den heutigen Tag mit Schande gezeichnet, wir, die Männer von Juda und die Bewohner von Jerusalem, ja, das ganze Volk Israel, die in der Nähe und die in der Ferne, in all den Ländern, wohin du sie verstoßen hast wegen des Treubruchs, den sie gegen dich begangen haben. 8 Ja, Herr, wir sind mit Schande gezeichnet, unsere Könige, unsere Fürsten und unsere Väter, weil wir gegen dich gesündigt haben. 9 Aber beim Herrn, unserem Gott, ist Erbarmen und Vergebung, auch wenn wir uns gegen ihn aufgelehnt haben. 10 Wir haben auch nicht auf die Stimme des Herrn, unseres Gottes, gehört und uns nicht an seine Gesetze gehalten, die er uns durch seine Diener, die Propheten, gegeben hat. 11 Ganz Israel hat dein Gesetz übertreten, ist davon abgewichen und hat auf deine Stimme nicht gehört. So wurden gegen uns der Fluch und die Verwünschung ausgelöst, die im Gesetz des Mose, des Dieners Gottes, geschrieben stehen; denn wir haben gegen ihn gesündigt. 12 Da erfüllte er sein Drohwort, das er gegen uns und unsere Herrscher, die uns regierten, ausgesprochen hatte, wonach über uns so großes Ungemach kommen sollte, wie es nie und nirgends unter dem ganzen Himmel geschah als nur in Jerusalem. 13 Wie es im Gesetz des Mose geschrieben steht, so kam all dies Unheil über uns; und doch taten wir nichts, um das Angesicht des Herrn, unseres Gottes, zu begütigen: Wir kehrten uns nicht ab von unseren Sünden und suchten die Einsicht nicht bei deiner Wahrheit. 14 Aber der Herr wachte

über dem Unheil, und schließlich entließ
er es gegen uns. Der Herr, unser Gott, ist
ja gerecht in allem, was er tut; denn wir
hatten auf seine Stimme nicht gehört.
15 Nun also, Herr, unser Gott, der sein
Volk mit starker Hand aus Ägypten he-
rausgeführt und sich so einen Namen ge-
macht hat bis auf den heutigen Tag: Wir
haben gesündigt; wir haben schlecht ge-
handelt. 16 Herr, entsprechend allen frühe-
ren Gnadenerweisen deiner Gerechtigkeit
wende sich nun dein Zorn und dein
Grimm von deiner Stadt Jerusalem und
von deinem heiligen Berg ab; denn um un-
serer Sünden und um der Missetaten un-
serer Väter willen ist Jerusalem und dein
Volk allen unseren Nachbarn zum Gespött
geworden. 17 Nun also, unser Gott, erhöre
das Gebet deines Knechts und seine Bit-
ten: Lass wieder dein Angesicht über dei-
nem verwüsteten Heiligtum leuchten,
auch um deinetwillen, Herr! 18 Neige, mein
Gott, dein Ohr und höre! Öffne deine Au-
gen und siehe auf die Trümmer bei uns
und auf die Stadt, über der dein Name aus-
gerufen ist. Denn nicht im Vertrauen auf
unsere guten Werke unterbreiten wir dir
unsere Bitten, sondern im Vertrauen auf
dein großes Erbarmen. 19 Herr, merke auf
und handle! Mein Gott, um deinetwillen
zögere nicht! Dein Name ist doch über
deiner Stadt und deinem Volk ausgerufen.
20 Während ich noch redete und betete,
meine Schuld und die Schuld meines Vol-
kes Israel bekannte und meine Fürbitte für
den heiligen Berg meines Gottes dem
Herrn, meinem Gott, unterbreitete, 21 wäh-
rend ich also noch das Gebet sprach, nä-
herte sich mir im Flug Gabriel, der Mann,
den ich früher in der Vision gesehen hatte;
es war zurzeit des Abendopfers. 22 Er redete
mich an und sagte: Daniel, nun bin ich er-
schienen, dir Klarheit zu geben. 23 Gleich
zu Anfang deines Betens erging ein Wort
Gottes. Ich komme nun, es dir zu verkün-
den; denn du bist ein Liebling (Gottes).
Gib also acht auf das Wort und suche die
Erscheinung zu verstehen:
24 Siebzig Wochen sind für dein Volk /
und deine heilige Stadt bestimmt,
bis dem Frevel ein Ende gemacht, / die
Sünde versiegelt und die Schuld gesühnt
ist;
bis ewige Gerechtigkeit herbeigeführt
wird, / Visionen und Weissagungen besie-
gelt werden / und das Allerheiligste
gesalbt wird.
25 Nun musst du wissen und beachten:
Von der Zeit, als das Wort von der Rück-
führung und dem Wiederaufbau Jerusa-
lems erging, bis zu einem Gesalbten,
einem Fürsten, sind es sieben Wochen,
und zweiundsechzig Wochen dauert der
Wiederaufbau von Plätzen und Gräben
(der Stadt), obwohl es eine schwierige
Zeit sein wird. Am Ende dieser Zeiten,
26 nach den zweiundsechzig Wochen, wird
ein Gesalbter getötet, ohne (Richter-
spruch). Stadt und Heiligtum wird das
Volk eines Fürsten, der heranzieht, ver-
nichten. Eine Flut bereitet ihm das Ende,
und bis zum Ende herrschen Krieg und
beschlossene Verwüstung. 27 Er schließt
mit vielen einen festen Bund, eine Woche
lang, und in der Mitte der Woche macht
er den Schlacht- und Speiseopfern ein En-
de. Und auf dem Flügel von Gräuel
kommt ein Verwüster, bis fest beschlosse-
ne Verwüstung über den Verwüster aus-
gegossen wird.

Letzte Offenbarungen

Der himmlische Bote

10 Im dritten Jahr des Perserkönigs
Kyrus empfing Daniel, der auch
Beltschazzar hieß, eine Offenbarung. Die-
se Offenbarung ist wahr und kündigt gro-
ße Kriegsnot an. Er nahm die Offenbarung
aufmerksam entgegen. Das Verständnis
wurde ihm durch eine Erscheinung er-
schlossen.
2 In jenen Tagen ging ich, Daniel, drei
Wochen lang in Trauer. 3 Feine Speisen aß
ich nicht; auch Fleisch und Wein kamen
nicht in meinen Mund. Ich salbte mich
nicht einmal, bis drei volle Wochen ver-
gangen waren. 4 Am vierundzwanzigsten
Tag des ersten Monats befand ich mich
am Ufer des großen Stromes, das ist der
Tigris. 5 Als ich nun meine Augen erhob,
sah ich einen Mann; er war in Leinen ge-
kleidet und trug um die Hüften einen Gür-

tel aus reinstem Gold. 6 Sein Körper leuch-
tete wie Edelstein, sein Angesicht wie ein
Blitzstrahl und seine Augen wie feurige
Fackeln; seine Arme und Füße funkelten
wie polierte Bronze. Der Klang seiner Re-
de war wie das Tosen einer Volksmenge.
7 Aber nur ich, Daniel, sah die Erschei-
nung; meine Begleiter hingegen sahen die
Erscheinung nicht; doch überkam sie ein
so gewaltiger Schrecken, dass sie sich in
ein Versteck flüchteten. 8 So blieb ich allein
zurück und sah die gewaltige Erscheinung.
Da verließen mich die Kräfte; mein Aus-
sehen entstellte sich furchtbar, und ich
vermochte mich nicht mehr aufrecht zu
halten.

9 Nun vernahm ich den Klang seiner Re-
de; als ich ihn aber reden hörte, fiel ich
betäubt auf mein Angesicht und blieb auf
dem Boden liegen. 10 Doch eine Hand rüt-
telte mich und half mir auf meine Knie
und Hände. 11 Dann sprach er zu mir: Da-
niel, (von Gott) geliebter Mann, achte auf
die Worte, die ich zu dir spreche, und stell
dich aufrecht; denn zu dir bin ich nun ge-
sandt. Als er so zu mir sprach, richtete ich
mich zitternd auf. 12 Da sagte er zu mir:
Fürchte dich nicht, Daniel! Denn schon
vom ersten Tag, da du dich mühtest, Er-
kenntnis zu erlangen und dich vor deinem
Gott zu demütigen, sind deine Bitten
erhört worden, und ich hatte mich eben
deiner Bitte wegen auf den Weg zu dir ge-
macht. 13 Aber der Engelfürst des Perser-
reiches hat sich mir einundzwanzig Tage
lang entgegengestellt; doch dann kam Mi-
chael, einer von den höchsten Engelfürs-
ten, mir zu Hilfe. So war ich dort bei den
Perserkönigen entbehrlich. 14 Nun bin ich
aber gekommen, um dich wissen zu lassen,
was deinem Volk am Ende der Tage begeg-
nen wird; denn die Vision bezieht sich auf
jene fernen Tage.

15 Während er so mit mir redete, schlug
ich den Blick zu Boden und konnte kein
Wort hervorbringen. 16 Da berührte eine
Gestalt, die wie ein Mensch aussah, meine
Lippen. Nun vermochte ich den Mund zu
öffnen und zu sprechen. Ich sagte zu dem,
der vor mir stand: Mein Herr, bei der Er-
scheinung kam es wie Wehen über mich,
und ich verlor alle Kraft. 17 Wie hielte es
der Knecht meines Herrn hier auch aus,
mit meinem Herrn zu reden? Von da ab
war keine Kraft mehr in mir, und der
Atem stockte mir. 18 Da berührte mich die
Gestalt, die wie ein Mensch aussah, noch
einmal und stärkte mich. 19 Dabei sprach
sie: Fürchte dich nicht, du (von Gott) ge-
liebter Mann! Heil dir! Werde stark und
stärker! Als er so zu mir redete, fühlte ich
mich neu gestärkt und sagte: Nun rede,
mein Herr! Du hast mich ja gestärkt.

20 Er sprach: Weißt du, warum ich zu dir
gekommen bin? Nun aber kehre ich zu-
rück, um mit dem Engelfürst der Perser
zu kämpfen. Wenn ich mit ihm fertig ge-
worden bin, kommt der Engelfürst von Ja-
wan. 21 Doch will ich dir mitteilen, was im
Buch der Wahrheit aufgeschrieben ist.
Aber niemand steht mir gegen jene zur
Seite außer euerem Engelfürsten Michael.

11 Schon im ersten Jahr des Meders
Darius stand ich bei ihm als Helfer
und Beschützer. 2 Und nun will ich dir die
Wahrheit verkünden:

Kämpfe zwischen Ptolemäern und Seleukiden

Noch drei Könige treten in Persien auf;
der Vierte häuft dann größeren Reichtum
zusammen als alle; und wenn er mit Hilfe
seines Reichtums mächtig geworden ist,
setzt er die gesamte Macht gegen alle Rei-
che von Jawan in Bewegung. 3 Dann tritt
ein König auf, der ein Kriegsheld ist; er
entfaltet eine gewaltige Herrschermacht
und tut, was er will. 4 Aber kaum ist er auf-
getreten, da zerbricht sein Reich und wird
aufgeteilt unter die vier Windrichtungen
des Himmels. Es fällt jedoch nicht seinen
Nachkommen zu und ist nicht mehr so
mächtig, wie es unter seiner Herrschaft
einmal war. Denn sein Reich wird vernich-
tet und fällt anderen zu, nicht jenen.

5 Mächtig wird nun der König des Sü-
dens; doch von seinen Großen wird einer
ihn überflügeln, und sein Reich wird grö-
ßer werden als das seine. 6 Nach Jahren
verbünden sie sich, und eine Tochter des
Königs des Südens kommt zum König des
Nordens, um wieder gute Beziehungen
herzustellen; doch wird sie die Kraft seines
Armes nicht behalten, und auch ihr Nach-
wuchs bleibt nicht am Leben; hingegeben
wird sie und ihr Gefolge, ihr Kind und der,
der über sie Gewalt gehabt hat. Zu gegebe-
ner Zeit 7 tritt ein Spross aus ihren Wur-
zeln an seine Stelle und rückt aus gegen
das Meer, gelangt in die Festung des Kö-

nigs des Nordens und handelt als Sieger an
ihnen. 8 Selbst ihre Götter samt ihren Guss-
bildern und kostbaren Gefäßen, Silber und
Gold bringt er als Beute nach Ägypten;
doch er lässt dann auf Jahre vom König
des Nordens ab. 9 Nun zieht dieser gegen
das Reich des Königs des Südens, muss
aber in sein Land zurückkehren. 10 Dann
rüsten seine Söhne und ziehen eine gewal-
tige Heeresmacht zusammen; er rückt ge-
gen ihn vor, überflutet (alles) und brandet
selbst gegen seine Festung an. 11 Das erbit-
tert den König des Südens, er und zieht zu
Feld und kämpft gegen den König des Nor-
dens; dieser stellt zwar ein großes Heer auf,
aber es gerät in seine (des Ägypters) Hand.
12 Die Heeresmacht wird vernichtet; darü-
ber wird er hochmütig, er schlägt Zehntau-
sende nieder, bleibt aber doch nicht über-
legen. 13 Denn der König des Nordens
schlägt zurück; er stellt ein noch gewaltige-
res Heer auf als das erste, und nachdem
Jahre verstrichen sind, zieht er gegen jenen
mit großer Heeresmacht und gewaltigem
Tross. 14 In jenen Zeiten stehen viele gegen
den König des Südens auf, auch aus dei-
nem Volk erheben sich Gewalttätige und
bringen so die Vision in Erfüllung; sie ge-
hen aber zugrunde. 15 So zieht der König
des Nordens heran, schüttet einen Wall
auf und nimmt eine feste Stadt ein. Die
Kräfte des Südens vermögen keinen Wi-
derstand zu leisten, nicht einmal das
Kriegsvolk seiner Auserlesenen hat die
Kraft zum Standhalten. 16 Der gegen ihn
zieht, handelt nun nach seinem Gutdün-
ken. Niemand kann ihm widerstehen; er
setzt sich fest im Land der Zierde, und in
seiner Hand ist Vernichtung. 17 Er strebt
danach, sein ganzes Reich in die Gewalt
zu bekommen; so trifft er mit ihm ein Ab-
kommen und gibt ihm eine Tochter zur
Frau, um es zu zerstören; doch kommt dies
nicht zustande, es gelingt ihm nicht.
18 Dann wendet er sich den Inseln zu und
erobert viele; aber ein Feldherr setzt sei-
nem Hohn ein Ende, vergilt ihm überdies
den Hohn. 19 So wendet er seine Absichten
auf die festen Orte seines Landes; doch er
strauchelt und fällt und hinterlässt keine
Spur. 20 An seine Stelle tritt einer, der einen
Steuereintreiber durch die Zierde des Rei-
ches schickt. Aber schon nach wenigen Ta-
gen wird er zerschmettert, doch nicht vor
aller Augen und auch nicht in der Schlacht.

Die Schreckenszeit unter
Antiochus Epiphanes

21 An seine Stelle tritt ein Verächtlicher.
Man wollte ihm die Königswürde nicht ge-
ben, aber er kommt unversehens und be-
mächtigt sich des Königtums durch Intri-
ge. 22 Eine Flut von Streitkräften wird vor
ihm hinweggeschwemmt und bricht zu-
sammen, selbst der Fürst des Bundes.
23 Sobald man sich mit ihm verbündet,
wird er zum Verräter. Er zieht heran und
gewinnt Macht, selbst mit nur wenig Leu-
ten. 24 Er dringt in die reichsten Teile einer
Provinz ein und haust dort, wie es seine
Väter und Vorväter nie getan haben. Beu-
te- und Plünderungsgut und Besitz ver-
schleudert er unter sie und plant Anschlä-
ge auf die festen Plätze, doch nur eine Zeit
lang. 25 Dann setzt er seine Kraft und sei-
nen Drang gegen den König des Südens
ein mit großer Heeresmacht. Doch auch
der König des Südens rüstet fieberhaft
zum Krieg mit einer großen, überaus star-
ken Heeresmacht; aber er vermag nicht
standzuhalten, denn man zettelt gegen
ihn Verschwörungen an. 26 Seine Tisch-
genossen führen seinen Zusammenbruch
herbei; sein Heer flutet zurück, und viele
fallen, zu Tod getroffen. 27 Beide Könige
haben Böses im Sinn; am selben Tisch be-
lügen sie einander, doch nichts gelingt.
Denn noch steht das Ende aus, bis zur be-
stimmten Zeit. 28 So zieht er sich mit gro-
ßer Beute in sein Land zurück; er richtet
seine Absichten gegen den Heiligen Bund,
und er verwirklicht sie auch und kehrt
dann in sein Land zurück. 29 Doch kehrt
er zur bestimmten Zeit wieder und zieht
in den Süden; aber es geht das zweite Mal
nicht wie das erste Mal. 30 Denn Schiffe der
Kittäer ziehen gegen ihn; da wird er einge-
schüchtert und kehrt um. Nun lenkt er sei-
nen Zorn auf den Heiligen Bund und han-
delt entsprechend. Dann kehrt er heim
und wendet er seine Aufmerksamkeit de-
nen zu, die den Heiligen Bund zu verlassen
bereit sind. 31 Er sendet Streitkräfte; sie ent-
weihen die Burg des Heiligtums, unterbin-
den das tägliche Opfer und errichten den
Gräuel der Verwüstung. 32 Jene, die geneigt
sind, am Bund zu freveln, bringt er durch
Schmeicheleien zum Abfall; doch die
Schar derer, die ihren Gott erkennen,
bleibt stark und handelt. 33 Die Einsichti-
gen im Volk bringen viele zur Besinnung;

aber sie werden eine Zeit lang zu Fall gebracht durch Schwert und Feuer, durch Haft und Enteignung. 34 Doch während man sie niederzwingt, erhalten sie Unterstützung durch eine kleine Hilfe; da schließen sich ihnen viele heuchlerisch an. 35 Aber auch von den Einsichtigen kommen einige zu Fall; so sollen sie geläutert, geprüft und gereinigt werden bis zur Zeit des Endes; denn es dauert noch eine Weile bis zur bestimmten Zeit.

36 Der König handelt nach seiner Willkür; er überhebt sich und stellt sich gegen jeden Gott, und gegen den Gott der Götter redet er vermessen. Doch er hat Erfolg, bis der göttliche Zorn das Vollmaß erreicht hat; denn das Beschlossene wird ausgeführt. 37 Er achtet nicht einmal den Gott seiner Väter und den Liebling der Frauen; er achtet überhaupt keinen Gott, er erhebt sich über alle. 38 Stattdessen verehrt er den Gott der Festungen; mit Gold und Silber, mit Edelsteinen und Kleinodien verehrt er einen Gott, den seine Väter nicht gekannt haben. 39 Er geht gegen die starken Festungen mit Hilfe eines fremden Gottes vor. Wer ihn anerkennt, den überhäuft er mit Ehre; er setzt sie zu Herrschern über viele ein und teilt ihnen Land als Belohnung zu.

Höhepunkt und Ende der Not

40 Zur Zeit des Endes stößt der König des Südens mit ihm zusammen. Der König des Nordens stürmt gegen ihn mit Wagen und Reitern und mit vielen Schiffen; er bricht in Länder ein, überflutet und überrennt sie. 41 Auch ins Land der Zierde kommt er; da fallen Zehntausende. Seiner Hand entrinnen nur diese: Edom und Moab und der Hauptteil der Ammoniter. 42 Nach Ländern streckt er seine Hand aus, und auch für das Land Ägypten gibt es keine Rettung. 43 Er bemächtigt sich der Gold- und Silberschätze und aller Kostbarkeiten Ägyptens. Libyer und Kuschiter sind in seinem Gefolge. 44 Da erschrecken ihn Gerüchte aus dem Osten und Norden, und er zieht in großem Zorn hin, um viele zu vernichten und dem Tod zu weihen. 45 Zwischen dem Meer und dem Berg der heiligen Zierde schlägt er seine Prunkzelte auf. Da ereilt ihn sein Ende, und niemand bringt ihm Hilfe.

Auferstehung und Vergeltung

12 In jener Zeit erhebt sich Michael, der große Fürst, der einsteht für die Söhne deines Volkes. Es ist eine Zeit der Bedrängnis, wie es keine je gab, seit Völker sind, bis zu jener Zeit. Zu jener Zeit wird dein Volk gerettet, alle, die sich im Buch verzeichnet finden. 2 Viele von denen, die im Staub der Erde schlafen, werden aufwachen, die einen zu ewigem Leben, die anderen zur Schmach, zu ewiger Schande. 3 Da werden die Einsichtigen leuchten wie der Glanz des Himmels, und jene, die viele zur Gerechtigkeit geführt haben, wie die Sterne in alle Ewigkeit!

Die versiegelte Weissagung

4 Du aber, Daniel, verschließe diese Worte und versiegle das Buch bis zur Zeit des Endes! Viele werden hin und her irren, und die Erkenntnis wird wachsen. 5 Ich, Daniel, schaute weiter, da sah ich zwei andere (Männer) dastehen, der eine am diesseitigen Ufer des Flusses, der andere am jenseitigen. 6 Da fragte ich den Mann, der in Leinen gekleidet über den Wassern des Flusses stand: Wie lange ist es noch bis zum Ende dieser wunderbaren Dinge? 7 Da erhob der Mann, der in Leinen gekleidet über den Wassern des Flusses stand, seine Rechte und seine Linke zum Himmel und schwor bei dem, der ewig lebt, und ich hörte ihn (sagen): Zeit, Zeiten und eine halbe Zeit; wenn es mit dem zu Ende geht, der die Kraft des heiligen Volkes zerschlägt, geht dies alles in Erfüllung. 8 Ich hörte es zwar, verstand es aber nicht. Darum fragte ich: Mein Herr, was ist das Letzte von alle dem? 9 Er gab zur Antwort: Geh, Daniel, denn verschlossen und versiegelt bleiben die Worte bis zur Zeit des Endes! 10 Viele werden geläutert, gereinigt und erprobt, doch die Gottlosen freveln weiter. Keiner der Gottlosen kommt zur Erkenntnis, nur die Einsichtigen werden es verstehen. 11 Von der Zeit an, wo das tägliche Opfer abgeschafft und der Gräuel der Verwüstung aufgestellt wird, sind es tausendzweihundertneunzig Tage. 12 Glücklich, wer wartet und tausenddreihundertfünfunddreißig Tage erreicht! 13 Du aber geh dem Ende entgegen. Du wirst dich erheben, um am Ende der Tage dein Erbteil zu empfangen.

Anhänge zum Buch Daniel

Susanna und das Urteil Daniels

13 In Babylon lebte ein Mann mit Na-
men Jojakim. 2 Er hatte eine Frau
genommen, die Susanna hieß, die Tochter
Hilkijas; sie war überaus schön und gottes-
fürchtig. 3 Auch ihre Eltern waren gerecht
und hatten ihre Tochter nach dem Gesetz
des Mose erzogen. 4 Jojakim war sehr reich
und besaß einen Garten nahe bei seinem
Haus. Bei ihm pflegten sich die Juden in
großer Zahl zu treffen, weil er der Angese-
henste von allen war. 5 Als Richter waren
in jenem Jahr zwei Älteste aus dem Volk
bestellt, von denen das Wort des Herrn
galt: Die Ungerechtigkeit ging von Babel
von Ältesten und Richtern aus, die sich
als Leiter des Volkes ausgaben. 6 Sie hielten
sich regelmäßig im Haus Jojakims auf und
alle, die einen Rechtsfall hatten, gingen zu
ihnen. 7 Wenn sich nun gegen Mittag die
Leute verlaufen hatten, dann betrat Susan-
na den Garten ihres Mannes und ging da-
rin umher. 8 Die beiden Ältesten schauten
aber jeden Tag nach ihr, wenn sie eintrat
und umherging; da gerieten sie in Begierde
nach ihr. 9 Ihre Gedanken gerieten auf Ab-
wege und ihre Augen gingen in die Irre,
sodass sie nicht zum Himmel schauten
und nicht an die gerechten Strafen Gottes
dachten. 10 Alle beide hatten ihretwegen
Liebeskummer, doch keiner verriet dem
anderen seinen Schmerz; 11 denn sie
schämten sich doch, ihr Verlangen zu ver-
raten, mit ihr zusammen zu sein. 12 So lau-
erten sie täglich um die Wette, sie zu se-
hen. 13 Eines Tages sagte der eine zum
anderen: Wir wollen nach Hause gehen;
denn es ist Essenszeit! Sie gingen also weg
und entfernten sich voneinander. 14 Doch
kehrte jeder um, und so trafen sie wieder
zusammen. Nun mussten sie sich erklären,
und da gestanden sie einander ihr Verlan-
gen. Daraufhin verabredeten sie Zeit und
Gelegenheit, wo sie Susanna wohl allein
treffen könnten.

15 Als sie nun auf einen günstigen Tag
warteten, geschah es, dass Susanna wieder
einmal, wie gewöhnlich nur von zwei
Mädchen begleitet, hereinkam und im
Garten ein Bad nehmen wollte, weil es
heiß war. 16 Es war aber sonst niemand
dort als nur die beiden Ältesten, die sich
versteckt hatten und ihr auflauerten. 17 Da
trug sie den Mädchen auf: Holt mir Öl und
Salbe und verschließt das Tor des Gartens,
dass ich baden kann. 18 Sie taten, wie ihnen
aufgetragen war. Sie verschlossen das Tor
des Gartens und gingen selbst zur Seiten-
pforte hinaus, um das Verlangte zu holen.
Die Ältesten bemerkten sie nicht, weil sie
sich versteckt hatten.

19 Sobald nun die Mädchen hinaus-
gegangen waren, erhoben sich die beiden
Alten, eilten zu Susanna hin 20 und sagten:
Das Tor des Gartens ist geschlossen, und
niemand sieht uns. Wir brennen von Ver-
langen nach dir: Sei uns zu Willen und gib
dich uns hin! 21 Sonst sagen wir als Zeugen
gegen dich aus, ein junger Mann sei bei dir
gewesen, und darum hättest du die Mäd-
chen von dir weggeschickt. 22 Da seufzte
Susanna und klagte: Von allen Seiten bin
ich bedrängt; denn wenn ich es tue, ist mir
der Tod gewiss; tue ich es aber nicht, so
kann ich eueren Händen nicht entrinnen!
23 Doch ist es immer noch besser für mich,
es nicht zu tun und in euere Hände zu fal-
len, als vor dem Herrn zu sündigen.
24 Dann schrie Susanna mit lauter Stimme;
zugleich mit ihr schrien aber auch die bei-
den Alten. 25 Der eine lief sogar zum Gar-
tentor und öffnete es. 26 Als nun die Leute
aus dem Haus das Schreien im Garten ver-
nahmen, eilten sie durch die Seitentür her-
bei, um zu sehen, was ihr zugestoßen sei.
27 Als aber die Alten ihre Erklärungen ga-
ben, schämten sich die Diener sehr; denn
nie zuvor war über Susanna etwas Derarti-
ges geredet worden.

28 Als sich dann am folgenden Tag das
Volk bei ihrem Gatten Jojakim versam-
melte, kamen auch die beiden Alten, er-
füllt von der frevelhaften Absicht, gegen
Susanna die Todesstrafe zu erwirken. 29 Sie
beantragten vor dem Volk: Schickt nach
Susanna, der Tochter Hilkijas, der Frau
des Jojakims! Man schickte nach ihr. 30 Da
kam sie selbst mit ihren Eltern, ihren Kin-
dern und all ihren Verwandten. 31 Susanna
war sehr anmutig und von schöner Ge-
stalt. 32 Die Gesetzesfrevler befahlen nun,
sie zu entschleiern – sie war nämlich ver-
schleiert – um sich an ihrer Schönheit zu
ergötzen. 33 Ihre Angehörigen aber und al-
le, die sie sahen, weinten. 34 Nun erhoben
sich die beiden Alten inmitten des Volkes

und legten ihr die Hände auf das Haupt.
35 Sie aber schaute weinend zum Himmel
auf; denn sie vertraute von Herzen auf
den Herrn. 36 Die Alten sagten nun aus:
Während wir allein im Garten umhergin-
gen, kam diese mit zwei Mägden herein,
verschloss das Tor des Gartens und
schickte die Mägde weg. 37 Dann kam ein
junger Mann zu ihr, der versteckt gewesen
war, und legte sich mit ihr nieder. 38 Wir
waren gerade in einer entfernten Ecke des
Gartens; als wir den Frevel sahen, liefen
wir zu ihnen hin. 39 Wir ertappten sie beim
Verkehr, konnten aber jenen Mann nicht
festnehmen, weil er stärker war als wir, das
Tor öffnete und entwich. 40 Diese jedoch
fassten wir und fragten sie: Wer war der
junge Mann? 41 Sie wollte es uns aber nicht
verraten. Das bezeugen wir. Die Ver-
sammlung schenkte ihnen Glauben als Äl-
testen des Volkes und Richtern. So ver-
urteilte man Susanna zum Tod. 42 Sie aber
rief mit lauter Stimme und betete: Ewiger
Gott, der das Verborgene kennt und alles
weiß, bevor es noch geschieht: 43 Du weißt,
dass sie falsches Zeugnis gegen mich abge-
legt haben. So muss ich denn sterben, ob-
wohl ich nichts von dem Bösen getan ha-
be, was diese mir vorwerfen.

44 Der Herr erhörte ihr Rufen. 45 Als man
sie zur Hinrichtung führte, erweckte Gott
den heiligen Geist in einem noch recht
jungen Mann mit Namen Daniel. 46 Er rief
mit lauter Stimme: Ich bin unschuldig am
Blut dieser Frau! 47 Da wandte sich alles
Volk zu ihm und fragte: Was sollen die
Worte bedeuten, die du gesprochen hast?
48 Nun trat er mitten unter sie und sagte: So
töricht seid ihr, Israeliten? Ohne Unter-
suchung und ohne genauere Kenntnis des
Sachverhalts habt ihr eine Israelitin ver-
urteilt? 49 Kehrt zum Gericht zurück! Denn
diese haben falsches Zeugnis gegen sie ab-
gelegt!

50 Da kehrte das ganze Volk eilends wie-
der um. Die Ältesten sagten nun zu ihm:
Setz dich hierher in unsere Mitte und gib
uns Weisung; denn dir hat Gott die Würde
des Alters verliehen! 51 Da sprach Daniel
zu ihnen: Sondert sie weit voneinander.
Ich will sie verhören! 52 Als nun einer vom
anderen getrennt war, rief er den einen
von ihnen herbei und sagte zu ihm: In
Bosheit bist du alt geworden. Nun kommt
die Strafe für deine früher begangenen
Sünden, 53 als du ungerechte Urteile fälltest
und die Unschuldigen verurteiltest, die
Schuldigen aber freisprachst, wo doch der
Herr sagt: Einen Unschuldigen und Ge-
rechten sollst du nicht töten. 54 Nun also,
wenn du diese wirklich gesehen hast, sag
uns: Unter was für einem Baum sahst du
sie miteinander verkehren? Er sagte: Unter
einem Mastixstrauch. 55 Da entgegnete Da-
niel: Trefflich hast du auf dein eigenes
Haupt gelogen. Dich wird der Engel Got-
tes mitten durchspalten; schon hat er von
Gott Befehl dazu erhalten! 56 Dann ließ er
ihn gehen und befahl, den anderen herbei-
zuführen. Zu ihm sagte er: Du Spross Ka-
naans, nicht Judas! Dich hat die Schönheit
verführt, und böses Verlangen hat dir den
Kopf verdreht. 57 So habt ihr es mit den
Töchtern Israels machen können, und
jene waren euch aus Angst zu Willen; doch
eine Tochter Judas hat euere Bosheit nicht
geduldet. 58 Sag mir also: Unter was für
einem Baum hast du sie beim Verkehr er-
tappt? Jener sagte: Unter einer Eiche.
59 Daniel entgegnete ihm: Trefflich hast
auch du auf dein eigenes Haupt gelogen.
Denn der Engel Gottes steht schon mit
dem Schwert bereit, dich mitten durch-
zuhauen, um so euch beide zu vertilgen.

60 Da brach die ganze Versammlung in
laute Zurufe aus und pries Gott, der jene
rettet, die sich auf ihn verlassen. 61 Nun
schritt man gegen die beiden Alten ein,
weil Daniel sie aus ihrem eigenen Mund
als falsche Zeugen überführt hatte. 62 Man
ließ sie, dem Gesetz des Mose gemäß, die
Strafe erleiden, die sie ihrem Nächsten zu-
gedacht hatten: man tötete sie. So wurde
an jenem Tag unschuldiges Blut gerettet.
63 Hilkija aber und seine Frau lobten Gott
wegen ihrer Tochter Susanna – ebenso wie
ihr Mann Jojakim und alle ihre Verwand-
ten – weil sich herausstellte, dass sie nichts
Schändliches getan hatte. 64 Daniel gewann
an jenem Tag und auch weiterhin große
Achtung beim Volk.

Daniel und die Priester des Bel

14 Der König Astyages ging zu seinen
Vätern heim, und der Perser Kyrus
übernahm sein Reich. 2 Daniel war der
Vertraute des Königs und höher geehrt
als alle seine Freunde. 3 Nun hatten die Ba-
bylonier ein Bild des Gottes Bel. Sie ver-
wandten für ihn täglich zwölf Scheffel

feinstes Weizenmehl, vierzig Schafe und
sechs Krüge Wein. 4 Auch der König ver-
ehrte ihn und kam jeden Tag, ihn anzube-
ten. Doch Daniel betete nur seinen Gott
an. 5 Da sagte der König zu ihm: Warum
betest du nicht Bel an? Er gab zur Antwort:
Ich verehre keine Götzenbilder, die von
Menschenhand gefertigt sind, sondern
nur den lebendigen Gott, der Himmel
und Erde erschaffen hat und Macht besitzt
über alles Lebende. 6 Der König erwiderte
ihm: Meinst du etwa, Bel sei kein lebendi-
ger Gott? Siehst du denn nicht, wie viel er
täglich isst und trinkt? 7 Da entgegnete Da-
niel lächelnd: Lass dich nicht täuschen,
König! Denn dieser ist innen von Ton, au-
ßen aber von Bronze; er hat noch nie et-
was gegessen oder getrunken. 8 Da wurde
der König zornig; er ließ die Priester Bels
rufen und sagte zu ihnen: Wenn ihr mir
nicht sagt, wer diesen Aufwand verzehrt,
müsst ihr sterben; wenn ihr hingegen
nachweist, dass Bel dies verzehrt, muss
Daniel sterben, weil er Bel gelästert hat!
9 Daniel entgegnete dem König: Wie du ge-
sagt hast, so geschehe es! Die Zahl der
Belspriester betrug aber siebzig, ohne die
Frauen und Kinder. 10 So ging der König
mit Daniel in den Tempel des Bel. 11 Die
Priester Bels sagten: Wir gehen jetzt hi-
naus. Nun trag du, König, selbst die Spei-
sen auf, misch den Wein und stell ihn hin.
Verschließ dann die Tür und versiegle sie
mit deinem Ring! 12 Wenn du morgen früh
kommst und nicht alles von Bel verzehrt
findest, so mag man uns töten; andernfalls
Daniel, der uns verleumdet hat. 13 Sie wa-
ren unbesorgt; denn sie hatten unter dem
Opfertisch einen geheimen Gang angelegt;
durch diesen kamen sie jeweils herein und
verzehrten alles.

14 Als jene nun hinausgegangen waren,
stellte der König die Speisen für Bel auf.
Daniel aber ließ durch seine Diener Asche
holen und damit den ganzen Boden des
Tempels bestreuen, wobei nur der König
zusah. Dann gingen sie hinaus, verschlos-
sen die Tür, versiegelten sie mit dem Sie-
gelring des Königs und gingen fort. 15 In
der Nacht aber kamen, wie gewohnt, die
Priester mit ihren Frauen und Kindern
und aßen alles auf und tranken alles aus.
16 Schon in aller Frühe machte sich der
König auf und mit ihm Daniel. 17 Der Kö-
nig sagte: Sind die Siegel unversehrt, Da-
niel? Dieser antwortete: Ja, unversehrt,
König. 18 Kaum war nun das Portal geöff-
net, da schaute der König sofort auf den
Tisch und rief mit lauter Stimme: Groß
bist du, Bel! Bei dir gibt es keinen Betrug,
keinen einzigen! 19 Doch Daniel lächelte;
er hielt den König zurück, das Innere zu
betreten, und sagte: Betrachte doch den
Fußboden und prüfe diese Fußspuren!
20 Der König erwiderte: Ich erkenne die
Fußspuren von Männern, Frauen und
Kindern. 21 Daraufhin wurde der König
zornig; er ließ die Priester samt ihren
Frauen und Kindern ergreifen. Sie muss-
ten ihm die geheimen Türen zeigen,
durch die sie jeweils hineingingen und
das verzehrten, was auf dem Tisch stand.
22 Da ließ der König sie töten und lieferte
Bel dem Daniel aus, der ihn und seinen
Tempel zerstörte.

Drache und Löwengrube

23 Da gab es auch einen großen Drachen,
dem die Babylonier göttliche Ehren erwie-
sen. 24 Der König sagte zu Daniel: Willst du
sagen, er sei aus Bronze? Sieh, er lebt, frisst
und trinkt. Du kannst nicht sagen, dass er
kein lebendiger Gott sei. Bete ihn also an!
25 Doch Daniel erwiderte: Nur den Herrn,
meinen Gott, bete ich an; denn er ist ein
lebendiger Gott. 26 Gib mir aber, mein Kö-
nig, die Erlaubnis, so töte ich den Drachen
ohne Schwert und Keule. Der König sagte:
Ich gebe sie dir. 27 Dann nahm Daniel
Pech, Fett und Haare, kochte alles zusam-
men, formte Kuchen daraus und warf sie
dem Drachen ins Maul. Der Drache fraß
sie und zerbarst. Da sagte Daniel: Seht,
was ihr verehrt! 28 Als die Babylonier dies
hörten, waren sie sehr aufgebracht; sie rot-
teten sich gegen den König zusammen
und sagten: Der König ist ein Jude gewor-
den. Den Bel hat er zerschlagen, den Dra-
chen getötet und die Priester hin-
geschlachtet. 29 Sie drangen bis zum König
vor und riefen: Liefere uns Daniel aus! An-
dernfalls töten wir dich samt deiner Fami-
lie. 30 Der König sah, dass sie ihn aufs Äu-
ßerste bedrängten; also lieferte er ihnen
notgedrungen Daniel aus.

31 Sie warfen ihn in die Löwengrube;
dort blieb er sechs Tage. 32 In der Grube
befanden sich sieben Löwen; sie erhielten
jeden Tag zwei Menschenleichen und zwei
Schafe. Jetzt aber gab man ihnen nichts,

damit sie Daniel auffressen sollten. 33 Da-
mals lebte in Juda der Prophet Habakuk.
Er hatte gerade ein Gericht gekocht und
Brot in einen Napf gebrockt und ging nun
aufs Feld hinaus, um es den Schnittern zu
bringen. 34 Da sprach der Engel des Herrn
zu Habakuk: Bring das Mahl, das du da
hast, nach Babylon zu Daniel in die Lö-
wengrube! 35 Doch Habakuk erwiderte:
Herr, ich habe Babylon nie gesehen, und
die Grube kenne ich auch nicht. 36 Da er-
griff ihn der Engel des Herrn beim Schopf,
trug ihn an den Haaren fort und versetzte
ihn in einem Atemzug nach Babylon, ge-
rade oben an die Grube. 37 Hier rief Haba-
kuk: Daniel, Daniel, nimm das Mahl, das
Gott dir schickt! 38 Daniel aber betete: So
hast du auch an mich gedacht, Gott, und
hast jene nicht im Stich gelassen, die dich
lieben. 39 Dann stand Daniel auf und aß.
Der Engel des Herrn aber brachte Haba-
kuk in einem Augenblick an seinen Ort
zurück.

40 Am siebten Tag kam der König, um
Daniel zu betrauern. Er ging zur Grube
und schaute hinein: Da sah er Daniel sit-
zen! 41 Nun rief er mit lauter Stimme: Groß
bist du, Herr, Gott Daniels. Es gibt keinen
außer dir! 42 Er ließ ihn herausziehen, jene
aber in die Grube werfen, die ihn hatten
verderben wollen. Sie wurden sofort vor
seinen Augen aufgefressen.

Das Buch Hosea

Überschrift

1 Das Wort des Herrn, das an Hosea, den Sohn Beëris, erging, in der Zeit, als Usija, Jotam, Ahas und Hiskija Könige von Juda waren und als Jerobeam, der Sohn des Joasch, König von Israel war.

Hoseas Ehe

Gottes symbolische Botschaft

2 Als der Herr durch Hosea zu reden begann, sprach der Herr zu Hosea: Geh, nimm dir eine Dirne und (zeuge) Dirnenkinder! Denn wie eine Dirne wendet sich das Land vom Herrn ab. 3 Da ging er hin und nahm Gomer, die Tochter Diblajims. Sie wurde schwanger und gebar ihm einen Sohn. 4 Da sprach der Herr zu ihm: Gib ihm den Namen Jesreel! Denn nur kurze Zeit währt es, und ich strafe die Blutschuld von Jesreel am Haus Jehu und mache dem Königtum des Hauses Israel ein Ende. 5 An jenem Tag geschieht es, dass ich den Bogen Israels zerschmettere in der Ebene von Jesreel.

6 Sie wurde abermals schwanger und gebar eine Tochter. Da sprach er zu ihm: Gib ihr den Namen: Lo-Ruhama (Ohne Erbarmen). Denn ich schenke nicht länger dem Haus Israel mein Erbarmen; ich entziehe es ihnen (vielmehr). 7 Mit dem Haus Juda aber will ich Erbarmen haben und will sie retten durch den Herrn, ihren Gott. Nicht rette ich sie durch Bogen, Schwert und Krieg, durch Ross und Reiter.

8 Als Gomer Lo-Ruhama entwöhnt hatte, wurde sie aufs Neue schwanger und gebar einen Sohn. 9 Da sprach er: Gib ihm den Namen Lo-Ammi (Nicht mein Volk). Denn ihr seid nicht mehr mein Volk, und ich bin nicht der „Ich-bin-da“ für euch.

Ausblick auf die Zukunft

2 Einst wird die Zahl der Kinder Israels wie Sand am Meere sein, / unermesslich, unzählbar.

Statt dass man zu ihnen sagt: Ihr seid Nicht-mein-Volk, / wird man vielmehr zu ihnen sagen: Söhne des lebendigen Gottes.

2 Zusammentun werden sich die Söhne Judas und die Söhne Israels; / sie werden sich ein einziges Oberhaupt geben / und sich des Landes bemächtigen. / Denn groß ist der Tag von Jesreel.

3 Sagt zu eueren Brüdern: „Mein-Volk“, / und zu euerer Schwestern: „Erbarmen“.

Ehebruchprozess und neue Ehe

4 Verklagt euere Mutter, verklagt sie, / denn sie ist nicht meine Frau, / und ich bin nicht ihr Mann!

Sie entferne aus ihrem Gesicht ihre Unzuchtsmale / und von den Brüsten die Zeichen des Ehebruchs.

5 Sonst ziehe ich sie nackt aus / und setze sie aus wie am Tag ihrer Geburt;

ich mache sie der Wüste gleich, / ich richte sie zu wie dürres Land / und lasse sie vor Durst sterben.

6 Auch ihren Kindern schenke ich kein Erbarmen; / denn es sind Dirnenkinder.

7 Ihre Mutter trieb Unzucht, / mit Schande bedeckte sich ihre Gebärerin.

Sie sagte: Ich will meinen Liebhabern nachlaufen, / die mir Brot und Wasser geben, / Wolle und Flachs, Öl und Getränke.

8 Darum versperre ich ihren Weg mit Dornen / und verbaue ihn mit einem Steinwall, / dass sie ihren Weg nicht mehr findet.

9 Läuft sie ihren Liebhabern nach, so kann sie sie nicht erreichen; / sucht sie nach ihnen, so findet sie sie nicht.

Dann wird sie sagen: / Ich will wieder zurück zu meinem ersten Mann; / denn da ging es mir besser als jetzt.

10 Sie aber erkennt es nicht, dass ich es war, / der ihr Getreide, Most und Öl gab,

der ihr Silber gab in Fülle / und Gold, aus dem sie Baalsbilder gemacht haben.

11 Darum nehme ich zurück mein Korn zu seiner Zeit / und meinen Most zu seiner Frist;

ich nehme meine Wolle weg und meinen Flachs, / womit sie ihre Blöße bedeckte.

[12] Dann decke ich ihre Scham auf / vor
den Augen ihrer Liebhaber, / und nie-
mand kann sie meiner Hand entreißen.
[13] Ich mache ein Ende all ihrer Lust, /
ihren Festen und Neumonden / den Sab-
baten und all ihren Feiertagen.
[14] Ich verwüste ihre Weinstöcke und
Feigenbäume, / von denen sie sagte: Das
ist der Lohn, den meine Liebhaber mir
gaben.
Ich mache sie zur Wildnis, / dass die
Tiere des Feldes sie fressen.
[15] Ich suche heim an ihr die Tage der
Baale, / an denen sie ihnen Rauchopfer
darbrachte,
sich Ringe und Schmuck anlegte / und
ihren Liebhabern nachlief, / während sie
mich vergaß – Spruch des Herrn.
[16] Darum will ich selbst sie locken, / sie
in die Wüste führen und ihr zu Herzen
reden.
[17] Dort gebe ich ihr dann ihre Weinberge
zurück / und mache das Tal von Achor zur
Hoffnungspforte.
Dort wird sie gefügig sein wie in den
Tagen ihrer Jugend, / wie damals, als sie
aus dem Land Ägypten heraufzog.
[18] An jenem Tag wird es geschehen –
Spruch des Herrn –, / da wirst du zu mir
sagen: Mein Mann!, / und nicht mehr:
Mein Baal!
[19] Da nehme ich die Namen der Baale
aus ihrem Mund, / sodass man sie nicht
mehr beim Namen nennt.
[20] Ich schließe für sie an jenem Tag einen
Bund / mit den Tieren des Feldes
mit den Vögeln des Himmels / und mit
den Kriechtieren der Erde.
Ich verbanne Bogen, Schwert und Krieg
aus dem Land / und lasse sie wohnen in
Sicherheit.
[21] Ich traue dich mir an auf immer; / ich
traue mich dir an um Gerechtigkeit und
Recht, / um Liebe und Erbarmen.
[22] Ich traue dich mir an um Treue. /
Dann wirst du den Herrn erkennen.
[23] Geschehen wird es an jenem Tag –
Spruch des Herrn –, / da erhöre ich:
Ich erhöre den Himmel, / und der wird
die Erde erhören,
[24] und die Erde wird erhören Korn, Most
und Öl, / und die werden Jesreel erhören.
[25] Da säe ich sie mir ein ins Land. / Ich
habe Erbarmen mit Lo-Ruhama (Ohne
Erbarmen)
und sage zu Lo-Ammi (Nicht mein
Volk) / Mein Volk bist du!, / und er wird
sagen: Mein Gott (bist du)!

Wiederaufnahme der treulosen Frau

3 Der Herr sprach zu mir: / Geh aber-
mals und liebe eine Frau, / die einen
anderen liebt und Ehebruch treibt.
(Liebe sie) so, / wie der Herr die Söhne
Israels liebt,
obwohl sie sich anderen Göttern
zuwenden / und Traubenkuchen lieben.
[2] Da kaufte ich sie mir für fünfzehn Sil-
berschekel / sowie einen Homer und einen
Letech Gerste.
[3] Ich sagte zu ihr: / Viele Tage bleibst du
bei mir zu Hause,
wirst dich nicht verführen lassen und
keinem Mann gehören. / Auch ich mache
es so mit dir.
[4] Denn viele Tage bleiben die Söhne
Israels / ohne König und ohne Führer,
ohne Opfer und ohne Steinmal, / ohne
Efod und ohne Terafim.
[5] Danach werden die Söhne Israels
umkehren / und den Herrn, ihren Gott,
und David, ihren König, suchen
und sich zitternd an den Herrn
wenden / und seine Güte am Ende der
Tage.

Israels Schuld und Rettung

Gottes Prozess mit Israel

4 Hört das Wort des Herrn, ihr Söhne
Israels! / Einen Rechtsstreit führt der
Herr mit den Bewohnern des Landes;
denn es ist keine Treue und Liebe, /
keine Gotteserkenntnis mehr im Land.
[2] Fluch und Betrug, / Mord, Diebstahl
und Ehebruch herrschen im Land; / Blut-
schuld reiht sich an Blutschuld.
[3] Darum soll das Land verdorren, / und
alle seine Bewohner sollen vergehen
samt den Tieren des Feldes und den
Vögeln des Himmels; / auch die Fische des
Meeres sollen dahinschwinden.

Gegen die Priester

[4] Nein, nicht irgendeinen soll man verkla-
gen, / nicht irgendeinen verurteilen, /
sondern mit dir gehe ich ins Gericht,
Priester!
[5] Am helllichten Tag wirst du stolpern, /
und mit dir stolpert in der Nacht auch der

Prophet. / Auch deine Mutter lasse ich
umkommen!
6 Mein Volk kommt um, weil es keine
Erkenntnis hat. / Weil du die Erkenntnis
verworfen hast, / verwerfe (auch) ich dich
als meinen Priester.
Weil du die Weisung deines Gottes ver-
gessen hast, / vergesse (auch) ich deine
Söhne.
7 Je mehr sie wurden, / desto mehr
haben sie an mir gesündigt; / ihre Ehre
tauschten sie ein gegen die Schande.
8 Von der Sünde meines Volkes nähren
sie sich, / und auf seine Schuld richten sie
ihre Gier.
9 Dann ergeht es dem Priester wie dem
Volk: / Ich bestrafe ihn für sein Verhal-
ten, / vergelte seine Taten.
10 Sie werden essen und doch nicht satt
werden, / Unzucht treiben und sich doch
nicht vermehren.
Ja, sie haben den Herrn verlassen, / um
der Unzucht die Treue zu halten.

Israels Sünde

11 Wein und Most rauben meinem Volk
den Verstand. / 12 Es befragt sein Holz, /
sein Stab soll ihm Auskunft geben.
Ja, ein Geist der Unzucht führte sie in
die Irre. / Um der Unzucht willen / haben
sie sich von ihrem Gott abgewandt.
13 Auf den Gipfeln der Berge opfern sie, /
und auf den Höhen bringen sie Rauch-
opfer dar,
unter den Eichen, Pappeln und Tere-
binthen; / denn angenehm ist ihr Schat-
ten.
Darum treiben euere Töchter
Unzucht, / und euere Schwiegertöchter
brechen die Ehe.
14 Aber ich strafe euere Töchter nicht
dafür, / dass sie Unzucht treiben,
und euere Schwiegertöchter nicht
dafür, / dass sie die Ehe brechen;
denn sie gehen ja selbst beiseite mit den
Dirnen, / mit den Tempeldirnen opfern
sie. / So kommt das unverständige Volk zu
Fall.
15 Wenn du, Israel, schon Unzucht
treibst, / so soll sich doch Juda nicht ver-
schulden.
Geht nicht nach Gilgal, / zieht nicht
hinauf nach Bet-Awen! / Schwört nicht:
So wahr der Herr lebt!
16 Ja, wie eine störrische Kuh, so ist Israel
störrisch geworden. / Sollte der Herr sie da
weiden / wie Lämmer auf weiter Flur?
17 Efraim ist den Götzen verbunden; /
Lass es gewähren!
18 Hat ihr Zechen ein Ende, / so treiben
sie Unzucht über Unzucht; / sie lieben, ja
sie lieben die Schande der Schamlosen.
19 Es packt sie der Sturm mit seinen Fit-
tichen, / an ihren Altären werden sie
zuschanden.

Verführer und Verführte

5 Hört dies, ihr Priester! / Horcht auf,
ihr vom Haus Israel,
ihr vom Königshaus, gebt Acht! / Denn
euch ist das Recht anvertraut!
Ihr seid ein Fallstrick für Mizpa gewor-
den, / ein Netz, das auf dem Tabor aus-
gebreitet ist,
2 zur tiefen Fanggrube in Schittim. / Ich
aber werde euch bestrafen.
3 Ich kenne Efraim wohl, / und Israel ist
mir nicht verborgen:
Denn du, Efraim, hast Unzucht getrie-
ben, / Israel hat sich befleckt.
4 Ihr Treiben gestattet ihnen nicht, / zu
ihrem Gott umzukehren;
denn ein Geist der Unzucht steckt in
ihrem Innern, / sodass sie den Herrn nicht
erkennen.
5 Israels Hochmut zeugt gegen ihn
selbst, / und Efraim fällt durch seine
Schuld; / es fällt auch Juda mit ihm.
6 Mit ihren Schafen und Rindern ziehen
sie aus, / um den Herrn zu suchen,
aber sie finden ihn nicht; / er hat sich
ihnen entzogen.
7 Sie haben dem Herrn die Treue gebro-
chen, / Bastarde gezeugt. / Jetzt wird der
Verderber ihre Felder fressen.

Der Bruderkrieg

8 Stoßt in das Horn in Gibea, / in die
Trompete zu Rama!
Schlagt Lärm in Bet-Awen, / versetzt
Benjamin in Alarm!
9 Efraim wird zur Wüste / am Tag der
Züchtigung.
Unter den Stämmen Israels / tue ich
kund, was feststeht.
10 Die Führer Judas handeln wie Men-
schen, die Grenzen verrücken. / Über sie
gieße ich aus wie Wasser meinen Grimm.
11 Efraim ist unterdrückt, / gebrochen
ihm das Recht;

denn es war darauf aus, / dem Nichtigen nachzulaufen.

12 Ich aber bin wie Eiter für Efraim, / wie Knochenfraß für das Haus Juda.

13 Als Efraim seine Krankheit sah / und Juda sein Geschwür,

da ging Efraim nach Assur / und (Juda) zum Großkönig.

Aber der kann euch nicht heilen / und das Geschwür euch nicht vertreiben.

14 Denn ich bin wie ein Löwe für Efraim, / wie ein junger Löwe für das Haus Juda.

Ich, ja, ich zerreiße und gehe davon, / ich schleppe fort, und niemand kann retten.

15 Ich gehe und kehre zurück an meinen Ort, / bis sie Buße tun und mein Angesicht suchen, / bis sie in ihrer Not sich zu mir flüchten.

Israels vorübergehende Rückkehr zum Herrn

6 Auf! Lasst uns zum Herrn zurückkehren! / Denn er hat (Wunden) gerissen, er wird uns auch heilen; / er hat geschlagen, er wird uns auch verbinden.

2 Er wird uns beleben nach zwei Tagen / und am dritten Tag uns aufrichten, / dass wir vor ihm leben.

3 Lasst uns erkennen, / ja lasst uns jagen nach Erkenntnis!

Sein Aufbruch ist sicher wie die Morgenröte. / Er kommt zu uns wie der Regenguss, / wie der Frühlingsregen, der die Erde tränkt.

4 Was soll ich dir tun, Efraim, / was soll ich dir tun, Juda?

Euere Liebe gleicht ja dem Morgengewölk; / sie gleicht dem Tau, der schnell vergeht.

5 Darum schlage ich drein durch die Propheten, / ich tötete sie durch die Worte meines Mundes. / Dann bricht mein Recht hervor wie das Licht.

6 Liebe will ich, nicht Schlachtopfer, / Gotteserkenntnis statt Brandopfer.

Israels Verbrechen, einst und jetzt

7 Doch sie haben in Adam den Bund gebrochen, / dort wurden sie mir untreu.

8 Gilead ist eine Stadt von Übeltätern, / von Blut besudelt.

9 Wie lauernde Räuber, / so sind die Scharen der Priester.

Sie morden am Weg nach Sichem, / ja, schändliche Taten begehen sie.

10 In Bet-El sah ich grauenhafte Dinge. / Dort herrscht die Unzucht Efraims, / dort befleckt sich Israel.

11 Auch dir, Juda, bestimme ich eine Ernte, / wenn ich das Geschick meines Volkes wende!

7 Wenn ich Israel heile, / dann wird Efraims Schuld offengelegt / und die Bosheit Samarias.

Denn Betrug üben sie: / Diebe brechen ein, / und draußen ziehen Räuberbanden los.

2 Sie machen sich nicht klar, / dass ich um all ihre Bosheit weiß.

Jetzt umzingeln sie ihre Taten, / sie sind vor meinen Augen.

Umsturz regiert

3 Mit ihrer Bosheit bereiten sie dem König Freude, / mit ihrer Lügenhaftigkeit den Beamten.

4 Sie alle sind Ehebrecher; / sie sind wie ein glühender Ofen,

den der Bäcker nicht mehr heizt, / wenn er den Teig knetet, bis er durchsäuert ist.

5 Am Tag unseres Königs / benebeln sie die Beamten mit der Glut des Weines, / dessen Kraft die Schwätzer hinreißt.

6 Ihr Herz glüht in ihrer Verschwörung wie ein Ofen. / Die ganze Nacht schläft ihr Zorn, / am Morgen aber brennt er wie flammendes Feuer.

7 Sie alle glühen wie ein Ofen, / sie verzehren ihre Richter.

Alle ihre Könige fallen, / doch keiner unter ihnen ruft nach mir.

Verfehlte Außenpolitik

8 Efraim lässt sich unter die Völker verrühren, / Efraim ist ein Kuchen, der nicht ungewendet bleibt.

9 Fremde verzehren seine Kraft, / aber er merkt es nicht.

Schon sind ihm die Haare ergraut, / aber er merkt es nicht.

10 Der Hochmut Israels zeugt gegen ihn selbst, / doch sie kehrten nicht zurück zum Herrn, ihrem Gott, / und suchten ihn trotz alledem nicht.

11 Efraim ist einer Taube gleich / einfältig, unverständig.

Ägypten rufen sie an, / Assyrien laufen sie nach.

12 Wohin sie auch gehen, / ich breite
mein Netz über sie;
wie Vögel am Himmel hole ich sie
herab, / fange sie ein, sobald ihr Schwarm
sich hören lässt.
13 Wehe ihnen, dass sie von mir gingen! /
Verderben über sie, dass sie mir untreu
wurden!
Ich wollte sie loskaufen, / sie aber reden
nur Lüge gegen mich.
14 Sie rufen ja nicht zu mir in ihren Her-
zen, / wenn sie auf ihrem Lager heulen.
Wegen Korn und Most ritzen sie sich, /
aber gegen mich empören sie sich.
15 Ich war es, der ihren Arm gestärkt
hat, / doch sie planen (nur) Böses gegen
mich.
16 Sie wenden sich dem Nichtsnutz zu, /
sind wie ein schlaffer Bogen.
Durch das Schwert werden ihre Führer
fallen / wegen ihrer frechen Zunge. / Das
bringt Spott über sie im Land Ägypten.

Die Abrechnung

8 An deinen Mund das Horn! / Wie ein
Geier (kommt) Unheil über das Haus
des Herrn,
weil sie meinen Bund übertreten, /
gegen mein Gesetz gesündigt haben.
2 Sie mögen noch so schreien: Mein
Gott! / Wir, Israel, kennen dich doch!
3 Verschmäht hat Israel das Gute. /
Darum soll der Feind es verfolgen.
4 Sie setzen Könige ein ohne meinen
Willen, / sie stellen Beamte auf, ohne mein
Wissen.
Aus ihrem Silber und Gold machen sie
sich Götzen, / wohl damit es vernichtet
wird.
5 Verworfen ist dein Kalb, Samaria. /
Mein Zorn flammt auf darüber. / Wie
lange wird es dauern, bis sie rein werden?
6 Was hat Israel damit zu tun? / Ein
Künstler hat das Kalb gefertigt, / es ist kein
Gott.
Zersplittern soll / das Kalb von Samaria!
7 Ja, Wind säen sie, / Sturm ernten sie.
Ihre Frucht sprosst nicht und bringt
kein Mehl. / Und brächte sie es, / die
Fremden würden es verschlingen.
8 Verschlungen ist Israel. / Nun sind sie
unter den Völkern geworden / wie ein
wertloses Geschirr.
9 Denn von sich aus sind sie nach Assur
gelaufen. / Ein Wildesel bleibt für sich
allein. / Efraim aber macht Liebes-
geschenke.
10 Auch wenn sie (weiter) unter den
Völkern (Liebesgeschenke) austeilen, /
will ich sie nun zusammentreiben,
dass sie sich schon bald winden / unter
der Last des Königs der Fürsten!
11 Efraim hat viele Altäre gebaut zur
Sühne; / sie dienten ihm zur Sünde.
12 Schrieb ich ihm noch so viele Gesetze
auf, / sie würden ihm gelten wie die eines
Fremden.
13 Sie lieben die Schlachtopfer, / Fleisch,
um es zu essen; / der Herr aber hat keinen
Gefallen daran.
Jetzt denkt er an ihre Schuld / und ver-
gilt ihre Sünden. / Sie müssen zurück nach
Ägypten!
14 Israel hat seinen Schöpfer vergessen
und Paläste erbaut, / Juda hat die befestig-
ten Städte vermehrt.
Doch ich sende Feuer in seine Städte, /
dass es seine Paläste verzehrt.

9 Freue dich nicht, Israel, / juble nicht
wie die Völker!
Denn du bist deinem Gott untreu
geworden, / hast Dirnenlohn geliebt auf
allen Getreidetennen.
2 Tenne und Kelter werden nichts mehr
von ihnen wissen wollen, / der Most wird
sie im Stich lassen.
3 Sie können nicht mehr im Land des
Herrn bleiben. / Efraim muss nach Ägyp-
ten zurück, / in Assur müssen sie Unreines
essen.
4 Sie können dem Herrn keinen Wein
mehr spenden / und ihm nicht mehr ihre
Schlachtopfer zurichten.
Wie beim Trauerbrot geht es ihnen: /
jeder, der davon isst, wird unrein.
Denn ihr Brot ist nur für sie selbst, /
nichts kommt davon in das Haus des
Herrn.
5 Was wollt ihr dann am Feiertag
machen, / am Festtag des Herrn?
6 Denn die der Verwüstung entgangen
sind, / wird Ägypten aufnehmen, / Memfis
begräbt sie.
So kostbar ihr Silber auch ist, / Unkraut
wird sie beerben; / Dornen schießen in
ihren Zelten empor.

Die Verfolgung des Propheten

7 Gekommen sind die Tage der Heim-
suchung, / gekommen sind die Tage der

Vergeltung. / Israel wird es zu spüren
bekommen!
Närrisch ist der Prophet / und verrückt
der Geistesmann!
Ja, weil deine Schuld groß ist, / ist deine
Feindschaft groß.
8 Mag (ihm) Efraim auflauern, / der
Prophet bleibt bei seinem Gott:
Fangnetze auf allen seinen Wegen, /
Verfolgung (selbst) im Haus seines Got-
tes!
9 Sie sind tief ins Verderben geraten /
wie in den Tagen von Gibea.
(Doch) der Herr denkt an ihre Schuld,
straft ihre Sünde.

Zwei Irrwege: Götzendienst und Königtum

10 Wie Trauben in der Wüste, / so fand ich
Israel;
wie die ersten Früchte am Feigen-
baum, / so sah ich euere Väter.
Sie aber kamen nach Baal-Pegor / und
weihten sich der Schande; / sie wurden zu
Scheusalen wie ihr Liebhaber.
11 Efraim ist wie ein Vogelschwarm, /
seine Herrlichkeit verfliegt.
Es gibt keine Geburt, / keine Schwan-
gerschaft, keine Empfängnis mehr.
12 Auch wenn sie Söhne großziehen, /
ich nehme sie ihnen weg, keiner bleibt.
Ja, wehe ihnen selbst, / wenn ich mich
von ihnen wende!
13 Efraim, wie ich es sehe, / hat seine
Kinder zum Jagdwild gemacht; / Nun
muss Efraim seine Kinder zum Schlächter
führen.
14 Gib ihnen, Herr, was du ihnen geben
willst: / Gib ihnen unfruchtbaren Mutter-
schoß und vertrocknete Brüste!
15 Ihre ganze Bosheit wurde in Gilgal
sichtbar, / dort kam mir der Hass gegen
sie.
Wegen ihrer bösen Taten / vertreibe ich
sie aus meinem Haus.
Ich will sie fortan nicht mehr lieben. /
Alle ihre Führer sind Aufrührer. /
16 Geschlagen ist Efraim, seine Wurzel ver-
trocknet. / Frucht gibt es keine mehr.
Wenn sie auch gebären, / so töte ich die
Lieblinge ihres Leibes.
17 Mein Gott wird sie verwerfen, / da sie
nicht auf ihn hörten; / sie müssen umher-
irren unter den Völkern.

Zerbrochene Altäre

10 Ein üppiger Weinstock war Isra-
el, / mit reicher Frucht.
Aber je mehr er Früchte trug, / desto
mehr baute er Altäre,
und je besser es dem Land ging, / desto
prächtiger gestalteten sie die Steinmale.
2 Ihr Herz ist falsch, / nun müssen sie
dafür büßen.
Er selbst zertrümmert ihre Altäre, / zer-
schlägt ihre Steinmale.
3 Dann werden sie sagen: / Wir haben
keinen König mehr;
denn wir haben den Herrn nicht
gefürchtet. / Aber auch der König – was
könnte er für uns tun?
4 Worte machen, falsche Eide schwö-
ren, / Bündnisse schließen: So wuchert das
Recht wie ein Giftkraut / in den Furchen
des Ackers. / 5 Um das Kalb von Bet-Awen
bangen die Bewohner von Samaria, / ja es
trauert darum sein Volk.
Seine Priester klagen um seine Pracht; /
denn sie wird ihm entführt.
6 Auch wird man es nach Assur brin-
gen / als Geschenk für den Großkönig.
So trägt Efraim Schmach davon / und
Israel Schande wegen seines Götzen.
7 Vernichtet wird Samaria, / sein König
treibt wie Spreu auf dem Wasser.
8 Verwüstet werden die Höhen des Göt-
zendienstes, / die Sünde Israels.
Dornen und Disteln überwuchern ihre
Altäre. / Da wird man zu den Bergen
sagen: Bedeckt uns!, / und zu den Hügeln:
Fallt auf uns!

Krieg

9 Seit den Tagen von Gibea hast du gesün-
digt, Israel. / Dabei sind sie geblieben.
Doch erreicht sie nicht in Gibea der
Krieg, / ihrer Verbrechen wegen?
10 Ich komme, um sie zu züchtigen. /
Völker versammeln sich gegen sie, / um
sie zu strafen wegen ihrer Doppelschuld.
11 Efraim war ein zahmes Rind, / geübt
im Dreschen.
Als ich im Vorübergehen seinen schö-
nen Nacken sah, / spannte ich Efraim ein,
um zu pflügen; / Jakob sollte die Egge zie-
hen.
12 Sät euch Gerechtigkeit, / so erntet ihr
nach dem Maß der (göttlichen) Liebe.
Schafft euch Neuland! / Es ist Zeit, den

Herrn zu suchen, / bis er kommt und über
euch Heil regnen lässt.
13 Ihr aber habt Gottlosigkeit eingepflügt, / Unrecht geerntet, / die Frucht der Lüge verzehrt!
Weil du auf deine Wagen vertraut hast / und auf die Menge deiner Krieger,
14 wird sich Kriegsgeschrei gegen deine Stämme erheben, / und alle deine Festungen werden verwüstet,
wie Schalman Bet-Arbeel verwüstete am Tag der Schlacht, / als Mütter samt Kindern zerschmettert wurden.
15 Dasselbe bringt euch Bet-El ein / wegen euerer grenzenlosen Bosheit.
Beim Morgengrauen ist gänzlich vernichtet / der König von Israel.

Gottes große Liebe

11 Als Israel noch jung war, gewann ich ihn lieb, / aus Ägypten rief ich meinen Sohn.
2 Aber je mehr ich sie rief, / desto mehr liefen sie von mir weg.
Sie opferten den Baalen, / den Götzenbildern brachten sie Rauchopfer dar.
3 Dabei war ich es, der Efraim gehen lehrte, / ich habe es auf meine Arme genommen. / Aber sie erkannten nicht, dass ich sie pflegte.
4 Mit menschlichen Banden zog ich sie, / mit Seilen der Liebe.
Ich war für sie wie einer, / der einen Säugling an seine Wange hebt.
Ich beugte mich zu ihm / und gab ihm zu essen.
5 Ins Land Ägypten muss er zurück; / Assur wird sein König sein, / weil sie nicht umkehren wollten.
6 Das Schwert wird in seinen Städten wüten / und seine Schwätzer vertilgen, / und sie wegen ihrer Pläne vertilgen. /
7 Aber mein Volk hält fest an seinem Abfall; / zum Baal rufen sie, / doch der richtet sie nicht auf.
8 Wie könnte ich von dir lassen, Efraim, / dich preisgeben, Israel?
Wie könnte ich von dir lassen wie von Adma, / dich behandeln wie Zebojim?
Mein Herz kehrt sich um in mir, / und zugleich regt sich mein Mitleid.
9 Ich kann meinen glühenden Zorn nicht vollstrecken, / kann Efraim nicht wieder verderben.
Denn Gott bin ich und nicht ein Mensch, / in deiner Mitte der Heilige. / Ich lasse Zornesglut nicht aufkommen.
10 Sie werden hinter dem Herrn herziehen. / Wie ein Löwe brüllt er, ja er wird brüllen, / dass die Söhne von Westen bebend zurückkommen.
11 Wie Vögel, so eilen sie zitternd herbei aus Ägypten, / wie Tauben an dem Land Assur.
Ich lasse sie heimkehren zu ihren Häusern – / Spruch des Herrn.

Der Betrüger Jakob

12 Mit Lüge hat mich Efraim umzingelt, / mit Betrug das Haus Israel.
Aber Juda geht noch mit Gott um / und bleibt dem Heiligen treu.
2 Efraim weidet den Wind, / allezeit jagt es dem Ostwind nach.
Es vermehrt Lüge und Gewalttat; / es schließt ein Bündnis mit Assur / und liefert Öl nach Ägypten.
3 Gericht hält der Herr über Israel. / Er zieht Jakob zur Rechenschaft für sein Verhalten, / nach seinen Taten vergilt er ihm.
4 Schon im Mutterschoß hinterging er seinen Bruder, / als er ein Mann war, kämpfte er mit Gott.
5 [Er kämpfte mit dem Engel und blieb Sieger.] / Er weinte und flehte ihn an.
In Bet-El fand er ihn, / und dort redete er mit ihm.
6 (Da sprach) der Herr, der Gott der Heerscharen, / Herr ist sein Name:
7 Du wirst mit Hilfe deines Gottes zurückkehren; / Bewahre die Liebe und das Recht / und hoffe allzeit auf deinen Gott!
8 Doch in Kanaans Hand ist falsche Waage, / er liebt den Betrug.
9 Efraim sagt: Ich bin reich geworden / und habe mir Vermögen erworben.
All mein Gewinn bringt / mir keine Schuld, die Sünde wäre.
10 Doch ich bin der Herr, dein Gott, / vom Land Ägypten her;
ich lasse dich wieder in Zelten wohnen / wie in den Tagen der Begegnung.
11 Ich rede zu den Propheten, / ich lasse sie viele Visionen sehen, / durch die Propheten gebe ich Kunde.
12 Schon in Gilead war Frevel, und sie wurden zunichte; / in Gilgal opfert man Stieren.
Darum werden ihre Altäre wie Steinhaufen / an den Furchen der Felder.

13 Jakob floh in das Gebiet von Aram; /
Israel wurde Knecht einer Frau, / wegen
einer Frau hütete er Schafe.
14 Aber durch einen Propheten führte
der Herr Israel aus Ägypten herauf, /
durch einen Propheten wurde es behütet.
15 Efraim hat Gott bitter gekränkt; /
darum lässt ihn der Herr seine Blutschuld
büßen / und zahlt ihm seine Schmähung
heim.

Geschichtsrückblick

13 Wenn Efraim redete, erhob sich
Schrecken. / Er war angesehen in
Israel, / aber er geriet in Schuld durch den
Baal und kam um.
2 Und immer noch fahren sie fort zu
sündigen / und machen sich gegossene
Bilder,
aus ihrem Silber Götterbilder nach
ihrem Geschmack, / lauter Arbeit von
Handwerkern.
Opfert ihnen!, so fordern sie auf. /
Menschen küssen Kälber!
3 Darum werden sie sein wie das Gewölk
am Morgen, / wie der Tau, der schnell
vergeht,
wie Spreu, die von der Tenne auffliegt, /
wie Rauch, der durch die Luke abzieht.
4 Ich aber, der Herr, bin dein Gott / vom
Land Ägypten her;
einen Gott außer mir kennst du nicht, /
und einen Retter außer mir gibt es nicht.
5 Ich weidete dich in der Wüste, / im
Land der Dürre.
6 Ihrem Weideplatz entsprechend wur-
den sie satt; / satt geworden, wurde ihr
Herz hochmütig, / darum vergaßen sie
mich.
7 Da wurde ich für sie zu einem Löwen, /
wie ein Panther lauere ich am Weg.
8 Ich falle sie an wie eine Bärin, / die der
Jungen beraubt ist, / ich zerreiße ihr ver-
stocktes Herz.
Dann fressen sie die Hunde, / wilde
Tiere reißen sie in Stücke.
9 Verderben bringe ich über dich, Isra-
el. / Wer wird dir helfen?
10 Wo ist dann dein König, dass er dich
retten könnte, / dich und alle deine
Städte?
Wo sind deine Führer, von denen du
sagtest: / Gib mir einen König und Beam-
te!
11 Ich gab dir einen König in meinem
Zorn / und nahm ihn weg in meinem
Grimm.
12 Gebündelt ist Efraims Schuld, /
geborgen seine Sünde.
13 Es wird von Geburtswehen befallen, /
doch es ist ein unverständiges Kind;
seine Zeit ist da, / aber es tritt nicht
heraus aus dem Mutterschoß.
14 Aus der Gewalt der Unterwelt / sollte
ich sie loskaufen?
Vom Tod sie auslösen? / Wo sind deine
Seuchen, Tod?
Wo dein Stachel, Unterwelt? / Mitleid
ist meinen Augen unbekannt.
15 Mag Efraim auch zwischen Riedgras
gedeihen / es kommt der Ostwind, der
Sturm des Herrn;
von der Wüste steigt er auf / und lässt
seine Brunnen versiegen / und seine
Quellen austrocknen.
Er plündert die Schatzkammer (des
Landes) aus, / den ganzen kostbaren
Besitz.

14 Büßen muss Samaria, / es hat sich
gegen seinen Gott empört.
Sie werden fallen durch das Schwert, /
ihre Säuglinge werden zerschmettert, /
ihre Schwangeren aufgeschlitzt.

Umkehr und Heilung

2 Kehr um, Israel, zum Herrn, deinem
Gott! / Denn durch deine Schuld bist du
gestürzt.
3 Nehmt Worte mit euch / und kehrt um
zum Herrn und sagt zu ihm:
Vergib alle Schuld, / und nimm an, was
gut ist. / Wir bringen die Frucht unserer
Lippen (als Opfer) dar.
4 Assur soll uns nicht mehr helfen, / auf
Pferden wollen wir nicht mehr reiten
und nicht mehr sagen Unser Gott / zu
dem Gebilde unserer Hände. / Denn bei
dir allein findet die Waise Erbarmen.
5 Ich will ihre Untreue heilen / und sie
aus freien Stücken lieben; / denn mein
Zorn hat sich von ihnen gewandt.
6 Ich will für Israel sein wie der Tau, /
wie die Lilie soll es blühen / und Wurzeln
schlagen wie ein Libanonwald.
7 Seine Schösslinge sollen sich ausbrei-
ten, / seine Pracht soll sein wie die Pracht
des Ölbaums, / sein Duft wie der Duft des
Libanon.
8 Sie werden wieder in meinem Schatten
wohnen, / Getreide anbauen

und sprießen wie ein Weinstock, / dessen Ruhm dem Wein des Libanon gleichkommt.
9 Efraim, was hat es fortan mit Götzen zu schaffen? / Ich, ja, ich erhöre ihn und blicke ihn an.
Ich bin wie ein üppiger Wacholder, / an mir ist Frucht für Dich zu finden.

Schlusssatz

10 Der Weise begreife diese Worte, / der Einsichtige verstehe sie.
Ja, die Wege des Herrn sind gerade; / die Gerechten gehen auf ihnen, / aber die Sünder kommen auf ihnen zu Fall.

Das Buch Joël

Überschrift

1 Wort des Herrn, das an Joël, den Sohn des Petuël, erging.

Die Bußfeier anlässlich der Heuschreckenplage

Die Klage über die Plage

2 Hört dies, ihr Ältesten, / horcht auf, all ihr Bewohner des Landes!
Ist so etwas jemals geschehen in eueren Tagen / oder in den Tagen euerer Väter?
3 Erzählen sollt ihr davon eueren Söhnen, / und euere Söhne ihren Söhnen, / und deren Söhne der künftigen Generation!
4 Was der Nager übrig ließ, / das fraß die Heuschrecke,
was die Heuschrecke übrig ließ, / das fraß der Käfer,
was der Käfer übrig ließ, / das fraß die Raupe.
5 Wacht auf, die ihr trunken seid, und weint! / Klagt alle, ihr Weintrinker, / dass der Most euerem Mund entzogen wurde.
6 Denn ein Volk ist eingefallen in mein Land, / stark und nicht zu zählen.
Seine Zähne sind wie Zähne eines Löwen, / sein Gebiss ist das Gebiss einer Löwin.
7 Meinen Weinstock hat es verwüstet, / meinen Feigenbaum hat es vernichtet.
Abgeschält ließ es ihn liegen, / seine Zweige starren weiß.
8 Klagt wie eine Jungfrau im Trauergewand, / die den Bräutigam ihrer Jugend beweint!
9 Verschwunden sind Speiseopfer und Trankopfer / aus dem Haus des Herrn. / Es trauern die Priester, die Diener des Herrn.
10 Verwüstet ist das Feld, es trauert der Acker; / denn vernichtet ist das Korn, vertrocknet der Most, / versiegt das Öl.
11 Seid bestürzt, ihr Bauern, / klagt, ihr Winzer,
um Weizen und Gerste; / denn die Ernte des Feldes ist dahin.
12 Verdorrt ist der Weinstock, verwelkt der Feigenbaum, / Granatbaum, Dattelpalme und Apfelbaum,
verdorrt alle Bäume des Feldes; / alle Freude ist verdorrt bei den Menschenkindern.
13 Gürtet euch und wehklagt, ihr Priester! / Jammert, ihr Diener des Altars!
Kommt, bringt die Nacht im Trauergewand zu, / ihr Diener meines Gottes;
denn versagt ist dem Haus eueres Gottes / Speiseopfer und Trankopfer.
14 Verordnet ein heiliges Fasten, / ruft einen Feiertag aus!
Versammelt die Ältesten, / alle Bewohner des Landes
zum Haus des Herrn, eueres Gottes, / und schreit zum Herrn:
15 Ach! Welch ein Tag! / Denn der Tag des Herrn ist nahe; / er kommt wie Gewalt vom Gewaltigen.

16 Ist nicht vor unseren Augen die Nah-
rung vernichtet, / aus dem Haus unseres
Gottes Freude und Jubel?
17 Geschrumpft liegen die Saatkörner
unter ihren Erdschollen, / verödet sind die
Speicher, verfallen die Scheunen;
das Korn ist verdorrt.
18 Wie brüllt doch das Vieh / und sind
verstört die Rinderherden,
weil sie keine Weide haben; / auch die
Schafherden leiden Not.
19 Zu dir, o Herr, rufe ich; / denn Feuer
verzehrte die Weiden der Steppe, / und
lohende Flamme versengte alle Bäume des
Feldes.
20 Selbst die wilden Tiere lechzen nach
dir; / denn die Wasserbäche sind aus-
getrocknet, / und Feuer hat die Weiden
der Steppe verzehrt.

Der Tag des Herrn

2 Stoßt in das Horn auf Zion, / erhebt
Kriegsgeschrei auf meinem heiligen
Berg!
Zittern sollen alle Bewohner des Lan-
des; / denn es kommt der Tag des Herrn,
ja, nahe ist er, / 2 der Tag der Finsternis
und des Dunkels, / der Tag der Wolken
und Wetter.
Wie das Morgenrot sich über die Berge
breitet, / kommt ein Volk, groß und
stark,
wie es vor ihm keines gegeben hat / und
nach ihm keines mehr geben wird / bis zu
den fernsten Generationen.
3 Vor ihm her frisst Feuer, / und hinter
ihm züngelt die Flamme.
Wie ein Garten Eden ist das Land vor
ihm, / hinter ihm wie eine öde Wüste; /
vor ihm gibt es kein Entrinnen.
4 Sie sehen aus wie Pferde, / wie schnelle
Reiter jagen sie dahin.
5 Rasselnd wie Kriegswagen / springen
sie über die Gipfel der Berge,
prasselnd wie Feuerflammen, die Stop-
peln verzehren, / wie ein mächtiges Volk,
das zum Kampf gerüstet ist.
6 Vor ihm winden sich die Völker, / dass
alle Gesichter erglühen.
7 Gleich Helden stürzen sie heran, /
gleich Kriegern erstürmen sie die Mauer, /
keiner verlässt seinen Pfad.
8 Keiner stößt den andern, / ein jeder
zieht seine Bahn.
Zwischen den Geschossen hindurch
stürzen sie vor, / ihre Reihen brechen
nicht ab.
9 Sie stürmen die Stadt, erklettern die
Mauer / und dringen ein in die Häuser, /
durch die Fenster steigen sie ein wie Diebe.
10 Vor ihnen erzittert die Erde, erbeben
die Himmel, / Sonne und Mond verfins-
tern sich, / die Sterne verlieren ihren
Glanz.
11 Und der Herr lässt vor seinem Heer; /
seine Stimme erschallen
denn gewaltig sind seine Scharen / und
mächtig, die seinen Willen vollstrecken.
Ja, groß ist der Tag des Herrn und voll
Schrecken. / Wer kann ihn bestehen?

Aufruf zur Buße

12 Auch jetzt noch – Spruch des Herrn: /
Kehrt zurück zu mir mit euerem ganzen
Herzen, / mit Fasten, mit Weinen und
Wehklagen.
13 Zerreißt euere Herzen und nicht euere
Kleider, / und kehrt um zum Herrn, eue-
rem Gott;
denn er ist gnädig und barmherzig, /
langmütig und reich an Güte / und das
Unheil tut ihm Leid.
14 Vielleicht kehrt er um, und es reut
ihn, / und er spendet aufs neue Segen, /
Speiseopfer und Trankopfer für den
Herrn, eueren Gott.
15 Stoßt in das Horn auf Zion, / verord-
net ein heiliges Fasten, / ruft einen Feier-
tag aus,
16 versammelt das Volk, / heiligt die
Gemeinde,
holt die Alten herbei, / versammelt die
Kinder und auch die Säuglinge!
Der Bräutigam verlasse seine Kammer, /
die Braut ihr Gemach!
17 Zwischen Vorhof und Altar sollen
weinen / die Priester, die Diener des
Herrn.
Sie sollen sprechen: Hab Mitleid, Herr,
mit deinem Volk, / und gib dein Erbe
nicht der Schande preis, / damit die Hei-
den über sie spotten!
Warum soll man unter den Völkern
sagen: / Wo ist nun ihr Gott?

Die Antwort des Herrn

18 Da geriet der Herr in Eifer für sein
Land / und empfand Mitleid mit seinem
Volk.
19 Der Herr antwortete und sprach zu

seinem Volk: / Seht, ich sende euch Korn,
Most und Öl, / dass ihr euch daran sätti-
gen könnt.
Ich gebe euch nicht mehr der Schande
preis / unter den Völkern.
20 Den Feind aus dem Norden / vertreibe
ich weit von euch;
ich jage ihn in ein dürres, ödes Land, /
seine Vorhut in das östliche Meer, / seine
Nachhut in das westliche Meer.
Dann wird sein Gestank aufsteigen /
und sein Modergeruch sich erheben! /
[Denn er hat sich gebrüstet.]
21 Fürchte dich nicht, Ackerland, / juble
und freue dich! / Denn Großes hat der
Herr vollbracht.
22 Fürchtet euch nicht, ihr Tiere des Fel-
des; / denn es grünen die Weiden der
Steppe,
der Baum trägt seine Frucht, / Feigen-
baum und Weinstock geben ihren Ertrag.
23 Ihr Kinder Zions, jubelt / und freut
euch über den Herrn, eueren Gott!
Denn er gibt euch Nahrung, wie es recht
ist. / Er lässt euch Regen herabkommen,
Herbst- und Frühlingsregen, / wie vor-
zeiten.
24 Die Tennen füllen sich mit Getreide, /
die Kelter strömen über von Most und Öl.
25 Ich ersetze euch die Jahre, / die die
Heuschrecke fraß,
der Käfer, die Raupe und der Nager,
mein großes Heer, / das ich gegen euch
sandte.
26 Ihr werdet essen und satt werden /
und den Namen des Herrn, eueres Gottes,
preisen, / der wunderbar an euch gehan-
delt hat. / [Mein Volk soll niemals mehr
zuschanden werden.]
27 Dann werdet ihr erkennen, / dass ich
mitten in Israel bin,
und dass ich der Herr, euer Gott, bin /
und sonst niemand. / Mein Volk wird
niemals mehr zuschanden werden.

Das zukünftige Heil

Die Ausgießung des Geistes

3 Danach werde ich meinen Geist aus-
gießen über alles Fleisch. / Euere Söh-
ne und euere Töchter werden Propheten
sein,
euere Alten werden Träume haben /
und euere jungen Männer Visionen.
2 Auch über Knechte und Mägde /
werde ich meinen Geist ausgießen in jenen
Tagen.
3 Ich werde Zeichen setzen am Himmel
und auf Erden: / Blut und Feuer und
Rauchsäulen.
4 Die Sonne wird sich in Finsternis ver-
wandeln / und der Mond in Blut,
bevor der Tag des Herrn kommt, / der
große und furchtbare.
5 Aber jeder, der den Namen des Herrn
anruft, wird gerettet. / Denn auf dem Berg
Zion und in Jerusalem wird Rettung sein,
wie der Herr gesagt hat, / und bei den
Entronnenen, die der Herr ruft.

Das Gericht über die Völker

4 Denn seht, in jenen Tagen und zu je-
ner Zeit, / wenn ich das Geschick Ju-
das und Jerusalems wende,
2 sammle ich alle Völker / und führe sie
ins Tal Joschafat
und gehe dort mit ihnen ins Gericht /
wegen meines Volkes und Erbteils Israel,
weil sie es unter die Völker zerstreut /
und mein Land aufgeteilt haben.
3 Sie haben über mein Volk das Los
geworfen, / einen Knaben haben sie einer
Dirne als Lohn gegeben, / und Mädchen
für Wein verkauft, um sich zu betrinken.
4 Was wollt ihr von mir, Tyrus und Si-
don und all ihr Gaue der Philister? Wollt
ihr Vergeltung an mir üben? Wollt ihr mir
etwas Böses antun? Ganz schnell lasse ich
euer Tun auf eueren Kopf zurückfallen.
5 Habt ihr doch mein Silber und mein Gold
geraubt und meine kostbarsten Kleinode
in euere Tempel gebracht. 6 Die Söhne Ju-
das und Jerusalems habt ihr an die Jawani-
ter verkauft, um sie aus ihrer Heimat zu
entfernen. 7 Seht, ich lasse sie aufbrechen
von dem Ort, wohin ihr sie verkauft habt,
und lasse euere Taten auf eueren Kopf zu-
rückfallen. 8 Euere Söhne und Töchter lie-
fere ich den Söhnen Judas aus, die sie wei-
terverkaufen an die Sabäer, ein fernes
Volk. Ja, der Herr hat gesprochen.
9 Ruft es aus unter den Völkern, / ver-
kündet den Heiligen Krieg!
Weckt die Helden auf! / Anrücken und
heraufziehen sollen alle Krieger!
10 Schmiedet euere Pflugscharen um zu
Schwertern / und euere Winzermesser zu
Lanzen! / Der Schwächling rufe: Ein Held
bin ich!
11 Kommt eilends, ihr Völker alle rings-

um, / und sammelt euch! / Führe hinab,
Herr, deine Krieger!
12 Die Völker sollen sich aufmachen und
hinaufziehen zum Tal Joschafat. / Denn
dort will ich zu Gericht sitzen über alle
Völker ringsum.
13 Schwingt die Sichel, / denn reif ist die
Ernte!
Kommt und tretet, / denn voll ist die
Kelter.
Die Tröge laufen über; / denn groß ist
ihre Bosheit.
14 Lärm und Getümmel herrscht / im Tal
der Entscheidung;
denn nahe ist der Tag des Herrn / im Tal
der Entscheidung.
15 Sonne und Mond verfinstern sich, /
die Sterne verlieren ihren Glanz.
16 Der Herr brüllt vom Zion her, / von
Jerusalem her erschallt seine Stimme, /
dass Himmel und Erde erbeben.
Doch für sein Volk ist der Herr eine
Zuflucht / und eine feste Burg für die
Söhne Israels.
17 Dann werdet ihr erkennen, / dass ich
der Herr, euer Gott, bin,
der auf dem Zion wohnt, / meinem hei-
ligen Berg.
Jerusalem wird heilig sein, / und
Fremde werden nie wieder hindurchzie-
hen.
18 An jenem Tag triefen die Berge von
Most, / die Hügel fließen über von Milch, /
und alle Bäche Judas führen Wasser.
Ein Quell entspringt im Haus des
Herrn / und tränkt das Schittim-Tal.
19 Ägypten wird zur Wüste / und Edom
zur dürren Steppe
wegen der Gewalttat an den Söhnen
Judas, / in deren Land sie unschuldiges
Blut vergossen haben.
20 Aber Juda bleibt für immer bewohnt /
und Jerusalem besteht von Generation zu
Generation. / 21 [Ich werde ihr Blut unge-
straft lassen, / das ich nicht hatte straffrei
erklären wollen], / und der Herr wohnt
auf dem Zion.

Das Buch Amos

Überschrift und Motto

1 Worte des Amos, eines Schafzüchters
aus Tekoa, die er in Visionen über Is-
rael gehört hat in den Tagen Usijas, des
Königs von Juda, und in den Tagen Jero-
beams, des Sohnes des Joasch, des Königs
von Israel, zwei Jahre vor dem Erdbeben.
2 Er sprach:
Der Herr brüllt vom Zion her, / aus
Jerusalem lässt er seine Stimme erschallen.
Da welken die Weiden der Hirten, / und
der Gipfel des Karmel verdorrt.

Gericht über Israel und die Nachbarvölker

Über die Nachbarvölker

3 So spricht der Herr:
Wegen der drei Vergehen von Damas-
kus, / und wegen der vier widerrufe ich es
nicht.
Weil sie Gilead gedroschen haben mit
eisernen Schlitten, / 4 darum schicke ich
Feuer in Hasaëls Haus, / dass es Ben-Ha-
dads Paläste verzehrt.
5 Ich zerbreche die Riegel von Damas-
kus, / rotte aus den Herrscher von Bikat-
Awen / und den Zepterträger von Bet-
Eden;
Arams Volk zieht nach Kir in die Ver-
bannung, / spricht der Herr.
6 So spricht der Herr:
Wegen der drei Vergehen von Gaza /
und wegen der vier widerrufe ich es nicht.
Weil sie ganze Ortschaften verschlepp-
ten, / um sie an Edom auszuliefern,
7 darum schicke ich Feuer in die Mauern
von Gaza, / dass es seine Paläste verzehrt.

[8] Ich vertilge die Bewohner von Asch-
dod / und den Zepterträger von Aschke-
lon.
Ich kehre meine Hand gegen Ekron, /
und der letzte Philister wird umkom-
men, / spricht der Herr.
[9] So spricht der Herr:
Wegen der drei Vergehen von Tyrus /
und wegen der vier widerrufe ich es nicht.
Weil sie alle Verschleppten an Edom
auslieferten / und nicht des Bruderbundes
gedachten,
[10] darum schicke ich Feuer in die Mau-
ern von Tyrus, / dass es seine Paläste ver-
zehrt.
[11] So spricht der Herr:
Wegen der drei Vergehen von Edom /
und wegen der vier widerrufe ich es nicht.
Weil es seinen Bruder mit dem Schwert
verfolgte, / sein Erbarmen erstickte,
an seinem Groll festhielt / und seinen
Grimm bewahrte für ewige Zeiten,
[12] darum schicke ich Feuer gegen
Teman, / dass es die Paläste von Bozra
verzehrt.
[13] So spricht der Herr:
Wegen der drei Vergehen der Söhne
Ammons / und wegen der vier widerrufe
ich es nicht.
Weil sie die schwangeren Frauen von
Gilead aufschlitzten, / um ihr Gebiet zu
erweitern,
[14] darum lege ich Feuer an die Mauern
von Rabba, / dass es seine Paläste ver-
zehrt
beim Kriegsgetöse am Tag der
Schlacht, / unter Sturm am Tag des
Unwetters.
[15] Ihr König kommt in Gefangenschaft, /
er mitsamt seinen Großen, spricht der
Herr.

2 So spricht der Herr:
Wegen der drei Vergehen von Moab /
und wegen der vier widerrufe ich es nicht.
Weil sie die Gebeine des Königs von
Edom / zu Kalk verbrannten,
[2] darum schicke ich Feuer gegen
Moab, / dass es die Paläste von Kerijot
verzehrt.
Moab geht unter im Getümmel, / bei
Kriegsgeschrei, beim Schall des Horns.
[3] Ich vertilge den Herrscher aus seiner
Mitte / und erschlage alle seine Großen
mit ihm, spricht der Herr.

Über Juda und Israel

[4] So spricht der Herr:
Wegen der drei Vergehen von Juda /
und wegen der vier widerrufe ich es nicht.
Weil sie die Weisung des Herrn ver-
warfen / und seine Satzungen nicht
beachteten,
weil ihre Götzen sie irreführten, / denen
schon ihre Väter nachgelaufen sind,
[5] darum schicke ich Feuer gegen Juda, /
dass es die Paläste Jerusalems verzehrt.
[6] So spricht der Herr:
Wegen der drei Vergehen von Israel /
und wegen der vier widerrufe ich es nicht.
Weil sie für Geld den Unschuldigen
verkaufen / und den Armen für ein Paar
Sandalen.
[7] Sie treten den Geringen in den Staub /
und beugen das Recht des Schwachen.
Vater und Sohn gehen zur selben Dir-
ne, / um meinen heiligen Namen zu ent-
weihen.
[8] Sie lassen sich nieder auf gepfändeten
Kleidern / neben jedem Altar
und trinken den Wein von Bußgeldern /
im Haus ihres Gottes.
[9] Dabei bin ich es gewesen, / der die
Amoriter vor ihren Augen vertilgte,
die hoch gewachsen waren wie Zedern /
und stark wie Eichen;
ich habe sie vertilgt mit Stumpf und
Stiel, / von oben bis unten.
[10] Ich bin es gewesen, der euch aus dem
Land Ägypten herausgeführt und euch
vierzig Jahre durch die Wüste geleitet hat,
damit ihr das Land der Amoriter in Besitz
nehmen könnt. [11] Aus eueren Söhnen habe
ich Propheten erweckt, aus eueren jungen
Männern Nasiräer. Ist es nicht so, ihr Söh-
ne Israels? – Spruch des Herrn. [12] Doch ihr
gabt den Nasiräern Wein zu trinken und
habt den Propheten befohlen: Weissagt
nicht!
[13] Seht, ich lasse den Boden unter euch
schwanken, / wie der Wagen schwankt,
der voll Garben ist.
[14] Dann wird es dem Schnellfüßigen
unmöglich zu flüchten, / der Starke kann
seine Kraft nicht entfalten / und der Held
sein Leben nicht retten.
[15] Der Bogenschütze hält nicht stand, /
der Schnellläufer entkommt nicht / und
der Reiter rettet nicht sein Leben.
[16] Der Mutigste unter den Helden, /

nackt muss er fliehen an jenem Tag –
Spruch des Herrn.

Gegen die Oberschicht Israels

Erwählung und Bestrafung

3 Hört das Wort, das der Herr über
euch gesprochen hat, ihr Söhne Isra-
els, über das ganze Geschlecht, das ich aus
Ägypten herausgeführt habe:
2 Nur mit euch habe ich mich vertraut
gemacht / von allen Geschlechtern der
Erde;
darum ziehe ich euch zur Rechen-
schaft / für alle euere Missetaten.

Der Zwang zur Unheilsverkündigung

3 Wandern wohl zwei miteinander, / wenn
sie sich nicht verabredet haben?
4 Brüllt der Löwe im Dickicht, / wenn er
keine Beute gemacht hat?
Erhebt der junge Löwe seine Stimme im
Lager, / wenn er keinen Fang getan hat?
5 Fällt der Vogel zur Erde, / wenn nie-
mand nach ihm geworfen hat?
Springt die Falle vom Boden, / wenn sie
nichts gefasst hat?
6 Stößt man ins Horn in der Stadt, /
ohne dass die Leute erschrecken?
Geschieht ein Unglück in der Stadt, /
ohne dass der Herr es bewirkt hat?
7 Nein, Gott, der Herr, tut nichts, / ohne
seinen Plan / seinen Knechten, den Pro-
pheten, zu offenbaren.
8 Brüllt der Löwe – wer erschrickt da
nicht? / Spricht Gott, der Herr – wer sollte
da nicht verkünden?

Gericht über Samaria

9 Verkündet es über den Palästen von
Aschdod / und in den Palästen in Ägypten!
Sagt: Versammelt euch auf dem Berg
von Samaria, / seht euch das ruchlose
Treiben in der Stadt an / und die Unter-
drückung in seiner Mitte!
10 Sie verstehen nicht, das Recht zu tun –
Spruch des Herrn. / Frevel und Gewalttat
häufen sie an in ihren Palästen.
11 Darum – so spricht Gott, der Herr:
Ein Feind wird das Land umzingeln; / er
stürzt deine Macht, und deine Paläste
werden geplündert.
12 So spricht der Herr: / Wie der Hirt aus
dem Rachen des Löwen / ein paar Beine
oder einen Ohrstück rettet,
so werden die Söhne Israels gerettet, /
die in Samaria in der Ecke des Diwans sit-
zen / und auf den Polstern des Ruhebettes.
13 Hört und bezeugt es dem Haus
Jakob – / Spruch Gottes, des Herrn der
Heerscharen:
14 Ja, an dem Tag, an dem ich Rechen-
schaft fordere / von Israel wegen seiner
Sünde,
suche ich heim die Altäre von Bet-El. /
Die Hörner des Altars werden abgehauen
und stürzen zu Boden.
15 Ich zerschlage das Winterhaus samt
dem Sommerhaus, / die Elfenbeinpaläste
gehen zugrunde,
und mit den vielen Häusern hat es ein
Ende – / Spruch des Herrn.

Gegen die Frauen von Samaria

4 Hört dieses Wort, / ihr Baschankühe
auf dem Berg von Samaria,
die ihr die Geringen bedrückt / und die
Armen zertretet
und zu eueren Männern sprecht: / Gebt
uns zu trinken!
2 Geschworen hat Gott, der Herr, / bei
seiner Heiligkeit:
Seht, es kommen Tage über euch, / wo
man euch an Haken fortschleppt,
und was von euch übrig bleibt / an
Fischerangeln.
3 Durch die Breschen müsst ihr hinaus, /
eine nach der anderen;
man schleudert euch zum Hermon hin
– / Spruch des Herrn.

Entarteter Kult

4 Geht nach Bet-El und sündigt, / nach Gil-
gal und sündigt noch mehr!
Bringt am Morgen euere Schlachtopfer
dar, / am dritten Tag euere Zehnten!
5 Verbrennt als Dankopfer gesäuertes
Brot / und ruft laut freiwillige Gaben aus!
So liebt ihr es ja, ihr Söhne Israels – /
Spruch Gottes, des Herrn.
6 Wohl gab ich euch blanke Zähne in all
eueren Städten / und ließ es euch fehlen an
Brot in all eueren Dörfern,
aber ihr habt euch nicht zu mir
bekehrt – / Spruch des Herrn.
7 Ich hielt den Regen von euch fern /
drei Monate vor der Ernte,
ließ Regen kommen über die eine
Stadt, / und über die andere Stadt ließ ich
Regen nicht kommen.

Ein Feld bekam Regen, / und das Feld,
auf das ich nicht regnen ließ, verdorrte.
8 Zwei, drei Städte wanken zu einer
anderen, / um Wasser zu trinken, und
blieben doch durstig.
Doch ihr habt euch nicht zu mir
bekehrt – / Spruch des Herrn.
9 Ich schlug euch mit Getreidebrand und
Mehltau, / ich ließ vertrocknen euere Gär-
ten und Weinberge,
euere Feigenbäume und Ölbäume fraß
die Heuschrecke. / Doch ihr habt euch
nicht zu mir bekehrt – Spruch des Herrn.
10 Ich sandte unter euch die Pest wie
gegen Ägypten, / erschlug euere jungen
Männer mit dem Schwert / samt eueren
erbeuteten Pferden.
Ich ließ den Gestank eueres Lagers auf-
steigen in euere Nasen / Doch ihr habt
euch nicht zu mir bekehrt – Spruch des
Herrn.
11 Ich richtete unter euch Verwüstung
an, / wie Gott einst Sodom und Gomorra
verwüstete.
Da wart ihr wie ein aus dem Brand
gezerrtes Holzscheit. / Doch ihr habt euch
nicht zu mir bekehrt – Spruch des Herrn.
12 Darum will ich dir alles das antun,
Israel, / und weil ich dir alles das antun
will, / so mach dich bereit, deinem Gott zu
begegnen, Israel!
13 Denn siehe, er hat die Berge gebildet /
und den Wind geschaffen,
er tut dem Menschen kund, was er im
Sinn hat. / Er macht die Morgenröte und
das Dunkel,
er schreitet über die Gipfel der Erde. /
Gott, Herr der Heerscharen, ist sein Name.

Totenklage über Israel

5 Hört dieses Wort, ihr vom Haus Isra-
el, / das ich als Totenklage über euch
anstimme.
2 Gefallen ist, nicht steht sie wieder auf, /
die Jungfrau Israel;
sie ist zu Boden geworfen, / und nie-
mand richtet sie auf.
3 Denn so spricht Gott, der Herr:
Die Stadt, die zu tausend ausrückt, /
behält hundert übrig,
und die zu hundert auszieht, / behält
zehn übrig.
4 Ja, so spricht der Herr zum Haus Isra-
el: / Sucht mich, so werdet ihr leben.
5 Aber sucht nicht Bet-El auf, / geht
nicht nach Gilgal / und zieht nicht nach
Beerscheba;
denn Gilgal droht Verbannung / und
Bet-El der Untergang.
6 Sucht den Herrn, so werdet ihr leben! /
Sonst kommt er wie ein Feuer über das
Haus Josef; / es frisst um sich, und nie-
mand ist da für Bet-El, der es löscht.
8 Der die Plejaden und den Orion
schuf, / der zum hellen Morgen die Fins-
ternis wandelt,
der den Tag zur Nacht verfinstert, / der
die Wasser des Meeres ruft,
der sie ausgießt über die weite Erde – /
Herr ist sein Name.
9 Verderben bestellt er über den Star-
ken, / und Vernichtung kommt über die
feste Stadt.
7 Weh denen, die das Recht in Wermut
verwandeln / und die Gerechtigkeit zu
Boden stoßen.
10 Sie hassen den, der im Tor Recht
spricht / und verabscheuen den, der die
Wahrheit sagt.
11 Weil ihr vom Hilflosen Pachtzins
erpresst / und Getreideabgaben von ihm
nehmt,
darum baut ihr Häuser aus Quadern, /
aber ihr werdet nicht darin wohnen.
Prächtige Weinberge legt ihr euch an, /
aber ihr werdet ihren Wein nicht trinken.
12 Denn ich kenne euere zahlreichen
Sünden / und die Größe euerer Frevelta-
ten.
Ihr bedrückt den Gerechten, / nehmt
Bestechungsgelder an / und weist ab den
Armen im Tor.
13 Darum schweigt der Weise in dieser
Zeit; / denn es ist eine böse Zeit.
14 Sucht das Gute und nicht das Böse, /
damit ihr am Leben bleibt
und damit der Herr, der Gott der
Heerscharen, / mit euch ist, wie ihr
behauptet.
15 Hasst das Böse und liebt das Gute! /
Richtet im Tor das Recht auf.
Vielleicht erbarmt sich der Herr, der
Gott der Heerscharen, / über Josefs Rest.
16 Darum – so spricht der Herr, der Gott
der Heerscharen:
Auf allen Plätzen ist Wehklagen, / in
allen Gassen rufen sie: Wehe! Wehe!
Man ruft den Ackerknecht zur Toten-
klage, / zum Wehgeschrei die Klagekundi-
gen.

17 In allen Weinbergen wird Wehklagen
laut; / denn ich schreite durch deine Mitte,
spricht der Herr.

Der Tag des Herrn

18 Weh denen, die den Tag des Herrn her-
beisehnen! / Was soll euch der Tag des
Herrn? / Er ist Finsternis und nicht Licht.
19 Es ist, wie wenn einer vor einem Löwen
flieht, / und dann packt ihn ein Bär;
er entkommt nach Haus / und stützt
seine Hand an die Wand, / da beißt ihn die
Schlange.
20 Ja, Finsternis ist der Tag des Herrn
und nicht Licht; / Dunkel ist er, und kein
Glanz leuchtet über ihm.

Gegen veräußerlichten Opferkult

21 Ich hasse und verwerfe euere Feste, / ich
kann euere Festversammlungen nicht rie-
chen.
22 Denn bringt ihr mir Brandopfer
dar – / an eueren Gaben habe ich kein
Gefallen, / und das Opfer euerer Mastkäl-
ber sehe ich nicht an.
23 Hinweg von mir mit dem Lärm euerer
Lieder! / Das Spiel euerer Harfen will ich
nicht hören.
24 Aber wie Wasser flute das Recht / und
die Gerechtigkeit wie ein nie versiegender
Bach!
25 Habt ihr mir denn Schlachtopfer und
Speiseopfer dargebracht / während der
vierzig Jahre in der Wüste, Haus Israel?
26 Und habt ihr Sakkut, eueren König, /
und Kewan, eueren Sternengott,
euere Bilder, die ihr euch selbst gemacht
habt, / vor euch her getragen?
27 Ich will euch in die Verbannung füh-
ren / bis über Damaskus hinaus, / spricht
der Herr. / Gott der Heerscharen ist sein
Name.

Gegen die Selbstsicherheit der Oberschicht

6 Weh den Sicheren auf dem Zion / und
den Sorglosen auf dem Berg von Sa-
maria,
den Edlen des ersten unter den Völ-
kern / [bei denen das Haus Israel zusam-
menkommt]!
2 Geht doch nach Kalne und schaut, /
wandert von dort nach Hamat, in die
große Stadt, / und steigt hinab nach Gat,
ins Land der Philister!
Seid ihr besser als diese Reiche, / oder
ist ihr Gebiet größer als euer Gebiet?
3 Ihr wollt den Tag des Unheils hinaus-
schieben / und schafft doch der Gewalttat
mehr Raum.
4 Ihr ruht auf Elfenbeinlagern / und
streckt euch auf weichen Polstern,
ihr verzehrt die Lämmer aus der Her-
de / und die Kälber im Maststall.
5 Ihr grölt zum Klang der Harfe, / und
erdichtet euch Lieder wie David.
6 Ihr trinkt den Wein aus Schalen / und
salbt euch mit kostbarstem Öl, / aber um
den Untergang Josefs kümmert ihr euch
nicht.
7 Darum müssen sie an der Spitze der
Verbannten marschieren. / Vorbei ist das
fest der Faulenzer.

Der Untergang der Stadt

8 Geschworen hat Gott, der Herr, bei sich
selbst – / Spruch des Herrn, des Gottes der
Heerscharen:
Ich verabscheue Jakobs Übermut, / und
seine Paläste hasse ich;
die Stadt und alles, was darin ist, / gebe
ich preis.
9 Wenn dann zehn Männer in einem
Haus übrig sind, so müssen auch sie ster-
ben. 10 Und hebt sein Verwandter oder sein
Bestatter einen (von den Toten) auf, um
die Gebeine aus dem Haus zu schaffen,
und sagt er zu dem, der im hintersten
Winkel des Hauses sitzt: Ist noch jemand
bei dir?, so antwortet er: Niemand! Und
sagt: Sei still! Nur ja nicht den Namen des
Herrn aussprechen!
11 Denn seht, der Herr befiehlt, / man
schlägt das große Haus in Trümmer / und
das kleine Haus in Splitter.
12 Rennen denn die Pferde über die Fel-
sen, / oder pflügt man mit den Rindern
das Meer?
Ihr aber habt das Recht in Gift verwan-
delt / und die Frucht der Gerechtigkeit in
Wermut.
13 Ihr jubelt über Lo-Dabar und sagt: Ha-
ben wir nicht durch eigene Kraft Karnajim
erobert? 14 Doch seht, ich erwecke gegen
euch, Haus Israel – Spruch des Herrn, des
Gottes der Heerscharen – ein Volk, das
euch bedrängen wird von Lebo-Hamat bis
zum Bach der Araba.

Visionen und biographischer Bericht

Erste Vision: Die Heuschrecken

7 Dies ließ mich Gott, der Herr, sehen:
Da war einer, der Heuschrecken ent-
stehen ließ zur Zeit, als das Spätgras zu
sprossen begann [die Spätsaat folgt auf
den Schnitt für den König]. 2 Als sie nun
darangingen, alles Grün im Land auf-
zufressen, rief ich: Gott, mein Herr, ver-
zeih doch! Wie soll Jakob bestehen? Er ist
ja so klein! 3 Da reute es den Herrn, und er
sprach: Es soll nicht geschehen.

Zweite Vision: Die Dürre

4 Dies ließ mich Gott, der Herr, sehen: Da
rief einer einen Feuerregen herbei, und er
verzehrte die große Flut und wollte auch
den Acker verzehren. 5 Da rief ich: Gott,
mein Herr, lass doch ab! Wie soll Jakob
bestehen? Er ist ja so klein! 6 Da reute es
den Herrn, und er sprach: Auch das soll
nicht geschehen.

Dritte Vision: Das Senkblei

7 Dies ließ mich Gott, der Herr, sehen: Da
stand einer an einer Mauer und hielt ein
Senkblei in der Hand. 8 Und der Herr
sprach zu mir: Was siehst du, Amos? Ich
antwortete: Ein Senkblei. Da sprach der
Herr: Siehe, ich lege das Senkblei an mit-
ten in meinem Volk Israel. Ich gehe nicht
länger schonend an ihm vorüber. 9 Dann
werden Isaaks Höhen verwüstet, Israels
Heiligtümer zerstört werden, und gegen
Jerobeams Haus erhebe ich mich mit dem
Schwert.

Die Ausweisung des Propheten

10 Amazja, der Priester von Bet-El, ließ Je-
robeam, dem König von Israel, melden:
Amos zettelt gegen dich Aufruhr an mit-
ten im Haus Israel; das Land kann seine
Reden nicht länger ertragen. 11 Denn so
spricht Amos: Jerobeam stirbt durch das
Schwert und Israel wird aus seinem Land
verschleppt. 12 Zu Amos aber sagte Amaz-
ja: Seher, geh, flüchte dich ins Land Juda!
Dort iss dein Brot, dort tritt als Prophet
auf! 13 Aber in Bet-El darfst du nicht mehr
prophetisch reden; denn dies hier ist ein
Heiligtum des Königs und ein Reichstem-
pel. 14 Amos erwiderte dem Amazja: Ich
bin kein Prophet und kein Propheten-
schüler, sondern ein Viehzüchter und
Züchter von Maulbeerfeigen. 15 Aber der
Herr hat mich von der Herde weggeholt
und zu mir gesagt: Geh, rede als Prophet
zu meinem Volk Israel! 16 So höre denn das
Wort des Herrn: Du sagst: Tritt nicht
mehr als Prophet gegen Israel auf und ei-
fere nicht gegen das Haus Isaak! 17 Darum
– so spricht der Herr: Deine Frau wird in
der Stadt als Dirne leben, deine Söhne und
Töchter fallen durch das Schwert, dein
Feld wird mit der Messschnur verteilt, du
selbst aber stirbst in einem unreinem
Land, und Israel wird aus seinem Land
verschleppt.

Vierte Vision: Der Korb mit reifem Obst

8 Dies ließ mich Gott, der Herr, sehen:
Da war ein Korb mit reifem Obst. 2 Er
fragte: Was siehst du da, Amos? Ich ant-
wortete: Einen Korb mit reifem Obst. Da
sprach der Herr zu mir: Reif für das Ende
ist mein Volk Israel; ich gehe nicht länger
schonend an ihm vorüber. 3 Dann heulen
die Sängerinnen des Palastes. An jenem
Tag – Spruch Gottes, des Herrn – gibt es
viele Leichen, überall wirft man sie hin.
Still!

Gegen Betrüger und Ausbeuter

4 Hört dies, die ihr den Armen zertretet /
und die Geringen im Land unterdrückt.

5 Ihr sagt: Wann ist der Neumond vorü-
ber, / damit wir Getreide verkaufen kön-
nen,
und wann der Sabbat, / damit wir Korn
anbieten können?
Wir wollen das Hohlmaß verkleinern
und den Gewichtsstein vergrößern / und
die Waage fälschen zum Betrug.
6 Mit Geld wollen wir die Dürftigen
kaufen / und die Armen für ein Paar San-
dalen.
Selbst den Abfall vom Getreide /
machen wir noch zu Geld.
7 Geschworen hat der Herr beim Stolz
Jakobs: / Niemals kann ich alle ihre Taten
vergessen.
8 Sollte darüber nicht die Erde erbeben, /
und sollten nicht alle ihre Bewohner trau-
ern?

Sollte sie als ganze sich nicht heben wie
der Nil / und sich wieder senken wie der
Strom Ägyptens?
9 An jenem Tag – Spruch Gottes, des
Herrn – / lasse ich die Sonne untergehen

am Mittag / und verfinstere die Erde am
hellen Tag.
10 Ich verwandle euere Feste in Trauer /
und all euere Lieder in Totenklage.
Ich lege um alle Hüften ein härenes
Gewand / und auf jeden Kopf eine Glatze.
Ich mache es wie bei der Trauer um den
einzigen Sohn / und lasse alles enden wie
einen bitteren Tag.
11 Seht, es kommen Tage – Spruch Got-
tes, des Herrn –, / da schicke ich den
Hunger ins Land,
nicht den Hunger nach Brot / und nicht
den Durst nach Wasser, / sondern nach
einem Wort des Herrn.
12 Da werden sie irren von Meer zu
Meer / und vom Norden zum Osten strei-
fen,
um das Wort des Herrn zu hören, / aber
sie werden es nicht finden.
13 An jenem Tag werden die schönen
Mädchen / und die jungen Männer hin-
sinken vor Durst,
14 alle die schwören beim Götzenbild
von Samaria / und sagen: So wahr dein
Gott lebt, Dan,
so wahr dein Liebling lebt, Beersche-
ba!, / sie werden fallen und nicht mehr
aufstehen.

Fünfte Vision: Untergang des Heiligtums und des Volkes

9 Ich sah den Herrn auf dem Altar ste-
hen, / und er sagte: Zerschlag den
Knauf der Säule, / dass die Schwellen be-
ben.
Ich zerschmettere allen den Kopf. / Was
von ihnen übrig bleibt, / erschlage ich mit
dem Schwert.
Keiner von ihnen kann entfliehen, / kei-
ner, der entronnen ist, kann sich retten.
2 Und drängen sie vor bis in die Unter-
welt, / so brächte meine Hand sie von dort
herauf;
stiegen sie hinauf bis zum Himmel, / ich
würde sie von dort herunterholen.
3 Versteckten sie sich auf dem Gipfel des
Karmel, / ich würde sie entdecken und
packen.
Wollten sie sich vor mir verbergen auf
dem Meeresgrund, / ich würde der
Schlange befehlen, sie zu beißen.
4 Zögen sie vor ihren Feinden her in die
Gefangenschaft, / ich würde dort dem
Schwert befehlen, sie zu töten.
Ich habe meine Augen auf sie gerichtet /
zum Unheil und nicht zum Guten.
5 Gott, der Herr der Heerscharen, / er
berührt die Erde, dass sie wankt, / dass alle
ihre Bewohner in Trauer kommen,
dass die ganze Erde sich hebt wie der
Nil / und sich senkt wie der Strom von
Ägypten.
6 Er baut im Himmel seine Hallen / und
gründet auf die Erde sein Gewölbe.
Er ruft die Wasser des Meeres / und
gießt sie aus über die weite Erde. / Herr ist
sein Name.

Gericht und Heil

Gericht trotz Erwählung

7 Seid ihr für mich mehr als die Kuschiter, /
ihr Söhne Israels? – Spruch des Herrn.
Zwar habe ich Israel aus dem Land
Ägypten herausgeführt, / aber ebenso die
Philister aus Kaftor / und die Aramäer aus
Kir!
8 Seht, die Augen Gottes, des Herrn, /
sind auf das sündige Reich gerichtet.
Ich will es vom Erdboden vertilgen. /
Doch ich werde das Haus Jakob nicht ganz
vertilgen – / Spruch des Herrn.
9 Ja, seht, ich gebe Befehl / und schüttle
das Haus Israel unter alle Völker,
wie man mit dem Sieb schüttelt, / ohne
dass ein Stein zu Boden fällt.
10 Durch das Schwert sterben alle Sünder
meines Volkes, / alle, die sagen: Uns trifft
es nicht, / bis zu uns kommt es nicht, das
Unheil.

Das künftige Heil

11 An jenem Tag richte ich die zerfallene
Hütte Davids wieder auf / und vermauere
ihre Risse;
ich stelle ihre Trümmer wieder her /
und baue sie auf wie in den Tagen der
Vorzeit,
12 damit sie den Rest von Edom in Besitz
nehmen / und die übrigen Völker,
über denen mein Name ausgerufen ist. /
Spruch des Herrn, der dies bewirkt.
13 Seht, es kommen Tage – Spruch des
Herrn –, / da folgt der Pflüger dem
Schnitter auf dem Fuß, / und der Kelter-
treter dem Sämann;
da triefen die Berge von Most, / und alle
Hügel fließen über. / 14 Dann wende ich
das Geschick meines Volkes Israel: / Sie

bauen die zerstörten Städte wieder auf und
wohnen darin;
sie pflanzen Weinberge und trinken
ihren Wein; / sie legen Gärten an und
essen die Früchte.
15 Und ich pflanze sie ein in ihr Land, /
und sie werden nie mehr ausgerissen
aus ihrem Land, das ich ihnen gegeben
habe, / spricht der Herr, dein Gott.

Das Buch Obadja

Überschrift

1 Vision Obadjas.

Gericht über Edom

Eine Botschaft hörten wir vom Herrn, /
ein Bote ist unter die Völker gesandt: /
Auf, erheben wir uns zum Kampf gegen
dies Volk!
So spricht Gott, der Herr, zu Edom:
2 Siehe, ich mache dich klein unter den
Völkern, / vollkommen verachtet sollst du
sein.
3 Deines Herzens Übermut hat dich
getäuscht. / Du wohnst in Felsenklüften,
hast in den Höhen deinen Wohnsitz, /
sprichst: Wer will mich hinunterstürzen?
4 Erhebst du dich auch wie ein Adler /
und baust dein Nest zwischen den Sternen, / ich hole dich von dort herunter –
Spruch des Herrn.
5 Wenn Diebe bei dir einbrechen oder
nächtliche Räuber, / dann wirst du zu
Grunde gerichtet.
Stehlen sie nicht, bis es ihnen
genügt? / Sind Winzer über dich gekommen, / lassen sie dir nicht wenigstens die
Nachlese?
6 Wie wird man Esau durchsuchen, /
seine Verstecke durchstöbern!

Ansage der Vernichtung Edoms

7 Bis zur Grenze jagen sie dich; / alle deine
Verbündeten betrügen dich, / deine
Freunde überwältigen dich.
Die dein Brot aßen, / legen dir jetzt
Fallstricke.
8 Ja, an jenem Tag – Spruch des
Herrn – / vernichte ich die Weisen in
Edom / und die Einsicht im Bergland
Esaus.
9 Da verzagen deine Helden, Teman, /
sodass jedermann vom Gebirge Esaus vertilgt wird.
Wegen des Mordens, /
10 wegen der
Gewalttat an Jakob, deinem Bruder
wird Schande dich bedecken / und du
wirst ausgerottet für immer.
11 Am Tag, als du dabeistandest, / am
Tag, als die Fremden sein Heer abführten,
als Ausländer seine Tore besetzten /
und über Jerusalem das Los warfen, / da
warst auch du wie einer von ihnen.
12 Du hättest nicht schadenfroh auf den
Tag deines Bruders, / auf den Tag seines
Unglücks blicken sollen;
du hättest dich nicht freuen sollen über
die Söhne Judas / am Tag ihres Untergangs.
Du hättest nicht deinen Mund aufreißen sollen / am Tag ihrer Trübsal.
13 Du hättest nicht ins Tor meines Volkes / eindringen sollen am Tag seiner Not,
hättest dich nicht weiden sollen an seiner Not / am Tag seiner Bedrängnis
und nicht die Hand ausstrecken sollen
nach seinem Hab und Gut / am Tag seiner
Not.
14 Du hättest dich nicht an den Scheideweg stellen sollen, / um die Flüchtlinge
niederzumachen;
du hättest die Entronnenen nicht ausliefern sollen / am Tag der Trübsal!

Der Tag des Herrn

15 Ja, nahe ist der Tag des Herrn für alle
Völker. / Wie du getan hast, so wird dir

getan werden; / dein Tun fällt auf dein
Haupt zurück.
[16] Denn wie ihr getrunken habt auf mei-
nem heiligen Berg, / so müssen alle Völker
unablässig trinken.
Sie trinken und schlürfen / und werden
sein, als wären sie nie gewesen.
[17] Auf dem Berg Zion aber gibt es Ret-
tung, / er wird ein Heiligtum sein,
und das Haus Jakob nimmt die in
Besitz, / die es besetzt hatten.
[18] Dann wird das Haus Jakob zum Feu-
er / und das Haus Josef zur Flamme.
Das Haus Esau aber wird zu Stroh, / sie
stecken es in Brand und verzehren es.
Niemand vom Haus Esau wird übrig
bleiben. / Denn der Herr hat gesprochen.
[19] Die vom Negeb nehmen das Bergland
von Esau in Besitz / und die von der Sche-
fela das Land der Philister;
und sie nehmen die Gefilde von Efraim
in Besitz, / und die Fluren von Samaria,
Benjamin das Land Gilead.
[20] Die Verbannten von Halach, die
Söhne Israels, / besetzen Kanaan bis nach
Sarepta,
und die Verbannten von Jerusalem in
Sefarad / besetzen die Städte des Negeb.
[21] Siegreich ziehen sie hinauf zum Berg
Zion, / um Gericht zu halten über das
Bergland von Esau. / Und die Königsherr-
schaft wird dem Herrn gehören.

Das Buch Jona

Gottes Auftrag und Jonas Flucht

1 Das Wort des Herrn erging an Jona,
den Sohn des Amittai: [2] Auf, geh nach
Ninive, in die große Stadt, und predige ge-
gen sie; denn ihre Bosheit ist bis zu mir
gedrungen. [3] Da machte sich Jona auf, um
nach Tarschisch zu fliehen, weg vom
Herrn. Er ging nach Jafo hinab, fand ein
Schiff, das nach Tarschisch fuhr. Er be-
zahlte das Fahrgeld und ging an Bord, um
mit ihnen nach Tarschisch zu fahren, weg
vom Herrn.
[4] Da warf der Herr einen starken Wind
auf das Meer, und es entstand ein gewalti-
ger Sturm, sodass das Schiff auseinander
zu brechen drohte. [5] Da fürchteten sich
die Seeleute und schrien, jeder zu seinem
Gott. Sie warfen die Ladung, die im Schiff
war, ins Meer, um das Schiff zu erleich-
tern.
Jona aber war in den untersten Teil des
Schiffes hinabgestiegen, hatte sich hinge-
legt und war eingeschlafen. [6] Da kam der
Kapitän zu ihm und sagte: Was schläfst
du? Steh auf und ruf zu deinem Gott! Viel-
leicht kümmert sich dieser Gott um uns,
sodass wir nicht umkommen. [7] Dann sag-
ten sie zueinander: Kommt, wir wollen das
Los werfen, um zu erfahren, wer an diesem
unseren Unglück schuld ist. Sie warfen das
Los und das Los fiel auf Jona. [8] Da forder-
ten sie ihn auf: Sag uns doch, was für ein
Geschäft du betreibst, woher du kommst
und welchem Volk du angehörst. [9] Er ant-
wortete ihnen: Ich bin ein Hebräer und
verehre den Herrn, den Gott des Himmels,
der das Meer und das Festland gemacht
hat. [10] Da gerieten die Männer in große
Furcht und sagten zu ihm: Warum hast
du das getan? Denn die Männer hatten er-
fahren, dass er vor dem Herrn geflohen
war, er hatte es ihnen selbst erzählt. [11] Und
sie sagten zu ihm: Was sollen wir mit dir
anfangen, damit das Meer sich beruhigt
und von uns ablässt? Denn das Meer wur-
de immer stürmischer. [12] Er antwortete ih-
nen: Nehmt mich und werft mich ins
Meer, damit das Meer sich beruhigt und
von euch ablässt; denn ich weiß, dass die-
ser große Sturm durch mich über euch ge-

kommen ist. 13 Aber die Männer legten sich
in die Ruder, um ans Land zu kommen;
doch sie vermochten es nicht, denn das
Meer stürmte immer mächtiger gegen sie
an. 14 Da riefen sie zum Herrn: Ach Herr,
lass uns doch nicht zugrunde gehen wegen
des Lebens dieses Mannes da und bringe
nicht unschuldiges Blut über uns; denn
du, Herr, handelst, wie es dir gefällt.
15 Dann nahmen sie Jona und warfen ihn
ins Meer, und das Meer ließ ab von seinem
Toben. 16 Da ergriff die Männer große
Furcht vor dem Herrn und sie brachten
dem Herrn ein Opfer dar und machten
Gelübde.

Jonas Rettung

2 Der Herr aber bestimmte einen gro-
ßen Fisch, Jona zu verschlingen. Jona
war drei Tage und drei Nächte im Bauch
des Fisches. 2 Und Jona betete aus dem
Bauch des Fisches zum Herrn, seinem
Gott:

3 Ich rief in meiner Not zum Herrn, /
und er hat mich erhört.
Aus dem Schoß der Unterwelt schrie
ich um Hilfe, / und du hörtest meine
Stimme.
4 Du hast mich in die Tiefe geworfen, /
in das Herz der Meere, dass mich die Flu-
ten umschlossen.
Alle deine Wogen und Wellen / gingen
über mich dahin.
5 Da sagte ich mir: Ich bin verstoßen von
dir. / Wie kann ich je wieder deinen heili-
gen Tempel erblicken?
6 Die Wasser stiegen mir bis an die Keh-
le, / es umfing mich die Flut; / Schilf wand
sich um mein Haupt.
7 Bis an die Wurzel der Berge / stieg ich
hinab in die Erde; / ihre Riegel sollten für
immer mich einschließen.
Aber du zogst mein Leben aus dem
Grab empor, / Herr, mein Gott.
8 Als der Atem mir schwand, da dachte
ich an den Herrn. / Mein Gebet drang zu
dir in deinen heiligen Tempel.
9 Die nichtige Götzen verehren, / verlas-
sen ihre Hilfe.
10 Ich aber will mit lautem Dank / dir
Opfer bringen.
Was ich gelobt habe, will ich erfüllen. /
Die Rettung kommt vom Herrn.

11 Da gebot der Herr dem Fisch, und er
spie Jona ans Land.

Jona in Ninive

3 Das Wort des Herrn erging an Jona
zum zweiten Mal: 2 Steh auf und geh
nach Ninive, in die großen Stadt, und pre-
dige ihr, wie ich dir auftragen werde. 3 Da
machte Jona sich auf und ging nach Nini-
ve, wie der Herr ihm aufgetragen hatte.
Ninive aber war eine große Stadt vor Gott;
drei Tage brauchte man, um sie zu durch-
wandern. 4 Jona ging eine Tagereise weit in
die Stadt hinein und rief: Noch vierzig Ta-
ge und Ninive ist zerstört. 5 Die Männer
von Ninive aber glaubten Gott, riefen ein
Fasten aus und zogen Bußgewänder an,
Groß und Klein. 6 Als die Kunde davon
bis zum König von Ninive drang, erhob
er sich von seinem Thron, legte seinen Kö-
nigsmantel ab, hüllte sich in ein Buß-
gewand und setzte sich in die Asche. 7 Er
ließ in Ninive ausrufen: Befehl des Königs
und seiner Großen: Menschen und Tiere,
Rinder und Schafe sollen nicht das Ge-
ringste essen, nicht weiden und kein Was-
ser trinken. 8 Sie sollen sich in Bußgewän-
der hüllen, Menschen und Tiere, und mit
Macht zu Gott rufen. Ein jeder soll um-
kehren von seinem bösen Tun und von
dem Unrecht, das an seinen Händen klebt.
9 Vielleicht reut es Gott noch einmal und er
lässt ab von seinem glühenden Zorn, so-
dass wir nicht zugrunde gehen. 10 Als nun
Gott sah, dass sie von ihrem bösen Tun
umkehrten, da reute ihn das Böse, das er
ihnen angedroht hatte, und er tat es nicht.

Der Unmut des Propheten und
Gottes Antwort

4 Das aber verdross Jona sehr, und er
wurde zornig. 2 Er betete zum Herrn
und sagte: Ach Herr, habe ich das nicht
gesagt, als ich noch in meiner Heimat war?
Deshalb wollte ich das erste Mal nach Tar-
schisch fliehen; denn ich wusste, dass du
ein gerechter und barmherziger Gott bist,
zögernd im Zorn und reich an Huld, und
dass dich das Unheil reut. 3 So nimm denn
nun, Herr, mein Leben von mir; denn es ist
besser, ich sterbe, als dass ich am Leben
bleibe. 4 Da antwortete der Herr: Ist es
wohl recht, dass du zornig bist?

5 Da ging Jona zur Stadt hinaus und ließ
sich im Osten der Stadt nieder. Er machte
sich dort eine Hütte und saß in ihrem
Schatten, um abzuwarten, was mit der
Stadt geschehen würde. 6 Da ließ Gott, der

Herr, eine Rizinusstaude über Jona empor-
wachsen, die seinem Kopf Schatten spen-
den und ihn von seinem Unmut befreien
sollte. Jona freute sich sehr über die Rizi-
nusstaude. 7 Am anderen Morgen aber, als
die Morgenröte emporstieg, schickte Gott
einen Wurm, der die Rizinusstaude an-
nagte, sodass sie verdorrte. 8 Als nun die
Sonne aufging, schickte Gott einen glü-
henden Ostwind, und die Sonne stach Jo-
na auf den Kopf, dass er ganz ermattete,
sich den Tod wünschte und sagte: Es ist
besser, ich sterbe, als dass ich am Leben
bleibe. 9 Da sprach Gott zu Jona: Ist es
wohl recht, dass du wegen der Rizinuss-
taude zornig bist? Jona erwiderte: Mit
Recht bin ich zornig und wünsche mir
den Tod. 10 Da sprach der Herr: Du hast
Mitleid mit der Rizinusstaude, um die du
dich nicht gemüht und die du nicht heran-
gezogen hast, die in einer Nacht heran-
wuchs und in einer Nacht verging. 11 Ich
aber sollte nicht Mitleid haben mit Ninive,
der großen Stadt, in der mehr als einhun-
dertzwanzigtausend Menschen leben, die
nicht einmal zwischen rechts und links
unterscheiden können, und dazu so viel
Vieh?

Das Buch Micha

Überschrift

1 Das Wort des Herrn, das an Micha aus Moreschet erging in der Zeit, als Jotam, Ahas und Hiskija Könige von Juda waren und das er in Visionen über Samaria und Jerusalem hörte.

Israel vor Gericht

Gericht über Samaria

2 Hört, ihr Völker alle! / Merk auf, Erde,
und was sie erfüllt!
Der Herr tritt als Zeuge gegen euch
auf, / der Herr von seinem heiligen Tem-
pel aus.
3 Denn seht, der Herr verlässt seinen
Wohnsitz, / er steigt herab und schreitet
dahin / über die Höhen der Erde.
4 Es zerfließen die Berge unter ihm, / die
Täler spalten sich,
wie Wachs im Feuer, / wie Wasser, hin-
gegossen am Abhang.
5 Wegen der Frevel Jakobs geschieht das
alles / und wegen der Sünde des Hauses
Israel.
Was ist der Frevel Jakobs? / Ist es nicht
Samaria?
Was ist die Sünde Judas? / Ist es nicht
Jerusalem?
6 Ich mache aus Samaria einen Trüm-
merhaufen im freien Feld / und Pflanz-
stätten für Weinberge.
Ich stürze seine Steine ins Tal, / ich lege
seine Grundfesten bloß.
7 Alle seine Schnitzbilder werden zer-
schlagen, / alle seine Weihegaben im
Feuer verbrannt, / alle seine Götzen ver-
wüste ich.
Denn vom Hurenlohn sind sie zusam-
mengebracht, / und zu Hurenlohn sollen
sie wieder werden.

Prophetenklage

8 Darum muss ich jammern und wehkla-
gen, / barfuß einhergehen und nackt;
ich muss wehklagen wie die Schakale /
und jammern wie die Strauße.
9 Denn unabwendbar ist der Schlag des
Herrn; / er kommt bis nach Juda,
er trifft bis auf das Tor meines Volkes, /
bis Jerusalem.
10 Tut nicht groß in Gat! / Weint, ja
weint! / In Bet-Leafra wälzt euch im
Staub! / 11 Zieht fort, ihr Bewohner von
Schafir, schändlich entblößt! / Die
Bewohner von Zaanan wagen sich nicht
heraus.

Die Wehklage von Bet-Ezel! / Man
beraubt sich jeder Stütze.
12 Ja, es bangen um ihr Wohl die
Bewohner von Marot; / vom Herrn
kommt Unheil auf Jerusalems Tor.
13 Schirrt die Pferde an die Wagen, / ihr
Bewohner von Lachisch!
Dort fängt die Sünde der Tochter Zion
an. / Ja, in dir wurden die Frevel Israels
gefunden.
14 Darum gebe man Abschiedsgeschenke
an Moreschet-Gat. / Die Häuser von Bet-
Achsib werden zur Enttäuschung für die
Könige von Israel.
15 Der Eroberer wird auch zu euch noch
kommen, / ihr Bewohner von Marescha. /
Bis nach Adullam kommt die Herrlichkeit
Israels.
16 Mach dich kahl und schere dich /
wegen der Kinder deiner Wonne!
Mache dir eine Glatze wie die eines
Geiers; / denn sie müssen fort von dir in
die Verbannung.

2 Weh denen, die Unrecht planen / und
üble Taten ersinnen auf ihren Lagern!
Bei Morgengrauen führen sie es aus; /
denn sie haben die Macht dazu.
2 Sie begehren Felder und rauben sie, /
Häuser und nehmen sie weg.
Sie bemächtigen sich des Mannes und
seines Hauses, / des Besitzers und seines
Eigentums.
3 Darum – so spricht der Herr: / Seht,
ich plane Unheil gegen dieses Geschlecht,
dass ihr ihm euere Nacken nicht entzie-
hen / und nicht mehr stolz einhergehen
könnt; / denn es ist eine böse Zeit.
4 An jenem Tag singt man über euch ein
Spottlied, / da stimmt man ein Klagelied
an und sagt: / Wir sind völlig vernichtet!
Das Erbe meines Volkes wird mit der
Messschnur vermessen, / niemand gibt es
ihm zurück. / Unsere Felder teilt man dem
Abtrünnigen zu.
5 Deshalb wirst du keinen haben, / der
die Messschnur wirft im Losverfahren / in
der Gemeinde des Herrn.
6 Weissagt nicht!, sagen sie. / Darüber
soll man nicht weissagen! / Die Schande
wird uns nicht erreichen.
7 Ist denn das Haus Jakob verflucht? / Ist
denn der Herr ungeduldig geworden? /
Sind das seine Taten?
Sind seine Worte nicht voll Wohlwol-
len / gegenüber dem, der aufrichtig lebt?
8 Gestern noch war es mein Volk, / jetzt
tretet ihr auf als mein Feind.
Dem Friedfertigen entreißt ihr den
Mantel, / arglosen Wanderern, die dem
Streit abgeneigt sind.
9 Die Frauen meines Volkes vertreibt
ihr / aus ihrem geliebten Heim,
ihren Kindern raubt ihr / meine Ehre
für immer.
10 (Ihr sagt:) Macht euch auf und geht! /
Denn hier ist kein Ort der Ruhe für euch!
Wegen einer Kleinigkeit erpresst ihr /
ein schmerzhaftes Pfand.
11 Käme einer daher, / der dem Wind
und dem Trug nachgeht, und löge:
Ich weissage dir von Wein und Bier!; /
das wäre der rechte Prophet für dieses
Volk.

Hoffnung für die Verbannten

12 Sammeln will ich ganz Jakob, / versam-
meln will ich den Rest Israels.
Ich will sie zusammenbringen wie
Schafe im Pferch, / wie eine Herde auf der
Weide, / eine tosende Menschenmenge.
13 Vor ihnen her geht einer, der bricht
ihnen die Bahn. / Sie breiten sich aus,
durchschreiten das Tor und ziehen hinaus.
Ihr König geht vor ihnen her, / der Herr
an ihrer Spitze.

Gegen die Rechtsbrecher

3 Ich habe gesagt:
Hört doch, ihr Häupter Jakobs / und
ihr Richter des Hauses Israel!
Ist es nicht euere Sache, das Recht zu
kennen? / 2 Sie aber hassen das Gute / und
lieben das Böse,
sie reißen den Leuten die Haut vom
Leib / und das Fleisch von den Knochen,
3 sie fressen das Fleisch meines Volkes /
und ziehen ihnen die Haut ab, / sie zer-
brechen ihre Knochen,
sie zerteilen sie wie Fleisch für den Kes-
sel / und wie Braten für die Pfanne.
4 Wenn sie dann zum Herrn schreien, /
wird er sie nicht erhören
und sein Angesicht vor ihnen verbergen
in jener Zeit, / weil ihre Taten böse sind.

Gegen die käuflichen Propheten

5 So spricht der Herr gegen die Prophe-
ten, / die mein Volk verführen,
die, wenn sie etwas zu beißen haben, /
Heil rufen,

aber dem, der ihnen nichts ins Maul stopft, / den Krieg erklären.

6 Darum kommt Nacht für euch ohne Visionen / und Finsternis ohne Wahrsagen.

Die Sonne geht unter über den Propheten / und der Tag verdunkelt sich über ihnen.

7 Dann geraten die Seher in Schande, / und die Wahrsager werden sich schämen.

Sie werden alle ihren Bart verhüllen; / denn die göttliche Antwort bleibt aus.

8 Ich aber bin erfüllt mit Kraft, / dem Geist des Herrn, mit Recht und Stärke,

um Jakob seine Frevel kundzutun / und Israel seine Sünden.

Gegen die korrupte Führung

9 Hört doch dies, ihr Häupter des Hauses Jakob / und ihr Richter des Hauses Israel,

die ihr das Recht verabscheut / und alles, was gerade ist, verdreht,

10 die ihr Zion mit Blut erbaut / und Jerusalem mit Frevel.

11 Seine Häupter sprechen für Geschenke Recht, / seine Priester geben Rat für Lohn,

seine Propheten wahrsagen für Geld, / und doch stützen sich dabei auf den Herrn und sagen:

Ist nicht der Herr in unserer Mitte? / Uns kann kein Unheil treffen.

12 Darum wird euretwegen / Zion zum Acker umgepflügt,

Jerusalem wird zu einem Trümmerhaufen / und der Tempelberg zur bewaldeten Höhe.

Die Verheißungen

Die Völkerwallfahrt zum Zion

4 Es wird geschehen am Ende der Tage, / da steht der Berg des Hauses des Herrn

fest gegründet als Gipfel der Berge, / erhaben über die Hügel. / Völker werden zu ihm strömen,

2 und viele Nationen kommen und sagen: / Kommt, lasst uns hinaufziehen zum Berg des Herrn / und zum Haus des Gottes Jakobs,

dass er uns in seinen Wegen unterweise / und wir auf seinen Pfaden gehen!

Denn von Zion geht Weisung aus, / und das Wort des Herrn von Jerusalem.

3 Er richtet zwischen vielen Völkern / und weist mächtige Nationen zurecht [bis in die Ferne].

Dann schmieden sie ihre Schwerter zu Pflugscharen um / und ihre Speere zu Winzermessern.

Nicht mehr erhebt dann ein Volk gegen das andere das Schwert, / und sie erlernen nicht mehr das Kriegshandwerk.

4 Jeder sitzt unter seinem Weinstock / und unter seinem Feigenbaum,

ohne dass jemand ihn stört. / Ja, der Mund des Herrn der Heerscharen hat gesprochen.

5 Wenn auch alle Völker (noch) ihren Weg gehen, / ein jedes im Namen seines Gottes,

so gehen wir im Namen des Herrn, unseres Gottes, / für immer und ewig.

Die Sammlung der zerstreuten Herde auf dem Zion

6 An jenem Tag – Spruch des Herrn – / will ich sammeln, was hinkt,

und zusammenbringen, was versprengt ist, / und alle, denen ich Übles angetan habe.

7 Was hinkt, mache ich zum [heiligen] Rest, / und was schwach ist, zu einem mächtigen Volk.

Und der Herr wird über sie König sein / auf dem Berg Zion / von nun an bis in Ewigkeit.

8 Und du, Turm für die Herde, / Burghügel der Tochter Zion,

zu dir kommt und kehrt zurück die frühere Herrschaft, / das Königtum der Tochter Jerusalem.

Zion in Geburtswehen

9 Jetzt aber, warum schreist du so laut? / Ist denn kein König bei dir?

Oder ist dein Ratgeber verschwunden, / dass dich Wehen ergreifen wie eine Gebärende?

10 Winde dich nur und stöhne, / Tochter Zion, wie eine Gebärende!

Denn jetzt musst du aus der Stadt heraus / und auf dem freien Feld wohnen.

Du kommst nach Babel, / dort wirst du gerettet,

dort wird der Herr dich loskaufen / aus der Hand deiner Feinde.

11 Jetzt versammeln sich viele Völker gegen dich, / die sagen: Zion soll entweiht

werden, / es weide sich unser Auge an
Zion!
12 Aber sie kennen nicht die Gedanken
des Herrn / und verstehen nicht seine
Absicht,
dass er sie gesammelt hat / wie Garben
auf der Tenne.
13 Steh auf und drisch, Tochter Zion! /
Denn ich mache dein Horn zu Eisen, / und
deine Hufe mache ich zu Bronze,
damit du viele Völker zertrittst, / ihren
Besitz dem Herrn weihst / und ihre
Schätze dem Herrn der ganzen Erde.
14 Jetzt ritze dir Wunden, Tochter der
Trauer! / Sie haben gegen uns einen Wall
aufgerichtet,
mit dem Stock schlagen sie auf die
Backe / den Richter Israels.

5 Du aber, Betlehem-Efrata, / zwar das
kleinste unter Judas Geschlechtern,
doch aus dir wird mir hervorgehen, /
der über Israel herrschen soll.
Sein Ursprung geht zurück bis in die
Vorzeit, / bis in längst entschwundene
Tage.
2 Darum gibt der Herr sie preis / bis zur
Zeit, da die Gebärende geboren hat
und der Rest seiner Brüder / zurück-
kehrt zu den Söhnen Israels.
3 Er tritt auf und wirkt als Hirt in der
Kraft des Herrn, / in der Hoheit des
Namens des Herrn, seines Gottes.
Sie werden in Sicherheit wohnen; /
denn nun steht er groß da / bis an die
Grenzen der Erde.
4 Und dieser wird der Friede sein: /
[Wenn Assur unser Land überfällt / und in
unsere Paläste eindringt,
dann stellen wir ihm sieben Hirten ent-
gegen / und acht Anführer von Menschen.
5 Sie werden das Land Assur mit dem
Schwert weiden / und das Land Nimrods
mit blanker Klinge.]
Er wird uns vor Assur retten, / wenn es
in unser Land kommt / und in unser
Gebiet eindringt.

Der heilige Rest

6 Dann ist der Rest Jakobs inmitten zahl-
reicher Völker / wie Tau, den der Herr
gibt, / wie Sprühregen auf den Pflanzen,
der auf niemand angewiesen ist / und
nicht auf Menschen zu warten braucht.
7 Der Rest Jakobs ist dann unter den
Nationen / inmitten zahlreicher Völker
wie der Löwe unter den Tieren des
Waldes, / wie ein junger Löwe unter
Schafherden:
Wenn er einbricht und niederwirft, /
dann reißt er Beute, und niemand kann
helfen.
8 Erhoben sei deine Hand gegen deine
Widersacher, / und alle deine Feinde sol-
len ausgetilgt wenden.
9 An jenem Tag – Spruch des Herrn –, /
vertilge ich deine Pferde aus deiner Mitte /
und vernichte deine Streitwagen.
10 Ich zerstöre die Städte deines Landes /
und reiße alle deine Festungen nieder.
11 Ich entreiße deiner Hand die Zauber-
mittel, / und Wahrsager soll es nicht mehr
bei dir geben.
12 Ich vernichte deine Schnitzbilder und
deine Malsteine, / und du sollst nicht
mehr niederfallen / vor den Gebilden dei-
nen Hände.
13 Die Kultpfähle in deiner Mitte reiße
ich heraus / und deine Städte zerstöre ich.
14 Ich nehme in Grimm und Zorn
Rache / an den Völkern, die nicht gehor-
chen.

Fortsetzung der Drohreden

Der Rechtsstreit des Herrn mit seinem Volk

6 Hört doch, was der Herr sagt: / Auf,
führe den Rechtsstreit mit den Ber-
gen, / auch die Hügel sollen deine Stimme
hören!
2 Hört, ihr Berge, den Rechtsstreit des
Herrn, / merkt auf, ihr Grundfesten der
Erde!
Denn der Herr hat einen Streit mit sei-
nem Volk, / mit Israel geht er ins Gericht.
3 Mein Volk, was habe ich dir getan, /
oder womit bin ich dir lästig gefallen?
Antworte mir!
4 Ich habe dich doch aus dem Land
Ägypten heraufgeführt, / aus dem Haus
den Knechtschaft habe ich dich losgekauft.
Ich habe vor dir hergesandt / Mose,
Aaron und Mirjam.
5 Mein Volk, bedenke doch, / was Balak,
der König von Moab, geplant hat / und
was Bileam, der Sohn Beors, zur Antwort
gab.
Denk an den Übergang von Schittim
nach Gilgal, / damit du die Heilstaten des
Herrn erkennst!
6 Womit soll ich vor den Herrn hintre-

ten, / mich beugen vor dem Gott in der
Höhe?
Soll ich mit Brandopfern vor ihn tre-
ten, / mit einjährigen Kälbern?
7 Hat der Herr Gefallen an Tausenden
Widdern, / an Zehntausenden Strömen
von Öl?
Soll ich meinen Erstgeborenen opfern
für meine Verfehlung, / die Frucht meines
Leibes für mein sündenhaftes Leben?
8 Es ist dir gesagt, Mensch, / was gut ist
und was der Herr von dir fordert:
Nichts als Recht tun und Güte lieben /
und in Demut wandeln mit deinem Gott.
9 Horch! Der Herr ruft der Stadt zu: /
[Klugheit ist es, deinen Namen zu fürch-
ten.] / Hört, Stamm und Versammlung
der Stadt!
10 Kann ich das Haus des Frevlers ver-
gessen, / die ungerecht erworbenen Schät-
ze / und das verfluchte verkleinerte Maß?
11 Kann ich die gefälschte Waage unge-
straft lassen / und den Beutel mit falschen
Gewichten?
12 Ja, die Reichen der Stadt sind voll
Gewalttat, / und ihre Bewohner reden
Lüge; / ihre Zunge ist Betrug in ihrem
Mund.
13 So habe ich denn auch angefangen,
dich zu schlagen, / dich zu verwüsten
wegen deiner Sünden.
14 Du wirst essen und nicht satt wer-
den; / Du wirst beiseite schaffen, aber
nichts übrig behalten, / und was du erüb-
rigst, übergebe ich dem Schwert.
15 Du wirst säen und nicht ernten, / du
wirst Oliven keltern und dich nicht mit Öl
salben, / Most bereiten und doch keinen
Wein trinken.
16 Du hast dich an die Satzungen Omris
gehalten / und an das ganze Treiben des
Hauses Ahab; / ihr habt nach ihrem Rat
gehandelt.
Darum mache ich dich zum Entsetzen /
und deine Bewohner zum Gespött. / Ihr
müsst den Hohn der Völker tragen.

Die allgemeine Ungerechtigkeit

7 Weh mir! Denn mir ergeht es wie
beim Sammeln von Sommerobst, /
wie bei der Nachlese im Weinberg:
Es ist keine Traube mehr da zum
Essen, / keine Frühfeige, nach der mich
verlangt.
2 Die Frommen sind aus dem Land ver-
schwunden, / und ehrliche Leute gibt es
nicht mehr unter den Menschen.
Sie alle lauern auf Blut, / einer macht
Jagd auf den andern.
3 Zum Bösen sind ihre Hände
geschickt. / Der Beamte fordert Geschen-
ke, / der Richter spricht Recht gegen
Bezahlung,
der Große entscheidet nach seiner
Habgier. / Sie verdrehen so das Recht.
4 Noch der Beste unter ihnen gleicht
dem Stechdorn, / und der Redlichste ist
schlimmer als Dorngestrüpp.
Doch der Tag deiner Späher, deiner
Heimsuchung ist gekommen; / jetzt packt
sie Bestürzung.
5 Traut nicht dem Nachbarn, / verlasst
euch nicht auf den Freund!
Vor jener, die an deinem Busen liegt, /
hüte die Pforten deines Mundes!
6 Denn der Sohn verachtet den Vater, /
die Tochter lehnt sich gegen die Mutter
auf,
die Schwiegertochter gegen die Schwie-
germutter; / jeder hat seinen eigenen
Hausgenossen zum Feind.
7 Ich aber schaue aus nach dem Herrn, /
ich warte auf den Gott meiner Rettung. /
Mein Gott wird mich erhören.

Letzte Verheißungen

Jerusalems Zuversicht

8 Freu dich nicht über mich, du meine
Feindin! / Zwar bin ich gefallen, / doch
stehe ich wieder auf;
zwar sitze ich in Finsternis, / doch der
Herr ist mein Licht.
9 Den Zorn des Herrn muss ich tragen /
– denn ich habe gesündigt an ihm –,
bis er meine Sache schlichtet / und mir
Recht verschafft.
Er wird mich zum Licht hinausführen, /
und ich werde seine Heilstat erblicken.
10 Sehen wird es meine Feindin, / und
Schande wird sie bedecken, / sie, die zu
mir sprach:
Wo ist der Herr, dein Gott? / Meine
Augen werden sich an ihr weiden. / Jetzt
wird sie zertreten wie Kot auf der Straße.

Der Wiederaufbau Jerusalems

11 Es kommt der Tag, an dem man deine
Mauern aufbaut; / der Tag, an dem deine
Grenzen sich weiten.

12 An jenem Tag kommt man zu dir / von
Assur bis Ägypten / und von Ägypten bis
zum Eufrat,
von Meer zu Meer / und von Gebirge zu
Gebirge.
13 Aber die Erde wird zur Wüste / wegen
seiner Bewohner, / wegen der Frucht ihrer
Taten.

Gemeindegebet

14 Weide dein Volk mit deinem Stab, / die
Herde deines Erbes,
die einsam in der Wildnis wohnt, / mit-
ten in einem Fruchtgarten.
Sie sollen wieder weiden in Baschan
und Gilead, / wie in den Tagen der Vorzeit.
15 Wie in den Tagen, als du aus Ägypten
auszogst, / lass uns deine Wunder schau-
en!
16 Die Völker werden es sehen und sich
schämen / trotz all ihrer Macht.
Sie sollen die Hand auf den Mund
legen, / ihre Ohren sollen taub werden.
17 Sie sollen Staub lecken wie die
Schlange, / wie die Kriechtiere am Boden.
Sie sollen bebend hervorkommen aus
ihren Burgen, / dem Herrn, unseren Gott,
zitternd entgegentreten / und sich vor dir
fürchten.
18 Wer ist ein Gott wie du, / der Schuld
vergibt / und beim Rest seines Eigentums
an der Verfehlung vorübergeht?
Nicht für immer verharrt er im Zorn, /
sondern er liebt es, barmherzig zu sein.
19 Er wird wieder Erbarmen haben mit
uns / und unseren Missetaten.
Du wirfst alle unsere Sünden / in die
Tiefen des Meeres hinab.
20 Du wirst Jakob die Treue halten / und
Abraham deine Huld,
wie du unseren Vätern geschworen
hast / in den Tagen der Vorzeit.

Das Buch Nahum

Überschrift

1 Spruch über Ninive. Buch der Visio-
nen Nahums aus Elkosch.

Hymnus auf Gottes Macht

2 Ein eifernder und rächender Gott ist der
Herr, / ein Rächer ist der Herr und voller
Zorn.
Der Herr übt Rache an seinen Geg-
nern, / er grollt seinen Feinden.
3 Der Herr ist langmütig, aber gewaltig
an Kraft; / keinen Schuldigen lässt der
Herr ungestraft.
In Sturm und Wetter schreitet er
daher, / Gewölk ist der Staub seiner Füße.
4 Er schilt das Meer und legt es tro-
cken, / alle Ströme lässt er versiegen.
Baschan und Karmel verwelken, / auch
die Blüte des Libanon schwindet dahin.
5 Berge erzittern vor ihm, / und Hügel
geraten ins Schwanken.
Die Erde erhebt vor ihm ihre Stimme, /
der Erdkreis und alle seine Bewohner.
6 Vor seinem Groll – wer kann da beste-
hen? / Wer hält stand vor der Glut seines
Zorns?
Sein Grimm ergießt sich wie Feuer, / vor
ihm spalten sich die Felsen.
7 Gütig ist der Herr, / er ist eine Schutz-
wehr am Tag der Not. / Er kennt alle, die
bei ihm sich bergen.
8 Doch in reißender Flut / vernichtet er
seine Gegner, / und seine Feinde stößt er
ins Dunkel.

Gericht über Ninive

Trostrede an Juda-Jerusalem

9 Was denkt ihr vom Herrn? / Ein Ende
macht er, / nicht zweimal erhebt sich die
Drangsal.
10 Wie wucherndes Dorngestrüpp, / wie
wirres Gerank werden sie verbrannt.

11 Aus dir ist abgezogen, / der Böses
plant gegen den Herrn, / der Heilloses
ausdenkt.
12 So spricht der Herr: / Sind sie auch
unversehrt und zahlreich,
so werden sie nun weggemäht / und
schwinden dahin.
Ich habe dich gedemütigt / und will
dich nicht weiter erniedrigen.
13 Jetzt zerbreche ich das Joch, / das man
dir auferlegt hat, / und deine Fesseln zer-
reiße ich.
14 Der Herr hat gegen dich den Beschluss
gefasst: / Dein Name wird nicht weiter
fortgepflanzt.
Aus dem Haus deines Gottes / tilge ich
Schnitz- und Gussbild.
Ich bereite dein Grab; / denn du bist
nichts wert.

2 Seht auf den Bergen die Füße des
Freudenboten, / der Frieden verkün-
det!
Feiere, Juda, deine Feste, / erfülle deine
Gelübde.
Denn der Heillose durchstreift dein
Land nicht mehr; / er ist ganz und gar
vernichtet.
3 Denn der Herr stellt den Weinstock
Jakobs wieder her, / wie den Weinstock
Israels;
denn Verwüster haben sie verwüstet /
und ihre Ranken verdorben.

Die Erstürmung Ninives

2 Es zieht gegen dich herauf der Verwüs-
ter. / Überwache die Wälle, beobachte die
Wege,
gürte die Lenden, / nimm alle deine
Kraft zusammen!
4 Der Schild seiner Helden ist blutrot
gefärbt, / seine Krieger sind in Scharlach
gekleidet.
Die Wagen glänzen wie funkelnder
Stahl, / wenn er zum Kampf sich rüstet, /
und die Speere wiegen sich.
5 Durch die Gassen jagen die Streitwa-
gen, / sie überrennen sich auf den Plätzen.
Wie Fackeln sind sie anzusehen, / wie
Blitze jagen sie daher.
6 Er besinnt sich seiner Krieger, / sie aber
straucheln beim Ansturm,
sie eilen zur Stadtmauer, / wo schon das
Schutzdach aufgestellt ist.
7 Die Flusstore sind geöffnet, / und im
Palast ist Panik ausgebrochen.
8 Der aber wird zur Schau gestellt, / die
Königin hinweggeführt.
Ihre Mägde jammern wie gurrende
Tauben / und schlagen sich an die Brust.
9 Ninive gleicht einem vollen Teich, /
dessen Wasser sich verlaufen.
Halt! Bleibt stehen! / Aber niemand
wendet sich um.
10 Raubt Silber, raubt Gold! / Der
Schätze ist kein Ende, / da sind Massen
von Kostbarkeiten.
11 Öde, Leere und Verheerung, / verzagte
Herzen, schlotternde Knie,
Krampf in allen Hüften / und glühende
Angst auf allen Gesichtern!
12 Wo ist sie nun, die Lagerstatt des
Löwen, / die Höhle der jungen Löwen,
wohin der Löwe sich verkroch, / wo der
junge Löwe bleibt, / ohne dass ihn jemand
aufschreckt?
13 Der Löwe raubte, um seine Jungen zu
füttern, / er würgte für seine Löwinnen,
er füllte mit Beute seine Höhlen, / mit
zerrissenen Leichen seine Lager.
14 Nun komme ich über dich / – Spruch
des Herrn der Heerscharen.
Deine Streitwagen lasse ich in Rauch
aufgehen, / deine jungen Löwen frisst das
Schwert.
Ich mache deinem Rauben auf Erden
ein Ende, / nie mehr hört man die Stimme
deiner Boten.

Die Verwüstung Ninives

3 Weh der Blutstadt! / Alles an ihr ist
Betrug,
sie ist voll von Gewalttat, / sie will vom
Rauben nicht lassen.
2 Peitschenknallen und Räderrasseln, /
jagende Pferde und holpernde Wagen!
3 Reiter sprengen heran, / Schwerter
funkeln, Lanzen blitzen!
Erschlagene in Menge, / Berge von
Toten,
Leichen ohne Zahl, / man stolpert über
tote Leiber.
4 Und alles das wegen der zahllosen
Liebschaften der Hure, / der verführe-
rischen Zauberin,
die die Völker in Knechtschaft ver-
strickte mit ihrer Hurerei / und die Natio-
nen mit ihrer Zauberei.
5 Nun komme ich über dich – Spruch
des Herrn der Heerscharen. / Ich decke
deine Schleppe auf / bis über dein Gesicht.

Ich zeige den Völkern deine Blöße / und den Königreichen deine Schande.

6 Ich bewerfe dich mit Schmutz, / entehre dich und stelle dich öffentlich zur Schau.

7 Dann wird es geschehen: Jeder, der dich sieht, / ergreift vor dir die Flucht und sagt:

Zerstört ist Ninive! Wer will es bedauern? / Wo soll ich dir einen Tröster suchen?

Spottrede über Ninive

8 Bist du etwa besser als No-Amon, / das an Strömen lag,

von Wassern rings umgeben, / dessen Vorwerk das Meer und dessen Mauern die Wasser waren?

9 Seine Stärke war Kusch, / und Ägypten kannte keine Grenzen. / Put und die Libyer waren seine Hilfsvölker.

10 Trotzdem musste es in die Verbannung, / in die Gefangenschaft ziehen.

Seine Säuglinge wurden zerschmettert an allen Straßenecken, / über seine Vornehmen warf man das Los, / und alle seine Großen wurden in Fesseln gelegt.

11 Auch du wirst betrunken, wirst ohnmächtig sein; / auch du wirst Zuflucht suchen vor dem Feind.

12 Alle deine Festungen sind Feigenbäume mit Frühfeigen; / werden sie geschüttelt, so fallen sie dem, der essen will, in den Mund.

13 Die Krieger in deiner Mitte / sind lauter Weiber geworden,

weit offen stehen deinen Feinden / die Tore deines Landes; / Feuer hat deine Riegel verzehrt.

14 Schöpf dir Wasser für die Belagerung, / befestige deine Bollwerke,

tritt in den Lehm, stampfe den Ton, / nimm die Ziegelform zur Hand!

15 Dort wird das Feuer dich vertilgen, / dich fressen wie die Heuschreckenbrut.

Vermehre dich wie die Grashüpfer, / vermehre dich wie die Heuschrecken!

16 Du hast deine Händler zahlreicher gemacht / als die Sterne am Himmel.

Die Heuschrecken häuten sich / und fliegen davon.

17 Deine Wächter sind wie Heuschrecken, / deine Beamten wie Heuschreckenschwärme,

die sich an den Mauern niederlassen, / wenn es kalt geworden ist.

Geht aber die Sonne auf, so fliegen sie davon. / Niemand kennt ihren Ort. Wo sind sie hin?

18 Deine Hirten schlummern, König von Assur; / deine Helden schlafen.

Zerstreut ist dein Volk auf den Bergen, / und niemand ist da, der es sammelt.

19 Keine Heilung gibt es für deinen Zusammenbruch, / unheilbar ist deine Wunde.

Alle, die Kunde von dir vernehmen, / klatschen deinetwegen in die Hände. / Denn über wen wäre nicht ständig deine Bosheit ergangen?

Das Buch Habakuk

Überschrift

1 Spruch, den der Prophet Habakuk in
einer Vision hörte.

Dialog zwischen dem Propheten und seinem Gott

Erste Klage des Propheten

2 Wie lange muss ich um Hilfe rufen,
Herr, / und du hörst nicht?
Ich schreie zu dir: Gewalttat! / Aber du
hilfst nicht.
3 Warum lässt du mich Unrecht schau-
en / und siehst das Unheil ruhig mit an?
Gewalttat und Frevel machen sich vor
mir breit, / Zank und Streit erheben sich.
4 Darum erschlafft die Weisung, / und
das Recht kommt nicht zur Geltung;
denn der Frevler hat den Gerechten in
der Gewalt. / So wird das Recht verdreht.

Die Antwort Gottes

5 Schaut hin auf die Völker und seht zu, /
wundert euch und entsetzt euch;
denn ich vollbringe in eueren Tagen eine
Tat, / ihr würdet es nicht glauben, wenn
man euch davon erzählte.
6 Denn seht, ich bringe die Chaldäer
her, / ein wildes, ungestümes Volk,
das die Weiten der Erde durchzieht, /
um sich fremde Wohnsitze zu erobern.
7 Schrecklich und furchtbar ist es, / sein
Recht und seinen Rang bestimmt es selbst.
8 Schneller als Panther sind seine Pfer-
de / und wilder als die Wölfe der Steppe.
Seine Reiter kommen dahergesprengt, /
sie kommen aus fernem Land,
sie fliegen dahin gleich dem Adler, / der
sich auf die Beute stürzt.
9 Sie sind alle auf Gewalttat aus, / die
Gesichter vorwärts gerichtet, / Gefangene
bringen sie zusammen wie Sand.
10 Über Könige macht es sich lustig, /
und über Fürsten spottet es.
Es lacht über jede Festung, / schüttet
einen Erdwall auf und nimmt sie ein.
11 Dann fegt es einem Sturmwind gleich
vorüber, / zieht weiter und verheert. / Es
hat seine Kraft zu seinem Gott gemacht.

Zweite Klage des Propheten

12 Bist du nicht, Herr, von alters her mein
Gott, mein Heiliger? / Wir wollen nicht
sterben.
Herr, zum Gericht hast du sie
bestimmt; / du, unser Fels, zur Züchtigung
sie hingestellt.
13 Zu rein sind deine Augen, um Böses
anzuschauen, / dem Unheil ruhig zuzuse-
hen vermagst du nicht.
Warum siehst du denen zu, die treulos
handeln, und schweigst, / wenn der Frev-
ler den verschlingt, der gerechter ist als er?
14 Du behandelst die Menschen wie die
Fische im Meer / und wie die Kriechtiere,
die keinen Herrscher über sich haben.
15 Sie alle zieht er heraus mit seiner
Angel, / schleift sie fort in seinem Netz,
er sammelt sie in seinem Garn. / Darü-
ber freut er sich und jubelt.
16 Deshalb opfert er seinem Netz / und
räuchert er seinem Garn;
denn sie verschaffen ihm reichliche
Beute / und ein üppiges Mahl.
17 Soll er dauernd sein Netz leeren / und
Völker morden ohne Erbarmen?

Die Antwort Gottes

2 Auf meinen Posten will ich mich be-
geben, / auf meine Warte mich stellen
und Ausschau halten und sehen, was er
mir sagen wird, / was er auf meine Klagen
erwidern wird.
2 Der Herr antwortete mir und sprach: /
Schreib auf, was du siehst,
schreib es deutlich auf Tafeln, / damit
man es mühelos lesen kann.
3 Denn erst für eine bestimmte Zeit gilt,
was du siehst; / es eilt der Erfüllung zu und
wird nicht enttäuschen.
Und wenn es sich verzögert, so warte
darauf; / denn es kommt sicher und bleibt
nicht aus.
4 Sieh, es vergeht, wer nicht rechtschaf-
fen ist; / der Gerechte bleibt am Leben
seiner Treue wegen.
5 Wahrhaftig, der Reichtum ist trüge-
risch. / Der Vermessene kommt nicht ans
Ziel,

wenn er auch seinen Rachen aufsperrt
wie die Unterwelt / und unersättlich ist
wie der Tod,
wenn er auch alle Nationen zusammen-
rafft / und alle Völker bei sich versammelt.

Weherufe gegen Babel

Gegen den Habsüchtigen

6 Werden nun nicht alle ein Spottlied auf
ihn anstimmen, / mit Rätselfragen auf ihn
anspielen und sagen:
Weh dem, der anhäuft, was nicht ihm
gehört, / und mit gepfändeter Habe sich
belastet! / Wie lange noch?
7 Werden nicht plötzlich deine Gläubi-
ger vor dir stehen / und deine Peiniger
erwachen? / Da wirst du ihnen zur Beute.
8 Weil du viele Völker ausgeplündert
hast, / plündern dich jetzt alle übrigen
Völker aus,
wegen des vergossenen Menschenblu-
tes, / wegen der Gewalttat, die du verübt
hast / am Land, an der Stadt und an allen
ihren Bewohnern.

Gegen den Ausbeuter

9 Weh dem, der unredlichen Gewinn sucht
für sein Haus, / um in der Höhe sein Nest
zu bauen, / sich zu sichern vor drohendem
Unheil!
10 Zur Schande für dein Haus hast du
beschlossen, / viele Völker zu vernichten /
und so gegen dich selbst gesündigt.
11 Ja, der Stein schreit in der Mauer, /
und der Balken im Holzwerk gibt ihm
Antwort.
12 Weh dem, der eine Stadt baut mit Blut /
und eine Siedlung auf Unrecht gründet!
13 Kommt es nicht vom Herrn der Heer-
scharen, / dass die Völker nur arbeiten
fürs Feuer / und die Nationen sich abmü-
hen für nichts?
14 Ja, das Land wird erfüllt sein / von der
Erkenntnis der Herrlichkeit des Herrn, /
so wie das Meer von den Wassern, die es
bedecken.

Gegen den Gewalttätigen

15 Weh dem, der seinem Nächsten zu trin-
ken gibt / und Rauschmittel beimischt, /
ihn trunken macht, um Blöße zu sehen!
16 Du hast dich an Schmach statt an Ehre
gesättigt. / Trink nun auch du und zeig
deine Vorhaut!
Auch zu dir kommt nun der Becher in
der Rechten des Herrn, / und Schimpf und
Schande über deine Ehre.
17 Denn der Frevel am Libanon wird
dich erdrücken / und die Vernichtung des
Wildes dich zerschmettern,
wegen der Blutschuld an den Men-
schen, / wegen der Gewalttat am Land, /
an der Stadt und an all ihren Bewohnern.

Gegen Götzenverehrer

18 Was nützt ein Götterbild, dass ein Bild-
hauer macht, / ein Gussbild und Lügen-
orakel?
Wie kann ihm sein Hersteller vertrau-
en, / wo er doch nur stumme Götzen bil-
det?
19 Weh dem, der zum Holz sagt: Erwa-
che!, / Steh auf! zum stummen Stein.
Gibt er etwa Auskunft? / Gewiss, es ist
gefasst in Gold und Silber, / aber keine
Spur von Geist steckt in ihm.
20 Der Herr aber wohnt in seinem heili-
gen Tempel. / Vor ihm schweige die ganze
Erde!

Gebet Habakuks

3 Gebet. Vom Propheten Habakuk.
Nach der Weise der Klagelieder.
2 Herr, ich habe deine Botschaft ver-
nommen, / ich habe, Herr, gesehen, was
du (früher) getan hast.
In diesen Jahren lass es wieder gesche-
hen, / offenbare es in diesen Jahren! /
Auch im Zorn denk an dein Erbarmen!
3 Gott kommt von Teman her, / der
Heilige vom Gebirge Paran.
Seine Herrlichkeit bedeckt den Him-
mel, / und sein Ruhm erfüllt die Erde.
4 Sein Glanz ist wie das Sonnenlicht, /
ein Strahlenkranz umgibt ihn; / in ihm
verbirgt sich seine Macht.
5 Vor ihm her zieht die Seuche, / die Pest
folgt seinen Schritten.
6 Er bleibt stehen und erschüttert die
Erde; / er blickt umher und lässt die Völ-
ker erzittern.
Da zerbersten die ewigen Berge, / es
sinken zusammen die uralten Hügel. / Das
sind von jeher seine Pfade.
7 Von Unheil bedroht sehe ich die Zelte
von Kuschan, / es zittern die Zeltdecken
im Land Midian.
8 Ist gegen die Ströme entbrannt dein

Zorn, Herr, / oder gegen das Meer dein
Grimm,
dass du mit deinen Pferden daher-
stürmst / auf deinen siegreichen Wagen?
9 Du enthüllst deinen Bogen, / du sät-
tigst mit Pfeilen seine Sehne.
Du spaltest die Erde, / und Ströme bre-
chen hervor.
10 Die Berge sehen dich und zittern, /
Gewitterregen prasselt nieder, / die Urflut
lässt ihre Stimme ertönen.
Ihre Hände zu heben vergisst 11 die Son-
ne, / der Mond steht still in seiner Woh-
nung;
vor dem Licht deiner Pfeile enteilen
sie, / vor dem Glanz deiner blitzenden
Speere.
12 Voll Zorn schreitest du über die
Erde, / im Grimm zermalmst du die Völ-
ker.
13 Du ziehst zur Rettung deines Volkes
aus, / Hilfe zu bringen deinem Gesalbten.
Du schmetterst den First herab vom
Haus des Frevlers, / legst bloß das Fun-
dament bis auf den Felsen.
14 Du durchbohrst mit deinen Geschos-
sen sein Haupt. / Seine Scharen werden
verweht (wie Spreu).
Uns zu verjagen war ihr Übermut, /
den Armen zu verschlingen in ihrem
Versteck.
15 Du zerstampfst das Meer mit deinen
Pferden, / den Schwall gewaltiger Wasser.
16 Ich hörte es, und mein Inneres beb-
te; / als ich es vernahm, zitterten meine
Lippen.
Fäulnis drang in mein Gebein, / und
unter mir zitterten meine Schritte.
Doch in Ruhe erwarte ich den Tag der
Bedrängnis, / der über das Volk kommt,
das uns angreift.
17 Denn der Feigenbaum blüht nicht, /
und am Weinstock ist keine Frucht.
Der Ölbaum liefert keinen Ertrag, / und
die Felder bringen keine Nahrung.
Aus den Hürden ist das Kleinvieh ver-
schwunden, / und in den Ställen steht kein
Rind mehr.
18 Dennoch will ich jubeln über den
Herrn, / und mich freuen über den Gott
meines Heils.
19 Gott, der Herr, ist meine Kraft, / er
macht meine Füße schnell wie die Füße
der Hirsche / und führt mich über Höhen
hin.
(Dem Chormeister. Zum Saitenspiel.)

Das Buch Zefanja

Überschrift

1 Wort des Herrn, das an Zefanja, den
Sohn Kuschis, des Sohnes Gedaljas,
des Sohnes Amarjas, des Sohnes Hiskijas,
in der Zeit erging, als Joschija, der Sohn
Amons, König von Juda war.

Gericht über Juda und die Völker

Gericht über Juda

2 Raffen, ja wegraffen will ich alles vom
Erdboden – Spruch des Herrn. / 3 Wegraf-
fen will ich Mensch und Vieh,
wegraffen will ich die Vögel des Him-
mels / wegraffen will ich die Fische im
Meer;
[nämlich das, was die Frevler zu Fall
bringt,] / vertilgen will ich die Menschen
vom Erdboden – Spruch des Herrn.
4 Ich strecke meine Hand aus gegen
Juda / und gegen alle Bewohner Jerusa-
lems.
Ich rotte aus an dieser Stätte den Baals-
dienst bis zum letzten Rest / samt den
Namen der Götzenpriester
5 und jene, die sich auf den Dächern
niederwerfen / vor dem Heer des Himmels
und die sich vor dem Herrn niederwer-

fen, / aber zugleich bei ihrem Moloch
schwören,
6 und jene, die sich vom Herrn abge-
wandt haben, / die den Herrn nicht
suchen und nicht nach ihm fragen.
7 Still vor Gott, dem Herrn! / Denn nahe
ist der Tag des Herrn,
bereitet hat er ein Schlachtopfermahl, /
geheiligt hat er (schon) seine Gäste.
8 Es wird geschehen am Schlachtopfer-
tag des Herrn, / da suche ich die Großen
heim
und die Söhne des Königs, / alle, die
fremdländische Gewänder tragen.
9 An jenem Tag suche ich alle heim, / die
über die Schwelle springen
und das Haus ihres Herrn anfüllen / mit
Gewalttat und Betrug.
10 Geschehen wird es an jenem Tag –
Spruch des Herrn –, / da hört man lautes
Schreien vom Fischtor her
und Wehklagen aus der Neustadt / und
gewaltiges Krachen von den Hügeln her.
11 Klagt, ihr Bewohner des Talgrundes! /
Denn das ganze Krämervolk ist vernich-
tet, / ausgerottet sind alle Silberbeladenen.
12 Geschehen wird es in jener Zeit –
Spruch des Herrn –, / da durchsuche ich
Jerusalem mit Lampen,
ich suche die Männer heim, / die auf
ihren Weinhefen dick geworden sind und
sagen: / Der Herr tut weder Gutes noch
Böses.
13 Ihr Reichtum verfällt der Plün-
derung / und ihre Häuser der Verwüstung.
Haben sie Häuser gebaut, / so werden
sie nicht darin wohnen;
haben sie Weinberge gepflanzt, / so
werden sie den Wein nicht trinken.

Der Tag des Herrn

14 Nahe ist der große Tag des Herrn, / nahe
ist er, und er kommt sehr schnell.
Horch! Der Tag des Herrn ist bitter, / da
muss selbst der Kriegsheld schreien.
15 Ein Tag des Zornes ist jener Tag, / ein
Tag der Bedrängnis und der Not,
ein Tag des Verderbens und der Ver-
wüstung, / ein Tag der Finsternis und des
Dunkels, / ein Tag des Wolkendunkels und
der Nacht,
16 ein Tag des Widderhorns und Kriegs-
geschreis gegen die befestigten Städte /
und die hohen Türme.
17 Da jage ich den Menschen Angst ein, /
dass sie umhergehen wie Blinde. / Denn
gegen den Herrn haben sie gesündigt.
Ihr Blut wird hingeschüttet wie Staub /
und ihre Eingeweide wie Unrat.
18 Weder ihr Silber noch ihr Gold kann
sie retten. / Am Tag des Zornes des Herrn.
Im Feuer seines Eifers / wird die ganze
Erde verzehrt.
Denn ein Ende, ein schreckliches
Ende, / bereitet er allen Bewohnern der
Erde.

Letzte Mahnung

2 Kommt zusammen, sammelt euch, /
du gleichgültiges Volk,
2 bevor ihr verjagt werdet / und aus-
einander fliegt wie Spreu,
bevor über euch kommt die Zornesglut
des Herrn, / bevor über euch kommt der
Tag des Zornes des Herrn.
3 Sucht den Herrn, all ihr Gebeugten im
Land, / die ihr sein Gebot erfüllt!
Sucht Gerechtigkeit, sucht Demut! /
Vielleicht bleibt ihr geborgen am Tag des
Zornes des Herrn.

Gericht über die Nachbarvölker

4 Denn Gaza wird verlassen sein / und
Aschkelon zur Wüste werden,
Aschdod wird man am hellen Mittag
vertreiben, / und Ekron wird von Grund
auf zerstört.
5 Weh euch, ihr Bewohner der Meeres-
küste, / Volk der Kereter!
Das Wort des Herrn ergeht gegen
euch: / Kanaan, Land der Philister,
ich werfe nieder, ich richte dich
zugrunde, / dass niemand übrig bleibt.
6 Du wirst zu Auen und Weiden für die
Hirten / und zu Hürden für das Klein-
vieh.
7 Die Küste fällt dem Rest des Hauses
Juda zu. / Dort werden sie weiden / und in
den Häusern Aschkelons am Abend
lagern;
denn der Herr, ihr Gott, wird sich ihrer
annehmen / und ihr Geschick wenden.
8 Ich habe die Schmähung Moabs
gehört / und die Lästerungen der Söhne
Ammons,
die mein Volk verhöhnen / und groß-
taten gegen sein Gebiet.
9 Darum, so wahr ich lebe – Spruch des
Herrn der Heerscharen, / des Gottes Isra-
els:

Moab wird werden wie Sodom / und die
Söhne Ammons wie Gomorra,
eine Stätte für Dorngestrüpp, eine Salz-
grube, / eine Wüste für immer.
Der Rest meines Volkes wird sie aus-
plündern, / die Überlebenden meiner
Nation werden ihren Besitz übernehmen.
10 Das geschieht ihnen wegen ihres
Übermuts; / denn sie haben gehöhnt / und
großgetan gegen das Volk des Herrn der
Heerscharen.
11 Furchtgebietend erweist sich der Herr
an ihnen; / denn er lässt dahinschwinden
alle Götter der Erde,
sodass sich vor ihm niederwerfen / alle
Völker der Inseln, jedes an seinem Ort.
12 Auch ihr Kuschiter, / ihr seid von
meinem Schwert durchbohrt worden.
13 Er streckt seine Hand auch nach Nor-
den aus / und vernichtet Assur;
Ninive macht er zur Einöde, / zu dür-
rem Steppenland.
14 Es lagern Herden in ihrer Mitte, Tiere
aller Art, / Dohle und Eule nächtigen auf
ihren Säulenkapitellen,
Vogelstimmen erklingen aus den Fens-
terhöhlen, / ein Rabe krächzt auf der
Schwelle. / [Denn die Zederntäfelung ist
weg.]
15 Das ist die übermütige Stadt, / die so
sicher thronte, / die da bei sich sprach: Ich
und niemand sonst!
Wie ist sie zur Einöde geworden, / ein
Lagerplatz für wilde Tiere!
Ein jeder, der vorübergeht, / pfeift und
hebt abwehrend seine Hand.

Gericht über Jerusalem

3 Wehe der widerspenstigen und besu-
delten, / der gewalttätigen Stadt!
2 Sie hört auf kein Wort, / nimmt keine
Zurechtweisung an,
vertraut nicht auf den Herrn / und
sucht nicht die Nähe ihres Gottes.
3 Ihre Großen in ihrer Mitte sind brül-
lende Löwen, / ihre Richter Steppenwöl-
fe, / die bis zum Morgen keinen Knochen
übriglassen.
4 Ihre Propheten sind Schwätzer, treu-
lose Männer, / ihre Priester entweihen das
Heilige, / vergewaltigen das Gesetz.
5 Aber der Herr wirkt gerecht in ihrer
Mitte, / er begeht kein Unrecht.
Morgen für Morgen fällt er seinen
Rechtsspruch, / mit dem Morgenlicht
bleibt er nicht aus. / Doch der Böse kennt
keine Scham.
6 Ich habe Völker vernichtet, / verwüstet
sind ihre Burgen.
Ich habe ihre Straßen öde gemacht, /
niemand geht dort mehr umher,
verheert sind ihre Städte, / ohne einen
Menschen, ohne einen Bewohner.
7 Ich dachte: Sicher fürchtest du mich
jetzt / und nimmst die Warnung an;
aus ihren Augen kann nicht all das ent-
schwunden sein, / womit ich sie heimge-
sucht habe.
Aber nein, eifrig verübten sie weiter /
alle ihre schlimmen Taten.
8 Darum wartet nur – Spruch des
Herrn – / auf den Tag, an dem ich als Klä-
ger auftrete.
Denn ich habe beschlossen, die Völker
zu versammeln / und Königreiche zusam-
menzubringen,
um über euch meinen Grimm aus-
zuschütten, / die ganze Glut meines Zorns.

Verheißungen für die Völker,
für Jerusalem und die Diaspora

9 Dann will ich den Völkern / reine Lippen
schaffen,
dass sie alle den Namen des Herrn
anrufen / und ihm dienen, Schulter an
Schulter.
10 Von jenseits der Ströme von Kusch /
bringen mir meine Anbeter / als Gabe die
Gemeinde meiner Verstreuten.
11 An jenem Tag / brauchst du dich nicht
mehr zu schämen
wegen all deiner Taten, / womit du dich
gegen mich vergangen hast.
Denn dann schaffe ich fort aus deiner
Mitte / deine stolzen Prahler,
und du wirst nicht mehr hochmütig
sein / auf meinem heiligen Berg.
12 Ich lasse in deiner Mitte übrig / ein
Volk, demütig und gering. / Es findet seine
Zuflucht beim Namen des Herrn.
13 Israels Rest wird kein Unrecht mehr
tun / und nichts Lügnerisches reden; / in
ihrem Mund findet man kein trügerisches
Wort mehr.
Ja, sie gehen auf die Weide, lagern
sich, / und niemand stört sie auf.
14 Juble, Tochter Zion, jauchze, Israel, /
freu dich und jubiliere von ganzem Her-
zen, / Tochter Jerusalem!

15 Aufgehoben hat der Herr deine Straf-
gerichte, / fortgeschafft deine Feinde.
Der Herr ist König in deiner Mitte, /
du brauchst kein Unheil mehr zu fürch-
ten.
16 An jenem Tag wird man zu Jerusalem
sagen: / Fürchte dich nicht, Zion! / Lass
deine Hände nicht sinken!
17 Der Herr, dein Gott, ist in deiner Mit-
te, / ein Held, der Rettung bringt.
Er jubelt über dich voller Freude, / er
erneuert seine Liebe zur dir,
er jauchzt über dich mit Jubelruf / wie
am Tag des Festes.
18 Ich schaffe das Unheil weg aus dir, /
dass du keine Schmach mehr tragen
musst.
19 In jener Zeit bereite ich ein Ende dei-
nen Peinigern. / Ich helfe den Hinkenden
und sammle die Versprengten.
Ich bringe sie wieder zu Ruhm und
Namen / auf der ganzen Erde, wo sie
Schmach erlitten haben.
20 In jener Zeit führe ich euch heim, / in
jener Zeit bringe ich euch wieder zusam-
men.
Ja, ich gebe euch Ruhm und Ehre /
unter allen Völkern der Erde,
wenn ich euer Schicksal wende / vor
eueren Augen, spricht der Herr.

Das Buch Haggai

Aufruf zum Tempelbau

1 Im zweiten Jahr des Königs Darius, im
sechsten Monat, am ersten Tag des
Monats, erging das Wort des Herrn durch
den Propheten Haggai an den Statthalter
von Juda, Serubbabel, den Sohn Schealti-
ëls, und an den Hohenpriester Jeschua,
den Sohn Jozadaks: 2 So spricht der Herr
der Heerscharen: Dieses Volk sagt: Jetzt
ist die Zeit noch nicht gekommen, das
Haus des Herrn aufzubauen. 3 Da erging
das Wort des Herrn durch den Propheten
Haggai: 4 Ist wohl für euch die Zeit da, in
eueren getäfelten Häusern zu wohnen,
während dieses Haus in Trümmern liegt?
5 Nun aber spricht der Herr der Heerscha-
ren: Denkt darüber nach, wie es euch er-
geht! 6 Ihr habt reichlich gesät und wenig
heimgebracht; beim Essen werdet ihr
nicht satt, und beim Trinken bekommt
ihr nicht genug. Ihr habt wohl Kleider
zum Anziehen, aber keinem wird warm,
und wer sich Geld verdient, spart in einen
löchrigen Beutel. 7 So spricht der Herr der
Heerscharen: Denkt darüber nach, wie es
euch geht! 8 Steigt hinauf auf das Gebirge,
schafft Holz herbei und baut den Tempel
wieder auf. Daran hätte ich Gefallen und
ich fühlte mich geehrt, spricht der Herr.
9 Ihr habt viel erhofft, und doch gab es nur
wenig; ihr brachtet es heim, und ich blies
es fort. Warum wohl? – Spruch des Herrn
der Heerscharen. Wegen meines Hauses,
das in Trümmern liegt, während ein jeder
von euch sich für sein eigenes Haus müht.
10 Deshalb hielt der Himmel den Tau zu-
rück, und die Erde hält ihren Ertrag zu-
rück. 11 Ich rief die Dürre über das Land
und über die Berge, über das Getreide,
über den Wein, über das Öl und über alles,
was der Boden hervorbringt, über den
Menschen und das Vieh und über alle Ar-
beit der Hände.

Arbeitsbeginn

12 Da hörten Serubbabel, der Sohn Scheal-
tiëls, und der Hohepriester Jeschua, der
Sohn Jozadaks, sowie der gesamte Rest
des Volkes auf die Stimme des Herrn,
ihres Gottes, und auf die Worte des Pro-
pheten Haggai, da ihn ja doch der Herr zu
ihnen gesandt hatte, und das Volk fürch-
tete sich vor dem Herrn. 13 Da verkündete
Haggai, der Bote des Herrn, dem Volk im

Auftrag des Herrn: Ich bin bei euch –
Spruch des Herrn. 14 Und der Herr erweck-
te den Geist des Statthalters von Juda, Se-
rubbabel, des Sohnes Schealtiëls, und den
Geist des Hohenpriesters Jeschua, des
Sohnes Jozadaks, und den Geist des ge-
samten Rests des Volkes, sodass sie kamen
und die Arbeit am Tempel ihres Gottes,
des Herrn der Heerscharen, in Angriff
nahmen. 15 Das war am vierundzwanzigs-
ten Tag des sechsten Monats im zweiten
Jahr des Königs Darius.

Die Herrlichkeit des neuen Tempels

2 Am einundzwanzigsten Tag des sieb-
ten Monats erging das Wort des
Herrn durch den Propheten Haggai: 2 Sag
zu Serubbabel, dem Sohn Schealtiëls, dem
Statthalter von Juda, und zum Hohen-
priester Jeschua, dem Sohn Jozadaks, und
dem gesamten Rest des Volkes: 3 Ist unter
euch noch einer übrig, der diesen Tempel
in seiner früheren Herrlichkeit gesehen
hat? Und was seht ihr jetzt? Kommt es
euch nicht wie ein Nichts vor in eueren
Augen? 4 Doch fasse Mut, Serubbabel –
Spruch des Herrn –, fasse Mut, Hoher-
priester Jeschua, Sohn Jozadaks, fasse
Mut, alles Volk des Landes – Spruch des
Herrn –, und macht euch an die Arbeit!
Denn ich bin bei euch – Spruch des Herr
der Heerscharen. 5 Das Wort, das ich mit
euch vereinbart habe, als ihr aus Ägypten
zogt, und mein Geist bleiben in euerer
Mitte bestehen. Seid ohne Furcht! 6 Denn
so spricht der Herr der Heerscharen: Noch
eine kleine Weile, und ich erschüttere
Himmel und Erde, das Meer und das Fest-
land. 7 Ich lasse alle Völker erbeben. Dann
kommen die Schätze aller Völker herbei,
und ich erfülle dieses Haus mit Herrlich-
keit, spricht der Herr der Heerscharen.
8 Mein ist das Silber und mein ist das Gold
– Spruch des Herrn der Heerscharen. 9 Der
künftige Glanz dieses Hauses wird größer
sein als der frühere, spricht der Herr der
Heerscharen. An diesem Ort stifte ich Heil
– Spruch des Herrn der Heerscharen.

Neuer Tempel – neues Heil

10 Im zweiten Jahr des Darius erging am
vierundzwanzigsten Tag des neunten Mo-
nats das Wort des Herrn an den Pro-
pheten Haggai: 11 So spricht der Herr der
Heerscharen: Frag doch die Priester um
Belehrung über folgenden Fall: 12 Wenn je-
mand heiliges Opferfleisch im Zipfel sei-
nes Gewandes trägt und mit dem Zipfel
(zufällig) Brot oder ein Gericht oder Wein
oder Öl oder sonst etwas Essbares berührt,
wird es dann heilig? Die Priester antwor-
teten: Nein. 13 Darauf fragte Haggai: Wenn
nun jemand, der durch eine Leiche unrein
geworden ist, jene Dinge berührt, werden
sie dann unrein? Die Priester antworteten:
Sie werden unrein. 14 Da erwiderte Haggai:
So ist es mit diesem Volk und mit diesen
Leuten in meinen Augen – Spruch des
Herr der Heerscharen –, und so ist es auch
mit all dem Tun ihrer Hände und mit dem,
was sie dort darbringen: Es ist unrein.

15 Und nun richtet euere Aufmerksam-
keit von heute an vorwärts! Bevor man
am Tempel des Herrn Stein auf Stein
schichtete, 16 wie war es da um euch be-
stellt? Man kam zu einem Getreidehaufen,
der zwanzig Efa haben sollte, aber es wa-
ren nur zehn; man ging zur Kelter, um
fünfzig Bat zu schöpfen, aber es waren
nur zwanzig. 17 Ich schlug mit Getreide-
brand, Mehltau und Hagel alle Arbeit eue-
rer Hände, aber ihr wandtet euch mir
nicht zu – Spruch des Herrn. 18 Richtet
doch euere Aufmerksamkeit von heute an
vorwärts, vom vierundzwanzigsten Tag des
neunten Monats an, jenem Tag, an dem
der Grundstein zum Tempel des Herrn ge-
legt wurde. Achtet darauf, 19 ob die Saat
auch weiterhin im Speicher bleibt und ob
Weinstock und Feigenbaum, Granatbaum
und Ölbaum immer noch nicht tragen.
Von heute an spende ich Segen.

Verheißung an Serubbabel

20 Am vierundzwanzigsten Tag des Monats
erging das Wort des Herrn zum zweiten
Mal an Haggai: 21 Sag zu Serubbabel, dem
Statthalter von Juda: Ich erschüttere den
Himmel und die Erde. 22 Ich stürze die Kö-
nigsthrone und vernichte die Macht der
Königreiche der Völker. Ich werfe die
Streitwagen samt ihren Fahrern um, zu Bo-
den sinken Ross und Reiter, ein jeder fällt
durch das Schwert seines Bruders. 23 An je-
nem Tag – Spruch des Herr des Heerscha-
ren – nehme ich dich, meinen Knecht Se-
rubbabel, Sohn Schealtiëls, – Spruch des
Herrn – und mache dich zu einem Siegel-
ring; denn ich habe dich erwählt – Spruch
des Herrn der Heerscharen.

Das Buch Sacharja

Erster Teil

Mahnung zur Umkehr

1 Im zweiten Jahr des Darius erging im
achten Monat das Wort des Herrn an
Sacharja, den Sohn Berechjas, des Sohnes
Iddos: 2 Der Herr hat eueren Vätern
schwer gezürnt. 3 Deshalb sag zu ihnen: So
spricht der Herr der Heerscharen: Kehrt
um zu mir – Spruch des Herrn der Heer-
scharen –, dann kehre ich um zu euch,
spricht der Herr der Heerscharen. 4 Seid
nicht wie euere Väter, denen die früheren
Propheten verkündet haben: So spricht
der Herr der Heerscharen: Kehrt um von
eueren bösen Wegen und eueren bösen Ta-
ten! Doch sie hörten nicht und achteten
nicht auf mich – Spruch des Herrn. 5 Eue-
re Väter, wo sind sie nun? Und die Prophe-
ten, leben sie ewig? 6 Aber meine Worte
und meine Gesetze, die ich meinen Knech-
ten, den Propheten, aufgetragen habe, ha-
ben sie euere Väter nicht erreicht? Da
kehrten sie um und sagten: Wie der Herr
der Heerscharen beschlossen hatte, nach
unseren Wegen und unseren Taten an uns
zu handeln, so hat er mit uns gehandelt.

Erste Vision: Die Reiter

7 Am vierundzwanzigsten Tag des elften
Monats – das ist der Monat Schebat –, im
zweiten Jahr des Darius erging das Wort
des Herrn an den Propheten Sacharja, den
Sohn Berechjas, des Sohnes Iddos. 8 Ich hat-
te in dieser Nacht eine Vision: Ich sah einen
Mann auf einem rotbraunen Pferd. Er
stand zwischen Myrtenbäumen an der
Wassertiefe, und hinter ihm waren braune,
fuchsrote und weiße Pferde. 9 Da fragte ich:
Was bedeuten diese Pferde da, Herr? Der
Engel, der mit mir redete, antwortete: Ich
will dir zeigen, was sie bedeuten. 10 Da
nahm der Mann, der zwischen den Myr-
tenbäumen stand, das Wort und sagte:
Das sind die, die der Herr ausgesandt hat,
die Erde zu durchstreifen. 11 Und sie ant-
worteten dem Engel des Herrn, der zwi-
schen den Myrtenbäumen stand: Wir ha-
ben die Erde durchstreift: Die ganze Erde
liegt still und friedlich da. 12 Da nahm der
Engel des Herrn wieder das Wort und sag-
te: Herr der Heerscharen, wie lange willst
du vor Jerusalem und den Städten Judas,
denen du nun schon siebzig Jahre zürnst,
dein Erbarmen zurückhalten? 13 Der Herr
antwortete dem Engel, der mit mir redete,
mit gütigen, tröstenden Worten. 14 Da sagte
der Engel, der mit mir redete, zu mir: Ver-
künde: So spricht der Herr der Heerscha-
ren: Ich bin von mächtigem Eifer für Jeru-
salem und den Zion entflammt, 15 aber ich
brenne vor Zorn gegen die selbstsicheren
Völker, die, als ich ein wenig zürnte, zum
Unglück mitgeholfen haben. 16 Darum – so
spricht der Herr: Voll Erbarmen wende ich
mich Jerusalem wieder zu; mein Haus soll
dort wieder aufgebaut werden – Spruch des
Herr der Heerscharen –, und die Mess-
schnur soll über Jerusalem ausgespannt
werden. 17 Verkünde weiter: So spricht der
Herr der Heerscharen: Meine Städte wer-
den wieder von Glück überströmen, der
Herr wird Zion wieder trösten und Jerusa-
lem wieder erwählen.

Zweite Vision: Hörner und Schmiede

2 Ich blickte hin und sah: Da waren vier
Hörner. 2 Ich fragte den Engel, der mit
mir redete: Was bedeuten diese da, Herr?
Er antwortete mir: Das sind die Hörner,
die Juda, Israel und Jerusalem zerstreut
haben. 3 Dann ließ mich der Herr vier
Schmiede sehen. 4 Ich fragte: Was sollen
sie tun? Er antwortete: Das sind die Hör-
ner, die Juda so zerstreut haben, dass nie-
mand mehr sein Haupt erhob. Da kamen
nun diese Schmiede, um sie in Schrecken
zu versetzen, die Hörner der Völker nie-
derzuwerfen, die das Horn gegen das Land
Juda erhoben haben, um es zu zerstreuen.

Dritte Vision: Der Mann mit der Messschnur

5 Ich blickte hin und sah: Da war ein Mann,
der eine Messschnur in seiner Hand hielt.
6 Ich fragte: Wohin gehst du? Er antwortete
mir: Jerusalem zu messen, um zu sehen,
wie groß seine Breite und wie groß seine
Länge sein wird. 7 Da blieb der Engel, der

mit mir redete, stehen, und ein anderer
Engel kam ihm entgegen 8 und sagte zu
ihm: Lauf und sag dem jungen Mann dort:
Eine offene Stadt wird Jerusalem sein we-
gen der vielen Menschen und Tiere, die in
ihr wohnen. 9 Ich selbst – Spruch des
Herrn – werde für die Stadt eine feurige
Mauer sein und mich herrlich in ihr erwei-
sen.

Aufruf an die Verbannten

10 Auf, auf! Flieht aus dem Land des Nor-
dens – Spruch des Herrn. Denn wie die
vier Winde habe ich euch zerstreut –
Spruch des Herrn. 11 Auf, Zion, rette dich,
die du wohnst in Babel! 12 Denn so spricht
der Herr der Heerscharen, dessen Herr-
lichkeit mich zu den Völkern gesandt hat,
die euch ausgeplündert haben: Wer euch
anrührt, rührt meinen Augapfel an.
13 Seht, ich schwinge meine Hand über sie;
sie sollen ihren Knechten zur Beute wer-
den. Dann werdet ihr erkennen, dass der
Herr der Heerscharen mich gesandt hat.

14 Juble und freue dich, Tochter Zion;
denn siehe, ich komme und wohne in dei-
ner Mitte – Spruch des Herrn. 15 An jenem
Tag werden sich viele Völker dem Herrn
anschließen, und sie werden mein Volk
sein, und ich werde in deiner Mitte woh-
nen. Dann wirst du erkennen, dass der
Herr der Heerscharen mich zu dir gesandt
hat. 16 Der Herr aber wird Juda als seinen
Anteil am heiligen Boden in Besitz neh-
men und Jerusalem von neuem erwählen.
17 Still alles Fleisch vor dem Herrn! Denn er
hat sich aufgemacht von seiner heiligen
Wohnung.

Vierte Vision: Der Hohepriester Jeschua

3 Danach ließ er mich den Hohenpries-
ter Jeschua sehen, wie er vor dem En-
gel des Herrn stand, während der Satan zu
seiner Rechten stand, um ihn anzuklagen.
2 Da sprach der Engel des Herrn zum Sa-
tan: Der Herr gebiete dir Einhalt, Satan. Ja,
der Herr, der Jerusalem auserwählt hat, ge-
biete dir Einhalt. Ist dieser Mann nicht ein
Stück Holz, das dem Feuer entrissen wur-
de? 3 Jeschua stand nämlich in schmutzi-
gen Kleidern vor dem Engel des Herrn.
4 Dann wandte sich der Engel an seine Die-
ner und befahl: Nehmt ihm die schmutzi-
gen Kleider weg und legt ihm Feierkleider
an! Zu ihm aber sagte er: Siehe, ich habe
deine Schuld von dir genommen und lege
dir Festgewänder an.

5 Und ich befehle, dass man ihm einen
reinen Kopfbund aufsetzt. Da setzten sie
ihm einen reinen Kopfbund auf und legten
ihm Festtagsgewänder an, und der Engel
des Herrn stand dabei. 6 Der Engel des
Herrn versicherte Jeschua: 7 So spricht der
Herr der Heerscharen: Wenn du auf mei-
nen Wegen gehst und meinen Dienst recht
versiehst, dann sollst du mein Haus verwal-
ten und meine Vorhöfe beaufsichtigen. Ich
gebe dir Zutritt zu meinen Dienern hier.

8 Höre, Hoherpriester Jeschua: Du und
deine Gefährten, die vor dir sitzen, ihr seid
Männer des Vorzeichens. Siehe, ich lasse
meinen Knecht kommen, den Spross.
9 Denn der Stein, den ich vor Jeschua hin-
gelegt habe – auf diesem einen Stein sind
sieben Augen. Ich ritze eine Inschrift ein –
Spruch des Herr der Heerscharen –, und
ich tilge die Schuld des Landes an einem
einzigen Tag. 10 An jenem Tag – Spruch
des Herrn der Heerscharen – werdet ihr
einander einladen unter Weinstock und
Feigenbaum.

Fünfte Vision: Der Leuchter und die Ölbäume

4 Der Engel, der mit mir redete, kehrte
zurück, weckte mich, wie man jemand
aus dem Schlaf weckt 2 und sagte zu mir:
Was hast du gesehen? Ich antwortete: Ich
sah einen Leuchter, ganz aus Gold, und
darauf einen Aufsatz, und auf ihm sieben
Lampen mit je sieben Schnauzen für die
Lampen auf ihm. 3 Zwei Ölbäume standen
daneben, einer zu seiner Rechten und
einer zu seiner Linken. 4 Ich sprach weiter
und fragte den Engel, der mit mir redete:
Was bedeuten diese Ölbäume, Herr? 5 Der
Engel, der mit mir redete, antwortete mir:
Weißt du wirklich nicht, was sie bedeuten?
Ich erwiderte: Nein, Herr. 6 Da antwortete
er mir: Dies ist das Wort des Herrn an Se-
rubbabel:

Nicht durch Macht und nicht durch
Kraft, / sondern allein durch meinen
Geist!, / spricht der Herr der Heerscharen
7 Wer bist du, großer Berg? / Vor Serub-
babel wirst du zur Ebene.
Er holt den Schlussstein hervor / unter
lautem Zuruf: Herrlich, herrlich ist er!

8 Da erging das Wort des Herrn an mich:
9 Die Hände Serubbabels haben den Grund

zu diesem Haus gelegt, seine Hände wer-
den es auch vollenden. Dann werdet ihr
erkennen, dass der Herr der Heerscharen
mich zu euch gesandt hat. 10 Denn wer im-
mer den Tag kleiner Anfänge gering ge-
achtet hat, wird mit Freuden den auserle-
senen Stein Serubbabels sehen. Das sind
die sieben Augen des Herrn, die auf der
ganzen Erde umherschweifen.
11 Ich fragte ihn weiter: Was bedeuten
die beiden Ölbäume zur Rechten und zur
Linken des Leuchters? 12 Und weiter fragte
ich ihn: Was bedeuten die beiden Ölbaum-
büschel neben den beiden goldenen Röh-
ren, durch die das goldene Öl herabfließt?
13 Er antwortete mir: Weißt du nicht, was
sie bedeuten? Ich erwiderte: Nein, Herr.
14 Da sagte er: Das sind die beiden Gesalb-
ten, die vor dem Herrn der ganzen Erde
stehen.

Sechste Vision: Die fliegende Schriftrolle

5 Wieder blickte ich hin und sah eine
fliegende Schriftrolle. 2 Er fragte mich:
Was siehst du? Ich antwortete: Ich sehe
eine fliegende Schriftrolle, zwanzig Ellen
lang und zehn Ellen breit. 3 Da sagte er zu
mir: Das ist der Fluch, der über das ganze
Land fliegt. Denn schon lange ist jeder
Dieb straffrei gewesen, und schon lange
ist jeder falsch Schwörende straffrei gewe-
sen. 4 Deshalb lasse ich den Fluch fliegen –
Spruch des Herrn –, damit er in das Haus
des Diebes und das Haus dessen, der bei
meinem Namen falsch schwört, eindringt,
im Innern seines Hauses sich festsetzt und
es samt seinen Balken und seinen Steinen
vernichtet.

Siebte Vision: Die Frau im Fass

5 Hierauf trat der Engel, der mit mir redete,
vor und sagte zu mir: Blick hin und siehe,
was sich zeigt! 6 Ich fragte: Was ist das? Er
antwortete: Das ist ein Fass, was sich dort
zeigt. Und er fuhr fort: Das ist ihre Schuld
im ganzen Land. 7 Da hob sich ein runder
Bleideckel empor, und ich sah eine Frau,
die in dem Fass saß. 8 Da sagte er: Das ist
die Gottlosigkeit. Dann stieß er sie wieder
in das Fass hinein und warf den Bleideckel
auf die Öffnung. 9 Als ich aufblickte, sah
ich zwei Frauen hervortreten. Der Wind
blies in ihre Flügel – sie hatten nämlich
Flügel wie Storchenflügel –, und sie hoben
das Fass empor zwischen Erde und Him-
mel. 10 Da fragte ich den Engel, der mit mir
redete: Wohin bringen sie das Fass? 11 Er
antwortete mir: Ins Land Schinar, um
ihm dort einen Tempel zu bauen. Wenn
es fertig ist, wird es dort aufgestellt.

Achte Vision: Die Kriegswagen Jahwes

6 Wieder blickte ich mich um und sah
vier Wagen zwischen zwei Bergen
hervorkommen. Die Berge waren von
Bronze. 2 Am ersten Wagen waren rote
Pferde, am zweiten Wagen schwarze Pfer-
de, 3 am dritten Wagen weiße Pferde und
am vierten Wagen gescheckte Pferde, alle-
samt starke Tiere. 4 Da fragte ich den En-
gel, der mit mir redete: Was bedeuten die-
se da? 5 Der Engel antwortete mir: Das sind
die vier Winde des Himmels, die nun los-
stürmen, nachdem sie vor dem Herrn der
ganzen Erde gestanden haben. 6 Die
schwarzen Pferde ziehen nach dem Land
des Nordens, die weißen Pferde ziehen
nach Westen und die gescheckten ziehen
zum Land des Südens. 7 Die starken Tiere
stürmten los und wollten die Erde durch-
streifen. Darauf sagte er: Geht und durch-
streift die Erde! Da durchzogen sie die Er-
de. 8 Er rief mir zu: Siehe die an, die in das
Land des Nordens ziehen, sie bringen mei-
nen Geist über das Land des Nordens.

Messianische Hoffnungen

9 Das Wort des Herrn erging an mich:
10 Nimm einige von den Heimkehrern aus
den Familien Heldai, Tobija und Jedaja,
und komm an diesem Tag in das Haus Jo-
schijas, des Sohnes Zefanjas, wohin sie aus
Babel gekommen sind. 11 Nimm Silber und
Gold, mach eine Krone, setze sie dem Ho-
henpriester Jeschua, dem Sohn Jozadaks,
aufs Haupt 12 und sag zu ihm: So spricht
der Herr der Heerscharen: Seht da, ein
Mann, Spross ist sein Name; denn wo er
steht, wird es sprossen, und er wird den
Tempel des Herrn bauen.
13 Ja, er ist es, der den Tempel des Herrn
baut. / Er trägt die königlichen Hochzeits-
zeichen, / er sitzt auf seinem Thron und
herrscht.
Ein Priester steht an seiner Rechten, /
und friedliches Einvernehmen besteht
zwischen beiden.
14 Die Krone aber soll zur Erinnerung an
Heldai, Tobija, Jedaja und Joschija, den
Sohn Zefanjas, im Tempel des Herrn lie-

gen. [15] Die in der Ferne wohnen, werden kommen und mitbauen am Tempel des Herrn. Dann werdet ihr erkennen, dass der Herr der Heerscharen mich zu euch gesandt hat. Das wird geschehen, wenn ihr auf die Stimme des Herrn, eueres Gottes, hört.

Das wahre Fasten

7 Im vierten Jahr des Königs Darius erging das Wort des Herrn an Sacharja, am vierten Tag des neunten Monats, dem Monat Kislew. [2] Bet-El sandte Sarezer und Regem-Melech mit seinen Leuten, um das Angesicht des Herrn gnädig zu stimmen [3] und mit folgender Frage an die Priester am Tempel des Herrn der Heerscharen und an die Propheten: Soll ich im fünften Monat noch weinen und fasten, wie ich es nun schon so viele Jahre hindurch getan habe? [4] Da erging an mich das Wort des Herrn der Heerscharen: [5] Sag zum ganzen Volk des Landes und zu den Priestern: Wenn ihr alle die siebzig Jahre hindurch im fünften und siebten Monat gefastet und geklagt habt, habt ihr dann für mich gefastet? [6] Und wenn ihr esst und trinkt, seid dann nicht ihr es, die essen, und seid nicht ihr es, die trinken? [7] Kennt ihr nicht die Worte, die der Herr euch zurief durch die früheren Propheten, als Jerusalem noch bewohnt war und im Frieden lebte, als alle seine Städte ringsum, der Negeb und die Schefela noch bewohnt waren? [8] Und das Wort des Herrn erging an Sacharja: [9] So spricht der Herr der Heerscharen: Haltet gerechtes Gericht, jeder handle gütig und barmherzig an seinem Nächsten; [10] bedrückt nicht Witwen und Waisen, Fremde und Arme, und sinnt nicht Böses in eueren Herzen, einer gegen den anderen! [11] Aber sie wollten nicht darauf hören, zeigten sich störrisch und machten ihre Ohren taub, dass sie nichts hörten. [12] Ihre Herzen machten sie wie Diamant, dass sie dem Gesetz und den Geboten, die der Herr der Heerscharen in der Kraft seines Geistes durch die früheren Propheten an sie ergehen ließ, nicht folgten. So kam bei dem Herrn der Heerscharen gewaltiger Zorn auf. [13] Und so geschah es: Wie er gerufen hatte, ohne dass sie hörten, so riefen nun sie, und ich hörte nicht, spricht der Herr der Heerscharen. [14] Ich habe sie unter alle Völker verweht, die sie nicht kannten, und das Land wurde öde hinter ihnen, sodass niemand mehr darin hin und her zog, und so haben sie das herrliche Land zur Wüste gemacht.

Ausblick auf künftiges Heil

8 Es erging das Wort des Herrn der Heerscharen: [2] So spricht der Herr der Heerscharen: Ich glühe vor Eifer für Zion, mit gewaltigem Zorn eifere ich dafür. [3] So spricht der Herr: Ich kehre zurück auf den Zion und wohne wieder in Jerusalem. Jerusalem wird wieder „Stadt der Treue" heißen und der Berg des Herrn der Heerscharen „Heiliger Berg". [4] So spricht der Herr der Heerscharen: Es werden wieder alte Männer und Frauen auf den Plätzen Jerusalems sitzen, jeder mit einem Stock in der Hand wegen seines hohen Alters. [5] Die Straßen der Stadt werden wieder voll von Knaben und Mädchen sein, die auf ihren Straßen spielen. [6] So spricht der Herr der Heerscharen: Wenn dies auch dem Rest des Volkes in diesen Tagen zu wunderbar erscheint, muss es dann auch mir zu wunderbar erscheinen? – Spruch des Herrn der Heerscharen.

[7] So spricht der Herr der Heerscharen: Seht, ich rette mein Volk aus dem Land des Sonnenaufgangs und aus dem Land des Sonnenuntergangs. [8] Ich bringe es heim, und sie werden in Jerusalem wohnen. Sie werden mein Volk sein, und ich werde ihr Gott sein in Wahrheit und Gerechtigkeit.

[9] So spricht der Herr der Heerscharen: Macht euere Hände stark, die ihr in diesen Tagen aus dem Mund der Propheten die Worte hört, die seit dem Tag gesprochen wurden, an dem man das Fundament für den Wiederaufbau des Hauses des Herrn der Heerscharen legte. [10] Denn vor diesen Tagen brachte die Arbeit den Menschen keinen Gewinn und es gab keine Nahrung für das Vieh. Wer ein- und ausging, war nicht sicher vor dem Feind. Ich hetzte den einen gegen den anderen. [11] Jetzt aber verhalte ich mich gegenüber dem Rest des Volkes nicht mehr wie in früheren Tagen – Spruch des Herrn der Heerscharen. [12] Denn ich säe Heil: Der Weinstock gibt seine Frucht, das Land seinen Ertrag und der Himmel seinen Tau. Das alles gebe ich dem Rest dieses Volkes zum Erbteil. [13] Und wie ihr ein Fluch gewesen seid unter den

Völkern, Haus Juda und Haus Israel, so
werde ich euch helfen, dass ihr ein Segen
seid. Fürchtet euch nicht! Macht euere
Hände stark! [14] Denn so spricht der Herr
der Heerscharen: Wie ich Böses plante ge-
gen euch, als euere Väter mich zum Zorn
reizten, spricht der Herr der Heerscharen,
und es mich nicht reute, [15] so kehre ich
jetzt um und plane in diesen Tagen, Jeru-
salem und dem Haus Juda Gutes zu tun.
Fürchtet euch nicht!

[16] Das ist es, was ihr zu tun habt: Sagt
untereinander die Wahrheit; sprecht in
eueren Toren Recht, das der Wahrheit ent-
spricht und dem Frieden dient! [17] Plant in
eueren Herzen nichts Böses gegeneinan-
der und habt nicht Gefallen an falschen
Schwüren, denn das alles sind Dinge, die
ich hasse – Spruch des Herrn.

[18] Und es erging an mich das Wort des
Herrn der Heerscharen: [19] So spricht der
Herr der Heerscharen: Das Fasten im vier-
ten, das Fasten im fünften, das Fasten im
siebten und das Fasten im zehnten Monat
wird sich für das Haus Juda in Jubel und
Freude verwandeln; es werden frohe Fest-
tage sein. Aber liebt die Treue und den
Frieden!

[20] So spricht der Herr der Heerscharen:
Es wird noch geschehen, dass Völker und
Bewohner großer Städte kommen, [21] und
die Bewohner der einen werden zur ande-
ren gehen und sagen: Auf, lasst uns gehen,
das Angesicht des Herrn gnädig zu stim-
men und den Herrn der Heerscharen zu
suchen! – Auch ich will hingehen! [22] Viele
Völker und mächtige Nationen werden
kommen, in Jerusalem den Herrn der
Heerscharen zu suchen und das Angesicht
des Herrn gnädig zu stimmen.

[23] So spricht der Herr der Heerscharen:
In jenen Tagen wird es geschehen, dass
zehn Männer aus Völkern aller Sprachen
einen Judäer am Gewand festhalten und
sagen: Wir wollen mit euch gehen; denn
wir haben gehört, dass Gott mit euch ist.

Zweiter Teil

Ausblick auf eine künftige Heilsepoche

9 Ausspruch.
Das Wort des Herrn ruht auf dem
Land Hadrach, / Damaskus ist seine
Ruhestatt;

denn dem Herrn gehört die Hauptstadt
von Aram / sowie alle Stämme Israels,

[2] auch Hamat, das angrenzt, / Tyrus und
Sidon trotz seiner ganzen Weisheit.

[3] Tyrus umgab sich mit einem Wall, /
und es häufte Silber auf wie Staub / und
Gold wie Kot in den Gassen.

[4] Seht, der Herr wird es in Besitz neh-
men / und seine Streitmacht auf dem Meer
schlagen, / es selbst wird vom Feuer ver-
zehrt.

[5] Aschkelon wird es sehen und erschau-
dern, / ebenso Gaza, und beide vor Angst
gewaltig erbeben, / auch Ekron; denn
seine Hoffnung ist zuschanden geworden.

Der König ist aus Gaza verschwunden, /
und Aschkelon bleibt unbewohnt.

[6] In Aschdod lässt sich ein Mischvolk
nieder, / ich breche den Stolz der Philis-
ter.

[7] Ich entreiße das blutige Fleisch ihrem
Mund / und die Gräuel ihren Zähnen.

So werden auch sie als ein Rest für
unseren Gott übrig bleiben; / sie sind wie
eine Sippe in Juda / und Ekron wie die
Jebusiter.

[8] Dann lagere ich selbst als Wache um
mein Haus / gegen alle Hin- und Herzie-
henden.

Kein Bedränger überfällt sie mehr; /
denn jetzt achte ich selbst auf sie.

Der Friedenskönig

[9] Juble laut, Tochter Zion, / jauchze, Toch-
ter Jerusalem!

Sieh, dein König kommt zu dir, /
gerecht und als Retter.

Demütig ist er und reitet auf einem
Esel, / auf dem Jungen einer Eselin.

[10] Ich schaffe die Streitwagen fort aus
Efraim / und die Pferde aus Jerusalem, /
vernichtet wird der Kriegsbogen.

Er verkündet den Völkern Frieden, /
und seine Herrschaft reicht von Meer zu
Meer, / vom Strom bis zu den Enden der
Erde.

[11] Wegen des Blutes deines Bundes /
lasse ich deine Gefangenen frei aus der
Grube, der leeren Zisterne.

12 Kehrt zur Festung zurück, / ihr
Gefangenen voll Hoffnung!
Ja, heute verkünde ich dir: / Doppelt
leiste ich dir Ersatz.
13 Denn ich spanne mir Juda als Bogen, /
fülle (den Köcher) mit Efraim
und stachle deine Söhne, Zion, / gegen
Jawans Söhne; / ich mache dich zu einem
Heldenschwert.
14 Der Herr wird über ihnen erschei-
nen. / wie der Blitz fliegt sein Pfeil dahin.
Gott, der Herr, stößt in das Horn / und
kommt mit den Stürmen des Südens.
15 Der Herr der Heerscharen beschützt
die Seinen. / Da fressen und strecken die
Schleudersteine zu Boden, / (seine Krie-
ger) trinken und lärmen wie beim Wein.
Sie sind voll Blut wie eine Opferschale, /
wie die Ecken eines Altares.
16 Sie sind voll Blut wie eine Opferscha-
le, / wie die Ecken eines Altares.
Der Herr, ihr Gott, verleiht ihnen an
jenem Tag den Sieg; / er rettet sein Volk
wie eine Herde. / Wie Edelsteine glänzen
sie auf seinem Land.
17 Ja, wie groß ist seine Güte, wie herrlich
seine Schönheit! / Das Korn gibt jungen
Männern Kraft und der Most den Mäd-
chen.

Gebet um Regen

10 Erbittet vom Herrn Regen zur Zeit
des Spätregens! / Der Herr bildet
die Gewitterwolken und ergießt den Re-
gen; / dem Menschen gibt er das Grün auf
dem Feld.
2 Denn die Hausgötter haben Lüge gere-
det, / die Wahrsager Trugbilder geschaut,
eitle Träume verkündet / und leeren
Trost gespendet.
Darum wurden sie weggetrieben wie
Schafe; / sie irrten umher, weil kein Hirte
da ist.

Israels Befreiung und Rückkehr

3 Gegen die Hirten ist mein Zorn ent-
brannt, / die Leithammel ziehe ich zur
Rechenschaft.
Denn der Herr der Heerscharen /
nimmt sich seiner Herde an, des Hauses
Juda, / und macht sie zu seinem prächti-
gen Streitross.
4 Von ihm stammt der Eckstein, von
ihm der Zeltpflock, / von ihm der Kriegs-
bogen, / von ihm gehen alle aus, die Macht
haben.
5 Allesamt werden sie wie Helden sein, /
die im Kampf den Feind in den Gassenkot
niedertreten.
Sie werden kämpfen; / denn der Herr ist
mit ihnen. / Da werden Reiter und Ross
zuschanden.
6 Ich werde das Haus Juda stark
machen / und dem Haus Josef Hilfe brin-
gen.
Ich führe sie zurück; / denn ich habe
Erbarmen mit ihnen.
Es wird sein, als hätte ich sie nicht ver-
stoßen. / Denn ich bin der Herr, ihr Gott,
und ich erhöre sie.
7 Efraim wird sein wie ein Held, / ihr
Herz wird fröhlich sein wie vom Wein.
Ihre Söhne werden es sehen und sich
freuen, / jubeln wird ihr Herz über den
Herrn.
8 Ich werde sie herpfeifen, um sie
zusammenzubringen; / denn ich habe sie
losgekauft. / Sie werden so zahlreich sein
wie zuvor.
9 Ich habe sie unter die Völker gesät, /
doch in der Ferne werden sie an mich
denken. / Sie werden mit ihren Kindern
am Leben bleiben und heimkehren.
10 Ich werde sie aus dem Land Ägypten
heimführen, / aus Assur sie zusammen-
bringen.
Ich werde sie in das Land Gilead und
zum Libanon führen, / und es wird nicht
Raum genug für sie sein.
11 Sie werden durch die Meerenge zie-
hen / – er hat ja die Wellen im Meer
geschlagen –, / und alle Tiefen des Stro-
mes werden austrocknen.
Dann wird das hochmütige Assur
gestürzt, / und das Zepter Ägyptens muss
weichen.
12 Ich mache sie stark durch den Herrn, /
in seinem Namen werden sie ihren Weg
gehen – Spruch des Herrn.
11 Öffne, Libanon, deine Tore, / dass
Feuer deine Zedern verzehrt!
2 Heule, Zypresse! Denn die Zeder ist
gefallen, / die Herrlichen sind vernichtet!
Klagt, ihr Eichen von Baschan! / Denn
der undurchdringliche Wald ist zu Boden
gesunken!
3 Horch, wie die Hirten wehklagen; /
denn verwüstet ist ihre prächtige Weide!
Horch, wie die jungen Löwen brüllen; /

denn vernichtet ist das Dickicht am Jor-
dan!

Der Amtsmissbrauch der Führungsschicht

4 So spricht der Herr, mein Gott: Weide die
Schlachtschafe, 5 deren Käufer sie unge-
straft hinschlachten, deren Verkäufer sa-
gen: Dank sei dem Herrn, ich bin reich ge-
worden! Ihre Hirten haben kein Mitleid
mit ihnen. 6 Ja, ich habe kein Mitleid mehr
mit den Bewohnern des Landes – Spruch
des Herrn. Seht, ich liefere jeden Men-
schen seinem Nächsten aus und seinem
König. Sie richten das Land zugrunde,
und ich rette es aus ihrer Hand.

7 Und so weidete ich die Schlachtschafe
für die Händler, und ich nahm mir zwei
Stäbe. Den einen nannte ich Noam
(Freundlichkeit), den anderen nannte ich
Hobelim (Verbindung), und so hütete ich
die Schafe. 8 Dann entfernte ich drei der
Hirten in einem Monat. Ich war zornig
auf sie, und auch sie verabscheuten mich.
9 Da sagte ich: Ich will euch nicht länger
weiden. Mag sterben, was will, und zu-
grunde gehen, was will, und von den Üb-
rigbleibenden mag eines das andere auf-
fressen! 10 Und ich nahm meinen Stab
Noam und zerbrach ihn, um den Bund zu
lösen, den ich mit allen Völkern geschlos-
sen hatte. 11 So wurde er an jenem Tag ge-
löst, und die Schafhändler, die mich beob-
achteten, erkannten, dass es ein Wort des
Herrn war. 12 Da sagte ich zu ihnen: Wenn
es euch recht ist, so gebt mir meinen Lohn!
Wenn nicht, so lasst es bleiben! Doch sie
wogen mir meinen Lohn ab, dreißig Sil-
berstücke. 13 Da sprach der Herr zu mir:
Wirf ihn in dem Schmelzer hin, den schö-
nen Preis, den ich ihnen wert bin. Und ich
nahm die dreißig Silberstücke und warf sie
im Haus des Herrn dem Schmelzer hin.
14 Dann zerbrach ich auch den zweiten
Stab Hobelim, um den Bruderbund zwi-
schen Juda und Israel zu lösen. 15 Der Herr
sprach zu mir: Nimm dir noch einmal die
Ausrüstung des nichtsnutzigen Hirten!
16 Denn ich lasse einen Hirten im Land er-
stehen. Um das, was zugrunde geht, küm-
mert er sich nicht, was verirrt ist, sucht er
nicht, was gebrochen ist, heilt er nicht,
und was noch gesund ist, versorgt er nicht:
Aber das Fleisch der fetten Tiere verzehrt
er und reißt ihnen die Klauen ab.

17 Weh dem nichtsnutzigen Hirten, / der
die Schafe im Stich lässt!

Das Schwert über seinen Arm / und
über sein rechtes Auge!

Sein Arm soll ganz und gar verdorren, /
sein Auge ganz und gar erblinden!

Dritter Teil

Jerusalems Not, Rettung und Erneuerung

12 Ausspruch. Wort des Herrn über
Israel. Spruch des Herrn, der den
Himmel ausgespannt, die Erde gegründet
und den Geist in der Brust des Menschen
geformt hat. 2 Seht, ich mache Jerusalem
zu einer Taumelschale für alle Völker
ringsum [und auch für Juda; es gerät zu-
sammen mit Jerusalem in Bedrängnis.]
3 An jenem Tag wird es geschehen, da ma-
che ich Jerusalem zu einem Stemmstein
für alle Völker: Wer ihn stemmen will,
wird sich wund reiben. Alle Völker der
Erde werden sich gegen Jerusalem ver-
sammeln. 4 An jenem Tag – Spruch des
Herrn – mache ich alle Pferde scheu und
schlage ihre Reiter mit Raserei. Über dem
Haus Juda aber halte ich die Augen offen,
während ich alle Pferde der Völker mit
Blindheit schlage. 5 Dann werden die An-
führer Judas bei sich sagen: Die Stärke
der Bewohner Jerusalems beruht auf
dem Herrn der Heerscharen, ihrem Gott.
6 An jenem Tag mache ich die Anführer
Judas zu einem Feuerbecken im Holz-
stoß, zu einer Brandfackel im Strohhau-
fen. Sie fressen alle Völker ringsum, zur
Rechten und zur Linken. Jerusalem aber
wird auch weiterhin an seiner Stelle blei-
ben. 7 Doch der Herr wird zuerst den Zel-
ten Judas Hilfe bringen, damit der Ruhm
des Hauses David und der Bewohner Je-
rusalems gegenüber Juda nicht zu groß
wird. 8 An jenem Tag beschützt der Herr
die Bewohner Jerusalems, und der Ge-
brechlichste unter ihnen wird sein wie
David an jenem Tag und das Haus David
an ihrer Spitze wie Gott, wie der Engel
des Herrn. 9 An jenem Tag gehe ich daran,
alle Völker zu vernichten, die gegen Jeru-

salem anrücken. [10] Aber über das Haus David und die Bewohner Jerusalems werde ich den Geist des Erbarmens und des Gebets ausgießen, und sie werden auf den blicken, den sie durchbohrt haben. Ihn werden sie betrauern, wie man trauert um den einzigen Sohn, und bitter um ihn klagen, wie man um den Erstgeborenen klagt. [11] An jenem Tag wird die Totenklage in Jerusalem so laut sein wie die Klage um Hadad-Rimmon in der Ebene von Megiddo.

[12] Trauern wird das Land, jedes Geschlecht für sich: das Geschlecht des Hauses David für sich und seine Frauen für sich; das Geschlecht des Hauses Natan für sich und seine Frauen für sich; [13] das Geschlecht des Hauses Levi für sich und seine Frauen für sich; das Geschlecht Schimi für sich und seine Frauen für sich. [14] Alle übrigen Geschlechter, jedes Geschlecht für sich und ihre Frauen für sich.

13 An jenem Tag wird sich für das Haus David und die Bewohner Jerusalems eine Quelle öffnen gegen Sünde und Unreinheit.

Vernichtung der Götzen und der falschen Propheten

[2] Geschehen wird es an jenem Tag – Spruch des Herrn der Heerscharen –, da werde ich die Namen der Götzen im Land ausrotten, und man wird sich nicht mehr an sie erinnern. Auch die Propheten und den Geist der Unreinheit werde ich aus dem Land fortschaffen. [3] Sollte dann noch einer als Prophet auftreten, so werden sein Vater und seine Mutter, die ihn hervorgebracht haben, zu ihm sagen: Du darfst nicht am Leben bleiben; denn du hast Lüge geredet im Namen des Herrn! Sein Vater und seine Mutter, die ihn hervorgebracht haben, werden ihn durchbohren, wenn er als Prophet auftritt. [4] Geschehen wird es an jenem Tag, da schämt sich jeder wegen seiner Visionen, die er verkündet hat. Sie werden nicht mehr den härenen Mantel anziehen und sich verleugnen. [5] Jeder wird sagen: Ich bin kein Prophet. Bauer bin ich; denn der Acker ist mein Erwerb von Jugend auf. [6] Und fragt man ihn dann: Was sind das für Narben auf deiner Brust?, so wird er antworten: Die habe ich mir im Haus meiner Freunde zugezogen.

Der geläuterte Rest

[7] Schwert, wach auf gegen meinen Hirten / und gegen den Mann, der mir so nahe steht / – Spruch des Herrn der Heerscharen.

Schlag den Hirten, dass sich die Schafe zerstreuen. / Ich richte meine Hand gegen die Geringen.

[8] Es wird geschehen im ganzen Land / – Spruch des Herrn:

Zwei Drittel darin werden vernichtet, kommen um, / nur ein Drittel bleibt darin übrig.

[9] Dieses Drittel bringe ich ins Feuer, / und ich läutere sie, wie man Silber läutert, / und ich prüfe sie, wie man Gold prüft.

Sie werden meinen Namen anrufen, / und ich werde sie erhören.

Ich werde sagen: Das ist mein Volk. / Und es wird sagen: Der Herr ist mein Gott.

Der Tag des Herrn

14 Siehe, es kommt ein Tag für den Herrn, an dem man die Beute von dir in deiner Mitte verteilt. [2] Ich versammle alle Völker zum Kampf gegen Jerusalem. Die Stadt wird eingenommen, die Häuser werden geplündert, die Frauen geschändet. Die Hälfte der Stadt muss in die Verbannung ziehen; der Rest der Bevölkerung aber wird nicht aus der Stadt vertrieben. [3] Doch dann wird der Herr ausziehen und gegen diese Völkern kämpfen, wie er schon immer gekämpft hat am Tag der Schlacht.

[4] Seine Füße werden an jenem Tag auf dem Ölberg stehen, der im Osten gegenüber von Jerusalem liegt. Der Ölberg wird sich von seiner Mitte aus nach Osten und Westen spalten, sodass eine große Schlucht entsteht. Die eine Hälfte des Berges wird nach Norden und die andere Hälfte nach Süden weichen. [5] Ihr aber werdet zum Tal meiner Berge fliehen; denn das Tal der Berge reicht bis zum Jasol. Ihr werdet fliehen wie ihr vor dem Erdbeben in den Tagen Usijas, des Königs von Juda, geflohen seid. Dann wird der Herr, mein Gott, einziehen und alle seine Heiligen mit ihm.

[6] An jenem Tag wird es geschehen, da gibt es kein Licht, sondern Kälte und Frost. [7] Es wird einen Tag lang – er ist dem

Herrn bekannt – weder Tag noch Nacht
werden, sondern zur Abendzeit wird es
hell sein. 8 An jenem Tag wird es gesche-
hen, da strömen lebendige Wasser von Je-
rusalem aus; die eine Hälfte fließt in das
östliche, die andere Hälfte in das westliche
Meer; sie fließen Sommer und Winter.
9 Dann wird der Herr König sein über die
ganze Erde. An jenem Tag wird der Herr
einzig sein und einzig sein Name. 10 Das
ganze Land von Geba bis Rimmon im Sü-
den von Jerusalem wird sich in eine Ebene
verwandeln; Jerusalem aber wird empor-
ragen und bleiben, wo es war, vom Benja-
mintor bis zum Ort des alten Tores, bis
zum Ecktor, und vom Turm Hananel bis
zu den Keltern des Königs. 11 Man wird da-
rin wohnen, und es wird keine Vernich-
tung mehr geben, und Jerusalem wird in
Sicherheit wohnen.

12 Dies aber wird der Schlag sein, mit
dem der Herr alle Völker schlägt, die ge-
gen Jerusalem zu Feld gezogen sind: Er
lässt ihren Körper verfaulen, während sie
noch auf den Füßen stehen; die Augen
verfaulen ihnen in ihren Höhlen, die Zun-
ge verfault ihnen im Mund. 13 An jenem
Tag wird es geschehen, da bewirkt der
Herrn eine gewaltige Verwirrung unter ih-
nen. Einer wird den anderen bei der Hand
ergreifen und einer die Hand gegen den
anderen erheben. 14 Auch Juda wird gegen
Jerusalem kämpfen, und der Reichtum al-
ler Völker ringsum wird zusammengetra-
gen, Gold, Silber und Gewänder in großen
Menge. 15 Entsprechend wird der Schlag
sein, der die Pferde, die Maultiere, die Ka-
mele, die Esel und das ganze Vieh in die-
sen Lagern trifft.

16 Und wer noch übrig geblieben ist von
all den Völkern, die gegen Jerusalem gezo-
gen sind, wird Jahr für Jahr hinaufziehen,
um den König, den Herrn der Heerscha-
ren, anzubeten und das Laubhüttenfest zu
feiern. 17 Wenn aber eines von den Ge-
schlechtern der Erde nicht hinaufgeht
nach Jerusalem, den König, den Herrn
der Heerscharen, anzubeten, dann wird
bei ihm kein Regen fallen. 18 Und wenn
das Volk Ägyptens nicht hinaufzieht und
nicht kommt, dann wird auch sie der
Schlag ereilen, mit dem der Herr die Völ-
ker schlägt, die nicht hinaufziehen, um das
Laubhüttenfest zu feiern. 19 Das wird die
Strafe Ägyptens und die Strafe aller Völker
sein, die nicht hinaufziehen, um das Laub-
hüttenfest zu feiern.

20 An jenem Tag wird auf den Schellen
der Pferde stehen: Dem Herrn heilig. Die
Töpfe im Haus des Herrn werden den Op-
ferschalen vor dem Altar gleichgestellt
sein. 21 Jeder Topf in Jerusalem und Juda
wird dem Herrn der Heerscharen heilig
sein. Alle Opfernden werden kommen, da-
von nehmen und darin kochen. Und kei-
nen Händler wird es an jenem Tag mehr
im Haus des Herrn der Heerscharen ge-
ben.

Das Buch Maleachi

Überschrift

1 Wort des Herrn an Israel durch Ma-
leachi.

Die Liebe des Herrn zu Israel

2 Ich liebe euch, spricht der Herr, / ihr aber
sagt: Wodurch hast du uns deine Liebe
gezeigt?
Ist nicht Esau ein Bruder Jakobs gewe-
sen? – Spruch des Herrn –, / und doch
liebe ich Jakob,
3 Esau aber hasse ich / und mache seine
Städte zu Ödland
und überlasse sein Erbteil / den Scha-
kalen der Wüsten.
4 Wenn Edom sagt: Wir sind zwar ver-

wüstet, / aber wir bauen die Ruinen wieder auf,
so spricht der Herr der Heerscharen: / Sollen sie nur aufbauen, ich reiße wieder ein.
Man wird sie nennen „Land der Gottlosigkeit“ / und „Volk, dem der Herr ewig zürnt“.
5 Ihr werdet es mit eigenen Augen sehen und dann bekennen: / Mächtig hat sich der Herr erwiesen über Israels Grenzen hinaus.

Anklagerede gegen die Priester

6 Der Sohn ehrt den Vater, / und der Knecht fürchtet seinen Herrn.
Wenn ich nun Vater bin, / wo bleibt meine Ehre?
Wenn ich der Herr bin, / wo bleibt da die Furcht vor mir?,
spricht der Herr der Heerscharen / zu euch, ihr Priester, die ihr meinen Namen verachtet.
Ihr fragt wohl: Wieso haben wir denn
deinen Namen verachtet? / 7 Indem ihr auf
meinem Altar unreine Opfer darbringt.
Ihr fragt: Womit haben wir sie denn verunreinigt? / Damit, dass ihr denkt: Der Tisch des Herrn ist keiner Aufmerksamkeit wert.
8 Wenn ihr ein blindes Tier als Opfer darbringt, / ist das nicht schlecht?
Und wenn ihr ein lahmes und krankes Tier darbringt, / ist das nicht schlecht?
Bring es doch einmal deinem Statthalter, / ob er Freude daran hat
und dich gnädig aufnimmt, / spricht der Herr der Heerscharen.
9 Und nun besänftigt einmal Gott damit, / dass er sich unser erbarme! / Von euerer Hand kommt dies ja!
Wird er euch gnädig aufnehmen? – / spricht der Herr der Heerscharen.
10 Wäre doch einer unter euch, / der die Türen schlösse, / damit ihr nicht umsonst auf meinem Altar Feuer entzündet!
Ich habe kein Wohlgefallen mehr an euch, / spricht der Herr der Heerscharen, / und nehme kein Opfer mehr an aus euerer Hand.
11 Denn vom Aufgang der Sonne bis zu ihrem Untergang / ist mein Name groß unter den Völkern,
und an jedem Ort wird meinem Namen ein Rauchopfer dargebracht / und eine reine Opfergabe;
denn mein Name ist groß unter den Völkern, / spricht der Herr der Heerscharen.
12 Ihr aber entweiht ihn, indem ihr sagt: / Der Tisch des Herrn ist befleckt / und verächtlich seine Speise.
13 Und ihr sagt: Was für eine Mühsal! / und facht das Feuer an, – / spricht der Herr der Heerscharen.
So bringt ihr geraubte, lahme und kranke Tiere herbei / und bringt sie als Opfer dar.
Soll ich sie annehmen aus euerer Hand?, – / spricht der Herr der Heerscharen.
14 Verflucht sei der Betrüger, der in seiner Herde ein männliches Tier hat, / das er gelobt hat, und mir ein schadhaftes Tier opfert.
Denn ein großer König bin ich, / spricht der Herr der Heerscharen, / und mein Name ist gefürchtet unter den Völkern.

Unheilsspruch über die Priester

2 Jetzt ergeht über euch, ihr Priester, folgender Beschluss:
2 Wenn ihr nicht hören wollt / und es euch nicht zu Herzen nehmt,
dass ihr meinem Namen die Ehre gebt, / spricht der Herr der Heerscharen,
so sende ich gegen euch den Fluch und verfluche eueren Segen; / ja, ich verfluche ihn, denn ihr nehmt es euch nicht zu Herzen.
3 Seht, ich zerschmettere euch den Arm / und schleudere euch Mist ins Gesicht,
den Mist euerer Festopfer, / und trage euch mit ihm hinaus.
4 Dann werdet ihr erkennen, dass ich es bin, / der diesen Beschluss gegen euch ergehen ließ,
damit mein Bund mit Levi bestehen bleibt, / spricht der Herr der Heerscharen.
5 Mein Bund mit ihm war Leben und Heil, und ich gab sie ihm; / Furcht, dass er mich fürchten und Scheu vor meinem Namen haben soll.
6 Zuverlässige Weisung war in seinem Mund, / und kein Falsch war auf seinen Lippen zu finden.
In Freundschaft und Geradheit ging er

mit mir seinen Weg / und hielt viele vom Bösen zurück.

7 Denn die Lippen des Priesters sollen die Erkenntnis bewahren, / und Weisung erwartet man aus seinem Mund; / denn der Bote des Herrn der Heerscharen ist er.

8 Ihr aber seid vom Weg abgewichen / und habt viele ins Wanken gebracht durch die Belehrung,

den Bund Levis zunichte gemacht, / spricht der Herr der Heerscharen.

9 So mache auch ich euch / allem Volk verächtlich und niedrig,

weil ihr meine Wege nicht bewahrt, / sondern bei der Belehrung auf die Person schaut.

Mischehen und Ehescheidung

10 Haben wir nicht alle denselben Vater? / Hat nicht der eine Gott uns erschaffen?

Warum handeln wir also treulos gegeneinander / und entweihen den Bund unserer Väter?

11 Treulos hat Juda gehandelt, / und Gräuel wird verübt in Israel und in Jerusalem.

Denn entweiht hat Juda das Heiligtum des Herrn, das er liebt, / und die Tochter eines fremden Gottes gefreit.

12 Der Herr vertilge den Mann, der solches tut, / aus den Zelten Jakobs jedweden, der für ihn zeugt und spricht / und Opfer darbringt dem Herrn der Heerscharen.

13 Und zum Zweiten tut ihr noch dies: / Ihr bedeckt mit Tränen den Altar des Herrn, / mit Weinen und mit Klagen,

weil er sich nicht mehr euerer Opfergabe zuwendet / und sie nicht mehr gnädig aus euerer Hand annimmt.

14 Ihr fragt: Warum? / Weil der Herr Zeuge ist zwischen dir und der Frau deiner Jugend, / an der du treulos gehandelt hast,

die doch deine Gefährtin ist / und die Frau deines Bundes.

15 Hat er (sie) nicht zu einer Einheit geschaffen, / zu einem lebendigen Wesen?

Und was erstrebt dieses eine Wesen? / Nachkommenschaft von Gott.

Nehmt euch also um eueres Lebens willen in Acht, / und handelt an der Frau euerer Jugend nicht treulos!

16 Denn ich hasse Scheidung, / spricht der Herr, der Gott Israels,

und man dadurch sein Gewand bedeckt mit Ungerechtigkeit, / spricht der Herr der Heerscharen.

Nehmt euch also um eueres Lebens willen in Acht / und handelt nicht treulos!

Der Tag des Herrn

17 Ihr ermüdet den Herrn mit eueren Reden, / und ihr fragt: Womit ermüden wir ihn?

Damit, dass ihr sagt: Jeder, der Böses tut, / ist gut in den Augen des Herrn,

an ihnen hat er seine Freude. / Oder: Wo bleibt denn der Gott des Gerichts?

3 Seht, ich sende meinen Boten, / dass er mir den Weg bereitet.

Und plötzlich kommt dann zu seinem Tempel / der Herr, nach dem ihr verlangt,

und der Bote des Bundes, den ihr herbeiwünscht. / Seht, er kommt, spricht der Herr der Heerscharen.

2 Aber wer erträgt den Tag seines Kommens, / und wer kann bestehen bei seinem Erscheinen?

Denn er ist wie das Feuer des Schmelzers / und wie die Lauge der Wäscher.

3 Er setzt sich, / um das Silber zu schmelzen und zu reinigen.

Er reinigt die Söhne Levis / und läutert sie wie Gold und Silber,

dass sie dem Herrn wieder darbringen / Opfer in Gerechtigkeit.

4 Gefallen finden wird der Herr / an der Opfergabe Judas und Jerusalems

wie in den Tagen der Vorzeit / und wie in früheren Jahren.

5 Dann komme ich zu euch zum Gericht; / ich bin ein überraschender Zeuge gegen die Zauberer und Ehebrecher,

gegen die Meineidigen / und gegen alle, die den Taglöhner übervorteilen, / die Witwe und die Waise,

die den Fremden unterdrücken, ohne mich zu fürchten, / spricht der Herr der Heerscharen.

Zehnt und Abgaben für den Tempel

6 Ich, der Herr, habe mich nicht geändert, / und ihr habt nicht aufgehört, Söhne Jakobs zu sein.

7 Seit den Tagen euerer Väter seid ihr abgewichen von meinen Geboten / und habt sie nicht gehalten.

Kehrt um zu mir, so kehre ich um zu euch, / spricht der Herr der Heerscharen.

Ihr aber fragt: Warum sollen wir
umkehren? / 8 Darf denn ein Mensch Gott
betrügen? / Ihr betrügt mich ja!
Ihr aber sagt: Womit betrügen wir
dich? / Mit dem Zehnten und den Abga-
ben!
9 Mit dem Fluch seid ihr beladen, / und
doch betrügt ihr mich, / das ganze Volk!
10 Bringt den ganzen Zehnten in das
Vorratshaus, / auf dass Nahrung in mei-
nem Haus vorhanden ist,
und stellt mich damit auf die Probe, /
spricht der Herr der Heerscharen,
ob ich euch dann nicht die Schleusen
des Himmels öffne / und über euch Segen
im Überfluss ausgieße.
11 Dann banne ich für euch die Heu-
schrecke, / dass sie euch nicht die Früchte
des Feldes vernichtet,
und der Weinstock auf dem Feld nicht
ohne Ertrag ist, / spricht der Herr der
Heerscharen.
12 Und alle Völker der Erde werden euch
glücklich preisen; / denn ihr seid ein
glückliches Land, / spricht der Herr der
Heerscharen.

Triumph der Gerechten am Tag des Herrn

13 Anmaßend sind euere Reden gegen
mich, spricht der Herr. / Ihr aber sagt:
Was reden wir denn gegen dich?
14 Ihr sagt: Es ist unnütz, Gott zu die-
nen. / Was haben wir davon, dass wir
Anordnungen einhalten / und in Trauer-
kleidern einhergehen vor dem Herrn der
Heerscharen?
15 Wir müssen vielmehr die Übermüti-
gen glücklich preisen; / sie haben (sogar
noch) Erfolg, die Böses tun; / sie ver-
suchen Gott und entgehen doch der Strafe.
16 So redeten die Gottesfürchtigen
untereinander. / Der Herr horchte auf und
vernahm es,
und ein Gedenkbuch wurde vor ihm
geschrieben / für jene, die den Herrn
fürchten und seinen Namen achten.
17 Sie werden mir, spricht der Herr der
Heerscharen, / an dem Tag, an dem ich
handle, als Eigentum gelten.
Ich werde schonend mit ihnen verfah-
ren, / wie ein Mann seinen Sohn schont,
der ihm dient.
18 Dann werdet ihr wieder den Unter-
schied sehen / zwischen dem Gerechten
und dem Gottlosen,
zwischen dem, der Gott dient, / und
dem, der ihm nicht dient.
19 Denn seht, der Tag kommt, glühend
wie ein Ofen. / Da werden alle Übermüti-
gen und alle Frevler zu Spreu,
und der kommende Tag wird sie ver-
brennen, / spricht der Herr der Heerscha-
ren, / dass weder Wurzel noch Zweig übrig
bleibt.
20 Aber für euch, die ihr meinen Namen
fürchtet, / wird die Sonne der Gerechtig-
keit aufgehen und unter ihren Flügeln
Heilung.
Dann kommt ihr hervor / und springt
wie die Kälber aus dem Stall.
21 Dann werdet ihr die Gottlosen zertre-
ten; / denn Asche sind sie unter eueren
Fußsohlen
an dem Tag, an dem ich handle, /
spricht der Herr der Heerscharen.

Mose und Elija

22 Denkt an das Gesetz meines Knechtes
Mose; / ihm habe ich aufgetragen am
Horeb für ganz Israel / Gesetze und Rechte.
23 Seht, ich sende euch den Propheten
Elija, / bevor der Tag des Herrn kommt, /
der große und furchtbare.
24 Er wird das Herz der Väter wieder den
Söhnen zuwenden / und das Herz der
Söhne ihren Vätern,
damit ich nicht kommen / und das
Land dem Untergang weihen muss.

Neues Testament

Das Evangelium nach Matthäus

Geburt und Kindheit Jesu

Der Stammbaum Jesu

1 Stammbaum Jesu Christi, des Sohnes
Davids, des Sohnes Abrahams:
2 Abraham zeugte Isaak, Isaak zeugte Ja-
kob, Jakob zeugte Juda und seine Brüder,
3 Juda zeugte Perez und Serach mit Tamar,
Perez zeugte Hezron, Hezron zeugte
Aram, 4 Aram zeugte Amminadab, Ammi-
nadab zeugte Nachschon, Nachschon
zeugte Salmon, 5 Salmon zeugte Boas mit
Rahab, Boas zeugte Obed mit Rut, Obed
zeugte Isai, 6 Isai zeugte König David. Da-
vid zeugte Salomo mit der Frau Urijas,
7 Salomo zeugte Rehabeam, Rehabeam
zeugte Abija, Abija zeugte Asa, 8 Asa zeugte
Joschafat, Joschafat zeugte Joram, Joram
zeugte Usija, 9 Usija zeugte Jotam, Jotam
zeugte Ahas, Ahas zeugte Hiskija, 10 Hiski-
ja zeugte Manasse, Manasse zeugte Amon,
Amon zeugte Joschija, 11 Joschija zeugte Jo-
jachin und seine Brüder zur Zeit der Weg-
führung nach Babylon.

12 Nach der Wegführung nach Babylon
zeugte Jojachin Schealtiël, Schealtiël zeug-
te Serubbabel, 13 Serubbabel zeugte Abi-
hud, Abihud zeugte Eljakim, Eljakim
zeugte Azor, 14 Azor zeugte Zadok, Zadok
zeugte Achim, Achim zeugte Eliud, 15 Eliud
zeugte Eleasar, Eleasar zeugte Mattan,
Mattan zeugte Jakob, 16 Jakob zeugte Josef,
den Mann Marias, von der Jesus geboren
wurde, der Christus genannt wird.

17 Von Abraham bis David sind es also
vierzehn Geschlechter, von David bis zur
Wegführung nach Babylon sind es vier-
zehn Geschlechter und von der Wegfüh-
rung nach Babylon bis zu Christus vier-
zehn Geschlechter.

Die Geburt Jesu

18 Mit der Geburt Jesu Christi verhielt es
sich so: Als seine Mutter Maria mit Josef
verlobt war, fand es sich, noch bevor sie
miteinander lebten, dass sie schwanger
war aus heiligen Geist. 19 Da aber Josef, ihr
Mann, gerecht war und sie nicht bloßstel-
len wollte, gedachte er, sie im Stillen zu
entlassen. 20 Während er noch darüber
nachdachte, erschien ihm ein Engel des
Herrn im Traum und sprach zu ihm: Josef,
Sohn Davids, scheu dich nicht, Maria, dei-
ne Frau, zu dir zu nehmen; denn was sie
empfangen hat, ist aus heiligen Geist. 21 Sie
wird einen Sohn gebären, ihm sollst du
den Namen Jesus geben; denn er wird sein
Volk von seinen Sünden erlösen. 22 Dies al-
les ist geschehen, damit das Wort des
Herrn in Erfüllung geht, das er durch den
Propheten gesprochen hat: 23 *Seht, die
Jungfrau wird schwanger werden und einen
Sohn gebären, und man wird ihm den Na-
men Immanuel geben,* das heißt übersetzt:
Gott mit uns. 24 Als nun Josef vom Schlaf
erwachte, tat er, wie der Engel des Herrn
ihm aufgetragen hatte, und nahm seine
Frau zu sich. 25 Er erkannte sie aber nicht,
bis sie einen Sohn geboren hatte. Und er
gab ihm den Namen Jesus.

Der Besuch der Magier

2 Als nun Jesus geboren war, zu Betle-
hem im Land Juda in den Tagen des
Königs Herodes, da kamen Magier aus
dem Osten nach Jerusalem 2 und fragten:
Wo ist der neugeborene König der Juden?
Wir haben seinen Stern aufgehen sehen
und sind gekommen, ihm zu huldigen.
3 Als König Herodes das hörte, erschrak er
und ganz Jerusalem mit ihm. 4 Er ließ alle
Hohenpriester und Schriftgelehrten des
Volkes zusammenkommen und forschte
sie aus, wo der Messias geboren werden
solle. 5 Sie antworteten ihm: In Betlehem
in Judäa. Denn so steht beim Propheten
geschrieben: 6 *Du, Betlehem im Land Juda,
bist keineswegs die geringste unter den füh-
renden Städten Judas; denn aus dir wird
ein Herrscher hervorgehen, der mein Volk
Israel weiden wird.*

7 Da rief Herodes die Magier heimlich zu
sich und horchte sie aus, wann ihnen der
Stern erschienen war. 8 Dann schickte er
sie nach Betlehem und sagte: Geht und
forscht sorgfältig nach dem Kind; und so-

bald ihr es gefunden habt, lasst es mich wissen, damit auch ich komme und ihm huldige. 9 Nachdem sie den König angehört hatten, brachen sie auf. Und der Stern, den sie hatten aufgehen sehen, zog vor ihnen her, bis er ankam und über dem Ort stehen blieb, wo das Kind war. 10 Als sie den Stern erblickten, hatten sie eine überaus große Freude. 11 Sie traten in das Haus ein und sahen das Kind mit Maria, seiner Mutter, fielen nieder und huldigten ihm. Dann öffneten sie ihre Schätze und brachten ihm Geschenke dar, Gold, Weihrauch und Myrrhe. 12 Und da sie im Traum die Weisung empfingen, nicht zu Herodes zurückzukehren, zogen sie auf einem anderen Weg heim in ihr Land.

Flucht nach Ägypten und Kindermord in Betlehem

13 Nachdem sie aufgebrochen waren, erschien dem Josef ein Engel des Herrn im Traum und sprach: Steh auf, nimm das Kind und seine Mutter und flieh nach Ägypten und bleib dort, bis ich es dir sage; denn Herodes will nach dem Kind suchen, um es zu töten. 14 Da stand er auf, nahm in der Nacht das Kind und seine Mutter und floh nach Ägypten. 15 Dort blieb er bis zum Tod des Herodes. So sollte das Wort in Erfüllung gehen, das der Herr durch den Propheten gesprochen hatte: *Aus Ägypten habe ich meinen Sohn gerufen.*

16 Als Herodes sich nun von den Weisen hintergangen sah, geriet er in heftigen Zorn, sandte aus und ließ in Betlehem und der ganzen Umgebung alle Knaben im Alter von zwei Jahren und darunter töten, genau der Zeit entsprechend, nach der er die Magier ausgeforscht hatte. 17 Da erfüllte sich das Wort, das durch den Propheten Jeremia gesprochen worden war:

18 *Eine Stimme hörte man in Rama, viel Weinen und Wehklagen: Rahel weinte um ihre Kinder und wollte sich nicht trösten lassen, weil sie nicht mehr sind.*

Die Rückkehr aus Ägypten

19 Als Herodes gestorben war, erschien dem Josef in Ägypten ein Engel des Herrn im Traum 20 und sprach: Steh auf, nimm das Kind und seine Mutter und zieh in das Land Israel; denn die dem Kind nach dem Leben getrachtet haben, sind gestorben. 21 Da stand er auf, nahm das Kind und seine Mutter und zog in das Land Israel. 22 Als er aber hörte, dass Archelaus anstelle seines Vaters über Judäa herrschte, fürchtete er sich, dorthin zu gehen. Nachdem er aber im Traum eine Weisung empfangen hatte, zog er in das Gebiet von Galiläa. 23 Er kam in eine Stadt namens Nazaret und nahm dort Wohnung. So sollte sich das Wort der Propheten erfüllen: Er wird Nazoräer genannt werden.

Die Vorbereitung des Wirkens Jesu

Die Predigt Johannes' des Täufers

3 In jenen Tagen trat Johannes der Täufer auf und predigte in der Wüste von Judäa: 2 Kehrt um; denn das Himmelreich ist nahe. 3 Dieser nämlich ist es, von dem durch den Propheten Jesaja gesagt worden war:

Eine Stimme ruft in der Wüste: / Bereitet den Weg des Herrn! / Macht seine Straßen eben!

4 Er aber, Johannes, trug ein Gewand aus Kamelhaaren und einen ledernen Gürtel um seine Hüften. Seine Nahrung waren Heuschrecken und wilder Honig. 5 Damals zog Jerusalem und ganz Judäa und die ganze Jordangegend zu ihm hinaus. 6 Sie ließen sich von ihm im Jordan taufen und bekannten dabei ihre Sünden. 7 Als er aber viele Pharisäer und Sadduzäer zur Taufe kommen sah, sagte er zu ihnen: Ihr Natternbrut! Wer hat euch gelehrt, ihr könntet dem kommenden Zorn entfliehen? 8 Bringt also Frucht, die der Umkehr entspricht, 9 und lasst euch nicht einfallen, zu denken: Wir haben Abraham zum Vater. Denn ich sage euch: Aus diesen Steinen da kann Gott dem Abraham Kinder erwecken. 10 Schon ist die Axt an die Wurzel der Bäume gelegt; jeder Baum, der keine gute Frucht bringt, wird umgehauen und ins Feuer geworfen. 11 Ich taufe euch mit Wasser zur Umkehr. Der aber, der nach mir kommt, ist stärker als ich; ich bin nicht wert, ihm die Schuhe nachzutra-

gen. Er wird euch mit Heiligem Geist und
Feuer taufen. 12 Die Wurfschaufel ist in sei-
ner Hand; er wird seine Tenne fegen und
seinen Weizen in die Scheune sammeln;
die Spreu aber wird er in unauslösch-
lichem Feuer verbrennen.

Die Taufe Jesu

13 Da kam Jesus von Galiläa zu Johannes an
den Jordan, um sich von ihm taufen zu las-
sen. 14 Johannes aber wollte ihn daran hin-
dern und sagte: Ich habe nötig, von dir ge-
tauft zu werden, und du kommst zu mir?
15 Doch Jesus antwortete ihm: Lass es jetzt
zu; denn so gebührt es uns, alle Gerechtig-
keit zu erfüllen. Da ließ er ihn zu. 16 Als
aber Jesus getauft war, stieg er sogleich
aus dem Wasser. Da öffnete sich ihm der
Himmel und er sah den Geist Gottes wie
eine Taube herabschweben und auf sich
kommen. 17 Und eine Stimme aus dem
Himmel sprach: *Dies ist mein geliebter*
Sohn, an dem ich Gefallen habe.

Die Versuchung in der Wüste

4 Danach wurde Jesus vom Geist in die
Wüste geführt, um vom Teufel ver-
sucht zu werden. 2 Nachdem er vierzig Ta-
ge und vierzig Nächte gefastet hatte, be-
kam er Hunger. 3 Da trat der Versucher
an ihn heran und sagte: Wenn du Gottes
Sohn bist, so befiehl, dass diese Steine Brot
werden. 4 Er antwortete: Es steht geschrie-
ben: *Nicht vom Brot allein lebt der Mensch,*
sondern von jedem Wort, das aus dem
Mund Gottes kommt. 5 Darauf nahm ihn
der Teufel mit in die Heilige Stadt, stellte
ihn auf die Zinne des Tempels 6 und sagte
zu ihm: Wenn du Gottes Sohn bist, so
stürze dich hinab. Denn es steht geschrie-
ben: *Seinen Engeln wird er deinetwegen Be-*
fehl geben und sie werden dich auf Händen
tragen, damit dein Fuß nicht an einen Stein
stößt. 7 Jesus antwortete ihm: Es steht auch
geschrieben: *Du sollst den Herrn, deinen*
Gott, nicht versuchen. 8 Wieder nahm ihn
der Teufel mit auf einen sehr hohen Berg;
er zeigte ihm alle Reiche der Welt und ihre
Herrlichkeit 9 und sagte zu ihm: Das alles
will ich dir geben, wenn du niederfällst
und mich anbetest. 10 Da sagte Jesus zu
ihm: Hinweg, Satan! Denn es steht ge-
schrieben: *Den Herrn, deinen Gott, sollst*
du anbeten und ihm allein dienen. 11 Da
verließ ihn der Teufel und Engel traten
hinzu und dienten ihm.

Das Wirken Jesu in Galiläa

Rückkehr nach Galiläa

12 Als er hörte, dass man Johannes ins Ge-
fängnis geworfen hatte, zog er sich nach
Galiläa zurück. 13 Er verließ Nazaret und
kam nach Kafarnaum, das am See liegt,
im Gebiet von Sebulon und Naftali, und
nahm dort Wohnung. 14 So erfüllte sich
das Wort des Propheten Jesaja: *Das Land*
Sebulon und das Land Naftali, 15 *das Land*
am Meer, das Land jenseits des Jordan, das
heidnische Galiläa: 16 *das Volk, das im Fins-*
tern saß, sah ein großes Licht; über denen,
die im Land und Schatten des Todes saßen,
ist ein Licht aufgegangen. 17 Von da an be-
gann Jesus zu verkünden: Kehrt um! Denn
das Himmelreich ist nahe.

Die Berufung der ersten Jünger

18 Als er am See von Galiläa entlang wan-
derte, sah er zwei Brüder: Simon, der Pe-
trus genannt wird, und seinen Bruder An-
dreas. Sie warfen ein Netz in den See, denn
sie waren Fischer. 19 Da sagte er zu ihnen:
Kommt, folgt mir nach. Ich will euch zu
Menschenfischern machen. 20 Sofort ver-
ließen sie ihre Netze und folgten ihm.
21 Als er weiterging, sah er zwei andere
Brüder: Jakobus, den Sohn des Zebedäus,
und seinen Bruder Johannes. Sie waren
mit ihrem Vater Zebedäus im Boot und
besserten ihre Netze aus. Er rief sie 22 und
sofort verließen sie das Boot und ihren Va-
ter und folgten ihm.

Jesus lehrt und heilt

23 Er durchzog ganz Galiläa, lehrte in ihren
Synagogen, verkündete das Evangelium
vom Reich und heilte jede Krankheit und
jedes Gebrechen im Volk. 24 Und sein Ruf
verbreitete sich in ganz Syrien. Sie brach-
ten alle Leidenden zu ihm, alle, die von
den verschiedensten Krankheiten und
Schmerzen geplagt waren, Besessene,
Mondsüchtige und Gelähmte, und er heil-

te sie. 25 Ganze Scharen aus Galiläa, der Dekapolis, aus Jerusalem, Judäa und aus dem Gebiet jenseits des Jordan folgten ihm.

Die Bergpredigt

5

Als er aber die Volksscharen sah, stieg er auf den Berg, und als er sich gesetzt hatte, traten seine Jünger zu ihm. 2 Und er öffnete seinen Mund und lehrte sie.

Die Seligpreisungen

3 Er sagte:

Selig die Armen im Geist; denn ihnen gehört das Himmelreich.

4 Selig die Trauernden; denn sie werden getröstet werden.

5 Selig die Sanftmütigen; denn sie werden das Land erben.

6 Selig, die hungern und dürsten nach der Gerechtigkeit; denn sie werden satt werden.

7 Selig die Barmherzigen; denn sie werden Barmherzigkeit erlangen.

8 Selig, die ein reines Herz haben; denn sie werden Gott schauen.

9 Selig die Friedensstifter; denn sie werden Söhne Gottes heißen.

10 Selig, die verfolgt werden um der Gerechtigkeit willen; denn ihnen gehört das Himmelreich.

11 Selig seid ihr, wenn sie euch um meinetwillen schmähen und verfolgen und euch alles lügnerische nachsagen. 12 Freut euch und jubelt, denn euer Lohn ist groß im Himmel. Denn ebenso haben sie auch die Propheten vor euch verfolgt.

Vorgelebtes Christentum

13 Ihr seid das Salz der Erde. Wenn aber das Salz fade geworden ist, womit soll man es salzen? Es taugt zu nichts mehr, als dass es hinausgeworfen und von den Leuten zertreten wird.

14 Ihr seid das Licht der Welt. Eine Stadt, die auf dem Berg liegt, kann nicht verborgen bleiben. 15 Auch zündet man nicht ein Licht an und stellt es unter den Scheffel, sondern (man stellt es) auf den Leuchter; dann leuchtet es allen, die im Haus sind. 16 So soll euer Licht vor den Menschen leuchten, damit sie euere guten Werke sehen und eueren Vater im Himmel preisen.

Die Erfüllung des Gesetzes

17 Denkt nicht, ich sei gekommen, um das Gesetz oder die Propheten aufzuheben. Ich bin nicht gekommen, um aufzuheben, sondern um zu erfüllen. 18 Amen, ich sage euch: Bis Himmel und Erde vergehen, wird nicht ein Jota oder Häkchen vom Gesetz vergehen, bevor nicht alles geschehen ist. 19 Wer also eines dieser geringsten Gebote aufhebt und die Menschen entsprechend lehrt, der wird der Geringste im Himmelreich sein. Wer sie aber hält und lehrt, der wird groß sein im Himmelreich. 20 Denn ich sage euch: Wenn euere Gerechtigkeit nicht weit größer ist als die der Schriftgelehrten und Pharisäer, so werdet ihr nicht ins Himmelreich kommen.

Statt Mord und Zorn Versöhnung

21 Ihr habt gehört, dass zu den Alten gesagt worden ist: *Du sollst nicht töten.* Wer aber tötet, soll dem Gericht verfallen sein. 22 Ich aber sage euch: Jeder, der seinem Bruder zürnt, soll dem Gericht verfallen sein. Wer aber zu seinem Bruder sagt: Du Dummkopf!, soll dem Hohen Rat verfallen sein. Und wer sagt: Du Narr!, soll der Feuerhölle verfallen sein. 23 Wenn du nun deine Gabe zum Altar bringst und dich dort erinnerst, dass dein Bruder etwas gegen dich hat, 24 dann lass deine Gabe dort vor dem Altar und geh erst hin und versöhne dich mit deinem Bruder. Dann komm und bringe deine Gabe dar. 25 Vertrage dich ohne Zögern mit deinem Widersacher, solange du noch mit ihm unterwegs (zum Gericht) bist, damit der Widersacher dich nicht etwa dem Richter übergibt und der Richter dem Gerichtsdiener und du ins Gefängnis geworfen wirst. 26 Amen, ich sage dir: Du kommst von dort sicherlich nicht heraus, bis du den letzten Quadrans bezahlt hast.

Statt Ehebruch Selbstüberwindung

27 Ihr habt gehört, dass gesagt worden ist: *Du sollst nicht ehebrechen.* 28 Ich aber sage euch: Jeder, der eine Frau begehrlich anblickt, hat in seinem Herzen schon die Ehe mit ihr gebrochen. 29 Wenn dich daher dein rechtes Auge zur Sünde reizt, so reiß es aus und wirf es von dir. Es ist besser für dich, dass eines deiner Glieder verloren geht, als dass dein ganzer Leib in die Hölle geworfen wird. 30 Und wenn dich deine

rechte Hand zur Sünde reizt, so haue sie ab
und wirf sie von dir. Denn es ist besser für
dich, dass eines deiner Glieder verloren
geht, als dass dein ganzer Leib in die Hölle
fährt.

Von der Ehescheidung

31 Es ist auch gesagt worden: *Wer seine*
Frau entlässt, soll ihr einen Scheidebrief ge-
ben. 32 Ich aber sage euch: Jeder, der seine
Frau entlässt, außer wegen Unzucht, der
macht sie zur Ehebrecherin, und wer eine
Entlassene heiratet, begeht Ehebruch.

Statt Schwur und Eid Wahrhaftigkeit

33 Ferner habt ihr gehört, dass zu den Alten
gesagt worden ist: *Du sollst keinen Meineid*
schwören, sondern *du sollst dem Herrn dei-*
ne Schwüre halten. 34 Ich aber sage euch:
Ihr sollt überhaupt nicht schwören, weder
beim Himmel, denn er ist der Thron Got-
tes, 35 noch bei der Erde, denn sie ist der
Schemel seiner Füße, noch bei Jerusalem,
denn sie ist die Stadt des großen Königs.
36 Auch bei deinem Haupt sollst du nicht
schwören; denn du vermagst nicht, ein
einziges Haar weiß oder schwarz zu ma-
chen. 37 So sei euer Wort: Euer Ja sei ein
Ja, euer Nein ein Nein. Was darüber hi-
nausgeht, ist vom Bösen.

Statt Vergeltung Gewaltlosigkeit

38 Ihr habt gehört, dass gesagt worden ist:
Auge um Auge und *Zahn um Zahn.* 39 Ich
aber sage euch: Widersteht dem, der euch
Böses tut, nicht, sondern wer dich auf die
rechte Wange schlägt, dem halt auch die
andere hin. 40 Und dem, der dich vor Ge-
richt bringen und deinen Rock nehmen
will, dem lass auch den Mantel. 41 Und
wer dich nötigt, eine Meile mitzugehen,
mit dem geh zwei. 42 Dem, der dich bittet,
gib, und wer von dir borgen will, den weise
nicht ab.

Statt Feindschaft Feindesliebe

43 Ihr habt gehört, dass gesagt worden ist:
Du sollst deinen Nächsten lieben und dei-
nen Feind hassen. 44 Ich aber sage euch:
Liebt euere Feinde und betet für die, die
euch verfolgen, 45 damit ihr Söhne eueres
Vaters im Himmel werdet; denn er lässt
seine Sonne aufgehen über Böse und Gute
und er lässt regnen über Gerechte und Un-
gerechte. 46 Wenn ihr nämlich nur die liebt,
die euch lieben, welchen Lohn habt ihr da-
für? Machen nicht auch die Zöllner dassel-
be? 47 Und wenn ihr nur euere Brüder
grüßt, was tut ihr da Besonderes? Tun das
nicht auch die Heiden? 48 Seid also voll-
kommen, wie euer himmlischer Vater
vollkommen ist.

Vom Almosengeben

6 Achtet darauf, dass ihr euere Gerech-
tigkeit nicht vor den Menschen übt,
um von ihnen gesehen zu werden; sonst
habt ihr keinen Lohn bei euerem Vater,
der im Himmel ist. 2 Wenn du also Almo-
sen gibst, so lass nicht vor dir her trompe-
ten, wie es die Heuchler in den Synagogen
und in den Gassen machen, um von den
Menschen gelobt zu werden. Amen, ich
sage euch: Sie haben ihren Lohn schon er-
halten. 3 Du aber, wenn du Almosen gibst,
dann soll deine Linke nicht wissen, was
deine Rechte tut, 4 damit dein Almosen im
Verborgenen bleibt. Dein Vater, der ins
Verborgene sieht, wird dir vergelten.

Vom Beten. Das Vaterunser

5 Wenn ihr betet, so seid nicht wie die
Heuchler; denn sie beten gern, wenn sie in
den Synagogen und an den Straßenecken
stehen, um sich vor den Leuten zu zeigen.
Amen, ich sage euch: Sie haben ihren Lohn
schon erhalten. 6 Du aber, wenn du betest,
geh in deine Kammer und schließe deine
Tür zu und bete zu deinem Vater, der im
Verborgenen ist. Dein Vater, der ins Ver-
borgene sieht, wird dir vergelten.

7 Wenn ihr betet, plappert nicht wie die
Heiden. Denn sie meinen erhört zu wer-
den, wenn sie viele Worte machen.
8 Macht es also nicht wie sie. Euer Vater
weiß ja, was ihr braucht, noch bevor ihr
ihn bittet. 9 So sollt ihr beten:

Unser Vater im Himmel, / geheiligt
werde dein Name,

10 dein Reich komme, / dein Wille
geschehe / wie im Himmel, so auch auf
Erden.

11 Das Brot, das wir brauchen, gib uns
heute,

12 und erlass uns unsere Schuld, / wie
auch wir sie unsern Schuldnern erlassen
haben.

13 Und führe uns nicht in Versuchung, /
sondern erlöse uns von dem Bösen.

14 Wenn ihr nämlich den Menschen ihre

Verfehlungen vergebt, wird euer himm-
lischer Vater auch euch vergeben. 15 Wenn
ihr aber den Menschen nicht vergebt,
dann wird euer Vater auch euere Verfeh-
lungen nicht vergeben.

Vom Fasten

16 Wenn ihr fastet, so schaut nicht finster
drein wie die Heuchler; denn sie verstellen
ihr Gesicht, damit die Leute merken, dass
sie fasten. Amen, ich sage euch: Sie haben
ihren Lohn schon erhalten. 17 Du aber,
wenn du fastest, salbe dein Haar und wa-
sche dein Gesicht, 18 damit die Leute nicht
merken, dass du fastest, sondern nur dein
Vater, der im Verborgenen ist; und dein
Vater, der ins Verborgene sieht, wird dir
vergelten.

Von falscher und rechter Sorge

19 Sammelt euch nicht Schätze auf der Er-
de, wo Motte und Wurm sie zerstören und
wo Diebe einbrechen und stehlen. 20 Sam-
melt euch vielmehr Schätze im Himmel,
wo weder Motte noch Wurm sie zerstören
und wo Diebe nicht einbrechen und steh-
len. 21 Denn wo dein Schatz ist, da wird
auch dein Herz sein.

22 Das Licht des Leibes ist das Auge.
Wenn nun dein Auge gesund ist, wird dein
ganzer Leib licht sein. 23 Wenn aber dein
Auge krank ist, wird dein ganzer Leib fins-
ter sein. Wenn also das Licht in dir Fins-
ternis ist, wie groß wird dann die Finster-
nis sein!

24 Niemand kann zwei Herren dienen.
Denn entweder wird er den einen hassen
und den andern lieben oder an dem einen
hängen und den anderen verachten. Ihr
könnt nicht Gott dienen und dem Mam-
mon.

25 Darum sage ich euch: Sorgt euch nicht
um euer Leben, was ihr essen werdet, noch
um eueren Leib, was ihr anziehen werdet.
Ist nicht das Leben wichtiger als die Nah-
rung und der Leib wichtiger als das Kleid?
26 Schaut auf die Vögel des Himmels: Sie
säen nicht, sie ernten nicht und sammeln
nicht in Scheunen und euer himmlischer
Vater ernährt sie. Seid ihr nicht viel mehr
wert als sie? 27 Wer aber von euch kann mit
seinen Sorgen seiner Lebenslänge eine ein-
zige Elle hinzufügen? 28 Und was sorgt ihr
euch wegen der Kleidung? Betrachtet die
Lilien des Feldes, wie sie wachsen: Sie ar-
beiten nicht und spinnen nicht. 29 Ich sage
euch aber: selbst Salomo in all seiner
Pracht war nicht gekleidet wie eine von
ihnen. 30 Wenn aber Gott das Gras des Fel-
des, das heute steht und morgen in den
Ofen geworfen wird, so kleidet, wie viel
mehr euch, ihr Kleingläubigen! 31 Sorgt
euch also nicht und sagt nicht: Was wer-
den wir essen? oder: Was werden wir trin-
ken? oder: Was werden wir anziehen?
32 Denn nach all dem trachten die Heiden.
Euer himmlischer Vater weiß ja, dass ihr
das alles braucht. 33 Sucht vielmehr zuerst
das Reich und seine Gerechtigkeit: dann
wird euch all das dazugegeben. 34 Sorgt
euch also nicht um den morgigen Tag;
denn der morgige Tag wird für sich selber
sorgen. Jeder Tag hat genug eigene Plage.

Vom Richten

7 Richtet nicht, damit ihr nicht gerich-
tet werdet! 2 Denn wie ihr richtet, so
werdet ihr gerichtet werden, und mit dem
Maß, mit dem ihr messt, wird euch gemes-
sen werden. 3 Was siehst du den Splitter im
Auge deines Bruders, doch den Balken in
deinem Auge nimmst du nicht wahr?
4 Oder wie kannst du zu deinem Bruder sa-
gen: Lass mich den Splitter aus deinem
Auge herausziehen!, und dabei steht ein
Balken in deinem Auge? 5 Du Heuchler,
zieh zuerst den Balken aus deinem Auge.
Dann magst du sehen, wie du den Splitter
aus dem Auge deines Bruders heraus-
ziehst.

Von der Entweihung des Heiligen

6 Gebt das Heilige nicht den Hunden und
werft euere Perlen nicht vor die Schweine.
Sonst zertreten sie sie mit ihren Füßen
und machen dann kehrt und zerreißen
euch.

Von der Kraft des Betens

7 Bittet und es wird euch gegeben; sucht
und ihr werdet finden, klopft an und es
wird euch aufgetan. 8 Denn jeder, der bit-
tet, empfängt, und wer sucht, findet, und
wer anklopft, dem wird aufgetan. 9 Oder
wer von euch wird, wenn ihn sein Sohn
um Brot bittet, ihm einen Stein geben?
10 Oder wenn er ihn um einen Fisch bittet,
eine Schlange? 11 Wenn nun ihr, die ihr bö-
se seid, eueren Kindern gute Gaben zu ge-
ben wisst, wie viel mehr wird euer Vater

im Himmel denen Gutes geben, die ihn
bitten.

Die Goldene Regel

12 Alles, was ihr wollt, dass euch die Leute
tun, das sollt auch ihr ihnen tun! Denn
darin besteht das Gesetz und die Prophe-
ten.

Von den zwei Wegen

13 Tretet ein durch das enge Tor! Denn weit
ist das Tor und breit der Weg, der ins Ver-
derben führt, und viele sind es, die auf ihm
hineingehen. 14 Aber eng ist das Tor und
schmal der Weg, der ins Leben führt, und
wenige sind es, die ihn finden.

Von den falschen Propheten

15 Hütet euch vor den falschen Propheten,
die in Schafskleidern zu euch kommen, in-
wendig aber reißende Wölfe sind. 16 An
ihren Früchten werdet ihr sie erkennen.
Sammelt man etwa Trauben von Dornen
oder Feigen von Disteln? 17 So bringt jeder
gute Baum gute Früchte, der schlechte
Baum aber bringt schlechte Früchte. 18 Ein
guter Baum kann keine schlechten Früchte
bringen und ein schlechter Baum kann kei-
ne guten Früchte bringen. 19 Jeder Baum,
der keine gute Frucht bringt, wird umge-
hauen und ins Feuer geworfen. 20 An ihren
Früchten also werdet ihr sie erkennen.
21 Nicht jeder, der zu mir sagt: Herr,
Herr! wird in das Himmelreich kommen,
sondern wer den Willen meines Vaters tut,
der im Himmel ist. 22 Viele werden an je-
nem Tag zu mir sagen: Herr, Herr, haben
wir nicht geweissagt in deinem Namen, in
deinem Namen Dämonen ausgetrieben
und in deinem Namen viele Wunder ge-
wirkt? 23 Dann werde ich ihnen bekennen:
Ich habe euch nie gekannt. *Hinweg von
mir, ihr Übeltäter!*

Vom Haus auf dem Felsen

24 Jeder, der diese meine Worte hört und sie
befolgt, gleicht einem klugen Mann, der
sein Haus auf Fels gebaut hat. 25 Als ein
Platzregen herabstürzte, die Wasserfluten
kamen, die Winde tobten und über jenes
Haus herfielen, stürzte es nicht ein; denn
es war auf Fels gegründet. 26 Aber wer diese
meine Worte hört und sie nicht befolgt,
gleicht einem törichten Mann, der sein
Haus auf Sand gebaut hat. 27 Als nun ein
Platzregen herabstürzte, die Wasserfluten
kamen, die Winde tobten und über jenes
Haus herfielen, da stürzte es ein und sein
Fall war groß.

Die Wirkung der Predigt

28 Als Jesus diese Worte beendet hatte, wa-
ren die Volksscharen ganz betroffen von
seiner Lehre. 29 Denn er lehrte sie wie einer,
der Vollmacht hat, und nicht wie ihre
Schriftgelehrten.

Die Heilung eines Aussätzigen

8 Als er aber vom Berg herabstieg, folg-
ten ihm große Volksscharen. 2 Da kam
ein Aussätziger, fiel vor ihm nieder und
sagte: Herr, wenn du willst, kannst du
mich rein machen. 3 Da streckte er seine
Hand aus, berührte ihn und sagte: Ich will;
sei rein! Sofort wurde er von seinem Aus-
satz rein. 4 Da sagte Jesus zu ihm: Hüte
dich, es jemand zu sagen, sondern geh, *zei-
ge dich dem Priester* und bringe die Gabe
dar, die Mose vorgeschrieben hat, zum
Zeugnis für sie.

Der Hauptmann von Kafarnaum

5 Als er nach Kafarnaum kam, trat ein
Hauptmann an ihn heran mit der Bitte:
6 Herr, mein Knecht liegt gelähmt zu Hau-
se und leidet große Qual. 7 Er sprach zu
ihm: Soll ich etwa kommen und ihn hei-
len? 8 Da antwortete der Hauptmann: Herr,
ich bin nicht wert, dass du unter mein
Dach trittst. Aber sprich nur ein Wort, so
ist mein Knecht geheilt. 9 Denn auch ich
bin ein Mann, der unter Befehlsgewalt
steht, und habe Soldaten unter mir. Sage
ich nun zu einem: Geh!, so geht er, und
zu einem andern: Komm!, so kommt er,
und zu meinem Knecht: Tu das!, so tut er
es. 10 Als Jesus das hörte, staunte er und
sprach zu denen, die ihm folgten: Amen,
ich sage euch: Bei niemand in Israel habe
ich solchen Glauben gefunden. 11 Ich sage
euch: Viele werden von Osten und Westen
kommen und mit Abraham, Isaak und Ja-
kob im Himmelreich zu Tisch liegen. 12 Die
Söhne des Reiches aber werden hinaus-
gestoßen in die Finsternis draußen. Dort
wird Heulen und Zähneknirschen sein.
13 Und Jesus sagte zum Hauptmann: Geh,
dir soll geschehen, wie du geglaubt hast.
Und in derselben Stunde war der Knecht
geheilt.

Die Heilung der Schwiegermutter des Petrus

14 Jesus kam in das Haus des Petrus und
sah dessen Schwiegermutter fieberkrank
daniederliegen. 15 Er berührte ihre Hand,
und das Fieber verließ sie. Sie stand auf
und bewirtete ihn.

Viele Heilungen

16 Als es Abend geworden war, brachte man
viele Besessene zu ihm. Er trieb die Geister
durch sein Wort aus und heilte alle Kran-
ken. 17 So sollte sich das Wort des Prophe-
ten Jesaja erfüllen: *Er hat unsere Leiden
weggenommen und unsere Krankheiten ge-
tragen.*

Forderungen der Nachfolge Jesu

18 Als Jesus die große Volksschar um sich
sah, befahl er, an das andere Ufer zu fah-
ren. 19 Da trat ein Schriftgelehrter an ihn
heran und sagte zu ihm: Meister, ich will
dir folgen, wohin du auch gehst. 20 Jesus
antwortete ihm: Die Füchse haben Höhlen
und die Vögel des Himmels Nester. Der
Menschensohn aber hat nichts, wohin er
sein Haupt legen kann.

21 Ein anderer aber, einer von den Jün-
gern, sagte zu ihm: Herr, erlaube mir, zu-
erst heimzugehen und meinen Vater zu
begraben. 22 Jesus aber antwortete ihm:
Folge mir, und lass die Toten ihre Toten
begraben.

Der Sturm auf dem See

23 Er stieg in das Boot und seine Jünger
folgten ihm. 24 Da erhob sich ein gewaltiger
Sturm auf dem See, sodass die Wogen das
Boot zudeckten. Er aber schlief. 25 Sie tra-
ten zu ihm, weckten ihn und riefen: Herr,
hilf! Wir gehen zugrunde! 26 Er aber ant-
wortete ihnen: Was seid ihr so furchtsam,
ihr Kleingläubigen? Dann stand er auf und
schalt die Winde und den See und es trat
große Stille ein. 27 Die Leute aber verwun-
derten sich und sagten: Was ist das für ein
Mann, dass selbst die Winde und der See
ihm gehorchen?

Die Heilung der Besessenen von Gadara

28 Als er an das andere Ufer in das Land der
Gadarener gekommen war, traten ihm
zwei Besessene entgegen, die aus den
Grabhöhlen herauskamen. Sie waren sehr
gefährlich, sodass niemand diesen Weg
benutzen konnte. 29 Sie schrien: Was haben
wir mit dir zu tun, Sohn Gottes? Bist du
hierher gekommen, um uns vor der Zeit
zu quälen? 30 Nun weidete in einiger Ent-
fernung von ihnen eine große Schweine-
herde. 31 Da baten ihn die Dämonen: Wenn
du uns austreibst, so schick uns in die
Schweineherde. 32 Er sagte zu ihnen: Fort
mit euch! Da fuhren sie aus und fuhren in
die Schweine. Und die ganze Herde raste
den Abhang hinab in den See und kam im
Wasser um. 33 Die Hirten aber flohen, lie-
fen in die Stadt und berichteten alles, auch
das mit den Besessenen. 34 Da zog die gan-
ze Stadt hinaus, Jesus entgegen, und als sie
ihn sahen, baten sie ihn, ihr Gebiet zu ver-
lassen.

Die Heilung eines Gelähmten

9 Er stieg in das Boot, fuhr hinüber und
kam in seine Stadt. 2 Da brachten sie
ihm einen Gelähmten, der auf einem Bett
lag. Als Jesus ihren Glauben sah, sagte er
zu dem Gelähmten: Mut, mein Kind, deine
Sünden sind dir vergeben. 3 Da dachten ei-
nige Schriftgelehrte: Der lästert. 4 Da Jesus
ihre Gedanken kannte, sagte er: Warum
denkt ihr Böses in eueren Herzen? 5 Was
ist denn leichter, zu sagen: Deine Sünden
sind dir vergeben, oder zu sagen: Steh auf
und geh umher? 6 Damit ihr aber wisst,
dass der Menschensohn Macht hat, auf
der Erde Sünden zu vergeben – sagte er
zu dem Gelähmten: Steh auf, nimm dein
Bett und geh heim! 7 Und er stand auf und
ging heim. 8 Als das die Volksscharen sa-
hen, fürchteten sie sich und priesen Gott,
der den Menschen solche Vollmacht gege-
ben hat.

Die Berufung des Matthäus und das Mahl mit den Zöllnern

9 Als Jesus weiterging, sah er einen Mann
namens Matthäus am Zoll sitzen und sagte
zu ihm: Folge mir! Da stand er auf und
folgte ihm nach. 10 Als er in seinem Haus
zu Tisch lag, kamen viele Zöllner und Sün-
der und legten sich mit Jesus und seinen
Jüngern zu Tisch. 11 Als die Pharisäer das
sahen, sagten sie zu seinen Jüngern: Wa-
rum isst euer Meister mit Zöllnern und
Sündern? 12 Er aber hörte es und sagte:
Nicht die Gesunden brauchen den Arzt,
sondern die Kranken. 13 Geht und lernt
verstehen, was das heißt: *Erbarmen will
ich und nicht Opfer.* Denn ich bin nicht

gekommen, Gerechte zu berufen, sondern
Sünder.

Die Fastenfrage

14 Da traten die Jünger des Johannes an ihn
heran mit der Frage: Warum fasten wir
und die Pharisäer, deine Jünger aber fasten
nicht? 15 Jesus antwortete ihnen: Können
die Hochzeitsgäste trauern, solange der
Bräutigam bei ihnen ist? Es werden aber
Tage kommen, da wird ihnen der Bräu-
tigam genommen sein. Dann werden sie
fasten. 16 Niemand setzt ein Stück neues
Tuch auf ein altes Kleid; denn der Flicken
reißt vom Kleid ab und der Riss wird noch
schlimmer. 17 Auch füllt man nicht neuen
Wein in alte Schläuche. Sonst zerreißen
die Schläuche, der Wein läuft aus und die
Schläuche sind verdorben. Neuen Wein
füllt man in neue Schläuche, dann bleiben
beide erhalten.

Die Heilung einer blutflüssigen Frau und die Auferweckung der Tochter eines Synagogenvorstehers

18 Während er so zu ihnen redete, kam ein
Synagogenvorsteher, fiel vor ihm nieder
und sagte: Meine Tochter ist soeben gestor-
ben. Aber komm und leg ihr deine Hand
auf, dann wird sie leben. 19 Jesus stand auf
und folgte ihm mit seinen Jüngern.
20 Da trat eine Frau, die seit zwölf Jahren
an Blutungen litt, von hinten an ihn heran
und berührte die Quaste seines Gewandes.
21 Denn sie dachte: Wenn ich nur sein Ge-
wand berühre, werde ich geheilt. 22 Jesus
aber wandte sich um, sah sie und sagte:
Mut, meine Tochter, dein Glaube hat dir
Heilung gebracht. Von jener Stunde an
war die Frau geheilt.
23 Als Jesus in das Haus des Synagogen-
vorstehers kam und die Flötenspieler und
die lärmende Menge sah, 24 sagte er: Geht
weg, das Mädchen ist nicht tot, sondern es
schläft. Da verlachten sie ihn. 25 Nachdem
die Menge hinausgetrieben war, trat er hi-
nein und ergriff ihre Hand. Da stand das
Mädchen auf. 26 Die Nachricht davon ver-
breitete sich in der ganzen Gegend.

Die Heilung zweier Blinder

27 Als Jesus weiterging, folgten ihm zwei
Blinde und schrien: Erbarme dich unser,
Sohn Davids! 28 Als er das Haus betrat, ka-
men die Blinden zu ihm. Jesus fragte sie:
Glaubt ihr, dass ich dies tun kann? Sie ant-
worteten ihm: Ja, Herr. 29 Da berührte er
ihre Augen und sagte: Euch geschehe nach
euerem Glauben. 30 Da öffneten sich ihre
Augen. Jesus aber schärfte ihnen aufs
Strengste ein: Nehmt euch in Acht, nie-
mand darf es erfahren. 31 Sie aber gingen
hinaus und erzählten von ihm in der gan-
zen Gegend.

Die Heilung eines stummen Besessenen

32 Als sie hinausgegangen waren, brachten
sie einen Stummen zu ihm, der besessen
war. 33 Sobald der Dämon ausgetrieben
war, sprach der Stumme. Da gerieten die
Volksscharen in Staunen und sagten:
Noch nie ist so etwas in Israel vorgekom-
men. 34 Die Pharisäer aber sagten: Durch
den Obersten der Dämonen treibt er die
Dämonen aus.

Die Aussendung der Jünger

Die große Ernte

35 Jesus zog durch alle Städte und Dörfer,
lehrte in ihren Synagogen, verkündete das
Evangelium vom Reich und heilte alle
Krankheiten und Gebrechen.
36 Als er die Volksscharen sah, wurde er
von Mitleid ergriffen; denn sie waren ge-
schunden und preisgegeben *wie Schafe, die
keinen Hirten haben*. 37 Da sagte er zu sei-
nen Jüngern: Die Ernte ist groß, aber es
gibt nur wenig Arbeiter. 38 Bittet daher
den Herrn der Ernte, Arbeiter für seine
Ernte zu schicken.

Die Berufung der Zwölf

10 Dann rief er seine zwölf Jünger zu
sich und gab ihnen Vollmacht, un-
reine Geister auszutreiben und alle Krank-
heiten und Gebrechen zu heilen. 2 Die Na-
men der zwölf Apostel sind: an erster
Stelle Simon, genannt Petrus, und sein
Bruder Andreas, dann Jakobus, der Sohn
des Zebedäus, 3 und sein Bruder Johannes,
Philippus und Bartholomäus, Thomas
und Matthäus, der Zöllner, Jakobus, der
Sohn des Alphäus, und Thaddäus, 4 Simon
Kananäus, und Judas Iskariot, der ihn ver-
raten hat.

Die Aussendung der Zwölf

5 Diese Zwölf sandte Jesus aus und gebot
ihnen: Geht nicht den Weg zu den Hei-

den und betretet auch keine Stadt der Samariter. 6 Geht vielmehr zu den verlorenen Schafen des Hauses Israel. 7 Geht und verkündet: Das Himmelreich ist nahe. 8 Heilt Kranke, erweckt Tote, macht Aussätzige rein, treibt Dämonen aus! Umsonst habt ihr empfangen, umsonst sollt ihr geben. 9 Verschafft euch weder Gold, Silber noch Kupfermünzen für euere Gürtel, 10 auch keine Reisetasche, auch nicht zwei Röcke, weder Sandalen noch Stab. Denn der Arbeiter ist seiner Nahrung wert. 11 Kommt ihr in eine Stadt oder ein Dorf, so fragt, wer es wert ist (, euch zu empfangen). Dort bleibt, bis ihr weiterwandert. 12 Wenn ihr in ein Haus eintretet, so bietet ihm den Gruß. 13 Und wenn das Haus er wert ist, so soll euer Friede in ihm einkehren; ist es aber nicht wert, so soll euer Friede zu euch zurückkehren. 14 Wenn man euch nicht aufnimmt und euere Worte nicht hören will, so verlasst jenes Haus oder jene Stadt und schüttelt den Staub von eueren Füßen. 15 Amen, ich sage euch: Dem Gebiet von Sodom und Gomorra wird es am Tag des Gerichts erträglicher ergehen als jener Stadt.

Ankündigung von Verfolgung

16 Seht, ich sende euch wie Schafe mitten unter die Wölfe. Seid also klug wie die Schlangen und ohne Falsch wie die Tauben. 17 Nehmt euch in Acht vor den Menschen; denn sie werden euch den Gerichten überliefern und in ihren Synagogen geißeln. 18 Auch vor Statthalter und Könige werdet ihr geführt um meinetwillen, ihnen und den Heiden zum Zeugnis. 19 Wenn sie euch aber ausliefern, dann macht euch keine Sorgen, wie oder was ihr reden sollt. Denn in jener Stunde wird euch eingegeben werden, was ihr reden sollt. 20 Denn nicht ihr seid es, die dann reden, sondern der Geist eueres Vaters ist es, der in euch redet. 21 Es wird aber ein Bruder den anderen dem Tod ausliefern und ein Vater den Sohn und Kinder werden gegen ihre Eltern auftreten und sie in den Tod schicken. 22 Und ihr werdet von allen gehasst um meines Namens willen. Wer aber ausharrt bis zum Ende, der wird gerettet. 23 Wenn sie euch in der einen Stadt verfolgen, so flieht in die nächste. Amen, ich sage euch: Ihr werdet mit den Städten Israels nicht zu Ende kommen, bis der Menschensohn kommt.

24 Der Jünger steht nicht über dem Meister und der Knecht nicht über seinem Herrn. 25 Es ist genug für den Jünger, wenn er wie sein Meister, und für den Knecht, wenn er wie sein Herr wird. Haben sie den Hausherrn Beelzebul genannt, um wie viel mehr seine Hausgenossen.

Furchtlos und offen reden

26 Fürchtet euch also nicht vor ihnen. Denn nichts ist verhüllt, was nicht enthüllt, und nichts verborgen, was nicht bekannt wird. 27 Was ich euch im Dunkeln sage, das sprecht im Licht aus, und was man euch ins Ohr flüstert, das verkündet von den Dächern.

28 Fürchtet euch nicht vor denen, die den Leib töten, die Seele aber nicht töten können. Fürchtet vielmehr den, der Seele und Leib in der Hölle verderben kann. 29 Verkauft man nicht zwei Sperlinge für ein As? Und doch fällt nicht einer von ihnen zur Erde ohne eueren Vater. 30 Bei euch aber sind sogar die Haare auf dem Kopf alle gezählt. 31 Fürchtet euch also nicht! Ihr seid mehr wert als viele Sperlinge.

32 Jeder nun, der sich vor den Menschen zu mir bekennt, zu dem werde auch ich mich vor meinem Vater im Himmel bekennen. 33 Wer mich aber vor den Menschen verleugnet, den werde auch ich vor meinem Vater im Himmel verleugnen.

Der Ernst des Einsatzes

34 Glaubt nicht, ich sei gekommen, Frieden auf die Erde zu bringen. Ich bin nicht gekommen, Frieden zu bringen, sondern das Schwert. 35 Denn ich bin gekommen, *den Menschen mit seinem Vater zu entzweien und die Tochter mit der Mutter und die Schwiegertochter mit ihrer Schwiegermutter.* 36 Und *die Feinde des Menschen werden seine eigenen Hausgenossen sein.* 37 Wer Vater oder Mutter mehr liebt als mich, ist meiner nicht wert, und wer Sohn oder Tochter mehr liebt als mich, ist meiner nicht wert. 38 Und wer nicht sein Kreuz auf sich nimmt und mir nachfolgt, ist meiner nicht wert. 39 Wer sein Leben gefunden hat, der wird es verlieren, und wer sein Leben verliert um meinetwillen, der wird es finden.

Der Lohn für die Aufnahme der Jünger

40 Wer euch aufnimmt, der nimmt mich auf, und wer mich aufnimmt, nimmt den auf, der mich gesandt hat. 41 Wer einen Propheten aufnimmt, weil es ein Prophet ist, wird Prophetenlohn erhalten, und wer einen Gerechten aufnimmt, weil es ein Gerechter ist, wird den Lohn eines Gerechten erhalten. 42 Und wer einem von diesenK-Kleinen auch nur einen Becher frisches Wasser zu trinken reicht, weil es ein Jünger ist – Amen, ich sage euch: Er wird nicht um seinen Lohn kommen.

11 Als Jesus mit der Unterweisung seiner zwölf Jünger zu Ende war, zog er weiter, um in den Städten zu lehren und zu predigen.

Die Anfrage des Täufers und die Antwort Jesu

2 Als Johannes im Gefängnis von den Taten Christi hörte, ließ er durch seine Jünger fragen: 3 Bist du es, der kommen soll, oder müssen wir einen anderen erwarten? 4 Jesus antwortete ihnen: Geht und berichtet Johannes, was ihr hört und seht: 5 *Blinde sehen, Lahme* gehen, Aussätzige werden rein und *Taube hören; Tote werden auferweckt* und *den Armen wird das Evangelium verkündet.* 6 Selig ist, der an mir keinen Anstoß nimmt.

Das Urteil Jesu über Johannes

7 Als sie gegangen waren, begann Jesus zu den Volksscharen über Johannes zu reden: Wozu seid ihr hinausgegangen in die Wüste? Ein Schilfrohr zu sehen, das im Wind schwankt? 8 Oder wozu seid ihr hinausgegangen? Einen Menschen zu sehen mit feinen Kleidern angetan? Leute, die feine Kleider tragen, sind in den Palästen der Könige. 9 Oder wozu seid ihr hinausgegangen? Einen Propheten zu sehen? Ja, ich sage euch: Viel mehr als einen Propheten. 10 Er ist es, von dem geschrieben steht: *Ich sende meinen Boten vor dir her, damit er den Weg vor dir bereitet.* 11 Amen, ich sage euch: Unter den von einer Frau Geborenen hat es keinen Größeren gegeben als Johannes den Täufer. Aber der Kleinste im Himmelreich ist größer als er. 12 Von den Tagen Johannes des Täufers bis heute wird dem Himmelreich Gewalt angetan; und Gewalttätige reißen es an sich. 13 Denn alle Propheten und das Gesetz haben bis zu Johannes hin geweissagt. 14 Und wenn ihr es annehmen wollt: Er ist Elija, der kommen soll. 15 Wer Ohren hat, der höre!

16 Mit wem soll ich dieses Geschlecht vergleichen? Kindern gleicht es, die auf den Marktplätzen sitzen und den anderen zurufen: 17 Wir haben euch mit Flöten aufgespielt und ihr habt nicht getanzt! Wir haben Klagelieder gesungen und ihr habt euch nicht an die Brust geschlagen! 18 Denn Johannes ist gekommen. Er aß nicht und trank nicht. Da sagen sie: Er hat einen Dämon. 19 Der Menschensohn ist gekommen. Er isst und trinkt. Da sagen sie: Seht den Schlemmer und Trinker, den Freund von Zöllnern und Sündern! Und doch empfing die Weisheit aus den von ihr bewirkten Taten ihre Rechtfertigung.

Gerichtsdrohung über die ungläubigen Städte

20 Darauf begann er, den Städten, in denen die meisten seiner Machttaten geschehen waren, zu drohen, weil sie nicht umgekehrt waren: 21 Wehe dir, Chorazin! Wehe dir, Betsaida! Wenn in Tyrus und Sidon die Machttaten geschehen wären, die bei euch geschehen sind, längst schon hätten sie sich in Sack und Asche bekehrt. 22 Ich sage euch: Tyrus und Sidon wird es am Tag des Gerichts erträglicher ergehen als euch. 23 Und du, Kafarnaum: *Wirst du* wohl *bis zum Himmel erhoben werden? Bis zur Unterwelt wirst du hinabfahren*! Wenn in Sodom die Machttaten geschehen wären, die bei dir geschahen, es stünde noch bis auf den heutigen Tag. 24 Ich sage euch: Dem Gebiet von Sodom wird es am Tag des Gerichts erträglicher ergehen als dir.

Dank an den Vater

25 In jener Zeit sprach Jesus: Ich preise dich, Vater, Herr des Himmels und der Erde, dass du dies vor Weisen und Klugen verborgen, Unmündigen aber offenbart hast. 26 Ja, Vater, so hat es dir gefallen. 27 Alles ist mir von meinem Vater übergeben. Niemand kennt den Sohn, nur der Vater; und den Vater kennt niemand, nur der Sohn und der, dem der Sohn es offenbaren will.

Das leichte Joch

28 Kommt alle zu mir, die ihr mühselig und beladen seid; ich will euch Ruhe verschaf-

fen. 29 Nehmt mein Joch auf euch und lernt
von mir; denn ich bin sanftmütig und de-
mütig von Herzen und *ihr werdet Ruhe
finden für euere Seelen.* 30 Denn mein Joch
ist sanft und meine Last leicht.

Das Ährenabrupfen am Sabbat

12 In jener Zeit ging Jesus am Sabbat
durch die Kornfelder. Seine Jünger
aber hatten Hunger und machten sich da-
ran, Ähren abzurupfen und zu essen. 2 Als
die Pharisäer das sahen, sagten sie zu ihm:
Schau, deine Jünger tun, was am Sabbat zu
tun nicht erlaubt ist. 3 Er aber sagte zu ih-
nen: Habt ihr nicht gelesen, was David tat,
als er und seine Begleiter hungrig waren?
4 Wie er in das Haus Gottes ging und wie
sie die Schaubrote aßen, die weder er noch
seine Begleiter essen durften, sondern nur
die Priester? 5 Oder habt ihr nicht im Ge-
setz gelesen, dass am Sabbat die Priester
im Tempel den Sabbat entweihen, ohne
sich schuldig zu machen? 6 Ich sage euch:
Hier ist mehr als der Tempel. 7 Hättet ihr
erkannt, was das heißt: *Erbarmen will ich
und nicht Opfer,* dann hättet ihr nicht Un-
schuldige verurteilt. 8 Denn der Menschen-
sohn ist Herr über den Sabbat.

Die Heilung einer verdorrten Hand am Sabbat

9 Nachdem er weitergegangen war, kam er
in ihre Synagoge. 10 Da war ein Mann mit
einer verdorrten Hand. Sie fragten ihn: Ist
es erlaubt, am Sabbat zu heilen? – damit
sie ihn anklagen könnten. 11 Er antwortete:
Ist einer unter euch, der sein einziges
Schaf, wenn es am Sabbat in eine Grube
fällt, nicht ergreifen und herausziehen
würde? 12 Wie viel mehr ist ein Mensch
wert als ein Schaf! Also ist es erlaubt, am
Sabbat Gutes zu tun. 13 Dann sagte er zu
dem Mann: Strecke deine Hand aus! Er
streckte sie aus und sie wurde wieder her-
gestellt, gesund wie die andere. 14 Die Pha-
risäer aber gingen hinaus und fassten den
Beschluss, ihn umzubringen.

Jesus, der Gottesknecht

15 Als Jesus davon erfuhr, zog er sich zu-
rück. Viele folgten ihm und er heilte sie
alle. 16 Doch schärfte er ihnen ein, ihn nicht
bekannt zu machen. 17 So sollte sich das
Wort des Propheten Jesaja erfüllen:
18 *Seht meinen Knecht, den ich erwählt
habe, / mein Geliebter, an dem meine Seele
Wohlgefallen hat.*
*Ich werde meinen Geist auf ihn legen /
und er wird den Völkern das Recht verkün-
den.*
19 *Er wird nicht streiten und nicht schrei-
en / und auf den Straßen wird man seine
Stimme nicht hören.*
20 *Ein geknicktes Rohr wird er nicht zer-
brechen / und einen glimmenden Docht
wird er nicht auslöschen, / bis er das Recht
zum Sieg hinausführt.*
21 *Und auf seinen Namen werden die
Völker hoffen.*

Verteidigungsrede Jesu

22 Da brachte man ihm einen Besessenen,
der blind und stumm war. Und er heilte
ihn, sodass der Stumme reden und sehen
konnte. 23 Da gerieten die Volksscharen
außer sich und sagten: Ist das etwa der
Sohn Davids? 24 Als das die Pharisäer hör-
ten, sagten sie: Der treibt die Dämonen
nur durch Beelzebul, den Obersten der
Dämonen, aus. 25 Er aber kannte ihre Ge-
danken und sagte zu ihnen: Jedes Reich,
das in sich selbst entzweit ist, wird verwüs-
tet, und keine Stadt und kein Haus, das in
sich selbst entzweit ist, kann Bestand ha-
ben. 26 Wenn also der Satan den Satan aus-
treibt, dann ist er mit sich selbst entzweit.
Wie soll dann sein Reich Bestand haben?
27 Und wenn ich durch Beelzebul die Dä-
monen austreibe, durch wen treiben sie
dann euere Söhne aus? Deshalb werden
sie euere Richter sein. 28 Wenn ich aber
durch den Geist Gottes die Dämonen aus-
treibe, so ist das Reich Gottes schon zu
euch gekommen.
29 Oder wie kann jemand in das Haus
eines starken Mannes eindringen und sei-
ne Habe rauben, wenn er nicht zuvor den
Starken gefesselt hat? Dann erst wird er
sein Haus ausplündern.
30 Wer nicht mit mir ist, der ist gegen
mich, und wer nicht mit mir sammelt, der
zerstreut. 31 Darum sage ich euch: Jede
Sünde und Lästerung wird den Menschen
vergeben werden, die Lästerung gegen den
Geist aber wird nicht vergeben. 32 Auch
dem, der ein Wort gegen den Menschen-
sohn sagt, wird vergeben werden; wer aber
etwas gegen den Heiligen Geist sagt, dem
wird nicht vergeben, weder in dieser noch
in der zukünftigen Welt.

33 Entweder nehmt an: Der Baum ist
gut, dann ist auch seine Frucht gut. Oder
nehmt an: Der Baum ist schlecht, dann ist
auch seine Frucht schlecht; denn an der
Frucht erkennt man den Baum. 34 Ihr Nat-
ternbrut, wie könnt ihr Gutes reden,
wenn ihr böse seid? Denn wovon das
Herz voll ist, davon redet der Mund.
35 Der gute Mensch holt aus dem guten
Schatz Gutes hervor und der böse
Mensch holt aus dem bösen Schatz Böses
hervor. 36 Ich sage euch: Über jedes unnüt-
ze Wort, das die Menschen reden, werden
sie Rechenschaft ablegen müssen am Tag
des Gerichts. 37 Denn nach deinen Worten
wirst du gerecht gesprochen und nach
deinen Worten wirst du verurteilt wer-
den.

Die Zeichenforderung der Pharisäer

38 Da entgegneten ihm einige der Schriftge-
lehrten und Pharisäer: Meister, wir wollen
von dir ein Zeichen sehen. 39 Er aber erwi-
derte ihnen: Ein böses und ehebrecheri-
sches Geschlecht fordert ein Zeichen, aber
es wird ihm kein Zeichen gegeben werden
als das Zeichen des Propheten Jona.
40 Denn wie *Jona drei Tage und drei Nächte
im Bauch des Seeungeheuers* war, so wird
der Menschensohn drei Tage und drei
Nächte im Herzen der Erde sein. 41 Die
Männer von Ninive werden beim Gericht
gegen dieses Geschlecht auftreten und es
verurteilen. Denn sie haben sich auf die
Predigt Jonas hin bekehrt. Hier aber ist
mehr als Jona. 42 Die Königin des Südens
wird beim Gericht gegen dieses Ge-
schlecht auftreten und es verurteilen; denn
sie kam von den Enden der Erde, um die
Weisheit Salomos zu hören. Hier aber ist
mehr als Salomo.

Die Rückkehr der unreinen Geister

43 Wenn aber der unreine Geist von dem
Menschen ausgefahren ist, schweift er
durch wasserlose Gegenden, sucht einen
Ruheplatz und findet ihn nicht. 44 Da sagt
er: Ich will in mein Haus zurückkehren,
das ich verlassen habe. Und kommt er
und findet es leer, gefegt und geschmückt,
45 dann geht er hin und nimmt sieben an-
dere Geister mit sich, die noch schlimmer
sind als er, und sie ziehen ein und wohnen
darin. Und so wird das Ende jenes Men-
schen schlimmer sein als sein Anfang. So
wird es auch diesem bösen Geschlecht er-
gehen.

Die wahren Verwandten Jesu

46 Während er noch zu den Volksscharen
redete, standen seine Mutter und seine
Brüder draußen und wollten mit ihm spre-
chen. [47 Da sagte jemand zu ihm: Deine
Mutter und deine Brüder stehen draußen
und wollen mit dir sprechen.] 48 Er aber ant-
wortete dem, der es ihm mitteilte: Wer ist
meine Mutter und wer sind meine Brüder?
49 Und er streckte die Hand über seine Jün-
ger aus und sagte: Das sind meine Mutter
und meine Brüder. 50 Denn jeder, der den
Willen meines Vaters im Himmel tut, der
ist mir Bruder und Schwester und Mutter.

Die große Gleichnisrede

13 An jenem Tag verließ Jesus das
Haus und setzte sich an den See.
2 Große Volksscharen sammelten sich um
ihn; deshalb stieg er in ein Boot und setzte
sich, während das ganze Volk am Ufer
stand. 3 Und er sprach lange zu ihnen in
Gleichnissen.

Das Gleichnis vom Sämann

Ein Sämann ging aus, um zu säen. 4 Als er
säte, fiel einiges auf den Weg und die Vö-
gel kamen und fraßen es auf. 5 Wieder an-
deres fiel auf steinigen Grund, wo es nicht
viel Erdreich hatte. Und es schoss rasch
auf, weil es kein tiefes Erdreich fand. 6 Als
aber die Sonne aufging, wurde es versengt,
und weil es keine Wurzel hatte, verdorrte
es. 7 Anderes aber fiel unter die Dornen
und die Dornen wuchsen auf und erstick-
ten es. 8 Anderes schließlich fiel auf gutes
Erdreich und brachte Frucht, teils hun-
dertfach, teils sechzigfach, teils dreißig-
fach. 9 Wer Ohren hat, der höre!

Warum Gleichnisse?

10 Da traten die Jünger an ihn heran und
fragten ihn: Warum redest du zu ihnen in
Gleichnissen? 11 Er antwortete: Euch ist es
gegeben, die Geheimnisse des Himmel-
reichs zu verstehen, jenen aber ist es nicht
gegeben. 12 Denn dem, der hat, wird gege-
ben, und er wird Überfluss haben. Wer
aber nicht hat, dem wird auch das genom-
men, was er hat. 13 Deshalb rede ich zu
ihnen in Gleichnissen, weil sie sehen und

doch nicht sehen und hören und doch
nicht hören und nichts verstehen. 14 An
ihnen erfüllt sich die Weissagung Jesajas:
Hören werdet ihr mit den Ohren und
nichts verstehen. / Sehend werdet ihr sehen
und nichts erkennen. / 15 Denn verstockt ist
das Herz dieses Volkes.
Schwer hören sie mit ihren Ohren / und
ihre Augen haben sie geschlossen,
damit sie nicht etwa sehen mit ihren
Augen / und mit den Ohren nicht hören
und mit dem Herzen nicht verstehen /
und sich bekehren und ich sie heile.
16 Selig aber sind euere Augen, weil sie
sehen, und euere Ohren, weil sie hören.
17 Amen, ich sage euch: Viele Propheten
und Gerechte haben sich danach gesehnt
zu sehen, was ihr seht, und haben es nicht
gesehen, und zu hören, was ihr hört, und
haben es nicht gehört.

Die Deutung des Gleichnisses vom Sämann

18 Hört nun, was das Gleichnis vom Sä-
mann bedeutet. 19 Bei jedem, der das Wort
vom Reich hört und es nicht versteht,
kommt der Böse und raubt das, was in sein
Herz gesät war. Dies ist der auf den Weg
Gesäte. 20 Der aber auf steinigen Grund
Gesäte, das ist jener, der das Wort hört
und es sofort mit Freuden aufnimmt. 21 Er
hat jedoch keine Wurzeln; denn er ist ein
Mensch des Augenblicks. Sobald aber
Drangsal oder Verfolgung um des Wortes
willen kommen, kommt er sofort zu Fall.
22 Der in die Dornen Gesäte, das ist jener,
der das Wort hört, aber die Sorgen der
Welt und der Trug des Reichtums ersti-
cken das Wort und es bringt keine Frucht.
23 Der aber auf gutes Erdreich Gesäte, das
ist jener, der das Wort hört und versteht;
er bringt dann auch Frucht und trägt teils
hundertfach, teils sechzigfach, teils drei-
ßigfach.

Das Gleichnis vom Unkraut unter dem Weizen

24 Er legte ihnen ein anderes Gleichnis vor:
Mit dem Himmelreich ist es wie mit einem
Mann, der guten Samen auf seinen Acker
gesät hatte. 25 Während aber die Leute
schliefen, kam sein Feind, säte Unkraut
mitten unter den Weizen und ging davon.
26 Als aber die Saat aufging und Frucht an-
setzte, kam auch das Unkraut zum Vor-
schein. 27 Da gingen die Knechte zum
Hausherrn und sagten: Herr, hast du nicht
guten Samen auf deinen Acker gesät? Wo-
her hat er nur das Unkraut? 28 Er antworte-
te ihnen: Das hat ein Feind getan. Da frag-
ten ihn die Knechte: Sollen wir gehen und
es ausreißen? 29 Er erwiderte: Nein, ihr
könntet beim Einsammeln des Unkrauts
zugleich auch den Weizen ausreißen.
30 Lasst beides miteinander wachsen bis
zur Ernte. Wenn dann die Ernte da ist, will
ich den Schnittern sagen: Sammelt zuerst
das Unkraut und bindet es in Bündel, um
es zu verbrennen. Den Weizen aber bringt
in meine Scheune.

Das Gleichnis vom Senfkorn

31 Er legte ihnen ein weiteres Gleichnis vor:
Das Himmelreich gleicht einem Senfkorn,
das einer nahm und auf seinen Acker säte.
32 Das ist zwar das kleinste von allen Sa-
menkörnern; wenn es aber ausgewachsen
ist, ist es größer als die Gartengewächse
und wird zu einem Baum, sodass *die Vögel*
des Himmels kommen und *in seinen Zwei-*
gen nisten.

Das Gleichnis vom Sauerteig

33 Er erzählte ihnen noch ein Gleichnis:
Das Himmelreich gleicht einem Sauerteig,
den eine Frau nahm und unter drei Sea
Mehl mischte, bis das Ganze durchsäuert
war.

Die Bedeutung der Gleichnisse

34 Das alles sagte Jesus den Volksscharen in
Gleichnissen; ohne Gleichnis redete er
nicht zu ihnen. 35 So sollte sich das Wort
des Propheten erfüllen:
Ich will meinen Mund in Gleichnissen
auftun, / will verkünden, was seit Grund-
legung (der Welt) *verborgen war.*

Die Deutung des Gleichnisses vom Unkraut

36 Darauf entließ er die Volksscharen und
ging nach Hause. Und die Jünger traten
an ihn heran und sagten: Erkläre uns das
Gleichnis vom Unkraut auf dem Acker.
37 Er antwortete: Der Mann, der den guten
Samen sät, ist der Menschensohn. 38 Der
Acker aber ist die Welt. Der gute Same,
das sind die Söhne des Reiches, und das
Unkraut sind die Söhne des Bösen. 39 Der
Feind, der es gesät hat, ist der Teufel. Die
Ernte ist das Ende der Welt, die Schnitter
sind die Engel. 40 Wie nun das Unkraut ge-

sammelt und im Feuer verbrannt wird, so
wird es auch am Ende der Welt sein: [41] Der
Menschensohn wird seine Engel aussen-
den und sie werden aus seinem Reich alle
Ärgernisse und Übeltäter sammeln [42] und
sie in den Feuerofen werfen. Dort wird
Heulen und Zähneknirschen sein. [43] Dann
werden die Gerechten leuchten wie die
Sonne im Reich ihres Vaters. Wer Ohren
hat, der höre!

Das Gleichnis vom Schatz und von der Perle

[44] Das Himmelreich gleicht einem im
Acker verborgenen Schatz. Ein Mann fand
ihn und deckte ihn wieder zu. Voll Freude
ging er hin, verkauft alles, was er besaß,
und kaufte jenen Acker.
[45] Auch gleicht das Himmelreich einem
Kaufmann, der schöne Perlen suchte.
[46] Als er aber eine kostbare Perle fand, ging
er hin, verkaufte alles, was er besaß, und
kaufte sie.

Das Gleichnis vom Fischnetz

[47] Auch gleicht das Himmelreich einem
Netz, das ins Meer geworfen wurde und
(Fische) aller Art zusammenbrachte. [48] Als
es voll war, zogen es die Fischer auf den
Strand, setzten sich und lasen die guten in
Gefäße, die schlechten aber warfen sie
weg. [49] So wird es am Ende der Welt sein:
Die Engel werden kommen und die Bösen
von den Gerechten trennen [50] und in den
Feuerofen werfen. Dort wird Heulen und
Zähneknirschen sein.

Abschluss der Gleichnisrede

[51] Habt ihr dies alles verstanden? Sie ant-
worteten ihm: Ja. [52] Da sagte er zu ihnen:
Deshalb gleicht jeder Schriftgelehrte, der
ein Jünger des Himmelreiches geworden
ist, einem Hausherrn, der Neues und Altes
aus seinem Schatz hervorholt.

Besuch in Nazaret

[53] Als Jesus diese Gleichnisse beendet hatte,
zog er weiter. [54] Er kam in seine Vaterstadt
und lehrte sie in ihrer Synagoge, sodass sie
staunten und sagten: Woher hat er diese
Weisheit und die Wunderkräfte? [55] Ist das
nicht der Sohn des Bauhandwerkers? Hei-
ßen nicht seine Mutter Mariam und seine
Brüder Jakobus, Josef, Simon und Judas?
[56] Und sind nicht alle seine Schwestern bei
uns? Woher hat er denn das alles? Und sie
nahmen Anstoß an ihm. [57] Jesus aber sagte
zu ihnen: Nirgends wird ein Prophet ver-
achtet außer in seiner Vaterstadt und in
seinem Haus. [58] Und er wirkte dort nicht
viele Machttaten wegen ihres Unglaubens.

Das Ende Johannes' des Täufers

14 Zu jener Zeit kam dem Tetrarchen
Herodes zu Ohren, was man über
Jesus redete, [2] und er sagte zu seinen Höf-
lingen: Das ist Johannes der Täufer. Er ist
von den Toten auferweckt worden und
deshalb wirken die Wunderkräfte in ihm.
[3] Herodes hatte nämlich Johannes festneh-
men, fesseln und ins Gefängnis werfen las-
sen wegen Herodias, der Frau seines Bru-
ders Philippus. [4] Denn Johannes hatte zu
ihm gesagt: Es ist dir nicht erlaubt, sie zu
haben. [5] Und er hätte ihn gerne töten las-
sen, fürchtete aber das Volk, weil man ihn
für einen Propheten hielt. [6] Als nun Hero-
des Geburtstag hatte, tanzte die Tochter
der Herodias vor den Gästen und gefiel
Herodes so gut, [7] dass er unter Eid ver-
sprach, ihr alles zu geben, was immer sie
wünschte. [8] Sie aber sagte, angestiftet von
ihrer Mutter: Gib mir hier auf einer Schüs-
sel den Kopf Johannes des Täufers. [9] Da
wurde der König betrübt, aber wegen sei-
ner Schwüre und wegen der Gäste befahl
er, ihn ihr zu geben. [10] Er sandte hin und
ließ Johannes im Gefängnis enthaupten.
[11] Sein Kopf wurde auf einer Schüssel ge-
bracht und dem Mädchen gegeben und
sie brachte ihn ihrer Mutter. [12] Da kamen
seine Jünger, holten den Leichnam und be-
gruben ihn. Dann gingen sie zu Jesus und
berichteten ihm davon.

Die Speisung der Fünftausend

[13] Als Jesus alles das hörte, zog er sich mit
einem Boot an einen einsamen Ort zu-
rück, um allein zu sein. Die Volksscharen
aber hörten davon und folgten ihm aus
den Städten zu Fuß nach. [14] Als er ausstieg
und die vielen Menschen sah, wurde er
von Mitleid ergriffen und heilte ihre Kran-
ken. [15] Als es Abend geworden war, kamen
die Jünger zu ihm und sagten: Die Gegend
ist einsam und es ist schon spät geworden.
Entlass also die Scharen, damit sie in die
Dörfer gehen und sich etwas zu essen kau-
fen. [16] Doch Jesus sagte zu ihnen: Sie brau-
chen nicht fortzugehen. Gebt ihr ihnen zu
essen! [17] Sie antworteten: Wir haben nichts

hier als fünf Brote und zwei Fische. 18 Er
aber sprach: Bringt sie mir her. 19 Dann
ließ er die Scharen sich im Gras lagern,
nahm die fünf Brote und die zwei Fische,
blickte zum Himmel auf, sprach das Se-
gensgebet, brach die Brote und gab sie
den Jüngern; die Jünger aber reichten sie
den Volksscharen; 20 und alle aßen und
wurden satt. Die übrig gebliebenen Bro-
cken sammelte man auf, zwölf Körbe voll.
21 Die gegessen hatten, waren etwa fünftau-
send Männer, ohne Frauen und Kinder.

Jesus und Petrus auf dem See

22 Sofort nötigte er die Jünger, in das Boot
zu steigen und ihm ans andere Ufer vo-
rauszufahren, während er selbst die Scha-
ren entließ. 23 Nachdem er die Volksscha-
ren entlassen hatte, stieg er allein auf den
Berg, um zu beten. Als es Abend geworden
war, befand er sich dort allein. 24 Das Boot
aber war schon viele Stadien vom Land
entfernt und wurde von den Wellen be-
drängt; denn es hatte Gegenwind. 25 Um
die vierte Nachtwache kam er auf sie zu;
er ging auf dem See. 26 Als ihn die Jünger
über den See kommen sahen, entsetzten
sie sich, weil sie meinten, es sei ein Ge-
spenst, und sie schrien vor Angst auf. 27 Er
aber redete sie sogleich an und sagte: Habt
Vertrauen, ich bin es. Fürchtet euch nicht!
28 Da antwortete ihm Petrus: Herr, wenn
du es bist, so befiehl, dass ich auf dem
Wasser zu dir komme. 29 Er sagte: Komm!
Da stieg Petrus aus dem Boot und ging
über dem Wasser auf Jesus zu. 30 Als er
aber den Wind bemerkte, fürchtete er sich
und begann zu sinken. Er schrie: Herr, ret-
te mich! 31 Sogleich streckte Jesus die Hand
aus, ergriff ihn und sagte zu ihm: Du
Kleingläubiger, warum hast du gezweifelt?
32 Und als sie ins Boot gestiegen waren, leg-
te sich der Wind. 33 Die Jünger im Boot
aber fielen vor ihm nieder und sagten:
Wahrhaftig, du bist Gottes Sohn.

Heilungen in Gennesaret

34 Sie fuhren hinüber und kamen bei Gen-
nesaret an Land. 35 Da die Leute ihn dort
erkannten, sandten sie Boten in die ganze
Umgegend. Und man brachte alle Kran-
ken zu ihm 36 und sie baten ihn, dass sie
wenigstens die Quaste seines Gewandes
berühren dürften. Und alle, die ihn be-
rührten, wurden geheilt.

Über Reinheit und Unreinheit

15 Da kamen aus Jerusalem Pharisäer
und Schriftgelehrte zu Jesus und
fragten: 2 Warum übertreten deine Jünger
die Überlieferung der Alten? Denn sie wa-
schen sich nicht die Hände vor dem Essen.
3 Er antwortete ihnen: Warum übertretet
ihr selbst das Gebot Gottes um euerer
Überlieferung willen? 4 Denn Gott hat ge-
sagt: *Ehre deinen Vater und deine Mutter!*,
und: *Wer Vater oder Mutter verflucht, soll
des Todes sterben.* 5 Ihr aber sagt: Wer zu
Vater oder Mutter sagt: Opfergabe (sei),
was ich dir schuldig bin, 6 der braucht sei-
nen Vater oder seine Mutter nicht zu eh-
ren. So habt ihr das Wort Gottes außer
Kraft gesetzt um euerer Überlieferung wil-
len. 7 Ihr Heuchler! Treffend hat Jesaja von
euch geweissagt:

8 *Dieses Volk ehrt mich mit den Lippen, /
doch ihr Herz ist fern von mir.*
9 *Vergebens ehren sie mich, / indem sie
Menschensatzungen als Lehre vortragen.*

10 Und er rief das Volk herbei und sagte
zu ihnen: Hört und begreift: 11 Nicht das,
was in den Mund hineinkommt, macht
den Menschen unrein, sondern was aus
dem Mund herauskommt, das macht den
Menschen unrein.
12 Da kamen die Jünger zu ihm und sag-
ten: Weißt du, dass die Pharisäer Anstoß
genommen haben, als sie das hörten? 13 Er
antwortete: Jede Pflanze, die nicht mein
himmlischer Vater gepflanzt hat, wird aus-
gerissen werden. 14 Lasst sie, sie sind blinde
Führer von Blinden. Wenn aber ein Blin-
der einen Blinden führt, werden beide in
die Grube fallen. 15 Da nahm Petrus das
Wort und sagte: Erkläre uns das Gleichnis.
16 Er aber sagte: Seid auch ihr noch immer
ohne Verständnis? 17 Begreift ihr denn
nicht, dass alles, was in den Mund hinein-
kommt, in den Bauch gelangt und in den
Abort ausgeschieden wird? 18 Aber was aus
dem Mund herauskommt, das kommt aus
dem Herzen und das verunreinigt den
Menschen. 19 Denn aus dem Herzen kom-
men böse Gedanken, Mord, Ehebruch,
Unzucht, Diebstahl, falsches Zeugnis, Läs-
terung. 20 Das ist es, was den Menschen
verunreinigt; aber mit ungewaschenen
Händen essen macht den Menschen nicht
unrein.

Die kanaanäische Frau

21 Jesus ging von dort weg und zog sich in das Gebiet von Tyrus und Sidon zurück. 22 Da kam eine kanaanäische Frau aus jener Gegend herbei und rief: Erbarme dich meiner, Herr, Sohn Davids! Meine Tochter wird von einem Dämon furchtbar geplagt. 23 Er aber antwortete ihr mit keinem Wort. Da traten seine Jünger zu ihm und baten ihn: Entlass sie, denn sie schreit hinter uns her. 24 Doch er antwortete: Ich bin nur zu den verlorenen Schafen des Hauses Israel gesandt. 25 Da kam sie, warf sich vor ihm nieder und sagte: Herr, hilf mir! 26 Er aber antwortete: Es ist nicht recht, das Brot den Kindern wegzunehmen und es den Hunden hinzuwerfen. 27 Sie aber sagte: Ja, Herr, aber auch die Hunde fressen von den Brocken, die vom Tisch ihrer Herren fallen. 28 Da antwortete ihr Jesus: Frau, dein Glaube ist groß. Dir geschehe, wie du willst. Und von jener Stunde an war ihre Tochter geheilt.

Die Speisung der Viertausend

29 Jesus zog weiter und kam an den See von Galiläa, stieg auf den Berg und setzte sich dort. 30 Da kamen große Volksscharen zu ihm, die Lahme, Krüppel, Blinde, Stumme und viele andere bei sich hatten; sie legten sie ihm zu Füßen, und er heilte sie. 31 Das Volk staunte als es sah, dass Stumme redeten, Verkrüppelte gesund wurden, Lahme gehen und Blinde sehen konnten; und sie priesen den Gott Israels.

32 Jesus aber rief seine Jünger zu sich und sagte: Ich habe Mitleid mit dem Volk; denn schon drei Tage harren sie bei mir aus und haben nichts zu essen. Ich will sie nicht hungrig weggehen lassen, sie könnten sonst auf dem Weg zusammenbrechen. 33 Da entgegneten ihm die Jünger: Woher sollen wir in der Wüste so viel Brot nehmen, um eine so große Volksmenge satt zu bekommen? 34 Jesus sagte zu ihnen: Wie viele Brote habt ihr? Sie antworteten: Sieben, und ein paar kleine Fische. 35 Da ließ er das Volk sich auf der Erde lagern, 36 nahm die sieben Brote und die Fische, sprach das Dankgebet, brach sie und gab sie den Jüngern; die Jünger aber reichten sie den Volksscharen, 37 und alle aßen und wurden satt. Man sammelte die übrig gebliebenen Brocken auf, sieben Körbe voll. 38 Die aber gegessen hatten, waren viertausend Männer, ohne Frauen und Kinder. 39 Danach entließ er das Volk, stieg in das Boot und kam in die Gegend von Magadan.

Die Zeichenforderung der Pharisäer

16 Da kamen die Pharisäer und Sadduzäer zu ihm, um ihn auf die Probe zu stellen. Sie baten ihn, ihnen ein Zeichen vom Himmel zu zeigen. 2 Er aber antwortete ihnen: [Am Abend sagt ihr: Es wird schön, denn der Himmel ist feuerrot, 3 und am Morgen: Heute gibt es Regen, denn der Himmel ist trübrot. Das Aussehen des Himmels wisst ihr zu deuten, nicht aber die Zeichen der Zeit!] 4 Ein böses und ehebrecherisches Geschlecht fordert ein Zeichen. Aber kein anderes Zeichen wird ihm gegeben als das Zeichen des Jona. Und er ließ sie stehen und ging weg.

Warnung vor den Pharisäern und Sadduzäern

5 Als die Jünger an das andere Ufer kamen, hatten sie vergessen, Brot mitzunehmen. 6 Jesus aber sagte zu ihnen: Gebt Acht und hütet euch vor dem Sauerteig der Pharisäer und Sadduzäer! 7 Sie aber überlegten und sagten: Wir haben kein Brot mitgenommen. 8 Als Jesus das merkte, sagte er: Was macht ihr euch Gedanken darüber, ihr Kleingläubigen, dass ihr kein Brot habt? 9 Versteht ihr noch nicht? Und erinnert ihr euch nicht mehr an die fünf Brote für die fünftausend, und wie viele Körbe ihr aufgesammelt habt? 10 Auch nicht mehr an die sieben Brote für die viertausend, und wie viel Körbe ihr aufgesammelt habt? 11 Wie könnt ihr dann nicht verstehen, dass ich nicht Brot meinte, als ich zu euch sagte: Hütet euch vor dem Sauerteig der Pharisäer und Sadduzäer? 12 Da verstanden sie, dass er nicht gemeint hatte, sie sollten sich vor dem Brotsauerteig hüten, sondern vor der Lehre der Pharisäer und Sadduzäer.

Das Messiasbekenntnis des Petrus und die Antwort Jesu

13 Als Jesus in die Gegend von Cäsarea Philippi kam, fragte er seine Jünger: Für wen halten die Leute den Menschensohn? 14 Sie antworteten: Die einen für Johannes den Täufer, andere für Elija, andere wieder für Jeremia oder sonst einen der Propheten. 15 Da sprach er zu ihnen: Ihr aber, für wen haltet ihr mich? 16 Da antwortete Simon

Petrus: Du bist der Messias, der Sohn des lebendigen Gottes. 17 Jesus antwortete ihm: Selig bist du, Simon, Sohn des Jona; denn nicht Fleisch und Blut haben dir das offenbart, sondern mein Vater im Himmel. 18 Ich aber sage dir: Du bist Petrus und auf diesen Felsen werde ich meine Kirche bauen und die Pforten der Unterwelt werden sie nicht überwältigen. 19 Ich werde dir die Schlüssel des Himmelreichs geben; was du auf der Erde binden wirst, das wird auch im Himmel gebunden sein, und was du auf der Erde lösen wirst, das wird auch im Himmel gelöst sein. 20 Darauf schärfte er den Jüngern aufs Strengste ein, niemand zu sagen, dass er der Messias sei.

Die erste Leidensankündigung

21 Von da an begann Jesus seinen Jüngern zu erklären, er müsse nach Jerusalem gehen und von den Ältesten, Hohenpriestern und Schriftgelehrten vieles erleiden; er werde getötet, aber am dritten Tag auferweckt werden. 22 Da nahm ihn Petrus auf die Seite und fing an, ihm Vorhaltungen zu machen; er sagte: Das verhüte Gott, Herr! Niemals darf dir das widerfahren! 23 Er aber wandte sich um und sagte zu Petrus: Hinweg von mir, Satan! Ein Ärgernis bist du für mich. Denn du denkst nicht die Gedanken Gottes, sondern die der Menschen.

Bedingungen der Nachfolge Jesu

24 Dann sagte Jesus zu seinen Jüngern: Wer mir nachfolgen will, der verleugne sich selbst, nehme sein Kreuz auf sich und folge mir nach. 25 Denn wer sein Leben retten will, wird es verlieren. Wer aber sein Leben verliert um meinetwillen, der wird es finden. 26 Denn was nützt es dem Menschen, wenn er die ganze Welt gewinnt, aber sein Leben verliert? Oder was kann ein Mensch als Lösegeld geben für sein Leben? 27 Denn der Menschensohn wird mit seinen Engeln in der Herrlichkeit seines Vaters kommen. Dann *wird er jedem nach seinen Taten vergelten.* 28 Amen, ich sage euch: Unter denen, die hier stehen, sind einige, die den Tod nicht erleiden, bis sie den Menschensohn in seiner Königsmacht kommen sehen.

Die Verklärung Jesu

17 Nach sechs Tagen nahm Jesus Petrus, Jakobus und dessen Bruder Johannes beiseite und führte sie auf einen hohen Berg. 2 Und er wurde vor ihren Augen verwandelt; sein Angesicht strahlte wie die Sonne, seine Gewänder aber wurden weiß wie das Licht. 3 Da erschienen ihnen Mose und Elija, die mit ihm redeten. 4 Petrus nahm das Wort und sagte zu Jesus: Herr, es ist gut, dass wir hier sind. Wenn du willst, werde ich hier drei Hütten bauen, dir eine, Mose eine und Elija eine. 5 Während er noch redete, überschattete sie eine leuchtende Wolke und eine Stimme aus der Wolke sprach: *Dies ist mein geliebter Sohn, an dem ich Gefallen gefunden habe; auf ihn sollt ihr hören!* 6 Als die Jünger das hörten, warfen sie sich auf ihr Angesicht nieder und fürchteten sich sehr. 7 Da trat Jesus zu ihnen, rührte sie an und sagte: Steht auf und fürchtet euch nicht. 8 Als sie aber aufblickten, sahen sie niemand als Jesus allein. 9 Während sie vom Berg herabstiegen, gebot ihnen Jesus: Erzählt niemand von dem, was ihr gesehen habt, bis der Menschensohn von den Toten auferweckt worden ist.

Elijas Wiederkunft

10 Da fragten ihn die Jünger: Warum sagen denn die Schriftgelehrten, zuerst müsse Elija kommen? 11 Er antwortete: Gewiss, Elija kommt *und wird* alles *wiederherstellen.* 12 Ich sage euch aber: Elija ist schon gekommen, doch sie haben ihn nicht erkannt, sondern mit ihm gemacht, was sie wollten. Das Gleiche wird auch der Menschensohn durch sie erleiden. 13 Da verstanden die Jünger, dass er zu ihnen von Johannes dem Täufer sprach.

Die Heilung eines mondsüchtigen Jungen

14 Als sie zur Volksmenge kamen, trat ein Mann auf ihn zu, warf sich vor ihm auf die Knie 15 und sagte: Herr, erbarme dich meines Sohnes; denn er ist mondsüchtig und hat schwer zu leiden. Oft fällt er nämlich ins Feuer und oft ins Wasser. 16 Ich habe ihn (schon) zu deinen Jüngern gebracht, aber sie vermochten ihn nicht zu heilen. 17 Da erwiderte Jesus: O du ungläubiges und verkehrtes Geschlecht! Wie lange noch muss ich bei euch sein? Wie lange muss ich euch noch ertragen? Bringt ihn her zu mir! 18 Jesus herrschte ihn an, da fuhr der Dämon von ihm aus und von jener Stunde an war der Junge geheilt. 19 Als

die Jünger mit Jesus allein waren, kamen sie zu ihm und fragten: Warum konnten wir ihn nicht austreiben? Er antwortete: 20 Wegen eueres Kleinglaubens. Amen, ich sage euch: Wenn ihr Glauben hättet wie ein Senfkorn, dann könntet ihr zu diesem Berg da sagen: Rück von hier dorthin! Und er würde wegrücken und nichts würde euch unmöglich sein. 21 [Diese Art (von Dämonen) wird nicht ausgetrieben, es sei denn durch Gebet und Fasten.]

Die zweite Leidensankündigung

22 Während sie in Galiläa zusammen waren, sagte Jesus zu ihnen: Der Menschensohn wird den Händen der Menschen ausgeliefert werden 23 und sie werden ihn töten, aber am dritten Tag wird er auferweckt werden. Da wurden sie sehr traurig.

Die Tempelsteuer

24 Als sie nach Kafarnaum kamen, traten die Einnehmer der Doppeldrachme an Petrus heran und fragten: Zahlt euer Meister die Doppeldrachme nicht? 25 Er antwortete: Doch. Als er dann ins Haus ging, kam ihm Jesus mit der Frage zuvor: Was meinst du, Simon? Von wem nehmen die Könige der Erde Zoll oder Steuer? Von ihren Söhnen oder von den Fremden? 26 Als er antwortete: Von den Fremden, sagte Jesus zu ihm: Also sind die Söhne frei. 27 Doch damit wir ihnen keinen Anstoß geben, geh an den See, wirf die Angel aus und nimm den ersten Fisch, der herauskommt. Wenn du sein Maul öffnest, wirst du ein Vierdrachmenstück finden. Das nimm und gib ihnen für mich und dich.

Die Gemeindeordnung

Der Rangstreit der Jünger

18 In jener Stunde kamen die Jünger mit der Frage zu Jesus: Wer ist der Größte im Himmelreich? 2 Da rief er ein Kind herbei, stellte es in ihre Mitte 3 und sagte: Amen, ich sage euch, wenn ihr nicht umkehrt und werdet wie die Kinder, könnt ihr nicht in das Himmelreich kommen. 4 Wer sich so klein macht wie dieses Kind, der ist der Größte im Himmelreich. 5 Und wer ein solches Kind in meinem Namen aufnimmt, der nimmt mich auf.

Warnung vor Verführung zum Bösen

6 Wer einen von diesen Kleinen, die an mich glauben, zur Sünde verführt, für den wäre es besser, wenn ihm ein Mühlstein um den Hals gehängt und er in die Tiefe des Meeres versenkt würde. 7 Wehe der Welt wegen der Verführungen! Es müssen ja Verführungen kommen, doch wehe dem Menschen, der die Verführung verschuldet.

8 Wenn dich deine Hand oder dein Fuß zum Bösen verführt, so hau ihn ab und wirf ihn von dir! Es ist besser, verstümmelt oder lahm in das Leben zu gelangen, als mit beiden Händen oder beiden Füßen ins ewige Feuer geworfen zu werden. 9 Und wenn dich dein Auge zum Bösen verführt, so reiß es aus und wirf es von dir! Es ist besser für dich, einäugig ins Leben zu gelangen, als mit beiden Augen in die Feuerhölle geworfen zu werden.

10 Seht zu, dass ihr nicht einen von diesen Kleinen verachtet! Denn ich sage euch: Ihre Engel im Himmel sehen allezeit das Angesicht meines Vaters im Himmel. 11 [Denn der Menschensohn ist gekommen zu retten, was verloren war.]

Das Gleichnis vom verlorenen Schaf

12 Was meint ihr? Wenn jemand hundert Schafe hat und eines von ihnen verirrt sich, wird er dann nicht die neunundneunzig auf den Bergen lassen und das verirrte suchen? 13 Und wenn er es findet – Amen, ich sage euch: Er freut sich mehr darüber als über die neunundneunzig, die sich nicht verirrt haben. 14 So ist es auch nicht der Wille bei euerem Vater im Himmel, dass eines von den Kleinen verloren geht.

Brüderliche Zurechtweisung

15 Wenn dein Bruder sündigt, dann geh hin und stelle ihn unter vier Augen zur Rede. Hört er auf dich, so hast du deinen Bruder gewonnen. 16 Hört er aber nicht, dann nimm noch einen oder zwei mit dir; denn *jede Sache soll durch den Mund von zwei oder drei Zeugen bestätigt werden.* 17 Hört er aber nicht auf sie, dann sage es der Gemeinde. Hört er aber auch auf die Gemeinde nicht, dann sei er dir wie ein Heide und Zöllner.

18 Amen, ich sage euch: Alles, was ihr auf der Erde binden werdet, das wird auch im

Himmel gebunden sein, und alles, was ihr
auf der Erde lösen werdet, das wird auch
im Himmel gelöst sein.
19 Weiter sage ich euch: Wenn sich zwei
von euch auf der Erde einig sind, um was
sie bitten wollen, so wird es ihnen zuteil
werden von meinem Vater im Himmel.
20 Denn wo zwei oder drei in meinem Na-
men versammelt sind, da bin ich mitten
unter ihnen.

Von der Vergebung

21 Da trat Petrus zu ihm und fragte: Herr,
wenn mein Bruder sich gegen mich ver-
fehlt, wie oft muss ich ihm vergeben? Bis
zu siebenmal? 22 Jesus antwortete ihm: Ich
sage dir: nicht bis zu siebenmal, sondern
bis zu siebenundsiebzigmal.

Das Gleichnis vom unbarmherzigen Schuldner

23 Deshalb ist es mit dem Himmelreich wie
mit einem König, der mit seinen Knech-
ten Abrechnung halten wollte. 24 Als er
nun begann abzurechnen, wurde einer
vor ihn gebracht, der zehntausend Talente
schuldig war. 25 Weil er nicht zahlen konn-
te, befahl der Herr, ihn samt Frau und
Kindern und seiner ganzen Habe zu ver-
kaufen und so die Schuld zu begleichen.
26 Da fiel ihm der Knecht zu Füßen und
flehte ihn an: Hab Geduld mit mir, ich will
dir ja alles bezahlen. 27 Der Herr erbarmte
sich jenes Knechtes, ließ ihn frei und er-
ließ ihm die Schuld. 28 Kaum war aber je-
ner Knecht hinausgegangen, da traf er
einen seiner Mitknechte, der ihm einhun-
dert Denare schuldig war. Den packte er,
würgte ihn und sagte: Bezahle, was du
schuldig bist. 29 Da fiel ihm der Mitknecht
zu Füßen und bat ihn: Hab Geduld mit
mir, ich will es dir ja bezahlen. 30 Aber der
wollte nicht, sondern ließ ihn ins Gefäng-
nis werfen, bis er die Schuld bezahlt hätte.
31 Als nun seine Mitknechte sahen, was da
vor sich ging, empörten sie sich darüber,
gingen zu ihrem Herrn und berichteten
ihm alles, was geschehen war. 32 Da ließ
ihn sein Herr zu sich rufen und sagte zu
ihm: Du böser Knecht, deine ganze Schuld
habe ich dir erlassen, weil du mich gebe-
ten hast. 33 Hättest nicht auch du dich dei-
nes Mitknechtes erbarmen müssen, so wie
ich mich deiner erbarmt habe? 34 Und voll
Zorn übergab ihn der Herr den Folter-
knechten, bis er ihm die ganze Schuld be-
zahlt hätte. 35 So wird auch mein himm-
lischer Vater mit euch verfahren, wenn
nicht jeder von euch seinem Bruder von
Herzen vergibt.

Jesus in Judäa und in Jerusalem

Von Ehe, Ehescheidung und Ehelosigkeit

19 Als Jesus diese Reden beendet
hatte, zog er von Galiläa weg und
begab sich in das Gebiet von Judäa jen-
seits des Jordan. 2 Große Volksscharen
folgten ihm nach und er heilte sie dort.
3 Da kamen Pharisäer zu ihm, um ihn
auf die Probe zu stellen, und fragten: Ist
es erlaubt, seine Frau aus jedem beliebi-
gen Grund zu entlassen? 4 Er antwortete:
Habt ihr nicht gelesen, dass der Schöpfer
sie von Anbeginn an als *Mann und Frau*
geschaffen 5 und gesagt hat: *Deshalb wird*
ein Mann Vater und Mutter verlassen
und an seiner Frau hängen und die beiden
werden ein Fleisch sein? 6 Also sind sie
nicht mehr zwei, sondern ein Fleisch.
Was Gott verbunden hat, das soll der
Mensch nicht trennen. 7 Da sagten sie zu
ihm: Wozu hat dann Mose vorgeschrie-
ben, einen *Scheidebrief auszustellen* und
sie zu entlassen? 8 Er antwortete ihnen:
Wegen euerer Herzenshärte hat Mose
euch erlaubt, euere Frauen zu entlassen.
Ursprünglich aber war es nicht so. 9 Ich
aber sage euch: Wer seine Frau entlässt,
außer wegen Unzucht, und eine andere
heiratet, begeht Ehebruch. 10 Da sagten
die Jünger zu ihm: Wenn die Sache des
Mannes gegenüber der Frau so steht,
dann ist es nicht gut zu heiraten. 11 Er
sagte zu ihnen: Nicht alle fassen dieses
Wort, sondern nur die, denen es gegeben
ist. 12 Denn es gibt Verschnittene, die vom
Mutterleib an so geboren sind, und es
gibt Verschnittene, die von den Men-
schen verschnitten wurden, und es gibt
Verschnittene, die sich selbst verschnitten
haben um des Himmelreichs willen. Wer
es fassen kann, der fasse es!

Jesus und die Kinder

13 Da wurden Kinder zu ihm gebracht, da-
mit er ihnen die Hände auflegt und (für
sie) betete. Die Jünger aber schalten die
Leute. 14 Doch Jesus sagte: Lasst die Kinder
und hindert sie nicht daran, zu mir zu
kommen; denn für solche (wie sie) ist das
Himmelreich. 15 Und er legte ihnen die
Hände auf und zog weiter.

Der reiche junge Mann

16 Es kam ein Mann zu ihm und fragte:
Meister, was muss ich Gutes tun, um das
ewige Leben zu erlangen? 17 Er antwortete
ihm: Was fragst du mich nach dem Gu-
ten? Nur Einer ist der Gute. Willst du aber
das Leben erlangen, so halte die Gebote.
18 Da fragte er ihn: Welche? Jesus antwor-
tete: *Du sollst nicht töten; du sollst nicht
ehebrechen; du sollst nicht stehlen; du sollst
kein falsches Zeugnis ablegen*; 19 *ehre Vater
und Mutter*; und: *Du sollst deinen Nächs-
ten lieben wie dich selbst.* 20 Der junge
Mann erwiderte ihm: Das alles habe ich
befolgt, was fehlt mir noch? 21 Jesus ant-
wortete ihm: Willst du vollkommen sein,
so geh hin, verkaufe, was du hast, und gib
es den Armen; so wirst du einen Schatz im
Himmel haben; dann komm und folge
mir nach. 22 Als der junge Mann das hörte,
ging er traurig davon; denn er hatte viele
Güter.

Die Gefahr des Reichtums

23 Jesus sagte zu seinen Jüngern: Amen, ich
sage euch, ein Reicher wird schwer in das
Himmelreich kommen. 24 Ich sage euch
noch einmal: Leichter geht ein Kamel
durch ein Nadelöhr, als dass ein Reicher
in das Reich Gottes gelangt. 25 Als das die
Jünger hörten, erschraken sie sehr und
sagten: Wer kann dann gerettet werden?
26 Jesus blickte sie an und sagte zu ihnen:
Bei Menschen ist das unmöglich, bei Gott
aber ist alles möglich.

Die Lohnfrage

27 Da antwortete ihm Petrus: Siehe, wir ha-
ben alles verlassen und sind dir nach-
gefolgt. Was wird uns also zuteil werden?
28 Jesus entgegnete ihnen: Amen, ich sage
euch: Ihr, die ihr mir nachgefolgt seid,
werdet bei der Neuerschaffung der Welt,
wenn sich der Menschensohn auf den
Thron seiner Herrlichkeit setzt, ebenfalls
auf zwölf Thronen sitzen und die zwölf
Stämme Israels richten. 29 Und jeder, der
Häuser, Brüder, Schwestern, Vater, Mutter,
Kinder oder Äcker um meines Namens
willen verlassen hat, wird es hundertfach
wieder empfangen und das ewige Leben
gewinnen. 30 Viele aber, die (jetzt) die Ers-
ten sind, werden die Letzten sein und die
Letzten die Ersten.

*Das Gleichnis von den Arbeitern
im Weinberg*

20 Denn mit dem Himmelreich ist es
wie mit einem Gutsherrn, der früh
am Morgen ausging, um Arbeiter für sei-
nen Weinberg einzustellen. 2 Er vereinbar-
te mit den Arbeitern einen Denar für den
Tag und schickte sie in seinen Weinberg.
3 Als er um die dritte Stunde wieder aus-
ging, sah er andere untätig auf dem Markt
stehen 4 und sagte zu ihnen: Geht auch ihr
in meinen Weinberg und ich werde euch
geben, was recht ist. 5 Und sie gingen hin.
Um die sechste und neunte Stunde ging er
noch einmal aus und machte es ebenso.
6 Als er um die elfte Stunde ausging, fand
er wieder andere, die dastanden und sagte
zu ihnen: Was steht ihr hier den ganzen
Tag untätig herum? 7 Sie antworteten ihm:
Weil uns niemand eingestellt hat. Da sag-
te er zu ihnen: Geht auch ihr in den Wein-
berg. 8 Als es nun Abend geworden war,
sagte der Besitzer des Weinbergs zu sei-
nem Verwalter: Ruf die Arbeiter und zah-
le ihnen den Lohn aus; fange bei den Letz-
ten an bis zu den Ersten. 9 Da kamen die
von der elften Stunde und erhielten je
einen Denar. 10 Als nun die Ersten kamen,
meinten sie, sie würden mehr bekommen.
Aber auch sie erhielten je einen Denar.
11 Und als sie ihn erhalten hatten, murrten
sie gegen den Gutsherrn 12 und sagten:
Diese letzten da haben eine Stunde gear-
beitet und du hast sie uns gleichgestellt,
die wir die Last des Tages getragen haben
und die Hitze. 13 Er aber erwiderte einem
von ihnen: Freund, ich tue dir kein Un-
recht. Hast du nicht einen Denar mit mir
vereinbart? 14 Nimm das Deine und geh!
Ich aber will diesem Letzten dasselbe ge-
ben wie dir. 15 Oder darf ich mit dem Mei-
nen nicht tun, was ich will? Oder ist dein
Auge böse, weil ich gut bin? 16 So werden
die Letzten die Ersten sein und die Ersten
die Letzten.

Die dritte Leidensankündigung

17 Als Jesus nach Jerusalem heraufziehen
wollte, nahm er die Zwölf beiseite und
sagte unterwegs zu ihnen: 18 Wir gehen
nach Jerusalem hinauf. Dort wird der
Menschensohn den Hohenpriestern und
Schriftgelehrten ausgeliefert; sie werden
ihn zum Tod verurteilen 19 und den Heiden
übergeben, damit sie ihn verspotten, gei-
ßeln und kreuzigen. Aber am dritten Tag
wird er auferweckt werden.

Die Bitte der Mutter der Zebedäussöhne

20 Damals kam die Mutter der Zebedäus-
söhne mit ihren Söhnen zu ihm, fiel vor
ihm nieder und wollte etwas von ihm er-
bitten. 21 Er aber fragte sie: Was willst du?
Sie antwortete ihm: Sage, dass diese meine
beiden Söhne in deinem Reich zu deiner
Rechten und zu deiner Linken sitzen dür-
fen. 22 Jesus antwortete: Ihr wisst nicht, um
was ihr bittet. Könnt ihr den Kelch trin-
ken, den ich trinken werde? 23 Sie sagten
zu ihm: Wir können es. Da sagte er zu ih-
nen: Meinen Kelch werdet ihr trinken.
Aber das Sitzen zu meiner Rechten und
zu meiner Linken, das habe nicht ich zu
vergeben; es wird denen zuteil, für die es
von meinem Vater bereitet ist.

Vom Herrschen und vom Dienen

24 Als die Zehn das hörten, erregten sie sich
über die beiden Brüder. 25 Da rief Jesus sie
zu sich und sagte: Ihr wisst, dass die Herr-
scher ihre Völker unterjochen und die
Großen Gewalt an ihnen verüben. 26 Bei
euch soll es nicht so sein, sondern wer un-
ter euch der Größte sein will, soll euer Die-
ner sein, 27 und wer unter euch der Erste
sein will, soll euer Knecht sein. 28 Denn
auch der Menschensohn ist nicht gekom-
men, sich bedienen zu lassen, sondern zu
dienen und sein Leben hinzugeben als Lö-
segeld für viele.

Die Heilung von zwei Blinden bei Jericho

29 Als sie Jericho verließen, folgte ihm eine
große Volksschar. 30 Zwei Blinde saßen am
Weg. Als sie hörten, dass Jesus vorüber-
kam, riefen sie: Herr, erbarme dich unser,
Sohn Davids! 31 Die Leute fuhren sie an, sie
sollten schweigen. Sie aber schrien noch
lauter: Herr, erbarme dich unser, Sohn Da-
vids! 32 Da blieb Jesus stehen, rief sie herbei
und sagte: Was wollt ihr, dass ich euch tun
soll? 33 Sie antworteten ihm: Herr, dass un-
sere Augen aufgetan werden. 34 Da berühr-
te Jesus, von Mitleid ergriffen, ihre Augen.
Sogleich sahen sie wieder und folgten ihm.

Der Einzug in Jerusalem

21 Als sie sich Jerusalem näherten
und nach Betfage am Ölberg ka-
men, sandte Jesus zwei Jünger voraus. 2 Er
sagte zu ihnen: Geht in das Dorf, das vor
euch liegt, und gleich werdet ihr eine Ese-
lin angebunden finden und ein Fohlen bei
ihr. Bindet sie los und bringt sie mir. 3 Und
wenn jemand etwas zu euch sagt, so ant-
wortet: Der Herr braucht sie. Dann wird er
sie sogleich freigeben. 4 Dies ist geschehen,
damit sich das Wort des Propheten erfüll-
te:

5 *Sagt der Tochter Zion: / Sieh, dein
König kommt zu dir;*
*er ist sanftmütig und reitet auf einer
Eselin / und auf einem Fohlen, dem Jungen
eines Lasttiers.*

6 Die Jünger gingen und taten, wie Jesus
ihnen aufgetragen hatte. 7 Sie brachten die
Eselin und das Fohlen, legten ihre Mäntel
darüber und er setzte sich darauf. 8 Eine
sehr große Volksmenge breitete ihre Klei-
der auf den Weg aus, andere hieben Zwei-
ge von den Bäumen und streuten sie auf
den Weg. 9 Die Scharen aber, die ihm vo-
rausgingen und nachfolgten, riefen:

Hosanna dem Sohn Davids! / *Gepriesen
sei er,*
*der kommt im Namen des Herrn! /
Hosanna* in der Höhe!

10 Als er in Jerusalem einzog, kam die
ganze Stadt in Bewegung und fragte: Wer
ist das? 11 Die Scharen antworteten: Das ist
der Prophet, Jesus aus Nazaret in Galiläa.

Die Tempelreinigung

12 Jesus ging in den Tempel und trieb alle,
die im Tempel verkauften und kauften, hi-
naus, stieß die Tische der Geldwechsler
und die Sitze der Taubenverkäufer um
13 und sagte zu ihnen: Es steht geschrieben:
*Mein Haus soll ein Haus des Gebetes ge-
nannt werden.* Ihr aber macht es zu einer
Räuberhöhle. 14 Und Lahme und Blinde ka-
men zu ihm in den Tempel und er heilte
sie. 15 Als aber die Hohenpriester und
Schriftgelehrten die Wunder sahen, die er
wirkte, und die Kinder, die im Tempel rie-
fen: Hosanna dem Sohn Davids!, da wur-

den sie zornig 16 und sagten zu ihm: Hörst
du, was die da rufen? Jesus aber sagte zu
ihnen: Gewiss. Habt ihr nie gelesen: *Aus
dem Mund der Unmündigen und Säuglinge
hast du dir Lob bereitet*? 17 Und er ließ sie
stehen, ging aus der Stadt hinaus nach Be-
tanien und übernachtete dort.

Die Verfluchung des Feigenbaums

18 Als er in der Frühe wieder in die Stadt
zurückkehrte, hatte er Hunger. 19 Da sah
er einen Feigenbaum am Weg stehen, ging
auf ihn zu, fand aber nichts daran als Blät-
ter. Da sagte er zu ihm: In Ewigkeit sollst
du keine Frucht mehr tragen. Und augen-
blicklich verdorrte der Feigenbaum. 20 Als
die Jünger das sahen, wunderten sie sich
und fragten: Wie ist der Feigenbaum so
rasch verdorrt? 21 Jesus antwortete ihnen:
Amen, ich sage euch: Wenn ihr Glauben
habt und nicht zweifelt, dann werdet ihr
nicht nur das mit dem Feigenbaum voll-
bringen, sondern selbst wenn ihr zu die-
sem Berg da sagt: Hebe dich weg und stürz
dich ins Meer!, so wird es geschehen.
22 Und alles, was ihr voll Glauben im Gebet
erbittet, werdet ihr empfangen.

Die Vollmachtsfrage

23 Als er in den Tempel ging und lehrte, ka-
men die Hohenpriester und Ältesten des
Volkes zu ihm und sagten: Mit welcher
Vollmacht tust du dies und wer hat dir
diese Vollmacht gegeben? 24 Jesus antwor-
tete ihnen: Auch ich will euch eine Frage
vorlegen und wenn ihr sie mir beantwor-
tet, dann werde auch ich euch sagen, mit
welcher Vollmacht ich dies tue. 25 Woher
war die Taufe des Johannes? Vom Himmel
oder von Menschen? Da überlegten sie
miteinander: Sagen wir: Vom Himmel, so
wird er uns erwidern: Warum habt ihr
ihm dann nicht geglaubt? 26 Sagen wir aber:
Von Menschen, dann haben wir die Men-
ge zu fürchten; denn alle halten Johannes
für einen Propheten. 27 So antworteten sie
Jesus: Wir wissen es nicht. Da erwiderte er
ihnen: Dann sage auch ich euch nicht, mit
welcher Vollmacht ich dies tue.

Die ungleichen Söhne

28 Was meint ihr? Ein Mann hatte zwei
Söhne. Er wandte sich an den ersten und
sagte: Mein Sohn, geh, arbeite heute im
Weinberg! 29 Er antwortete: Ja, Herr!, ging
aber nicht. 30 Da wandte er sich an den
zweiten und sprach ebenso. Der aber ant-
wortete: Ich will nicht. Später aber besann
er sich und ging doch. 31 Wer von den bei-
den hat den Willen des Vaters getan? Sie
sagten: Der Letztere. Da sagte Jesus zu ih-
nen: Amen, ich sage euch: Die Zöllner und
die Dirnen kommen eher in das Reich
Gottes als ihr. 32 Denn Johannes ist zu euch
gekommen mit dem Weg der Gerechtig-
keit und ihr habt ihm nicht geglaubt. Die
Zöllner und die Dirnen aber haben ihm
geglaubt. Ihr habt es gesehen und habt
euch auch später nicht bekehrt und ihm
nicht geglaubt.

Das Gleichnis von den bösen Winzern

33 Hört ein anderes Gleichnis: Es war ein
Gutsherr, der pflanzte einen Weinberg,
machte einen Zaun darum, grub eine Kel-
ter darin und baute einen Turm. Dann
verpachtete er ihn an Winzer 34 und ging
in die Fremde. Als nun die Zeit der Ernte
herankam, sandte er seine Knechte zu
den Winzern, um seine Früchte in Emp-
fang zu nehmen. 35 Die Winzer aber ergrif-
fen seine Knechte, schlugen den einen, tö-
teten den anderen und steinigten den
dritten. 36 Nochmals sandte er andere
Knechte, mehr als zuvor, aber mit ihnen
machten sie es ebenso. 37 Zuletzt sandte er
seinen Sohn zu ihnen; denn er sagte sich:
Vor meinem Sohn werden sie doch Ach-
tung haben. 38 Als aber die Winzer den
Sohn sahen, sagten sie zueinander: Das
ist der Erbe; kommt, wir wollen ihn töten
und uns sein Erbe aneignen! 39 Und sie er-
griffen ihn, warfen ihn aus dem Weinberg
hinaus und töteten ihn. 40 Wenn nun der
Herr des Weinbergs kommt, was wird er
mit jenen Winzern tun? 41 Sie sagten zu
ihm: Er wird den Bösen ein böses Ende
bereiten und den Weinberg an andere
Winzer verpachten, die ihm die Früchte
zur rechten Zeit abliefern. 42 Da sagte Je-
sus zu ihnen: Habt ihr nie in den Schrif-
ten gelesen:

*Der Stein, den die Bauleute verworfen
haben, / er ist zum Eckstein geworden;
durch den Herrn ist das geschehen / und
es ist ein Wunder in unseren Augen*?

43 Deshalb sage ich euch: Das Reich Got-
tes wird von euch genommen und einem
Volk gegeben werden, das seine Früchte
bringt. 44 Und wer auf diesen Stein fällt,

wird zerschmettert werden; auf wen er
aber fällt, den wird er zermalmen.
45 Als nun die Hohenpriester und Phari-
säer seine Gleichnisse hörten, erkannten
sie, dass er von ihnen redete, 46 und sie hät-
ten ihn gern festgenommen; aber sie
fürchteten die Volksscharen, die ihn für
einen Propheten hielten.

Das Gleichnis vom königlichen Hochzeitsmahl

22 Wiederum nahm Jesus das Wort
und sprach in Gleichnissen zu ih-
nen: 2 Mit dem Himmelreich ist es wie mit
einem König, der seinem Sohn die Hoch-
zeit ausrichtete. 3 Er sandte seine Knechte
aus, die Eingeladenen zur Hochzeit zu ru-
fen. Aber sie wollten nicht kommen. 4 Da
sandte er nochmals andere Knechte aus
mit dem Auftrag: Sagt den Eingeladenen:
Mein Mahl ist bereitet, meine Ochsen und
das Mastvieh sind geschlachtet und alles
ist fertig. Kommt zur Hochzeit! 5 Sie jedoch
achteten nicht darauf und gingen ihrer
Wege, der eine auf seinen Acker, der ande-
re an sein Geschäft. 6 Die Übrigen aber er-
griffen seine Knechte, misshandelten und
töteten sie. 7 Da wurde der König zornig,
sandte sein Heer aus und ließ die Mörder
umbringen und ihre Stadt verbrennen.
8 Dann sagte er zu seinen Knechten: Die
Hochzeit ist zwar bereit, aber die Einge-
ladenen waren unwürdig. 9 Geht daher an
die Straßenkreuzungen und ruft zur Hoch-
zeit, wen immer ihr findet. 10 Da gingen die
Knechte auf die Straßen hinaus und brach-
ten alle zusammen, die sie fanden, Böse
und Gute, und der Hochzeitssaal wurde
voll von Gästen. 11 Als der König hinein-
ging, um sich die Gäste anzusehen, sah er
dort einen Menschen, der kein Hochzeits-
gewand anhatte. 12 Da sagte er zu ihm:
Freund, wie bist du hier hereingekommen
ohne ein Hochzeitsgewand? Der aber ver-
stummte. 13 Da sprach der König zu den
Dienern: Bindet ihm Hände und Füße
und werft ihn hinaus in die Finsternis.
Dort wird Heulen und Zähneknirschen
sein. 14 Denn viele sind berufen, wenige
aber auserwählt.

Die Steuerfrage

15 Darauf gingen die Pharisäer hin und be-
ratschlagten, wie sie ihn in seinen Worten
fangen könnten. 16 Sie schickten ihre Schü-
ler mit den Anhängern des Herodes zu
ihm. Sie sagten: Meister, wir wissen, dass
du wahrhaftig bist und den Weg Gottes
wahrheitsgemäß lehrst und nach nieman-
dem fragst; denn du siehst nicht auf die
Person der Menschen. 17 Sage uns nun:
Was meinst du, ist es erlaubt, dem Kaiser
Steuer zu zahlen oder nicht? 18 Jesus aber
kannte ihre Bosheit und sagte: Was stellt
ihr mir eine Falle, ihr Heuchler? 19 Zeigt
mir die Steuermünze! Da reichten sie ihm
einen Denar. 20 Er fragte sie: Wessen Bild
und Aufschrift ist dies? 21 Sie antworteten:
Des Kaisers. Da sagte er zu ihnen: So gebt
dem Kaiser, was des Kaisers ist, und Gott,
was Gottes ist! 22 Als sie das hörten, wun-
derten sie sich, ließen von ihm ab und gin-
gen weg.

Die Auferstehungsfrage

23 An jenem Tag kamen zu ihm Sadduzäer,
die behaupten, es gebe keine Auferste-
hung, und fragten ihn: 24 Meister, Mose
hat gesagt: *Wenn jemand ohne Kinder
stirbt, dann soll sein Bruder seine Frau hei-
raten und seinem Bruder Nachkommen
verschaffen.* 25 Nun waren bei uns sieben
Brüder. Der erste heiratete und starb und
da er keine Kinder hatte, hinterließ er sei-
ne Frau seinem Bruder. 26 Ebenso der zwei-
te und der dritte bis zum siebten. 27 Zuletzt
aber von allen starb die Frau. 28 Welchem
von den sieben wird sie nun bei der Auf-
erstehung als Frau angehören? Alle haben
sie ja gehabt. 29 Jesus antwortete: Ihr irrt,
weil ihr weder die Schriften kennt noch
die Macht Gottes. 30 Denn bei der Auferste-
hung heiraten sie nicht, noch lassen sie
sich heiraten, sondern sind wie die Engel
im Himmel. 31 Was aber die Auferstehung
der Toten angeht: Habt ihr nicht gelesen,
was euch von Gott gesagt ist: 32 *Ich bin der
Gott Abrahams und der Gott Isaaks und
der Gott Jakobs*? Er ist nicht ein Gott von
Toten, sondern von Lebenden. 33 Als die
Volksscharen dies hörten, waren sie außer
sich über seine Lehre.

Das wichtigste Gebot

34 Als die Pharisäer hörten, dass er die Sad-
duzäer zum Schweigen gebracht hatte, ka-
men sie zusammen, 35 und einer von ihnen,
ein Gesetzeslehrer, fragte ihn, um ihn auf
die Probe zu stellen: 36 Meister, welches Ge-
bot im Gesetz ist das wichtigste? 37 Er ant-

wortete ihm: *Du sollst den Herrn, deinen*
Gott, lieben mit deinem ganzen Herzen
und mit deiner ganzen Seele und mit dei-
ner ganzen Vernunft. 38 Das ist das wich-
tigste und erste Gebot. 39 Das Zweite ist
ihm gleich: *Du sollst deinen Nächsten lie-*
ben wie dich selbst. 40 An diesen beiden Ge-
boten hängen das ganze Gesetz und die
Propheten.

Die Frage nach dem Messias

41 Da die Pharisäer versammelt waren,
fragte sie Jesus: 42 Was denkt ihr über den
Messias? Wessen Sohn ist er? Sie antwor-
teten ihm: Davids (Sohn). 43 Er sagte zu ih-
nen: Wie kann ihn dann David, geist-
erfüllt, Herr nennen? Denn er sagt: 44 *Der*
Herr sprach zu meinem Herrn: Setze dich
zu meiner Rechten und ich lege dir deine
Feinde unter deine Füße. 45 Wenn ihn also
David Herr nennt, wie kann er dann sein
Sohn sein? 46 Niemand konnte ihm ein
Wort erwidern, auch wagte von diesem
Tag an niemand mehr, ihm eine Frage zu
stellen.

Die Heuchelei der Schriftgelehrten und Pharisäer

23 Darauf sagte Jesus zu den Volks-
scharen und zu seinen Jüngern:
2 Auf dem Stuhl des Mose sitzen die
Schriftgelehrten und Pharisäer. 3 Darum
tut und befolgt alles, was sie euch sagen;
nach ihren Werken aber richtet euch
nicht; denn sie reden zwar, handeln aber
nicht danach. 4 Sie binden schwere Lasten
zusammen und laden sie den Menschen
auf die Schultern, selbst aber wollen sie
keinen Finger krümmen, um sie zu bewe-
gen. 5 Mit allem, was sie tun, wollen sie sich
vor den Menschen zur Schau stellen. Sie
machen ihre Gebetsriemen breit und ihre
Mantelquasten lang, 6 lieben den Ehren-
platz bei den Gastmählern, die ersten Sitze
in den Synagogen, 7 die Begrüßungen auf
den Marktplätzen und lassen sich von den
Leuten Rabbi (Meister) nennen. 8 Ihr aber
sollt euch nicht Rabbi nennen lassen; denn
nur einer ist euer Meister, ihr alle aber seid
Brüder. 9 Auch sollt ihr niemand unter
euch auf der Erde Vater nennen; denn
nur einer ist euer Vater, der im Himmel.
10 Auch Lehrer sollt ihr euch nicht nennen
lassen; denn nur einer ist euer Lehrer:
Christus. 11 Der Größte unter euch soll
euer Diener sein. 12 Wer sich selbst erhöht,
wird erniedrigt, und wer sich selbst er-
niedrigt, wird erhöht werden.

13 Weh euch, Schriftgelehrte und Phari-
säer, ihr Heuchler! Ihr verschließt das
Himmelreich vor den Menschen. Denn
ihr selbst kommt nicht hinein und die, die
hinein wollen, lasst ihr nicht hinein.

14 [Weh euch, Schriftgelehrte und Phari-
säer, ihr Heuchler! Ihr zehrt die Häuser
der Witwen auf und verrichtet zum Schein
lange Gebete. Deshalb habt ihr ein umso
strengeres Urteil zu erwarten.]

15 Weh euch, Schriftgelehrte und Phari-
säer, ihr Heuchler! Denn ihr reist über
Meer und Land, um einen einzigen zum
Proselyten zu machen, und wenn er es ge-
worden ist, dann macht ihr aus ihm einen
Sohn der Hölle, doppelt so schlimm wie
ihr selbst.

16 Weh euch, blinde Führer, die ihr sagt:
Wenn einer beim Tempel schwört, so ist
das nichts; wer aber beim Gold des Tem-
pels schwört, der ist gebunden. 17 Ihr Toren
und Blinden! Was ist denn wertvoller, das
Gold oder der Tempel, der das Gold hei-
ligt? 18 Oder: Wenn einer beim Altar
schwört, so ist das nichts; wer aber bei der
Gabe schwört, die darauf liegt, der ist ge-
bunden. 19 Ihr Blinden! Was ist denn grö-
ßer, die Gabe oder der Altar, der die Gabe
heiligt? 20 Wer also beim Altar schwört, der
schwört bei ihm und allem, was darauf
liegt, 21 und wer beim Tempel schwört, der
schwört bei ihm und bei dem, der darin
wohnt. 22 Und wer beim Himmel schwört,
der schwört beim Thron Gottes und bei
dem, der darauf sitzt.

23 Weh euch, Schriftgelehrte und Phari-
säer, ihr Heuchler! Ihr gebt den Zehnten
von Minze, Dill und Kümmel, aber das
Wichtigste im Gesetz schiebt ihr beiseite:
die Gerechtigkeit, das Erbarmen und die
Treue. Dies aber sollte man tun und jenes
nicht lassen. 24 Ihr blinden Führer, die ihr
die Mücken aussiebt, das Kamel aber ver-
schluckt!

25 Weh euch, Schriftgelehrte und Phari-
säer, ihr Heuchler! Ihr reinigt das Äußere
von Becher und Schüssel, innen aber sind
sie voll von Raub und Unmäßigkeit.
26 Blinder Pharisäer, reinige zuerst, was im
Becher ist, damit auch sein Äußeres rein
wird.

27 Weh euch, Schriftgelehrte und Phari-

säer, ihr Heuchler! Ihr gleicht getünchten Gräbern, die von außen schön aussehen, innen aber voll sind von Totengebein und aller Unreinheit. [28]So erscheint auch ihr äußerlich den Menschen als Gerechte, innerlich aber seid ihr voll von Heuchelei und Gesetzlosigkeit.

[29]Weh euch, Schriftgelehrte und Pharisäer, ihr Heuchler! Ihr baut den Propheten Gräber und schmückt die Grabmäler der Gerechten [30]und sagt: Hätten wir in den Tagen unserer Väter gelebt, wir hätten uns nicht mitschuldig gemacht am Blut der Propheten. [31]So stellt ihr euch selbst das Zeugnis aus, dass ihr Söhne der Prophetenmörder seid. [32]Macht nur das Maß euerer Väter voll! [33]Ihr Schlangen! Ihr Natternbrut! Wie wollt ihr dem Gericht der Hölle entrinnen?

[34]Darum seht, ich sende zu euch Propheten, Weise und Schriftgelehrte. Etliche von ihnen werdet ihr töten und kreuzigen, andere werdet ihr in eueren Synagogen geißeln und von Stadt zu Stadt verfolgen, [35]damit über euch alles gerechte Blut kommt, das auf der Erde vergossen wurde, vom Blut Abels, des Gerechten, bis zum Blut des Zacharias, Barachias' Sohn, den ihr zwischen Tempel und Altar ermordet habt. [36]Amen, ich sage euch: Dies alles wird über dieses Geschlecht kommen.

Wehruf über Jerusalem

[37]Jerusalem! Jerusalem! Du tötest die Propheten und steinigst die, die zu dir gesandt sind. Wie oft habe ich deine Kinder sammeln wollen, wie eine Henne ihre Küken unter ihre Flügel sammelt; ihr aber habt nicht gewollt. [38]Seht, euer Haus wird euch verödet überlassen. [39]Denn ich sage euch: Von jetzt an werdet ihr mich nicht mehr sehen, bis ihr ruft:

Gepriesen sei er, / der da kommt im Namen des Herrn!

Die Rede über die Endzeit

Das Ende des Tempels

24 Als Jesus den Tempel verließ und weiterging, kamen seine Jünger zu ihm, um ihn auf die Tempelbauten hinzuweisen. [2]Er antwortete ihnen: Seht ihr dies alles? Amen, ich sage euch: Kein Stein hier wird auf dem anderen bleiben: alles wird zerstört.

Der Anfang der Wehen

[3]Als er sich auf dem Ölberg niedergesetzt hatte, kamen die Jünger allein zu ihm und fragten: Sage uns, wann wird dies geschehen? Und was wird das Zeichen deiner Ankunft und des Weltendes sein? [4]Jesus antwortete ihnen: Seht zu, dass euch niemand irreführt! [5]Denn viele werden unter meinem Namen kommen und sagen: Ich bin der Messias!, und sie werden viele irreführen. [6]Ihr werdet von Kriegen und Kriegsgerüchten hören. Gebt Acht, erschreckt nicht. Denn es *muss* so *kommen*; [7]aber es ist noch nicht das Ende. Denn Volk wird sich gegen Volk erheben und Reich gegen Reich und Hungersnöte und Erdbeben werden kommen da und dort. [8]Aber das alles ist nur der Anfang der Wehen. [9]Dann werden sie euch der Bedrängnis überliefern und euch töten und ihr werdet von allen Völkern um meines Namens willen gehasst werden. [10]Dann werden viele zu Fall kommen und einander verraten und einander hassen. [11]Viele falsche Propheten werden auftreten und viele irreführen. [12]Und weil die Gesetzlosigkeit überhand nimmt, wird die Liebe bei vielen erkalten. [13]Wer aber bis zum Ende durchhält, der wird gerettet. [14]Aber dieses Evangelium vom Reich wird in der ganzen Welt verkündet werden, allen Völkern zum Zeugnis. Und dann wird das Ende kommen.

Die große Bedrängnis

[15]Wenn ihr also den *Gräuel der Verwüstung*, von dem der Prophet Daniel spricht, an heiliger Stätte stehen seht – wer es liest, bedenke es wohl! –, [16]dann fliehe in die Berge, wer in Judäa ist. [17]Wer sich gerade auf dem Dach befindet, steige nicht hinab, seine Sachen aus dem Haus zu holen [18]und wer auf dem Feld ist, kehre nicht zurück, seinen Mantel zu holen. [19]Weh aber den Schwangeren und Stillenden in jenen Tagen! [20]Betet, dass euere Flucht nicht in den Winter oder auf einen Sabbat fällt. [21]Denn dann wird eine große *Bedrängnis kommen, wie von Anfang der Welt bis jetzt noch keine gewesen ist und auch nicht mehr sein wird.* [22]Und wenn jene Tage nicht verkürzt würden, dann würde kein Mensch gerettet. Aber um der Auserwählten willen werden jene Tage verkürzt werden.

[23]Wenn dann jemand zu euch sagt: Sie-

he, hier ist der Messias!, oder: Dort!, so
glaubt es nicht. 24 Denn es werden falsche
Messiasse und falsche Propheten auftreten
und große Zeichen und Wunder tun, um
womöglich auch die Auserwählten irre-
zuführen. 25 Seht, ich habe es euch vorher-
gesagt. 26 Wenn man also zu euch sagt:
Seht, er ist in der Wüste, so geht nicht hi-
naus; (und wenn sie sagen:) Seht, er ist in
den Gemächern, so glaubt es nicht. 27 Denn
wie der Blitz vom Osten ausfährt und bis
zum Westen leuchtet, so wird es mit der
Ankunft des Menschensohnes sein. 28 Wo
das Aas ist, da sammeln sich die Geier.

Das Kommen des Menschensohnes

29 Gleich nach der Bedrängnis jener Tage
wird sich die Sonne verfinstern und der
Mond wird seinen Schein nicht mehr geben;
die Sterne werden vom Himmel *fallen und*
die Kräfte des Himmels erschüttert werden.
30 Dann wird das Zeichen des Menschen-
sohnes am Himmel erscheinen; *alle Völker*
der Erde werden wehklagen und sie werden
den Menschensohn mit großer Macht und
Herrlichkeit auf den Wolken des Himmels
kommen sehen. 31 Er wird seine Engel mit
lautem Posaunenschall aussenden und sie
werden seine Auserwählten *aus allen vier*
Windrichtungen sammeln, vom einen En-
de des Himmels bis zum anderen.

Der Zeitpunkt der Wiederkunft

32 Ziehe die Lehre aus dem Vergleich mit
dem Feigenbaum: Wenn seine Zweige
schon saftig werden und die Blätter trei-
ben, dann wisst ihr, dass der Sommer nahe
ist. 33 Genauso sollt auch ihr, wenn ihr alles
dies seht, erkennen: Er (der Menschen-
sohn) steht nahe vor der Tür. 34 Amen, ich
sage euch: Diese Generation wird nicht
vergehen, bis dies alles geschieht. 35 Him-
mel und Erde werden vergehen, meine
Worte aber werden nicht vergehen. 36 Je-
nen Tag aber und jene Stunde kennt nie-
mand, auch nicht die Engel im Himmel,
auch nicht der Sohn, sondern nur der Va-
ter.

Mahnung zur Wachsamkeit

37 Denn wie es in den Tagen Noachs war, so
wird es auch bei der Ankunft des Men-
schensohnes sein. 38 Denn wie sie in den
Tagen vor der Flut aßen und tranken, hei-
rateten und sich heiraten ließen, bis zu
dem Tag, an dem Noach in die Arche ging,
39 und nichts ahnten, bis die Flut kam und
alle hinwegriss, so wird es auch beim Kom-
men des Menschensohnes sein. 40 Dann
wird von zweien auf dem Feld der eine
mitgenommen und der andere zurück-
gelassen. 41 Von zwei (Frauen), die an der
Mühle mahlen, wird die eine mitgenom-
men und die andere zurückgelassen.
42 Seid also wachsam; denn ihr wisst
nicht, an welchem Tag euer Herr kommt.
43 Das aber bedenkt: Wenn der Hausherr
wüsste, in welcher Stunde der Nacht der
Dieb kommt, so würde er wachen und
nicht in sein Haus einbrechen lassen.
44 Darum seid auch ihr bereit; denn der
Menschensohn kommt zu einer Stunde,
in der ihr es nicht vermutet.

Das Gleichnis vom treuen und vom ungetreuen Knecht

45 Wer ist also der treue und kluge Knecht,
den der Hausherr über sein Gesinde ge-
setzt hat, um ihnen zur rechten Zeit Nah-
rung zu geben? 46 Wohl dem Knecht, den
der Herr bei seinem Kommen so beschäf-
tigt findet. 47 Amen, ich sage euch: Er wird
ihn über sein ganzes Vermögen setzen.
48 Wenn er aber ein schlechter Knecht ist
und in seinem Herzen spricht: Mein Herr
lässt auf sich warten, 49 und anfängt, seine
Mitknechte zu schlagen, mit Betrunkenen
isst und trinkt, 50 dann wird der Herr jenes
Knechtes an einem Tag kommen, an dem
er es nicht erwartet, und zu einer Stunde,
die er nicht kennt. 51 Und er wird ihn ent-
zwei hauen und ihm seinen Anteil bei den
Heuchlern geben. Dort wird Heulen und
Zähneknirschen sein.

Das Gleichnis von den zehn Jungfrauen

25 Dann wird das Himmelreich zehn
Jungfrauen gleichen, die ihre Lam-
pen nahmen und dem Bräutigam ent-
gegenzogen. 2 Fünf von ihnen waren töricht
und fünf klug. 3 Die törichten nämlich nah-
men zwar ihre Lampen, aber kein Öl mit
sich. 4 Die klugen dagegen nahmen zu
ihren Lampen auch Öl in Gefäßen mit.
5 Als nun der Bräutigam auf sich warten
ließ, nickten alle ein und schliefen. 6 Um
Mitternacht aber erscholl der Ruf: Der
Bräutigam! Kommt heraus, ihm entgegen!
7 Da standen jene Jungfrauen alle auf und
machten ihre Lampen zurecht. 8 Die tö-

richten aber sprachen zu den klugen: Gebt
uns von euerem Öl, sonst gehen unsere
Lampen aus. 9 Die Klugen aber antworte-
ten: Es könnte für uns und euch nicht rei-
chen. Geht lieber zu den Händlern und
kauft euch Öl. 10 Noch während sie zum
Einkaufen unterwegs waren, kam der
Bräutigam; die bereit waren, gingen mit
ihm zur Hochzeit hinein, und die Tür
wurde verschlossen. 11 Später kamen auch
die übrigen Jungfrauen und riefen: Herr,
Herr, mach uns auf! 12 Er aber antwortete:
Amen, ich sage euch: Ich kenne euch
nicht.

13 Seid also wachsam! Denn ihr wisst we-
der den Tag noch die Stunde.

Das Gleichnis vom anvertrauten Geld

14 Denn es ist wie bei einem Mann, der, als
er verreisen wollte, seine Knechte rief und
ihnen sein Vermögen anvertraute. 15 Dem
einen gab er fünf Talente, dem anderen
zwei, dem Dritten eines, jedem nach sei-
nen Fähigkeiten. Dann reiste er ab. 16 So-
gleich begann der, der fünf Talente erhal-
ten hatte, mit ihnen zu arbeiten und
gewann fünf andere dazu. 17 Ebenso ge-
wann der mit den zweien zwei andere da-
zu. 18 Der aber das eine erhalten hatte, ging
und grub ein Loch in die Erde und verbarg
das Geld seines Herrn. 19 Nach langer Zeit
kam der Herr jener Knechte zurück und
rechnete mit ihnen ab. 20 Da kam der, der
die fünf Talente erhalten hatte, brachte
fünf weitere Talente und sagte: Herr, fünf
Talente hast du mir gegeben. Siehe, fünf
weitere Talente habe ich dazugewonnen.
21 Da sagte sein Herr zu ihm: Recht so, du
guter und treuer Knecht! Du bist über we-
niges treu gewesen, ich will dich über vie-
les setzen. Nimm teil an der Freude deines
Herrn! 22 Auch der mit den zwei Talenten
kam und sagte: Herr, zwei Talente hast du
mir gegeben. Siehe, zwei weitere Talente
habe ich dazugewonnen. 23 Da sagte sein
Herr zu ihm: Recht so, du guter und treuer
Knecht! Du bist über weniges treu gewe-
sen, ich will dich über vieles setzen. Nimm
teil an der Freude deines Herrn! 24 Da kam
auch der, der das eine Talent erhalten hat-
te, und sagte: Herr, ich wusste, dass du ein
harter Mann bist; du erntest, wo du nicht
gesät, und sammelst, wo du nicht aus-
gestreut hast. 25 Weil ich Angst hatte, ver-
barg ich dein Talent in der Erde. Da hast
du, was dir gehört. 26 Sein Herr antwortete
ihm: Du schlechter und fauler Knecht! Du
wusstest, dass ich ernte, wo ich nicht gesät,
und sammle, wo ich nicht ausgestreut ha-
be? 27 Dann hättest du mein Geld auf der
Bank anlegen sollen und ich hätte bei mei-
nem Kommen das Meine mit Zins zurück-
erhalten. 28 Nehmt ihm also das Talent und
gebt es dem, der die zehn Talente hat.
29 Denn jedem, der hat, wird gegeben wer-
den und er wird Überfluss haben. Wer
aber nicht hat, dem wird auch das, was er
hat, genommen. 30 Und den unnützen
Knecht werft in die Finsternis hinaus!
Dort wird Heulen und Zähneknirschen
sein.

Das Weltgericht

31 Wenn der Menschensohn in seiner Herr-
lichkeit kommt und alle Engel mit ihm,
dann wird er sich auf den Thron seiner
Herrlichkeit setzen. 32 Und alle Völker wer-
den vor ihm versammelt werden und er
wird sie voneinander scheiden, wie der
Hirt die Schafe von den Böcken scheidet.
33 Er wird die Schafe zu seiner Rechten stel-
len, die Böcke aber zu seiner Linken.
34 Dann wird der König zu denen auf seiner
Rechten sagen: Kommt, ihr Gesegneten
meines Vaters, nehmt das Reich in Besitz,
das euch seit Grundlegung der Welt berei-
tet ist. 35 Denn ich war hungrig und ihr
habt mir zu essen gegeben; ich war durstig
und ihr habt mir zu trinken gereicht; ich
war fremd und ihr habt mich aufgenom-
men; 36 ich war nackt und ihr habt mich
bekleidet; ich war krank und ihr habt mich
besucht; ich war im Gefängnis und ihr seid
zu mir gekommen. 37 Da werden ihm die
Gerechten antworten: Herr, wann sahen
wir dich hungrig und haben dir zu essen
gegeben oder durstig und haben dir zu
trinken gegeben? 38 Wann haben wir dich
als Fremden gesehen und aufgenommen
oder nackt und dich bekleidet? 39 Wann
haben wir dich krank oder im Gefängnis
gesehen und sind zu dir gekommen?
40 Und der König wird ihnen antworten:
Amen, ich sage euch: Was immer ihr
einem dieser meiner geringsten Brüder ge-
tan habt, das habt ihr mir getan.

41 Dann wird er auch zu denen auf der
Linken sprechen: Hinweg von mir, Ver-
fluchte, in das ewige Feuer, das dem Teufel
und seinen Engeln bereitet ist. 42 Denn ich

war hungrig und ihr habt mir nicht zu essen gegeben; ich war durstig und ihr habt mir nicht zu trinken gegeben; 43 ich war fremd und ihr habt mich nicht aufgenommen; ich war nackt und ihr habt mich nicht bekleidet; ich war krank und im Gefängnis und ihr habt mich nicht besucht. 44 Dann werden auch sie antworten und sagen: Herr, wann haben wir dich hungrig oder durstig oder als Fremden oder nackt oder krank oder im Gefängnis gesehen und haben dir nicht geholfen? 45 Da wird er ihnen antworten: Amen, ich sage euch: Was immer ihr einem dieser Geringsten nicht getan habt, das habt ihr auch mir nicht getan. 46 Und sie werden weggehen, diese zur ewigen Strafe, die Gerechten aber in das ewige Leben.

Leiden und Auferstehung

Der Todesbeschluss

26 Nachdem Jesus alle diese Reden beendet hatte, sagte er zu seinen Jüngern: 2 Ihr wisst, dass in zwei Tagen das Paschafest beginnt. Dann wird der Menschensohn ausgeliefert und gekreuzigt.

3 Da versammelten sich die Hohenpriester und Ältesten des Volkes im Palast des Hohenpriesters, der Kajaphas hieß, 4 und beschlossen, Jesus mit List zu ergreifen und zu töten. 5 Sie sagten aber: Nur nicht am Fest, damit kein Aufruhr im Volk entsteht.

Die Salbung in Betanien

6 Als Jesus in Betanien war, im Hause Simons des Aussätzigen, 7 kam eine Frau mit einem Alabastergefäß voll kostbarem Salböl zu ihm und goss es über sein Haar, während er zu Tisch lag. 8 Als die Jünger das sahen, wurden sie ärgerlich und sagten: Wozu diese Verschwendung? 9 Das hätte man teuer verkaufen und den Erlös den Armen geben können. 10 Als Jesus das merkte, sagte er zu ihnen: Was kränkt ihr die Frau? Sie hat doch eine gute Tat an mir getan. 11 Denn Arme habt ihr ja allezeit bei euch, mich aber habt ihr nicht allezeit. 12 Als sie dieses Salböl über meinen Leib goss, hat sie es für mein Begräbnis getan. 13 Amen, ich sage euch: Wo immer auf der ganzen Welt dieses Evangelium verkündet wird, da wird auch zu ihrem Gedächtnis erzählt werden, was sie getan hat.

Der Verrat des Judas

14 Darauf ging einer von den Zwölf namens Judas Iskariot zu den Hohenpriestern 15 und sagte: Was wollt ihr mir geben, wenn ich ihn euch ausliefere? *Sie setzten dreißig Silberstücke* für ihn *fest.* 16 Von da an suchte er eine günstige Gelegenheit, ihn auszuliefern.

Die Vorbereitung des Paschamahls

17 Am ersten Tag des Festes der Ungesäuerten Brote kamen die Jünger zu Jesus heran und fragten: Wo willst du, dass wir dir das Paschamahl vorbereiten? 18 Da sagte er: Geht in die Stadt zu dem und dem und sagt zu ihm: Der Meister lässt sagen: Meine Zeit ist da. Bei dir will ich mit meinen Jüngern das Paschamahl halten. 19 Die Jünger taten, wie Jesus ihnen aufgetragen hatte, und bereiteten das Paschamahl vor.

Das Mahl

20 Als es Abend geworden war, legte er sich mit den zwölf Jüngern zu Tisch. 21 Und während sie aßen, sprach er: Amen, ich sage euch: Einer von euch wird mich ausliefern. 22 Da wurden sie sehr traurig und begannen, einer nach dem anderen, ihn zu fragen: Ich bin es doch nicht, Herr? 23 Er aber antwortete: Der mit mir die Hand in die Schüssel getaucht hat wird mich ausliefern. 24 Zwar geht der Menschensohn dahin, wie von ihm geschrieben steht. Weh aber dem Menschen, durch den der Menschensohn verraten wird! Besser wäre es für ihn, wenn er nie geboren wäre. 25 Da entgegnete Judas, der ihn verriet: Ich bin es doch nicht, Rabbi? Er sagte zu ihm: Du sagst es.

26 Während des Mahls nahm Jesus Brot, sprach das Segensgebet, brach es und gab es den Jüngern mit den Worten: Nehmt, esst, das ist mein Leib. 27 Dann nahm er einen Becher, sprach das Dankgebet und gab ihn ihnen mit den Worten: Trinkt alle daraus. 28 Denn das ist mein *Blut des Bundes*, das für viele vergossen wird zur Ver-

gebung der Sünden. 29 Ich sage euch: Von
nun an werde ich nicht mehr von der
Frucht des Weinstocks trinken bis zu dem
Tag, an dem ich mit euch von neuem da-
von trinke im Reich meines Vaters.

Die Ankündigung der Verleugnung des Petrus

30 Nach dem Lobgesang gingen sie hinaus
zum Ölberg. 31 Da sagte Jesus zu ihnen: In
dieser Nacht werdet ihr alle an mir Anstoß
nehmen; denn es steht geschrieben: *Ich
werde den Hirten schlagen und die Schafe
der Herde werden sich zerstreuen.* 32 Wenn
ich aber auferweckt worden bin, werde ich
euch nach Galiläa vorangehen. 33 Da ant-
wortete ihm Petrus: Wenn alle an dir An-
stoß nehmen, ich werde niemals Anstoß
nehmen! 34 Jesus sagte zu ihm: Amen, ich
sage dir: In dieser Nacht, noch ehe der
Hahn kräht, wirst du mich dreimal ver-
leugnen. 35 Petrus aber erwiderte ihm:
Und wenn ich mit dir sterben müsste, ich
werde dich niemals verleugnen. Ähnlich
sprachen auch alle (anderen) Jünger.

Jesus in Getsemani

36 Darauf kam Jesus mit ihnen an ein Ge-
höft namens Getsemani und sagte zu den
Jüngern: Setzt euch hier, während ich
dorthin gehe und bete. 37 Und er nahm Pe-
trus und die beiden Zebedäussöhne mit
sich und begann sich zu betrüben und zu
verzagen. 38 Da sagte er zu ihnen: Meine
Seele ist betrübt bis in den Tod. Bleibt hier
und wacht mit mir! 39 Dann ging er ein we-
nig weiter, warf sich auf sein Angesicht
nieder und betete: Mein Vater, wenn es
möglich ist, so gehe dieser Kelch an mir
vorüber. Doch nicht wie ich will, sondern
wie du willst. 40 Und er kam zu den Jüngern
zurück und fand sie schlafend. Da sagte er
zu Petrus: So konntet ihr nicht eine Stunde
mit mir wachen? 41 Wacht und betet, damit
ihr nicht in Versuchung fallt! Der Geist ist
zwar willig, das Fleisch aber schwach.
42 Wiederum ging er weg, zum zweiten
Mal, und betete: Mein Vater, wenn dieser
Kelch nicht an mir vorübergehen kann,
ohne dass ich ihn trinke, so geschehe dein
Wille. 43 Als er zurückkam, fand er sie wie-
der schlafend; denn die Augen waren
ihnen schwer geworden. 44 Da ließ er sie,
ging nochmals weg und betete zum dritten
Mal mit den gleichen Worten. 45 Darauf
kam er zu den Jüngern und sagte zu ihnen:
Schlaft weiter und ruht! Seht, die Stunde
ist gekommen, jetzt wird der Menschen-
sohn in die Hände der Sünder ausgeliefert.
46 Steht auf, wir wollen gehen! Seht, der
Verräter ist da.

Die Gefangennahme Jesu

47 Und noch während er redete kam Judas,
einer der Zwölf, und mit ihm eine große
Schar mit Schwertern und Knüppeln,
(ausgeschickt) von den Hohenpriestern
und den Ältesten des Volkes. 48 Der Ver-
räter hatte mit ihnen ein Zeichen verabre-
det und gesagt: Der, den ich küssen werde,
der ist es; den nehmt fest! 49 Sofort ging er
auf Jesus zu und sagte: Sei gegrüßt, Rabbi!
Und er küsste ihn. 50 Jesus aber sagte zu
ihm: Freund, dazu bist du gekommen? Da
traten sie hinzu, legten Hand an Jesus und
nahmen ihn fest. 51 Doch einer von den Be-
gleitern Jesu streckte die Hand aus, zog
sein Schwert, schlug auf den Knecht des
Hohenpriesters ein und hieb ihm ein Ohr
ab. 52 Da sagte Jesus zu ihm: Steck dein
Schwert an seinen Platz! Denn alle, die
zum Schwert greifen, werden durch das
Schwert umkommen. 53 Oder glaubst du
nicht, ich könnte meinen Vater bitten und
er würde mir sogleich mehr als zwölf Le-
gionen Engel zur Seite stellen? 54 Wie aber
würde dann die Schrift erfüllt, dass es so
geschehen muss? 55 In jener Stunde sagte
Jesus zu den Scharen: Wie gegen einen
Räuber seid ihr ausgezogen mit Schwer-
tern und Knüppeln, um mich gefangen zu
nehmen. Täglich saß ich im Tempel und
lehrte und ihr habt mich nicht festgenom-
men. 56 Das alles aber ist geschehen, damit
die Schriften der Propheten erfüllt wer-
den. Da verließen ihn alle Jünger und flo-
hen.

Jesus vor dem Hohen Rat

57 Jene aber, die Jesus festgenommen hat-
ten, führten ihn zum Hohenpriester Kaja-
phas, wo sich die Schriftgelehrten und Äl-
testen versammelt hatten. 58 Petrus folgte
ihm von weitem bis zum Hof des Hohen-
priesters, ging hinein und setzte sich zu
den Dienern, um zu sehen, wie es aus-
gehen würde.

59 Die Hohenpriester und der ganze Ho-
he Rat suchten eine falsche Zeugenaussage
gegen Jesus, um ihn zum Tod verurteilen

zu können, [60] fanden aber nichts, obwohl
viele falsche Zeugen auftraten. Schließlich
traten zwei auf [61] und behaupteten: Er hat
gesagt: Ich kann den Tempel Gottes nie-
derreißen und in drei Tagen wieder auf-
bauen. [62] Da erhob sich der Hohepriester
und sagte zu ihm: Antwortest du nichts
auf das, was diese gegen dich aussagen?
[63] Jesus aber schwieg. Da sagte der Hohe-
priester zu ihm: Ich beschwöre dich bei
dem lebendigen Gott, sag uns: Bist du der
Messias, der Sohn Gottes? [64] Jesus antwor-
tete ihm: Du hast es gesagt. Ich sage euch:
Von nun an werdet ihr *den Menschensohn*
zur Rechten der Macht *sitzen* und *auf den*
Wolken des Himmels kommen sehen. [65] Da
zerriss der Hohepriester sein Gewand und
rief: Er hat gelästert! Was brauchen wir
noch Zeugen? Jetzt habt ihr die Lästerung
gehört. [66] Was ist euere Meinung? Sie ant-
worteten: Er ist des Todes schuldig.

[67] Da spien sie ihm ins Gesicht und
schlugen ihn. Andere gaben ihm Ohrfei-
gen [68] und riefen: Weissage uns, Messias:
Wer hat dich geschlagen?

Die Verleugnung durch Petrus

[69] Petrus aber saß draußen im Hof. Da trat
eine Magd auf ihn zu und sagte: Auch du
warst bei Jesus, dem Galiläer. [70] Er aber
leugnete vor allen und sagte: Ich weiß
nicht, was du meinst. [71] Als er in das Tor-
haus hinausging war, sah ihn eine andere
und sagte zu denen, die dort waren: Der
da war bei Jesus, dem Nazoräer. [72] Er leug-
nete wiederum und schwor: Ich kenne
den Menschen nicht. [73] Nach einer Weile
kamen die Umstehenden hinzu und sag-
ten zu Petrus: Du bist bestimmt auch
einer von ihnen. Schon deine Sprache ver-
rät dich ja. [74] Da fing er an, sich zu verflu-
chen und zu schwören: Ich kenne den
Menschen nicht! Und sogleich krähte ein
Hahn. [75] Da erinnerte sich Petrus an das
Wort, das Jesus ihm gesagt hatte: Ehe der
Hahn kräht, wirst du mich dreimal ver-
leugnen. Und er ging hinaus und weinte
bitterlich.

Die Auslieferung an Pilatus

27 Als es Morgen wurde, fassten alle
Hohenpriester und Ältesten des
Volkes den Beschluss, Jesus zu töten. [2] Sie
ließen ihn fesseln, abführen und über-
gaben ihn dem Statthalter Pilatus.

Der Tod des Judas

[3] Als nun Judas, der ihn verraten hatte, sah,
dass er verurteilt war, ergriff ihn Reue. Er
brachte die dreißig Silberstücke den Ho-
henpriestern und Ältesten zurück [4] und
sagte: Ich habe gesündigt; denn ich habe
unschuldiges Blut verraten. Sie aber sag-
ten: Was geht das uns an? Sieh du zu! [5] Da
warf er die Silberstücke in den Tempel,
ging fort und erhängte sich. [6] Die Hohen-
priester nahmen die Silberstücke und
sagten: Man darf sie nicht in den Tempel-
schatz tun; denn es ist Blutgeld. [7] Nachdem
sie Rat gehalten hatten, kauften sie davon
den Töpferacker als Begräbnisplatz für die
Fremden. [8] Deshalb heißt dieser Acker
Blutacker bis auf den heutigen Tag. [9] So er-
füllte sich, was durch den Propheten Jere-
mia gesagt worden ist: *Sie nahmen die*
dreißig Silberstücke – der Preis, den er den
Söhnen Israels wert war – [10] *und gaben sie*
für den Töpferacker, wie es *mir der Herr*
aufgetragen hatte.

Jesus vor Pilatus

[11] Jesus wurde vor den Statthalter geführt.
Der Statthalter fragte ihn: Du bist der Kö-
nig der Juden? Jesus antwortete: Du sagst
es. [12] Auf die Anklage der Hohenpriester
und Ältesten antwortete er nichts. [13] Da
sagte Pilatus zu ihm: Hörst du nicht, was
sie alles gegen dich vorbringen? [14] Doch er
antwortete ihm auf kein einziges Wort, so-
dass sich der Statthalter sehr verwunderte.

[15] An jenem Fest pflegte der Statthalter
dem Volk einen Gefangenen freizugeben,
den es wollte. [16] Nun hatte man damals
einen berüchtigten Gefangenen namens
Jesus Barabbas. [17] Pilatus fragte die ver-
sammelte Menge: Wen soll ich euch frei-
geben, Jesus Barabbas oder Jesus, den man
den Messias nennt? [18] Er wusste nämlich,
dass sie ihn aus Neid ausgeliefert hatten.

[19] Während er aber auf dem Richterstuhl
saß, ließ ihm seine Frau sagen: Tue diesem
Gerechten nichts an; denn ich habe heute
im Traum seinetwegen viel gelitten.

[20] Die Hohenpriester und Ältesten aber
hetzten die Massen auf, Barabbas zu for-
dern, Jesus aber dem Tod preiszugeben.
[21] Da nahm der Statthalter das Wort und
sagte zu ihnen: Welchen von beiden soll
ich euch freigeben? Da riefen sie: Barab-
bas! [22] Pilatus sagte zu ihnen: Was soll ich
dann mit Jesus tun, den man den Messias

nennt? Da schrien alle: Er soll gekreuzigt
werden! 23 Er entgegnete: Was hat er denn
Böses getan? Da schrien sie noch lauter: Er
soll gekreuzigt werden! 24 Als Pilatus sah,
dass er nichts erreichte, sondern dass der
Tumult nur noch größer wurde, nahm er
Wasser, wusch sich vor dem Volk die Hän-
de und sagte: Ich bin unschuldig an die-
sem Blut. Seht ihr zu! 25 Da rief das ganze
Volk: Sein Blut komme über uns und un-
sere Kinder! 26 Darauf gab er ihnen Barab-
bas frei. Jesus aber ließ er geißeln und
übergab ihn zur Kreuzigung.

Jesus in der Gewalt der Soldaten

27 Darauf nahmen die Soldaten des Statt-
halters Jesus in das Prätorium mit und
versammelten die ganze Kohorte um ihn.
28 Sie zogen ihn aus, legten ihm einen
scharlachroten Mantel um, 29 flochten
einen Kranz aus Dornen, setzten ihn auf
seinen Kopf und gaben ihm ein Rohr in
seine Rechte. Sie beugten die Knie vor
ihm, verspotteten ihn und riefen: Heil dir,
König der Juden! 30 Und sie spien ihn an,
nahmen das Rohr und schlugen ihn auf
den Kopf. 31 Nachdem sie ihn verspottet
hatten, nahmen sie ihm den Mantel ab
und zogen ihm seine eigenen Kleider wie-
der an.

Die Kreuzigung

Dann führten sie ihn ab, um ihn zu kreu-
zigen. 32 Auf dem Weg trafen sie einen
Mann aus Zyrene namens Simon; ihn
zwangen sie, ihm das Kreuz zu tragen.
33 Als sie an den Ort kamen, den man Gol-
gota nennt, das heißt Schädelstätte, 34 *ga-
ben sie* ihm Wein mit *Galle* vermischt *zu
trinken*. Er kostete davon, wollte aber
nicht trinken.

35 Nachdem sie ihn gekreuzigt hatten,
verteilten sie seine *Kleider untereinander*,
nachdem *sie das Los* (darüber) *geworfen
hatten*. 36 Dann setzten sie sich nieder und
bewachten ihn.

37 Über seinem Kopf brachten sie eine
Aufschrift an mit der Angabe seiner
Schuld: Das ist Jesus, der König der Juden.
38 Zusammen mit ihm wurden zwei Räuber
gekreuzigt, einer zur Rechten und einer
zur Linken. 39 Die Vorübergehenden läster-
ten ihn, *schüttelten den Kopf* 40 und sagten:
Der du den Tempel niederreißen und in
drei Tagen wieder aufbauen willst, rette
dich selbst, wenn du der Sohn Gottes bist,
und steig herab vom Kreuz! 41 Ähnlich
spotteten auch die Hohenpriester, die
Schriftgelehrten und Ältesten 42 und sag-
ten: Anderen hat er geholfen, sich selbst
kann er nicht helfen. Er ist doch der König
von Israel! Er soll jetzt vom Kreuz herab-
steigen, dann wollen wir an ihn glauben.
43 *Er hat auf Gott vertraut; der soll ihn* jetzt
retten, wenn er Gefallen an ihm hat. Er hat
ja gesagt: Ich bin Gottes Sohn. 44 Ebenso
schmähten ihn aber auch die Räuber, die
zusammen mit ihm gekreuzigt worden
waren.

Der Tod Jesu

45 Von der sechsten Stunde an aber kam
eine Finsternis über das ganze Land bis
zur neunten Stunde. 46 Um die neunte
Stunde rief Jesus laut: *Eli, Eli, lema sabach-
tani?*, das heißt: *Mein Gott, mein Gott, wa-
rum hast du mich verlassen?* 47 Als einige
von den Umstehenden das hörten, sagten
sie: Er ruft Elija. 48 Sofort lief einer von
ihnen hin, nahm einen Schwamm, füllte
ihn mit *Essig*, steckte ihn auf ein Rohr
und *gab* ihm *zu trinken*. 49 Die Übrigen
aber sagten: Lass, wir wollen sehen, ob Eli-
ja kommt, um ihn zu retten. 50 Da schrie
Jesus noch einmal laut auf und gab den
Geist auf.

51 Da zerriss der Vorhang des Tempels
von oben bis unten entzwei, die Erde er-
bebte und die Felsen spalteten sich, 52 die
Gräber öffneten sich und die Leiber vieler
Heiliger, die entschlafen waren, wurden
auferweckt. 53 Sie kamen nach seiner Auf-
erweckung aus den Gräbern hervor, gin-
gen in die heilige Stadt und erschienen vie-
len. 54 Als der Hauptmann und die, die mit
ihm Jesus bewachten, das Erdbeben be-
merkten und sahen, was geschah, gerieten
sie in große Furcht und sagten: Das war in
Wahrheit Gottes Sohn!

55 Es waren dort auch viele Frauen, die
von fern zusahen; sie waren Jesus von Ga-
liläa her nachgefolgt und hatten ihm ge-
dient. 56 Unter ihnen waren Maria aus
Magdala, Maria, die Mutter des Jakobus
und des Josef, und die Mutter der Zebe-
däussöhne.

Die Grablegung

57 Als es Abend geworden war, kam ein rei-
cher Mann aus Arimathäa namens Josef,

der auch ein Jünger Jesu geworden war.
[58] Er ging zu Pilatus und bat um den Leich-
nam Jesu. Da befahl Pilatus, ihn ihm zu
überlassen. [59] Josef nahm den Leichnam,
hüllte ihn in reine Leinwand [60] und legte
ihn in sein neues Grab, das er in den Fel-
sen hatte hauen lassen. Dann wälzte er
einen großen Stein vor den Eingang des
Grabes und ging weg. [61] Es waren aber
auch Mariam aus Magdala und die andere
Maria dort; sie saßen dem Grab gegen-
über.

Die Bewachung des Grabes

[62] Am anderen Tag, der auf den Rüsttag
folgt, versammelten sich die Hohenpries-
ter und Pharisäer bei Pilatus [63] und sagten:
Herr, wir erinnern uns, dass jener Verfüh-
rer, als er noch lebte, gesagt hat: Nach drei
Tagen werde ich auferweckt werden. [64] Gib
also Befehl, dass das Grab bis zum dritten
Tag bewacht wird, damit nicht etwa seine
Jünger kommen, ihn stehlen und dem
Volk sagen: Er ist von den Toten auf-
erweckt worden. Dann wäre der letzte Be-
trug schlimmer als der erste. [65] Pilatus sagte
zu ihnen: Ihr sollt eine Wache haben. Geht
und sorgt für Sicherung, so gut ihr könnt.
[66] Da gingen sie, versiegelten den Stein und
sicherten das Grab mit der Wache.

Das leere Grab. Die Botschaft des Engels

28 Nach dem Sabbat, in der Morgen-
dämmerung des ersten Wochen-
tags, kamen Maria aus Magdala und die
andere Maria, um nach dem Grab zu se-
hen. [2] Da entstand ein gewaltiges Erdbe-
ben; denn ein Engel des Herrn stieg vom
Himmel herab, trat hinzu, wälzte den
Stein weg und setzte sich darauf. [3] Sein
Aussehen war wie ein Blitz und sein Ge-
wand weiß wie Schnee. [4] Aus Furcht vor
ihm erbebten die Wächter und waren wie
tot. [5] Der Engel aber sagte zu den Frauen:
Fürchtet euch nicht! Ich weiß, ihr sucht
Jesus, den Gekreuzigten. [6] Er ist nicht hier;
denn er ist auferweckt worden, wie er ge-
sagt hat. Kommt und seht die Stelle, wo er
gelegen hat. [7] Dann geht schnell zu seinen
Jüngern und sagt ihnen: Er ist von den To-
ten auferweckt worden. Er geht euch vo-
raus nach Galiläa. Dort werdet ihr ihn se-
hen. Ich habe es euch gesagt. [8] Da eilten sie
weg vom Grab, voll Furcht und großer
Freude, und liefen zu seinen Jüngern, um
ihnen die Botschaft zu verkünden.

Die Erscheinung Jesu vor den Frauen

[9] Da kam ihnen Jesus entgegen und sagte:
Seid gegrüßt! Sie gingen zu ihm, umfass-
ten seine Füße und warfen sich vor ihm
nieder. [10] Da sagte Jesus zu ihnen: Fürchtet
euch nicht! Geht und sagt meinen Brü-
dern, sie sollen nach Galiläa gehen; dort
werden sie mich sehen.

Der Betrug der Hohenpriester

[11] Während sie weggingen, kamen einige
von der Wache in die Stadt und meldeten
den Hohenpriestern alles, was sich zuge-
tragen hatte. [12] Da versammelten sie sich
mit den Ältesten, hielten Rat und gaben
den Soldaten reichlich Geld [13] mit der Wei-
sung: Erzählt, seine Jünger sind in der
Nacht gekommen und haben ihn gestoh-
len, während wir schliefen. [14] Wenn das
dem Statthalter zu Ohren kommt, werden
wir ihn beschwichtigen und dafür sorgen,
dass ihr nichts zu befürchten habt. [15] Sie
aber nahmen das Geld und taten, wie
man sie angewiesen hatte. Und dieses Ge-
rede verbreitete sich unter den Juden bis
auf den heutigen Tag.

Der Missionsbefehl

[16] Die elf Jünger gingen nach Galiläa auf
den Berg, wohin Jesus sie bestellt hatte.
[17] Als sie ihn sahen, warfen sie sich vor
ihm nieder, einige aber zweifelten. [18] Da
trat Jesus zu ihnen, redete sie an und sagte:
Mir ist alle Gewalt gegeben im Himmel
und auf der Erde. [19] Darum geht und
macht alle Völker zu Jüngern und tauft
sie auf den Namen des Vaters und des Soh-
nes und des Heiligen Geistes, [20] und lehrt
sie alles halten, was ich euch aufgetragen
habe. Seht, ich bin bei euch alle Tage bis
ans Ende der Welt.

Das Evangelium nach Markus

Die Vorbereitung des öffentlichen Wirkens Jesu

Johannes der Täufer

1 Anfang des Evangeliums von Jesus
Christus, dem Sohn Gottes. 2 Wie
beim Propheten Jesaja geschrieben steht:
*Ich sende meinen Boten vor dir her; / er
wird den Weg vor dir bereiten.*
3 *Eine Stimme ruft in der Wüste: / Berei-
tet den Weg des Herrn! / Macht seine Stra-
ßen eben!*
4 Johannes der Täufer trat in der Wüste
auf und verkündete eine Taufe der Um-
kehr zur Vergebung der Sünden. 5 Ganz
Judäa und alle Bewohner Jerusalems zogen
zu ihm hinaus und ließen sich von ihm im
Jordan taufen und bekannten dabei ihre
Sünden.
6 Johannes trug ein Gewand aus Kamel-
haaren und einen ledernen Gürtel um sei-
ne Hüften und nährte sich von Heuschre-
cken und wildem Honig. 7 Er verkündete:
Nach mir kommt einer, der stärker ist als
ich; ich bin nicht wert, mich zu bücken
und den Riemen seiner Schuhe zu lösen.
8 Ich habe euch mit Wasser getauft, er aber
wird euch mit Heiligem Geist taufen.

Die Taufe Jesu

9 In jenen Tagen kam Jesus aus Nazaret in
Galiläa und ließ sich von Johannes im Jor-
dan taufen. 10 Sobald er aus dem Wasser
heraufstieg, sah er, dass sich der Himmel
öffnete und der Geist wie eine Taube auf
ihn herabkam. 11 Und eine Stimme sprach
aus dem Himmel: *Du bist mein geliebter
Sohn, an dir habe ich Gefallen gefunden.*

Die Versuchung Jesu

12 Sofort trieb ihn der Geist hinaus in die
Wüste. 13 Vierzig Tage lang war er in der
Wüste und wurde vom Satan versucht. Er
war mit den wilden Tieren zusammen und
die Engel dienten ihm.

Das Wirken Jesu in Galiläa

Jesus beginnt zu predigen

14 Nachdem man Johannes gefangen ge-
nommen hatte, kam Jesus nach Galiläa
und verkündete das Evangelium Gottes:
15 Die Zeit ist erfüllt und das Reich Gottes
ist nahe. Kehrt um und glaubt an das
Evangelium!

Die Berufung der ersten Jünger

16 Als er am Ufer des Sees von Galiläa ent-
langging, sah er Simon und Andreas, den
Bruder Simons, das Netz im See auswer-
fen. Sie waren nämlich Fischer. 17 Da sagte
Jesus zu ihnen: Kommt, folgt mir nach!
Ich will euch zu Menschenfischern ma-
chen. 18 Sofort verließen sie ihre Netze und
folgten ihm nach. 19 Als er ein wenig wei-
terging, sah er Jakobus, den Sohn des Ze-
bedäus, und dessen Bruder Johannes, auch
sie im Boot, wie sie gerade ihre Netze aus-
besserten. Sogleich rief er sie. 20 Da ließen
sie ihren Vater Zebedäus mit den Taglöh-
nern im Boot und gingen weg, ihm nach.

Jesus in der Synagoge von Kafarnaum

21 Sie kamen nach Kafarnaum und gleich
am Sabbat ging er in die Synagoge und
lehrte. 22 Da staunten sie über seine Lehre;
denn er lehrte sie wie einer, der Macht hat,
und nicht wie die Schriftgelehrten.
23 Da war gleich in ihrer Synagoge ein
Mann mit unreinem Geist. Der schrie auf:
24 Was willst du von uns, Jesus von Naza-
ret? Bist du gekommen, um uns zu ver-
nichten? Ich weiß, wer du bist: der Heilige
Gottes! 25 Da fuhr ihn Jesus an: Schweig
und fahr aus von ihm! 26 Da riss ihn der
unreine Geist hin und her und schrie mit
lauter Stimme und fuhr von ihm aus. 27 Da
erstaunten alle und stritten untereinander:
Was ist das? Eine neue Lehre voll Macht!
Sogar den unreinen Geistern befiehlt er

und sie gehorchen ihm. 28 Und die Kunde
von ihm drang bald überallhin in die gan-
ze Umgegend von Galiläa.

Die Heilung der Schwiegermutter des Simon

29 Sobald er die Synagoge verlassen hatte,
ging er zusammen mit Jakobus und Johan-
nes in das Haus des Simon und Andreas.
30 Die Schwiegermutter Simons lag fie-
berkrank danieder. Sogleich erzählten sie
ihm von ihr. 31 Da ging er zu ihr, nahm sie
bei der Hand und richtete sie auf. Da ver-
ließ sie das Fieber und sie bediente sie.

Viele Heilungen

32 Als es Abend geworden war, brachte man
nach Sonnenuntergang alle Kranken und
Besessenen zu ihm. 33 Die ganze Stadt war
vor der Tür versammelt 34 und er heilte vie-
le, die an Krankheiten aller Art litten, und
trieb viele Dämonen aus. Dabei ließ er die
Dämonen nicht reden; denn sie kannten
ihn.

Aufbruch von Kafarnaum

35 In der Frühe, als es noch dunkel war, er-
hob er sich, ging weg, begab sich an einen
einsamen Ort und betete dort. 36 Simon
und seine Gefährten eilten ihm nach,
37 fanden ihn und sagten zu ihm: Alle su-
chen dich. 38 Er antwortete ihnen: Lasst
uns anderswohin gehen, in die umliegen-
den Ortschaften, damit ich auch dort pre-
dige; denn dazu bin ich gekommen. 39 Und
er wanderte umher, predigte in ganz Gali-
läa in ihren Synagogen und trieb die Dä-
monen aus.

Die Heilung eines Aussätzigen

40 Ein Aussätziger kam zu ihm und bat ihn
kniefällig: Wenn du willst, kannst du mich
rein machen. 41 Da streckte er, von Mitleid
ergriffen, seine Hand aus, berührte ihn
und sagte zu ihm: Ich will; sei rein! 42 Und
sofort wich der Aussatz von ihm und er
wurde rein. 43 Jesus fuhr ihn heftig an, jagte
ihn gleich fort 44 und sagte zu ihm: Hüte
dich, jemand etwas davon zu sagen, son-
dern geh, *zeig dich dem Priester* und bring
für deine Reinigung dar, was Mose vor-
geschrieben hat, zum Zeugnis für sie. 45 Er
aber ging weg und fing an, die Geschichte
mit Eifer bekannt zu machen und herum-
zuerzählen. So konnte er nicht mehr öf-
fentlich in eine Stadt gehen, sondern hielt
sich draußen an einsamen Orten auf. Den-
noch kamen die Leute von überallher zu
ihm.

Die Heilung eines Gelähmten

2 Als er nach einigen Tagen wieder nach
Kafarnaum kam, wurde bekannt, dass
er zu Hause war. 2 Und es strömten so viele
zusammen, dass nicht einmal vor der Tür
Platz war; und er verkündete ihnen das
Wort. 3 Da kamen Leute und brachten
einen Gelähmten zu ihm, der von vier
Männern getragen wurde. 4 Weil sie ihn
wegen der Menge nicht bis zu ihm hin-
bringen konnten, deckten sie das Dach
ab, wo Jesus war, machten eine Öffnung
und ließen das Bett hinab. 5 Als Jesus ihren
Glauben sah, sagte er zu dem Gelähmten:
Kind, deine Sünden sind dir vergeben. 6 Es
saßen aber einige Schriftgelehrte dort und
dachten in ihrem Herzen: Was redet der
so? Er lästert. 7 Wer kann Sünden vergeben
als Gott allein? 8 Doch Jesus erkannte so-
gleich in seinem Geist ihre Gedanken und
sagte zu ihnen: Was denkt ihr in eueren
Herzen? 9 Was ist leichter, zu dem Ge-
lähmten zu sagen: Deine Sünden sind dir
vergeben!, oder zu sagen: Steh auf, nimm
dein Bett und geh umher? 10 Damit ihr aber
wisst, dass der Menschensohn Macht hat,
auf der Erde Sünden zu vergeben – sagte er
zu dem Gelähmten: 11 Ich sage dir, steh auf,
nimm dein Bett und geh heim! 12 Und er
stand auf, nahm sein Bett und ging sofort
vor aller Augen hinaus, sodass alle außer
sich gerieten, Gott priesen und sagten: So
etwas haben wir noch nie gesehen.

Die Berufung des Levi und das Mahl mit den Zöllnern

13 Jesus ging wieder hinaus an den See und
alles Volk kam zu ihm und er lehrte sie.
14 Im Vorbeigehen sah er Levi, den Sohn
des Alphäus, am Zoll sitzen und sagte zu
ihm: Folge mir nach! Da stand er auf und
folgte ihm. 15 Als er in seinem Haus zu
Tisch lag, aßen auch viele Zöllner und
Sünder mit Jesus und seinen Jüngern.
Denn es waren viele, die ihm nachfolgten.
16 Als nun die Schriftgelehrten (von der
Partei) der Pharisäer sahen, dass er mit
den Sündern und Zöllnern aß, sagten sie
zu seinen Jüngern: Warum isst er mit den
Zöllnern und Sündern? 17 Das hörte Jesus
und sagte zu ihnen: Nicht die Gesunden

brauchen den Arzt, sondern die Kranken. Ich bin nicht gekommen, Gerechte zu berufen, sondern Sünder.

Die Fastenfrage

[18] Die Jünger des Johannes und die Pharisäer fasteten gerade. Da kamen einige Leute und sagten zu ihm: Warum fasten die Jünger des Johannes und die der Pharisäer, deine Jünger aber fasten nicht? [19] Jesus antwortete ihnen: Können die Hochzeitsgäste denn fasten, solange der Bräutigam bei ihnen ist? Solange sie den Bräutigam bei sich haben, können sie nicht fasten. [20] Es werden aber Tage kommen, da wird ihnen der Bräutigam genommen sein. An jenem Tag werden sie fasten. [21] Niemand näht ein Stück neues Tuch auf ein altes Kleid. Sonst reißt das Stück davon ab, das neue vom alten, und der Riss wird noch schlimmer. [22] Auch füllt niemand neuen Wein in alte Schläuche. Sonst wird der Wein die Schläuche zerreißen und der Wein ist verloren samt den Schläuchen. Neuen Wein füllt man in neue Schläuche.

Das Ährenrupfen am Sabbat

[23] Er wanderte am Sabbat durch die Kornfelder und seine Jünger machten sich unterwegs daran, Ähren abzurupfen. [24] Da sagten die Pharisäer zu ihm: Siehe, was sie am Sabbat Unerlaubtes tun! [25] Er antwortete ihnen: Habt ihr noch nie gelesen, was David tat, als er Not litt und er und seine Gefährten hungrig waren? [26] Wie er in das Haus Gottes ging, zur Zeit des Hohenpriesters Abjatar, und die Schaubrote aß, die außer den Priestern niemand essen darf, und auch seinen Gefährten davon gab? [27] Und er sagte zu ihnen: Der Sabbat ist um des Menschen willen da und nicht der Mensch um des Sabbats willen. [28] Darum ist der Menschensohn Herr auch über den Sabbat.

Die Heilung einer verdorrten Hand

3 Als er wieder in eine Synagoge ging war dort ein Mann mit einer verdorrten Hand. [2] Sie beobachteten ihn, ob er ihn am Sabbat heilen würde, damit sie ihn anklagen könnten. [3] Da sagte er zu dem Mann mit der verdorrten Hand: Steh auf und komm in die Mitte! [4] Dann sagte er zu ihnen: Ist es erlaubt, am Sabbat Gutes oder Böses zu tun, ein Leben zu retten oder zu töten? Sie aber schwiegen. [5] Und er blickte sie ringsherum zornig an, betrübt über die Verhärtung ihres Herzens, und sagte zu dem Mann: Streck die Hand aus! Er streckte sie aus und seine Hand wurde wieder gesund. [6] Da gingen die Pharisäer hinaus und fassten sogleich zusammen mit den Herodianern den Beschluss, ihn umzubringen.

Der Andrang des Volkes

[7] Jesus zog sich mit seinen Jüngern an den See zurück. Eine große Volksschar aus Galiläa folgte ihm. Auch aus Judäa [8] und aus Jerusalem, aus Idumäa und von jenseits des Jordan sowie aus der Gegend von Tyrus und Sidon kam eine große Menge zu ihm, als sie von seinen Taten gehört hatten. [9] Da bat er seine Jünger, ein Boot für ihn bereitzuhalten, damit die Menge ihn nicht erdrücke. [10] Denn er heilte viele, sodass alle, die von Leiden gequält waren, sich auf ihn stürzten, um ihn zu berühren. [11] Auch die unreinen Geister fielen vor ihm nieder, sobald sie ihn erblickten, und schrien: Du bist der Sohn Gottes! [12] Er aber fuhr sie hart an, dass sie ihn nicht bekannt machten.

Die Berufung der Zwölf

[13] Dann stieg er auf den Berg und rief die zu sich, die er ausgewählt hatte, und sie kamen zu ihm. [14] Und er bestimmte Zwölf, die mit ihm zusammen sein sollten und die er aussenden wollte zur Verkündigung [15] mit der Vollmacht, Dämonen auszutreiben. [16] Er bestimmte also die Zwölf: Simon, dem er den Beinamen Petrus gab, [17] ferner Jakobus, den Sohn des Zebedäus, und Johannes, den Bruder des Jakobus – ihnen gab er den Beinamen Boanerges, das heißt Donnersöhne –, [18] und Andreas, Philippus, Bartholomäus, Matthäus, Thomas, Jakobus, den Sohn des Alphäus, Thaddäus, Simon Kananäus [19] und Judas Iskariot, der ihn verraten hat.

Jesus und seine Angehörigen

[20] Er ging in ein Haus und wiederum lief das Volk zusammen, sodass sie nicht einmal essen konnten. [21] Als die Seinen davon hörten, machten sie sich auf, um sich seiner zu bemächtigen, denn sie sagten: Er ist von Sinnen.

Verteidigungsrede Jesu

22 Die Schriftgelehrten, die von Jerusalem
herabgekommen waren, sagten: Er hat
den Beelzebul und durch den Obersten
der Dämonen treibt er die Dämonen aus.
23 Da rief er sie herbei und redete in
Gleichnissen zu ihnen: Wie kann der Sa-
tan den Satan austreiben? 24 Wenn ein
Reich mit sich selbst entzweit ist, so kann
dieses Reich keinen Bestand haben. 25 Und
wenn ein Haus in sich selbst entzweit ist,
so kann dieses Haus keinen Bestand ha-
ben. 26 Wenn nun Satan gegen sich selbst
aufsteht und mit sich entzweit ist, so kann
er keinen Bestand haben, sondern es ist
aus mit ihm. 27 Niemand aber kann in das
Haus eines Starken eindringen und seine
Habe rauben, wenn er nicht zuvor den
Starken gefesselt hat. Dann erst wird er
sein Haus ausplündern. 28 Amen, ich sage
euch: Alle Sünden und Lästerungen wer-
den den Menschen vergeben werden, so-
viel sie auch lästern mögen. 29 Wer aber
gegen den Heiligen Geist lästert, findet in
Ewigkeit keine Vergebung, sondern ist
ewiger Sünde schuldig. 30 Sie sagten näm-
lich: Er hat einen unreinen Geist.

Die wahren Verwandten Jesu

31 Da kamen seine Mutter und seine Brü-
der, blieben draußen stehen und ließen
ihn rufen. 32 Das Volk saß um ihn herum
als man ihm sagte: Deine Mutter und dei-
ne Brüder und deine Schwestern sind
draußen und suchen dich. 33 Da antwortete
er ihnen: Wer ist meine Mutter und wer
sind meine Brüder? 34 Und indem er auf
die um ihn Sitzenden blickte, sagte er:
Das sind meine Mutter und meine Brüder.
35 Wer den Willen Gottes tut, der ist mir
Bruder und Schwester und Mutter.

Das Gleichnis vom Sämann

4 Wiederum begann er, am See zu leh-
ren, und sehr viel Volk sammelte sich
um ihn, sodass er in ein Boot auf dem See
stieg und sich niederließ, während das
ganze Volk am Seeufer stand. 2 Er lehrte
sie viel in Gleichnissen. Bei seiner Beleh-
rung sagte er zu ihnen: 3 Hört! Ein Sämann
ging aus, um zu säen. 4 Da gab es sich, dass
beim Säen einiges auf den Weg fiel, und
die Vögel kamen und fraßen es auf. 5 An-
deres fiel auf steinigen Grund, wo es nicht
viel Erdreich hatte. Es schoss rasch auf,
weil es kein tiefes Erdreich hatte. 6 Als aber
die Sonne aufging, wurde es versengt, und
weil es keine Wurzel hatte, verdorrte es.
7 Wieder anderes fiel unter die Dornen
und die Dornen wuchsen auf und erstick-
ten es und es brachte keine Frucht. 8 An-
deres schließlich fiel auf gutes Erdreich.
Es ging auf und wuchs und brachte Frucht;
es trug dreißigfach und sechzigfach und
hundertfach. 9 Und er sprach: Wer Ohren
hat zu hören, der höre.

Warum Gleichnisse?

10 Als er allein war, fragten ihn die, die mit
den Zwölf um ihn waren, nach dem Sinn
der Gleichnisse. 11 Da sagte er zu ihnen:
Euch ist das Geheimnis des Reiches Gottes
gegeben. Jenen draußen aber wird alles in
Gleichnissen zuteil,

12 auf dass *sie sehend sehen / und doch
nicht erkennen,*
*und hörend hören / und doch nicht ver-
stehen,*
*damit sie nicht umkehren / und ihnen
nicht vergeben wird.*

Die Deutung des Gleichnisses vom Sämann

13 Und er sagte zu ihnen: Versteht ihr die-
ses Gleichnis nicht? Wie wollt ihr da alle
anderen Gleichnisse verstehen? 14 Der Sä-
mann sät das Wort. 15 Die auf dem Weg
aber, das sind die, bei denen das Wort
zwar gesät wird, aber sobald sie es gehört
haben, kommt gleich der Satan und
nimmt das Wort, das in sie gesät war, weg.
16 Entsprechend ebenso sind die, bei denen
auf steinigem Grund gesät ist, jene, die das
Wort, sobald sie es hören, mit Freuden
aufnehmen; 17 aber sie haben keine Wurzel,
sondern sind Augenblicksmenschen. So-
bald nachher Drangsal oder Verfolgung
um des Wortes willen entsteht, kommen
sie zu Fall. 18 Bei anderen fällt das Wort in
die Dornen; das sind jene, die das Wort
gehört haben, 19 aber die weltlichen Sorgen,
der Trug des Reichtums und die Begierden
nach anderen Dingen dringen ein und er-
sticken das Wort, und es bringt keine
Frucht. 20 Auf gutes Erdreich gesät ist bei
jenen, die das Wort hören und aufnehmen
und Frucht bringen, dreißigfach, sechzig-
fach und hundertfach.

Vom rechten Hören

21 Er sagte zu ihnen: Bringt man etwa das
Licht, damit es unter den Scheffel oder un-
ter das Bett gestellt wird? Stellt man es
nicht auf den Leuchter? 22 Denn nichts ist
verborgen, was nicht offenbar wird, und
nichts ist geheim, was nicht an den Tag
kommt. 23 Wer Ohren hat zu hören, der
höre!

24 Er sagte zu ihnen: Beachtet genau, was
ihr hört! Mit dem Maß, mit dem ihr messt,
wird euch gemessen werden; ja, man wird
euch noch dazugeben. 25 Denn wer hat,
dem wird gegeben. Wer aber nicht hat,
dem wird auch das genommen, was er hat.

Vom Wachsen der Saat

26 Er sagte: Mit dem Reich Gottes ist es so,
wie wenn ein Mann Samen auf den Acker
sät 27 und dann schlafen geht und wieder
aufsteht, Nacht und Tag, und der Samen
geht auf und wächst empor und er weiß
nicht wie. 28 Von selbst bringt die Erde
Frucht, erst den Halm, dann die Ähre,
und endlich das volle Korn in der Ähre.
29 Sobald aber die Frucht es zulässt, *legt er
die Sichel an; denn die Ernte ist da.*

Das Gleichnis vom Senfkorn

30 Er sprach: Womit sollen wir das Reich
Gottes vergleichen oder in welchem
Gleichnis sollen wir es darstellen? 31 Wie
mit einem Senfkorn ist es, das, wenn es in
die Erde gesät wird, das kleinste von allen
Samenkörnern auf der Erde ist. 32 Wenn es
aber gesät ist, geht es auf und wird größer
als alle Gartengewächse und *treibt* große
Zweige, sodass *in seinem Schatten die Vögel
des Himmels nisten können.*

Abschluss der Gleichnisse

33 In vielen solchen Gleichnissen verkünde-
te er ihnen das Wort, wie sie es verstehen
konnten. 34 Ohne Gleichnis dagegen redete
er nicht zu ihnen. Aber wenn sie allein wa-
ren, legte er seinen Jüngern alles aus.

Die Stillung des Seesturms

35 Am Abend dieses Tages sagte er zu ih-
nen: Wir wollen an das andere Ufer hinü-
berfahren. 36 Sie entließen das Volk und
nahmen ihn, wie er war, im Boot mit.
Auch andere Boote begleiteten ihn. 37 Da
erhob sich ein gewaltiger Sturm und die
Wogen schlugen ins Boot, sodass das Boot
sich schon füllte. 38 Er aber schlief im Heck
des Bootes auf dem Kissen. Da weckten sie
ihn und sagten zu ihm: Meister, liegt dir
nichts daran, dass wir zugrunde gehen?
39 Da stand er auf, schalt den Wind und
sagte zur See: Schweig, sei still! Da legte
sich der Wind und es trat große Stille ein.
40 Er sagte zu ihnen: Was seid ihr so furcht-
sam? Habt ihr noch keinen Glauben? 41 Da
gerieten sie in große Furcht und sagten zu-
einander: Was ist das für ein Mann, dass
selbst der Wind und der See ihm gehor-
chen?

Der Besessene von Gerasa

5 Sie kamen an das jenseitige Ufer des
Sees, in das Gebiet der Gerasener.
2 Als er aus dem Boot gestiegen war, kam
ihm sogleich einer aus den Grabhöhlen
entgegen, der einen unreinen Geist hatte.
3 Er hauste in den Grabhöhlen und nicht
einmal mit Ketten vermochte man ihn zu
fesseln, 4 denn er war schon oft in Fußfes-
seln und Ketten geschlossen worden. Aber
er hatte die Ketten gesprengt und die Fuß-
fesseln zerrieben; niemand war imstande,
ihn zu bändigen. 5 Immerfort, bei Nacht
und bei Tag, war er in den Grabhöhlen
und auf den Bergen, stieß Schreie aus und
zerschlug sich mit Steinen. 6 Als er Jesus
von weitem sah, lief er zu ihm hin, warf
sich vor ihm nieder 7 und schrie mit lauter
Stimme: Was habe ich mit dir zu tun, Je-
sus, Sohn des höchsten Gottes? Ich be-
schwöre dich bei Gott, quäle mich nicht!
8 Er hatte nämlich zu ihm gesagt: Fahr aus,
unreiner Geist, aus diesem Menschen! 9 Je-
sus fragte ihn: Wie heißt du? Er antworte-
te: Ich heiße Legion; denn wir sind viele.
10 Und er bat ihn dringend, sie nicht aus
der Gegend zu verweisen.

11 Nun weidete dort am Berg eine große
Schweineherde. 12 Da baten sie ihn: Schick
uns in die Schweine, lass uns in sie hinein-
fahren! Das erlaubte er ihnen. 13 Da fuhren
die unreinen Geister aus, fuhren in die
Schweine und die Herde stürmte den Ab-
hang hinab in den See, an die zweitausend
Stück, und sie ertranken im See. 14 Ihre
Hirten flohen und berichteten davon in
der Stadt und auf den Höfen. Da kamen
die Leute, um zu sehen, was geschehen
war. 15 Sie kamen zu Jesus und sahen den
Besessenen, der die Legion (Dämonen) ge-
habt hatte, bekleidet und vernünftig dasit-

zen. Da fürchteten sie sich. 16 Die Augen-
zeugen erzählten ihnen nun, wie es mit
dem Besessenen zugegangen war, und
auch das von den Schweinen. 17 Da baten
sie ihn, ihr Gebiet zu verlassen.
18 Als er in das Boot stieg, bat ihn der
geheilte Besessene, bei ihm bleiben zu dür-
fen. 19 Er ließ es aber nicht zu, sondern sag-
te zu ihm: Geh nach Hause zu den Deinen
und erzähle ihnen, was der Herr Großes
an dir getan und wie er sich deiner er-
barmt hat. 20 Da ging der Mann weg und
fing an, in der Dekapolis zu verkünden,
was Jesus Großes an ihm getan hatte; und
alle gerieten in Staunen.

Die Heilung einer blutflüssigen Frau und die Auferweckung der Tochter des Jaïrus

21 Als Jesus im Boot wieder ans andere Ufer
hinübergefahren war, versammelte sich
eine große Volksmenge bei ihm am See.
22 Da kam ein Synagogenvorsteher namens
Jaïrus zu ihm. Als er ihn erblickte, fiel er
ihm zu Füßen 23 und bat ihn flehentlich:
Meine Tochter liegt im Sterben. Komm
und leg ihr die Hände auf, damit sie geret-
tet wird und am Leben bleibt! 24 Da ging er
mit ihm, und eine große Menge folgte und
umdrängte ihn.
25 Da war eine Frau, die seit zwölf Jahren
an Blutungen litt 26 und von vielen Ärzten
viel ausgestanden und ihr ganzes Ver-
mögen darauf verwendet hatte, ohne dass
es etwas genützt hätte; es war vielmehr im-
mer schlimmer mit ihr geworden. 27 Sie
hatte von Jesus gehört und trat nun unter
der Menge von hinten hinzu und berührte
sein Gewand. 28 Denn sie dachte: Wenn ich
auch nur seine Kleider berühre, werde ich
geheilt. 29 Sofort versiegte die Quelle ihres
Blutes und sie spürte, dass sie von ihrem
Leiden geheilt war. 30 Im selben Augenblick
fühlte Jesus, dass eine Kraft von ihm aus-
gegangen war, und er wandte sich in der
Volksmenge um und sagte: Wer hat meine
Kleider berührt? 31 Seine Jünger antworte-
ten ihm: Du siehst doch, wie das Volk dich
umdrängt, und da fragst du: Wer hat mich
berührt? 32 Er aber blickte rings umher, um
zu sehen, wer es getan hatte. 33 Da kam die
Frau zitternd vor Furcht heran, weil sie
wusste, was an ihr geschehen war, fiel vor
ihm nieder und sagte ihm die ganze Wahr-
heit. 34 Er aber sagte zu ihr: Tochter, dein
Glaube hat dir Heilung gebracht. Geh hin
in Frieden und sei geheilt von deinem Lei-
den!
35 Während er noch redete, kamen Leute
des Synagogenvorstehers und sagten: Dei-
ne Tochter ist gestorben. Was bemühst du
den Meister noch? 36 Jesus aber, der auf-
gefangen hatte, was da gesprochen wurde,
sagte zu dem Synagogenvorsteher: Fürchte
dich nicht, glaube nur! 37 Und er ließ nie-
mand mit sich gehen außer Petrus, Jako-
bus und Johannes, den Bruder des Jako-
bus. 38 So kamen sie zum Haus des
Synagogenvorstehers und er nahm den
Lärm wahr und wie sie weinten und laut
wehklagten. 39 Nachdem er eingetreten
war, sagte er zu ihnen: Was lärmt und
weint ihr? Das Kind ist nicht tot, sondern
es schläft. Da verlachten sie ihn. 40 Er aber
wies alle hinaus, nahm des Kindes Vater
und Mutter sowie seine Begleiter mit sich
und ging in die Kammer, in der das Kind
lag. 41 Er ergriff die Hand des Kindes und
sagte zu ihm: Talita kum!, was übersetzt
heißt: Mädchen, ich sage dir, steh auf!
42 Sofort stand das Mädchen auf und ging
umher. Es war zwölf Jahre alt. Die Leute
gerieten außer sich vor Entsetzen. 43 Er
aber gebot ihnen streng, dass niemand et-
was davon erfahren dürfe, und sagte, man
solle ihr zu essen geben.

Besuch in Nazaret

6 Von dort zog er weiter und kam in
seine Vaterstadt; seine Jünger folgten
ihm. 2 Am Sabbat begann er, in der Syna-
goge zu lehren, und die Menge, die ihm
zuhörte, staunte und sagte: Woher hat er
das? Was ist das für eine Weisheit, die ihm
gegeben ist? Und solche Machttaten ge-
schehen durch seine Hände? 3 Ist das nicht
der Zimmermann, der Sohn der Maria
und der Bruder von Jakobus, Joses, Judas
und Simon? Sind nicht seine Schwestern
hier bei uns? Und sie nahmen Anstoß an
ihm. 4 Da sagte Jesus zu ihnen: Nirgends
gilt ein Prophet weniger als in seiner Va-
terstadt, bei seinen Verwandten und in
seinem Haus. 5 Er konnte dort keine
Machttat vollbringen, nur einigen Kran-
ken legte er die Hände auf und heilte sie.
6 Und er wunderte sich über ihren Unglau-
ben.

Die Aussendung der Zwölf

Er durchzog die umliegenden Dörfer und
lehrte. 7 Er rief die Zwölf zu sich und be-
gann sie paarweise auszusenden. Er gab
ihnen Vollmacht über die unreinen Geis-
ter 8 und gebot ihnen, außer einem Stab
nichts auf den Weg mitzunehmen, kein
Brot, keine Tasche, kein Geld im Gürtel.
9 Nur Sandalen sollten sie tragen, aber kei-
ne zwei Röcke anziehen. 10 Und er sagte zu
ihnen: Wo ihr in ein Haus einkehrt, da
bleibt, bis ihr von dort weiterwandert.
11 Und wenn ein Ort euch nicht aufnimmt
und man euch nicht hören will, dann geht
fort und schüttelt den Staub von eueren
Füßen, zum Zeugnis. 12 Darauf zogen sie
aus und predigten Umkehr. 13 Sie trieben
viele Dämonen aus und salbten viele
Kranke mit Öl und heilten sie.

Das Ende Johannes' des Täufers

14 König Herodes hörte davon; denn der
Name Jesu war bekannt geworden und
man sagte: Johannes der Täufer ist von
den Toten auferweckt worden und darum
wirken die Wunderkräfte in ihm. 15 Andere
aber sagten: Er ist Elija. Wieder andere
sagten: Er ist ein Prophet wie einer der
Propheten. 16 Als aber Herodes das hörte,
sagte er: Johannes, den ich enthaupten
ließ, ist auferweckt worden.

17 Herodes hatte nämlich Johannes fest-
nehmen und ins Gefängnis werfen lassen
wegen der Herodias, der Frau seines Bru-
ders Philippus. Weil er sie geheiratet hatte,
18 hatte Johannes zu Herodes gesagt: Es ist
dir nicht erlaubt, die Frau deines Bruders
zu haben. 19 Das trug ihm Herodias nach
und hätte ihn gern umbringen lassen, ver-
mochte es aber nicht; 20 denn Herodes
fürchtete Johannes, weil er wusste, dass er
ein gerechter und heiliger Mann war, und
ließ ihn bewachen. Jedes Mal, wenn er ihn
hörte, wurde er sehr verlegen, doch hörte
er ihn gern. 21 Es kam ein günstiger Tag:
Herodes gab an seinem Geburtstag ein
Festessen für seine Würdenträger und Of-
fiziere und die Vornehmen Galiläas. 22 Da
kam ihre, der Herodias, Tochter und tanz-
te und sie gefiel dem Herodes und seinen
Gästen. Der König sagte zu dem Mädchen:
Wünsche dir von mir, was du willst; ich
werde es dir geben. 23 Er schwor ihr: Was
du auch von mir verlangst, ich werde es
dir geben, *bis zur Hälfte meines Reiches.*
24 Da ging sie hinaus und sagte zu ihrer
Mutter: Was soll ich mir wünschen? Sie
aber sagte: Den Kopf Johannes' des Täu-
fers. 25 Sofort eilte sie zum König hinein
und bat: Ich will, dass du mir sofort auf
einer Schüssel den Kopf Johannes' des
Täufers gibst. 26 Da wurde der König sehr
betrübt, doch wegen seiner Schwüre und
wegen der Gäste wollte er sie nicht abwei-
sen. 27 Also schickte der König sogleich
einen Scharfrichter los mit dem Befehl,
den Kopf zu bringen. Der ging hin, ent-
hauptete ihn im Gefängnis, 28 brachte sei-
nen Kopf auf einer Schüssel und gab ihn
dem Mädchen und das Mädchen gab ihn
seiner Mutter. 29 Als seine Jünger das hör-
ten, kamen sie, holten seinen Leichnam
und legten ihn in ein Grab.

Die Rückkehr der Jünger und die Speisung der Fünftausend

30 Die Apostel kamen wieder bei Jesus zu-
sammen und berichteten ihm alles, was sie
getan und was sie gelehrt hatten. 31 Da sag-
te er zu ihnen: Kommt mit, ihr allein, an
einen einsamen Ort und ruht ein wenig
aus. Denn es waren viele, die da kamen
und gingen, dass sie nicht einmal Zeit
zum Essen hatten. 32 So fuhren sie mit
einem Boot an einen einsamen Ort, um
allein zu sein. 33 Aber man sah sie abfahren
und viele merkten es und sie liefen zu Fuß
aus allen Städten dorthin zusammen und
kamen noch vor ihnen an. 34 Als er aus-
stieg, sah er eine große Volksmenge und
wurde von Mitleid mit ihnen ergriffen;
denn sie waren *wie Schafe, die keinen Hir-
ten haben.* Und er begann sie vieles zu leh-
ren.

35 Als es schon spät geworden war, ka-
men seine Jünger zu ihm und sagten: Die
Gegend ist einsam, und es ist schon spät.
36 Entlass sie, damit sie in die umliegenden
Höfe und Dörfer gehen und sich etwas zu
essen kaufen. 37 Doch er antwortete ihnen:
Gebt ihr ihnen zu essen! Da sagten sie zu
ihm: Sollen wir gehen und für zweihun-
dert Denare Brot kaufen und ihnen zu es-
sen geben? 38 Er sagte zu ihnen: Wie viele
Brote habt ihr? Geht, seht nach! Als sie
nachgesehen hatten, sagten sie: Fünf und
zwei Fische. 39 Da befahl er ihnen, alle soll-
ten sich in Tischgemeinschaften auf dem
grünen Gras lagern. 40 Und sie lagerten sich
in Gruppen zu je hundert und zu fünfzig.

41 Da nahm er die fünf Brote und die zwei Fische, blickte zum Himmel auf, sprach das Segensgebet, brach die Brote und gab sie den Jüngern, damit sie sie ihnen vorlegten; auch die zwei Fische teilte er an alle aus. 42 Und alle aßen und wurden satt. 43 Die Brocken sammelte man auf, zwölf Körbe voll, dazu Reste von den Fischen. 44 Die die Brote gegessen hatten, waren fünftausend Männer.

Jesus wandelt auf dem See

45 Gleich darauf nötigte er seine Jünger, ins Boot zu steigen und ans andere Ufer nach Betsaida vorauszufahren, während er selbst das Volk entlassen wollte. 46 Als er sie verabschiedet hatte, ging er auf den Berg, um zu beten. 47 Inzwischen war es Abend geworden und das Boot war mitten auf dem See, er aber war allein an Land. 48 Als er sah, wie sie sich beim Rudern abquälten – sie hatten nämlich Gegenwind –, kam er um die vierte Nachtwache auf dem See zu ihnen und wollte an ihnen vorübergehen. 49 Als sie ihn aber auf dem See sahen, meinten sie, es sei ein Gespenst, und schrien auf. 50 Denn alle sahen ihn und waren entsetzt. Er aber redete sie sogleich an und sagte zu ihnen: Mut! Ich bin es. Fürchtet euch nicht! 51 Dann stieg er zu ihnen ins Boot und der Wind legte sich. Sie aber waren bestürzt und außer sich; 52 denn sie waren bei den Broten nicht zur Einsicht gekommen; ihr Herz war verhärtet.

Heilungen in Gennesaret

53 Sie fuhren hinüber an Land, kamen nach Gennesaret und legten an. 54 Als sie aus dem Boot stiegen, erkannte man ihn sofort; 55 die Menschen liefen in der ganzen Gegend umher und begannen, die Kranken auf Tragen dorthin zu schaffen, wo man hörte, dass er war. 56 Und wenn er in ein Dorf oder eine Stadt oder ein Gehöft kam, legten sie die Kranken auf die Plätze nieder und baten ihn, wenigstens die Quaste seines Gewandes berühren zu dürften. Und alle, die ihn berührten, wurden geheilt.

Über Reinheit und Unreinheit

7 Bei ihm versammelten sich die Pharisäer und einige Schriftgelehrte, die aus Jerusalem gekommen waren. 2 Als sie einige seiner Jünger mit unreinen, das heißt ungewaschenen Händen essen sahen – 3 die Pharisäer und alle Juden essen nämlich, getreu der Überlieferung der Alten, nur, wenn sie sich mit einer Hand voll Wasser die Hände abgespült haben; 4 auch wenn sie vom Markt kommen, essen sie nicht, ohne sich gewaschen zu haben, und noch vieles andere gibt es, was sie der Überlieferung gemäß einhalten: das Abspülen von Bechern, Krügen und Kupfergeschirr –, 5 da fragten ihn die Pharisäer und Schriftgelehrten: Warum halten sich deine Jünger nicht an die Überlieferung der Alten, sondern nehmen ihre Mahlzeit mit unreinen Händen ein? 6 Er antwortete ihnen: Treffend hat Jesaja von euch Heuchlern geweissagt, wie geschrieben steht:

Dieses Volk ehrt mich mit den Lippen, / doch ihr Herz ist fern von mir.

7 *Vergebens ehren sie mich, / indem sie Menschensatzungen als Lehre vortragen.*

8 Gottes Gebot lasst ihr außer Acht und haltet die Menschenüberlieferung fest. 9 Und er sagte zu ihnen: Fein hebt ihr Gottes Gebot auf, um an euerer Überlieferung festzuhalten. 10 Mose nämlich hat gesagt: *Ehre deinen Vater und deine Mutter*, und: *Wer Vater oder Mutter flucht, soll des Todes sterben.* 11 Ihr aber sagt: Wenn jemand zu seinem Vater oder zu seiner Mutter sagt: Korbān, das heißt: Opfergabe sei, was dir von mir zugute kommen soll, 12 dann lasst ihr ihn für seinen Vater oder für seine Mutter nichts mehr tun 13 und schafft damit das Wort Gottes durch euere eigene Überlieferung ab. Und ähnlich handelt ihr noch oft.

14 Dann rief er das Volk wieder herbei und sagte zu ihnen: Hört mich alle und begreift: 15 Nichts, was von außen in den Menschen hineinkommt, kann ihn unrein machen, sondern das, was aus dem Menschen herauskommt, das ist es, was den Menschen unrein macht. 16 Wer Ohren hat zu hören, der höre!

17 Als er von der Menge weg in ein Haus gegangen war, fragten ihn seine Jünger nach dem Gleichnis. 18 Da sagte er zu ihnen: Seid auch ihr ohne Verständnis? Begreift ihr nicht, dass alles, was von außen in den Menschen hineinkommt, ihn nicht unrein machen kann, 19 weil es nicht in sein Herz gelangt, sondern in den Bauch, und dann in den Abort hinausgeht? Damit

erklärte er alle Speisen für rein. 20 Er fuhr
fort: Was aus dem Menschen heraus-
kommt, das macht den Menschen unrein.
21 Denn von innen, aus dem Herzen der
Menschen, kommen die bösen Gedanken,
Unzucht, Diebstahl, Mord, 22 Ehebruch,
Habsucht, Bosheit, Arglist, Ausschwei-
fung, Neid, Lästerung, Hochmut, Unbe-
sonnenheit. 23 Alles dieses Böse kommt
von innen heraus und macht den Men-
schen unrein.

Die kanaanäische Frau

24 Er brach von dort auf und begab sich in
das Gebiet von Tyrus. Er ging in ein Haus
und wollte nicht, dass es jemand erfuhr.
Doch er konnte nicht verborgen bleiben.
25 Sofort hörte eine Frau von ihm, deren
Tochter einen unreinen Geist hatte, kam
und warf sich ihm zu Füßen. 26 Die Frau
war aber eine Griechin, von Geburt Syro-
phönizierin. Sie bat ihn, den Dämon aus
ihrer Tochter auszutreiben. 27 Da sagte er
zu ihr: Lasst erst die Kinder satt werden;
denn es ist nicht recht, das Brot den Kin-
dern wegzunehmen und den Hunden hin-
zuwerfen. 28 Sie aber erwiderte ihm: Ge-
wiss, Herr, doch auch die Hunde unter
dem Tisch fressen von den Brocken der
Kinder. 29 Da sagte er zu ihr: Um dieses
Wortes willen geh heim, der Dämon ist
aus deiner Tochter ausgefahren. 30 Da ging
sie in ihr Haus und fand das Kind auf dem
Bett liegen und den Dämon ausgefahren.

Die Heilung eines Taubstummen

31 Nachdem er das Gebiet von Tyrus wieder
verlassen hatte, kam er über Sidon an den
See von Galiläa mitten in das Gebiet der
Dekapolis. 32 Da brachten sie einen Taub-
stummen zu ihm und baten ihn, ihm die
Hand aufzulegen. 33 Und er nahm ihn aus
der Menge beiseite, legte ihm seine Finger
in die Ohren und berührte seine Zunge
mit Speichel, 34 blickte zum Himmel auf,
seufzte und sagte zu ihm: Effata!, das
heißt: Öffne dich! 35 Da öffneten sich seine
Ohren und das Band seiner Zunge löste
sich und er konnte richtig reden. 36 Er be-
fahl ihnen, niemand davon zu erzählen. Je
mehr er es ihnen aber befahl, desto mehr
verkündeten sie es. 37 Sie waren außer sich
vor Staunen und sagten: Gut hat er alles
gemacht. Die Tauben macht er hören und
die Stummen reden.

Die Speisung der Viertausend

8 Als in jenen Tagen wieder eine große
Menschenmenge da war und sie
nichts zu essen hatten, rief er die Jünger
zu sich und sagte ihnen: Ich habe Mitleid
mit dem Volk; 2 denn schon drei Tage har-
ren sie bei mir aus und haben nichts zu
essen. 3 Wenn ich sie hungrig nach Hause
gehen lasse, werden sie unterwegs zusam-
menbrechen, denn manche von ihnen
sind von weither gekommen. 4 Da entgeg-
neten ihm seine Jünger: Woher soll man
hier in der Wüste Brot hernehmen, sie satt
zu bekommen? 5 Er fragte sie: Wie viele
Brote habt ihr? Sie antworteten: Sieben.
6 Da ließ er das Volk sich auf der Erde la-
gern, nahm die sieben Brote, sprach das
Dankgebet, brach sie und gab sie seinen
Jüngern zum Austeilen; und sie teilten sie
an das Volk aus. 7 Auch ein paar kleine Fi-
sche hatten sie. Er sprach das Segensgebet
darüber und ließ auch sie austeilen. 8 Die
Leute aßen und wurden satt. Sie hoben
noch die übrig gebliebenen Brocken auf,
sieben Körbe voll. 9 Es waren ungefähr
viertausend Menschen. Dann entließ er
sie. 10 Gleich darauf stieg er mit seinen Jün-
gern in das Boot und fuhr in die Gegend
von Dalmanuta.

Die Zeichenforderung der Pharisäer

11 Da kamen die Pharisäer und fingen an,
mit ihm zu streiten. Sie forderten von ihm
ein Zeichen vom Himmel, um ihn auf die
Probe zu stellen. 12 Da seufzte er tief auf
und sagte: Was fordert dieses Geschlecht
ein Zeichen! Amen, ich sage euch: Diesem
Geschlecht wird kein Zeichen gegeben
werden. 13 Und er ließ sie stehen, stieg wie-
der ein und fuhr ans andere Ufer.

Warnung vor den Pharisäern und vor Herodes

14 Sie hatten vergessen, Brot mitzunehmen,
und hatten nur ein einziges Brot bei sich
im Boot. 15 Und er warnte sie: Gebt Acht
und hütet euch vor dem Sauerteig der Pha-
risäer und vor dem Sauerteig des Herodes!
16 Sie aber machten sich Gedanken, weil sie
keine Brote hatten. 17 Er merkte es und sag-
te zu ihnen: Was macht ihr euch Gedan-
ken, weil ihr keine Brote habt? Begreift
und versteht ihr noch immer nicht? Ist
denn euer Herz verhärtet? 18 *Augen habt
ihr und seht nicht? Ohren habt ihr und hört*

nicht? Und erinnert ihr euch nicht: 19 Als
ich die fünf Brote brach für die Fünftau-
send, wie viele Körbe voll Brocken habt
ihr da aufgehoben? Sie antworteten ihm:
Zwölf. 20 Und bei den sieben für die Vier-
tausend, wie viele Körbe voll Brocken habt
ihr da aufgehoben? Sie antworteten: Sie-
ben. 21 Da sagte er zu ihnen: Versteht ihr
noch nicht?

Heilung eines Blinden in Betsaida

22 Sie kamen nach Betsaida. Da brachte
man ihm einen Blinden und bat ihn, dass
er ihn berühre. 23 Er nahm den Blinden bei
der Hand und führte ihn zum Dorf hinaus.
Dann benetzte er seine Augen mit Spei-
chel, legte ihm die Hände auf und fragte
ihn: Siehst du etwas? 24 Der Mann blickte
auf und sagte: Ich sehe Menschen; denn
ich sehe etwas wie Bäume umhergehen.
25 Hierauf legte er ihm noch einmal die
Hände auf die Augen. Da sah er scharf
und war wieder gesund und sah alles ganz
deutlich. 26 Hierauf schickte er ihn nach
Hause und sagte: Geh aber nicht ins Dorf
hinein!

Auf dem Weg nach Jerusalem

Das Messiasbekenntnis des Petrus

27 Jesus ging mit seinen Jüngern in die Dör-
fer bei Cäsarea Philippi. Unterwegs fragte
er seine Jünger: Für wen halten mich die
Leute? 28 Sie antworteten ihm: Für Johan-
nes den Täufer, andere für Elija, wieder an-
dere für sonst einen der Propheten. 29 Da
fragte er sie: Ihr aber, für wen haltet ihr
mich? Petrus antwortete ihm: Du bist der
Messias! 30 Da schärfte er ihnen ein, nie-
mand etwas von ihm zu sagen.

Erste Leidensankündigung

31 Dann begann er, sie zu belehren, der
Menschensohn müsse vieles leiden und
von den Ältesten, den Hohenpriestern
und Schriftgelehrten verworfen und getö-
tet werden, aber nach drei Tagen werde er
auferstehen. 32 Das sprach er ganz offen
aus. Da nahm ihn Petrus auf die Seite und
fing an, ihm Vorhaltungen zu machen.
33 Er aber wandte sich um, blickte auf seine
Jünger und fuhr Petrus an: Weg von mir,
Satan! Denn du denkst nicht die Gedan-
ken Gottes, sondern die der Menschen.

Bedingungen der Nachfolge Jesu

34 Dann rief er das Volk samt seinen Jün-
gern zu sich und sagte zu ihnen: Wer mir
nachfolgen will, der verleugne sich selbst,
nehme sein Kreuz auf sich und folge mir
nach. 35 Denn wer sein Leben retten will,
der wird es verlieren. Wer aber sein Leben
verliert um meinetwillen und um des
Evangeliums willen, der wird es retten.
36 Denn was nützt es dem Menschen, die
ganze Welt zu gewinnen, aber sein Leben
einzubüßen? 37 Was könnte ein Mensch als
Preis für sein Leben geben? 38 Denn wer
sich vor diesem ehebrecherischen und
sündigen Geschlecht meiner und meiner
Worte schämt, dessen wird sich auch der
Menschensohn schämen, wenn er mit den
heiligen Engeln in der Herrlichkeit seines
Vaters kommen wird.

9 Und er sagte zu ihnen: Amen, ich sage
euch: Unter denen, die hier stehen,
sind einige, die den Tod nicht kosten wer-
den, bis sie das Reich Gottes in Macht ha-
ben kommen sehen.

Die Verklärung Jesu

2 Nach sechs Tagen nahm Jesus Petrus, Ja-
kobus und Johannes beiseite und führte sie
auf einen hohen Berg, sie allein. Und er
wurde vor ihnen verwandelt, 3 und seine
Gewänder wurden ganz leuchtend weiß,
wie sie kein Bleicher auf der Erde weiß
machen kann. 4 Da erschien ihnen Elija
mit Mose und sie redeten mit Jesus. 5 Pe-
trus nahm das Wort und sagte zu Jesus:
Meister, es ist gut, dass wir hier sind. Wir
wollen drei Hütten bauen, dir eine, Mose
eine und Elija eine. 6 Er wusste nämlich
nicht, was er sagen sollte, denn sie waren
von Schrecken ergriffen. 7 Dann kam eine
Wolke und überschattete sie und eine
Stimme kam aus der Wolke: *Dies ist mein*
geliebter Sohn, auf ihn sollt ihr hören! 8 Als
sie sich umblickten, sahen sie auf einmal
niemand mehr bei sich außer Jesus allein.
9 Während sie vom Berg herabstiegen, ge-
bot er ihnen, niemand zu erzählen, was sie
gesehen hatten, bis der Menschensohn

von den Toten auferstanden sei. 10 Dieses Wort hielten sie fest und besprachen miteinander, was das bedeute: von den Toten auferstehen.

Elijas Wiederkunft

11 Da fragten sie ihn: Warum sagen die Schriftgelehrten, zuerst müsse Elija kommen? 12 Er antwortete ihnen: Gewiss, Elija kommt zuerst und stellt alles wieder her. Aber weshalb steht dann über den Menschensohn geschrieben, dass er viel leiden und verachtet werden müsse? 13 Ich sage euch: Elija ist schon gekommen, aber sie haben mit ihm gemacht, was sie wollten, wie über ihn geschrieben steht.

Die Heilung eines kranken Jungen

14 Als sie zu den Jüngern zurückkamen, sahen sie viel Volk um sie herum und Schriftgelehrte, die mit ihnen stritten. 15 Sobald sie ihn erblickten, ergriff das ganze Volk große Erregung und sie liefen herbei und begrüßten ihn. 16 Er fragte sie: Worüber streitet ihr mit ihnen? 17 Da antwortete ihm einer aus dem Volk: Meister, ich habe meinen Sohn zu dir gebracht, der von einem stummen Geist besessen ist. 18 Wenn der ihn packt, reißt er ihn hin und her, sodass er schäumt, mit den Zähnen knirscht und ganz starr wird. Ich habe deinen Jüngern gesagt, sie möchten ihn austreiben, aber es gelang ihnen nicht. 19 Da erwiderte er ihnen: O du ungläubiges Geschlecht! Wie lang muss ich noch bei euch sein? Wie lang noch euch ertragen? Bringt ihn her zu mir! 20 Und sie brachten ihn zu ihm. Sobald der Geist ihn erblickte, riss und zerrte er ihn hin und her, sodass er zu Boden stürzte und sich mit Schaum vor dem Mund herumwälzte. 21 Er fragte seinen Vater: Wie lange widerfährt ihm das schon? Der Vater antwortete: Von Kindheit an. 22 Oft hat er ihn sogar schon ins Feuer und ins Wasser geworfen, um ihn umzubringen. Aber wenn du etwas vermagst, so hab Erbarmen mit uns und hilf uns. 23 Jesus sagte zu ihm: Wenn du etwas vermagst? Alles ist dem möglich, der glaubt. 24 Sofort rief der Vater des Knaben laut: Ich glaube; hilf meinem Unglauben! 25 Als Jesus sah, dass das Volk zusammenlief, herrschte er den unreinen Geist an: Du stummer und tauber Geist, ich befehle dir, fahr aus von ihm und kehre nie mehr in ihn zurück! 26 Da schrie er auf, zerrte ihn heftig hin und her und fuhr aus. Der Junge lag da wie tot, sodass die meisten sagten: Er ist gestorben. 27 Jesus aber nahm ihn bei der Hand und richtete ihn auf; und er erhob sich.

28 Als er nach Hause gegangen war, fragten ihn seine Jünger, während sie mit ihm allein waren: Warum konnten wir ihn nicht austreiben? 29 Er antwortete ihnen: Diese Art kann nur durch Gebet ausgetrieben werden.

Die zweite Leidensankündigung

30 Sie gingen von dort weiter und zogen durch Galiläa. Er wollte aber nicht, dass jemand davon erfuhr. 31 Denn er belehrte seine Jünger und sagte zu ihnen: Der Menschensohn wird in die Hände der Menschen ausgeliefert und sie werden ihn töten. Doch wenn er getötet ist, wird er nach drei Tagen auferstehen. 32 Sie aber verstanden das Wort nicht und scheuten sich, ihn zu fragen.

Der Rangstreit der Jünger

33 Sie kamen nach Kafarnaum. Als er im Haus angelangt war, fragte er sie: Worüber habt ihr unterwegs gesprochen? 34 Sie schwiegen; sie hatten nämlich unterwegs miteinander darüber gestritten, wer (von ihnen) der Größte sei. 35 Da setzte er sich, rief die Zwölf zu sich und sagte zu ihnen: Wer der Erste sein will, muss der Letzte von allen und der Diener aller sein. 36 Und er nahm ein Kind, stellte es mitten unter sie, umarmte es und sagte zu ihnen: 37 Wer ein solches Kind in meinem Namen aufnimmt, der nimmt mich auf; und wer mich aufnimmt, der nimmt nicht mich auf, sondern den, der mich gesandt hat.

Der fremde Dämonenaustreiber

38 Da sagte Johannes zu ihm: Meister, wir sahen einen in deinem Namen Dämonen austreiben und wir wollten ihn daran hindern, weil er uns nicht nachfolgt. 39 Jesus aber sagte: Hindert ihn nicht; denn niemand, der in meinem Namen Wunder wirkt, kann so bald schlecht von mir reden. 40 Denn wer nicht gegen uns ist, der ist für uns. 41 Wer euch einen Becher Wasser zu trinken reicht, weil ihr dem Messias angehört – Amen, ich sage euch: er wird nicht um seinen Lohn kommen.

Warnung vor Verführung zum Bösen

42 Wer einen dieser Kleinen, die glauben,
zum Bösen verführt, für den wäre es bes-
ser, wenn ihm ein Mühlstein um den Hals
gehängt und er ins Meer geworfen würde.
43 Wenn dich deine Hand zum Bösen ver-
führt, dann haue sie ab; besser ist es für
dich, verstümmelt ins Leben einzugehen,
als mit beiden Händen in die Hölle zu fah-
ren, in das unauslöschliche Feuer 44 [*wo ihr
Wurm nicht stirbt und das Feuer nicht er-
lischt*]. 45 Und wenn dich dein Fuß zum Bö-
sen verführt, dann haue ihn ab; es ist bes-
ser, hinkend ins Leben einzugehen, als mit
beiden Füßen in die Hölle geworfen zu
werden 46 [*wo ihr Wurm nicht stirbt und
das Feuer nicht erlischt*]. 47 Und wenn dich
dein Auge zum Bösen verführt, dann reiß
es aus; es ist besser, einäugig in das Reich
Gottes einzugehen, als mit beiden Augen
in die Hölle geworfen zu werden, 48 *wo ihr
Wurm nicht stirbt und das Feuer nicht er-
lischt.*

Vom Salz

49 Denn jeder wird mit Feuer gesalzen wer-
den. 50 Das Salz ist etwas Gutes. Wenn aber
das Salz schal wird, womit wollt ihr es wie-
der kräftig machen? Habt Salz in euch und
haltet Frieden untereinander.

Von der Ehescheidung

10 Er brach von dort auf und zog in
das Gebiet von Judäa und jenseits
des Jordan. Wieder strömten die Scharen
bei ihm zusammen; und wieder lehrte er
sie, wie er es gewohnt war. 2 Da kamen
Pharisäer zu ihm und fragten ihn, um ihn
auf die Probe zu stellen, ob es dem Mann
erlaubt sei, seine Frau zu entlassen. 3 Er
antwortete ihnen: Was hat euch Mose vor-
geschrieben? 4 Sie sagten: Mose hat erlaubt,
einen Scheidebrief auszustellen und (sie
damit) zu entlassen. 5 Jesus entgegnete ih-
nen: Wegen euerer Herzenshärte hat Mose
euch diese Verordnung gegeben. 6 Von
Anbeginn der Schöpfung aber *hat Gott sie
als Mann und Frau geschaffen.* 7 *Deshalb
wird der Mann Vater und Mutter verlassen
und die beiden werden ein Fleisch sein.*
8 Also sind sie nicht mehr zwei, sondern
ein Fleisch. 9 Was aber Gott verbunden
hat, das soll der Mensch nicht trennen.
10 Zu Hause befragten ihn die Jünger noch-
mals darüber. 11 Er antwortete ihnen: Wer
seine Frau entlässt und eine andere hei-
ratet, der bricht ihr gegenüber die Ehe.
12 Und wenn sie ihren Mann entlässt und
einen anderen heiratet, so begeht sie Ehe-
bruch.

Jesus und die Kinder

13 Da brachte man Kinder zu ihm, damit er
sie berührte. Die Jünger aber schalten die
Leute. 14 Als Jesus das sah, wurde er zornig
und sagte zu ihnen: Lasst die Kinder zu
mir kommen, hindert sie nicht daran,
denn für solche (wie sie) ist das Reich Got-
tes. 15 Amen, ich sage euch: Wer das Reich
Gottes nicht annimmt wie ein Kind, wird
nicht hineingelangen. 16 Und er umarmte
und segnete sie, indem er ihnen die Hände
auflegte.

Der reiche junge Mann

17 Als er sich auf den Weg machte, lief je-
mand auf ihn zu, fiel vor ihm auf die Knie
und fragte ihn: Guter Meister, was muss
ich tun, um das ewige Leben zu erlangen?
18 Jesus antwortete ihm: Was nennst du
mich gut? Niemand ist gut außer Gott al-
lein. 19 Die Gebote kennst du: *Du sollst
nicht töten, du sollst nicht ehebrechen, du
sollst nicht stehlen, du sollst kein falsches
Zeugnis geben,* du sollst niemand berau-
ben, *ehre deinen Vater und deine Mutter.*
20 Er antwortete ihm: Meister, das alles ha-
be ich von meiner Jugend an befolgt. 21 Da
sah Jesus ihn an, gewann ihn lieb und sag-
te zu ihm: Eines fehlt dir noch. Geh, ver-
kaufe alles, was du hast, und gib es den
Armen; so wirst du einen Schatz im Him-
mel haben; dann komm und folge mir
nach. 22 Bei diesem Wort wurde der Mann
betrübt und ging traurig davon; denn er
besaß viele Güter.

Die Gefahr des Reichtums

23 Da blickte Jesus um sich und sagte zu
seinen Jüngern: Wie schwer werden die
Reichen in das Reich Gottes kommen!
24 Die Jünger aber erschraken über seine
Worte. Da wandte sich Jesus noch einmal
an sie und sagte: Kinder, wie schwer ist es,
in das Reich Gottes zu kommen! 25 Leichter
geht ein Kamel durch ein Nadelöhr, als
dass ein Reicher in das Reich Gottes ge-
langt. 26 Da erschraken sie noch viel mehr
und sagten zueinander: Wer kann dann
gerettet werden? 27 Jesus blickte sie an und

sagte: Bei Menschen ist das unmöglich,
doch nicht bei Gott; denn bei Gott ist alles
möglich.

Die Lohnfrage

28 Da sagte Petrus zu ihm: Siehe, wir haben
alles verlassen und sind dir nachgefolgt.
29 Jesus antwortete: Amen, ich sage euch:
Niemand hat Haus, Brüder, Schwestern,
Mutter, Vater, Kinder oder Äcker um mei-
netwillen und um des Evangeliums willen
verlassen, 30 der nicht hundertfach, jetzt in
dieser Zeit, Häuser, Brüder, Schwestern,
Mütter, Kinder und Äcker erhält, wenn
auch unter Verfolgungen, und in der künf-
tigen Welt das ewige Leben. 31 Viele aber,
die (jetzt) die Ersten sind, werden die Letz-
ten sein und die Letzten die Ersten.

Die dritte Leidensankündigung

32 Als sie den Weg nach Jerusalem hinauf-
zogen, ging Jesus ihnen voran. Die Leute
wunderten sich (über ihn); die ihm nach-
folgten aber fürchteten sich. Da nahm er
die Zwölf wieder zu sich und kündigte
ihnen an, was ihm bevorstand: 33 Wir ge-
hen nach Jerusalem hinauf und der Men-
schensohn wird den Hohenpriestern und
Schriftgelehrten ausgeliefert und sie wer-
den ihn zum Tode verurteilen und den
Heiden übergeben; 34 sie werden ihn ver-
spotten, anspeien, geißeln und töten. Aber
nach drei Tagen wird er auferstehen.

Die Bitte der Zebedäussöhne

35 Da kamen Jakobus und Johannes, die
Söhne des Zebedäus, zu ihm und sagten:
Meister, wir möchten, dass du uns eine
Bitte erfüllst. 36 Er aber sprach zu ihnen:
Was wollt ihr, dass ich euch tun soll? 37 Sie
sagten zu ihm: Gewähre uns, dass der eine
von uns zu deiner Rechten und der andere
zu deiner Linken sitzen darf in deiner
Herrlichkeit. 38 Jesus aber antwortete ih-
nen: Ihr wisst nicht, um was ihr bittet.
Könnt ihr den Kelch trinken, den ich trin-
ke oder die Taufe empfangen, mit der ich
getauft werde? 39 Sie antworteten ihm: Wir
können es. Jesus aber sagte zu ihnen: Den
Kelch, den ich trinke, werdet ihr trinken,
und die Taufe empfangen, mit der ich ge-
tauft werde. 40 Aber das Sitzen zu meiner
Rechten oder zu meiner Linken habe nicht
ich zu vergeben, sondern es wird denen
zuteil, für die es bereitet ist. 41 Als die Zehn
das hörten, entrüsteten sie sich über Jako-
bus und Johannes.

Vom Herrschen und vom Dienen

42 Da rief Jesus sie zu sich und sagte zu ih-
nen: Ihr wisst, dass die, die als Herrscher
gelten, ihre Völker unterjochen und dass
ihre Großen sich Gewalt über sie aneig-
nen. 43 Bei euch aber soll es nicht so sein,
sondern wer unter euch der Größte sein
will, soll euer Diener sein, 44 und wer unter
euch der Erste sein will, soll der Diener
aller sein. 45 Denn auch der Menschensohn
ist nicht gekommen, sich bedienen zu las-
sen, sondern zu dienen und sein Leben
hinzugeben als Lösegeld für viele.

Die Heilung eines Blinden bei Jericho

46 Sie kamen nach Jericho. Als er mit seinen
Jüngern und vielem Volk Jericho wieder
verließ, saß Bartimäus, der Sohn des Ti-
mäus, ein blinder Bettler, am Weg. 47 Als
er hörte, dass es Jesus aus Nazaret war, rief
er laut: Sohn Davids, Jesus, erbarme dich
meiner! 48 Viele fuhren ihn an, er solle still
sein, er aber schrie noch lauter: Sohn Da-
vids, erbarme dich meiner! 49 Da blieb Je-
sus stehen und sagte: Ruft ihn her! Sie rie-
fen den Blinden und sagten ihm: Hab Mut,
steh auf, er ruft dich. 50 Da warf er seinen
Mantel ab, sprang auf und kam zu Jesus.
51 Und Jesus fragte ihn: Was willst du, dass
ich dir tun soll? Der Blinde antwortete
ihm: Rabbuni, dass ich wieder sehen kann.
52 Da sagte Jesus zu ihm: Geh, dein Glaube
hat dir Heilung gebracht. Und sogleich sah
er wieder und folgte ihm auf dem Weg.

Das letzte Wirken Jesu in Jerusalem

Der Einzug in Jerusalem

11 Als sie in die Nähe von Jerusalem
kamen, nach Betfage und Betanien
am Ölberg, sandte er zwei seiner Jünger
voraus 2 und sagte zu ihnen: Geht in das
Dorf, das vor euch liegt. Gleich wenn ihr
hineinkommt, werdet ihr ein Eselsfohlen
angebunden finden, auf dem noch kein

Mensch gesessen hat; das bindet los und
bringt es her. 3 Und wenn jemand zu euch
sagt: Was macht ihr da?, dann antwortet:
Der Herr braucht es und schickt es bald
wieder hierher. 4 Sie gingen also und fan-
den das Fohlen an einer Tür angebunden
draußen an der Straße und banden es los.
5 Einige von denen, die dort herumstan-
den, sagten zu ihnen: Was macht ihr da –
ihr bindet das Fohlen los? 6 Da antworte-
ten sie ihnen, was Jesus gesagt hatte, und
man ließ sie gewähren. 7 Und sie brachten
das Fohlen zu Jesus, legten ihre Mäntel da-
rüber, und er setzte sich auf das Tier. 8 Und
viele breiteten ihre Kleider auf den Weg,
andere grüne Zweige, die sie auf den Fel-
dern abgeschnitten hatten. 9 Und die, die
vorangingen, und die, die nachfolgten, rie-
fen: *Hosanna! Gepriesen sei er, der kommt
im Namen des Herrn!* 10 Gepriesen das
Reich unseres Vaters David, das da
kommt. *Hosanna in der Höhe!* 11 Und er
zog in Jerusalem ein, in den Tempel.
Nachdem er sich alles ringsum angesehen
hatte, ging er, da es schon spät war, mit
den Zwölf nach Betanien hinaus.

Die Verfluchung des Feigenbaums

12 Als sie tags darauf von Betanien weg-
gegangen waren, hatte er Hunger. 13 Da
sah er von weitem einen Feigenbaum mit
Blättern und ging hin, ob er vielleicht et-
was (Essbares) an ihm fände. Als er aber
zu ihm kam, fand er nichts als Blätter;
denn es war nicht die Zeit für Feigen.
14 Da sagte er zu ihm: In Ewigkeit soll nie-
mand mehr eine Frucht von dir essen.
Und seine Jünger hörten es.

Die Tempelreinigung

15 Dann kamen sie nach Jerusalem. Er ging
in den Tempel und fing an, alle, die im
Tempel verkauften und kauften, hinaus-
zutreiben. Er stieß die Tische der Geld-
wechsler und die Sitze der Taubenhändler
um 16 und duldete nicht, dass jemand ir-
gendetwas durch den Tempel trug. 17 Er
lehrte sie und sagte: Steht nicht geschrie-
ben: *Mein Haus soll ein Haus des Gebetes
genannt werden für alle Völker*? Ihr aber
habt *eine Räuberhöhle* daraus gemacht.
18 Das hörten die Hohenpriester und
Schriftgelehrten und suchten nach einer
Möglichkeit, ihn umzubringen; denn sie
fürchteten ihn, weil seine Lehre auf das
ganze Volk Eindruck gemacht hatte. 19 Als
es Abend wurde, gingen sie aus der Stadt
hinaus.

Glaube und Gebet

20 Als sie am Morgen an dem Feigenbaum
vorbeikamen, sahen sie, dass er bis zu den
Wurzeln verdorrt war. 21 Da erinnerte sich
Petrus und sagte zu Jesus: Meister, siehe,
der Feigenbaum, den du verflucht hast, ist
verdorrt. 22 Jesus gab ihnen zur Antwort:
Habt Glauben an Gott! 23 Amen, ich sage
euch: Wer zu dem Berg da sagt: Hebe dich
weg und stürz dich ins Meer!, und in sei-
nem Herzen nicht zweifelt, sondern
glaubt, dass das geschieht, was er aus-
spricht, dem wird es zuteil werden. 24 Da-
rum sage ich euch: Alles, um was ihr betet
und bittet – glaubt nur, dass ihr es schon
empfangen habt, und es wird euch zuteil.
25 Und wenn ihr beten wollt, so vergebt,
wenn ihr etwas gegen jemand habt, damit
auch euer Vater im Himmel euch euere
Verfehlungen vergibt. 26 [Wenn ihr aber
nicht vergebt, dann wird euer Vater im
Himmel auch euere Verfehlungen nicht
vergeben.]

Die Vollmachtsfrage

27 Sie kamen wieder nach Jerusalem. Und
als er im Tempel umherging, kamen die
Hohenpriester, die Schriftgelehrten und
die Ältesten zu ihm 28 und fragten ihn: Mit
welcher Vollmacht tust du dies? Oder wer
hat dir die Vollmacht gegeben, dies zu
tun? 29 Jesus entgegnete ihnen: Ich will
euch eine Frage vorlegen. Antwortet ihr
mir, dann werde ich euch sagen, mit wel-
cher Vollmacht ich dies tue. 30 War die
Taufe des Johannes vom Himmel oder
von Menschen? Antwortet mir! 31 Da über-
legten sie miteinander: Sagen wir: vom
Himmel, so wird er erwidern: Warum
habt ihr ihm dann nicht geglaubt? 32 Oder
sollen wir sagen: von Menschen? Davor
hatten sie Angst wegen der Menge; denn
alle glaubten, dass Johannes wirklich ein
Prophet war. 33 So antworteten sie Jesus:
Wir wissen es nicht. Da erwiderte ihnen
Jesus: Dann sage auch ich euch nicht, mit
welcher Vollmacht ich dies tue.

Das Gleichnis von den bösen Winzern

12 Er begann zu ihnen in Gleichnis-
sen zu reden: Ein Mann pflanzte

einen Weinberg, machte einen Zaun da-
rum, grub eine Kelter und baute einen
Turm. Dann verpachtete er ihn an Winzer
und ging in die Fremde. 2 Zur gegebenen
Zeit sandte er einen Knecht zu den Win-
zern, um bei den Winzern von den Früch-
ten des Weinbergs in Empfang zu neh-
men. 3 Die aber ergriffen ihn, schlugen ihn
und schickten ihn leer fort. 4 Darauf sandte
er einen anderen Knecht zu ihnen. Sie
schlugen ihm auf den Kopf und be-
schimpften ihn. 5 Da sandte er einen drit-
ten und den töteten sie; und noch viele an-
dere, die einen schlugen sie, die anderen
töteten sie. 6 Einen aber hatte er noch, sei-
nen geliebten Sohn. Ihn sandte er als letz-
ten zu ihnen; denn er dachte: Vor meinem
Sohn werden sie Achtung haben. 7 Jene
Winzer aber sagten zueinander: Das ist
der Erbe; kommt, wir wollen ihn töten,
und das Erbe wird unser sein. 8 Und sie er-
griffen ihn, töteten ihn und warfen ihn
zum Weinberg hinaus. 9 Was wird der
Herr des Weinbergs tun? Er wird kommen
und die Winzer umbringen und den
Weinberg anderen geben. 10 Habt ihr nicht
das Schriftwort gelesen:

Der Stein, den die Bauleute verworfen haben, / er ist zum Eckstein geworden;
11 *durch den Herrn ist das geschehen, / und es ist ein Wunder in unseren Augen?*

12 Daraufhin hätten sie sich gern seiner
bemächtigt; aber sie fürchteten das Volk.
Sie hatten nämlich verstanden, dass er sie
mit diesem Gleichnis meinte. Da ließen sie
von ihm ab und gingen weg.

Die Steuerfrage

13 Man schickte einige von den Pharisäern
und den Herodianern zu ihm, um ihn mit
seinen Worten zu fangen. 14 Sie kamen und
sagten zu ihm: Meister, wir wissen, dass du
wahrhaftig bist und nach niemand fragst;
denn du siehst nicht auf die Person der
Menschen, sondern lehrst den Weg Gottes
der Wahrheit gemäß. Ist es erlaubt, dem
Kaiser Steuer zu zahlen oder nicht? Sollen
wir sie zahlen oder nicht? 15 Er aber durch-
schaute ihre Heuchelei und sagte zu ihnen:
Was stellt ihr mir eine Falle? Bringt mir
einen Denar, damit ich ihn sehe! 16 Da
brachten sie ihm einen. Er fragte sie: Wes-
sen Bild und Aufschrift ist dies? Sie ant-
worteten ihm: Des Kaisers. 17 Da sagte Je-
sus zu ihnen: Gebt dem Kaiser, was des
Kaisers ist, und Gott, was Gottes ist! Und
sie wunderten sich sehr über ihn.

Die Auferstehungsfrage

18 Es kamen Sadduzäer zu ihm, die behaup-
ten, es gebe keine Auferstehung, und frag-
ten ihn: 19 Meister, Mose hat uns vor-
geschrieben: *Wenn der Bruder eines
Mannes stirbt und er hinterlässt* eine Frau,
aber *kein Kind, dann soll sein Bruder die
Frau heiraten und seinem Bruder Nach-
kommen verschaffen.* 20 Da waren sieben
Brüder. Der Erste nahm eine Frau, aber
als er starb, hinterließ er kein Kind. 21 Da
nahm sie der Zweite und starb, ohne Kin-
der zu hinterlassen, und der Dritte ebenso.
22 Und alle sieben hinterließen keine Nach-
kommen. Zuletzt von allen starb auch die
Frau. 23 Bei der Auferstehung – falls sie auf-
erstehen –, welchem von ihnen wird sie als
Frau angehören? Denn sieben haben sie ja
zur Frau gehabt. 24 Jesus sagte zu ihnen: Irrt
ihr nicht deshalb, weil ihr weder die
Schriften kennt noch die Macht Gottes?
25 Denn wenn sie von den Toten aufferste-
hen, heiraten sie nicht, noch lassen sie sich
heiraten, sondern sind wie die Engel im
Himmel. 26 Was aber die Toten angeht,
dass sie auferweckt werden, habt ihr nicht
im Buch Mose, in der Geschichte vom
Dornbusch, gelesen, wie Gott zu ihm
sprach: *Ich bin der Gott Abrahams und
der Gott Isaaks und der Gott Jakobs*? 27 Er
ist nicht ein Gott von Toten, sondern von
Lebenden. Ihr seid sehr im Irrtum.

Das wichtigste Gebot

28 Einer der Schriftgelehrten, der sie mit-
einander disputieren gehört und erkannt
hatte, wie treffend er ihnen antwortete,
trat hinzu und fragte ihn: Welches ist das
erste Gebot von allen? 29 Jesus antwortete:
Das Erste ist: *Höre, Israel, der Herr, unser
Gott, ist der einzige Herr,* 30 *und du sollst
den Herrn, deinen Gott, lieben mit deinem
ganzen Herzen und mit deiner ganzen Seele*
und mit deinem ganzen Denken *und mit
deiner ganzen Kraft.* 31 Das Zweite ist dies:
*Du sollst deinen Nächsten lieben wie dich
selbst.* Größer als dieses ist kein anderes
Gebot. 32 Da sagte der Schriftgelehrte zu
ihm: Trefflich, Meister, du hast ganz rich-
tig gesagt: Er ist nur ein Einziger und es
gibt keinen anderen außer ihm 33 und ihn
zu lieben aus ganzem Herzen, aus ganzem

Denken und aus ganzer Kraft und den
Nächsten zu lieben wie sich selbst, das ist
weit mehr als alle Brandopfer und anderen
Opfer. 34 Als Jesus ihn so verständig ant-
worten hörte, sagte er zu ihm: Du bist nicht
fern vom Reich Gottes. Und niemand wag-
te mehr, ihm eine Frage vorzulegen.

Die Frage nach dem Messias

35 Als Jesus im Tempel lehrte, ergriff er das
Wort und sagte: Wie können die Schriftge-
lehrten behaupten, der Messias sei der
Sohn Davids? 36 David selbst hat doch, vom
Heiligen Geist erfüllt, gesagt: *Der Herr
sprach zu meinem Herrn: Setze dich zu mei-
ner Rechten, bis ich deine Feinde unter deine
Füße lege.* 37 David selbst also nennt ihn
Herr. Woher ist er dann sein Sohn?

Die Heuchelei der Schriftgelehrten

Die große Menge hörte ihm gern zu. 38 Er
lehrte sie und sagte: Hütet euch vor den
Schriftgelehrten, die gern in wallenden
Gewändern einhergehen, die es lieben,
auf den Marktplätzen begrüßt zu werden
39 und die ersten Sitze in den Synagogen
und die Ehrenplätze bei den Gastmählern
einzunehmen. 40 Sie zehren die Häuser der
Witwen auf und verrichten zum Schein
lange Gebete. Sie werden ein um so stren-
geres Urteil erfahren.

Das Opfer der Witwe

41 Er setzte sich dem Opferkasten gegen-
über und sah zu, wie die Leute Geld in den
Opferkasten warfen. Viele Reiche warfen
viel hinein. 42 Da kam eine arme Witwe
und warf zwei Lepta hinein, das ist ein
Quadrans. 43 Da rief er seine Jünger zu sich
und sagte zu ihnen: Amen, ich sage euch:
Diese arme Witwe hat mehr in den Opfer-
kasten hineingeworfen als alle anderen.
44 Denn alle haben nur von ihrem Überfluss
gegeben; sie aber hat in ihrer Armut alles
eingeworfen, was sie zum Leben hatte.

Die Rede über die Endzeit

Das Ende des Tempels

13 Als er den Tempel verließ, sagte
einer seiner Jünger zu ihm: Meis-
ter, sieh, was für Steine und was für Bau-
ten! 2 Jesus sagte zu ihm: Siehst du diese
großen Bauten? Kein Stein wird auf dem
anderen bleiben; alles wird zerstört.

Der Anfang der Wehen

3 Und als er auf dem Ölberg saß, dem Tem-
pel gegenüber, fragten ihn Petrus, Jakobus,
Johannes und Andreas, als sie unter sich
waren: 4 Sag uns, wann wird dies gesche-
hen? Und was ist das Zeichen dafür, dass
das Ende von alledem bevorsteht? 5 Jesus
sagte zu ihnen: Seht zu, dass euch niemand
irreführt! 6 Viele werden unter meinem
Namen kommen und sagen: Ich bin es,
und werden viele irreführen. 7 Wenn ihr
aber von Kriegen und Kriegsgerüchten
hört, erschreckt nicht; es *muss* so *kommen*,
aber es ist noch nicht das Ende. 8 Denn
Volk wird sich gegen Volk erheben und
Reich gegen Reich. Da und dort werden
Erdbeben kommen und Hungersnöte wird
es geben. Das ist der Anfang der Wehen.
9 Ihr aber, habt Acht auf euch: Man wird
euch um meinetwillen den Gerichten aus-
liefern, in den Synagogen geißeln und vor
Statthalter und Könige stellen, ihnen zum
Zeugnis. 10 Zuvor aber muss unter allen
Völkern das Evangelium verkündet wer-
den. 11 Und wenn sie euch abführen, um
euch vor Gericht zu stellen, so seid nicht
im voraus darüber besorgt, was ihr reden
sollt, sondern was euch in jener Stunde
eingegeben wird, das redet. Denn nicht
ihr seid es, die dann reden, sondern der
Heilige Geist. 12 Ein Bruder wird den ande-
ren dem Tod ausliefern und ein Vater sein
Kind und Kinder werden gegen ihre Eltern
auftreten und sie in den Tod schicken.
13 Und ihr werdet um meines Namens wil-
len von allen gehasst werden. Wer aber
ausharrt bis zum Ende, der wird gerettet.

Die große Bedrängnis

14 Wenn ihr aber den *Gräuel der Verwüs-
tung* dort stehen seht, wo er nicht sein darf
– wer es liest, bedenke es wohl! –, dann
fliehe in die Berge, wer in Judäa ist. 15 Wer
sich gerade auf dem Dach befindet, der
steige nicht herab und gehe nicht in sein
Haus, um etwas zu holen, 16 und wer auf
dem Feld ist, kehre nicht zurück, seinen
Mantel zu holen. 17 Wehe aber den
Schwangeren und Stillenden in jenen Ta-
gen! 18 Betet, dass dies alles nicht in den
Winter fällt, 19 denn jene Tage werden *eine
Drangsal* sein, *wie noch keine gewesen ist
seit dem Anfang der Schöpfung* durch Gott,
bis jetzt und auch nicht mehr sein wird.
20 Und wenn der Herr jene Tage nicht ver-

kürzt hätte, würde kein Mensch gerettet.
Aber um der Auserwählten willen, die er
erwählt hat, hat er die Tage verkürzt.
21 Wenn dann jemand zu euch sagt: Seht,
hier ist der Messias!, oder: Seht, dort!, so
glaubt es nicht. 22 Denn es werden falsche
Messiasse und falsche Propheten auftreten
und Zeichen und Wunder tun, um wo-
möglich die Auserwählten irrezuführen.
23 Ihr aber seht euch vor! Ich habe euch al-
les vorausgesagt.

Das Kommen des Menschensohnes

24 Aber in jenen Tagen nach der Drangsal
wird sich die Sonne verfinstern und der
Mond wird seinen Schein nicht mehr geben;
25 *die Sterne werden* vom Himmel *fallen*
und die Kräfte des Himmels werden er-
schüttert werden. 26 Und dann wird man
den *Menschensohn auf den Wolken* des
Himmels *kommen* sehen *mit großer Macht*
und Herrlichkeit. 27 Er wird die Engel aus-
senden und die Auserwählten *sammeln*
aus allen vier Windrichtungen, vom Ende
der Erde bis zum Ende des Himmels.

Der Zeitpunkt der Wiederkunft

28 Zieht die Lehre aus dem Vergleich mit
dem Feigenbaum: Wenn seine Zweige
schon saftig werden und Blätter heraus-
treiben, dann wisst ihr, dass der Sommer
nahe ist. 29 Genauso sollt auch ihr, wenn
ihr das geschehen seht, erkennen: Er (der
Menschensohn) steht nahe vor der Tür.
30 Amen, ich sage euch: Dieses Geschlecht
wird nicht vergehen, bis dies alles ge-
schieht. 31 Himmel und Erde werden ver-
gehen, meine Worte aber werden nicht
vergehen. 32 Jenen Tag aber oder die Stunde
kennt niemand, auch nicht die Engel im
Himmel, auch nicht der Sohn, sondern
nur der Vater.

Mahnung zur Wachsamkeit

33 Gebt Acht, seid wachsam! Denn ihr wisst
nicht, wann der Augenblick da ist. 34 Es ist
wie bei einem Mann, der außer Landes
reiste, sein Haus verließ und seinen
Knechten Vollmacht gab, jedem seine Ar-
beit, und dem Türhüter befahl, wachsam
zu sein. 35 Wacht also! Denn ihr wisst
nicht, wann der Hausherr kommt, ob am
Abend oder um Mitternacht oder beim
Hahnenschrei oder frühmorgens. 36 Er soll
euch, wenn er unvermutet kommt, nicht
schlafend antreffen. 37 Was ich aber euch
sage, das sage ich allen: Seid wachsam!

Leiden und Auferstehung Jesu

Der Todesbeschluss gegen Jesus

14 Es war zwei Tage vor dem Pascha
und dem Fest der Ungesäuerten
Brote. Die Hohenpriester und die Schrift-
gelehrten suchten nach einer Gelegenheit,
ihn mit List ergreifen und töten zu kön-
nen. 2 Sie sagten aber: Nur nicht am Fest,
damit es keinen Aufruhr im Volk gibt.

Die Salbung in Betanien

3 Als er in Betanien im Hause Simons des
Aussätzigen zu Tisch lag, kam eine Frau
mit einem Alabastergefäß voll echter,
kostbarer Nardensalbe, zerbrach das Ge-
fäß und goss es über sein Haar. 4 Aber ei-
nige sagten unwillig zueinander: Wozu
diese Verschwendung des Salböls? 5 Man
hätte das Öl für mehr als dreihundert De-
nare verkaufen und den Erlös den Armen
geben können. Und sie schalten sie. 6 Jesus
aber sagte: Lasst sie! Was kränkt ihr sie?
Sie hat eine gute Tat an mir getan. 7 Denn
Arme habt ihr ja allezeit bei euch und
könnt ihnen Gutes tun, sooft ihr wollt;
mich aber habt ihr nicht allezeit. 8 Was sie
vermochte, hat sie getan; sie hat im voraus
meinen Leib zum Begräbnis gesalbt.
9 Amen, ich sage euch: Wo immer auf der
ganzen Welt das Evangelium verkündet
wird, da wird auch zu ihrem Gedächtnis
erzählt werden, was sie getan hat.

Der Verrat des Judas

10 Judas Iskariot, einer von den Zwölf, ging
zu den Hohenpriestern, um ihn an sie zu
verraten. 11 Sie aber freuten sich, als sie es
hörten, und versprachen, ihm Geld zu ge-
ben. Von da an suchte er, wie er ihn bei
günstiger Gelegenheit verraten könnte.

Die Vorbereitung des Paschamahles

12 Am ersten Tag des Festes der Ungesäuer-
ten Brote, an dem man das Osterlamm
schlachtete, sagten seine Jünger zu ihm:
Wo willst du, dass wir dir das Paschamahl
vorbereiten? 13 Da sandte er zwei seiner
Jünger und sagte zu ihnen: Geht in die
Stadt, dort wird euch ein Mann begegnen,
der einen Wasserkrug trägt. Folgt ihm
14 und wo er hineingeht, da sagt zu dem
Hausherrn: Der Meister lässt sagen: Wo
ist das Gemach für mich, in dem ich mit
meinen Jüngern das Paschamahl essen
kann? 15 Er wird euch ein großes Oberge-
mach zeigen, das mit Polstern belegt und
hergerichtet ist. Dort bereitet es für uns
vor. 16 Da gingen die Jünger, kamen in die
Stadt und fanden alles so, wie er es ihnen
gesagt hatte, und bereiteten das Pascha-
mahl vor.

Das Mahl

17 Als es Abend geworden war, kam er mit
den Zwölf. 18 Während sie zu Tisch lagen
und aßen, sagte Jesus: Amen, ich sage
euch: Einer von euch wird mich ausliefern,
einer, der mit mir isst. 19 Da wurden sie
traurig und einer nach dem anderen fragte
ihn: Ich bin es doch nicht? 20 Er aber sagte
zu ihnen: Einer von den Zwölf, der mit
mir (die Hand) in die Schüssel taucht.
21 Zwar geht der Menschensohn dahin,
wie von ihm geschrieben steht. Wehe aber
dem Menschen, durch den der Menschen-
sohn verraten wird! Besser wäre es für ihn,
wenn er nie geboren wäre.
22 Während des Mahls nahm er Brot,
sprach das Segensgebet, brach es und gab
es ihnen mit den Worten: Nehmt, das ist
mein Leib. 23 Dann nahm er einen Becher,
sprach das Dankgebet, gab ihn ihnen und
sie tranken alle daraus. 24 Und er sagte zu
ihnen: Das ist mein *Blut des Bundes*, das
für viele vergossen wird. 25 Amen, ich sage
euch: Ich werde nicht mehr von der
Frucht des Weinstocks trinken bis zu je-
nem Tag, an dem ich von neuem davon
trinke im Reich Gottes.

Die Ankündigung der Verleugnung des Petrus

26 Nach dem Lobgesang gingen sie hinaus
zum Ölberg. 27 Da sagte Jesus zu ihnen:
Ihr werdet alle Anstoß nehmen; denn es
steht geschrieben: *Ich werde den Hirten
schlagen und die Schafe werden sich zer-
streuen.* 28 Wenn ich aber auferweckt wor-
den bin, werde ich euch nach Galiläa vo-
rangehen. 29 Da sagte Petrus zu ihm: Wenn
alle Anstoß nehmen – ich nicht! 30 Jesus
antwortete ihm: Amen, ich sage dir: Du
wirst heute, in dieser Nacht, noch ehe der
Hahn zweimal kräht, mich dreimal ver-
leugnen. 31 Er aber beteuerte: Und wenn
ich mit dir sterben müsste, ich werde dich
niemals verleugnen. Ähnlich sprachen
auch alle (anderen).

Jesus in Getsemani

32 Sie kamen zu einem Gehöft namens Get-
semani und er sagte zu seinen Jüngern:
Setzt euch hier, während ich bete. 33 Und
er nahm Petrus, Jakobus und Johannes
mit sich und begann zu erschauern und
zu verzagen. 34 Und er sagte zu ihnen: Mei-
ne Seele ist betrübt bis in den Tod. Bleibt
hier und wacht. 35 Dann ging er ein wenig
weiter, warf sich auf die Erde nieder und
betete, dass die Stunde, wenn es möglich
wäre, an ihm vorübergehe. 36 Er sprach:
Abba, Vater, alles ist dir möglich. Lass die-
sen Kelch an mir vorübergehen. 37 Doch
nicht was ich will, sondern was du willst.
Und er kam zurück und fand sie schla-
fend. Da sagte er zu Petrus: Simon, du
schläfst? Konntest du nicht eine Stunde
wachen? 38 Wacht und betet, damit ihr
nicht in Versuchung fallt! Der Geist ist
zwar willig, das Fleisch aber schwach.
39 Wiederum ging er weg und betete mit
den gleichen Worten. 40 Als er zurückkam,
fand er sie wieder schlafend; denn die Au-
gen waren ihnen schwer geworden und sie
wussten nicht, was sie ihm antworten soll-
ten. 41 Und er kam zum dritten Mal und
sagte zu ihnen: Schlaft weiter und ruht!
Es ist genug. Die Stunde ist gekommen;
jetzt wird der Menschensohn in die Hände
der Sünder ausgeliefert. 42 Steht auf, wir
wollen gehen! Seht, der Verräter ist da.

Die Gefangennahme Jesu

43 Noch während er redete, kam Judas,
einer der Zwölf, und mit ihm eine Schar
mit Schwertern und Knüppeln, (aus-
geschickt) von den Hohenpriestern, den
Schriftgelehrten und den Ältesten. 44 Der
Verräter hatte mit ihnen ein Zeichen ver-
abredet und gesagt: Der, den ich küssen
werde, der ist es; den nehmt fest und führt

ihn sicher ab! 45 Und wie er kam, ging er sofort auf ihn zu und sagte: Rabbi! Und küsste ihn. 46 Da legten sie Hand an ihn und nahmen ihn fest. 47 Einer aber von denen, die dabeistanden, zog sein Schwert, schlug auf den Knecht des Hohenpriesters ein und hieb ihm das Ohr ab. 48 Da sagte Jesus zu ihnen: Wie gegen einen Räuber seid ihr ausgezogen mit Schwertern und Knüppeln, um mich gefangen zu nehmen. 49 Täglich war ich bei euch im Tempel und lehrte und ihr habt mich nicht festgenommen. Doch die Schriften müssen erfüllt werden. 50 Da verließen ihn alle und flohen. 51 Ein junger Mann aber folgte ihm, nur mit einem Leinentuch auf bloßem Leib bekleidet. Als sie ihn ergreifen wollten, 52 ließ er das Tuch fallen und entfloh nackt.

Jesus vor dem Hohen Rat

53 Darauf führten sie Jesus zum Hohenpriester und alle Hohenpriester und Ältesten und Schriftgelehrten kamen zusammen. 54 Petrus aber war ihm von weitem gefolgt, bis in den Hof des Hohenpriesters hinein; er saß bei den Dienern und wärmte sich am Feuer.

55 Die Hohenpriester und der ganze Hohe Rat suchten Zeugenaussagen gegen Jesus, um ihn zum Tod verurteilen zu können, fanden aber nichts. 56 Denn viele machten zwar falsche Aussagen über ihn, aber die Aussagen stimmten nicht überein. 57 Da traten einige mit falschen Aussagen vor und behaupteten: 58 Wir haben ihn sagen hören: Ich werde diesen Tempel, der mit Händen errichtet ist, niederreißen und in drei Tagen einen anderen aufbauen, der nicht mit Händen gemacht ist. 59 Aber auch dabei stimmte ihre Aussage nicht überein.

60 Da erhob sich der Hohepriester, trat in die Mitte und fragte Jesus: Antwortest du nichts auf das, was diese Leute gegen dich aussagen? 61 Er aber schwieg und antwortete nichts. Nochmals fragte ihn der Hohepriester: Bist du der Messias, der Sohn des Hochgelobten? 62 Jesus antwortete: Ich bin es. Und ihr werdet *den Menschensohn zur Rechten* der Macht *sitzen* und *mit den Wolken des Himmels kommen* sehen. 63 Da zerriss der Hohepriester sein Gewand und rief: Was brauchen wir noch Zeugen? 64 Ihr habt die Lästerung gehört. Was ist euere Meinung? Sie sprachen ihn sämtlich des Todes schuldig.

65 Und einige spien ihn an, verhüllten sein Gesicht, schlugen ihn und riefen: Weissage! Auch die Diener schlugen ihn ins Gesicht.

Die Verleugnung durch Petrus

66 Während Petrus unten im Hof war, kam eine von den Mägden des Hohenpriesters. 67 Als sie Petrus sich wärmen sah, blickte sie ihn an und sagte: Auch du warst bei dem Nazarener Jesus. 68 Doch er leugnete und sagte: Ich weiß nicht und verstehe nicht, was du meinst. Dann ging er in den Vorhof hinaus. 69 Als die Magd ihn dort sah, fing sie von neuem an, zu den Umstehenden zu sagen: Der gehört zu ihnen. 70 Er aber leugnete nochmals. Bald darauf sagten die Umstehenden wiederum zu Petrus: Du bist bestimmt einer von ihnen. Du bist ja auch ein Galiläer. 71 Da fing er an zu fluchen und zu schwören: 72 Ich kenne diesen Menschen nicht, von dem ihr redet! Und sogleich krähte der Hahn zum zweiten Mal. Da erinnerte sich Petrus an das Wort, das Jesus zu ihm gesagt hatte: Ehe der Hahn zweimal kräht, wirst du mich dreimal verleugnen. Und er brach in Tränen aus.

Jesus vor Pilatus

15 Sogleich am frühen Morgen fassten die Hohenpriester mit den Ältesten und Schriftgelehrten und dem ganzen Hohen Rat einen Beschluss. Sie ließen Jesus fesseln, abführen und übergaben ihn Pilatus. 2 Pilatus fragte ihn: Du bist der König der Juden? Er antwortete ihm: Du sagst es. 3 Die Hohenpriester erhoben viele Anklagen gegen ihn. 4 Da fragte ihn Pilatus wiederum: Antwortest du nicht? Sieh doch, wie viele Anklagen sie gegen dich vorbringen! 5 Doch Jesus antwortete nicht mehr, sodass Pilatus sich verwunderte.

6 An jedem Fest gab er ihnen einen Gefangenen frei, den sie sich ausbitten konnten. 7 Nun saß gerade ein Mann namens Barabbas im Gefängnis zusammen mit den Aufrührern, die bei dem Aufstand einen Mord verübt hatten. 8 Die Menge zog hin und begann zu begehren, was er ihnen zu gewähren pflegte. 9 Pilatus fragte sie: Wollt ihr, dass ich euch den König der Juden freigebe? 10 Er wusste nämlich, dass

ihn die Hohenpriester nur aus Neid überliefert hatten. 11 Die Hohenpriester aber hetzten die Masse auf, er solle ihnen lieber den Barabbas freigeben. 12 Da ergriff Pilatus nochmals das Wort und fragte sie: Was soll ich dann mit dem machen, den ihr den König der Juden nennt? 13 Da schrien sie wiederum: Kreuzige ihn! 14 Pilatus erwiderte: Was hat er denn Böses getan? Da schrien sie noch lauter: Kreuzige ihn! 15 Weil aber Pilatus das Volk zufrieden stellen wollte, gab er ihnen Barabbas frei, Jesus aber ließ er geißeln und übergab ihn zur Kreuzigung.

Jesus in der Gewalt der Soldaten

16 Die Soldaten führten ihn in den Palast, das heißt in das Prätorium, hinein und riefen die ganze Kohorte zusammen. 17 Dann zogen sie ihm einen Purpurmantel an, flochten einen Dornenkranz und setzten ihn ihm auf. 18 Dann fingen sie an, ihn zu grüßen: Heil dir, König der Juden! 19 Sie schlugen ihn mit einem Rohr auf den Kopf und spien ihn an, beugten die Knie und huldigten ihm. 20 Nachdem sie ihn verspottet hatten, nahmen sie ihm den Purpurmantel ab und zogen ihm seine eigenen Kleider wieder an.

Die Kreuzigung

Und sie führten ihn hinaus, um ihn zu kreuzigen. 21 Und sie zwangen einen Vorübergehenden, der vom Feld kam, Simon aus Zyrene, den Vater von Alexander und Rufus, ihm das Kreuz zu tragen. 22 Und sie führten ihn an den Ort Golgota, das heißt übersetzt: Schädelstätte.

23 Sie gaben ihm mit Myrrhe gewürzten Wein, er aber nahm ihn nicht. 24 Dann kreuzigten sie ihn und *verteilten seine Kleider*, nachdem sie *das Los darüber geworfen hatten*, was ein jeder bekommen sollte. 25 Es war die dritte Stunde, als sie ihn kreuzigten. 26 Und es war eine Aufschrift mit der Angabe seiner Schuld angebracht: Der König der Juden. 27 Zusammen mit ihm kreuzigten sie noch zwei Räuber, einen zu seiner Rechten und einen zu seiner Linken. 28 [So erfüllte sich das Schriftwort: Er wurde zu den Übeltätern gezählt.] 29 Die Vorübergehenden lästerten ihn, *schüttelten den Kopf* und sagten: Ha, der du den Tempel niederreißt und in drei Tagen wieder aufbauen willst, 30 rette dich selbst und steig herab vom Kreuz! 31 Ebenso spotteten auch die Hohenpriester und Schriftgelehrten und sagten untereinander: Anderen hat er geholfen, sich selbst kann er nicht helfen. 32 Der Messias, der König Israels, soll jetzt vom Kreuz herabsteigen, damit wir sehen und glauben. Auch die, die mit ihm zusammen gekreuzigt worden waren, schmähten ihn.

Der Tod Jesu

33 Von der sechsten Stunde an kam eine Finsternis über das ganze Land bis zur neunten Stunde. 34 Und in der neunten Stunde rief Jesus laut: *Eloï, Eloï, lema sabachtani?*, das heißt übersetzt: *Mein Gott, mein Gott, warum hast du mich verlassen?* 35 Als einige von den Dabeistehenden das hörten, sagten sie: Hört, er ruft Elija! 36 Und einer lief hin, füllte einen Schwamm mit *Essig*, steckte ihn auf ein Rohr und *gab* ihm *zu trinken*, wobei er sagte: Lasst, wir wollen sehen, ob Elija kommt, ihn herabzunehmen. 37 Jesus aber stieß einen lauten Schrei aus und verschied. 38 Da zerriss der Vorhang des Tempels von oben bis unten entzwei. 39 Als der Hauptmann, der ihm gegenüberstand, ihn so sterben sah, sagte er: Dieser Mensch war in Wahrheit Gottes Sohn!

40 Es sahen aber auch Frauen von ferne zu, unter ihnen auch Maria aus Magdala, Maria, die Mutter des jüngeren Jakobus und Joses, und Salome. 41 Sie waren ihm schon in Galiläa nachgefolgt und hatten ihm gedient, und viele andere, die mit ihm nach Jerusalem hinaufgezogen waren.

Die Grablegung

42 Als es schon Abend geworden war – es war nämlich Rüsttag, das heißt der Tag vor dem Sabbat –, 43 kam Josef von Arimathäa, ein angesehener Ratsherr, der auch auf das Reich Gottes wartete. Er wagte es, zu Pilatus zu gehen, und bat um den Leichnam Jesu. 44 Pilatus aber wunderte sich, dass er schon gestorben sein sollte, ließ den Hauptmann kommen und fragte ihn, ob er schon lange tot sei. 45 Als er es vom Hauptmann erfahren hatte, schenkte er Josef den Leichnam. 46 Der kaufte Leinwand, nahm ihn herab, hüllte ihn in die Leinwand, legte ihn in ein Grab, das in einen Felsen gehauen war und wälzte einen Stein vor den Eingang des Grabes.

47 Maria aus Magdala aber und Maria, die
Mutter des Joses, sahen zu, wohin er gelegt
wurde.

Das leere Grab. Die Botschaft des Engels

16 Als der Sabbat vorüber war, kauf-
ten Maria aus Magdala, Maria, die
Mutter des Jakobus, und Salome Balsam,
um (zum Grab) zu gehen und ihn zu sal-
ben. 2 Sie kamen am ersten Wochentag
zum Grab, sehr früh, als eben die Sonne
aufging. 3 Sie sagten zueinander: Wer wird
uns den Stein vom Eingang des Grabes
wegwälzen? 4 Doch als sie aufblickten, sa-
hen sie, dass der Stein schon weggewälzt
war; er war nämlich sehr groß. 5 Sie gingen
in das Grab hinein und sahen einen jun-
gen Mann auf der rechten Seite sitzen, be-
kleidet mit einem weißen Gewand, und sie
erschraken. 6 Er aber sagte zu ihnen: Er-
schreckt nicht! Ihr sucht Jesus von Naza-
ret, den Gekreuzigten. Er ist auferweckt
worden, er ist nicht hier. Seht da die Stelle,
wo sie ihn hingelegt hatten. 7 Aber nun
geht und sagt seinen Jüngern und Petrus:
Er geht euch voraus nach Galiläa. Dort
werdet ihr ihn sehen, wie er euch gesagt
hat. 8 Da gingen sie hinaus und flohen
vom Grab; denn Angst und Entsetzen hat-
te sie gepackt. Und sie sagten niemand et-
was; denn sie fürchteten sich.

[*Erscheinungen des Auferstandenen*

9 Nach seiner Auferstehung, in der Frühe
des ersten Wochentages, erschien er zuerst
Maria aus Magdala, aus der er sieben Dä-
monen ausgetrieben hatte. 10 Sie ging und
verkündete es seinen trauernden und wei-
nenden Gefährten. 11 Als sie hörten, dass er
lebe und von ihr gesehen worden sei,
glaubten sie es nicht. 12 Hierauf offenbarte
er sich in anderer Gestalt zweien von ihnen
auf dem Weg, während sie über Land gin-
gen. 13 Auch sie gingen und verkündeten es
den übrigen; aber auch ihnen glaubten sie
es nicht. 14 Später offenbarte er sich den Elf
selbst, während sie zu Tisch lagen, und
schalt ihren Unglauben und die Härte
ihres Herzens, weil sie denen, die ihn nach
seiner Auferweckung gesehen, nicht ge-
glaubt hatten. 15 Und er sagte zu ihnen:
Geht hinaus in alle Welt und verkündet
das Evangelium allen Geschöpfen! 16 Wer
glaubt und sich taufen lässt, wird gerettet.
Wer aber nicht glaubt, wird verdammt
werden. 17 Denen aber, die glauben, werden
diese Zeichen folgen: In meinem Namen
werden sie Dämonen austreiben, in neuen
Sprachen reden; 18 Schlangen werden sie
aufheben und wenn sie etwas Todbringen-
des getrunken haben, wird es ihnen nicht
schaden; Kranken werden sie die Hände
auflegen und sie werden gesund werden.

19 Nachdem Jesus, der Herr, zu ihnen ge-
sprochen hatte, wurde er in den Himmel
aufgenommen und setzte sich zur Rechten
Gottes. 20 Sie aber zogen hinaus und pre-
digten überall, und der Herr wirkte mit
ihnen und bestätigte das Wort durch die
begleitenden Zeichen.]

Das Evangelium nach Lukas

Vorwort

1 Nachdem es schon viele unternom-
men haben, einen Bericht über die Er-
eignisse abzufassen, die sich in unserer
Mitte erfüllt haben – 2 entsprechend der
Überlieferung jener, die von Anfang an
Augenzeugen und Diener des Wortes wa-
ren –, 3 habe auch ich mich entschlossen,
allem von Anfang an sorgfältig nachzuge-
hen, und es für dich, bester Theophilus,
der Reihe nach aufzuschreiben, 4 damit du
dich von der Zuverlässigkeit der Lehre, in
der du unterwiesen wurdest, überzeugen
kannst.

Die Kindheitsgeschichten

Die Verheißung der Geburt Johannes' des Täufers

5 In den Tagen des Herodes, des Königs
von Judäa, lebte ein Priester namens Za-
charias aus der Priesterklasse des Abija.
Seine Frau stammte aus dem Geschlecht
Aaron und ihr Name war Elisabet. 6 Beide
waren gerecht vor Gott, lebten streng nach
allen Geboten und Satzungen des Herrn.
7 Sie hatten kein Kind, weil Elisabet un-
fruchtbar war, und beide waren schon in
vorgerücktem Alter.
8 Eines Tages, als er nach der Ordnung
seiner Klasse Priesterdienst vor Gott tat,
9 traf ihn nach dem Brauch der Priester-
schaft das Los, in den Tempel des Herrn
einzutreten und das Rauchopfer dar-
zubringen. 10 Das ganze Volk aber stand
zur Stunde des Rauchopfers draußen und
betete. 11 Da erschien ihm ein Engel des
Herrn, der zur Rechten des Rauchopfer-
altars stand. 12 Zacharias erschrak, als er
ihn sah, und Furcht überfiel ihn. 13 Doch
der Engel sagte zu ihm: Fürchte dich nicht,
Zacharias; denn dein Gebet *ist erhört wor-
den*. Elisabet, *deine Frau, wird dir einen
Sohn gebären und du sollst ihm den Namen*
Johannes *geben*. 14 Er wird dir Freude und
Jubel sein und viele werden sich über seine
Geburt freuen; 15 denn er wird groß sein
vor dem Herrn. *Wein und (andere) berau-
schende Getränke wird er nicht trinken*;
schon vom Mutterschoß an wird er mit
Heiligem Geist erfüllt werden 16 und viele
Söhne Israels wird er zum Herrn, ihrem
Gott, bekehren. 17 Er wird ihm mit Geist
und Kraft des Elija vorangehen und *die
Herzen der Väter den Kindern zuwenden*
und Ungehorsame zur Einsicht der Ge-
rechten, um so dem Herrn ein bereites
Volk zu schaffen. 18 Zacharias sagte zu
dem Engel: Woran soll ich dies erkennen?
Denn ich bin alt und meine Frau ist in vor-
gerücktem Alter. 19 Der Engel antwortete
ihm: Ich bin Gabriel, der vor Gott steht,
und ich bin gesandt, zu dir zu reden und
dir diese frohe Botschaft zu bringen.
20 Aber, du wirst stumm sein und nicht
sprechen können bis zu dem Tag, an dem
dies geschehen wird, weil du meinen Wor-
ten nicht geglaubt hast, die sich zu ihrer
Zeit erfüllen werden. 21 Inzwischen wartete
das Volk auf Zacharias; sie wunderten
sich, dass er so lange im Heiligtum ver-
weilte. 22 Als er dann heraustrat, konnte er
nicht zu ihnen reden. Da erkannten sie,
dass er im Heiligtum eine Erscheinung ge-
habt hatte. Er gab ihnen Zeichen und blieb
stumm.
23 Als die Tage seines Dienstes zu Ende
waren, kehrte er nach Hause zurück.
24 Bald darauf empfing seine Frau Elisabet
und hielt sich fünf Monate verborgen. Sie
sagte: 25 So hat der Herr an mir getan zu
der Zeit, als er auf mich schaute, um meine
Schmach bei den Menschen wegzuneh-
men.

Die Verheißung der Geburt Jesu

26 Im sechsten Monat wurde der Engel Ga-
briel von Gott in eine Stadt in Galiläa na-
mens Nazaret 27 zu einer Jungfrau gesandt,
die mit einem Mann namens Josef aus
dem Haus Davids verlobt war. Der Name

der Jungfrau war Maria. 28 Er trat bei ihr
ein und sagte: Sei gegrüßt, du Begnadete,
der Herr ist mit dir. 29 Sie erschrak über das
Wort und sann nach, was dieser Gruß be-
deuten solle. 30 Der Engel sagte zu ihr:
Fürchte dich nicht, Maria; denn du hast
bei Gott Gnade gefunden. 31 *Du wirst ein
Kind empfangen, einen Sohn wirst du gebä-
ren; ihm sollst du den Namen* Jesus *geben.*
32 Er wird groß sein und Sohn des Höchs-
ten genannt werden. Gott, der Herr, wird
ihm *den Thron* seines Vaters *David* geben.
Er wird herrschen über das Haus Jakob *in
Ewigkeit* 33 und *seine Herrschaft* wird kein
Ende haben. 34 Maria sagte zu dem Engel:
Wie soll dies geschehen, da ich keinen
Mann erkenne? 35 Der Engel antwortete
ihr: Heiliger Geist wird über dich kommen
und Kraft des Höchsten wird dich über-
schatten. Deshalb wird auch das Kind hei-
lig und Sohn Gottes genannt werden.
36 Auch Elisabet, deine Verwandte, hat
noch einen Sohn empfangen in ihrem Al-
ter und dies ist schon der sechste Monat
für sie, die als unfruchtbar galt. 37 Denn
für Gott ist nichts unmöglich. 38 Da sagte
Maria: Ich bin die Magd des Herrn; mir
geschehe nach deinem Wort. Dann verließ
sie der Engel.

Die Begegnung zwischen Maria und Elisabet

39 Maria machte sich in diesen Tagen auf
und eilte in eine Stadt im Gebirge von Ju-
däa. 40 Sie trat in das Haus des Zacharias
und begrüßte Elisabet. 41 Als Elisabet den
Gruß Marias hörte, hüpfte das Kind in
ihrem Leib; Elisabet wurde vom Heiligen
Geist erfüllt 42 und rief mit lauter Stimme:
Gesegnet bist du unter den Frauen und ge-
segnet ist die Frucht deines Leibes! 43 Wo-
her wird mir dies zuteil, dass die Mutter
meines Herrn zu mir kommt? 44 Denn als
der Klang deines Grußes in mein Ohr
drang, hüpfte das Kind vor Freude in mei-
nem Leib. 45 Selig, die geglaubt hat, dass sich
erfüllt, was ihr vom Herrn gesagt wurde.

Das Magnifikat

46 Da sagte Maria:
Hochpreist *meine Seele den Herrn* /
47 und mein Geist *jubelt über Gott, meinen
Retter.*
48 Denn *er hat geschaut auf die Niedrig-
keit seiner Magd.* / Siehe, von nun an *prei-
sen mich selig* alle Geschlechter.
49 Denn *Großes hat* an mir *getan* der
Mächtige / und *heilig ist sein Name.*
50 *Seine Barmherzigkeit* währt von
Geschlecht zu Geschlecht / *allen, die ihn
fürchten.*
51 Er hat Machttaten vollbracht *mit sei-
nem Arm, / er zerstreut,* die im Herzen *voll
Hochmut sind.*
52 *Gewaltige hat er* vom Thron *gestürzt* /
und *Niedrige erhöht.*
53 *Hungrige hat er erfüllt mit Gütern* /
und Reiche leer davongeschickt.
54 *Angenommen hat er sich Israels, seines
Knechtes, / eingedenk seiner Barmherzig-
keit,*
55 *wie er gesprochen hat zu unseren
Vätern, / Abraham und seinen Nachkom-
men* in Ewigkeit.
56 Und Maria blieb ungefähr drei Mona-
te bei ihr und kehrte dann in ihr Haus zu-
rück.

Die Geburt Johannes' des Täufers

57 Für Elisabet kam die Zeit, dass sie gebä-
ren sollte, und sie gebar einen Sohn. 58 Ihre
Nachbarn und Verwandten hörten, dass
der Herr ihr große Barmherzigkeit erwie-
sen hatte, und freuten sich mit ihr.
59 Am achten Tag kamen sie, um das
Kind zu beschneiden, und wollten ihm
den Namen seines Vaters Zacharias geben.
60 Seine Mutter aber entgegnete: Nein, er
soll Johannes heißen. 61 Sie antworteten ihr:
Niemand ist in deiner Verwandtschaft, der
diesen Namen trägt. 62 Sie winkten nun sei-
nem Vater, wie er ihn nennen lassen wollte.
63 Er verlangte ein Täfelchen und schrieb
die Worte: Johannes ist sein Name. Alle
wunderten sich. 64 Sogleich wurde sein
Mund aufgetan und seine Zunge (gelöst)
und er sprach und pries Gott. 65 Alle Nach-
barn ringsum wurden von Furcht ergriffen
und im ganzen Bergland von Judäa sprach
man von allen diesen Dingen. 66 Und alle,
die davon hörten, machten sich Gedanken
darüber und sagten: Was wird wohl aus
diesem Kind werden? Denn die Hand des
Herrn war mit ihm.

Das Benediktus

67 Sein Vater Zacharias wurde vom Heili-
gen Geist erfüllt und weissagte:
68 *Gepriesen sei der Herr, der Gott Isra-
els!* / Denn er hat sein *Volk* besucht und
ihm Erlösung bereitet.

69 Er hat uns *ein Horn des Heils* auf-
gerichtet / im Haus *Davids,* seines Knech-
tes,
70 wie er verkündet hat von alters her /
durch den Mund seiner heiligen Prophe-
ten,
71 um uns *Rettung zu schaffen vor unse-
ren Feinden / und aus der Hand* aller, *die
uns hassen.*
72 *Barmherzigkeit* zu üben an unseren
Vätern / und *seines* heiligen *Bundes zu
gedenken,*
73 des *Eides, den er* unserem Vater *Abra-
ham geschworen hat,* / uns zu verleihen,
74 dass wir, erlöst aus der Hand unserer
Feinde, ohne Furcht
ihm dienen 75 in Heiligkeit und Gerech-
tigkeit / vor ihm alle unsere Tage.
76 Und du, Kind, wirst Prophet des
Höchsten genannt werden; / denn du wirst
dem Herrn vorangehen, zu *bereiten seine
Wege,*
77 um seinem Volk Erkenntnis des Heiles
zu geben / in der Vergebung seiner Sün-
den,
78 durch das innige Erbarmen unseres
Gottes, / mit dem er uns besuchen wird als
Aufgang aus der Höhe,
79 zu leuchten denen, *die in Finsternis
und in Todesschatten sitzen,* / und unsere
Füße zu lenken *auf den Weg des Friedens.*
80 Das Kind aber wuchs und erstarkte im
Geist. Und er lebte in der Wüste bis zum
Tag, an dem er vor Israel auftrat.

Die Geburt Jesu

2 In jenen Tagen erging ein Erlass des
Kaisers Augustus, den ganzen Erd-
kreis (in Steuerlisten) einzutragen. 2 Diese
Aufzeichnung war die erste und geschah,
als Quirinius Statthalter von Syrien war.
3 Alle gingen hin, sich eintragen zu lassen,
ein jeder in seine Stadt. 4 Auch Josef zog
von der Stadt Nazaret in Galiläa hinauf
nach Judäa in die Stadt Davids, die Betle-
hem heißt. Denn er war aus dem Haus und
Geschlecht Davids. 5 Er wollte sich mit
Maria eintragen lassen, seiner Verlobten,
die schwanger war. 6 Während sie dort wa-
ren, kam für Maria die Zeit ihrer Nieder-
kunft, 7 und sie gebar ihren Sohn, den Erst-
geborenen, wickelte ihn in Windeln und
legte ihn in eine Krippe, weil in der Her-
berge für sie kein Platz war.
8 In derselben Gegend waren Hirten auf
dem Feld, die bei ihrer Herde Nachtwache
hielten. 9 Da trat der Engel des Herrn zu
ihnen und die Herrlichkeit des Herrn um-
strahlte sie und sie fürchteten sich sehr.
10 Der Engel aber sagte zu ihnen: Fürchtet
euch nicht! Denn ich verkünde euch eine
große Freude, die dem ganzen Volk zuteil
werden soll. 11 Heute ist euch in der Stadt
Davids der Retter geboren, nämlich der
Messias, der Herr. 12 Und dies soll euch
das Zeichen sein: Ihr werdet ein Kind fin-
den, in Windeln gewickelt und in einer
Krippe liegend. 13 Und plötzlich war bei
dem Engel eine Menge himmlischer Heer-
scharen, die Gott lobten und sprachen:
14 Herrlichkeit in den Höhen für Gott und
auf der Erde Friede den Menschen seines
Wohlgefallens!
15 Als die Engel von ihnen in den Him-
mel gegangen waren, sagten die Hirten zu-
einander: Lasst uns nach Betlehem gehen
und sehen, was geschehen ist und was der
Herr uns kundgetan hat. 16 Sie kamen ei-
lends hin und fanden Maria und Josef
und das Kind, das in der Krippe lag. 17 Als
sie es sahen, berichteten sie von dem
Wort, das ihnen über dieses Kind gesagt
worden war. 18 Und alle, die es hörten,
wunderten sich über das, was ihnen von
den Hirten erzählt wurde. 19 Maria aber be-
wahrte alle diese Worte und erwog sie in
ihrem Herzen. 20 Die Hirten kehrten zu-
rück, priesen und lobten Gott für alles,
was sie gehört und gesehen hatten, so wie
es ihnen gesagt worden war.

Die Zeugen Simon und Hanna

21 Als acht Tage vergangen waren und das
Kind beschnitten werden musste, wurde
ihm der Name Jesus gegeben, der vom En-
gel genannt worden war, noch bevor das
Kind im Mutterschoß empfangen wurde.
22 Als die Tage ihrer Reinigung nach dem
Gesetz des Mose erfüllt waren, brachten
sie ihn hinauf nach Jerusalem, um ihn
dem Herrn darzustellen 23 – wie im Gesetz
des Herrn geschrieben steht: *Jedes Männ-
liche, das den Mutterleib öffnet, soll dem
Herrn heilig heißen* – 24 und um ein Opfer
nach der Vorschrift im Gesetz des Herrn
darzubringen: *ein Paar Turteltauben oder
zwei junge Tauben.* 25 Damals lebte in Jeru-
salem ein Mann namens Simeon. Er war
gerecht und gottesfürchtig und wartete
auf den Trost Israels und der Heilige Geist

ruhte auf ihm. 26 Ihm war vom Heiligen
Geist offenbart worden, er werde den Tod
nicht schauen, bevor er den Messias des
Herrn gesehen habe. 27 Er kam vom Geist
getrieben in den Tempel und als die Eltern
das Kind Jesus hereinbrachten, um nach
dem Brauch des Gesetzes an ihm zu tun,
28 nahm er es in seine Arme und lobte Gott:
29 Nun entlässt du deinen Diener, Herr, /
nach deinem Wort in Frieden;
30 denn meine Augen haben dein *Heil*
gesehen, / 31 das du *vor allen Völkern* berei-
tet hast,
32 *ein Licht* zur Offenbarung für *die Hei-*
den / und als *Herrlichkeit* für dein Volk
Israel.
33 Sein Vater und seine Mutter wunder-
ten sich über das, was von ihm gesagt wur-
de. 34 Und Simeon segnete sie und sagte zu
Maria, seiner Mutter: Dieser ist gesetzt zu
Fall und Aufstehen vieler in Israel und zu
einem Zeichen, dem widersprochen wird –
35 auch deine eigene Seele wird ein Schwert
durchdringen –, auf dass die Gedanken
aus vielen Herzen offenbar werden.
36 Es war da auch eine Prophetin Hanna,
eine Tochter Penuëls, aus dem Stamm
Ascher. Sie war hochbetagt; nach ihrer
Jungfrauschaft hatte sie sieben Jahre mit
ihrem Mann gelebt 37 und war nun eine
Witwe von vierundachtzig Jahren. Sie wich
nicht vom Tempel und diente Gott Tag
und Nacht mit Fasten und Beten. 38 Sie
kam zu derselben Stunde hinzu, lobte Gott
und sprach von dem Kind zu allen, die auf
die Erlösung Jerusalems warteten.
39 Nachdem sie alles nach dem Gesetz
des Herrn erfüllt hatten, kehrten sie nach
Galiläa in ihre Stadt Nazaret zurück. 40 Das
Kind wuchs heran und erstarkte, erfüllt
von Weisheit, und Gottes Gnade ruhte
auf ihm.

Der zwölfjährige Jesus im Tempel

41 Seine Eltern zogen jedes Jahr am Pascha-
fest nach Jerusalem. 42 Als er zwölf Jahre alt
war, gingen sie der Festsitte gemäß wieder
hinauf. 43 Als die Tage vorüber waren und
sie heimkehrten, blieb der Junge Jesus in
Jerusalem und seine Eltern wussten es
nicht. 44 In der Meinung, er sei bei der Pil-
gergruppe, gingen sie eine Tagreise weit
und suchten ihn unter den Verwandten
und Bekannten. 45 Als sie ihn nicht fanden,
kehrten sie nach Jerusalem zurück und
suchten ihn dort.
46 Nach drei Tagen fanden sie ihn im
Tempel, wie er mitten unter den Lehrern
saß, ihnen zuhörte und Fragen stellte.
47 Alle, die ihn hörten, staunten über seine
Einsicht und über seine Antworten. 48 Als
seine Eltern ihn sahen, waren sie fassungs-
los, und seine Mutter sagte zu ihm: Kind,
warum hast du uns das angetan? Dein Va-
ter und ich haben dich mit Schmerzen ge-
sucht. 49 Da sagte er zu ihnen: Warum habt
ihr mich gesucht? Wusstet ihr nicht, dass
ich in dem sein muss, was meinem Vater
gehört? 50 Doch sie verstanden nicht, was
er damit meinte.
51 Dann ging er mit ihnen nach Nazaret
zurück und war ihnen gehorsam. Seine
Mutter bewahrte alles in ihrem Herzen.
52 Jesus aber *nahm zu* an Weisheit und Al-
ter und *Gefallen bei Gott und den Men-*
schen.

Die Vorbereitung des Wirkens Jesu

Die Predigt Johannes' des Täufers

3 Im fünfzehnten Jahr der Regierung
des Kaisers Tiberius, als Pontius Pila-
tus Statthalter von Judäa war, Herodes Te-
trarch von Galiläa, sein Bruder Philippus
Tetrarch von Ituräa und Trachonitis und
Lysanias Tetrarch von Abilene, 2 unter den
Hohenpriestern Hannas und Kajaphas, er-
ging in der Wüste das Wort Gottes an Jo-
hannes, den Sohn des Zacharias. 3 Er kam
in das Land am Jordan und predigte eine
Taufe der Umkehr zur Vergebung der
Sünden, 4 wie im Buch der Reden des Pro-
pheten Jesaja geschrieben steht:
Eine Stimme ruft in der Wüste: / Bereitet
den Weg des Herrn! / Macht seine Straßen
eben!
5 *Jedes Tal soll aufgefüllt / und jeder Berg*
und Hügel abgetragen werden.
Was krumm ist, soll gerade, / und was
rau ist, zu ebenen Wegen werden, / 6 *und*
alles Fleisch soll Gottes Heil schauen!
7 Er sagte zu den Volksscharen, die hi-
nausgekommen waren, um sich von ihm

taufen zu lassen: Ihr Natternbrut! Wer hat
euch gelehrt, ihr könntet dem kommen-
den Zorn entfliehen? 8 Bringt also Früchte
hervor, die der Umkehr entsprechen, und
lasst euch nicht einfallen, zu denken: Wir
haben Abraham zum Vater. Denn ich sage
euch: Aus diesen Steinen da kann Gott
dem Abraham Kinder erwecken. 9 Schon
ist die Axt an die Wurzel der Bäume ge-
legt; jeder Baum, der keine gute Frucht
bringt, wird umgehauen und ins Feuer ge-
worfen.
10 Da fragten ihn die Volksscharen: Was
sollen wir also tun? 11 Er antwortete ihnen:
Wer zwei Röcke hat, gebe (einen) dem, der
keinen hat, und wer zu essen hat, handle
ebenso. 12 Es kamen auch Zöllner, um sich
taufen zu lassen, und sagten zu ihm: Meis-
ter, was sollen wir tun? 13 Er sagte zu ihnen:
Fordert nicht mehr, als euch festgesetzt ist.
14 Es fragten ihn aber auch Soldaten: Was
sollen denn wir tun? Und er sagte zu ih-
nen: Begeht gegen niemand Gewalttat
und Erpressung, seid zufrieden mit eue-
rem Sold!
15 Da aber das Volk voller Erwartung
war und sich alle über Johannes Gedan-
ken machten, ob er selbst nicht vielleicht
der Messias sei, 16 gab Johannes allen zur
Antwort: Ich taufe euch mit Wasser; es
kommt aber einer, der stärker ist als ich,
und ich bin nicht wert, ihm die Riemen
seiner Schuhe zu lösen. Er wird euch mit
Heiligem Geist und mit Feuer taufen.
17 Er hat die Wurfschaufel in seiner Hand,
um seine Tenne zu fegen und den Wei-
zen in seine Scheune zu sammeln; die
Spreu aber wird er in unauslöschlichem
Feuer verbrennen. 18 Und noch mit vielen
anderen Mahnungen predigte er dem
Volk.
19 Der Tetrarch Herodes aber, der von
ihm wegen Herodias, der Frau seines Bru-
ders, zurechtgewiesen wurde und wegen
allen anderen Schandtaten, die er verübt
hatte, 20 fügte zu allem auch noch dies hin-
zu: Er ließ Johannes ins Gefängnis wer-
fen.

Die Taufe Jesu

21 Als das ganze Volk getauft wurde und
auch Jesus sich taufen ließ und betete, öff-
nete sich der Himmel, 22 und der Heilige
Geist schwebte in leiblicher Gestalt wie
eine Taube auf ihn herab und eine Stimme
sprach aus dem Himmel: *Du bist mein ge-
liebter Sohn, an dir habe ich Gefallen gefun-
den.*

Der Stammbaum Jesu

23 Als Jesus auftrat, war er ungefähr dreißig
Jahre alt und war, wie man annahm, ein
Sohn Josefs. (Dessen Vorfahren waren)
Eli, 24 Mattat, Levi, Melchi, Jannai, Josef,
25 Mattitja, Amos, Nahum, Hesli, Naggai,
26 Mahat, Mattitja, Schimi, Josech, Joda,
27 Johanan, Resa, Serubbabel, Schealtiël,
Neri, 28 Melchi, Addi, Kosam, Elmadam,
Er, 29 Joschua, Eliëser, Jorim, Mattat, Levi,
30 Simeon, Juda, Josef, Jonam, Eljakim,
31 Melea, Menna, Mattata, Natan, David,
32 Isai, Obed, Boas, Salmon, Nachschon,
33 Amminadab, Admin, Arni, Hesrom, Pe-
rez, Juda, 34 Jakob, Isaak, Abraham, Terach,
Nahor, 35 Serug, Regu, Peleg, Eber, Sche-
lach, 36 Kenan, Arpachschad, Sem, Noach,
Lamech, 37 Metuschelach, Henoch, Jared,
Mahalalel, Kenan, 38 Enosch, Set, Adam,
(der von) Gott (stammte).

Die Versuchung in der Wüste

4 Erfüllt vom Heiligen Geist kehrte Je-
sus vom Jordan zurück und wurde
vom Geist vierzig Tage lang in der Wüste
umhergeführt 2 und vom Teufel versucht.
Er aß nichts in dieser Zeit, aber als sie vo-
rüber waren, hatte er Hunger. 3 Da sagte
der Teufel zu ihm: Wenn du Gottes Sohn
bist, befiehl diesem Stein, zu Brot zu wer-
den. 4 Jesus antwortete ihm: Es steht ge-
schrieben: *Nicht vom Brot allein lebt der
Mensch.* 5 Dann führte ihn der Teufel hi-
nauf und zeigte ihm in einem Augenblick
alle Reiche der Erde, 6 und er sagte zu ihm:
Dir will ich alle diese Macht und ihre
Herrlichkeit geben; denn mir ist sie verlie-
hen und ich gebe sie, wem ich will. 7 Wenn
du mich anbetest, soll sie ganz dein sein.
8 Da entgegnete ihm Jesus: Es steht ge-
schrieben: *Du sollst dem Herrn, deinem
Gott, huldigen und ihm allein dienen.*
9 Dann führte er ihn nach Jerusalem, stellte
ihn auf die Zinne des Tempels und sagte
zu ihm: Wenn du Gottes Sohn bist, stürz
dich von hier hinunter; 10 denn es steht ge-
schrieben: *Seinen Engeln wird er deinetwe-
gen Befehl geben, dich zu behüten,* 11 und:
*Auf den Händen werden sie dich tragen,
damit du deinen Fuß nicht an einen Stein
stößt.* 12 Jesus antwortete ihm: Es heißt: *Du*

sollst den Herrn, deinen Gott, nicht ver-
suchen. 13 Als der Teufel mit aller Ver-
suchung am Ende war, ließ er von ihm
eine Zeit lang ab.

Das Wirken Jesu in Galiläa

Jesus beginnt zu predigen

14 Erfüllt von der Kraft des Geistes, kehrte
Jesus nach Galiläa zurück; und die Kunde
von ihm verbreitete sich im ganzen Um-
kreis. 15 Von allen gepriesen, lehrte er in
ihren Synagogen.

Jesus in Nazaret

16 Er kam nach Nazaret, wo er aufgewach-
sen war. Nach seiner Gewohnheit ging er
am Sabbat in die Synagoge und stand auf,
um vorzulesen. 17 Es wurde ihm das Buch
des Propheten Jesaja gereicht. Er öffnete
das Buch und fand die Stelle, wo geschrie-
ben stand: 18 *Der Geist des Herrn ruht auf*
mir, weil er mich gesalbt hat. Er hat mich
gesandt, den Armen frohe Botschaft zu
bringen, den Gefangenen Befreiung zu ver-
künden und den Blinden das Augenlicht,
die Zerschlagenen in Freiheit zu entlassen,
19 *auszurufen ein Gnadenjahr des Herrn.*
20 Nachdem er das Buch zusammengerollt
hatte, gab er es dem Diener zurück und
setzte sich. Die Augen aller in der Synago-
ge waren auf ihn gerichtet. 21 Da begann er,
zu ihnen zu sprechen: Heute ist dieses
Schriftwort vor eueren Ohren erfüllt wor-
den. 22 Alle stimmten ihm bei und staunten
über die Worte voll Anmut, die aus sei-
nem Mund kamen, und sagten: Ist das
nicht der Sohn Josefs? 23 Er erwiderte ih-
nen: Ihr werdet mir sicher dieses Sprich-
wort entgegenhalten: Arzt, heile dich
selbst! Was wir in Kafarnaum geschehen
hörten, tu auch hier in deiner Vaterstadt!
24 Und er fügte hinzu: Amen, ich sage euch:
Kein Prophet ist in seiner Vaterstadt will-
kommen. 25 Wahrhaftig, ich sage euch:
Viele Witwen gab es in den Tagen des Elija
in Israel, als der Himmel drei Jahre und
sechs Monate verschlossen war und große
Hungersnot über das ganze Land kam.
26 Doch zu keiner von ihnen wurde Elija
gesandt, sondern nur zu einer Witwe in
Sarepta im Gebiet von Sidon. 27 Ebenso
gab es viele Aussätzige in Israel zur Zeit
des Propheten Elischa, aber keiner von
ihnen wurde rein, sondern nur der Syrer
Naaman. 28 Als sie das hörten, gerieten alle
in der Synagoge in Zorn, 29 standen auf,
stießen ihn zur Stadt hinaus und führten
ihn bis zum Abhang des Berges, auf dem
ihre Stadt erbaut war, um ihn hinunter-
zustürzen. 30 Er aber schritt mitten durch
sie hindurch und ging weg.

Jesus in Kafarnaum

31 Er kam hinunter nach Kafarnaum, einer
Stadt in Galiläa, und lehrte sie am Sabbat.
32 Sie staunten über seine Lehre, denn sein
Reden geschah in Vollmacht.

33 Da war in der Synagoge ein Mann, der
von einem Geist, einem unreinen Dämon
besessen war. 34 Und er schrie mit lauter
Stimme: Ha, was haben wir mit dir zu
schaffen, Jesus von Nazaret? Bist du ge-
kommen, uns zu vernichten? Ich weiß,
wer du bist: der Heilige Gottes! 35 Da fuhr
ihn Jesus an: Schweig und fahr aus von
ihm! Da riss ihn der Dämon in die Mitte
und fuhr von ihm aus, ohne ihm Schaden
zu tun. 36 Staunen überkam alle und sie re-
deten untereinander und sprachen: Was
ist das für ein Wort? In Vollmacht und
Kraft gebietet er den unreinen Geistern
und sie fahren aus! 37 Und die Kunde von
ihm verbreitete sich in allen Orten der
Umgegend.

Die Heilung der Schwiegermutter des Simon

38 Er machte sich auf, verließ die Synagoge
und ging in das Haus Simons. Die Schwie-
germutter Simons war von einem heftigen
Fieber befallen und sie baten ihn für sie.
39 Er beugte sich über sie, drohte dem Fie-
ber, und es verließ sie. Sogleich stand sie
auf und bediente sie.

Viele Heilungen

40 Als die Sonne unterging, brachten alle
ihre Kranken, die mancherlei Leiden hat-
ten, zu ihm. Er legte einem jeden von
ihnen die Hände auf und heilte sie. 41 Von
vielen fuhren aber auch Dämonen aus und
schrien: Du bist der Sohn Gottes! Da fuhr
er sie an und ließ sie nicht zu Wort kom-

men; denn sie wussten, dass er der Messias war.

Aufbruch von Kafarnaum

42 Bei Tagesanbruch ging er fort und begab sich an einen einsamen Ort. Die Scharen suchten ihn und kamen zu ihm; sie wollten ihn daran hindern, sie zu verlassen. 43 Er sagte zu ihnen: Auch den anderen Städten muss ich das Evangelium vom Reich Gottes verkünden; denn dazu bin ich gesandt. 44 Und er predigte in den Synagogen von Judäa.

Berufung der vier ersten Jünger

5 Als das Volk sich an ihn herandrängte, um das Wort Gottes zu hören, stand er am See Gennesaret. 2 Da sah er zwei Boote am Ufer liegen; die Fischer waren ausgestiegen und wuschen die Netze. 3 Da stieg er in eines der Boote, das dem Simon gehörte, und bat ihn, ein wenig vom Land abzustoßen. Dann setzte er sich und lehrte die Volksscharen vom Boot aus. 4 Als er seine Rede beendet hatte, sagte er zu Simon: Fahr hinaus ins tiefe Wasser und werft euere Netze zum Fang aus! 5 Simon antwortete ihm: Meister, die ganze Nacht haben wir uns abgemüht und nichts gefangen. Doch auf dein Wort will ich die Netze auswerfen. 6 Sie taten es und fingen eine große Menge Fische. Ihre Netze drohten zu zerreißen. 7 Sie winkten ihren Gefährten im anderen Boot, sie sollten kommen und ihnen helfen. Sie kamen und füllten beide Boote, sodass sie fast sanken. 8 Als Simon Petrus dies sah, fiel er Jesus zu Füßen und sagte: Herr, geh weg von mir; denn ich bin ein sündiger Mensch! 9 Denn Bestürzung hatte ihn und alle, die mit ihm waren, ergriffen über den Fischfang, den sie gemacht hatten; 10 ebenso (ging es) auch Jakobus und Johannes, den Söhnen des Zebedäus, die Simons Gefährten waren. Da sagte Jesus zu Simon: Fürchte dich nicht; von nun an wirst du Menschen fangen. 11 Und sie zogen die Boote an Land, ließen alles zurück und folgten ihm nach.

Die Heilung eines Aussätzigen

12 Als er sich in einer der Städte aufhielt, war da ein Mann voller Aussatz. Als er Jesus sah, fiel er vor ihm auf das Angesicht nieder und bat ihn: Herr, wenn du willst, kannst du mich rein machen. 13 Da streckte er seine Hand aus, berührte ihn und sagte: Ich will; sei rein! Und sofort wich der Aussatz von ihm. 14 Er befahl ihm, es niemand zu sagen, sondern (sagte): Geh, *zeig dich dem Priester* und bring dein Reinigungsopfer dar, wie Mose vorgeschrieben hat, zum Zeugnis für sie. 15 Aber die Kunde von ihm verbreitete sich immer mehr und große Volksscharen kamen, um ihn zu hören und von ihren Krankheiten geheilt zu werden. 16 Er aber zog sich in die Einsamkeit zurück und betete.

Die Heilung eines Gelähmten

17 Eines Tages, als er lehrte, saßen auch Pharisäer und Gesetzeslehrer da, die aus allen Orten von Galiläa und Judäa und aus Jerusalem gekommen waren. Und die Kraft des Herrn drängte ihn zum Heilen. 18 Da brachten Männer auf einem Bett einen Menschen, der gelähmt war; sie versuchten, ihn hineinzubringen und vor ihn hinzulegen. 19 Da sie aber wegen der Menge keinen Weg fanden, ihn hineinzubringen, stiegen sie auf das Haus und ließen ihn samt dem Bett durch das Ziegeldach hinunter, gerade vor Jesus hin. 20 Als er ihren Glauben sah, sagte er: Mensch, deine Sünden sind dir vergeben. 21 Da begannen die Schriftgelehrten und Pharisäer sich Gedanken zu machen und sagten: Wer ist das, der solche Lästerungen wagt? Wer kann Sünden vergeben als Gott allein? 22 Doch Jesus erkannte ihre Gedanken und sagte zu ihnen: Was denkt ihr in eueren Herzen? 23 Was ist leichter, zu sagen: Deine Sünden sind dir vergeben!, oder zu sagen: Steh auf und geh umher? 24 Damit ihr aber wisst, dass der Menschensohn Vollmacht hat, auf der Erde Sünden zu vergeben – sagte er zu dem Gelähmten: Ich sage dir, steh auf, nimm dein Bett und geh heim! 25 Sofort stand er vor ihren Augen auf, nahm (das Bett), worauf er gelegen hatte, und ging heim, Gott preisend. 26 Da gerieten alle vor Staunen außer sich, priesen Gott, wurden von Furcht erfüllt und sagten: Unfassbares haben wir heute gesehen.

Die Berufung des Levi und das Mahl mit den Zöllnern

27 Darauf ging er hinaus und sah einen Zöllner namens Levi am Zoll sitzen und sagte zu ihm: Folge mir nach! 28 Da verließ er alles, stand auf und folgte ihm. 29 Und

Levi gab für ihn ein großes Gastmahl in
seinem Haus; eine große Schar von Zöll-
nern und anderen (Gästen) lag mit ihnen
zu Tisch. 30 Da murrten die Pharisäer und
ihre Schriftgelehrten und sagten zu seinen
Jüngern: Warum esst und trinkt ihr mit
Zöllnern und Sündern? 31 Jesus antwortete
ihnen: Nicht die Gesunden brauchen den
Arzt, sondern die Kranken. 32 Ich bin nicht
gekommen, Gerechte zu berufen, sondern
Sünder zur Umkehr.

Die Fastenfrage

33 Sie sagten zu ihm: Die Jünger des Johan-
nes fasten häufig und verrichten Gebete,
ebenso auch die der Pharisäer; die deinen
dagegen essen und trinken. 34 Jesus erwi-
derte: Könnt ihr denn die Hochzeitsgäste
fasten lassen, solange der Bräutigam bei
ihnen ist? 35 Es werden aber Tage kommen,
da wird ihnen der Bräutigam genommen
sein; in jenen Tagen werden sie fasten.

36 Er erzählte ihnen aber auch ein
Gleichnis: Niemand setzt ein Stück von
einem neuen Kleid auf ein altes Kleid; er
würde ja nicht nur das neue zerschneiden,
auch wird das Stück vom neuen nicht zu
dem alten passen. 37 Auch füllt niemand
neuen Wein in alte Schläuche; sonst wird
der neue Wein die Schläuche zerreißen, er
läuft aus und die Schläuche gehen zugrun-
de, 38 sondern neuen Wein muss man in
neue Schläuche füllen. 39 Und niemand,
der alten (Wein) getrunken hat, will neu-
en; denn er sagt: Der alte ist gut.

Das Ährenabrupfen am Sabbat

6 Er wanderte an einem Sabbat durch
die Kornfelder und seine Jünger rupf-
ten Ähren ab, zerrieben sie mit den Hän-
den und aßen davon. 2 Da sagten einige
Pharisäer zu ihnen: Warum tut ihr, was
am Sabbat nicht erlaubt ist? 3 Jesus antwor-
tete ihnen: Habt ihr nicht gelesen, was Da-
vid tat, als er und seine Begleiter hungrig
waren? 4 Wie er in das Haus Gottes ging,
die Schaubrote, die außer den Priestern
niemand essen darf, nahm und aß, und
auch seinen Begleitern davon gab? 5 Und
er sagte zu ihnen: Der Menschensohn ist
Herr über den Sabbat.

Die Heilung einer verdorrten Hand

6 An einem anderen Sabbat ging er in die
Synagoge und lehrte. Dort war ein Mann,
dessen rechte Hand verdorrt war. 7 Die
Schriftgelehrten und Pharisäer beobachte-
ten ihn, ob er am Sabbat heilen würde, da-
mit sie eine Anklage gegen ihn finden
könnten. 8 Er aber kannte ihre Gedanken
und sagte zu dem Mann mit der verdorr-
ten Hand: Steh auf und stelle dich in die
Mitte! Er stand auf und stellte sich hin.
9 Da sagte Jesus zu ihnen: Ich frage euch:
Ist es erlaubt, am Sabbat Gutes oder Böses
zu tun, ein Leben zu retten oder zu verder-
ben? 10 Und er blickte sie alle ringsum an
und sagte zu ihm: Streck deine Hand aus!
Er tat es und seine Hand wurde wieder ge-
sund. 11 Sie aber wurden von blinder Wut
erfüllt und besprachen sich miteinander,
was sie Jesus antun könnten.

Die Berufung der Zwölf

12 In diesen Tagen ging er auf den Berg, um
zu beten, und er verbrachte die ganze
Nacht im Gebet zu Gott. 13 Als es Tag ge-
worden war, rief er seine Jünger herbei
und wählte zwölf aus ihnen aus, die er
auch Apostel nannte: 14 Simon, den er auch
Petrus nannte, und seinen Bruder Andre-
as, Jakobus und Johannes, Philippus und
Bartolomäus, 15 Matthäus und Thomas, Ja-
kobus, den Sohn des Alphäus, und Simon
mit dem Beinamen Zelot, 16 und Judas, den
Sohn des Jakobus, und Judas Iskariot, der
zum Verräter wurde.

Der Andrang des Volkes

17 Er stieg mit ihnen hinunter und blieb auf
einem ebenen Platz stehen und (mit ihm)
eine große Schar seiner Jünger und eine
große Volksmenge aus ganz Judäa, aus Je-
rusalem und von der Meeresküste von Ty-
rus und Sidon, 18 die gekommen waren, ihn
zu hören und sich von ihren Krankheiten
heilen zu lassen. Auch die von unreinen
Geistern Geplagten wurden geheilt. 19 Al-
les Volk versuchte ihn anzurühren; denn
eine Kraft ging von ihm aus, die alle heilte.

Die Feldrede

Seligpreisungen und Weherufe

20 Er richtete seine Augen auf seine Jünger
und sagte: Selig ihr Armen; denn euch ge-
hört das Reich Gottes.

21 Selig, die ihr jetzt hungert; denn ihr
werdet satt werden. Selig, die ihr jetzt
weint; denn ihr werdet lachen.

[22]Selig seid ihr, wenn euch die Men-
schen hassen, wenn sie euch ausstoßen,
schmähen und euch verleumden um des
Menschensohnes willen. [23]Freut euch an
jenem Tag und jubelt, denn euer Lohn ist
groß im Himmel. Denn ebenso haben es
ihre Väter mit den Propheten gemacht.
[24]Doch weh euch, ihr Reichen; denn ihr
habt eueren Trost empfangen.
[25]Weh euch, ihr Satten; denn ihr werdet
hungern. Weh euch, die ihr jetzt lacht;
denn ihr werdet klagen und weinen.
[26]Weh, wenn euch alle Leute schmei-
cheln; denn ebenso haben es ihre Väter
mit den falschen Propheten gemacht.

Von der Feindesliebe

[27]Euch, die ihr zuhört, sage ich: Liebt euere
Feinde, tut Gutes denen, die euch hassen.
[28]Segnet die, die euch verfluchen, und be-
tet für die, die euch verleumden. [29]Wer
dich auf die eine Wange schlägt, dem halte
auch die andere hin, und dem, der dir den
Mantel nimmt, verweigere auch nicht den
Rock. [30]Jedem, der dich bittet, gib; und von
dem, der dir das Deine nimmt, fordere es
nicht zurück. [31]Wie ihr wollt, dass euch die
Leute tun, ebenso sollt auch ihr ihnen tun.
[32]Wenn ihr die liebt, die euch lieben, wel-
chen Dank habt ihr da? Denn auch die
Sünder lieben die, von denen sie geliebt
werden. [33]Wenn ihr denen Gutes tut, die
euch Gutes tun, welchen Dank habt ihr
da? Denn auch die Sünder tun das.
[34]Wenn ihr denen leiht, von denen ihr es
zurückzuerhalten hofft, welchen Dank
habt ihr da? Denn auch Sünder leihen
Sündern, um das Gleiche zurückzuerhal-
ten. [35]Vielmehr liebt euere Feinde, tut Gu-
tes und leiht, ohne etwas zurückzuerwar-
ten. Dann wird euer Lohn groß sein und
ihr werdet Söhne des Höchsten sein; denn
er ist gütig gegen die Undankbaren und
Bösen. [36]Seid barmherzig, wie euer Vater
barmherzig ist!

Vom Richten

[37]Richtet nicht und ihr werdet nicht ge-
richtet werden; verurteilt nicht und ihr
werdet nicht verurteilt werden; vergebt
und euch wird vergeben werden. [38]Gebt,
so wird euch gegeben werden: Ein gutes,
zusammengedrücktes, gerütteltes, über-
fließendes Maß wird man euch in den
Schoß geben; denn mit dem Maße, womit
ihr messt, wird auch euch gemessen wer-
den.
[39]Er brachte auch einen Vergleich: Kann
ein Blinder einen Blinden führen? Werden
nicht beide in eine Grube fallen? [40]Der
Jünger steht nicht über dem Meister; ist
er ganz vollendet, so wird er wie sein Meis-
ter sein. [41]Was siehst du den Splitter im
Auge deines Bruders, doch den Balken in
deinem Auge nimmst du nicht wahr?
[42]Wie kannst du zu deinem Bruder sagen:
Bruder, lass mich den Splitter aus deinem
Auge herausziehen, während du den Bal-
ken in deinem eigenen Auge nicht siehst?
Du Heuchler, zieh zuerst den Balken aus
deinem Auge. Dann magst du sehen, wie
du den Splitter aus dem Auge deines Bru-
ders wegnimmst.

Vom Baum und seinen Früchten

[43]Denn kein guter Baum bringt schlechte
Frucht und kein schlechter Baum bringt
gute Frucht. [44]Ein jeder Baum wird näm-
lich an seiner Frucht erkannt; von Disteln
sammelt man ja keine Feigen und vom
Dornstrauch liest man keine Trauben.
[45]Der gute Mensch bringt aus dem guten
Schatz seines Herzens Gutes hervor und
der böse Mensch bringt aus dem bösen
(Schatz) Böses hervor. Denn wovon das
Herz voll ist, davon redet der Mund.
[46]Was sagt ihr zu mir: Herr, Herr!, und
tut nicht, was ich sage?

Vom Haus auf dem Felsen

[47]Jeder, der zu mir kommt und meine
Worte hört und sie befolgt – ich will euch
zeigen, wem er gleich ist. [48]Er gleicht
einem Mann, der beim Hausbau in die
Tiefe grub und das Fundament auf dem
Felsen errichtete. Als nun Hochwasser
kam, brandete die Flut gegen das Haus
und vermochte es nicht zu erschüttern,
weil es gut gebaut war. [49]Wer aber hört
und nicht danach handelt, gleicht einem
Mann, der sein Haus ohne festes Fun-
dament auf die Erde baute. Die Flut um-
brandete es und es stürzte sofort ein und
der Einsturz jenes Hauses war groß.

Der Hauptmann von Kafarnaum

7 Als er seine Rede vor dem Volk been-
det hatte, ging er nach Kafarnaum hi-
nein. [2]Der Knecht eines Hauptmanns war
krank und lag im Sterben; er war ihm lieb

und wert. [3] Als er von Jesus hörte, schickte
er jüdische Älteste zu ihm mit der Bitte, zu
kommen und seinen Knecht zu heilen.
[4] Sie kamen zu Jesus und baten ihn instän-
dig und sagten: Er verdient es, dass du ihm
dies gewährst; [5] denn er liebt unser Volk
und er hat uns die Synagoge erbaut. [6] Je-
sus ging mit ihnen. Als er nicht mehr weit
von dem Haus entfernt war, schickte der
Hauptmann Freunde zu ihm und ließ ihm
sagen: Herr, bemüh dich nicht; denn ich
bin es nicht wert, dass du unter mein Dach
kommst. [7] Deswegen habe ich mich auch
nicht für würdig gehalten, selbst zu dir zu
kommen. Aber sprich nur ein Wort, so ist
mein Knecht geheilt. [8] Denn auch ich bin
ein Mann, der unter Befehlsgewalt steht,
und habe Soldaten unter mir. Sage ich
nun zu einem: Geh!, so geht er, und zu
einem anderen: Komm!, so kommt er,
und zu meinem Knecht: Tu das!, so tut er
es. [9] Als Jesus das hörte, staunte er über ihn
und wandte sich zu den Scharen, die ihm
folgten, und sagte: Ich sage euch, nicht
einmal in Israel habe ich so großen Glau-
ben gefunden. [10] Als dann die Abgesandten
in das Haus zurückkamen, fanden sie den
Knecht gesund.

Auferweckung des jungen Mannes von Naïn

[11] Hierauf ging er in eine Stadt namens Na-
ïn; seine Jünger und viel Volk gingen mit
ihm. [12] Als er sich dem Stadttor näherte,
trug man einen Toten heraus, den einzigen
Sohn seiner Mutter, die Witwe war, und
viele Leute aus der Stadt begleiteten sie.
[13] Als der Herr sie sah, hatte er Mitleid mit
ihr und sagte zu ihr: Weine nicht! [14] Dann
trat er hinzu und berührte die Bahre; die
Träger aber standen still. Er sagte: Junger
Mann, ich sage dir: Steh auf! [15] Da richtete
sich der Tote auf und begann zu reden *und
er gab ihn seiner Mutter zurück.* [16] Furcht
ergriff alle; sie lobten Gott und sagten:
Ein großer Prophet ist unter uns aufgetre-
ten und Gott hat sich seines Volkes ange-
nommen. [17] Und die Kunde davon verbrei-
tete sich in ganz Judäa und in der ganzen
Gegend.

*Die Anfrage des Täufers und
die Antwort Jesu*

[18] Alles dies wurde Johannes von seinen
Jüngern berichtet. [19] Da rief Johannes zwei
seiner Jünger zu sich und sandte sie zum
Herrn mit der Frage: Bist du es, der kom-
men soll, oder müssen wir auf einen ande-
ren warten? [20] Als die Männer bei Jesus
eintrafen, sagten sie: Johannes der Täufer
hat uns zu dir gesandt und lässt fragen:
Bist du der Kommende oder müssen wir
auf einen anderen warten? [21] Damals heilte
er viele von Krankheiten, Qualen und bö-
sen Geistern und vielen Blinden schenkte
er das Augenlicht. [22] Er antwortete ihnen:
Geht hin und berichtet Johannes, was ihr
gesehen und gehört habt: *Blinde sehen,
Lahme* gehen, Aussätzige werden rein,
und *Taube hören; Tote werden auferweckt,
Armen wird das Evangelium verkündet.*
[23] Und wohl dem, der an mir keinen An-
stoß nimmt.

Das Urteil Jesu über Johannes

[24] Als die Boten des Johannes weggegangen
waren, begann er, zu den Volksscharen
über Johannes zu sprechen: Wozu seid ihr
in die Wüste hinausgegangen? Ein Schilf-
rohr zu sehen, das im Wind schwankt?
[25] Oder wozu seid ihr hinausgegangen?
Einen Menschen zu sehen mit feinen Klei-
dern angetan? Leute, die prächtig gekleidet
sind und in Üppigkeit leben, sind in den
Palästen der Könige. [26] Oder wozu seid ihr
hinausgegangen? Einen Propheten zu se-
hen? Ja, ich sage euch: Viel mehr als einen
Propheten. [27] Er ist es, von dem geschrie-
ben steht: *Ich sende meinen Boten vor dir
her, damit er den Weg* vor dir *bereitet.* [28] Ich
sage euch: Unter den von einer Frau Ge-
borenen hat es keinen größeren gegeben
als Johannes den Täufer. Aber der Kleinste
im Reich Gottes ist größer als er. [29] Das
ganze Volk, das Johannes hörte, auch die
Zöllner, gaben Gott Recht und ließen sich
mit der Johannestaufe taufen. [30] Die Phari-
säer aber und die Gesetzeslehrer haben
den Ratschluss Gottes für sich selbst ver-
worfen und sich nicht von ihm taufen las-
sen.

[31] Mit wem soll ich also die Menschen
dieses Geschlechts vergleichen? Wem sind
sie ähnlich? [32] Kindern gleichen sie, die auf
dem Markt sitzen und einander zurufen:
Wir haben euch mit Flöten aufgespielt
und ihr habt nicht getanzt; wir haben Kla-
gelieder gesungen und ihr habt nicht ge-
weint. [33] Denn Johannes der Täufer ist ge-
kommen. Er aß kein Brot und trank
keinen Wein. Da sagt ihr: Er hat einen Dä-

mon. 34 Der Menschensohn ist gekommen.
Er isst und trinkt. Da sagt ihr: Seht den
Schlemmer und Trinker, den Freund von
Zöllnern und Sündern. 35 Und doch emp-
fing die Weisheit ihre Rechtfertigung
durch alle ihre Kinder.

Der Sünderin wird vergeben,
weil sie liebt

36 Ein Pharisäer lud Jesus zum Essen ein.
Er ging in das Haus des Pharisäers und
legte sich zu Tisch. 37 Da erfuhr eine Frau
in der Stadt, eine Sünderin, dass er im
Haus des Pharisäers zu Tisch lag. Sie
brachte ein Alabastergefäß mit Salböl,
38 trat weinend von hinten an ihn heran
und begann seine Füße mit ihren Tränen
zu benetzen. Sie trocknete seine Füße mit
ihrem Haar, küsste sie und salbte sie mit
dem Öl. 39 Als der Pharisäer, der ihn einge-
laden hatte, das sah, dachte er: Wenn er
ein Prophet wäre, so würde er doch wis-
sen, wer und was das für eine Frau ist, die
ihn berührt; sie ist ja eine Sünderin. 40 Da
wandte sich Jesus an ihn und sagte: Si-
mon, ich habe dir etwas zu sagen. Er erwi-
derte: Meister, sprich! 41 Ein Gläubiger hat-
te zwei Schuldner, der eine schuldete ihm
fünfhundert Denare, der andere fünfzig.
42 Da sie aber nicht bezahlen konnten,
schenkte er es beiden. Welcher von ihnen
wird ihn nun mehr lieben? 43 Simon ant-
wortete: Ich denke der, dem er mehr ge-
schenkt hat. Er sagte zu ihm: Du hast
richtig geurteilt. 44 Und sich zu der Frau
hinwendend, sagte er zu Simon: Siehst du
diese Frau? Ich kam in dein Haus: Wasser
für die Füße hast du mir nicht gegeben; sie
aber hat meine Füße mit ihren Tränen be-
netzt und mit ihren Haaren getrocknet.
45 Einen Kuss hast du mir nicht gegeben;
sie aber hat, seitdem sie eingetreten ist,
nicht aufgehört, meine Füße zu küssen.
46 Du hast mir nicht das Haar mit Öl ge-
salbt; sie aber hat meine Füße mit Öl ge-
salbt. 47 Deshalb sage ich dir: Ihre vielen
Sünden sind ihr vergeben, weil sie viel ge-
liebt hat; wem aber nur wenig vergeben
wird, der liebt auch wenig. 48 Zu ihr aber
sagte er: Deine Sünden sind dir vergeben.
49 Da dachten die (anderen) Tischgenos-
sen: Wer ist das, der sogar Sünden ver-
gibt? 50 Er aber sagte zu der Frau: Dein
Glaube hat dich gerettet. Geh hin in Frie-
den!

Die Jüngerinnen Jesu

8 Bald darauf wanderte er durch Städte
und Dörfer, predigte und verkündete
das Evangelium vom Reich Gottes. Die
Zwölf begleiteten ihn 2 außerdem einige
Frauen, die von bösen Geistern und
Krankheiten geheilt worden waren: Maria
mit dem Beinamen Magdalene, aus der sie-
ben Dämonen ausgefahren waren, 3 Johan-
na, die Frau des Chuzas, eines Verwalters
des Herodes, Susanna und viele andere, die
mit ihrem Vermögen für sie sorgten.

Das Gleichnis vom Sämann

4 Als viel Volk zusammenkam und die Leu-
te aus allen Städten ihm zuströmten, er-
zählte er ihnen ein Gleichnis: 5 Ein Sämann
ging aus, um seinen Samen zu säen. Als er
säte, fiel einiges auf den Weg, wurde zer-
treten, und die Vögel des Himmels fraßen
es auf. 6 Anderes fiel auf Felsen und als es
aufgegangen war, verdorrte es, weil es kei-
ne Feuchtigkeit hatte. 7 Anderes fiel mitten
unter die Dornen, die Dornen wuchsen
mit auf und erstickten es. 8 Anderes fiel
schließlich auf gutes Erdreich, ging auf
und brachte hundertfache Frucht. Als er
dies gesagt hatte, rief er: Wer Ohren hat
zu hören, der höre!

Warum Gleichnisse?

9 Seine Jünger fragten ihn, was das Gleich-
nis bedeute. 10 Da sagte er: Euch ist es ge-
geben, die Geheimnisse des Reiches Gottes
zu verstehen, den Übrigen aber nur in
Gleichnissen; denn *sie sollen sehen und*
doch nicht sehen, hören und doch nicht ver-
stehen.

Deutung des Gleichnisses vom Sämann

11 Dies aber bedeutet das Gleichnis: Der Sa-
me ist das Wort Gottes. 12 Die auf dem
Weg sind die, die es gehört haben. Dann
aber kommt der Teufel und nimmt das
Wort aus ihrem Herzen weg, damit sie
nicht glauben und gerettet werden. 13 Die
auf dem Felsen aber sind die, die das Wort
mit Freuden aufnehmen, wenn sie es hö-
ren; aber sie haben keine Wurzel, sie, die
nur für den Augenblick glauben, aber im
Augenblick der Versuchung abfallen.
14 Was aber unter die Dornen fiel, das sind
die, die es gehört haben, aber in ihrem
Wandel von den Sorgen, vom Reichtum
und den Genüssen des Lebens erstickt

werden und die Frucht nicht zur Reife bringen. 15 Das in dem guten Erdreich aber, das sind die, die das Wort, das sie gehört haben, in einem edlen und guten Herzen bewahren und Frucht bringen in Beharrlichkeit.

Vom rechten Hören

16 Niemand zündet ein Licht an und bedeckt es mit einem Gefäß oder stellt es unter ein Bett, sondern er stellt es auf den Leuchter, damit die Eintretenden das Licht sehen. 17 Denn nichts ist verborgen, was nicht offenbar wird, und nichts geheim, das nicht bekannt wird und an das Licht des Tages kommt. 18 Gebt also Acht, dass ihr gut zuhört. Denn wer hat, dem wird gegeben werden. Wer aber nicht hat, dem wird auch das genommen, was er zu haben meint.

Die wahren Verwandten Jesu

19 Seine Mutter und seine Brüder kamen zu ihm, konnten aber wegen der Volksmenge nicht zu ihm gelangen. 20 Da wurde ihm berichtet: Deine Mutter und deine Brüder stehen draußen und wollen dich sehen. 21 Er aber antwortete: Meine Mutter und meine Brüder sind die, die das Wort Gottes hören und danach handeln.

Die Stillung des Seesturms

22 Eines Tages stieg er mit seinen Jüngern in ein Boot und sagte zu ihnen: Wir wollen an das andere Ufer des Sees hinüberfahren. Und sie fuhren ab. 23 Während sie fuhren, schlief er ein. Da stieß ein Sturm auf den See hinunter, sie wurden überflutet und kamen in Gefahr. 24 Da traten sie zu ihm, weckten ihn und riefen: Meister, Meister, wir gehen zugrunde! Er aber erhob sich, schalt den Wind und die Wogen; sie legten sich und es trat Stille ein. 25 Da sagte er zu ihnen: Wo ist euer Glaube? Sie aber gerieten in Furcht und Staunen und sagten zueinander: Was ist das für ein Mann, dass er selbst den Winden und dem Wasser gebietet und sie ihm gehorchen?

Der Besessene von Gerasa

26 Sie fuhren ins Gebiet der Gerasener, das Galiläa gegenüberliegt. 27 Als er an Land stieg, lief ihm ein Mann aus der Stadt entgegen, der von Dämonen besessen war und seit langer Zeit keine Kleider mehr trug und in keinem Haus wohnte, sondern in den Grabhöhlen. 28 Als er Jesus sah, schrie er auf, warf sich vor ihm nieder und rief mit lauter Stimme: Was habe ich mit dir zu tun, Jesus, Sohn des höchsten Gottes? Ich flehe dich an, quäle mich nicht! 29 Er hatte nämlich dem unreinen Geist befohlen, den Mann zu verlassen; denn er hatte sich schon oft seiner bemächtigt; dann wurde er mit Ketten und Fußfesseln gebunden und verwahrt. Doch er zerriss die Fesseln (immer wieder) und wurde vom Dämon in die Wüste getrieben. 30 Jesus fragte ihn: Wie heißt du? Er antwortete: Legion; denn viele Dämonen waren in ihn gefahren. 31 Und sie baten ihn, sie nicht in die Unterwelt zu schicken. 32 Nun weidete dort am Berg eine Herde von vielen Schweinen. Da baten sie ihn, ihnen zu erlauben, in die Schweine zu fahren. Er erlaubte es ihnen. 33 Da fuhren die Dämonen aus dem Menschen aus und fuhren in die Schweine und die Herde stürmte den Abhang hinunter in den See und ertrank. 34 Als die Hirten sahen, was geschah, flohen sie und berichteten es in der Stadt und auf den Höfen. 35 Da kamen sie herbei, um zu sehen, was geschehen war. Sie kamen zu Jesus und fanden den Menschen, von dem die Dämonen ausgefahren waren, bekleidet und vernünftig zu den Füßen Jesu sitzen; und sie fürchteten sich. 36 Die Augenzeugen erzählten ihnen nun, wie der Besessene geheilt worden war. 37 Da bat ihn die ganze Bevölkerung aus dem Gebiet der Gerasener, sie zu verlassen; denn große Furcht hatte sie ergriffen. Da stieg er in das Boot und kehrte zurück.

38 Der Mann aber, von dem die Dämonen ausgefahren waren, bat ihn, bei ihm bleiben zu dürfen. Doch er entließ ihn und sagte: 39 Kehre zurück in dein Haus und erzähle, was Gott dir Großes getan hat. Da ging er und verkündete in der ganzen Stadt, was Jesus ihm Großes getan hatte.

Die Heilung einer blutflüssigen Frau und die Auferweckung der Tochter des Jaïrus

40 Als Jesus zurückkam, empfing ihn das Volk; denn alle erwarteten ihn. 41 Da kam ein Mann mit Namen Jaïrus, der Vorsteher der Synagoge war, warf sich Jesus zu Fü-

ßen und bat ihn, in sein Haus zu kommen;
42 denn er hatte eine einzige Tochter von
ungefähr zwölf Jahren und sie lag im Ster-
ben. Während er hinging, umdrängten ihn
die Volksscharen.
43 Da war eine Frau, die seit zwölf Jah-
ren an Blutungen litt und von niemand
Heilung fand; 44 sie trat von hinten hinzu
und berührte den Saum seines Gewandes
und sogleich hörten ihre Blutungen auf.
45 Da fragt Jesus: Wer hat mich berührt?
Als es alle verneinten, sagten Petrus und
seine Begleiter: Meister, die Volksscharen
drängen und stoßen dich. 46 Jesus erwider-
te: Es hat mich jemand berührt; denn ich
fühlte, dass eine Kraft von mir ausging.
47 Als die Frau sah, dass sie nicht verbor-
gen bleiben konnte, kam sie zitternd her-
bei, fiel vor ihm nieder und bekannte vor
allem Volk, weshalb sie ihn berührt hatte
und wie sie sofort geheilt worden war.
48 Er aber sagte zu ihr: Tochter, dein Glau-
be hat dir Heilung gebracht. Geh hin in
Frieden!
49 Noch während er sprach, kam jemand
von den Leuten des Synagogenvorstehers
und sagte: Deine Tochter ist gestorben, be-
mühe den Meister nicht weiter. 50 Jesus
aber hörte das und antwortete ihm: Fürch-
te dich nicht, glaube nur, und sie wird ge-
rettet. 51 Als er das Haus betrat, ließ er nie-
mand mit sich hineingehen außer Petrus,
Jakobus, Johannes und den Vater und die
Mutter des Mädchens. 52 Alle weinten und
klagten um sie. Er aber sagte: Weint nicht,
sie ist nicht tot, sondern sie schläft. 53 Da
verlachten sie ihn, weil sie wussten, dass
sie gestorben war. 54 Er aber ergriff ihre
Hand und rief: Mädchen, steh auf! 55 Da
kehrte ihr Geist zurück und sie stand so-
gleich auf. Und er befahl, ihr zu essen zu
geben. 56 Ihre Eltern waren außer sich; er
aber gebot ihnen, niemand zu erzählen,
was geschehen war.

Die Aussendung der Zwölf

9 Er rief die Zwölf zusammen und gab
ihnen Kraft und Vollmacht über alle
Dämonen und zur Heilung von Krank-
heiten. 2 Und er sandte sie aus, das Reich
Gottes zu verkünden und zu heilen. 3 Er
sagte zu ihnen: Nehmt nichts mit auf
den Weg, weder Stab noch Tasche, noch
Brot, noch Geld; auch sollt ihr nicht zwei
Röcke haben. 4 Und in dem Haus, in das
ihr einkehrt, da bleibt, und von dort wan-
dert weiter. 5 Wo man euch aber nicht
aufnimmt, da geht fort aus jener Stadt
und schüttelt den Staub von eueren Fü-
ßen zum Zeugnis gegen sie. 6 Da zogen
sie aus und wanderten von Ort zu Ort,
verkündeten das Evangelium und heilten
überall.

Herodes und Jesus

7 Herodes, der Tetrarch, hörte von allem,
was geschah, und war ratlos, weil von ei-
nigen gesagt wurde, 8 Johannes sei von den
Toten auferweckt worden, von anderen
aber, Elija sei erschienen, wieder von an-
deren, einer von den alten Propheten sei
auferstanden. 9 Herodes aber sagte: Johan-
nes habe ich enthaupten lassen; wer ist
aber dieser Mann, von dem ich solche
Dinge höre? Und er suchte ihn zu sehen.

Die Rückkehr der Jünger und die Speisung der Fünftausend

10 Die Apostel kehrten zurück und erzähl-
ten ihm alles, was sie getan hatten. Dann
nahm er sie mit sich und zog sich mit
ihnen allein in eine Stadt namens Betsaida
zurück. 11 Als aber die Volksscharen das
merkten, folgten sie ihm. Er nahm sie auf
und sprach zu ihnen vom Reich Gottes
und die der Heilung bedurften, machte er
gesund.
12 Als sich der Tag zu neigen begann,
kamen die Zwölf zu ihm hin und sagten:
Entlass das Volk, damit sie in die um-
liegenden Dörfer und Höfe gehen und
Unterkunft und Speise finden; denn hier
sind wir in einer einsamen Gegend.
13 Doch er sagte zu ihnen: Gebt ihr ihnen
zu essen! Sie aber sagten: Wir haben nicht
mehr als fünf Brote und zwei Fische; es
sei denn, dass wir hingingen und für diese
ganze Menge Nahrung kauften. 14 Es wa-
ren nämlich etwa fünftausend Männer.
Er aber sagte zu seinen Jüngern: Lasst sie
sich lagern in Gruppen zu etwa je fünfzig.
15 Sie taten, was er ihnen sagte, und ließen
alle sich lagern. 16 Da nahm er die fünf
Brote und die zwei Fische, blickte zum
Himmel auf, sprach das Segensgebet,
brach sie und gab sie den Jüngern, sie
dem Volk vorzulegen. 17 Und sie aßen
und wurden alle satt. Die übrig gebliebe-
nen Brocken sammelte man auf: zwölf
Körbe voll.

Das Messiasbekenntnis des Petrus und die erste Leidensankündigung

18 Als er in der Einsamkeit betete, waren
die Jünger bei ihm, und er fragte sie: Für
wen halten mich die Volksscharen? 19 Sie
antworteten: Für Johannes den Täufer, an-
dere für Elija, wieder andere (sagen), einer
der alten Propheten sei auferstanden. 20 Da
sagte er zu ihnen: Ihr aber, für wen haltet
ihr mich? Petrus antwortete: Für den Mes-
sias Gottes. 21 Doch er schärfte ihnen aufs
Strengste ein, dies niemand zu sagen.
22 Und er fuhr fort: Der Menschensohn
muss vieles erleiden und von den Ältesten
und Hohenpriestern und Schriftgelehrten
verworfen werden; er wird getötet werden,
aber am dritten Tag wird er auferweckt.

Bedingungen der Nachfolge Jesu

23 Zu allen sagte er: Wer mir nachfolgen
will, der verleugne sich selbst und nehme
täglich sein Kreuz auf sich und folge mir
nach. 24 Denn wer sein Leben retten will,
der wird es verlieren; wer aber sein Leben
verliert um meinetwillen, der wird es ret-
ten. 25 Denn was nützt es dem Menschen,
wenn er die ganze Welt gewinnt, sich
selbst aber verliert und zugrunde geht?
26 Denn wer sich meiner und meiner Worte
schämt, dessen wird sich der Menschen-
sohn schämen, wenn er in seiner Herrlich-
keit kommt und in der Herrlichkeit des
Vaters und der heiligen Engel. 27 Wahrhaf-
tig, ich sage euch: Unter denen, die hier
stehen, sind einige, die den Tod nicht kos-
ten werden, bis sie das Reich Gottes gese-
hen haben.

Die Verklärung Jesu

28 Etwa acht Tage nach diesen Worten
nahm er Petrus, Jakobus und Johannes
mit sich und stieg auf den Berg, um zu be-
ten. 29 Und während er betete, veränderte
sich das Aussehen seines Angesichts und
sein Gewand wurde strahlend weiß. 30 Da
redeten zwei Männer mit ihm – es waren
Mose und Elija –, 31 sie erschienen im
Lichtglanz und sprachen von seinem En-
de, das sich in Jerusalem erfüllen sollte.
32 Petrus aber und seine Gefährten waren
vom Schlaf überwältigt. Als sie erwachten,
sahen sie seinen Lichtglanz und die zwei
Männer, die bei ihm standen. 33 Als sie
von ihm scheiden wollten, sagte Petrus zu
Jesus: Meister, es ist gut, dass wir hier sind.
Wir wollen drei Hütten bauen, dir eine,
Mose eine und Elija eine. Er wusste aber
nicht, was er sagte. 34 Während er noch re-
dete, kam eine Wolke und überschattete
sie. Als sie in die Wolke hineinkamen,
fürchteten sie sich. 35 Da erscholl eine
Stimme aus der Wolke: *Dies ist mein aus-
erwählter Sohn, auf ihn sollt ihr hören!*
36 Als die Stimme erscholl, war Jesus wie-
der allein. Sie schwiegen und teilten in je-
nen Tagen niemand etwas von dem mit,
was sie gesehen hatten.

Die Heilung eines kranken Jungen

37 Als sie am folgenden Tag vom Berg he-
rabstiegen, kam ihnen viel Volk entgegen.
38 Da rief ein Mann aus der Menge: Meister,
ich bitte dich, nimm dich meines Sohnes
an, es ist mein einziger! 39 Ein Geist packt
ihn und plötzlich schreit er auf, er zerrt
ihn hin und her, sodass er schäumt; er lässt
kaum von ihm ab und reibt ihn ganz auf.
40 Ich habe deine Jünger gebeten, ihn aus-
zutreiben, aber es gelang ihnen nicht. 41 Da
erwiderte Jesus: O du ungläubiges und ver-
kehrtes Geschlecht! Wie lange noch muss
ich bei euch sein und euch ertragen? Bring
deinen Sohn her! 42 Aber noch während er
herbeikam, riss und zerrte ihn der Dämon
hin und her. Jesus herrschte den unreinen
Geist an, heilte den Knaben und gab ihn
seinem Vater wieder. 43 Und alle gerieten
außer sich vor Staunen über die große
Macht Gottes.

Die zweite Leidensankündigung

Während alle über das staunten, was er
wirkte, sagte er zu seinen Jüngern:
44 Merkt euch genau diese Worte: Der
Menschensohn wird in die Hände der
Menschen ausgeliefert werden. 45 Sie aber
verstanden dieses Wort nicht, es blieb vor
ihnen verborgen, sodass sie es nicht begrif-
fen; und sie scheuten sich, ihn darüber zu
befragen.

Der Rangstreit der Jünger

46 Es kam die Überlegung bei ihnen auf,
wer wohl der Größte von ihnen sei. 47 Je-
sus, der die Gedanken ihres Herzens kann-
te, nahm ein Kind, stellte es neben sich
48 und sagte zu ihnen: Wer dieses Kind in
meinem Namen aufnimmt, der nimmt
mich auf; und wer mich aufnimmt, der
nimmt den auf, der mich gesandt hat.

Denn wer unter euch allen der Kleinste ist,
der ist groß.

Der fremde Dämonenaustreiber

49 Da nahm Johannes das Wort und sprach:
Meister, wir sahen einen in deinem Namen
Dämonen austreiben und wir wollten ihn
hindern, weil er nicht mit uns zusammen
(dir) nachfolgt. 50 Jesus aber sagte zu ihm:
Hindert ihn nicht! Denn wer nicht gegen
euch ist, der ist für euch.

Der Weg nach Jerusalem

Ungastliche Aufnahme in einem Dorf

51 Als die Zeit seiner Aufnahme (in den
Himmel) herankam, nahm er entschlossen
seinen Weg nach Jerusalem. 52 Er schickte
Boten vor sich her und sie kamen in ein
Dorf der Samariter, um für ihn Herberge
zu bereiten. 53 Doch sie nahmen ihn nicht
auf, weil er auf dem Weg nach Jerusalem
war. 54 Als die Jünger Jakobus und Johan-
nes das sahen, sagten sie: Herr, sollen wir
befehlen, dass Feuer vom Himmel fällt
und sie verzehrt? 55 Da wandte er sich um
und wies sie zurecht. 56 Und sie gingen in
ein anderes Dorf.

Forderungen der Nachfolge Jesu

57 Als sie auf ihrem Weg weiterzogen, sagte
einer zu ihm: Ich will dir folgen, wohin du
auch gehst. 58 Da sagte Jesus zu ihm: Die
Füchse haben Höhlen und die Vögel des
Himmels Nester. Der Menschensohn aber
hat nichts, wohin er sein Haupt legen
kann. 59 Zu einem anderen sagte er: Folge
mir nach! Der erwiderte: Erlaube mir, zu-
erst meinen Vater zu begraben. 60 Er aber
antwortete ihm: Lass die Toten ihre Toten
begraben; du aber geh und verkünde das
Reich Gottes! 61 Noch ein anderer sagte:
Ich will dir nachfolgen, Herr; doch erlaube
mir zuvor, von meinen Hausgenossen Ab-
schied zu nehmen. 62 Jesus aber sagte zu
ihm: Niemand, der seine Hand an den
Pflug legt und zurückblickt, ist tauglich
für das Reich Gottes.

Die Aussendung der zweiundsiebzig Jünger

10 Danach bezeichnete der Herr noch
zweiundsiebzig andere und sandte
sie zu zweien vor sich her in jede Stadt und
Ortschaft, in die er selbst kommen wollte.
2 Er sagte zu ihnen: Die Ernte ist groß, aber
es gibt nur wenig Arbeiter; bittet daher
den Herrn der Ernte, dass er Arbeiter in
seine Ernte sendet. 3 Geht! Ich sende euch
wie Lämmer mitten unter die Wölfe.
4 Nehmt weder Sack noch Tasche noch
Schuhe mit. Grüßt niemand unterwegs!
5 Wenn ihr in ein Haus eintretet, so sprecht
zuerst: Friede diesem Haus! 6 Ist dort ein
Sohn des Friedens, so wird euer Friede
auf ihm ruhen. Wenn aber nicht, wird er
zu euch zurückkehren. 7 Bleibt in diesem
Haus, esst und trinkt, was euch vorgesetzt
wird; denn der Arbeiter ist seines Lohnes
wert. Geht nicht von Haus zu Haus!
8 Wenn ihr in eine Stadt kommt und man
euch aufnimmt, so esst, was euch angebo-
ten wird. 9 Heilt die Kranken, die dort sind,
und sagt ihnen: Das Reich Gottes hat sich
euch genaht! 10 Wenn ihr aber in eine Stadt
kommt und man euch nicht aufnimmt, so
geht hinaus auf ihre Straßen und ruft:
11 Selbst den Staub, der von euerer Stadt
an unseren Füßen haftet, lassen wir euch
zurück; doch das sollt ihr wissen: Das
Reich Gottes ist nahe! 12 Ich sage euch: So-
dom wird es an jenem Tag erträglicher ge-
hen als dieser Stadt.

13 Weh dir, Chorazin! Weh dir, Betsaida!
Wenn in Tyrus und Sidon die Machttaten
geschehen wären, die bei euch geschehen
sind, längst schon hätten sie sich, in Sack
und Asche sitzend, bekehrt. 14 Doch Tyrus
und Sidon wird es im Gericht erträglicher
ergehen als euch. 15 Und du, Kafarnaum:
Wirst du wohl *bis zum Himmel erhoben
werden? Bis zur Unterwelt wirst du hinab-
fahren!*

16 Wer euch hört, der hört mich, und wer
euch verachtet, verachtet mich; wer aber
mich verachtet, verachtet den, der mich
gesandt hat.

Vollmacht und Freude der Jünger

17 Die Zweiundsiebzig kehrten voll Freude
zurück und sagten: Herr, selbst die Dämo-
nen sind uns untertan in deinem Namen.
18 Da sagte er zu ihnen: Ich sah den Satan

wie einen Blitz vom Himmel fallen. 19 Seht,
ich habe euch die Vollmacht gegeben, auf
Schlangen und Skorpione zu treten und
(Macht) über alle Gewalt des Feindes;
nichts wird euch schaden können. 20 Doch
freut euch nicht darüber, dass euch die
Geister unterworfen sind; freut euch viel-
mehr, dass euere Namen im Himmel ein-
geschrieben sind.

Jubelruf Jesu

21 In derselben Stunde rief er voll Freude,
vom Heiligen Geist erfüllt: Ich preise dich,
Vater, Herr des Himmels und der Erde,
dass du dies vor Weisen und Klugen ver-
borgen, Unmündigen aber offenbart hast.
Ja, Vater, so hat es dir gefallen. 22 Alles ist
mir von meinem Vater übergeben. Nie-
mand weiß, wer der Sohn ist, als nur der
Vater, und niemand, wer der Vater ist, als
nur der Sohn und wem es der Sohn offen-
baren will.

Der Vorrang der Jünger

23 Dann wandte er sich seinen Jüngern al-
lein zu und sagte: Selig die Augen, die se-
hen, was ihr seht. 24 Denn ich sage euch:
Viele Propheten und Könige haben sich
danach gesehnt zu sehen, was ihr seht,
und haben es nicht gesehen, und zu hören,
was ihr hört, und haben es nicht gehört.

Das Gleichnis vom barmherzigen Samariter

25 Ein Gesetzeslehrer trat auf, um ihn auf
die Probe zu stellen, und sagte: Meister,
was muss ich tun, um das ewige Leben zu
erlangen? 26 Er aber sagte zu ihm: Was
steht im Gesetz geschrieben? Was liest du
dort? 27 Er antwortete: *Du sollst den Herrn,
deinen Gott, lieben mit deinem ganzen
Herzen und mit deiner ganzen Seele und
mit deiner ganzen Kraft* und mit deinem
ganzen Denken und *deinen Nächsten wie
dich selbst.* 28 Da sagte er zu ihm: Du hast
richtig geantwortet: Handle danach und
du wirst leben.

29 Er aber wollte sich rechtfertigen und
sagte zu Jesus: Und wer ist mein Nächster?
30 Jesus erwiderte: Ein Mann ging von Jeru-
salem hinunter nach Jericho und fiel unter
die Räuber. Sie plünderten ihn aus, schlu-
gen ihn, machten sich davon und ließen
ihn halb tot liegen. 31 Zufällig ging ein
Priester denselben Weg hinunter. Er sah
ihn und ging vorüber. 32 Ebenso kam ein
Levit an der Stelle vorbei, sah ihn und ging
vorüber. 33 Ein Samariter aber, der des We-
ges zog, kam in seine Nähe, sah ihn und
wurde von Mitleid bewegt. 34 Er ging zu
ihm hin, goss Öl und Wein auf seine Wun-
den und verband sie. Dann setzte er ihn
auf sein eigenes Lasttier, brachte ihn in
eine Herberge und trug Sorge für ihn.
35 Am nächsten Morgen zog er zwei Denare
heraus, gab sie dem Wirt und sagte: Sorge
für ihn und was du noch darüber aufwen-
dest, werde ich dir erstatten, wenn ich wie-
derkomme. 36 Wer von diesen dreien hat
sich deiner Meinung nach als der Nächste
dessen erwiesen, der unter die Räuber ge-
fallen war? 37 Er antwortete: Der, der Barm-
herzigkeit an ihm geübt hat. Da sagte Jesus
zu ihm: Geh und handle genauso.

Marta und Maria

38 Als sie weiterwanderten, kam er in ein
Dorf. Eine Frau namens Marta nahm ihn
in ihr Haus auf. Sie hatte eine Schwester
namens Maria. 39 Die setzte sich zu Füßen
des Herrn und lauschte seinem Wort.
40 Marta aber war durch vielerlei Dienste
beansprucht; sie trat hinzu und sagte:
Herr, kümmert es dich nicht, dass meine
Schwester die Bedienung mir allein über-
lässt? Sag ihr doch, dass sie mir helfen soll!
41 Doch der Herr antwortete ihr: Marta,
Marta, du machst dir Sorge und Unruhe
um viele Dinge. 42 Aber nur eines ist not-
wendig. Maria hat den guten Teil erwählt,
der wird ihr nicht genommen werden.

Das Vaterunser

11 Eines Tages betete er an einem Ort.
Als er geendet hatte, sagte einer
seiner Jünger zu ihm: Herr, lehre uns be-
ten, wie auch Johannes seine Jünger ge-
lehrt hat. 2 Da sagte er zu ihnen: Wenn ihr
betet, so sprecht:

Vater, / dein Name werde geheiligt. /
Dein Reich komme.

3 Gib uns täglich unser notwendiges
Brot.

4 Und vergib uns unsere Sünden; / denn
auch wir vergeben jedem, der uns schul-
det.

Und führe uns nicht in Versuchung.

Der zudringliche Freund

5 Dann sagte er zu ihnen: Wer von euch
hat wohl einen Freund und geht mitten in

der Nacht zu ihm und sagt: Freund, leihe
mir drei Brote; 6 denn einer meiner Freun-
de ist auf der Reise zu mir gekommen und
ich habe ihm nichts vorzusetzen – 7 würde
jener von drinnen antworten: Belästige
mich nicht! Die Tür ist bereits geschlossen
und meine Kinder und ich sind zu Bett;
ich kann nicht aufstehen und dir (etwas)
geben? 8 Ich sage euch: Wenn er auch nicht
deswegen aufsteht und ihm gibt, weil er
sein Freund ist, so wird er doch wegen sei-
ner Zudringlichkeit aufstehen und ihm ge-
ben, was er braucht.

Von der Kraft des Betens

9 Darum sage ich euch: Bittet und es wird
euch gegeben; sucht und ihr werdet fin-
den; klopft an und es wird euch aufgetan.
10 Denn jeder, der bittet, empfängt, und
wer sucht, findet, und wer anklopft, dem
wird aufgetan. 11 Wo ist unter euch ein Va-
ter, der, wenn ihn sein Sohn um einen
Fisch bittet, ihm statt des Fisches eine
Schlange gäbe? 12 Oder wenn er um ein Ei
bittet, ihm einen Skorpion gäbe? 13 Wenn
nun ihr, die ihr böse seid, eueren Kindern
gute Gaben zu geben wisst, wie viel mehr
wird euer Vater im Himmel Heiligen Geist
denen geben, die ihn bitten.

Verteidigungsrede Jesu

14 Er trieb einen Dämon aus, der stumm
war. Als der Dämon ausgetrieben war,
konnte der Stumme reden. Die Volksscha-
ren staunten. 15 Einige von ihnen aber sag-
ten: Durch Beelzebul, den Obersten der
Dämonen, treibt er die Dämonen aus.
16 Andere aber forderten ein Zeichen vom
Himmel, um ihn auf die Probe zu stellen.
17 Da er ihre Gedanken kannte, sagte er zu
ihnen: Jedes Reich, das in sich selbst ent-
zweit ist, wird verwüstet und ein Haus fällt
über das andere. 18 Wenn aber auch der Sa-
tan mit sich selbst entzweit ist, wie soll
dann sein Reich Bestand haben? Denn ihr
sagt, dass ich die Dämonen durch Beelze-
bul austreibe. 19 Wenn ich aber die Dämo-
nen durch Beelzebul austreibe, durch wen
treiben dann euere Söhne sie aus? Deshalb
werden sie euere Richter sein. 20 Wenn ich
aber die Dämonen durch den Finger Got-
tes austreibe, dann ist ja das Reich Gottes
zu euch gekommen. 21 Wenn der Starke be-
waffnet seinen Hof bewacht, dann ist sein
Besitz sicher. 22 Wenn aber ein Stärkerer
über ihn kommt und ihn überwindet,
dann nimmt er ihm seine Rüstung, auf
die er sich verlassen hatte, und verteilt sei-
ne Beute. 23 Wer nicht mit mir ist, der ist
gegen mich, und wer nicht mit mir sam-
melt, der zerstreut.

Die Rückkehr der unreinen Geister

24 Wenn der unreine Geist von dem Men-
schen ausgefahren ist, schweift er durch
wasserlose Gegenden und sucht einen Ru-
heplatz. Und wenn er keinen findet, sagt
er: Ich will in mein Haus zurückkehren,
das ich verlassen habe. 25 Und kommt er
und findet es ausgefegt und geschmückt,
26 dann geht er hin und nimmt sieben an-
dere Geister mit, die noch schlimmer sind
als er, und sie ziehen ein und wohnen da-
rin. Und so wird das Ende jenes Menschen
schlimmer sein als sein Anfang.

Die wahre Seligkeit

27 Als er das sagte, erhob eine Frau aus der
Menge die Stimme und sagte zu ihm: Selig
der Leib, der dich getragen hat, und die
Brüste, an denen du dich genährt hast!
28 Er aber erwiderte: Selig sind vielmehr
die, die das Wort Gottes hören und befol-
gen!

Die Zeichenforderung der Pharisäer

29 Als die Volksscharen zusammenström-
ten, sagte er: Dieses Geschlecht ist ein bö-
ses Geschlecht; es fordert ein Zeichen,
aber es wird ihm kein Zeichen gegeben
werden als das Zeichen des Jona. 30 Denn
wie Jona den Bewohnern von Ninive ein
Zeichen war, so wird es auch der Men-
schensohn für dieses Geschlecht sein.
31 Die Königin des Südens wird beim Ge-
richt gegen die Männer dieses Geschlechts
auftreten und sie verurteilen; denn sie kam
von den Enden der Erde, um die Weisheit
Salomos zu hören. Hier ist mehr als Salo-
mo. 32 Die Männer von Ninive werden
beim Gericht gegen dieses Geschlecht auf-
treten und es verurteilen; denn sie haben
sich auf die Predigt Jonas hin bekehrt.
Hier ist mehr als Jona.

Das Gleichnis vom Auge

33 Niemand zündet ein Licht an und stellt
es in einen verborgenen Winkel oder unter
den Scheffel, sondern auf den Leuchter,
damit die Eintretenden das Licht sehen.

34 Das Licht des Leibes ist dein Auge. Wenn
dein Auge gesund ist, wird dein ganzer
Leib licht sein. Wenn es aber krank ist,
wird auch dein Leib finster sein. 35 Sieh also
zu, dass das Licht in dir nicht etwa Fins-
ternis ist. 36 Wenn nun dein Leib ganz licht
ist und gar keinen finsteren Teil an sich
hat, wird er so erleuchtet sein, wie wenn
dich das Licht mit seinem Glanz erhellt.

Die Heuchelei der Pharisäer und Schriftgelehrten

37 Während er redete, lud ihn ein Pharisäer
zum Essen ein. Er ging hin und legte sich
zu Tisch. 38 Als der Pharisäer sah, dass er
sich vor der Mahlzeit nicht (die Hände)
wusch, wunderte er sich. 39 Da sagte der
Herr zu ihm: Ja, ihr Pharisäer, das Äußere
von Becher und Schüssel reinigt ihr; euer
Inneres aber ist voll Raub und Bosheit.
40 Ihr Toren! Hat nicht der, der das Äußere
schuf, auch das Innere geschaffen? 41 Gebt
lieber, was in den Schüsseln ist, als Almo-
sen, dann ist alles für euch rein. 42 Doch
weh euch Pharisäern! Ihr gebt den Zehn-
ten von Minze und Raute und jedem Ge-
müse, aber über das Recht und die Liebe
zu Gott geht ihr hinweg. Das Eine aber
sollte man tun und das Andere nicht un-
terlassen. 43 Weh euch Pharisäern! Ihr liebt
die ersten Sitze in den Synagogen und die
Begrüßungen auf den Marktplätzen.
44 Weh euch! Ihr seid wie unkenntliche
Grabstätten, über die die Leute hinweg-
gehen, ohne es zu wissen.

45 Ein Gesetzeslehrer entgegnete ihm:
Meister, mit diesem Reden beleidigst du
auch uns. 46 Er aber sagte: Weh auch euch
Gesetzeslehrern! Unerträgliche Lasten
bürdet ihr den Menschen auf und ihr
selbst rührt die Lasten mit keinem Finger
an.

47 Weh euch! Ihr baut den Propheten
Grabmäler, euere Väter aber haben sie ge-
tötet! 48 Also bezeugt ihr die Taten euerer
Väter und stimmt ihnen zu; denn jene ha-
ben sie getötet, ihr aber baut (die Grab-
mäler). 49 Deshalb hat auch die Weisheit
Gottes gesagt: Ich werde Propheten und
Apostel zu ihnen senden und sie werden
etliche von ihnen töten und verfolgen,
50 damit das Blut aller Propheten, das seit
Erschaffung der Welt vergossen wurde,
von diesem Geschlecht gefordert wird,
51 vom Blut Abels an bis zum Blut des
Zacharias, der zwischen Altar und Tempel
umgebracht wurde. Ja, ich sage euch, es
wird von diesem Geschlecht gefordert
werden.

52 Weh euch Gesetzeslehrern! Ihr habt
den Schlüssel zur Erkenntnis weggenom-
men; ihr selbst seid nicht hineingegangen,
und die, die hineingehen wollten, habt ihr
abgehalten.

53 Als er von dort weggegangen war, be-
gannen die Pharisäer und Gesetzeslehrer,
ihm heftig zuzusetzen und ihn über vieler-
lei auszufragen, 54 und lauerten darauf, et-
was aus seinem Mund aufzufangen.

Warnung vor der Heuchelei der Pharisäer

12 Als inzwischen Tausende von
Menschen zusammengeströmt wa-
ren, sodass sie einander traten, wandte er
sich zuerst an seine Jünger: Hütet euch vor
dem Sauerteig, das heißt vor der Heuchelei
der Pharisäer! 2 Nichts ist verhüllt, was
nicht enthüllt, und nichts verborgen, was
nicht bekannt wird. 3 Deswegen wird man
alles, was ihr im Dunkeln gesprochen
habt, im Licht hören, und was ihr in den
Kammern einander ins Ohr geflüstert
habt, wird man auf den Dächern verkün-
den.

Aufforderung zum furchtlosen Bekenntnis

4 Ich sage aber euch, meinen Freunden:
Fürchtet euch nicht vor denen, die den
Leib töten und darüber hinaus nichts wei-
ter tun können. 5 Ich will euch zeigen, wen
ihr fürchten sollt: Fürchtet euch vor dem,
der, nachdem er getötet hat, Macht besitzt,
in die Hölle zu werfen. Ja, ich sage euch:
Vor ihm sollt ihr euch fürchten! 6 Ver-
kauft man nicht fünf Spatzen für zwei As?
Und nicht einen von ihnen vergisst Gott.
7 Bei euch sind sogar die Haare auf dem
Kopf alle gezählt. Fürchtet euch nicht! Ihr
seid mehr wert als viele Spatzen. 8 Ich sage
euch: Jeder, der sich vor den Menschen zu
mir bekennt, zu dem wird sich auch der
Menschensohn vor den Engeln Gottes be-
kennen. 9 Wer mich aber vor den Men-
schen verleugnet, der wird vor den Engeln
Gottes verleugnet werden. 10 Und wer im-
mer ein Wort gegen den Menschensohn
sagt, dem wird vergeben werden. Wer aber
den Heiligen Geist lästert, dem wird nicht
vergeben. 11 Wenn sie euch aber vor die Sy-
nagogen, vor die Behörden und Obrigkei-

ten führen, so macht euch keine Sorgen,
wie oder womit ihr euch verteidigen oder
was ihr sagen sollt. 12 Denn der Heilige
Geist wird euch in derselben Stunde leh-
ren, was ihr sagen sollt.

Warnung vor Bindung an den Besitz

13 Einer aus der Volksmenge bat ihn: Meis-
ter, sage meinem Bruder, er soll das Erbe
mit mir teilen. 14 Er aber sagte zu ihm:
Mensch, wer hat mich zum Richter oder
Erbteiler über euch bestellt? 15 Dann sprach
er zu ihnen: Gebt Acht und hütet euch vor
jeglicher Habsucht! Denn auch mitten im
Überfluss ist das Leben eines Menschen
nicht durch seine Güter gesichert.

16 Er erzählte ihnen ein Gleichnis: Das
Land eines reichen Mannes hatte gut ge-
tragen. 17 Da überlegte er: Was soll ich tun,
da ich nicht genug Raum habe, meine Ern-
te unterzubringen? 18 Schließlich sagte er:
So will ich es machen; ich werde meine
Scheunen abreißen und größere bauen
und dort mein ganzes Getreide und alle
meine Güter unterbringen. 19 Dann kann
ich zu mir sagen: Du hast großen Vorrat
für viele Jahre; ruh dich aus, iss, trink und
lass dir wohl sein! 20 Da sagte Gott zu ihm:
Du Tor, diese Nacht noch wird man dein
Leben von dir fordern! Wem aber wird ge-
hören, was du angesammelt hast? 21 So
geht es dem, der für sich Schätze sammelt,
aber vor Gott nicht reich ist.

Von der falschen und rechten Sorge

22 Und er sagte zu seinen Jüngern: Deswe-
gen sage ich euch: Sorgt nicht um das Le-
ben, was ihr essen, noch um den Leib, was
ihr anziehen werdet. 23 Denn das Leben ist
wichtiger als die Nahrung und der Leib
wichtiger als die Kleidung. 24 Betrachtet
die Raben: Sie säen nicht, sie ernten nicht;
sie haben weder Speicher noch Scheune
und Gott ernährt sie. Wie viel mehr seid
ihr wert als die Vögel! 25 Wer aber von euch
kann mit seinen Sorgen seiner Lebenslän-
ge auch nur eine Elle hinzufügen? 26 Wenn
ihr nun nicht einmal das Geringste ver-
mögt, was sorgt ihr euch um das Übrige?
27 Betrachtet die Lilien, wie sie weder spin-
nen noch weben. Ich sage euch aber: Selbst
Salomo in all seiner Pracht war nicht ge-
kleidet wie eine von ihnen. 28 Wenn aber
Gott das Gras, das heute auf dem Feld
steht und morgen in den Ofen geworfen
wird, so kleidet, wie viel mehr euch, ihr
Kleingläubigen! 29 So fragt denn auch ihr
nicht, was ihr essen und was ihr trinken
werdet, und seid nicht in ängstlicher Un-
ruhe; 30 denn nach all dem trachten die
Völker der Welt. Euer Vater aber weiß,
dass ihr das braucht. 31 Sucht vielmehr sein
Reich; dann wird euch alles das dazugege-
ben.

32 Fürchte dich nicht, du kleine Herde;
denn es hat euerem Vater gefallen, euch
das Reich zu geben.

Der wahre Schatz

33 Verkauft eueren Besitz und gebt ihn als
Almosen! Macht euch Beutel, die nicht
veralten, einen Schatz im Himmel, der
nicht versiegt, wo kein Dieb herankommt
und keine Motte ihn frisst. 34 Denn wo euer
Schatz ist, da wird auch euer Herz sein.

Das Gleichnis vom treuen und vom untreuen Knecht

35 Euere Lenden sollen umgürtet sein und
euere Lampen brennen. 36 Ihr sollt Men-
schen gleichen, die ihren Herrn erwarten,
wenn er von der Hochzeit zurückkehrt,
damit sie ihm sogleich auftun, wenn er
kommt und anklopft. 37 Wohl jenen
Knechten, die der Herr bei seiner Ankunft
wach findet! Amen, ich sage euch: Er wird
sich gürten, sie zu Tische bitten, kommen
und sie bedienen. 38 Und wenn er in der
zweiten oder dritten Nachtwache kommt
und sie wach findet, wohl ihnen! 39 Das
aber bedenkt: Wenn der Hausvater wüsste,
in welcher Stunde der Dieb kommt, so
würde er nicht in sein Haus einbrechen
lassen. 40 Darum seid auch ihr bereit! Denn
der Menschensohn kommt zu einer Stun-
de, in der ihr es nicht vermutet.

41 Da sagte Petrus: Herr, meinst du mit
diesem Gleichnis uns oder auch alle ande-
ren? 42 Der Herr antwortete: Wer ist wohl
der kluge und treue Verwalter, den der
Herr über sein Gesinde setzen wird, damit
er ihnen zur rechten Zeit ihr Maß Nah-
rung zuteilt? 43 Wohl jenem Knecht, den
der Herr, wenn er kommt, bei solchem
Tun findet! 44 Wahrhaftig, ich sage euch:
er wird ihn über sein ganzes Vermögen
setzen. 45 Wenn aber jener Knecht denkt:
Mein Herr kommt noch lange nicht!, und
anfängt, die Knechte und Mägde zu schla-
gen, zu essen und zu trinken und sich zu

berauschen, 46 dann wird der Herr jenes
Knechtes an einem Tag kommen, an dem
er es nicht erwartet, und zu einer Stunde,
die er nicht kennt; und er wird ihn in Stü-
cke hauen und ihm seinen Platz bei den
Ungläubigen geben.
47 Jener Knecht aber, der den Willen sei-
nes Herrn kannte, nichts vorbereitet oder
nach seinem Willen getan hat, wird viele
Schläge bekommen. 48 Der jedoch, der ihn
nicht gekannt, aber getan hat, was Schläge
verdient, wird wenig (Schläge) bekom-
men. Wem aber viel gegeben ist, von dem
wird viel gefordert werden, und wem man
viel anvertraut hat, von dem wird man
umso mehr verlangen.

Bereitschaft zum Kampf

49 Ich bin gekommen, Feuer auf die Erde zu
werfen, und wie wünschte ich, dass es
schon entfacht wäre! 50 Ich muss mit einer
Taufe getauft werden und ich bin be-
drückt, solange sie noch nicht vollzogen
ist. 51 Meint ihr, ich sei gekommen, um
Frieden auf die Erde zu bringen? Nein, sa-
ge ich euch, sondern Entzweiung. 52 Denn
von nun an werden fünf in einem Haus
entzweit sein, drei gegen zwei und zwei ge-
gen drei, 53 der Vater gegen den Sohn und
der Sohn gegen den Vater, die Mutter ge-
gen die Tochter und die Tochter gegen die
Mutter, die Schwiegermutter gegen die
Schwiegertochter und die Schwiegertoch-
ter gegen die Schwiegermutter.

Die Zeichen der Zeit zu deuten wissen

54 Außerdem sagte er zu den Volksscharen:
Seht ihr im Westen eine Wolke aufsteigen,
so sagt ihr gleich: Es kommt Regen!, und
so kommt es. 55 Und wenn ihr den Süd-
wind wehen seht, sagt ihr: Es wird heiß!,
und so kommt es. 56 Ihr Heuchler! Das
Aussehen von Erde und Himmel wisst ihr
zu deuten. Warum aber könnt ihr nicht
diese Zeit deuten? 57 Warum beurteilt ihr
nicht auch von selbst, was recht ist?
58 Wenn du noch mit deinem Widersacher
zur Obrigkeit unterwegs bist, bemüh dich
noch auf dem Weg, dich mit ihm zu eini-
gen, damit er dich nicht vor den Richter
schleppt und der Richter dich dem Ge-
richtsdiener übergibt und der Gerichtsdie-
ner dich in den Kerker wirft. 59 Ich sage dir:
Du kommst von dort nicht heraus, bis du
auch das letzte Lepton bezahlt hast.

Mahnung zur Umkehr

13 Zur selben Zeit kamen einige und
berichteten ihm von den Galiläern,
deren Blut Pilatus mit dem ihrer Opfertie-
re vermischt hatte. 2 Da sagte er zu ihnen:
Meint ihr, dass diese Galiläer mehr als alle
(anderen) Galiläer Sünder gewesen sind,
weil sie das erlitten haben? 3 Nein, sage ich
euch; doch wenn ihr nicht umkehrt, wer-
det ihr alle auf gleiche Weise umkommen.
4 Oder meint ihr, jene achtzehn, auf die der
Turm am Schiloach stürzte und sie er-
schlug, seien schuldiger gewesen als alle
(anderen) Bewohner von Jerusalem?
5 Nein, sage ich euch; doch wenn ihr nicht
umkehrt, werdet ihr alle auf dieselbe Wei-
se umkommen.
6 Und er erzählte dieses Gleichnis: Je-
mand hatte einen Feigenbaum in seinen
Weinberg gepflanzt. Er kam und suchte
Frucht an ihm und fand keine. 7 Da sagte
er zu dem Weingärtner: Schon drei Jahre
komme ich und suche Frucht an diesem
Feigenbaum und finde keine. Hau ihn
um! Wozu saugt er noch den Boden aus?
8 Doch der antwortete ihm: Herr, lass ihn
noch dieses Jahr, bis ich um ihn herum
aufgegraben und Dung gestreut habe.
9 Vielleicht wird er in Zukunft Frucht brin-
gen; wenn aber nicht, dann magst du ihn
umhauen.

Die Heilung einer gekrümmten Frau am Sabbat

10 Jesus lehrte am Sabbat in einer Synagoge.
11 Da war eine Frau, die seit achtzehn Jah-
ren einen Krankheitsdämon hatte. Sie war
verkrümmt und konnte sich nicht mehr
ganz aufrichten. 12 Als Jesus sie sah, rief er
sie zu sich und sagte zu ihr: Frau, du bist
von deiner Krankheit erlöst. 13 Und er legte
ihr die Hände auf. Sogleich richtete sie
sich auf und pries Gott. 14 Der Synagogen-
vorsteher aber, unwillig darüber, dass Jesus
am Sabbat geheilt hatte, sagte zu den Leu-
ten: Sechs Tage gibt es, an denen man ar-
beiten darf; an denen kommt und lasst
euch heilen, aber nicht am Sabbat! 15 Der
Herr entgegnete ihm: Ihr Heuchler! Bindet
nicht jeder von euch am Sabbat seinen
Ochsen oder Esel von der Krippe los und
führt ihn zur Tränke? 16 Diese Tochter
Abrahams aber, die der Satan schon acht-
zehn Jahre lang gefesselt hielt, musste sie
nicht am Sabbat von dieser Fessel befreit

werden? 17 Als er dies sagte, wurden alle
seine Widersacher beschämt, und das gan-
ze Volk freute sich über alles Herrliche,
was durch ihn geschah.

Gleichnis vom Senfkorn

18 Er sprach nun: Wem ist das Reich Gottes
gleich und womit soll ich es vergleichen?
19 Es ist gleich einem Senfkorn, das einer
nahm und in seinen Garten säte. Es wuchs
und wurde zu einem Baum und *die Vögel
des Himmels nisteten in seinen Zweigen.*

Das Gleichnis vom Sauerteig

20 Außerdem sagte er: Womit soll ich das
Reich Gottes vergleichen? 21 Es gleicht
einem Sauerteig, den eine Frau nahm und
unter drei Sea Mehl mengte, bis das Ganze
durchsäuert war.

Die enge Pforte

22 Jesus wanderte lehrend durch Städte und
Dörfer und nahm den Weg nach Jerusa-
lem. 23 Da fragte ihn jemand: Herr, sind es
nur wenige, die gerettet werden? Er aber
sagte zu ihnen: Bemüht euch darum,
durch die enge Pforte zu gelangen!
24 Denn viele, sage ich euch, werden ver-
suchen hineinzukommen, aber es wird
ihnen nicht gelingen.
25 Wenn der Herr des Hauses sich erho-
ben und die Tür geschlossen hat und ihr
draußen steht und klopft an die Tür und
ruft: Herr, mach uns auf!, so wird er euch
antworten: Ich weiß nicht, woher ihr seid.
26 Dann werdet ihr sagen: Wir haben mit
euch gegessen und getrunken und du hast
auf unseren Straßen gelehrt. 27 Er aber wird
euch antworten: Ich sage euch, ich weiß
nicht, woher ihr seid. *Weg von mir alle,
ihr Übeltäter!* 28 Da wird Heulen und Zäh-
neknirschen sein, wenn ihr Abraham,
Isaak und Jakob und alle Propheten im
Reich Gottes sehen werdet, ihr selbst aber
ausgestoßen seid. 29 Und man wird von Os-
ten und Westen, von Norden und Süden
kommen und im Reich Gottes zu Tisch
liegen. 30 Manche von den Letzten werden
dann die Ersten sein und manche von den
Ersten die Letzten.

Jesu Abschied von Galiläa

31 In derselben Stunde kamen einige Phari-
säer herbei und sagten zu ihm: Mach dich
auf und geh fort von hier; denn Herodes
will dich töten. 32 Da sagte er zu ihnen: Geht
und sagt diesem Fuchs: Ich treibe Dämo-
nen aus und vollbringe Heilungen heute
und morgen und am dritten Tag werde ich
vollendet. 33 Doch heute und morgen und
am folgenden Tag muss ich weiterwan-
dern; denn es geht nicht an, dass ein Pro-
phet außerhalb Jerusalems umkommt.
34 Jerusalem, Jerusalem! Du tötest die
Propheten und steinigst, die zu dir gesandt
sind. Wie oft habe ich deine Kinder sam-
meln wollen, wie eine Henne ihre Küken
unter ihre Flügel sammelt, aber ihr habt
nicht gewollt. 35 Seht, euer Haus wird euch
verödet überlassen. Ich sage euch: Ihr wer-
det mich nicht mehr sehen, bis die Zeit
kommt, in der ihr ruft: *Gepriesen sei er,
der da kommt im Namen des Herrn!*

*Die Heilung eines Wassersüchtigen
am Sabbat*

14 Als Jesus am Sabbat in das Haus
eines führenden Pharisäers zum
Essen kam – sie beobachteten ihn genau –,
2 da stand ein wassersüchtiger Mann vor
ihm. 3 Jesus wandte sich an die Gesetzes-
lehrer und Pharisäer: Ist es erlaubt, am
Sabbat zu heilen oder nicht? 4 Doch sie
schwiegen. Da fasste er ihn an, heilte ihn
und ließ ihn gehen. 5 Zu ihnen aber sagte
er: Wer von euch, dem sein Sohn oder sein
Ochse in den Brunnen fällt, wird ihn nicht
sofort herausziehen, auch am Sabbat?
6 Darauf konnten sie ihm nichts erwidern.

Über die Wahl der Plätze

7 Als er bemerkte, wie sie sich die ersten
Plätze aussuchten, trug er den Geladenen
ein Gleichnis vor und sagte zu ihnen:
8 Wenn du von jemand zu einem Hoch-
zeitsmahl eingeladen bist, dann setze dich
nicht auf den ersten Platz. Es könnte ein
Vornehmerer als du eingeladen sein 9 und
der, der dich und ihn eingeladen hat,
könnte kommen und zu dir sagen: Mach
diesem Platz! Dann müsstest du beschämt
den letzten Platz einnehmen. 10 Nein, wenn
du eingeladen bist, geh und setze dich auf
den letzten Platz, damit, wenn der kommt,
der dich eingeladen hat, er zu dir sagt:
Freund, rück weiter hinauf! Dann wird es
dir zur Ehre sein vor allen deinen Tisch-
genossen. 11 Denn jeder, der sich selbst er-
höht, wird erniedrigt, und wer sich selbst
erniedrigt, wird erhöht werden.

Über die Wahl der Gäste

12 Und zu dem, der ihn eingeladen hatte,
sagte er: Wenn du ein Mittag- oder
Abendessen gibst, so lade nicht deine
Freunde oder deine Brüder oder Ver-
wandte oder reiche Nachbarn ein, damit
sie nicht auch dich wieder einladen und
es dir vergelten. 13 Nein, wenn du ein Gast-
mahl gibst, dann lade Arme, Krüppel,
Lahme und Blinde ein, 14 und du wirst selig
sein, weil sie nicht imstande sind, es dir zu
vergelten; denn es wird dir vergolten wer-
den bei der Auferstehung der Gerechten.

Das Gleichnis vom Festmahl

15 Als einer der Tischgenossen dies hörte,
sagte er zu ihm: Selig, wer am Mahl im
Reich Gottes teilnehmen wird! 16 Jesus sag-
te zu ihm: Ein Mann veranstaltete ein gro-
ßes Gastmahl und lud viele ein. 17 Zur
Stunde des Gastmahls sandte er seinen
Knecht aus, den Eingeladenen zu sagen:
Kommt, denn nun ist es bereit. 18 Da fingen
mit einem Mal alle an, sich zu entschuldi-
gen. Der Erste sagte zu ihm: Ich habe
einen Acker gekauft und muss unbedingt
hingehen, ihn anzusehen; ich bitte dich,
halte mich für entschuldigt! 19 Ein anderer
sagte: Ich habe fünf Joch Ochsen gekauft
und gehe gerade hin, sie zu erproben; ich
bitte dich, halte mich für entschuldigt!
20 Wieder ein anderer sagte: Ich habe eine
Frau genommen und kann daher nicht
kommen. 21 Der Knecht kam zurück und
berichtete dies seinem Herrn. Da wurde
der Hausherr zornig und sagte zu seinem
Knecht: Geh schnell hinaus auf die Stra-
ßen und Gassen der Stadt und führe die
Armen und Krüppel und Blinden und
Lahmen hier herein! 22 (Wenig später) mel-
dete der Knecht: Herr, es ist geschehen,
wie du befohlen hast, aber es ist immer
noch Platz da. 23 Da sagte der Herr zum
Knecht: Geh hinaus an die Landstraßen
und an die Zäune und nötige sie herein-
zukommen, damit mein Haus voll wird!
24 Ich sage euch nämlich: Keiner von jenen
Männern, die eingeladen waren, wird an
meinem Mahl teilnehmen.

Entschlossenheit zur Nachfolge

25 Eine große Volksmenge begleitete Jesus.
Er wandte sich an sie und sagte: 26 Wenn
jemand zu mir kommt und nicht Vater
und Mutter, Frau und Kinder, Brüder und
Schwestern und dazu auch noch sein eige-
nes Leben hasst, kann er nicht mein Jün-
ger sein. 27 Wer nicht sein Kreuz trägt und
mir nachfolgt, kann nicht mein Jünger
sein.

28 Denn wer von euch, der einen Turm
bauen will, setzt sich nicht zuerst hin und
berechnet die Kosten, ob er genug hat, um
fertig zu bauen, 29 damit nicht etwa, nach-
dem er den Grund gelegt hat und nicht
fertig bauen kann, alle, die es sehen, über
ihn zu spotten beginnen und sagen: 30 Die-
ser Mann hat angefangen zu bauen und
konnte es nicht fertig bekommen. 31 Oder
welcher König, der ausziehen will, um mit
einem anderen König Krieg zu führen,
wird sich nicht zuvor hinsetzen und nach-
denken, ob er mit zehntausend Mann dem
entgegentreten kann, der mit zwanzigtau-
send gegen ihn anrückt? 32 Andernfalls
schickt er, solange jener noch fern ist, eine
Gesandtschaft und bittet um Frieden. 33 So
kann auch keiner von euch, der sich nicht
von allem, was er hat, lossagt, mein Jünger
sein.

34 Das Salz ist etwas Gutes. Wenn aber
das Salz seine Schärfe verliert, womit soll
man es wieder kräftig bekommen? 35 We-
der für den Acker noch für den Mist ist es
zu gebrauchen; man wirft es weg. Wer Oh-
ren hat zu hören, der höre!

Die Gleichnisse vom verlorenen Schaf und von der verlorenen Drachme

15 Alle Zöllner und Sünder kamen zu
ihm, um ihn zu hören. 2 Die Phari-
säer und Schriftgelehrten murrten und
sagten: Der nimmt Sünder an und isst mit
ihnen.

3 Da sagte er ihnen dieses Gleichnis:
4 Wer von euch, der hundert Schafe hat
und eines von ihnen verliert, lässt nicht
die neunundneunzig in der Wüste und
geht dem verlorenen nach, bis er es findet?
5 Und wenn er es gefunden hat, nimmt er
es voll Freude auf seine Schultern, 6 und
wenn er nach Hause kommt, ruft er seine
Freunde und Nachbarn zusammen und
sagt zu ihnen: Freut euch mit mir; denn
ich habe mein Schaf gefunden, das ver-
loren war. 7 Ich sage euch: Ebenso wird im
Himmel mehr Freude sein über einen ein-
zigen Sünder, der umkehrt, als über neun-
undneunzig Gerechte, die der Umkehr
nicht bedürfen.

8 Oder welche Frau, die zehn Drachmen
hat und eine Drachme verliert, zündet
nicht ein Licht an und kehrt das Haus
und sucht sorgfältig, bis sie sie findet?
9 Und hat sie sie gefunden, so ruft sie ihre
Freundinnen und Nachbarinnen zusam-
men und sagt: Freut euch mit mir; denn
ich habe die Drachme gefunden, die ich
verloren hatte. 10 Ebenso, sage ich euch,
wird bei den Engeln Gottes Freude sein
über einen einzigen Sünder, der umkehrt.

Das Gleichnis vom barmherzigen Vater

11 Ferner sagte er: Ein Mann hatte zwei
Söhne. 12 Der jüngere von ihnen sagte zum
Vater: Vater, gib mir den Anteil des Ver-
mögens, der mir zukommt. Da teilte er
den Besitz unter sie auf. 13 Wenige Tage da-
rauf packte der jüngere Sohn alles zusam-
men, zog fort in ein fernes Land und ver-
geudete dort sein Vermögen durch ein
verschwenderisches Leben. 14 Nachdem er
alles durchgebracht hatte, kam eine
schwere Hungersnot über das Land und
er fing an, Mangel zu leiden. 15 Da ging er
zu einem Bürger jenes Landes und drängte
sich ihm auf; der schickte ihn auf seine
Felder zum Schweinehüten. 16 Gerne hätte
er sich den Magen mit den Schoten gefüllt,
die die Schweine fraßen, aber niemand gab
sie ihm. 17 Da ging er in sich und sagte: Wie
viele Taglöhner meines Vaters haben Brot
im Überfluss, ich aber komme hier vor
Hunger um. 18 Ich will mich aufmachen
und zu meinem Vater gehen und zu ihm
sagen: Vater, ich habe gesündigt gegen
den Himmel und vor dir. 19 Ich bin nicht
mehr wert, dein Sohn zu heißen; halte
mich wie einen von deinen Taglöhnern.
20 Dann machte er sich auf und ging zu sei-
nem Vater. Sein Vater sah ihn schon von
weitem kommen, wurde von Mitleid be-
wegt, lief herbei, fiel ihm um den Hals
und küsste ihn. 21 Da sagte der Sohn zu
ihm: Vater, ich habe gegen den Himmel
und gegen dich gesündigt; ich bin nicht
mehr wert, dein Sohn zu heißen. 22 Der Va-
ter aber sagte zu seinen Knechten: Holt
schnell das beste Kleid heraus und zieht
es ihm an und gebt ihm einen Ring an die
Hand und Schuhe an die Füße! 23 Holt das
Mastkalb und schlachtet es! Wir wollen es-
sen und fröhlich sein; 24 denn dieser mein
Sohn war tot und lebt wieder; er war ver-
loren und ist wieder gefunden worden.
Und sie begannen, ein Freudenfest zu fei-
ern.
25 Sein älterer Sohn aber war auf dem
Feld. Als er kam und sich dem Haus nä-
herte, hörte er Musik und Tanz. 26 Da rief
er einen der Knechte herbei und fragte,
was das sei. 27 Der aber sagte ihm: Dein
Bruder ist gekommen und dein Vater hat
das Mastkalb geschlachtet, weil er ihn ge-
sund wiedererhalten hat. 28 Da wurde er
zornig und wollte nicht hineingehen.
Doch sein Vater kam heraus und redete
ihm zu. 29 Er aber gab dem Vater zur Ant-
wort: So viele Jahre diene ich dir und habe
nie dein Gebot übertreten; mir aber hast
du nie (auch nur) einen Bock gegeben, da-
mit ich mit meinen Freunden feiern konn-
te. 30 Jetzt aber, als dieser dein Sohn gekom-
men ist, der dein Vermögen mit Dirnen
verprasst hat, hast du ihm das Mastkalb
geschlachtet. 31 Er aber sagte zu ihm: Sohn,
du bist allezeit bei mir und alles, was mein
ist, ist dein. 32 Feiern aber und uns freuen
müssen wir; denn dein Bruder war tot und
lebt wieder, er war verloren und ist wieder-
gefunden worden.

Das Gleichnis vom klugen Verwalter

16 Er aber sagte zu den Jüngern: Es
war ein reicher Mann, der hatte
einen Verwalter. Dieser wurde bei ihm be-
schuldigt, dass er seinen Besitz verschleu-
dere. 2 Da ließ er ihn rufen und sagte zu
ihm: Was höre ich da von dir? Gib Re-
chenschaft von deiner Verwaltung; denn
du kannst nicht länger Verwalter sein.
3 Da sagte sich der Verwalter: Was soll ich
tun, da mein Herr mir die Verwaltung
nimmt? Graben kann ich nicht, zu betteln
schäme ich mich. 4 Doch ich weiß, was ich
tue, damit sie mich, wenn ich von der Ver-
waltung abgesetzt bin, in ihre Häuser auf-
nehmen. 5 Und er ließ jeden Schuldner sei-
nes Herrn einzeln zu sich rufen und fragte
den Ersten: Wie viel schuldest du meinem
Herrn? 6 Er antwortete: Hundert Bat Öl.
Da sagte er zu ihm: Nimm deinen Schuld-
schein, setze dich und schreib schnell
fünfzig. 7 Dann sagte er zu einem anderen:
Du aber, wie viel bist du schuldig? Der ant-
wortete: Hundert Kor Weizen. Er sagte zu
ihm: Nimm deinen Schuldschein und
schreib achtzig.
8 Und der Herr lobte den ungerechten
Verwalter, dass er klug gehandelt hatte.

Denn die Söhne dieser Welt sind ihresglei-
chen gegenüber klüger als die Söhne des
Lichtes.

Vom rechten Gebrauch irdischer Güter

9 Auch ich sage euch: Macht euch Freunde
mit dem ungerechten Mammon, damit
man euch, wenn er zu Ende geht, in die
ewigen Wohnungen aufnimmt. 10 Wer im
Kleinsten treu ist, der ist auch im Großen
treu; und wer im Kleinsten ungerecht ist,
der ist auch im Großen ungerecht. 11 Wenn
ihr nun mit dem ungerechten Mammon
nicht treu wart, wer wird euch dann das
wahre Gut anvertrauen? 12 Und wenn ihr
mit dem fremden Gut nicht treu wart,
wer wird euch dann das euere geben?

13 Kein Knecht kann zwei Herren die-
nen; denn entweder wird er den einen has-
sen und den anderen lieben, oder er wird
zu dem einen halten und den andern ver-
achten. Ihr könnt nicht Gott dienen und
dem Mammon.

Von der Geldgier der Pharisäer

14 Die geldgierigen Pharisäer hörten das al-
les und verhöhnten ihn. 15 Da sagte er zu
ihnen: Ihr seid es, die sich vor den Men-
schen als gerecht hinstellen, Gott aber
kennt euere Herzen; denn was als hoch gilt
bei den Menschen, ist ein Gräuel vor Gott.

Von der Geltung des Gesetzes und der Ehescheidung

16 Das Gesetz und die Propheten galten bis
zu Johannes. Von da an wird das Evangeli-
um vom Reich Gottes verkündet und jeder
drängt sich mit Gewalt hinein. 17 Leichter
ist es, dass Himmel und Erde vergehen,
als dass vom Gesetz auch nur ein einziges
Häkchen wegfällt.

18 Jeder, der seine Frau entlässt und eine
andere heiratet, bricht die Ehe, und wer
eine von ihrem Mann Entlassene heiratet,
begeht Ehebruch.

Das Gleichnis vom reichen Mann und vom armen Lazarus

19 Es war ein reicher Mann, der kleidete
sich in Purpur und feine Leinwand und
lebte alle Tage herrlich und in Freuden.
20 Ein Armer aber namens Lazarus lag mit
Geschwüren bedeckt vor seiner Tür.
21 Gern hätte er den Hunger mit dem ge-
stillt, was vom Tisch des Reichen herunter-
fiel. Indes kamen die Hunde und leckten
seine Geschwüre. 22 Da starb der Arme
und wurde von den Engeln in Abrahams
Schoß getragen. Der Reiche aber starb
ebenfalls und wurde begraben. 23 Als er im
Totenreich, mitten in seinen Qualen, seine
Augen erhob, sah er von weitem Abraham
und Lazarus in seinem Schoß. 24 Da rief er:
Vater Abraham, erbarme dich meiner und
sende Lazarus; er soll die Spitze seines Fin-
gers ins Wasser tauchen und meine Zunge
kühlen; denn ich leide große Pein in die-
sem Feuer. 25 Abraham aber sagte: Kind,
denk daran, dass du dein Gutes schon in
deinem Leben empfangen hast, Lazarus
aber nur das Schlechte. Jetzt wird er hier
dafür getröstet, du aber wirst gepeinigt.
26 Und außerdem besteht zwischen uns
und euch eine große Kluft, damit die, die
von hier zu euch hinüber wollen, es nicht
können, und ebenso wenig können die
von drüben zu uns herüberkommen. 27 Da
sagte er: Dann bitte ich dich, Vater, ihn in
das Haus meines Vaters zu schicken 28 – ich
habe nämlich fünf Brüder –, um sie zu
warnen, damit nicht auch sie an diesen
Ort der Qual kommen. 29 Abraham aber
sagte: Sie haben Mose und die Propheten,
auf die sollen sie hören. 30 Er entgegnete:
Nein, Vater Abraham! Erst wenn einer
von den Toten zu ihnen kommt, werden
sie umkehren. 31 Doch Abraham sagte zu
ihm: Wenn sie auf Mose und die Prophe-
ten nicht hören, werden sie sich auch nicht
überzeugen lassen, wenn einer von den
Toten aufersteht.

Regeln für die Jünger Jesu

17 Er sagte zu seinen Jüngern: Es
ist unmöglich, dass Verführungen
ausbleiben; doch wehe dem, durch den sie
kommen. 2 Besser wäre es für ihn, wenn
ihm ein Mühlstein um den Hals gehängt
und er ins Meer geworfen würde, als dass
er einen von diesen Kleinen verführt.
3 Habt Acht auf euch selbst! Wenn dein
Bruder sündigt, dann stelle ihn zur Rede;
und wenn er umkehrt, vergib ihm. 4 Und
wenn er sich siebenmal am Tag gegen dich
versündigt und siebenmal wieder zu dir
kommt und sagt: ich bessere mich!, so ver-
gib ihm.

5 Die Apostel sagten zum Herrn: Stärke
unseren Glauben! 6 Der Herr erwiderte:
Wenn ihr Glauben hättet wie ein Senf-

korn, so würdet ihr zu dem Maulbeer-
baum da sagen: Zieh deine Wurzeln he-
raus und verpflanz dich ins Meer! Und er
würde euch gehorchen.
7 Wer aber von euch, der einen Knecht
beim Pflügen oder auf der Weide hat, wird
zu ihm, wenn er vom Feld heimkommt,
sagen: Komm gleich her und leg dich zu
Tisch? 8 Wird er nicht vielmehr zu ihm sa-
gen: Richte mir etwas zu essen her, gürte
dich und bediene mich, bis ich gegessen
und getrunken habe. Nachher kannst auch
du essen und trinken? 9 Dankt er etwa dem
Knecht, weil er getan hat, was ihm auf-
getragen war? 10 So sollt auch ihr, wenn ihr
alles getan habt, was euch aufgetragen
wurde, sagen: Unnütze Knechte sind wir;
wir haben getan, was wir zu tun schuldig
waren.

Die Heilung der zehn Aussätzigen

11 Bei seiner Wanderung nach Jerusalem
zog er durch das Grenzgebiet von Sama-
rien und Galiläa. 12 Als er in ein Dorf kam,
begegneten ihm zehn aussätzige Männer.
Sie blieben von fern stehen 13 und riefen:
Jesus, Meister, erbarme dich unser! 14 Als
er sie sah, sagte er zu ihnen: Geht und *zeigt
euch den Priestern*! Und während sie hin-
gingen, wurden sie rein. 15 Einer aber von
ihnen kehrte zurück, als er sah, dass er ge-
heilt worden war, pries Gott mit lauter
Stimme, 16 warf sich zu seinen Füßen aufs
Angesicht und dankte ihm. Und das war
ein Samariter. 17 Da sagte Jesus: Sind nicht
zehn rein geworden? Wo sind denn die
übrigen neun? 18 Hat sich keiner bereitge-
funden, umzukehren und Gott die Ehre zu
geben, als nur dieser Fremde? 19 Und er
sagte zu ihm: Steh auf und geh! Dein Glau-
be hat dir Heilung gebracht!

Vom Kommen des Gottesreiches

20 Als er von den Pharisäern gefragt wurde,
wann das Reich Gottes komme, antworte-
te er ihnen: Das Reich Gottes kommt nicht
so, dass man es berechnen könnte. 21 Auch
kann man nicht sagen: Seht, hier! oder:
Dort! Denn das Reich Gottes ist (schon)
mitten unter euch.

Der Tag des Menschensohnes

22 Er sagte zu den Jüngern: Es werden Tage
kommen, da ihr euch danach sehnt, einen
einzigen Tag des Menschensohnes zu se-
hen; aber ihr werdet ihn nicht sehen.
23 Man wird zu euch sagen: Seht, dort! Seht,
hier! Geht nicht hin und lauft nicht hin-
terher. 24 Denn wie der Blitz von einem En-
de des Himmels bis zum anderen leuchtet,
so wird der Menschensohn an seinem Tag
erscheinen. 25 Zuvor aber muss er vieles er-
leiden und von diesem Geschlecht verwor-
fen werden.
26 Und wie es in den Tagen Noachs zu-
ging, so wird es auch in den Tagen des
Menschensohnes sein. 27 Sie aßen, sie tran-
ken, sie heirateten und ließen sich heiraten
bis zu dem Tag, an dem *Noach in die Arche
ging*; da kam die Flut und vernichtete alle.
28 Ebenso, wie es in den Tagen Lots war: Sie
aßen, sie tranken, sie kauften, sie verkauf-
ten, sie pflanzten, sie bauten. 29 An dem Tag
aber, als Lot von Sodom wegzog, *regnete es
Feuer und Schwefel vom Himmel* und ver-
nichtete alle. 30 Geradeso wird es an dem
Tag sein, an dem sich der Menschensohn
offenbart. 31 Wer an jenem Tag auf dem
Dach ist und seine Sachen im Haus hat,
soll nicht hinuntersteigen, sie zu holen,
und wer auf dem Feld ist, soll ebenfalls
nicht zurückkehren. 32 Denkt an Lots Frau.
33 Wer sein Leben zu retten sucht, wird es
verlieren; und wer es verliert, wird es ge-
winnen. 34 Ich sage euch: In jener Nacht
werden zwei auf einem Bett liegen: Der
eine wird mitgenommen und der andere
zurückgelassen. 35 Zwei (Frauen) werden
zusammen (Getreide) mahlen: Die eine
wird mitgenommen, die andere aber zu-
rückgelassen. 36 [Zwei werden auf dem Feld
sein: Der eine wird mitgenommen und der
andere zurückgelassen.] 37 Da fragten sie
ihn: Wo, Herr? Er antwortete ihnen: Wo
das Aas ist, da sammeln sich die Geier.

*Das Gleichnis vom ungerechten Richter und
der unbequemen Witwe*

18 Er erzählte ihnen ein Gleichnis,
um ihnen zu zeigen, dass sie alle-
zeit beten und nicht müde werden sollten:
2 In einer Stadt war ein Richter, der Gott
nicht fürchtete und auf keinen Menschen
Rücksicht nahm. 3 Auch eine Witwe war in
jener Stadt, die immer wieder zu ihm kam
und sagte: Schaff mir Recht gegen meinen
Feind. 4 Eine Zeit lang wollte er nicht, dann
aber sagte er sich: Wenn ich auch Gott
nicht fürchte und auf keinen Menschen
Rücksicht nehme, 5 so will ich doch dieser

Witwe Recht schaffen, weil sie mir keine
Ruhe lässt. Schließlich kommt sie noch
und schlägt mir ins Gesicht. 6 Der Herr
fügte hinzu: Hört, was der ungerechte
Richter sagt. 7 Sollte Gott seinen Aus-
erwählten, die Tag und Nacht zu ihm ru-
fen, nicht Recht schaffen und sie lange
warten lassen? 8 Ich sage euch: Unverzüg-
lich wird er ihnen Recht schaffen. Doch
wird der Menschensohn, wenn er kommt,
auf der Erde Glauben finden?

Der Pharisäer und der Zöllner

9 Einigen, die sich selbstsicher für gerecht
hielten und die Übrigen verachteten, er-
zählte er dieses Gleichnis: 10 Zwei Men-
schen gingen hinauf in den Tempel, um
zu beten: Der eine war ein Pharisäer und
der andere ein Zöllner. 11 Der Pharisäer
stellte sich auf und betete leise so: Gott,
ich danke dir, dass ich nicht bin wie die
übrigen Menschen: Räuber, Ungerechte,
Ehebrecher, auch nicht wie dieser Zöllner
da. 12 Ich faste zweimal in der Woche und
ich gebe den Zehnten von allen meinen
Einkünften. 13 Der Zöllner aber stand weit
entfernt und wollte nicht einmal die Au-
gen zum Himmel erheben, sondern schlug
an seine Brust und betete: Gott, sei mir
Sünder gnädig! 14 Ich sage euch: Dieser
ging gerechtfertigt nach Hause, im Gegen-
satz zu jenem. Denn jeder, der sich selbst
erhöht, wird erniedrigt, wer sich selbst
aber erniedrigt, wird erhöht werden.

Jesus und die Kinder

15 Man brachte aber auch kleine Kinder zu
ihm, damit er sie berühre. Als die Jünger
das sahen, schalten sie die Leute. 16 Doch
Jesus rief sie zu sich und sagte: Lasst die
Kinder zu mir kommen und hindert sie
nicht daran; denn für solche (wie sie) ist
das Reich Gottes. 17 Amen, ich sage euch:
Wer das Reich Gottes nicht annimmt wie
ein Kind, wird nicht hineingelangen.

Die Frage eines Reichen nach dem ewigen Leben

18 Einer von den Führenden fragte ihn: Gu-
ter Meister, was muss ich tun, um das ewi-
ge Leben zu erlangen? 19 Jesus antwortete
ihm: Was nennst du mich gut? Niemand
ist gut außer Gott allein. 20 Die Gebote
kennst du: *Du sollst nicht ehebrechen; du
sollst nicht töten; du sollst nicht stehlen; du
sollst kein falsches Zeugnis geben; ehre dei-
nen Vater und deine Mutter.* 21 Er antworte-
te: Das alles habe ich von Jugend an be-
folgt. 22 Als Jesus dies hörte, sagte er zu
ihm: Eines fehlt dir noch: Verkaufe alles,
was du hast, und teile es aus an die Armen;
so wirst du einen Schatz im Himmel ha-
ben; dann komm und folge mir nach!
23 Als jener das hörte, wurde er sehr trau-
rig, denn er war sehr reich. 24 Als Jesus ihn
so sah, sagte er: Wie schwer kommen die
Reichen in das Reich Gottes! 25 Denn leich-
ter geht ein Kamel durch ein Nadelöhr, als
dass ein Reicher in das Reich Gottes ge-
langt. 26 Da fragten die Zuhörer: Wer kann
dann gerettet werden? 27 Er antwortete:
Was für Menschen unmöglich ist, ist für
Gott möglich.

28 Petrus aber sagte: Siehe, wir haben un-
ser Eigentum verlassen und sind dir nach-
gefolgt. 29 Er antwortete ihnen: Amen, ich
sage euch: Niemand hat Haus, Frau, Brü-
der, Eltern oder Kinder um des Reiches
Gottes willen verlassen, 30 der dafür nicht
(schon) in dieser Zeit das Vielfache erhält
und in der zukünftigen Welt das ewige Le-
ben.

Die dritte Leidensankündigung

31 Er nahm die Zwölf zu sich und sagte zu
ihnen: Wir gehen nach Jerusalem hinauf
und alles wird sich erfüllen, was bei den
Propheten über den Menschensohn ge-
schrieben steht. 32 Denn er wird den Hei-
den ausgeliefert, verspottet, misshandelt
und angespien werden 33 und sie werden
ihn geißeln und töten. Aber am dritten
Tag wird er auferstehen. 34 Doch sie ver-
standen nichts davon; der Sinn dieser
Worte war ihnen verborgen und sie begrif-
fen nicht, was er sagte.

Die Heilung eines Blinden bei Jericho

35 Als er in die Nähe von Jericho kam, saß
ein Blinder am Weg und bettelte. 36 Als der
die Menge vorüberziehen hörte, fragte er,
was das zu bedeuten hätte. 37 Man sagte
ihm, Jesus von Nazaret gehe vorüber.
38 Da rief er: Jesus, Sohn Davids, erbarme
dich meiner! 39 Die Vorausgehenden fuh-
ren ihn an, er solle schweigen. Er aber
schrie nur noch lauter: Sohn Davids, er-
barme dich meiner! 40 Da blieb Jesus ste-
hen und ließ ihn zu sich führen. Als er na-
he herangekommen war, fragte er ihn:

41 Was willst du, dass ich dir tun soll? 42 Er
sagte: Herr, dass ich wieder sehen kann.
Da sagte Jesus zu ihm: Du sollst wieder
sehen, dein Glaube hat dir Heilung ge-
bracht. 43 Sogleich sah er wieder, pries Gott
und folgte ihm. Und das ganze Volk, das
zugesehen hatte, gab Gott die Ehre.

Der Zöllner Zachäus

19 Dann kam er nach Jericho und zog
hindurch. 2 Dort lebte ein Mann
mit Namen Zachäus, der war Oberzöllner
und reich. 3 Er wollte gern sehen, wer Jesus
sei, konnte es aber nicht wegen der Volks-
menge; denn er war klein von Gestalt. 4 Da
lief er voraus und stieg auf einen Maul-
beerfeigenbaum, um ihn zu sehen; denn
da musste er vorüberkommen. 5 Als nun
Jesus an die Stelle kam, schaute er hinauf
und sagte zu ihm: Zachäus, steig schnell
herunter, denn heute muss ich in deinem
Haus bleiben. 6 Schnell stieg er herunter
und nahm ihn mit Freuden auf. 7 Alle, die
das sahen, empörten sich und sagten: Bei
einem Sünder ist er eingekehrt, um zu
wohnen! 8 Zachäus aber wandte sich an
den Herrn und sagte zu ihm: Herr, die
Hälfte meines Vermögens gebe ich den
Armen und wenn ich etwas zu Unrecht
von jemand gefordert habe, gebe ich es
vierfach zurück. 9 Jesus sagte zu ihm: Heu-
te ist diesem Haus Heil widerfahren, weil
auch dieser Mann ein Sohn Abrahams ist.
10 Denn der Menschensohn ist gekommen,
um zu suchen und zu retten, was verloren
war.

Das Gleichnis vom anvertrauten Geld

11 Als sie dies hörten, fuhr er fort und er-
zählte ein Gleichnis; denn er war (schon)
nahe bei Jerusalem und sie meinten, das
Reich Gottes werde sogleich erscheinen.
12 Er sagte: Ein Mann von edler Abkunft
reiste in ein fernes Land, um die Königs-
würde zu erlangen und dann zurück-
zukehren. 13 Er rief zehn seiner Knechte
zu sich und gab ihnen zehn Minen und
sagte zu ihnen: Macht damit Geschäfte,
bis ich zurückkomme! 14 Seine Mitbürger
aber hassten ihn und schickten eine Ge-
sandtschaft hinter ihm her und ließen sa-
gen: Wir wollen nicht, dass dieser Mann
unser König wird. 15 Nachdem er die Kö-
nigswürde erlangt hatte, kehrte er zurück
und ließ die Knechte rufen, denen er das
Geld gegeben hatte, um zu erfahren, was
ein jeder erhandelt hatte. 16 Der Erste kam
und sagte: Herr, deine Mine hat zehn Mi-
nen hinzuerworben. 17 Da sagte er zu ihm:
Recht so, du guter Knecht! Weil du in
Geringem treu gewesen bist, sollst du die
Herrschaft über zehn Städte haben. 18 Der
zweite kam und sagte: Herr, deine Mine
hat fünf Minen eingetragen. 19 Auch zu
diesem sagte er: Auch du sollst über fünf
Städte gebieten. 20 Und ein anderer kam
und sagte: Herr, da ist deine Mine, die
ich in einem Schweißtuch verwahrt habe;
21 denn ich hatte Angst vor dir, weil du ein
harter Mann bist. Du nimmst, was du
nicht angelegt, und erntest, was du nicht
gesät hast. 22 Da sagte er zu ihm: Aus dei-
nem Mund richte ich dich, du schlechter
Knecht! Du wusstest, dass ich ein harter
Mann bin, dass ich nehme, was ich nicht
angelegt, und ernte, was ich nicht gesät
habe. 23 Warum hast du mein Geld nicht
auf die Bank gegeben? Dann hätte ich es
bei meiner Rückkehr mit Zinsen abheben
können. 24 Und zu den Umstehenden sag-
te er: Nehmt ihm die Mine und gebt sie
dem, der die zehn Minen hat! 25 Sie sagten
zu ihm: Herr, er hat doch schon zehn Mi-
nen. 26 Ich sage euch: Jedem, der hat, wird
gegeben werden; wer aber nicht hat, dem
wird auch das, was er hat, genommen.
27 Diese meine Feinde aber, die nicht woll-
ten, dass ich ihr König werde – bringt sie
her und macht sie vor meinen Augen nie-
der!

Das Wirken Jesu in Jerusalem

Der Einzug in Jerusalem

28 Nach diesen Worten zog er weiter und
ging nach Jerusalem hinauf. 29 Als er in die
Nähe von Betfage und Betanien an den
Berg kam, der Ölberg heißt, sandte er zwei
Jünger voraus 30 und sagte: Geht in das
Dorf, dass vor uns liegt. Wenn ihr hinein-
kommt, werdet ihr ein Eselsfohlen ange-
bunden finden, auf dem noch kein
Mensch gesessen hat; das bindet los und

bringt es her. 31 Und wenn euch jemand
fragt: Warum bindet ihr es los?, dann sagt
ihm: Der Herr braucht es. 32 Die Abgesand-
ten gingen hin und fanden alles so, wie er
es ihnen gesagt hatte. 33 Als sie aber das
Fohlen losbanden, sagten seine Besitzer
zu ihnen: Was bindet ihr das Fohlen los?
34 Sie antworteten: Der Herr braucht es.
35 Und sie brachten es zu Jesus, warfen ihre
Mäntel auf das Fohlen und ließen Jesus
aufsitzen. 36 Während er dahinritt, breite-
ten sie ihre Kleider auf den Weg. 37 Als er
sich schon dem Abhang des Ölbergs nä-
herte, begann die ganze Schar der Jünger
voll Freude Gott mit lauter Stimme zu lo-
ben wegen aller Machttaten, die sie gese-
hen hatten. 38 Sie riefen: *Gepriesen sei er,*
der kommt, der König, *im Namen des*
Herrn! Friede im Himmel und Herrlich-
keit in der Höhe! 39 Einige Pharisäer riefen
ihm aus der Menge zu: Meister, verbiete es
deinen Jüngern! 40 Da antwortete er: Ich
sage euch: Wenn sie schweigen, werden
die Steine schreien.

Klage über Jerusalem

41 Als er näher kam und die Stadt sah,
weinte er über sie und sagte: 42 Wenn doch
auch du an diesem Tag erkannt hättest,
was zu deinem Frieden ist! Jetzt aber ist
es vor deinen Augen verborgen. 43 Es wer-
den Tage über dich kommen, da werden
deine Feinde einen Wall gegen dich auf-
werfen, dich ringsum einschließen und
von allen Seiten bedrängen. 44 Sie werden
dich und deine Kinder zu Boden werfen
und keinen Stein auf dem andern lassen,
weil du die Zeit deiner (gnadenvollen)
Heimsuchung nicht erkannt hast.

Die Tempelreinigung

45 Als er in den Tempel eingetreten war, be-
gann er, die Verkäufer hinauszutreiben.
46 Er sagte zu ihnen: Es steht geschrieben:
Mein Haus soll ein Haus des Gebetes sein;
ihr aber habt es zu *einer Räuberhöhle* ge-
macht.

47 Er lehrte täglich im Tempel. Die Ho-
henpriester, die Schriftgelehrten und die
Vornehmen des Volkes aber suchten ihn
umzubringen, 48 wussten jedoch nicht, wie
sie es zuwege bringen sollten; denn das
ganze Volk hing an ihm und hörte auf
ihn.

Die Vollmachtsfrage

20 Als er eines Tages im Tempel das
Volk lehrte und das Evangelium
verkündete, kamen die Hohenpriester
und Schriftgelehrten mit den Ältesten hin-
zu 2 und sagten zu ihm: Sage uns, mit wel-
cher Vollmacht tust du dies oder wer es
ist, der dir diese Vollmacht gegeben hat?
3 Da antwortete er ihnen: Auch ich will
euch eine Frage vorlegen. Sagt mir: 4 War
die Taufe des Johannes vom Himmel oder
von Menschen? 5 Da überlegten sie mit-
einander: Sagen wir: vom Himmel, so wird
er erwidern: Warum habt ihr ihm dann
nicht geglaubt? 6 Sagen wir aber: von Men-
schen, so wird uns das ganze Volk steini-
gen; denn es ist überzeugt, dass Johannes
ein Prophet war. 7 So antworteten sie, sie
wüssten nicht, woher. 8 Da erwiderte ihnen
Jesus: Dann sage auch ich euch nicht, mit
welcher Vollmacht ich dies tue.

Das Gleichnis von den bösen Winzern

9 Er erzählte dem Volk folgendes Gleich-
nis: Ein Mann pflanzte einen Weinberg,
verpachtete ihn an Winzer und reiste für
lange Zeit in die Fremde. 10 Als es an der
Zeit war, sandte er einen Knecht zu den
Winzern, damit sie ihm (seinen Anteil)
von der Frucht des Weinberges geben soll-
ten. Die Winzer aber schlugen ihn und
schickten ihn leer fort. 11 Und er sandte
nochmals einen anderen Knecht; sie aber
schlugen und beschimpften auch den und
schickten ihn leer fort. 12 Darauf sandte er
einen dritten; sie verwundeten auch den
und warfen ihn hinaus. 13 Da sagte der
Herr des Weinbergs: Was soll ich tun? Ich
will meinen geliebten Sohn senden; vor
ihm werden sie wohl Achtung haben.
14 Als ihn aber die Winzer sahen, überleg-
ten sie miteinander und sagten: Das ist der
Erbe; wir wollen ihn töten, damit das Erbe
uns gehört. 15 Sie warfen ihn aus dem
Weinberg hinaus und töteten ihn. Was
wird nun der Herr des Weinbergs mit
ihnen tun? 16 Er wird kommen und diese
Winzer umbringen und den Weinberg an-
deren geben. Als sie das hörten, sagten sie:
Das sei fern! 17 Er blickte sie an und sagte:
Was bedeutet das Schriftwort:

Der Stein, den die Bauleute verworfen
haben, / er ist zum Eckstein geworden?

18 Jeder, der auf diesen Stein fällt, wird

zerschellen; auf wen er aber fällt, den wird
er zermalmen.
19 Die Hohenpriester und Schriftgelehr-
ten hätten gern in jener Stunde Hand an
ihn gelegt, fürchteten aber das Volk. Sie
hatten nämlich verstanden, dass er sie mit
diesem Gleichnis meinte.

Die Steuerfrage

20 Sie belauerten ihn und schickten Spitzel,
die sich den Anschein gesetzestreuer Leute
geben sollten, um ihn bei einem Wort zu
fangen, damit sie ihn der Obrigkeit und
der Gewalt des Statthalters übergeben
könnten. 21 Und sie fragten ihn und sagten:
Meister, wir wissen, dass du recht redest
und lehrst und nicht auf die Person siehst,
sondern den Weg Gottes gemäß der
Wahrheit lehrst. 22 Ist es uns erlaubt, dem
Kaiser Steuern zu zahlen oder nicht? 23 Er
aber durchschaute ihre Arglist und sagte
zu ihnen: 24 Zeigt mir einen Denar! Wessen
Bild und Aufschrift hat er? Sie antworte-
ten: Die des Kaisers. 25 Da sagte er zu ihnen:
So gebt dem Kaiser, was des Kaisers ist,
und Gott, was Gottes ist! 26 Und es gelang
ihnen nicht, ihn vor dem Volk bei einem
(unüberlegten) Wort zu fangen. Verwun-
dert über seine Antwort verstummten sie.

Die Auferstehungsfrage

27 Es kamen einige Sadduzäer zu ihm, die
leugneten, dass es eine Auferstehung gebe,
28 und fragten ihn: Meister, Mose hat uns
vorgeschrieben: *Wenn der verheiratete
Bruder eines Mannes stirbt* und *kinderlos*
ist, *soll sein Bruder die Frau heiraten und
seinem Bruder Nachkommen verschaffen.*
29 Nun waren da sieben Brüder. Der erste
nahm eine Frau und starb kinderlos. 30 Da
nahm sie der zweite 31 und der dritte und
ebenso alle sieben; und sie alle starben,
ohne Kinder zu hinterlassen. 32 Zuletzt
starb auch die Frau. 33 Welchem von ihnen
wird die Frau bei der Auferstehung ange-
hören? Alle sieben haben sie doch zur
Frau gehabt.
34 Da sagte Jesus zu ihnen: Die Söhne
dieser Welt heiraten und werden verhei-
ratet, 35 die aber gewürdigt sind, an jener
Welt und der Auferstehung von den Toten
teilzuhaben, heiraten nicht und werden
nicht verheiratet. Sie können ja auch nicht
mehr sterben; 36 denn sie sind Engeln
gleich und Söhne Gottes, weil sie Söhne
der Auferstehung sind. 37 Dass aber die To-
ten auferweckt werden, hat auch Mose bei
der Geschichte vom Dornbusch angedeu-
tet, wo er den Herrn *den Gott Abrahams,
den Gott Isaaks und den Gott Jakobs* nennt.
38 Gott aber ist nicht ein Gott von Toten,
sondern von Lebenden; denn für ihn sind
alle lebendig.
39 Da sagten einige Schriftgelehrte: Meis-
ter, du hast gut gesprochen. 40 Und sie wag-
ten nicht mehr, ihn etwas zu fragen.

Die Frage nach dem Messias

41 Er fragte sie: Wie kann man behaupten,
dass der Messias Davids Sohn sei? 42 David
selbst sagt ja im Buch der Psalmen: *Der
Herr sprach zu meinem Herrn: Setze dich
zu meiner Rechten,* 43 *bis ich deine Feinde
als Schemel für deine Füße hinlege.* 44 Da-
vid also nennt ihn Herr. Wie kann er dann
sein Sohn sein?

Die Heuchelei der Schriftgelehrten

45 Während das ganze Volk zuhörte, sagte
er zu den Jüngern: 46 Hütet euch vor den
Schriftgelehrten, die gern in wallenden
Gewändern einhergehen, die es lieben,
auf den Marktplätzen begrüßt zu werden
und die ersten Sitze in den Synagogen
und die Ehrenplätze bei den Gastmählern
einzunehmen. 47 Sie zehren die Häuser der
Witwen auf und verrichten zum Schein
lange Gebete. Sie werden ein um so stren-
geres Urteil erfahren.

Das Opfer der Witwe

21 Als er aufblickte, sah er, wie die
Reichen ihre Gaben in den Opfer-
kasten warfen. 2 Er sah auch eine arme Wit-
we, die zwei Lepta einwarf. 3 Da sagte er:
Wahrhaftig, ich sage euch: Diese arme
Witwe hat mehr hineingeworfen als alle.
4 Denn sie alle haben nur von ihrem Über-
fluss gegeben; sie aber hat in ihrer Armut
alles eingeworfen, was sie zum Leben hatte.

Die Rede über die Endzeit

Das Ende des Tempels

5 Als einige vom Tempel sagten, dass er mit
schönen Steinen und Weihegeschenken
geschmückt sei, antwortete er: 6 Was ihr
da anschaut – es werden Tage kommen,
da wird kein Stein auf dem anderen blei-
ben; alles wird zerstört.

Die vorausgehenden Zeichen

7 Sie fragten ihn: Meister, wann wird dies
geschehen und was ist das Zeichen dafür,
dass es beginnt? 8 Er antwortete: Seht zu,
dass ihr nicht irregeführt werdet! Denn
viele werden unter meinem Namen kom-
men und sagen: Ich bin es! Und: Die Stun-
de ist gekommen! Lauft ihnen nicht nach!
9 Wenn ihr aber von Kriegen und Aufstän-
den hört, erschreckt nicht; denn das *muss*
zuvor *geschehen*, aber es ist noch nicht so-
gleich das Ende. 10 Dann sagte er zu ihnen:
Volk wird sich gegen Volk erheben und
Reich gegen Reich 11 und große Erdbeben
und Seuchen und Hungersnöte wird es da
und dort geben; schreckliche Dinge wer-
den geschehen und große Zeichen am
Himmel zu sehen sein.

12 Aber noch vor allem diesem wird man
Hand an euch legen und euch verfolgen.
Man wird euch um meines Namens willen
den Synagogen und Gefängnissen auslie-
fern und vor Könige und Statthalter füh-
ren. 13 Das wird euch Anlass sein, Zeugnis
zu geben. 14 Nehmt euch darum vor, nichts
im Voraus für euere Verteidigung vor-
zubereiten; 15 denn ich werde euch Rede
und Weisheit eingeben, der alle euere Wi-
dersacher nicht widerstehen oder wider-
sprechen können. 16 Sogar Eltern, Brüder,
Verwandte und Freunde werden euch aus-
liefern und manche von euch wird man
töten. 17 Ihr werdet um meines Namens
willen von allen gehasst werden. 18 Und
doch wird kein Haar von euerem Haupt
verloren gehen. 19 Durch euere Standhaf-
tigkeit werdet ihr euer (künftiges) Leben
gewinnen.

Die große Bedrängnis

20 Wenn ihr Jerusalem von Kriegsheeren
eingeschlossen seht, dann erkennt daran,
dass seine Verwüstung nahe ist. 21 Dann
fliehe in die Berge, wer in Judäa ist, und
wer in (der Stadt) ist, ziehe hinaus, und
wer auf dem Land ist, gehe nicht in sie hi-
nein; 22 denn das sind die *Tage der Vergel-
tung*, damit alles in Erfüllung geht, was ge-
schrieben steht. 23 Wehe den Schwangeren
und den Stillenden in jenen Tagen! Denn
es wird große Not über das Land kommen
und ein Zorngericht über dieses Volk.
24 Sie werden fallen durch die Schärfe des
Schwertes und als Gefangene unter alle
Heiden verschleppt. Jerusalem wird von
den Heiden zertreten werden, bis (auch)
die Zeiten der Völker sich erfüllen.

Das Kommen des Menschensohnes

25 Es werden Zeichen an Sonne, Mond und
Sternen eintreten und auf der Erde Angst
unter den Völkern und Ratlosigkeit über
das Tosen des Meeres und der Wogen.
26 Die Menschen werden vor Angst ver-
gehen in der Erwartung dessen, was über
den Erdkreis kommen wird; denn die
Kräfte des Himmels werden erschüttert
werden. 27 Dann werden sie den Men-
schensohn mit großer Macht und Herr-
lichkeit auf einer Wolke kommen sehen.
28 Wenn (alles) das beginnt, dann richtet
euch auf und erhebt euere Häupter; denn
es naht euere Erlösung.

Der Zeitpunkt der Wiederkunft

29 Er belehrte sie mit einem Vergleich: Be-
trachtet den Feigenbaum und alle anderen
Bäume! 30 Sobald sie ausschlagen, seht und
wisst ihr, dass der Sommer nahe ist. 31 Ge-
nauso sollt auch ihr, wenn ihr dies gesche-
hen seht, erkennen: Das Reich Gottes ist
nahe. 32 Amen, ich sage euch: Dieses Ge-
schlecht wird nicht vergehen, bis alles ge-
schieht. 33 Himmel und Erde werden ver-
gehen, meine Worte aber werden nicht
vergehen.

Mahnung zur Wachsamkeit

34 Habt Acht auf euch, dass Rausch und
Trunkenheit und irdische Sorgen euch
nicht belasten, damit jener Tag euch nicht
unversehens überrascht 35 wie ein Fall-
strick. Denn kommen wird er über alle,
die auf der Erde wohnen. 36 Wacht also al-
lezeit und betet, damit ihr imstande seid,
allem zu entrinnen, was geschehen wird,
und vor dem Menschensohn zu bestehen.

Die letzten Tage Jesu

37 Tagsüber lehrte er im Tempel; nachts
aber ging er hinaus und blieb auf dem
Berg, der Ölberg heißt. 38 Schon frühmor-
gens kam alles Volk zu ihm in den Tempel,
um ihn zu hören.

Leiden und Auferstehung Jesu

Der Todesbeschluss

22 Das Fest der Ungesäuerten Brote,
das Pascha heißt, nahte sich aber.
2 Und die Hohenpriester und die Schriftge-
lehrten suchten nach einer Gelegenheit,
ihn beseitigen zu können; denn sie fürch-
teten das Volk.

Der Verrat des Judas

3 Der Satan aber fuhr in Judas, genannt Is-
kariot, einen von den Zwölf. 4 Er ging zu
den Hohenpriestern und Hauptleuten
und besprach sich mit ihnen, wie er ihn
an sie ausliefern könnte. 5 Da freuten sie
sich und kamen mit ihm überein, ihm
Geld zu geben. 6 Er sagte zu und suchte
eine Gelegenheit, ihn ohne Volksauflauf
auszuliefern.

Die Vorbereitung des Paschamahls

7 Es kam der Tag der Ungesäuerten Brote,
an dem das Paschalamm geschlachtet wer-
den musste. 8 Da entsandte er Petrus und
Johannes und sagte: Geht und bereitet uns
das Paschamahl vor, damit wir es essen.
9 Sie antworteten ihm: Wo willst du, dass
wir es vorbereiten? 10 Er antwortete ihnen:
Sobald ihr in die Stadt hineinkommt, wird
euch ein Mann begegnen, der einen Was-
serkrug trägt. Folgt ihm in das Haus, in
das er hineingeht, 11 und sagt zum Herrn
des Hauses: Der Meister lässt dir sagen:
Wo ist das Gemach, in dem ich mit mei-
nen Jüngern das Paschamahl halten kann?
12 Er wird euch ein großes Obergemach zei-
gen, das mit Polstern belegt ist. Dort berei-
tet es vor! 13 Da gingen sie und fanden alles
so, wie er es ihnen gesagt hatte, und berei-
teten das Paschamahl vor.

Das Mahl

14 Als die Stunde gekommen war, legte er
sich zu Tisch und die Apostel mit ihm.
15 Und er sagte zu ihnen: Ich habe mich da-
nach gesehnt, dieses Paschamahl mit euch
zu essen, noch bevor mein Leiden beginnt.
16 Denn ich sage euch: Von nun an werde
ich es nicht mehr essen, bis es seine Voll-
endung im Reich Gottes findet. 17 Und er
nahm einen Becher, sprach das Dankgebet
und sagte: Nehmt ihn und teilt ihn unter
euch! 18 Denn ich sage euch: Von nun an
werde ich nicht mehr von der Frucht des
Weinstocks trinken, bis das Reich Gottes
kommt. 19 Und er nahm Brot, sprach das
Dankgebet, brach es und gab es ihnen mit
den Worten: Das ist mein Leib, der für
euch hingegeben wird. Tut dies zu meinem
Gedächtnis! 20 Ebenso nahm er nach dem
Mahl den Becher: Dieser Becher ist der
Neue Bund in meinem Blut, das für euch
vergossen wird. 21 Doch seht, die Hand des-
sen, der mich verrät, ist mit mir auf dem
Tisch. 22 Zwar geht der Menschensohn da-
hin, wie es bestimmt ist; doch wehe dem
Menschen, durch den er ausgeliefert wird!
23 Da begannen sie zu streiten, wer von
ihnen es wohl wäre, der das tun würde.

Vom Herrschen und vom Dienen

24 Es entstand unter ihnen ein Streit, wer
von ihnen als der Größte gelten könne.
25 Da sagte er zu ihnen: Die Könige herr-
schen über ihre Völker und die Gewalt-
haber lassen sich Wohltäter nennen. 26 Bei
euch aber soll es nicht so sein, sondern der
Größte unter euch soll wie der Jüngste
werden und der Führer wie der Diener.
27 Denn wer ist größer: wer zu Tisch liegt
oder wer bedient? Ist es nicht derjenige,
der zu Tisch liegt? Ich aber bin in euerer
Mitte wie einer, der bedient.

28 Aber ihr seid es, die in meinen Prüfun-
gen bei mir ausgeharrt haben. 29 Deshalb
vermache ich euch das Reich, wie es mein
Vater mir vermacht hat: 30 Ihr sollt in mei-
nem Reich an meinem Tisch essen und
trinken und auf Thronen sitzen, um die
zwölf Stämme Israels zu richten.

Ankündigung der Verleugnung und der Umkehr des Petrus

31 Simon, Simon, der Satan hat verlangt,
euch im Sieb zu schütteln wie Weizen.
32 Ich aber habe für dich gebetet, dass dein
Glaube nicht wankt. Und wenn du dich
bekehrt hast, stärke deine Brüder! 33 Er
aber sagte zu ihm: Herr, ich bin bereit,
mit dir in Kerker und Tod zu gehen! 34 Je-
sus erwiderte: Ich sage dir, Petrus: Bevor
heute der Hahn kräht, hast du dreimal ge-
leugnet, mich zu kennen.

Die Stunde der Entscheidung

35 Er sagte zu ihnen: Als ich euch ohne Beu-
tel und Tasche und Schuhe aussandte, hat

es euch da an irgendetwas gemangelt? Sie
antworteten: An nichts. 36 Da sagte er zu
ihnen: Jetzt aber soll der, der einen Beutel
hat, ihn mitnehmen, ebenfalls eine Tasche;
und wer kein Schwert hat, soll seinen
Mantel verkaufen und sich dafür eines
kaufen. 37 Denn ich sage euch: Dieses
Schriftwort muss sich an mir erfüllen: *Er
wurde zu den Übeltätern gezählt.* Denn
was mir bestimmt ist, geht jetzt in Erfül-
lung. 38 Da sagten sie: Herr, hier sind zwei
Schwerter. Er erwiderte: Es ist genug!

Jesus am Ölberg

39 Er ging hinaus und begab sich nach sei-
ner Gewohnheit zum Ölberg; die Jünger
folgten ihm. 40 Als er an den Ort gelangt
war, sagte er zu ihnen: Betet, dass ihr nicht
in Versuchung geratet. 41 Und er trennte
sich von ihnen etwa einen Steinwurf weit,
kniete nieder und betete: 42 Vater, wenn du
willst, lass diesen Kelch an mir vorüber-
gehen. Doch nicht mein, sondern dein
Wille soll geschehen. 43 Da erschien ihm
ein Engel vom Himmel und stärkte ihn.
44 Und er geriet in Angst und betete noch
inständiger. Sein Schweiß war wie Blut,
das auf die Erde tropfte. 45 Als er sich vom
Gebet erhob und zu den Jüngern zurück-
kehrte, fand er sie schlafend vor Traurig-
keit. 46 Da sagte er zu ihnen: Was schlaft
ihr? Steht auf und betet, damit ihr nicht
in Versuchung geratet.

Die Gefangennahme Jesu

47 Während er noch redete, kam eine Schar
und einer von den Zwölf namens Judas
ging ihnen voran und näherte sich Jesus,
um ihn zu küssen. 48 Jesus aber sagte zu
ihm: Judas, mit einem Kuss verrätst du
den Menschensohn? 49 Als seine Begleiter
sahen, was (ihm) bevorstand, sagten sie:
Herr, sollen wir mit dem Schwert drein-
schlagen? 50 Und einer von ihnen schlug
auf den Knecht des Hohenpriesters ein
und hieb ihm das rechte Ohr ab. 51 Jesus
aber sagte: Lasst ab! Nicht weiter! Und er
berührte das Ohr und heilte ihn.

52 Zu den Hohenpriestern aber, den
Tempelhauptleuten und Ältesten, die zu
ihm herangetreten waren, sagte Jesus: Wie
gegen einen Räuber seid ihr ausgezogen
mit Schwertern und Knüppeln. 53 Als ich
täglich bei euch im Tempel war, habt ihr
nicht Hand an mich gelegt. Aber das ist
euere Stunde und die Macht der Finster-
nis.

Die Verleugnung durch Petrus

54 Sie nahmen ihn fest, führten ihn fort
und brachten ihn in das Haus des Hohen-
priesters. Petrus folgte von weitem. 55 Als
sie aber mitten im Hof ein Feuer angezün-
det und sich zusammengesetzt hatten,
setzte sich Petrus mitten unter sie. 56 Da
sah ihn eine Magd am Feuer sitzen, blickte
ihn genau an und sagte: Der war auch bei
ihm. 57 Er aber leugnete und sagte: Frau,
ich kenne ihn nicht. 58 Kurz darauf sah
ihn ein anderer und sagte: Auch du bist
einer von ihnen. Petrus aber sagte: Mann,
ich bin es nicht. 59 Ungefähr eine Stunde
später behauptete ein anderer: Wahrhaf-
tig, der war auch bei ihm; er ist doch auch
ein Galiläer. 60 Petrus aber entgegnete:
Mann, ich weiß nicht, was du meinst. So-
gleich, während er noch redete, krähte ein
Hahn. 61 Da wandte sich der Herr um und
blickte Petrus an; und Petrus erinnerte
sich an das Wort des Herrn, wie er zu
ihm gesagt hatte: Ehe heute der Hahn
kräht, wirst du mich dreimal verleugnen.
62 Und er ging hinaus und weinte bitter-
lich.

Die Verspottung Jesu

63 Die Männer, die Jesus bewachten, ver-
spotteten und schlugen ihn. 64 Sie verhüll-
ten ihn und fragten ihn: Weissage: Wer
hat dich geschlagen? 65 Und noch viele an-
dere Schmähungen stießen sie gegen ihn
aus.

Jesus vor dem Hohen Rat

66 Als es Tag wurde, versammelte sich der
Ältestenrat des Volkes, die Hohenpriester
und die Schriftgelehrten; sie führten ihn
vor ihre Ratsversammlung 67 und sagten:
Wenn du der Messias bist, dann sage es
uns! Er antwortete ihnen: Wenn ich es
euch sage, werdet ihr (mir) nicht glauben;
68 wenn ich aber frage, werdet ihr nicht
antworten. 69 Doch von nun an wird *der
Menschensohn zur Rechten* der Macht *Got-
tes sitzen.* 70 Da sagten alle: Du bist also der
Sohn Gottes? Er antwortete ihnen: Ihr
sagt es; ich bin es. 71 Da riefen sie: Was
brauchen wir noch Zeugenaussagen? Wir
haben es ja selbst aus seinem Mund ge-
hört!

Die Auslieferung an Pilatus

23 Die ganze Versammlung stand auf
und man ließ ihn zu Pilatus abfüh-
ren. 2 Sie brachten ihre Anklagen gegen ihn
vor und sagten: Wir haben festgestellt,
dass dieser Mann unser Volk aufwiegelt,
es davon abhält, dem Kaiser Steuern zu
zahlen, und behauptet, er sei der Messias
und König. 3 Pilatus fragte ihn: Du bist der
König der Juden? Er antwortete ihm: Du
sagst es. 4 Da sagte Pilatus zu den Hohen-
priestern und zur Menge: Ich finde keine
Schuld an diesem Menschen. 5 Sie aber be-
haupteten immer heftiger: Er bringt das
Volk in Aufruhr, in dem er in ganz Judäa
lehrt, von Galiläa bis hierher. 6 Als Pilatus
das hörte, fragte er, ob der Mann ein Gali-
läer sei. 7 Und als er erfuhr, dass er aus dem
Gebiet des Herodes komme, schickte er
ihn zu Herodes, der in diesen Tagen eben-
falls in Jerusalem war.

Jesus vor Herodes

8 Herodes freute sich sehr, als er Jesus sah;
denn seit langem hatte er den Wunsch,
ihn zu sehen, weil er von ihm gehört hatte,
und er hoffte, ihn ein Wunderzeichen wir-
ken zu sehen. 9 Er befragte ihn ausführlich,
doch Jesus antwortete ihm nicht. 10 Die an-
wesenden Hohenpriester und Schriftge-
lehrten erhoben schwere Anklagen gegen
ihn. 11 Herodes und sein Gefolge zeigten
ihm ihre Verachtung. Er verspottete ihn,
ließ ihm ein Prunkgewand anlegen und
schickte ihn zu Pilatus zurück. 12 An die-
sem Tag wurden Herodes und Pilatus
Freunde; vorher hatten sie nämlich in
Feindschaft zueinander gestanden.

Die Verurteilung durch Pilatus

13 Pilatus rief die Hohenpriester, die Füh-
renden und das Volk zusammen 14 und
sagte zu ihnen: Ihr habt mir diesen Men-
schen gebracht, der ein Volksaufwiegler
sein soll. Ich habe ihn in euerer Gegenwart
verhört, aber an ihm keinen Grund für
euere Anklagen gefunden, 15 auch Herodes
nicht; denn er hat ihn uns zurück-
geschickt. Ihr seht also: Er hat nichts ge-
tan, was den Tod verdient. 16 Daher werde
ich ihn geißeln lassen und dann freigeben.
17 [Er musste ihnen aber zum Fest einen
freigeben.] 18 Da schrien sie alle zusam-
men: Weg mit ihm, den Barabbas gib uns
frei! 19 Der war nämlich wegen Aufruhr in
der Stadt und wegen Mord ins Gefängnis
geworfen worden. 20 Pilatus wandte sich
nochmals an sie, weil er Jesus freigeben
wollte. 21 Sie aber schrien dagegen: Kreuzi-
ge, kreuzige ihn! 22 Darauf sagte er zum
dritten Mal zu ihnen: Was hat er denn Bö-
ses getan? Ich habe keine Todesschuld an
ihm gefunden; ich will ihn also geißeln las-
sen und dann freigeben. 23 Sie aber setzten
ihm zu mit großem Geschrei und forder-
ten seine Kreuzigung. Und ihr Geschrei
setzte sich durch. 24 Da entschied Pilatus,
dass ihrer Forderung stattgegeben werden
solle: 25 Er ließ den frei, der wegen Aufruhr
und Mord ins Gefängnis geworfen worden
war. Jesus aber gab er ihrem Willen preis.

Die Kreuzigung

26 Als sie ihn hinausführten, griffen sie
einen gewissen Simon aus Zyrene auf, der
eben vom Feld kam, und luden ihm das
Kreuz auf, damit er es Jesus nachtrage.
27 Eine große Volksmenge folgte ihm und
viele Frauen, die ihn beweinten und be-
klagten. 28 Jesus wandte sich zu ihnen um
und sagte: Ihr Töchter Jerusalems, weint
nicht über mich; weint vielmehr über euch
selbst und über euere Kinder! 29 Denn es
kommen Tage, da wird man sagen: Wohl
den Unfruchtbaren und den Leibern, die
nicht geboren, und den Brüsten, die nicht
gestillt haben! 30 Dann wird man zu den
Bergen sagen: *Fallt auf uns!*, und zu den
Hügeln: *Bedeckt uns!* 31 Denn wenn man
dies am grünen Holz tut, was wird erst
am dürren geschehen? 32 Mit ihm wurden
auch noch zwei Verbrecher zur Hinrich-
tung geführt. 33 Als sie an den Ort kamen,
der Schädelstätte genannt wird, kreuzigten
sie dort ihn und die Verbrecher, den einen
zur Rechten und den anderen zur Linken.
34 Jesus aber betete: Vater, vergib ihnen,
denn sie wissen nicht, was sie tun! *Dann
warfen sie das Los, um seine Kleider unter
sich zu verteilen.* 35 Das Volk stand da und
schaute zu. Aber auch die Führenden
höhnten: Anderen hat er geholfen; er helfe
sich selbst, wenn er der Messias Gottes ist,
der Auserwählte! 36 Auch die Soldaten ver-
spotteten ihn, indem sie hinzutraten, ihm
Essig reichten 37 und sagten: Wenn du der
König der Juden bist, so hilf dir selbst! 38 Es
war auch eine Aufschrift über ihm ange-
bracht: Das ist der König der Juden. 39 Ei-
ner der gehenkten Übeltäter verhöhnte

ihn: Bist du nicht der Messias? Hilf dir
selbst und uns! 40 Doch der andere wies
ihn zurecht und sagte: Nicht einmal du
fürchtest Gott, obwohl dich doch das glei-
che Urteil getroffen hat? 41 Uns allerdings
mit Recht; denn wir empfangen, was unse-
re Taten verdienen; dieser aber hat nichts
Unrechtes getan. 42 Dann sagte er: Jesus,
denk an mich, wenn du in dein Reich
kommst! 43 Jesus antwortete ihm: Amen,
ich sage dir: Heute noch wirst du mit mir
im Paradies sein.

Der Tod Jesu

44 Es war schon um die sechste Stunde, als
eine Finsternis bis zur neunten Stunde
über das ganze Land kam. 45 Die Sonne
verlor ihren Schein. Der Vorhang im Tem-
pel riss mitten entzwei. 46 Und Jesus rief
laut: Vater, *in deine Hände lege ich meinen
Geist*! Nach diesen Worten verschied er.

47 Als der Hauptmann sah, was gesche-
hen war, pries er Gott und sagte: Wahrhaf-
tig, dieser Mensch war ein Gerechter!
48 Und die ganze Volksmenge, die zu die-
sem Schauspiel zusammengekommen war,
schlug sich an die Brust, als sie sah, was
geschehen war, und kehrte zurück.

49 Alle seine Bekannten aber, auch die
Frauen, die ihm von Galiläa her gefolgt
waren, hatten alles von weitem mit ange-
sehen.

Die Grablegung

50 Ein Mann namens Josef war Mitglied des
Hohen Rates; er war ein guter und gerech-
ter Mann, 51 der ihrem Beschluss und Vor-
gehen nicht zugestimmt hatte. Er kam aus
Arimathäa, einer Stadt in Judäa, und er-
wartete auch das Reich Gottes. 52 Er ging
zu Pilatus und bat um den Leichnam Jesu,
53 nahm ihn herunter, hüllte ihn in Lein-
wand und legte ihn in ein Felsengrab, in
dem noch niemand bestattet worden war.
54 Es war Rüsttag, kurz vor Sabbat. 55 Die
Frauen, die ihn von Galiläa her begleitet
hatten, waren mitgegangen und sahen zu,
wie der Leichnam im Grab bestattet wur-
de. 56 Dann kehrten sie heim und bereite-
ten Balsam und Salböl. Am Sabbat ruhten
sie, wie es das Gesetz vorschreibt.

Das leere Grab. Die Botschaft der Engel

24 Am ersten Tag der Woche kamen
die Frauen im ersten Morgengrau-
en zum Grab und brachten den Balsam,
den sie bereitet hatten. 2 Da fanden sie den
Stein vom Grab weggewälzt 3 und gingen
hinein, fanden aber den Leichnam des
Herrn Jesus nicht. 4 Während sie noch rat-
los davor standen, traten zwei Männer in
strahlenden Gewändern zu ihnen. 5 Sie er-
schraken und senkten den Blick zu Boden.
Die Männer aber sagten zu ihnen: Was
sucht ihr den Lebenden bei den Toten?
6 Er ist nicht hier, sondern er ist auferweckt
worden. Erinnert euch an das, was er euch
gesagt hat, als er noch in Galiläa war: 7 Der
Menschensohn muss in die Hände der
Sünder ausgeliefert und gekreuzigt werden
und am dritten Tag auferstehen. 8 Da erin-
nerten sie sich an seine Worte. 9 Sie kehr-
ten vom Grab zurück und verkündeten al-
les den Elf und allen übrigen. 10 Maria aus
Magdala, Johanna und Maria, die Mutter
des Jakobus, und die übrigen, die bei ihnen
waren, erzählten es den Aposteln. 11 Doch
ihnen kamen diese Worte wie leeres Gere-
de vor und sie glaubten ihnen nicht. 12 Pe-
trus aber stand auf und lief zum Grab,
beugte sich hinein, sah aber nur die Lei-
nentücher. Voll Verwunderung über das,
was geschehen war, ging er heim.

Der Gang nach Emmaus

13 Am gleichen Tag gingen zwei von den
Jüngern nach einem Dorf namens Em-
maus, das sechzig Stadien von Jerusalem
entfernt ist. 14 Sie sprachen miteinander
über alles das, was sich zugetragen hatte.
15 Während sie miteinander sprachen und
überlegten, kam Jesus hinzu und ging mit
ihnen. 16 Ihre Augen aber waren gehalten,
dass sie ihn nicht erkannten. 17 Er fragte
sie: Was sind das für Reden, die ihr da auf
dem Weg miteinander führt? Da blieben
sie traurig stehen. 18 Einer von ihnen na-
mens Kleopas antwortete ihm: Bist du der
Einzige in Jerusalem, der nicht weiß, was
in diesen Tagen dort geschehen ist? 19 Er
fragte sie: Was denn? Sie antworteten ihm:
Das mit Jesus von Nazaret, der ein Pro-
phet war, mächtig in Tat und Wort vor
Gott und dem ganzen Volk, 20 und wie ihn
unsere Hohenpriester und Führer zur To-
desstrafe verurteilt und ihn gekreuzigt ha-
ben. 21 Wir aber hofften, dass er es sei, der
Israel erlösen werde. Und nun ist zu all-
dem heute schon der dritte Tag, seit dies
geschehen ist. 22 Aber auch einige Frauen

aus unserem Kreis haben uns in Bestür-
zung versetzt. Vor Tagesanbruch waren
sie beim Grab 23 und fanden seinen Leich-
nam nicht; sie kamen und erzählten, sie
hätten eine Erscheinung von Engeln ge-
habt, die sagten, er lebe. 24 Dann gingen ei-
nige von uns zum Grab und fanden es so,
wie die Frauen gesagt hatten; ihn selbst
aber haben sie nicht gesehen. 25 Da sagte
er zu ihnen: Ihr Unverständigen, wie träge
ist euer Herz, an alles das zu glauben, was
die Propheten gesagt haben! 26 Musste
nicht der Messias alles dies erleiden und
so in seine Herrlichkeit gelangen? 27 Und
er begann, ihnen mit Mose und allen Pro-
pheten auszulegen, was sich in der ganzen
Schrift auf ihn bezieht. 28 Als sie sich dem
Dorf näherten, zu dem sie unterwegs wa-
ren, tat er, als wolle er weitergehen. 29 Da
drängten sie ihn und sagten: Bleibe bei
uns; denn es will Abend werden und der
Tag hat sich schon geneigt. Da ging er mit
hinein, um bei ihnen zu bleiben. 30 Und als
er sich mit ihnen zu Tisch gelegt hatte,
nahm er das Brot, sprach das Dankgebet,
brach und gab es ihnen. 31 Da wurden
ihnen die Augen aufgetan und sie erkann-
ten ihn; er aber entschwand ihren Blicken.
32 Da sagten sie zueinander: Brannte uns
nicht das Herz in der Brust, als er auf
dem Weg mit uns redete und uns die
Schriften erschloss? 33 Noch in derselben
Stunde brachen sie auf und kehrten nach
Jerusalem zurück. Dort fanden sie die Elf
und ihre Gefährten versammelt, 34 die sag-
ten: Wahrhaftig, der Herr ist auferweckt
worden und dem Simon erschienen! 35 Da
erzählten auch sie, was auf dem Weg ge-
schehen war und wie sie ihn beim Brotbre-
chen erkannt hatten.

Jesus erscheint den Aposteln in Jerusalem

36 Während sie noch darüber redeten,
stand er selbst in ihrer Mitte und sagte zu
ihnen: Friede sei mit euch! 37 Erschrocken
und von Furcht ergriffen, meinten sie,
einen Geist zu sehen. 38 Da sagte er ihnen:
Was seid ihr bestürzt und warum steigen
Zweifel in eueren Herzen auf? 39 Seht mei-
ne Hände und meine Füße an: Ich bin es
selbst! Fasst mich doch an und seht! Ein
Geist hat doch nicht Fleisch und Bein,
wie ihr es an mir seht. 40 Als er dies gesagt
hatte, zeigte er ihnen seine Hände und sei-
ne Füße. 41 Weil sie aber vor Freude noch
immer nicht glauben und nur staunen
konnten, sagte er zu ihnen: Habt ihr etwas
zu essen? 42 Da reichten sie ihm ein Stück
gebratenen Fisch. 43 Er nahm es und aß es
vor ihren Augen.

44 Er sagte zu ihnen: Dies sind meine
Worte, die ich zu euch gesprochen habe,
als ich noch bei euch war: Alles muss er-
füllt werden, was im Gesetz des Mose, bei
den Propheten und in den Psalmen von
mir geschrieben steht. 45 Dann öffnete er
ihnen den Sinn für das Verständnis der
Schriften 46 und sagte zu ihnen: So steht es
geschrieben: Der Messias wird leiden und
am dritten Tag von den Toten auferstehen.
47 In seinem Namen wird man allen Völ-
kern, angefangen von Jerusalem, Umkehr
und Vergebung der Sünden verkünden.
48 Ihr seid Zeugen dafür. 49 Ich sende die
Verheißung meines Vaters auf euch herab.
Ihr aber sollt in der Stadt bleiben, bis ihr
mit Kraft aus der Höhe ausgerüstet seid.

50 Er führte sie hinaus bis in die Nähe von
Betanien, erhob seine Hände und segnete
sie. 51 Während er sie segnete, schied er von
ihnen und wurde in den Himmel empor-
gehoben. 52 Sie warfen sich anbetend vor
ihm nieder und kehrten in großer Freude
nach Jerusalem zurück. 53 Und sie waren al-
lezeit im Tempel und priesen Gott.

Das Evangelium nach Johannes

Prolog

1 Im Anfang war das Wort, / und das
Wort war bei Gott, / und Gott war das
Wort.
2 Es war im Anfang bei Gott.
3 Alles ist durch es geworden, / und
ohne es ist nichts geworden, was geworden
ist.
4 In ihm war das Leben, / und das Leben
war das Licht der Menschen.
5 Und das Licht scheint in der Finster-
nis, / und die Finsternis hat es nicht
ergriffen.
6 Ein Mensch trat auf, von Gott gesandt,
sein Name war Johannes. 7 Er kam zum
Zeugnis, um Zeugnis abzulegen für das
Licht, damit alle durch ihn glauben. 8 Er
war nicht das Licht, sondern er sollte
Zeugnis ablegen für das Licht.
9 (Das Wort) war das wahre Licht, das
jeden Menschen erleuchtet; es kam in die
Welt.
10 Er war in der Welt, / und die Welt ist
durch ihn geworden, / und die Welt hat
ihn nicht erkannt.
11 Er kam in sein Eigentum, / und die
Seinigen nahmen ihn nicht auf.
12 Allen aber, die ihn aufnahmen, / gab
er Macht, Kinder Gottes zu werden, /
denen, die an seinen Namen glauben,
13 die nicht aus dem Blut, / nicht aus
dem Willen des Fleisches, / nicht aus dem
Willen des Mannes, / sondern aus Gott
geboren sind.
14 Und das Wort ist Fleisch geworden /
und hat unter uns gewohnt
und wir haben seine Herrlichkeit
geschaut, / eine Herrlichkeit, wie sie der
einzige Sohn vom Vater hat, / voll Gnade
und Wahrheit.
15 Johannes legte Zeugnis für ihn ab und
rief: Dieser war es, von dem ich gesagt ha-
be: Er, der nach mir kommt, ist mir vo-
raus, weil er vor mir war.
16 Aus seiner Fülle haben wir alle emp-
fangen, / Gnade um Gnade.
17 Denn das Gesetz ist durch Mose gege-
ben worden, die Gnade und die Wahrheit
ist durch Jesus Christus gekommen. 18 Nie-
mand hat Gott jemals gesehen. Der Ein-
zige, der Gott ist und an der Brust des Va-
ters ruht, er hat Kunde gebracht.

Das öffentliche Wirken Jesu

Johannes der Täufer über sich selbst

19 Das ist das Zeugnis des Johannes, als die
Juden aus Jerusalem Priester und Leviten
zu ihm sandten mit der Frage: Wer bist
du? 20 Da bekannte er und leugnete nicht;
er bekannte: Ich bin nicht der Messias.
21 Sie fragten ihn: Was denn? Bist du Elija?
Er sagte: Ich bin es nicht. Bist du der Pro-
phet? Er antwortete: Nein. 22 Da fragten sie
ihn: Wer bist du? Wir müssen denen, die
uns gesandt haben, Antwort bringen. Was
sagst du über dich selbst? 23 Er sagte: Ich
bin *die Stimme eines Rufenden in der Wüs-
te: Bereitet den Weg des Herrn!*, wie der
Prophet Jesaja gesagt hat. 24 Es waren auch
Abgesandte aus dem Kreis der Pharisäer
anwesend. 25 Sie fragten ihn: Warum taufst
du denn, wenn du weder der Messias noch
Elija noch der Prophet bist? 26 Johannes
antwortete ihnen: Ich taufe mit Wasser.
Mitten unter euch steht der, den ihr nicht
kennt, 27 der nach mir kommt, dessen
Schuhriemen aufzuknüpfen ich nicht wür-
dig bin. 28 Das geschah in Betanien jenseits
des Jordan, wo Johannes taufte.

Johannes der Täufer über Jesus

29 Am folgenden Tag sah er Jesus auf sich
zukommen und sagte: Seht, das Lamm
Gottes, das die Sünde der Welt wegnimmt.
30 Er ist es, von dem ich gesagt habe: Nach
mir kommt ein Mann, der mir voraus ist,

weil er vor mir war. 31 Auch ich kannte ihn nicht. Aber um Israel mit ihm bekannt zu machen, deshalb bin ich gekommen und taufe mit Wasser. 32 Und Johannes bezeugte: Ich sah den Geist wie eine Taube vom Himmel herabsteigen und er blieb auf ihm. 33 Auch ich kannte ihn nicht. Aber er, der mich gesandt hat, um mit Wasser zu taufen, hat zu mir gesagt: Auf wen du den Geist herabsteigen und auf ihm bleiben siehst, der ist es, der mit Heiligem Geist tauft. 34 Ich habe es gesehen und bezeuge, dass er der Sohn Gottes ist.

Die ersten Jünger

35 Am folgenden Tag stand Johannes wieder da mit zwei von seinen Jüngern, 36 richtete seinen Blick auf den vorübergehenden Jesus und sagte: Seht, das Lamm Gottes! 37 Die beiden Jünger hörten, was er sagte, und folgten Jesus. 38 Jesus wandte sich um, und als er sie nachkommen sah, fragte er sie: Was sucht ihr? Sie aber sagten zu ihm: Rabbi – das heißt übersetzt: Meister –, wo wohnst du? 39 Er antwortete ihnen: Kommt und seht! Sie gingen also mit und sahen, wo er wohnte, und blieben jenen Tag bei ihm; es war ungefähr die zehnte Stunde.

40 Andreas, der Bruder des Simon Petrus, war einer der beiden, die das Wort des Johannes gehört hatten und Jesus gefolgt waren. 41 Dieser traf am Morgen seinen Bruder Simon und sagte zu ihm: Wir haben den Messias gefunden – das heißt übersetzt: der Gesalbte (Christus). 42 Er führte ihn zu Jesus. Jesus blickte ihn an und sagte: Du bist Simon, der Sohn des Johannes; du sollst Kephas heißen. Kephas bedeutet: Fels (Petrus).

43 Am folgenden Tag wollte er nach Galiläa aufbrechen und traf Philippus. Und Jesus sagte zu ihm: Folge mir! 44 Philippus war aus Betsaida, der Heimatstadt des Andreas und Petrus. 45 Philippus traf den Natanaël und sagte zu ihm: Der, von dem Mose im Gesetz geschrieben hat und die Propheten, den haben wir gefunden: Jesus, den Sohn Josefs aus Nazaret. 46 Natanaël sagte zu ihm: Kann aus Nazaret etwas Gutes kommen? Philippus antwortete: Komm und sieh! 47 Jesus sah Natanaël auf sich zukommen und sagte über ihn: Wirklich, ein Israelit, in dem nichts Falsches ist. 48 Natanaël fragte ihn: Woher kennst du mich? Jesus antwortete ihm: Bevor Philippus dich rief, habe ich dich unter dem Feigenbaum gesehen. 49 Natanaël sagte zu ihm: Rabbi, du bist der Sohn Gottes, du bist der König von Israel. 50 Jesus antwortete ihm: Weil ich dir sagte, dass ich dich unter dem Feigenbaum sah, glaubst du? Größeres als das wirst du sehen. 51 Und er sagte zu ihm: Amen, amen, ich sage euch: Ihr werdet den Himmel offen und die Engel Gottes über dem Menschensohn auf- und niedersteigen sehen.

Die Hochzeit in Kana

2 Am dritten Tag fand in Kana in Galiläa eine Hochzeit statt und die Mutter Jesu war dabei. 2 Auch Jesus und seine Jünger waren zur Hochzeit eingeladen. 3 Als der Wein ausging, sagte die Mutter Jesu zu ihm: Sie haben keinen Wein mehr. 4 Jesus erwiderte ihr: Was willst du von mir, Frau? Meine Stunde ist noch nicht gekommen. 5 Da sagte seine Mutter zu den Dienern: Was er euch sagt, das tut! 6 Es standen dort sechs steinerne Wasserkrüge für die bei den Juden übliche Reinigung; sie fassten ungefähr hundert Liter. 7 Jesus sagt zu ihnen: Füllt die Krüge mit Wasser! Und sie füllten sie bis zum Rand. 8 Er sagte zu ihnen: Schöpft jetzt und bringt es dem Tafelmeister. Sie brachten es ihm. 9 Als aber der Tafelmeister von dem zu Wein gewordenen Wasser gekostet hatte, ohne von seiner Herkunft zu wissen – die Diener aber, die das Wasser geschöpft hatten, wussten es –, rief der Tafelmeister den Bräutigam herbei 10 und sagte zu ihm: Jedermann setzt zuerst den guten Wein vor, und wenn sie trunken sind, den geringeren. Du hast den guten Wein bis jetzt zurückgehalten. 11 Damit begann Jesus seine Zeichen in Kana in Galiläa und offenbarte seine Herrlichkeit und seine Jünger glaubten an ihn. 12 Danach zog er mit seiner Mutter, seinen Brüdern und seinen Jüngern nach Kafarnaum hinab. Dort blieben sie nur wenige Tage.

Die Tempelreinigung

13 Das Paschafest der Juden war nahe, und Jesus zog nach Jerusalem hinauf. 14 Im Tempel fand er die Verkäufer von Rindern und Schafen und Tauben und die Geldwechsler sitzen. 15 Da machte er eine Geißel aus Stricken und jagte sie alle zum

Tempel hinaus, samt den Schafen und Rindern, schüttete die Münzen der Geldwechsler aus und stieß ihre Tische um. 16 Zu den Taubenhändlern sagte er: Schafft das fort und macht aus dem Haus meines Vaters kein Kaufhaus! 17 Seine Jünger erinnerten sich an das Schriftwort: *Der Eifer für dein Haus wird mich verzehren.* 18 Da wandten sich die Juden an ihn und sagten: Was für ein Zeichen zeigst du uns vor als Beweis, dass du dies tun darfst? 19 Jesus antwortete ihnen: Reißt diesen Tempel nieder und in drei Tagen werde ich ihn wieder aufrichten. 20 Da sagten die Juden: Sechsundvierzig Jahre wurde an diesem Tempel gebaut und du willst ihn in drei Tagen wieder aufrichten? 21 Er aber redete von dem Tempel seines Leibes. 22 Als er dann von den Toten auferstanden war, erinnerten sich die Jünger, dass er dies gesagt hatte, und sie glaubten der Schrift und dem Wort, das Jesus gesprochen hatte.

Beim Paschafest in Jerusalem

23 Während er zum Paschafest in Jerusalem war, glaubten viele an seinen Namen, da sie die Zeichen sahen, die er wirkte. 24 Jesus selbst aber vertraute sich ihnen nicht an, weil er alle kannte 25 und nicht nötig hatte, dass ihm jemand über den Menschen Zeugnis ablegt; denn er wusste, was im Menschen ist.

Jesus und Nikodemus

3 Es war unter den Pharisäern ein Mann mit Namen Nikodemus, ein führender Mann unter den Juden. 2 Er kam bei Nacht zu ihm und sagte zu ihm: Rabbi, wir wissen, dass du als Lehrer von Gott gekommen bist. Denn niemand kann diese Zeichen tun, die du tust, wenn nicht Gott mit ihm ist. 3 Jesus antwortete ihm: Amen, amen, ich sage dir: Wer nicht von neuem geboren wird, kann das Reich Gottes nicht sehen. 4 Nikodemus sagt zu ihm: Wie kann ein Mensch geboren werden, wenn er ein Greis ist? Kann er etwa zum zweiten Mal in den Schoß seiner Mutter gehen und geboren werden? 5 Jesus antwortete: Amen, amen, ich sage dir: Wer nicht aus Wasser und Geist geboren wird, kann nicht in das Reich Gottes eingehen. 6 Was aus dem Fleisch geboren ist, ist Fleisch; was aus dem Geist geboren ist, ist Geist. 7 Wundere dich nicht darüber, dass ich zu dir sagte, ihr müsst von neuem geboren werden. 8 Der Wind weht, wo er will, und du hörst sein Brausen; aber du weißt nicht, woher er kommt noch wohin er geht. So verhält es sich mit jedem, der aus dem Geist geboren ist. 9 Nikodemus antwortete ihm: Wie kann das geschehen? 10 Jesus antwortete ihm: Du bist der Lehrer Israels und verstehst das nicht? 11 Amen, amen, ich sage dir: Was wir wissen, davon reden wir, und was wir gesehen haben, das bezeugen wir. Ihr aber nehmt unser Zeugnis nicht an. 12 Wenn ich zu euch von den irdischen Dingen gesprochen habe und ihr glaubt nicht, wie werdet ihr glauben, wenn ich zu euch von den himmlischen Dingen spreche? 13 Und doch ist niemand in den Himmel hinaufgestiegen außer dem, der vom Himmel herabgestiegen ist: der Menschensohn. 14 Und wie Mose die Schlange in der Wüste erhöht hat, so muss der Menschensohn erhöht werden, 15 damit jeder, der an ihn glaubt, das ewige Leben hat. 16 Denn so sehr hat Gott die Welt geliebt, dass er seinen einzigen Sohn hingab, damit jeder, der an ihn glaubt, nicht verloren geht, sondern das ewige Leben hat. 17 Denn Gott hat den Sohn nicht in die Welt gesandt, damit er die Welt richtet, sondern damit die Welt durch ihn gerettet wird. 18 Wer an ihn glaubt, wird nicht gerichtet; wer nicht glaubt, ist schon gerichtet, weil er an den Namen des einzigen Sohnes Gottes nicht geglaubt hat. 19 Darin aber besteht das Gericht, dass das Licht in die Welt gekommen ist und die Menschen die Finsternis mehr liebten als das Licht; denn ihre Taten waren böse. 20 Denn jeder, der Böses tut, hasst das Licht und kommt nicht zum Licht, damit seine Taten nicht aufgedeckt werden. 21 Wer aber die Wahrheit tut, der kommt zum Licht, damit seine Taten offenbar werden; denn sie sind in Gott.

Letztes Zeugnis des Täufers

22 Danach begab sich Jesus mit seinen Jüngern in die Landschaft Judäa. Dort hielt er sich mit ihnen auf und taufte. 23 Aber auch Johannes taufte, nämlich in Änon bei Salim, weil es dort viel Wasser gab. Und die Leute kamen und ließen sich taufen. 24 Johannes war nämlich noch nicht ins Gefängnis geworfen worden.

25 Da kam es zwischen den Jüngern des
Johannes und einem Juden zum Streit
über die Reinigung. 26 Sie gingen zu Johan-
nes und sagten zu ihm: Rabbi, der bei dir
war jenseits des Jordan und für den du
Zeugnis abgelegt hast, siehe, der tauft,
und alle kommen zu ihm. 27 Johannes ant-
wortete: Kein Mensch kann sich etwas
nehmen, wenn es ihm nicht vom Himmel
gegeben ist. 28 Ihr selbst seid meine Zeugen,
dass ich gesagt habe: Ich bin nicht der
Messias, sondern nur vor ihm her gesandt.
29 Wer die Braut hat, ist der Bräutigam. Der
Freund des Bräutigams aber, der dabei-
steht und ihn hört, freut sich herzlich über
die Stimme des Bräutigams. Diese meine
Freude ist jetzt in Erfüllung gegangen.
30 Jener muss wachsen, ich aber abnehmen.

31 Wer von oben kommt, steht über al-
len. Wer von der Erde stammt, ist von der
Erde und spricht von Irdischem. Wer vom
Himmel kommt, steht über allen; 32 er be-
zeugt, was er gesehen und gehört hat, aber
niemand nimmt sein Zeugnis an. 33 Wer
sein Zeugnis annimmt, bestätigt damit,
dass Gott wahrhaftig ist. 34 Denn der, den
Gott gesandt hat, verkündet die Worte
Gottes; denn er gibt den Geist unbegrenzt.
35 Der Vater liebt den Sohn und hat alles in
seine Hand gegeben. 36 Wer an den Sohn
glaubt, hat das ewige Leben. Wer aber
dem Sohn den Gehorsam verweigert, wird
das Leben nicht sehen, sondern Gottes
Zorn bleibt auf ihm.

Jesus und die Samariterin

4 Als Jesus erfuhr, dass den Pharisäern
zu Ohren gekommen war, er gewinne
und taufe mehr Jünger als Johannes –
2 doch taufte Jesus nicht selbst, sondern
seine Jünger –, 3 verließ er Judäa und begab
sich wieder nach Galiläa. 4 Er musste aber
durch Samarien reisen. 5 So kam er zu
einer Stadt in Samarien namens Sychar in
der Nähe des Grundstücks, das Jakob sei-
nem Sohn Josef geschenkt hatte. 6 Dort
war der Jakobsbrunnen. Jesus, müde von
der Wanderung, ließ sich am Brunnen
nieder. Es war ungefähr die sechste Stun-
de.

7 Da kam eine samaritische Frau, um
Wasser zu schöpfen. Jesus sagte zu ihr:
Gib mir zu trinken! 8 Seine Jünger waren
nämlich in die Stadt gegangen, um Le-
bensmittel einzukaufen. 9 Da sagte die Sa-
mariterin zu ihm: Wie kannst du, ein Jude,
von mir, einer Samariterin, zu trinken ver-
langen? Juden verkehren nämlich nicht
mit den Samaritern. 10 Jesus antwortete ihr:
Wenn du die Gabe Gottes kennen würdest
und wer es ist, der zu dir sagt: Gib mir zu
trinken!, dann hättest du ihn gebeten, und
er hätte dir lebendiges Wasser gegeben.
11 Sie sagte zu ihm: Herr, du hast kein
Schöpfgefäß, und der Brunnen ist tief.
Woher hast du also das lebendige Wasser?
12 Du bist doch nicht größer als unser Vater
Jakob, der uns den Brunnen geschenkt
und selbst daraus getrunken hat samt sei-
nen Kindern und seinen Herden? 13 Jesus
antwortete ihr: Jeder, der von diesem Was-
ser trinkt, wird wieder Durst bekommen.
14 Wer aber von dem Wasser trinkt, das ich
ihm geben werde, wird in Ewigkeit nicht
mehr Durst haben; vielmehr wird das
Wasser, das ich ihm gebe, in ihm zu einer
Quelle werden, deren Wasser in das ewige
Leben sprudelt. 15 Da sagte die Frau zu
ihm: Herr, gib mir dieses Wasser, damit
ich keinen Durst mehr habe und nicht
mehr hierher zu kommen brauche, um zu
schöpfen. 16 Er sagte zu ihr: Geh, ruf deinen
Mann und komm wieder her! 17 Die Frau
antwortete: Ich habe keinen Mann. Jesus
sagte zu ihr: Du hast richtig gesagt: Ich
habe keinen Mann. 18 Denn fünf Männer
hast du gehabt, und der, den du jetzt hast,
ist nicht dein Mann. Da hast du die Wahr-
heit gesagt.

19 Die Frau sagte zu ihm: Herr, ich sehe,
dass du ein Prophet bist. 20 Unsere Väter
haben auf diesem Berg angebetet, aber ihr
sagt, in Jerusalem sei die Stätte, wo man
anbeten muss. 21 Jesus sagte zu ihr: Glaub
mir, Frau, es kommt die Stunde, wo ihr
weder auf diesem Berg noch in Jerusalem
den Vater anbeten werdet. 22 Ihr betet an,
was ihr nicht kennt; wir beten an, was wir
kennen, denn das Heil kommt von den Ju-
den. 23 Aber es kommt die Stunde und sie
ist schon da, wo die wahren Anbeter den
Vater im Geist und in der Wahrheit anbe-
ten werden. Denn solche Anbeter sucht
der Vater. 24 Gott ist Geist und alle, die ihn
anbeten, müssen im Geist und in der
Wahrheit anbeten. 25 Die Frau sagte zu
ihm: Ich weiß, dass der Messias kommt –
das heißt: der Gesalbte. Wenn er kommt,
wird er uns alles verkünden. 26 Jesus sagte
zu ihr: Ich bin es, der mit dir redet.

27 Inzwischen waren seine Jünger zu-
rückgekommen. Sie wunderten sich, dass
er mit einer Frau sprach. Keiner jedoch
sagte: Was willst du? oder: Was redest du
mit ihr? 28 Da ließ die Frau ihren Krug ste-
hen, ging in die Stadt und sagte zu den
Leuten: 29 Kommt, seht, da ist ein Mann,
der mir alles gesagt hat, was ich getan ha-
be. Ob er vielleicht der Messias ist? 30 Da
liefen sie aus der Stadt hinaus und kamen
zu ihm. 31 Unterdessen baten ihn die Jün-
ger: Rabbi, iss! 32 Er aber sagte zu ihnen:
Ich habe eine Speise zu essen, die ihr nicht
kennt. 33 Da sagten die Jünger untereinan-
der: Es hat ihm doch niemand etwas zu
essen gebracht? 34 Jesus sagte zu ihnen:
Meine Speise ist es, den Willen dessen zu
tun, der mich gesandt hat, und sein Werk
zu Ende zu führen. 35 Sagt ihr nicht: Noch
vier Monate dauert es, dann kommt die
Ernte? Ich sage euch: Blickt umher und
seht, die Felder sind weiß, reif zur Ernte.
36 Schon empfängt der Schnitter Lohn und
sammelt Frucht ein für das ewige Leben;
so freuen sich gemeinsam der Sämann
und der Schnitter. 37 Denn hier bewahrhei-
tet sich das Sprichwort: Einer sät, ein an-
derer erntet. 38 Ich habe euch ausgesandt
zu ernten, wofür ihr nicht gearbeitet habt.
Andere haben gearbeitet und ihr seid in
ihre Arbeit eingetreten.

39 Viele Samariter aus jener Stadt kamen
zum Glauben an ihn auf das Wort der
Frau hin, die bezeugt hatte: Er hat mir alles
gesagt, was ich getan habe. 40 Als die Sama-
riter zu ihm kamen, baten sie ihn, bei
ihnen zu bleiben; und er blieb zwei Tage
dort. 41 Da kamen noch viel mehr auf sein
Wort hin zum Glauben. 42 Zu der Frau aber
sagten sie: Nicht mehr auf dein Reden hin
glauben wir. Denn nun haben wir ihn
selbst gehört und wissen, dass er wirklich
der Retter der Welt ist.

Heilung des Sohnes eines königlichen Beamten

43 Nach den zwei Tagen zog er von dort
nach Galiläa. 44 Jesus hatte nämlich selbst
bezeugt, dass ein Prophet in seiner eigenen
Heimat kein Ansehen genießt. 45 Als er
nun nach Galiläa kam, nahmen ihn die
Galiläer auf, weil sie alles gesehen hatten,
was er in Jerusalem während des Festes
getan hatte; denn auch sie waren zu dem
Fest gekommen. 46 Er kam nun wiederum
nach Kana in Galiläa, wo er das Wasser in
Wein verwandelt hatte.

In Kafarnaum lebte ein königlicher Be-
amter, dessen Sohn krank war. 47 Als er
hörte, dass Jesus von Judäa nach Galiläa
gekommen war, begab er sich zu ihm und
bat ihn, hinabzukommen und seinen Sohn
zu heilen; denn er lag im Sterben. 48 Da sag-
te Jesus zu ihm: Wenn ihr nicht Zeichen
und Wunder seht, glaubt ihr nicht. 49 Der
königliche Beamte bat ihn: Herr, komm
herab, bevor mein Kind stirbt. 50 Jesus sagte
zu ihm: Geh, dein Sohn lebt! Der Mann
glaubte dem Wort, das Jesus zu ihm gesagt
hatte, und ging. 51 Während er noch unter-
wegs war, kamen ihm bereits seine Diener
mit der Meldung entgegen, dass sein Sohn
lebe. 52 Da erkundigte er sich bei ihnen
nach der Stunde, in der die Besserung ein-
getreten war. Sie antworteten ihm: Ges-
tern um die siebte Stunde verließ ihn das
Fieber. 53 Da erkannte der Vater, dass es in
eben dieser Stunde war, in der Jesus zu
ihm gesagt hatte: Dein Sohn lebt! Und er
wurde gläubig mit seinem ganzen Haus.
54 Das wiederum tat Jesus als zweites Zei-
chen, nachdem er von Judäa nach Galiläa
gekommen war.

Die Heilung eines Gelähmten am Teich Betesda

5 Danach war ein Fest der Juden und
Jesus zog nach Jerusalem hinauf. 2 In
Jerusalem befindet sich am Schaftor ein
Teich, auf hebräisch Betesda genannt, mit
fünf Säulenhallen. 3 Dort lagen viele Kran-
ke, Blinde, Lahme, an Auszehrung Leiden-
de, die auf die Bewegung des Wassers war-
teten. 4 Ein Engel des Herrn stieg nämlich
von Zeit zu Zeit in den Teich hinab und
ließ das Wasser aufwallen. Wer dann zu-
erst nach dem Aufwallen des Wassers hi-
neinstieg, wurde gesund, von was für einer
Krankheit er auch befallen war. 5 Dort lag
ein Mann, der schon achtunddreißig Jahre
an seiner Krankheit litt. 6 Als Jesus ihn dort
liegen sah und erfuhr, dass er schon lange
krank war, fragte er ihn: Willst du gesund
werden? 7 Der Kranke antwortete ihm:
Herr, ich habe keinen Menschen, der
mich, sobald das Wasser in Wallung gerät,
in den Teich bringt. Während ich auf dem
Weg bin, steigt schon ein anderer vor mir
hinab. 8 Jesus sagt zu ihm: Steh auf, nimm
deine Bahre und geh umher! 9 Sofort wur-

de der Mann gesund, nahm seine Bahre
und ging umher. Es war aber Sabbat an
jenem Tag. 10 Da sagten die Juden zu dem
Geheilten: Es ist Sabbat; da darfst du deine
Bahre nicht tragen. 11 Er antwortete ihnen:
Der mich gesund gemacht hat, hat zu mir
gesagt: Nimm deine Bahre und geh um-
her! 12 Sie fragten ihn: Wer ist der Mann,
der zu dir gesagt hat: Nimm dein Bett
und geh umher? 13 Der Geheilte wusste
aber nicht, wer es war. Denn Jesus hatte
sich aus dem Gedränge am Ort entfernt.
14 Später traf ihn Jesus im Tempel und sag-
te zu ihm: Nun bist du gesund; sündige
nicht mehr, damit dir nicht Schlimmeres
widerfährt. 15 Da ging der Mann fort und
sagte den Juden, dass es Jesus war, der ihn
gesund gemacht hatte. 16 Daraufhin ver-
folgten die Juden Jesus, weil er das an
einem Sabbat getan hatte. 17 Jesus aber hielt
ihnen entgegen: Mein Vater wirkt bis jetzt
und auch ich wirke. 18 Deshalb trachteten
die Juden noch mehr danach, ihn zu töten,
weil er nicht nur den Sabbat brach, son-
dern auch Gott seinen Vater nannte und
sich damit Gott gleichstellte.

Die Vollmacht des Sohnes

19 Da antwortete ihnen Jesus: Amen, amen,
ich sage euch: Der Sohn kann von sich aus
nichts tun, was er nicht den Vater tun
sieht. Denn was jener tut, das tut der Sohn
in gleicher Weise. 20 Denn der Vater liebt
den Sohn und zeigt ihm alles, was er selbst
tut. Und er wird ihm noch größere Werke
als diese zeigen, sodass ihr euch wundern
werdet. 21 Denn wie der Vater die Toten er-
weckt und lebendig macht, so macht auch
der Sohn lebendig, wen er will. 22 Der Vater
richtet ja auch niemand, sondern er hat
alles Gericht dem Sohn übergeben, 23 da-
mit alle den Sohn ehren, wie sie den Vater
ehren. Wer den Sohn nicht ehrt, ehrt auch
den Vater nicht, der ihn gesandt hat.
24 Amen, amen, ich sage euch: Wer mein
Wort hört und dem glaubt, der mich ge-
sandt hat, der hat ewiges Leben und
kommt nicht ins Gericht, sondern ist aus
dem Tod ins Leben hinübergegangen.
25 Amen, amen, ich sage euch: Es kommt
die Stunde und sie ist schon da, in der die
Toten die Stimme des Sohnes Gottes hö-
ren werden; und alle, die sie hören, werden
leben. 26 Denn wie der Vater Leben in sich
selbst hat, so hat er auch dem Sohn gege-
ben, Leben in sich selbst zu haben. 27 Und
er gab ihm Vollmacht, Gericht zu halten,
weil er der Menschensohn ist. 28 Wundert
euch nicht darüber. Denn es kommt die
Stunde, in der alle in den Gräbern seine
Stimme hören und herauskommen wer-
den: 29 Die das Gute getan haben, zur Auf-
erstehung zum Leben, die das Böse getan
haben, zur Auferstehung zum Gericht.
30 Ich kann nichts aus mir selbst tun. Wie
ich höre, richte ich, und mein Gericht ist
gerecht. Denn ich suche nicht meinen
Willen, sondern den Willen dessen, der
mich gesandt hat.

31 Wenn ich für mich selbst Zeugnis ab-
lege, so ist mein Zeugnis nicht glaubwür-
dig. 32 Ein anderer ist es, der Zeugnis für
mich ablegt, und ich weiß, dass das Zeug-
nis, das er von mir gibt, glaubwürdig ist.
33 Ihr habt zu Johannes geschickt und er
hat für die Wahrheit Zeugnis abgelegt.
34 Ich aber nehme von einem Menschen
kein Zeugnis an, sondern ich sage dies nur,
damit ihr gerettet werdet. 35 Jener war die
Lampe, die brennt und leuchtet. Ihr aber
wolltet euch für den Augenblick an ihrem
Licht erfreuen. 36 Ich aber habe ein größe-
res Zeugnis als das des Johannes; denn die
Werke, die mir der Vater zu vollbringen
übertragen hat, eben diese Werke, die ich
tue, legen Zeugnis für mich ab, dass mich
der Vater gesandt hat. 37 Auch der Vater,
der mich gesandt hat, hat Zeugnis für
mich abgelegt. Ihr habt weder seine Stim-
me gehört noch seine Gestalt gesehen
38 und auch sein Wort wohnt nicht in euch,
weil ihr dem nicht glaubt, den er gesandt
hat.

39 Ihr durchforscht die Schriften, weil ihr
meint, in ihnen ewiges Leben zu haben.
Gerade sie sind es, die Zeugnis von mir
geben. 40 Und doch wollt ihr nicht zu mir
kommen, um Leben zu haben. 41 Ehre von
Menschen nehme ich nicht an. 42 Aber ich
habe euch erkannt: Ihr habt die Liebe zu
Gott nicht in euch! 43 Ich bin im Namen
meines Vaters gekommen, aber ihr nehmt
mich nicht an. Wenn ein anderer in sei-
nem eigenen Namen kommt, werdet ihr
ihn anerkennen. 44 Wie könnt ihr glauben,
die ihr Ehre voneinander annehmt, die
Ehre jedoch, die vom alleinigen Gott
kommt, nicht sucht? 45 Denkt nicht, ich
werde euch beim Vater anklagen. Euer An-
kläger ist da: Mose, auf den ihr euere Hoff-

nung gesetzt habt. 46 Denn wenn ihr Mose
glauben würdet, würdet ihr auch mir glau-
ben. Denn von mir hat er geschrieben.
47 Wenn ihr aber seinen Schriften nicht
glaubt, wie könnt ihr dann meinen Wor-
ten glauben?

Die Speisung der Fünftausend

6 Danach ging Jesus an das gegenüber-
liegende Ufer des Sees von Galiläa, des
Sees von Tiberias. 2 Es folgte ihm eine gro-
ße Menge, weil sie die Zeichen sahen, die
er an den Kranken tat. 3 Jesus stieg auf den
Berg hinauf und setzte sich dort mit seinen
Jüngern nieder. 4 Das Pascha, das Fest der
Juden, war nahe. 5 Als Jesus aufblickte und
sah, dass eine große Volksmenge zu ihm
hinströmte, sagte er zu Philippus: Wo sol-
len wir Brot kaufen, damit diese Leute zu
essen bekommen? 6 Das sagte er aber, um
ihn auf die Probe zu stellen. Denn er selbst
wusste, was er tun wollte. 7 Philippus ant-
wortete ihm: Brot für zweihundert Denare
reicht für sie nicht aus, wenn jeder auch
nur ein kleines Stück bekommen soll. 8 Ei-
ner von seinen Jüngern, Andreas, der Bru-
der des Simon Petrus, sagte zu ihm: 9 Es ist
ein Junge da, der fünf Gerstenbrote hat
und zwei Fische. Aber was ist das für so
viele? 10 Jesus sagte: Lasst die Leute sich la-
gern! Es gab nämlich viel Gras an dem Ort.
Sie lagerten sich also; es waren etwa fünf-
tausend Männer. 11 Dann nahm Jesus die
Brote, sprach das Dankgebet und verteilte
sie an die Lagernden; ebenso auch von den
Fischen, so viel sie wollten. 12 Als sie satt
waren, sagte er zu seinen Jüngern: Sam-
melt die übrig gebliebenen Brocken, damit
nichts verloren geh! 13 Da sammelten sie
und füllten zwölf Körbe mit Resten von
den fünf Gerstenbroten, die beim Essen
übrig geblieben waren. 14 Als die Leute das
Zeichen sahen, das er getan hatte, sagten
sie: Das ist wahrhaftig der Prophet, der in
die Welt kommen soll. 15 Da merkte Jesus,
dass sie kommen und ihn ergreifen wür-
den, um ihn zum König zu machen. Daher
zog er sich wieder auf den Berg zurück, er
allein.

Jesus wandelt auf dem See

16 Als es Abend geworden war, gingen seine
Jünger an den See hinab, 17 bestiegen ein
Boot und fuhren auf die gegenüber liegen-
de Seite des Sees nach Kafarnaum. Die
Dunkelheit war schon eingetreten und Je-
sus war noch nicht zu ihnen gekommen.
18 Der See aber wurde unruhig, weil ein
starker Wind blies. 19 Als sie etwa fünfund-
zwanzig oder dreißig Stadien gefahren wa-
ren, sahen sie Jesus über den See kommen
und dem Boot sich nähern; und sie fürch-
teten sich. 20 Er aber rief ihnen zu: Ich bin
es, fürchtet euch nicht! 21 Sie wollten ihn
ins Boot aufnehmen, aber schon war das
Boot am Ufer, auf das sie zugehalten hat-
ten.

Rede in der Synagoge von Kafarnaum

22 Am nächsten Tag sah die Menge, die
jenseits des Sees stand, dass dort kein an-
deres Boot gewesen war außer dem einen
und dass Jesus nicht mit seinen Jüngern
ins Boot gestiegen war, sondern dass seine
Jünger allein weggefahren waren. 23 Aus
Tiberias kamen andere Boote in die Nähe
des Ortes, wo sie nach dem Dankgebet
des Herrn das Brot gegessen hatten. 24 Als
die Menge sah, dass weder Jesus noch sei-
ne Jünger da waren, stiegen sie selbst in
die Boote und fuhren nach Kafarnaum,
um Jesus zu suchen. 25 Als sie ihn am an-
deren Ufer des Sees gefunden hatten,
fragten sie ihn: Rabbi, wann bist du hier-
her gekommen? 26 Jesus antwortete ihnen:
Amen, amen, ich sage euch: Ihr sucht
mich nicht, weil ihr Zeichen gesehen
habt, sondern weil ihr von den Broten ge-
gessen habt und satt geworden seid.
27 Müht euch nicht um die Speise, die ver-
gänglich ist, sondern um die Speise, die
für das ewige Leben bleibt und die der
Menschensohn euch geben wird. Denn
ihn hat Gott, der Vater, mit seinem Siegel
beglaubigt. 28 Da fragten sie ihn: Was sol-
len wir tun, um die Werke Gottes zu voll-
bringen? 29 Jesus antwortete ihnen: Das ist
das Werk Gottes, dass ihr an den glaubt,
den er gesandt hat. 30 Da sagten sie zu
ihm: Was für ein Zeichen tust denn du,
dass wir es sehen und dir glauben? Was
tust du? 31 Unsere Väter haben das Manna
in der Wüste gegessen, wie geschrieben
steht: *Brot vom Himmel gab er ihnen zu
essen.*
32 Da sagte Jesus zu ihnen: Amen, amen,
ich sage euch: Nicht Mose hat euch das
Brot vom Himmel gegeben, sondern mein
Vater gibt euch das wahre Brot vom Him-
mel. 33 Denn das Brot Gottes ist der, der

vom Himmel herabkommt und der Welt
Leben gibt. 34 Da sagten sie zu ihm: Herr,
gib uns immer dieses Brot! 35 Jesus antwor-
tete ihnen: Ich bin das Brot des Lebens.
Wer zu mir kommt, wird nie mehr hun-
gern, und wer an mich glaubt, wird nie
mehr Durst haben.

36 Aber ich habe euch ja gesagt, dass ihr
mich zwar gesehen habt, aber doch nicht
glaubt. 37 Alles, was mir der Vater gibt,
wird zu mir kommen, und den, der zu
mir kommt, werde ich gewiss nicht ver-
stoßen. 38 Denn ich bin vom Himmel he-
rabgekommen, nicht um meinen Willen
zu tun, sondern den Willen dessen, der
mich gesandt hat. 39 Das aber ist der Wille
dessen, der mich gesandt hat, dass ich kei-
nen von denen, die er mir gegeben hat,
verliere, sondern dass ich sie auferwecke
am Jüngsten Tag. 40 Denn das ist der Wille
meines Vaters, dass jeder, der den Sohn
sieht und an ihn glaubt, das ewige Leben
hat und dass ich ihn auferwecke am
Jüngsten Tag. 41 Da murrten die Juden über
ihn, weil er gesagt hatte: Ich bin das Brot,
das vom Himmel herabgekommen ist,
42 und sie sagten: Ist das nicht Jesus, der
Sohn Josefs, dessen Vater und Mutter wir
kennen? Wie kann er jetzt behaupten: Ich
bin vom Himmel herabgekommen? 43 Je-
sus antwortete ihnen: Murrt nicht unter-
einander! 44 Niemand kann zu mir kom-
men, wenn ihn der Vater, der mich
gesandt hat, nicht zieht, und ich werde
ihn auferwecken am Jüngsten Tag. 45 Bei
den Propheten steht geschrieben: *Und sie
werden alle von Gott unterwiesen sein.* Je-
der, der vom Vater gehört und gelernt hat,
kommt zu mir. 46 Nicht als ob jemand den
Vater gesehen hätte; nur der von Gott ist,
der hat den Vater gesehen. 47 Amen, amen,
ich sage euch: Wer glaubt, hat das ewige
Leben.

48 Ich bin das Brot des Lebens. 49 Euere
Väter haben in der Wüste das Manna ge-
gessen und sind gestorben. 50 Brot, das
vom Himmel herabkommt, ist das, nach
dessen Genuss man nicht mehr stirbt.
51 Ich bin das lebendige Brot, das vom
Himmel herabgekommen ist. Wer von
diesem Brot isst, wird in Ewigkeit leben.
Das Brot, das ich geben werde, ist mein
Fleisch, (das ich hingebe) für das Leben
der Welt.

52 Da stritten die Juden untereinander
und sagten: Wie kann er uns sein Fleisch
zu essen geben? 53 Da sagte Jesus zu ihnen:
Amen, amen, ich sage euch: Wenn ihr das
Fleisch des Menschensohnes nicht esst
und sein Blut nicht trinkt, habt ihr das Le-
ben nicht in euch. 54 Wer mein Fleisch isst
und mein Blut trinkt, hat das ewige Leben,
und ich werde ihn auferwecken am Jüngs-
ten Tag. 55 Denn mein Fleisch ist wahrhaft
eine Speise und mein Blut ist wahrhaft ein
Trank. 56 Wer mein Fleisch isst und mein
Blut trinkt, bleibt in mir und ich in ihm.
57 Wie mich der lebendige Vater gesandt
hat und wie ich durch den Vater lebe, so
wird jeder, der mich isst, durch mich le-
ben. 58 Dies ist das Brot, das vom Himmel
herabgekommen ist; (es ist) nicht wie je-
nes, das euere Väter gegessen haben und
(doch) gestorben sind. Wer dieses Brot
isst, wird in Ewigkeit leben. 59 Das sagte er,
als er in der Synagoge zu Kafarnaum lehr-
te.

Spaltung unter den Jüngern

60 Viele von seinen Jüngern, die das hörten,
sagten: Diese Rede ist hart. Wer kann sie
anhören? 61 Jesus aber, der selbst wusste,
dass seine Jünger darüber murrten, sagte
zu ihnen: Daran nehmt ihr Anstoß?
62 Wenn ihr nun den Menschensohn dort-
hin hinaufsteigen seht, wo er zuvor war?
63 Der Geist ist es, der Leben schafft; das
Fleisch nützt nichts. Die Worte, die ich zu
euch gesprochen habe, sind Geist und sind
Leben. 64 Aber es gibt unter euch einige, die
nicht glauben. Jesus wusste nämlich von
Anfang an, welche es waren, die nicht
glaubten, und wer ihn verraten würde.
65 Und er sagte: Deshalb habe ich euch ge-
sagt, dass keiner zu mir kommen kann,
wenn es ihm nicht vom Vater gegeben ist.
66 Von da an zogen sich viele von seinen
Jüngern zurück und wanderten nicht
mehr mit ihm umher.

67 Da fragte Jesus die Zwölf: Wollt auch
ihr weggehen? 68 Simon Petrus antwortete
ihm: Herr, zu wem sollen wir gehen? Du
hast Worte des ewigen Lebens 69 und wir
haben geglaubt und erkannt, dass du der
Heilige Gottes bist. 70 Jesus erwiderte ih-
nen: Habe ich nicht euch, die Zwölf, er-
wählt? Und doch ist einer von euch ein
Teufel. 71 Er meinte damit Judas, den Sohn
des Simon Iskariot. Dieser sollte ihn näm-
lich verraten – einer der Zwölf.

Die Reise zum Laubhüttenfest

7 Danach wanderte Jesus in Galiläa um-
her; denn er wollte nicht in Judäa um-
herziehen, weil die Juden ihm nach dem
Leben trachteten. 2 Das Laubhüttenfest
der Juden war nahe. 3 Da sagten seine Brü-
der zu ihm: Zieh von hier weg und geh
nach Judäa, damit auch deine Jünger die
Werke sehen, die du vollbringst. 4 Denn
niemand wirkt im Verborgenen und be-
müht sich zugleich um öffentliche Aner-
kennung. Wenn du schon so wirkst, so
zeige dich der Welt! 5 Nicht einmal seine
Brüder glaubten nämlich an ihn. 6 Da sagte
Jesus zu ihnen: Meine Zeit ist noch nicht
da. Euere Zeit aber ist immer bereit. 7 Euch
kann die Welt nicht hassen; mich aber
hasst sie, weil ich bezeuge, dass ihre Werke
böse sind. 8 Geht ihr nur hinauf zum Fest.
Ich gehe nicht hinauf zu diesem Fest, weil
meine Zeit noch nicht erfüllt ist. 9 Das sag-
te er zu ihnen und blieb in Galiläa.
10 Nachdem aber seine Brüder zum Fest hi-
naufgegangen waren, zog auch er hinauf,
nicht öffentlich, sondern im Verborgenen.
11 Die Juden suchten ihn beim Fest und
sagten: Wo ist er? 12 Und unter den Volks-
scharen war viel Gerede über ihn. Die
einen sagten: Er ist ein guter Mann. Ande-
re sagten: Nein, er verführt das Volk.
13 Niemand aber redete über ihn frei heraus
aus Furcht vor den Juden.

Jesus im Tempel

14 Als das Fest schon zur Hälfte vorüber
war, ging Jesus zum Tempel hinauf und
lehrte. 15 Da wunderten sich die Juden
und sagten: Wie kann er die Schrift ver-
stehen, ohne Unterricht erhalten zu ha-
ben? 16 Da antwortete ihnen Jesus: Meine
Lehre ist nicht von mir, sondern von dem,
der mich gesandt hat. 17 Wer bereit ist, den
Willen Gottes zu tun, wird erkennen, ob
diese Lehre von Gott ist oder ob ich in
eigener Verantwortung spreche. 18 Wer in
eigener Verantwortung spricht, sucht sei-
ne eigene Ehre. Wer aber die Ehre dessen
sucht, der ihn gesandt hat, der ist glaub-
würdig, und Ungerechtigkeit ist nicht in
ihm. 19 Hat nicht Mose euch das Gesetz ge-
geben? Und doch befolgt keiner von euch
das Gesetz. Warum wollt ihr mich töten?
20 Das Volk antwortete: Du bist von einem
Dämon besessen! Wer will dich töten?
21 Jesus antwortete ihnen: Ein einziges
Werk habe ich vollbracht, und ihr alle
wundert euch darüber. 22 Mose hat euch
die Beschneidung gegeben – nicht, dass
sie von Mose stammte, sondern von den
Vätern –, und ihr beschneidet einen Men-
schen am Sabbat. 23 Wenn ein Mensch am
Sabbat die Beschneidung empfängt, damit
das Gesetz des Mose nicht übertreten
wird, was zürnt ihr mir, weil ich am Sab-
bat einen Menschen am ganzen Leib ge-
sund gemacht habe? 24 Urteilt nicht nach
dem Schein, sondern fällt ein gerechtes
Urteil!

Unsicherheit über die Herkunft des Messias

25 Da sagten einige von den Leuten aus Je-
rusalem: Ist das nicht der, den sie töten
wollen? 26 Und doch redet er in aller Öf-
fentlichkeit und sie lassen ihn gewähren.
Sollten denn die Oberen wirklich erkannt
haben, dass er der Messias ist? 27 Aber von
ihm wissen wir, woher er ist. Vom Messias
jedoch, wenn er kommt, weiß niemand,
woher er ist. 28 Da rief Jesus, während er
im Tempel lehrte, laut aus: Ja, ihr kennt
mich und wisst, woher ich bin. Und doch
bin ich nicht von mir aus gekommen, son-
dern es gibt einen, der für die Wahrheit
bürgt; er hat mich gesandt. Aber ihr kennt
ihn nicht. 29 Ich kenne ihn, denn ich kom-
me von ihm, und er hat mich gesandt.
30 Da wollten sie ihn festnehmen. Aber nie-
mand legte Hand an ihn, weil seine Stunde
noch nicht gekommen war.

Jesu Rückkehr zum Vater

31 Aus der Menge glaubten viele an ihn und
sagten: Wird der Messias, wenn er kommt,
mehr Zeichen tun, als dieser getan hat?
32 Die Pharisäer hörten, was das Volk
heimlich über ihn redete. Da schickten
die Hohenpriester und Pharisäer Diener
aus, um ihn festzunehmen. 33 Da sagte Je-
sus: Nur noch kurze Zeit bin ich unter
euch. Dann gehe ich zu dem, der mich ge-
sandt hat. 34 Ihr werdet mich suchen und
nicht finden; und wo ich bin, dahin könnt
ihr nicht kommen. 35 Da sagten die Juden
zueinander: Wohin will er gehen, dass wir
ihn nicht finden können? Will er vielleicht
in die griechische Diaspora gehen und die
Griechen lehren? 36 Was soll das bedeuten,
dass er gesagt hat: Ihr werdet mich suchen
und nicht finden, und wo ich bin, dahin
könnt ihr nicht kommen?

Streit um Jesus im Hohen Rat

37 Am letzten, dem großen Tag des Festes,
stellte sich Jesus hin und rief: Wer Durst
hat, komme zu mir, und es trinke, 38 wer
an mich glaubt; wie die Schrift sagt: Strö-
me lebendigen Wassers werden aus sei-
nem Inneren fließen. 39 Das sagte er von
dem Geist, den die empfangen sollten, die
an ihn glauben. Denn der Geist war noch
nicht da, weil Jesus noch nicht verherrlicht
war. 40 Einige aus der Menge sagten, als sie
diese Worte gehört hatten: Er ist wahrhaf-
tig der Prophet. 41 Andere sagten: Er ist der
Messias. Wieder andere sagten: Kommt
denn der Messias aus Galiläa? 42 Sagt nicht
die Schrift, dass der Messias aus dem Ge-
schlecht Davids und aus dem Dorf Betle-
hem kommt? 43 So entstand seinetwegen
eine Spaltung in der Menge. 44 Einige von
ihnen wollten ihn festnehmen, aber nie-
mand legte Hand an ihn.

45 Als die Diener zu den Hohenpriestern
und Pharisäern zurückkamen, fragten sie:
Warum habt ihr ihn nicht mitgebracht?
46 Die Diener antworteten: Noch nie hat
ein Mensch so gesprochen. 47 Darauf ent-
gegneten ihnen die Pharisäer: Habt etwa
auch ihr euch verführen lassen? 48 Ist denn
einer von den Mitgliedern des Hohen Ra-
tes zum Glauben an ihn gekommen oder
von den Pharisäern? 49 Aber dieses Volk,
das das Gesetz nicht kennt – verflucht ist
es. 50 Nikodemus, der früher einmal zu ihm
gekommen war, einer aus ihrem Kreis,
sagte zu ihnen: 51 Verurteilt etwa unser Ge-
setz einen Menschen, ohne dass man ihn
zuvor angehört und festgestellt hat, was er
tut? 52 Sie antworteten ihm: Bist du viel-
leicht auch aus Galiläa? Forsche nach und
du wirst sehen, dass aus Galiläa kein Pro-
phet kommen kann.

Die Ehebrecherin

53 Dann gingen alle nach Hause.

8 Jesus aber ging auf den Ölberg. 2 In der
Frühe erschien er wieder im Tempel
und alles Volk kam zu ihm. Er setzte sich
und lehrte sie. 3 Da brachten die Schriftge-
lehrten und die Pharisäer eine Frau herbei,
die beim Ehebruch ertappt worden war,
stellten sie in die Mitte 4 und sagten zu
ihm: Meister, diese Frau ist auf frischer
Tat beim Ehebruch ertappt worden. 5 Mo-
se hat uns im Gesetz vorgeschrieben, sol-
che Frauen zu steinigen. Was sagst du da-
zu? 6 Das sagten sie, um ihn auf die Probe
zu stellen, damit sie eine Anklage gegen
ihn hätten. Jesus aber bückte sich und
schrieb mit dem Finger auf die Erde. 7 Als
sie jedoch hartnäckig weiterfragten, rich-
tete er sich auf und sagte zu ihnen: Wer
von euch ohne Sünde ist, werfe als Erster
einen Stein auf sie. 8 Dann bückte er sich
wieder und schrieb auf die Erde. 9 Als sie
das gehört hatten, gingen sie weg, einer
nach dem anderen, von den Ältesten ange-
fangen. Er blieb allein zurück mit der
Frau, die in der Mitte stand. 10 Da richtete
sich Jesus auf und sagte zu ihr: Frau, wo
sind sie? Hat keiner dich verurteilt? 11 Sie
aber antwortete: Keiner, Herr! Da sagte Je-
sus zu ihr: Auch ich verurteile dich nicht.
Geh und sündige von jetzt an nicht mehr!

Das Selbstzeugnis Jesu

12 Wiederum redete Jesus zu ihnen und
sagte: Ich bin das Licht der Welt. Wer mir
folgt, wird gewiss nicht in der Finsternis
umhergehen, sondern das Licht des Le-
bens haben. 13 Da sagten die Pharisäer zu
ihm: Du legst über dich selbst Zeugnis ab;
dein Zeugnis ist nicht gültig. 14 Jesus ant-
wortete ihnen: Auch wenn ich über mich
selbst Zeugnis ablege, ist mein Zeugnis
gültig, weil ich weiß, woher ich gekommen
bin und wohin ich gehe. Ihr aber wisst
nicht, woher ich komme und wohin ich
gehe. 15 Ihr urteilt nach dem äußeren Ein-
druck, ich urteile über niemand. 16 Und
wenn ich urteile, ist mein Urteil wahr-
heitsgemäß. Denn ich urteile nicht allein,
sondern ich und der Vater, der mich ge-
sandt hat. 17 Auch in euerem Gesetz heißt
es, dass das Zeugnis zweier Menschen gül-
tig ist. 18 Ich lege Zeugnis über mich ab und
auch der Vater, der mich gesandt hat, legt
Zeugnis über mich ab. 19 Da sagten sie zu
ihm: Wo ist dein Vater? Jesus antwortete:
Ihr kennt weder mich noch meinen Vater.
Würdet ihr mich kennen, würdet ihr auch
meinen Vater kennen. 20 Diese Worte sagte
er, als er bei der Schatzkammer im Tempel
lehrte. Aber niemand legte Hand an ihn,
weil seine Stunde noch nicht gekommen
war.

Jesu Weg zur Erhöhung

21 Wiederum sagte er zu ihnen: Ich gehe
fort und ihr werdet mich suchen. Und ihr
werdet in euerer Sünde sterben. Wohin ich

gehe, dorthin könnt ihr nicht kommen.
22 Darauf sagten die Juden: Will er sich et-
wa selbst töten, dass er sagt: Wohin ich
gehe, dorthin könnt ihr nicht kommen?
23 Er sagte zu ihnen: Ihr seid von unten,
ich bin von oben. Ihr seid aus dieser Welt,
ich bin nicht aus dieser Welt. 24 Darum ha-
be ich euch gesagt, dass ihr in eueren Sün-
den sterben werdet. Denn wenn ihr nicht
glaubt, dass ich es bin, werdet ihr in eue-
ren Sünden sterben. 25 Da fragten sie ihn:
Wer bist du denn? Jesus antwortete ihnen:
Wozu rede ich überhaupt noch mit euch?
26 Vieles hätte ich in Bezug auf euch zu re-
den und zu richten. Aber er, der mich ge-
sandt hat, ist wahrhaftig und was ich von
ihm gehört habe, das rede ich zur Welt.
27 Sie verstanden nicht, dass er zu ihnen
vom Vater redete. 28 Da sagte Jesus: Wenn
ihr den Menschensohn erhöht habt, dann
werdet ihr erkennen, dass ich es bin und
dass ich nichts aus eigener Machtvollkom-
menheit tue, sondern so rede, wie mich
der Vater gelehrt hat. 29 Und der, der mich
gesandt hat, ist bei mir. Er hat mich nicht
allein gelassen, weil ich allezeit das tue,
was ihm gefällt.

Die wahren Kinder Abrahams

30 Als er das sagte, kamen viele zum Glau-
ben an ihn. 31 Da sagte Jesus zu den Juden,
die zum Glauben an ihn gekommen wa-
ren: Wenn ihr in meinem Wort bleibt, seid
ihr wirklich meine Jünger. 32 Dann werdet
ihr die Wahrheit erkennen und die Wahr-
heit wird euch frei machen. 33 Sie antwor-
teten ihm: Wir sind Nachkommen Abra-
hams und haben nie jemals irgendjemand
als Sklaven gedient. Wie kannst du be-
haupten: Ihr werdet frei werden? 34 Jesus
erwiderte ihnen: Amen, amen, ich sage
euch: Jeder, der Sünde tut, ist Sklave der
Sünde. 35 Der Sklave aber bleibt nicht für
immer im Haus. Der Sohn bleibt für im-
mer. 36 Wenn euch also der Sohn frei
macht, seid ihr wirklich frei.

37 Ich weiß, dass ihr Nachkommen Abra-
hams seid. Aber ihr wollt mich töten, weil
mein Wort in euch keinen Raum findet.
38 Was ich bei meinem Vater gesehen habe,
das sage ich, und auch ihr tut, was ihr bei
euerem Vater gehört habt. 39 Sie antworte-
ten ihm: Unser Vater ist Abraham. Jesus
sagte zu ihnen: Wenn ihr Kinder Abra-
hams wärt, würdet ihr die Werke Abra-
hams tun. 40 Jetzt aber wollt ihr mich töten,
einen Menschen, der euch die Wahrheit
verkündet hat, die ich von Gott gehört ha-
be. Das hat Abraham nicht getan. 41 Ihr tut
die Werke eueres Vaters. Sie sagten zu
ihm: Wir sind nicht aus einem Ehebruch
hervorgegangen, wir haben nur einen Va-
ter: Gott. 42 Jesus sagte zu ihnen: Wenn
Gott euer Vater wäre, würdet ihr mich lie-
ben; denn ich bin von Gott ausgegangen
und gekommen. Ich bin nicht aus eigener
Vollmacht gekommen, sondern er hat
mich gesandt. 43 Warum versteht ihr meine
Rede nicht? Weil ihr nicht fähig seid, mein
Wort zu hören. 44 Ihr habt den Teufel zum
Vater und wollt die Begierden eueres Va-
ters erfüllen. Er war ein Menschenmörder
von Anfang an und steht nicht in der
Wahrheit, weil keine Wahrheit in ihm ist.
Wenn er lügt, dann redet er aus seinem
eigensten Wissen, weil er ein Lügner ist
und der Vater der Lüge. 45 Weil ich aber
die Wahrheit sage, glaubt ihr mir nicht.
46 Wer von euch kann mich einer Sünde
überführen? Wenn ich die Wahrheit sage,
warum glaubt ihr mir nicht? 47 Wer aus
Gott ist, hört die Worte Gottes. Ihr hört
sie deshalb nicht, weil ihr nicht aus Gott
seid.

Jesus und Abraham

48 Die Juden antworteten ihm: Sagen wir
nicht mit Recht, dass du ein Samariter
und von einem Dämon besessen bist? 49 Je-
sus antwortete: Ich bin von keinem Dä-
mon besessen, sondern ich ehre meinen
Vater, ihr aber entehrt mich. 50 Ich suche
nicht meine Ehre; es ist einer da, der sich
darum kümmert und der richtet. 51 Amen,
amen, ich sage euch: Wer mein Wort be-
wahrt, wird ganz gewiss den Tod in Ewig-
keit nicht sehen. 52 Da sagten die Juden zu
ihm: Jetzt wissen wir, dass du von einem
Dämon besessen bist. Abraham ist gestor-
ben und die Propheten, aber du sagst: Wer
mein Wort bewahrt, wird den Tod ganz
gewiss in Ewigkeit nicht erleiden. 53 Bist
du etwa größer als unser Vater Abraham,
der gestorben ist? Auch die Propheten
sind gestorben. Für wen hälst du dich?
54 Jesus antwortete: Wollte ich mich selbst
ehren, wäre meine Ehre nichts. Mein Vater
ist es, der mich ehrt, er, von dem ihr sagt:
Er ist unser Gott. 55 Doch ihr habt ihn nicht
erkannt. Ich aber kenne ihn. Und wenn

ich sagen würde: Ich kenne ihn nicht, so
wäre ich ein Lügner wie ihr. Aber ich ken-
ne ihn und bewahre sein Wort. 56 Abra-
ham, euer Vater, jubelte, dass er meinen
Tag sehen sollte. Er hat ihn gesehen und
sich gefreut. 57 Da sagten die Juden zu ihm:
Du bist noch keine fünfzig Jahre alt und
hast Abraham gesehen? 58 Jesus antwortete
ihnen: Amen, amen, ich sage euch: Ehe
Abraham wurde, bin ich. 59 Da hoben sie
Steine auf, um sie auf ihn zu werfen. Jesus
aber verbarg sich und verließ den Tempel.

Die Heilung eines Blindgeborenen

9 Im Vorübergehen sah er einen Mann,
der von Geburt an blind war. 2 Seine
Jünger fragten ihn: Rabbi, wer hat gesün-
digt, er selbst oder seine Eltern, dass er
blind geboren wurde? 3 Jesus antwortete:
Weder er noch seine Eltern haben gesün-
digt, sondern das Wirken Gottes soll an
ihm offenbar werden. 4 Ich muss die Wer-
ke dessen vollbringen, der mich gesandt
hat, solange es Tag ist. Es kommt die
Nacht, in der niemand mehr etwas tun
kann. 5 Solange ich in der Welt bin, bin
ich das Licht der Welt. 6 Nach diesen Wor-
ten spie er auf den Boden, machte einen
Teig aus dem Speichel, strich ihm den Teig
auf die Augen 7 und sagte zu ihm: Geh, wa-
sche dich im Teich Schiloach!, das heißt
übersetzt: Gesandter. Da ging er fort,
wusch sich und kam sehend zurück. 8 Die
Nachbarn und die Leute, die ihn früher als
Bettler gesehen hatten, sagten: Ist das
nicht der Mann, der dasaß und bettelte?
9 Die einen sagten: Ja, er ist es. Andere sag-
ten: Nein, er sieht ihm nur ähnlich. Er
selbst aber sagte: Ich bin es. 10 Da fragten
sie ihn: Wie sind denn deine Augen geöff-
net worden? 11 Er antwortete: Der Mann,
der Jesus heißt, hat einen Teig gemacht,
meine Augen damit bestrichen und zu
mir gesagt: Geh zum Schiloach und wa-
sche dich! Ich bin also hingegangen, habe
mich gewaschen und konnte sehen. 12 Da
fragten sie ihn: Wo ist er denn? Er sagte:
Ich weiß es nicht.

13 Da brachten sie den ehemals Blinden
zu den Pharisäern. 14 Es war aber Sabbat an
dem Tag, an dem Jesus den Teig gemacht
und ihm die Augen geöffnet hatte. 15 Auch
die Pharisäer fragten ihn, wie er sehend
geworden sei. Er sagte zu ihnen: Er hat
einen Teig auf meine Augen gelegt, dann
habe ich mich gewaschen und nun sehe
ich. 16 Da meinten einige der Pharisäer:
Dieser Mensch ist nicht von Gott (ge-
sandt), weil er den Sabbat nicht hält. An-
dere aber sagten: Wie kann ein sündiger
Mensch solche Zeichen wirken? So war
Zwiespalt unter ihnen. 17 Da fragten sie
den Blinden noch einmal: Was hälst du
von ihm? Hat er dir doch die Augen geöff-
net? Er antwortete: Er ist ein Prophet.
18 Die Juden aber wollten ihm nicht glau-
ben, dass er blind gewesen und sehend ge-
worden ist, bis sie die Eltern des Sehend-
gewordenen herbeiriefen 19 und sie fragten:
Ist das euer Sohn, von dem ihr sagt, dass er
blind geboren wurde? Wie kommt es, dass
er jetzt sehen kann? 20 Da antworteten sei-
ne Eltern: Wir wissen, dass dies unser
Sohn ist und dass er blind geboren wurde.
21 Wie es aber kommt, dass er jetzt sieht,
wissen wir nicht. Und wer ihm die Augen
geöffnet hat, wissen wir auch nicht. Fragt
ihn selbst, er ist alt genug. Er kann selbst
über sich Auskunft geben. 22 Das sagten
seine Eltern, weil sie die Juden fürchteten.
Denn die Juden waren bereits übereinge-
kommen, dass jeder, der ihn als Messias
anerkennen würde, aus der Synagoge aus-
gestoßen werden sollte. 23 Deshalb sagten
seine Eltern: Er ist alt genug, fragt ihn
selbst.

24 Da riefen sie den Mann, der blind ge-
wesen war, zum zweiten Mal und sagten zu
ihm: Gib Gott die Ehre! Wir wissen, dass
dieser Mensch ein Sünder ist. 25 Da ant-
wortete er: Ob er ein Sünder ist, weiß ich
nicht. Das eine weiß ich, dass ich blind
war und jetzt sehen kann. 26 Da fragten sie
ihn: Was hat er mit dir gemacht? Wie hat
er deine Augen geöffnet? 27 Er antwortete
ihnen: Ich habe es euch schon gesagt, aber
ihr habt nicht zugehört. Warum wollt ihr
es noch einmal hören? Wollt etwa auch ihr
seine Jünger werden? 28 Da beschimpften
sie ihn und sagten: Du bist ein Jünger von
ihm; wir aber sind Jünger des Mose. 29 Wir
wissen, dass Gott zu Mose gesprochen hat.
Woher aber dieser kommt, wissen wir
nicht. 30 Der Mann antwortete ihnen: Da-
rin liegt ja das Erstaunliche, dass ihr nicht
wisst, woher er kommt; und doch hat er
mir die Augen geöffnet. 31 Wir wissen, dass
Gott keine Sünder erhört. Aber wer gottes-
fürchtig ist und seinen Willen erfüllt, den
erhört er. 32 Von Ewigkeit her hat man

nicht gehört, dass jemand einem Blind-
geborenen die Augen geöffnet hat.
[33]Wenn dieser Mensch nicht von Gott kä-
me, könnte er nichts tun. [34]Sie antworteten
ihm: Du bist ganz und gar in Sünden ge-
boren und du willst uns belehren? Und sie
stießen ihn hinaus.

[35]Jesus hörte, dass sie ihn hinausgesto-
ßen hatten, und sagte, als er ihm begegne-
te: Glaubst du an den Menschensohn? [36]Er
antwortete: Und wer ist es, Herr? (Sag es
mir,) damit ich an ihn glaube! [37]Jesus sagte
zu ihm: Du hast ihn gesehen. Der gerade
mit dir redet, der ist es. [38]Da sagte er: Ich
glaube, Herr! Und er fiel vor ihm nieder.
[39]Jesus sagte: Zum Gericht bin ich in diese
Welt gekommen, damit die Blinden se-
hend und die Sehenden blind werden.
[40]Das hörten einige der Pharisäer, die bei
ihm standen, und fragten ihn: Sind etwa
auch wir blind? [41]Jesus antwortete: Wenn
ihr blind wärt, so hättet ihr keine Sünde.
Jetzt aber behauptet ihr: Wir sehen. Eure
Sünde bleibt also bestehen.

Der gute Hirt

10 Amen, amen, ich sage euch: Wer
nicht durch die Tür in den Schaf-
stall hineingeht, sondern anderswo ein-
steigt, der ist ein Dieb und ein Räuber.
[2]Wer aber durch die Tür hineingeht, der
ist der Hirt der Schafe. [3]Ihm öffnet der
Türhüter und die Schafe hören auf seine
Stimme. Er ruft seine Schafe beim Namen
und führt sie hinaus. [4]Wenn er alle seine
Schafe hinausgelassen hat, geht er vor
ihnen her, und die Schafe folgen ihm, weil
sie seine Stimme kennen. [5]Einem Fremden
aber werden sie nicht folgen, sondern vor
ihm fliehen, weil sie die Stimme der Frem-
den nicht kennen. [6]Dieses Gleichnis er-
zählte ihnen Jesus, aber sie verstanden
nicht, was er ihnen damit sagen wollte.

[7]Weiter sagte Jesus: Amen, amen, ich
sage euch: Ich bin die Tür zu den Schafen.
[8]Alle, die vor mir gekommen sind, sind
Diebe und Räuber. Aber die Schafe haben
nicht auf sie gehört. [9]Ich bin die Tür. Wer
durch mich hineingeht, wird gerettet wer-
den; er wird ein- und ausgehen und Weide
finden. [10]Der Dieb kommt nur, um zu
stehlen, zu schlachten und zu verderben.
Ich bin gekommen, damit sie Leben haben
und es in Fülle haben.

[11]Ich bin der gute Hirt. Der gute Hirt
gibt sein Leben für die Schafe. [12]Der Lohn-
knecht aber, der nicht Hirt ist und dem die
Schafe nicht gehören, lässt, wenn er den
Wolf kommen sieht, die Schafe im Stich
und flieht – und der Wolf raubt und ver-
sprengt sie. [13]Denn er ist ein Lohnknecht
und an den Schafen liegt ihm nichts. [14]Ich
bin der gute Hirt und kenne die Meinen,
und die Meinen kennen mich, [15]wie mich
der Vater kennt und ich den Vater kenne;
ich gebe mein Leben hin für die Schafe.
[16]Ich habe noch andere Schafe, die nicht
aus diesem Stall sind. Auch sie muss ich
führen, sie werden auf meine Stimme hö-
ren und es wird eine Herde geben und
einen Hirten. [17]Deshalb liebt mich der Va-
ter, weil ich mein Leben hingebe, um es
wieder zu nehmen. [18]Niemand nimmt es
mir, sondern ich gebe es freiwillig hin. Ich
habe Vollmacht, es hinzugeben, und ich
habe Vollmacht, es wieder zu nehmen.
Diesen Auftrag habe ich von meinem Va-
ter empfangen.

[19]Wegen dieser Rede entstand erneut
Zwiespalt unter den Juden. [20]Viele von
ihnen sagten: Er ist von einem Dämon be-
sessen und ist wahnsinnig. Was hört ihr
ihn an? [21]Andere sagten: Das sind nicht
Worte eines Besessenen. Kann etwa ein
Dämon Blinden die Augen öffnen?

Jesu Selbstzeugnis beim Tempelweihfest

[22]Damals fand das Tempelweihfest in Je-
rusalem statt. Es war Winter [23]und Jesus
ging im Tempel in der Halle Salomos auf
und ab. [24]Da umringten ihn die Juden und
fragten ihn: Wie lange noch hältst du uns
in Spannung? Wenn du der Messias bist,
so sag es uns offen! [25]Jesus antwortete ih-
nen: Ich habe es euch schon gesagt. Aber
ihr glaubt nicht. Die Werke, die ich im Na-
men meines Vaters vollbringe, legen Zeug-
nis für mich ab. [26]Aber ihr glaubt nicht,
weil ihr nicht zu meinen Schafen gehört.
[27]Meine Schafe hören meine Stimme und
ich kenne sie und sie folgen mir. Ich gebe
ihnen ewiges Leben. [28]Sie werden in Ewig-
keit nicht verloren gehen, und niemand
wird sie meiner Hand entreißen. [29]Mein
Vater, der sie mir gegeben hat, ist größer
als alle und niemand kann sie der Hand
des Vaters entreißen. [30]Ich und der Vater
sind eins. [31]Da hoben die Juden wiederum
Steine auf, um ihn zu steinigen. [32]Jesus
antwortete ihnen: Viele gute Werke habe

ich euch gezeigt, die der Vater durch mich
vollbringt. Für welches dieser Werke wollt
ihr mich steinigen? 33 Die Juden antworte-
ten ihm: Nicht wegen eines guten Werkes
wollen wir dich steinigen, sondern wegen
Lästerung: weil du, der du ein Mensch bist,
dich zu Gott machst. 34 Jesus antwortete ih-
nen: Steht nicht in euerem Gesetz ge-
schrieben: *Ich habe gesagt: Götter seid ihr*?
35 Wenn er jene, an die das Wort Gottes
ergangen ist, Götter genannt hat und die
Schrift doch nicht ihre Geltung verlieren
kann, 36 wollt ihr dann zu dem, den der Va-
ter geheiligt und in die Welt gesandt hat,
sagen: Du lästerst – weil ich gesagt habe:
Ich bin Gottes Sohn? 37 Wenn ich nicht
die Werke meines Vaters vollbringe, dann
braucht ihr mir nicht zu glauben. 38 Wenn
ich sie aber vollbringe, dann glaubt – wenn
ihr mir nicht glauben wollt – den Werken,
damit ihr erkennt und einseht, dass in mir
der Vater ist und ich im Vater bin. 39 Da
wollten sie ihn wieder festnehmen; aber
er entkam ihrer Hand.

Jesus auf der Ostseite des Jordan

40 Dann ging er wieder auf die andere Jor-
danseite an den Ort, wo Johannes zuerst
getauft hatte, und blieb dort. 41 Viele ka-
men zu ihm und sagten: Johannes hat
zwar kein einziges Zeichen getan; aber al-
les, was Johannes über diesen Mann gesagt
hat, war wahr. 42 Und viele kamen dort
zum Glauben an ihn.

Die Auferweckung des Lazarus

11 Es war aber einer krank, Lazarus
von Betanien, aus dem Dorf Mari-
as und ihrer Schwester Marta. 2 Maria war
es, die den Herrn mit Balsam gesalbt und
seine Füße mit ihren Haaren getrocknet
hatte; deren Bruder Lazarus war krank.
3 Die Schwestern schickten also zu ihm
und ließen sagen: Herr, der, den du lieb
hast, ist krank. 4 Als Jesus das hörte, sagte
er: Diese Krankheit führt nicht zum Tod,
sondern dient der Verherrlichung Gottes.
Durch sie soll der Sohn Gottes verherrlicht
werden. 5 Denn Jesus liebte Marta, ihre
Schwester und Lazarus. 6 Als er nun hörte,
dass er krank war, blieb er noch zwei Tage
an dem Ort, wo er war. 7 Dann erst sagte er
zu den Jüngern: Wir wollen wieder nach
Judäa gehen. 8 Die Jünger sagten zu ihm:
Rabbi, eben erst wollten dich die Juden
steinigen und du gehst wieder dorthin?
9 Jesus antwortete: Hat der Tag nicht zwölf
Stunden? Wenn einer bei Tag umhergeht,
stößt er sich nicht, weil er das Licht der
Welt sieht. 10 Wenn aber einer bei Nacht
umhergeht, stößt er sich, weil das Licht
nicht bei ihm ist. 11 So sprach er. Dann sag-
te er zu ihnen: Unser Freund Lazarus
schläft. Aber ich gehe hin, um ihn auf-
zuwecken. 12 Da sagten die Jünger zu ihm:
Herr, wenn er schläft, wird er gesund wer-
den. 13 Jesus hatte aber von seinem Tod ge-
sprochen. Jene meinten jedoch, er spreche
von der Ruhe des Schlafes. 14 Da erst sagte
Jesus ihnen offen: Lazarus ist gestorben.
15 Und ich freue mich für euch, dass ich
nicht dort war, damit ihr glauben lernt.
Aber jetzt wollen wir zu ihm gehen. 16 Da
sagte Thomas, mit dem Beinamen Zwil-
ling, zu seinen Mitjüngern: Also, gehen
auch wir hin, um mit ihm zu sterben.

17 Bei seiner Ankunft fand ihn Jesus
schon vier Tage begraben. 18 Betanien lag
nahe bei Jerusalem, etwa fünfzehn Stadien
entfernt. 19 Viele Juden waren zu Marta
und Maria gekommen, um sie über ihren
Bruder zu trösten. 20 Als Marta hörte, dass
Jesus komme, ging sie ihm entgegen. Ma-
ria aber blieb im Haus sitzen. 21 Da sagte
Marta zu Jesus: Wenn du hier gewesen
wärst, wäre mein Bruder nicht gestorben.
22 Aber auch jetzt weiß ich, dass dir Gott
alles gewähren wird, um was du ihn bit-
test. 23 Jesus sagt zu ihr: Dein Bruder wird
auferstehen. 24 Marta sagte zu ihm: Ich
weiß, dass er auferstehen wird bei der Auf-
erstehung am Jüngsten Tag. 25 Jesus sagte
zu ihr: Ich bin die Auferstehung und das
Leben. Wer an mich glaubt, wird leben,
auch wenn er stirbt. 26 Und jeder, der lebt
und an mich glaubt, wird in Ewigkeit nicht
sterben. Glaubst du das? 27 Sie sagte zu
ihm: Ja, Herr, ich habe den Glauben, dass
du der Messias bist, der Sohn Gottes, der
in die Welt kommen soll.

28 Nach diesen Worten ging sie und rief
ihre Schwester Maria, indem sie leise zu
ihr sagte: Der Meister ist da und ruft dich.
29 Sobald sie das gehört hatte, stand sie
rasch auf und ging zu ihm. 30 Jesus aber
war noch nicht in das Dorf gekommen,
sondern befand sich noch an der Stelle,
wo Marta ihn getroffen hatte. 31 Als die Ju-
den, die bei ihr im Haus waren und sie
trösteten, Maria so rasch aufstehen und

hinausgehen sahen, folgten sie ihr in der
Meinung, sie gehe zum Grab, um dort zu
weinen. 32 Als nun Maria dorthin kam, wo
Jesus war, und ihn sah, fiel sie ihm zu Fü-
ßen mit den Worten: Herr, wärst du hier
gewesen, dann wäre mein Bruder nicht ge-
storben. 33 Als Jesus sah, wie sie weinte und
wie die zugleich mit ihr gekommenen Ju-
den weinten, geriet er in zornige Erregung
34 und sagte: Wo habt ihr ihn hingelegt? Sie
antworteten ihm: Herr, komm und sieh.
35 Da weinte Jesus. 36 Da sagten die Juden:
Seht, wie lieb er ihn hatte! 37 Einige aber
sagten: Konnte er, der die Augen des Blin-
den geöffnet hat, nicht auch verhindern,
dass dieser starb? 38 Jesus geriet erneut in
Zorn und ging zum Grab. Es war eine
Höhle und ein Stein lag davor. 39 Jesus sag-
te: Hebt den Stein weg! Marta, die Schwes-
ter des Verstorbenen, sagte zu ihm: Herr,
er riecht schon; er ist schon vier Tage tot.
40 Jesus erwiderte ihr: Habe ich dir nicht
gesagt, dass du die Herrlichkeit Gottes se-
hen wirst, wenn du glaubst? 41 Da nahmen
sie den Stein weg, Jesus aber erhob seine
Augen und betete: Vater, ich danke dir,
dass du mich erhört hast. 42 Ich wusste,
dass du mich allezeit erhörst. Aber ich ha-
be es wegen der dabeistehenden Menge ge-
sagt, damit sie glauben, dass du mich ge-
sandt hast. 43 Nach diesen Worten rief er
mit lauter Stimme: Lazarus, komm heraus!
44 Da kam der Tote heraus, Füße und Hän-
de mit Binden umwickelt, und sein Ge-
sicht war mit einem Schweißtuch verhüllt.
Jesus sagte zu ihnen: Macht ihn frei und
lasst ihn gehen!

Der Tötungsbeschluss des Hohen Rates

45 Viele Juden, die zu Maria gekommen wa-
ren und gesehen hatten, was Jesus getan,
glaubten an ihn. 46 Einige aber von ihnen
gingen zu den Pharisäern und erzählten
ihnen, was er getan hatte. 47 Da riefen die
Hohenpriester und Pharisäer den Hohen
Rat zusammen und sagten: Was sollen
wir tun? Dieser Mensch tut so viele Zei-
chen. 48 Wenn wir ihn so weitermachen
lassen, werden alle an ihn glauben; die Rö-
mer werden kommen und uns die heilige
Stätte und das Volk nehmen. 49 Einer von
ihnen, Kajaphas, der in jenem Jahr Hoher-
priester war, sagte zu ihnen: Ihr wisst
nichts 50 und bedenkt nicht, dass es besser
für euch ist, wenn ein einziger Mensch für
das Volk stirbt und nicht das ganze Volk
zugrunde geht. 51 Das sagte er aber nicht
aus sich heraus, sondern als Hoherpriester
jenes Jahres weissagte er, dass Jesus für das
Volk sterben werde 52 und nicht für das
Volk allein, sondern auch, um die zer-
streuten Kinder Gottes zur Einheit zusam-
menzuführen. 53 Seit jenem Tag waren sie
entschlossen, ihn zu töten.

54 Jesus bewegte sich nun nicht mehr öf-
fentlich unter den Juden, sondern zog von
dort in die nahe der Wüste gelegene Ge-
gend zurück, in eine Stadt namens Efraim.
Dort blieb er mit den Jüngern. 55 Das Pa-
schafest der Juden war nahe, und viele
Leute aus dem ganzen Land zogen nach
Jerusalem hinauf, um sich zu reinigen.
56 Sie suchten nach Jesus und fragten ei-
nander, wenn sie im Tempel zusammen-
standen: Was meint ihr? Er wird wohl
nicht zum Fest kommen. 57 Die Hohen-
priester und Pharisäer hatten nämlich,
um ihn festnehmen zu können, Befehle er-
lassen, es anzuzeigen, wenn jemand seinen
Aufenthaltsort erfahren sollte.

Die Salbung in Betanien

12 Sechs Tage vor dem Paschafest
kam Jesus nach Betanien, wo Laza-
rus war, den er von den Toten auferweckt
hatte. 2 Dort bereiteten sie ihm ein Gast-
mahl und Marta sorgte für die Bewirtung.
Auch Lazarus gehörte zu denen, die mit
ihm zu Tisch lagen. 3 Da nahm Maria ein
Pfund echtes, kostbares Nardenöl, salbte
Jesus die Füße und trocknete sie mit ihren
Haaren. Das Haus wurde vom Duft des
Salböl erfüllt. 4 Judas Iskariot aber, einer
von seinen Jüngern, derselbe, der ihn ver-
raten sollte, sagte: 5 Warum hat man dieses
Öl nicht für dreihundert Denare verkauft
und den Erlös den Armen gegeben? 6 Das
sagte er aber nicht, weil ihm etwas an den
Armen lag, sondern weil er ein Dieb war
und als Verwalter der Kasse die Einlagen
unterschlug. 7 Da sagte Jesus: Lass sie ge-
währen! Sie hat es für den Tag meines Be-
gräbnisses aufbewahrt. 8 Denn die Armen
habt ihr allezeit bei euch, mich aber nicht.

9 Als viele Juden erfahren hatten, dass er
sich dort aufhielt, so kamen sie, nicht nur
um Jesu willen, sondern auch um Lazarus
zu sehen, den er von den Toten auferweckt
hatte. 10 Die Hohenpriester aber beschlos-
sen, auch Lazarus zu töten, 11 weil viele

Juden um seinetwillen hingingen und an
Jesus glaubten.

Der Einzug Jesu in Jerusalem

12 Am folgenden Tag hörte die Volksmen-
ge, die zum Fest gekommen war, Jesus
komme nach Jerusalem. 13 Da nahmen sie
Palmzweige, zogen ihm entgegen und rie-
fen: *Hosanna! Gepriesen sei er, der kommt
im Namen des Herrn, der König Israels!*

14 Jesus fand einen jungen Esel und setz-
te sich darauf – wie geschrieben steht:
15 *Fürchte dich nicht, Tochter Zion! Siehe,
dein König kommt; er sitzt auf dem Fohlen
einer Eselin.* 16 Das verstanden seine Jünger
zuerst nicht. Aber als Jesus verherrlicht
war, erinnerten sie sich, dass dies über ihn
geschrieben war und man es so für ihn
ausgeführt hatte. 17 Die Volksmenge, die
bei ihm gewesen war, als er Lazarus aus
dem Grab rief und von den Toten auf-
erweckte, legte davon Zeugnis ab. 18 Des-
halb zog ihm auch die Menge entgegen,
weil sie gehört hatte, dass er dieses Zei-
chen getan hatte. 19 Die Pharisäer indessen
sagten zueinander: Ihr seht, dass ihr nichts
erreicht. Alle Welt läuft ihm nach.

Die Ankündigung der Verherrlichung

20 Unter denen, die hinaufzogen, um am
Fest Gott anzubeten, waren auch einige
Griechen. 21 Sie traten an Philippus aus
Betsaida in Galiläa mit der Bitte heran:
Herr, wir möchten Jesus sehen. Philippus
ging und sagte es Andreas. 22 Andreas und
Philippus gingen und sagten es Jesus. 23 Je-
sus aber antwortete ihnen: Die Stunde ist
gekommen, dass der Menschensohn ver-
herrlicht wird. 24 Amen, amen, ich sage
euch: Wenn das Weizenkorn nicht in die
Erde fällt und stirbt, bleibt es allein. Wenn
es aber stirbt, bringt es viele Frucht. 25 Wer
sein Leben liebt, verliert es; wer aber sein
Leben in dieser Welt hasst, wird es für das
ewige Leben bewahren. 26 Wer mir dienen
will, folge mir nach, und wo ich bin, dort
wird auch mein Diener sein. Wenn einer
mir dient, wird ihn der Vater ehren. 27 Jetzt
ist meine Seele erschüttert. Was soll ich
sagen: Vater, rette mich aus dieser Stunde?
Aber deshalb bin ich in diese Stunde ge-
kommen. 28 Vater, verherrliche deinen Na-
men! Da kam eine Stimme vom Himmel:
Ich habe ihn schon verherrlicht und ich
werde ihn wieder verherrlichen. 29 Das
Volk, das dabeistand und es hörte, meinte,
es habe gedonnert. Andere sagten: Ein En-
gel hat mit ihm geredet. 30 Jesus antwortete:
Nicht meinetwegen ist diese Stimme er-
gangen, sondern euretwegen. 31 Jetzt ist
das Gericht über diese Welt. Jetzt wird
der Fürst dieser Welt hinausgeworfen.
32 Ich aber werde, wenn ich von der Erde
erhöht bin, alle an mich ziehen. 33 Das sag-
te er, um anzudeuten, auf welche Weise er
sterben werde. 34 Da antwortete ihm das
Volk: Wir haben aus dem Gesetz gehört,
dass der Messias in Ewigkeit bleiben wird.
Wie kannst du da sagen, der Menschen-
sohn müsse erhöht werden? Wer ist dieser
Menschensohn? 35 Da sagte Jesus zu ihnen:
Nur noch kurze Zeit ist das Licht unter
euch. Geht eueren Weg, solange ihr das
Licht habt, damit euch nicht die Finsternis
überfällt. Wer in der Finsternis geht, weiß
nicht, wohin er geht. 36 Solange ihr das
Licht habt, glaubt an das Licht, damit ihr
Söhne des Lichts werdet. Das sagte Jesus.
Dann ging er fort und verbarg sich vor ih-
nen.

Der Unglaube der Juden

37 Obwohl er so viele Zeichen vor ihnen ge-
tan hatte, glaubten sie nicht an ihn. 38 So
sollte sich das Wort erfüllen, das der Pro-
phet Jesaja gesprochen hat: *Herr, wer hat
unserer Botschaft geglaubt, und wem wurde
der Arm des Herrn offenbar?* 39 Deshalb
konnten sie nicht glauben, weil Jesaja an
anderer Stelle gesagt hat: 40 *Er hat ihre Au-
gen blind und ihr Herz hart gemacht, damit
sie mit ihren Augen nicht sehen und mit
ihren Herzen nicht zur Einsicht kommen,
damit sie sich nicht bekehren und ich sie
nicht heile.* 41 Das hat Jesaja gesagt, als er
die Herrlichkeit Jesu sah; von ihm hat er
gesprochen. 42 Dennoch kamen sogar von
den führenden Männern viele zum Glau-
ben an ihn. Aber wegen der Pharisäer be-
kannten sie es nicht, um nicht aus der Sy-
nagoge ausgestoßen zu werden. 43 Denn sie
liebten das Ansehen bei den Menschen
mehr als das Ansehen bei Gott.

44 Jesus aber rief aus: Wer an mich
glaubt, glaubt nicht an mich, sondern an
den, der mich gesandt hat 45 und wer mich
sieht, sieht den, der mich gesandt hat.
46 Ich bin als Licht in die Welt gekommen,
damit jeder, der an mich glaubt, nicht in
der Finsternis bleibt. 47 Und wer meine

Worte nur hört und nicht befolgt, den
richte nicht ich. Denn ich bin nicht ge-
kommen, die Welt zu richten, sondern
die Welt zu retten. 48 Wer mich ablehnt
und meine Worte nicht annimmt, hat sei-
nen Richter: Das Wort, das ich gesprochen
habe, das wird ihn richten am Jüngsten
Tag. 49 Denn ich habe nicht eigenmächtig
gesprochen, sondern der Vater, der mich
gesandt hat, er hat mir den Auftrag gege-
ben, was ich sagen und reden soll. 50 Und
ich weiß, dass sein Auftrag ewiges Leben
ist. Was ich also sage, sage ich so, wie es
mir der Vater gesagt hat.

Jesu Abschiedsreden an die Jünger

Die Fußwaschung

13 Es war vor dem Paschafest. Jesus
wusste, dass seine Stunde gekom-
men war, um aus dieser Welt zum Vater
hinüberzugehen; und weil er die Seinen,
die in der Welt waren, liebte, so liebte er
sie bis zum Ende. 2 Man war bei Tisch und
der Teufel hatte Judas, dem Sohn des Si-
mon Iskariot, schon ins Herz gelegt, ihn
zu verraten. 3 Da erhob sich Jesus, der
wusste, dass der Vater ihm alles in die
Hände gegeben und dass er von Gott aus-
gegangen war und nun zu Gott zurück-
kehrte, 4 vom Mahl auf, legte die Oberklei-
der ab, nahm ein Leinentuch und band es
sich um. 5 Dann goss er Wasser in das
Waschbecken und begann, den Jüngern
die Füße zu waschen und mit dem Leinen-
tuch abzutrocknen, das er sich umgebun-
den hatte. 6 Als er zu Simon Petrus kam,
sagte der zu ihm: Herr, du willst mir die
Füße waschen? 7 Jesus antwortete ihm:
Was ich tue, verstehst du jetzt nicht; aber
später wirst du es begreifen. 8 Petrus ent-
gegnete ihm: Niemals sollst du mir die Fü-
ße waschen! Jesus antwortete ihm: Wenn
ich dich nicht wasche, hast du keinen An-
teil an mir. 9 Da sagte Simon Petrus zu
ihm: Herr, nicht nur meine Füße, sondern
auch die Hände und den Kopf! 10 Jesus sag-
te zu ihm: Wer gebadet ist, hat nicht nötig,
sich zu waschen, sondern ist ganz rein und
braucht sich nur noch die Füße zu wa-
schen. Auch ihr seid rein; aber nicht alle.
11 Denn er kannte seinen Verräter. Deshalb
sagte er: Ihr seid nicht alle rein.

12 Als er ihnen die Füße gewaschen, sei-
ne Oberkleider angelegt und sich wieder
zu Tisch gelegt hatte, sagte er zu ihnen:
Versteht ihr, was ich an euch getan habe?
13 Ihr sagt zu mir Meister und Herr, und
mit Recht tut ihr das; denn ich bin es.
14 Wenn nun ich, der Herr und Meister,
euch die Füße gewaschen habe, müsst
auch ihr einander die Füße waschen.
15 Denn ich habe euch ein Beispiel gegeben,
damit auch ihr tut, wie ich an euch getan
habe. 16 Amen, amen, ich sage euch: Der
Knecht ist nicht größer als sein Herr und
der Abgesandte nicht größer als der, der
ihn gesandt hat. 17 Wenn ihr das wisst –
selig seid ihr, wenn ihr danach handelt.
18 Nicht von euch allen spreche ich. Ich
weiß, welche ich erwählt habe. Aber die
Schrift muss erfüllt werden: *Der mein Brot
isst, hat mich hintergangen.* 19 Jetzt schon
sage ich es euch, bevor es geschieht, damit
ihr, wenn es geschehen ist, glaubt, dass ich
es bin. 20 Amen, amen, ich sage euch: Wer
einen aufnimmt, den ich sende, nimmt
mich auf; wer aber mich aufnimmt, nimmt
den auf, der mich gesandt hat.

Die Bezeichnung des Verräters

21 Nach diesen Worten war Jesus in seinem
Inneren erschüttert und betonte: Amen,
amen, ich sage euch: Einer von euch wird
mich verraten. 22 Da sahen sich die Jünger
gegenseitig an, weil sie nicht wussten, wen
er meinte. 23 Einer von seinen Jüngern lag
bei Tisch an der Seite Jesu; es war der, den
Jesus liebte. 24 Simon Petrus winkte ihm zu,
er solle fragen, wen Jesus meine. 25 Der
lehnte sich zurück an die Brust Jesu und
fragte ihn: Herr, wer ist es? 26 Da antworte-
te Jesus: Der ist es, dem ich den Bissen ein-
tauchen und geben werde. Darauf tauchte
er den Bissen ein, nahm ihn und gab ihn
Judas, dem Sohn des Simon Iskariot.
27 Nach dem Bissen fuhr der Satan in ihn.
Jesus sagte zu ihm: Was du tun willst, das
tue bald! 28 Aber keiner der Tischgenossen
verstand, warum er ihm das sagte. 29 Denn
da Judas die Kasse führte, meinten einige,
Jesus sage zu ihm: Kaufe, was wir für das
Fest brauchen!, oder er solle den Armen

etwas geben. 30 Als jener den Bissen ge-
nommen hatte, ging er sofort hinaus. Es
war aber Nacht.

Das neue Gebot

31 Als er hinausgegangen war, sagte Jesus:
Jetzt ist der Menschensohn verherrlicht
und Gott ist in ihm verherrlicht. 32 Wenn
Gott in ihm verherrlicht ist, wird auch
Gott ihn in sich verherrlichen, und er wird
ihn bald verherrlichen. 33 Meine Kinder,
nur noch eine kurze Zeit bin ich bei euch.
Ihr werdet mich suchen, und was ich zu
den Juden gesagt habe: Wohin ich gehe,
dorthin könnt ihr nicht kommen, sage ich
jetzt auch zu euch. 34 Ein neues Gebot gebe
ich euch: Liebt einander! Wie ich euch ge-
liebt habe, so sollt auch ihr einander lie-
ben. 35 Daran werden alle erkennen, dass
ihr meine Jünger seid, wenn ihr unter-
einander Liebe habt.

Die Ankündigung der Verleugnung des Petrus

36 Simon Petrus sagte zu ihm: Herr, wohin
gehst du? Jesus antwortete ihm: Wohin ich
gehe, dorthin kannst du mir jetzt nicht fol-
gen. Du wirst mir aber später folgen. 37 Pe-
trus sagte zu ihm: Herr, warum kann ich
dir jetzt nicht folgen? Mein Leben will ich
für dich hingeben. 38 Jesus antwortete:
Dein Leben willst du für mich hingeben?
Amen, amen, ich sage dir: Noch ehe der
Hahn kräht, wirst du mich dreimal ver-
leugnen.

Jesus, der Weg zum Vater

14 Euer Herz erschrecke nicht.
Glaubt an Gott und glaubt an
mich! 2 Im Haus meines Vaters sind viele
Wohnungen. Wäre es nicht so, hätte ich
es euch dann gesagt: Ich gehe, um euch
einen Platz zu bereiten? 3 Und wenn ich
gegangen bin und euch einen Platz berei-
tet habe, komme ich wieder und werde
euch zu mir nehmen, damit auch ihr seid,
wo ich bin. 4 Und wohin ich gehe – den
Weg dorthin kennt ihr. 5 Thomas sagte zu
ihm: Herr, wir wissen nicht, wohin du
gehst. Wie können wir dann den Weg wis-
sen? 6 Jesus sagte zu ihm: Ich bin der Weg
und die Wahrheit und das Leben. Nie-
mand kommt zum Vater außer durch
mich. 7 Wenn ihr mich erkannt habt, wer-
det ihr auch meinen Vater erkennen.
Schon jetzt kennt ihr ihn und habt ihn ge-
sehen. 8 Philippus sagte zu ihm: Herr, zeig
uns den Vater, und es genügt uns. 9 Jesus
antwortete ihm: Schon so lange Zeit bin
ich bei euch und du hast mich nicht er-
kannt, Philippus? Wer mich gesehen hat,
hat den Vater gesehen. Wie kannst du sa-
gen: Zeig uns den Vater? 10 Glaubst du
nicht, dass ich im Vater bin und der Vater
in mir ist? Die Worte, die ich zu euch sage,
rede ich nicht von mir selbst aus. Der Va-
ter, der in mir bleibt, vollbringt seine Wer-
ke. 11 Glaubt mir, dass ich im Vater bin und
der Vater in mir ist. Wenn nicht, so glaubt
doch um der Werke selbst willen! 12 Amen,
amen, ich sage euch: Wer an mich glaubt,
wird die Werke, die ich vollbringe, auch
vollbringen. Und er wird noch größere
vollbringen; denn ich gehe zum Vater.
13 Und um was ihr in meinem Namen bit-
tet, werde ich tun, damit der Vater im
Sohn verherrlicht wird. 14 Wenn ihr mich
um irgendetwas in meinem Namen bittet,
werde ich es tun.

Der verheißene Beistand

15 Wenn ihr mich liebt, werdet ihr meine
Gebote halten, 16 und ich werde den Vater
bitten, und er wird euch einen anderen
Beistand geben, der in Ewigkeit bei euch
bleibt, 17 den Geist der Wahrheit, den die
Welt nicht empfangen kann, weil sie ihn
nicht sieht und nicht kennt. Ihr kennt ihn,
weil er bei euch bleibt und in euch sein
wird. 18 Ich werde euch nicht als Waisen
zurücklassen. Ich komme zu euch. 19 Noch
kurze Zeit und die Welt sieht mich nicht
mehr. Ihr aber seht mich, weil ich lebe und
auch ihr leben werdet. 20 An jenem Tag
werdet ihr erkennen, dass ich in meinem
Vater bin und ihr in mir seid und ich in
euch. 21 Wer meine Gebote hat und sie hält,
der ist es, der mich liebt. Wer aber mich
liebt, wird von meinem Vater geliebt wer-
den, und auch ich werde ihn lieben und
mich ihm offenbaren. 22 Judas, nicht der Is-
kariot, sagte zu ihm: Herr, was ist gesche-
hen, dass du dich uns offenbaren willst
und nicht der Welt? 23 Jesus antwortete
ihm: Wenn jemand mich liebt, wird er
mein Wort halten und mein Vater wird
ihn lieben; wir werden zu ihm kommen
und Wohnung bei ihm nehmen. 24 Wer
mich nicht liebt, hält meine Worte nicht.
Und das Wort, das ihr hört, ist nicht von

mir, sondern vom Vater, der mich gesandt
hat.
[25] Das habe ich zu euch gesagt, während
ich noch bei euch bin. [26] Der Beistand aber,
der Heilige Geist, den der Vater in meinem
Namen senden wird, der wird euch alles
lehren und euch an alles erinnern, was ich
euch gesagt habe. [27] Frieden hinterlasse ich
euch, meinen Frieden gebe ich euch. Nicht
so, wie die Welt ihn gibt, gebe ich ihn
euch. Euer Herz erschrecke nicht und ver-
zage nicht. [28] Ihr habt gehört, dass ich zu
euch gesagt habe: Ich gehe fort und kom-
me wieder zu euch. Liebtet ihr mich, wür-
det ihr euch freuen, dass ich zum Vater
gehe; denn der Vater ist größer als ich.
[29] Schon jetzt habe ich es euch gesagt, bevor
es geschieht, damit ihr, wenn es geschieht,
glaubt. [30] Ich werde nicht mehr viel mit
euch reden. Denn der Fürst der Welt
kommt. Gegen mich vermag er nichts,
[31] aber die Welt soll erkennen, dass ich
den Vater liebe und so handle, wie mir
der Vater aufgetragen hat. Steht auf, wir
wollen weggehen von hier.

Der wahre Weinstock

15 Ich bin der wahre Weinstock und
mein Vater ist der Winzer. [2] Jede
Rebe an mir, die keine Frucht bringt, ent-
fernt er, und jede, die Frucht bringt, reinigt
er, damit sie noch mehr Frucht bringt. [3] Ihr
seid schon rein durch das Wort, das ich zu
euch gesagt habe. [4] Bleibt in mir, dann blei-
be ich in euch. Wie die Rebe aus sich keine
Frucht bringen kann, sondern nur, wenn
sie am Weinstock bleibt, so könnt auch
ihr es nicht, wenn ihr nicht in mir bleibt.
[5] Ich bin der Weinstock, ihr die Reben. Wer
in mir bleibt und in wem ich, der bringt
viel Frucht. Denn ohne mich könnt ihr
nichts tun. [6] Wenn einer nicht in mir
bleibt, wird er fortgeworfen wie die Reben
und verdorrt. Man sammelt sie und wirft
sie ins Feuer und sie verbrennen. [7] Wenn
ihr in mir bleibt und meine Worte in euch
bleiben, dann bittet, um was ihr wollt, und
es wird euch zuteil werden. [8] Dadurch wird
mein Vater verherrlicht, dass ihr viel
Frucht bringt und meine Jünger werdet.
[9] Wie mich der Vater geliebt hat, so habe
auch ich euch geliebt. Bleibt in meiner Lie-
be! [10] Wenn ihr meine Gebote haltet, wer-
det ihr in meiner Liebe bleiben, so wie ich
die Gebote meines Vaters gehalten habe
und in seiner Liebe bleibe. [11] Das habe ich
zu euch gesagt, damit meine Freude in
euch ist und euere Freude vollkommen
wird. [12] Das ist mein Gebot, dass ihr einan-
der liebt, wie ich euch geliebt habe. [13] Eine
größere Liebe hat niemand als die, dass er
sein Leben für seine Freunde hingibt. [14] Ihr
seid meine Freunde, wenn ihr tut, was ich
euch auftrage. [15] Ich nenne euch nicht
mehr Knechte; denn der Knecht weiß
nicht, was sein Herr tut. Euch habe ich
Freunde genannt, weil ich euch alles mit-
geteilt habe, was ich von meinem Vater ge-
hört habe. [16] Nicht ihr habt mich erwählt,
sondern ich habe euch erwählt und euch
dazu bestimmt, dass ihr geht und Frucht
bringt und dass euere Frucht bleibt, damit
der Vater euch gibt, was immer ihr von
ihm in meinem Namen erbittet. [17] Dies tra-
ge ich euch auf: dass ihr einander liebt.

Der Hass der Welt

[18] Wenn die Welt euch hasst, so bedenkt,
dass sie mich schon vor euch gehasst hat.
[19] Gehörtet ihr zur Welt, würde die Welt
euch als ihr Eigentum lieben. Weil ihr aber
nicht zur Welt gehört, sondern weil ich
euch aus der Welt erwählt habe, darum
hasst euch die Welt. [20] Denkt an das Wort,
das ich euch gesagt habe: Ein Knecht ist
nicht größer als sein Herr. Wenn sie mich
verfolgt haben, werden sie auch euch ver-
folgen; wenn sie mein Wort gehalten ha-
ben, so werden sie auch das euere halten.
[21] Das alles werden sie euch um meines Na-
mens willen antun, weil sie den nicht ken-
nen, der mich gesandt hat. [22] Wäre ich
nicht gekommen und hätte nicht zu ihnen
gesprochen, so hätten sie keine Sünde.
Nun aber haben sie keine Entschuldigung
für ihre Sünde. [23] Wer mich hasst, hasst
auch meinen Vater. [24] Hätte ich nicht die
Werke in ihrer Mitte vollbracht, die kein
anderer vollbracht hat, so hätten sie keine
Sünde. Jetzt aber haben sie sie gesehen
und hassen dennoch mich und meinen
Vater. [25] Aber das Wort, das in ihrem Ge-
setz steht, musste erfüllt werden: *Sie haben
mich ohne Grund gehasst.* [26] Wenn der Bei-
stand kommt, den ich euch vom Vater sen-
den werde, der Geist der Wahrheit, der
vom Vater ausgeht, wird er von mir Zeug-
nis ablegen. [27] Aber auch ihr werdet Zeug-
nis ablegen, weil ihr von Anfang an bei
mir seid.

16 Das habe ich zu euch gesagt, damit
ihr keinen Anstoß nehmt. 2 Sie
werden euch aus den Synagogen aussto-
ßen. Ja, es kommt die Stunde, in der jeder,
der euch tötet, Gott damit einen heiligen
Dienst zu erweisen glaubt. 3 Das werden
sie tun, weil sie weder den Vater noch
mich erkannt haben. 4 Ich habe es zu euch
gesagt, damit ihr, wenn ihre Stunde
kommt, euch daran erinnert, dass ich es
euch gesagt habe.

Das Kommen des Beistands

Das habe ich euch nicht von Anfang an
gesagt, weil ich bei euch war. 5 Jetzt aber
gehe ich zu dem, der mich gesandt hat,
und keiner von euch fragt mich: Wohin
gehst du? 6 Sondern weil ich euch das ge-
sagt habe, hat die Traurigkeit euer Herz
erfüllt. 7 Aber ich sage euch die Wahrheit:
Es ist gut für euch, dass ich weggehe. Denn
wenn ich nicht weggehe, wird der Beistand
nicht zu euch kommen. Wenn ich aber
weggehe, werde ich ihn zu euch senden.
8 Und wenn er kommt, wird er der Welt
die Augen öffnen über Sünde, Gerechtig-
keit und Gericht. 9 Über Sünde, weil sie
nicht an mich glauben; 10 über Gerechtig-
keit, weil ich zum Vater gehe und ihr mich
nicht mehr seht; 11 über Gericht, weil der
Fürst der Welt gerichtet ist. 12 Noch vieles
habe ich euch zu sagen; aber ihr könnt es
jetzt noch nicht tragen. 13 Wenn aber jener
kommt, der Geist der Wahrheit, wird er
euch zur vollen Wahrheit führen. Denn er
wird nicht von sich selbst aus reden, son-
dern er wird reden, was er hört, und das
Kommende wird er euch verkünden. 14 Er
wird mich verherrlichen; denn er wird von
dem Meinigen nehmen und es euch ver-
künden. 15 Alles, was der Vater hat, ist
mein. Deshalb habe ich gesagt: Er nimmt
von dem Meinigen und wird es euch ver-
künden.

Der Abschied Jesu – Trauer und Hoffnung

16 Noch kurze Zeit und ihr seht mich nicht
mehr; und wieder eine kurze Zeit und ihr
werdet mich sehen. 17 Da sagten einige sei-
ner Jünger zueinander: Was soll das hei-
ßen, wenn er zu uns sagt: Eine kurze Zeit
und ihr seht mich nicht mehr; und wieder
eine kurze Zeit, und ihr werdet mich se-
hen? Und: Ich gehe zum Vater? 18 Sie sag-
ten: Was ist das: eine kurze Zeit? Wir ver-
stehen nicht, wovon er redet. 19 Jesus
merkte, dass sie ihn fragen wollten, und
sagte zu ihnen: Darüber fragt ihr euch un-
tereinander, dass ich gesagt habe: Noch
kurze Zeit und ihr seht mich nicht mehr;
und wieder eine kurze Zeit und ihr werdet
mich sehen? 20 Amen, amen, ich sage euch:
Ihr werdet weinen und klagen, die Welt
aber wird sich freuen. Ihr werdet traurig
sein, aber euere Trauer wird sich in Freu-
de verwandeln. 21 Wenn die Frau gebären
soll, ist sie traurig, weil ihre Stunde ge-
kommen ist. Wenn sie aber das Kind ge-
boren hat, denkt sie nicht mehr an die Be-
drängnis vor Freude darüber, dass ein
Mensch zur Welt gekommen ist. 22 Auch
ihr seid jetzt traurig. Aber ich werde euch
wiedersehen. Da wird sich euer Herz freu-
en und eure Freude nimmt euch niemand
weg. 23 An jenem Tag werdet ihr mich
nichts mehr fragen. Amen, amen, ich sage
euch: Wenn ihr den Vater um etwas bitten
werdet, wird er es euch in meinem Namen
geben. 24 Bis jetzt habt ihr um nichts in
meinem Namen gebeten. Bittet, und ihr
werdet empfangen, damit euere Freude
vollkommen ist.

25 Dies habe ich in Bildern zu euch ge-
sagt. Es kommt die Stunde, in der ich nicht
mehr in Bildern zu euch spreche, sondern
euch unverhüllt vom Vater künden werde.
26 An jenem Tag werdet ihr in meinem Na-
men bitten und ich sage nicht, dass ich den
Vater für euch bitten werde. 27 Denn der
Vater selbst liebt euch, weil ihr mich ge-
liebt und geglaubt habt, dass ich von Gott
ausgegangen bin. 28 Ich bin vom Vater aus-
gegangen und in die Welt gekommen.
Nun verlasse ich die Welt wieder und gehe
zum Vater.

29 Da sagten seine Jünger: Jetzt redest
du unverhüllt und ohne Bilder. 30 Jetzt
wissen wir, dass du alles weißt und nicht
nötig hast, dass dich jemand fragt. Des-
halb glauben wir, dass du von Gott aus-
gegangen bist. 31 Jesus antwortete ihnen:
Glaubt ihr jetzt? 32 Es kommt die Stunde
und sie ist schon da, in der ihr zerstreut
werdet, ein jeder in sein Haus und mich
allein lasst. Doch bin ich nicht allein, weil
der Vater bei mir ist. 33 Das habe ich zu
euch gesagt, damit ihr in mir Frieden
habt. In der Welt seid ihr in Bedrängnis.
Aber habt Mut! Ich habe die Welt be-
siegt.

Das Hohepriesterliche Gebet

17 Als Jesus das gesagt hatte, erhob er
seine Augen zum Himmel und be-
tete: Vater, die Stunde ist gekommen. Ver-
herrliche deinen Sohn, damit der Sohn
dich verherrlicht. 2 Denn du hast ihm
Macht über alles Fleisch gegeben, damit
er allen, die du ihm gegeben hast, ewiges
Leben schenkt. 3 Das ist das ewige Leben,
dass sie dich, den wahren Gott, erkennen
und Jesus Christus, den du gesandt hast.
4 Ich habe dich auf der Erde verherrlicht,
ich habe das Werk vollendet, das zu voll-
bringen du mir aufgetragen hast. 5 Jetzt
verherrliche du mich, Vater, bei dir selbst
mit der Herrlichkeit, die ich bei dir hatte,
bevor die Welt war. 6 Ich habe deinen Na-
men den Menschen offenbart, die du mir
aus der Welt gegeben hast. Dein waren sie
und mir hast du sie gegeben; und sie haben
an deinem Wort festgehalten. 7 Jetzt wissen
sie, dass alles, was du mir gegeben hast,
von dir kommt. 8 Denn die Worte, die du
mir gegeben hast, habe ich ihnen gegeben,
und sie haben sie angenommen und wirk-
lich erkannt, dass ich von dir ausgegangen
bin. Sie sind zu dem Glauben gekommen,
dass du mich gesandt hast.

9 Ich bitte für sie. Nicht für die Welt bitte
ich, sondern für alle, die du mir gegeben
hast. Denn dein Eigentum sind sie und
10 alles, was mein ist, ist dein und was dein
ist, ist mein. Und ich bin in ihnen verherr-
licht. 11 Ich bin nicht mehr in der Welt;
aber sie sind in der Welt und ich gehe zu
dir. Heiliger Vater, bewahre sie in deinem
Namen, den du mir gegeben hast, damit
sie eins sind wie wir. 12 Solange ich bei
ihnen war, habe ich sie in deinem Namen
bewahrt, den du mir gegeben hast, und ha-
be sie behütet. Keiner von ihnen ist ver-
loren gegangen, außer dem Sohn des Ver-
derbens, damit sich die Schrift erfüllt.
13 Jetzt aber komme ich zu dir. Doch dies
rede ich noch in der Welt, damit sie meine
Freude in Fülle in sich haben. 14 Ich habe
ihnen dein Wort gegeben und die Welt
hat sie gehasst, weil sie nicht von der Welt
sind, wie auch ich nicht von der Welt bin.
15 Ich bitte nicht, dass du sie von der Welt
nimmst, sondern dass du sie vor dem Bö-
sen bewahrst. 16 Sie sind nicht von der
Welt, so wie ich nicht von der Welt bin.
17 Heilige sie in der Wahrheit! Dein Wort
ist Wahrheit. 18 Wie du mich in die Welt
gesandt hast, so habe auch ich sie in die
Welt gesandt. 19 Für sie heilige ich mich,
damit auch sie in der Wahrheit geheiligt
sind.

20 Ich bitte aber nicht allein für sie, son-
dern auch für alle, die durch ihr Wort an
mich glauben (werden). 21 Alle sollen eins
sein, wie du, Vater, in mir bist und ich in
dir, damit auch sie in uns eins sind und die
Welt glaubt, dass du mich gesandt hast.
22 Und ich habe die Herrlichkeit, die du
mir gegeben hast, ihnen gegeben, damit
sie eins sind, wie wir eins sind, 23 ich in
ihnen und du in mir. So sollen sie zur voll-
endeten Einheit gelangen, damit die Welt
erkennt, dass du mich gesandt und sie ge-
liebt hast, wie du mich geliebt hast. 24 Vater,
ich will, dass alle, die du mir gegeben hast,
bei mir sind, wo ich bin, damit sie meine
Herrlichkeit sehen, die du mir gegeben
hast, weil du mich schon vor der Erschaf-
fung der Welt geliebt hast. 25 Gerechter Va-
ter, die Welt hat dich nicht erkannt; ich
aber habe dich erkannt und sie haben er-
kannt, dass du mich gesandt hast. 26 Ich ha-
be ihnen deinen Namen kundgetan und
werde ihn weiterhin kundtun, damit die
Liebe, mit der du mich geliebt hast, in
ihnen ist und auch ich in ihnen.

Die Erhöhung Jesu

Die Gefangennahme

18 Nach diesen Worten ging Jesus mit
seinen Jüngern hinaus auf die an-
dere Seite des Baches Kidron. Dort war ein
Garten, in den er mit seinen Jüngern ging.
2 Aber auch Judas, sein Verräter, kannte
den Ort, weil Jesus dort oft mit seinen Jün-
gern zusammengekommen war. 3 Judas al-
so nahm die Kohorte und Diener von den
Hohenpriestern und Pharisäern und kam
dorthin mit Fackeln, Laternen und Waf-
fen. 4 Jesus, der alles wusste, was ihm be-
vorstand, trat hinaus und fragte: Wen
sucht ihr? 5 Sie antworteten ihm: Jesus,
den Nazoräer. Er sagte zu ihnen: Ich bin
es. Auch Judas, sein Verräter, stand bei ih-

nen. 6 Als er zu ihnen sagte: Ich bin es, wi-
chen sie zurück und stürzten zu Boden.
7 Da fragte er sie wiederum: Wen sucht
ihr? Sie sagten: Jesus, den Nazoräer. 8 Je-
sus antwortete: Ich habe euch gesagt, dass
ich es bin. Wenn ihr also mich sucht, dann
lasst diese gehen! 9 So sollte sich das Wort
erfüllen, das er gesagt hatte: Von denen,
die du mir gegeben hast, habe ich keinen
verloren. 10 Simon Petrus aber, der ein
Schwert hatte, zog es, schlug auf den
Knecht des Hohenpriesters ein und hieb
ihm das rechte Ohr ab. Der Name des
Knechts war Malchus. 11 Da sagte Jesus zu
Petrus: Stecke das Schwert in die Scheide!
Soll ich den Kelch, den mir der Vater gege-
ben hat, nicht trinken?

Jesus vor Hannas und Kajaphas. Die Verleugnung des Petrus

12 Die Kohorte, der Hauptmann und die
Diener der Juden nahmen Jesus fest, ban-
den ihn 13 und führten ihn zunächst zu
Hannas. Er war nämlich der Schwieger-
vater des Kajaphas, der in jenem Jahr Ho-
herpriester war. 14 Kajaphas aber war es,
der den Juden den Rat gegeben hatte, es
sei besser, dass ein Mensch für das Volk
stirbt. 15 Simon Petrus und ein anderer
Jünger folgten Jesus. Jener Jünger war mit
dem Hohenpriester bekannt und ging mit
Jesus in den Palasthof des Hohenpriesters
hinein. 16 Petrus aber blieb draußen an der
Tür stehen. Da kam der andere Jünger, der
mit dem Hohenpriester bekannt war, he-
raus, sprach mit der Türhüterin und holte
Petrus hinein. 17 Da sagte die Magd, die
Türhüterin, zu Petrus: Bist du nicht auch
einer von den Jüngern dieses Menschen?
Er antwortete: Ich bin es nicht. 18 Die
Knechte und die Diener aber hatten sich,
weil es kalt war, ein Kohlenfeuer gemacht
und standen da und wärmten sich. Auch
Petrus stand bei ihnen und wärmte sich.

19 Der Hohepriester fragte Jesus über sei-
ne Jünger und über seine Lehre. 20 Jesus
antwortete ihm: Ich habe offen heraus zur
Welt gesprochen. Ich habe immer in der
Synagoge und im Tempel gelehrt, wo alle
Juden zusammenkommen; im Verborge-
nen habe ich nichts gesprochen. 21 Warum
fragst du mich? Frage die, die gehört ha-
ben, was ich zu ihnen gesagt habe. Sie wis-
sen, was ich geredet habe. 22 Als er aber das
sagte, versetzte einer der Diener, der da-
beistand, Jesus einen Schlag ins Gesicht
und sagte: So antwortest du dem Hohen-
priester? 23 Jesus erwiderte ihm: Wenn ich
ungehörig geredet habe, so weise mir das
Ungehörige nach; habe ich aber recht ge-
redet, warum schlägst du mich? 24 Da
schickte ihn Hannas gefesselt zum Hohen-
priester Kajaphas.

25 Simon Petrus aber stand da und
wärmte sich. Da sagten sie zu ihm: Bist
du nicht auch einer von seinen Jüngern?
Er leugnete und sagte: Ich bin es nicht.
26 Einer von den Knechten des Hohen-
priesters, ein Verwandter dessen, dem Pe-
trus das Ohr abgeschlagen hatte, sagte:
Habe ich dich nicht im Garten bei ihm ge-
sehen? 27 Wieder leugnete Petrus und so-
gleich krähte ein Hahn.

Jesus vor Pilatus. Das Todesurteil

28 Sie brachten nun Jesus von Kajaphas in
das Prätorium; es war früh am Morgen. Sie
selbst gingen nicht in das Prätorium hi-
nein, um nicht unrein zu werden, sondern
das Paschamahl essen zu können.

29 Pilatus kam zu ihnen heraus und sag-
te: Was für eine Anklage habt ihr gegen
diesen Menschen vorzubringen? 30 Sie ant-
worteten ihm: Wenn er kein Verbrecher
wäre, hätten wir ihn dir nicht ausgeliefert.
31 Da sagte Pilatus zu ihnen: Nehmt ihr ihn
und richtet ihn nach euerem Gesetz! Die
Juden antworteten ihm: Wir haben nicht
das Recht, jemand hinzurichten. 32 So soll-
te sich das Wort Jesu erfüllen, mit dem er
angedeutet hatte, auf welche Weise er ster-
ben werde.

33 Pilatus ging wieder in das Prätorium
hinein, ließ Jesus rufen und sagte zu ihm:
Du bist der König der Juden? 34 Jesus ant-
wortete: Sagst du das von dir aus, oder ha-
ben es dir andere von mir gesagt? 35 Pilatus
antwortete: Bin ich denn ein Jude? Dein
Volk und die Hohenpriester haben dich
mir ausgeliefert. Was hast du getan? 36 Je-
sus antwortete: Mein Königtum ist nicht
von dieser Welt. Wenn mein Königtum
von dieser Welt wäre, würden meine Die-
ner kämpfen, dass ich den Juden nicht
ausgeliefert würde. Nun aber ist mein Kö-
nigtum nicht von hier. 37 Da sagte Pilatus
zu ihm: Also bist du doch ein König? Jesus
antwortete: Du sagst es: Ich bin ein König.
Ich bin dazu geboren und dazu in die Welt
gekommen, um für die Wahrheit Zeugnis

abzulegen. Jeder, der aus der Wahrheit ist,
hört auf meine Stimme. 38 Pilatus sagte zu
ihm: Was ist Wahrheit?

Nach diesen Worten ging er wieder zu
den Juden hinaus und sagte zu ihnen: Ich
finde keine Schuld an ihm. 39 Es besteht
aber bei euch der Brauch, dass ich euch
am Paschafest einen (Gefangenen) freilas-
se. Wollt ihr, dass ich euch den König der
Juden freilasse? 40 Da schrien sie wieder:
Nicht diesen, sondern Barabbas. Barabbas
aber war ein Räuber.

19 Darauf ließ Pilatus Jesus geißeln.
2 Die Soldaten flochten einen
Kranz aus Dornen, setzten ihn ihm auf
den Kopf und warfen ihm einen Purpur-
mantel um. 3 Dann stellten sie sich vor ihn
hin und sagten: Heil dir, König der Juden!,
und gaben ihm Ohrfeigen.

4 Darauf ging Pilatus wieder hinaus und
sagte zu ihnen: Seht, ich bringe ihn zu
euch heraus, damit ihr merkt, dass ich kei-
ne Schuld an ihm finde. 5 Da kam Jesus he-
raus, mit Dornenkrone und Purpurman-
tel. Pilatus sagte zu ihnen: Da ist der
Mensch! 6 Als ihn die Hohenpriester und
die Diener sahen, schrien sie: Ans Kreuz
(mit ihm), ans Kreuz! Pilatus sagt zu ih-
nen: Nehmt ihr ihn und kreuzigt ihn!
Denn ich finde keine Schuld an ihm. 7 Die
Juden antworteten ihm: Wir haben ein Ge-
setz und nach dem Gesetz muss er sterben,
weil er sich zum Sohn Gottes gemacht hat.
8 Als Pilatus das hörte, fürchtete er sich
noch mehr.

9 Er ging wieder in das Prätorium hinein
und sagte zu Jesus: Woher bist du? Jesus
aber gab ihm keine Antwort. 10 Da sagte
Pilatus zu ihm: Du sprichst nicht mit mir?
Weißt du nicht, dass ich Macht habe, dich
freizulassen und Macht, dich zu kreuzi-
gen? 11 Jesus antwortete: Du hättest keine
Macht über mich, wenn sie dir nicht von
oben gegeben wäre. Deshalb hat der grö-
ßere Schuld, der mich dir ausgeliefert hat.
12 Daraufhin wollte Pilatus ihn freilassen.

Die Juden aber schrien: Wenn du ihn
freilässt, bist du kein Freund des Kaisers.
Jeder, der sich selbst zum König macht,
lehnt sich gegen den Kaiser auf. 13 Als Pila-
tus diese Worte hörte, ließ er Jesus hinaus-
führen und setzte sich auf den Richter-
stuhl an dem Platz, der Lithostrotos, auf
hebräisch Gabbata, heißt. 14 Es war am
Rüsttag des Paschafestes, um die sechste
Stunde. Er sagte zu den Juden: Das ist euer
König! 15 Da schrien sie: Weg, weg mit
ihm, ans Kreuz mit ihm! Pilatus sagte zu
ihnen: Eueren König soll ich kreuzigen?
Die Hohenpriester antworteten: Wir ha-
ben keinen König außer dem Kaiser. 16 Da
lieferte er ihn an sie aus, damit er gekreu-
zigt würde.

Kreuzigung und Tod

Sie übernahmen Jesus, 17 und selbst das
Kreuz tragend, ging er zur so genannten
Schädelstätte hinaus, die auf hebräisch
Golgota heißt. 18 Dort kreuzigten sie ihn
und mit ihm zwei andere, rechts und links,
Jesus aber in der Mitte. 19 Pilatus hatte auch
eine Aufschrift schreiben und am Kreuz
anbringen lassen. Sie lautete: Jesus, der
Nazoräer, der König der Juden. 20 Diese
Aufschrift lasen viele Juden, weil der Ort,
wo Jesus gekreuzigt wurde, nahe bei der
Stadt lag. Und sie war auf hebräisch, latei-
nisch und griechisch geschrieben. 21 Da
sagten die Hohenpriester der Juden zu Pi-
latus: Schreib nicht: König der Juden, son-
dern dass er gesagt hat: Ich bin der König
der Juden. 22 Pilatus antwortete: Was ich
geschrieben habe, bleibt geschrieben.

23 Als die Soldaten Jesus gekreuzigt hat-
ten, nahmen sie seine Kleider und mach-
ten vier Teile daraus, für jeden Soldaten
einen Teil, dazu kam noch das Unterge-
wand. Es war ohne Naht, von oben an in
einem Stück durchgewebt. 24 Da sagten sie
zueinander: Wir wollen ihn nicht zertei-
len, sondern darum losen, wem er gehören
soll. So sollte sich das Schriftwort erfüllen:
*Sie haben meine Kleider unter sich verteilt
und um mein Gewand das Los geworfen.* So
also machten es die Soldaten.

25 Bei dem Kreuz Jesu standen aber seine
Mutter und die Schwester seiner Mutter,
Maria, die Frau des Klopas, und Maria
von Magdala. 26 Als Jesus die Mutter und
den Jünger, den er liebte, dastehen sah,
sagte er zur Mutter: Frau, da ist dein Sohn!
27 Dann sagt er zu dem Jünger: Da ist deine
Mutter! Und von jener Stunde an nahm sie
der Jünger zu sich. 28 Danach, im Wissen,
dass alles vollbracht war, sagte Jesus, damit
sich die Schrift erfüllte: Ich habe Durst!
29 Ein Gefäß mit Essig stand da. Sie steckten
einen mit Essig gefüllten Schwamm auf
einen Ysopstängel und führten ihn an sei-
nen Mund. 30 Als Jesus den Essig genom-

men hatte, sagte er: Es ist vollbracht! Und
er neigte das Haupt und gab den Geist auf.

Die Durchbohrung der Seite

31 Weil Rüsttag war und die Leichname
nicht während des Sabbats am Kreuz blei-
ben sollten – denn jener Sabbat war ein
großer Festtag –, baten die Juden Pilatus,
man möge ihnen die Beine zerschlagen
und sie dann abnehmen. 32 Die Soldaten
kamen und zerschlugen dem einen die
Beine und ebenso dem andern, der mit
ihm gekreuzigt worden war. 33 Als sie aber
zu Jesus kamen und sahen, dass er schon
tot war, zerschlugen sie seine Beine nicht,
34 sondern einer von den Soldaten stieß
ihm seine Lanze in die Seite, und sofort
kam Blut und Wasser heraus. 35 Und der
es gesehen hat, hat es bezeugt, und sein
Zeugnis ist wahr; und er weiß, dass er die
Wahrheit sagt, damit auch ihr glaubt.
36 Denn das ist geschehen, damit sich das
Schriftwort erfüllte: *Kein Bein soll an ihm
zerbrochen werden.* 37 Und eine andere
Schriftstelle sagt: *Sie werden auf den bli-
cken, den sie durchbohrt haben.*

Das Begräbnis

38 Danach bat Josef von Arimathäa, der ein
Jünger Jesu war, freilich aus Furcht vor den
Juden nur im Geheimen, Pilatus um die
Erlaubnis, den Leichnam Jesu abzuneh-
men. Pilatus erlaubte es. Sie kamen also
und nahmen seinen Leichnam ab. 39 Aber
auch Nikodemus kam, der vormals bei
Nacht zu ihm gekommen war, und brachte
eine Mischung von Myrrhe und Aloe, etwa
einhundert Pfund. 40 Sie nahmen den
Leichnam Jesu und umwickelten ihn samt
den wohlriechenden Ölen mit Leinenbin-
den, wie es bei den Juden Begräbnissitte
ist. 41 An dem Ort, wo er gekreuzigt worden
war, befand sich ein Garten und in dem
Garten ein neues Grab, in dem noch nie-
mand bestattet worden war. 42 Wegen des
Rüsttages der Juden und weil das Grab in
der Nähe war, setzten sie Jesus dort bei.

Das leere Grab

20 Am ersten Tag der Woche kam
Maria von Magdala in aller Frühe,
als es noch dunkel war, zum Grab und sah,
dass der Stein vom Grab weggenommen
war. 2 Da kam sie zu Simon Petrus gelaufen
und zu dem anderen Jünger, den Jesus
liebte, und sagte zu ihnen: Man hat den
Herrn aus dem Grab weggenommen, und
wir wissen nicht, wohin man ihn gelegt
hat. 3 Da machten sich Petrus und der an-
dere Jünger auf und gingen zum Grab.
4 Die beiden liefen miteinander, aber der
andere Jünger war schneller als Petrus
und kam zuerst an das Grab. 5 Er beugte
sich vor und sah die Leinenbinden dalie-
gen; hinein ging er jedoch nicht. 6 Dann
kam auch Petrus hinter ihm her. Er ging
in das Grab hinein und sah die Leinenbin-
den daliegen 7 und das Schweißtuch, das
seinen Kopf bedeckt hatte; aber es lag
nicht bei den Leinenbinden, sondern für
sich zusammengefaltet an einer besonde-
ren Stelle. 8 Hierauf ging auch der andere
Jünger, der zuerst zum Grab gekommen
war, hinein und sah und glaubte. 9 Denn
noch hatten sie die Schrift nicht verstan-
den, dass er von den Toten auferstehen
musste. 10 Dann gingen die Jünger wieder
nach Hause.

*Die Erscheinung Jesu vor Maria
aus Magdala*

11 Maria aber stand draußen vor dem Grab
und weinte. Während sie weinte, beugte
sie sich in das Grab vor 12 und sah zwei
weiß gekleidete Engel dasitzen, einen am
Kopfende und einen am Fußende der Stel-
le, wo der Leichnam Jesu gelegen hatte.
13 Sie sagten zu ihr: Frau, warum weinst
du? Sie antwortete ihnen: Weil man mei-
nen Herrn weggenommen hat und ich
weiß nicht, wohin man ihn gelegt hat.
14 Nach diesen Worten wandte sie sich um
und sah Jesus dastehen, wusste aber nicht,
dass es Jesus war. 15 Jesus sagte zu ihr: Frau,
warum weinst du? Wen suchst du? Sie
meinte, es sei der Gärtner, und sagte zu
ihm: Herr, wenn du ihn fortgetragen hast,
sag mir, wohin du ihn gelegt hast. Dann
werde ich ihn holen. 16 Jesus sagte zu ihr:
Maria! Da erkannte sie ihn und sagte auf
hebräisch zu ihm: Rabbuni!, das heißt:
Meister. 17 Jesus sagte zu ihr: Halte mich
nicht fest; denn ich bin noch nicht zum
Vater hinaufgegangen. Geh aber zu den
Brüdern und sag ihnen: Ich gehe hinauf
zu meinem Vater und euerem Vater, mei-
nem Gott und euerem Gott. 18 Maria von
Magdala ging zu den Jüngern und verkün-
digte ihnen: Ich habe den Herrn gesehen,
und dies habe er ihr gesagt.

Erscheinungen vor den Jüngern

19 Als es an jenem ersten Wochentag
Abend geworden war und die Jünger dort,
wo sie sich befanden, aus Furcht vor den
Juden die Türen verschlossen hatten, kam
Jesus, trat in ihre Mitte und sagte zu ihnen:
Friede sei mit euch! 20 Als er dies gesagt
hatte, zeigte er ihnen seine Hände und sei-
ne Seite. Da freuten sich die Jünger, dass
sie den Herrn sahen. 21 Da sagte er noch
einmal zu ihnen: Friede sei mit euch! Wie
mich der Vater gesandt hat, so sende auch
ich euch. 22 Als er dies gesagt hatte, hauchte
er sie an und sagte zu ihnen: Empfangt
Heiligen Geist! 23 Wem ihr die Sünden ver-
gebt, dem sind sie vergeben, und wem ihr
sie nicht vergebt, dem bleiben sie unver-
geben.

24 Thomas aber, einer von den Zwölf,
Zwilling genannt, war nicht bei ihnen, als
Jesus kam. 25 Die anderen Jünger sagten zu
ihm: Wir haben den Herrn gesehen. Er
entgegnete ihnen: Wenn ich nicht an sei-
nen Händen das Mal der Nägel sehe und
meinen Finger in das Mal der Nägel lege
und meine Hand in seine Seite lege, glaube
ich nicht. 26 Nach acht Tagen waren seine
Jünger wieder versammelt und Thomas
war bei ihnen. Da kam Jesus bei verschlos-
senen Türen, trat in ihre Mitte und sagte:
Friede sei mit euch! 27 Dann sagte er zu
Thomas: Reiche deinen Finger her und
sieh meine Hände an und reiche deine
Hand her und lege sie in meine Seite, und
sei nicht ungläubig, sondern gläubig!
28 Thomas antwortete ihm: Mein Herr und
mein Gott! 29 Jesus sagte zu ihm: Weil du
mich gesehen hast, glaubst du? Selig, die
nicht sehen und doch glauben.

30 Noch viele andere Zeichen, die nicht
in diesem Buch aufgeschrieben sind, hat
Jesus vor seinen Jüngern getan. 31 Diese
aber sind aufgeschrieben, damit ihr glaubt,
dass Jesus der Messias ist, der Sohn Gottes,
und damit ihr als Glaubende Leben habt in
seinem Namen.

Nachtrag

[*Der Auferstandene am See von Tiberias*

21 Danach offenbarte sich Jesus den
Jüngern am See von Tiberias noch
einmal. Er offenbarte sich in folgender
Weise: 2 Simon Petrus und Thomas, Zwil-
ling genannt, ferner Natanaël aus Kana in
Galiläa und die Söhne des Zebedäus sowie
noch zwei andere von seinen Jüngern wa-
ren beisammen. 3 Simon Petrus sagte zu
ihnen: Ich gehe fischen. Sie sagten zu ihm:
Wir gehen auch mit dir. Sie gingen hinaus
und stiegen in das Boot. Aber in jener
Nacht fingen sie nichts. 4 Als es schon
Morgen wurde, stand Jesus am Ufer. Die
Jünger merkten jedoch nicht, dass es Jesus
war. 5 Jesus sagte zu ihnen: Kinder, habt ihr
nichts zu essen? Sie antworteten ihm:
Nein. 6 Da sagte er zu ihnen: Werft das
Netz auf der rechten Seite des Bootes aus;
dann werdet ihr etwas fangen. Da warfen
sie es aus und konnten es wegen der Men-
ge der Fische nicht mehr ziehen. 7 Da sagte
jener Jünger, den Jesus liebte, zu Petrus: Es
ist der Herr! Sobald Simon Petrus hörte,
dass es der Herr sei, gürtete er sich das
Obergewand um – er war nämlich nackt
– und sprang in den See. 8 Die anderen
Jünger aber kamen mit dem Boot – denn
sie waren nicht weit vom Land entfernt,
nur etwa zweihundert Ellen – und
schleppten das Netz mit den Fischen hin-
ter sich her. 9 Als sie ans Land gestiegen
waren, sahen sie am Boden ein Kohlenfeu-
er und Fisch darauf und Brot. 10 Jesus sagte
zu ihnen: Bringt von den Fischen, die ihr
gerade gefangen habt. 11 Da stieg Petrus hi-
nauf und zog das Netz ans Land, das mit
großen Fischen gefüllt war, einhundert-
dreiundfünfzig Stück; und obwohl es so
viele waren, riss das Netz nicht. 12 Jesus
sagte zu ihnen: Kommt, nehmt das Früh-
mahl ein! Keiner von den Jüngern wagte
ihn zu fragen: Wer bist du? Sie wussten
ja, dass es der Herr war. 13 Jesus trat hinzu,
nahm das Brot und gab es ihnen, ebenso
den Fisch. 14 Das war bereits das dritte Mal,
dass Jesus sich nach seiner Auferstehung
von den Toten den Jüngern offenbarte.

Petrus und der Lieblingsjünger

15 Als sie das Frühmahl eingenommen hat-
ten, sagte Jesus zu Simon Petrus: Simon,
Sohn des Johannes, liebst du mich mehr
als diese? Er antwortete ihm: Ja, Herr, du

weißt, dass ich dich lieb habe. Er sagte zu ihm: Weide meine Lämmer! [16]Er fragte ihn zum zweiten Mal: Simon, Sohn des Johannes, liebst du mich? Er antwortete ihm: Ja, Herr, du weißt, dass ich dich lieb habe. Jesus sagte zu ihm: Weide meine Schafe! [17]Zum dritten Mal fragte er ihn: Simon, Sohn des Johannes, hast du mich lieb? Da wurde Petrus traurig, weil Jesus ihn zum dritten Mal gefragt hatte: Hast du mich lieb? Und er antwortete ihm: Herr, du weißt alles, du weißt, dass ich dich lieb habe. Jesus sagte zu ihm: Weide meine Schafe! [18]Amen, amen, ich sage dir: Als du jung warst, hast du dich selbst gegürtet und bist gegangen, wohin du wolltest. Wenn du aber alt geworden bist, wirst du deine Hände ausstrecken und ein anderer wird dich gürten und dich führen, wohin du nicht willst. [19]Das sagte er, um anzudeuten, durch welchen Tod er Gott verherrlichen würde. Nach diesen Worten sagte er zu ihm: Folge mir!

[20]Petrus wandte sich um und sah den Jünger, den Jesus liebte, nachkommen, denselben, der auch bei dem Mahl an seiner Brust gelegen und gesagt hatte: Herr, wer ist der, der dich verrät? [21]Als Petrus ihn sah, fragte er Jesus: Herr, was soll mit ihm werden? [22]Jesus antwortete ihm: Wenn ich will, dass er am Leben bleibt, bis ich komme, was geht das dich an? Du aber folgst mir! [23]Daher verbreitete sich unter den Brüdern die Ansicht: Jener Jünger stirbt nicht. Jesus aber hatte nicht zu ihm gesagt: Er wird nicht sterben, sondern: Wenn ich will, dass er am Leben bleibt, bis ich komme, was geht dich das an!

Schluss

[24]Das ist der Jünger, der über diese Dinge Zeugnis ablegt und dies geschrieben hat, und wir wissen, dass sein Zeugnis wahr ist. [25]Es gibt aber auch noch vieles andere, was Jesus getan hat. Wollte man das alles im Einzelnen niederschreiben, so würde, wie ich glaube, selbst die ganze Welt die Bücher nicht fassen, die man dann schreiben müsste.]

Die Apostelgeschichte

Vorwort

1 Im ersten Buch, lieber Theophilus,
habe ich alles dargelegt, was Jesus
von Anfang an getan und gelehrt hat 2 bis
zu dem Tag, als er (in den Himmel) auf-
genommen wurde, nachdem er den von
ihm erwählten Aposteln durch den Heili-
gen Geist Weisung erteilt hatte. 3 Ihnen er-
wies er sich nach seinem Leiden durch vie-
le Beweise als lebendig, indem er ihnen
vierzig Tage hindurch erschien und vom
Reich Gottes sprach.

Das Christuszeugnis der Apostel in Jerusalem

Die Himmelfahrt Jesu

4 Als er mit ihnen zum Mahl versammelt
war, gebot er ihnen: Geht nicht von Jeru-
salem fort, sondern wartet die Verheißung
des Vaters ab, die ihr von mir gehört habt.
5 Denn Johannes hat mit Wasser getauft,
ihr aber werdet in wenigen Tagen mit Hei-
ligem Geist getauft werden. 6 Die Versam-
melten fragten ihn nun: Herr, wirst du in
dieser Zeit das Reich für Israel wieder auf-
richten? 7 Er antwortete ihnen: Nicht euch
kommt es zu, Zeit und Stunde zu wissen,
die der Vater in seiner Vollmacht fest-
gesetzt hat. 8 Aber ihr werdet die Kraft des
Heiligen Geistes empfangen, der auf euch
kommt, und werdet meine Zeugen sein in
Jerusalem und in ganz Judäa und Sama-
rien und bis ans Ende der Erde.

9 Als er dies gesagt hatte, wurde er vor
ihren Augen emporgehoben und eine
Wolke entzog ihn ihren Blicken. 10 Wäh-
rend sie unverwandt zum Himmel hinauf-
schauten, in den er auffuhr, standen plötz-
lich zwei Männer in weißen Gewändern
bei ihnen 11 und sagten: Ihr Männer von
Galiläa, was steht ihr da und schaut zum
Himmel empor? Dieser Jesus, der von
euch weg in den Himmel entrückt wurde,
wird ebenso kommen, wie ihr ihn habt
zum Himmel auffahren sehen.

12 Da kehrten sie von dem Berg, der Öl-
berg heißt und nahe bei Jerusalem liegt,
nur einen Sabbatweg entfernt, nach Jeru-
salem zurück. 13 Als sie hinkamen, gingen
sie in das Obergemach hinauf, wo sie sich
ständig aufhielten: Petrus und Johannes,
Jakobus und Andreas, Philippus und Tho-
mas, Bartholomäus und Matthäus, Jako-
bus, der Sohn des Alphäus, Simon, der Ze-
lot, und Judas, der Sohn des Jakobus. 14 Sie
alle verharrten einmütig im Gebet, zusam-
men mit den Frauen und Maria, der Mut-
ter Jesu, und mit seinen Brüdern.

Die Wahl des Matthias

15 In diesen Tagen erhob sich Petrus inmit-
ten der Brüder – es waren etwa einhun-
dertzwanzig versammelt – und sagte:
16 Brüder! Es musste das Schriftwort in Er-
füllung gehen, das der Heilige Geist durch
den Mund Davids im Voraus über Judas
gesprochen hat, der denen, die Jesus gefan-
gen nahmen, zum Anführer geworden ist.
17 Er war uns zugezählt und hatte Anteil an
diesem (unserem) Dienst. 18 Von seinem
Sündenlohn erwarb er sich ein Grund-
stück, stürzte vornüber, barst mitten ent-
zwei, und alle Eingeweide traten heraus.
19 Das wurde allen Bewohnern von Jerusa-
lem bekannt, sodass jenes Grundstück in
ihrer Sprache Hakeldamach genannt wur-
de, das heißt Blutacker. 20 Denn im Buch
der Psalmen steht geschrieben: *Seine
Wohnstätte soll öde werden, niemand soll
darin wohnen!* und: *Sein Amt soll ein ande-
rer erhalten.* 21 Es muss nun von den Män-
nern, die mit uns zusammen waren in der
ganzen Zeit, als der Herr Jesus unter uns
aus und ein ging, 22 von der Taufe des Jo-
hannes angefangen bis zu dem Tag, an
dem er von uns hinaufgenommen wurde,
– einer von diesen muss mit uns Zeuge sei-
ner Auferstehung sein. 23 Sie stellten zwei
Männer auf: Josef, genannt Barsabbas, mit
dem Beinamen Justus, und Matthias.
24 Dann beteten sie: Herr, der du die Her-

zen aller kennst, zeige, wen von diesen bei-
den du erwählt hast, 25 den Platz dieses
Dienstes und Apostelamts zu empfangen,
von dem Judas abgeirrt ist, um an seinen
Ort zu gehen. 26 Und sie teilten ihnen Lose
zu und das Los fiel auf Matthias und er
wurde den elf Aposteln beigezählt.

Die Geistsendung an Pfingsten

2 Als der Pfingsttag angebrochen war,
befanden sich alle am gleichen Ort.
2 Da entstand plötzlich vom Himmel her
ein Brausen, wie von einem daherfahren-
den gewaltigen Sturm, und erfüllte das
ganze Haus, in dem sie saßen. 3 Und es er-
schienen ihnen Zungen wie von Feuer, die
sich zerteilten, und ließen sich auf jeden
von ihnen nieder. 4 Alle wurden mit Heili-
gem Geist erfüllt und begannen in frem-
den Sprachen zu reden, wie der Geist
ihnen zu sprechen verlieh.

5 In Jerusalem aber wohnten Juden,
fromme Männer aus jedem Volk unter
dem Himmel. 6 Als sich dieses Getöse er-
hob, kam die Menge zusammen und war
bestürzt; denn jeder hörte sie in seiner ei-
genen Sprache reden. 7 Sie gerieten außer
sich und staunten und sagten: Sind nicht
alle, die hier reden, Galiläer? 8 Wie kommt
es, dass jeder von uns sie in seiner eigenen
Muttersprache reden hört? 9 Wir Parther
und Meder und Elamiter, wir Bewohner
von Mesopotamien, von Judäa und Kap-
padozien, von Pontus und Asia, 10 von
Phrygien und Pamphylien, Ägypten und
den Landstrichen Libyens gegen Zyrene
hin, die Römer, die sich hier aufhalten,
11 wir Juden und Proselyten, Kreter und
Araber: Wir hören sie in unseren Sprachen
die Großtaten Gottes verkünden. 12 Sie ge-
rieten alle außer sich und waren ratlos,
und einer sagte zum anderen: Was soll
das bedeuten? 13 Andere dagegen spotte-
ten: Sie sind von süßem Wein betrunken.

Die Pfingstpredigt des Petrus

14 Da trat Petrus mit den Elf vor, erhob sei-
ne Stimme und redete sie an: Ihr Juden
und alle ihr Bewohner von Jerusalem!
Das sollt ihr wissen! Vernehmt meine
Worte! 15 Diese da sind nicht betrunken,
wie ihr meint; es ist ja erst die dritte Stun-
de am Morgen. 16 Vielmehr geht hier in Er-
füllung, was durch den Propheten Joël ge-
sagt worden ist:

17 In den letzten Tagen *wird es gesche-
hen*, spricht Gott: *Ich werde von meinem
Geist ausgießen über alles Fleisch. Euere
Söhne und Töchter werden weissagen und
euere jungen Männer werden Visionen ha-
ben und euere Greise werden Träume ha-
ben.*

18 *Selbst über meine Knechte und Mägde
werde ich in jenen Tagen von meinem Geist
ausgießen und sie werden weissagen.* 19 *Ich
werde Wunder wirken am Himmel* oben
und Zeichen auf der Erde unten: *Blut und
Feuer und qualmenden Rauch.* 20 *Die Sonne
wird sich in Finsternis verwandeln und der
Mond in Blut, ehe der große und strahlende
Tag des Herrn kommt.* 21 *Und es wird ge-
schehen: Jeder, der den Namen des Herrn
anruft, wird gerettet.*

22 Israeliten, hört diese Worte: Jesus den
Nazoräer, einen Mann, der von Gott vor
euch beglaubigt worden ist durch mächti-
ge Taten, Wunder und Zeichen, die Gott
durch ihn in euerer Mitte getan hat, wie
ihr selbst wisst, 23 ihn, der nach Gottes fest-
gesetztem Ratschluss und Vorherwissen
ausgeliefert wurde, habt ihr durch die
Hände der Gesetzlosen kreuzigen und tö-
ten lassen. 24 Ihn hat Gott auferweckt, in-
dem er die Wehen des Todes löste; es war
ja nicht möglich, dass er von ihm fest-
gehalten würde. 25 Sagt doch David von
ihm:

*Ich habe den Herrn allzeit vor Augen, /
denn er steht mir zur Rechten, dass ich nicht
wanke.*

26 *Darum freut sich mein Herz und jubelt
meine Zunge, / und auch mein Leib wird in
Hoffnung ruhen;*

27 *denn du gibst meine Seele nicht dem
Untergang preis / und lässt deinen Heiligen
nicht die Verwesung schauen.*

28 *Du hast mir die Wege des Lebens
kundgetan, / du erfüllst mich mit Freude
vor deinem Angesicht.*

29 Brüder, ich darf wohl mit Freimut zu
euch vom Patriarchen David reden. Er ist
gestorben und begraben worden und sein
Grab befindet sich unter uns bis auf den
heutigen Tag. 30 Da er ein Prophet war und
wusste, dass Gott *ihm mit einem Eid zuge-
sichert hatte, einen seiner Nachkommen
auf seinen Thron zu setzen,* 31 hat er voraus-
schauend von der Auferstehung des Mes-
sias gesprochen: *Er gibt ihn nicht der Un-
terwelt preis und sein Leib schaut die*

Verwesung nicht. 32 Diesen Jesus hat Gott
auferweckt, dafür sind wir alle Zeugen.
33 Zur Rechten Gottes erhöht, hat er vom
Vater den verheißenen Heiligen Geist
empfangen und das ausgegossen, was ihr
seht und hört. 34 Denn nicht David ist in
den Himmel hinaufgestiegen; er sagt viel-
mehr selbst:

Es sprach der Herr zu meinem Herrn: /
Setze dich zu meiner Rechten,
35 *bis ich dir deine Feinde lege / als Sche-*
mel unter deine Füße.

36 Mit Gewissheit erkenne also das ganze
Haus Israel: Gott hat ihn zum Herrn und
Messias gemacht, diesen Jesus, den ihr ge-
kreuzigt habt.

Die ersten Bekehrungen

37 Als sie das hörten, ging ihnen ein Stich
durchs Herz. Sie sagten zu Petrus und den
übrigen Aposteln: Was sollen wir tun,
Brüder? 38 Petrus sagte zu ihnen: Bekehrt
euch und ein jeder von euch lasse sich
taufen auf den Namen Jesu Christi zur
Vergebung euerer Sünden; dann werdet
ihr die Gabe des Heiligen Geistes empfan-
gen. 39 Denn euch gilt die Verheißung und
eueren Kindern und allen *in der Ferne*, so
viele der Herr, unser Gott, herbeirufen
wird. 40 Noch mit vielen anderen Worten
gab er Zeugnis und ermahnte sie: Lasst
euch retten aus diesem verkehrten Ge-
schlecht! 41 Die nun sein Wort annahmen,
ließen sich taufen, und es wurden an je-
nem Tage etwa dreitausend Seelen hin-
zugefügt.

Die erste Christengemeinde

42 Sie hielten an der Lehre der Apostel fest
und an der Gemeinschaft, am Brotbre-
chen und an den Gebeten. 43 Jedermann
wurde von Furcht ergriffen. Viele Wun-
der und Zeichen geschahen durch die
Apostel. 44 Alle Gläubiggewordenen hatten
alles miteinander gemeinsam. 45 Sie ver-
kauften ihr Hab und Gut und verteilten
davon an alle, je nachdem einer bedürftig
war. 46 Täglich verharrten sie einmütig im
Tempel, brachen reihum in den Häusern
das Brot und nahmen Speise zu sich in
Fröhlichkeit und Lauterkeit des Herzens.
47 Sie priesen Gott und waren beim ganzen
Volk beliebt. Der Herr aber mehrte täg-
lich die Zahl derer, die gerettet werden
sollten.

Die Heilung eines Lahmen durch Petrus

3 Petrus und Johannes gingen um die
neunte Stunde zum Gebet in den
Tempel hinauf. 2 Da trug man einen Mann
herbei, der von Geburt an lahm war. Man
setzte ihn Tag um Tag an das Tor des Tem-
pels, das man das Schöne nennt, damit er
die Tempelbesucher um ein Almosen bit-
ten sollte. 3 Als er Petrus und Johannes sah,
die eben in den Tempel gehen wollten, bat
er um ein Almosen. 4 Petrus und Johannes
blickten ihn an und Petrus sagte: Sieh uns
an! 5 Er richtete seinen Blick auf sie in der
Hoffnung, etwas von ihnen zu erhalten.
6 Petrus aber sagte: Silber und Gold besitze
ich nicht; was ich aber habe, das gebe ich
dir: Im Namen Jesu Christi des Nazoräers,
geh umher! 7 Und er fasste ihn bei der
rechten Hand und richtete ihn auf. So-
gleich wurden seine Füße und Gelenke
fest. 8 Er sprang auf, konnte stehen und
ging umher; er ging an ihrer Seite in den
Tempel, lief und sprang umher und lobte
Gott. 9 Alles Volk sah ihn so umhergehen
und Gott loben. 10 Sie erkannten, dass es
derselbe war, der wegen Almosen am
Schönen Tor des Tempels gesessen hatte;
und sie wurden von Verwunderung und
Staunen über das erfüllt, was ihm wider-
fahren war.

Die Predigt des Petrus an das Volk

11 Da er sich fest zu Petrus und Johannes
hielt, strömte das ganze Volk voll Verwun-
derung bei ihnen in der so genannten Hal-
le Salomos zusammen. 12 Als Petrus das
sah, sagte er zum Volk: Israeliten, was
wundert ihr euch über diesen Mann und
warum staunt ihr uns an, als ob wir durch
eigene Kraft und Frömmigkeit bewirkt
hätten, dass er gehen kann? 13 Der Gott
Abrahams und Isaaks und Jakobs, der Gott
unserer Väter, hat seinen Knecht Jesus ver-
herrlicht, den ihr ausgeliefert und vor Pi-
latus verleugnet habt, als dieser schon be-
schlossen hatte, ihn freizulassen. 14 Ihr
jedoch habt den Heiligen und Gerechten
verleugnet und verlangt, dass man euch
einen Mörder schenkt. 15 Den Urheber des
Lebens habt ihr getötet. Aber Gott hat ihn
von den Toten auferweckt, dafür sind wir
Zeugen. 16 Und weil er an seinen Namen
geglaubt hat, hat sein Name diesen Mann,
den ihr seht und kennt, zu Kräften ge-
bracht; der Glaube, der durch ihn kommt,

hat ihm vor euer aller Augen die volle Ge-
sundheit gegeben.
17 Aber ich weiß, Brüder, ihr habt aus
Unwissenheit gehandelt, wie auch euere
Führer. 18 Gott aber hat auf diese Weise er-
füllt, was er durch den Mund aller Prophe-
ten vorausverkündet hat, dass nämlich
sein Messias leiden werde. 19 Tut also Buße
und bekehrt euch, damit euere Sünden ge-
tilgt werden, 20 auf dass Zeiten der Erqui-
ckung vom Angesicht des Herrn kommen
und er den für euch bestimmten Messias
Jesus sendet. 21 Ihn muss (freilich) der
Himmel aufnehmen, bis zu den Zeiten
der Wiederherstellung alles dessen, was
Gott durch den Mund seiner Propheten
von alters her verkündet hat. 22 Mose hat
gesagt: *Einen Propheten wie mich wird
euch der Herr, unser Gott, aus eueren Brü-
dern erwecken. Auf ihn sollt ihr hören in
allem, was er zu euch sagt.* 23 *Jeder, der auf
jenen Propheten nicht hört, soll aus dem
Volk ausgerottet werden.* 24 In der Tat ha-
ben alle Propheten, von Samuel an und
seinen Nachfolgern, die später gesprochen
haben, auch diese Tage angekündigt. 25 Ihr
seid die Söhne der Propheten und des
Bundes, den Gott mit eueren Vätern ge-
schlossen hat, als er zu Abraham sagte:
*Durch deine Nachkommenschaft sollen alle
Geschlechter der Erde gesegnet werden.*
26 Für euch zuerst hat Gott seinen Knecht
auferweckt und gesandt, euch zu segnen,
indem sich jeder von euch von seinen bö-
sen Taten abwendet.

Petrus und Johannes vor dem Hohen Rat

4 Während sie noch zum Volk redeten,
traten die Priester, der Tempelhaupt-
mann und die Sadduzäer an sie heran. 2 Sie
waren unwillig darüber, dass sie das Volk
lehrten und in Jesus die Auferstehung von
den Toten verkündeten. 3 Deshalb legten
sie Hand an sie und brachten sie bis zum
folgenden Tag in Gewahrsam; denn es war
bereits Abend. 4 Viele aber von denen, die
das Wort gehört hatten, wurden gläubig,
und so stieg die Zahl der Männer auf un-
gefähr fünftausend.
5 Am folgenden Tag kamen die Führer
des Volkes, die Ältesten und Schriftgelehr-
ten in Jerusalem zusammen; 6 auch Han-
nas und Kajaphas, Johannes, Alexander
sowie alle, die aus hohepriesterlichem Ge-
schlecht waren. 7 Sie stellten sie in die Mit-
te und fragten: Mit welcher Macht oder in
wessen Namen habt ihr das getan? 8 Da
sagte Petrus, vom Heiligen Geist erfüllt,
zu ihnen: Ihr Führer des Volkes und ihr
Ältesten! 9 Wenn wir heute wegen einer
Wohltat an einem kranken Mann darüber
vernommen werden, wodurch er geheilt
wurde, 10 so sei euch allen und dem ganzen
Volk Israel gesagt: Durch den Namen Jesu
Christi des Nazoräers, den ihr gekreuzigt
habt, den aber Gott von den Toten auf-
erweckt hat; durch seinen Namen und kei-
nen anderen steht dieser Mann gesund vor
euch. 11 Dieser ist *der Stein, der von euch
Bauleuten verworfen wurde und der zum
Eckstein geworden ist.* 12 Denn kein anderer
Name unter dem Himmel ist den Men-
schen gegeben, durch den wir gerettet wer-
den können.
13 Als sie den Freimut des Petrus und Jo-
hannes wahrnahmen und merkten, dass es
ungelehrte und ungebildete Männer wa-
ren, wunderten sie sich. Sie erkannten,
dass sie mit Jesus gewesen waren. 14 Wie
sie nun den Geheilten bei ihnen stehen sa-
hen, konnten sie nichts dagegen sagen.
15 Sie ließen sie aus dem Hohen Rat hinaus-
gehen, berieten miteinander 16 und sagten:
Was sollen wir mit diesen Menschen ma-
chen? Denn dass ein unleugbares Zeichen
durch sie geschehen ist, ist allen Bewoh-
nern Jerusalems bekannt, und wir können
es nicht abstreiten. 17 Aber damit die Sache
sich nicht noch weiter im Volk verbreitet,
wollen wir ihnen unter Drohungen ein-
schärfen, zu niemand mehr in diesem Na-
men zu sprechen. 18 Und sie riefen sie he-
rein und verboten ihnen, je wieder im
Namen Jesu zu sprechen oder zu lehren.
19 Petrus und Johannes aber erwiderten ih-
nen: Ob es vor Gott recht ist, euch mehr zu
gehorchen als Gott, darüber urteilt selbst.
20 Denn wir können unmöglich von dem
schweigen, was wir gesehen und gehört
haben. 21 Jene drohten ihnen nochmals
und ließen sie frei. Denn sie fanden keine
Möglichkeit, sie zu bestrafen, wegen des
Volkes, da alle Gott wegen des Geschehe-
nen priesen. 22 Denn der Mann, an dem
sich dieses Heilungswunder ereignet hatte,
war schon über vierzig Jahre alt.

Bittgebet der Gemeinde

23 Als sie freigelassen waren, gingen sie zu
den Ihren und berichteten ihnen, was die

Hohenpriester und Ältesten zu ihnen ge-
sagt hatten. 24 Als sie das hörten, erhoben
sie einmütig ihre Stimme zu Gott und
sprachen: *Herr, du hast den Himmel, die
Erde, das Meer und alles, was darin ist, ge-
schaffen.* 25 Du hast den Heiligen Geist
durch den Mund unseres Vaters David,
deines Knechtes, sprechen lassen:

*Warum toben die Heiden / und sinnen
die Völker vergebliche Dinge?*
26 *Die Könige der Erde erheben sich / und
die Fürsten haben sich versammelt / gegen
den Herrn und gegen seinen Gesalbten.*

27 Wahrhaftig, in dieser Stadt haben sich
Herodes und Pontius Pilatus mit den Hei-
den und den Stämmen Israels zusammen-
getan gegen deinen heiligen Knecht Jesus,
den du gesalbt hast, um auszuführen,
28 was deine Hand und dein Ratschluss vo-
rausbestimmt hatte. 29 Und jetzt, Herr, sieh
ihre Drohungen und gib deinen Knechten,
dass sie mit allem Freimut dein Wort ver-
künden. 30 Strecke deine Hand aus, dass
Heilung, Zeichen und Wunder geschehen
durch den Namen deines heiligen Knech-
tes Jesus. 31 Nach diesem Gebet erbebte die
Stätte, wo sie versammelt waren. Alle wur-
den mit dem Heiligen Geist erfüllt und
verkündeten mit Freimut das Wort Gottes.

Die Gütergemeinschaft der ersten Christengemeinde

32 Die Menge der Gläubiggewordenen war
ein Herz und eine Seele. Kein Einziger
nannte etwas von seinem Besitz sein Ei-
gen, sondern sie hatten alles gemeinsam.
33 Mit großer Kraft legten die Apostel von
der Auferstehung des Herrn Jesus Zeugnis
ab und große Gnade ruhte auf ihnen allen.
34 Auch gab es keinen Bedürftigen unter ih-
nen. Denn wer Grundstücke oder Häuser
besaß, verkaufte sie, brachte den Erlös
35 und legte ihn den Aposteln zu Füßen.
Davon wurde jedem zugeteilt, je nachdem
er bedürftig war. 36 Josef, der von den
Aposteln den Beinamen Barnabas, das
heißt Sohn des Trostes, erhalten hatte, ein
Levit, aus Zypern gebürtig, 37 besaß ein
Grundstück; er verkaufte es, brachte das
Geld und legte es den Aposteln zu Füßen.

Hananias und Saphira

5 Ein Mann mit Namen Hananias ver-
kaufte zusammen mit seiner Frau Sa-
phira ein Grundstück. 2 Aber mit Wissen
seiner Frau behielt er von dem Erlös
einen Teil zurück; den anderen brachte
er und legte ihn den Aposteln zu Füßen.
3 Da sagte Petrus: Hananias, warum hat
der Satan von deinem Herzen Besitz er-
griffen, dass du den Heiligen Geist belügst
und einen Teil von dem Erlös des Grund-
stücks unterschlägst? 4 Blieb es dir nicht
unbenommen, wenn du es behalten woll-
test? Und wenn du es verkauftest, konn-
test du nicht frei über den Erlös verfügen?
Warum hast du eine solche Tat in deinem
Herzen ersonnen? Nicht Menschen hast
du belogen, sondern Gott! 5 Als Hananias
diese Worte hörte, stürzte er nieder und
starb. Große Furcht ergriff alle, die es
hörten. 6 Die jungen Männer aber standen
auf, deckten ihn zu, trugen ihn hinaus
und begruben ihn.

7 Es vergingen etwa drei Stunden, da
kam auch seine Frau herein, ohne zu wis-
sen, was vorgefallen war. 8 Petrus sprach zu
ihr: Sag mir, habt ihr das Grundstück für
so viel verkauft? Sie erwiderte: Ja, für so
viel. 9 Da sagte Petrus zu ihr: Warum habt
ihr euch verabredet, den Geist des Herrn
zu versuchen? Siehe, die Füße derer, die
deinen Mann begraben haben, stehen vor
der Tür, um auch dich hinauszutragen.
10 Augenblicklich brach sie vor seinen Fü-
ßen zusammen und starb. Die jungen
Männer kamen hinein und fanden sie tot;
sie trugen sie hinaus und begruben sie ne-
ben ihrem Mann. 11 Große Furcht kam
über die ganze Gemeinde und über alle,
die davon hörten.

Wundertaten der Apostel

12 Durch die Hände der Apostel geschahen
viele Zeichen und Wunder im Volk. Alle
versammelten sich einmütig in der Halle
Salomos. 13 Von den Übrigen wagte nie-
mand, sich ihnen anzuschließen; das Volk
aber schätzte sie hoch. 14 Mehr denn je
wuchs die Zahl derer, die an den Herrn
glaubten, eine Menge von Männern und
Frauen. 15 Man brachte sogar die Kranken
auf die Straßen und legte sie auf Tragen
und Betten, damit, wenn Petrus vorüber-
kam, wenigstens sein Schatten auf einen
von ihnen fiel. 16 Auch aus den umliegen-
den Städten kamen viele nach Jerusalem
und brachten Kranke und von unreinen
Geistern Geplagte, und alle wurden ge-
heilt.

Erneute Gefangennahme der Apostel, Verhör und Freilassung

17 Da erhoben sich der Hohepriester und
alle seine Anhänger, die Partei der Saddu-
zäer, voll Eifersucht. 18 Sie legten Hand an
die Apostel und warfen sie in das öffent-
liche Gefängnis. 19 Aber ein Engel des
Herrn öffnete in der Nacht die Türen des
Kerkers, führte sie heraus und sagte:
20 Geht, tretet im Tempel auf und predigt
dem Volk alle Worte dieses Lebens. 21 Sie
gehorchten und gingen bei Tagesanbruch
in den Tempel und lehrten. Währenddes-
sen fanden sich der Hohepriester und sein
Anhang ein. Sie riefen den Hohen Rat und
alle Ältesten der Söhne Israels zusammen
und schickten (Boten) zum Gefängnis, um
sie vorzuführen. 22 Die Gerichtsdiener gin-
gen, fanden sie aber nicht im Kerker vor.
Da kehrten sie zurück und meldeten:
23 Wir fanden das Gefängnis fest verschlos-
sen und die Wachen auf ihrem Posten vor
der Tür; als wir aber öffneten, fanden wir
niemand darin. 24 Als sie diese Worte hör-
ten, fragten sich der Tempelhauptmann
und die Hohenpriester bestürzt, wohin
dies noch führen würde. 25 Da kam jemand
mit der Meldung: Seht, die Männer, die ihr
ins Gefängnis gebracht habt, stehen im
Tempel und lehren das Volk. 26 Sofort ging
der Hauptmann mit den Gerichtsdienern
hin und holte sie herbei, doch ohne Ge-
walt; denn sie fürchteten, vom Volk gestei-
nigt zu werden.

27 Sie brachten sie also herbei und stell-
ten sie vor den Hohen Rat. Der Hohe-
priester hielt ihnen vor: 28 Wir haben euch
doch streng verboten, in diesem Namen zu
lehren. Dennoch habt ihr Jerusalem mit
euerer Lehre erfüllt und wollt das Blut die-
ses Menschen über uns bringen. 29 Petrus
und die Apostel erwiderten: Man muss
Gott mehr gehorchen als den Menschen.
30 Der Gott unserer Väter hat Jesus auf-
erweckt, den ihr ans Holz gehängt und
umgebracht habt. 31 Ihn hat Gott als An-
führer und Heiland zu seiner Rechten er-
höht, um Israel Bekehrung und Ver-
gebung der Sünden zu gewähren. 32 Dafür
sind wir Zeugen und der Heilige Geist, den
Gott denen verliehen hat, die ihm gehor-
chen. 33 Bei diesen Worten gerieten jene in
Wut und wollten sie töten.

34 Da erhob sich im Hohen Rat ein Pha-
risäer namens Gamaliël, ein beim ganzen
Volk angesehener Gesetzeslehrer. Er ließ
die Männer für kurze Zeit hinausführen.
35 Dann sagte er: Israeliten, seht euch vor,
was ihr mit diesen Leuten tun wollt.
36 Denn vor einiger Zeit erhob sich Theu-
das, gab sich für etwas Besonderes aus
und gewann einen Anhang von etwa vier-
hundert Mann. Aber er wurde getötet und
alle seine Anhänger wurden zersprengt
und vernichtet. 37 Nach ihm erhob sich –
in den Tagen der Volkszählung – Judas
von Galiläa und brachte eine Volksschar
dazu, unter seiner Führung einen Aufruhr
zu machen. Auch er ist umgekommen und
alle seine Anhänger wurden zerstreut.
38 Darum sage ich euch jetzt: Lasst ab von
diesen Leuten und gebt sie frei! Denn soll-
te dieses Vorhaben oder dieses Werk von
Menschen stammen, so geht es von selbst
zugrunde. 39 Ist es aber von Gott, so könnt
ihr es nicht zerstören; ihr könntet sonst als
Widersacher Gottes dastehen. Sie gaben
ihm Recht. 40 Dann riefen sie die Apostel
herein, ließen sie geißeln und verboten ih-
nen, im Namen Jesu zu predigen. Darauf
gab man sie frei. 41 Sie aber gingen voll
Freude vom Hohen Rat weg, weil sie ge-
würdigt worden waren, für den Namen
(Jesu) Schmach zu leiden. 42 Sie hörten
nicht auf, Tag für Tag im Tempel und in
den Häusern zu lehren und das Evangeli-
um von Jesus, dem Christus, zu verkün-
den.

Das Christuszeugnis auf seinem Weg zu den Völkern

Die Wahl der sieben Helfer

6 In diesen Tagen, als die Zahl der Jün-
ger zunahm, entstand bei den Helle-
nisten Unwille über die Hebräer, weil ihre
Witwen bei der täglichen Almosenvertei-
lung übersehen wurden. 2 Da beriefen die
Zwölf eine Versammlung der Jünger und
erklärten: Es ist nicht recht, dass wir das
Wort Gottes vernachlässigen und an den
Tischen Dienst tun. 3 Wählt darum, Brü-
der, aus euerer Mitte sieben Männer von
gutem Ruf und voll Geist und Weisheit;

sie wollen wir für diese Aufgabe einsetzen. [4]Wir aber werden weiter beim Gebet und beim Dienst am Wort bleiben. [5]Der Vorschlag fand den Beifall der ganzen Versammlung. Sie wählten Stephanus, einen Mann voll Glauben und Heiligem Geist, ferner Philippus, Prochorus, Nikanor, Timon, Parmenas und Nikolaus, einen Proselyten aus Antiochia. [6]Sie brachten sie vor die Apostel und diese legten ihnen unter Gebet die Hände auf. [7]Und das Wort Gottes wuchs und die Zahl der Jünger in Jerusalem nahm stark zu. Auch eine große Schar von Priestern wurden dem Glauben gehorsam.

Die Verhaftung des Stephanus

[8]Stephanus aber, voll Gnade und Kraft, tat große Wunder und Zeichen unter dem Volk. [9]Doch einige von der so genannten Synagoge der Libertiner, der Zyrener, der Alexandriner und der Leute aus Zilizien und Asien erhoben sich und stritten mit Stephanus. [10]Aber sie vermochten der Weisheit und dem Geist, mit dem er sprach, nicht standzuhalten. [11]Da stifteten sie Männer an, die aussagten: Wir haben ihn Lästerreden gegen Mose und gegen Gott reden hören. [12]So wiegelten sie das Volk, die Ältesten und die Schriftgelehrten auf, dann fielen sie über ihn her und schleppten ihn gewaltsam vor den Hohen Rat. [13]Dort stellten sie falsche Zeugen auf, die aussagten: Dieser Mensch hört nicht auf, gegen die heilige Stätte und das Gesetz zu reden. [14]Wir haben ihn nämlich sagen hören: Dieser Jesus, der Nazoräer, wird diese Stätte zerstören und die Satzungen ändern, die uns Mose überliefert hat. [15]Allen, die im Hohen Rat saßen und ihren Blick auf ihn richteten, erschien sein Gesicht wie das eines Engels.

Die Rede des Stephanus

7 Der Hohepriester fragte: Verhält sich das so? [2]Er antwortete: Ihr Brüder und Väter, hört! Der Gott der Herrlichkeit erschien unserem Vater Abraham, als er noch in Mesopotamien lebte, ehe er sich in Haran niederließ, [3]und sagte zu ihm: *Zieh fort aus deinem Land und aus deiner Verwandtschaft und geh in das Land, das ich dir zeigen werde.* [4]Da zog er aus dem Land der Chaldäer fort und ließ sich in Haran nieder. Von dort ließ ihn Gott nach dem Tod seines Vaters in das Land übersiedeln, in dem ihr jetzt wohnt. [5]Er gab ihm keinen Erbbesitz darin, auch nicht einen Fußbreit, sondern verhieß, *es ihm und seinen Nachkommen* zum Besitz *zu geben*, obwohl er kinderlos war. [6]So sprach Gott: *Seine Nachkommen werden als Fremde in fremdem Land leben; man wird sie knechten und misshandeln, vierhundert Jahre lang.* [7]*Über das Volk aber, dem sie dienen, werde ich Gericht halten,* sprach Gott, *und dann werden sie ausziehen und mir an dieser Stätte dienen.* [8]Und er gab ihm den Bund der Beschneidung. So zeugte er Isaak und beschnitt ihn am achten Tag, und Isaak (zeugte) den Jakob und Jakob die zwölf Patriarchen. [9]Die Patriarchen aber *waren eifersüchtig* auf Josef *und verkauften ihn nach Ägypten. Aber Gott war mit ihm.* [10]Er rettete ihn aus allen seinen Drangsalen, *gab ihm Gnade* und Weisheit vor Pharao, dem König von Ägypten, und *setzte ihn zum Herrn* über Ägypten und *über sein ganzes Haus.* [11]Da kam über ganz Ägypten und Kanaan eine Hungersnot. Das Elend war groß und unsere Väter fanden keine Nahrung. [12]Als Jakob hörte, dass es in Ägypten Getreide gab, schickte er unsere Väter ein erstes Mal dorthin. [13]Beim zweiten Mal gab sich Josef seinen Brüdern zu erkennen und so wurde dem Pharao Josefs Herkunft bekannt. [14]Josef ließ dann seinen Vater Jakob und die ganze Verwandtschaft kommen, fünfundsiebzig Personen. [15]So zog denn Jakob nach Ägypten hinab und er starb und ebenso unsere Väter. [16]Sie wurden nach Sichem überführt und in das Grab gelegt, das Abraham für eine Geldsumme von den Söhnen Hamors in Sichem gekauft hatte.

[17]Als aber die Zeit der Verheißung nahte, die Gott dem Abraham zugesagt hatte, vermehrte sich das Volk in Ägypten und wurde sehr zahlreich. [18]Da gelangte ein anderer König zur Herrschaft über Ägypten, der von Josef nichts wusste. [19]Er verfuhr arglistig mit unserem Volk und zwang unsere Väter, ihre Kinder auszusetzen, damit sie nicht am Leben blieben. [20]In dieser Zeit wurde Mose geboren und er war Gott wohlgefällig. Drei Monate wurde er im Haus seines Vaters aufgezogen. [21]Als man ihn dann aussetzte, nahm ihn die Tochter des Pharao auf und erzog

ihn als ihren Sohn. 22 Mose wurde in aller
Weisheit der Ägypter unterwiesen und
war mächtig in Wort und Tat. 23 Als er
vierzig Jahre alt war, kam ihm in den
Sinn, nach seinen Brüdern, den Kindern
Israels, zu sehen. 24 Da sah er, wie einem
Unrecht angetan wurde, er verteidigte
ihn und verschaffte dem Bedrängten sein
Recht, indem er den Ägypter erschlug.
25 Er meinte, seine Brüder würden verste-
hen, dass Gott sie durch seine Hand ret-
ten wolle; doch sie verstanden es nicht.
26 Am folgenden Tag erschien er bei ihnen,
als sie stritten, und versuchte sie friedlich
auszusöhnen. Er sagte: Männer, ihr seid
doch Brüder, warum tut ihr einander Un-
recht? 27 Der Mann aber, der seinem
Nächsten Unrecht getan hatte, stieß ihn
zurück und sagte: *Wer hat dich zum Füh-*
rer und Richter über uns bestellt? 28 *Willst*
du auch mich töten, wie du gestern den
Ägypter getötet hast? 29 Auf dieses Wort
hin ergriff Mose die Flucht und lebte als
Fremder im Land Midian, wo er zwei
Söhne zeugte. 30 Als vierzig Jahre ver-
gangen waren, *erschien ihm in der Wüs-*
te beim Berg Sinai *ein Engel in der Feuer-*
flamme eines Dornbuschs. 31 Als Mose dies
sah, wunderte er sich über die Erschei-
nung. Als er jedoch näher trat, um sie ge-
nauer zu betrachten, erscholl die Stimme
des Herrn: 32 *Ich bin der Gott deiner Väter,*
der Gott Abrahams, Isaaks und Jakobs. Da
begann Mose zu zittern und wagte nicht
hinzusehen. 33 Der Herr aber sagte zu ihm:
Zieh deine Schuhe von den Füßen; denn
der Ort, wo du stehst, ist heiliges Land.
34 *Ich habe die Bedrückung meines Volkes*
in Ägypten gesehen und sein Seufzen ge-
hört und bin herabgestiegen, sie zu befrei-
en. Und jetzt komm, ich will dich nach
Ägypten senden. 35 Diesen Mose, den sie
abgewiesen hatten mit den Worten: *Wer*
hat dich zum Führer und Richter bestellt?,
den hat Gott als Führer und Befreier ge-
sandt durch die Hand des Engels, der ihm
im Dornbusch erschienen war. 36 Dieser
(Mose) führte sie heraus unter Wundern
und Zeichen, die er im Land Ägypten tat
und im Roten Meer und vierzig Jahre lang
in der Wüste. 37 Dieser Mose ist es, der zu
den Israeliten gesagt hat: *Einen Propheten*
wie mich wird Gott euch aus eueren Brü-
dern erwecken. 38 Er ist es, der bei der Ver-
sammlung in der Wüste zwischen dem
Engel, der am Berg Sinai mit ihm redete,
und unseren Vätern stand. Er empfing
Worte des Lebens, um sie uns mitzutei-
len. 39 Aber unsere Väter wollten ihm
nicht gehorchen. Sie verwarfen ihn und
wandten ihre Herzen wieder Ägypten zu.
40 Sie sagten zu Aaron: *Mach uns Götter,*
die vor uns herziehen; denn wir wissen
nicht, was mit diesem Mose, der uns aus
Ägypten herausgeführt hat, geschehen ist.
41 Und sie fertigten in jenen Tagen ein
Kalb an, brachten dem Götzenbild Opfer
dar und freuten sich über das Werk ihrer
Hände. 42 Gott aber wandte sich von ihnen
ab und ließ sie dem Dienst der Gestirne
anheim fallen. Darüber steht im Buch der
Propheten geschrieben: *Habt ihr mir etwa*
Schlacht- und Brandopfer dargebracht
während der vierzig Jahre in der Wüste,
Haus Israel? 43 *Das Zelt des Moloch und*
das Sternbild des Gottes Romfa habt ihr
herumgetragen; die Bilder, die ihr gemacht
habt, um sie anzubeten. Darum will ich
euch noch über Babylon hinaus verbannen.

44 In der Wüste hatten unsere Väter das
Offenbarungszelt. So hatte es der angeord-
net, der Mose befahl, es nach dem Bild
herzustellen, das er gesehen hatte. 45 Unse-
re Väter haben es übernommen und mit-
gebracht, als sie unter Josua das Land der
Heiden in Besitz nahmen, die Gott vor un-
seren Vätern verdrängte. So blieb es bis zu
den Tagen Davids. 46 Er fand Gnade vor
Gott und bat, für den Gott Jakobs eine
Wohnstätte finden zu dürfen. 47 Salomo
aber baute ihm ein Haus. 48 Doch der
Höchste wohnt nicht in Bauwerken von
Menschenhänden, wie der Prophet sagte:
49 *Der Himmel ist mein Thron und die Erde*
der Schemel meiner Füße. Was für ein
Haus wollt ihr mir bauen, spricht der Herr.
Oder was wäre der Ort meines Ruhens?
50 *Hat nicht meine Hand dies alles geschaf-*
fen?

51 Ihr Halsstarrigen und Unbeschnitte-
nen an Herz und Ohren! Wie euere Väter,
so widerstrebt auch ihr immerzu dem Hei-
ligen Geist. 52 Welchen von den Propheten
haben euere Väter nicht verfolgt? Sie ha-
ben die getötet, die von der Ankunft des
Gerechten geweissagt haben, dessen Ver-
räter und Mörder ihr jetzt geworden seid,
53 ihr, die ihr das Gesetz durch Vermittlung
von Engeln empfangen, aber nicht ge-
halten habt.

Die Steinigung des Stephanus

54 Als sie das vernahmen, packte sie die Wut und sie knirschten mit den Zähnen über ihn. 55 Er aber, erfüllt vom Heiligen Geist, blickte zum Himmel auf, sah die Herrlichkeit Gottes und Jesus zur Rechten Gottes stehen 56 und sagte: Ich sehe die Himmel offen und den Menschensohn zur Rechten Gottes stehen. 57 Da schrien sie laut auf, hielten sich die Ohren zu und stürmten alle miteinander auf ihn los, 58 stießen ihn zur Stadt hinaus und steinigten ihn. Die Zeugen legten ihre Kleider zu den Füßen eines jungen Mannes nieder, der Saulus hieß. 59 So steinigten sie Stephanus, der (den Herrn) anrief und sagte: Herr Jesus, nimm meinen Geist auf! 60 Er kniete nieder und rief mit lauter Stimme: Herr, rechne ihnen diese Sünde nicht an! Mit diesen Worten starb er.

8 Saulus aber hatte seiner Ermordung zugestimmt.

An jenem Tag kam eine große Verfolgung über die Gemeinde in Jerusalem. Alle, mit Ausnahme der Apostel, zerstreuten sich über das Gebiet von Judäa und Samarien. 2 Stephanus aber bestatteten gottesfürchtige Männer und hielten eine große Totenklage für ihn. 3 Saulus dagegen versuchte, die Gemeinde zu vernichten. Er drang in die Häuser ein, schleppte Männer und Frauen weg und warf sie in den Kerker.

Philippus in Samaria

4 Die Verstreuten zogen umher und verkündeten das Wort. 5 Philippus aber kam in die Hauptstadt Samariens hinab und verkündigte ihnen Christus. 6 Das Volk achtete einmütig auf die Worte des Philippus, als es (seine Botschaft) hörte und die Wunder sah, die er tat. 7 Denn aus vielen Besessenen fuhren die unreinen Geister unter lautem Geschrei aus und viele Gelähmte und Krüppel wurden geheilt. 8 So herrschte große Freude in jener Stadt.

9 Nun lebte in der Stadt schon länger ein Mann namens Simon, der Zauberei trieb und das Volk Samariens in Erstaunen setzte, indem er sich für einen großen Mann ausgab. 10 Alle, Groß und Klein, hingen ihm an und sagten: Das ist die Kraft Gottes, die man die Große nennt. 11 Sie hingen ihm an, weil er sie lange Zeit mit seinen Zauberkünsten im Bann gehalten hatte. 12 Als sie aber Philippus glaubten, der das Evangelium vom Reich Gottes und vom Namen Jesu Christi verkündigte, ließen sie sich taufen, Männer und Frauen. 13 Auch Simon wurde gläubig und empfing die Taufe. Er schloss sich eng an Philippus an und als er die großen Zeichen und Wunder sah, geriet er in Erstaunen.

14 Als die Apostel in Jerusalem erfuhren, dass Samarien das Wort Gottes angenommen hatte, sandten sie Petrus und Johannes dorthin. 15 Sie zogen hinab und beteten für sie, dass sie den Heiligen Geist empfangen möchten. 16 Denn er war noch auf keinen von ihnen herabgekommen; sie waren nur auf den Namen des Herrn Jesus getauft. 17 Da legten sie ihnen die Hände auf und sie empfingen den Heiligen Geist.

18 Als nun Simon sah, dass durch die Handauflegung der Apostel der Heilige Geist verliehen wurde, bot er ihnen Geld an 19 und bat: Gebt doch auch mir diese Macht, dass jeder, dem ich die Hände auflege, den Heiligen Geist empfängt. Petrus entgegnete ihm: 20 Dein Geld fahre mit dir ins Verderben, weil du geglaubt hast, die Gabe Gottes für Geld kaufen zu können. 21 Du hast keinen Anteil und kein Recht daran, denn dein Herz ist nicht aufrichtig vor Gott. 22 Bekehre dich von deiner Bosheit und bete zum Herrn; vielleicht wird dir dann der Anschlag deines Herzens noch vergeben. 23 Denn, wie ich sehe, bist du voll bitterer Galle und von Bosheit umstrickt. 24 Simon antwortete: Betet für mich zum Herrn, dass mich nichts von dem trifft, was ihr gesagt habt.

25 Nachdem sie nun das Wort des Herrn bezeugt und verkündet hatten, kehrten sie nach Jerusalem zurück und predigten dabei in vielen Ortschaften der Samariter das Evangelium.

Die Taufe des äthiopischen Hofbeamten

26 Ein Engel des Herrn sagte zu Philippus: Mache dich auf und zieh nach Süden auf der Straße, die von Jerusalem nach Gaza hinabführt. Sie ist menschenleer. 27 Er machte sich auf und ging hin. Da kam ein Äthiopier, ein Kämmerer, Hofbeamter der Kandake, der Königin der Äthiopier, ihr oberster Schatzmeister. Er war nach Jerusalem gekommen, um anzubeten. 28 Jetzt befand er sich auf dem Heimweg, saß in seinem Wagen und las den Propheten Je-

saja. 29 Da sagte der Geist zu Philippus: Geh und folge diesem Wagen! 30 Philippus lief hin und hörte ihn den Propheten Jesaja lesen. Er fragte: Verstehst du auch, was du liest? 31 Er antwortete: Wie sollte ich das können, wenn mich niemand anleitet? Dann lud er Philippus ein, aufzusteigen und bei ihm Platz zu nehmen. 32 Die Schriftstelle, die er gerade las, lautete:

Wie ein Schaf wurde er zur Schlachtung geführt; / und wie ein Lamm, das vor dem, der es schert, verstummt, / so tat er seinen Mund nicht auf.

33 *In der Erniedrigung wurde das Gericht über ihn aufgehoben. / Wer kann seine Nachkommenschaft zählen? / Denn sein Leben ist von der Erde weggenommen.*

34 Der Kämmerer fragte Philippus: Ich bitte dich, von wem sagt dies der Prophet? Von sich oder von einem anderen? 35 Da begann Philippus zu reden und ausgehend von dieser Schriftstelle verkündete er ihm das Evangelium von Jesus. 36 Während sie auf der Straße weiterfuhren, kamen sie an ein Wasser. Da ist ja Wasser, sagte der Kämmerer; was hindert, dass ich getauft werde? [37 Da sagte Philippus zu ihm: Wenn du aus deinem ganzen Herzen glaubst, wirst du gerettet werden. Da antwortete er: Ich glaube an Christus, den Sohn Gottes.] 38 Er ließ den Wagen halten. Beide, Philippus und der Kämmerer, stiegen ins Wasser hinab, und er taufte ihn. 39 Kaum waren sie dem Wasser entstiegen, da entrückte der Geist des Herrn den Philippus. Der Kämmerer sah ihn nicht mehr und zog voll Freude weiter. 40 Philippus aber fand sich in Aschdod wieder. Er zog umher und verkündete in allen Städten das Evangelium, bis er nach Cäsarea gelangte.

Bekehrung und Taufe des Saulus

9 Saulus, der noch immer mit Drohung und Mord gegen die Jünger des Herrn wütete, ging zum Hohenpriester 2 und erbat sich von ihm Briefe an die Synagogen in Damaskus, um die Anhänger der (neuen) Glaubensrichtung, die er dort fände, Männer wie Frauen, in Ketten nach Jerusalem zu bringen. 3 Schon war er auf seiner Reise bis in die Nähe von Damaskus gelangt, da umstrahlte ihn plötzlich ein Licht vom Himmel. 4 Er fiel zu Boden und hörte eine Stimme, die ihm zurief: Saul, Saul, warum verfolgst du mich? 5 Er fragte: Wer bist du, Herr? Dieser antwortete: Ich bin Jesus, den du verfolgst. 6 Doch steh auf und geh in die Stadt; dort wird man dir sagen, was du tun sollst. 7 Seine Reisegefährten standen sprachlos da. Sie hörten zwar die Stimme, sahen aber niemand. 8 Saulus erhob sich vom Boden. Als er jedoch die Augen aufschlug, sah er nichts. Da nahmen sie ihn bei der Hand und führten ihn nach Damaskus. 9 Er war drei Tage blind und aß und trank nicht.

10 In Damaskus lebte ein Jünger mit Namen Hananias. Zu ihm sagte der Herr in einer Vision: Hananias! Er antwortete: Hier bin ich, Herr. 11 Der Herr gebot ihm: Mache dich auf, geh in die Straße, die man die Gerade nennt, und frage im Haus des Judas nach einem Mann namens Saulus aus Tarsus. Er betet gerade 12 und hat in einer Vision gesehen, wie ein Mann mit Namen Hananias bei ihm eintritt und ihm die Hände auflegt, damit er wieder sehen kann. 13 Hananias entgegnete: Herr, ich habe von vielen gehört, wie viel Böses dieser Mann deinen Heiligen in Jerusalem angetan hat. 14 Auch hier hat er von den Hohenpriestern Vollmacht, alle in Ketten zu legen, die deinen Namen anrufen. 15 Der Herr erwiderte ihm: Geh; denn dieser Mann ist mein auserwähltes Werkzeug, um meinen Namen vor Völker und Könige und vor die Söhne Israels zu tragen. 16 Ich werde ihm zeigen, wie viel er um meines Namens willen leiden muss. 17 Da machte sich Hananias auf und ging in das Haus; er legte Saulus die Hände auf und sagte: Bruder Saul! Der Herr hat mich gesandt, Jesus, der dir auf dem Weg erschienen ist, den du gekommen bist. Du sollst wieder sehen und mit dem Heiligen Geist erfüllt werden. 18 Sofort fiel es wie Schuppen von seinen Augen. Er sah wieder, stand auf und ließ sich taufen. 19 Dann nahm er Nahrung zu sich und kam wieder zu Kräften.

Saulus in Damaskus und Jerusalem

Er blieb noch einige Tage bei den Jüngern in Damaskus 20 und sogleich verkündigte er in den Synagogen, dass Jesus der Sohn Gottes sei. 21 Alle, die ihn hörten, staunten: Ist das nicht derselbe, der in Jerusalem alle, die diesen Namen anrufen, vernichten wollte? Ist er nicht hierher gekommen, um

sie in Fesseln vor die Hohenpriester zu
führen? [22] Saulus aber wurde noch mehr
mit Kraft erfüllt und brachte die Juden in
Damaskus in Verwirrung, weil er bewies,
dass Jesus der Messias sei.

[23] Einige Zeit später fassten die Juden
den Plan, ihn zu töten. [24] Doch ihr An-
schlag wurde Saulus bekannt. Tag und
Nacht bewachten sie die Stadttore, um
ihn zu töten. [25] Aber seine Jünger nahmen
ihn und ließen ihn bei Nacht in einem
Korb die Stadtmauer hinab.

[26] In Jerusalem angekommen, versuchte
er, sich den Jüngern anzuschließen. Alle
aber fürchteten sich vor ihm, weil sie nicht
glaubten, dass er ein Jünger war. [27] Da
nahm sich Barnabas seiner an, führte ihn
zu den Aposteln und erzählte ihnen, wie
Saul auf dem Weg den Herrn gesehen,
wie dieser mit ihm geredet und wie er
dann in Damaskus freimütig im Namen
Jesu gepredigt habe. [28] So ging er in Jerusa-
lem bei ihnen ein und aus und predigte
freimütig im Namen des Herrn. [29] Auch re-
dete und disputierte er mit den Hellenis-
ten. Diese aber planten, ihn zu töten. [30] Als
die Brüder das erfuhren, geleiteten sie ihn
nach Cäsarea hinab und schickten ihn von
dort nach Tarsus.

[31] Die Gemeinde hatte nun in ganz Ju-
däa, Galiläa und Samarien Frieden. Sie
baute sich auf und lebte in der Furcht des
Herrn und mehrte sich durch den Zu-
spruch des Heiligen Geistes.

Petrus als Wundertäter in Lydda und Joppe

[32] Als Petrus überall umherzog, kam er
auch zu den Heiligen in Lydda. [33] Dort traf
er einen Mann mit Namen Äneas, der
schon acht Jahre gelähmt zu Bett lag. [34] Pe-
trus sagte zu ihm: Äneas, Jesus Christus
macht dich gesund. Steh auf und richte
dein Bett her! Sofort erhob er sich. [35] Alle
Bewohner von Lydda und der Scharon-
ebene sahen ihn und bekehrten sich zum
Herrn.

[36] In Joppe lebte eine Jüngerin mit Na-
men Tabita, das heißt übersetzt: Gazelle.
Sie war reich an guten Werken und gab
reichlich Almosen. [37] In jenen Tagen aber
wurde sie krank und starb. Man wusch sie
und bahrte sie im Obergemach auf. [38] Weil
aber Lydda nahe bei Joppe liegt, sandten
die Jünger auf die Kunde, dass Petrus dort
sei, zwei Männer zu ihm mit der Bitte:
Komm unverzüglich zu uns! [39] Petrus
machte sich auf und ging mit ihnen. Als
er dort ankam, führte man ihn in das
Obergemach. Alle Witwen traten zu ihm,
weinten und zeigten ihm alle Kleider und
Mäntel, die Gazelle gemacht hatte, als sie
noch bei ihnen war. [40] Petrus aber hieß alle
hinausgehen, kniete nieder und betete.
Dann wandte er sich zu dem Leichnam
und sagte: Tabita, steh auf! Da öffnete sie
ihre Augen, sah Petrus an und richtete
sich auf. [41] Er reichte ihr die Hand und half
ihr auf. Dann rief er die Heiligen und die
Witwen und stellte sie ihnen lebend vor.
[42] Die Kunde davon verbreitete sich in ganz
Joppe und viele kamen zum Glauben an
den Herrn. [43] Petrus blieb noch längere
Zeit in Joppe bei Simon, einem Gerber.

Bekehrung und Taufe des Kornelius
in Cäsarea

10 In Cäsarea lebte ein Mann mit Na-
men Kornelius, Hauptmann in der
so genannten Italischen Kohorte. [2] Er war
mit seinem ganzen Haus fromm und got-
tesfürchtig, gab dem Volk reichlich Almo-
sen und betete beständig zu Gott. [3] Er sah
um die neunte Stunde in einer Vision
deutlich, wie ein Engel Gottes bei ihm ein-
trat und zu ihm sagte: Kornelius! [4] Er
blickte ihn an und fragte voll Furcht: Was
ist, Herr? Er antwortete ihm: Deine Gebete
und Almosen sind zu Gott gelangt und er
hat ihrer gedacht. [5] Jetzt schicke Männer
nach Joppe und lass einen gewissen Simon
mit dem Beinamen Petrus kommen. [6] Er
hält sich bei einem Gerber Simon auf, der
ein Haus am Meer hat. [7] Als der Engel, der
mit ihm geredet hatte, weggegangen war,
rief er zwei seiner Sklaven und einen from-
men Soldaten aus seiner Umgebung, [8] er-
zählte ihnen alles und schickte sie nach
Joppe.

[9] Am folgenden Tag, während sie sich
auf ihrer Reise der Stadt näherten, stieg
Petrus auf das Dach, um zu beten. Es war
um die sechste Stunde. [10] Er fühlte Hunger
und verlangte zu essen. Während man ihm
etwas zubereitete, kam eine Verzückung
über ihn. [11] Er sah den Himmel offen und
ein Behältnis wie ein großes Leinentuch
herabkommen, das an seinen vier Enden
auf die Erde herabgelassen wurde. [12] Darin
waren allerlei vierfüßige und kriechende
Tiere der Erde und Vögel des Himmels.

13 Und eine Stimme rief ihm zu: Steh auf,
Petrus, schlachte und iss! 14 Petrus erwider-
te: Niemals, Herr! Noch nie habe ich etwas
Unheiliges und Unreines gegessen. 15 Da
rief die Stimme zum zweitenmal: Was
Gott für rein erklärt hat, sollst du nicht
unrein nennen! 16 Das geschah dreimal.
Dann wurde das Behältnis sogleich wieder
in den Himmel emporgehoben.

17 Während Petrus noch ratlos war und
überlegte, was die Vision, die er gehabt
hatte, bedeuten solle, da hatten die Boten
des Kornelius das Haus des Simon bereits
erfragt und standen am Tor. 18 Sie erkun-
digten sich laut rufend, ob Simon mit
dem Beinamen Petrus sich dort aufhalte.
19 Petrus dachte noch immer über die Visi-
on nach. Da sagte der Geist zu ihm: Drei
Männer fragen nach dir. 20 Mach dich auf,
geh hinab und zieh ohne Bedenken mit
ihnen; denn ich habe sie gesandt. 21 Petrus
ging also zu den Männern hinab und sag-
te: Ich bin es, den ihr sucht. Was führt
euch hierher? 22 Sie antworteten: Haupt-
mann Kornelius, ein rechtschaffener und
gottesfürchtiger Mann, der bei der ganzen
jüdischen Bevölkerung hoch geschätzt
wird, hat von einem heiligen Engel den
Auftrag erhalten, dich in sein Haus holen
zu lassen und zu hören, was du ihm zu
sagen hast. 23 Da hieß er sie eintreten und
nahm sie gastfreundlich auf.

Am folgenden Tag machte er sich auf
und reiste mit ihnen. Einige Brüder aus
Joppe begleiteten ihn. 24 Einen Tag später
kam er nach Cäsarea. Kornelius erwartete
sie und hatte seine Verwandten und ver-
trauten Freunde eingeladen. 25 Als Petrus
eintrat, ging ihm Kornelius entgegen, fiel
ihm zu Füßen und bekundete ihm seine
Verehrung. 26 Petrus aber richtete ihn auf
und sagte: Steh auf, auch ich bin nur ein
Mensch. 27 Im Gespräch mit ihm ging er
hinein und fand viele Leute versammelt.
28 Da sagte er zu ihnen: Wie ihr wisst, ist
es einem Juden nicht erlaubt, mit einem
Heiden zu verkehren oder zu ihm zu ge-
hen. Mir aber hat Gott gezeigt, dass man
keinen Menschen unheilig und unrein
nennen darf. 29 Deshalb bin ich auch ohne
Bedenken mitgegangen, als man nach mir
schickte. Nun frage ich: Warum habt ihr
mich rufen lassen? 30 Kornelius antwortete:
Es ist jetzt gerade vier Tage her, dass ich
um die neunte Stunde in meinem Haus
betete. Da stand plötzlich ein Mann in
strahlendem Gewand vor mir 31 und sagte:
Kornelius, dein Gebet ist erhört und Gott
hat deiner Almosen gedacht. 32 Schicke je-
manden nach Joppe und lass Simon mit
dem Beinamen Petrus holen. Er ist Gast
im Haus des Gerbers Simon am Meer.
33 Auf der Stelle habe ich nach dir geschickt
und du hast wohlgetan, dass du gekom-
men bist. Jetzt stehen wir alle vor Gott da,
um alles zu hören, was dir vom Herrn auf-
getragen worden ist.

34 Da ergriff Petrus das Wort und sagte:
Nun erkenne ich in Wahrheit, dass Gott
nicht auf die Person sieht, 35 sondern ihm
in jedem Volk willkommen ist, wer ihn
fürchtet und tut, was recht ist. 36 Er hat sein
Wort an die Söhne Israels gesandt, indem
er Frieden durch Jesus Christus verkünden
ließ. Er ist der Herr aller. 37 Ihr wisst, was
sich im ganzen Land der Juden zugetragen
hat, angefangen in Galiläa, nach der Taufe,
die Johannes verkündet hat: 38 wie Gott Je-
sus von Nazaret mit Heiligem Geist und
Kraft gesalbt hat, wie dieser umherzog,
Gutes tat und alle heilte, die vom Teufel
besessen waren; denn Gott war mit ihm.
39 Wir sind Zeugen für alles, was er im
Land der Juden und in Jerusalem getan
hat. Ihn haben sie *ans Holz gehängt* und
getötet. 40 Aber Gott hat ihn am dritten
Tag auferweckt und ihn erscheinen lassen,
41 nicht dem ganzen Volk, sondern nur den
Zeugen, die Gott vorherbestimmt hatte,
uns, die wir nach seiner Auferstehung
von den Toten mit ihm gegessen und ge-
trunken haben. 42 Uns hat er aufgetragen,
dem Volk zu predigen und zu bezeugen,
dass er der von Gott bestimmte Richter
der Lebenden und der Toten ist. 43 Von
ihm bezeugen alle Propheten, dass jeder,
der an ihn glaubt, durch seinen Namen
Vergebung der Sünden erlangt.

44 Während Petrus noch redete, kam der
Heilige Geist auf alle herab, die das Wort
hörten. 45 Die Gläubigen aus der Beschnei-
dung, die mit Petrus gekommen waren,
wunderten sich sehr, dass die Gabe des
Heiligen Geistes auch über die Heiden
ausgegossen wurde. 46 Denn sie hörten sie
in Zungen reden und Gott preisen. Da sag-
te Petrus: 47 Könnte wohl jemand denen
noch das Wasser der Taufe verweigern,
die gleich uns den Heiligen Geist empfan-
gen haben? 48 Und er ordnete an, sie im

Namen Jesu Christi zu taufen. Darauf ba-
ten sie ihn, noch einige Tage zu bleiben.

Petrus in Jerusalem

11 Die Apostel und die Brüder in Ju-
däa erfuhren, dass auch die Heiden
das Wort Gottes angenommen hatten.
2 Als nun Petrus nach Jerusalem hinauf-
kam, machten die aus der Beschneidung
ihm Vorwürfe 3 und sagten: Du bist zu Un-
beschnittenen gegangen und hast mit
ihnen gegessen. 4 Petrus setzte ihnen den
Hergang genau auseinander und sagte:
5 Ich war in der Stadt Joppe und betete.
Da hatte ich in einer Verzückung eine Vi-
sion. Ein Behältnis wie ein großes Leinen-
tuch ließ sich an seinen vier Enden vom
Himmel herab und gelangte bis zu mir.
6 Als ich genauer hinschaute, sah ich darin
die vierfüßigen Tiere der Erde, die wilden
und die kriechenden Tiere und die Vögel
des Himmels. 7 Ich hörte auch eine Stimme
zu mir sagen: Steh auf, Petrus, schlachte
und iss! 8 Ich erwiderte: Niemals, Herr!
Noch nie ist etwas Unheiliges und Unrei-
nes in meinen Mund gekommen. 9 Aber
die Stimme vom Himmel sprach zum
zweitenmal: Was Gott für rein erklärt hat,
sollst du nicht unrein nennen! 10 Das ge-
schah dreimal. Dann wurde alles wieder
in den Himmel hinaufgezogen. 11 In dem-
selben Augenblick standen drei Männer
vor dem Haus, in dem wir wohnten; sie
waren aus Cäsarea zu mir geschickt wor-
den. 12 Der Geist befahl mir, ohne Beden-
ken mit ihnen zu gehen. Mit mir reisten
auch diese sechs Brüder und so kamen
wir in das Haus des Mannes. 13 Er erzählte
uns, wie er in seinem Haus einen Engel
stehen sah, der ihm gebot: Schick jemand
nach Joppe und lass Simon mit dem Bei-
namen Petrus herbeiholen! 14 Der wird die
Worte sagen, durch die du mit deinem
ganzen Haus gerettet werden wirst. 15 Als
ich dann zu reden begann, kam der Heili-
ge Geist auf sie herab, wie im Anfang auf
uns. 16 Da erinnerte ich mich an das Wort
des Herrn: Johannes hat mit Wasser ge-
tauft, ihr aber sollt mit Heiligem Geist ge-
tauft werden. 17 Wenn nun Gott ihnen,
nachdem sie zum Glauben an den Herrn
Jesus Christus gekommen sind, die gleiche
Gabe verliehen hat wie uns: Wer bin ich,
dass ich vermocht hätte, Gott zu hindern?
18 Als sie das hörten, beruhigten sie sich.
Sie priesen Gott und sagten: Also hat Gott
auch den Heiden die Umkehr zum Leben
geschenkt.

Die Gründung der Gemeinde von Antiochia

19 Von denen, die sich aufgrund der Verfol-
gung, die wegen Stephanus ausgebrochen
war, zerstreut hatten, waren manche bis
nach Phönizien, Zypern und Antiochia ge-
langt, hatten aber das Wort nur den Juden
verkündet. 20 Doch nach der Ankunft in
Antiochia verkündeten einige von ihnen,
die aus Zypern und Zyrene stammten,
auch den Heiden das Evangelium von Je-
sus, dem Herrn. 21 Die Hand des Herrn war
mit ihnen; eine große Anzahl wurde gläu-
big und bekehrte sich zum Herrn. 22 Die
Kunde davon kam der Gemeinde in Jeru-
salem zu Ohren und sie sandte Barnabas
nach Antiochia. 23 Als er hinkam und die
Gnade Gottes sah, freute er sich und er-
mahnte alle, mit ganzem Herzen dem
Herrn treu zu bleiben. 24 Denn er war ein
trefflicher Mann, erfüllt vom Heiligen
Geist und von Glauben. So wurde eine
große Zahl für den Herrn hinzugewonnen.
25 Er begab sich dann nach Tarsus, um
Saulus aufzusuchen. Er fand ihn und
nahm ihn mit nach Antiochia. 26 Sie wirk-
ten ein volles Jahr zusammen in der Ge-
meinde und unterrichteten eine große
Zahl. In Antiochia nannte man die Jünger
zum ersten Mal Christen.

Hilfeleistung der Christen für Judäa

27 In jenen Tagen kamen von Jerusalem
Propheten nach Antiochia. 28 Einer von
ihnen mit Namen Agabus trat auf und
weissagte kraft des Geistes, dass eine große
Hungersnot über die ganze Erde kommen
werde. Sie trat dann unter Klaudius auch
tatsächlich ein. 29 Da beschlossen die Jün-
ger, den Brüdern in Judäa eine Unterstüt-
zung zukommen zu lassen, zu der jeder
nach Vermögen beitragen sollte. 30 Das
führten sie auch aus und sandten (Beiträ-
ge) durch Barnabas und Saulus an die Äl-
testen.

Die Hinrichtung des Jakobus. Haft und Befreiung des Petrus

12 Um jene Zeit ließ König Herodes
einige Mitglieder der Gemeinde
verhaften und misshandeln. 2 Jakobus, den
Bruder des Johannes, ließ er mit dem

Schwert hinrichten. 3 Da er bemerkte, dass
das den Juden gefiel, ließ er auch Petrus
festnehmen. Es war in den Tagen der Un-
gesäuerten Brote. 4 Er ließ ihn ergreifen, in
den Kerker werfen und durch eine vierfa-
che Wache von je vier Soldaten bewachen.
Nach dem Paschafest wollte er ihn dann
dem Volk vorführen. 5 So wurde Petrus im
Kerker gehalten. Die Gemeinde aber bete-
te ohne Unterlass für ihn zu Gott.

6 In der Nacht, bevor Herodes ihn vor-
führen lassen wollte, schlief Petrus, mit
zwei Ketten gefesselt, zwischen zwei Sol-
daten; Posten hielten vor der Tür Wache.
7 Plötzlich trat ein Engel des Herrn ein und
Licht erstrahlte in der Zelle. Er stieß Pe-
trus in die Seite, weckte ihn und sagte: Steh
sogleich auf! Da fielen die Ketten von sei-
nen Händen. 8 Der Engel fuhr fort: Gürte
dich und zieh deine Sandalen an! Er tat
es. Weiter gebot er ihm: Wirf deinen Man-
tel um und folge mir! 9 Er folgte ihm und
ging hinaus. Er wusste nicht, dass es Wirk-
lichkeit war, was durch den Engel geschah,
sondern meinte, eine Erscheinung zu se-
hen. 10 Sie schritten an der ersten und zwei-
ten Wache vorüber und kamen an das ei-
serne Tor, das in die Stadt führte; es
öffnete sich ihnen von selbst. Sie traten hi-
naus und gingen eine Gasse weit. Plötzlich
verschwand der Engel von seiner Seite.
11 Da kam Petrus zu sich und sagte: Nun
weiß ich wirklich, dass der Herr seinen
Engel gesandt und mich der Hand des He-
rodes und allem, was das Volk der Juden
erwartet, entrissen hat.

12 Als er zu dieser Erkenntnis gekommen
war, begab er sich zum Haus der Maria,
der Mutter des Johannes mit dem Beina-
men Markus. Dort waren viele zum Gebet
versammelt. 13 Er klopfte an die Außentür
und eine Magd mit Namen Rhode kam
herbei, um zu horchen. 14 Als sie die Stim-
me des Petrus erkannte, machte sie in
ihrer Freude das Tor nicht auf, sondern
lief hinein und meldete, Petrus stehe vor
dem Tor. 15 Sie entgegneten ihr: Du bist
wohl von Sinnen. Doch sie bestand darauf,
es sei so. Da meinten sie: Es ist sein Engel.
16 Petrus aber fuhr fort zu klopfen. Nun
machten sie auf, sahen ihn und staunten.
17 Er winkte ihnen mit der Hand, sich still
zu verhalten. Dann erzählte er ihnen, wie
der Herr ihn aus dem Kerker befreit hatte.
Er sagte: Berichtet dies Jakobus und den
übrigen Brüdern! Dann machte er sich
auf und begab sich an einen anderen Ort.

18 Als es Tag wurde, waren die Soldaten
nicht wenig darüber bestürzt, was wohl
mit Petrus geschehen sei. 19 Herodes ließ
nach ihm suchen. Als man ihn nicht fand,
stellte er mit den Wachen ein Verhör an
und ließ sie abführen.

Der Tod des Herodes Agrippa

Hierauf begab er sich von Judäa nach Cä-
sarea hinab und hielt sich dort auf. 20 Er
war über die Bewohner von Tyrus und Si-
don sehr aufgebracht. Sie erschienen ge-
meinsam bei ihm, gewannen den königli-
chen Kämmerer Blastus für sich und baten
um Frieden, weil sie ihre Nahrung aus
dem Land des Königs bezogen. 21 Am fest-
gesetzten Tag nahm Herodes, mit dem
königlichen Gewand angetan, auf der Tri-
büne Platz und hielt in öffentlicher Ver-
sammlung eine Rede an sie. 22 Das Volk
rief ihm zu: Eines Gottes, nicht eines Men-
schen Stimme! 23 Auf der Stelle schlug ihn
ein Engel des Herrn dafür, dass er nicht
Gott die Ehre gegeben hatte. Von Wür-
mern zerfressen, gab er den Geist auf.

24 Das Wort Gottes aber wuchs und brei-
tete sich aus. 25 Nachdem Barnabas und
Saulus in Jerusalem ihre Aufgabe erfüllt
hatten, kehrten sie zurück und nahmen Jo-
hannes mit dem Beinamen Markus mit
sich.

Die erste Missionsreise des Barnabas und Paulus

Die Aussendung

13 In der Gemeinde von Antiochia
gab es Propheten und Lehrer: Bar-
nabas, Simeon mit dem Beinamen Niger,
Luzius aus Zyrene, Manaën, ein Jugend-
gefährte des Tetrarchen Herodes, und
Saulus. 2 Als sie zu Ehren des Herrn Got-
tesdienst hielten und fasteten, sprach der
Heilige Geist: Wählt mir Barnabas und
Saulus zu dem Werk aus, zu dem ich sie
mir berufen habe! 3 Dann fasteten und be-
teten sie, legten ihnen die Hände auf und
entließen sie.

Auf Zypern. Der Magier Barjesus

4 Vom Heiligen Geist ausgesandt, zogen
sie nach Seleuzia hinab und fuhren von
da nach Zypern. 5 In Salamis angelangt,

verkündeten sie das Wort Gottes in den
Synagogen der Juden. Als Helfer hatten
sie Johannes bei sich. 6 Sie durchwander-
ten die ganze Insel bis Paphos. Dort tra-
fen sie einen Magier und falschen Pro-
pheten namens Barjesus, der Jude war.
7 Er gehörte zum Gefolge des Statthalters
Sergius Paulus, eines verständigen Man-
nes. Dieser ließ Barnabas und Saulus zu
sich kommen und verlangte, das Wort
Gottes zu hören. 8 Allein Elymas, der Ma-
gier – dies bedeutet der Name (Elymas) –,
trat ihnen entgegen und suchte den Statt-
halter vom Glauben abzubringen. 9 Saulus
aber, der auch Paulus heißt, blickte ihn,
erfüllt vom Heiligen Geist, an 10 und sagte:
Du Sohn des Teufels, voll Falschheit und
Bosheit jeder Art, du Feind aller Gerech-
tigkeit, hörst du nicht auf, die geraden
Wege des Herrn zu durchkreuzen? 11 Jetzt
kommt die Hand des Herrn über dich; du
wirst blind sein und eine Zeit lang die
Sonne nicht mehr sehen. Sogleich umfing
ihn Dunkel und Finsternis, er tastete um-
her und suchte nach jemandem, der ihn
an der Hand führen könnte. 12 Als der
Statthalter dies sah, wurde er gläubig;
denn er war betroffen von der Lehre des
Herrn.

Antiochia in Pisidien.
Paulus predigt in der Synagoge

13 Von Paphos stachen Paulus und seine
Gefährten in See und kamen nach Perge
in Pamphylien. Da trennte sich Johannes
von ihnen und kehrte nach Jerusalem zu-
rück. 14 Sie aber zogen von Perge weiter
und gelangten nach Antiochia in Pisidien.
Am Sabbat gingen sie in die Synagoge
und setzten sich. 15 Nach der Lesung aus
dem Gesetz und den Propheten ließen
ihnen die Synagogenvorsteher sagen: Brü-
der, wenn ihr ein Wort des Zuspruchs an
das Volk habt, so redet! 16 Da erhob sich
Paulus, gab mit der Hand ein Zeichen
und sagte: Ihr Israeliten und ihr Gottes-
fürchtigen, hört zu! 17 Der Gott dieses Vol-
kes Israel hat unsere Väter erwählt und in
der Fremde, im Land Ägypten, groß ge-
macht. Er hat sie *mit hoch erhobenem*
Arm von dort herausgeführt 18 und fast
vierzig Jahre durch die Wüste getragen.
19 Dann *vernichtete er sieben Völker im*
Land Kanaan und gab ihnen ihr Land
zum Besitz, 20 für etwa vierhundertfünfzig
Jahre. Danach gab er ihnen Richter bis zu
Samuel, dem Propheten. 21 Dann verlang-
ten sie einen König und Gott gab ihnen
Saul, den Sohn des Kisch, einen Mann
aus dem Stamm Benjamin, für vierzig
Jahre. 22 Nachdem er ihn verworfen hatte,
erhob er David zu ihrem König. Von ihm
bezeugte er: *Ich habe David, den Sohn des*
Isai, als einen Mann nach meinem Herzen
gefunden, der alles tun wird, was ich will.
23 Aus seinem Geschlecht ließ Gott seiner
Verheißung gemäß für Israel Jesus als
Retter hervorgehen. 24 Vor dessen Auftre-
ten predigte Johannes dem ganzen Volk
Israel die Bußtaufe. 25 Als Johannes seinen
Lauf vollendete, erklärte er: Ich bin nicht
der, für den ihr mich haltet. Aber seht,
nach mir kommt einer, dem die Sandalen
von den Füßen loszubinden ich nicht
wert bin.

26 Brüder, ihr Söhne aus Abrahams Ge-
schlecht und ihr Gottesfürchtigen! An
uns erging diese Heilsbotschaft. 27 Denn
die Einwohner von Jerusalem und ihre
Führer haben ihn nicht erkannt und mit
ihrem Richterspruch die Worte des Pro-
pheten erfüllt, die an jedem Sabbat vor-
gelesen werden. 28 Obwohl sie keine Todes-
schuld an ihm fanden, haben sie ihn
verurteilt und von Pilatus verlangt, ihn
hinzurichten. 29 Nachdem sie alles voll-
bracht hatten, was über ihn geschrieben
steht, nahmen sie ihn vom Holz ab und
legten ihn ins Grab. 30 Gott aber hat ihn
von den Toten auferweckt. Viele Tage hin-
durch erschien er denen, 31 die mit ihm von
Galiläa nach Jerusalem hinaufgezogen wa-
ren. Sie sind jetzt seine Zeugen vor dem
Volk.

32 So verkünden wir euch als Evangelium
die an die Väter ergangene Verheißung:
33 Gott hat sie an uns, ihren Kindern, er-
füllt, indem er Jesus auferweckt hat. So
heißt es im zweiten Psalm: *Mein Sohn bist*
du, heute habe ich dich gezeugt. 34 Dass er
ihn aber von den Toten auferweckt hat,
um ihn nicht mehr der Verwesung anheim
fallen zu lassen, hat er so ausgedrückt: *Ich*
will euch die Heilsgaben gewähren, die ich
David fest zugesagt habe. 35 Daher sagt er
auch an einer anderen Stelle: *Du lässt dei-*
nen Heiligen nicht die Verwesung schauen.
36 David aber ist, nachdem er seinen Zeit-
genossen gedient hatte, nach dem Rat-
schluss Gottes entschlafen und wurde mit

seinen Vätern vereint. Er hat die Ver-
wesung gesehen. 37 Der aber, den Gott auf-
erweckte, hat die Verwesung nicht gese-
hen. 38 Darum sei euch, Brüder,
kundgetan, dass euch durch ihn Ver-
gebung der Sünden verkündet wird; und
in allem, wovon ihr durch das Gesetz des
Mose nicht gerecht gemacht werden
konntet, 39 wird jeder, der glaubt, durch
ihn gerecht gemacht. 40 Gebt also Acht,
dass auf euch das Prophetenwort nicht zu-
trifft: 41 *Seht, ihr Verächter, staunt und ver-
geht! Denn ich vollbringe in eueren Tagen
eine Tat – würde man euch von dieser Tat
erzählen, ihr glaubtet es nicht.*
42 Als sie hinausgingen, bat man sie, am
nächsten Sabbat wieder über diese Dinge
mit ihnen zu sprechen. 43 Dann ging die
Versammlung auseinander. Viele Juden
und fromme Proselyten schlossen sich
Paulus und Barnabas an. Diese ermahnten
und ermunterten sie, in der Gnade Gottes
zu verharren.

Paulus und Barnabas wenden sich den Heiden zu

44 Am folgenden Sabbat fand sich fast die
ganze Stadt ein, um das Wort Gottes zu
hören. 45 Als die Juden diese Menge sahen,
wurden sie von Eifersucht erfüllt, wider-
sprachen den Worten des Paulus und stie-
ßen Lästerungen aus. 46 Da erklärten Pau-
lus und Barnabas offen heraus: Euch
musste das Wort Gottes zuerst gepredigt
werden. Weil ihr es aber abweist und euch
selbst des ewigen Lebens nicht wert erach-
tet, wenden wir uns an die Heiden. 47 Denn
so hat uns der Herr aufgetragen:
*Ich habe dich zum Licht für die Völker
gemacht, / bis an das Ende der Erde sollst
du das Heil sein.*
48 Als die Heiden dies hörten, freuten sie
sich und priesen das Wort des Herrn; und
alle, die zum ewigen Leben bestimmt wa-
ren, wurden gläubig. 49 So breitete sich das
Wort des Herrn in der ganzen Gegend aus.
50 Die Juden aber hetzten vornehme gottes-
fürchtige Frauen und die angesehensten
Männer der Stadt auf, entfachten eine
Verfolgung gegen Paulus und Barnabas
und vertrieben sie aus ihrem Gebiet. 51 Da
schüttelten sie den Staub von ihren Füßen
gegen sie und begaben sich nach Ikonion.
52 Und die Jünger wurden mit Freude und
Heiligem Geist erfüllt.

Ikonion. Predigterfolge und Flucht

14 In Ikonion gingen sie ebenfalls in
die Synagoge der Juden und pre-
digten in dieser Weise und eine große Zahl
von Juden und Heiden nahm den Glauben
an. 2 Die Juden aber, die ungläubig blieben,
reizten und stachelten die Gemüter der
Heiden gegen die Brüder auf. 3 Sie blieben
längere Zeit dort und predigten freimütig
im Vertrauen auf den Herrn, der für das
Wort seiner Gnade Zeugnis ablegte, indem
er Zeichen und Wunder durch ihre Hände
geschehen ließ. 4 Indes spaltete sich die Be-
völkerung der Stadt; die einen hielten es
mit den Juden, die anderen mit den Apos-
teln. 5 Als jedoch die Heiden und die Juden
mit ihren Führern den Versuch machten,
sie zu misshandeln und zu steinigen, 6 be-
merkten es die Apostel und flohen in die
Städte von Lykaonien, Lystra und Derbe
und in deren Umgebung. 7 Dort verkünde-
ten sie das Evangelium.

Die Heilung eines Lahmen in Lystra und die Steinigung des Paulus

8 In Lystra saß ein Mann ohne Kraft in den
Füßen; von Geburt an hatte er noch nie
gehen können. 9 Er hörte Paulus predigen.
Der schaute ihn fest an und als er merkte,
dass er den Glauben hatte, um gerettet zu
werden, 10 rief er mit lauter Stimme: Stell
dich aufrecht auf deine Füße! Er sprang
auf und ging umher. 11 Als die Volksmenge
sah, was Paulus getan hatte, erhob sie ihre
Stimme und rief auf lykaonisch: Götter
sind in Menschengestalt zu uns herab-
gekommen! 12 Sie nannten Barnabas Zeus
und Paulus Hermes, weil er das Wort
führte. 13 Der Priester des Zeusheiligtums
vor der Stadt ließ Stiere und Kränze vor
das Tor bringen und wollte zusammen
mit dem Volk ein Opfer darbringen. 14 Als
die Apostel Barnabas und Paulus davon
hörten, zerrissen sie ihre Kleider, sprangen
unter das Volk 15 und riefen: Ihr Männer,
was tut ihr da? Auch wir sind nur Men-
schen, von gleicher Art wie ihr. Wir ver-
künden euch das Evangelium, damit ihr
euch von diesen nichtigen Götzen zu dem
lebendigen Gott bekehrt, *der den Himmel,
die Erde, das Meer und alles, was darin ist,
erschaffen hat.* 16 In den vergangenen Zei-
ten ließ er alle Völker ihre eigenen Wege
gehen. 17 Gleichwohl hat er sich nicht un-
bezeugt gelassen: er tat Gutes, gab euch

vom Himmel her Regen und fruchtbare
Zeiten, gab euch Nahrung und erfüllte eu-
er Herz mit Freude. 18 Doch selbst mit die-
sen Worten konnten sie die Volksmenge
kaum davon abbringen, ihnen zu opfern.

19 Dann aber trafen Juden aus Antiochia
und Ikonion ein und stimmten das Volk
um. Paulus wurde gesteinigt und zur Stadt
hinausgeschleift, weil man ihn für tot
hielt. 20 Als aber die Jünger ihn umringten,
erhob er sich und ging in die Stadt. Am
folgenden Tage reiste er mit Barnabas nach
Derbe weiter.

Rückkehr nach Antiochia

21 Sie verkündeten in dieser Stadt das Evan-
gelium und gewannen viele Jünger. Da-
nach kehrten sie nach Lystra, Ikonion
und Antiochia zurück. 22 Sie stärkten die
Herzen der Jünger, ermahnten sie zur Be-
harrlichkeit im Glauben und legten dar,
dass wir durch viele Drangsale in das
Reich Gottes eingehen müssen. 23 In jeder
Gemeinde wählten sie Älteste für sie aus
und empfahlen sie unter Gebet und Fasten
dem Herrn, dem sie sich gläubig zuge-
wandt hatten. 24 Dann zogen sie über Pisi-
dien nach Pamphylien, 25 verkündeten das
Wort in Perge und gingen nach Attalia hi-
nab. 26 Von dort segelten sie nach Antio-
chia, von wo man sie für das Werk, das
sie nun vollendet hatten, der Gnade Gottes
empfohlen hatte. 27 Nach ihrer Ankunft
versammelten sie die Gemeinde und be-
richteten, was Gott durch sie getan und
dass er den Heiden die Tür zum Glauben
geöffnet hatte. 28 Sie hielten sich noch län-
gere Zeit bei den Jüngern auf.

Die Apostelversammlung in Jerusalem

15 Es kamen einige Leute von Judäa
herab und lehrten die Brüder:
Wenn ihr euch nicht nach dem Brauch
des Mose beschneiden lasst, könnt ihr
nicht gerettet werden. 2 Darüber gerieten
Paulus und Barnabas mit ihnen in Zwist
und heftigen Streit und man beschloss,
Paulus und Barnabas und einige andere
von ihnen sollten wegen dieser Streitfrage
zu den Aposteln und Ältesten nach Jerusa-
lem hinaufgehen. 3 Von der Gemeinde eine
Strecke weit begleitet, zogen sie durch
Phönizien und Samarien, erzählten von
der Bekehrung der Heiden und bereiteten
damit allen Brüdern große Freude. 4 In Je-
rusalem angekommen, wurden sie von der
Gemeinde, den Aposteln und Ältesten
empfangen. Sie berichteten, was Gott
durch sie getan hatte. 5 Aber einige, die
aus der Partei der Pharisäer zum Glauben
gekommen waren, traten auf und sagten:
Man muss sie beschneiden und von ihnen
verlangen, dass sie am Gesetz des Mose
festhalten.

6 Darauf kamen die Apostel und Ältes-
ten zusammen, um über die Sache zu be-
raten. 7 Als ein heftiger Streit entstand, er-
hob sich Petrus und sagte zu ihnen:
Brüder! Wie ihr wisst, hat Gott schon
längst hier bei euch die Entscheidung ge-
troffen, dass die Heiden durch meinen
Mund das Wort des Evangeliums hören
und zum Glauben kommen sollen. 8 Und
Gott, der die Herzen kennt, hat für sie
Zeugnis abgelegt, indem er ihnen ebenso
wie uns den Heiligen Geist gab. 9 So hat er
zwischen uns und ihnen keinen Unter-
schied gemacht; denn er hat ihre Herzen
durch den Glauben gereinigt. 10 Was wollt
ihr also Gott versuchen und den Jüngern
ein Joch auf den Nacken legen, das weder
unsere Väter noch wir zu tragen vermoch-
ten? 11 Wir glauben im Gegenteil, durch die
Gnade des Herrn Jesus gerettet zu werden,
auf dieselbe Weise wie jene. 12 Die ganze
Versammlung schwieg. Sie hörte Barnabas
und Paulus zu, wie sie erzählten, welch
große Zeichen und Wunder Gott durch
sie unter den Heiden getan hatte.

13 Als sie damit zu Ende waren, ergriff
Jakobus das Wort und sagte: Brüder, hört
nun mich! 14 Simon hat erzählt, wie Gott
selbst zum ersten Mal eingegriffen hat,
um aus den Heiden ein Volk für seinen
Namen zu gewinnen. 15 Damit stimmen
die Worte der Propheten überein, wie ge-
schrieben steht: 16 *Danach will ich mich
umwenden und die zerfallene Hütte Davids
wieder aufbauen. Ich werde sie aus ihren
Trümmern wieder aufrichten und wieder-
herstellen,* 17 *damit die übrigen Menschen
den Herrn suchen, alle Völker, über denen
mein Name ausgerufen ist – spricht der
Herr, der das ausführt,* 18 *was ihm von
Ewigkeit her bekannt ist.*

19 Deshalb halte ich es für richtig, den
Heiden, die sich zu Gott bekehren, keine
Lasten aufzubürden, 20 sondern ihnen le-
diglich vorzuschreiben, Verunreinigung
durch Götzen(opferfleisch) und Unzucht

zu meiden und sich von Ersticktem und
von Blut zu enthalten. 21 Denn Mose hat
von alters her in jeder Stadt seine Verkün-
diger, da er an jedem Sabbat in den Syna-
gogen vorgelesen wird.
22 Da beschlossen die Apostel und die
Ältesten samt der ganzen Gemeinde, Män-
ner aus ihrer Mitte auszuwählen und sie
mit Paulus und Barnabas nach Antiochia
zu senden, nämlich Judas, mit dem Beina-
men Barsabbas, und Silas, führende Män-
ner unter den Brüdern. 23 Ihnen gab man
folgendes Schreiben mit: Die Apostel und
die Ältesten, euere Brüder, grüßen die
Brüder aus dem Heidentum in Antiochia,
Syrien und Zilizien. 24 Wir haben erfahren,
dass einige von uns, denen wir keinen
Auftrag erteilt haben, euch durch ihre
Reden beunruhigt und verwirrt haben.
25 Darum haben wir in gemeinsamer Zu-
sammenkunft beschlossen, Männer aus-
zuwählen und sie zusammen mit unseren
geliebten (Brüdern) Barnabas und Paulus
zu euch zu senden, 26 Männer, die für den
Namen unseres Herrn Jesus Christus ihr
Leben eingesetzt haben. 27 Wir entsenden
euch also Judas und Silas, die euch das
Gleiche auch mündlich mitteilen werden.
28 Denn es hat dem Heiligen Geist und uns
gefallen, euch keine weitere Last aufzule-
gen als diese notwendigen Dinge: 29 Ihr
sollt euch von Götzenopferfleisch, Blut,
Ersticktem und Unzucht enthalten. Wenn
ihr euch davor bewahrt, handelt ihr rich-
tig. Lebt wohl!
30 Die Abgesandten zogen nach Antio-
chia hinab, ließen die ganze Gemeinde zu-
sammenkommen und überreichten das
Schreiben. 31 Man las es und freute sich
über den Zuspruch. 32 Judas und Silas, die
selber auch Propheten waren, ermunter-
ten sie mit vielen Worten und stärkten sie.
33 Nach einiger Zeit wurden sie von den
Brüdern mit Friedensgrüßen zu denen
entlassen, die sie gesandt hatten. [34 Silas
aber entschied sich, bei ihnen zu bleiben,
nur Judas reiste (nach Jerusalem).] 35 Pau-
lus aber und Barnabas blieben in Antio-
chia und lehrten und verkündeten noch
mit vielen anderen das Wort des Herrn.

Das Christuszeugnis auf dem Weg „bis ans Ende der Erde“

Die zweite Missionsreise des Paulus

Der Bruch zwischen Paulus und Barnabas

36 Nach einiger Zeit sagte Paulus zu Barna-
bas: Wir wollen wieder aufbrechen und se-
hen, wie es den Brüdern in allen den Städ-
ten geht, in denen wir das Wort des Herrn
verkündet haben. 37 Barnabas wollte auch
Johannes, mit dem Beinamen Markus,
mitnehmen. 38 Paulus aber bestand darauf,
ihn nicht mitzunehmen, weil er sie in
Pamphylien verlassen und an ihrer Arbeit
nicht mehr teilgenommen hatte. 39 Darü-
ber kam es zu einer Auseinandersetzung,
sodass sie sich voneinander trennten. Bar-
nabas fuhr mit Markus nach Zypern,
40 Paulus aber wählte Silas und reiste ab,
von den Brüdern der Gnade des Herrn
empfohlen. 41 Er durchzog Syrien und Zili-
zien und stärkte die Gemeinden.

Lystra. Paulus gewinnt Timotheus

16 Er kam auch nach Derbe und Ly-
stra. Dort war ein Jünger namens
Timotheus, der Sohn einer gläubig gewor-
denen Jüdin und eines Griechen. 2 Da ihm
die Brüder in Lystra und Ikonion ein gutes
Zeugnis ausstellten, 3 wollte Paulus ihn als
Begleiter mitnehmen und ließ ihn mit
Rücksicht auf die Juden, die in jenen Ge-
genden wohnten, beschneiden; denn alle
wussten, dass sein Vater ein Grieche war.
4 Sie durchzogen die Städte und übergaben
ihnen die Beschlüsse der Apostel und Äl-
testen in Jerusalem zur Beachtung. 5 So
wurden die Gemeinden im Glauben ge-
stärkt und nahmen an Zahl täglich zu.

Von Troas nach Philippi

6 Sie durchzogen Phrygien und die Land-
schaft von Galatien, weil ihnen vom Heili-
gen Geist verwehrt wurde, das Wort in der
Provinz Asia zu verkünden. 7 So kamen sie
in Richtung Mysien und versuchten nach
Bithynien zu gelangen; aber der Geist Jesu
gestattete ihnen auch das nicht. 8 Da zogen
sie an Mysien vorbei und gingen nach Tro-
as hinab. 9 Dort hatte Paulus in der Nacht
eine Vision: Ein Mazedonier stand vor
ihm, bat ihn und sagte: Komm herüber

nach Mazedonien und hilf uns! 10 Auf diese Vision hin wollten wir sogleich nach Mazedonien abfahren; denn wir waren überzeugt, dass Gott uns gerufen hatte, dort das Evangelium zu verkünden.

Philippi. Die Bekehrung der Lydia und des Kerkermeisters

11 So reisten wir von Troas ab und fuhren geradewegs nach Samothrake, tags darauf nach Neapolis 12 und von da nach Philippi, in eine Stadt im ersten Bezirk von Mazedonien, einer Kolonie. Wir blieben in dieser Stadt einige Tage. 13 Am Sabbat gingen wir zum Stadttor hinaus an den Fluss, wo wir ein Bethaus vermuteten. Wir setzten uns und sprachen zu den Frauen, die sich eingefunden hatten. 14 Eine Frau namens Lydia, eine Purpurhändlerin aus der Stadt Thyatira, hörte zu. Sie war eine Gottesfürchtige und der Herr tat ihr das Herz auf, sodass sie genau auf die Worte des Paulus Acht gab. 15 Als sie sich samt ihrem Haus hatte taufen lassen, bat sie: Wenn ihr mich als Gläubige des Herrn anerkennt, so kommt in mein Haus und bleibt! Und sie drängte uns.

16 Auf dem Weg zum Bethaus begegnete uns eine Magd, die einen Wahrsagegeist hatte und ihrer Herrschaft durch ihre Wahrsagerei großen Gewinn einbrachte. 17 Sie lief Paulus und uns nach und rief: Diese Männer sind Diener des höchsten Gottes, sie verkünden euch den Weg des Heils. 18 So machte sie es viele Tage. Unwillig darüber, drehte sich Paulus um und sagte zu dem Geist: Ich befehle dir im Namen Jesu Christi, von ihr auszufahren! Und augenblicklich fuhr er aus.

19 Als ihre Herren sahen, dass ihnen die Aussicht auf Gewinn genommen war, ergriffen sie Paulus und Silas und schleppten sie auf den Marktplatz vor die Stadtbehörden. 20 Man führte sie dem obersten Beamten vor und erhob die Anklage: Diese Menschen bringen unsere Stadt in Unruhe. Sie sind Juden 21 und verkünden Gebräuche, die wir als Römer nicht annehmen und nicht befolgen dürfen. 22 Nun erhob sich auch die Volksmenge gegen sie. Da befahlen die obersten Stadtbeamten, ihnen die Kleider herunterzureißen und sie mit Ruten zu schlagen. 23 Nachdem man ihnen viele Schläge versetzt hatte, warf man sie in den Kerker und wies den Kerkermeister an, sie in sicherem Gewahrsam zu halten. 24 Auf diesen Befehl hin brachte er sie in die innerste Zelle und schloss ihnen die Füße fest in den Block. 25 Um Mitternacht beteten Paulus und Silas und sangen Gott Loblieder; die Gefangenen hörten ihnen zu. 26 Plötzlich entstand ein starkes Erdbeben, sodass die Grundmauern des Kerkers erschüttert wurden. Sofort sprangen sämtliche Türen auf und allen fielen die Fesseln ab. 27 Der Kerkermeister erwachte, sah die Türen des Kerkers offen stehen, riss sein Schwert heraus und wollte sich töten; denn er meinte, die Gefangenen seien entflohen. 28 Paulus aber rief mit lauter Stimme: Tu dir kein Leid an! Wir sind noch alle hier. 29 Da rief er nach einem Licht, trat ein und fiel Paulus und Silas zitternd zu Füßen. 30 Dann führte er sie hinaus und fragte: Ihr Herren, was muss ich tun, um gerettet zu werden? 31 Sie antworteten ihm: Glaube an den Herrn Jesus, so wirst du samt deinem Haus gerettet werden. 32 Da verkündeten sie ihm und allen seinen Hausgenossen das Wort des Herrn. 33 Noch in derselben Nacht nahm er sie mit sich, wusch ihnen die Striemen und ließ sich sogleich mit allen seine Angehörigen taufen. 34 Dann führte er sie in seine Wohnung, setzte ihnen ein Mahl vor und war mit seinem ganzen Haus voll Freude, dass er zum Glauben an Gott gekommen war.

35 Als es Tag war, sandte die Stadtbehörde Amtsdiener mit dem Befehl: Lasst diese Leute frei! 36 Der Kerkermeister meldete das Paulus: Die obersten Beamten haben hergesandt und befohlen, euch freizulassen. So geht jetzt hinaus und zieht in Frieden! 37 Paulus jedoch ließ ihnen sagen: Ohne Untersuchung hat man uns, obgleich wir römische Bürger sind, öffentlich schlagen und in den Kerker werfen lassen; und jetzt will man uns heimlich fortschicken? Nein! Sie sollen selbst kommen und uns hinausführen! 38 Die Amtsdiener überbrachten diese Antwort den obersten Beamten. Als sie hörten, es seien römische Bürger, gerieten sie in Furcht. 39 Sie kamen, redeten ihnen gut zu, geleiteten sie hinaus und baten sie, die Stadt zu verlassen. 40 Da gingen sie aus dem Gefängnis und begaben sich zu Lydia. Dort trafen sie die Brüder, ermunterten sie und zogen dann weiter.

Paulus in Thessalonich und Beröa

17 Sie nahmen den Weg über Am-
phipolis und Apollonia und ge-
langten nach Thessalonich, wo die Juden
eine Synagoge hatten. 2 Nach seiner Ge-
wohnheit ging Paulus zu ihnen und
sprach drei Sabbate nacheinander mit ih-
nen, wobei er von den Schriften ausging.
3 Er legte sie ihnen aus und erklärte, dass
der Messias leiden und von den Toten
auferstehen musste, und er sagte: Jesus,
den ich euch verkündige, ist dieser Mes-
sias. 4 Einige von ihnen wurden gläubig
und schlossen sich Paulus und Silas an,
außerdem eine große Zahl gottesfürchti-
ger Griechen, darunter nicht wenige vor-
nehme Frauen.
5 Da wurden die Juden eifersüchtig, hol-
ten Gesindel von der Straße herbei, ver-
anlassten einen Auflauf und brachten die
Stadt in Aufruhr. Dann zogen sie vor das
Haus des Jason und wollten die beiden
dem Volk vorführen. 6 Aber sie fanden sie
nicht. Da schleppten sie Jason und einige
Brüder vor die Oberen der Stadt und
schrien: Diese Leute bringen die ganze
Welt in Aufruhr; jetzt sind sie auch hier-
her gekommen 7 und Jason hat sie auf-
genommen. Sie alle handeln den Verord-
nungen des Kaisers zuwider; denn sie
behaupten, ein anderer sei König, nämlich
Jesus. 8 So versetzten sie die Masse und die
Oberen der Stadt, die das hörten, in Unru-
he. 9 Diese ließen sich von Jason und den
anderen Bürgschaft geben und gaben sie
frei. 10 Die Brüder schickten noch in der
Nacht Paulus und Silas weiter nach Beröa.
Dort angekommen, gingen sie in die Syna-
goge der Juden. 11 Diese waren freundlicher
als die in Thessalonich. Mit aller Bereitwil-
ligkeit nahmen sie das Wort auf und
forschten täglich in den Schriften, ob es
sich wirklich so verhalte. 12 Viele von ihnen
wurden gläubig, auch nicht wenige der
vornehmen griechischen Frauen und
Männer. 13 Als jedoch die Juden von Thes-
salonich erfuhren, dass Paulus auch in Be-
röa das Wort Gottes verkündete, kamen
sie auch dorthin und brachten das Volk
in Unruhe und Aufruhr. 14 Da geleiteten
die Brüder Paulus sogleich bis ans Meer,
während Silas und Timotheus dort zu-
rückblieben. 15 Die Begleiter des Paulus
brachten ihn nach Athen. Von dort nah-
men sie seinen Auftrag an Silas und Timo-
theus mit, so schnell wie möglich nach-
zukommen, und kehrten zurück.

Paulus in Athen

16 Während Paulus in Athen auf sie warte-
te, erfasste ihn heftiger Zorn, als er die
Stadt voller Götzenbilder sah. 17 Er redete
in der Synagoge mit den Juden und Got-
tesfürchtigen, aber auch täglich auf dem
Markt mit jenen, die er gerade antraf. 18 Ei-
nige epikureische und stoische Philoso-
phen diskutierten mit ihm und manche
sagten: Was will dieser Schwätzer? Ande-
re: Er scheint ein Verkünder fremder Göt-
ter zu sein. Er verkündete nämlich das
Evangelium von Jesus und von der Auf-
erstehung. 19 Sie nahmen ihn mit, führten
ihn zum Areopag und fragten: Dürfen wir
erfahren, was das für eine neue Lehre ist,
die du vorträgst? 20 Du lässt uns ja seltsame
Dinge hören. Darum möchten wir gerne
wissen, was es damit auf sich hat. 21 Alle
Athener und die dort ansässigen Fremden
hatten ja für nichts mehr Zeit, als Neuig-
keiten zu erzählen oder zu hören.
22 Da trat Paulus in die Mitte des Areo-
pags und sagte: Ihr Männer von Athen,
nach allem, was ich sehe, seid ihr beson-
ders fromme Leute; 23 denn als ich umher-
ging und euere Heiligtümer betrachtete,
fand ich auch einen Altar mit der Auf-
schrift: Einem unbekannten Gott. Was ihr
da verehrt, ohne es zu kennen, das verkün-
de ich euch. 24 Gott, der die Welt und alles
in ihr geschaffen hat, der Herr des Him-
mels und der Erde, wohnt nicht in Tem-
peln, die von Menschenhand erbaut sind;
25 auch lässt er sich nicht von Menschen-
hand bedienen, als ob er etwas brauche,
da er doch selbst allen Leben, Atem und
alles gibt. 26 Er hat aus einem einzigen
Menschen das ganze Menschengeschlecht
hervorgehen lassen, damit es die ganze Er-
de bewohne. Er hat für sie bestimmte Zei-
ten und die Grenzen ihrer Wohnsitze fest-
gesetzt. 27 Sie sollten Gott suchen, ob sie
ihn fühlen und finden könnten; er ist ja
keinem von uns fern. 28 Denn in ihm leben
wir, bewegen wir uns und sind wir. So ha-
ben ja auch einige von eueren Dichtern
gesagt: Wir sind von seinem Geschlecht.
29 Sind wir also von Gottes Geschlecht,
dürfen wir nicht meinen, das Göttliche sei
gleich Gold, Silber oder Stein, einem Ge-
bilde menschlicher Kunst und Erfindung.

30 Gott hat über die Zeiten der Unwissen-
heit hinweggesehen; jetzt aber lässt er den
Menschen verkünden, dass alle überall
umkehren. 31 Denn er hat einen Tag be-
stimmt, an dem *er den Erdkreis in Gerech-
tigkeit richten wird* durch einen Mann, den
er dazu bestellt und vor allen dadurch aus-
gewiesen hat, dass er ihn von den Toten
auferweckte.

32 Als sie von der Auferstehung der To-
ten hörten, spotteten einige, andere sag-
ten: Darüber wollen wir dich ein anderes
Mal hören. 33 So ging Paulus aus ihrer Mit-
te weg. 34 Einige Männer aber schlossen
sich ihm an und wurden gläubig; unter
ihnen Dionysius, Mitglied des Areopags
und eine Frau mit Namen Damaris und
noch einige andere.

Paulus in Korinth

18 Danach reiste Paulus von Athen ab
und begab sich nach Korinth.
2 Dort traf er einen Juden aus Pontus mit
Namen Aquila, der mit seiner Frau Priszil-
la unlängst aus Italien gekommen war.
Klaudius hatte nämlich alle Juden aus
Rom ausgewiesen. Diesen beiden schloss
er sich an 3 und weil sie das gleiche Hand-
werk betrieben, blieb er bei ihnen in Ar-
beit. Sie waren Zeltmacher von Beruf. 4 Je-
den Sabbat lehrte er in der Synagoge und
suchte Juden und Griechen zu gewinnen.

5 Als Silas und Timotheus aus Mazedo-
nien eingetroffen waren, widmete sich
Paulus ganz der Verkündigung und be-
zeugte den Juden, dass Jesus der Messias
ist. 6 Als sie jedoch widersprachen und Läs-
terungen ausstießen, schüttelte er seine
Kleider aus und sagte zu ihnen: Euer Blut
komme über euer Haupt! Ich trage keine
Schuld. Von jetzt an wende ich mich an
die Heiden. 7 Er zog von dort in das Haus
eines gewissen Titius Justus um, eines got-
tesfürchtigen Mannes, dessen Haus an die
Synagoge grenzte. 8 Der Synagogenvorste-
her Krispus aber nahm mit seinem ganzen
Haus den Glauben an den Herrn an. Auch
sonst wurden noch viele Korinther, die ihn
hörten, gläubig und ließen sich taufen.
9 Bei Nacht sprach der Herr in einer Vision
zu Paulus: Fürchte dich nicht, sondern re-
de und schweige nicht! 10 Ich bin mit dir
und niemand soll dich antasten, um dir
ein Leid anzutun; denn ich habe viel Volk
in dieser Stadt. 11 So blieb er ein Jahr und
sechs Monate und lehrte bei ihnen das
Wort Gottes.

12 Als aber Gallio Prokonsul von Achaia
war, traten die Juden einmütig gegen Pau-
lus auf, führten ihn vor den Richterstuhl
13 und sprachen: Dieser Mann verführt die
Leute zu einer gesetzwidrigen Art der Got-
tesverehrung. 14 Als Paulus etwas erwidern
wollte, sagte Gallio zu den Juden: Wenn es
sich um ein Unrecht oder Verbrechen
handelte, so würde ich euere Klage ord-
nungsgemäß behandeln. 15 Wenn es sich
aber um Streitfragen über Lehre, Namen
oder euer Gesetz handelt, da seht selbst
zu; denn über solche Dinge will ich nicht
Richter sein. 16 Damit wies er sie von sei-
nem Richterstuhl weg. 17 Da fielen alle
Griechen über den Synagogenvorsteher
Sosthenes her und verprügelten ihn vor
dem Richterstuhl. Gallio aber kümmerte
sich nicht darum.

Rückkehr nach Antiochia

18 Paulus blieb noch längere Zeit. Dann
nahm er Abschied von den Brüdern und
fuhr mit Priszilla und Aquila nach Syrien.
In Kenchreä hatte er sich aufgrund eines
Gelübdes den Kopf kahl scheren lassen.
19 Als sie nach Ephesus kamen, trennte er
sich von ihnen. Er selbst ging in die Syna-
goge und redete zu den Juden. 20 Sie baten
ihn, noch länger zu bleiben. 21 Aber darauf
ging er nicht ein, sondern nahm Abschied
mit den Worten: So Gott will, werde ich
wieder zu euch kommen. Dann fuhr er
von Ephesus ab. 22 Nachdem er in Cäsarea
an Land gegangen war, stieg er hinauf und
begrüßte die Gemeinde; dann begab er
sich nach Antiochia.

Die dritte Missionsreise des Paulus

Paulus in Galatien und Phrygien.
Apollos in Ephesus

23 Nachdem er dort einige Zeit zugebracht
hatte, zog er weiter, durchwanderte zuerst
das galatische Land, dann Phrygien und
stärkte alle Jünger.

24 Unterdessen war ein Jude namens
Apollos, aus Alexandrien stammend, ein
redegewandter und schriftkundiger Mann,
nach Ephesus gekommen. 25 Er war in der
Lehre des Herrn unterwiesen, redete mit
glühender Begeisterung und trug die Leh-
re von Jesus genau vor, obschon er nur die

Taufe des Johannes kannte. 26 Mit Freimut
sprach er in der Synagoge. Als Priszilla
und Aquila ihn hörten, nahmen sie ihn zu
sich und führten ihn tiefer in den Heilsweg
Gottes ein. 27 Als er nach Achaia gehen
wollte, bestärkten ihn die Brüder darin
und schrieben den Jüngern, sie möchten
ihn gut aufnehmen. Nach seiner Ankunft
leistete er den Gläubigen durch die Gnade
vortreffliche Dienste. 28 Denn schlagend
widerlegte er die Juden und wies öffentlich
aus den Schriften nach, dass Jesus der
Messias sei.

Paulus und die Johannesjünger von Ephesus

19 Während Apollos sich in Korinth
aufhielt, durchzog Paulus das
Hochland und kam nach Ephesus hinun-
ter. Dort traf er einige Jünger 2 und fragte
sie: Habt ihr auch den Heiligen Geist emp-
fangen, als ihr gläubig wurdet? Sie antwor-
teten ihm: Wir haben nicht einmal gehört,
dass es einen Heiligen Geist gibt. 3 Er fragte
weiter: Welche Taufe habt ihr denn emp-
fangen? Sie antworteten: Die Taufe des Jo-
hannes. 4 Da erklärte Paulus: Johannes
spendete nur eine Taufe der Buße und
mahnte das Volk, an den zu glauben, der
nach ihm komme: an Jesus. 5 Als sie das
hörten, ließen sie sich auf den Namen des
Herrn Jesus taufen. 6 Paulus legte ihnen die
Hände auf und der Heilige Geist kam auf
sie herab. Sie redeten in Zungen und
weissagten. 7 Es waren im Ganzen unge-
fähr zwölf Männer.

Predigt und Wundertaten des Paulus

8 Er ging in die Synagoge, trat drei Monate
lang freimütig auf, predigte vom Reich
Gottes und suchte sie zu überzeugen. 9 Als
aber einige verstockt und ungläubig blie-
ben und die Lehre vor dem Volk verspot-
teten, trennte er sich von ihnen, nahm die
Jünger mit sich und lehrte täglich im Lehr-
saal des Tyrannus. 10 Das geschah zwei Jah-
re lang, sodass alle Bewohner von Asia, Ju-
den und Griechen, das Wort des Herrn
hören konnten.

11 Gott tat durch Paulus auch unge-
wöhnliche Wunder. 12 Sogar die Schweiß-
und Lendentücher nahm man ihm vom
Körper weg und legte sie den Kranken auf;
da wichen die Krankheiten von ihnen und
die bösen Geister fuhren aus. 13 Auch eini-
ge umherziehende jüdische Beschwörer
versuchten, über den von bösen Geistern
Besessenen den Namen des Herrn Jesus
anzurufen, indem sie sagten: Ich beschwö-
re euch bei dem Jesus, den Paulus verkün-
det. 14 Die das taten, waren die sieben Söh-
ne eines gewissen Skeuas, eines jüdischen
Oberpriesters. 15 Aber der böse Geist erwi-
derte ihnen: Jesus kenne ich, auch Paulus
ist mir bekannt; aber wer seid ihr? 16 Und
der Mann mit dem bösen Geist stürzte
sich auf sie, überwältigte sie alle und rich-
tete sie derart zu, dass sie nackt und zer-
schlagen aus dem Haus fliehen mussten.

17 Das wurde allen Juden und Heiden,
die in Ephesus wohnten, bekannt und rief
allgemein Furcht hervor; der Name des
Herrn Jesus aber kam hoch zu Ehren.
18 Viele, die gläubig geworden waren, ka-
men und legten ein offenes Bekenntnis
über alles ab, was sie getan hatten. 19 Viele
von denen, die sich mit Zauberkünsten ab-
gegeben hatten, brachten ihre Bücher her-
bei und verbrannten sie vor aller Augen.
Man schätzte ihren Wert auf fünfzigtau-
send Silberdrachmen. 20 So breitete sich
das Wort des Herrn machtvoll aus und
wurde stark.

Der Aufstand der Silberschmiede

21 Nach diesen Ereignissen beschloss Pau-
lus, über Mazedonien nach Achaia und Je-
rusalem zu reisen. Wenn ich dort gewesen
bin, sagte er, muss ich auch Rom sehen.
22 Zwei seiner Gehilfen, Timotheus und
Erastus, sandte er nach Mazedonien vo-
raus, während er selbst noch eine Zeit lang
in der Provinz Asia blieb.

23 Um jene Zeit entstand wegen der Leh-
re ein gewaltiger Aufruhr. 24 Ein Silber-
schmied namens Demetrius, der silberne
Artemis-Tempelchen anfertigte und da-
durch den Kunsthandwerkern nicht gerin-
gen Verdienst verschaffte, 25 rief diese so-
wie die anderen damit beschäftigten
Arbeiter zusammen und sagte: Ihr Män-
ner, wie ihr wisst, fließt aus diesem Gewer-
be unser Wohlstand. 26 Nun aber seht und
hört ihr, wie dieser Paulus nicht nur in
Ephesus, sondern fast in der ganzen Pro-
vinz Asia viel Volk überredet und auf-
gehetzt hat, indem er behauptet, die mit
unseren Händen gemachten Götter seien
keine Götter. 27 Dadurch droht nicht bloß
unser Erwerbszweig in Verruf zu kom-
men, sondern auch das Heiligtum der gro-

ßen Göttin Artemis in Verachtung zu geraten; ja, sie selbst, die doch von der ganzen Provinz Asia, ja von aller Welt verehrt wird, wird ihre Hoheit verlieren. 28 Als sie das hörten, gerieten sie in Wut und schrien: Groß ist die Artemis von Ephesus! 29 Die Aufregung teilte sich der ganzen Stadt mit und alle stürmten zum Theater, sie schleppten auch Gaius und Aristarch aus Mazedonien, die Gefährten des Paulus, mit sich. 30 Paulus wollte unter das Volk gehen, aber die Jünger ließen es nicht zu. 31 Auch einige hohe Beamte der Provinz Asia, die ihm wohlgesinnt waren, rieten ihm, sich nicht ins Theater zu begeben.

32 Dort schrien die einen dies, die anderen das. Die Versammlung war nämlich in wilder Aufregung und die meisten wussten nicht, weshalb man überhaupt zusammengekommen war. 33 Die Juden drängten Alexander nach vorn und aus der Menge gab man ihm noch Hinweise. Alexander winkte mit der Hand und wollte vor dem Volk eine Verteidigungsrede halten. 34 Als man aber erkannte, dass er ein Jude war, schrien alle wie aus einem Mund fast zwei Stunden lang: Groß ist die Artemis von Ephesus! 35 Endlich beschwichtigte der Stadtschreiber die Menge und sagte: Ihr Männer von Ephesus, wer in aller Welt wüsste nicht, dass die Stadt der Epheser die Tempelhüterin der großen Artemis und ihres vom Himmel gefallenen Bildes ist? 36 Das kann niemand bestreiten. Ihr müsst also Ruhe bewahren und nichts Übereiltes tun. 37 Ihr habt diese Männer hergebracht, die weder Tempelräuber noch Lästerer unserer Göttin sind. 38 Haben Demetrius und seine Zunftgenossen gegen jemand Klage zu führen, so gibt es dafür Gerichtstage und Prokonsuln; dort mögen sie einander verklagen. 39 Habt ihr sonst noch ein Anliegen, so soll es in einer regelrechten Volksversammlung geklärt werden. 40 Wir laufen ja Gefahr, wegen der heutigen Vorkommnisse des Aufruhrs angeklagt zu werden und es fehlt jeder triftige Grund, mit dem wir diesen Auflauf rechtfertigen könnten. Nach diesen Worten löste er die Versammlung auf.

Reise durch Mazedonien, nach Griechenland und zurück nach Troas

20 Als sich der Aufruhr gelegt hatte, rief Paulus die Jünger zu sich und sprach ihnen Mut zu. Dann nahm er Abschied und machte sich auf den Weg nach Mazedonien. 2 Auf der Reise durch jene Gegenden ermahnte er die Jünger mit vielen Worten und begab sich nach Griechenland, 3 wo er drei Monate blieb. Als er dann nach Syrien fahren wollte, planten die Juden einen Anschlag gegen ihn. Deshalb entschloss er sich, den Rückweg über Mazedonien zu nehmen. 4 Es begleiteten ihn Sopater, der Sohn des Pyrrhus, aus Beröa, Aristarch und Sekundus aus Thessalonich, Gaius aus Derbe, Timotheus, ferner Tychikus und Trophimus aus der Provinz Asia. 5 Diese reisten voraus und erwarteten uns in Troas. 6 Wir aber fuhren nach den Tagen der Ungesäuerten Brote von Philippi ab und trafen sie fünf Tage später in Troas. Dort hielten wir uns sieben Tage auf.

In Troas. Paulus erweckt einen Toten

7 Als wir am ersten Wochentag zum Brotbrechen versammelt waren, redete Paulus zu ihnen. Da er am folgenden Tag abreisen wollte, dehnte er seine Rede bis Mitternacht aus. 8 Im Obergemach, wo wir versammelt waren, brannten zahlreiche Lampen. 9 Ein junger Mann namens Eutychus saß im offenen Fenster. Als Paulus immer weiter redete, wurde er vom Schlaf überwältigt, stürzte im Schlaf vom dritten Stock hinunter und wurde tot aufgehoben. 10 Paulus ging herunter, beugte sich über ihn, nahm ihn in seine Arme und sagte: Beunruhigt euch nicht, es ist Leben in ihm. 11 Dann ging er wieder hinauf, brach das Brot und aß. Noch lange redete er weiter, bis zum Tagesanbruch; dann reiste er ab. 12 Den jungen Mann aber führten sie lebend von dort weg und fühlten sich nicht wenig getröstet.

Von Troas nach Milet

13 Wir gingen voraus auf das Schiff und fuhren nach Assos, wo wir Paulus an Bord nehmen wollten; denn so hatte er es bestimmt, weil er selbst den Weg zu Fuß machen wollte. 14 Als er aber in Assos mit uns zusammentraf, nahmen wir ihn an Bord und gelangten nach Mitylene. 15 Von dort fuhren wir weiter und erreichten am folgenden Tag die Höhe von Chios. Am nächsten Tag liefen wir Samos an und gelangten tags darauf nach Milet. 16 Paulus

hatte sich nämlich entschlossen, an Ephe-
sus vorbeizufahren, um in der Provinz
Asia keine Zeit zu verlieren. Denn er eilte,
um womöglich am Pfingstfest in Jerusa-
lem zu sein.

Die Abschiedsrede vor den Gemeindeältesten aus Ephesus

[17] Von Milet schickte er nach Ephesus und
ließ die Ältesten der Gemeinde zu sich ru-
fen. [18] Als sie bei ihm eingetroffen waren,
sagte er zu ihnen: Ihr wisst, wie ich vom
ersten Tag an, seit ich die Provinz Asia be-
treten habe, die ganze Zeit bei euch war.
[19] In aller Demut, unter Tränen und Prü-
fungen, wie sie mir durch die Nachstellun-
gen der Juden widerfuhren, habe ich dem
Herrn gedient. [20] Nichts von dem, was euch
heilsam sein konnte, habe ich verschwie-
gen, sondern alles habe ich euch sowohl
öffentlich als auch in den einzelnen Häu-
sern verkündigt. [21] Juden und Griechen ha-
be ich beschworen, sich zu Gott zu bekeh-
ren und an unsern Herrn Jesus Christus zu
glauben. [22] Nun reise ich, ein Gefangener
des Geistes, nach Jerusalem. Was mir dort
begegnen wird, weiß ich nicht; [23] nur das
versichert mir der Heilige Geist von Stadt
zu Stadt, dass Fesseln und Drangsale auf
mich warten. [24] Aber ich achte mein Leben
keiner Rede wert, wenn ich nur meinen
Lauf vollende und meine Aufgabe erfülle,
die ich vom Herrn Jesus empfangen habe:
das Evangelium von der Gnade Gottes zu
bezeugen. [25] Jetzt weiß ich, dass ihr alle,
unter denen ich als Verkünder des Reiches
umhergezogen bin, mich nicht mehr von
Angesicht sehen werdet. [26] Darum erkläre
ich euch am heutigen Tag: Ich bin rein
vom Blut aller. [27] Denn ich habe es nicht
unterlassen, euch den ganzen Ratschluss
Gottes zu verkünden. [28] Habt Acht auf
euch und auf die ganze Herde, über die
der Heilige Geist euch zu Vorstehern be-
stellt hat, dass ihr die Kirche Gottes wei-
det, die er sich mit seinem eigenen Blut
erworben hat. [29] Ich weiß: Nach meinem
Weggang werden reißende Wölfe bei euch
eindringen, die die Herde nicht schonen.
[30] Auch aus euerer eigenen Mitte werden
sich Männer erheben, um die Jünger mit
verkehrten Reden auf ihre Seite zu ziehen.
[31] Darum seid wachsam und bedenkt, dass
ich drei Jahre lang Tag und Nacht nicht
aufgehört habe, unter Tränen jeden einzel-
nen zu ermahnen. [32] Und jetzt vertraue ich
euch Gott und dem Wort seiner Gnade an,
ihm, der Kraft hat, aufzubauen und das
Erbe unter allen Geheiligten zu verleihen.
[33] Silber oder Gold oder Kleider habe ich
von niemand verlangt. [34] Ihr wisst, dass
diese meine Hände mir und meinen Be-
gleitern den Lebensunterhalt verschafft
haben. [35] In allem habe ich euch gezeigt,
dass man sich auf diese Weise abmühen
und der Schwachen annehmen muss, in
Erinnerung an die Worte des Herrn Jesus,
der gesagt hat: Geben ist seliger als Neh-
men.

[36] Nach diesen Worten kniete er nieder
und betete mit ihnen allen. [37] Alle brachen
in lautes Weinen aus; sie fielen Paulus um
den Hals und küssten ihn. [38] Am meisten
betrübte sie das Wort, dass sie ihn nicht
mehr von Angesicht sehen würden. Dann
begleiteten sie ihn zum Schiff.

Weiterreise nach Cäsarea und Aufenthalt bei Philippus

21 Nachdem wir uns von ihnen losge-
rissen hatten, stachen wir in See
und kamen in gerader Richtung nach Kos
und tags darauf über Rhodos nach Patara.
[2] Wir fanden ein Schiff, das nach Phöni-
zien fuhr, gingen an Bord und segelten ab.
[3] Zypern, das wir sichteten, ließen wir zur
Linken liegen, steuerten auf Syrien zu und
landeten in Tyrus; dort sollte das Schiff
seine Fracht löschen. [4] Wir suchten die
Jünger auf und blieben sieben Tage bei ih-
nen. Auf Antrieb des Geistes rieten sie
Paulus, nicht nach Jerusalem hinaufzuzie-
hen. [5] Nach Ablauf der Tage brachen wir
zur Abreise auf und alle gaben uns mit
Frauen und Kindern das Geleit bis vor die
Stadt. Wir knieten am Strand nieder und
beteten. [6] Dann nahmen wir voneinander
Abschied und bestiegen das Schiff, jene
aber kehrten nach Hause zurück.

[7] Auf dem letzten Teil der Fahrt gelang-
ten wir nach Tyrus und Ptolemaïs. Dort
begrüßten wir die Brüder und blieben
einen Tag bei ihnen. [8] Am folgenden Tag
reisten wir weiter nach Cäsarea. Wir gin-
gen in das Haus des Evangelisten Philip-
pus, der zu den Sieben gehörte, und blie-
ben bei ihm. [9] Er hatte vier Töchter,
prophetisch begabte Jungfrauen. [10] Als wir
einige Tage dort waren, kam von Judäa ein
Prophet namens Agabus herab. [11] Er be-

suchte uns, nahm den Gürtel des Paulus,
band sich damit Hände und Füße und sag-
te: So spricht der Heilige Geist: Den Mann,
dem dieser Gürtel gehört, werden die Ju-
den in Jerusalem ebenso fesseln und in die
Hände der Heiden ausliefern. 12 Als wir das
hörten, redeten wir ihm zusammen mit
den Einheimischen zu, nicht nach Jerusa-
lem hinaufzuziehen. 13 Aber Paulus entgeg-
nete: Warum weint ihr und macht mir das
Herz so schwer? Ich bin bereit, mich in
Jerusalem für den Namen des Herrn Jesus
nicht nur binden zu lassen, sondern sogar
zu sterben. 14 Da er sich nicht überreden
ließ, gaben wir nach und sagten: Der Wille
des Herrn geschehe!

15 Nach diesen Tagen machten wir uns
reisefertig und zogen nach Jerusalem hi-
nauf. 16 Einige Jünger aus Cäsarea gingen
mit uns und brachten uns zu einem gewis-
sen Mnason aus Zypern, einem Jünger aus
der Anfangszeit, bei dem wir wohnen soll-
ten. 17 Bei unserer Ankunft in Jerusalem
nahmen uns die Brüder mit Freuden auf.

Gefangennahme des Paulus in Jerusalem

Paulus in Jerusalem. Beteiligung an einem Gelübde

18 Am folgenden Tag ging Paulus mit uns
zu Jakobus, bei dem sich alle Ältesten ver-
sammelten. 19 Er begrüßte sie und berich-
tete im einzelnen, was Gott durch seinen
Dienst unter den Heiden gewirkt hatte.
20 Als sie das vernahmen, priesen sie Gott.
Dann aber sagten sie zu ihm: Du siehst,
Bruder, wie viele Tausende unter den Ju-
den gläubig geworden sind und sie alle
sind eifrige Anhänger des Gesetzes. 21 Nun
hat man ihnen von dir erzählt, du lehrtest
alle Juden in der Heidenwelt den Abfall
von Mose und forderst sie auf, ihre Kinder
nicht zu beschneiden und überhaupt nicht
nach den Gebräuchen zu leben. 22 Was ist
da zu tun? Jedenfalls werden sie davon hö-
ren, dass du gekommen bist. 23 Tue also,
was wir dir vorschlagen: Unter uns sind
vier Männer, die ein Gelübde auf sich ge-
nommen haben. 24 Schließe dich ihnen an,
weihe dich zusammen mit ihnen und trage
für sie die Kosten, damit sie sich das Haar
scheren lassen können. Dann werden alle
einsehen, dass an den Gerüchten, die über
dich verbreitet sind, nichts ist, sondern
dass du das Gesetz genau beachtest.
25 Was die gläubig gewordenen Heiden be-
trifft, so haben wir schriftlich angeordnet,
dass sie sich vor dem Genuss von Götzen-
opferfleisch, Blut und Ersticktem und vor
Unzucht hüten sollen.

26 Da nahm Paulus die Männer mit,
weihte sich mit ihnen und ging am folgen-
den Tag in den Tempel. Dort meldete er
das Ende der Weihetage an, an dem für
jeden von ihnen das Opfer dargebracht
werden sollte.

Die Gefangennahme des Paulus

27 Als die sieben Tage zu Ende gingen, sa-
hen ihn die Juden aus der Provinz Asia
im Tempel. Sie reizten die ganze Volks-
menge auf, nahmen ihn fest 28 und schrien:
Israeliten, zu Hilfe! Das ist der Mensch,
der überall vor aller Welt gegen das Volk,
das Gesetz und die Stätte eifert. Sogar
Griechen hat er in den Tempel geführt
und diesen heiligen Ort entweiht. 29 Sie
hatten nämlich kurz zuvor Trophimus
aus Ephesus mit ihm zusammen in der
Stadt gesehen und meinten nun, Paulus
habe ihn auch mit in den Tempel genom-
men. 30 Die ganze Stadt geriet in Aufregung
und es entstand ein Volksauflauf. Paulus
wurde ergriffen und aus dem Tempel ge-
zerrt und sofort schloss man die Tore.
31 Schon wollten sie ihn umbringen, da
wurde dem Obersten der Besatzung ge-
meldet, ganz Jerusalem sei in Aufruhr.
32 Er eilte sogleich mit Soldaten und
Hauptleuten zu ihnen hinunter. Beim An-
blick des Obersten und der Soldaten hör-
ten sie auf, Paulus zu schlagen. 33 Der
Oberst trat hinzu, ließ ihn ergreifen und
mit zwei Ketten fesseln. Er erkundigte
sich, wer er sei und was er getan habe.
34 Da schrien die einen in der Volksmenge
dies, die anderen das. Weil er bei dem
Lärm nichts Sicheres erfahren konnte, ließ
er ihn in die Kaserne bringen. 35 An der
Freitreppe angekommen, musste Paulus
wegen des Andrangs der Menge von den
Soldaten getragen werden. 36 Denn die
Volksmenge lief hinterher und schrie:
Weg mit ihm!

37 Als Paulus in die Kaserne gebracht
werden sollte, fragte er den Obersten: Darf
ich ein Wort mit dir reden? Er entgegnete:
Du verstehst Griechisch? 38 Du bist also
nicht der Ägypter, der unlängst viertau-
send Sikarier aufgewiegelt und in die Wüs-

te hinausgeführt hat? 39 Paulus antwortete: Ich bin ein Jude aus Tarsus in Zilizien, Bürger einer nicht unbedeutenden Stadt. Ich bitte dich, erlaube mir, zum Volk zu sprechen. 40 Als er es gestattete, stellte sich Paulus auf die Freitreppe und gab dem Volk mit der Hand ein Zeichen. Da trat tiefe Stille ein und er redete sie in hebräischer Sprache an:

Verteidigungsrede des Paulus vor den Juden

22 Brüder und Väter! Hört, was ich jetzt zur Verteidigung vorbringe! 2 Als sie hörten, dass er hebräisch zu ihnen redete, wurden sie noch ruhiger. Er fuhr fort: 3 Ich bin ein Jude, in Tarsus in Zilizien geboren, hier in der Stadt erzogen und zu den Füßen Gamaliëls streng nach dem Gesetz der Väter ausgebildet, ein Eiferer für Gott, wie ihr alle es heute seid. 4 Ich habe diese Glaubensrichtung bis auf den Tod verfolgt, habe Männer und Frauen gefesselt und in die Gefängnisse eingeliefert. 5 Das kann mir der Hohepriester und der ganze Hohe Rat bezeugen. Von ihnen erhielt ich auch Briefe an die Brüder und zog nach Damaskus, um dort ebenfalls die Anhänger gefesselt zur Bestrafung nach Jerusalem zu bringen. 6 Als ich so unterwegs war und mich Damaskus näherte, umstrahlte mich plötzlich zur Mittagszeit vom Himmel her ein helles Licht. 7 Ich fiel zu Boden und hörte eine Stimme, die mir zurief: Saul, Saul, warum verfolgst du mich? 8 Ich antwortete: Wer bist du, Herr? Er sagte zu mir: Ich bin Jesus, der Nazoräer, den du verfolgst. 9 Meine Begleiter sahen zwar das Licht, hörten aber nicht die Stimme dessen, der mit mir redete. 10 Ich fragte weiter: Herr, was soll ich tun? Der Herr erwiderte mir: Steh auf und geh nach Damaskus, dort wird dir alles gesagt werden, was du nach Gottes Willen tun sollst. 11 Da ich aber vom Glanz des Lichtes geblendet war, wurde ich von meinen Begleitern an der Hand geführt und gelangte so nach Damaskus.

12 Ein gewisser Hananias, ein gesetzestreuer Mann, der bei allen Juden dort in bestem Ruf stand, 13 suchte mich auf und sagte zu mir: Bruder Saul, du sollst wieder sehen! Im gleichen Augenblick konnte ich ihn sehen. 14 Er sagte: Der Gott unserer Väter hat dich dazu erwählt, seinen Willen zu erkennen, den Gerechten zu sehen und die Stimme aus seinem Mund zu hören. 15 Du sollst vor allen Menschen bezeugen, was du gesehen und gehört hast. 16 Was zögerst du noch? Steh auf, lass dich taufen und deine Sünden abwaschen und ruf seinen Namen an. 17 Als ich dann nach Jerusalem zurückgekehrt war und im Tempel betete, geriet ich in Verzückung. 18 Ich sah ihn, wie er zu mir sagte: Verlasse sofort Jerusalem; denn sie werden von dir kein Zeugnis über mich annehmen. 19 Ich entgegnete: Herr, sie wissen doch, dass ich es war, der deine Gläubigen einkerkern und in den Synagogen auspeitschen ließ. 20 Auch als das Blut deines Zeugen Stephanus vergossen wurde, stand ich zustimmend mit dabei und hielt Wache bei den Kleidern derer, die ihn töteten. 21 Aber er sagte zu mir: Brich auf, denn ich will dich in die Ferne zu den Heiden senden.

Paulus, römischer Bürger

22 Bis dahin hatten sie ihm zugehört, jetzt aber fingen sie an zu schreien: Weg von der Erde mit dem da! Er darf nicht am Leben bleiben! 23 Als sie so schrien, ihre Kleider hinwarfen und Staub in die Luft schleuderten, 24 ließ ihn der Oberst in die Kaserne führen und ordnete an, ihn unter Geißelhieben zu verhören, um herauszubringen, warum sie so gegen ihn tobten. 25 Schon hatte man Paulus in die Riemen gespannt, als er dem Hauptmann, der dabeistand, entgegenhielt: Ist es euch erlaubt, einen römischen Bürger, dazu noch ohne Richterspruch, zu geißeln?

26 Als der Hauptmann das hörte, ging er zum Obersten und meldete: Was hast du vor? Der Mann dort ist römischer Bürger! 27 Da kam der Oberst herbei und fragte ihn: Sage mir, bist du römischer Bürger? – Ja, gab er zur Antwort. 28 Der Oberst entgegnete: Ich habe mir dieses Bürgerrecht für eine große Geldsumme erworben. Paulus erwiderte: Ich habe es schon von Geburt an. 29 Sofort ließen die, die ihn verhören sollten, von ihm ab. Und der Oberst erschrak, als er erfuhr, dass er einen römischen Bürger hatte fesseln lassen.

Vor dem Hohen Rat

30 Nun wollte er genau erfahren, was die Juden gegen ihn vorzubringen hatten. Darum ließ er ihm am folgenden Tag die Fesseln abnehmen und berief die Hohen-

priester und den ganzen Hohen Rat zusammen. Dann ließ er Paulus hinunterführen und ihnen gegenüberstellen.

23 Paulus schaute mit festem Blick auf den Hohen Rat und sagte: Brüder! Bis auf den heutigen Tag lebe ich mit völlig reinem Gewissen vor Gott. [2] Da befahl der Hohepriester Hananias den Umstehenden, ihn auf den Mund zu schlagen. [3] Da sagte Paulus zu ihm: Gott wird dich schlagen, du getünchte Wand! Du sitzt hier, um mich nach dem Gesetz zu richten und lässt mich gegen das Gesetz schlagen? [4] Die Umstehenden sagten: Du schmähst den Hohenpriester Gottes? [5] Paulus entgegnete: Brüder, ich wusste nicht, dass er der Hohepriester ist. Es steht ja geschrieben: *Einen Fürsten deines Volkes sollst du nicht verfluchen.* [6] Da Paulus aber wusste, dass der eine Teil zu den Sadduzäern, der andere zu den Pharisäern gehörte, rief er in die Versammlung hinein: Brüder, ich bin ein Pharisäer und ein Sohn von Pharisäern. Wegen der Hoffnung und wegen der Auferstehung der Toten stehe ich vor Gericht.

[7] Bei diesen Worten brach zwischen den Pharisäern und Sadduzäern ein Streit aus und die Versammlung spaltete sich. [8] Die Sadduzäer leugnen nämlich die Auferstehung sowie das Dasein von Engeln und Geistern, die Pharisäer dagegen bekennen sich zu beidem. [9] So entstand ein lautes Geschrei. Einige Schriftgelehrte von der Partei der Pharisäer erhoben sich und verfochten ihre Ansicht. Sie sagten: Wir finden an diesem Mann nichts Böses. Vielleicht hat doch ein Geist oder ein Engel mit ihm geredet? [10] Da jetzt noch ein heftigerer Zank einsetzte, befürchtete der Oberst, Paulus könnte von ihnen in Stücke gerissen werden. Deshalb ließ er seine Mannschaft herbeikommen, ihn aus ihrer Mitte holen und wieder in die Kaserne bringen.

[11] In der folgenden Nacht trat der Herr zu Paulus und sagte: Habe Mut! Wie du in Jerusalem Zeugnis für mich abgelegt hast, so sollst du auch in Rom Zeugnis ablegen.

Die Verschwörung der Juden gegen Paulus

[12] Am anderen Morgen rotteten sich die Juden zusammen und schworen sich, weder zu essen noch zu trinken, bis sie Paulus umgebracht hätten. [13] Es waren über vierzig, die dieses Komplott schmiedeten. [14] Sie gingen zu den Ältesten und Hohenpriestern und sagten: Wir haben mit einem heiligen Eid geschworen, nichts zu essen, bis wir Paulus getötet haben. [15] Bearbeitet jetzt zusammen mit dem Hohen Rat den Oberst, dass er ihn zu euch herunterführen lässt, als wolltet ihr seine Sache genauer untersuchen; wir aber halten uns bereit, ihn zu ermorden, noch bevor er hierher kommt.

[16] Der Neffe des Paulus erfuhr jedoch von diesem Anschlag; er verschaffte sich Einlass in die Kaserne und meldete es Paulus. [17] Da ließ Paulus einen der Hauptleute zu sich bitten und sagte: Führe diesen jungen Mann zum Oberst, er hat ihm etwas zu melden. [18] Der geleitete ihn zum Oberst und sagte: Der Gefangene Paulus ließ mich rufen und bat mich, diesen jungen Mann zu dir zu führen, weil er dir etwas zu melden hat. [19] Der Oberst nahm ihn bei der Hand, ging mit ihm auf die Seite und fragte: Was ist es, das du mir zu melden hast? [20] Er antwortete: Die Juden haben sich verabredet, dich zu bitten, du möchtest Paulus morgen vor den Hohen Rat hinunterführen lassen, angeblich um eine genauere Untersuchung über ihn anzustellen. [21] Traue ihnen nicht! Denn über vierzig Mann von ihnen lauern ihm auf; sie haben sich geschworen, weder zu essen noch zu trinken, bis sie ihn umgebracht haben. Schon sind sie bereit und warten nur noch auf deine Zusage. [22] Der Oberst schärfte dem jungen Mann ein: Sage niemand etwas davon, dass du mir das angezeigt hast.

Die Überführung des Paulus nach Cäsarea

[23] Darauf ließ er zwei von seinen Hauptleuten kommen und befahl ihnen: Haltet von der dritten Nachtstunde an zweihundert Fußsoldaten zum Marsch nach Cäsarea bereit, dazu siebzig Reiter und zweihundert Leichtbewaffnete! [24] Auch Reittiere sollen sie bereitstellen, Paulus aufsitzen lassen und ihn sicher zum Statthalter Felix bringen. [25] Dazu schrieb er einen Brief mit folgendem Inhalt: [26] Klaudius Lysias entbietet dem edlen Statthalter Felix seinen Gruß. [27] Dieser Mann wurde von den Juden ergriffen und wäre beinahe von ihnen getötet worden. Da schritt ich mit meiner

Mannschaft ein und befreite ihn, weil ich erfahren hatte, dass er römischer Bürger ist. [28] In der Absicht, den Grund der Anklage gegen ihn zu erfahren, ließ ich ihn vor den Hohen Rat bringen. [29] Da fand ich heraus, dass er wegen Streitfragen über ihr Gesetz angeklagt wird, aber keines Verbrechens schuldig ist, auf das Tod oder Gefängnis steht. [30] Da mir aber angezeigt wurde, dass ein Anschlag gegen ihn geplant ist, schicke ich ihn sofort zu dir. Zugleich habe ich seine Ankläger angewiesen, bei dir ihre Klage gegen ihn vorzubringen.

[31] Befehlsgemäß übernahmen die Soldaten Paulus und führten ihn bei Nacht bis Antipatris. [32] Am folgenden Tag ließen sie die Reiter mit ihm weiterziehen, während sie selbst in die Kaserne zurückkehrten. [33] Jene überreichten nach ihrer Ankunft in Cäsarea dem Statthalter den Brief und lieferten ihm auch Paulus ab. [34] Er las das Schreiben und erkundigte sich dann, aus welcher Provinz er stamme. Als er hörte, er sei aus Zilizien, [35] sagte er: Ich will dich verhören, wenn auch deine Ankläger zur Stelle sind. Dann befahl er, ihn im Prätorium des Herodes in Gewahrsam zu halten.

Haft des Paulus in Cäsarea

Anklage vor dem Statthalter Felix und Verteidigungsrede des Paulus

24 Fünf Tage später kam der Hohepriester Hananias mit einigen Ältesten und einem Anwalt, einem gewissen Tertullus, herunter, um beim Statthalter die Klage gegen Paulus zu erheben. [2] Dieser wurde vorgeführt und Tertullus begann mit seiner Anklagerede: In tiefem Frieden leben wir durch dich und deiner Fürsorge verdankt dieses Volk so manche Verbesserung. [3] Das erkennen wir stets und überall mit aller Dankbarkeit an, erlauchter Felix. [4] Um dich aber nicht lange aufzuhalten, bitte ich dich, schenke uns gütigst für kurze Zeit Gehör. [5] Diesen Mann haben wir als eine Pest kennen gelernt, als einen Aufruhrstifter unter allen Juden in der ganzen Welt und als einen Hauptführer der Sekte der Nazoräer. [6] Er hat sogar den Versuch gemacht, den Tempel zu entweihen. Deshalb nahmen wir ihn fest [und gemäß unserem Gesetz wollen wir ihn vor Gericht stellen. [7] Da trat der Oberst Lysias dazwischen, entriss ihn uns mit starker Gewalt [8] und befahl, dass seine Ankläger vor dir erscheinen sollen.] Du kannst ihn selbst verhören und dich über alle unsere Klagen gegen ihn vergewissern. [9] Diesen Angaben schlossen sich die Juden an und versicherten, dass es sich so verhalte.

[10] Auf ein Zeichen des Statthalters ergriff Paulus das Wort: Da ich dich seit vielen Jahren als Richter über dieses Volk kenne, verteidige ich meine Sache mit Zuversicht. [11] Wie du feststellen kannst, sind nicht mehr als zwölf Tage vergangen, seitdem ich nach Jerusalem hinaufgezogen bin, um anzubeten. [12] Weder im Tempel noch in den Synagogen noch in der Stadt hat man mich mit irgendjemand einen Wortstreit führen oder einen Volksauflauf erregen sehen. [13] Sie können dir keinen Beweis dafür vorbringen, weswegen sie mich jetzt anklagen. [14] Das jedoch bekenne ich dir: Ich diene dem Gott meiner Väter nach der Lehre, die sie eine Sekte nennen. Dabei glaube ich alles, was im Gesetz und in den Propheten geschrieben steht [15] und ich habe dieselbe Hoffnung auf Gott, die auch diese hier teilen, dass es eine Auferstehung der Gerechten und Ungerechten geben wird. [16] Deshalb bemühe ich mich, vor Gott und den Menschen jederzeit ein reines Gewissen zu haben. [17] Nach mehreren Jahren bin ich nun gekommen, meinem Volk Spenden zu übermitteln und Opfer darzubringen. [18] Als ich mich dabei im Tempel einer Weihe unterzog, jedoch ohne Auflauf und Lärm, [19] trafen mich einige Juden aus der Provinz Asia an. Die hätten vor dir erscheinen und Klage erheben müssen, wenn sie etwas gegen mich vorzubringen haben. [20] Oder diese hier sollen dir angeben, was für ein Vergehen sie herausgefunden haben, als ich vor dem Hohen Rat stand; [21] es müsste denn der eine Satz sein, den ich in ihrer Mitte ausrief: Wegen der Auferstehung der Toten stehe ich heute als Angeklagter vor euch.

[22] Obwohl Felix genaue Kenntnis von der Lehre hatte, vertagte er doch die Sache und sagte: Wenn der Oberst Lysias herabkommt, will ich euere Angelegenheit genauer untersuchen. [23] Er gab dem Hauptmann die Weisung, Paulus in milder Haft zu halten und keinen von den Seinen zu hindern, für ihn zu sorgen.

Paulus vor Felix und Drusilla

24 Einige Tage später kam Felix mit seiner Gemahlin Drusilla, die eine Jüdin war. Er ließ Paulus rufen und hörte ihn über den Glauben an Christus Jesus. 25 Als aber die Rede auf Gerechtigkeit, Enthaltsamkeit und das künftige Gericht kam, geriet Felix in Furcht und sagte: Für diesmal kannst du gehen; zu gelegener Zeit werde ich dich wieder rufen lassen. 26 Zugleich hegte er die Hoffnung, von Paulus Geld zu erhalten. Deshalb ließ er ihn auch öfter zu sich rufen und unterhielt sich mit ihm. 27 Nach zwei Jahren erhielt Felix einen Nachfolger in Porzius Festus; und weil Felix sich die Gunst der Juden sichern wollte, beließ er Paulus in der Gefangenschaft.

Paulus vor Festus, Berufung an den Kaiser

25 Drei Tage nach der Übernahme der Provinz begab sich Festus von Cäsarea nach Jerusalem hinauf. 2 Dort erschienen die Hohenpriester und die angesehensten Juden vor ihm, trugen ihre Klagen gegen Paulus vor 3 und baten ihn um den Gefallen, Paulus nach Jerusalem bringen zu lassen; denn sie wollten ihn unterwegs überfallen und ermorden. 4 Festus jedoch entgegnete, Paulus bleibe in Cäsarea in Haft und er selbst werde bald wieder dorthin zurückkehren. 5 Dann können, sagte er, Bevollmächtigte aus euerer Mitte mit hinabkommen und ihre Klagen vorbringen, falls der Mann ein Verbrechen begangen hat.

6 Nur acht bis zehn Tage hielt er sich bei ihnen auf und reiste dann nach Cäsarea hinunter. Am folgenden Tag hielt er Gericht und ließ Paulus vorführen. 7 Kaum war dieser erschienen, da umringten ihn die Juden, die von Jerusalem herabgekommen waren, und brachten viele schwere Anklagen gegen ihn vor, die sie aber nicht beweisen konnten. 8 Paulus sagte zu seiner Verteidigung: Ich habe mich weder gegen das Gesetz der Juden noch gegen den Tempel noch gegen den Kaiser vergangen. 9 Festus wollte sich die Juden geneigt machen und antwortete dem Paulus: Willst du nach Jerusalem hinaufgehen und dich dort unter meinem Vorsitz richten lassen? 10 Paulus erwiderte: Ich stehe vor dem Richterstuhl des Kaisers; da muss ich gerichtet werden. Gegen die Juden habe ich kein Unrecht begangen, wie auch du ganz gut weißt. 11 Habe ich aber ein Unrecht begangen und etwas Todeswürdiges getan, so weigere ich mich nicht zu sterben. Ist aber nichts an den Klagen, die diese gegen mich vorbringen, so darf mich niemand ihnen ausliefern. Ich lege Berufung beim Kaiser ein. 12 Da besprach sich Festus mit seinen Ratgebern und erklärte dann: Beim Kaiser hast du Berufung eingelegt; zum Kaiser sollst du gehen.

Herodes Agrippa wird von Festus über Paulus informiert

13 Einige Tage später trafen König Agrippa und Berenike in Cäsarea ein, um Festus ihre Aufwartung zu machen. 14 Im Verlauf ihres mehrtägigen Aufenthalts trug Festus dem König den Fall Paulus vor und sagte: Hier ist ein Gefangener noch von der Zeit des Felix her. 15 Bei meinem Aufenthalt in Jerusalem wurden die Hohenpriester und Ältesten seinetwegen bei mir vorstellig und forderten seine Verurteilung. 16 Ich entgegnete ihnen, es sei bei den Römern nicht Sitte, jemand preiszugeben, bevor der Angeklagte seinen Anklägern gegenübergestanden und Gelegenheit gehabt habe, sich gegen die Anschuldigungen zu verteidigen. 17 Als sie dann hierher kamen, setzte ich mich gleich am nächsten Tag zu Gericht und ließ den Mann vorführen. 18 Die Ankläger traten auf, brachten aber keine Anklage wegen solcher Verbrechen vor, wie ich vermutet hatte. 19 Nur mit einigen Streitfragen über ihre Religion sowie über einen gewissen verstorbenen Jesus, von dem Paulus aber behauptet, er lebe, konnten sie aufwarten. 20 Da ich diesen Streitfragen ratlos gegenüberstand, fragte ich ihn, ob er nach Jerusalem gehen und sich dort deswegen richten lassen wolle. 21 Er legte jedoch Berufung ein und verlangte, bis zur Entscheidung der kaiserlichen Majestät in Haft zu bleiben. So befahl ich, ihn in Haft zu behalten, bis ich ihn zum Kaiser schicken kann. 22 Da sagte Agrippa zu Festus: Den Mann möchte ich gern selbst hören. Morgen, antwortete er, sollst du ihn hören.

23 Am folgenden Tag erschienen Agrippa und Berenike mit großem Gepränge und betraten mit den Obersten und den Vornehmsten der Stadt den Gerichtssaal. Auf Geheiß des Festus wurde Paulus vorgeführt. 24 Festus sagte: König Agrippa

und alle Anwesenden! Hier seht ihr den
Mann, um dessentwillen mich alle Juden
in Jerusalem wie auch hier mit lautem Ge-
schrei bestürmt haben, er dürfe nicht län-
ger am Leben bleiben. 25 Ich aber habe kein
todeswürdiges Verbrechen feststellen kön-
nen. Weil er jedoch Berufung beim Kaiser
eingelegt hat, beschloss ich, ihn hinzuschi-
cken. 26 Doch weiß ich meinem Herrn
nichts Bestimmtes über ihn zu schreiben.
Darum habe ich ihn euch und besonders
dir, König Agrippa, vorführen lassen, da-
mit ich nach dem Verhör weiß, was ich
schreiben kann. 27 Denn es erscheint mir
widersinnig, einen Gefangenen hinzuschi-
cken, ohne anzugeben, was gegen ihn vor-
liegt.

Die Rede des Paulus vor Agrippa

26 Da sagte Agrippa zu Paulus: Du
darfst jetzt in deiner Sache reden.
Da erhob Paulus seine Hand und begann
seine Verteidigungsrede: 2 König Agrippa,
ich schätze mich glücklich, dass ich mich
heute vor dir gegen alle Anklagen der Ju-
den verteidigen darf, 3 besonders deshalb,
weil dir alle jüdischen Gebräuche und
Streitfragen bekannt sind. Darum bitte
ich dich, mich geduldig anzuhören.

4 Mein Leben, wie ich es seit meiner Ju-
gend bei meinem Volk in Jerusalem ge-
führt habe, ist allen Juden von Anfang an
bekannt. 5 Sie kennen mich von früher her
und wissen, wenn sie der Wahrheit Zeug-
nis geben wollen, dass ich nach der
strengsten Richtung unserer Religion,
nämlich als Pharisäer, gelebt habe. 6 Und
wenn ich jetzt vor Gericht stehe, so wegen
der Hoffnung auf die Verheißung, die von
Gott an unsere Väter ergangen ist 7 und die
unser Zwölfstämmevolk dadurch zu erlan-
gen hofft, dass es Gott bei Tag und Nacht
unablässig dient. Um dieser Hoffnung
willen, König, werde ich von den Juden
angeklagt. 8 Warum wird es bei euch für
unglaubhaft gehalten, dass Gott Tote auf-
erweckt? 9 Ich selbst meinte, den Namen
Jesu, des Nazoräers, heftig bekämpfen zu
müssen. 10 Das habe ich in Jerusalem auch
getan. Ich verschaffte mir von den Hohen-
priestern Vollmacht, ließ viele der Heili-
gen in den Kerker werfen und stimmte
für ihre Hinrichtung. 11 In allen Synagogen
habe ich oft versucht, sie durch Strafen zur
Lästerung zu zwingen und in meiner maß-
losen Wut verfolgte ich sie sogar bis in die
Städte außerhalb des Landes.

12 So zog ich auch mit Vollmacht und
Auftrag der Hohenpriester nach Damas-
kus. 13 Auf dem Weg dorthin sah ich, Kö-
nig, am Mittag ein Licht, das mich und
meine Reisegefährten vom Himmel her
umstrahlte, heller als die Sonne. 14 Wir fie-
len alle zu Boden und ich vernahm eine
Stimme, die mir auf hebräisch zurief: Saul,
Saul, warum verfolgst du mich? Es ist
schwer für dich, gegen den Stachel aus-
zuschlagen. 15 Wer bist du, Herr? fragte ich.
Der Herr antwortete: Ich bin Jesus, den du
verfolgst. 16 Doch stehe auf und stelle dich
auf deine Füße! Denn dazu bin ich dir er-
schienen, um dich zum Diener und zum
Zeugen dessen zu bestellen, was du gese-
hen hast und was ich dir noch zeigen wer-
de. 17 Ich werde dich retten vor dem Volk
und vor den Heiden, zu denen ich dich
sende. 18 Du sollst ihnen die Augen öffnen,
dass sie sich aus der Finsternis zum Licht,
aus der Gewalt des Satans zu Gott bekeh-
ren. So sollen sie durch den Glauben an
mich Verzeihung der Sünden und das Er-
be mit den Heiligen erlangen.

19 König Agrippa, danach durfte ich ge-
gen die himmlische Erscheinung nicht un-
gehorsam sein 20 und predigte zuerst in
Damaskus und Jerusalem, dann im ganzen
Land Judäa und bei den Heiden, sie sollten
umkehren, sich Gott zuwenden und der
Umkehr entsprechend handeln. 21 Deswe-
gen haben mich die Juden im Tempel er-
griffen und zu töten versucht. 22 Aber
durch Gottes Beistand stehe ich noch heu-
te da und lege vor Groß und Klein Zeugnis
ab. Ich verkünde nichts anderes, als was
nach dem Wort der Propheten und des
Mose geschehen soll: 23 dass der Christus
leiden müsse, dass er, als Erster von den
Toten auferstanden, sowohl dem Volk als
den Heiden ein Licht verkünden werde.

24 Als er dies zu seiner Verteidigung vor-
brachte, rief Festus mit lauter Stimme: Du
bist von Sinnen, Paulus; das viele Studie-
ren bringt dich um den Verstand! 25 Paulus
entgegnete: Ich bin nicht von Sinnen, er-
lauchter Festus; die Worte, die ich rede,
sind wahr und vernünftig. 26 Der König,
vor dem ich so freimütig rede, weiß ja
auch in diesen Dingen Bescheid. Denn
ich kann nicht glauben, dass ihm etwas da-
von entgangen ist; die Sache hat sich ja

nicht in einem entlegenen Winkel zugetra-
gen. 27 König Agrippa, glaubst du den Pro-
pheten? Ich weiß, du glaubst. 28 Agrippa er-
widerte Paulus: Fast überredest du mich,
ein Christ zu werden. 29 Paulus erwiderte:
Wollte Gott, dass über kurz oder lang
nicht bloß du, sondern alle, die mich heute
hören, das werden, was ich bin, diese Fes-
seln ausgenommen! 30 Da erhoben sich der
König, der Statthalter, Berenike und die
übrigen Anwesenden. 31 Im Weggehen sag-
ten sie zueinander: Der Mann tut nichts,
was Tod oder Kerker verdient. 32 Agrippa
bemerkte zu Festus: Man könnte den
Mann freilassen, wenn er nicht Berufung
beim Kaiser eingelegt hätte.

Die Reise nach Rom

Seereise bis Myra in Lyzien

27 Als unsere Abfahrt nach Italien
feststand, übergab man Paulus
mit noch anderen Gefangenen einem
Hauptmann der kaiserlichen Kohorte na-
mens Julius. 2 Wir bestiegen ein Schiff aus
Adramyttium, das die Küstenstädte der
Provinz Asia anlaufen sollte und lichteten
die Anker. Bei uns war noch der Mazedo-
nier Aristarch aus Thessalonich. 3 Am fol-
genden Tag legten wir in Sidon an. Julius,
der Paulus wohlwollend behandelte, er-
laubte ihm, zu seinen Freunden zu gehen
und sich verpflegen zu lassen. 4 Von dort
fuhren wir weiter und segelten dicht an
Zypern vorbei, weil wir Gegenwind hat-
ten. 5 Als wir das Meer längs der Küste
von Zilizien und Pamphylien durchfah-
ren hatten, kamen wir nach Myra in Ly-
zien.

Seereise nach Italien. Schiffbruch bei Malta

6 Dort traf der Hauptmann ein alexandri-
nisches Schiff, das sich auf der Fahrt nach
Italien befand und brachte uns an Bord.
7 Die Fahrt ging viele Tage langsam voran
und nur mit Mühe gelangten wir auf die
Höhe von Knidos. Da der Wind uns aus
der Bahn warf, umsegelten wir Kreta bei
Salmone. 8 Mühsam fuhren wir an der
Küste entlang und erreichten einen Ort
namens Kaloi Limenes in der Nähe der
Stadt Lasäa.

9 Unterdessen war geraume Zeit verstri-
chen und die Schifffahrt wurde bereits
gefährlich – sogar das Fasten war schon
vorüber. 10 Deshalb warnte Paulus: Ihr
Männer, ich sehe, dass die Fahrt nicht nur
für die Ladung und das Schiff, sondern
auch für unser Leben Gefahr und großen
Schaden bringen wird. 11 Aber der Haupt-
mann glaubte dem Steuermann und dem
Schiffsherrn mehr als den Worten des
Paulus. 12 Da der Hafen zum Überwintern
nicht günstig war, beschloss die Mehrzahl
weiterzufahren, um womöglich Phönix,
einen Hafen auf Kreta, der nach Süd- und
Nordwest geschützt ist, zu erreichen und
dort zu überwintern. 13 Da ein schwacher
Südwind wehte, meinten sie, das Vor-
haben sicher ausführen zu können, lichte-
ten die Anker und fuhren dicht an der
Küste von Kreta entlang.

14 Aber nach kurzer Zeit brach von der
Insel her ein Orkan los, der so genannte
Eurakylon. 15 Das Schiff wurde mit fort-
gerissen und konnte dem Sturm nicht
standhalten; so gaben wir es preis und lie-
ßen uns treiben. 16 Wir kamen an einer
kleinen Insel namens Kauda vorbei und
konnten nur mit Mühe das Beiboot in die
Gewalt bekommen. 17 Man zog es herauf,
brachte Schutzvorrichtungen an, indem
man das Schiff mit Tauen umspannte.
Aus Furcht, in die Syrte zu geraten, zog
man die Segel ein und ließ sich so dahin-
treiben. 18 Da uns der Sturm furchtbar zu-
setzte, warf man am folgenden Tag einen
Teil der Ladung über Bord; 19 am dritten
Tag schleuderten die Leute eigenhändig
auch noch die Schiffsausrüstung hinaus.
20 Mehrere Tage hindurch sah man weder
Sonne noch Sterne und der Sturm umtob-
te uns so heftig, dass der letzte Rest von
Hoffnung auf Rettung schwand.

21 Schon lange hatten die Leute nichts
mehr zu sich genommen. Da trat Paulus
unter sie und sagte: Ihr Männer, man hätte
mir folgen und nicht von Kreta abfahren
sollen; dann wäre uns dieses Unglück und
dieser Schaden erspart geblieben. 22 Doch
jetzt ermahne ich euch, guten Mutes zu
sein. Denn keiner von euch wird sein Le-
ben verlieren; nur das Schiff wird unterge-
hen. 23 Heute Nacht erschien mir nämlich
ein Engel des Gottes, dem ich gehöre und
diene 24 und sagte: Sei ohne Furcht, Paulus!
Du musst vor den Kaiser treten. Gott hat
dir alle deine Schiffsgenossen geschenkt.
25 Habt also Mut, ihr Männer! Denn ich
vertraue auf Gott, dass es so kommt, wie

mir gesagt worden ist. [26] Wir müssen aller-
dings an einer Insel stranden.
[27] Als wir schon die vierzehnte Nacht auf
der Adria umhertrieben, vermuteten die
Matrosen um Mitternacht, dass sich ihnen
Land nähere. [28] Sie warfen das Senkblei
und maßen zwanzig Faden und bald nach
einer neuen Messung fünfzehn Faden.
[29] Aus Furcht, wir könnten auf Klippen
laufen, warfen sie vom Heck vier Anker
und sehnten den Anbruch des Tages her-
bei. [30] Als jedoch die Matrosen unter dem
Vorwand, sie wollten vom Bug aus Anker
auswerfen, vom Schiff zu fliehen versuch-
ten und das Beiboot ins Meer hinunterlie-
ßen, [31] sagte Paulus dem Hauptmann und
den Soldaten: Wenn sie nicht im Schiff
bleiben, könnt ihr nicht gerettet werden.
[32] Da kappten die Soldaten die Taue, an de-
nen das Boot hing und ließen es ins Meer
fallen. [33] Sobald der Morgen dämmerte, er-
munterte Paulus alle, Nahrung zu sich zu
nehmen. Heute sind es vierzehn Tage, sag-
te er, dass ihr ohne Nahrung verharrt und
nichts zu euch nehmt. [34] Darum ermahne
ich euch, esst etwas! Das hilft mit zu eue-
rer Rettung. Keinem von euch wird auch
nur ein Haar von seinem Kopf verloren
gehen. [35] Nach diesen Worten nahm er
Brot, dankte Gott vor den Augen aller,
brach es und begann zu essen. [36] Da fassten
alle wieder Mut und nahmen ebenfalls
Nahrung zu sich. [37] Im Ganzen waren wir
zweihundertsechsundsiebzig Personen an
Bord. [38] Nachdem sie sich gesättigt hatten,
warfen sie die Getreideladung ins Meer,
um das Schiff zu erleichtern.
[39] Als der Tag anbrach, erkannten sie das
Land nicht, bemerkten aber eine kleine
Bucht mit einem flachen Strand, auf den
sie, wenn möglich, das Schiff auflaufen las-
sen wollten. [40] Sie machten also die Anker
frei und ließen sie ins Meer hinab; zugleich
lösten sie die Riemen von den Steuerru-
dern, setzten das Vordersegel und hielten
mit dem Wind auf den Strand zu. [41] Als sie
aber auf eine Sandbank gerieten, strande-
ten sie mit dem Schiff; der Bug bohrte sich
fest und blieb unbeweglich, das Heck
drohte unter dem Anprall der Wogen zu
zerschellen. [42] Da beschlossen die Soldaten,
die Gefangenen zu töten, damit keiner
durch Schwimmen entkommen könne.
[43] Der Hauptmann aber wollte Paulus ret-
ten und verhinderte ihr Vorhaben. Er gab
Befehl, dass zuerst alle, die schwimmen
könnten, über Bord springen und an Land
zu kommen versuchen sollten, [44] dann die
Übrigen teils auf Planken, teils auf ande-
ren Schiffstrümmern. So wurden alle ans
Land gerettet.

Aufenthalt auf Malta

28 Als wir gerettet waren, erfuhren
wir, dass die Insel Malta hieß. [2] Die
Einheimischen erwiesen sich uns gegen-
über außerordentlich freundlich. Weil es
zu regnen begann und kalt wurde, zünde-
ten sie ein Feuer an und holten uns alle zu
sich. [3] Paulus raffte ein Bündel Reisig zu-
sammen und warf es in das Feuer. Da
schnellte infolge der Hitze eine Viper he-
raus und biss sich an seiner Hand fest. [4] Als
die Einheimischen das Tier an seiner
Hand hängen sahen, sagten sie zueinan-
der: Dieser Mensch ist gewiss ein Mörder.
Er ist zwar dem Meer entronnen, aber die
Rachegöttin lässt ihn doch nicht am Le-
ben. [5] Er aber schüttelte das Tier ins Feuer,
ohne Schaden zu nehmen. [6] Die Leute er-
warteten, er werde anschwellen oder
plötzlich tot umfallen. Als sie aber eine
Zeit lang gewartet hatten und sahen, dass
ihm nichts Ungewöhnliches widerfuhr,
kamen sie zu anderer Ansicht und mein-
ten, er sei ein Gott.
[7] In jener Gegend lagen Landgüter, die
einem Mann namens Publius, dem ange-
sehensten der Insel, gehörten. Er nahm
uns auf und gewährte uns drei Tage lang
liebevolle Gastfreundschaft. [8] Der Vater
des Publius lag gerade an Fieber und Ruhr
krank danieder. Paulus ging zu ihm hi-
nein, betete, legte ihm die Hände auf und
machte ihn gesund. [9] Daraufhin kamen
auch die anderen Kranken der Insel her-
bei und wurden geheilt. [10] Dafür überhäuf-
te man uns mit Ehrenbezeigungen und
versah uns bei der Abfahrt mit allem Nö-
tigen.

Von Malta über Puteoli nach Rom

[11] Drei Monate später fuhren wir mit
einem alexandrinischen Schiff weiter, das
auf der Insel überwintert hatte. Es führte
die Dioskuren als Schiffszeichen. [12] Wir
liefen Syrakus an und blieben drei Tage.
[13] Von dort fuhren wir die Küste entlang
und gelangten nach Rhegion. Weil tags
darauf Südwind einsetzte, kamen wir in

zwei Tagen nach Puteoli. 14 Hier trafen wir
Brüder, die uns baten, sieben Tage bei
ihnen zu bleiben. Dann kamen wir nach
Rom. 15 Die Brüder dort hatten von uns
gehört und gingen uns bis Forum Appii
und Tres Tabernae entgegen. Als Paulus
sie sah, dankte er Gott und schöpfte neu-
en Mut. 16 Nach unserer Ankunft in Rom
erhielt Paulus die Erlaubnis, zusammen
mit dem ihm als Wächter beigegebenen
Soldaten eine eigene Wohnung zu bezie-
hen.

Paulus in Rom

17 Nach drei Tagen ließ er die führenden
Juden zu sich bitten. Als sie versammelt
waren, sagte er zu ihnen: Brüder, obwohl
ich nichts gegen mein Volk oder gegen die
Sitten der Väter getan habe, bin ich doch
von Jerusalem aus als Gefangener in die
Hände der Römer ausgeliefert worden.
18 Sie wollten mich nach der Untersuchung
in Freiheit setzen, da nichts gegen mich
vorlag, worauf der Tod steht. 19 Da aber
die Juden Einspruch erhoben, sah ich
mich genötigt, Berufung beim Kaiser ein-
zulegen, jedoch nicht, um gegen mein
Volk Klage zu erheben. 20 Deshalb habe
ich gebeten, euch sehen und sprechen zu
dürfen. Denn um der Hoffnung Israels
willen trage ich diese Fesseln. 21 Sie erwi-
derten ihm: Wir haben weder eine dich
betreffende schriftliche Nachricht aus Ju-
däa erhalten noch ist einer von den Brü-
dern gekommen, der etwas Nachteiliges
über dich berichtet oder erzählt hätte.
22 Doch möchten wir deine Ansicht näher
kennen lernen. Denn von dieser Sekte ist
nur bekannt, dass sie überall Widerspruch
findet.

23 Sie vereinbarten mit ihm einen be-
stimmten Tag und fanden sich in noch
größerer Anzahl in seiner Wohnung ein.
Vom frühen Morgen bis zum Abend er-
klärte und bezeugte er ihnen das Reich
Gottes und versuchte, sie vom Gesetz des
Mose und den Propheten aus für Jesus zu
gewinnen. 24 Die einen glaubten seinen
Worten, die anderen blieben ungläubig.
25 Untereinander uneins, brachen sie auf,
nachdem Paulus noch das eine Wort ge-
sagt hatte: Treffend hat der Heilige Geist
durch den Propheten Jesaja zu eueren Vä-
tern gesagt:

26 *Gehe zu diesem Volk und sage: / Hören*
sollt ihr, aber nicht verstehen, / sehen sollt
ihr, aber nicht erkennen.

27 *Denn das Herz dieses Volkes ist hart*
geworden; / mit ihren Ohren hören sie nur
schwer / und ihre Augen halten sie
geschlossen,

damit sie mit ihren Augen nicht sehen /
und mit ihren Ohren nicht hören,

damit sie mit ihrem Herzen nicht zur
Einsicht kommen, / damit sie sich nicht
bekehren und ich sie nicht heile.

28 So sollt ihr nun wissen, dass das Heil
Gottes den Heiden gebracht wird. Sie wer-
den ihm Gehör schenken. [29 Nachdem er
das gesagt hatte, gingen die Juden fort und
stritten noch lange miteinander.]

30 Er blieb zwei volle Jahre in seiner
Mietwohnung und nahm alle auf, die zu
ihm kamen. 31 Er verkündete das Reich
Gottes und trug die Lehre über den Herrn
Jesus Christus vor, mit allem Freimut und
ungehindert.

Der Brief an die Römer

Briefanfang und Briefthema

Anschrift und Gruß

1 Paulus, Knecht Christi Jesu, berufener
Apostel, ausgesondert für das Evan-
gelium Gottes, [2] das er im voraus durch sei-
ne Propheten in den heiligen Schriften ver-
heißen hat, [3] das Evangelium von seinem
Sohn, der nach dem Fleisch aus dem Ge-
schlecht Davids hervorgegangen, [4] macht-
voll nach dem Geist der Heiligkeit auf-
grund der Auferstehung von den Toten als
Sohn Gottes eingesetzt ist, von Jesus Chris-
tus, unserem Herrn. [5] Durch ihn haben wir
Gnade und Apostelamt empfangen, um
zur Ehre seines Namens den Glaubens-
gehorsam unter allen Heiden zu erwecken,
[6] zu denen auch ihr, Berufene Jesu Christi,
gehört.
[7] An alle in Rom, die von Gott geliebt
sind, die berufenen Heiligen: Gnade sei
euch und Friede von Gott, unserem Vater,
und dem Herrn Jesus Christus.

Der Wunsch, nach Rom zu kommen

[8] Vor allem danke ich meinem Gott durch
Jesus Christus für euch alle, weil man von
euerem Glauben in der ganzen Welt
spricht. [9] Denn Gott, dem ich in meinem
Geist am Evangelium von seinem Sohn
diene, ist mein Zeuge, dass ich unablässig
an euch denke, [10] indem ich allezeit in mei-
nen Gebeten flehe, es möge mir mit dem
Willen Gottes endlich einmal vergönnt
sein, zu euch zu kommen. [11] Denn ich ver-
lange danach, euch zu sehen, damit ich
euch eine geistliche Gnadengabe zu euerer
Stärkung mitteilen kann, [12] oder besser: da-
mit wir uns durch unseren Glauben, den
eueren wie den meinen, gegenseitig trös-
ten. [13] Ich will euch nicht darüber in Un-
kenntnis lassen, Brüder, dass ich mir
schon oft vorgenommen hatte, zu euch zu
kommen; ich bin aber bis jetzt verhindert
worden. Ich wollte bei euch einige Frucht
gewinnen wie bei den übrigen Heiden.
[14] Bin ich doch Griechen und Barbaren,
Gebildeten und Ungebildeten verpflichtet.
[15] Daher erklärt sich mein Wunsch, auch
euch in Rom das Evangelium zu verkün-
den. [16] Denn ich schäme mich des Evan-
geliums nicht; es ist ja eine Gotteskraft
zum Heil für jeden, der glaubt, zunächst
für den Juden und dann auch für den
Griechen. [17] Wird doch in ihm Gottes-
gerechtigkeit aus Glauben zu Glauben ent-
hüllt, wie geschrieben steht: *Der Gerechte
wird aus dem Glauben leben.*

Die argumentative Entfaltung des Evangeliums

Heiden und Juden unter Gottes Zorn

Gottes Zorn über die Heiden

[18] Gottes Zorn enthüllt sich vom Himmel
her über alle Gottlosigkeit und Ungerech-
tigkeit der Menschen, die die Wahrheit in
Ungerechtigkeit niederhalten. [19] Ist doch,
was sich von Gott erkennen lässt, ihnen
offenbar; Gott selbst hat es ihnen kund-
getan. [20] Denn sein unsichtbares Wesen,
seine ewige Macht und Göttlichkeit sind
seit Erschaffung der Welt an seinen Wer-
ken durch die Vernunft zu erkennen. Sie
sind darum nicht zu entschuldigen, [21] weil
sie trotz ihrer Erkenntnis Gottes ihn nicht
als Gott verherrlichten und ihm nicht
dankten; verfielen sie doch in ihren Ge-
danken auf Nichtigkeiten und ihr unver-
ständiges Herz wurde verfinstert. [22] Sie be-
haupten, weise zu sein, und sind zu Toren
geworden. [23] Sie vertauschten die Herrlich-
keit des unvergänglichen Gottes mit dem
Abbild der Gestalt von vergänglichen
Menschen, von Vögeln, Vierfüßlern und
Kriechtieren.
[24] Darum überließ sie Gott der Unrein-
heit, nach der ihr Herz begehrte, sodass
sie gegenseitig ihre Leiber schändeten,
[25] sie, die die Wahrheit Gottes gegen die
Lüge eingetauscht hatten und nun dem

Geschöpf Verehrung und Anbetung er-
wiesen anstelle des Schöpfers – gepriesen
sei er in Ewigkeit. Amen. 26 Deshalb über-
ließ sie Gott den schändlichsten Leiden-
schaften. Ihre Frauen vertauschten den
natürlichen Geschlechtsverkehr mit dem
widernatürlichen. 27 Ebenso gaben auch
die Männer den natürlichen Verkehr mit
der Frau auf und entbrannten in Begierde
zueinander; Männer trieben mit Männern
Unzucht und empfingen so den gebühren-
den Lohn für ihre Verirrung. 28 Weil sie es
verschmähten, Gott in der Erkenntnis
festzuhalten, überließ sie Gott einer ver-
worfenen Gesinnung, sodass sie taten,
was nicht recht ist, 29 und nun voll sind
von jeglicher Ungerechtigkeit, Bosheit,
Habgier, Schlechtigkeit, voll von Neid,
Mordlust, Streitsucht, Hinterlist, Nieder-
tracht. Sie sind Ohrenbläser, 30 Verleum-
der, Gottesfeinde, Frevler, Stolze, Prahler,
erfinderisch im Bösen, ungehorsam gegen
die Eltern, 31 unverständig, treulos, lieblos
und erbarmungslos. 32 Sie kennen wohl
Gottes Satzung, dass alle, die dergleichen
tun, den Tod verdienen; dennoch tun sie
es nicht nur selbst, sondern spenden noch
denen Beifall, die so handeln.

Der Maßstab des göttlichen Gerichts

2 Darum bist du unentschuldbar,
Mensch, der du richtest, wer immer
du bist. Denn worin du den anderen rich-
test, darin verurteilst du dich selbst; denn
du, der du richtest, tust dasselbe. 2 Wir wis-
sen aber, dass Gottes Urteil der Wahrheit
gemäß über die ergeht, die solche Dinge
tun. 3 Bildest du dir denn ein, Mensch, der
du die richtest, die solche Dinge tun und
es selbst tust, du könntest dem Gericht
Gottes entgehen? 4 Oder verkennst du den
Reichtum seiner Güte, Geduld und Lang-
mut und merkst nicht, dass Gottes Güte
dich zur Umkehr führen will? 5 Mit deinem
Starrsinn und deinem unbußfertigen Her-
zen häufst du dir Zorn auf für den Tag des
Zornes und der Offenbarung des gerech-
ten Gerichtes Gottes, 6 *der jedem vergelten
wird nach seinen Taten*: 7 denen, die in be-
harrlicher Übung des Guten nach Herr-
lichkeit, Ehre und Unvergänglichkeit stre-
ben, mit ewigem Leben, 8 denen aber, die
aus Auflehnung der Wahrheit ungehor-
sam, der Ungerechtigkeit aber gehorsam
sind, mit Zorn und Grimm. 9 Trübsal und
Angst kommt über jede Menschenseele,
die das Böse tut, über den Juden zuerst
und auch über den Griechen. 10 Herrlich-
keit und Ehre und Friede über jeden, der
Gutes tut, über den Juden zunächst und
auch über den Griechen. 11 Bei Gott gibt es
ja kein Ansehen der Person.

Das ins Herz geschriebene Gesetz der Heiden

12 Denn alle, die ohne Gesetz gesündigt ha-
ben, gehen auch ohne Gesetz verloren,
und alle, die unter dem Gesetz gesündigt
haben, werden durch das Gesetz gerichtet
werden. 13 Denn nicht die Hörer des Geset-
zes sind vor Gott gerecht, sondern die, die
das Gesetz tun, werden für gerecht erklärt.
14 Wenn nämlich die Heiden, die kein Ge-
setz haben, von Natur aus die Vorschriften
des Gesetzes erfüllen, so sind sie, die kein
Gesetz haben, sich selbst Gesetz. 15 Sie zei-
gen ja, dass die Forderungen des Gesetzes
in ihr Herz geschrieben sind, wovon auch
ihr Gewissen Zeugnis ablegt und die Ge-
danken, die einander anklagen und vertei-
digen – 16 an dem Tag, an dem Gott die ver-
borgenen Absichten der Menschen durch
Jesus Christus nach meinem Evangelium
richten wird.

Das Gesetz und die Beschneidung

17 Du nennst dich einen Juden, ruhst dich
aus auf dem Gesetz und rühmst dich in
Gott. 18 Du kennst seinen Willen und aus
dem Gesetz belehrt, weißt du, worauf es
ankommt. 19 Du traust dir zu, ein Führer
von Blinden zu sein, ein Licht für die, die
in der Finsternis sind, 20 ein Erzieher der
Unverständigen, ein Lehrer der Unmündi-
gen, der im Gesetz die Verkörperung der
Erkenntnis und der Weisheit besitzt. 21 Du
willst andere belehren, dich selbst aber be-
lehrst du nicht? Du predigst, man dürfe
nicht stehlen, und stiehlst selbst? 22 Du
sagst, man dürfe nicht ehebrechen, und
du brichst selbst die Ehe? Du verabscheust
die Götzen und begehst dennoch Tempel-
raub? 23 Du rühmst dich des Gesetzes, ent-
ehrst aber Gott durch die Übertretung des
Gesetzes! 24 Es steht ja geschrieben: *Der
Name Gottes wird um euretwillen unter
den Heiden gelästert.*

25 Die Beschneidung hat nur dann Wert,
wenn du das Gesetz erfüllst. Bist du aber
ein Übertreter des Gesetzes, so ist deine
Beschneidung Unbeschnittenheit gewor-

den. 26 Wenn aber ein Unbeschnittener die
Vorschriften des Gesetzes erfüllt, wird ihm
dann sein Unbeschnittensein nicht ange-
rechnet, als wäre er beschnitten? 27 Ja, wer
von Natur aus ein Unbeschnittener ist
und trotzdem das Gesetz befolgt, der wird
dich verurteilen, der du trotz Buchstaben
und Beschneidung das Gesetz übertrittst.
28 Denn nicht der ist ein wahrer Jude, der
es nur äußerlich ist, und die wahre Be-
schneidung ist nicht die, die nur äußerlich
am Fleisch vollzogen wird. 29 Nein, nur der
ist ein Jude, der es im Innern ist, und die
wahre Beschneidung ist die Beschneidung
des Herzens im Geist, nicht nach dem
Buchstaben. Ein solcher findet Lob, zwar
nicht bei den Menschen, aber bei Gott.

Gottes Treue und die Untreue der Menschen

3 Was hat nun der Jude voraus oder was
ist der Nutzen der Beschneidung?
2 Vieles in jeder Hinsicht. Vor allem dies,
dass ihnen die Worte Gottes anvertraut
sind. 3 Doch wie? Wenn einige untreu wur-
den, hebt dann etwa ihr Unglaube die
Treue Gottes auf? 4 Keineswegs! Sondern
Gott soll sich als wahrhaftig erweisen,
jeder Mensch aber als *Lügner*, wie geschrie-
ben steht: *So behältst du Recht mit deinen
Worten und siegst, wenn man mit dir rech-
tet.* 5 Wenn aber unsere Ungerechtigkeit
Gottes Gerechtigkeit ins Licht stellt, was
werden wir sagen? Ist etwa Gott unge-
recht, wenn er im Zorn straft? Ich drücke
mich nach Menschenweise aus. 6 Keines-
wegs! Denn wie könnte Gott die Welt
sonst richten? 7 Aber wenn die Wahrhaf-
tigkeit Gottes infolge meiner Unwahrhaf-
tigkeit zu überschwänglicher Herrlichkeit
gelangt, warum soll ich dann als Sünder
gerichtet werden? 8 Gilt etwa das, was man
uns verleumderischerweise nachsagt und
was uns von gewissen Leuten in den Mund
gelegt wird: Lasst uns Böses tun, damit
Gutes daraus entsteht? Zu Recht träfe sol-
che Menschen das Gericht.

9 Was heißt das nun? Haben wir irgend-
etwas voraus? Durchaus nicht! Wir haben
ja Juden und Heiden beschuldigt, dass sie
alle unter der Sünde stehen, 10 wie ge-
schrieben steht:

*Es gibt keinen Gerechten, / auch nicht
einen.*

11 *Da ist kein Verständiger, / keiner, der
nach Gott fragt.*

12 *Alle sind abgewichen, alle miteinander
verdorben; / Da ist keiner, der Gutes tut, /
auch nicht einer!*

13 *Ein offenes Grab ist ihre Kehle, / mit
ihrer Zunge betrügen sie. / Natterngift ist
unter ihren Lippen.*

14 *Ihr Mund ist voll von Fluch und Bitter-
keit.*

15 *Schnell sind ihre Füße zum Blutvergie-
ßen; /* 16 *Vernichtung und Unheil sind auf
ihren Pfaden, /* 17 *den Weg des Friedens aber
haben sie nicht erkannt.*

18 *Es ist keine Gottesfurcht vor ihren
Augen.*

19 Wir wissen aber, dass alles, was das
Gesetz sagt, denen gilt, die unter dem Ge-
setz stehen, damit jeder Mund verstummt
und die ganze Welt vor Gott schuldig
wird. 20 Denn aufgrund von Gesetzeswer-
ken wird *kein Fleisch vor ihm gerecht*;
macht man doch erst durch das Gesetz
die Erfahrung der Sünde.

Die Offenbarung der Gerechtigkeit Gottes

21 Jetzt aber ist unabhängig vom Gesetz
Gottes Gerechtigkeit, die vom Gesetz und
von den Propheten bezeugt wird, offenbar
geworden, 22 Gottes Gerechtigkeit aus dem
Glauben an Jesus Christus für alle Glau-
benden; es gibt ja keinen Unterschied.
23 Denn alle haben gesündigt und entbeh-
ren der Herrlichkeit Gottes. 24 Sie werden
nun durch seine Gnade aufgrund der Erlö-
sung in Christus Jesus geschenkweise ge-
rechtfertigt. 25 Ihn hat Gott öffentlich hin-
gestellt, um Sühne zu schaffen im Glauben
durch sein Blut zum Erweis seiner Gerech-
tigkeit. Die früher in der Zeit seiner gött-
lichen Langmut begangenen Sünden hat
er ungestraft gelassen, 26 weil er seine Ge-
rechtigkeit in der jetzigen Zeit erweisen
wollte, um zu zeigen, dass er selbst gerecht
ist und den gerecht macht, der an Jesus
glaubt.

27 Wo bleibt nun das Rühmen? Es ist
ausgeschlossen. Durch welches Gesetz?
Etwa durch das der Werke? Nein, durch
das Gesetz des Glaubens. 28 Denn wir sind
überzeugt, dass der Mensch durch den
Glauben ohne Gesetzeswerke gerechtfer-
tigt wird. 29 Oder ist Gott etwa nur Gott
der Juden und nicht auch der Heiden? Ge-
wiss auch der Heiden. 30 Gibt es doch nur
den einen Gott, der rechtfertigt: die be-
schnittenen Juden aufgrund des Glaubens

und die unbeschnittenen Heiden durch
den Glauben. 31 Heben wir durch den
Glauben die Bedeutung des Gesetzes auf?
Keineswegs! Wir bringen das Gesetz zur
Geltung.

Das Vorbild Abrahams

4 Stellt sich da nicht die Frage: Was
hat dann Abraham, unser leiblicher
Stammvater, erlangt? 2 Wenn nämlich Ab-
raham aufgrund von Werken gerechtfer-
tigt wurde, dann hatte er Anlass, sich zu
rühmen, aber nicht vor Gott. 3 Denn was
sagt die Schrift? *Abraham glaubte Gott,*
und das wurde ihm als Gerechtigkeit ange-
rechnet. 4 Wer Werke tut, dem wird der
Lohn nicht aus Gnade angerechnet, son-
dern nach Schuldigkeit ausgezahlt. 5 Wer
aber keine Werke tut, sondern nur an den
glaubt, der den Gottlosen gerecht macht,
dem wird sein Glaube zur Gerechtigkeit
angerechnet. 6 So preist auch David den
Menschen selig, dem Gott Gerechtigkeit
ohne Werke anrechnet:

7 *Selig, deren Missetaten vergeben / und*
deren Sünden zugedeckt sind.

8 *Selig der Mensch, / dem der Herr die*
Sünde nicht anrechnet!

9 Gilt nun diese Seligpreisung nur den
Beschnittenen oder auch den Unbeschnit-
tenen? Wir haben ja gesagt: *Abraham wur-*
de der Glaube als Gerechtigkeit angerech-
net. 10 Unter welchen Umständen wurde
er angerechnet? Als er schon beschnitten
war oder als er noch unbeschnitten war?
Nicht als er schon beschnitten war, son-
dern als er noch unbeschnitten war. 11 Er
empfing das Zeichen der Beschneidung
als Siegel der Glaubensgerechtigkeit, die
ihm im Zustand der Unbeschnittenheit
zuteil geworden war. Er sollte so der Vater
aller werden, die als Unbeschnittene glau-
ben und denen daher Gerechtigkeit ange-
rechnet wird, 12 und zugleich der Vater der
Beschnittenen, die nicht bloß beschnitten
sind, sondern auch in den Fußspuren des
Glaubens gehen, den unser Vater Abra-
ham schon als Unbeschnittener bewiesen
hat.

13 Denn nicht aufgrund des Gesetzes
wurde Abraham oder seinen Nachkom-
men die Verheißung zuteil, dass er Erbe
der Welt sein sollte, sondern aufgrund
der Glaubensgerechtigkeit. 14 Wenn näm-
lich nur die Inhaber des Gesetzes Erben
wären, dann hätte der Glaube seinen Wert
eingebüßt und die Verheißung wäre hin-
fällig geworden. 15 Bewirkt doch das Gesetz
Zorn; wo aber kein Gesetz ist, da gibt es
auch keine Übertretung. 16 Deshalb gilt:
aufgrund des Glaubens, damit auch gilt:
aus Gnade, damit die Verheißung allen
Nachkommen gesichert ist, nicht nur de-
nen aus dem Gesetz, sondern auch denen
aus dem Glauben Abrahams, der ja der
Vater aller ist – 17 wie geschrieben steht:
Zum Vater vieler Völker habe ich dich be-
stimmt – vor dem Gott, dem er geglaubt
hat, vor dem Gott, der die Toten lebendig
macht und das Nichtseiende ins Dasein
ruft. 18 Gegen alle Hoffnung hat er voll
Hoffnung geglaubt, dass er der Vater vieler
Völker werde, nach dem Wort: *So zahl-*
reich werden deine Nachkommen sein.
19 Ohne im Glauben schwach zu werden,
betrachtete er seinen schon erstorbenen
Leib – er war nahezu hundert Jahre alt –
und auch den erstorbenen Mutterschoß
Saras. 20 Er zweifelte nicht ungläubig an
der Verheißung Gottes, sondern erwies
sich stark im Glauben, indem er Gott die
Ehre gab 21 und vollkommen überzeugt
war, dass der, der die Verheißung gab,
auch die Macht hat, sie zu erfüllen. 22 Da-
rum wurde es *ihm* auch *als Gerechtigkeit*
angerechnet.

23 Aber nicht nur seinetwegen steht in
der Schrift: *Es wurde ihm angerechnet,*
24 sondern auch um unseretwillen, denen
es angerechnet werden soll, die wir an
den glauben, der unseren Herrn Jesus von
den Toten auferweckt hat, 25 der um unse-
rer Übertretungen willen hingegeben und
zu unserer Rechtfertigung auferweckt
wurde.

Die Gnadengaben der Glaubensgerechtigkeit

Die Hoffnung der aus Glauben Gerechtfertigten

5 Gerechtfertigt aus Glauben, haben wir
Frieden mit Gott durch unseren
Herrn Jesus Christus, 2 durch den wir ja
im Glauben Zutritt zu dieser Gnade, in
der wir stehen, erlangt haben, und wir
wollen uns der Hoffnung auf die Herrlich-
keit Gottes rühmen. 3 Aber nicht nur dies,
sondern wir wollen uns auch unserer Be-
drängnis rühmen, da wir wissen, dass die

Bedrängnis Geduld bewirkt, 4 die Geduld Bewährung, die Bewährung Hoffnung. 5 Die Hoffnung aber lässt nicht zugrunde gehen, weil die Liebe Gottes in unseren Herzen ausgegossen ist durch den Heiligen Geist, der uns gegeben ist. 6 Ist doch Christus schon zu der Zeit, als wir noch schwach waren, für die Gottlosen gestorben. 7 Sonst stirbt jemand schwerlich für einen Gerechten; höchstens entschließt sich einer, für einen Guten zu sterben. 8 Gott aber beweist seine Liebe zu uns dadurch, dass Christus für uns starb, als wir noch Sünder waren. 9 Um wie viel mehr werden wir, da wir jetzt durch sein Blut gerechtfertigt sind, durch ihn vor dem Zorn Gottes gerettet werden. 10 Denn wenn wir, als wir noch Feinde waren, mit Gott durch den Tod seines Sohnes versöhnt wurden, um wie viel mehr werden wir als Versöhnte gerettet werden durch sein Leben. 11 Aber nicht nur dies: Wir rühmen uns Gottes durch unseren Herrn Jesus Christus, durch den wir jetzt die Versöhnung empfangen haben.

Adam und Christus

12 Darum gilt: Durch einen Menschen ist die Sünde in die Welt gekommen und durch die Sünde der Tod und so ging der Tod auf alle Menschen über, weil alle gesündigt hatten. 13 Denn schon vor dem Gesetz gab es zwar Sünde in der Welt, aber Sünde wird nicht angerechnet, wo kein Gesetz vorhanden ist. 14 Gleichwohl übte der Tod seine Herrschaft von Adam bis zu Mose auch über die aus, die nicht wie Adam durch Übertretung gesündigt hatten. Adam aber ist das Gegenbild des künftigen Menschen. 15 Aber mit der Gnade verhält es sich nicht wie mit der Übertretung. Denn wenn durch die Übertretung des Einen die Vielen starben, so ist in weit höherem Maß die Gnade Gottes und das Gnadengeschenk des einen Menschen Jesus Christus auf die Vielen übergeströmt. 16 Ebensowenig entspricht die Gabe dem, was aus der Sündentat des Einen folgte. Denn das Gericht aufgrund einer einzigen Sünde führte zur Verurteilung, die Gnade aber aus vielen Übertretungen zur Rechtfertigung. 17 Denn wenn durch den Fall des Einen der Tod zur Herrschaft kam um des Einen willen, so werden in weit höherem Maße die, die den Überfluss der Gnade und der Gabe der Gerechtigkeit empfangen, leben und herrschen durch den Einen, Jesus Christus.

18 Also: Wie es durch die Übertretung des Einen für alle Menschen zur Verurteilung kam, so kam es auch durch die gerechte Tat des Einen für alle Menschen zur Rechtfertigung, die Leben ist. 19 Denn wie durch den Ungehorsam des einen Menschen die Vielen zu Sündern gemacht wurden, so werden auch durch den Gehorsam des Einen die Vielen zu Gerechten gemacht werden. 20 Das Gesetz aber ist hinzugekommen, damit sich die Übertretung mehre. Wo aber die Sünde sich mehrte, ist die Gnade übergroß geworden, 21 damit, wie die Sünde ihre Herrschaft durch den Tod geltend machte, nun die Gnade herrscht und durch Gerechtigkeit zum ewigen Leben führt durch Jesus Christus, unseren Herrn.

Die Befreiung von der Sündenmacht in der Taufe

6 Was sollen wir nun sagen? Sollen wir bei der Sünde bleiben, damit die Gnade umso reichlicher werde? 2 Keineswegs! Wir, die wir für die Sünde tot sind, wie könnten wir noch in ihr leben? 3 Oder wisst ihr nicht, dass wir alle, die wir auf Christus Jesus getauft sind, auf seinen Tod getauft sind? 4 Wir sind also durch die Taufe mit ihm begraben in seinen Tod, damit, wie Christus durch die Herrlichkeit des Vaters von den Toten auferweckt wurde, auch wir als neue Menschen leben. 5 Denn wenn wir mit seinem Tod zusammengewachsen sind, dann werden wir es erst recht auch in seiner Auferstehung sein. 6 Wir wissen ja, dass unser alter Mensch mitgekreuzigt worden ist, damit der Sündenleib vernichtet werde und wir nicht mehr der Sünde dienen. 7 Denn wer gestorben ist, der ist von der Sünde frei geworden. 8 Sind wir aber mit Christus gestorben, so glauben wir, dass wir auch mit ihm leben werden. 9 Wir wissen ja, dass Christus, von den Toten auferweckt, nicht mehr stirbt; der Tod hat keine Gewalt mehr über ihn. 10 Denn mit seinem Sterben ist er ein für alle Mal für die Sünde gestorben, mit seinem Leben aber lebt er für Gott. 11 So sollt auch ihr euch als Menschen betrachten, die für die Sünde tot sind, für Gott aber in Jesus Christus leben.

12 Darum soll die Sünde nicht mehr in
euerem sterblichen Leib herrschen und
ihr sollt seinen Begierden nicht mehr ge-
horchen. 13 Stellt euere Glieder nicht mehr
der Sünde als Waffen der Ungerechtigkeit
zur Verfügung, sondern stellt euch Gott
zur Verfügung als Menschen, die aus dem
Tod zum Leben gekommen sind, und eue-
re Glieder für Gott als Waffen der Gerech-
tigkeit. 14 Denn die Sünde wird euch nicht
beherrschen; ihr steht ja nicht unter dem
Gesetz, sondern unter der Gnade.

Der Christ, von der Sünde zum Gehorsam befreit

15 Was folgt daraus? Dürfen wir sündigen,
weil wir nicht mehr unter dem Gesetz,
sondern unter der Gnade stehen? Keines-
wegs! 16 Ihr wisst doch: Wenn ihr euch je-
mandem unter der Verpflichtung zum Ge-
horsam als Sklaven zur Verfügung stellt,
dann seid ihr auch wirklich Sklaven des-
sen, dem ihr Gehorsam leistet, entweder
Sklaven der Sünde, die zum Tod führt,
oder Sklaven des Gehorsams, der zur Ge-
rechtigkeit führt. 17 Gott aber sei Dank,
dass ihr zwar Sklaven der Sünde wart, je-
doch von Herzen der Lehre gehorsam ge-
worden seid, der ihr übergeben wurdet.
18 Frei von der Sünde, seid ihr zu Sklaven
der Gerechtigkeit geworden. 19 Ich rede
nach Menschenart mit Rücksicht auf die
Schwachheit eueres Fleisches. Wie ihr
nämlich euere Glieder in den Dienst der
Unreinheit und der Gesetzlosigkeit gestellt
habt, sodass ihr gesetzlos wurdet, so stellt
nun euere Glieder in den Dienst der Ge-
rechtigkeit, sodass ihr heilig werdet. 20 So-
lange ihr Sklaven der Sünde wart, da wart
ihr gegenüber der Gerechtigkeit frei.
21 Welchen Gewinn hattet ihr damals von
den Dingen, deren ihr euch jetzt schämt?
Ihr Ziel und Ende war ja der Tod. 22 Jetzt
aber, da ihr frei von der Sünde und zu
Sklaven Gottes geworden seid, habt ihr
einen Gewinn, der zu euerer Heiligung
führt und als Ziel und Ergebnis das ewige
Leben hat. 23 Denn der Lohn der Sünde ist
der Tod, die Gabe Gottes aber ist das ewige
Leben in Christus Jesus, unserem Herrn.

Die Freiheit vom Gesetz

7 Oder wisst ihr nicht, Brüder – ich re-
de doch zu Leuten, die im Gesetz Be-
scheid wissen –, dass das Gesetz über
einen Menschen nur Gewalt hat, solange
er lebt? 2 So ist eine verheiratete Frau
durch das Gesetz an ihren Mann gebun-
den, solange er lebt; wenn der Mann ge-
storben ist, ist sie frei von dem Gesetz,
das sie an den Mann bindet. 3 Darum wird
sie bei Lebzeiten des Mannes als Ehebre-
cherin gelten, wenn sie sich einem ande-
ren Mann hingibt. Ist der Mann gestor-
ben, dann ist sie vom Gesetz frei, also
keine Ehebrecherin, wenn sie einem an-
deren Mann gehört. 4 So seid auch ihr,
meine Brüder, durch den Leib Christi für
das Gesetz gestorben, auf dass ihr nun
einem anderen gehört, nämlich dem, der
von den Toten auferweckt wurde, damit
wir Gott Frucht bringen. 5 Denn solange
wir noch im Fleisch lebten, wirkten die
durch das Gesetz erregten sündhaften
Leidenschaften in unseren Gliedern, so-
dass wir dem Tod Frucht brachten. 6 Jetzt
aber sind wir vom Gesetz frei geworden
dadurch, dass wir für etwas starben, wo-
rin wir gefangen gehalten wurden, sodass
wir nun in der neuen Wirklichkeit des
Geistes und nicht mehr in der alten des
Buchstabens dienen.

Das Gesetz und die Sünde

7 Was sollen wir nun sagen? Ist das Gesetz
Sünde? Keineswegs! Aber ich hätte die
Sünde nicht kennen gelernt, wenn nicht
durch das Gesetz. Ich wüsste nichts von
der Begierde, wenn das Gesetz nicht sagte:
Du sollst nicht begehren! 8 Nachdem aber
die Sünde durch das Gesetz den Anstoß
erhalten hatte, hat sie in mir jedwede Be-
gierde geweckt; denn ohne Gesetz wäre
die Sünde tot. 9 Ich selbst lebte einst ohne
das Gesetz; als aber das Gebot kam, lebte
die Sünde auf. 10 Ich dagegen starb und es
zeigte sich, dass das Gebot, das zum Leben
führen sollte, den Tod brachte. 11 Denn die
Sünde, die durch das Gebot den Anstoß
erhalten hatte, hat mich getäuscht und
durch das Gebot getötet. 12 So ist das Ge-
setz heilig und das Gebot heilig, gerecht
und gut. 13 Ist also das Gute für mich zur
Ursache des Todes geworden? Keines-
wegs! Vielmehr war es die Sünde. Sie soll-
te dadurch als Sünde offenbar werden,
dass sie mir durch das Gute den Tod be-
wirkte; die Sünde sollte durch das Gebot
als über die Maßen sündig erwiesen wer-
den.

Der an die Sünde verkaufte Mensch

[14] Wir wissen: Das Gesetz ist geistlich; ich
aber bin fleischlich, verkauft an die Sünde.
[15] Was ich tue, verstehe ich nicht. Denn ich
tue nicht, was ich will, sondern was ich
hasse, das tue ich. [16] Wenn ich aber das tue,
was ich nicht will, dann gestehe ich dem
Gesetz zu, dass es gut ist. [17] Dann handle
aber nicht mehr ich, sondern die in mir
wohnende Sünde. [18] Ich weiß, dass in mir,
das heißt in meinem Fleisch, nichts Gutes
wohnt. Denn das Gute zu wollen, dazu bin
ich bereit, aber nicht, es auszuführen. [19] Ich
tue nämlich nicht das Gute, das ich will,
sondern das Böse, das ich nicht will, das
tue ich. [20] Wenn ich aber das tue, was ich
nicht will, dann führe nicht mehr ich es
aus, sondern die in mir wohnende Sünde.
[21] Ich stoße also auf das Gesetz, dass in mir,
der das Gute tun will, das Böse vorhanden
ist. [22] Denn ich habe dem inneren Men-
schen nach Freude am Gesetz. [23] Aber ich
sehe ein anderes Gesetz in meinen Glie-
dern, das dem Gesetz meiner Vernunft wi-
derstreitet und mich im Gesetz der Sünde,
das in meinen Gliedern ist, gefangen hält.
[24] Ich unglücklicher Mensch! Wer wird
mich von diesem dem Tod verfallenen
Leib befreien? [25] Dank sei Gott durch Jesus
Christus, unseren Herrn! So diene also
auch ich selbst mit der Vernunft dem Ge-
setz Gottes, mit dem Fleisch aber dem Ge-
setz der Sünde.

Die Gabe des Geistes

8 Es gibt also für die, die in Christus Je-
sus sind, keine Verurteilung mehr.
[2] Denn das Gesetz des Geistes und des Le-
bens in Christus Jesus hat dich vom Gesetz
der Sünde und des Todes frei gemacht.
[3] Da nämlich das Gesetz nichts vermochte,
weil es wegen des Fleisches schwach war,
sandte Gott seinen eigenen Sohn in der
Gestalt des sündigen Fleisches und um
der Sünde willen und verurteilte dadurch
die Sünde im Fleisch, [4] damit die Forde-
rung des Gesetzes durch uns erfüllt werde,
die wir nicht nach dem Fleisch leben, son-
dern nach dem Geist. [5] Denn die fleischlich
geartet sind, trachten nach dem, was dem
Fleisch entspricht, die aber geistlich gear-
tet sind, nach dem, was dem Geist ent-
spricht. [6] Das Trachten des Fleisches führt
zum Tod, das Trachten des Geistes aber zu
Leben und Frieden. [7] Das Trachten des
Fleisches ist ja Feindseligkeit gegen Gott;
denn es ordnet sich nicht dem Gesetz Got-
tes unter und kann es auch gar nicht. [8] Die
vom Fleisch bestimmt sind, können da-
rum Gott nicht gefallen. [9] Ihr aber seid
nicht vom Fleisch, sondern vom Geist be-
stimmt, vorausgesetzt, dass der Geist Got-
tes in euch wohnt. Wenn aber jemand den
Geist Christi nicht hat, so gehört er nicht
zu ihm. [10] Ist aber Christus in euch, so ist
der Leib zwar um der Sünde willen tot, der
Geist aber ist Leben um der Gerechtigkeit
willen. [11] Wenn aber der Geist dessen, der
Jesus von den Toten auferweckt hat, in
euch wohnt, so wird er, der Christus von
den Toten auferweckt hat, auch euere
sterblichen Leiber lebendig machen durch
seinen in euch wohnenden Geist.

Der Geist der Kindschaft

[12] Wir sind also, Brüder, nicht dem Fleisch
verpflichtet, dem Fleisch gemäß zu leben.
[13] Denn wenn ihr nach dem Fleisch lebt,
müsst ihr sterben. Wenn ihr aber durch
den Geist die Taten des Leibes tötet, wer-
det ihr leben. [14] Denn alle, die sich vom
Geist Gottes leiten lassen, sind Kinder
Gottes. [15] Ihr habt doch nicht einen Skla-
vengeist empfangen, dass ihr euch wieder
fürchten müsstet, sondern ihr habt den
Geist der Sohnschaft empfangen, in dem
wir rufen: Abba, Vater! [16] Der Geist selbst
bezeugt unserem Geist, dass wir Kinder
Gottes sind. [17] Wenn aber Kinder, dann
auch Erben, Erben Gottes, Miterben
Christi, wenn wir mitleiden, um auch mit-
verherrlicht zu werden.

Das Verlangen aller nach der Herrlichkeit

[18] Ich bin überzeugt, dass die Leiden der
gegenwärtigen Zeit in keinem Verhältnis
stehen zu der Herrlichkeit, die an uns of-
fenbar werden soll. [19] Denn die Schöpfung
wartet sehsüchtig auf das Offenbarwerden
der Söhne Gottes. [20] Wurde doch die
Schöpfung nicht aus eigenem Willen der
Nichtigkeit unterworfen, sondern durch
den, der sie unterworfen hat, mit der Hoff-
nung, [21] dass auch die Schöpfung von der
Knechtschaft der Vergänglichkeit befreit
werde zur Freiheit der Herrlichkeit der
Kinder Gottes. [22] Wir wissen ja, dass die
gesamte Schöpfung bis jetzt seufzt und in
Wehen liegt. [23] Und nicht nur das, auch
wir, die wir als Erstlingsgabe den Geist ha-

ben, auch wir seufzen in unserem Herzen
und erwarten die Sohnschaft, Erlösung
unseres Leibes. 24 Denn zur Hoffnung sind
wir gerettet worden. Hoffnung aber, die
man schon erfüllt sieht, ist keine Hoff-
nung. Wie kann man auf etwas hoffen,
was man sieht? 25 Hoffen wir aber auf das,
was wir nicht sehen, dann erwarten wir es
in Geduld. 26 Ebenso nimmt sich auch der
Geist unserer Schwachheit an. Wir wissen
ja nicht, um was wir bitten sollen, wie es
sich gehört. Da tritt der Geist selbst für
uns ein mit unaussprechlichem Seufzen.
27 Der aber die Herzen erforscht, kennt
das Anliegen des Geistes, dass er nämlich
nach Gottes Willen für die Heiligen ein-
tritt. 28 Wir wissen auch, dass Gott denen,
die ihn lieben, alles zum Guten wirkt, de-
nen, die nach seinem Ratschluss berufen
sind. 29 Denn die er im voraus erkannt hat,
hat er auch vorherbestimmt, dem Bild sei-
nes Sohnes gleichgestaltet zu werden, da-
mit dieser der Erstgeborene unter vielen
Brüdern sei. 30 Die er aber vorherbestimmt
hat, hat er auch berufen; die er aber beru-
fen hat, hat er auch gerechtfertigt; und die
er gerechtfertigt hat, die hat er auch ver-
herrlicht.

Die alles überwindende Liebe Gottes in Jesus Christus

31 Was sollen wir nun dazu sagen? Ist Gott
für uns, wer ist dann gegen uns? 32 Er hat
seinen eigenen Sohn nicht verschont, son-
dern ihn für uns alle hingegeben. Wie soll-
te er uns mit ihm nicht alles schenken?
33 Wer kann gegen die Auserwählten Gottes
Anklage erheben? Gott selbst ist es ja, der
rechtfertigt. 34 Wer kann sie verurteilen?
Christus Jesus, der gestorben ist, mehr
noch: der auferweckt wurde, der zur Rech-
ten Gottes sitzt, er ist es, der für uns ein-
tritt. 35 Was kann uns scheiden von der Lie-
be Christi? Trübsal oder Bedrängnis oder
Verfolgung oder Hunger oder Blöße oder
Gefahr oder Schwert? 36 Es steht ja ge-
schrieben: *Um deinetwillen sind wir den
ganzen Tag dem Tod ausgesetzt; wir sind
Schlachtschafen gleich geachtet.* 37 Doch all
das überwinden wir durch den, der uns ge-
liebt hat. 38 Denn ich bin gewiss: Weder
Tod noch Leben, weder Engel noch Mäch-
te, weder Gegenwärtiges noch Zukünfti-
ges, weder Kräfte, 39 weder Höhe noch Tiefe
noch irgendeine andere Kreatur können
uns scheiden von der Liebe Gottes, die in
Christus Jesus ist, unserem Herrn.

Das Mysterium Israels

Die Klage des Apostels um Israel

9 Ich sage in Christus die Wahrheit, ich
lüge nicht und mein Gewissen be-
zeugt es mir im Heiligen Geist, 2 dass ich
große Trauer habe und unaufhörlichen
Schmerz in meinem Herzen. 3 Ja, ich
möchte selber verflucht, von Christus ge-
trennt sein um meiner Brüder willen, mei-
ner Verwandten nach dem Fleisch. 4 Sie
sind ja Israeliten, denen die Sohnschaft ge-
hört, die Herrlichkeit, die Bundesordnun-
gen, die Gesetzgebung, der Gottesdienst
und die Verheißungen; 5 sie haben auch
die Väter und aus ihnen stammt Christus
dem Fleisch nach, der über allem steht als
Gott, hochgelobt in Ewigkeit. Amen.

Das eigentliche Israel

6 Nicht als ob Gottes Wort hinfällig gewor-
den wäre. Denn nicht alle, die aus Israel
stammen, sind Israel. 7 Auch sind nicht al-
le, weil sie Nachkommen Abrahams sind,
deshalb schon seine Kinder, sondern:
*Durch Isaak wird dir Nachkommenschaft
werden,* 8 das heißt, nicht die Kinder des
Fleisches sind Kinder Gottes, sondern nur
die Kinder der Verheißung gelten als
Nachkommen. 9 Denn ein Verheißungs-
wort war das Wort: *Um diese Zeit werde
ich kommen und Sara wird einen Sohn ha-
ben.* 10 Aber nicht nur bei ihr war es so,
sondern auch bei Rebekka, die von einem
einzigen, unserem Vater Isaak, empfangen
hatte. 11 Denn noch bevor die Kinder gebo-
ren waren und weder Gutes noch Böses
getan hatten, wurde ihr gesagt – damit
der in freier Wahl gefasste Ratschluss Got-
tes in Kraft bleibe, 12 nicht aufgrund von
Werken, sondern nach dem Willen des Be-
rufenden –: *Der Ältere wird dem Jüngeren
dienen,* 13 wie ja geschrieben steht: *Jakob
habe ich geliebt, Esau aber gehasst.*

Gottes Souveränität

14 Was sollen wir nun sagen? Ist etwa bei
Gott Ungerechtigkeit? Keineswegs! 15 Sagt
er doch zu Mose: *Ich werde mich erbar-
men, wessen ich mich erbarmen will, und
ich werde Mitleid haben, mit wem ich Mit-
leid haben will.* 16 So kommt es also nicht

auf den an, der strebt und läuft, sondern
auf den sich erbarmenden Gott. 17 Die
Schrift sagt ja zu Pharao: *Gerade dazu ha-
be ich dich bestimmt, dass ich meine Macht
an dir erweise und dass mein Name auf der
ganzen Erde verkündet wird.* 18 Also er-
barmt er sich, wessen er will, und ver-
stockt, wen er will.
19 Du wirst mir nun einwenden: Wie
kann er dann noch tadeln? Denn wer kann
seinem Ratschluss widerstehen? 20 Mensch,
wer bist du denn, dass du Gott zu wider-
sprechen wagst? *Sagt etwa das Gebilde zu
dem Bildner*: Warum hast du mich so ge-
macht? 21 Oder hat nicht der Töpfer Gewalt
über den Ton, aus der gleichen Masse ein
Gefäß zur Ehre, das andere zur Unehre
herzustellen? 22 Gott, der seinen Zorn zei-
gen und seine Macht kundtun wollte, hat
Gefäße des Zornes, die für das Verderben
bestimmt waren, in großer Langmut ertra-
gen, 23 um den Reichtum seiner Herrlich-
keit an den Gefäßen des Erbarmens, die er
zur Herrlichkeit vorherbestimmt hat, zu
erweisen. 24 Zu solchen Gefäßen des Erbar-
mens hat er auch uns berufen, nicht nur
aus den Juden, sondern auch aus den Hei-
den. 25 So sagt er ja auch bei Hosea: *Ich wer-
de ‚Nicht-mein-Volk' ‚mein Volk' nennen
und die ‚Ungeliebte' ‚Geliebte'.* 26 *Und anstel-
le dass ihnen gesagt wurde: ‚Ihr seid nicht
mein Volk', werden sie ‚Söhne des lebendi-
gen Gottes' genannt werden.* 27 Jesaja aber
ruft über Israel aus: *Wäre auch die Zahl
der Söhne Israels wie der Sand am Meer,
nur der Rest wird gerettet werden.* 28 *Denn
indem er sein Wort erfüllt und einlöst, wird
der Herr auf der Erde handeln.* 29 Und wie
Jesaja vorhergesagt hat: *Wenn nicht der
Herr der Heerscharen uns Nachkommen-
schaft übrig gelassen hätte, wir wären wie
Sodom geworden, wir wären Gomorra
gleich.*

Israels Anstoß

30 Was sollen wir nun sagen? Dass Heiden,
die nicht nach Gerechtigkeit strebten, den-
noch Gerechtigkeit erlangt haben, die Ge-
rechtigkeit aus dem Glauben, 31 dass aber
Israel, das sich um das Gerechtigkeits-
gesetz mühte, das Gesetz verfehlt hat.
32 Warum? Weil es nicht aus Glauben, son-
dern aus Werken gerecht werden wollte.
Sie stießen sich am Stein des Anstoßes,
33 wie geschrieben steht: *Siehe, ich richte in
Zion einen Stein des Anstoßes auf und
einen Felsen des Ärgernisses, und wer an
ihn glaubt, wird nicht zugrunde gehen.*

Das Ende des Gesetzes und das nahe Wort des Glaubens

10 Brüder, der Wunsch meines Her-
zens und mein Gebet zu Gott gilt
ihrer Rettung. 2 Ich bezeuge ihnen, dass
sie Eifer für Gott haben, aber ohne die
rechte Einsicht. 3 Weil sie die Gerechtigkeit
Gottes verkannten und ihre eigene auf-
richten wollten, haben sie sich der Gerech-
tigkeit Gottes nicht unterworfen. 4 Denn
Christus ist das Ende des Gesetzes zur Ge-
rechtigkeit für jeden, der glaubt.
5 Denn Mose schreibt von der Gerech-
tigkeit aus dem Gesetz: *Der Mensch, der
sie tut, wird durch sie leben.* 6 Die Gerech-
tigkeit aus dem Glauben aber sagt so:
*Sprich nicht in deinem Herzen: Wer wird
in den Himmel hinaufsteigen?*, nämlich
um Christus herabzuholen. 7 Oder: *Wer
wird hinabsteigen in die Unterwelt?*, näm-
lich um Christus von den Toten herauf-
zuholen. 8 Was sagt sie vielmehr? *Nahe bei
dir ist das Wort, in deinem Mund und in
deinem Herzen*, nämlich das Wort vom
Glauben, das wir verkünden. 9 Denn wenn
du mit deinem Mund Jesus als den Herrn
bekennst und in deinem Herzen glaubst,
dass Gott ihn von den Toten auferweckt
hat, wirst du gerettet werden. 10 Denn mit
dem Herzen glaubt man und wird gerecht
und mit dem Mund bekennt man und
wird gerettet. 11 Sagt doch die Schrift: *Jeder,
der an ihn glaubt, wird nicht zugrunde ge-
hen.* 12 Da gibt es keinen Unterschied zwi-
schen Juden und Griechen; denn es ist ein
und derselbe Herr für alle, reich für alle,
die ihn anrufen. 13 Denn *jeder, der den Na-
men des Herrn anruft, wird gerettet wer-
den.*

Israels Ungehorsam

14 Wie sollen sie nun den anrufen, an den
sie nicht glauben? Wie sollen sie an den
glauben, von dem sie nichts gehört haben?
15 Wie sollen sie hören, wenn niemand pre-
digt? Wie aber soll jemand predigen, wenn
er nicht gesandt ist? Wie ja geschrieben
steht: *Wie willkommen sind die Füße derer,
die Gutes verkünden!* 16 Aber nicht alle ha-
ben dem Evangelium Folge geleistet. Sagt
doch Jesaja: *Herr, wer hat unserer Bot-*

schaft geglaubt? 17 Also kommt der Glaube
aus dem Gehörten, das Gehörte aber
durch das Wort Christi. 18 Aber ich frage:
Haben sie etwa nicht gehört? Doch, ge-
wiss: *In die ganze Welt ging ihr Schall und*
bis an die Grenzen der Erde ihr Wort.
19 Aber ich frage weiter: Hat Israel etwa
nicht verstanden? Zunächst sagt Mose:
Ich will euch eifersüchtig machen auf ein
Nicht-Volk, auf ein unverständiges Volk
will ich euch zornig machen. 20 Jesaja aber
wagt zu sagen: *Ich ließ mich finden von de-*
nen, die mich nicht suchten, und ich wurde
denen offenbar, die nicht nach mir fragten.
21 Zu Israel aber spricht er: *Den ganzen Tag*
habe ich meine Hände nach einem unge-
horsamen und widerspenstigen Volk aus-
gestreckt.

Der Rest Israels

11 Ich frage nun: Hat Gott etwa sein
Volk verstoßen? Keineswegs! Ich
bin doch auch ein Israelit, aus dem Ge-
schlecht Abrahams, vom Stamm Benja-
min. 2 *Gott hat sein Volk nicht verstoßen,*
das er einst erwählt hat. Oder wisst ihr
nicht, was die Schrift von Elija sagt, als er
bei Gott über Israel Klage führte? 3 *Herr,*
deine Propheten haben sie getötet, deine Al-
täre zerstört; ich allein bin übrig geblieben,
und auch mir trachten sie nach dem Leben.
4 Aber wie lautete für ihn der göttliche Be-
scheid? *Ich habe mir noch siebentausend*
Männer übrig behalten, die ihr Knie nicht
vor Baal gebeugt haben. 5 So gibt es auch in
der jetzigen Zeit einen Rest, der aus Gnade
erwählt ist. 6 Wenn aber aus Gnade, dann
nicht mehr aufgrund von Werken, da
sonst die Gnade nicht mehr Gnade wäre.

7 Was bedeutet das? Was Israel anstrebt,
das hat es nicht erreicht. Nur der aus-
erwählte Teil hat es erreicht; die Übrigen
wurden verstockt, 8 wie geschrieben steht:
Gott gab ihnen einen Geist der Betäubung,
Augen, um nicht zu sehen, Ohren, um nicht
zu hören, bis auf den heutigen Tag. 9 Und
David sagt: *Ihr Tisch soll ihnen zur Schlinge*
werden und zur Falle, zum Anstoß und zur
Vergeltung. 10 *Ihre Augen sollen erblinden,*
dass sie nicht sehen, und ihren Rücken sollst
du für immer beugen.

Der Sinn des Falls Israels

11 Ich frage also: Sind sie etwa ausgestoßen,
damit sie zu Fall kommen? Keineswegs!
Sondern durch ihren Fall ist das Heil zu
den Heiden gekommen, um sie selbst ei-
fersüchtig zu machen. 12 Wenn aber ihr Fall
Reichtum für die Welt bedeutet und ihr
Versagen Reichtum für die Heiden, um
wie viel mehr wird es ihre Vollendung
sein.

13 Euch Heidenchristen aber sage ich:
Gerade als Heidenapostel will ich meinem
Amt Ehre machen, 14 ob ich vielleicht da-
durch meine Volksgenossen eifersüchtig
machen und einige von ihnen retten kann.
15 Denn wenn schon ihre Verwerfung Ver-
söhnung für die Welt bedeutet hat, was
wird dann ihre Annahme anderes sein als
Leben aus dem Tod? 16 Wenn das Erstlings-
brot heilig ist, dann ist es auch der ganze
Teig; wenn die Wurzel heilig ist, dann sind
es auch die Zweige. 17 Wenn aber einige
von den Zweigen ausgebrochen wurden
und du vom wilden Ölbaum unter ihnen
eingepfropft worden bist und so an der
Wurzel und am Saft des Ölbaums Anteil
bekommen hast, 18 so erhebe dich nicht
über die Zweige! Wenn du es dennoch
tust, so bedenke: Nicht du trägst die Wur-
zel, sondern die Wurzel trägt dich. 19 Du
wirst nun sagen: Die Zweige wurden doch
ausgebrochen, damit ich eingepfropft wer-
de. 20 Gut! Sie wurden wegen ihres Unglau-
bens ausgebrochen, du aber stehst an ihrer
Stelle, weil du glaubst. Sei nicht hoch-
mütig, sondern fürchte dich! 21 Denn wenn
Gott schon die von Natur gewachsenen
Zweige nicht verschont hat, dann wird er
auch dich nicht verschonen. 22 Gib also
Acht auf Gottes Güte und Strenge: gegen
die Gefallenen Strenge, gegen dich aber die
Güte Gottes, sofern du in seiner Güte
bleibst; sonst wirst auch du ausgehauen
werden. 23 Aber auch jene werden, wenn
sie nicht am Unglauben festhalten, wieder
eingepfropft werden; denn Gott hat die
Macht, sie wieder einzupfropfen. 24 Denn
wenn du von dem wilden Ölbaum, zu
dem du von Natur gehörst, abgeschnitten
und wider die Natur in den edlen Ölbaum
eingepfropft wurdest, um wie viel leichter
werden sie, die von Natur zu ihm gehören,
ihrem eigenen Ölbaum wieder einge-
pfropft werden.

Israels Errettung

25 Ich will euch, Brüder, über dieses Ge-
heimnis nicht in Unkenntnis lassen, damit

ihr nicht auf eigene Einsicht baut. Teilweise ist Verstockung über Israel gekommen, bis die Vollzahl der Heiden eingetreten ist, 26 und dann wird ganz Israel das Heil erlangen, wie geschrieben steht: *Kommen wird aus Zion der Retter und die Gottlosigkeit aus Jakob wegschaffen.* 27 *Und dies wird mein Bund für sie sein, wenn ich ihre Sünde wegnehme.*

28 Im Hinblick auf das Evangelium sind sie allerdings Feinde Gottes um euretwillen, im Hinblick auf die Erwählung aber sind sie Lieblinge um der Väter willen. 29 Denn unwiderruflich sind Gottes Gnadengaben und seine Berufung. 30 So wie ihr nämlich einst Gott ungehorsam wart, jetzt aber infolge des Ungehorsams Erbarmen gefunden habt, 31 so sind auch sie infolge des Erbarmens, das ihr gefunden habt, ungehorsam geworden, damit jetzt auch sie Erbarmen finden. 32 Gott hat ja alle in den Ungehorsam eingeschlossen, damit er sich aller erbarme.

Lobpreis Gottes

33 O Tiefe des Reichtums, der Weisheit und der Erkenntnis Gottes! Wie unerforschlich sind seine Entscheidungen und wie unaufspürbar seine Wege! 34 Denn *wer hat die Gedanken des Herrn erkannt? Oder wer ist sein Ratgeber gewesen?* 35 *Oder wer hat ihm zuerst gegeben, dass es ihm vergolten werden müsste?* 36 Denn aus ihm und durch ihn und auf ihn hin ist alles. Ihm sei Ehre in Ewigkeit! Amen.

Leben aus dem Geist des Evangeliums

Gnadengaben und Leben aus dem Geist

12 Ich ermahne euch also, Brüder, angesichts des Erbarmens Gottes, euch leiblich als lebendiges, heiliges, Gott wohlgefälliges Opfer darzubringen, als eueren geistigen Gottesdienst. 2 Passt euch nicht dieser Welt an, sondern gestaltet euch um, indem ihr euer Denken erneuert, damit ihr beurteilen könnt, was der Wille Gottes, was gut, ihm wohlgefällig und vollkommen ist.

3 Denn ich sage kraft der Gnade, die mir verliehen worden ist, einem jeden von euch: Er soll nicht höher von sich denken, als er denken darf; vielmehr soll er bescheiden von sich denken, wie Gott einem jeden das Maß des Glaubens zugeteilt hat. 4 Denn wie wir an dem einen Leib viele Glieder haben, aber nicht alle Glieder den gleichen Dienst verrichten, 5 so sind wir viele ein Leib in Christus, einzeln aber sind wir füreinander Glieder, 6 ausgestattet mit Gaben, die je nach der uns verliehenen Gnade verschieden sind. Wer die Gabe prophetischer Rede hat, übe sie aus in Übereinstimmung mit dem Glauben; 7 hat einer die Gabe des Dienens, dann diene er; wer Lehrer ist, bleibe beim Lehren, 8 wer ermahnt, beim Ermahnen; wer Almosen austeilt, tue es ohne Hintergedanken; wer Vorsteher ist, sei es mit Eifer; wer Barmherzigkeit übt, tue es mit Freude. 9 Die Liebe sei ungeheuchelt. Verabscheut das Böse, haltet fest am Guten! 10 In der Bruderliebe seid einander herzlich zugetan; ein jeder komme dem anderen in Ehrerbietung zuvor! 11 Lasst nicht nach im Eifer, lasst euch vom Geist entflammen und dient dem Herrn! 12 Seid fröhlich in der Hoffnung, geduldig in der Bedrängnis, beharrlich im Gebet! 13 Nehmt Anteil an den Nöten der Heiligen, gewährt eifrig Gastfreundschaft! 14 Segnet, die euch verfolgen; segnet und verflucht nicht! 15 Freut euch mit den Fröhlichen, weint mit den Weinenden! 16 Seid eines Sinnes untereinander, strebt nicht nach dem Hohen, sondern lasst euch zum Geringen herab! *Haltet euch nicht selbst für weise!* 17 Vergeltet niemand Böses mit Bösem! *Seid allen Menschen gegenüber auf das Gute bedacht!* 18 Soweit es möglich ist und soviel an euch liegt, lebt mit allen Menschen in Frieden! 19 Rächt euch nicht selber, ihr Lieben, sondern gebt dem Zorn Gottes Raum! Es steht ja geschrieben: *Mein ist die Rache, ich will vergelten, spricht der Herr.* 20 Vielmehr, *wenn dein Feind hungert, gib ihm zu essen; wenn er Durst hat, gib ihm zu trinken. Wenn du dies tust, wirst du glühende Kohlen auf sein Haupt sammeln.* 21 Lass dich nicht vom Bösen überwinden, sondern überwinde das Böse durch das Gute!

Unterordnung unter die Obrigkeit

13 Jedermann ordne sich der obrigkeitlichen Gewalt unter; denn es gibt keine Gewalt, die nicht von Gott ist. Die bestehenden sind von Gott eingesetzt. 2 Wer sich daher der Gewalt widersetzt, widersetzt sich der Anordnung Gottes; die sich aber widersetzen, ziehen sich selbst das Gericht zu. 3 Nicht die gute Tat hat Grund, die Obrigkeit zu fürchten, sondern nur die böse. Du willst die Gewalt nicht fürchten müssen? Dann tue, was recht ist, und du wirst von ihr Lob erhalten. 4 Denn sie ist Gottes Dienerin und verlangt, dass du das Gute tust. Wenn du aber Böses tust, so fürchte dich; denn nicht umsonst trägt sie das Schwert. Ist sie doch Dienerin Gottes, die das Urteil an dem vollstreckt, der Böses tut. 5 Darum ist es geboten, sich zu unterwerfen, nicht nur um des Zornes, sondern auch um des Gewissens willen. 6 Deshalb bezahlt ihr ja auch Steuern; denn Gottes Diener sind sie, wenn sie beharrlich dafür Sorge tragen. 7 Gebt allen, was ihr schuldig seid: wem ihr Steuern schuldet, Steuern; wem Zoll, den Zoll; wem Furcht, die Furcht; wem Ehre, die Ehre.

Das grundlegende Gebot der Liebe

8 Bleibt niemand etwas schuldig, sondern liebt einander. Denn wer den anderen liebt, hat das Gesetz erfüllt. 9 Die Gebote: *Du sollst nicht ehebrechen, du sollst nicht töten, du sollst nicht stehlen, du sollst nicht begehren!* und was es sonst noch an Geboten gibt, werden ja in diesem einen Wort zusammengefasst: *Du sollst deinen Nächsten lieben wie dich selbst.* 10 Die Liebe fügt dem Nächsten nichts Böses zu. So ist die Liebe die Erfüllung des Gesetzes.

11 Und das wisst ihr doch, welcher Augenblick es ist: Die Stunde ist gekommen, vom Schlaf aufzustehen. Denn jetzt ist unser Heil viel näher als damals, als wir gläubig wurden. 12 Die Nacht ist vorgerückt, der Tag ist nahe. Lasst uns die Werke der Finsternis ablegen und anlegen die Waffen des Lichts. 13 Wie am Tag lasst uns ehrenhaft leben, nicht mit Schmausereien und Trinkgelagen, nicht mit Unzucht und Ausschweifung, nicht mit Streit und Eifersucht. 14 Zieht vielmehr den Herrn Jesus Christus an und übertreibt nicht die Sorge für den Leib, dass die Begierden erwachen.

Die Starken und Schwachen in der römischen Gemeinde

14 Nehmt den an, der schwach im Glauben ist, aber nicht, um über verschiedene Auffassungen zu streiten. 2 Der eine ist überzeugt, alles essen zu dürfen, der Schwache aber isst nur Gemüse. 3 Wer isst, soll den nicht verachten, der nicht isst; und wer nicht isst, soll den, der isst, nicht verurteilen. Gott hat ihn ja angenommen. 4 Wer bist du, dass du einen fremden Knecht richtest? Sein eigener Herr entscheidet, ob er steht oder fällt. Er wird aber stehen; denn der Herr hat die Macht, ihn aufrecht zu halten. 5 Wieder einer macht einen Unterschied zwischen Tag und Tag, ein anderer beurteilt alle Tage gleich. Jeder muss nach seiner Überzeugung handeln. 6 Wer auf den Tag achtet, tut es für den Herrn; wer isst, tut es dem Herrn zu Ehren, er dankt ja Gott. Und wer nicht isst, der isst dem Herrn zuliebe nicht und auch er dankt Gott. 7 Denn keiner von uns lebt für sich selbst und keiner stirbt für sich selbst. 8 Denn wenn wir leben, so leben wir für den Herrn; und wenn wir sterben, so sterben wir für den Herrn. Ob wir leben oder sterben, wir gehören dem Herrn. 9 Ist doch Christus gerade deshalb gestorben und wieder lebendig geworden, um Herr zu sein über Tote und Lebende. 10 Du aber, was richtest du deinen Bruder? Und du, was verachtest du deinen Bruder? Wir werden ja alle einmal vor dem Richterstuhl Gottes stehen. 11 Denn es steht geschrieben: *So wahr ich lebe,* spricht der Herr, *vor mir wird sich jedes Knie beugen, und jede Zunge wird Gott preisen.* 12 Also wird jeder von uns vor Gott Rechenschaft über sich selbst ablegen müssen.

13 Wir wollen uns also nicht mehr gegenseitig richten. Seid vielmehr darauf bedacht, dass ihr dem Bruder weder Anstoß noch Ärgernis gebt. 14 Ich weiß und bin davon im Herrn Jesus überzeugt, dass an sich nichts unrein ist. Wenn aber einer meint, es sei etwas unrein, dann ist es auch für ihn unrein. 15 Wenn nun dein Bruder um einer Speise willen, die du isst, betrübt wird, dann handelst du nicht mehr der Liebe gemäß. Bring durch deine Speise den nicht ins Verderben, für den Christus gestorben ist. 16 Lasst doch euer wahres Gut nicht Anlass zur Lästerung sein.

17 Das Reich Gottes besteht ja nicht in Spei-
se und Trank, sondern in Gerechtigkeit,
Friede und Freude im Heiligen Geist.
18 Denn wer hierin Christus dient, ist Gott
wohlgefällig und auch bei den Menschen
anerkannt. 19 So lasst uns also nach dem
streben, was dem Frieden und der gegen-
seitigen Erbauung dient. 20 Zerstöre doch
nicht um einer Speise willen das Werk
Gottes! Es ist zwar alles rein; dennoch ist
es schlecht für den, der durch sein Essen
Anstoß gibt. 21 Da ist es doch besser, kein
Fleisch zu essen und keinen Wein zu trin-
ken oder überhaupt nichts zu tun, woran
dein Bruder Anstoß nimmt. 22 Behalte du
die Überzeugung, die du hast, für dich vor
Gott. Wohl dem, der sich nicht selbst in
dem, was er für recht hält, verurteilen
muss. 23 Wer aber beim Essen Bedenken
hat, ist verurteilt, weil er es nicht aus Glau-
bensüberzeugung tut. Alles aber, was nicht
aus Glaubenüberzeugung geschieht, ist
Sünde.

15 Wir, die Starken, müssen die
Schwächen der Schwachen tragen
und dürfen nicht nach unserem Belieben
handeln. 2 Jeder von uns sei dem Nächsten
gefällig zum Guten, zur Auferbauung der
Gemeinde. 3 Denn auch Christus hat nicht
sich selbst zu Gefallen gelebt, sondern wie
geschrieben steht: *Die Schmähungen derer,*
die dich schmähen, sind auf mich gefallen.
4 Denn was immer geschrieben wurde, ist
zu unserer Belehrung geschrieben, damit
wir durch die Geduld und durch den Trost
der Schrift Hoffnung haben. 5 Der Gott der
Geduld und des Trostes gebe euch, eines
Sinnes zu sein nach dem Willen Christi Je-
su, 6 damit ihr einmütig mit einem Mund
Gott, den Vater unseres Herrn Jesus Chris-
tus, verherrlicht.

Zusammenfassung

7 Darum nehmt einander an, wie auch
Christus euch zur Ehre Gottes angenom-
men hat. 8 Ich sage: Christus ist um der
Wahrhaftigkeit Gottes willen der Diener
der Beschnittenen geworden, damit die
den Vätern gegebenen Verheißungen er-
füllt werden. 9 Die Heiden aber verherr-
lichen Gott um seiner Barmherzigkeit wil-
len, wie geschrieben steht: *Deshalb will ich*
dich preisen unter den Heiden und deinem
Namen lobsingen. 10 Und wiederum heißt
es: *Freut euch, ihr Heiden, mit seinem*
Volk! 11 Und wiederum: *Lobt den Herrn,*
ihr Völker alle, und preisen sollen ihn alle
Völker! 12 Und Jesaja sagt: *Es kommt der*
Spross Isais und erhebt sich, über die Völker
zu herrschen. Auf ihn hoffen die Heiden.
13 Der Gott der Hoffnung aber erfülle euch
mit aller Freude und mit allem Frieden im
Glauben, auf dass ihr von Hoffnung in der
Kraft des Heiligen Geistes überströmt.

Der Briefschluss

Auftrag und Werk des Apostels

14 Ich bin, meine Brüder, persönlich fest
davon überzeugt, dass ihr schon selbst voll
guter Gesinnung seid, erfüllt von jeglicher
Einsicht und durchaus fähig, euch gegen-
seitig zu ermahnen. 15 Ich habe euch aber
zum Teil recht kühn geschrieben, um euch
einiges in Erinnerung zu rufen kraft der
mir von Gott verliehenen Gnade, 16 Diener
Christi Jesu für die Heiden zu sein, indem
ich als Priester das Evangelium Gottes ver-
walte, damit die Heiden eine Opfergabe
werden, die Gott gefällt, geheiligt im Hei-
ligen Geist.

17 So darf ich mich also in Christus Jesus
vor Gott rühmen. 18 Denn ich werde nicht
wagen, von etwas zu reden, was nicht
Christus, um die Heiden zum Gehorsam
zu führen, durch mich gewirkt hat, in
Wort und Werk, 19 in der Kraft von Zei-
chen und Wundern, in der Kraft des Geis-
tes Gottes. So konnte ich von Jerusalem
aus und im Umkreis bis Illyrien das Evan-
gelium Christi verkünden. 20 Dabei habe
ich meine Ehre eingesetzt, das Evangelium
nicht dort zu verkündigen, wo der Name
Christi schon bekannt gemacht war, damit
ich nicht auf fremdem Grund baue. 21 Es
steht ja geschrieben: *Sehen werden die, die*
noch keine Kunde von ihm erhalten haben,
und die noch nichts gehört haben, werden
von ihm erfahren.

Reisepläne

22 Oft bin ich daran gehindert worden, zu
euch zu kommen. 23 Jetzt aber, da ich in

diesen Gegenden kein Arbeitsfeld mehr
habe und seit vielen Jahren das Verlangen
trage, euch zu besuchen, werde ich kom-
men, [24] sobald ich nach Spanien reise.
Denn ich hoffe, euch auf der Durchreise
zu sehen und von euch das Geleit dorthin
zu erhalten, nachdem ich zuvor mein Ver-
langen nach euch einigermaßen gestillt
habe. [25] Jetzt aber reise ich nach Jerusalem,
um den Heiligen einen Dienst zu erweisen.
[26] Mazedonien und Achaia hatten es näm-
lich für gut befunden, eine Sammlung für
die Armen unter den Heiligen in Jerusa-
lem zu veranstalten. [27] Das haben sie für
gut befunden und sie stehen ja auch in
ihrer Schuld. Denn wenn die Heiden an
ihren geistlichen Gütern Anteil erhalten
haben, dann müssen sie ihnen nun mit ir-
dischen Gütern dienen. [28] Wenn ich dies
erledigt und ihnen den Ertrag versiegelt
überbracht habe, will ich auf dem Weg
über euch nach Spanien reisen. [29] Ich weiß
aber, dass ich, wenn ich zu euch komme,
mit der Fülle des Segens Christi kommen
werde.

[30] Ich bitte euch aber, Brüder, im Namen
unseres Herrn Jesus Christus und bei der
Liebe des Geistes, in den Gebeten für mich
gemeinsam mit mir vor Gott zu kämpfen,
[31] dass ich vor den Ungläubigen in Judäa
gerettet werde, dass mein Dienst für Jeru-
salem von den Heiligen gut aufgenommen
wird [32] und dass ich, so Gott will, voll Freu-
de zu euch kommen kann, um mit euch
eine Zeit der Ruhe zu verbringen. [33] Der
Gott des Friedens aber sei mit euch allen!
Amen.

Grüße und Ermahnungen

16 Ich empfehle euch unsere Schwes-
ter Phöbe, die im Dienst der Ge-
meinde Kenchreä steht, [2] dass ihr sie im
Namen des Herrn aufnehmt, wie es Heili-
ge tun sollen, und ihr in jeder Angelegen-
heit beisteht, in der sie euere Hilfe
braucht. Denn auch sie hat vielen gehol-
fen, auch mir selbst. [3] Grüßt Priska und
Aquila, meine Mitarbeiter in Christus Je-
sus, [4] die für mein Leben ihren eigenen Na-
cken dargeboten haben. Ihnen bin nicht
nur ich zum Dank verpflichtet, sondern
alle Gemeinden der Heiden. [5] Grüßt auch
die Gemeinde in ihrem Haus. Grüßt mei-
nen geliebten Epänetus, der die Erstlings-
gabe der Provinz Asia für Christus ist.
[6] Grüßt Maria, die sich so viel für euch be-
müht hat. [7] Grüßt Andronikus und Junias,
meine Landsleute und Mitgefangenen, die
unter den Aposteln hoch geschätzt sind
und die sich schon vor mir zu Christus be-
kannt haben. [8] Grüßt meinen im Herrn ge-
liebten Ampliatus. [9] Grüßt Urbanus, unse-
ren Mitarbeiter in Christus, und meinen
geliebten Stachys. [10] Grüßt den in Christus
bewährten Apelles; grüßt die von den
Hausgenossen des Aristobul. [11] Grüßt mei-
nen Landsmann Herodion; grüßt die von
den Hausgenossen des Narzissus. [12] Grüßt
Tryphäna und Tryphosa, die sich für den
Herrn abmühen; grüßt die geliebte Persis,
die für den Herrn viel Mühe auf sich ge-
nommen hat. [13] Grüßt den vom Herrn aus-
erwählten Rufus, seine Mutter, die auch
meine Mutter war. [14] Grüßt Asynkritus,
Phlegon, Hermes, Patrobas, Hermas und
die Brüder bei ihnen. [15] Grüßt Philologus
und Julia, Nereus und seine Schwester
und Olympas und alle Heiligen bei ihnen.
[16] Grüßt einander mit heiligem Kuss. Es
grüßen euch alle Gemeinden Christi.

[17] Ich bitte euch, Brüder, ein wachsames
Auge auf jene zu haben, die Spaltungen
und Ärgernisse im Widerspruch zur Lehre
verursachen, die ihr gelernt habt. Haltet
euch von ihnen fern! [18] Denn solche Leute
dienen nicht unserem Herrn Christus,
sondern ihrem Bauch. Mit ihren schönen
und wohlklingenden Reden verführen sie
die Herzen der Arglosen. [19] Denn euer Ge-
horsam ist allen bekannt geworden. Daher
freue ich mich über euch. Ich wünsche
aber, dass ihr klug seid im Guten, geschie-
den vom Bösen. [20] Der Gott des Friedens
aber wird den Satan bald unter eueren Fü-
ßen zermalmen. Die Gnade unseres Herrn
Jesus Christus sei mit euch!

[21] Es grüßen euch mein Mitarbeiter Ti-
motheus und meine Landsleute Luzius, Ja-
son und Sosipater. [22] Ich, Tertius, der ich
den Brief geschrieben habe, grüße euch
im Herrn. [23] Es grüßt euch Gaius, mein
und der ganzen Gemeinde Gastgeber. Es
grüßt euch der Stadtkämmerer Erastus
und der Bruder Quartus. [[24] Die Gnade Je-
su Christi, unseres Herrn, sei mit euch al-
len! Amen.]

Doxologie

[25] Dem aber, der die Macht hat, euch zu
stärken gemäß meinem Evangelium und

der Botschaft von Jesus Christus, gemäß der Offenbarung eines Geheimnisses, das ewige Zeiten verschwiegen war, [26] jetzt aber enthüllt und durch prophetische Schriften nach Anordnung des ewigen Gottes allen Völkern kundgetan worden ist, den Glaubensgehorsam zu erwecken – [27] ihm, dem allein weisen Gott sei Ehre durch Jesus Christus in alle Ewigkeit! Amen.

Der erste Brief an die Korinther

Anschrift, Gruß und Dank

1 Paulus, durch Gottes Willen berufener Apostel Christi Jesu, und der Bruder Sosthenes [2] an die Gemeinde Gottes in Korinth, an die Geheiligten in Christus Jesus, die berufenen Heiligen mit allen, die den Namen unseres Herrn Jesus Christus überall anrufen bei ihnen und bei uns. [3] Gnade sei mit euch und Friede von Gott, unserem Vater, und dem Herrn Jesus Christus.

[4] Ich danke Gott allzeit euretwegen für die Gnade Gottes, die euch in Christus Jesus verliehen wurde. [5] Ihr seid ja in ihm an allem reich geworden, an aller Rede und aller Erkenntnis, [6] wie denn das Zeugnis von Christus bei euch gefestigt worden ist. [7] Daher leidet ihr an keiner Gnadengabe Mangel, während ihr auf die Offenbarung unseres Herrn Jesus Christus wartet. [8] Er wird euch Kraft verleihen bis ans Ende, sodass ihr ohne Sünde seid am Tag unseres Herrn Jesus Christus. [9] Treu ist Gott, durch den ihr berufen worden seid zur Gemeinschaft mit seinem Sohn Jesus Christus, unserem Herrn.

Spaltungen in der Gemeinde

Mahnung zur Einheit

[10] Brüder, ich ermahne euch beim Namen unseres Herrn Jesus Christus: Seid einig im Wort und lasst keine Spaltung unter euch aufkommen; seid vielmehr vollkommen eines Sinnes und einer Meinung. [11] Es wurde mir nämlich, meine Brüder, von den Leuten der Chloë berichtet, dass es Streitigkeiten unter euch gibt. [12] Ich meine damit, dass jeder von euch etwas anderes sagt: Ich halte zu Paulus – ich zu Apollos – ich zu Kephas – ich zu Christus. [13] Ist denn Christus zerteilt? Ist etwa Paulus für euch gekreuzigt worden oder seid ihr auf den Namen des Paulus getauft worden? [14] Ich danke Gott, dass ich niemand von euch getauft habe außer Krispus und Gaius. [15] Es soll keiner sagen, ihr wäret auf meinen Namen getauft worden. [16] Doch ja, ich habe auch die Familie des Stephanus getauft; sonst wüsste ich jedoch nicht, dass ich noch jemand getauft habe. [17] Christus hat mich ja nicht ausgesandt zu taufen, sondern das Evangelium zu verkünden und zwar nicht mit eigenen Worten, damit das Kreuz Christi nicht wertlos gemacht wird.

Die Botschaft vom Kreuz

[18] Das Wort vom Kreuz ist nämlich denen, die verloren gehen, eine Torheit; uns jedoch, die gerettet werden, Gottes Kraft. [19] Es steht ja geschrieben: *Vernichten will ich die Weisheit der Weisen und die Klugheit der Klugen beiseite schieben.* [20] Wo ist ein Weiser, wo ein Schriftgelehrter, wo ein Wortgewaltiger in dieser Welt? Hat Gott nicht die Weisheit der Welt als Torheit

entlarvt? 21 Denn da die Welt in der Weisheit Gottes durch ihre Weisheit Gott nicht erkannte, gefiel es Gott, durch die Torheit der Predigt jene zu retten, die glauben. 22 Während nämlich die Juden Zeichen fordern und die Griechen Weisheit suchen, 23 predigen wir Christus, den Gekreuzigten: für die Juden ein Ärgernis und für die Heiden eine Torheit; 24 für die Berufenen aber, Juden wie Griechen, Christus, Gottes Kraft und Gottes Weisheit. 25 Denn das Törichte an Gott ist weiser als die Menschen und das Schwache an Gott ist stärker als die Menschen.

26 Schaut doch nur auf euere Berufung, Brüder! Da sind nicht viele Weise nach irdischer Auffassung, nicht viele Mächtige, nicht viele Hochgeborene. 27 Nein, was die Welt für töricht hält, hat Gott erwählt, um die Weisen zu beschämen; was die Welt für schwach hält, hat Gott erwählt, um das Starke zu beschämen; 28 und das Geringe in der Welt und das Verachtete hat Gott erwählt, um das, was etwas ist, zunichte zu machen, 29 damit kein Mensch sich rühmen kann vor Gott. 30 Von ihm her seid ihr in Christus Jesus, der uns von Gott zur Weisheit gemacht ist, zur Gerechtigkeit, Heiligung und Erlösung. 31 So sollte das Schriftwort Geltung behalten: *Wer sich rühmen will, rühme sich* des Herrn.

Paulus verkündet die Weisheit Gottes

2 Auch ich bin, als ich zu euch kam, Brüder, nicht gekommen, um euch mit überwältigender Beredsamkeit oder Weisheit das Zeugnis Gottes zu verkünden. 2 Ich hatte mir nämlich vorgenommen, unter euch nichts anderes zu kennen als Jesus Christus, und zwar als den Gekreuzigten. 3 Zudem kam ich in Schwachheit und Furcht und Zittern zu euch. 4 Mein Wort und meine Verkündigung bestand nicht in gewinnenden Weisheitsworten, sondern im Erweis von Geist und Kraft, 5 damit euer Glaube sich nicht auf Menschenweisheit gründe, sondern auf Gottes Kraft.

6 Und doch verkünden wir Weisheit unter den Vollkommenen, aber nicht die Weisheit dieser Welt oder der Herrscher dieser Welt, die zunichte werden. 7 Nein, wir verkünden Gottes geheimnisvolle, verborgen gehaltene Weisheit, die Gott vor aller Zeit zu unserer Verherrlichung vorausbestimmt hat. 8 Keiner von den Herrschern dieser Welt hat sie erkannt; denn hätten sie sie erkannt, so hätten sie den Herrn der Herrlichkeit nicht gekreuzigt. 9 Sondern wir verkünden wie geschrieben steht: *Was kein Auge gesehen und kein Ohr gehört hat* und was in keines Menschen Herz gedrungen ist: Alles, was Gott denen bereitet hat, die ihn lieben.

10 Denn uns hat es Gott durch den Geist offenbart; denn der Geist erforscht alles, sogar die Tiefen Gottes. 11 Welcher Mensch nämlich weiß, was im Menschen ist, wenn nicht der Geist des Menschen, der in ihm ist? So erkennt auch keiner, was in Gott ist, als nur der Geist Gottes. 12 Wir aber haben nicht den Geist der Welt empfangen, sondern den Geist, der aus Gott stammt, damit wir erkennen, was uns von Gott geschenkt worden ist. 13 Davon reden wir auch, aber nicht mit gelehrten Worten menschlicher Weisheit, sondern wie der Geist sie lehrt, indem wir den Geisterfüllten Geistiges deuten. 14 Ein naturhafter Mensch aber nimmt nicht auf, was vom Geist Gottes kommt; denn es ist für ihn Torheit und er vermag es nicht zu begreifen, weil es geistig beurteilt werden will. 15 Der Geisterfüllte aber beurteilt alles, wird jedoch selbst von niemand beurteilt. 16 *Denn wer hat den Geist des Herrn erfasst, dass er ihn belehren könnte?* Wir aber haben den Geist Christi.

3 Auch ich, Brüder, konnte zu euch nicht reden wie zu Geisterfüllten, sondern wie zu irdischen Menschen, wie zu Unmündigen in Christus. 2 Milch gab ich euch zu trinken, nicht feste Kost; denn die vermochtet ihr noch nicht zu vertragen. Ja, ihr vermögt es auch jetzt noch nicht. 3 Denn ihr seid noch irdisch eingestellt. Wo nämlich unter euch Eifersucht und Streit herrschen, seid ihr da nicht irdisch und handelt sehr menschlich? 4 Wenn nämlich der eine sagt: Ich halte zu Paulus!, ein anderer: Ich zu Apollos!, seid ihr da nicht Menschen?

Fundament und Aufbau der Gemeinde

5 Was ist denn Apollos? Und was ist Paulus? Diener sind sie, durch die ihr gläubig geworden seid, jeder so, wie es ihm der Herr aufgegeben hat. 6 Ich habe gepflanzt, Apollos hat gegossen, aber Gott hat wachsen lassen. 7 So hat also weder der, der

pflanzt, etwas zu bedeuten, noch der, der gießt, sondern nur Gott, der wachsen lässt. 8 Wer pflanzt und wer gießt, sind eins; aber jeder wird seinen besonderen Lohn empfangen nach dem Maß seiner eigenen Bemühung. 9 Wir sind ja Gottes Mitarbeiter; ihr seid Gottes Ackerfeld, Gottes Bauwerk.

10 Entsprechend der mir verliehenen Gnade Gottes habe ich als kundiger Baumeister den Grund gelegt; ein anderer baut darauf weiter. Jeder aber sehe zu, wie er darauf weiterbaut. 11 Denn einen anderen Grund vermag niemand zu legen als den, der gelegt ist, und das ist Jesus Christus. 12 Ob aber einer auf diesen Grund mit Gold, Silber, kostbaren Quadern, Holz, Heu oder Stroh weiterbaut: 13 das Werk eines jeden wird offenbar werden; denn der Tag des Gerichts wird es erweisen, weil es sich im Feuer offenbart. Und das Feuer wird prüfen, was das Werk eines jeden wert ist. 14 Wenn das Werk standhält, das er aufgebaut hat, so wird er Lohn empfangen. 15 Wenn aber das Werk von einem verbrennt, muss er den Schaden tragen; er selbst wird zwar gerettet werden, jedoch so wie durch Feuer hindurch.

16 Wisst ihr nicht, dass ihr Gottes Tempel seid und der Geist Gottes in euch wohnt? 17 Wer den Tempel Gottes vernichtet, den wird Gott vernichten; denn der Tempel Gottes ist heilig und der seid ihr.

18 Niemand täusche sich selbst. Wenn einer unter euch glaubt, weise zu sein in dieser Welt, so werde er ein Tor, um weise zu werden. 19 Ist doch die Weisheit dieser Welt Torheit vor Gott. Denn es steht geschrieben: *Der die Klugen fängt in ihrer List.* 20 Und ferner: *Der Herr kennt die Gedanken der Weisen* und weiß, *dass sie nichtig sind.* 21 Daher rühme sich niemand eines Menschen; alles gehört ja euch: 22 Paulus, Apollos, Kephas, die Welt, das Leben, der Tod, die Gegenwart, die Zukunft – alles gehört euch; 23 ihr aber gehört Christus, Christus aber gehört Gott.

Die Apostel als Vorbilder im Dienst und Leiden für Christus

4 So soll man uns betrachten: als Diener Christi und Verwalter der Geheimnisse Gottes. 2 Von Verwaltern aber verlangt man, dass sie sich treu erweisen. 3 Doch was mich angeht, so ist es mir völlig gleichgültig, von euch oder von einem anderen menschlichen Gericht beurteilt zu werden; ja, ich beurteile mich nicht einmal selbst. 4 Ich bin mir zwar keiner Schuld bewusst, aber damit bin ich noch nicht gerechtfertigt. Es ist vielmehr der Herr, der über mich das Urteil fällt. 5 Deshalb urteilt nicht vorzeitig über etwas, bis der Herr kommt; er wird auch das im Dunkeln Verborgene ans Licht bringen und die Absichten der Herzen offenbar machen; dann wird jedem sein Lob von Gott zuteil werden.

6 Dies aber, Brüder, habe ich euretwegen auf mich und Apollos bezogen, damit ihr an uns die Regel lernt: Nicht über das hinaus, was geschrieben steht, dass sich keiner zugunsten des einen auf Kosten des anderen aufbläht. 7 Denn wer gibt dir einen Vorzug? Und was hast du, das du nicht empfangen hättest? Hast du es aber empfangen, was rühmst du dich, als ob du es nicht empfangen hättest? 8 Ihr seid schon satt, seid schon reich geworden. Ohne uns seid ihr zur Herrschaft gelangt. Ach, träfe es nur zu, dass ihr zur Herrschaft gelangt wärt, damit auch wir mit euch herrschen könnten! 9 Mir will nämlich scheinen, Gott habe uns Aposteln den letzten Platz angewiesen, wie Menschen, die zum Tod verurteilt sind. Wir sind ja ein Schauspiel für die Welt geworden, für Engel und Menschen. 10 Wir sind Toren um Christi willen, ihr seid Kluge in Christus; wir sind schwach, ihr seid stark; ihr seid berühmt, wir gelten nichts. 11 Bis zur Stunde leiden wir Hunger und Durst, haben nichts anzuziehen, werden misshandelt und haben kein Zuhause. 12 Wir mühen uns ab mit unserer eigenen Hände Arbeit. Schmäht man uns, so segnen wir; verfolgt man uns, so dulden wir; 13 beschimpft man uns, so geben wir gute Worte. Wie der Kehricht der Welt sind wir geworden, wie der allgemeine Abschaum bis heute.

14 Ich schreibe das nicht, um euch zu beschämen, sondern um euch als meine geliebten Kinder zu mahnen. 15 Denn hättet ihr auch zehntausend Erzieher in Christus, so doch nicht viele Väter; denn in Christus Jesus habe ich euch durch das Evangelium gezeugt. 16 Darum ermahne ich euch: Seid meine Nachahmer! 17 Eben deshalb habe ich euch Timotheus gesandt, mein liebes und treues Kind im Herrn; er

wird euch an meine Weisungen in Chris-
tus Jesus erinnern, wie ich sie überall in
jeder Gemeinde lehre.
[18] Als ob ich nicht mehr zu euch käme,
so haben sich etliche aufgeblasen. [19] Ich
werde aber bald zu euch kommen, wenn
es dem Herrn gefällt, und will mich ver-
gewissern, nicht über die Worte, sondern
über die Kraft der Aufgeblasenen. [20] Denn
nicht in Worten besteht das Reich Gottes,
sondern in Kraft. [21] Was wollt ihr? Soll ich
mit dem Stock zu euch kommen oder mit
Liebe und im Geist der Milde?

Reinheit und Heiligkeit der Gemeinde

Ein Fall von Blutschande

5 Überhaupt hört man von Unzucht
unter euch und zwar von einer Un-
zucht, wie sie nicht einmal unter den Hei-
den herrscht, dass nämlich einer die Frau
seines Vaters hat. [2] Und da seid ihr auf-
geblasen, statt traurig zu werden und den
aus euerer Mitte auszustoßen, der so etwas
getan hat? [3] Was mich betrifft, so habe ich,
leiblich zwar abwesend, geistig aber anwe-
send, das Urteil bereits über den gefällt,
der sich so vergangen hat, als ob ich per-
sönlich anwesend wäre: [4] Im Namen unse-
res Herrn Jesus wollen wir, ihr und mein
Geist, uns versammeln und mit der Kraft
unseres Herrn Jesus [5] diesen Menschen
dem Satan überantworten zum Verderben
seines Fleisches, damit sein Geist am Tag
des Herrn gerettet wird.
[6] Ihr rühmt euch zu Unrecht. Wisst ihr
nicht, dass ein wenig Sauerteig den ganzen
Teig durchsäuert? [7] Schafft den alten Sau-
erteig hinaus, damit ihr ein neuer Teig
seid, wie ihr ja schon ungesäuert seid;
denn auch unser Paschalamm ist ge-
schlachtet, nämlich Christus. [8] Darum
wollen wir das Fest nicht mit dem alten
Sauerteig feiern, nicht mit dem Sauerteig
der Schlechtigkeit und Bosheit, sondern
mit dem ungesäuerten Brot der Aufrich-
tigkeit und Wahrheit.
[9] Ich schrieb euch im Brief, dass ihr mit
Unzüchtigen keine Gemeinschaft haben
sollt. [10] Das bezog sich nicht auf die Un-
züchtigen dieser Welt überhaupt oder auf
die Habgierigen, die Räuber und Götzen-
diener; sonst müsstet ihr ja aus der Welt
hinausziehen. [11] Ich habe damit gemeint:
Ihr sollt keine Gemeinschaft haben mit ei-
nem, der zwar den Brudernamen führt,
dabei aber ein Unzüchtiger oder Habgieri-
ger oder Götzendiener oder Lästerer oder
Trunkenbold oder Räuber ist. Mit einem
solchen sollt ihr nicht einmal zusammen
essen. [12] Denn was geht mich das Urteil
über Außenstehende an? Habt ihr nicht
die zu richten, die innerhalb der Gemein-
de stehen? [13] Die Außenstehenden wird
Gott richten. *Schafft den Übeltäter fort
aus euerer Mitte!*

Rechtsstreitigkeiten unter Christen

6 Wagt es einer von euch, der einen
Rechtsstreit mit dem anderen hat, sein
Recht bei den Ungerechten zu suchen statt
bei den Heiligen? [2] Wisst ihr denn nicht,
dass die Heiligen die Welt richten werden?
Und wenn die Welt von euch gerichtet
wird, seid ihr da nicht in den geringfügig-
sten Rechtsstreitigkeiten zuständig? [3] Wisst
ihr nicht, dass wir über Engel richten wer-
den, geschweige denn über alltägliche Din-
ge? [4] Wenn ihr alltägliche Rechtsangele-
genheiten zu verhandeln habt, setzt ihr
dann gerade diejenigen als Richter ein, die
in der Gemeinde nichts gelten? [5] Zu euerer
Beschämung sage ich das. Gibt es denn
wirklich keinen Verständigen unter euch,
der zwischen seinen Brüdern Schiedsrich-
ter sein könnte? [6] Stattdessen zieht ein Bru-
der den anderen vor Gericht, und zwar vor
Ungläubige! [7] Es ist überhaupt schon ein
Missstand unter euch, dass ihr miteinan-
der Prozesse führt. Weshalb lasst ihr euch
nicht lieber Unrecht zufügen, weshalb
nicht lieber berauben? [8] Stattdessen begeht
ihr selbst Unrecht und Raub, und dazu
noch an Brüdern.
[9] Oder wisst ihr nicht, dass Ungerechte
keinen Anteil am Reich Gottes haben wer-
den? Gebt euch keiner Täuschung hin!
Weder Unzüchtige noch Götzendiener,
noch Ehebrecher, noch Lustknaben, noch
Knabenschänder, [10] noch Diebe, noch Hab-
süchtige, keine Trunkenbolde, keine Läste-
rer, keine Räuber werden am Reich Gottes

Anteil haben. 11 Und das sind einige von
euch gewesen. Doch ihr seid rein gewa-
schen, ihr seid geheiligt, ihr seid gerecht-
fertigt worden im Namen des Herrn Jesus
Christus und im Geist unseres Gottes.

Warnung vor Unzucht

12 Alles ist mir erlaubt, aber nicht alles
nützt mir! Alles ist mir erlaubt, aber ich
werde mich von nichts beherrschen lassen.
13 Die Speisen sind für den Bauch da und
der Bauch für die Speisen. Aber Gott wird
jenen wie diese vernichten. Der Leib dage-
gen ist nicht für die Unzucht da, sondern
für den Herrn und der Herr für den Leib.
14 Gott aber hat den Herrn auferweckt und
er wird auch uns auferwecken durch seine
Macht. 15 Wisst ihr nicht, dass euere Leiber
Glieder Christi sind? Darf ich die Glieder
Christi nehmen und zu Gliedern einer
Dirne machen? Auf keinen Fall! 16 Oder
wisst ihr nicht, dass, wer einer Dirne an-
hängt, ein Leib mit ihr ist? Es *werden* ja, so
heißt es, *die zwei ein Fleisch sein.* 17 Wer
jedoch dem Herrn anhängt, der ist ein
Geist mit ihm. 18 Meidet die Unzucht! Jede
andere Sünde, die ein Mensch begeht,
bleibt außerhalb seines Leibes; wer aber
Unzucht treibt, versündigt sich an seinem
eigenen Leib. 19 Oder wisst ihr nicht, dass
euer Leib ein Tempel des Heiligen Geistes
ist, der in euch wohnt und den ihr von
Gott empfangen habt, und dass ihr nicht
euch selbst gehört? 20 Denn um einen teue-
ren Preis seid ihr erkauft worden. Verherr-
licht also Gott in euerem Leib!

Regeln für das Gemeindeleben

Ehe und Ehelosigkeit

Die Ehe zwischen Christen

7 Zu euerer Anfrage: Ein Mann tut gut
daran, keine Frau zu berühren. 2 Um
aber Unzucht zu vermeiden, soll jeder
Mann seine Frau und jede Frau ihren
Mann haben. 3 Der Mann leiste seiner Frau
die schuldige Pflicht, ebenso aber auch die
Frau dem Mann. 4 Die Frau verfügt nicht
über ihren Leib, sondern der Mann; ebenso
wenig verfügt der Mann über seinen Leib,
sondern die Frau. 5 Entzieht euch einander
nicht, es sei denn mit gegenseitigem Ein-
verständnis auf einige Zeit, um Zeit für
das Gebet zu haben. Kommt dann wieder
zusammen, damit euch der Satan nicht in
Versuchung führt, weil ihr euch nicht ent-
halten könnt. 6 Das sage ich jedoch als Zu-
geständnis, nicht als Gebot. 7 Ich wünschte
aber, alle Menschen wären wie ich; doch
jeder hat seine besondere Gnadengabe
von Gott, der eine so, der andere so.
8 Den Unverheirateten und den Witwen
sage ich: Sie tun gut, wenn sie so bleiben
wie ich. 9 Haben sie jedoch nicht die Kraft
zur Enthaltsamkeit, so sollen sie heiraten.
Es ist nämlich besser zu heiraten, als vor
Begierde zu brennen. 10 Den Verheirateten
befehle nicht ich, sondern der Herr: Die
Frau soll sich nicht von ihrem Mann tren-
nen. 11 Wenn sie sich aber doch getrennt
hat, so soll sie unverheiratet bleiben oder
sich mit ihrem Mann aussöhnen. Ebenso
soll der Mann die Frau nicht verstoßen.

Die Ehe zwischen Christen und Heiden

12 Den Übrigen aber sage ich, nicht der
Herr: Hat ein Bruder eine ungläubige Frau
und ist diese einverstanden, mit ihm zu-
sammenzuleben, so soll er sie nicht versto-
ßen. 13 Und hat eine Frau einen ungläubi-
gen Mann und dieser ist einverstanden,
mit ihr zusammenzuleben, so soll sie den
Mann nicht verstoßen. 14 Denn der ungläu-
bige Mann ist durch seine Frau geheiligt
und die ungläubige Frau ist durch den
Bruder geheiligt. Anderenfalls wären ja
euere Kinder unrein; sie sind aber heilig.
15 Will aber der Ungläubige sich trennen,
so mag er sich trennen. Der Bruder oder
die Schwester ist in solchen Fällen nicht
wie ein Sklave gebunden; vielmehr hat
Gott uns zum Frieden berufen. 16 Was
weißt du denn, Frau, ob du deinen Mann
retten wirst? Oder was weißt du, Mann, ob
du deine Frau retten wirst?

In dem Stand bleiben, in dem man berufen worden ist

17 Nicht anders, als der Herr es ihm zuge-
teilt, und so, wie Gott ihn berufen hat, soll
jeder leben. So verordne ich es in allen Ge-
meinden. 18 Ist einer als Beschnittener be-

rufen worden, dann suche er es nicht zu
verdecken. Ist einer als Unbeschnittener
berufen worden, dann soll er sich nicht be-
schneiden lassen. 19 Die Beschneidung ist
nichts und das Unbeschnittensein ist
nichts, sondern das Halten der Gebote
Gottes. 20 Ein jeder soll in dem Stand, in
dem er berufen wurde, bleiben. 21 Bist du
als Sklave berufen worden, so mach dir
keine Sorgen. Aber auch, wenn du frei
werden kannst, bleibe erst recht dabei.
22 Ist doch der im Herrn berufene Sklave
ein Freigelassener des Herrn; ebenso ist
der als Freigeborener Berufene ein Sklave
Christi. 23 Ihr seid teuer erkauft; werdet
nicht Sklaven von Menschen! 24 Brüder,
jeder bleibe vor Gott in dem Stand, in
dem er berufen wurde.

Über die Unverheirateten

25 Was aber die Jungfrauen betrifft, so habe
ich kein Gebot vom Herrn; wohl aber gebe
ich einen Rat als ein Mann, der durch das
Erbarmen des Herrn Vertrauen verdient.
26 Ich meine also, es ist wegen der bevorste-
henden Bedrängnis empfehlenswert, ja
jeder tut gut, so zu sein. 27 Bist du an eine
Frau gebunden, so erstrebe keine Lösung;
bist du ohne Frau, so suche keine Frau.
28 Wenn du aber doch heiratest, so begehst
du keine Sünde; und wenn eine Jungfrau
heiratet, begeht sie keine Sünde. Freilich,
irdische Bedrängnis werden die Betreffen-
den erleben und davor möchte ich euch
verschont sehen. 29 Das aber sage ich euch,
Brüder: Die Zeit ist knapp bemessen.
Künftig sollen deshalb auch die, welche
Frauen haben, so leben, als hätten sie kei-
ne, 30 die Weinenden, als weinten sie nicht,
die sich freuen, als freuten sie sich nicht,
die etwas erwerben, als behielten sie
nichts, 31 die sich die Welt zunutze ma-
chen, als nutzten sie sie nicht; denn die
Gestalt dieser Welt vergeht.

32 Ich wünschte aber, dass ihr ohne Sor-
gen wärt. Der Unverheiratete ist um die
Sache des Herrn besorgt, er will dem
Herrn gefallen. 33 Der Verheiratete dage-
gen ist um die Dinge der Welt besorgt, er
will seiner Frau gefallen, 34 und so ist er ge-
teilt. Ebenso sind die unverheiratete Frau
und die Jungfrau um die Sache des Herrn
besorgt; sie wollen heilig sein an Leib und
Geist; die Verheiratete dagegen ist um die
Dinge der Welt besorgt und will ihrem
Mann gefallen. 35 Das sage ich aber nur zu
euerem eigenen Besten, nicht um euch
eine Schlinge überzuwerfen, vielmehr in
der Absicht, die gute Sitte zu fördern und
das unentwegte Festhalten am Herrn.

36 Glaubt indes jemand, in seiner Leiden-
schaft gegenüber seiner Jungfrau unrecht
zu handeln, wenn es nun einmal gesche-
hen muss, dann mag er tun, was er will; er
begeht keine Sünde; sie sollen heiraten.
37 Steht aber jemand im Herzen fest, ohne
in einer Zwangslage zu sein, hat er viel-
mehr volle Freiheit über seinen Willen
und hat er sich innerlich dafür entschie-
den, seine Jungfrau unberührt zu lassen,
so tut er gut daran. 38 Also: Wer seine Jung-
frau heiratet, tut gut; und wer sie nicht hei-
ratet, tut besser.

Über die Witwen

39 Eine Frau ist gebunden, solange ihr
Mann lebt; wenn aber ihr Mann gestorben
ist, steht es ihr frei, sich zu verheiraten, mit
wem sie will; nur soll es im Herrn gesche-
hen. 40 Glücklicher aber ist sie zu preisen,
wenn sie so bleibt – nach meiner Meinung.
Ich glaube doch auch, dass ich den Geist
Gottes habe.

Genuss von Götzenopferfleisch

Der theoretische Gesichtspunkt

8 Was das Götzenopferfleisch betrifft,
so wissen wir: Alle haben wir Er-
kenntnis. Die Erkenntnis macht aufgebla-
sen, die Liebe dagegen baut auf. 2 Wenn je-
mand meint, etwas erkannt zu haben, hat
er noch nicht so erkannt, wie man erken-
nen muss. 3 Wenn aber jemand Gott liebt,
der ist von ihm erkannt. 4 Was nun den
Genuss von Götzenopferfleisch angeht, so
wissen wir, dass es keine Götzen in der
Welt gibt und keinen Gott gibt als den ei-
nen. 5 Denn wenn es auch so genannte
Götter gibt, sei es im Himmel, sei es auf
der Erde – es gibt ja wirklich viele Götter
und viele Herren –, 6 so haben wir doch
nur einen Gott, den Vater, von dem alles
kommt und auf den hin wir leben und
nur einen Herrn, Jesus Christus, durch
den alles ist und durch den auch wir sind.

Der Gesichtspunkt der Liebe

7 Aber nicht in allen lebt diese Erkenntnis;
vielmehr essen manche aus ihrer bis jetzt

nachwirkenden Gewöhnung an die Göt-
zen das Fleisch als Götzenopferfleisch
und da ihr Gewissen schwach ist, wird es
befleckt. 8 Eine Speise bringt uns Gott
nicht näher; wenn wir nicht essen, so ha-
ben wir keinen Nachteil; wenn wir essen,
so haben wir keinen Gewinn. 9 Seht aber
zu, dass diese euere Freiheit nicht den
Schwachen zum Anstoß wird. 10 Wenn
nämlich jemand dich, der du Erkenntnis
besitzt, im Götzentempel zu Tisch liegen
sieht, wird dann nicht sein Gewissen, weil
er schwach ist, verleitet, auch Götzen-
opferfleisch zu essen? 11 So geht dann der
Schwache an deiner Erkenntnis zugrunde,
der Bruder, um dessentwillen Christus ge-
storben ist. 12 Wenn ihr euch in dieser Wei-
se an den Brüdern versündigt und ihrem
schwachen Gewissen einen Schlag ver-
setzt, so versündigt ihr euch gegen Chris-
tus. 13 Wenn darum eine Speise meinem
Bruder Ärgernis gibt, so will ich lieber in
Ewigkeit kein Fleisch essen, um meinem
Bruder keinen Anstoß zu geben.

Das Vorbild des Apostels

9 Bin ich nicht frei? Bin ich nicht Apos-
tel? Habe ich nicht unseren Herrn Je-
sus gesehen? Seid ihr nicht mein Werk im
Herrn? 2 Wenn ich für andere kein Apostel
bin, so bin ich es doch für euch. Seid ihr
doch das Siegel meines Apostelamtes im
Herrn. 3 Das ist meine Rechtfertigung de-
nen gegenüber, die mich verurteilen. 4 Ha-
ben wir keinen Anspruch auf Essen und
Trinken? 5 Haben wir keinen Anspruch da-
rauf, eine gläubige Frau mitzunehmen, wie
auch die übrigen Apostel und die Brüder
des Herrn und Kephas? 6 Oder haben nur
ich und Barnabas allein nicht die Befugnis,
das Handwerk aufzugeben? 7 Wer tut je-
mals Kriegsdienst gegen eigenen Sold?
Wer pflanzt einen Weinberg, ohne von
seiner Frucht zu essen? Wer weidet eine
Herde, ohne von der Milch der Herde et-
was zu trinken? 8 Behaupte ich das etwa
nur nach menschlichen Vernunftgründen
oder sagt das nicht auch das Gesetz? 9 Im
Gesetz des Mose steht doch geschrieben:
*Du sollst dem Ochsen beim Dreschen kei-
nen Maulkorb vorbinden.* Liegt denn Gott
etwas an den Ochsen? 10 Oder sagt er es
hauptsächlich um unseretwillen? Ja, um
unseretwillen steht es geschrieben, dass
der Pflüger auf Hoffnung pflügen und der
Drescher auf Hoffnung dreschen soll, am
Ertrag teilzuhaben. 11 Wenn wir für euch
die Geistesgaben gesät haben, ist es da zu
viel verlangt, wenn wir irdische Gaben von
euch ernten? 12 Wenn andere am Ver-
fügungsrecht über euch Anteil haben,
dann nicht erst recht wir? Wir haben je-
doch von diesem Recht keinen Gebrauch
gemacht, sondern wir ertragen alles, um
nur ja dem Evangelium Christi kein Hin-
dernis zu bereiten. 13 Wisst ihr nicht, dass
alle, die im Tempel Dienst tun, von den
Einkünften des Heiligtums leben und dass
alle, die am Altar Dienst tun, ihren Anteil
vom Altar bekommen? 14 So hat der Herr
auch verordnet, dass alle, die das Evangeli-
um verkündigen, vom Evangelium leben
sollen. 15 Ich aber habe keinerlei Gebrauch
von diesen Rechtsansprüchen gemacht.
Ich schreibe das auch nicht, damit es in
meinem Fall so geschieht; denn lieber
wollte ich sterben, als dass mir jemand
meinen Ruhm zunichte macht. 16 Wenn
ich nämlich das Evangelium verkündige,
so ist das für mich noch kein Grund zum
Ruhm; denn das ist mir als Zwang auf-
erlegt. Wehe mir, wenn ich das Evangeli-
um nicht verkündige. 17 Tue ich das näm-
lich aus freien Stücken, so werde ich
belohnt. Tue ich es aber unfreiwillig, so
ist es nur ein Verwalteramt, das mir über-
tragen wurde. 18 Worin besteht demnach
mein Lohn? Darin, dass ich als Verkünder
des Evangeliums das Evangelium unent-
geltlich darbiete und so von meinem
Recht, das mir aus dem Evangelium er-
wächst, keinen Gebrauch mache.

19 Obgleich ich nämlich von allen Men-
schen unabhängig war, habe ich mich
doch zum Sklaven aller gemacht, um
möglichst viele zu gewinnen. 20 So bin ich
den Juden ein Jude geworden, um Juden
zu gewinnen, denen, die unter dem Gesetz
stehen, bin ich wie einer unter dem Gesetz
geworden, obschon ich nicht unter dem
Gesetz stehe, um die zu gewinnen, die un-
ter dem Gesetz stehen. 21 Den Gesetzlosen
war ich wie ein Gesetzloser – obschon ich
vor Gott kein Gesetzloser bin, sondern
unter dem Gesetz Christi stehe –, um die
Gesetzlosen zu gewinnen. 22 Den Schwa-
chen bin ich ein Schwacher geworden,
um die Schwachen zu gewinnen, allen
bin ich alles geworden, um auf jeden Fall
einige zu retten. 23 Alles tue ich um des

Evangeliums willen, um an ihm Anteil zu
haben.
24 Wisst ihr nicht, dass die Läufer in der
Rennbahn zwar alle laufen, dass aber nur
einer den Siegespreis empfängt? Lauft so,
dass ihr ihn erringt! 25 Jeder Wettkämpfer
aber übt völlige Enthaltsamkeit; jene tun
es, um einen vergänglichen, wir aber, um
einen unvergänglichen Siegeskranz zu
empfangen. 26 So laufe ich denn nicht wie
einer, der ins Ungewisse läuft und führe
den Faustkampf nicht wie einer, der Luft-
hiebe schlägt; 27 vielmehr züchtige ich mei-
nen Leib und mache ihn gefügig, damit ich
nicht anderen predige und selbst verwor-
fen werde.

Das Volk in der Wüste

10 Ich will euch nämlich nicht in Un-
kenntnis darüber lassen, Brüder,
dass unsere Väter alle unter der Wolke wa-
ren und alle durch das Meer zogen 2 und
alle auf Mose getauft wurden in der Wolke
und im Meer 3 und alle dieselbe geistige
Speise aßen und alle denselben geistigen
Trank tranken. 4 Sie tranken nämlich aus
dem geistigen Felsen, der sie begleitete;
der Fels aber war Christus. 5 Doch Gott
fand an den meisten von ihnen kein
Wohlgefallen; denn sie kamen in der Wüs-
te um. 6 Diese Ereignisse aber sollen uns als
abschreckendes Beispiel dafür dienen,
dass wir nicht nach dem Bösen begehren
sollen, wie jene danach begehrten. 7 Wer-
det auch keine Götzendiener wie einige
von ihnen; es steht ja geschrieben: *Das
Volk setzte sich zum Essen und Trinken
und erhob sich, um sich zu vergnügen.*
8 Auch lasst uns nicht Unzucht treiben,
wie manche von ihnen Unzucht getrieben
haben. Damals kamen an einem Tag drei-
undzwanzigtausend Menschen ums Le-
ben. 9 Wir wollen auch nicht den Herrn
auf die Probe stellen, wie einige von ihnen
es taten und dann durch Schlangen getötet
wurden. 10 Murrt auch nicht, wie einige
von ihnen murrten und vom Verderber
umgebracht wurden.
11 Dies alles aber widerfuhr ihnen als
Beispiel für uns und wurde zur Warnung
aufgeschrieben für uns, für die das Ende
der Zeiten gekommen ist. 12 Wer also zu
stehen meint, der sehe zu, dass er nicht
fällt. 13 Bisher hat euch nur menschliche
Versuchung getroffen. Gott aber ist treu.
Er wird es nicht zulassen, dass ihr über
euere Kräfte versucht werdet, sondern
wird mit der Versuchung auch einen Aus-
weg schaffen, sodass ihr sie ertragen
könnt.

*Der Tisch des Herrn oder der Tisch
des Dämonen*

14 Darum, meine Lieben, meidet den Göt-
zendienst! 15 Ich rede zu verständigen Leu-
ten; urteilt selbst über das, was ich sage.
16 Ist der Becher des Segens, über den wir
den Segen sprechen, nicht Teilhabe am
Blut Christi? Ist das Brot, das wir brechen,
nicht Teilhabe am Leib Christi? 17 Weil es
ein Brot ist, sind wir viele ein Leib; denn
wir alle haben Anteil an dem einen Brot.
18 Schaut auf das irdische Israel: Haben
nicht die, die von den Opfern essen, teil
am Altar? 19 Was sage ich damit? Dass Göt-
zenopferfleisch etwas ist? Oder dass ein
Götze etwas ist? 20 Nein, sondern dass
man das, was man dort opfert, *den Dämo-
nen* und nicht Gott *opfert*. Ich will aber
nicht, dass ihr Gemeinschaft mit Dämo-
nen habt. 21 Ihr könnt nicht den Becher
des Herrn trinken und den Becher der Dä-
monen. Ihr könnt nicht Tischgenossen des
Herrn sein und Tischgenossen der Dämo-
nen. 22 Oder wollen wir *die Eifersucht des
Herrn wecken*? Sind wir etwa stärker als
er?

Praktische Anweisungen

23 Alles ist erlaubt, aber nicht alles nützt.
Alles ist erlaubt, aber nicht alles baut auf.
24 Niemand suche den eigenen Vorteil,
sondern den des anderen. 25 Alles, was auf
dem Fleischmarkt verkauft wird, das esst,
ohne um des Gewissens willen Nachfor-
schungen anzustellen. 26 *Dem Herrn gehört*
ja *die Erde und ihre Fülle.* 27 Wenn euch ein
Ungläubiger einlädt und ihr wollt hin-
gehen, so esst alles, was euch vorgesetzt
wird, ohne um des Gewissens willen Nach-
forschungen anzustellen. 28 Sagt euch aber
jemand: Das ist Opferfleisch!, dann esst
nicht davon mit Rücksicht auf den, der
euch aufmerksam gemacht hat und um
des Gewissens willen. 29 Ich meine damit
jedoch nicht das eigene Gewissen, sondern
das des anderen; denn wozu soll ich meine
Freiheit von einem fremden Gewissen
richten lassen? 30 Wenn ich in Dankbarkeit
mitesse, warum soll ich mich für das ta-

deln lassen, wofür ich Dank sage? 31 Ob ihr
nun esst oder trinkt oder sonst etwas tut:
tut alles zur Ehre Gottes! 32 Gebt weder Ju-
den noch Griechen noch der Kirche Got-
tes Anstoß, 33 wie auch ich allen in allem
entgegenkomme und nicht meinen Vorteil
suche, sondern den der Mehrheit, damit
sie gerettet werden.

11 Seid meine Nachahmer, wie auch
ich Christi Nachahmer bin.

Der Gottesdienst der Gemeinde

Frauen und Männer im Gottesdienst

2 Ich lobe euch, dass ihr in allem an mich
denkt und an den Überlieferungen festhal-
tet, wie ich sie euch übermittelt habe. 3 Ich
will euch aber wissen lassen, dass Christus
das Haupt eines jeden Mannes ist, der
Mann aber das Haupt der Frau und Gott
das Haupt Christi. 4 Jeder Mann, der beim
Beten oder prophetischen Reden sein
Haupt bedeckt hat, entehrt sein Haupt.
5 Jede Frau aber, die mit unverhülltem
Haupt betet oder prophetisch redet, ent-
ehrt ihr Haupt; denn es ist gerade so, als
wäre sie geschoren. 6 Wenn eine Frau kei-
nen Schleier trägt, soll sie sich doch gleich
die Haare abschneiden lassen. Gilt es aber
als Schande für eine Frau, sich das Haar
schneiden oder sich kahl scheren zu las-
sen, dann soll sie sich verschleiern.
7 Der Mann darf sich nämlich das Haupt
nicht verhüllen, weil er Bild und Abglanz
Gottes ist; die Frau dagegen Abglanz des
Mannes. 8 Der Mann stammt nämlich
nicht von der Frau, sondern die Frau vom
Mann. 9 Auch wurde ja der Mann nicht für
die Frau geschaffen, sondern die Frau für
den Mann. 10 Deshalb soll die Frau um der
Engel willen ein Machtzeichen auf dem
Kopf tragen. 11 Übrigens ist im Herrn we-
der die Frau etwas ohne den Mann noch
der Mann ohne die Frau. 12 Wie nämlich
die Frau vom Mann stammt, so kommt
der Mann durch die Frau zur Welt; alles
aber stammt von Gott.

13 Urteilt selbst: Gehört es sich, dass eine
Frau unverschleiert zu Gott betet? 14 Lehrt
euch nicht schon die Natur, dass es für den
Mann eine Schande ist, wenn er langes
Haar trägt, 15 dass es hingegen der Frau
zur Ehre gereicht, wenn sie langes Haar
trägt? Das Haar ist ihr gewissermaßen als
Schleier verliehen worden. 16 Wenn aber
jemand meint, widersprechen zu müssen:
Wir haben einen solchen Brauch nicht, die
Gemeinden Gottes auch nicht.

Die rechte Feier des Herrenmahls

17 Die folgende Anordnung treffe ich, ohne
euch zu loben; denn euere Zusammen-
künfte gereichen euch nicht zum Nutzen,
sondern zum Schaden. 18 Erstens nämlich
höre ich, dass es bei eueren Gemeindever-
sammlungen Spaltungen unter euch gibt
und zum Teil glaube ich es wirklich.
19 Denn es muss ja wohl Spaltungen unter
euch geben, damit die Erprobten unter
euch erkennbar werden. 20 Wenn ihr ge-
meinsam zusammenkommt, so ist das kei-
ne Feier des Herrenmahls mehr; 21 denn
jeder Einzelne nimmt beim Essen seine ei-
gene Mahlzeit vorweg und so hungert der
eine, während der andere betrunken ist.
22 Habt ihr denn keine Häuser, in denen
ihr essen und trinken könnt? Oder verach-
tet ihr die Gemeinde Gottes und wollt ihr
die Unbemittelten beschämen? Was soll
ich euch sagen? Soll ich euch loben? Hie-
rin lobe ich euch nicht.

23 Denn ich habe vom Herrn empfangen,
was ich euch auch überliefert habe: Der
Herr Jesus nahm in der Nacht, in der er
verraten wurde, Brot, 24 sprach das Dank-
gebet, brach es und sagte: Das ist mein
Leib für euch. Tut dies zu meinem Ge-
dächtnis! 25 Ebenso nahm er nach dem
Mahl den Becher und sprach: Dieser Be-
cher ist der *Neue Bund* in meinem Blut.
Tut dies, sooft ihr daraus trinkt, zu mei-
nem Gedächtnis!

26 Denn sooft ihr von diesem Brot esst
und aus dem Becher trinkt, verkündet ihr
den Tod des Herrn, bis er kommt. 27 Wer
also unwürdig von dem Brot isst oder aus
dem Becher des Herrn trinkt, macht sich
schuldig am Leib und Blut des Herrn. 28 Je-
der prüfe sich aber selbst und dann esse er
von dem Brot und trinke aus dem Becher.
29 Denn wer davon isst und trinkt, der isst
und trinkt sich das Gericht, wenn er den
Leib des Herrn nicht unterscheidet. 30 Des-
halb gibt es unter euch so viele Schwache
und Kranke und viele sind schon entschla-
fen. 31 Wenn wir aber selbst mit uns ins Ge-
richt gingen, so würden wir nicht gerich-
tet. 32 Wenn wir jedoch vom Herrn
gerichtet werden, so werden wir in Zucht
genommen, damit wir nicht zusammen

mit der Welt verdammt werden. [33] Also,
meine Brüder, wenn ihr zum Mahl zusam-
menkommt, wartet aufeinander! [34] Hat
einer Hunger, so soll er daheim essen, da-
mit euch die Zusammenkunft nicht zum
Strafgericht wird. Alles Weitere werde ich
anordnen, wenn ich komme.

Die Geistesgaben

Vielerlei Gaben, aber ein Geist

12 Brüder, was die Geistesgaben an-
geht, so will ich euch darüber nicht
in Unkenntnis lassen. [2] Als ihr Heiden
wart, zog es euch, wie ihr wisst, mit Macht
zu den stummen Götzen. [3] Deshalb erkläre
ich euch: Niemand, der im Geist Gottes
redet, sagt: Verflucht sei Jesus! Und keiner
kann sagen: Jesus ist der Herr!, außer im
Heiligen Geist.

[4] Es gibt verschiedene Gnadengaben,
aber es ist derselbe Geist. [5] Es gibt verschie-
dene Ämter, aber es ist derselbe Herr. [6] Es
gibt verschiedene Kräfte, aber es ist dersel-
be Gott, der alles in allen wirkt. [7] Jedem
aber wird die Offenbarung des Geistes ver-
liehen zum allgemeinen Nutzen. [8] Dem
einen wird durch den Geist das Wort der
Weisheit gegeben, einem anderen durch
denselben Geist das Wort der Erkenntnis,
[9] einem anderen in demselben Geist Glau-
benkraft, einem anderen die Gabe, Krank-
heiten zu heilen in ein und demselben
Geist, [10] einem anderen machtvoll wirken-
de Kräfte, einem anderen die Propheten-
gabe, einem anderen die Fähigkeit zur Un-
terscheidung der Geister, wieder einem
anderen verschiedene Arten der Zungen-
rede, einem anderen schließlich die Gabe
der Auslegung der Zungenreden. [11] Alles
das aber wirkt ein und derselbe Geist, in-
dem er einem jeden zuteilt, wie er will.

Vielerlei Glieder, aber ein Leib

[12] Wie nämlich der Leib nur einer ist und
doch viele Glieder hat, alle Glieder des Lei-
bes aber trotz ihrer Vielheit einen einzigen
Leib bilden, so ist es auch mit Christus.
[13] Denn durch einen Geist sind auch wir
alle zu einem Leib getauft worden, ob Ju-
den oder Griechen, ob Sklaven oder Freie;
und alle wurden wir mit einem Geist ge-
tränkt. [14] Besteht doch auch der Leib nicht
aus einem Glied, sondern aus vielen.
[15] Würde der Fuß sagen: Weil ich keine
Hand bin, gehöre ich nicht zum Leib!, so
gehört er doch zum Leib. [16] Und würde das
Ohr sagen: Weil ich kein Auge bin, gehöre
ich nicht zum Leib!, so gehört es doch zum
Leib. [17] Wäre der ganze Leib Auge, wo blie-
be das Gehör? Wäre er ganz Gehör, wo
bliebe der Geruchssinn? [18] Nun aber hat
Gott die Glieder dem Leib eingefügt, jedes
Einzelne von ihnen so, wie er es wollte.

[19] Wenn aber das Ganze nur ein Glied
wäre, wo bliebe dann der Leib? [20] So aber
sind zwar viele Glieder da, jedoch nur ein
Leib. [21] Das Auge kann nicht zur Hand sa-
gen: Ich brauche dich nicht!, ebenso wenig
der Kopf zu den Füßen: Ich brauche euch
nicht! [22] Nein, ganz im Gegenteil, gerade
die Glieder des Leibes, die als schwächere
gelten, sind notwendig, [23] und die Glieder
des Leibes, die wir für weniger geachtet
halten, umgeben wir mit besonderer Ehre,
und dem, was wir an uns für unanständig
halten, begegnen wir mit größerem An-
stand; [24] die anständigen Teile brauchen
das nicht. Nein, Gott hat bei Zusammen-
setzung des Leibes dem Minderbeachteten
größere Ehre verliehen, [25] damit im Leib
kein Zwiespalt entsteht, sondern alle Glie-
der einträchtig füreinander sorgen. [26] Und
wenn ein Glied leidet, leiden alle mit; wenn
ein Glied ausgezeichnet wird, freuen sich
alle Glieder mit. [27] Ihr aber seid der Leib
Christi, jeder einzelne ist ein Glied an ihm.

[28] Die einen hat Gott in der Gemeinde
bestimmt erstens zu Aposteln, zweitens
zu Propheten, drittens zu Lehrern; ferner
gibt es da Wunderkräfte, weiter Heilungs-
gaben, Gaben zu Diensten, Leitungsauf-
gaben und zu verschiedenen Arten der
Zungenrede. [29] Sind etwa alle Apostel, alle
Propheten, alle Lehrer? Besitzen alle Wun-
derkräfte? [30] Haben alle Heilungsgaben?
Reden alle in Zungen? Verstehen sich alle
auf die Auslegung von Zungenreden?
[31] Strebt aber nach den höheren Gnadenga-
ben!

Rangordnung der Geistesgaben. Das Hohelied der Liebe

Nun zeige ich euch noch einen Weg, weit
darüber hinaus:

13 Wenn ich mit Menschen-, ja mit
Engelszungen redete, hätte aber
die Liebe nicht, so wäre ich tönendes Erz
oder eine gellende Schelle. [2] Und wenn ich
die Prophetengabe hätte und alle Geheim-

nisse wüsste und alle Erkenntnis und wenn ich allen Glauben hätte, sodass ich Berge versetzen könnte, hätte aber die Liebe nicht, so wäre ich nichts. 3 Und wenn ich alle meine Habe verschenkte und wenn ich meinen Leib zum Verbrennen hingäbe, hätte aber die Liebe nicht, so nützte es mir nichts.

4 Die Liebe ist langmütig, gütig ist die Liebe, sie ist nicht eifersüchtig, die Liebe prahlt nicht, sie bläht sich nicht auf. 5 Sie handelt nicht taktlos, sie sucht nicht den eigenen Vorteil, sie lässt sich nicht erbittern, sie trägt das Böse nicht nach. 6 Sie freut sich nicht über das Unrecht, freut sich vielmehr mit an der Wahrheit. 7 Alles erträgt sie, alles glaubt sie, alles hofft sie, alles duldet sie.

8 Die Liebe hört niemals auf. Prophetisches Reden nimmt einmal ein Ende, Zungenrede verstummt, Erkenntnis vergeht. 9 Denn Stückwerk ist unser Erkennen und Stückwerk unser Prophezeien. 10 Wenn aber das Vollendete kommt, dann wird das Stückwerk abgetan. 11 Als ich ein Kind war, redete ich wie ein Kind, dachte wie ein Kind, urteilte wie ein Kind. Als ich ein Mann wurde, legte ich ab, was kindlich an mir war. 12 Jetzt sehen wir in einem Spiegel alles rätselhaft, dann aber von Angesicht zu Angesicht. Jetzt erkenne ich stückweise, dann aber werde ich ganz erkennen, so wie auch ich ganz erkannt worden bin.

13 Jetzt bleiben Glaube, Hoffnung, Liebe, diese drei; doch am größten unter ihnen ist die Liebe.

Über Prophetie und Zungenrede

14 Strebt nach der Liebe, bemüht euch aber auch um die Geistesgaben, vor allem aber um die Prophetengabe. 2 Denn wer in Zungen redet, redet nicht zu Menschen, sondern zu Gott; es versteht ihn ja niemand, sondern er redet im Geist Geheimnisvolles. 3 Wer dagegen prophetisch redet, redet zu den Menschen zu ihrer Erbauung, zu Ermahnung und Trost. 4 Der Zungenredner erbaut sich selbst; der Prophet hingegen baut die Gemeinde auf. 5 Ich wünschte, ihr alle würdet in Zungen reden, aber mehr noch, ihr würdet prophetisch reden. Der Prophet steht über dem Zungenredner, es sei denn, dass dieser die Deutung gibt, damit die Gemeinde aufgebaut wird.

6 Brüder, wenn ich zu euch käme und in Zungen redete, was brächte ich euch für einen Nutzen, wenn ich euch keine Offenbarung oder Erkenntnis oder Prophezeiung oder Belehrung brächte? 7 Überhaupt, wenn leblose Instrumente, die einen Ton hervorbringen, zum Beispiel Flöte oder Harfe, nicht deutlich unterscheidbare Töne hervorbringen, wie soll man da wissen, was auf der Flöte oder Harfe gespielt wird? 8 Wenn auch die Trompete einen undeutlichen Ton gibt, wer wird sich da zum Kampf rüsten? 9 So ist es auch bei euch, wenn ihr beim Zungenreden keine deutliche Rede hervorbringt. Wie soll man dann das Gesprochene verstehen? Ihr redet in den Wind! 10 Es gibt ja wer weiß wie viele Arten von Sprachen in der Welt und nichts ist ohne Sprache. 11 Wenn ich nun die Bedeutung der Laute nicht kenne, bin ich für den Sprecher ein Fremder und der Sprecher ist für mich ein Fremder. 12 So ist es auch bei euch. Da ihr euch um Geistesgaben bemüht, so bemüht euch auch darum, sie vor allem zur Erbauung der Gemeinde einzusetzen.

13 Deshalb soll einer, der in Zungen redet, um die Gabe der Auslegung beten. 14 Wenn ich nämlich in Zungen bete, so betet wohl mein Geist, aber mein Verstand bleibt untätig. 15 Was folgt daraus? Ich will mit dem Geist beten, aber auch mit dem Verstand; ich will mit dem Geist Gott lobpreisen, aber auch mit dem Verstand. 16 Denn wenn du nur mit dem Geist einen Segen sprichst, wie soll dann der nichteingeweihte Anwesende das Amen zu deinem Dankgebet sprechen? Er versteht ja gar nicht, was du sagst. 17 Du magst zwar ein gutes Dankgebet sprechen, aber der andere wird nicht erbaut. 18 Gott sei Dank, ich rede mehr in Zungen als ihr alle; 19 aber in der Gemeindeversammlung will ich lieber fünf Worte mit Verstand reden, um auch andere zu unterweisen, als zehntausend Worte in Zungenrede.

20 Brüder, seid keine Kinder an Urteilskraft! Seid Unmündige an Bosheit, an Urteilskraft aber reife Menschen! 21 Im Gesetz steht geschrieben: *Durch Leute, die anders und in anderen Sprachen reden, will ich zu diesem Volk sprechen, aber nicht* einmal so *werden sie* auf mich *hören*, spricht der Herr. 22 So ist Zungenreden ein Zeichen nicht für die Gläubi-

gen, sondern für die Ungläubigen, pro-
phetisches Reden aber ein Zeichen nicht
für die Ungläubigen, sondern für die
Gläubigen. 23 Wenn nun die ganze Ge-
meinde sich versammelt und alle in Zun-
gen reden und es kommen Nichteinge-
weihte oder Ungläubige herein, werden
sie dann nicht sagen: Ihr seid verrückt!
24 Wenn jedoch alle prophetisch reden
und es kommt ein Ungläubiger oder Un-
eingeweihter herein, dann fühlt er sich
von allen überführt und ins Gericht ge-
nommen; 25 das Verborgene seines Her-
zens wird offenbar; und so *wird er sich*
niederwerfen, Gott *anbeten* und beken-
nen: *Wahrhaftig, Gott ist unter euch!*

Praktische Anweisungen

26 Was folgt nun daraus, Brüder? Wenn ihr
euch versammelt, so hat jeder einen Psalm
oder eine Lehre, eine Offenbarung, eine
Zungenrede oder eine Auslegung; alles
das soll der Erbauung dienen. 27 Wenn
man in Zungen reden will, so sollen es
zwei, höchstens drei tun, der Reihe nach,
und einer gebe die Auslegung. 28 Ist jedoch
kein Ausleger anwesend, soll man in der
Gemeindeversammlung schweigen und
für sich allein vor Gott reden. 29 Propheten
sollen zwei oder drei reden, die Übrigen
sollen ein Urteil darüber abgeben. 30 Wenn
jedoch einem anderen, der noch dasitzt,
eine Offenbarung zuteil wird, so soll der
Erste schweigen. 31 Ihr könnt ja alle der
Reihe nach prophetisch reden, damit alle
etwas lernen und alle ermahnt werden.
32 Über die Äußerung prophetischer Einge-
bungen entscheiden die Propheten; 33 denn
Gott ist kein Gott der Unordnung, son-
dern des Friedens.

Wie in allen Gemeinden der Heiligen,
34 sollen auch bei euch die Frauen in den
Versammlungen schweigen; denn es ist
ihnen nicht gestattet zu reden, sondern
sie sollen sich unterordnen, wie es auch
das Gesetz sagt. 35 Wenn sie sich aber über
etwas unterweisen lassen wollen, sollen sie
zu Hause ihre Ehemänner befragen; denn
es gehört sich nicht für eine Frau, in einer
Gemeindeversammlung zu reden. 36 Oder
ist etwa das Wort Gottes von euch aus-
gegangen? Oder ist es etwa nur zu euch
gekommen? 37 Wenn einer ein Prophet
oder Geistbegabter zu sein glaubt, soll er
anerkennen, dass das, was ich euch schrei-
be, ein Gebot des Herrn ist. 38 Erkennt
einer das nicht an, so wird er auch von
Gott nicht anerkannt. 39 Also, liebe Brüder,
strebt nach der Prophetengabe und hin-
dert das Zungenreden nicht! 40 Alles aber
soll mit Anstand und nach der Ordnung
vor sich gehen.

Die Auferstehung der Toten

Die Botschaft von der Auferstehung

15 Brüder, ich erinnere euch an das
Evangelium, das ich euch verkün-
det habe, das ihr auch angenommen habt,
in dem ihr auch feststeht 2 und durch das
ihr auch das Heil erlangt, wenn ihr euch
an den Wortlaut haltet, wie ich es euch
verkündet habe; es sei denn, ihr hättet
den Glauben unüberlegt angenommen.

3 Denn vor allem habe ich euch überlie-
fert, was auch ich empfangen habe: Chris-
tus ist für unsere Sünden gestorben gemäß
der Schrift, 4 er ist begraben worden und
am dritten Tag auferweckt worden gemäß
der Schrift 5 und er ist dem Kephas er-
schienen, dann den Zwölf. 6 Danach ist er
mehr als fünfhundert Brüdern zugleich er-
schienen; die meisten von ihnen leben
jetzt noch, einige aber sind entschlafen.
7 Danach ist er dem Jakobus erschienen,
dann allen Aposteln. 8 Zuletzt aber von al-
len ist er auch mir erschienen, gleichsam
der Fehlgeburt. 9 Bin ich doch der gerings-
te unter den Aposteln, unwürdig, Apostel
zu heißen, weil ich die Kirche Gottes ver-
folgt habe. 10 Aber durch Gottes Gnade bin
ich, was ich bin, und seine mir geschenkte
Gnade ist nicht unwirksam geblieben, son-
dern mehr als sie alle habe ich mich abge-
müht – nicht ich, sondern die Gnade Got-
tes mit mir. 11 Einerlei nun, ob ich es bin
oder ob jene es sind: So verkündigen wir
und so seid ihr gläubig geworden.

Die Bestreitung der Auferstehung

12 Wenn aber von Christus verkündigt
wird, dass er von den Toten auferweckt
wurde, wie konnen dann etliche unter

euch behaupten: Eine Auferstehung der
Toten gibt es nicht? 13 Wenn es keine Auf-
erstehung der Toten gibt, ist auch Christus
nicht auferweckt worden. 14 Ist aber Chris-
tus nicht auferweckt worden, dann ist da-
mit auch unsere Verkündigung nichtig
und nichtig ist euer Glaube. 15 Dann aber
stehen wir auch als falsche Zeugen Gottes
da, weil wir gegen Gott Zeugnis dafür ab-
gelegt haben, er habe Christus auferweckt,
während er ihn doch nicht auferweckt hat,
wenn keine Toten auferweckt werden.
16 Denn falls keine Toten erweckt werden,
so ist auch Christus nicht auferweckt wor-
den. 17 Ist aber Christus nicht auferweckt
worden, dann ist euer Glaube unsinnig,
dann seid ihr noch in eueren Sünden.
18 Folglich sind auch die in Christus Ent-
schlafenen verloren. 19 Wenn wir weiter
nichts sind als Leute, die nur in diesem
Leben ihre Hoffnung auf Christus gesetzt
haben, sind wir die bedauernswertesten
unter allen Menschen.

Christus, der Erste unter den Auferstandenen

20 Nun aber ist Christus von den Toten auf-
erweckt worden als der Erste der Entschla-
fenen. 21 Denn da durch einen Menschen
der Tod gekommen ist, kommt durch
einen Menschen auch die Auferstehung
der Toten. 22 Wie nämlich in Adam alle
sterben, so werden in Christus alle leben-
dig gemacht werden. 23 Ein jeder aber in
der für ihn geltenden Reihenfolge: als Ers-
ter Christus, dann, wenn Christus kommt,
alle, die zu ihm gehören. 24 Danach kommt
das Ende, wenn er Gott, dem Vater, die
Königsherrschaft übergibt, nachdem er
jede Macht und Gewalt und Kraft vernich-
tet hat. 25 Denn er muss als König herr-
schen, bis Gott *ihm* alle *Feinde unter seine
Füße gelegt hat.* 26 Als letzter Feind wird der
Tod vernichtet; 27 denn *alles hat er seinen
Füßen unterworfen.* Wenn es aber heißt:
Alles ist ihm unterworfen, ist offenbar der
ausgenommen, der ihm alles unterworfen
hat. 28 Ist ihm aber alles unterworfen, dann
wird auch der Sohn selbst sich dem unter-
werfen, der ihm alles unterworfen hat, da-
mit Gott alles in allem ist.

In der Kraft der Auferstehungsgewissheit

29 Was wollen denn sonst die tun, die sich
für die Toten taufen lassen? Wenn über-
haupt keine Toten erweckt werden, wozu
lassen sie sich dann für sie taufen? 30 Wozu
auch setzen wir uns Stunde um Stunde Ge-
fahren aus? 31 Tag für Tag sterbe ich, so
wahr ihr, Brüder, mein Ruhm seid, den
ich in Christus Jesus, unserem Herrn, be-
sitze. 32 Wenn ich in Ephesus, bildlich ge-
sprochen, mit wilden Tieren gekämpft ha-
be, was bringt mir das für einen Nutzen?
Wenn keine Toten auferweckt werden,
dann *lasst uns essen und trinken; denn
morgen sind wir tot.* 33 Täuscht euch nicht!
Schlechter Umgang verdirbt gute Sitten.
34 Werdet gründlich nüchtern und sündigt
nicht! Einige haben nämlich eine falsche
Vorstellung von Gott. Zu euerer Beschä-
mung sage ich das.

Die Auferstehung als Vollendung

35 Aber, wird einer sagen, wie werden denn
die Toten auferweckt? Mit was für einem
Leib kommen sie? 36 Du Tor! Was du säst,
wird nicht lebendig, wenn es nicht zuvor
gestorben ist. 37 Und was du säst – du säst
nicht die Gestalt, die erst entstehen soll,
sondern ein nacktes Samenkorn, zum Bei-
spiel vom Weizen oder sonst einem Ge-
wächs. 38 Gott aber gibt ihm die Gestalt,
wie er sie vorgesehen hat, einem jeden Sa-
men seine besondere.

39 Nicht alle Lebewesen sind von gleicher
Gestalt. Ihre besondere Gestalt haben die
Menschen, eine andere die Landtiere, eine
andere die Vögel, eine andere die Fische.
40 Auch gibt es himmlische Körper und ir-
dische Körper. Die Schönheit der himm-
lischen ist anders als die der irdischen,
41 der Glanz der Sonne ist anders als der
Glanz des Mondes und anders als der
Glanz der Sterne. Durch seinen Glanz un-
terscheidet sich ja ein Stern vom anderen.

42 So verhält es sich auch mit der Auf-
erstehung der Toten. Gesät wird in Ver-
weslichkeit, auferweckt in Unverweslich-
keit. 43 Gesät wird in Unansehnlichkeit,
auferweckt in Herrlichkeit; gesät wird in
Schwachheit, auferweckt in Kraft. 44 Gesät
wird ein irdischer Leib, auferweckt ein geis-
tiger Leib. So gut es einen irdischen Leib
gibt, gibt es auch einen geistigen. 45 Steht
doch auch geschrieben: Der erste *Mensch*
Adam *wurde zu einem* irdischen *lebenden
Wesen*; der letzte Adam zu Leben spenden-
dem Geist. 46 Aber nicht das Geistige
kommt zuerst, sondern das Irdische, dann
das Geistige. 47 Der erste *Mensch* ist *aus Er-*

de, ist irdisch; der zweite Mensch stammt
aus dem Himmel. 48 Wie der Erdhafte, so
sind auch die Erdhaften, und wie der
Himmlische, so sind auch die Himm-
lischen. 49 Und wie wir das Abbild des Erd-
haften trugen, werden wir auch das Abbild
des Himmlischen tragen. 50 Das aber ver-
sichere ich, Brüder: Fleisch und Blut kön-
nen das Reich Gottes nicht erben, noch erbt
die Vergänglichkeit die Unvergänglichkeit.

51 Seht, ich enthülle euch ein Geheimnis:
Wir werden zwar nicht alle entschlafen,
wohl aber werden wir alle verwandelt wer-
den 52 und zwar plötzlich, in einem Augen-
blick, beim Schall der letzten Posaune; die
Posaune wird nämlich erschallen und die
Toten werden in Unvergänglichkeit auf-
erweckt werden und wir werden verwan-
delt werden. 53 Denn dieses Vergängliche
muss sich mit Unvergänglichkeit beklei-
den und dieses Sterbliche mit Unsterblich-
keit. 54 Wenn sich aber einmal dieses Ver-
gängliche mit Unvergänglichkeit bekleidet
hat und dieses Sterbliche mit Unsterblich-
keit, dann erfüllt sich das Wort der Schrift:
Verschlungen ist der Tod in den Sieg. 55 *Wo
ist, Tod, dein Sieg? Wo ist, Tod, dein Sta-
chel?* 56 Der Stachel des Todes aber ist die
Sünde, die Kraft der Sünde das Gesetz.
57 Doch Gott sei Dank, der uns den Sieg
verleiht durch unseren Herrn Jesus Chris-
tus. 58 Also, meine lieben Brüder, seid fest
und unerschütterlich; seid allezeit voll Ei-
fer im Werk des Herrn; wisst ihr doch,
dass im Herrn euere Mühe nicht vergeb-
lich ist.

Briefschluss

Die Sammlung für Jerusalem

16 Was die Sammlung für die Heili-
gen betrifft, so sollt ihr es damit
ebenso machen, wie ich es für die Gemein-
den Galatiens angeordnet habe. 2 An jedem
ersten Wochentag lege jeder von euch da-
heim zurück und spare so viel, wie die
Verhältnisse es ihm erlauben, damit nicht
erst bei meiner Ankunft Sammlungen ver-
anstaltet werden. 3 Wenn ich eintreffe,
werde ich diejenigen, die ihr für geeignet
haltet, mit Empfehlungsschreiben absen-
den, damit sie euere Liebesgabe nach Jeru-
salem bringen. 4 Ist es aber der Mühe wert,
dass auch ich hinreise, dann sollen sie mit
mir reisen.

Reisepläne. Timotheus und Apollos

5 Ich werde zu euch kommen, sobald ich
Mazedonien durchreist habe. Durch Ma-
zedonien nämlich reise ich nur durch;
6 bei euch dagegen will ich, wenn möglich,
bleiben oder sogar überwintern, damit ihr
mir dann, wenn ich weiterreise, das Geleit
geben könnt. 7 Denn diesmal will ich euch
nicht nur auf der Durchreise sehen; ich
hoffe nämlich einige Zeit bei euch bleiben
zu können, wenn der Herr es zulässt. 8 In
Ephesus will ich bis Pfingsten bleiben. 9 Ei-
ne große und bedeutsame Tür hat sich mir
nämlich aufgetan, aber auch die Gegner
sind zahlreich.

10 Wenn Timotheus eintrifft, achtet da-
rauf, dass ihr ihm nicht den Mut nehmt;
denn er arbeitet am Werk des Herrn wie
ich. 11 Es soll ihn also niemand gering
schätzen. Gebt ihm vielmehr im Frieden
das Geleit, damit er zu mir zurückkehrt;
denn ich warte auf ihn mit den Brüdern.
12 Was den Bruder Apollos betrifft, so habe
ich ihm wiederholt zugeredet, er möge mit
den Brüdern zu euch kommen; aber er
wollte nicht gerade jetzt reisen; er wird je-
doch kommen, sobald sich ihm gute Gele-
genheit bietet.

Schlussmahnungen und Grüße

13 Seid wachsam, steht fest im Glauben,
habt Mut, seid stark! 14 All euer Tun voll-
ziehe sich in Liebe.

15 Ich ermahne euch, Brüder: Ihr kennt
das Haus des Stephanas und wisst, dass es
die Erstlingsfrucht von Achaia ist und dass
sie sich zur Dienstleistung an den Heiligen
zur Verfügung gestellt haben. 16 Ordnet
auch ihr euch ihnen unter, ebenso jedem,
der mitarbeitet und sich abmüht! 17 Ich bin
froh über die Anwesenheit von Stephanas,
Fortunatus und Achaikus, ersetzen sie doch
euch, die ihr abwesend seid. 18 Sie haben
nämlich meinen Geist erfrischt und den
eueren. Haltet solche Männer in Ehren!

19 Es grüßen euch die Gemeinden in der
Provinz Asia. Es grüßen euch im Herrn

vielmals Aquila und Priska samt ihrer
Hausgemeinde. [20]Es grüßen euch alle Brü-
der. Grüßt einander mit heiligem Kuss!
[21]Hier der Gruß von meiner, des Paulus,
Hand.
[22]Wenn einer den Herrn nicht liebt, sei
er verflucht. Marana tha! – Unser Herr,
komm!
[23]Die Gnade des Herrn Jesus sei mit
euch!
[24]Meine Liebe ist mit euch allen in
Christus Jesus.

Der zweite Brief an die Korinther

Briefeingang

Anschrift und Gruß

1 Paulus, Apostel Christi Jesu durch
den Willen Gottes, und der Bruder Ti-
motheus an die Gemeinde Gottes in Ko-
rinth mit allen Heiligen in ganz Achaia.
[2]Gnade sei mit euch und Friede von Gott,
unserem Vater, und dem Herrn Jesus
Christus.

Lob des Gottes allen Trostes

[3]Gepriesen sei der Gott und Vater unseres
Herrn Jesus Christus, der Vater des Erbar-
mens und der Gott allen Trostes. [4]Er
schenkt uns Trost in aller unserer Trübsal,
damit wir unsererseits die zu trösten ver-
mögen, die in allerlei Trübsal sind, mit
eben dem Trost, mit dem wir selber von
Gott getröstet werden. [5]Denn wie uns die
Leiden Christi überreich zuteil geworden
sind, so wird uns durch Christus auch
überreicher Trost zuteil. [6]Erdulden wir
Bedrängnis, so gereicht es euch zum Trost
und Heil; empfangen wir Tröstung, so ge-
reicht euch auch das zum Trost, der sich
auswirkt im mutigen Ertragen der glei-
chen Leiden, die auch wir zu ertragen ha-
ben. [7]Unsere Hoffnung für euch ist fest
gegründet, wissen wir doch, dass ihr nicht
nur an den Leiden, sondern auch am Trost
teilhabt.
[8]Wir wollen euch nämlich, Brüder,
nicht über die Not in Unkenntnis lassen,
die in der Provinz Asia über uns gekom-
men ist: eine übermäßige, die Wider-
standskraft übersteigende Last wurde uns
auferlegt, sodass wir sogar am Leben ver-
zweifelten. [9]Doch wir vernahmen nur
deshalb in unserem eigenen Innern das
Todesurteil, damit wir nicht unser Ver-
trauen auf uns selbst setzen sollten, son-
dern auf Gott, der die Toten auferweckt.
[10]Er hat uns aus so bitterer Todesnot erret-
tet und wird uns erretten; auf ihn haben
wir unsere Hoffnung gesetzt, dass er uns
auch weiterhin retten wird. [11]Dabei helft
auch ihr mit durch euer Gebet für uns, da-
mit viele in unserem Namen für die uns
zuteil gewordene Gnade Dank sagen.

Das Apostelamt des Paulus

Der Ruhm des Apostels

[12]Das ist nämlich unser Ruhm: das Zeug-
nis unseres Gewissens, dass wir in Heilig-
keit und Lauterkeit wie Gotte sie schenkt,
nicht in menschlicher Weisheit, sondern
in Gottes Gnade in der Welt aufgetreten
sind, vornehmlich aber bei euch. [13]Wir
schreiben euch ja nichts anderes, als was
ihr lest und versteht. Ich hoffe aber, dass
ihr es durch und durch begreift, [14]wie ihr
uns schon zum Teil richtig verstanden
habt, nämlich dass wir am Tag unseres
Herrn Jesus euer Ruhm sind, geradeso
wie ihr der unsere.

Die Änderung des Reiseplans

15 In diesem Vertrauen hatte ich die Ab-
sicht, zuerst zu euch zu kommen, damit
ihr einen zweiten Beweis der Gnade emp-
fangen hättet; 16 dann wollte ich über euch
nach Mazedonien weiterreisen und noch-
mals von Mazedonien her zu euch kom-
men und mir von euch das Geleit nach Ju-
däa geben lassen. 17 War ich da etwa
leichtsinnig, als ich diese Absicht hatte?
Oder beschließe ich, was ich beschließe,
menschlich – allzu menschlich, sodass Ja
bei mir auch Nein heißen kann? 18 Aber so
wahr Gott treu ist: Unser Wort an euch ist
nicht Ja und Nein zugleich. 19 Denn der
Sohn Gottes, Jesus Christus, der euch
durch uns verkündigt wurde, durch mich,
Silvanus und Timotheus, war nicht Ja und
Nein zugleich, sondern in ihm ist das Ja
Wirklichkeit geworden. 20 So viele Verhei-
ßungen Gottes es auch gibt, in ihm ist das
Ja; deshalb erklingt auch durch ihn das
Amen zur Verherrlichung Gottes aus un-
serem Mund. 21 Der aber, der uns und euch
auf Christus fest gegründet und uns ge-
salbt hat, das ist Gott; 22 er hat uns auch
das Siegel aufgedrückt und als Angeld
den Geist in unsere Herzen gegeben.

23 Ich rufe aber Gott zum Zeugen an ge-
gen mein Leben, dass ich, nur um euch zu
schonen, nicht mehr nach Korinth gekom-
men bin. 24 Es ist nicht so, dass wir Herren
über eueren Glauben wären. Mitarbeiter
sind wir an euerer Freude; denn im Glau-
ben steht ihr fest.

2 Ich hatte den Entschluss gefasst, nicht
wieder in Betrübnis zu euch zu kom-
men. 2 Wenn ich euch nämlich betrübe,
wer wird mich dann noch erfreuen? Doch
nur der, den ich betrübt habe. 3 Eben da-
rum habe ich euch geschrieben, damit ich
bei meinem Besuch nicht von denen be-
trübt würde, die mir Freude bereiten soll-
ten – habe ich doch zu euch allen das Ver-
trauen, dass meine Freude auch die Freude
von euch allen ist. 4 Ich schrieb euch ja aus
vielfacher Not und Herzensangst und un-
ter vielen Tränen, nicht um euch zu betrü-
ben, sondern um euch meine ungewöhn-
lich große Liebe erkennen zu lassen.

Mahnung zur Nachsicht

5 Wenn aber einer Betrübnis verursacht
hat, so hat er ja nicht mich betrübt, son-
dern mehr oder weniger – um nicht zu viel
zu sagen – euch alle. 6 Die über den Betref-
fenden von der Mehrheit verhängte Strafe
soll genügen. 7 Jetzt sollt ihr ihm lieber
Verzeihung und Trost gewähren, damit er
nicht von übergroßer Traurigkeit überwäl-
tigt werde. 8 Deshalb ermahne ich euch,
euch ihm gegenüber zur Liebe zu entschei-
den. 9 Deswegen habe ich euch nämlich
auch geschrieben, um euere Zuverlässig-
keit festzustellen, ob ihr in allen Stücken
gehorsam seid. 10 Wem ihr aber etwas ver-
zeiht, dem verzeihe auch ich; denn wenn
ich hier etwas zu verzeihen hatte, habe
auch ich im Angesicht Christi um euret-
willen verziehen, 11 damit wir nicht vom
Satan überlistet werden; denn wir kennen
seine Schliche nur zu gut.

Von Troas nach Mazedonien

12 Als ich aber zur Verkündigung des Evan-
geliums Christi nach Troas kam, tat sich
mir zwar eine Tür auf im Herrn, 13 aber
mein Geist hatte dennoch keine Ruhe, weil
ich meinen Bruder Titus nicht antraf. Ich
sagte ihnen also Lebewohl und ging nach
Mazedonien.

14 Gott aber sei Dank, der uns allzeit im
Triumphzug Christi mitführt und den
Duft seiner Erkenntnis durch uns überall
offenbar macht.

15 Denn Christi Wohlgeruch sind wir für
Gott unter denen, die gerettet werden und
unter denen, die verloren gehen, 16 den
einen ein Geruch des Todes, der den Tod
bringt, den anderen ein Geruch des Le-
bens, der das Leben bringt. Und wer ist
dazu fähig? 17 Wir treiben nämlich nicht,
wie so viele, mit dem Wort Gottes Handel,
sondern wir verkünden es aufrichtig, von
Gott her, vor Gott und in Christus.

Das Apostelamt und der Dienst des Mose

3 Fangen wir wieder an, uns selbst eine
Empfehlung auszustellen? Oder ha-
ben wir, wie gewisse Leute, Empfehlungs-
schreiben an euch oder von euch nötig?
Keineswegs! 2 Unser Empfehlungsbrief
seid ihr, hineingeschrieben in unser Herz,
von allen Menschen verstanden und gele-
sen. 3 Euch sieht man es ja an, dass ihr ein
Brief Christi seid, von uns ausgefertigt, *ge-
schrieben* nicht mit Tinte, sondern mit
dem Geist des lebendigen Gottes, nicht
auf steinerne Tafeln, sondern *auf Tafeln
von Herzen aus Fleisch.*

4 So großes Vertrauen haben wir durch Christus zu Gott. 5 Nicht als ob wir von uns aus fähig wären, etwas aus eigener Kraft zu ersinnen, sondern unsere Befähigung stammt von Gott. 6 Er ist es auch, der uns befähigt hat, Diener des Neuen Bundes zu sein, nicht des Buchstabens, sondern des Geistes; denn der Buchstabe tötet, der Geist aber macht lebendig. 7 Wenn nun schon der Dienst, der zum Tod führt, mit Buchstaben in Stein gemeißelt, so herrlich war, dass die Israeliten das Gesicht des Mose nicht anschauen konnten, weil es eine Herrlichkeit ausstrahlte, die doch vergänglich war, 8 wie sollte da der Dienst des Geistes nicht noch viel herrlicher sein? 9 Wenn nämlich schon der Dienst, der zur Verurteilung führt, herrlich war, so wird der Dienst, der zur Gerechtigkeit führt, noch weit herrlicher sein. 10 Ja, was dort in Herrlichkeit erstrahlte, ist gar keine Herrlichkeit mehr angesichts dieser alles überstrahlenden Herrlichkeit. 11 Denn wenn schon das Vergängliche in Herrlichkeit sich entfaltete, so wird das Bleibende noch viel mehr in Herrlichkeit erstrahlen.

12 Von solcher Hoffnung erfüllt, treten wir mit großem Freimut auf 13 und machen es nicht wie *Mose, der über sein Gesicht eine Hülle legte*, damit die Israeliten nicht das Ende des vergänglichen Glanzes sahen. 14 Aber ihr Denken wurde verhärtet. Denn bis auf den heutigen Tag liegt dieselbe Hülle auf dem Alten Bund, wenn daraus vorgelesen wird, und sie wird nicht weggetan, weil sie nur in Christus abgetan wird. 15 Ja, bis heute liegt, sooft Mose vorgelesen wird, eine Hülle auf ihrem Herzen. 16 Sobald sich einer jedoch zum Herrn bekehrt, *wird die Hülle fortgenommen.* 17 Der Herr aber ist der Geist und wo der Geist des Herrn ist, da ist Freiheit. 18 Wir alle aber, die wir wie im Spiegel, doch mit unverhülltem Angesicht, die *Herrlichkeit des Herrn* sehen, werden in das gleiche Bild verwandelt von Herrlichkeit zu Herrlichkeit, durch den Geist des Herrn.

4 Darum verlieren wir den Mut nicht, weil wir diesen Dienst nach dem Maß des empfangenen Erbarmens übertragen bekommen haben. 2 Im Gegenteil: wir haben uns frei gehalten von allen ehrlosen Heimlichkeiten, wir verlegen uns nicht aufs Ränkespiel und fälschen nicht das Wort Gottes, sondern wir empfehlen uns jedem menschlichen Gewissen durch offene Darlegung der Wahrheit vor Gottes Angesicht. 3 Wenn unser Evangelium dennoch verhüllt ist, so ist es nur für jene verhüllt, die verloren gehen. 4 Ihnen, den Ungläubigen, hat der Gott dieser Weltzeit das Denken verblendet, damit sie das helle Licht des Evangeliums von der Herrlichkeit Christi, der Gottes Ebenbild ist, nicht erstrahlen sehen. 5 Denn nicht uns selbst verkünden wir, sondern Jesus Christus, den Herrn, uns aber als euere Knechte um Jesu willen. 6 Denn Gott, der sprach: Aus Finsternis soll Licht aufleuchten, er ist in unseren Herzen aufgeleuchtet zum Lichtglanz der Erkenntnis der Herrlichkeit Gottes auf dem Antlitz Christi.

Bedrängnisse des Apostelamtes

7 Wir haben aber diesen Schatz in Tongefäßen, damit der Überschwang an Kraft Gott zugemessen wird und nicht uns. 8 In allem sind wir bedrängt, aber nicht erdrückt, im Zweifel, aber nicht in Verzweiflung, 9 verfolgt, aber nicht verlassen, zu Boden geworfen, aber nicht zugrunde gerichtet. 10 Allzeit tragen wir das Todesleiden Jesu an unserem Leib, damit auch das Leben Jesu an unserem Leib sichtbar wird. 11 Ständig nämlich werden wir, obgleich wir leben, um Jesu willen dem Tod überantwortet, damit auch das Leben Jesu an unserem sterblichen Fleisch offenbar wird. 12 So wirkt in uns der Tod, in euch jedoch das Leben.

13 Da wir aber denselben Glaubensgeist besitzen, wie ihn das Schriftwort bezeugt: *Ich habe geglaubt, darum habe ich geredet*, glauben auch wir und darum reden wir auch. 14 Wir wissen doch: Er, der den Herrn Jesus auferweckt hat, wird auch uns mit Jesus auferwecken und uns mit euch vor sein Angesicht stellen. 15 Denn alles geschieht euretwegen, damit die Gnade sich durch eine immer größere Zahl von Begnadeten mehre und so die Danksagung sich steigere, zur Ehre Gottes.

16 Deshalb sind wir nicht verzagt; im Gegenteil: Wenn auch unser äußerer Mensch aufgerieben wird, so erneuert sich doch der innere von Tag zu Tag. 17 Denn unsere augenblickliche geringfügige Trübsal erwirkt uns in überströmender Fülle eine al-

les überwiegende, ewige Herrlichkeit, [18]wenn wir den Blick nicht auf das Sichtbare, sondern auf das Unsichtbare richten; denn das Sichtbare ist vergänglich, das Unsichtbare dagegen ewig.

Die Hoffnung auf die Vollendung

5 Denn wir wissen, dass wir, wenn unser irdisches Wohnzelt abgebrochen wird, einen Bau von Gott empfangen, ein nicht von Händen errichtetes, ewiges Haus im Himmel. [2]Und eben darum seufzen wir und sehnen wir uns danach, mit unserer vom Himmel stammenden Behausung überkleidet zu werden, [3]dass wir, so überkleidet, nicht nackt erscheinen. [4]Denn solange wir noch in diesem Zelt wohnen, seufzen wir und sind bekümmert, weil wir nicht entkleidet, sondern überkleidet werden möchten, damit so das Sterbliche vom Leben verschlungen werde. [5]Der uns aber gerade dazu befähigt hat, ist Gott, der uns auch den Geist als Anzahlung gegeben hat. [6]So sind wir also allzeit zuversichtlich, auch wenn wir wissen, dass wir, solange wir in diesem Leib zu Hause sind, vom Herrn entfernt in der Fremde wohnen. [7]Denn als Glaubende gehen wir unseren Weg, nicht als Schauende. [8]Doch weil wir zuversichtlich sind, möchten wir lieber aus dem Leib ausziehen und daheim sein beim Herrn. [9]Darum setzen wir auch unsere Ehre ein, ihm zu gefallen, einerlei, ob wir zu Hause oder in der Fremde sind. [10]Denn wir alle müssen vor dem Richterstuhl Christi offenbar werden, damit jeder seinen Lohn empfängt für das, was er im irdischen Leben getan hat, sei es Gutes oder Böses.

Der Dienst der Versöhnung

[11]Erfüllt mit Ehrfurcht vor dem Herrn, versuchen wir also, Menschen zu gewinnen, vor Gott aber sind wir offenbar geworden; ich hoffe indes, auch vor euerem Gewissen offenbar geworden zu sein. [12]Wir bringen uns damit nicht schon wieder selbst bei euch in Empfehlung, sondern geben euch nur Anlass, rühmend auf uns hinzuweisen, damit ihr denen etwas zu antworten habt, die sich zwar äußerer Vorzüge rühmen können, aber nicht ihres Herzens. [13]Denn waren wir von Sinnen, so geschah es für Gott, sind wir vernünftig, so geschieht es für euch. [14]Denn die Liebe Christi drängt uns, wenn wir dies bedenken: Einer ist für alle gestorben, also sind alle gestorben. [15]Und zwar ist er für alle gestorben, damit die Lebenden nicht mehr für sich selbst leben, sondern für den, der für sie gestorben und auferweckt worden ist. [16]Daher beurteilen wir von jetzt an niemanden mehr nach menschlichen Maßstäben. Auch wenn wir bisher Christus nach menschlichen Maßstäben beurteilet haben, so beurteilen wir ihn doch jetzt nicht mehr so. [17]Also: wenn jemand in Christus ist, so ist er eine neue Schöpfung. Das Alte ist vergangen, Neues ist geworden. [18]Das alles aber kommt von Gott her, der uns durch Christus mit sich versöhnt und uns den Dienst der Versöhnung übertragen hat. [19]Ja, Gott hat in Christus die Welt mit sich versöhnt; er rechnet den Menschen ihre Fehltritte nicht mehr an und hat uns das Wort der Versöhnung anvertraut. [20]So sind wir also Botschafter an Christi statt, da ja Gott durch uns Mahnungen ergehen lässt. An Christi statt bitten wir: Lasst euch mit Gott versöhnen! [21]Ihn, der keine Sünde kannte, hat er für uns zur Sünde gemacht, damit wir in ihm Gerechtigkeit Gottes würden.

Die Bewährung im Apostelamt

6 Als Mitarbeiter Gottes ermahnen wir euch, dass ihr die Gnade Gottes nicht vergeblich empfangt. [2]Denn es heißt: *Zu willkommener Zeit habe ich dich erhört und am Tag des Heils habe ich dir geholfen.* Jetzt ist *die hochwillkommene Zeit*, jetzt ist *der Tag des Heils.* [3]Niemand geben wir irgendwelchen Anstoß, damit unseren Dienst kein Tadel trifft. [4]Vielmehr empfehlen wir uns in jeder Hinsicht als Diener Gottes: in großer Geduld, in Drangsalen, in Nöten, in Ängsten, [5]bei Schlägen, in Kerkerhaft, bei Aufständen, in Mühen, in durchwachten Nächten, in Fasten, [6]durch Lauterkeit, durch Verständnis, durch Langmut, durch Güte, durch den Heiligen Geist, in ungeheuchelter Liebe, [7]durch das Wort der Wahrheit, in der Kraft Gottes mit den Waffen der Gerechtigkeit zur Rechten und zur Linken, [8]bei Ehre und Schmach, bei Lästerreden und Lobsprüchen, als vermeintliche Schwindler und doch wahrhaftig, [9]als Unbekannte und

doch wohlbekannt, als Sterbende, doch
seht: wir leben, als Gezüchtigte, doch nicht
getötet, 10 als Trauernde, doch allzeit fröh-
lich, als Arme, die dennoch viele reich ma-
chen, als solche, die nichts haben und
doch alles besitzen.

Werbung und Warnung

11 Unser Mund hat sich euch gegenüber ge-
öffnet, ihr Korinther, unser Herz ist weit
geworden. 12 Ihr habt keinen engen Raum
in uns, eng ist es in eueren Herzen. 13 Nun
vergeltet doch Gleiches mit Gleichem –
wie zu Kindern rede ich –, indem auch
ihr das Herz weit macht.

14 Lasst euch nicht zusammen mit Un-
gläubigen in ein fremdes Joch spannen!
Denn was haben Gerechtigkeit und Ge-
setzlosigkeit miteinander zu tun und was
für eine Gemeinschaft besteht zwischen
Licht und Finsternis? 15 Wie ist Christus
mit Beliar in Einklang zu bringen? Was
hat ein Gläubiger mit einem Ungläubigen
gemeinsam? 16 Wie passt der Tempel Got-
tes zu den Götzen? Wir sind doch Tempel
des lebendigen Gottes, wie Gott gesagt hat:
Ich will unter ihnen wohnen und mit ihnen
gehen. Ich werde ihr Gott sein und sie wer-
den mein Volk sein. 17 *Darum geht fort aus*
ihrer Mitte und sondert euch ab, spricht
der Herr, *und rührt nichts Unreines an.*
Dann will ich euch aufnehmen 18 und werde
euch *Vater sein und* ihr sollt *meine Söhne*
und Töchter sein, spricht der Herr, der All-
herrscher.

7 Da wir nun diese Verheißungen ha-
ben, Geliebte, wollen wir uns rein hal-
ten von jeder Befleckung des Leibes und
des Geistes, indem wir unsere Heiligung
zur Vollendung führen in Gottesfurcht.

2 Gebt uns Raum in eueren Herzen. Nie-
mand haben wir Unrecht getan, niemand
zugrunde gerichtet, niemand übervorteilt.
3 Das sage ich nicht, um euch zu verurtei-
len; denn soeben habe ich ja erklärt, dass
ihr in unserem Herzen wohnt, auf dass wir
zusammen sterben und zusammen leben.
4 Groß ist mein Vertrauen zu euch, ich ha-
be allen Grund, stolz auf euch zu sein. Ich
bin von Trost erfüllt, übervoll von Freude,
trotz aller unserer Not.

Paulus in Mazedonien. Ankunft des Titus

5 Als wir nämlich nach Mazedonien ge-
kommen waren, hatten wir keine Ruhe,
sondern überall gab es Bedrängnis; außen
Kämpfe, innen Ängste. 6 Aber Gott, der
die Gebeugten tröstet, verlieh auch uns
Trost durch die Ankunft des Titus. 7 Je-
doch nicht nur durch seine Ankunft, son-
dern auch durch den Trost, mit dem er
bei euch getröstet worden war; er berich-
tete uns von euerer Sehnsucht, von euerer
Klage, von euerem Eifer für mich, sodass
meine Freude noch größer wurde. 8 Denn
wenn ich euch auch mit dem Brief be-
trübt habe, so tut mir das nicht Leid.
Wenn es mir aber auch Leid tat – ich
sehe ja, dass jener Brief euch, wenn auch
nur vorübergehend, betrübt hat –, 9 so
freue ich mich doch jetzt, zwar nicht da-
rüber, dass ihr betrübt wurdet, vielmehr
darüber, dass euere Traurigkeit zur Sin-
nesänderung geführt hat. Ihr wurdet
nämlich nach Gottes Willen betrübt, so-
dass ihr in keiner Hinsicht von unserer
Seite Schaden erlitten habt. 10 Denn die
gottgewollte Traurigkeit bewirkt Umkehr
zum Heil, die man nicht zu bereuen hat,
die weltliche Traurigkeit hingegen be-
wirkt den Tod. 11 Gerade dies, dass ihr
nach Gottes Willen betrübt worden seid,
was hat das für ein Streben bei euch be-
wirkt, ja sogar: Entschuldigung, Unwil-
len, Furcht, Sehnsucht, Eifer, Bestrafung!
In jeder Beziehung habt ihr den Beweis
erbracht, dass ihr in dieser Angelegenheit
unschuldig seid. 12 Wenn ich euch also ge-
schrieben habe, so doch nicht dessentwe-
gen, der Unrecht tat, noch dessentwegen,
der Unrecht erlitt, sondern damit euer
Bemühen für uns sichtbar werde bei euch
vor Gott. 13 Darum sind wir getröstet wor-
den.

Außer unserem Trost aber freuten wir
uns noch viel mehr über die Freude des
Titus, weil sein Geist durch euch alle neue
Kraft empfangen hat. 14 Denn wenn ich
mich irgendwie ihm gegenüber lobend
über euch geäußert habe, so habe ich nun
keine Beschämung erlebt, sondern so, wie
wir euch in allem die Wahrheit verkündet
haben, so hat sich auch unser Lob vor
Titus als Wahrheit herausgestellt. 15 Sein
Herz schlägt euch nun noch viel wärmer
entgegen, wenn er an euer aller Gehorsam
zurückdenkt, wie ihr ihn mit Furcht und
Zittern aufgenommen habt. 16 Ich freue
mich, dass ich mich in allem auf euch ver-
lassen kann.

Sammlung für Jerusalem

Das Beispiel Mazedoniens

8 Brüder, wir geben euch nun Nachricht von der Gottesgabe, die in den Gemeinden Mazedoniens gespendet worden ist. 2 Trotz großer Bewährung in Drangsal war nämlich ihre Freude übergroß und aus der Tiefe ihrer Armut ergoss sich doch ein reicher Strom von Freigebigkeit. 3 Denn nach Vermögen, ich bezeuge es, und sogar über ihr Vermögen hinaus spendeten sie aus eigenem Antrieb. 4 Dabei baten sie uns flehentlich um die Gunst, am Hilfswerk für die Heiligen teilnehmen zu dürfen. 5 Und dann gaben sie nicht nur in dem Maß, wie wir erwartet hatten, nein, sich selbst haben sie hingegeben, in erster Linie dem Herrn, dann uns, wie es Gottes Wille war.

6 So kam es, dass wir Titus zuredeten, dieses Liebeswerk, das er vorher schon begonnen hatte, bei euch auch zu Ende zu führen. 7 Wie ihr aber in allem überreich seid, an Glauben, Rede und Erkenntnis, an jeglichem Eifer und an der Liebe, die von uns in euch angefacht wurde, so sollt ihr euch auch an diesem Liebeswerk großherzig beteiligen. 8 Das sage ich nicht als Befehl, vielmehr möchte ich durch die Erinnerung an den Eifer anderer die Echtheit euerer Liebe erproben. 9 Ihr kennt ja die Gnade unseres Herrn Jesus Christus und wisst, dass er, obschon er reich war, um euretwillen arm geworden ist, damit ihr durch seine Armut reich würdet. 10 Und so gebe ich euch in dieser Angelegenheit nur einen Rat, denn das gereicht euch zum Nutzen; ihr habt ja schon seit vorigem Jahr den Anfang gemacht, nicht nur mit dem Tun, sondern auch mit euerem Wollen. 11 Nun aber bringt das Werk zu Ende, damit der Bereitschaft des Wollens das Durchführen entspricht, nach Maßgabe des Vermögens. 12 Ist nämlich der gute Wille vorhanden, dann ist jeder willkommen mit dem, was er hat, nicht nach dem, was er nicht hat. 13 Es soll ja nicht sein, dass anderen eine Entlastung, euch aber eine Belastung zuteil wird, sondern es soll ein Ausgleich sein. 14 In der jetzigen Zeit soll euer Überfluss ihrem Mangel abhelfen, damit auch ihr Überfluss einmal euerem Mangel zugute kommt und ein Ausgleich entsteht, 15 wie geschrieben steht: *Wer viel gesammelt hatte, hatte keinen Überfluss und wer wenig gesammelt hatte, hatte keinen Mangel.*

Empfehlung der Beauftragten

16 Dank aber sei Gott, der Titus den gleichen Eifer für euch ins Herz gelegt hat. 17 Er gab nämlich meiner Bitte gern Gehör; ja, weil sein Eifer überaus groß war, hat er aus eigenem Antrieb die Reise zu euch angetreten. 18 Mit ihm haben wir den Bruder abgesandt, dessen Lob um des Evangeliums willen durch alle Gemeinden geht 19 und außerdem von den Gemeinden zu unserem Reisebegleiter gewählt worden ist, wenn wir diese Liebesgabe zur Ehre des Herrn und als Erweis unserer Bereitwilligkeit überbringen. 20 Wir wollen nämlich verhindern, dass uns jemand angesichts dieser reichen Gabe, die durch uns vermittelt wird, ins Gerede bringt. 21 Denn wir sind *auf das bedacht, was recht und billig ist, nicht nur vor Gott, sondern auch vor den Menschen.* 22 Mit ihnen haben wir noch einen weiteren Bruder geschickt, dessen Eifer wir schon oft und in vielen Dingen erprobt haben, der aber jetzt noch viel eifriger ist wegen des großen Vertrauens, das er zu euch hat. 23 Ob ich also eine Empfehlung für Titus ausstelle – er ist mein Gefährte und Mitarbeiter für euch –, oder ob es unsere Brüder sind: Sie sind Abgesandte der Gemeinden und ein Abglanz Christi. 24 Liefert ihnen also den Beweis euerer Liebe und bestätigt vor den Gemeinden, was ich zu ihnen Lobenswertes über euch gesagt habe.

Erneuter Aufruf zur Sammlung für Jerusalem

9 Euch über das Hilfswerk für die Heiligen zu schreiben, erübrigt sich für mich. 2 Ich kenne ja euere Bereitwilligkeit, die ich zu eueren Gunsten den Mazedoniern gegenüber hervorhebe indem ich sage: Achaia ist schon seit Jahresfrist gerüstet. Und euer Eifer hat weitere angespornt. 3 Die Brüder aber habe ich trotzdem gesandt, damit sich unser Lob für euch in diesem Punkt nicht als gegenstandslos erweist, sondern damit ihr wirklich, wie ich behauptet habe, gerüstet dasteht. 4 So möchte ich verhüten, dass, wenn Mazedonier mit mir kämen und

euch unvorbereitet fänden, wir – um nicht
zu sagen, ihr – mit dieser Erwartung be-
schämt würden. 5 Darum habe ich es für
notwendig gehalten, die Brüder aufzufor-
dern, zu euch vorauszureisen und euere in
Aussicht gestellte Segensspende vorzube-
reiten, damit sie auch wirklich als eine
Gabe des Segens bereitliegt und nicht als
Gabe des Geizes.

Der Segen des Hilfswerks

6 Das aber ist gewiss: Wer spärlich sät,
wird auch spärlich ernten, und wer reich-
lich sät, wird auch reichlich ernten. 7 Jeder
gebe, wie er es sich in seinem Herzen vor-
genommen hat, nicht in Verdrossenheit
oder aus Zwang; denn *einen fröhlichen Ge-
ber* hat Gott lieb. 8 Gott aber hat die
Macht, euch jede Gnadengabe in Fülle zu-
zuwenden, sodass ihr allezeit in allem vol-
les Auskommen habt und dazu noch
Überfluss zu guten Werken aller Art,
9 wie geschrieben steht: *Er teilt reichlich
aus, gibt den Armen, seine Gerechtigkeit
währt in Ewigkeit.*
10 Der aber, der dem Sämann *Saatgut
schenkt und Brot zur Speise*, wird auch euer
Saatgut beschaffen und mehren und die
Früchte euerer Gerechtigkeit heranwachsen
lassen. 11 So werdet ihr in allem reich ge-
macht zu jeder Art von Güte, die dann
durch uns Danksagung gegenüber Gott
bewirkt. 12 Denn die Mitwirkung an dieser
Dienstleistung lindert nicht nur den Man-
gel der Heiligen, sondern bringt auch rei-
che Frucht durch die vielen Dankgebete zu
Gott. 13 Angesichts euerer Bewährung in
diesem Hilfswerk loben sie Gott für euer
gehorsames Bekenntnis zum Evangelium
Christi und für die aufrichtige Anteilnah-
me an ihnen und allen. 14 In ihrem Gebet
für euch werden sie ihrer Sehnsucht nach
euch Ausdruck geben, weil Gottes Gnade
sich so überschwänglich an euch erweist.
15 Dank sei Gott für seine unaussprechliche
Gabe!

Der Kampf des Paulus um seine Gemeinde

Die Vorwürfe der Gegner

10 Ich, Paulus, der wie behauptet wird
im persönlichen Umgang mit euch
demütig sein, aus der Ferne aber gegen
euch mutig auftreten soll, ermahne euch
bei der Sanftmut und Milde Christi und
2 bitte euch: Zwingt mich nicht, dass ich
bei meiner Anwesenheit kraftvoll auftrete
mit der Entschiedenheit, mit der ich gegen
gewisse Leute einzuschreiten gedenke, die
meinen, unsere Lebensführung sei welt-
lich. 3 Freilich leben wir in dieser Welt,
aber den Kampf führen wir nicht so, wie
die Welt ihn führt. 4 Sind doch die Waffen
unseres Kampfes nicht irdisch, wenn-
gleich sie durch Gott die Macht haben,
Festungen niederzureißen. Mit ihnen zer-
stören wir Vernünfteleien 5 und alles, was
sich hoch auftürmt gegen die Erkenntnis
Gottes; wir nehmen alles Denken gefangen
und führen es zum Gehorsam gegen
Christus; 6 wir halten uns bereit, jeden Un-
gehorsam zu bestrafen, sobald euer Ge-
horsam vollendet ist.
7 Schaut auf das, was vor Augen liegt!
Wenn einer von sich selbst die zuversicht-
liche Auffassung hat, Christus anzuge-
hören, so soll er doch auch bedenken, dass
wir ebenso gut wie er Christus angehören.
8 Ja, wenn ich mich weiter rühmen wollte
hinsichtlich der Vollmacht, die der Herr
mir verliehen hat zu euerer Erbauung und
nicht zu euerer Zerstörung, so würde ich
doch nicht Schaden ernten. 9 Doch ich will
nicht den Anschein erwecken, als wollte
ich euch mit meinen Briefen einschüch-
tern. 10 Seine Briefe, so sagt man, sind
wuchtig und kraftvoll, sein leibhaftiges
Auftreten dagegen ist schwächlich und
seine Rede ist nichts wert. 11 Der Betreffen-
de, der das behauptet, soll bedenken: Ge-
nauso, wie wir uns aus der Ferne in unse-
ren Briefen äußern, so verhalten wir uns
auch, wenn wir anwesend sind.

Antwort auf den Vorwurf der Ruhmsucht

12 Wir wagen es allerdings nicht, uns in
eine Reihe zu stellen oder uns zu verglei-
chen mit gewissen Leuten, die sich selbst
empfehlen. Sie sind aber nicht recht bei
Sinnen, wenn sie sich an sich selbst mes-
sen und sich mit sich selbst vergleichen.
13 Wir jedoch wollen uns nicht maßlos rüh-
men, sondern nach dem Maß des Rah-

mens, den uns Gott als Maß zugeteilt hat,
dass wir nämlich bis zu euch gelangt sind.
[14] Denn es ist ja nicht so, als ob wir nicht zu
euch gekommen wären und nun zu weit
ausstrecken würden; sind wir doch tat-
sächlich in der Verkündigung des Evan-
geliums Christi bis zu euch gelangt. [15] Wir
rühmen uns also nicht ins Maßlose mit
fremden Leistungen; wir haben aber die
Hoffnung, dass wir, wenn euer Glaube
wächst, noch größer werden und über
den bisherigen Rahmen hinauskommen,
[16] sodass wir das Evangelium in die über
euere Grenzen hinausliegenden Gebiete
tragen können, ohne uns dabei in einem
fremden Bereich dessen zu rühmen, was
andere schon vorher geleistet haben.
[17] *Wer sich* also *rühmen will, rühme sich*
des Herrn. [18] Denn nicht der ist bewährt,
der sich selbst empfiehlt, sondern der, den
der Herr empfiehlt.

Paulus und die falschen Apostel

11 Möchtet ihr euch doch ein klein
wenig Torheit von mir gefallen las-
sen! Aber ihr ertragt mich. [2] Ich eifere
nämlich um euch mit Gottes Eifersucht;
denn ich habe euch einem einzigen Mann
verlobt, um euch als reine Jungfrau zu
Christus zu führen. [3] Ich fürchte aber, wie
die Schlange mit ihrer Arglist Eva betrog,
könnten auch euere Gedanken verdorben
und von der Einfalt gegen Christus abge-
zogen werden. [4] Wenn nämlich irgendwer
kommt und einen anderen Jesus verkün-
det, den wir nicht verkündet haben, oder
wenn ihr einen anderen Geist empfangt,
als ihr empfangen habt, oder ein anderes
Evangelium, als ihr angenommen habt, so
lasst ihr es euch ruhig gefallen. [5] Ich bin
nämlich der Ansicht, dass ich in keiner
Beziehung hinter den Überaposteln zu-
rückstehe. [6] Wenn ich aber auch in der Re-
de ein Stümper bin, so bin ich es doch
nicht in der Erkenntnis; wir haben sie
euch in jeder Hinsicht und in allen Stü-
cken verkündet. [7] Oder habe ich eine Sün-
de begangen, als ich mich, um euch zu er-
höhen, selbst erniedrigte und euch das
Evangelium Gottes unentgeltlich verkün-
dete? [8] Andere Gemeinden habe ich be-
raubt, indem ich Unterstützung von ihnen
annahm, um euch dienen zu können.
[9] Während meines Aufenthaltes bei euch
bin ich, auch als ich in Not geriet, nieman-
dem zur Last gefallen; denn da haben mir
die Brüder, die aus Mazedonien gekom-
men waren, aus der Not geholfen. In jeder
Beziehung habe ich mich so eingerichtet,
dass ich euch nicht lästig wurde und ich
werde mich auch ferner so einrichten.
[10] So gewiss die Wahrheit Christi in mir ist,
dieser Ruhm soll mir im Gebiet von
Achaia nicht geschmälert werden. [11] Wa-
rum? Etwa weil ich euch nicht liebe? Gott
weiß es! [12] Was ich aber tue, werde ich auch
in Zukunft tun, um denen die Gelegenheit
zu nehmen, die nur nach einer Gelegen-
heit suchen, um in dem, womit sie sich
rühmen, ebenso dazustehen wie wir.
[13] Diese Leute sind nämlich Lügenapostel,
Pfuscher in ihrer Arbeit, die sich das Aus-
sehen von Aposteln Christi geben. [14] Kein
Wunder! Gibt sich doch der Satan selbst
das Aussehen eines Lichtengels. [15] Es ist al-
so nichts Besonderes, wenn auch seine
Diener sich das Aussehen von Dienern
der Gerechtigkeit geben. Ihr Ende wird
ihren Taten entsprechen.

Die Leiden des Apostels

[16] Ich sage es noch einmal: Niemand halte
mich für einen Toren. Wenn aber doch,
dann nehmt mich einmal als Toren hin,
damit auch ich mich ein wenig loben darf.
[17] Was ich nun rede, das sage ich nicht im
Sinn des Herrn, sondern in der Rolle eines
Toren, der sich gern einmal loben will.
[18] Da so viele sich selbst loben, so will auch
ich mich einmal loben. [19] Ihr ertragt ja gern
die Toren, ihr klugen Leute. [20] Ja, ihr er-
tragt es, wenn man euch knechtet, wenn
man euch aussaugt, wenn man euch ein-
fängt, wenn man sich überheblich zeigt,
wenn man euch ins Gesicht schlägt. [21] Zu
meiner Schande gestehe ich: in diesem
Punkt bin ich allerdings zu schwach gewe-
sen.

Womit aber jemand prahlt – ich rede
im Unverstand –, damit prahle ich eben-
falls. [22] Sie sind Hebräer? Ich auch. Sie sind
Israeliten? Ich auch. Sie sind Nachkom-
men Abrahams? Ich auch. [23] Sie sind Die-
ner Christi? Jetzt rede ich noch unver-
nünftiger: Ich noch mehr! In Mühen viel
mehr, in Gefangenschaften viel mehr, in
Misshandlungen über die Maßen, oftmals
in Todesnöten. [24] Von den Juden bekam
ich fünfmal die neununddreißig Hiebe.
[25] Dreimal wurde ich ausgepeitscht, einmal

gesteinigt, dreimal erlitt ich Schiffbruch,
eine Nacht und einen Tag trieb ich auf ho-
her See. 26 Oft war ich auf Reisen, gefährdet
durch Flüsse, gefährdet durch Räuber, ge-
fährdet durch das eigene Volk, gefährdet
durch Heiden, gefährdet in der Stadt, ge-
fährdet in der Steppe, gefährdet auf dem
Meer, gefährdet durch falsche Brüder.
27 Mühsal und Beschwerde hatte ich zu er-
tragen, oftmals durchwachte Nächte,
Hunger und Durst, häufiges Fasten, Kälte
und Blöße – 28 abgesehen von allem ande-
ren noch der tägliche Andrang zu mir, die
Sorge um alle Gemeinden! 29 Wer ist
schwach und ich bin nicht schwach? Wer
erleidet Ärgernis und ich fühle nicht bren-
nenden Schmerz?

30 Wenn schon gerühmt sein muss, will
ich mich meiner Schwachheit rühmen.
31 Der Gott und Vater des Herrn Jesus, der
gepriesen ist in alle Ewigkeit, er weiß, dass
ich nicht lüge. 32 In Damaskus ließ der
Statthalter des Königs Aretas die Stadt
der Damaszener bewachen, weil er mich
festnehmen wollte. 33 Aber ich wurde
durch ein Fenster in einem Korb über die
Mauer hinuntergelassen und entkam sei-
nen Händen.

Gottes Kraft und die Schwäche des Apostels

12 Gerühmt muss sein, wenn es auch
nichts nützt; trotzdem will ich jetzt
auf Erscheinungen und Offenbarungen
des Herrn zu sprechen kommen. 2 Ich ken-
ne einen Menschen in Christus, der vor
vierzehn Jahren – ob im Leib, das weiß
ich nicht, oder außer dem Leib, das weiß
ich nicht, Gott weiß es – bis zum dritten
Himmel entrückt wurde. 3 Und ich weiß,
dass der betreffende Mensch – ob im Leib,
das weiß ich nicht, oder außer dem Leib,
das weiß ich nicht, Gott weiß es – 4 ins Pa-
radies entrückt wurde und unsagbare
Worte vernahm, die ein Mensch nicht aus-
zusprechen vermag. 5 Diesen Mann will
ich rühmen, was aber mich selbst angeht,
so will ich mich nicht rühmen, es sei denn
meiner Schwachheiten. 6 Wollte ich mich
dennoch rühmen, würde ich zwar kein
Tor sein, ich würde ja die Wahrheit spre-
chen; aber ich verzichte darauf, damit mir
niemand etwas über das hinaus beimisst,
was er an mir sieht oder aus meinem
Mund hört. 7 Aber damit ich mich wegen
der Größe der Offenbarungen nicht über-
hebe, wurde mir ein Stachel ins Fleisch ge-
trieben, ein Bote Satans, der mich mit
Fäusten schlagen soll, damit ich mich
nicht überhebe. 8 Seinetwegen habe ich
dreimal den Herrn angefleht, dass er von
mir ablasse. 9 Aber er hat mir erklärt: Es
genügt dir meine Gnade; denn die Kraft
wird in der Schwachheit vollendet. Ich will
mich also viel lieber meiner Schwachhei-
ten rühmen, damit die Kraft Christi bei
mir Wohnung nimmt. 10 Darum habe ich
Gefallen an meinen Schwachheiten, an
Schmähungen, Notlagen, Verfolgungen
und Bedrängnissen um Christi willen;
denn wenn ich schwach bin, dann bin ich
stark.

11 Ein Tor bin ich geworden; ihr habt
mich dazu gezwungen. Denn eigentlich
hätte ich von euch gerühmt werden müs-
sen. Ich bin nämlich in nichts hinter den
Überaposteln zurückgeblieben, obgleich
ich nichts bin. 12 Die Kennzeichen des
Apostels wurden ja unter euch in aller Ge-
duld durch Zeichen, Wunder und Macht-
taten erbracht. 13 Was ist es denn, worin ihr
den übrigen Gemeinden gegenüber zu
kurz gekommen seid, außer, dass ich euch
persönlich nicht zur Last gefallen bin?
Verzeiht mir dieses Unrecht!

Erneute Besuchsabsichten

Die Uneigennützigkeit des Apostels

14 Jetzt halte ich mich zum dritten Mal be-
reit, zu euch zu kommen, aber ich werde
euch nicht zur Last fallen; ich suche ja
nicht das Euere, sondern euch. Denn nicht
die Kinder sollen für die Eltern sparen,
sondern die Eltern für die Kinder. 15 Ich
aber will herzlich gern alles aufwenden
und für euch aufopfern. Wenn ich euch
im Übermaß liebe, soll ich deswegen weni-
ger wiedergeliebt werden?

16 Nun gut, zur Last bin ich euch nicht
gefallen; aber weil ich ein ganz Schlauer
bin, habe ich euch vielleicht mit List einge-
fangen? 17 Habe ich euch etwa durch einen
von denen, die ich zu euch gesandt habe,
übervorteilt? 18 Ich habe den Titus gebeten
euch zu besuchen und den Bruder mit ihm

gesandt. Hat vielleicht Titus euch übervorteilt? Haben wir nicht im gleichen Geist gehandelt? Sind wir nicht in den gleichen Spuren gegangen?

Befürchtungen und Besorgnisse

19 Schon lange meint ihr wohl, wir wollten
uns vor euch verteidigen. Wir reden vor
Gott in Christus und alles, liebe Brüder,
dient euerer Erbauung. 20 Ich fürchte näm-
lich, dass ich euch bei meinem Eintreffen
nicht so finde, wie ich es wünsche und dass
ihr mich so findet, wie ihr es nicht wünscht;
ich fürchte, dass es zu Streit, Eifersucht,
Zornausbrüchen, Zänkereien, Verleum-
dungen, Zwischenträgereien, Überheb-
lichkeiten und Unordnungen kommt,
21 dass, wenn ich wiederkomme, mein Gott
mich noch einmal vor euch demütigt und
dass ich wegen vieler Leid tragen muss, die
schon früher gesündigt, sich aber nicht von
ihrer Unreinheit, Unzucht und Ausschwei-
fung abgewandt haben.

13 Zum dritten Mal komme ich jetzt
zu euch. *Durch die Aussage von
zwei oder drei Zeugen wird jede Sache ent-
schieden.* 2 Ich habe es denen, die früher
gesündigt haben, und allen anderen ange-
kündigt, als ich zum zweiten Mal anwe-
send war und sage es jetzt noch einmal in
der Abwesenheit: Wenn ich wiederkom-
me, werde ich keine Schonung üben. 3 Ihr
verlangt ja einen Beweis dafür, dass Chris-
tus in mir redet, er, der euch gegenüber
nicht schwach ist, sondern machtvoll un-
ter euch wirkt. 4 Wohl ist er in seiner
Schwachheit gekreuzigt worden, aber er
lebt aus Gottes Kraft. Auch wir sind
schwach in ihm, aber wir werden zusam-
men mit ihm vor eueren Augen aus Gottes
Kraft leben.

5 Prüft euch selbst, ob ihr im Glauben
seid, stellt euch selbst auf die Probe. Oder
könnt ihr nicht an euch erkennen, dass Je-
sus Christus in euch ist? Wenn nicht, dann
habt ihr euch nicht bewährt. 6 Ich hoffe in-
des, dass ihr erkennt, dass wir nicht unbe-
währt sind. 7 Wir beten aber zu Gott, dass
ihr nichts Böses tut, nicht damit wir be-
währt erscheinen, sondern damit ihr das
Gute tut, wir aber wie Unbewährte daste-
hen. 8 Denn wir vermögen nichts gegen die
Wahrheit, sondern nur für die Wahrheit.
9 Wir freuen uns ja, wenn wir schwach
sind, ihr aber stark seid. Um das beten
wir auch: um euere Festigung. 10 Deshalb
schreibe ich dies aus der Ferne, damit ich
bei meiner Anwesenheit nicht mit der
Strenge verfahren muss kraft der Voll-
macht, die mir der Herr zum Aufbauen,
nicht aber zum Niederreißen, verliehen
hat.

Briefschluss

11 Im Übrigen, liebe Brüder, freut euch,
lasst euch zur Ordnung bringen, ermah-
nen, seid eines Sinnes, haltet Frieden!
Dann wird der Gott der Liebe und des
Friedens mit euch sein.

12 Grüßt einander mit heiligem Kuss! Es
grüßen euch alle Heiligen.

13 Die Gnade des Herrn Jesus Christus,
die Liebe Gottes und die Gemeinschaft
des Heiligen Geistes sei mit euch allen!

Der Brief an die Galater

Briefeingang

1 Paulus, Apostel, nicht von Menschen, auch nicht durch einen Menschen, sondern durch Jesus Christus und Gott, den Vater, der ihn von den Toten auferweckt hat, 2 und alle Brüder bei mir an die Gemeinden von Galatien. 3 Gnade euch und Friede von Gott, unserem Vater, und dem Herrn Jesus Christus, 4 der sich für unsere Sünden hingegeben hat, um uns aus der gegenwärtigen bösen Welt zu erretten nach dem Willen unseres Gottes und Vaters. 5 Ihm sei die Ehre in alle Ewigkeit. Amen.

Der Anlass des Briefes

6 Ich wundere mich, dass ihr so rasch von dem, der euch in der Gnade Christi berufen hat, zu einem anderen Evangelium abfallt. 7 Es gibt doch kein anderes; da sind nur gewisse Leute, die euch in Verwirrung bringen und das Evangelium Christi verdrehen wollen. 8 Aber selbst wenn wir oder ein Engel vom Himmel ein Evangelium verkündigte im Gegensatz zu dem, das wir euch verkündigt haben – verflucht sei er! 9 Wie wir schon früher gesagt haben, so sage ich es auch jetzt wieder: Wenn euch jemand ein Evangelium verkündet im Gegensatz zu dem, das ihr empfangen habt – verflucht sei er!

10 Will ich denn Menschen überreden oder Gott? Oder suche ich Menschen zu gefallen? Wenn ich noch Menschen gefallen wollte, wäre ich kein Knecht Christi.

Das Apostelamt und das Evangelium des Paulus

Die göttliche Berufung

11 Denn ich versichere euch, Brüder: Das von mir verkündete Evangelium ist nicht nach Menschengeschmack; 12 ich habe es auch nicht von einem Menschen empfangen noch bin ich darin unterwiesen worden, sondern ich habe es durch eine Offenbarung Jesu Christi empfangen. 13 Ihr habt ja gehört, wie ich früher als Jude gelebt habe, wie maßlos ich die Kirche Gottes verfolgte und zu vernichten suchte, 14 wie ich in meinem Einsatz für das Judentum viele Altersgenossen in meinem Volk überflügelte und ein übereifriger Sachwalter der Überlieferungen meiner Väter war. 15 Doch als es dem, der mich *vom Mutterschoß an* ausersehen und durch seine Gnade berufen hat, gefiel, 16 mir seinen Sohn zu offenbaren, damit ich ihn unter den Heiden verkündige, da wandte ich mich nicht sofort an Menschen; 17 ich reiste auch nicht nach Jerusalem hinauf zu denen, die vor mir Apostel waren, sondern zog fort nach Arabien und kehrte dann wieder nach Damaskus zurück. 18 Drei Jahre später zog ich nach Jerusalem hinauf, um Kephas kennen zu lernen, und blieb fünfzehn Tage bei ihm. 19 Einen anderen von den Aposteln aber sah ich nicht, nur Jakobus, den Bruder des Herrn. 20 Was ich euch da schreibe – fürwahr, bei Gott, ich lüge nicht. 21 Dann kam ich in die Gegenden von Syrien und Zilizien. 22 Für meine Person aber blieb ich den christlichen Gemeinden Judäas unbekannt. 23 Nur vom Hörensagen wussten sie: Der, der uns einst verfolgte, verkündet jetzt den Glauben, den er vorher ausrotten wollte, 24 und sie priesen Gott um meinetwillen.

Paulus' Anerkennung als Heidenapostel

2 Vierzehn Jahre später reiste ich wieder nach Jerusalem hinauf zusammen mit Barnabas, auch Titus nahm ich mit. 2 Ich reiste aufgrund einer Offenbarung und legte ihnen das Evangelium vor, das ich unter den Heiden verkündige, namentlich aber den maßgebenden Männern, damit ich nicht etwa ins Leere liefe oder schon gelaufen sei. 3 Aber nicht einmal mein Begleiter Titus, der doch ein Grieche war, wurde gezwungen, sich beschneiden zu lassen. 4 Aber was die eingeschlichenen falschen Brüder betrifft, die sich eingedrängt hatten, um unsere Freiheit, die wir in Christus Jesus haben, zu beargwöhnen, um uns versklaven zu können, 5 diesen Leuten machten wir keine Zugeständnisse, auch nicht einen Augenblick, damit euch

die Wahrheit des Evangeliums erhalten
bleibe. 6 Von den maßgebenden Männern
aber – wer immer sie waren, ist mir gleich-
gültig, Gott sieht nicht auf das Ansehen
der Person –, die maßgebenden Männer
also haben mir nichts aufgelegt, 7 im Ge-
genteil: Sie sahen, dass ich mit dem Evan-
gelium für die Unbeschnittenen betraut
bin wie Petrus mit dem für die Beschnitte-
nen. 8 Denn der, der Petrus zum Apostel-
dienst unter den Beschnittenen befähigt
hat, hat auch mich zum Aposteldienst un-
ter den Heiden befähigt. 9 Und als sie die
mir zuteil gewordene Gnade erkannten,
gaben Jakobus, Kephas und Johannes, die
als Säulen gelten, mir und Barnabas die
Hand zum Zeichen der Gemeinschaft:
Wir sollten zu den Heiden, sie zu den Be-
schnittenen gehen. 10 Nur sollten wir an
ihre Armen denken, und gerade dies zu
tun, war ich auch eifrig bemüht.

Der Zwischenfall in Antiochien

11 Als aber Kephas nach Antiochia kam,
widerstand ich ihm ins Angesicht, weil er
im Unrecht war. 12 Bevor nämlich einige
Leute von Jakobus kamen, hielt er Tisch-
gemeinschaft mit den Heiden. Als sie aber
erschienen, zog er sich zurück und sonder-
te sich ab aus Furcht vor den Beschnitte-
nen. 13 An seiner Heuchelei beteiligten sich
auch die übrigen Juden, sodass sich sogar
Barnabas durch ihr heuchlerisches Ver-
halten mit fortreißen ließ. 14 Als ich aber
sah, dass sie von der Wahrheit des Evan-
geliums abwichen, sagte ich in Gegenwart
aller zu Petrus: Wenn du als Jude heid-
nisch und nicht jüdisch lebst, wie kannst
du da die Heiden zwingen, wie Juden zu
leben? 15 Wir sind von Geburt Juden und
nicht Sünder heidnischer Herkunft. 16 Da
wir aber wissen, dass kein Mensch auf-
grund von Gesetzeswerken gerechtfertigt
wird, sondern durch den Glauben an Jesus
Christus, so sind wir zum Glauben an
Christus Jesus gekommen, damit wir
durch den Glauben an Christus und nicht
durch Gesetzeswerke gerechtfertigt wer-
den; denn durch Gesetzeswerke *wird nie-
mand gerechtfertigt.* 17 Wenn aber auch wir
trotz unseres Verlangens, in Christus ge-
rechtfertigt zu werden, als Sünder gelten,
ist dann Christus etwa ein Diener der Sün-
de? Ausgeschlossen! 18 Wenn ich allerdings
das, was ich niedergerissen habe, wieder
aufbaue, erweise ich mich selbst als Über-
treter. 19 Denn durch das Gesetz bin ich
dem Gesetz gestorben, um für Gott zu le-
ben. Mit Christus bin ich gekreuzigt;
20 nicht mehr ich lebe, sondern Christus
lebt in mir. Soweit ich aber jetzt doch
noch in der Welt lebe, lebe ich im Glau-
ben an den Sohn Gottes, der mich geliebt
und sich für mich hingegeben hat. 21 Ich
verwerfe nicht die Gnade Gottes; denn
wenn die Gerechtigkeit durch das Gesetz
kommt, dann ist Christus umsonst gestor-
ben.

Das gesetzesfreie Evangelium

Appell an die Galater

3 Ihr unverständigen Galater! Wer hat
euch behext, euch, denen doch Jesus
Christus als Gekreuzigter vor Augen ge-
stellt wurde! 2 Das eine möchte ich von
euch wissen: Habt ihr den Geist aus Geset-
zeswerken oder aus Glaubensverkündi-
gung empfangen? 3 Seid ihr wirklich so un-
verständig? Habt im Geist begonnen und
wollt jetzt im Fleisch enden? 4 Habt ihr
denn so Großes vergeblich erfahren? Ja
wirklich: vergeblich! 5 Der euch den Geist
geschenkt und Wundertaten unter euch
gewirkt hat, gewährt er euch dies aufgrund
von Gesetzeswerken oder aufgrund von
Glaubensverkündigung?

Gesetzes- und Glaubensgerechtigkeit

6 Wie bei Abraham: *Er glaubte Gott und es
wurde ihm als Gerechtigkeit angerechnet.*
7 Versteht also: Die aus dem Glauben le-
ben, die sind Söhne Abrahams. 8 Indem
nun die Schrift voraussah, dass Gott die
Heiden aufgrund von Glauben gerecht
macht, hat sie dem Abraham im Voraus
verkündet: *Durch dich sollen alle Völker ge-
segnet sein.* 9 Daher werden alle, die glau-
ben, zusammen mit dem gläubigen Abra-
ham gesegnet. 10 Denn alle, die nach dem
Gesetz leben, stehen unter einem Fluch;
steht doch geschrieben: *Verflucht ist jeder,
der nicht beharrlich alles tut, was das Buch
des Gesetzes zu tun vorschreibt.* 11 Dass aber
durch das Gesetz niemand bei Gott ge-
rechtfertigt wird, ist offensichtlich; denn:
Der aus Glauben Gerechte wird leben.
12 Das Gesetz aber stammt nicht aus dem
Glauben, sondern es gilt: *Wer die Gebote
erfüllt, wird durch sie leben.* 13 Christus hat

uns von dem Fluch des Gesetzes losgekauft, indem er für uns zum Fluch geworden ist; steht doch geschrieben: *Verflucht ist jeder, der am Holz hängt.* [14] So sollte der Segen Abrahams in Christus Jesus zu den Heiden kommen, damit wir die Verheißung des Geistes durch den Glauben empfangen.

[15] Brüder, ich rede nach Menschenweise: Schon eines Menschen rechtskräftig gewordenes Testament kann niemand umstoßen oder ihm eine Klausel anhängen. [16] Nun sind aber die Verheißungen Abraham und seinem Nachkommen zugesagt worden. Es heißt nicht: und den Nachkommen, als ob es sich um eine Mehrzahl handelte, sondern es ist nur von einem einzigen die Rede: *und deinem Nachkommen*, das ist Christus. [17] Damit will ich sagen: Ein von Gott früher rechtskräftig gemachtes Testament kann das vierhundertdreißig Jahre später entstandene Gesetz nicht außer Geltung setzen, sodass die Verheißung unwirksam wäre. [18] Denn wenn das Erbe aus dem Gesetz käme, dann käme es nicht mehr aus der Verheißung. Gott hat aber Abraham durch die Verheißung Gnade erwiesen.

Die wahre Funktion des Gesetzes

[19] Was soll also das Gesetz? Um der Übertretungen willen ist es hinzugefügt worden, bis der Nachkomme käme, dem die Verheißung gilt; angeordnet wurde es durch Engel, durch einen Mittler. [20] Der Mittler aber ist nicht Mittler eines einzigen. Gott aber ist einziger. [21] Steht also das Gesetz gegen die Verheißungen Gottes? Keineswegs! Denn nur wenn ein Gesetz gegeben worden wäre, das Leben spenden könnte, käme die Gerechtigkeit tatsächlich aus dem Gesetz. [22] Stattdessen hat die Schrift alles unter Sünde zusammengeschlossen, damit die Verheißung aufgrund des Glaubens an Jesus Christus denen zuteil werde, die glauben. [23] Bevor aber der Glaube kam, waren wir unter dem Gesetz in Gewahrsam gehalten in Hinsicht auf den Glauben, der offenbart werden sollte. [24] So ist das Gesetz unser Zuchtmeister auf Christus hin geworden, damit wir aus dem Glauben gerechtfertigt würden. [25] Nachdem aber der Glaube gekommen ist, stehen wir nicht mehr unter dem Zuchtmeister.

Glaube und Gottessohnschaft

[26] Ihr alle seid also durch den Glauben Söhne Gottes in Christus Jesus. [27] Denn ihr alle, die ihr auf Christus getauft seid, habt Christus angezogen. [28] Da gibt es nicht mehr Juden und Griechen, Sklaven und Freie, da gibt es nicht Mann und Frau. Denn ihr alle seid einer in Christus Jesus. [29] Wenn ihr aber Christus angehört, dann seid ihr Abrahams Nachkommen, Erben kraft der Verheißung.

4 Ich meine aber: Solange der Erbe unmündig ist, unterscheidet er sich in nichts von einem Sklaven, obwohl er Herr über das Ganze ist; [2] er untersteht vielmehr Vormündern und Verwaltern bis zu dem vom Vater bestimmten Zeitpunkt. [3] So waren auch wir, solange wir unmündig waren, den Naturmächten unterworfen. [4] Als aber die Zeit erfüllt war, sandte Gott seinen Sohn, geboren von einer Frau, dem Gesetz unterstellt, [5] damit er die dem Gesetz Unterworfenen loskaufe, damit wir an Kindes statt angenommen würden. [6] Weil ihr aber Söhne seid, sandte Gott den Geist seines Sohnes in unsere Herzen, der ruft: Abba, Vater. [7] Also bist du nicht mehr Knecht, sondern Sohn; wenn aber Sohn, dann auch Erbe durch Gott.

[8] Damals freilich, als ihr Gott noch nicht kanntet, habt ihr den Göttern gedient, die in Wirklichkeit gar keine sind. [9] Jetzt aber kennt ihr Gott, ja noch mehr, ihr seid von Gott erkannt. Wie könnt ihr euch da wieder schwachen und armseligen Weltelementen zuwenden, denen ihr von neuem dienen wollt? [10] Tage betrachtet ihr und Monate und Zeiten und Jahre! [11] Ich fürchte für euch, ich habe mich vergebens um euch bemüht.

Persönlicher Appell an die Einsicht der Galater

[12] Werdet wie ich, denn auch ich bin geworden wie ihr, Brüder, ich bitte euch. Ihr habt mir nichts zuleide getan. [13] Ihr wisst ja noch, wie ich euch in körperlicher Schwäche zum ersten Mal das Evangelium verkündigte; [14] da habt ihr die Versuchung, die mein körperlicher Zustand für euch darstellte, nicht verächtlich zurückgewiesen und ihr habt nicht ausgespien vor mir, sondern wie einen Boten Gottes habt ihr mich aufgenommen, wie Christus Jesus. [15] Wo ist nun euere Begeis-

terung? Denn ich bezeuge euch: Ihr hät-
tet, wenn es möglich gewesen wäre, euch
die Augen ausgerissen und sie mir gege-
ben. 16 Bin ich denn dadurch euer Feind
geworden, dass ich euch die Wahrheit sa-
ge? 17 Sie umwerben euch, nicht in guter
Absicht, vielmehr ausschließen wollen sie
euch, damit ihr sie dann umwerbt. 18 Es ist
etwas Schönes, immerfort im Guten um-
worben zu werden, nicht nur, wenn ich
bei euch bin. 19 Meine Kinder, um die ich
abermals Geburtswehen leide, bis Chris-
tus in euch Gestalt gewinnt, 20 ich wollte,
ich könnte jetzt bei euch sein und anders
mit euch reden; denn ich bin ratlos euret-
wegen.

Die beiden Testamente

21 Sagt mir, die ihr unter dem Gesetz leben
wollt, hört ihr das Gesetz nicht? 22 Es steht
doch geschrieben, dass Abraham zwei
Söhne hatte, einen von der Sklavin und
einen von der Freien. 23 Aber der von der
Sklavin wurde auf natürliche Weise ge-
zeugt, der von der Freien dagegen auf-
grund der Verheißung. 24 Das ist sinnbild-
lich gesagt: Diese Frauen bedeuten die
beiden Testamente. Das eine stammt vom
Berg Sinai und bringt Sklaven zur Welt;
das ist Hagar. 25 Denn Hagar ist Bezeich-
nung für den Berg Sinai in Arabien; ihr
entspricht das gegenwärtige Jerusalem, be-
findet es sich doch mit seinen Kindern in
der Sklaverei. 26 Das obere Jerusalem hin-
gegen ist frei, das ist unsere Mutter.
27 Denn es steht geschrieben:
*Freu dich, du Unfruchtbare, die nicht
gebiert, / brich in Jubel aus und jauchze, /
die du nie in Wehen lagst; / denn viele Kin-
der hat die Einsame, / mehr als jene, die
den Mann hat.*
28 Ihr aber, Brüder, seid wie Isaak Kinder
der Verheißung. 29 Aber wie damals der auf
natürliche Weise Gezeugte den kraft des
Geistes Gezeugten verfolgte, so geschieht
es auch jetzt. 30 Doch was sagt die Schrift?
*Verstoße die Sklavin und ihren Sohn! Denn
der Sohn der Sklavin soll nicht Erbe sein
mit dem Sohn der Freien.* 31 Deshalb, Brü-
der, sind wir nicht Kinder der Sklavin,
sondern der Freien.

Ethik der Freiheit in Liebe und Geist

Im Stand der christlichen Freiheit verbleiben

5 Zur Freiheit hat uns Christus befreit.
So steht also fest und lasst euch nicht
wieder in das Joch der Knechtschaft span-
nen. 2 Ich, Paulus, sage euch: Wenn ihr
euch beschneiden lasst, wird Christus
euch nichts nützen. 3 Ich versichere noch
einmal jedem Menschen, der sich be-
schneiden lässt: Er ist verpflichtet, das
ganze Gesetz zu halten. 4 Geschieden seid
ihr von Christus, die ihr im Gesetz die
Rechtfertigung sucht, aus der Gnade seid
ihr herausgefallen. 5 Denn wir erwarten die
erhoffte Gerechtigkeit durch den Geist
aufgrund des Glaubens. 6 In Christus Jesus
hat nämlich weder die Beschneidung noch
das Unbeschnittensein irgendwelche Be-
deutung, sondern nur Glaube, der durch
Liebe wirksam ist. 7 Ihr wart so gut im
Lauf! Wer hat euch gehindert, der Wahr-
heit zu folgen? 8 Die Umstimmung geht
nicht von dem aus, der euch berufen hat.
9 Ein wenig Sauerteig durchsäuert den gan-
zen Teig. 10 Ich habe das Vertrauen zu euch
im Herrn, dass ihr nichts anderes denken
werdet als ich. Aber der, der euch verwirrt,
wird das Verdammungsurteil tragen müs-
sen, wer es auch sei. 11 Was jedoch mich
betrifft, Brüder: Wenn ich angeblich noch
die Beschneidung predige, warum werde
ich noch verfolgt? Dann ist ja das Ärgernis
des Kreuzes aus der Welt geschafft.
12 Möchten sich doch die, die euch aufhet-
zen, gleich ganz verschneiden lassen!

Dienen in Liebe

13 Ihr seid zur Freiheit berufen, Brüder.
Nur nehmt die Freiheit nicht zum Vor-
wand für das Fleisch, sondern dient einan-
der in Liebe! 14 Denn das ganze Gesetz ist
in dem einen Wort erfüllt: *Du sollst deinen
Nächsten lieben wie dich selbst!* 15 Wenn ihr
aber einander beißt und auffresst, dann
gebt Acht, dass ihr einander nicht ver-
schlingt.

Christlicher Lebenswandel im Geist

16 Ich sage aber: Lebt im Geist, dann werdet
ihr das Begehren des Fleisches nicht erfül-
len. 17 Denn das Fleisch begehrt gegen den
Geist auf und der Geist gegen das Fleisch;
beide liegen miteinander im Streit, damit
ihr nicht das tut, was ihr eigentlich wollt.

18 Lasst ihr euch aber vom Geist leiten,
dann steht ihr nicht unter dem Gesetz.
19 Offenkundig sind die Werke des Flei-
sches, nämlich Unzucht, Unreinheit, Aus-
schweifung, 20 Götzendienst, Zauberei,
Feindschaften, Streit, Eifersucht, Jähzorn,
Eigennutz, Zwistigkeiten, Parteiungen,
21 Neid, Trinkgelage, Schlemmerei und
dergleichen. Ich wiederhole, was ich schon
früher gesagt habe: Die derartiges tun,
werden das Reich Gottes nicht erben.
22 Die Frucht des Geistes aber ist Liebe,
Freude, Friede, Langmut, Freundlichkeit,
Güte, Treue, 23 Sanftmut, Enthaltsamkeit;
gegen all dies ist das Gesetz nicht. 24 Die
aber Christus Jesus angehören, haben das
Fleisch mit seinen Leidenschaften und Be-
gierden gekreuzigt. 25 Wenn wir aus dem
Geist leben, lasst uns auch im Einklang
mit dem Geist sein. 26 Wir wollen nicht
prahlen, nicht einander herausfordern,
nicht einander beneiden.

Mahnung zur Brüderlichkeit

6 Brüder, wenn einer bei einem Fehltritt
angetroffen wird, so bringt ihr, die ihr
vom Geist erfüllt seid, ihn im Geist der
Sanftmut wieder auf den rechten Weg!
Gib dabei Acht auf dich, dass nicht auch
du in Versuchung gerätst. 2 Einer trage
des anderen Last; so werdet ihr das Gesetz
Christi erfüllen. 3 Denn wenn jemand sich
einbildet, etwas zu sein, obschon er nichts
ist, so betrügt er sich selbst. 4 Jeder prüfe
sein eigenes Tun; dann wird er seinen
Ruhm für sich allein behalten und sich
nicht mit anderen vergleichen wollen;
5 denn jeder wird seine eigene Last zu tra-
gen haben. 6 Wer in der Lehre Unterricht
erhält, soll seinem Lehrer Anteil an allen
seinen Gütern geben. 7 Täuscht euch nicht:
Gott lässt sich nicht verspotten; denn was
ein Mensch sät, das wird er auch ernten.
8 Wer im Vertrauen auf sein Fleisch sät,
wird vom Fleisch Verderben ernten; wer
aber im Vertrauen auf den Geist sät, wird
vom Geist ewiges Leben ernten. 9 Wir wol-
len nicht müde werden, das Gute zu tun;
denn wir werden zur rechten Zeit ernten,
sofern wir nicht versagen. 10 Lasst uns des-
halb, solange wir Zeit haben, allen Gutes
tun, besonders aber den Glaubensgenos-
sen.

Briefschluss

11 Seht, mit welch großen Buchstaben ich
euch jetzt schreibe, mit eigener Hand.
12 Diejenigen, die gern in der Welt eine Rol-
le spielen wollen, nötigen euch die Be-
schneidung auf, nur damit sie um des
Kreuzes Christi willen keine Verfolgung
erleiden. 13 Aber nicht einmal sie selbst, die
sich beschneiden lassen, halten das Gesetz,
sondern wollen nur, dass ihr euch be-
schneiden lasst, um sich eueres Fleisches
rühmen zu können. 14 Ich aber will mich
nicht rühmen, außer im Kreuz unseres
Herrn Jesus Christus, durch das mir die
Welt gekreuzigt ist und ich der Welt.
15 Denn weder Beschneidung noch Unbe-
schnittenheit gilt etwas, sondern eine neue
Schöpfung. 16 Und alle, die mit dieser Richt-
schnur übereinstimmen: Friede und Erbar-
men über sie und über das Israel Gottes!

17 Künftig bereite mir niemand mehr
Mühe: denn ich trage die Zeichen Jesu an
meinem Leib. 18 Die Gnade unseres Herrn
Jesus Christus sei mit euerem Geist, Brü-
der! Amen.

Der Brief an die Epheser

Anschrift und Gruß

1 Paulus, Apostel Christi Jesu durch
den Willen Gottes, an die Heiligen in
Ephesus und die Gläubigen in Christus Je-
sus. [2] Gnade sei mit euch und Friede von
Gott, unserem Vater, und dem Herrn Jesus
Christus.

Die Kirche – Die Gemeinschaft der Erlösten

Das göttliche Heilshandeln

[3] Gepriesen sei der Gott und Vater unseres
Herrn Jesus Christus, / der uns mit allem
geistlichen Segen in den Himmeln geseg-
net hat in Christus.

[4] Denn in ihm hat er uns erwählt vor
Grundlegung der Welt, / dass wir heilig
und ohne Tadel vor ihm sind.

In Liebe [5] hat er uns zu seiner Sohn-
schaft vorausbestimmt durch Jesus Chris-
tus / nach seinem huldvollen Willen, [6] zum
Lob seiner herrlichen Gnade, / mit der er
uns in dem geliebten Sohn beschenkt hat;
[7] in ihm haben wir die Erlösung durch
sein Blut, / die Vergebung der Sünden,
nach dem Reichtum seiner Gnade, / [8] mit
der er uns überreich beschenkt hat.

In aller Weisheit und Einsicht [9] hat er
uns das Geheimnis seines Willens kund-
getan, / wie er es gnädig vorausbestimmt
hat in ihm, / [10] zur Verwirklichung der
Fülle der Zeiten:

nämlich das All in Christus unter ein
Haupt zusammenzufassen, / alles, was im
Himmel und auf Erden ist.

[11] In ihm sind wir auch zu Erben einge-
setzt, die wir im Voraus auserwählt wur-
den / nach dem Vorsatz dessen, der alles
wirkt nach dem Entscheid seines Willens.

[12] Wir sind zum Lobpreis seiner Herr-
lichkeit bestimmt, / wir, die wir schon
zuvor unsere Hoffnung auf Christus
gesetzt haben.

[13] In ihm seid auch ihr, nachdem ihr das
Wort der Wahrheit, das Evangelium eue-
rer Rettung, vernommen habt und gläubig
wurdet, / mit dem Heiligen Geist der Ver-
heißung besiegelt worden.

[14] Er ist das Angeld auf unser Erbteil /
bis zur Erlösung, durch die ihr Gottes
Eigentum werdet, / zum Lobpreis seiner
Herrlichkeit.

Dank und Fürbitte

[15] Darum lasse auch ich, seitdem ich von
euerem Glauben an den Herrn Jesus und
von euerer Liebe zu allen Heiligen gehört
habe, nicht ab, [16] für euch zu danken, wenn
ich in meinen Gebeten an euch denke.
[17] Der Gott unseres Herrn Jesus Christus,
der Vater der Herrlichkeit, verleihe euch
den Geist der Weisheit und Offenbarung,
damit ihr ihn erkennt; [18] er erleuchte die
Augen eueres Herzens, damit ihr begreift,
zu welcher Hoffnung ihr berufen seid und
wie reich sein herrliches Erbe unter den
Heiligen ist, [19] wie überwältigend groß sei-
ne Macht sich an uns, den Gläubigen, er-
weist durch das Wirken seiner Kraft und
Stärke, [20] die er an Christus entfaltete, in-
dem er ihn von den Toten auferweckte
und im Himmel *zu seiner Rechten* Platz
nehmen ließ, [21] hoch erhoben über jede
Herrschaft, Macht, Gewalt und Hoheit
und über jeden Namen, der nicht bloß in
dieser Welt, sondern auch in der zukünfti-
gen genannt wird. [22] *Alles hat er ihm zu Fü-
ßen gelegt*, ihn selbst aber hat er der Kirche
als Haupt über alles gegeben; [23] ist sie doch
sein Leib, die Fülle dessen, der das All in
allem erfüllt.

Aus dem Tod zum Leben

2 So wart auch ihr tot infolge euerer
Übertretungen und Sünden, [2] in de-
nen ihr früher gelebt habt nach der Weise
dieser Welt, unter der Herrschaft jenes
Geistes, der den Bereich der Lüfte regiert
und jetzt noch in den Söhnen des Unge-
horsams wirksam ist. [3] Unter ihnen haben
ja wir alle einmal in den Begierden unseres
Fleisches gelebt; wir vollzogen den Willen
des Fleisches und der Sinne und waren
von Natur aus Kinder des Zorns wie die
anderen auch. [4] Gott aber, der reich an Er-
barmen ist, hat um seiner großen Liebe
willen, mit der er uns liebte, [5] auch uns,

die wir tot waren durch Übertretungen,
mit Christus zusammen lebendig gemacht
– aus Gnade seid ihr gerettet –, 6 und er hat
uns mit Christus Jesus auferweckt und zu-
sammen mit ihm einen Platz im Himmel
gegeben, 7 um in den kommenden Zeiten
den übergroßen Reichtum seiner Gnade
aufzuzeigen durch Milde gegen uns in
Christus Jesus. 8 Denn durch die Gnade
seid ihr gerettet aufgrund des Glaubens;
und das nicht aus euch selbst – es ist Got-
tes Geschenk –, 9 nicht aufgrund von Wer-
ken, damit niemand sich rühme. 10 Sind
wir doch sein Gebilde, geschaffen in
Christus Jesus zu guten Werken, die Gott
im Voraus bereitgestellt hat, damit wir in
ihnen den Weg gehen.

Die Einheit von Juden und Heiden

11 Darum denkt daran: Einst wart ihr von
Geburt Heiden, Unbeschnittene genannt
von den so genannten, am Fleisch mit
Händen vollzogenen Beschnittenen. 12 In
jener Zeit wart ihr von Christus getrennt,
ausgeschlossen von der Gemeinde Israels,
Fremde für die Bundesschlüsse und ihre
Verheißung, ohne Hoffnung und ohne
Gott in der Welt. 13 Jetzt aber, in Christus
Jesus, seid ihr, die ihr einst Ferne wart, zu
Nahen geworden durch das Blut Christi.

14 Denn er ist unser Friede; er hat aus
den beiden eins geschaffen und die tren-
nende Scheidewand niedergerissen, die
Feindschaft zerstört durch sein Fleisch,
15 das Gesetz der aus Verordnungen beste-
henden Gebote vernichtet, um die zwei in
seiner Person, als Friedensstifter, zu einem
einzigen neuen Menschen umzuschaffen
16 und die beiden in einem einzigen Leib
durch das Kreuz mit Gott zu versöhnen.
Er hat in seiner Person die Feindschaft ge-
tötet. 17 Er kam und verkündete *Frieden*,
euch, *den Fernen*, *und* uns, *den Nahen*.
18 Durch ihn nämlich haben wir beide in
einem Geist den Zugang zum Vater.

19 Also seid ihr nicht mehr Fremde und
Halbbürger, sondern Mitbürger der Heili-
gen und Hausgenossen Gottes, 20 aufgebaut
auf dem Fundament der Apostel und Pro-
pheten; der Schlussstein ist Christus Jesus
selbst. 21 Durch ihn hat der ganze Bau Halt
und wächst empor zu einem heiligen Tem-
pel im Herrn. 22 Durch ihn werdet auch ihr
im Geist zu einer Wohnung Gottes mit-
aufgebaut.

Apostel für die Heiden

3 Deshalb bin ich, Paulus, der Gefange-
ne Christi Jesu für euch Heiden. 2 Ihr
habt doch wohl von der Verwaltung der
Gnade Gottes gehört, die mir für euch ver-
liehen wurde: 3 Durch eine Offenbarung
wurde mir das Geheimnis mitgeteilt, das
ich eben in Kürze dargelegt habe. 4 Wenn
ihr das lest, könnt ihr daraus meine Ein-
sicht in das Christusgeheimnis erkennen,
5 das in früheren Generationen den Men-
schen nicht bekannt war. Jetzt ist es seinen
heiligen Aposteln und Propheten durch
den Geist offenbart worden: 6 Die Heiden
sind durch das Evangelium Miterben, Mit-
einverleibte und Mitteilhaber der Verhei-
ßung in Christus Jesus. 7 Sein Diener bin
ich geworden kraft der Gnadengabe Got-
tes, die mir durch sein machtvolles Wirken
verliehen wurde. 8 Mir, dem Allergerings-
ten unter allen Heiligen, ist diese Gnade
zuteil geworden, den Heiden den uner-
gründlichen Reichtum Christi als Evan-
gelium zu verkünden 9 und allen offen zu
legen, wie jenes Geheimnis Wirklichkeit
geworden ist, das von Ewigkeit her in
Gott, dem Schöpfer des Alls, verborgen
war, 10 damit jetzt den Mächten und Ge-
walten in Himmelshöhen durch die Kirche
die vielfältige Weisheit Gottes kundgetan
werde. 11 Diesen ewigen Vorsatz hat er in
Christus Jesus, unserem Herrn, aus-
geführt. 12 In ihm haben wir freien Zugang,
durch das Vertrauen aus dem Glauben an
ihn.

Fürbitte des Apostels

13 So bitte ich denn: Verzagt nicht wegen
der Leiden, die ich für euch erdulde, es ist
ja euer Ruhm. 14 Deshalb beuge ich meine
Knie vor dem Vater, 15 von dem jede Sippe
im Himmel und auf der Erde ihren Namen
hat. 16 Er gebe euch nach dem Reichtum
seiner Herrlichkeit, dass euer innerer
Mensch durch seinen Geist machtvoll er-
starke, 17 dass Christus durch den Glauben
in eueren Herzen wohne, in Liebe einge-
wurzelt und festgegründet, 18 damit ihr fä-
hig seid, mit allen Heiligen die Breite und
Länge, die Höhe und Tiefe zu ermessen
19 und die Liebe Christi zu erkennen, die
alle Erkenntnis übersteigt, bis ihr von der
ganzen Fülle Gottes erfüllt werdet.

20 Ihm aber, der durch seine Kraft, die in
uns wirksam ist, unendlich mehr zu tun

vermag als alles, was wir erbitten oder erdenken, 21 ihm sei Ehre in der Kirche und in Christus Jesus durch alle Geschlechter von Ewigkeit zu Ewigkeit! Amen.

Weisungen an die Kirche in der Welt

Mahnung zur Einheit

4 Ich, der Gefangene im Herrn, ermahne euch also, ein Leben zu führen, dass des Rufes würdig ist, der an euch erging, 2 in aller Demut und Milde, in Geduld, einander in Liebe ertragend, 3 eifrig bemüht, die Einheit des Geistes zu bewahren durch das Band des Friedens. 4 Ein Leib und ein Geist, wie ihr auch bei euerer Berufung zu einer Hoffnung berufen worden seid. 5 Ein Herr, ein Glaube, eine Taufe, 6 ein Gott und Vater aller, der über allem und durch alles und in allem ist.

7 Einem jeden von uns aber wurde die Gnade verliehen nach dem Maß, wie Christus sie ihm geschenkt hat. 8 Deshalb heißt es: *Er stieg hinauf zur Höhe und machte Gefangene* und gab den *Menschen Geschenke.* 9 Das *er stieg hinauf*, was besagt es anderes, als dass er auch hinabstieg zu den Niederungen der Erde? 10 Er, der hinabstieg, ist derselbe, der auch *hinaufstieg* über alle Himmel, um das All zu erfüllen. 11 Er ist es auch, der die einen als Apostel gab, andere als Propheten, andere als Evangelisten, andere als Hirten und Lehrer, 12 um die Heiligen heranzubilden zur Ausführung eines Dienstes zum Aufbau des Leibes Christi, 13 bis wir alle zur Einheit des Glaubens und der Erkenntnis des Sohnes Gottes, zum vollkommenen Menschen, zum Vollmaß des Alters Christi, gelangen. 14 Wir sollen nicht mehr Unmündige sein, von den Wogen hin- und hergeworfen und von jedem Wind der Lehre umgetrieben durch das Trugspiel der Menschen, durch Arglist, die in die Irre führt. 15 Der Wahrheit hingegeben in Liebe, wollen wir in jeder Hinsicht auf ihn hinwachsen, der das Haupt ist, Christus. 16 Von ihm her wird der ganze Leib zusammengefügt und fest zusammengehalten durch jedes einzelne Gelenk, das einen Dienst zu verrichten hat, kräftig nach dem Maß eines jeden einzelnen Teils; so geht das Wachstum des Leibes vor sich, bis er sich selbst auferbaut hat in Liebe.

Nicht wie die Heiden leben

17 So sage ich denn und beschwöre euch im Herrn: Lebt nicht mehr wie die Heiden in ihrem nichtigen Denken! 18 Ihr Verstand ist verdunkelt, dem Leben Gottes entfremdet sind sie, weil Unwissenheit in ihnen herrscht und ihr Herz verstockt ist. 19 In ihrer Abgestumpftheit haben sie sich Ausschweifungen hingegeben, um voll Gier jede Art von Unreinheit zu begehen. 20 Ihr aber habt so etwas nicht von Christus gelernt. 21 Ihr habt doch von ihm gehört und seid in ihm unterrichtet worden, wie in Jesus Wahrheit ist: 22 Ablegen sollt ihr den alten Menschen eueres früheren Lebens; denn er richtet sich in seinen trügerischen Begierden zugrunde. 23 Erneuert eueren Geist und euere Gesinnung 24 und zieht den neuen Menschen an, der nach Gott geschaffen ist in wahrer Gerechtigkeit und Heiligkeit.

25 Darum legt die Lüge ab und *redet Wahrheit, jeder zu seinem Nächsten*; denn wir sind Glieder untereinander. 26 *Wenn ihr zürnt, so sündigt nicht!* Die Sonne soll über euerem Zorn nicht untergehen. 27 Gebt dem Teufel keinen Raum! 28 Der Dieb soll nicht mehr stehlen, sondern arbeiten und mit seinen Händen etwas erwerben, damit er den Notleidenden davon mitgeben kann. 29 Kein hässliches Wort komme aus euerem Mund, sondern nur ein gutes, das aufbaut, wo es notwendig ist, damit es denen, die es hören, Segen bringt. 30 Betrübt nicht den Heiligen Geist Gottes, mit dem ihr für den Tag der Erlösung besiegelt seid. 31 Fern von euch sei jede Art von Bitterkeit, Zorn, Wut, Geschrei, Lästerung und alle Bosheit. 32 Seid vielmehr gütig zueinander und barmherzig, vergebt einander, wie auch Gott euch durch Christus vergeben hat.

In der Liebe leben als Kinder des Lichts

5 Werdet also Nachahmer Gottes als geliebte Kinder 2 und lebt in der Liebe, wie auch Christus euch geliebt und sich für uns hingegeben hat als Gabe und Opfer, Gott zum angenehmen Wohlgeruch. 3 Von Unzucht aber und Unreinheit jeder Art oder von Habgier soll unter euch nicht einmal die Rede sein, wie es sich für Heilige gehört, 4 ebenso wenig schickt sich für euch sittenloses, albernes oder leichtfertiges Geschwätz, sondern Danksagung.

5 Denn das sollt ihr wissen und euch mer-
ken: Kein Unzüchtiger oder Unreiner oder
Habgieriger – also kein Götzendiener –
hat ein Erbteil im Reich Christi und Got-
tes. 6 Niemand täusche euch mit leeren
Worten; denn um solcher Dinge willen
kommt der Zorn Gottes über die Söhne
des Ungehorsams. 7 Habt darum nichts
mit ihnen zu schaffen! 8 Denn einst wart
ihr Finsternis, jetzt aber seid ihr Licht im
Herrn. Lebt als Kinder des Lichts! 9 Die
Frucht des Lichts besteht nämlich in lauter
Güte, Gerechtigkeit und Wahrheit.
10 Prüft, was dem Herrn gefällt, 11 und habt
nichts gemein mit den unfruchtbaren
Werken der Finsternis, sondern bringt sie
ans Licht! 12 Denn was von ihnen im Ge-
heimen getrieben wird, das nur zu nennen
ist eine Schande. 13 Alles aber, was ans
Licht gebracht wird, wird vom Licht er-
leuchtet; denn alles Erleuchtete ist Licht.
14 Deshalb heißt es:

Wach auf, du Schläfer, / steh auf von
den Toten, / und Christus wird dir auf-
leuchten.

15 Achtet also sorgfältig darauf, wie ihr
euer Leben führt, nicht wie Toren, son-
dern wie Weise. 16 Nutzt die Zeit; denn die
Tage sind böse. 17 Seid darum nicht unver-
ständig, sondern versteht, was der Wille
des Herrn ist. 18 Berauscht euch auch nicht
mit Wein – das führt zu Zügellosigkeit –,
sondern lasst euch vom Geist erfüllen!
19 Unterhaltet euch mit Psalmen, Hymnen
und geistlichen Liedern; singt und spielt
aus vollem Herzen für den Herrn! 20 Sagt
Gott, dem Vater, jederzeit Dank für alles
im Namen unseres Herrn Jesus Christus!

Mahnungen für die einzelnen Stände

21 Ordnet euch einander unter in der
Furcht Christi, 22 ihr Frauen den Ehemän-
nern wie dem Herrn! 23 Denn der Mann ist
das Haupt der Frau, wie Christus das
Haupt der Kirche ist, die er als seinen Leib
erlöst hat. 24 Aber wie die Kirche sich
Christus unterordnet, so auch die Frauen
den Männern in allem. 25 Ihr Männer, liebt
euere Frauen, wie auch Christus die Kir-
che geliebt und sich für sie hingegeben hat,
26 um sie zu heiligen nach der Reinigung im
Wasserbad durch das Wort. 27 So will er
sich die Kirche voll Herrlichkeit zuführen,
ohne Flecken, Runzeln oder dergleichen,
sondern heilig und makellos. 28 So sind
auch die Männer verpflichtet, ihre Frauen
zu lieben wie ihren eigenen Leib. Wer sei-
ne Frau liebt, liebt sich selbst. 29 Es hat ja
noch nie einer seinen eigenen Leib ge-
hasst, sondern er hegt und pflegt ihn, wie
auch Christus die Kirche. 30 Denn wir sind
Glieder seines Leibes. 31 *Deshalb wird der*
Mann seinen Vater und seine Mutter ver-
lassen und sich an seine Frau binden und
die zwei werden ein Fleisch sein. 32 Dieses
Geheimnis ist groß; ich beziehe es auf
Christus und die Kirche. 33 Jedenfalls sollt
auch ihr, jeder Einzelne von euch, seine
Frau so lieben wie sich selbst; die Frau aber
soll den Mann ehren.

6 Ihr Kinder, gehorcht eueren Eltern im
Herrn; denn so gehört es sich. 2 *Ehre*
deinen Vater und deine Mutter – das ist
das erste Gebot mit einer Verheißung –,
3 *damit es dir gut geht und du lange lebst*
auf der Erde. 4 Ihr Väter, reizt euere Kinder
nicht zum Zorn, sondern erzieht sie in der
Zucht und Weisung des Herrn!

5 Ihr Sklaven, gehorcht eueren irdischen
Herren mit Furcht und Zittern und mit
aufrichtigem Herzen, als wäre es Christus,
6 nicht mit Augendienerei, um Menschen
zu gefallen, sondern als Sklaven Christi,
die den Willen Gottes von Herzen gern
tun. 7 Dient bereitwillig, als gelte es dem
Herrn und nicht den Menschen. 8 Ihr wisst
ja, dass jeder, wenn er Gutes tut, vom
Herrn Vergeltung empfängt, sei er Sklave
oder Freier. 9 Ihr Herren, behandelt sie in
gleicher Weise; lasst das Drohen! Ihr wisst
ja, dass ihr denselben Herrn im Himmel
habt wie sie und dass es bei ihm kein An-
sehen der Person gibt.

Der geistliche Kampf

10 Und endlich: Werdet stark im Herrn und
in der Kraft seiner Stärke! 11 Legt die Waf-
fenrüstung Gottes an, damit ihr stand-
halten könnt gegen die listigen Anschläge
des Teufels. 12 Denn unser Kampf richtet
sich nicht gegen Fleisch und Blut, son-
dern gegen Mächte und Gewalten, gegen
die Weltherrscher dieser Finsternis, ge-
gen die bösen Geister in den Himmels-
höhen. 13 Darum greift zur Waffenrüstung
Gottes, damit ihr am Tag des Unheils
Widerstand leisten und, wenn ihr alles
überwunden habt, bestehen könnt. 14 Tre-
tet also an: Euere Hüften umgürtet mit
Wahrheit, angetan mit dem *Panzer der*

Gerechtigkeit, 15 die Füße beschuht mit der
Bereitschaft für das Evangelium des Frie-
dens. 16 Vor allen Dingen ergreift den
Schild des Glaubens, mit dem ihr alle
feurigen Pfeile des Bösen löschen könnt.
17 Nehmt auch den Helm des Heils und
das Schwert des Geistes, das ist das Wort
Gottes. 18 Betet und fleht allezeit im Geist;
seid dazu wachsam, harrt aus und legt
Fürbitte für alle Heiligen ein, 19 auch für
mich, dass mir das rechte Wort gegeben
werde, sooft ich meinen Mund auftue,
um mit Freimut das Geheimnis des Evan-
geliums zu verkünden, 20 als dessen Ge-
sandter ich Ketten trage, dass ich in sei-
ner Kraft offen zu reden vermag, wie es
meine Pflicht ist.

Briefschluss

21 Damit aber auch ihr erfahrt, wie es mir
geht und was ich tue, wird euch Tychikus,
der geliebte Bruder und treue Helfer im
Herrn, alles berichten. 22 Eben darum schi-
cke ich ihn zu euch, damit ihr erfahrt, wie
es uns geht und er euch Mut zuspricht.
23 Friede den Brüdern, Liebe und Glaube
von Gott, dem Vater, und dem Herrn Jesus
Christus. 24 Die Gnade sei mit allen, die un-
seren Herrn Jesus Christus lieben, in Un-
vergänglichkeit.

Der Brief an die Philipper

Anschrift

1 Paulus und Timotheus, Knechte
Christi Jesu, an alle Heiligen in Chris-
tus Jesus, die in Philippi sind, mit den Bi-
schöfen und Diakonen. 2 Gnade sei mit
euch und Friede von Gott, unserem Vater,
und dem Herrn Jesus Christus.

Dank und Bitte

3 Ich danke meinem Gott, sooft ich an euch
denke, 4 und bete allezeit in jedem meiner
Gebete mit Freude für euch alle 5 wegen
euerer Anteilnahme am Evangelium vom
ersten Tag an bis jetzt. 6 Eben darum bin
ich voll Zuversicht, dass er, der das gute
Werk in euch begonnen hat, es auch voll-
enden wird bis zum Tag Christi Jesu. 7 Ist
es doch recht und billig, diese Gesinnung
für euch alle zu hegen, weil ich euch im
Herzen trage, euch, die ihr in meiner Ge-
fangenschaft ebenso wie bei der Verteidi-
gung und Bekräftigung des Evangeliums
allesamt Mitgenossen meiner Gnade seid.
8 Denn Gott ist mein Zeuge, wie ich mich
im innersten Verlangen Christi Jesu nach
euch allen sehne. 9 Und dahin geht mein
Gebet: euere Liebe möge mehr und mehr
wachsen an Erkenntnis und allem Ver-
ständnis, 10 damit ihr zu prüfen versteht,
worauf es ankommt, auf dass ihr lauter
und makellos seid für den Tag Christi,
11 erfüllt mit der Frucht der Gerechtigkeit
durch Jesus Christus, Gott zur Ehre und
zum Lob.

Persönliche Lage des Apostels

12 Brüder, ich will euch wissen lassen, dass
meine Lage sich weiter zum Fortschritt
des Evangeliums entwickelt hat. 13 Im gan-
zen Prätorium und bei allen Übrigen ist es
nämlich offenbar geworden, dass ich um
Christi willen Fesseln trage. 14 Und die
Mehrzahl der Brüder im Herrn wurde
durch meine Fesseln ermutigt, mit wach-
sender Unerschrockenheit das Wort zu
verkünden. 15 Einige allerdings verkünden
Christus aus Neid und Streitsucht, andere
dagegen in guter Absicht; 16 die einen aus
Liebe, weil sie wissen, dass ich zur Vertei-
digung des Evangeliums bestellt bin, 17 die
anderen aber verkünden Christus aus
Streitsucht, nicht aus reiner Absicht, weil
sie meinen, mir so in meinen Fesseln noch
Kummer bereiten zu können. 18 Was

macht es schon aus? Wird doch in jedem
Fall, zum Schein oder in Wahrheit, Chris-
tus verkündet, und darüber freue ich mich.
Aber auch künftig werde ich mich freuen.
19 Denn ich weiß, dass *mir dies zur Rettung
ausgehen wird*, dank euerer Fürbitte und
dem Beistand des Geistes Jesu Christi.
20 So ist meine Erwartung und Hoffnung,
dass ich in keiner Hinsicht beschämt wer-
de, sondern – wie immer, so auch jetzt –
Christus an meinem Leib verherrlicht wer-
den wird, sei es durch Leben, sei es durch
Tod. 21 Denn für mich ist das Leben Chris-
tus und das Sterben Gewinn. 22 Gilt es aber,
weiterzuleben im Fleisch, so bedeutet mir
das ein fruchtbares Schaffen, und so weiß
ich nicht, was ich vorziehen soll. 23 Es zieht
mich nach beiden Seiten hin: Ich habe das
Verlangen, aufzubrechen und mit Chris-
tus zu sein, denn das wäre weitaus das Bes-
sere. 24 Das Verweilen im Fleisch aber ist
notwendiger euretwegen. 25 Und im Ver-
trauen darauf bin ich gewiss, dass ich noch
bleibe und verweile unter euch allen zu
euerem Fortschritt und zu euerer Freude
im Glauben, 26 damit euer Stolz, in Chris-
tus Jesus zu sein, durch mich wachse,
wenn ich wieder zu euch komme.

Für den Glauben kämpfen

27 Nur verhaltet euch würdig entsprechend
dem Evangelium Christi, damit ich, ob ich
komme und euch sehe oder ob ich fern
bin, von euch höre, wie ihr in dem einen
Geist feststeht, einmütig zusammen
kämpft für den Glauben an das Evangeli-
um 28 und wie ihr euch in keiner Weise ein-
schüchtern lasst von den Widersachern.
Das ist für sie ein Anzeichen des Verder-
bens, für euch aber der Rettung, und zwar
von Gott. 29 Denn euch ist es im Blick auf
Christus geschenkt worden, nicht nur an
ihn zu glauben, sondern auch für ihn zu
leiden, 30 da ihr denselben Kampf zu beste-
hen habt, den ihr an mir gesehen habt und
von dem ihr jetzt hört.

Die Einheit in der Demut bewahren

2 Wenn es nun eine Ermahnung in
Christus gibt, einen liebevollen Zu-
spruch, Geistesgemeinschaft, herzliche
Liebe und Mitgefühl, 2 dann macht meine
Freude dadurch voll, dass ihr einig seid,
indem ihr die gleiche Liebe hegt und ein-
mütig auf dasselbe bedacht seid. 3 Nichts
geschehe aus Streitsucht oder eitler Ruhm-
sucht, vielmehr achte in Demut jeder den
anderen höher als sich selbst. 4 Jeder sei
nicht nur auf das Eigene bedacht, sondern
auch auf das der anderen. 5 Solche Gesin-
nung habt untereinander, wie sie auch in
Christus Jesus war.

6 Er, der in Gottesgestalt war, / erachtete
das Gottgleichsein nicht als Beutestück;
7 sondern er entäußerte sich selbst, /
nahm Knechtsgestalt an / und wurde den
Menschen gleich. / In seiner äußeren
Erscheinung als ein Mensch erfunden,
8 erniedrigte er sich selbst / und wurde
gehorsam bis zum Tod, / bis zum Tod am
Kreuz.
9 Darum hat Gott ihn erhöht / und ihm
den Namen gegeben, / der über alle
Namen ist,
10 auf dass im Namen Jesu sich jedes
Knie beuge / im Himmel, auf der Erde und
unter der Erde
11 *und jede Zunge bekennt:* Jesus Christus
ist der Herr, / zur Ehre Gottes, des Vaters.

Das Heil wirken

12 Darum, meine Lieben, wie ihr stets ge-
horsam wart, nicht nur in meiner Anwe-
senheit, sondern noch viel mehr in meiner
Abwesenheit, bewirkt euer eigenes Heil
mit Furcht und Zittern! 13 Denn Gott ist
es, der in euch ebenso das Wollen wie das
Vollbringen schafft, noch über eueren gu-
ten Willen hinaus. 14 Tut alles ohne Murren
und Widerstreben, 15 damit ihr rein seid
und lauter, *Kinder Gottes ohne Makel* mit-
ten in einer *verdrehten und verkehrten Ge-
neration*, unter der ihr leuchtet als Lichter
in der Welt. 16 Am Wort des Lebens haltet
fest, mir zum Ruhm für den Tag Christi,
weil ich dann nicht vergeblich gelaufen
bin und mich nicht *vergeblich abgemüht
habe*. 17 Aber wenn ich auch geopfert werde
auf dem Altar und im Dienst an euerem
Glauben, so freue ich mich doch und freue
mich mit euch allen. 18 Ebenso sollt auch
ihr euch freuen und euch mit mir freuen.

Sendung des Timotheus und Epaphroditus

19 Ich hoffe aber im Herrn Jesus, euch bald
Timotheus zu senden, damit ich mich be-
ruhigt fühle, wenn ich erfahre, wie es euch
geht. 20 Denn ich habe sonst keinen Gleich-
gesinnten, der so hingebungsvoll um euere
Anliegen besorgt ist. 21 Alle suchen ja das

Ihre, nicht die Sache Jesu Christi. 22 Ihr aber wisst, dass er sich bewährt hat: wie ein Kind dem Vater, so hat er mit mir dem Evangelium gedient. 23 Ihn also hoffe ich zu senden, sobald ich meine Lage überschauen kann. 24 Ich habe aber die Zuversicht im Herrn, auch selber bald zu kommen.

25 Dringend erschien es mir, Epaphroditus, meinen Bruder, Mitarbeiter und Mitstreiter, eueren Abgesandten und Helfer in meiner Not, zu euch zu senden. 26 Denn er sehnte sich nach euch allen und war beunruhigt, weil ihr von seiner Erkrankung gehört hattet. 27 Ja, er war krank bis auf den Tod, aber Gott erbarmte sich seiner, jedoch nicht nur seiner, sondern auch meiner, damit ich nicht Kummer über Kummer hätte. 28 Umso mehr beeile ich mich, ihn zu senden, damit euch sein Wiedersehen froh macht und ich einen Kummer weniger habe. 29 Nehmt ihn also auf im Herrn mit aller Freude und haltet Männer wie ihn in Ehren; 30 denn um des Werkes Christi willen kam er dem Tod nahe und setzte sein Leben aufs Spiel, um den Mangel in euerem Dienst für mich auszugleichen.

Der wahre christliche Heilsweg

3 Im Übrigen, meine Brüder, freut euch im Herrn! Mir macht es nichts aus, euch dasselbe nochmals zu schreiben, euch aber dient es zur Festigung. 2 Gebt Acht auf die Hunde, gebt Acht auf die Pfuscher, gebt Acht auf die Verschnittenen! 3 Denn die Beschneidung sind wir, die wir im Geist Gottes dienen, unseren Ruhm in Christus Jesus haben und unser Vertrauen nicht auf das Fleisch setzen. 4 Ich könnte wahrhaftig mein Vertrauen auch auf das Fleisch setzen. Wenn irgendein anderer meint, auf das Fleisch sein Vertrauen setzen zu können, ich könnte es noch mehr. 5 Beschnitten am achten Tag, aus dem Volk Israel, vom Stamm Benjamin, ein Hebräer von Hebräern, dem Gesetz nach ein Pharisäer, 6 dem Eifer nach ein Verfolger der Kirche, der Gesetzesgerechtigkeit nach untadelig. 7 Doch was mir Gewinn bedeutete, das habe ich wegen Christus als Verlust erkannt. 8 Jawohl, ich erachte alles als Verlust um der unüberbietbar großen Erkenntnis Christi Jesu willen, meines Herrn. Um seinetwillen habe ich alles preisgegeben und halte es für Dreck, um Christus zu gewinnen 9 und in ihm zu sein nicht im Besitz meiner eigenen Gerechtigkeit, wie sie aus dem Gesetz stammt, sondern jener, die aus dem Glauben an Christus kommt, der Gerechtigkeit aus Gott aufgrund des Glaubens. 10 Ihn will ich erkennen und die Kraft seiner Auferstehung und die Leidensgemeinschaft mit ihm, indem ich gleichförmig werde mit seinem Tod, 11 in der Hoffnung, zur Auferstehung der Toten gelangen zu können. 12 Nicht, als hätte ich es schon ergriffen oder als wäre ich bereits vollendet, aber ich jage ihm nach, um zu ergreifen, weil ich von Christus Jesus ergriffen bin. 13 Brüder, ich bilde mir nicht ein, es schon ergriffen zu haben. Eins aber tue ich: ich vergesse, was hinter mir liegt, und strecke mich aus nach dem, was vor mir liegt. 14 Dem Ziel jage ich nach, dem Siegespreis der himmlischen Berufung Gottes in Christus Jesus. 15 Wir alle also, die wir Vollkommene sind, wollen diese Gesinnung hegen; und wenn ihr in einem Punkt anders denkt, so wird Gott euch auch dies offenbaren. 16 Doch was wir bereits erreicht haben, daran heißt es festzuhalten.

17 Brüder, werdet alle meine Nachahmer und schaut auf die, die nach dem Vorbild wandeln, das ihr an uns habt. 18 Denn viele leben – von ihnen habe ich euch schon oft gesprochen, jetzt aber spreche ich mit Tränen davon – als Feinde des Kreuzes Christi. 19 Ihr Ende ist Verderben, ihr Gott ist der Bauch, und ihr Ruhm liegt in ihrer Schande; ihr Sinn ist auf das Irdische gerichtet. 20 Unsere Heimat aber ist im Himmel, von woher wir auch den Retter erwarten, den Herrn Jesus Christus. 21 Er wird den Leib unserer Niedrigkeit umwandeln, dass er dem Leib seiner Herrlichkeit gleichgestaltet ist, in der Kraft, mit der er sich alles zu unterwerfen vermag.

Letzte Ermahnungen

4 Darum, meine geliebten Brüder, nach denen ich mich sehne, meine Freude und meine Krone, steht fest im Herrn, ihr Lieben!

2 Evodia ermahne ich, und Syntyche ermahne ich, eines Sinnes zu sein im Herrn. 3 Ja, ich bitte auch dich, treuer Gefährte, nimm dich ihrer an. Sie haben ja mit mir im Kampf für das Evangelium gestanden,

zusammen mit Klemens und meinen übri-
gen Mitarbeitern, deren Namen im *Buch
des Lebens* stehen.
4 Freut euch im Herrn allezeit! Noch ein-
mal will ich es sagen: freut euch! 5 Euer gü-
tiges Wesen sollen alle Menschen erfahren.
Der Herr ist nahe. 6 Um nichts macht euch
Sorgen, lasst vielmehr in jeder Lage euere
Anliegen durch Bitten und Flehen mit
Danksagung vor Gott kund werden.
7 Dann wird der Friede Gottes, der alles Be-
greifen übersteigt, euere Herzen und euere
Gedanken in Christus Jesus bewahren.
8 Schließlich, Brüder, auf alles, was wahr
ist, was würdig, was gerecht, was rein, was
liebenswürdig, was dem guten Ruf dient,
was es überhaupt an Tugend und Lobens-
wertem gibt, darauf richtet eueren Sinn.
9 Was ihr gelernt und empfangen, gehört
und gesehen habt bei mir, das tut, und der
Gott des Friedens wird mit euch sein.

Dank für die übersandte Hilfe

10 Ich habe mich im Herrn besonders ge-
freut, dass ihr endlich einmal wieder euere
Fürsorge für mich entfalten konntet. Ihr
wart zwar immer liebend um mich be-
sorgt, aber es fehlte euch die Gelegenheit.
11 Nicht als wollte ich über Mangel klagen;
ich habe nämlich gelernt, mich mit meiner
Lage abzufinden. 12 Ich weiß arm zu sein,
und ich weiß reich zu sein. In alles und
jedes bin ich eingeweiht, ins Sattsein und
Hungerleiden, ins Reichsein und Mangel-
haben. 13 Alles vermag ich durch den, der
mich stärkt. 14 Dennoch habt ihr gut daran
getan, dass ihr an meiner Bedrängnis An-
teil genommen habt. 15 Ihr wisst ja selbst,
liebe Philipper, dass im Anfang der Ver-
kündigung, damals, als ich von Mazedo-
nien aufbrach, keine Gemeinde auf Geben
und Nehmen mit mir stand als ihr allein.
16 Ihr habt mir nämlich schon nach Thessa-
lonich das eine und andere Mal etwas zu
meiner Unterstützung gesandt. 17 Nicht als
ob ich die Gabe suchte, sondern ich suche
den Gewinn, der euch daraus gutgeschrie-
ben wird. 18 Ich habe alles empfangen und
habe übergenug; ich lebe in Fülle, seitdem
ich von Epaphroditus euere Spende erhal-
ten habe, einen süßen Wohlgeruch, eine
angenehme Opfergabe, wohlgefällig vor
Gott. 19 Mein Gott aber wird all eueren Be-
darf nach seinem Reichtum mit Herrlich-
keit erfüllen in Christus Jesus. 20 Unserem
Gott und Vater aber sei die Ehre von Ewig-
keit zu Ewigkeit! Amen.

Grüße und Segenswunsch

21 Grüßt jeden Heiligen in Christus Jesus!
Es grüßen euch die Brüder, die bei mir
sind. 22 Es grüßen euch alle Heiligen, be-
sonders aber die aus dem kaiserlichen
Haus.
23 Die Gnade des Herrn Jesus Christus
sei mit euerem Geist!

Der Brief an die Kolosser

Briefeingang

Anschrift und Gruß

1 Paulus, Apostel Christi Jesu durch
den Willen Gottes, und der Bruder Ti-
motheus 2 an die Heiligen in Kolossä, die
gläubigen Brüder in Christus: Gnade sei
mit euch und Friede von Gott, unserem
Vater.

Danksagung

3 Wir danken Gott, dem Vater unseres
Herrn Jesus Christus, in unserem Gebet
für euch. 4 Haben wir doch Kunde erhalten
von euerem Glauben an Christus Jesus
und von der Liebe, die ihr zu allen Heili-
gen habt, 5 im Hinblick auf die Hoffnung,
die euch im Himmel bereit liegt. Davon
habt ihr schon früher gehört durch das

wahre Wort des Evangeliums, 6 das zu
euch gelangt ist und – wie in der ganzen
Welt – bei euch Frucht trägt und wächst
seit dem Tag, an dem ihr es vernommen
und die Gnade Gottes in Wahrheit er-
kannt habt. 7 So seid ihr von Epaphras, un-
serem lieben Mitarbeiter, unterwiesen
worden. Er ist in unserer Vertretung ein
treuer Diener Christi 8 und hat uns auch
berichtet von euerer Liebe im Geist.

Die Grundlage der Heilsexistenz der Gemeinde

Fürbitte für die Gemeinde

9 Deshalb hören auch wir seit dem Tag, an
dem wir das erfahren haben, nicht auf, für
euch zu beten und zu flehen, ihr möchtet
mit der klaren Erkenntnis seines Willens
erfüllt werden, in aller geistgewirkten
Weisheit und Einsicht, 10 damit ihr ein Le-
ben führt, das des Herrn würdig ist, ganz
nach seinem Wohlgefallen; dass ihr in je-
dem guten Werk Frucht bringt und wachst
durch die Erkenntnis Gottes; 11 dass ihr mit
der ganzen Kraft gestärkt werdet, entspre-
chend der Macht seiner Herrlichkeit, zu
jeder Geduld und Ausdauer.

Loblied auf Christus

12 Dankt dem Vater mit Freude, der uns be-
fähigt hat zur Teilnahme am Los der Hei-
ligen im Licht. 13 Er hat uns aus der Gewalt
der Finsternis errettet und in das Reich
seines geliebten Sohnes versetzt. 14 In ihm
haben wir die Erlösung, die Vergebung der
Sünden.

15 Er ist das Bild des unsichtbaren Got-
tes, / der Erstgeborene der ganzen Schöp-
fung.

16 Denn in ihm wurde alles erschaffen /
im Himmel und auf der Erde,

das Sichtbare und das Unsichtbare, /
seien es Throne oder Herrschaften,

Mächte oder Gewalten. / Alles ist durch
ihn und auf ihn hin erschaffen.

17 Er ist vor allem / und alles hat in ihm
Bestand. / 18 Er ist das Haupt des Leibes,
der Kirche.

Er ist der Anfang, / der Erstgeborene
aus den Toten, / damit er in allem der
Erste sei.

19 Denn es gefiel der ganzen Fülle, / in
ihm Wohnung zu nehmen

20 und durch ihn und auf ihn hin alles
mit sich zu versöhnen, / indem er Frieden
stiftete durch sein Blut am Kreuz, / sei es
auf der Erde oder im Himmel.

Die mit Gott versöhnte Gemeinde

21 Auch euch, die ihr einst Gott entfremdet
wart und feindlich gesinnt in bösen Wer-
ken, 22 hat er jetzt versöhnt durch den Tod
seines sterblichen Leibes, um euch heilig,
makellos und schuldlos vor sich hinzustel-
len. 23 Nur müsst ihr am Glauben festhal-
ten, unerschütterlich fest, und euch auch
nicht abbringen lassen von der Hoffnung
des Evangeliums, das ihr gehört habt, das
in der ganzen Schöpfung unter dem Him-
mel verkündet wurde und dessen Diener
ich, Paulus, geworden bin.

Das Mühen des Apostels im Dienst an den Heiden

24 Jetzt freue ich mich an den Leiden, die
ich für euch erdulde, und was an den
Drangsalen Christi noch fehlt, ergänze ich
in meinem irdischen Leben für seinen
Leib, das ist die Kirche. 25 Ihr Diener bin
ich geworden kraft des göttlichen Amtes,
das mir für euch verliehen wurde, um das
Wort Gottes zu vollenden: 26 Jenes Ge-
heimnis, das seit ewigen Zeiten und Ge-
schlechtern verborgen war. Jetzt aber ist
es seinen Heiligen offenbart worden. 27 Ih-
nen wollte Gott kundtun, was der herr-
liche Reichtum dieses Geheimnisses unter
den Völkern ist: Christus unter euch, die
Hoffnung auf Herrlichkeit. 28 Ihn verkün-
den wir, wenn wir jeden Menschen ermah-
nen und einen jeden in aller Weisheit be-
lehren, um so einen jeden in Christus
vollkommen zu machen. 29 Dafür mühe
ich mich und ringe entsprechend seiner
Kraft, die machtvoll in mir wirkt.

Kampf gegen die Häresie

Die Fülle der Erkenntnis allein durch Christus

2 Ich will euch wissen lassen, was für
einen harten Kampf ich für euch, für
die Gläubigen in Laodizea und für alle, die
mich nicht persönlich kennen, zu beste-
hen habe. 2 Dadurch sollen ihre Herzen ge-
tröstet werden, zusammengehalten in Lie-
be, und auf den ganzen Reichtum der Fülle
der Einsicht ausgerichtet, auf die Erkennt-
nis des Geheimnisses Gottes, nämlich

Christus, 3 in dem alle Schätze der Weis-
heit und Erkenntnis verborgen sind.

Am empfangenen Glauben festhalten

4 Ich sage das, damit euch niemand durch
Überredung täuscht. 5 Denn wenn ich auch
leiblich fern bin, so bin ich doch im Geist
bei euch und sehe mit Freude die Ordnung
bei euch und die Festigkeit eueres Glau-
bens an Christus. 6 Wie ihr also Christus
Jesus als Herrn angenommen habt, so lebt
auch in ihm, 7 verwurzelt und auferbaut in
ihm, gefestigt im Glauben, so wie ihr un-
terwiesen worden seid, überströmend von
Dank.

Die Erfüllung christlichen Lebens allein in Christus

8 Seht zu, dass euch niemand einfängt
durch die „Philosophie" und leeren Trug,
gegründet auf Menschenüberlieferung
und auf die Elemente der Welt, aber nicht
auf Christus. 9 Denn in ihm wohnt leibhaf-
tig die ganze Fülle Gottes und durch ihn
seid auch ihr erfüllt. 10 Er ist das Haupt
jeder Herrschaft und Gewalt. 11 In ihm seid
ihr auch beschnitten worden mit einer Be-
schneidung, nicht mit Händen vollzogen,
als ihr euer fleischliches Wesen abgelegt
habt, in der Beschneidung durch Christus.
12 In der Taufe mit ihm begraben, wurdet
ihr auch mit ihm auferweckt durch den
Glauben an die Kraft Gottes, der ihn von
den Toten auferweckt hat. 13 Auch euch,
die ihr tot wart infolge euerer Vergehen
und weil euer Leib unbeschnitten war,
euch hat er zusammen mit ihm lebendig
gemacht und uns alle Vergehen verziehen.
14 Er hat den uns belastenden Schuldschein
mit seinen Forderungen gelöscht und be-
seitigt, indem er ihn ans Kreuz nagelte.
15 Er hat die Mächte und Gewalten entwaff-
net und öffentlich an den Pranger gestellt;
durch ihn hat er über sie triumphiert.

Die Irrlehrer als falsche Richter

16 Deshalb soll euch niemand verurteilen
wegen Speise und Trank oder wegen eines
Festes, ob Neumond oder Sabbat. 17 Das ist
ja nur ein Schatten des Kommenden. Die
Wirklichkeit aber ist Christus. 18 Keiner
soll euch den Siegespreis aberkennen, in-
dem er sich in Selbsterniedrigung und En-
geldienst gefällt, sich mit Visionen wichtig
macht und ohne Grund sich aufbläst nach
weltlicher Art. 19 Er hält sich nicht an das
Haupt, von dem aus der gesamte Leib
durch Gelenke und Bänder versorgt und
zusammengehalten wird und durch gött-
liches Wirken wächst.
20 Wenn ihr mit Christus den Elementen
der Welt gestorben seid, warum lasst ihr
euch dann, gerade als lebtet ihr noch in
der Welt, Satzungen auferlegen: 21 Nicht
anfassen! Nicht davon essen! Nicht berüh-
ren! 22 Das alles ist doch zum Verbrauch
und damit zur Vernichtung bestimmt, es
sind *Vorschriften und Lehren von Men-
schen.* 23 Dies hat zwar den Ruf von Weis-
heit in ihrem besonderen Kult, ihrer De-
mut und Kasteiung des Leibes. Aber es ist
nichts wert und dient zur Befriedigung
ihrer irdischen Eitelkeit.

Die Verwirklichung des neuen Lebens

Der neue Mensch und die neue Menschheit

3 Wenn ihr also mit Christus aufer-
weckt seid, strebt nach dem, was oben
ist, wo Christus *zur Rechten Gottes sitzt.*
2 Denkt an das, was oben ist, nicht an das
Irdische! 3 Ihr seid ja gestorben und euer
Leben ist mit Christus in Gott verborgen.
4 Wenn Christus, unser Leben, offenbar
wird, dann werdet auch ihr mit ihm offen-
bar werden in Herrlichkeit.
5 Darum tötet, was irdisch an euch ist:
Unzucht, Unreinheit, Leidenschaft, böse
Begierde, auch die Habsucht, die Götzen-
dienst ist. 6 Um solcher Dinge willen
kommt der Zorn Gottes. 7 Früher habt
auch ihr diesen Weg beschritten und euer
Leben davon bestimmen lassen. 8 Jetzt aber
sollt auch ihr das alles ablegen: Zorn, Wut,
Bosheit, Lästerung, Schandrede aus eue-
rem Mund. 9 Belügt euch nicht gegenseitig.
Ihr habt doch den alten Menschen mit sei-
nen Taten ausgezogen 10 und habt den neu-
en Menschen angezogen, der erneuert
wird nach dem Bild seines Schöpfers, ihn
zu erkennen. 11 Da gilt nicht mehr Grieche
und Jude, Beschneidung und Unbeschnit-
tensein, Fremder und Skythe, Sklave und
Freier, sondern alles und in allen Christus.
12 Legt also an als Auserwählte Gottes,
als Heilige und Geliebte, herzliches Erbar-
men, Güte, Demut, Milde und Geduld!
13 Ertragt und verzeiht einander, wenn
einer gegen den anderen eine Beschwerde
hat. Wie der Herr euch vergeben hat, so

vergebt auch ihr. 14 Über diesem allem aber
steht die Liebe, die das Band der Vollkom-
menheit ist. 15 Der Friede Christi herrsche
in eueren Herzen; denn zu ihm seid ihr
berufen in einem Leib. Seid dankbar!
16 Das Wort Christi wohne in seiner Fülle
in euch! Belehrt und ermahnt euch gegen-
seitig in aller Weisheit! Singt Gott dankbar
in eueren Herzen Psalmen, Hymnen und
geistliche Lieder! 17 Und alles, was immer
ihr tut in Wort oder Werk, das tut alles
im Namen des Herrn Jesus und dankt
durch ihn Gott, dem Vater!

Mahnungen für die einzelnen Stände

18 Ihr Frauen, ordnet euch den Männern
unter, wie es sich im Herrn gehört. 19 Ihr
Männer, liebt euere Frauen und werdet
nicht bitter gegen sie! 20 Ihr Kinder, seid
eueren Eltern in allem gehorsam; denn
das ist wohlgefällig im Herrn. 21 Ihr Väter,
reizt euere Kinder nicht, damit sie nicht
den Mut verlieren. 22 Ihr Sklaven, seid in
allem eueren irdischen Herren gehorsam,
nicht mit Augendienerei, um Menschen
zu gefallen, sondern mit aufrichtigem Her-
zen. Fürchtet den Herrn! 23 Was immer ihr
tut, das tut von Herzen, wie etwas, was für
den Herrn geschieht und nicht für Men-
schen; 24 wisst ihr doch, dass ihr vom
Herrn das Erbe als Lohn empfangen wer-
det. Dient Christus, dem Herrn! 25 Denn
wer Unrecht tut, wird zurückerhalten,
was er an Unrecht getan hat; da gibt es
kein Ansehen der Person.

4 Ihr Herren, gewährt eueren Sklaven,
was recht und billig ist; ihr wisst ja,
dass auch ihr einen Herrn im Himmel
habt.

Christliche Solidarität

2 Seid beharrlich im Gebet; seid dabei
wachsam und dankbar! 3 Betet zugleich
auch für uns, damit Gott uns eine Tür für
das Wort öffnet und wir das Geheimnis
Christi predigen können, um dessentwil-
len ich ja Fesseln trage, 4 damit ich es of-
fenbare und verkündigen kann, wie es
meine Pflicht ist. 5 Seid weise im Umgang
mit den Außenstehenden; nutzt die Zeit!
6 Euere Rede sei allezeit freundlich, mit
Salz gewürzt, sodass ihr wisst, wie ihr
einem jeden antworten müsst.

Briefschluss

Tychikus und Onesimus

7 Über meine Lage wird euch Tychikus, der
geliebte Bruder, der zuverlässige Helfer
und Mitknecht im Herrn, alles berichten.
8 Eigens zu dem Zweck schicke ich ihn zu
euch, damit ihr erfahrt, wie es um uns
steht und er euere Herzen ermutigt. 9 Er
kommt zusammen mit Onesimus, dem
zuverlässigen und geliebten Bruder, eue-
rem Landsmann; sie werden euch alles er-
zählen, was es hier gibt.

Grüße und letzte Weisungen

10 Es grüßt euch Aristarch, mein Mitgefan-
gener, und Markus, der Vater des Barnabas
– seinetwegen habt ihr bereits Aufträge
empfangen; nehmt ihn auf, wenn er bei
euch eintrifft. 11 Ferner grüßt euch Jesus
mit dem Beinamen Justus; aus der Be-
schneidung sind das meine einzigen Mit-
arbeiter für das Reich Gottes. Sie sind für
mich ein Trost geworden. 12 Es grüßt euch
euer Landsmann Epaphras, der Knecht
Christi Jesu, der ständig in seinen Gebeten
um euch ringt, dass ihr vollkommen wer-
det und ganz erfüllt seid von allem, was
Gottes Wille ist. 13 Ich bezeuge ihm, dass
er sich viel Mühe gibt um euch sowie um
die Brüder in Laodizea und Hierapolis.
14 Es grüßt euch Lukas, der geliebte Arzt,
und Demas.

15 Grüßt die Brüder in Laodizea und
Nympha und die Gemeinde in ihrem
Haus. 16 Wenn dieser Brief bei euch vor-
gelesen worden ist, dann sorgt dafür, dass
er auch in der Gemeinde von Laodizea
vorgelesen wird und dass ihr ebenso den
an die Laodizener zu lesen bekommt.
17 Sagt dem Archippus: Achte darauf, dass
du das Amt erfüllst, das du im Auftrag des
Herrn übernommen hast.

18 Der Gruß stammt von mir, von mei-
ner, des Paulus, Hand. Denkt an meine
Fesseln! Die Gnade sei mit euch!

Der erste Brief an die Thessalonicher

Anschrift und Gruß

1 Paulus, Silvanus und Timotheus an
die Gemeinde der Thessalonicher, die
in Gott, dem Vater, und im Herrn Jesus
Christus ist. Gnade euch und Friede.

Dank für Gottes Werk an der Gemeinde

Der vorbildliche Glaube der Thessalonicher

2 Wir danken Gott allezeit für euch alle,
sooft wir bei unseren Gebeten an euch
denken. 3 Unablässig erinnern wir uns vor
Gott, unserem Vater, an eueren tatkräfti-
gen Glauben, an euere Bemühung in der
Liebe und an euere beharrliche Hoffnung
auf unseren Herrn Jesus Christus. 4 Wir
wissen, von Gott geliebte Brüder, um eue-
re Erwählung. 5 Denn unser Evangelium
erging an euch nicht nur mit Worten,
sondern auch in Kraft und im Heiligen
Geist und in voller Gewissheit. Ihr wisst
ja, wie wir um euretwillen bei euch auf-
getreten sind. 6 Und ihr seid unsere und
des Herrn Nachahmer geworden, indem
ihr das Wort trotz großer Bedrängnis mit
der Freude aufgenommen habt, die vom
Heiligen Geist ausgeht, 7 sodass ihr ein
Vorbild geworden seid für alle Gläubigen
in Mazedonien und Achaia. 8 Denn von
euch aus ist das Wort des Herrn nicht
nur nach Mazedonien und Achaia ge-
drungen, sondern überall ist euer Glaube
an Gott bekannt geworden, sodass wir
kein Wort darüber zu verlieren brauchen.
9 Die Leute selbst erzählen ja überall, wie
wir bei euch aufgenommen wurden und
wie ihr euch von den Götzen zu Gott be-
kehrt habt, um dem lebendigen und wahr-
haftigen Gott zu dienen 10 und seinen
Sohn, den er von den Toten erweckte,
vom Himmel her zu erwarten, Jesus, der
uns vor dem kommenden Strafgericht er-
rettet.

Das Wirken des Apostels in Thessalonich

2 Ihr wisst selbst, Brüder, dass wir nicht
vergeblich zu euch gekommen sind.
2 Denn obwohl wir in Philippi Leiden und
Misshandlungen erduldet hatten, fanden
wir im Vertrauen auf unseren Gott den
Mut, euch das Evangelium Gottes trotz
harter Kämpfe zu verkünden. 3 Wir predi-
gen ja nicht in trügerischer oder unlaute-
rer Absicht und nicht mit Arglist, 4 son-
dern wie wir von Gott befunden wurden,
mit dem Evangelium betraut zu werden, so
reden wir: nicht Menschen zu Gefallen,
sondern Gott, der unsere *Herzen prüft*.
5 Denn niemals sind wir mit Schmeichelei-
en aufgetreten, ihr wisst es, noch mit ver-
steckter Habgier – Gott ist Zeuge. 6 Nie ha-
ben wir Ehre von Menschen, weder von
euch noch von anderen, gesucht, 7 obwohl
wir doch als Apostel Christi unser Anse-
hen hätten geltend machen können. Im
Gegenteil, wir sind schonend bei euch auf-
getreten. Wie eine Mutter für ihre Kinder
sorgt, 8 so fühlen wir uns zu euch hingezo-
gen und wollten euch nicht nur das Evan-
gelium Gottes schenken, sondern auch
unser eigenes Leben; denn ihr wart uns
lieb geworden. 9 Gewiss erinnert ihr euch,
Brüder, an unsere Mühe und Plage: Tag
und Nacht haben wir gearbeitet, um nur
keinem von euch zur Last zu fallen. So ha-
ben wir euch das Evangelium Gottes ver-
kündet. 10 Ihr und Gott seid Zeugen, wie
fromm, gerecht und untadelig wir uns
euch gegenüber verhalten haben, damals,
als ihr gläubig wurdet. 11 Ihr wisst auch,
dass wir jeden Einzelnen von euch, wie
ein Vater seine Kinder, 12 ermahnt, ermun-
tert und beschworen haben, zu leben, wie
es Gottes würdig ist, der euch zu seinem
Reich und zu seiner Herrlichkeit berufen
hat.

Die Aufnahme des Evangeliums in der Gemeinde

13 Darum danken wir auch Gott ohne Un-
terlass, dass ihr das Wort Gottes, das ihr
durch unsere Verkündigung empfangen
habt, nicht als Menschenwerk aufgenom-
men habt, sondern als das, was es in
Wahrheit ist, als Wort Gottes, das sich
auch in euch, die ihr gläubig seid, als wirk-
sam erweist. 14 Denn, Brüder, ihr seid
Nachfolger der Gemeinden Gottes gewor-

den, die sich in Judäa zu Christus Jesus
bekennen. Habt doch auch ihr das Gleiche
von eueren Landsleuten erlitten wie jene
von den Juden. 15 Diese haben sogar den
Herrn Jesus und die Propheten getötet
und uns verfolgt; sie gefallen Gott nicht
und sind allen Menschen feind, 16 da sie
uns daran hindern, den Heiden zu predi-
gen, damit sie gerettet werden. So *machen
sie das Maß ihrer Sünden* für alle Zeit *voll.*
Aber der Zorn ist schon in vollem Maß
über sie gekommen.

Der Besuch des Timotheus

17 Liebe Brüder, wir sind für kurze Zeit
von euch getrennt, nur den Augen fern,
nicht dem Herzen. Umso mehr haben
wir uns in heißem Verlangen bemüht,
euch wiederzusehen. 18 Ja, wir wollten zu
euch kommen, ich, Paulus, nicht nur ein-
mal, sondern zweimal; aber der Satan hat
uns daran gehindert. 19 Denn wer ist un-
sere Hoffnung, unsere Freude, unser Ruh-
meskranz vor unserem Herrn Jesus bei
seiner Ankunft, wenn nicht auch ihr?
20 Ja, ihr seid unsere Ehre und unsere
Freude.

3 Darum hielten wir es nicht länger aus
und wollten lieber allein in Athen zu-
rückbleiben 2 und schickten Timotheus,
unseren Bruder und Gottes Mitarbeiter
am Evangelium Christi, dass er euch stärkt
und in euerem Glauben aufrichtet, 3 damit
niemand in diesen Bedrängnissen ins
Wanken gerät. Ihr wisst ja selbst, dass wir
dazu bestimmt sind. 4 Denn auch schon,
als wir bei euch waren, haben wir euch vo-
rausgesagt, dass wir in Bedrängnis geraten
werden; und so ist es auch eingetroffen,
wie ihr wisst. 5 Eben deshalb hielt ich es
auch nicht mehr aus und sandte meinen
Boten, um zu erfahren, wie es um eueren
Glauben steht, ob nicht etwa der Ver-
sucher euch verführt hat und unsere Mühe
vergeblich war. 6 Jetzt aber ist Timotheus
von euch zu uns zurückgekommen und
hat uns gute Nachricht von euerem Glau-
ben und euerer Liebe gebracht und dass
ihr uns allezeit in guter Erinnerung habt,
dass ihr euch danach sehnt, uns zu sehen,
sowie auch wir euch. 7 Darum, Brüder, hat
uns der Gedanke an euch, in all unserer
Angst und Not durch eueren Glauben ge-
tröstet; 8 jetzt leben wir auf, weil ihr fest im
Herrn steht.

Bitte um ein Wiedersehen

9 Wie können wir Gott euretwegen danken
für all die Freude, die wir vor unserem
Gott an euch haben? 10 Tag und Nacht bit-
ten wir inständig darum, euch wieder-
sehen und vollenden zu dürfen, was eue-
rem Glauben noch fehlt. 11 Er selbst, unser
Gott und Vater, und unser Herr Jesus bah-
ne uns den Weg zu euch. 12 Euch aber lasse
der Herr wachsen und immer reicher wer-
den in der Liebe zueinander und zu allen,
wie auch wir sie zu euch haben, 13 damit
euer Herz gefestigt wird und ihr untadelig
seid in Heiligkeit vor unserem Gott und
Vater bei der Ankunft unseres Herrn Jesus
mit allen seinen Heiligen.

Weisungen für das christliche Leben

*Mahnungen zu heiligem Leben und zur
Bruderliebe*

4 Im übrigen, Brüder, bitten und er-
muntern wir euch im Herrn Jesus:
Ihr seid von uns belehrt worden, wie ihr
ein gottgefälliges Leben führen müsst und
ihr lebt auch so; macht darin immer mehr
Fortschritte! 2 Ihr wisst ja, welche Anwei-
sungen wir euch im Auftrag des Herrn Je-
sus gegeben haben.

3 Denn das ist der Wille Gottes: Euere
Heiligung; das heißt, dass ihr euch von
Unzucht enthaltet, 4 dass ein jeder von
euch lernt, seine Frau in Heiligkeit und
Ehrbarkeit zu besitzen, 5 nicht in zügello-
ser Begierde wie *die Heiden, die Gott nicht
kennen,* 6 und dass niemand sich Übergrif-
fe erlaubt und seinen Bruder geschäftlich
übervorteilt; denn all das rächt der Herr.
So haben wir es euch schon früher gesagt
und bezeugt. 7 Gott hat uns ja nicht zur
Lasterhaftigkeit, sondern zur Heiligkeit
berufen. 8 Wer daher dies ablehnt, lehnt
nicht einen Menschen ab, sondern Gott,
der uns *seinen* Heiligen *Geist verliehen hat.*

9 Über die Bruderliebe braucht ihr keine
schriftlichen Anweisungen, ihr seid doch
selbst von Gott darüber belehrt, einander
zu lieben. 10 Und ihr handelt ja danach an
allen Brüdern in ganz Mazedonien. Wir
ermahnen euch aber, Brüder, euch noch
mehr darin hervorzutun 11 und euere Ehre
darein zu setzen, ein ruhiges Leben zu füh-
ren, die eigenen Angelegenheiten zu be-
sorgen und mit eueren Händen zu arbei-
ten, wie wir euch geboten haben, 12 damit

ihr vor den Außenstehenden ein recht-
schaffenes Leben führt und auf nieman-
den angewiesen seid.

Die Ankunft des Herrn

13 Wir wollen euch, Brüder, nicht über die
Verstorbenen in Unkenntnis lassen, damit
ihr nicht trauert wie die anderen, die keine
Hoffnung haben. 14 Denn wenn wir glau-
ben, dass Jesus gestorben und auferstan-
den ist, dann wird Gott durch Jesus auch
die Verstorbenen mit ihm zusammenfüh-
ren. 15 Denn das versichern wir euch mit
einem Wort des Herrn: Wir, die wir leben
und bis zur Ankunft des Herrn übrig blei-
ben, werden den Verstorbenen nichts vo-
raushaben. 16 Denn der Herr selbst wird
beim Befehlsruf, wenn die Stimme des
Erzengels und die Posaune Gottes er-
schallt, vom Himmel herabsteigen. Dann
werden zuerst die in Christus Verstorbe-
nen auferstehen. 17 Danach werden wir,
die Lebenden, die noch übrig sind, mit
ihnen zusammen auf Wolken in die Luft
entrückt, dem Herrn entgegen; und so
werden wir immer beim Herrn sein.
18 Tröstet also einander mit diesen Worten!

Wachsamkeit in der Erwartung der Ankunft des Herrn

5 Über Zeit und Stunde, Brüder, brau-
che ich euch nicht zu schreiben. 2 Ihr
selbst wisst ja genau, dass der Tag des
Herrn kommt wie ein Dieb in der Nacht.
3 Während sie von Frieden und Sicherheit
reden, überfällt sie plötzlich Verderben
wie die Wehen eine Schwangere und sie
werden nicht entrinnen. 4 Ihr aber, Brüder,
lebt nicht in Finsternis, dass dieser Tag
euch wie ein Dieb überrascht. 5 Denn ihr
alle seid Söhne des Lichts und Söhne des
Tags. Wir gehören nicht der Nacht und
nicht der Finsternis. 6 Lasst uns also nicht
schlafen wie die anderen, sondern lasst
uns wachsam und nüchtern sein. 7 Denn
die Schläfer schlafen bei Nacht und die
Trinker betrinken sich bei Nacht. 8 Wir
aber, die wir dem Tag gehören, wollen
nüchtern sein, gerüstet mit *dem Panzer*
des Glaubens und der Liebe und mit *dem
Helm* der Hoffnung auf *das Heil.* 9 Denn
Gott hat uns nicht zum Zorn bestimmt,
sondern dazu, das Heil zu erlangen durch
unseren Herrn Jesus Christus, 10 der für
uns gestorben ist, damit wir – ob wir nun
wachen oder schlafen – in Gemeinschaft
mit ihm leben. 11 Darum tröstet euch ge-
genseitig und stärkt einander, wie ihr ja
auch schon tut.

Forderungen des Gemeindelebens

12 Wir bitten euch, Brüder, erkennt die an,
die sich unter euch abmühen, die euch im
Herrn leiten und euch zusprechen. 13 Ach-
tet sie hoch und liebt sie um ihrer Arbeit
willen! Haltet Frieden untereinander!
14 Wir ermahnen euch, Brüder, weist die
Unordentlichen zurecht, nehmt euch der
Schwachen an, habt mit allen Geduld!
15 Gebt Acht, dass keiner dem anderen Bö-
ses mit Bösem vergilt, sondern seid stets
darauf bedacht, euch gegenseitig und allen
Gutes zu tun.

16 Freut euch allezeit! 17 Betet ohne Un-
terlass! 18 Dankt für alles; denn so will es
Gott von euch in Christus Jesus. 19 Löscht
den Geist nicht aus! 20 Verachtet nicht pro-
phetisches Reden! 21 Prüft alles und behal-
tet das Gute! 22 Von jeder Art des Bösen
haltet euch fern!

Briefschluss

23 Er aber, der Gott des Friedens, heilige
euch ganz und gar; eueren Geist, euere
Seele und eueren Leib bewahre er unver-
sehrt für die Ankunft des Herrn Jesus
Christus. 24 Treu ist er, der euch beruft; er
wird es auch vollbringen. 25 Brüder, betet
für uns! 26 Grüßt alle Brüder mit heiligem
Kuss! 27 Ich beschwöre euch beim Herrn,
diesen Brief allen Brüdern vorzulesen.

28 Die Gnade unseres Herrn Jesus Chris-
tus sei mit euch!

Der zweite Brief an die Thessalonicher

Anschrift und Gruß

1 Paulus, Silvanus und Timotheus an
die Gemeinde der Thessalonicher, in
Gott, unserem Vater, und im Herrn Jesus
Christus. 2 Gnade euch und Friede von
Gott, dem Vater, und dem Herrn Jesus
Christus.

Dank und Fürbitte für die Gemeinde

3 Wir schulden Gott allezeit Dank für euch,
Brüder, wie es angemessen ist; denn euer
Glaube wächst und die gegenseitige Liebe
nimmt bei jedem Einzelnen von euch allen
zu. 4 Darum rühmen wir in den Gemein-
den Gottes voll Stolz euere Standhaftigkeit
und eueren Glauben in allen eueren erlit-
tenen Verfolgungen und Bedrängnissen.
5 Dies ist ein Anzeichen des gerechten Ge-
richtes Gottes: Ihr sollt des Reiches Gottes
gewürdigt werden, für das ihr leidet.
6 Denn es ist gerecht von Gott, dass er eue-
ren Bedrängern mit Bedrängnis vergilt
7 und euch, den Geplagten, mit uns zusam-
men Ruhe schenkt, wenn sich der Herr Je-
sus vom Himmel her mit seinen mächti-
gen Engeln offenbart 8 in flammendem
Feuer, um Vergeltung zu üben an denen,
die Gott nicht kennen und dem Evangeli-
um unseres Herrn Jesus Christus nicht ge-
horchen. 9 Sie werden als Strafe ewiges
Verderben empfangen, *fern vom Angesicht
des Herrn und von der Herrlichkeit seiner
Kraft*, 10 wenn er kommt, verherrlicht zu
werden inmitten seiner Heiligen und ge-
feiert zu werden unter allen, die den Glau-
ben angenommen haben; unser Zeugnis
hat ja bei euch Glauben gefunden. 11 Da-
rum beten wir auch allezeit für euch, dass
unser Gott euch der Berufung würdig ma-
che und jedes rechte Wollen zum Guten
und jedes Werk des Glaubens kraftvoll
vollende, 12 damit der Name unseres Herrn
Jesus in euch verherrlicht werde und ihr in
ihm, durch die Gnade unseres Gottes und
des Herrn Jesus Christus.

Die Wiederkunft Christi

2 Eine Bitte haben wir an euch, Brüder,
bezüglich der Ankunft unseres Herrn
Jesus Christus und unserer Vereinigung
mit ihm: 2 Lasst euch nicht so leicht aus
der Fassung bringen und in Schrecken ver-
setzen – weder durch Prophetenrede oder
durch einen Ausspruch oder durch einen
angeblichen Brief von uns –, als sei der Tag
des Herrn schon da. 3 Lasst euch von nie-
mand und auf keine Weise täuschen!
Denn zunächst muss der Abfall kommen
und der Mensch der Gesetzlosigkeit in Er-
scheinung treten, der Sohn des Verder-
bens, 4 der Widersacher, der sich über alles
hinwegsetzt, was Gott heißt oder Gottes-
verehrung, und schließlich sich selbst in
den Tempel Gottes setzt und vorgibt, er
sei Gott.
5 Erinnert ihr euch nicht, dass ich euch
dies gesagt habe, als ich noch bei euch
war? 6 Ihr wisst auch, was ihn gegenwärtig
noch zurückhält, bis er zu seiner Zeit of-
fenbar wird. 7 Denn das Geheimnis der Ge-
setzlosigkeit ist schon am Werk; nur muss
erst der beseitigt werden, der es bis jetzt
noch aufhält. 8 Dann wird der Gesetzlose
offenbar werden; der Herr Jesus wird ihn
durch den Hauch seines Mundes töten und
durch die Erscheinung seiner Ankunft
vernichten. 9 Jener kommt in Satanskraft
mit großer Macht, mit Lügenzeichen und
Scheinwundern, 10 mit allerlei Verfüh-
rungskünsten zur Ungerechtigkeit für alle,
die verloren gehen, zur Strafe dafür, dass
sie die Liebe zur Wahrheit, die sie retten
sollte, nicht angenommen haben. 11 Des-
wegen schickt ihnen Gott die Macht der
Verführung, sodass sie der Lüge glauben;
12 sie alle sollen dem Gericht verfallen, die
nicht der Wahrheit geglaubt, sondern die
Ungerechtigkeit gebilligt haben.

Ermahnung zur Beharrlichkeit

13 Wir aber schulden Gott allezeit Dank für
euch, vom Herrn geliebte Brüder, weil
Gott euch als Erstlingsgabe zur Rettung er-
wählt hat aufgrund der Heiligung durch
den Geist und aufgrund eueres Glaubens
an die Wahrheit. 14 Dazu hat er euch durch
unser Evangelium berufen, nämlich zur
Erlangung der Herrlichkeit unseres Herrn

Jesus Christus. [15]Steht also fest und haltet
euch an die Überlieferungen, in denen ihr
von uns unterwiesen worden seid, sei es
mündlich oder durch einen Brief. [16]Er
aber, unser Herr Jesus Christus, und Gott,
unser Vater, der uns geliebt und uns in sei-
ner Gnade ewigen Trost und Hoffnung
verliehen hat, [17]tröste euch und stärke
euch zu jedem guten Werk und Wort.

3 Im Übrigen, Brüder, betet für uns, da-
mit das Wort des Herrn seinen Lauf
nimmt und verherrlicht wird so wie auch
bei euch, [2]und dass wir von den verkehr-
ten und bösen Menschen gerettet werden;
denn nicht bei allen findet sich der Glau-
be. [3]Aber der Herr ist treu; er wird euch
stärken und vor dem Bösen bewahren.
[4]Wir vertrauen im Herrn auf euch, dass
ihr das, was wir euch auftragen, befolgt
und auch in Zukunft befolgen werdet.
[5]Der Herr richte euere Herzen darauf,
Gott zu lieben und geduldig auf Christus
zu warten.

Warnung vor Faulheit und Unordnung

[6]Brüder, wir gebieten euch im Namen un-
seres Herrn Jesus Christus: Haltet euch
fern von jedem Bruder, der ein unordent-
liches Leben führt und nicht nach der
Überlieferung lebt, die ihr von uns emp-
fangen habt. [7]Ihr wisst ja selbst, wie man
es uns nachahmen soll: Wir haben bei
euch kein unordentliches Leben geführt.
[8]Auch haben wir bei niemand unser Brot
umsonst gegessen, sondern uns Tag und
Nacht gemüht und geplagt, um keinem
von euch lästig zu fallen. [9]Nicht als ob wir
keinen Anspruch darauf gehabt hätten;
aber wir wollten euch uns selbst als Vor-
bild hinstellen, damit ihr uns nachahmt.
[10]Wir haben euch ja, als wir bei euch wa-
ren, diesen Grundsatz eingeprägt: Wer
nicht arbeiten will, soll auch nicht essen.
[11]Wir hören aber, dass einige unter euch
einen unordentlichen Lebenswandel füh-
ren, nicht arbeiten, sondern unnütze Din-
ge treiben. [12]Alle, die es angeht, ermahnen
wir und gebieten ihnen im Herrn Jesus
Christus, in Ruhe ihre Arbeit zu tun und
ihr eigenes Brot zu essen.

[13]Ihr aber, Brüder, lasst nicht nach, Gu-
tes zu tun! [14]Wenn jemand unserer briefli-
chen Weisung nicht Folge leistet, dann
merkt ihn euch. Pflegt keinen Umgang
mit ihm, damit er sich schämt. [15]Aber be-
handelt ihn nicht als Feind, sondern weist
ihn als einen Bruder zurecht!

Briefschluss

[16]Er, der Herr des Friedens, schenke euch
den Frieden, allezeit und auf jede Weise!
Der Herr sei mit euch allen! [17]Der Gruß
stammt von meiner, des Paulus, Hand.
Das ist das Erkennungszeichen in jedem
Brief; so schreibe ich. [18]Die Gnade unseres
Herrn Jesus Christus sei mit euch allen!

Der erste Brief an Timotheus

Anschrift und Gruß

1 Paulus, Apostel Christi Jesu im Auf-
trag Gottes, unseres Retters, und
Christi Jesu, unserer Hoffnung, [2]an Timo-
theus, seinen rechten Sohn im Glauben.
Gnade, Erbarmen und Friede von Gott,
dem Vater, und von Christus Jesus, unse-
rem Herrn.

Der Kampf um die Bewahrung des rechten Glaubens

Der Auftrag an Timotheus

[3]Ich habe dich damals, als ich nach Maze-
donien reiste, beauftragt, in Ephesus zu
bleiben, um gewissen Leuten zu verbieten,
falsche Lehren zu verbreiten [4]und sich
nicht mit Fabeleien und endlosen Ge-

schlechtsregistern zu befassen, die mehr
zu überflüssigen Streitfragen führen als
zur gottgewollten und im Glauben ruhen-
den Heilserziehung. 5 Das Ziel der Unter-
weisung ist Liebe aus reinem Herzen, aus
gutem Gewissen und ungeheucheltem
Glauben. 6 Davon sind manche abgekom-
men und haben sich leeren Schwätzereien
zugewandt; 7 sie wollen Gesetzeslehrer
sein, verstehen aber weder, was sie reden,
noch, was sie kühn behaupten.

Die Bedeutung des Gesetzes

8 Wir wissen: Das Gesetz ist gut, wenn man
es dem Gesetz gemäß anwendet 9 in der Er-
kenntnis, dass das Gesetz nicht für einen
Gerechten bestimmt ist, sondern für Ge-
setzlose und Widerspenstige, für Gottlose
und Sünder, für Unheilige und Unreine,
für Vater- und Muttermörder, für Mörder,
10 für Unzüchtige, Knabenschänder, Men-
schenräuber, Lügner, Meineidige und was
sonst noch der gesunden Lehre entgegen-
steht. 11 So entspricht es dem Evangelium
von der Herrlichkeit des seligen Gottes,
mit dem ich betraut worden bin.

Dank für die Berufung zum Apostel

12 Dank sage ich dem, der mich stark ge-
macht hat, Christus Jesus, unserem Herrn,
dass er mich für treu erachtet und in sei-
nen Dienst berufen hat, 13 der ich vorher
ein Lästerer, Verfolger und Frevler war.
Aber ich habe Erbarmen gefunden, weil
ich aus Unwissenheit und im Unglauben
gehandelt hatte. 14 Ja, über alle Maßen reich
erwiesen hat sich an mir die Gnade unse-
res Herrn mit Glaube und Liebe in Chris-
tus Jesus. 15 Zuverlässig ist das Wort und
wert, dass es allgemein anerkannt wird:
Christus Jesus kam in die Welt, um Sünder
zu retten. Von ihnen bin ich der Erste.
16 Aber gerade deswegen fand ich Erbar-
men, damit an mir als Erstem Christus Je-
sus die ganze Fülle seiner Langmut zeige,
zum Vorbild für alle, die zum Glauben an
ihn kommen werden zum ewigen Leben.
17 Dem König der Ewigkeit, dem unver-
gänglichen, unsichtbaren, einzigen Gott,
sei Ehre und Herrlichkeit in alle Ewigkeit.
Amen.

Die Verantwortung des Timotheus

18 Diese Weisung lege ich dir ans Herz,
mein Sohn Timotheus, im Gedenken an
die früher über dich ergangenen propheti-
schen Weissagungen, damit du in ihrem
Sinn den guten Kampf kämpfst, 19 im Be-
sitz von Glauben und gutem Gewissen.
Das haben manche verloren und so im
Glauben Schiffbruch erlitten. 20 Zu ihnen
gehören Hymenäus und Alexander, die
ich dem Satan übergeben habe, damit sie
durch Züchtigung belehrt werden, nicht
mehr zu lästern.

Die Ordnung der Gemeinde

Das liturgische Gebet

2 Vor allen Dingen fordere ich, dass
Bitten, Gebete, Fürbitten und Dank-
sagungen für alle Menschen verrichtet
werden, 2 für Könige und alle, die Macht
ausüben, damit wir ein ruhiges und unge-
störtes Leben führen können, in aller
Frömmigkeit und Rechtschaffenheit. 3 Das
ist recht und wohlgefällig vor Gott, unse-
rem Retter, 4 der will, dass alle Menschen
gerettet werden und zur Erkenntnis der
Wahrheit gelangen. 5 Denn einer ist Gott
und einer ist Mittler zwischen Gott und
den Menschen, der Mensch Christus Je-
sus, 6 der sich selbst als Lösegeld für alle
hingegeben hat, das Zeugnis zur rechten
Zeit. 7 Dafür bin ich zum Verkünder und
Apostel bestimmt – ich sage die Wahrheit,
ich lüge nicht –, als Lehrer der Heiden in
Glaube und Wahrheit.

Männer und Frauen im Gottesdienst

8 Ich will also, dass die Männer überall
beim Gebet ihre Hände in Reinheit erhe-
ben, frei von Zorn und Zweifel. 9 Ebenso
sollen die Frauen in angemessener Hal-
tung, mit Bescheidenheit und Zurückhal-
tung sich schmücken, nicht mit Haar-
geflechten und Gold- oder Perlenschmuck
oder kostbarer Kleidung, 10 sondern – wie
es sich für Frauen gehört, die gottesfürch-
tig sein wollen – durch gute Werke. 11 Eine
Frau soll sich schweigend in aller Unter-
ordnung belehren lassen. 12 Zu lehren ge-
statte ich einer Frau nicht. Sie soll auch
nicht über den Mann herrschen wollen,
sondern sich still verhalten. 13 Denn Adam
wurde zuerst erschaffen, dann erst Eva.
14 Und nicht Adam wurde verführt, son-
dern die Frau ließ sich verführen und kam
zu Fall. 15 Sie wird aber gerettet werden
durch Kindergebären, wenn sie in Glaube,

Liebe und Heiligkeit ein besonnenes Leben
führt.

Der Bischof

3 Zuverlässig ist das Wort: Wenn einer
nach dem Amt des Vorstehers strebt,
bemüht er sich um eine hohe Aufgabe.
2 Der Vorsteher muss untadelig sein, der
Mann nur einer Frau, nüchtern, besonnen,
von würdiger Haltung, gastfreundlich, be-
fähigt zum Lehren, 3 kein Trinker, kein
Schläger, sondern gütig, nicht streitsüch-
tig, nicht geldgierig; 4 er muss seinem eige-
nen Hauswesen gut vorstehen und seine
Kinder zu Gehorsam und allem Anstand
erziehen. 5 Denn wenn einer dem eigenen
Hauswesen nicht vorzustehen weiß, wie
soll er da für die Gemeinde Gottes Sorge
tragen? 6 Er darf kein Neubekehrter sein,
damit er nicht hochmütig wird und dem
Gericht des Teufels verfällt. 7 Er muss aber
auch einen guten Ruf bei den Außenste-
henden haben, damit er nicht in üble
Nachrede kommt und in die Schlinge des
Teufels.

Die Diakone

8 Ebenso müssen die Diakone sein: Ehr-
bar, nicht doppelzüngig, nicht übermäßi-
gem Weingenuss ergeben, nicht gewinn-
süchtig; 9 sie sollen das Geheimnis des
Glaubens mit reinem Gewissen bewahren.
10 Auch sie sollen zuerst geprüft werden;
denn nur wenn sie unbescholten sind,
sollen sie das Diakonenamt ausüben.
11 Ihre Frauen müssen gleichfalls ehrbar
sein, nicht verleumderisch, sondern nüch-
tern, zuverlässig in allem. 12 Diakone sol-
len Männer von nur einer Frau sein, sie
sollen ihren Kindern und dem eigenen
Hauswesen gut vorstehen. 13 Denn die, die
ihren Dienst als Diakon gut versehen ha-
ben, erwerben sich hohes Ansehen und
feste Zuversicht im Glauben an Christus
Jesus.

Die Kirche und das Geheimnis des Glaubens

14 Das schreibe ich dir in der Hoffnung,
bald zu dir zu kommen; 15 falls sich mein
Kommen hinauszögert, sollst du wissen,
wie man sich im Haus Gottes verhalten
muss, das heißt in der Kirche des lebendi-
gen Gottes, der Säule und Grundfeste der
Wahrheit. 16 Und anerkanntermaßen groß
ist das Geheimnis der Frömmigkeit:

Er wurde offenbart im Fleisch, /
gerechtfertigt im Geist,
geschaut von Engeln, / verkündet unter
den Heiden,
geglaubt in der Welt, / aufgenommen in
die Herrlichkeit.

Die Auseinandersetzung mit den falschen Lehrern

4 Der Geist aber sagt ausdrücklich, dass
in künftigen Zeiten manche vom
Glauben abfallen werden; sie werden sich
betrügerischen Geistern und Lehren von
Dämonen zuwenden, 2 verleitet von
heuchlerischen Lügnern, deren eigenes
Gewissen gebrandmarkt ist; 3 sie verbieten
zu heiraten und fordern auf, sich von Spei-
sen zu enthalten, die Gott geschaffen hat,
dass sie mit Danksagung genossen werden
von denen, die zum Glauben und zur Er-
kenntnis der Wahrheit gelangt sind.
4 Denn alles, was Gott geschaffen hat, ist
gut, und nichts ist verwerflich, wenn es
mit Danksagung empfangen wird; 5 es wird
ja geheiligt durch Gottes Wort und Gebet.
6 Wenn du dies den Brüdern vorträgst,
wirst du ein guter Diener Christi Jesu sein,
der aus den Worten des Glaubens und der
rechten Lehre lebt, die du befolgt hast.
7 Aber mit gottlosen Altweiberfabeln befas-
se dich nicht! Übe dich vielmehr in der
Frömmigkeit! 8 Denn Übungen des Leibes
nützen nur wenig; die Frömmigkeit hin-
gegen ist zu allem nützlich, ihr gilt die
Verheißung des gegenwärtigen und des
zukünftigen Lebens. 9 Zuverlässig ist das
Wort und aller Zustimmung wert. 10 Denn
dafür mühen wir uns ab und kämpfen wir;
denn wir haben unsere Hoffnung auf den
lebendigen Gott gesetzt, den Retter aller
Menschen, zumal der Gläubigen. 11 Das
sollst du anordnen und lehren.

Anweisungen für Timotheus

12 Niemand soll dich wegen deiner Jugend
gering achten; im Gegenteil, werde den
Gläubigen zum Vorbild in Wort, Lebens-
wandel, Liebe, Glaube und Lauterkeit.
13 Bis ich komme, widme dich dem Vor-
lesen aus der Schrift, der Predigt und dem
Unterricht. 14 Vernachlässige nicht die
Gnadengabe in dir, die dir durch prophe-
tisches Wort unter Handauflegung der Äl-
testen verliehen worden ist. 15 Dafür trage
Sorge, damit gib dich ab, auf dass dein

Fortschreiten allen offenkundig werde.
16 Achte auf dich selbst und auf die Lehre;
halte daran fest! Denn wenn du das tust,
wirst du dich selbst retten und alle, die
auf dich hören.

Mahnungen für verschiedene Stände in der Gemeinde

5 Einen älteren Mann sollst du nicht
grob anfahren, sondern rede ihm zu
wie einem Vater, jüngeren Männern wie
Brüdern, 2 älteren Frauen wie Müttern, jün-
geren wie Schwestern, mit allem Anstand.

Witwen

3 Ehre die Witwen, die wirklich Witwen
sind. 4 Hat eine Witwe Kinder oder Enkel,
dann sollen diese zuerst lernen, die eige-
nen Angehörigen ehrfürchtig zu behan-
deln und sich den Eltern und Großeltern
dankbar zu erweisen. Denn das gefällt
Gott. 5 Die wirkliche Witwe, die allein
steht, hat ihre Hoffnung auf Gott gesetzt
und verharrt Tag und Nacht in eifrigem
Gebet. 6 Aber eine, die ein ausschweifendes
Leben führt, ist lebendig tot. 7 Ja, das schär-
fe ein, damit sie untadelig leben. 8 Wenn
aber jemand für seine Angehörigen und
insbesondere für die Hausgenossen nicht
Sorge trägt, dann hat er den Glauben ver-
leugnet und ist schlimmer als ein Ungläu-
biger.

9 Eine Frau soll nur dann in den Stand
der Witwen aufgenommen werden, wenn
sie mindestens sechzig Jahre alt ist, nur
eines Mannes Frau war, 10 im Ruf guter
Werke steht, Kinder aufgezogen, Gast-
freundschaft geübt, den Heiligen die Füße
gewaschen, Bedrängten geholfen und sich
überhaupt an guten Werken aller Art be-
teiligt hat. 11 Jüngere Witwen dagegen wei-
se zurück; denn wenn die Sinnlichkeit sie
von Christus entfernt, wollen sie heiraten
12 und ziehen sich den Vorwurf zu, die ers-
te Treue gebrochen zu haben. 13 Außerdem
gewöhnen sie sich daran, müßig in den
Häusern herumzulaufen, nicht nur untä-
tig, sondern auch schwatzhaft und neugie-
rig, und zu reden, was sich nicht gehört.
14 Ich bin also dafür, dass jüngere Witwen
heiraten, Kinder gebären, ihren Haushalt
führen und dem Gegner keinen Anlass zu
übler Nachrede geben. 15 Einige sind näm-
lich schon vom rechten Weg abgekommen
und folgen dem Satan. 16 Wenn eine gläu-
bige Frau Witwen bei sich hat, soll sie für
sie sorgen. Die Gemeinde soll nicht belas-
tet werden, damit sie sich um die wirk-
lichen Witwen kümmern kann.

Die Ältesten

17 Die Ältesten, die ihr Amt als Vorsteher
gut verwalten, sollen doppelter Ehre wert
erachtet werden, vor allem jene, die sich in
Predigt und Unterricht abmühen. 18 Denn
die Schrift sagt: *Einem dreschenden Ochsen
sollst du keinen Maulkorb umbinden*, und:
Der Arbeiter ist seines Lohnes wert. 19 Ge-
gen einen Ältesten nimm keine Klage an,
außer *aufgrund von zwei oder drei Zeugen*.
20 Wer sich verfehlt, den weise in Gegen-
wart aller zurecht, damit auch die anderen
Furcht bekommen. 21 Ich beschwöre dich
bei Gott, bei Christus Jesus und bei den
auserwählten Engeln: Befolge dies ohne
Voreingenommenheit und begünstige nie-
manden! 22 Lege keinem voreilig die Hände
auf und mache dich nicht mitverantwort-
lich für fremde Sünden! Halte dich rein.

Verschiedenes

23 Trinke nicht ausschließlich Wasser, son-
dern genieße deines Magens und deiner
häufigen Schwächeanfälle wegen ein we-
nig Wein.

24 Die Sünden mancher Menschen sind
offenkundig und gehen ihnen zum Ge-
richt voraus; bei anderen kommen sie erst
hinterher zum Vorschein. 25 Genauso sind
auch die guten Werke offenkundig, und
auch wo es sich anders verhält, können
sie doch nicht verborgen bleiben.

Die Sklaven

6 Alle, die als Sklaven unter dem Joch
stehen, sollen ihren Herren alle Ehre
erweisen, damit nicht der Name Gottes
und die Lehre gelästert werden. 2 Jene aber,
die gläubige Herren haben, sollen sie nicht
verachten, weil sie Brüder sind; vielmehr
sollen sie umso eifriger ihren Dienst tun,
weil ihre Herren Gläubige sind und Ge-
liebte Gottes, die sich bemühen, Gutes zu
tun. Das sollst du lehren, dazu sollst du
ermahnen.

Warnung vor Irrlehrern und Geldgier

3 Wenn jemand Irrlehren verbreitet und
sich nicht an die gesunden Worte unseres
Herrn Jesus Christus hält und an die Leh-

re, die der Frömmigkeit entspricht, 4 so ist
er ein aufgeblasener Mensch und versteht
nichts; er krankt an seiner Sucht nach
Grübeleien und Wortstreitigkeiten, aus
denen nur Neid und Zwietracht, Schmä-
hungen und falsche Verdächtigungen ent-
stehen, 5 dauernde Streitereien von Men-
schen, deren Verstand verdorben ist und
die der Wahrheit beraubt sind und mei-
nen, die Frömmigkeit sei eine Erwerbs-
quelle. 6 Freilich, eine reiche Quelle des
Gewinns ist die Frömmigkeit, wenn sie
mit Genügsamkeit verbunden ist. 7 Wir ha-
ben ja nichts in die Welt hineingebracht,
wir können auch nichts hinaustragen.
8 Haben wir Nahrung und Kleidung, wol-
len wir es damit genug sein lassen. 9 Jene,
die danach trachten, reich zu werden, ge-
raten in Versuchungen, Fallstricke und in
viele törichte und schädliche Begierden,
die die Menschen in Verderben und Un-
tergang stürzen. 10 Denn Wurzel aller Übel
ist die Geldgier; so manche, die sich ihr
hingaben, sind vom Glauben abgeirrt und
haben sich selbst viel Leid bereitet.

Mahnung an Timotheus zur Ausdauer im Kampf für den Glauben

11 Du aber, Mann Gottes, fliehe davor. Stre-
be vielmehr nach Gerechtigkeit, Frömmig-
keit, Glauben, Liebe, Geduld und Sanft-
mut. 12 Kämpfe den guten Kampf des
Glaubens, ergreife das ewige Leben, zu
dem du berufen wurdest und für das du
vor vielen Zeugen das gute Bekenntnis ab-
gelegt hast. 13 Ich gebiete dir bei Gott, der
alles ins Leben ruft, und bei Christus Jesus,
der unter Pontius Pilatus das gute Be-
kenntnis abgelegt hat: 14 Bewahre den Auf-
trag makellos und untadelig bis zum Er-
scheinen unseres Herrn Jesus Christus,
15 das zur rechten Zeit herbeiführen wird

der selige und alleinige Herrscher, / der
König der Könige und Herr der Herren,
16 der allein Unsterblichkeit besitzt, / der
in unzugänglichem Licht wohnt,
den kein Mensch gesehen hat noch zu
sehen vermag. / Ihm sei Ehre und ewige
Macht. Amen.

Vom rechten Gebrauch des Reichtums

17 Die Reichen dieser Welt ermahne, nicht
hochmütig zu sein und ihre Hoffnung
nicht auf den unsicheren Reichtum zu set-
zen, sondern auf Gott, der alles reichlich
zum Genuss darbietet; 18 sie sollen Gutes
tun, reich sein an guten Werken, freigebig,
bereit zum Teilen 19 und sich so eine siche-
re Grundlage für die Zukunft ansammeln,
damit sie das wahre Leben erlangen.

Briefschluss

20 Timotheus, bewahre das anvertraute
Gut; lass dich nicht ein auf gottloses, leeres
Gerede und die Widersprüche der fälsch-
lich so genannten „Erkenntnis", 21 zu der
sich gewisse Leute bekannt haben und da-
durch vom Glauben abgeirrt sind. Die
Gnade sei mit euch!

Der zweite Brief an Timotheus

Anschrift und Gruß

1 1 Paulus, Apostel Christi Jesu durch
den Willen Gottes um der Verhei-
ßung des Lebens in Christus Jesus willen,
2 an Timotheus, seinen geliebten Sohn.
Gnade, Barmherzigkeit und Friede von
Gott, dem Vater, und Christus Jesus, unse-
rem Herrn.

Danksagung an Gott für den Glauben

3 Dank sage ich Gott, dem ich von den
Vorfahren her mit reinem Gewissen diene,
wenn ich unablässig im Gebet an dich
denke. 4 Ich sehne mich danach, dich zu
sehen – eingedenk deiner Tränen –, um
mit Freude erfüllt zu werden. 5 Ich habe
deinen aufrichtigen Glauben in guter Er-

innerung, der schon in deiner Großmutter
Loïs und in deiner Mutter Eunike gewohnt
hat und der jetzt – dessen bin ich gewiss –
auch in dir ist.

Mahnung zu furchtlosem Zeugnis und Treue im Glauben

6 Aus diesem Grund erinnere ich dich: Ent-
fache die Gnadengabe Gottes wieder, die
dir durch das Auflegen meiner Hände zu-
teil geworden ist. 7 Denn Gott hat uns
nicht einen Geist der Verzagtheit gegeben,
sondern der Kraft, der Liebe und der Be-
sonnenheit. 8 Schäme dich also nicht des
Zeugnisses für unseren Herrn und auch
nicht meiner, seines Gefangenen; trage
vielmehr das Leiden für das Evangelium
mit, entsprechend der Kraft Gottes, 9 der
uns errettet und mit heiligem Ruf berufen
hat, nicht aufgrund unserer Werke, son-
dern aufgrund seines freien Ratschlusses
und seiner Gnade, die uns in Christus Je-
sus vor ewigen Zeiten geschenkt wurde,
10 die jetzt aber durch die Erscheinung un-
seres Retters Christus Jesus offenbar ge-
worden ist, der den Tod vernichtet, Leben
und Unvergänglichkeit ans Licht gebracht
hat durch das Evangelium, 11 als dessen
Verkünder, Apostel und Lehrer ich bestellt
bin. 12 Seinetwegen erleide ich auch dies;
aber ich schäme mich nicht, denn ich
weiß, wem ich Glauben geschenkt habe,
und ich bin überzeugt, dass er mächtig ge-
nug ist, das mir anvertraute Gut bis zu je-
nem Tag zu bewahren. 13 Als Vorbild ge-
sunder Lehre halte fest, was du von mir
gehört hast, im Glauben und in der Liebe,
die ihren Grund in Christus Jesus haben.
14 Bewahre das dir anvertraute wertvolle
Gut durch die Kraft des Heiligen Geistes,
der in uns wohnt.

Das Verhalten einzelner Christen Paulus gegenüber

15 Das weißt du ja, dass sich alle in der Pro-
vinz Asia von mir abgewandt haben; zu
ihnen gehören Phygelus und Hermogenes.
16 Der Familie des Onesiphorus schenke
der Herr sein Erbarmen, denn oftmals hat
er mich getröstet und sich meiner Ketten
nicht geschämt; 17 vielmehr hat er nach sei-
ner Ankunft in Rom eifrig nach mir ge-
sucht und mich auch gefunden. 18 Gebe
ihm der Herr, dass er beim Herrn Erbar-
men findet an jenem Tag. Was er mir in
Ephesus an Diensten geleistet hat, weißt
du ja am besten.

Dienst für Christus

2 Du, mein Kind, sei stark in der Gnade,
die uns in Christus Jesus geschenkt
ist, 2 und vertraue das, was du von mir im
Beisein vieler Zeugen gehört hast, zuver-
lässigen Leuten an, die geeignet sind, auch
andere zu lehren.
3 Leide mit mir als guter Soldat Christi
Jesu. 4 Keiner, der im Feld steht, gibt sich
mit Geschäften des alltäglichen Lebens
ab; er will ja bei seinem Kriegsherrn Gefal-
len finden. 5 Und wenn einer an einem
Wettkampf teilnimmt, erhält er den Sie-
geskranz auch nur, wenn er nach der Regel
gekämpft hat. 6 Der Bauer, der sich ab-
müht, hat als erster Anrecht auf den Er-
trag an Früchten. 7 Überlege dir, was ich
sage; der Herr wird dir schon in allen Din-
gen Einsicht geben.
8 Denke daran: Jesus Christus ist von
den Toten auferweckt worden, der Nach-
komme Davids; so lautet mein Evangeli-
um, 9 für das ich Leiden erdulde, selbst Fes-
seln wie ein Verbrecher; aber Gottes Wort
ist nicht gefesselt. 10 Darum ertrage ich al-
les um der Auserwählten willen, damit
auch sie das Heil in Christus Jesus erlan-
gen und die ewige Herrlichkeit. 11 Das
Wort ist zuverlässig:

Wenn wir mitgestorben sind, / werden
wir auch mitleben;
12 wenn wir standhaft bleiben, / werden
wir auch mitherrschen;
wenn wir ihn verleugnen, / wird auch er
uns verleugnen;
13 wenn wir untreu sind, / bleibt er doch
treu, / denn er kann sich selbst nicht ver-
leugnen.

Das rechte Verhalten gegenüber den Irrlehrern

14 Das rufe ihnen in Erinnerung und be-
schwöre sie bei Gott, keine Wortgefechte
auszutragen; das hat keinen Wert und ge-
reicht den Hörern nur zum Verderben.
15 Sei bestrebt, vor Gott bewährt dazuste-
hen als Arbeiter, der sich nicht zu schä-
men braucht, der das Wort der Wahrheit
geradeaus verkündet. 16 Meide das gottlose,
leere Gerede. Denn sie werden immer
mehr der Gottlosigkeit verfallen, 17 und
ihre Lehre wird wie ein Krebsgeschwür

um sich fressen. Zu ihnen gehören Hyme-
näus und Philetus, 18 die von der Wahrheit
abgewichen sind, wenn sie behaupten, die
Auferstehung sei schon geschehen; bei
manchen zerstören sie dadurch den Glau-
ben. 19 Aber das feste Fundament, das Gott
gelegt hat, hat Bestand; es trägt die Siegel-
inschrift: *Der Herr kennt die Seinen*, und:
Von Ungerechtigkeit lasse ab, wer den Na-
men des Herrn nennt.

20 In einem großen Hauswesen gibt es
nicht nur goldene und silberne Gefäße,
sondern auch solche aus Holz und Ton,
die einen für ehrenvollen, die anderen für
weniger ehrenvollen Gebrauch. 21 Wenn
sich nun einer von all dem reinigt, wird er
ein Gefäß zur Ehre sein, geheiligt, brauch-
bar für den Herrn, tauglich zu jedem guten
Werk.

22 Fliehe vor den Begierden der Jugend,
bemühe dich vielmehr um Gerechtigkeit,
Glaube, Liebe und Frieden; zusammen
mit denen, die den Herrn aus reinem Her-
zen anrufen. 23 Den törichten und unver-
ständigen Auseinandersetzungen gehe aus
dem Weg; du weißt ja, dass sie nur zu
Streitigkeiten führen. 24 Ein Knecht des
Herrn aber soll nicht Streit lieben, sondern
zu allen freundlich sein, fähig zur Unter-
weisung und geduldig. 25 Er soll die Wider-
spenstigen in Sanftmut zurechtweisen –
vielleicht dass Gott ihnen zur Sinnesände-
rung verhilft, sodass sie zur Erkenntnis der
Wahrheit gelangen 26 und wieder zur Be-
sinnung kommen und sich der Schlinge
des Teufels entziehen, von dem sie gefan-
gen und seinem Willen unterworfen sind.

Das Urteil über die Irrlehrer

3 Das sollst du wissen, dass in den letz-
ten Tagen schwere Zeiten anbrechen
werden. 2 Die Menschen werden nämlich
selbstsüchtig sein, geldgierig, prahlerisch,
hochmütig, schmähsüchtig, ungehorsam
gegen die Eltern, undankbar, gottlos,
3 lieblos, unversöhnlich, verleumderisch,
zügellos, roh, dem Guten abgeneigt, 4 ver-
räterisch, unbesonnen, aufgeblasen, mehr
dem Vergnügen als Gott zugewandt; 5 sie
werden wohl noch den Schein der Fröm-
migkeit wahren, deren Kraft aber werden
sie verleugnen. Von solchen Menschen
wende dich ab! 6 Aus ihren Reihen stam-
men nämlich jene, die sich in die Häuser
einschleichen und gewisse Frauen verfüh-
ren, die in Sünden stecken und von vieler-
lei Begierden gejagt werden, 7 die immer
Neues lernen wollen und doch niemals
zur Erkenntnis der Wahrheit kommen
können. 8 So wie Jannes und Jambres sich
dem Mose widersetzt haben, so widerset-
zen auch sie sich der Wahrheit – Men-
schen, deren Verstand verdorben ist, un-
zuverlässig im Glauben. 9 Aber sie werden
nicht weit kommen; denn ihr Unverstand
wird allen offenkundig sein, wie es ja auch
bei jenen der Fall war.

Festhalten an der Überlieferung

10 Du aber bist meiner Lehre gefolgt, mei-
ner Lebensführung, meinem Lebensziel,
meinem Glauben, meiner Standhaftigkeit,
meiner Liebe, meiner Ausdauer, 11 aber
auch den Verfolgungen und Leiden, die
mir in Antiochia, Ikonium und Lystra zu-
gestoßen sind. Was für Verfolgungen habe
ich erdulden müssen! Und aus allen hat
mich der Herr errettet. 12 So werden alle,
die in Christus Jesus ein frommes Leben
führen wollen, verfolgt werden. 13 Schlech-
te Menschen und Betrüger werden es im-
mer schlimmer treiben: verführte Verfüh-
rer.

14 Du aber bleibe bei dem, was du gelernt
hast und worauf du dein Vertrauen gesetzt
hast. Du weißt ja, von wem du es gelernt
hast. 15 Du kennst von Kindheit an die hei-
ligen Schriften, die dich unterweisen zum
Heil durch den Glauben an Christus Jesus.
16 Alles, was unter Gottes Eingebung ge-
schrieben wurde, ist auch nützlich zur Be-
lehrung, zur Widerlegung, zur Besserung,
zur Erziehung in der Gerechtigkeit, 17 da-
mit der Mensch Gottes zu jedem guten
Werk bereit und gerüstet ist.

Das Testament des Apostels

4 Ich beschwöre dich bei Gott und bei
Christus Jesus, der Lebende und Tote
richten wird bei seinem Erscheinen und
seiner Königsherrschaft: 2 Verkündige das
Wort, sei zur Stelle – ob gelegen oder un-
gelegen –, rede ins Gewissen, ermahne un-
ermüdlich und geduldig belehrend. 3 Denn
es wird eine Zeit kommen, in der die Men-
schen die gesunde Lehre nicht ertragen,
sondern sich nach eigenen Wünschen
Lehrer zusammensuchen, weil sie nach
Ohrenkitzel verlangen. 4 Sie werden ihr
Ohr von der Wahrheit abwenden, den Fa-

beleien aber zuwenden. 5 Du aber sei nüchtern in allem, geduldig im Leiden; tu das Werk eines Verkündigers des Evangeliums, erfülle deinen Dienst!

6 Denn ich bin schon so weit, geopfert zu werden, und die Zeit meines Aufbruchs steht bevor. 7 Ich habe den guten Kampf gekämpft, ich habe den Lauf vollendet, ich habe den Glauben bewahrt. 8 Jetzt liegt für mich der Kranz der Gerechtigkeit bereit, den mir der Herr an jenem Tag überreichen wird, der gerechte Richter, doch nicht mir allein, sondern auch allen, die seinem Erscheinen mit Liebe entgegengehen.

Persönliche Mitteilungen

9 Beeile dich, komm bald zu mir! 10 Demas hat mich nämlich aus Liebe zu dieser Welt verlassen und ist nach Thessalonich gereist, Kreszens nach Galatien, Titus nach Dalmatien. 11 Nur Lukas ist noch bei mir. Bring Markus mit; denn er kann mir gute Dienste leisten. 12 Tychikus habe ich nach Ephesus gesandt. 13 Den Mantel, den ich in Troas bei Karpus zurückgelassen habe, bring mit, wenn du kommst, auch die Bücher, vor allem die Pergamente. 14 Alexander, der Schmied, hat mir viel Böses angetan; *der Herr wird ihm vergelten nach seinen Taten.* 15 Hüte auch du dich vor ihm; denn er hat sich unserer Lehre heftig widersetzt.

16 Bei meiner ersten Verteidigung hat mir niemand beigestanden, sondern alle haben mich im Stich gelassen. Möge es ihnen nicht angerechnet werden! 17 Aber der Herr stand mir zur Seite und gab mir Kraft, damit durch mich die Verkündigung zu ihrem Ziel geführt wird und alle Heiden sie hören, und *ich wurde aus dem Rachen des Löwen errettet.* 18 Der Herr wird mich vor allem Bösen bewahren und in sein himmlisches Reich retten. Ihm sei die Ehre in alle Ewigkeit. Amen.

Briefschluss

19 Grüße Priska und Aquila und die Familie des Onesiphorus! 20 Erastus blieb in Korinth, Trophimus musste ich krank in Milet zurücklassen. 21 Beeile dich, dass du noch vor dem Winter kommst! Es grüßen dich Eubulus, Pudens, Linus, Klaudia und alle Brüder.

22 Der Herr sei mit deinem Geist! Die Gnade sei mit euch!

Der Brief an Titus

Anschrift und Gruß

1 Paulus, Knecht Gottes und Apostel Jesu Christi für den Glauben der Auserwählten Gottes und für die Erkenntnis der Wahrheit, wie sie der Frömmigkeit entspricht, 2 in der Hoffnung auf das ewige Leben, das der wahrhaftige Gott vor ewigen Zeiten verheißen hat – 3 zur vorherbestimmten Zeit hat er dann sein Wort offenbart in der Verkündigung, mit der ich betraut worden bin durch den Auftrag Gottes, unseres Retters –, 4 an Titus, seinen echten Sohn im gemeinsamen Glauben. Gnade und Friede von Gott, dem Vater, und Christus Jesus, unserem Retter.

Einsetzung von Ältesten

5 Ich habe dich auf Kreta zurückgelassen, damit du in Ordnung bringst, was noch zu tun ist, und in den einzelnen Städten Älteste einsetzt, wie ich dir aufgetragen habe: 6 Wenn einer unbescholten ist, Mann einer einzigen Frau, mit gläubigen Kindern, die nicht im Ruf der Liederlichkeit stehen oder ungehorsam sind. 7 Denn ein Vorsteher muss als Verwalter Gottes untadelig dastehen, er darf nicht anmaßend sein, nicht jähzornig, kein Trinker, nicht streitsüchtig, nicht habgierig, 8 sondern gastfreundlich, voll Liebe zum Guten, besonnen, gerecht, fromm und beherrscht. 9 Er muss sich an das zuverlässige Wort

halten, wie es der Lehre entspricht, damit
er imstande ist, mit der gesunden Lehre zu
ermahnen und die Widersprechenden zu
widerlegen.

Kampf gegen Irrlehrer

10 Denn es gibt viele, die sich nicht unter-
ordnen, Schwätzer und Verführer, beson-
ders aus der Beschneidung. 11 Ihnen muss
man den Mund stopfen, da sie ganze
Hausgemeinschaften durch ihre ungehöri-
gen Lehren zerstören, übler Gewinnsucht
wegen. 12 Einer von ihnen hat als ihr eige-
ner Prophet gesagt: Kreter sind immer
Lügner, böse Bestien, faule Bäuche. 13 Die-
ses Zeugnis ist wahr. Darum weise sie
streng zurecht, damit sie im Glauben ge-
sund werden 14 und sich nicht auf jüdische
Fabeleien und auf Satzungen von Men-
schen einlassen, die von der Wahrheit
abirren. 15 Den Reinen ist alles rein; denen
aber, die unrein und ungläubig sind, ist
nichts rein, sogar ihr Verstand und ihr Ge-
wissen sind unrein. 16 Sie behaupten, Gott
zu kennen, durch ihre Taten aber verleug-
nen sie ihn; so sind sie abscheuliche und
widerspenstige Menschen, unbrauchbar
zu jeder guten Tat.

Mahnungen an die verschiedenen Stände

2 Du aber verkünde, was mit der gesun-
den Lehre in Einklang steht. 2 Die älte-
ren Männer sollen nüchtern sein, ehrbar,
besonnen, gesund im Glauben, in der Lie-
be und in der Geduld. 3 Ebenso die älteren
Frauen: ehrwürdig in ihrer Haltung, weder
dem verleumderischen Klatsch noch der
Trunksucht ergeben, Lehrmeisterinnen
im Guten, 4 damit sie die jungen Frauen
anleiten können, ihre Männer und Kinder
zu lieben, 5 besonnen, keusch, häuslich,
tüchtig zu sein, ihren Männern sich unter-
ordnend, damit das Wort Gottes nicht in
üblen Ruf gebracht wird. 6 Ebenso ermah-
ne die jungen Männer, besonnen zu sein
7 in allem, indem du dich selbst als Vorbild
guter Werke zeigst; in der Liebe zeige lau-
tere Absicht und würdevollen Ernst; 8 biete
eine gesunde, untadelige Verkündigung,
damit der Gegner beschämt wird, weil er
uns nichts Übles nachsagen kann. 9 Die
Sklaven sollen sich ihren Herren in allem
unterordnen, gefällig sein, nicht wider-
sprechen, 10 nichts veruntreuen, sondern
in allem echte Treue beweisen, damit sie
der Lehre Gottes, unseres Retters, in allem
Ehre machen.

Grundlage dieser Mahnungen

11 Denn die Gnade Gottes ist erschienen als
Heil für alle Menschen. 12 Sie leitet uns da-
zu an, uns von der Gottlosigkeit und den
weltlichen Begierden loszusagen und be-
sonnen, gerecht und fromm in dieser Welt
zu leben, 13 in der Erwartung der seligen
Hoffnung und der Offenbarung der Herr-
lichkeit des großen Gottes und unseres
Retters Christus Jesus; 14 er hat sich selbst
für uns hingegeben, um uns *loszukaufen*
aus aller Gesetzlosigkeit und *sich ein reines*
Volk zu schaffen, das ihm gehört und in
guten Werken wetteifert. 15 So rede, ermah-
ne und weise zurecht mit allem Nach-
druck! Niemand soll dich verachten.

Die Berufung der christlichen Gemeinden für die Welt

3 Bringe ihnen in Erinnerung, dass sie
sich Obrigkeiten und Machthabern
unterordnen, Gehorsam leisten und zu je-
dem guten Werk bereit sind, 2 dass sie nie-
mand in üblen Ruf bringen, nicht streit-
süchtig, sondern nachgiebig und zu allen
Menschen freundlich sind. 3 Denn auch
wir waren einst unverständig, ungehor-
sam, in Irrtum befangen, Sklaven mannig-
facher Begierden und Leidenschaften,
lebten in Bosheit und Neid dahin, hassens-
wert und voll Hass gegeneinander. 4 Als
aber die Güte und Menschenfreundlich-
keit Gottes, unseres Retters, erschien, 5 hat
er uns gerettet – nicht aufgrund von Wer-
ken, die wir aus eigener Gerechtigkeit voll-
bracht hätten, sondern aufgrund seines
Erbarmens – durch das Bad der Wiederge-
burt und der Erneuerung im Heiligen
Geist, 6 den er in reichem Maß über uns
ausgegossen hat durch Jesus Christus, un-
seren Retter. 7 So sollten wir, gerechtfertigt
durch seine Gnade, Erben werden entspre-
chend der Hoffnung auf das ewige Leben.

Die Autorität des Vorstehers für den Glauben der Gemeinde

8 Zuverlässig ist das Wort und ich will, dass
du dies mit Nachdruck lehrst, damit die,
die zum Glauben an Gott gekommen sind,
darauf bedacht sind, sich mit guten Wer-
ken hervorzutun. Das ist gut und nützlich
für die Menschen.

9 Lass dich dagegen nicht ein auf törich-
te Auseinandersetzungen und Stamm-
baumfragen, auf Zänkereien und Streitig-
keiten über das Gesetz; sie sind ja unnütz
und zwecklos. 10 Von einem häretischen
Menschen ziehe dich zurück, nachdem du
ihn einmal, zweimal gewarnt hast. 11 Du
weißt ja, ein solcher Mensch ist ganz ver-
dreht; er lebt in Sünde und spricht sich
selbst das Urteil.

Persönliche Aufträge und Schlussgruß

12 Sobald ich Artemas oder Tychikus zu dir
schicke, komm auf schnellstem Weg zu
mir nach Nikopolis; denn ich habe mich
entschlossen, dort den Winter zu verbrin-
gen. 13 Zenas, den Gesetzeskundigen, und
Apollos rüste sorgfältig für die Weiterreise
aus, damit ihnen nichts fehlt. 14 Aber auch
unsere Leute sollen lernen, sich mit guten
Werken hervorzutun, wo es nötig ist, da-
mit sie nicht ohne Frucht bleiben.

15 Es grüßen dich alle, die bei mir sind.
Grüße alle, die uns durch den Glauben in
Liebe verbunden sind. Die Gnade sei mit
euch allen!

Der Brief an Philemon

Anschrift und Gruß

1 Paulus, Gefangener Christi Jesu, und der
Bruder Timotheus an den geliebten Phile-
mon, unseren Mitarbeiter, 2 an die Schwes-
ter Aphia, an unseren Mitstreiter Archip-
pus und an die Gemeinde in deinem Haus:
3 Gnade euch und Friede von Gott, unse-
rem Vater, und dem Herrn Jesus Christus.

Dank und Bitte

4 Ich danke meinem Gott allezeit, wenn ich
in meinen Gebeten an dich denke. 5 Ich hö-
re nämlich von deiner Liebe und deinem
Glauben, die du dem Herrn Jesus gegen-
über und zu allen Heiligen hast. 6 So bete
ich denn, dass deine Teilhabe am Glauben
sich kraftvoll auswirke in Erkenntnis all
des Guten, das unter uns ist in der Hin-
ordnung auf Christus. 7 Mir wurde näm-
lich viel Freude und Trost zuteil wegen
deiner Liebe, weil die Herzen der Heiligen
durch dich, Bruder, ermutigt worden sind.

Fürsprache für Onesimus

8 Aber obgleich ich in Christus vielfache
Berechtigung hätte, dir vorzuschreiben,
was recht ist, 9 möchte ich doch um der
Liebe willen bitten, ganz wie ich bin: ich,
Paulus, ein alter Mann und obendrein jetzt
ein Gefangener Christi Jesu. 10 Ich bitte
dich für mein Kind, das ich in Fesseln ge-
boren habe, für Onesimus; 11 früher war er
für dich zu nichts zu gebrauchen, nun aber
ist er dir und mir recht nützlich. 12 Ihn
schicke ich dir zurück, ihn, das heißt, mein
eigenes Herz. 13 Ich hätte ihn gern bei mir
behalten, damit er mir an deiner Stelle
dient, solange ich um des Evangeliums
willen Fesseln trage. 14 Ohne dein Einver-
ständnis wollte ich jedoch nichts tun, da-
mit deine gute Tat nicht aus Zwang ge-
schieht, sondern aus freien Stücken.
15 Vielleicht ist er nämlich nur deshalb eine
Zeit lang von dir getrennt worden, damit
du ihn für die Ewigkeit zurückbehältst,
16 nicht mehr als Sklaven, sondern mehr
als einen Sklaven, nämlich als lieben Bru-
der, was er vor allem für mich ist, um wie
viel mehr aber noch für dich, als Mensch
wie auch vor dem Herrn. 17 Betrachtest du
mich also als deinen Genossen, so nimm
ihn auf wie mich selbst! 18 Hat er dich aber
geschädigt oder ist er dir etwas schuldig,
so schreib mir das auf die Rechnung.
19 Ich, Paulus, gebe es dir schriftlich mit ei-
gener Hand, ich werde es bezahlen; fast
hätte ich gesagt, weil du dich selbst mir
schuldest. 20 Ja, Bruder, ich möchte etwas

Nutzen an dir haben im Herrn: Stille mir
einen Herzenswunsch in Christus! 21 Im
Vertrauen auf deine Bereitwilligkeit
schreibe ich dir; weiß ich doch, dass du
noch mehr tun wirst, als ich sage. 22 Zu-
gleich aber bitte ich: Richte auch eine Her-
berge für mich her; denn ich hoffe, dank
euerer Gebete, euch wiedergeschenkt zu
werden.

Briefschluss

23 Es grüßt dich Epaphras, mein Mitgefan-
gener in Christus Jesus, 24 Markus, Ari-
starch, Demas und Lukas, meine Mitarbei-
ter.
25 Die Gnade des Herrn Jesus Christus
sei mit euerem Geist!

Der Brief an die Hebräer

Das endgültige Wort Gottes: Der Sohn

Der erhöhte Sohn – über den Engeln

1 Vielmals und auf vielerlei Weise hatte
Gott von alters her zu den Vätern ge-
sprochen durch die Propheten. 2 Am Ende
dieser Tage hat er zu uns gesprochen
durch den Sohn, den er zum Erben des
Alls eingesetzt, durch den er auch die Welt
erschaffen hat. 3 Er, der Abglanz seiner
Herrlichkeit und Ausprägung seines We-
sens ist, der auch das All trägt durch sein
machtvolles Wort, hat Reinigung von den
Sünden bewirkt und *sich zur Rechten* der
Majestät in der Höhe *gesetzt*. 4 Um so viel
erhabener ist er geworden als die Engel,
wie der Name, den er als Erbteil erhalten
hat, den ihren überragt. 5 Denn zu wel-
chem Engel hat er jemals gesagt:
*Mein Sohn bist du, / heute habe ich dich
gezeugt?*
Und ferner:
*Ich will ihm Vater sein / und er wird mir
Sohn sein?*
6 Wenn er aber den Erstgeborenen wie-
der in die Welt einführt, sagt er:
Anbeten sollen ihn alle Engel Gottes.
7 Und von den Engeln sagt er:
*Er macht seine Engel zu Winden / und
seine Diener zur Feuerflamme;*
8 vom Sohn aber:
*Dein Thron, o Gott, steht für alle Ewig-
keit,*
und:
*Das Zepter der Gerechtigkeit ist das
Zepter deiner Königsherrschaft. /* 9 *Du hast
Gerechtigkeit geliebt und Unrecht gehasst;
darum hat dich, o Gott, dein Gott
gesalbt / mit Freudenöl, mehr als deine
Gefährten.*
10 Und:
*Du, Herr, hast im Anfang die Erde
gegründet / und deiner Hände Werk sind
die Himmel.*
11 *Sie werden vergehen, du aber bleibst, /
sie alle veralten wie ein Gewand;*
12 *wie einen Mantel rollst du sie zusam-
men;* / wie ein Kleid *werden sie gewechselt.
Du aber bleibst derselbe / und deine
Jahre enden nicht.*
13 Zu welchem Engel hat er jemals ge-
sagt:
*Setze dich zu meiner Rechten, / bis ich dir
deine Feinde als Schemel zu Füßen lege?*
14 Sind sie nicht alle nur dienende Geis-
ter, zum Dienst ausgesandt um derer wil-
len, die das Heil erben sollen?

Ermahnung

2 Darum müssen wir umso mehr auf
das Gehörte achten, damit wir nicht
am Ziel vorbeitreiben. 2 Denn wenn schon
das durch Engel verkündete Wort streng
verbindlich war und jede Übertretung
und Nichtbeachtung gerechte Vergeltung
empfing, 3 wie sollen wir entrinnen, wenn

wir ein so großes Heil missachtet haben,
das zuerst durch den Herrn verkündet
und uns von den Ohrenzeugen bestätigt
wurde? 4 Gott hat es auch bezeugt durch
Zeichen und Wunder, durch vielerlei
Machterweise und Gaben des Heiligen
Geistes, nach seinem Willen.

Die Erlösung – durch Christus, nicht durch die Engel gewirkt

5 Nicht Engeln hat er nämlich die zukünf-
tige Welt unterstellt, von der wir reden.
6 Vielmehr hat einer irgendwo bezeugt:

Was ist der Mensch, dass du an ihn denkst, / oder des Menschen Sohn, dass du auf ihn achtest?
7 Du hast ihn nur wenig unter die Engel erniedrigt, / hast ihn mit Herrlichkeit und Ehre gekrönt; / 8 alles hast du ihm zu Füßen gelegt.

Indem er ihm alles unterwarf, hat er
nichts übrig gelassen, was ihm nicht un-
terworfen wäre. Jetzt freilich sehen wir
noch nicht *ihm alles unterworfen.* 9 Doch
sehen wir den ein wenig unter die Engel
Erniedrigten, Jesus nämlich, den um sei-
nes Todesleidens willen mit Herrlichkeit
und Ehre Gekrönten. Er sollte ja durch
Gottes Gnade für jedermann den Tod er-
leiden. 10 Denn es geziemte Gott, um des-
sentwillen alles ist und durch den alles ist
und der viele Söhne zur Herrlichkeit füh-
ren wollte, den Urheber ihres Heils durch
Leiden zu vollenden. 11 Denn er, der heiligt,
und sie, die geheiligt werden, stammen alle
von einem Einzigen ab; deswegen schämt
er sich auch nicht, sie Brüder zu nennen,
12 indem er sagt:

Ich will deinen Namen meinen Brüdern verkünden, / inmitten der Gemeinde will ich dich preisen.

13 Und weiter:

Ich will auf ihn mein Vertrauen setzen.

Und:

Seht, ich und die Kinder, die Gott mir gegeben hat.

14 Da nun *die Kinder* an Fleisch und Blut
Anteil bekommen haben, so hat auch er in
gleicher Weise daran Anteil bekommen,
um durch den Tod jenen zu vernichten,
der die Gewalt über den Tod hat, das heißt
den Teufel, 15 und um alle die zu erlösen,
die durch Todesfurcht ihr ganzes Leben
lang in Knechtschaft gehalten wurden.
16 Er nimmt sich ja nicht der Engel an, son-
dern *der Nachkommen Abrahams nimmt*
er sich an. 17 Darum musste er in allem
den Brüdern gleich werden, um ein barm-
herziger und treuer Hoherpriester vor
Gott zu sein und die Sünden des Volkes
zu sühnen. 18 Denn weil er selbst Ver-
suchung erlitten hat, vermag er denen zu
helfen, die versucht werden.

Christus überragt Mose

3 Deshalb, heilige Brüder, die ihr an
der himmlischen Berufung teilhabt,
richtet den Blick auf den Gesandten und
Hohenpriester unseres Bekenntnisses, auf
Jesus, 2 der dem treu ist, der ihn ein-
gesetzt hat, wie auch *Mose in seinem*
ganzen *Haus treu* war. 3 Denn er ist im
Vergleich zu Mose einer größeren Herr-
lichkeit gewürdigt worden, so wie der Er-
bauer größere Ehre genießt als das von
ihm erbaute Haus. 4 Jedes Haus wird ja
von jemand erbaut; der Erbauer von al-
lem aber ist Gott. 5 *Mose* war *in* seinem
ganzen Haus treu als *Diener*, zum Zeugnis
der künftigen Offenbarungen. 6 Christus
aber steht als Sohn über seinem Haus;
sein Haus aber sind wir, wenn wir an
der Zuversicht und der stolzen Hoffnung
festhalten.

Warnung vor dem Unglauben

7 Darum beachtet, was der Heilige Geist
sagt:

Heute, wenn ihr seine Stimme hört, /
8 verhärtet euere Herzen nicht wie bei der Verbitterung / am Tag der Versuchung in der Wüste,
9 wo mich euere Väter versucht und auf die Probe gestellt haben, / obwohl sie meine Taten gesehen hatten, / 10 vierzig Jahre lang.
Darum *war mir dieses Geschlecht zuwider / und ich sagte: Immer gehen sie irre mit ihrem Herzen; / sie erkannten meine Wege nicht.*
11 Darum habe ich in meinem Zorn geschworen: / Sie sollen nicht in meine Ruhe eingehen.

12 Gebt Acht, Brüder, dass nicht in ir-
gendeinem von euch ein böses und un-
gläubiges Herz aufkommt im Abfall vom
lebendigen Gott; 13 vielmehr ermahnt ei-
nander Tag für Tag, solange es noch *heute*
heißt, damit niemand von euch durch trü-
gerische Sünde verhärtet wird. 14 Denn an
Christus haben wir Anteil, wenn wir die

anfängliche Glaubenszuversicht bis ans
Ende festhalten. 15 Wenn es heißt:

Heute, wenn ihr seine Stimme hört, /
verhärtet euere Herzen nicht wie bei der
Verbitterung –

16 wer waren denn jene, die *hörten* und
sich auflehnten? Waren es nicht alle, die
durch Mose aus Ägypten ausgezogen wa-
ren? 17 Wer *war ihm vierzig Jahre lang zu-*
wider? Waren es nicht die, die gesündigt
hatten, deren Leichen in der Wüste liegen
blieben? 18 Wem anders als den Ungehor-
samen schwor er, sie sollten nicht in seine
Ruhe eingehen? 19 Und wir sehen, dass sie
wegen ihres Unglaubens nicht hinein-
zugelangen vermochten.

4 Seien wir also darauf bedacht, dass es
bei niemandem von euch so aussieht,
als sei er zurückgeblieben, während doch
die Verheißung, *in seine Ruhe einzugehen*,
noch fortbesteht. 2 Wir haben ja die frohe
Botschaft empfangen so gut wie jene; aber
das vernommene Wort hat jenen nicht ge-
nügt, weil es sich nicht durch den Glauben
mit den Hörern verband. 3 *In die Ruhe ge-*
hen wir nämlich *ein*, die wir gläubig ge-
worden sind; hat er doch gesagt:

Darum habe ich in meinem Zorn
geschworen: / Sie sollen nicht in meine
Ruhe eingehen.

Und doch waren die Werke seit der Er-
schaffung der Welt fertig. 4 Er hat ja ir-
gendwo vom siebten Tag gesagt: *Und Gott*
ruhte am siebten Tag aus von allen seinen
Werken. 5 Hier aber heißt es: *Sie sollen*
nicht in meine Ruhe eingehen. 6 Da es nun
dabei bleibt, dass einige in sie eingehen
werden, die früheren Empfänger der fro-
hen Botschaft wegen ihres Ungehorsams
jedoch *nicht hineingekommen sind*, 7 setzt
er abermals einen Tag fest – *heute* –, indem
er nach so langer Zeit, wie vorhin erwähnt,
durch David spricht:

Heute, wenn ihr seine Stimme hört, /
verhärtet euere Herzen nicht!

8 Hätte nämlich Josua ihnen die Ruhe
verschafft, würde er nachher nicht von
einem anderen Tag gesprochen haben.
9 Also steht dem Volk Gottes noch eine
Sabbatruhe in Aussicht. 10 Denn wer *in sei-*
ne Ruhe eingegangen ist, der ruht auch
selbst *von seinen Werken aus*, wie *Gott*
von den seinigen. 11 So lasst uns also eifrig
bemüht sein, in jene Ruhe einzugehen, da-
mit niemand – als ebensolches Beispiel des
Ungehorsams – zu Fall kommt.

12 Denn voll Leben ist Gottes Wort und
voll Kraft und schärfer als jedes zwei-
schneidige Schwert; es dringt durch bis
zur Scheidung von Seele und Geist, von
Gelenk und Mark, und ein Richter ist es
über Gedanken und Gesinnungen des
Herzens; 13 es gibt nichts Geschaffenes,
das vor ihm verborgen wäre; vielmehr liegt
alles bloß und enthüllt da vor den Augen
dessen, vor dem wir Rechenschaft abzule-
gen haben.

Der Sohn als Hoherpriester und Mittler des Neuen Bundes

Das Amt des Hohenpriesters

14 Da wir nun einen großen Hohenpriester
haben, der die Himmel durchschritten hat,
Jesus, den Sohn Gottes, so lasst uns fest-
halten am Bekenntnis. 15 Denn wir haben
nicht einen Hohenpriester, der mit unse-
ren Schwachheiten nicht mitfühlen könn-
te, sondern einen, der in allem, die Sünde
ausgenommen, gleichermaßen versucht
worden ist. 16 Lasst uns also mit Zuversicht
zum Thron der Gnade hintreten, damit
wir Barmherzigkeit erlangen und Gnade
finden und Hilfe zur rechten Zeit.

5 Denn jeder Hohepriester wird aus
Menschen ausgewählt und für die
Menschen eingesetzt zum Dienst vor Gott,
damit er Gaben und Opfer für die Sünden
darbringt, 2 als einer, der fähig ist, Mitleid
zu haben mit den Unwissenden und Irren-
den, da ja auch er mit Schwachheit behaf-
tet ist; 3 deshalb muss er wie für das Volk,
so auch für sich selbst Sündopfer darbrin-
gen. 4 Auch nimmt sich keiner selbst die
Würde, sondern er wird von Gott berufen
so wie Aaron.

5 So hat auch Christus sich nicht selbst
die Würde eines Hohenpriesters verliehen,
sondern jener, der zu ihm gesprochen hat:
Mein Sohn bist du, heute habe ich dich ge-
zeugt. 6 Wie er auch an anderer Stelle sagt:
Du bist Priester in Ewigkeit nach der Ord-
nung Melchisedeks. 7 Er hat in seinen Er-

dentagen Gebete und Bitten mit lautem
Schreien und unter Tränen vor den getra-
gen, der ihn vom Tod erretten konnte, und
ist seiner Gottesfurcht wegen erhört wor-
den. 8 So hat er, obwohl er Sohn war, an
dem, was er litt, den Gehorsam gelernt
9 und ist, nachdem er zur Vollendung ge-
langt war, für alle, die ihm gehorchen, Ur-
heber *ewigen Heils* geworden, 10 von Gott
benannt als Hoher*priester nach der Ord-
nung des Melchisedek*.

Die schwache Gemeinde

11 Darüber hätten wir vieles zu sagen, aber
es ist schwer verständlich zu machen, weil
ihr schwerhörig geworden seid. 12 Denn
während ihr der Zeit nach Lehrer sein soll-
tet, habt ihr nötig, dass man euch wieder
die Anfangsgründe der Offenbarungswor-
te Gottes lehrt; ihr seid dahin gekommen,
dass ihr Milch braucht statt fester Nah-
rung. 13 Denn jeder, der Milch bekommt,
ist unerfahren im Wort der Gerechtigkeit,
er ist ja ein unmündiges Kind. 14 Für Er-
wachsene aber gibt es feste Nahrung, für
solche nämlich, die durch Übung geschul-
te Sinne haben zur Unterscheidung von
Gutem und Bösem.

6 Darum wollen wir die Anfangsstufe
der Lehre Christi verlassen und uns
der vollkommeneren zuwenden, statt
abermals das Fundament zu legen mit der
Abkehr von toten Werken und dem Glau-
ben an Gott, 2 mit der Lehre über Taufen
und Handauflegung, Auferstehung der
Toten und ewiges Gericht; 3 auch das wol-
len wir tun, sofern Gott es zulässt. 4 Es ist
nämlich unmöglich, diejenigen, die einmal
erleuchtet worden sind, die himmlische
Gabe gekostet haben und Anteil am Heili-
gen Geist empfangen haben, 5 die das herr-
liche Wort Gottes und die Kräfte der zu-
künftigen Welt gekostet haben, 6 dann aber
dennoch abgefallen sind, erneut zur Um-
kehr zu bringen; denn sie kreuzigen den
Sohn Gottes für ihre Person abermals und
machen ihn zum öffentlichen Gespött.
7 Denn ein Ackerland, das den reichlich
darauf niederströmenden Regen einge-
sogen hat und denen, für die es bebaut
wird, nützliches Gewächs hervorbringt,
erhält Segen von Gott. 8 Bringt es aber *Dor-
nen und Disteln* hervor, ist es verworfen
und dem Fluch nah, sodass es mit der Ver-
nichtung im Feuer endet.

9 Von euch aber, Geliebte, nehmen wir
das Bessere an, das zum Heil führt, auch
wenn wir so reden. 10 Denn Gott ist nicht
ungerecht, euer Tun zu vergessen und die
Liebe, die ihr zu seinem Namen bekundet
habt, indem ihr den Heiligen dientet und
noch dient. 11 Wir wünschen aber drin-
gend, dass ein jeder von euch den gleichen
Eifer an den Tag legt, um die volle Wirk-
lichkeit der Hoffnung bis zum Ende zu
entfalten, 12 damit ihr nicht müde werdet,
sondern Nachahmer derer, die durch
Glauben und Ausdauer Erben der Verhei-
ßungen sind.

Die starke Verheißung

13 Als nämlich Gott dem Abraham die Ver-
heißung gab, *schwor er bei sich selbst* – er
hatte ja nicht die Möglichkeit, bei einem
Höheren zu schwören – und sprach:
14 *Fürwahr, ich will ich dich reichlich segnen
und dich überaus zahlreich machen;* 15 und
so erlangte er in geduldigem Warten die
Verheißung. 16 Menschen schwören ja bei
dem Höheren und als Ende jeglicher Wi-
derrede dient ihnen zur Bekräftigung der
Eid. 17 Darum hat Gott, um den Erben der
Verheißung die Unabänderlichkeit seines
Ratschlusses besonders nachdrücklich zu
zeigen, sich mit einem Eid verbürgt. 18 So
sollten wir durch zwei unumstößliche Tat-
sachen, bei denen Gott unmöglich lügen
konnte, einen starken Ansporn haben, wir,
die wir unsere Zuflucht dazu genommen
haben, an der vor uns liegenden Hoffnung
festzuhalten. 19 An ihr haben wir gleichsam
einen Anker für unsere Seele, der sicher ist
und fest und hineinreicht *in das Innere
hinter dem Vorhang*, 20 wohin als Vorläufer
für uns Jesus hineingegangen ist, der *nach
der Ordnung Melchisedeks auf ewig* Hoher-
priester ist.

Christus, Priester nach der Ordnung Melchisedeks

7 Denn dieser *Melchisedek, König von
Salem, Priester des höchsten Gottes,
ging Abraham entgegen, als dieser nach
dem Sieg über die Könige zurückkehrte,*
und *segnete ihn.* 2 Ihm gab Abraham auch
den Zehnten von allem. Er ist, wenn man
seinen Namen übersetzt, zunächst König
der Gerechtigkeit, dann aber auch *König
von Salem*, das heißt König des Friedens,
3 ohne Vater, ohne Mutter, ohne Stamm-

baum, ohne Anfang seiner Tage und ohne
ein Ende seines Lebens; gleichgestaltet dem
Sohn Gottes, bleibt er *Priester* für immer.
4 Seht doch, wie groß der ist, dem *Abra-
ham*, der Erzvater, *den Zehnten* von den
auserlesensten Beutestücken *gab*! 5 Zwar
haben auch die von den Söhnen Levis, die
das Priestertum übernehmen, Weisung,
nach dem Gesetz vom Volk den Zehnten
zu nehmen, das heißt, von ihren Brüdern,
obwohl diese aus der Lende Abrahams
hervorgegangen sind. 6 Der aber, der sei-
nen Stammbaum nicht von ihnen herlei-
tet, hat von Abraham den Zehnten genom-
men und den Träger der Verheißungen
gesegnet. 7 Zweifellos aber gilt: Der Gerin-
gere wird vom Höheren gesegnet. 8 Und
hier sind es sterbliche Menschen, die den
Zehnten entgegennehmen; dort aber einer,
von dem bezeugt wird, dass er lebt. 9 Und
so ist durch Abraham sozusagen auch Le-
vi, der Empfänger des Zehnten, mit dem
Zehnten belegt worden; 10 denn er war
noch in der Lende seines Ahnen, als *Mel-
chisedek ihm entgegenging.* 11 Hätte es nun
durch das levitische Priestertum die Voll-
endung gegeben – das Volk hat ja unter
ihm seine Gesetzesverfassung erhalten –,
wozu war es dann nötig, dass ein anderer
Priester nach der Ordnung Melchisedeks
aufgestellt wurde, statt ihn nach der Ord-
nung Aarons zu benennen? 12 Denn mit
dem Wechsel des Priestertums tritt not-
wendig auch ein Wechsel des Gesetzes ein.
13 Derjenige nämlich, auf den sich diese
Worte beziehen, gehörte zu einem ande-
ren Stamm, von dem nie jemand mit dem
Altar zu tun hatte. 14 Es ist doch offenkun-
dig, dass unser Herr aus Juda hervor-
gegangen ist, einem Stamm, über den Mo-
se nichts ausgesagt hat, was sich auf
Priester bezöge. 15 Und noch weit mehr
wird dies klar, wenn auf gleiche Weise wie
Melchisedek ein anderer Priester auf-
gestellt wird, 16 der es nicht nach dem Ge-
setz menschlicher Abstammungsvor-
schriften geworden ist, sondern durch die
Kraft unzerstörbaren Lebens. 17 Es wird ja
bezeugt: *Du bist Priester auf ewig nach der
Ordnung Melchisedeks.* 18 Denn einerseits
wird zwar eine früher gültige Verordnung
aufgehoben wegen ihrer Schwäche und
Nutzlosigkeit – 19 das Gesetz hat ja nichts
zur Vollendung gebracht –, anderseits
aber erfolgt die Einführung einer besseren
Hoffnung, durch die wir Gott nahe kom-
men. 20 Und in dem Maß, als dies nicht
ohne Eidschwur geschieht – denn jene
sind ohne Eidschwur Priester geworden,
21 dieser aber mit einem Eidschwur durch
den, der zu ihm sprach:

*Der Herr hat geschworen und es wird ihn
nicht reuen: / Du bist Priester auf ewig* –,

22 in demselben Maß ist Jesus auch eines
besseren Bundes Bürge geworden. 23 Auch
sind jene in größerer Zahl Priester gewor-
den, da sie durch den Tod gehindert wur-
den, es zu bleiben; 24 er aber hat, weil er *auf
ewig* bleibt, das Priestertum, das unwan-
delbar ist.

25 Darum vermag er auch gänzlich jene
zu retten, die durch ihn Gott nahe kom-
men, da er ja allezeit lebt, um für sie ein-
zutreten. 26 Denn einen solchen Hohen-
priester mussten wir auch haben: einen,
der heilig ist, unschuldig, unbefleckt, ab-
gesondert von den Sünden und hoch über
die Himmel erhoben, 27 einen, der nicht
täglich nötig hat wie die Hohenpriester,
zuerst für die eigenen Sünden Opfer dar-
zubringen, dann für die des Volkes; das
hat er nämlich ein für alle Mal getan, in-
dem er sich selbst darbrachte. 28 Denn das
Gesetz stellt Menschen als Hohepriester
auf, die mit Schwachheit behaftet sind;
das dem Gesetz folgende Eideswort aber
den *Sohn*, der *auf ewig* vollendet ist.

Christus, der Mittler des Neuen Bundes

8 Die Hauptsache bei dem, was in Rede
steht, ist aber dies: Wir haben einen
solchen Hohenpriester, der sich *zur Rech-
ten* des Thrones der Majestät im Himmel
gesetzt hat, 2 als priesterlicher Diener des
Heiligtums und *des* wahren *Zeltes, das der
Herr aufgeschlagen hat* und nicht ein
Mensch. 3 Denn jeder Hohepriester wird
eingesetzt, um Gaben und Opfer dar-
zubringen. So hat notwendigerweise auch
dieser etwas, das er darbringt. 4 Wäre er
nun auf der Erde, so wäre er nicht einmal
Priester, weil es hier schon die gesetzmäßi-
gen Darbringer der Gaben gibt. 5 Sie die-
nen freilich einem Abbild und Schatten
der himmlischen Dinge nach der Wei-
sung, die Mose erhielt, als er daranging,
das Zelt zu errichten: *Sieh zu,* heißt es
nämlich, *dass du alles nach dem Vorbild
machst, das dir auf dem Berg gezeigt wur-
de!*

[6] Nun aber hat er einen um so höheren Priesterdienst erlangt, als er Mittler eines besseren Bundes ist, der aufgrund besserer Verheißungen festgelegt ist. [7] Wäre nämlich jener erste Bund ohne Tadel gewesen, dann brauchte man keinen Platz für einen zweiten zu suchen. [8] Er tadelt sie ja, wenn er sagt: *Seht, es kommen Tage – spricht der Herr –, da werde ich mit dem Haus Israel und dem Haus Juda einen Bund schließen,* [9] *nicht nach Art des Bundes, den ich mit ihren Vätern geschlossen habe an dem Tag, als ich sie bei der Hand nahm, um sie aus dem Land Ägypten herauszuführen; denn sie sind nicht bei meinem Bund geblieben und so habe ich mich auch nicht mehr um sie gekümmert – spricht der Herr.* [10] *Denn dies ist der Bund, den ich nach jenen Tagen mit dem Haus Israel schließe – spricht der Herr: Ich lege meine Gesetze in ihren Sinn und schreibe sie ihnen in ihr Herz. Ich will ihr Gott sein und sie werden mein Volk sein.* [11] *Keiner wird mehr seinen Mitbürger und keiner seinen Bruder belehren: Erkenne den Herrn! Denn sie alle werden mich erkennen, vom Kleinsten bis zum Größten unter ihnen.* [12] *Denn ich verzeihe ihnen ihre Ungerechtigkeiten und an ihre Sünden denke ich nicht mehr.*

[13] Indem er von einem neuen Bund spricht, hat er den Ersten für veraltet erklärt. Was aber veraltet ist und greisenhaft, ist dem Verschwinden nahe.

Der alte und der neue Zutritt zum Heiligtum

9 Nun hatte zwar auch der erste Bund Satzungen für den Gottesdienst und sein irdisches Heiligtum. [2] Es wurde nämlich ein Zelt errichtet, das vordere, worin sich der Leuchter, der Tisch und die Schaubrote befanden; das Heilige wurde es genannt. [3] Hinter dem zweiten Vorhang aber war ein Zelt, das so genannte Allerheiligste; [4] es enthielt einen goldenen Rauchopferaltar und die auf allen Seiten mit Gold überzogene Bundeslade, darin ein goldener Krug mit dem Manna, der Stab Aarons, der Knospen getrieben hatte, sowie die Bundestafeln; [5] über ihr die Kerubim der Herrlichkeit, welche die Sühneplatte beschatteten. Davon ist jetzt nicht im Einzelnen zu reden. [6] So also ist das Ganze aufgebaut. In das vordere Zelt kommen die Priester jederzeit, wenn sie den Gottesdienst vollziehen, [7] in das zweite aber geht einmal im Jahr einzig der Hohepriester, und zwar nicht ohne Blut, das er für sich selbst und für die unwissentlichen Verfehlungen des Volkes darbringt. [8] Damit weist der Heilige Geist darauf hin, dass der Zugang zum Heiligtum noch nicht offen steht, solange das erste Zelt Bestand hat, [9] das ja ein Gleichnis für die gegenwärtige Zeit ist, wonach Gaben und Opfer dargebracht werden, die nicht imstande sind, den Opfernden in seinem Gewissen vollkommen zu machen; [10] es sind nur äußerliche Satzungen über Speisen, Getränke und mancherlei Waschungen, auferlegt bis zur Zeit der richtigen Ordnung.

[11] Christus aber ist als Hoherpriester der künftigen Güter durch das größere und vollkommenere Zelt gekommen, das nicht mit Händen gemacht, das heißt: nicht von dieser Schöpfung ist; [12] nicht kraft des Blutes von Böcken und Kälbern, sondern kraft seines eigenen Blutes ist er ein für alle Mal in das Heiligtum hineingegangen und hat so eine ewige Erlösung vollbracht. [13] Denn wenn schon das Blut von Böcken und Stieren und die Asche einer Kuh durch Besprengung die Unreinen so heiligt, dass sie leibliche Reinheit gewinnen, [14] um wie viel mehr wird das Blut Christi, der sich selbst kraft ewigen Geistes als makelloses Opfer Gott dargebracht hat, unser Gewissen von toten Werken reinigen, damit wir dem lebendigen Gott dienen.

[15] Und eben deshalb ist er Mittler eines neuen Bundes, damit durch seinen Tod – zur Erlösung von den unter dem ersten Bund begangenen Übertretungen – die Berufenen das verheißene ewige Erbe empfangen. [16] Denn wo ein Testament vorliegt, muss der Tod dessen nachgewiesen werden, der es gemacht hat. [17] Ein Testament ist nämlich erst bei Toten rechtskräftig; es tritt niemals in Kraft, solange der lebt, der es errichtet hat. [18] Daher ist auch der erste Bund nicht ohne Blut eingeweiht worden. [19] Denn nachdem von Mose, dem Gesetz entsprechend, alle Gebote dem ganzen Volk verkündet worden waren, nahm er das Blut der Kälber und der Böcke samt Wasser, Purpurwolle und Ysop, besprengte das Buch selbst und das ganze Volk und sagte: [20] *Das ist das Blut des Bundes, den Gott für euch eingesetzt hat.* [21] Ebenso besprengte er das Zelt und alle liturgischen

Geräte mit Blut. 22 Fast alles wird nach dem
Gesetz mit Blut gereinigt und ohne Blut-
vergießen gibt es keine Vergebung.
23 Durch solche Mittel müssen also die
Abbilder dessen gereinigt werden, was im
Himmel ist; das Himmlische selbst aber
erfordert wirksamere Opfer als diese.
24 Denn Christus ist nicht in ein mit Hän-
den gemachtes Heiligtum hineingegangen,
in ein bloßes Abbild des wahren, sondern
in den Himmel selbst, um nun für uns vor
dem Angesicht Gottes zu erscheinen;
25 auch nicht, um sich selbst viele Male zu
opfern, wie der Hohepriester jedes Jahr
mit fremdem Blut ins Heiligtum eintritt;
26 sonst hätte er ja seit Erschaffung der
Welt oftmals leiden müssen. Jetzt aber ist
er ein einziges Mal am Ende der Zeiten
erschienen, um durch sein Opfer die Sün-
de zu tilgen. 27 Und wie es den Menschen
bestimmt ist, einmal zu sterben, worauf
dann das Gericht kommt, 28 so wurde auch
Christus ein einziges Mal geopfert, um *die
Sünden vieler auf sich zu nehmen.* Ein
zweites Mal wird er ohne Beziehung zur
Sünde erscheinen, denen zum Heil, die
ihn erwarten.

Versöhnung mit Gott, ein für alle Mal

10 Weil nämlich das Gesetz nur ein
Schattenbild der künftigen Güter,
nicht die Gestalt der Dinge selbst enthält,
so vermag es mit denselben Opfern, die
man Jahr für Jahr unaufhörlich darbringt,
niemals die Opfernden zur Vollendung zu
führen. 2 Hätte man denn sonst nicht auf-
gehört, sie darzubringen, wenn die Op-
fernden, einmal gereinigt, kein Sünden-
bewusstsein mehr gehabt hätten? 3 Im
Gegenteil, durch die Opfer wird Jahr für
Jahr die Erinnerung an die Sünden wach-
gerufen. 4 Es ist ja unmöglich, dass Stier-
und Bocksblut Sünden wegnimmt. 5 Da-
rum spricht Christus bei seinem Eintritt
in die Welt:

*Opfer und Gaben hast du nicht gewollt, /
einen Leib aber hast du mir bereitet. / 6 An
Brandopfern und Sündopfern hast du kein
Gefallen.*
*7 Da sagte ich: Siehe, ich komme – / so
steht in der Buchrolle von mir geschrieben
–, / deinen Willen, Gott, zu tun!*

8 Zuerst sagte er: *Opfer und Gaben,
Brandopfer und Sündopfer hast du nicht ge-
wollt und kein Wohlgefallen daran gefun-
den,* und doch sind es gesetzliche Opfer.
9 Dann aber hat er gesagt: *Siehe, ich kom-
me, um deinen Willen zu tun.* Er hebt das
Erste auf, um das Zweite zu begründen.
10 In diesem Willen sind wir durch das Op-
fer des Leibes Jesu Christi ein für alle Mal
geheiligt.
11 Jeder Priester steht Tag für Tag da, um
den Dienst zu verrichten und oftmals die
gleichen Opfer darzubringen, die doch
niemals Sünden wegnehmen können.
12 Dieser aber hat ein einziges Opfer für
die Sünden dargebracht und *sich* dann für
immer *zur Rechten Gottes gesetzt.* 13 Seit-
dem wartet er, *bis ihm die Feinde als Sche-
mel seiner Füße hingelegt werden.* 14 Denn
durch eine einzige Opfertat hat er auf im-
mer die vollendet, die geheiligt werden.
15 Das bezeugt uns aber auch der Heilige
Geist, indem er sagt:

*16 Das wird der Bund sein, den ich nach
diesen Tagen* mit ihnen *schließe – / spricht
der Herr:*
*Ich lege meine Gesetze in ihr Herz / und
schreibe sie in ihren Sinn.*

17 Und:

*An ihre Sünden und Frevel denke ich
nicht mehr.*

18 Wo aber solche Vergebung ist, da be-
darf es keines Opfers mehr für die Sün-
den.

Die Gemeinde auf dem Weg des Glaubens

Am Bekenntnis der Hoffnung festhalten

19 Da wir also, Brüder, durch das Blut Jesu
die Zuversicht haben, in das Heiligtum
einzutreten 20 auf einem neuen und leben-
digen Weg, den er uns durch den Vorhang
hindurch, das heißt durch sein Fleisch, be-
reitet hat, 21 so haben wir auch einen ge-
waltigen Priester über das Haus Gottes.
22 Lasst uns hinzutreten mit wahrhaftigem
Herzen und in voller Glaubenszuversicht,
die Herzen durch die Besprengung vom
schlechten Gewissen gereinigt und den
Leib mit reinem Wasser gewaschen.
23 Lasst uns ohne Wanken am Bekenntnis

der Hoffnung festhalten; denn treu ist der,
der die Verheißung gegeben hat. 24 Lasst
uns auch aufeinander achten und uns zur
Liebe und zu guten Werken anspornen.
25 Bleiben wir unseren eigenen Versamm-
lungen nicht fern, wie es bei einigen
Brauch ist, sondern ermuntern einander,
und dies umso mehr, als ihr den Tag he-
rannahen seht.

Warnung vor dem Abfall

26 Wenn wir nämlich mutwillig sündigen,
nachdem wir die klare Erkenntnis der
Wahrheit erlangt haben, bleibt für die
Sünden kein Opfer mehr, 27 nur die Erwar-
tung eines furchtbaren Gerichts und eines
wütenden Feuers, das die Widersacher ver-
zehren wird. 28 Wenn einer das Gesetz des
Mose verworfen hat, muss er ohne Erbar-
men *auf die Aussage von zwei oder drei*
Zeugen hin sterben. 29 Eine wie viel schwe-
rere Strafe, meint ihr wohl, wird der ver-
dienen, der den Sohn Gottes mit Füßen
getreten und das *Blut des Bundes,* durch
das er geheiligt wurde, verachtet und den
Geist der Gnade verhöhnt hat? 30 Wir ken-
nen doch den, der gesagt hat: *Mein ist die*
Rache, ich werde vergelten, und wiederum:
Der Herr wird sein Volk richten. 31 Furcht-
bar ist es, in die Hände des lebendigen
Gottes zu fallen.

Mahnung zur Ausdauer

32 Erinnert euch doch an die vergangenen
Tage, als ihr nach euerer Erleuchtung
manchen schweren Leidenskampf bestan-
den habt, 33 teils selbst zum öffentlichen
Schauspiel gemacht durch Beschimpfun-
gen und Bedrängnisse, teils mitbetroffen
vom Geschick derer, denen es so erging.
34 Habt ihr doch mit den Gefangenen die
Leiden geteilt und den Raub euerer Habe
mit Freuden hingenommen im Bewusst-
sein, einen besseren und bleibenden Besitz
zu haben. 35 Werft also euere Zuversicht
nicht weg, die doch so großen Lohn zu er-
warten hat. 36 Ihr braucht ja Ausdauer, da-
mit ihr den Willen Gottes erfüllt und so
die Verheißung erlangt.

37 Denn nur noch *eine kurze Zeit, / dann*
wird der kommen, der kommen soll, / und
er wird nicht säumen.

38 *Mein Gerechter aber wird durch den*
Glauben leben; / doch wenn er zurück-
weicht, / habe ich kein Gefallen an ihm.

39 Wir aber gehören nicht zu denen, die
zurückweichen und verloren gehen, son-
dern zu denen, die glauben und das Leben
gewinnen.

Der vorbildliche Glaube der Vorfahren

11 Glaube aber bedeutet: Das feste
Vertrauen auf das Erhoffte, ein
Überzeugtsein von dem, was man nicht
sieht. 2 Durch einen solchen Glaubens ha-
ben ja die Alten ein gutes Zeugnis erhal-
ten. 3 Durch Glauben erkennen wir, dass
die Welt durch Gottes Wort gebildet wur-
de und dass aus Unsichtbarem das Sicht-
bare entstanden ist.

4 Durch Glauben brachte Abel Gott ein
wertvolleres Opfer dar als Kain; durch ihn
erhielt er das Zeugnis, gerecht zu sein, in-
dem Gott es bei seinen Gaben bezeugte
und durch ihn redet er noch, obwohl er
gestorben ist.

5 Durch Glauben wurde Henoch ent-
rückt, sodass er den Tod nicht zu sehen
bekam; und *er wurde nicht mehr gefunden,*
weil Gott ihn entrückt hatte; denn vor sei-
ner Entrückung war ihm bezeugt worden,
dass er Gott gefiel. 6 Ohne Glauben aber ist
es unmöglich, Gott zu gefallen. Denn wer
zu Gott kommt, muss glauben, dass er ist
und dass er denen, die ihn suchen, ihren
Lohn geben wird. 7 Durch Glauben wurde
Noach das offenbart, was noch nicht zu
sehen war, und er baute umsichtig eine Ar-
che zur Rettung seiner Familie; durch ihn
sprach er der Welt das Urteil und wurde
Erbe der Gerechtigkeit, die aus dem Glau-
ben kommt.

8 Durch Glauben gehorchte Abraham
dem Ruf *wegzuziehen* an einen Ort, den
er zum Erbe erhalten sollte; und *er zog*
weg, ohne zu wissen, wohin es ging.
9 Durch Glauben *ließ er sich als Fremder*
im Land der Verheißung wie in der Frem-
de *nieder* und wohnte mit Isaak und Jakob,
den Miterben derselben Verheißung, in
Zelten. 10 Denn er erwartete die Stadt mit
den festen Grundmauern, deren Planer
und Baumeister Gott ist.

11 Durch Glauben empfing selbst Sara,
die Unfruchtbare, noch Kraft, Mutter zu
werden trotz ihres Alters, weil sie den für
treu hielt, der die Verheißung gegeben
hatte. 12 Darum stammen auch von einem
Einzigen und dazu noch von einem Erstor-
benen Nachkommen in solcher Menge ab

*wie die Sterne des Himmels und wie der
Sand am Meer, den man nicht zählen kann.*
13 Im Glauben sind diese alle gestorben,
ohne die Verheißung erlangt zu haben;
sie haben sie von fern gesehen und be-
grüßt und haben bekannt, dass sie Fremde
und Gäste auf der Erde sind. 14 Denn die so
sprechen, geben zu verstehen, dass sie eine
Heimat suchen. 15 Hätten sie aber jene im
Sinn gehabt, aus der sie weggezogen wa-
ren, so hätten sie ja Gelegenheit gehabt zu-
rückzukehren. 16 Nun aber verlangen sie
nach einer besseren, das heißt nach der
himmlischen. Darum schämt sich Gott
ihrer nicht, ihr Gott zu heißen; denn er
hat ihnen eine Stadt bereitet.

17 Durch Glauben *brachte Abraham den
Isaak dar, als er auf die Probe gestellt wur-
de*; und er war im Begriff, *den Einzigen*
darzubringen, er, der die Verheißungen
empfangen hatte, 18 er, zu dem gesagt wor-
den war: *In Isaak wird dir Nachkommen-
schaft werden.*

19 Er hatte bedacht, dass Gott sogar im-
stande ist, von den Toten zu erwecken –
von wo er ihn dann auch gleichnishaft zu-
rückerhielt. 20 Durch Glauben segnete auch
Isaak Jakob und Esau im Hinblick auf
künftige Dinge. 21 Durch Glauben segnete
Jakob sterbend jeden der Söhne Josefs
und *neigte sich über die Spitze seines Sta-
bes.* 22 Durch Glauben erinnerte sich Josef
bei seinem Tod an den Auszug der Söhne
Israels und gab Anordnungen wegen sei-
ner Gebeine.

23 Durch Glauben *wurde* Mose nach sei-
ner Geburt *drei Monate lang* von seinen
Eltern *verborgen, weil sie sahen, dass es
ein schönes Kind war*, und weil sie sich vor
dem Befehl des Königs nicht fürchteten.
24 Durch Glauben weigerte sich Mose, als
er erwachsen war, Sohn einer Pharaonen-
tochter zu heißen. 25 Er wollte sich lieber
zusammen mit dem Volk Gottes misshan-
deln lassen, als einen flüchtigen Genuss
der Sünde zu haben. 26 Er hielt *die Schmach
des Messias* für einen größeren Reichtum
als die Schätze Ägyptens; denn er sah auf
die künftige Belohnung. 27 Durch Glauben
verließ er Ägypten, ohne den Zorn des
Königs zu fürchten; denn er hielt stand-
haft aus, als sähe er den Unsichtbaren.
28 Durch Glauben vollzog er *das Pascha*
und die *Besprengung mit Blut*, damit *der
Verderber* ihre Erstgeburt nicht anrührte.
29 Durch Glauben durchschritten sie das
Rote Meer wie über trockenes Land, wäh-
rend die Ägypter, als sie es gleichfalls ver-
suchten, verschlungen wurden. 30 Durch
Glauben fielen die Mauern Jerichos, nach-
dem man sieben Tage lang um sie herum-
gezogen war. 31 Durch Glauben kam Ra-
hab, die Dirne, nicht zusammen mit den
Ungehorsamen um, da sie die Kundschaf-
ter friedlich aufgenommen hatte.

32 Und was soll ich noch sagen? Die Zeit
würde mir fehlen, wollte ich erzählen von
Gideon, Barak, Simson, Jiftach, David und
Samuel und den Propheten, 33 die durch
Glauben Königreiche niederkämpften, Ge-
rechtigkeit übten, Verheißungen erlang-
ten, Löwenrachen stopften, 34 Feuersglut
löschten, der Schärfe des Schwertes ent-
rannen, aus Schwäche wieder zu Kräften
kamen, Helden wurden im Krieg, fremde
Schlachtreihen zum Wanken brachten.
35 Frauen erhielten durch Auferstehung
ihre Toten wieder. Andere aber wurden
auf die Folter gespannt und nahmen die
Freilassung nicht an, um eine bessere Auf-
erstehung zu erlangen. 36 Wieder andere
haben Spott und Geißelhiebe, dazu noch
Fesseln und Kerker erduldet. 37 Sie wurden
gesteinigt, verbrannt, zersägt, starben den
Tod durchs Schwert, zogen in Schafspelzen
und Ziegenfellen umher, darbend, geängs-
tigt, misshandelt. 38 Sie, deren die Welt
nicht wert war, irrten umher in Einöden
und Gebirgen, in Höhlen und Klüften der
Erde. 39 Doch sie alle, die durch den Glau-
ben ein rühmliches Zeugnis erlangten, ha-
ben nicht die Verheißung davongetragen,
40 weil Gott für uns etwas Besseres in Aus-
sicht genommen hatte; sie sollten eben
nicht ohne uns zur Vollendung gelangen.

Das Vorbild Jesu Christi

12 Darum wollen denn auch wir, die
wir eine so große Wolke von Zeu-
gen um uns haben, allen Ballast und die
uns leicht umgarnende Sünde ablegen
und mit Ausdauer in dem Wettkampf lau-
fen, der vor uns liegt. 2 Dabei wollen wir
hinblicken auf den Urheber und Vollender
unseres Glaubens, auf Jesus, der um der
vor ihm liegenden Freude willen das Kreuz
auf sich nahm, ohne auf die Schande zu
achten und sich zur Rechten des Thrones
Gottes gesetzt hat. 3 Denkt an den, der sol-
chen Widerspruch vonseiten der Sünder

gegen sich erduldete, damit ihr nicht er-
mattet und den Mut verliert.

Die väterliche Erziehung Gottes

4 Noch habt ihr nicht bis aufs Blut im
Kampf gegen die Sünde widerstanden.
5 Habt ihr die Tröstung vergessen, die zu
euch wie zu Söhnen redet:

*Mein Sohn, achte die Zucht des Herrn
nicht gering / und verzage nicht, wenn du
von ihm zurechtgewiesen wirst.*
6 *Denn wen der Herr liebt, den züchtigt
er; / er schlägt jeden Sohn, den er annimmt.*

7 Haltet aus, wenn ihr erzogen werdet.
Wie mit Söhnen verfährt Gott mit euch;
denn wo wäre ein Sohn, den der Vater
nicht züchtigt? 8 Wenn ihr aber ohne Er-
ziehung seid, an der alle teilgehabt haben,
dann seid ihr unechte Kinder, keine Söh-
ne. 9 Ferner: An unseren leiblichen Vätern
hatten wir Erzieher, die wir achteten; sol-
len wir uns da nicht erst recht dem Vater
der Geister unterwerfen und so das Leben
erlangen? 10 Denn jene erzogen uns für we-
nige Tage nach ihrem Gutdünken; er aber
zum Besten, damit wir an seiner Heiligkeit
Anteil gewinnen. 11 Jede Erziehung er-
scheint zwar im Augenblick nicht als et-
was Erfreuliches, sondern als etwas Be-
trübliches; später aber bringt sie friedvolle
Frucht der Gerechtigkeit denen, die durch
sie geschult sind. 12 Darum *richtet die er-
schlafften Hände auf und die wankenden
Knie,* 13 und *macht gerade Bahnen für euere
Füße,* damit, was lahm ist, nicht aus-
gerenkt, sondern geheilt wird.

Warnung vor Leichtfertigkeit

14 *Trachtet nach Frieden* mit allen und nach
Heiligung, ohne die niemand den Herrn
sehen wird. 15 Achtet darauf, dass keiner
die Gnade Gottes versäumt, *dass keine bit-
tere Wurzel aufschießt, Unordnung ver-
ursacht* und viele durch sie angesteckt wer-
den, 16 dass keiner unzüchtig sei oder
gottlos wie *Esau,* der für eine einzige
Mahlzeit *sein Erstgeburtsrecht verkaufte.*
17 Ihr wisst ja, dass er später, als er den Se-
gen erben wollte, abgewiesen wurde; denn
er fand keinen Raum zur Sinnesänderung,
obwohl er sie unter Tränen suchte.

Der Alte und der Neue Bund

18 Denn ihr seid nicht zu einem berühr-
baren Berg hinzugetreten, *zu loderndem
Feuer, zu Wolkendunkel und Sturmwind,*
19 *zu Posaunenklang und schallenden Wor-
ten,* bei denen die Hörer baten, es möge
nicht weiter so zu ihnen gesprochen wer-
den. 20 Denn sie ertrugen nicht die Verord-
nung: Selbst wenn *ein Tier den Berg be-
rührt, soll* es *gesteinigt werden.* 21 So
furchtbar war die Erscheinung, dass Mose
rief: Ich bin voll Furcht und zittere! 22 Nein,
ihr seid hinzugetreten zum Berg Zion und
zur Stadt des lebendigen Gottes, zum
himmlischen Jerusalem und zu Tausenden
von Engeln, zu einer Festversammlung
23 und zur Gemeinde der Erstgeborenen,
die im Himmel aufgezeichnet sind; zu
Gott, dem Richter aller, und zu den Geis-
tern der vollendeten Gerechten, 24 zum
Mittler des Neuen Bundes, Jesus, und
zum Blut der Besprengung, das lauter re-
det als das Blut Abels. 25 Seht zu, dass ihr
den nicht abweist, der redet. Denn wenn
jene nicht entronnen sind, die den abge-
wiesen haben, der auf der Erde Weisung
erteilt hatte, um wie viel weniger dann wir,
wenn wir uns von dem abkehren, der es
vom Himmel her tut. 26 Seine Stimme hat
damals die Erde erschüttert, jetzt aber hat
er verheißen: *Noch einmal lasse ich erbe-
ben* nicht nur *die Erde,* sondern auch *den
Himmel.* 27 Das Noch einmal deutet die
Umwandlung dessen an, was erschüttert
wird, weil es etwas Geschaffenes ist, damit
bestehen bleibt, was unerschütterlich ist.
28 Darum lasst uns, da wir ein unerschüt-
terliches Reich empfangen, dankbar sein
und dadurch Gott so dienen, wie es ihm
gefällt, mit Ehrfurcht und Scheu; 29 denn
unser *Gott ist verzehrendes Feuer.*

Letzte Ermahnungen

13 Die Bruderliebe soll bleiben. 2 Ver-
gesst nicht die Gastfreundschaft.
Durch sie haben ja manche, ohne es zu
merken, Engel beherbergt. 3 Denkt an die
Gefangenen wie Mitgefangene, an die
Misshandelten, weil auch ihr noch in eue-
rem irdischen Leib lebt. 4 Die Ehe sei bei
allen geachtet und unbefleckt das Ehebett;
denn Unzüchtige und Ehebrecher wird
Gott richten. 5 Euer Leben sei frei von
Geldgier. Seid zufrieden mit dem, was vor-
handen ist. Er selbst hat ja gesagt: *Ich lasse
dich nicht fallen; ich lasse dich nicht im
Stich.* 6 Darum dürfen wir voll Vertrauen
sagen:

Der Herr ist mein Helfer, ich fürchte
mich nicht; / was kann ein Mensch mir
antun?

7 Denkt an euere Vorsteher, die euch das
Wort Gottes verkündet haben. Schaut auf
das Ende ihres Lebens und ahmt ihren
Glauben nach! 8 Jesus Christus ist derselbe
gestern, heute und in Ewigkeit. 9 Lasst euch
nicht durch mancherlei fremde Lehren
verführen; denn es ist gut, das Herz durch
Gnade zu festigen, nicht durch Speisevor-
schriften, die noch keinem von denen
Nutzen gebracht haben, die sich damit ab-
gaben. 10 Wir haben einen Opferaltar, von
dem jene zu essen keine Vollmacht haben,
die dem Zelt dienen. 11 Denn die Körper
der Tiere, *deren Blut* durch den Hohen-
priester *um der Sünde willen in das Heilig-*
tum gebracht wird, verbrennt man außer-
halb des Lagers. 12 Darum hat auch Jesus,
um durch sein eigenes Blut das Volk zu
heiligen, außerhalb des Tores gelitten.
13 So lasst uns denn zu ihm *vor das Lager*
*hinaus*gehen und seine Schmach tragen.
14 Denn wir haben hier keine bleibende
Stadt, sondern wir suchen die künftige.
15 Durch ihn also wollen wir *Gott* allezeit
ein *Lobopfer darbringen*, nämlich *die*
Frucht der Lippen, die seinen Namen prei-
sen. 16 Das Wohltun aber und die Gemein-
schaft vergesst nicht; denn an solchen Op-
fern hat Gott Gefallen.

17 Gehorcht eueren Vorstehern und fügt
euch ihnen; denn sie wachen über euere
Seelen und müssen Rechenschaft darüber
ablegen. Sie sollen das mit Freuden tun
können und nicht mit Seufzen; das wäre
nämlich für euch kein Gewinn. 18 Betet
für uns! Wir sind nämlich überzeugt, ein
gutes Gewissen zu haben, da wir in jeder
Hinsicht bestrebt sind, recht zu leben.
19 Umso mehr aber ermahne ich, das zu
tun, damit ich euch recht bald zurück-
gegeben werde.

20 Der Gott des Friedens aber, der *den*
großen Hirten der Schafe, unseren Herrn
Jesus, *durch das Blut eines ewigen Bundes*
von den Toten *heraufgeführt hat*, 21 er ma-
che euch bereit zu allem Guten, damit ihr
seinen Willen tut. Er wirke in uns, was ihm
gefällt, durch Jesus Christus. Ihm sei die
Ehre in alle Ewigkeit. Amen.

Briefschluss

22 Ich bitte euch, Brüder, nehmt diese
Mahnrede gut auf; ich habe euch ja doch
nur kurz geschrieben. 23 Wisst, dass unser
Bruder Timotheus freigekommen ist; mit
ihm will ich euch besuchen, sobald er
kommt. 24 Grüßt alle euere Vorsteher und
alle Heiligen! Es grüßen euch die Brüder
aus Italien.

25 Die Gnade sei mit euch allen!

Der Jakobusbrief

Anschrift und Gruß

1 Jakobus, Gottes und des Herrn Jesus
Christus Knecht, grüßt die zwölf
Stämme in der Zerstreuung.

Die angefochtene Existenz der Gläubigen

2 Erachtet es für lauter Freude, meine Brü-
der, wenn ihr in mannigfache Versuchun-
gen geratet. 3 Ihr wisst ja, dass die Erpro-
bung eueres Glaubens Standhaftigkeit
bewirkt; 4 die Standhaftigkeit aber soll zu
einem vollendeten Werk werden, damit
ihr vollkommen und untadelig seid und
in nichts versagt. 5 Wenn es aber einem
von euch an Weisheit mangelt, so erbitte
er sie von Gott, der allen ohne weiteres
gibt und keine Vorhaltungen macht, und
sie wird ihm gegeben werden. 6 Er bitte
aber im Glauben, ohne den geringsten
Zweifel; denn wer zweifelt, gleicht einer
Meereswoge, die vom Wind gepeitscht
und hin und her geschleudert wird. 7 Ein
solcher Mensch soll nur ja nicht meinen,
er werde vom Herrn etwas empfangen; 8 ist
er doch ein Mann mit geteilter Seele, halt-
los auf allen seinen Wegen.

9 Es rühme sich der niedrig gestellte
Bruder seiner hohen Würde, 10 der Reiche
dagegen seiner Niedrigkeit, denn *wie eine
Blume im Gras* wird er vergehen. 11 Steigt
nämlich die Sonne empor mit ihrer Glut,
dann versengt sie das Gras, seine Blüte
fällt ab und die Schönheit ihres Aussehens
ist dahin; so wird auch der Reiche bei sei-
nen Unternehmungen dahinwelken.

12 Glücklich der Mann, der in der Ver-
suchung standhält; denn wenn er sich be-
währt, wird er den Kranz des Lebens emp-
fangen, den Gott denen verheißen hat, die
ihn lieben.

13 Keiner, der versucht wird, soll sagen: Ich
werde von Gott versucht. Denn Gott kann
nicht zum Bösen versucht werden; er führt
aber auch selbst niemand in Versuchung.
14 Vielmehr wird jeder versucht, indem er
von der eigenen Begierde gelockt und gekö-
dert wird. 15 Dann empfängt die Begierde
und gebiert eine Sünde; die zur Reife ge-
kommene Sünde aber gebiert den Tod.

16 Lasst euch nicht irreführen, meine ge-
liebten Brüder: 17 Jede gute Gabe und jedes
vollkommene Geschenk kommt von oben,
vom Vater der Lichter, bei dem es keine
Veränderung und keine Verfinsterung
gibt. 18 Aus freiem Willen hat er uns durch
das Wort der Wahrheit geboren, damit wir
gleichsam die Erstlingsfrucht seiner Ge-
schöpfe seien.

Die wahre Frömmigkeit

19 Ihr sollt wissen, meine geliebten Brüder:
Jedermann sei schnell bereit zum Hören,
langsam zum Reden, langsam zum Zorn.
20 Denn der Zorn eines Menschen erfüllt
nicht die Gerechtigkeit Gottes. 21 Darum
legt jede Unreinheit und jeden Rest von
Bosheit ab; nehmt in Sanftmut das einge-
pflanzte Wort auf, das euere Seelen zu ret-
ten vermag. 22 Werdet Vollbringer des
Wortes und nicht bloß Hörer, sonst be-
trügt ihr euch selbst. 23 Denn wenn einer
bloß Hörer des Wortes ist, aber kein Voll-
bringer, so gleicht er einem Mann, der das
Gesicht, das die Natur ihm gab, im Spiegel
betrachtet: 24 Er betrachtet sich, geht weg
und vergisst sogleich, wie er aussah.
25 Wer sich aber in das vollkommene Ge-
setz der Freiheit versenkt und dabei ver-
harrt, wer kein vergesslicher Hörer, son-
dern ein tatkräftiger Vollbringer ist, der
wird durch sein Tun selig sein.

26 Wer meint, er sei fromm, ohne dass er
seine Zunge im Zaum hält, vielmehr sein
Herz betrügt, dessen Frömmigkeit ist
wertlos. 27 Reine und makellose Frömmig-
keit vor Gott, dem Vater, besteht darin:
sich um Waisen und Witwen zu küm-
mern, wenn sie in Not sind, und sich selbst
unbefleckt vor der Welt zu bewahren.

Unparteiliche Nächstenliebe

2 Meine Brüder, haltet den Glauben an
unseren verherrlichten Herrn Jesus
Christus frei von jedem Ansehen der Per-
son. 2 Wenn nämlich in euere Versamm-
lung ein Mann mit goldenem Ring und
prächtigem Gewand eintritt und zugleich
auch ein Armer in schmutziger Kleidung,

3 und ihr wendet den Blick dem zu, der das
prächtige Gewand trägt, und sagt: Du,
mach es dir bequem!, während ihr zu
dem Armen sagt: Du, stell dich dorthin
oder setz dich hier unten bei meinem Fuß-
schemel nieder!, 4 habt ihr da nicht bei
euch selbst parteiisch geurteilt und seid
Richter mit verwerflichen Gedanken?
5 Hört, meine geliebten Brüder. Hat
nicht Gott die Armen in der Welt zu Rei-
chen im Glauben und zu Erben des Rei-
ches auserwählt, das er denen verheißen
hat, die ihn lieben? 6 Ihr aber habt den Ar-
men verächtlich behandelt. Sind es nicht
gerade die Reichen, die euch gewaltsam
unterdrücken, und sind sie es nicht, die
euch vor die Gerichte schleppen? 7 Sind
sie es nicht, die den guten Namen lästern,
der über euch angerufen wurde? 8 Aller-
dings, wenn ihr das königliche Gesetz er-
füllt gemäß der Schrift: *Du sollst deinen
Nächsten lieben wie dich selbst!*, so handelt
ihr gut. 9 Wenn ihr aber auf das Ansehen
der Person Rücksicht nehmt, begeht ihr
eine Sünde und werdet vom Gesetz als
Übertreter überführt. 10 Wer nämlich das
ganze Gesetz hält, aber in einem einzigen
Punkt fehlt, der ist in allen schuldig gewor-
den. 11 Denn er, der gesagt hat: *Du sollst
nicht die Ehe brechen!*, der hat auch gesagt:
Du sollst nicht töten! Wenn du nicht die Ehe
brichst, aber tötest, bist du ein Gesetzes-
übertreter geworden. 12 Darum redet und
handelt wie Menschen, die durch das Ge-
setz der Freiheit gerichtet werden. 13 Denn
das Gericht ist unbarmherzig gegen den,
der kein Erbarmen geübt hat. Barmherzig-
keit aber triumphiert über das Gericht.

Glaube und Werke

14 Was nützt es, meine Brüder, wenn je-
mand behauptet, Glauben zu haben, ohne
dass er Werke hat? Kann der Glaube ihn
retten? 15 Wenn da ein Bruder oder eine
Schwester keine Kleider hat und des tägli-
chen Unterhalts entbehrt, 16 einer aber von
euch zu ihnen sagen würde: Geht hin in
Frieden, wärmt euch und esst euch satt! –
ihr gebt ihnen aber nicht, was sie zum Le-
ben brauchen – was nützt das? 17 So ist es
auch mit dem Glauben, wenn er keine
Werke aufweist; für sich allein ist er tot.
18 Nun könnte einer sagen: Du hast Glau-
ben und ich habe Werke; zeige mir deinen
Glauben ohne die Werke und ich zeige dir
meinen Glauben aufgrund der Werke.
19 Du glaubst, dass es einen einzigen Gott
gibt. Da tust du recht. Auch die Dämonen
glauben das und zittern. 20 Willst du also
einsehen, du leerer Mensch, dass Glaube
ohne die Werke nutzlos ist? 21 Abraham,
unser Vater, wurde er nicht aufgrund sei-
ner Werke gerechtfertigt, als er *seinen
Sohn Isaak auf den Opferaltar hinauftrug*?
22 Da siehst du, dass sein Glaube mit seinen
Werken zusammenwirkte und dass durch
die Werke der Glaube zur Vollendung ge-
bracht wurde. 23 So erfüllte sich das Wort
der Schrift: *Abraham glaubte Gott und
das wurde ihm als Gerechtigkeit angerech-
net* und er wurde *Freund Gottes* genannt.
24 Ihr seht, dass der Mensch aufgrund sei-
ner Werke gerechtfertigt wird, nicht durch
den Glauben allein. 25 Wurde nicht ebenso
auch die Dirne Rahab durch ihre Werke
gerechtfertigt, als sie die Boten aufnahm
und auf einem anderen Weg entkommen
ließ? 26 Denn wie der Leib ohne Geist tot
ist, so ist auch der Glaube ohne Werke tot.

Die Macht der Zunge

3 Meine Brüder, tretet nicht bei jeder
Gelegenheit als Lehrer auf, da ihr
doch wisst, dass wir als Lehrer ein umso
strengeres Strafurteil empfangen werden.
2 Wir alle verfehlen uns ja in vielem. Wenn
einer sich nicht beim Reden verfehlt, so ist
er ein vollkommener Mann, fähig, auch
den ganzen Körper im Zaum zu halten.
3 Wenn wir aber den Pferden den Zaum
ins Maul legen, um sie uns gefügig zu ma-
chen, lenken wir auch ihren ganzen Kör-
per. 4 Oder die Schiffe: Wie groß sie auch
sind und von wie heftigen Winden sie
auch getrieben werden, sie lassen sich von
einem ganz kleinen Steuerruder lenken,
wohin der Druck des Steuermannes will.
5 So ist auch die Zunge ein kleines Glied,
aber sie rühmt sich großer Dinge. Ein Feu-
er, wie klein es auch ist, es steckt einen
Wald, so groß er auch ist, in Brand!
6 Auch die Zunge ist ein Feuer, eine Welt
von Ungerechtigkeit. Die Zunge steht un-
ter unseren Gliedern als jenes da, das den
ganzen Leib befleckt und das Rad des Le-
bens in Brand setzt, selbst aber von der
Hölle in Brand gesetzt ist. 7 Denn jede Art
von wilden Tieren und Vögeln, von
Kriechtieren und Seetieren lässt sich zäh-
men und ist von Menschen gezähmt wor-

den, 8 die Zunge aber vermag kein Mensch
zu zähmen; sie ist ein nimmermüdes Übel,
voll von tödlichem Gift. 9 Mit ihr preisen
wir den Herrn und Vater und mit ihr ver-
fluchen wir die Menschen, die *nach Gottes*
Bild geschaffen sind. 10 Aus demselben
Mund gehen Segen und Fluch hervor.
Das darf nicht so sein, meine Brüder.
11 Lässt etwa eine Quelle aus derselben Öff-
nung Süßes und Bitteres hervorsprudeln?
12 Kann etwa, meine Brüder, ein Feigen-
baum Oliven tragen oder ein Weinstock
Feigen? Und eine salzige Quelle kann kein
süßes Wasser liefern.

Wahre und falsche Weisheit

13 Wer ist weise und verständig unter euch?
Er zeige in weiser Bescheidenheit seine
Werke aus einem rechtschaffenen Leben!
14 Wenn ihr aber bittere Eifersucht und
Streitsucht in euerem Herzen habt, dann
prahlt nicht und verdreht nicht die Wahr-
heit. 15 Das ist nicht die Weisheit, die von
oben herab kommt, sondern sie ist irdisch,
sinnlich, dämonisch. 16 Denn wo Eifer-
sucht und Streitsucht sind, da gibt es Un-
ordnung und jegliche Art von schlechtem
Tun. 17 Die Weisheit aber, die von oben
stammt, ist erstens zurückhaltend, dann
friedfertig, freundlich, nachgiebig, voll Er-
barmen und guter Früchte, unparteiisch,
ohne Heuchelei. 18 Die Frucht der Gerech-
tigkeit aber wird in Frieden gesät für jene,
die Frieden schaffen.

Warnung vor Zwietracht

4 Woher kommen Kriege und woher
Kämpfe bei euch? Doch wohl von
eueren Leidenschaften, die in euerem In-
nern wüten. 2 Ihr begehrt und erlangt
nichts. Ihr mordet und seid eifersüchtig
und erreicht doch nichts. Ihr kämpft und
führt Krieg. Ihr erhaltet nichts, weil ihr
nicht bittet. 3 Ihr bittet zwar, aber ihr emp-
fangt nichts, weil ihr in der schlechten Ab-
sicht bittet, um es in eueren Leidenschaf-
ten zu vergeuden. 4 Ihr Ehebrecher, wisst
ihr nicht, dass die Freundschaft mit der
Welt Feindschaft mit Gott ist? Wer also
ein Freund der Welt sein will, macht sich
zum Feind Gottes. 5 Oder meint ihr, die
Schrift sage ohne Grund: Voll Eifersucht
verlangt er nach dem Geist, den er in uns
wohnen ließ? 6 Doch er gibt noch größere
Gnade. Darum heißt es: *Gott widersteht*
den Hochmütigen, den Demütigen aber gibt
er Gnade. 7 Unterwerft euch also Gott. Wi-
dersteht aber dem Teufel; dann wird er
von euch fliehen. 8 Naht euch Gott; dann
wird er sich euch nahen. Reinigt die Hän-
de, ihr Sünder, und heiligt die Herzen, ihr
Menschen mit zwei Seelen. 9 Wehklagt,
trauert und weint! Euer Lachen verwandle
sich in Trauer und die Freude in Nieder-
geschlagenheit. 10 Demütigt euch vor dem
Herrn; dann wird er euch erhöhen.

11 Verleumdet einander nicht, Brüder!
Wer seinen Bruder verleumdet oder über
seinen Bruder zu Gericht sitzt, verleumdet
das Gesetz und sitzt über das Gesetz zu
Gericht. Wenn du aber das Gesetz ver-
urteilst, handelst du nicht nach dem Ge-
setz, sondern bist sein Richter. 12 Einer ist
der Gesetzgeber und Richter: er, der die
Macht hat, zu retten und zu verderben.
Du aber, wer bist du, dass du über deinen
Nächsten zu Gericht sitzt?

Warnung vor falscher Sicherheit

13 Ihr, die ihr sagt: Heute oder morgen wol-
len wir in die und die Stadt reisen und dort
ein Jahr zubringen, Handel treiben und
Gewinn machen; 14 ihr, die ihr doch nicht
einmal wisst, was der morgige Tag bringt,
wie es mit euerem Leben steht. Rauch seid
ihr, der für eine Weile sichtbar ist und
dann verschwindet. 15 Stattdessen sollt ihr
sagen: Wenn der Herr will, werden wir
am Leben bleiben und dies oder jenes tun.
16 Jetzt aber rühmt ihr euch in eueren Prah-
lereien; jedes Rühmen dieser Art ist
schlecht. 17 Wer also Gutes zu tun weiß, es
aber nicht tut, für den ist es Sünde.

Anklage gegen die Reichen

5 Ihr Reichen, weint und klagt über das
Unheil, das über euch kommt. 2 Euer
Reichtum verfault und euere Kleider wer-
den von Motten zerfressen. 3 Euer Gold
und Silber verrostet und der Rost daran
wird zum Zeugnis gegen euch dienen und
euer Fleisch verzehren wie Feuer. Schätze
habt ihr aufgehäuft, noch in den letzten
Tagen. 4 Aber der Lohn, den ihr den Arbei-
tern vorenthalten habt, die euere Felder
abgemäht haben, schreit, und die Klagen
der Erntearbeiter sind zu den Ohren des
Herrn der Heerscharen gedrungen. 5 Ihr
habt auf Erden geprasst und geschwelgt,
habt euere Herzen gemästet am Schlacht-

tag. 6 Ihr habt den Gerechten verurteilt, ja
ermordet; er aber leistete euch keinen Wi-
derstand.

Mahnung zur Geduld

7 Haltet also geduldig aus, Brüder, bis zur
Ankunft des Herrn! Auch der Bauer war-
tet auf die köstliche Frucht der Erde, er
wartet geduldig, bis sie Frühregen oder
Spätregen bekommt. 8 So sollt auch ihr ge-
duldig sein. Stärkt euere Herzen, denn die
Ankunft des Herrn ist nahe. 9 Klagt nicht
übereinander, Brüder, damit ihr nicht ge-
richtet werdet. Seht, der Richter steht vor
der Tür. 10 Brüder, nehmt euch im Ertra-
gen von Leiden und im geduldigen Aus-
harren die Propheten zum Vorbild, die
im Namen des Herrn geredet haben.
11 Glücklich preisen wir, die standhaft aus-
gehalten haben. Von der Standhaftigkeit
Ijobs habt ihr gehört und das vom Herrn
herbeigeführte Ende habt ihr gesehen;
denn voll Mitleid ist der Herr und reich
an Erbarmen.

Verschiedene Mahnungen

12 Vor allem aber, Brüder, schwört nicht,
weder beim Himmel noch bei der Erde
noch irgendeinen anderen Eid! Euer Ja sei
ein Ja und euer Nein ein Nein, damit ihr
nicht dem Gericht verfallt.
13 Leidet jemand unter euch? Dann soll
er beten. Ist jemand guter Dinge? Dann
soll er Loblieder singen. 14 Ist jemand unter
euch krank? Dann soll er die Ältesten der
Gemeinde zu sich rufen lassen. Die sollen
über ihn beten, nachdem sie ihn im Na-
men des Herrn mit Öl gesalbt haben.
15 Das Gebet des Glaubens wird den Kran-
ken retten und der Herr wird ihn aufrich-
ten; wenn er Sünden begangen hat, wird
ihm vergeben werden. 16 Bekennt also ei-
nander euere Sünden und betet füreinan-
der, damit ihr geheilt werdet. Viel vermag
das beharrliche Gebet eines Gerechten.
17 Elija war ein Mensch wie wir und er be-
tete inständig, dass es nicht regnen sollte,
und es regnete drei Jahre und sechs Mona-
te nicht auf der Erde. 18 Dann betete er wie-
der; da spendete der Himmel Regen und
die Erde ließ ihre Frucht hervorsprießen.
19 Meine Brüder, wenn einer unter euch
von der Wahrheit abgeirrt ist, und es führt
ihn jemand zurück, 20 dann soll er wissen:
Wer einen Sünder von seinem Irrweg zu-
rückbringt, wird dessen Seele vor dem Tod
erretten und eine Menge *von Sünden zude-
cken.*

Der erste Petrusbrief

Anschrift und Gruß

1 Petrus, Apostel Jesu Christi, an die
Fremden in der Zerstreuung in Pon-
tus, Galatien, Kappadozien, der Provinz
Asia und Bithynien, auserwählt 2 nach
dem Vorherwissen Gottes des Vaters und
durch den Geist geheiligt, um Jesus Chris-
tus gehorsam zu sein und mit seinem Blut
besprengt zu werden. Gnade sei euch und
Friede in Fülle!

Dank für die Hoffnung

3 Gepriesen sei der Gott und Vater unse-
res Herrn Jesus Christus, der uns in sei-
ner großen Barmherzigkeit durch die
Auferstehung Jesu Christi von den Toten
zu lebendiger Hoffnung wiedergeboren
hat, 4 zu einem unvergänglichen, unbe-
fleckten und unverwelklichen Erbe, das
im Himmel aufbewahrt ist für euch,
5 die ihr in Gottes Kraft durch den Glau-
ben behütet werdet für das Heil, das be-
reitsteht, um am Ende der Zeit offenbart
zu werden. 6 Darüber seid ihr voll Freu-
de, wenn ihr auch jetzt ein wenig, falls
es sein muss, durch mancherlei Prüfun-
gen Leid habt, 7 damit die Erprobung
eueres Glaubens, viel kostbarer als ver-

gängliches Gold, das durch Feuer er-
probt wird, euch gereiche zu Lob, Herr-
lichkeit und Ehre bei der Offenbarung
Jesu Christi. 8 Ihn liebt ihr, ohne ihn ge-
sehen zu haben; an ihn glaubt ihr, ohne
ihn jetzt zu schauen, und ihr jubelt in
unsagbarer und verklärter Freude, 9 wenn
ihr das Ziel eueres Glaubens erreicht: das
Heil der Seelen.

10 Nach diesem Heil suchten und forsch-
ten die Propheten, die über die euch zuge-
sagte Gnade weissagten. 11 Sie forschten
nach, auf welche oder was für eine Zeit
der Geist Christi in ihnen hinweise, indem
er die für Christus bestimmten Leiden und
die darauf folgenden Verherrlichungen im
Voraus bezeugte. 12 Ihnen wurde offenbart,
dass sie nicht sich selbst, sondern euch
einen Dienst erweisen sollten mit dem,
was euch jetzt verkündet worden ist durch
jene, die euch in der Kraft des vom Him-
mel gesandten Heiligen Geistes das Evan-
gelium brachten, worin Einblick zu gewin-
nen sogar Engel begehren.

Die Anforderungen des neuen Lebens

13 Deshalb umgürtet die Lenden euerer Ge-
sinnung, seid nüchtern und setzt euere
Hoffnung ausschließlich auf die Gnade,
die euch in der Offenbarung Jesu Christi
dargeboten wird. 14 Als Kinder des Gehor-
sams richtet euch nicht nach den Begier-
den, die euch früher, in der Zeit euerer
Unwissenheit beherrschten, 15 sondern,
wie jener heilig ist, der euch berufen hat,
so sollt auch ihr heilig werden in euerem
ganzen Lebenswandel. 16 Es steht ja ge-
schrieben: *Heilig sollt ihr sein, weil ich hei-
lig bin.*

17 Und wenn ihr den als Vater anruft, der
ohne Ansehen der Person einen jeden
nach seinem Tun beurteilt, dann führt
auch während euerer Zeit in der Fremde
ein Leben in Gottesfurcht. 18 Ihr wisst ja,
dass ihr *nicht* mit vergänglichen Dingen,
mit Silber oder Gold aus euerer verkehr-
ten, von den Vätern überkommenen Le-
bensweise *losgekauft* worden seid, 19 son-
dern mit dem kostbaren Blut Christi, des
Lammes ohne Fehl und Makel. 20 Ausserse-
hen war er vor Erschaffung der Welt, of-
fenbart worden aber ist er am Ende der
Zeiten um euretwillen, 21 die ihr durch ihn
zum Glauben gelangt seid an den Gott, der
ihn von den Toten auferweckt und ihm
Herrlichkeit verliehen hat, sodass euer
Glaube und euere Hoffnung sich auf Gott
richten.

22 Da ihr euere Seelen im Gehorsam ge-
gen die Wahrheit zu ungeheuchelter Bru-
derliebe gereinigt habt, so liebt einander
innig von Herzen, 23 seid ihr doch nicht
aus vergänglichem Samen wiedergeboren,
sondern aus unvergänglichem, aus dem le-
bendigen und bleibenden Wort Gottes.
24 Denn:

*Alles Fleisch ist wie Gras / und all seine
Herrlichkeit wie die Blume im Gras.*

*Das Gras verdorrt und die Blume ver-
welkt; / aber das Wort des Herrn bleibt in
Ewigkeit.*

25 Damit ist das Wort gemeint, das euch
verkündet wurde.

2 So legt also alle Bosheit ab, alle Arg-
list, Heuchelei, Neid und üble Nach-
rede. 2 Wie neugeborene Kinder sollt ihr
nach der geistigen, unverfälschten Milch
verlangen, damit ihr durch sie zum Heil
heranwachst. 3 Ihr habt ja schon *verkostet,
wie gütig der Herr ist.*

Jesus Christus, der lebendige Stein

4 Kommt zu ihm, dem lebendigen *Stein*,
der zwar von Menschen verworfen wurde,
bei Gott aber *auserlesen kostbar* ist, 5 und
lasst euch selbst als lebendige Steine auf-
bauen zu einem geistigen Haus, zu einer
heiligen Priesterschaft, um durch Jesus
Christus geistige Opfer darzubringen, die
Gott wohlgefällig sind. 6 Darum steht in
der Schrift: *Seht, ich lege in Zion einen er-
lesenen, kostbaren Eckstein. Wer auf ihn
gläubig vertraut, wird nicht zugrunde ge-
hen.*

7 Euch also, die ihr glaubt, gilt die Ehre;
denen aber, die nicht glauben, ist *der Stein,
den die Bauleute verworfen haben, zum
Eckstein geworden* 8 *und ein Stein des An-
stoßes und ein Fels des Ärgernisses.* Sie sto-
ßen sich daran, weil sie dem Wort nicht
gehorchen; und dazu sind sie auch be-
stimmt. 9 Ihr aber seid *ein auserwähltes Ge-
schlecht, eine königliche Priesterschaft, ein
heiliger Stamm, ein zu Eigen erworbenes
Volk, damit ihr die Großtaten dessen ver-
kündet*, der euch aus der Finsternis beru-
fen hat in sein wunderbares Licht. 10 Die
einst *Nicht-Volk* waren, sind jetzt *Gottes-
Volk*; die *kein Erbarmen* fanden, haben
nun *Erbarmen gefunden.*

Der Christ unter den Heiden

11 Geliebte, ich ermahne euch: Als Fremde
und Gäste sollt ihr den irdischen Begier-
den nicht nachgeben, die gegen die Seele
streiten. 12 Führt ein rechtschaffenes Leben
unter den Heiden, damit sie, während sie
euch als Übeltäter verleumden, von eueren
sichtbaren guten Werken überzeugt wer-
den und Gott preisen am Tag der Heim-
suchung.

Der Christ im Staat

13 Unterwerft euch um des Herrn willen
jeder menschlichen Ordnung, sei es dem
Kaiser als dem Oberherrn, 14 sei es den
Statthaltern als denen, die von ihm ge-
sandt sind zur Bestrafung der Übeltäter
und zur Auszeichnung der Rechtschaffe-
nen. 15 So ist es nämlich der Wille Gottes,
dass ihr durch gute Taten den Unverstand
der törichten Menschen zum Schweigen
bringt, 16 als Freie, aber nicht als solche,
die die Freiheit als Deckmantel für ihre
Bosheit gebrauchen, sondern wie Knechte
Gottes. 17 Erweist jedermann Achtung,
liebt die Gemeinschaft der Brüder, fürch-
tet Gott, ehrt den Kaiser!

Der Stand der Sklaven

18 Ihr Sklaven, unterwerft euch in aller
Ehrfurcht eueren Herren, nicht nur den
gütigen und freundlichen, sondern auch
den launenhaften. 19 Denn das ist Gnade,
wenn einer, weil er Gott gegenüber gewis-
senhaft ist, Kränkungen erträgt und zu
Unrecht leidet. 20 Denn was ist das für ein
Ruhm, wenn ihr wegen euerer Verfehlun-
gen Züchtigung aushalten müsst? Wenn
ihr aber recht handelt und dennoch ge-
duldig leidet, das ist Gnade bei Gott.
21 Denn dazu seid ihr berufen; hat doch
auch Christus für euch gelitten und euch
ein Vorbild hinterlassen, damit ihr seinen
Spuren folgt.
22 *Er hat keine Sünde begangen / und in
seinem Mund fand sich kein Trug.*
23 Als er geschmäht wurde, schmähte er
nicht wieder; als er litt, drohte er nicht,
sondern überließ alles dem, der gerecht
richtet. 24 Er hat unsere Sünden selbst an
seinem Leib auf das Holz hinaufgetragen,
damit wir, der Sünde gestorben, der Ge-
rechtigkeit leben. *Durch seine Wunden
wurdet ihr geheilt.* 25 Denn ihr seid *umher-
geirrt wie Schafe*; jetzt aber seid ihr heim-
gekehrt zum Hirten und Hüter euerer See-
len.

Die Ehe

3 Ebenso sollen die Frauen ihren Män-
nern untertan sein, damit, wenn einige
dem Wort nicht gehorchen, sie durch das
Leben ihrer Frauen ohne Wort gewonnen
werden, 2 wenn sie eueren in Gottesfurcht
und Reinheit geführten Lebenswandel se-
hen. 3 Ihr Schmuck soll nicht in Äußerlich-
keiten bestehen, in Haargeflecht, Gold-
geschmeide oder Kleiderpracht, 4 sondern
der verborgene Mensch des Herzens mit
dem unvergänglichen Wert eines milden
und ruhigen Geistes; das ist kostbar vor
Gott. 5 So haben sich nämlich einst auch
die heiligen Frauen geschmückt, die auf
Gott hofften, ihren Männern untergeben,
6 wie Sara Abraham gehorchte und ihn
Herr nannte. Ihr seid ihre Kinder gewor-
den, wenn ihr recht handelt und keine Ein-
schüchterung fürchtet.
7 Ebenso sollen die Männer mit den
Frauen als dem schwächeren Geschlecht
zusammenleben, ihnen Ehre erweisen als
den Miterben der Gnade des Lebens, da-
mit euere Gebete nicht vergeblich blei-
ben.

Die Gemeinde

8 Schließlich aber: Seid alle eines Sinnes,
mitfühlend, voll brüderlicher Liebe, barm-
herzig und demütig! 9 Vergeltet nicht Bö-
ses mit Bösem oder Schmähung mit
Schmähung! Im Gegenteil, segnet; denn
dazu seid ihr berufen, damit ihr Segen er-
langt. 10 Denn:
*Wer das Leben liebt / und gute Tage
sehen will,
der halte seine Zunge fern vom Bösen /
und seine Lippen von trügerischer Rede.*
11 *Er wende sich vom Bösen ab und tue
Gutes, / er suche Frieden und jage ihm
nach.*
12 *Denn die Augen des Herrn blicken auf
die Gerechten / und seine Ohren hören ihr
Flehen; / aber das Antlitz des Herrn richtet
sich gegen die Übeltäter.*

Die Leiden der Welt

13 Und wer könnte euch Böses tun, wenn
ihr euch um das Gute bemüht? 14 Aber
auch wenn ihr um der Gerechtigkeit wil-
len leiden müsstet, selig seid ihr! *Fürchtet*

*nicht ihren Schrecken und lasst euch nicht
verwirren!* 15 *Haltet* vielmehr *den Herrn*
Christus *heilig* in eueren Herzen. Seid alle-
zeit bereit zur Antwort einem jeden gegen-
über, der von euch Rechenschaft fordert
über die Hoffnung in euch. 16 Aber tut das
mit Sanftmut und Ehrfurcht, mit einem
guten Gewissen, damit, wenn ihr ge-
schmäht werdet, die beschämt werden,
die eueren guten Lebenswandel in Chris-
tus kränken. 17 Denn es ist besser, wenn es
der Wille Gottes ist, für gutes Tun zu lei-
den als für böses Tun.

18 Denn auch Christus ist der Sünden
wegen ein einziges Mal gestorben, als Ge-
rechter für Ungerechte, um uns zu Gott zu
führen; dem Fleisch nach wurde er getötet,
dem Geist nach aber lebendig gemacht.
19 So ging er auch hin und predigte den
Geistern im Gefängnis, 20 die einst unge-
horsam waren, als Gott in den Tagen No-
achs geduldig wartete, damals, als die Ar-
che gebaut wurde, in der nur wenige,
nämlich acht Menschen, vor dem Wasser
gerettet wurden. 21 Als dessen Gegenbild
rettet euch jetzt die Taufe, die nicht ein
Abwaschen körperlichen Schmutzes ist,
sondern die Bitte zu Gott um ein gutes Ge-
wissen kraft der Auferstehung Jesu Chris-
ti. 22 Er ist aufgefahren zum Himmel, zur
Rechten Gottes, nachdem ihm Engel,
Mächte und Gewalten unterworfen wur-
den.

4 Da Christus im Fleisch gelitten hat,
sollt auch ihr euch mit derselben Ge-
sinnung wappnen – denn wer im Fleisch
gelitten hat, hat mit der Sünde aufge-
hört –, 2 um nicht mehr nach mensch-
lichen Begierden, sondern nach dem Wil-
len Gottes die übrige Zeit im Fleisch zu
leben. 3 Es ist doch genug, dass ihr in der
vergangenen Zeit dem Beispiel der Heiden
gefolgt seid, indem ihr ein Leben voller
Ausschweifungen, Begierden, Trunksucht,
Prassereien, Gelagen und frevelhaftem
Götzendienst geführt habt. 4 Deshalb sind
sie jetzt befremdet, dass ihr euch nicht
mehr in denselben Strudel der Leiden-
schaften hineinstürzt; deshalb lästern sie.
5 Sie werden dem Rechenschaft geben, der
sich bereithält, Lebende und Tote zu rich-
ten. 6 Denn auch Toten ist die Heilsbot-
schaft verkündet worden, dass sie wie
Menschen gerichtet werden im Fleisch,
aber wie Gott das Leben haben im Geist.

Die nahende Wiederkunft

7 Aller Dinge Ende ist nahe gekommen.
Seid also besonnen und nüchtern zum Ge-
bet. 8 Vor allem aber haltet fest an der Lie-
be zueinander; denn *die Liebe deckt* eine
Menge *Sünden zu.* 9 Übt Gastfreundschaft
untereinander ohne Murren. 10 Dient ei-
nander als gute Verwalter der vielgestalti-
gen Gnade Gottes, ein jeder mit der Gna-
dengabe, die er empfangen hat. 11 Wer
redet, verkünde Gottes Worte. Dient ei-
ner, so diene er aus der Kraft, die Gott ver-
leiht, damit in allem Gott verherrlicht
wird durch Jesus Christus. Sein ist die
Herrlichkeit und die Macht in alle Ewig-
keit. Amen.

Verfolgungen als Prüfungen

12 Geliebte, seid nicht befremdet über die
Feuersglut, die zu euerer Prüfung über
euch gekommen ist, als ob euch etwas Au-
ßergewöhnliches widerfahre. 13 Freut euch
vielmehr, dass ihr an den Leiden Christi
teilhabt, damit ihr euch auch bei der Of-
fenbarung seiner Herrlichkeit voller Jubel
freuen könnt. 14 Werdet ihr um des Na-
mens Christi willen geschmäht, seid ihr
selig zu preisen. Denn der Geist der Herr-
lichkeit, *der Geist Gottes, ruht* auf euch.
15 Nur darf niemand von euch leiden als
Mörder oder Dieb oder Übeltäter oder als
einer, der sich in fremde Angelegenheiten
einmischt. 16 Wenn er aber als Christ lei-
det, dann soll er sich nicht schämen, son-
dern Gott verherrlichen in diesem Namen.
17 Denn die Zeit ist da, dass das Gericht
beim Haus Gottes beginnt. Wenn es aber
bei uns beginnt, was wird das Ende derer
sein, die der Heilsbotschaft Gottes nicht
gehorchen? 18 Und *wenn der Gerechte
kaum gerettet wird, wo wird dann der
Gottlose und Sünder zu sehen sein?* 19 Da-
rum sollen auch alle, die nach dem Willen
Gottes leiden, dem treuen Schöpfer ihre
Seelen dadurch anbefehlen, dass sie Gutes
tun.

Mahnungen an die einzelnen Stände

5 Die Ältesten unter euch ermahne ich
als Mitältester und Zeuge der Leiden
Christi, aber zugleich auch als Mitgenosse
der künftigen Herrlichkeit, die offenbar
werden soll: 2 Weidet die euch anvertraute
Herde Gottes und achtet auf sie, nicht ge-
zwungen, sondern aus freien Stücken, wie

Gott es will; auch nicht aus schmutziger
Gewinnsucht, sondern mit Hingabe,
3 auch nicht als wäret ihr Herren des Erbes,
sondern als Vorbilder der Herde. 4 Wenn
dann der oberste Hirt erscheint, werdet
ihr den unverwelklichen Kranz der Herr-
lichkeit erlangen. 5 Ebenso ihr Jüngeren:
ordnet euch den Älteren unter! Ihr alle
aber sollt einander in Demut begegnen;
denn *Gott tritt den Stolzen entgegen, den*
Demütigen aber gibt er Gnade. 6 Demütigt
euch also unter die mächtige Hand Gottes,
damit er euch zur rechten Zeit erhöht.
7 Werft alle euere Sorge auf ihn, denn ihm
liegt an euch.

Mahnungen zur Demut und Wachsamkeit

8 Seid nüchtern und wachsam! Euer Wi-
dersacher, der Teufel, geht umher wie ein
brüllender Löwe und sucht, wen er ver-
schlingen kann. 9 Ihm widersteht fest im
Glauben, da ihr wisst, dass eueren Brüdern
in der ganzen Welt dieselben Leiden auf-
erlegt sind. 10 Der Gott aller Gnade aber,
der euch in Christus zu seiner ewigen
Herrlichkeit berufen hat, wird euch nach
kurzem Leiden vollenden, stärken, kräfti-
gen und auf festen Grund stellen. 11 Sein ist
die Macht in alle Ewigkeit. Amen.

Briefschluss

12 Durch Silvanus, den ich als treuen Bru-
der kenne, habe ich euch mit wenigen
Worten geschrieben, habe ermahnt und
bezeugt, dass dies die wahre Gnade Gottes
ist, in die ihr euch stellen sollt.

13 Es grüßt euch die miterwählte Ge-
meinde in Babylon und Markus, mein
Sohn.

14 Grüßt einander mit dem Kuss der Lie-
be! Friede euch allen, die ihr in Christus
seid.

Der zweite Petrusbrief

Anschrift und Gruß

1 Simon Petrus, Knecht und Apostel Je-
su Christi, an alle, die mit uns den
gleich kostbaren Glauben erlangt haben
durch die Gerechtigkeit unseres Gottes
und Retters Jesus Christus. 2 Gnade sei
euch und Friede in Fülle durch die Er-
kenntnis Gottes und Jesu, unseres Herrn.

Göttliche Gaben und menschliche Tugenden

3 Alles hat uns seine göttliche Macht ge-
schenkt, was zum Leben und zur Fröm-
migkeit gehört, durch die Erkenntnis des-
sen, der uns berufen hat durch seine
eigene Herrlichkeit und Kraft. 4 Durch sie
wurden uns die kostbaren und größten
Verheißungen geschenkt, damit ihr durch
sie an der göttlichen Natur Anteil erlangt,
nachdem ihr der verderblichen Begierde
in der Welt entronnen seid. 5 Darum wen-
det allen Eifer auf und lasst in euerem
Glauben die Tugend wirksam werden, in
der Tugend die Erkenntnis, 6 in der Er-
kenntnis die Selbstbeherrschung, in der
Selbstbeherrschung die Ausdauer, in der
Ausdauer die Frömmigkeit, 7 in der Fröm-
migkeit die Bruderliebe, in der Bruderlie-
be aber die Liebe überhaupt. 8 Wenn diese
Eigenschaften bei euch vorhanden sind
und wachsen, lassen sie euch nicht träge
oder fruchtlos sein für die Erkenntnis un-
seres Herrn Jesus Christus. 9 Wem sie feh-
len, der ist blind und kurzsichtig, da er
die Reinigung von seinen früheren Sün-
den vergessen hat. 10 Darum, Brüder, seid
umso mehr darauf bedacht, euere Beru-
fung und Erwählung zu festigen. Wenn
ihr das tut, werdet ihr niemals zu Fall
kommen. 11 Denn so wird euch der Zutritt
zum ewigen Reich unseres Herrn und
Retters Jesus Christus in reichem Maß ge-
währt.

Die Bürgschaft der christlichen Hoffnung

12 Darum will ich immer darauf bedacht
sein, euch an dies zu erinnern, obwohl ihr
darum wisst und in der gegenwärtigen
Wahrheit gefestigt seid. 13 Ich erachte es
aber für meine Pflicht, solange ich in die-
sem Zelt lebe, euch durch Erinnerung auf-
zurütteln. 14 Weiß ich doch, dass der Ab-
bruch meines Zelts nahe ist, wie mir auch
unser Herr Jesus Christus offenbart hat.
15 Ich will mich aber darum bemühen, dass
ihr auch nach meinem Hingang jederzeit
in der Lage seid, euch an diese Dinge zu
erinnern. 16 Wir sind ja keinen ausgeklügel-
ten Fabeln gefolgt, als wir euch die Macht
und die Ankunft unseres Herrn Jesus
Christus verkündeten, sondern wir waren
Augenzeugen seiner Größe. 17 Denn er
empfing von Gott, dem Vater, Ehre und
Herrlichkeit, als von der hocherhabenen
Herrlichkeit die Stimme an ihn erging:
Dies ist mein geliebter Sohn, an dem ich
Gefallen gefunden habe. 18 Diese Stimme
hörten wir vom Himmel kommen, als wir
mit ihm auf dem heiligen Berg waren.
19 Um so fester steht das prophetische
Wort, das wir besitzen. Ihr tut gut, darauf
zu achten wie auf ein Licht, das an einem
finsteren Ort leuchtet, bis der Tag anbricht
und der Morgenstern aufgeht in eueren
Herzen. 20 Dies aber erkennt zuerst, dass
keine Schriftweissagung eine eigenmächti-
ge Auslegung zulässt. 21 Denn niemals er-
folgte eine Weissagung nach Menschen-
willen, sondern, vom Heiligen Geiste
getrieben, haben Menschen im Auftrag
Gottes geredet.

Die Irrlehrer

2 Es gab aber auch falsche Propheten
im Volk, wie auch unter euch falsche
Lehrer auftreten werden, die verderbliche
Irrlehren verbreiten werden und den
Herrn, der sie freigekauft hat, verleugnen,
wodurch sie sich selbst einen jähen Unter-
gang bereiten werden. 2 Und viele werden
ihren Ausschweifungen folgen; um ihret-
willen wird der Weg der Wahrheit in Ver-
ruf geraten. 3 Aus Habsucht werden sie an
euch mit trügerischen Worten Geschäfte
zu machen suchen. Aber das Gericht über
sie ist schon lange am Werk und ihr Ver-
derben schläft nicht.

4 Wenn nämlich Gott nicht einmal die
Engel, die gesündigt hatten, verschont,
sondern sie in finstere Abgründe der Un-
terwelt hinabgestoßen und dort bis zum
Gericht aufbewahrt hat, 5 und wenn er die
alte Welt nicht verschont, sondern nur
Noach, den Prediger der Gerechtigkeit,
mit sieben anderen am Leben erhalten hat,
als er die Flut über die Welt der Gottlosen
kommen ließ, 6 und wenn er die Städte So-
dom und Gomorra zur völligen Vernich-
tung verurteilt und in Asche gelegt und sie
damit zum warnenden Beispiel für künfti-
ge Frevler hingestellt hat, 7 und wenn er
den gerechten Lot gerettet hat, der unter
dem ausschweifenden Wandel der Frevler
schwer zu leiden hatte – 8 denn mit Auge
und Ohr musste der Gerechte, der mitten
unter ihnen lebte, Tag für Tag ihr gesetzes-
widriges Treiben mit ansehen, was seine
gerechte Seele marterte –, 9 so weiß der
Herr Fromme aus der Prüfung zu retten
und Ungerechte für den Tag des Gerichts
zur Bestrafung aufzubewahren, 10 beson-
ders jene, die sich von der unreinen Be-
gierde ihres Körpers beherrschen lassen
und die Herrschaft Gottes verachten. Die
Verwegenen und Frechen schrecken nicht
davor zurück, Herrlichkeiten zu lästern,
11 wo Engel, größer an Kraft und Macht,
kein lästerndes Urteil gegen sie beim
Herrn vorbringen. 12 Sie aber, wie unver-
nünftige Tiere, zum Fang und zum Ver-
derben bestimmt, lästern das, wovon sie
nichts verstehen und werden verderben,
wie die Tiere verderben. 13 So tragen sie
den Lohn für die Ungerechtigkeit davon.
Am Tag zu schlemmen halten sie für Lust;
Schmutz- und Schandflecken sind sie,
schwelgen in ihren Verführungskünsten,
wenn sie mit euch zusammen prassen.
14 Sie haben nur Blicke für die Ehebreche-
rin und sind im Sündigen unersättlich.
Haltlose Seelen ködern sie; ihr Herz haben
sie geübt in Habgier, sie sind Kinder des
Fluchs. 15 Den geraden Weg haben sie ver-
lassen und sind in die Irre gegangen, in-
dem sie dem Weg Bileams, des Sohnes Be-
ors, folgten, der den Lohn für seine
Ungerechtigkeit lieb gewonnen hatte,
16 aber wegen seines Vergehens zurecht-
gewiesen worden war. Ein stummes Last-
tier begann mit menschlicher Stimme zu
reden und verhinderte den Wahnsinn des
Propheten.

17 Sie sind Quellen ohne Wasser, vom
Sturmwind gejagte Nebelwolken; die dun-

kelste Finsternis ist für sie aufbewahrt.
18 Denn durch geschwollene Reden ohne
Gehalt ködern sie mit fleischlichen Be-
gierden und Ausschweifungen jene, die
kaum denen entronnen sind, die im Irr-
tum leben. 19 Sie verheißen ihnen Freiheit
und sind doch selbst Sklaven des Verder-
bens. Denn wem einer unterliegt, dessen
Sklave ist er. 20 Wenn nämlich sie, die
durch die Erkenntnis unseres Herrn und
Retters Jesus Christus dem Schmutz der
Welt entronnen waren, sich wiederum da-
von umstricken lassen und ihnen unterlie-
gen, dann ist bei ihnen das Ende schlim-
mer als der Anfang. 21 Es wäre für sie
besser, sie hätten den Weg der Gerechtig-
keit nicht erkannt, als dass sie, nachdem
sie ihn erkannt haben, sich von dem ihnen
überlieferten heiligen Gebot wieder ab-
wenden. 22 Auf sie trifft zu, was das wahre
Sprichwort sagt: *Ein Hund wendet sich
zum eigenen Auswurf zurück*, und: Ein
Schwein, kaum gebadet, wälzt sich wieder
im Dreck.

Wiederkunft Christi und Weltgericht

3 Geliebte, das ist schon der zweite
Brief, den ich euch schreibe. In beiden
will ich eueren reinen Sinn durch Erinne-
rung wach halten, 2 damit ihr an die von
den heiligen Propheten im Voraus ver-
kündeten Worte und an das von eueren
Aposteln euch übergebene Gebot des
Herrn und Retters denkt. 3 Das sollt ihr zu-
erst wissen, dass in den letzten Tagen Spöt-
ter auftreten werden, die sich nur von
ihren Begierden leiten lassen und voll
Hohn sagen: 4 Wo bleibt seine verheißene
Ankunft? Seitdem die Väter entschlafen
sind, bleibt alles wie von Anfang der
Schöpfung an. 5 Denen, die dergleichen be-
haupten, entgeht, dass es einst einen Him-
mel gab und eine Erde, die durch das Wort
Gottes aus Wasser entstanden war und
durch Wasser Bestand hatte. 6 Dadurch
ging die damalige Welt, von Wasser über-
flutet, zugrunde. 7 Der jetzige Himmel aber
und die Erde sind durch dasselbe Wort
aufgespart für das Feuer, bewahrt für den
Tag des Gerichts und des Verderbens der
gottlosen Menschen.
8 Dies eine aber, Geliebte, darf euch nicht
entgehen: Ein Tag ist bei dem Herrn wie
tausend Jahre und *tausend Jahre sind wie
ein Tag.* 9 Der Herr verzögert die Verhei-
ßung nicht, wie etliche es für Verzögerung
halten, sondern er ist geduldig mit euch, da
er nicht will, dass jemand zugrunde geht,
sondern dass alle zur Umkehr gelangen.
10 Kommen aber wird der Tag des Herrn
wie ein Dieb. Dann wird der Himmel pras-
selnd vergehen, die Elemente werden sich
im Feuer auflösen und die Erde und alles
Menschenwerk auf ihr. 11 Weil nun dies al-
les sich auf diese Weise auflöst, wie heilig
und gottesfürchtig müsst ihr dann leben,
12 die Ankunft des Tages Gottes erwarten
und beschleunigen, um dessentwillen der
Himmel sich in Feuer auflösen und die
Elemente in der Glut zerschmelzen wer-
den. 13 Wir erwarten aber nach seiner Ver-
heißung *einen neuen Himmel* und *eine
neue Erde*, in denen Gerechtigkeit wohnt.

Schlussmahnungen

14 Deshalb, Geliebte, weil ihr das erwartet,
seid eifrig darauf bedacht, ohne Fehler
und Makel und in Frieden von ihm ange-
troffen zu werden. 15 Versteht die Langmut
unseres Herrn als Heil, wie ja auch unser
lieber Bruder Paulus nach der ihm verlie-
henen Weisheit euch geschrieben hat,
16 wie überhaupt in allen Briefen, in denen
er davon spricht. Manches ist in ihnen
schwer verständlich, was die Ungebildeten
und Ungefestigten, wie auch bei den übri-
gen Schriften, zu ihrem eigenen Verder-
ben verdrehen.

Briefschluss

17 Ihr aber, Geliebte, sollt das im Voraus
wissen und euch hüten, dass ihr euch nicht
durch den Irrtum der Frevler mit fortrei-
ßen lasst und aus dem eigenen festen Halt
herausfallt. 18 Wachst vielmehr in der Gna-
de und Erkenntnis unseres Herrn und Ret-
ters Jesus Christus! Sein ist die Ehre jetzt
und bis zum Tag der Ewigkeit. Amen.

Der erste Johannesbrief

Vorrede

1 Was von Anfang an war, was wir ge-
hört und mit unseren Augen gesehen
haben, was wir geschaut und was unsere
Hände berührt haben vom Wort des Le-
bens – 2 und das Leben ist erschienen und
wir haben gesehen und bezeugen und ver-
kündigen euch das ewige Leben, das beim
Vater war und uns erschienen ist, – 3 was
wir also gesehen und gehört haben, das
verkündigen wir auch euch, damit auch
ihr Gemeinschaft mit uns habt. Unsere
Gemeinschaft aber ist eine Gemeinschaft
mit dem Vater und mit seinem Sohn Jesus
Christus. 4 Dies schreiben wir, damit unse-
re Freude vollkommen ist.

Die Gottesgemeinschaft als Leben im Licht und ihre Verwirklichung in der Welt

Gottesgemeinschaft und Sünde

5 Das ist die Botschaft, die wir von ihm ge-
hört haben und euch verkündigen: Gott ist
Licht und Finsternis gibt es keine in ihm.
6 Wenn wir sagen, dass wir Gemeinschaft
mit ihm haben und doch in der Finsternis
leben, lügen wir und tun nicht die Wahr-
heit. 7 Wenn wir aber im Licht leben, wie er
selbst im Licht ist, haben wir Gemein-
schaft miteinander und das Blut Jesu, sei-
nes Sohnes, reinigt uns von aller Sünde.
8 Wenn wir sagen, dass wir keine Sünde
haben, täuschen wir uns selbst und die
Wahrheit ist nicht in uns. 9 Wenn wir un-
sere Sünden bekennen, dann ist er treu
und gerecht, sodass er uns die Sünden er-
lässt und uns von jeglicher Ungerechtig-
keit reinigt. 10 Wenn wir behaupten, wir
hätten nicht gesündigt, dann machen wir
ihn zum Lügner und sein Wort ist nicht in
uns.

2 Meine Kinder, das schreibe ich euch,
damit ihr nicht sündigt. Wenn aber
einer sündigt, haben wir einen Beistand
beim Vater, Jesus Christus, den Gerechten.
2 Er ist die Sühne für unsere Sünden, aber
nicht nur für unsere, sondern auch für die
der ganzen Welt.

Erkenntnis Gottes und Halten der Gebote

3 Daran erkennen wir, dass wir ihn erkannt
haben, dass wir seine Gebote halten. 4 Wer
sagt: Ich habe ihn erkannt, aber seine Ge-
bote nicht hält, ist ein Lügner und in ihm
ist nicht die Wahrheit. 5 Wer aber sein
Wort hält, in dem ist wahrhaftig die Got-
tesliebe vollendet. Daran erkennen wir,
dass wir in ihm sind. 6 Wer behauptet, dass
er in ihm bleibt, muss auch selbst leben,
wie er gelebt hat.
7 Geliebte, kein neues Gebot schreibe ich
euch, sondern ein altes Gebot, das ihr von
Anfang an hattet. Das alte Gebot ist das
Wort, das ihr gehört habt. 8 Andererseits
schreibe ich euch damit ein neues Gebot.
Das erweist sich als wahr an ihm und an
euch; denn die Finsternis weicht und das
wahre Licht leuchtet bereits. 9 Wer be-
hauptet, im Licht zu sein, aber seinen Bru-
der hasst, ist bis jetzt noch in der Finster-
nis. 10 Wer seinen Bruder liebt, bleibt im
Licht, und daran ist kein Anstoß zu neh-
men. 11 Wer aber seinen Bruder hasst, ist in
der Finsternis und lebt in der Finsternis
und weiß nicht, wohin er geht, weil die
Finsternis seine Augen blind gemacht hat.

Absage an die Weltliebe

12 Ich schreibe euch, Kinder, dass euch die
Sünden um seines Namens willen ver-
geben sind. 13 Ich schreibe euch, Väter, dass
ihr den erkannt habt, der von Anfang an
ist. Ich schreibe euch, ihr jungen Männer,
dass ihr den Bösen besiegt habt. 14 Ich
schreibe euch, Kinder, dass ihr den Vater
erkannt habt. Ich schreibe euch, Väter,
dass ihr den erkannt habt, der von Anfang
an ist. Ich schreibe euch, ihr jungen Män-
ner, dass ihr stark seid und das Wort Got-
tes in euch bleibt und dass ihr den Bösen
besiegt habt.
15 Liebt nicht die Welt und nicht das,
was in der Welt ist! Wer die Welt liebt,
hat nicht die Liebe zum Vater. 16 Denn al-
les, was in der Welt ist, die Begierde des
Fleisches, die Begierde der Augen und die
Prunksucht, stammt nicht vom Vater, son-
dern von der Welt. 17 Die Welt aber und

ihre Begierde vergeht; wer aber den Willen
Gottes tut, bleibt in Ewigkeit.

Die gegenwärtige Situation der christlichen Gemeinden

Die Irrlehrer

18 Kinder, es ist die letzte Stunde und wie
ihr gehört habt, dass der Antichrist
kommt, so sind tatsächlich jetzt viele Anti-
christe aufgetreten. Daran erkennen wir,
dass es die letzte Stunde ist. 19 Aus unserer
Mitte sind sie hervorgegangen; aber sie ge-
hörten nicht zu uns. Denn wenn sie zu uns
gehört hätten, wären sie bei uns geblieben.
Aber es sollte offenkundig werden, dass sie
sämtlich nicht zu uns gehören. 20 Ihr aber
habt die Salbung von dem Heiligen und
seid alle Wissende. 21 Ich schreibe euch
nicht, dass ihr die Wahrheit nicht wisst,
sondern dass ihr sie wisst und dass keine
Lüge aus der Wahrheit stammt. 22 Wer ist
der Lügner, wenn nicht derjenige, der
leugnet, dass Jesus der Christus ist? Das
ist der Antichrist: Derjenige, der den Vater
und den Sohn leugnet. 23 Jeder, der den
Sohn leugnet, hat auch den Vater nicht.
Wer den Sohn bekennt, hat auch den Va-
ter. 24 Was euch betrifft, so soll das, was ihr
von Anfang an gehört habt, in euch blei-
ben. Wenn das in euch bleibt, was ihr von
Anfang an gehört habt, dann bleibt auch
ihr im Sohn und im Vater. 25 Und das ist
die Verheißung, die er selbst uns gegeben
hat: das ewige Leben. 26 Das schreibe ich
euch über euere Verführer. 27 Was aber
euch anbelangt, so bleibt die Salbung, die
ihr von ihm empfangen habt, in euch, und
ihr habt nicht nötig, dass euch jemand be-
lehrt. Wie euch seine Salbung über alles
belehrt, so ist es wahr und keine Lüge.
Bleibt in ihm, wie er euch gelehrt hat!

Die Heilserwartung der Christen

28 Und jetzt, Kinder, bleibt in ihm, damit
wir, wenn er erscheint, Zuversicht haben
und bei seiner Ankunft nicht gerichtet
werden. 29 Wenn ihr wisst, dass er gerecht
ist, erkennt ihr auch, dass jeder, der Ge-
rechtigkeit übt, von Gott stammt.

3 Seht, was für eine große Liebe uns der
Vater geschenkt hat, dass wir Kinder
Gottes genannt werden, und wir sind es.
Deshalb erkennt die Welt uns nicht, weil
sie ihn nicht erkannt hat. 2 Geliebte, jetzt
sind wir Kinder Gottes und noch ist nicht
offenbar geworden, was wir sein werden.
Wir wissen, dass wir, wenn es offenbar
sein wird, ihm ähnlich sein werden; denn
wir werden ihn sehen, wie er ist. 3 Jeder,
der diese Hoffnung auf ihn setzt, heiligt
sich, so wie auch er heilig ist.

Die Geltung des Liebesgebots

4 Jeder, der die Sünde tut, tut auch die Bos-
heit, ja die Sünde ist die Bosheit. 5 Ihr wisst,
dass er erschienen ist, um die Sünden weg-
zunehmen, und Sünde gibt es in ihm
nicht. 6 Jeder, der in ihm bleibt, sündigt
nicht. Jeder, der sündigt, hat ihn nicht ge-
schaut und nicht erkannt. 7 Kinder, lasst
euch von niemand irreführen! Wer Ge-
rechtigkeit übt, ist gerecht, wie jener ge-
recht ist. 8 Wer die Sünde tut, ist vom Teu-
fel, weil der Teufel von Anfang an sündigt.
Dazu ist der Sohn Gottes erschienen, um
die Werke des Teufels zu zerstören. 9 Jeder,
der von Gott stammt, sündigt nicht, weil
Gottes Same in ihm bleibt. Er kann nicht
sündigen, weil er von Gott stammt. 10 Da-
ran sind die Kinder Gottes und die Kinder
des Teufels zu erkennen: Jeder, der nicht
Gerechtigkeit übt und seinen Bruder nicht
liebt, ist nicht aus Gott.

11 Denn das ist die Botschaft, die ihr von
Anfang an gehört habt: Wir sollen einan-
der lieben 12 und nicht wie Kain handeln,
der vom Bösen stammte und seinen Bruder
ermordete. Und warum hat er ihn ermor-
det? Weil seine Werke böse waren, die sei-
nes Bruders aber gerecht. 13 Wundert euch
nicht, Brüder, wenn die Welt euch hasst.
14 Wir wissen, dass wir aus dem Tod ins Le-
ben hinübergeschritten sind, weil wir die
Brüder lieben. Wer nicht liebt, bleibt im
Tod. 15 Jeder, der seinen Bruder hasst, ist
ein Menschenmörder, und ihr wisst, dass
kein Menschenmörder ewiges Leben blei-
bend in sich hat. 16 Daran haben wir die Lie-
be erkannt, dass er sein Leben für uns hin-
gegeben hat. Auch wir sind verpflichtet, für
die Brüder das Leben hinzugeben. 17 Wenn
jemand irdisches Vermögen besitzt, seinen
Bruder Not leiden sieht und sein Herz vor
ihm verschließt, wie kann in ihm die Got-
tesliebe bleiben? 18 Kinder, wir wollen nicht
mit Wort und Zunge lieben, sondern in Tat
und Wahrheit.

19 Daran werden wir erkennen, dass wir
aus der Wahrheit sind und wir werden un-

ser Herz vor ihm beruhigen. 20 Denn wenn
das Herz uns auch verurteilt – Gott ist grö-
ßer als unser Herz und er weiß alles. 21 Ge-
liebte, wenn das Herz uns aber nicht ver-
urteilt, haben wir Zuversicht zu Gott 22 und
erhalten von ihm alles, was wir erbitten,
weil wir seine Gebote halten und tun, was
ihm gefällt. 23 Und das ist sein Gebot: Wir
sollen an den Namen seines Sohnes Jesus
Christus glauben und einander lieben, wie
er es uns aufgetragen hat. 24 Wer seine Ge-
bote hält, bleibt in Gott und Gott in ihm.
Und daran erkennen wir, dass er in uns
bleibt: an dem Geist, den er uns gegeben
hat.

Das Bekenntnis zum wahren Christusglauben und zur Liebe

Die Unterscheidung der Geister

4 Geliebte, schenkt nicht jedem Geist
Glauben, sondern prüft die Geister,
ob sie aus Gott sind; denn viele falsche
Propheten sind in die Welt gegangen.
2 Daran erkennt ihr den Geist Gottes: Jeder
Geist, der bekennt: Jesus Christus ist im
Fleisch gekommen, ist aus Gott. 3 Und
jeder Geist, der Jesus nicht bekennt, ist
nicht aus Gott. Das ist der Geist des Anti-
christs, von dem ihr gehört habt, dass er
kommt. Jetzt ist er bereits in der Welt.

4 Ihr seid aus Gott, Kinder, und habt sie
besiegt; denn er, der in euch ist, ist größer
als jener, der in der Welt ist. 5 Sie sind aus
der Welt, deshalb reden sie von der Welt
her und die Welt hört auf sie. 6 Wir sind
aus Gott. Wer Gott kennt, hört auf uns.
Wer nicht aus Gott ist, hört nicht auf uns.
Daran erkennen wir den Geist der Wahr-
heit und den Geist des Irrtums.

Die Liebe als Kennzeichen der zu Gott Gehörigen

7 Geliebte, wir wollen einander lieben;
denn die Liebe ist aus Gott und jeder, der
liebt, stammt von Gott und erkennt Gott.
8 Wer nicht liebt, hat Gott nicht erkannt;
denn Gott ist die Liebe. 9 Darin ist die Lie-
be Gottes unter uns erschienen, dass Gott
seinen einzigen Sohn in die Welt gesandt
hat, damit wir durch ihn leben. 10 Nicht da-
rin besteht die Liebe, dass wir Gott geliebt
haben, sondern dass er uns geliebt und sei-
nen Sohn als Sühne für unsere Sünden ge-
sandt hat. 11 Geliebte, wenn Gott uns so ge-
liebt hat, müssen auch wir einander lieben.
12 Niemand hat Gott jemals gesehen; wenn
wir einander lieben, bleibt Gott in uns und
seine Liebe ist in uns vollendet. 13 Daran
erkennen wir, dass wir in ihm bleiben und
er in uns, dass er uns von seinem Geist
gegeben hat. 14 Wir haben gesehen und be-
zeugen, dass der Vater den Sohn als Retter
der Welt gesandt hat. 15 Wer bekennt, dass
Jesus der Sohn Gottes ist, in dem bleibt
Gott und er in Gott. 16 Wir haben die Liebe,
die Gott zu uns hat, erkannt und gläubig
anerkannt. Gott ist Liebe und wer in der
Liebe bleibt, der bleibt in Gott und Gott
bleibt in ihm.

17 Darin kommt die Liebe bei uns zur
Vollendung, dass wir Zuversicht haben
am Tag des Gerichts; denn so wie er ist, so
sind auch wir in dieser Welt. Furcht gibt es
nicht in der Liebe, 18 sondern die vollkom-
mene Liebe treibt die Furcht aus; denn die
Furcht hat es mit Bestrafung zu tun; wer
sich aber fürchtet, ist in der Liebe nicht
vollendet. 19 Wir wollen lieben, weil er uns
zuerst geliebt hat. 20 Wenn jemand sagt: Ich
liebe Gott!, aber seinen Bruder hasst, ist er
ein Lügner. Denn wer seinen Bruder, den
er sieht, nicht liebt, vermag Gott, den er
nicht sieht, erst recht nicht zu lieben.
21 Und dieses Gebot haben wir von ihm:
Wer Gott liebt, soll auch seinen Bruder lie-
ben.

Der wahre Christusglaube als weltüberwindende Kraft

5 Jeder, der glaubt, dass Jesus der Chris-
tus ist, stammt von Gott und jeder,
der den Erzeuger liebt, liebt auch den von
ihm Erzeugten. 2 Daran erkennen wir, dass
wir die Kinder Gottes lieben, wenn wir
Gott lieben und seine Gebote erfüllen.
3 Denn darin besteht die Liebe zu Gott,
dass wir seine Gebote halten. Seine Gebote
sind nicht schwer zu erfüllen. 4 Denn alles,
was von Gott stammt, besiegt die Welt.
Und das ist der Sieg, der die Welt besiegt
hat: unser Glaube.

5 Wer aber ist der, der die Welt besiegt,
wenn nicht der, der glaubt, dass Jesus der
Sohn Gottes ist? 6 Dieser ist es, der durch
Wasser und Blut gekommen ist: Jesus
Christus – nicht im Wasser allein, sondern
im Wasser und im Blut. Und der Geist ist
es, der Zeugnis ablegt; denn der Geist ist
die Wahrheit. 7 Denn drei sind es, die

Zeugnis ablegen: 8 der Geist, das Wasser
und das Blut, und diese drei stimmen
überein.
9 Wenn wir schon das Zeugnis von Men-
schen annehmen, so ist das Zeugnis Gottes
noch gewichtiger. Denn darin besteht das
Zeugnis Gottes, dass er für seinen Sohn
Zeugnis abgelegt hat. 10 Wer an den Sohn
Gottes glaubt, hat das Zeugnis in sich.
Wer Gott nicht glaubt, hat ihn zum Lüg-
ner gemacht, weil er nicht an das Zeugnis
glaubt, das Gott für seinen Sohn abgelegt
hat. 11 Darin besteht das Zeugnis, dass Gott
uns ewiges Leben geschenkt hat und dieses
Leben ist in seinem Sohn. 12 Wer den Sohn
hat, hat das Leben. Wer den Sohn Gottes
nicht hat, hat das Leben nicht.

Briefschluss

13 Dies schreibe ich euch, damit ihr wisst,
dass ihr das ewige Leben habt, die ihr an
den Namen des Sohnes Gottes glaubt.
14 Und darin besteht die Zuversicht, die
wir zu ihm haben, dass er uns hört, wenn
wir uns irgendetwas nach seinem Willen
erbitten. 15 Und wenn wir wissen, dass er
uns bei allen unseren Bitten hört, dann
wissen wir auch, dass wir das von ihm Er-
betene besitzen. 16 Wenn jemand seinen
Bruder eine Sünde begehen sieht, die nicht
zum Tod führt, soll er Fürbitte einlegen
und Gott wird ihm Leben geben – allen,
deren Sünde nicht zum Tod führt. Es gibt
Sünde, die zum Tod führt; nicht im Hin-
blick auf sie sage ich, dass er Fürbitte ein-
legen soll. 17 Jede Ungerechtigkeit ist Sün-
de, aber es gibt Sünde, die nicht zum Tod
führt. 18 Wir wissen: Jeder, der von Gott
stammt, sündigt nicht, sondern wer von
Gott stammt, den bewahrt er und der Böse
rührt ihn nicht an. 19 Wir wissen: Wir sind
aus Gott, aber die ganze Welt liegt im
Machtbereich des Bösen. 20 Wir wissen
aber: Der Sohn Gottes ist gekommen und
hat uns Einsicht verliehen, den Wahren zu
erkennen. Und wir sind in dem Wahren,
in seinem Sohn Jesus Christus. Er ist der
wahre Gott und das ewige Leben. 21 Kinder,
hütet euch vor den Götzen!

Der zweite Johannesbrief

Anschrift und Gruß

1 Der Älteste an die von Gott auserwählte
Herrin und ihre Kinder, die ich aufrichtig
liebe – nicht nur ich, sondern auch alle,
die die Wahrheit erkannt haben –, 2 we-
gen der Wahrheit, die in uns bleibt und
die bei uns sein wird in Ewigkeit. 3 Bei
uns wird sein Gnade, Erbarmen und Frie-
de von Gott, dem Vater, und von Jesus
Christus, dem Sohn des Vaters, in Wahr-
heit und Liebe.

Leben in Wahrheit und Liebe

4 Es war für mich eine große Freude, unter
deinen Kindern solche zu finden, die in
der Wahrheit leben entsprechend dem Ge-
bot, das wir vom Vater empfangen haben.
5 So bitte ich dich denn, Herrin, nicht als
wollte ich dir ein neues Gebot schreiben,
sondern nur das, das wir von Anfang an
hatten: Wir sollen einander lieben! 6 Und
darin besteht die Liebe, dass wir nach sei-
nen Geboten leben. Das ist das Gebot, wie
ihr es von Anfang an gehört habt: Ihr sollt
in der Liebe leben.

Warnung vor Irrlehrern

7 Denn viele Verführer sind in die Welt
ausgegangen, die nicht bekennen, dass Je-
sus Christus im Fleisch gekommen ist. Das
ist der Verführer und der Antichrist.
8 Achtet auf euch, damit ihr nicht verliert,
was ihr euch erworben habt, sondern vol-
len Lohn empfangt. 9 Jeder, der weitergeht

und nicht in der Lehre Christi bleibt, hat Gott nicht. Wer in der Lehre bleibt, hat den Vater und den Sohn.

10 Wenn jemand zu euch kommt und diese Lehre nicht vorbringt, dann nehmt ihn nicht ins Haus auf und begrüßt ihn nicht. 11 Denn wer ihn begrüßt, hat an seinen bösen Taten Anteil.

Briefschluss

12 Ich hätte euch zwar noch vieles zu schreiben, will es aber nicht mit Papier und Tinte tun. Ich hoffe vielmehr, zu euch zu kommen und mündlich mit euch zu sprechen, damit unsere Freude vollkommen wird. 13 Es grüßen dich die Kinder deiner auserwählten Schwester.

Der dritte Johannesbrief

Briefeingang

1 Der Älteste an den lieben Gaius, den ich aufrichtig liebe.

Lob für Gaius und Bitte, zureisende Wanderprediger zu unterstützen

2 Geliebter, in jeder Beziehung wünsche ich dir Wohlergehen und Gesundheit, so wie es ja deiner Seele wohlergeht. 3 Denn ich habe mich sehr gefreut, als Brüder kamen und für deine Wahrheit Zeugnis ablegten, wie du nämlich in der Wahrheit lebst. 4 Eine größere Freude habe ich nicht, als zu hören, dass meine Kinder in der Wahrheit leben.

5 Geliebter, du handelst treu in allem, was du an den Brüdern tust, zumal an fremden, 6 die vor der ganzen Gemeinde für deine Liebe Zeugnis abgelegt haben. Du wirst gut daran tun, sie für ihre Weiterreise auszurüsten, wie es Gottes würdig ist. 7 Denn um des Namens willen sind sie ausgezogen, ohne etwas von den Heiden anzunehmen. 8 Darum sind wir verpflichtet, uns solcher Leute anzunehmen, damit wir uns als Mitarbeiter der Wahrheit ausweisen.

Das Verhalten des Diotrephes

9 Ich habe ein Schreiben an die Gemeinde gerichtet. Aber Diotrephes, der unter ihnen der Erste sein will, erkennt uns nicht an. 10 Deshalb werde ich bei meinem Kommen sein Treiben zur Sprache bringen, wie er uns mit bösen Worten verleumdet und, damit noch nicht zufrieden, weder selbst die Brüder aufnimmt noch den dazu Willigen dergleichen gestattet, und sie aus der Gemeinde ausstößt.

Empfehlung des Demetrius

11 Geliebter, ahme nicht das Böse nach, sondern das Gute! Wer Gutes tut, ist aus Gott; wer aber Böses tut, hat Gott nicht gesehen. 12 Demetrius wird von allen und von der Wahrheit selbst ein gutes Zeugnis ausgestellt; auch wir stellen ihm dasselbe Zeugnis aus und du weißt, dass unser Zeugnis wahr ist.

Briefschluss

13 Vieles hätte ich dir noch zu schreiben. Aber ich will es dir nicht mit Tinte und Feder schreiben. 14 Ich hoffe indes, dich bald zu sehen. Dann werden wir mündlich reden. Friede sei mit dir! 15 Es grüßen dich die Freunde. Grüße die Freunde, jeden einzelnen!

Der Judasbrief

Anschrift und Gruß

[1]Judas, Knecht Jesu Christi, Bruder des Ja-
kobus, an die Berufenen, die von Gott,
dem Vater, geliebt und für Jesus Christus
bewahrt sind. [2]Erbarmen, Friede und Lie-
be sei mit euch in Fülle!

Die Irrlehrer

[3]Geliebte, ich hatte ernstlich vor, euch
über unser gemeinsames Heil zu schrei-
ben, aber ich halte es für notwendig, euch
schriftlich zu ermahnen, für den Glauben
zu kämpfen, der ein für alle Mal den Hei-
ligen überliefert ist. [4]Es haben sich näm-
lich gewisse Leute eingeschlichen, die
längst für dieses Gericht vorbestimmt
sind, Gottlose, die die Gnade unseres Got-
tes in Ausschweifung verkehren und unse-
ren einzigen Gebieter und Herrn Jesus
Christus verleugnen.

[5]Ich will euch daran erinnern, obwohl
ihr alles ein für alle Mal wisst, wie der Herr
zwar das Volk aus Ägypten errettet hatte,
aber beim zweiten Mal jene, die nicht
glaubten, vernichtete. [6]Auch Engel, die
ihre Herrscherwürde nicht bewahrten,
sondern ihre Wohnstätte verließen, hat er
für das Gericht des großen Tages mit
ewigen Fesseln im Finstern aufbewahrt.
[7]Ebenso stehen Sodom und Gomorra samt
ihren Nachbarstädten, die in ähnlicher
Weise wie jene Unzucht getrieben haben
und hinter Wesen anderer Art hergelaufen
sind, als Beispiel da: Sie leiden die Strafe
des ewigen Feuers.

[8]Genauso beflecken sich auch diese
Träumer, verachten die Herrschaft und
lästern die Herrlichkeiten. [9]Und doch hat
selbst der Erzengel Michael, als er mit dem
Teufel rechtete und über den Leichnam
des Mose stritt, kein lästerndes Urteil vor-
zubringen gewagt, sondern gesagt: *Es stra-
fe dich der Herr!* [10]Diese jedoch lästern al-
les, was sie nicht kennen; an dem aber, was
sie wie die unvernünftigen Tiere von Natur
aus verstehen, daran gehen sie zugrunde.
[11]Wehe ihnen! Denn sie sind den Weg
Kains gegangen, haben sich für Lohn in
den Irrtum Bileams gestürzt und sind
durch die Empörung Korachs umgekom-
men. [12]Das sind die Leute, die bei euerem
Liebesmahl als Schandflecken ohne Scheu
mithalten und es sich wohl sein lassen.
Wolken sind sie ohne Wasser, die von
Winden vorübergejagt werden, Bäume im
Spätherbst, ohne Frucht, zweimal erstor-
ben und entwurzelt, [13]wilde Meereswogen,
die ihre eigene Schande ausschäumen,
Irrsterne, denen auf ewig dunkelste Fins-
ternis bestimmt ist. [14]Eben diese hat auch
Henoch, der siebte von Adam an, geweis-
sagt: Seht, es kommt der Herr mit seinen
heiligen Zehntausenden, [15]um Gericht zu
halten über alle und um alle Gottlosen we-
gen all ihrer gottlosen Taten zu bestrafen,
die sie verübt haben, und wegen all der
Lästerworte, die diese gottlosen Sünder ge-
gen ihn geführt haben. [16]Sie sind Nörgler;
unzufrieden mit ihrem Geschick, leben sie
ihren Begierden; ihr Mund führt hochtra-
bende Reden, während sie einflussreichen
Persönlichkeiten Bewunderung zollen um
des Vorteils willen.

Die Pflichten der Gläubigen

[17]Ihr aber, Geliebte, denkt an die Worte,
die von den Aposteln unseres Herrn Jesus
Christus im Voraus verkündet worden
sind, [18]als sie euch sagten: Am Ende der
Zeiten wird es Spötter geben, die ihren
gottlosen Begierden folgen. [19]Das sind die
Leute, die Parteien bilden, Sinnenmen-
schen, denen der Geist fehlt.

[20]Ihr aber, Geliebte, baut euer Leben auf
eueren hochheiligen Glauben! Betet im
Heiligen Geist! [21]Bewahrt euch in der Lie-
be Gottes und wartet auf das Erbarmen
unseres Herrn Jesus Christus, dem ewigen
Leben entgegen. [22]Erbarmt euch derer, die
zweifeln; [23]rettet sie, indem ihr sie aus dem
Feuer reißt! Der anderen aber erbarmt
euch voll Furcht; verabscheut sogar das
von der Sünde des Abfalls befleckte Ge-
wand.

Briefschluss

[24]Ihm aber, der die Macht hat, euch vor
jedem Fehltritt zu bewahren und euch un-

tadelig und voll Freude vor seine Herrlichkeit hinzustellen, [25] ihm, dem einen Gott, der uns durch Jesus Christus, unseren Herrn, rettet, gebührt Herrlichkeit, Majestät, Kraft und Herrschaft vor aller Zeit und jetzt und in alle Ewigkeit. Amen.

Die Offenbarung des Johannes

Einleitung

Vorwort

1 Offenbarung Jesu Christi, die Gott
ihm gegeben hat, damit er seinen
Knechten zeigt, *was* bald *geschehen muss*;
und er hat sie durch seinen Engel, den er
sandte, seinem Knecht Johannes gezeigt.
2 Dieser hat das Wort Gottes und das
Zeugnis Jesu Christi bezeugt, alles, was er
geschaut hat. 3 Selig der Leser und die Hö-
rer der prophetischen Worte und jene, die
sich an das halten, was geschrieben steht;
denn die Zeit ist nahe.

Gruß an die sieben Gemeinden

4 Johannes an die sieben Gemeinden in der
Provinz Asia: Gnade sei mit euch und
Friede von *dem, der ist* und der war und
der kommt, und von den sieben Geistern
vor seinem Thron 5 und von Jesus Chris-
tus, *dem treuen Zeugen, dem Erstgeborenen*
der Toten und *dem Herrscher über die Kö-*
nige der Erde. Ihm, der uns liebt und uns
durch sein Blut *von unseren Sünden erlöst*,
6 uns zu Königen gemacht hat und zu
Priestern für Gott, seinen Vater, ihm ge-
bührt die Herrlichkeit und die Macht in
alle Ewigkeit. Amen.
7 *Siehe, er kommt mit den Wolken* und
jedes Auge wird ihn *sehen*, auch alle, *die*
ihn durchbohrt haben, und alle Völker der
Erde *werden seinetwegen wehklagen*. Ja,
amen. 8 Ich bin das Alpha und das Omega,
spricht Gott, der Herr, *der ist* und der war
und der kommt, der Allherrscher.

Die sieben Sendschreiben

Beauftragung

9 Ich, Johannes, euer Bruder und Gefährte
in der Bedrängnis, in der Königsherrschaft
und im geduldigen Warten auf Jesus, ich
befand mich auf der Insel, die Patmos
heißt, um des Wortes Gottes und des
Zeugnisses Jesu willen.
10 Ich wurde am Tag des Herrn vom
Geist ergriffen und hörte hinter mir eine
mächtige Stimme, gewaltiger als eine Po-
saune. 11 Sie sprach: Was du siehst, schrei-
be in ein Buch und schicke es den sieben
Gemeinden: nach Ephesus, nach Smyrna,
nach Pergamon, nach Thyatira, nach Sar-
des, nach Philadelphia und nach Laodizea.
12 Da wandte ich mich um, die Stimme zu
sehen, die mit mir sprach. Als ich mich
umgewandt hatte, sah ich sieben goldene
Leuchter 13 und mitten unter den Leuch-
tern einen, der *wie ein Mensch* aussah, *ge-*
kleidet mit einem Gewand, das bis auf die
Füße reichte, und um die Brust gegürtet
mit einem goldenem Gürtel. 14 Sein Haupt
und *seine Haare* waren *weiß wie weiße*
Wolle, so weiß wie Schnee, und seine *Au-*
gen wie Feuerflammen; 15 *seine Füße glichen*
Golderz, das im Schmelzofen glüht, und
seine Stimme war wie das Rauschen vieler
Wasser. 16 In seiner rechten Hand hielt er
sieben Sterne und aus seinem Mund ging
ein scharfes, zweischneidiges Schwert her-
vor und sein Angesicht war *wie die Sonne,*
die scheint in ihrer Kraft.
17 Als ich ihn sah, fiel ich vor seinen Fü-
ßen nieder wie tot; da legte er seine Rechte
auf mich und sagte: *Fürchte dich nicht! Ich*
bin es, der Erste und der Letzte 18 und der
Lebendige. Ein Toter bin ich gewesen,
doch nun bin ich lebendig in alle Ewigkeit
und ich habe die Schlüssel des Todes und
der Unterwelt. 19 Schreibe also auf, was du
gesehen hast: was ist und *was danach ge-*
schehen wird. 20 Das Geheimnis der sieben
Sterne, die du auf meiner Rechten gesehen
hast, und der sieben goldenen Leuchter ist:
Die sieben Sterne sind die Engel der sieben
Gemeinden und die sieben Leuchter sind
die sieben Gemeinden.

An die Gemeinde in Ephesus

2 Dem Engel der Gemeinde in Ephesus
schreibe: Das sagt er, der die sieben

Sterne in seiner Rechten hält und mitten
unter den sieben goldenen Leuchtern
schreitet: 2 Ich weiß um deine Werke, dei-
ne Mühe und deine Ausdauer und dass du
die Bösen nicht ertragen kannst, dass du
auch die geprüft hast, die sich Apostel
nennen, es aber nicht sind, und sie als
Lügner erkannt hast. 3 Auch hast du Aus-
dauer und hast um meines Namens willen
die Last getragen und bist nicht müde ge-
worden. 4 Aber ich habe gegen dich, dass
du deine erste Liebe verlassen hast. 5 Be-
denke, aus welcher Höhe du gefallen bist;
kehr um und tue die früheren Werke!
Sonst komme ich über dich und rücke dei-
nen Leuchter von seiner Stelle, wenn du
nicht umkehrst. 6 Doch das spricht für
dich, dass du das Treiben der Nikolaiten
verabscheust, das auch ich verabscheue.
7 Wer ein Ohr hat, der höre, was der Geist
den Gemeinden sagt: Wer siegt, dem wer-
de ich zu essen geben *vom Baum des Le-
bens*, der *im Paradies Gottes* steht.

An die Gemeinde in Smyrna

8 Dem Engel der Gemeinde in Smyrna
schreibe: Das sagt *der Erste und der Letzte*,
der tot war und wieder lebendig wurde:
9 Ich weiß um deine Bedrängnis und deine
Armut – doch du bist reich – und um die
Lästerung aus dem Mund derer, die sich
Juden nennen und es nicht sind, vielmehr
eine Synagoge des Satans. 10 Fürchte dich
nicht vor den Leiden, die dir bevorstehen!
Der Teufel hat vor, einige von euch ins Ge-
fängnis zu werfen, um euch *auf die Probe
zu stellen*, und ihr werdet in Bedrängnis
sein, *zehn Tage lang*. Sei treu bis in den
Tod; dann werde ich dir den Kranz des
Lebens geben. 11 Wer ein Ohr hat, der höre,
was der Geist den Gemeinden sagt: Wer
siegt, soll vom zweiten Tod kein Leid er-
fahren.

An die Gemeinde in Pergamon

12 Dem Engel der Gemeinde in Pergamon
schreibe: Das sagt er, der das zweischnei-
dige Schwert trägt, das scharfe: 13 Ich weiß,
wo du wohnst; da, wo der Thron Satans
steht. Und doch hältst du an meinem Na-
men fest und hast den Glauben an mich
nicht verleugnet, auch nicht in den Tagen
des Antipas, meines Zeugen, meines treu-
en, der getötet wurde bei euch, wo der Sa-
tan wohnt. 14 Aber einiges habe ich gegen
dich: Du hast dort Leute, die an Bileams
Lehre festhalten, der Balak beibrachte, *die
Kinder Israels zu verführen, Götzenopfer-
fleisch zu essen und Unzucht zu treiben*.
15 So hast auch du Leute, die in gleicher
Weise an der Lehre der Nikolaiten festhal-
ten. 16 Kehr also um! Sonst komme ich über
dich und führe gegen sie Krieg mit dem
Schwert meines Mundes. 17 Wer ein Ohr
hat, der höre, was der Geist den Gemein-
den sagt: Wer siegt, dem werde ich von
dem verborgenen Manna geben und einen
weißen Stein werde ich ihm geben. Und
auf dem Stein ist *ein neuer Name* geschrie-
ben, den niemand kennt als der Empfän-
ger.

An die Gemeinde in Thyatira

18 Dem Engel der Gemeinde in Thyatira
schreibe: Das sagt der Sohn Gottes, *der
Augen* hat *wie Feuerflammen und dessen
Füße Golderz gleichen*. 19 Ich weiß um deine
Werke, um deine Liebe, deinen Glauben,
dein Dienen und deine Ausdauer, und ich
weiß, dass du in letzter Zeit mehr getan
hast als zu Beginn. 20 Doch das habe ich
gegen dich, dass du das Weib Isebel ge-
währen lässt, das sich als Prophetin aus-
gibt und als Lehrerin auftritt und meine
Knechte *verführt, Unzucht zu treiben und
Götzenopferfleisch zu essen*. 21 Ich habe ihr
eine Frist gesetzt, umzukehren, aber sie
will nicht umkehren von ihrer Unzucht.
22 Darum werfe ich sie aufs Krankenlager
und alle die, die mit ihr Ehebruch treiben,
stürze ich in große Bedrängnis, wenn sie
nicht umkehren von ihrem Treiben. 23 Ihre
Kinder werde ich durch eine Seuche töten
und alle Gemeinden sollen erkennen, dass
ich es bin, der *Herz und Nieren prüft*; und
ich werde *jedem von euch nach seinen Ta-
ten vergelten*. 24 Aber euch Übrigen in
Thyatira, die diese Lehre nicht annehmen,
die, wie sie es nennen, die Tiefen des Sa-
tans nicht erkannt haben, euch allen sage
ich: Ich lege euch keine andere Last auf.
25 Nur haltet fest, was ihr habt, bis ich kom-
me. 26 Wer siegt und bis ans Ende an mei-
nen Geboten festhält und tut, was ich gut-
heiße, dem werde ich *Macht über die
Heidenvölker geben*; 27 *er wird über sie mit
eisernem Zepter herrschen und sie zerschla-
gen wie Tongeschirr; und ich werde ihnen
diese Macht geben*, 28 wie auch ich sie von
meinem Vater empfangen habe; und ich

werde ihm den Morgenstern geben. 29 Wer
ein Ohr hat, der höre, was der Geist den
Gemeinden sagt!

An die Gemeinde in Sardes

3 Dem Engel der Gemeinde in Sardes
schreibe: Das sagt er, der die sieben
Geister Gottes und die sieben Sterne hat:
Ich weiß um deine Werke. Du lebst dem
Namen nach und bist doch tot. 2 Werde
wach und festige den Rest, der dem Ster-
ben nahe ist; denn ich stelle fest, dass dei-
ne Werke in den Augen Gottes nicht voll-
kommen sind. 3 Erinnere dich also, wie du
es empfangen und gehört hast; halte daran
fest und kehr um. Wenn du aber nicht
wach wirst, werde ich wie ein Dieb kom-
men und du wirst gewiss nicht erfahren,
zu welcher Stunde ich über dich komme.
4 Einige Namen jedoch hast du in Sardes,
die ihre Kleider nicht besudelt haben. Sie
werden mit mir in weißen Gewändern ge-
hen; denn sie sind es wert. 5 Wer siegt, wird
ebenso in weiße Gewänder gekleidet wer-
den und niemals werde ich seinen Namen
aus dem Buch des Lebens tilgen, sondern
ich werde seinen Namen vor meinem Va-
ter und vor seinen Engeln bekennen. 6 Wer
ein Ohr hat, der höre, was der Geist den
Gemeinden sagt!

An die Gemeinde in Philadelphia

7 Dem Engel der Gemeinde in Philadelphia
schreibe: Das sagt der Heilige, der Wahr-
haftige,
der *den Schlüssel Davids* hat, / *der öffnet,
sodass niemand mehr schließen kann, / der
schließt, sodass niemand mehr öffnen kann.*
8 Ich kenne deine Werke und ich habe
vor dir eine Tür aufgetan, die niemand
schließen kann; denn du hast zwar nur ge-
ringe Kraft, aber dennoch hast du mein
Wort bewahrt und meinen Namen nicht
verleugnet. 9 Ich gebe dir Leute aus der Sy-
nagoge des Satans, die behaupten, Juden
zu sein, es aber nicht sind, sondern lügen.
Ich werde sie dazu bringen, dass sie *kom-
men und sich vor deinen Füßen niederwer-
fen* und erkennen, dass *ich dich lieb gewon-
nen habe.* 10 Du hast mein Gebot, standhaft
zu bleiben, gehalten; deshalb werde ich
auch dich vor der Stunde der Versuchung
bewahren, die über die ganze Erde kom-
men soll, um die Bewohner der Erde auf
die Probe zu stellen. 11 Ich komme bald.
Halte fest, was du hast, damit dir niemand
deinen Kranz nimmt.

12 Wer siegt, den werde ich zu einer Säu-
le im Tempel meines Gottes machen und
er wird ihn niemals mehr verlassen müs-
sen. Und ich werde auf ihn den Namen
meines Gottes schreiben und *den Namen
der Stadt* meines Gottes, des neuen Jerusa-
lem, das aus dem Himmel herabsteigt von
meinem Gott, und meinen *neuen Namen*.
13 Wer ein Ohr hat, der höre, was der Geist
den Gemeinden sagt!

An die Gemeinde in Laodizea

14 Dem Engel der Gemeinde in Laodizea
schreibe: Das sagt der Amen, *der treue
und zuverlässige Zeuge*, der Anfang *der
Schöpfung* Gottes: 15 Ich weiß um deine
Werke. Du bist weder kalt noch heiß. Wä-
rest du doch kalt oder heiß! 16 Weil du aber
lau bist und weder heiß noch kalt, will ich
dich aus meinem Mund ausspeien. 17 Weil
du sagst: Reich bin ich und habe Reichtum
erworben und nichts habe ich nötig – und
weil du nicht weißt, dass gerade du der
Jämmerliche und Erbärmliche bist, der
Arme, Blinde und Nackte, 18 darum rate
ich dir: Kauf Gold von mir, das im Feuer
geläutert ist, damit du reich wirst; und
weiße Gewänder und zieh sie an, damit
die Schande deiner Nacktheit nicht offen-
kundig wird; und Salbe zum Bestreichen
deiner Augen, damit du sehen kannst.
19 *Alle, die ich liebe, weise ich zurecht* und
nehme ich in Zucht. Sei also eifrig und kehr
um. 20 Ich stehe vor der Tür und klopfe an.
Wer meine Stimme hört und die Tür öff-
net, bei dem werde ich einkehren und
Mahl mit ihm halten und er mit mir.
21 Wer siegt, dem werde ich gewähren, mit
mir auf meinem Thron zu sitzen, wie auch
ich gesiegt und mich zu meinem Vater auf
seinen Thron gesetzt habe. 22 Wer ein Ohr
hat, der höre, was der Geist den Gemein-
den sagt!

Die Himmelsvisionen

Die Thronvision

Vor dem Thron Gottes

4 Danach hatte ich eine Vision: Eine
Tür war geöffnet im Himmel und
die erste Stimme, die ich wie Posaunen-
schall hatte zu mir reden hören, sagte:
Komm herauf, hierher, ich werde dir zei-
gen, *was dann geschehen muss.* 2 Sofort
wurde ich im Geist ergriffen; und ich sah:
Ein Thron stand im Himmel und *auf dem*
Thron saß einer, 3 und der da saß, war an-
zusehen wie Jaspisstein und Karneol. Und
rings um den Thron war *ein Regenbogen,*
anzusehen wie ein Smaragd. 4 Und rings
um den Thron standen vierundzwanzig
Throne und auf den Thronen saßen vier-
undzwanzig Älteste; sie waren in weiße
Gewänder gekleidet und hatten goldene
Kränze auf dem Haupt. 5 Von dem Thron
gingen *Blitze* aus und *Stimmen und Don-*
ner; und *sieben Feuerfackeln* brannten vor
dem Thron; das sind die sieben Geister
Gottes. 6 Und vor dem Thron war etwas
wie ein Meer aus Glas, gleich Kristall;
und in der Mitte, rings um den Thron,
waren *vier Lebewesen voller Augen,* vorn
und hinten. 7 Das erste Lebewesen glich
einem *Löwen,* das zweite Lebewesen glich
einem *Stier,* das dritte Lebewesen hatte
ein Gesicht wie *ein Mensch* und das vierte
Lebewesen glich *einem* fliegenden *Adler.*
8 Die vier Lebewesen hatten, eines wie das
andere, *sechs Flügel*; ringsum und innen
voller Augen. Und keine Ruhe haben sie
bei Tag und Nacht und sprechen: *Heilig,*
heilig, heilig ist der Herr, Gott, der All-
herrscher, der war und *der ist* und der
kommt. 9 Und jedes Mal, wenn die Wesen
dem, *der auf dem Thron sitzt und in alle*
Ewigkeit lebt, Ehre, Preis und Dank dar-
bringen, 10 fallen die vierundzwanzig Äl-
testen vor dem, der auf dem Thron sitzt,
nieder und beten ihn an, *der in Ewigkeit*
lebt, legen ihre Kränze vor dem Thron
nieder und sprechen:
11 Würdig bist du, unser Herr und
Gott, / Herrlichkeit und Ehre und Macht
zu empfangen;
denn du hast das All geschaffen / und
durch deinen Willen war es und wurde es
erschaffen.

Das Buch mit den sieben Siegeln und das Lamm

5 Und ich sah in der Rechten dessen,
der auf dem Thron saß, eine Buchrolle,
innen und außen beschrieben und mit sie-
ben Siegeln *versiegelt.* 2 Auch sah ich einen
gewaltigen Engel, der mit mächtiger Stim-
me rief: Wer ist würdig, die Buchrolle zu
öffnen und ihre Siegel zu lösen? 3 Aber nie-
mand im Himmel, auf der Erde oder unter
der Erde vermochte das Buch zu öffnen
und darin zu lesen. 4 Da weinte ich sehr,
weil niemand für würdig befunden wurde,
das Buch zu öffnen und darin zu lesen.
5 Da sagte einer von den Ältesten zu mir:
Weine nicht! *Der Löwe* aus dem Stamm
Juda, der Spross aus der Wurzel Davids,
hat gesiegt; er vermag das Buch und seine
sieben Siegel zu öffnen.
6 Und ich sah mitten zwischen dem
Thron und den vier Lebewesen und mitten
unter den Ältesten *ein Lamm* stehen, wie
geschlachtet; es hatte sieben Hörner und
sieben Augen; das sind die sieben Geister
Gottes, die *über die ganze Erde* ausgesandt
sind. 7 Und es trat hinzu und nahm das
Buch aus der Rechten dessen, *der auf dem*
Thron saß. 8 Als es das Buch genommen
hatte, fielen die vier Lebewesen und die
vierundzwanzig Ältesten vor dem Lamm
nieder. Ein jeder trug eine Harfe und gol-
dene Schalen voll *Räucherwerk*; das sind
die Gebete der Heiligen. 9 Und sie *sangen*
ein neues Lied:
Würdig bist du, / das Buch zu nehmen
und seine Siegel zu öffnen;
denn du wurdest geschlachtet / und
hast mit deinem Blut für Gott erkauft
Menschen aus allen Stämmen und
Sprachen, / aus allen Völkern und Natio-
nen,
10 und du hast sie für unseren Gott / zu
Königen und Priestern gemacht, / und sie
werden herrschen auf der Erde.
11 Ich sah und ich hörte die Stimme vie-
ler Engel rings um den Thron und um die
Lebewesen und die Ältesten. Sie riefen mit
lauter Stimme:
Würdig ist *das Lamm, das geschlachtet*
wurde, / Macht zu empfangen und Reich-
tum und Weisheit, / Kraft und Ehre und
Herrlichkeit und Lob.

13 Und alle Geschöpfe, im Himmel und
auf der Erde und unter der Erde und auf
dem Meer, alles, was es darin gibt, hörte
ich sprechen: Ihm, *der auf dem Thron sitzt*,
und dem Lamm gebühren Lobpreis und
Ehre und Herrlichkeit und Macht in alle
Ewigkeit. 14 Und die vier Lebewesen spra-
chen: Amen. Und die Ältesten fielen nie-
der und beteten an.

Die sieben Siegel

Die Öffnung der ersten sechs Siegel

6 Und ich sah: Als das Lamm das erste
der sieben Siegel öffnete, hörte ich
eines der vier Lebewesen wie mit Donner-
stimme rufen: Komm! 2 Da sah ich: *Ein
weißes Pferd*, und er, der auf ihm saß, hatte
einen Bogen, und es wurde ihm ein Kranz
gereicht und als Sieger zog er aus um zu
siegen.
3 Als es das zweite Siegel öffnete, hörte
ich das zweite Lebewesen rufen: Komm!
4 Da zog ein anderes *Pferd* aus, *ein feuerro-
tes*; und ihm, der auf ihm saß, wurde gege-
ben, den Frieden von der Erde zu nehmen,
damit sie sich gegenseitig hinschlachteten.
Und es wurde ihm ein großes Schwert ge-
geben.
5 Als es das dritte Siegel öffnete, hörte
ich das dritte Lebewesen rufen: Komm!
Da sah ich: *Ein schwarzes Pferd*; und er,
der auf ihm saß, hielt in seiner Hand eine
Waage. 6 Und ich hörte inmitten der vier
Lebewesen etwas wie eine Stimme sagen:
Ein Maß Weizen für einen Denar und drei
Maß Gerste für einen Denar; aber das Öl
und den Wein sollst du nicht schädigen!
7 Als es das vierte Siegel öffnete, hörte
ich die Stimme des vierten Lebewesens ru-
fen: Komm! 8 Da sah ich: Ein fahles Pferd;
und er, der auf ihm saß, hieß der Tod; und
das Totenreich war sein Gefolge. Und es
wurde ihnen Macht gegeben über den
vierten Teil der Erde, zu töten *durch
Schwert, Hunger und Pest* und durch die
Tiere der Erde.
9 Als es das fünfte Siegel öffnete, sah ich
unter dem Altar die Seelen derer, die hin-
geschlachtet worden waren um des Wor-
tes Gottes und des Zeugnisses willen, das
sie abgelegt hatten. 10 Sie riefen mit lauter
Stimme: *Wie lange* noch, Herr, du Heiliger
und Wahrhaftiger, bis du *Gericht hältst
und unser Blut* an den Bewohnern der Er-
de *rächst*? 11 Da wurde einem jeden von
ihnen ein weißes Gewand gegeben und es
wurde ihnen gesagt, sie sollten sich noch
kurze Zeit gedulden, bis durch ihre Mit-
knechte und Brüder, die noch sterben
müssten wie sie, die Vollzahl sei.
12 Und ich sah: Als es das sechste Siegel
öffnete, entstand ein gewaltiges Beben und
*die Sonne wurde schwarz wie ein härener
Sack* und *der* ganze *Mond wurde wie Blut*.
13 *Die Sterne des Himmels fielen herab* auf
die Erde, *wie ein Feigenbaum* seine Früch-
te *abwirft*, wenn er von einem starken
Sturm geschüttelt wird. 14 *Der Himmel*
schwand dahin *wie eine Buchrolle, die
man zusammenrollt*. Alle Berge und Inseln
wurden von ihrer Stelle gerückt. 15 *Und die
Könige der Erde, die Großen* und die Heer-
führer, die Reichen und die Machthaber,
alle Sklaven und alle Freien *versteckten
sich in den Höhlen und in den Felsenklüften
der Berge*. 16 Und *sie sagten zu den Bergen
und Felsen: Fallt auf uns* und verbergt uns
vor dem Angesicht dessen, *der auf dem
Thron sitzt*, und vor dem Zorn des Lam-
mes! 17 Denn *der große Tag* ihres *Zorns ist
gekommen; wer kann da bestehen?*

Die Versiegelung der Einhundertvierund-vierzigtausend

7 Danach sah ich vier Engel *an den vier
Ecken der Erde* stehen; sie hielten *die
vier Winde* der Erde fest, damit kein Wind
wehte, weder über das Land noch über das
Meer noch über irgendeinen Baum. 2 Dann
sah ich vom Sonnenaufgang einen anderen
Engel heraufkommen; er hatte das Siegel
des lebendigen Gottes und rief den vier En-
geln, denen gegeben war, Land und Meer
zu schädigen, mit mächtiger Stimme zu:
3 Schädigt weder Land noch Meer noch
Bäume, bis wir den Knechten unseres Got-
tes das Siegel auf ihre Stirn gedrückt haben.
4 Und ich hörte die Zahl der Versie-
gelten: einhundertvierundvierzigtausend
Versiegelte aus allen Stämmen der Söhne
Israels:
5 Aus dem Stamm Juda zwölftausend
Versiegelte, aus dem Stamm Ruben
zwölftausend, aus dem Stamm Gad zwölf-
tausend, 6 aus dem Stamm Ascher zwölf-
tausend, aus dem Stamm Naftali zwölf-
tausend, aus dem Stamm Manasse
zwölftausend, 7 aus dem Stamm Simeon
zwölftausend, aus dem Stamm Levi zwölf-

tausend, aus dem Stamm Issachar zwölf-
tausend, 8 aus dem Stamm Sebulon zwölf-
tausend, aus dem Stamm Josef zwölf-
tausend, aus dem Stamm Benjamin
zwölftausend Versiegelte.
9 Dann sah ich eine große Schar, die nie-
mand zählen konnte: aus allen Nationen
und Stämmen, Völkern und Sprachen; sie
standen vor dem Thron und vor dem
Lamm, in weiße Gewänder gekleidet und
mit Palmzweigen in ihren Händen. 10 Sie
riefen mit mächtiger Stimme: Die Rettung
kommt von unserem Gott, *der auf dem
Thron sitzt*, und von dem Lamm. 11 Und
alle Engel standen rings um den Thron,
um die Ältesten und die vier Lebewesen,
und sie fielen vor dem Thron auf ihr An-
gesicht nieder, beteten Gott an 12 und spra-
chen:

Amen, Lob und Herrlichkeit, / Weisheit
und Dank,
Ehre und Macht und Stärke / unserem
Gott in alle Ewigkeit. Amen.

13 Da fragte mich einer der Ältesten: Die
in den weißen Gewänder, wer sind sie und
woher sind sie gekommen? 14 Ich erwiderte
ihm: Mein Herr, du weißt es. Und er sagte
zu mir: Das sind die, die aus der großen
Bedrängnis kommen; sie haben *ihre Ge-
wänder gewaschen* und *im Blut* des Lam-
mes weiß gemacht. 15 Darum stehen sie
vor dem Thron Gottes und dienen ihm
bei Tag und Nacht in seinem Tempel; und
der, *der auf dem Thron sitzt*, wird sein Zelt
über ihnen aufschlagen. 16 *Sie werden kei-
nen Hunger und keinen Durst* mehr *leiden;
weder die Sonne noch irgendwelche Glut
wird sie treffen.* 17 Denn das Lamm in der
Mitte *wird sie weiden und zu den Quell-
wassern des Lebens führen; und Gott wird
jede Träne* von ihren Augen *abwischen.*

Die sieben Posaunen

Das siebte Siegel und die sieben Posaunen

8 Als es das siebte Siegel öffnete, trat im
Himmel eine Stille ein, wohl eine hal-
be Stunde lang.
2 Und ich sah sieben Engel vor Gott ste-
hen; ihnen wurden sieben Posaunen gege-
ben. 3 Und ein anderer Engel kam und trat
mit einer goldenen Räucherpfanne an den
Altar. Ihm wurde viel *Räucherwerk* gege-
ben, das er zusammen mit den Gebeten
aller Heiligen auf dem goldenen Altar vor
dem Thron darbringen sollte. 4 Der Rauch
des *Räucherwerks* stieg zusammen mit den
Gebeten der Heiligen aus der Hand des
Engels zu Gott empor. 5 *Dann nahm* der
Engel *die Räucherpfanne, füllte sie mit Feu-
er vom Altar* und schleuderte sie auf die
Erde. Da gab es *Donner und Dröhnen, Blit-
ze und Beben.*

Die ersten vier Posaunen

6 Dann machten sich die sieben Engel be-
reit, die sieben Posaunen zu blasen. 7 Der
erste stieß in die Posaune. Da gab es *Hagel
und Feuer*, mit *Blut* vermischt, und es fiel
auf die Erde, und ein Drittel der Erde ver-
brannte und ein Drittel der Bäume ver-
brannte und alles grüne Gras verbrannte.
8 Der zweite stieß in die Posaune. Da wur-
de etwas wie ein großer *brennender Berg*
ins Meer geworfen und ein Drittel des
Meeres *wurde zu Blut*, 9 ein Drittel der
Meerestiere starb und ein Drittel der
Schiffe wurde vernichtet. 10 Der dritte En-
gel stieß in die Posaune. Da fiel ein großer
Stern vom Himmel, brennend wie eine Fa-
ckel. Er fiel auf ein Drittel der Flüsse und
auf die Wasserquellen. 11 Der Name des
Sterns heißt Wermut. Ein Drittel der Was-
ser wurde zu Wermut und viele Menschen
starben an den Wassern, weil sie bitter ge-
worden waren. 12 Der vierte Engel stieß in
die Posaune. Da wurde ein Drittel der
Sonne und ein Drittel des Mondes und
ein Drittel der Sterne geschlagen, dass ein
Drittel von ihnen verfinstert würde und
der Tag um ein Drittel dunkler und ebenso
die Nacht.
13 Und ich sah und hörte einen Adler,
der hoch oben am Himmel flog, mit mäch-
tiger Stimme rufen: Wehe, wehe, wehe den
Bewohnern der Erde! Denn noch drei En-
gel werden ihre Posaune blasen.

Die fünfte Posaune

9 Der fünfte Engel stieß in die Posaune.
Da sah ich einen Stern, der vom Him-
mel auf die Erde herabgefallen war; ihm
wurde der Schlüssel zum Brunnen des Ab-
grunds gegeben. 2 Und er schloss den
Brunnen des Abgrunds auf; da *stieg* aus
dem Brunnen *Rauch* herauf, *wie Rauch
aus einem* großen *Ofen*, und *Sonne* und
Luft *wurden verfinstert* vom Rauch des
Brunnens. 3 Aus dem Rauch kamen *Heu-
schrecken zur Erde* und ihnen wurde

Macht gegeben, Macht, wie sie die Skor-
pione auf der Erde haben. 4 Es wurde ihnen
gesagt, sie sollten das *Gras auf der Erde*
nicht schädigen, auch kein *Grün* und kei-
nen *Baum*, sondern nur die Menschen, die
nicht das Siegel Gottes *auf der Stirn* tra-
gen. 5 Auch wurde ihnen aufgegeben, sie
nicht zu töten, sondern nur zu quälen,
fünf Monate lang; und ihre Qual ist wie
die Qual durch einen Skorpion, wenn er
einen Menschen sticht.
6 In jenen Tagen *werden* die Menschen
den Tod suchen, aber nicht finden; sie wer-
den zu sterben begehren, aber der Tod
wird vor ihnen fliehen. 7 Und die Heu-
schrecken *gleichen in ihrem Aussehen Pfer-
den, die zum Krieg gerüstet sind*; auf ihren
Köpfen tragen sie etwas wie gold schim-
mernde Kränze und ihre Gesichter sind
wie Menschengesichter. 8 Sie haben Haar
wie Frauenhaar und ihre Zähne sind wie
Löwenzähne. 9 Ihre Brust ist wie ein Eisen-
panzer und das Rauschen ihrer Flügel
gleicht *dem Rasseln von Wagen* mit vielen
Pferden, *die zum Kampf rennen*. 10 Sie ha-
ben Schwänze wie Skorpione und Sta-
cheln; und in ihren Schwänzen die Kraft,
die Menschen zu quälen, fünf Monate
lang. 11 Sie haben als König über sich den
Engel des Abgrunds; sein Name ist auf he-
bräisch Abaddon und auf griechisch heißt
er Apollyon.
12 Das erste Wehe ist vorüber; es kom-
men noch zwei Wehe danach.

Die sechste Posaune

13 Der sechste Engel stieß in die Posaune.
Da hörte ich eine Stimme von den vier
Hörnern des goldenen Altars her, der vor
Gott steht. 14 Sie sagte zu dem sechsten En-
gel, der die Posaune hielt: Lass die vier En-
gel los, die *am großen Strom, am Eufrat*,
gefesselt sind. 15 Da wurden die vier Engel
losgebunden, die auf Stunde und Tag und
Monat und Jahr bereitstanden, ein Drittel
der Menschen zu töten. 16 Und die Zahl der
Reiterscharen war zwanzigtausend mal
zehntausend; ich hörte ihre Zahl. 17 Und
ich sah in der Vision die Pferde und die
Reiter: Sie hatten feuerrote, rauchblaue
und schwefelgelbe Panzer. Die Köpfe der
Pferde glichen Löwenköpfen und aus
ihren Mäulern kam Feuer und Rauch und
Schwefel. 18 Von diesen drei Plagen wurde
ein Drittel der Menschen getötet, durch
Feuer, Rauch und Schwefel, die aus ihren
Mäulern hervorkamen. 19 Denn die Kraft
der Pferde war in ihren Mäulern und in
ihren Schwänzen; ihre Schwänze gleichen
nämlich Schlangen, die Köpfe haben, mit
denen sie Schaden anrichten können.
20 Aber die übrigen Menschen, die nicht
durch diese Plagen umgekommen waren,
kehrten nicht um *von den Werken ihrer
Hände* und hörten nicht auf, *Dämonen* an-
zubeten und *Götzen aus Gold, Silber, Bron-
ze, Stein und Holz, die weder sehen noch
hören noch gehen können*. 21 Sie kehrten
nicht um von ihren Mordtaten, nicht von
Zauberei, Unzucht und Diebstahl.

Der Engel mit dem kleinen Buch

10 Und ich sah einen anderen gewal-
tigen Engel aus dem Himmel he-
rabsteigen. Er war in eine Wolke gehüllt
und der Regenbogen stand über seinem
Haupt. Sein Angesicht war wie die Sonne,
seine Beine wie Feuersäulen. 2 In seiner
Hand hielt er ein kleines, aufgeschlagenes
Buch. Er setzte seinen rechten Fuß auf das
Meer, den linken auf das Land 3 und rief
mit mächtiger Stimme, die wie *ein Löwe
brüllt*. Nachdem er gerufen hatte, ließen
die sieben Donner ihre Stimme erschallen.
4 Als die sieben Donner gesprochen hatten,
wollte ich es aufschreiben. Da hörte ich
eine Stimme aus dem Himmel: *Versiegle*,
was die sieben Donner gesprochen haben,
und schreibe es nicht auf! 5 Und der Engel,
den ich auf dem Meer und auf dem Land
stehen sah, *erhob seine rechte Hand zum
Himmel* 6 und *schwor bei dem, der in alle
Ewigkeit lebt, der den Himmel geschaffen
hat* und was in ihm ist, und *die Erde und
was auf ihr ist, und das Meer samt dem,
was darin ist*: Es wird keine Zeit mehr sein,
7 sondern in den Tagen der Stimme des
siebten Engels, wenn er sich anschickt,
die Posaune zu blasen, dann ist auch das
Geheimnis Gottes vollendet, wie er es sei-
nen Knechten, den Propheten, verkündet
hat.
8 Und die Stimme, die ich aus dem Him-
mel gehört hatte, sprach noch einmal zu
mir: Geh, nimm das aufgeschlagene Buch,
das der Engel in der Hand hält, der auf
dem Meer und auf dem Land steht. 9 Da
ging ich zu dem Engel und bat ihn, mir
das kleine *Buch* zu geben. *Er sagte zu mir*:
Nimm und *iss* es! In deinem Magen wird

es bitter sein, in deinem Mund aber wird
es *süß wie Honig* sein. 10 Da nahm ich das
kleine Buch aus der Hand des Engels und
aß es. In meinem Mund war es süß wie
Honig; doch als ich es gegessen hatte, wur-
de es mir bitter im Magen. 11 Und man sag-
te zu mir: Du musst nochmals weissagen
über viele Völker und Nationen und Spra-
chen und über viele Könige.

Die Vermessung des Tempels

11 Da gab man mir einen Rohrstock
wie ein Messstab und sagte zu mir:
Mache dich auf und miss den Tempel Got-
tes und den Altar und alle, die dort anbe-
ten. 2 Den äußeren Vorhof des Tempels
aber lass aus und miss ihn nicht; denn er
ist den Heiden preisgegeben. Sie werden
die heilige Stadt zertreten, zweiundvierzig
Monate lang.

Die beiden Zeugen

3 Und ich werde meinen zwei Zeugen auf-
tragen, zwölfhundertsechzig Tage lang im
Bußgewand zu weissagen. 4 Sie sind *die
zwei Ölbäume* und die zwei *Leuchter*, die
vor dem Herrn der Erde stehen. 5 Wenn
ihnen jemand schaden will, *fährt Feuer*
aus ihrem *Mund* und *verzehrt* ihre Feinde;
sollte ihnen jemand schaden wollen, muss
er auf diese Weise sterben. 6 Sie haben die
Macht, den Himmel zu verschließen, dass
kein Regen fällt, solange sie weissagen.
Auch haben sie Macht, *das Wasser in Blut
zu verwandeln* und die Erde *mit allen mög-
lichen Plagen zu schlagen*, wann immer sie
wollen. 7 Und wenn sie ihr Zeugnis voll-
endet haben, *wird das Tier*, das aus dem
Abgrund *heraufsteigt, mit ihnen Krieg füh-
ren* und *sie besiegen* und töten. 8 Und ihre
Leichen bleiben auf der Straße der großen
Stadt liegen, die in geistlichem Sinn So-
dom und Ägypten heißt; dort wurde auch
ihr Herr gekreuzigt. 9 Dann sehen Leute
aus allen Völkern und Stämmen, Sprachen
und Nationen ihre Leichen drei und einen
halben Tag lang; sie werden nicht zulassen,
dass ihre Leichen in ein Grab gelegt wer-
den. 10 Und die Bewohner der Erde freuen
sich über sie, sind fröhlich und machen
sich gegenseitig Geschenke; denn diese
beiden Propheten hatten die Bewohner
der Erde gequält.
11 Aber nach den dreieinhalb Tagen *kam*
von Gott her *Lebensgeist in sie und sie stell-
ten sich auf ihre Füße. Große Furcht über-
fiel alle, die sie sahen.* 12 Und sie hörten eine
gewaltige Stimme aus dem Himmel her
rufen: *Kommt herauf!* Da *stiegen sie* in der
Wolke *zum Himmel hinauf* und ihre Fein-
de sahen sie. 13 Zu dieser Stunde entstand
ein gewaltiges Erdbeben und ein Zehntel
der Stadt *stürzte ein.* Siebentausend Men-
schen wurden durch das Erdbeben getötet;
die Übrigen gerieten in Schrecken und ga-
ben dem Gott des Himmels die Ehre.
14 Das zweite Wehe ist vorüber, das dritte
Wehe kommt bald.

Die siebte Posaune

15 Der siebte Engel stieß in die Posaune. Da
ertönten im Himmel gewaltige Stimmen,
die riefen: Die Weltherrschaft unseres
Herrn und seines Gesalbten ist aufgerichtet
und er wird herrschen in alle Ewigkeit.
16 Und die vierundzwanzig Ältesten, die
vor Gott auf ihren Thronen sitzen, fielen
auf ihr Angesicht nieder, beteten Gott an
17 und sprachen:

Wir sagen dir Dank, Herr, / Gott, du
Allherrscher,
der du bist und der du warst, / dass du
deine große Macht ergriffen / und *die
Königsherrschaft angetreten* hast.
18 Die Völker gerieten in Zorn, / da kam
dein Zorn und die Zeit, die Toten zu rich-
ten,
und den Lohn zu geben deinen Knech-
ten, / den Propheten und Heiligen
und *denen, die* deinen Namen *fürch-
ten, / den Kleinen und den Großen,* / und
Verderben zu bringen über die Verderber
der Erde.

19 Da wurde der Tempel Gottes im Him-
mel geöffnet und *die Lade* seines *Bundes*
wurde in seinem *Tempel* sichtbar und es
entstanden *Blitze, Stimmen* und *Donner*,
Beben und *gewaltiger Hagel.*

Das Drama der Endzeit

Die Frau und der Drache

12 Dann erschien ein großes Zeichen
am Himmel: Eine Frau, mit der
Sonne bekleidet, unter ihren Füßen der
Mond und auf ihrem Haupt ein Kranz
von zwölf Sternen. 2 Sie war schwanger
und schrie in Wehen und Geburtsqualen.
3 Noch ein anderes Zeichen erschien am
Himmel: Ein großer, feuerroter Drache

mit sieben Köpfen und *zehn Hörnern* und mit sieben Diademen auf seinen Köpfen. [4]Sein Schwanz fegte ein Drittel *der Sterne vom Himmel* und *warf sie auf die Erde*. Der Drache stand vor der Frau, die gebären sollte, um gleich nach der Geburt ihr Kind zu verschlingen. [5]Und *sie gebar* ein Kind, *einen Sohn,* der über alle Völker mit *eisernem Zepter herrschen wird*. Und ihr Kind wurde zu Gott und zu seinem Thron entrückt. [6]Die Frau aber floh in die Wüste zu einer Stätte, die Gott ihr bereitet hatte. Dort wird man sie mit Nahrung versorgen, zwölfhundertsechzig Tage lang.

[7]Da begann ein Kampf im Himmel: *Michael* und seine Engel erhoben sich, um mit dem Drachen *Krieg zu führen*. Der Drache und seine Engel kämpften, [8]aber er vermochte nichts und *es gab keinen Ort mehr* im Himmel für sie. [9]Und der große Drache wurde gestürzt, die alte *Schlange*, die *Teufel* heißt und *Satan* und die ganze Welt verführt; er wurde auf die Erde gestürzt und seine Engel wurden mit ihm gestürzt. [10]Da hörte ich eine gewaltige Stimme im Himmel rufen:

Jetzt ist gekommen das Heil und die Kraft / und die Herrschaft unseres Gottes / und die Macht seines Gesalbten;

denn gestürzt wurde der Ankläger unserer Brüder, / der sie vor unserem Gott Tag und Nacht verklagt.

[11]Sie haben ihn besiegt durch das Blut des Lammes / und durch das Wort ihres Zeugnisses. / Sie liebten ihr Leben nicht bis in den Tod.

[12]Darum *jubelt, ihr Himmel,* / und die darin wohnen!

Weh dem Land und dem Meer; / denn der Teufel ist zu euch hinabgestiegen in gewaltigem Zorn, / weil er weiß, seine Zeit ist kurz.

[13]Als der Drache sah, dass er auf die Erde geworfen war, verfolgte er die Frau, die den Sohn geboren hatte. [14]Da wurden der Frau die beiden Flügel des großen Adlers gegeben, damit sie in die Wüste fliegen konnte an ihren Ort, wo sie *eine Zeit und (zwei) Zeiten und eine halbe Zeit* fern von der Schlange ernährt wird. [15]Die Schlange spie aus ihrem Rachen einen Strom von Wasser, damit sie von dem Strom fortgerissen werde. [16]Aber die Erde kam der Frau zur Hilfe und die Erde öffnete ihren Rachen und verschlang den Strom, den der Drache aus seinem Rachen ausgespien hatte. [17]Da geriet der Drache in Zorn über die Frau und ging weg, um Krieg zu führen mit den übrigen Nachkommen, die die Gebote Gottes bewahren und am Zeugnis Jesu festhalten. [18]Und er trat an den Strand des Meeres.

Die beiden Tiere

13 Ich sah ein Tier aus dem Meer aufsteigen: Es hatte *zehn Hörner* und sieben Köpfe und auf seinen Hörnern zehn Diademe und auf seinen Köpfen Lästernamen. [2]*Das Tier,* das ich sah, *glich einem Panther*; seine Füße waren wie *Bären*füße und sein Rachen wie der Rachen eines *Löwen*. Und der Drache hatte ihm seine Macht verliehen, seinen Thron und große Macht. [3]Einer seiner Köpfe sah aus wie tödlich verwundet; aber seine Todeswunde wurde geheilt. Und die ganze Erde staunte hinter dem Tier her. [4]Die Menschen beteten den Drachen an, weil er dem Tier seine Macht gegeben hatte, und sie beteten das Tier an und sagten: Wer ist dem Tier gleich und wer vermag mit ihm zu kämpfen?

[5]Und es wurde ihm ein *Maul* gegeben, um *prahlerische* und lästerliche *Reden zu führen*, und es wurde ermächtigt, dies zweiundvierzig Monate lang so zu treiben. [6]Es tat sein Maul auf zu Lästerungen gegen Gott, seinen Namen, sein Zelt und gegen alle, die im Himmel wohnen. [7]Auch wurde ihm Macht gegeben, *mit den Heiligen Krieg zu führen und sie zu besiegen*, Macht über alle Stämme, Völker, Sprachen und Nationen. [8]Alle Bewohner der Erde werden es anbeten, alle, deren Namen seit Erschaffung der Welt im Lebensbuch des geschlachteten Lammes nicht eingetragen sind. [9]Wer ein Ohr hat, der höre! [10]Wer zur *Gefangenschaft bestimmt ist*, gehe *in Gefangenschaft*; wer *mit dem Schwert* getötet werden soll, werde *mit dem Schwert* getötet. Hier ist die geduldige Ausdauer und der Glaube der Heiligen notwendig.

[11]Und ich sah ein anderes Tier aufsteigen aus der Erde. Es hatte zwei Hörner wie ein Lamm, aber es redete wie ein Drache. [12]Es übte die ganze Macht des ersten Tieres vor dessen Augen aus. Es brachte die Erde und ihre Bewohner dazu, das erste Tier anzubeten, dessen Todeswunde geheilt worden war. [13]Es tat große Zeichen, sogar

Feuer ließ es vor den Augen der Menschen
vom Himmel herabfallen. 14 Es verführte
die Bewohner der Erde durch die Zeichen,
die es vor dem Tier tun durfte. Es über-
redete die Bewohner der Erde, für das Tier,
das die Schwertwunde empfangen hatte
und doch wieder zum Leben kam, ein
Standbild anzufertigen. 15 Es wurde ihm
Macht gegeben, dem Standbild des Tieres
Lebensgeist zu verleihen, damit das Bild
des Tieres sogar sprechen konnte und be-
wirkte, dass alle getötet wurden, *die das*
Standbild des Tieres *nicht anbeteten.*
16 Und es erreichte, dass alle, die Kleinen
und die Großen, die Reichen und die Ar-
men, die Freien und die Sklaven, sich auf
ihrer rechten Hand oder auf ihrer Stirn ein
Kennzeichen anbrachten 17 und dass nie-
mand kaufen oder verkaufen konnte,
wenn er nicht das Kennzeichen, den Na-
men des Tieres oder die Zahl seines Na-
mens angenommen hat. 18 Hier ist die
Weisheit vonnöten. Wer Verstand hat,
rechne die Zahl des Tieres aus: es ist näm-
lich die Zahl eines Menschennamens; sei-
ne Zahl ist sechshundertsechsundsechzig.

Das Gefolge des Lammes

14 Und ich sah: Das Lamm stand auf
dem Berg Zion und mit ihm ein-
hundertvierundvierzigtausend, die seinen
Namen und den Namen seines Vaters *auf*
ihrer Stirn geschrieben trugen. 2 Da hörte
ich eine Stimme aus dem Himmel *wie das*
Rauschen vieler Wasser und wie das Rollen
eines gewaltigen Donners; die Stimme, die
ich hörte, klang, wie wenn Harfenspieler
ihre Harfen schlagen. 3 Und sie sangen ein
neues Lied vor dem Thron und vor den
vier Lebewesen und vor den Ältesten; aber
niemand konnte das Lied lernen außer
den Einhundertvierundvierzigtausend, die
losgekauft sind von der Erde. 4 Sie sind es,
die sich mit Frauen nicht befleckt haben;
denn sie sind jungfräulich. Sie sind es, die
dem Lamm folgen, wohin es geht. Sie sind
es, die aus den Menschen losgekauft sind
als Erstlingsgabe für Gott und das Lamm.
5 In ihrem Mund hat sich keine Lüge ge-
funden; sie sind ohne Makel.

Die Ankündigung des Gerichts

6 Dann sah ich einen anderen Engel hoch
am Himmel fliegen; er hatte eine ewige
Heilsbotschaft an die Bewohner der Erde
zu verkünden, an alle Völker, Stämme,
Sprachen und Nationen. 7 Er rief mit ge-
waltiger Stimme: Fürchtet Gott und gebt
ihm die Ehre! Denn die Stunde seines Ge-
richts ist gekommen. Betet ihn an, der *den*
Himmel und die Erde, das Meer und die
Wasserquellen *erschaffen hat.* 8 Ein anderer
Engel, ein zweiter, folgte und rief: *Gefallen,*
gefallen ist Babylon, die Große, die alle Völ-
ker mit dem Zornwein ihrer Hurerei be-
trunken gemacht hat. 9 Ein anderer Engel,
ein dritter, folgte ihnen und rief mit gewal-
tiger Stimme: Wer das Tier und sein
Standbild anbetet und wer das Kennzei-
chen auf seiner Stirn oder auf seiner Hand
annimmt, 10 der muss auch vom Zornwein
Gottes trinken, der ungemischt *einge-*
schenkt ist im Becher seines Zorns; er soll
mit *Feuer und Schwefel* gepeinigt werden
vor den heiligen Engeln und vor dem
Lamm. 11 *Der Rauch* von ihrer Peinigung
steigt auf *in alle Ewigkeit*; Tag und Nacht
werden sie keine Ruhe haben, die das Tier
und sein Standbild anbeten und die Kenn-
zeichen seines Namens annehmen. 12 Hier
ist die geduldige Ausdauer der Heiligen er-
forderlich, die die Gebote Gottes und den
Glauben an Jesus bewahren. 13 Und ich
hörte eine Stimme aus dem Himmel:
Schreib: Selig sind von nun an die Toten,
die im Herrn sterben. Ja, so spricht der
Geist, sie sollen von ihrer Mühsal aus-
ruhen; denn ihre Werke folgen ihnen
nach.

Die Ernte und die Weinlese der Völker

14 Ich sah eine weiße Wolke und auf der
Wolke thronte einer, der *wie ein Mensch*
aussah. Er trug einen goldenen Kranz auf
seinem Haupt und eine scharfe Sichel in
seiner Hand. 15 Und ein anderer Engel trat
aus dem Tempel heraus und rief dem, der
auf der Wolke saß, mit gewaltiger Stimme
zu: *Schick* deine *Sichel aus* und halte Ernte!
Denn die Stunde der Ernte ist da; *die Ernte*
der Erde *ist reif geworden.* 16 Und er, der
auf der Wolke saß, schleuderte seine Si-
chel über die Erde, und die Erde wurde
abgeerntet.

17 Und ein anderer Engel trat aus dem
Tempel im Himmel; auch er trug eine
scharfe Sichel. 18 Vom Altar her kam noch
ein anderer Engel; er hatte Macht über das
Feuer. Dem, der die scharfe Sichel trug,
rief er mit gewaltiger Stimme zu: *Schick*

deine scharfe *Sichel aus* und ernte die Trauben vom Weinstock der Erde; denn seine Beeren *sind reif.* 19 Da schleuderte der Engel seine scharfe Sichel über die Erde, erntete den Weinstock der Erde ab und warf die Trauben in die große Zornkelter Gottes. 20 *Die Kelter* außerhalb der Stadt wurde *getreten* und Blut quoll aus der Kelter bis an die Zügel der Pferde, sechzehnhundert Stadien weit.

Die sieben Schalen

Die Ankündigung der sieben Plagen

15 Dann sah ich ein anderes Zeichen am Himmel, groß und wunderbar: Sieben Engel hatten sieben Plagen, und zwar die letzten; denn in ihnen wurde der Zorn Gottes vollendet. 2 Dann sah ich etwas wie ein gläsernes Meer, mit Feuer vermischt, und die Sieger über das Tier, über sein Standbild und über die Zahl seines Namens standen auf dem gläsernen Meer mit den Harfen Gottes. 3 Sie sangen das Lied des Mose, des Knechtes Gottes, und das Lied für das Lamm:

Gewaltig und *wunderbar sind deine Taten,* / Herr, Gott, du Allherrscher.

Gerecht und wahrhaftig sind deine Wege, / du König der Völker.

4 Wer wird dich nicht fürchten, Herr, / und *deinen Namen* nicht *preisen*?

Denn du allein bist *heilig,* / *alle Völker kommen und beten dich an*; / denn deine gerechten Taten sind offenbar geworden.

5 Danach sah ich: Es öffnete sich im Himmel der Tempel, das Zelt des Zeugnisses. 6 Und die sieben Engel mit *sieben Plagen* traten aus dem Tempel heraus; sie waren in reines, glänzendes Leinen *gekleidet* und um die Brust gegürtet mit *goldenen Gürteln.* 7 Und eines der vier Lebewesen reichte den sieben Engeln sieben goldene Schalen, gefüllt mit dem Zorn Gottes, der in alle Ewigkeit lebt. 8 *Da füllte sich der Tempel mit dem Rauch der Herrlichkeit und Macht Gottes.* Niemand *konnte in den Tempel hineingehen,* bis die *sieben Plagen* der sieben Engel ihr Ende erreicht hatten.

Die Schalen des Zorns

16 Dann hörte ich eine gewaltige Stimme aus dem Tempel den sieben Engeln sagen: Geht und *gießt* die sieben Schalen mit dem *Zorn* Gottes *auf die Erde*! 2 Der erste ging und goss seine Schale auf das Land. *Da entstand ein böses und schmerzhaftes Geschwür an den Menschen,* die das Kennzeichen des Tieres trugen und sein Bild anbeteten. 3 Der zweite goss seine Schale auf das Meer. Da *wurde es zu Blut* wie von einem Toten und alle Lebewesen im Meer *starben.* 4 Der dritte goss seine Schale aus auf die Flüsse und Wasserquellen. *Da wurden sie zu Blut.* 5 Und ich hörte den Engel der Wasser sagen: *Gerecht bist du, der ist* und der war, du *Heiliger,* weil du so Gericht gehalten hast; 6 denn *Blut* von Heiligen und Propheten *haben sie vergossen.* Nun hast du ihnen *Blut zu trinken* gegeben; sie verdienen es. 7 Und ich hörte vom Altar her sprechen: Ja, Herr, Gott, du Allherrscher, *wahrhaft und gerecht sind deine Gerichtsurteile.* 8 Der vierte goss seine Schale auf die Sonne aus. Da wurde ihr gegeben, die Menschen mit Feuer zu verbrennen. 9 Die Menschen verbrannten in der Glut und sie lästerten den Namen Gottes, der die Macht über diese Plagen hat. Sie bekehrten sich nicht dazu, ihm die Ehre zu erweisen. 10 Der fünfte goss seine Schale auf den Thron des Tieres. Da *verfinsterte sich* sein Reich und sie zerbissen sich die Zungen vor Qual. 11 Sie lästerten den Gott des Himmels wegen ihrer Schmerzen und ihrer Geschwüre; aber sie kehrten nicht um von ihrem Treiben. 12 Der sechste goss seine Schale auf *den großen Strom, den Eufrat.* Da *trocknete* sein *Wasser aus,* sodass der Weg für die Könige des Ostens bereitet war. 13 Und ich sah aus dem Rachen des Drachen und aus dem Rachen des Tieres und aus dem Maul des Lügenpropheten drei unreine Geister hervorgehen, die wie *Frösche* aussahen. 14 Es sind nämlich Dämonengeister, die Wunderzeichen tun und zu den Königen der ganzen Welt ausziehen, um sie für den Krieg zu sammeln am großen Tag Gottes, des Allherrschers.

15 Siehe, ich komme wie ein Dieb. Selig, wer wacht und seine Kleider bewahrt, damit er nicht nackt gehen muss und man seine Blöße sieht.

16 Und die Geister versammelten die Könige an dem Ort, der auf hebräisch Harmagedon heißt.

17 Der siebte (Engel) goss seine Schale auf die Luft. Da kam eine gewaltige *Stimme aus dem Tempel* und rief: Es ist gesche-

hen! 18 Dann folgten *Blitze*, Getöse *und Donner* und es entstand ein gewaltiges Erdbeben, *wie noch keines* gewesen war, seit es Menschen auf der Erde gibt, so gewaltig war dieses Erdbeben. 19 Die große Stadt brach in drei Teile auseinander und die Städte der Völker stürzten ein. Gott hatte sich an Babylon, die Große, erinnert und reichte ihr *Becher mit dem Wein seines* grimmigen *Zorns*. 20 Und alle Inseln verschwanden und keine Berge waren mehr zu finden. 21 Und ein *gewaltiger Hagel*, zentnerschwer, ging vom Himmel auf die Menschen nieder. Die Menschen aber lästerten Gott wegen der Hagelplage; denn die Plage war über die Maßen groß.

Gericht und Sieg

Die große Hure

17 Dann kam einer von den sieben Engeln, die die sieben Schalen trugen, und sprach zu mir: Komm, ich will dir das Strafgericht über die große Hure zeigen, die *an vielen Wassern sitzt*. 2 Denn mit ihr haben *die Könige der Erde* Unzucht getrieben und die Bewohner der Erde sind vom Wein ihrer Unzucht betrunken geworden. 3 Und er entrückte mich im Geist in die Wüste. Dort sah ich eine Frau auf einem scharlachroten *Tier* sitzen; es war mit lästerlichen Namen bedeckt und hatte sieben Köpfe und *zehn Hörner*. 4 Die Frau war in Purpur und Scharlach gekleidet und mit Gold, Edelsteinen und Perlen geschmückt; sie hielt einen *goldenen Becher* in ihrer Hand, angefüllt mit Abscheulichkeiten und dem Unrat ihrer Unzucht. 5 Auf ihrer Stirn stand ein Name geschrieben, ein Name voll Geheimnis: *Babylon, die Große*, die Mutter der Huren und der Abscheulichkeiten der Erde. 6 Und ich sah die Frau betrunken vom Blut der Heiligen und vom Blut der Zeugen Jesu. Und mein Staunen bei ihrem Anblick war sehr groß.

7 Der Engel sprach zu mir: Warum bist du erstaunt? Ich will dir Aufschluss geben über das Geheimnis der Frau und des Tieres mit den sieben Köpfen und zehn Hörnern.

8 *Das Tier*, das du gesehen hast, war einmal und ist nicht mehr. Es wird aus dem Abgrund *heraufsteigen* und dann ins Verderben gehen. Die Bewohner der Erde, deren Namen seit Erschaffung der Welt nicht *im Buch des Lebens verzeichnet sind*, werden staunen, wenn sie das Tier sehen, das einmal war und nicht mehr ist und wieder da sein wird. 9 Hier sind Verstand und Weisheit erforderlich.

Die sieben Köpfe sind die sieben Berge, auf denen die Frau sitzt. Es sind auch sieben Könige. 10 Fünf sind gefallen, einer ist da, der andere ist noch nicht gekommen; wenn er kommt, darf er nur kurze Zeit bleiben. 11 Das Tier aber, das war und nicht ist, ist selbst der achte und doch einer von den sieben und wird ins Verderben gehen.

12 Die *zehn Hörner*, die du gesehen hast, sind *zehn Könige*, die noch nicht zur Herrschaft gelangt sind. Sie werden aber Königsmacht erhalten: für eine Stunde, zusammen mit dem Tier. 13 Sie sind eines Sinnes und geben ihre Kraft und Macht dem Tier. 14 Sie werden mit dem Lamm Krieg führen, aber das Lamm wird sie besiegen; denn es ist *der Herr der Herren* und der König *der Könige* und sein Gefolge sind die Berufenen, Auserwählten und Treuen.

15 Und er sagte zu mir: *Die Wasser*, die du gesehen hast, an denen die Hure sitzt, sind *Völker*, Scharen, *Nationen und Sprachen*. 16 Und die zehn Hörner, die du gesehen hast, und das Tier, sie werden die Hure hassen und sie werden sie bis zur Nacktheit ausplündern und ihr Fleisch verzehren und sie im Feuer verbrennen. 17 Denn Gott hat ihnen ins Herz gegeben, seinen Plan zu vollziehen, einmütig zu handeln und ihre Herrschaft dem Tier zu geben, bis die Worte Gottes erfüllt sind. 18 Die Frau aber, die du gesehen hast, ist die große Stadt, die die Herrschaft über *die Könige der Erde* hat.

Die Ankündigung von Babylons Fall

18 Danach sah ich einen anderen Engel vom Himmel herabsteigen. Er hatte große Macht und *von seiner Herrlichkeit wurde die Erde erleuchtet*. 2 Und er rief mit gewaltiger Stimme: *Gefallen, gefallen ist Babylon, die Große!* Sie ist zur Behausung von Dämonen geworden, zum Schlupfwinkel für vielerlei unreine Geister, zum Schlupfwinkel für allerlei unreine und abscheuliche Vögel. 3 Denn vom Zornwein ihrer Unzucht haben alle Völker getrunken und die Könige der Erde haben mit ihr Unzucht getrieben und die Kaufleute der Erde sind an ihrer maßlosen Üppigkeit reich geworden.

4 Und ich hörte eine andere Stimme vom Himmel rufen: Zieh fort, mein Volk, damit du keinen Anteil hast an ihren Sünden und du von ihren Plagen nicht mitgetroffen wirst. 5 *Denn bis zum Himmel haben sich* ihre Sünden *aufgehäuft* und Gott hat sich an ihre Freveltaten erinnert. 6 *Vergeltet ihr, wie sie selbst vergolten hat,* und zahlt ihr doppelt heim *nach ihren Taten.* Mischt ihr den Becher, den sie gemischt hat mit doppeltem Maß. 7 Wie viel sie geprunkt und geschwelgt hat, so viel gebt ihr an Qual und Trauer! *Denn sie spricht in ihrem Herzen: Als Königin throne ich, bin keine Witwe,* und Trauer werde ich nicht zu sehen bekommen. 8 Darum werden *an einem einzigen Tag* seine Plagen kommen: Tod, Trauer und Hunger. Und sie wird im Feuer verbrannt; denn *stark ist der Herr,* Gott, der ihr das Urteil gesprochen hat.

Wehklage über Babylons Untergang

9 *Weinen und wehklagen werden über sie die Könige der Erde, die mit ihr Unzucht getrieben* und geschwelgt haben, wenn sie den Rauch ihres Brandes sehen. 10 Sie bleiben in der Ferne stehen aus Angst vor ihrer Qual und sprechen: Wehe, wehe, du *große* Stadt! *Babylon, du mächtige Stadt!* Denn in einer einzigen Stunde ist das Gericht über dich gekommen.

11 Auch *die Kaufleute* der Erde *weinen und klagen* über sie; denn niemand kauft mehr ihre Ware, 12 Ware von Gold und Silber, von Edelstein und Perlen, von feinem Leinen und Purpur, von Seide und Scharlach; und all das Thujaholz, all das Gerät von Elfenbein, von Edelholz und Bronze, von Eisen und Marmor, 13 dazu Zimt und Balsam, Räucherwerk, Salböl und Weihrauch, Wein und Öl, Feinmehl und Weizen, Rinder und Schafe, Pferde und Wagen, Menschenleiber und -seelen. 14 Auch deine Früchte, die Lust deines Herzens, sind für dich dahin; all der Prunk und Glanz gingen verloren; nie mehr wird man sie finden. 15 Die Händler, die durch sie reich geworden sind, werden aus Angst vor ihrer Qual in der Ferne stehen, sie werden weinen und jammern: 16 Wehe, wehe, du große Stadt, in Leinen, Purpur und Scharlach gekleidet, geschmückt mit Gold, Edelsteinen und Perlen. 17 Denn in einer einzigen Stunde ist dieser Reichtum dahin. *Alle Kapitäne,* alle Küstenfahrer, die *Matrosen* und alle, die auf dem Meer zu tun haben, standen in der Ferne 18 und schrien, als sie den Rauch von ihrem Brand sahen: Wer kam dieser großen Stadt gleich? 19 *Und sie streuten Staub auf ihr Haupt und schrien unter Weinen und Jammern:* Wehe, wehe, du große Stadt, an deren Wohlstand sich alle bereichert haben, die Schiffe auf dem Meer haben. Denn in einer einzigen Stunde ist sie verwüstet worden. 20 *Freu dich* über sie, *du Himmel,* und ihr Heiligen, ihr Apostel und Propheten! Denn *Gott hat* für euch *das Gericht* an ihr *vollstreckt.*

21 Da hob ein starker Engel einen *Stein* auf, groß wie ein Mühlstein, und *warf ihn* ins Meer mit den Worten: *Babylon, die große Stadt,* wird *mit Wucht hingeworfen* und nicht mehr zu finden sein. 22 Die Musik von Harfenspielern und Sängern, von Flötenspielern und Posaunenbläsern wird man nicht mehr vernehmen, einen Künstler, welcher Kunst auch immer, wird es in dir nicht mehr geben, *das Geräusch des Mühlsteins* wird man in dir nicht mehr hören; 23 kein *Licht einer Lampe* wird mehr in dir scheinen und die Stimme von Bräutigam und Braut wird nicht mehr in dir zu hören sein. Denn deine *Kaufleute waren die Großen der Erde,* durch *deine Zauberkünste* sind alle Völker verführt worden. 24 Aber in ihr fand sich das Blut von Propheten und Heiligen und von *allen, die auf der Erde hingeschlachtet worden sind.*

Jubellieder im Himmel

19 Danach hörte ich etwas wie die mächtige Stimme einer großen Schar im Himmel:

Halleluja! / Das Heil und die Herrlichkeit und die Macht ist bei unserem Gott.

2 Denn *wahr und gerecht sind seine Urteile.* / Er hat die große Hure gerichtet, / die mit ihrer Unzucht die Erde verdorben hat,

und *das Blut* seiner *Knechte gerächt,* / das an ihrer Hand klebte.

3 Und abermals riefen sie:

Halleluja! / Ihr Rauch steigt auf in alle Ewigkeit.

4 Und die vierundzwanzig Ältesten und die vier Lebewesen fielen nieder, beteten

Gott an, *der auf dem Thron sitzt*, und rie-
fen:
Amen, halleluja!
5 Und eine Stimme kam vom Thron her:
Preist unseren Gott, *alle* seine *Knechte* /
und alle, die ihn fürchten, die Kleinen und
die Großen!
6 Und ich hörte etwas wie die Stimme
einer großen Schar und wie *das Rauschen*
vieler Wasser und wie das Rollen starker
Donner:
Halleluja! / *Denn König geworden* ist
der Herr, unser Gott, der Allherrscher.
7 *Lasst uns jubeln und fröhlich sein* / und
ihm die Ehre geben;
denn die Hochzeit des Lammes ist
gekommen / und seine Frau hat sich bereit
gemacht.
8 Ihr wurde verliehen, sich in leuchtend
weißes Leinen zu kleiden. / Das Leinen
sind die gerechten Taten der Heiligen.
9 Und er sagte zu mir: Schreibe! Selig,
die zum Hochzeitsmahl des Lammes gela-
den sind. Dann sagte er zu mir: Dies sind
zuverlässige Worte Gottes. 10 Da fiel ich
ihm zu Füßen, um ihn anzubeten. Er aber
sagte zu mir: Tu das nicht! Ein Knecht bin
ich wie du und deine Brüder, die das Zeug-
nis Jesu haben. Gott bete an! Denn das
Zeugnis Jesu ist der Geist der Prophetie.

Der Sieg Christi über das Tier und sein Heer

11 Dann sah ich *den Himmel geöffnet* und
ich sah ein weißes Pferd und er, der auf
ihm saß, heißt Treu und Wahrhaftig; *ge-*
recht hält er Gericht und führt er Krieg.
12 *Seine Augen* waren *flammendes Feuer*
und auf seinem Haupt trug er viele Dia-
deme und einen Namen geschrieben, den
niemand kennt als nur er selbst. 13 Beklei-
det war er mit einem blutgetränkten Ge-
wand und sein Name heißt „Das Wort
Gottes". 14 Ihm folgten auf weißen Pferden
in weißes, reines Leinen gekleidet, die
Heerscharen im Himmel. 15 *Aus seinem*
Mund kam *ein scharfes Schwert*, um damit
die Völker zu schlagen. *Und er herrscht*
über sie mit eisernem Zepter und er tritt
die Kelter des Weines des grimmigen Zor-
nes Gottes, des Allherrschers. 16 Auf sei-
nem Gewand und auf seiner Hüfte trägt
er Namen: *König der Könige* und *Herr der*
Herren.
17 Dann sah ich einen Engel in der Sonne
stehen. Er rief mit gewaltiger Stimme allen
Vögeln zu, die hoch am Himmel flogen:
Kommt her, versammelt euch zum großen
Mahl Gottes! 18 *Fresst Fleisch* von Königen,
Fleisch von Heerführern, Fleisch *von Hel-*
den, Fleisch *von Pferden* und ihren *Reitern*,
Fleisch von Leuten aller Art, von Freien
und von Knechten, von Kleinen und von
Großen!
19 Dann sah ich das Tier und die Könige
der Erde und ihre Heere versammelt, um
gegen den Reiter auf dem Pferd und gegen
sein Heer Krieg zu führen. 20 Aber das Tier
wurde ergriffen und mit ihm der Lügen-
prophet, der die Wunderzeichen vor ihm
gewirkt hatte, womit er die verführt hatte,
die das Kennzeichen des Tieres angenom-
men und sein Standbild angebetet hatten.
Lebendig wurden sie beide in den Feuersee
geworfen, der von Schwefel brennt. 21 Die
Übrigen wurden mit dem Schwert getötet,
das aus dem Mund des Reiters hervorging;
und alle Vögel fraßen sich satt an ihrem
Fleisch.

Das Friedensreich und das neue Jerusalem

Die tausendjährige Herrschaft Christi

20 Dann sah ich einen Engel vom
Himmel herabsteigen; er hatte den
Schlüssel zum Abgrund und eine große
Kette in seiner Hand. 2 Er ergriff den Dra-
chen, die alte *Schlange*, nämlich *den Teufel*
oder *Satan*, und legte ihn für eintausend
Jahre in Fesseln. 3 Er warf ihn in den Ab-
grund, verschloss und versiegelte ihn, da-
mit er die Völker nicht mehr verführen
konnte, bis die eintausend Jahre vollendet
sind. Danach muss er für kurze Zeit frei-
gelassen werden.
4 *Dann sah ich Throne;* denen, die *sich*
darauf *setzten, wurde das Gericht übertra-*
gen. Ich sah die Seelen derer, die um des
Zeugnisses Jesu und um des Wortes Got-
tes willen mit dem Beil hingerichtet wor-
den waren und die weder das Tier noch
sein Standbild angebetet noch das Kenn-
zeichen auf ihre Stirn und ihre Hand an-
genommen hatten. Sie gelangten zum Le-
ben und zur Herrschaft mit Christus, für
eintausend Jahre. 5 Die übrigen Toten ka-
men nicht zum Leben, bis die eintausend
Jahre vollendet waren. Das ist die erste
Auferstehung. 6 Selig und heilig, wer an
der ersten Auferstehung Anteil hat; über
sie hat der zweite Tod keine Gewalt, son-

dern sie werden Priester Gottes und Chris-
ti sein und eintausend Jahre mit ihm herr-
schen.

Der letzte Kampf

7 Wenn die eintausend Jahre vollendet
sind, wird der Satan aus seinem Kerker
freigelassen werden. 8 Er wird *ausziehen*,
um die Völker an den *vier Ecken der Erde*,
den *Gog* und den *Magog*, zu verführen und
sie zum Krieg zu sammeln; ihre Zahl ist
wie der Sand am Meer. 9 Sie zogen herauf
über *die weite Erde* und umzingelten das
Lager der Heiligen und die geliebte Stadt.
Aber es *fiel Feuer vom Himmel und ver-*
zehrte sie. 10 Und der Teufel, ihr Verführer,
wurde in den See von *Feuer und Schwefel*
geworfen, wo auch das Tier und der Lü-
genprophet sind. Bei Tag und Nacht wer-
den sie gepeinigt, in alle Ewigkeit.

Das Weltgericht

11 Dann *sah ich einen Thron*, groß und
weiß, und den, der auf ihm *saß*. *Vor sei-*
nem Angesicht flohen die Erde und der
Himmel und *es gab keinen Ort mehr für*
sie. 12 Ich sah die Toten, die Großen und
die Kleinen, vor dem Thron stehen. *Bücher*
wurden aufgeschlagen; noch ein Buch wur-
de aufgeschlagen, *das Buch des Lebens*. Die
Toten wurden *nach ihren Werken* gerich-
tet, wie es in den Büchern geschrieben
stand. 13 Und das Meer gab die Toten he-
raus, die in ihm waren, auch *der Tod* und
die Unterwelt gaben die Toten heraus, die
in ihnen waren, und sie wurden gerichtet,
jeder *nach seinen Werken*. 14 *Der Tod* und
die Unterwelt wurden in den Feuersee ge-
worfen. Das ist der zweite Tod: der Feuer-
see. 15 Wer nicht *im Buch des Lebens ver-*
zeichnet war, wurde in den Feuersee
geworfen.

Gott unter den Menschen

21 Dann sah ich *einen neuen Himmel*
und eine neue Erde; denn der erste
Himmel und die erste Erde sind vergan-
gen, auch das Meer ist nicht mehr. 2 Und
die heilige Stadt, das neue *Jerusalem*, sah
ich von Gott her aus dem Himmel herab-
steigen, bereit *wie eine Braut*, die sich für
ihren Mann *geschmückt hat*. 3 Und ich hör-
te eine gewaltige Stimme vom Thron her
rufen: *Seht, das Zelt* Gottes unter den
Menschen! *Er wird in ihrer Mitte wohnen*
und sie werden seine Völker sein und er
selbst, Gott mit ihnen, wird ihr Gott sein.
4 *Er wird jede Träne von ihren Augen abwi-*
schen und es wird keinen Tod mehr geben;
auch keine *Trauer*, keine *Klage*, keine
Mühsal wird es mehr geben; denn das Frü-
here ist vergangen.
5 Und *er, der auf dem Thron saß*, sprach:
Seht, ich mache alles *neu*. Und er sagte:
Schreib, denn diese Worte sind zuverlässig
und wahr. 6 Er sagte zu mir: Es ist gesche-
hen. Ich bin das Alpha und das Omega,
der Anfang und das Ende. *Ich werde dem*
Dürstenden umsonst vom Quell des Lebens-
wassers geben. 7 Der Sieger wird dies als
Erbe empfangen: *Ich werde ihm Gott sein*
und er wird mir Sohn sein. 8 Aber die Feig-
linge und die Treulosen, die Frevler und
die Mörder, die Unzüchtigen und die Zau-
berer, die Götzendiener und die Lügner,
alle haben ihren Anteil im See, der von
Feuer und Schwefel brennt. Das ist der
zweite Tod.

Das neue Jerusalem

9 Und es kam einer von den sieben Engeln,
die die sieben Schalen mit den letzten *sie-*
ben Plagen hatten, und sagte zu mir:
Komm, ich zeige dir die Braut, die Frau
des Lammes. 10 Da *entrückte er mich* im
Geist *auf einen* großen, *hohen Berg* und
zeigte mir *die heilige Stadt Jerusalem*, wie
sie von Gott her aus dem Himmel herab-
stieg, 11 im Besitz der Herrlichkeit Gottes.
Ihr Lichtglanz war wie der eines kostbaren
Edelsteins, wie kristallklarer Jaspis. 12 Eine
Mauer hat sie, groß und hoch; sie hat
zwölf *Tore* und auf den Toren zwölf Engel
und Namen sind darauf geschrieben – *die*
Namen der zwölf Stämme der Söhne Isra-
els: 13 *Im Osten drei Tore, im Norden drei*
Tore, im Süden drei Tore und im Westen
drei Tore. 14 Die Mauer der Stadt hat zwölf
Grundsteine mit den zwölf Namen der
zwölf Apostel des Lammes.
15 Und er, der zu mir sprach, hatte einen
Messstab, ein goldenes Rohr, um die Stadt,
ihre Tore und ihre Mauer zu messen. 16 Die
Stadt war als *Viereck* angelegt, ihre Länge
ist so groß wie ihre Breite. Er maß die
Stadt mit dem Rohr: zwölftausend Sta-
dien; ihre Länge, Breite und Höhe sind
gleich. 17 *Auch maß er ihre Mauer*: einhun-
dertvierundvierzig Ellen nach Menschen-
maß; das ist auch das Maß des Engels.

18 Ihr Mauerwerk besteht aus Jaspis und die
Stadt aus reinem Gold, gleich reinem Glas.
19 *Die Grundsteine* der Stadtmauer sind mit
kostbaren Steinen aller Art geschmückt:
Der erste Grundstein ist ein Jaspis, der
zweite ein Saphir, der dritte ein Chalze-
don, der vierte ein Smaragd, 20 der fünfte
ein Sardonyx, der sechste ein Sardion, der
siebte ein Chrysolith, der achte ein Beryll,
der neunte ein Topas, der zehnte ein Chry-
sopras, der elfte ein Hyazinth, der zwölfte
ein Amethyst. 21 Die zwölf Tore sind zwölf
Perlen; jedes der Tore besteht aus einer
einzigen Perle. Die Straße der Stadt ist
aus reinem Gold wie durchsichtiges Glas.
22 Einen Tempel sah ich nicht in ihr;
denn der Herr, ihr Gott, der Allherrscher,
ist ihr Tempel, er und das Lamm. 23 Auch
braucht die Stadt weder *Sonne* noch *Mond*,
damit sie ihr *leuchten*; denn *die Herrlich-
keit Gottes* hat sie *erleuchtet* und ihre
Leuchte ist das Lamm. 24 In ihrem *Licht
werden die Völker einhergehen und die Kö-
nige* der Erde werden ihre *Herrlichkeit* in
sie *hineintragen*. 25 Ihre *Tore werden tags-
über nicht geschlossen*; Nacht wird es ja
dort nicht mehr geben. 26 *Und man wird
die Schätze* und die Kostbarkeiten *der Völ-
ker* zu ihr *bringen*. 27 Aber *niemals wird* ir-
gendetwas *Unreines* in sie *hineinkommen*
oder einer, der Abscheuliches treibt und
lügt, sondern nur die, *die im Lebensbuch*
des Lammes *eingetragen sind*.

22 Und er zeigte mir einen *Strom, das
Wasser des Lebens*, klar wie Kris-
tall; *er geht* vom Thron Gottes und des
Lammes *aus*. 2 In der Mitte zwischen ihrer
Straße und dem Strom, auf seinen beiden
Seiten, stehen Bäume des Lebens, die
zwölfmal Früchte tragen. *Jeden Monat*
spenden sie ihre *Frucht* und *die Blätter*
des Baumes *dienen zur Heilung* der Völ-
ker. 3 *Einen Fluch wird es nicht mehr geben.*
Der Thron Gottes und des Lammes wird
in ihr stehen und seine Knechte werden
ihm dienen. 4 Sie werden sein Angesicht
schauen und sein Name steht auf ihrer
Stirn geschrieben. 5 Nacht wird es nicht
mehr geben und sie brauchen weder Lam-
penlicht noch Sonnenlicht; denn Gott, *der
Herr, wird leuchten* über ihnen und *sie
werden herrschen in alle Ewigkeit*.

Schluss

6 Und er sagte zu mir: Diese Worte sind
zuverlässig und wahr; der Herr, der Gott
der Geister der Propheten, hat seinen En-
gel gesandt, um seinen Knechten zu zei-
gen, *was* bald *geschehen muss*. 7 *Siehe, ich
komme* bald. Selig, wer an den propheti-
schen Worten dieses Buches festhält. 8 Ich,
Johannes, habe dies gehört und gesehen.
Und als ich es gehört und gesehen hatte,
fiel ich zu den Füßen des Engels nieder,
der mir das gezeigt hatte. 9 Aber er sagte
zu mir: Tu das nicht! Ein Knecht bin ich
wie du und deine Brüder, die Propheten,
und alle, die die Worte dieses Buches be-
wahren. Gott bete an!
10 Und er sagte zu mir: *Versiegle* nicht
die prophetischen *Worte* dieses *Buches*!
Denn die Zeit ist nahe. 11 *Wer Unrecht tut,
soll weiter Unrecht tun*, der Unreine soll
sich weiter verunreinigen, der Gerechte
soll weiter Gerechtigkeit üben und der
Heilige soll sich weiter heiligen. 12 *Siehe,
ich komme* bald und mein Lohn *mit mir,
um jedem zu vergelten, wie es seinem Werk
entspricht*. 13 *Ich bin* das Alpha und das
Omega, *der Erste und der Letzte*, der An-
fang und das Ende. 14 Selig, die ihre Kleider
waschen, damit sie Anrecht auf den *Baum
des Lebens* haben und durch die Tore in
die Stadt eingehen. 15 Hinaus mit den Hun-
den und den Zauberern, den Unzüchtigen
und den Mördern, den Götzendienern
und allen, die die Lüge lieben und tun!
16 Ich, Jesus, habe meinen Engel gesandt,
um euch dies für die Gemeinden zu bezeu-
gen. Ich bin die Wurzel und der Stamm
Davids, der strahlende Morgenstern.
17 Der Geist und die Braut aber sagen:
Komm! Wer es hört, soll sprechen:
Komm! *Wer Durst hat, der komme*. Wer
will, empfange *das lebendige Wasser des
Lebens umsonst*.
18 Ich bezeuge jedem, der die propheti-
schen *Worte* dieses Buches hört: Wer *et-
was hinzufügt*, dem wird Gott die Plagen
zufügen, *von denen in diesem Buch ge-
schrieben steht*. 19 *Und wer von* den prophe-
tischen Worten dieses Buches *etwas weg-*

nimmt, dem wird Gott seinen Anteil am *Baum des Lebens* und an der heiligen Stadt wegnehmen, von denen in diesem Buch geschrieben steht.

20 Er, der dies bezeugt, spricht: Ja, ich
komme bald! Amen! Komm, Herr Jesus!
21 Die Gnade des Herrn Jesus sei mit al-
len!

Anhang

Abkürzungen

Allgemeine Abkürzungen

AT	Altes Testament
d. h.	das heißt
f.	folgender Vers
griech.	griechisch
hebr.	hebräisch
n. C.	nach Christi Geburt
NT	Neues Testament
par.	Parallele
u. ö.	und öfter
v. C.	vor Christi Geburt
vgl.	vergleiche
z. B.	zum Beispiel
( )	Zusatz der Übersetzer
[ ]	spätere Zusätze bzw. schlecht bezeugter Text

Namen und Abkürzungen der biblischen Bücher

1Chr	Erstes Buch der Chronik
2Chr	Zweites Buch der Chronik
1Joh	Erster Johannesbrief
2Joh	Zweiter Johannesbrief
3Joh	Dritter Johannesbrief
1Kön	Erstes Buch der Könige
2Kön	Zweites Buch der Könige
1Kor	Erster Korintherbrief
2Kor	Zweiter Korintherbrief
1Makk	Erstes Buch der Makkabäer
2Makk	Zweites Buch der Makkabäer
1Petr	Erster Petrusbrief
2Petr	Zweiter Petrusbrief
1Sam	Erstes Buch Samuel
2Sam	Zweites Buch Samuel
1Thess	Erster Thessalonicherbrief
2Thes	Zweiter Thessalonicherbrief
1Tim	Erster Timotheusbrief
2Tim	Zweiter Timotheusbrief
Am	Amos
Apg	Apostelgeschichte
Bar	Baruch
Dan	Daniel
Dtn	Deuteronomium
Eph	Epheserbrief
Esra	Esra
Est	Ester
Ex	Exodus
Ez	Ezechiel
Gal	Galaterbrief
Gen	Genesis
Hab	Habakuk
Hag	Haggai
Hebr	Hebräerbrief
Hld	Hoheslied
Hos	Hosea
Ijob	Ijob
Jak	Jakobusbrief
Jdt	Judit
Jer	Jeremia
Jes	Jesaja
Joël	Joël
Joh	Johannesevangelium
Jona	Jona
Jos	Josua
Jud	Judasbrief
Klgl	Klagelieder
Koh	Kohelet
Kol	Kolosserbrief
Lev	Levitikus
Lk	Lukasevangelium
Mal	Maleachi
Mi	Micha
Mk	Markusevangelium
Mt	Matthäusevangelium
Nah	Nahum
Neh	Nehemia
Num	Numeri
Obd	Obadja
Offb	Offenbarung des Johannes
Phil	Philipperbrief
Phlm	Philemonbrief
Ps	Psalmen
Ri	Richter
Röm	Römerbrief
Rut	Rut
Sach	Sacharja
Sir	Jesus Sirach
Spr	Sprichwörter
Tit	Titusbrief
Tob	Tobit
Weish	Weisheit
Zef	Zefanja

Anmerkung zum Schriftsatz der Bibel

Spätere Zusätze zum Bibeltext oder schlecht bezeugte Verse stehen in eckigen Klammern [...], Ergänzungen der Übersetzer stehen in runden Klammern ( ).

In den Schriften des NT sind die alttestamentlichen Zitate *kursiv* ausgezeichnet.

Einführungen und Anmerkungen zu den Büchern des Alten Testaments

Der Pentateuch

Das AT beginnt mit fünf zusammengehörigen Büchern, die im Judentum „Tora" (Gesetz, Wegweisung) genannt werden; dem entspricht die griechische Bezeichnung „Pentateuch" (das fünfbändige Buch). Nach jüdischer und christlicher Tradition gilt Mose als Verfasser dieser Bücher, weshalb sie auch als „Fünf Bücher Mose" bezeichnet werden.

In der griechischen Bibelübersetzung erhielten die einzelnen Bücher ihre noch heute in der christlichen Tradition gebräuchlichen Namen, die den Inhalt der Anfangskapitel andeuten: Genesis („Entstehung" der Welt und des Menschen), Exodus („Auszug" der Israeliten aus Ägypten), Levitikus (levitisches Buch mit dem Gesetz der Priester des Stammes Levi), Numeri („Zählungen" der wehrfähigen Männer Israels am Sinai), Deuteronomium („Zweites Gesetz" oder „Wiederholung des Gesetzes"). In der jüdischen Tradition werden die Bücher entsprechend ihren hebräischen Eingangsworten benannt.

Der Pentateuch zeigt keine einheitliche literarische Gestalt: Gesetzestexte erscheinen vermischt mit erzählenden Texten, Wiederholungen und Doppelberichte treten auf, die Darstellung ist in ihrem Zusammenhang oft gestört und unausgeglichen; eine eingehendere Analyse stellt auffällige Übereinstimmungen und Verschiedenheiten in Sprache, Stil und Vorstellungen fest. Um diese eigentümliche literarische Gestalt zu erklären, wurden bis heute drei Analysemodelle formuliert:

1) das Modell einer Grundschrift: man nimmt an, dass eine Grundschrift immer weiter fortgeschrieben worden ist;

2) das Quellen- oder Urkundenmodell setzt beim Gebrauch verschiedener Gottesnamen an und unterscheidet vier Quellen:

• Die *jahwistische Überlieferung* (so genannt nach dem vorherrschenden Gebrauch des Gottesnamens JHWH), gekennzeichnet durch einen anschaulich-bildhaften Stil, eine anthropomorphe Gottesvorstellung, eine durch Gottes Segen oder Fluch geprägte Geschichtsvorstellung.

• Die *elohistische Überlieferung* (so genannt nach dem vorherrschenden Gebrauch des Gottesnamens Elohim), wahrscheinlich im Nordreich im 8. Jahrhundert v.C. entstanden, gekennzeichnet durch eine farblosere, zurückhaltendere Darstellungsweise und ein tiefes Gespür für die Sünde, für die Geistigkeit Gottes, für den Abstand zwischen Gott und Mensch.

• Die *deuteronomische Überlieferung* ist in ihrem Kern wohl nach der assyrischen Eroberung Samarias (722 v. C) bei Leviten in Jerusalem entstanden, die aus dem Nordreich geflüchtet waren; sie hat vermutlich eine erste Ausgabe zur Zeit des Königs Joschija (638–608 v. C), eine zweite Ausgabe während des Exils erfahren; das Deuteronomium ist neben einem ausgeprägten, oft formelhaften Redestil gekennzeichnet durch seine Vorstellung von Israel als dem Volk, das Gott aus freier, ungeschuldeter Liebe erwählt, mit dem er seinen Bund schließt, von dem er Treue zu seinem Gesetz und zu seinem Heiligtum in Jerusalem erwartet.

• Die *priesterliche Überlieferungsschicht*, die jüngste Überlieferungsschicht des Pentateuch, ist in der Priesterschaft Jerusalems entstanden und wurde im oder nach dem Exil niedergeschrieben; charakteristisch für die Priesterschrift ist die Vorliebe für Genealogien und Aufzählungen, für Heiligtum und Kult, Person und Priesteramt Aarons und seiner Nachkommen, Opfer- und Reinheitsgesetze; auch ihre Geschichtsdarstellung ist hiervon geprägt.

3) das Fragmenten- oder Erzählkranzmodell: einzelne Erzählblöcke um Gestalten und Themen sind nach individuellem

Wachstum erst in exilischer Zeit in Großkompositionen zusammengefasst worden.

Der Kern der verschiedenen Überlieferungsströme reicht bis in jene Zeit zurück, da Israel zu einem Volk wurde, in jene Zeit, die durch die historisch schwer fassbare Gestalt des Mose beherrscht ist, den menschlichen Stifter der Jahwereligion und den Bundesmittler, den ersten Gesetzgeber des Volkes.

Zum Verständnis der erzählenden Texte des Pentateuch (wie auch der Bibel überhaupt) ist es entscheidend wichtig, die Denk- und Schreibweise der damaligen Zeit – von unseren heutigen Vorstellungen oft sehr verschieden – und die einzelnen literarischen Formen und Gattungen zu berücksichtigen, die sich in der Bibel ausgeprägt finden. So darf etwa die biblische Urgeschichte, die ersten Kapitel der Genesis, nicht als naturhistorischer Bericht missverstanden werden; hier geht es vielmehr in einer bildhaften Ausdrucksweise um die grundlegenden Wahrheiten der Heilsgeschichte: die Schöpfung durch Gott am Anfang der Zeiten, die Erschaffung des Menschen, die Einheit des Menschengeschlechts, die Sünde der Ureltern, das als Strafe darauf folgende Unglück und Leid. Die Patriarchengeschichte mit ihren volkstümlichen, anekdotenhaft ausmalenden Zügen ist eine Familiengeschichte, nämlich der Vorväter Abraham, Isaak, Jakob und Josef (Gen 12–50), aber als solche wesentlich Heilsgeschichte, die durch Gottes Eingreifen, seine Verheißungen, seine Erwählung, seinen Bund bestimmt ist. Die Bücher Exodus und Numeri berichten über Ereignisse von der Geburt bis zum Tod des Mose: Auszug aus Ägypten (Ex 12–18), Aufenthalt am Sinai (Ex 19–40), Wanderung durch die Wüste bis zur Niederlassung im Ostjordanland (Num 10–36) – Berichte, die wegen ihrer Bedeutung für das Volk und wegen ihrer Erinnerung im Kult die Züge eines Heldenepos (so der Durchzug durch das Meer, Ex 13,17–14,31) oder auch einer Liturgie (so das Pesach, Ex 12,1–13,16) angenommen haben.

Der Pentateuch enthält die weitaus meisten Gesetzestexte des AT; bei aller Verschiedenartigkeit nach Inhalt und Form ist ihnen der religiöse Charakter gemeinsam: sie bilden das Bundesgesetz des Gottes Israels. Es kommt grundlegend zum Ausdruck im Dekalog, den „Zehn Geboten" (Ex 20,2–17 und Dtn 5,6–21). Das „Bundesbuch" (Ex 20,22–23,33) spiegelt das Recht einer Gemeinschaft von Hirten und Bauern und dürfte im Wesentlichen aus der ersten Zeit der Landnahme der israelitischen Stämme in Kanaan stammen. Die „deutoronomische Gesetzessammlung" (Dtn 12–26) trägt – bei Aufnahme bzw. Veränderung älterer Elemente – der sozialen und religiösen Weiterentwicklung und auch dem geistigen Wandel Rechnung, der sich unter dem Eindruck der prophetischen Verkündigung vollzieht; es stammt wohl aus dem 7. Jahrhundert v.C. Das „Heiligkeitsgesetz" (Lev 17–26) formuliert die Relation der Heiligkeit Jahwes und der Heiligung Israels als Hauptmotiv der Gesetzesbefolgung und gehört wohl zur Priesterschrift. Den Rest des Buches Levitikus bilden Sammlungen mit Opfergesetzen (1–7), Vorschriften über die Einsetzung der Priester (8–10), Reinheitsgesetze (11–16), die sehr unterschiedlichen Alters sind und deren endgültige Fassung aus dem Exil stammt.

Die religiöse Bedeutung des Pentateuch enthüllt sich in den großen Leitgedanken, die ihn durchziehen: Verheißung, Erwählung, Bund, Gesetz. Die Verheißung geht an Adam und Eva nach dem Sündenfall in der Ankündigung eines fernen, zukünftigen Heils; an Noach nach der Sintflut in der Zusicherung einer neuen Weltordnung; vor allem dann an Abraham und seinen Nachkommen in der Zusage des Landes, in dem sie sich aufhalten. In der Berufung Abrahams liegt ein Vorzeichen und Vorbild für die Auserwählung Israels durch Gott; Jahwe hat aus Abrahams Nachkommen ein Volk geschaffen und es sich zu seinem Volk unter allen Völkern der Erde erwählt. Verheißung und Erwählung werden durch einen Bund garantiert, den Gott aus freier Initiative mit Noach, dann mit Abraham und schließlich mit dem ganzen Volk durch die Vermittlung Moses schließt; er bindet sich an seine Verheißungen und erwartet dafür die Treue seines Volkes, die sich in der Befolgung seines Gesetzes erweist.

Genesis

1,1–2,4a: Der erste Schöpfungsbericht aus der priesterlichen Überlieferung lehrt eine umfassende, wohlgeordnete Einteilung der Geschöpfe, die nach festem Plan im Rahmen einer Woche durch Gottes Wort geschaffen werden. Damit bekennt er den einen, transzendenten Gott, den Schöpfer und dadurch Herrn der Welt, sowie den Menschen als geschaffen nach Gottes Bild und in seinem Auftrag Herr über die Geschöpfe. Die Darstellungsform ist von der antiken Weltsicht und nicht von den Erkenntnissen der modernen Naturwissenschaft her zu verstehen.

2,4b–2,25: Im zweiten, älteren Schöpfungsbericht aus der jahwistischen Überlieferung ist der Mensch der Mittelpunkt der Schöpfung. Er erhält einen Kulturauftrag (2,15) und wird in eine Lebensordnung hineingestellt (Geschlechterbeziehung, Familie).

2,17: Die Erkenntnis von Gut und Böse bedeutet hier nicht Allwissenheit oder sittliches Urteilsvermögen, sondern die Fähigkeit, aus sich heraus zu entscheiden, was gut und was böse ist; für den Menschen bedeutet dies die Anmaßung der Souveränität Gottes, die im Widerspruch zu seiner Geschöpflichkeit steht; in dieser Vermessenheit besteht die Ursünde, die Sünde des ersten Menschen, die in Gen 3 konkret ausgedrückt wird als Übertretung des göttlichen Gebots.

3,15: Der Text deutet auf einen Sieg der Nachkommenschaft der Frau über die Nachkommenschaft der Schlange hin. In der griechischen Übersetzung wurde dieser Sieg nicht der Nachkommenschaft allgemein, sondern einem einzelnen Nachkommen zugeschrieben. – Hierauf geht die messianische Deutung dieser Stelle durch viele Kirchenväter zurück; die lateinische Bibel übersetzte „Sie wird dir den Kopf zertreten" und bezog den Text auf Maria.

4,1–16: Die alte, zunächst wohl selbständige Erzählung von Kain, dem Stammvater der Keniter, wurde in Verbindung zu den Stammeltern gebracht, um die Entwicklung der Menschheit aufzuzeigen, die sich immer mehr vom göttlichen Leben entfernt. Der Auflehnung des Menschen gegen Gott folgt Zwietracht und Feindschaft unter den Menschen.

5,1–32: Der Stammbaum der Patriarchen vor der Sintflut aus der priesterlichen Überlieferung ist weder historisch noch chronologisch zu verstehen; er überbrückt die Zeit zwischen Schöpfung (Gen 1) und Sintflut, wie der Stammbaum Sems (11,10–32) die Zeit zwischen Sintflut und Abraham.

6,1–4: In dieser schwierig zu deutenden Geschichte wurde wohl eine volkstümliche sagenhafte Überlieferung über die „Riesen" (hebr. nefilim), die aus der Vereinigung sterblicher und himmlischer Wesen hervorgegangen seien, verwendet.

6,5–8,22: Der Abschnitt über die Sintflut verarbeitet wahrscheinlich zwei Berichte (jahwistischer und priesterlicher Herkunft), ohne dass die Spannungen im Einzelnen ausgeglichen sind. Dem Überarbeiter des Pentateuch kommt es darauf an, Gottes Gerechtigkeit und Barmherzigkeit, die Bosheit des Menschen und das dem Gerechten gewährte Heil aufzuzeigen.

9,9: Der Bund mit Noach, dessen Zeichen der Regenbogen ist, erstreckt sich über die ganze Schöpfung; der Bund mit Abraham, dessen Zeichen die Beschneidung ist, auf die Nachkommen des Patriarchen; der unter Mose geschlossene Bund beschränkt sich auf Israel, das auserwählte Volk.

12,1–22,19: Im Glauben folgt Abraham dem Ruf Gottes in ein fremdes Land, im Glauben hofft er auf die verheißene Nachkommenschaft gegen alle menschliche Erwartung; sein Glaube erfährt die letzte Bewährung, als Gott die Frucht der Verheißung, seinen Sohn Isaak, von ihm zurückfordert. Auf diesem Glauben gründet die Existenz und die Zukunft des auserwählten Volkes.

14,18–20: Die jüdische Überlieferung sah „Salem" als Jerusalem an; Melchisedek verehrt den höchsten Gott, der hier mit dem wahren Gott Abrahams gleichgesetzt wird.

16,7: Der „Engel des Herrn" ist in den ältesten Texten des AT nicht ein geschaffener und von Gott verschiedener Engel, sondern Gott selbst in sichtbarer, dem Menschen erscheinender Gestalt.

17,1: „El-Schaddai" ist ein alter Gottesname der Patriarchenzeit.

19,8: Das Gastrecht als heilige Pflicht wurde im Alten Orient höher eingeschätzt als die Ehre der Frau.

19,30–38: Die Erzählung dieser Unzuchtstat, die von Lots Töchtern nur begangen wurde, um Nachkommen zu erhalten (Kinderlosigkeit galt in Israel als höchstes Unglück für eine Frau), will offenbar die beiden befeindeten Nachbarvölker Israels aufgrund ihrer Herkunft verächtlich machen.

27,1–40: Die Handlungsweise Jakobs wird vom Erzähler nicht beschönigt; dennoch dient auch sie dem Plan Gottes, der in seiner freien Wahl Jakob Esau vorgezogen hat.

49,1–27: Der „Jakob-Segen" enthält Verheißungen, durch die Jakob das Schicksal seiner Söhne, d.h. der von ihnen ausgehenden Stämme, enthüllt und gleichzeitig durch seine Worte bestimmt; er setzt also das Schicksal der Stämme bereits voraus. Mit der Ankündigung eines Königs aus Juda in 49,10, dem die Völker gehorchen, könnte David gemeint sein.

Exodus

3,1: „Horeb" ist ein anderer Name für den Berg Sinai.

3,15: Der hebräische Gottesnamen hat wohl „Jahwe" gelautet (in dieser Übersetzung durchweg mit „der Herr" wiedergegeben). Das Wort Jahwe hängt mit dem hebr. Wort für „sein" zusammen und bedeutet wohl soviel wie „der da ist". Dieser Gottesname betont vor aller philosophisch-theologischen Reflexion über das absolute Sein das wirkliche und wirksame Dasein und Gegenwärtigsein Gottes; für Israel erinnert dieser Name im Gegensatz zu den „Nichtsen", den anderen Göttern, die rettende Heilstat Gottes am auserwählten Volk und die sich hierin offenbarende göttliche Treue, Macht und Güte.

7,14–11,10: Die „Plagen" erinnern an Naturkatastrophen, wie sie auch sonst in Ägypten aufgetreten sind; in der biblischen Erzählung geht es darum, in solchen Plagen, die auf Befehl des Herrn eintreffen, das göttliche Eingreifen zugunsten seines Volkes aufzuzeigen.

12,1–17,7: Die beiden Frühlingsfeste „Pesach" (ursprünglich ein Hirtenfest) und „Ungesäuerte Brote" (ursprünglich ein Bauernfest) erhalten durch die geschichtliche Verbindung mit dem Auszug aus Ägypten, dem grundlegenden Heilsereignis für Israels, einen völlig neuen religiösen Sinn.

Im hebr. AT ist der Begriff „Pesach" durchweg in dieser Schreibung belegt, bleibt jedoch in seiner Bedeutung umstritten. Im griech. NT begegnet die Schreibung „Pascha" des hebr. Begriffs. Vor diesem Hintergrund werden in dieser Bibel sowohl Pesach (AT) als auch Pascha (NT) verwendet.

16,1–17,7: Wie bei den ägyptischen Plagen werden bestimmte Naturvorgänge (Vorkommen eines süßes Harzes auf einer Tamariskenart) in wunderbarer Weise von Gott hervorgerufen, um sein Volk zu ernähren.

19,16–19: Gewitter, Sturm, Blitz, Donner, Wolke sind Zeichen der Gegenwart Gottes, des Herrn der Naturgewalten.

20,2–17: Vgl. die Anm. zu Dtn 5,6–21.

23,24: „Steinmale", aufgerichtete Steinsäulen (auch Maasseben genannt) dienten in der kanaanäischen Religion als Symbol männlicher Gottheiten, so wie die Ascheren, eine Art Holzpfahl, als Symbol für die weibliche Gottheit Aschera (1Kön 15,13) oder Astarte; ihre kultische Verehrung wird vom Gesetz verurteilt und von den Propheten als Abfall vom Herrn bekämpft.

24,16: Die „Herrlichkeit des Herrn" ist die äußere Erscheinungsweise der Gegenwart Gottes; sie erfüllt die Wohnung (40,34), dann den Tempel (1Kön 7,11) und wird in der Endzeit in ganzer Fülle offenbar werden (vgl. Ez 43; Jes 6; Ps 145).

27,2: Die „Hörner", hornförmige Höcker an den vier Ecken des Altars, galten als besonders heilig und versinnbildlichen wohl die Macht Gottes.

28,6–14: „Efod" ist Bezeichnung für ein priesterliches Kleidungsstück (vgl. 1Sam 2,18) oder für ein Gewandstück des Hohenpriesters (wie hier), kann aber auch einen Kultgegenstand bezeichnen (Ri 824–27 u. ö.).

Levitikus

1,5: Das Blut gilt als Quelle und Sitz des Lebens; von daher erklärt sich seine Rolle beim Opfer und beim Bundesschluss sowie das Verbot, Fleisch mit Blut zu essen.

3,1–17: Das „Gemeinschaftsopfer", wie das Brandopfer sehr alt in Israel, ist ein heiliges Mahl, bei dem von den Gläubigen ein Teil verzehrt und der andere, bessere Teil auf dem Altar verbrannt wird.

11,1–15,33: Reinheit und Heiligkeit sind für den Israeliten benachbarte Begriffe; rein ist, wer sich Gott nähern darf oder was dargebracht werden kann, unrein, was kultunfähig macht oder vom Kult ausgeschlossen ist.

13,1–14,57: „Aussatz" ist in der Bibel ein Sammelname für Hautkrankheiten allgemein, nicht nur Lepra; selbst Kleider und Häuser konnten „Aussatz" haben. Aussatz macht kultisch unrein, sein Auftreten bzw. Abklingen wurde darum vom Priester festgestellt.

17–26: Das „Heiligkeitsgesetz" enthält viele ältere ethische und kultische Vorschriften; in ihm werden die Heiligkeit Gottes und die Heiligung des Volkes aufeinander bezogen, was wiederum als Hauptmotiv der Einhaltung des Gesetzes formuliert wird.

18,21: Kinderopfer kamen im religiös-kulturellen Umfeld Kanaans, aber auch in Israel mitunter vor (2Kön 23,10; Jes 32,35; Ez 16,20–22); „durchs Feuer gehen" meint verbrennen; Moloch wurde im semitischen Raum als Gott des Feuers verehrt.

Numeri

1,1–54: Israel wird hier als eine wohlgeordnete, heilige Gemeinschaft dargestellt; die Zählung ist eine religiöse Handlung. Die Zahlenangaben sind nicht Bevölkerungsstatistik, sondern sie bringen die Vorstellung einer späteren Zeit über das wunderbare Anwachsen des Volkes und die Bedeutung der Stämme (Juda zahlenmäßig am stärksten) zum Ausdruck.

6,1–21: Die Bibel stellt Simson (Ri 13,4 f.14) und Samuel (1Sam 1,11) als „Nasiräer" vor. Auch von Johannes dem Täufer (Mt 11,18) und Paulus (Apg 18,18) wird berichtet, dass sie (zeitweise) als Nasiräer lebten.

16,33: „Unterwelt" (hebr. scheol) bezeichnet im AT die Tiefen der Erde, zu denen die Toten herabsteigen, ohne Unterscheidung zwischen Guten und Bösen; sie führen dort ein düsteres, gottvergessenes Dasein und können Gott nicht preisen. Der Glaube an eine Vergeltung nach dem Tod und an eine Auferstehung tritt erst in den jüngsten Schriften des AT deutlich hervor (vgl. 2Makk 7,9).

21,2 f.: Das im AT häufig benutzte „dem Untergang weihen" bedeutet im Zusammenhang mit dem Krieg eine Aussonderung von gefangenen Personen und erbeuteten Tieren und Gegenständen zur Vernichtung (s. auch Dtn 2,34; 3,6; 7,2; 13,16; 20,17; Jos 2,10; 6,18.21 u. ö.). Inwieweit dieser Topos deuteronomistischer Kriegsideologie den Realitäten entsprach, ist unsicher. In

ihm äußert sich jedenfalls das Bestreben, Israel vor äußeren Einflüssen zu schützen.
34: „Salzmeer" ist das Tote Meer, Meer (oder Großes Meer) meint das Mittelmeer, See Kinneret bezeichnet den See Gennesaret.

Deuteronomium

5,6–21: Die „Zehn Gebote" (Dekalog) sind der Kerntext des Bundes Gottes mit Israel und stammen wohl aus einer relativ späten Zeit (8.–6. Jahrhundert v.C.). Der Text des Dtn weist gegenüber Ex 20,2–17 geringfügige Unterschiede auf. In dieser Fassung wird das Gebot zur Sabbatheiligung neu und ausführlicher begründet.
6,4–9: Das so genannte Shema (hebr., höre) wird im jüdischen Morgen- und Abendgebet täglich als Bekenntnis zum einen Gott, als Verpflichtung auf die Gebote und Ausdruck der Hoffnung auf Erlösung rezitiert.
12,2–7: Die Zentralisation des Kultes auf eine einzige Stätte (Jerusalem) ist ein Grundzug der deuteronomischen Gesetzgebung; hierdurch wie durch die Zerstörung der kanaanäischen Kultstätten soll die Reinheit der Verehrung des Herrn gesichert werden.
23,19: „Hundegeld" erhält der männliche Prostituierte.
25,5–10: Bei der „Schwagerehe" (Leviratsehe) wurde eine verwitwete, ohne männlichen Nachkommen gebliebene Frau vom Bruder des verstorbenen Mannes geheiratet, der Erstgeborene galt dann rechtlich als Sohn des Verstorbenen; diese im Alten Orient auch sonst bekannte Einrichtung sollte in Israel vor allem dem Verstorbenen Nachkommenschaft sichern und seinen Namen erhalten; die Schwagerehe konnte allerdings auch verweigert werden.
32,15: „Jeschurun" ist kultischer Name für Israel (s. auch 33,5.26).
33,2–29: Die Segensworte des Mose, deren Text schlecht erhalten ist, sind, wie schon die archaische Sprache verrät, sehr alt, aber mehrfach erweitert worden.
33,8: „Urim und Tummim" sind die heiligen Lose im Sinn von Orakelinstrumenten. Der Entscheid erfolgte wohl so, dass den Losen vorher eine bestimmte Bedeutung beigelegt und dann durch Ziehen eines der Lose „Ja" oder „Nein" festgestellt wurde.

Die Geschichtsbücher

Die Bücher Josua, Richter, Samuel und Könige sind in der hebräischen Bibel unter der Bezeichnung „Frühere Propheten" zusammengefasst (im Unterschied zu den „Späteren Propheten": Jesaja, Jeremia, Ezechiel und das Zwölfprophetenbuch). Wenn sich auch die alte Überlieferung, wonach die Verfasser dieser Bücher „Propheten" gewesen seien, nämlich Josua (für Jos), Samuel (für Ri, 1/2Sam) und Jeremia (für 1/2Kön), heute nicht mehr vertreten lässt, so sind diese Bücher doch vom Geist und von der Geschichtsvorstellung der Propheten tief geprägt. Heute sieht man sie meist als ein Geschichtswerk an, das zwei Redaktionen, eine vorexilische und eine exilische, durchlaufen hat und dabei im Geist und auch in typischen Redewendungen des Deuteronomiums gestaltet wurde: das deuternonomistische Geschichtswerk. Dabei gingen die Redaktoren von älteren Überlieferungen und Schriften aus, die sie in unterschiedlichem Ausmaß bearbeiten. Ihr Anliegen ist nicht profan-historischer Art, sie blicken vielmehr zurück in die Geschichte ihres Volkes, um daraus religiöse Lehren für die Gegenwart zu ziehen.

Das Buch Josua

Das Buch Josua gliedert sich in drei Teile: 1. Die Eroberung des verheißenen Landes (1–12); 2. Verteilung des Landes an die Stämme Israels mit Definition der Asyl- und Levitenstädte (13–21); 3. Josuas Ende (22–24). Das Material, das die deuteronomistischen Bearbeiter übernahmen und formten, wird mit jüngeren geschichtlichen Erfahrungen Israels verbunden, so dass die geschichtlichen Angaben des Buches nicht mit den archäologischen Befunden in Einklang gebracht werden müssen. Von den Vorgängen um die Landnahme der israelitischen Stämme in Kanaan, deren genaue geschichtliche Entwicklung schwer zu entwirren und aufzuhellen ist, entwirft das Buch Josua ein idealisiertes und vereinfachtes Bild, wenn es die Eroberung des Landes unter Gottes wunderbarem Eingreifen beschreibt, alle Ereignisse um die Gestalt Josuas ordnet und die Verteilung des Landes durch Josua als ein einziges, zusammenhängendes Geschehen darstellt. Im Grund ist das Thema des Buchs die Treue Gottes, der seine Verheißung erfüllt: das Volk, für das Jahwe selbst streitet, empfängt das Land zum Erbe, das er den Vätern verheißen hat.

3,1–17: Der Bericht über den Durchzug durch den Jordan steht in bewusster Parallele zur Erzählung über den Durchzug durch das Schilfmeer (Ex 14,15–31).

6,1–27: „Jericho" ist die älteste heute bekannte Stadt Palästinas und eine der ältesten der Erde; zur Zeit der israelitischen Eroberung, die archäologisch bisher jedoch nicht nachgewiesen werden konnte, hatte es schon eine lange, wechselvolle Geschichte hinter sich, wie archäologische Ausgrabungen zeigen, denen zufolge die älteste befestigte Siedlung bis ins 10. Jahrtausend v.C. zurückreicht.

24,1–28: Die große Versammlung zu Sichem erneuert den Sinai-Bund, ist darüber hinaus auch eine Verpflichtung neu hinzugekommener Gruppen auf den Glauben an den Herrn. Dieser Bund besiegelt die religiöse Einheit unter den Stämmen, durch die ihre politische Zusammengehörigkeit bewahrt und die für die Zukunft des Volkes von entscheidender Bedeutung sein sollte.

Das Buch der Richter

Die „Richter", von denen der Hauptteil des Buches erzählt (2,11–16,31), sind nicht nach dem heutigen Gebrauch des Wortes vorzustellen; „richten" bedeutet vielmehr im Hebräischen ursprünglich so viel wie „eine in Unordnung geratene Situation wiederherstellen" und zielt auf die Erhaltung des Gemeinwesens insgesamt. Die Richter waren Männer, die einzelne Stämme oder Stammesgruppen als Heerführer aus der Unterdrückung retteten und sie regierten. Bei aller Verschiedenartigkeit ist ihnen eine besondere, von Gott empfangene Berufung und Begabung gemeinsam, die sich in dem formelhaft wiederkehrenden Rahmen der einzelnen Richtererzählungen ausdrückt: die Untreue der Israeliten gegenüber Jahwe, als Strafe dafür ihre Unterdrückung durch Feinde, die Umkehr und der Notschrei des Volkes zu Jahwe, darauf Jahwes Hilfe durch einen Retter. In diesen Rahmen, der den Einfluss des Deuteronomium deutlich erkennen lässt, wurden die einzelnen Überlieferungen mit verschiedener Abfassungszeit, Herkunft und literarischer Form eingefügt. Dem Hauptteil ist ein Überblick über die Landnahme (1,1–2,10) vorangestellt; ferner sind zwei jüngere Nachträge über die Wanderung der Daniten (17–18) sowie das Verbrechen von Gibea und den Krieg gegen Benjamin (19–21) angehängt – Stücke, die mit dem Hauptteil keinen weiteren Zusammenhang haben.

2,13: „Baal" und „Astarte" sind geläufige Bezeichnungen für kanaanäische Fruchtbarkeitsgottheiten.

5,1–31: Dieses Siegeslied, eines ältesten Lieder der hebräischen Poesie, bezeugt das geistige Band, das die Stämme vereint, nämlich der Kult und die Liebe zum Herrn, dem Retter des Volkes.

11,31: Menschenopfer waren durch das Gesetz verboten, drangen aber unter kanaanäischem Einfluss in Israel ein; das Gelübde Jiftachs belegt dies.

17,1–18,31: Dieser fiktionale Bericht jüngeren Datums (vgl. 17,6) scheint prokönigliche Interessen widerzuspiegeln, weil die Verhältnisse in Israel vor dem Königtum als anarchisch dargestellt und die Entstellungen des Jahweglaubens geschildert werden. In der zweifelhaften Gründung des Heiligtums von Dan lässt der Bericht einen Vorwurf anklingen gegen dieses schismatische Heiligtum, das sich nach der Spaltung zu einem Kultmittelpunkt des Nordreiches im Gegensatz zu Jerusalem entwickelte.

19,1–21,25: Der Bericht, der mit der Geschichte Lots (Gen 19,1–11) verwandte Züge zeigt, betont die Heiligkeitsforderung Gottes an sein Volk; auch er propagiert intentional das Königtum. Das Verbrechen von Gibea ruft die Empörung Israels hervor, die Benjaminiter werden bestraft, aber als Teil des Volkes Gottes wird der Stamm nicht ganz ausgerottet.

Das Buch Rut

Wegen des Einleitungsverses („Zur Zeit der Richter", Rut 1,1) wurde dieses Buch, das nicht zum deuteronomischen Geschichtswerk (Jos, Ri, Sam, Kön) gehört, in der griechischen und lateinischen Bibelübersetzung anschließend an das Buch der Richter eingeordnet, während es in der hebräischen Bibel zum dritten Teil, den „Schriften", gehört. Es dürfte aus einer geschichtlichen Überlieferung entstanden sein, die in nachexilischer Zeit novellenartig ausgestaltet wurde. Das Hauptthema dieses kleinen sprachlichen Meisterwerkes liegt wohl in dem Vertrauen auf Jahwe, der das Handeln der Menschen lenkt und seine Huld selbst einer Volksfremden erweist, der Moabiterin Rut, die im NT im Stammbaum Jesu Christi Mt 1,5 aufgeführt wird.

2,20: Die Pflicht des nächsten Verwandten, des „Lösers", erscheint hier als eine doppelte: einmal die Veräußerung des Familienbesitzes des Verstorbenen dadurch zu verhindern, dass er es zurückkauft (Lev 25,23–28); sodann dem Verstorbenen Nachkommen zu schaffen, indem er Rut heiratet (vgl. zur Schwagerehe Anm. zu Dtn 25,5–10).

Die Samuelbücher

Die Samuelbücher bilden ebenso wie die Königsbücher in der hebräischen Bibel ein Ganzes; ihre künstliche Teilung in je zwei Teile geht auf die griechische Bibelübersetzung zurück, die alle vier unter einem Titel zusammengefasst hat (Bücher der Königsherrschaften, in der lateinischen Bibel: Bücher der Könige; dabei entspricht 1Kön/2Kön in der hebräischen Bibel 3Kön/4Kön in der griechischen und lateinischen Bibel).

Die Samuelbücher lassen sich in fünf Teile gliedern: 1. Samuel (1Sam 1–7); 2. Samuel und Saul (1Sam 8–15); 3. Saul und David (1Sam 16 – 2Sam 1); 4. David (2Sam 2–20); 5. Anhänge (2Sam 21–24). Aufgrund der Doppelberichte (z.B. über die Einführung des Königtums: 1Sam 9,1–10,16; 10,26–11,15 mit zustimmender Haltung; dagegen 1Sam 8,1–22; 10,17–25; 12,1–25 mit ablehnender Haltung) und anderer Anzeichen kann man deutlich verschiedene Überlieferungsschichten erkennen, wie etwa die Geschichte der Thronnachfolge Davids (2Sam 9–20; 1Kön 1–2) – ein Meisterwerk israelitischer Geschichtsschreibung. Die Samuelbücher wollen nicht so sehr die Geschichte der historisch kaum fassbaren ersten Könige Israels darstellen, sondern das Walten Gottes in ihr, insbesondere durch das Königtum, dessen Ideal die deuteronomistische Theologie in David verwirklicht sah. Mit der David gegebenen Verheißung über den ewigen Fortbestand seiner Dynastie verbindet sich dann die Hoffnung auf das messianische Reich Gottes der Endzeit, die sich in Jesus, dem „Sohn Davids" (Mt 1,1–17; Lk 3,23–38), erfüllt.

1Sam 1,3: Im Namen „Herr der Heerscharen" (Jahwe Zebaot [oder Sabaot nach der griech. Bibelübersetzung]) kommt zum Ausdruck, dass Gott Herr über die Gestirne und alle kosmischen Gewalten ist, dann auch über die Kriegsscharen Israels.

1Sam 1,3: Die Stadt „Schilo" in Efraim (etwa 20 km südlich von Sichem) war Versammlungsort der Stämme Israels (Jos 18–22) und besaß das Heiligtum, in dem die Bundeslade aufgestellt war; nach 1Sam 4 wird die Bundeslade von den Philistern geraubt, Jer 7,12; 26,6 und Ps 78,60 beklagen ihre Zerstörung.

1Sam 1,11: Hanna weiht ihren künftigen Sohn dem Herrn als Nasiräer (vgl. Anm. zu Num 6,1–21).

1Sam 8,1–22: Der Wandel von der Stammesgesellschaft zum monarchisch regierten Nationalstaat war ein komplexer Prozess, der in der Geschichte Israels einen Wendepunkt bedeutet. Das Königtum gewinnt erst durch David volle Gestalt, an die positiven Erfahrungen Israels mit dem davidischen Königtum knüpfen die messianischen Erwartungen der nachexilischen Zeit an.

1Sam 9,12: „Höhe" bedeutet hier ein Heiligtum, das auf einer Anhöhe liegt. Solche Höhenheiligtümer bzw. Kulthöhen wurden zunächst vom Kultgesetz Israels nicht verurteilt (Ex 20,24); doch war die Versuchung groß, hier neben dem einzigen Herrn auch Baal und Astarte zu verehren bzw. die heidnischen Kultbräuche der Kanaanäer zu pflegen; deswegen werden sie von den Propheten scharf angegriffen; Dtn 12 befiehlt die Zerstörung fremder Höhenheiligtümer.

1Sam 14,41: Zu „Urim und Tummim" vgl. Anm. zu Dtn 33,8.

1Sam 25,29: „Beutel des Lebens", hierin hütet Gott das Leben wie einen Schatz im Geldbeutel oder Beutel für kostbare Dinge.

1Sam 28,3–25: Totenbeschwörung kam in Israel vor (2Kön 21,6; Jes 8,19), obwohl sie vom Gesetz verboten war (Lev 19,31 u.ö.). Der Erzähler scheint den Volksglauben über Totengeister zu teilen, wenn er auch ihre Beschwörung als unerlaubt ansieht. Anlässlich solch einer Handlung, bei der auch Leichtgläubigkeit auf Seiten Sauls und Betrug seitens der Frau eine Rolle spielen könnten, lässt Gott den Geist Samuels tatsächlich erscheinen (daher das Erschrecken der Frau) und die Zukunft voraussagen. Erneut wird mit diesem Abschnitt die Verwerfung Sauls und die Erwählung Davids sichtbar.

2Sam 1,17–27: Sehr altes Klagelied, das vielleicht tatsächlich auf David zurückgeht.

2Sam 5,9: Die ersten Siedlungsspuren Jerusalems, am Verbindungsweg zwischen Süd- und Nordpalästina gelegen, reichen ins 4. Jahrtausend v.C. zurück. Erstmals erwähnt wird Jerusalem in Gen 14,18 mit dem Priesterkönig Melchisedek. Unter David wird es politisches und religiöses Zentrum Israels; es personifiziert geradezu das auserwählte Volk (Ez 23; Jes 62); hier ist die Wohnstätte Gottes und seines Gesalbten (Ps 2; 110); hierher werden in der Endzeit die Völker zusammenströmen (Jes 2,1–5; 60).

2Sam 7,1–17: Die Verheißung beruht auf einem Gegensatz; nicht wird David für den Herrn ein

Haus (d. h. einen Tempel) bauen, sondern Gott wird David ein Haus (d. h. Nachkommenschaft) geben; sie sagt den Fortbestand des davidischen Geschlechts auf dem Thron Israels aus. Diese Verheißung wird dann mit der Erwartung des Messias aus dem Geschlecht Davids verknüpft werden (Jes 7,14; Mi 4,14; Hag 2,23).

2Sam 13–20: „Abschalom", Brudermörder und Usurpator der väterlichen Macht, steht im Zentrum des Familiendramas, das das Königtum Davids schwer belastet.

2Sam 17,23: Dies ist der einzige im AT erwähnte Fall von Selbstmord, wenn man von den Fällen absieht, in denen ein Krieger sich dem Feind durch Selbsttötung entzieht.

2Sam 19,42–44: Hier klingt zum ersten Mal im AT die Auflösung der vorstaatlichen Volksgemeinschaft an, wenn „Israel" zur Bezeichnung für das Gebiet der nord- und mittelpalästinischen Stämme wird, später dann zum politischen Begriff für das Nordreich (ab 1Kön 12; bei den Propheten häufig „Efraim"); „Juda" ist die Bezeichnung des Südreiches (bestehend aus den Stämmen Juda und Benjamin) nach der Trennung.

2Sam 24,9: Die Zahlen dürften, wie viele solcher Angaben in der Bibel, übertrieben sein.

Die Bücher der Könige

Wie der Name andeutet, enthalten diese Bücher die Geschichte der Könige Israels und Judas von Davids Tod bis zur babylonischen Gefangenschaft: die Regierung Salomons (1Kön 1–11); nach seinem Tod die durch ein religiöses Schisma noch vertiefte Spaltung des Reiches (1Kön 12); die Geschichte des Nordreiches Israel und des Südreiches Juda, voll von inneren Kämpfen und äußeren Bedrohungen (1Kön 13 – 2Kön 17); das Ende des Nordreiches durch die Assyrer (2Kön 17; 722 Eroberung Samarias); die weitere Geschichte des Südreiches (2Kön 18–25; 701 Belagerung Jerusalems während der Regierung Hiskijas durch Sanherib, Zerfall der assyrischen Weltmacht während der Regierung Joschijas, dessen Tod nach der Schlacht bei Megiddo 609 v. C.); das Ende des Südreiches durch die Babylonier (597 v. C. Einnahme Jerusalems und erste Deportation, 587/586 v. C. erneute Eroberung und Zerstörung Jerusalems, zweite Deportierung).

Die Zielsetzung des Werkes kommt in dem formelhaft wiederkehrenden Rahmen der einzelnen Königsbiographien zum Ausdruck; dabei werden die Könige nach Gesichtspunkten beurteilt, die für das Deuteronomium charakteristisch sind, nämlich nach ihrer Stellung zum Kult fremder Götter und zur Einheit des Heiligtums. So sind die Königsbücher als eine Deutung der Geschichte im Licht der Lehren des Deuteronomium zu verstehen; die fortwährende Treulosigkeit gegen den Kult des wahren Gottes und gegen die Rechte seines Heiligtums in Jerusalem – trotz der Warnungen der Propheten und der Reformen einiger weniger Könige – führt zum Untergang. Bei der Abfassung des Werkes wurde eine Reihe von – teilweise ausdrücklich genannten – Quellen verwendet, z. B. für die Geschichte der Thronfolge Davids (1Kön 1–2 als Fortsetzung von 2Sam 9–20), für die Geschichte Salomons (1Kön 3–11), für die darin eingefügte Tempelbeschreibung priesterlicher Herkunft (1Kön 6–7), für den Elija-Zyklus (1Kön 17 – 2Kön 1) und den Elischa-Zyklus (2Kön 2–13), für die Jesaja-Erzählungen (2Kön 18,17–20,19). Nach einem Zwei-Stufen-Modell dürfte das Werk im Wesentlichen während der Reform Joschijas (641–609 v. C.) abgefasst sein, erfuhr aber während des Exils eine zweite Redaktion sowie noch später einige Zusätze.

1Kön 1,20: Die Thronfolge war noch nicht rechtlich geregelt, das Erbkönigtum noch nicht etabliert.

1Kön 6,2: Der Tempel, von David geplant, von Salomo erbaut, war ein längliches Gebäude mit drei Teilen: Vorhalle, Hauptraum (später das „Heilige" genannt), Hinterraum (später das „Allerheiligste" genannt). Im Allerheiligsten, der nur vom Hohenpriester ein einziges Mal im Jahr (am Versöhnungstag) betreten werden durfte, stand die Bundeslade; es war vom Heiligen durch einen Vorhang getrennt. Der Tempel war der religiöse Mittelpunkt Israels, hier war der Ort, den Gott, der Herr, sich erwählt hatte, um darin zu wohnen.

1Kön 10,1–13: „Saba", seit dem 7. Jahrhundert v. C. Königreich im jemenitischen Hochland im Südwesten der arabischen Halbinsel; für einige Jahrhunderte mit Monopol im Weihrauchhandel. Der hier erwähnte Besuchsbericht dürfte eine Legende aus der Perserzeit wiedergeben.

1Kön 12,28: „Jerobeam" wollte keine neue Religion einführen, sondern verfolgte mit dem Kult das Ziel der politischen Emanzipation. Aber indem er für den unsichtbaren Gott das gleiche Symbol wie für Baal verwendete, vermischte er den Jahwe-Glauben mit Elementen der heidnischen Nachbarreligion. Diese „Sünde Jerobeams" wird vom deuteronomistischen Verfasser der Königsbücher bei allen Königen des Nordreiches getadelt.

1Kön 15,13: Vgl. Anm. zu Ex 23,24.

1Kön 19,8: Um den Bund zu bewahren und die Reinheit des Glaubens wiederherzustellen, geht Elija zum Horeb (anderer Name für Sinai) und verbindet so sein Wirken unmittelbar mit dem Werk des Mose. Sein machtvolles Auftreten gegen die Gottlosigkeit und für die ausschließliche Verehrung Gottes, des Herrn, hinterließ einen nachhaltigen Eindruck. Er wurde im Frühjudentum eine der volkstümlichsten Gestalten des AT, dessen Wiederkommen als Vorläufer des Messias noch heute erwartet wird. Im Bericht von der Verklärung Jesu (Mk 9,2–10) erscheint daher Elija zusammen mit Mose an Jesu Seite.

2Kön 1,2: „Beelzebul", das ist Baal Zebul, Herr der Erhabenheit, der Gott von Ekron; der hebräische Text hat verballhornend „Baalzebub", Herr der Fliegen", in der christlichen Tradition dann ein Name für den Teufel (vgl. Mk 3,22–27).

2Kön 17,7–23: Der Abschnitt zeigt verschiedene Gesichtspunkte, unter denen die Geschichte des Nordreiches gesehen wird: an den ursprünglichen Teil über das religiöse Schisma (17,21–23) wurden Gedanken über den Abfall vom Herrn, fremde religiöse Sitten und die Höhenheiligtümer zugefügt (17,7–18), die voller Anklänge an das Dtn und die Propheten (besonders Jer) sind; ein weiterer Zusatz schließt Juda in die Verurteilung mit ein (17,19–20).

2Kön 22,8: Das „Gesetzbuch" ist das Deuteronomium (zumindest dessen gesetzgeberischer Teil, Dtn 12–29); es gab Anstoß zu weiteren Reformen, insbesondere zur Beseitigung der Höhenheiligtümer, deren Priester Joschija nach Jerusalem an den Tempel brachte, der dann zur einzigen Opferstätte wurde.

Die Bücher der Chronik

Die beiden Bücher der Chronik bilden zusammen mit den Büchern Esra und Nehemia das einheitliche Gesamtwerk eines Verfassers aus nachexilischer Zeit (im 4. Jahrhundert v. C. In Jerusalem entstanden), das so genannte Chronistische Geschichtswerk. Gesetz und Tempel sind der Mittelpunkt für das politisch nicht mehr unabhängige, unter der Leitung seiner Priester lebende Volk. Diese Situation des nachexilischen Judentums spiegelt sich z. B. in der Vorliebe des Chronisten für den Tempel mit seiner Priesterschaft und seinem Kult. Die Darstellung des Chronistischen Geschichtswerks ist nicht von historischen, sondern von religiösen Interessen geprägt: an den geschichtlichen Überlieferungen wird das Reich Gottes, dessen Ideal in David und seiner Regierung gesehen wird, aufgezeigt. Daraus werden Lehren für die Gegenwart gezogen: das Leben des auserwählten Volkes ist abhängig von seiner Bundestreue, diese Treue zu Gott bewährt sich im Gehorsam zum Gesetz und in der Übung eines von wahrer Frömmigkeit beseelten Kults. Vor diesem Hintergrund ist die Art und Weise zu verstehen, wie der Chronist seine Quellen (Gen, Num, vor allem Sam und Kön; auch ausdrücklich genannte außerbiblische Schriften) verwendet, auswählt und hinzufügt, seinem religiösen Anliegen entsprechend bearbeitet und „modernisiert". Die Vorgeschichte des Reiches Juda von Adam bis Saul wird in Form genealogischer Listen angeboten (1Chr 1–9). Das weitere erste Buch (10–29) ist ganz der Geschichte Davids gewidmet, insbesondere der Natan-Weissagung, der Einrichtung des Kults, der Vorbereitung des Tempelbaus, während Züge, die das Ideal der Gestalt Davids beeinträchtigten, weggelassen sind (Ehebruch, Mord, Erhebungen). In der Salomon-Geschichte (2Chr 1–9) steht der Tempelbau im Mittelpunkt. Im letzen Teil (2Chr 10–36) wird nur die Geschichte Judas und der davidischen Dynastie bis zur Zerstörung Jerusalems weiterverfolgt; dabei werden die Könige – der Eigenart des Chronistischen Geschichtswerks entsprechend – am Bild Davids gemessen und nach ihrer Bundestreue bzw. -untreue beurteilt.

1Chr 1–9: Die genealogischen Abfolgen verarbeiten die Listen des Pentateuch und führen sie in freier Gestaltung fort. Wie auch sonst, weisen die Geschlechterfolgen oft nur auf lockere Verwandtschafts- oder Nachbarschaftsbeziehungen hin, wobei auch geographische Begriffe eindringen.

1Chr 21,1: „Satan" hier bereits als Eigenname (vgl. aber Ijob 1,6) mit den Handlungen, die noch in 2Sam durch den „Zorn des Herrn" verursacht worden sind.

2Chr 23,18: „Gesetz des Mose", hier der Pentateuch insgesamt, nicht nur Dtn.

2Chr 36,22 f.: Diese beiden Verse stimmen mit Esra 1,1 f. überein

Die Bücher Esra und Nehemia

Diese Bücher, die ursprünglich zur Chronik gehörten und nach ihrer Abtrennung ebenso wie die Bücher der Chronik zunächst als ein einziges Buch gezählt wurden, setzen das Chronistische Geschichtswerk mit dem Befreiungsedikt des Kyrus (538 v.C.) und der Rückkehr der Judäer aus dem Exil fort. Ihr Thema ist die „Wiedergeburt" Israels nach dem Exil, die sich vor allem in der Wiederherstellung des Kultes, dem Wiederaufbau des Tempels und der Neubefestigung der Stadt sowie in der Formung des Gemeindelebens auf der Grundlage des Gesetzes vollzieht. Die Hauptquellen der Darstellung sind Denkschriften der beiden führenden Männer der Restauration und Reform Esra und Nehemia. Das Werk, das hinsichtlich seines literarischen Werdegangs und der chronologischen Abfolge der dargestellten Ereignisse einige Schwierigkeiten bietet, gibt einen unersetzlichen Einblick in die nachexilische Zeit der Geschichte des Bundesvolkes.

Esra

2,43: „Tempeldiener", wörtlich die „Gegebenen", deren Ursprung in Jos 9,27 erzählt wird: sie waren Nachkommen der öffentlichen Fronsklaven der Königszeit und mit niederen Arbeiten im Dienst der Leviten betraut.

2,63: „Urim und Tummim": vgl. Anm. zu Dtn 33,8.

7,6: Die Beamten der orientalischen Regierungen waren „Schreiber"; dieser Titel bezeichnet hier Esra als eine Art Sekretär für jüdische Angelegenheiten am persischen Hof. Für den Chronisten hat „Schreiber" darüber hinaus noch einen religiöse Bedeutung: derjenige, der dem Volk das Gesetz vorliest, übersetzt und erklärt, also der Schriftgelehrte.

9,1–10,44: Mischehen waren im alten Israel nicht verboten (Gen 41,45; 48,5 f.; Num 12,1 f.; Rut 1,4; 2Sam 3,3); dies geschah erst durch das Dtn (7,1–4), vor allem um die Gefahren des Götzendienstes zu bekämpfen.

Nehemia

1,3: Die Sorge um den Wiederaufbau der Mauern Jerusalems, die schon während des Exils entstanden war, konnte als eine Initiative zur Wiedergewinnung politischer Autonomie aufgefasst werden, die die von den Samaritern erworbenen Rechte gefährdet hätte; daher ihr Widerstand.

7,72–8,18: Dieser Abschnitt ist die Fortsetzung von Esra 8,36. Die Verlesung des Gesetzes gibt der jüdischen Gemeinde ihre Verfassung; in Verbindung damit wird das Laubhüttenfest (vgl. Lev 23) gefeiert, das bedeutendste der jährlichen Wallfahrtsfeste zum Heiligtum; ursprünglich wohl ein bäuerliches Erntefest (daher die Sitte der Laubhütten), an das dann die heilsgeschichtliche Erinnerung der Wüstenwanderung nach dem Auszug aus Ägypten geknüpft wurde.

Die Bücher Tobit, Judit und Ester

Diese kleine Gruppe biblischer Bücher hat manche gemeinsamen Besonderheiten. Der Text ist in verschiedenen, teilweise erheblich voneinander abweichenden Fassungen überliefert. Sie gehören (mit Ausnahme des hebräischen Esterbuches) nicht zur jüdischen Bibel, wurden aber im Christentum als Heilige Schrift angesehen und in den christlichen Kanon aufgenommen (im Westen seit dem 4. Jahrhundert, im Osten seit dem 7. Jahrhundert nachweisbar). Schließlich sind diese Bücher auch ihrer literarischen Art nach verwandt; sie bieten keinen geschichtlichen Bericht, sondern eine kunstvoll gestaltete, gleichnishafte Darstellung, wobei sich kaum mehr feststellen lässt, inwieweit ihr ein historischer Kern zugrunde liegt.

Das *Buch Tobit* ist eine erbauliche Familiengeschichte, an deren Gestalten die Wesenszüge jüdischen Lebens und jüdischer Frömmigkeit in der Diaspora sichtbar werden: Gottesfurcht und Gottvertrauen, Gesetzesbefolgung, Eltern- und Kindesliebe, Barmherzigkeit (z.B. durch das Spenden von Almosen), Ehrfurcht vor den Toten, Hochachtung der Ehe. Unverkennbar ist der Einfluss der Patriarchenerzählung der Genesis, ferner die Nähe der Weisheitsliteratur. Das Buch dürfte in der östlichen Diaspora Israels im 2. Jahrhundert v.C. entstanden sein. Im kirchlichen Gebrauch, vor allem im Katechumenat, hat das Buch Tobit eine hohe Wertschätzung erfahren.

3,8: „Aschmodai", im AT nur an dieser Stelle erwähnt; die Bedeutung vielleicht aus dem Hebräischen „Verderber" oder Persischen „böser Dämon".

5,4: „Engel" sind (abgesehen vom „Engel des Herrn", vgl. Anm. zu Gen 16,7) geschaffene, von Gott unterschiedene Wesen (im AT auch „Söhne Gottes", „Heilige", „Wächter", „Fürsten", „Geister" genannt); sie bilden den himmlischen Hofstaat Gottes (1Kön 22,19; Ps 29,1; 148,2; Neh 9,6) und werden von Gott als strafende oder helfende Boten zu den Menschen gesandt.

Das *Buch Judit* ist die Geschichte eines Sieges des auserwählten Volkes über seine Feinde durch die starke Hand einer Frau.

In diesem Grundthema vom Kampf des Gottesvolkes mit gottlosen Mächten ist es mit der apokalyptischen Literatur verwandt. Wegen dieser übergeschichtlichen Orientierung ist das Juditbuch keine Geschichtsdarstellung im strengen Sinn, auch nicht Legende oder Roman, sondern gleichnishafte Rede von der Offenbarung der Rettermacht Gottes. An Judit wird deutlich, wodurch das Volk Gottes auch den mächtigsten Feinden gegenüber bestehen kann: durch eine im Vertrauen auf Gott und im Gehorsam gegen sein Gesetz bewährte Treue. Das Buch entstand wohl im 2. Jahrhundert v. C., vielleicht in Ägypten

1, 1: Nebukadnezzar war kein Assyrer, sondern regierte das neubabylonische Reich; sein Name steht hier allgemein für den mächtigen, frevelhaften Widersacher des Gottesvolkes.
Über einen (Meder-)König Arphaxad liegen keine historischen Nachrichten vor.
16, 1–17: Das Loblied Judits ist wie ein Psalmhymnus aufgebaut und benutzt Wendungen aus den Psalmen (vgl. etwa 16, 13–16); Judit spricht darin als das personifiziertes Volk.

Das *Buch Ester* schildert in meisterhafter, dramatischer Erzählung die Rettung der Juden durch eine Frau und die Einführung des Purim-Fests zur Erinnerung an diese Rettung. Es ist in einer kürzeren hebräischen und zwei längeren griechischen Textfassungen überliefert. Die Zusätze der griechischen Fassungen (vor 1, 1; nach 3, 13; 4, 8; 4, 17; 5, 1; 8, 12; 8, 19; 10, 3 – in der vorliegenden Ausgabe kursiv gedruckt) stehen in der lateinischen Vulgata im Anschluss an den hebräischen Text (gezählt als 10, 4–16, 24). Das Werk entstammt der hellenistischen Epoche (3. Jahrhundert v. C.). Das Esterbuch berichtet keinen geschichtlichen Vorgang, sondern sucht als romanhafte Erzählung die Erfahrung von Judenfeindschaft zu bewältigen.

9, 5–16: Was hier im Stil eines altorientalischen Kampfberichts mit den dazugehörenden Übertreibungen geschildert wird, veranschaulicht überschwänglich die Umkehrung der Situation zugunsten der Bedrängten.

Die Bücher der Makkabäer

Die Makkabäerbücher gehören zu den Büchern des AT, die nicht in der jüdischen Bibel stehen, aber vom katholischen Christentum als inspiriert und kanonisch angesehen werden. Ihre Bezeichnung geht auf den in seiner Deutung umstrittenen Beinamen des Haupthelden der Erzählung, auf Judas den Makkabäer, zurück: (Judas) der Hammer, der Hämmerer, der Hammerförmige. Makkabäer heißen auch die Brüder des Judas, nach ihm die Führer der jüdischen Widerstandsbewegung im 2. Jahrhundert v. C.; sie werden auch unter dem dynastischen Namen Hasmonäer geführt.

Das *erste Makkabäerbuch* umfasst die Darstellung eines Zeitraums von 40 Jahren: von der Thronbesteigung des seleukidischen Königs Antiochus IV. Epiphanes (175 v. C.) bis zum Tod des Makkabäers Simon (134 v. C.). Die Darstellung ist chronologisch aufgebaut. Nach einer Einleitung (1Makk 1–2), die den gottlosen Kampf des neuen Herrschers gegen die jüdische Religion und Sitte als die Ursache für den durch Judas' Vater Mattatias angefachten Widerstand der Juden beschreibt, folgt in drei Hauptteilen die Schilderung des jüdischen Heldenkampfes unter Führung der drei Mattatias-Söhne Judas (166–160 v. C., 1Makk 3, 1–9, 22), Jonatan (160–142 v. C., 1Makk 9, 23–12, 53) und Simon (142–134 v. C., 1Makk 13, 1–16, 24). Das ursprünglich hebräisch/aramäisch geschriebene, aber nur in griechischer Übersetzung erhaltene Buch, wurde wohl um 100 v. C. von gebildeten Parteigängern der Hasmonäer verfasst. Wie in der älteren hebräischen Geschichtsschreibung bekennt diese Geschichtserzählung vor allem mittels Bitte, Lobpreis und Dank Gott als den Retter Israels (1Makk 4, 30). Das Gesetz steht im Mittelpunkt, an ihm scheiden sich die Menschen; das Unglück des Volkes ist Strafe für seine Gesetzesverletzungen, der Erfolg der Helden ist ihrem Gesetzeseifer zu verdanken, den Gott durch seinen Beistand belohnt.

Das *zweite Makkabäerbuch* unterscheidet sich vom ersten in mehrfacher Hinsicht. Es setzt die geschichtliche Darstellung nicht fort, sondern bezieht sich auf Ereignisse in der Zeit von 175–160 v. C., tritt also teilweise in Parallele zu 1Makk 1–7. Die Darstellungsweise ist die eines Redners, der auf Wirkung und Erbauung bedacht ist und leidenschaftliche Anteilnahme – insbesondere für das Schicksal des Tempels, des Mittelpunktes eines religiösen Lebens nach dem Gesetz – erwecken will. Das Buch entstand unabhängig von 1Makk zwischen 130 und 124 v.C., griechisch abgefasst als Auszug aus einer umfangreicheren Vorlage, wie der Verfasser in seinem Vorwort (2Makk 2,19–32) sagt. Die theologischen Akzente des Buches liegen in der Betonung der Toratreue und des Martyriums, die als stellvertretende Sühne für den Gesetzesbruch die erneute Zuwendung Gottes an sein Volk begründen. Das Buch betont überdies die Hoffung auf die leibliche Auferstehung der Toratreuen (2Makk 7) sowie die Wirksamkeit des Bittgebets für die Toten (2Makk 12).

1Makk 1,10: Die seleukidische Zeitrechnung beginnt mit dem Herbst 312 v.C. (theoretisches Datum der Gründung Antiochias); das 137. Jahr ist also das Jahr 175 v.C.
1Makk 1,54: „Gräuel der Verwüstung" ist der heidnische Zeusaltar, den Antiochus IV. Epiphanes auf dem Brandopferaltar des Tempels errichten ließ.
1Makk 2,21: „Der Himmel" steht in 1Makk oft für Gott; der Gebrauch des Gottesnamens wird vom Verfasser vermieden.
1Makk 2,42: „Hasidäer", d.h. die „Frommen", eine Partei gesetzestreuer Juden, die die weltliche Politik der Hasmonäer ablehnten und sich später in die Gruppe der Pharisäer und der Essener (durch die Handschriftenfunde vom Toten Meer näher bekannt geworden) aufspalteten.
1Makk 4,59: „Tage der Altarweihe", das Tempelweihfest (hebr. hanukka); es ist eines der jüngsten Feste im religiösen Kalender Israels.
1Makk 7,50: Hier endet die Darstellung von 2Makk.
2Makk 1,1–2,18: Die beiden einleitenden Briefe sind Aufforderungen an die Juden in Ägypten, das Tempelweihfest zu feiern; der erste Teil des Buches (bis 10,8) ist eine historische Rechtfertigung dieses Fests.
2Makk 2,1–12: Sinn dieser Erzählung ist, das Fortbestehen des legitimen Kults (trotz des Fehlens von Zelt und Lade) zu bekräftigen und das Tempelweihfest mit der Weihe des ersten Tempels durch Salomo und des Zelts durch Mose in Verbindung zu bringen.
2Makk 5,2–4: Der Verfasser zeigt eine Vorliebe für solche himmlischen Erscheinungen (3,25; 10,29f.; 11,8).
2Makk 7,9: Der Glaube an die Auferstehung des Leibes wird hier und in Dan 12,2f. zum ersten Mal deutlich bezeugt; vgl. 2Makk 12,38–45; 14,46.
2Makk 9,1–29: Das Ende des Antiochus Epiphanes veranschaulicht die These des Verfassers, dass die Verfolger noch zu Lebzeiten bestraft werden.
2Makk 14,46: Zum Selbstmord vgl. Anm. zu 2Sam 17,23.
2Makk 15,36: Der Mordechaitag ist das Purim-Fest, vgl. Est 9.

Lehrweisheit und Psalmen

Zur so genannten Weisheitsliteratur zählen im AT die Bücher Ijob, einige Psalmen, Sprichwörter, Kohelet, Jesus Sirach, die Weisheit Salomos und das Hohelied. Die Weisheitsliteratur Israels ist aber nicht originär, sondern steht in einer älteren Tradition des Alten Orients. Ursprünglich vor allem von berufsmäßigen Schreibern (am Königshof) entwickelt, ging es diesen dabei weniger um philosophische Reflexion; Weisheit steht vielmehr als überlegtes, geschicktes Handeln im Dienst gelingenden Lebens (Spr 8,32–35; 9,1–6), im Dienst der Reflexion vielfältiger menschlicher Erfahrungen. Es kann daher nur wenig verwundern, wenn man – besonders in den älteren Weisheitsschriften – die großen Themen des AT wie Verheißung, Erwählung, Gesetz, Heil nur in geringem Umfang thematisiert findet. Die Weisheitsliteratur ist im tiefsten Grund durchdrungen vom Glauben an Gott, den Herrn, als der Quelle aller Weisheit. Die göttliche Weisheit, unergründlich für den Menschen, ist von Ewigkeit her bei Gott, mitwirkend bei der Schöpfung, ausgegangen aus dem Mund des Höchsten und zu Israel gesandt, Abbild seiner Herrlichkeit. Die menschliche Weisheit besteht in der Furcht Gottes, sie stammt von Gott.

Das Buch Ijob

Im Buch Ijob hat ein Lieblingsthema der Weisheitsliteratur, nämlich die (deuteronomistische) Vergeltungslehre, eine dichterische Gestaltung gefunden, die es zu den großen Werken der Weltliteratur gehören lässt.

Das Problem des leidenden Gerechten wird dargestellt in einem in mehreren Stufen gewachsenen mehrteiligen dichterischen Dialog, um den eine Rahmenerzählung in Prosa (1–2; 42,7–17) gelegt ist. Man unterscheidet eine exilische weisheitliche Lehrerzählung, einen nachexilischen Ijobdichter sowie mehrere Bearbeitungen. Der Dialog entfaltet sich in einem dreifachen Gang des Redestreits zwischen Ijob und den drei Freunden Elifas, Bildad und Zofar (3–14; 15–21; 22–27), der mit Ijobs Klage um sein verlorenes Glück (29–30) und seinem großen Reinigungseid, der Beteuerung seiner Unschuld (31), abschließt. Der unvermittelt auftretende Hymnus auf die Weisheit (28) scheint nachträglich eingefügt zu sein, ebenso die Elihu-Reden (32–37), die sich in Gedankengang, Wortschatz und Stil deutlich unterscheiden. Schließlich folgt auf Ijobs Klage und Anklage die Antwort Gottes selbst oder vielmehr der Aufweis der unergründlichen Weisheit und Macht Gottes, mit der zu rechten der Mensch sich nicht anmaßen darf und der sich Ijob unterwirft (38,1–42,6).

Vergeltung wird im AT zunächst rein irdisch verstanden: Gott belohnt hier auf der Erde die Guten und bestraft die Bösen; Weisheit, d.h. Gerechtigkeit, führt zum Glück; Torheit, d.h. Gottlosigkeit, ins Unglück. Dieses Grundgesetz sieht man im Leben des Volkes und in seiner Geschichte wirksam und wendet es, als sich im Licht der prophetischen Botschaft die Vorstellung von einer persönlichen Verantwortung stärker herausbildet, auch auf das Leben des Einzelnen an. Wenn aber einem jeden nach seinen Werken vergolten wird, wie kann dann ein Gerechter leiden, ein Sünder im Glück leben? Dies ist die Frage des Buches Ijob. Die Freunde geben die traditionellen Antworten: Das Glück der Sünder ist nur von kurzer Dauer; das Leid des Gerechten ist Strafe für seine in Unkenntnis oder aus Schwäche begangenen Fehler und führt zu seiner Besserung; es soll schlimmeren Sünden vorbeugen und vor Hochmut bewahren. Gegen diesen zwangsläufigen Zusammenhang zwischen Leiden und persönlicher Schuld behauptet Ijob mit aller Kraft seine Unschuld. Die Antwort des Buches liegt in der Erfahrung des unerforschlich weisen und souveränen Handelns Gottes. Das Geheimnis des unschuldigen Leidens bleibt ein ungelöstes Rätsel, auch wenn sich der Blick auf die Vollendung in der Endzeit weitet (19,23–29).

Die Hauptgestalt des Buches ist keine historische Person, sondern der Typus des Weisen, Gerechten und Frommen, Vorbild der gottergebenen Geduld im Leiden. Sein exemplarisches Schicksal soll die Erfahrungen all jener bewältigen helfen, die als Fromme die Katastrophen des Verlusts des verheißenen Landes, der Zerstörung des Tempels und des Exils zu erleiden hatten.

1,6: Die „Gottessöhne“ (38,7; Gen 6,1–4; Ps 29,1; 82,1; 89,7) bilden den Hofstaat und Kronrat Jahwes, hier eine andere Bezeichnung für Engel.
Das hebräische Wort „Satan“ bedeutet Widersacher, Ankläger, und wird dann zum Eigennamen (1Chr 21,1) der bösen, verführerischen Macht (auch als „Drache“, „Teufel“, „Schlange“ bezeichnet).
2,4: „Haut um Haut“, eine sonst nicht bekannte sprichwörtliche Wendung, vielleicht aus dem Tauschhandel (hier: Ijobs Hab und Gut für sein Leben).
2,12: Das Gewand zerreißen und Asche aufs Haupt streuen sind Buß- und Trauerriten.
3,8: „Leviatan“, mythologisches Wesen, Sinnbild urweltlicher chaotischer Mächte (vgl. Ps 74,14); in 40,25–41,26 mit „Krokodil“ übersetzt.
6,10: Der „Heilige“ ist hier Bezeichnung für Gott, den Herrn.
7,12: Volkstümliche und dichterische Vorstellungen schrieben Gott, dem Schöpfer der Welt, den Sieg über das „Meer“, nach den babylonischen Kosmogonien eine Personifikation des Urchaos, zu (vgl. 3,8; 9,13; 26,12; 40,25f.).
9,13: „Rahab“ ist eine weitere Bezeichnung für das Urchaos (vgl. 7,12).
18,13: „Des Todes Erstgeburt“ meint wohl die Pest.
19,25–27: Eine Stelle, die in den Bibelübersetzungen verschieden wiedergegeben wird und deren Deutung umstritten ist; die Bezeichnung „Anwalt“ (hebr. goël, Anwalt, Löser, ein Ausdruck der Rechtssprache, vgl. Rut 2,20) wird oft auf Gott, den Beschützer seines Volkes und Rächer der Unterdrückten, angewandt; Ijob hofft wohl, dass Gott ihn (vorübergehend) aus der Unterwelt ins Leben zurückholen wird, um ihn die Zeit der Rache erleben zu lassen.
31,1–40: Ijobs Unschuldsbeteuerung geschieht hier formal als bedingte Selbstverfluchung und

offenbart zugleich die hohen ethischen Standards des Verfassers.
38,1: „Gewittersturm" entspricht dem gewöhnlichen Rahmen der Gotteserscheinungen (vgl. Ps 18,8–16; 50,3; Nah 1,3; Ez 1,4; Ex 13,22; 19,16).
40,15: Das „Nilpferd" (hebr. behemot, Riesentier) versinnbildlicht rohe Kraft, die allein Gott, sein Schöpfer, bändigen kann.
40,25–41,26: Vgl. Anm. zu 3,8.

Die Psalmen

Wie die anderen Völker des Alten Orients, so hat auch Israel einen ausgeprägten Sinn für die dichterische Weise der Sprache, für bilderreiche Anschauung, ausdrucksstarke Empfindung, reich ausgestalteten Rhythmus, insbesondere in der Form des so genannten Parallelismus, des Hauptmerkmals hebräischer Poesie (die Teile des meist zweigliedrigen Verses entsprechen einander, indem das zweite Glied eine Wiederholung, Gegenüberstellung oder Entfaltung des ersten bildet). Wenn sich Lieder und Gesänge auch sonst in den Schriften des AT finden (etwa eingefügt in erzählende oder prophetische Texte), so hat die religiöse Lyrik Israels doch ihren weitaus stärksten Niederschlag in der Sammlung von 150 Liedern gefunden, die im Hebräischen „Sprechgesang mit Begleitung" heißen, im Griechischen „Psalmen" (Gesänge zur Begleitung eines Saiteninstrumentes, des „Psalters"; diese deutsche Bezeichnung wurde dann auf die Sammlung der Psalmen selbst übertragen); das Judentum schließlich nennt das Buch der Psalmen „Buch der Lobpreisungen".

Das Psalmenbuch ist Ergebnis eines komplexen Sammlungs- und Redaktionsprozesses, der sich über Jahrhunderte hinzog. Der kanonische Psalterabschluss dürfte zwischen 200 und 150 v. C. erfolgt sein. Durch vier ähnliche Doxologien (41,14; 72,18–19; 89,53; 106,48) und den Gesamtabschluss (145; 146–150) wird der Psalter in fünf Bücher aufgeteilt: 1. Buch (1–41): Proömium (1–2) und erster Davidpsalter (3–41); 2. Buch (42–72): Korachpsalmen (42–49), Asafpsalmen (50) und zweiter Davidpsalter (51–72); 3. Buch (73–89): Asafpsalmen (73–83) und Korachpsalmen (84–89); 4. Buch (90–106): u. a. titellose Jahwe-König-Psalmen (91–100); 5. Buch (107–150): u. a. Torapsalm (119), Wallfahrtspsalmen (120–134).

Ihrer literarischen Form nach kann man die Psalmen in drei Hauptgruppen einteilen, die sich aber im Einzelfall oft nicht eindeutig voneinander abgrenzen lassen und darüber hinaus abgeleitete Formen, Vermischung verschiedener Gattungen oder sogar Auflösung der ursprünglichen Form aufweisen.

• Die *Lobpsalmen* oder *Hymnen*. Hierzu gehören Ps 8, 19, 29, 33, 46–48, 76, 84, 87, 93, 96–100, 103–106, 113, 114, 117, 122, 135, 136, 145–150. Ihr Aufbau ist verhältnismäßig gleichbleibend; auf die einleitende Aufforderung zum Gotteslob folgt im Hauptteil die Verkündigung des wunderbaren Waltens Jahwes in der Schöpfung und in der Heilsgeschichte; dieses beschreibende oder berichtende Lob wird mit einer Wiederholung des einleitenden Aufrufs oder einer Bitte abgeschlossen. Innerhalb dieser Gruppe lassen sich unter thematischen Gesichtspunkten noch besonders die Zionslieder (Ps 46, 48, 76, 87) und die Lieder vom Königtum Jahwes (Ps 47, 93, 96–98) zusammenfassen, in denen prophetischer Einfluss und eine eschatologische Ausrichtung spürbar sind.

• Die *Bittpsalmen* oder *Klagelieder*, die in zwei Gruppen aufgeteilt werden, je nachdem, ob sie aus der Not eines einzelnen oder aus der Not des Volkes erwachsen. Zu den Volksklageliedern gehören Ps 12, 44, 60, 74, 79, 80, 83, 85, 106, 123, 129, 137. In Notzeiten, bei Krieg, Niederlage, Dürre, Missernte, Pest, Heuschreckenplage oder anderem Unheil wurde ein Fasten ausgerufen, und man kam zum Heiligtum, um Gottes Hilfe zu erflehen. Solche Bitt- und Bußtage bildeten den Rahmen dieser Psalmen. Zu den Individuellen Klageliedern gehören Ps 3, 5–7, 13, 17, 22, 25, 26, 28, 32, 38, 42–43, 51, 54–57, 59, 63, 64, 69–71, 77, 86, 102, 120, 130, 140–143. Sie setzen gewöhnlich mit einer Anrufung Gottes ein, verbunden mit einem ersten Hilferuf. Dann klagt der Bittende seine Not vor Jahwe, und zwar in Bildern, die schon formelhaft geworden sind und die die konkrete Notlage kaum mehr erkennen lassen: Todesgefahr, Krankheit, Feinde, falsche Anklage vor Gericht, Verfolgung, Sünde. Die Klage geht über in die eigentliche Bitte, wird zum Ausdruck des Vertrauens, begründet die Gewissheit der Erhörung (Gottes Barmherzigkeit und Treue, seine früheren Hulderweise, das Schuldbekenntnis oder auch die Unschuldsbeteuerung des Bittenden, Dankgelübde). Manchmal wird der Bittpsalm zum ausgesprochenen Lied des Vertrauens, wie in Ps 4, 11, 16, 23, 62, 121, 125, 131.

• Die *Dankpsalmen*, die sich ebenfalls in Danklieder des Einzelnen oder solche des Volkes aufteilen lassen. Hierzu gehören Ps 18, 21, 30, 33, 34, 40, 65–68, 92, 116, 118, 124, 129, 138, 144. Sie stehen den Hymnen sehr nahe, zumal der Hebräer für „loben" und „danken" das gleiche Wort verwendet. Auf die einleitende Ankündigung der Danksagung folgt als Kern dieser Psalmen das Erzählen der empfangenen Wohltat; dabei wird – in gewisser Verwandtschaft zu den Bittpsalmen – die Notlage beschrieben, das vertrauensvolle Flehen um Hilfe erwähnt, das rettende Eingreifen Gottes geschildert. Oft schließen sich daran bestimmte Lehren und Mahnungen.

In diese Grundformen wurden im Lauf der Zeit neue Elemente eingefügt. Prophetische Sprüche begegnen in Ps 2, 50, 75, 81, 82, 85, 95, 110; von der Botschaft der Propheten sind auch die Zionslieder und die Jahwe-König-Psalmen geprägt. Die Weisheitslehre Israels spiegelt sich in den didaktischen Psalmen (Lehr-Psalmen und Weisheitslieder); hierzu gehören etwa die „alphabetischen" Psalmen (9–10, 25, 34, 37, 111–112, 119, 145), die Psalmen über das Gesetz (1, 19, 119), die Psalmen über die gottgewollte Lebensführung (14–15, 24, 32, 52, 62, 101, 112, 127, 133). Besonders zu erwähnen sind die „Königslieder", Psalmen verschiedenartiger Form, die sich auf den König Israels beziehen; z. B. als Orakel für den König (20–21, 61, 72, 84) oder als Gebete des Königs (18, 28, 63, 101). Die Königsaussagen (2, 45, 72, 100) können messianisch interpretiert werden. Wichtig für das Verständnis des Psalters ist in diesem Zusammenhang auch die wachsende Bedeutung, die der Person Davids zukommt; David wird zum Vorbild jedes Israeliten wie des ganzen Volkes.

Bei ihrer Entstehung wird der liturgische Gebrauch im Tempelgottesdienst eine gewisse, wenn auch nicht ausschließliche Rolle gespielt haben. Manche Psalmen stehen in ausdrücklichen Zusammenhang mit dem Gottesdienst (20, 26–27, 66, 81, 107, 116, 134–135); andere sind als Gesänge im Tempel zu erkennen (48, 65, 95–96, 118).

Der Psalter gehört zu den im NT meist zitierten Schriften des AT, wobei vor allem ein christologischer Gebrauch der Psalmen charakteristisch wird (z. B. 2, 15, 89, 110). Besonders Ps 22 und Ps 69 dienen dem Nachweis, dass Jesu Leiden in der Schrift verankert war. Aus dem NT ergibt sich die hohe Wertschätzung des Psalters auch in der Kirche.

Die Zählung der Psalmen in der griechischen und lateinischen Bibel weicht leicht von der der hebräischen ab, indem sie die Psalmen 9 und 10 sowie 114 und 115 zu einem Psalm zusammenfassen, dagegen die Psalmen 116 und 147 jeweils in zwei Psalmen zerlegen, sodass der Umfang von insgesamt 150 Psalmen gewahrt bleibt (die vorliegende Ausgabe übernimmt die Zählung der hebräischen Bibel).

2, 6: Der heilige Berg Zion hat den Sinai als Berg der Gottesbegegnung (hier empfing Mose das Gesetz Ex 24, 12–18) abgelöst; Salomo errichtet auf ihm seinen Tempel, in dem den Name des Herrn wohnt. Vom Berg ging der Name auf die Stadt Jerusalem über, in der sich die Völker versammeln werden (Ps 48, 1; Jes 2, 1–3; 11, 9; 24, 23; u. ö.).

5, 11: Solch ein Flehen um göttliche Rache an den Feinden findet sich in den Psalmen häufig (vgl. 10, 15; 31, 18; 54, 7 f.; 59, 12 f.; 69, 23–29; 79, 12; 83, 10–19; 104, 35; 109, 6–20; 125, 5; 137, 7–9; 139, 19–22; 140, 10–12). In der alttestamentliche Vorstellung einer irdischen Vergeltung von Gut und Böse spricht sich die Forderung nach Gerechtigkeit aus.

6: Der erste von sieben so genannten „Bußpsalmen" (32, 38, 51, 102, 130, 143).

11, 7: Der Mensch kann Gott nicht schauen (vgl. Ex 33, 20); der Ausdruck „Gottes Angesicht schauen", der in den Psalmen häufig vorkommt (vgl. 16, 11; 17, 15; 24, 6; 27, 8; 105, 4), im Sinn des Verweilens in Gottes Gegenwart.

17, 15: Die Stunde des Erwachens am Morgen ist in den Psalmen der bevorzugte Augenblick des göttlichen Hulderweises (5, 4; 30, 6; 46, 6; 49, 15; 57, 9; 73, 20; 90, 14; 130, 6; 143, 8), die Stunde der Gerechtigkeit (101, 8); Morgenröte und Licht sind Sinnbild des Heils. Dagegen bezeichnen Abend und Finsternis Prüfung und Unglück (30, 6; 59, 7; 88, 19; 107, 10).

22: Dieser Psalm ist verwandt mit dem vierten Gottesknechtslied (Jes 52, 13–53, 12); Christus betete die Anfangsworte am Kreuz (Mt 27, 46).

23: Gottes Sorge für den Gerechten wird hier in zwei Bildern beschrieben, im Bild vom Hirten (23, 1–4) und vom Gastgeber (23, 5–6), der das messianische Mahl bereitet.

37: Thema dieses Psalms ist das in der Weisheitsliteratur häufig behandelte Thema des Glücks des Gottlosen.
38,4: Die Prüfung der Krankheit wird als eine Strafe für Sünde angesehen (41,8; 107,17).
42–43: Verbannung, Exil, ist hier die Ferne vom Heiligtum Gottes und von den Festen, zu denen sich Gottes Volk im Tempel versammelt.
44: Typisch für Klagelieder des Volkes (vgl. auch 74; 79; 80) ist die Gegenüberstellung der Heilstaten Gottes in der Vergangenheit und der Not der Gegenwart.
51,1: Der lateinischen Psalmauftakt „Miserere [mei Deus]" gab diesem in der christlichen Liturgie und Frömmigkeit sehr prominenten Bußpsalm den Namen.
69: Das NT sah in diesem Psalm das Leiden Christi vorausgesagt (Joh 15,25; 2,17; Röm 15,3; Mt 27,34.48).
74,13–15: Wohl Anspielung auf den Durchzug durch das Schilfmeer und den Jordan mit den Wundern, die Gott dabei wirkte; Leviatan ist Name eines mythologischen Wesens (Meeresdrache), im AT Bild der von Gott erschaffenen und beherrschten urweltlich chaotischen Kräfte (104,26; vgl. Anm. zu Ijob 3,8).
76,3: „Salem" ist abgekürzter Name für Jerusalem.
80,9: Israel als Weinstock Gottes ist ein beliebtes Bild bei den Propheten (z.B. Jes 5,1–7; vgl. auch Mt 21,33–41; Joh 15).
90,1: Der einzige Psalm, der Mose zugeschrieben wird.
103,8: Es werden die Eigenschaften des Namens Gottes genannt, die Mose offenbart wurden (vgl. Ex 34,8).
104: Der Hymnus folgt der Ordnung des Schöpfungsberichts von Gen 1.
109: Die traditionell als „Fluchpsalm" (zusammen mit 58; 82; 109 sowie zahlreiche Einzelverse andere Psalmen) bezeichnete Bitte um Hilfe gegen erbarmungslose Widersacher enthält (wie überhaupt alle Psalmen) streng genommen keine Verfluchung; es handelt sich vielmehr um Vergeltungs- und Vernichtungswunsch, Hilfeschrei oder Anklage, weswegen die Bezeichnung „Eifer-" oder „Gewaltpsalmen" für diese Psalmen angemessener zu sein scheint.
109,6–19: Die Verse müssen nicht zwangsläufig als Worte des Beters, sondern können auch als die bösen Wünsche des anklagenden Feindes verstanden werden.
113: Mit diesem Psalm beginnt das „Hallel" (113–118), das die Juden bei den großen Festen, insbesondere beim Pesach, beten (vgl. Mt 26,30).
119: Ein alphabetischer Psalm, bei dem die acht Verse einer jeden Strophe mit einem der 22 Buchstaben des hebräischen Alphabets beginnen, was in diesem Fall die gängige Verszählung berücksichtigt (22x8 = 176).
147,15: Das „Wort" Gottes erscheint hier als dienstbereiter Bote; die Nähe zum Johannesprolog (Joh 1,14) ist deutlich.
150: Aufforderung an alle Wesen zum Gotteslob, die den Psalter beschließt: eine ähnliche Doxologie findet sich jeweils am Schluss der ersten vier Bücher des Psalters (41,14; 72,18–20; 89,52; 106,48).

Das Buch der Sprichwörter

Das Buch der Sprichwörter spiegelt sowohl der zeitlichen Entstehung seiner einzelnen Teile als auch der Entfaltung seiner literarischen Form nach die Entwicklung der Weisheitslehre in Israel und kann daher als typisches Beispiel der biblischen Weisheitsliteratur gelten. Zur ältesten Schicht des Buches gehören die beiden großen Spruchsammlungen (10,1–22,16 und 25,1–29,27), die Salomo teilweise zugeschrieben werden und teilweise durchaus in salomonische Zeit zurückgehen können. An diesen Kern wurden mehrere kleinere Abschnitte angehängt, deren Alter und Herkunft schwer bestimmbar ist: „Spruchsammlung der Weisen" (22,17–24,34), ferner „Worte Agurs" (30,1–14) und Zahlensprüche (30,15–33). Prolog (1–9) und Epilog („Worte an Lemuël" 31,1–9; Lob der tüchtigen Frau, 31,10–31) sind als Buchrahmen aufeinander bezogen und fungieren als hermeneutischer Schlüssel; sie sind wohl erst nach dem Exil entstanden (etwa 4. Jh. v.C.). Dem langen Entstehungszeitraum entspricht die Entwicklung der literarischen Form des Buches. Während in den beiden ältesten Sammlungen die prägnante, oft nur einen Vers umfassende sprichwortartige Maxime vorherrscht, wird in den jüngeren Teilen dieser ursprüngliche Weisheitsspruch immer reicher ausgestaltet zu Vergleich und Allegorie, Warnung und Mahnrede bis hin zum kunstvollen Weisheitsgedicht.

1,7: „Furcht des Herrn" bezeichnet hier (mit 1,29; 2,5) – wie häufig in den weisheitlichen Texten – allgemein die rechte sittliche Haltung.
8,22–31: Die personifizierte Weisheit (vgl. 1,20–33; 3,16–19), als Vorstellung nachexilisch, offenbart hier ihren Ursprung, ihren tätigen Anteil am Schöpfungswerk sowie ihre Rolle unter den Menschen.

Das Buch Kohelet

Der Titel des Buches (deutsch: Prediger, lateinisch: Ecclesiastes) bezeichnet eine als Eigenname eines fiktiven Königs in Jerusalem verwendete Tätigkeit oder ein Amt, nämlich dessen, der in der Versammlung (hebr. qahal) das Wort führt. Das literarisch einheitliche Buch erörtert die Frage nach Inhalt und Bedingung der Möglichkeit menschlichen Glücks (2,3), das allein im gegenwärtigen Erleben von Freude und tatkräftigem Handeln erreichbar ist. Dabei ist Freude eine Gabe (2,24; 3,12–13) und letztlich von Gott offenbart (5,19). Das aktive Streben nach Glück führt jedoch angesichts des Todes in die Erfahrung von Nichtigkeit („Windhauch": 1,13–15.16–18; 2,1–2.12–17.18–23). Wie in Ijob, so ist auch Kohelets Stellungnahme zur herkömmlichen Vergeltungslehre negativ (8,5–15). Das Buch ist vermutlich im 3. Jahrhundert v. C. entstanden.

1,1: Das hebräische Wort für „Windhauch" (auch mit „Eitelkeit", „Nichtigkeit" übersetzt) gehört wie Wasser, Schatten, Rauch zu den Bildern der hebräischen Dichtung für die Hinfälligkeit des Menschen; hier hat es den konkreten Sinn verloren und bedeutet das trügerische Wesen der Dinge und die Enttäuschung, die sie dem Menschen bereiten.
1,4–11: Der Verfasser fühlt sich von den irdischen und kosmischen Gesetzmäßigkeiten angeödet, was im Gegensatz zur staunenden oder jubelnden Bewunderung von Gottes Schöpfung steht (vgl. Gen 1; Ijob 38–40; Ps 104; Sir 42,15–43,33).
5,9–6,2: Hier wird der Reichtum als solcher, gleichviel ob zu Recht oder ungerecht erworben, als Windhauch entlarvt.

Das Hohelied

Dieses „Lied der Lieder" wird wegen seiner Zuweisung an Salomo (vgl. 3,9–11) zur Weisheitsliteratur gezählt. Das Hauptproblem bei seiner Interpretation ist die Frage, ob das Buch metaphorisch die Liebe zwischen Jahwe und Israel (später übertragen auf die Liebe Christi zu seiner Kirche oder auf die Vereinigung der Seele mit Gott) oder profan, doch schöpfungstheologisch relevant, die Liebe zwischen Mann und Frau zum Gegenstand hat. Sein Platz unter den kanonischen Schriften hat bis ins 17. Jahrhundert die allegorische Interpretation überwiegen lassen, wogegen sich seitdem allmählich und heute weitgehend die profane Interpretation durchgesetzt hat. Dem Interpretationsproblem entgeht man, wenn die im Hld zum Ausdruck kommende Hochschätzung der Liebe zwischen Mann und Frau als parabolische Darstellung des Liebesbundes zwischen Gott und seinem auserwählten Volk begriffen wird. Das Hohelied ist in nachexilischer Zeit vielleicht in Jerusalem entstanden.

6,3 ff: Vers 10 gehört vor Vers 4.

Das Buch der Weisheit

Diese im Griechischen „Weisheit Salomos", in der lateinischen Bibelübersetzung „Buch der Weisheit" betitelte Schrift gehört zu den so genannten deuterokanonischen Büchern des AT: es fehlt im jüdischen Kanon sowie in dem der Kirchen der Reformation, während es im katholischen und orthodoxen Christentum zum Kanon gehört (außer Weish noch Tob, Jdt, Bar, Sir, 1 und 2Makk sowie die griechischen Zusätze zu Dan und Est). Das Buch der Weisheit wurde in griechischer Sprache verfasst, vermutlich von einem Juden in Alexandrien, dem Mittelpunkt der hellenistischen Kultur und einem Zentrum des außerpalästinischen Judentums, im späten 2. oder frühen 1. Jahrhundert v. C.; damit ist Weish die jüngste Schrift des AT. Die drei Hauptteile behandeln die Rolle der Weisheit für das Schicksal des Menschen (1–5), Ursprung und Wesen der Weisheit und den Weg, sie zu erlangen (6–9) sowie das Wirken der Weisheit in der Geschichte des auserwählten Volkes (10–19). Das Werk ist unverkennbar von der Sprache und Geisteswelt des hellenistischen Zeitalters beeinflusst, doch mehr in der äußeren Einkleidung, während der Kern ganz in der Überlieferung des AT wurzelt. So ist denn auch die Hauptabsicht des Verfassers, den jüdischen Gottesglauben mit einer modernen Sprache auszudrücken, ihn als Gabe der Weisheit zu verteidigen und seine Überlegenheit über die mannigfaltigen heidnischen Heilslehren aufzuzeigen.

1,14: Die „Unterwelt" ist hier nicht das Totenreich (vgl. Anm. zu Num 16,33), sondern die Macht des personifizierten Todes.

2,18: Als „Gottes Sohn" kann Israel bzw. das Volk bezeichnet werden (Ex 4,22f.; Dtn 14,1; Weish 9,7 u.ö.), aber auch der einzelne Gerechte (2Sam 7,14; Ps 2,7; Sir 4,10).
3,4: Der Ausdruck „Unsterblichkeit" kommt hier zum ersten Mal im AT vor; zum Problem der Vergeltung von Gutem und Bösem, das die Weisheitslehrer so sehr beschäftigt, erfolgt hier in Verbindung mit dem Unsterblichkeitsbegriff die Antwort des AT: Unsterblichkeit in der glückseligen Gemeinschaft mit Gott als Belohnung der Gerechtigkeit (vgl. 1,15; 2,23).
7,22–8,1: Dieses „Lob der Weisheit" darf als Höhepunkt des AT in seiner Vorstellung über die Weisheit gelten (als Weiterentwicklung von Spr 8,22–31); es werden 3x7 = 21 Eigenschaften der Weisheit aufgezählt. Das NT wird diese Aussagen aufgreifen und auf Christus, das menschgewordene Wort Gottes, beziehen.
11,5–14: Der Vergleich zwischen Ägypten und Israel geschieht in sieben Gegenüberstellungen (Fortsetzung in Kap. 16ff.).

Das Buch Jesus Sirach

Der Verfasser dieses – in der lateinischen Bibel „Ecclesiaticus" genannten – Buchs, Jesus, Sohn Sirachs, ist ein schriftgelehrter Weisheitslehrer, der zu Beginn des 2. Jahrhunderts v.C. schreibt und den Glaubensgefahren durch die zunehmende Hellenisierung alle Kräfte der jüdischen Überlieferung entgegenstellt. Seine Ratschläge für ein gottesfürchtiges Leben und seine Mahnungen zur Treue gegenüber den hergebrachten Sitten liegen ganz auf der Linie der älteren Weisheitsliteratur (besonders Spr); darüber hinaus wird Weisheit bei ihm identisch mit dem Gesetz. Seine Liebe gilt der Gesetzesfrömmigkeit und ihren kultischen Ausdrucksformen; sein Lob der göttlichen Weisheit, die sich in der Schöpfung offenbart, weitet sich zum „Preis der Väter" (44–50), den großen Vorbildern an Weisheit, Bundestreue und Gesetzesfrömmigkeit. Die Textgeschichte dieses Buches bietet besondere Schwierigkeiten, weil der ursprünglich hebräisch geschriebene Text Jahrhunderte lang verschollen war (erst in neuerer Zeit wurden größere Teile wiederentdeckt) und weil die alten Übersetzungen erhebliche Abweichungen aufweisen. Der griechische Text gilt in der Kirche als kanonisch (er liegt der deutschen Übersetzung der vorliegenden Ausgabe zugrunde).

1,11–20: Die „Furcht Gottes" bezeichnet in den Weisheitsbüchern nicht mehr die physische Furcht, den Schrecken vor der furchtbaren Macht der Herrn; sondern in einem umfassenden Sinn die angemessene sittliche Haltung (vgl. Spr 1,7).
24: Dieses Kapitel ist der Mittelpunkt des Buches; die Lehre über die personifizierte Weisheit wird im Zusammenhang dargestellt (vgl. Spr 8,22–9,18; Weish 7,22).
24,25: Pischon, einer der Paradiesesflüsse (vgl. Gen 2,1).
34,1–8: Gott bedient sich im AT manchmal der Träume, um sich den Menschen mitzuteilen (vgl. Gen 28,10–17; 31,10–13.24; 37,5–11; 41,1–36 usw.). Aber die Berufung auf Träume als gewöhnlicher Weg göttlicher Kundgabe wird von den Propheten und im Gesetz getadelt (Jer 29,8; Koh 5,6; Lev 19,26; Dtn 13,2–6), dem schließt sich sich Sir an.

Die Prophetenbücher

Der Prophet ist – nach der wahrscheinlichen Grundbedeutung des hebräischen Wortes „nabi" – der berufene Rufer; auch das griechische Wort „Prophet" meint in erster Linie nicht den Zukünftiges Voraussagenden, sondern den vor Hörern Sprechenden. Die Propheten sind Künder der Botschaft Gottes; er beruft sie geradezu unwiderstehlich, dass sie nicht schweigen können; er macht sie zum Zeichen für Israel, nicht nur durch ihre Worte, sondern auch durch ihre Handlungen, ja durch ihre ganze Existenz.

Die Gottesbotschaft wird dem Propheten auf verschiedene Weise kund, neben Visionen oder gelegentlich auch Träumen vor allem durch eine innere Erfahrung und Eingebung von Worten und Schauungen, die zuweilen an ein belangloses äußeres Ereignis anknüpfen (z.B. Jeremias Besuch beim Töpfer oder sein Erblicken eines Mandelzweigs). Ebenso verschiedenartig ist die Verkündung der Gottesbotschaft durch den Propheten; sie geschieht vor allem in der Form des kurzen Orakels (meist als Drohspruch, aber auch als

Heilsweissagung; gewöhnlich an der Formel „So spricht Jahwe" oder „Spruch Jahwes" zu erkennen) und der Warnrede (als Schelt- oder als Mahnrede). Darüber hinaus verwenden die Propheten aber auch andere literarische Formen, wie z. B. Visionserzählungen (besonders wichtig die Berufungsvision) und andere Selbstberichte, Gerichtsrede, Predigt, Totenklage, Volksklagelied, Hymnus, Spottlied. Schließlich wird ihre Botschaft manchmal noch durch symbolische Handlungen anschaulich und eindrucksvoll unterstrichen (z. B. Jes 20,2; Jer 27,2; Ez 12,3). Alle diese verschiedenen Ausdrucksformen entspringen einer gemeinsamen Wurzel, dem prophetischen Selbstbewusstsein, das Wort Gottes empfangen zu haben und es künden zu müssen; die Überzeugung des Propheten gründet in einer mystischen, unmittelbaren Gotteserfahrung, in einem von Gott Ergriffenwerden, das sich auch in außernormalen Zuständen der leiblich-seelischen Sphäre niederschlagen kann.

So ist der Prophet in Israel jemand, der eine unmittelbare Gotteserfahrung besitzt, der eine Offenbarung der göttlichen Heiligkeit und des göttlichen Willens empfangen hat, der im Licht Gottes Gegenwärtiges beurteilt und Zukünftiges schaut und der von Gott gesandt ist, den Menschen Gottes Forderungen zu verkünden und einzuprägen und sie auf den Weg des Gehorsams und der Liebe zu Gott zu führen. Es verwundert daher nicht, wenn die biblische Überlieferung Mose an die Spitze der Propheten stellt und als den größten unter ihnen einschätzt. In der Frühzeit Israels tritt dann besonders die Gestalt des Sehers und Propheten Samuels hervor. In den Samuel- und Königsbüchern wird von Prophetengemeinschaften berichtet; ausführlicher ist die Rede von bedeutenden Einzelgestalten wie Natan, Elija und Elischa; andere werden nur am Rande erwähnt. Im 8. Jahrhundert v. C., etwa fünfzig Jahre nach Elischas Tod, beginnt dann mit Amos die Reihe der Propheten, deren Botschaft aufgrund der nach ihnen benannten Bücher weitaus besser bekannt ist.

In der hebräischen Bibel werden die Prophetenbücher (ausgenommen das Buch Daniel, das hier unter die „Schriften" eingereiht ist) „Spätere Propheten" genannt im Unterschied zu den „Früheren Propheten" (den Büchern Josua, Richter, Samuel und Könige). Die Unterscheidung der lateinischen Bibelübersetzung in vier „große" (Jes, Jer, Ez, Dan) und zwölf „kleine" Propheten hat nichts mit deren Bedeutung zu tun, sondern bezieht sich auf den größeren oder geringeren Textumfang der einzelnen Bücher. Man nennt solche Propheten, über die Berichte aufgezeichnet und deren Botschaft schriftlich überliefert wurden, „Schriftpropheten", darf dabei aber nicht an „Schriftsteller" denken, die etwa die nach ihnen benannten Bücher in einem Zug niedergeschrieben hätten. Vielmehr haben diese Bücher, die sich aus verschiedenen Grundelementen, wie prophetischem Spruchmaterial, Selbstberichten des Propheten, Erzählungen über den Propheten, zusammensetzen, ihre Geschichte. Eine wichtige Rolle spielen dabei Kreise von Schülern und geistigen Erben des Propheten, in denen seine Botschaft weiter lebte und die die mündlichen oder schriftlichen Einzelüberlieferungen von ihm sammelten und zusammenstellten, dabei auch im Laufe der Zeit manches bearbeiteten oder hinzufügten. Aus dieser Geschichte bzw. Vorgeschichte der Prophetenbücher lässt sich ihre heutige literarische Gestalt, bei der man also keine klare Gliederung etwa nach chronologischen oder systematischen Gesichtspunkten erwarten darf, in vielem besser verstehen.

Das Buch Jesaja

Das Wirken Jesajas, der im Todesjahr des Königs Usija von Judäa (740 v. C.) im Tempel von Jerusalem zum Propheten berufen wurde (6,1–13), fällt in die letzten vier Jahrzehnte des 8. Jahrhunderts v. C. (Regierungszeit der judäischen Könige Jotam, Ahas und Hiskija), eine Zeit bedeutsamer Ereignisse und Entwicklungen in der Geschichte Israels, die sich in der Verkündigung des Propheten widerspiegeln. Der größere Teil der Kap. 1–5 stammt aus der Frühzeit, der Kap. 6–12 aus der Zeit des syrisch-efraimitischen Krieges (733/732 v. C.: die Könige von Damaskus und Israel kämpfen gegen das Südreich, weil es der Koalition gegen Assyrien nicht beitritt; der eingeschüchterte König Ahas von

Juda ruft den assyrischen Großkönig zu Hilfe – gegen den Willen Jesajas, der Ahas das Zeichen des Immanuel verkündet). Die Mehrzahl der Sprüche über Israel und Juda (28–32) und auch der Sprüche gegen die Völker (14,24–23,18) gehören in die Zeit vor und nach der assyrischen Eroberung des Nordreiches (Einnahme Samarias 722 v.C.). Mit dem angehängten Bericht über Jesaja und König Hiskija sowie dessen vom Propheten unterstützten Widerstand gegen die assyrische Bedrohung (36–39, vgl. 2Kön 18–20) ist der zeitliche Rahmen für das Wirken dieses Propheten beschlossen.

Jesajas Dichtung gehört schon literarisch gesehen zu den Höhepunkten des AT. Die Gestaltungsfähigkeit seiner Sprache, die ein Drohwort von schneidender Schärfe ebenso zu formulieren weiß wie einen feierlichen Hymnus, der Reichtum und die Kühnheit seiner Vorstellungswelt, das auch in höchster Leidenschaftlichkeit bewahrte Maß – sie wurden von keinem Propheten mehr erreicht. Seine Verkündigung ist geprägt vom Glauben an den Herrn, den Heiligen Israels, gegenüber dessen Erhabenheit alles Irdische vergänglich und sündhaft ist; auf ihn allein, den Lenker aller Völkergeschicke, den einzigen Gott, neben dem die anderen Götter nichts sind, muss man vertrauen; sein furchtbares Gericht wird nicht nur über die Völker hereinbrechen, sondern auch über das treulose und verdorbene Juda und Jerusalem; aber als Träger der Verheißung wird ein geläuteter „Rest“ übrigbleiben, für den sich die Verheißungen vom Messias und seinem Reich erfüllen werden.

Angesichts der überragenden Größe dieses Propheten ist es nicht verwunderlich, dass sein Einfluss außerordentlich nachhaltig war; in seinem Geist wurden von Jüngern zu verschiedenen Zeiten manche Abschnitte (deren genaue Abgrenzung im Einzelnen umstritten ist) neu verfasst und in die Sammlung ursprünglicher Jesaja-Texte eingefügt (etwa 24–27; 34–35, die so genannte „große“ und „kleine Jesaja-Apokalypse“ oder der historische Anhang 36–39).

Der zweite Teil des Buches Jesaja, Deuterojesaja (40–55), besitzt einen anderen geschichtlichen Hintergrund als 1–39: Jerusalem ist erobert, das Volk im babylonischen Exil. Der Befreier Kyrus tritt ins Blickfeld. Die auch im Stil und in der Lehre sichtbaren Unterschiede lassen mit großer Wahrscheinlichkeit darauf schließen, dass dieses „Trostbuch Israels“ im Exil von einem Unbekannten in der geistigen Nachfolge Jesajas verfasst wurde. In diesen Teil wurden die „Lieder vom Gottesknecht“ (42,1–7; 49,1–9; 50,4–9; 52,13–53,12) eingefügt, die schönsten und tiefsten messianischen Texte des AT, in denen dann die Kirche die geheimnisvolle Ankündigung des erlösenden Lebens und Sterbens Jesu, des wahren Gottesknechtes, gesehen hat.

Der dritte Teil des Jesaja-Buches, Tritojesaja (56–66), ist eine Sammlung von Texten, die wahrscheinlich kurz nach der Rückkehr aus dem Exil entstanden sind.

1,8: „Tochter Zion“ ist hier eine Personifikation der Stadt Jerusalem (vgl. 10,32; 16,1 u.ö.); vgl. Anm. zu Ps 2,6.

4,2: „Spross des Herrn“ bezeichnet den Messias (vgl. Jer. 23,5f.; 33,15; Sach 3,8; 6,12) oder den „Rest“ Israels.

4,3: Weil Gott sein Volk liebt, wird ein „Rest“ das Strafgericht überleben (vgl. Am 3,12; 5,15; 9,8f.; Jes 6,13; 7,3; 10,19–21; 26,5–7; 37,4.31f.; Mi 4,7; 5,2; Zef 2,7.9; 3,12; Jer 3,14; 5,18; Ez 5,3; 9). Dieser Gedanke vom heiligen Rest verbindet sich dann mit messianisch-eschatologischen Erwartungen, besonders mit der Sammlung der Zerstreuten aus allen Ländern.

6,3: Die Heiligkeit Gottes ist ein zentrales Thema der Verkündigung Jesajas; Gott ist „der Heilige Israels“ (vgl. 1,26; 5,16).

7,9b: „An mich haltet“: Der Prophet fordert Vertrauen auf Gott, der Israel erwählt hat und es retten kann, und schließt jede Zuflucht zu einem anderen Halt aus.

7,14: Nach Meinung vieler Ausleger bedeutet das „Zeichen“ zunächst die nahe Geburt des Ahassohnes Hiskija, der die Fortdauer der davidischen Dynastie sichert; wie der feierliche Stil des Spruches und der symbolische Name (hebr. Immanuel, Gott [ist] mit uns) zeigen, sieht der Prophet darüber hinaus in dieser Königsgeburt ein entscheidendes Eingreifen Gottes im Hinblick auf das endgültige messianische Reich (vgl. 9,1–6; 11,1–9). – Die Evangelisten (Mt 1,23; 4,15f.) und die ganze christliche Tradition erblicken hierin die Ankündigung der Geburt Christi.

7,14: „Die junge Frau“ (hebr. almah, das heiratsfähige Mädchen) wird von der griech. Bibelübersetzung mit „Jungfrau“ wiedergegeben, ein wertvolles Zeugnis für die alte jüdische Auslegung, die von Mt 1,23 bestätigt und vertieft wird, wenn der Evangelist diese Stelle als Verheißung der jungfräulichen Geburt Jesu ansieht.

9,5: Thronnamen für das Kind aus königlichem Geschlecht, in der christlichen Tradition und Liturgie auf Jesus als den wahren Immanuel übertragen.

18,1: Kusch, alter Name für Äthiopien, bezeichnet hier Ägypten, das unter der Herrschaft nubischer Pharaonen steht.

24–27: Ein später eingefügter Abschnitt über das Endgericht Gottes; er gehört seiner literarischen Gattung nach schon zur apokalyptischen Literatur, die sich in Dan und Sach entfalten wird.

27,1: Zu „Leviatan" vgl. Anm. zu Ijob 3,8.

28,10.13: Lautmalerei, die das Plappern eines kleinen Kindes nachahmt; die Trunkenen parodieren so das Wort Jesajas, das ihnen unverständlich erscheint; Jesaja antwortet seinen unbelehrbaren Hörern, dass sie in der Tat eine unverständliche Sprache hören werden: die der fremden Eroberer.

29,1: Ariël (Gotteslöwe), ein symbolischer Name für Jerusalem.

30,7: „Rahab, die Untätige", symbolischer Name, mit dem hier ironisch Ägypten gemeint ist (vgl. auch Ps 87,4); Rahab ist auch Name eines mythologischen Ungeheuers (vgl. Ijob 2,6; 12,13).

34,14: „Lilit", Name eines weiblichen Dämons.

36–39: Die Kapitel entsprechen weitgehend 2Kön 18–20.

41,14: Der „Erlöser" ist zunächst der Bluträcher (Num 35,19), dann derjenige, der den Schuldgefangenen freikauft, der nahe Verwandte, der die Witwe schützen soll (Rut 2,20). In den Psalmen (z.B. 19,15) und in Deuterojesaja wird Gott, der Rächer der Unterdrückten oder Befreier seines Volkes, so genannt. – Das NT wird den Ausdruck auf Christus anwenden.

42,1ff.: Die vier Gottesknechtlieder (42,1–9; 49,1–9a; 50,4–11; 52,13–53,12) sprechen von einem „Knecht", der in manchen Zügen dem Knecht Israel (vgl. 41,8) ähnlich ist, in anderen sich hiervon unterscheidet und als eine Person erscheint. Es ist die Gestalt eines Heilsmittlers, der den für Israel und die Völker bestimmten Rechtsentscheid Gottes (51,4) in der Geschichte durchsetzt und verwirklicht (Jes 42,1–4). Seit dem Mutterleib von Gott berufen, mit Gottes Geist erfüllt, ist er der Wortmittler Gottes; unschuldig wird er wie ein Übeltäter behandelt und einem schmachvollen Tod übergeben; er selbst hat sich für die Sünder hingegeben, deren Schuld er trägt; aus seinem Sühneleiden wirkt Gott das Heil. – Das NT sieht in diesem Knecht Jesus Christus, der in sich die Züge des Messiaskönigs, des Davidsohns und des leidenden Gottesknechtes vereint (vgl. Mt 8,17; 12,17–21; Lk 4,17–21; 22,37; Apg 3,13; 8,30–35).

45,14: Dieser Universalismus, wonach in der Zukunft alle Völker in Jerusalem zusammenkommen, um dem Gott Israels zu dienen, ist eines der Hauptthemen des „Trostbuchs Israels" (vgl. Jes 42,1–4; 45,14–16.20–25; 49,6; 55,3–5; vgl. Jes 60); es klingt auch nach dem Exil noch an (vgl. Sach 2,15; 8,20–23; 14,9.16; Ps 87 und im Buch Jona).

51,17: Das Bild vom „Zornesbecher" des Herrn ist bei den Propheten geläufig (vgl. Jer 13,13; 25,15–18; 48,26; 49,12; 51,7; Ez 23,32–34; Hab 2,15f.; Obd 16; Sach 12,2; Ps 75,9).

55,11: Das Wort des Herrn erscheint hier personifiziert wie die Weisheit in Spr 8,22.

Das Buch Jeremia

Über das Leben des Propheten Jeremia geben die biographischen Berichte über ihn (nach ihrer zeitlichen Folge 19,1–20; 26; 36; 45; 28–29; 51,59–64; 34,8–22; 37–44) ausführlich Auskunft sowie autobiographische Abschnitte, die als „Konfessionen" (Klagegedichte) des Jeremia bezeichnet werden (11,18–12,6; 15,10–21; 17,14–18; 18,18–23; 20,7–18). Aus priesterlicher Familie stammend, sehr jung zum Propheten berufen (um 627/626 v.C.), fällt sein Wirken in die letzten Jahrzehnte des Südreichs (Fall Jerusalems 587/586 v.C.). Die Hoffnungen, die sich an das religiöse Reformwerk und die Restaurationspolitik Joschijas knüpften, werden durch den frühen Tod des Königs (609 v.C. in der Schlacht bei Megiddo) zunichte. Der Aufstieg des neubabylonischen Reiches zur Weltmacht (besonders unter Nebukadnezzar II. 605–562 v.C.) – nach dem Untergang des assyrischen Großreiches (Zerstörung Ninives 612 v.C.) – führt zur wachsenden Bedrohung und Abhängigkeit Palästinas. Die antibabylonische Politik der judäischen Könige endet 597 v.C. mit einer ersten Belagerung Jerusalems und teilweisen Deportierung seiner Bewohner und 586 v.C. mit der Zerstörung von Stadt und Tempel und der erneuten Deportierung eines Großteils der Bevölkerung in die babylonische Gefangenschaft. In dieser entscheidungsvollen Zeit wird Jeremia berufen, um als Prophet zu mahnen und zu warnen, zu drohen und zu strafen – ein Amt, das ihn in Gegensatz selbst zu den eigenen Angehörigen und in schwere Zusammenstöße mit den Behörden bringt: er wird angeklagt, verfolgt, eingekerkert und mit dem Tod bedroht wird. Wie sehr Jeremia selbst, ein eher sensibler Mensch und alles andere als eine Kämpfernatur, unter der Last des prophetischen Amtes gelitten hat, geht erschütternd aus seinen „Selbstbekenntnissen“ hervor.

An seiner Verkündung ist besonders charakteristisch die Betonung der Liebe Gottes, dessen Verhältnis zum auserwählten Volk – wie bei Hosea – unter dem Bild des Ehebundes dargestellt ist, die Verinnerlichung des Gesetzes, die persönliche Verantwortung des Einzelnen, die Rolle des Herzens im Verhältnis des Menschen zu Gott – Gedanken, die teilweise bis in die Formulierung hinein dem Deuteronomium verwandt sind. Nicht zuletzt durch seine Verheißung eines neuen, verinnerlichten und vergeistigten Bundes, der auf der Herzensgemeinschaft mit Gott gründet, wirkte er weit in die Zukunft hinein.

Das Buch Jeremia besitzt eine längere Entstehungsgeschichte, worauf die Verschiedenheiten zwischen hebräischer und griechischer Textfassung, Doppelberichte, spätere Einfügungen sowie der fehlende Zusammenhang zwischen den zahlreichen Zeitangaben hindeuten. Eine bedeutende Rolle spielte dabei Baruch, der Sekretär Jeremias (vgl. Kap. 36). Als größere Teile lassen sich unterscheiden: Drohworte gegen Juda und Jerusalem (11,1–25,14); Drohworte gegen die Fremdvölker (25,15–38; 46–51), eine Sammlung verschiedener Einzelstücke (26–35; darin das „Trostbüchlein“ 30–31); biographischer Bericht über das Schicksal des Propheten während und nach der Belagerung Jerusalems (36–45); geschichtlicher Anhang (52; vgl. 2Kön 24,18–25,30).

2,20: „Ragende Hügel“, „grüner Baum“, Anspielungen auf die Höhenheiligtümer mit ihrem Kult kanaanäischer Fruchtbarkeitsgottheiten (vgl. 1Sam 9,12); „Unzucht treiben“ ist ein häufiges Bild für Götzendienst.

4,4: Die Beschneidung, das Zeichen des Bundes, bedeutet für Jeremia nur etwas, wenn ihr innere Treue, „Herzensbeschneidung“ entspricht. – Dieses Bild wird vom NT aufgegriffen (vgl. Apg 7,51; Röm 2,25 ff.; 1Kor 7,19; Gal 5,6; 6,15; Phil 3,3; Kol 2,11; 3,11).

7,1–15: Der Tempel galt als unverletzlich; aus dem Fehlschlag Sanheribs gegen die heilige Stadt (vgl. 2Kön 19,32 ff.; Jes 37,33 ff.) schöpfte man ein trügerisches Vertrauen auf Gottes Schutz. Diesen Trugschluss offenbart Jeremia zur Empörung seiner Hörer, wenn er die Möglichkeit aufzeigt, dass Gott seinen Tempel verlässt (vgl. Ez 11,23).

7,12: Zu Schilo vgl. Anm. zu 1Sam 1,3.

13,23: „Mohr“, wörtlich Kuschiter (Bewohner Äthiopiens bzw. des Südsudans).

18,1–12: Eine symbolische Handlung, wie sie von den Propheten, besonders Jeremia und Ezechiel, häufig ausgeführt wurden.

31,31–34: Der innere Höhepunkt des Buches. Nach dem Scheitern des alten Bundes wird Gott für den geretteten „Rest“ einen neuen und ewigen Bund errichten; wie der alte Bund verlangt er Treue der Menschen zum Gesetz und zur Gegenwart Gottes, der ihnen Frieden schenkt, gemäß der Formel: Ich werde euer Gott sein und ihr werdet mein Volk sein. Gott gibt dem Menschen ein neues Herz, befähigt ihn, Gott zu „erkennen“, d.h. treu und seinem Willen gehorsam zu sein. – Dieser neue Bund (vgl. Ez 36,26–28; Jes 55,3; 59,21; 61,8; Ps 51) wird durch das Opfer Jesu Christi begründet werden (vgl. 2Kor 3,6; Röm 11,27; Hebr 8,6–13; 9,15 f.).

51,59–64: Symbolische Handlung, die die Unwiderruflichkeit des göttlichen Wortes bedeutet.

Das Buch der Klagelieder

Das gemeinsame Thema dieser Sammlung von fünf Liedern ist der Untergang Jerusalems und des Tempels (586 v.C.). Ihrem Inhalt nach behandeln Klgl 1 die Verlassenheit Zions, Klgl 2 den Gerichtszorn des Herrn sowie die Hoffnungslosigkeit Zions, Klgl 3 das Verhalten des Frommen als die betende Aufarbeitung des Gerichts, Klgl 4 Gericht und Hoffnung sowie Klgl 5 Fragen des Volkes an seinen Gott. Bemerkenswert ist der kunstvolle metrische und strophische Aufbau: bei den ersten vier Liedern beginnt jede Strophe mit einem anderen Buchstaben in der Reihenfolge des hebräischen Alphabets; beim dritten Lied beginnen sogar alle drei Verse einer Strophe mit dem gleichen Buchstaben; beim fünften Lied entspricht die Anzahl der Verse der Buchstabenzahl des Alphabets. Die Klagelieder dürften kurz nach der Katastrophe von 587/586 v.C. von einem unbekannten Dichter verfasst sein – nicht von Jeremia, wie die Überschrift des Buches in der griechischen und lateinischen Bibel angibt.

Im christlichen Umfeld haben die Klagelieder innerhalb der katholischen Tagzeitenliturgie der Karwoche liturgische Verwendung gefunden.

Das Buch Baruch

Baruch war der Vertraute und Helfer des Jeremia (Jer 51,59; 36,32; 32,13 ff.; 45; 43,7). Bar 1,1 sieht ihn in Babylon sein Buch verfassen, das deuterokanonische Buch trägt aber nur seinen Namen. Es enthält ein Bußgebet (1,15–38), ein Weisheitslied (3,9–4,4) sowie Mahn- und Trostlieder (4,4–5,9). Als 6. Kapitel wurde in der lateinischen Vulgata der „Brief des Jeremia" angefügt, eine selbständige Schrift mit einer Warnung vor der Verehrung heidnischer Götterbilder (entstanden um 300 v. C.).

Dem nur griechisch erhaltenen Text des Bar liegt wahrscheinlich ein hebräisches Original zugrunde. Das Buch gibt einen Einblick in das religiöse Leben der jüdischen Gemeinden in der Diaspora und bezeugt auch, zusammen mit den Klageliedern, die große Verehrung des Propheten Jeremia im Frühjudentum, wenn man diese Schriften ihm bzw. seinem Schüler zuschrieb.

Das Buch Ezechiel

Das Buch erscheint in einem klar gegliederten Aufbau: nach der Einleitung (1–3) folgt ein erster Teil mit vorwiegend Drohworten gegen Juda und Jerusalem (4–24), ein zweiter Teil mit Drohworten gegen die Fremdvölker (25–32), ein dritter Teil mit vorwiegend Heilsverheißungen (33–39) und ein vierter Teil mit der Vision vom neunen Israel (40–48). Dennoch zeigt eine Reihe von Paralleltexten, Unterbrechungen, Einschüben, Erweiterungen im Einzelnen eine verwickelte literarische Struktur an, sodass auch bei diesem Prophetenbuch mit einer redaktionellen Sammlung und Bearbeitung – wohl in Priesterkreisen – zu rechnen ist.

Aus priesterlicher Familie stammend (1,3) und vielleicht selbst Priester, wurde Ezechiel 597 v. C. im Zuge der ersten Eroberung Jerusalems zusammen mit anderen Angehörigen der Oberschicht nach Babylon deportiert und dort um 593 v. C. zum Propheten berufen (1,2). Bis 586 v. C. richten sich seine Gerichtsworte und Zeichenhandlungen gegen einen möglichen antibabylonischen Aufstand. Nach 586 v. C. und einer erneuten Berufung (33,1–9) wandelt sich der Prophet zum Künder einer heilvollen Zukunft. Seine Wirksamkeit erstreckt sich mindestens bis 568 v. C. (1,1).

In seiner Verkündigung hegt Ezechiel ein besonderes Interesse für Tempel, Priesteramt, Kult, kultische Vergehen (Verletzung der Reinheitsgesetze, Entweihung des Sabbats) und steht hierin der priesterlichen Überlieferung, insbesondere dem Heiligkeitsgesetz (Lev 17–26) nahe. Sinnbildliche Handlungen (4,1–5,4; 12,1–7; 21,23–28; 24,15–24; 37,15–22), ausführlich beschriebene Visionen (1–3; 8–11; 37; 40–48) und – mitunter bis ins Einzelne ausgemalte – Gleichnisse (z. B. 16; 23; ferner 15; 17; 19; 21,1–5; 27; 29,1–6; 31; 32,1–8; 32,17–32) spielen eine große Rolle. Aufgrund der Thematik und der verwendeten Bilder leiten seine Visionen schon von der Prophetie zu einer spezifischen Gruppe von Schriften im Frühjudentum über, der apokalyptischen Literatur. Für Ezechiel ist Gott der Transzendente und absolut Heilige, die Geschichte Israels eine einzige Kette von Verfehlungen gegen Gottes Heiligkeit, die seinen Zorn und seine Strafe über Israel bringen. Aber um der Ehre seines Namens willen wird er aus dem Läuterungsgericht ein neues Israel und einen neuen Tempel hervorgehen lassen unter dem neuen David, dem Hirten seines Volkes. Gott selbst wird ein neues Herz und einen neuen Geist in sein Inneres legen (36,26 f.), damit die Völker erkennen, dass sich der Herr vor ihren Augen als heilig erweist.

2,1: „Menschensohn", für Ez charakteristische Anrede des Propheten und bedeutet „Mensch"; ein Ausdruck, der den Abstand zwischen Gott und Mensch betont. – Er wird im NT zu einem Messiastitel (vgl. auch Dan 7,13).

8,3: „Die Eifersucht des Herrn" wird durch jede Form des Götzendienstes erregt; hier also ein Götzenbild.

9,4: „Ein Kreuz", wörtlich: ein Taw (x-förmiger Buchstabe des althebräischen Alphabets); die Strafe wird die Unschuldigen nicht treffen (vgl. Ex 12,7–14).

11,14–21: Den in Jerusalem Verbliebenen verkündet Ezechiel, dass die Verbannten vom Herrn bevorzugt werden; der Besitz des Tempels hilft ihnen nicht, denn Gott kann für die Verbannten zum „Heiligtum" im fremden Land werden.

14,12–23: Aufgrund seiner Zugehörigkeit zu Familie, Stamm und Volk erscheint der Einzelne in den alten Texten als mitverantwortlich und mitschuldig; so legt Abraham für Sodom Fürsprache ein (Gen 18,22–23), nicht damit die Gerechten abgesondert und verschont würden, sondern damit sie von den Bösen die verdiente Strafe abwenden. Dieser alte Grundsatz wird durch die Propheten (Jer 31,29f.; Ez) erweitert durch den Gesichtspunkt der individuellen Verantwortlichkeit, der seinerseits wegen der anscheinend widersprechenden täglichen Erfahrung (vgl. das Problem vom Glück der Bösen in der Weisheitsliteratur) die Offenbarung von einer Vergeltung im Jenseits vorbereitet. – Das NT wird die Hoffnung des Christen auf die Zusammengehörigkeit durch den Glauben mit dem auferstandenen Christus gründen und so die Spannung ausgleichen zwischen persönlicher Verantwortung und Solidarität der Menschheit in Sünde und Erlösung.

16,1–63: Israel, die treulose Frau des Herrn, die mit fremden Göttern Unzucht treibt, die dann aber Verzeihung und wieder Aufnahme findet: ein geläufiges Bild bei den Propheten (vgl. 1,2).

17,3: Mit dem „Adler" ist Nebukadnezzar gemeint, der Jojachin, den „Wipfel der Zeder" (Zeder als Symbol für das Königshaus Juda), nach Babel verschleppt und Zidkija einsetzt.

23,4: Ohola (hebr., die ihr [eigenes] Zelt hat), Oholiba (hebr., mein Zelt [ist] in ihr): wohl eine Anspielung auf den Kult Samarias im Gegensatz zum Kult in Jerusalem.

34,1–31: Ezechiel greift ein Thema Jeremias auf (Jer 2,8; 10,21; 23,1–6;). Den schlechten Hirten (Könige und Führer des Volkes) wird Gott die Herde wegnehmen und selbst zum Hirten seines Volkes werden (vgl. Gen 48,15; 49,24; Jes 40,11; Ps 80,2; 95,7); darin liegt die Ankündigung einer Gottesherrschaft; das Königtum wird nach der Rückkehr aus dem Exil nicht wiedererrichtet werden. Später wird der Herr seinem Volk einen Hirten geben, einen Fürsten, einen neuen David, unter dem messianischer Friede herrschen wird (vgl. Mt 18,12ff.; Lk 15,4ff.; Joh 10,11ff.).

Das Buch Daniel

Das Buch enthält im ersten Teil Erzählungen über Daniel (1–6), im zweiten Daniels Geschichte (7–12). In der griechischen Bibelübersetzung, die diese Schrift unter die Prophetenbücher eingereiht hat, sowie später in der lateinischen Vulgata wurden einige (deuterokanonische) Abschnitte zugefügt (3,24–90 mit dem Lobgesang des Asarja und der drei Jünglinge, sowie Kap. 13–14 mit drei weiteren Danielerzählungen). Wie sich aus Kap. 11 erschließen lässt, dürfte das Werk während der Verfolgung durch Antiochus Epiphanes unter Verwendung einer älteren Grundschrift fortgeschrieben (167/164 v.C.) und in nachmakkabäischer Zeit in seine endgültige Gestalt gebracht worden sein. Seiner literarischen Gattung nach gehört es zur apokalyptischen Literatur („Enthüllungen" über die Geheimnisse des Geschichtsverlaufs), einer frühjüdischen Literaturform, die sich im AT – neben einzelnen Stellen wie Ez 1,4–28; 10,1–22; 37,1–14; 40–48; Jes 24–27; Sach 9–14; Joël 3–4 – vor allem hier findet. Der von Gott vorherbestimmte Ablauf der Weltgeschichte, sein Geheimnis, ist Auserwählten offenbart worden in Träumen und Visionen, die sie niederschrieben und versiegelt weitergaben und deren Rätsel dann in den Eingeweihten durch Engel enthüllt und offenbar werden. Solche Offenbarung will den Juden in Not und Verfolgung der Gegenwart Trost und Mut geben. So zeigt das Buch Daniel in seinem erbaulichen Erzählungsteil, wie Gott den treu an Glauben und Sitte festhaltenden Frommen trotz aller vorübergehenden Not rettet und belohnt und die gottlosen Machthaber zur Anerkennung des allein mächtigen Gottes zwingt; die Visionen stärken die Hoffnung auf die neue Weltzeit, die die jetzige Weltzeit der Herrschaft gottfeindlicher Mächte, der „Finsternis", mit ihrem Kampfes gegen das „Licht" ablösen wird durch den Anbruch des Gottesreiches und der Messiasherrschaft.

1,8: Bruch der Speisegebote galt soviel wie Glaubensabfall.

2,2: Mit „Chaldäer" sind die Wahrsager gemeint.

2,29–45: Mehrere Allegorien beschreiben bei Dan die Aufeinanderfolge der Großreiche (Neubabylonier, Meder und Perser, Griechen), hier dargestellt durch Metalle von abnehmendem Wert; alle diese Reiche werden stürzen, um einem neuen, ewigen Reich Platz zu machen (2,44).

3,91(24): Der in 3,23 unterbrochene aramäische Text setzt hier wieder ein, die Verszählung steht in Klammern.

5,25: „Mene, tekel, u-parsin" (drei Gewichts- oder Münzbezeichnungen) ist ein Wortspiel (mana: zählen; schakal: wiegen; paras: teilen [oder der Name „Perser"]), vielleicht eine Anspielung auf den abnehmenden Wert der drei Reiche (Neubabylon, Meder, Perser) oder auf drei Könige (Nebukadnezzar, Ewil-Merodach, Belschazzar).

7,3: „Vier große Tiere", die Reiche der Babylonier, Meder, Perser, Alexanders und seiner Nachfolger.

7,7: „Zehn Hörner", das sind zehn Seleukidenkönige.

7,8: „Ein anderes, kleineres Horn", gemeint ist Antiochus IV. Epiphanes.

7,13: Der Ausdruck „Menschensohn" bedeutet zunächst dasselbe wie „Mensch"; hier bezeichnet er einen Menschen, der menschliches Wesen geheimnisvoll überragt (Jesus wird sich selbst so bezeichnen und 7,13 zitieren für seine Wiederkunft in Herrlichkeit: Mt 8,20), ferner die Heiligen des Höchsten; diese kollektive Bedeutung führt aber nur die individuelle weiter, indem der Menschensohn gleichzeitig Haupt, Repräsentant und Vorbild des Volkes der Heiligen ist.

8,5: „Ziegenbock": Alexander der Große.

8,9: „Ort der Zierde": Jerusalem.

11,16: „Land der Zierde": Palästina.

11,45: „Berg der Zierde": der Zion.

Das Zwölfprophetenbuch

Im Zwölfprophetenbuch – oft auch „Kleine Propheten" genannt wegen des verhältnismäßig geringen Umfangs ihres erhaltenen Schrifttums – sind prophetische Schriften gesammelt, die aus einem Zeitraum von über dreihundert Jahren und entsprechend verschiedenartigen Verhältnissen stammen und deren (in Sir 49,10 vorausgesetzte) Zusammenstellung etwa um 180 v.C. erfolgt ist. Die Abfolge der Bücher in der christlichen Bibel entspricht der der jüdischen Tradition:

Hosea, ein jüngerer Zeitgenosse des Amos, wirkte um 750 bis 724 v.C. im Nordreich, einsetzend noch unter Jerobeam II. (787–747 v.C.), sodann während der darauf folgenden inneren Wirren (vier Königsmorde zwischen 747 und 731 v.C.) sowie des syrisch-efraimitischen Kriegs (733/732 v.C.). Grundthema seiner Verkündigung ist die Liebe Gottes, der sein Volk liebte wie ein Ehegatte seine Frau; Israel aber ist von ihm abgefallen und anderen Göttern nachgelaufen wie eine untreue Frau ihren Liebhabern; darum wird er es strafen, aber nur, um es zu bessern, es geläutert wieder zu sich zu führen und ihm die Freude der früheren Liebe wiederzuschenken. Die Geschichte dieser Liebe wird vom Propheten in seiner eigenen Ehe als Zeichenhandlung dargestellt. Das Buch besteht aus zwei Teilsammlungen: die Eheerzählung (1,2–3,5) und eine lose Aneinanderreihung von Sprüchen und Gedichten zu Schuld und Rettung Israels (4,1–11,11 und 12,1–14,10).

1,2: „Dirnenkinder", nicht weil sie im Ehebruch entstanden sind, sondern weil ihre Mutter ihnen ihr Wesen überträgt. Zum Bild des Ehebundes für das Verhältnis zwischen Gott, dem Herrn, und seinem Volk, vgl. Jes 1,21 f.; Jer 2,2; 3,1.6 f.; Ez 16,44; 23; Jes 50,1; 54,6 f.; 62,4 f. – Das Bild begegnet auch im NT.

2,16: Das Leben in der Wüste nach dem Auszug aus Ägypten erscheint hier als ein verloren gegangenes Ideal.

2,22: Gotteserkenntnis setzt Bundestreue, Frömmigkeit und Rechtschaffenheit voraus.

4,15: „Bet-Awen" („Haus des Nichts"), absichtliche verächtliche Entstellung für Bet-El („Haus Gottes"); zu Gilgal s.u. Anm. zu 9,15.

9,10: „Baal-Pegor", vgl. dazu die Erzählung Num 25,1–5.

9,15: In Gilgal entstand das Königtum (vgl. 1Sam 11,14 f.), das vom Propheten verurteilt wird (vgl. 8,4).

11,8: „Adma" und „Zebojim", wie Sodom und Gomorra zerstörte Städte.

Joël gehört in die nachexilische Zeit. Das wohl im 4. Jahrhundert v.C. entstandene Buch gliedert sich deutlich in zwei Teile: Aufforderung zur Buße bei einer Heuschreckenplage als Zeichen für den nahen Tag des Herrn, die mit einer Heilszusage endet (1–2), apokalyptische Beschreibung des Tages des Herrn (3–4). Neu ist bei Joël die Verheißung einer Ausgießung des Geistes Gottes über das ganze Volk in der messianischen Zeit (vgl. Apg 2,17–21).

3,1 f.: Der Geist wird über alle ausgegossen, wie es Mose gewünscht hatte (Num 11,29).

Amos, der älteste der Kleinen Propheten, predigt im Nordreich während der Regierung Jerobeams II. (787–747 v.C.) gegen verkehrten Gottesdienst, sittlichen Verfall und soziales Unrecht, die sich hinter dem äußerlichen Glanz und der trügerischen Sicherheit dieser Zeit ausgebreitet hatten. Gott, der Herr über alle Völker und Verteidiger der Gerechtigkeit, wird am Tag seines Gerichts, am „Tag des Herrn", Untergang und Verderben auch über Israel bringen, das seine Erwählung durch Gewalt und Unterdrückung des Rechts verwirkt hat. Trotz dem überwiegend düsteren und drohenden Tons seiner Verkündigung blickt auch Amos auf ein künftiges Heil (9,11–15). Das Buch enthält (in einer zuweilen gestörten Anordnung) ein Drohgericht über Israel und die Nachbarvölker (1,3–2,16), einzelne Sprüche bzw. Spruchreihen gegen die Oberschicht Israels (3,1–

6,14), die Erzählungen von fünf Visionen (7,1–9,6) mit dazwischen geschaltetem Er-Bericht über den Zusammenstoß zwischen Amos und dem Oberpriester von Bet El (7,10–17) sowie einen Schlussteil (9,7–15). Die Texte gehen zum größten Teil auf Amos selbst zurück.

3,2: „Erwählt", im biblischen Sinn von „aussondern, lieben"; es geht hier um die Vorrechte, die mit der Erwählung Israels verbunden sind.

5,4: „Gott suchen" heißt hier, ihn in seinen Heiligtümern aufsuchen (Dtn 12,5; 2Chr 1,5).

5,18: Dem von Israel erwarteten helfenden Eingreifen Gottes, des Herrn, stellt Amos das prophetische Wort vom „Tag des Herrn" gegenüber, dem Tag des Unglücks, der Finsternis und der Tränen, dem Tag des göttlichen Zorngerichts gegen das in seinen Sünden verstockte Israel. Die vorexilischen Propheten verstehen hierunter das durch die angreifenden Völker drohende Unheil. Während des Exils wird der „Tag des Herrn" zum Gegenstand der Hoffnung; der Zorn Gottes wendet sich gegen die Bedrücker Israels, der „Tag des Herrn" wird die Wiederherstellung Israels bringen (vgl. Jes 11,11; 12,1; 30,26; Joël 3,4; 4,1). Nach dem Exil wird er zum Tag des Gerichts, das den Sieg des Gerechten und den Untergang der Sünde bringt (vgl. Mal 3,19 ff.; Ijob 21,30; Spr 11,4).

5,21–27: Die Propheten wenden sich häufig gegen religiöse Heuchelei, die äußere Kulthandlungen vollbringt, aber nicht Gerechtigkeit und Nächstenliebe übt (vgl. 1Sam 15,22; Jes 1,10–16; 29,13 f.; 58,1–8; Hos 6,6; Mi 6,5–8; Jer 6,20; Joël 2,13; Sach 7,4–6). – Das NT greift das prophetische Anliegen auf: Lk 11,41 f.; Mt 7,21; Joh 4,21–24.

Obadja. Dieses kürzeste Buch des AT enthält drei Teile: ein Drohwort gegen Edom (mit einer auffallenden Verwandtschaft zu Jer 49,14 ff.), das wohl in der Zeit kurz nach 587 v. C. anzusetzen ist, die Ansage der Vernichtung Edoms sowie die Ankündigung des Tages Jahwes mit dem Strafgericht über die Völker und dem Heil für Israel. Edom wird Unheil zugesprochen wegen seiner Vergehen an Jakob: das auf Esau, den Bruder Jakobs sich gründende Volk (Gen 36), hatte 586 v. C. an der Eroberung Jerusalems durch die Babylonier teilgenommen und einen Teil den Südreichs besetzt.

Jona. Dieses nachexilische Buch (im 5./4. Jahrhundert v. C. entstanden) unterscheidet sich stark von den anderen prophetischen Schriften; es ist weder Prophetenbiographie noch Sammlung prophetischer Sprüche, sondern eine kunstvoll verfasste, erbauliche Erzählung, die nicht historisch-biographisch zu verstehen ist. In ihr geht es um Gottes Erbarmen und die universale Weite seines Heilswillens sowie und die Aufarbeitung der Spannung zwischen Gericht und Gnade mit Hilfe der Schöpfungstheologie. – Die neutestamentliche Verwendung des Jonabuchs (Mt 12,38–41; 16,4; Lk 11,29–32) hat den christlichen Blick einseitig auf die Fischepisode bzw. auf die Bekehrung Ninives gelenkt.

Micha stammt vom Land wie Amos, dessen Empörung gegen die Missstände in den Hauptstädten sich bei ihm wiederfindet und mit dem er auch in der Schärfe seiner ungeschminkten, bilderreichen, wortspielgewandten Sprache verwandt ist. Er wirkte unter den Königen Jotam, Ahas und Hiskija, also in der Zeit vor und nach dem Untergang Samarias (722 v. C.), und ist damit in etwa ein Zeitgenosse Jesajas. Seine Botschaft ist vor allem Androhung des göttlichen Gerichts wegen sozialer Ungerechtigkeit und Ausbeutung, kultischer Missbräuche und Scheinheiligkeit, aber auch Heilsverheißung mit dem messianischen Thema vom „Rest" (bei ihm findet sich auch die Weissagung von der Herkunft des Messias aus Betlehem, vgl. Mt 2,6; Joh 7,42). Das Buch ist deutlich in vier Abschnitte eingeteilt (1,2–3,12 Israel vor Gericht; 4,1–5,14 Heilsverheißungen; 6,1–7,7 Fortsetzung der Drohungen; 7,8–20 letzte Heilsverheißungen). Dieser Aufbau ist auf spätere redaktionelle Arbeit zurückzuführen (wie auch 7,8–20 als nachexilischer Anhang anzusehen ist).

Nahum, über dessen Person nichts weiter bekannt ist, gehört – wie die höchst lebendige, kraftvolle Schilderung von Ninives Bedrohung und Eroberung (2,4–3,19), dem Hauptteil des Büchleins, beweist – zu den großen Dichtern Israels. Das Werk dieses Trost- und Heilspropheten, das wohl in der Zeit kurz vor der Einnahme Ninives (612 v. C.) entstanden ist, beginnt mit einem Hymnus auf Gottes Macht, der Rache nimmt an seinen Feinden und seine Getreuen beschützt (1,9–2,3).

Habakuk lebte um 600 v. C. zur Zeit König Jojakims in Jerusalem. Das Buch, das in weiten Teilen auf den Propheten selbst zurückgeht, zeigt einen sorgfältigen Aufbau: im einleitenden Dialog (1,2–2,5) entsprechen sich zweimal Klage des Propheten und Gottes Antwort; es folgen fünf Wehrufe gegen Babel (2,6–20), schließlich ein Gebet Habakuks über das Erscheinen Gottes zum Gericht (3,2–19). Der Wechsel von pro- zur antibabylonischer Einstellung sowie andere Besonderheiten spiegeln die Wandlungen des Propheten selbst, verweisen aber auch auf redaktionelle Eingriffe in das Buch. Habakuk stellt die Frage nach der Gerechtigkeit Gottes in der Führung der Völker und macht dem Frommen in seinen Glaubensschwierigkeiten Mut durch die Hoffnung, dass letztlich für alle nur die Gerechtigkeit zählt (2,4). In die Mitte seiner Verkündigung gehört das Wort vom Leben aus dem Glauben, das dann von Paulus neu aufgegriffen wird.

Zefanja wirkte unter König Joschija, aber vor dessen religiösen Reformen, etwa zwischen 630 und 620 v.C. In seiner Verkündigung führt er Gedanken früherer Propheten weiter (vom Tag Jahwes bei Amos, vom Rest und von der Demut vor Gott bei Jesaja) und ist gleichzeitig ein Wegbereiter der großen Reformen unter Joschija. Die hochmittelalterliche Sequenz „Dies irae, dies illa“ ist von Zef 1,15–18 inspiriert.

2,3: Die „Gebeugten im Land“ sind die wahren Israeliten, die sich dem Willen Gottes unterwerfen und zu denen der Messias gesandt wird, der selbst gebeugt und geschlagen ist (Jes 53,4; Ps 22,25).

Haggai gehört zu den Propheten der nachexilischen Zeit. Hauptanliegen seines Buches mit fünf genau datierten Mahnreden (aus dem Jahr 520 v.C.) ist der Wiederaufbau des Tempels, an den sich die Erwartung zukünftigen Heils knüpft.

Sacharja ist ein Zeitgenosse Haggais, der zwischen 520 und 518 v.C. auftritt. Auch bei ihm steht der Bau des neuen Tempels im Vordergrund, ferner die religiös-sittliche Erneuerung des Volkes und die Aussicht auf ein messianisches Zeitalter. Das Buch zerfällt deutlich in drei verschiedene Teile (1–8; 9–11; 12–14; auch Proto-, Deutero- und Trito-Sacharja genannt), von denen nur der erste Worte des historischen Sacharja enthält. Dieser Teil enthält acht Visionen (1,7–6,8), die symbolische Krönung des Hohenpriesters (6,9–15), ferner anlässlich einer Anfrage über das Fasten Lehren aus der Vergangenheit (7) und einen Ausblick auf künftiges Heil (8). Die weiteren Teile, deren messianische Vorstellungen sich als besonders wirkmächtig erweisen (vgl. Mt 21,4–5; 26,31; 27,9; Mk 14,27; Joh 19,37), sind offenbar eine Zusammenstellung mehrerer Stücke unterschiedlichen Alters und dürften ihre endgültige Gestalt erst gegen Ende des 4. Jahrhunderts v.C. erhalten haben.

2,1: „Vier Hörner“, die Israel feindlichen Völker (die Zahl vier bezeichnet die Gesamtheit der Heidenvölker, nicht vier bestimmte Völker).

2,3: „Vier Schmiede“, Symbol für Engelmächte.

3,8: „Spross“, ein Messiasname (vgl. Jes 2,4; Jer 23,5–6).

5,11: „Schinar“, andere Bezeichnung für Babylonien als symbolischer Mittelpunkt der heidnischen Welt und Inbegriff alles Widergöttlichen.

9,9: Der Messias wird „demütig“ sein, er verzichtet auf das prunkvolle Auftreten der geschichtlichen Könige.

12,10: Die messianische Heilszeit ist abhängig von einem geheimnisvollen Leiden und Sterben, dem Leiden des Gottesknechtes vergleichbar (Jes 52,13–53,12). – Joh 19,13 sieht hierin eine Prophetie für den von der Lanze durchbohrten Gekreuzigten.

12,11: „Hadad-Rimmon“: Vegetationsgott, um den jährlich eine große Kultklage gehalten wurde.

Maleachi bedeutet dem hebräischen Wort nach „Mein Bote“. Ob Maleachi ein Eigenname ist oder nach 3,1 eine Bezeichnung für einen anonymen Propheten, ist umstritten, ebenso, ob hinter dem Buch eine bestimmte Prophetenpersönlichkeit steht, die kurz vor der Reform des Esra und Nehemia und diese vorbereitend gewirkt (um 450 v.C.) hätte. Das Buch mit seinem charakteristischen Aufbau (sechs Dialogreden; der Abschluss 3,22–24 ist ein späterer Anhang) hat zwei Hauptthemen: die Sünden gegen kultische Pflichten und das Ärgernis der Mischehen und Ehescheidungen.

3,1: Der Vorläufer Gottes, des Herrn (vgl. schon Jes 40,3), wird mit Elija (3,23) gleichgesetzt. – Mt 11,10 bezieht diese Stelle auf Johannes den Täufer, den neuen Elija (Mt 11,14).

Einführungen und Anmerkungen zu den Büchern des Neuen Testaments

Die Evangelien

Schon die ältesten Verzeichnisse des neutestamentlichen Kanons enthalten vier allgemein anerkannte Evangelien (griech., die gute Nachricht) Mt, Mk, Lk und Joh, wobei die Reihenfolge wohl mit der Häufigkeit in der liturgischen Verwendung der frühen Kirche zu tun hat. Die Evangelien haben das sprachliche und nichtsprachliche Handeln des Jesus von Nazaret zum Gegenstand und bestätigen glaubend seine Sohnschaft, seine Sendung vom Vater, den Sinn seines Todes sowie seine Auferweckung.

Liest man die Evangelien nebeneinander, „synoptisch" (griech., in der Zusammenschau), wird sogleich sichtbar, dass Mt, Mk, Lk in großen Teilen wörtlich übereinstimmen, während sich Joh in Anlage und Darstellung von den ersten drei Evangelien grundlegend unterscheidet. Dem gegenseitigen Verhältnis der ersten drei Evangelien, den so genannten Synoptikern, versuchen verschiedene Hypothesen zur Lösung der „Synoptischen Frage" auf die Spur zu kommen. Heute wird das Verhältnis der drei ersten Evangelien allgemein nach der Zwei-Quellen-Theorie bestimmt: Eine Mk-Bearbeitung bildet den Leitfaden für Mt und Lk; Mt und Lk haben voneinander unabhängig jedoch neben Mk noch eine zusätzliche Quelle, die (ihnen wohl schriftlich vorliegende, verloren gegangene) Logienquelle („Q") verarbeitet. Joh steht mit anderen, vorsynoptischen, vor allem lukanischen Traditionen in Verbindung.

Die Abfassungszeit der Evangelien wird unter dieser Prämisse wie folgt angesetzt: Mk etwa im Jahr 70 n.C., Mt und Lk ungefähr 80, Joh nach Jahr 90. Die Evangelien sind anonyme Schriften, ihre Zuweisung an bestimmte Verfasserpersönlichkeiten ist erst nach ihrer Abfassung vorgenommen worden.

Das Matthäusevangelium

Die Abfassung des ersten Evangeliums, das von der altkirchlichen Überlieferung dem Apostel Matthäus zugeschrieben wurde, der vor seiner Berufung zum Apostel Zöllner in Kafarnaum war (vgl. Mt 9,9–13) und den Namen Levi trug (Mk 2,14; Lk 5,27), wird heute weithin in etwa so beurteilt: Um das Jahr 80 n.C. (s.o) hat wohl im syrischen Kirchenraum ein schriftkundiger Christ unter Benutzung von Mk, der Logienquelle sowie weiterer (meist mündlich überlieferter) Sondertraditionen ein neues Evangelium geschrieben, und zwar in griechischer Sprache.

Seiner literarischen Eigenart nach ist Mt eine Lehrschrift, mit einem deutlichen Schwerpunkt auf fünf umfangreiche Redekompositionen: Bergpredigt (5,1–7,29), Aussendungsrede (10,1,–11,1), Gleichnisrede (13,1–53), Gemeinderede (18,1–19,2), Rede über die Endzeit (24,1–26,2). Die erzählerischen Abschnitte (Wunderberichte) sind gegenüber der Mk-Vorlage gekürzt.

Ein wichtiges Anliegen für den Verfasser ist der Nachweis der Gottessohnschaft Jesu (3,17; 14,33 u.ö.) sowie seiner Messianität (1,23); dabei bedient sich Mt insbesondere des Schriftbeweises, um zu zeigen, dass sich in Jesus alle alttestamentlichen Messiasverheißungen erfüllt haben, wenn auch in ganz anderer Weise, als es den jüdischen Messiasvorstellungen der Zeit entsprach. Die Kirche (griech. ekklesia, 16,18; 18,17) ist das neue Gottesvolk in und durch Jesus. Die Erwählung Israels wird ausgeweitet auf alle Völker (so genannter „Missionsauftrag" 28,16–20), das mosaische Gesetz wird nicht aufgehoben, sondern in Christus erfüllt und vollendet (5,17–19). Ein weiterer zentraler Begriff ist „Reich der Himmel" als die für das Mt typische Reich Gottes-Metapher.

1,1–17: Der Stammbaum betont die Herkunft Jesu von David und Abraham, auf deren Nachkommenschaft die Messiasverheißung beruht (vgl. Gen 12,3; 2Sam 7,13–16). „Sohn Davids" ist für die Juden ein Messiastitel. Die Ahnen Josefs werden angeführt, weil für das jüdische Recht, auf dessen Boden Mt Jesus als Erben Davids zeigen will, Josef der gesetzliche Vater Jesu war. Die Ahnenreihe ist nicht lückenlos. Die drei Gruppen entsprechen den entscheidenden Phasen der jüdischen Geschichte: Patriarchenzeit (1,2–5), Königszeit (1,6–11) und nachexilische Epoche (1,12–16).
1,21: „Jesus" heißt im Hebräischen „Gott wird helfen", in der angefügten Begründung des Namensgebung klingt Ps 130,8 an, was Mt hier als Weissagung auf Jesus versteht.
1,23: Vgl. Jes 7,14.
1,25: „Erkennen" (so im griech. Text) hier als Umschreibung des ehelichen Verkehrs.
2,6: Vgl. Mi 5,1; 2Sam 5,2.
2,15: Vgl. Hos 11,1.
2,18: Vgl. Jer 31,15.
3,2: „Himmelreich" (wörtlich „Reich der Himmel"), eine bei Mt häufige Umschreibung für das Reich Gottes.
3,3: Vgl. Jes 40,3.
3,17: Vgl. Gen 22,2; Ps 2,7; Jes 42,1.
4,1–11: Die Geschichte von der Versuchung Jesu in der Wüste lässt in zahlreichen Entsprechungen Jesus als den neuen Mose erscheinen. Der Teufel (griech. diabolos, in Entsprechung zu hebr. satan [s. Anm. zu 1Chr 21,1]) versucht vergeblich, Jesus zum Abfall von seiner messianischen Sendung zu verführen.
4,3: „Gottes Sohn"; bereits hier klingt bei dem im NT häufig gebrauchten messianischen Titel „Sohn Gottes" für Jesus die tiefere Bedeutung einer umfassenden, wesensmäßigen Gottessohnschaft Jesu an.
4,4: Vgl. Dtn 8,3.
4,6: Vgl. Ps 91,11 f.
4,7: Vgl. Dtn 6,16.
4,10: Vgl. Dtn 6,13; 10,20.
4,15 f.: Vgl. Jes 8,23–9,1.
5,3: „Arme im Geist" sind die Demütigen vor Gott, die um ihre Hilfsbedürftigkeit und Abhängigkeit von Gott wissen und dadurch aufnahmefähig für das Reich Gottes sind.
5,21: Vgl. Ex 20,13; Dtn 5,17.
5,22: „Dummkopf", „Narr" zwei aus dem Aramäischen stammende Begriffe, der letztere im Sinn von „Gottloser" sehr scharf.
5,27: Vgl. Ex 20,14; Dtn 5,18.
5,31: Vgl. Dtn 24,1.
5,33: Vgl. Lev 19,12.
5,38: Vgl. Ex 21,24.
5,43: Vgl. Lev 19,18.
7,23: Vgl. Ps 6,9.
8,4: Die Priester hatten die Heilung Aussätziger amtlich festzustellen, vgl. Lev 13,49; 14,2.
8,12: „Söhne des Reiches" sind die Juden, die zuerst von Gott berufen wurden.
8,17: Vgl. Jes 53,4.
8,20: Mit „Menschensohn" (vgl. Anm. zu Ez 2,1) bezeichnet Jesus in den Evangelien die ihm eigene Messiaswürde, denn er stellt sich mit dieser Selbstbezeichnung in den frühjüdischen Bedeutungshorizont des Begriffs, ausgehend von Dan 7,13 (vgl. Anm. zur Stelle).
9,10: „Zöllner" galten in Israel als Betrüger und Sünder, weil sie meist im Dienst der Besatzungsmacht der Römer standen. Problematisch ist vor allem die Tischgemeinschaft mit den Zöllnern, die wegen ihres Berufs und ihres Umgangs weithin als unrein galten.
9,13: Vgl. Hos 6,6.
9,36: Vgl. Num 27,17; 1Kön 22,17; Ez 34,5.
10,1–4: Die „zwölf Apostel" repräsentieren die zwölf Stämme Israels, sowohl im Rückblick auf das Volk der zwölf Stämme als Gottes besonderes Eigentum (Ex 19,5), als auch als zeichenhafte Darstellung der eschatologischen Neukonstituierung Israels (Mt 19,28). Die Namensliste ist in vier Formen überliefert (Mk 3,16–19; Lk 6,13–16; Apg 1,13), die Unterschiede darin nur schwer zu erklären.
10,21: Vgl. Jes 14,13.15.
10,35 f.: Vgl. Mi 7,6.
11,5: Vgl. Jes 26,19; 29,18; 42,7.18; 35,5 f.; 61,1.
11,10: Vgl. Mal 3,1.
11,23: Vgl. Jes 14,13.15.
11,29: Vgl. Jer 6,16; Jes 28,12.
12,7: Vgl. Hos 6,6.
12,18–21: Vgl. Jes 42,1–4.
12,40: Vgl. Jona 2,1.
12,46: „Brüder" können entsprechend dem semitischen Sprachgebrauch auch nahe Verwandte (vgl. Gen 13,8; 14,24) sein.
13,14 f.: Vgl. Jes 6,9 f.
13,31–33: Das Gleichnis vom Senfkorn zeigt, dass Gottes Herrschaft trotz der unscheinbaren Anfänge in Jesu Wirken am Ende in Größe und Macht voll offenbar sein wird; das Bild vom Sauerteig erläutert die alles durchdringende, verwandelnde Kraft, die in ihm wohnt und wirkt (vgl. Dan 4,8 f.18; Ex 17,23; Ps 104,12).
13,35: Vgl. Ps 78,2.
15,4: Vgl. Ex 20,12; 21,17.
15,8 f.: Vgl. Jes 29,13.
15,11: Nicht die Speise macht den Menschen unrein, sondern der Ungehorsam gegen die Gebote Gottes, der aus dem Herzen kommt.
16,4: „Ehebrecherisch" werden die Juden wegen des Treubruches gegen Gott genannt, der mit ihnen den Bund geschlossen hatte; dieses Bundesverhältnis Gottes zu seinem Volk wird im AT, besonders bei Hos und Jer, im Bild eines Ehebundes dargestellt.
16,16: „Messias", der Gesalbte (griech. Christus), hier Hinweis auf das göttliche Amt Jesu; „Sohn Gottes", hier Hinweis auf seine einzigartige Würde (vgl. Anm. zu 4,3).
16,17 f.: Petrus hat sein Bekenntnis nicht aus eigenem Antrieb geäußert, sondern es ist ihm von Gott offenbart worden; Petrus nimmt in seinem

elementaren Bekenntnis das umfassende Bekenntnis der Kirche vorweg und ist in diesem Sinn das Fundament, der Fels, auf dem die Kirche errichtet ist.
16,18: „Petrus" von griech. petra, Fels. – „Kirche" (hebr. qahal und durch griech. ekklesia übersetzt) bedeutet „Versammlung" und kommt im AT häufig als Bezeichnung für die Gemeinde des auserwählten Volkes vor. Die frühe Kirche übernimmt diesen Begriff für sich selbst als messianische Gemeinde, die in Jesus Christus ihren Ursprung hat. – „Pforten der Hölle", das sind die Mächte des Bösen und des Todes.
16,19: Petrus erhält aufgrund seines Bekenntnisses die „Schlüssel des Himmelreichs" sowie die Vollmacht „zu binden" und „zu lösen",
16,23: Die überraschende Schärfe im Wort Jesu an Petrus erklärt sich daraus, dass Petrus unbewusst die messianische Sendung Jesu außer Kraft setzen möchte; insofern stellt es sich in den Dienst Satans (vgl. 4,1–10).
16,27: Vgl. Ps 62,13; 28,4; Spr 24,12; Sir 35,22.
17,1: Der „Berg" als Offenbarungsort spielt bei Mt eine besondere Rolle.
17,5: Vgl. Ps 2,7; Jes 42,1; Dtn 18,15.
17,10f.: Die Juden erwarteten, dass die Erscheinung des Messias durch die Wiederkunft Elijas (der als zu Gott entrückt galt, vgl. 2Kön 2,1–18) vorangekündigt wird. Jesus bestätigt dies mit einem Prophetenzitat (vgl. Mal 3,23).
17,24: Jeder Israelit war von seinem 20. Lebensjahr an verpflichtet, dem Tempel (jährlich) einen Betrag zu entrichten (vgl. Ex 30,13–15), zur Zeit Jesu zwei Drachmen („Doppeldrachme").
18,16: Vgl. Dtn 19,15.
18,17: „Gemeinde", hier als deutsche Übersetzung des griech. ekklesia, Gemeinde, Kirche.
18,18: Hier wird die Binde- und Lösegewalt, 16,19 noch exklusiv dem Petrus erteilt, auf die ganze Gemeinde/Kirche ausgedehnt (vgl. Joh 20,23).
19,4: Vgl. Gen 1,27.
19,5: Vgl. Gen 2,24.
19,7: Vgl. Dtn 24,1.
19,11f.: Freiwilliger Verzicht auf die Ehe ist eine besondere Gabe Gottes.
19,18f.: Vgl. Ex 20,12–16; Dtn 5,16–20.
20,1–16: Das Gleichnis lehrt die Freiheit Gottes in der Zumessung seiner Gnade. Aus der menschlichen Leistung ergibt sich keinerlei Rechtsanspruch an Gott.
21,5: Vgl. Jes 62,11; Sach 9,9.
21,9: Vgl. Ps 118,25f.
21,13: Vgl. Jes 56,7; Jer 7,11.
21,16: Vgl. Ps 8,3.
21,33–41: Das Gleichnis ist eine Gerichtsandrohung an die Führer des Volkes, die Jesus anfeinden und verfolgen.
21,42: Vgl. Ps 118,22f.; Jes 28,16.
22,24: Vgl. Dtn 25,5; Gen 38,8. – Zur „Schwagerehe" vgl. Anm. zu Dtn 25,5–10.
22,32: Vgl. Ex 3,6.15f.
22,37: Vgl. Dtn 6,5.
22,39: Vgl. Lev 19,18.
22,44f.: Vgl. Ps 110,1.
23,38: Vgl. Jer 22,5.
23,39: Vgl. Ps 118,26.
24,6: Vgl. Dan 2,28.
24,15: Vgl. Dan 9,27; 12,11. – „Gräuel der Verwüstung" spielt auf die Aufstellung heidnischer Altäre und Götterbilder an, durch die der Tempel entweiht wird.
24,21: Vgl. Dan 12,1; Joël 2,2.
24,29: Vgl. Jes 13,10; 34,4; Joël 2,2.
24,30: Vgl. Sach 12,10.12; Dan 7,13.
24,31: Vgl. Sach 2,10.
24,38: Vgl. Gen 7,7.13.
26,2: Zum Begriff „Pascha" vgl. Anm. zu Ex 12,1.
26,15: Vgl. Sach 11,12.
26,28: Vgl. Ex 24,8. – „Blut des Bundes": Am Sinai besiegelte das Blut von Opfertieren den Bund Gottes mit seinem Volk, nun besiegelt das Blut Jesu am Kreuz den „neuen" Bund (Lk 22,20; 1Kor 11,25; 2Kor 3,4–6; Gal 3,15–20; 4,24).
26,31: Vgl. Sach 13,7.
26,64: Vgl. Ps 110,1; Dan 7,13. – „Macht", eine Umschreibung für Gott.
27,9f.: Vgl. Jer 9,2; 32,7; Sach 11,12f.; 13,7–9.
27,34: Vgl. Ps 69,22.
27,35: Vgl. Ps 22,19.
27,39: Vgl. Ps 22,8.
27,43: Vgl. Ps 22,9.
27,46: Vgl. Ps 22,2.
27,48: Vgl. Ps 69,22.
28,19–20: Die (spätere) trinitarische Taufformel hat sich wohl im Urchristentum aus der (früheren) einfachen Formel „auf den Namen Jesu" (Apg 1,5; 2,38) entwickelt.

Das Markusevangelium

Nach altkirchlicher Tradition ist das zweite und kürzeste Evangelium von Markus, einem griechisch schreibenden Judenchristen, der mit dem im NT häufig genannten „Johannes mit dem Beinamen Markus" (Apg 12,12.25; 13,5) identisch sein könnte; mit Barnabas begleitete Markus Paulus auf seiner ersten Missionsreise, kehrte aber von Perge aus wieder in seine Heimat zurück (Apg 15,37.39). Ältester Überlieferung nach war Markus dann später bei Petrus und diente ihm als Schüler und Dolmetscher (1Petr 5,13).

Die heutige Forschung setzt die Abfassung des Mk um das Jahr 70 n. C. an (Zerstörung des Jerusalemer Tempels, Mk 13). Mk ist das älteste Evangelium, sein Verfasser der Schöpfer dieses literarischen Genus. Da die Mk vorliegenden Quellen nicht in der Weise angegeben werden können, wie das bei Mt und Lk der Fall ist, verfügte der Verfasser wohl über eine Reihe von (schriftlich gesammelten) Einzelüberlieferungen, die er in einer bestimmten Reihenfolge anordnete. Dadurch hat der Verfasser, der selbst kein Augen- und Ohrenzeuge war, mit seiner redaktionellen Verknüpfung der ihm vorliegenden Überlieferung von Worten und vorwiegend Taten Jesu einen weitgehend künstlichen Aufriss des Lebens Jesu geschaffen, dem man aber wesentliche historische Verlässlichkeit wird zusprechen dürfen.

Wichtigstes Merkmal der theologischen Konzeption des Mk ist zunächst die Botschaft von der nahe gekommenen Gottesherrschaft (1,15), sichtbar in den Wundererzählungen Jesu, seiner Vollmacht, Sünden zu vergeben (2,5–10), seiner Gemeinschaft mit Zöllnern und Sündern (2,14–17) und den Gleichnisreden (4,1–34). Mit der Botschaft ist sodann die Person Jesu unmittelbar verbunden: Jesus ist der Sohn Gottes (1,1.11; 9,7; 15,39), der den Willen des Vaters erfüllt (8,31; 14,36); er ist der Messias (1,1; 8,29; 14,61 f.), der freilich seine Messianität verborgen zu halten gebietet (so genanntes „Messiasgeheimnis"), bis der Menschensohn von den Toten auferstanden ist (9,9).

1,2–3: Vgl. Jes 40,3; Mal 3,1.
1,11: Vgl. Gen 22,2; Ps 2,7; Jes 42,1.
1,23–27: Mk zeigt in seinem Evangelium häufig die überlegene Macht Jesu über die Dämonen (hier als „unreiner Geist); Besessenheit kommt im NT in verschiedenen Krankheiten (psychisch oder körperlich) zum Ausdruck, in Verwahrlosung, in selbstzerstörerischem Verhalten, aber auch in aggressiven Formen der Gottlosigkeit. Kraft der in Jesus wirkenden Vollmacht überwindet er die Besessenheit („er treibt die Dämonen aus") und setzt somit ein Zeichen für den Anbruch der Gottesherrschaft.
1,44: Vgl. Lev 13,49; 14,2.
3,25 f.: Vgl. 1Sam 21,1–6.
4,12: Vgl. Jes 6,9–10.
4,13–20: Die Auflösung des Gleichnisses vom Sämann (4,1–9) kann als kleines Beispiel für urchristliche Katechese gelten, in Jesu Verkündigung verstanden sich seine Gleichnisse von selbst. Der ursprüngliche Sinn (die Wirkung des Wortes ist übergroß) ist in der Deutung des Mk abgewandelt: in der Missionssituation stößt die Verkündigung des Wortes auf verschieden motivierte Ablehnung.
4,29: Vgl. Joël 4,13.
4,32: Vgl. Dan 4,8 f.18; Ez 17,23; Ps 104,12.
6,3: „Bruder" und „Schwestern" können hier entsprechend semitischem Sprachgebrauch nahe Verwandte Jesu sein (vgl. Mt 12,46).
6,23: Vgl. Est 5,3.6; 7,2.
6,34: Vgl. Num 27,17; 1Kön 22,17; Ez 34,5.
7,3 f.: Mk erläutert seinen Lesern einige jüdischen Reinigungsvorschriften. Die „Überlieferung der Alten" sind Gesetzesauslegungen angesehener Lehrer mit genauen, für jeden Fall geregelten Vorschriften, die oft für wichtiger gehalten wurden als das Gebot selbst.
7,6 f.: Vgl. Jes 29,13.
7,10: Vgl. Ex 20,12; 21,17.
7,9–13: Durch das Korban-Gelübde erklärte man einen Gegenstand zu einer Tempelabgabe und entzog es so einem anderem Anspruch, etwa dem der Eltern; ohne Sanktionen fürchten zu müssen, konnte man das geweihte Gut jedoch selbst weiter benutzen; es handelte sich also um ein Scheingelübde, um sich einer Pflicht zu entledigen. Jesus entlarvt diese Praxis.
8,18: Vgl. Jer 5,21.
9,7: Vgl. Ps 2,7; Jes 42,1; Dtn 18,15.
9,44.46.48: Vgl. Jes 66,24.
10,4: Vgl. Dtn 24,1.
10,6: Vgl. Gen 1,27.
10,7: Vgl. Gen 2,24.
10,19: Vgl. Ex 20,12–17; Dtn 5,16–20.
10,27: Vgl. Gen 18,14; Ijob 42,2; Sach 8,6.
11,9: Vgl. Ps 118,25 f.
11,10: Vgl. Ps 148,1; Ijob 16,19.
11,17: Vgl. Jes 56,7; Jer 7,11.
12,10 f.: Vgl. Ps 118,22–23; Jes 28,16.
12,19: Vgl. Dtn 25,5 f.; Gen 38,8.
12,26: Vgl. Ex 3,6.15 f.
12,29 f.: Vgl. Dtn 6,4 f.
12,31: Vgl. Lev 19,18.
12,32 f.: Vgl. Dtn 6,4; 4,35.
12,36 f.: Vgl. Ps 110,1.
13,7: Vgl. Dan 2,28.
13,14: Vgl. Dan 9,27; 11,31; 12,11.
13,19: Vgl. Dan 12,1; Joël 2,2.
13,24 f.: Vgl. Jes 13,10; 34,4; Joël 2,10.
13,26: Vgl. Dan 7,13 f.
13,27: Vgl. Sach 2,10.
13,32: Den „Tag oder die Stunde" des Gerichtes bekannt zu machen ist nicht Aufgabe des Messias, dies ist für seine Botschaft ohne Bedeutung.
14,24: Vgl. Ex 24,8.
14,26: Der „Lobgesang" ist das so genannte Hallel (Pss 113–118), das das Paschamahl beschloss.
14,27: Vgl. Sach 13,7.
14,62: Vgl. Dan 7,13; Ps 110,1.
15,21: Mk allein nennt die Namen der beiden Söhne des „Simon aus Zyrene". Wahrscheinlich waren sie der Gemeinde bekannt; ein Rufus wird in Röm 16,13 genannt.
15,24: Vgl. Ps 22,19.
15,29: Vgl. Ps 22,8.
15,34: Vgl. Ps 22,2.
15,36: Vgl. Ps 69, 22.

15,42: „Rüsttag“, der Tag vor dem Sabbat, also Freitag.
16,1: Die beabsichtigte Salbung des Leichnams nach der Grablegung berichten nur Mk und Lk; trotz der plausiblen Erklärungen (die Öle können erst nach dem Sabbat eingekauft werden bzw. müssen zubereitet werden), darf diese Version gegenüber Mt und Joh als weniger wahrscheinlich gelten. Dass die Salbung für das Begräbnis die frühchristliche Gemeinde jedoch beschäftigt hat, geht auch aus Mt 26,12 und Joh 12,7; 19,39 f. hervor.
16,9–20: Dieser so genannte „kanonische Mk-Schluss“ (zum Kanon gehörig trotz sekundärer Anfügung) findet sich nicht bei den ältesten Textzeugen. Durch ihn wurde versucht, der Verlegenheit eines „fehlenden“ Schlusses des Evangeliums mit Berichten über Erscheinungen des Auferstandenen abzuhelfen.

Das Lukasevangelium

Nach der Überlieferung der alten Kirche haben das dritte Evangelium und die Apg (das so genannte lukanische Doppelwerk) den Heidenchristen und Arzt Lukas aus Antiochia, den Reisebegleiter des Paulus, der auch bei ihm in seiner letzten Gefangenschaft ausharrte (Phlm 24; Kol 4,14; 2Tim 4,11), zum Verfasser. Wenn die alten Zeugnisse die engen Beziehungen des Lk zu Paulus besonders betonen und die Predigt des Paulus mitunter als Quelle des Lk bezeichnet wird, so wird damit in erster Linie diesem Evangelium die Autorität eines Apostels verliehen (wie dem Mk die Autorität des Petrus). Die Identität des bei Paulus erwähnten Lukas mit dem Evangelisten wird aber heute aus guten Gründen bestritten (vor allem wegen der Widersprüche zwischen den Angaben der Apg und der Paulusbriefe sowie dem Fehlen der für Paulus typischen Rechtfertigungslehre). Positiv lässt sich sagen, dass der Verfasser des Lk vermutlich kein gebürtiger Jude war und Palästina wohl nicht aus eigener Anschauung kannte. Als Abfassungszeit kommen die Jahre um 80 n. C. in Frage (s. o.); einiges spricht dafür, dass das Evangelium in Kleinasien entstand.

Der Verfasser war als Nicht-Augenzeuge auf die Berichte anderer, „die von Anfang an Augenzeugen und Diener des Wortes waren“ (1,2), angewiesen. Als erste Quelle dient dem Verfasser Mk, das er als Grundlage seiner Darstellung des Wirkens Jesu wählt. Aus anderen Quellen stammende Stoffe hat der Verfasser in den Mk-Bericht eingefügt: den Stoff aus der Logienquelle Q sowie das fast die Hälfte des Lk umfassende (mündliche oder schriftliche) Sondergut des Evangelisten.

Literarisch gesehen ist Lk das sprachlich gepflegteste Evangelium. Der Verfasser, der stärker als die anderen Evangelisten als Autor hervortritt (1,1–4), schreibt ein sehr gutes Griechisch und zeichnet sich in der eigenständigen Gestaltung des Erzählungsstoffes durch straffe und doch anschauliche Schilderung aus. Er zeigt in seinem Bericht Jesus als den Heiland der Welt, der zur Rettung aller gekommen ist, besonders für die Armen und Sünder. Das Evangelium ist für die heidenchristliche Kirche geschrieben; das ausgesprochen Jüdische tritt stark in den Hintergrund. Darum wird die universale Geltung der Botschaft Jesu hervorgehoben.

1,1–4: Lk beginnt mit einem Vorwort, in dem der Verfasser antiker literarischer Konvention gemäß die Bedeutung seines Berichts hervorhebt. Der Bericht will historische Darstellung („von Anfang an sorgfältig nachgehen“) in theologischer Absicht („erfüllt“, „Zuverlässigkeit der Lehre“) sein.
1,5.8: Jede „Klasse“ hatte je eine Woche lang Tempeldienst (vgl. 1Chr 24,10.19).
1,13: Vgl. Gen 17,19. – „Johannes“ bedeutet Gott ist gnädig.
1,15: Vgl. Num 6,3; Lev 10,9; Ri 13,4. – Johannes sollte als Nasiräer leben (vgl. Mt 11,18).
1,17: Vgl. Mal 3,23 f.
1,25: Bei den Juden galt Kinderlosigkeit als Schande.
1,31: Vgl. Jes 7,14; Gen 17,19.
1,32 f.: Vgl. 2Sam 7,13; Jes 9,6.
1,37: Vgl. Gen 18,14; Ijob 42,2.
1,46 f.: Vgl. Ex 15,21; 1Sam 2,1.
1,48: Vgl. 1Sam 1,11.
1,49: Vgl. Ps 111,9.
1,50: Vgl. Ps 103,17.
1,51: Vgl. Ps 89,11; 2Sam 22,28.
1,52: Vgl. Ps 147,6; 1Sam 2,7.
1,53: Vgl. 1Sam 2,5; Ps 107,9.
1,54 f.: Vgl. Jes 41,8; Ps 98,3.
1,68: Vgl. Ps 41,14; 111,9.
1,69: Vgl. 1Sam 2,10; Ps 132,17.
1,71: Vgl. Ps 106,10.
1,72 f.: Vgl. Mi 7,20; Ps 105,8–9.
1,76: Vgl. Mal 3,1.
1,77: Vgl. Jes 43,25; Jer 31,34.
1,78: Vgl. Num 24,17; Jes 9,1.
1,79: Vgl. Jes 9,1.
2,1: Die Eintragung in Steuerlisten diente der Steuerveranlagung und als Volkszählung.

2,2: Diese Zeitangaben des Lk lassen sich mit anderen, historisch gesicherten Daten nicht in Einklang bringen. Fest steht, dass Jesus vor dem Tod Herodes des Großen (4 v.C.) geboren ist. Die christliche Zeitrechnung, die auf den römischen Mönch Dionysius Exiguus (um 470–540) zurückgeht, setzt daher einige Jahre zu spät an.
2,11: Der „Messias" wird hier zusätzlich als „Herr" und „Retter" tituliert.
2,14: Vgl. Jes 57,19.
2,22–24: Vgl. Lev 12,4–6.8; Ex 13,2.12; Lev 5,11. – Die Mutter des Kindes galt nach der Beschneidung weitere 33 Tage als unrein. Die „Darstellung" ist die Weihe des Kindes im Tempel.
2,30f.: Vgl. Jes 52,10.
2,32: Vgl. Jes 42,6; 46,13.
2,41f.: Alle jüdischen Männer mussten dreimal im Jahr (Pesach, Wochen-, Laubhüttenfest) zum Tempel gehen (Dtn 16,16 u.ö.); Jugendliche waren nach dem 13. Lebensjahr dazu verpflichtet.
2,52: Vgl. 1Sam 2,26.
3,1: Wie in 1,5 und 2,1–3 setzt der Verfasser durch eine Zeitangabe seinen Bericht in einen (welt-)historischen Bezug. Das „fünfzehnte Jahr der Regierung des Kaisers Tiberius" war nach syrischer Zählung das Jahr 27/28 n.C., nach römischer Zählung das Jahr 28/29.
3,4–6: Vgl. Jes 40,3–5.
3,22: Vgl. Gen 22,2; Ps 2,7; Jes 42,1.
3,23–28: Der Stammbaum bezieht sich wie in Mt 1,1–17 auf Josef als den gesetzlichen Vater Jesu. Er ist nicht lückenlos und weicht von Mt ab. Unter Übernahme der alttestamentlichen Überlieferung geht Lk bis auf Adam zurück, um die Universalität der Erlösung durch Jesus aufzuzeigen.
4,1: Der „Heilige Geist" ist für den Verfasser des lukanischen Doppelwerks von großer Wichtigkeit, wie zahlreiche Erwähnungen belegen.
4,4: Vgl. Dtn 8,3.
4,8: Vgl. Dtn 6,13; 10,20.
4,10f.: Vgl. Ps 91,11f.
4,12: Vgl. Dtn 6,16.
4,16: Jeder männliche erwachsene Jude konnte sich beim Synagogengottesdienst zur Lesung der Schrift melden.
4,18f.: Vgl. Jes 61,1f.; 29,18; 58,6.
4,26: Vgl. 1Kön 17,9.
4,27: Vgl. 2Kön 5,1–14.
4,44: Viele Textzeugen ändern hier „in Galiläa" (vgl. Mk 1,39).
5,14: Ein geheilter Aussätziger musste sich durch einen Priester die Heilung bestätigen lassen und war zu einem Dankopfer verpflichtet (vgl. Lev 13,49; 14,2).
6,4: Vgl. 1Sam 21,1–6.
6,17: Nach Lk fand die matthäische „Bergpredigt" auf einem ebenen Platz statt, daher „Feldrede" genannt.
7,15: Vgl. 1Kön 17,23.
7,22: Vgl. Jes 26,19; 29,18; 35,5f.; 42,7.18; 61,1.
7,27: Vgl. Mal 3,1.
8,10: Vgl. Jes 6,9.
9,35: Vgl. Ps 2,7; Jes 42,1; Dtn 18,15.
9,60: Die im geistigen Sinn „Toten" sollen sich um ihre Toten kümmern. Die Verkündigung des Reiches Gottes führt jedoch ins Leben.
10,15: Vgl. Jes 14,13.15.
10,27: Vgl. Dtn 6,5; Lev 19,18.
10,38–42: Nachdem das vorhergehende Gleichnis die Forderung der Nächstenliebe im je gegebenen Augenblick hervorhebt, zeigt der Besuch Jesu bei Maria und Marta die Vordringlichkeit des Hörens auf Gottes Wort. Jesus tadelt nicht Martas Eifer und Fleiß, sondern ihre „Sorge und Unruhe", die sie jetzt vom Hinhören auf sein Wort abhalten. Mit den gleichen Charakterzügen erscheinen die beiden Schwestern auch in Joh 11.
11,20: „Finger Gottes" bedeutet soviel wie die Macht Gottes (vgl. Ex 8,15).
11,31: Die „Königin des Südens" ist die Königin von Saba, die Salomo aufsuchte.
12,49: Gemeint ist das symbolische „Feuer", das Jesu Verkündigung von der anbrechenden Gottesherrschaft entfacht.
13,19: Vgl. Dan 4,8f.18; Ez 17,23; Ps 104,12.
13,27: Vgl. Ps 6,9.
13,35: Vgl. Ps 188,26.
17,14: Vgl. Lev 13,49; 14,2.
17,27: Vgl. Gen 7,7.13
17,29: Vgl. Gen 19,15.23f.
18,20: Vgl. Ex 20,12–16; Dtn 5,16–20.
19,38: Vgl. Ps 118,25f.
19,46: Vgl. Jes 56,7; Jer 7,11.
20,17: Vgl. Ps 118,22; Jes 28,16.
20,28: Vgl. Dtn 25,5; Gen 38,8.
20,37: Vgl. Ex 3,6.15f.
20,42f.: Vgl. Ps 110,1.
21,9: Vgl. Dan 2,28.
21,22: Vgl. Dtn 32,35.
22,20: Vgl. Ex 24,8; Jer 31,31.
22,37: Vgl. Jes 53,12.
22,69: Vgl. Dan 7,13; Ps 110,1.
23,11: Nur Lk berichtet im Passionsbericht von der Befragung durch Herodes. Mit dem „Prunkgewand", das er Jesus anlegen lässt, verspottet er dessen Ansprüche auf die Königsherrschaft.
23,30: Vgl. Hos 10,8.
23,34: Vgl. Ps 22,19.
23,35: Vgl. Ps 22,8.
23,46: Vgl. Ps 31,6.
24,13: Sechzig Stadien sind etwa zwölf Kilometer.

Das Johannesevangelium

Nach altkirchlicher Überlieferung hat der Apostel Johannes, der Sohn des Zebedäus und Bruder des Jakobus des Älteren, das vierte Evangelium (wie auch die drei Johannesbriefe und die Offenbarung) hochbetagt in Ephesus (Kleinasien) verfasst. Diese Auffassung wird heute nicht mehr vertreten. Viel spricht dafür, Joh auf einen nicht näher bestimmten (Schüler-)Kreis (vgl. 20,24) eines Augenzeugen zumindest der Passion und der Osterereignisse zurückzuführen (21,24); dieser Augenzeuge wird mit dem „Jünger, den Jesus liebte" (13,23.25), mit dem Jünger unter dem Kreuz (19,25 ff.), dem Jünger des Wettlaufs zum leeren Grab (20,2 f.8) und dem Jünger, der den Auferstandenen am Ufer des Sees erkennt (21,7) identifiziert. Er wird im Joh allerdings nicht mit dem Zebedäussohn gleichgesetzt. Johannes als Verfassername für das Evangelium könnte also wie bei den Synoptikern das Bemühen widerspiegeln, eine apostolische Autorität in Anspruch zu nehmen. Joh dürfte im letzten Jahrzehnt des 1. Jahrhunderts vielleicht in Kleinasien entstanden sein.

Die Verfasserschaft aber auch die Entstehungsgeschichte des vierten Evangeliums stellt die neutestamentliche Wissenschaft vor schwierige Probleme (so genannte „Johanneische Frage"). Joh hat nur wenig Stoff mit den Synoptikern gemeinsam, es bringt von den 29 dort berichteten Wundern nur zwei, außerdem fünf andere, legt dafür aber mehrfach auf deren tieferen Sinn als heilsgeschichtliche Zeichen (griech. semeia) Wert. Die Auseinandersetzungen mit der jüdischen Führungsschicht in Jerusalem vor der Passion fehlen, dafür widmet das Joh ganz besondere Sorgfalt der Wiedergabe zahlreicher Reden und Gespräche Jesu, die Kapitel 3–17 bestehen fast ganz aus solchen. Auch die Abfolge des Wirkens Jesu nach Zeit und Ort wird bei Johannes differenzierter gezeichnet als bei den Synoptikern. In der Art und Weise der Darstellung zeigt das Evangelium eine eigenständiges Prägung; Joh lässt Jesus in einer, den Synoptikern gegenüber stärker lehrhaft-symbolischen Denkweise und Sprache reden. Die eschatologische Thematik der Synoptiker durchdringt bei Johannes stärker die geschichtliche Gegenwart. Die universale Bestimmung der Heilsbotschaft Jesu wird stärker betont. Theologisch will das vierte Evangelium in allen Themen die Selbstoffenbarung (auch ausgedrückt in den markanten „Ich-bin-Worten") des ewigen Gottessohnes darstellen: die Person Jesu, sein vorweltliches Sein, sein Verhältnis zum Vater, sein Kommen in die Welt, seinen Auftrag und seine Heimkehr zum Vater. Das Evangelium bezieht eine scharfe Stellung gegen die Juden, die eigentlichen Widersacher Jesu; es wendet sich gegen die falsche Einschätzung des Täufers durch dessen Jünger und gegen gnostische Irrlehren. Ziel des Joh ist es, den Glauben der Christengemeinden an Jesus als den Christus und Gottessohn zu festigen und zu vertiefen, damit sie aufgrund ihres Glaubens „Leben" haben.

1,1–17: Der einleitende, wohl aus dem frühchristlichen Gottesdienst entlehnte Hymnus, preist Christus als den „Logos", das anfanglose, alles ordnende und zusammenfassende Urprinzip der Welt, das im AT „Weisheit" oder „Wort" heißt (vgl. Spr 8,22 f.; Weish 6–9). Christus als der ewige und in die Zeit gekommene, gottgleiche und menschgewordene Logos ist zugleich der, der in der Geschichte des Volkes Gottes die Gnade anbot, aber immer wieder in der Welt durch ihre Verschlossenheit auf Ablehnung stieß.

1,14: „Fleisch geworden", der Logos ist (vergänglicher) Mensch geworden, personal und greifbar („er hat unter uns gewohnt").

1,21: Nach alter Überlieferung (vgl. Sir 48,10; Mal 3,23) sollte der wiederkehrende Elija, nach Dtn 18,15 ein Prophet wie Mose, dem Messias vorausgehen (vgl. Anm. zu Mt 17,10 f.).

1,23: Vgl. Jes 40,3.

1,29: Das „Lamm Gottes" ist ein zentrales Symbol in der Rede des Joh über Christus: in ihm klingt das Bild vom Gottesknecht (Jes 53) und der Ritus des Pesachlammes (Ex 12) an.

2,4: „Stunde" ist die vom Vater festgesetzte Stunde seiner Verherrlichung, deren Herannahen bei Joh mehrfach betont wird (vgl. 7,30; 8,20; 12,23.27; 13,1; 17,1).

2,11: Im Joh heißen die Wunder Jesu „Zeichen" (griech. semeia); sie bezeugen die Glaubwürdigkeit seiner Sendung vom Vater und sind Zeichen des Heils. Der Evangelist präsentiert als Auswahl (20,30 f.) sieben solcher Zeichen und stilisiert sie als bedeutende Selbstoffenbarungen Jesu in Wort und Tat: das Weinwunder in Kana (2,1–10), die Heilung des Sohnes eines königlichen Beamten (4,43–54), die Heilung eines Gelähmten am Teich Betesda (5,1–15), die Speisung der Fünftausend (6,1–15), Jesus wandelt auf dem See (6,16–21), die Heilung eines Blindgeborenen (9,1–41), die Auferweckung des Lazarus (11,1–44).

2,17: Vgl. Ps 69,10.

3,3.5: „Reich Gottes", im Joh nur hier; sonst meist mit „Leben", „ewiges Leben" bezeichnet.

3,5: „Aus Wasser und Geist geboren", Anspielung auf die Taufe.

3,6: „Aus dem Fleisch geboren", die Herkunft des Menschen aus dieser Welt, „aus dem Geist geboren" die Wiedergeburt des Menschen im Heiligen Geist, aus Gott im Glauben.

4,4: Samarien ist die Landschaft zwischen Judäa und Galiläa, in der nach der assyrischen Eroberung des Nordreichs (722 v. C.) eine Mischbevölkerung aus gebliebenen Juden und angesiedelten Kolonisten entstand, die Samariter; sie wurden, auch wegen ihres eigenen Kults auf dem Berg Garizim (4,20), von den Juden als halbe Heiden gehasst; „ein Samariter" kommt einem Schimpfwort gleich (vgl. 8,48).

6,31: Vgl. Ps 78,24; Ex 16,15.

6,45: Vgl. Jes 54,13; Jer 31,34.

7,21: „Ein einziges Werk", nämlich die Heilung des Gelähmten am Teich Betesda (5,1–9).

7,38: Vgl. Joël 3,1; Sach 14,8.

7,42: Vgl. Mi 5,1; 7,51: Vgl. Dtn 19,15.

7,53–8,11: Dieser Abschnitt fehlt in den meisten ältesten Handschriften des Joh.

8,5: Vgl. Lev 20,10; Dtn 22,22.

8,12: „Licht der Welt", das Licht führt zum Leben, während Finsternis die Mächte des Bösen bedeutet; durch sein Kommen wirkt Jesus die Scheidung (das „Gericht") von Licht und Finsternis (3,19–21; 7,7; 9,39; 12,46), eines Tages wird die Finsternis dem Licht weichen (1,5; 2,8).

8,24.28: Auf der Linie der Selbstoffenbarungen mit „Ich bin" (6,35.48) wird hier diese Rede Jesu in den Zusammenhang mit dem Mose offenbarten Gottesnamen gestellt (Ex 3,14) und später wiederholt eingeschärft (8,58; 13,19; 18,5.8).

8,32: „Die Wahrheit" ist die ganze Wirklichkeit der Gabe Gottes im menschgewordenen Wort.

10,34: Vgl. Ps 82,6.

11,25: Die Auferweckung des Lazarus ist das Zeichen für den Sieg Jesu über den Tod, für das vollendete Leben, das er dem Glaubenden schenkt. Als das bedeutendste Wunder bildet es den Abschluss und Höhepunkt der Zeichenerzählungen.

11,48–51: Kajaphas formuliert aus innerweltlich-politischem Kalkül, das freilich im Dienst einer höheren Wahrheit steht; insofern weiß auch er nichts.

12,13: Vgl. Ps 118,26.

12,15: Vgl. Sach 9,9.

12,32: „Erhöht" am Kreuz (12,33), dann im Himmel zur Rechten Gottes (3,13 f.; 8,28).

12,38: Vgl. Jes 53,1.

12,40: Vgl. Jes 6,9 f.

13,14: Die Fußwaschung ist Sinnbild der dienenden Liebe, mit der er den Aposteln ein Beispiel geben will.

13,18: Vgl. Ps 40,10.

15,1–17: Jesus greift hier auf das biblische Bild vom Weinstock (vgl. Jes 5,1; Jer 2,21) zurück, um das Bleiben der Jünger in ihm und er in ihnen vielschichtig (Treue, Liebe) zu symbolisieren.

15,25: Vgl. Ps 35,19.

18,1–19,42: In der johanneischen Passionsgeschichte wird der Gemeinde das Leiden und Sterben Jesu als Erhöhung und Verherrlichung vor Augen gestellt, da Jesus in ihr durchweg als der wissende, überlegene und würdige Sieger agiert.

18,15: Mit dem „anderen Jünger" ist vermutlich der gleiche wie in 19,26.35; 20,2 f., der „Jünger, den Jesus liebte", gemeint.

19,24: Vgl. Ps 22,19.

19,28: Vgl. Ps 22,16; 69,22.

19,34: „Blut und Wasser", symbolische Andeutungen für Abendmahl/Eucharistie und Taufe.

19,36: Vgl. Ex 12,46.

19,37: Vgl. Sach 12,10.

21,1–25: Das letzte Kapitel ist ein späterer Anhang an das Evangelium.

Die Apostelgeschichte

Die Apg stammt vom Verfasser des Lk und bildet mit dem Evangelium zusammen das so genannte „lukanische Doppelwerk". Stil, Wortschatz und viele andere Spracheigentümlichkeiten, die dieses Buch mit dem dritten Evangelium gemeinsam hat, der Hinweis des Verfassers in der Vorrede (1,1), dass das Buch die Fortsetzung seines Evangeliums sei, weisen auf den gleichen Verfasser hin. Apg dürfte etwas später als das Evangelium entstanden sein.

Der Inhalt der Apg ist die Zeit zwischen der Himmelfahrt Jesu und der Ankunft des gefangenen Paulus in Rom. Sie stellt aber nicht das Leben und Wirken der einzelnen Apostel dar, sondern zeigt das Werden und Wachsen der jungen Kirche aus der Kraft des Heiligen Geistes (1,8). Dabei erweist sich die Kirche trotz aller Verfolgung, aller inneren und äußeren Schwierigkeiten als unzerstörbares Werk Gottes. Dementsprechend wird das Christuszeugnis in Jerusalem (1,4–5,42), auf dem Weg zu den Völkern (6,1–15,35) und schließlich auf dem Weg „bis ans Ende der Erde" (15,36–28,31; vgl. 1,8) geschildert. Als Hauptträger des Zeugnisses werden neben Stephanus und Philippus vor allem Petrus und Paulus sichtbar.

Die Apg darf nicht als „erste Kirchengeschichte" missverstanden werden, wenn sie auch viele wertvolle geschichtliche Nachrichten aus der Frühzeit der Gemeinden überliefert. Der Verfasser hat sie zweifellos als Erbauungs- und Werbeschrift angelegt, die den Siegeslauf des unverfälschten Evangeliums unter Gottes Führung bis an die Grenzen der Erde aufzeigen soll.

1,1: Das „erste Buch" ist das Lukasevangelium.
1,10: Vgl. Ps 69,26; 109,8.
1,14: „Brüder" sind nach semitischem Sprachgebrauch auch nahe Verwandte.
1,20: Vgl. 69,26; 109,8.
2,11: „Proselyten" (griech., Hinzugekommene) sind Heiden, die sich der jüdischen Religion unter Beobachtung des ganzen Gesetzes und der Beschneidung angeschlossen haben (vgl. auch 6,5).
2,17–21: Vgl. Joël 3,1–5.
2,22–36: Die apostolische Verkündigung spiegelt sich wohl im Wesentlichen in dieser Rede des Petrus (sowie in den folgenden Petrusreden 2,14–39; 3,12–26; 4,9–12; 5,29–32; 10,34–43) wider, wenn sie ihre Gestalt auch dem Verfasser verdankt; sie umfasst das Zeugnis über Leben, Tod und Auferstehung Jesu, in denen sich die prophetischen Verheißungen erfüllt haben.
2,25–28: Vgl. Ps 16,8–11.
2,30: Vgl. Ps 132,11.
2,31: Vgl. Ps 16,10.
2,34f.: Vgl. Ps 110,1.
2,39: Vgl. Jes 57,19;
3,13: Die Christen erkennen in Jesus den „Knecht Gottes", den die „Gottesknechtlieder" (Jes 42,1–7; 49,1–9; 50,4–9; 52,13–53,12) verheißen haben.
3,22: Vgl. Dtn 18,15.19.
3.23: Vgl. Lev 23,29.
3,25: Vgl. Gen 12,3; 18,18; 22,18; 26,4; 28,4.
4,1: Die Sadduzäer waren neben den Pharisäern die einflussreichste jüdische Partei, die sich aus dem Priesteradel und reichen Patriziergeschlechtern zusammensetzte; sie anerkannten nur das geschriebene Gesetz, leugneten die Existenz der Engel, die jenseitige Vergeltung und die Auferstehung von den Toten (vgl. Mt 22,23) und standen dadurch im Gegensatz zu den Pharisäern.
4,11: Vgl. Ps 118,22.
4,24: Vgl. 2Kön 19,15; Jes 37,16; Neh 9,6; Ex 20,11; Ps 146,6.
4,25f.: Vgl. Ps 2,1f.
4,32–35: Ein ähnlicher Bericht wie 2,42–47 mit dem Thema Gütergemeinschaft; sie bedeutete gleichwohl nicht, dass die einzelnen Christen ihren Besitz verkaufen mussten, wie 5,4 zeigt.
6,1: „Hellenisten" sind griechisch sprechende Juden, die aus der Diaspora nach Jerusalem umgesiedelt waren; „Hebräer" sind die palästinischen Juden, die aramäisch sprechen.
6,6: Die „Handauflegung" wird im frühen Christentum zum Zeichen der Übertragung (amtlicher) Vollmacht; hier erhalten die Sieben von den Aposteln ihren Auftrag; in 13,3 (mit 14,26) scheint die Handauflegung dagegen eine Empfehlung an die Gnade Gottes zu bedeuten.
7,3: Vgl. Gen 12,1.
7,5: Vgl. Gen 12,7; 13,15; 17,8; 48,4.
7,6f.: Vgl. Gen 15,13f.; Ex 2,22; 3,12.
7,9: Vgl. Gen 37,11.28; 39,2.
7,10: Vgl. Gen 39,21; 37,44; Ps 105,21.
7,27f.: Vgl. Ex 2,14.
7,30: Vgl. Ex 3,1f.
7,32: Vgl. Ex 3,6.
7,33: Vgl. Ex 3,5.
7,34: Vgl. Ex 3,7f.10.
7,35: Vgl. Ex 2,14.
7,37: Vgl. Dtn 18,15.
7,40: Vgl. Ex 32,1.
7,42f.: Vgl. Am 5,25–27.
7,49f.: Vgl. Jes 66,1f.
7,51: „Unbeschnittene an Herz und Ohren" zielt auf jene, die verstockt sind gegen die Wahrheit.
8,17: Verbunden mit der Taufe, erscheint hier ein anderer Ritus, der den Heiligen Geist durch Handauflegung mitteilt (vgl. Anm. zu 6,6)
8,20: Daher wurde in der Kirchengeschichte als „Simonie" der Kauf geistlicher Ämter bezeichnet.
8,32f.: Vgl. Jes 53,7f.
9,13: Der Titel „die Heiligen", mit dem in AT (Ex 19,6) und Judentum der Zeit Jesu die Israeliten bezeichnet wurden, ging in frühchristlicher Zeit auf die Christen als die Glieder des wahren Gottesvolkes über.
10,4: „Gottesfürchtige" (häufig in Apg) kamen aus dem Heidentum und verehrten den wahren Gott wie die Juden, ohne sich auf das jüdische Gesetz und die Beschneidung verpflichten zu lassen.
10,16: Petrus wird durch die Aufhebung des Unterschieds zwischen reinen und unreinen Speisen darauf vorbereitet, dass Heiden und Juden in das Reich Gottes bzw. in die Gemeinde aufgenommen werden sollen und dass sich die Heiden nicht mehr zuerst dem mosaischen Gesetz unterwerfen müssen.
10,39: Vgl. Dtn 21,22.
11,30: „Älteste" (griech. presbyteroi) waren die zur Leitung der Gemeinden von den Aposteln eingesetzten Personen.
13,3: Vgl. Anm. zu 6,6.
13,17: Vgl. Ex 6,1.6.
13,18: Vgl. Ex 16,35; Num 14,34; Dtn 1,31.
13,19: Vgl. 1Sam 8,5; 10,21.24
13,22: Vgl. 1Sam 13,14; Jes 44,28; 2Sam 7,12; Jes 11,1.
13,33: Vgl. Ps 2,7.
13,34: Vgl. Jes 55,3.
13,35: Vgl. Ps 16,10.
13,41: Vgl. Hab 1,5.
13,47: Vgl. Jes 49,6.
14,12: „Hermes" ist im griechischen Pantheon der Götterbote und Sprecher der Götter vor den Menschen.

14,15: Vgl. Ex 20,11; Ps 146,6; Jes 37,16; Jer 32,17.
15,1–35: Anlass für die Apostelversammlung, die im Jahr 48 oder 49 n. C. stattfand, war die Streitfrage, ob Heidenchristen der Beschneidung bedürfen. Die Versammlung erkannte die Freiheit der Heidenchristen vom mosaischen Gesetz und der Beschneidung an, forderte aber für das Zusammenleben von Heiden- und Judenchristen die Einhaltung der so genannten „Jakobusklauseln" (15,20.29). Damit legitimierte die Apostelversammlung die Heidenmission, die für die Ausbreitung des Christentums von zentraler Bedeutung war. – Zur Darstellung des Apostelkonzils durch Paulus, der die „Jakobusklauseln" nicht erwähnt, vgl. Anm. zu Gal 2,1–10.
15,12: Die Wunderberichte des Paulus und Barnabas sollten zeigen, dass auch ohne Beschneidung die Aufnahme der Heiden in das Reich Gottes Gottes Bestätigung fand.
15,16f.: Vgl. Am 9,11f.
15,18: Vgl. Jes 45,21.
15,20.29: Die so genannten „Jakobusklauseln": „Unzucht" bezieht sich vermutlich auf alle in Lev 18 aufgezählten ungesetzlichen Verbindungen, „Ersticktes" und „Blut" auf den Genuss nicht geschächteter Tiere (vgl. Lev 1,15f.).
16,10: Den unvermittelt eingefügten „Wir-Berichten" (16,10–17; 20,5–15; 21,1–18; 27,1–28,16) liegt vermutlich ein „Itinerar" zugrunde, eine Art Reisetagebuch von Reisen des Paulus durch Kleinasien, Mazedonien und Griechenland, das dem Verfasser der Apg zur Verfügung stand; vielleicht handelt es sich auch nur um ein literarisches Stilmittel; sie wollen jedenfalls nicht die Augenzeugenschaft des Verfassers verbürgen.
16,13: Wegen der bei den Juden üblichen Waschungen baute man die Synagogen mit Vorliebe in die Nähe von Flüssen.
16,37: Die Geißelung eines römischen Bürgers stand unter schwerer Strafe; Paulus besaß des römische Bürgerrecht von seinem Vater (vgl. 22,25–29).
17,18: Epikureisches Denken und Stoa bildeten die Hauptrichtungen der hellenistischen Philosophie.
17,19: „Areopag" ist der Name eines südlich des Versammlungsplatzes, der Agora, gelegenen Hügels und bezeichnet auch den Gerichtshof von Athen.
17,31: Vgl. Ps 96,13; 98,9.
17,32: Für die griechische Vorstellungswelt war eine Auferstehung von den Toten undenkbar.
18,18: Zum Nasiräatsgelübde vgl. Anm. zu 21,23–26.
20,5–15: Zu den „Wir-Berichten" siehe Anm. zu 16,10.
20,7: Der erste Tag der jüdischen Woche wurde als Tag der Auferstehung Jesu zum Versammlungstag der Christen. Die sonntägliche Versammlung fand am Beginn des Tages statt, nach jüdischer Zählweise also am Samstagabend.
20,28: Zu „Vorsteher" vgl. Anm. zu 1Tim 5,17–25.
21,1–18: Zu den „Wir-Berichten" vgl Anm. zu 16,10.
21,8: Der Titel „Evangelist" bezeichnet hier und sonst im NT den Verkünder der Christusbotschaft.
21,23–26: Zum Nasiräatsgelübde vgl. Anm. zu Num 6,1. Im hier erwähnten Zusammenhang ist an eine 30-tägige Enthaltung von berauschenden Getränken, an das Wachsenlassen des Haupthaares sowie besondere Reinheitsvorschriften zu denken; die bei Ablauf des Gelübdes vorgeschriebenen Opfer waren sehr kostspielig.
21,25: Vgl. 15,20.29.
21,38: Sikarier (latein., Dolchträger), messianisch-eschatologische Tora-Radikale, die als terroristische Freischärler der Zeloten (griech., Eiferer), einer antirömischen jüdischen Aufstandsgruppe, auch vor Mord nicht zurückschreckten.
23,3: Das Bild ist ein Hinweis auf die Scheingerechtigkeit und besagt soviel wie Heuchler (vgl. Mt 23,27).
23,5: Vgl. Ex 22,27.
24,27: Die Maximaldauer einer Untersuchungshaft betrug zwei Jahre. Wenn Felix Paulus länger in Haft hielt, handelte er rechtswidrig (vgl. auch 28,30).
25,9–11: Durch die Zusicherung seiner Anwesenheit und Kontrolle versuchte Festus, von Paulus die notwendige Zustimmung zu erhalten, vor den Hohen Rat gezogen zu werden. Durch seine Berufung beim Kaiser bestand Petrus aber darauf, vom kaiserlichen Gerichtshof gerichtet zu werden und entging so dem jüdischen Prozess.
27,1–28,16: Zu den „Wir-Berichten" vgl. Anm. zu 16,10.
27,9: „Fasten" ist hier ein anderer Name für das Versöhnungsfest, das um die Tagundnachtgleiche des Herbstes gefeiert wird (vgl. Lev 16,29–31).
28,26–28: Vgl. Jes 6,9f.
28,30: Zu den „zwei Jahren" vgl. Anm. zu 24,27.

Die paulinischen Briefe

Paulus (so die Selbstbezeichnung in seinen Briefen; in Apg bis 13,9 aber Saul, Saulus genannt), der für die Entwicklung des Urchristentums von außerordentlicher Bedeutung war, wurde etwa im ersten Jahrzehnt des ersten nachchristlichen Jahrhunderts als Sohn jüdischer Eltern in Tarsus, einer kulturell und wirtschaftlich blühenden Handelsstadt der römischen Provinz Zilizien (Kleinasien) geboren; von Geburt an besaß er das römische Bürgerrecht. In streng pharisäischer Tradition erzogen, genoss er aber auch eine gute griechische Allgemeinbildung (er beherrschte neben dem Aramäischen und Hebräischen auch die griechische Sprache) und kam etwa 20-jährig nach Jerusalem zur Ausbildung als Rabbi. Nebenbei erlernte er traditionsgemäß das Handwerk eines Zeltmachers. In Jerusalem wurde er um der „Überlieferung der Väter" willen (Gal 1,14) zum leidenschaftlichen Verfolger der Jerusalemer Urgemeinde (Steinigung des Stephanus). Als er nach Damaskus reiste, um auch die dortigen Christen zu verfolgen, erscheint ihm der auferstandene Herr und beruft ihn zum Christen und zugleich zu seinem Apostel. Nach seiner Taufe geht Paulus in die Einsamkeit der arabischen Wüste, sucht danach kurz Petrus auf, lebt und wirkt anschließend längere Zeit in seiner Heimatstadt Tarsus und noch etwa ein Jahr in Antiochia. Nachdem sich die Apostelversammlung 48 oder 49 n.C. für die Freiheit des Evangeliums vom jüdischen Gesetz entschieden hat, ist der Weg für eine systematische Heidenmission offen, die er auf großen Reisen – vier sind sicher bezeugt – unter Führung des Heiligen Geistes im Mittelmeerraum ins Werk setzt. In Jerusalem verhaftet, wird Paulus zwei Jahre lang in Cäsarea festgehalten und danach nach Rom gebracht, weil er in seinem Fall an den Kaiser appelliert hat. Die weitere Chronologie seines Lebens bleibt ungewiss: Dass Paulus in Rom freikam und (nach einer Missionstätigkeit in Spanien) erst unter Nero den Martyrertod erlitt (64/67 n.C.), weiß die altkirchliche Tradition, Quellen darüber fehlen; andererseits könnte Apg 20,24f.38 als indirektes Zeugnis für seine Hinrichtung angesehen werden (über die in Apg aufgrund ihrer Zielsetzung nicht berichtet wird).

Der Auftrag Christi und die Dankbarkeit für die empfangene Gnade (vgl. 1Kor 15,10) treiben Paulus unter höchstem persönlichen Einsatz zur Verkündigung der Heilsbotschaft. Die Erschließung der Heidenwelt für Christus verdankt die Kirche vor allem seinen außergewöhnlichen Leistungen im Dienst seiner Sendung.

Seine Theologie ist in sieben als echt anzusehenden Briefen (chronologisch: 1Thess, 1/2Kor, Gal, Phil, Phlm, Röm; alle in den fünfziger Jahren [50–56] des 1. Jahrhunderts n.C. entstanden) niedergelegt, deren Reihenfolge im NT von ihrem Textumfang bestimmt ist (die „Zwillingsbriefe" ließ man jedoch beisammen). Sie gewähren nicht nur Einblick in das Werden der ersten Gemeinden in all ihrer spontanen Glaubenskraft und ihren ersten Entwicklungsschwierigkeiten, sondern vermitteln auch ein persönliches Bild des Apostels, von seiner Kraft und theologischen Kapazität wie auch von seiner Güte und unmittelbaren Herzlichkeit. So wie er selbst es ganz elementar erfahren hat, verkündet er, dass der Mensch allein durch die Gnade Gottes berufen und errettet wird. Auf sich gestellt, ist der unerlöste Mensch der Sünde und dem Tod ausgeliefert. Auf die Berufung in die Kindschaft Gottes antwortet der Erlöste mit dem „Glauben, der durch Liebe wirksam ist" (Gal 5,6). Durch die Taufe wird der Glaubende auf den Tod Christi hin begraben und zu einem neuen Leben „für Gott in Jesus Christus" auferweckt (vgl. Röm 6,3–11). Alle Getauften sind in Christus Jesus eins geworden (Gal 3,28) und nun Glieder eines Leibes (1Kor 12). Christus ist Mittler des Heils durch sein einmaliges Opfer am Kreuz; er ist aber auch die Wirklichkeit des Heils in der Gegenwart, weil der Glaubende in und mit Christus lebt – und zwar auf die Wiederkunft des Herrn hin, in der sich das Heil vollenden wird. An diesem Heil aber wird nicht nur die Gesamtheit der Erlösten, sondern die ganze Schöpfung teilhaben, die „sehnsüchtig auf das Offenbarwerden der Söhne Gottes" wartet, damit auch sie dann „von der Knechtschaft der Vergänglichkeit befreit werde zur Freiheit der Herrlichkeit der Kinder Gottes" (vgl. Röm 8,18–23). Mit dem Blick für die heilgeschichtlichen Zusammenhänge (Gegenüberstellung Adam – Christus [Röm 5,12f.; 1Kor 15,21f.]) öffnet die paulinische Theologie auch den Blick für die christozentrische Schau des Kosmos (Phil 2,10; Kol 1,15). Die Fülle der Zeiten wird die Wiederherstellung aller Dinge bringen: durch Christus, der alles im Himmel und alles auf der Erde zusammenfasst (vgl. Eph 1,10).

Ungewiss muss bleiben, ob man im Zentrum der paulinischen Mission eine Paulusschule annehmen soll, die zur Abfassung weiterer Briefe (so genannte „Deuteropaulinen") unter seinem Namen geführt hat (2Thess, Kol, Eph, 1/2Tim, Tit; Hebr). Die Paulusbriefe wurden seit Ende des 1. Jahrhunderts im so genannten „Corpus Paulinum" gesammelt (frühestes Zeugnis liefert 2Petr 3,15f.).

Der Brief an die Römer

Wahrscheinlich Anfang 56 schrieb Paulus aus Korinth an die römische Christengemeinde, mit der er schon lange in Kontakt zu kommen wünscht, einen in Ruhe abgefassten und sorgfältig durchdachten Brief, der seinen Besuch in Rom vorbereiten soll. Wie aus der Apg bekannt ist, kommt er zwar erst später als beabsichtigt und zudem unter anderen Umständen, nämlich als Gefangener, dorthin, aber wie sich die Gemeinde auf sein Kommen freut, zeigt sich schon darin, dass ihm die „Brüder" bei seiner Ankunft entgegengehen, so dass Paulus neuen Mut schöpfen kann (Apg 28,15). In leichter Haft gehalten, wirkt er dann noch zwei Jahre in Rom. Weil dem Apostel die Gemeinde als Ganzes noch unbekannt war, musste er in seinem Brief auf keinerlei konkrete Schwierigkeiten, Irrlehren o.ä. Bezug nehmen und konnte ohne alle Polemik in klarer Gliederung die Grundgedanken seiner Heilsverkündigung entfalten.

Nach der ausführlichen Grußzuschrift gibt 1,16f. das Grundthema an, dass nämlich das Evangelium Gotteskraft für jeden ist, der glaubt, und dass in ihm Gottesgerechtigkeit aus Glauben zu Glauben enthüllt wird. In der Entwicklung dieses Themas wird im erste Teil (1,18–11,36) das Evangelium argumentativ entfaltet. Dabei zeigt Paulus zunächst die sittliche Not der unerlösten Menschheit in ihrer krassen Wirklichkeit (1,18–3,20). Dieser heilsbedürftigen Menschheit ist ohne jedes eigene Verdienst durch den Sühnetod Christi das Heil, d.h. Gottes Gerechtigkeit, geschenkt worden (3,21–4,25). Der Weg zur Erlösung ist für Juden wie für Heiden der Glaube. Gnade und Glaube, nicht aber Gesetz oder Beschneidung rechtfertigen den Menschen. Es werden sodann die Gnadengaben der Gottesgerechtigkeit behandelt (5,1–8,39) und führen hin zur den Aussagen über die Kraft der Gnade, die von der Herrschaft der Sünde befreit und alle, die sich vom Geist Gottes leiten lassen, zu Kindern und Erben Gottes macht. Schließlich (9,1–11,36) befasst sich Paulus mit der Rolle des Volkes Israel im Heilswerk Gottes, der sein Volk, das sich der Heilsbotschaft verweigerte, nicht ganz verstoßen hat, sondern „einen Rest, der aus der Gnade erwählt ist" (11,5), die Christen nämlich, als Zeichen seiner Verheißungstreue bewahrt hat. Am Ende der Zeit aber, wenn „die Vollzahl der Heiden eingetreten ist", „wird ganz Israel das Heil erlangen" (11,25f.), sodass das Schicksal dieses Volkes auch zum eschatologischen Zeichen wird. Den ersten Teil beschließt ein Hymnus auf die „Tiefe des Reichtums und der Erkenntnis Gottes" und auf die völlige Ungeschuldetheit der Gnade. Der zweite Teil des Briefes (12,1–15,13) ermahnt zum Leben aus dem Geist des Evangeliums (Gemeinschaft, Staat), und zwar aus Dankbarkeit für die empfangene Gnadengabe und in Wachsamkeit auf die Wiederkunft des Herrn.

1,16f.: Das Thema des Römerbriefes.

1,17: Vgl. Hab 2,4. – „Gottesgerechtigkeit", Gottes Erwählungstreue der im Bund mit seinem Volk besiegelten Rechtsgemeinschaft; ihr steht die Sünde Israels gegenüber, der Bundesbruch, die Ungerechtigkeit des Volkes. Diese Sünde ist durch den Glauben an Jesus Christus aufgehoben, das Volk – Israel und die Heiden – wird durch ihn allein, nicht durch Werke, gerecht gemacht, gerechtfertigt.

1,20: Grundlegende Aussage über die Erkennbarkeit Gottes durch die menschliche Vernunft.

2,3: Gemeint ist der auf die Heiden selbstgerecht herabschauende Jude; seine Berufung auf die Abstammung von Abraham sichert nicht das Heil.

2,24: Vgl. Jes 52,5.; Ez 36,20.

3,4: Vgl. Ps 14,1–3; 116,11; 51,6.
3,10–12: Vgl. Koh 7,20; Ps 14,1–3.
3,13: Vgl. Ps 5,10; 140,4.
3,14: Vgl. Ps 10,7.
3,15–17: Vgl. Jes 59,7 f.; Spr 1,16.
3,18: Vgl. Ps 36,2.
3,20: Das „Gesetz" (das ganze AT) brachte die Erfahrung der Sünde, kann aber nicht von der Sündenschuld befreien. Nur der Glaube an Jesus Christus führt zur Rechtfertigung.
3,21: „Jetzt": Die Zeit des Gesetzes ist vorüber, „jetzt" gilt nur der Glaube an Jesus Christus als Maßstab für die Gerechtigkeit.
3,25: „Sühne" ist hier kultischer Akt zugunsten des Sünders; wie im AT das Blut des Opfertiers (vgl. Lev 5), so ist jetzt der Sühnetod Jesu der Grund der Rechtfertigung der Gottlosen.
4,3: Vgl. Gen 15,6.
4,7 f.: Vgl. Ps 32,1 f.
4,17: Vgl. Gen 17,5.
4,18: Vgl. Gen 15,5.
4,22.23: Vgl. Gen 15,6.
6,11: Insgesamt 164-mal verwendet Paulus in seinen Briefen die Formel „in Christus", um die Lebensgemeinschaft des auf Jesus Christus getauften Menschen mit dem Herrn auszudrücken.
7,1–6: Im folgenden lehrt Paulus, dass die Judenchristen durch Christi Sühnetod nicht mehr an das Gesetz gebunden sind. Zur Erläuterung greift er auf einen Vergleich mit dem Eherecht zurück: Der Tod löst die Bindung der Ehepartner auf, der Tod Christi befreit von der Bindung an das Gesetz.
7,7: Vgl. Ex 20,17; Dtn 5,21. – Die Ich-Form in diesem Kapitel ist nur ein Stilmittel; Paulus meint damit nicht sich selbst, sondern den unerlösten Menschen, der sein Heil vom Gesetz erwartet.
7,18: Der Wille möchte das Gute, führt es aber nicht aus, weil ohne die Gnade ihn die Macht des „Fleisches" überwältigt.
8,1–11: Wer gerechtfertigt ist und in Christus lebt, in dem ist nichts Sündhaftes und Strafwürdiges mehr, er ist frei vom Gesetz, von der Macht des Todes. Das wurde nicht durch das Gesetz, sondern durch Christi Kreuzestod bewirkt. „Fleisch" meint bei Paulus den natürlichen, irdisch gesinnten, gottfernen Menschen; „Geist" ist demgegenüber „Geist Christi", der durch Taufe und Glauben die Existenz des Christen trägt und durchwaltet.
8,36: Vgl. Ps 44,12.
9,7: Vgl. Gen 21,12.
9,9: Vgl. Gen 18,10.
9,12: Vgl. Gen 25,23.
9,13: Vgl. Mal 1,2 f.
9,15: Vgl. Ex 33,19.
9,17: Vgl. Ex 9,16.
9,20: Vgl. Jes 29,16; 45,9; Weish 12,12.
9,25: Vgl. Hos 2,25.
9,26: Vgl. Hos 2,1.
9,27 f.: Vgl. Jes 10,22 f.
9,29: Vgl. Jes 1,9.
9,33: Vgl. Jes 8,14; 28,16.
10,5: Vgl. Lev 18,5.
10,6 f.: Vgl. Dtn 30,12–14; Ps 107,26; Bar 3,29.
10,8: Vgl. Dtn 30,14.
10,11: Vgl. Jes 28,16.
10,13: Vgl. Joël 3,5.
10,15: Vgl. Jes 52,7.
10,16: Vgl. Jes 53,1.
10,18: Vgl. Ps 19,5.
10,19: Vgl. Dtn 32,21.
10,20: Vgl. Jes 65,1.
10,21: Vgl. Jes 65,2.
11,3: Vgl. 1Kön 19,10–14.
11,4: Vgl. 1Kön 19,18.
11,8: Vgl. Jes 29,10; Dtn 29,3.
11,9 f.: Vgl. Ps 69,23.
11,17: Dieses Bild veranschaulicht, dass dem neuen Bundesvolk nun auch die Heiden angehören, diese Berufung aber nicht eigenes Verdienst, sondern Gnade ist. (In der Antike pfropfte man junge, wilde Triebe auf alte Ölbäume, um sie zu verjüngen.)
11,26: Vgl. Jes 59,20–21.
11,27: Vgl. Jer 31,33 f.; Jes 27,9
11,28: „Erwählung" und „Evangelium", die Zeit vor und nach Christus.
11,32: „Alle": Juden und Heiden; Gott schloss sie in den Ungehorsam ein, nicht damit die Gefallenen verloren gehen, sondern dass sich an ihnen die Barmherzigkeit erweist.
11,34: Vgl. Jes 40,13.
11,45: Vgl. Jes 40,14; Ijob 41,3.
12,16: Vgl. Spr 3,7.
12,19: Vgl. Dtn 32,35.
12,20: Vgl. Spr 25,21 f.
13,1–7: Der Apostel verkündet hier weniger eine „Staatslehre", als vielmehr konkrete Anweisungen in einem bestimmten historischen Kontext; einen grundlegend anderen historischen Kontext und damit auch andere Anforderungen an das eigene Verhalten setzt Offb 13 voraus.
13,9: Vgl. Lev 19,18; Ex 20,13–17; Dtn 5,17–21.
14,11: Vgl. Jes 49,18; 45,23.
15,3: Vgl. Ps 69,10.
15,9: Vgl. Ps 18,50.
15,10: Vgl. Dtn 32,43.
15,11: Vgl. Ps 117,1.
15,12: Vgl. Jes 11,1.10.
15,21: Vgl. Jes 52,15.
16,22: Gewöhnlich diktierte Paulus seine Briefe.

Der erste Brief an die Korinther

Auf der zweiten Missionsreise, bei der Paulus erstmals europäischen Boden betrat, kam er von Mazedonien über Athen nach Achaia, wo er etwa eineinhalb Jahre in der Handels- und Hafenstadt Korinth blieb und eine Gemeinde gründete, deren Leben, Wachstum und innere Schwierigkeiten am besten von allen Urgemeinden bekannt ist. Paulus blieb nach seinem Weggang in Verbindung mit ihr und schrieb, auf Berichte und schriftliche Anfragen hin, von Ephesus aus im Frühjahr 53 oder 54 diesen Brief.

Der erste Teil (1,10–4,21) behandelt aufgetretene Misshelligkeiten, vor allem Parteiungen, die die Einheit der Gemeinde gefährden und ihre Wurzel im Vertrauen auf Weltweisheit und „höhere“ Erkenntnis haben. Im zweiten Teil wird die Reinheit und Heiligkeit der Gemeinde kontrastierend den sittlichen Missständen und der Prozesssucht vor heidnischen Gerichten gegenübergestellt (5,1–6,20). Der dritte Teil (7,1–14,40) bietet Regeln für das Gemeindeleben. Paulus beantwortet hier Anfragen der Gemeinde über Ehe und Jungfräulichkeit, Ehen zwischen Christen und Heiden sowie den Genuss von Götzenopferfleisch. Scharf tadelt Paulus die Missstände bei den Gottesdiensten, besonders beim Herrenmahl. Drei wichtige Kapitel (12–14) behandeln Rang und Bedeutung der verschiedenen Geistesgaben in der Kirche, die als Leib mit vielen, eine Einheit bildenden Gliedern verstanden wird. Der vierte Teil zeigt die Auferstehung Christi als Fundament für Glauben und Hoffen eines jeden Christen (15,1–58). Das 16. Kapitel schließt mit praktischen Einzelheiten. Anlässlich geschichtlich gegebener, recht menschlicher Probleme und Spannungen, die zur Gefährdung des Gemeindelebens führen, kommt Paulus aus der lebendigen Tiefe des Glaubens und dem Verantwortungsbewusstsein des Hirten zur Entfaltung zentraler Glaubenswahrheiten. Dazu gehören eingangs die „Botschaft vom Kreuz“, die im schroffen Widerspruch zur bloß natürlichen „Weisheit der Welt“ steht (1,18–2,16). Das 15. Kapitel zeigt das Lebensprinzip der Heilsverkündigung: Christi Erlösungstod und Auferstehung als Voraussetzung der Auferstehung des Lebens. Im Anschluss an die Gegenüberstellung von Adam und Christus erschließt Paulus dann weite kosmische Perspektiven der Erlösung. Schließlich erreicht das 13. Kapitel bei der Betrachtung der verschiedenen Geistesgaben einen nur noch mit dem 1Joh vergleichbaren Höhepunkt der christlichen Erkenntnis von Liebe.

1,18–31: Kern paulinischer Verkündigung ist die Predigt vom gekreuzigten Christus. Eine solche Heilsbotschaft erscheint Juden und Heiden in ihrer Weisheit als Ärgernis und Torheit. Solange sie dabei verharren, bleibt ihnen der Weg in den Glauben an das Heil, wie Gott es in seiner Weisheit bereitet hat, verschlossen.
1,19: Vgl. Jes 29,14; Ps 33,10.
1,20: Vgl. Jes 19,12; 33,18.
1,31: Vgl. Jer 9,22f.
2,9: Vgl. Jes 64,3; Jer 3,16; Sir 1,10.
2,16: Vgl. Jes 40,13.
3,1: Wegen ihrer „Zwistigkeiten und Parteiungen“ (Gal 5,20) handeln die Korinther wie „irdische Menschen“, die nicht wie „Geisterfüllte“ aus dem in der Taufe verliehenen Geist Gottes leben, dessen Früchte „Liebe, Freude und Friede“ (Gal 5,22) sind, sondern gottfern ihrem eigenen Willen folgen.
3,18: Der Christ soll die Weisheit der Welt gegenüber der Weisheit Gottes in ihrer Nichtigkeit erkennen und sich im Glauben an Jesus Christus über alles irdische Wissen hinausführen lassen.
3,19: Vgl. Ijob 5,13.
3,20: Vgl. Ps 94,11.
3,21–23: Die Parteiungen in Korinth (vgl. 1,12) entspringen einem vorschnell und nach den Maßstäben der Welt urteilendem Denken, das eines Christen unwürdig ist. Wer aus dem Glauben lebt, weiß, dass ihm alles gehört, auch die Glaubensboten (und nicht er ihnen), weil er selbst zu Christus gehört.
5,5: Nicht der Untergang, sondern Rettung ist der Zweck der Übergabe an Satan; auch hier bleibt die Hoffnung Umkehr und letztlich das Heil (vgl. 2Thess 3,15 u.ö.)
5,7f.: Aus allen jüdischen Häusern musste am Vortag von Pesach/Pascha der Sauerteig entfernt sein, dann erst durfte das Pesachlamm gegessen werden. So sieht Paulus die Christen als österliche Menschen; was in der Taufe an ihnen geschah, sollen sie täglich neu vollziehen.
6,16: Vgl. Gen 2,24.
7,2: Wohl ein Aufruf zu ehelicher Treue.
9,9: Vgl. Dtn 25,4; Lev 12,6.24.
10,1–13: Auch Christen müssen wachsam sein im Kampf gegen Versuchungen. Das zeigt das abschreckende Beispiel der Israeliten, die Gott in der Wolke durch die Wüste führte und auf übernatürliche Weise speiste und tränkte, die aber dennoch zugrunde gingen.
10,7: Vgl. Ex 32,6.
10,8: Vgl. Num 25,1–9.
10,16f.: Deutung der Einsetzungsworte beim Abendmahl.
10,20: Vgl. Dtn 32,17.
10,26: Vgl. Ps 24,1.
11,23–25: Der paulinische Einsetzungsbericht lehnt sich stark an Lk 22,19f. an.
11,27–34: Ehrfurchtslosigkeit und Lieblosigkeit beim Herrenmahl treffen nicht nur die Mitchristen, sondern den Herrn selbst. Darum fordert

Paulus Selbstprüfung und Besinnung auf den heiligen Ernst dieses Mahls.

12,1–14,40: Geistesgaben (Charismen) in der Gemeinde sind sichtbares Zeichen der Gegenwart des Geistes; Paulus setzt sie in eine Rangordnung, wobei die Liebe der beste Weg im Streben nach den Geistesgaben ist.

13,1–13: Das „Hohelied der Liebe" lässt deutlich drei Strophen erkennen: der Vorrang der Liebe (13,1–3), ihre Werke (13,4–7), die ewige Macht der Liebe (13,8–13).

13,13: Die Trias von „Glaube, Hoffnung und Liebe", die bei Paulus häufiger vorkommt (1Thess 1,3; 5,8; 1Kor 13,7.13; Gal 5,5f.; Röm 5,1–5; 12,6–12), fand der Apostel vielleicht schon in der Gemeinde vor.

14,1–25: „In Zungen reden" ist die für die Hörenden unverständliche ekstatische Äußerung, womöglich ein Schreien oder Lallen, die in der korinthischen Gemeinde offenbar geschätzt war. „Prophetisch reden" bedeutet dagegen in klaren Worten das verkünden, was von der ganzen Gemeinde verstanden werden und sie aufbauen kann.

14,21: Vgl. Jes 28,11f.

14,25: Vgl. Jes 45,14; Sach 8,23.

15,1–58: Alle Apostel verkünden die gleiche Heilsbotschaft, deren Kern der Sühnetod und die Auferweckung Christi ist. Wer die Auferstehung des Leibes (= Auferstehung der Toten) leugnet, muss auch die Auferstehung Christi und damit die gesamte Heilsbotschaft ablehnen.

15,3–5: Hier hat Paulus vielleicht auf eine urchristliche Glaubensformel zurückgegriffen.

15,8: „Missgeburt", Anspielung auf die Aktivität des Paulus als Christenverfolger, vielleicht aber auch ein Schimpfwort seiner Gegner.

15,25: Vgl. Ps 110,1.

15,27: Vgl. Ps 8,7.

15,32: Vgl. Jes 22,13.

15,45.47: Vgl. Gen 2,7.

15,52: „Wir werden verwandelt werden", d.h. diejenigen, die den Jüngsten Tag erleben – Paulus rechnet mit einer baldigen Wiederkunft Christi –, werden nicht mehr im eigentlichen Sinn sterben. Die Erlösung des Leibes erfolgt durch seine Verwandlung.

15,54: Vgl. Jes 25,8.

16,1: Gemeint ist die Kollekte für die Jerusalemer Gemeinde (vgl. dazu Anm. zu 2Kor 8,1–9,15).

16,13: Vgl. Ps 31,25; Jes 1,7.

16,22: „Marana tha" (aramäisch, Unser Herr, komm!), Gebetsruf um die baldige Wiederkunft Christi (vgl. Offb 22,20).

Der zweite Brief an die Korinther

Aufgrund der Spannungen vor allem zwischen Kapitel 1–9 und 10–13 kommt man an der Annahme, dass sich 2Kor aus (mindestens) zwei Briefen zusammensetzt, kaum vorbei. Ein denkbares Szenario der Abfassung der Briefe könnte so aussehen:

Kapitel 10–13 setzen einen scharfen Konflikt voraus: Judenchristliche Missionare sind in die Gemeinde eingedrungen und stellen das Apostelamt des Paulus in Frage. Paulus sieht sich dazu veranlasst, den so genannten „Tränenbrief" dem Titus zu übergeben, der ihn dann nach Korinth bringt. Paulus rechnet in diesem Brief mit der Anmaßung seiner Gegner ab, die ihn nicht nur zur Selbstverteidigung zwingt, sondern auch zu unvergleichlichen Aufschlüssen über seine Person und seine Auffassung des ihm verliehenen Apostelamts. Mit der Ankündigung seines baldigen Besuches, Ermahnungen und Segenswünschen schließt der Brief. Nach Einlenken der Gemeinde und Rückkehr des Titus (2,12; 7,6.13) folgt der „Versöhnungsbrief" (1,12–7,16) von Mazedonien aus; darin rechtfertigt sich Paulus den verschiedenen Vorwürfen gegenüber und preist das durch Gottes Gnade und nicht durch menschliche Eigenmacht empfangene Apostelamt. Ein Zwischenstück zwischen diesen Briefen (Kapitel 8 und 9) behandelt (zweimal?) die Sammlung für die Jerusalemer Gemeinde.

Die ursprünglich in rascher Folge wohl in Ephesus geschriebenen Briefe dürfen in zeitlicher Nähe zu 1Kor gesehen werden. Bei der Komposition der Briefe wurde deren Situationsbezogenheit dann zurückgedrängt.

1,3–7: „Trost" ist Thema des Lobpreises Gottes, der alle Paulusbriefe eröffnet. Trost empfing der Apostel in prekärer Situation, diesen Trost gibt er an die Gemeinde weiter, die ebenfalls des Trostes bedarf, weil sie in Not ist.

2,4: Nach dem in der Einleitung vorgeschlagenen Abfassungsszenario (s.o.) liegt hier ein Verweis auf den „Tränenbrief" (2Kor 10–13) vor.

3,1–3: In Anbetracht des Vorwurfs der Gegner, er rühme sich nur, statt Empfehlungsbriefe seiner Gemeinden vorzuweisen, beruft sich Paulus auf die lebendigen Gemeinden, deren Gründung auf sein apostolisches Wirken zurückgeht und die ohne das Wirken des Geistes niemals zustande gekommen wäre.

3,3: Vgl. Ex 24,12; 34,1; Ez 11,19; 36,26; Jer 31,33.

3,13: Vgl. Ex 34,33.35.

3,16: Vgl. Ex 34,34.

4,13: Vgl. Ps 116,10.

6,2: Vgl. Jes 49,8.

6,14: Paulus warnt vor zu starkem Kontakt der

Christen mit den Heiden. Die Getauften sollen sich nicht wieder dem Wesen und der Lebensart der Heiden angleichen und so unter ein „fremdes Joch", d.h. Dienstbarkeit gegenüber heidnischer Gesinnung, geraten.
6,15: „Beliar" meint hier Teufel.
6,16: Vgl. Lev 26,11f.; Jer 31,33; 32,38; Ez 37,27.
6,17: Vgl. Jes 52,11; Jer 51,45.
6,18: Vgl. 2Sam 7,14; Jer 31,9; Jes 43,6; Am 3,13.
7,8.11: Wie in 2,4 auch hier Hinweise auf den „Tränenbrief".
8,1–9,15: Paulus ruft zu einer Geldsammlung (Kollekte) für die Jerusalemer Gemeinde auf, mit der sich die heidenchristlichen Gemeinden an der Armenfürsorge der Jerusalemer Judenchristen (vgl. Apg 11,29f.) beteiligen sollen; diese Kollekte (vgl. Apg 24,17) wird in seinen Briefen häufig erwähnt (Röm 15,26–28; 1Kor 16,1; Gal 2,10).
8,15: Vgl. Ex 16,18.
8,21: Vgl. Spr 3,4.
9,7: Vgl. Spr 11,24; 22,9.
9,9: Vgl. Ps 112,9.
10,17: Vgl. Jes 9,22f.
11,2: Paulus wacht als Freund des Bräutigams über die Treue der Braut, der Gemeinde, die er Christus zugeführt hat.
11,5.13: „Überapostel" sind wie die „Lügenapostel" (11,13) falsche Apostel, die diesen Titel unberechtigt für sich in Anspruch nehmen.
11,16–12,13: Dieser Teil des Briefes ist wegen seines Auftakts auch unter dem Titel „Narrenrede des Apostels" geläufig.
13,1: Vgl. Dtn 19,15.
13,13: In dem trinitarischen Segenswunsch (vielleicht liturgischen Ursprungs) fasst Paulus seinen Glauben an Gott wie in 1,21f. nochmals in feierlicher Form zusammen.

Der Brief an die Galater

Bei den auf dem kleinasiatischen Hochland siedelnden Bewohnern der Landschaft Galatien missionierte Paulus auf der zweiten Missionsreise (vgl. Apg 18,23). Die entstandenen Gemeinden besuchte er erneut auf der dritten Missionsreise. Der Brief dürfte nach 1Kor entstanden sein. Anlass des Briefes waren „eingeschlichene falsche Brüder", die „unsere Freiheit, die wir in Jesus Christus haben, beargwöhnen" (vgl. 2,4). Sie behaupteten, das allein echte Evangelium zu verkünden, indem sie den apostolischen Auftrag des Paulus in Frage stellten und von den Heidenchristen die Annahme des mosaischen Gesetzes und der Beschneidung als heilsnotwendig verlangten, was bereits die Jerusalemer Apostelversammlung (48/49 n.C.) verworfen hatte. Da nun Paulus nach einem guten Anfang im Glauben die Galater in Gefahr sieht, verwirrt zu werden (vgl. 1,7), schreibt er ihnen von Ephesus aus, etwa im Jahr 55, diesen leidenschaftlichen Brief.

Nach einer kurzen Grußzuschrift (1,1–5), die bereits den Kern seines Anliegens, die Botschaft vom Erlösungstod Jesu Christi als entscheidender Heilstat, enthält, beginnt Paulus im ersten Teil des Briefes (1,13–2,21) mit der geschichtlichen Darlegung, wie ihm das Evangelium durch die Offenbarung Jesu Christi mitgeteilt und sein Auftrag dann von der Apostelversammlung in Jerusalem offiziell bestätigt wurde. Der zweite Teil (3,1–4,31) entfaltet den Grundgedanken, dass das Heil durch den Glauben, nicht aber durch das Gesetz bewirkt wird; das gesetzesfreie Evangelium des Paulus stimmt mit der Offenbarung des Alten Bundes überein. Der dritte Teil (5,1–6,10) behandelt die Verpflichtung, die die Berufung zur Freiheit enthält, nämlich im Geist und nicht in der Knechtschaft der Sünde zu leben. Der Schluss fasst nochmals das Anliegen des Briefes zusammen in der Verkündigung vom Kreuz des Herrn, das allein Voraussetzung der neuen Schöpfung ist.

1,1: Paulus betont bereits hier, dass er genauso wie die übrigen Apostel von Jesus Christus zum Apostelamt berufen wurde, also ohne menschliche Vermittlung oder Beauftragung.
1,6–10: Ohne die übliche Danksagung am Briefbeginn kommt Paulus unvermittelt zur Sache: Judaistische Prediger haben bei der Verkündigung eines „anderen Evangeliums" von den Galatern die Befolgung des mosaischen Gesetzes (nämlich die Beschneidung: vgl. 5,2f.; 6,12) gefordert.
1,15: Vgl. Jes 49,1.
2,2.6: „Maßgebende Männer", der Führungskreis der Jerusalemer Gemeinde.
2,9: „Säulen", die apostolischen Leiter der Jerusalemer Gemeinde.
2,10: Anspielung auf die Sammlung für die Jerusalemer Gemeinde.
2,11–21: Das Verhalten des Petrus widersprach nach dem Verständnis des Paulus juridisch den Vereinbarungen auf der Apostelversammlung, theologisch seiner Lehre von der Rechtfertigung durch den Glauben allein. Offenbar legte man die Jerusalemer Dekrete unterschiedlich aus: Zwar sollte getrennt missioniert werden, aber damit war für Paulus nicht auch die Trennung

der Tischgemeinschaft gegeben. Für Paulus steht nämlich fest: Wer die Gerechtigkeit Gottes durch Gesetzeswerke erlangen will, verleugnet die Befreiung vom Gesetz, verwirft die Gnade Gottes, die im Glauben an Christus geschenkt wird. – Mit „Heiden" und „Juden" sind hier durchweg Heiden- und Judenchristen gemeint.

2,16: Vgl. Ps 143,2.

3,6: Vgl. Gen 15,6.

3,8: Vgl. Gen 12,3.

3,10: Vgl. Dtn 27,26.

3,11: Vgl. Hab 2,4.

3,12: Vgl. Lev 18,5.

3,13: Vgl. Dtn 21,23.

3,16: Vgl. Gen 22,17.

3,17: Vgl. Ex 12,40, die Zeit zwischen Abraham und Mose.

3,22: Nach der Schrift ist alles der Sünde verfallen, damit der Mensch sich umso mehr der Verheißung zuwende. Ohne Kenntnis der Sünde käme der Mensch nicht dazu, Gottes Gnade zu suchen. Das Gesetz hat (einzig) die Sünde offenbar zu machen, um die Menschen zum Glauben an Christus zu führen.

4,8–10: Paulus vergleicht buchstabengläubigen Gesetzesdienst mit einem Rückfall in den heidnischen Kult von „Weltelementen".

4,27: Vgl. Jes 54,1.

5,2–6: Hier wird erstmals erwähnt, dass die judenchristlichen Missionare die Galater zur Beschneidung verpflichteten.

5,14: Vgl. Lev 19,18.

5,19–21.22–26: Aus der hellenistischen Ethik übernimmt Paulus hier einen so genannten Laster- und Tugendkatalog, ein im NT häufig angewendetes literarische Stilmittel, ethische Standards zu vermitteln.

6,11–17: Den Schlussabschnitt schrieb Paulus wohl eigenhändig, um die Galater auf den Ernst seines Briefes hinzuweisen.

6,17: „Zeichen Jesu": Narben und Wunden, die Paulus im Dienst am Evangelium empfangen hat.

Der Brief an die Epheser

Mit dem Philipper-, Kolosser- und Philemonbrief bildet der Epheserbrief nach kirchlicher Tradition die Gruppe der so genannten „Gefangenschaftsbriefe", weil Paulus sie als Gefangener in Rom verfasst haben soll (Eph 3,1; 4,1; 6,20; Kol 4,18; Phlm 1.9; Phil 1,7.14.17).

Da persönliche Bezüge fehlen, ist der Brief vielleicht ein Rundschreiben an mehrere kleinasiatische Gemeinden im Hinterland von Ephesus, die einfachhin als „die Heiligen in Ephesus und die Gläubigen in Christus Jesus" (1,1) angesprochen werden. Gerade weil der Brief keinen konkreten Anlass zu haben scheint und nicht spezielle Fragen zu behandeln hat, kommt es zu einer großen thematischen Geschlossenheit, seiner feierlichen und hymnenartigen Sprache. Inhaltlich zeigt er nahe Verwandtschaft zum Kolosserbrief, mit dem zusammen er auch durch Tychikus überbracht worden sein will (6,21 f.).

Nach kurzen Grußworten beginnt der Brief mit einem Hymnus auf die Herrlichkeit der göttlichen Gnade, d.h. der in Christus geschenkten Erlösungsgeheimnisse. Der erste Teil (1,3–3,21) ist im Grunde ein einziger Lobpreis des ewigen Ursprungs dieser Herrlichkeit, in die der Christ durch den Glauben mit dem Ganzen seines Lebens einbezogen ist. Es folgt auf die Darlegung des von Gott Gewirkten im zweiten Briefteil (4,1–6,20) die Mahnung an alle und später im besonderen an einzelne Stände, dieser Berufung zur Herrlichkeit entsprechend zu leben. Mit knappen persönlichen Mitteilungen schließt der Brief. Die Hauptgedanken des Epheserbriefs kreisen um die Kirche, ihre Universalität, ihre Einheit, ja auch ihre Katholizität und Apostolizität. Heiden- und Judenchristen sind in der Einheit der Kirche, deren Haupt Christus ist, zusammengeschlossen. Die Mannigfaltigkeit der vielen Glieder ist auf das eine Ziel hingeordnet: den Dienst am Ganzen, die „Auferbauung des Leibes Christi", d.h. der Kirche.

1,3–14: Der Brief beginnt mit einem feierlichen Hymnus, der das „vorausbestimmte" Heilshandeln Gottes verkündet.

1,20: Vgl. Ps 110,1.

1,22: Vgl. Ps 8,7. – Der griech. Begriff „ekklesia", der hier mit „Kirche" übersetzt wird, kann im NT auch die Bedeutung von „(Orts-)Gemeinde" haben (vgl. Anm. zu Mt 16,18). Im Eph ist die „Kirche", und zwar die weltweite Kirche, das zentrale Thema: Die Kirche als Offenbarung des göttlichen Heilswillens.

2,2: Nach antiker Auffassung dachte man sich die Luft als Wohnsitz der Dämonen, die von der Macht Satans geführt werden.

2,13: Die „Fernen" sind die durch das Gesetz scharf von den Juden (die „Nahen") getrennten Heiden; diese Trennung ist nun durch Christi Blut aufgehoben, durch das vielmehr die neue Einheit von Juden und Heiden in der Kirche geschaffen wurde.

2,17: Vgl. Jes 57,19.

2,20: „Apostel und Propheten" haben zusammen als Generation der ersten Zeugen das Fun-

dament der Kirche Christi gelegt; mit „Propheten“ sind also hier die urchristlichen Verkünder des Wortes, nicht die alttestamentlichen Propheten gemeint.
4,8f.: Vgl. Ps 68,19.
4,25: Vgl. Sach 8,16.
4,26: Vgl. Ps 4,5.
5,21–33: In der Ehe sieht Eph ein Vorbild der Einheit Christi mit der Kirche.
5,21–6,9: Zu den Mahnungen an die einzelnen Stände vgl. Anm. zu Kol 3,18–4,1.
5,31: In Gen 2,24 sieht der Verfasser ein „Geheimnis“, insofern hier der Verbindung Christi mit seiner Kirche im Voraus dargestellt ist; dieses Geheimnis ist jetzt offenbar geworden.
6,2: Vgl. Ex 20,12.
6,3: Vgl. Dtn 5,16.
6,14: Vgl. Jes 11,5; 59,17.

Der Brief an die Philipper

Philippi im östlichen Mazedonien war zur Zeit des Paulus Bergwerkstadt und vor allem römische Militärkolonie, sodass die Bewohner meist römischer Herkunft und Sprache waren. Hierher kam der Apostel auf der zweiten Missionsreise mit Silas, Timotheus und Lukas und gründete dort, etwa 50 oder 51, die erste Christengemeinde Europas, die ihren Mittelpunkt im Haus der begüterten Purpurhändlerin Lydia hatte. Philippi wurde zur Lieblingsgemeinde des Apostels, mit der er bis zu seinem Tod in enger Beziehung stand. Es war auch die einzige Gemeinde, von der er mitunter Unterstützung annahm. Dieser wahrscheinlich zwischen 50 und 53 wohl in Ephesus geschriebene herzlichste aller Paulusbriefe ist ein Dankbrief für eine solche Gabe aus Philippi, deren Überbringer schwer erkrankt war, nun aber, wieder genesen, in seine Heimat zurückreist, wobei er das Schreiben des Paulus an die Gemeinde mitnimmt. Wenn auch die Echtheit des Briefes unbestritten ist, so rechnen einzelne Forscher ähnlich wie in 2Kor mit einer Briefredaktion aus zwei oder drei Briefen.

Paulus gedenkt seiner Gemeinde mit Danksagung und Freude, nicht allein wegen ihres Glaubens, sondern auch wegen ihrer „Anteilnahme am Evangelium“ (1,3–26). Der Dienst an der Heilsverkündigung ist auch die allein maßgebende Perspektive, aus der er seine Lage – die Gefangenschaft – betrachtet und wovon er der ihm so nahe verbundenen Gemeinde berichtet. Im nächsten Teil (1,27–2,18) mahnt er sie, im Geist der Selbstlosigkeit und einmütiger Liebe ohne Furcht festzustehen. Die Verse 2,6–11, die Christus als das große Vorbild aller Selbstentäußerung und Erniedrigung preisen, bilden einen (vorpaulinischen?) Hymnus. 2,19–30 enthält Mitteilungen persönlicher Art. Anschließend (3,1–4,9) warnt Paulus vor falschen Lehrern und mahnt zu einem Leben in Vollkommenheit, zu Freude, Güte und Gebet. Am Schluss (4,10–23) gibt Paulus seiner Freude und seinem Dank Ausdruck für die von der Gemeinde an ihn übersandten Gaben und richtet Grüße und Segenswünsche an alle.

2,6–11: Dieser Abschnitt stellt die Menschwerdung als zentrales Geheimnis des Christentums heraus. Mit ihr beginnt die im Kreuzestod vollendete Selbstentäußerung des Gottessohnes. Weil der Name Jesus dessen menschliche Natur bezeichnet, wird er von Paulus hier bewusst gebraucht; nach dieser Betonung der Menschheit Jesu erfolgt in 2,11 („Jesus Christus ist der Herr“) die Betonung der Gottheit Christi.
2,6: „Erachtete das Gottgleichsein nicht als Beutestück“, hielt nicht gierig am göttlichen Ansehen und göttlicher Würde fest.
2,7: „Knechtsgestalt“, kontrastierend zur Gottesgestalt, vielleicht in Anspielung auf den „Gottesknecht“ aus Jes 52,13–53,12.
2,12: Zu „Furcht und Zittern“, eine feste Redewendung (vgl. 1Kor 2,3), kommt es in Gegenwart Gottes.
3,2: Mit diesen scharfen Ausdrücken will der Apostel die Christen vor judenchristlichen Irrlehrern warnen, die behaupten, die Christen müssten das jüdischen Gesetz beachten.
3,15: Die „Vollkommenen“ sind reife, mündige Christen.
4,22: „Aus dem kaiserlichen Haus“: Hier handelt es sich kaum um Mitglieder der kaiserlichen Familie, sondern um einzelne Personen im Dienst des Kaisers jener Behörde, die Paulus gefangen hält.

Der Brief an die Kolosser

Kol 1,1 nennt zwar Paulus als Verfasser, doch darf die Verfasserschaft des Paulus mit guten Gründen verneint werden; vielmehr stammt der Brief wohl von einem unbekannten Schüler des Apostels und wurde kurz nach dem Tod des Paulus verfasst.

In Kolossä, einer wohlhabenden kleinasiatischen Stadt mit Textilhandwerk, hatte der Paulusschüler Epaphras eine blühende Gemeinde gegründet (1,7), die vornehmlich aus Heidenchristen bestand. Dort war nun eine Irrlehre zur Gefahr geworden, die offenbar heidnisch-gnostische Elemente mit jüdischen und christlichen verschmolz. Sie nannte sich „Philosophie" und gründete sich auf „Menschenüberlieferung und auf die Elemente der Welt" (2,8). Diese Lehre schreibt den Engeln heilsentscheidende Funktion zu (2,18). Sie sah in ihnen Mittelwesen, die nicht nur die „Fülle Gottes" (2,9) zur Erscheinung kommen ließen, sondern auch die Schöpfung des ganzen Kosmos bewirkt hätten. Darum sei neben der Verehrung Christi auch der Kult dieser kosmischen Mächte heilsnotwendig, aus welchem sich auch die Einhaltung bestimmter Festzeiten (vgl. Gal 4,10), Reinheitsvorschriften und Riten (offenbar jüdischer Herkunft) ergebe. Da durch solche Irrlehren nicht nur die Erlösungstat Christi, sondern auch seine einzigartige Stellung als Vermittler des Heils in Frage gestellt wurde, hob der Verfasser das Christusgeschehen als allein tragfähige Basis christlicher Heilsgewissheit hervor.

Nach dem Eingangsgruß und einer Danksagung für den Glauben der Gemeinde und ihre „Liebe im Geist" (1,3–8), benennt der erste Teil (1,13–1,29) die Grundlage der Heilsexistenz der Gemeinde, wobei ein Hymnus (1,13–20) im Mittelpunkt steht. Durch Christus ist auch den Kolossern im Glauben das Heil geschenkt, und durch ihn wie für ihn arbeitet und kämpft der Apostel „entsprechend seiner Kraft, die machtvoll in mir wirkt" (1,29). In einem zweiten Teil (2,1–2,19) nimmt der Verfasser den Kampf gegen die Häresie auf. Der dritte Teil (3,1–4,6) stellt die aus der Herrlichkeit des empfangenen Heils erwachsende Pflicht zu einem neuen Leben heraus und endet mit der Mahnung zu beharrlichem und dankbarem Gebet. Abschließend (4,7–18) sind dem Brief persönliche Mitteilungen und Grüße angefügt.

1,15–20: Im einleitenden Hymnus, der wohl im frühchristlichen Gemeindegottesdienst seinen Platz hatte, wird Christus als „Erstgeborener der ganzen Schöpfung" gepriesen, zunächst bezogen auf seine Stellung in der natürlichen Schöpfung (1,15–18a), anschließend bezogen auf seine Stellung seit der Auferstehung (1,18b–20).

1,24: Die Leiden des Apostels sind Teilhabe an den Leiden Christi, denen zwar im Hinblick auf das Heil, das aus dem Kreuz erwächst, nichts hinzugefügt werden muss; aber im Leiden des Apostels kommt das Leiden Christi zur Erfüllung, dient es doch der Verbreitung des Evangeliums.

2,8: Zur „Philosophie" vgl. die Einleitung.

2,22: Vgl. Jes 29,13.

3,1: Vgl. Ps 110,1.

3,4: Bei der Wiederkunft des Herrn am Ende der Zeit.

3,18–4,1: Mahnungen an die einzelnen Stände, wie sie in der Familie des antiken Hauses zusammenleben, bezeichnet man als so genannte „Haustafeln" (außer im Kol noch Eph 5,21–6,9; 1Petr 2,13–3,7): Es handelt sich um reziproke Mahnungen an Frauen, Männer, Kinder, Väter, Sklaven. Die Haustafeln vertreten eine durchaus konventionelle Ethik, unterstellen sie und beziehen sie aber auf Christus als dem wahren Hausherrn.

4,16: Hier wird sichtbar, wie Paulusbriefe unter den Gemeinden ausgetauscht und aufbewahrt wurden. Vor diesem Hintergrund ist es nur konsequent, dass die Briefe alsbald zu einem „Corpus Paulinum" zusammengefasst wurden.

Der erste Brief an die Thessalonicher

Von Philippi kam Paulus auf der zweiten Missionsreise (50/51 n. C.) nach Thessalonich (heute Thessalonike), einer bedeutenden Hafen- und Handelsstadt an der nordägäischen Küste und Hauptstadt der römischen Provinz Mazedonien. Schon nach einigen Wochen Predigttätigkeit entstand dort eine vorwiegend heidenchristliche Gemeinde (1,9 f.), nach Philippi die zweite auf europäischem Boden. Doch stand sie von Anfang an unter dem Zeichen der „Bedrängnis" (1,6), die durch die Ablehnung und Eifersucht der Juden hervorgerufen wurde und schon bald zu Unruhen in der Bevölkerung führte (2,14; 3,4), sodass Paulus mit seinem Begleiter Silas fliehen musste (Apg 17,1–10; 1Thess 2,2). Über Beröa und Athen kommt er nach Korinth. Dorthin bringt Timotheus dem um den Glauben der jungen Gemeinde bangenden Apostel gute, ja freudige Nachrichten vom tapferen Aushalten (3,6), wenn sich auch die „Bedrängnis" offenbar gesteigert hat. Daraufhin schreibt Paulus diesen Brief, den ältesten erhaltenen Paulusbrief überhaupt, im Jahr 50/51 wahrscheinlich von Korinth aus, und zwar aus einem doppelten Grund: allgemein als Ausdruck seiner Freude über den Bericht des Timotheus zur Lage in der Gemeinde, konkret, um die Frage nach dem Schicksal der „in Christus Verstorbenen" (4,16) zu beantworten, ob sie vom Heil ausgeschlossen seien, weil sie vor der bald erwarteten Wiederkunft Christi gestorben sind.

Nach der Grußzuschrift beginnt der erste Teil (1,2–3,13) des Briefes mit der Danksagung für den Glauben der Gemeinde, für ihre „Bemühung in der Liebe" und ihre „beharrliche Hoffnung" (1,3), die er vor allem stärken will. Gleichsam zum Stichwort des Briefes wird das Wort von der „großen Bedrängnis", unter der die Gemeinde „das Wort aufgenommen hat" „mit der Freude, die vom Heiligen Geiste ausgeht" (1,6). Paulus blickt auf die Zeit seines dortigen Wirkens zurück, fügt wegen jüdischer Verleumdungen einige Sätze der Selbstverteidigung ein (2,3–12), spricht seine herzliche Freude an der Gemeinde und seine Sehnsucht nach ihr aus und bittet Gott, ihren Glauben, ihre Liebe und ihre Hoffnung zu festigen (3,12f.). Der zweite Teil (4,1–5,22) ermahnt zum Fortschritt im „gottgefälligen Leben", insbesondere zur Enthaltung von Unzucht, Redlichkeit im Geschäftsverkehr, zu Bruderliebe und ruhigem, rechtschaffenen Leben (4,10f.). Das Schicksal der Verstorbenen betreffend antwortet Paulus, dass diese bei der Wiederkunft Christi auferstehen (4,16) und mit den Lebenden zusammen dem Herrn entgegen entrückt werden (4,17), um immer bei ihm zu sein. Die Zeit aber bis dahin ist wesentlich Kampfzeit. Abschließend mahnt der Apostel zu nüchterner, wachsamer Bereitschaft auf den Tag der Ankunft des Herrn hin, für den Gott die Gemeinde heiligen und vollkommen bewahren möchte.

2,4: Vgl. Jer 11,20.
2,16: Vgl. Gen 15,16; Dan 8,23.
3,8: Alle Bedrängnisse und alle Todesnot vergisst Paulus vor Freude, dass das Wort Gottes und die Gnade Christi in der Gemeinde wirksam geworden sind.
4,5: Vgl. Jer 10,25; Ps 79,6.
4,8: Vgl. Ez 36,27; 37,14.
4,15f.: „Mit einem Wort des Herrn", wohl Bezug nehmend auf ein Jesuswort, das sich in den Evangelien jedoch nicht findet, also vielleicht mündlich tradiert wurde.
5,8: Vgl. Jes 59,17; Weis 5,18f.
5,10: „Wachen oder schlafen", hier nicht (wie häufig) ethisch gemeint, sondern dem Kontext entsprechend „leben oder gestorben".
5,27: Erstmalige Erwähnung, dass Apostelbriefe in der Gemeindeversammlung vorgelesen werden sollten.

Der zweite Brief an die Thessalonicher

Im Sommer 51 wird ein zweiter Brief nach Thessalonich erforderlich, weil sich aus dem ersten Brief des Paulus, auf den sich der zweite in einzelnen Bezugnahmen (2,2.15; 3,14), Anklängen und in seiner formalen Nachbildung insgesamt bezieht, Missverständnisse ergeben hatten: Einzelne irregeleitete „Schwärmer" nämlich behaupten, „der Tag des Herrn" sei „schon da" (2,2). Paulus begegnet dem dadurch, dass er den festen Ablauf des Endgeschehens (1Kor 15,20–28) einschärft: „Verfolgungen und Bedrängnisse" (1,4) nehmen zu und offenbaren die Macht des Bösen in der Welt; dann muss der Antichrist, der gegenwärtig noch aufgehalten wird (2,7), auftreten, dem zuletzt der Tag des Herrn mit der Vollendung der Herrschaft Gottes folgt. Paulus weist im Anschluss an diese Einschärfung einzelne Gemeindemitglieder zurecht, die keiner geregelten Arbeit nachgehen und sich von der Gemeinde aushalten lassen (vgl. bereits 1Thess 4,11; 5,14).

Die paulinische Verfasserschaft des Briefs wird von vielen Forschern jedoch in Zweifel gezogen, nicht nur weil 1 und 2Thess fast den gleichen Aufbau und überdies viele parallele Stellen aufwiesen, auch Sprache und Vorstellungen von 2Thess offenbarten weniger paulinischen als vielmehr gemeinchristlichen Charakter. Sollte der Brief deuteropaulinisch sein, wäre die Echtheitsversicherung in 3,17 als bewusste Nachahmung zu beurteilen.

1,9: Vgl. Jes 2,10.19.21.
2,8: Vgl. Jes 11,4; Ijob 4,9.
3,6–15: Die Aufforderung zu geregelter Arbeit richtet sich wohl an solche, die wegen der Annahme, die Wiederkunft Christi stehe nahe bevor, die täglichen Pflichten vernachlässigen.
3,17: Zur eigenhändigen Unterschrift vgl. 1Kor 16,21; Gal 6,11; Kol 4,18; Phlm 19.

Die Pastoralbriefe

Die beiden Briefe an Timotheus und den Brief an Titus nennt man „Pastoralbriefe“ (latein. pastores, Hirten), da sie an Einzelpersonen gerichtet sind, näherhin Mitarbeiter der paulinischen Mission, die in den Gemeinden als Lehrer und Leiter tätig sind. Heute wird allgemein angenommen, dass diese Schriften aufgrund ihrer Verwandtschaft untereinander, ihrer stilistischen und sprachlichen Besonderheiten sowie vieler charakteristischer Unterschiede zu den Paulusbriefen nicht vom Apostel Paulus stammen, sondern von einem Apostelschüler einer späteren Generation. Die Gemeinsamkeiten der drei Briefe sprechen für eine koordinierte Abfassung der Briefe als Briefcorpus. Apostel in den Pastoralbriefen ist einzig Paulus, andere Apostel werden nicht erwähnt. Dem „exklusiven“ Apostolat des Paulus entspricht seine hohe Autorität; sie setzt der Verfasser ein, um seine brieflichen Anliegen - vor allem Gemeindeleitung und Irrlehrerabwehr - zu legitimieren. Dabei geht es ihm weniger darum, die Kirche seiner Zeit als die Kirche des Paulus auszuweisen, als vielmehr, sie auf Paulus als ihrem Ursprung zurückzuführen.

Der erste Brief an Timotheus

Timotheus, aus der kleinasiatischen Stadt Lystra, war Sohn eines heidnischen Vaters und einer judenchristlichen Mutter (Apg 16,1-3). Paulus gewann in ihm seinen Lieblingsschüler und treuen Begleiter seit der zweiten Missionsreise (1Kor 4,17; 16,10; 2Kor 1,1). Diesem zuverlässigen Mitarbeiter kann er wichtige Aufträge anvertrauen, wie etwa die Reisen nach Thessalonich oder Korinth und später das Vorsteheramt in der kleinasiatischen Metropole Ephesus (1Tim 1,3). Mit ihm teilt er die römische Gefangenschaft (Kol 1,1; Phil 1,1). Nach dem Tod des Apostels kehrt Timotheus nach Ephesus zurück.

Das 1. Kapitel wendet sich besonders gegen Irrlehrer und behandelt das Ziel der Predigt, das „Liebe aus reinem Herzen, aus gutem Gewissen und ungeheucheltem Glauben“ ist (1,5). Die weiteren Kapitel befassen sich durchweg mit verschiedenen Fragen der Ordnung der Gemeinde (2,1-6,19): Ordnung des Gottesdienstes, Verantwortung und Vollmacht der verschiedenen Amtsträger, Auseinandersetzung mit falschen Lehrern, Ermahnungen an verschiedene Altersstufen und Stände.

3,1-7: Der mit „Der Bischof“ überschriebene Abschnitt behandelt das Amt des „episkopos“ (griech., Aufseher), hier noch nicht im Sinn des (späteren Amts-)Bischofs, sondern eher allgemein als „Vorsteher, Gemeindeleiter“, aber durchaus technisch als Bezeichnung für eine Funktion, ein Amt in der Gemeinde.

3,8-13: Immer in enger Verbindung mit dem Amt des Vorstehers (episkopos, Bischof) wird das des „Diakons“ erwähnt (Phil 1,1; Röm 16,1), der den Bischof als Gehilfe (vgl. Apg 6,1-6) unterstützt.

4,14: Die Einsetzung in ein Amt geschah durch „prophetisches Wort unter Handauflegung“; die Mitwirkung von Propheten schildert auch Apg 13,1-3. Die Handauflegung ist ein im NT häufig beschriebener Gestus unterschiedlicher Bedeutung, wird aber mehr und mehr zum Ritus der Übertragung einer Gnade oder eines Charismas, aus der sich die Weihe für ein kirchliches Amt entwickelt (5,22; 2Tim 1,6).

5,17-25: „Die Ältesten“ sind neben „Bischöfen“ und „Diakonen“ ebenfalls Amtsträger, wobei die Bezeichnung eher an einen Stand als eine Funktion denken lässt. Aus dem griech. Wort „presbyter“ entstand das deutsche Wort „Priester“. In diesem Stadium der Formierung der gemeindlichen Ämter lassen sich weder spezifische Zuständigkeiten noch eine Ämterhierarchie erkennen, oft genug scheinen die Gruppen identisch zu sein.

5,18: Vgl. Dtn 25,4.

5,19: Vgl. Dtn 19,15.

6,20: Der Verfasser warnt vor der „so genannten ‚Erkenntnis'“ (griech. gnosis), eine um sich greifende religiöse Erlösungsbewegung, die in besonderer „Erkenntnis“ Heil und Erlösung suchte. Die Auseinandersetzung ist schon im NT greifbar, wird aber vor allem im 2. Jahrhundert die Kirche nachhaltig beschäftigen.

Der zweite Brief an Timotheus

Der erste Teil des Briefes ermahnt den zur Zaghaftigkeit neigenden Timotheus, die Gnadengabe Gottes zu entfachen (1,6), mutig zu sein, „Leiden für das Evangelium“ zu tragen „entsprechend der Kraft Gottes“ (1,8) und das „wertvolle Gut durch Kraft des Heiligen Geistes“ zu bewahren (1,14). Dem Leiden um des Evangeliums willen entspricht seine Verheißung, die der Hymnus 2,11-13 preist. Der Brief behandelt weiter das rechte Verhalten gegenüber den Irrlehrern, warnt vor nutzlosen Auseinandersetzungen mit ihnen und geht auf die bevorstehenden Leiden ein, die die letzte Zeit vor der Wiederkunft Christi begleiten. Es folgt als Testament des am Ende seines Lebens angelangten Apostels die beschwörende Mahnung an Timotheus, unermüdlich und geduldig die Heilsbotschaft vom Leben zu verkünden.

1,12.14: „Das anvertraute Gut" (griech. paratheke, Hinterlassenschaft), zentraler Begriff in den Pastoralbriefen (auch 1Tim 6,20), beinhaltet den Glauben, die Überlieferung und umschließt das Evangelium. Der aus der Rechtssprache stammende Begriff betont das Verhältnis zwischen dem, durch den die Hinterlassenschaft entsteht und der sie weitergibt (hier: Paulus) mit dem, der sie empfängt (hier: Timotheus); ihm obliegt es, sie unversehrt zu bewahren und weiterzugeben.
2,19: Vgl. Num 16,5.26.
4,14: Vgl. Ps 62,13; 28,4.
4,17: Vgl. Ps 22,22; Dan 6,32.38.

Der Brief an Titus

Der Heidenchrist Titus aus Antiochia begleitete Paulus und Barnabas zur Apostelversammlung nach Jerusalem (Gal 2,1 ff.) und wurde vom Apostel mehrfach mit wichtigen Aufträgen betraut. So brachte er z. B. den verloren gegangenen „Tränenbrief" (s. o. zu 2Kor) nach Korinth und hatte zweifellos großen Verdienst an der Beilegung der dortigen Schwierigkeiten (vgl. 2Kor 2,13; 7,6 ff.). Nach Tit 1,5 übertrug ihm Paulus das Bischofsamt auf der Insel Kreta.

Zunächst (1,5–9) werden die für einen Bischof erforderlichen Eigenschaften umrissen. Er muss ein „untadeliger Verwalter Gottes" (1,7) sein, dem es ein Anliegen ist, das Evangelium im Sinn der Überlieferung zu verkünden. Anweisungen zur Bekämpfung der Irrlehrer schließen sich an (1,10–16). Sodann behandelt der Brief Fragen der Gemeindeordnung, und zwar zunächst die Pflichten verschiedener Stände. Die Pflichten ergeben sich aus dem Offenbarwerden der Gnade Gottes, die dazu anleitet, „besonnen, gerecht und fromm in dieser Welt zu leben" (2,12). Dann wird die Stellung des Christen zur Obrigkeit, vor allem aber zum Mitmenschen betrachtet, die von Achtung, Ehrfurcht und Liebe bestimmt sein soll.

1,5–7: Zu den „Ämtern" vgl. die entsprechenden Anm. zu 1Tim.
2,14: Vgl. Ez 37,23; Ps 130,8; Ex 19,5; Dtn 14,2.

Der Brief an Philemon

In diesem kleinen Privatbrief, geschrieben vermutlich während seiner Gefangenschaft in Ephesus, bittet Paulus den Philemon, einen wohlhabenden Christen in Kolossä, er möge den von ihm bekehrten Sklaven Onesimus „als lieben Bruder" (16) und „Genossen" (17) in Christus aufnehmen. Gern sei er bereit, für einen durch Onesimus entstandenen möglichen Schaden aufzukommen (18 f.), er würde ihn sogar für seinen eigenen Dienst verwenden, wenn nicht ihm, Philemon, das Recht auf diesen Sklaven zustünde (13 f.). Der Brief lässt zwei Annahmen zu: Entweder bittet der Apostel Philemon, dass er den (entlaufenen?) Sklaven Onesimus wieder gnädig in sein Haus aufnimmt, gar ihn freilässt, oder Paulus wirbt bei Philemon dafür, seinen inzwischen bekehrten Sklaven als „Bruder" aufzunehmen und als „Genossen" gelten zu lassen.

Der Brief an die Hebräer

Der Hebräerbrief beginnt (wie sonst nur noch 1Joh) ohne Grußanschrift, die Absender und Empfänger sichtbar machen würde. Der Briefschluss ist dagegen dem paulinischer Briefformular angeglichen. Der Verfasser nennt seinen im besten Griechisch des NT geschriebenen und klar gegliederten Brief „Mahnrede" (13,22). Somit ist er also eine Art geschriebener, zugesandter Predigt. Er wendet sich wahrscheinlich an eine spezifische judenchristliche Gruppe („Hebräer") innerhalb eines größeren Gemeindeverbands außerhalb Palästinas, die sich in den Schriften wie im Kult des AT gut auskannten. Bei ihnen war der Eifer des Anfangs offenbar erlahmt (10,32–39; 12,4 f.12 f.; 13,7), sie waren mutlos geworden, vielleicht auch enttäuscht, weil die Vollendung nicht so rasch erfolgte, wie sie gehofft hatten. Obwohl man im Brief nichts über den Verfasser erfährt, galt Hebr lange als Paulusbrief (vgl. den Hinweis auf Timotheus 13,22), was jedoch schon seit der Frühzeit in Frage gestellt wurde. Hebr ist also ein anonymes Mahnschreiben eines offensichtlich hochgebildeten, mit der griech. Bibel und ihrer Auslegung ebenso wie mit jüdisch-hellenistischer Philosophie und Rhetorik bestens vertrauten Christen. Da Hebr im 1. Klemensbrief (um 95 n. C.) bezeugt wird (1Klem 17,1; 36,2–5), muss er früher, wahrscheinlich in den späten 80iger Jahren des 1. Jahrhunderts, entstanden sein. Als Abfassungsort kommt Rom in Frage, nicht zuletzt wegen der Grußnotiz „Es grüßen euch die Brüder aus Italien" (13,24).

Die „Mahnrede" gliedert sich deutlich in drei Teile: Der erste Teil (1,1–4,13) bietet eine Art theologischer Grundlegung: Das endgültige Wort Gottes ist der Sohn als Mittler des Neuen Bundes: Ausgehend von seiner Erhöhung, seinem gegenüber den Engeln klaren Vorrang (1,1–14), verkündet Hebr Christus als den „Urheber des Heils" (2,10), während der Mittler des Alten Bundes, Mose, treu als „Diener", war (3,5). Es folgt dann eine eindringliche Warnung vor Unglauben (3,7–4,13) unter Hinweis auf die Sünde des Volkes in der Wüste (3,16–19). Im zweiten Teil (4,14–10,18) erscheint zunächst Christus als der wahre Hohenpriester, der allen, die ihm gehorchen, das Heil erwirkt hat, weil er zuvor in seinem Leiden ihnen gleich geworden ist (4,14–5,10). Dann wird am Priestertum des Melchisedek, das über das unzulängliche levitische Priestertum schon weit erhaben war, die Vollkommenheit des Priestertums Christi gezeigt (7,1–,7,28). Der Brief erreicht einen Höhepunkt in den Aussagen über Christus als den priesterlichen Diener und Mittler des Neuen Bundes (8,1–13). Was im Alten Bund nur unzureichendes Zeichen und Sinnbild des Heils war, ist nun durch die Kraft des entsühnenden Blutes Christi Wirklichkeit geworden. Der dritte Teil (10,19–13,21) zieht aus dem Vorangegangenen die Folgerungen für die Verwirklichung im Leben der Christen, vor allem durch treuen, beharrlichen Glauben als „ein Überzeugtsein von dem, was man nicht sieht" (11,1). Die großen Vorbilder des Glaubens im Alten Bund, insbesondere Abraham, können den Christen die Größe des Glaubengehorsams zeigen (11,1–40), damit sie sich „heute" ganz der Führung durch den Willen Christi anvertrauen und Gott wohlgefällig werden. Der Brief schließt mit weiteren Mahnungen, Mitteilungen, Wünschen und Grüßen.

1,3: Vgl. Ps 110,1.
1,5: Vgl. Ps 2,7; 2Sam 7,14.
1,6: Vgl. Dtn 32,43; Ps 97,7.
1,7: Vgl. Ps 104,4.
1,8 f.: Vgl. Ps 45,7 f.
1,10–12: Vgl. Ps 102,26–28.
1,13: Vgl. Ps 110,1.
2,6–8: Vgl. Ps 8,5–7.
2,12: Vgl. Ps 22,23.
2,13 f.: Vgl. Jes 8,17; 2Sam 22,3; Jes 8,18.
2,16: Vgl. Jes 41,8 f.
2,17: Vgl. Ps 22,23.
3,2.5: Vgl. Num 12,7.
3,7–11.13.15 f.: Vgl. Ps 95,7–11.
3,17: Vgl. Num 14,29.
4,1.3: Vgl. Ps 95,11.
4,4: Vgl. Gen 2,2.
4,5 f.: Vgl. Ps 95,11.
4,7: Vgl. Ps 95,7 f.
4,10: Vgl. Ps 95,11; Gen 2,2.
5,5: Vgl. Ps 2,7.
5,6: Vgl. Ps 110,4.
5,9: Vgl. Jes 45,17.
5,10: Vgl. Ps 110,4.
6,8: Vgl. Gen 3,17 f.
6,13: Vgl. Gen 22,16.
6,14: Vgl. Gen 22,17.
6,19: Vgl. Lev 16,2.12.
6,20: Vgl. Ps 110,4.
7,1 f.: Gen 14,17–20
7,3: Vgl. Ps 110,4.
7,4.6.10: Vgl. Gen 14,17–20.
7,11.17.21.24.28: Vgl. Ps 110,4.
8,1–5: Das alttestamentliche Priesteramt wurde im Bundeszelt ausgeübt, das neutestamentliche dagegen vollzieht Christus im Himmel, wo er sich selbst dem Vater als das für uns geopferte Lamm darstellt (der Gedanke wird ab 9,11 fortgeführt).
8,1: Vgl. Ps 110,1.
8,2: Vgl. Num 24,6.
8,5: Vgl. Ex 25,40.
8,12: Vgl. Jer 31,31–34.
9,1–28: Auch der Vergleich der Opfer zeigt, ebenso wie der Vergleich der Priester des Alten und Neuen Bundes, die Unvollkommenheit des Alten Bundes. Dieser hielt (ausgenommen am Versöhnungstag mit der feierlichen Entsündigung von Volk und Priesterschaft) auch den Hohenpriester, die Priester und das Volk vom Allerheiligsten fern; Christus, der Hohepriester, aber hat mit seinem einmaligen Opfer die Menschheit ein für allemal erlöst und ist für immer in das ewige Heiligtum eingetreten.
9,20: Vgl. Ex 24,3–8.
9,28: Vgl. Jes 53,12.
10,5–9: Vgl. Ps 40,7–9.
10,12 f.: Vgl. Ps 110,1.
10,16 f.: Vgl. Jer 31,33 f.
10,27: Vgl. Jes 26,11.
10,28: Vgl. Dtn 17,6.
10,29: Vgl. Ex 24,8.
10,30: Vgl. Dtn 32,35 f.

10,37: Vgl. Jes 26,20; Hab 2,3.
10,38: Vgl. Hab 2,4.
11,1–11,40: Die Beispiele (vgl. Sir 44–50) legen ausführlich dar, was der Glaube ist und wie sich die Größe der alttestamentlichen Glaubensvorbilder darin zeigt, dass sie der Verheißung Gottes glaubten, ohne ihre Erfüllung in Christus zu sehen.
11,1: Dieser Satz wurde zu einer theologischen Definition des Glaubens.
11,5: Vgl. Gen 5,24.
11,8: Vgl. Gen 12,1.4.
11,9: Vgl. Gen 26,3.
11,12: Vgl. Gen 22,17; Ex 32,13.
11,17: Vgl. Gen 22,1f.
11,18: Vgl. Gen 21,12.
11,21: Vgl. Gen 47,31.
11,23: Vgl. Ex 2,2.
11,26: Vgl. Ps 89,51f.
11,28: Vgl. Ex 21,11.22f.
12,5f.: Vgl. Spr 3,11f.
12,12: Vgl. Jes 35,3.
12,13: Vgl. Spr 4,26.
12,14: Vgl. Ps 34,15.
12,15: Vgl. Dtn 29,17.
12,16: Vgl. Gen 25,33f.
12,18f.: Vgl. Ex 19,16–19; Dtn 4,11.
12,20: Vgl. Ex 19,12f.
12,26f.: Vgl. Hag 2,6.
12,29: Vgl. Dtn 4,24; Jes 33,14.
13,5: Vgl. Dtn 31,6.
13,6: Vgl. 27,1–3; 118,6.
13,11.13: Vgl. Lev 16,27.
13,15: Vgl. Ps 50,14.23; Hos 14,3.
13,20: Vgl. Jes 55,3; 63,11; Ez 34,1f.; 37,26; Sach 9,11.

Die Katholischen Briefe

Auf Hebr folgt in der Reihenfolge der neutestamentlichen Schriften eine Gruppe von sieben Briefen verschiedener Verfasser, die seit alters „Katholische Briefe“ genannt werden. Es sind dies der Jakobusbrief, zwei Petrusbriefe, drei Johannesbriefe und der Judasbrief. Sie heißen „katholische Briefe“, weil sie sich (außer 2/3Joh), im Gegensatz zu den meisten Paulusbriefen, die in eine konkrete Gemeinde- oder Einzelsituation hinein geschrieben sind, an die gesamte (griech. katholikos, vollständig, allgemein, universal) Christenheit richten.

Der Jakobusbrief

Unter dem Namen und in der Autorität des Herrenbruders, des bei den Adressaten hochangesehenen Leiters der Jerusalem Gemeinde, wendet sich dieser Brief an die in heidnischer Umgebung lebenden Judenchristen, „die zwölf Stämme in der Zerstreuung“ (1,1). Eine authentische Verfasserschaft wird in der Forschung heute nicht mehr vertreten. Vielmehr handelt es sich um eine neutestamentliche Spätschrift des ausgehenden 1. Jahrhunderts. Der Verfasser geht aus von „mannigfachen Versuchungen“, die als „lauter Freude“ erachtet werden sollen (1,2). Offenbar sind diese Anfechtungen für die Empfänger des Briefes durch ihren Mangel an Weisheit (1,5) und Glauben (1,6) verursacht, auch soziale Spannungen klingen an (1,9). Dem stellt Jak gleich zu Beginn entgegen, „vollkommen und untadelig“ zu sein (1,4). Zentral für Jak ist das viel verhandelte Thema „Glaube und Werke“. Für den Verfasser gehören sie unzertrennlich zusammen, was sich gegen den paulinischen Grundsatz zu richten scheint, nämlich dass der Mensch allein aufgrund des Glaubens, also ohne Werke des Gesetzes, vor Gott Gerechtigkeit erlangt. Dagegen betont Jak, dass bei Gott Sein und Handeln nicht auseinanderfallen (1,5.12f.17f.), und schließt daraus: bei Christen dürfen entsprechend auch nicht Glauben und Tun auseinanderfallen; Glaube ohne Werke ist tot (2,17). Die Schwierigkeit, beide Auffassungen vermitteln zu können, liegt wohl im Erlangen der Gerechtigkeit, weniger im Gegensatz zwischen Glauben und Werken: nach Jak ist gerecht, wer gerecht handelt (2,17), nach Paulus handelt gerecht, wer zuvor im Glauben vor Gott gerecht geworden ist.

1,1: „Jakobus“: Gemeint sind weder Jakobus („der Ältere“), der Sohn des Zebedäus (Mk 3,17 par.) und Bruder des Johannes, noch Jakobus („der Jüngere“), der Sohn des Alphäus (Mk 3,18 par; Apg 1,13), sondern Jakobus, der Bruder des Herrn (Mt 13,55 par.), der in der Urgemeinde eine zentrale Rolle spielte (vgl. Apg 12,17; 15,13–21; 21,18–26) und auch von Paulus erwähnt wird (1Kor 15,7; Gal 1,19; 2,9.12).
1,10: Vgl. Jes 40,6f.

2,8: Vgl. Lev 19,18
2,21: Vgl. Gen 22,9.
2,23: Vgl. Gen 15,6; Jes 41,8. – Auch Paulus beruft sich auf das Beispiel Abrahams und kommt hinsichtlich dessen, was gerecht macht, zum entgegengesetzten Schluss (Gal 3,6; Röm 4,1–5).
3,9: Vgl. Gen 1,27.
4,5: Das Zitat ist nicht feststellbar.
4,6: Vgl. Spr 3,34.
5,13–16: Auf diese Stelle beruft sich die katholische Kirche für das Sakrament der Krankensalbung.
5,10: Vgl. Spr 10,12.

Der erste Petrusbrief

An die um ihres Glaubens willen bedrängten Heidenchristen aus fünf, fast ganz Kleinasien umfassenden Provinzen schreibt ein anonymer Verfasser unter dem Namen des Petrus. Als Abfassungsort ist Rom anzunehmen, das unter der Chiffre „Babylon" (5,13) genannt wird. Die Verfasserschaft des Apostels Petrus ist gut begründet auszuschließen (keine Reminiszenzen an Jesus oder an die in den Evangelien greifbare Petrus-Gestalt, Besonderheiten in der Sprache und der Terminologie, die vorausgesetzte Gemeindesituation). Die Abfassungszeit ist schwer festzulegen, dürfte aber nach 80 n.C. anzusetzen sein. Der Brief gehört aufgrund seines theologischen Gewichts zu den wichtigsten des NT, schlägt er doch zur Paulustradition durch Aufnahme und Transformation wichtiger paulinischer Theologumena (Gnade, Erlösung) eine Brücke. Der Brief thematisiert theologisch versiert die Notwendigkeit des Leidens und die Hoffnung auf das Heil.

Das Schreiben ist dem paulinischen Briefformular eng verwandt: Anschrift und Gruß (1,1f.) sowie Grüße und Segenswünsche am Ende des Briefes (5,12–14) rahmen ein Briefcorpus, das in lockerer Abfolge ohne besondere Disposition oder stringente Gedankenführung eine sehr genau umgrenztes Thema hat: Die Hoffnung auf das Heil als die sichere Zukunft. Zunächst formuliert der Verfasser in einer Lobrede seinen Dank an Gott für das durch Christus geschenkte Heil (1,3–12). In einer Passage, in der möglicherweise eine Taufkatechese bzw. -liturgie verarbeitet ist (1,13–21, vgl. 2,2), formuliert der Verfasser die Anforderungen an das neue Leben (1,13–2,3). Auf Christus, den „erlesenen, kostbaren Eckstein" (2,4.6), sind sie als lebendige Steine zur Kirche aufgebaut, sind heiliges, priesterliches Volk Gottes, das berufen ist, Gottes Großtaten zu verkünden (2,4–10). Es folgen Anweisungen für einzelne Stände und besondere Situationen (2,11–3,7) sowie Ermahnungen an alle zur Rücksicht, Besonnenheit, Gastfreundschaft und brüderlichen Liebe (3,8–12), zumal angesichts des nahen „Endes aller Dinge" (4,7). Mehrere Abschnitte thematisieren das Leiden bzw. die konkreten Verfolgungen, denen die Adressaten ausgesetzt sind (3,13–4,6; 4,12–19). Gegen Ende des Briefes formuliert der Verfasser Anweisungen an die Verantwortlichen der Gemeinde (5,1–7), bevor er dann mit einem erneuten Aufruf, die gegenwärtigen Leiden auszuhalten, schließt (5,8–11.12–14).

1,1: „An die Fremden in der Zerstreuung": Die ersten Christen leben als „Fremde" in der Welt (2Kor 5,1–6; Phil 3,20; 1Petr 1,17; 2,11), denn sie gehört Gott. Da sie nur eine Minderheit in ihrer heidnischen Umwelt bilden, leben sie in der „Zertreuung" (griech. diaspora).
1,16: Vgl. Lev 19,2.
1,17: In der „Fremde", griech. paroikia, wovon sie das deutsche Wort „Pfarrei" ableitet.
1,18: Vgl. Jes 52,3.
1,24f.: Vgl. Jes 40,6–8.
2,3: Vgl. Ps 34,9.
2,4f.: Christus ist der „erlesene, kostbare Stein", auf dem die Gläubigen als „lebendige Steine" zur Kirche „erbaut" werden. Vgl. Jes 28,16.
2,5–9: „Heilige Priesterschaft" und „königliche Priesterschaft": Die Gemeinde weiß sich als Gottesvolk der Getauften in kultischer Nähe zu Gott, weiß sich auserwählt und damit an Gott gebunden. Ihr gemeinsames Priestertum stiftet gemeindliche Identität und motiviert sie dazu, das widrige Leben in der Fremde zu meistern.
2,6: Vgl. Jes 28,16.
2,7: Vgl. Ps 118,22.
2,8: Vgl. Jes 8,14f.
2,9: Vgl. Ex 19,5; 23,22; Jes 43,20f.
2,10: Vgl. Hos 1,6.9; 2,3.25.
2,22: Vgl. Jes 53,9.
2,24f.: Vgl. Jes 53,5f.11f.; Ez 34,1f.
3,10–12: Vgl. Ps 34,13–17.
3,14f.: Vgl. Jes 8,12f.
3,19: „Geister im Gefängnis", denen Christus beim Abstieg in die Hölle („Höllenfahrt") vor seiner Auferstehung die Erlösung verkündigt (vgl. Mt 12,40; Apg 2,24.31; Röm 10,7; Eph 4,9; Hebr 13,20); gemeint sind wohl die Seelen der gestorbenen Sünder (vgl. Eph 4,8–10).
3,21: Wie Noach durch seinen Glaubensgehor-

sam aus der Sintflut gerettet wurde, so rettet den glaubenden Christen die Taufe in das ewige Leben. In der Sintflut ist vorgebildet, was durch Christus in der Taufe seine Erfüllung findet.
4,1: Die Bereitschaft zum Leiden, zu der der Verfasser mehrfach auffordert, gehört wesentlich zur Nachfolge Jesu und ist Erweis seiner Jüngerschaft (vgl. Mt 10,38; 16,24; Mk 8,34; Lk 14,27; 17,33; Joh 12,26).
4,8: Vgl. Spr 10,12.
4,14: Vgl. Jes 11,2.
4,18: Vgl. Spr 11,31.
5,1: Zu „Älteste" vgl. Anm. zu 1Tim 5,17–25.
5,5: Vgl. Spr 3,34.
5,13: „Babylon" war Deckname für das heidnische Rom.

Der zweite Petrusbrief

Wie 1Petr mit der Verfasserangabe des Apostels Petrus geschrieben, gibt sich 2Petr als Testament des Apostels aus (1,1.13f.). Da der Brief jedoch bereits deutlich auf die apostolische Generation zurückblickt und aufgrund einer ganzen Reihe weiterer Indizien (Sprache, Stil, Bezugnahmen, Konstellation der Gegner), wird die petrinische Verfasserschaft heute nicht mehr vertreten. Vielmehr wird angenommen, in ihm die späteste Schrift des NT vorliegen zu haben (um 120 n.C.). Der sorgfältig komponierte Brief richtet sich gegen „Spötter", die die ausbleibende Ankunft des Herrn zum Anlass nehmen, die Macht Christi bei seiner Wiederkunft zu desavouieren (1,16) und die Erlösungstat Herrn zu verleugnen (2,1). Die auch das paulinische Briefformular kennzeichnenden Teile (1,1f.: Adresse und Gruß; 1,3–11: Lobrede; 3,17f.: Briefschluss) umschließen einen gut disponierten Hauptteil, in dem drei Themen zu Sprache gebracht werden: Das Testament des Apostels als Bürgschaft der christlichen Hoffnung (1,12–21), eine scharfe Abrechung mit den Irrlehrern (unter weitgehender Benutzung des Jud) (2,1–22) sowie die Frage nach der Wiederkunft Christi und dem Weltgericht (3,1–16).

1,16: „Ausgeklügelte Fabeln", wohl eine polemische Anspielung auf gnostische Spekulationen.
2,15: Bileam (vgl. Num 22) ließ sich vom Moabiterkönig Balak, der sich vor den Israeliten fürchtete, gegen den ausdrücklichen Willen Gottes um Geld kaufen, das Volk Israel zu verfluchen; nur seine Eselin rettete ihn vor der Strafe Gottes.
2,22: Vgl. Spr 26,11.
3,1: „Schon der zweite Brief", Hinweis auf 1Petr.
3,13: Vgl. Jes 65,17.
3,8: Vgl. Ps 90,4.
3,15f.: Nicht nur ein erster Hinweis auf das „Corpus Paulinum", die Sammlung von paulinischen Briefen, sondern auch auf die anderen Schriften des NT, aber auch des AT.

Der erste Johannesbrief

Der neutestamentliche Kanon kennt drei Briefe unterschiedlicher Länge, die nach altkirchlicher Tradition dem Apostel und Evangelisten Johannes zugeschrieben werden (s. Einleitung zu Joh). Die Briefe, besonders 1Joh, sind nach theologischer Diktion, stilistischer wie literarischer Eigenheit eng mit dem Evangelium verwandt. Ob sie vom gleichen Verfasser geschrieben sind, ist ebenso unsicher wie der Zeitpunkt ihrer Verfasserschaft, von der nur für 2Joh und 3Joh gesagt werden kann, dass sie wohl nach Joh und 1Joh entstanden sind.

Der Brief enthält zwar keine Anschrift (er richtet sich wohl an einen begrenzten Kreis von Empfängergemeinden), zeigt aber dennoch eine klare Briefform. Nach einer Vorrede (1,1–4) mit deutlichen Anklängen an den Johannesprolog (Joh 1,1–18) gliedert sich der Brief in drei Teile: Der erste Teil beschreibt die Gottesgemeinschaft als Leben im Licht und ermahnt dazu, die entsprechenden Konsequenzen für das Leben in der Gemeinschaft daraus zu ziehen (1,5–2,17). Der zweite Teil (2,18–3,24) nimmt stärkeren Bezug auf die konkrete Situation der Gemeinden, indem er vor einer Gruppe warnt, die sich wohl abgespalten hat (2,18f.). Sie verwarfen die Heilsbedeutung, wenn nicht sogar die Tatsache von der Menschwerdung und dem Erlösungstod Christi und damit das Kernstück der christlichen Verkündigung (2,22f.; 4,2f.; 5,6), wobei der Verfasser die Spaltung vor allem als eine Verletzung des Liebesgebots verurteilt (3,4–3,24). Im letzten Teil (4,1–5,12) wird eingeschärft: Gott ist Liebe und die Gemeinschaft mit ihm vollzieht sich in Liebe und Glaube. Ein längerer Epilog beschließt das Schreiben (5,13–21).

2,1: Auch Joh spricht vom „Beistand" (14,16f.; 15,26; 16,7) und meint damit den verheißenen

Geist, der der nachösterlichen Gemeinde gesandt wird; hier dagegen ist Jesus Christus „der Beistand beim Vater".
2,15: Weltliebe meint hier, ähnlich wie bei Paulus (2Kor 4,4; Gal 1,4; Eph 2,2), die Verfallenheit an das Irdische, im Gegensatz zu jener verantwortlichen Haltung, die die Welt als erlösungsbedürftige und erlösungswürdige Schöpfung Gottes ansieht.
2,20: Der „Heilige" ist Christus, von dem die Getauften die „Salbung", das ist der Heilige Geist, empfangen haben.
3,6: Das Nichtsündigen-Können trifft für den einzelnen Christen nur insoweit zu, als er durch Christus in Gott ist und aus ihm lebt.
4,9: Das Wesen Gottes ist Liebe; sie ist durch das Handeln Gottes, nämlich die Sendung des Sohnes in die der Sünde und dem Tod verfallenen Welt, offenbar geworden. Nun fordert sie die Antwort des Menschen in Gottes- und Bruderliebe.
5,7f.: Nach „Drei sind es, die Zeugnis geben" wurde ein ursprünglich wohl erklärender Randtext in den Brief eingefügt, der in den ältesten Handschriften fehlt, das so genannte „Comma Ioanneum": ... die Zeugnis ablegen *im Himmel: der Vater, das Wort und der Heilige Geist; und diese drei sind eins. [8] Und drei sind, die Zeugnis geben auf Erden*". Wasser und Blut beziehen sich auf die Taufe und den Tod Jesu als Beginn und Erfüllung seiner messianischen Sendung.

Der zweite Johannesbrief

2Joh, ein kurzes, an eine kleinasiatische Gemeinde („die auserwählte Herrin", 1) gerichtetes Schreiben, wendet sich ebenfalls gegen die aus 1Joh bekannte Irrlehre (7f.), die die Menschheit Christi leugnet und behauptet, ein fortgeschrittenes Christentum zu lehren. Ihr gegenüber mahnt der Verfasser zu einem Leben in der Wahrheit, das im Halten der Gebote und in der Bruderliebe sichtbar wird. Er verbietet die gastliche Aufnahme der Irrlehrer (10f.) und kündigt seinen baldigen Besuch an.

1: Der Verfasser bezeichnet sich selbst als „der Älteste", hier Ehren- und Amtstitel eines Gemeindeleiters.
13: „Auserwählte Schwester", gemeint ist die Schwestergemeinde, aus der der Älteste den Brief an die „auserwählte Herrin" abgesandt hat.

Der dritte Johannesbrief

3Joh ist ein privater Gelegenheitsbrief und an einen sonst nicht weiter bekannten Gaius gerichtet, der gelobt wird, weil er „in der Wahrheit" lebt (2). Der Verfasser mahnt ihn, die durchreisenden Glaubensboten gastlich aufzunehmen und sie gut für die Weiterreise zu versorgen (5–8). Gegenbild des Gaius ist Diotrephes, ein offenbar führender Mann, der die Glaubensboten nicht aufnimmt (9f.). Der Briefschluss ist dem des 2Joh ähnlich.

Der Judasbrief

Der Verfasser des Briefes, der sich „Judas, Knecht Jesu Christi, Bruder des Jakobus" nennt, nimmt für sich die Autorität des Judas, eines (neben Jakobus anderen) Herrenbruders (vgl. Mt 13,55; Mk 6,3), in Anspruch, ist also nicht der Apostel (17). Sein in Briefform gehaltenes Schreiben (Anschrift und Gruß, 1f.; Briefschluss 24f.) besteht im Wesentlichen aus zwei Teilen, einer Bekämpfung von Irrlehrern (3–16) und Ermahnungen an die Gläubigen (17–23). Der Brief zeigt eine gute Kenntnis des AT und der jüdischen Überlieferung und dürfte deshalb an judenchristliche Gemeinden gerichtet gewesen sein. Dort waren Irrlehrer eingedrungen, die die Alleinherrschaft Gottes leugneten (4; 8; 25), die Bedeutung Christi bestritten (4) und die Engel lästerten (8). Der Verfasser wendet sich scharf und eindringlich gegen sie unter Hinweis auf das Gericht Gottes (14f.).

8: Die „Herrlichkeiten" meint hier wohl die Engel.
9: Vgl. Sach 3,2.

Die Offenbarung des Johannes

Die letzte Schrift des NT bezeichnet sich als „Offenbarung" (griech. apokalypsis, Enthüllung) (1,1); ihr Verfasser nennt sich „Knecht Johannes " bzw. „Johannes, euer Bruder und Gefährte" (1,1.9) und verbürgt als von Gott autorisierter Prophet (22,9) die Wahrheit der Offenbarung, die er empfangen hat (1,10–20). Sicherlich eine

Persönlichkeit von hohem Ansehen in seiner Kirche, weisen seine guten Kenntnisse des AT und der außerkanonischen apokalyptischen Literatur auf eine judenchristliche Herkunft hin. Als Adressaten der Offenbarung darf die Gesamtkirche gelten, exemplarisch in jenen sieben kleinasiatischen Gemeinden angesprochen, an die der Verfasser „Sendschreiben" richtet, in denen er sie sehr konkret anspricht (2,1–3,22). Über den Abfassungszweck und die Entstehungszeit gibt der recht genau bestimmbare historische Hintergrund den gewünschten Aufschluss: Die Schrift ist in einer Zeit schwerer Verfolgung entstanden. Sie soll zum standhaften Aushalten der eingetretenen und noch vermehrt zu erwartenden Leiden ermutigen und Widerstandskräfte stärken. Aus diesem Grund gelten die Jahre der Verfolgung unter dem römischen Kaiser Domitian (81–96) mit hoher Wahrscheinlichkeit als Abfassungszeit. Domitian setzte mit Zwangsmitteln den Herrscherkult durch, der jedem Reichsbewohner kultische Verehrungsakte für (tote, oder wie in seinem Fall, den lebenden) Kaiser auferlegte (Domitian reklamierte für sich den Titel „Dominus ac Deus", Herr und Gott). Da in der östlichen Reichshälfte der Kaiserkult mit Nachdruck gefördert wurde, mussten die christlichen Gemeinden in diesem Bereich in besondere Schwierigkeiten geraten, wenn sie sich dem kaiserlichen Ansinnen widersetzten.

Die Apokalypse zerfällt in zwei unterschiedlich lange Teile, die von einem Vorwort mit einer brieflichen Einleitung (1,1–8) und einem Epilog (22,6–20) eingerahmt werden. Der erste Teil (1,9–3,22) beginnt mit der Eingangsvision (1,9–20); hier empfängt der Seher seine Berufung (zugleich die Legitimation für die Leser oder Hörer) und den Auftrag; „Schreibe also auf, was Du gesehen hast: was ist und was danach geschehen wird" (1,19). Es folgen sieben Sendschreiben an kleinasiatische Gemeinden (s.o.). Sie enthalten – nach der jeweiligen Notwendigkeit – Lob, Tadel, Mahnungen, Verheißungen, aber auch Warnungen und Strafandrohungen. Der zweite Teil (4,1–22,5) schildert in großen Himmelsvisionen, „was danach geschehen wird". Eine Thronvision leitet diesen Teil ein (Kap. 4), dem die Vision des Lammes folgt, das die Buchrolle mit den sieben Siegeln zur Öffnung empfängt, d.h. den Auftrag zur Ausführung der göttlichen Ratschlüsse (Kap. 5). Auf die Entsiegelung hin treten furchtbare Ereignisse ein: apokalyptische Reiter (Krieg, Bürgerkrieg, Hunger und Tod) und kosmische Katastrophen (Kap. 6), von denen nach der schützenden Versiegelung die Auserwählten verschont bleiben (Kap. 7). Es beginnt die „Sieben-Posaunen-Vision" (Kap. 8–11), die noch größere Schrecken bringt. Die Kapitel 12–20 schildern dann den Entscheidungskampf des Gottesreiches mit den gottesfeindlichen Mächten. Das „große Zeichen" der Frau (die das Volk Gottes symbolisiert) leitet ihn ein. Ihr Sohn (der Messias) wird vom Drachen (Satan) vergebens verfolgt, woraufhin dieser nun der Frau nachstellt bzw. ihren „Nachkommen", den Christen. Er bedient sich dazu des Tieres aus dem Meer, des Antichrists (Kap. 13), und dessen Lügenpropheten, des Tieres vom Land. Beide sind Gegenspieler des Lammes, das im Kap. 14 als Schutz der Seinen erscheint. Das nun folgende Gericht wird mit dem Bild von Ernte und Weinlese angekündigt und eingeleitet mit der Vision von den Zornschalen Gottes (Kap. 15 und 16), durch die die Menschen zum letzten Mal zur Buße gebracht werden sollen. Kapitel 17 und 18 zeigen das Gericht über die Stadt Babylon, der Hauptstadt der gottfeindlichen Weltmacht, und ihren Fall. Nun kommt Jesus als Sieger auf die Erde und errichtet eine eintausendjährige Herrschaft, in dem der Satan keine Macht hat (Kap 19,1–20,6). Erneut wird der Satan für kurze Zeit die Völker verführen, aber nur um nun endgültig vernichtet zu werden und das Gericht anbrechen zu lassen (20,7–15). Am Ende aller eschatologischen Ereignisse aber steht die Vollendung des „neuen Himmels und der neuen Erde" (21,1–22,5). Inmitten der erneuerten paradiesischen Schöpfung (Lebensstrom und Lebensbäume) erhebt sich das himmlische Jerusalem, das von der Gegenwart Gottes seine Herrlichkeit empfängt. Das Buch schließt mit einer Bestätigung der Geschichte durch den Engel, der den Seher von Vision zu Vision führte und sie ihm auslegte, und betont schließlich die Unantastbarkeit der mitgeteilten Offenbarungen (22,6–19). Am Ende steht der Sehnsuchtsruf der Urkirche nach dem Kommen des Herrn (22,20).

Der Seher spricht in Bildern, Symbolen und Allegorien, die dem heutigen Leser im Einzelnen oft schwer zugänglich sind. Viele dieser Formen prophetischer Aussage kommen aus der alttestamentlichen apokalyptischen Überlieferung (besonders der Bücher Ezechiel, Daniel und Sacharja). Auch die aus reichen mythischen Quellen gespeiste jüdische, hellenistische und orientalische Zahlen- und Gestaltsymbolik spielt eine Rolle. Diese dem antiken Denken ganz geläufige und in alter Überlieferung wurzelnde Bildsprache dient Johannes nun zur prophetischen Aussage in die Zeitgeschichte hinein. Doch reichen ihre Perspektiven weit über die Bezugnahme auf die zeitgeschichtliche Situation hinaus und verweisen auf das endzeitliche Gerichts- und Heilswalten des Herrn bei seiner Wiederkunft. Diese Mehrschichtigkeit ist für das Verständnis der Apokalypse wesentlich und muss immer im Auge behalten werden. Die Anwendung der Bilder und Allegorien auf die damalige Gegenwart lässt sich an vielen Stellen entschlüsseln, etwa die sieben Köpfe des Antichrists – sieben bestimmte römische Kaiser, die sich gotteslästerliche Titel („Lästernamen") zulegten, oder Babylon als Chiffre für Rom usw.

1,1: Vgl. Dan 2,28.
1,4: Die sieben Gemeinden in der römischen Provinz Asia (d.i. Westkleinasien) sind in 1,11 einzeln genannt. Da die Sieben aber in der antiken Zahlensymbolik die Mannigfaltigkeit in der Einheit symbolisiert, deutet die Siebenzahl der Gemeinden auch auf die Gesamtkirche hin.
1,4: Vgl. Ez 3,14.
1,5: Vgl. Ps 89,38.28; Jes 55,4.
1,6: Vgl. Ex 19,6.
1,7: Vgl. Dan 7,13; Sach 12,10.14.
1,8: Vgl. Ex 3,14. – Das Alpha ist der erste, das Omega der letzte Buchstabe des griech. Alphabets.
1,10: „Tag des Herrn" ist der Sonntag, als Tag der Auferstehung des Herrn.
1,13: Vgl. Dan 7,13; 10,5.
1,14: Vgl. Dan 7,9; 10,6.
1,15: Vgl. Ez 43,2.
1,16: Vgl. Ri 5,31. – Das Schwert ist Sinnbild des richterlichen Gotteswortes.
1,17: Vgl. Jes 44,6; 48,12.
1,19: Vgl. Dan 2,29.
2,6.15: „Nikolaiten", eine nicht weiter bekannte Irrlehre des frühesten Christentums, möglicherweise auch in einzelnen Briefen des NT der Sache nach erwähnt.
2,7: Vgl. Gen 2,9.
2,8: Vgl. Jes 44,6.
2,10: Vgl. Dan 1,12.14f. – „Zehn Tage lang", symbolisch für eine kurze Zeit.
2,11: Der „zweite" Tod (vgl. 20,14; 21,8) ist der ewige Tod, die Verdammnis.
2,13: „Zeuge" (griech. martys) bezeichnet zunächst einfach denjenigen, der für Christus ein Zeugnis ablegt; später wird daraus der Glaubenszeuge als Blutzeuge Christi („Martyrer").
2,14: Vgl. Num 25,1–6; 31,16.
2,17: Vgl. Jes 62,2; 56,5; 65,15. – Ein „weißer Stein" mit dem eingravierten Namen des Siegers galt als „Siegerurkunde" bei Wettkämpfen.
2,18: Vgl. Dan 10,5f.
2,20: Vgl. Num 31,16; 25,1f.
2,23: Vgl. Jer 11,20f., 17,10; Ps 62,13.
2,24: „Die Tiefen des Satans", wohl eine polemische Abwandlung von gnostischen Ansprüchen, die auf höhere Erkenntnis („Gnosis") setzt.
2,26f.: Vgl. Ps 2,8f.
3,7: Vgl. Lev 17,1; Jes 22,22.
3,9: Vgl. Jes 45,14; 60,14; Jes 43,4.
3,12: Vgl. Ez 48,35; Jes 62,2. – Durch die Bezeichnung mit dem „Namen Gottes", dem Namen Christi und der vollendeten Heilsgemeinde (des neuen Jerusalem) wird der Sieger für immer Eigentum Gottes.
3,14: Vgl. Ps 89,38: Spr 14,5. – „Amen", hier wie in Jes 65,16 ein Gottesname.
3,19: Vgl. Spr 3,12.
4,1: Vgl. Ex 19,16.24; Dan 2,29.
4,2–5: Der Seher spricht nun in Bildern von der Lichtherrlichkeit Gottes, ohne dessen Namen zu nennen oder sein Aussehen zu beschreiben, da sich dies menschlichem Vermögen entzieht. „Blitz" und „Donner" sind Ausdruck der göttlichen Erscheinung durch das ganze AT hindurch.
4,2: Vgl. Dan 2,28.
4,3: Vgl. Jes 6,1; Ez 1,26–28; Gen 9,12–17.
4,4: Die vierundzwanzig Ältesten sind Engel oder auch die Repräsentanten des als Einheit verstandenen alten und neuen (12 + 12 Stammväter) Gottesvolkes; sie bilden hier den Thronrat.
4,5: Vgl. Ex 19,16; Sach 4,2; Ez 1,13.
4,6: Das „Meer aus Glas, gleich Kristall" vor dem Thron symbolisiert sowohl die strahlende Herrlichkeit als auch den unbetretbaren Bereich Gottes. – Die vier Lebewesen (vgl. Ez 1,5–21) lassen sich ebenfalls als Engelwesen oder als höchste Repräsentanten der Schöpfungsmächte vor Gott verstehen.
4,7: Vgl. Ez 1,10.
4,8: Vgl. Jes 6,2; Ez 1,18; Jes 6,3; Ex 3,14.
4,9f.: Vgl. Dan 4,31; 6,27; 12,7; Jes 6,1.
5,1: Vgl. Ex 2,9; Jes 29,11; Dan 12,4.9.
5,2: Die nach Art antiker Testamente versiegelte

Buchrolle enthält die Ratschlüsse Gottes über die Geschehnisse der Endzeit. Mit der Entsiegelung beginnen die Endereignisse.
5,5: Der „Löwe aus dem Stamm Juda“ ist ebenso wie „Spross Davids“ ein alttestamentlicher Messiastitel, vgl. Gen 49,9f.; Jes 11,1.10.
5,6: Vgl. Jes 53,7; Sach 4,10. – Die „sieben Hörner“ sind Zeichen der Kraft, die „sieben Augen“ bezeichnen das göttliche Wissen.
5,7: Vgl. Jes 6,1.
5,8: Vgl. Ps 141,2.
5,9: Vgl. Ps 33,3.
5,11: Vgl. Dan 7,10.
5,12: Vgl. Jes 53,7.
5,13: Vgl. Jes 6,1.
6,1–8: Die vier apokalyptischen Reiter versinnbildlichen bestimmte Plagen: Krieg, Bürgerkrieg, Hungersnot und Teuerung, Pest und Tod.
6,2: Vgl. Sach 1,8; 6,3.6.
6,4: Vgl. Sach 1,8; 6,2.
6,5: Vgl. Sach 6,2.6.
6,8: Vgl. Jer 14,12.
6,9: „Unter dem Altar“, die „Hingeschlachteten“ nehmen hier teil am Opfer Christi.
6,10: Vgl. Sach 1,12; Ps 79,5; Dtn 32,43; 2Kön 9,7.
6,12: Vgl. Jes 13,10; 50,3; Ez 32,8; Joël 3,4.
6,13f.: Vgl. Jes 34,4.
6,15: Vgl. Ps 2,2; Jes 24,21; 2,10.19.
6,16: Vgl. Hos 10,8; Jes 6,1.
6,17: Vgl. Joël 2,11; Nah 1,6.
7,1: Vgl. Ez 7,2; 37,9.
7,3: Durch das Siegel wird der Bezeichnete zum Eigentum dessen erklärt, dem das Siegel gehört.
7,4: 144.000 (12 x 12 x 1000) ist eine symbolische Vollendungszahl. Sie weist auf die Gott schon bekannte Zahl der Erlösten hin, die das Endheil erlangen. Nur Gott kennt ihre Gesamtzahl (vgl. 7,9).
7,10: Vgl. Jes 6,1.
7,14: Vgl. Dan 12,1; Gen 49,11.
7,15: Vgl. Jes 6,1.
7,16: Vgl. Jes 49,10.
7,17: Vgl. Ez 34,23; Ps 23,2; Jer 2,13; Jes 25,8.
8,3f.: Vgl. Ps 141,2.
8,5: Vgl. Lev 16,12; Ex 19,16.
8,7: Vgl. Ex 9,23–26; Joël 3,3f.
8,8: Vgl. Jer 51,25; Ex 7,20f.
9,1: „Abgrund“, wohl der Ort, an dem die gefallenen Engel gefangen sind und ihre Strafe erwarten.
9,2: Vgl. Ex 19,18; Gen 19,28; Joël 2,10.
9,3: Vgl. Ex 10,12.
9,4: Vgl. Ex 10,15.
9,6: Vgl. Ijob 3,21.
9,7: Vgl. Joël 2,4f.
9,9: Vgl. Joël 2,5.
9,14: Vgl. Gen 15,18.
9,20: Vgl. Ps 106,37; Dan 5,4.23; Ps 115,4–7; 135,15–17.
10,3: Vgl. Am 3,8.
10,4: Vgl. Dan 12,4.9.
10,5f.: Vgl. Dan 12,7; Gen 14,22.19; Neh 9,6.
10,9: Das Aufessen des kleinen Buchs bedeutet die vollständige Aneignung des Inhaltes der göttlichen Offenbarung. Da die Weissagung Gottes Gnade und Gericht zugleich verkündet, ist sie sowohl süß als auch bitter; die Szene ist eine Weiterentwicklung von Ez 2,8–3,3.
11,1: „Messen“ heißt hier einen Schutzbezirk abstecken, den der Feind nicht überschreiten darf. Symbolisch ist ausgedrückt: die Gemeinde Gottes, die Kirche Christi, ist im innersten heiligen Bezirk geschützt.
11,3: Die „zwei Zeugen“ sind mit dem Geist Gottes ausgerüstete Träger des göttlichen Lichts (Ölbäume und Leuchter) und Verkünder der Gottesbotschaft. Sie entsprechen sowohl Prophetengestalten der jüdischen Erwartung (etwa Mose und Elija, zumal als Zeugen der Verklärung Jesu) als auch führenden Repräsentanten und Martyrern der christlichen Verkündigung (vielleicht Petrus und Paulus).
11,4: Vgl. Sach 4,3.11–14.
11,5: Vgl. 2Kön 1,10; 2Sam 22,9.
11,6: Vgl. 1Kön 17,1; Ex 7,17; 1Sam 4,8.
11,7: Vgl. Dan 7,3.7.21.
11,8: Der Name des geschichtlichen Jerusalems ist ausgelöscht und wird nicht mehr genannt, gelangt aber durch den Titel „die große Stadt“ in die Nähe der Chiffre „Babylon“.
11,11: Vgl. Ez 37,5.10; Gen 15,12.
11,12: Vgl. Ex 19,24; 2Kön 2,11.
11,13: Vgl. Ez 38,19f.
11,15: Vgl. Ps 2,2; Dan 7,14.27; Sach 14,9.
11,17: Vgl. Ex 3,14; Ps 99,1.
11,18: Vgl. Ps 2,1.5; 115,13.
11,19: Vgl. 1Kön 8,1.6; Ex 19,16; 9,24.
12,1: Das „große Zeichen“, die Frau, deutet auf das alt- und neutestamentliche Volk Gottes, die Gottesgemeinde, aus der sowohl der Messias stammt als auch die übrigen Glieder der Kirche. (Auf Maria wurde es später in der Liturgie bezogen.)
12,2: Vgl. Jes 66,7.
12,3: Vgl. Dan 7,7.
12,3: Der „Drache“, ein mythisches Tier, ist Sinnbild des Teufels, der sich sämtlicher gottfeindlicher Mächte bedient (sieben Köpfe).
12,5: Vgl. Jes 66,7; Ps 2,9.
12,6.14: Jetzt, da der Messias endgültig zum Thron Gottes entrückt ist, ist die Frau, d.h. die Kirche, der Verfolgung durch den Drachen ausgesetzt. Doch wird sie von Gott in der Wüste ähnlich geschützt und genährt wie die alttestamentliche Gottesgemeinde in der Zeit ihrer Wüstenwanderung.
12,7: Vgl. Dan 10,13.20.
12,9: Vgl. Gen 3,1.14; Sach 3,1; Ijob 1,6.
12,12: Vgl. Jes 44,23.
12,14: Vgl. Dan 7,25; 12,7.
13,1: Vgl. Dan 7,3.7. – Der „Drache“ lässt das Tier, das sich durch die „sieben Köpfe“ und „zehn Hörner“ (Dan 7,7) als ihm zugehörig erweist, dem Meer entsteigen, um ihm seine Macht zu übertragen. Einerseits ist das Bild

vom „Tier aus dem Meer" der Vision bei Dan 7,2 verwandt; andererseits verweist es auf die Macht des römischen Weltreichs, das auf dem Seeweg und von Westen her auftaucht; schließlich symbolisiert es mit seinen zehn gekrönten Hörnern gottwidrige politische Gebilde überhaupt von „totaler" Macht und dämonischer Durchsetzungsfähigkeit. Die Lästernamen auf den sieben Köpfen des Tieres sind die göttlichen Titel, die sich römische Kaiser beilegten (s.o. Einleitung).

13,2: Vgl. Dan 7,4–6.

13,3: Mit der „tödlichen Wunde", die wieder geheilt wurde, will das Tier ein Gegenstück zu Tod und Auferstehung Christi aufrichten (vgl. das geschlachtete Lamm 5,12). Diese offensichtlich wunderbare, wenn auch durch satanische Macht geheilte Wunde verleiht dem Tier den Schein der Göttlichkeit und besondere Verführungsmacht über die Menschen.

13,5: Vgl. Dan 7,8.25.

13,7: Vgl. Dan 7,21.

13,8: Vgl. Dan 12,1; Ps 69,29.

13,10: Vgl. Jer 15,2; 43,11.

13,11: Das zweite, von der Erde stammende Tier ist auch in seiner Gestalt Gegenbild des Lammes. Nur die Sprache verrät sein Wesen. Es verführt die Menschen mit Lügenreden (13,14) zur Anfertigung von Götzenbildern des ersten Tieres, der Staatsmacht, die sich an die Stelle Gottes setzt. Bei diesem im Dienst des Tieres aus dem Meer stehenden Tier ist wohl an den (kleinasiatischen) Kaiserkult gedacht.

13,15: Dan 3,5f.

13,16: Das „Kennzeichen" ist ein Eigentumszeichen, durch das Freie wie Sklaven der Knechtschaft des Tieres unterworfen werden. Dem, der sich nicht unterwirft, wird die Existenzmöglichkeit genommen. So ist es die negative Entsprechung zum Siegel des Lammes (vgl. 7,3; 14,1).

13,18: Die Chiffre 666 steht vielleicht für den Namen eines Kaisers, auf welchen, bleibt jedoch unsicher.

14,1: Vgl. Ez 9,4. – Zur Endzeit sammelt der Messias nach alter jüdischer Erwartung das Gottesvolk auf dem Berg Zion (vgl. Joël 3,5; 4,17). Zur Zahl 144.000 vgl. Anm. zu 7,4.

14,2: Vgl. Ez 1,14; 43,2.

14,7: Vgl. Ex 20,11.

14,8: Vgl. Jes 21,9; Dan 4,27; Jer 51,7f. – Mit „Babylon" ist die gottfeindliche Weltmacht überhaupt gemeint. Zur Zeit der Abfassung war Rom die Trägerin dieser Macht, darum wird diese Bezeichnung auch auf Rom angewandt (vgl. 1Petr 5,13).

14,10: Vgl. Jes 51,17.22; Jer 25,15; Gen 19,24.

14,11: Vgl. Jes 34,9f.

14,14: Vgl. Dan 7,13.

14,15.18: Vgl. Joël 4,13.

14,20: Vgl. Joël 4,13; Jes 63,3.

15,3: Vgl. Ex 15,1.11; Ps 92,6; 11,2; 139,4; 147,17f.; Dtn 32,4. – Mose sang mit Israel nach der Befreiung aus der Knechtschaft Ägyptens das Lob- und Danklied (Ex 15,1–21). So singen nun die, die der Gewalt des Tieres entronnen sind, ein neues Dank- und Befreiungslied, das Siegeslied der Vollendung.

15,4: Vgl. Ps 99,3; 86,9.

15,6: Vgl. Lev 26,21; Dan 10,5; Ez 9,2.11.

15,8: Vgl. Ex 40,34f.; 1Kön 8,10; Jes 6,4; Lev 26,21.

16,1: Vgl. Jes 66,6; Zef 3,8.

16,2: Vgl. Dtn 28,35; Ex 9,9f.

16,3: Vgl. Ex 7,17f.

16,4: Vgl. Ex 7,19.

16,5: Vgl. Ps 199,137; Ex 3,14; Dtn 32,4.

16,6: Vgl. Ps 79,3; Jes 49,26.

16,7: Vgl. Ps 19,10. – Hier ist wohl an die Seelen der Martyrer zu denken, die beim Opferaltar ihren Ehrenplatz haben (vgl. Anm. zu 6,9).

16,10: Vgl. Ex 10,21f.

16,12: Vgl. Gen 15,18; Dtn 1,7; Jer 50,38; Jes 41,2.25.

16,13: Vgl. Ex 7,27.

16,16: Der Name „Harmagedon" ist im AT nicht überliefert, also eher Symbol- als Ortsname.

16,17: Vgl. Jes 66,6.

16,18: Vgl. Ex 19,6; Dan 12,1.

16,19: Vgl. Dan 4,27; Jes 51,17.22; Jer 25,15.

16,21: Vgl. Ex 9,24.

17,1: Vgl. Jer 51,13.

17,2: Vgl. Jes 23,17; Ez 27,33; Jer 25,15f.

17,3: Vgl. Dan 7,7.

17,4: Vgl. Jer 51,7.

17,5: Vgl. Dan 4,27. – Wenn auch „Babylon" auf Rom deutet, wie 17,9 (sieben Berge, die sieben Hügel Roms) zeigt, so ist es darüber hinaus allegorischer Name für alle widergöttliche Macht überhaupt.

17,8: Vgl. Dan 7,3; Ex 32,32f.; Ps 69,29.

17,12: Vgl. Dan 7,24.

17,14: Vgl. Dtn 10,17; Dan 2,47.

17,15: Vgl. Jer 51,13; Dan 3,4.

17,18: Vgl. Ps 2,2.

18,1: Vgl. Ez 43,2.

18,2: Vgl. Jes 21,9; Dan 4,27; Jes 13,21; 34,11; Jer 50,39. – Der Beschluss wird bald und mit Sicherheit realisiert. Der Engel verkündet ihn als bereits erfolgt. Unabänderliche Ratschlüsse Gottes werden nach prophetischer Verkündigungsart als bereits vollzogen berichtet.

18,5: Vgl. Jer 51,9.

18,6: Vgl. Jer 50,15.29; Ps 137,8.

18,8: Vgl. Jes 47,9; Jer 50,34.

18,9: Vgl. Ez 17,31–33; Jes 23,17.

18,10: Vgl. Dan 4,27; Ez 26,17.

18,11: Vgl. Ez 27,31.36.

18,13: Fast alle aufgezählten Handelsgüter sind Luxuswaren, „Menschenleiber und -seelen" sind Sklaven.

18,17: Vgl. Ez 27,27–34.

18,19: Vgl. Ez 26,19.

18,20: Vgl. Jes 4,23; Dtn 32,43.

18,21: Vgl. Jer 51,63f.; Dan 4,27; Ez 26,21.

18,22: Vgl. Jes 24,8; Ez 26,13; Jer 25,10.

18,23: Vgl. Jes 23,8; 47,9; Nah 3,4.

18,24: Vgl. Jer 51,49.
19,1–8: Das „Halleluja", d.h. „Preiset den Herrn", erscheint im NT nur hier in diesem Kapitel. Es stammt aus den Psalmen; im Neuen Bund wird es zum österlichen Jubelruf der Erlösung.
19,2: Vgl. Ps 19,10; 2Kön 9,7.
19,4: Vgl. Jes 6,1.
19,5: Vgl. Ps 134,1; 115,13.
19,6: Vgl. Ez 1,24; 43,2; Ps 93,1; Dan 7,14.
19,7f.: Die endzeitliche Vollendung wurde auch im Alten Bund schon im dem Bild der Hochzeit Gottes mit seinem Volk gesehen (Jes 54,6; Ez 16,7; Hos 2,16). In der Reich-Gottes-Verkündigung spricht Jesus mehrfach vom messianischen Hochzeitsmahl, mit dem die Heilszeit anbricht und in dem sie sich erfüllt (Mt 22,1; 25,1; Mk 2,19; Joh 3,29). Die Braut des Lammes ist die Kirche, die sich Christus mit seinem „Blut erkauft" hat (Offb 5,9; 7,14; 14,3).
19,7: Vgl. Ps 118,24.
19,9: „Er" ist der Engel, der dem Seher die Vision vom Gericht Babylons zeigte.
19,10: „Das Zeugnis Jesu", hier wohl das durch Jesus beglaubigte Wort Gottes.
19,11: Vgl. Ez 1,1; Ps 96,13.
19,12: Vgl. Dan 10,6.
19,13: Das „blutgetränkte Gewand" deutet auf das Opfer und den Sieg Christi.
19,15: Vgl. Jes 11,4; 49,2; Ps 2,9; Jes 63,2f.
19,16: Vgl. Dan 2,47; Dtn 10,17.
19,17f.: Vgl. Ez 39,4.17–20.
20,1: Tausend Jahre sind eine symbolische Zeitangabe für den Zeitraum von der Auferstehung Christi bis zur Vollendung der Heilszeit. Die Auferstehung Christi ist die „Erste Auferstehung", an der die Glaubenden in der Taufe Anteil nehmen (20,6; vgl. Röm 6,3).
20,2: Vgl. Gen 3,1; Sach 3,1; Ijob 1,6.
20,4: Vgl. Dan 7,9.22.
20,8: Vgl. Ez 7,2; 38,2.6; Jes 11,12. – Die Namen „Gog" und „Magog" gehen auf Ezechiel zurück (Kap. 38–39).
20,9: Vgl. Hab 1,6; Ps 87,2; 2Kön 1,10; Ez 39,6.
20,10: Vgl. Ez 38,22.
20,11: Vgl. Jes 6,1; Ps 114,3.7; Dan 2,35.
20,12: Vgl. Dan 7,10; Ps 69,29; Ps 28,4.
20,13: Vgl. Hos 13,14; Ps 28,4.
20,14: Vgl. Hos 13,14; Jes 25,8.
20,15: Vgl. Ex 32,32f.; Dan 12,1; Ps 69,29.
21,1: Mit dem „neuen Himmel und der neuen Erde", die aus der Neuschöpfung hervorgehen, ist das Reich Gottes vollendet. Verheißen sind sie beim Propheten Jesaja (65,17; 66,22). Auch 2Petr 3,13 greift diese Verheißung auf.
21,2: Vgl. Jes 52,1; 61,10. – Das „neue Jerusalem" ist das Volk Gottes in der Vollendung, das nicht mehr – wie das geschichtliche Jerusalem – nur durch ein einziges erwähltes Volk verkörpert wird, sondern durch die „unzählbaren Scharen" der Erlösten „aus allen Völkern und Sprachen" (7,9).
21,3: Vgl. Lev 26,11f.; Ez 37,27; Sach 2,14; Jes 8,8.
21,4: Vgl. Jes 25,8; 38,10.
21,5–8: Erst gegen Ende der Visionen spricht der, „der auf dem Thron saß", in Worten, die alles bisher Geschaute, die Vollendung der Heilszeit und das Gericht, zusammenfassen und in denen er sich als „Anfang und Ende" offenbart.
21,5: Vgl. Jes 6,1; 43,19.
21,6: Vgl. Jes 55,1; Sach 14,8.
21,7: Vgl. 2Sam 7,14.
21,8: Vgl. Ez 38,22.
21,9: Vgl. Lev 26,21.
21,10: Vgl. Ez 40,2; Jes 52,1.
21,12: Vgl. Ex 28,21. – Schilderung der endzeitlichen Gottesstadt (vgl. Ez 48,31–35; Jes 62,6); da diese das neue Gottesvolk birgt, tragen die Grundsteine ihrer Mauer die zwölf Apostelnamen.
21,13: Vgl. Ez 48,31–35.
21,15: Vgl. Ez 40,3.5.
21,16: Vgl. Ez 43,16. – Das Quadrat (bzw. der Kubus, in Entsprechung zum Allerheiligsten des salomonischen Tempels, vgl. 1Kön 6,20) ist wiederum als Symbol der Vollendung zu verstehen.
21,17: Vgl. Ez 40,4.
21,19f.: Vgl. Ez 28,13.
21,23: Vgl. Jes 60,1.19.
21,24: Vgl. Jes 60,3.11.
21,25f.: Vgl. Sach 14,7.
21,27: Vgl. Jes 52,1; 4,3; Dan 12,1; Ps 69,29.
22,1: Vgl. Gen 2,10; Sach 14,8. – „Wasser des Lebens", „Bäume des Lebens", beides auch Bilder des Paradieses.
22,2f.: Vgl. Sach 14,11.
22,5: Vgl. Jes 60,19; Dan 7,18.27.
22,6: Vgl. Dan 2,28.
22,7: Vgl. Sach 2,14.
22,10: Vgl. Dan 12,4.
22,11: Vgl. Dan 12,9f.
22,12: Vgl. Sach 2,14; Jes 40,10; Ps 28,4.
22,13: Vgl. Jes 44,6.
22,14: Vgl. Gen 2,9; 3,22.
22,17: Vgl. Jes 55,1; Sach 14,8. – Die „Braut" Christi, die das Kommen ihres Herrn ersehnende Kirche, lebt aus dem Geist (Röm 8,26f.), der um ihr Verlangen weiß und ihr eingibt, immer neu um die Ankunft Christi zu bitten.
22,18: Vgl. Dtn 4,2; 13,1; 29,20.
22,19: Vgl. Dtn 4,2; Gen 2,9; 3,22.

Maße, Gewichte und Münzen in der Bibel*

1. Längenmaße

römische Meile	(Mt 5,41)	1,5 km (= 8 Stadien)
Stadie	(2Makk 11,5; Lk 24,13)	185 m (= 100 Faden, Klafter)
Faden, Klafter	(Apg 27,28)	1,85 m (= 4 Ellen)
Elle	(Gen 6,15; Mt 6,27)	45 cm (natürlich) bzw. 52 cm (königlich)
Spanne	(Ex 25,25; Ez 40,5)	22,5 cm (= 0,5 Ellen)
Sabbatweg	(Apg 1,12)	1 km (= 2000 Ellen)

2. Hohlmaße

Homer, Kor[1]	(Lev 27,16)	220–260 l (= 10 Efa)
Efa, Bat[1]	(Ex 16,36; Lk 16,6)	22–26 l
Sea	(2Kön 7,1; Mt 13,33)	7,3–8,7 l (1/3 Efa)
Gomer	(Ex 16,36)	2,2–2,6 l (= 1/10 Efa)
Hin[1]	(Ex 29,40)	3,6–4,3 l (= 1/6 Bat)
Log[1]	(Lev 14,10)	0,31–0,36 l (= 1/72 Bat)

[1] Hohlmaß für Flüssigkeiten

3. Gewichte

AT:	Talent	(Ex 25,39; Mt 18,24)	34,3 kg (= 3000 Schekel)
	Mine	(Ez 45,12)	570 gr (= 50 Schekel)
	Schekel	(Ex 28,24)	11,5 gr
	Gera	(Num 3,47)	0,6 gr
NT:	Talent	(Mt 18,24; Offb 16,21)	41 kg (= 50 Minen)
	Mine	(Lk 19,13)	820 gr (= 2,5 Pfund)
	römisches Pfund	(Joh 12,3; 19,39)	330 gr

4. Münzen

AT:	Golddarike	(Esra 2,69 u. ö.)	
	Silberschekel	(Neh 5,15)	
NT:	*griechische Münzen*		
	Tetradrachme, Stater	(Mt 17,27)	(= 1 Silberschekel)
	Doppeldrachme	(Mt 17,24)	(= 1 Halbsilberschekel)
	Drachme	(Lk 15,8 f.)	(= 1 Viertelsilberschekel)
	Lepton	(Mk 12,42 par.)	(= 1/144 Drachme)
	römische Münzen		
	(Silber-)Denar	(Mt 18,28)	(= 1 Viertelsilberschekel)
	As	(Mt 10,29)	(= 1/16 Denar)
	Quadrans	(Mt 5,26)	(= 1/64 Denar)

* Alle Angaben sind als Annäherungswerte zu verstehen.

Biblische Zeitrechnung

Das Jahr wurde nach dem Mond- und Sonnenumlauf bestimmt (so genanntes gebundenes Mondjahr). Es zählte zwölf Monate zu 29 oder 30 Tagen; dazu kam alle zwei oder drei Jahre ein Schaltmonat, um die Verkürzung des Mondjahres gegenüber dem Sonnenjahr auszugleichen.

Ausgangspunkt für die Kalenderberechnung war die Beobachtung des Nisan-Neumonds, der auf das Frühlingsäquinoktium (Tagundnachtgleiche) folgte; der Abstand konnte 29 Tage betragen. Bis zum Babylonischen Exil begann der jüdische Kultzyklus im Frühling mit dem Monat Nisan, das wirtschaftliche Jahr begann im Herbst mit dem Monat Tischri; die Zählung der Monate aber ging vom Nisan aus, der Schaltmonat wurde vor dem Nisan eingefügt. Ebenfalls übernahm man seit dem Exil die babylonischen Monatsnamen; gelegentlich erscheinen im AT auch andere Namen (in der Listen unten in runde Klammern gesetzt; in eckigen Klammern die Namen, die sich nicht in der Bibel finden).

Der Tag wurde von Sonnenuntergang zu Sonnenuntergang gerechnet.

Die Römer teilten den Tag vom Sonnenaufgang bis zum Sonnenuntergang in zwölf Stunden ein, die sechste Stunde fiel also auf den Mittag; die Nacht wurde in vier Nachtwachen eingeteilt.

Übersicht über die Monate

1	Nisan (Abib)	März/April
2	[Ijjar] (Siw)	April/Mai
3	Siwan	Mai/Juni
4	[Tammus]	Juni/Juli
5	[Ab]	Juli/August
6	Elul	August/September
7	[Tischri] (Etanim)	September/Oktober
8	[Marcheschwan] (Bul)	Oktober/November
9	Kislew	November/Dezember
10	Tebet	Dezember/Januar
11	Schebat	Januar/Februar
12	Adar	Februar/März

Evangelienschlüssel

Der Evangelienschlüssel gliedert sachlich geordnet den Inhalt des Evangeliums von Jesus Christus in neun Großgruppen auf. Die Stellenangaben (Mt, Mk, Lk, Joh) beziehen sich jeweils auf den ersten Vers eines Abschnitts.

Übersicht

1000 Kindheitsgeschichte
2000 Öffentliches Leben Jesu
3000 Einzelszenen und Begegnungen
4000 Wunder
5000 Reden
6000 Einzelsprüche
7000 Gleichnisse
8000 Leiden und Sterben
9000 Auferstehung und Himmelfahrt

1000 Kindheitsgeschichte

1100 Vorgeschichte Jesu

1101 Verheißung des Täufers; Lk 1,5
1102 Verheißung der Geburt Jesu; Lk 1,26
1103 Begegnung zwischen Maria und Elisabet; Lk 1,39
1104 Geburt Johannes' des Täufers; Lk 1,57
1105 Stammbaum Jesu; Mt 1,1; Lk 3,23

1200 Geburt und Kindheit Jesu

1201 Geburt Jesu; Mt 1,18; Lk 2,1
1202 Beschneidung; Namensgebung; Mt 1,25; Lk 2,21
1203 Simon und Hanna; Lk 2,22
1204 Besuch der Magier; Mt 2,1
1205 Flucht nach Ägypten; Mt 2,13
1206 Kindermord in Betlehem; Mt 2,16
1207 Rückkehr aus Ägypten; Mt 2,19
1208 Zwölfjähriger Jesus im Tempel; Lk 2,41
1209 Leben in Nazaret; Lk 2,51

2000 Öffentliches Leben Jesu

2100 Der Beginn

2101 Der Täufer tritt auf; seine Predigt; Mt 3,1; Mk 1,1; Lk 3,1
2102 Johannes' erstes Zeugnis; Mt 3,11; Mk 1,7; Lk 3,15
2103 Taufe Jesu; Mt 3,13; Mk 1,9; Lk 3,21
2104 Versuchung in der Wüste; Mt 4,1; Mk 1,12; Lk 4,1
2105 Johannes der Täufer über sich selbst; Joh 1,19
2106 Johannes der Täufer über Jesus; Joh 1,29
2107 Erste Jünger (s. 2204); Joh 1,35
2108 Tempelreinigung; Joh 2,13 (vgl. 2406)
2109 Letztes Zeugnis des Täufers; Joh 3,22
2110 Ende Johannes' des Täufers; Mt 14,3; Mk 6,17; Lk 3,19

2200 Jesus in Galiläa; zum „Fest" nach Jerusalem

2201 Erste Predigttätigkeit; Mt 4,12; Mk 1,14.21; Lk 4,14
2202 In Nazaret; Lk 4,16
2203 In Kafarnaum; Mt 4,13; Lk 4,31
2204 Berufung der ersten Jünger; Mt 4,18; Mk 1,16
2205 Wanderpredigt in Galiläa; Mt 4,23; Mk 1,35; Lk 4,42
2206 Berufung des Matthäus (Levi); Mt 9,9; Mk 2,13; Lk 5,27

2300 Jesus wieder in Galiläa; Laubhüttenfest in Jerusalem

2301 Ausweichen vor dem ersten Mordbeschluss; Mt 12,14; Mk 3,6; Lk 6,11
2302 Wachsender Zulauf; Mt 4,24; Mk 3,7; Lk 6,17
2303 Berufung der Zwölf; Mt 10,1; Mk 3,13; Lk 6,12
2304 Anfrage des Täufers und die Antwort Jesu; Mt 11,2; Lk 7,18
2305 Jüngerinnen Jesu; Lk 8,1
2306 Besuch in Nazaret; Mt 13,53; Mk 6,1
2307 Enthauptung des Täufers; Mt 14,3; Mk 6,7; Lk 3,19
2308 Herodes' Unruhe über Jesus, den „auferstandenen Täufer"; Mt 14,1; Mk 6,14; Lk 9,7
2309 Aussendung und Rückkehr der Apostel (vgl. 5201); Mt 10,5; Mk 6,7.30; Lk 9,6
2310 Aussendung der Jünger (vgl. 5202); Lk 10,1
2311 Messiasbekenntnis des Petrus; Mt 16,13; Mk 8,27; Lk 9,18
2312 Erste Leidensankündigung; Zurückweisung des Petrus; Mt 16,21; Mk 8,31; Lk 9,22
2313 Verklärung; Mt 17,1; Mk 9,2; Lk 9,28

2314 Zweite Leidensankündigung; Mt 17,22; Mk 9,30; Lk 9,44
2315 Reise zum Laubhüttenfest; Vorschlag der Verwandten; Joh 7,2

2400 In Judäa, Peräa, zum letzten Fest nach Jerusalem

2401 Aufbruch nach Judäa; Mt 19,1; Mk 10,1; Joh 10,40
2402 In Ephraim; Joh 11,54
2403 Dritte Leidensankündigung; Mt 20,17; Mk 10,32; Lk 18,31
2404 Salbung in Betanien; Mt 26,6; Mk 14,3; Joh 12,1
2405 Einzug in Jerusalem; Mt 21,1; Mk 11,1; Lk 19,29
2406 Tempelreinigung; Mt 21,12; Mk 11,15; Lk 19,45
2407 Unglaube der Juden; Joh 12,37

3000 Einzelszenen und Begegnungen

3100 Mit Frauen

3101 Samariterin am Jakobsbrunnen; Joh 4,1
3102 Sünderin; Lk 7,36
3103 Ehebrecherin; Joh 7,53
3104 Martha und Maria; Lk 10,38; (Joh 11,1; 12,2)
3105 Mutter der Zebedäussöhne; Mt 20,20; (Mk 10,35)
3106 Opfer der Witwe; Mk 12,41; Lk 21,1
3107 Kanaanäische Frau: s. 4203

3200 Sonstige Szenen und Begegnungen

3201 Wahre Verwandte Jesu; Mt 12,46; Mk 3,31; Lk 8,19
3202 Ungastliche Aufnahme in einem Dorf Samarias; Lk 9,51
3203 Jesus und die Kinder; Mt 19,13; Mk 10,13; Lk 18,15
3204 Der reiche junge Mann; Mt 19,16; Mk 10,17; Lk 18,18
3205 Der Zöllner Zachäus; Lk 19,1
3206 Bitte der Griechen; Joh 12,20

4000 Wunder

4100 Naturwunder

4101 Hochzeit in Kana; Joh 2,1
4102 Erste Brotvermehrung; Mt 14,14; Mk 6,34; Lk 9,10; Joh 6,1
4103 Zweite Brotvermehrung; Mt 15,32; Mk 8,1 (s. auch 6506)
4104 Erster Fischfang; Lk 5,4
4105 Zweiter Fischfang; Joh 21,1
4106 Vierdrachmenstück im Fischmaul; Mt 17,24
4107 Stillung des Sturms; Mt 8,23; Mk 4,35; Lk 8,22
4108 Seewandeln; Mt 14,22; Mk 6,45; Joh 6,16
4109 Verfluchung des Feigenbaums; Mt 21,18; Mk 11,12

4200 Besessene

4201 In Kafarnaum; Mk 1,21; Lk 4,31
4202 In Gadara/Gerasa; Mt 8,28; Mk 5,1; Lk 8,26
4203 Die kanaanäische Frau; Mt 15,21; Mk 7,24
4204 Kranker (mondsüchtiger) Junge; Mt 17,14; Mk 9,14; Lk 9,37
4205 Stumme Besessene; Mt 9,32; 12,22; Lk 11,14

4300 Krankenheilungen

4301 Ein Aussätziger; Mt 8,1; Mk 1,40; Lk 5,12
4302 Zehn Aussätzige; Lk 17,11
4303 Blinder von Betsaida; Mk 8,22
4304 Blindgeborener; Joh 9,1
4305 Zwei Blinde; Mt 9,27
4306 Blinder bei Jericho; Mt 20,29; Mk 10,46; Lk 18,35
4307 Taubstummer; Mk 7,31
4308 Gelähmter; Mt 9,1; Mk 2,1; Lk 5,17
4309 Mann mit verdorrter Hand; Mt 12,9; Mk 3,1; Lk 6,6
4310 Heilungen am Sabbat; Lk 13,10 (gekrümmte Frau)
4311 Heilungen am Sabbat; Lk 14,1 (wassersüchtiger Mann)
4312 Blutflüssige Frau; Mt 9,18; Mk 5,21; Lk 8,40
4313 Schwiegermutter des Simon Petrus; Mt 8,14; Mk 1,29; Lk 4,38
4314 Gelähmter am Teich Betesda; Joh 5,1
4315 Knecht des Hauptmanns von Kafarnaum; Mt 8,5; Lk 7,1
4316 Sohn des königlichen Beamten; Joh 4,43
4317 Allgemeine Heilungsberichte; Mt 8,16; 9,35; 12,15; 14,34; 15,29; 19,1; Mk 1,32; 6,53; Lk 4,40

4400 Totenerweckungen

4401 Jüngling von Naïn; Lk 7,11
4402 Tochter des Jaïrus; Mt 9,18; Mk 5,21; Lk 8,40
4403 Lazarus; Joh 11,1

5000 Reden

5100 Eine Lobrede

5101 Über Johannes den Täufer; Mt 11,7; Lk 7,24

5200 Zwei Aussendungsreden

5201 An die Apostel; Mt 9,36; Mk 6,7; Lk 9,1
5202 An die Zweiundsiebzig; Mt 9,37; 10,7; 11,20; Lk 10,1

5300 Drei Strafreden

5301 Über Reinheit und Unreinheit; Mt 15,1; Mk 7,1
5302 Heuchelei der Pharisäer und Schriftgelehrten; Mt 23,2; Lk 11,37
5303 Heuchelei der Schriftgelehrten; Mk 12,38; Lk 20,45

5400 Vier Streitreden

5401 Nach der Sabbatheilung; Joh 5,16
5402 Beim Laubhüttenfest A; Joh 7,14
5403 Beim Laubhüttenfest B; Joh 8,12
5404 Beim Tempelweihfest; Joh 10,22

5500 Fünf Hauptreden

5501 Bergpredigt. Mt 5–7;
5502 Feldrede; Lk 6,20
5503 Seepredigt; Mt 13; Mk 4; Lk 8,4
5504 Über das Himmelsbrot; Joh 6,22
5505 Ölbergrede; Mt 24; Mk 13; Lk 21,5
5506 Abschiedsreden; Joh 13–17

6000 Einzelsprüche

6100 Fragen und Lösungen

6101 Fastenfrage; Mt 9,14; Mk 2,18; Lk 5,33
6102 Ährenrupfen am Sabbat; Mt 12,1; Mk 2,23; Lk 6,1
6103 Zeichenfrage; Mt 16,1; Mk 8,11
6104 Jona als Zeichen; Mt 12,38; Lk 11,29
6105 Reinheitsfrage; Mt 15,10; Mk 7,14
6106 Rangfragen (Wer ist der größte im Himmelreich); Mt 18,1; Mk 9,33; Lk 9,46
6107 Wie sollen wir beten (das Vaterunser); Mt 6,9; Lk 11,1
6108 Elijafrage; Mt 17,10; Mk 9,11
6109 Vollmachtsfrage; Mt 21,23; Mk 11,27; Lk 20,1
6110 Steuerfrage; Mt 22,15; Mk 12,13; Lk 20,20
6111 Auferstehungsfrage; Mt 22,23; Mk 12,18; Lk 20,27
6112 Wichtigstes Gebot; Mt 22,34; Mk 12,28
6113 Frage nach dem Messias; Mt 22,41; Mk 12,35; Lk 20,41

6200 Lehren und Weisungen

6201 Der fremde Dämonenaustreiber; Mk 9,38; Lk 9,49
6202 Lohn des Wohltuns; Mt 10,41; Mk 9,41
6203 Wehe dem Verführer; Mt 18,6; Mk 9,42; Lk 17,1
6204 Das „Kleine" kostbar vor Gott; Mt 18,10
6205 Zurechtweisen und Verzeihen; Mt 18,15; Lk 17,3
6206 Der Starke und der Stärkere; Mt 12,29; Mk 3,22; Lk 11,14
6207 Die Sünde gegen den Geist; Mt 12,31; Mk 3,28; Lk 12,10
6208 Der Ungeist in Herz und Mund; Mt 12,34
6209 Die Rückkehr der unreinen Geister; Mt 12,44; Lk 11,24
6210 Vom Kommen des Gottesreiches; Lk 17,20
6211 Ehescheidung und Ehelosigkeit; Mt 19,3; Mk 10,2
6212 Gefahr des Reichtums; Mt 19,23; Mk 10,23; Lk 18,24

6300 Ausrufe und Selbstoffenbarungen

6301 „Ich preise dich"; Mt 11,25
6302 „Kommt alle zu mir"; Mt 11,28
6303 „Selig euere Augen"; Mt 13,16; Lk 10,23
6304 Feuer und Taufe; Lk 12,49
6305 Klage über Jerusalem; Lk 13,34; 19,41
6306 Gerichtsdrohung über die ungläubigen Städte; Mt 11,20; Lk 10,13
6307 Jesu göttliche Sendung; Joh 12,44
6308 Ich-bin-Worte (Joh): 6,35 (Brot des Lebens); 8,12 (Licht der Welt); 10,7 (Tür); 10,11 (guter Hirt); 11,25 (Auferstehung und Leben); 14,6 (Weg, Wahrheit, Leben); 15,1 (wahrer Weinstock)

6400 Sprüche von der Nachfolge

6401 Bedingungen der Nachfolge; Mt 16,24; Mk 8,34; Lk 9,23
6402 Füchse und Vögel; Mt 8,19; Lk 9,57
6403 Keine Menschenfurcht; Mt 10,23; Lk 12,2
6404 Bekennermut; Mt 10,19.28; Mk 13,11; Lk 12,4.11
6405 Scheidung der Geister; Mt 10,34; Lk 12,51
6406 Entschlossenheit zur Nachfolge; Mt 10,37; Lk 14,25
6407 Lohn der Nachfolge; Mt 19,27; Mk 10,28; Lk 18,28
6408 Kleine Herde; Lk 12,32

6500 Gespräche und Entgegnungen

6501 Nachtgespräch mit Nikodemus; Joh 3,1
6502 Wahl der Gäste; Lk 14,12
6503 Tagesgespräche (Blutbad, Turmeinsturz); Lk 13,1
6504 „Selig der Leib"; Lk 11,27
6505 Nachricht von und an Herodes; Lk 13,31 (vgl. 2308)
6506 Bootsgespräch über Brote und „Sauerteig"; Mt 16,5; Mk 8,14
6507 Von der Macht des Glaubens; Mt 21,21; Mk 11,23; Lk 17,6

7000 Gleichnisse

7100 Berufungsgleichnisse

7101 Ungleiche Söhne; Mt 21,28
7102 Böse Winzer; Mt 21,33; Mk 12,1; Lk 20,9
7103 Königliches Hochzeitsmahl; Mt 22,1
7104 Festmahl; Lk 14,15
7105 Pharisäer und Zöllner; Lk 18,9

7106 Eigensinnige Kinder; Mt 11,16; Lk 7,31
7107 Langmütige Gärtner; Lk 13,6
7108 Enge Pforte; Lk 13,22

7200 Gleichnisse vom Himmelreich

7201 Sämann und Saat; Mt 13,1; Mk 4,1; Lk 8,4
7202 Vom Wachsen der Saat; Mk 4,26
7203 Unkraut unter dem Weizen; Mt 13,24
7204 Senfkorn; Mt 13,31; Mk 4,30; Lk 13,18
7205 Sauerteig; Mt 13,33; Lk 13,20
7206 Schatz und Perle; Mt 13,44
7207 Fischnetz; Mt 13,47

7300 Forderungen im Gottesreich

7301 Arbeiter im Weinberg; Mt 20,1
7302 Anvertrautes Geld; Mt 25,14; Lk 19,11
7303 Anvertraute Talente; Mt 25,14
7304 Wachsame Knechte; Mt 24,42; Mk 13,33; Lk 12,35
7305 Unnütze Knechte; Lk 17,7
7306 Zweiherrendienst; Mt 6,24; Lk 16,13

7400 Blick auf das Ende

7401 Haus auf dem Felsen; Mt 7,24; Lk 6,47
7402 Zehn Jungfrauen; Mt 25,1
7403 Reicher Tor; Lk 12,16
7404 Schlauer Verwalter; Lk 16,1
7405 Über die Wahl der Plätze; Lk 14,7
7406 Reicher Mann und vom armer Lazarus; Lk 16,19
7407 Turmbau und Kriegführung; Lk 14,28

7500 Sonstige Gleichnisse

7501 Barmherziger Vater; Lk 15,11
7502 Verlorene Drachme; Lk 15,8
7503 Verlorenes Schaf; Lk 15,3
7504 Unbarmherziger Schuldner; Mt 18,23
7505 Barmherziger Samariter; Lk 10,25
7506 Zudringlicher Freund; Lk 11,5
7507 Ungerechter Richter und unbequeme Witwe; Lk 18,1
7508 Bittender Sohn; Mt 7,9; Lk 11,11
7509 Licht und Auge; Mt 6,22; Lk 11,34
7510 Licht nicht unter den Scheffel; Mt 5,15; Mk 4,21; Lk 8,16; 11,33
7511 Neues Stück vom Kleid und neuer Wein; Lk 5,36

8000 Leiden und Sterben

8100 Das letzte Abendmahl

8101 Vorbereitung der Feinde; Mt 26,1; Mk 14,1; Lk 22,1
8102 Vorbereitungen Jesu; Mt 26,17; Mk 14,12; Lk 22,7
8103 Reden beim Mahl; Mt 26,20; Mk 14,17; Lk 22,14
8104 Fußwaschung; Joh 13,1
8105 Ankündigung des Verrats; Mt 26,21; Mk 14,18; Lk 22,21; Joh 13,21
8106 Einsetzung der Eucharistie; Mt 26,26; Mk 14,22; Lk 22,19
8107 Ankündigung der Verleugnung; Mt 26,34; Mk 14,27; Lk 22,31; Joh 13,36
8108 Hohepriesterliches Gebet; Joh 17 (Abschiedsrede: s. 5506)

8200 Am Ölberg

8201 Todesangst; Mt 26,36; Mk 14,32; Lk 22,40
8202 Gefangennahme; Mt 26,47; Mk 14,43; Lk 22,47; Joh 18,2

8300 Prozess vor dem Hohen Rat

8301 Vor dem Hohen Rat; Mt 26,57; Mk 14,53; Lk 22,54; Joh 18,13
8302 Verleugnung des Petrus; Mt 26,58; Mk 14,54; Lk 22,54; Joh 18,15
8303 Todesurteil und Auslieferung; Mt 27,1; Mk 15,1; Lk 22,66
8304 Tod des Judas; Mt 27,3

8400 Prozess vor Pilatus

8401 Erstes Verhör; Mt 27,11; Mk 15,2; Lk 23,2; Joh 18,29
8402 Jesus vor Herodes; Lk 23,6
8403 Jesus und Barabbas; Mt 27,15; Mk 15,6; Lk 23,13; Joh 18,39
8404 Traum der Frau des Pilatus; Mt 27,19
8405 Geißelung und Dornenkrönung; Mt 27,26; Mk 15,15; Joh 19,1
8406 Da ist der Mensch (Ecce homo); Joh 19,5
8407 Zweites Verhör, Verurteilung; Mt 27,24; Mk 15,15; Lk 23,24; Joh 19,9

8500 Kreuzestod und Grablegung

8501 Kreuzweg; Mt 27,31; Mk 15,20; Lk 23,26; Joh 19,16
8502 Weinenden Frauen; Lk 23,27
8503 Kreuzigung; Mt 27,33; Mk 15,22; Lk 23,33; Joh 19,18
8504 Verteilung der Kleider; Mt 27,35; Mk 15,24; Lk 23,34; Joh 19,23
8505 Verspottung am Kreuz; Mt 27,39; Mk 15,29; Lk 23,35
8506 Worte Jesu am Kreuz:
1. Vater, vergib ihnen; Lk 23,34
2. Heute noch …; Lk 23,43
3. Da ist dein Sohn; Joh 19,25
4. Mein Gott …; Mt 27,46; Mk 15,34
5. Ich habe Durst; Joh 19,28
6. Es ist vollbracht; Joh 19,30
7. In deine Hände …; Lk 23,46
8507 Kreuzesinschrift; Mt 27,37; Mk 15,26; Lk 23,38; Joh 19,19
8508 Tod am Kreuz; Mt 27,50; Mk 15,37; Lk 23,46; Joh 19,30
8509 Durchbohrung der Seite; Joh 19,31
8510 Kreuzabnahme und Grablegung; Mt 27,57; Mk 15,42; Lk 23,50; Joh 19,38
8511 Bewachung des Grabes; Mt 27,62

9000 Auferstehung und Himmelfahrt

9100 Das leere Grab

9101 Leeres Grab; Mt 28,1; Mk 16,2; Lk 24,1; Joh 20,1
9102 Engelerscheinungen; Mt 28,2; Mk 16,5; Lk 24,4
9103 Petrus (und Johannes) am Grab; Joh 20,3; Lk 24,12
9104 Maria von Magdala am Grab; Joh 20,11
9105 Betrug der Hohenpriester; Mt 28,11

9200 Erscheinungen des Auferstandenen

9201 In Jerusalem; Mk 16,14; Lk 24,36; Joh 20,19
9202 Auf dem Weg nach Emmaus; Lk 24,13
9203 In Galiläa; Mt 28,16
9204 Am See von Tiberias; Joh 21,1
9205 Himmelfahrt; Mk 16,19; Lk 24,50

9300 Einzelsprüche des Auferstandenen

9301 Thomas; Joh 20,24
9302 „Weide meine Lämmer"; Joh 21,15
9303 Jesus über Petrus und Johannes; Joh 21,18
9304 Missionsbefehl; Mt 28,16; Mk 16,15; Lk 24,44

Zeittafel

Die erste Spalte nennt die Jahreszahlen, beginnend mit den Jahren vor Christi Geburt (v. C.); die zweite Spalte nennt Ereignisse der außerbiblischen, die dritte Ereignisse der biblischen Geschichte (Israel, Frühjudentum und frühes Christentum). In der vierten Spalte sind Bibelstellen angegeben, die auf diese Ereignisse Bezug nehmen. In der fünften Spalte wird die Entstehungsgeschichte der Bibel skizziert, wobei die Zeitangaben in der ersten Spalte diesen Angaben nur grob zuzuordnen sind.

Zeit	**Außerbiblische Geschichte**	**Biblische Geschichte**
19. Jh. v. C.	Hammurabi-Kodex Schöpfungs- und Gilgameschepos (Sintflut); ägyptische Schöpfungslehre	
14. Jh.	Ägypten: Echnaton; Hymnus auf Aton als den einen Gott	
13. Jh.		Unruhen durch „hapiru" (Hebräer)
um 1250		Auszug aus Ägypten
um 1200	Völkerwanderungen	bäuerliche Siedlungen im Bergland
seit ?		Kleinviehnomaden zwischen Bauernland und Wüste
seit 1150	Ansiedlung der Philister in Küstenstädten Kanaans	Entstehung von Stämmen; „Israel" als Bündnis von Stämmen
seit 1010		Entstehung des Königtums; Saul, David
970–930		Salomo, Tempelbau, Beamtenschulen
um 930		Spaltung des Salomoreiches
930–722		Israel ist geteilt in ein Nord- (Israel) und ein Südreich (Juda)
853	Sieg der Könige Kanaans über Assur	Blüte des Nordreiches unter Ahab, staatlich geförderter Baalskult
850–802		das Nordreich Israel bedroht von Aram
bis 745 seit 745	Schwäche Assurs Aufstieg Assurs und Expansion	Blüte Israels unter Jerobeam II.
734		Syrisch-efraimitischer Krieg; Juda ruft Assur gegen Israel zu Hilfe; Assur erobert Galiläa
722		Untergang Israels, Deportation des Volkes; Juda wird assyrischer Vasallenstaat
704–681	Sanherib von Assur	701 Sanherib vor Jerusalem; Juda überlebt als assyrischer Vasallenstaat
seit 625	Aufstieg Babels, Niedergang Assurs	
622		religiöse Reform des Königs Joschija
seit 605	Nebukadnezzar König von Babylon	Juda babylonischer Vasallenstaat

dazu das Echo in …	Entstehungsgeschichte der Bibel
Gesetzen (z. B. Ex 21ff.) *Gen 1; 6–9*	
Ps 104	
Ex 3, 18; 1Sam 14, 21	
Ex 15, 20f.; Ex 12–14	Lieder und Erzählungen vom Auszug
Jos 2–4	Sagen von der Einwanderung
Gen 12–35	Sagen von den Vätern und Müttern Israels; Sagen von heiligen Orten
Ri 4–16	Heldensagen; eine Dichtung vom Sieg des Stämmebundes (Ri 5)
1–2Sam; 1Kön 1f.	
1Kön 3–11	Ausbildung der Schriftkultur in Israel: Thronfolgeerzählung, 2Sam 9 – 1Kön 2; erste Psalmensammlungen; Rechtssammlungen (Ex 21–23); Spruchsammlungen (Spr 22–24); Erzählkränze von Israels Anfängen; Erzählkranz von Sauls Königtum und von Davids Aufstieg
1Kön 12	
1Kön 16, 29–22, 40	Sagen vom Wirken des Elija
2Kön 4–8	Sagen von Taten des Elischa
Hos 1, 4f.; Am 6, 14; 2Kön 14, 23–29	Hosea und Amos Propheten in Israel
Jes 7; Mi 1, 8ff.; *2Kön 16*	Jesaja und Micha Propheten in Juda
2Kön 17	Sammlungen von Prophetensprüchen; jahwistisch-elohistisches Werk (Grundgestalt von Gen–Jos)
Jes 22; 2Kön 18–20	
	Grundgestalt des Dtn; Zef, Nah, Hab, Jer

Zeit	Außerbiblische Geschichte	Biblische Geschichte
586		Zerstörung Jerusalems, Untergang Judas, Deportation der Oberschicht nach Babel
seit 550	Siegeszug des Persers Kyrus	
538		Kyrus erlaubt Juden die Heimkehr; schwieriger Beginn in Jerusalem
520–515		Wiederaufbau des Tempels
450–433		Nehemia gibt Juda die Verfassung als selbständige persische Provinz unter Leitung von Hohenpriestern
398		Esra verkündet in Jerusalem die Tora
um 360	Unruhen im Perserreich	
333	Siegeszug Alexander des Großen, Untergang des Perserreiches	
301	Teilung des Alexanderreiches unter Ptolemäer (Ägypten) und Seleukiden (Syrien)	Juda wird ptolemäische Provinz
vor 200		Blüte Jerusalems als der Mitte des unter die Völker zerstreuten Judentums
198		Juda wird seleukidische Provinz
175–164	Antiochus IV. Epiphanes, seleukidischer König	Hellenisierung des Jerusalemer Priesteradels; 167 Aufstand der Makkabäer; Befreiungskampf gegen die Seleukiden
152		der Hasmonäer Jonatan usurpiert das Hohepriesteramt; Abspaltung der Pharisäer und Essener
141–63		Juda unter hasmonäischen Königen
63		Rom entscheidet hasmonäischen Thronstreit und setzt Regenten ein
37–4 v. C.		Herodes der Große
um 7 v. C.		Geburt Christi
4 v. C–39 n. C.		Herodes Antipas, König in Galiläa und Peräa
18–36		Kajaphas Hoherpriester
26–36		Pontius Pilatus römischer Statthalter
27/28	15. Jahr des Kaisers Tiberius	Beginn des öffentlichen Wirkens Jesu
30		Kreuzigung Jesu
nach 30		Urgemeinde in Jerusalem
32		Tod des Stephanus, Flucht hellenistischer Christen aus Jerusalem; Bekehrung des Paulus
43/44		Verfolgung der Gemeinde in Jerusalem, Enthauptung des Jakobus
44		Zentrum hellenistischer Christen in Antiochia

dazu das Echo in …	Entstehungsgeschichte der Bibel
2Kön 24; Jer 39ff.; Ez 24	Jeremia Prophet in Juda; Ezechiel Prophet in Babel
Jes 41, 2; 45, 1	Deuterojesaja, Prophet in Babel
Esra 1, 1–4; Jes 48, 20 *Jes 59*	Tritojesaja, Prophet in Jerusalem
Hag 1, 12ff., Esra 3, 12	Haggai und Sacharja Propheten; Priesterschrift; Ausbau von Gen–Jos
Neh 13, 30f.	Memoiren Nehemias; Rut; Mal
Neh 8	Abschluss der Tora (Gen–Dtn); Ijob; Chronistisches Geschichtswerk (1–2Chr, Esra, Neh)
	Joël; eschatolgische Erweiterungen von Prophetenbüchern
Sach 9, 13	Jona und Est;
	in Ägypten Beginn der griechischen Bibelübersetzung (Septuaginta)
Sir 50	Abschluss von Spr, Koh, Hld, Zwölfprophetenbuch, Ps, Sir
	Jesus Sirach, Lehrer in Jerusalem
1Makk 1, 11–15 *Dan 11, 30–34* *1Makk 2ff.; 2Makk 8ff.*	
1Makk 9, 23–12, 52	Dan
	1–2Makk; Jdt
	Blüte der jüdischen Diaspora in Ägypten; Weish
Mt 14; Lk 23	
26–36	
Lk 3, 1	
Apg 2–6	Beginn der Verkündigung von Tod und Auferstehung Jesu
Apg 7–9	Urform der Logienquelle Q
Apg 12, 1–6	
	Ausbau der Logienquelle Q

Zeit	Außerbiblische Geschichte	Biblische Geschichte
48/49		Apostelversammlung: Einigung von Heiden- und Judenchristen
49–56		Missionsreisen des Paulus
52–60	Felix Statthalter von Judäa	
um 56–64		Paulus in Gefangenschaft
60–62	Festus Statthalter in Judäa	
64		Brand Roms; Christenverfolgung unter Kaiser Nero; Tod des Paulus und des Petrus (?)
66		Ausbruch des Jüdischen Krieges; Christen verlassen Palästina
70		Zerstörung Jerusalems und des Tempels
nach 70		Erneuerung des Judentums durch die Pharisäer; Trennung von Judentum und Christentum
um 80		
seit 90		
um 95		Christenverfolgung in Kleinasien
bis 100		wachsende Bedeutung der Gemeinde in Rom
um 120		
bis 200		

dazu das Echo in …	Entstehungsgeschichte der Bibel
Apg 15, 1–9; *Gal 2, 1–10*	
Apg 15, 36–21, 25	(echte) Paulusbriefe: 1Thess, 1–2Kor, Gal, Phil, Phlm, Röm
Apg 23, 24–24, 27	
Apg 21, 27–28, 30	
Apg 24, 27–26, 32	
Mk 13, 14f.	
Mt 24, 1f.	Mk
	Mt; Lk, danach Apg
	Joh; 1–3Joh
	Offb
	Corpus Paulinum (2Petr 3, 15f.) Abschluss des jüdischen Bibelkanons
	2Petr, jüngste Schrift des NT
	Ausbildung eines christlich Bibelkanons

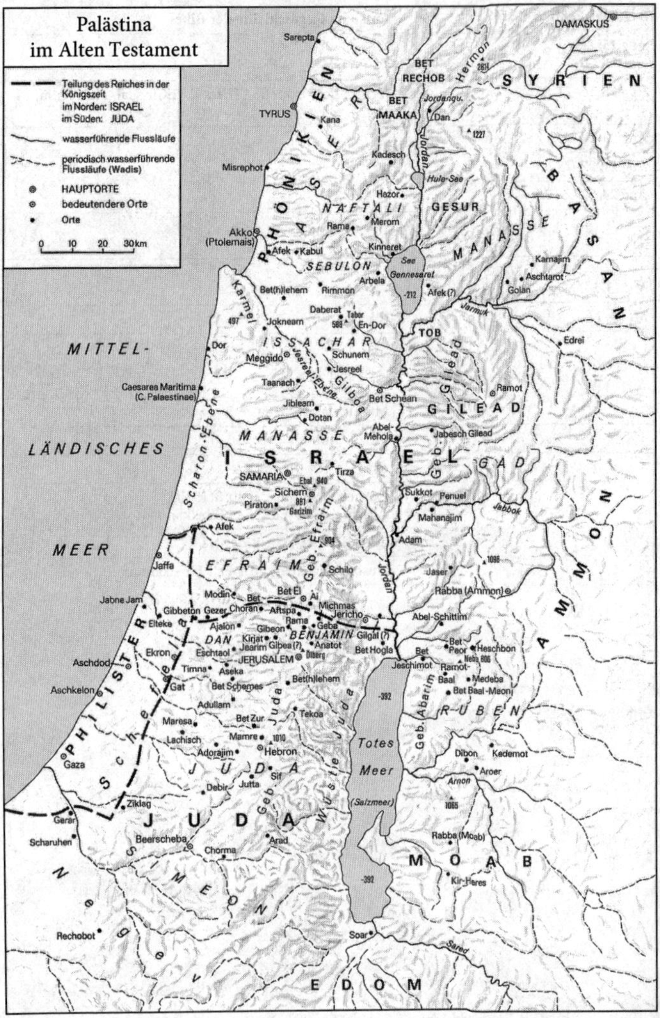

Palästina im Alten Testament

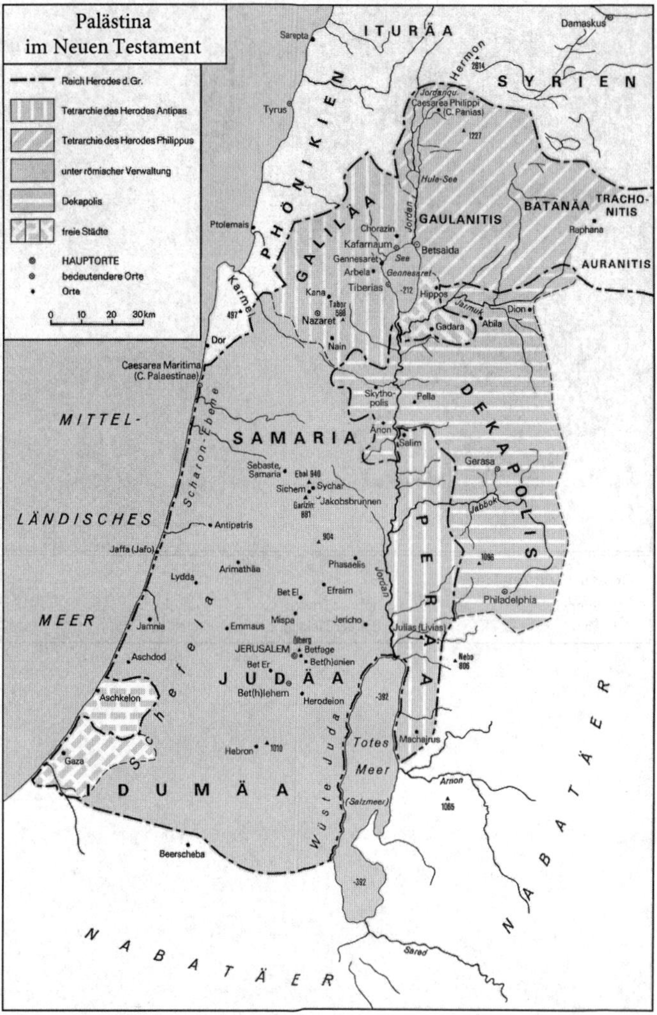
Palästina
im Neuen Testament
Reich Herodes d. Gr.
Tetrarchie des Herodes Antipas
Tetrarchie des Herodes Philippus
unter römischer Verwaltung
Dekapolis
freie Städte
HAUPTORTE
bedeutendere Orte
Orte
0 10 20 30 km
ITURÄA
SYRIEN
Damaskus
Sarepta
Hermon
2814
Tyrus
PHÖNIKIEN
Jordanqu.
Caesarea Philippi
(C. Panias)
1227
Hule-See
GALILÄA
Jordan
GAULANITIS
BATANÄA
TRACHONITIS
Raphana
AURANITIS
Ptolemais
Chorazin
Kafarnaum
Betsaida
Gennesaret
See
Gennesaret
Arbela
Tiberias
-212
Hippos
Kana
Tabor
588
Nazaret
Karmel
497
Jarmuk
Dion
Abila
Gadara
Dor
Nain
Caesarea Maritima
(C. Palaestinae)
Skythopolis
Pella
DEKAPOLIS
MITTEL-
LÄNDISCHES
MEER
Scharon-Ebene
SAMARIA
Änon
Salim
Gerasa
Sebaste,
Samaria
Ebal 940
Sychar
Sichem
Jakobsbrunnen
Garizim
881
Jabbok
PERÄA
Antipatris
904
Jaffa (Jafo)
Arimathäa
Phasaelis
1096
Lydda
Bet El
Efraim
Philadelphia
Schefela
Jamnia
Emmaus
Mispa
Jericho
Julias (Livias)
Ölberg
JERUSALEM
Betfage
Aschdod
Bet Er
Bet(h)anien
Nebo
806
JUDÄA
Aschkelon
Bet(h)lehem
Herodeion
-392
Machärus
Hebron
1010
Totes
Meer
(Salzmeer)
Gaza
Wüste Juda
Arnon
1065
IDUMÄA
Beerscheba
-392
Sared
NABATÄER
NABATÄER

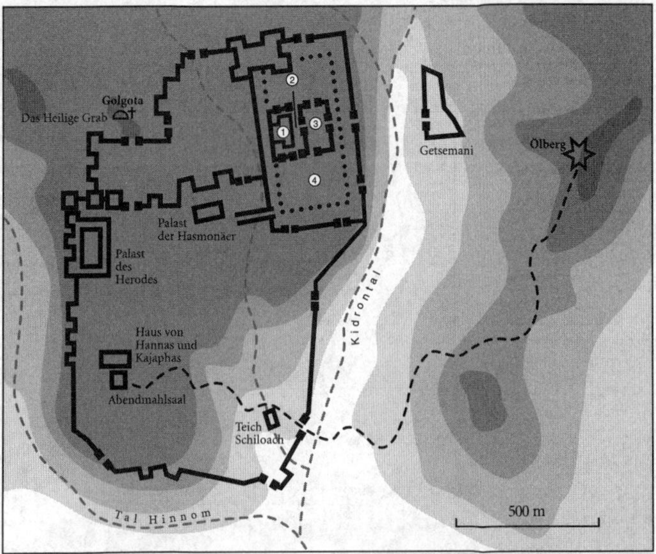

Jerusalem zur Zeit Jesu

① Tempel
② Altar
③ Vorhof der Frauen
④ Vorhof der Heiden

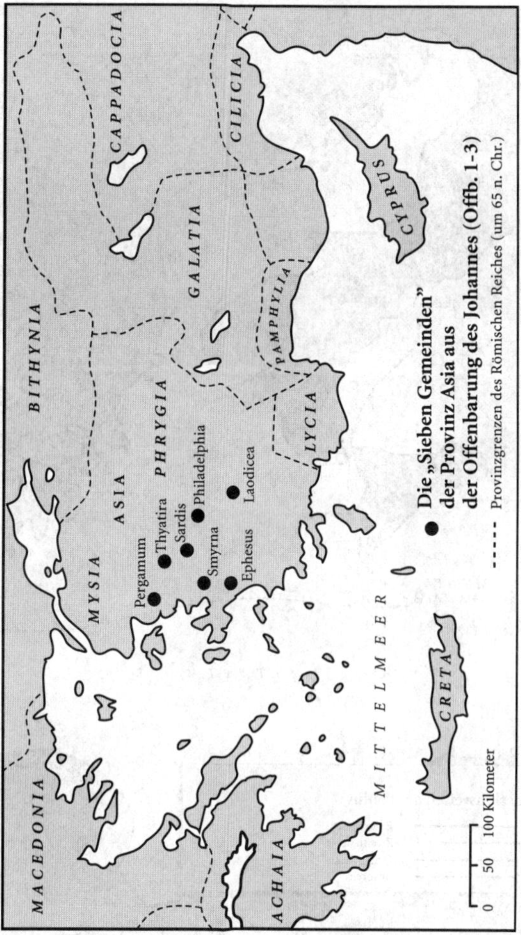

MACEDONIA
BITHYNIA
CAPPADOCIA
MYSIA
ASIA
PHRYGIA
GALATIA
CILICIA
PAMPHYLIA
LYCIA
CYPRUS
ACHAIA
CRETA
MITTELMEER
Pergamum
Thyatira
Sardis
Philadelphia
Smyrna
Ephesus
Laodicea
Die „Sieben Gemeinden" der Provinz Asia aus der Offenbarung des Johannes (Offb. 1-3)
Provinzgrenzen des Römischen Reiches (um 65 n. Chr.)
0 50 100 Kilometer

DACIA
ILLYRICUM
THRACI
ITALIA
Roma
Puteoli
Neapolis
MACEDONIA
Philippi
Thessalonice
Beroea
Troa
EPIRUS
Athenae
Corinthus
ACHAIA
SICILIA
Rhegium
Syracusae
MELITA
(MALTA)
CR
Gortyna
MITTELMEER
Cyrene
CYRENAICA
Die Missionsreisen des Paulus
Erste Reise
Zweite Reise
Dritte Reise
Romreise

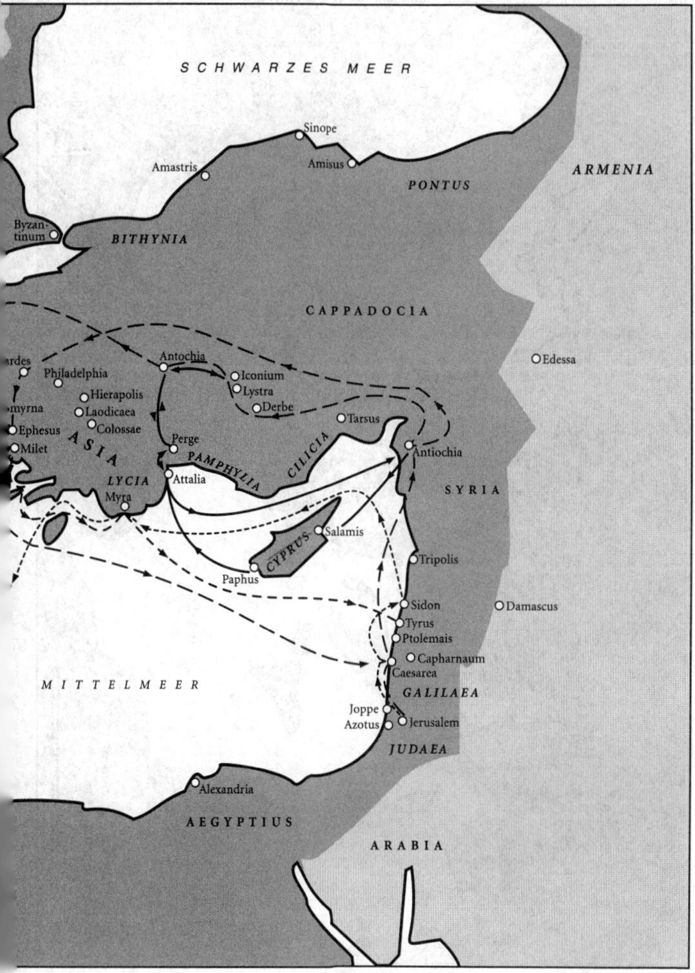
SCHWARZES MEER
Sinope
Amastris
Amisus
PONTUS
ARMENIA
Byzantinum
BITHYNIA
CAPPADOCIA
Edessa
Philadelphia
Antochia
Iconium
Lystra
Derbe
Hierapolis
Laodicaea
Colossae
Ephesus
Milet
ASIA
Perge
Tarsus
Antiochia
PAMPHYLIA
CILICIA
LYCIA
Attalia
Myra
SYRIA
Salamis
CYPRUS
Paphus
Tripolis
Sidon
Damascus
Tyrus
Ptolemais
Capharnaum
Caesarea
MITTELMEER
GALILAEA
Joppe
Azotus
Jerusalem
JUDAEA
Alexandria
AEGYPTIUS
ARABIA

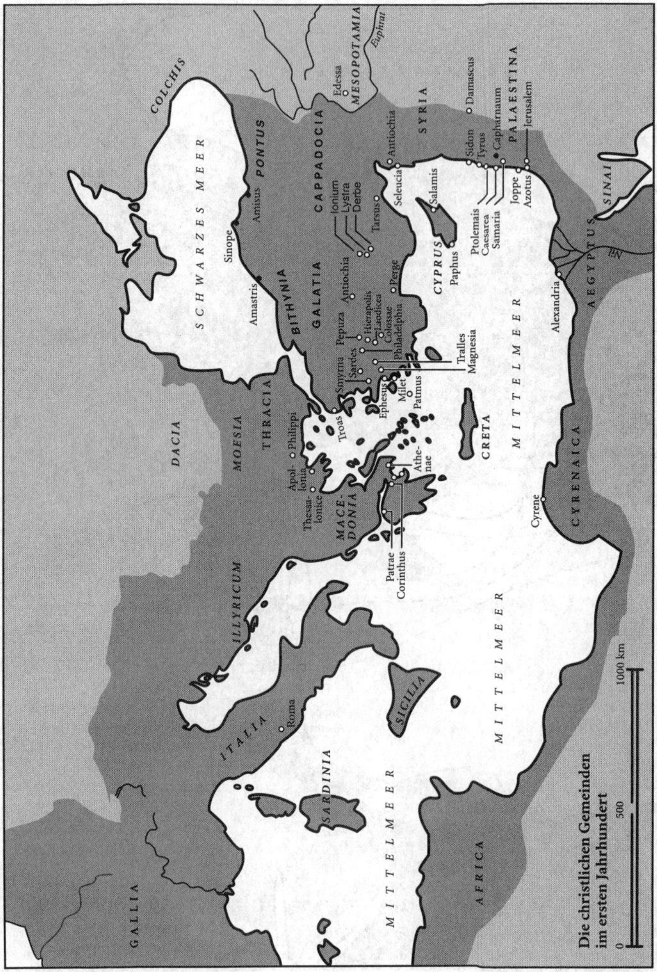

Die christlichen Gemeinden im ersten Jahrhundert